国家治理丛书

新伦理学

（第三版）

上册

王海明　著

商务印书馆
The Commercial Press

图书在版编目(CIP)数据

新伦理学/王海明著. —3 版. —北京:商务印书馆,
2024
(国家治理丛书)
ISBN 978 - 7 - 100 - 20950 - 2

Ⅰ.①新… Ⅱ.①王… Ⅲ.①伦理学 Ⅳ.①B82

中国版本图书馆 CIP 数据核字(2022)第 051354 号

国家治理丛书

新伦理学(第三版)

(全 三 册)

王海明 著

商 务 印 书 馆 出 版
(北京王府井大街36号 邮政编码100710)
商 务 印 书 馆 发 行
北京盛通印刷股份有限公司印刷
ISBN 978 - 7 - 100 - 20950 - 2

2024 年 4 月第 1 版　　　开本 640×960 1/16
2024 年 4 月北京第 1 次印刷　　印张 126¼
定价:498.00 元

国家治理研究丛书
编委会

作者简介

王海明，1950年生，吉林省白城市镇赉县人，现为三亚学院国家治理研究院特聘教授。1984年考入中国人民大学哲学系，1987年获哲学硕士学位。1993年调入北京大学，历任哲学系教授和伦理学教研室主任，以及北京大学应用伦理学中心秘书长。2013年从北京大学哲学系退休后，被聘为三亚学院国家治理研究院副院长。在《中国社会科学》等刊物发表论文300余篇，在商务印书馆和三联书店等出版《新伦理学原理》与《国家学原理》等专著10余部。《新伦理学原理》英译本（全四册）2020年在英国卢德里奇（Routledge)出版社出版。邮箱 wanghaimingw@sina.cn。

献给

三亚学院校长陆丹教授

在他的带领下

3600亩毒蛇出没的蛮荒之地

变成了中国最美校园

让困窘中的我

安心在此著书立说

我们应该努力寻求一种具有几何学全部严密性的道德几何学。

——约翰·罗尔斯

总　目　录

下　册

第八篇　道德规则体系

下卷　美德伦理学

上篇　良心与名誉：优良道德的实现途径

下篇　品德：优良道德之实现

上册目录

导　论

上卷　元伦理学

上篇　元伦理范畴

下篇　元伦理证明

中卷　规范伦理学

第一篇　道德价值标准：道德目的

第二篇　道德价值实体：伦理行为事实如何

序

任何时代，不论如何缺乏个性，总会有愤世嫉俗的独特立行者；不论如何浮躁，总会有毕生心无旁骛而远离浮躁的思想家。我的学生王海明就是这样的一个人。1968 年，他 18 岁，适逢举国"破私立公""狠斗私字一闪念"。他甚感困惑，遂沉溺于伦理学和哲学的研究与写作。到 1983 年，经过 14 年，七易其稿，终于完成了一部 80 余万字的《新哲学》书稿。1984 年，海明考上我们教研室的研究生，又开始在这个书稿里"道德哲学"部分的基础上，撰写《新伦理学》。一直写到 2000 年才算完成，送交商务印书馆出版。由此看来，《新伦理学》实际上花费了海明 30 年的心血：研究、酝酿和写作 14 年，专门撰写 16 年。专心致志写了这么多年的一本书，在一般人看来似乎没有必要再做什么修改了。然而，还没等到该书正式出版，海明就开始着手对它进行修改了。这个"修改"，涉及的内容和方面很多。说是修改，其实简直就是重写。整整又重写了 6 年，终于在 2007 年初完稿。

海明究竟为什么能远离浮躁而潜心 22 年写一本书呢？他告诉我，1968 年，他在辽宁当兵时，读了马克思的《资本论》和梅林的《马克思传》以及苏联一位女作家的《马克思青年时代》，便暗自下定决心要写一部像《资本论》那样伟大的不朽的著作。不过，当时的"公字化"运动激励他立志撰写的不是经济学著作而是伦理学著作。为了写出这样一本传世之作，据我所知，海明至少从 1984 年开始，整整 22 年，几乎置一切于不顾地全身心投入读书和写作。整整 22 年，他几乎谢绝一切社会交往而只做三件事：写作、讲课和锻炼身体。他妻子孙英一再抱怨说：海明只不过是一架写作机器，他锻炼身体完全是为了精力充沛地写作，他教书讲课完全是为了有钱给他这架写作机器买油、加油。人是社会动物。海明如此心无旁骛独往独来注定了他前途坎坷多难！但是，海明却总说他很幸运，因为他虽然出身贫寒，却能够30余年衣食无忧全身心地著书立说，所做的一直都是自己最愿意做的事：写作、讲课和体育锻炼。每思及此，海明便其乐陶陶了。可是，海明如此其乐陶陶而置一切于不顾地著书立说，为什么一本书还是整整写了22年？

原来，该书所要解析的，不仅是人们一直争论不休的一系列伦理学难题，而且还有今日所谓政治哲学、法哲学、经济哲学和道德哲学共同关注的诸如正义、平等、人道、自由、异化等热点问题，甚至还有自休谟提出之后人们一直未能很好解决的价值哲学问题：应该如何与事实如何的关系。这些问题的解决确实是有一定难度的。当然，对于这些问题，如果把先哲的思想用自己的语言说出来，甚至当作自己的"创见"——时下确有一些人是由此成名的——就花费不了多少时间了。海明总说他是为伦理学而活的。无论如何他也要在先哲思想的基础上推进这些问题的解决，哪怕只是前进了很小的一小步。

那么，海明到底解决了这些难题没有呢？请原谅，我自认为我还没有资格就此做出肯定或否定的判断，因为我没有专门研究过这些问题。但是，从他的著作中我们不难看出，他对于这些问题的解析都既是具有独创性的，又是依据以往伦理学优秀思想成果的。可以说，这是一本满载着古今中外伦理学名著优秀成果的原创性著作。我们知道，大凡原创性的东西，都很容易遭到非议。但是，在这部又重写了整整6年的《新伦理学》修订版中，海明一如既往旗帜鲜明地坚持马克思主义的共产主义理论、剩余价值理论和无产阶级专政理论，系统地论述了共产主义的应然性和必然性，确证了共产主义是社会治理的最高理想。这些不正是马克思主义最基本的理论吗？所以，不管此书多么具有原创性，不管此书有多少观点值得商榷，它都应该被认为是一部力图按照马克思主义的基本方向运用马克思主义的基本方法分析问题的著作。看到当今某些有一点"知名度"的中青年学者，竞相从批判马克思主义中"独辟蹊径"，而我的学生王海明却积 22 年的劳动，以如此厚重的原创性著作坚持马克思主义，真使我甚感欣慰。

是为序。

杨焕章

1999 年 12 月 5 日第一版序

2007 年 3 月 18 日修改为修订版序

于中国人民大学静园

自　序

一

　　我 1950 年生于吉林省镇赉铁路公寓，4 岁搬到农田环绕、花草繁茂和虫鸟争鸣的小乡镇坦途，一家八口住在火车站铁道西附带半亩菜园子的一间半土房，一直住到 18 岁。我至今依然记得，还没到入学年龄，我就经常跑到绿树环抱的坦途三完小，趴在教室窗户外听课。1957 年，距上学年龄还差一年，我就自己做主到学校报名上学。结果，有一天老师真到我家来了，我远远看到，就飞也似地跑回家洗脸，好给老师一个好印象。

　　我父亲是铁路工人，月薪 50 多块，养不起六个儿女，只好到处开荒种地。我常和二哥海宾锄地于烈日之下，挥汗如雨，便把背心浸过凉水穿上。一次，我问二哥："怎样才能逃此苦海，求得富贵？"二哥说："唯有读书。岂不知十年寒窗苦，一朝天下闻？"我遂发愤读书，不论小学还是中学时代，我的学习成绩差不多总是全班第一。但学得最好的并不是语文和政治，而是数学。当时中学校长吴国兴教数学，他对我很好奇，因为我小小年纪，竟然重新编写数学教科书，而且一贯不做数学习题，只靠领会原理，但每次考试几乎总是第一。一天吴校长来我们班讨论，他微闭双眼，静静听我们发言。会后，他找我谈话，让我写一下数学学习体会，给全校学生做个报告。我那时只有 16 岁，报告的题目居然是"我走过的路"。幸好还没有交给校长，那场史无前例的运动就开始了；否则，他看了一定会笑掉大牙。

这场运动不仅要了这位我心中最好的中学校长的命，而且也改变了我的命运。没有它，我或许会成为数学家。然而，当其时也，举国上下，差不多每个人胸前都挂着一个形状犹如心脏的红牌子，牌子上写个"公"或"忠"字。不论挂着"忠"还是"公"的牌子，每个人都必须积极参加"公字化"和"忠字化"运动。

"公字化"运动最重要的内容，就是全国各级单位都必须大轰大嗡开展大立"公"字、大破"私"字、狠斗"我"字、把自己从"我"字中解放出来的"公字化讲用会"。

我自然也必须积极参加这些活动，但内心异常苦闷和困惑：人能否无私？为什么只要目的利己，则不论手段如何利人，都是不道德的？为何要大搞个人崇拜？领袖与群众究竟是什么关系？从此我便沉溺于伦理学研究。但很快我便意识到，不懂哲学，不知原因、结果、偶然、必然、本质、规律为何物，便无法研究伦理学，于是我又潜心哲学。但部队没有研究条件，要进行研究和写作必须离开部队。可是，当时部队很器重我，全师士兵只挑选两个人——我是其中之一——送往锦州机要学校学习两年，前途无量。究竟是在部队争取当将军，还是回家种地著书立说？我反复考虑了近一个月，最后选择了后者。当我以红绿色弱为由申请中途退役而未被批准的时候，我做出了一个让我现在还后悔和心痛的可怕决定：绝食。

我整天躺在床上，不吃饭，只喝水，除了撒尿，从不下床。这对于食欲旺盛天性好动的我来说，是极度痛苦的。但我当时想，只要坚持三两天，就可以回家了。然而，到第三天，我眼巴巴盼望着批准我回家的通知，一直到晚上也没有消息。三天没吃一点东西，难受极了，我觉得坚持不下去了。但我想第四天一定会来通知的，一定坚持到第四天。第四天果然来人了，但我抖抖精神，定睛一看，来的怎么全是白大褂：他们都是军医呀！

领头的长相凶狠，牙齿外露，手里拿着带有长长胶皮管的漏斗，一边比划一边严肃地问我："到底吃不吃饭？不吃就把这个管子插进你的鼻孔和食道，往里灌鸡蛋汤，那可难受极了！"他一听我的回答是不吃，就对另外几个人说：灌！他们一下子拥上前来，按住我的四肢和脑袋，一根管子就插进我的鼻孔和食道，我一阵痉挛作呕，接着就觉得一股热乎乎的东西流进来，我心里想，那就是鸡蛋汤吧。完事了，他们又劝慰一番，吓唬一阵，说铁打的部队绝不会对你一个人妥协，否则岂不都绝食了？

然而，我想无论如何也要退役著书，除了绝食还能有什么办法呢？于是我决定坚持绝食。每天我都在想，再坚持一两天就能胜利。靠着"再坚持一天就能胜利"的信念，竟然一直绝食 24 天——如果一开始就知道要绝食 24 天我绝不会选择绝食——每 5 天左右他们就来三四个人将我结结实实按住灌一次鸡蛋汤。到第 25 天，团政治处干事田守宽跑来，笑眯眯地向我摇动着手里的一张纸喊道：同意啦！我一下子坐起来，抢来一看，真的是批准王海明半年后中途退役通知书，还盖着 3150 部队的大红公章呢。我高兴极了，立刻吃饭了。期限快到了，我找田守宽询问怎样办手续。这个好人一听，哈哈大笑，说哪里有什么中途退役的事！那是他为了挽救我偷偷地盖上的公章。我一听呆若木鸡，不可能也不愿意再绝食，只好再等一年半兵役期满复员了。

后来我常想，如果当初田守宽不弄虚作假，我会一直绝食下去吗？很有可能。忍受此等极端痛苦、付出此等极端代价，究竟是为哪般？只为一件事：撰写解析"公字化"和"忠字化"的著作。荒谬之极！偏执之极！然而，此乃我的"长江"之源头也！从 1968 年 4 月绝食后第一天吃饭开始，一直到今天，51 年来，我变成了地地道道的吝啬鬼：吝啬的是时间而不是金钱。这 51 年，我几乎谢绝一切社会交际和亲朋往来而只做四件事：著书立说、锻炼身体、睡觉和应付工作。吾师杨焕章和魏英敏早有警告：如此独往独来岂不注定前途坎坷多难！诚哉斯言！但我惜时如金，无论如何也要将一切时间都尽可能用到写作上来。著书立说就是我人生的目的和意义，实在比性命还重要：坎坷和磨难又算得了什么？

就这样，到1970年2月复员前夕，写出两篇论文："反对'公字化'：论个人利益与公共利益的关系"和"反对'忠字化'：论领袖与群众的关系。"这两篇论文如今看来仍有价值，因其表明我国传统文化从未间断："公字化"和"忠字化"岂不明明白白是儒学核心——利他主义与专制主义——之登峰造极？到1983年，经过14年的孤注一掷，七易其稿，我终于完成了一部80余万字的《新哲学》书稿。1984年，我考上了中国人民大学哲学系研究生，便在这部书稿有关"公字化"等10余万字的道德哲学部分之基础上，撰写《新伦理学》。

我每天都沉浸于伦理学思索之中：行路也思睡也思、吃饭也思病也思、乐时也思悲也思。就这样痴痴迷迷一直写到1993年9月，接近完成《新伦理学要义》，身体也垮下来了。我沉沉地对妻子孙英说："此书若能出版，我便身患绝症，死无憾矣。"妻子嘤嘤啜泣。她1989年来到我身边，像桑丘跟随堂吉诃德，跟着我筑起人皆以为不可能的科学伦理学大厦。我终生感谢，她抛弃一切来陪伴我这么一个难以相处、整天写作、已近不惑之年而仍默默无闻的书呆子。我永远难忘，那一千多天海南岛上椰子树下，我俩就一个个伦理学难题的热烈争论。《新伦理学要义》凝结着我俩多少个"奇文共欣赏，疑义相与析"的幸福的日日夜夜啊！1994年元月，我在病床上完成该书的最后写作，送交华夏出版社，更名为《寻求新道德：科学的伦理学之建构》出版。

没想到1994年2月，我便完全康复，于是潜心系统发挥、论证、增删、修正该书的"科学的伦理学"部分。从此，我又几乎每时每刻都沉浸于对其思索之中。细细思考的，是每夜一觉醒后的一两个小时。走路和骑车是慢悠悠地想。谈话、开会、娱乐或睡觉则潜在地思索。但深思的主要场所，是颐和园。我差不多每天上午都在家里阅读有关书刊资料，作好各种笔记；午睡起来，便带上它们去颐和园深思、写作。

我先在湖里或运河游泳半个多小时，然后便坐在颐和园西南角的十分偏僻安静的团城湖边。望着湖对面的玉泉山、玉峰塔及其后连绵起伏的西山，顿时俗肠扫尽，便欣然命笔。写到隐秘困惑之处，就再望望湖光山色、听听鸟语虫鸣、闻闻草树清香，思维便又活跃起来，充满了探寻高深莫测的大力。但见妙的还是冬泳。漫长而又持续不断的绞尽脑汁的苦苦思索使我常感大脑有如肌肉过累般的酸痛。可一钻进冰水，便酸痛顿消，头清目明。出来穿上衣服，到昆明湖上小跑。但见冰天一色、上下交映、六合澄明，不觉思如泉涌：当此际，最易解开思辨的奥秘之结。就这样一直到2000年，终于完成了《新伦理学》，送交商务印书馆出版。屈指算来，连我自己也不敢相信：这部书竟专心致志撰写了16年！

可是，当清样出来，我慢慢地校对而陶醉于老牛舐犊之快乐时，我蓦然发现，该书的论证总体说来还相当简单、粗疏和不充实。这种缺憾，后来唐代兴教授也看到了。他在研究该书的学术专著《优良道德体系论：新伦理学研究》中写道：

"其理论体系从整体上看具有其逻辑体系的严密性，然在具体的综合与论述中却形成一种平面思维倾向并体现出某种程度的粗疏感。"[1]

于是，我立刻从第一页开始修改、增删和重写《新伦理学》。没想到又整整写了7个春秋，于2007年初完稿，作为《新伦理学》修订版，送交商务印书馆于2008年出版。该版篇幅是第一版的3倍，达150余万字数。这150余万字，我专心致志而置一切于不顾地整整写了22年啊！这150余万字，凝结着我多少心血、欢乐和悲辛！

然而，当我的142万字的《国家学》和70余万字的《中国经济特色：中西五千年经济制度和社会形态之比较》两书完稿后，深感《新伦理学》有关论述需要大改，于是进行第三次修改，终于在2018年11月18日，

---

[1]　唐代兴：《优良道德体系论：新伦理学研究》，中国大百科全书出版社，2003年，第2页。

已近"古稀之年"，于三亚学院高知园"老骥轩"书房，完成了这部此生恐怕再也不会修改的《新伦理学》第三版。

书房面对连绵起伏的南山山脉，坐在电脑前，只要一转脸，南山群峰就在眼前：不必"采菊东篱下"就能"悠然见南山"。写到疲倦时，走到阳台，但见群山逶迤，层峦叠嶂，远近高低各不同：远则山海虚无缥缈；近则树木清晰可见。时有白鹭群飞，孤鹰盘旋。书房就坐落在山坡上，虽间或有耕作者烧草木烟起，邻居闲话国事，并不足妨我襟怀；草木摇曳，飘香扑鼻，鸟语婉转，不绝于耳，更觉得润人笔墨。①

当此际，我常怀感恩之心。特别感谢三亚学院校长陆丹教授，14年前，这里荆棘丛生，草木繁茂，随处可见一丈多长、手臂粗细的"过山龙"毒蛇。先后曾有几位受聘者来此建校，皆知难而退。2004年，上海大学陆丹博士带领两个助手到来。但还没有多久，一个助手就被妻子唤回上海；另一个助手则像桑丘跟随堂吉诃德，跟随陆丹建校。陆丹几乎是着了魔一般昼夜劳作不息，越来越多的"桑丘"被他吸引，逐渐形成一个群星灿烂的团队，终于将这片毒蛇出没的蛮荒之地，变成3600亩中国最美校园，每年培养2万多学生，教师亦有千余人。

二

2016年5月17日，习近平总书记在哲学社会科学工作座谈会上的讲话反复强调创新："要实施哲学社会科学创新工程，搭建哲学社会科学创新平台，全面推进哲学社会科学各领域创新。""要坚持古为今用、洋为中用，融通各种资源，不断推进知识创新、理论创新、方法创新。""理

---

① 曹雪芹：《红楼梦》第一回："茅椽蓬牖，瓦灶绳床，其晨夕风露，阶柳庭花，亦未有妨我之襟怀笔墨者。"

论的生命力在于创新。创新是哲学社会科学发展的永恒主题，也是社会发展、实践深化、历史前进对哲学社会科学的必然要求。""历史表明，社会大变革的时代，一定是哲学社会科学大发展的时代。当代中国正经历着我国历史上最为广泛而深刻的社会变革，也正在进行着人类历史上最为宏大而独特的实践创新。"①

习总书记的话使我心潮澎湃！本书乃余专心致志二十余载写成，从写作之初衷一直到最后完稿，并非要标新立异，而始终不过是社会现实和理论思辨问题激励之结果。但是，无心插柳柳成荫，本书所构建的无疑是一种新伦理学。它是新伦理学，整体说来，首先因其发现，伦理学是关于道德好坏优劣的价值科学。道德——道德与道德规范是同一概念——与道德价值根本不同。因为道德或道德规范都是人制定或约定的；道德价值却不是人制定或约定的。一切价值——不论道德价值还是非道德价值——都不是人制定或约定的。举例说，猪肉的营养价值显然不是人制定的，人只能制定应该如何吃猪肉的行为规范：与价值相符的规范就是优良的好的规范，与价值不相符的规范就是恶劣的坏的规范。那么，究竟怎样才能制定与道德价值相符的优良道德规范呢？

原来，行为应该如何的优良道德，只能通过道德最终目的——增进每个人利益——而从行为事实如何的客观本性中推导出来。这一推导过程可以归结为一个道德价值推导公式：

前提1：行为事实如何（道德价值实体）

前提2：道德目的如何（道德价值标准）

结论1：行为应该如何（道德价值）

结论2：优良道德就是与行为道德价值相符的道德规范（优良道德规范）

① 习近平："在哲学社会科学工作座谈会上的讲话"，新华网，2016年5月19日。

　　这就是西方公认至今未能破解的"休谟难题"——"应该"能否从"事实"推导出来——之答案。这就是能够推导出伦理学全部的对象、全部内容和全部命题的伦理学公理。本书上卷《元伦理学》就是证明这一伦理学公理的科学。元伦理学主要通过研究"是与应该"的关系，从而解决如何才能确证道德价值判断之真理——最终如何才能制定与道德价值相符的优良道德——元伦理学是关于优良道德制定方法的科学。

　　中卷《规范伦理学》则是具体推演构成这一公理的四个命题的科学：首先，推演前提2，亦即道德概念、道德最终目的和道德终极标准；其次，推演前提1，亦即行为事实如何之16种和4规律；最后，推演结论，亦即运用道德终极标准衡量行为事实如何之善恶，从而推导出行为应该如何的道德总原则"善"和善待他人的道德原则——主要是国家治理和国家制度好坏的价值标准——"正义"、"平等"、"人道"、"自由"、"异化"以及善待自我的道德原则"幸福"，并从这七大道德原则推导出"诚实"、"贵生"、"自尊"、"谦虚"、"节制"、"勇敢"、"智慧"、"中庸"八大道德规则。因此，规范伦理学主要通过道德最终目的，从行为事实如何的客观本性中推导出行为应该如何的优良道德规范：规范伦理学是关于优良道德规范制定过程的科学。

　　下卷《美德伦理学》则是研究如何实现这些优良道德规范的科学，因而研究"良心"、"名誉"和"品德"：良心与名誉是优良道德实现途径；美德则是优良道德之实现。因此，美德伦理学是关于优良道德实现途径的伦理学。这样一来，不但使自斯宾诺莎以来伦理学公理化的尝试和追求变成了科学，使伦理学终于成为一种如同物理学一样客观必然、严密精确、可以操作的公理化体系；而且将当代西方大体上处于相互排斥的元伦理学、规范伦理学和美德伦理学结合为一门科学。

　　这就是本书所构建的新伦理学，它的独创性和价值只要比较一下西方伦理学就会一目了然。因为，元伦理学和规范伦理学以及美德伦理学，在西方学者那里，并非伦理学体系结构的三大部分。一直到19世纪末，伦理学与所谓"规范伦理学"（Normative Ethics）还几乎是同一概念。1903
年，摩尔发表《伦理学原理》，宣告了"元伦理学"（Metaethics）的诞生。
尔后半个多世纪，元伦理学在西方伦理学王国一直居于主导地位。20 世
纪 60 年代以来，脱离规范伦理学而妄图独撑伦理学大厦的元伦理学开始走
下坡路。代之而起的，一方面是以罗尔斯的《正义论》为代表的传统规范
伦理学的复兴；另一方面则是反对规范伦理学的所谓美德伦理学（Virtue
Ethics）的兴起。但是，规范伦理学家误以为伦理学由元伦理学与规范伦理
学构成，而美德理论则包括在规范伦理学之内；美德伦理学家则断言规范
伦理学是谬误，认为伦理学应由元伦理学与美德伦理学构成。

特别是，自笛卡尔以来，先后有霍布斯、斯宾诺莎、休谟、爱尔维
修、摩尔和罗尔斯等大师，极力倡导伦理学的公理化或几何学化。但是，
把这种倡导付诸实现，从而真正构建伦理学为一个公理化体系的，仅斯
宾诺莎一人而已。然而，斯宾诺莎的构建无疑是失败的：他没有发现能
够推导出伦理学全部对象和内容的伦理学公理。斯宾诺莎之后，再未见
到有人构建伦理学公理化体系，也是因为无人能够破解休谟难题而发现
伦理学公理，说到底，是因为元伦理学（关于伦理学公理的科学）虽经
摩尔、普里查德、罗斯、罗素、维特根斯坦、石里克、卡尔纳普、艾耶
尔、斯蒂文森、图尔敏、黑尔等大师半个多世纪的研究，却不但没有建
立元伦理学科学体系——甚至连一本名为《元伦理学》的书也没有问
世——而且至今还在以为元伦理学是分析道德语言的科学。黑尔说："伦
理学，就我的理解而言，乃是对道德语言的逻辑研究。"[①] 这就是西方关
于元伦理学的主流定义："以道德语言的分析来界定元伦理学是很有代表
性的。"[②]

合而言之，我以为便可以理解，为什么今日西方伦理学原理著作令

[①] R. M. Hare: *The Language of Morals*, London: Oxford University Press 1964, p. 1.
[②] Lawrence C. Becker: *Encyclopedia of Ethics*, Volume 1, New York: Garland Publishing, Inc., 1992, p. 790.

人惊讶地残缺不全、主观任意和不成体系！即使就西方今日流行的伦理学原理著作——如弗兰克纳的《伦理学》[①]和彼彻姆的《哲学的伦理学》[②]以及波吉曼的《伦理学理论》[③]——来说，也是如此。弗兰克纳的《伦理学》共六章：第一章"道德和道德哲学"；第二章"利己主义和义务理论"；第三章"功利主义、正义和爱"；第四章"道德价值和责任"；第五章"内在价值和善生活"；第六章"意义和证明"。

彼彻姆的《哲学的伦理学》和波吉曼的《伦理学理论》属于今日西方流行的伦理学原理著作的另一种类型，其特点是：于每一伦理学原理阐述之后都附有历代伦理学大师原著语录。且看彼彻姆的《哲学的伦理学》。该书共十章：第一章"道德和道德哲学"；第二章"道德的客观性和多样性"；第三章"穆勒和功利主义理论"；第四章"康德和义务论理论"；第五章"亚里士多德和美德理论"；第六章"权利"；第七章"正义"；第八章"自由和法律"；第九章"道德信仰的确证"；第十章"事实与价值"。

这里两本书就其所研究的伦理对象来说是残缺不全的。首先，两书的最后两章皆属于元伦理学，却都仅仅论及元伦理学流派，而没有对元伦理学对象（"价值"、"善"、"应该"、"正当"、"事实"、"是"以及休谟难题"是与应该关系"和"伦理学公理、公设"）的研究：弗兰克纳《伦理学》仅仅研究了"善"；而彼彻姆《哲学的伦理学》则完全没有研究。

其次，弗兰克纳《伦理学》前三章和彼彻姆《哲学的伦理学》第一、二、三、四、六、七、八章属于规范伦理学（和绪论），却皆主要论及规范伦理学流派，而几乎没有研究规范伦理学对象：没有研究"道德起源和目的"、"道德终极标准"、"人性"或"伦理行为"及其"爱有差等"

① William K. Frankena: *Ethics*, Englewood Cliffs, New Jersey: Prentice-Hall, Inc., 1973.

② Tom L. Beauchamp: *Philosophical Ethics*, New York: McGraw-Hill Book Company, 1982.

③ Louis P. Pojman: *Ethical Theory: Classical and Contemporary Readings*, Belmont, California: Wadsworth Publishing Company, 1995.

诸规律；没有研究"道德总原则"、"异化"、"正义与平等"以及"人道
与自由"诸原则；没有研究"幸福"以及诚实、贵生、节制、勇敢、智
慧、中庸、谦虚、自尊等道德规则。

最后，弗兰克纳《伦理学》第四章和彼彻姆《哲学的伦理学》第五
章属于美德伦理学范畴，却几乎没有研究美德伦理学对象：完全没有研
究美德伦理学的主要对象"良心与名誉"；也没有研究美德伦理学的核心
对象"品德"，没有研究品德结构、品德类型、品德本性、品德规律和品
德培养——制度建设与道德教养——等。

总之，两书虽然堪称今日西方流行的权威性伦理学原理著作，却均
偏重伦理学流派分析而几乎没有对伦理学对象的研究，至少没有论证和
证明。就是对伦理学流派的分析也很不完全，未能论及的流派尚居多数。
至少两书的各章、各节和各个伦理学问题相互间，显然没有内在的必然
的客观的联系，更不用说完全丢弃了西方伦理学公理化传统。特别是，
元伦理学部分居然皆被两书置于全书最后，明摆着首尾倒置，岂不充分
说明今日西方伦理学原理著作不成体系？

究其原因，恐怕是西方虽有苏格拉底、柏拉图、亚里士多德、休谟、
斯密、康德、穆勒、西季威克、摩尔和罗尔斯等伦理学大师，但是，他
们所发现和论及的伦理学难题——如休谟难题——至今未能破解，元伦
理学研究对象尚不清楚，伦理学的科学体系远未建立：这就是试图综合
历代大师伦理思想的今日伦理学原理著作如此不成体系、残缺不全和缺
乏论证的根本原因。

三

本书是一种新伦理学，具体说来，则是因我所认为的它破解了自亚
里士多德以来一系列至今仍然令人困惑不解的难题，兹举几例予以说

明。例1，发现伦理学——就其最重要和最主要的部分来说——乃是一种关于国家制度好坏的价值标准的科学："正义与平等"是国家制度好坏的根本价值标准；"人道与自由"是国家制度好坏的最高价值标准；"增减每个人利益总量"是国家制度好坏的终极价值标准。这恐怕就是为什么，亚里士多德在《尼各马科伦理学》一开篇便一再说：伦理学"这门科学就是政治科学……政治学考察高尚和正义"[①]。

例2，发现"国人品德高低变化四大规律"，进而确立"四大制度建设是国人品德总体培养方法"。这四大规律和制度的研究表明，国家制度是大体，是决定性根本性全局性的因素。国人品德好坏，总体说来，完全取决于国家制度好坏。只要国家制度好，绝大多数国人品德必定好；只要国家制度不好，绝大多数国人品德必定坏。

例3，发现道德终极标准或所谓功利主义标准，是由一个总标准和两个分标准构成的价值标准体系。总标准是在任何情况下都应该遵循的终极价值标准：增减每个人利益总量。分标准1，是在人们利益不发生冲突或发生冲突而可以两全情况下的终极标准，亦即所谓的帕累托标准：无害一人地增加利益总量。分标准2，则是在人们利益发生冲突而不能两全情况下的价值终极标准："最大利益净余额"和"最大多数人的最大利益"标准。西方所有功利主义者都以为功利标准只是一条标准："最大利益净余额"或"最大多数人的最大利益"标准，犯了以偏概全的错误，遂引发对于功利主义的大量诘难。

例4，证明爱有差等人性定律。爱是对利益和快乐的心理反应。因此，谁给我的利益和快乐较少，谁与我必较远，我对谁的爱必较少，我必较少地为了谁谋利益；谁给我的利益和快乐较多，谁与我必较近，我对谁的爱必较多，我必较多地为了谁谋利益。于是，说到底，我对我自己的爱必最多，我为了我自己谋利益必最多，亦即自爱必多于爱人、为

---

① 《亚里士多德全集》第八卷，苗力田等译，中国人民大学出版社，1992年，第445页。

己必多于为人：每个人必定恒久为自己，而只能偶尔为他人——恒久者，多数之谓也，超过一半之谓也；偶尔者，少数之谓也，不及一半之谓也。这就是"爱有差等"之人性定律。

例5，发现善恶三原则。首先，无私利他是最高且偶尔善原则，它只应该且只可能指导每个人的偶尔行为；其作用是使每个人在自我利益与社会或他人利益发生冲突而不能两全时，能够无私利他、自我牺牲而不致损人利己。其次，为己利他是基本且恒久善原则，它应该且能够指导每个人的恒久行为；其作用是使每个人在自我利益与社会或他人利益一致的情况下，能够为己利他而不致损人利己。最后，单纯利己是最低且偶尔善原则，它也应该且只能指导每个人的偶尔行为，其作用在于使每个人在与社会和他人无直接利害关系的行为领域，能够单纯利己而不致纯粹害己。

例6，发现两个平等原则：基本权利完全平等与非基本权利比例平等。一方面，每个人因其最基本的贡献完全平等——每个人一生下来便都同样是创建社会的一个股东——而应该完全平等地享有基本权利、完全平等地享有人权，这是完全平等原则，亦即所谓人权原则；另一方面，每个人因其具体贡献的不平等而应享有相应不平等的非基本权利，也就是说，每个人所享有的非基本权利的不平等，与自己所做出的具体贡献的不平等的比例，应该完全平等，这是比例平等原则，是非人权权利分配原则。这两个平等原则的思想渊源，最早是亚里士多德的两种平等（数目平等与比例平等）；最近是罗尔斯的"两个正义原则"。

例7，证明唯有自由竞争才能够实现等价交换或公正。因为在自由竞争条件下，厂商为了利润最大化，势必将产量确定在边际成本等于价格的产量水平上。这就是说，自由竞争条件下的商品价格等于边际成本——亦即等价交换——具有必然性：等价交换是自由竞争的价格规律。反之，垄断条件下的商品价格势必远远高于边际成本。这就是说，垄断价格高于边际成本——亦即不等价交换——具有必然性：不等价交换是垄断价格规律。

例8，揭示资本主义剥削的秘密是劳动市场买方垄断。因为资本、私有制使资本家有权成为支配和领导工人的雇主，使工人成为被领导、被支配和必须服从的雇员，势必导致双方对于劳动价格的决定作用的不平等：雇主或劳动买方是价格的决定者和控制者；而雇员或劳动卖方则是价格的接受者。因此，资本主义劳动市场不可能是真正的自由竞争市场，而必然是买方垄断市场。任何垄断，不论是产品市场的卖方垄断，还是劳动市场的买方垄断，都同样意味着垄断者在一定程度上控制价格，因而势必导致价格与价值的背离，导致不等价交换。只不过，产品市场的卖方垄断导致的是价格高于价值或边际成本。反之，劳动市场的买方垄断导致的则是价格低于价值，亦即劳动价格或工资低于劳动价值，低于劳动的边际产品。工资低于劳动价值或劳动的边际产品的差额，就是劳动者所创造的被资本家无偿占有的剩余价值，也就是所谓资本主义剥削，亦即资本主义经济异化。因此，资本主义经济异化的根源，直接说来，是劳动市场买方垄断；归根结底，则是资本主义私有制，亦即资本主义生产资料与经济权力垄断。

例9，发现剥削、经济异化的根本原因，乃在于权力——经济权力和政治权力——的垄断及不均衡：权力垄断和权力过大群体，势必依靠权力等强制手段，无偿占有无权或权力过小群体所创造的剩余价值。但是，资本家与人民大众所拥有的资本及其经济权力的不均衡，绝不应该通过剥夺资本家的资本及其经济权力来消除，而只应该通过普选制民主使人民大众拥有较大的政治权力来抗衡，从而达到资本家与人民大众的权力均衡，最终消除剥削与经济异化。

如此等等，不胜枚举，总而言之，本书之所以是新伦理学，就是因为它试图将人类以往伦理学结合为一个有机整体，因而必须解决众多不同乃至相反的流派所争论的一系列伦理学难题；否则，对人类以往伦理学的综合便注定是一个互相矛盾的大杂烩了。而要解决引发如此众多流派的不胜枚举的伦理学难题,就必须一一对这些难题提出新的观点或新的论证,从而才能把围绕这些难题所形成的各种不同乃至矛盾的学说统一起来。这些新的观点或新的论证的成立,又必须有伦理学的众多概念的相应更新,因为牵一发而动全身是一切有机体的基本特征。

这就是为什么,本书对于每个问题的解析几乎都既是独创的同时又无不依据中外以往伦理思想的缘故。著名学者吴思先生说:"我觉得比较好的是王海明的《新伦理学》。这本书对一些最抽象的问题,如什么叫正义,什么叫善,作者的解释非常深入,和我以前看到的一些西方大哲学家谈到的都不一样。"① 我想他应该说:《新伦理学》虽然与西方大哲学家说的都不一样,却又无不引证西方大哲学家,堪称引文最多的伦理学著作。

这种独创性和众多概念的更新,无疑必须通过一种新的话语体系才能够准确和科学地表达出来,因而不得不创造数以百计的新名词,最重要者如"为己利他"、"道德终极标准"、"道德总原则"、"国家制度价值标准"、"同等利害相交换"、"优良道德"、"恶劣道德"、"伦理学的优良规范推导公理和优良道德规范推导公设"、"基本权利完全平等"、"非基本权利比例平等"。此外,还有:

"与行为道德价值相符的道德或道德规范"、"与行为道德价值不相符的道德或道德规范"、"价值存在公理"和"道德价值存在公设"、"价值推导公理"和"道德价值推导公设"、"价值判断真理性推导公理"和"道德价值判断真理性推导公设"、"道德价值推导方法"、"道德价值推导公式"、"道德自由约定律"、"广义事实与狭义事实"、"人类社会四大必要恶(法律和道德以及政治和德治)"、"(法是)必须且应该如何的权力规范"、"(道德是)应该而非必须如何的非权力规范"、"道德基本结构"、"道德深层结构"、"道德完整结构"、"个人行为的起因和目

---

① 吴思:"阅读是我生活的主要内容",《新京报》,2010年9月5日。

的之道德自律"、"社会道德的起源和目的之道德自律"、"道德终极总标准"、"道德终极分标准"、"道德终极标准理论"、"完善自我品德之心"、"人性的体与人性的用"、"伦理行为目的相对数量规律"、"伦理行为手段相对数量统计性规律"、"伦理行为手段相对数量非统计性规律"、"伦理行为原动力规律"、"道德总原则理论"、"己他两利主义"、"善恶六原则"、"最高且偶尔善原则"、"最高且偶尔恶原则"、"基本且恒久善原则"、"基本且恒久恶原则"、"最低且偶尔善原则"、"最低且偶尔恶原则"、"集体主义的完备形态"、"集体主义的不完备形态"、"国家治理和国家制度好坏的价值标准"、"国家制度好坏的价值标准"、"国家制度最高价值标准"、"国家制度根本价值标准"、"国家制度终极价值标准"、"（公正是）同等利害相交换或等利（害）交换"、"博爱的人道主义"、"自我实现的人道主义"、"自由的内在价值"、"自由的外在价值"、"自由的法治原则"、"自由的平等原则"、"自由的限度原则"、"被迫异化"、"自愿异化"、"不觉异化"、"异化的正道德价值"、"异化的负道德价值"、"幸福结构"、"幸福的主观形式与幸福的客观内容以及幸福的客观标准与幸福的客观实质"、"创造性幸福与自我实现幸福"、"创造性幸福的正面原则"、"创造性幸福的负面原则"、"幸福的真实性与虚幻性"、"幸福规律：事实律、价值律、实现律、强弱律、久暂律、先后律、折合律、等级律"、"幸福实现的正相关要素"、"幸福实现的负相关要素"、"幸福实现的统计性正相关要素"、"幸福实现的充足且必要条件"、"良心结构"、"名誉结构"、"良心的目的与动力"、"名誉的外在根源"、"名誉的内在根源"、"良心与名誉的真假对错"、"动机效果分别论"、"恶德境界"、"无德境界"、"美德自律境界"、"美德他律境界"、"德富律"、"德福律"、"德识律"、"德道律"、"制度建设：国民总体品德培养方法"、"道德教养：国民个体品德培养方法"等。

诸如此类新的话语体系的创造，源于纯净的科学之爱而无半点标新立异、主观任性和实用逢迎之意：伦理学在我心中只围绕真理的太阳旋转。但是，我20余载的呕心沥血所创造的新伦理学及其话语体系，说到底，一方面，起因于力求将人们从各种"公字化"的利他主义金枷锁中解脱出来的强烈渴望；而且始终不过是对我国社会现实的巨大热情所磨研的结果。这就是为什么最动我心的，会是我创造的"为己利他"名词。我曾一直为找不到适当名词来称谓"成名成家"、"个人奋斗"等通过造福社会和他人而求得自我利益的行为而苦恼。1987年在张家界开会，望着突兀的山脊、幽幽的白云，我又陷入新话语的沉思。突然，眼前奇峰异景化为四个字："为己利他"！找到了！我终于为这个多少年来一直在我心中呼号着的"魔鬼"找到了名字！本书之初衷、它一以贯之的现实感，便是为这个忍辱负重、功勋无比的"魔鬼"正名！

我20余载的呕心沥血所创造的新伦理学及其话语体系的原因，另一方面，则恰如习近平总书记所倡导："立足中国、借鉴国外，挖掘历史、把握当代。"[1] 就拿本书最重要的新话语"道德优劣好坏"、"优良道德"和"恶劣道德"来说，这些新名词的最直接的源头就是鲁迅的《狂人日记》。一日，我又读《狂人日记》，鲁迅借狂人之口将孔子和儒家道德体系的本质归结为"吃人"："我翻开历史一查，这历史没有年代，歪歪斜斜的每页上都写着'仁义道德'几个字。我横竖睡不着，仔细看了半夜，才从字缝里看出字来，满本都写着两个字是'吃人'！"我掩卷沉思：这岂不意味着道德原本有优劣好坏之分？

但是，我今天如此强调本书所创造的新话语体系，说到底，是被习近平总书记讲话所鼓舞而欲弘扬其精神："发挥我国哲学社会科学作用，要注意加强话语体系建设。""要善于提炼标识性概念，打造易于为国际社会所理解和接受的新概念、新范畴、新表述，引导国际学术界展开研究和讨论。这项工作要从学科建设做起，每个学科都要构建成体系的学

---

[1] 习近平："在哲学社会科学工作座谈会上的讲话"，新华网，2016年5月19日。

科理论和概念。""只有以我国实际为研究起点，提出具有主体性、原创性的理论观点，构建具有自身特质的学科体系、学术体系、话语体系，我国哲学社会科学才能形成自己的特色和优势。"①

* * *

本书承蒙恩师杨焕章先生审阅、指教并赐序；部分章节承蒙张岱年、周辅成、宋希仁、厉以宁诸先生和唐代兴教授审阅修改，提出了很多宝贵意见；加拿大明德学院院长张爱清研究员十分关怀本书写作，给我很大帮助；承蒙最美管理者三亚学院副校长车怡研究员关照，没几天我就应聘到梦寐以求的三亚学院；三亚学院国家治理研究院孙竹梅助理和学术服务中心陈科同志，帮我海量购书借书、核对引文、校对译文、编辑引证书目等。在此一并深致谢忱。我终生感激商务印书馆原副总编辑李连科、王乃庄先生和总编辑陈小文博士、商务印书馆文津公司原总编辑丁波以及生活·读书·新知三联书店副总编辑常绍民编审。他们不问权力地位而唯真才实学是举，最早自1999年以来，一直关心和扶植我的学术研究。我特别要感谢哲社室编审王希勇博士，本书的出版得到他的支持和帮助。感谢中央民族大学百年康城基金资助。最后，感谢中央民族大学马克思主义学院院长孙英博士，她不但撰写了幸福和美德等篇章，商讨体系构建大思路，而且曾有10余年几乎每天都与我同去颐和园游泳、写作、讨论这些难题：该书每个判断都饱含她的见解和心血。1999年，经常与我们在颐和园游泳的中央乐团许文先生有感于此而赋诗一首，诗曰：

一对鸳鸯水中游，登岸就啃大部头。
海上明月生光辉，孙家才女下绣楼。

---

① 习近平："在哲学社会科学工作座谈会上的讲话"，新华网，2016年5月19日。

伦理良心勤相问：蒙昧混沌几时休？

大笔一支追大禹，不教洪水泛九州。

王海明

2000 年 5 月 18 日第一版自序

2007 年 5 月 18 日修改为修订版自序

2018 年 11 月 23 日修改为第三版自序

导　　论

第一章　伦理学基本性质

本章提要

伦理学，就其主要研究对象来说，是关于国家制度好坏价值标准的科学；就其全部研究对象来说，是关于道德好坏的价值科学，是关于优良道德的科学。伦理学分为元伦理学和规范伦理学以及美德伦理学。元伦理学研究"价值"、"善"、"应该"、"正当"以及"是"或"事实"及其相互关系，从而解决"休谟难题"——能否从"事实"推导出"应该"——提出优良道德规范制定之方法：元伦理学是关于优良道德制定方法的科学。规范伦理学研究如何通过道德最终目的，从行为事实如何，推导出行为应该如何的优良道德规范：规范伦理学是关于优良道德规范制定过程的科学。美德伦理学研究"良心"、"名誉"和"品德"，解决优良道德如何由社会的外在规范转化为个人内在美德：美德伦理学是关于优良道德实现途径的科学。

一　伦理学界说

1　伦理学：关于道德的科学

道德对于人类的重要性，只要指出一点就足够了：有道德，社会才能存在发展；没有道德，社会势必崩溃瓦解。小到家庭，大到国家，皆是如此。甚至强盗社会亦然，故庄子曰："盗亦有道"。道德既然如此重要，必有科学来研究它。那么，关于道德的科学是什么？无疑是伦理学！伦理学，如所周知，就是关于道德的科学。现代西方学者也这样写道："伦理学可以界定为道德的科学，或道德特性的科学。"[①]我国伦理学界亦如是说："伦理学是关于道德的科学。"[②]

然而，细究起来，伦理学是关于道德的科学，虽然不错，却有皮相之见和同义语反复之嫌。因为，不难看出，伦理学是关于道德的科学，意味着：伦理学不是关于某个社会的特殊的、具体的道德的科学，而是关于一切社会的道德的普遍性的科学。因为这里所说的"道德"，乃是全称，因而包括一切道德，一切特殊的、具体的道德而是其一般、抽象、共性、普遍性。因此，关于道德的科学，也就是关于一切特殊的、具体的道德所包含的那种共同的、抽象的、一般的、普遍的"道德"之科学，因而也就是关于道德的普遍本性的科学，说到底，也就是道德哲学："道德科学"、"道德哲学"和"伦理学"实际上是同一概念。所以，布洛克（H. Gene Blocker）说："伦理学试图发现能够确证人类所有行为和最终说明使行为正当或不正当之最高层次、最一般的原因。"[③]

因此，伦理学虽然是关于道德的科学，却不研究不同民族或同一民族在不同时代所奉行的不同的乃至相反的特殊道德规范，如美国人谴责自杀，认可"失败后不应该自杀"的道德规范；日本人却敬重自杀，认可"失败后应该自杀"的道德规范：伦理学不研究这些"失败后是否应该自杀"的具体道德问题。在大多数国家，妇女都可以露出面孔，而应该遮住乳房和臀部。可是，在非洲的许多地区，妇女却应该裸露乳房和臀部；火地岛的妇女不应该露出后背；而在传统的阿拉伯社会中，妇女

---

① Theodore De Laguna: *Introduction to the Science of Ethics*, New York: Macmillan Publishing Company, 1914, p. 4.

② 罗国杰主编：《中国伦理学百科全书·伦理学原理卷》，吉林人民出版社，1993 年，第 1 页。

③ H. Gene Blocker: *Ethics: An Introduction*, New York: Haven Publications, 1988, p. 10.

应该遮住全身：伦理学不研究这些特殊的、具体的道德。弗兰肯纳将这种特殊的具体的道德当作人类学等社会科学对象，称之为"道德研究的描述的经验的类型"："描述的、经验的类型：包括历史的或科学的探索，诸如人类学家、历史学家、心理学家和社会学家所从事的工作。"[①]

伦理学研究的乃是适用于一切社会、一切时代、一切阶级的普遍道德规范，如"善"、"正义"、"平等"、"人道"、"自由"、"幸福"、"诚实"、"自尊"、"勇敢"、"谦虚"、"智慧"、"节制"等。因此，伦理学是哲学的分支，亦即道德哲学；正如美学、逻辑学、法哲学、政治哲学、经济哲学都是哲学的分支一样。于是，我们又回到古罗马哲学家西塞罗（公元前106—前43）的见地：所谓伦理学，亦即道德哲学，是关于道德的哲学，是关于道德的普遍本性的科学。今日西方伦理学家也都这样写道：

"伦理学是关于道德的哲学研究。"[②] "伦理学，有时亦称道德哲学，是企图理解道德概念和确证道德原则、道德理论的知识体系。"[③] "伦理学是哲学的一个分支；它是道德哲学，亦即关于道德、道德问题和道德判断的哲学思想。"[④]

2 伦理学：关于优良道德的科学

将伦理学定义为道德哲学，真正讲来，也不够精确。因为道德是一种社会制定、约定或认可的行为应该如何的规范：道德亦即道德规范。这样，道德便正如伊壁鸠鲁和休谟等哲学家所说，无非是人们所制定的

---

① 弗兰克纳：《伦理学》，关键译，三联书店，1987年，第7页。
② Louis P. Pojman: *Ethical Theory: Classical and Contemporary Readings*, Belmont, California: Wadsworth Publishing Company, 1995, p. 1.
③ 同上。
④ William K. Frankena: *Ethics*, Englewood Cliffs, New Jersey: Prentice-Hall, Inc., 1973, p. 4.

一种契约："正义起源于人类契约。"① 因此，道德具有主观任意性，虽然无所谓真假，却具有好坏、优劣和对错之分。举例说，我们显然不能说"应该自缢殉夫"的贞洁道德规范是真理还是谬误，而只能说它是好的、优良的、正确的还是坏的、恶劣的、错误的：它无疑是坏的、恶劣的、错误的。鲁迅在《狂人日记》中，曾借狂人之口，断言儒家道德是一种"吃人"的极端恶劣的坏道德：

"我翻开历史一查，这历史没有年代，歪歪斜斜的每页上都写着'仁义道德'几个字。我横竖睡不着，仔细看了半夜，才从字缝里看出字来，满本都写着两个字是'吃人'！"

鲁迅此言是否真理，大可争议；但有一点确凿无疑：道德有好坏优劣之分。伦理学的意义显然全在于此：避免坏的、恶劣的、错误的道德，制定好的、优良的、正确的道德。因为道德既然是可以随意制定的，那么，制定道德便不需要科学。伦理学大约在公元前500—前300年间，亦即在苏格拉底、亚里士多德和孔子、老子时代才诞生的；而在伦理学诞生之前，道德早就存在了：有社会，斯有道德焉。只有制定好的、优良的、正确的道德才需要科学：伦理学是关于优良道德的科学。所以，布洛克说：

"道德哲学家反思日常道德假定，并不仅仅是用哲学术语重述我们已经信赖的任何规范；而是寻求对于日常道德的一种新的理解和新的观点，这将改正我们某些道德信仰和改变我们每天的道德行为。"②

于是，精确言之，伦理学并不是关于道德的事实科学，而是关于道德好坏优劣的价值科学，是关于优良道德的科学，是关于优良道德的制定方法和制定过程以及实现途径的科学。这样一来，就某种意义来说，我们又回到了亚里士多德。因为，如所周知，亚里士多德一方面说，伦理学这门科学就是政治科学；另一方面，他的《政治学》，一以贯之者，

①　David Hume: *A Treatise of Human Nature*, Oxford: Clarendon Press, 1949, p. 494.

②　H. Gene Blocker: *Ethics: An Introduction*, New York: Haven Publications, 1988, p. 22.

就是关于"优良政治制度"之研究；[①] 推此可知，伦理学岂不就是关于优良道德的科学？

3 伦理学：关于道德价值的科学

究竟怎样的道德才是好的、优良的？这是个十分复杂的问题：它牵连三个密不可分而又根本不同的重要概念："道德"（"道德"属于"规范"范畴，因而"道德"与"道德规范"是同一概念）、"道德价值"和"道德价值判断"。然而，古今中外，几乎所有伦理学家都以为，"道德或道德规"与"道德价值"是同一概念。殊不知，二者根本不同。因为道德或道德规范都是人制定、约定的。但道德价值却不是人制定、约定的。一切价值——不论道德价值还是非道德价值——显然都不是人制定或约定的。试想，玉米、鸡蛋、猪肉的营养价值怎么能是人制定或约定出来的呢？

不难看出，玉米、鸡蛋、猪肉的营养价值不是人制定的，人只能制定应该如何吃玉米、鸡蛋和猪肉的行为规范。记得幼时，家父曾告诉我："肥肉和猪油最有营养价值，吃得越多越好。"如今不言而喻，家父当初告诉我的"猪油吃得越多越好"，是坏的、恶劣的行为规范；相反地，洪昭光等养生家们主张的"应该少吃一点猪油"的行为规范则是好的、优良的。为什么？因为"猪油吃得越多越好"的行为规范与猪油的营养价值不符：猪油多了具有负价值，因而多吃猪油是不好的。相反地，"应该少吃猪油"的行为规范与猪油的营养价值相符：猪油少一点具有正价值，因而少吃一点猪油好。

商品价值不是人制定的，人只能制定商品价格。人们所制定的商品价格既可能与商品价值相符、相等，也可能不相符、不相等：相符者就是优良的、正确的、正义的价格，不相符者就是恶劣的、错误的、不正

---

① 亚里士多德：《政治学》，吴寿彭译，商务印书馆，1996 年，第 43 页。

义的价格。唯有自由竞争才能够实现价格与价值相符、相等，才能够实现商品交换的正义。因为在自由竞争条件下，厂商为了利润最大化，势必将产量确定在边际成本、商品价值等于价格的产量水平上。这就是说，自由竞争条件下的商品价格等于商品价值具有必然性：等价交换或价格正义是自由竞争的价格规律。反之，垄断条件下的商品价格势必远远高于边际成本，远远高于商品价值。这就是说，垄断价格高于商品价值具有必然性：不等价交换或价格不正义是垄断价格规律。这就是为什么会有反垄断法出台的缘故。

可见，规范与价值根本不同：与价值相符的规范就是优良的好的规范，与价值不相符的规范就是恶劣的坏的规范。道德属于行为规范范畴。因此，优良的好的道德也就是与道德价值相符的道德，恶劣的坏的道德也就是与道德价值不符的道德。"应该自缢殉夫"的贞洁道德规范之所以是坏道德，就是因其与自缢殉夫的道德价值不相符：自缢殉夫具有负道德价值，是不应该的。那么，究竟怎样才能制定与道德价值相符的优良道德规范呢？

人们制定任何道德规范，无疑都是在一定的"道德价值判断"的指导下进行的。显而易见，只有在关于道德价值的判断是真理的条件下，所制定的道德规范才能够与道德价值相符，从而才能够是优良的道德规范；反之，如果关于道德价值的判断是谬误，那么，在其指导下所制定的道德价值的规范，必定与道德价值不相符，因而必定是恶劣的道德规范。举例说：

如果"为己利他是应该的"道德价值判断是真理，那么，我们把"为己利他"奉为道德原则，便与"为己利他"的道德价值相符，因而是一种优良的道德原则。反之，如果"为己利他是应该的"道德价值判断是谬误，那么，我们把"为己利他"奉为道德原则，便与"为己利他"的道德价值不相符，因而便是一种恶劣的道德原则。

可见，伦理学是关于优良道德——优良道德就是与道德价值相符的道德规范——的科学的定义，实际上蕴涵着了伦理学是寻找道德价值真理的科学，是关于道德价值的科学。所以，伦理学家们一再说伦理学是一种价值科学："伦理学是一个关于道德价值的有机的知识系统。"[1]"伦理学之为科学，研究关于全体生活行为之价值者也。"[2]这是伦理学的公认的定义，也是伦理学的更为深刻的定义。

然而，不难看出，这个"伦理学是关于道德价值的科学"的定义，只能从"伦理学是关于优良道德的科学"推出，而不能由"伦理学是关于道德的科学"推出。因为优良道德是不能随意制定、约定的，制定优良道德必与道德价值相关：优良道德是与道德价值相符的道德规范。反之，道德则是可以随意制定、约定的，制定道德不必与道德价值相关：与道德价值相符的道德是道德；与道德价值不符的道德也是道德。

这样一来，伦理学便有三个定义："伦理学亦即道德哲学，是关于道德的科学"，虽然不错，却仍然难免皮相之见和同义语反复之嫌；"伦理学是关于道德价值的科学"，虽然深刻，却有只见内容（道德价值）而不见形式（道德规范）的片面性之嫌；唯有"伦理学是关于道德好坏的价值科学，是关于优良道德的科学"堪称伦理学精确定义。然而，无论怎样说，伦理学都不是事实科学，而是"规范科学"或"价值科学"："规范科学"与"价值科学"是同一概念，虽然"规范"与"价值"根本不同。

二　伦理学对象

1　道德价值推导公式：确定伦理学对象的科学依据

伦理学的定义——伦理学是关于道德好坏的价值科学——表明，伦

---

① 宾克莱：《二十世纪伦理学》，孙彤、孙南桦译，河北人民出版社，1988年，第214页。
② 黄建中：《比较伦理学》，台北：国立编译馆，1974年，第34页。

理学就其根本特征来说，是一种规范科学和价值科学，而不是描述科学或事实科学。这样，在科学的王国里，伦理学便属于规范科学而与描述科学相对立。所以，约翰逊（Oliver A. Johnson）写道："哲学家们把伦理学称作规范科学，亦即研究规范或准则的科学；而与研究经验事实的描述科学相对照。"① 那么，这是否意味着：伦理学只研究应该、价值、规范而不研究是、事实？只研究"行为应该如何"而不研究"行为事实如何"？这就是所谓的"是与应该的关系"难题。它是元伦理学的基本问题，是伦理学能否成为科学的关键，因而也是全部伦理学的最重要的问题。所以，赫德森（W. D. Hudson）说："道德哲学的中心问题，乃是那著名的'是—应该'问题。"② 不解决这一难题，便不可能科学地确定伦理学对象，便不可能科学地构建伦理学。最先看到这一点的，是休谟。他这样写道：

"在我所遇到的每一个道德体系中，我一向注意到，作者在一时期中是照平常的推理方式进行的，确定了上帝的存在，或是对人事作一番议论；可是突然之间，我却大吃一惊地发现，我所遇到的不再是命题中通常的'是'与'不是'等连系词，而是没有一个命题不是由一个'应该'或一个'不应该'联系起来的。这个变化虽是不知不觉的，却是有极其重大的关系的。因为这个应该与不应该既然表示一种新的关系或肯定，所以就必须加以论述和说明；同时对于这种似乎完全不可思议的事情，即这个新关系如何能由完全不同的另外一些关系推出来的，也应该指出理由加以说明。不过作者们通常既然不是这样谨慎从事，所以我倒想向读者们建议要留神提防；而且我相信，这样一点点的注意就会推翻一切

① Oliver A. Johnson: *Ethics Selections from Classical and Contemporary Writers*, New York: Holt, Rinehart and Winston, 1978, p. 2.

② W. D. Hudson: *The Is-Ought Question: A Collection of Papers on the Central Problem in Moral Philosophy*, New York: St. Martin's Press, 1969, p. 11.

通俗的道德学体系。"①

　　这就是后来成为元伦理学核心的所谓"休谟难题"或"休谟法则"：能否从"是"、"事实"、"事实如何"推导出"应该"、"价值"、"应该如何"？元伦理学对于这个问题的研究表明：

　　行为应该如何的道德价值，并不是行为本身独自具有的属性，而是行为的事实属性（道德价值实体）与道德目的（道德价值标准）发生关系时所产生的属性，是行为事实如何对道德目的——保障社会存在发展和增进每个人利益——的效用。因此，道德价值、道德应该、行为之应该如何，是通过道德目的，从行为事实如何中产生和推导出来的：行为之应该（或正道德价值）等于行为之事实与道德目的之相符；行为之不应该（或负道德价值）等于行为之事实与道德目的之相违。

　　这就是"是与应该"的关系之真谛，这就是休谟难题之最终答案，这就是道德价值的发现和推导方法，可以将其归结为一个道德价值推导公式：

前提1：行为事实如何（道德价值实体）
前提2：道德目的如何（道德价值标准）

———————————————————————————————————

结论：行为应该如何（道德价值）

　　举例说，"张三不该杀人"是张三杀人事实对道德目的的效用。因此，张三不该杀人，便是通过道德目的，从张三杀人事实中产生和推导出来的："张三不该杀人"全等于"张三杀人事实不符合道德目的——保障社会存在发展和增进每个人利益——之效用"。这就是道德价值的发现和推导方法的一个实例，可以归结为一个公式：

———————————————

① 休谟：《人性论》下册，关文运译，商务印书馆，1983年，第509页。

前提 1：张三杀人了（行为事实如何：道德价值实体）

前提 2：道德目的是保障社会存在发展和增进每个人利益（道德目的如何：道德价值标准）

结论：张三不应该杀人（行为应该如何：道德价值）

因此，行为应该如何的道德规范虽然都是人制定的、约定的，但是，只有那些恶劣的道德规范才可以随意制定、约定。反之，优良的道德规范绝非可以随意制定，而只能通过道德目的，从行为事实如何的客观本性中推导、制定出来：所制定的行为应该如何的道德规范之优劣，直接说来，取决于行为应该如何的道德价值判断之真假；根本说来，则一方面取决于行为事实如何的事实判断之真假，另一方面取决于道德目的的主体判断之真假。

例如，"无私利他"作为道德规范，究竟是优良的，还是恶劣的，直接说来，便取决于"无私利他具有正道德价值"的价值判断之真假；根本说来，则一方面取决于"每个人的行为事实上能够无私利他"的事实判断之真假，另一方面则取决于"道德目的是增进每个人利益"的主体判断之真假。

这就是道德价值和优良道德规范的发现和推导方法，可以将其归结为一个"道德价值和优良道德规范推导公式"：

前提 1：行为事实如何（道德价值实体）判断之真理

前提 2：道德目的如何（道德价值标准）判断之真理

结论 1：行为应该如何（道德价值）判断之真理

结论 2：道德规范之优劣（道德规范是否与道德价值相符）

2 伦理学全部对象之推演

伦理学定义——伦理学是关于道德价值和优良道德的科学——意味着：从"道德价值和优良道德规范推导公式"可以推导出伦理学的全部内容、全部对象、全部命题。首先，从这个公式，可以推导出伦理学的基本对象由以下三部分组成：

第一部分是对于这个公式的前提 2 "道德目的如何（道德价值标准）"的研究。道德目的是衡量伦理行为事实如何的道德价值标准，只有借助它，才能从伦理行为事实如何推导出伦理行为应该如何的优良道德规范。但是，要证明何为道德目的，就必须证明道德究竟是什么：它的定义、结构、类型、基本性质等。因此，主要讲来，该部分首先研究道德概念；其次研究道德起源和目的；最后研究道德最终目的之量化，亦即道德价值终极标准。

第二部分是对于这个公式的前提 1 "行为事实如何（道德价值实体）"的研究，亦即所谓的"人性论"。因为伦理学所研究的人性，仅仅是可以言善恶从而进行道德评价的人性，因而只能是可以进行道德评价的人的行为事实如何之本性。它是行为应该如何的优良道德规范所由以产生和推导出来的实体，亦即道德价值实体。这一部分主要研究行为结构（行为目的、行为手段和行为原动力）、类型（如"为己利他"等 16 种行为）和规律（如"每个人必定恒久为自己，而只能偶尔为他人"等行为发展变化四大规律）。

第三部分是对于这个公式的结论 1 "行为应该如何（道德价值）"和结论 2 "道德规范之优劣（道德规范是否与道德价值相符）"的研究。首先，运用道德最终目的、道德终极标准——增减每个人利益总量——来衡量行为事实如何之 16 种、四大规律：符合这个标准的行为事实，就是一切行为应该如何的优良道德总原则"善"。其次，从道德总原则"善"

出发，一方面，推导出善待自我的优良道德原则"幸福"；另一方面推导出善待他人的优良道德原则——主要是国家制度与国家治理好坏的优良价值标准——"正义"、"平等"、"人道"、"自由"和"异化"：正义是国家制度好坏的根本价值标准；平等是最重要的正义；人道——亦即视人的创造性潜能的实现为最高价值而使人实现自己的创造性潜能的行为——是国家制度好坏的最高价值标准；自由是最根本的人道；异化是最根本的不人道。最后，从善、正义、平等、人道、自由、异化和幸福七大优良道德原则出发，进一步推导出"诚实"、"贵生"、"自尊"、"节制"、"谦虚"、"勇敢"、"智慧"、"中庸"这八大优良道德规则。

这三大部分就是规范伦理学的全部研究对象，规范伦理学主要研究如何通过"道德最终目的"（亦即"道德终极标准"），从"行为事实如何"，推导出"行为应该如何"的优良道德规范：规范伦理学就是关于优良道德规范制定过程的伦理学。

那么，如何才能使人们遵守优良道德，从而使其得到实现？通过良心、名誉和品德：良心与名誉的道德评价是道德规范实现的途径；良好的品德、美德则是道德规范的真正实现。良心、名誉和品德，正如穆勒所说，是一切伦理学都必须回答的重大问题：

"对于任何经人假定过的道德标准，往往有人问（并且应该这样问）：这个标准的制裁力是什么？人遵守它的动机是什么？或是（问得更明确些）：它的义务性的来源是什么？它用什么力量使人遵循它？伦理学必须对这个问题答复。"[①]

"良心"、"名誉"和"品德"三个范畴构成美德伦理学的全部研究对象：美德伦理学就是关于优良道德实现途径的伦理学，因而也就是对于这个"优良道德规范推导公式"的"优良道德规范"如何实现的研究。

对于"优良道德规范推导公式"或"道德价值推导公式"本身如何

---

① 穆勒：《功用主义》，唐钺译，商务印书馆，1957年，第28页。

能够成立的研究，则是元伦理学的核心：元伦理学就是关于道德价值的发现方法的伦理学，就是关于优良道德规范推导和制定方法的伦理学，说到底，就是自斯宾诺莎以降思想家们一直寻求的伦理学的公理体系。因为公理之为公理，正如波普所说，只在于从它们能够推演出该科学的全部命题和陈述：

"公理是这样被选择的：属于该理论体系的全部其他陈述都能够从这些公理——通过纯逻辑的或数学的转换——推导出来。"①

那么，元伦理学和规范伦理学以及美德伦理学是否构成了伦理学的全部学科？答案是肯定的。因为伦理学就是关于优良道德的科学，就是关于优良道德的制定方法（元伦理学）和制定过程（规范伦理学）以及实现途径（美德伦理学）的科学。于是，伦理学的对象最终可以归结如下：

$$
伦理学
\begin{cases}
上卷\ 元伦理学：优良道 \\
\quad 德之制定方法 \\
中卷\ 规范伦理学：优良 \\
\quad 道德之制定过程 \\
下卷\ 美德伦理学：优良 \\
\quad 道德之实现途径
\end{cases}
\begin{cases}
伦理行为事实：道德价值实体 \\
道德目的：道德价值标准 \\
伦理行为应该：道德价值 \\
优良道德：与道德价值相符的道德 \\
\quad 规范
\end{cases}
$$

三 伦理学体系结构和学科分类：当代西方学术界的研究和论争

伦理学对象的推演表明，伦理学对象分为三大部分——优良道德的制定方法和制定过程以及实现途径。对于这三大部分的研究，便形成了

---

① Karl R. Popper: *The Logic of Scientific Discovery*, New York: Harper & Row, 1959, p. 71.

伦理学体系结构的三大部分和学科分类的三大类型：元伦理学、规范伦理学、美德伦理学。规范伦理学占据伦理学的绝大部分对象和内容，无疑是伦理学体系结构的中心学科：伦理学符合中间（规范伦理学）大、两头（元伦理学和美德伦理学）小的科学体系的典型特征，是以规范伦理学为中心学科而辅之以元伦理学和美德伦理学两个外围学科的科学体系，是以元伦理学为头颅、以规范伦理学为躯体、以美德伦理学为双脚的有机体。

这是不难理解的，因为伦理学是关于优良道德规范的科学，是关于优良道德规范制定方法（元伦理学）和优良道德规范制定过程（规范伦理学）以及优良道德规范实现途径（美德伦理学）的科学：伦理学完全属于规范科学，怎么可能不以规范伦理学为中心呢？然而，当代西方伦理学界竟然一致认为，规范伦理学与美德伦理学不过是研究同一对象的两种模式，因而伦理学实际上只有两门学科：这两门学科在一些伦理学家看来是元伦理学与规范伦理学，而在另一些伦理学家看来则是元伦理学与美德伦理学。

1 伦理学只有两门学科：元伦理学与规范伦理学

"伦理学"虽然分为"理论伦理学"和"应用伦理学"两大类型，但是，一般说来，"伦理学"无疑只是指前者。然而，伦理学或理论伦理学，如前所述，又有元伦理学和规范伦理学以及美德伦理学之分。不过，1903 年之前，人类对于三者虽有研究——如亚里士多德、孟子和斯宾诺莎对于"善"等元伦理学概念的研究以及休谟对于"是与应该"等元伦理学根本问题的研究——却并不存在这样三种伦理学学科；一直到 19 世纪末，伦理学与所谓"规范伦理学"（Normative Ethics）几乎还是同一概念。

1903 年，摩尔发表《伦理学原理》，宣告了另一种理论伦理学——

"元伦理学"（Metaethics）——的诞生。尔后半个多世纪，元伦理学在西方伦理学领域一直居于主导地位。它的代表人物，除了摩尔，还有普里查德、罗斯、罗素、维特根斯坦、石里克、卡尔纳普、艾耶尔、斯蒂文森、图尔敏、黑尔等。这样，自 1903 年以来，伦理学或理论伦理学便分为元伦理学与规范伦理学两大学科。所以，约瑟夫·P. 赫斯特（Joseph P. Hester）写道："伦理学或伦理学研究，一般说来，分为两大类型：规范伦理学和元伦理学。"① 大卫·考普（David Copp）也写道："伦理学的哲学研究一般分为两大领域，即元伦理学和规范伦理学。"② 那么，元伦理学和规范伦理学的区别与联系何在？

元伦理学对象比较权威的界定，来自弗兰克纳。赫斯特说："元伦理学，据弗兰克纳考察，研究以下诸问题：（1）伦理学术语如'正当'、'不正当'、'善'、'恶'的意义或定义是什么？也就是说，使用了以上或类似术语的那些判断的本性、意义或功能是什么？运用这样术语和判断的规则是什么？（2）此类术语的道德用法与非道德用法以及道德判断与其他规范判断的区别如何？与'非道德的'相对照的'道德的'的意义是什么？（3）有关术语或概念如'行为'、'良心'、'自由意志'、'意图'、'许诺'、'辩解'、'动机'、'责任'、'理由'、'自愿'的分析或意义是什么？（4）伦理的和价值的判断能够被证明、合理化或显示其正确性吗？如果能够，那究竟是怎样的和在什么意义上的？或者说，道德推理和价值推理的逻辑是什么？"③ 对于这四个问题，马克·蒂蒙斯（Mark Timmons）进一步归结道："前三个问题所关涉的是伦理术语的意义；第四个问题所关涉的则是道德判断的确证（justification of moral judgments）。"④

---

① Joseph P. Hester: *Encyclopedia of Values and Ethics*, Santa Barbara: ABC-CLIO, 1996, p. 259.
② Lawrence C. Becker: *Encyclopedia of Ethics*, Volume 1, New York: Garland Publishing, Inc., 1992, p. 790.
③ Joseph P. Hester: *Encyclopedia of Values and Ethics*, Santa Barbara: ABC-CLIO, 1996, p. 260.
④ Mark Timmons: *Morality without Foundations*, New York: Oxford University Press, 1999, p. 16.

　　道格拉斯·盖维特（R. Douglass Geiveit）也把元伦理学的研究对象分为"伦理术语"和关于道德价值判断之真伪证明方法的"道德判断确证"两方面："元伦理学不同于规范伦理学和应用伦理学之处，在于它对概念的和认识论问题的探索。这些问题是人们在考究道德论辩和探索、应用关于正当或不正当的规范理论的过程中提出来的。概念问题因道德的术语和主张而生；认识论问题则源于道德确证的可能和特性。概念问题……将直接考察诸如'善'、'恶'、'正当'、'不正当'等术语。这种分析的目的在于，阐明这些术语在使用道德断言的判断，如'X 是正当的'或'X 是不正当的'之中的意义。……认识论问题，如：一个人究竟怎样才能确定哪些道德判断是真的和哪些是假的？"①

　　诚哉斯言！当代西方伦理学家将元伦理学对象分为"伦理学术语"与"道德判断证明"：前者主要是"善"与"正当"等范畴；后者则研究道德价值判断之真伪的证明方法，亦即"道德推理和价值推理的逻辑"。不但此也，弗兰克纳在总结他所列举的元伦理学所研究的四个问题时，进一步阐明，"道德推理和价值推理的逻辑"是元伦理学根本问题："在这些问题中，1 和 4 是更标准的元伦理学问题……在这两个问题中，4 是根本的。"②

　　但是，一方面，他们还不知道，所谓道德推理或价值推理的逻辑，说到底，就是"休谟难题"：能否从"是"、"事实"、"事实如何"推导出"价值"、"应该"、"应该如何"？这样一来，他们就不能科学地确定，元伦理学应该仅仅研究与这一元伦理学根本问题有关的"价值"、"善"、"应该"、"正当"以及"是"或"事实"等范畴，却误以为除此以外，元伦理学还研究"有关术语或概念如'行为'、'良心'、'自由意志'、'意图'、'许诺'、'辩解'、'动机'、'责任'、'理由'、'自愿'的分析或意

①　John K. Roth: *International Encyclopedia of Ethics*, London, Chicago: Braun-Brumfield Inc., 1995, pp. 554-555.

②　William K. Frankena: *Ethics*, Englewood Cliffs, New Jersey: Prentice-Hall, Inc., 1973, p. 96.

义是什么？"①照此说来，元伦理学岂不几乎研究一切伦理学术语？岂不就将元伦理学等同于伦理学？

　　另一方面，当代西方伦理学家对于休谟难题虽然多有研究，却始终未能破解休谟难题，未能发现"行为应该如何的道德价值，是通过道德目的，从行为事实如何中产生和推导出来的"——这就是破解休谟难题的答案——因而也就不懂得，"道德价值判断之真假"，直接说来，取决于"道德价值判断"与"道德价值"是否相符；但是，根本说来，则一方面取决于"行为事实判断"之真假，另一方面取决于"道德目的判断"之真假。这样一来，他们也就不可能发现能够推导出伦理学全部命题的"道德价值推导公式"或"伦理学公理"，不可能发现元伦理学就是优良道德规范推导方法的伦理学，说到底，就是伦理学的公理体系。

　　这就是为什么，当代西方伦理学界竟然从"元伦理学是研究伦理术语的意义和道德推理或价值推理的逻辑"虽然宽泛却基本正确的观点，得出了十分模糊和怪诞的结论：元伦理学是分析道德语言的科学。元伦理学大师黑尔便这样写道："伦理学，就我的理解而言，乃是对道德语言的逻辑研究。"②这竟然是当代西方主流伦理学家的元伦理学的定义："以道德语言的分析来界定元伦理学是很有代表性的。"③

　　这一元伦理学定义不但模糊怪诞，而且难以成立：对于"道德语言"的研究岂不属于一种"语言"研究范畴？岂不属于一种语言学？更何况，并不是任何"道德语言"的分析和"伦理术语"的意义的研究以及"道德判断"的确证都属于元伦理学。例如，"节制"是伦理术语，"节制是应该的"是道德判断：对于二者的分析都属于所谓"道德语言分析"。但是，对于"节制"和"节制是应该的"的分析、证明，显然并非元伦理

---

① Joseph P. Hester: *Encyclopedia of Values and Ethics*, Santa Barbara ABC-CLIO, 1996, p. 260.

② R. M. Hare: *The Language of Morals*, London: Oxford University Press 1964, p. 1.

③ Lawrence C. Becker: *Encyclopedia of Ethics*, Volume 1, New York: Garland Publishing, Inc., 1992, p. 790.

学研究，而是规范伦理学研究。那么，元伦理学与规范伦理学对于伦理学术语的分析和道德判断的证明之区别究竟是什么？

　　首先，二者的区别，确如当代西方伦理学家所说，全在于规范伦理学所分析和确证的，乃是一条一条具有行为内容的，因而能够指导行为的道德应该、道德善和道德价值之规范："应该利他"、"正义是正当的"、"谨慎是一种道德善"、"节制具有正道德价值"等；而元伦理学所分析和确证的，则是囊括一切道德应该、道德善和道德价值之规范的、抽离了一切行为内容因而不能够指导任何行为的正当本身、应该本身、善本身、价值本身："正当"、"应该"、"善"、"价值"。道格拉斯·盖维特写道：

　　"元伦理学可以界定为对于抽离了具体内容的道德规则、标准、评价和原则之本性、证明、合理性、真理的条件和性质的哲学研究。由于它以这种方式将道德或道德原则作为它的研究对象，它有时被称之为'第二级'伦理学。反之，规范伦理学的推断和理论，或'第一级'伦理学，则是实在的伦理主张和理论。"[1]

　　赫斯特也写道："规范伦理学探究什么是道德上的正当、不正当或责任；什么是道德上的善或恶；什么时候我们负有道德责任；什么是可欲的、好的或值得做的。规范伦理学探求可接受的责任原则和普遍的价值评价，以便决定什么在道德上是正当的、不正当的或责任，以及什么或谁在道德上是善的、恶的或有责任的。反之，元伦理学——或许除了一些暗示——不提出任何道德原则或行为目的。这样，它的任务完全在于哲学分析：阐释和理解规范理论的语言和主张等。"[2]

　　究竟言之，元伦理学所分析的伦理学术语，主要是正当、应该、善和价值；所证明的判断，则主要是揭示这些术语相互关系——特别是应

---

[1]　John K. Roth: *International Encyclopedia of Ethics*, London, Chicago: Braun-Brumfield Inc, 1995, p. 790.

[2]　Joseph P. Hester: *Encyclopedia of Values and Ethics*, Santa Barbara: ABC-CLIO, 1996, pp. 259-260.

该与事实的关系——的价值判断：前者可以称之为"元伦理学范畴"；后者可以称之为"元伦理证明"。于是可以说：元伦理学主要是关于正当、应该、善和价值的科学。反之，规范伦理学所分析的伦理学术语，则主要是道德应该、道德善和道德价值；所证明的判断，则主要是揭示这些术语相互关系——特别是行为应该如何与行为事实如何的关系——的道德价值判断。因此可以说：规范伦理学是关于道德应该、道德善和道德价值的科学。可是，伦理学，如前所述，就是关于道德应该、道德善、道德价值的科学。这岂不是说，伦理学亦即规范伦理学，而研究正当、应该、善和价值的元伦理学乃在伦理学的外延之外？

原来，不懂得一般，就不懂得个别：一般是个别的方法。不懂得什么是鱼，也就不能懂得什么是鳜鱼：理解鱼是理解鳜鱼的方法。同理，要知道道德应该、道德善、道德价值存在何处及其产生和推导过程，首先必须知道应该、善、价值究竟存在何处及其产生和推导过程：理解应该、善、价值是理解道德应该、道德善、道德价值的方法。所以，对于应该、善和价值的研究也就属于对于道德应该、道德善和道德价值的研究的一部分，因而也属于伦理学，亦即所谓元伦理学。这样，元伦理学也是关于道德价值的科学：元伦理学是关于道德价值的研究方法的科学。于是可以说：规范伦理学是关于道德价值本身的科学；元伦理学则是研究道德价值的方法的科学。然而，研究道德价值的目的和意义，如前所述，全在于制定优良道德：优良道德亦即与道德价值相符的道德规范。所以，更确切些说，规范伦理学是制定优良道德规范的科学；元伦理学则是制定优良道德的方法的科学。

从元伦理学的词源来看也是如此。元伦理学（Metaethics）一词的词头 Meta，源于拉丁文，义为"变化"、"变形"、"超越"、"在……之后"。因此，从词源上看，元伦理也就是超越伦理的伦理，元伦理学也就是超越伦理学的伦理学。可是，超越伦理的伦理是什么？超越伦理学的伦理学是什么？伦理学是关于道德应该、道德善和道德价值的科学。所以，超越伦理的伦理就是超越道德应该、道德善和道德价值的伦理，也就是应该、善和价值；而超越伦理学的伦理学也就是超越道德应该、道德善和道德价值的伦理学，也就是关于应该、善和价值的伦理学。一句话，元伦理就是应该、善和价值之规律和规则；元伦理学就是关于应该、善和价值的伦理学。

这可以从两方面来理解。一方面，元伦理不是伦理，元伦理学不是伦理学，因为对于应该、善和价值的研究不同于对于道德应该、道德善、道德价值的研究：前者是对后者的超越；另一方面，元伦理又是伦理，元伦理学又是伦理学，因为对于应该、善和价值的研究又属于对于道德应该、道德善、道德价值的研究：前者是后者的方法。这就是元伦理学为什么是超越伦理学的伦理学的意思。所以，库柏说：元伦理学所研究的问题"关乎道德而不属于道德"（With questions about morality, not of morality）。① 这样一来，元伦理学也就是一种最为基本、最为抽象、最为一般的伦理学。因为应该、善和价值比道德应该、道德善、道德价值更为基本、更为抽象、更为一般。因此，元伦理学的中国词源涵义更接近元伦理学的概念定义。因为"元"字在中国的词源涵义是"基本的"、"本来的"、"第一的"、"起始的"、"为首的"等。

然而，细细想来，似乎不能由"对于应该、善和价值研究"是"对于道德应该、道德善和道德价值研究"的方法，便得出结论说：前者属于后者的一部分。确实，我们不能由哲学是自然科学的方法，就说哲学属于自然科学的一部分。但是，"应该、善和价值"与"道德应该、道德善和道德价值"的关系，跟哲学与自然科学的关系有所不同。哲学与自然科学是一种比较松散的一般与具体的关系。这种松散表现在：不系统地研究哲学，仍然能够系统地研究自然科学。反之，"对于应该、善和价值的研究"与"对于道德应该、道德善和道德价值的研究"则是一种

---

① 　David E. Cooper: *Ethics: The Classic Reading*, Malden, Mass.: Blackwell Publishers, 1998, p. 3.

极为密切融为一体的一般与具体的关系：不系统地研究"应该、善和价值"，就无法系统地研究"道德应该、道德善和道德价值"。这一点，突出表现在元伦理学的基本问题与规范伦理学的关系上。那么，元伦理学的基本问题是什么？

弗兰克纳在总结他所列举的元伦理学所研究的四个问题时说："在这些问题中，1和4是更标准的元伦理学问题……在这两个问题中，4是根本的。"① 这就是说，元伦理学的根本问题是道德判断或价值判断的确证，亦即道德推理或价值推理的逻辑。所谓道德推理或价值推理，亦即确证道德判断或价值判断的推理，也就是含有道德判断或价值判断的推理。所谓道德判断或价值判断，亦即含有价值或应该等术语的判断，也就是人们对于价值或应该的认识。因此，元伦理学所要解决的根本问题，是"应该"或"价值"产生和存在的来源、依据问题；说到底，也就是著名的休谟难题："应该"、"价值"、"应该如何"与"是"、"事实"、"事实如何"的关系问题，亦即能否从"是"、"事实"、"事实如何"推导出"应该"、"价值"、"应该如何"？元伦理学对于这个难题的研究的结果，如上所述，可以归结为：

行为应该如何的优良的道德规范绝非可以随意制定，而只能通过道德目的，从行为事实如何的客观本性中推导、制定出来：所制定的行为应该如何的道德规范之优劣，取决于对行为事实如何的客观规律和道德目的的认识之真假。

这样一来，元伦理学便不但为确定规范伦理学的研究对象及其体系的构建提供了科学的依据，而且为规范伦理学制定优良的道德规范提供了方法和前提：要使所制定的道德优良，必须一方面研究这种道德所规范的行为之事实如何；另一方面研究道德目的是什么。

举例说，无私利他与为己利他，究竟何者是优良的道德原则？这属

---

① 　William K. Frankena: *Ethics*, Englewood Cliffs, New Jersey: Prentice-Hall, Inc., 1973, p. 96.

于规范伦理学的研究范围。但是，怎样才能确证这一点呢？只有运用元伦理学理论，一方面研究人的行为事实上究竟能否无私利他和为己利他；另一方面研究道德目的究竟是什么。对于二者的研究，从历史上看，有两种相反的理论模型：

模型1 一方面，真理确如利他主义所说，事实上每个人不但能够为己利他，而且能够无私利他；另一方面，真理确如义务论所说，道德目的、道德终级标准并不是增进每个人利益，而是增进每个人的品德完善。那么，为己利他便因其不是品德的完善境界、不符合道德目的，而是错误的、恶劣的道德原则；而只有无私利他才因其是品德的完善境界、符合道德目的，从而是正确的、优良的道德原则。

模型2 一方面，真理确如利己主义所说，事实上每个人只能够为己利他，而不可能无私利他；另一方面，真理也确如功利主义所说，道德目的、道德终级标准并不是增进每个人的品德完善，而是增进每个人利益。那么，为己利他便因其符合道德目的，从而是正确的、优良的道德原则；反之，无私利他则因其违背人的事实如何的客观本性，从而是错误的、恶劣的道德原则。

可见，元伦理学不但解决了规范伦理学体系的科学构建，而且通过对于"应该如何与事实如何"的关系的探究而达成对于道德价值判断和道德规范的证明：一方面是证明我们对于"应该如何"的道德认识之真伪的方法；他方面是证明我们所制定的"应该如何"的道德规范之优劣的方法。

但是，元伦理学仅仅是道德价值判断之真伪和道德规范之优劣的证明方法，它仅仅探究如何才能确立道德价值判断之真理和如何才能制定优良的道德规范。它并不确立任何可以指导行为的道德判断之真理，也不制定任何优良的道德规范。所以，它不能指导任何行为，因而仅仅就其自身来说是无用的、没有意义的；它的用处和意义全在于指导规范伦理学如何确立道德价值判断的真理和制定优良道德规范。规范伦理学则应用元伦理学关于确立道德价值判断之真理和制定优良的道德之方法，确立道德价值判断真理，制定优良的道德。所以，规范伦理学能够指导一切行为，因而就其自身来说就是有用的，有意义的：规范伦理学是元伦理学的目的；元伦理学是规范伦理学的方法。

因此，没有元伦理学，规范伦理学便没有科学的方法，就无法科学地、系统地研究"道德应该、道德善和道德价值"，就不可能科学地确定自己的研究对象和体系的科学构建，就难以确立具体的可以指导行为的道德之真理、难以制定具体的可以指导行为的优良的道德。反之，没有规范伦理学，元伦理学则失去了目的和意义。于是，作为两门独立的科学，元伦理学与规范伦理学都是片面的、偏狭的、错误的、不能成立的。二者并非两门独立科学，而是构成一门科学——科学的伦理学——的不可分离的两部分：元伦理学是科学的伦理学的导引；规范伦理学是科学的伦理学的正文。

诚然，当代西方伦理学家已经看到：元伦理学是一种关于道德价值判断之真伪的证明方法的伦理学，因而是指导规范伦理学研究的科学方法。约翰逊还曾进一步论述说："伦理学家通过怎的过程得出他的结论？当他论述一种理论，比如关于人的善生活的理论，他究竟诉诸什么来支持它？他的理论是像科学理论那样基于经验的证据，还是基于权威，抑或直觉和道德洞见以及其他为伦理学所特有的方法？根本讲来，伦理学理论是可以辩护的吗？最后的这个问题导致元伦理学所一直研究的一系列最重要的知识问题。"[①]

因此，道格拉斯·盖维特十分正确地指出："元伦理学研究的问题，逻辑上先于规范伦理学问题。"[②] 迈克尔·史密斯（Michael Smith）也这样

---

① Oliver A. Johnson: *Ethics Selections from Classical and Contemporary Writers*, Fourth Edition, New York: Holt, Rinehart and Winston, 1978, p. 12.

② John K. Roth: *International Encyclopedia of Ethics*, London, Chicago: Braun-Brumfield Inc., 1995, p. 554.

写道："哲学家们使元伦理学问题先于规范伦理学问题无疑是正确的。"①
说得最准确的恐怕还是摩尔：元伦理学是"任何可能以科学自命的未来
伦理学的绪论"②。但是，由于当代西方伦理学家没有破解休谟难题，一方
面，他们还没有发现证明道德价值判断之真伪的科学方法，没有发现道
德价值判断之真假，直接说来，取决于其与行为应该如何的道德价值是
否相符；根本说来，则取决于关于行为事实如何的事实判断之真假和关
于道德目的的主体判断之真假。

　　另一方面，当代西方伦理学家还没有发现，元伦理学就是关于优良
道德规范制定方法的伦理学，就是关于优良道德规范直接依据道德价值
判断——最终依据行为事实判断以及道德目的之主体判断——之真理的
制定方法的伦理学。因此，他们并不清楚：元伦理学究竟是一种怎样指
导规范伦理学的方法？这一点的明证，岂不就是两本写得很好的伦理
学——弗兰克纳的《伦理学》和彼彻姆（Louis P. Pojman）的《哲学伦理
学》③——竟然都把元伦理学放在最后？元伦理学既然是规范伦理学的方
法，怎么不放在规范伦理学之前，反倒置于其后？

　　然而，这些还不是当代西方伦理学的主要缺陷；主要的缺陷恐怕在
于以为伦理学表面看来是三门学科——元伦理学与规范伦理学以及美德
伦理学——而实际上却只有两门：一门是元伦理学；另一门是规范伦理
学或美德伦理学。因为当代西方伦理学家竟然一致认为：规范伦理学与
美德伦理学并不是研究对象不同的两门科学，而不过是研究同一对象的
两种模式。这种观点能成立吗？

---

① Michael Smith: *The Moral Problem*, Oxford: Blackwell Publishers, 1995, p. 2.
② G. E. Moore: *Principla Ethica*, Beijing: China Social Sciences Publishing House Chengcheng Books, 1999, p. 35.
③ William K. Frankena: *Ethics*, Englewood Cliffs, New Jersey: Prentice-Hall, Inc., 1973. Tom L. Beauchamp: *Philosophical Ethics*, New York: McGraw-Hill Book Company, 1982.

2 同一对象的两种研究模式：规范伦理学与美德伦理学

　　20 世纪 60 年代以来，脱离规范伦理学而妄图独撑伦理学大厦的元伦理学开始走下坡路。代之而起的，一方面是以罗尔斯的《正义论》为代表的传统规范伦理学的复兴；另一方面则是反对规范伦理学的所谓美德伦理学（virtue ethics）的兴起。美德伦理学兴起之始，据格雷戈里·维尔艾泽考·Y. 特诺斯盖（Gregory Velazco Y. Trianosky）说，是一篇问世于 1958 年的论文："重新唤起人们极大兴趣的美德问题之争端，肇始于伊丽莎白·安斯康布的著名论文'现代道德哲学'。"① 从那时以至今日，美德伦理学的呼声虽然越来越高，却一直构建不出自己的科学体系，甚至没有一本可以称之为"美德伦理学"的理论专著问世。

　　因此，人们都知道有美德伦理学，却不知道谁——或许除了麦金泰尔——是美德伦理学的代表人物。美德伦理学的代表人物，或许还有彼得·杰奇（Peter Geach）、菲力帕·福特（Philippa Foot）、迈克尔·斯洛特（Michael Slote）、冯·赖特（von Wright）、加里·沃森（Gary Watson）、雷戈里·维尔艾泽考·Y. 特诺斯盖以及华莱士（Wallace）、保罗·泰勒（Paul Taylor）、沃诺克（Warnock）等。

　　但是，据今日美德伦理学家说，美德伦理学还是有它的大师的，那就是亚里士多德和阿奎那：美德伦理学的"最为系统的创立者无疑是亚里士多德以及混合亚里士多德与基督教哲学的阿奎那"。② 所以，美德伦理学听起来似乎新鲜，却有一个漫长而辉煌的历史："关于美德特别是各种美德的哲学兴趣有一个'漫长'——这个词可能不够确切——而卓越

① Daniel Statman: *Virtue Ethics*, Edinburgh: Edinburgh University Press, 1997, p. 44.
② Philippa Foot: *Virtues and Vices and Other Essays in Moral Philosophy*, Berkeley and Los Angeles: University of California Press, 1978, p. 1.

的历史。"①那么，美德伦理学究竟是什么？

问题的关键在于，元伦理学和规范伦理学以及美德伦理学，在当代西方学者那里，并非伦理学的三门学科，而是伦理学的两门学科。自1903年元伦理学诞生以来，半个多世纪，伦理学家们一直认为伦理学由元伦理学与规范伦理学构成，而美德理论则包括在规范伦理学之内。道格拉斯·盖维特说："规范伦理学理论关注功利主义、利己主义、康德形式主义、美德伦理学等诸如此类的一般伦理学理论的比较研究。"②考普也这样写道："规范伦理学包括关于诸如死刑等具体道德问题及其普遍形式的立场和原则的哲学辩护，包括关于普遍的道德原则和规范的道德理论，如功利主义理论和美德理论以及义务理论的辩护。"③但是，20世纪60年代以来，美德伦理学家崛起。在美德伦理学家看来，伦理学并非由元伦理学和规范伦理学构成，而是由元伦理学与美德伦理学构成。

原来，美德伦理学家与规范伦理学家一致认为，规范伦理学和美德伦理学的研究对象完全相同，皆由两大部分构成：一部分是"道德、规范和行为"；另一部分是"美德、品德、行为者"。规范伦理学家们将这两部分的研究叫作"规范伦理学"，因为他们是道德中心论者，认为居于伦理学体系中心地位的，是道德、规范和行为，而不是品德、美德和行为者；反之，美德伦理学家们则将这两部分的研究叫作"美德伦理学"，因为他们是美德中心论者，在他们看来，居于伦理学体系中心地位的，是品德、美德和行为者，而不是道德、规范和行为。

内森·R.科勒（Nathan R. Kollar）在界说美德伦理学的词条时便这样写道："大多数当代伦理学（亦即规范伦理学——译者）都以规范或效

---

① Michael Slote: *From Morality to Virtue*, New York: Oxford Uniyersity Press, 1992, p. 87.
② John K. Roth: *International Encyclopedia of Ethics*, London, Chicago: Braun-Brumfield Inc., 1995, p. 554.
③ Lawrence C. Becker: *Encyclopedia of Ethics*, Volume 1, New York: Garland Publishing, Inc., 1992, p. 790.

果所证明的特定行为为中心。美德伦理学则以作为善的品质之结果的善的评价为中心。"① 巴巴拉·麦金诺（Barbara MacKinnon）亦如是说：在规范伦理学中，"美德是第二位的。它的主要的、基本的目的与其说是成为善良的人，不如说是做善良的事。在美德伦理学中，主要的、基本的目的则是成为善良的人。"② 麦金泰尔反对现代通行的规范伦理学，而主张复兴亚里士多德的美德伦理学，也是因为规范伦理学"对亚里士多德传统的拒绝，乃是拒绝了一种相当独特的道德，在这种道德中，规范——它在现代道德理论中居于主要地位——不过是从属于美德居于中心地位的更大体系中的一部分罢了"③。"在这种目的论的体系中，'碰巧成为的人'和'认识到自身的主要天资而可能成为的人'之间存在着基本对比。伦理学就是使人懂得如何从前者转化为后者的科学。"④

可见，在当代西方学者那里，规范伦理学并不排斥和取代美德伦理学对象：它也研究品德、美德和行为者；只不过对品德、美德和行为者的研究居于从属的、次要的、被决定的地位。所以，弗兰克纳说："美德在规范伦理学中的位置不同于美德伦理学所赋予它的那种地位。"⑤ 同样，美德伦理学也并非排斥和取代规范伦理学对象：它也研究道德、规范和行为；只不过对道德、规范和行为的研究居于从属的、次要的、被决定的地位。所以，麦金泰尔在反驳人们认为他要以美德伦理学取代规范伦理学的误解时写道："他们误把这本书解释为对作为代替'一种规则伦理'的'一种美德伦理的辩护'。这种批评没有注意到下面这个方面：在此方面，任何充分的德性伦理都需要'一种法则伦理'作为其

① John K. Roth: *International Encyclopedia of Ethics*, London, Chicago: Braun-Brumfield Inc., 1995, p. 915.

② Barbara MacKinnon: *Ethics*, San Francisco: Wadsworth Publishing Company, 1995, p. 90.

③ Alasdair Macintyre: *After Virtue*, Beijing: China Social Sciences Publishing House Chengcheng Books Ltd., 1999, p. 239.

④ Ibid., p. 50.

⑤ William K. Frankena: *Ethics*, Englewood Cliffs, New Jersey: Prentice-Hall, Inc., 1973, p. 66.

副本。"①

不难看出，西方伦理学家对于规范伦理学和美德伦理学的界定是不能成立的。导致这种错误的根本原因，无疑是以偏概全，夸大了规范伦理学和美德伦理学各自研究对象：被他们奉为规范伦理学（或美德伦理学）对象的两大部分——"道德、规范、行为"与"品德、美德、行为者"——实际上根本不同，分别是规范伦理学和美德伦理学的研究对象。

诚然，我们也可以像当代西方伦理学家那样，将这两部分当作一门学科对象来研究；甚至也可以将元伦理学对象与这两部分放在一起，都当作一门学科对象来研究。从亚里士多德到1903年摩尔发表元伦理学名著《伦理学原理》以前，两千多年来伦理学家们不都是将构成伦理学对象的这三大部分不加区分地当作一门学科对象来研究吗？

但是，现在如果我们还这样来研究伦理学就是不科学的了。因为科学发展的规律就是分门别类：一方面，将我们所面对的世界分为根本不同部分，分别由不同科学研究，而分别称之为《哲学》、《社会科学》和《自然科学》等；另一方面，又进一步将同一门科学研究对象分为几个根本不同部分，分别由不同科学和学科研究，如将《哲学》研究对象分为根本不同的几部分，分别由《伦理学》、《逻辑学》、《美学》等科学研究，再进一步将《伦理学》等哲学学科研究对象分为根本不同的几个部分，分别由《元伦理学》和《规范伦理学》等学科研究。伦理学究竟分为多少学科，取决于伦理学对象究竟分为多少根本不同部分。

自亚里士多德以降，人皆误以为伦理学只有一门学科：关于道德的科学。1903年摩尔发表元伦理学专著《伦理学原理》，人皆误以为伦理学只有两门学科：元伦理学与规范伦理学。20世纪60年代以来，美德伦理学崛起，虽然人皆误以为规范伦理学与美德伦理学并非研究不同对象的两门科学，而不过是研究同一对象的两种模式；但是，这种谬误却包裹重大

---

① 麦金泰尔：《谁之正义？何种合理性？》，万俊人等译，当代中国出版社，1996年，第2页。

真理，亦即揭示了"美德、品德"与"道德、规范"的根本不同，从而表明伦理学——关于道德的科学——原来由根本不同却又不可分离的三大部分构成：优良道德推导方法（元伦理学对象）；优良道德推导过程（规范伦理学对象）；优良道德实现途径（美德伦理学对象）。这样一来，伦理学岂不明明白白由"元伦理学与规范伦理学以及美德伦理学"三大学科构成？不但此也，道德中心论与美德中心论之争，还提出了一个极端复杂和重要的问题：伦理学体系构建和学科分类的中心学科究竟是什么？

3　伦理学的中心学科：道德中心论与美德中心论

细察当代西方美德伦理学家的著作，令人十分困惑：他们对于伦理学为什么应以美德为中心——亦即"品德"、"美德"和"是什么人"比"道德"、"规范"和"做什么"更为根本、更重要、更具决定意义——的论点，并没有什么严谨的理论论证。这种论证，就是在麦金泰尔自称是"集中关注美德与规则之间联系的本性"[①]的巨著《谁之正义？何种合理性？》里面，也找不到。所以，在他们那里，美德中心论的结论，与其说得自于理论论证，不如说是得自于直觉感悟。

他们的这种感悟主要在于：做具有美德的人比做符合道德规范的事更为根本、更重要、更具决定意义，因而美德比规范更为根本、更重要、更具决定意义。因为人们如果没有美德，那么再好的道德规范也不可能被遵守，因而也就等于零；反之，只有当人们具有美德时，道德规范才能被遵守，从而得到实现。美德中心论大师麦金泰尔便这样写道："无论如何，在美德与规则之间具有另一种极其重要的联系，那就是，只有具有正义美德的人，才可能知道怎样施行规则。"[②]梅林德（Gilbert C.

---

① 麦金泰尔:《谁之正义？何种合理性？》，万俊人等译，当代中国出版社，1996年，第2页。

② Alasdair Macintyre: *After Virtue*, Beijing: China Social Sciences Publishing House Chengcheng Books Ltd., 1999, p. 143.

Meilaender）亦如是证明："只有正确地'是'，才可能正确地'做'。"①

诚然，如果人们没有美德，那么再好的道德规范也不可能真正被遵守，从而得到实现；只有当人们具有美德时，道德规范才能真正被遵守，从而得到实现。但是，由此能否得出结论说：美德比道德规范更为根本更为重要更具决定意义？答案是否定的。事实恰恰相反，一个国家绝大多数国民品德好坏，完全取决于该国国家制度好坏，说到底，取决于该国所奉行的道德规范好坏。

因为，所谓制度，正如罗尔斯和诺斯所言，是一定的行为规范体系："我将把制度理解为一种公开的规范体系。"②"制度是为约束在谋求财富或本人效用最大化中个人行为而制定的一组规章、依循程序和伦理道德行为准则。"③康芒斯讲得就更为形象了："制度似乎可以比作一座建筑物，一种法律和规章的结构，正像房屋里的居住人那样，个人在这结构里面活动。"④

不言而喻，社会所制定或认可的一切行为规范无非两类：权力规范和非权力规范。所谓权力规范，也就是法（包括法律、政策和纪律等），是依靠权力来实现的规范，是应该且必须遵守的行为规范，如不许杀人放火、抢劫偷盗等；所谓非权力规范，亦即道德，是仅仅依靠非权力力量——如舆论和名誉以及良心的力量——来实现的规范，是应该而非必须遵守的规范，如应该助人为乐、宽容、节制、仁慈、谦虚等。

如果抛开规范所依靠的力量而仅就规范本身来讲，道德与法是一般与个别的关系。因为一方面，道德不都是法，如无私利他、助人为乐、同情报恩等都是道德，却不是法；另一方面，法同时都是道德，如"不

① Gilbert C. Meilaender: *The Theory and Practice of Virtue*, Louisiana: University of Notre Dame Press, 1984, p. x.
② John Rawls: *A Theory of Justice*, Cambridge, Massachusetts: The Belknap Press of Harvard University Press, 1999, p. 47.
③ 罗尔斯：《正义论》，何怀宏等译，中国社会科学出版社，1988年，第195页。
④ 康芒斯：《制度经济学》上册，于树生译，商务印书馆，1997年，第86页。

得滥用暴力"、"不得杀人"、"不得伤害"、"不可盗窃"、"抚养儿女"、"赡养父母"等岂不都既是法律规则同时也是道德规则吗？

　　因此，如果抛开规范所依靠的力量而仅就规范本身来讲，法是道德的一部分：道德是法的上位概念。那么，法究竟是道德的哪一部分呢？无疑是那些最低的、具体的道德要求：法是最低的、具体的道德。这个道理被耶林（Jelling，1851—1911）概括为一句名言："法是道德的最低限度。"因此，"最低的具体的道德"与"法"乃是同一规范；二者的不同并不在于规范，而在于规范所赖以实现的力量：同一规范，若依靠权力实现，即为法，若不依靠权力而仅仅依靠舆论等，则是道德。

　　可见，抛开规范所依靠的力量而仅就规范本身来讲，一切法都不过是那些具体的、最低的道德，因而也就都产生于、推导于、演绎于道德的一般的普遍的原则。所以，法自身仅仅是一些具体的特殊的琐琐碎碎的规则，法自身没有原则；法是以道德原则为原则的：法的原则就是道德原则。法的原则、法律原则，如所周知，是正义、平等、自由等。这些原则，真正讲来，并不属于法或法律范畴，而属于道德范畴，属于道德原则范畴。

　　这是不言而喻的，因为谁会说正义是一项法律呢？谁会说平等是一项法律呢？谁会说自由是一项法律呢？岂不是只能说正义是道德、平等是道德、自由是道德吗？正义、平等、自由等都是道德原则，是社会治理的道德原则，因而也就是法律原则，也就是政治——政治是法的实现——原则。这就是为什么法理学和政治哲学的核心问题都是正义、平等、自由的缘故：正义、平等、自由都是法和政治的原则。

　　这样一来，国家制度虽然包括经济制度和政治制度以及文化制度和社会制度，但是，一方面，就"制度"属于"行为规范体系"范畴来说，国家制度不过是法和道德两大行为规范体系；另一方面，如果抛开规范所依靠的力量而仅就规范本身来讲，"法"不过是"最低的具体的道德"，因而一切国家制度说到底都属于"道德规范"范畴。

美德伦理学的研究表明，国家制度好坏是大体，是决定性的根本性的因素；国民品德好坏是小体，是被决定性的非根本性因素。国民品德好坏，总体说来，取决于国家制度好坏。只要国家制度好，绝大多数国民品德必定好；如果要国家制度不好，绝大多数国民品德必定坏。因此，邓小平说：

"制度好可以使坏人无法任意横行，制度不好可以使好人无法充分做好事，甚至会走向反面。即使像毛泽东同志这样伟大的人物，也受到一些不好的制度的严重影响，以至对党对国家对他个人都造成了很大的不幸……不是说个人没有责任，而是说领导制度、组织制度问题更带有根本性、全局性、稳定性和长期性。"①

问题的关键在于：国家制度不过是一种法与道德的规范体系，说到底，都属于道德规范范畴。因此，说到底，一个国家所奉行的道德规范的好坏，就是大体，是决定性的根本性的因素；国民品德好坏则是小体，是被决定性非根本性因素。国民品德好坏，总体说来，取决于所奉行的道德规范的好坏。一个国家只要所奉行的道德规范好，绝大多数国民品德必定好；如果所奉行的道德规范不好，绝大多数国民品德必定坏。试举伦理学所研究的国家制度体系中的三条优良道德规范——亦即三条自由原则——以说明：

政治自由原则：一个国家的政治，应该直接或间接地得到每个公民的同意，应该直接或间接地按照每个公民自己的意志进行，说到底，应该按照被统治者自己的意志进行。

经济自由原则：经济活动应该由市场机制自行调节，而不应由政府管制，政府的干预应仅限于确立和保障经济规则；而在这些经济规则的范围内，每个人都应该享有完全按照自己的意志进行经济活动的自由，都享有完全按照自己的意志进行生产、分配、交换和消费等经济活动的

---

① 《邓小平文选》第二卷，人民出版社，1994年，第333页。

自由。

思想自由原则：每个社会成员都应该享有获得与传达任何思想的自由，说到底，言论与出版应该完全自由而不应该受到任何限制。

不难看出，一个国家如果奉行诸如此类优良道德规范，该国政治必定清明，经济发展必定迅速、财富分配必定公平，文化必定繁荣，每个人必定都能够充分实现自己的创造性潜能。这样一来，国民的美德与幸福势必一致，物质需要满足的程度必定充分，做一个有美德的人的道德欲望和道德认识以及道德意志必定强烈，从而绝大多数国民的品德必定高尚。反之，一个国家如果奉行与此相反的恶劣道德规范，该国政治必定腐败，经济必定停滞不前，财富的分配必定不公平，文化必定萧条，每个人的创造性潜能必定难以实现。这样一来，国民的美德与幸福必定背离，物质需要满足必定不充分，做一个好人的道德欲望和道德认识以及道德意志必定淡薄，从而绝大多数国民品德必定恶劣。

由此可见，国民品德好坏，取决于国家制度好坏，说到底，取决于所奉行的道德规范的好坏。这样一来，虽然做具有美德的人比做符合道德规范的事，更为根本、更重要、更具决定意义，但是，绝大多数国民能否做一个具有美德的人，却完全取决于所奉行的道德规范的好坏。因此，说到底，道德规范比美德更为根本、更重要、更具决定意义。

美德中心论误以为美德比道德规范更根本，显然是因为，一方面，只看到做具有美德的人比做符合道德规范的事更为根本，却没有看到能否做具有美德的人取决于所奉行的道德规范好坏；另一方面，不懂得道德规范有优劣好坏之分，更不懂得国家制度是一种道德规范体系：这种道德规范的好坏决定绝大多数国民品德好坏。

美德中心论不能成立，还在于所谓美德，正如亚里士多德所指出，不过是一个人长期遵守道德规范的行为所形成和表现出来的心理自我："德性则由于先做一个一个简单行为，而后形成的。这和技艺的获得一样。当我们学习过了一种技艺时，我们愿意去做这种技艺，于是去做。

就由于这样去做，而学成了一种技艺。我们由于从事建筑而变成建筑师，由于奏竖琴而变成竖琴演奏者。同样，由于实行正义而变为正义的人，由于实行节制和勇敢而变为节制的、勇敢的人。"[①]

可见，每个人的品德乃是他的行为长期遵守或违背道德规范所得到的结果："道德"、"规范"和"做什么"是原因；"品德"、"美德"和"是什么人"则是结果。这岂不意味着：道德规范比美德更为根本、更重要、更具决定意义？这就是为什么，从伦理学体系的构成来看，首要的、主要的、根本的、绝大部分的内容不能不是"道德"、"规范"和"行为"、"做什么"；而"品德"、"美德"和"是什么人"则只能是最后的、结论的、极少部分的内容。

试想，伦理学能够首先或直接研究"我应该是一个无私利他的人"吗？绝不能。因为是否应该做一个无私的人，显然是以实际上是否能够存在无私的行为为前提的：如果确如孔德、康德、孔子、墨子等利他主义论者所说，存在无私的行为，那么，"无私利他"才可能被确立为道德规范，从而"我应该是一个无私利他的人"才可能成立；如果爱尔维修、霍尔巴赫、费尔巴哈等利己主义论者说得对，根本就不存在无私的行为，那么，"无私利他"便不应该被确立为道德规范，因而"我应该是一个无私利他的人"就纯属无稽之谈了。

即使实际上存在无私的行为，"我应该是一个无私利他的人"也未必就能成立；它的成立还需要一系列的其他前提，如：道德最终目的研究。如果道德最终目的，如尼采、萨特、杨朱、庄子等个人主义论者所说，是为了自我利益，那么，无私利他、自我牺牲便不符合道德最终目的，因而便不应该被确立为道德规范，于是我也就不应该做一个无私利他的人；如果道德最终目的，如孔子、康德、基督教所说，是为了完善自我品德，那么，无私利他、自我牺牲便符合道德最终目的，因而便是应该

[①] 周辅成编：《西方伦理学名著选辑》上卷，商务印书馆，1954年，第292页。

如何的道德规范，从而我才应该做一个无私利他的人。

这就是为什么，从伦理学体系的构成来看，"道德"、"规范"和"行为"、"做什么"是前提、理由、原因，占有首要的、主要的、根本的、绝大部分的内容；而"品德"、"美德"和"是什么人"则是结论、结果，仅仅占有最后的、次要的、非根本的、极少部分的内容。这是不难理解的，因为一般说来，前提总比结论更为复杂，更为重要；原因总比结果更为根本，更具决定意义。所以，"规范"和"做什么"总是比"美德"和"是什么人"更为根本、更为复杂，更为重要、更具决定意义。

确实，"我应该做什么"极其复杂、重要、根本：究竟应该无私，还是利己？应该无私利他还是为己利他？应该增进最大多数人最大幸福，还是为义务而义务？应该诚实而见死不救，还是说谎救人？应该应征杀敌还是在家赡养父母？这些都是两千年来伦理学家们一直争论不休而至今未决之难题。反之，"我应该是什么样的人"则是个远为简单、次要、非根本的问题：我只要长期按照"我应该做什么"的道德规范行事就可以达到了。

由此可以理解，为什么亚里士多德伦理学是所谓的美德伦理学，为什么他的伦理学的全部内容几乎都是"美德"、"品德"、"应该是什么人"问题：这只是因为它是伦理学发展的原始的、初始的、低级的知识积累阶段。人类的认识总是从观察结果到追溯原因，从直观的具体到思辨的抽象，从简单的外在的现象到复杂的内在的本质。随着人类认识的发展，伦理学的中心才可能由诸如"美德"、"品德"、"应该是什么人"这种简单的直观的具体的问题，逐渐转入复杂的抽象的深刻的"道德"、"规范"、"行为"、"应该做什么"的问题；进而转入优良道德规范制定方法之元伦理学问题：一方面，康德义务论伦理学和穆勒功利主义伦理学，是从亚里士多德的美德中心论转入道德中心论；另一方面，摩尔伦理学则是从道德中心论转入优良道德规范推导和制定方法：元伦理学。一言以蔽之，近现代伦理学是这两种转化的完成形态，是伦理学发展的高级阶段。

　　然而，不论从哪一个阶段来看，伦理学都是一种规范科学，都是关于道德规范的科学，亦即关于优良道德规范的科学，说到底，亦即关于优良道德规范的推导、制定方法（元伦理学对象）和推导、制定过程（规范伦理学对象）以及实现途径（美德伦理学对象）的科学：这就是伦理学的科学定义。就这个定义来看，美德伦理学无疑也是一种关于道德规范的伦理学，亦即关于道德规范如何实现的伦理学。

　　因此，就伦理学的定义来看，道德、规范具有独立的、完整的、全部的意义：它是伦理学的全部研究对象。反之，品德、美德则正如詹姆斯·雷切尔斯（Jammes Rachels）所说，完全从属于道德、规范——美德是道德规范的实现——从而只是伦理学的部分研究对象："根据这些理由，至为明显，最好是把美德理论作为整个伦理学理论的一部分，而不是作为一门完整的伦理学原理。"① 因此，在科学的伦理学的研究中，道德、规范和行为应该居于中心的、决定的、主要的、首要的地位，而品德、美德和行为者则应该处于从属的、次要的、被决定的地位。

　　饶有风趣的是，美德中心论还有一个与"做具有美德的人比做符合道德规范的事更具决定意义"不同的论据，即美德是评价一切行为正当与否的道德终极标准——这一论据不但没有证明美德中心，反倒说明美德从属于道德。这一论据的比较权威的阐释者，当推当代美德中心论者格雷戈里·维尔艾泽考·Y. 特诺斯盖。他曾这样写道：

　　"如果以公式来更加精确地表示，那么，纯粹美德伦理学的主张可以归结为两点。首先，它主张至少一些美德判断能够独立于任何诉诸行为正当性的判断而被证实。……其次，根据纯粹美德伦理学，美德是在先的，它最终决定任何正当的行为之正当。"②

①　Steven M. Cahn and Peter Markie: *Ethics: History, Theory and Contemporary Issues*, New York: Oxford University Press, 1998, p. 681.

②　Daniel Statman: *Virtue Ethics*, Edinburgh: Edinburgh University Press, 1997, p. 43.

丹尼尔·斯戴特曼（Daniel Statman）和杰拉西莫斯·X.斯坦特斯（Gerasimos X. Santas）等人论及美德伦理学的根本特征时，都引证这段话。后者又引证加里·沃森作为进一步说明："1.过一种人类所特有的生活（这是充分地作为一个人的功能）要求拥有——比如说——某种美德特质T。2.因此，T是人的优越特质并且使它们的拥有者达到真正的人的程度。3.依据于T的某种行为W（T的正反实例）。4.因此，W是正当的（善的或不正当的）。"① 最后，斯坦特斯总结道："在美德伦理学中，正当的行为界说于，或得自于，或确证于，或解释于美德。"②

这就是说，美德乃是评价一切行为正当与否的道德终极标准。姑且承认美德中心论的这一论断是真理。但是，这一论断岂不明明白白地说：美德是一种道德终极标准，属于"道德标准"、"道德规范"和"道德"范畴——三者是同一概念——因而从属于道德规范吗？更何况，"美德乃是评价一切行为正当与否的道德终极标准"，如所周知，乃是康德义务论规范伦理学——而不是反对它的美德伦理学——的核心理论。

综上可知，美德中心论是一种似是而非的诡辩，而道德中心论堪称真理：伦理学体系结构的核心是道德规范而不是美德。那么，是否可以说伦理学体系结构的核心是规范伦理学？答案是肯定的。因为伦理学体系由元伦理学和规范伦理学与美德伦理学构成。伦理学体系的核心是道德规范而非美德，显然意味着：美德伦理学不是伦理学体系的核心。那么，如果元伦理学也不是伦理学体系的核心，规范伦理学便是伦理学体系的核心了。元伦理学不可能是伦理学体系的核心。因为元伦理学不过是规范伦理学的方法而已：规范伦理学是元伦理学的目的。于是，我们可以得出结论说：伦理学体系由元伦理学和规范伦理学以及美德伦理学构成，结构核心是规范伦理学；伦理学学科分为

---

① Daniel Statman: *Virtue Ethics*, Edinburgh: Edinburgh University Press, 1997, p. 261.
② Ibid., p. 262.

元伦理学和规范伦理学以及美德伦理学，中心学科是规范伦理学。

　　问题的关键还在于，规范伦理学是伦理学的中心学科，显然意味着：伦理学对象的中心是道德规范。而道德规范分为道德原则和道德规则：道德规则不过是道德原则的引申和实现，道德原则无疑远远重要和复杂于道德规则。因此，伦理学主要是关于道德原则的科学。伦理学所研究的道德原则，如上所述，可以归结为七条，亦即善、正义、平等、人道、自由、异化和幸福：善是一切伦理行为应该如何的道德总原则；幸福是善待自我的道德原则；正义与平等以及人道、自由、异化五大道德原则主要是国家制度好坏的价值标准。

　　这样，一方面，从量上看，伦理学所研究的道德原则绝大多数都属于国家制度好坏的价值标准范畴；另一方面，从质上看，公正与平等以及人道与自由等国家制度好坏的价值标准，无疑远远重要于善和仁爱，远远重要于其他一切道德原则。因此，亚里士多德一再说："在各种德性中，人们认为公正是最重要的。"[①]

　　斯密也这样写道："社会存在的基础与其说是仁慈，毋宁说是公正。没有仁慈，社会固然处于一种令人不快的状态，却仍然能够存在；但是，不公正的盛行则必定使社会完全崩溃。……仁慈是美化建筑物的装饰品而不是支撑它的地基，因而只要劝告就已足够而没有强制的必要。反之，公正是支撑整个大厦的主要支柱。如果去掉了这根柱子，人类社会这个巨大而广阔的建筑物必定会在一瞬间分崩离析。"[②]罗尔斯则一言以蔽之曰："公众的正义观乃是构成一个组织良好的人类联合体的基本宪章。"[③]

　　因此，伦理学，就其最重要和最主要的部分来说，亦即就其核心与

①　《亚里士多德全集》第八卷，苗力田等译，中国人民大学出版社，1992年，第96页。

②　Adam Smith: *The Theory of Moral Sentiments*, edited by D. D. Raphael and A. L. Macfie, Oxford: Clarendon Press, 1976, p. 86.

③　John Rawls: *A Theory of Justice*, Cambridge, Massachusetts: The Belknap Press of Harvard University Press, 1999, p. 5.

基础来说，乃是一种关于国家制度好坏的价值标准的科学。不但此也，如果就伦理学的全部研究对象——伦理学是关于优良道德的科学——来看，那么，伦理学不但主要研究国家制度好坏的价值标准，而且还包括对于国家制度好坏的研究。因为国家制度就是行为规范体系，就是法和道德的规范体系；如果抛开规范所依靠的力量而仅就规范本身来讲，"法"与"最低的具体的道德"乃是同一规范，因而一切国家制度都属于"道德规范"范畴。这就是为什么，我国有"半部《论语》治天下"之说。这就是为什么，亚里士多德在《尼各马科伦理学》一开篇便一再强调，伦理学属于政治科学：

"一切技术，一切规划以及一切实践和抉择，都以某种善为目标……如若是这样，那么就要力求弄清至善到底是什么；在各种科学和能力中，到底谁以它为对象。人们也许认为它属于最高主宰的科学，最有权威的科学。不过，它显然是种政治科学……所以，人自身的善也就是政治科学的目的。一种善即或对于个人和对于城邦来说，都是同一的，然而获得和保持城邦的善显然更为重要，更为完满。一个人获得善值得嘉奖，一个城邦获得善却更加荣耀，更为神圣。讨论到这里，就可知道，这门科学就是政治科学。如若有关主题的材料已经清楚，这里所说的也就足够了。不能期待一切理论都同样确切，正如不能期待人工制品都同样精致一样。政治学考察高尚和正义。"①

综观伦理学定义与对象以及结构和类型，可知伦理学——关于道德价值的科学——比任何事实科学都复杂得多。因为事实的科学只由事实判断之一种认识构成；而伦理学则由"行为事实如何"的事实判断、客体判断和"道德目的如何"的主体判断以及"行为应该如何"的价值判断三种认识构成。事实科学的理论分歧，只是关于事实如何的描述认识之分歧；而伦理学的理论分歧，则包括以下分歧：直接说来，是评价分

① 《亚里士多德全集》第八卷，苗力田等译，中国人民大学出版社，1992年，第4—5页。

歧，是对道德价值、行为应该如何的评价之分歧；根本说来，则是描述分歧，即或是对道德价值实体、行为事实如何的描述之分歧，或是对道德价值主体、社会创造道德的目的等道德本性的描述之分歧，或是二者兼而有之。

　　然而，人们往往以为，伦理学只是一门学问而并非科学；在他们看来，科学亦即自然科学，是精确可靠的知识，因而是能够用观察和实验检验的知识。这种颇为合乎常识的观点，被卡尔纳普和波普等现代经验论者升华为一种著名的科学分界理论。按照这种理论，伦理学不是科学。现代情感主义伦理学家——罗素、维特根斯坦、卡尔纳普、艾耶尔、斯蒂文森等——则进一步推论：道德判断仅仅表达主体的情感而并不描述客体事实，因而无所谓真假，是非认识的；于是，伦理学并非知识体系，因而不属于科学。这个问题，仍然是今日西方伦理学家争论的热点。吉尔伯特·哈曼（Gilbert Harman）在他的《道德本性》中重新提出："道德原理能够像自然科学原理那样得到检验和确证吗？"[①] 结果引起当代道德怀疑论与道德实在论之争。那么，伦理学究竟是不是科学？这就是所谓的伦理学的科学性的问题。对于这一具有重大理论意义和现实意义的复杂问题的研究，便构成下一章"伦理学科学性质"。

---

① Louis P. Pojman: *Ethical Theory: Classical and Contemporary Readings*, Belmont, California: Wadsworth Publishing Company, 1995, p. 478.

第二章　伦理学科学性质

本章提要

伦理学与物理学一样，都是一种科学：关于实际存在的事物的必然性、普遍性的理性知识体系。二者的区别，主要在于物理学是事实科学，并且其对象具有数学规律的结构，因而是依赖于定量测量和使用数学的科学，具有数学的精确性。反之，伦理学则是价值科学，并且其对象不具有数学规律的结构，因而是一种不能够进行定量测量的使用数学的科学，不可能具有数学的精确性。然而，伦理学比物理学等自然科学更加复杂艰深。因为不但任何价值科学都远远复杂于事实科学，而且人的伦理行为比物理现象也更加高级、复杂：人是自然的最高级、最复杂的东西。甚至就一切价值科学的基本对象来看，伦理学也是最为复杂难解的：伦理学是最为复杂艰深的科学。同时，伦理学也是价值最大的科学。因为人类社会的发展、进步，说到底，无疑都是每个人的劳动、活动之结果：每个人的劳动或活动是社会发展进步的基本原因。而人的任何社会活动，实际上都可以看作是对于某种道德或法的规范的实现与背离。法律不过是具体的、最低的道德，因而都仅仅是一些具体的、特殊的、琐琐碎碎的规则：法律自身没有原则；法律是以道德原则为原则的。法律的原则，如正义、平等、自由等，并不是法律，而是道德。因此，大体说来，一切社会活动最终便都是对于某种道德的实现。于是，虽然一个社会的道德本身，不过是一纸空文，是软弱无力的，因而并不是社会发展进步的基本原因；但是，一个社会实行何种道德，则是社会发展进步

的基本原因：推行优良的道德是社会进步的基本原因；推行恶劣道德是
社会停滞的基本原因。

一 科学概念

1 科学定义

确证伦理学究竟是不是科学的起点显然是：科学究竟是什么？每个
人似乎都知道科学是什么。[1]但是，真正讲来，科学之界定，正如金岳霖
所言："是一件比较烦难的事"。[2]它是如此烦难，以致关于科学区别于非
科学的所谓"科学分界"问题，竟成为现代科学哲学争议最大的问题之
一。不过，至少有一点毫无疑义：科学是知识。从词源上看，也是如此：
"科学"源于拉丁文 scientia，义为知识。确实，一切科学都是知识，但
是，一切知识却不都是科学：科学乃是知识之一种。那么，科学究竟是
一种怎样的知识？

要界定科学在知识王国中的范围，正如科学哲学家瓦托夫斯基所指
出，首先应该厘清什么知识不是科学："科学这个术语显然不能用来称谓
骗术、伪造以及系统化了的迷信。"[3]因为这些都是"根据某些想象的力量
或存在物所做出的解释"[4]这就是说，科学知识与神学知识不同。因为所
谓神学，如所周知，是关于神灵的知识，是关于神、魔、鬼、精灵、灵

① M. W. Wartofsky: *Conceptual Foundations of Scientific Thought*, New York: Macmillan Publishing Company; London: Collier-Macmillan Limited, 1968, p. 1.
② 金岳霖：《知识论》，商务印书馆，1983 年，第 9 页。
③ M. W. Wartofsky: *Conceptual Foundations of Scientific Thought*, New York: Macmillan Publishing Company; London: Collier-Macmillan Limited, 1968, p. 44.
④ Ibid., p. 46.

魂等一切幻想的、实际上并不存在的事物的知识。反之，科学则是关于实际存在的事物的知识，是关于自然、社会、人类的知识："科学是关于自然、社会和思维的知识体系。"① 那么，是否可以把科学定义为关于实际存在的事物的知识？科学哲学家弗兰克的回答是否定的：

"当我们讲到科学的时候，我们总是在论述或者抽象这两个水平上来讲到它的。其中第一个是日常常识经验的水平，比如我们观察一个黑点相对于别的某些黑点在移动着。这是直接观察的水平，实验报告所处理的就是这些简单的经验事实。……我们所讲的第二个水平，是科学普遍原理水平。这个水平完全不同于常识经验的水平。后者是一切人所共有的，而前者所用的语言非常不同于日常生活所用的语言。科学在本质上是由这些普遍原理组成的，仅仅是一些关于跳动的点这类陈述的集合，不算是科学。"②

这就是说，科学与经验或感性知识根本不同。经验或感性知识是关于事物的现象、偶然性、特殊性的知识。反之，科学则是理性知识，是关于事物的本质、规律、必然性、普遍性的知识。所以，丹皮尔写道："科学可以说是关于自然现象的有条理的知识，可以说是对于表达自然现象的各种概念之间的关系的理性研究。"③

然而，人们往往只承认科学是关于规律、普遍性的知识体系，而不承认科学是关于本质、必然性的知识体系。其实，一方面，凡是普遍性的东西，如"人"，都是感官感觉不到而只能被抽象思维把握的东西。谁见过"人"是什么样的？我们岂不都只见过北京大学的蔡元培、鲁迅、胡适、冯友兰等？所以，凡是普遍性的东西也就都是感官感觉不到的事物的内在属性，因而也就是所谓的"本质"。另一方面，凡是普遍的东

① 《辞海》，上海辞书出版社，1979年，第1745页。
② 菲利普·弗兰克：《科学的哲学——科学和哲学之间的纽带》，许良英译，上海人民出版社，1985年，第16页。
③ 丹皮尔：《科学史及其与哲学和宗教的关系》，李珩译，商务印书馆，1975年，第9页。

西，"如人人皆有一死"，都是一定不移、不可避免的、不依人的意志而转移的，因而也就是所谓的必然性。可见，"普遍性"、"必然性"、"本质"、"规律"说到底，实为同一概念。

那么，是否可以把科学定义为关于实际存在的事物的本质、规律、必然性、普遍性的理性知识？还不够准确。因为，举例说，"人人必死"这一个判断，便是关于"每个人"这种实际存在的事物的本质、规律、必然性、普遍性的理性知识。但是，我们显然不能说这一个判断就是科学：科学乃是判断体系，是知识体系。所以，瓦托夫斯基说："科学是一种用普遍的定律和原理建构的有组织的或系统化的知识体系。"[①]可见，精确地说，科学是关于实际存在的事物的本质、规律、必然性、普遍性的理性知识体系，简言之，也就是关于实际存在的事物的普遍性的理性知识体系，因为"本质"、"规律"、"必然性"、"普遍性"、"理性对象"大体是同一概念。这样，科学的定义便可以表示如图：

知识
- 实际并不存在的事物的知识＝神学知识
- 实际存在的事物的知识
  - 感性知识
  - 理性知识
    - 不成体系的理性知识
    - 理性知识体系＝科学

然而，科学的定义问题因为著名的"科学分界理论"而复杂化了：若不解决这个麻烦的问题，科学的定义显然是不完备的，甚至是难以成立的。

2　科学分界理论

所谓科学分界理论，如所周知，也就是科学区别于非科学的理论，主要是现代经验论的著名代表卡尔纳普、石里克和波普的证实与证伪理

[①]　M. W. Wartofsky: *Conceptual Foundations of Scientific Thought*, New York: Macmillan Publishing Company; London: Collier-Macmillan Limited, 1968, p. 23.

论，更确切些说，是逻辑经验主义的证实原则和波普的证伪原则理论以及它们所引发的争论。[①] 何谓"证实原则"？卡尔纳普解释说，证实原则源于休谟：

"休谟在《人类理解研究》（出版于 1748 年）最后一章这样写道：'依我所见，抽象的科学和证明的唯一对象，乃是量和数……人类其他的一切探究都只是关涉到事实和存在，这些显然是不能证实的……如果确信这些原则，那么，当我们走进各个图书馆时，应该做什么呢？如果我们拿起任何一本书，比如说是一本神学或哲学教科书，那么我们就可以问：它包含关于量和数的任何抽象推理吗？没有。它包含关于事实和存在的任何经验推论吗？没有。那么我们就可以把它投入火堆里，因为它包含的不是诡辩就是幻想。'我们同意休谟此见，也就是说——翻译成我们的术语——只有数学和经验科学的命题是有意义的，所有其他命题都是没有意义的。"[②]

这一使科学区别于非科学的证实原则，被施太格缪勒更加明确地表述为："一切在科学上可以接受的陈述都必须或者是只从逻辑上就能论证的，或者是依据经验被证明为可能的。"[③] 因此，所谓"证实原则"，正如石里克所说，也就是"可证实性原则"："可证实性的意思就是证实的可能性……我们将称之为'经验的可能性'和'逻辑的可能性'。"[④] 这就是说，只有可能被证实——逻辑证实和经验证实——的知识，才是科学的知识；否则便是非科学的陈述。这就是逻辑经验主义的"证实原则"。

然而，对于逻辑经验主义的这个证实原则，波普反驳说：科学理论

① 参阅施太格缪勒：《当代哲学主流》上册，王炳文、燕宏远、张金言等译，商务印书馆，1989 年，第 366—436 页。

② Morton White: *The Age of Analysis*, Boston: Houghton Mifflin Company, 1955, p. 223.

③ 施太格缪勒：《当代哲学主流》上册，王炳文、燕宏远、张金言等译，商务印书馆，1989 年，第 372—373 页。

④ 洪谦：《逻辑经验主义》，商务印书馆，1989 年，第 45 页。

不可能被经验证实，而只可能经验被证伪。因为任何科学理论都是一种全称的、普遍的判断，因而它所概括的经验事实都是无穷的；可是，我们所能进行的经验检验的次数和事实却只能是有限的。于是，波普由此推断说，科学理论虽然是从经验事实中推导出来的，却不可能被经验事实证实。举例说，"所有的铁都导电"这个科学的判断就不能被经验证实。因为要证实它，就必须对宇宙中所有的铁（因而也就是无穷的铁）都进行是否导电的检验，这显然是不可能的。不过，科学理论、全称判断虽然不可能被经验事实的单称判断证实，却可以被这种单称判断证伪。例如，只要有一个"某块铁不导电"的关于经验事实的单称判断，就可以证伪"所有的铁都导电"。只要有一个"某天鹅是黑的"的单称判断，就可以证明"所有天鹅都是白的"全称判断是伪的。这就是波普关于经验事实的单称判断只能证伪而不能证实科学理论的全称判断的证伪原则之根据，他称之为"可证实性和可证伪性的不对称"：

"我的理论基于可证实性和可证伪性的不对称。这种不对称源于全称陈述的逻辑形式。因为全称陈述绝不能从单称陈述中推论出来，却能够和单称陈述相矛盾。因此，通过纯粹的演绎推理（借助古典逻辑的否定后件的假言推理），便可能从单称陈述之真推出全称陈述之伪。"[①]

由此，波普得出结论说，只有可能被经验证伪——而不是证实——的知识，才是科学的知识；而不可能被经验证伪的知识，便是非科学的陈述：

"我无疑只在一个体系能被经验所检验的条件下，才承认它是经验的或科学的。这些因素表明：可以作为划界标准的，并不是一个体系的可证实性而是它的可证伪性。换句话说：我并不要求一个科学体系能在肯定的意义上被一劳永逸地找到；我要求它具有这样的逻辑形式，这种逻辑形式使它能在否定的意义上，通过经验的检验而被找到；一个经验

---

① Karl R. Popper: *The Logic of Scientific Discovery*, London: Hutchinson, 1959, p. 41.

科学体系必须有可能被经验反驳。"①

　　这就是波普的证伪原则：关于经验事实的单称判断只能证伪而不能证实科学理论的全称判断，因而只有可能被经验证伪——而不是证实——的知识，才是科学的知识。波普的证伪原则确有所见。但是，他由此否定逻辑经验主义的证实原则是片面的。因为科学的目的显然不是为了找到谬误，而是为了寻求真理；不是为了证伪一种理论，而是为了证实一种理论：不是为了证伪地心说，而是通过证伪地心说以找到和证实日心说；不是为了证伪燃素说，而是通过证伪燃素说从而形成和证实氧燃说。一句话，错误是达到真理的过程和手段：证伪是达到证实的过程和手段。如果科学理论只能证伪而不能证实，它岂不成了只能找到错误而不能找到真理的东西？那么，科学还能有什么意义呢？

　　殊不知，科学理论既可证伪又可证实。诚然，科学理论虽然都是全称的、普遍的判断，而它所概括的经验事实却是无穷的，因而不可能被经验事实完全证实。但是，一方面，经验事实的每一次证实，都是对科学理论的部分证实，因而随着检验次数的增加，便越来越接近完全证实科学理论。另一方面，经验事实的每一次证伪，都是淘汰谬误而达到真理过程的一步，因而也就是走向证实的一步，从而也就越来越接近完全证实科学理论。所以，证伪原则和证实原则乃是科学真理检验理论的不可偏废的正反面，二者结合起来便是一种比较全面的真理检验理论，是一种比较全面的科学理论检验学说。

　　然而，现代经验论却进而夸大了二者的适用范围，将其作为科学分界的标准、作为科学区别于非科学的标准：逻辑经验主义认为科学是可能被检验——经验的检验和逻辑的检验——的知识，因而只包括数学、逻辑和经验科学；而波普则认为科学仅仅是可能被经验检验的知识，因而不包括数学和逻辑：科学＝经验科学。所以，波普写道："找到一个使

---

① Karl R. Popper: *The Logic of Scientific Discovery*, London: Hutchinson, 1959, p. 41.

我们能区别经验科学为一方与数学、逻辑以及形而上学系统为另一方的标准问题，我称之为分界问题。"①

由此看来，似乎逻辑经验主义更为全面和接近真理。其实不然。因为就理论的"证实"来说，所谓"逻辑证实"是个悖论，是个不能成立的概念。因为逻辑证实、逻辑检验、逻辑证明仍然属于逻辑推理范畴，因而仍然属于理论范畴。可是，理论只可能用理论或逻辑来证明，而不可能用理论或逻辑来证实；理论只能用理论、逻辑之外的东西来证实。说到底，正如马克思所言，理论只可能用观察、实验等实践活动来证实：

"人的思维是否具有客观的真理性，这并不是一个理论的问题，而是一个实践的问题。"②

因此，逻辑"证实"并非证实而是证明，"逻辑证实"是个科学理论证实问题的无效概念；因而就科学理论的证实来说，"科学是可能被逻辑证实和经验证实的知识"与"科学是可能被经验证实的知识"实际是一回事。所以，艾耶尔在总结逻辑经验主义的证实原则时，排除了逻辑证实：

"证实原则精确而简明的表述是一件很难做到的事。我觉得，这个原则至今还没有令人满意的表述。但是，概言之，所谓证实原则，就是认为一个陈述的意义决定于它可能被证实的方式，而该陈述的被证实就在于它被经验的观察所检验。"③

可见，证伪原则和证实原则之为科学分界的标准，说到底，都可以归结为一句话：科学乃是可能被经验——观察和实验——检验的知识。所以，证伪和证实原则之为科学分界标准，说到底，乃依据于科学分界的常识：科学亦即自然科学，它是精确可靠的知识，因而是能够用经验

① 纪树立编译：《科学知识进化论》，三联书店，1987年，第22页。
② 《马克思恩格斯选集》第一卷，人民出版社，1995年，第55页。
③ A. J. Ayer: *The Revolution in Philosophy*, London: Macmillan and Co. Ltd.; New York: St. Martin's Press, 1960, p. 74.

事实——观察和实验——检验的知识体系。因此，查尔默斯说：

"科学哲学的现代发展，突出和强调了一些根深蒂固的困难，这些困难是和下述观点联系在一起的，即认为科学基于通过观察和实验获得的可靠基础，以及认为有某种推理程序使我们能从这种基础中可靠地推导出科学理论。"[①]

不难看出，证伪原则和证实原则之为科学分界的标准的错误，在于知识的可检验性及其检验标准的片面化、狭隘化。因为可检验性、可证实性并不是科学区别于非科学的特性，而是科学与非科学知识的共性，是一切知识都具有的属性。老子曰："祸兮，福之所倚；福兮，祸之所伏。"这无疑是一个现代经验论者所谓的典型的非科学的形而上学的命题。它是不可检验和证实的吗？不！想想看，我们每个人岂不都有好事变成坏事、坏事变成好事的实践阅历吗？这些不都是对老子名言的某种证实、部分证实吗？随着阅历增多，岂不越来越接近完全证实老子的名言吗？

可见，可检验性、可证实性是一切知识——不论是物理学还是哲学——都具有的属性。这本来是显而易见的道理，因为一切知识都具有真假属性，因而也就不能不具有被检验、证实其真假的属性。只不过，一方面，有些知识，如物理学知识，可以通过具有数学精确性的"精密的观察和实验"检验证实；有些知识，如哲学、伦理学知识，则只能通过生活实践、内心体验和不具有数学精确性的"非精密观察和实验"检验证实。另一方面，有些知识当下便可以检验、证实其真假；有些则要在遥远的未来才能检验、证实其真假。因此，现代经验论认为科学是可检验、可证实的知识，是不错的；它的错误在于将其作为科学的界说，认为只有科学才是可检验可证实的，而非科学知识都是不可检验不可证

---

① 查尔默斯：《科学究竟是什么？对科学业的性质和地位及其方法的评价》，查汝强、江枫译，商务印书馆，1982 年，第 6 页。

实的。我们可以将这种错误称之为"知识的可检验性、可证实性的片面化、狭隘化"。

这种错误的根源，显然在于"知识检验、证实标准的片面化、狭隘化"。因为科学理论的检验（证实和证伪）标准，如上所述，乃是各种观察和实验——精密的和非精密的——以及生活和实践等一切实践活动。可是，现代经验论却仅仅将具有数学精确性的精密的观察和实验奉为检验标准，因而认为只有能够被精密的观察和实验检验的知识，才是科学。这样，现代经验论便比它所由以出发的科学分界的常识离真理更远。因为按照他们的科学分界标准，一切不能被精密的观察和实验检验的科学，如数学、逻辑、哲学、社会科学等，便都不是科学了。照此说来，就是被现代经验论奉为科学范例的物理学，也并非纯粹的科学。因为正如波普自己所承认："一切物理理论所说的总是多于我们所能检验的。"[1]

3　科学分界标准

综上可知，现代经验论的科学分界理论是不能成立的。科学区别于非科学的特性，并不在于可证实性、可检验性：那是一切知识都具有的共性；更不在于被所谓经验——观察和实验——检验的可能性：那仅仅是一些自然科学所具有的特性。科学之所以为科学，乃在于普遍性。科学是普遍性的知识体系，恐怕是人类认识所能达成的极少数的共识之一，至少是现代经验论科学分界理论的出发点。因为证伪和证实原则，如所周知，都是以科学理论是全称命题为前提的："一切科学理论都是全称陈述"。[2]那么，科学为什么是关于实际存在的事物的普遍性的理性知识体系？为什么只有普遍性的知识才是科学的知识？

---

[1]　波普：《猜想与反驳》，傅季重、纪树立等译，上海译文出版社，1986年，第379页。

[2]　Karl R. Popper: *The Logic of Scientific Discovery*, London: Hutchinson, 1959, p. 59.

　　原来，正如巴甫洛夫所指出，物质形态越高级，它所赖以存在的条件便越高级、越复杂。人类是最高级的物质形态，因而所赖以存活发展的条件便是最高级、最复杂的。这个最高级、最复杂的条件究竟是什么？就是科学！人类是拥有科学的动物：科学是人类生存发展所特有的根本条件、根本手段。诚然，一个人的目的可以是科学，可能为科学而科学。但是，科学的最终目的不能是为科学，不能是为科学而科学。正如一个人的目的可能是金钱，可能是为金钱而金钱；但金钱的目的不可能是为了金钱，不可能是为金钱而金钱。科学的最终目的无疑在于指导人类的行动，创造和获得各种财富，满足其各种需要，从而能够更好地生存发展。

　　那么，科学怎么才能达到它的最终目的呢？显然当且仅当科学具有预见性，科学就能够达到指导人类的行动、创获各种财富以满足其各种需要从而能够更好地生存发展之目的。这个道理，波普说得很清楚：

　　"科学所当有的实际作用，在于帮助我们理解可能行动的甚至比较遥远的后果，从而帮助我们更理智地选择我们的行动。"[1]

　　问题正在于：只有普遍性的知识才能够使人做出预见。因为"普遍性"、"本质"、"规律"、"必然性"大体是同一概念。事物普遍性、必然性、本质、规律，如"人人必死"，是可重复的、一定不移、不可避免的，是不依人的意志而转移的，因而是客观的、可以预见的。所以，科学的研究对象是客观的、不依人的意志而转移的："科学只是那种能够被看作为客观的关系。"[2] 更确切些说，科学是关于客观事物的能够使人做出预见的知识。所以，罗素说："科学是依靠观测和基于观测的推理，试图首先发现关于世界的各种特殊事实，然后发现把各种事实相互联系起来的规律，这种规律使人们能够预言将来发生的事物。"[3]

---

[1]　波普:《猜想与反驳》，傅季重、纪树立等译，上海译文出版社，1986年，第489页。

[2]　彭加勒:《科学的价值》，李醒民译，光明日报出版社，1988年，第340页。

[3]　罗素:《宗教与科学》，徐奕春、林国庆译，商务印书馆，1982年，第123页。

　　这就是为什么科学是关于实际存在的事物的普遍性、规律性的理性知识体系的缘故：普遍性是科学分界的真正标准。任何实际存在的事物——不论它是自然界的，还是社会的，抑或是思维领域——无疑都既具有特殊性、单一性，同时又都具有普遍性、一般性。因此，任何实际存在的事物便都具有科学的研究对象：科学是关于任何实际存在的事物的普遍性的知识体系：关于自然界事物的普遍性的知识体系是自然科学；关于社会事物的普遍性的知识体系是社会科学；关于人类思维领域的事物的普遍性的知识体系是思维科学；关于宇宙一切事物普遍性的科学是哲学。这个道理，金岳霖已经讲得很清楚：

　　"以普遍的真为目标的学问都是科学。各种不同的科学当然有各种不同的对象：物理学的对象是物理，生理学的对象是生理，心理学的对象是心理，化学的对象也许不容易用文字表示，但它是某一方面的理则与其他的科学一样。理是普遍的，无论是在哪一方面。社会科学的对象也是理，经济学的对象是经济的理。其余的社会科学的对象也许不容易看清楚，但它们对象之为某一方面的理与自然科学无异。"[①]

二　伦理学的科学性

　　当我们以科学的定义——科学是关于实际存在的事物的规律性、必然性、普遍性的理性知识体系——来衡量伦理学时，可以看出，伦理学与物理学等自然科学一样，是一种科学。因为伦理学是关于优良道德的科学，也就是关于优良道德的必然性、普遍性的理性知识体系。只不过，物理学等自然科学是事实科学；而伦理学则是价值科学。然而，道德怀疑论（moral nihilism）和绝大部分逻辑实证主义论者都以为伦理学不是

---

① 　金岳霖：《知识论》，商务印书馆，1958 年，第 9 页。

科学。因为在他们看来，科学只研究事实，而不研究价值："关于价值的问题——也就是说，关于善或恶本身，不论其效果怎样，是什么的问题——是在科学的范围以外。"①那么，道德怀疑论和逻辑实证主义论者究竟错在哪里？伦理学为什么是科学？

原来，行为应该如何的道德价值，如前所述，不过是行为事实如何对于道德目的之效用：行为之应该等于行为之事实与道德目的之相符；行为之不应该等于行为之事实与道德目的之相违。所以，伦理学的研究对象实为三类，而并非仅为道德价值一类，亦即还包括"行为事实"与"道德目的"两类：伦理学是关于"伦理行为事实如何的客观规律"、"道德的普遍目的"、"伦理行为应该如何的优良道德"以及"如何使人们遵守优良道德"的必然性、普遍性的理性知识体系。特别是，伦理学的最为根本的研究对象是行为事实，而不是道德价值。对于这一点，石里克说得很清楚：

"最终的评价就是存在于人的意识中的事实。所以，即使伦理学是一门规范科学，它也不会因此就不再是一门关于事实的科学。伦理学必须完全研究实际的东西，在我看来，在对伦理学的任务具有决定作用的各种主张中，这是最重要的主张。"②

因此，我们对于伦理学科学性的考察，应该从两方面进行：一方面考察伦理学研究道德价值一类对象的科学性；另一方面——亦即更为深刻的方面——则考察伦理学研究行为事实和道德目的两类对象的科学性。

1 伦理学的科学性：从"行为事实"和"道德目的"之为伦理学对象来看

就伦理学最根本的研究对象——行为事实——来看，伦理学与自然

---

① 罗素：《宗教与科学》，徐奕春、林国庆译，商务印书馆，1982 年。
② 石里克：《伦理学问题》，张国珍、赵又春译，商务印书馆，1997 年，第 27 页。

科学的科学性质并无根本不同。我们可以通过伦理学与物理学的比较来说明这一点。物理学是"物之理"的科学，是关于自然物的必然性、普遍性的理性知识体系。伦理学则是"伦之理"的科学，是关于人伦关系、亦即人际行为的必然性、普遍性的理性知识体系。物理学定律是必然的、普遍的、不依人的意志而转移的。伦理学定律也同样是普遍的、必然的、不依人的意志而转移的。

　　诚然，人的行为与星球等自然物体不同：前者是人为的受意志支配的自由活动，因而似乎是主观任意、偶然特殊的，而不是客观的、必然的、普遍的、不依自己的意志而转移的；后者则是没有意志因而无所谓自由的自然活动，因而才可能是必然的、普遍的、不依人的意志而转移的。其实不然。人的行为并非完全自由、主观任意、特殊偶然的。每个人的行为确实都是他自由选择的，因而呈现出偶然性、特殊性、主观性。但是，在这些偶然性、特殊性、主观性的背后，却不能不蕴涵着种种必然性、普遍性、客观性。因为任何偶然的东西都不能不包含或表现某种必然性；任何特殊的东西都不能不包含或表现某种普遍性：绝不可能存在不包含必然性的纯粹偶然的东西；绝不可能存在不包含普遍性的纯粹特殊的东西。

　　人类的行为无疑纷纭复杂、千奇百怪。但是，不论这些行为如何独特、如何不同，却不能不具有共同点。试想，不论每个人的行为如何不同，岂不都引发于他的某种需要和欲望？任何人的任何行为均引发于他的需要和欲望，这就是隐藏在人的一切特殊的、独特的行为里的一个共同点、一种普遍性！这就是隐藏在人的一切偶然的、主观的行为里的一种必然性和客观性！这就是人的行为与星球等自然物体同样具有的客观的、必然的、普遍的、不依自己的意志而转移的属性！

　　然而，细究起来，需要并不能直接引发人的行为。需要只有被体验而转化为欲望，才能引发行为。所以，任何人的任何行为，直接说来，均引发于他的欲望。欲望，如所周知，是最基本的感情，属于感情范畴。

因此可以说，任何人的任何行为，直接说来，均引发于他的感情。显然，这些都是客观的、必然的、普遍的、不依自己的意志而转移的。那么，再进一步说，引发伦理行为的究竟是何种感情？是爱与恨：爱人之心若居于主导地位，必然产生利人行为；自爱心若居于主导地位，必然产生利己行为；恨人之心若居于主导地位，必然产生害人行为；自恨心若居于主导地位，必然产生害己行为。

可是，爱和恨岂不完全是主观任意的吗？不是。因为谁都知道，我们并不是想爱什么就能爱什么。试问，谁会爱给他痛苦的东西、而恨给他快乐的东西？给谁快乐谁不爱、给谁痛苦谁不恨？显然，就像铁遇氧必然生锈、水加热必然蒸发一样，人遭受损害和痛苦必恨、而接受利益和快乐必爱：爱是一个人对给予他利益和快乐的东西的必然的、不依自己的意志而转移的心理反应；恨是一个人对给予他损害和痛苦的东西的必然的、不依自己的意志而转移的心理反应。

于是，每个人对于他人的爱必然与他人给予自己的利益和快乐成正比：谁给我的利益和快乐较少，谁与我必然较远，我对谁的爱必然较少，我必然较少地为了谁谋利益；谁给我的利益和快乐较多，谁与我必然较近，我对谁的爱必然较多，我必然较多地为了谁谋利益；说到底，我对我自己的爱必然最多，我为了我自己谋利益必然最多：自爱必然多于爱人、为己必然多于为人。换言之，每个人必然恒久为自己，而只能偶尔为他人。这就是伦理行为的爱有差等定律。

因此，弗洛伊德说："精神生活中的自由和随意性比我们通常设想的要少得多——甚至可能根本没有。"[①] 弗氏此言不免有些偏激，但是，至少可以说，人的行为与物理现象同样具有必然性、普遍性，因而伦理学与物理学同样是关于实际存在的事物的必然性、普遍性的理性知识体系：二者同样是科学。那么，伦理学和物理学等自然科学的科学性质究竟有

---

① 弗洛伊德：《论创造力与无意识》，中国晨望出版社，1987年，第9页。

何区别？这种区别，正如伽利略所说，主要在于自然的规律具有数学规
律的结构，自然之书是用数学语言写就的：

"哲学（自然）是写在那本永远在我们眼前的伟大书本里的——我指
的是宇宙——但是，我们如果不先学会书里所用的语言，掌握书里的符
号，就不能了解它。这书是用数学语言写出的，符号是三角形、圆形和
别的几何图像。没有它们的帮助，是连一个字也不会认识的；没有它们，
人就在一个黑暗的迷宫里劳而无功地游荡着。"①

所以，物理学等自然科学是依赖于定量测量和使用数学的科学，具
有数学的精确性，因而是所谓的"精密科学"。反之，伦理学的对象——
行为事实如何的客观规律等——并不是用数学的语言写就的，并不具有
数学规律的结构，是一种不能够进行定量测量的使用数学的科学。试想，
我们怎么能够对于仁慈、邪恶、良心、善进行定量测量呢？瓦托夫斯基说：

"愤怒或怜悯，这些属性由于某种原因既不是精确的也不是可精确测
定的量值。在怜悯或愤怒的量值的比较程度方面要达成一致意见，比在
长度或重量的量值方面达成一致意见要困难得多。我们认为后者的精确
性乃在于：某种明确的定量差别的测量尺度可以应用于像长度或重量这
些属性，但不能应用于诸如怜悯或愤怒属性。"②

伦理学是不能够进行定量测量的科学，不可能具有数学的精确性，
因而也就是所谓的"非精密科学"。然而，人们往往把精密性作为科学分
界的标准，认为只有物理学等精密科学才是真正的科学，而伦理学等非
精密科学不是科学。这是不能成立的。因为精密与否乃是个相对的、不
确定的概念：数学是最精密的科学，相对数学来说，物理学已经是不精
密了；而相对心理学、生物学来说，物理学又是很精密的了。精密与否

---

① 克莱因：《古今数学思想》第 2 册，北京大学数学系数学史翻译组译，上海科学技术出版
社，1979 年，第 33 页。

② M. W. Wartofsky: *Conceptual Foundations of Scientific Thought*, New York: Macmillan Publishing
Company; London: Collier-Macmillan Limited, 1968, p. 160.

的这种不确定性，使它显然不能成为科学分界的标准。如果把精密性作为科学分界的标准，那么，就连物理学也可能不是科学了。或者毋宁说：物理学既是科学又不是科学。进言之，我们奉为精密或精确的典范，是我们所发现和表述的物理学定律、化学定律乃至一切自然科学定律。但是，就是这些定律的表述，正如彭加勒所说，也并不是精确的，而只是近似的、不精确的：

"任何时候也没有一个特定的定律不是近似的和可几的。科学家从来也没有放弃对于这一真理的承认。我们仅仅相信，每一个定律不管正确与否，都可以用另一个更精确更可几的定律来代替。这种新定律本身将不过是暂时的而已。同样的进程能够无限地继续下去，以致科学在进步中将具有越来越可几的定律，其近似程度将以精确性和可能性与可靠性的差别像你随意选取的那样小而终结。"①

因此，如果把精密与否奉为科学分界的标准，那就没有科学这种东西了。其实，凡是不确定的东西，便不能作为任何标准。精密科学与非精密科学之分，也并不是依据科学的精密性而以精密性为划分的标准。精密科学与非精密科学之分，如上所述，乃是以是否能够使用数学，从而是否依赖于定量测量为标准：是者即为精密科学，否者即为非精密科学。所以，精密性既不是一种科学区别于另一种科学的不同科学的划界标准，更不能是科学区别于非科学的科学分界标准：充其量，它不过是不同科学的划界标准——能够使用数学定量测量——的外在表现罢了。总之，科学之为科学与是否精密无关，而只在于是不是关于实际存在的事物的普遍性的理性知识体系。所以，我们不能根据伦理学是不能够进行定量测量的非精密科学，便否认其为科学。

如果说行为事实与物理现象同样具有必然性、普遍性和客观性因而同样为科学研究对象，那么，道德目的呢？所谓道德目的，亦即社会创

---

① 彭加勒：《科学的价值》，李醒民译，光明日报出版社，1988年，第331页。

造道德的目的，说到底，亦即道德起源和目的：它看似是主观任意，其实不然。因为个人行为的特殊的起因和目的可以是主观任意的；但是人们所结成的团体的普遍的起因和目的却都是客观、必然的。例如，家庭、社会、国家等的普遍的起源和目的，岂不都是客观的、必然的、不依人的意志而转移的吗？经济、政治、法律的普遍的起源和目的岂不都是客观的、必然的、不依人的意志而转移的吗？因此，说道德的普遍的起源和目的是客观的、必然的、不依人的意志而转移，又有什么奇怪呢？说到底，道德的普遍的起源和目的乃至于增进每个人利益，岂不是客观的、必然的、不依人的意志而转移的吗？

道德的普遍目的和行为事实既然都是客观的，那么，行为事实所具有的对于道德普遍目的的效用——亦即道德价值——也必然是客观的，因而不能不是科学研究对象。但是，不但罗素、卡尔纳普等逻辑实证主义论者，而且很多科学家也都认为：科学只研究事实，而不研究价值。爱因斯坦也一再说："科学只能断言'是什么'，而不能断言'应该是什么'。"① 那么，在他们看来，对于应该、价值的研究究竟为什么不能是科学？

2 伦理学的科学性：从"道德价值"之为伦理学对象来看

瓦托夫斯基通过对于价值研究的科学性问题的大量论述，得出结论说，证明对于道德价值的研究是一种科学的真正困难，乃在于道德价值的主观性："根据这一切可以得出结论说，价值这种对象具有如此不可救药的主观性，以致对它进行科学的研究是不可能的。"② 鉴于道德价值的主

---

① 《爱因斯坦文集》第三卷，许良英等编译，商务印书馆，1979年，第182页。

② M. W. Wartofsky: *Conceptual Foundations of Scientific Thought*, New York: Macmillan Publishing Company; London: Collier-Macmillan Limited, 1968, p. 407.

观性，伊壁鸠鲁早就提出了"道德契约论"。休谟亦持此见。他将这一观点归结为一句话："正义起源于人类协议。"① 如果正义等道德价值确实是某种契约、协议，那就意味着：道德价值完全是主观任意、依人的意志而转移的，那么，对于道德价值的研究便不是什么科学；因为科学的对象，如上所述，是客观的、必然的、不依人的意志而转移的。

不难看出，价值虽然与事实不同，却同样具有客观的、必然的、不依人的意志而转移的属性。例如，鸡蛋具有营养价值，而石头不具有营养价值。这些显然都是客观的、必然的、不依人的意志而转移的。诚然，任何道德规范都是人制定的，因而也就都可以看作是某种契约、协议的产物，说到底，也就都是主观任意、依人的意志而转移的。然而，道德价值与道德规范不同。因为道德规范都是人制定出来的；但是，道德价值却不是人制定出来的：价值这种东西怎么能是制定出来的呢？鸡蛋的营养价值怎么能是人制定出来的呢？那么，道德价值究竟是什么？

道德价值、道德应该、行为之应该如何，如前所述，乃是行为之事实如何对于社会创造道德的目的的效用性：行为之应该等于行为之事实与道德目的之相符；行为之不应该等于行为之事实与道德目的之相违。所以，道德价值、道德应该、行为之应该如何并非主观任意的，而是被行为事实如何的客观规律和道德目的所必然决定的，因而是客观的、必然的、不依人的意志而转移的。只有道德规范和道德价值判断才是主观的、人为的、可以选择的，因而有真假对错优劣之分。

道德价值判断有真假之分：与道德价值相符（因而最终与行为事实如何的客观规律和道德目的相符）的道德判断，便是真理；与道德价值不符（因而最终与行为事实如何的客观规律和道德目的不符）的道德判断，便是谬误。道德规范则没有真假而只有对错优劣之分：与道德价值

---

① 休谟：《人性论》下册，关文运译，商务印书馆，1980年，第535页。

相符（因而最终与行为事实如何的客观规律和道德目的相符）的道德规范，就是优良的、正确的道德规范；与道德价值不符（因而最终与行为事实如何的客观规律和道德目的不相符）的道德规范，就是恶劣的、错误的道德规范。举例说：

如果"主观为自己、客观为他人"确实是不应该的（这是一种道德价值），那么，断言"主观为自己、客观为他人是应该的"道德价值判断便是一种谬误的、假的判断，而把"主观为自己、客观为他人"奉为道德原则便是一种恶劣的、不正确的道德原则。这是优良道德规范——道德规范的优良性——的客观的、必然的、不依人的意志而转移的本性。

这样，道德规范是主观任意的，但是，优良道德规范或道德规范的优良性并不是主观任意的：它们与道德价值一样，也是客观的、必然的、不依人的意志而转移的。换言之，人的行为应该如何的道德规范虽然都是人制定的、约定的；但是，只有那些恶劣的道德规范才可以随意制定、约定。反之，优良的道德规范绝非可以随意制定，而只能通过社会制定道德的目的，从人的行为事实如何的客观本性中推导、制定出来：所制定的行为应该如何的道德规范之优劣，直接说来，取决于对行为应该如何的道德价值判断之真假；根本说来，则一方面取决于对行为本性的道德客体事实判断之真假，另一方面取决于对道德目的的道德主体判断之真假。举例说：

如果就伦理行为的客观规律来说，"每个人必定恒久为自己而只能偶尔为他人"是真理，那么，不论无私利他多么高尚纯洁尽善尽美，也只能够被奉为偶尔道德原则，只能够用来引导人的偶尔行为；只有为己利他，只有这不那么高尚完美而被康德和冯友兰斥为"巧于算帐"的原则，才能够被奉为恒久道德原则，才能够用来引导人的恒久行为：这就是优良道德原则的客观的、必然的、不依人的意志而转移的本性。谁要以为优良的道德原则是主观任意的，而把无私利他奉为评价行为是否道德的唯一准则用以引导人的一切行为，妄图造就恒久无私乃至完全无私的楷模，谁便会被伦理行为客观规律碰得头破血流，谁便注定只能制定造就伪君子的恶劣道德原则而已！

可见，道德价值（以及道德规范的正确性或优良性）并不是主观、偶然、任意的，而是客观的、必然的、不依人的意志而转移的。因此，伦理学——关于优良道德的研究或关于道德价值判断的知识体系——便与物理学等关于事实的研究或事实判断的知识体系一样，是一种科学。

3 伦理学的非科学性：逻辑实证主义和道德怀疑论的观点

我们对于伦理学的全部研究对象——行为事实和道德目的以及道德价值和优良道德规范——的分析表明，伦理学的研究对象与物理学等自然科学的研究对象一样，是一种普遍的、客观的、必然的、不依人的意志而转移的属性：伦理学是一种科学。然而，一些逻辑实证主义者，如卡尔纳普、艾耶尔、罗素等人，却将构成伦理学的两种知识——关于事实的知识和道德价值知识——割裂开来，认为关于"道德起源"和"行为本性等事实如何"的知识并不属于伦理学，而属于心理学和社会学，是一种经验科学；只有关于"行为应该如何"等价值判断才构成伦理学，亦即规范伦理学。卡尔纳普写道：

"'伦理学'一词是在两种不同的意义上使用的。有时候，被称作'伦理学'的是一种经验的研究，亦即对于人类行为的心理学的和社会学的研究，特别是关于这些行为的感情和意志之起源及其对于别人的影响。这种意义的伦理学是一种经验的科学的研究；它属于经验科学而不属于哲学。与此根本不同的是第二种意义上的伦理学，它是关于道德价值或道德规范的哲学，可以称之为规范伦理学。"[1]

---

① Morton White: *The Age of Analysis*, Boston: Houghton Mifflin Company, 1955, p. 216.

那么，规范伦理学是科学吗？不是，因为关于行为应该如何等价值判断纯粹是情感的表达或命令，因而无所谓真假，不属于知识和科学范畴："实际上，一个价值陈述不过是存在于一种使人误解的语法形式中的一个命令。它能够影响人的行为，这些影响或者符合或者不符合我们的愿望；但是，它既不是真的，也不是假的。"① 今日西方道德怀疑论者，如哈曼，也认为伦理学不是科学，因为道德无非是道德感的反映，根本不存在什么道德事实：

"你可以看到某人在做什么，但是，你能够看到他做什么的正当或不正当吗？如果你在一个角落看见一群不良少年正在一辆卡车上倒汽油，并且点燃它，你并不需要进行一番推论才知道他们正在干的是不正当的，你并不需要任何计算便能够看到这是不正当的。然而，与其说这是你对所看到的实际存在的不正当之反应，毋宁说这仅仅是对于你的道德感——它不过是你所受到的道德教育的结果——的反映。"②

既然不存在道德事实，那么，也就无所谓道德真理、道德知识、道德科学："怀疑论是这样一种学说，在它看来，没有道德事实，没有道德真理，没有道德知识。"③ 逻辑实证主义和道德怀疑论的这种观点是不能成立的。确实，道德属于价值范畴，因而确实不是事实：没有道德事实；道德实在论（Moral Realism）认为存在道德事实，是错误的。但是，由此不能说伦理学的研究对象都不是事实。恰恰相反，关于伦理行为本性和道德起源等事实如何的知识并不属于心理学或社会学，而是地地道道的伦理学知识。因为伦理行为应该如何的道德规范，如前所述，是通过道德目的从伦理行为事实如何的客观本性中推导出来的。所以，伦理行

---

① Morton White: *The Age of Analysis*, Boston: Houghton Mifflin Company, 1955, p. 217.
② Steven M. Cahn Peter Markie: *Ethics: History, Theory and Contemporary Issues*, Oxford University Press, 1998, p. 537.
③ Ibid., p. 541.

为事实，正如石里克所指出，乃是伦理学的最为根本的、核心的研究对象。诚然，与卡尔纳普一样，石里克也认为关于伦理行为事实如何的研究属于心理学：

"伦理学的核心问题是关于道德行为的因果解释的问题……我们必须放到伦理学的核心地位的这个问题，纯粹是一个心理学问题。因为毫无疑问，发现任何一种行为的动机和规律，因而也就是发现道德行为的动机和规律，完全只是心理学的任务。"[①]

不过，卡尔纳普认为对于伦理行为事实如何的研究不属于伦理学而属于心理学，不存在事实伦理学，伦理学亦即规范伦理学，因而伦理学不是科学。反之，石里克则认为"作为规范科学的伦理学"从属于"作为事实科学的伦理学"，所谓"作为事实科学的伦理学"亦即对于伦理行为事实如何的研究，是伦理学的核心部分，属于心理学，因而全部伦理学便都属于心理学：伦理学是经验科学心理学的分支，因而是一种经验科学。

其实，伦理行为事实如何的客观本性，如前所述，也就是两千年来道德哲学家们一直在研究的"人性"，如利他行为与同情心、利己行为与自爱心、害人行为与妒嫉心、害己行为与自恨心等。这种伦理行为事实如何的本性、亦即所谓的人性，显然不是心理学对象而是伦理学对象。卡尔纳普、石里克、艾耶尔等以为这种研究属于心理学的错误在于：把这些属于"伦理行为"范畴的东西与"行为"等同起来，认为这是对行为的研究。然而，这一部分研究的并不是"行为"，而是"利害人己行为"，即伦理行为。对行为的研究固然属于心理学，但对利害人己行为、伦理行为的研究却不属于心理学，而属于伦理学。

另一方面，逻辑实证主义和道德怀疑论认为道德价值判断纯粹是情感的表达或命令，是道德感的反映，因而无所谓真假，不属于知识和科

---

① 石里克:《伦理学问题》，张国珍、赵又春译，商务印书馆，1997年，第34页。

学范畴，也是错误的。因为元伦理学的研究表明，任何价值判断都不过是通过主体的需要判断，而从客体的事实判断推导出来的结论。这种价值判断之推理，可以例释如下：

前提1：人体需要蛋白质（主体需要判断）。
前提2：鸡蛋富有蛋白质（客体事实判断）。
两个前提的关系：吃鸡蛋符合人体需要（客体事实与主体需要关系判断）。
结论：人应该吃鸡蛋（价值判断）。

由此可见，价值判断之所以具有真假属性，乃是因为任何一个价值判断都必定反映三个对象而属于认识范畴：直接说来，是反映评价对象事实如何对主体需要的效用，亦即评价对象的价值、应该、应该如何；根本说来，则一方面反映评价对象之事实如何，另一方面则反映主体的需要、欲望、感情如何。逻辑实证主义和道德怀疑论认为价值判断仅仅是主体情感的表达，其错误显然在于抹杀价值判断对客体的事实如何的属性的反映和对客体应该如何的价值属性的反映，而只看到价值判断对主体情感的反映。

从"价值判断是情感的表达"出发，他们又进一步断言：价值判断完全是——或主要是——非认识的而无所谓真假。本来，由"价值判断是情感的表达"得不出"价值判断无真假"的结论。因为只有情感才无所谓真假，而情感的表达——如情感的认知表达——却可以有真假。那么，卡尔纳普、艾耶尔、罗素等人是怎样由价值判断是情感的表达而得出价值判断无真假的？

原来，他们断言"价值判断是情感的表达"的时候，他们的错误比这句话的表面含义要严重得多。因为"情感的表达"无疑可以包括两个方面：一是"情感的认知表达"，如我做出"张三很痛苦"的判断，它属于认识范畴，因而具有真假之分；二是"情感非认知表达"，如呻吟或叫喊，则主要属于行为范畴，因而无所谓真假。那么，"价值判断是情感表达"究竟是指哪一种情感表达？正确的答案是情感的认知表达而不是情感的非认知表达，因为价值判断属于判断范畴，因而属于认知范畴。

　　然而，卡尔纳普、艾耶尔、罗素却以为断言价值判断是"情感的认知表达"——他们称之为"情感断定（assertion of feeling）"——是错误的，是传统主观主义（orthodox subjectivism）观点。而按照他们的定义，所谓情感表达，绝非情感断定，绝非情感的认知表达；而是指情感的非认知表达。因而在他们看来，所谓价值判断是情感表达，乃是说价值判断是情感的非认知表达。艾耶尔在论及这种"情感表达与情感断定"之分时写道：

　　"这是在考虑我们的理论与普通主观主义理论的区别时所要把握的关键。因为主观主义者相信伦理陈述实际上断定某些情感的存在；而我们则相信伦理陈述是情感的表达和刺激，这种表达和刺激不必涉及任何断定。"[1]

　　可见，卡尔纳普、艾耶尔、罗素的错误在于否定"情感的表达"是"情感的认知表达"，而片面地把"情感的表达"定义为"情感的非认知表达"，从而把"价值判断是情感的表达"等同于"价值判断是情感的非认知表达"，因而得出价值判断无所谓真假的非认识主义结论。因此，逻辑实证主义和道德怀疑论认为伦理学不是科学的论据都是不能成立的：伦理学是科学。可是，伦理学究竟是一种怎样的科学？它果真像时下人们所认为的那样，充其量不过是一种无关轻重的关于什么道德教化的科学吗？它在科学的王国里究竟居于何种地位？

---

[1]　Louis P. Pojman: *Ethical Theory: Classical and Contemporary Readings*, Belmont, California: Wadsworth Publishing Company, 1995, p. 416.

三　伦理学在科学中的地位

1　理论地位：最为复杂和伟大的科学

伦理学比物理学等自然科学更加复杂艰深。因为，一方面，人的伦理行为比物理现象更加高级、复杂。俗语说：画龙画虎难画骨，知人知面不知心。人的伦理行为是其心理的表现，是自觉自由的活动，具有千变万化的伪装和假象，因而其规律和性质极难把握。伦理行为及其动机，比行为及其心理——这是心理学的研究对象——更加复杂艰深；因为后者可以——而前者不可以——通过观察和实验来测量、证实。试想，怎样才能测量"爱"呢？"爱"不可测量："你问我爱你有多深？月亮代表我的心。"所以，几乎每一个伦理学问题都经过了两千多年的争论而至今未决。试问，物理学和心理学以及任何自然科学能有几个这样的千古难题呢？

另一方面，伦理学比物理学等自然科学更加复杂艰深是因为：物理学等自然科学是事实科学，仅仅由事实判断构成，因而理论分歧比较简单：仅仅是关于事实如何的认识之一种分歧。反之，伦理学则是价值科学，因而由价值判断（行为应该如何）和事实判断（行为事实如何）以及主体判断（道德目的如何）构成，因而理论分歧岂不至少复杂于自然科学三倍？这就是为什么，物理学等各门科学几乎没有什么互相否定的流派；而这种流派在伦理学那里却不胜枚举。那么，伦理学是不是最为复杂艰深的科学？

无疑，科学越是抽象普遍，就越复杂艰深。一张桌子是什么，是最为简单的问题：只要看一看就知道了，因而不需要科学。但是，桌子是什么，就不是那么好说了：是四条腿呢，还是两条腿？是圆的，还是方的？木制的，还是铁的？如果再普遍一些：用具是什么？就更难说了。如果抽象、普遍到"物质是什么"，那就是个千古难题了，以致围绕着它竟形成唯物主义与唯心主义两大哲学流派。流派的多少无疑是与问题的抽象普遍艰深复杂成正比：越是抽象普遍复杂艰深，就越难把握越难说得清楚，就容易形成流派。

学术流派绝不会围绕简单的问题形成：谁会围绕一张桌子是什么的问题争论不休形成流派呢？所以，哲学是最为抽象普遍的科学，因而也就是最为复杂艰深的科学：哲学是流派最多的科学就是这一点的明证。可是，哲学又由很多学科构成：形上学、自然哲学、社会哲学、精神哲学、价值学、逻辑学、伦理学、美学、科学哲学等。在这些学科中，何者最为复杂艰深？科学哲学家瓦托夫斯基的回答是价值学："价值理论构成了哲学学科的一个最困难、最严密的领域。"[1]

我们可以进一步说，在价值科学中，伦理学又是最复杂、最艰深的：它比任何价值科学都复杂艰深、流派众多。因为伦理学几乎没有什么简单问题，围绕它的每个问题几乎都曾形成互相否定的不同流派，历经两千多年争论而至今未决。就连似乎最简单最起码最初始因而绝不会存在什么认识分歧的"道德是什么"的问题，竟然也形成互相否定的六大流派："道德主观主义"、"道德客观主义"、"道德怀疑论"、"道德实在论"、"伦理相对主义"和"伦理绝对主义"。

伦理学实在过于艰深繁难，虽大师迭出，但直到今日，它的全部概念和所有问题，正如罗素所说，仍然都十分模糊混乱说："在伦理学领域是没有任何一致的意见的。"[2] 对于这样复杂艰深的科学，自孔子和苏格拉底以降，人类世世代代都孜孜不倦、锲而不舍地钻研求索。这一现象意味着：伦理学对于人类一定具有最大的价值。否则，人类为什么会世世

---

① M. W. Wartofsky: *Conceptual Foundations of Scientific Thought*, New York: Macmillan Publishing Company; London: Collier-Macmillan Limited, 1968, p. 404.

② 罗素：《宗教与科学》，徐奕春、林国庆译，商务印书馆，1982年，第119页。

代代都如此努力地探求一种最为复杂难解的科学呢？

伦理学是最为复杂艰深的科学，也就不能不是最为伟大的科学。我们不妨比较一下最伟大的物理学定律"牛顿万有引力定律"和伦理学的"爱有差等"定律。牛顿万有引力定律，如所周知，可以表述为："两物体间的引力与这两个物体的质量的乘积成正比，而与它们之间的距离的平方成反比。"爱有差等定律，如上所述，可以表述为：

爱是对于快乐和利益的心理反应。因此，每个人对于他人的爱必然与他人给予自己的快乐和利益成正比：谁给我的快乐和利益较少，谁与我必然较远，我对谁的爱必然较少，我必然较少地为了谁谋利益；谁给我的快乐和利益较多，谁与我必然较近，我对谁的爱必然较多，我必然较多地为了谁谋利益；说到底，我对我自己的爱必然最多，我为了我自己谋利益必然最多：自爱必然多于爱人、为己必然多于为人。换言之，每个人必然恒久为自己，而只能偶尔为他人。

爱有差等定律与万有引力定律确实有些相像：后者是物理的引力定律，前者则属于心理引力定律。因此，包尔生称爱有差等为"心理力学定律"。[①] 但是，不难看出，爱有差等定律比万有引力定律更加高级、复杂和伟大：心理的发现无疑比物理的发现更加高级、复杂和伟大。对此，弗洛伊德曾有所见。他发现，行为和心理存在着不依人的意志而转移的必然规律，人并不是自己的行为和心理的主人："自我不是自己家里的主人。"[②] 他屡次将这一发现——它显然比"爱有差等定律"低级、简单和藐小得多——与哥白尼、达尔文的发现并列，说它是对人类自尊心的第三次打击：

"人类的自尊心先后从科学那儿受了两次重大打击。第一次是知道我们的地球不是宇宙的中心，仅仅是无穷大的宇宙体系的一个小点，我们

---

① Friedrich Paulsen: *System of Ethics*, translated by Frank Thilly, New York: Charles Scribner's Sons, 1899, p. 393.

② 弗洛伊德：《论创造力与无意识》，中国晨望出版社，1987年，第9页。

把这个发现归功于哥白尼，虽然亚历山大的学说也曾表示过近似的观点。第二次是，生物学的研究剥夺了人的异于万物的创生特权，沦为动物界的物种之一，而同样具有一种不可磨灭的兽性。这个价值重估的功绩成于我们这个时代的达尔文、华莱士及其前人的鼓吹，也曾引起同时代人的激烈反抗。然而人的自尊心受到了现代心理学研究的第三次最难受的打击，因为这种研究向我们每个人的'自我'证明，就连在自己的屋里也不能自为主宰。"[①]

"爱有差等"仅仅是伦理学的一条定律，竟可以与哥白尼、达尔文的伟大理论并列而比最伟大的物理学定律"万有引力定律"更加高级、复杂和伟大。于此可见伦理学伟大之一斑：伦理学即使不是最伟大的科学，至少是最伟大的科学之一。

自孔子和苏格拉底以来，对于这样复杂艰深伟大的科学，人类世世代代都孜孜不倦、锲而不舍地钻研求索。这一现象意味着：伦理学对于人类一定具有莫大的价值。否则，人类为什么会世世代代都如此努力地探求一种最为复杂难解的科学呢？那么，伦理学究竟是不是价值最大的科学？

2　实践地位：价值最大的科学

价值是客体对于主体需要、欲望和目的的效用，说到底，亦即客体对于主体目的的效用。因此，某一门科学的价值，也就是该科学对于它的目的的效用。任何科学的最终目的，如上所述，都在于指导人类的行动，满足其各种需要，从而能够更好地生存发展。所以，任何科学的价值，也就是该科学对于人类生存发展的效用。因此，我们说伦理学是价值最大的科学，那就意味着：对于人类的生存发展的用处，伦理学比任何科学都大。

---

① 弗洛伊德：《精神分析引论》，高觉敷译，商务印书馆，1984年，第225页。

这能成立吗？

人是个社会动物。所以，人类的生存发展，也就是人类社会的生存发展。人类社会的发展、进步，说到底，无疑都是每个人的劳动、活动之结果：每个人的劳动或活动是社会发展进步的基本原因。诚然，科学的发展、技术的发明、生产工具的改进、生产关系的变革、政治等上层建筑的革命等都是社会发展进步的重要要素。但是，所有这些社会进步的要素，统统不过是人的劳动或活动的产物，因而唯有人的劳动或活动才是社会发展进步的基本原因。人的社会本性决定了每个人的劳动和活动——直接或间接地——总是一种社会活动。一切社会活动，要存在和发展，显然必须互相配合、有一定秩序而不可互相冲突、乱成一团，因而需要遵守一定的行为规范：一切社会活动都应该是某种行为规范之实现。一切行为规范无非两类：权力规范和非权力规范。所谓权力规范，也就是法（包括法律、政策、纪律等），是依靠权力来实现的规范，是应该且必须遵守的行为规范；所谓非权力规范，亦即道德，是依靠非权力力量——如舆论、名誉、良心的力量——来实现的规范，是应该而非必须遵守的规范。这样，人的任何社会活动实际上都可以看作是对于某种道德或法的规范的实现与背离。

如果抛开规范所依靠的力量而仅就规范本身来讲，道德的外延显然宽泛于法：一般说来，二者是普遍与特殊、一般与个别的关系。因为一方面，道德不都是法，如无私利他、助人为乐、同情报恩等都是道德，却不是法；另一方面，法同时都是道德，如"不得滥用暴力"、"不得杀人"、"不得伤害"、"不可盗窃"、"抚养儿女"、"赡养父母"等岂不都既是法律规则同时也是道德规则吗？所以，抛开规范所依靠的力量而仅就规范本身来讲，法是道德的一部分：道德是法的上位概念。那么，法究竟是道德的哪一部分呢？无疑是那些最低的、具体的道德要求：法是最低的、具体的道德。这个道理被耶林概括为一句名言："法是道德的最低限度。"反过来说，最低的限度的道德或所谓"底线伦理"也就是法。这一点，主张"底线伦理"的何怀宏也承认："底线道德……的主要内容就几乎等于法律的要求。"① 因此，底线的伦理、底线道德，正如何怀宏所言："与其说告诉我们要去做什么，不如说更多的是告诉我们不去做什么。"② 底线的伦理主要是否定的、消极的"不做什么"；而不是肯定的、积极的"做什么"。总之，最低的、底线的道德就是法；反过来，法就是最低的、底线的道德。因此，最低的、底线的道德与法乃是同一规范；二者的不同并不在于规范，而在于规范所赖以实现的力量：同一规范，若依靠权力实现，即为法，若不依靠权力而依靠舆论、良心等，则是道德。

可见，抛开规范所依靠的力量而仅就规范本身来讲，一切法都不过是那些具体的、最低的道德，因而也就都产生于、推导于、演绎于道德的一般的、普遍的原则。所以，法自身都仅仅是一些具体的、特殊的、琐琐碎碎的规则，法自身没有原则；法是以道德原则为原则的：法的原则就是道德原则。法的原则、法律原则，如所周知，是正义、平等、自由等。这些原则，真正讲来，并不属于法或法律范畴，而属于道德范畴，属于道德原则范畴。这是不言而喻的，因为谁会说正义是一项法律呢？谁会说平等是一项法律呢？谁会说自由是一项法律呢？岂不是只能说正义是道德、平等是道德、自由是道德吗？正义、平等、自由等都是道德原则，是社会治理的道德原则，因而也就是法律原则，也就是政治——政治是法的实现——原则。这就是为什么法理学和政治哲学的核心问题都是正义、平等、自由的缘故：正义、平等、自由都是法和政治的原则。

总之，如果抛开规范所依靠的力量而仅就规范本身来讲，法就是最低的、具体的道德，法是以道德原则为原则的，因而实际上法乃是道德原则的一种具体化，是道德原则的一种实现：法是道德的实现。于是，

① 何怀宏:《底线伦理》，辽宁人民出版社，1998年，第8页。
② 同上书，第5页。

人的一切社会活动实际上最终便都是对于某种道德的实现与背离。而社会之所以能存在发展，无疑是因为人们的活动大体说来是遵守而不是背离道德的。因此，大体说来，人的一切社会活动都是道德的实现。于是，我们可以得出结论：大体说来，道德的实现乃是社会发展进步的基本原因；因为人的一切社会活动，大体说来，都是道德的实现。

然而，我们并不是道德万能论者，我们承认道德自身不过是一种行为规范，不过是一纸空文，是软弱无力的。但是，道德的实现与道德根本不同：道德的实现不是道德而是活动，不是规范而是行为。所以，道德的实现乃是社会发展进步的基本原因，并不是说道德是社会发展进步的基本原因；而是说人的实现、奉行某种道德的社会活动——如法律活动、政治活动、经济活动、宗教活动等——是社会发展进步的基本原因，是说人们推行、奉行某种道德的诸如此类的社会活动是社会发展进步的基本原因。一言以蔽之：一个社会的道德规范本身，并不是社会发展进步的基本原因；但是，一个社会实行何种道德规范，则是社会发展进步的基本原因：推行优良的道德规范是社会进步的基本原因；推行恶劣道德是社会停滞的基本原因。

这就是为什么，陈独秀1916年在《新青年》的"吾人最后之觉悟"中曾这样总结道："自西洋文明输入我国，最初促吾人之觉悟者为学术，相形见绌，举国所知矣；其次为政治，年来政象所证明，已有不克守缺抱残之势。继今以往，国人所怀疑莫决者，当为伦理问题。此而不能觉悟，则前之所谓觉悟者，非彻底之觉悟，盖犹在倘恍迷离之境。吾敢断言曰：伦理的觉悟，为吾人最后觉悟之最后觉悟。"同年，陈独秀在《新青年》的"宪法与孔教"中又重申此语，并进一步解释道："盖伦理问题不解决，则政治学术，皆枝叶问题，纵一时舍旧谋新，而根本思想，未尝变更，不旋踵而仍复旧观者，此自然必然之事也。"

独秀此语真乃无比深刻之洞见也！国人的伦理觉悟——从而抛弃恶劣的错误的不科学的道德而奉行优良的正确的科学的道德——实乃最后

最根本之觉悟，实乃社会发展进步的最后最根本之原因！这个道理，只要简单比较一下中西社会发展之异同就更清楚了：

为什么春秋战国时代中西同样繁荣进步？根本说来，一方面，岂不就是因为那时的中国和西方同样崇尚思想自由原则？西方有普罗泰戈拉、苏格拉底、柏拉图、亚里士多德等百花齐放；中国有孔孟、老庄、墨子、韩非子、公孙龙子等百家争鸣。另一方面，岂不就是因为，那时的中国和西方同样崇尚为己利他和无私利他并重的"己他两利主义"道德，以致孟子叹曰：天下之言，不归杨即归墨？为什么中世纪中西同样萧条停滞？岂不就是因为那时中西同样丧失了自由而支配于专制主义道德？同样在否定为己利他而只主张无私利他的基督教或儒家"利他主义"道德的统治之下？为什么近代以来，西方突飞猛进，中国却极大地落伍了？岂不就是因为西方摆脱了专制主义和利他主义而极大地发扬光大了自由和为己利他之原则，而中国却一如既往甚至变本加厉？

尤其是，迟至18世纪70年代，脱离英国而独立的美国还完全是一个处于农耕社会的小国，只据有北美大西洋沿岸的一个狭长地带，面积不过40万平方英里，人口也不过240万，为什么经过短短220年就成为世界第一强国？最根本的原因，岂不就在于崇尚自由原则乃是美国的主流意识形态？岂不就是因为美国是这个世界上最为自由的国度？

为什么倡导自由原则的社会必定繁荣进步，而否定自由原则的社会必定萧条停滞？因为倡导"自由"原则的道德最为优良，而否定"自由"原则的道德最为恶劣。这可以从两方面看。一方面，自由是每个人的创造潜能实现的根本条件，二者成正相关变化：一个人越自由，他的个性发挥得便越充分，他的创造潜能便越能得到实现；一个人越不自由，他的个性发挥便越不充分，他的创造潜能便越得不到实现。另一方面，自由因其是每个人发挥创造潜能的根本条件，同时也就是社会繁荣进步的根本条件。因为社会不过是个人的总和。每个人的创造潜能实现得越多，社会岂不就越富有创造性？岂不就越繁荣昌盛？诚然，自由不是社会进

步的唯一要素。科学的发展、技术的发明、生产工具的改进、政治的民
主化、道德的优良化等都是社会进步的要素。但是，所有社会进步的要
素，统统不过是人的活动的产物，不过是人的能力发挥之结果，因而说
到底，无不以自由——潜能发挥的根本条件——为根本条件。因此，自
由虽不是社会进步的唯一要素，却是社会进步的最根本的要素、最根本
的条件。

　　为什么利他主义道德占据统治地位的社会，必定萧条停滞，而推行
己他两利主义道德的社会必定繁荣进步？因为己他两利主义道德最为优
良；而利他主义道德最为恶劣。利他主义道德否定为己利他，而以无私
利他规范人的一切行为。这样，一方面，它对每个人的欲望和自由的侵
犯便最为严重：它侵犯、否定每个人的一切目的利己的欲望和自由；另
一方面，它增进社会和每个人利益最为缓慢，因为它否定目的利己、反
对一切个人利益的追求，也就堵塞了人们增进社会和他人利益的最有力
的源泉。反之，己他两利主义道德一方面对每个人的欲望和自由侵犯最
为轻微：它仅仅侵犯、否定每个人的损人的欲望和自由，因而只有在利
益冲突时才要求无私利他；另一方面，它增进全社会和每个人利益又最
为迅速，因为它倡导为己利他，鼓励一切有利社会和他人的个人利益的
追求，也就开放了增进社会和每个人利益的最有力的源泉。

　　可见，一个社会实行何种道德——譬如是倡导自由和为己利他原则
还是否定自由和为己利他原则等——乃是社会发展进步的基本原因：推
行优良的道德规范是社会进步的基本原因；推行恶劣道德是社会停滞的
基本原因。伦理学就是关于优良道德的科学，是关于如何制定和实现优
良道德的科学，是关于优良道德的制定方法和制定过程及其实现途径的
科学。因此，伦理学对于人类社会的发展进步便具有莫大的效用、莫大
的价值：伦理学是对于人类用处最大的科学，是具有最大价值的科学。

　　特别是，伦理学，就其最重要和最主要的部分来说，乃是一种关于
国家制度好坏的价值标准的科学：仅此一点岂不就足以说明伦理学是价

值最大的科学？因为国家制度的好坏，乃是每个国民最大利益之所在，对于每个人具有最大价值。而问题的关键在于，国家制度无疑是人们在国家制度好坏价值标准的指导下创造的。这意味着，人们所创造的国家制度的好坏，直接说来，取决于人们所信奉的国家制度好坏的价值标准之好坏：如果人们所信奉的国家制度价值标准是优良的，在其指导下所创造的国家制度就是好的优良的，因而对每个国民具有最大正价值；如果人们所信奉的国家制度价值标准是恶劣的，在其指导下所创造的国家制度就是坏的恶劣的，因而对每个国民具有最大负价值。这就是为什么，伦理学——伦理学主要是关于国家制度好坏的价值标准的科学——是价值最大科学的主要缘故。这恐怕就是为什么，亚里士多德在《尼各马科伦理学》一开篇就一再说：伦理学"这门科学就是政治科学……政治学考察高尚和正义。"[①]

3 学科与科学：伦理学科学性的双重含义

伦理学是科学，是价值最大、最为复杂和伟大的科学，都是全称命题，因而意味着：任何伦理学都可以称之为科学。可是，从斯宾诺莎到摩尔，却不断有伦理学大师探求什么"科学的伦理学"，岂不荒唐？难道伦理学不是科学吗？

原来任何一门科学，对于它的对象的研究都存在着一种由部分到全部、由错误到真理的发展过程。这样，科学在它发展的历程中，必然存在两大阶段。第一个阶段的特征是：① 它所研究的只是这门科学的一部分对象，而不是这门科学的全部对象；因此，② 它对于这些对象的说明和论证不能不犯有片面性错误，因而必然是含糊不清、互相冲突的；进而，③ 围绕这门科学的基本问题或难题势必形成各种不同乃至互相矛盾

① 《亚里士多德全集》第八卷，苗力田等译，中国人民大学出版社，1992 年，第 4—5 页。

的学说。反之，第二个阶段的特征则是：① 它所研究的乃是这门科学的全部对象，而不再是这门科学的部分对象；② 它对于这些对象的说明和论证是清晰明白、互相一致的；③ 解决了这门科学的基本问题和所有难题，从而把围绕这些问题所形成的各种不同乃至矛盾的学说统一起来，最终可能包罗人类有关该科学的全部成果。

这两个阶段的区别，可一言以蔽之：前者是谬误的、片面的科学，因而是不科学的、不应该享有"科学"的美名而应该仅仅称之为"学科"；后者是全面的、真理的科学，应该享有"科学"的美名而称之为"科学"。这就是科学的另一种含义：作为一门学科的真理。因为全面性是真理的本性；片面性是谬误的本性。这样，真理之为科学的涵义，并不是作为一个或几个判断的真理，而是作为一门学科的真理，是作为学科大厦的真理、作为真理的学科大厦。它是关于实际存在的事物的必然性和普遍性的正确的、真理的知识体系。从这个意义上来说，任何科学发展的第一阶段都不配享有科学的美名而只应称之为"学科"，是科学发展的"学科"阶段；只有第二阶段才配享有科学的美名，才可以称之为科学发展的"科学"阶段。①

可见，我们对于科学概念的分析，与古今中外通用的科学概念的涵义是一致的：一方面，科学是一种与宗教和经验相反的知识体系；另一方面，科学是一种正确的、真理的知识体系。因此，无论从哪一个角度看，科学都是一个具有二重性的概念：广义的科学概念是指关于实际存在的事物的必然性或普遍性的知识体系；狭义的科学概念是指关于实际存在的事物的必然性和普遍性的正确的、真理的知识体系。于是，当我们说伦理学是一门"科学"的时候，我们所说的"科学"是广义的，是指关于实际存在的事物的必然性或普遍性的知识体系；当我们说"科学

---

① 这样，所谓"学科"也具有双重含义：一是指一门科学的分支，如力学是物理学的一门学科；二是指一门科学发展的初级阶段，亦即片面的、不科学的阶段。

的伦理学"，或者像摩尔那样，说元伦理学是"科学的伦理学"的绪论的时候，我们所说的"科学"是狭义的：它指关于实际存在的事物的必然性、普遍性的正确的、真理的知识体系。

不难看出，任何一门科学发展的第一阶段——学科阶段——是容易达到的；它们大都在遥远的古代就已经达到了；难于达到的，是科学发展的第二阶段：科学阶段。任何一门科学——不论是物理学还是伦理学——发展的目的，都在于经过学科阶段而达于科学阶段。伦理学发展的学科阶段，早在公元前300多年，就已经由亚里士多德的《尼各马科伦理学》完成了。尔后两千五百年来，伦理学家们一直在向伦理学的科学阶段进军，努力探求科学的伦理学、使伦理学成为科学。那么，他们达到了目的吗？

还没有。因为伦理学能否成为科学，正如摩尔所说，关键在于解决元伦理学的根本问题：行为之应该如何与行为之事实如何的关系。但是，对于这个原本由休谟提出的难题，20世纪以前的伦理学并没有任何系统研究。因此，这些伦理学必定是不科学的。这种不科学性突出表现在，这些伦理学（包括那些伦理学的顶尖级世界一流经典，如亚里士多德的《尼各马科伦理学》、孔子的《论语》、康德的《实践理性批判》、穆勒的《功利主义》、摩尔的《伦理学原理》等）恰似盲人摸象：所研究的都仅仅是伦理学的某部分对象而不是全部对象，所构建的与其说是一门科学，不如说是一种学说。

20世纪初，摩尔发表元伦理学奠基作《伦理学原理》，第一次系统研究了行为之应该如何与行为之事实如何的关系。尔后半个多世纪，元伦理学在西方伦理学的舞台上一直占据主导地位。它的代表人物，除了摩尔，还有普里查德、罗斯、罗素、维特根斯坦、石里克、卡尔纳普、艾耶尔、斯蒂文森、图尔敏、黑尔等。然而，遗憾的是，这些大师并没有真正解决休谟所提出的难题：应该如何与事实如何的关系。所以，20世纪以来，西方伦理学发展的大趋势，恰似三国演义，呈现元伦理学、规范伦理学、美德伦理学之三足鼎立：它们相互排斥、否定，直至今日仍然没有将伦理学的这三大部分有机结合起来。

　　老实说，20 世纪的西方伦理学比起 20 世纪以前的伦理学，高明不了多少。它的规范伦理研究的最大成果，无疑是罗尔斯的《正义论》。可是，它能和穆勒或康德的伦理学相比吗？它究竟把规范伦理学推进了多少呢？至于美德伦理学，虽然它的呼声越来越高，却一直构建不出自己的科学体系，甚至没有一本可以称之为"美德伦理学"的理论专著问世。确实，20 世纪是多了个《元伦理学》。但是，且不说它的根本问题——应该与事实的关系——并没有得到解决，就是元伦理学的体系究竟如何，也没有一个人说得清楚。总之，人类以往的任何伦理学，一方面，所研究的都仅仅是伦理学的某部分对象而不是全部对象；另一方面，几乎全部的伦理学概念和所有问题直到今日仍然十分模糊混乱。所以，自从亚里士多德的《尼各马科伦理学》——它使伦理学成为一门独立的学科——问世，两千五百年来，伦理学一直未能成为一门科学而始终处于由学科向科学的进军之中。

　　不过，人类伦理思想积累至今，特别是一个世纪以来西方元伦理学的研究，已使科学的伦理学的诞生有了可能。因为从此出发已经不难发现：行为应该如何的道德规范，确实可以随意制定；但优良的道德规范却不能随意制定，而只能通过道德最终目的、亦即道德终极标准，从行为事实如何的客观本性中推导出来。这就是所谓"休谟法则"之谜底，这就是优良道德的制定方法，这就是元伦理学的基本原理。根据这一原理，规范伦理的研究对象便由三部分构成：一是道德价值客体，即伦理行为事实如何；二是道德价值主体，即社会的道德本性，主要是社会创造道德的最终目的，亦即道德终极标准；三是道德价值，即伦理行为应该如何，说到底，亦即行为事实如何对于道德最终目的的效用：与其相符的道德规范就是优良道德规范。可是，如何才能使人们遵守优良道德规范、从而使其得到实现？通过良心、名誉、品德：良心与名誉的道德评价是道德规范实现的途径；良好的品德则是道德规范的真正实现。二者构成所谓"美德伦理"。这样，一直互相否定的元伦理学、规范伦理学、美德伦理学便统一起来而结合为一门科学：关于如何制定和实现优良道德的科学。

如此构建起来的伦理学体系显然具有最大限度的包容性：它将两千多年人类对于伦理学对象各个部分的盲人摸象的研究有机地结合为一个整体，从而能够有机地满载人类以往和现在的全部伦理学知识。然而，要将人类以往对于伦理学对象各个部分的盲人摸象的研究有机地结合为一个整体，无疑必须解决众多不同乃至相反的流派所争论的一系列伦理学难题；这就必须对这些两千年来人类一直未能解决的难题提出新的观点或新的论证；这些新的观点或新的论证的成立又必须有伦理学的全部概念和问题的相应更新：牵一发而动全身实乃一切有机体——不论是生物的还是思想的——的基本特征。否则，对元伦理学、规范伦理学、美德伦理学等人类以往伦理学知识的综合便注定是一个互相矛盾的大杂烩。

可见，今日伦理学家的使命，乃是使伦理学由一门学科变成一门科学：一方面，对几乎所有的伦理学概念和几乎全部的伦理学难题都必须给出新的答案——新的观点或新的确证——从而把围绕这些难题所形成的各种不同乃至矛盾的学说统一起来；另一方面，必须将元伦理学、规范伦理学、美德伦理学等人类全部伦理学知识结合为一个有机整体，从而所研究的乃是这门科学的全部对象而非部分对象。那么，我们怎样才能完成这一使命，从而使伦理学由一门学科变成一门科学？解决这个问题的关键显然是：掌握伦理学的方法。

第三章 伦理学方法

本章提要

伦理学方法分为四种：发现法、证明法、证实法和建构法。① 伦理学的发现法主要是超历史分析法。诚然，任何科学理论都是自己时代的产儿，都是一定的社会历史环境和阶级利益的产物。但是，由此却不能说这些科学便是对于一定的社会历史环境和阶级利益的反映。这些科学理论是否反映当时的社会历史环境，取决于它们究竟是一种什么科学理论。如果这种科学是历史学、阶级论或特定社会的科学理论，那么，它们便不但产生于特定的社会历史环境，而且也是这种特定的社会历史环境的反映。对于这种科学理论进行解释，显然应该运用阶级分析法或历史分析法。然而，如果这种科学是伦理学、人性论、价值论、哲学，那么，便只能说这些科学理论产生于特定的社会历史环境，而不能说它们是对于这种特定的社会历史环境的反映：它们是对于一切社会——当然包括产生它的特定的社会——的共性、普遍性的反映。对于这种科学理论进行解释，显然应该运用超阶级分析法或超历史分析法。② 伦理学的证明法主要是归纳与演绎。但是，简单归纳法和直觉归纳法以及类比归纳法的结论都是或然的，因而不能成为伦理学证明的方法，而只能是伦理学的一种发现的方法。因为科学的证明方法必须具有逻辑必然性，而科学发现的方法却可以是或然的。所以，简单归纳法和直觉归纳法以及类比归纳法等非因果归纳法，都因其或然性而仅仅是伦理学发现方法；而因果归纳法则与演绎法一样，因其具有必然性而既是伦理学发现方法，又是伦理学证明方法。并且,与演绎法相比,归纳法是更为基本更为重要的伦理学的发现和证明方法。③ 伦理学的证实法与自然科学一样,也是观察和实验。当然,自然科学和伦理学的观察实验有所不同。一方面,自然科学对象具有数学规律的结构,因而其观察和实验具有数学的精确性,是能够用数学表达的,是"精密的观察和实验"。反之,伦理学的对象并不具有数学规律的结构,因而其观察和实验不可能具有数学的精确性,是"非精密的观察和实验"。另一方面,伦理学的最为根本的对象是人性,说到底,是人心:自爱心与爱人心等。因此,伦理学的观察和实验可以是一种对于自己的心理进行观察的"内省法"或"体验法"。反之,对于自然科学的对象的研究显然不可能使用"内省法"或"体验法"。如果说自然科学的观察和实验以其数学的精密性优越于伦理学,那么,伦理学的观察和实验则以其"体验法"而优越于自然科学。④ 伦理学因其是不能进行定量测量的科学而不具有数学的精密性,因而也就是所谓的"非精密科学"。但是,精密与否乃是个相对的、不确定的概念;而且并不仅仅体现在能否定量测量一个方面,还体现在体系的构建能否公理化和命题的证明、证实能否使用科学的方法等诸多方面。就这些方面来说,伦理学几乎可以使用几何学和物理学的一切方法:(1)公理法:伦理学体系的构建方法;(2)伦理学公理化体系的各个范畴从抽象到具体的推演方法;(3)每个范畴内涵的从定义到结构、类型、基本性质、规律的推演方法;(4)每个命题的归纳和演绎的证明方法;(5)每个命题的观察和实验的证实方法。因此,总而言之:伦理学可以是一门如同几何学和物理学一样客观必然、严密精确、可以操作的科学。

伦理学是科学,是关于优良道德的必然性普遍性的理性知识体系。那么,究竟怎样才能获得这种理性知识并使之成为一个有机体系?也就是说,伦理学的方法是什么?伦理学既然是一种科学,那么,一切科学通用的普遍方法,对于伦理学也必然是适用的。因此,伦理学方法,尽管与其他科学方法有所不同，特别是与事实科学方法根本不同；但是，没有完全不同的东西，就所有科学方法的共同点来说，伦理学方法也分为四种：发现法（获得伦理学科学知识的方法）、证明法（伦理学科学知识的真理性的论证方法）、证实法（伦理学科学知识的真理性的检验方法）、建构法（将所获得、证明和证实的伦理学的科学知识建构成科学体系的方法）。

一　公理法：伦理学体系的构建方法

1　公理法

所谓公理法，如所周知，亦即公理系统方法、公理体系方法或公理化方法，是一种构建科学体系的演绎法。然而，公理法与演绎法显然并不完全相同。那么，二者区别何在？让我们简单比较一下马克思的《资本论》和欧几里得的《几何原本》：前者是演绎法体系的典范，而后者则是公理法体系的典范。《几何原本》首先列出 23 个名词（定义）和 5 个公设、5 个公理。然后便从这些公设和公理推演出几何学的全部命题：417 条定理。《资本论》的起点是"商品"概念，然后循由从抽象到具体、从一般到个别的顺序，依次是：商品—货币—资本—利润—利息—地租。

不难看出，演绎法和公理法构建体系的方法的共同之处在于，都是从比较一般的、抽象的概念和命题推演出比较个别的、具体的概念和命题，因而可以说：公理法也是一种演绎法。二者的不同之处在于，一方面，《几何原本》演绎法的初始前提乃是具有真假意义（真值）的最一般的命题，亦即 5 个公理和 5 个公设；反之，《资本论》演绎法的起点或初始前提则是不具有真假意义（真值）的最一般的概念：商品。另一方面，《几何原本》演绎法从初始前提——5 个公理和 5 个公设——推演出该门科学同样具有真假意义的全部命题；反之，《资本论》演绎法并不是从初始前提——商品——推演出该门科学的全部命题，而只是推演出该门科学同样不具有真假意义的全部概念，因而也就只是该门科学的概念排列顺序。

因此，一门科学体系的构建，如果是从不具有真假意义（真值）比较一般的抽象的概念，推演出比较个别的具体的概念，那么，这门科学的构建方法便仅仅是演绎法；如果是从若干具有真假意义（真值）的最一般的命题——亦即公理和公设——推演出该门科学的全部命题，它便不但是演绎法而且是公理法。因此，正如王宪钧所言，公理法就是从公理出发的演绎法："从一些公理出发，根据演绎法，推导出一系列定理，这样形成的演绎体系就叫作公理系统。"[1]

因此，公理法是一种特殊的演绎法。这种特殊性全在于，它的初始大前提乃是能够推演出该门科学的全部命题最一般的命题，亦即公理和公设。因此，公理法必然具有真值传递功能：它能够把公理和公设的真值直接或间接地传递给该门科学的全部命题。反之，非公理法的演绎法，作为科学体系构建方法，则只是概念体系的排列顺序，而不具有真值传递功能。试想，如果它的起点是不具有真假意义的概念，它怎么能够具有真值传递功能呢？

可见，公理法的根本特征，在于通过确立一门科学的若干公理和公设而从中演绎出该门科学全部命题：公理法是从若干公理和公设推演出该门科学全部命题的演绎法，是能够把公理和公设的真值直接或间接地传递给该门科学的全部命题的演绎法。因此，武长德说：公理法是"演绎法的标准形式"。霍华德·凯黑恩（Howard Kahane）说："构建公理体

---

① 王宪钧：《数理逻辑引论》，北京大学出版社，1998 年，第 35 页。

系的基本动机是精密。"① 更确切些说：公理法是最精密的演绎法；按照公理法构建起来的公理化的科学体系是最精密的科学体系。那么，究竟如何运用公理法而将某门科学构建成一个公理化体系呢？

按照公理法所构建的科学体系，正如凯黑恩所说，与其他科学体系一样，也由名词（亦即概念或符号）、命题（亦即判断或公式）和推演规则三要素构成："一个公理体系具有三种主要成分：符号（或名词）、公式和推演规则。"② 公理化体系不同于其他科学体系之处在于，它将这三要素都分为初始与派生两部分：初始概念（primitive symbols）和被定义概念（defined symbols）、初始命题和被推导命题、初始推演规则（primitive inference）和被推导规则（derived inference）。"初始概念"和"初始命题"以及"初始推演规则"构成公理化体系的公理和公设系统，是公理化体系的前提；"被定义概念"和"被推导命题"以及"被推导规则"构成公理化体系的定理系统，是公理化体系的结论。③

但是，如所周知，公理和公设并不是初始概念——概念不具有真假（真值）意义——而是若干初始概念相互关系所蕴涵的具有真假意义的"初始命题"，是一种"初始命题"及其与"初始推演规则"相结合所形成的"初始命题集"（初始推演规则也属于初始命题范畴），说到底，是能够推演出一门或一类科学全部命题和全部研究对象的"初始命题"、"初始命题集"。那么，公理和公设究竟是一种怎样的初始命题？究竟何谓公理和公设？公理和公设区别何在？

原来，按照亚里士多德和欧几里得古典公理法理论，一方面，公设只对一门科学有效，只能推演出一门科学的全部对象、全部命题；公理则对一切同类科学普遍有效，可以推演出该类一切科学全部对象、全部

---

① Howard Kahane: *Logic and Philosophy: A Modern Introduction*, Belmont, California: Wadsworth Publishing Company, 1986, p. 423.

② Ibid.

③ Ibid.

命题："公理是一切科学所公有的真理，而公设则只是为某一门科学所接受的第一性原理。"[①] 诚哉斯言！这一见地，堪称真理。

但是，另一方面，亚里士多德和欧几里得的古典公理法理论的观点是：公理和公设是自明的、直觉的、公认的、不言而喻的。非欧几里得几何学的产生表明这一见地是片面的、错误的。因为非欧几里得几何学的第五公设——经过直线外的一点，可作多条直线和原有的直线平行——显然不是自明的、直觉的；恰恰相反，它是完全违背人们的直觉的。所以，公理和公设不必是自明的、公认的。

公理和公设之为公理和公设，公理和公设区别于定理的根本特征，正如波普所说，只在于从它们能够推演出该类或该门科学的全部命题："公理是这样被选择的：属于该理论体系的全部其他陈述都能够从这些公理——通过纯逻辑的或数学的转换——推导出来。"[②] 凯黑恩也这样写道："理论地说，任何合乎逻辑的定理都可以是公理，只要它们的数目最少并且由其可以推导出全部其他定理。"[③]

因此，所谓的"完全性"——亦即"从若干公理和公设能够推演出该门科学全部命题的性质"——乃是公理、公设和公理化体系的根本特征：公理和公设是能够推演出一类和一门科学全部对象、全部定理或命题的最一般命题；公理化体系是从若干公理和公设推演出一类和一门科学全部研究对象、全部定理或命题的演绎体系。这就是公理、公设和公理化体系的定义。这意味着："完全性"是公理之为公理、公设之为公设和公理化体系之为公理化体系的唯一特性。

---

① 参阅克莱因:《古今数学思想》第 1 卷，北京大学数学系数学史翻译组译，上海科学技术出版社，1979 年，第 60、68—69 页；《亚里士多德全集》第一卷，苗力田等译，中国人民大学出版社，1990 年，第 266 页。

② Karl R. Popper: *The Logic of Scientific Discovery*, London: Hutchinson, 1959, p. 71.

③ Howard Kahane: *Logic and Philosophy: A Modern Introduction*, Belmont, California: Wadsworth Publishing Company, 1986, p. 423.

　　然而，完全性却似乎不是一个有效的公理化体系的唯一要求或条件。有效的或正确的、良好的公理化体系，在波普看来，必须满足四个条件："一个理论体系可以说是公理化了，如果被公式化的一组陈述，亦即公理，满足了如下四个基本要求。ⓐ公理系统必须是没有矛盾的。这等于说：任意选择的陈述是不可以从这个体系中推导出来的。ⓑ这个系统必须是独立的，亦即它不能包含任何可以从其余公理推导出来的公理。……这些公理必须是：ⓒ充足的，亦即能够推导出属于公理化的那个理论的全部陈述；ⓓ必要的，亦即——为了同样的目的——这些公理不可包含多余的假设。"[①]

　　这四个条件显然可以归结为三个，亦即所谓"三性"：完全性、一致性和独立性。首先，所谓充足性显然也就是完全性：从若干公理和公设能够推演出一门科学全部对象全部命题的性质。其次，所谓无矛盾性也就是一致性，亦即公理化体系的全部命题不能互相矛盾："一个公理系统是一致的，当且仅当根据它的推导规则不能从这个系统推导出矛盾命题。"[②]最后，所谓独立性亦即必要性或简单性：所有公理都不能相互推导而必须是相互独立的，从而也就不是多余的，而是必要的，亦即简单的。对此，爱因斯坦说得很清楚：

　　"我们在寻求一个能把观察到的事实联结在一起的思想体系，它将具有最大可能的简单性。我们所谓的简单性，并不是指学生在精通这种体系时产生的困难最小，而是指这体系所包含的彼此独立的假设或公理最少。"[③]

　　那么，对于一个有效的公理化体系来说，哪一个条件是最重要的？人们大都以为是无矛盾性或一致性。凯黑恩也这样写道："对于一个可

①　Karl R. Popper: *The Logic of Scientific Discovery*, London: Hutchinson, 1959, p. 71.

②　Howard Kahane: *Logic and Philosophy: A Modern Introduction*, Belmont, California: Wadsworth Publishing Company, 1986, p. 424.

③　《爱因斯坦文集》第一卷，许良英等编译，商务印书馆，1976 年，第 299 页。

接受的公理体系来说，最重要的要求是一致性。"[1] 其实不然。最重要的、最根本的条件，真正讲来，并不是无矛盾性，而是完全性。首先，只有完全性才是公理化体系的特有条件；而无矛盾性，正如波普所言，乃是任何科学理论体系——不论是公理系统还是非公理化体系——的共同条件。[2] 其次，完全性已经蕴涵有或意味着无矛盾性。试想，如果一个公理化体系具有完全性，亦即能够从若干公理推导出该门科学的全部命题，岂不就意味着：从它所推出的这门科学的全部命题不能出现矛盾？因为出现矛盾，岂不就意味着推演失败？岂不就意味着推不出该门科学的全部命题？

最后，独立性也并不是公理化体系的特有条件，而是任何科学理论体系的共同条件：简单性原则。任何科学体系的基本理论前提，正如牛顿和爱因斯坦所一再强调的，都必须是简单的："因为自然界喜欢简单化，而不爱用什么多余的原因以夸耀自己。"[3] 公理化体系的基本理论前提就是公理和公设。所以，科学体系基本理论前提的简单化原则便要求公理和公设具有独立性。因为独立便意味着不是多余的，因而是简单的。这样，只要一个公理体系是简单的，那么，出于体系构造和推演的需要，即使含有一个或几个不独立的公理和公设，也是可以的。对此，塔尔斯基有甚为精辟的论述：

"我们企图得到一个不包含多余的命题的公理系统。而所谓多余的，就是可以由其余的公理推出，因而可以算作构造中的理论的定理的。这种公理系统称作独立的（或公理彼此独立的系统）。我们同样也注意使得基本词项系统是独立的，就是说，它不包含任何可以用其他词项定义的多余的词项。但是，常由于实践的或教学上的理由，我们并不坚持这些

① Howard Kahane: *Logic and Philosophy: A Modern Introduction*, Belmont, California: Wadsworth Publishing Company, 1986, p. 424.

② Karl R. Popper: *The Logic of Scientific Discovery*, London: Hutchinson, 1959, p. 101.

③ 牛顿:《牛顿自然哲学著作选》，王福山等译，上海译文出版社，2001 年，第 3 页。

方法论方面的原则，特别是当着如果省去了一个多余的公理或基本词项就会使理论的构造变得很复杂的时候。"①

　　因此，王宪钧认为独立性与完全性、一致性不同，并不是公理化体系的必要条件："独立性和一致性不同，和完全性也有所不同。一个公理系统的诸公理，其中即使有不独立的，也不能算是很大的缺点。"②其实，完全性不但蕴涵一致性，同样也蕴涵有或意味着简单性。试想，如果一个公理化体系具有完全性，亦即能够从若干公理推导出该门科学的全部命题，岂不就意味着：这些公理具有最大的普遍性，是最一般的命题？因为只有具有最大普遍性的最一般的命题，才可能推导出该类科学的全部命题。而越是普遍、一般的命题，正如爱因斯坦所说，也就越少、越简单："一种理论的前提的简单性越大，它所涉及的事物的种类越多，它的应用范围越广。"③

　　可见，真正讲来，完全性不但是有效的公理化体系的最重要的条件，而且是其唯一的条件。这样，完全性便不但是公理之为公理、公设之为公设、公理化体系之为公理化体系的唯一特性，而且是有效公理化体系之为有效的唯一条件：公理和公设是能够推演出一门科学全部对象、全部定理或命题的最一般命题；公理化体系是从若干公理和公设推演出该门科学全部对象、全部定理或命题的演绎体系；有效公理化体系亦即真正具有完全性的公理化体系，因而也就是从最少的公理和公设推导出该门科学全部对象、全部命题或定理的无矛盾的演绎体系。

2　伦理学的公理化体系

　　公理法的研究表明，伦理学体系能否公理化，正如赖欣巴哈所深信，

①　塔尔斯基：《逻辑与演绎科学方法论导论》，周礼全等译，商务印书馆，1963年，第127页。
②　王宪钧：《数理逻辑引论》，北京大学出版社，1998年，第102页。
③　《爱因斯坦文集》第一卷，许良英等编译，商务印书馆，1976年，第345页。

完全取决于是否存在伦理学公理和公设，亦即是否存在这样一些最一般的命题，从这些命题能够推演出伦理学的全部命题、全部内容、全部对象：

"伦理学需要一些道德前提或道德公理……当我们将它们叫作公理时，我们就把伦理学看作一个从这些公理推导出来的井然有秩序的体系，而这些公理自身却不能从这个体系中推导出来。当我们只考虑一个特定的证明时，我们使用的最适当的名词是'前提'。在一个伦理证明中至少必须有一个道德前提，也就是说，有一个伦理规则不是从这个证明推导出来的。这个前提可以是另一个证明的结论；但是，这样推导下去，我们每一步都须持有一组道德前提。如果我们这样成功地把全部伦理规则整合为一个一致的体系，我们就达到了伦理学公理体系。"[1]

那么，是否存在这样的伦理学公理和公设呢？人类两千多年的伦理学研究表明，正如爱因斯坦在他的"科学定律和伦理定律"一文中所言，确实存在这样的伦理学公理："伦理公理的建立和考验同科学的公理并无很大区别。"[2] 这种伦理学的公理和公设系统，如今看来，无疑就是所谓的"元伦理学"。与几何学等科学的公理和公设系统一样，元伦理学也是由"初始概念"和"初始命题"以及"初始推演规则"三因素构成的一种公理和公设系统：

一方面，伦理学的初始概念，亦即元伦理学基本概念或范畴，也就是元伦理学家们所谓的"道德词"、"伦理词"、"价值词"。这些基本概念或范畴，在摩尔看来，是"善"（Good）；在罗斯看来，是"正当"（Right）与"善"；在黑尔看来，是"善"、"正当"和"应该"（Ought）；在艾温看来，是"善"和"应该"；在马奇（J. L. Mackie）看来，是"善"、"应

---

[1]　Hans Reichenbach: *The Rise of Scientific Philosophy*, California: University of California Press, 1954, p. 279.

[2]　《爱因斯坦文集》第 3 卷，许良英等编译，商务印书馆，1976 年，第 280 页。

该"和"是"（Is）；在斯蒂文森那里，则是"善"、"正当"、"应该"、"价值"（values）、"事实"（facts）。总而言之，伦理学的初始概念可以归结为5个："价值"、"善"、"应该"、"正当"以及"是"或"事实"。

另一方面，这些初始概念相互关系——特别是"应该"与"事实"的关系——所蕴涵的初始命题及其推演规则，可以归结为"伦理学的存在公理和公设"以及"伦理学的推导公理和公设"两大系列7个公理和7个公设，最终则归结为"伦理学优良规范推导公理和优良道德规范推导公设"：

> 优良的"行为规范"是与"行为价值"相符的行为规范；恶劣的"行为规范"则是与"行为价值"不符的行为规范。因此，优良行为规范绝非可以随意制定，而只能根据"行为价值"——亦即"行为事实如何"对于"主体需要、欲望和目的"之效用——制定，说到底，只能通过"主体的需要、欲望和目的"，从"行为事实如何"推导出来。因此，所制定的"行为规范"之优劣，直接说来，取决于对"行为应该如何"的价值判断之真假；根本说来，则一方面取决于对"行为事实如何"的事实判断之真假，另一方面取决于对"主体的需要、欲望、目的如何"的主体判断之真假。

这就是所谓"休谟难题"——能否从"事实如何"推导出"应该如何"——之最直接的答案，这就是"优良规范"直接依据"价值判断"（最终依据"事实判断"和"主体判断"）之真理的推导和制定的过程，这就是优良规范的推导和制定之方法，这就是"伦理学的优良规范推导公理"，这就是普遍适用于伦理学和国家学（国家学是国家制度好坏的价值科学）以及中国学（中国学是中国国家制度好坏的价值科学）等一切价值科学的优良规范推导公理。我们可以将该公理归结为一个公式，而名之为"价值推导公式"或"优良规范推导公式"：

前提 1：行为事实如何（价值实体）

前提 2：主体需要欲望目的如何（价值标准）

结论 1：行为应该如何（价值）

结论 2：规范之优劣（规范是否与价值相符）

举例说，"应该常喝牛奶"作为养生规范，究竟是优良的还是恶劣的，直接说来，无疑取决于"应该常喝牛奶（亦即常喝牛奶的事实具有符合人体需要的效用）"的价值判断之真假；根本说来，则一方面取决于"牛奶富有蛋白质"的事实判断之真假，另一方面则取决于"人体需要蛋白质"的主体需要判断之真假。

在道德规范领域，社会是制定道德规范的活动者，因而是主体；社会制定道德规范的目的，亦即道德目的，是主体活动目的；客体则是社会制定的道德所规范的对象，是可以进行道德评价的一切行为：道德价值就是这种行为事实如何对于道德目的之效用。这样一来，如果将普遍适用于一切规范领域的"优良规范推导公理"，推演于道德规范领域，便可以得出结论说：

优良"道德规范"是与行为的"道德价值"相符的道德规范；恶劣"道德规范"是与行为"道德价值"不符的道德规范。因此，优良道德规范绝非可以随意制定，而只能根据"行为应该如何的道德价值"——亦即"行为事实如何"对于"道德目的"的效用——制定，说到底，只能通过"道德目的"，从"行为事实如何"推导出来。因此，所制定的"行为应该如何"的道德规范之优劣，直接说来，取决于对"行为应该如何"的道德价值判断之真假；根本说来，则一方面取决于对"行为事实如何"的事实判断之真假，另一方面取决于对"道德目的"的主体判断之真假。

这就是优良道德规范直接依据道德价值判断——最终依据行为事实判断以及道德目的之主体判断——之真理的推导和制定的过程，这就是优良道德规范的推导和制定之方法，这就是仅仅适用于伦理学一门科学而能够推导出伦理学全部对象、全部内容、全部命题的"伦理学的优良道德规范推导公设"，可以归结为一个公式，而名之为"道德价值推导公式"或"优良道德规范推导公式"：

前提1：行为事实如何（道德价值实体）
前提2：道德目的如何（道德价值标准）

结论1：行为应该如何（道德价值）
结论2：道德规范之优劣（道德规范是否与道德价值相符）

举例说，"为己利他"作为道德规范，究竟是优良的还是恶劣的，直接说来，取决于"为己利他具有正道德价值（亦即为己利他行为事实具有符合道德目的之效用）"的道德价值判断之真假；根本说来，则一方面取决于"为己利他事实上既利己又利他、己他双赢"的行为事实如何的事实判断之真假，另一方面则取决于"道德目的是增进每个人利益"的主体判断之真假。

这个"优良道德规范推导公式"及其所由以构成的四个命题，之所以叫作"伦理学的优良道德规范公设"，只是因为由其可以推导出伦理学——伦理学就是关于优良道德规范的科学——的全部对象、全部内容、全部命题。这种推演过程，我们已在"伦理学对象"中完成：规范伦理学无非是关于如何确立这个公设的两个前提和两个结论的系统；美德伦理学不过是研究如何实现这个公设的结论的系统；元伦理学则是推导出这个公设自身的伦理学公理和公设系统。如图：

　　上卷 元伦理学：如何推导出优良道德规范公设的伦理学的公
　　　理和公设系统

优
良
道
德
规
范
公
设

中卷 规范伦理学：
　　优良道德规范公设的前提 1：道德价值
　　　主体：社会为何创造道德
　　优良道德规范公设的前提 2：道德价值
　　　实体：伦理行为事实如何
　　优良道德规范公设的结论 1 和结论 2：
　　　伦理行为应该如何的道德价值和与其
　　　相符的良道德规范

下卷 美德伦理学：优良道德规范公设的结论之实现途径：优
　　良道德规范之实现途径

　　可见，伦理学体系确实是一种可以公理化的体系，因为伦理学确实存在这样的公理和公设——它们构成元伦理学——从这些公理和公设出发，便推导出了伦理学其余的全部内容：规范伦理学和美德伦理学。换言之，伦理学体系是一种可以公理化的体系：所谓"元伦理学"乃是伦理学的公理、公设系统，是伦理学公理化体系的前提系统；所谓"规范伦理学"和"美德伦理学"则是由元伦理学所推导出来的伦理学的定理系统，是伦理学公理化体系的结论系统。

　　诚然，伦理学的公理化体系与几何学、数学、力学的公理化体系有所不同。几何学是从若干公理和公设直接推出——或通过定理间接推出——该门科学的全部命题；伦理学则是从若干公理和公设直接推出构成伦理学全部对象、全部内容的各个部分，而间接推出伦理学的全部命题。无疑，这是伦理学公理化体系的缺憾。

　　因为几何学的公理化体系是从若干公理和公设直接推出或通过定理间接推出该门科学的全部命题，因而它所具有的真值传递功能遍及该门科学的全部命题：它能够把公理的真值直接或间接地传递给该门科学的全部命题。所以，几何学的公理化体系是完全精密的：不仅体系是精密的，而且这个体系所包含的全部命题也因其公理化而都是精密的。

反之，伦理学是从若干公理和公设直接推出构成伦理学全部对象、全部内容的各个部分，而间接推出伦理学的全部命题，因而它所具有的真值传递功能只能及于构成该门科学的各个部分和某些命题，而不能遍及该门科学的全部命题。所以，伦理学的公理化体系是部分精密的：只有体系自身因其公理化而是精密的，而这个体系所包含的全部命题却不能因其公理化而都是精密的。

但是，这恰恰也是伦理学公理化体系优越于几何学等数学公理化体系之处。因为伦理学是从若干公理和公设通过直接推出构成伦理学全部对象、全部内容的各个部分，而间接推出伦理学的全部命题，因而伦理学公理化体系具有绝对的完全性：任何伦理学的命题都逃不出伦理学公理和公设。试想，有什么伦理学命题，能够逃出"优良道德规范推导公式及其所由以构成的四个命题"？"优良道德规范推导公式及其所由以构成的四个命题"既然能够推导出伦理学全部对象，岂不意味着：绝对不可能存在什么伦理学命题，能够逃离"优良道德规范推导公式及其所由以构成的四个命题"？

反之，几何学等数学的公理化体系，是从若干公理和公设直接推出或通过定理间接推出该门科学的全部命题，因而它所具有的完全性总是相对的、不完全的：总是存在着这样一些命题，这些命题是该门科学的公理和公设所不能推出来的，因而游离于该公理化体系之外。这一点，凯黑恩讲得很清楚："不幸的是，不但没有发现算术完全性的证据，而且有证据表明：所有的算术的公理体系都不能够是完全的。不论这种体系包含多少公理和定理，我们总是能够发现某个算术真理，它并不是这个体系的定理。"[1]

----

[1]　Howard Kahane: *Logic and Philosophy: A Modern Introduction*, Belmont, California: Wadsworth Publishing Company, 1986, p. 436.

因此，我们说数学比伦理学精密便是相对的：只是就构成公理化体系的每个命题来说，数学才比伦理学精密。然而，就公理化体系自身来说，伦理学却似乎比数学更为精密，亦即更为完全：伦理学公理化体系的完全性是绝对的，绝对没有游离于伦理学公理和公设之外的伦理学命题；数学公理化体系的完全性是相对的，总是存在游离于数学公理和公设之外的数学命题。

3 伦理学的公理化体系：历史和现状

伦理学可以公理化，因而是一门相当精密的科学，以致可以和数学的精密性相比。因为公理化体系是最为精密的科学体系。这种体系是如此精密，以致欧几里得构建第一个公理化体系以来，虽然自然科学各个领域的科学家竞相效仿，却只有数学和物理学以及某些自然科学的分支能够公理化而已。至于哲学社会科学，最为耐人寻味的是，不论是经济学、法学、政治学、人类学，还是美学、社会学、语言学等，都没有名家提出公理化的问题。唯有伦理学，自笛卡尔以来，先后有霍布斯、斯宾诺莎、休谟、爱尔维修、摩尔等划时代大师，倡导构建一种如同几何学和物理学一样客观必然、严密精确、可以操作的科学的伦理学，倡导伦理学的公理化、几何学化。一些著名的自然科学家和科学哲学家，如爱因斯坦和赖欣巴哈，也曾试图寻找和确立伦理学公理。今天，罗尔斯在他那部影响深远的巨著《正义论》中仍然热诚地呼喊："我们应当努力于构建一种道德几何学：它将具有几何学的全部严密性。"[1]

但是，将这种倡导付诸实际，真正构建伦理学为一个公理化体系的，古今中外只有斯宾诺莎一人而已。遗憾的是，斯宾诺莎对于伦理学体系

---

[1] John Rawls: *A Theory of Justice*, Cambridge, Massachusetts: The Belknap Press of Harvard University Press, 1999, p. 280.

公理化的构建，无疑是失败的。不难看出，他的失败主要在于没有发现和建构能够推导出伦理学全部对象、全部内容的伦理学公理和公设。诚然，他不但清楚公理化体系建构的关键在于发现公理和公设，而且还科学地提出了公理和公设成立的条件（这些条件是如此科学，以致为波普和爱因斯坦等当代思想巨匠所完全继承），如无矛盾性、简单性和完全性：“为了发现这样的原理，就必须使最好的假设满足以下的条件：① 此假设不应该包含任何矛盾。② 此假设应当尽可能最简单。③ 由此可以推出：它应当是最容易理解的。④ 此假设应当推出自然界中所观察到的一切现象。”①

　　然而，遗憾的是，斯宾诺莎《伦理学》的公理化体系，并不存在满足这些条件的公理和公设。这部著作分为五部分，每部分的全部命题都由若干他所谓的“公理”和“公设”推导出来。但是，这五部分所构成的伦理学的全部对象、全部内容却不是由公理和公设推导出来：不存在推导这五部分的公理和公设。殊不知，只有能够推导出构成他的《伦理学》全部对象、全部内容（亦即这部著作的五部分）的若干命题，才堪称伦理学的公理和公设；而只能推出每个部分的若干命题——斯宾诺莎称之为“公理”和“公设”或“公则”——绝不是公理或公设。这样，斯宾诺莎《伦理学》便仅仅具有几何学公理体系的一些外在形式和词句，如先提出定义和公理，然后加以证明，进而作出绎理等；却不具有公理化体系的实质：没有一个能够推导出伦理学全部对象的公理和公设系统。

　　斯宾诺莎的失败具有历史必然性：他不可能发现和建构能够推导出伦理学全部对象、全部内容的伦理学公理和公设。因为伦理学公理和公设体系的根本问题——能否从“事实”推导出“应该”——迟至 18 世纪才由休谟提出而被称之为“休谟难题”；而对于伦理学公理和公设的系统研究（元伦理学）直到 20 世纪初才刚刚开始：元伦理学的奠基作，亦即

---

① 斯宾诺莎：《笛卡尔哲学原理》，王荫庭、洪汉鼎译，商务印书馆，1997 年，第 125 页。

摩尔的《伦理学原理》发表于 1903 年。从那时起，经过摩尔、普里查德、罗斯、罗素、维特根斯坦、石里克、卡尔纳普、艾耶尔、斯蒂文森、图尔敏、黑尔等元伦理学大师的半个多世纪的研究，发现和建构推导伦理学全部对象、全部内容的伦理学公理和公设系统方有可能：我们所构建的伦理学的公理和公设体系——元伦理学——的出发点，正是这些大师元伦理学思想。

因此，我们不但不应该嘲笑斯宾诺莎伦理学的几何式证明方法的幼稚，而且可以断言，就伦理学的体系构建来说，斯宾诺莎是无与伦比的最伟大的伦理学家。在方法论上，我们是斯宾诺莎的门徒，我们的伦理学公理化体系，是满载着 18 世纪以降元伦理学成果的斯宾诺莎伦理学，是沿着霍布斯、笛卡尔、斯宾诺莎、休谟、爱尔维修、摩尔和罗尔斯的足迹，继斯宾诺莎之后，构建一种如同几何学一样严密精确的伦理学公理化体系之又一次尝试。

4 伦理学的范畴推演体系

公理法是构建最严密的科学体系的方法；公理化体系是最为精密的科学体系。然而，是否只要运用公理法而将一门科学构建成公理化体系，便完成了这门科学的体系之构建？答案是否定的。因为公理法只是构建科学体系的宏观方法：它只能宏观地解决如何从若干公理推出该门科学的全部命题或定理；而不能解决这些命题或定理的推演顺序等微观问题。那么，解决这些微观问题的方法是什么？

一切命题或判断，如所周知，都是揭示概念的内涵和外延的思维形式：命题或判断是概念的内涵和外延的表现形式。构成一门科学的全部命题，则无疑是揭示作为这门科学研究对象的概念——亦即所谓范畴——的内涵和外延的思维形式。因此，任何科学理论体系，归根结底，并不是命题体系，更不是这些命题所构成的推理体系，而是命题和推理所表现的范畴——它的外延和内涵、它所称谓的事物的范围和这一范围事物的普遍属性——的体系。一言以蔽之，任何科学体系都是它所研究的一系列的范畴之体系。所以，爱因斯坦一再说：

"科学并不满足于提出经验规律，它倒是试图建造这样一个逻辑体系，这个体系……是许多概念的总体。"[①]

公理化体系，说到底，也同样是一种范畴体系，是若干初始范畴和它们所推导出的一系列范畴所构成的范畴体系：所有公理或公设乃是揭示那些初始范畴内涵和外延的命题系统，构成公理范畴系统；所有定理或命题则是揭示那些非初始范畴内涵和外延的命题系统，构成定理范畴系统。就拿欧几里得《几何原本》的公理化体系来说，如所周知，它的各篇或各个部分便都是由两部分组成：首先是若干定义，亦即范畴；其次便是揭示这些范畴内涵和外延的一系列命题，亦即公理、公设或定理。请看《几何原本》第一篇。首先便是点、线、直线、面、平面、直角、圆、平行线等 23 个范畴及其定义。然后，便列出 5 个公设：

（1）从任一点到任一点作直线是可能的。（2）把有限直线不断循直线延长是可能的。（3）以任一点为中心的任一距离为半径作一圆是可能的。（4）所有直角都彼此相等。（5）若一直线与两直线相交，且若同侧所交两内角之和小于两直角，则两直线无限延长后必相交于该侧的一点。

不难看出，这些公设都是对点、线、直线、面、平面、直角、圆、平行线等范畴内涵的揭示。《几何原本》其他各篇或各个部分的结构相同：首先是若干范畴及其定义；然后是揭示这些范畴内涵的命题或定理。

可见，公理化体系，说到底也是一系列的范畴体系，是一系列的初始范畴和非初始范畴所构成的范畴体系：所有的公理或公设无非是对于那些初始范畴内涵的揭示；所有定理或命题则无非是对于那些非初始范畴内涵的揭示。公理法只是一根构建科学体系的干杆，只能宏观地解决

---

① 《爱因斯坦文集》第 3 卷，许良英等编译，商务印书馆，1976 年，第 368 页。

如何从若干公理推出该门科学的全部命题或定理；却不能解决各个范畴相互间的推演顺序和每个范畴自身各种属性的推演顺序，因而也就不能解决各个公理——这些公理不过是初始范畴的各种属性——的推演顺序和由公理所推出的全部命题或定理的推演顺序：这些命题或定理不过是非初始范畴各种属性。还是拿《几何原本》来说：公理法显然不能解决点、线、直线、面、平面、直角、圆、平行线等23个范畴的排列、推演顺序，因而也不能解决揭示这些范畴内涵的"所有直角都彼此相等"等5个公设的排列、推演顺序。那么，解决公理化体系的各个范畴相互间的推演顺序和每个范畴自身各种属性的推演顺序的方法究竟是什么？

马克思答道：从抽象到具体、从简单到复杂的范畴相互间的推演方法"显然是科学上正确的方法。"① 所谓抽象和具体，正如马克思所说，也就是内涵比较简单的范畴与包含它的比较复杂的范畴，也就是内涵比较片面的范畴和包含它的比较全面的范畴，也就是部分和包含该部分的整体范畴："具体之所以具体，因为它是许多规定的综合，因而是多样性的统一。"② 举例说，价值与剩余价值就是抽象与具体：价值是内涵比较简单、比较片面的范畴，而剩余价值则是内涵包含价值的比较复杂、比较全面的范畴。所以，从抽象到具体与从简单到复杂以及从部分到整体，大体说来，是同一概念。

从抽象到具体的方法与演绎法并不完全相同：它比演绎法更为复杂和丰富。因为这种方法具有双重含义。一方面，从抽象到具体是从一般范畴到个别范畴，因为凡是一般都是内涵较少、较简单的范畴，而凡是个别则都是包含一般的内涵较多、较复杂的范畴。《资本论》从价值到剩余价值的从抽象到具体，便是从一般到个别的典范。这是演绎法。

但是，另一方面，从抽象到具体则是从初始范畴到非初始或派生范

---

① 《马克思恩格斯选集》第二卷，人民出版社，1977年，第103页。
② 同上。

畴，因为初始范畴都是内涵较少、较简单的范畴，而非初始或派生范畴则都是包含初始范畴的内涵较多、较复杂的范畴。《资本论》从第一卷"生产过程"到第二卷"流通过程"再到第三卷"分配过程"，便是从初始范畴到派生范畴的典范。但是，这不是演绎法，因为生产、流通与分配都是并列的概念关系而不是一般与个别的概念关系。

这样，正如马克思所指出，科学理论体系的各个范畴相互间的推演顺序的方法，之所以是从抽象的简单的范畴上升到比较具体的复杂的范畴，乃是因为只有懂得抽象的、简单的范畴，才能懂得包含它的具体的复杂的范畴；而如果走相反的道路，则两者都无法理解："只要知道了剩余价值的各个规律，利润率是容易理解的。如果走相反的道路，则既不能了解前者，也不能了解后者。"[①] 因此，这种方法也就是一切科学理论体系——不论是公理化体系还是非公理化体系——的各个范畴相互间的推演顺序的方法。

《资本论》体系的各个范畴相互间的推演顺序，如所周知，是这种方法的典范。《几何原本》的各个范畴的推演方法也是如此。且看《几何原本》第一篇。该篇的点、线、直线、面、平面、直角、圆、平行线等23个范畴的排列顺序所遵循的，便是一种从抽象到具体、从简单到复杂的方法：从点到线和从线到面是从初始范畴到派生范畴；从面到平面是从一般到个别；从平面到直角、从直角到圆、从圆到平行线是从初始范畴到派生范畴。"此外，定理的编排"，克莱因说，"也是从简单的到越来越复杂的。"[②] 所以，笛卡尔把这种方法作为一切科学都应该遵循的四条普遍方法之第三条：

"第三条是，按次序进行我的思考，从最简单、最容易认识的对象开始，一点一点逐步上升，直到认识最复杂的对象；就连那些本来没有先

① 《马克思恩格斯全集》第23卷，人民出版社，1971年，第242页。
② 克莱因：《古今数学思想》第一卷，北京大学数学系数学史翻译组译，上海科学技术出版社，1979年，第97页。

后关系的东西，也给它们设定一个次序。"①

　　然而，从抽象到具体是不是科学体系的范畴推演顺序的唯一方法？这显然要看这种方法是否适用于构成科学体系的一切范畴的推演；换言之，是否一切范畴的相互关系都是抽象和具体的关系。一切范畴或概念相互间的关系，如所周知，无非同一关系、从属关系、交叉关系、并列关系（矛盾关系和对立关系）。但是，作为科学对象的范畴，相互间显然绝不可能具有同一关系，也不太可能是交叉关系，而几乎完全是从属关系和并列关系。

　　从属关系完全是抽象和具体关系：一般的概念是抽象概念，个别的概念是具体概念。因此，一切从属关系的范畴完全适用从抽象到具体的方法。并列关系也大都是抽象和具体的关系。因为并列概念中，特别是两个对立或矛盾概念，大都一个是初始概念，其他是非初始概念。

　　可见，科学体系的范畴相互间的关系，几乎完全是从属关系和初始与非初始关系，因而几乎完全适用从抽象到具体方法。至于极少可能出现的交叉范畴和不具有初始、非初始关系的并列范畴的推演顺序，应该结合起来或相邻相接。因为对于这些范畴，显然不懂得一个，就不能很好地懂得另一个；而只有放在一起、互相对照才能真正得到理解。

　　那么，按照这些方法，伦理学的范畴推演体系究竟如何？解决这个问题的前提无疑是：伦理学的范畴体系究竟包括哪些范畴？

　　首先，元伦理范畴或基本概念都是什么，显然决定于元伦理学的根本问题是什么。元伦理学的根本问题，如前所述，是道德判断或价值判断的确证，亦即道德推理或价值推理的逻辑，说到底，是"应该"、"价值"的来源、依据问题，因而也就是"应该"、"价值"、"应该如何"与"是"、"事实"、"事实如何"的关系问题。准此观之，元伦理的最基本的概念或范畴显然是"应该"而不是"善"；不论"善"多么重要和复

---

① 笛卡尔:《谈谈方法》，王太庆译，商务印书馆，2000 年，第 16 页。

杂。围绕"应该"所展开的元伦理的范畴系统，则不但包括"应该"的依据、来源或对立范畴"是"或"事实"，不但包括"应该"的上位范畴"善"和下位范畴"正当"；而且，正如查尔斯·L. 里德（Charles L. Reid）所说，还包括"价值"范畴，因为后者是解析前者的前提。[①]

　　其次，规范伦理学的第一部分"道德目的：道德价值标准"是对于伦理学优良道德规范公设的一个前提"道德目的、道德终极标准"的证明，因而它的范畴主要是"道德目的"和"道德终极标准"；此外是"道德"范畴：它的定义、结构、类型、基本性质。因为解析"道德"范畴，显然是解析"道德目的"和"道德终极标准"两范畴的前提。规范伦理学的第二部分"道德价值实体"是对于优良道德规范公设另一个前提"伦理行为事实如何"的证明。它的主要范畴是"行为"、"伦理行为"、"伦理行为原动力"、"伦理行为目的"和"伦理行为手段"：伦理行为便是由"伦理行为原动力"、"伦理行为目的"和"伦理行为手段"三因素构成的。规范伦理学第三部分"道德价值和道德规范"是对于优良道德规范公设的结论①"道德价值"和结论②"优良道德规范"的证明。它的范畴主要包括：（1）道德总原则"善"；（2）国家制度价值标准"正义"、"平等"与"人道"、"自由"、"异化"；（3）善待自己的道德原则"幸福"；（4）道德规则如"诚实"、"贵生"、"自尊"、"谦虚"、"智慧"、"节制"、"勇敢"等。

　　最后，美德伦理学是对于如何实现优良道德规范公设的结论"优良道德规范"之证明，因而它的范畴是良心、名誉、品德：良心与名誉的道德评价是道德规范实现的途径；美德则是道德规范的真正实现。

　　公理法，如上所述，只能使伦理学宏观地从优良道德规范公设推出构成伦理学全部内容的各个部分：元伦理学、规范伦理学、美德伦

---

① Charles L. Reid: *Choice and Action: An Introduction to Ethics*, New York: Macmillan Publishing Company, 1981, p. 200.

理学以及规范伦理学的 3 大部分——道德价值主体、道德价值实体、道德价值和道德规范。但是，公理法不能具体解决构成伦理学各个部分的一系列范畴的推演顺序：这种顺序是由从抽象到具体的方法来解决的。按照从抽象到具体方法：

首先，元伦理学的开端范畴是"价值"；其后是具体于价值的"善"：善是正价值；其后是具体于善的"应该"：应该是行为领域的善；其后是具体于应该的"正当"：正当是行为的道德善；最后是"价值"和"正当"以及"应该"和"善"的对立范畴："是"或"事实"。

其次，规范伦理学第一部分"道德目的：道德价值标准"的开端范畴是"道德"；接着是具体于道德的"道德的起源和目的"范畴；最后是道德目的的量化"道德终极标准"范畴。

再次，规范伦理学第二部分"道德价值实体：伦理行为事实如何"的开端范畴是"行为"；尔后是"伦理行为"；接着是具体于它的"伦理行为原动力"范畴；其后是"伦理行为原动力"所派生的"伦理行为目的"范畴；最后是"伦理行为目的"所派生的"伦理行为手段"范畴。

再次，规范伦理学第三部分"道德价值：与道德价值相符的优良道德规范"的开端范畴是道德总原则"善与恶"；接着是比较具体的"正义"范畴：正义是国家制度好坏最重要的价值标准；然后是比正义还具体的"平等"范畴：平等是最重要的正义；之后是与正义并列的范畴："人道"；人道之后是两种更为具体的人道正负根本原则："自由"和"异化"范畴；其后是比"善"具体而与"正义"与"人道"并列的"幸福"范畴：幸福是如何对待自己的善原则；其后是比这些道德原则都具体的一系列道德规则："诚实"、"贵生"、"自尊"、"谦虚"、"智慧"、"节制"、"勇敢"、"中庸"等范畴。

最后，美德伦理学的开端范畴是两个"不放在一起而互相对照就难以理解"的并列范畴："良心"与"名誉"；然后是良心与名誉所派生的"品德"范畴。

总而言之，伦理学公理化范畴体系的推演顺序可以表示如图：

上卷　元伦理学　伦理学的公理和公设系统："价值"－"善"－"应该"－"正当"－"事实"

中卷　规范伦理学

伦理学公设前提 1 道德目的：道德价值标准："道德"－"道德起源和目的"－"道德终极标准"

伦理学公设前提 2 道德实价值体：伦理行为事实如何："行为"－"伦理行为"－"伦理行为原动力"－"伦理行为目的"－"伦理行为手段"

伦理学公设结论 1 和结论 2 道德价值：与道德价值相符的优良道德规范："善"－"正义"－"平等"－"人道"－"自由"－"异化"－"幸福"－"诚实"、"贵生"、"自尊"、"谦虚"、"智慧"、"节制"、"勇敢"、"中庸"

下卷　美德伦理学　伦理学公设的结论之实现："良心"－"名誉"－"品德"

这就是伦理学公理化体系的各个范畴相互间从抽象到具体的推演顺序。那么，每个范畴内涵的各种属性的推演顺序又当如何？解决这一难题的起点显然是：每个范畴的内涵究竟都具有哪些属性？范畴不过是对于客观事物的反映。一切客观事物的属性，如所周知，无非现象和本质：现象是感官能够感到的事物的外在的、偶然的、特殊的属性；本质是感官感觉不到而只能被思维把握的事物的内在的、必然的、普遍的属性。

本质又可以分为两类：性质和规律。性质是事物的必然状态，也就是事物必然的组成和作用，是事物必然的成分、组合、机能、作用。规律则是事物的必然秩序，是事物的必然状态所遵循的必然秩序，是事物的组成和作用所遵循的必然秩序，是事物的成分、组合、机能、作用所遵循的必然秩序。所以，凡是规律都是性质的某种秩序，因而都是被性质产生和决定的：有什么样的性质便会有什么样的规律。一句话，性质是初始概念，规律则是被性质所派生的非初始概念。

科学，如上所述，是关于事物的本质、必然性、普遍性的理性知识体系。所以，科学体系的各个范畴所具有的属性——亦即它的内涵——便不可能是现象，而只能是本质：性质和规律。因此，科学体系的每个范畴自身各种属性的推演顺序，也就是各种本质——性质和规律——的推演顺序。性质和规律的推演顺序，显然应该是由初始概念"性质"到被性质所产生和决定的非初始概念"规律"。

因为只有懂得事物的必然状态（性质），才能懂得事物的必然状态所遵循的必然秩序（规律）；只有懂得事物必然的成分与组合以及机能与作用（性质），才能懂得事物的必然的成分与组合以及机能与作用所遵循的必然秩序（规律）。一句话，只有懂得初始概念"性质"，才能懂得内涵包含着性质的非初始概念"规律"。所以，牛顿在论及自然科学的研究内容及其推演顺序时写道：

"自然哲学的目的在于发现自然界的结构和作用，并且尽可能把它们归结为一些普遍的法则和一般的定律——用观察和实验了建立这些法则，从而导出事物的原因和结果。"[①]

但是，对于规律内涵的研究，显然不必再重复它所包含的性质，而是把性质当作已知属性，用以研究规律所特有的不同于性质的属性。这样，如所周知，性质便极其复杂丰富，对于它的研究构成了科学体系的主要内容；反之，规律则极其简单贫乏，以致往往只要寥寥几句话便可以穷尽了。因此，在科学体系中，对于每个范畴所蕴涵的性质的揭示，

---

① 塞耶编：《牛顿自然哲学著作选》，上海自然科学哲学著作编译组译，上海人民出版社，1974年，第1页。

一般分为四部分：定义、结构、类型以及统摄所划分出来的各个部分之关系的基本性质；而对于规律的揭示则附属于其后作为第五部分。这样，每个范畴内涵属性的推演顺序便是：（1）定义；（2）结构；（3）类型；（4）基本性质；（5）规律。

不过，这仅仅是每个范畴内涵推演的理想顺序。它的实现往往受到两方面的左右：一方面是人类的实践理性的要求；他方面是人类以往知识的积累的限制。试想，为什么人类创造的众多的几何学只有欧几里得几何学和洛巴切夫斯基几何学和黎曼几何学流传下来？无疑只是因为这三种对人类有用，而其他几何学对于人类没有什么用处。同理，每个范畴的定义、结构、类型、基本性质和规律都可能是无穷无尽的；但是，科学体系只应该揭示那些对于人类有用的。就拿范畴的类型为例。每个范畴都可以根据无穷的不同性质而分为无穷的不同类型。可以把人分为男和女两大类型，也可以分为高个、矮个、中等个三大类型：如此可以分为无数类型。那么，科学体系中的范畴应该分为哪些类型呢？应该按照人类的实践理性的要求，分为对于人类和科学最有用的类型。对于范畴的定义、结构、基本性质和规律的揭示无疑都应该如此。

人类实践理性的要求，其实也就是人类以往知识的积累的限制：二者是一致的。因为人类的科学和知识积累、发展的最终目的，如前所述，全在于其实践效用：指导人类的行动，创造和获得各种财富，满足其各种需要，从而能够更好地生存发展。所以，我们对于每个范畴内涵——定义、结构、基本性质和规律——的揭示，还应该根据人类对于该范畴的知识积累情况。这样，如果一个范畴的某种结构、类型、性质、规律既没有实践效用，又背离人类知识积累的大路，那么，我们对它们就应该置之不理、不予研究。反之，如果它们具有实践效用，或者是以往科学知识所关切的，我们便应该将其纳入科学体系的殿堂，认真研究。经过实践理性和以往知识积累的左右，每个范畴内涵属性的理想的推演顺序便可能发生种种变化，甚至可能干脆就没有必要研究某些范畴的结构或类型，更可能没有规律可见；但是，无论如何不可能没有定义，不可能没有一些性质。

二 超历史分析法：伦理学的发现方法

1 分析法

冯友兰在讨论哲学方法的专著《新知言》中写道：哲学的方法与自然科学的方法不同：自然科学的方法是实验；哲学的方法则是思辨，是纯思，亦即所谓抽象思维或理论思维、逻辑思维方法。[①] 马克思亦有此见，他在谈到经济学方法时说："分析经济形式，既不能用显微镜，也不能用化学试剂，二者都必须用抽象力来代替。"[②] 这就是说，经济学的方法与自然科学的方法不同：自然科学的方法是运用显微镜和化学试剂的观察和实验；经济学的方法则是抽象思维。

然而，真正讲来，一方面，抽象思维并不仅仅是哲学、经济学的发现方法。难道元素周期律或万有引力定律是用显微镜看到的？是用化学试剂化验出来的？是用实验制造出来的？显然不是。任何一门自然科学，既然是科学，就必定与哲学一样，是一种关于客观事物普遍性的知识体系；因而其知识的获得或发现，都不能不依靠抽象思维的方法：感官无法把握普遍，只有思维才能把握普遍。所以，爱因斯坦在总结自然科学的方法时写道："我觉得，只有大胆的思辨而不是经验的堆积，才能使我们进步。"[③] 后来，冯友兰也看到，抽象思维、理论思维是一切科学普遍的

---

① 冯友兰：《三松堂全集》第五卷，河南人民出版社，1986年，第166、169页。
② 《马克思恩格斯选集》第二卷，人民出版社，1977年，第206页。
③ 《爱因斯坦文集》第三卷，许良英等编译，商务印书馆，1979年，第496页。

发现方法："哲学的思维是理论思维，科学的思维也是理论思维。"①

　　另一方面，观察和实验也并不仅仅是自然科学的方法；它们也是哲学、伦理学和经济学等社会科学的方法。对此，马克斯·韦伯讲得很清楚："无论从什么地方开始对任何一个社会机构之研究，其必不可少的一个部分便是细致与长期的个体观察……通过这种观察，研究者能获得很多材料，并以此来清晰自己的观点与思想。他修正自己先前的某些临时分类，检验某些试探性的假设。"②

　　只不过，自然科学的观察和实验方法具有数学的精确性，是能够用数学表达的，因而是"精密的观察和实验"；反之，哲学、伦理学的观察和实验方法不可能具有数学的精确性，是"非精密的观察和实验"。但是，观察和实验属于实践范畴，不可能直接发现科学理论，而只能直接发现感性知识和检验、证实科学理论。更确切些说，观察和实验所形成的乃是典型的感性知识，是抽象思维最容易从中发现科学理论的经验事实材料。没有这些经验事实材料——正如爱因斯坦所指出——抽象思维是绝不可能发现科学理论的：

　　"从来没有一个真正有用的和深刻的理论果真是靠单纯思辨去发现的。"③

　　因此，观察和实验是发现科学理论的抽象思维方法的基础：只有建筑在观察、实验基础上抽象思维，才能够是科学的发现方法。但是，观察和实验就其本性来说毕竟不是——至少不主要是——科学理论的发现方法：它主要是科学理论的证实方法。因此，在伦理学的发现方法中，我们考察的只是抽象思维方法；而把观察和实验放到伦理学的证实方法中去研究。

　　抽象思维是一切科学的发现方法，意味着：抽象思维是对于事物的普遍性及其体系或整体的发现方法。因为所谓科学，如上所述，无非是

① 冯友兰：《中国哲学史新编》第一册，人民出版社，1964年，第25页。
② 陈波等编著：《社会科学方法论》，中国人民大学出版社，1989年，第164页。
③ 《爱因斯坦文集》第三卷，许良英等编译，商务印书馆，1979年，第438页。

关于客观事物的普遍性的知识体系。所以，科学哲学家赖欣巴哈把抽象思维方法称之为"普遍化"（generalization）：

"以某种方式摩擦木头就能生火，这就是通过普遍化从个别经验中得出的知识；这一陈述意味着以这样的方式摩擦木头就总是会产生火。因此，发现的艺术就是正确普遍化的艺术。无关的东西，如所使用的那块木头的特殊形状或尺寸，是被排除在普遍化之外的；有关的东西，如木头的干燥性，则包括在普遍化之内。'有关的'这个术语的含义可以这样来界定：为了使普遍化正确而必须提及的，那就是有关的。把有关的从无关的因素中分离出来，就是知识的开始。因此，普遍化是科学的起源。"[①]

那么，抽象思维究竟是怎样发现事物的普遍性及其体系的？客观事物都是无限纷纭复杂、丰富多样的，人类的思维不可能一下子就直接把握它。思维把握这些事物的方法是：先把它们分析为若干部分，分别思维这些部分；然后，再把对于这些部分的分析综合起来，便实现了对于事物整体的认识和发现。所以，抽象思维的方法实际上就是分析与综合方法。也就是说，抽象思维方法分为两类：分析的思维方法与综合的思维方法。分析就是把事物分割为若干部分而逐一对这些部分进行抽象思维的方法，就是把事物分割为若干部分而逐一对这些部分进行归纳——包括简单归纳与直觉或猜想归纳以及类比归纳与因果归纳等各种归纳法——和演绎等抽象思维的方法。同样，综合则是把分析所得到的部分认识结合为一个整体所进行的抽象思维方法，就是把这些部分结合为一个整体所进行的演绎和归纳等抽象思维方法。

这样，分析所能够达到的是发现某种普遍性，却达不到普遍性的体系或整体，因而还达不到科学：科学是普遍性的知识体系。通过分析所

---

① Hans Reichenbach: *The Rise of Scientific Philosophy*, California: University of California Press, 1954, p. 5.

得到的一个一个的普遍性，只有通过综合才能发现这些普遍性的内在联系，从而将它们整合为一个普遍性的体系或整体，亦即所谓科学。所以，科学发现的方法，笼统地说，是抽象思维方法；具体地讲，则是分析与综合方法，是分析的归纳演绎等抽象思维方法和综合的归纳演绎等抽象思维方法。所以，分析与综合并不是与归纳与演绎等思维方法并列的思维方法，而是统摄一切思维方法的两大思维方法。分析与综合乃是以某种性质——亦即部分和整体关系的性质——为根据对于抽象思维方法的分类：二者包括了全部抽象思维方法。

因此，布拉德雷和拉卡托斯等科学家、逻辑学家和科学哲学家们都使归纳与演绎等思维方法隶属于分析与综合，而将抽象思维的科学发现方法称之为分析与综合方法。[①] 牛顿也将自然科学的种种发现方法——如归纳与演绎以及观察和实验——归结为分析与综合两大方法：

"在自然科学里，应该像在数学里一样，在研究困难的事物时，总是应该先用分析的方法，然后才用综合的方法。这种分析方法包括做实验和观察，用归纳法去从中作出普遍结论……用这样的分析方法，我们就可以从复合物论证到它们的成分，从运动到产生运动的力，一般地说，从结果到原因，从特殊原因到普遍原因，一直论证到最普遍的原因为止。这就是分析的方法；而综合的方法则假定原因已经找到，并且已把它们立为原理，再用这些原理去解释由它们发生的现象，并证明这些解释的正确性（这显然是演绎法——引者）。"[②]

在分析与综合中——就科学发现方法来说——分析无疑是主要的、占主导地位，而综合不过是分析的结果、总结罢了。因此，我们又可以把抽象思维方法、科学发现方法归结或简称为分析的思维方法、亦即所谓"分析方法"、"分析法"。所以，冯友兰在进一步解释纯思的方法时写

① 参阅布拉德雷:《逻辑原理》下，庆泽彭译，商务印书馆，1962 年，第 93—99 页；张巨青主编:《科学理论的发现、验证与发展》，湖南人民出版社，1986 年，第 264—295 页。
② 牛顿:《牛顿自然哲学著作选》，王福山等译，上海译文出版社，2001 年，第 235 页。

道:"纯思是哲学的方法。理智的分析、总结及解释,是思的方法。此所谓理智的,亦可以说是逻辑的。"[①]把抽象思维方法简称为或等同于分析方法,早已成为常识。因为我们常常说的"分析"——甚至前面马克思所说的"分析经济形式"的"分析"——显然并不仅仅是分析,而且包括综合:它实际上是思维、思考或思维思考方法的同义词,是分析与综合思维方法的简略语。

2 超历史、超阶级、超时代的分析方法

分析法或抽象思维方法是一切科学的发现方法,因而也是伦理学的发现方法。但是,随着科学的性质不同,抽象思维方法也有所不同。如果一门科学是历史学,是阶级理论,是剩余价值理论,是资本主义理论,它们研究的是一定社会的共性、普遍性,那么,这种科学的发现法便应该是历史的、阶级的、时代的抽象思维法,亦即所谓的"阶级分析法"、"历史分析法"。

如果一门科学是人性论,是价值论,是美学,研究的是一切社会、一切人的某种共性、普遍性,那么,这种科学的发现法便应该是超历史的、超阶级的、超时代的抽象思维法,亦即非历史分析法或超阶级分析法。

如果一门科学是形上学,研究的是宇宙一切事物的共性、普遍性,是"原因与结果"、"内容与形式"、"现象与本质""对立"、"矛盾"等超越自然、社会和思维之分的一切事物的共性、普遍性,那么,这门科学的发现法,便是超越自然、社会、思维三大领域之别的抽象思维法,是超越物质和思维之别的抽象思维法,是超形体、超时空的抽象思维法,是最抽象的抽象思维法,因此可以名之为"终极抽象思维法"或"终极

---

① 冯友兰:《三松堂全集》第五卷,河南人民出版社,1986年,第166页。

分析法"。

可见,正如冯友兰所说:"一门学问的性质,与它的方法,有密切的关系。"[①]一门科学的方法,是被这门科学的性质决定的。因此,伦理学发现法是被伦理学知识的性质决定的。那么,伦理学知识究竟有何性质?所谓伦理学知识,与伦理知识或道德知识有所不同。伦理或道德知识极为广泛:它显然既包括超社会、超历史、超时代的最为普遍的伦理或道德知识,又包括一定社会的道德的普遍性的知识,还包括特殊的、偶然的、现象的伦理或道德知识。反之,伦理学,如上所述,是哲学的分支,是道德哲学,是关于道德的普遍性的科学,是关于一切道德的普遍性的科学,说到底,也就是关于一切社会的道德的普遍性的科学,因而也就是超越一切社会的道德的不同点、超越一切历史阶段的道德的不同点、超越一切时代的道德的不同点,从而达到一切社会的道德的共性、普遍性的科学。所以,伦理学知识不但是一种关于道德的普遍性的知识,而且是一种关于超越各种社会而普遍存在于一切社会的道德的普遍性的知识,是一种超社会、超历史、超时代的伦理或道德知识。

因此,作为伦理学研究对象的一切概念或范畴,如善、应该、正当、道德、道德终极标准、人性、伦理行为、无私利他、为己利他、正义、平等、人道、自由、异化、幸福、贵生、诚实、自尊、谦虚、智慧、节制、勇敢、中庸、良心、名誉、品德等,都是超越一切具体的社会和具体的时代的非历史的概念和范畴。试问,谁敢说这些规范或事实仅仅存在于某些特定的社会、特定时代、特定阶级,而非存在于一切社会、一切时代、一切阶级?谁敢说这些规范仅仅应该实行于某些社会、特定时代、特定阶级,而不应该实行于一切社会、一切时代、一切阶级?

诚然,很多道德是阶级的、历史的、时代的道德,如19世纪哈逊湾部落流行勒死年老体衰的父母的道德和中国的所谓"三纲(君为臣纲、

---

① 冯友兰:《三松堂全集》第五卷,河南人民出版社,1986年,第173页。

父为子纲、夫为妻纲）"、"三从（在家从父、出嫁从夫、夫死从子）"等。但是，真正讲来，这些道德并不是伦理学对象。如果伦理学研究这些道德，那也只是为了揭示其中所包含的那种与人类一切社会的道德完全相同的普遍性；只有这种一切社会道德的完全相同的普遍性，才是伦理学对象。伦理学对象既然是一切社会、一切历史、一切时代的道德的共同点、普遍性，伦理学所研究的一切概念或范畴既然都是超越一切具体的社会和具体的时代的非历史的概念或范畴，那么，伦理学的发现法，也就只能是一种超社会、超时代、超历史的抽象思维法，只能是一种超阶级分析法或非历史分析法。

伦理学发现法的这种特点，说到底，是由伦理学的最为内在的本性决定的。因为就伦理学的这种内在本性来看，伦理学乃是关于优良道德的科学；而一切优良道德都是通过道德最终目的，亦即道德终极标准，从人性——亦即人的伦理行为事实如何的客观本性——中推导、制定出来：一切道德理论的分歧，说到底，或者是对人性的认识之分歧，或者是对道德目的等道德本性的认识之分歧。所谓道德本性，无疑是全称，是一切社会任何道德的普遍本性，因而是超历史的；人性，也是全称，是一切社会一切人的共同性，因而也是超历史的。因此，一切道德理论的分歧，说到底，或者是对超历史的人性认识之分歧，或者是对超历史的道德本性的认识之分歧。这是伦理学的发现法之为超社会、超时代、超历史的抽象思维法的最根本的原因。

可见，伦理学的抽象，必须超越各种社会的特殊的人性，而达到外延可以包括一切人的抽象的人性；必须超越一切种类的特殊道德，而达到外延可以包括一切道德的抽象的道德；必须超越一切种类的特殊社会，而达到外延可以包括一切社会的抽象的社会。一言以蔽之，伦理学的抽象分析方法乃是一种超越一切具体的社会和具体的时代的非历史方法。这样，对于任何伦理学的观点和理论，都不可用一定的历史、一定的时代、一定的社会来说明，而只能用人们对于超社会的抽象人性和抽象的社会本性等的不同理解来说明：历史分析法和阶级分析法不适用于伦理学。

试问，我们能用一定的历史、一定的时代、一定的社会来说明"道德起源和目的自律论或他律论"、"义务论和功利主义"、"利己主义和利他主义"、"动机论和效果论"等重要的伦理学理论分歧吗？不能。不能的理由只要举出一个就足够了，那就是，这些理论并非仅仅存在于一定的历史、一定的时代、一定的社会，而是存在于一切社会：

不论任何社会，不论社会如何变化，岂不都同样有人倡导利他主义（如新老儒家、新老基督教伦理学家、墨家、康德、赫起逊等）？岂不都同样有人倡导合理利己主义（如老子、韩非、爱尔维修、霍尔巴赫、费尔巴哈、车尔尼雪夫斯基、梁启超、陈独秀、潘晓等）？岂不都同样有人倡导个人主义（如杨朱、庄子、尼采、海德格尔、萨特等）？岂不都同样有人倡导功利主义、效果论、道德起源和目的他律论（如苏格拉底、休谟、边沁、穆勒、西季威克、摩尔、斯马特等）？岂不都同样有人倡导义务论、动机论、道德起源和目的自律论（如新老儒家、新老基督教、康德等）？

这些伦理学理论都是超社会、超时代、超历史的，因而也就不能用特定的社会和阶级性——阶级仅仅存在于特定社会——来说明；而只能用同样超社会、超时代、超历史的人性和社会本性来说明。举例说，利己主义与利他主义的分歧，主要便是对于人性理解的分歧：利己主义以为自私利己是人的本性，因而否定无私利他，而把为己利他或单纯利己奉为衡量行为是否道德的唯一标准；利他主义以为无私利他是人的本性，因而否定为己利他或单纯利己，而把无私利他奉为衡量行为是否道德的唯一标准。功利主义和义务论的分歧则主要是对于道德起源和目的等社会本性理解的分歧：功利主义是道德起源和目的他律论，以为社会创造道德的目的是增进每个人利益，因而把增减每个人利益奉为道德终极标准；义务论是道德起源和目的自律论，以为社会创造道德的目的是完善每个人品德，因而把增减每个人的美德奉为道德终极标准。

3　历史分析法和阶级分析法的滥用

伦理学的发现法是超历史、超社会、超阶级的抽象思维法或分析与综合的逻辑思维方法，是超历史、超社会、超阶级的分析方法，简言之，亦即超阶级分析法或非历史分析法。然而，多年来，人们一直滥用历史分析法和阶级分析法于伦理学研究。他们用一定的社会历史环境——特别是一定的经济关系、政治制度、文化形态——和阶级利益，来说明各种道德原则或道德理论。试析一例。他们一再说，个人主义和合理利己主义以及各种形式的利己主义都是文艺复兴以来资产阶级反封建的产儿，因而都是资产阶级道德观。这是十分荒谬的：如果说个人主义和利己主义是资产阶级的道德观，那么，中国古代的杨朱和庄子以及韩非也都是资产阶级道德家了。因为，如所周知，杨朱和庄子都是个人主义、利己主义论者；而韩非则是主张为己利他的合理利己主义论者。滥用历史分析法和阶级分析法的错误是如此荒谬，可是，为什么半个多世纪以来，几乎所有学者都迷信这种方法？除了政治的原因，必定还有学术的、理论的根据。

为了揭示滥用历史分析法和阶级分析法的理论根源，最好的方法是分析一个颇为令人感慨的案例：冯友兰治学方法的转变。1949 年前，冯友兰在《中国哲学史》等著作中对于各种伦理学理论的说明，运用的是超阶级、超历史、超时代的抽象思维法。这些著作现在看起来是科学的，有价值的。但是，1949 年后，冯友兰认为这是资产阶级的研究方法，因而在《中国哲学史新编》等著作中，运用阶级的、历史的、时代的方法来说明各种伦理学理论。就拿他对孔子的"仁"的解释来看。他一再说：

"孔子所讲的'仁'的阶级性是很明显的。"[①]"孔子所讲的'仁'是建立在宗法和封建等级制度基础上的，是为维护宗法和封建等级秩序服务

---

① 　冯友兰：《三松堂全集》第七卷，河南人民出版社，2000 年，第 117 页。

的。"① "总体来说，孔子所讲的仁，是一种封建的意识形态。"②

　　李泽厚也这样写道："可以确证强调血缘纽带是'仁'的一个基础含义。'孝'、'悌'通过血缘从纵横两个方面把氏族关系和等级制度构造起来。这是从远古到殷周的宗法统治体制的核心……孔子把'孝''悌'作为'仁'的基础，把'亲亲尊尊'作为'仁'的标准，维护氏族家长传统的等级制度，反对'政'、'刑'从'礼'、'德'中分化出来，都是在思想上缩影式地反映了这一古老的历史事实。"③

　　然而，问题是，如果"仁"这种道德原则理论果真是宗法和封建等级制度的反映，是一种封建道德原则理论，那么，为什么它仍然能够是指导今日人们行为的道德原则理论？为什么"三纲"、"三从"这些封建道德不可能成为今日人们行为的道德原则，而"仁"却能够？显然是因为，"三纲"、"三从"是真正的家天下的封建道德，而"仁"，则正如冯友兰在1949年前所说，乃基于对超阶级、超历史、超时代的人性的理解和反映，是一种对于任何社会、任何人都普遍适用的超阶级、超历史、超时代的利他主义道德原则："仁义的本质是利他……仁是从人性内部自然地发展出来的。"④

　　不但孔子的仁、义理论，而且一切伦理学理论，都是超阶级、超历史、超时代的，都是对于超阶级、超历史、超时代的人性和社会本性的反映；否则它就不是道德哲学，不是伦理学理论，而是某种具体的社会科学理论。那么，李泽厚和1949年后的冯友兰等倡导历史分析法和阶级分析法的哲学家们，究竟根据什么，把超历史、超阶级的伦理学理论解释为历史的、阶级的？这种解释的过程究竟是怎样的？

　　这种解释过程，要言之，是一种诡辩：把一种理论产生的原因和这

①　冯友兰：《三松堂全集》第七卷，河南人民出版社，2000年，第116页。
②　同上书，第121页。
③　《近四十年来孔子研究论文选编》，齐鲁书社，1987年，第396页。
④　冯友兰：《中国哲学简史》，北京大学出版社，1985年，第86页。

种理论所反映的内容等同起来。一种理论，不论如何抽象还是如何具体，不论如何超越特定的社会历史还是如何不能超越特定的社会历史，它都是对于一定的社会和历史的某些属性的反映。只不过，比较抽象普遍、超越社会和历史的理论，反映的是一定的社会与其他一切社会的共同的普遍性；而比较具体特殊的理论反映的则是一定社会所特有的普遍性。简言之，超社会理论反映的是一切社会的普遍性，而不是一定社会的普遍性；非超社会理论反映的则不是一切社会的普遍性，而是一定社会的普遍性。举例说，马克思的历史唯物主义理论和剩余价值理论都可以说是对于他所生活于其中的一定的社会的某些属性的反映：历史唯物主义反映的是他那个社会和一切社会的共同的普遍性；剩余价值理论反映的是一定社会——亦即存在剥削的社会——所特有的普遍性。

粗略看来，一种理论越具体而非超越特定的时代，它对于解决该时代问题的价值便越大。然而，事实却可能恰恰相反：在一定的限度内，理论越是抽象、普遍、超越社会，它所反映的属性便越是根本，它对于解决一定社会的具体问题的价值往往便越大。就拿任何社会的道德问题来说。不论这个社会如何独特，解决该社会具体道德问题的最有用的理论，一般说来，绝不会是那些关于这个社会的道德所特有属性的理论——如应该裹小脚或三从四德理论——而必定是诸如善、应该、正当、道德终极标准、人性、无私利他、为己利他、正义、平等、人道、自由、幸福、良心、名誉、品德等超越一切具体的社会的非历史的概念和范畴的普遍理论。

由此可以理解，为什么黑格尔、马克思和恩格斯一再说，任何理论和科学，不论是哲学，还是伦理学抑或是反映某个特定时代和阶级的社会科学，甚至自然科学，都是自己时代的产儿："哲学开始于一个现实世界的没落。"[1] "任何真正的哲学都是自己时代精神的精华。"[2] 这岂不就是

---

[1] 黑格尔：《哲学史讲演录》第一卷，王玖兴译，商务印书馆，1962年，第54页。
[2] 《马克思恩格斯全集》第1卷，人民出版社，1956年，第121页。

因为，对于解决自己的特定时代的问题来说，超越时代的哲学与反映特定时代的社会科学是一样有用甚至是更有用吗？科学发展史表明，新的哲学和社会科学甚至还包括自然科学，都同样是在社会的新旧之交的大变革时代产生和兴盛起来的。这就是说，一定的社会历史环境——特别是一定的经济关系、政治制度、文化形态——和阶级利益，可以是任何哲学、社会科学甚至还包括自然科学产生的原因、导因、契机。但是，由此却不可以说这些科学便是对于一定的社会历史环境和阶级利益的反映；恰恰相反，这些科学可能倒是对于一切社会的普遍性的反映：一种理论产生的原因和这种理论所反映的内容可能根本不同。举例说：

17 世纪意大利山洪暴发是流体力学产生的原因、导因、契机，却不是流体力学所反映的内容：流体力学反映的是一切流体的普遍性，而不是一定的流体——意大利山洪——的性质。因此，我们不能说流体力学是意大利山洪力学：它乃是一切流体之力学。

同理，一定的社会历史环境、阶级利益和社会冲突也仅仅是某种哲学、社会科学理论产生的刺激、导因、原因、契机，而未必是这种科学理论所反映的内容。这种科学理论是否反映当时的社会历史环境，取决于它究竟是一种什么科学理论。如果这种科学是历史学、阶级论或特定社会的科学理论，那么，它便不但产生于特定的社会历史环境，而且也是这种特定的社会历史环境的反映。对于这种科学理论进行解释，显然应该运用阶级分析法或历史分析法。

然而，如果这种科学是伦理学、人性论、价值论、哲学，那么，我们便只能说这些科学理论产生于特定的社会历史环境，而不能说它们是对于这种特定的社会历史环境的反映：它们是对于一切社会——当然包括产生它的特定的社会——的共性、普遍性的反映。这些反映一切社会的普遍性的科学理论，对于解决当时的社会问题固然具有巨大的意义，固然是解决当时的社会问题的最好武器；但是，我们由此显然不能说，这种科学理论便是对于当时社会问题的反映：正如不能由流体力学是解决当时意大利山洪暴发的最好理论，便说流体力学是对当时意大利山洪的反映一样。

孔子的"仁学"伦理学理论，确实如冯友兰所说，是他所处的春秋时代中国社会大转变时期的产儿。我们还可以承认，孔子是站在家天下的官吏阶级全权——政治权力与经济权力以及结社集会等社会权力和言论出版等文化权力——的极权主义专制立场上的；并且在他看来，"仁学"是解决当时社会矛盾和阶级利益冲突的最好的理论。但是，我们不能由此说"仁学"是当时社会矛盾和阶级利益冲突以及孔子的阶级立场的反映。"仁学"，如上所述，乃是对于当时社会所包含的一切社会的人和道德的共同的普遍性的反映，是对于一切社会的道德的普遍性的反映；而不是对于一定的、当时的社会的道德所特有的普遍性的反映。简言之，"仁学"是对于一切社会的道德的普遍性的反映，而不是对于一定社会的道德普遍性的反映。

李泽厚和1949年后的冯友兰等阶级分析论者的错误，就在于把伦理学理论产生的原因和这种理论所反映的内容等同起来，因而由"仁学"产生于当时社会矛盾和阶级冲突，便断言"仁学"是对于当时社会矛盾和阶级冲突的反映，而否认"仁学"是对于一切社会的道德的普遍性的反映。请看李泽厚的这种等同："孔子仁学本产生在早期奴隶制崩溃、氏族统治体系彻底瓦解时期，它无疑带着那个时代的阶级（氏族贵族）的深重烙印。"[①] 这种"把某种理论产生的原因"和"这种理论所反映的内容"的等同，恐怕便是人们迷信和滥用阶级分析法或历史分析法的认识论根源。

4 超历史分析法与历史分析法的结合

伦理学的抽象发现法是超社会、超时代、超历史的抽象分析法。但

---

① 《近四十年来孔子研究论文选编》，齐鲁书社，1987年，第408页。

是，任何超社会、超时代、超历史的普遍性的东西，都不能独立地实际
存在，而只能存在于一定的社会、一定的时代、一定的历史的特殊性的
东西之中。因此，伦理学的抽象分析法，乃是从历史的、阶级的特殊性
中抽象出超历史、超阶级的普遍性的方法。也就是说，伦理学家并不是
不研究历史的、阶级的特殊性，并不是不运用历史的、阶级的分析方法。
恰恰相反，伦理学抽象分析法的起点，是对于历史的、阶级的特殊性的
非伦理学认识；尔后，才能上升到超历史、超阶级的普遍性的伦理学认
识。对于历史的、阶级的特殊性的知识的获得，依靠的无疑是历史的、
阶级的分析方法。但是，这种方法所得到的特殊性知识，并不是伦理学
的科学知识；而只是伦理学的科学知识的基础和源泉。只有在这种特殊
性知识的基础上，进一步运用超历史、超阶级的抽象分析法，从而得到
的超历史、超阶级的普遍性知识，才是伦理学的科学知识。举例说：

　　伦理学家确实应该研究 19 世纪哈逊湾部落流行勒死年老体衰的父母
的特殊道德规则。对于这种特殊道德的研究无疑应该运用历史分析法，
并且不能不承认，这种特定道德的流行取决于当时社会生产力发展水平
的低下：所提供的食品不足以养活不断增加的人口。但是，这些判断还
不是伦理学的科学知识。要形成伦理学的科学知识，还必须进一步运用
超历史的抽象分析法，从中推出这些特定道德所蕴涵的一个普遍性判断：
一切特定道德都是被社会发展所必然决定的、不依人的意志而转移的。
这就属于伦理学的科学知识了。不过，这或许是一个错误的判断。因为
特定道德的变异极为广泛复杂。社会的发展变异只能笼统地、一般地决
定特定道德，却不能具体地决定某一种特定道德。也就是说，对于决定
特定道德的同一社会变异，并非只能制定一种特定道德；而是可以制定
多种特定道德。这种特定道德的制定，总体来说，决定于社会发展变异；
但究竟制定哪一种，则与社会变异无关，而完全是主观任意、可以自由
选择的。让我们再看一些实例：

　　许多社会都曾处于同样的社会发展阶段：所提供的食品不足以养活

不断增加的人口。但是，人们因此而制定和奉行的特定道德规则却不相同。爱斯基摩人的规则是将一部分女婴和年老体衰的父母置于雪地活活冻死。巴西的雅纳马莫人的规则是杀死或饿死女婴，并在男人之间不断进行流血的决斗。新几内亚的克拉基人的规则是男人在进入青春期以后的数年内只可建立同性恋关系。于是，运用超历史的抽象分析法，我们可以得出结论说，一切特定道德，不论是否被社会的发展变异所决定，在一定的限度内，皆依人的意志而转移，都是任意的、自由的、可以选择的。这不但属于伦理学科学知识，或许也堪称真理。

可见，伦理学家并不是不运用历史的、阶级的分析法，并不是不研究特定道德的特殊性，否则，他到那里去寻求普遍道德或道德的普遍性呢？但是，当他运用历史的、阶级的分析法以解释特定道德或道德的特殊性时，他获得的并非伦理学的科学知识；只有当他进一步运用超历史超阶级的分析方法，从特定道德或道德的特殊性中抽象出普遍道德或道德的普遍性时，他所得到的才是伦理学的科学知识。所以，虽然伦理学著作中含有特定道德或道德特殊性的研究及其所运用的历史的、阶级的分析方法，但是，真正讲来，只有超社会、超历史的抽象分析法，才是伦理学的发现法。

那么，从特定道德或道德的特殊性，究竟如何升华为普遍道德或道德的普遍性？历史的、阶级的道德知识及其方法，如何转变为超历史超阶级的知识及其方法？这种升华和转变过程，无疑是一种由个别到一般的认识过程，因而其实现的方法是归纳法。但是，一旦通过归纳法从历史的、阶级的道德知识，归纳出超历史、超阶级的道德知识，发现的行程又倒转过来：从比较抽象的超历史、超阶级的道德知识，通过演绎法，推导出比较具体的超历史、超阶级的道德知识。所以，归纳与演绎便与超历史分析法一起，构成伦理学的发现法：归纳与演绎是超历史分析的实现方法，是伦理学与其他一切科学共同的发现法；超历史分析则是伦理学有别于其他一些科学——如一些比较具体的社会科学——的发现法。

　　但是，自从休谟提出所谓"归纳问题"以来，直至今日，西方一些著名的科学哲学家仍然在重复休谟对于归纳法的质疑，认为归纳法并不是科学理论的发现方法，更不是科学理论的证明方法。在他们看来，科学理论的证明方法是演绎，而发现法则是直觉、猜想等。另一些科学哲学家则认为归纳法是科学理论的发现法，但不是证明方法。那么，归纳法究竟是不是科学以及伦理学的发现和确证方法？科学以及伦理学的发现和确证方法究竟是什么？

　　确实，科学发现方法与科学的证明方法根本不同。举例说，当我们通过超历史分析的发现、获得了一些伦理学知识，如认识到"为己利他是道德的、应该的，是一种道德善"等的时候，显然还需要进一步证明这些知识。比如，我们可以用这样一个推理来证明：

前提1：道德终极标准是增进每个人利益。
前提2：为己利他符合道德终极标准。
结论：为己利他是道德的、应该的，是一种道德善。

　　这就是伦理学知识的一种证明方法。不言而喻，我们应该在伦理学的发现法之后，来研究伦理学的证明法。但是，伦理学的有些发现法，如归纳、演绎，与超历史分析法不同，并不是纯粹的发现法：它们既是发现方法，又是证明方法。这样，我们便在伦理学的发现法中，仅仅研究纯粹的发现法，如超历史分析法；而把归纳与演绎放在伦理学的发现和证明法中来研究。

三　演绎与归纳：伦理学的发现和证明方法

　　如果说演绎和归纳是伦理学的一般发现和证明方法，那么，研究这些方法首先遭遇的，无疑是休谟所提出的"归纳问题"。

1 归纳问题

何谓"归纳问题"？休谟写道："所有推论可以分为两种：一种是论证的推论（demonstrative reasoning），论及各种观念之关系；另一种是道德的推论（moral reasoning），论及事实和存在之问题。"[1] 关于事实的推论是或然的，因为与这种推论的相反的结论，是一样可能的："'明天太阳不会升起'的命题和'明天太阳会升起'的断定，是同样可以理解、同样不矛盾的。"[2]

这就是说，一切推理无非两类：一类关于观念关系的推理，亦即演绎推理；另一类是关于实际事实的推理，亦即归纳推理。演绎推理是有效的，因为它的结论是必然的，只要前提真，结论必然真；反之，归纳推理是无效的，因为它的结论是或然的，从前提真不能推出结论必真："前提真而结论假的可能性，证明归纳推理并不具有逻辑必然性。"[3]

这就是休谟提出的所谓"归纳问题"："归纳问题"就是归纳推理是否有效的问题，就是能否由归纳推理的"前提真"推出"结论必真"的问题，就是从单称陈述的真理能否推出全称陈述的真理的问题。[4] 对于这个"归纳问题"，今日西方一些著名的哲学家，如波普，仍然在重复休谟对于归纳法的质疑，认为归纳法是无效的："归纳原理是不必要的，它必定导致逻辑上的自相矛盾。"[5]

可见，"归纳问题"的症结在于：归纳法的结论是否都是或然的？如

---

[1]　David Hume: *Enquiries Concerning the Human Understanding and Concerning the Principles of Morals*, Oxford: Clarendon Press, 1888, p. 35.

[2]　Ibid., p. 26.

[3]　Hans Reichenbach: *The Rise of Scientific Philosophy*, California: University of California Press, 1954, p. 87.

[4]　参阅哈雷：《科学逻辑导论》，李静译，浙江科学技术出版社，1990 年，第 144—145 页。

[5]　Karl R. Popper: *The Logic of Scientific Discovery*, London: Hutchinson, 1959, p. 29.

果都是或然的，那么，相反的结论便总是同样可能的，因而从"前提真"
不能推出"结论必真"，归纳法便是无效的，便不能成为科学理论的发现
和证明的方法；如果归纳法的结论是必然的，那么，相反的结论便是不
可能的，因而从"前提真"所推出的"结论必真"，这样归纳法便是有效
的，便是科学理论的发现和证明的方法。那么，归纳法的结论能否是必
然的？

归纳法，如所周知，并非一种单一的方法，而是由若干方法构成的
方法体系。在这些方法中，依穆勒所见，只有一种方法的结论是必然的，
因而是科学理论的发现和证明的方法；而其他方法都不配享有归纳法的
美名。这种归纳法便是因果归纳法，亦即今日所谓的科学归纳法。对于
这种方法，穆勒在《逻辑体系》中这样写道：

"所谓归纳法，乃是我们从对于某个或某些特殊事例是真，根据某
种可以指出的（assignable）原因，推出对于全部同类事例都是真的思维
运作。" [1]

更确切些说，因果归纳法是从一些事物具有某种属性出发，根据该
类事物与该属性的因果关系，进而得出"该类事物都必然具有该属性"
的结论的推理方法。这就是说，因果归纳法的前提由两组判断构成。一
组是一个或一些事物具有某种属性的判断，亦即"s1 是 p、s2 是 p、s3
是 p……"；另一组是该类所有事物与该属性的因果关系判断，亦即"一
切 s 都与 p 有因果关系"。"一切 s 都与 p 有因果关系"意味着：我们找到
了"一切 s 都是 p"的原因、根据，因此便可以得出一个必然的结论："一
切 s 必然都是 p。"

举例说：

---

[1] John Stuart Mill: *System of Logic, Ratiocinative and Inductive*, London: Longmans, Green, and
    Company, 1919, p. 188.

第一组判断：康德死了、休谟死了、穆勒死了……

第二组判断：康德等所有的人普遍有死的原因是新陈代谢。

结论：所有的人都必然有一死。

可见，归纳法的结论是否必然，完全取决于第二组判断，亦即完全取决于"一切 s 与 p"的因果关系判断，取决于发现一切 s 都是 p 的原因：发现了一切 s 都是 p 的原因、根据，也就证明了一切 s 必然都是 p。然而，发现一切 s 都是 p 的原因，亦即发现普遍命题的原因或根据，因而也就是科学——科学无非是普遍命题体系——的全部任务。所以，牛顿一再说自然科学的目的，归根结底，在于发现事物的因果关系：

"自然哲学的目的在于发现自然界的结构和作用，并且尽可能把它们归结为一些普遍的法则和一般的定律——用观察和实验建立这些法则，从而导出事物的原因和结果。"[1]

如果我们发现了"一切 s 都是 p"的原因，发现了普遍命题的原因，那么，我们就找到了普遍命题或"一切 s 都是 p"的根据，我们就证明了"一切 s 必然都是 p"的结论：如果关于"一切 s 都是 p"的原因的判断是真的，那么，"一切 s 必然都是 p"的结论必真。一言以蔽之，因果归纳法的结论是必然的；从前提真所推出的结论必真。所以，因果归纳法，正如穆勒所说，乃是发现和证明必然的、普遍的命题的方法，因而也就是科学理论的发现和证明的方法。[2] 这恐怕便是因果归纳法又被称之为"科学归纳法"的缘故。

但是，发现一切 s 都是 p 的原因，亦即发现普遍命题的原因或根据，

---

[1]　塞耶编：《牛顿自然哲学著作选》，上海自然科学哲学著作编译组译，上海人民出版社，1974 年，第 1 页。

[2]　John Stuart Mill: *System of Logic, Ratiocinative and Inductive*, London: Longmans, Green, and Company, 1919, p. 186.

无疑是极其困难的。因此，当我们从"有些 s 是 p"的特称判断出发，做出"一切 s 都是 p"的普遍判断时，我们往往并不能发现"一切 s 都是 p"的原因。我们往往是通过直觉、猜想或所谓简单枚举——而不是通过找到一切 s 都是 p 的原因——做出"一切 s 都是 p"的普遍判断的。这些就是所谓的简单枚举归纳法、直觉归纳法、类比归纳法。这些归纳法的结论，如所周知，都是或然的；因而从"前提真"不能推出"结论必真"。因此，这些归纳法是无效的：它们不能成为科学理论的证明方法。

然而，是否一切非因果归纳法的结论都是或然的？否！因为确有一种非因果归纳法，亦即完全归纳法，是必然的。但是，穷举全部个体的完全归纳法，正如穆勒所说，并不是科学推理的方法。① 因为科学乃是一种普遍概念的体系：它所研究的任何普遍概念所包括的个体，一般说来，都是无穷的、不可穷举的。因此，一般说来，在科学方法的王国里，只有因果归纳法的结论才是必然的；而非因果归纳法的结论都是或然的。

那么，休谟认为归纳法是或然的、无效的，是否由于他把非因果归纳法——主要是枚举归纳法——与归纳法等同起来？赖欣巴哈的回答是肯定的："休谟想当然地认为，科学推理所具有的形式就是列举归纳，亦即用乌鸦例子所说明的那种推论。"② 其实不然，休谟所说的归纳法恰恰是因果归纳法。因为休谟一再说："关于事实问题的一切推论看起来都是建立在因果关系之上。"③ 可是，为什么建立在因果关系上的归纳法，在休谟看来，也是或然的？

本来，因果关系有或然与必然之分。特殊命题的原因（亦即"有些 s 是 p"的原因）是或然的，因而是通过经验和习惯建立起来的。反之，普

①   John Stuart Mill: *System of Logic, Ratiocinative and Inductive*, London: Longmans, Green, and Company, 1919, p. 189.

②   Hans Reichenbach: *The Rise of Scientific Philosophy*, California: University of California Press, 1954, p. 85.

③   David Hume: *Enquiries Concerning the Human Understanding and Concerning the Principles of Morals*, Oxford: Clarendon Press, 1888, p. 26.

遍命题的原因（亦即"一切 s 都是 p"的原因）则是必然的，因而是通过理性建立起来的。因此，尽管因果关系有或然与必然之分，建立在因果关系上的归纳法却都是必然的。因为归纳法是由个别到一般的推理，它所寻求的原因乃是普遍命题的原因。

然而，在休谟看来，我们的一切因果关系观念都只能通过习惯和经验建立起来："原因和结果之发现，不是通过理性而是通过经验。"[1] 于是，归纳推理也就只能是一种习惯的结果，是一种习惯推论："来自于经验的一切推论（inferences）都是习惯的结果，而不是理性（reasoning）的结果。"[2] 既然归纳法是一种习惯和经验的推论，那么，它的结论也就只能是或然的；因为如所周知，唯有理性是必然的，而习惯和经验则只能是或然的。可见，休谟认为归纳法是或然的、无效的，在于他的经验主义怀疑论：误以为一切因果观念都是一种习惯的结果。

那么，今日西方一些著名的哲学家，如波普，为什么认为归纳法是无效的？因为他们误将归纳法等同于简单枚举归纳法。试看波普否定归纳法的那段名言："从逻辑上看，显然不能证明我们从单称陈述——不论它们有多少——推出全称陈述是有效的；因为用这种方法得出的任何结论总可能是假的：不论我们已经看到了多少只白天鹅，也不能证明'所有的天鹅都是白的'结论是真的。"[3]

然而，依赖欣巴哈所见，像波普这样将归纳法等同于简单枚举归纳法是合理的；因为"一切形式的归纳推论都可以还原为列举归纳，这就使人可以像休谟那样在讨论归纳法时只讨论这种最简单形式。"[4] 确实，简单枚举归纳法是最原始、最简单的归纳法，其他形式的归纳法，如因果

---

①　David Hume: *Enquiries Concerning the Human Understanding and Concerning the Principles of Morals*, Oxford: Clarendon Press, 1888, p. 28.

②　Ibid., p. 43.

③　Karl R. Popper: *The Logic of Scientific Discovery*, London: Hutchinson, 1959, p. 27.

④　Hans Reichenbach: *The Rise of Scientific Philosophy*, California: University of California Press, 1954, p. 86.

归纳法，说到底都源于简单枚举归纳法。但是，由此就可以把一切归纳法都化为简单枚举归纳法吗？就可以用简单枚举归纳法来代表归纳法吗？就可以由简单枚举归纳法的结论是或然的，便断言归纳法的结论是或然的吗？答案显然是否定的。

2　归纳法与演绎法：科学发现和证明方法

波普把归纳法等同于简单枚举归纳法，由简单枚举归纳法的结论是或然的，便断言归纳法的结论是或然的，因而最终得出结论说：归纳法不能成为科学理论的发现方法。他一再这样写道："依我所见，科学里并没有归纳法这种东西。"[①] "我否认在所谓的'归纳科学'中有归纳法这种东西。"[②] 那么，科学理论究竟是如何发现的呢？波普认为科学发现方法并不是逻辑的，而是心理的，是猜想、直觉：

"我对这个问题的观点是，并没有什么形成新思想的逻辑方法，或这个过程的逻辑重建。我的看法可以表述为：每一项发现都包含'一个非理性成分'或'一种创造性直觉'——用柏格森的话来说。"[③]

爱因斯坦也这样写道："物理学家的最高使命是要得到那些普遍的基本命题，由此世界体系就能用单纯的演绎法建立起来。要通向这些定律，并没有逻辑的道路，只有通过那种以对经验的共鸣的理解为依据的直觉，才能得到这些定律。"[④]

波普和爱因斯坦此见，是一种双重错误。一方面，很多科学理论的发现确实源于直觉、猜想。但是，不言而喻，任何科学家都不可能凭空而有猜想和直觉；他的猜想和直觉，正如爱因斯坦自己所一再承认的，

①　Karl R. Popper: *The Logic of Scientific Discovery*, London: Hutchinson, 1959, p. 40.
②　Ibid.
③　Ibid., p. 32.
④　《爱因斯坦文集》第一卷，许良英等编译，商务印书馆，1976 年，第 519 页。

必定建立在一定的经验或感性认识基础上:"E 是直接经验,是已知的。A 是假设或者公理……从心理状态方面来说,A 是以 E 为基础的。但是,在 A 同 E 之间不存在任何必然的逻辑联系,而只有一个不是必然的直觉联系。"[1]

因此,凭借直觉、猜想而发现科学理论的认识过程,正如弗兰克所说,实际上乃是一个从个别判断通过直觉、猜想而上升到一般判断的认识过程,因而仍然属于归纳法范畴,可以称之为直觉归纳法或想象归纳法:

"寻求普遍规律的第二条途径是,企图借助于我们可以称为'直觉'或者'想象'(也许不过是'猜测')的办法来寻求这些普遍定律……这条途径是科学历史上实际上已经用来发现新定律的方法。这种方法也使我们从单个事实的观察得出普遍定律的陈述,因为在未观察到一定数量的个别事实之前,普遍定律是无从猜测的。因此,这种方法也叫作'归纳法'……是'直觉归纳法',或者叫'想象归纳法'。"[2]

另一方面,波普根据一种方法的结论是或然的,便断言这种方法不是科学发现的方法,是不能成立的。难道他奉为科学发现方法的猜想和直觉的结论不同样是或然的吗?简单归纳法和直觉归纳法以及类比归纳法的结论都是或然的,并不妨碍它们之为科学发现的方法,而只是使它们不能成为科学证明的方法。因为科学的证明方法必须具有逻辑必然性,而科学发现的方法却可以是或然的。所以,简单归纳法和直觉归纳法以及类比归纳法等非因果归纳法,都因其或然性而仅仅是科学发现方法;而因果归纳法则与演绎法一样,因其具有必然性而既是科学发现方法,又是科学证明方法。

这样,通过直觉和猜想等而发现科学理论的方法不但是一种归纳法,而且发现之后还要通过另一种归纳法——因果归纳法——和演绎法来证

[1] 《爱因斯坦文集》第一卷,许良英等编译,商务印书馆,1976 年,第 542 页。
[2] 菲利普·弗兰克:《科学的哲学——科学和哲学之间的纽带》,许良英译,上海人民出版社,1985 年,第 334 页。

明。换言之，当我们通过直觉和猜想的归纳法而得到一种科学理论时，一方面，必须通过因果归纳法来寻找这种理论的原因、根据，从而使之得到证明；另一方面，还要通过假言演绎法从该理论推演出一个可以检验的事实，最终使该理论得到证实。

那么，我们为什么不仅仅运用结论是必然的因果归纳法，而淘汰枚举归纳法、直觉归纳法、类比归纳法这些结论是或然的归纳法？因为人类的任何认识，总是从简单到复杂，因而必定是最先由枚举归纳法、类比归纳法、直觉归纳法等比较简单的归纳法做出，尔后才通过比较复杂的归纳法——因果归纳法——来证明、修正和再发现的。举例说：

我们首先发现的无疑是一些具体的、特殊的道德目的："某某家庭的道德规则是为了什么"、"某某社会的婚姻道德是为了什么"；"某某强盗社会的道德规则也是为了什么等"。然后，才可能通过这种简单枚举而发现一切道德的目的是为了什么（简单枚举法）；或者进而通过直觉而发现一切道德的目的是为了什么（直觉归纳法）；或者通过类比——如由蜂蚁社会的道德是为了什么而推断人类社会的道德也是为了什么——而发现一切道德的目的是为了什么（类比归纳法）。

只有通过这些（或其中某一种）归纳法发现了"一切道德的目的都是为了什么"之后，才可能寻求"一切道德的目的都是为了什么"的原因、根据（因果归纳法），从而证明和发现"一切道德的目的都是为了什么"。因此，简单枚举归纳法和类比归纳法以及直觉归纳法是因果归纳法所赖以存在的基础；没有简单枚举归纳法和类比归纳法以及直觉归纳法，也就不可能有因果归纳法。

可见，归纳法，正如穆勒所说，不仅仅是科学发现的方法，同时也是科学证明的方法："归纳法可以定义为发现和证明普遍命题的运作。"[1]我们可以更进一步说：与演绎法相比，归纳法是更为基本更为重要的科

---

[1]　John Stuart Mill: *System of Logic, Ratiocinative and Inductive*, London: Longmans, Green, and Company, 1919, p. 186.

学的发现和证明方法。因为科学乃是普遍或一般判断体系。普遍或一般的判断，固然可以由演绎法发现和证明；但是，归根结底，却正如亚里士多德所说，只能由归纳法发现和证明："显然，我们必须通过归纳认识最初的原理。"[①]

因为，如所周知，一切认识都始于经验或感性认识，一切一般的、普遍的判断都源于个别的、特殊的判断。所以，演绎法的大前提，不论它是何等的自明和直觉的公理，说到底，也只能源于个别的、特殊的判断。因此，演绎法大前提的发现和证明过程，说到底，是一个从个别到一般的过程，因而是个归纳法的发现和证明过程。因此，没有归纳法也就不会有演绎法的大前提，也就不会有演绎法，也就不会有任何普遍的、一般的判断。所以，亚里士多德说："除非通过归纳，否则要认识普遍是不可能。"[②]

3 归纳法与演绎法：伦理学的发现和证明方法

归纳与演绎是一切科学的发现和证明方法，因而也是伦理学的发现和证明方法；并且，与演绎法相比，归纳法也不能不是更为基本更为重要的伦理学的发现和证明方法。这个道理，我们可以通过考察伦理学的对象来说明。伦理学虽然是道德价值科学，但是，伦理学的研究对象，并非仅仅是道德价值。因为行为之应该如何的道德价值，如前所述，不过是行为之事实如何对于道德目的的效用：行为之应该等于行为之事实与道德目的之相符；行为之不应该等于行为之事实与道德目的之相违。所以，伦理学的研究对象是事实（主要是伦理行为之事实和道德的起源与目的之事实）和道德价值（行为之应该如何）两种东西。道德价值的发现和证明方法，如上所述，是一种道德价值推导法。那么，对于道德

---

① 《亚里士多德全集》第一卷，苗力田等译，中国人民大学出版社，1990年，第306页。
② 同上书，第283页。

的起源与目的之事实和伦理行为之事实的发现和证明方法是什么？

从人类伦理思想史来看，对于"道德的起源和目的是什么"的发现和证明的方法，主要是归纳法。因为如所周知，围绕道德的起源和目的是什么的问题，伦理学分为以穆勒为代表的道德起源和目的他律论和以康德为代表的道德起源和目的自律论。他律论认为道德起源于道德之外的他物，目的在于保障道德之外的他物：社会的存在发展和每个人利益的增进；因为在他律论看来，道德、美德与法律一样，是一种必要的恶。反之，自律论认为道德起源于道德自身，目的在于道德自身，亦即为了满足每个人完善自我品德的需要，实现人之所以异于禽兽、人之所以为人者；因为在自律论看来，道德、美德与人的才智等各种潜能一样，是构成人的全面发展的一个方面，是一种纯粹的善。可见，道德起源和目的自律论与道德起源和目的他律论都是通过追溯"道德起源和目的是什么"的原因而得出道德起源和目的是什么的结论的。

那么，这就是因果归纳法吗？是的。因为在求索"道德起源和目的是什么"的原因之先，必定已形成"道德起源和目的是什么"的判断。而在形成这一普遍判断"道德起源和目的是什么"之先，必定已经形成诸如"某些社会的道德的起源和目的是为了什么"等个别的、特殊的道德判断：在这些个别的、特殊的判断的基础上，通过枚举或直觉或类比等归纳法才可能形成"道德的起源和目的是为了什么"的普遍判断。这样，人类对于道德演绎法的大前提"道德目的是什么"的发现和证明的方法，便是从枚举归纳法或直觉归纳法或类比归纳法发展而来的因果归纳法。因为它的前提实际上由两组判断构成。一组是"某些社会的道德的起源和目的是为了什么"的判断，亦即"s1 是 p、s2 是 p、s3 是 p……"；另一组是"所有社会的道德的起源和目的都是为了什么及其原因"的判断，亦即"一切 s 都是 p 及其原因、根据"。由此才得出了一个普遍的、必然的结论："道德的起源和目的必定都是为了什么：一切 s 必然都是 p。"这显然是典型的因果归纳法。

可见，人类对于"道德的起源和目的之事实"的发现和证明方法是归纳法：起初是枚举归纳法或直觉归纳法或类比归纳法；最终是因果归纳法。那么，对于"伦理行为之事实"的发现和证明方法是什么？可能不是归纳法，而是演绎法。例如，我们对于伦理行为结构的发现和证明方法便是演绎法：

大前提：一切行为都由手段和目的以及原动力三因素构成。

小前提：伦理行为是行为。

结论：伦理行为由伦理行为手段和伦理行为目的以及伦理行为原动力三因素构成。

但是，对于"伦理行为之事实"的发现和证明方法，主要讲来，却是归纳法而不是演绎法。因为在更多和更重要的情况下，我们不可能从一般的"行为之事实如何"演绎出"伦理行为之事实如何"。为了说明这一点，让我们来看一条最重要的伦理行为事实如何的规律："每个人必定恒久为自己，而只能偶尔为他人。"这是一条关于伦理行为目的的事实如何的规律。这条规律显然不可能从一般的行为规律演绎出来，因为它含有一般的行为所没有的东西，亦即含有"为自己或为他人"这些只有伦理行为才有的内涵。所以，这条规律的发现和证明方法不可能是演绎法而只可能是归纳法。我们确实是这样发现和证明这条规律的：

我们最先形成的是诸如"张三是恒久为自己、偶尔为他人"、"李四是恒久为自己、偶尔为他人"等个别的、特殊的道德判断：在这些个别的、特殊的判断的基础上，才形成或通过直觉而领悟到"每个人都恒久为自己、偶尔为他人"的普遍判断。这是枚举归纳法或直觉归纳法。只是通过枚举归纳法或直觉归纳法形成"每个人都恒久为自己、偶尔为他人"的判断之后，我才逐渐求得"每个人都恒久为自己、偶尔为他人"的原因、根据，这个原因、根据便是所谓爱有差等：

　　每个人对于他人的爱必然与他人给予自己的利益成正比：谁给我的利益较少，谁与我必然较远，我对谁的爱必然较少，我必然较少地为了谁谋利益；谁给我的利益较多，谁与我必然较近，我对谁的爱必然较多，我必然较多地为了谁谋利益；说到底，我对我自己的爱必然最多，我为了我自己谋利益必然最多。于是，自爱必然多于爱人、为己必然多于为人：每个人必然恒久为自己，而只能偶尔为他人。

　　这就是对"每个人必然恒久为自己，而只能偶尔为他人"的伦理行为事实如何之规律的发现和证明：它的方法，起初是枚举归纳法和直觉归纳法；最终是因果归纳法。

＊　　　＊　　　＊

　　纵观伦理学的发现和证明方法，可知道德价值推导法、演绎法和归纳法是伦理学的发现和证明方法：道德价值的发现和证明方法是道德价值推导法；而事实（主要是伦理行为之事实和道德的起源与目的之事实）的发现和证明方法是演绎法和归纳法，但主要是归纳法。归纳法是伦理学的更为基本的发现或证明方法。然而，归纳法与演绎法都不是伦理学所特有的发现和证明方法，而是伦理学与其他科学共同的发现和证明方法，可以名之为"伦理学的一般发现和证明方法"。伦理学等价值科学所特有的发现和证明方法是道德价值推导法。因为伦理学就其性质来说，不是事实科学，而是价值科学，是道德价值科学；而归纳法与演绎法都是事实如何的发现和证明方法，唯有道德价值推导法才是道德价值的发现和证明方法。

四　观察和实验：伦理学的证实方法

　　赖欣巴哈曾这样写道："证明是一种推理的事情，而不是观察的事情。"① 反过来，我们也可以说：证实是观察等实践活动的事，而不是推理等逻辑的理论的事。道德演绎法、演绎法和归纳法是伦理学的证明方法，而不是伦理学的证实方法。因为证明与证实不同。证明是对于科学理论的真理性的理论的逻辑的说明、解释和论证，仍然属于科学理论范畴。反之，证实则是对于科学理论的真理性的实际的、实践的检验，属于实践范畴。伦理学与其他科学一样，目的在于寻求普遍性的真理。这种寻求的过程，也与其他科学一样：首先是发现真理、接着是证明真理、最后是证实真理。那么，伦理学究竟如何检验、证实它所发现和证明的真理呢？

伦理学的研究对象，如上所述，是事实（主要是伦理行为之事实和道德的起源与目的之事实）和道德价值（行为之应该如何）两种东西。因此，伦理学的真理包括事实判断的真理（主要是关于伦理行为之事实和道德的起源与目的之事实的真理）和道德价值判断的真理（关于行为之应该如何的真理）。所以，伦理学的证实方法可以分为两种：道德价值判断的真理性的证实方法和事实判断的真理性的证实方法。

1 自然观察：伦理学事实判断的证实方法

伦理学的事实判断的真理性的证实方法，与一切事实科学一样，是观察和实验，但主要是自然观察。它的基本步骤是一种假言演绎推理：

首先，从需要证实的伦理学理论通过演绎推理推出一个可以观察的结论。然后，观察这个结论是否与事实相符：如果不相符，该伦理学理论便被证伪；如果相符，该伦理学理论便得到了部分证实。

证伪的逻辑程序是一种否定后件的假言演绎推理。举例说，如何证实"人不可能无私"的利己主义的著名论断呢？首先，我们把这个论断

---

① Hans Reichenbach: *The Rise of Scientific Philosophy*, California: University of California Press, 1954, p. 18.

作为演绎推理的大前提，通过演绎推理推出一个可以观察的结论："我的
妈妈不可能无私。"然后，观察这个结论是否与事实相符。结果发现这个
结论与事实不符，因为事实上，我的妈妈常常会为了我而做出种种牺牲。
这样，"人不可能无私"的利己主义论断便被证伪了。这种证伪的逻辑程
序显然是一个否定后件式的假言演绎推理：

> 如果 H，则 E，
> 非 E，
> 所以，非 H。

　　反之，证实的逻辑程序则是一种肯定后件的假言演绎推理。举例说，
如何证实"人能够无私"的利他主义论断呢？首先，我们把这个论断作
为演绎推理的大前提，通过演绎推理推出一个可以观察的结论："我的妈
妈能够无私。"然后，观察这个结论是否与事实相符。结果发现这个结论
与事实相符，因为事实上，我的妈妈常常会为了我而做出种种牺牲。这
样，"人能够无私"的利他主义论断便得到了部分证实。这种证实是部分
的而非完全的，或者说，是弱证实而非强证实。因为这种证实的逻辑程
序是一个肯定后件式的无效的假言演绎推理：

> 如果 H，则 E，
> E，
> 所以，H。

　　如所周知，肯定后件式的假言演绎推理在逻辑上是无效的：肯定后
件并不能肯定前件、E 真不一定 H 真。波普正是由此得出他的"理论不
可能证实"的著名论断的："这样，不论怎么说，从单称陈述——它们被
经验所证实——推出理论，在逻辑上是不容许的。因此，理论是绝不可

能得到经验的证实的。"[1]

然而，波普此论是片面的。诚然，任何科学理论都是全称判断，它所包括的事实都是无穷的，因而是不可能得到事实的全部的、完全的证实的。但是，每一个事实的肯定的检验，正如卡尔纳普所说，都是一次部分证实，都是向完全证实的进一步接近：

"在许多情况下，有了数量不多的肯定例子我们就达到实际上足够的确实性了，于是我们便停止实验。但理论上永远存在着把检验性观察的序列继续下去的可能性。所以在这里任何完全的证实也是不可能的，却只是一个逐渐增强确证的过程。"[2]

2 理想实验：某些道德价值判断的证实方法

伦理学的事实判断真理性的证实方法是否也适用于道德价值判断真理性的证实？是的。今日西方伦理学家对于功利主义真理性的检验方法，便是一种观察和实验方法，更确切些说，是一种"理想实验"或"假想实验"、"思想实验"的检验方法。功利主义，如所周知，可以归结为"最大利益净余额"或"最大多数人的最大幸福"原则：

"所谓功利主义，乃是指这样的伦理学理论：在任何环境下，客观地正当的行为是将产生最大量的全体幸福的行为。"[3]

于是，功利主义的反对者们便设计了两个著名的理想实验："奴隶制度"和"惩罚无辜"。"奴隶制度"的内容是：假想一个社会实行奴隶制比非奴隶制更能增进最大利益净余额。"惩罚无辜"的内容是：假想法官明知一个人无辜，但如果惩罚、宣判他死刑，便可阻止一场将有数百人

---

[1]　Karl R. Popper: *The Logic of Scientific Discovery*, New York: Harper & Row, 1959, p. 40.

[2]　洪谦主编：《逻辑经验主义》，商务印书馆，1989年，第75页。

[3]　Henry Sidgwick: *The Methods of Ethics*, London: Macmillan and Co. Ltd., 1922, p. 411.

丧命的大骚乱。① 这两个假想实验通过一个假言演绎推理的逻辑程序证伪了功利主义原则：

大前提：如果像功利主义所说的那样，能够产生最大利益净余额的行为就是正当的行为，那么，根据"奴隶制度"和"惩罚无辜"的实验，实行奴隶制和惩罚无辜就是正当的。

小前提：实行奴隶制和惩罚无辜是不正义的。

结论：功利主义必导致非正义，因而是不正确的。

可见，证伪一种道德价值判断的逻辑程序也是一个否定后件式的假言演绎推理：

如果 H，则 E，

非 E，

所以，非 H。

与功利主义的反对者针锋相对，功利主义论者也设计了一系列理想实验来证实功利主义的真理性。其中最著名是所谓"电车困境"：

假设有一列有轨电车朝着 5 个人开来，如果不扳道岔，电车将压死这 5 个人；救他们的唯一办法是扳道岔，将电车引向另一条轨道，那样就必定会压死站在这条轨道上的另一个人。②

这个假想实验，通一个肯定后件式的假言演绎推理的逻辑程序，使功利主义的真理性得到了部分证实：

① Tom L. Beauchamp: *Philosophical Ethics*, New York: McGraw-Hill Book Company, 1982, p. 91、99.

② *Science*, Volume 293, Number 5537, Issue of 14 Sep 2001, 2105-2108.

大前提：如果像功利主义所说的那样，能够产生最大利益净余额的行为就是正当的行为，那么，根据"电车困境"的实验，扳道岔救5人而压死1人就是正当的。

小前提：扳道岔救5人而压死1人确实是正当的。

结论：功利主义是正当的。

功利主义论者的实验部分证实了功利主义；反之，功利主义反对者的实验则证伪了功利主义。那么，功利主义究竟是真理还是谬误？错误究竟出在哪里？原来，正如郁慕镛先生所言：

"科学史上，经过科学检验而判定一条科学定律的内容百分之百地正确或百分之百地错误，这两种情况都几乎没有出现过。屡见不鲜的是科学检验判定一条科学定律的内容中既有真理性成分，又有谬误的因素。"[①]

同样，对功利主义的肯定和否定两方面的实验检验表明：功利主义既不完全是真理，也不完全是谬误。

"电车难题"实验证实了功利主义的"能够产生最大利益净余额的行为就是正当的行为"的道德判断所含有的真理性：它在人们的利益发生冲突而不能两全的情况下是真理。因为电车不是压死5人就是压死1人，二者必居其一。在这种情况下，显然应该压死1人而不是压死5人：能够产生最大利益净余额的行为就是正当的行为。

反之，"奴隶制度"和"惩罚无辜"实验则证实了功利主义的"能够产生最大利益净余额的行为就是正当的行为"的道德判断所含有的谬误：它在人们的利益没有发生冲突而可能两全的情况下是谬误。因为在这两个实验中，实行奴隶制和惩罚无辜之所以是非正义的，只是因为人们的利益可能并不发生冲突而是可能两全的：不惩罚无辜其他人也不会丧生、不实行奴隶制社会也能发展。在人们的利益没有发生冲突而可能

① 郁慕镛：《科学定律的发现》，浙江科学技术出版社，1990年，第114页。

两全的情况下，只要损害哪怕是一个人的利益，那么，不论能够产生多么巨大的利益净余额，也都是错误的；而只有不损害一人地增进每个人利益，才是正确的。如果人们的利益发生冲突而不能两全——不实行奴隶制社会必不能发展以致盛行食人之风、不惩罚一个无辜必有数百个无辜丧生——那么，实行奴隶制和惩罚无辜虽然都是非正义的，却能够避免更大的非正义，因而便都是应该的，而绝不是非正义的。

但是，不难看出，并不是任何道德价值判断都能够设计理想实验进行检验。理想实验或事实实验只能检验某些比较典型的道德价值判断的真理性。那么，有没有能够对一切道德价值判断的真理性进行检验的东西？有的，这就是实践检验。

3　实践检验：一切道德价值判断的证实方法

道德价值推导法表明，行为之应该如何的道德价值，乃是行为之事实如何（道德价值实体）对于道德目的——增进每个人利益——的相符抑或违背之效用：符合者就是行为之应该，就是正道德价值；违背者就是行为之不应该，就是负道德价值。这个证明任何行为或规范的道德价值之推导方法可以归结为下列公式：

前提1：行为之事实，亦即道德价值实体
前提2：道德目的，亦即道德价值终极标准：增进每个人利益
两前提之关系：行为之事实符合或不符合道德目的
结论：行为之应该不应该，亦即道德价值

准此观之，道德价值判断的证实方法，便是一种实践检验法；它的基本步骤是道德价值推导法：

首先，从需要证实的道德价值判断，通过道德价值推导法，推出一

个可以在实践中进行观察的结论：该判断所评价的行为或规范在实践中增进还是减少社会和每个人利益。如果道德价值判断是肯定的，是正道德价值判断，那么，根据道德价值演绎法便可以得出结论：这个道德价值判断所肯定的行为或规范在实践中具有增进社会和每个人利益的实际效用；反之，如果道德价值判断是否定的，是负道德价值判断，那么，根据道德价值演绎法便可以得出结论：这个道德价值判断所否定的行为或规范在实践中具有减少社会和每个人利益的实际效用。然后，在实践中观察这个结论是否与事实相符：如果不相符，该道德价值判断的真理性便被证伪；如果相符，该道德价值判断的真理性便被证实。

举例说，如何检验"为己利他是不应该的"道德价值判断的真理性？首先，我们通过道德价值演绎法推出一个可以在实践中进行观察的结论："为己利他减少了社会和每个人利益"；因为根据道德价值演绎法，断言为己利他是不应该的，便意味着为己利他不符合道德目的、减少了社会和每个人利益。然后，观察这个结论是否与事实相符。结果发现这个结论与事实不相符，因为事实恰恰相反，为己利他极大地增进了社会和每个人利益。这样，"为己利他是不应该的"道德价值判断的真理性便被证伪了。

同样，道德价值判断真理性的证实逻辑程序也是一种道德价值推导法。举例说，如何证实"为己利他是应该的"道德价值判断？首先，我们通过道德价值推导法推出一个可以在实践中进行观察的结论："为己利他增进了社会和每个人利益"；因为根据道德价值推导法，断言为己利他是应该的，便意味着为己利他符合道德目的、增进了社会和每个人利益。然后，观察这个结论是否与事实相符。结果发现这个结论与事实相符，因为事实上，为己利他极大地增进了社会和每个人利益。这样，"为己利他是应该的"道德价值判断的真理性便被证实了。

可见，道德价值判断的检验、证实方法，是一种实践检验法：观察该判断所评价的行为或规范在实践中究竟增进还是减少社会和每个人利益。如果所评价的行为或规范在实践中增进了社会和每个人利益，那么，肯定该行为或规范的道德价值判断便是真理，而否定该行为或规范的道德价值判断便是谬误；如果所评价的行为或规范在实践中减少了社会和每个人利益，那么，肯定该行为或规范的道德价值判断便是谬误，而否定该行为或规范的道德价值判断便是真理。

那么，这种方法也适用于检验伦理学理论的真理性吗？是的。试想，我们怎样检验一种伦理学理论的真理性？只能在实践中看它对于道德目的的实际效用如何：如果它增进了社会和每个人利益，那它就是真理；如果它减少了社会和每个人利益，那它就是谬误。不过，任何伦理学理论都极其复杂，不可能由纯粹的真理构成：它们都既包括若干真理，又包括若干谬误。所以，当我们由某种伦理学理论在实践中增进或减少了社会和每个人利益，而断言它是真理或谬误的时候，只是就这种理论作为一个整体而言是真理或谬误；并不是说构成这种理论的一切判断都是真理或谬误。至于构成这些理论的判断哪些是真理，哪些是谬误，那就只有一个判断一个判断地逐一检验：如果是事实判断，就用伦理学的事实判断的证实方法来检验；如果是道德价值判断，就用道德价值判断的方法来检验。

举例说，我们应该怎样检验利他主义和个人主义以及专制主义和自由主义的真理性？只能在实践中看它对于道德目的的实际效用如何：如果它们增进了社会和每个人利益，就是真理；如果它们减少了社会和每个人利益，就是谬误。实践的结果究竟如何？我们知道，春秋战国时代，一方面，中国和西方同样崇尚自由主义：西方有普罗泰戈拉、苏格拉底、柏拉图、亚里士多德等百花齐放；中国有孔孟、老庄、墨子、韩非子等百家争鸣。另一方面，中国和西方同样崇尚个人主义，以致孟子叹曰：天下之言，不归杨即归墨。结果如所周知：中国和西方繁荣进步。中世纪，中西同样崇尚专制主义而罢黜自由主义，同样在否定个人主义的基督教或儒家利他主义的统治之下。结果如所周知：中西同样萧条停滞。

近代以来，西方摆脱了专制主义和利他主义而极大地发扬光大了自由主义和个人主义，而中国却一如既往甚至变本加厉。结果如所周知：西方突飞猛进，中国却极大地落伍了。

中西两千年的实践表明，一方面，专制主义和利他主义极大地延缓了社会的发展，减少了社会和每个人利益，因而是谬误；另一方面，自由主义和个人主义极大地加快了社会发展，增进了社会和每个人利益，因而是真理。但是，由此绝不能说个人主义和自由主义理论完全是真理，利他主义和专制主义理论完全是谬误。因为无论利他主义、专制主义还是个人主义、自由主义无疑都既包括真理又包括谬误。只不过，实践表明：个人主义和自由主义理论整体看来是真理；而利他主义和专制主义整体看来是谬误罢了。

4 伦理学证实方法的特点

不难看出，自然观察、理想实验、实践检验都可以概括于观察和实验范畴：伦理学的实践检验与自然观察实质是同一概念。因为所谓实践检验，也就是对于实践结果的一种观察活动，因而属于自然观察范畴；反之，伦理学所谓的自然观察，显然并不是观察自然现象，而是观察人的伦理行为，因而也是观察人的实践活动。所以，与自然科学一样，伦理学的证实方法也可以归结为观察和实验。并且，从上可知，与自然科学一样：观察和实验不但可以检验、证实伦理学理论的真理性，而且还能够使伦理学理论不断得到修正、发展和完善，因而不但是伦理学的证实方法，同时也为伦理学的发现创造了典型的经验事实条件。然而，很多人却认为观察和实验乃是自然科学所特有的方法，对于社会科学的对象——伦理学的对象就更不用说了——是不可能使用观察和实验方法的。金岳霖便这样写道：

"普通所谓社会科学的对象差不多都是无法引用试验的。也许有人在社会科学方面引用'试验'两字去形容他们所用的方法，果然如此，他们所谓'试验'根本不是自然科学中的试验。因为假如我们没有控制环境的能力，因而不能得到近乎'Other things being equal'的状态，我们根本不能引用自然科学中的试验方法。"①

这种观点是不能成立的。观察和实验乃是一切科学的发现和证实方法，只不过这种普遍的方法在不同的科学有不同的表现和特点罢了。自然科学和伦理学的观察实验之不同，表现为两个方面。一方面，正如赖欣巴哈所说："'自然之书是用数学语言写的。'伽利略此言在尔后几世纪所显露的真理性，远远超出了伽利略可能想象的程度。自然的规律具有数学规律的结构、必然性和普遍性；那是这样一种物理学成果，它能够把一颗新行星的存在预言得如此精确，以致天文学家只要用望远镜去看就可以看见它。"② 因此，自然科学的观察和实验具有数学的精确性，是能够用数学表达的，因而是"精密的观察和实验"。反之，伦理学的对象——行为事实如何的本性及其应该如何的规范——并不是用数学的语言写就的，并不具有数学规律的结构。因此，伦理学的观察和实验不可能具有数学的精确性，是"非精密的观察和实验"。

伦理学与自然科学的观察和实验之不同的另一方面，在于伦理学的最为根本的对象是人性，说到底，是人心：自爱心与爱人心、同情心与妒嫉心、复仇心与报恩心、利己心与利他心等。因此，伦理学的观察和实验可以是一种对于自己的心理进行观察的"内省法"或"体验法"。举例说，如何检验"人不可能无私"的利己主义的著名论断呢？首先，把这个论断作为演绎推理的大前提，通过演绎推理推出一个可以自我体验、观察的结论："我不可能无私。"然后，体验、内省这个结论是否与自己的心理事实相符。结果发现这个结论与自己的心理事实不符，因为我自己

---

① 金岳霖:《知识论》，商务印书馆，1983 年，第 10 页。
② Hans Reichenbach: *The Rise of Scientific Philosophy*, California: University of California Press, 1954, p. 104.

心里明白：事实上，我常常会为了我的儿女和父母做出种种牺牲。这样，"人不可能无私"的利己主义论断便被对于自己的心理进行观察的"内省法"、"体验法"证伪了。这种证伪的逻辑程序也是一个否定后件式的假言演绎推理：

如果 H，则 E，

非 E，

所以，非 H。

反之，对于自己的心理进行观察的"内省法"、"体验法"的证实的逻辑程序，也是一种肯定后件的假言演绎推理。举例说，如何证实孟子的"人皆有怜悯心"的著名论断呢？首先，把这个论断作为演绎推理的大前提，通过演绎推理推出一个可以自我体验、观察的结论："我有怜悯心。"然后，观察这个结论是否与自己的心理事实相符。结果发现这个结论与自己的心理事实相符，因为自己心里明白，事实上，我一见到可怜的穷苦人就油然而生恻隐之心。这样，"人皆有怜悯心"的论断便被对于自己的心理进行观察的"内省法"、"体验法"部分地证实了。这种证实的逻辑程序也是一个肯定后件式的假言演绎推理：

如果 H，则 E，

E，

所以，H。

正如俗语所说："画龙画虎难画骨，知人知面不知心。"每个人心里想的究竟是什么，他的行为动机究竟是什么，只有自己最清楚。所以，"内省法"或"体验法"乃是伦理学的最重要的观察和实验方法，是伦理学的最重要的证实方法。这是伦理学和自然科学的观察实验方法的另一个不同之处，因为自然科学的对象显然是不可能使用"内省法"或"体验法"的。如果说自然科学的观察和实验以其数学的精密性优越于伦理学，那么，伦理学的观察和实验则以其"体验法"而优越于自然科学。

※　　　※　　　※

伦理学虽然是不能进行定量测量的科学而不具有数学的精密性，因而也就是所谓的"非精密科学"；但是，精密与否乃是个相对的、不确定的概念：数学是最精密的科学，相对数学来说，物理学已经是不精密了；而相对心理学、生物学来说，物理学又是很精密的了。特别是，精密性并不仅仅体现在能否定量测量一个方面，而且还体现在体系的构建能否公理化和命题的证明、证实能否使用科学的方法等诸多方面。

伦理学的 5 种方法——① 伦理学的公理化体系；② 该体系各个范畴从抽象到具体的推演顺序；③ 每个范畴内涵的从定义到结构、类型、基本性质、规律之推演顺序；④ 每个命题的归纳法和演绎法的证明方法；⑤ 每个命题的观察和实验的证实方法——表明：伦理学几乎可以使用几何学、物理学等精密自然科学的一切方法，因而在科学的王国里可以是一门相当精密的科学，可以是一门如同几何学和物理学一样客观必然、严密精确、可以操作、能够包容人类全部伦理学命题的科学的伦理学。

因为，一方面，伦理学不仅可以公理化，而且就其公理化体系自身来说，甚至可能比数学还要完全。而公理化体系，如上所述，是最为精密的科学体系。这种体系是这样精密，以致自从欧几里得构建第一个公理化体系以来，虽然各个领域的科学家竞相效仿，但是，至今只有数学、逻辑、物理学以及其他自然科学的某些分支能够公理化。

另一方面，伦理学的公理化体系不但使伦理学的体系是严密精确的，不但使构成伦理学全部内容的各个部分是客观必然的；而且由于该体系的各个范畴相互间和每个范畴自身属性的推演顺序以及揭示这些范畴内涵的每个命题的归纳与演绎、观察和实验的证明和证实方法都具有客观必然性，因而使构成伦理学各个部分的全部命题都具有由此推彼的客观必然性，于是伦理学的全部命题都可以是客观必然、严密精确的。这样，伦理学就可以达到 1637 年笛卡尔所提出的依几何学方式构建客观必然、严密精确的科学体系及其全部命题的目标：

"几何学家通常总是运用一长串十分简易的推理完成最艰难的证明。这些推理使我想象到，人所能认识到的东西也都是像这样一个连着一个的，只要我们不把假的当成真的接受，并且一贯遵守由此推彼的必然次序，就绝不会有什么东西遥远到根本无法达到，隐蔽到根本发现不了。"①

---

① 笛卡尔：《谈谈方法》，王太庆译，商务印书馆，2000 年，第 16 页。

上卷　元伦理学

导言：元伦理学定义和对象

一 伦理：词源与定义

英文伦理与伦理学是同一个词：Ethics，源于拉丁文 Ethica；Ethica 又出于希腊文 Ethos，义为品性与气凛以及风俗与习惯。道德是 Morality，源于拉丁文 Mos，也是指风俗、习惯以及品性、品德。所以，伦理与道德在西方的词源涵义完全相同，都是指人们应当如何的行为规范：它外化为风俗、习惯，而内化为品性、品德。所以，古罗马哲学家西塞罗（公元前 106—前 43）把亚里士多德著作中的 Ethos（伦理）译为拉丁文 Mores（道德）。

伦理的中文词源涵义与英文有所不同。"伦"本义为"辈"。《说文》曰："伦，辈也。"引申为"人际关系"。如所谓"五伦"，便是五种人际关系：君臣、父子、夫妇、长幼、朋友。所以，黄建中说："伦谓人群相待相倚之生活关系，此伦之涵义也。"[①] "理"本义为"治玉"。《说文》曰："理，治玉也。……玉之未理者为璞。"引申为整治和物的纹理，如修理、理发、木理、肌理；进而引申为规律和规则。理是规律，是事实如何的必然规律："理非他，盖其必然也……就天地人物事物本其不易之则，是谓理。"[②] 理又是规则，是应该如何的当然规则："只是事物上一个当然之

---

① 黄建中：《比较伦理学》，台北：国立编译馆，1974 年，第 24 页。
② 同上书，第 28 页。

则，便是理。"① 于是，合而言之，所谓伦理，就其在中国的词源涵义来看，便是人际关系事实如何的规律及其应该如何的规范。

可见，伦理的词源含义，中西有所不同：在西方仅指人际行为应该如何的规范；在中国则既指人际行为应该如何的规范，又指人际行为事实如何的规律。从概念上看，伦理的定义与其中国的词源涵义一致而与西方的词源涵义有所不同：伦理是行为事实如何的规律及其应该如何的规范。就拿所谓的"五伦"概念来说。我们只能说君臣、父子、夫妇、长幼、朋友是五种伦理，却不能说它们是五种道德：只能说君臣是伦理，却不能说君臣是道德；只有君臣之"义"才是道德。更确切些说，君臣与君臣之义都是伦理；君臣却不是道德，而只有君臣之义才是道德。这就是因为，君臣是人际关系之事实如何，而君臣之义则是人际关系之应该如何：道德仅仅是人际关系应该如何；伦理则既包括人际关系应该如何，又包括人际关系事实如何。

那么，我们是否可以把伦理定义为"人际行为事实如何的规律及其应该如何的规范"？否。因为一方面，人际行为事实如何的规律及其应该如何的规范未必都是伦理。且以吃饭为例，西方人习惯用刀叉，而许多有教养的印度人却习惯用手指。这两种习惯无疑是两种人际行为应该如何的规范，却皆非伦理。另一方面，与社会或他人无关的非人际行为的事实如何的规律及其应该如何的规范，如善待自己的节制、贵生等，无疑也属于伦理范畴。那么，伦理究竟是什么？

答案是：伦理是具有社会效用的行为之事实如何的规律及其应该如何的规范。试想，为什么用筷子还是刀叉抑或手指吃饭等人际行为应该如何的规范都不属于伦理范畴？岂不就是因为三者对于社会存在发展都不具有利害关系，因而都不具有社会效用？为什么节制与放纵、贵生与伤生等善待自己而与他人或社会无关的行为之应该如何都属于伦理范

① 黄建中：《比较伦理学》，台北：国立编译馆，1974 年，第 27 页。

畴？岂不就是因为这些规范，说到底，具有利害社会之效用？所以，伦理乃是具有社会效用的行为事实如何的规律及其应该如何的规范：这就是伦理概念的定义。这就是为什么，很多思想家认为伦理学是关于具有社会效用的行为之事实如何的规律及其应该如何的规范的科学：

杜威说："伦理学者，研究行为而辩其正邪善恶之学也。"① 斯宾塞说："伦理学者，研究一般行为中最进化之人类行为，及其直接间接对于群己福利之促进或阻碍者也。"② 翁德说："伦理学为创始之规范科学，首当察核道德生活之事实，其规范乃由事实之境移入法则之域。"③

二　元伦理与元伦理学：词源与定义

英文元伦理与元伦理学也是同一个词：Metaethics。元伦理与元伦理学一词的词头 Meta，源于拉丁文，义为"变化"、"变形"、"超越"、"在……之后"。因此，从词源上看，元伦理就是"超伦理"，元伦理学就是"超伦理学"。可是，究竟何谓超伦理？何谓超伦理学？

原来，所谓"超伦理"，就是"超越伦理的伦理"，就是"不是伦理而又包括伦理"，亦即库柏所谓"关乎道德而不属于道德"（With questions about morality, not of morality）④，说到底，就是"伦理"的上位概念："超伦理"与"伦理"是一般与个别的关系。因此，"伦理"的定义——伦理是具有社会效用的行为之事实如何的规律及其应该如何的规则——意味着，"元伦理"就是"行为之事实如何的规律及其应该如何的

①　转引自黄建中：《比较伦理学》，台北：国立编译馆，1974 年，第 32 页。
②　同上。
③　同上书，第 34 页。
④　David E. Cooper: *Ethics: The Classic Readings*, Malden, Massachusetts: Blackwell Publishers, 1998., p. 3.

规则",就是"事实如何的规律和应该如何的规则",说破了,就是"'应该'从'事实'中产生和推导的规律及规则"。

不仅此也!"应该"的上位概念是"善";"善"的上位概念是"价值";"应该"、"善"和"价值"的对立概念是"事实":四者密不可分。因此,全面言之,元伦理是超伦理,意味着:一方面,元伦理就是"应该"、"善"、"价值"和"事实"之规律和规则;另一方面,元伦理就是"价值、善、应该如何"与"是、事实、事实如何"的关系之规律与规则,说穿了,就是"价值、善、应该如何"从"是、事实、事实如何"产生和推导的规律与规则。这就是引申于元伦理 Metaethics 词源的元伦理定义。

准此观之,元伦理学岂不就是关于"应该"、"善"、"价值"及其与"事实"关系的规律和规则的伦理学?说穿了,岂不就是关于"应该"、"善"、"价值"从"事实"中产生和推导的规律和规则的伦理学?答案是肯定的。因为,如前所述,一方面,元伦理学的根本问题就是所谓"休谟难题":"应该"能否从"事实"产生和推导出来?另一方面,伦理学是关于道德应该、道德善和道德价值的科学,是关于优良道德规范——亦即与道德价值相符的道德规则——的伦理学。因此,元伦理学是"超伦理学",意味着:元伦理学就是超越道德应该、道德善和道德价值的伦理学,也就是关于应该、善和价值的伦理学,说到底,就是关于优良规范——亦即与价值相符的规则——的伦理学。

因此,一方面,元伦理不是伦理,元伦理学不是伦理学。因为对于应该、善和价值的研究不同于对于道德应该、道德善、道德价值的研究:前者是对后者的超越。对于优良规范的研究不同于对优良道德规范的研究:前者是对后者的超越。另一方面,元伦理又是伦理,元伦理学又是伦理学。因为对于应该、善和价值的研究又属于对道德应该、道德善、道德价值的研究:前者是后者的方法。对于优良规范的研究也属于对优良道德规范的研究:前者是后者的方法。

　　原来，不懂得一般，就不懂得个别：理解一般是理解个别的方法。不懂得什么是鱼，也就不能懂得什么是鳜鱼：理解鱼是理解鳜鱼的方法。因此，一方面，要知道"道德应该"、"道德善"、"道德价值"存在何处及其产生和推导过程，首先必须知道"应该"、"善"、"价值"究竟存在何处及其产生和推导过程：理解"应该、善、价值"是理解"道德应该、道德善、道德价值"的方法。另一方面，要知道"优良道德规范"如何制定，首先必须知道"优良规范"如何制定：理解"优良规范"是理解"优良道德规范"的方法。

　　因此，一方面，对于"应该、善和价值"的研究也就属于对"道德应该、道德善和道德价值"的研究的一部分，因而也属于伦理学，亦即"元伦理学"。这样，元伦理学也是关于道德价值的科学：元伦理学是关于道德价值推导方法的伦理学。另一方面，对于"优良规范"的研究也就属于对"优良道德规范"的研究的一部分，因而也属于伦理学，亦即元伦理学。这样，元伦理学也是关于优良道德规范的伦理学：元伦理学是关于优良道德规范制定方法的伦理学。

　　总而言之，一方面，伦理是"具有社会效用的行为之事实如何的规律及其应该如何的规则"；元伦理是"超伦理"，是"事实如何的规律和应该如何的规则"，是"应该"、"善"、"价值"和"事实"之规律和规则。另一方面，伦理学是关于"道德应该"、"道德善"和"道德价值"的科学，是关于"优良道德规范"的科学；元伦理学是"超伦理学"，是关于"应该"、"善"和"价值"的伦理学，是关于"优良规范"的伦理学。这就是英文 Metaethics（元伦理、元伦理学）的词源和定义。这就是为什么，库柏说：元伦理学所研究的问题"关乎道德而不属于道德"。[①]这样一来，元伦理学也就是一种最为基本最为抽象最为一般的伦理学学

---

① David E. Cooper: *Ethics: The Classic Readings*, Malden, Massachusetts: Blackwell Publishers, 1998, p. 3.

科。因为应该、善和价值，比道德应该、道德善和道德价值更为基本更
为抽象更为一般；优良规范比优良道德规范更为基本更为抽象更为一般。
因此，Metaethics 的汉译"元伦理、元伦理学"的词源涵义，似乎更接
近元伦理学的概念定义。因为"元"字在中国的词源涵义是"基本的"、
"本来的"、"第一的"、"起始的"、"为首的"等。

三　元伦理学对象

　　元伦理学的研究对象是否可以归结为"应该"、"善"、"价值"和
"事实"？可以，但不精确。因为，如《绪论》所述，元伦理学乃是伦理
学的公理和公设系统：它与几何学、力学等公理和公设系统一样，也是
由初始概念和初始命题以及初始推演规则三因素构成。我们可以像元伦
理学家们那样，把对于这三因素的研究归结为两部分，亦即上、下两篇。
《上篇》是对于伦理学的初始概念——如"价值"与"善"以及"应该"
与"事实"——的研究，这些概念也就是元伦理学家们所谓的"伦理学
术语"或"道德词"、"伦理词"、"价值词"；如此称谓，可以包括规范伦
理学范畴和美德伦理学范畴，显然过于宽泛，我们毋宁称之为"元伦理
范畴：伦理学初始概念"。
　　《下篇》是对于伦理学的初始命题及其初始推演规则的研究，也就
是对于揭示伦理学初始概念相互关系——特别是"应该"与"事实"关
系——所蕴涵的初始命题及其推演规则的证明，也就是对于伦理学公理
和公设的证明，说到底，亦即对于"伦理学的存在公理和公设"以及
"伦理学的推导公理和公设"两大系列 7 个公理和 7 个公设的证明：元伦
理学家们称之为"道德判断确证"（justification of moral judgments）或
"道德确证"（moral justification）。这一称谓，不但过于宽泛，而且全然
不知其实质，乃是对于极端复杂难理解的伦理学公理和公设的解析、证

明，特别是对于休谟难题"能否从'是'推导出'应该'"的破解，我们
毋宁称之为"元伦理证明：伦理学公理和公设"。

元伦理学上、下两篇的排列顺序，显然应该与一切公理体系的顺序
一样，由初始概念到初始命题及其初始推演规则，说到底，亦即由"元
伦理范畴：伦理学初始概念"到"元伦理证明：伦理学公理和公设"。那
么，伦理学究竟有哪些初始概念或元伦理范畴？元伦理学的研究表明，
解决这个问题的前提是：哪一个或哪几个范畴在元伦理范畴或伦理学初
始概念系统中居于核心地位？

元伦理核心范畴，在摩尔看来，是"善"（Good）；在罗斯看来，是
"正当"与"善"；在黑尔看来，是"善"、"正当"和"应该"（Ought）；
在艾温看来，是"善"和"应该"；在马奇看来，是"善"、"应该"和
"是"（Is）；在斯蒂文森那里，则是"善"、"正当"、"应该"、"价值"
（values）、"事实"（facts）。那么，元伦理核心范畴究竟是什么？初看起
来，是"善"。因为元伦理所有范畴念几乎都可以归结为"善"："应该"
是行为善；"正当"是道德善；"价值"是善的最邻近的类概念；"是"或
"事实"则是一切善和价值的来源、实体。所以，摩尔认为"善"在元伦
理学的范畴系统中是最为重要的范畴："怎样给'善'下定义的问题，是
全部伦理学的最为根本的问题。"[1]

然而，元伦理核心范畴是什么，无疑决定于元伦理学的根本问题是
什么。元伦理学的根本问题，确如弗兰肯纳等伦理学家所言，乃是道德
判断或价值判断的确证，亦即道德推理或价值推理的逻辑，说到底，是
"应该"、"价值"的来源、依据问题，因而也就是"应该"、"价值"、
"应该如何"与"是"、"事实"、"事实如何"的关系问题，说到底，亦即
所谓"休谟难题"：在道德体系中能否从"是"推导出"应该"？

---

[1]　G. E. Moore: *Principla Ethica*, Beijing: China Social Sciences Publishing House Chengcheng
　　Books, 1999, p. 57.

准此观之，元伦理最基本的范畴无疑是"应该"而不是"善"；不论"善"多么重要和复杂。围绕"应该"所展开的元伦理范畴系统，则不但包括"应该"的依据、来源或对立概念"是"和"事实"，不但包括"应该"的上位概念"善"和下位概念"正当"；而且，正如查尔斯·L.里德所说，还包括"价值"和"评价"，因为后者是解析前者的前提："回顾我们对于善和恶的研究，理所当然，讨论的主要问题总是深入到价值的本性及其认识问题。"[1]罗斯在其元伦理学名著《正当与善》一开篇也这样写道："本书研究的目的是考察对于伦理学来说是极为基本的三个概念——'正当'、普遍'善'和'道德善'——的本性、关系和意蕴。对于这些问题的考察，正如近年来的许多研究一样，将有大量问题涉及价值的本性。"[2]

这样，元伦理范畴系统——亦即伦理学的初始概念系统——便可以名之为"应该"的范畴系统。依据"从抽象到具体"的科学体系的概念排列原则，这个伦理学的初始概念系统的开端概念是"价值"和"评价"；然后是具体于价值的"善"：善亦即正价值；接着是行为的善："应该"；次之是行为的道德善："正当"；最后则是这些概念的对立概念："是"和"事实"。不过，在这个伦理学的初始概念系统中，"应该"虽然是核心概念，却不是最复杂和最重要的概念；最复杂和最重要的概念，如所周知，乃是"价值"。

如果我们弄清了价值究竟是什么，其他元伦理范畴——"善"与"应该"以及"正当"等都是一种特殊的价值——也就昭然若揭了。"价值"这个人类所创造的最为复杂的概念之解析，不但使元伦理学的其他范畴迎刃而解，而且对于整个伦理学来说，具有莫大的意义。因为只有在其指导下，我们才能够科学地研究那种特殊的价值，亦即与"负价值"相

---

[1]　Charles L. Reid: *Choice and Action: An Introduction to Ethics*, New York: Macmillan Publishing Company, 1981, p. 200.

[2]　W. D. Ross: *The Right and Good*, Oxford: Clarendon Press, 1930, p. 1.

对而言的"正价值"："善"。只有在"价值"和"善"的指导下，我们才可以科学地研究元伦理学的核心范畴"应该"，因为"应该"是具有正价值的行为，是行为的善。只有在"应该"的指导下，才能够科学地研究"道德应该"，才能够构建规范伦理学体系，才能够进而构建美德伦理学体系。一言以蔽之：价值的概念分析乃是整个伦理学大厦的基石。

因此，我们把"价值"（包括"评价"）这个伦理学的初始概念与其他初始概念分开而自成一章，名之曰"伦理学开端概念"；而把其他4个初始概念——"善"与"应该"以及"正当"与"事实"——作为一章，名之曰"伦理学初始概念"。因为任何公理化体系中的"初始概念"都可以有几个，甚至几十个：只有排在最前面的那个初始概念才可以称之为"开端概念"；而其余初始概念显然不可以称之为"开端概念"，而只能称之为"初始概念"。

上篇　元伦理范畴

第四章　元伦理范畴：伦理学开端概念

本章提要

价值是客体对于主体需要（及其经过意识的各种转化形态，如欲望和目的）的效用。这个效用论价值定义的成立，必须解决两大难题：商品价值论和自然内在价值论。

误以为"价值悖论"——"水的效用大而交换价值小"——是个不争的事实，使斯密、李嘉图和马克思否定"效用价值论"而代之以"劳动价值论"："商品交换价值不是商品效用，而是商品中所凝结的劳动。"边际效用论则通过"使用价值是商品边际效用"的伟大发现，说明水交换价值小，是因其数量多而边际效用小，从而表明"价值悖论"不能成立，终结了劳动价值论统治，使我们又回到了自亚里士多德以来历代相沿的效用价值论：商品价值是商品对人需要的效用。只不过，商品使用价值是商品对消费需要的边际效用；商品交换价值则是商品使用价值对交换需要的效用，说到底，也就是商品边际效用对交换需要的效用。因此，商品价值论并没有证伪而是证实了效用论价值定义。

自然内在价值论的研究表明，只有生物才具有分辨好坏利害的评价能力和趋利避害的选择能力，因而对于生物来说，事物是有好坏利害之分的，是有价值可言的：生物可以是价值主体，具有内在价值。这样，价值是客体对于主体的需要——及其经过意识的各种转化形态——的效用，便被自然内在价值论证明是普遍适用于一切价值领域的精确定义：它在植物、微生物和无脑动物所拥有的价值领域表现为客体对主体需要的效用；在有脑动物所拥有的价值领域表现为客体对主体的需要及其经过意识的各种转化形态（主要是欲望和目的）的效用；在人类所拥有的价值领域，则不但表现为客体对于主体的需要、欲望、目的的效用，而且还可以表现为客体对于主体的理想（亦即主体远大的需要、欲望和目的）的效用。

一 价值概念：效用价值论

粗略看来，价值似乎是个不言自明的概念：价值不就是好坏吗？谁不知道好坏是什么呢？确实，价值与好坏是同一概念，价值就是好坏：好亦即正价值、坏亦即负价值。可是，细究起来，正如波吉曼（Louis P. Pojman）所言："'价值'是一个极为含糊、暧昧、模棱两可的概念。"[①] 布赖恩·威尔逊斯（Bryan Wilsons）甚至认为："即使就全部概念来说，也几乎没有像价值概念这样难以界定的。"[②] 这种困难，恐怕首先表现在：给价值或好坏下定义，必须用"客体和主体"这些本身就相当复杂、一直争论不休的概念。因为所谓价值或好坏，如所周知，是个关系范畴：它们不是某物独自具有的东西，而是某物对于他物来说才具有的东西。我们说石头有价值，是个好东西，必定是对于什么东西——比如一个被狗追赶的人——来说的；离开这些东西，单就石头自身来说，石头是无所谓价值或好坏的。因此，价值总是指"什么东西对什么东西有价值"，总是指"什么东西有价值"和"对谁（或对什么东西）有价值"。什么东西有价值，也就是所谓的价值客体问题；对谁有价值或对什么东西有价值，则是所谓价值主体问题。所以，界定价值概念的前提是界定主体和客体。

[①] Louis P. Pojman: *Ethical Theory: Classical and Contemporary Readings*, Belmont, California: Wadsworth Publishing Company, 1995, p. 145.

[②] Bryan Wilsons: *Values: A Symposium*, New Jersey: Humanities Press, 1988, p. 1.

1 主体与客体：主体性亦即自主性

主体首先是个关系范畴：一事物只有相对另一事物来说，才可能是主体；离开一定关系，仅就事物自身来说，是无所谓主体的。那么，主体是否只有相对客体来说，才是主体？并不是。主体还可以相对"属性"而言，是属性的本体、承担者，是属性所依赖从属的事物，亦即所谓的"实体"。从主体的词源来看，也是这个意思。主体源出于拉丁语subjectus，意为放在下面的、作为基础的，引申为某种属性的本体、实体、物质承担者。所以，亚里士多德说："第一实体之所以最正当地被称为第一实体，是因为它们乃是所有其他东西的基础和主体。"[①] 马克思恩格斯也这样写道："物质是一切变化的主体。"[②] 主体还可以相对"宾词"而言，是主词、被述说者："一切可以表述宾词的事物，也可以被用来表述主体。"[③] 主体还可以相对"次要组成部分"而言，指主要组成部分，如我们说"建筑中的主体工程"、"学生是五四运动的主体"等。主体的这些含义，显然不是主体作为伦理学等一切价值科学范畴的定义。因为作为价值科学范畴的"主体"，如所周知，乃是相对"客体"而言的主体。那么，相对客体而言的主体究竟是什么？

不难看出，相对客体而言的主体，是指活动者、主动者：主体是活动者、主动者，客体是活动对象，是被动者。但是，这并不是主体和客体的定义。因为反过来，活动者、主动者并不都是主体；活动对象、被动者也并不都是客体。举例说，火山有活动期。活动期的火山，处于活动状态，是一种活动的东西，是活动者。活动着的火山吞没了一座村子，村子是火山吞没的对象，是火山活动的对象：火山是主动者；村子是被

---

① 《古希腊罗马哲学》，三联书店，1957年，第309页。
② 《马克思恩格斯全集》第2卷，人民出版社，1974年，第164页。
③ 《亚里士多德全集》第一卷，苗力田等译，中国人民大学出版社，1990年，第4页。

动者。但是，我们显然不能说火山是主体，也不能说村子是被火山所吞没的客体。可见，主体虽然都是活动者、主动者；但是，活动者、主动者却未必都是主体。那么，主体究竟是什么样的活动者、主动者？

原来，主体是一种能够自主的东西，是能够自主的主动者、活动者。所谓自主，如所周知，亦即选择之自主、自主之选择。这种选择与达尔文的"自然选择"不同。自然选择是一种自动机械式的自在的选择，是不具有分辨好坏利害能力的选择，是不具有"为了什么"属性的选择，是不能够趋利避害的选择。反之，自主的选择则是具有分辨好坏利害能力的选择，是具有"为了什么"属性的选择，是一种为了保持自己存在而趋利避害的选择，是一种自为的选择。因此，主体是能够自主的活动者，便意味着：主体就是能够自主选择的活动者，就是具有分辨好坏利害能力的活动者，就是具有"为了什么"属性的活动者，就是能够为了保持自己存在而趋利避害的活动者。

试想，为什么吞没村子的活动者、主动者——火山——不是主体，然而洗劫村子的活动者、主动者——土匪——却是主体？岂不就是因为土匪具有自主的能力，而火山不具有自主能力？不就是因为土匪是能够自主的活动者，而火山是不能够自主的活动者？不就是因为土匪具有分辨好坏利害能力，而火山不具有分辨好坏利害能力？不就是因为土匪具有"为了什么"的属性，能够为了保持自己存在而趋利避害，而火山则不具有"为了什么"的属性，不能够趋利避害？所以，自主性就是主体之为主体的特性，就是所谓的主体性：它一方面表现为"分辨好坏利害的能力"；另一方面则表现为"为了保持自己存在而趋利避害的选择能力"。这样，相对客体而言的主体便仍然具有实体、本体的一切内涵，因为能够自主的活动者无疑属于实体、本体范畴。但是，主体同实体、本体是种属关系：实体、本体是一切属性的物质承担者；主体则仅仅是"自主"属性的物质承担者，是"分辨好坏利害的能力"和"为了保持自己存在而趋利避害的选择能力"的属性的物质承担者。

随着主体的界定，何谓客体也就迎刃而解了。因为所谓客体，显然就是主体的活动对象，是能够自主的活动者的活动对象，是活动者的自主活动所指向的对象。从客体的词源来看，也是此意。客体源于拉丁语objicio，意为扔在前面、置诸对面，引申为活动者的活动对象、主体的活动对象。这样，客体范畴就比主体范畴广泛、简单多了。因为一切东西——日月、星球、山河、湖泊、飞禽、走兽、人类、社会、思想、观念、实体、属性等——都可以是主体的活动对象，因而也就都可以是客体：客体既可能是实体，也可能是属性。甚至主体自身也可以是主体的活动对象，因而可以同时既为主体，又为客体。因为主体自身的活动也可以指向自身：自我认识、自我改造——作为认识者、改造者的自我是主体；作为认识对象、改造对象的自我则是客体。

2　价值：客体对主体需要的效用

从主体和客体的基本含义——主体是能够分辨好坏利害的自主的活动者；客体是主体的活动所指向的对象——可以看出，主体的活动之所以指向客体，显然是因为客体具有某种属性，这种属性对主体具有好坏之效用，因而引起主体指向它的活动，以便获得有好处的东西，而避免坏处的东西。然而，究竟何谓好坏？

李德顺说："'好'和'坏'合起来，正是包含了正负两种可能的一般'价值'的具体表现。"[①]是的，好坏合起来，便构成了所谓的价值概念。价值或好坏，就其最广泛的意义来说，无疑是主体和客体的一种相互作用、相互关系。[②]但是，正如培里（Ralph Barton Perry）所说，价值不是主体对于客体的作用或关系，而是客体对于主体的作用或关系："价值可

---

① 李德顺：《价值论》，中国人民大学出版社，1987年，第12页。
② 李连科：《哲学价值论》，中国人民大学出版社，1991年，第88页。

以定义为客体对于评价主体的关系。"①

　　然而，价值是客体对于主体的一切东西的作用或关系吗？否！那么，价值是客体对于主体的什么东西的作用或关系？培里著名的"兴趣说"对此做了极为精辟的回答："现在可以承认，客体的价值在于它对于兴趣的关系。"②"价值可以定义为兴趣的函数。"③问题的关键在于，培里的兴趣概念外延极为广泛："兴趣是一连串由对结果的期望所决定的事件。"④它包括"'欲望''意愿'或'目的'"。⑤总之，"'兴趣'一词应被视为下述名称的类名称，诸如，喜欢—不喜欢、爱—恨、希望—恐惧、欲求—避免及其他类似名称。这些名称所表示的意思就是兴趣一词所表示的意思。"⑥因此，培里在用兴趣界定价值之后，又写道："就现在的观点来说，价值最终必须被看作意愿或喜欢的函数。"⑦

　　可见，培里所说的"兴趣"之真谛，乃是需要经过意识的各种转化形态；更确切些说，也就是需要及其意识形态，如欲望、意愿、目的、兴趣、喜欢等。因此，我们可以进一步说：价值是客体对于主体的需要——及其各种转化形态，如欲望、目的、兴趣等——的作用。因为不言而喻，客体能够满足主体需要的作用，对于该主体来说，便叫作好、正价值；客体阻碍满足主体需要的作用，便叫作坏、负价值；客体无关主体需要的作用，对于该主体来说，便叫作非好非坏，亦即所谓无价值。客体对于主体的好坏、非好非坏，无疑都是客体对主体需要的某种作用，

① Ralph Barton Perry: *General Theory of Value: Its Meaning and Basic Principles Construed in Terms of Interest*, New York: Longmans, Green, and Company, 1926, p. 122.

② Ibid., p. 52.

③ Ibid., p. 40.

④ 培里等著：《价值和评价》，刘继编选，中国人民大学出版社，1989 年，第 45 页。

⑤ Ralph Barton Perry: *General Theory of Value: Its Meaning and Basic Principles Construed in Terms of Interest*, New York: Longmans, Green, and Company, 1926, p. 27.

⑥ 培里等著：《价值和评价》，刘继编选，中国人民大学出版社，1989 年，第 51 页。

⑦ Ralph Barton Perry: *General Theory of Value: Its Meaning and Basic Principles Construed in Terms of Interest*, New York: Longmans, Green, and Company, 1926, p. 81.

亦即所谓的效用：效用显然属于作用范畴，是对于需要的作用。所以，牧口常三郎说："价值可以定义为人的生活与其客体之间的关系，它与经济学家们所使用的'效用'和'有效'这些术语没有什么不同。"①

于是，价值便是客体对于主体需要——及其各种转化形态，如欲望、目的、兴趣等——的效用性，简言之，便是客体对主体需要的效用。从价值的词源上看，也是此义。因为价值一词，正如马克思所指出，源于梵文的 Wer（掩盖、保护）和 Wal（掩盖、加固）以及拉丁文 vallo（用堤围住、加固、保护）和 valeo（成为有力的、坚固的、健康的），引申为"有用"。所以，马克思说："贝利和其他人指出，'value，valeur'这两个词表示物的一种属性。的确，它们最初无非是表示物对于人的使用价值，表示物的对人有用或使人愉快等的属性。事实上，'value，valeur，Wert'这些词在词源学上不可能有其他的来源。"②

那么，价值是客体的一切属性对于主体的需要——及其各种转化形态，如欲望、目的、兴趣等——的效用吗？是的。客体的一切属性无非固有属性和关系属性。固有属性如质量的多少和电磁波长短等。关系属性则分为事实关系属性（如颜色和声音）与价值关系属性（如好坏、用途）。价值可以是客体的固有属性和事实属性对于主体的作用，自不待言；价值也可以是客体的价值、用途、效用对于主体的效用。举例说，商品的使用价值是商品事实属性对于使用、消费需要的边际效用；而商品交换价值则是商品使用价值对于交换需要的效用，说到底，也就是商品边际效用对于交换需要的效用。

因此，价值乃是客体的一切属性对于主体的需要——及其各种转化形态，如欲望、目的、兴趣等——的效用，亦即客体对于主体的需要——及其各种转化形态，如欲望、目的、兴趣等——的效用，简言之，

①　Tsunesaburo Makiguchi: *Philosophy of Value*, Tokyo: Seikyo Press, 1964, p. 75.
②　《马克思恩格斯全集》第 26 卷，人民出版社，1974 年，第 326 页。

亦即客体对主体需要的效用。这一定义，不妨称之为"效用论价值定义"。这个定义，不但符合常识，而且在学术界，正如赖金良所言，实际上也已经得到公认。[①] 甚至那些反对效用论的定义，推敲起来，实际上与效用论也并无二致。试看几个颇具代表性的定义：

首先，是所谓的"关系说"。李连科写道："所谓价值，就是客体与主体需要之间的一种特定（肯定与否定）的关系。"[②] 客体对于主体需要的肯定与否定的关系，岂不就是客体对主体需要的某种效用性吗？再看李德顺所下的定义："'价值'这个范畴的最一般涵义，是对主客体关系一种特殊内容的表述。这种内容的特质就在于，客体对于主体的作用是否同主体的结构或尺度或需要相符合、一致或接近：'是'者，即属于人们用各种褒义词所指谓的正价值；'否'者，则属于人们用各种贬义词所指谓的负价值。"[③] 可是，客体对于主体需要的"相符合"、"一致"或"接近"，岂不也都是客体对主体需要的某种效用性吗？

其次，是所谓的"意义说"。袁贵仁写道："价值是客体对主体所具有的积极或消极意义。"[④] 所谓意义，如所周知，有两种含义：一是语言的意思、意谓；一是客体对于主体的需要的作用、效用。用意义来界定价值，显然是意义的后一种含义。因此，说价值是客体对主体的意义，无异于说价值是客体对于主体需要的效用。所以，袁贵仁也承认："价值关系是一种意义关系或一种效用关系，它们是等值的。价值是客体对主体的意义，也就是客体对主体的作用、效用。"[⑤]

最后，是"属性说"。李剑峰写道："价值就是指客体能够满足主体需要的那些功能和属性。"[⑥] 客体能够满足主体需要的那些功能和属性，如果

① 王玉梁主编：《中日价值哲学新论》，陕西人民教育出版社，1994年，第47页。
② 李连科：《哲学价值论》，中国人民大学出版社，1991年，第62页。
③ 王玉梁主编：《价值和价值观》，陕西师范大学出版社，1988年，第31页。
④ 袁贵仁："价值与认识"，《北京师范大学学报》，1995年第3期。
⑤ 袁贵仁：《价值学引论》，北京师范大学出版社，1991年，第49页。
⑥ 王玉梁主编：《价值和价值观》，陕西师范大学出版社，1988年，第163页。

离开主体的需要，是无所谓价值的；这些客体的功能和属性之所以是价值，只是相对主体的需要才能成立。然而，对于主体的需要来说，这些客体的功能和属性不就是客体对主体需要具有某种效用的属性吗？不就是客体对主体需要的某种效用性吗？

　　总之，正如赖金良所言："从国内价值论研究的情况来看，尽管人们对'价值'范畴的定义略有区别，例如，有的人把价值规定为客体对主体需要的满足或肯定，也有的人把价值规定为客体对主体需要的适应、接近或一致等等，但这些定义的效用主义倾向是相当明显的，或者说，都可以归类于关于'价值'的效用论定义。"①

3　价值：只能用"客体"与"主体"来界定

　　饶有风趣的是，效用论价值定义却遭到赖金良等学者的方法论方面的质疑：用主客体关系模式来界定价值究竟有什么根据？②确实，我们为什么一定要说"价值是客体对于主体需要的效用"？为什么一定要用本身还需要说明的主客体关系模式去界定价值？说"价值是一事物对于另一事物的需要的效用"不是更明白吗？或者像大卫·高蒂尔那样，把价值与效用完全等同起来，岂不更简单吗？③舒虹也反对用主客体关系模式来界定价值："按照这个想法，似乎可以给价值下这样一个定义：某一事物对与其有联系的事物存在与发展的意义和作用。"④然而，这些逃避主客体概念的价值定义都是不能成立的；价值只能用主客体关系模式来界定。

　　原来，任何东西——不论是生物还是非生物——都具有需要。因为所谓需要，如所周知，乃是事物因其存在和发展而对某种东西的依赖性。

---

① 王玉梁主编：《中日价值哲学新论》，陕西人民教育出版社，1994年，第47页。
② 同上书，第40页。
③ 参阅：盛庆来：《功利主义新论》，上海交通大学出版社，1996年，第137页。
④ 王玉梁主编：《价值和价值观》，陕西师大出版社，1988年，第185页。

生物需要阳光，意味着，阳光是生物存在和发展的条件，生物的存在和发展依赖阳光。好事的存在和发展对于坏事具有某种依赖性，所以，好事的存在和发展需要坏事：需要和坏事斗争、克服坏事。石头的存在依赖于它与其内外环境的平衡，所以，石头的存在需要它与其内外环境的平衡。可见，需要是一切事物——不论是有机体还是无机物——所共同具有的普遍属性。

那么，是否可以说，保障一事物的存在和发展因而满足其需要的东西，对于这个事物来说就是好的、正价值的？反之，阻碍一事物的存在和发展因而不能满足其需要的东西，对于这个事物来说就是坏的、负价值的？答案是否定的。因为虽然任何事物都具有需要，但是，说"满足某物需要的东西对于它是好的、有正价值的"，显然必须以它具有分辨好坏利害的评价能力为前提，必须以它具有趋利避害的选择能力为前提。只有对于具有分辨好坏利害评价能力和趋利避害选择能力的东西来说，才有所谓好坏；对于不具有分辨好坏利害的评价能力和趋利避害的选择能力的东西来说，是无所谓好坏的。

举例说，对于一块铁来说，任何东西显然都无所谓好坏、有价值还是无价值。我们甚至不能说把铁块烧化、使它不复存在对于铁块来说就是坏事：铁块存在还是不存在，对于铁块自身来说是无所谓好坏价值的。为什么？显然只能是因为铁块不具有分辨好坏利害的评价能力和趋利避害的选择能力。反之，对于人来说，生物、植物、动物、大地等一切事物或多或少都具有某种好坏的意义、价值。原因何在？岂不就是因为人具有分辨好坏利害的评价能力和趋利避害的选择能力吗？

可见，说"价值是一事物对于另一事物的需要的效用"是不确切的。因为一事物对于另一事物的需要的效用，并不都是价值；一事物只有对于"具有分辨好坏利害的评价能力和趋利避害的选择能力"的另一事物的需要的效用，才是价值。而"分辨好坏利害的评价能力和趋利避害的选择能力"，如上所述，也就是所谓的主体性：主体是具有分辨好坏利害的评价能力和趋利避害的选择能力的活动者。这就是为什么，一事物只有对于主体的需要的效用，才是价值。相对主体的需要来说的那个对于主体需要具有效用的事物，也就是所谓的客体。因此，价值只能定义为客体对于主体需要的效用，只能用主客体模式来界定。所以，牧口常三郎一再说："就价值这个概念来说，只有用主体和客体的关系才能加以说明。"①

那么，我们为什么一定要说"价值是客体对于主体的需要的效用性"？是否可以更简单地说价值是客体对主体的效用？或者说价值是客体对于主体的其他东西——亦即需要及其各种转化形态之外的东西，如结构和能力等——的效用？李德顺的回答是肯定的："价值可以定义为：客体的存在、属性及其变化同主体的结构、需要和能力是否相符合、相一致或相近的性质。"②

这是不妥的。试想，一个人有当官的能力，他的身体素质和结构也适于饮酒。但是，如果他没有做官和饮酒的需要，那么，官和酒虽然符合他的能力和结构，我们也不能说官和酒对他是有价值的。所以，我们不能说价值是客体对主体的结构或能力的是否相符的效用，也不能泛泛地说价值是客体对主体的效用，而只能说价值是客体对主体的需要——或其各种转化形态，如欲望（需要的觉知）、目的（为了实现的需要和欲望）等——的效用。

二 价值概念：自然内在价值论

价值是客体对于主体的需要的效用性的定义进一步表明：价值总是指"什么东西对什么东西有价值"，总是指"什么东西有价值"和"对谁（或对什么东西）有价值"。什么东西有价值，乃价值客体是什么的

---

① Tsunesaburo Makiguchi: *Philosophy of Value*, Tokyo: Seikyo Press, 1964, p. 20.
② 李德顺主编：《价值学大词典》，中国人民大学出版社，1995 年，第 261 页。

问题；对谁有价值或对什么东西有价值，乃价值主体是什么问题。什么东西有价值，或价值客体是什么，是个十分简单的问题。因为不论什么东西——石头、山河、日月、飞禽走兽乃至人类等——都可以具有价值，都可以是价值客体。反之，对什么东西有价值，或价值主体是什么，则是个极为复杂的问题。

按照流行的观点，只有人才可能是价值主体，只有对于人来说，石头、山河、日月、飞禽走兽等才具有价值，一句话，价值是属人的："价值关系实质上是一种属人的关系。"[1] 然而，20 世纪 60 年代以来西方兴起的生态伦理学，向这种观点提出了挑战。几乎所有的生态伦理学家都认为，价值主体并非仅仅是人，并非只有对于人来说，自然界才有价值，价值主体也可以是生物、生态系统，甚至可以是大地、非生物；对于生物、生态系统来说，甚至对于大地、非生物来说，自然界也是有价值的。这就是所谓的"自然界的内在价值"。那么，价值究竟是不是仅仅属人的？对生物、植物、动物、大地等非人的存在物来说，是否有价值这种东西？或者说，自然界存在所谓"内在价值"吗？这些问题的解析无疑是确切界定价值概念的前提。因为如果我们不知道价值是对什么东西来说才存在的，我们显然不可能确切地知道价值究竟是什么。所以，进一步确证价值概念的起点，便是分析生态伦理学的自然界内在价值论：自然界具有内在价值从而可以是价值主体吗？

1　自然界内在价值概念：自然界可以是价值主体

罗尔斯顿一再说：自然界内在价值是生态伦理学的具有导向作用的、关键的、基本的、核心的范畴。[2] J. 奥尼尔也这样写道："持一种环境伦

---

① 李德顺、龙旭："关于价值和人的价值"，《中国社会科学》，1994 年第 5 期，第 120 页。

② Holmes Rolston: *Environmental Ethics: Duties to and Values in the Natural World*, Philadelphia: Temple University Press, 1988, p. 2.

理学的观点就是主张非人类的存在和自然界其他事物的状态具有内在价值。这一简洁明快的表达已经成为近来围绕环境问题讨论的焦点。"① 那么，究竟何谓"内在价值"？

所谓内在价值，如所周知，相对工具价值、手段价值或外在价值而言，是一个歧义丛生、颇有争议的概念。但是，有一点毫无疑义：它们源于"内在善"与"手段善"之分。内在善与手段善之分始于亚里士多德。他写道："善显然有双重含义，其一是事物自身就是善，其二是事物作为达到自身善的手段而是善。"② 因此，所谓"内在价值"也可以称之为"目的价值"（value as an end）或"自身价值"（valueinitself），是其自身而非其结果就是可欲的、就能够满足需要、就是目的的价值。例如，健康长寿能够产生很多有价值的结果，如更多的成就、更多的快乐等。但是，即使没有这些结果，仅仅健康长寿自身就是可欲的，就是人们追求的目的，就是有价值的。因此，健康长寿乃是内在价值。所以，保罗·泰勒（Paul W. Taylor）说："内在价值（Intrinsic value）被用来表示这样一些目标，这些东西自身就被当作目的而为有意识的存在物所追求。"③ 培里则干脆把内在价值表述为一个公式："objectdesiredforitself"亦即"客体因其自身而被欲望"。④

反之，所谓工具价值也可以称之为手段价值或外在价值，乃是其结果是可欲的、能够满足需要、从而是人们追求的目的的价值，是能够产生某种有价值的结果的价值，是其结果而非自身成为人们追求的目的的价值，是其自身作为人们追求的手段——而其结果才是人们所追求的目的——的价值。举例说，冬泳的结果是健康长寿。所以，冬泳的结果是

① 徐嵩龄主编：《环境伦理学进展：评论与阐释》，社会科学文献出版社，1999 年，第 135 页。

② 亚里士多德：《尼各马科伦理学》，苗力田译，中国社会科学出版社，1990 年，第 8 页。

③ Paul W. Taylor, *Respect for Nature*: *A Theory of Environmental Ethic*s, New Jersey: Princeton University Press 1986, p. 73.

④ Ralph Barton Perry: *General Theory of Value*: *Its Meaning and Basic Principles Construed in Terms of Interest*, New York: Longmans, Green and Company, 1926, p. 133.

可欲的，是有价值的，是人们所追求的目的；而冬泳则是达到这种价值的手段，因而也是有价值的。但是，冬泳这种价值与它的结果——健康长寿——不同，它不是人们追求的目的，而是人们用来达到这种目的的工具或手段：是"工具价值"或"手段价值"。因此，罗尔斯顿总结道："工具价值是指某些被当作实现某一目的之手段的东西；内在价值指自身就有价值而无须其他参照物的东西。"[1]

准此观之，断言自然界具有内在价值是不会有多大争议的。因为，比如说，如果我深深地爱一条曾经救过我的命的狗，以致我把它的健康当作我的一种目的，那么，这条狗的健康对于我来说，就具有内在价值。反之，如果我只是把狗当作我的玩物，它的健康会给我减少麻烦，那么，它的健康对于我就仅仅具有工具价值。这些显然是没有什么好争论的。那么，为什么自然内在价值论会引起那么多的争论呢？

原来，内在价值的定义——亦即自身就有价值——细究起来，可以有两种含义；因而可以有两种类型的内在价值。因为"自身就有价值"可以有两种含义。一种是：自身对他物就有价值。例如，狗的健康自身对于爱它的主人就具有价值，亦即具有内在价值。这是内在价值的一种含义或类型。这种类型的内在价值可以称之为"自在的内在价值"（intrinsic valuable in itself）。"自身就有价值"的另一种含义是：自身对于自身就有价值。例如，狗的健康对于狗自身就具有价值，亦即具有内在价值。这是内在价值的又一种含义或类型，这种类型的内在价值可以称之为"自为的内在价值"（intrinsic valuable for itself）。

引起争论的正是内在价值的第二种含义或类型：自身对于自身就有价值。按照这种含义，内在价值就是某物对于自己的价值，是作为客体的自身对于作为主体的自身的价值。自然内在价值论的"内在价值"概念正是这种含义，正是指"自为的内在价值"，而不是"自在的内在价

---

[1]　Holmes Rolston: *Environmental Ethics: Duties to and Values in the Natural World*, Philadelphia: Temple University Press, 1988, p. 186.

值"。这一点，克里考特（J. Baird Callicott）讲得很清楚："一个具有内在价值的事物，就是该物对于自己的价值（valuable for its own sake），这种价值是自为的，而不是自在的（valuable in itself）。"① 泰勒则把这种内在价值叫作"拥有自己的善"（having a good of its own）；而具有这种内在价值的事物则是"拥有自己的善的实体"（entity having a good of its own）②。

　　这样，所谓自然界内在价值，也就是自然界对于自己的价值，也就是作为客体的自然界对于作为主体的自然界的价值：自然界是拥有自己的"善"的实体。这就是自然界内在价值概念为什么会引起激烈争执的原因：自然界内在价值意味着自然界与人一样，可以拥有自己的善，可以是价值的所有者，亦即价值主体。所以，自然界内在价值论者罗尔斯顿一再说："有机体能够拥有某种属于它自己的善（goodofitskind），亦即某种内在善。"③ "没有感觉的有机体是价值的所有者（holders of value）。"④ 总之——中国的自然界内在价值论者余谋昌先生总结道——"价值主体不是唯一的，不仅仅人是价值主体，其他生命形式也是价值主体。"⑤

2 自然界的内在价值问题：生物内在价值论

　　非人的生命或自然界究竟能否是价值主体？对于生物、植物、动物、大地等非人的存在物来说，是否有价值这种东西？或者说，自然界果真

---

① Holmes Rolston: *Environmental Ethics: Duties to and Values in the Natural World*, Philadelphia: Temple University Press, 1988, p. 113.

② Paul W. Taylor, *Respect for Nature: A Theory of Environmental Ethics*, New Jersey: Princeton University Press 1986, pp. 73-75.

③ Holmes Rolston: *Environmental Ethics: Duties to and Values in the Natural World*, Philadelphia: Temple University Press, 1988, p. 106.

④ Ibid., p. 112.

⑤ 余谋昌："生态人类中心主义是当代环保运动你的唯一旗帜吗？"，《自然辩证法研究》，1997 年第 9 期。

存在所谓"内在价值"吗？自然界果真拥有自己的"善"吗？对于这些
问题，泰勒回答道："要知道一些东西是否属于拥有自己的善的实体的一
种方法是：看看说某物对于这些东西是好的或坏的，是否有意义。"① 那
么，就让我们察看一下毫无疑义可以是价值主体的人类和显然不可能是
价值主体的石头吧。恐怕绝不会有人断定石头可以是价值主体，具有内
在价值。因为对于石头来说，任何东西显然都无所谓好坏、有价值还是
无价值：说什么东西对于石头是好或坏，显然是毫无意义的。我们甚至
不能说把石头打碎烧化、使它不复存在对于石头来说就是坏事：石头存
在还是不存在，对于石头自身来说是无所谓好坏价值的。为什么？只能
是因为石头不具有分辨好坏利害的评价能力和趋利避害的选择能力。

　　反之，人是价值主体，具有内在价值：对于人来说，生物、植物、
动物、大地等一切事物或多或少都具有某种好坏利害的意义、价值。原
因何在？岂不就是因为人具有分辨好坏利害的评价能力和趋利避害的选
择能力吗？人具有分辨好坏利害的评价能力和趋利避害的选择能力，所
以当人与生物、植物、动物、大地等一切事物发生关系时，这些事物对
于人就具有了好坏利害的意义，这些事物与人的关系就是一种利害好坏
的关系，因而也就都具有了好坏价值。反之，石头不具有分辨好坏利害
的评价能力和趋利避害的选择能力，所以，任何东西对于石头都不具有
利害好坏的意义，因而任何东西与石头的关系都不是利害好坏的关系，
都不具有好坏价值。

　　可见，分辨好坏利害的评价能力和趋利避害的选择能力，是价值主
体和内在价值或拥有自己的"善"的充分且必要条件：当且仅当 A 具有
分辨好坏利害的评价能力和趋利避害的选择能力，对于 A 来说，事物便
具有了好坏价值，说什么东西对于 A 是好或坏便是有意义的；因而 A 便

---

① 　Paul W. Taylor, *Respect for Nature*: *A Theory of Environmental Ethic*s, New Jersey: Princeton University Press 1986, p. 61.

可以是价值主体，便具有内在价值，便拥有自己的"善"。那么，是否只有人才具有分辨好坏利害的评价能力和趋利避害的选择能力？泰勒的回答是否定的："所有的动物，不论它们如何比人类低级，都是拥有自己的善的存在物……所有的植物也同样是拥有自己的善的存在物。"①

原来，如上所述，任何物质形态——不论是生物还是非生物——都具有需要，都需要保持内外平衡。就拿一块石头来说，它也有需要：它的存在之保持，便需要它与其内外环境的平衡。这种平衡一旦被打破，它便风化瓦解、不复存在了。但是，物质形态越高级，它的内外平衡的保持也就越困难，因而它保持平衡的条件也就越高级、越复杂。非生物是最低级的物质形态，它的平衡几乎在任何条件下都可以保持，而不会被所受到的内外作用破坏。所以，非生物对于作用于它的任何东西，都不具有分辨好坏利害的评价能力和趋利避害的选择能力。例如，任何一块石头、一块铁，显然都不具有分辨好坏利害的评价能力和趋利避害的选择能力，它们既不会趋近也不会躲避而是毫无选择地承受风吹雨淋。这是因为石头、铁等任何非生物都不需要具有分辨好坏利害的评价能力和趋利避害的选择能力：没有这些能力，非生物也能够保持平衡和存在。

反之，相对非生物来说，最简单最低级的生物也是极其复杂、高级的。因为生物的平衡比非生物的平衡难于保持，很容易被它所受到的内外环境作用破坏。所以，任何生物对于作用于它的东西，都具有分辨好坏利害的评价能力和趋利避害的选择能力。就这种能力的最基本的形态来说，便是所谓的向性运动与趋性运动。

向性运动为一切植物固有。向光性：茎有正向光性，朝着光生长，根有负向光性，背着光生长。向地性：根有正向地性，向下长，茎有负向地性，往上长。向水性：根有很强的正向水性，强到足以使榆树的根

---

① Paul W. Taylor, *Respect for Nature: A Theory of Environmental Ethics*, New Jersey: Princeton University Press 1986, p. 66.

找到、长入并阻塞下水管道。这些向性运动显然是分辨好坏利害的评价能力和趋利避害的选择能力的表现：直接说来，是为了获得有利自己的光、水、营养等；根本说来，则都是为了保持内外平衡稳定，从而生存下去。植物也都具有趋性运动。例如，叶肉细胞中的叶绿体，在弱光作用下，便会发生沿叶细胞横壁平行排列而与光线方向垂直的反应；在强光作用下，则会发生沿着侧壁平行排列而与光线平行的反应。这两种反应显然都是分辨好坏利害的评价能力和趋利避害的选择能力的表现：前者是为了吸收有利自己的最大面积的光；后者是为了避免吸收有害自己的过多的光；说到底，都是为了保持内外平衡，从而生存下去。

　　动物的趋性运动发达得多。即使最简单的原生动物，也可以自由地作出接近或躲避运动，最后到达或避开某一种刺激来源。例如，当变形虫在水中遇到载有食物的固体时，它就放射式地展开伪足爬向固体，从而轻易地接触到固体上的食物。可是，当它在遇到水面上的小棒一类固体时，它就把伪足撤向和不可食的物体位置相反的一边。变形虫的这种反应显然是分辨好坏利害的评价能力和趋利避害的选择能力的表现：直接说来，是为了求得有利自己的食物；根本说来，则是为了保持内外平衡从而生存下去。所以，泰勒总结道：

　　"全部有机体，不论是有意识的还是无意识的，都是目的论为中心的生命，也就是说，每个有机体都是一种完整的、一致的、有序的'目的—定向'的活动系统，这些活动具有一个不变的趋向，那就是保护和维持有机体的存在。"①

　　可见，分辨好坏利害的评价能力和趋利避害的合目的性选择能力是一切生物——人、动物、植物、微生物——所固有的属性。所以，罗尔斯顿写道："有机体是一种具有自发的评价能力的存在物"②；"生态系统无

---

① 　Paul W. Taylor, *Respect for Nature: A Theory of Environmental Ethics*, New Jersey: Princeton University Press 1986, p. 122.

② 　Holmes Rolston: *Environmental Ethics: Duties to and Values in the Natural World*, Philadelphia: Temple University Press, 1988, p. 186.

疑是有选择性的系统，就像有机体是有选择性的系统一样。"[1] 因此，对于生物来说，事物是具有好坏利害的，是具有价值的；生物可以是价值主体，具有内在价值。换言之，生物具有对于自己的价值，是拥有自己的善的实体："它是拥有这样一致和完整的功能的有机体，所有这些功能都指向实现它自己的善。"[2] 所以，罗尔斯顿说："有机体是一种价值系统，一种评价系统。因此，这样，有机体才能够生长、生殖、修复伤口和抵抗死亡。我们可以说，有机体所寻求的那种有计划性的、理想化的自然状态，是一种价值状态。价值就呈现于这种成就中。……活的个体具有某种自在的内在价值，因为生命为了它自己而保卫自己。……有机体拥有某些它一直保全的东西和某些它一直追求的东西：它自己的生命。这是一种新的场所的'价值所有权'。"[3]

只不过，生物因其等级不同，所具有的分辨好坏利害的评价能力和趋利避害的选择能力也有所不同，因而它们所具有的价值也有所不同。一般说来，生物因其等级不同所具有的分辨好坏利害的评价能力和趋利避害的选择能力之不同，表现为两方面。一方面，分辨好坏利害的评价能力和趋利避害的选择能力，在植物和微生物以及不具有大脑的动物那里，是无意识的、合目的性的；而在人和具有大脑动物那里则是有意识的、目的性的。另一方面，人的分辨好坏利害的评价能力和趋利避害的选择能力，是具有语言符号的，因而能够具有理性的意识和目的；而动物的分辨好坏利害的评价能力和趋利避害的选择能力则是不能用语言符号表达的、因而只具有感性的、经验的意识和目的。生物这种分辨好坏

---

[1] Holmes Rolston: *Environmental Ethics: Duties to and Values in the Natural World*, Philadelphia: Temple University Press, 1988, p. 187.

[2] Paul W. Taylor, *Respect for Nature*: *A Theory of Environmental Ethics*, New Jersey: Princeton University Press 1986, p. 122.

[3] Holmes Rolston: *Environmental Ethics: Duties to and Values in the Natural World*, Philadelphia: Temple University Press, 1988, p. 100.

利害的评价能力和趋利避害的选择能力之不同，使生物价值主体和内在价值存在着如下三大等级：

首先是无意识生物价值主体。事物对于植物、微生物和无脑动物虽有价值，可是，它们却意识不到、感觉不到而只能无意识地反映其价值。所以，植物、微生物和无脑动物是低级的价值主体，是无意识的价值主体，事物与它们的价值关系是一种无意识的价值关系。这样，价值对于植物、微生物和无脑动物来说，只能是客体对于主体的需要的效用，而不可能是客体对于主体的欲望、兴趣、目的——它们是需要经过意识的各种转化形态——的效用。因为植物、微生物和无脑动物只有需要而没有对于需要的意识，没有欲望、兴趣、目的等活动。所以，如果从字面上理解培里的定义，把价值定义为客体对于主体的兴趣、欲望或目的的效用，那么，它便不适用于植物、微生物和无脑动物所拥有的价值，因而犯了以偏概全的错误。

其次是有脑动物价值主体。有脑动物是高级价值主体，因为它们是有意识的价值主体；事物与有脑动物的价值关系，是一种有意识的价值关系。所以，"价值是客体对于主体的兴趣、欲望或目的的效用"的定义，适用于有脑动物所拥有的价值。

最后是人类价值主体。贝塔朗菲曾说："生物的价值和人类特有的价值的区别就在于，前者涉及个体的维持和种族的生存，而后者总是涉及符号总体。"[1] 与其说这是生物价值主体与人类价值主体的区别，不如说是有脑动物价值主体与人类价值主体的区别。因为有脑动物虽然能够意识到、知道、感觉到事物对于它们的价值，却不能够通过语言符号把这种价值科学地、理性地表达出来，不能够科学地、理性地预见这些事物对于它们的价值。这样，价值对于有脑动物来说，虽可以是客体对于主体的需要、兴趣、欲望、目的的效用；却不可能是客体对于主体的理

---

[1]　庞元正等编：《系统论、控制论、信息论经典文献选编》，求实出版社，1989年，第112页。

想——亦即理性的、理智的、远大的需要、兴趣、欲望、目的——的效用。只有人类才能够通过语言符号把价值科学地、理性地表达出来，才能够科学地、理性地预见到事物对于他们的价值。所以，人是最高级的价值主体，是拥有语言符号、拥有理性、拥有科学的价值主体，事物与人的价值关系可以是一种有语言符号的、理性的、科学的价值关系。这样，价值对于人类来说，不但是客体对于主体的需要、兴趣、欲望、目的的效用，而且还可以是客体对于主体的理想的效用。赖金良先生说："价值就是人类所赞赏、所希望、所追求、所期待的东西。"[1] 显然，这仅仅是人类所特有的价值之定义。

　　总之，价值是客体对于主体的需要——及其经过意识的各种转化形态——的效用，是普遍适用于一切价值领域的定义。准此观之，自然界是具有内在价值的。然而，并非一切自然物都具有内在价值；只有一切生物具有内在价值。对于生物来说，事物是具有好坏利害的，是具有价值的；生物可以是价值主体，具有内在价值：生物具有对于自己的价值。反之，对于非生物来说，事物是不具有好坏利害的，是不具有价值的；非生物不可能是价值主体，不可能具有内在价值：非生物不可能具有对于自己的价值。因此，波普总结道：

　　"我想，如果我们正确地假定，从前曾经有过一个无生命的物理世界，那么这个世界大概是一个没有问题因而也没有价值的世界。人们常常提出，价值只同意识一起才进入世界。这不是我的看法。我认为，价值同生命一起进入世界，而如果存在无意识的生命，那么，我想，即使没有意识，也存在客观的价值。可见，存在两种价值，由生命创造的、由无意识的问题创造的价值，以及由人类心灵创造的价值。"[2] 我们可以把这种自然界内在价值论，叫作"生物内在价值论"。

---

① 王玉梁主编：《价值与发展》，陕西人民教育出版社，1999年，第35页。

② 波普：《波普尔思想自述》，赵月瑟译，上海译文出版社，1988年，第275页。

　　然而，证明生物内在价值论的真理性，无疑还须驳斥反对它的两种谬论：非生物内在价值论与人类内在价值论。

3　两种谬论：人类内在价值论与非生物内在价值论

　　非生物内在价值论的创始人，如所周知，是有机哲学家怀特海。不过，这种理论的真正代表，当推系统论哲学家拉兹洛等人。乍一看，怀特海似乎也是生物内在价值论者。因为他承认："机体是产生价值的单位。"[①]但是，怀特海是个泛生论者，他所说的机体或有机体，并不是生物有机体，而是具有内在的规律性的相互联系、相互作用——亦即所谓有机联系——的一切物体：把有机体与有机联系的物体混为一谈。于是，一切事物，不论是电子原子还是生物抑或人类，便都因其是互相联系互相作用的有一定规律的有序结构体而都是有机体："一个原子，一个晶体或一个分子，都是有机体。"[②]这样，原子、分子等非生物也就都可以是价值主体而具有内在价值了。

　　拉兹洛从怀特海抹杀生物与非生物根本区别的机体一元论出发，为非生物内在价值论提出了更有分量的论据：系统的自组织理论。何谓自组织？自组织理论创始人哈肯回答道："如果系统在获得空间的、时间的或功能的结构的过程中，没有外界的特定干预，我们便说系统是自组织的。"[③]简言之，自组织也就是系统在没有外界干预的条件下能够自己形成某种结构和功能的组织。系统论表明，系统的自组织过程普遍存在于生物和非生物之中：一切系统，从基本粒子、原子、分子到微生物、植物、动物、人类以至星球、星系团、超星系，都存在不同程度的自组织过程。可是，系

---

① 怀特海：《科学与代世界》，何钦译，商务印书馆，1989年，第104页。
② 庞元正等编：《系统论、控制论、信息论经典文献选编》，求实出版社，1989年，第66页。
③ 哈肯：《信息与自组织——复杂系统的宏观方法》，郭治安等译，四川教育出版社，1988年，第29页。

统的自组织过程是怎样成为拉兹洛非生物内在价值论证据的？

原来，任何自组织系统——不论生物还是非生物——都能够在与外界进行物质、能量和信息交换过程中，通过自动选择性的调节活动，以形成和维持某种稳定有序结构。例如，当原子受激时，就能够自动地发射能量子以返回低能级的基态，从而达到自稳定状态。拉兹洛由此进一步认为，系统自动选择性的调节活动是系统活动的手段，而它总是趋向形成和维持的某种稳定有序结构则是系统活动的目的："系统自己非要拖到目的点或目的环上才罢休，这就是系统的自组织。"[1] 这样一来，任何自组织系统自身对于自身就有价值——系统的自动选择性的调节活动对于形成系统稳定有序结构具有工具价值——因而任何自组织系统也就都可以是价值主体而具有内在价值："我们最终必得承认，所有自然的系统，毫无例外，都具有主体性。"[2] "所有系统都有价值和内在价值。"[3]

拉兹洛的观点能成立吗？不能。因为他由自组织系统总是自动地趋向于形成和维持某种稳定有序结构，便断言形成和维持某种稳定有序结构就是系统的目的。照此说来，我们同样可以断言重物是有目的的：它的目的就是下降而达到它们的自然位置。因为重物总是自动地趋向下降而达到它们的自然位置。这岂不回到了古老的目的论自然观吗？显然，我们不能由自组织系统总是自动地趋向于形成和维持某种稳定有序结构，便断言形成和维持某种稳定有序结构就是系统的目的。

原子、电子等非生物系统的自动选择性的调节活动，既不可能具有目的性，也不可能具有合目的性。因为现代生命科学和行为科学的研究表明，所谓目的性仅为生有大脑的动物所具有：目的性是有意识地为了什么的属性，是有意识地为了达到某种结果而进行过程的属性；反之，

---

① 钱学森等：《论系统过程》，湖南科学技术出版社，1982 年，第 78 页。
② 拉兹洛：《用系统论的观点看世界——科学新发展的自然哲学》，闵家胤译，中国社会科学出版社，1985 年，第 81 页。
③ 同上书，第 109 页。

合目的性则仅为生物具有：合目的性是无意识地为了什么的属性，是无意识地为了达到一定结果而发生一定过程的属性。原子、电子等非生物系统显然并不具有为了什么的属性，并不具有为了形成和维持某种稳定有序结构，而进行选择性的调节活动。形成和维持某种稳定有序结构，只是系统趋向达到的结果；自动选择性的调节活动只是系统趋向达到某种稳定有序结构的原因：二者只是因果关系而并非目的手段关系。对此，马成立讲得很清楚："不论是生命系统，还是非生命系统，只要以某种程度的自组织性为基础产生自组织过程，常常先形成一个增长核心，继而从这个组织核心开始形成一条有链锁因果关系的自动选择链，而这个组织核心和自动选择链条的形式如何，在很大程度上决定着系统将发展成什么样的有序的组织结构。"[1]那么，原子、电子等非生物的自动选择性的调节活动，为什么不可能具有目的性或合目的性而只具有因果性？

　　原来，原子、电子等非生物系统不具有分辨好坏利害的评价能力和趋利避害的选择能力。如果说原子、电子等非生物具有分辨好坏利害的评价能力，那无异于痴人说梦，是十分可笑的。谁能说星际系统维护一种平衡，是因为它具有分辨好坏利害的评价能力，知道平衡对它是好事而不平衡是坏事呢？谁能说晶体能够复制其结构并可以使受到损害的表面复原，是因为它具有分辨好坏利害的评价能力，知道复制其结构和使受到损害的表面复原对它是好事呢？非生物系统不具有分辨好坏利害的评价能力，也就不具有趋利避害的选择能力。它们所具有的选择能力，如所周知，并不是自主的、趋利避害的选择能力——不能够分辨利害当然也就谈不到趋利避害——而是自动的选择性能力，是一种像自动机械那样的"刺激—反应"能力。不言而喻，只有自主的、趋利避害的选择活动，才可能具有目的性或合目的性；而自动的"刺激—反应"模式的选择性活动则只能具有因果性。这就是为什么非生物系统的选择性

① 《自然辩证法百科全书》，中国大百科全书出版社，1994年，第793页。

活动只具有因果性而不具有目的性或合目的性的缘故：它们是一种自动的"刺激—反应"模式的选择性活动，而不是自主的、趋利避害的选择活动。

非生物系统既然不具有分辨好坏利害的评价能力和趋利避害的选择能力，不具有目的性或合目的性，那么，对于非生物系统来说，也就没有好坏价值这种东西：非生物不具有内在价值，不拥有自己的善。这就是——泰勒说——非生物和生物的根本区别："使我们意识到一块石头和一个植物或动物的基本区别的东西是：植物或动物是目的论为中心的生命，反之，石头则不是。所以，石头没有自己的善。"①

可见，非生物内在价值论是不能成立的。那么，人类内在价值论呢？人类内在价值论以为，只有对于人来说，才有所谓价值，只有人类才具有内在价值："人，也只有人才是名副其实的主体。"②细察这种多年来一直占统治地位的流行观点，实在令人惊奇；因为它并没有什么像样的根据。它的全部根据，如所周知，无非是：主体是具有实践能力和认识能力的活动者；而只有人类才具有实践和认识活动。例如，李连科说："主体之所以成为主体，是由于它有认识和实践的力量。"③肖前说："主体，就是人，就是有实践能力、有认识能力，并且运用这些能力来进行实践和认识的人。"④李德顺也这样写道："毫无疑问，在任何意义上说，主体都只能是广义的人（包括人的各种社会集合形式），而不是神、'客观精神'、其他生命形式和物。因为只有人才是实践者、认识者。"⑤

这种流行的观点也是不能成立的。首先，把主体界定为"具有实践能力和认识能力的活动者"，是以偏概全。因为，如所周知，主客体关系

---

① Paul W. Taylor, *Respect for Nature*: *A Theory of Environmental Ethic*s, New Jersey: Princeton University Press 1986, p. 123.

② 李德顺、龙旭："关于价值和人的价值"，《中国社会科学》，1994 年第 5 期，第 120 页。

③ 李连科：《哲学价值论》，中国人民大学出版社，1991 年，第 74 页。

④ 《社会科学辑刊》编辑部主编：《主体—客体》，辽宁人民出版社，1983 年，第 2 页。

⑤ 李德顺：《价值论》，中国人民大学出版社，1987 年，第 59 页。

并不仅仅是实践关系和认识关系，而且还包括价值关系。这样，主体便不仅有实践主体、认识主体，而且还包括价值主体。因此，主体的定义显然必须普遍适用于实践主体、认识主体、价值主体。适用于这三种主体的定义只能是：主体是具有分辨好坏利害的评价能力和趋利避害的选择能力的活动者。因为实践主体是具有实践能力的主体，认识主体是具有认识能力的主体，价值主体则是具有分辨好坏利害的评价能力和趋利避害的选择能力的主体。这样，实践主体和认识主体同时都是价值主体，因为具有实践能力和认识能力的主体，无疑都具有分辨好坏利害的评价能力和趋利避害的选择能力。

反之，价值主体不都是实践主体和认识主体，因为具有分辨好坏利害的评价能力和趋利避害的选择能力的主体——如植物——却不都具有实践能力和认识能力。所以，朱葆伟先生说："从发生学的角度来看，对利害的感受和某种偏好都远在认知之先。"[①] 这样，实践能力和认识能力便仅仅是部分主体才具有的特征，而只有分辨好坏利害的评价能力和趋利避害的选择能力，才是一切主体普遍具有而又区别于不可能是主体的事物的根本特征。所以，主体只能界定为具有分辨好坏利害的评价能力和趋利避害的选择能力的活动者；而认为主体是具有实践能力和认识能力的活动者的定义，犯了以偏概全的错误。

其次，具有实践能力和认识能力的活动者也并非仅仅是人，一切具有大脑的动物都具有实践能力和认识能力。因为，心理学表明，任何具有大脑的动物，如狗、狼、狐狸等，都具有知（认知、认识）、情（感情）、意（意志）的心理、意识活动，因而也就都具有实践活动。因为一切认识、认知等心理活动，只能从实践中来：有心理、意识活动者，必有实践活动。否则，岂不否认了实践乃是认识的唯一源泉之公理？试举一例。恐怕很难否认，狗有认识：难道谁敢说狗不认识人吗？那么，狗

① 吴国盛主编：《自然哲学》第一辑，中国社会科学出版社，1994年，第173页。

的这种认识从何而来？首先无疑是从"看"而来。"看"是什么？是实践。如果说一个人在看是实践，那么，一条狗在看岂不也是实践？有什么理由说只有人的"看"是实践，而一条狗的"看"就不是实践？狗的"看"，无疑就是狗的一种实践，就是狗的"认识人"等认识的一种来源。

可见，"人类内在价值论"的两条论据——主体是具有实践能力和认识能力的活动者；而只有人类才具有实践和认识活动——都是不能成立的。其实，对于这种流行的观点，只要稍加思索，便可以看出它的荒唐可笑。因为按照这种观点，事物只有对于人类来说才具有好坏价值。这怎么能说得通呢？试想，人吃桃子和猴吃桃子究竟有什么不同呢？人类和猴子一样都知道桃子是好东西，桃子对于人类和猴子一样，都是能够满足其食欲的食物。可是，按照"人类内在价值论"的流行观点，桃子对于人类是有营养的好东西，是有价值的；然而，却不能说桃子对于猴子是有营养的好东西，不能说桃子对于猴子是有价值的。这说得通吗？赖金良先生问得好：

"人吃饭与牛吃草，就它们都是生存需要，都是有机体从外界摄取物质和能量的过程而言，两者并无什么区别，为什么前者可称为'价值关系'而后者则不能称为'价值关系'？人类与动物一样，都必须同外界进行物质、能量和信息的交换并保持这种交换的相对平衡，既然阳光、空气、水等自然物对人的有用性可称为'价值'，为什么它们对动物的有用性就不能称为'价值'？"[①]

显然，并不是只有对于人来说，才有所谓好坏价值，只有人才可以是价值主体，才具有内在价值；对于牛、猴子、狗等动物来说，也有所谓好坏价值，这些动物也可以是价值主体，也具有内在价值。拉兹洛说："如果我们承认人都有主体性，那么我们就必须承认，猩猩和狗也

---

① 王玉梁:《中日价值哲学新论》，陕西人民教育出版社，1994 年，第 43 页。

有主体性，因为它们也具有感觉器官，并且也显示出有目的的行为的迹象。"①

总而言之，非生物内在价值论和人类内在价值论都是错误的；真理只能是生物内在价值论：对于一切生物来说，事物都是具有好坏利害的意义的，都是具有价值的，因而也就都可以是价值主体，都具有内在价值。所以，价值是客体对于主体的需要——及其经过意识的各种转化形态——的效用，是普遍适用于一切价值领域的定义：它在植物、微生物和无脑动物所拥有的价值领域表现为客体对主体需要的效用；在有脑动物所拥有的价值领域表现为客体对主体的需要及其各种转化形态——欲望、兴趣、目的等——的效用；在人类所拥有的价值领域则不但表现为客体对于主体的需要、兴趣、欲望、目的的效用，而且还可以表现为客体对于主体的理想——亦即主体的理性的、理智的、远大的需要、兴趣、欲望、目的——的效用。

三　价值概念：商品价值论

价值是客体对主体"需要"——及其经过意识的各种转化形态如"欲望"和"目的"——的效用；说到底，是客体对主体需要、欲望和目的的效用；简言之，是客体对主体需要的效用。这一定义不但符合常识，而且在当代学术界实际上也已经大体得到公认。但是，真正讲来，这个所谓"效用价值论"的价值定义能否成立，仍然很成问题。因为经济学关于商品价值是不是商品效用的问题，正如维克塞尔所说，"曾争论了一个世纪以上。"②李嘉图甚至认为："在这门科学中，造成错误和分歧意见最

① 拉兹洛:《用系统论的观点看世界——科学新发展的自然哲学》，闵家胤译，中国社会科学出版社，1985年，第78页。
② 维克塞尔:《国民经济学讲义》，刘海琳等译，上海译文出版社，1983年，第21页。

多的，莫过于有关价值一词的含糊观念。"[①] 如果商品价值，确实如劳动价值论所说，不是商品对人的需要的效用，而是凝结在商品中的一般人类劳动，那么，从"商品价值不是商品效用"命题之真，便可以推知它的矛盾命题"价值是效用"之假，效用价值论便被证伪了。这就是为什么，价值的效用论定义实际上虽已得到公认，但许多学者却极力避免以"效用"来界定价值。因此，商品价值是不是商品效用，乃是攸关效用论价值定义的真假之大问题。那么，商品价值究竟是不是商品的效用呢？

1 商品价值：商品对人的需要的效用

我国学术界颇为流行"两种价值概念"。一种是哲学的价值概念：价值是客体对主体需要的效用；另一种是经济学的价值概念：商品价值不是商品对人的需要的效用，而是凝结在商品中的一般人类劳动。两种价值概念说显然是不能成立的：它违背了两个矛盾判断——亦即"一切价值都是客体对主体需要的效用"与"商品价值不是商品对人的需要的效用"——不可能同真的逻辑规律。"价值是客体对主体需要的效用"与"商品价值不是商品对人的需要的效用"不可能同真：一个是真理；另一个必是谬误。我们已经说明，所谓哲学的价值定义——价值是客体对主体需要的效用——是真理。这就意味着："商品价值不是商品对人的需要的效用"是谬误。那么，为什么商品价值是凝结在商品中的一般人类劳动——而不是商品对人的需要的效用——的定义是谬误？商品价值究竟是什么？

经济学家晏智杰说："经济学中的价值概念应是一般意义的价值概念、即主体与客体关系的具体化，就是说，商品价值是指财富和商品同人的需求的关系。价值有无及其大小，均以是否能够满足需求以及满足的程

---

① 李嘉图:《政治经济学及赋税原理》，郭大力、王亚南译，商务印书馆，1972年，第9页。

度为转移。"① 诚哉斯言！ 所谓价值，如前所述，就是客体对于主体的需要的效用性。因此，根据"遍有遍无"演绎公理，价值是客体对于主体的需要的效用性，显然意味着，商品价值是商品所具有的满足人的需要的效用：满足物主自己直接使用需要的效用，叫作商品使用价值；满足物主用以与其他商品相交换的需要之效用，叫作商品交换价值。这就是自亚里士多德以来历代相沿——斯密和李嘉图以及马克思所代表的历史阶段除外——的所谓效用价值论的商品价值的定义和分类。

亚里士多德不但发现商品价值就是商品效用，而且将商品价值分为使用价值与交换价值，认为两者都是商品对于人的需要的效用、用途。只不过，他将使用价值看作商品的"适当的用途"，而将交换价值当作商品的"不适当的或交换的用途"："我们所有的任何东西都有两种用途。这两者都属于物品本身，但是方式不同。一个是适当的用途，另一个则是不适当的或次要的用途。例如，鞋可穿，也可用于交换，两者都是鞋的用途。"② 不过，效用论商品价值定义最清楚的表达，当推英国重商主义者尼古拉·巴尔本的界说："一切商品的价值都来自商品的用途；没有用处的东西是没有价值的，正如一句英文成语所说，它们一文不值。商品的用途在于满足人们的需要。"③

边际效用论则继承亚里士多德以降的商品效用价值论，进而发现，商品使用价值是商品对于人的消费需要和欲望的边际效用。所谓商品边际效用，就是最后增加的那个单位商品的效用。萨缪尔森说："'边际'是经济学的关键词，通常义为'额外'或'新增'。边际效用指多消费一单位产品时所带来的新增的效用。"④ "我们使用边际效用这个词表示'添增

---

① 晏智杰：《经济价值论再研究》，北京大学出版社，2005年，第9页。

② 晏智杰：《劳动价值学说新探》，北京大学出版社，2001年，第98页；参阅《亚里士多德全集》第九卷，苗力田等译，中国人民大学出版社，1994年，第18页。

③ 巴尔本：《贸易论》，商务印书馆，1982年，第55页。

④ Paul A. Samuelson, William D. Nordhaus: *Microeconomics*, Boston, Massachusetts: The McGraw-Hill Companies, Inc., 1998, p. 81.

最后一个单位的物品所增加的效用'。"[1] 因此，商品使用价值是商品对于人的消费需要和欲望的边际效用，意味着：每个商品的使用价值都是最后增加的那个单位商品的效用。

原来，商品使用价值是商品满足人的消费需要和欲望的效用，也就等于说，商品使用价值是对人的还没有满足的消费需要和欲望的效用，而不是对已经满足的消费需要和欲望的效用。因为需要和欲望一旦得到满足，便不再是需要和欲望。只有尚未满足的需要才是需要；而已被满足的需要不再是需要。只有对未被满足的需要的心理体验才是欲望；而对于已被满足的需要的心理体验不再是欲望：欲望是需要不满足而求满足的心理体验。商品使用价值是对人的还没有满足的需要的效用——而不是对已经满足的需要的效用——意味着：商品使用价值也就是对人的剩余需要的效用，是对人的剩余需要的满足。

因此，每个单位商品的使用价值也就同样都是对人的"减去其他商品已经满足的需要"之后所剩余的需要的满足，是对人的减去其他商品已经满足的需要之后所"剩余的需要"的效用，因而也就是最后增加的那个单位商品对人的需要的满足效用，也就是单位商品的边际效用：边际效用就是最后增加的那个单位商品的效用。单位商品使用价值是单位商品边际效用；商品总使用价值则是每个商品的边际效用之和。因此，萨缪尔森说："消费一定量商品的总效用等于所消费的每个商品的边际效用之和。"[2]

举例说，假设现有 10 个暖瓶。每个暖瓶的使用价值都同样是对人的还没有满足的需要的效用，都同样是对人的剩余需要的效用，说到底，也就都同样是对减去其他 9 个暖瓶已经满足的需要之后所剩余的需要的满足，因而也就是最后的那个暖瓶——亦即第 10 个暖瓶——的效用，亦即暖瓶的边际效用。10 个暖瓶各自的边际效用之和，构成 10 个暖瓶的总

① 萨缪尔森：《经济学》中册，萧琛译，商务印书馆，1986 年，第 77 页。

② Paul A. Samuelson, William D. Nordhaus: *Microeconomics*, Boston, Massachusetts: The McGraw-Hill Companies, Inc., 1998, p. 81.

使用价值。

那么，商品交换价值是什么？商品之所以能够进行交换，从而具有交换价值，正如李嘉图所说，只是因为商品具有使用价值；不具有使用价值的东西不可能具有交换价值："一种商品如果毫无用处，换言之，如果它对我们欲望的满足毫无用处，那么，不论它怎样稀少，也无论获得它耗费多少劳动，也不会具有交换价值。"① 因此，所谓商品交换价值，不过是商品使用价值对人的交换需要的效用；而商品使用价值则是交换价值的原因、实体和物质承担者。

这样一来，商品使用价值是商品的边际效用，便意味着：商品交换价值就是商品的边际效用对于换取其他商品的效用。因此，商品有多少边际效用量，就有多少交换价值量：商品的交换价值量与其边际效用量相等。这个公式，正如庞巴维克说，乃是商品交换价值量的决定规律："统摄价值量的规律，可以归结为一个相当简单的公式：一件物品的价值是由它的边际效用量来决定的。"②

因此，商品价值——使用价值与交换价值——必定随着商品的增多而递减。因为商品越多，人的需要和欲望得到满足便越多，而没有得到满足的需要和欲望便越少且越不重要，最后的单位增量所能够满足的需要和欲望也就最少且最不重要，商品的边际效用也就最小，单位商品的使用价值和交换价值也就最小。这个定律堪称商品价值——使用价值与交换价值——递减定律；该定律的核心内容无疑是商品边际效用递减，因而被叫作边际效用递减定律："边际效用递减规律可以归结为：当一种消费品的量增加时，该消费品的边际效用趋于递减。"③

---

① Divid Ricardo, *Principles of Political Economy and Taxation*, London: George Bell and Sons, 1908, p. 6.

② Eugen V. Böhm-Bawerk, *The Positive Theory of Capital*, New York: G. E. Stechert & Co., 1930, p. 149.

③ Paul A. Samuelson, William D. Nordhaus: *Microeconomics*, Boston, Massachusetts: The McGraw-Hill Companies, Inc., 1998, p. 81.

2 "价值悖论"的破解：使用价值是商品的边际效用

经济学所谓的"价值"或"商品价值"，正如穆勒所指出，往往是指
"交换价值"或"商品交换价值"："价值一词在没有附加语的情况下使用
时，在政治经济学上，通常是指交换价值。"[①] 商品价值或交换价值不是商
品效用的观点，主要源于这样一种"事实"：水的效用极大，却不具有任
何交换价值；钻石的效用很小，却具有很大的交换价值。这就是令斯密
等经济学家困惑不解的所谓"价值悖论"：

"使用价值极大的东西，往往具有极小或没有交换价值；反之，交换
价值极大的东西，往往具有极小或没有使用价值。没有什么东西比水更
有用，但用水不能购买任何物品，也不会拿任何物品与水交换。相反，
金刚钻几乎没有任何使用价值可言，却须具有大量其他物品才能与之
交换。"[②]

这意味着：效用论价值定义内含着悖论。因为根据效用价值论定义，
商品价值或交换价值亦即商品满足人的需要的效用。照此说来，"水的效
用大，但交换价值小"，也就无异于说"水的交换价值大，却又交换价值
小"，亦即"水的交换价值大又不大"：悖论。这就是所谓"价值悖论"，
亦即"价值定义悖论"，说到底，亦即"效用论价值定义悖论"。效用论
价值定义内含着悖论，意味着效用论价值定义是谬误。这就是为什么面
对"价值悖论"，一些经济学巨匠，如斯密、李嘉图和马克思，遂否认商
品价值或交换价值是商品效用，而认为商品价值或交换价值是商品所凝
结的劳动："一切商品作为价值只是结晶的人类劳动。"[③]

---

① 穆勒：《政治经济学原理》上，赵荣潜、桑炳彦、朱泱译，商务印书馆，1997年，第493页。
② Adam Smith: *The Wealth of Nations*, Books I-III, England Penguin Inc., 1970, pp. 131-132.
③ 马克思：《资本论》第一卷，中国社会科学出版社，1983年，第27页。

然而，边际效用论科学地破解了这个困惑思想家们两千余年的"价值悖论"。因为边际效用论发现，商品使用价值是商品的边际效用，是商品的最后单位增量的效用；商品的边际效用随着该商品的增多而递减，因而商品使用价值便随着该商品的增多而递减。这样一来，钻石交换价值大，绝不是因其效用和使用价值小；恰恰相反，钻石交换价值大，只是因其数量小，因而边际效用大，从而使用价值大。水交换价值小，绝不是因其效用大，而是因其数量多，因而边际效用小，从而使用价值小。因此，交换价值与使用价值成正比："价值悖论"不能成立。

通俗言之——边际效用论发现——水具有极大的效用，这仅仅是就水的总和的、一般的、抽象的效用来说的。具体地、实际地看，每一单位的水都具有不同的效用：一个人所拥有的水越多，每一单位的水对于他的效用就越小；超过一定量后，其效用就会等于零，甚至成为负数："价值在其发展中一定两度为零：一次是在我们什么都没有的时候；另一次是在我们什么都有了的时候。"① 所以，水没有交换价值并不是因其总和效用大，而是因其超过一定量后，其单位效用是零；钻石交换价值大，则不是因其总和效用小，而是因其极为稀少因而单位效用大。

因此，事实上并不存在什么"价值悖论"，并不存在"效用论价值定义悖论"，并不存在与商品价值效用论定义——商品价值是商品对人的需要的效用——相矛盾的所谓"事实"，说到底，"水的效用大却无交换价值，而钻石无用却有极大交换价值"并不是事实而是假象：它不但没有证伪反倒证实了效用论价值定义。因为这种假象的破解表明，水和钻石等一切商品的使用价值和交换价值都是商品的某种效用：使用价值是商品对于消费需要的边际效用；交换价值则是使用价值——亦即边际效用——对于交换需要的效用。

---

① Friedrich Von Wieser, *Natural Value*, New York: Kelley & Millman, Inc., 1956, p. 31.

3 "价值悖论"的误解：商品价值是商品中凝结的人类劳动

所谓劳动价值论，如所周知，亦即认为劳动是创造和决定商品价值或交换价值的唯一的源泉与实体的理论，其主要代表人物是斯密、李嘉图和马克思。[①] 然而，劳动价值论并不否认——也没有任何经济学家否认——劳动与土地是创造使用价值的两个源泉和实体，而只是否认劳动与土地是创造价值或交换价值的两个源泉和或实体。那么，究竟为什么劳动价值论认为劳动与土地只是使用价值——而不是交换价值或价值——的两个源泉和实体？

斯密、李嘉图和马克思的著作表明，劳动价值论的理论前提或认识论根源可以归结为"价值悖论"：交换价值与使用价值大小往往相反或完全无关。[②] 那么，实际上是否如斯密、李嘉图和马克思所深信，从"价值悖论"可以推导出劳动价值论呢？答案是肯定的。

因为，一方面，"劳动和土地是创造使用价值的两个源泉和实体"乃是一种不争的事实和常识。另一方面，"价值悖论"——亦即使用价值与交换价值的大小相反或完全无关——意味着：使用价值的源泉和实体（劳动和土地）不可能是交换价值的源泉和实体；否则，交换价值怎么会与使用价值的大小相反或完全无关呢？那么，交换价值的源泉、实体是什么？显然只有劳动。因此，米克将劳动价值论否定土地是创造交换价值的源泉——而认为劳动是创造交换价值的唯一源泉——的理由和前提，归结为"价值（亦即交换价值）"与"财富（亦即使用价值）"的根本不同，亦即归结为"价值悖论"：

---

① Adam Smith: *The Wealth of Nations,* Books I-III, England Penguin Inc., 1970, p. 133.

② Ibid., p. 140; Divid Ricardo, *Principles of Political Economy and Taxation*, London: George Bell and Sons, 1908, pp. 5-7; 马克思：《资本论》第一卷，中国社会科学出版社，1983 年，第 15、50、51 页。

"只有弄清楚财富和价值的根本区别以后，才能澄清土地的作用问题。当然，人们在相当早的时期就知道商品的使用价值和它的交换价值是不同的。在斯密以前就已经有一些作家用过钻石与水的有名例证，而赫起逊以前也有一些经济学家指出过商品的交换价值往往同它的效用没有多大关系。但是李嘉图一直强调的财富（由土地和劳动两者共同创造的一定数量的使用价值）与价值（完全由劳动决定的）之间的区别，还要经过相当时期才能确切地表述出来，尽管早先有些经济学家讨论过这个区别，却没有充分意识到这个区别的意义。一旦土地不算作决定价值的一个因素，那么剩下来的问题就仅只是说明：劳动赋予商品的价值，不是通过对劳动的报酬，而是通过劳动本身的耗费。"①

诚哉斯言！如果"劳动是创造交换价值的唯一源泉"，那么，交换价值与使用价值——劳动和土地是创造使用价值的两个源泉——往往相反显然就可以理解了。② 因此，有关劳动是否创造价值或交换价值唯一源泉——亦即劳动价值论能否成立——之争论，说到底，乃在于所谓"价值悖论"能否成立：误以为"价值悖论"能够成立，乃是劳动价值论最深刻的理论前提或认识论根源；只要"价值悖论"不能成立，交换价值与使用价值的大小成正比，从而使用价值是交换价值的源泉和实体，那么，劳动与土地便无疑是创造价值、交换价值的两个源泉，劳动价值论便不能成立了。

劳动价值论不能成立，不但因其理论前提"价值悖论"被边际效用

---

① 米克：《劳动价值学说的研究》，商务印书馆，1979 年，第 42 页。

② 这就是为什么，马克思一再说：劳动是创造商品价值或交换价值的唯一源泉；商品价值或交换价值是商品中凝结的人类劳动。可是，价值实体与价值无疑根本不同，马克思为何既说劳动是价值又说劳动是价值实体？原来，马克思是商品价值实在论者，认为商品价值是商品固有属性，是一种实体。因此，在他看来，价值与价值实体并没有什么不同。只不过，流动的活的劳动是创造价值的源泉和实体；凝结的物化在商品中的劳动就是商品价值："处于流动状态的人类劳动力或人类劳动形成价值，但本身不是价值。它只是在凝固的状态中，在物的形式上才成为价值。"（马克思：《资本论》第一卷，中国社会科学出版社，1983 年，第 28 页。）

论的伟大发现——使用价值是商品的边际效用，因而与交换价值的大小成正比——所破解而不能成立；而且就其自身来说，也是不能成立的。因为商品中凝结的人类劳动之存在，并不依赖于人的需要，甚至也不依赖于人。一件金首饰所凝结的人类劳动，即使人类灭亡了，它也照样凝结在该金首饰中。一部红楼梦凝结着曹雪芹"十年辛苦不寻常"的劳动，即使人类灭亡了，它也照样凝结这些人类劳动。因此，商品中凝结的人类劳动，乃是商品的不依赖人的需要而存在的属性，是商品固有属性。

这样一来，按照劳动价值论的观点，商品价值是凝结在商品中的人类劳动，岂不意味着：商品价值是商品的固有属性？是的，马克思确实认为价值是商品的固有属性，主张商品价值实在论，因而一再说：

"生产使用物所耗费的劳动，表现为这些物固有的性质，即它的价值。"[1] "如果我们说，一切商品作为价值只是结晶的人类劳动，那么，我们的分析就是把商品化为价值抽象，但是，它们仍然只是具有唯一的形式，即有用物的自然形式。在一个商品和另一个商品发生价值关系时，情形就完全不同了。从这时起，它的价值性质就显露出来并表现为决定它与另一个商品的关系的固有的属性。"[2]

可是，以为商品价值是商品的固有属性，岂不荒谬之极？因为毫无疑义，正如罗德戴尔和晏志杰所言，任何价值都不可能是客体固有属性，而只能是客体关系属性："价值一词，无论是在其本来意义上，还是在人们通常说法中，都不表示商品固有属性。"[3] "价值是一个关系范畴，不是实体范畴。"[4]

不但此也，"价值是商品中所凝结的劳动"的定义之荒谬还在于：如果商品价值就是商品中所凝结的劳动，那么，非劳动或不凝结劳动的物

① 马克思：《资本论》第一卷，中国社会科学出版社，1983年，第39页。
② 同上书，第27页。
③ 晏志杰：《经济学中的边际主义》，北京大学出版社，1987年，第49页。
④ 晏智杰：《经济价值论再研究》，北京大学出版社，2005年，第9页。

品，如土地等，就不可能有商品价值或交换价值。是的，马克思竟然承认确实如此："如果一个使用价值不用劳动也能创造出来，它就不会有交换价值。"[1] "土地不是劳动产品，从而没有任何价值。"[2] "瀑布和土地一样，和一切自然力一样，没有价值，因为它本身中没有任何对象化劳动。"[3]

这种论断，岂止不能成立，而且近乎荒唐。因为不论任何东西，只要能够买卖，只要能够交换，只要能够用以换取其他东西，显然就必定具有交换价值；否则，如果一种东西不具有交换价值，就必定不能够买卖，必定不能够进行交换，必定不能够用以换取其他东西。那么，能够买卖、交换从而具有交换价值的条件是什么？不难看出，一个条件是有用，亦即具有使用价值；没有使用价值的东西显然不能够买卖，不能够交换，因而不具有交换价值。另一个条件是稀缺性，因为具有使用价值的东西如果不具有稀缺性，而是无限多的，如水、阳光和空气等，显然不能够买卖交换，不具有交换价值。任何东西，不论是否包含或凝结劳动，只要具有使用价值并且稀缺，显然就能够进行交换或买卖，因而必定具有交换价值：使用价值和稀缺性是任何东西具有交换价值的充分且必要条件。

因此，土地与空气和水根本不同。空气和水等使用价值不具有交换价值，并不是因其不包含劳动，而是因其不具有稀缺性从而不能够买卖交换。相反地，不论是否经过开垦从而凝结劳动的土地，还是未经开垦从而不包含劳动的土地，显然都同样既具有使用价值又具有稀缺性，因而同样能够买卖交换，同样具有交换价值，同样具有价值。土地能够买卖交换是个不争的事实，恐怕只有傻瓜才能否认。既然土地能够买卖交换，怎么会不具有交换价值？天地间哪里会有能够买卖交换却不具有交

---

① 马克思：《资本论》第三卷，人民出版社，2004年，第728页。
② 同上书，第702页。
③ 同上书，第729页。

换价值的东西！土地能够买卖交换，就已经意味着土地具有交换价值；断言能够买卖交换的东西却不具有交换价值岂不自相矛盾？

综上可知，误以为"价值悖论"是个不争的事实，使斯密、李嘉图和马克思否认"商品价值是商品效用"的效用价值论之真理，而堕入"劳动是创造商品价值的唯一源泉"和"商品价值是商品中所凝结的劳动"的劳动价值论之谬误。边际效用论则通过"使用价值是商品边际效用"的伟大发现，科学地证明了"使用价值与交换价值的大小成正比"，从而表明"价值悖论"不能成立，终结了劳动价值论统治，使我们又回到了自亚里士多德以来历代相沿的效用价值论：商品价值就是商品满足人的需要和欲望的效用。

只不过，商品的使用价值是商品事实属性对于消费需要的边际效用；而商品交换价值则是商品使用价值对于换取其他商品的交换需要的效用，说到底，也就是商品边际效用对于交换需要的效用：商品使用价值——亦即商品边际效用——是商品交换价值的源泉和实体。因此，交换价值量的大小与使用价值量的大小一样，都完全取决于边际效用量：商品的交换价值量与其边际效用量相等。这就是为什么，熊彼特论及边际效用论的贡献说："他们证明了亚当·斯密、李嘉图和马克思认为不可能证明的事：用使用价值来解释交换价值。"[1]

边际效用论取代马克思和古典经济学派劳动价值论，堪称经济学革命。熊彼特将这种革命比作日心说取代地心说："日心说取代地心说和边际效用理论取代'古典经济学说'，是同一种类的业绩。"[2]马克·斯考森论及边际革命的意义时也一再说："它的发现解决了价值悖论，这个悖论曾让从亚当·斯密到约翰·穆勒的古典经济学家们灰心丧气。这一思想也破坏了马克思主义经济学。边际效用革命拯救了垂死的科学。那是令

---

① Joseph A. Schumpeter: *History of Economic Analysis*, London: George Allen & Unwin Ltd., 1955, p. 960.

② 熊彼特：《经济分析史》第三卷，朱泱等译，商务印书馆，1991年，第251页。

经济学家精神振奋的时代。"[①]

※　　　※　　　※

我们终于完成了商品价值论和自然内在价值论的解析。一方面，商品价值论的分析表明，任何商品价值都是商品对人的需要的效用：商品的使用价值是商品的边际效用；而商品交换价值则是商品使用价值对于换取其他商品的交换需要的效用，说到底，也就是商品边际效用对于交换需要的效用：商品使用价值——亦即商品边际效用——是商品交换价值的源泉和实体。所以，商品价值论并没有证伪而是证实了"价值就是客体对主体需要——及其经过意识的各种转化形态，如欲望、兴趣、目的等——的效用"的效用论价值定义。

另一方面，自然内在价值论的研究表明，只有生物才具有分辨好坏利害的评价能力和趋利避害的选择能力，因而对于生物来说，事物是有好坏利害之分的，是有价值可言的：生物可以是价值主体，具有对于自己的价值，亦即具有内在价值。这样，价值是客体对于主体的需要——及其经过意识的各种转化形态——的效用，便被自然内在价值论证明是普遍适用于一切价值领域的定义：它在植物、微生物和无脑动物所拥有的价值领域表现为客体对主体需要的效用；在有脑动物所拥有的价值领域表现为客体对主体的需要及其各种转化形态——欲望、兴趣、目的等——的效用；在人类所拥有的价值领域则不但表现为客体对于主体的需要、兴趣、欲望、目的的效用，而且还可以表现为客体对于主体的理想——亦即主体的理性的、理智的、远大的需要、兴趣、欲望、目的——的效用。

因此，我们可以得出结论说："客体对主体需要——及其经过意识的各种转化形态，如欲望、兴趣、目的等——的效用"乃是价值概念的科学界定。界定了价值，不言而喻，也就不难理解评价概念了。

---

① 　马克·斯考森：《现代经济学的历程》，长春出版社，2009 年，第 169 页。

四　价值反应：评价概念

1　反映与反应：真假与对错

何谓评价？迄今最为恰当且广为接受的定义恐怕就是：评价是对价值的意识，是对价值的反映。然而，细究起来，这个定义并不确切：它误将"反应"当作"反映"。因为真正讲来，评价是对价值的反应，而不仅仅是对价值的反映。那么，反映与反应究竟有什么不同？

所谓反应，如所周知，是事物相互作用的产物。任何事物无疑都与他事物存在着相互作用，因而不断变化着。一事物在他事物作用下所发生的变化，就是对他事物的作用和属性的回答、表现。这种变化、回答或表现，相对他事物的作用和属性来说，便叫作反应：反应就是一事物在他事物作用下所发生的变化，就是对他事物的作用和属性的回答或表现。举例说，滴水穿石，是石头在滴水的作用下所发生的机械变化，叫机械反应：它是对水的"柔弱胜刚强"的属性和作用的表现。水热蒸发，是水在热的作用下所发生的物理变化，叫物理反应：它是对热的属性和作用的表现。铁生锈，是铁在氧的作用下所发生的化学变化，叫化学反应：它是对氧的属性和作用的表现。含羞草受到震动，叶柄便耷拉下来，是含羞草在震动的作用下发生的生物变化，叫生物反应：它是对震动的属性和作用的表现。显然，反应是一切事物都具有的属性。

然而，反映并不是一切事物都具有的属性。所谓反映，如所周知，原本是一种特殊的物理现象，如镜子里面的东西就是镜子外面的东西的反映。认识论借用这个原本属于物理现象的反映概念来定义认识：认识就是大脑对外界事物的反映，如同镜子里的影像就是镜子对外界事物的反映一样。反映是一种特殊的反应，属于反应范畴。因为镜子对外物的反映，就是外物通过作用于镜子而使镜子发生的一种变化：镜子的反映就是镜子的一种特殊的反应。同理，大脑对外界事物的反映，就是外界事物通过感官作用于大脑而使大脑发生的变化，也就是大脑通过感官在外界事物作用下所发生的变化，也就是大脑对外界事物的作用和属性的一种回答、表现，因而属于反应范畴。所以，反映是一种特殊的反应。这种特殊性可以归结为：一方面，就物理世界来说，反映只是某些特殊物质（如镜子、水面、眼睛、电视、摄影等）才具有的反应；另一方面，就精神世界来说，反映只是一种更为特殊的物质——亦即大脑——对外界事物的反应，是反应发展的最高阶段。

因此，反映与反应具有根本不同的性质：反映有所谓"真假"；反应无所谓真假，而只可能有所谓"对错"。所谓"真假"，亦即相符性，亦即反映与其对象的相符性：相符为真，不符为假。对于大脑的反映——亦即认识——来说，这种相符性或真假性就是所谓的真理性：相符者为真理，不符者为谬误。所谓"对错"，则是效用性，亦即客体对主体需要的效用，指客体是否有利于满足主体的需要、欲望、目的：有利于满足者叫作"对"、"好"、"应该"、"正确"；有害于满足者叫作"错"、"坏"、"不应该"、"不正确"：对错与好坏、应该不应该以及正确不正确大体说来是同一概念。那么，为什么反映有所谓真假，而反应则只可能有所谓对错？

这是因为，反映的基本性质，正如反映论理论家们所言，是对象的复制和再现。康福尔特说："反映过程本身包括两个特殊的物质过程之间的这样一种相互联系，在这种相互联系中，第一个过程的特点再现为第二个过程的相应的特点。"[①] 乌克兰采夫也一再说："反映是客体（或主体与客体）相互作用的一个特殊方面和特殊产物，这种产物是被反映的外部客体的过程的若干特点在反映的客体（或主体）过程变化的诸特点中

---

① 乌克兰采夫：《非生物界的反映》，李崇富译，中国人民大学出版社，1988年，第6页。

或多或少相符的复制。"[1] 我国学者夏甄陶也这样写道："一切反映的最简单也是最普遍的本质规定，是它对其原型相应特点的复制与再现。"[2] 反映既然是对象的复制和再现，因而也就存在着是否与对象相符的问题，亦即所谓真假：相符者为真或真理，不符者为假或谬论。如果反映是主体对客体的反映，那么，这种反映不仅有真假，而且有对错：真的反映有利于满足主体需要，因而是对的、好的、应该的、正确的；假的反映有害于满足主体需要，因而是错的、坏的、不应该的、不正确的。

反之，反应虽然与反映一样，也是对于对象的作用和属性的表现，是对象的作用和属性的某种表现形式；但是，反应却不是对象的作用和属性的复制或再现，因而没有是否与对象相符的问题，无所谓真假，更无所谓真理性的问题。反应只可能有是否与对象适应从而是否与主体的需要相符的问题，因而便只可能有所谓对错，只可能有所谓效用性：适应对象从而符合主体需要者，就是对的、好的、应该的、正确的；不适应对象从而不符合主体需要者，就是错的、坏的、不应该、不正确的。举例说：

达尔文有一次在野外遇见老虎，他直面老虎，慢慢后退。因为他知道，见到老虎如果转身就跑，老虎定来追赶，必被老虎吃掉。只有面对老虎慢慢后退，老虎才不敢来追，才可能保全性命。达尔文对丁老虎的这种认识，是他的大脑对老虎本性的反映，是对老虎本性的复制和再现，因而有个是否与老虎本性相符的问题，有个真假的问题：它是真理，因为它与老虎的本性相符。同时，它也是对的、应该的、正确的，因为它能够使达尔文避免被老虎吃掉，有利于满足自己的生存需要。至于达尔文直面老虎慢慢后退，则是他对老虎本性的反应。这种反应显然只是对老虎本性的应答和表现，却不是对老虎本性的复制和再现，因而无所谓

---

① 乌克兰采夫：《非生物界的反映》，李崇富译，中国人民大学出版社，1988 年，第 80 页。
② 夏甄陶主编：《认识发生论》，人民出版社，1991 年，第 63 页。

真假，无所谓真理性；而只有所谓对错，只有所谓效用性：它是对的、应该的、正确的，因为它使达尔文避免了被老虎吃掉，满足了自己的生存需要。

2 评价：价值的反应

对于反映与反应的辨析表明，"意识或心理都是大脑的反映"的主流观点，是不能成立的。因为"心理或意识"，如所周知，分为"知（认知、认识）"、"情（感情、情感）"和"意（意志）"：只有认识、认知是大脑对事物的反映；感情和意志则并非大脑对事物的反映，而是大脑对事物的反应。因为只有认识、认知才是对象的复制与再现，因而才有是否与对象相符的问题，才有所谓真假：相符者为真，是真理；不符者为假，是谬误。

反之，感情和意志并不是对象的复制与再现，而只是对于对象的回答和表现：感情是主体对其需要是否被对象满足的内心体验；意志是主体对其行为从确定到执行的心理过程。所以，感情和意志虽属于心理、意识范畴，却与行为一样，都不是对客观对象的反映，而是对客观对象的反应；都不是对客观对象的摹写、复制、揭示、说明，而是对客观对象的要求、设计、筹划、安排；都不是提供关于客观对象的知识，而是提供如何利用和改造客观对象的方案；都不是寻求与客观对象相符，而是寻求对主体需要的满足。所以，感情和意志都无所谓是否与对象相符的问题，无所谓真理性；而只有是否符合主体需要的问题，只有所谓效用性，亦即所谓对错：有利于满足主体需要者，就是对的、好的、应该的、正确的；有害于满足主体需要者，就是错的、坏的、不应该的、不正确的。

举例说，孔明认为马谡是大将之才，属于认识、认知范畴。它是孔明大脑对于马谡才能的反映，是马谡才能的复制和再现，因而有是否与马谡才能相符的问题，有所谓真假或真理性：它是假的，因为它与马谡的才能不符。反之，孔明对马谡的偏爱和重用之意，则属于感情和意志范畴。它们只是孔明大脑对马谡才能的反应，而不是对马谡才能的反映。因为它们都不是马谡才能的复制和再现，因而都不具有是否与马谡才能相符的所谓真理性问题：谁能说孔明对马谡的偏爱和重用之意是真理或谬误？孔明的偏爱和重用之意显然只有是否有利于满足主体的需要、欲望以及目的的问题，因而只有所谓效用性，亦即只有所谓对错：它们是错的、不应该的、不正确的，因为它们导致街亭失守、不符合蜀国和孔明的需要、欲望、目的。

这样一来，将评价定义为对价值的反映，就犯了以偏概全的错误。因为评价的外延，如所周知，并非只有认知评价：至少还包括情感评价和意志评价。认知评价与价值判断是同一概念，是对价值的认识、认知，属于认知、认识范畴，因而是对价值的反映。但是，情感评价是对价值的心理体验，属于感情范畴；意志评价是对价值的行为选择从确定到执行的心理过程，属于意志范畴。因此，情感评价和意志评价便与感情和意志一样，不属于反映范畴而属于反应范畴：它们不是对价值的反映，而是对价值的反应。

举例说，张三看见牡丹花，"认为牡丹花很美"，"觉得牡丹花可爱"，"决定买两朵牡丹花"。"认为牡丹花很美"，是认知评价，是大脑对牡丹花的价值的反映。因为这种认知评价属于认识范畴，是对牡丹花的价值的复制和再现，具有真假或真理性：它是真理，因为它与牡丹花的价值相符。反之，"觉得牡丹花可爱"是情感评价，是对牡丹花价值的心理体验，属于情感范畴；"决定买两朵"是意志评价，是对牡丹花价值的行为选择的心理过程，属于意志范畴：二者都仅仅是大脑对牡丹花价值的反应，而不是对牡丹花价值的反映。因为它们都不是对牡丹花的价值的复制和再现，都不具有真假或真理性，而只具有对错或效用性：它们是对的、应该的、正确的，因为它们符合主体（张三）的需要、欲望和目的。

可见，只有认知评价才是对价值的反映；而情感评价和意志评价则不是对价值的反映，而只是对价值的反应。因此，将评价定义为对价值的反映，犯了以偏概全的错误：评价是对价值的反应，而不仅仅是对价值的反映。不过，细究起来，评价的这个定义仍有缺憾：评价究竟是什么东西对价值的反应？

当然，这个问题现在不难回答。因为我们已经知道，一方面，价值是客体对于主体的需要、欲望和目的的效用，是客体对主体的效用；另一方面，反应是一事物在他事物作用下所发生的变化。因此，对价值发生反应的东西，不是别的，正是所谓主体：价值是客体对主体的效用，评价则是主体对于客体的效用或作用——亦即价值——的反应；价值是客体的效用、作用，评价则是主体的反应、回答。因此，牧口常三郎写道："主体在一定程度上意识到客体的影响时，主体就相应而动，这个活动就叫作评价。"① 所以，精确讲来，评价是主体对价值的反应，是主体对客体价值的反应；简言之，评价是对价值的反应，是对价值的表现、表达。

3 评价类型：认知评价、感情评价、意志评价与行为评价

评价是主体对客体价值的反应，无疑仅仅是评价的定义，因而仅仅是对评价外延的界定；而真正把握评价概念，显然还必须对这个界限所包括的事物进行划分：这就是评价的分类。粗略看来，评价分为三类：认知评价、情感评价和意志评价。这也是流行定义"评价是对于价值的意识"应有之意，因为意识便分为认知、情感和意志三类。

然而，评价的这个定义和分类是错误的：它们也犯了以偏概全的错误。因为我们对于价值不仅可以发生意识反应，而且也可以发生行为反

---

① 牧口常三郎：《价值哲学》，马俊峰、江畅译，中国人民大学出版社，1989 年，第 22 页。

应：二者同样是对价值的反应，同样是对价值的表现、表达，因而同样是评价。所以，不仅有意识评价（包括认知评价、情感评价和意志评价，它们是对于价值的意识，是对于价值的意识反应，是对于价值的意识表现），而且有行为评价：它是价值引发的行为，是对价值的行为反应，是对价值的行为表现、表达。举例说：

我们看见牡丹花，对于它的价值，不仅会发生种种意识反应，如"认为牡丹花很美"（认知评价）、"觉得牡丹花可爱"（情感评价）、"决定买两朵牡丹花"（意志评价），而且可能发生行为反应："买了两朵牡丹花"。试想，如果"决定买两朵牡丹花"是对牡丹花价值的评价，那么"买了两朵牡丹花"岂不更加是对牡丹花价值的评价？只不过，"决定买两朵牡丹花"是对牡丹花价值的意志评价、意志表现；而"买了两朵牡丹花"则是对牡丹花价值的行为评价、行为表现。并且，行为评价的本性显然与意志评价或感情评价的本性完全相同：无所谓真假或真理性，而只有所谓对错或效用性。因为，谁会说"买了两朵牡丹花"和"决定买两朵牡丹花"是真理还是谬论？岂不只能说它们是对还是错吗？

可见，评价就是对价值的反应：不仅是对价值的意识反应，因而分为认知评价、感情评价和意志评价；而且是对价值的行为反应，因而还包括行为评价。但是，这种评价分类仍然有以偏概全之嫌。真正讲来，评价不仅包括意识反应和行为反应，而且包括合意识反应与合行为反应，亦即生物对价值的反应。因为评价是对价值的反应，显然意味着：一切事物对价值的反应都是评价。当然，这并不是说：一切事物都能够对价值发生反应、都具有评价能力。不是的！并非任何事物都能够对价值发生反应。试想，石头等非生物能够对价值发生反应吗？不能。因为对于石头等非生物来说，任何东西显然都无所谓好坏，无所谓有价值还是无价值。我们甚至不能说把石头打碎烧化、使它不复存在对于石头来说就是坏事：石头存在还是不存在，对于石头自身来说是无所谓好坏价值的，因为石头等非生物不具有分辨好坏价值的能力。既然对于石头来说，一切事物都无所谓好坏价值，那么，价值对于石头来说就是根本不存在的：石头怎么能够对不存在的东西发生反应呢？所以，石头等非生物只能够对打碎它的铁锤和烧化它的烈火发生反应，却不能够对铁锤和烈火的好坏价值发生反应：对于石头等非生物来说，根本就没有价值这种东西。

能够对价值发生反应的事物，无疑仅仅是那些对价值具有分辨能力的事物，也就是那些具有分辨好坏利害能力的事物，说到底，也就是生物。因为如前所述，生物与非生物根本不同：一切生物都具有分辨好坏利害能力，都具有对于价值的分辨能力。就这种能力最为普遍的形态来说，便是所谓的向性运动与趋性运动：这种运动为一切植物、动物和微生物所固有。举例说，植物叶肉细胞中的叶绿体，在弱光作用下，便会发生沿叶细胞横壁平行排列而与光线方向垂直的反应；在强光作用下，则会发生沿着侧壁平行排列而与光线平行的反应。这两种反应显然是对弱光和强光的价值的合目的反应：前者是无意识地为了吸收有利自己因而具有正价值的最大面积的光；后者是无意识地为了避免吸收有害自己因而具有负价值的过多的光。植物的这种趋性运动是对弱光和强光的价值的合目的反应，因而也就是对弱光和强光的一种评价，亦即合行为评价。因为所谓合行为，如前所述，就是一切生物都具有的合目的反应，就是有机体无意识地为了什么所发生的反应。

现代生物学表明，生物的这种合行为评价，引发于生物所固有的合意识评价。所谓合意识，也就是一切生物都具有的合目的反映，就是有机体无意识地为了什么所发生的反映，也就是所谓"分子识别"和"细胞识别"。"分子识别"和"细胞识别"是现代生物学广泛使用的概念，对于这些概念，胡文耕先生曾有十分深刻的论述。通过这些论述，他得出结论说："当无机界出现有机大分子之后，开始有了以分子相互作用为基础的'识别'"[1]，"分子识别完备的表现包括：识别、反应、调节、控

---

[1] 胡文耕：《信息、脑与意识》，中国社会科学出版社，1992年，第222页。

制"[1]，"细胞识别是指生物细胞对胞外信号物质的选择性相互作用，并因而引起细胞发生专一的反应或变化"。[2] 有机体的分子和细胞对客体的好坏利害有无价值的这种内在的无意识而又合目的的‘识别’或反映，就是合意识评价；有机体根据这种评价而发生的无意识而又合目的的外在的反应（调节、控制或变化），就是合行为评价。

总之，评价是一切生物——人、动物、植物微生物——所固有的反应。所以，罗尔斯顿说："有机体是一种价值系统，一种评价系统。这样，有机体才能够生长、生殖、修复伤口和抵抗死亡。"[3] 只不过，生物因其等级不同，所具有的评价水平也有所不同：植物和微生物以及不具有大脑的动物的评价，都是无意识的、合目的性的，是主体对于客体价值的无意识的、合目的的反应，可以称之为合意识评价与合行为评价；反之，人和具有大脑动物的评价，则是有意识的、目的性的，是主体对于客体价值的有意识的、目的性的反映和反应，是意识评价（亦即认知评价、感情评价、意志评价）与行为评价。

*　　*　　*

价值和评价不是元伦理学的核心范畴，却是元伦理学的最为错综复杂、歧义丛生的概念。我们对于价值和评价概念进行如此详尽解析，是因为弄清了价值和评价究竟是什么，元伦理学的其他范畴——"善"与"应该"以及"正当"等都是一种特殊的价值——也就昭然若揭了。"价值"这个人类所创造的最为复杂的概念之解析，不但使元伦理学的其他概念迎刃而解，而且对于整个伦理学来说，具有莫大的意义。因为只有在其指导下，我们才能够科学地研究那种特殊的价值，亦即与"负价值"

---

① 胡文耕:《信息、脑与意识》，中国社会科学出版社，1992 年，第 139 页。
② 同上书，第 140 页。
③ 罗尔斯顿:《环境伦理学——大自然的价值以及人对大自然的义务》，杨通进译，中国社会科学出版社，2000 年，第 148 页。

相对而言的"正价值"："善"。只有在"价值"和"善"的指导下，我们才可以科学地研究元伦理学的核心范畴"应该"，因为"应该"是具有正价值的行为，是行为的善。只有在"应该"的指导下，才能够科学地研究"道德应该"，才能够构建整个规范伦理学体系，才能够进而构建整个的美德伦理学体系。因此，价值的概念分析，特别是价值的定义——价值就是客体对主体需要（及其经过意识的各种转化形态，如欲望、兴趣、目的等）的效用——乃是整个伦理学大厦的基石。接下来对于善——亦即正价值——的分析以及尔后全部伦理学的研究，都将证明这一点。下面，我们就依据价值和评价概念来解析伦理学的其他初始概念："善"与"应该"以及"正当"与"事实"。

第五章 元伦理范畴：伦理学初始概念

本章提要

善与恶都是客体对于主体的需要——及其经过意识的各种转化形态，如欲望与目的——的效用性；而主体的需要、欲望和目的则是善与恶的标准：客体有利于满足主体需要欲望和目的的效用性，叫作正价值，亦即所谓"善"；客体有害于满足主体需要欲望和目的的效用性，叫作负价值，亦即所谓的"恶"。"行为的善"亦即所谓"应该"：善是一切事物对于主体目的的效用；应该则仅仅是行为对于主体目的的效用。应该是行为善，是行为对于一切目的的效用，是行为符合其目的的效用性；正当则是行为的道德善，是行为对于道德目的的效用，是行为的符合道德目的的效用性。"正当"、"应该"和"善"都是客体对于主体需要、欲望、目的之效用，因而都属于价值范畴，都是客体的依赖主体需要、欲望、目的而存在的事物；反之，"事实"或"是"，则是价值的对立范畴，是客体的不依赖主体的需要、欲望、目的而独立存在的事物。事实与价值构成客体的全部外延而与主体相对立——主体与客体是构成一切事物的两大对立面——主体及其需要、欲望、目的既不是价值也不是事实，而是联接二者的中介物。

一　善

1　善的定义：可欲之谓善

元伦理学概念"善"，正如摩尔所说，乃是"善"、"善本身"；而不是善事物，不是善的行为、善的品德、善的计策、善本书。元伦理学所说的"善"，也不是行为的善、品德的善、道德的善、计策的善、书的善；而是这一切具体事物的善的共性：善。因此，作为元伦理学对象和概念的"善"与作为规范伦理学的对象和概念的"善"不是同一概念：前者是"善"；而后者则是"道德善"。这种区别是如此重要，以致元伦理学家艾温（A. C. Ewing）在《善的定义》一书的序言中写道："关于'善的定义'的问题必须与'什么东西是善'的问题区别开来；我在本书中讨论的是前者而不是后者。"[①]那么，善的定义究竟是什么？"善"与"什么东西是善"或"善事物"究竟有何不同？

原来，从词源上看，"善"与"义"、"美"同义，都是"好"的意思。《说文解字》说："善，吉也，从言从羊，此与义、美同意。"《牛津英语辞典》也认为善就是好："善……表示赞扬的最一般的形容词，它意指在很大或至少令人满意的程度上存在这样一些特性，这些特性或者本身值得赞美，或者对于某种目的来说有益。"那么，善的概念含义与其词源含义是否相同？

答案是肯定的："善与恶"跟"好与坏"、"正价值与负价值"是同一概念。这一点，冯友兰说得很清楚："所谓善恶，即是所谓好坏。"[②]施太

① A. C. Ewing: *The Definition of Good*, Westport, Connecticut: Hyperion Press Inc., 1979, Preface.
② 冯友兰:《三松堂全集》第四卷，河南人民出版社，1986 年，第 91 页。

格缪勒亦如是说："肯定的价值的承担者，就是善。如果涉及的是否定的价值，那我们就称之为恶。"[①] 这就是说，善与恶原本属于价值范畴，是价值概念的分类："价值就是行为、品质特性和客体所存在的善或恶的属性。"[②]

因此，根据我们关于价值范畴的研究，善与恶也就是客体对于主体的需要——及其经过意识的各种转化形态，如欲望与目的——的效用性；而主体的需要、欲望、目的则是善与恶的标准：客体有利于满足主体需要、欲望、目的的效用性，叫作正价值，因而也就是所谓的善；客体有害于满足主体需要、欲望、目的的效用性，叫作负价值，亦即所谓的恶。所以，冯友兰说："凡所谓善者，即是从一标准，以说合乎此标准者之谓。……所谓恶者，即是从一标准，以说反乎此标准者之谓。"[③]

孟子早就看到了善恶以主体的需要、欲望、目的为标准。他将这个道理概括为五个字："可欲之谓善。"[④] 与孟子同时代的亚里士多德，也曾这样写道："善的定义揭示的是，具有自身由于自身而值得向往的这类性质的东西，都是一般的善。"[⑤] 两千年后，罗素以更为科学的语言复述了亚里士多德和孟子的定义："由此可见，善的定义必须出自愿望。我认为，当一个事物满足了愿望时，它就是善的。或者更确切些说，我们可以把善定义为愿望的满足。"[⑥]

可是，这一定义能成立吗？试想，如果一个人的欲望——如偷盗欲望——是恶的，那么，这个欲望的满足岂不是恶的吗？确实，偷盗的欲

① 施太格缪勒：《当代哲学主流》，王炳文、燕宏远、张金言等译，商务印书馆，1989年，第329页。
② Lawrence C. Becker: *Encyclopedia of Ethics*, Volume 1, New York: Garland Publishing, Inc., 1992, p. 897.
③ 冯友兰：《三松堂全集》第四卷，河南人民出版社，1986年，第98页。
④ 《孟子·尽心下》。
⑤ 《亚里士多德全集》第八卷，苗力田等译，中国人民大学出版社，1992年，第244页。
⑥ 罗素：《伦理学和政治学中的人类社会》，肖巍译，中国社会科学出版社，1992年，第66页。

望是恶的，它的满足更是恶的。但是，我们根据什么说偷盗欲望及其满足是恶？显然是根据社会和他人的需要、欲望、目的。偷盗欲望及其满足，有害于社会和他人"不被偷盗"的需要、欲望、目的之满足和实现，因而是恶的。偷盗愿望的满足是恶，只是因为它阻碍、损害了社会和他人的愿望，而并不是因为它满足了偷盗者的愿望；就它满足了偷盗者的愿望来说，它并不是恶，而是善。

更确切些说，偷盗愿望的满足既是恶又是善：对于偷盗者来说是善；对于社会和他人来说是恶。它对偷盗者来说之所以是善，只是因为它满足了偷盗者偷盗的欲望；它对社会和他人来说之所以是恶，只是因为它损害、阻碍了社会和他人不被偷盗的欲望。所以，说到底，任何欲望的满足都是善，任何欲望的压抑和损害都是恶。

不但某些欲望及其满足是恶，不能否定善是欲望的满足之定义；而且某些欲望（如求生欲）的压抑和损害（如自我牺牲）是善，也不能否定恶是欲望的压抑、损害之定义。这是因为，许多欲望的压抑或满足都具有双重性：它的压抑同时是对其他欲望的满足；它的满足同时是对其他欲望的压抑。因此，这些欲望的满足或压抑便具有善恶双重性：就这些欲望的满足来说是善；就其他欲望的被压抑和被损害来说则是恶。我们都说自我牺牲是善而偷盗是恶，但是，细究起来，二者并非纯粹的善和纯粹的恶，而同样具有善恶双重性。因为我们说自我牺牲是善，只是因为它保全、满足了社会和他人的愿望，而并不是因为它压抑和损害了牺牲者自己的求生欲望。如果就它压抑和损害了牺牲者的求生欲来说，它并不是善，而是恶：谁能说自我牺牲对于牺牲者来说是件好事呢？

可见，不论某些欲望（如偷盗）及其满足是恶，还是某些欲望（如求生欲）的压抑和损害（自我牺牲）是善，都不能否定"善是欲望的满足、恶是欲望的压抑"之定义。"善是欲望的满足"，说的无疑是客体对于主体欲望的满足，亦即客体对主体欲望的满足效用："善是欲望的满足"与"客体对主体欲望的满足效用"是同一概念。这样一来，"善是欲望的满足、恶是欲望的压抑"，便意味着，善与恶都是客体对于主体的需要——及其经过意识的各种转化形态，如欲望与目的——的效用性："善"亦即"好"、"正价值"，是客体有利于满足主体需要、欲望、目的的效用性；"恶"亦即"坏"、"负价值"，是客体有害于满足主体需要、欲望、目的的效用性。从这个定义出发，可以进而断言：

　　所谓"善事物"、"善的事物"，就是具有"善"的事物，也就是具有满足主体需要、实现主体欲望、符合主体目的的效用的事物，说到底，也就是利益或能够带来快乐的东西。因为一方面，所谓利益，正如大卫·布雷布鲁克斯（David Braybrooks）所言，乃是能够满足主体需要和欲望从而符合主体目的的东西，亦即主体所需要和欲望的东西，说到底，亦即主体的需要和欲望的对象："利益，根本讲来，可以界定为满足需要的东西，进言之，可以说利益包括能够转化为需要对象的任何资源。"① 另一方面，所谓快乐，如所周知，则是对于需要满足、欲望实现、目的达成的心理体验，因而也就是对于得到利益的心理体验："利，所得而喜也。"②

　　因此，一切善的事物，一切能够满足主体需要、实现主体欲望、符合主体目的的事物，也就都是利益或能够带来快乐的东西；而一切利益或能够带来快乐的东西，也都是客体能够满足主体需要、实现主体欲望、符合主体目的的东西，也就都是善的事物："善事物"、"能够满足主体需要、实现主体欲望、符合主体目的的东西"和"利益或能够带来快乐的东西"三者是同一概念。

　　显然，"善事物"与"善"根本不同："善"是"善事物"对于主体需要的效用性，说到底，也就是利益或能够带来快乐的东西对于主体需要的效用性，依赖主体需要和欲望而存在，因而属于"价值"范畴；相反

---

① Lawrence C. Becker: *Encyclopedia of Ethics*: New York: Garland Publishing, Inc. 1992. p. 189.
② 《墨子·兼爱上》。

地，"善事物"则是利益或能够带来快乐的东西，是能够满足主体需要、
实现主体欲望、符合主体目的的事物，是主体的需要和欲望的对象，不
依赖主体需要和欲望而存在，因而属于"事实"或"价值实体"、"善的
实体"范畴。然而，很多思想家，如斯宾诺莎，却都将"善"与"善事
物"——亦即能够带来快乐的东西——等同起来：

"所谓善或恶是指对于我们的存在的保持有补益或有妨碍之物而言，
这就是说，是指对于我们的活动力量足以增加或减少，助长或阻碍之物
而言。因此，只要我们感觉到任何事物使得我们快乐或痛苦，我们便称
那物为善或为恶。"①

2 善的类型：内在善、手段善和至善

罗斯和艾温曾十分周详地列举了善的概念的含义和类型，合而观之，
可以归结如下：(1) 成功或效率；(2) 快乐或利益；(3) 满足欲望；(4) 达
到目的；(5) 有用或手段善；(6) 内在善；(7) 至善；(8) 道德善。②

然而，一方面，所谓利益，无非是能够满足需要、实现欲望、达成
目的的东西，而快乐则是对于需要满足、欲望实现、目的达成的心理体
验；另一方面，所谓成功无疑是人生目的之实现，而效率则是人的活动
实现其目的的程度。所以，罗斯和艾温关于善的前四种含义和类型可以
归结为：善是客体满足主体需要、实现主体欲望和达成主体目的的效用
性：这其实就是善的定义。最后一种含义"道德善"，亦即所谓"正当"，
也是一种对于目的的效用性——不过不是对于某个人的目的的效用性；
而是对于社会创造道德的目的的效用性。但是，"道德善"并不是元伦理

① 斯宾诺莎：《伦理学》，贺麟译，商务印书馆，1962 年，第 165 页。
② C. E. M. Joad: *Classics in Philosophy and Ethics*, London: Kennikat Press, 1960, pp. 194–199.
　A. C. Ewing: *The Definition of Good*, Westport, Connecticut: Hyperion Press Inc., 1979, pp. 112–
　117.

学对象，而是规范伦理学对象。真正构成元伦理学对象"善"的类型的，显然是善的 5、6、7 三种含义和类型："手段善"（instrumental good）、"内在善"（intrinsic good）和"至善"（ultimately good）。艾温和罗斯一致认为，这三种善对于哲学来说，是最重要、最基本的。[1] 诚哉斯言！不过，这三种善，与其说对于哲学，不如说对于伦理学，才是最重要最基本的善的类型。那么，这三种善的涵义究竟是什么？

"内在善"、"手段善"、"至善"之分，源于亚里士多德。他写道："善显然有双重含义，其一是事物自身就是善，其二是事物作为达到自身善的手段而是善。"[2] 于是，所谓"内在善"也可以称之为"目的善"（good as an end）或"自身善"（good in itself），是"其自身而非其结果就是可欲的、就能够满足需要、就是人们追求的目的"的善。例如，健康长寿能够产生很多善的结果，如更多的成就、更多的快乐等。但是，即使没有这些善结果，仅仅健康长寿自身就是可欲的，就是人们追求的目的，就是善。因此，健康长寿乃是内在善。所以，罗斯说："内在善最好定义为不是它所产生的任何结果而是它自身就是善的东西。"[3]

反之，所谓"手段善"也可以称之为"外在善"（extrinsic good）或"结果善"，乃是"其结果是可欲的、能够满足需要、从而是人们追求的目的"的善，是"能够产生某种善的结果"的善，是"其结果而非自身成为人们追求的目的"的善，是"其自身作为人们追求的手段、而其结果才是人们所追求的目的"的善。例如，冬泳的结果是健康长寿。所以，冬泳的结果是可欲的，是一种善，是人们所追求的目的；而冬泳则是达到这种善的手段，因而也是一种善。但是，冬泳这种善与它的结果——健康长寿——不同，它不是人们追求的目的，而是人们用来达到这种目的

① 参阅 C. E. M. Joad: *Classics in Philosophy and Ethics*, London: Kennikat Press, 1960, p. 198. A. C. Ewing: *The Definition of Good*, Westport, Connecticut: Hyperion Press Inc., 1979, p. 117。

② 亚里士多德：《尼各马科伦理学》，苗力田译，中国社会科学出版社，1990 年，第 8 页。

③ W. D. Ross: *The Right and Good*, Oxford: Clarendon Press, 1930, p. 198.

的手段：是"手段善"。所以，罗斯论及"手段善"时写道："它是达到某种善的目的的手段，换言之，善的这种含义用于一种复合行为，意指被叫作善的东西和它的某种结果、亦即结果善之间的因果关系。"①

不难看出，内在善与手段善的区分往往是相对的。因为内在善往往同时也可以是手段善；反之亦然。健康是内在善。同时，健康也可以使人建功立业，从而成为建功立业的手段，成为手段善。自由可以使人实现自己的创造潜能，是达成自我实现的善的手段，因而是手段善。同时，自由自身就是可欲的，就是善，因而又是内在善。所以，艾温说："一些东西可能既是手段善也是目的善，这在所有的事物中是比较好的东西。仁慈就是这种东西，因为它不但自身善，还能产生幸福。"②

那么，有没有绝对的内在善？有的。所谓绝对的内在善，亦即至善、最高善、终极善，也就是"绝对不可能是手段善而只能是目的善"的内在善。这种善，正如亚里士多德所说，就是幸福；因为幸福只能是人们所追求的目的，而不可能是用来达到任何目的的手段："我们说，为其自身而追求的东西，比为它物而追求的东西更加靠后。看起来，只有幸福才有资格称作绝对最后的，我们永远只是为了它本身而选取它，而绝不是因为其他别的什么。"③

可见，"至善"、"目的善"、"手段善"与罗斯、艾温所列举的其他善一样，都是指满足需要、实现欲望、达成目的的效用性。只不过"目的善"和"至善"乃其自身就是可欲的、就能够满足需要、就是人们追求的目的；而"手段善"则是其结果是可欲的、能够满足需要、从而是人们追求的目的。因此，任何善都是客体所具有的能够满足主体需要、实现主体欲望、达成主体目的的效用性，是人们所赞许、所选择、所欲望、

①　W. D. Ross: *The Right and Good*, Oxford: Clarendon Press, 1930, p. 198.
②　A. C. Ewing: *Ethics*, New York: The Free Press, 1953, p. 13.
③　亚里士多德:《尼各马科伦理学》，苗力田译，中国社会科学出版社，1990 年，第 10 页。

所追求的东西："我们可以采用一个专门术语，把善界定为引发正面态度（用罗斯的话）的客体。'正面态度'意味着包括所有赞成态度。它包括，例如，选择、欲望、喜欢、追求、赞许、羡慕。"①

3　恶的类型：纯粹恶与必要恶

善的反面，正如艾温所说，就是恶："前者可以称之为正面态度；后者则是反面态度。"②因此，在他看来，恶具有与善——一对应的相反的含义和类型：（1）不愉快；（2）阻碍满足欲望；（3）达不到目的；（4）无效率；（5）产生内在恶的东西；（6）内在恶；（7）至恶；（8）道德恶。③

显然，前四种含义可以归结为一句话：恶是阻碍满足需要和欲望从而不能达成目的的效用性。最后一种含义"道德恶"，亦即所谓"不正当"，也是一种对于目的的负效用性，亦即对于社会创造道德的目的的负效用性。但是，"道德恶"并不是元伦理学对象，而是规范伦理学对象。真正构成元伦理学对象"恶"的类型的，也是5、6、7，亦即与"手段善"、"内在善"和"至善"相对应的三种恶："产生内在恶的东西"、"内在恶"和"至恶"。

"至善"亦即幸福；所以，"至恶"也就是不幸。"内在善"亦即自身善；所以，"内在恶"也就是"自身恶"。"手段善"亦即结果善；所以，"产生内在恶的东西"，也就是"结果恶"。不过，结果善是人们所追求的目的，因而达成结果善的东西可以称之为"手段善"。反之，结果恶不可能是人们所追求的目的，因而导致结果恶的东西不可以称之为"手段恶"，而只能是"结果恶"。"至恶"亦即不幸，是不言而喻之理。但是，"自身恶"与"结果恶"的含义却十分复杂：它们究竟意味着

---

①　A. C. Ewing: *The Definition of Good*, Westport, Connecticut: Hyperion Press Inc., 1979, p. 149.

②　Ibid., p. 150.

③　Ibid., p. 117.

什么？

结果是恶的东西，其自身既可能阻碍满足需要、实现欲望、达成目的，从而是恶的；也可能有利于满足需要、实现欲望、达成目的，从而是善的。结果与自身都是恶的东西，如癌病，可以名之为"纯粹恶"。结果是恶而自身是善的东西，一般说来，其善小而其恶大，其净余额是恶，因而也属于"纯粹恶"范畴。举例说，吸毒、放纵、懒惰、奢侈、好色、贪杯等绝大多数恶德，就其自身来说，都是一种需要的满足、欲望的实现、目的的达成，因而都是善；但就其结果来说，却阻碍满足或实现更为重大的需要、欲望、目的，因而是更为巨大的恶：其净余额是恶，因而也是一种纯粹的恶。

反之，自身是恶的东西，其结果既可能是恶，也可能是善：前者如癌病，因而属于"纯粹恶"范畴；后者如阑尾炎手术，因而可以称之为"必要恶"。必要恶既极为重要，又十分复杂，可以把它定义为"自身为恶而结果为善，并且结果与自身的善恶净余额是善的东西"。这种东西就其自身来说，完全是对需要和欲望的压抑、阻碍，因而是一种恶。但是，这种恶却能够防止更大的恶或求得更大的善，因而其结果的净余额是善，所以叫作"必要恶"。举例说：

阑尾炎手术，就其自身来说，开刀流血、大伤元气，完全是一种恶。但是，它能够防止更大的恶：死亡。因此，阑尾炎手术的净余额是善，是一种必要恶。冬泳，就其自身来说，冰水刺骨，苦不堪言，完全是一种恶。但是，它却能带来更大的善：健康长寿。所以，冬泳的净余额是善，是一种必要恶。伯纳德·格特（Bernard Gert）曾以"疼痛"为例，十分深刻地揭示了必要恶之本性：

"说疼痛是一种恶，并不是说疼痛不能达成一种有用的目的。疼痛以某种方式向我们提供需要医治的警告。如果我们感觉不到疼痛，我们便不会注意到这种必要的医治，以致可能导致死亡的恶果。关于疼痛作用的这一事实在某种程度上可以用来解析恶的问题。它以某种方式表明，恶可能是世界上最好的东西：所有这种恶便叫作必要的恶。"①

显然，必要恶的净余额是善，因而实质上仍然属于善的范畴。只不过，它属于手段善、外在善、结果善范畴。并且，它的善既然仅仅存在于结果，而不在自身，其自身完全是恶；那么，它便不可能是内在善，而只可能是手段善、外在善、结果善：它是绝对的手段善、外在善、结果善，亦即绝对不可能成为"内在善"和"自身善"的手段善和外在善。所以，如果说绝对的内在善只有"幸福"一种事物；那么，绝对的手段善或必要恶则不胜枚举，如手术、疼痛、政治、法律、监狱、刑罚等。因为这些东西就其自身来说，无不是对于人的某些欲望和自由的限制、压抑、侵犯、损害，因而是一种恶；但是，这些恶却能够防止更大的恶（个人的死亡或社会的崩溃）和求得更大的善（生命的保存或社会的发展），因而其结果的净余额是善，是必要恶，是绝对的手段善。

可见，"必要恶"与"纯粹恶"以及"至恶"虽然有所不同，但就其为恶而言，却完全一样，都是指客体压抑主体实现需要、欲望、目的的效用性：必要恶是通过压抑价值较小的欲望而实现价值较大的欲望；纯粹恶是完全压抑欲望之实现，或为实现价值较小的欲望而压抑价值较大的欲望。但是，就这些概念的学术价值来说，"必要恶"远远重要于"纯粹恶"和"至恶"，乃是元伦理学最重要的概念之一，意义极为重大：它是破解规范伦理学"道德起源和目的（道德究竟起源于道德自身，为了完善每个人品德；还是起源于道德之外，为了增进每个人的利益和幸福）之谜"的钥匙。

＊　　　＊　　　＊

弄清了什么是"善"，也就可以进一步研究"应该"和"正当"了。因为"应该"和"正当"说到底，无非都是一种特殊的"善"：应该是行为的善；正当是行为的道德善。

---

① Bernard Gert: *Morality: A New Justification of the Moral Rules*, New York: Oxford University Press, 1988, p. 48.

二　应该与正当

1　应该：行为的善

善是客体有利于满足主体需要、实现主体欲望、符合主体目的的效用，意味着：善乃是人或主体的一切活动或行为所追求的目标。因为人或主体的一切活动或行为的目的，无疑都是为了满足其需要和欲望。所以，亚里士多德的《尼各马科伦理学》一开篇便这样写道："一切技术，一切规划以及一切实践和选择，都以某种善为目标。"① 艾温则干脆把善的追求作为善的定义："善意味着：它是适合选择或追求的客体。"②

不过，不论是谁，他追求善的行为都既可能达到也可能达不到预期目标。一个人的能够达到其目的从而能够满足其需要和欲望的行为，与他所追求的善一样，无疑也因其符合善的定义而属于善的范畴，叫作善的行为；反之，阻碍达到目的、阻碍满足需要和欲望的行为，则符合恶的定义，属于恶的范畴，叫作恶的行为。举例说：

如果我想健康长寿，那么，饮食有节、起居有常便因其能够实现健康长寿的欲望和目的，而是善的行为；反之，饮食无度、起居无常，则因其阻碍实现健康长寿的欲望和目的，而是恶的行为。

但是，正如摩尔和罗斯所说，"善行为"和善行为的"善"有所不同。善行为的善或善性（Goodness），则是行为所具有的能够达到目的、满足需要、实现欲望的效用性，简言之，也就是行为的能够实现其目的的效用。行为的这种善或善性，便是所谓的"应该"。反之，恶行为的恶

---

① 　亚里士多德：《尼各马科伦理学》，苗力田译，中国社会科学出版社，1990 年，第 3 页。
② 　A. C. Ewing: *The Definition of Good*, Westport, Connecticut: Hyperion Press Inc., 1979, p. 190.

或恶性，则是行为所具有的不能够达到目的、不能满足需要、不能实现欲望的效用性，简言之，也就是行为的不能够实现其目的的效用。行为的这种恶性，便是所谓的"不应该"。

试想，为了健康长寿，应该饮食有节。那么，应该饮食有节的"应该"是什么意思？意思显然是：饮食有节具有能够达到其目的——健康长寿——的效用性。反之，不应该饮食无度的"不应该"是什么意思？意思岂不是饮食无度具有达不到其目的——健康长寿——的效用性吗？所以，"应该"和"不应该"并不一定具有道德含义，它们只是行为对于目的的效用性。一个人的目的不论如何邪恶，他的某种行为如果能够达到其邪恶目的，那么，对于他来说，这种行为便是他应该做的；他的某种行为如果不能够达到其邪恶目的，那么，对于他来说，这种行为便是他不应该做的。因此，艾温说：

"'应该'有时仅仅用来表示达到某种目的的最好手段，而不管这种目的究竟是善还是恶的。例如，'凶手不应该把自己的指纹留在凶器上'。"[1]

可见，应该是行为的善，是行为对于目的的效用性。那么，应该是否仅仅是行为的善？善存在的领域，无疑可以分为两类："意识、目的领域的善"与"无意识、无目的领域的善"。无意识、无目的领域的善，仅仅是善而无所谓应该。我们只能说"水到零度结冰对人有利还是有害、是善还是恶"，却不能说"水应该还是不应该零度结冰"。只能说"金刚石坚硬有用、是一种善"，却不能说"金刚石应该坚硬"。所以，康德说："问到自然'应该'是什么，其荒谬正如去问一个圆'应该'具有什么性质一样。"[2]

因此，"应该"这种善，一定仅仅存在于意识、目的领域，它仅仅是

① A. C. Ewing: *Ethics*, New York: The Free Press, 1953, p. 15.
② 约翰·华特生编选：《康德哲学原著选读》，韦卓民译，商务印书馆，1963 年，第 161 页。

意识、目的领域的善。可是，它究竟是意识、目的领域的什么东西的善呢？是人或主体的血肉之躯吗？不是。因为我们不能说"一个人生得美是应该的，而生得丑是不应该的"。为什么不能说"天生的美丑是应该或不应该的"？因为它们是不自由的、不可选择的。所以，只有自由的、可以选择的东西，才可以言"应该不应该"。那么，在意识、目的领域，究竟什么东西才是自由的、可以选择的？

显然只有行为及其所表现和形成的品质。一般说来，行为范畴也可以涵盖行为所表现和形成的品质。因此，艾温说："'应该'不同于'善'之处在于，它主要与行为有关。"[①] 只有行为的善才是所谓"应该"："应该"是并且仅仅是行为的善，是行为对于目的的效用性，是行为的能够实现其目的的效用性，是行为所具有的能够达到目的、满足需要、实现欲望的效用性。说到底，在行为领域，"应该"与"善"或"正价值"不过是客体对主体需要的同一效用的不同名称，不过是同一概念的不同称谓罢了：这恐怕就是为什么一切具有"应该"概念的判断都叫作"价值判断"的缘故。

2 正当：行为的道德善

正当（Right）和不正当（Wrong）亦即所谓道德善恶。元伦理学家们，如罗斯、艾温、黑尔、石里克和罗素等，都把"道德善"作为"善"的一个重要的具体类型而详加分析。这恐怕是因为，一方面，人们往往把"善"与"道德善"等同起来，因而如不进行比较分析，便不可能真正理解其一；另一方面，在伦理学中，"善"的分析最后必须落实于"道德善"的分析："善"的分析不过是个方法、手段，它的目的全在于解析"道德善"，从而确立能够指导行为的道德原则。那么，"道德善"究竟是

---

① A. C. Ewing: *Ethics*, New York: The Free Press, 1953, p. 15.

什么？

界定道德善恶或正当不正当概念的首要问题无疑是：究竟什么东西可以言道德善恶或正当不正当？几乎所有东西都可以言善恶，如晨风夕月、阶柳亭花、民主自由、科学艺术等皆有用于人，因而都是善的；地震飓风、山洪暴发、专制奴役、愚昧迷信等皆有害于人，因而都是恶的。然而，可以言道德善恶或正当不正当的东西却极其有限。弗兰克纳说：

"可以言道德善或恶的东西是人、人群、品质、性情、情感、动机、意图——总之，人、人群和人格诸要素。"①

其实，这些东西也并不都可以言道德善恶，如人的自然躯体、人格的先天遗传的气质、类型、特质等。可以言道德善恶或正当不正当的东西，细细想来，无疑只是具有意识的、可以自由选择的东西，说到底，只是行为及其所表现的品德。那么，究竟什么行为和品德是道德善或道德恶？

行为及其品德的道德善既然是一种"善"，那么，正如马奇（J. L. Mackie）所说，它们也就不能不具有"善"的一般属性，不能不是客体所具有的能够满足主体需要、实现主体欲望、符合主体目的的效用性：
"道德语境中的善仍然具有善的一般含义，亦即仍然以某种需求或利益或愿望的满足为特征。"②问题在于，行为及其品德的善或道德善所满足的究竟是谁的需要、欲望、目的："仍然未决的是，这些被满足的需求究竟是当事人的，还是其他人的，抑或是每个人的？"③

里查德·泰勒在研究这个难题时指出，一个人如果脱离社会而孤零零地生活，那么，在他那里就只有善恶而不存在正当不正当："只要我们设想仅仅存在一个人的世界，尽管这个人是个有目的有感情的生物，那么，在这个世界里也只可能有善与恶，而绝无正当与不正当或道德责任

①　William K. Frankena: *Ethics*, Englewood Cliffs, New Jersey: Prentice-Hall, Inc., 1973, p. 62.
②　J. L. Mackie: Ethics: *Inventing Right and Wrong*, Singapore: Ricrd Clay Pte Ltd., 1977, p. 59.
③　Ibid.

等伦理概念存在的余地。"① 为什么正当不正当仅仅存在于社会中，而在脱离社会的个人那里却只有善恶？

这显然是因为，首先，善所满足的是任何主体的需要、欲望、目的；而正当所满足的则仅仅是一种特殊的主体——社会——的需要、欲望、目的，是社会创造道德的需要、欲望、目的。其次，善是一切事物所具有的能够满足任何主体需要、欲望、目的的属性；正当则是行为及其品德所具有的能够满足社会创造道德的需要、欲望、目的的属性。再次，善恶属于价值范畴，是价值的分类，是正价值与负价值的同义语。正当与不正当则属于道德价值范畴，是道德价值的分类，是正道德价值与负道德价值的同义语。

最后，善恶是客体（一切事物）对于主体需要、欲望、目的的效用性，说到底，也就是一切事物对于主体目的的效用性：符合目的之效用即为善，违背目的之效用即为恶。正当不正当则是道德客体（行为及其品德）对于道德主体（社会）制定道德的需要、欲望、目的的效用性，说到底，也就是行为及其品德对于道德目的的效用性：符合道德目的之效用，便是所谓的正当，便是所谓的道德善；违背道德目的之效用，便是所谓的不正当，便是所谓的道德恶。

可见，正当不正当或道德善恶，正如石里克所说，从属于善恶，二者是种与属、个别与一般的关系："道德上的善只是更一般的善的特殊情形。"② 二者的区别，表现为两方面。一方面，它们的善恶客体根本不同。善恶的客体是一切客体、一切事物。反之，道德善恶的客体则仅仅是一种特殊的客体：每个人的行为及其所表现的品德。

另一方面，它们的主体根本不同。善恶的主体是任何主体，是任何主体的任何需要、欲望、目的，说到底，是任何目的。反之，道德善恶

① Louis P. Pojman: *Ethical Theory: Classical and Contemporary Readings*, Belmont, California: Wadsworth Publishing Company, 1995, p. 136.
② 石里克：《伦理学问题》，张国珍、赵又春译，商务印书馆，1997 年，第 22、29、79 页。

的主体则是一种特殊的主体"社会"，是社会创造道德的需要、欲望、目的，说到底，是道德目的。石里克亦曾这样写道："善这个词，当它（1）指称人的决定，并且（2）表达社会对这个决定的某种赞许时，才具有道德的意义。"①

依据这两方面的区别，便可以——如弗兰克纳所说——将"道德善恶"从"善恶"分离出来，从而使善恶分为道德善恶与非道德善恶两大类型。②所谓道德善恶，亦即正当不正当，乃是行为对于社会创造道德的需要、欲望、目的的效用性，是行为对于道德目的的效用性：相符即为道德善或正当；相违即为道德恶或不正当。反之，非道德善恶，则是一切事物对于其他（亦即社会创造道德的需要、欲望、目的之外）需要、欲望、目的的效用性，主要是一切事物对于个人目的之效用性：相符即为非道德善；相违即为非道德恶。这样，道德善恶与非道德善恶便既可能一致，也可能不一致。举例说：

"为己利他"能够满足我的欲望、实现我的目的，因而对我来说，是一种善，亦即"非道德善"；同时，"为己利他"又有利于社会存在发展，符合道德目的的，因此又是正当的，又是一种"道德善"。偷盗成功符合盗贼目的，是一种非道德善；同时却有害于社会存在发展，违背道德目的，因而是一种道德恶，是不正当的。自我牺牲有利于社会存在发展，符合道德目的，是一种道德善，是正当的；同时却有害于自我牺牲者，牺牲了他的求生欲，因而是一种非道德恶。

由此可见，依据某些欲望——如偷盗——及其满足是恶的，从而否定善是欲望的满足的定义，说到底，在于错误地把"善"与"道德善"完全等同起来。如果善与道德善是同一概念，那么，很多欲望——如偷盗、抢劫、妒嫉、造谣中伤等——及其满足，便都因其有害于社会和他

---

① 石里克：《伦理学问题》，张国珍、赵又春译，商务印书馆，1997年，第22、29、79页。

② William K. Frankena: *Ethics*, Englewood Cliffs, New Jersey: Prentice-Hall, Inc., 1973, p. 62.

人、违背道德目的而完全是恶，而绝不会是善。照此说来，把"善"定义为"欲望的满足"无疑犯有定义过宽的错误。

如果我们把"道德善"与"善"区别开来，那么，偷盗等便仅仅是一种道德恶而不是非道德的恶：对于偷盗者来说，偷盗的愿望得到满足显然是好事，是善，是一种非道德善。所以，偷盗等愿望的满足固然是恶，却不是完全的恶，而是道德恶、非道德善。于是，只有把"道德善定义为欲望的满足"才是错误的；而"可欲之谓善"乃是放之四海而皆准、行之万世而不悖之真理。

正当或道德善的分析表明，究竟什么行为和品德是正当的或道德善，是个十分复杂的问题：直接说来，它取决于该行为和品德对于道德目的的效用；最终说来，则一方面取决于行为和品德的本性究竟是什么，另一方面取决于道德目的究竟是什么。古今中外，人们对于"究竟什么行为和品德是正当的"一直争论不休，说到底，只是因为他们对于"道德目的"、"行为本性"和"行为对道德目的的效用"一直争论不休。

为什么直至今日，有些人仍然与罗斯一样，认为"正当"与"道德善"不同？[①]为什么在他们看来，"为己利他"是正当的，却不是道德善，而只有"无私利他"才是道德善？因为他们是道德目的自律论者，误以为道德目的就在道德自身，就是为了完善每个人的品德。这样，一方面，只有"无私利他"才因其是品德的完善境界而符合道德目的，才是道德善；另一方面，"为己利他"则不是品德的完善境界，因而不符合道德目的，而只符合法律目的，所以便只是正当合法的而不是道德善。

这种观点是错误的。因为规范伦理的研究将告诉我们，道德目的并不是自律的，而是他律的，并不是为了完善每个人的品德，而是为了保障社会存在发展、增进每个人利益。准此观之，则不论利他还是利己，只要不损人，便都不但是正当的，而且因其符合道德目的而都是道德

---

① C. E. M. Joad: *Classics in Philosophy and Ethics*, London: Kennikat Press, 1960, p. 200.

善：正当与道德善是同一概念。因此，要确定正当或道德善的行为，究竟是什么行为，从而使之成为可以指导具体行为的道德原则，必须从"道德善恶是行为及其品德对于道德目的的效用性"的元伦理定义出发，开展"道德目的"和"行为本性"以及"行为对道德目的的效用"三方面研究。然而对于这些问题的研究已超出元伦理学而进入规范伦理学领域了。

3 正当与应该：道德应该的可普遍化性

学者们往往把"应该"或"应当"与"正当"等同起来。波特（Burton F. Porter）说："凡是正当的，都是应当的；反之，凡是应当的，都是正当的。"① 艾温也竟然说："正当的行为与应当的行为是同义的。"② 照此说来，"凶手作案不留指纹是应当的"也就全等于"凶手作案不留指纹是正当的"。这说得通吗？

不难看出，应当或应该的外延比正当广阔得多。马奇将"应当"分为"道德应当"与"知识应当"两类："我们必须说明的，不仅有道德的、谨慎的、假言命令的应该，而且还有诸如'这个戏法应该这样变'，'他们现在应该穿越国境'和'它应该溶解了，可奇怪的是为什么还没有'等。也许可以称这些应该为'知识的应该'。"③

然而，按照分类的逻辑规则，与其称之为"知识应该"，不如称之为"非道德应该"。这样，"应该"便分为"道德应该"与"非道德应该"两大类型。所谓道德应该与道德不应该，亦即正当与不正当，亦即道德善恶，是行为对于社会创造道德的需要、欲望、目的的效用性，说

---

① Burton F. Porter: *The Good Life: Alternatives in Ethics*, New York: Macmillan Publishing Company, 1980, p. 33.

② A. C. Ewing: *The Definition of Good*, Westport, Connecticut: Hyperion Press Inc., 1979, p. 123.

③ J. L. Mackie: *Ethics: Inventing Right and Wrong*, Singapore: Richrd Clay Pte Ltd., 1977, p. 73.

到底，也就是行为对于道德目的的效用性：相符即为道德应该，即为正当，即为道德善；相违即为道德不应该，即为不正当，即为道德恶。举例说：

凶手作案不论如何符合自己的目的，却都有害于社会存在发展，违背道德目的，因而都是道德的不应该，都是不正当，都是道德恶。反之，自我牺牲不论如何有害于自我保存之目的，却都有利于社会存在发展，符合道德目的，因而都是道德的应该，都是道德善，都是正当。

但是，"非道德应该不应该"与"非道德善恶"不同。善恶是一切事物的效用性，所以，"非道德善恶"是一切事物对于道德目的之外的目的的效用性，是一切事物对于非道德目的之目的——如个人目的——的效用性。反之，应当仅仅是行为的效用性。所以，"非道德应该"便仅仅是行为对于道德目的之外的目的的效用性，是行为对于非道德目的之目的——如个人目的——的效用性：相符即为非道德应该；相违即为非道德不应该。

例如，凶手杀人不留指纹，符合凶手逃逸的目的，因而对于凶手来说，是应该的；反之，留下指纹则不符合凶手逃逸的目的，因而对于凶手来说，是不应该的。这些都是"非道德应该不应该"，因为它们符合还是不符合的目的，都是凶手的个人目的，而不是道德目的。

可见，道德应该与非道德应该都是行为的效用性，二者的区别仅仅在于：前者是行为对于道德目的之效用性；后者是行为对于非道德目的之目的——如个人目的——的效用性。因此，一方面，道德应该与非道德应该便既可能是一致的，也可能是不一致的。举例说，"为己利他"既符合我的利己目的，因而是非道德应该；又有利社会存在发展，符合道德目的，因而又是道德应该。反之，不一致者如："自我牺牲"违背自己的自我保存目的，因而是非道德不应该；同时却有利社会和他人，符合道德目的，因而是道德应该。同理，凶手杀人不留指纹，符合凶手逃逸目的，是非道德应该；同时却有害社会存在发展，违背道德目的，因而是道德不应该。

另一方面，道德应该具有"可普遍化性"；非道德应该则不具有"可普遍化性"。道德应该的"可普遍化性"（universalizability）概念，如所周知，源于康德而确立于黑尔。黑尔认为，道德应该具有两个特性："第二个特性通常被叫作可普遍化性。可普遍化性的意思是，一个人说'我应该'，他就使他自己同意，处于他的环境下，任何人都同样应该。"①

道德应该为什么具有可普遍化性？显然只是因为，道德最终目的是普遍的、一般的、任何社会都一样的：都是为了保障社会存在发展和增进每个人利益。反之，个人目的却是千差万别的。这样，非道德应该便因其是行为对于千差万别的个人目的的效用，而不具有可普遍化性：它是张三的应该，却不是李四的应该。反之，道德应该则因其是行为对于任何社会都一样的道德最终目的的效用，而具有可普遍化性：它是每个人的应该。

综上可知，"应该"比"正当"广泛，从而成为"善"与"正当"之中介：善是客体一切事物对于主体目的之效用；应当与正当则都仅仅是行为对于主体目的之效用——应当是行为善，是行为对于一切目的之效用；正当是行为的道德善，是行为对于道德目的之效用。这样，正当、应当、善便都是客体对主体需要的某种效用，因而都属于价值范畴。那么，正当、应当、善、价值究竟从何而来？它们的根源究竟是什么？说到底，如何回答"休谟难题"：能否从"事实"或"是"推导出"应该"？因此，对于价值、善、应当、正当诸范畴的分析，势必导致对"是"或"事实"的研究："是"与"事实"是元伦理范畴系统的终结范畴。

① R. M. Hare: *Essays in Ethical Theory*, Oxford: Clarendon Press, 1989, p. 179.

三　事实与是

1　事实：广义事实概念

　　一切事物，据其存在性质，无疑可以分为两类："事实"与"非事实"。所谓事实，不言而喻，就是"在思想认识之外实际存在的事物"，是"不依赖思想认识而实际存在的事物"；非事实则是"仅仅存在于思想之中而在思想之外并不存在的事物"，是"实际上不存在而只存在于思想中的事物"。例如，一个人得了癌症，不论他怎样想，是承认还是不承认，他都一样患了癌症。所以，他患癌症，是事实。反之，如果在他思想中，他否认患了癌症，他认为他根本没有得什么癌症。那么，他未患癌症，便是所谓的"非事实"。因此，罗素在界说事实概念时便这样写道：

　　"我所说的'事实'的意义就是某件存在的事物，不管有没有人认为它存在还是不存在。"[①]"事实本身是客观的，独立于我们对它的思想或意见的。"[②]

　　准此观之，价值无疑属于事实范畴。因为价值显然是"不依赖思想认识而实际存在的东西"。试想，鸡蛋的营养价值岂不是"不依赖我们怎样思想它而实际存在"的吗？不管你认为鸡蛋有没有营养价值，鸡蛋都同样具有营养价值。鸡蛋有没有营养价值"不依赖思想认识而存在"，因而是一种事实，可以称之为"价值事实"。

　　但是，这种外延包括"价值"的"事实"概念乃是"广义事实"概

[①]　罗素：《人类的知识》，张金言译，商务印书馆，1983 年，第 177 页。

[②]　罗素：《我们关于外间世界的知识——哲学上科学方法应用的一个领域》，陈启伟译，上海译文出版社，1990 年，第 40 页。

念：它只适用于认识论等非价值科学，而不适用于伦理学等一切价值科学。因为伦理学等一切价值科学的根本问题，无疑是"应该"或"价值"产生和存在的来源、依据问题，无疑是"'应该'、'价值'、'应该如何'"与"'是'、'事实'、'事实如何'"的关系问题，说到底，亦即著名的休谟难题："能否从'是'、'事实'、'事实如何'推导出'价值'、'应该'、'应该如何'"？

这一难题的存在，或者当你试图解析这一难题从而证明"价值能否从事实推出"的时候，显然就已经蕴含着，价值不是事实，事实不包括价值：事实与价值是外延毫不相干的对立概念。否则，如果事实是"不依赖思想认识而实际存在的东西"，从而事实之中包含价值，那么，"从事实中推导出价值"与"从事实中推导出事实"就是一回事，因而也就不可能存在"从事实中能否推导出价值"的难题了。

这就是为什么，自休谟难题问世以来，价值与事实属于外延毫不相干的两大对立领域已经近乎共识。这就是为什么，罗素一方面在《人类的知识》和《我们关于外间世界的知识》中，将"事实"定义为"不依赖思想认识而实际存在的事物"——因而"价值"属于"事实"范畴，另一方面却又在《宗教与科学》中，自相矛盾地否认价值是事实："当我们断言这个或那个具有'价值'时，我们是在表达我们自己的感情，而不是在表达一个即使我们个人的感情各不相同但仍然是可靠的事实。"①

罗素并非自相矛盾。因为当罗素在《人类的知识》和《我们关于外间世界的知识》中，断言事实是"不依赖思想认识而实际存在的事物"——因而包括价值——的时候，他说的是认识论等非价值科学的事实概念，亦即"广义事实概念"；而当他在《宗教与科学》中，断言价值不是事实——事实不包括价值——的时候，他说的是价值科学中的事实概念，亦即"狭义事实概念"。

---

① 罗素：《宗教与科学》，徐奕春、林国庆译，商务印书馆，1982年，第123页。

这种不包括价值的"狭义事实概念",之所以是伦理学等价值科学的事实概念,源于"价值能否从事实中推导出来"的休谟难题之为价值科学的根本问题。因此,事实概念的广义与狭义之分,主要缘于是否包括价值。认识论等非价值科学的、包括价值的"广义事实概念",是"不依赖思想认识而实际存在的事物"。那么,伦理学等价值科学中的、不包括价值的"狭义事实概念"究竟是什么?

2 是:狭义事实概念

原来,广义的事实——亦即不依赖思想意识而实际存在的事物——可以分为主体性事实与客体性事实:主体性事实就是不依赖思想而实际存在的"自主活动者"及其属性;客体性事实则是不依赖思想而实际存在的"活动对象"及其属性。举例说,一个雕刻家正在雕刻鹰。这个雕刻家便是自主活动者,因而这个雕刻家及其需要、欲望、目的等便是主体性事实;他所雕刻的鹰,则是他雕刻活动对象,因而这个鹰及其大小、质料、颜色等便是客体性事实。

问题的关键在于,客体性事实依据其是否依赖于主体的需要、欲望和目的之性质,又进而分为"价值事实"与"非价值事实"。"价值事实"就是"价值"这种类型的事实,也就是"价值",也就是客体中所存在的对主体的需要、欲望和目的具有效用的属性,也就是客体对主体需要欲望和目的的效用性,因而是客体的依赖于主体的需要欲望和目的而存在的东西。可是,为什么"价值"可以叫作"价值事实"呢?因为价值虽然依赖于主体的需要欲望和目的而存在,却是不依赖思想意识而实际存在的东西:价值是一种事实。"价值事实"属于广义事实——亦即不依赖思想认识而实际存在的事物——范畴,适用于认识论等非价值科学。

相反地,"非价值事实"则不但不依赖思想意识而实际存在,而且不依赖主体的需要欲望和目的而独立存在,是客体的不依赖主体的需要欲望和目的而实际存在的东西，也就是客体中实际存在的非价值属性，也就是价值之外的客体性事实，就是客体的不包括"价值"而与"价值"是对立关系的"事实"。这就是伦理学等一切价值科学的"事实"概念，亦即"狭义事实概念"：事实是客体不依赖主体的需要欲望和目的而实际存在的东西。因为伦理学等一切价值科学的根本问题——能否从"事实"推导出"价值"——意味着：价值不是事实，事实不包括价值：事实与价值是外延毫不相干的对立概念关系。

这样一来，便在与"非事实"对立的"广义事实"概念的基础上，因价值科学的根本问题——能否从"事实"推导出"价值"——而形成了与"价值"对立的"狭义事实"概念：广义的事实是"不依赖思想而实际存在的事物"，包括价值，适用于认识论等非价值科学；狭义的事实是"不依赖主体的需要、欲望和目的而实际存在的事物"，不包括价值，适用于伦理学等一切价值科学。举例说：

猪肉有营养，是不是事实？当然是事实，因为猪肉有没有营养是"不依赖我们怎样思想而实际存在的"。只不过，"猪肉的营养"是一种价值，可以称之为"价值事实"；其为事实，虽然不依赖思想而实际存在，却依赖人的需要而存在，是猪肉对人的需要的效用，因而属于"广义事实"概念，适用于认识论等非价值科学。反之，"猪肉有重量"，也是事实，但不是猪肉对人的需要的效用，不是价值，不是价值事实；而是非价值事实，是价值之外的事实，不但不依赖于思想而实际存在，而且"不依赖主体需要而实际存在"，因而属于"狭义事实"概念，适用于伦理学等一切价值科学。

可见，价值科学的根本问题——能否从"事实"推导出"价值"——决定了：价值科学中的"事实"概念，乃是不包括"价值"而与"价值"相对立的狭义的事实，说到底，是"客体的不依赖主体的需要、欲望、目的而独立存在的事物"；反之，"价值"则是客体对主体需要、欲望和目的的效用，是"客体依赖主体的需要、欲望、目的而存在的属性"，因主体的需要、欲望、目的之变化而变化，因主体的需要、欲望、目的之有无而有无——"情人眼里出西施"——因而不是事实。

这种不包括"价值"而与"价值"相对立的狭义的事实概念，不但是价值科学的事实概念，而且是物理学等自然科学的事实概念。爱因斯坦曾一再说，自然科学只研究事实而不研究应该："科学只能断言'是什么'，而不能断言'应该是什么'。可是在它的范围之外，一切种类的价值判断仍是必要的。"①"科学的思维方式还有另一个特征。它为建立它的贯彻一致的体系所用到的概念用是不表达什么感情的。对于科学家，只有'存在'，而没有什么愿望，没有什么价值，没有善，没有恶；也没有什么目标。只要我们逗留在科学本身的领域里，我们就绝不会碰到像'你不可说谎'这样一类的句子……关于事实和关系的科学陈述，固然不能产生伦理的准则，但是逻辑思维和经验知识却能够使伦理准则合乎理性，并且联贯一致。"②

可见，在爱因斯坦看来，自然科学只研究"事实"、"是什么"；而不研究"价值"、"应该是什么"。这岂不意味着：自然科学的"事实"概念是不包括"价值"而与"价值"相对立的狭义的事实概念？因此，休谟难题"能否从'事实'推导出'价值'"，将"事实"当作不包括"价值"而与"价值"相对立的概念，不但根据"这种事实"与"价值"之根本不同——前者不依赖而后者不依赖主体欲望——而且继承了自然科学中的事实概念。

这样一来，休谟难题中的狭义事实概念不但与自然科学中的事实概念完全一致，而且这一难题的答案将决定伦理学等价值科学能否成为真正科学，亦即像自然科学那样的科学。因为自然科学的对象就是这种不包括"价值"而与"价值"相对立的狭义的事实；而伦理学对象却是应

---

①　《爱因斯坦文集》第 3 卷，许良英等编译，商务印书馆，1976 年，第 182 页。
②　同上书，第 280 页。

该、价值。因此，"价值"能否从"事实"推导出来，就是伦理学等价值科学能否成为真正科学的关键：如果价值能够从事实推导出来，那么，伦理学对象虽然是应该、价值，但是，说到底，却是事实，因而伦理学就与自然科学一样，是一门真正的科学；如果价值不能够从事实推导出来，那么，伦理学就仅仅研究应该、价值，而并不研究事实，因而伦理学就不是真正的科学。

因此，休谟难题——价值能否从事实推导出来——意义极其巨大，实乃伦理学等一切价值科学的最重要最具决定性的根本的问题。因此，赫德森说："道德哲学的中心问题，乃是那著名的是—应该问题。"[1] 这一意义如此巨大的难题，既然使伦理学等一切价值科学中的"事实"概念，与自然科学中的"事实"概念一样，乃是不包括"价值"而与"价值"相对立的狭义的事实概念，那么，在伦理学等一切价值科学中，便与在自然科学中一样，所谓"价值事实"概念，就如同"圆的方"一样，是个荒谬的、矛盾的、不能成立的概念。

但是，"价值事实"在认识论等非价值科学中，却是个科学的概念。因为，在一些非价值科学——如认识论——中，所谓"事实"是广义的，是指不依赖思想认识而实际存在的事物；而价值的存在，无疑只依赖主体的需要、欲望、目的，却不依赖主体的思想认识：鸡蛋有没有营养价值是仅仅依赖人的需要而不依赖人的思想的。所以，在一些非价值科学中，价值属于事实范畴，因而"价值事实"概念是科学的：价值事实与非价值事实是划分事实概念的两大类型。因此，我国一些学者在伦理学等价值科学领域大谈"价值事实"概念是很错误的：他们混淆了"事实"概念在价值科学和一些非价值科学中的不同含义。

在伦理学等一切价值科学中，这种不包括价值而与价值对立的狭义

---

[1]　W. D. Hudson: *The Is-Ought Question: A Collection of Papers on the Central Problem in Moral Philosophy*, New York: St. Martin's Press, 1969, p. 11.

的事实，正如休谟所发现，往往通过以"是"或"不是"为系词的判断（"是什么"和"不是什么"）反映出来；而以"应该"或"不应该"为系词的判断（"应该是什么"和"不应该是什么"）所反映的则是价值。[①]所以，在伦理学等一切价值科学中，一方面，"事实"与"是"被当作同一概念来使用，因而所谓"是"也就是不包括价值而与价值对立的事实，就是不依赖主体的需要、欲望、目的而独立存在的事物；另一方面，只有与"应该"相对而言的事实才叫作"是"，而与"价值"相对而言的事实大都叫作事实，因而在伦理学等价值科学中便出现两个对子："事实与价值"、"是与应该"。

这样一来，在伦理学等一切价值科学中，一切事物便分为两类：客体与主体；客体又进而分为两类：价值与事实。于是，一切事物实际上便分为三类：价值、事实和主体。价值是客体对于主体的需要、欲望、目的的效用性，是客体依赖主体的需要、欲望、目的而存在的事物。"事实"亦即"是"，也就是价值的对立物，就是客体不依赖主体的需要、欲望、目的而独立存在的事物。主体及其需要、欲望和目的等则是客体的对立物——主体与客体是构成一切事物的两大对立面——因而既不是价值也不是事实，而是划分"客体"为"价值"与"事实"的依据，是联接价值与事实的中介物。如图：

$$
\text{事物}
\begin{cases}
\text{主体：需要、欲望和目的} \\
\text{客体}
\begin{cases}
\text{价值：客体依赖主体的需要、欲望、目的而存在的} \\
\quad\text{事物} \\
\text{事实：客体不依赖主体的需要、欲望、目的而存在} \\
\quad\text{的事物}
\end{cases}
\end{cases}
$$

---

① 休谟：《人性论》下册，关文运译，商务印书馆，1980年，第509页。

3 结论：两种事实概念

综上可知，一切事物，依据其存在性质，可以分为两类：事实与非事实。但是，存在着两种事实：广义事实与狭义事实。广义事实概念适用于认识论等一些非价值科学；它是一切在思想认识之外实际存在的事物，是一切不依赖思想认识而实际存在的事物，因而包括"价值"：价值是不依赖思想而实际存在的事物，可以称之为"价值事实"。狭义的事实也可以称之为"是"，不包括价值而与价值是外延毫不相干的对立概念关系："是"或"狭义事实"是客体不依赖主体需要、欲望和目的而独立存在的事物；价值则是客体对主体需要、欲望和目的的效用，依赖主体需要、欲望和目的而存在。狭义的事实概念主要因伦理学等价值科学的根本问题——能否从"事实"推导出"价值"——而诞生，说到底，则是因自然科学的事实概念而诞生，适用于伦理学等一切价值科学和自然科学。如图：

事物 {
- 事实（亦即广义事实：不依赖思想而实际存在的事物）{
  - 主体
  - 客体 {
    - 价值（客体依赖主体需要、欲望、目的而存在的事物）
    - 事实（亦即狭义事实：客体不依赖主体需要、欲望、目的而独立存在的事物）
  }
}
- 非事实（实际上不存在而只存在于思想中的事物）
}

现在，我们完成了对于元伦理范畴或伦理学初始概念——"价值"、"善"、"应该"、"正当"以及"是"或"事实"——的分析。当我们将这些概念联系起来，进一步探寻它们——特别是"应该"与"事实"的关系——的普遍本性时，不难发现这些初始概念所蕴涵的初始命题及其初始推演规则。这些伦理学的初始命题及其初始推演规则可以归结为两大系列公理和公设，亦即"伦理学的存在公理和公设"与"伦理学的推导公理和公设"：二者就是下面《元伦理证明》两章的研究对象。

下篇　元伦理证明

第六章 元伦理证明：伦理学的价值存在公理和道德价值存在公设

本章提要

"价值、善、应该如何"是客体依赖主体需要而具有的属性，是客体的"是、事实、事实如何"与主体的需要、欲望、目的发生关系时所产生的属性，是客体的"是、事实、事实如何"对主体的需要、欲望和目的之效用，是客体的关系属性，是客体的"第三性质"（**伦理学的价值存在本质公理**）。因此，"应该"、"善"、"价值"由客体事实属性与主体需要、欲望、目的构成：客体事实属性是"应该"、"善"、"价值"产生的源泉和存在的载体、本体、实体，叫作"价值实体"；主体需要、欲望和目的则是"应该"、"善"、"价值"从客体事实属性中产生和存在的条件，是衡量客体事实属性的价值或善之有无、大小、正负的标准，叫作"价值标准"——目的是"实在价值标准"；非目的需要和欲望是"潜在价值标准"（**伦理学的价值存在结构公理**）。因此，一方面，应该、善、价值被"主体特殊需要"和"客体特殊事实"所决定，因各主体需要的不同而不同，是特殊的、相对的和主观随意的；另一方面，应该、善、价值又被"主体普遍需要"和"客体普遍事实"所决定，对任何主体都因其有相同的需要而同样是善的、应该的、有价值的，因而是普遍的、绝对的和客观的而不以人的意志为转移（**伦理学的价值存在性质公理**）。这三个命题集及其结合——亦即**伦理学的价值存在公理**——叫作伦理学公理，因其是破解休谟难题——能否从"事实如何"推导出"应该如何"——的理论前提，最终可以推演出伦理学的全部命题。

一 伦理学的价值存在本质公理和道德价值存在本质公设

正当、应该、善、价值等元伦理概念的最为基本的内涵是：它们是否实际存在？乍一看来，这个问题似乎很荒唐：难道它们会是实际不存在的乌有之物？是的，李凯尔特就这样写道："关于价值，我们不能说它们实际存在着或不存在着，而只能说它们是有意义的，还是无意义的。"① 李凯尔特此见能否成立？正当、应该、善、价值实际上是否存在？这就是正当、应该、善、价值的存在本质问题，质言之，亦即价值与道德价值的存在本质。

1 价值的存在本质：客体的属性

正当、应该、善，如前所述，都属于价值范畴，都是客体的事实属性对于主体的需要、欲望、目的的效用性，因而都属于"属性"范畴。然而，人们大都以为价值、正当、应该、善等是一种主体客体关系，属于"关系"范畴而不属于"属性"范畴。这是很荒唐的。因为如所周知，自亚里士多德以来，一切事物被划分为两类：实体和属性。何谓实体？亚里士多德说："实体，在最严格、最原始、最根本的意义上说，是既不能述说一个主体，也不存在一个主体之中，如'个别的人'、'个别的马'。而人们所说的第二实体，是指作为属而包含第一实体的东西，就像种包含属一样，如某个具体的人被包含在'人'这个属之中，而'人'

① 李凯尔特：《文化科学与自然科学》，涂纪亮译，商务印书馆，1986年，第17页。

这个属又被包含在'动物'这个种之中。所以，这些是第二实体，如'人'、'动物'。"①

这就是说，所谓实体，也就是能够独立存在的东西，因而也就是一切独一无二的、单一的、个别的、感官能够感到的事物以及这些事物的总和，亦即单一事物及其"属"或"种"：单一事物是第一实体；单一事物的属或种则是第二实体。反之，所谓属性，则是依赖的、从属的而不能够独立存在东西，也就是不能够独立存在而从属于、依赖于实体的东西，也就是实体之外的一切东西，如马和人的各种颜色、感情心理活动等。这样，属性和实体便是极为广泛的概念：一切事物不是实体就是属性，概莫能外。所以，朱光潜说："一个概念不属于'本体'范畴，就得属于'属性'范畴。"② 因此，那种认为价值不属于"属性"范畴而属于"关系"范畴的观点是很荒唐的。因为即使价值是一种主客体"关系"，那么，一切"关系"显然都是不能独立存在的，都是从属于某些实体的东西，因而都属于"属性"范畴。如果说价值不是属性，那么它就只能是实体：说价值是实体，岂不荒唐？

正当、应该、善与价值一样，都属于属性范畴。那么，它们究竟是客体的属性还是主体的属性？"正当、应该、善、价值都是客体的事实属性对于主体需要的效用性"的定义，岂不已经说得明明白白：正当、应当、善、价值都是客体的效用属性？确实，只有客体才具有价值，而主体是不具有价值的：价值是客体属性而不是主体属性。试想，当人吃面包的时候，人是主体，面包是客体。那么，在这种主客体关系中，具有营养价值的究竟是客体面包还是主体人？显然是面包而不是人：营养价值是面包的属性而不是人的属性。恐怕只有疯子才会说人——而不是面包——具有营养价值。所以，安德森（R. M. Anderson）说："价值并不

① 《亚里士多德全集》第一卷，苗力田等译，中国人民大学出版社，1990年，第6页。
② 朱光潜：《朱光潜文集》第三卷，上海文艺出版社，1983年，第67页。

存在于主体中，而是存在于客体之中。"① 邦德（E. J. Bond）也这样写道：
"价值存在于客体自身，而并不在客体使我快乐的情感之中。"②

但是，我国一些学者，如赖金良先生，却认为不但客体具有价值，
而且主体也具有价值："如果人作为价值主体没有价值，他又如何能够衡
量和判定作为价值客体的物有无价值呢？"③ 确实，一切东西都具有价值，
因此，作为主体的存在物，如贾宝玉、林黛玉等，都具有价值。但是，
当我们说这些作为主体的人也具有价值时，这些作为主体的人便不再是
主体而是客体了。举例说，当贾宝玉追求林黛玉时，贾宝玉是主体，林
黛玉是客体。对于贾宝玉来说，林黛玉具有莫大的价值：价值是客体所
具有的属性。那么，作为主体的贾宝玉有没有价值呢？

当然有。然而，当我们说作为主体的贾宝玉也具有价值时，显然或
者是对于林黛玉等人来说的，或者是对于他自己的某种需要来说的：二
者必居其一。如果贾宝玉有价值是对于林黛玉来说的，那么，作为主体
的贾宝玉便不再是主体而是林黛玉的客体了：贾宝玉是林黛玉所追求的
对象。如果贾宝玉有价值是对于贾宝玉自己的某种需要——如吟诗作赋
的需要——来说的，那么，贾宝玉便既是主体又是客体：拥有这种需要
的贾宝玉是主体，能够满足这种需要因而有价值的贾宝玉，则是客体。
可见，价值只能是客体的属性，而不可能是主体的属性：当我们说作为
主体的存在物也具有价值时，这些存在物便不再是主体而是客体了。

如果说价值是客体的属性，那么，根据逻辑学的"遍有遍无"演绎
公理，应该、正当、善等一切从属于价值范畴的下位概念，无疑也通统
只能是客体的属性了。然而，有些学者却由"应该只是行为的属性，只
是有意识、有目的的活动的属性"的正确前提，而得出结论说，应该是

---

① Ralph Barton Perry: *General Theory of Value: Its Meaning and Basic Principles Construed in Terms of Interest*, New York: Longmans, Green and Company, 1926, p. 70.
② E. J. Bond: *Reason and Value*, New York: Cambridge University Press, 1983, p. 63.
③ 王玉梁主编:《中日价值哲学新论》，陕西人民教育出版社，1994 年，第 47 页。

主体的属性而不是客体的属性；只有主体才有所谓应该如何，而客体则无所谓应该如何：

"应当是一种纯然的主体活动。"[①]"'应当'是主体之应当，而不是客体之应当。严格地讲，客体本身没有应当不应当的问题，它永远按照客观规律运动、变化和发展，只存在'是'或'将是'的问题。"[②]

照此说来，应该便不但不属于善和价值范畴，而且恰恰与善或价值相反：应该是主体的属性；价值和善是客体的属性。这样一来，应该如何的判断也就不是价值判断了。错在哪里？原来，有意识、有目的的活动或行为固然只能是主体的活动或行为，但主体的一切活动或行为都具有主客二重性：它是主体的活动，是主体的属性，属于主体范畴；同时又是主体的活动对象，属于客体范畴，是客体的属性。因为主体在进行某种行为之前后，都可能对该行为进行认识和评价：如果该行为能够达到目的从而是应该的，主体便会从事和坚持该行为；否则，便会放弃该行为。这样，主体的行为与该主体便有双重关系：一方面，它是该主体的行为，属于主体范畴；另一方面，它又是该主体的认识和评价的对象，是该主体应该还是不应该进行的行为，属于客体范畴。举例说：

我是自主活动者，是主体，我的冬泳行为无疑是一种主体活动，属于主体属性。但是，我冬泳前后，都可能对我的冬泳行为进行认识和评价：我应该还是不应该冬泳。这样，我的冬泳行为，便成了我的认识和评价的对象，便是客体，属于客体范畴。当我确认冬泳符合我健康长寿的目的，因而应该冬泳之后，我便进行和坚持冬泳。所以，"我冬泳"和"我应该冬泳"根本不同："我冬泳"是主体的活动、属性，属于主体范畴；"我应该冬泳"则是主体的认识和评价的活动对象，是主体的认识和评价活动的对象的属性，属于客体范畴。

---

① 陈华兴："应当：真理性和目的性的统一"，《哲学研究》，1993 年第 8 期。
② 袁贵仁：《价值学引论》，北京师范大学出版社，1991 年，第 395 页。

可见，以为"应该"是"主体的活动和属性"的错误，就在于将"行为"（"我冬泳"）与"行为的应该不应该属性"（"我应该冬泳"）等同起来，因而由"行为是主体活动和属性"进而断言："行为的应该不应该"是主体的活动和属性。殊不知，虽然行为是主体的活动，属于主体属性；但是，主体的行为也可以是主体的评价对象而成为客体：行为符合主体目的之效用性就是应该；不符合主体目的之效用性就是不应该。因此，行为应该不应该的属性，乃是行为作为客体对于主体目的的效用性。这样一来，"行为"虽然是主体的活动而属于主体范畴；但是"行为的应该不应该属性"，却是行为作为客体而是否符合主体目的之效用性，因而属于客体范畴。

2 价值的存在本质：客体的关系属性和第三性质

应当、善和价值都是客体的属性。那么，它们究竟如同形体大小、质量多少一样，是客体的"第一性质"，还是如同重量、颜色一样，是客体的"第二性质"？或者说，它们究竟是客体的不依赖主体而独自存在的"固有属性"，还是客体的依赖主体而存在的"关系属性"？应当、善和价值之存在本质的进一步确证的关键，乃是对于"属性"（Property）的类型的研究。所以，图尔敏（Stephen Edelston Toulmin）的元伦理学确证理论名著《推理在伦理学中的地位》一开篇便是："三种属性"（Three Types of Property）。然而，对于应当、善、价值的存在本质的确证来说，他沿袭摩尔的传统而把属性分为单纯性质与复合性质，是不科学的。[①] 因为应当、善、价值的存在本质，与单纯还是复合性质无关；它们的存在本质，正如布劳德（C. D. Broad）所说，乃在于它们是客体的"关系属

---

① Stephen Edelston Toulmin: *The Place of Reation in Ethics*, Chicago: The University of Chicago Press, 1986, pp. 10-18.

性"还是"纯粹属性"？ [①] 更确切些说，它们究竟是客体的关系属性还是固有属性？

所谓固有属性，便是事物独自具有的属性。一事物无论是自身独处，还是与他物发生关系，该物都同样具有固有属性。因为这种属性，正如马克思所说，"不是由该物同他物的关系产生，而只是在这种关系中表现出来。" [②] 反之，关系属性则是事物固有属性与他物发生关系时所产生的属性。因此，一事物自身不具有关系属性；只有该物与他物发生关系，才具有关系属性。举例说：

质量的多少是物体独自具有的属性。无论就物体自身，还是就其与引力的关系来说，物体都具有一定的质量。所以，质量多少是物体固有属性。反之，重量则是物体的质量与引力发生关系时所产生的属性。物体自身不具有重量，只有当物体与引力发生关系时，物体才具有重量。所以，重量是物体的关系属性。

电磁波长短是物体独自具有的属性。无论就物体自身，还是就物体与眼睛的关系来说，物体都同样具有一定长短的电磁波。所以，电磁波长短是物体固有属性。反之，颜色则是物体的电磁波与眼睛发生关系时所产生的属性。一般说来，波长760—400dmm之间的电磁波，经过人眼中锥状体以及其他生理器官的接受、加工、转换，便生成各种各样的颜色。如波长590—560dmm的电磁波，经过人眼的作用生成黄色；而波长560—500dmm的电磁波经过人眼的作用则生成绿色。物体自身仅仅具有电磁波而不具有颜色；只有当物体电磁波与眼睛发生关系时物体才有颜色。所以，颜色是物体的关系属性。

与黄、绿等颜色一样，应该、善和价值显然也都是客体的关系属性，而不是客体的固有属性。因为，如上所述，应该、善、价值都是客体对

---

① 　C. D. Broad：《近代五大家伦理学》，庆泽彭译，商务印书馆，民国21年，第215页。

② 　马克思：《资本论》第一卷上卷，人民出版社，1975年，第103页。

主体需要的效用性，因而也就都是客体的只有与主体发生关系才会存在的属性，而不可能是客体独自具有的属性。那么，它们——颜色与价值或黄与善——的区别何在？善与黄的区别，是揭示善的存在本质的枢纽，因而是元伦理学家——从摩尔到图尔敏——一直争论不休的难题。破解这一难题的关键，恐怕是比较三种属性——固有属性和关系属性以及事实属性——之关系。

客体的事实属性与客体的固有属性显然并不是同一概念。因为所谓客体的事实属性，乃是客体的不依赖主体需要而存在的属性；而不依赖主体需要而存在的属性，却可能依赖主体的其他东西，因而便是关系属性，而不是固有属性。颜色、味道、声音都是不依赖主体需要的属性，却仍然依赖主体而存在：颜色依赖主体的眼睛，味道依赖主体的舌头，声音依赖主体的耳朵。所以，颜色、味道、声音都既是客体的事实属性，同时又是客体的关系属性。反之，客体的固有属性必是客体的事实属性。因为固有属性是事物独自具有的属性，客体固有属性便是客体不依赖主体而独自具有的属性。这就是说，客体固有属性，如质量多少和电磁波长短，是不依赖主体的任何东西而独立存在的属性，因而也就是不依赖主体需要而存在的属性，也就都是客体的事实属性。

因此，客体固有属性与客体事实属性是种属关系：客体的一切固有属性都是客体的事实属性；但客体事实属性却既可能是客体的固有属性，也可能是客体的关系属性。更确切些说，客体的事实属性主要是客体的固有属性，如质量多少和电磁波长短等不依赖主体而存在的属性；但也包括客体的关系属性，如颜色、味道、声音等依赖主体而存在的属性。那么，客体的关系属性是否也都是客体的事实属性？否。因为价值是客体的依赖主体而存在的属性，是关系属性；但是，价值不是事实属性。所以，客体的关系属性与客体的事实属性是交叉关系：一方面，客体的有些事实属性，如颜色，是客体的关系属性，有些事实属性，如电磁波长短，则不是关系属性；另一方面，客体的有些关系属性，如颜色，是客体的事实属性，有些关系属性，如价值，则不是事实属性。

这样，红、黄、颜色与应该、善、价值都是客体的关系属性，而不是客体的固有属性。但是，红、黄、颜色是不依主体的需要欲望而转移的关系属性，是客体的事实关系属性。反之，应该、善、价值则是依主体的需要欲望而转移的关系属性，是客体的价值关系属性。所以，培里写道："我们现在可以把价值界定为任何兴趣和它的客体之间的一种特殊关系；或者说，它是客体的这样一种特性，这种特性使某种兴趣得到了满足。"[1]

于是，一切属性便可以经过两次划分而分为三类。第一次是根据一事物所具有的属性是否依赖于该物与他物的关系，将属性分为固有属性和关系属性两类。第二次是依据是否依主体需要而转移的性质而把关系属性再分为两类：价值（亦即价值关系属性）和事实（亦即事实关系属性）。所以，一切属性实际上便分为三类：① 固有属性或固有的事实属性，如质量多少、电磁波长短；② 关系的事实属性或事实关系属性，如红黄颜色；③ 价值关系属性，如正当、应该、善。如图：

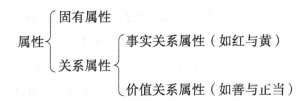

不难看出，这三种属性的客观性和基本性是有所不同而递减的。因为固有的事实属性，如质量多少、电磁波长短等，是一事物完全不依赖他物和主体而存在的东西，是完全客观的和独立的东西，因而我们可以像洛克那样，称之为"第一性质"（primary qualities）。事实关系属性，如红黄颜色，是客体的固有属性或第一性质与主体的某种客观的器官——如眼睛——发生关系的产物，是在固有属性或第一性质基础上产

① Ralph Barton Perry: *General Theory of Value: Its Meaning and Basic Principles Construed in Terms of Interest*, New York: Longmans, Green and Company, 1926, p. 124.

生同时又依赖主体的某种器官而存在的东西，因而是不能独立存在的和不完全客观的东西：它们正如洛克所言，是"第二性质"（secondary qualities）。价值关系属性，如应该、善等，是客体的事实属性——亦即第一性质和第二性质——与主体的某种主观的东西，如欲望、愿望、目的等，发生关系的产物，是在第一性质和第二性质基础上产生的，并且依赖主体的某种主观的东西而存在的东西，因而是更加不能独立、更加不基本和更少客观性的东西，我们可以像现代英美哲学家亚历山大（S. Alexander）和桑塔耶那（George Santayana）那样，称之为"第三性质"（tertiary qualities）。

因此，善与黄的区别，一方面在于所依属的实体（亦即所由以产生的基础）的不同：善的实体较广，是客体的事实属性，因而既可能是"第一性质"，也可能是"第二性质"；黄的实体较窄，是客体的固有属性，因而只是"第一性质"。因为红、黄等颜色是"客体的不依赖主体的属性（电磁波长短）"与主体发生关系的结果，因而也就是客体的固有属性、"第一性质"与主体发生关系的结果。反之，应该、善等价值则是"客体的不依赖主体需要、欲望、目的的属性"与"主体的需要、欲望、目的"发生关系所产生的属性，因而也就是客体的事实属性（"第一性质"和"第二性质"）与"主体需要、欲望、目的"发生关系所产生的属性，是客体事实属性（"第一性质"和"第二性质"）对于"主体需要、欲望、目的"的效用性。

善与黄的区别，另一方面则在于所依赖的主体的属性不同。因为红、黄等颜色是客体与主体的某种客观的东西（眼睛）发生关系的结果；反之，善、应该等价值则是客体与主体的某种主观的东西（需要、欲望、目的）发生关系的结果。因此，离开主体，二者都不可能存。但是，颜色却可以离开主体的需要、欲望、目的而存在，因而属于"事实"范畴，是客体的第二性质。反之，应该、善的存在却依赖主体的需要、欲望、目的，因而属于事实的对立范畴"价值"，是客体的第三性质。

3　结论：价值存在本质公理与道德价值存在本质公设

综观颜色和价值的存在本质之比较，可知"应该、善、价值"与"红、黄、颜色"一样，都是存在于客体之中的客体的关系属性。只不过，"红、黄、颜色"是客体不依赖主体的需要而具有的属性，是客体无论与主体的需要、欲望、目的发生还是不发生关系都具有的属性，因而是客体的事实属性，是客体的事实关系属性，是客体的"第二性质"。反之，"应该、善、价值"则是客体不能离开主体需要而具有的属性，是客体的事实属性与主体的需要、欲望、目的发生关系时所产生的属性，是客体的事实属性对主体的需要、欲望、目的的效用，是客体的价值关系属性，是客体的"第三性质"。这样，颜色与电磁波虽有"第一性质"和"第二性质"之别，却同样属于事实范畴，是构成事实的两部分（颜色是客体的关系事实属性；电磁波是客体的固有事实属性）而与价值相对立。于是，我们可以得出结论说：

"善、价值、应该、应该如何"与"是、事实、事实如何"都是存在于客体之中的客体的属性。只不过，"是、事实、事实如何"是客体不依赖主体需要而具有的属性，是客体无论与主体的需要发生还是不发生关系都具有的属性，是客体的固有属性或事实关系属性，是客体的"第一性质"和"第二性质"。反之，"善、价值、应该、应该如何"则是客体依赖主体需要而具有的属性，是客体的"是、事实、事实如何"与主体的需要、欲望、目的发生关系时所产生的属性，是"是、事实、事实如何"对主体的需要、欲望、目的的效用，是客体的关系属性，亦即客体的价值关系属性，说到底，是客体的"第三性质"。这就是应该、善、价值的存在本质，简言之，就是价值的存在本质，就是普遍适用于一切应该、善和价值领域的"伦理学的价值存在本质公理"。举例说：

牡丹花的"形状和颜色"与牡丹花的"美"，都是牡丹花的属性。只不过，牡丹花的"形状和颜色"是牡丹花的"是、事实、事实如何"，是牡丹花不依赖人的需要而具有的属性，是牡丹花无论与人的需要发生还是不发生关系都具有的属性，是牡丹花的固有属性和事实关系属性，是牡丹花体的"第一性质"和"第二性质"。反之，牡丹花的"美"，则是牡丹花依赖人的需要而具有的属性，是牡丹花的"形状和颜色"与人的需要、欲望、目的发生关系时所产生的属性，是牡丹花的"形状和颜色"对人的需要、欲望、目的之效用，是牡丹花的价值关系属性，是牡丹花的"第三性质"。

伦理学的价值存在本质公理所反映的是一切应该、善、价值的普遍的存在本质，适用于一切价值科学，如国家学（关于国家制度好坏的价值科学）和中国学（关于中国国家制度好坏的价值科学）等。因此，伦理学的价值存在本质公理也就是一切价值科学的价值存在本质公理，是国家学的价值存在本质公理，是中国学的价值存在本质公理等等。如果将其推演于道德价值、道德善、道德应该领域，我们便会发现道德应该、道德善和道德价值的存在本质，亦即只对伦理学有效的"伦理学的道德价值存在本质公设"。因为按照亚里士多德和欧几里得的观点："公理是一切科学所公有的真理，而公设则只是为某一门科学所接受的第一性原理。"①

那么，只对伦理学有效的"道德价值存在本质公设"究竟是怎样的？在道德价值领域，社会是活动者，亦即制定道德的活动者，因而是主体；社会制定道德的目的，亦即道德目的，是主体活动目的；客体则是社会制定的道德所规范的对象，是可以进行道德评价的一切行为。这样，如果将普遍适用于一切应该、善和价值领域的"伦理学存在本质公理"，推演于道德应该、道德善、道德价值领域，便可以得出结论说：

行为应该如何的道德应该、道德善和道德价值，与行为事实如何，

---

① 参阅：克莱因：《古今数学思想》第 1 卷，北京大学数学系数学史翻译组译，上海科学技术出版社，1979 年，第 60、68—69 页；《亚里士多德全集》第一卷，苗力田等译，中国人民大学出版社，1990 年，第 266 页。

都是存在于行为之中的属性。只不过，行为事实如何是行为独自具有的属性，是行为不依赖道德目的而具有的属性，是行为不论与道德目的发生还是不发生关系都具有的属性，是行为的固有属性或事实关系属性，是行为的"第一性质"或"第二性质"。反之，行为应该如何的道德应该、道德善和道德价值，则不是行为独自具有的属性，而是行为依赖道德目的而具有的属性，是行为事实如何与道德目的发生关系时所产生的属性，是行为事实如何对于道德目的的效用，是行为的关系属性，亦即行为的价值关系属性，说到底，是行为的"第三性质"。这就是道德应该、道德善、道德价值的存在本质，这就是伦理学的道德价值存在本质公设。举例说：

"应该诚实"与"诚实"都是诚实行为的属性。只不过，"诚实"是诚实行为独自具有的属性，是诚实行为不依赖道德目的而具有的属性，是诚实行为不论与道德目的发生还是不发生关系都具有的属性，是诚实行为的固有属性或事实关系属性，是行为的"第一性质"或"第二性质"。反之，"应该诚实"，则不是诚实行为独自具有的属性，而是诚实行为依赖道德目的而具有的属性，是诚实行为与道德目的发生关系时所产生的属性，是诚实行为符合道德目的——保障社会存在发展和增进每个人利益——之效用，是诚实行为的价值关系属性，是诚实行为的"第三性质"。

二　伦理学的价值存在结构公理和道德价值存在结构公设

1 实体与标准：价值的存在结构

价值的存在本质（"价值、善、应该、应该如何"是客体依赖主体的需要而具有的属性，是客体的"是、事实、事实如何"与主体的需要、欲望、目的发生关系时所产生的属性，是客体的"是、事实、事实如何"对主体的需要、欲望、目的的效用，是客体的关系属性）表明，离开主体需要、欲望、目的，客体自身便不具有应该、善、价值；只有当客体事实属性与主体需要、欲望、目的发生关系时，客体才具有应该、善、价值。因此，"应该"、"善"、"价值"的存在便由客体事实属性与主体需要、欲望、目的两方面构成：客体事实属性是"应该"、"善"、"价值"产生的源泉和存在的载体、本体、实体，可以名之为"应该的实体"、"善的实体"、"价值实体"或"善事物"、"价值物"；主体需要、欲望、目的则是"应该"、"善"、"价值"从客体事实属性中产生和存在的条件，是衡量客体事实属性的价值或善之有无、大小、正负的标准，可以名之为"应该的标准"、"善的标准"、"价值标准"。这就是"价值、善、应该和正当的存在结构"，简言之，亦即"价值存在结构"。此理极端重要，是破解休谟难题——能否从事实推导出应该——的关键。试举几例以明之：

首先，牡丹花的"美"是牡丹花对人的审美需要的效用。所以，离开人的审美需要，牡丹花自身并不存在美；只有牡丹花的形状、颜色等事实属性与人的审美需要发生关系时，牡丹花才具有美。因此，牡丹花的"美"是由牡丹花的形状、颜色等事实属性与人的审美需要构成：牡丹花的形状、颜色等事实属性是牡丹花的美产生的源泉和存在的载体、本体、实体，可以名之为"牡丹花的美的实体"；人的审美需要则是牡丹花的美从牡丹花的事实属性中产生和存在的条件，是衡量牡丹花的形状、颜色等事实属性是否美的标准，可以名之为"牡丹花的美的标准"。

其次，鸡蛋的营养价值是鸡蛋对人的饮食需要的效用。所以，离开人的饮食需要，鸡蛋自身并不具有营养价值；只有当鸡蛋的蛋白和蛋黄等事实属性与人的饮食需要发生关系时，鸡蛋才具有营养价值。因此，鸡蛋的营养价值是由鸡蛋的蛋白和蛋黄等事实属性与人的饮食需要、欲望、目的构成：鸡蛋的蛋白和蛋黄等事实属性是鸡蛋的营养价值存在的源泉和实体，人的饮食需要则是鸡蛋营养价值存在的条件和标准。

最后，"应该"饮食有节，是饮食有节行为对人的健康长寿的需要的效用。所以，离开人的健康长寿需要，饮食有节行为自身并不具有"应该"属性；只有当饮食有节行为事实与人的健康长寿需要发生关系时，饮食有节才具有"应该"的属性。因此，饮食有节的"应该"属性之存在，是由饮食有节行为的事实属性与人的健康长寿的需要构成：饮食有节的事实属性是饮食有节的"应该"属性的存在的源泉和实体，人的健康长寿的需要则是饮食有节的"应该"属性的存在的条件和标准。

可见，任何价值都不过是客体对于主体需要、欲望和目的的效用，因而皆由客体事实属性与主体需要、欲望、目的两方面构成：客体事实属性是价值产生的源泉和存在的实体，可以称之为"价值实体"；主体需要、欲望、目的则是价值从客体事实属性中产生和存在的条件，是衡量客体事实属性的价值之有无、大小、正负的标准，可以名之为"价值标准"。于是，在价值领域，正如普罗泰戈拉所言："人是万物的尺度。"更确切些说：主体的需要、欲望和目的是万物价值之尺度。

2　实在与潜在：价值存在结构的二重性

当我们进一步审视应该、善、价值的存在结构时，可以看出：客体的事实属性，有些已为主体所认识，有些则尚未被主体认识。已被主体认识的客体事实属性，对于主体需要的效用，是现实的、实际存在的，因而可以称之为"实在价值实体"、"实在善实体"、"实在应该实体"。尚未被主体认识的客体事实属性，对于主体需要的效用，则处于可能的、潜在的状态，因而可以称之为"潜在价值实体"、"潜在善实体"、"潜在应该实体"。举例说：

一个铁矿，一片油田，尚未被人发现时，对人的效用便处于潜在的、可能的状态，所以是潜在价值实体、潜在善实体。而当它们被人发现时，对于人的效用，便是现实的、实际存在的，所以是实在价值实体、实在善实体。

同理，应该、善、价值之标准也有潜在与实在之分。因为主体的一切目的，如所周知，都产生于主体的需要和欲望：凡是主体的行为目的都是为了满足主体的需要和欲望；反之，凡是为了满足的主体的需要与欲望也都是主体的行为目的。因此，"目的"与"为了满足的需要与欲望"是同一概念。这意味着，主体的一切需要和欲望并不都引发行为、产生目的。已引发行为、产生目的的需要和欲望，便是为了满足的需要和欲望，便是目的，可以名之为实在需要和欲望，也不妨称之为"有效需求"；未引发行为、产生目的的需要和欲望，便不是为了满足的需要和欲望，不是目的，可以称之为潜在的需要和欲望，亦不妨称之为"无效需求"。

举例说，一个专心攻读考取博士而不交女友的青年，其交结女友的需要和欲望便未引发行为、产生目的，因而不是为了满足的需要和欲望，不是目的，所以是潜在的需要和欲望，不妨称之为"无效需求"；而当他终于考上博士而交结女友时，则其交结女友的需要和欲望便已引发行为、产生目的，是为了满足的需要和欲望，是目的，所以是实在需要和欲望，不妨称之为"有效需求"。

目的是实在需要和欲望，因而也就是衡量客体事实属性价值如何、应该与否的现实的、实在的标准，是应该的实在标准、善的实在标准、价值的实在标准；非目的需要和欲望是潜在需要和欲望，因而也就是衡量客体事实属性价值如何、应该与否的潜在的、可能的标准，是应该的潜在标准、善的潜在标准、价值的潜在标准。

刚刚说到的那位青年，原本既有交结女友的两性需要和欲望，又有考取博士的需要和欲望。但是，专心准备考取博士的那些年月，他的目的是考取博士而不是交女朋友：交女朋友的需要和欲望受到压抑而处于潜在状态。这样，交女朋友对于他，一方面，实在说来，便因其浪费时间违背他考取博士的目的而是不应该的；另一方面，潜在说来，则因其符合他交女朋友的非目的需要而是应该的。所以，他考取博士的目的，亦即实在的需要和欲望，是衡量他行为应该与否的实在价值标准；而他交女朋友的非目的需要，亦即潜在的需要和欲望，则是衡量他的行为应该与否的潜在价值标准。

3　结论：价值存在结构公理与道德价值存在结构公设

综上可知，"应该"、"善"、"价值"是客体的"是、事实、事实如何"对主体的需要、欲望、目的的效用，因而由客体事实属性与主体需要、欲望、目的两方面构成：客体事实属性是"应该"、"善"、"价值"产生的源泉和存在的载体、本体、实体，叫作"应该的实体"、"善的实体"、"价值实体"；主体需要、欲望、目的则是"应该"、"善"、"价值"从客体事实属性中产生和存在的条件，是衡量客体事实属性的价值或善之有无、大小、正负的标准，叫作"应该的标准"、"善的标准"、"价值标准"——目的是"实在价值标准"；非目的需要和欲望是"潜在价值标准"。

这就是应当、善与价值存在之结构，简言之，就是价值的存在结构，亦即普遍适用于一切应该、善和价值领域的"伦理学的价值存在结构公理"，说到底，亦即普遍适用于伦理学（伦理学是关于道德好坏的价值科学）和国家学（国家学是关于国家制度好坏的价值科学）以及中国学（中国学是关于中国国家制度好坏的价值科学）等一切"价值科学的价值存在结构公理"："价值科学的价值存在结构公理"与"伦理学的价值存在结构公理"以及"国家学的价值存在结构公理"与"中国学的价值存在结构公理"是同一概念。

举例说，商品使用价值是商品事实属性对人的消费需要、欲望和目的之边际效用，因而由商品事实属性与人的消费需要欲望和目的构成：

商品事实属性是使用价值产生的源泉和存在的载体、本体、实体，叫作"使用价值实体"；人的消费需要、欲望、目的则是商品使用价值从商品事实属性中产生和存在的条件，是衡量商品事实属性的使用价值之有无、大小的标准，叫作"商品使用价值标准"。然而，问题的关键还在于：

商品所有者虽然也有消费他的商品的需要与欲望，他的商品也能满足他的消费需要与欲望；但是，他生产商品的目的，却不是消费而是交换。所以，实在说来，商品对于他便没有使用价值，而只有交换价值；使用价值对于他仅仅是潜在的。因此，马克思说："商品所有者的商品对他没有直接的使用价值。一切商品对它们的所有者是非使用价值。"[①]

更全面些说，一方面，商品所有者的目的（交换），是衡量其商品对于他的价值的实在标准，因而实在说来，他的商品对于他便没有使用价值，而只有交换价值；另一方面，商品所有者的非目的需要和欲望（消费），则是衡量其商品对于他的价值的潜在标准，因而潜在说来，他的商品对于他也具有使用价值：使用价值对于他仅仅是潜在的。

在道德价值领域，社会是活动者，亦即制定道德的活动者，因而是主体；社会制定道德的目的，亦即道德目的，是主体活动目的；客体则是社会制定的道德所规范的对象，是可以进行道德评价的一切行为。这样一来，如果将普遍适用于一切应该、善和价值领域的"伦理学的价值存在结构公理"——亦即"价值科学的价值存在结构公理"——推演于道德应该、道德善、道德价值领域，便可以得出结论说：

行为应该如何的道德应该、道德善、道德价值，是行为事实如何对于道德目的的效用，因而由"行为事实如何"与"道德目的"两方面构成：行为之事实如何是行为应该如何产生的源泉和存在的载体、本体、实体，可以名之为"道德应该的实体"或"道德善的实体"，说到底，亦即"道德价值实体"；道德目的是行为应该如何从行为事实如何中产生和

---

① 马克思：《资本论》第一卷上卷，人民出版社，1975 年，第 103 页。

存在的条件，是衡量行为事实如何的道德价值之有无、大小、正负的标准，可以名之为"道德应该的标准"或"道德善的标准"，说到底，亦即"道德价值标准"。这就是道德应该、道德善和道德价值存在之结构，简言之，就是道德价值存在结构，亦即仅仅适用于伦理学的"伦理学的道德价值存在结构公设"。举例说：

"应该诚实"是诚实行为之事实如何符合道德目的——保障社会存在发展和增进每个人利益——之效用，因而由诚实行为之事实与道德目的两方面构成：诚实行为之事实如何是"应该诚实"产生的源泉和存在的载体、本体、实体，说到底，是"应该诚实"的道德价值实体；道德目的是"应该诚实"从诚实行为事实如何中产生和存在的条件，是衡量诚实行为事实如何的道德价值之有无、大小、正负的标准，说到底，是"应该诚实"的道德价值标准。

诚实行为事实如何只是"应该诚实"的道德价值实体；而道德目的才是"应该诚实"的道德价值标准。这意味着，诚实未必都是应该的：只有当诚实符合道德目的的条件下，诚实才是应该的；如果诚实违背道德目的，那么，就不应该诚实，而应该说谎。就拿康德曾举过的案例来说：当凶手询问被他追杀而逃到我家的无辜者是否在我家，我是否应该诚实相告而不该谎称他不在家？[①] 否！

因为当凶手询问被他追杀而逃到我家的无辜者是否在我家时，"诚实"这种善便与"救人"这种善发生了冲突：要诚实便救不了人，要救人便不能诚实；不说谎就得害人性命，不害命便得说谎。当此际，诚实是小善、救人是大善；说谎是小恶，害命是大恶。因此，如果诚实就会害人性命，其净余额是害人，违背道德目的——保障社会存在发展和增进每个人利益——因而是不应该的；相反地，只有说谎才能救人性命，

---

① Sissela Bok: *Lying: Moral Choice in Public and Private Life*, New York: Vintage Books, 1989, p. 269.

其净余额是利人，符合道德目的，因而应该说谎。孟子曰："大人者，言不必信，行不必果，惟义是从。"① 此之谓也！否则，避小恶（说谎）而就大恶（害命）、得小善（诚实）而失大善（救人），净余额是害人，违背道德目的，实乃不道德的小人之举："言必信，行必果，硁硁然小人哉！"②

三　伦理学的价值存在性质公理和道德价值存在性质公设

1　价值的存在性质：特殊性和普遍性

据说，斯宾诺莎有一天在一棵树下发现，没有两片完全相同的树叶。由此他领悟到：任何事物都有其特殊性。但是，他忽略了问题的另一面：也没有两片完全不同的树叶，一切事物都有其共同点、普遍性。所谓普遍性，就是某一种类所有事物都具有的属性，是一类事物的共同性；反之，特殊性则是某一种类部分事物所具有的属性，是某一种类事物的不同性。例如，喜爱美食和游戏，是人"类"所有的人都具有的属性，因而是普遍性；反之，爱吃萝卜而不是白菜、陶醉于打扑克而不是乒乓球，则是人"类"的一部分人所具有的属性，因而是特殊性。

因此，所谓特殊的应该、善和价值，也就是仅仅对于某类主体的部分个体才存在的应该、善和价值，也就是对于该类部分主体才存在的应该、善和价值。这样，特殊的应该、善、价值便因主体不同而不同：对一定的主体是应该的、善的、有价值的；对于另一定主体却不是应该的、

---

① 《孟子·离娄下》。
② 《论语·为政》。

善的、有价值的，甚至是恶的、具有负价值的。反之，普遍的应该、善和价值，则是对于某类主体的一切个体的都相同的应该、善和价值，也就是对于该类任何主体都一样的应该、善和价值。这样，普遍的应该、善、价值的存在，便不会因主体的不同而不同：它们对于任何主体都同样是应该的、善的、有价值的。

举例说，菊花对于爱菊者是善的、有价值的；特别是陶渊明，菊花对其价值莫大焉："采菊东篱下，悠然见南山"。但是，菊花对于不爱菊者，特别是对于那些对菊花过敏者，却不是善的、有价值的。所以，菊花的善或价值是特殊的，是特殊的善，是特殊的价值。反之，美对于一切人——不论是爱菊者还是不爱菊者——都同样有价值，同样是善。所以，美的价值或善是普遍的，是普遍价值、普遍善。

不难看出，应该、善、价值的普遍与特殊之分，首先源于主体的需要（及其经过意识的各种转化形态，如欲望、目的）的普遍与特殊之分。所谓主体的特殊需要，亦即某类主体的不同需要，也就是仅为该类一些主体具有而另一些主体却不具有的需要；所谓主体的普遍需要，亦即某类主体的共同需要，也就是该类任何主体都同样具有的需要。

例如，就人"类"来说，一方面，"白菜萝卜各有所爱"，有些人喜欢吃白菜，有些人却不喜欢吃白菜，而喜欢吃萝卜：爱吃白菜或萝卜是人"类"的某些人的不同需要，因而是主体的特殊需要。另一方面，虽然众口难调，但正如孟子所言："口之于味，有同嗜焉。"各人的口味不论如何不同，却同样都有美食需要：美食的需要是人类的共同需要，因而是主体的普遍需要。

不言而喻，所谓特殊的应该、善、价值，也就是客体事实属性满足主体特殊需要之效用；它们满足的是主体的特殊的需要，所以便因主体的不同而不同。所谓普遍的应该、善、价值，也就是客体事实属性满足主体普遍需要之效用；它们满足的是主体的普遍需要，所以对于任何主体便都是一样的，而绝不会因主体的不同而不同。

为什么菊花的价值或善是特殊的？为什么菊花对一些人有价值、是善，对另一些人却无价值而不是善？岂不就是因为，菊花的形状和颜色以及香味等事实属性满足的是主体的特殊需要：爱菊仅仅是有些人才具有的需要。反之，美的价值或善为什么是普遍的？为什么美对于任何主体都同样有价值，同样是善？岂不就是因为，美的客体的"比例和谐"等事实属性满足的是主体的普遍需要：爱美之心人皆有之。

那么，究竟怎样的客体才能满足主体的特殊需要而具有特殊的价值、善、应该？怎样的客体才能满足主体的普遍需要而具有普遍的价值、善、应该？显然，只有普遍性的客体、客体的普遍性事实，才能满足主体的普遍需要；只有特殊性的客体、客体的特殊性事实，才能满足主体的特殊需要。但是，任何普遍都存在于特殊之中；任何特殊都包含着普遍。"食物"是普遍性客体，必定存在于"白菜"或"萝卜"等特殊性客体之中；"白菜"或"萝卜"等特殊性客体，也必定包含着"食物"等普遍性客体。

因此，如果一种特殊性客体，如白菜，它的特殊的颜色和味道等事实属性，能够满足某主体爱吃白菜的特殊需要，从而具有特殊的善和价值；同时也就因其包含"食物"这种客体的"可被主体消化吸收、新陈代谢"等普遍性事实属性，而满足了该主体的饮食和生存等普遍需要，从而具有普遍价值或善。反之亦然，如果一种普遍性客体，如食物，它的"可被主体消化吸收、新陈代谢"等普遍性事实属性，能够满足主体饮食和生存普遍需要，从而具有普遍的善和价值；同时也就因其必定包含于某种特殊性客体，如萝卜，而以萝卜特殊的颜色和味道等特殊性事实，满足了该主体的爱吃萝卜的特殊需要，从而具有特殊价值或善。

于是，总而言之，可以得出结论说，"应该"、"善"、"价值"既具有特殊性又具有普遍性，因其"价值标准（主体的需要、欲望、目的）"和"价值实体（客体的事实属性）"都既具有特殊性又具有普遍性。客体的特殊性事实具有满足主体特殊需要的效用，因而是一种特殊的应该、善、价值。这种应该、善、价值是特殊的，因为它们只是对于具有这种特殊需要的主体才是应该的、善的、有价值的。客体的普遍性事实具有满足主体普遍需要的效用，因而是一种普遍的应该、善、价值。这种应该、善、价值是普遍的，因为它们对于任何主体都因其有相同的需要而同样是应该的、善的、有价值的。

　　换言之，"应该"、"善"、"价值"既具有特殊性又具有普遍性。因为"应该"、"善"、"价值"是客体对主体的需要、欲望、目的的效用，由"客体事实属性（价值实体）"与"主体需要、欲望、目的（价值标准）"两方面构成。所以，一方面，应该、善、价值被"主体特殊需要、欲望、目的"和"客体特殊性事实"所决定，因而具有特殊性：它们只是对于具有这种需要的那些主体才是有价值的、善的、应该的，因而是特殊的应该、善、价值；另一方面，应该、善、价值又被"主体普遍需要、欲望、目的"和"客体普遍性事实"所决定，因而具有普遍性：它们对于任何主体都因其有相同的需要而同样有价值，同样是善的、应该的，因而是普遍的应该、善和价值。这就是"应该"、"善"、"价值"存在的普遍性与特殊性原理，简言之，就是价值存在的普遍性与特殊性原理。

2　价值的存在性质：相对性和绝对性

　　应该、善和价值的特殊性、普遍性，与其相对性、绝对性密切相关：特殊性都是相对性；绝对性都是普遍性。因为，所谓绝对，亦即无条件，也就是在任何条件——对象条件和时间条件——下都相同不变的东西，亦即对于任何对象在任何时间中都一样的东西；反之，相对则是有条件，亦即因条件——对象条件和时间条件——不同而不同的东西。举例说，曹雪芹是物质，是绝对的，因为他在任何条件——在任何时间和对于任何对象——下都是物质。但是，曹雪芹是人和儿子，则是相对的，因为这是有时间和对象条件的：他只是在1715—1763年间是人；他只有相对于他父母来说才是儿子。

因此，所谓绝对的应该、善和价值，也就是无条件的应该、善和价值，也就是对于某类主体的任何个体在任何时间都存在的应该、善和价值。反之，相对的应该、善和价值则是有条件的应该、善和价值，也就是只有对于某类主体的部分个体——或任何个体在一定时期——才存在的应该、善和价值。举例说，食物的善和价值是绝对的，因为食物对于任何人在任何时间都是善的和有价值的。反之，牛肉和性对象的善和价值则是相对的，因为，一方面，牛肉只是对于某些人才是善的和有价值的；另一方面，性对象虽然对于每个人都是善的、有价值的，但只是对于青春期之后的每个人才是善的和有价值的。

不难看出，一切特殊的应该、善和价值，都是相对的。因为一切特殊的应该、善和价值，都仅仅对于某类主体的部分个体才是存在的，只是对于一些主体才是应该的、善的、有价值的；而对于另一些主体则不是应该的、善的、有价值的，甚至是恶的、具有负价值的。例如，猪肉的善或价值是特殊的，因为只是对于一些人来说，猪肉才是善的和有价值的。这样，猪肉的善或价值也就是相对的：它只是对于需要猪肉的人才是善的、有价值的，而对于不需要猪肉的人，如回民，则不是善的、有价值的。

那么，是否一切普遍的应该、善和价值都是绝对的？否。不妨就客体对于人的价值来说。普遍价值无疑是对于一切人都存在的价值，因而其存在是无对象条件的；而绝对价值则是对于一切人在任何时间都存在的价值，因而其存在不但无对象条件，而且无时间条件。因此，绝对价值都是普遍价值；普遍价值却不都是绝对价值：绝对价值仅仅是那种既无对象条件又无时间条件的普遍价值，亦即对于任何人在任何时间都一样存在的价值："绝对价值"与"绝对的普遍价值"是同一概念。举例说：

古人云"食色性也"。但是"食"与"性"的价值并不相同。食物不但对于任何人都是有价值的，因而是普遍价值；而且对于任何人在任何时间都是有价值的，因而是绝对价值。性对象也是对于任何人都有价值，因而是普遍价值；但性对象并不具有绝对价值，而只具有相对价值，是相对的普遍价值。因为性对象并不是对于任何人在任何时间都是有价值的。性对象只是在人们进入青春期性成熟以后才是有价值的；而处于青春期之前的人，没有性爱需要，性对象对于他们也就没有什么价值可言。试想，对一个没有性爱需要的人说："生命诚可贵，爱情价更高"，岂不可笑？

应该、善、价值的相对与绝对之分，首先源于"主体的需要、欲望、目的"的相对与绝对之分。因为所谓主体的绝对需要，也就是某类主体的任何个体在任何时间都普遍具有的需要，如每个人的自由需要、游戏需要、审美需要和食物需要等。所谓主体的相对需要，则是仅为某类主体的部分个体具有——或为任何个体在一定时间具有——的需要：前者如牛肉需要；后者如性需要。

于是，满足主体绝对需要的应该、善、价值，对于任何主体在任何时间便都因其有相同的需要而同样有价值，同样是善的、应该的。所以，它们是绝对的。反之，满足主体相对的需要之应该、善、价值，便会或者因主体的不同而不同，或者因主体在不同时期的需要不同而不同：它们对于具有这种需要的主体便有价值，便是善的、应该的；对于不具有这种需要的主体则无价值，则不是善的、应该的。所以，它们是相对的。

为什么食物的价值或善是绝对的？为什么食物对于任何人在任何时间都同样有价值，同样是善？显然是因为食物满足的是人的绝对需要：任何人在任何时间都具有对于食物的需要。为什么牛肉和性对象的价值或善是相对的？无疑是因为牛肉和性对象满足的是人的相对需要：吃牛肉仅仅是有些人才有的需要；性欲则仅仅是每个人在青春期之后才具有的。

那么，究竟怎样的客体才能满足主体的相对的特殊的需要而具有相对价值、善、应该？怎样的客体才能满足主体的绝对需要而具有绝对的价值、善、应该？毫无疑义，只有绝对性的客体、客体的绝对性事实，才能满足主体的绝对需要；只有相对性的客体、客体的相对性事实，才能满足主体的相对需要。但是，任何绝对和普遍都存在于相对和特殊之中；任何相对和特殊都包含着绝对和普遍。"美"的客体是绝对的普遍性客体，必定存在于"菊花"和"庐山"等相对的特殊的美的客体之中；"菊花"和"庐山"等美的相对的特殊的客体，也必定包含着"美"的绝对的普遍性客体。

因此，如果一种相对性特殊性客体，如菊花，它的特殊的形状、耐寒、花开季节以及周敦颐所谓的"予谓菊，花之隐逸者也"①等特殊的相对的事实属性，能够满足陶渊明的"隐逸"等相对的特殊的需要，从而具有相对的善和价值；同时也就因其包含"美"这种客体的"比例和谐"等绝对的普遍事实属性，而满足了陶渊明等爱菊者的"爱美之心"的绝对需要，从而具有绝对价值、绝对善。

反之亦然，如果一种绝对性的普遍客体，如"美"的客体，它的"比例和谐"等绝对的普遍性事实属性，能够满足陶渊明和周敦颐等一切人的审美的绝对性普遍需要，从而具有绝对的善和价值；同时也就因其必定包含于某种特殊性客体，如莲花，而以其"出淤泥而不染，濯清涟而不妖，中通外直，不蔓不枝，香远益清，亭亭净植，可远观而不可亵玩焉"②等特殊性相对性事实属性，满足了周敦颐"将莲花比君子"（"莲，花之君子者也"③）的爱莲花的特殊的相对的需要，从而具有相对价值和相对善。

综上可知，"应该"、"善"、"价值"既具有相对性又具有绝对性，因其"价值标准（主体的需要、欲望、目的）"和"价值实体（客体的事实属性）"都既具有特殊性和相对性，又具有普遍性和绝对性。客体的特

---

① 周敦颐：《爱莲说》。
② 同上。
③ 同上。

殊性相对性事实，具有满足主体特殊的相对的需要之效用，因而是一种相对的应该、善、价值。这种应该、善、价值是相对的，因为它们对于具有这种需要的主体便有价值，便是善的、应该的；对于不具有这种需要的主体则无价值，则不是善的、应该的。客体的绝对性的普遍事实具有满足主体绝对的普遍需要的效用，因而是一种绝对的应该、善、价值。这种应该、善、价值是绝对的，因为它们对于任何主体在任何时期都因其有相同的需要而同样有价值，同样是善的、应该的。

换言之，应该、善、价值的存在既具有相对性又具有绝对性。因为"应该"、"善"、"价值"是客体对主体的需要、欲望、目的的效用，由"客体事实属性（价值实体）"与"主体需要、欲望、目的（价值标准）"两方面构成。所以，一方面，应该、善、价值被"主体的特殊的相对的需要、欲望、目的"和"客体的特殊的相对的事实"所决定，因而具有相对性：它们对于具有这种特殊需要的主体便是有价值的、善的、应该的，而对于不具有这种特殊需要的主体则不是有价值的、善的、应该的，因而是相对的应该、善、价值；另一方面，应该、善、价值又被"主体的绝对的普遍需要、欲望、目的"和"客体的绝对的普遍事实"所决定，因而具有绝对性：它们对于任何主体在任何时间都因其有相同的需要而同样有价值，同样是善的、应该的，因而是绝对的应该、善和价值。这就是"应该"、"善"、"价值"存在的绝对性与相对性原理，简言之，就是价值存在的绝对性与相对性原理。

3 价值的存在性质：主观性与客观性

弄清了应该、善和价值存在的普遍性和特殊性以及绝对性和相对性，便可以解析基于二者的更为复杂的客观性和主观性难题了。应该、善和价值的客观性和主观性，首先源于主体需要——及其经过意识的各种转化形态——的客观性和主观性。不过，所谓主观和客观，如所周知，含义有二。一个含义是：主观指意识、精神；客观指意识或精神之外的物质世界。另一个含义是：主观指事物的依人的意志而转移的属性；客观指事物的不以人的意志而转移的属性。主体需要、欲望、目的之"主观与客观"，系指主观和客观的后一种含义：是否依人的意志而转移。因为，如果就第一种含义来看，欲望属于意识范畴，因而一切欲望都是主观的，根本不存在什么客观的欲望。欲望的主观与客观之分，显然只能是指"是否依人的意志而转移"含义：依人的意志而转移的欲望，如偷盗的欲望，就是主观欲望；不依人的意志而转移的欲望，如性欲和食欲，就是客观欲望。

因此，所谓主体的主观需要，也就是依人的意志而转移的需要；而主体的客观需要则是不依人的意志而转移的需要。那么，究竟主体的什么需要是依人的意志而转移的？无疑是主体的特殊需要：主体的主观需要都是主体的特殊需要。因为每个人的特殊的需要、欲望、目的，大都是偶然的、可变的、可以自由选择的，因而具有依自己的意志而转移的主观性。举例说：

张三醉心于打扑克游戏，对于扑克有强烈的需要；李四则醉心于下象棋游戏，对于下棋有强烈需要。这些都是特殊需要。张三和李四的这些特殊需要，都是偶然的、可变的、可以自由选择的。因为张三和李四都可能认识到打扑克和下象棋有损健康而逐渐喜欢打乒乓球，从而对打乒乓球产生强烈需要而不再需要打扑克和下象棋。所以，张三的打扑克的需要和李四的下象棋的需要是主观随意的：特殊需要大都具有依自己的意志而转移的主观性。

主体特殊需要的主观随意性决定了应该、善和价值具有主观随意性。因为主体的需要是应该、善和价值的标准：如果衡量客体的善和价值的标准是主观随意的，那么，客体的善和价值又怎么能不是主观随意的呢？确实，如果张三李四打扑克和下象棋的需要是主观随意的，那么，打扑克和下象棋的价值或善也就不能不是主观随意的。因为当张三李四有打扑克和下象棋的需要时，打扑克和下象棋就是有价值的，就是一种善。但是，当他们一旦戒掉这些嗜好而不再有这些需要时，打扑克和下象棋就不再是善，不再有价值了。

因此，究竟应该打扑克还是应该下象棋抑或打乒乓球？究竟打扑克有价值还是下象棋有价值？究竟当官好、发财好、还是当教授好？如此等满足每个主体的一切特殊需要的应该、善和价值，皆因时因地而异，依主体的意志而转移，都是主观随意和偶然多变的，以致王羲之叹曰："当其欣于所遇，暂得于己，快然自足，曾不知老之将至。及其所之既倦，情随事迁，感慨系之矣。向之所欣，俯仰之间，已为陈迹，犹不能不以之兴怀。"①

但是，"应该"、"善"和"价值"并不完全是主观的。如果它们完全是主观的，因而仅仅取决于我们的意志，那么，岂不是只要我们愿望和思想某些东西有价值，它们也就一定有价值吗？但是，恰恰相反，难道蚊子、苍蝇有害而青蛙、蜘蛛有益是因为我们的愿望就是如此吗？难道我们愿望、想望、希望什么东西有价值，什么东西就有价值吗？并不是。所以，邦德（E. J. Bond）说："思想某些东西有价值，亦即评价它们，不可能使它们真就有价值。"②"应该"、"善"和"价值"显然具有某种不以人的意志而转移的客观性。

"应该"、"善"、"价值"是客观的、具有客观性，首先源于它们的标准——主体的需要、欲望、目的——具有客观性，是客观的。所谓主体的客观需要，如上所述，乃是不依人的意志而转移的需要。那么，究竟主体的什么需要是不依人的意志而转移的？无疑是主体的普遍需要。因为每个人的普遍的需要、欲望、目的，都是必然的、不可改变的、不能自由选择的，因而具有不依人的意志而转移的客观性。举例说，每个人

---

① 王羲之:《兰亭集序》。
② E. J. Bond: *Reason and Value*, New York: Cambridge University Press, 1983, p. 100.

都具有饮食需要、性需要、游戏的需要、审美需要、自我实现需要；每个社会都有节制、诚实、自尊、中庸、勇敢、正义等道德需要。所以，这些都是普遍需要。这些普遍需要之所以是每个主体都具有的，乃是因为它们是必然的、不可改变的、不能自由选择的，因而具有不依人的意志而转移的客观性。

试想，你是想有性欲就有性欲、想没有性欲就没有性欲吗？并不是。否则，马克思就不会谈恋爱和结婚了。因为他曾说过，一个想要干一番事业的人，谈恋爱和结婚是最大的蠢事。他之所以谈恋爱和结婚，是因为性欲具有某种不依他的意志而转移的客观性：这种客观性就是一种所谓的人性而蕴涵于他的机体构造及其需要之中。因此，弗洛伊德一再说，恒久地看，人并不是自己的躯体欲望和它所引发的行为目的的主人："自我就是在自己的家里也不是主人。"[1] "人是智力薄弱的动物，是受其本能欲望支配的。"[2]

这样，性对象的价值或善也就是客观的、不依人的意志而转移的。因为不论一个人的意志如何，他都不可能没有性欲；不论他的意志如何，性对象都能够满足他的性欲而具有价值或善：性对象的善和价值是不以人的意志而转移的，是客观必然的。同理，一切满足主体普遍需要的善和价值，如食物的善和价值、爱情的善和价值、游戏的善和价值、美的善和价值、自我实现的善和价值、诚实的善和价值、勇敢的善和价值等，也就都具有不依人的意志而转移的客观性，都是客观的善和价值：客观的应该、善和价值就是不依主体的意志而转移的应该、善和价值。所以，应该、善和价值的客观性源于主体的普遍需要的不依人的意志而转移的客观性。

---

[1]　Sigmund Freud: *Introductory Lectures on Psycho-Analysis*, translated by James Strachey, New York: W. W. Norton & Company, 1966, p. 353.

[2]　宾克莱:《理想的冲突》，马元德译，商务印书馆，1983 年，第 131 页。

"应该"、"善"和"价值"具有客观性，不仅因其价值标准——主体的普遍的需要、欲望、目的——是客观的，更重要的，还因其乃是客体的事实属性对于主体的需要、欲望、目的的效用：客体事实属性是它们产生的源泉和存在的实体。这样，它们的存在便具有不依主体的意志而转移的性质。因为客体的事实属性是不依赖主体的需要、欲望、目的而存在的：事实之为事实就在于它们是不依赖主体的需要、欲望、目的而存在的东西。白菜有价值，并不仅仅取决于人们的口味，更重要的，还取决于白菜所具有的那些不依人的意志而转移的事实的属性，如含有蛋白质、脂肪、碳水化合物、钙、胡萝卜素、核黄素等。

如果白菜没有这些属性，而具有其他一些事实属性，比如说，乙肝病毒和艾滋病病毒，我们还能说它们有价值吗？所以，我们说白菜有价值，并不仅仅是因为我们的欲望如何，更重要的是因为这些东西具有某些不以人的意志而转移的事实属性。反之，即使一个人不喜欢吃白菜，白菜对于他也是具有营养价值的。所以，白菜因其含有蛋白质、脂肪、碳水化合物等事实属性而具有的营养价值，是不依赖主体的口味、嗜好、欲望、愿望而转移的，因而是客观的，是客观价值：客观价值就是不依主体的欲望、愿望、意志而转移的价值。

综上可知，"应该"、"善"、"价值"既具有主观性又具有客观性。一方面，"应该"、"善"、"价值"具有主观性，因其标准——主体的需要、欲望、目的——具有特殊性，因而是主观的、偶然的、可变的、依人的意志而转移的；另一方面，"应该"、"善"、"价值"又具有客观性，不但因其实体（客体的事实属性）是客观的、不以人的意志而转移的，而且因其标准（主体的需要、欲望、目的）具有普遍性，因而也是客观的、必然的、不可改变的、不依人的意志而转移的。

换言之，"应该"、"善"、"价值"既具有主观性又具有客观性，因为"应该"、"善"、"价值"是客体对主体的需要、欲望、目的的效用，由"客体事实属性（价值实体）"与"主体需要、欲望、目的（价值标准）"

两方面构成。所以，一方面，应该、善、价值被"主体的特殊的、主观的、可以因人的意志而转移的需要、欲望、目的"所决定，因而具有主观性：它们是依人的意志而转移的，因而是主观的应该、善和价值。另一方面，应该、善、价值又被"客体的事实属性和主体的普遍的、客观的、不依人的意志而转移的需要、欲望、目的"所决定，因而具有客观性：它们是不依人的意志而转移的，因而是客观的应该、善和价值。这就是"应该"、"善"、"价值"存在的客观性与主观性原理，简言之，就是价值存在的客观性与主观性原理。

4 结论：价值存在性质公理与道德价值存在性质公设

综观应该、善、价值的存在性质可知，应该、善、价值的存在既具有特殊性、相对性和主观性，又具有普遍性、绝对性和客观性。因为"应该"、"善"、"价值"是客体对主体的需要、欲望、目的的效用，由客体事实属性（价值实体）与主体需要、欲望、目的（价值标准）构成。所以，一方面，应该、善、价值被"主体特殊性、相对性需要"和"客体特殊性、相对性事实"所决定，因各主体需要的不同而不同，是特殊的、相对的和主观随意的；另一方面，应该、善、价值又被"主体普遍性、绝对性需要"和"客体普遍性、绝对性事实"所决定，对任何主体都因其有相同的需要而同样是善的、应该的、有价值的，因而是普遍的、绝对的和客观的而不依人的意志而转移。

这就是应该、善、价值的存在之性质，简言之，就是价值的存在性质，亦即普遍适用于一切应该、善、价值领域的"伦理学的价值存在性质公理"，说到底，亦即普遍适用于伦理学（伦理学是关于道德好坏的价值科学）和国家学（国家学是关于国家制度好坏的价值科学）以及中国学（中国学是关于中国国家制度好坏的价值科学）等一切"价值科学的价值存在性质公理"："价值科学的价值存在性质公理"与"伦理学的价值存在性质公理"以及"国家学的价值存在性质公理"与"中国学的价值存在性质公理"是同一概念。

在道德价值领域，社会是活动者，亦即制定道德的活动者，因而是主体；社会制定道德的目的，亦即道德目的，是主体活动目的；客体则是社会制定的道德所规范的对象，是可以进行道德评价的一切行为。这样一来，如果将普遍适用于一切应该、善、价值领域的"伦理学的存在性质公理"，推演于道德应该、道德善、道德价值领域，便可以得出结论说：

行为应该如何的道德价值、道德善、道德应该，既具有特殊性、相对性和主观性，又具有普遍性、绝对性和客观性。因为行为应该如何的道德价值，是行为事实如何对于道德目的的效用，由"行为事实如何"（道德价值实体）与"道德目的"（道德价值标准）两方面构成。所以，一方面，行为之应该如何的道德价值，被"一定社会创造道德的特殊的、相对的目的"与"特殊的、相对的行为之事实如何"所决定，因社会的不同而不同，是特殊的、相对的和主观随意的。另一方面，行为之应该如何的道德价值，被"一切社会创造道德的普遍的、绝对的目的"与"普遍的、绝对的行为之事实如何"所决定，对于任何社会都是一样的，因而是普遍的、绝对的和客观的而不依人的意志而转移。这就是道德应该、道德善、道德价值的存在性质，这就是仅仅适用于伦理学的"伦理学的道德价值存在性质公设"。举例说：

许多初民社会都处于生产力极端低下的同样社会发展阶段：所提供的食品不足以养活所有人口。但是，这些社会所制定和奉行的道德规则却不相同。爱斯基摩人的规则是将一部分女婴和年老体衰的父母置于雪地活活冻死。巴西的雅纳马莫人的规则是杀死或饿死女婴，并在男人之间不断进行流血的战斗。新几内亚的克拉基人的规则是男人在进入青春期以后的数年内只可建立同性恋关系。这充分表明行为应该如何的道德价值和道德规范的特殊性、相对性和主观任意性；而这种特殊性、相对性和主观性无疑主要取决于：初民社会"为了避免饿死所有人"的特殊的和相对的道德目的。

然而，无论如何，古今中外，有哪一个社会、哪一个时代、哪一个阶级，不倡导诚实、自尊、爱人、忠尽、勤勉、慷慨、勇敢、公平、廉洁、善、幸福、谦虚、智慧、节制、勇敢等道德规范？绝对没有！这充分表明行为应该如何的道德价值和道德规范的普遍性、客观性和绝对性；而这种普遍性、客观性和绝对性，主要讲来，无疑取决于一切社会创造道德的普遍的、最终的和绝对的目的：保障社会存在发展和增进每个人利益。

四　关于伦理学价值存在公理和道德价值存在公设的理论

1　总结：伦理学的三个价值存在公理和三个道德价值存在公设

综上可知，伦理学的价值存在公理和道德价值存在公设，可以归结为如下 6 个伦理学的"初始命题集"或"公理与公设"：

（1）伦理学的价值存在本质公理

"善、价值、应该、应该如何"是客体依赖主体需要而具有的属性，是客体的"是、事实、事实如何"与主体的需要、欲望、目的发生关系时所产生的属性，是客体的"是、事实、事实如何"对主体的需要、欲望、目的的效用，是客体的关系属性，是客体的"第三性质"。

（2）伦理学的价值存在结构公理

"应该"、"善"、"价值"是客体的"是、事实、事实如何"对主体的需要、欲望、目的之效用，因而由客体事实属性与主体需要、欲望、目的两方面构成：客体事实属性是"应该"、"善"、"价值"产生的源泉和存在的载体、本体、实体，叫作"价值实体"；主体需要、欲望、目的则是"应该"、"善"、"价值"从客体事实属性中产生和存在的条件，是衡量客体事实属性的价值或善之有无、大小、正负的标准，叫作"价值标准"——目的是"实在价值标准"；非目的需要和欲望是"潜在价值标准"。

（3）伦理学的价值存在性质公理

应该、善、价值的存在既具有特殊性、相对性和主观性，又具有普遍性、绝对性和客观性。因为"应该"、"善"、"价值"是客体对主体的需要、欲望、目的的效用，由客体事实属性（价值实体）与主体需要、欲望、目的（价值标准）构成。所以，一方面，应该、善、价值被"主体特殊需要"和"客体特殊事实"所决定，因各主体需要的不同而不同，是特殊的、相对的和主观随意的；另一方面，应该、善、价值又被"主体普遍需要"和"客体普遍事实"所决定，对任何主体都因其有相同的需要而同样是善的、应该的、有价值的，因而是普遍的、绝对的和客观的而不依人的意志而转移。

（4）伦理学的道德价值存在本质公设

行为应该如何的道德应该、道德善、道德价值，是行为依赖道德目的而具有的属性，是行为事实如何与道德目的发生关系时所产生的属性，是行为事实如何对于道德目的的效用，是行为的关系属性，是行为的"第三性质"。

（5）伦理学的道德价值存在结构公设

行为应该如何的道德应该、道德善、道德价值，是行为事实如何对于道德目的的效用，因而由"行为事实如何"与"道德目的"两方面构成：行为之事实如何是行为应该如何产生的源泉和存在的载体、本体、实体，叫作"道德价值实体"；道德目的是行为应该如何从行为事实如何中产生和存在的条件，是衡量行为事实如何的道德价值之有无、大小、正负的标准，叫作"道德价值标准"。

（6）伦理学的道德价值存在性质公设

行为应该如何的道德价值、道德善、道德应该，既具有特殊性、相对性和主观性，又具有普遍性、绝对性和客观性。因为行为应该如何的道德价值，是行为事实如何对于道德目的的效用，由"行为事实如何"（道德价值实体）与"道德目的"（道德价值标准）两方面构成。所以，一方面，行为之应该如何的道德价值，被"一定社会创造道德的特殊目的"与"特殊的行为之事实如何"所决定，因社会的不同而不同，是特殊的、相对的和主观随意的。另一方面，行为之应该如何的道德价值，被"一切社会创造道德的普遍目的"与"普遍的行为之事实如何"所决定，对于任何社会都是一样的，因而是普遍的、绝对的和客观的而不依人的意志而转移。

这6个伦理学的"初始命题集"结合起来，之所以叫作"伦理学的价值存在公理和道德价值存在公设"，完全因其是破解休谟难题——能否从"事实如何"推导出"应该如何"——的理论前提，从而推演出"伦理学价值推导公理和道德价值推导公设"，最终推演出伦理学全部对象和全部命题：这是下一章"元伦理证明：伦理学的价值推导公理和道德价值推导公设"的内容。因此，这6个"伦理学的价值存在公理和道德价值存在公设"极端重要，以致围绕它们形成了四大元伦理学理论："客观论"、"实在论"、"主观论"、"关系论"。

2 客观论和实在论

元伦理学的客观论，亦即"元伦理客观论"（Metaethical Objectivism），乃是认为应该、善和价值存在于客体之中的元伦理证明理论，说到底，也就是一种关于伦理学价值存在公理和道德价值存在公设的证明理论。持有客观论观点的思想家甚多，如柏拉图、亚里士多德、托马斯·阿奎那、沙夫茨伯里（Shaftesbury）、赫起逊、爱德华·柏克

（Edmund Burke）、康德、歌德、黑格尔、摩尔、邦德、戴维·布林克（David O. Brink）、乔德（C. E. M. Joad）、罗尔斯顿等。不过，客观论可以分为两派。一派是温和客观论，认为应该、善和价值不能离开主体而独立存在于客体之中；另一派是极端客观论，认为应该、善和价值可以离开主体而独立存在于客体之中。

在温和客观论看来，"应该"、"善"、"价值"存在于客体之中；但是，离开主体，客体自身并不存在"应该"、"善"、"价值"：客体是其存在的源泉；主体是其存在的条件。这一点，罗尔斯顿说得最清楚："观赏建构了花的价值，这种价值不是某种与人的观赏无关的、早就存在于花中的价值。但它仍然是这样一种价值：它们虽然表现为人的主观意识的产物，却仍然是客观地附丽在绽开于草丛中的鲜花身上的。"[①] 所以，朱狄先生在考察客观论之后得出结论说："一般说来，客观论者也承认不仅需要一个客体，而且也需要一个主体才能发生整个的审美过程，但……客观论者仅仅承认审美愉快的获得需要主体，而并不认为美的根源在需要客体存在的同时也需要主体的存在。"[②] 这种客观论，正如朱狄所说，是"一般说来"的客观论，亦即多数客观论者的客观论、温和客观论。

反之，极端客观论则认为应该、善和价值是客体的一种可以离开主体而独立存在的事实，因而叫作"实在论"，亦即"元伦理实在论"（Metaethical Realism）：元伦理实在论是认为应该、善和价值是客体的可以离开主体而独立存在的事实的元伦理证明理论。邦德、布林克、威金斯（David Wiggins）、麦克道尔（John Mcdowell）、博伊德（Richard N. Boyd）、斯图尔根（Nicholas L. Sturgeon）、麦考德（Geoffrey Sayre-McCord）、普来特斯（Mark Platts）以及乔德和中国美学家蔡仪的观点，都属于元伦理实在论。诚然，他们正确看到：应该、善、美、价值存在

---

① 罗尔斯顿：《环境伦理学——大自然的价值以及人对大自然的义务》，杨通进译，中国社会科学出版社，2000年，第153页。

② 朱狄：《当代西方美学》，人民出版社，1984年，第176页。

于客体中。但是，他们却否认主体的需要——及其转化形态——是应该、善、美存在的条件，认为应该、善、美、价值并不依赖主体的需要、欲望、目的而为客体独自具有，是客体的一种可以离开主体而独立存在的事实，是一种实在，是客体固有或事实属性。这一点，邦德讲得最清楚：

"对于欲望某物的人来说，欲望和目的并不是该物实际具有价值的条件：既不是必要条件，更不是充分条件。"① "一切价值都是客观的，也就是说，它们是独立于欲望和意志而存在的。……价值是一种独立的存在。在这个世界上，即使没有人，即使没有有意识、有食欲的力量，价值也能够独立存在。"②

可见，温和客观论与实在论的共同点是都认为应该、善、美、价值完全存在于客体中，因而都属于客观论。但是，温和客观论认为应该、善、美、价值是客体与主体发生关系时所产生的属性，是依赖主体而存在于客体中，是客体的一种的不能独自具有的属性，是客体的关系属性；反之，实在论则以为应该、善、美、价值并不依赖主体需要而为客体独自具有，是客体的一种可以离开主体需要而独立存在的事实，是一种实在，是客体的固有或事实属性。所以，实在论是一种极端的客观论。

不难看出，温和客观论是真理，而实在论是谬误。因为，如前所述，应该、善、美、价值是客体的关系属性，是客体的事实属性与主体的需要、欲望、目的发生关系时所产生的属性：客体事实属性是应该、善、美、价值产生的源泉和存在的实体；主体需要、欲望、目的则是应该、善、美、价值从客体事实属性中产生、存在的条件与标准。实在论的错误就在于，它只看到客体是应该、善、美、价值产生的源泉和存在的实体，却看不到主体是应该、善、美、价值产生的条件和存在的标准；

---

① E. J. Bond: *Reason and Value*, New York: Cambridge University Press, 1983, p. 59.

② Ibid., pp. 84–85.

只看到应该、善、美、价值产生和存在于客体之中，却看不到应该、善、美、价值只有在客体与主体发生关系的条件下，才能从客体中产生，才能存在于客体。于是，实在论便误以为不论有无主体，客体都具有应该、善、美、价值，因而应该、善、美、价值也就不是客体的价值关系属性，而是客体的固有属性或事实属性了。因此，元伦理实在论的错误，说到底，就在于：把客体的关系属性，当作客体的固有属性；把客体的价值关系属性，当作客体的事实关系属性；把应该、善、美、价值的源泉和实体，当作应该、善、美、价值本身。

3　实在论的几种类型

元伦理实在论广泛存在于道德、美和经济等价值科学领域。它在道德领域的表现是所谓"道德实在论"（moral Realism）。道德实在论的基本特征是承认存在所谓"道德事实"。波吉曼说："道德实在论者关于伦理学持有一种这样的观点：存在道德事实（moral facts）。"[1] 布林克在谈到他所主张的"道德实在论"时也这样写道："我把道德实在论归结为这样一种元伦理观：它认为存在道德事实。"[2] 然而，究竟何谓"存在道德事实"？

黑尔在解释这一点时写道："它的意思无非是：诸如不正当之道德特性和一种行为是不正当之道德事实，是事物固有本性之存在（exist in rerum natura）。因此，如果一个人说某种行为是不正当的，那就意味着：不正当的特性以某种方式、在某个地方存在着，它也不能不存在于那里，如果那种行为是不正当的；并且意味着：那种行为是不正当的事实也以某种方式、在某个地方存在着。"[3]

---

[1]　Louis P. Pojman: *Ethical Theory: Classical and Contemporary Readings*, Belmont, California: Wadsworth Publishing Company, 1995, p. 456.

[2]　Ibid., p. 530.

[3]　Ted Honderich: *Morality and Objectivity*, London: Routledge & Kegan Paul, 1985, p. 40.

可见，所谓"存在道德事实"，也就是说：正当、道德善、道德价值是一种事实，甚至是事物固有属性，属于事实范畴，因而也就是不依赖主体需要而存在的属性。它不依赖主体，那么，它是不是像马奇所说的那样，是与物理属性无关而自成一类的实体？布林克的回答是否定的："道德实在论认为道德属性是在物理属性基础上产生的。"[1] 那么，它究竟是一种在行为物理属性基础上产生的怎样的属性呢？黑尔对布林克此见诠释道："我们所说的'不正当'之属性和一种行为是不正当之事实，就如同说'红'之属性和某种东西是红的事实一样。"[2]

道德实在论的错误，首先在于等同客体的事实关系属性与价值关系属性。他们大都正确看到：道德善与红色一样，都是客体依赖主体而存在的关系属性，而不是客体的固有属性。但是，他们却没有看到：一方面，红色是客体不依赖主体的需要、欲望和目的而具有的属性，因而是客体的事实属性，是客体的事实关系属性，是客体的"第二性质"；另一方面，道德善则是客体的不能离开主体需要、欲望和目的而具有的属性，是客体的事实属性对主体的需要、欲望、目的的效用——亦即"行为事实"符合"道德目的"的效用性——是客体的价值关系属性，是客体的"第三性质"。道德实在论的错误就在于等同价值与颜色的存在性质，因而由颜色是事实的正确观点得出错误结论：道德善也是事实，存在道德事实。

道德实在论的错误，还在于混淆广义的事实与狭义事实概念。因为，如前所述，一方面，广义事实是不依赖思想意识而存在的事物，包括价值——价值无疑是不依赖思想意识而存在的事物——该概念适用于认识论等非价值科学。另一方面，狭义的事实是不依赖主体需要而存在的事物，不包括价值——价值是依赖主体需要而存在的事物——与价值是外

① Louis P. Pojman: *Ethical Theory: Classical and Contemporary Readings*, Belmont, California: Wadsworth Publishing Company, 1995, p. 533.

② Ted Honderich: *Morality and Objectivity*, London: Routledge & Kegan Paul, 1985, p. 45.

延毫不相干的对立概念关系。这种狭义事实概念适用于伦理学等一切价值科学，因为伦理学等一切价值科学的根本问题——能否从"事实"推导出"价值"——意味着：价值不是事实，事实不包括价值：事实与价值是外延毫不相干的对立概念。

问题的关键在于，"道德善"是个伦理学概念，属于"价值"范畴，因而与"事实"是外延毫不相干的对立概念关系，不可能属于"事实"范畴，不可能是事实，说到底，不可能存在什么"道德事实"。所谓"道德事实"，完全与伦理学等一切价值科学的根本问题——能否从"事实"推导出"价值"——相悖，因而在伦理学中便如同"圆的方"一样，是个荒谬的、矛盾的、不能成立的概念。

但是，"道德事实"在认识论等非价值科学中，却是个科学的概念。因为，在非价值科学中，所谓"事实"是广义的，是指不依赖思想意识而实际存在的事物；而"道德善"的存在只依赖主体的需要、欲望和目的，只依赖社会创造道德的目的，却不依赖思想意识，因而属于事实范畴："道德事实"概念在认识论等非价值科学中是个科学的概念。

可见，道德实在论者在伦理学领域大谈"道德事实"是错误的：他们混淆了"事实"概念在非价值科学和价值科学中的不同含义，混淆了广义事实与狭义事实概念。殊不知，"道德事实"概念在认识论等非价值科学中是个科学的概念；而在伦理学等价值科学中却是个荒谬概念。

元伦理实在论在美学领域的表现，亦即"审美价值实在论"：把美界定为客体的比例和谐。如果美就在于客体的比例和谐，那么，美就不依赖人的审美需要、欲望、目的而为客体独自具有，就是客体的一种可以离开人而独立存在的事实，就是一种实在，就是客体的固有属性。因此，审美价值实在论者乔德写道："美是一种独立的、自满自足的对象，它在宇宙中是种真实的和独特的要素……当我们说一幅画或一首乐曲是美的时候……是指图画和乐曲本身所具有的那种特质和属性。"一句话——中国的审美价值实在论者蔡仪总结道——"美是不依赖于欣赏的人而存在的。"①

　　因此，假如世界上的人都没有了，拉斐尔的《西斯廷圣母》像的美将依然如故："难道有任何变化会发生在这幅画上吗？难道对它的经验会有任何变化吗？""唯一发生变化的只不过是它不再被欣赏罢了。但难道会使它自动地变得不再是美的了吗？毋庸置疑的事实是，我们所有的人都将认为，即使无人静观的《西斯廷圣母》像的存在，也总要比无人静观的臭水坑要好。"②这种观点的错误显然在于把美的价值等同于美的价值实体：比例和谐乃是美的实体，而并不是美；美乃是客体的比例和谐对于人类审美需要的效用。

　　元伦理实在论在经济学领域的表现，是"商品价值实在论"，主要是马克思的"劳动价值论"，亦即把商品价值界定为凝结在商品中的一般人类劳动："一切商品作为价值只是结晶的人类劳动。"③然而，商品中凝结的人类劳动，就其存在来说，显然并不依赖于人的需要，甚至也不依赖于人。一件金首饰所凝结的人类劳动，即使人类灭亡了，它也照样凝结在该金首饰中。因此，如果商品价值是凝结在商品中的一般人类劳动，那么，商品价值就不依赖人的需要而为商品独自具有，就是商品的一种可以离开人而独立存在的事实，就是商品的固有属性。马克思也确实认为价值是商品的固有属性："生产使用物所耗费的劳动，表现为这些物固有的性质，即它的价值。"④

　　商品价值实在论之错误，显然在于把商品价值等同于劳动等商品价值实体。因为，"劳动等生产要素及其产品"，乃是商品价值的源泉和实体，而并不是商品价值；商品价值乃是"劳动等生产要素及其产品"对人的需要的效用：商品使用价值是"劳动等生产要素及其产品"对消费

①　朱狄：《当代西方美学》，人民出版社，1984年，第172页。
②　同上书，第173页。
③　马克思：《资本论》第一卷，中国社会科学出版社，1983年，第27页。
④　同上书，第39页。

需要的边际效用；商品交换价值则是商品的这种边际效用对交换需要的效用。

4　主观论

元伦理学的"主观论"，亦即"元伦理主观论"（Metaethical Subjectivism），乃是认为善和价值存在于主体中的元伦理证明理论，说到底，也是一种关于伦理学价值存在公理和道德价值存在公设的证明理论。主观论观点的代表当推培里、詹姆斯（W. James）、马奇（J. L. Mackie）以及洛德·卡门斯（Lord Kames）和高尔泰。主观论比实在论离真理更远。诚然，一方面，它正确看到客体自身不存在应该、善、美、价值：主体的需要、欲望、目的存在，应该、善、美、价值才存在；主体的需要、欲望、目的不存在，应该、善、美、价值便不存在。但是，它却由此得出错误结论：主体的需要、欲望、目的是应该、善、美、价值产生和存在的源泉，应该、善、美、价值存在于主体的需要、欲望、目的之中，是主体的需要、欲望、目的之机能和属性；因而也就没有什么客观的应该、善、美、价值，应该、善、美、价值是一种完全主观的东西。

高尔泰便这样写道："有没有客观的美呢？我的回答是否定的。"[①] 因为"美，只要人感受到它，它就存在；不被人感受到，它就不存在。"[②] 所以，"人的心灵，是自然美之源泉，也是艺术美之源。"[③] 洛德·卡门斯亦如是说："美并不存在于被爱者身上，而存在于爱者的眼睛里。"[④] 培里也曾这样写道："价值就其最根本的意义来说，必须被看作意志或爱的机能。"[⑤]

---

① 高尔泰：《论美》，甘肃人民出版社，1982 年，第 1 页。
② 同上书，第 4 页。
③ 同上书，第 33 页。
④ 朱狄：《当代西方美学》，人民出版社，1984 年，第 172 页。
⑤ Ralph Barton Perry: *General Theory of Value: Its Meaning and Basic Principles Construed in Terms of Interest*, New York: Longmans, Green and Company, 1926, p. 54.

"就最初的和一般的意义来说，当一个事物（任何事物）是一种兴趣（任何兴趣）的客体的时候，它就拥有价值，或是有价值的。"[①]詹姆斯也说："我们周围的世界似乎具有的那些价值、兴趣或意义，纯粹是观察者的心灵送给世界的礼物。"[②]

确实，客体自身不存在应该、善、美、价值：它们是客体与主体的需要、欲望、目的发生关系时产生的。因此，离开主体的需要、欲望、目的，它们便不存在；有了主体的需要、欲望、目的，它们才存在。但是，由此不能说它们存在于主体的需要、欲望、目的中，而只能说它们存在于客体中。因为它们是在客体事实属性与主体的需要、欲望、目的发生关系时，从客体的事实属性中——而不是从主体的需要、欲望、目的中——产生的属性：主体的需要、欲望、目的只是它们从客事实属性中产生的条件，只是它们存在的条件；客体事实属性才是它们产生的源泉、存在的源泉。主观论的错误就在于把应该、善、美、价值产生和存在的条件，当作了应该、善、美、价值产生和存在的源泉。

另一方面，元伦理主观论正确看到：应该、善、价值的存在被主体特殊的需要、欲望、目的所决定，因而具有特殊性、相对性、主观性：它们是依主体不同的欲望、愿望、意志而转移的，是因主体的需要不同而不同的。但是，它却由此得出错误结论：应该、善、美、价值完全是主观的，没有客观的应该、善、美、价值。马奇便一再说："没有客观价值。""价值不是客观的，不是世界结构的一部分。"[③]"源于相对性的论据可以作为'没有客观价值'结论的前提。这些前提也就是众所周知的道德规范的易变性——从一个社会到另一个社会和从一个时期到另一个时期——和道德信仰的不同：在一个复杂的共同体中的不同的群体和阶级

---

① R. B. Perry: *Realms of Value*, Cambridge, Massachusetts: Harvard University Press, 1954, p. 2.

② 罗尔斯顿：《环境伦理学——大自然的价值以及人对大自然的义务》，杨通进译，中国社会科学出版社，2000年，第151页。

③ J. L. Mackie: *Ethics: Inventing Right and Wrong*, Singapore: Ricrd Clay Pte Ltd., 1977, p. 15.

之间……一些人认为某些东西是善或正当，另一些人则以为是恶或不正当。"[1] 杜卡斯也这样写道：美是纯粹主观的，因为"美的最为众所周知的事实之一就是它的易变性：一个人说美，另一个人则说不美，一个人可以把昨天还被他判断为美的东西，在今天则判断为是单调的，或今天判断为美的，明天也许判断为是单调的，甚至是丑的。"[2]

元伦理主观论这一论证的错误显然在于片面性。它只看到，一方面，应该、善、价值的存在，被主体的可以因主体的意志而转移的特殊需要欲望目的所决定，因而具有主观性、特殊性和相对性：它们是依主体的欲望、愿望、意志而转移的，是因主体需要的不同而不同的。但是，主观论没有看到，另一方面，应该、善、价值的存在，同时还被客体的事实属性（白菜有价值取决于白菜所具有的那些不依人的意志而转移的客观事实属性，如含有蛋白质、脂肪、碳水化合物、钙、胡萝卜素、核黄素等）和主体的不依主体意志为转移的普遍需要、欲望、目的（口之于味，有同嗜焉）所决定，因而具有客观性、普遍性和绝对性：它们是不依主体的欲望、愿望、意志而转移的，是对于任何主体都是一样的而并不因主体的不同而不同。

5 关系论

元伦理学的关系论，亦即元伦理主客关系论或主客统一论，是认为善和价值存在于客体与主体的关系之中的元伦理证明理论，说到底，也是一种关于伦理学价值存在公理和道德价值存在公设的证明理论。关系论的代表，有文德尔班、兰菲尔德（H. S. Langfield）、朱光潜、李德顺等。关系论貌似真理，因为它正确看到"在孤立的主体或客体身上都不

---

[1]　J. L. Mackie: *Ethics: Inventing Right and Wrong*, Singapore: Ricrd Clay Pte Ltd., 1977, pp. 36-37.

[2]　朱狄：《当代西方美学》，人民出版社，1984 年，第 205 页。

存在着价值"，①于是便得出结论说：应该、善、美、价值必产生于、存在于客体与主体的关系之中，是一种主客关系。文德尔班写道："价值绝不是作为客体自身的某种特性而被发现的。它存在于与某个欣赏它的心灵的关系之中。"②兰菲尔德说：美"既不完全依赖于人的经验，也不完全依赖于被经验的物。它既不是主观的，也不是客观的，既不是一种纯粹的智力活动的结果，也不是客观对象的一种固有价值，而是这两方面变化无常的关系，即人的机体和客观对象之间的关系"。③朱光潜写道："美是客观与主观的统一。"④"美……它在心与物的关系上。"⑤"所谓'价值'都是由于物对于人的关系所发生出来的。"⑥李德顺说："价值，既不在现实的世界、事物之外，又不是任何既成的现实事物和它们的属性本身，同时又不是人头脑和心灵的主观现象。那么，它在哪里呢？回答是：价值存在于主客体之间的关系之中，是这种客观关系的状态、内容本身。这种观点，可以叫'关系说'。"⑦

关系论虽然得到我国学术界很多学者认可，却并非真理。因为价值是"客体与主体需要发生关系时所产生的属性"，而不是"在客体与主体的关系中产生的属性"；价值是"客体的关系属性"，而不是"客体与主体的关系"：它们根本不同。价值是"客体与主体需要发生关系时所产生的属性"，意味着：价值产生于、存在于客体，是客体的关系属性；反之，价值是"在客体与主体的关系中产生的属性"，则意味着：价值产生于、存在于主客关系，是一种主客关系。价值是"客体的关系属性"，

①　李德顺：《价值论》，中国人民大学出版社，1987年，第124页。
②　罗尔斯顿：《环境伦理学——大自然的价值以及人对大自然的义务》，杨通进译，中国社会科学出版社，2000年，第150页。
③　朱狄：《当代西方美学》，人民出版社，1984年，第215页。
④　朱光潜：《朱光潜美学文集》第三卷，上海文艺出版社，1982年，第43页。
⑤　朱光潜：《朱光潜美学文集》第一卷，上海文艺出版社，1982年，第153页。
⑥　同上书，第148页。
⑦　李德顺：《价值新论》，中国青年出版社，1993年，第68页。

意味着：价值产生于、存在于客体，是客体的关系属性；反之，价值是
"客体与主体的关系"，意味着：价值产生于、存在于主客关系，是一种
主客关系。

关系论的错误就在于把"价值是客体的关系属性"说成是"价值是
客体与主体的关系"，把"价值是客体在与主体发生关系时产生的"说成
是"价值是在客体与主体的关系中产生的"，从而以为价值产生于、存
在于主客关系，是一种主客关系。照此说来，面包的营养价值并不存在
于面包里，而存在于面包与人的关系里；并不是面包有营养，而是面包
与人的关系有营养；我享用的并不是面包的营养，而是面包与我的关系：
岂不荒谬绝伦？

纵观关于伦理学存在公理和公设的四大元伦理证明理论，可知唯有
温和客观论是真理："应该"、"善"、"价值"存在于客体之中；但是，离
开主体，客体自身并不存在"应该"、"善"、"价值"——客体是其存在
的源泉；主体是其存在的条件。实在论——亦即极端客观论——和主观
论以及关系论都是夸大客观论这一真理的某些方面而导致的错误。实在
论夸大应该、善、价值产生的源泉和存在的实体方面，因而只看到客体
是应该、善、美、价值产生的源泉和存在的实体，而抹杀主体是应该、
善、美、价值产生的条件和存在的标准，从而误以为善和价值是客体的
一种可以离开主体而独立存在的事实；主观论则夸大应该、善、价值产
生和存在的条件方面，因而把应该、善、价值产生和存在的条件当作了
应该、善、价值产生和存在的源泉，从而误以为应该、善、价值存在于
主体中；关系论则把"价值是客体的关系属性"夸大成"价值是客体与
主体的关系"，把"价值是客体在与主体发生关系时产生的"夸大成"价
值是在客体与主体的关系中产生的"，从而误以为应该、善、价值产生
于、存在于主客关系，是一种主客关系。

第七章　元伦理证明：伦理学的推导公理和推导公设

本章提要

优良的、好的、对的、正确的道德规范是与行为道德价值相符的道德规范；恶劣的、坏的、不对的、不正确的道德规范是与行为道德价值不相符的道德规范。因此，道德规范虽然都是人制定的；但是，只有恶劣的、坏的、不对的、不正确的道德规范才可以随意制定。反之，优良的、好的、对的、正确的道德规范绝非可以随意制定，而只能根据"行为应该如何的道德价值"——亦即"行为事实如何"对于"道德目的"的效用——推导、制定出来，说到底，只能通过道德目的，从行为事实如何中推导、制定出来。因此，所制定的行为应该如何的道德规范之优劣，直接说来，取决于对行为应该如何的道德价值判断之真假；根本说来，则一方面取决于行为事实如何的事实判断之真假，另一方面取决于道德目的判断之真假。这就是能够推导出伦理学全部命题的"伦理学的优良道德规范推导公设"，可以归结为一个公式：

前提1：行为事实如何（道德价值实体）

前提2：道德目的如何（道德价值标准）

结论1：行为应该如何（道德价值）

结论2：道德规范之优劣（道德规范是否与道德价值相符）

伦理学的价值存在公理与道德价值存在公设的分析，使我们弄清了"价值"、"善"、"应该"与"正当"产生的"源泉和条件"及其存在的"实体和标准"。从此出发，便可以解析它们的产生和推导的过程了。它们的产生和推导过程，也就是元伦理学家所说的"价值"与"善"以及"应该"与"正当"的"推导逻辑"，说到底，亦即所谓"休谟难题"："应该"能否从"是"推导出来？

对于这一难题的解析和破解，便形成了"伦理学的推导公理和推导公设"。不过，"价值"、"善"、"应该如何"从"是"、"事实"、"事实如何"产生和推导过程，并非单纯的、单一的过程，而是个复杂的、复合的过程：是从"价值"到"评价"，复到"评价真假对错"，而终结于"优良规范"的四重过程。因此，伦理学的推导公理和推导公设也就相应地分为：（1）伦理学的价值推导公理和道德价值推导公设；（2）伦理学的评价推导公理和道德评价推导公设；（3）伦理学的评价真假对错推导公理和道德评价真假对错推导公设；（4）伦理学的优良规范推导公理和优良道德规范推导公设。

一　伦理学的价值推导公理和道德价值推导公设

1　休谟难题之答案

18世纪30年代，英姿勃发年方24岁的休谟在《人性论》中写出了伦理学等一切价值科学史上最伟大的发现："在我所遇到的每一个道德体系中，我一向注意到，作者在一时期中是照平常的推理方式进行的，确定了上帝的存在，或是对人事作一番议论；可是突然之间，我却大吃一惊地发现，我所遇到的不再是命题中通常的'是'与'不是'等连系词，而是没有一个命题不是由一个'应该'或一个'不应该'联系起来的。这个变化虽是不知不觉的，却是有极其重大的关系的。因为这个应该与不应该既然表示一种新的关系或肯定，所以就必须加以论述和说明；同时对于这种似乎完全不可思议的事情，即这个新关系如何能由完全不同的另外一些关系推出来的，也应该指出理由加以说明。不过作者们通常既然不是这样谨慎从事，所以我倒想向读者们建议要留神提防；而且我相信，这样一点点的注意就会推翻一切通俗的道德学体系。"①

这就是所谓"休谟难题"或"休谟法则"："应该"能否从"是（事实）"产生和推导出来？它是元伦理学的最重要、最基本的问题，是伦理学能否成为科学的关键，也是伦理学等一切价值科学的根本问题。赫德森说："道德哲学的中心问题，乃是那著名的是—应该问题。"② 但是，这一问题的难度之大，竟至从休谟起一直到十九世纪末，没有一人能对其进行系统论述。

1903 年，摩尔发表了标志元伦理学诞生的划时代著作《伦理学原理》，系统论述了这个问题。但是，充其量，他也只是揭示了以往伦理学在这个问题上的所谓"自然主义谬误"，而并没有正面解析这个难题。从那以后，百余年来，伦理学等价值科学家们对于这个难题进行了大量研究。麦金泰尔、福特、艾伦·吉沃思（Alan Gewirth）、J. L. 马奇、马克斯·布莱克（Max Black）等人或许已接近解决该难题。因为他们或多或少、或明或暗地指出，应该如何是通过"主体的需要、欲望和目的"而从事实如何产生和推导出来的。③ 不过，说得比较清楚的，恐怕只有布莱

---

① 休谟：《人性论》下册，关文运译，商务印书馆，1980 年，第 509 页。

② W. D. Hudson: *The Is-Ought Question: A Collection of Papers on the Central Problem in Moral Philosophy*, New York: St. Martin's Press, 1969, p. 11.

③ 参阅 W. D. Hudson: *The Is-Ought Question: A Collection of Papers on the Central Problem in Moral Philosophy*, New York: St. Martin's Press, pp. 41, 227, 102; J. L. Mackie: *Ethics: Inventing Right and Wrong*, Singapore: Richrd Clay Pte Ltd., 1977, p. 66; George Sher: *Moral Philosophy: Selected Readings*, New York: Harcourt Brace Jovanovich, 1987, p. 329.

克。他这样写道：

"对于那些宣称在'应该'和'是'之间的逻辑断裂不存在桥梁的人，我提出一个反例证：

费希尔想要将死伯温克。

对于费希尔来说，将死伯温克唯一的棋步是走王后。

因此，费希尔应该走王后。"[1]

为了进一步诠释这个例证，布莱克又提出一个推理：

"你要达到 E。

达到 E 的唯一方法是做 M。

因此，你应该做 M。"[2]

通过分析这些推论，布莱克得出结论说："事实如何的前提与应该如何的结论之间有一断裂，连接这一断裂的桥梁只能是当事人从事相关活动或实践的意愿。"[3] 这就相当清晰地指出了"应该如何"是通过"主体的需要、欲望和目的"而从"事实如何"产生和推导出来的：

客体之事实如何──▶主体的需要、欲望和目的──▶客体应该如何

布莱克此见甚为精当。因为，不言而喻，应该、善、价值之产生和推导过程，说到底，不过是关系属性的产生和推导过程的特例，完全隶属于关系属性的产生和推导的普遍过程，因而可以从关系属性产生和推导的普遍过程演绎出来。不难看出，关系属性与固有属性的产生和推导过程显然不同：固有属性不需要中介，而直接产生和存在于某实体；关系属性则需要关系物的中介，通过中介而间接产生和存在于某实体。例如，质量是一

---

[1]　W. D. Hudson: *The Is-Ought Question: A Collection of Papers on the Central Problem in Moral Philosophy*, New York: St. Martin's Press, 1969, p. 102.

[2]　Ibid., p. 106.

[3]　Ibid., p. 111.

物体的固有属性，它不需要任何中介，而直接产生和存在于该物体。重量是一物体的关系属性，它需要地球引力的中介，而间接地产生和存在于该物体。于是，二者产生和推导的过程可以归结为两个公式：

公式 1　固有属性推理：物体——▶质量

公式 2　关系属性推理：物体——▶地球引力——▶重量

推此可知，客体的关系属性与客体的固有属性的产生和推导过程不同：固有属性不需要主体的中介，而自身直接产生和存在于客体；关系属性则需要主体的中介，通过主体的中介而间接产生和存在于客体。例如，电磁波是客体固有属性，它不需要主体的眼睛的中介，而完全直接地产生和存在于客体。反之，黄、红等颜色，是客体关系属性，则需要主体的眼睛的中介，间接地产生和存在于客体。

同理，"价值"、"善"、"应该如何"，也是客体的关系属性，因而它们的产生和推导也需要主体的中介。只不过，黄、红等颜色是客体的事实关系属性，是第二性质，中介物是主体的某种客观物：眼睛；而价值、善、应该如何则是客体的价值关系属性，是第三性质，中介物主要是主体的某种主观的东西，如欲望、愿望、目的等。于是，黄、红等"颜色"与应该、善等"价值"的产生和推导的过程，可以归结为两个公式：

公式 3　客体事实关系属性推理：客体——▶主体的眼睛——▶黄、红、颜色

公式 4　客体价值关系属性推理：客体——▶主体的需要、欲望和目的——▶价值、善、应该如何

2　休谟难题答案之证明：伦理学的价值推导公理

细究起来，布莱克关于休谟难题的答案——"应该如何"是通过"主

体的需要、欲望和目的"而从"事实如何"产生和推导出来——之所以是正确的，乃是因为，如前所述，"伦理学的价值存在公理"表明：

"是、事实、事实如何"与"价值、善、应该如何"都是客体的属性。只不过，"是、事实、事实如何"是客体不依赖"主体需要、欲望和目的"而具有的属性，是客体无论与"主体需要、欲望和目的"发不发生关系都具有的属性，是客体的事实属性。反之，"价值、善、应该如何"则是客体依赖主体需要而具有的属性，是客体的"是、事实、事实如何"与主体的需要、欲望、目的发生关系时所产生的属性，是客体的"是、事实、事实如何"对主体的需要、欲望、目的的效用，是客体的关系属性：客体事实属性是"价值"、"善"、"应该"产生的源泉和存在的实体；主体需要、欲望、目的则是"价值"、"善"、"应该"从客体事实属性中产生和存在的条件，是衡量客体事实属性的价值或善之有无、大小、正负的标准。

因此，"价值、善、应该如何"产生于"是、事实、事实如何"，是从"是、事实、事实如何"推导出来的。不过，仅仅"是、事实、事实如何"自身绝不能产生"价值、善、应该如何"；因而仅仅从"是、事实、事实如何"绝不能推导出"价值、善、应该如何"。只有当"是、事实、事实如何"与"主体需要、欲望和目的"发生关系时，从"是、事实、事实如何"才能产生和推导出"价值、善、应该如何"，说到底，"价值、善、应该如何"，是通过主体的需要、欲望和目的，而从"是、事实、事实如何"产生和推导出来的："正价值、善、应该"就是"事实"符合"主体需要、欲望和目的"之效用，全等于"事实"对"主体需要、欲望和目的"之符合；"负价值、恶、不应该"就是"事实"不符合"主体需要、欲望和目的"之效用，全等于"事实"对"主体需要、欲望和目的"之不符合。举例说：

人类是主体，燕子是客体。于是，"燕子吃虫子"与"燕子是具有正价值的、善的鸟"都是客体燕子的属性。只不过，"燕子吃虫子"是燕子独自具有的属性，是无论是否与人的需要、欲望、目的发生关系都具有的属性，是燕子的事实属性。反之，"燕子是具有正价值的善的鸟"则不是燕子独自具有的属性，而是"燕子吃虫子"的事实属性与人的需要、欲望、目的发生关系时所产生的属性，是"燕子吃虫子"的事实属性对人的需要、欲望、目的之效用，是燕子的关系属性："燕子吃虫子"的事实属性是"燕子是具有正价值的善的鸟"产生的源泉和存在的实体；"人类有消除虫子的需要、欲望、目的"则是"燕子是具有正价值的善的鸟"从"燕子吃虫子"的事实属性中产生和存在的条件，是衡量"燕子吃虫子"的事实属性好坏的价值标准。因此，"燕子是具有正价值的善的鸟"，便是通过"人类消除虫子的需要、欲望、目的"，从"燕子吃虫子"事实中产生和推导出来的："燕子是具有正价值的善的"就是"燕子吃虫子"事实符合"人类消除虫子的需要、欲望、目的"之效用。这个案例可以归结为一个公式：

前提1：燕子吃虫子（事实如何：价值实体）

前提2：人类有消除虫子的需要（主体需要、欲望和目的如何：价值标准）

结论：燕子是具有正价值的善的鸟（价值）

可见，所谓"价值、善、应该如何"，说到底，不过是客体的"是、事实、事实如何"对主体的需要、欲望、目的相符与否的效用。因此，"价值、善、应该如何"，是通过主体的需要、欲望和目的，而从"是、事实、事实如何"产生和推导出来的："正价值、善、应该"就是"事实"符合"主体需要、欲望和目的"之效用，全等于"事实"对"主体需要、欲望和目的"之符合；"负价值、恶、不应该"就是"事实"不符合"主体需要、欲望和目的"之效用，全等于"事实"对"主体需要、欲望和目的"之不符合。

　　这就是"休谟难题"——"应该"能否从"是（事实）"产生和推导出来——之答案，这就是"价值、善、应该如何"的产生和推导的过程，这就是"价值、善、应该如何"的推导方法，这就是"价值、善、应该如何"的发现和证明方法，这就是"伦理学的价值推导公理"，说到底，亦即普遍适用于伦理学和国家学（国家学是关于国家制度好坏的价值科学）以及中国学（中国学是关于中国国家制度好坏的价值科学）等一切"价值科学的价值推导公理"："价值科学的价值推导公理"与"伦理学的价值推导公理"以及"国家学的价值推导公理"与"中国学的价值推导公理"是同一概念。这一公理可以归结为一个公式：

前提1：事实如何（价值实体）
前提2：主体需要、欲望和目的如何（价值标准）

结论：应该如何（价值）

3　伦理学的道德价值推导公设

　　伦理学的价值推导公理是一切应该、善、价值的普遍的推导方法，是普遍适用于一切价值科学的价值推导方法。如果将其推演于道德应该、道德善、道德价值领域，我们便会发现道德应该、道德善、道德价值所特有的推导方法，亦即只对伦理学有效的"伦理学的道德价值推导公设"。那么，只对伦理学有效的"伦理学的道德价值推导公设"究竟是怎样的？

　　在道德应该、道德善、道德价值领域，社会是活动者，亦即制定道德的活动者，因而是主体；社会制定道德的目的，亦即道德目的，是主体活动目的；客体则是社会制定的道德所规范的对象，是可以进行道德评价的一切行为。这样，如果将普遍适用于一切应该、善、价值领域的伦理学价值推导公理，推演于道德应该、道德善、道德价值领域，便可以得出结论说：

> 行为应该如何的道德价值，是行为事实如何对于道德目的之相符与否的效用。因此，行为应该如何的道德价值，是通过道德目的，从行为事实如何中产生和推导出来的：行为应该如何就是行为事实如何符合道德目的之效用，全等于行为事实如何对道德目的之相符；行为不应该如何就是行为事实如何不符合道德目的之效用，全等于行为事实如何对道德目的之相违。

这就是行为应该如何从行为事实如何之中产生和推导出来的过程，这就是道德应该、道德善和道德价值所特有的推导方法，这就是道德应该、道德善和道德价值所特有的发现和证明方法，这就是只对伦理学有效的"伦理学的道德价值推导公设"，可以归结为一个公式：

前提1：行为事实如何（道德价值实体）
前提2：道德目的如何（道德价值标准）

———————————————————————

结论：行为应该如何（道德价值）

举例说，"张三不该杀人"是张三杀人事实对道德目的的效用。因此，张三不该杀人，便是通过道德目的，从张三杀人事实中产生和推导出来的："张三不该杀人"全等于"张三杀人事实不符合道德目的——保障社会存在发展和增进每个人利益——之效用"。这就是伦理学的道德价值推导公设的一个实例，可以归结为一个公式：

前提1：张三杀人了（行为事实如何：道德价值实体）
前提2：道德目的是保障社会存在发展和增进每个人利益（道德目的

如何：道德价值标准）

结论：张三不应该杀人（行为应该如何：道德价值）

最早发现这一伦理学公设者，既不是第一个构建伦理学公理化体系的斯宾诺莎，也不是倡导寻求"道德几何学"的罗尔斯，而是大物理学家爱因斯坦。他那篇极富原创性的《科学定律和伦理定律》，曾论证所有伦理学命题都能从几个初始命题推导出来。因此，这几个初始命题就是"伦理学公设"：他称之为"伦理学公理"。他将这几个初始命题归结为"保障社会合作"、"人类的生活应当受到保护"和"苦痛和悲伤应当尽可能减少"，说到底，也就是道德目的，亦即"保障社会存在发展"和"增进每个人利益"：

"只要最初的前提叙述得足够严谨，别的伦理命题就都能由它们推导出来。这样的伦理前提在伦理学中的作用，正像公理在数学中的作用一样。这就是为什么我们根本不会觉得提出'为什么我们不该说谎？'这类问题是无意义的。我们所以觉得这类问题是有意义的，是因为在所有这类问题的讨论中，某些伦理前提被默认为是理所当然的。于是，只要我们成功地把这条伦理准则追溯到这些基本前提，我们就感到满意。在关于说谎的这个例子中，这种追溯的过程也许是这样的：说谎破坏了对别人的讲话的信任。而没有这种信任，社会合作就不可能，或者至少很困难。但是要使人类生活成为可能，并且过得去，这样的合作就是不可缺少的，这意味着，从'你不可说谎'这条准则可追溯到这样的要求；'人类的生活应当受到保护'和'苦痛和悲伤应当尽可能减少'。但这些伦理公理的根源是什么呢？"[①]

---

① 《爱因斯坦文集》第 3 卷，许良英等编译，商务印书馆，1976 年，第 280 页。

二　伦理学的评价推导公理和道德评价推导公设

1　价值判断的产生和推导过程

"价值、应该如何"从"是、事实如何"之中产生和推导过程的考察，使价值判断如何产生和推导于事实判断的过程一目了然。因为事实判断与事实认识显然大体是同一概念，都是人们对于"是"、"事实"、"事实如何"的认识，是大脑对"是"、"事实"、"事实如何"的反映。反之，价值判断与价值认识、认知评价则大体是同一概念，都是人们对于"价值"、"善"、"应该"、"应该如何"的认识，是大脑对价值、善、应该的反映。这样，既然价值、应该、善可以从是、事实推导出来，那么，价值判断无疑可以从事实判断推导出来。

但是，黑尔认为，价值判断绝不能从事实判断中推导出来。因为在他看来，价值判断只能通过祈使句表达；而祈使句的逻辑规则是："从一组不包含至少一个祈使句的前提，不能正确地推出祈使句结论。"[1] 所以，"从一系列的关于'客体的任何特征'之陈述句中，不能推导出关于应做什么的祈使句，因而也不能从这种陈述句中推导出道德判断。"[2]

对此，约翰·R.塞尔（John R. Searle）举出一个反例证：

"（1）琼斯说'我特此许诺付给你，史密斯，五元。'

（2）琼斯许诺付给史密斯五元。

（3）琼斯置自己于付给史密斯五元的义务之下。

（4）琼斯负有付给史密斯五元的义务。

---

[1]　R. M. Hare: *The Language of Morals*, London: Oxford University Press 1964, p. 30.

[2]　Ibid., p. 28.

（5）琼斯应该付给史密斯五元。"[①]

这是一个在元伦理学界引起众多争议的著名例证。冯·赖特将它压缩如下：

"前提1：A许诺做P。

前提2：由于许诺做P，A置自己于做P的义务之下。

结论：A应该做P。"[②]

显然，这两组推理的前提都是陈述句，结论却是祈使句，因而便推翻了黑尔"从纯粹的陈述句不能推出祈使句"的逻辑规则。但是，这两组推理却不能推翻黑尔"从纯粹的事实判断不能推出价值判断"的观点。因为价值判断并非如黑尔所说，只有通过祈使句才能表达；价值判断也可以通过陈述句表达。第一组推理的（1）和（2）以及第二组推理的前提1，都是陈述句，反映的也是琼斯许诺付给史密斯5元的事实，因而都是事实判断。但是，第一组推理的（3）和（4）以及第二组推理的前提2，虽然也是陈述句，反映的却是琼斯负有付给史密斯5元的义务，因而是义务判断、价值判断，而不是事实判断。这样，这两组推理的前提虽然都是陈述句，却不都是事实判断，而至少都含有一个价值判断。因此，这两组推理只能驳倒黑尔"从纯粹的陈述句不能推出祈使句"的逻辑规则，却不能推翻他的"从纯粹的事实判断不能推出价值判断"的观点。所以，冯·赖特说："塞尔并没有表明从'是'可以推出'应该'，而只是表明从一个'是'和一个'应该'的结合可以推出一个'应该'。"[③]那么，究竟从纯粹事实判断能否推出价值判断？

图尔敏的回答是肯定的。他在《推理在伦理学中的地位》中，发觉道德价值判断是通过道德目的——他称之为"道德功能"——判断，从事

① W. D. Hudson: *The Is-Ought Question: A Collection of Papers on the Central Problem in Moral Philosophy*, New York: St. Martin's Press, 1969, p. 121.

② M. C. Doeser and J. N. Kraay: *Facts and Values*, Boston: Martinus Nijhoff Publishes, 1986, p. 33.

③ Ibid., p. 41.

实判断推导出来的。他一再说，道德的目的或功能是减少人际利害冲突、实现每个人的欲望和幸福；[①] 于是，一种习惯是否正当的道德判断，便是从该习惯是否减少利害冲突、增进幸福的事实判断推导出来的：

"我们对于道德功能的研究，使我们发现了道德判断的法则。……当然，'这是在该环境下可达到最小利益冲突的习惯'和'这是正当的习惯'含义并不一样；'这是比较和谐如意的生活方式'和'这是比较好的生活方式'所指的意思也不相同。但是，在这两组判断中，第一个都是第二个的充足理由：'道德上中性'的事实是'动词形容词'之道德判断的一个充足理由。如果该习惯真会减少利益冲突，它就是一个值得采纳的习惯。如果该生活方式真会导致更为深远和一致的幸福，它就是一种值得追求的生活方式。假如把道德功能判断记在心中，那么，这个道理显然是十分自然而可以理解的。"[②]

诚哉斯言！因为价值判断与事实判断都属于认识范畴，都是大脑对客体属性的反映，都以客体属性为对象。只不过，事实判断的对象是"是"、"事实"、"事实如何"，也就是客体的事实属性，是客体的不依赖主体需要、欲望、目的而存在的属性，是客体不论与主体需要、欲望、目的发生关系还是不发生关系都具有的属性；反之，价值判断的对象则是"价值"、"善"、"应该"、"应该如何"，也就是客体事实属性与主体需要、欲望、目的发生关系时所产生的关系属性，是客体的依赖主体需要、欲望、目的而存在的属性，是客体的事实属性对主体需要、欲望、目的相符与否的效用。

因此，价值判断便产生于事实判断，是从事实判断中推导出来的。只不过，仅仅事实判断自身绝不能产生和推导出价值判断；只有当事实判断与关于主体需要、欲望、目的的判断发生关系时，从事实判断才能

---

① Stephen Edelston Toulmin: *The Place of Reation in Ethics*, Chicago: The University of Chicago Press, 1986, p. 137.

② Ibid., p. 224.

产生和推导出价值判断，说到底，价值判断是通过主体需要、欲望、目的的判断，而从事实判断产生和推导出来的：肯定的价值判断等于事实判断与主体需要、欲望、目的判断之相符；否定的价值判断等于事实判断与主体需要、欲望、目的判断之相违。

举例说，"张三杀人了"是事实判断，它所反映的对象，便是张三杀人的行为事实，是张三杀人的行为（客体）不依赖社会创造道德的目的（主体的目的）而独自具有的属性，是张三杀人的行为无论与道德目的发生关系还是不发生关系都具有的属性。反之，"张三不该杀人"是道德价值判断，它所反映的对象则是张三杀人的道德价值，是张三杀人的行为独自不具有的属性，是张三杀人的行为事实与道德目的发生关系时所产生的关系属性，是张三杀人的行为事实对道德目的相符与否的效用。

因此，"张三不应该杀人"的价值判断便产生于"张三杀人"的事实判断，是从"张三杀人"的事实判断推导出来的。只不过，仅仅从"张三杀人"事实判断自身绝不能产生和推导出"张三不应该杀人"的道德价值判断；只有当"张三杀人"的事实判断与道德目的判断发生关系时，从"张三杀人"的事实判断才能产生和推导出"张三不应该杀人"的道德价值判断，说到底，"张三不应该杀人"的道德价值判断是通过道德目的判断，而从"张三杀人"的事实判断产生和推导出来的："张三不应该杀人"的价值判断等于"张三杀人"的事实判断与道德目的判断之相违。

可见，价值判断所反映的对象是价值，说到底，亦即客体的事实属性对主体需要、欲望、目的的相符与否之效用。于是，价值判断（认知评价）便是通过主体需要、欲望、目的判断，而从事实判断产生和推导出来的：肯定的价值判断（认知评价）等于事实判断与主体需要、欲望、目的判断之相符；否定的价值判断（认知评价）等于事实判断与主体需要、欲望、目的判断之相违。这就是价值判断（认知评价）的产生和推导的过程，这就是价值判断（认知评价）的推导方法，这就是价值判断（认知评价）的发现和证明方法，这就是应该、善和价值的认识论发现、证明和推导方法。我们可以把它归结为一个公式而名之为"价值判断（认知评价）的推导公式"：

前提1：事实判断

前提2：主体需要、欲望和目的判断

_____

结论：价值判断（认知评价）

2　伦理学的评价推导公理

情感评价、意志评价和行为评价，是否与价值判断、认知评价一样，可以通过关于主体的需要、欲望、目的判断，从事实判断产生和推导出来？是的。因为现代心理学表明，认知是感情和意志的基础，因而认知评价是情感评价、意志评价和行为评价的基础：情感评价、意志评价和行为评价是从认知评价或价值判断产生和推导出来的。

这是千真万确的。因为情感无疑是伴随感觉（感性认知）而发生的，没有感觉、认知，显然便没有情感。天生的盲人不可能有观赏夕阳西下之情怀，天生的聋子不可能有聆听贝多芬交响乐之激情。我们对什么事物的价值发生感情评价、意志评价和行为评价，显然首先必须知道它是什么，必须看到它、嗅到它、听到它、摸到它、感知到它，进而理解它：必须先有认知和认知评价、价值判断，尔后才能有感情评价、意志评价和行为评价。

我们岂不只有先看到狼，知道它能吃人，在这种认知和认知评价、价值判断的基础上，才会产生"恐惧"的情感评价和"决定逃跑"的意志评价以及"逃跑"的行为评价？初生牛犊不怕虎，岂不正是因为它不知道虎的厉害？认知评价、价值判断是情感评价、意志评价和行为评价的基础，其理至明矣！所以，情感评价和意志评价以及行为评价跟价值判断是一致的，是以价值判断或认知评价为基础而从中产生和推导出来的。这样一来，一切评价，说到底，便与价值判断一样，最终都是通过关于主体的需要、欲望、目的判断，从事实判断产生和推导出来。

试想，我们看见苍蝇，为什么不禁有一种厌恶之情（感情评价）、思量着打死它（意志评价）、最终将它打死（行为评价）？岂不就是因为，我们知道，健康是人类基本需要（主体需要、欲望和目的判断）；而苍蝇传播细菌（事实判断），具有不符合人类健康需要的效用，是坏的、恶的（认知评价、价值判断）。所以，一切评价最终便都是通过主体的需要、欲望、目的判断，而从苍蝇传播细菌的事实判断产生和推导出来的。

可见，情感评价、意志评价和行为评价都是从价值判断（认知评价）产生和推导出来；而价值判断所反映的对象是价值，亦即客体的事实属性对主体需要、欲望、目的相符与否的效用。于是，一切评价最终都是通过关于主体的需要、欲望、目的判断，从事实判断产生和推导出来：肯定的评价，说到底，等于事实判断与主体需要、欲望、目的判断之相符；否定的评价，说到底，等于事实判断与主体需要、欲望、目的判断之相违。这就是评价的产生和推导过程 A，这就是评价的发现和证明方法 A，这就是应该、善和价值的评价论发现、证明和推导方法 A，可以归结为一个公式而名之为"评价推导公式 A"：

前提 1：苍蝇传播细菌（事实判断）。

前提 2：健康是人类的基本需要（主体的需要、欲望、目的判断）。

———————————————————————————

结论 1：苍蝇传播细菌，不符合人类的健康需要，是坏的、恶的（认知评价、价值判断）。

结论 2：见到苍蝇会有一种厌恶之情（感情评价）、不禁想打死它（意志评价）、最终打死它了（行为评价）

可是，为什么称之为"评价推导公式 A"，而不称之为"评价推导公式"？原来，评价的两个前提——关于事实判断和主体的需要、欲望、目的判断——都是非价值判断、非评价性认识，有学者名之为"认知"，以与评价对立。这是不妥的。因为评价与认知并非对立或矛盾概念关系，而是交叉概念关系。这可以从两方面看。一方面，在评价的外延中包括一部分认知：认知评价；因为如上所述，评价分为"认知评价"、"情感评价"、"意志评价"和"行为评价"。另一方面，在认知的外延中也包括一部分评价：评价性认知；因为如所周知，认知也分为评价性认知与非评价性认知。例如，"花是美的"便是评价性认知；"花是红的"则是非评价性认知。

可见，评价与认知是交叉关系而不是矛盾或对立关系。因此，不可以把非评价性认识、非价值判断叫作认知，以与评价对立。显然，我们应该沿用西方元伦理学术语而把非评价性认识叫作"描述"，以与评价对立。这样，所谓描述便是非评价性认识、非价值判断：它一方面是客体事实如何的描述，也就是事实判断、事实认识，是对客体事实如何的反映；另一方面则是主体描述，也就是主体判断、主体认识，是对主体的需要、欲望、目的的反映。

于是，虽然从事实判断不能直接产生和推导出评价，但是，从描述却可以直接产生和推导出评价：一个评价是由两个描述——客体事实如何之描述和主体需要、欲望、目的之描述——产生和推导出来的：肯定的评价等于事实描述与主体需要、欲望、目的描述之相符；否定的评价等于事实描述与主体需要、欲望、目的描述之相违。这就是评价的产生和推导的过程 B，这就是评价的推导方法 B，这就是评价的发现和证明方法 B，这就是应该、善和价值的评价论发现、证明和推导方法 B，可以把它归结为一个公式而名之为"评价的推导公式 B"：

前提1：苍蝇传播细菌（事实描述）。

前提2：健康是人类的基本需要（主体的需要、欲望、目的描述）。

结论1：苍蝇传播细菌，不符合人类的健康需要，是坏的、恶的（认知评价、价值判断）。

结论2：见到苍蝇会有一种厌恶之情（感情评价）、不禁想打死它（意志评价）、最终打死它了（行为评价）。

综上可知，情感评价、意志评价和行为评价都是从价值判断（认知评价）产生和推导出来；而价值判断所反映的对象是价值，亦即客体的事实属性对主体需要、欲望、目的相符与否的效用。于是，一切评价最终都是通过关于主体的需要、欲望、目的判断，从事实判断产生和推导出来：肯定的评价，说到底，等于事实判断与主体需要、欲望、目的判断之相符；否定的评价，说到底，等于事实判断与主体需要、欲望、目的判断之相违。换言之，一种评价是从两种描述——客体事实描述和主体需要描述——产生和推导出来的：肯定的评价等于事实描述与主体需要、欲望、目的描述之相符；否定的评价等于事实描述与主体需要、欲望、目的描述之相违。

这就是评价的产生和推导的过程，这就是评价的推导方法，这就是评价的发现和证明方法，这就是应该、善和价值的评价论发现、证明和推导方法，这就伦理学的评价推导公理，说到底，亦即普遍适用于伦理学和国家学（国家学是关于国家制度好坏的价值科学）以及中国学（中国学是关于中国国家制度好坏的价值科学）等一切"价值科学的评价推导公理"："价值科学的评价推导公理"与"伦理学的评价推导公理"以及"国家学的评价推导公理"与"中国学的评价推导公理"是同一概念。这一公理可以归结为两个公式：

评价的推导公式 A：

前提 1：事实判断

前提 2：主体的需要、欲望、目的判断

结论 1：价值判断、认知评价

结论 2：情感评价和意志评价以及行为评价

评价的推导公式 B：

前提 1：事实描述

前提 2：主体需要、欲望、目的描述

结论 1：认知评价、价值判断

结论 2：感情评价、意志评价和行为评价

3 伦理学的道德评价推导公设

在道德价值领域，社会是制定道德的活动者，是主体；社会制定道德的目的，亦即道德目的，是主体活动目的；客体则是社会制定的道德所规范的对象，是可以进行道德评价的一切行为。这样一来，如果将普遍适用于一切应该、善和价值的伦理学评价推导公理，推演于道德应该、道德善、道德价值领域，便可以得出结论说：

情感道德评价、意志道德评价和行为道德评价都是从道德价值判断（认知道德评价）产生和推导出来；而道德价值判断所反映的对象是道德价值，亦即行为事实如何对道德目的相符与否的效用。因此，一切行为应该如何的道德评价，最终都是通过道德目的判断，而从行为事实如何的判断产生和推导出来的：肯定的道德评价等于行为事实判断与道德目的判断之相符；否定的道德评价等于行为事实判断与道德目的判断之相违。换言之，一种道德评价是从两种描述——行为事实的描述和道德目的的描述——产生和推导出来的：肯定的道德评价等于行为事实描述与道德目的描述之相符；否定的道德评价等于行为事实描述与道德目的的描述之相违。这就是道德评价的产生和推导过程，这就是道德评价的推导方法，这就是道德评价的发现和证明方法，这就是仅仅适用于伦理学的道德评价推导公设，可以归结为两个公式：

道德评价推导公式 A：

前提 1：行为事实判断
前提 2：道德目的判断

_____

结论 1：道德价值判断、认知道德评价
结论 2：感情道德评价、意志道德评价和行为道德评价

道德评价推导公式 B

前提 1：行为事实描述
前提 2：道德目的描述

_____

结论 1：认知道德评价、道德价值判断
结论 2：感情道德评价、意志道德评价和行为道德评价

举例说，我们知道张三虐待父母确凿无疑（事实判断、事实描述），为什么会有一种鄙视愤恨之情（感情道德评价）、不禁想狠狠教训他一番

（意志道德评价）、最终狠狠地教训了他一番（行为道德评价）？岂不就是因为，道德目的是保障社会存在发展和增进每个人利益（道德目的判断、道德目的描述）；而虐待父母违背道德目的，是不应该、不道德的，是缺德的、恶的（认知道德评价、道德价值判断）？所以，这一切道德评价最终便都是通过"道德目的判断"，而从"张三虐待父母"的事实判断产生和推导出来的：

前提1：张三虐待父母（事实判断、事实描述）

前提2：道德目的是保障社会存在发展和增进每个人利益（道德目的判断、道德目的描述）

结论1：张三虐待父母违背道德目的，是恶的、不道德的（认知道德评价、价值判断）

结论2：见到张三虐待父母会有一种鄙视之情（感情道德评价）、不禁想狠狠教训他一番（意志道德评价）、最终狠狠地教训了他一番（行为道德评价）。

三　伦理学的评价真假对错推导公理和道德评价真假对错推导公设

元伦理学范畴"评价"的研究表明，评价有真假对错之分。一方面，认知评价、价值判断有真假，有所谓真理性：相符为真，不符为假。另一方面，感情评价、意志评价和行为评价则无所谓真假，无所谓真理性，而只有所谓效用性，只有所谓对错好坏：有利于满足主体需要的效用，叫作"对"、"好"、"应该"、"正确"；不利于满足主体需要的效用，叫作"错"、"坏"、"不应该"、"不正确"："对错"与"好坏"、"应该不应该"以及"正确不正确"是同一概念。

那么，评价究竟如何才能是真的、对的而不是假的、错的？或者说，如何才能证明评价之真假对错？说到底，评价的真假对错的产生和推导过程是怎样的？对于这些问题的研究，就构成了伦理学的评价真假对错公理和道德评价真假对错公设。伦理学的评价真假对错公理和道德评价真假对错公设，无疑是伦理学的评价公理和道德评价公设的一种具体情形而蕴涵于其中，因而也就不难从中推演出来。因此，我们就从评价公理和道德评价公设出发，首先来推演认知评价、价值判断之真假；然后进而推演一切评价真假对错的产生和推导过程。

1　价值判断真理性的产生和推导过程

对于价值判断真假的证明问题，黑尔曾以如何判断、确证一种草莓是好草莓为例，进行了十分深刻的论证："如果我们知道某种草莓所具有的一切描述性属性，如果我们还知道'好（good）'这个词的意思，那么，为了说明一种草莓是不是好草莓，我们还需要知道什么呢？问题一旦被这样提出来，答案就显而易见了。我们还需要知道的，无疑是赖以将一种草莓叫作好草莓的标准，或者说，使一种草莓成为好草莓的特征是什么，或者说，好草莓的标准是什么。"[①]

这就是说，对于一种草莓是好草莓的确证，需要三方面的知识：一是这种草莓事实如何的描述；二是好草莓的'好'是什么意思；三是草莓好坏的衡量标准。更确切些说，对于一种草莓是不是好草莓的价值判断真假之确证，需要解决三个问题：一是"草莓"好坏的价值判断是否与"草莓"的价值相符；二是对"草莓"事实如何的描述或事实判断之真假；三是对"草莓"好坏进行价值判断的标准——主体的需要、欲望、目的——的描述或判断之真假。

诚哉斯言！因为，如前所述，价值判断也就是对"价值"——亦即"客体事实如何对主体需要欲望目的的效用"——的判断，因而是通过

---

① R. M. Hare: *The Language of Morals*, London: Oxford University Press, 1964, p. 111.

"主体需要欲望目的"的判断，而从"事实判断"产生和推导出的："肯定的价值判断"等于"事实判断与主体需要欲望目的判断之相符"；"否定的价值判断"等于"事实判断与主体需要欲望目的判断之相违"。因此，"价值判断之真假"，直接说来，取决于"价值判断"与"价值"是否相符；但是，根本说来，则一方面取决于"事实判断"之真假，另一方面取决于"主体需要欲望目的判断"之真假——如果二者都是真的，则由二者合乎逻辑地推导出的"价值判断"必真；如果所推导出的"价值判断"是假的，则它所由以推导出的"事实判断"和"主体需要欲望目的"判断必假：或者其一是假的，或者二者都是假的。举例说：

"鸡蛋有营养"的价值判断是真理，直接说来，是因为它符合鸡蛋的价值；根本说来，则一方面是因为"鸡蛋具有蛋白质"的事实判断是真理，另一方面则是因为"人体需要蛋白质"的主体需要判断是真理：二者都是真理，所以由二者合乎逻辑地推导出的"鸡蛋具有营养"的价值判断必定是真理。反之，如果关于鸡蛋的价值判断是谬误（比如说，认为鸡蛋没有营养价值），那么，直接说来，是因为它不符合鸡蛋的价值；根本说来，岂不必定是因为它所由以推导出的关于鸡蛋的"事实判断"和"主体需要判断"发生了错误（比如说，误以为鸡蛋没有蛋白质，或误以为人体不需要蛋白质）？

这就是应该、善和价值判断之真假的产生和推导过程，这就是价值判断、认知评价的真理性推导方法，这就是价值判断、认知评价的真理性的发现和证明方法，这就是应该、善和价值的真理论的发现、证明和推导方法，可以归结为一个公式：

前提 1：事实判断之真假
前提 2：主体需要欲望目的判断之真假

结论：价值判断之真假

价值判断之真假的产生和推导过程表明，一个价值判断或认知评价必定反映三个对象：直接说来，是反映评价对象事实如何对主体需要的效用，亦即评价对象的价值、应该、应该如何；根本说来，则一方面反映评价对象之事实如何，另一方面则反映主体的需要、欲望、感情和目的如何。因此，黑尔修正斯蒂文森关于价值判断具有情感和描述二重意义理论，认为任何一个价值判断都既具有一种评价意义，又具有一种描述意义，[①] 是一个很大的进步，但又不够确切。确切地说，任何一个价值判断都具有一种评价意义和两种描述意义——它具有一种评价意义：对评价对象的价值、应该、应该如何之认知评价；又具有两种描述意义：对评价对象事实如何与主体的需要、欲望、感情和目的之描述。

因此，关于"价值"、"应该"、"善"的科学，比任何关于"是"、"事实"的科学都复杂得多。事实科学只由关于事实之一种认识构成；而价值科学则由关于价值和事实以及主体需要三种认识构成。事实科学的理论分歧，只是关于事实的认识之分歧；而价值科学的理论分歧，则包括三种分歧：直接说来，是关于评价对象的价值、应该、应该如何的认识之分歧；根本说来，则或是关于客体事实如何的认识之分歧，或是关于主体需要、感情和目的的认识之分歧，或是二者兼而有之。因此，斯蒂文森说伦理问题的分歧具有信念（亦即事实认识）和态度（亦即主体需要、感情的认识）二元性，是不确切的。确切地说，伦理分歧具有三元性：直接说来，是道德价值判断分歧，是对行为应该如何的认识之分歧；根本说来，则是描述分歧：或是对行为事实如何的描述之分歧，或是对道德目的的描述之分歧，或是二者兼而有之。

---

① 参阅 R. M. Hare: *Essays on The Moral Concepts*, Berkeley: University of California Press, 1973, pp. 57-59.

2 评价真假对错推导公理

情感评价、意志评价和行为评价，如上所述，与认知评价或价值判断是一致的，是以认知评价、价值判断为基础而从中产生和推导出来的。因此，感情评价和意志评价之以及行为评价对错，也就决定于价值判断或认知评价之真假，而必定与之一致：价值判断或认知评价真（亦即与价值相符），情感评价和意志评价以及行为评价必对（亦即必定有利于满足主体需要欲望目的）；价值判断或认知评价假（亦即与价值不符），情感评价和意志评价以及行为评价必错（亦即必定不利于满足主体需要欲望目的）。

这样一来，一切评价之真假对错，便都取决于价值判断之真假，最终都取决于事实判断和主体需要欲望目的判断之真假——二者都是真的，则由二者合乎逻辑地产生和推导出的价值判断或认知评价必真（亦即必定与价值相符）、情感评价和意志评价以及行为评价必对（亦即必定有利于满足主体的需要、欲望、目的）；如果所推导出的价值判断或认知评价是假的（亦即与价值不相符）、情感评价和意志评价以及行为评价是错的（亦即有害于满足主体的需要、欲望、目的），则它们所由以推导出的事实判断和主体需要欲望目的判断必假：或者其一是假的，或者二者都是假的。

这就是评价真假对错的推导方法，这就是评价真假对错的发现和证明方法，这就是应该、善和价值的评价之真假对错的发现、证明和推导方法，这就是伦理学的评价真假对错的推导公理，说到底，亦即普遍适用于伦理学和国家学（国家学是关于国家制度好坏的价值科学）以及中国学（中国学是关于中国国家制度好坏的价值科学）等一切"价值科学的评价真假对错推导公理"，可以归结为一个公式：

前提 1：事实判断之真假

前提 2：主体需要判断之真假

结论 1：价值判断或认知评价之真假

结论 2：感情评价、意志评价和行为评价之对错

举例说，如果我们一方面对某一食物的事实判断是真的（亦即与该食物事实如何相符），他方面对人体需要的主体判断是真的（亦即与人体需要相符）；那么，由二者合乎逻辑地推导出该食物是否有益健康的价值判断或认知评价显然也必是真的（亦即与该食物的价值相符）；由此而来的对于该食物的偏爱或厌弃之情（感情评价）和经常食用或拒之不食之意（意志评价）以及经常食用或拒之不食（行为评价）必定是对的（亦即必定有利于满足人体健康需要）。

相反地，一个送礼者误以为某礼品对某官员有用（价值判断、认知评价是假的）；于是他对某礼品的价值误生兴趣（感情评价是错的）；遂错打主意、意欲买下该礼品送某官员（意志评价是错的）；最终买下该礼品送某官员（行为评价是错的）。察其原因，岂不都是由于对某官员需要的"主体判断是假的"？诸葛亮"认为马谡是大将之才"的价值判断是假的，他对马谡的爱（感情评价）和重用之意（意志评价）以及重用之行为（行为评价）是错的，原因岂不都在于对马谡才能的"事实判断是假的"？

3 道德评价真假对错推导公设

在道德价值领域，社会是活动者，亦即制定道德的活动者，因而是主体；社会制定道德的目的，亦即道德目的，是主体活动目的；客体则是社会制定的道德所规范的对象，是可以进行道德评价的一切行为。这

样一来，如果将普遍适用于一切价值领域的"评价真假对错推导公理"，推演于道德价值领域，便可以得出结论说：

情感道德评价、意志道德评价和行为道德评价都是从道德价值判断（认知道德评价）产生和推导出来。因此，一切道德评价之真假对错，都取决于道德价值判断之真假，最终都取决于行为事实判断和道德目的判断之真假——二者都是真的，则由二者合乎逻辑地产生和推导出的道德价值判断或认知道德评价必真（亦即必定与道德价值相符）、情感道德评价和意志道德评价以及行为道德评价必对、必好、必正确（亦即必定符合道德目的）；如果所推导出的道德价值判断或认知评价是假的（亦即与道德价值不相符）、情感道德评价和意志道德评价以及行为道德评价是错的、坏的、不正确的（亦即不符合道德目的），则它们所由以推导出的行为事实判断和道德目的判断必假：或者其一是假的，或者二者都是假的。

这就是道德评价的真假之产生和推导过程，这就是道德评价真假对错的推导方法，这就是道德评价真假对错的发现和证明方法，这就是道德应该、道德善和道德价值评价之真假对错的发现、证明和推导方法，这就是只对伦理学有效的"伦理学的道德评价真假对错的推导公设"，可以归结为一个公式：

前提1：行为事实判断之真假

前提2：道德目的判断之真假

结论1：道德价值判断或认知道德评价之真假

结论2：感情道德评价、意志道德评价和行为道德评价之对错

举例说，儒家、康德、布拉德雷和基督教伦理学家等利他主义论者，之所以鄙薄"为己利他"（情感道德评价错误），动辄就想将它作为魔鬼

拉出来批判一通（意志道德评价错误），经常口诛笔伐之（行为道德评价错误），就是因为他们误以为"为己利他"具有负道德价值（道德价值判断或认知道德评价错误）。这种道德价值判断是错误的，直接说来，是因其不符合为己利他实际的道德价值。但是，根本说来，则是因为，一方面，他们误以为道德目的就是为了道德自身，就是为了完善每个人的品德："道德以本身为目的"[①]（道德目的判断错误）；另一方面，他们片面地以为"为己"事实上势必损人利己："鸡鸣而起，孳孳为利者，跖之徒也。"[②]（行为事实判断错误）

　　相反地，老子和韩非以及爱尔维修和霍尔巴赫等合理利己主义论者断言"为己利他是最大的道德善"的道德价值判断，堪称真理，直接说来，因其符合为己利他的道德价值（为己利他比任何行为的正道德价值都远为巨大）。但是，根本讲来，则是因为，一方面，"为己利他能够最大限度地增进全社会和每个人利益"的行为事实判断是真理；另一方面，"道德目的是增进每个人利益"的道德目的判断是真理：二者都是真理，所以由二者合乎逻辑地推导出的"为己利他极其符合道德目的，具有最大的正道德价值"的道德价值判断必定是真理。这样一来，我们怎么会鄙薄和批判"为己利他"呢？我们必定会像合理利己主义论者那样，对它肃然起敬（正确的情感道德评价），必定会有为这个功勋无比而忍辱负重的魔鬼正名之意（正确的意志道德评价），必定会为这个功勋无比而忍辱负重的魔鬼正名（正确的行为道德评价）。

---

① 布拉德雷：《伦理学研究》上册，商务印书馆，民国33年，第84页。如果道德目的，确如布拉德雷等利他主义论者所言，就是为了道德自身，就是为了完善每个人的品德；那么，为己利他当然就因其不是品德和道德的完善境界而不符合道德目的，因而也就是不道德的、具有负道德价值的行为了。

② 《孟子·尽心上》。

四　伦理学的优良规范推导公理和优良道德规范推导公设

1 "规范"、"价值"与"价值判断"：概念分析

伦理学的"评价真假对错推导公理"和"道德评价真假对错推导公设"是确证道德价值判断的真理的方法，因而似乎是伦理学的终极公理和公设。其实不然。因为伦理学是关于优良道德的科学：它探究道德价值判断之真理，目的全在于制定优良道德规范；它探究"评价真假对错推导公理"和"道德评价真假对错推导公设"，目的全在于确证"优良规范的推导公理"和"优良道德规范推导公设"。

原来，优良规范之制定，牵连三个密不可分而又根本不同的重要概念："规范"、"价值"和"价值判断"。然而，古今中外，伦理学家们大都不区别"规范"与"价值"，几乎皆将"道德"（"道德"属于"规范"范畴，因而"道德"与"道德规范"是同一概念）与"道德价值"当作同一概念。殊不知，价值与规范根本不同。因为规范都是人制定或约定的。但是，价值却不是人制定或约定的。试想，玉米、小麦、大豆的营养价值怎么能是人制定或约定出来的呢？那么，价值与规范是何关系？

不难看出，价值是制定或约定规范的根据，规范则是根据价值制定或约定出来的。试想，为什么养生家将"每天应该吃一个鸡蛋"奉为如何吃鸡蛋的行为规范？岂不就是因为，在他们看来，每天吃一个鸡蛋具有正营养价值，而鸡蛋吃多了则具有负营养价值？道德规范亦然：行为应该如何的道德规范是根据行为的道德价值制定或约定出来的。

试想，为什么老子、韩非和爱尔维修、霍尔巴赫等合理利己主义论者，将"为己利他"奉为道德规范？岂不就是因为，在他们看来，为己利他具有正道德价值？相反地，孔子、墨子和康德、基督教伦理学家却

反对将"为己利他"奉为道德规范，岂不就是因为，在他们看来，为己利他具有负道德价值？

这样一来，规范便与价值判断一样，皆以价值为内容、对象和摹本，都是价值的表现形式。只不过，价值判断是价值在大脑中的反映，是价值的思想形式；而规范则是价值在行为中的反应，是价值的规范形式。因此，价值判断有真假之分：与价值相符的判断，便是真理；与价值不符的判断，便是谬误。规范则没有真假而只有对错优劣好坏之分：与价值相符的规范，就是优良的、好的、对的、正确的规范；与价值不符的道德规范，就是恶劣的、坏的、不对的、不正确的规范。举例说：

如果"每天吃一个鸡蛋"确如养生家们所言，具有正营养价值，那么，一方面，他们断言"每天应该吃一个鸡蛋"的价值判断，便与鸡蛋的营养价值相符，因而是真理；另一方面，他们把"每天应该吃一个鸡蛋"奉为如何吃鸡蛋的行为规范，也与鸡蛋的营养价值相符，因而是一种优良的好的行为规范。

如果"为己利他"确如儒家所言，具有负道德价值，那么，一方面，法家断言"为己利他是应该的"道德价值判断便与为己利他道德价值不符合，因而是谬误；另一方面，法家把"为己利他"奉为道德规范也与为己利他道德价值不符合，因而是一种恶劣的坏的道德规范。

然而，究竟怎样才能制定与价值相符的优良的、好的、对的、正确的规范呢？人们制定任何规范，无疑都是在一定的价值判断的指导下进行的。显而易见，只有在关于价值的判断是真理的条件下，所制定的规范，才能够与价值相符，从而才能够是优良的、好的、对的、正确的规范；反之，如果关于价值的判断是谬误，那么，在其指导下所制定的规范，必定与价值不相符，因而必定是恶劣的、坏的、不对的、不正确的规范。举例说：

如果每天吃 10 个鸡蛋具有正营养价值，因而"每天应该吃 10 个鸡蛋"的价值判断是真理，那么，把"每天应该吃 10 个鸡蛋"奉为如何吃鸡蛋的行为规范，便与每天吃 10 个鸡蛋的营养价值相符，因而是一种优良规范。反之，如果"每天应该吃 10 个鸡蛋"的价值判断是谬误，每天吃 10 个鸡蛋实际上具有负营养价值，那么，把"每天应该吃 10 个鸡蛋"奉为如何吃鸡蛋的行为规范，便与每天吃 10 个鸡蛋的营养价值不相符，因而便是一种恶劣规范。

如果"为己利他具有正道德价值"的道德价值判断是真理，为己利他确实具有正道德价值，那么，老子和韩非把"为己利他"奉为行为应该如何的道德规范，便与为己利他的道德价值相符，因而是一种优良道德规范。反之，如果"为己利他具有正道德价值"的道德价值判断是谬误，为己利他实际上具有负道德价值，那么，老子和韩非把"为己利他"奉为行为应该如何的道德规范，便与为己利他的道德价值不相符，因而便是一种恶劣道德规范。

可见，价值判断之真理，乃是达成制定优良规范的目的之手段，是制定优良规范的充分且必要条件：当且仅当我们的价值判断是真理，我们才能够制定与价值相符的优良的、好的、对的、正确的规范，而避免制定与价值不符的恶劣的、坏的、不对的、不正确的规范。道德价值判断之真理，则是达成制定优良道德规范的目的之手段，是制定优良道德的充分且必要条件：当且仅当我们的道德价值判断是真理，我们才能够制定与道德价值相符的优良的、好的、对的、正确的道德，而避免制定与道德价值不符的恶劣的、坏的、不对的、不正确的道德。

2 优良规范推导公理

综上所述，首先，优良的、好的、对的、正确的行为规范是与行为价值相符的行为规范；恶劣的、坏的、不对的、不正确的行为规范则是与行为价值不相符的行为规范；其次，价值判断之真理，乃是达成制定优良规范的目的之手段，是制定优良规范的充分且必要条件；最后，伦理学的评价真假对错推导公理表明，"价值判断之真假"，直接说来，取决于"价值判断"与"价值"是否相符；根本说来，则一方面取决于"事实判断"之真假，另一方面取决于"主体需要欲望目的判断"之真假。于是，合而言之，可以得出结论说：

优良的、好的、对的、正确的行为规范是与行为价值相符的行为规范；恶劣的、坏的、不对的、不正确的行为规范则是与行为价值不相符的行为规范。因此，行为应该如何的规范虽然都是人制定的、约定的；但是，只有恶劣的、坏的、不对的、不正确的行为规范才可以随意制定、约定。反之，优良的、好的、对的、正确的行为规范绝非可以随意制定，而只能根据"行为价值"——亦即"行为事实如何"对于"主体需要、欲望和目的"之效用——推导、制定出来，说到底，只能通过"主体的需要、欲望和目的"，从"行为事实如何"中推导、制定出来。因此，所制定的行为规范之优劣，直接说来，取决于对行为应该如何的"价值判断"之真假；根本说来，则一方面取决于对行为事实如何的"事实判断"之真假，另一方面取决于对"主体的需要、欲望、目的判断"之真假：二者皆真，则由二者合乎逻辑地推导出的行为应该如何的价值判断必真，因而在其指导下所制定的行为规范必定与行为价值相符，必定是优良行为规范；如果所制定的行为规范与行为价值不相符，是恶劣的行为规范，那么，关于行为应该如何的"价值判断"必假，因而它所由以推导出的行为"事实判断"和主体需要的"价值标准"判断必假：或者其一假，或者二者皆假。

举例说：养生家洪绍光制定的"每天应该吃一个鸡蛋"的行为规范，之所以是优良的，直接说来，取决于"每天应该吃一个鸡蛋"的价值判断之真；根本说来，则一方面取决于"一个鸡蛋具有 X 量蛋白质"的事实判断之真，另一方面则取决于"人体每天需要 X 量蛋白质"的主体需要判断之真：二者皆真，则由二者合乎逻辑地推导出的"每天应该吃一个鸡蛋"的价值判断必真，因而在其指导下所制定的"每天应该吃一个鸡蛋"的行为规范，必定与"每天吃一个鸡蛋"的行为价值相符而是优良行为规范。

相反地，我少年时代，我爹教导我的"每天应该吃尽可能多的鸡蛋"的行为规范，之所以是恶劣的，直接说来，取决于"每天吃鸡蛋越多越好"的价值判断之假；根本说来，取决于它所由以推导出的关于鸡蛋的"事实判断"和"人体需要判断"之假：或者其一假（误以为一个鸡蛋具有远远少于 X 量的蛋白质，或误以为人体每天需要远远大于 X 量的大量蛋白质），或者二者皆假（既误以为一个鸡蛋具有远远少于 X 量的蛋白质，又误以为人体每天需要远远大于 X 量的大量蛋白质）。

这就是"优良规范"直接依据"价值判断"——最终依据"事实判断"和"主体需要判断"——之真理的推导和制定的过程，这就是优良规范的推导和制定之方法，这就是优良规范的发现和证明之方法，这就是应该、善和价值的规范论的发现、证明和推导方法，这就是伦理学的优良规范推导公理，这就是伦理学和国家学（国家学是国家制度好坏的价值科学）以及中国学（中国学是中国国家制度好坏的价值科学）等一切价值科学的优良规范推导公理。我们可以将该公理归结为一个公式：

前提 1：事实如何（价值实体）判断之真假

前提 2：主体需要欲望目的如何（价值标准）判断之真假

结论 1：应该如何的价值判断之真假

结论 2：规范之优劣（规范是否与价值相符）

该公式可以简化如下：

前提 1：事实如何（价值实体）

前提 2：主体需要欲望目的如何（价值标准）

结论 1：应该如何（价值）

结论 2：规范之优劣（规范是否与价值相符）

3　优良道德规范推导公设

在道德规范领域，社会是活动者，亦即制定道德的活动者，因而是主体；社会制定道德的目的，亦即道德目的，是主体活动目的；客体则是社会制定的道德所规范的对象，是可以进行道德评价的一切行为：道德价值就是这种行为事实如何对于道德目的之效用。这样一来，如果将普遍适用于一切规范领域的"优良规范推导公理"，推演于道德规范领域，便可以得出结论说：

优良的、好的、对的、正确的道德规范是与行为道德价值相符的道德规范；恶劣的、坏的、不对的、不正确的道德规范是与行为道德价值不相符的道德规范。因此，道德规范虽然都是人制定的、约定的；但是，只有恶劣的、坏的、不对的、不正确的道德规范才可以随意制定、约定。反之，优良的、好的、对的、正确的道德规范绝非可以随意制定，而只能根据"行为应该如何的道德价值"——亦即"行为事实如何"对于"道德目的"的效用——推导、制定出来，说到底，只能通过道德目的，从行为事实如何中推导、制定出来。因此，所制定的行为应该如何的道德规范之优劣，直接说来，取决于对行为应该如何的"道德价值判断"之真假；根本说来，则一方面取决于对行为事实如何的"事实判断"之真假，另一方面取决于对"道德目的判断"之真假：二者皆真，则由二者合乎逻辑地推导出的行为应该如何的道德价值判断必真，因而在其指导下所制定的行为应该如何的道德规范必定优良；如果所制定的行为应该如何的道德规范恶劣，则关于行为应该如何的道德价值判断必假，因而它所由以推导出的行为事实判断和道德目的判断必假：或者其一假，或者二者皆假。举例说：

老子、韩非和爱尔维修、霍尔巴赫等合理利己主义论者，所制定的"应该为己利他"是优良道德规范，直接说来，取决于"为己利他具有正道德价值"的道德价值判断之真；根本说来，则一方面取决于"为己利他事实上既利己又利他、己他双赢"的事实判断之真，另一方面则取决于"道德目的是增进每个人利益"的价值标准判断之真：二者皆真，则由二者推导出的"为己利他能够增进每个人利益，符合道德目的，因而具有正道德价值"的道德价值判断必真，因而在这种道德价值判断真理指导下所制定的"应该为己利他"的道德规范必定优良。反之，儒家和墨家以及康德和基督教伦理学家等利他主义论者，所制定的"不应该为己利他"是恶劣的道德规范，直接说来，取决于"为己利他具有负道德价值"的道德价值判断之假；根本说来，则取决于有关为己利他的事实判断之假和道德目的判断之假：或者其一假（误以为"为己利他事实上势必损人利己"；或者误以为道德目的是使每个人的品德达于完善境界，而为己利他不是品德完善境界，因而不符合道德目的）；或者二者皆假（既误以为为己利他事实上势必损人利己，又误以为道德目的是使每个人的品德达于完善境界）。

这就是优良道德规范直接依据道德价值判断——最终依据行为事实判断和道德目的判断——之真理的推导和制定的过程，这就是优良道德规范的推导和制定之方法，这就是优良道德规范的发现和证明之方法，这就是道德应该、道德善和道德价值的规范论的发现、证明和推导方法，这就是仅仅适用于伦理学的优良道德规范推导公设，可以归结为一个公式：

前提 1：行为事实（道德价值实体）判断之真假
前提 2：道德目的（道德价值标准）判断之真假

结论 1：行为应该如何（道德价值）判断之真假
结论 2：道德规范之优劣（道德规范是否与道德价值相符）

该公式可以简化如下：

前提 1：行为事实如何（道德价值实体）

前提 2：道德目的（道德价值标准）

结论 1：行为应该如何（道德价值）

结论 2：道德规范之优劣（道德规范是否与道德价值相符）

五　关于伦理学推导公理和推导公设的理论

1　总结：伦理学的四个推导公理和四个推导公设

综上可知，伦理学的推导公理和推导公设，可以归结为如下 8 个伦理学的"初始命题集"或"公理与公设"：

（1）伦理学的价值推导公理

"价值、善、应该如何"，是客体的"是、事实、事实如何"对主体的需要、欲望和目的相符与否的效用。因此，"价值、善、应该如何"，是通过主体的需要、欲望和目的，而从"是、事实、事实如何"产生和推导出来的："善、应该、正价值"就是"事实"符合"主体需要、欲望和目的"之效用，全等于"事实"对"主体需要、欲望和目的"之符合；"恶、不应该、负价值"就是"事实"不符合"主体需要、欲望和目的"之效用，全等于"事实"对"主体需要、欲望和目的"之不符合。公式：

前提 1：事实如何（价值实体）

前提 2：主体需要、欲望和目的如何（价值标准）

结论：应该如何（价值）

（2）伦理学的评价推导公理

　　情感评价、意志评价和行为评价都是从价值判断（认知评价）产生和推导出来；而价值判断所反映的对象是价值，亦即客体的事实属性对主体需要、欲望、目的相符与否的效用。于是，一切评价最终都是通过关于主体的需要、欲望、目的判断，从事实判断产生和推导出来：肯定的评价，说到底，等于事实判断与主体需要、欲望、目的判断之相符；否定的评价，说到底，等于事实判断与主体需要、欲望、目的判断之相违。换言之，一种评价是从两种描述——客体事实描述和主体需要描述——产生和推导出来的：肯定的评价等于事实描述与主体需要、欲望、目的描述之相符；否定的评价等于事实描述与主体需要、欲望、目的描述之相违。

　　　　评价的推导公式 A：

　　　　　　前提 1：事实判断
　　　　　　前提 2：主体的需要、欲望、目的判断
　　　　　　────────────────────────
　　　　　　结论 1：价值判断、认知评价
　　　　　　结论 2：情感评价和意志评价以及行为评价

　　　　评价的推导公式 B：

　　　　　　前提 1：客体事实描述
　　　　　　前提 2：主体需要、欲望、目的描述
　　　　　　────────────────────────
　　　　　　结论 1：价值判断、认知评价
　　　　　　结论 2：感情评价、意志评价和行为评价

（3）伦理学的评价真假对错的推导公理

情感评价、意志评价和行为评价都是从价值判断（认知评价）产生和推导出来，因而一切评价之真假对错，都取决于价值判断之真假，最终都取决于事实判断和主体需要判断之真假——二者都是真的，则由二者合乎逻辑地产生和推导出的价值判断或认知评价必真（亦即必定与价值相符）、情感评价和意志评价以及行为评价必对（亦即必定有利于满足主体的需要、欲望、目的）；如果所推导出的价值判断或认知评价是假的（亦即与价值不相符）、情感评价和意志评价以及行为评价是错的（亦即有害于满足主体的需要、欲望、目的），则它们所由以推导出的事实判断和主体需要判断必假：或者其一是假的，或者二者都是假的。公式：

前提1：事实判断之真假
前提2：主体需要判断之真假

———————————————————————————————

结论1：价值判断或认知评价之真假
结论2：感情评价、意志评价和行为评价之对错

（4）伦理学的优良规范推导公理

优良的"行为规范"是与"行为价值"相符的行为规范；恶劣的"行为规范"则是与"行为价值"不符的行为规范。因此，优良行为规范绝非可以随意制定，而只能根据"行为价值"——亦即"行为事实如何"对于"主体需要、欲望和目的"之效用——制定，说到底，只能通过"主体的需要、欲望和目的"，从"行为事实如何"推导出来。因此，所制定的行为规范之优劣，直接说来，取决于对行为应该如何的价值判断之真假；根本说来，则一方面取决于对行为事实如何的事实判断之真假，另一方面取决于对主体的需要、欲望、目的的主体判断之真假：二者皆真，则由二者合乎逻辑地推导出的行为应该如何的价值判断必真，因而在其指导下所制定

的行为规范必定与行为价值相符，必定是优良行为规范；如果所制定的行为规范与行为价值不相符，是恶劣的行为规范，那么，关于行为应该如何的价值判断必假，因而它所由以推导出的行为事实判断和主体需要判断必假：或者其一假，或者二者皆假。公式：

前提1：事实如何（价值实体）判断之真假
前提2：主体需要如何（价值标准）判断之真假

结论1：应该如何的价值判断之真假
结论2：规范之优劣（规范是否与价值相符）

（5）伦理学的道德价值推导公设

行为应该如何的道德价值，是行为事实如何对于道德目的之相符与否的效用。因此，行为应该如何的道德价值，是通过道德目的，从行为事实如何中产生和推导出来的：行为应该如何就是行为事实如何符合道德目的之效用，全等于行为事实如何对道德目的之相符；行为不应该如何就是行为事实如何不符合道德目的之效用，全等于行为事实如何对道德目的之相违。公式：

前提1：行为事实如何（道德价值实体）
前提2：道德目的如何（道德价值标准）

结论：行为应该如何（道德价值）

（6）伦理学的道德评价推导公设

情感道德评价、意志道德评价和行为道德评价都是从道德价值判断（认知道德评价）产生和推导出来；而道德价值判断所反映的对象是道德价值，亦即行为事实如何对道德目的相符与否的效用。于是，一切行为应该如何的道德评价，最终都是通过道德目的判断，而从行为事实如何判断产生和推导出来的：肯定的道德评价等于行为事实判断与道德目的判断之相符；否定的道德评价等于行为事实判断与道德目的判断之相违。换言之，一种道德评价是从两种描述——行为事实描述和道德目的描述——产生和推导出来的：肯定的道德评价等于行为事实描述与道德目的描述之相符；否定的道德评价等于行为事实描述与道德目的描述之相违。这就是道德评价的产生和推导过程，这就是道德评价的推导方法，这就是道德评价的发现和证明方法，这就是仅仅适用于伦理学的道德评价推导公设，可以归结为两个公式：

道德评价推导公式 A：

前提 1：行为事实判断
前提 2：道德目的判断

结论 1：道德价值判断、认知道德评价
结论 2：感情道德评价、意志道德评价和行为道德评价

道德评价推导公式 B

前提 1：行为事实描述
前提 2：道德目的描述

结论 1：认知道德评价、道德价值判断
结论 2：感情道德评价、意志道德评价和行为道德评价

（7）伦理学的道德评价真假对错的推导公设

情感道德评价、意志道德评价和行为道德评价都是从道德价值判断（认知道德评价）产生和推导出来。因此，一切道德评价之真假对错，都取决于道德价值判断之真假，最终都取决于行为事实判断和道德目的判断之真假——二者都是真的，则由二者合乎逻辑地产生和推导出的道德价值判断或认知道德评价必真（亦即必定与道德价值相符）、情感道德评价和意志道德评价以及行为道德评价必对、必好、必正确（亦即必定符合道德目的）；如果所推导出的道德价值判断或认知评价是假的（亦即与道德价值不相符）、情感道德评价和意志道德评价以及行为道德评价是错的、坏的、不正确的（亦即不符合道德目的），则它们所由以推导出的行为事实判断和道德目的判断必假：或者其一是假的，或者二者都是假的。公式：

前提1：行为事实判断之真假

前提2：道德目的判断之真假

结论1：道德价值判断或认知道德评价之真假

结论2：感情道德评价、意志道德评价和行为道德评价之对错

（8）伦理学的优良道德规范推导公设

优良"道德规范"是与行为的"道德价值"相符的道德规范；恶劣"道德规范"是与行为"道德价值"不符的道德规范。因此，优良道德规范绝非可以随意制定，而只能根据"行为应该如何的道德价值"——亦即"行为事实如何"对于"道德目的"的效用——制定，说到底，只能通过"道德目的"，从"伦理行为事实如何"推导出来。因此，所制定的行为应该如何的道德规范之优劣，直接说来，取决于对行为应该如何的道德价值判断之真假；根本说来，则一方面取决于对行为事实如何的客观本性的事实判断之真假，另一方面取决于对道德目的的主体判断之真

假：二者皆真，则由二者合乎逻辑地推导出的行为应该如何的道德价值判断必真，因而在其指导下所制定的行为应该如何的道德规范必定优良；如果所制定的行为应该如何的道德规范恶劣，则关于行为应该如何的道德价值判断必假，因而它所由以推导出的行为事实判断和道德目的判断必假：或者其一假，或者二者皆假。公式：

前提1：行为事实（道德价值实体）判断之真假

前提2：道德目的（道德价值标准）判断之真假

结论1：行为应该如何（道德价值）判断之真假

结论2：道德规范之优劣（道德规范是否与道德价值相符）

2 伦理学公理和公设相互关系及其意义

不难看出，"伦理学的优良规范推导公理和优良道德规范推导公设"，乃是"伦理学的公理和公设系统"推演的终极目标。因为伦理学是关于优良道德的科学：它探究道德价值判断之真理，目的全在于制定和实现与道德价值相符的优良道德。但是，要获得和确证道德价值判断之真理，便必须运用"伦理学的评价真假对错推导公理和道德评价真假对错推导公设"：它们是探究和确证道德价值判断之真理的推导方法。然而，要获得伦理学的评价真假对错推导公理和道德评价真假对错推导公设，显然必须获得"伦理学的评价推导公理和道德评价推导公设"，因而又必须获得"伦理学的价值推导公理和道德价值推导公设"。这就是为什么，伦理学的推导公理和公设会有八个之多。

不但此也！要发现伦理学的价值推导公理和道德价值推导公设，显然必须知道应该、善和价值存在何处，因而必须求得那六个"伦理学的价值存在公理和道德价值存在公设"。这就是为什么，伦理学的全部公理公设可以归结为十四个：八个推导公理和推导公设以及六个存在公理和存在公设。它们相互间存在着由此及彼的推导关系，最终目的则是为了制定和实现优良道德规范，是为了推演出"伦理学的优良规范推导公理和优良道德规范推导公设"："伦理学的优良规范推导公理和优良道德规范推导公设"乃是伦理学公理体系的终极目的。

那么，伦理学的"优良规范的推导公理"和"优良道德规范推导公设"之间，是否也存在目的和手段的关系？答案是肯定的。因为伦理学的终极目的并不是制定优良规范，而是制定优良道德规范：制定优良规范不过是制定优良道德规范的方法而已。所以，伦理学的"优良规范推导公理"不过是"优良道德规范推导公设"的方法而已。这样，伦理学的公理和公设体系——因而也就是整个元伦理学——最终便可以归结为"优良道德规范推导公设"。元伦理学之所以是伦理学的公理和公设体系，它所拥有的十四个公理和公设之所以是公理和公设，说到底，就是因为——如《绪论》所论证——从这个"优良道德规范推导公设"可以直接推导出伦理学的全部对象、全部内容、全部命题。

因此，这十四个伦理学的公理和公设科学价值极其巨大，无论如何评价都不会夸大。因为从伦理学的这七个公理，可以推导出伦理学的七个公设，最终从这个"伦理学的优良道德规范推导公设"，推演出伦理学的全部对象、全部内容和全部命题，使伦理学成为一种如同物理学一样客观必然、严密精确和能够操作的公理化体系。举例说，商务印书馆2008年出版我22年写成的180余万字数的《新伦理学》的全部对象、全部内容和全部命题，皆从这个公设推演出来，都是对这个公设的四个命题的研究。

不但此也！这七个伦理学公理，同时也是国家学（关于国家制度好坏的价值科学）和中国学（关于中国国家制度好坏的价值科学）等一切价值科学的公理，因而可以从中推导出国家学和中国学等各门价值科学的推导公设，最终推演出各门价值科学全部对象、全部内容和全部命题，从而使各门价值科学皆成为一种如同物理学一样客观必然、严密精确、可以操作的公理化体系。

举例说，从这七个伦理学公理，可以推导出仅仅适用于国家学的"优良国家制度推导公设"：

前提1：国家事实如何（价值实体）
前提2：国家目的如何（价值标准）

_____

结论1：国家应该如何（价值）
结论2：国家制度之好坏（制度是否与价值相符）

中国社会科学出版社2012年出版我5年写成的142万字数的《国家学》的全部对象、全部内容和全部命题，皆从这四个命题推演出来，都是对这四个命题的研究。

举例说，从这七个伦理学公理，可以推导出仅仅适用于中国学的"优良的中国国家制度推导公设"：

前提1：中国事实如何（价值实体）
前提2：国家目的如何（价值标准）

_____

结论1：中国应该如何（价值）
结论2：中国制度之好坏（制度是否与价值相符）

我自2012年以来一直撰写的《中国学》（完稿时约200万字数）的全部对象、全部内容和全部命题，皆从这四个命题推演出来，都是对这四个命题的研究。

伦理学公理和公设，不但意义如此巨大，而且极端复杂、深邃、晦涩和难解，以致一方面，如前所述，元伦理学家们对于"伦理学的价值存在公理和道德价值存在公设"的研究，形成了四大元伦理证明理论："客观论"、"实在论"、"主观论"、"关系论"。另一方面，我们将看到，元伦理学家们对于伦理学推导公理和推导公设的研究，分为五大流派：自然主义、直觉主义、情感主义、规定主义、描述主义。这五大流派都是关于应该、善、价值的产生和推导过程的元伦理证明理论，说到底，也就都是关于伦理学推导公理和推导公设的证明理论。显然，如果我们不进一步辨析这些理论，指出它们的得失对错，那么，我们对于伦理学推导公理和公设的研究是不充分、不全面的。

3　自然主义

何谓自然主义？赫德森说，自然主义是用自然的——亦即事实的——属性来定义"善"与"正当"等价值概念的元伦理学学说："'伦理自然主义者'乃是这样的人：他用自然属性来定义诸如'善'、'正当'等道德词。"[①] 彼彻姆则认为，自然主义是用事实判断来确证价值判断的元伦理学推导或证明方法："根据这种理论，价值判断能够确证于一种事实的方法（有时又被自然主义者称之为'理性方法'）——一种与历史和科学的确证相同的方法。"[②]

二者结合起来堪称自然主义定义。因为自然主义无疑是一种元伦理证明理论，更确切些说，是一种关于"应该"的产生和推导过程的证明理论，是一种关于"应该"如何产生和推导于"是"的证明理论，说到

① 　Lawrence C. Becker: *Encyclopedia of Ethics*, Volume 1, New York: Garland Publishing, Inc., 1992, p. 1007.

② 　Tom L. Beauchamp: *Philosophical Ethics*, New York: McGraw-Hill, Book Company, 1982, p. 339.

底，也就是一种关于伦理学推导公理和推导公设的证明理论。这种理论的特点，正如"自然主义"这个名词的创造者摩尔所指出——尔后为赫德森和彼彻姆所概括——一方面是用"事实"概念来定义"善"等价值概念，如"善是快乐"；另一方面则是用事实判断来证明价值判断，如"因为我事实想望某物，所以我应该想望某物"。①合而言之，这种理论便误将"应该"、"价值"等同于"事实"、"自然"，因而可以称之为"自然主义谬误"。

"自然主义谬误"无疑是摩尔的伟大发现！因为，一方面，很多大思想家确实用自然的、事实的概念来定义价值概念，犯有将"善"等价值概念，等同于"快乐"或"能够带来快乐的东西"等事实概念的自然主义谬误。洛克就曾这样写道："善恶只不过是快乐和痛苦，或在我们身上引起和促进快乐与痛苦的东西。"②斯宾诺莎亦如是说："只要我们感觉到任何事物使得我们快乐或痛苦，我们便称那物为善或为恶。"③殊不知，"善"与"快乐"或"能够带来快乐的东西"根本不同："善"是"快乐"或"能够带来快乐的东西"满足主体需要的效用性，属于"价值"范畴；"快乐和能够带来快乐的东西"则是"善"的实体，属于"事实"范畴。因此，自然主义谬误就在于将"价值"与"事实"等同起来，将"价值"与"价值实体"等同起来，将"善"与"善的实体"等同起来。

另一方面，自然主义谬误，确如摩尔所发现，不但存在于善的定义中，而且存在于对善的定义的证明之中；不但存在于一个判断中，而且存在于若干个判断所组成的推理之中。所谓自然主义谬误，主要讲来，正是仅仅从事实（自然）就直接推导出应该（价值）从而把应该（价值）

---

① 参阅 Lawrence C. Becker: *Encyclopedia of Ethics*, Volume 1, New York: Garland Publishing, Inc., 1992, p. 1007; Tom L. Beauchamp: *Philosophical Ethics*, New York: McGraw-Hill, Book Company, 1982, p. 339。

② 西季威克：《伦理学方法》，廖申白译，中国社会科学出版社，1993年，第225页。

③ 斯宾诺莎：《伦理学》，贺麟译，商务印书馆，1962年，第165页。

等同于事实（自然）的元伦理证明谬论。穆勒，如摩尔所说，是这种谬论的代表。他在《功用主义》中便这样推论：

"我们最后的目的乃是一种尽量免掉痛苦、尽量在质和量两方面多多享乐的生活……照功用主义的看法，这种生活既然是人类行为的目的，必定也是道德的标准。"[①] "这一学说应该需要什么——它必须满足什么条件——才有充足的理由使人相信呢？可能提供的、证明一事物是可见的唯一证据，是人们实际看到了它。证明一种声音是可闻的唯一证据，是人们听到了它；并且，我们经验的其他来源也都是这样。同理，我觉得，可能提供的，证明一事物是值得想望的唯一证据，是人们确实想望它……幸福已经取得它是行为目的之一的资格，因而也取得作为德性标准之一的资格。"[②]

在这种证明中，正如摩尔所指出，犯了"自然主义"谬误：仅仅从行为事实如何便直接推导出行为应该如何（因为幸福事实上是人的行为目的，所以幸福应该是人的行为目的；因为人们确实想望某物，所以人们应该、值得想望某物），从而也就把行为事实如何当作了行为应该如何。很多大思想家都犯有这种自然主义错误。马斯洛亦曾如是说："你要弄清你应该如何吗？那么，先弄清你是什么人吧！'变成你原来的样子！'关于一个人应该成为什么的说明几乎和关于一个人究竟是什么的说明完全相同。"[③] "关于世界看来如何的陈述也是一个价值陈述。"[④]

这种自然主义证明方法，虽然不能成立，却并非如摩尔所言，一无是处。因为，如前所述，"价值、善、应该如何"是"是、事实、事实如何"对于主体需要的效用性，是在"事实"与主体需要发生关系时，从"事实"产生和推导出的关系属性。因此，自然主义论者断言"应该如

① 穆勒：《功用主义》，唐钺译，商务印书馆，1957年，第13页。
② 同上书，第37页。
③ 马斯洛：《人性能达到的境界》，林方译，云南出版社，1987年，第113页。
④ 同上书，第110页。

何存在于、产生于事实如何，是从事实如何推导出来的"，确乎说出了一大真理。马斯洛说："是命令应该"[①]"事实创造应该"[②]"一个人要弄清他应该做什么，最好的办法是先找出他是谁，他是什么样的人。因为达到伦理和价值的决定、达到聪明选择、达到应该的途径，是经过'是'、经过事实、真理、现实发现的，是经过特定的人的本性发现的。"[③]

这些说得多么深刻！自然主义的谬误不在这里。自然主义的谬误在于不懂得，虽然"应该"产生于"事实"，是从事实中推导出来的；但只有与主体需要发生关系，从事实才能产生和推导出应该；离开主体，不与主体需要发生关系，仅仅事实自身是不可能产生和推导出应该的："事实"是"应该"产生的源泉和实体；"主体需要"则是"应该"从事实中产生和推导出来的条件和标准。自然主义只看到事实是应该产生的源泉，却看不到主体需要是应该产生的条件；因而误以为仅从事实自身便能直接产生和推导出应该，于是误将"事实如何"当作"应该如何"，把"事实"与"应该"等同起来。

4　元伦理直觉主义

摩尔在驳斥自然主义的论证中，确立了一种新的元伦理证明学说：元伦理直觉主义。何谓直觉？西季威克说："当我把一个关于行为的正当性或错误性的判断称为'直觉性'的时候，我不是在预先断定这一判断从哲学角度思考的终极效准问题；我仅仅是指它的真实性是被当下明显地认识到的，而不是作为推理的结果而被认识到的。"[④] 这就是说，直觉亦即不必进行推理论证便可以直接觉知。因此，所谓直觉主义，正如沃尔

---

① 马斯洛：《人性能达到的境界》，林方译，云南出版社，1987年，第113页。
② 同上书，第122页。
③ 同上。
④ 西季威克：《伦理学方法》，廖申白译，中国社会科学出版社，1993年，第231页。

特·辛诺特-阿姆斯特朗（Walter Sinnott-Armstrong）所说，是认为人们不必进行推理论证便可以直接觉知某些事物的本性——不是一切事物而是某些事物的本性——的学说："直觉主义是认为人们能够非推理地直接认知一些道德判断真实性的理论。"[①]

直觉主义的外延，如所周知，包括三种：一是以笛卡尔、斯宾诺莎、莱布尼茨、柏格森等为代表的普遍的一般的直觉主义，亦即所谓哲学直觉主义，认为人们不必进行推理论证便可以直接觉知诸如"两点间直线最短"等某些事物的本性；二是以沙夫茨伯里、赫起逊、巴特勒、普赖斯、西季威克等为代表的伦理直觉主义，认为人们不必进行推理论证便可以直接觉知诸如"不应该偷盗"等道德判断的真理性；三是以摩尔、普里查德、罗斯、艾温等为代表的元伦理直觉主义，认为人们不必进行推理论证便可以直接觉知"善"是什么等元伦理本性。

我们所要考察的，无疑只是元伦理直觉主义。元伦理直觉主义，如所周知，认为某些元伦理概念，如善、应该、正当、义务等，是单纯的、自明的、不可定义或推理论证的，因而也是一种关于伦理学推导公理和推导公设的证明理论。摩尔写道："'善的'是一个单纯的概念，正像'黄的'是一个单纯的概念一样。正像绝不能向一个事先不知道它的人阐明什么是黄的一样，你不能向他阐明什么是善的。"[②] 罗斯亦如是说：

"道德的正当性是一种不可定义的特性，即使把它归入一种更一般的概念，如恰当性，也不可能阐明它的种差，而只能出现'道德的正当性就是道德的正当性'的同义语反复；正如要通过阐述使红色与其他颜色区别开来，只能说红色就是红色一样。"[③]

善、正当等既然是单纯的、自明的、不可定义或推理论证的，那么，

①　Lawrence C. Becker: *Encyclopedia of Ethics*, Volume 1, New York: Garland Publishing, Inc., 1992, p. 628.

②　摩尔：《伦理学原理》，长河译，商务印书馆，1983年，第13页。

③　W. D. Ross: *Foundation of Ethics*, Oxford: Clarendon Press, 1939, p. 316.

我们对于它们的本质无疑只能通过直觉直接觉知，正如我们直觉地觉知数学公理一样："现在如果要问"，罗斯接着写道，"我们究竟是怎样达到认识这些基本的道德原则的，那么，答案看来是……和数学一样，我们是通过直觉的归纳把握这些一般的真理的。"[1] 对于"正当"等基本道德原则的这种直觉的理解力，普里查德也这样解释说："这种理解力是直接的。所谓直接，精确地说，就是数学那种直接的理解力，如同'这个三角形由于有三条边而必有三个角'的直接理解力。两种理解力是直接的，是在这种意义上说的：两种对于主词本性的洞察使我们直接认识到主词具有谓词之本性；并且这只是表明——从认识对象方面来说——在这两种情形里，所直接理解的事实都是自明的。"[2]

那么，我们所直接觉知到的善和正当的本性究竟是什么？摩尔以为"善"既与"黄"一样，都是客体的属性；又与"黄"不同："黄"是客体的自然属性；而善是客体的非自然属性："我不否认，'善的'是某些自然客体的一个性质；要知道，我认为其中某些是善的。可是，我已经说过，'善的'本身并不是一自然性质。"[3] 罗斯亦有此见，还曾指出正当或善这些客体的非自然属性，与客体的自然属性或事实属性，是一种因果关系：

"正当始终是一种作为结果而发生的属性，是行为由于具有其他属性而具有的属性。……只是通过认识和思考我的行为在事实上所具有的一种特性，我才知道或断定我的行为是正当的。……我断定我的行为是正当的，因为它是一种救人出苦难的行为。"[4]

这就是说，同一行为同时具有两种属性，一种是可以感知的，是行为之事实如何（救人出苦难）；另一种是只能直觉的，是行为之应该如

---

[1]　W. D. Ross: *Foundation of Ethics*, Oxford: Clarendon Press, 1939, p. 320.

[2]　A. I. Melden: *Ethical Theories: A Book of Readings*, Englewood Cliffs, New Jersey: Prentice-Hall, Inc., 1967, p. 531.

[3]　摩尔:《伦理学原理》，长河译，商务印书馆，1983 年，第 48 页。

[4]　W. D. Ross: *Foundation of Ethics*, Oxford: Clarendon Press, 1939, p. 168.

何，亦即所谓正当：只能直觉的行为之正当，依附于、产生于可以感知的行为之事实。

可见，元伦理直觉主义与它所反对的自然主义从根本上说是一致的：二者都正确认为正当或善是客体的属性，都正确认为正当或善源于事实，因而都被叫作客观主义。只不过，自然主义误以为从事实自身便能直接产生和推导出正当，因而误把事实与正当等同起来；而元伦理直觉主义则认为只有通过直觉的中介，从事实才能产生正当，因而把事实与正当区别开来。那么，元伦理直觉主义的这种与自然主义不同的见地是真理吗？

我们绝不能笼统地说直觉主义是不是真理。因为，如上所述，直觉主义的根本特征在于认为人们不必进行推理论证便可以直接觉知某些事物的本性：不是一切事物而是某些事物的本性。这样，直觉主义是否为真理，便完全取决于它所认为可以直觉的某些事物究竟是什么事物：如果这些事物是可以直觉的，那么，主张这些事物是可以直觉的直觉主义便是真理；如果这些事物是不可以直觉的，那么，主张这些事物是可以直觉的直觉主义便是谬误。例如，认为不必进行推理论证便可以直接觉知某些数学公理的直觉主义便是真理，因为某些数学公理确实是不可论证而只能直觉的。同理，认为不必进行推理论证便可以直接觉知某些道德判断的直觉主义也可能是真理，因为某些道德判断，诸如罗斯所举证的"应该帮助盲人过大街"、"不应该撒谎"等，确实是不必论证便可以直觉的。因此，某些哲学直觉主义和伦理直觉主义可能是真理。那么，元伦理直觉主义也可能是真理吗？

任何元伦理直觉主义都是错误。因为任何元伦理概念，不论是"善"还是"正当"抑或是"应该"，都是不可能依靠直觉认识的。摩尔认为"善"只能依靠直觉把握的根据，在于"善"是最单纯、最简单因而是自明的、不可分析的东西。确实，最单纯、最简单因而是自明的、不可分析的东西，如数学公理，只有依靠直觉才能认识。但是，"善"是这种东西吗？摩尔的论证是不能令人信服的，因为照此说来，古今中外两千多年人们竟会为一个自明的东西而一直争论不休，是十分可笑的。

　　普里查德所举证的关于"义务"、"善"的本性是自明而为直觉所认识的根据，主要是诸如 $7 \times 4 = 28$ 等数学命题的自明性。[①] 罗斯所举证的关于"正当"、"义务"、"应该"的本性是自明的而为直觉所认识的根据，主要是诸如"应该帮助盲人过大街"、"不应该撒谎"等道德判断的自明性。[②] 艾温所举证的关于"应该"、"正当"、"善"的本性是自明的而为直觉所认识的根据，主要是认为如果不诉诸直觉，那么，从一个判断推出另一个判断的论证过程便会无穷地推导下去。[③] 不难看出，三人都犯了"以偏概全"和"推不出"的逻辑错误。$7 \times 4 = 28$ 等数学命题和"应该帮助盲人过大街"等道德判断，确实都是自明的；如果不诉诸直觉，从一个判断推出另一个判断的论证过程确实会无穷地推导下去。但是，由这些前提显然推不出一切道德概念和判断都是自明的，推不出"正当"和"善"等元伦理的概念和判断的本性是自明的。

　　综上可知，元伦理直觉主义与自然主义一样，也是一种关于"应该、善和价值"的产生和推导过程的元伦理证明理论，是一种关于"应该"能否从"是"产生和推导出来的元伦理证明理论。它比自然主义更接近真理：它一方面正确看出自然主义仅仅从"事实"自身就直接推导出"应该"、因而把"应该"与"事实"等同起来的错误；另一方面则正确指出只有通过一种中介，才能从"事实"产生"应该"，从而把"应该"与"事实"区别开来。但是，元伦理直觉主义未能发现这种中介是"主体的需要、欲望、目的"，而误以为是"直觉"，从而误认为"应该、正当和善"等是通过"直觉"产生于"事实"。

---

① A. I. Melden: *Ethical Theories: A Book of Readings*, Englewood Cliffs, New Jersey: Prentice-Hall, Inc., 1967, p. 537.

② W. D. Ross: *Foundation of Ethics*, Oxford: Clarendon Press, 1939, p. 316.

③ A. C. Ewing: *The Definition of Good*, Westport, Connecticut: Hyperion Press Inc., 1979, pp. 25-26.

5 情感主义

元伦理直觉主义，从上可知，与其说是自然主义的对头，不如说是它的一个堂兄弟：它们同属"认为善和价值存在于客体中"的元伦理客观论大家庭。它们的共同敌手，乃是"认为善和价值存在于主体中"的元伦理主观论：情感主义。所谓情感主义，正如厄姆森（J. O. Urmson）所说，是认为价值判断的本质在于表达主体的情感而不是描述客体事实的元伦理证明理论："从否定方面讲，这些理论的共同点在于否定评价言辞的基本功能是传达关于世界任何方面的真或假的信息；从肯定方面看，尽管在细节上有所不同，它们都主张评价言辞的基本功能是表达说话者的情感或态度。"[①] 情感主义的代表，如所周知，是罗素、维特根斯坦、卡尔纳普、艾耶尔、斯蒂文森。但是，里查德·A. 斯帕隆（Richard A. Spinello）说得不错：情感主义的真正奠基人是休谟。[②]

休谟等情感主义者看到，一方面，事实自身无所谓应该，应该的存在依赖于主体；另一方面，应该必与主体一致而与事实却往往相反。于是他们便进而得出结论说，应该存在于主体，是主体的情感、意志、态度，是主体的属性，而不是客体的、事实的属性：

"就以公认为有罪的故意杀人为例，你可以在一切观点下考察它，看看你能否发现出你所谓恶的任何事实或实际存在来。不论你在哪个观点下观察它，你只发现一些情感、动机、意志和思想……你如果只是继续考察对象，你就完全看不到恶。除非等到你反省自己内心，感到自己心中对那种行为发生一种谴责的情绪，你永远也不能发现恶。因此，恶和

① Lawrence C. Becker: *Encyclopedia of Ethics*, Volume 1, New York: Garland Publishing, Inc., 1992, pp. 304-305.

② John K. Roth: *International Encyclopedia of Ethics*, London, Chicago: Braun-Brumfield Inc., 1995, p. 258.

德都不是对象的性质，而是心中的知觉。"①

因此，"关于'价值'的问题完全在知识的范围以外，"罗素补充道，"这就是说，当我们断言这个或那个具有'价值'时，我们是在表达我们自己的感情，而不是在表达一个即使我们个人的感情各不相同但仍然是可靠的事实。"②艾耶尔也这样写道："伦理词的功能纯粹是情感的，它用来表达关于某些客体的情感，但并不对这些客体做出任何断定。"③斯蒂文森虽然承认伦理词具有描述事实和表达情感的双重意义，但是，他以为情感意义是主要的、完全的、独立的，而描述意义是为情感意义服务的，因而是不完全的、不独立的：

"无疑，在伦理判断中总有某些描述成分，但这绝非完全意义上的描述：它们的主要用途并不是说明事实，而是要产生一种影响；它们并非仅仅描述人们的兴趣，而是改变或强化这些兴趣；它们推荐对于一种客体的兴趣，而不是陈述已经存在的兴趣。"④

善和应该既然仅仅是或主要是主体的情感、属性，而不是客体的、事实的属性，那么显然，善和应该也就只能从主体而不可能从事实推导出来了。所以，休谟在阐明应该是主体的情感而不是客体的事实属性之后，接着便提出了那个尔后成为元伦理学基石的鼎鼎有名的论断："应该"不能由"是"推导出来，"应该"与"是"之间存在着逻辑鸿沟。⑤斯蒂文森亦曾这样总结道："从经验事实并不能推导出伦理判断，因为经验事实并非伦理判断的归纳基础。"⑥

---

① 休谟:《人性论》下册，关文运译，商务印书馆，1980 年，第 508 页。
② 罗素:《宗教与科学》，徐奕春、林国庆译，商务印书馆，1982 年，第 123 页。
③ Louis P. Pojman: *Ethical Theory: Classical and Contemporary Readings*, Belmont, California: Wadsworth Publishing Company, 1995, p. 415.
④ Charles L. Stervenson: *Facts and Values: Studies in Ethical Analysis*, New Haven and London: Yale University Press, 1963, p. 16.
⑤ 休谟:《人性论》下册，关文运译，商务印书馆，1980 年，第 509 页。
⑥ Charles L. Stervenson: *Facts and Values: Studies in Ethical Analysis*, New Haven and London: Yale University Press, 1963, p. 28.

伦理判断既然只是主体情感的表达而不是事实的属性的陈述，不可能从事实判断推导出来，那么，伦理判断便无所谓真假而是非认识的。所以，罗素说："严格地讲，我认为并不存在道德知识这样一种东西。"① "一个价值判断"，卡尔纳普说，"既不是真的，也不是假的。它并没有断定什么，而是既不能被证明也不能反证的。"② 艾耶尔则一再说："只表达道德判断的句子没有陈述任何东西，它们是纯粹的情感表达，因而不能归入真假范畴。"③

斯蒂文森只认为道德判断的情感意义无真假，而承认其描述意义有真假。然而，由于他以为情感意义是主要的、起着统一的和支配的作用，所以，他也认为伦理判断——主要讲来——是无真假、非认识的，它们只是在某种程度上依赖知识，而自身并不是知识："伦理问题包含着个人和社会对于应该赞成什么所做的决定，这些决定虽然完全依赖知识，但自身并不构成知识。"④ 于是，他也就与罗素、维特根斯坦、卡尔纳普一样，认为规范伦理学并不是科学：

"我的结论是，规范伦理学不是任何科学的一个分支。它所审慎地论述的分歧类型，正是科学所审慎地避开的东西。……它是从所有的科学中引出的，但是，一个道德家的特有的目的——亦即改变态度——是一种活动，而不是知识，因而不属于科学。"⑤

可见，情感主义与自然主义和元伦理直觉主义一样，也是一种关于"应该"的产生和推导过程的元伦理证明理论，亦即关于"应该"能否从"是"产生和推导出来的元伦理证明理论，说到底，也是一种关于伦理学推

---

① 罗素：《为什么我不是基督徒》，沈海康译，商务印书馆，1982 年，第 55 页。
② 卡尔纳普：《哲学和逻辑句法》，傅季重译，上海人民出版社，1962 年，第 9 页。
③ Charles L. Stervenson: *Facts and Values: Studies in Ethical Analysis*, New Haven and London: Yale University Press, 1963, p. 415.
④ 斯蒂文森：《伦理学与语言》，姚新中等译，中国社会科学出版社，1991 年，第 4 页。
⑤ Charles L. Stervenson: *Facts and Values: Studies in Ethical Analysis*, New Haven and London: Yale University Press, 1963, p. 8.

导公理和推导公设的证明理论。但是，情感主义无疑比二者离真理更远。

　　首先，情感主义误认为，"应该"等是主体的情感属性，而不是客体的事实属性，因而也就只能从主体——而不可能从事实——推导出来。这一错误，如上所述，依据于：一方面，事实自身无所谓"应该"，"应该"的存在依赖于主体；另一方面，"应该"必与主体一致而与事实却往往相反。这些依据能成立吗？"应该"的存在，确如情感主义论者所说，依赖于主体：离开主体便无所谓"应该"；存在主体便有所谓"应该"。但是由此只能说主体是"应该"存在的条件，而不能说主体是"应该"存在的源泉。"应该"，确如情感主义所说，必与主体一致而与事实却往往相反。但是，由此只能说主体是"应该"的标准，而不能说主体是"应该"的源泉。因为，如前所述，"应该"是客体事实对主体需要的效用性，是在事实与主体需要发生关系时，从事实中——而不是从主体需要中——产生的属性：主体需要只是"应该"从事实中产生的条件和衡量事实是否"应该"的标准；事实才是"应该"产生和存在的载体、实体。情感主义的错误在于：把"应该"产生、存在的条件和标准——主体的需要、欲望、感情——当作"应该"产生、存在的源泉，因而误以为"应该"存在于主体的需要、欲望、感情之中，是主体的需要、欲望、感情的属性，于是也就只能从主体的需要、欲望、感情——而不能从事实中——推导出来。

　　其次，情感主义的错误在于认为：价值判断仅仅是或主要是主体情感的表达。因为，如上所述，一个价值判断必定反映三个对象，从而具有一种评价意义和两种描述意义：直接说来具有一种评价意义——表达的是评价对象事实如何对主体需要的效用，亦即评价对象的价值、应该、应该如何；根本说来则具有两种描述意义——一方面表达评价对象之事实如何，另一方面则表达主体的需要、欲望、感情。准此观之，罗素、维特根斯坦、卡尔纳普、艾耶尔等认为价值判断仅仅是主体情感的表达，其错误显然在于抹杀价值判断对客体的事实属性的反映和对客体的价值属性的反映，而只看到价值判断对主体情感的反映；斯蒂文森承认价值判断具有情感和描述双重意义，其错误则在于抹杀价值判断的评价意义和夸大价值判断的情感描述意义而缩小价值判断的事实描述意义。

最后，情感主义的错误，在于由"价值判断是情感的表达"之片面性谬误进一步断言：价值判断完全是或主要是非认识的而无所谓真假。殊不知，即使"价值判断是情感的表达"是真理，也得不出"价值判断无真假"的结论。因为只有"情感"才无所谓真假，而"情感的表达"——如情感的认知表达——却可以有真假。那么，情感主义者是怎样由"价值判断是情感的表达"而得出价值判断无真假的？原来，当情感主义断言"价值判断是情感的表达"的时候，情感主义的错误比这句话的表面含义要严重得多。因为"情感的表达"无疑可以包括两个方面：一是"情感的认知表达"，如我做出"张三很痛苦"的判断，它属于认识范畴，因而具有真假之分；二是"情感非认知表达"，如"呻吟"或"叫喊"，则主要属于行为范畴，因而无所谓真假。那么，"价值判断是情感表达"究竟是指哪一种情感表达？无疑是情感的认知表达而不是情感的非认知表达，因为价值判断属于判断范畴，因而属于认知范畴。然而，情感主义者却以为断言价值判断是"情感的认知表达"——他们称之为"情感断定"——是错误的，是传统主观主义观点。而按照情感主义论者的定义，所谓情感表达，绝非情感断定，绝非情感的认知表达；而是指情感的非认知表达。因而在情感主义者看来，所谓价值判断是情感表达，乃是说价值判断是情感的非认知表达。艾耶尔在论及这种"情感表达与情感断定"之分时写道："这是在考虑我们的理论与普通主观主义理论的区别时所要把握的关键。因为主观主义者相信伦理陈述实际上断定某些情感的存在；而我们则相信伦理陈述是情感的表达和刺激，这种表达和刺激不必涉及任何断定。"[1] 可见，情感主义的错误在于否定"情感的表达"

---

[1]　Charles L. Stervenson: *Facts and Values: Studies in Ethical Analysis*, New Haven and London: Yale University Press, 1963, p. 416.

是"情感的认知表达"，而片面地把"情感的表达"定义为"情感的非认知表达"，从而误将"价值判断是情感的表达"等同于"价值判断是情感的非认知表达"，因而错误地得出价值判断无所谓真假的非认识主义结论。

6 规定主义

黑尔虽然看到价值判断具有评价与描述双重意义，但是，正如赫德森所言："黑尔坚信，事实上，道德语言的最核心最重要的用法，是规定的。"[①] 诚哉斯言！因为黑尔在《道德语言》一开篇，便明确指出道德语言的本性在于它的规定性："道德语言属于'规定语言'的种类"。[②] 在《伦理学理论》中，黑尔又进一步阐明道德判断具有两种"逻辑特色"（logical features）：

"第一种有时被叫作道德判断的规定性（prescriptivity）；第二种特色通常被叫作可普遍化性。可普遍化性的意思是，一个人说'我应该'，他就使他自己同意处在他的环境下的任何人应该。"[③]

显然，可普遍化性是修饰规定性的：道德语言是具有可普遍化规定性的规定语言。所以，道德语言、道德判断的逻辑特色也就可以归结为一种：可普遍化的规定性。所以，黑尔的伦理学说便被叫作"规定主义"；黑尔亦自称为"普遍规定主义"（universal prescriptivism）："'普遍规定主义'意味着，它是普遍性（认为道德判断是可普遍化的）和规定主义（认为道德判断在一切典型的情况下都是规定的）的结合。"[④]

可见，所谓规定主义也就是认为道德语言、道德判断的本性在于规定性的学说："规定主义是认为道德语言的主要的意义和目的在于规定

---

① W. D. Hudson: *Modern Moral Philosophy*, London: The Macmillan Press Ltd., 1983, p. 203.

② R. M. Hare: *The Language of Morals*, London: Oxford University Press, 1964, p. 2.

③ R. M. Hare: *Essays in Ethical Theory*, Oxford: Clarendon Press, 1989, p. 179.

④ R. M. Hare: *Freedom and Reason*, Oxford: Clarendon Press, 1963, p. 16.

或命令的理论。"①道德判断的本性既然在于规定，那么，道德判断便无所谓真假，便是非认识的了。因为所谓规定，正如冯·赖特所说，是无所谓真假的，是非认识的："规定（prescription）既不是真的也不是假的。"②所以，约翰·K.罗思（John K. Roth）说："规定主义含有伦理知识不可能存在之意……因为与陈述不同，命令无所谓真假。"③因此，规定主义仍属于非认识主义、情感主义，说到底，也是一种关于伦理学推导公理和推导公设的证明理论。对于黑尔与他的情感主义前辈的异同，波吉曼曾有很好说明：

"他与那些情感主义者一样认为，我们不能把真假属性归于道德陈述，因为道德判断是态度的；但是，他改变了道德词表达的重点：从赞成不赞成的感情到包括可普遍化特色和规定成分的判断类型。"④

因此，根本说来，规定主义与情感主义的错误是一样的：片面化价值判断对主体的需要、感情、命令的表达。他对情感主义错误的"新贡献"显然是：把"规定"的本性（无真假、非认识）和"关于规定的判断"的本性（有真假、是认识）等同起来，把"道德（亦即道德规范）"的本性（无真假、非认识）和"道德判断"的本性（有真假、是认识）等同起来；从而断言规定语言、道德语言的本性就是规定，就是无真假、非认识的规定。

7 描述主义

非认识主义之谬意味着：认识主义是真理。因为所谓认识主义，如

---

① John K. Roth: *International Encyclopedia of Ethics*, London, Chicago: Braun-Brumfield Inc., 1995, p. 693.

② M. C. Doeser and J. N. Kraay: *Facts and Values*, Boston: Martinus Nijhoff Publishes, 1986, p. 36.

③ John K. Roth: *International Encyclopedia of Ethics*, London, Chicago: Braun-Brumfield Inc., 1995, p. 693.

④ Louis P. Pojman: *Ethical Theory: Classical and Contemporary Readings*, Belmont, California: Wadsworth Publishing Company, 1995, p. 428.

前所述，是认为一切价值判断都属于认识范畴因而有真假之分的学说。但是，人们往往夸大认识主义之真理，由一切价值判断都有真假之分，进而断言一切评价都有真假之分。李连科便这样写道："价值评价实际上是价值、即客体与主体需要的关系在意识中的反映，是对价值的主观判断、情感体验和意志保证及其综合。价值评价作为一种意识反映，当然有主观随意性，有真有假。"[①]

然而，价值判断与评价并非同一概念。价值判断无疑都是评价。但是，评价却不都是价值判断。因为评价，正如李连科所说，是一种心理、意识，属于心理、意识范畴；而一切心理、意识都分三而为"知（认知）"、"情（感情）"、"意（意志）"。所以，评价也就相应地分三而为"认知评价"、"情感评价"、"意志评价"。

可见，评价与价值意识是同一概念，它们的外延较广，包括对于价值的认识、情感、意志等全部心理活动；而价值判断与价值认识、价值认知则大体是同一概念，它们的外延较狭，仅指对于价值的认识活动。问题的关键在于，如前所述，只有认知才有真假，而感情和意志则只有对错而并无真假。因此，只有一部分评价——亦即价值判断或价值认识——才有真假；而其他的评价——亦即价值情感和价值意志——则只有对错而并无真假。试想，谁能说贾宝玉对林黛玉的爱是真理还是谬论？岂不只能说贾宝玉对林黛玉的爱是对还是错吗？

非认识主义是谬误而认识主义是真理，并不意味着凡是反对非认识主义而主张认识主义的学说都是真理。自然主义与直觉主义都反对非认识主义而主张认识主义，但是，如前所述，它们都不是真理。那么，反对非认识主义——特别是规定主义——的描述主义究竟是不是真理？

描述主义是什么？贝克（Lawrence C. Becker）说："根据描述主义理论，诸如'善'和'不正当'等道德词与'红'和'长方形'等普通的

描述词相似，二者的意义和使用条件密切相连。"① 确实，描述主义的著名
代表菲力帕·福特在论证诸如"正当、义务、善、责任、美德"等价值
词与"伤害、利益、便利、重要"等描述词如何相似相联之后②，得出结
论说：

> "当人们论证什么是正当、善、义务或某种人格特质是不是美德时，
> 他们并没有局限于引证通过简单观察或明晰化技巧所得到的事实……这
> 种讨论正像其他的讨论，如文学批评或性格讨论，在很大的程度上要依
> 靠经验和想象。"③

这就是说，道德论证与描述推理一样，都依靠事实、经验和想象。
质言之，评价的推理逻辑与描述的推理逻辑是一样的，区分二者为具有
不同功能的两种逻辑类型是错误的。于是，从描述到评价与从描述到描
述的推理逻辑也就是一样的，因而正如从描述可以直接推出描述一样，
从事实描述也可以直接推出评价或从事实可以直接推出价值：在评价与
描述以及价值与事实之间，根本不存在什么逻辑鸿沟。福特举例说，"某
人好冒犯别人"，是事实判断，是事实描述；从这个判断就可以直接推出
评价、价值判断"该人没有礼貌"：

> "当一个人判断某种行为是不是无礼貌时，他必得运用公认的标准。
> 既然这标准就是'冒犯'，那么，一个人如果肯定'冒犯'便不可能否定
> '无礼貌'。它遵循的逻辑规则是，如果 P 是 Q 的充分条件，那么肯定 P
> 却否定 Q 便是矛盾的。这样，我们就得到了从一个非评价前提推导出一
> 个评价结论的例子。"④

可见，描述主义是一种把评价逻辑等同于描述逻辑的元伦理证明学

---

① Lawrence C. Becker: *Encyclopedia of Ethics*, Volume 1, New York: Garland Publishing, Inc., 1992, p. 1007.
② Philippa Foot: *Virtues and Vices and Other Essays in Moral Philosophy*, Berkeley and Los Angeles: University of California Press, 1978, p. 109.
③ Ibid., p. 106.
④ Ibid., p. 104.

说，是认为评价与描述的推理逻辑并无不同，因而从事实描述可以直接推出评价（或从事实可以直接推出价值）的元伦理证明学说，说到底，是一种自然主义的元伦理认识论。因为所谓自然主义，如前所述，便是认为仅仅从事实（自然）便可以直接推导出应该（价值）的元伦理证明学说。因此，描述主义便与自然主义一样，是一种谬论。那么，描述主义究竟错在哪里？

不难看出，描述主义的错误主要在于等同评价的逻辑与描述的逻辑，亦即等同事实判断的逻辑和价值判断的逻辑。描述的逻辑显然是：从一个描述或事实判断可以直接推导出一个描述或事实判断，如从"天下雨"可以直接推导出"地上湿"。反之，评价的逻辑，如前所述，则是：至少从两个描述——一个事实如何的描述和一个主体需要如何的描述——才能推导出一个评价或价值判断。更确切些说，评价的逻辑是：一个评价或价值判断是通过一个主体需要如何的描述判断，而间接地从一个事实如何的描述判断中推导出来的。

诚然，从"某人好冒犯别人"可以直接推出"该人没有礼貌"。但是，细细想来，只有"该人不应该没有礼貌"才是评价或价值判断；而"该人没有礼貌"则与其前提"某人好冒犯别人"一样，都是描述或事实判断。所以，福特是从一个描述前提直接推出一个描述结论；而并没有从一个非评价前提直接推导出一个评价结论。

显然，描述主义与自然主义一样，其错误在于不懂得，虽然评价和价值判断确实产生于描述和事实判断，是从描述和事实判断中推导出来的；但只有与主体需要的描述发生关系，从事实描述才能产生和推导出评价和价值判断——离开主体描述，不与主体需要的描述发生关系，仅仅事实判断自身是不能产生和推导出评价和价值判断的：事实描述是评价产生、存在的源泉和根据；主体需要的描述则是评价或价值判断产生于、推导于事实描述的条件和标准。描述主义与自然主义一样，只看到事实描述是价值判断产生的源泉和根据，却看不到主体需要的描述是价值判断产生的条件和标准；因而误以为仅从事实判断自身便能直接产生和推导出价值判断，误以为从一个描述便可以直接推导出一个评价，于是也就误将根本不同的评价的推理逻辑与描述的推理逻辑完全等同起来。

＊　　＊　　＊

综观自然主义、直觉主义、情感主义以及规定主义和描述主义，可知五者都是关于伦理学推导公理和推导公设的片面的错误的证明理论；因为它们都是关于应该、善和价值产生和推导过程的片面的错误的证明理论，都是关于应该能否从是产生和推导出来的片面的错误的证明理论：

情感主义和规定主义把"应该"所由以产生和存在的条件与标准——主体的需要、欲望、感情——当作应该产生和存在的源泉与实体；因而误认为应该存在于主体的需要、欲望、感情之中，是主体的需要、欲望、感情的属性，于是也就只能从主体的需要、欲望、感情而不能从事实中推导出来。反之，自然主义和描述主义则未能看到主体的需要、欲望、目的是"应该"产生和存在的条件与标准，而只看到"事实"是"应该"产生和存在的源泉与实体；因而误以为从事实自身直接便能产生和推导出应该，于是也就把事实与应该等同起来。直觉主义正确看到只有通过一种中介，才能从事实产生应该，却未能发现这种中介就是主体的需要、欲望、目的，而误以为是直觉；从而误认为应该是通过直觉产生于事实。这些理论的片面性进一步显示了我们所揭示的"应该、善和价值产生和推导过程"的真理性：

"价值、善、应该如何"是"是、事实、事实如何"对主体的需要、欲望、目的之效用："客体事实属性"是"价值、善、应该如何"产生的源泉和存在的实体；"主体需要、欲望和目的"则是"价值、善、应该如何"从客体事实属性中产生的条件和标准。因此，"价值、善、应该如何"，是通过主体的需要、欲望和目的，而从"是、事实、事实如何"产生和推导出来的："善、应该、正价值"就是"事实"符合"主体需要、欲望和目的”之效用，全等于“事实”对“主体需要、欲望和目的”之符合；“恶、不应该、负价值”就是“事实”不符合“主体需要、欲望和目的”之效用，全等于“事实”对“主体需要、欲望和目的”之不符合。

　　这就是自然主义、直觉主义、情感主义以及规定主义和描述主义所苦苦求索的“价值、善、应该如何”的产生和推导之真实过程；这就是至今西方公认未能破解的“休谟难题”（“应该”能否从“事实”推导出来）之答案；这就是从斯宾诺莎到罗尔斯历代思想家们所关切的“可以推导出伦理学全部命题”的伦理学公理，说到底，亦即“可以推导出伦理学和国家学以及中国学等一切价值科学全部命题”的伦理学公理、国家学公理和中国学公理等一切价值科学公理。该公理可以归结为一个公式：

前提 1：事实如何（价值实体）

前提 2：主体需要、欲望和目的如何（价值标准）

结论：应该如何（价值）

中卷　规范伦理学

第一篇　道德价值标准：道德目的

第八章　道德概念

本章提要

　　道德是社会制定或认可的关于人们具有社会效用的行为应该如何的非权力规范，主要由道德价值、道德价值判断和道德规范三因素构成：当且仅当道德价值判断是真理，才能够制定与道德价值相符的优良道德规范，而避免制定与道德价值不符的恶劣道德规范。

　　道德既具有适用于一定社会的特殊性和相对性，因而存在特殊的和相对的道德，又具有适用于一切社会的普遍性和绝对性，因而存在普遍的和绝对的道德。伦理相对主义只看到道德的特殊性和相对性，而没有看到道德的普遍性和绝对性，因而误以为不存在适用于一切社会的普遍的和绝对的道德，不存在对于一切社会都正确的普遍正确和绝对正确的道德。反之，伦理绝对主义则夸大道德适用于一切社会的普遍性和绝对性，进而否认相对的和特殊的道德之为真正的道德，以致片面地认为真正的优良的道德必定是普遍的和绝对的。

　　道德是主观性与客观性的统一物：就其形式——道德价值判断和道德规范或道德契约——来说是主观的、依人的意志而转移的；就其内容——道德价值、道德目的和行为事实——来说则是客观的、不依人的意志而转移的。因此，道德规范的优劣性完全是客观的、不依人的意志而转移的：不论人们的意志和愿望如何，只有与道德价值相符的道德，才是优良的正确的；而与道德价值不符的道德，必定是恶劣的错误的。道德实在论夸大了道德最根本最深层的内容是事实的方面，以致误以为道德本身或道德规范和道德价值就是事实，就是与颜色一样的不依赖主体的需要和意志而独立存在的事实。反之，道德主观主义和道德怀疑论者则夸大了道德自身或道德规范和道德价值判断的主观任意性，以致误以为道德完全是主观任意的，因而道德价值判断和道德规范也就无所谓真假对错了。

一 道德界说

何谓道德？实乃今日伦理学论争的首要难题。彼彻姆引证怀特利（C. H. Whiteley）的话说：道德"具有如此之多的不同含义，以致企图将它们理出头绪的决心是无用的"。[①] 可是，不解决这个难题，堪称科学的伦理学便无从建立。细考究去，破解这个难题的关键，在于把握道德的三重关系：道德与伦理、道德与应该、道德与法。

1 道德与伦理

学者大都以为，道德与伦理是同一概念。从二者在西方的词源含义来说，确实如此。因为"伦理"源于希腊语"ethos"，"道德"源于拉丁文"mos"，含义都是品性与气凛以及风俗与习惯，说到底，都是指人们应当如何的行为规范：它外化为社会风俗习惯和内化为个人品性、品德。

然而，在中国，道德与伦理的词源含义却有所不同。"伦"本义为"辈"。《说文》曰："伦，辈也。"引申为"人际关系"。如所谓"五伦"，便是五种人际关系：君臣、父子、夫妇、长幼、朋友。"理"本义为"治玉"。《说文》曰："理，治玉也。……玉之未理者为璞。"引申为整治和物

---

① Tom L. Beauchamp: *Philosophical Ethics*, New York: McGraw-Hill Book Company, 1982, p. 15.

的纹理，如修理、理发、木理、肌理；进而引申为规律和规则。理是事实如何的必然规律："理非他，盖其必然也……就天地人物事物本其不易之则，是谓理。"[1] 理又是行为应该如何的当然规则："只是事物上一个当然之则，便是理。"[2] 于是，所谓伦理，就其在中国的词源涵义来看，便是人们的行为事实如何的规律及其应该如何的规范。

"道"本义为道路。《说文》曰："道，所行道也。"引申为规律和规则。所谓天道，大都指自然事物事实如何之规律，如子产曰："天道远，人道迩，非所及也。"[3] 所谓人道，大都指社会行为应该如何之规则，如《礼记》云："亲亲、尊尊、长长、男女有别，人道之大者也。"于是，从词源上看，"道"与"理"实为一物，同是规律和规则。所以，段玉裁注《说文》"伦"字曰："粗言之曰道，精言之曰理。"

"德"本义为得。"德"的古字是"悳"，《说文》曰："悳，外得于人，内得于己也。""得即德也"。得到了什么呢？从"德"字的构形看，从直从心：心得正直。于是，"德"便引申为"品德"、"道德品质"。可是，一个人的心怎样才能得到正直的品德？只有长期按照应该如何的道德规范行事。所以，朱熹说："德者，得也，行道而有得于心者也。"[4] 这里的"道"（即与"德"相结合因而受"德"限定的"道"，亦即"道德"的"道"）显然只是指行为应该如何的规范，而不是指事物事实如何的规律。因为一个人按事实如何的规律行事，并不能得到正直的品德；只有按照应该如何的规范行事，才能得到正直的品德。

这样一来，构成"道德"一词的"道"与"德"的词源涵义也就都是指应该如何的行为规范。只不过"道"是外在规范，是未转化为个人内在稳定心理状态的社会规范；而"德"则是内在规范，是已经转化为

---

① 黄建中:《比较伦理学》，台北：国立编译馆，1974 年，第 28 页。
② 同上书，第 27 页。
③ 《左传·召公十八年》。
④ 朱熹:《四书集注·学而篇》。

个人内在稳定心理状态的社会规范。因此，任何规范，如"忠"、"信"、"卑让"等，究竟是"道"还是"德"只能看它们存在于何处——如果存在于个人心中，是个人内在稳定心理状态，那么它们就是"德"；如果存在于个体心外，是外在于个体的社会规范，那么，它们就是"道"。所以，《左传》曾说："凡君即位，卿出并聘，践修旧好，要结外援，好事邻国，以卫社稷，忠、信、卑让之道也。忠，德之正也；信，德之固也；卑让，德之基也。"① 于是，"道"与"德"所合成的"道德"一词的词源涵义也就无非是应该如何的行为规范。

可见，道德与伦理，从词源上看，在西方虽为一词，都是指人们行为应该如何的规范；但在中国却是整体与部分关系——伦理是整体，其涵义有二：人们行为事实如何的规律及其应该如何的规范；道德是部分，其涵义仅一：人们行为应该如何的规范。然而，从概念上看，道德与伦理的涵义又是什么？

道德和伦理的涵义从概念上看显然与其中国的词源涵义一致：伦理是人们行为事实如何的规律及其应该如何的规范；道德是人们行为应该如何的规范。就拿所谓的"五伦"概念来说。我们只能说君臣、父子、夫妇、长幼、朋友是五种伦理，却不能说它们是五种道德：只能说君臣是伦理，却不能说君臣是道德；只有君臣之"义"才是道德。更确切些说，君臣与君臣之义都是伦理；君臣却不是道德，而只有君臣之义才是道德。这就是因为，君臣是人际关系之事实如何，而君臣之义则是人际关系之应该如何：道德仅仅是人际关系应该如何，伦理则既包括人际关系应该如何，又包括人际关系事实如何。这恐怕就是为什么，王臣瑞说：

"中文的伦理二字，在字义上，较之希腊文与拉丁文所指的伦理一词，尤为妥帖恰当。"②

---

① 《左传·文公元年》。
② 王臣瑞：《伦理学》，台北：学生书局，1970 年，第 2 页。

2 道德与应该

"人们行为事实如何的规律及其应该如何的规范"是伦理概念的定义吗？答案是肯定的，但稍嫌宽泛而不够确切。因为，如前所述，人们行为事实如何的规律及其应该如何的规范并不都是伦理——究竟应该用筷子还是刀叉吃饭等行为应该如何的规范就不属于伦理范畴——伦理只是人们的那些具有社会效用的行为之事实如何的规律及其应该如何的规范：这才是伦理的精确定义。

同理，"人们行为应该如何的规范"也不是道德概念的精确定义。因为许多应该如何的行为规范并非道德。哈特兰-斯温（John Hartland-Swann）在论及道德与习俗的区别时，就曾以吃饭为例说，西方人习惯用刀叉，而许多有教养的印度人却习惯用手指。这两种习惯无疑是两种应该如何的行为规范，却皆非道德。[①] 依我所见，甚至独自生活在一个远离社会的孤岛上的人，也可能自己为自己制定一些应该如何的行为规范，如"日出应作、日落应息"、"见到狼豺就应该高举红布"、"遇到兔子就应该奋起直追"等。这些行为应该如何的规范显然也不是道德。那么，道德与这些应该如何的行为规范区别何在？

道德与这些应该如何的行为规范区别，在于是否具有利害人、己、社会之效用：道德是具有社会效用的行为应该如何的规范，是对于每个人和社会具有利害效用的行为应该如何的规范。试想，为什么用筷子还是刀叉抑或手指吃饭都无所谓道德不道德？岂不就是因为三者对于每个人和社会存在发展都不具有利害关系，因而都不具有社会效用？为什么诚实与欺骗、正义与不正义、人道与非人道等都是道德规范？岂不就是因为这些规范对于每个人和社会具有利害之效用？所以哈特兰-斯温——

---

① John Hartland-Swann: *An Analysis of Morals*, London: George Allen & Unwin Ltd., 1960, p. 57.

他把社会效用称作社会重要性——说：

"道德是关于遵守或违犯被认为具有社会重要性的习俗的术语或概念，这种重要性存在于人与人之间以及人与社会之间的相互关系之中。"[①]

具有利害社会之效用的行为，无非四种：① 利害社会的行为；② 利害自然界的行为，如善待或虐待动物；③ 利害他人的行为；④ 利害自己的行为。前三种行为的道德价值显然大体相同，都属于利（害）他（它）境界。所以，一切具有利害社会效用的行为便可以归结为两大类型：利（害）己与利（害）他（它）。于是，所谓道德，说到底，也就是关于有利或有害社会、他人、自己和自然界的行为之应该如何的规范，简言之，亦即利害己他（它）的行为应该如何的规范。

这样，一个人用大碗还是用小碗吃饭，是穿西服还是便服，是打扑克还是下象棋，都无关己他利害，因而都无所谓道德不道德。但是，他若为了占便宜用大碗抢吃别人的饭、偷了人家的西服穿、打扑克妨碍了他人睡眠，便都有害于他人了，因而便都是不道德的行为了。一个人行走观望，无关己他利害，因而无所谓道德不道德；但是他若长久东游西逛、虚掷光阴，就有害于己了，因而就是不道德的行为了。

可是，人们大都以为，道德与利害自己的行为无关，而仅仅规范利害社会与他人的行为。这是片面的。因为照此说来，也就只有如何善待他人和社会的利他规范才是道德规范，而如何善待自己的利己规范便不是道德规范了。然而，实际上，许多极为重要的道德规范恰恰是如何善待自己的利己规范，如幸福、节制、智慧、自尊、贵生、谨慎、勤俭、坚毅、机敏等。究其原因可知，一种规范是不是道德规范或一种行为是否为道德所规范，全在于它是否具有利害社会之效用；而利害自己的行为，说到底，无不利害他所参加的社会。试想，如果每个自我都是健康的、强盛的，那么，他们所构成的社会岂不也就是个健康的强盛的社

[①]　John Hartland-Swann: *An Analysis of Morals*, London: George Allen & Unwin Ltd., 1960, p. 62.

会？反之，如果每个自我都是病夫，那么社会岂不是个病态的社会？如
果每个自我都最大限度地实现自己的创造潜能，那么，社会岂不是个最
大限度的繁荣富强的社会？反之，如果每个自我都最大限度地害己：自
杀身亡，那么，还有什么社会的存在与发展？所以，西田几多郎说："只
有生活在一个社会里的每个人都能充分地活动，分别发挥他们的天才，
社会才能进步。忽视个人的社会绝不能说是个健全的社会。"[①]

可见，利害自己的行为的确与利害他人的行为同样具有利害社会之
效用，因而同样为道德所规范。所以，斯宾诺莎说："一个人愈努力并且
愈能够寻求他自己的利益或保持他自己的存在，则他便愈有德性。反之，
只要一个人忽略他自己的利益或忽略他自己存在的保持，则他便算是软
弱无能。"[②]

那么，具有利害社会之效用，是不是道德与应该的唯一区别？或者
说，是否具有利害社会效用的行为应该如何的规范都是道德呢？否！因
为一种应该如何的行为规范究竟是不是道德规范，不但在于它们是否具
有利害社会之效用，而且还在于它们是谁制定或认可的。如果一种具有
社会效用的行为规范是社会制定或认可的，那么，不论这种规范是如何
荒谬错误，它都是道德；如果并不是社会制定或认可的，而只是一个人
自己独自制定或认可的，那么，不论这种规范是如何正确优良，它也不
是道德，而只是他自己的一种"应该"。

举例说，如果一个社会制定或认可了"女人应该裹小脚"的行为规
范，那么，不论它是多么荒谬，也是道德。这样，一个人如果裹小脚，
她就遵守了道德，她就是有道德的。反之，如果她制定或认可相反的行
为规范"女人不应该裹小脚"，这一规范并没有得到社会的认可，而只是
她自己的行为规范，那么，不论它是何等正确优良，也不是道德，而仅

---

① 西田几多郎：《善的研究》，何倩译，商务印书馆，1965 年，第 119 页。
② 斯宾诺莎：《伦理学》，贺麟译，商务印书馆，1983 年，第 110 页。

仅是个人的行为规范，仅仅是她自己的一种"应该"。于是，一个人如果不裹小脚，那么，她就违背了道德，就是无道德的、缺德的。

因此，一个离开社会而孤独地生活在荒岛上的人，即使能够制定一些具有社会效用的行为规范，比如勇敢、坚毅、顽强等，这些行为规范也都因其仅仅是他自己认可——而不可能是社会认可的——而绝非道德。这样，他即使恒久地按照这些规范去做，从而具有了勇敢、坚毅、顽强等品质，他的这些品质也不是道德品质，而只能是一种非道德品质：就像他的肌肉的力量和奔跑的速度一样是一种非道德品质。因此，爱尔维修说："如果我生在一个孤岛上，孑然一身，我的生活中就没有什么罪恶和道德了。"[①]

可见，道德区别于"应该"的另一个根本特征，乃在于道德必定是社会制定或认可的；而"应该"未必是社会制定或认可的：道德是社会制定或认可的关于人们具有社会效用的行为应该如何的规范。从这一特征来说，道德必定具有社会性，必定是两个以上的人所订立的一种需要共同遵守的社会契约；反之，应该如何的行为规范则未必具有社会性，而完全可以是一个逃离社会的孤独者自己为自己制定或认可的生活规则。因此，弗兰克纳一再说：

"道德是一种社会的事业，而不可能是个人用来指导自己的一种发现或创造。……就道德的起源、认可和作用来看，它也地地道道是社会的。它是用来指导个人和较小团体的全社会的契约。"[②]

道德是一种需要每个人都遵守的社会契约：这是道德区别于应该的根本特征。最早发现这一特征的是伊壁鸠鲁。他说："正义是一种防止人们相互伤害的权宜契约。"[③]休谟也写道："正义起源于人类契约。"[④]哈曼

---

① 周辅成编：《西方伦理学名著选辑》下卷，商务印书馆，1987 年，第 55 页。

② William K. Frankena: *Ethics*, Englewood Cliffs, New Jersey: Prentice-Hall, Inc., 1973, p. 6.

③ 莫蒂默·艾德勒、查尔斯·范多伦编：《西方思想宝库》，《西方思想宝库》编委会译编，吉林人民出版社，1988 年，第 944 页。

④ David Hume: *A Treatise of Human Nature*, Oxford: Clarendon Press, 1949, p. 494.

则进一步提出"道德契约（Moral Bargaining）论"。他说："我的论点是，道德发生于一个人群关于他们彼此的关系达成一种暗含的契约或无言的协议的时候。"[①] 接着他解释道："为了增进我们的利益，我们形成某种带有一定条件的意图，希望其他人也和我们一样。而具有不同利益的其他人，将形成多少有些不同的带有一定条件的意图。经过暗含的契约之后，便达到了某种妥协。以这种方式将道德作为一种基于暗含契约的妥协，有助于解释，为什么我们的道德认为损害他人比拒绝帮助他人更坏。"[②]

3　道德与法

"道德是社会制定或认可的关于人们具有社会效用的行为应该如何的规范"，是道德的定义吗？还不是。因为法，不但如所周知，也是社会制定或认可的具有社会效用的行为规范；而且如法学家所说，也是人们应该如何的行为规范："法是决定人们在社会中应该如何行为的规范、规则或标准。"[③] 道德与法的这一共同点，包尔生早就注意到了："道德律宣称应当是什么……法律也无疑是表现着应当是什么。"[④] 那么，道德与法的区别何在？康德答道：

"一切立法都可以根据它的'动机原则'加以区别。那种使得一种行为成为义务，而这种义务同时又是动机的立法，便是伦理的立法；如果这种立法在其法规中没有包括动机的原则，因而允许另一种动机，但不是义务自身的观念，这种立法便是法律的立法。至于后一种立法……必须是强制性的，也就是不单纯地是诱导的或规劝的模式。"[⑤]

---

① Louis P. Pojman: *Ethical Theory: Classical and Contemporary Readings*, Belmont, California:Wadsworth Publishing Company, 1995, p. 38.

② Ibid., p. 43.

③ 邓正来等译：《布莱克维尔政治学百科全书》，中国政法大学出版社，1992年，第393页。

④ 包尔生：《伦理学体系》，何怀宏译，中国社会科学出版社，1988年，第18页。

⑤ 康德：《法的形而上学原理》，沈叔平译，商务印书馆，1991年，第20页。

　　学者大都沿袭康德此见，认为道德是人的内在的思想动机之规范，因而不具有强制性；法则是人的外在的行为效果之规范，因而具有强制性。① 这是错误的。首先，内在思想动机与外在行为效果，乃是构成行为的两个方面：动机是行为者对于所从事的行为的思想，也就是对于行为结果和行为过程的预想，是行为的主观意识方面，是思想中的行为；效果是动机的实际结果，是实际出现的行为，是实际出现的行为结果与行为过程，是行为的客观的实际的方面。一句话，思想动机与外在行为都是行为，只不过前者是思想中的行为，后者是实际的行为罢了。因此，所谓思想动机规范与外在行为规范以及行为规范也就是毫无区别的同一概念、同一规范。就拿"不应偷盗"这一行为规范来说，它岂不既是思想动机规范又是外在行为规范？ 普天之下，哪里有什么仅规范思想动机而不规范外在行为抑或相反的规范呢？

　　其次，道德也并非仅仅评价动机，而是既看动机又看效果——只有评价行为者品德才仅仅看动机；而评价行为本身则只看效果。我们不是常说好心办坏事吗？ "事"是行为，"心"是动机。"好心办坏事"意味着：对"事"、行为本身的好坏之评价是不依据动机、不看动机的。否则，便不会有好心办坏事，而只能有好心办好事了。那么，当我们说好心办坏事时，我们是依据什么断定事是坏的？ 显然是依据事、行为之实际、效果。举例说，夏菲母亲痛打夏菲至死的行为是坏的，是依据什么说的？ 是动机吗？ 不是。因为其动机是为了夏菲学习好，是为了夏菲好，是好动机。那么，是依据什么呢？ 显然是依据她痛打夏菲至死之实际、效果。同样，法也并非仅仅规范、评价外在行为效果，而是既看效果又看动机的。否则，为什么同一罪行会因动机不同，如故意还是误伤人命，而遭受不同的刑罚？

　　最后，并非只有法才是强制性规范；实际上，道德也是一种强制性

---

① 参阅管欧：《法学绪论》，台北：学生书局，1988 年，第 94 页。

规范。因为所谓强制，也就是使人不得不放弃自己意志而服从他人意志的力量："当一个人被迫采取行动以服务于另一个人的意志，亦即实现他人的目的而不是自己目的时，便构成强制。"[①]因此，强制的外延极为广泛。有肉体强制，如各种刑罚；也有行政强制，如各种处分；还有舆论强制，因为舆论无疑也具有使人不得不放弃自己意志而屈从众人意志、他人意志、社会意志的力量。道德确实不具有肉体强制性和行政强制性，却具有舆论强制性。因为一个人不遵守道德，如在公共汽车上不给老弱病残让座位，不会受到肉体和行政制裁，却会受到舆论制裁。人们岂不是往往因畏惧舆论谴责而违己从众、把座位让给老弱病残的吗？因此，道德也具有使人不得不放弃自己意志而服从他人意志的力量，因而也具有强制性。所以，狄骥说："我以为道德的规则是强迫一切人们在生活上必须遵守这全部被称为社会风俗习惯的规则。人们如果不善于遵守这些习惯，就要引起一种自发的、在某种程度上坚强而确定的社会反应。这些规则由此就具有一种强制的性质。"[②]于是，道德与法的区别便不在于有无强制。那么，道德与法的区别究竟在于什么？

二者的区别，说到底，在于有无一种特殊的强制：权力。因为所谓权力，如所周知，是仅为管理者拥有且被社会承认的迫使被管理者服从的强制力量。这样，从权力是仅为社会管理者所拥有的迫使人们不得不服从的力量方面来看，权力具有必须性，是人们必须服从的力量；从权力是社会承认、大家同意因而具有所谓"合法性"的力量方面来看，权力具有应该性，是人们应该服从的力量。合而言之：权力是人们必须且应该服从的力量。从权力之如是界说不难看出：法是权力规范，是应该且必须如何的行为规范；道德则是非权力规范，是应该而非必须如何的行为规范。

---

① 哈耶克：《自由秩序原理》，邓正来译，三联书店，1997年，第164页。
② 狄骥：《宪法论》，钱克新译，商务印书馆，1959年，第67页。

　　这是被道德与法所规范的行为的性质所决定的。道德所规范的是每个人的全部具有社会效用的行为；而法所规范的则仅仅是其中的一部分，即那些具有重大社会效用的行为。试想，为什么"不应该杀人放火"是法，而"应该让座位给老弱病残"则仅仅是道德？岂不就是因为杀人放火具有重大社会效用，而让座位则不具有重大社会效用？所以，狄骥说：

　　"一种道德规则或经济规则是在组成一定社会集团的个人一致或几乎一致地具有这样感觉，认为如果不使用社会的强力来保障遵守这种规则，则社会联带关系就会受到严重危害时才成为法律规则。"[①]

　　西季威克说得就更清楚了："在一个组织良好的社会中，最重要和不可缺少的社会行为规则将具有法律强制性；而那些重要性较轻者则由有事实根据的道德来维系。法律仿佛构成社会秩序的骨架，道德则布满以肉与血。"[②]

　　法所规范的是具有重大社会效用的行为，决定了法不能不具有各种强制性：从最弱的舆论强制到最强的肉体强制；决定了法的强制是有强制组织机关的强制，是仅为社会的管理者、领导者所拥有的强制，说到底，是权力强制，是应该且必须如何的强制。所以，奥斯丁说，法是政治上的优势者（即管理者、领导者）给予政治上的劣势者（即被管理者、被领导者）的命令："优势一词包括在命令一词的含义之中。因为优势是强迫服从某种意志的权力。"[③]欧阳谷说得就更准确了："法律者，依社会力即公权力之强制而为社会生活之规范也。"[④]但说得最好的还是庞德："法是一种权威性的行为规则。"[⑤]反之，道德所规范的是一切具有社会效用的行为，便决定了道德只具有最弱的强制性：舆论强制。这显然

①　狄骥：《宪法论》，钱克新译，商务印书馆，1959 年，第 91 页。
②　Henry Sidgwick: *The Methods of Ethics*, London: Macmillan and Co. Ltd., 1922, p. 459.
③　《西方法律思想史资料选编》，北京大学出版社，1983 年，第 507 页。
④　欧阳谷：《法学通论》，上海法学编译社民国 35（1946）年，第 102 页。
⑤　罗·庞德：《通过法律的社会控制·法律的任务》，沈宗灵、董世忠译，商务印书馆，1984 年，第 102 页。

是一种没有强制组织机关——因而为全社会每个人所拥有——的强制；说到底，是非权力强制，是应该而非必须如何的强制。

综观道德与法、应该、伦理之异同，可以得出结论说：道德是社会制定或认可的关于人们具有社会效用的行为应该而非必须如何的非权力规范；简言之，也就是具有社会效用的行为应该而非必须如何的规范，是具有社会效用的行为应该如何的非权力规范，说到底，亦即非权力规范。这就是道德的定义。从此出发，便不难找到开启规范伦理学的核心问题的钥匙：道德结构及其所蕴涵的优良道德制定之根据、方法和公设。

二　道德结构

1　道德基本结构：道德规范与道德价值

道德界说——道德是具有社会效用的行为应该如何的非权力规范——表明，道德属于规范范畴；道德与道德规范、道德契约是同一概念。因此，所谓道德的结构，也就是道德规范的结构。那么，道德规范是怎样构成的？道德规范都是人为的，都是人制定、约定或认可的一种契约。所以，要知道道德规范是怎样构成的，也就是要知道人们是怎么或根据什么来制成道德规范、道德契约的。

谁都知道，分析一个比较复杂的化学或物理学概念，比如说"原子"，最重要的，与其说是定义，毋宁说是结构。同样，分析一个复杂的伦理学概念或范畴也是如此。当然，在科学上，对于任何一个概念结构的分析，都必须从它的定义出发。

道德是个极为复杂的概念：它的结构比它的定义更重要。那么，道德的结构是怎样的？道德定义——道德是具有社会效用的行为应该如何的非权力规范——表明，道德属于规范范畴：道德与道德规范、道德契约是同一概念。因此，所谓道德的结构，也就是道德规范的结构。那么，道德规范是怎样构成的？道德规范都是人为的，都是人制定、约定或认可的一种契约。所以，要知道道德规范是怎样构成的，也就是要知道人们是怎么或根据什么来制成道德规范、道德契约的。

不言而喻，人们是根据行为事实的某种效用——亦即行为事实对于道德目的的效用——来制定行为应该如何的道德规范的。就拿"应该诚实"和"不应该欺骗"来说。这两种道德规范、道德契约是怎样制定的？无疑是根据诚实和欺骗的某种效用来制定的。比如说，诚实是社会合作的基本纽带，符合道德目的：保障社会存在发展和增进每个人利益；反之，欺骗瓦解社会合作，不符合道德目的。人们认识到诚实与欺骗的这些效用，便一方面把诚实奉为行为应该如何的道德规范、道德契约；另一方面则把欺骗奉为行为不应该如何的道德规范、道德契约。

再比如，"应该节制而不应该放纵"的道德规范是怎样制定的？显然也是根据节制和放纵的效用——节制使人不做明知不当作之事，不致害己害人，因而符合道德目的；放纵则使人做明知不当作之事，害己害人，因而不符合道德目的——来制定的。同样，为什么会制定或认可"不应该杀人而应该杀猪"的道德规范？岂不也是因为杀人的行为损害社会和每个人利益、不符合道德目的，而杀猪则有利社会和每个人利益、符合道德目的？

可见，人们是根据行为事实对于道德目的的效用，来制定或认可道德或道德规范、道德契约的。行为事实如何对于道德目的的效用，如前所述，亦即行为应该如何，说到底，亦即道德价值。这样，说到底，道德或道德规范、道德契约便是根据道德价值来制定或认可的。这意味着：道德由道德价值与道德规范或道德契约两因素构成。然而，人们往往以为，"道德"或"道德规范"与"道德价值"是一个东西。殊不知，二者根本不同。因为道德规范或道德都是人制定或约定的。但是，道德价值却不是人制定或约定的：一切价值——不论是道德价值还是非道德价值——显然都不是人制定或约定的。试想，玉米、小麦、大豆的营养价值怎么能是人制定或约定出来的呢？那么，道德价值与道德规范是何关系？

道德或道德规范是根据道德价值制定或认可的，意味着：道德或道德规范、道德契约不过是道德价值的表现形式；而道德价值则是道德或道德规范、道德契约所表现的内容。这是不难理解的。试想，"应该诚实"的道德规范究竟是什么呢？不过是对于诚实的某种效用、价值的反应和表现，它表现了诚实具有这样的效用和价值：诚实是社会合作的基本纽带，符合道德目的，因而是应该的等。

再比如，为什么利他主义论者否定为己利他而把无私利他奉为衡量行为是否道德的规范？无非是因为，在他们看来，为己利他具有这样一种效用或价值：它不符合道德目的、具有负道德价值；而无私利他则符合道德目的、具有正道德价值。所以，"不应该为己利他而应该无私利他"的道德规范，不过是对于为己利他和无私利他的道德价值——当然是利他主义论者所理解的——的一种反应和表现而已。

因此，道德或道德规范、道德契约，就其自身来说，只是一种形式；它包容和表现着道德价值。换言之，道德具有形式与内容的结构，它是道德规范形式和道德价值内容的结合体：它的形式是道德规范、道德契约；而内容则是道德价值。

2 道德完整结构：道德价值、道德价值判断与道德规范

道德的"道德价值内容与道德规范形式"之结构，细究起来，仅仅是道德的基本结构，而不是道德的完整结构。因为仅仅道德规范与道德价值两者，是不可能结合在一起的。二者之结合，必须有一种中介。这个中介就是道德价值判断。因为道德规范、道德契约固然是人们根据道

德价值制定的；但是，仅仅有道德价值存在那里，人们是制定不出道德规范、道德契约的。人们要制定道德规范、道德契约，首先必须知道道德价值是什么。因此，由道德价值到道德规范、道德契约的飞跃和转化，必须有一个中间环节：道德价值判断。这样，人们制定行为道德规范、道德契约的过程，首先便是探察行为的道德价值，弄清各种行为的道德价值究竟如何，形成道德价值判断。然后，在道德价值判断的指导下，才能够制定与道德价值相符的道德规范、道德契约。举例说：

我们要制定"应该为己利他"或"不应该为己利他"的道德规范、道德契约，首先必须弄清为己利他的道德价值、形成道德价值判断：为己利他是否有利社会存在发展、符合道德目的、具有正道德价值？尔后，在这些关于为己利他道德价值判断的指导下，我们才能够制定与为己利他道德价值相符的道德规范：如果为己利他具有负道德价值，我们便会制定"不应该为己利他"的道德规范、道德契约；如果为己利他具有正道德价值，便会制定"应该为己利他"道德规范、道德契约。

这样，道德实际上便由道德价值、道德价值判断和道德规范三因素构成。这就是道德的完整结构。在道德的这种结构中，道德规范、道德契约是道德价值判断的表现、形式；道德价值判断又是道德价值的表现、形式。这样，道德规范便与道德价值判断一样，都是道德价值的形式，皆以道德价值为内容、对象、摹本。只不过，道德价值判断是道德价值的直接形式，是道德价值在大脑中的反映，是道德价值的思想形式；而道德规范、道德契约则是道德价值的间接形式，是道德价值——经过道德价值判断之中介——在行为中的反应，是道德价值的规范形式。

因此，道德价值判断有真假之分：与道德价值相符的判断，便是真理；与道德价值不符的判断，便是谬论。反之，道德规范、道德契约则没有真假而只有对错优劣之分：与道德价值相符的道德规范、道德契约并不是真理，而是优良的、正确的；与道德价值不符的道德规范、道德契约并非谬论，而是恶劣的、不正确的。举例说：

如果"为己利他"确实是不应该的（这是一种道德价值），那么，断言"为己利他是应该的道德价值判断"便与其道德价值不符，因而是一种谬论，是一种谬误的、假的判断；而把"为己利他奉为道德规范"也与其道德价值不符合，因而是一种恶劣的道德规范、道德契约：我们只能说这种道德规范、道德契约是恶劣的或优良的，却不能说它是真理或谬论。

3　道德深层结构：行为事实与道德目的

不难看出，道德价值也是由两因素构成的。这两因素就是道德目的与行为事实。因为所谓道德价值或行为应该如何，不过是行为事实如何对于道德目的相符抑或违背之效用：行为事实符合道德目的之效用，就是行为之应该，就是正道德价值；行为事实违背道德目的之效用，就是行为之不应该，就是负道德价值。

试想，"应该利人"的道德价值究竟是什么呢？不过是"利人事实"对于道德目的——保障社会存在发展、增进每个人利益——的效用，它全等于"利人事实对道德目的之符合"。反之，"不应损人"的道德价值又究竟是什么呢？不过是"损人事实"对于道德目的的效用，它全等于"损人事实对道德目的之违背"。

"诚实"为什么一般说来是应该的，而有时却是不应该的？岂不就是因为"诚实"一般说来符合道德目的而有时却违背道德目的？反之，"说谎"为什么一般说来是不应该的，而有时却是应该的？岂不就是因为"说谎"一般说来违背道德目的而有时却符合道德目的？总而言之，一切道德价值，一切行为应该如何与不应该如何，岂不全等于行为事实如何对道德目的的符合与违背两大效用？这是一种道德价值推理：

前提1：行为事实如何（利人与损人）

前提2：道德目的（保障社会存在发展、增进每个人利益）

　　两前提之关系：行为事实如何与道德目的之关系（利人符合道德目的、损人违背道德目的）

　　结论：行为应该或不应该如何的道德价值（应该利人、不应损人）

　　这一推理表明，首先，"行为事实如何"是行为不依赖道德目的而独自具有的属性，是行为无论与道德目的发生关系还是不发生关系都同样具有的属性，因而是行为的固有属性，是道德价值、行为应该如何所由以产生和推导出来的源泉、依据、实体，所以叫作"道德价值实体"。其次，"道德目的"是行为应该如何从行为事实如何中产生和推导出来的条件，是衡量行为事实应该不应该德的标准，所以叫作"道德价值标准"。最后，行为事实如何与道德目的相结合便构成"行为应该如何"：它是行为独自不具有的属性，是行为事实如何与道德目的的发生关系时所产生的属性，是行为事实如何对于道德目的的效用，是行为的关系属性，叫作"道德价值"。

　　可见，道德价值是行为事实如何对于道德目的的效用，因而由"行为事实"与"道德目的"两方面构成：前者是道德价值构成的源泉和实体；后者是道德价值构成的条件和标准。这就是道德价值的结构，是道德内容的结构，因而也就是道德的深层结构。

　　综观道德结构可知，道德结构极为复杂，它的内容和形式都是双重的，因而由四因素——道德规范与道德价值判断以及道德目的与行为事实——构成。如图：

$$
道德\begin{cases}
道德形式\begin{cases}
道德规范（1）\\
道德价值判断（2）
\end{cases}\\
道德内容＝道德价值\begin{cases}
道德目的（3）\\
行为事实（4）
\end{cases}
\end{cases}
$$

显然，道德结构具有巨大意义：比道德定义的意义大得多。因为它所揭示的，乃是伦理学的整体构架：伦理学对象，直接说来，是优良道德规范；根本说来，是道德价值；最终说来，是道德目的与行为事实。这样，道德规范、道德价值判断、道德价值、道德目的、行为事实便具有由外及内、层层深入的形式与内容的关系：道德规范是道德价值判断的形式；道德价值判断是道德价值的形式，说到底，是道德目的与行为事实之形式。循此继进，不难发现：

优良"道德规范"是与行为的"道德价值"相符的道德规范；恶劣"道德规范"是与行为"道德价值"不符的道德规范。因此，优良道德规范绝非可以随意制定，而只能根据"行为应该如何的道德价值"——亦即"行为事实如何"对于"道德目的"的效用——制定，说到底，只能通过"道德目的"，从"行为事实如何"推导出来。因此，所制定的"行为应该如何"的道德规范之优劣，直接说来，取决于对"行为应该如何"的道德价值判断之真假；根本说来，则一方面取决于对"行为事实如何"的事实判断之真假，另一方面取决于对"道德目的"的主体判断之真假。

这就是优良道德规范直接依据道德价值判断——最终依据行为事实判断以及道德目的之主体判断——之真理的推导和制定的过程，这就是优良道德规范的推导和制定之方法，这就是能够推导出伦理学全部命题的"伦理学的优良道德规范推导公设"，可以归结为一个公式，而名之为"道德价值推导公式"或"优良道德规范推导公式"：

前提1：行为事实如何（道德价值实体）

前提2：道德目的如何（道德价值标准）

结论1：行为应该如何（道德价值）

结论2：道德规范之优劣（道德规范是否与道德价值相符）

三　道德类型

道德类型问题看似简单，因为分类大都是简单的；但是，细究起来，却是个极为复杂的问题。因为道德分类的根据无疑是道德所具有的某种性质，如普遍性与特殊性、绝对性与相对性、客观性与主观性等。但是，道德的普遍性、绝对性、客观性却是伦理相对主义和道德怀疑论所否定的。如果道德确如伦理相对主义和道德怀疑论所说，并不具有这些性质，而完全是特殊的、相对的、任意的，那么，我们将道德分为普遍道德与特殊道德以及绝对道德与相对道德等便是无稽之谈了。所以，在道德类型的划分过程中，始终贯穿着对道德的普遍性与特殊性、绝对性与相对性、客观性与主观性等道德基本性质的分析。

1　道德的普遍性与特殊性：普遍道德与特殊道德

不同民族或同一民族在不同时代，往往奉行不同的乃至相反的道德规范。例如，初民社会倡导"应该吃老人"；而今日社会则倡导"应该养老送终"。美国人谴责自杀，认可"失败后不应该自杀"的道德规范；日本人却敬重自杀，认可"失败后应该自杀"的道德规范。在大多数国家，妇女都可以露出面孔，而应该遮住乳房和臀部。可是，在非洲的许多地区，妇女却应该裸露乳房和臀部；火地岛的妇女不应该露出后背；菲律宾的塔萨代妇女在日常生活中则可以是全裸的；而在传统的阿拉伯社会中，妇女应该遮住全身。如此等。

但是，这些道德规范的差异，只能说明道德具有多样性、特殊性，却不能否认道德具有普遍性、一般性。因为，正如张东逊先生所言，诸如善、正义、幸福、诚实、自尊、谦虚、智慧、节制、勇敢等道德规范，无疑都是适用于一切社会、一切时代、一切阶级的普遍道德规范："试问如诚实、自尊、爱人、忠尽、勤勉、慷慨、勇敢、公平、廉洁等岂在基督教为道德而一至资产阶级即引为不道德乎？"[①] 确实，古今中外，有哪一个社会、哪一个时代、哪一个阶级，不倡导或不应该倡导诚实、自尊、爱人、忠尽、勤勉、慷慨、勇敢、公平、廉洁、善、幸福、谦虚、智慧、节制、勇敢等道德规范？谁敢说这些规范仅仅实行或应该实行于某些特定社会、特定时代、特定阶级，而不应该实行于一切社会、一切时代、一切阶级？

所以，道德既具有特殊性又具有普遍性：道德的性质是普遍性与多样性的统一。这就是道德的普遍性与特殊性原理。以道德的普遍性与特殊性为根据，一切道德显然可以分为两类：普遍道德与特殊道德。特殊道德，如"三从（在家从父、出嫁从夫、夫死从子）"和"四德（妇言、妇容、妇功、妇德）"以及"三纲（君为臣纲、父为子纲、夫为妻纲）"等，仅仅适用于一定的社会和文化（家天下的专制封建社会、家天下的专制主义封建文化），仅仅对一些人（家天下的专制封建社会的中国人）是有效的，仅仅是他们遵守的道德。反之，普遍道德，如诚实、节制、谦虚、正义、勇敢、中庸、智慧等，则无疑是任何时代任何人都应该遵守的，是普遍适用于一切社会和文化的。

道德的普遍性与特殊性之关系，说到底，显然是根本与非根本、产生与被产生、决定与被决定、支配与被支配、推导与被推导的关系。由此观之，道德又可以分为道德原则与道德规则两大类型。所谓道德原则，便是某个领域根本的道德规范，便是某个领域产生、决定和推导出该领域其他道德规范的道德规范，说到底，也就是某个领域普遍的、一般的、抽象的道德规范。反之，道德规则则是某个领域的非根本的道德规范，是某个领域被产生、被决定、被推导的道德规范，说到底，也就是某个领域的具体的、个别的、特殊的道德规范。

---

① 张东荪：《道德哲学》，中华书局，1930 年，第 644 页。

举例说，在家天下的中国封建社会，"三纲"是根本的道德规范，是产生、决定和推导出其他中国封建道德的一般的、普遍的道德规范，所以是中国封建社会的道德原则。反之，"三从四德"则是被"三纲"所产生和决定的非根本的道德规范，是中国封建社会的具体的、特殊的道德规范，所以便是中国封建社会道德规则。再比如，在任何社会，"爱人"、"利人"都是产生、决定和推导出其他诸种道德规范的比较根本、普遍、一般的道德规范，所以是一切社会的道德原则。反之，"智、勇、信"等则是被"爱人"、"利人"所产生和决定的，是普遍适用于任何社会而又比"爱人"、"利人"特殊、具体、个别的道德规范，所以是一切社会的道德规则。

可见，道德原则与道德规则的关系也都是普遍与特殊的关系。但是，道德原则未必都是人类社会的普遍道德；道德规则也未必都是人类社会的特殊道德。更确切地说，道德原则分为两类：普遍道德原则与特殊道德原则。普遍道德原则是一切社会共同的道德原则，如"仁爱"、"利人"等；特殊道德原则是一定社会特有的道德原则，如"三纲"等。道德规则也分为普遍道德规则与特殊道德规则。普遍道德规则是一切社会共同的道德规则，如"智"、"勇"、"信"等；而特殊道德规则是一定社会特有的道德规则，如"三从四德"等。总之，以普遍性和特殊性为根据，道德可以分类如下：

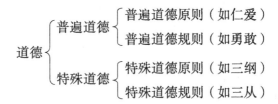

2　道德的相对性与绝对性：绝对道德与相对道德

比较普遍道德与特殊道德以及道德原则与道德规则之关系，可以看到，道德相互间根本的普通的关系，是因果关系：一方面，一切道德规则都产生于、决定于、推导于、隶属于道德原则；另一方面一切特殊道德都产生于、决定于、推导于、隶属于普遍道德。于是，合而言之，一切特殊道德规则都产生于、决定于、推导于、隶属于特殊道德原则；一切特殊道德原则和一切普遍道德规则都产生于、决定于、推导于、隶属于普遍道德原则：普遍道德原则是产生、决定、推导出其他一切道德的道德。

这样，当发生道德冲突时，便应该服从普遍道德原则而牺牲其他道德。就拿康德所举的例子来说。一个人看见被凶手追杀的无辜者藏身于某处，当凶手问他是否看见被追杀者时，他便面临着这样的道德冲突：如果他遵守诚实的道德规则对凶手如实相告，就违背了救人、利人的普遍道德原则而使被追杀的无辜者丧命；如果他遵守救人、利人的普遍道德原则救助被追杀者，就要违背诚实道德规则而欺骗凶手。那么，他应该怎么办？应该遵守救人、利人的普遍道德原则而牺牲诚实道德规则。

然而，当普遍道德原则相互间发生冲突时应该怎么办呢？举例说，杀人偿命体现的是正义原则，而废除死刑体现的是人道、仁爱原则：二者都属于普遍道德原则范畴。这样，一个国家，如果遵守人道、仁爱原则而废除死刑，就违背了杀人偿命的正义原则；如果遵守正义原则而杀人偿命，就违背了人道、仁爱原则。那么，应该怎么办？无疑应该服从比较根本的道德原则：正义。因为正如斯密所说："社会存在的基础与其说是仁爱，毋宁说是正义。没有仁爱，社会固然处于一种令人不快的状态，却仍然能够存在；但是，不正义的盛行则必定使社会完全崩溃。"①

进言之，当比较根本的普遍道德原则与更为根本的普遍道德原则发生冲突时，便应该服从更为根本的普遍道德原则。于是，最终必定应该

---

① Adam Smith: *The Theory of Moral Sentiments*, edited by D. D. Raphael and A. L. Macfie, Oxford: Clarendon Press, 1976, p. 86.

服从最为根本的普遍道德原则，亦即道德终极原则、道德终极标准：它是最根本的普遍道德原则，是产生、决定、推导出其他一切道德原则的原则，是在一切道德规范发生冲突时都应该服从而不应该违背的道德原则，是每个人在任何条件下都应该遵守而不应该违背的道德原则，因而也就是绝对道德："如果说某些道德原则是'绝对'的，那就是意味着这些道德原则是没有例外的。"① 对此，穆勒亦曾这样写道："有一个基本的原则或法则，作为全部道德的基础……这一个原则是在各种原则之间发生冲突时进行判决的尺度。"② 穆勒沿袭以往的传统而称之为道德"终极标准"（ultimate standard）或道德"第一原则"（first principle）。③

绝对道德或道德终极标准必定只能是一个。否则，如果是两个或两个以上，那么，当它们发生冲突时，只可能遵守一个，而违背另一个：那应该违背者显然不可能是道德终极标准；而只有那不应该违背者才是道德终极标准。它与其他普遍道德原则的区别在于，其他普遍道德原则仅仅是一切社会一切人应该遵守的道德原则，却不是一切人的一切伦理行为应该遵守的道德原则。反之，道德终极标准之为道德终极标准，必是一切社会一切人的一切伦理行为应该遵守的道德原则，因而也就是一切人在任何条件下都应该遵守的道德原则，是在任何条件下都没有例外而绝对应该遵守的道德原则，是绝对道德原则，亦即所谓绝对道德："如果说某些道德原则是'绝对'的，那就是意味着这些道德原则是没有例外的。"④

如果说绝对道德、道德终极原则只能有一个，那么，它究竟是什么？是被人们所认识、所把握并被当作行为规范的道德最终目的：增进

---

① George Sher: *Moral Philosophy: Selected Readings*, New York: Harcourt Brace Jovanovich, 1987, p. 158.

② John Stuart Mill: *Utilitarianism*, Beijing: China Social Sciences Publishing House Chengcheng Books Ltd., 1999, p. 4.

③ Ibid., pp. 3-4.

④ George Sher: *Moral Philosophy: Selected Readings*, New York: Harcourt Brace Jovanovich, 1987, p. 158.

每个人利益。因为，如前所述，优良道德绝非可以随意制定，而只能根据"行为应该如何的道德价值"——亦即"行为事实如何"对于"道德目的"的效用——制定，说到底，只能以道德最终目的为标准而从行为事实推导出来的：行为应该如何就是行为事实如何与道德最终目的之相符；行为不应该如何就是行为事实如何与道德最终目的之违背。这就是优良道德的推导和制定过程，可以归结为一个公式：

前提1：行为事实如何（道德价值实体）
前提2：道德最终目的如何（道德价值终极标准）

结论1：行为应该如何（道德价值）
结论2：道德原则之优劣（道德原则是否与道德价值相符）

这一公式表明，道德最终目的——增进每个人利益——是产生、决定和推导出其他一切道德原则的道德价值终极标准，是在一切道德规范发生冲突时都应该服从而不应该违背的道德终极标准，是每个人在任何条件下都应该遵守而不应该违背的道德终极标准，因而也就是绝对道德原则、绝对道德。

可是，我们为什么不说道德终极标准或绝对道德是道德最终目的，而一再强调它乃是人们所认识、所把握并被作为行为规范的道德最终目的？因为当我们把道德最终目的作为道德终极标准、终极原则或绝对道德的时候，这种道德最终目的并不是那种客观的、不依赖我们的认识而存在的；而是被我们所认识、所把握的道德目的。

这一区别至关重要。因为人们所认识、所把握并被作为行为规范的道德最终目的，属于道德或道德规范范畴，可以看作是制定、约定和认可的，因而是主观任意的。这种主观任意性突出表现在：义务论者认为道德最终目的是增进每个人品德完善程度而不是增进每个人利益，因而将其作为评价一切行为善恶的绝对道德；而功利主义论者则认为道德最终目的是增进每个人利益而不是增进每个人品德，因而将其作为评价一切行为善恶的绝对道德。反之，道德最终目的则并不属于道德或道德规范范畴，它不是人们制定或认可的，而是人们发现的，是客观的、不以人的意志为转移的。这种客观性突出表现在，道德最终目的究竟是什么，绝不依义务论者和功利主义论者的认识而转移；恰恰相反，他们这种认识的真理性倒完全取决于是否与道德最终目的相符。

因此，道德终极原则或绝对道德并不是道德最终目的，而是人们所认识、所把握并作为行为规范的道德最终目的。如果说道德终极标准或绝对道德是道德最终目的，那就矛盾了。因为道德或道德规范、道德原则，如前所述，都是人们制定、约定和认可的，是主观任意的：谁能说道德最终目的是人们制定、约定和认可的，是主观任意的呢？

可见，道德既具有相对性，又具有绝对性，体现其相对性者为相对道德；体现其绝对性者为绝对道德。绝对道德只有一个，亦即人们所认识、所把握并被作为行为规范的道德最终目的"增进每个人利益"，它是在任何条件下都应该遵守的道德终极标准；相对道德是这一条绝对道德之外的全部道德，它们都是在一定条件下才应该遵守的道德。

问题是，相对道德究竟在怎样的条件下应该遵循、在怎样的条件下不应该遵循？不难看出，它们只有在与绝对道德、道德终极标准一致的条件下——因而也就是一般的、正常的、典型的条件下——才应该遵循；而在与绝对道德、道德终极标准冲突的条件下——因而也就是例外的、非常的、极端的条件下——则不应该遵循。这是因为，正常行为的数量远远多于非常行为的数量。这样，由于相对道德规范的是正常行为，所以，它应该被遵守的次数便远远多于它不应该被遵守的次数，因而它的存在是必要的。反之，如果相对道德规范的是非常行为，那么，它应该被遵守的次数便远远少于它不应该被遵守的次数，因而它的存在便是极无必要的了。宾克莱曾谈到这一点。他说：

"兰姆和其他学者提醒我们，典型事例的发生比极端事例远为频繁，而道德规则的任务之一，就是为典型事例提供指导。"[1]

于是，不论在什么条件下，每个人的伦理行为都应该遵循道德。只不过在一般的、正常的情况下，既应该遵循绝对道德、道德终极标准，又应该遵循其他道德规范、遵循相对道德。反之，在例外的、非常的情况下，则只应该遵循绝对道德、道德终极标准，而不应该遵循相对道德。这样，绝对道德、道德终极标准不论对于正常行为还是对非常行为都同样有意义：它既是正常行为又是非常行为所应遵循的道德。反之，其他道德、相对道德则仅仅对正常行为有意义：它们仅仅是正常行为所应遵循的道德，其目的仅仅是为正常行为提供指导。

3 道德的主客观性与优劣性：优良道德与恶劣道德

道德既然是一种契约、约定、协议，也就是依人的意志而转移的，是主观任意、可以自由选择的。问题在于，道德是不是完全主观任意的？不是。因为就道德自身来说，是一种人们制定或认可的规范，亦即道德规范、道德契约，完全是主观任意的。但是，道德自身或道德规范、道德契约，如上所述，仅仅是一种形式，它的内容是道德价值：道德乃是由道德规范形式与道德价值内容构成的统一体。道德价值与道德规范根本不同，因为道德价值显然不是人们制定、认可或约定的。谁能说价值是契约、协议？是约定俗成的？谁能说苹果的营养价值是契约、协议？是约定俗成的呢？那么，道德价值是客观的吗？

答案是肯定的。因为道德价值，如上所述，乃是行为事实如何所具有的对于道德目的的效用性。行为事实之为事实，无疑是客观的。道德目的似乎是主观的，其实不然。因为个人行为的起因和目的可以是主观

---

① 宾克莱：《理想的冲突》，马元德译，商务印书馆，1983年，第356页。

任意的；但是人们所结成的团体的普遍的起源和目的却是客观、必然的。例如，家庭、社会、国家等的普遍的起源和目的，岂不都是客观的、必然的、不依人的意志而转移的吗？经济、政治、法律的普遍的起源和目的岂不都是客观的、必然的、不依人的意志而转移的吗？因此，道德的普遍的起源和目的是客观的、必然的、不依人的意志而转移——亦即必然是为了保障社会存在发展和增进每个人利益——又有什么奇怪呢？

道德普遍目的和行为事实既然都是客观的，那么，行为事实所具有的对于道德普遍目的的效用——亦即道德价值——也必然是客观的：它一方面必然决定于客观的、不依人的意志而转移的道德普遍目的，另一方面必然决定于客观的、不依人的意志而转移的行为事实，因而也就同样是客观的、不依人的意志而转移的。

就拿"为己利他"的道德价值来说。如果为己利他行为事实上既利己又利他、己他双赢，如果道德普遍目的是保障社会存在发展和增进每个人利益，那么，不论儒家和康德如何否定为己利他，不论有多少人认定它具有负道德价值，它也因其符合道德普遍目的而必然具有正道德价值：这是被为己利他行为事实和道德普遍目的之本性所必然决定的，是客观的、不以人的意志而转移的。

反之，如果为己事实上势必损人、为己利他最终必然导致损人利己，或者道德普遍目的是为了完善每个人的品德而不是增进每个人利益，那么，不论合理利己主义论者如何肯定为己利他，不论有多少人认定它具有正道德价值，它都因不符合道德普遍目的而必然具有负道德价值：这是被为己利他行为事实和道德普遍目的之本性所必然决定的，是客观的、不依人的意志而转移的。

因此，主观的、依人的意志而转移的，并不是"为己利他"的道德价值，而是人们对于"为己利他"道德价值的判断和在这种判断指导下所制定的关于"为己利他"的道德规范、道德契约：利他主义论者认为为己利他具有负道德价值，因此制定了"不应该为己利他"的道德规范、道德契约；合理利己主义论者则认为为己利他具有正道德价值，因此制定了"应该为己利他"的道德规范、道德契约。

可见，道德既具有主观性又具有客观性：就其内容——道德价值、道德目的和行为事实——来说是客观的、不依人的意志而转移的；就其形式——道德价值判断和道德规范或道德契约——来说则是主观的、以人的意志而转移的。以道德的主客观本性为根据，可以把一切道德分为优良道德与恶劣道德两大类型。首先，道德规范的主观性是道德有优劣之分的前提。因为只有在道德规范是主观任意的条件下，道德才能有优劣之分；反之，如果道德规范是客观必然、不可自由选择的，它怎么能有优劣之分呢？其次，道德价值的客观性是道德分为优良道德与恶劣道德的根据。试想，如果说道德规范有优劣之分，那么，究竟根据什么来确定道德的优劣呢？应该根据是否与道德价值的客观本性相符：与道德价值相符的道德规范便是优良的（亦即正确的、好的）道德规范；与道德价值不符的道德规范便是恶劣的（亦即正确的、坏的）道德规范。

举例说，如果为己利他不符合道德目的，具有负道德价值，那么，合理利己主义论者所制定的"应该为己利他"的道德规范，就与为己利他道德价值不符，因而是恶劣的道德规范；反之，利他主义论者所制定的"不应该为己利他"的道德规范，则与为己利他道德价值相符，因而是优良道德规范。但是，如果为己利他符合道德目的，具有正道德价值，那么，合理利己主义论者所制定的"应该为己利他"的道德规范，就与为己利他道德价值相符，因而是优良的道德规范；反之，利他主义论者所制定的"不应该为己利他"的道德规范，则与为己利他道德价值不符，因而是恶劣的道德规范。

优良道德规范必定与道德价值——亦即行为事实对于道德目的的效用——相符，说到底，便必定与道德目的以及人的行为事实如何的客观本性相符。这样，一方面，从优良道德必定符合人的行为事实如何的客观本性——亦即所谓人性——来看，优良道德必定是每个人都能够且应该遵守的：违背人性的恶劣道德则是每个人不能够也不应该遵守的。

另一方面，从优良道德必定符合道德普遍目的——亦即增进每个人利益——来看，优良道德显然是每个人都能够且应该遵守的；反之，违背道德普遍目的的恶劣道德——亦即不是为了增进每个人利益的道德——则是每个人不能够也不应该遵守的。

优良道德必定是每个人都能够且应该遵守的道德，因而也就必定是可普遍化的道德；不可普遍化的道德——亦即不是每个人都能够且应该遵守的道德——则必定是恶劣的道德。这就是优良道德的可普遍化性。这就是优良道德的可普遍化性或可普遍化规律。这一规律最早发现于康德，他称之为"道德的普遍符合性"：

"只有行为对规律自身的普遍符合性，只有这种符合才应该充当意志的原则。这就是，除非我愿意自己的准则也变为普遍规律，我不应行动。"（56）

黑尔发挥康德这一思想，而名之为"道德可普遍化性"。他认为一切道德判断都具有两种特性："第一种有时被叫作道德判断的规定性——第二种特色通常被叫作可普遍化性。可普遍化性的意思是，一个人说'我应该'，他就使他自己同意处在他的环境下的任何人都应该。"①

因此，所谓道德可普遍化性也就是每个人都能够且应该遵守的意思：可普遍化的道德就是每个人都能够且应该遵守的道德。因此，"道德的可普遍化性"与道德普遍性不同。这种不同，一方面是应该与事实的不同。道德普遍性是道德在事实上所具有的一种属性：普遍性是道德必然具有的。反之，"道德的可普遍化性"则不是道德必然具有的，而只是道德应该具有的属性：具有可普遍化性的道德是优良道德；不具有可普遍化性的道德是恶劣道德。

另一方面，道德普遍性亦即普遍道德而非特殊道德；反之，道德可普遍化则是一切优良道德——不论是普遍道德还是特殊道德——都具有

---

① R. M. Hare: *Essays in Ethical Theory*, Oxford: Clarendon Press, 1989, p. 179.

的属性。因为当一个人说"我应该"，无疑既包括"我应该"遵守普遍的道德，如仁爱；也包括"我应该"遵守特定道德，如剖腹自杀。所以，按照道德可普遍化特性，不但当我说"我应该仁爱"，我就使自己同意处在我的环境下的任何人都应该仁爱；而且当我在战败时说"我应该剖腹自杀"，我也同样使自己同意处在我的环境下的任何人都应该剖腹自杀。因此，道德可普遍化不但是普遍道德、道德原则所应该具有的属性，而且也同样是特殊道德、特定道德、道德规则所应该具有的属性：它是一切优良道德所应该具有的属性。

综观道德的主客观本性可知，道德是主观性与客观性的统一物：就其内容——道德价值、道德目的和行为事实——来说主要是客观的、不依人的意志而转移的；就其形式——道德价值判断和道德规范或道德契约——来说则是主观的、依人的意志而转移的。因此，道德规范的优劣性及其衡量标准便完全是客观的、不依人的意志而转移的：不论人们的意志和愿望如何，只有与道德价值相符因而可普遍化的道德，才是优良的、正确的；而与道德价值不符因而不可普遍化的道德，必定是恶劣的、错误的。

四　关于道德概念的理论

道德概念看似简单，实则极端艰深复杂。因此，围绕道德概念，两千年来哲学家和伦理学家们一直争论不休。这些争论，可以归结为六大流派：伦理相对主义、伦理绝对主义、道德主观主义、道德怀疑论、道德客观主义、道德实在论。

1　伦理相对主义

伦理相对主义（ethical relativism）虽然在当代西方伦理学界备受关

注，但是，它的代表人物却大都是人类学家和社会学家——如萨姆纳（W. G. Sumner）、埃德瓦尔·韦斯特马克、埃米尔·涂尔干、萨姆纳、卡尔·曼海姆等——而并不是伦理学家和哲学家。在伦理相对主义的旗帜下，值得一提的当代哲学家似乎只有哈曼。然而就是他的理论，与其说属于伦理相对主义，不如说属于道德主观主义。所以，彼彻姆说：“虽然社会科学视相对主义为正确的和极有意义的学说一直是一种时尚，但是，对于这种评价，道德哲学家们却普遍倾向于持怀疑态度。”[①]

伦理相对主义，如所周知，包括“文化伦理相对主义”（cultural ethical relativism）和“规范伦理相对主义”（normative ethical relativism）：文化伦理相对主义，一般被简称为“文化相对主义”或“描述相对主义”（descriptive relativism）；规范伦理相对主义则往往被简称为“伦理相对主义”或“规范相对主义”。所以，波吉曼说：“文化相对主义是一种描述性命题，反之，伦理相对主义则是一种规范性命题。也就是说，文化相对主义仅仅描述关于人们的行为和信仰的社会事实，而伦理相对主义则涉及规范这些事实的基本原则的正确性。”[②]

文化或描述相对主义，正如保罗·泰勒所说，认为道德事实上完全是相对的，一切道德都相对于一定的文化和社会而存在，皆因文化和社会的不同而不同，不存在适用于一切文化、一切社会的普遍的、绝对的道德：“根据描述相对主义，没有适用于一切文化的共同的道德规范。”[③]约翰·拉德（John Ladd）在《伦理相对主义》一书中给文化相对主义下定义时也这样写道：

“在它看来，行为在道德上的正当性和不正当性随着社会的变化而变

---

① 　Tom L. Beauchamp: *Philosophical Ethics*, New York: McGraw-Hill Book Company, 1982, p. 34.

② 　Louis P. Pojman: *Ethical Theory: Classical and Contemporary Readings*, Belmont, California: Wadsworth Publishing Company, 1995, p. 16.

③ 　George Sher: *Moral Philosophy: Selected Readings*, New York: Harcourt Brace Jovanovich, 1987, p. 147.

化，不存在适用于一切时代一切人的绝对的、普遍的道德标准。因此，它认为一个人以某种方式行动是否正当，是完全依据或相对于他所属于的社会来说的。"[1]

规范伦理相对主义则从文化相对主义出发，进一步认为，人们所奉行的道德规范的正确性也完全是相对的：任何道德只有相对于奉行它的特定的社会才是正确的；不存在对于一切社会都是正确的普遍正确、绝对正确的道德。因此，泰勒接着写道：

"当一个规范伦理相对主义者说道德规范因社会不同而不同，他的意图并不仅仅是断定不同社会奉行不同规范。他要超越描述相对主义而做出一种规范性论断。他否认存在任何普遍正确的道德规范。他宣称，一种道德标准或规范，只有对于采用这些标准或规范而为其现行道德一部分的特定社会的成员，才是正确的。"[2]

吉纳·布洛克（H. Gene Blocker）也这样写道："伦理相对主义，简言之，乃是这样一种观点，在它看来，不同道德标准的正确性是相对于不同的个人和不同的社会来说的。对于一个人或社会是正确的，对于另一个人或社会则不必是正确的。多配偶制在是正确的，在美国却是错误的。"[3]

合而言之，伦理相对主义乃是认为道德皆因社会不同而不同、因而任何道德都只有相对于奉行它的特定的社会才是正确的理论；或者说，伦理相对主义是认为不存在适用于一切社会的普遍的、绝对的道德，因而也不存在对于一切社会都是正确的普遍正确、绝对正确的道德的理论。这样，伦理相对主义便具有双重含义。一方面，它认为道德皆因社会不同而不同，不存在适用于一切社会的普遍的、绝对的道德。这是伦理相

[1] Louis P. Pojman: *Ethical Theory: Classical and Contemporary Readings*, Belmont, California: Wadsworth Publishing Company, 1995, p. 29.

[2] George Sher: *Moral Philosophy: Selected Readings*, New York: Harcourt Brace Jovanovich, 1987, p. 152.

[3] H. Gene Blocker: *Ethics: An Introduction*, New York: Haven Publications, 1988, p. 38.

对主义"事实如何"方面的根本特征，是伦理相对主义的"基础"。另一方面，它认为任何道德只有相对于奉行它的特定的社会才是正确的，不存在对于一切社会都是正确的普遍正确、绝对正确的道德。这是伦理相对主义"应该如何"方面的根本特征，是伦理相对主义的"上层建筑"。因此，布洛克在总结伦理相对主义时写道：

"伦理相对主义可以图式如下：1 不同的人们从事不同的道德实践；2 因此，不同的人们信奉不同的道德原则；3 因此，不同道德原则是否正确只有相对不同的人们来说才能成立。"[①]

因此，反驳伦理相对主义，首先必须颠覆它的基础或前提：一切道德皆因社会不同而不同，不存在适用于一切社会的普遍的、绝对的道德。诚然，不同民族或同一民族在不同时代，正如文化的、描述的相对主义所言，往往奉行不同的乃至相反的道德规范。例如，初民社会倡导"应该吃老人"；而今日社会则倡导"应该养老送终"。美国人谴责自杀，认可"失败后不应该自杀"的道德规范；日本人却敬重自杀，认可"失败后应该自杀"的道德规范。

但是，这些道德规范的差异，只能说明道德具有多样性、特殊性，却不能否认道德具有普遍性、一般性。因为诸如善、正义、幸福、诚实、自尊、谦虚、智慧、节制、勇敢等道德规范，无疑都是适用于一切社会、一切时代、一切阶级的普遍道德规范。试问，古今中外，有哪一个社会、哪一个时代、哪一个阶级，不倡导或不应该倡导诚实、自尊、爱人、忠尽、勤勉、慷慨、勇敢、公平、廉洁、善、幸福、谦虚、智慧、节制、勇敢等道德规范？谁敢说这些规范仅仅实行或应该实行于某些特定社会、特定时代、特定阶级，而不应该实行于一切社会、一切时代、一切阶级？所以，泰勒在批评伦理相对主义写道：

"有一些道德规范是一切社会共同的，因为这些规范是任何社会的存

---

① H. Gene Blocker: *Ethics: An Introduction*, New York: Haven Publications, 1988, p. 41.

在所必需的。不应该说谎和谋杀便是这种规范的两个例证。"[1]

可见，道德既具有适用于一定社会和文化的多样性、特殊性，又具有适用于一切社会和文化的普遍性、一般性：道德的特性是普遍性与多样性的统一。文化或描述相对主义犯了以偏概全的错误：只看到道德的适用于一定社会和文化的多样性、特殊性，而抹杀道德的适用于一切社会和文化的普遍性、一般性。

然而，要驳倒伦理相对主义，仅仅确证存在适用于一切社会、一切时代、一切阶级的普遍道德是不够的；更重要的，是确证存在着任何社会任何人在任何条件下都应该遵循的绝对道德。那么，是否存在这种绝对道德？这种绝对道德，如上所述，是存在的，它就是所谓的道德终极标准，亦即被人们奉为行为规范的道德最终目的：增进全社会和每个人利益。任何人在任何条件下显然都应该增进全社会和每个人利益：增进全社会和每个人利益具有绝对的、无条件的正当性，是绝对应该、绝对正当的道德。

这是因为，如前所述，一切道德规范、道德原则都是根据道德价值制定的，因而说到底，都是通过道德最终目的，从行为事实推导、制定出来的：符合道德最终目的的一定类型行为之事实，就是该类型行为之应该如何的道德规范；违背道德最终目的的一定类型的行为之事实，就是该类型行为之不应该如何的道德规范。所以，作为行为规范的道德的最终目的——增进全社会和每个人利益——是衡量其他一切道德原则的原则，是一切道德原则所由以推出的原则，因而也就是道德终极的、绝对的原则，是绝对道德。除此之外，一切道德——不论是特殊的、特定的道德，还是普遍的、共同的道德——都只是这一绝对道德在各种具体条件下的表现，都只是在一定具体条件下才应该遵循的道德，因而都只

[1]　George Sher: *Moral Philosophy: Selected Readings*, New York: Harcourt Brace Jovanovich, 1987, p. 155.

是相对正当的道德，都是相对道德。

伦理相对主义否认道德绝对性的错误，显然在于只看到具体的、特殊的道德规范，而没有看到最终的道德原则。所以，保罗·泰勒认为，评估伦理相对主义否认道德绝对性的前提，是区别具体道德规则和最终道德原则："为了评估这些论据的正确性，必须区分（a）具体的道德标准、规则和（b）最终的道德原则。"[①]因为从这种区别出发便不难看出，伦理相对主义所描述的事实，如一些文化倡导养老送终而另一些文化则处死老人等，只能证明具体的道德规则因社会不同而不同，却不能证明最终的道德原则因社会不同而不同：

"被相对主义者指出而作为其理论的证据的那些事实，并不能表明最终道德原则是相对的或被文化限定的。这些事实所表明的，仅仅是具体的道德标准和规则是相对的、被文化限定的。"[②]

确实，伦理相对主义所描述的不同民族或同一民族在不同时代所奉行的不同的乃至相反的道德风习，都是具体的道德规范。这些道德规范的差异，只能说明道德具有相对性，却不能否认道德具有绝对性。因为这些不同的乃至相反的道德规范所由以推出而为其前提的最终道德标准必是相同的：人们从这同一道德标准出发而形成相反道德风习，只是因为该标准在不同的时代和地域的表现不同或人们对相关事实的认识不同。

初民社会为什么会有"应该吃老人"的道德呢？因为初民社会生产力水平极端低下，如果不吃老人，所有的人都可能饿死。所以，初民社会吃老人便与今日社会养老送终一样，最终都是为了保障社会的存在发展、增进每个人利益。于是，初民社会"应该吃老人"和今日社会"应该养老送终"的相反道德，便不过是同一道德终极标准"应该做增进全

① George Sher: *Moral Philosophy: Selected Readings*, New York: Harcourt Brace Jovanovich, 1987, p. 149.

② Ibid., p. 150.

社会和每个人利益的事情"因两种社会的生产力根本不同而具有的两种相反的表现罢了。为什么哈逊湾原始部落会有"应该勒死年老体衰的父母"的道德呢？因为他们相信，这样会使父母脱离年老体衰之苦难而到另一个世界享受幸福生活。所以，哈逊湾原始部落"应该勒死年老体衰的父母"和今日社会"应该养老送终"的相反道德，便不过是同一道德终极标准"应该做增进全社会和每个人利益的事情"因人们信念根本不同而具有的两种相反的表现罢了。因此，麦金诺说："道德风习的不同绝不是基本的道德标准的不同，而是关于事实或其他信念的不同。"①

可见，任何时代任何社会，不论它们的具体道德规范如何不同，这些规范所由以推出的最后的、终极的标准必定是完全相同的：都是保障社会存在发展、增进每个人利益、实现每个人幸福。因此，泰勒在总结他对伦理相对主义的批评时写道：

"被相对主义论者作为证据以支持其理论的那些事实并没有表明终极道德原则是相对的或文化决定的。这些事实仅仅表明特殊的标准和规范是相对的或文化决定的。不同社会接受关于正当和不正当、好和坏的不同规范之事实，乃是一种表明组成那些社会的道德规范具有多样性的事实。这些事实并不能证明不存在一个最终原则，明确地或暗含地，被每个社会作为确证自己道德规范的最终依据。只是因为存在这样一个共同的终极原则，那些道具体德规范的实际的变化才能够得到说明：结合不同的世界观、传统和不同社会的自然环境。"②

于是，我们可以得出结论说，道德既具有相对性，又具有绝对性。绝对道德只有一条，亦即道德终极标准、道德最终目的：增进每个人利益；而其余皆为相对道德。伦理相对主义认为一切道德皆因社会不同而

---

① Barbara MacKinnon: *Ethics*, Belmont, California: Wadsworth Publishing Company, 1995, p. 16.
② George Sher: *Moral Philosophy: Selected Readings*, New York: Harcourt Brace Jovanovich, 1987, p. 150.

不同、不存在适用于一切社会的普遍的、绝对的道德的观点确系以偏概全。

那么，伦理相对主义由此认为任何道德只有相对于奉行它的特定的社会才是正确的观点，也就不能成立了。因为任何道德规范都是人们制定、约定的，因而有优劣对错之分：与道德价值相符的道德规范便是优良的、正确的道德规范；与道德价值不符的道德规范便是恶劣的、错误的道德规范。但是，只有特殊的、相对的道德之优劣对错，才是相对于特定的社会而成立的：一种特定道德对于一种社会是正确的，对于另一种社会则可能是错误。例如，"应该吃人"道德规范是正确的，只是对于初民社会才能成立：它只是在初民社会，才与吃人行为的道德价值相符，因而才是正确的道德规范；而在现代社会，则与吃人行为的道德价值不符，因而是错误的道德规范。反之，普遍道德和绝对道德的对错则对于一切社会都是同样的：如果一种普遍的或绝对的道德是正确的，那么，它对于任何社会便都是正确的。正义、诚实、节制、谦虚、勇敢、中庸、自尊、智慧等普遍道德，如所周知，都是放之四海而皆准、行之万世而不悖的优良的、正确的道德规范：它们对于任何社会都同样是正确的、优良的道德规范。再举一些更为复杂的例子：

利他主义——它的特点是否定为己利他而把无私利他奉为评价行为是否道德唯一准则——之普遍道德，在任何社会都同样与为己利他行为的道德价值不相符，因而都是一种恶劣的、错误的道德。反之，己他两利主义道德——它的特点是既主张无私利他又主张为己利他——之普遍道德，则在任何社会都同样与为己利他以及无私利他行为的道德价值相符，因而都同样是一种优良的、正确的道德。功利主义——它的特点是把增减每个人利益总量奉为道德终极标准——之绝对道德，对于任何社会任何人在任何条件下都同样是一种与道德普遍目的相符的优良的、正确的道德标准。反之，义务论——它的特点是把增减每个人品德的完善程度奉为道德终极标准——之绝对道德，对于任何社会任何人在任何条件下都同样是一种与道德普遍目的不相符的恶劣的、错误的道德标准。

可见，道德的正确性既具有相对性又具有绝对性：特殊的相对的道德的正确性是特殊的相对的；普遍的绝对的道德的正确性则是普遍的、绝对的。伦理相对主义认为任何道德的正确性都只有相对于奉行它的特定的社会才是能够成立的观点之错误，说到底，显然在于否认普遍的绝对的道德而认为一切道德都是特殊的、相对的：如果一切道德都是特殊的、相对的、皆因社会不同而不同，那么，它们的正确性也就确实只有对于特定社会来说才是能够成立的。由此可以进一步看出，在构成伦理相对主义的双重因素中，描述或文化相对主义（它认为一切道德都是特殊的、相对的、皆因社会不同而不同）乃是规范或伦理相对主义（它认为一切道德的正确性只有对于特定社会来说才是能够成立的）的前提：反驳伦理相对主义，关键在于颠覆它的前提，证明存在着适用于一切社会的普遍的、绝对的道德。

2 伦理绝对主义：境遇伦理学

与伦理相对主义不同，伦理绝对主义或道德绝对主义（moral absolutism）的代表人物并不是人类学家和社会学家，而是伦理学家和哲学家，如康德、弗莱彻等。那么，究竟何谓伦理绝对主义或道德绝对主义？波吉曼答道："道德绝对主义是这样一种观点，在这种观点看来，存在着由一系列绝不会发生冲突因而也就绝不会被推翻的道德原则所构成的真正的道德。"[①] "绝对主义者相信存在着一些永远不应该被推翻或违背的道德原则。康德的道德体系是这种观点的一个很好的实例：无论如何，一个人永远不应该食言。"[②]

---

① Louis P. Pojman: *Ethical Theory: Classical and Contemporary Readings*, Belmont, California: Wadsworth Publishing Company, 1995, p. 16.
② Ibid., p. 34.

　　所以，伦理绝对主义或道德绝对主义与伦理相对主义恰恰相反：伦理相对主义否认绝对道德的存在，而认为一切道德都是相对的；伦理绝对主义则否认相对道德，而认为一切真正的道德都是绝对的。更确切地说，伦理绝对主义或道德绝对主义也就是否认相对道德之为真正的道德，而认为真正的、优良的道德必定是绝对的理论。然而，绝对道德、道德终极标准，如上所述，必定只有一条，亦即道德的最终目的；此外皆为相对道德。伦理绝对主义的错误显然在于夸大这一点，认为道德就其真正的本性来说是绝对的，从而不是把绝对道德理解为或仅仅理解为道德最终目的，而是理解为其他道德原则或由一系列道德原则——如应该爱、不应该说谎、应该为义务而义务等——所构成的道德原则体系。这样，伦理绝对主义便一方面错误地把一些相对道德——如爱和诚实——夸大成绝对道德；另一方面，则错误地把众多的相对道德逐出道德领域，否认这些相对道德之为道德。

　　这种对于相对道德的否认在境遇伦理学（situation ethics）那里登峰造极。境遇伦理学也是一种十分典型的道德绝对主义，或者毋宁说，是一种新康德道德绝对主义。因为它与康德一样，认为道德就其真正的本性来说是绝对的；不具有绝对性的道德，不是真正的道德，因而完全没有存在的必要。只不过，在康德看来，绝对道德、真正的道德是一系列道德原则，如责任、诚实等；反之，在境遇伦理学看来，绝对道德、真正的道德只有一条，那就是"爱"："只有'爱'这一戒律是绝对的善。"[1]

　　于是，只有"爱"才因其具有绝对性而是真正的道德；其余道德则皆因其是相对的而并不是真正的道德，完全没有存在的必要："爱是唯一的规范。"[2] 这样，一切伦理行为之应该与否也就完全取决于行为之境遇，取决于行为在该境遇下是否符合"爱"的计算。因此，境遇伦理学只有

---

[1]　Joseph Fletcher: *Situation Ethics*, Philadelphia: The Westminster Press, 1966, p. 26.
[2]　Ibid., p. 80.

两个东西：一个是绝对的规范，另一个是具体境遇的计算方法。所以，弗莱彻写道："正如亚历山大·米勒所指出，境遇伦理学有一个绝对的成分和一个计算的成分。不过，更确切地说，境遇伦理学有一个绝对规范和一种计算方法。"[1]

有鉴于此，宾克莱指出："不管弗莱彻对其立场的最初解释如何，在他的伦理学里面，除了我们应当从爱出发尽力做最大量的好事外，是没有什么原则或规则的。"[2]然而，如果全部道德只是一个规范"爱"，道德不就几乎等于零吗？所以，宾克莱说：虽然"弗莱彻和境况伦理学者并不是为不负责任或无道德论进行辩护"，但是，实际上他们与非道德主义已相差无几了。[3]那么，境遇伦理学究竟错在哪里？

原来，如上所述，绝对道德是任何人在任何条件下都应该遵守的道德，这种道德只有一条，亦即道德最终目的：增进全社会和每个人利益。相对道德则是这一条绝对道德之外的全部道德，是人们在一般的、正常的、典型的条件下才应该遵守——而在例外的、非常的、极端的条件下则不应该遵循——的道德。显然，相对道德存在的必要性全在于：正常行为的数量远远多于非常行为的数量。这样，因为相对道德约束、规范的是正常行为，所以，它应该被遵守的次数便远远多于它不应该被遵守的次数，因而它的存在是必要的。反之，如果相对道德、约束、规范的是非常行为，那么，它应该被遵守的次数便远远少于它不应该被遵守的次数，因而它的存在便是极无必要的了。

然而，境遇伦理学却把正常与非常视为同等重要："境遇的变量（variables）与规范或一般的常量（constants）应该被看作同等重要。"[4]这就是境遇伦理学的根本错误之所在：抹杀正常行为与非常行为的区别，

---

[1]　Joseph Fletcher: *Situation Ethics*, Philadelphia: The Westminster Press, 1966, p. 27.

[2]　宾克莱：《理想的冲突》，马元德译，商务印书馆，1983 年，第 326 页。

[3]　同上书，第 356 页。

[4]　Joseph Fletcher: *Situation Ethics*, Philadelphia: The Westminster Press, 1966, p. 29.

等量齐观相对道德应该被遵守的正常境遇与其不应该被遵守的非常境遇，进而等量齐观相对道德应该被遵守的次数与其不应该被遵守的次数。这样一来，相对道德也就没有存在的必要了。因为如果相对道德应该被遵守的次数与其不应该被遵守的次数是相等的，那么，它应该存在的理由岂不就与它不应该存在的理由相等吗？相对道德既然没有存在的必要，所以也就只有绝对的道德才是真正的道德：境遇伦理学就是这样堕入否认相对道德的道德绝对主义的。

3 道德主观主义与道德怀疑论

所谓道德主观主义（moral subjectivism），如所周知，亦即否认道德的客观性而认为道德完全是主观任意的理论。道德主观主义论者阵营十分庞大复杂。情感主义伦理学家，如罗素、维特根斯坦、艾耶尔、斯蒂文森等，无疑都属于道德主观主义论者。伦理相对主义论者同时也都是道德主观主义论者。因为如果道德确如伦理相对主义论者所言，完全是相对的——相对一些社会和人们来说是善的，相对另一些社会和人们来说则是恶的——那么，道德善恶也就完全是依人的意志而转移的，因而也就完全是主观的。[①] 但是，典型的道德主观主义的主要代表人物，当推古代的推伊壁鸠鲁和十八世纪的休谟以及当代英美哲学家马奇和哈曼。

这是因为，道德主观主义论者得出道德完全是主观的最有力的论据，

---

① 所以，伦理相对主义乃是道德主观主义的一个论据。马奇一再说："没有客观价值。""价值不是客观的，不是世界结构的一部分。"（J. L. Mackie : *Ethics: Inventing Right and Wrong*, Singapore Ricrd Clay Pte Ltd., 1977 p. 15）那么，论据何在？马奇的论据就在于相对性："源于相对性的论据可以作为'没有客观价值'结论的前提。这些前提也就是众所周知的道德规范的易变性——从一个社会到另一个社会和从一个时期到另一个时期——和道德信仰的不同：在一个复杂的共同体中的不同的群体和阶级之间⋯⋯一些人认为某些东西是善或正当，另一些人则以为是恶或不正当。"（J. L. Mackie: *Ethics: Inventing Right and Wrong*, Singapore Ricrd Clay Pte Ltd., 1977, p. 36）道德主观主义这一确证的错误显然在于伦理相对主义的片面性：它只看到道德的特殊性和相对性，而没有看到道德的普遍性和绝对性。

无疑是"道德契约（moral bargaining）论"。任何道德或道德规范，在道德主观主义论者看来，都是人制定的，因而也就都可以看作是某种契约、协议的产物。伊壁鸠鲁说："正义是一种防止人们相互伤害的权宜契约。"[①] 休谟说："正义起源于人类协议。"[②] 哈曼则进一步系统地提出"道德契约论"。他这样写道："我的论点是，道德发生于一个人群关于他们彼此的关系达成一种暗含的契约或无言的协议的时候。"[③] 接着他解释说：

"为了增进我们的利益，我们形成某种带有一定条件的意图，希望其他人也和我们一样。而具有不同利益的其他人，将形成多少有些不同的带有一定条件的意图。经过暗含的契约之后，便达到了某种妥协。以这种方式将道德作为一种基于暗含契约的妥协，有助于解释，为什么我们的道德认为损害他人比拒绝帮助他人更坏。"[④]

诚然，任何道德原则、道德规范都是人制定的，因而也就都可以看作是某种契约、协议的产物。道德规范既然是一种契约、约定、协议，也就确如道德主观主义论者所说，是依人的意志而转移的，是主观任意的、自由的、可以选择的。可是，道德主观主义论者却由此进而完全否认道德的客观性，认为道德并不是客观事实，而完全是主观的，完全是依人的意志而转移的东西。休谟写道：

"要想证明恶与德不是我们凭理性所能发现其存在的一些事实，那有什么困难呢？就以公认为有罪的故意杀人为例，你可以在一切观点下考察它，看看你能否发现出你所谓恶的任何事实或实际存在来。不论你在哪个观点下观察它，你只发现一些情感、动机、意志和思想。这里再没有其他事实。你如果只是继续考察对象，你就完全看不到恶。除非等到

---

① 莫蒂默·艾德勒、查尔斯·范多伦编：《西方思想宝库》，《西方思想宝库》编委会译编，吉林人民出版社，1988年，第944页。
② 休谟：《人性论》下册，关文运译，商务印书馆，1980年，第535页。
③ Louis P. Pojman: *Ethical Theory: Classical and Contemporary Readings*, Belmont, California: Wadsworth Publishing Company, 1995, p. 38.
④ Ibid., p. 43.

你反省自己内心，感到自己心中对那种行为发生一种谴责的情绪，你永远也不能发现恶。因此，恶和德都不是对象的性质，而是心中的知觉。这是一个事实，不过这个事实是感情的对象，不是理性的对象。它就在你心中，而不在对象之内。"①

哈曼也这样写道："你可以看到某人在做什么，但是，你能够看到他做什么的正当或不正当吗？如果你在一个角落看见一群不良少年正在一辆卡车上倒汽油，并且点燃它，你并不需要进行一番推论才知道他们正在干的是不正当的，你并不需要任何计算便能够看到这是不正当的。然而，与其说这是你对所看到的实际存在的不正当之反应，毋宁说这仅仅是对于你的道德感——它不过是你所受到的道德教育的结果——的反映。"② 所以，麦金诺在总结伦理相对主义论者的道德主观主义特征时写道：

"把道德当作一种主观意见的东西，这就是伦理相对主义的根本结论。按照伦理相对主义，道德只不过是人们所怀有的道德信念的一种功能。此外道德什么也没有。特别是，不存在客观的道德事实领域或真实的、相当于我们在自然界所发现而为科学所研究的东西。"③

如果确如道德主观主义论者所言，道德完全是主观的而不具有客观性，那么，关于道德的判断显然也就无所谓真假，而在这种判断指导下所制定的道德显然也就无所谓优劣对错。所以，罗素说："严格地讲，我认为并不存在道德知识这样一种东西。"④ 艾耶尔则一再说："只表达道德判断的句子没有陈述任何东西，它们是纯粹的情感表达，因而不能归入

---

① 休谟：《人性论》下册，关文运译，商务印书馆，1980 年，第 508 页。

② Steven M. Cahn, Peter Markie: *Ethics: History, Theory, and Contemporary Issues*, Oxford University Press, 1998, p. 537.

③ Barbara Mackinnon: *Ethics: Theory and Contemporary Issues*, Belmont, California: Wadsworth Publishing Company, 1995, p. 1455.

④ 罗素：《为什么我不是基督徒》，沈海康译，商务印书馆，1982 年，第 55 页。

真假范畴。"① 雷切尔斯在归纳伦理相对主义论者的道德主观主义的逻辑结论时写道："伦理学中的普遍真理的理论，在他们看来，是一种神话。社会不同，风俗亦不相同：这就是全部的存在。这些风俗不能被称作正确的或不正确的。"② 这就是所谓的道德怀疑论：道德怀疑论就是认为道德判断无所谓真假和道德规范无所谓对错的理论。波吉曼在总结道德怀疑论的根本特征时便这样写道：

"道德怀疑论乃是这样一种学说，在它看来，我们不能够知道是否存在道德真理。"③ 道德怀疑论者哈曼也承认："怀疑论是这样一种学说，在它看来，没有道德事实，没有道德真理，没有道德知识。"④

可见，道德怀疑论乃是道德主观主义的应有之义和合乎逻辑的必然结论。所以，我们只要驳倒道德主观主义，也就驳倒了道德怀疑论。

道德主观主义和道德怀疑论是不能成立的。道德就其自身来说，一方面，确实属于与事实对立的"应该"、"价值"范畴，而不属于"事实"范畴：道德是应该而不是事实；另一方面，道德确实是一种人们制定或认可的规范，亦即道德规范，因而完全是主观任意的。但是，道德自身或道德规范，如上所述，仅仅是一种形式：它所表达的直接内容是道德价值判断；它所表达的根本内容是道德价值；它所表达的最终内容是道德目的与行为事实，因为道德价值不过是行为事实如何对于道德目的的效用。所以，道德乃是由道德规范、道德价值判断、道德价值或道德普遍目的与行为事实所构成的极为复杂的统一体。这样，一方面，道德本

---

① Charles L. Stervenson: *Facts and Values: Studies in Ethical Analysis*, New Haven and London: Yale University Press, 1963, p. 415.

② Steven M. Cahn and Peter Markie: *Ethics: History, Theory, and Contemporary Issues*, New York: Oxford University Press, 1998, pp. 549-550.

③ Louis P. Pojman: *Ethical Theory: Classical and Contemporary Readings*, Belmont, California: Wadsworth Publishing Company, 1995, p. 17.

④ Steven M. Cahn and Peter Markie: *Ethics: History, Theory, and Contemporary Issues*, New York: Oxford University Press, 1998, p. 541.

身虽然不是事实,但是,道德的根本内容则是事实,是客观的、不以人的意志而转移的行为事实;另一方面,行为应该如何的道德规范的正确性,说到底,便取决于是否符合行为事实如何的客观规律,而绝不以人的意志为转移。

就拿"应该为己利他"的道德规范来说。这一道德规范显然是在"为己利他具有正道德价值"的关于为己利他的道德价值判断的指导下制定的,是对这一道德价值判断的表现形式:道德规范是道德价值判断表现形式。进言之,"为己利他具有正道德价值"的道德价值判断,显然又是为己利他的道德价值的表现形式:道德价值判断是道德价值的表现形式。进言之,为己利他的道德价值又不过是为己利他的行为事实对于道德目的的效用,因而又是为己利他的行为事实和道德目的的表现形式。所以,说到底,道德或道德规范便是道德价值的形式,最终是行为事实的表现形式,而行为事实则是道德或道德规范的根本内容。

主观的、依人的意志而转移的,显然并不是为己利他的道德价值,更不是为己利他行为之事实,而是人们对于为己利他道德价值的判断和在这种判断指导下所制定的关于为己利他的道德规范:利他主义论者认为为己利他具有负道德价值,因此制定了"不应该为己利他"的道德规范;合理利己主义论者则认为为己利他具有正道德价值,因此制定了"应该为己利他"的道德规范。所以,道德的内容——不论是道德价值还是道德普遍目的和行为事实——是客观的、不依人的意志而转移的;而道德价值判断和道德规范则是道德价值——说到底是道德的普遍目的和行为事实——的两种主观形式。

道德价值判断和道德规范是主观任意、可以自由选择的,因而有真假优劣之分:与道德价值相符——最终与道德普遍目的和行为事实相符——的道德价值判断便是道德价值判断之真理;与道德价值不符——最终与道德普遍目的和行为事实不符——的道德价值判断便是道德价值判断之谬误;与道德价值相符——最终与道德普遍目的和行为事实相符——的道德规范便是优良的道德规范；与道德价值不符——最终与道德普遍目的和行为事实不符——的道德规范便是恶劣的道德规范。

可见，道德是主观性与客观性的统一物：就其内容——道德价值、道德普遍目的和行为事实——来说是客观的、不依人的意志而转移的；就其形式——道德规范——来说则是主观的、依人的意志而转移的。因此，道德规范的优劣性及其衡量标准也就完全是客观的、不依人的意志而转移的：不论人们的意志和愿望如何，只有与道德价值相符——最终与道德普遍目的和行为事实相符——因而促进道德目的实现的道德，才是优良的；而与道德价值不符——最终与道德普遍目的和行为事实不符——因而阻碍道德目的实现的道德，必定是恶劣的。道德主观主义和道德怀疑论者只看到道德自身——亦即道德规范——的主观性，而抹杀道德的内容——亦即道德价值、道德普遍目的和行为事实——的客观性，进而抹杀道德规范的优劣及其衡量标准的客观性，因而错误地得出说：道德完全是主观的，因而不存在所谓道德真理、道德无所谓正确或不正确。

4 道德客观主义与道德实在论

道德客观主义（moral objectivism）是认为道德具有不以人的意志而转移的客观本性的理论，是认为行为的正当性和道德规范的正确性是客观的、不以人的意志而转移的理论。波吉曼写道："客观主义乃是这样一种学说，在它看来，道德原则具有不依人的意志而转移的客观正确性；换言之，道德上的正当或不正当并非依赖而是独立于社会之承认与否。"[1]

不过，道德客观主义比较复杂，大体可以分为两派。一派是极端道

---

① Louis P. Pojman: *Ethical Theory: Classical and Contemporary Readings*, Belmont, California: Wadsworth Publishing Company, 1995, p. 456.

德客观主义，亦即所谓道德实在论，在它看来，道德本身就是事实，就是与颜色一样的不依赖主体的需要和意志而独立存在的事实。反之，另一派则是温和道德客观主义，在这种客观主义看来，道德本身是一种行为应该如何的道德规范，属于"应该"而不属于"事实"范畴；但是，道德的基础和根本内容则是事实，是行为事实如何：行为应该如何的道德规范的正确性便取决于是否与行为事实相符，而不以人的意志而转移。绝大多数伦理学家，如柏拉图、亚里士多德、托马斯·阿奎那、沙夫茨伯里、赫起逊、康德、罗斯、穆勒、西季威克、摩尔等都属于温和道德客观主义论者；而主张道德实在论的伦理学家则很少，如邦德、布林克等。

　　道德实在论的基本特征是承认存在所谓"道德事实"。波吉曼说："道德实在论者关于伦理学持有一种这样的观点：存在道德事实（moral facts）。"[1] 布林克在谈到他所主张的"道德实在论"时也这样写道："我把道德实在论归结为这样一种伦理观：它认为存在道德事实。"[2]

　　然而，究竟何谓"存在道德事实"？黑尔在解释这一点时写道："它的意思无非是：诸如不正当之道德特性和一种行为是不正当之道德事实，是事物固有本性之存在（exist *in rerum natura*）。因此，如果一个人说某种行为是不正当的，那就意味着：不正当的特性以某种方式、在某个地方存在着，它也不能不存在于那里，如果那种行为是不正当的；并且意味着：那种行为是不正当的事实也以某种方式、在某个地方存在着。"[3]

　　可见，所谓"存在道德事实"，也就是说：道德是一种事实，属于事实范畴，因而也就是不依赖主体需要——亦即社会创造道德的需要、目的——而存在的属性。它不依赖主体，那么，它是不是像马奇所说的那

[1]　Louis P. Pojman: *Ethical Theory: Classical and Contemporary Readings*, Belmont, California: Wadsworth Publishing Company, 1995, p. 727.

[2]　Ibid., p. 530.

[3]　Ted Honderich: *Morality and Objectivity*, London: Routledge & Kegan Paul, 1985, p. 40.

样，是与物理属性无关而自成一类的实体？布林克的回答是否定的："道德实在论认为道德属性是在物理属性基础上产生的。"① 那么，它究竟是一种在行为物理属性基础上产生的怎样的属性呢？黑尔对布林克此见诠释道："我们所说的'不正当'之属性和一种行为是不正当之事实，就如同说'红'之属性和某种东西是红的事实一样。"②

不难看出，道德实在论是不能成立的。它的错误，首先在于等同客体的事实关系属性与价值关系属性。他们大都正确看到：道德善与红色一样，都是客体依赖主体而存在的关系属性，而不是客体的固有属性。但是，他们却没有看到：一方面，红色是客体不依赖主体的需要、欲望和目的而具有的属性，因而是客体的事实属性，是客体的事实关系属性，是客体的"第二性质"，属于事实范畴；另一方面，道德善则是客体的不能离开主体需要、欲望和目的而具有的属性，是客体的事实属性对主体的需要、欲望、目的的效用——亦即"行为事实"符合"道德目的"的效用性——是客体的价值关系属性，是客体的"第三性质"，属于价值——而不属于事实——范畴。道德实在论的错误就在于等同价值与颜色的存在性质，因而由颜色是事实的正确观点得出错误结论：道德善也是事实，存在道德事实。

然而，如果像道德主观主义和道德怀疑论那样，由此进一步断言道德完全不是事实、完全是主观的，则是错误的。因为道德或道德规范虽然是一种应该而不是事实，但是，如前所述，道德或道德规范，就其自身来说，只是一种形式，它包容和表现着道德价值：道德的形式是道德规范；而内容则是道德价值。这是道德的浅层结构。因为道德价值又不过是行为事实如何对于道德目的的效用，因而又由"行为事实"与"道德目的"两方面构成：前者是道德价值构成的源泉和实体；后者是道德

① Louis P. Pojman: *Ethical Theory: Classical and Contemporary Readings*, Belmont, California: Wadsworth Publishing Company, 1995, p. 533.

② Ted Honderich: *Morality and Objectivity*, London: Routledge & Kegan Paul, 1985, p. 45.

构成的条件和标准。这是道德价值的结构，是道德内容的结构，因而也就是道德的深层结构。这样，道德或道德规范是道德价值的形式，说到底，是道德目的与行为事实之形式。

因此，正如温和道德客观主义所说：一方面，道德只是就其形式——道德价值判断和道德规范——来说才是主观任意的；而就其内容——道德价值或行为的正当性以及道德目的和行为事实——来说则是客观的、不依人的意志而转移的。另一方面，道德规范的正确性完全是客观的、不依人的意志而转移的：不论人们的意志和愿望如何，只有与道德价值相符的道德，才是优良的、正确的；而与道德价值不符的道德，必定是恶劣的、错误的。所以，道德客观主义并不是纯粹的真理：温和道德客观主义是真理；而极端道德客观主义、道德实在论则是谬误。

道德实在论的错误，还在于混淆广义的事实与狭义事实概念。因为，如前所述，一方面，广义事实是不依赖思想意识而存在的事物，包括价值——价值无疑是不依赖思想意识而存在的事物——该概念适用于认识论等非价值科学。另一方面，狭义的事实是不依赖主体需要而存在的事物，不包括价值——价值是依赖主体需要而存在的事物——与价值是外延毫不相干的对立概念关系。这种狭义事实概念适用于伦理学等一切价值科学，因为伦理学等一切价值科学的根本问题——能否从"事实"推导出"价值"——意味着：价值不是事实，事实不包括价值：事实与价值是外延毫不相干的对立概念。

问题的关键在于，"道德善"是个伦理学概念，属于"价值"范畴，因而与"事实"是外延毫不相干的对立概念关系，不可能属于"事实"范畴，不可能是事实，说到底，不可能存在什么"道德事实"。所谓"道德事实"，完全与伦理学等一切价值科学的根本问题——能否从"事实"推导出"价值"——相悖，因而在伦理学中便如同"圆的方"一样，是个荒谬的、矛盾的、不能成立的概念。

但是，"道德事实"在认识论等非价值科学中，却是个科学的概念。

因为，在非价值科学中，所谓"事实"是广义的，是指不依赖思想意识而实际存在的事物；而"道德善"的存在只依赖主体的需要、欲望和目的，只依赖社会创造道德的目的，却不依赖思想意识，因而属于事实范畴："道德事实"概念在认识论等非价值科学中是个科学的概念。

可见，道德实在论者在伦理学领域大谈"道德事实"是错误的：他们混淆了"事实"概念在非价值科学和价值科学中的不同含义，混淆了广义事实与狭义事实概念。殊不知，"道德事实"概念在认识论等非价值科学中是个科学的概念；而在伦理学等价值科学中却是个荒谬概念。

*　　*　　*

综观道德概念及其流派可知，道德是社会制定或认可的关于人们具有社会效用的行为应该如何的非权力规范，主要由道德价值、道德价值判断和道德规范三因素构成：当且仅当道德价值判断是真理，才能够制定与道德价值相符的优良道德规范，而避免制定与道德价值不符的恶劣道德规范。因此，一方面，道德既具有适用于一定社会的特殊性和相对性，因而存在特殊的和相对的道德，又具有适用于一切社会的普遍性和绝对性，因而存在普遍的和绝对的道德。伦理相对主义只看到道德的特殊性和相对性，而没有看到道德的普遍性和绝对性，因而误以为不存在适用于一切社会的普遍的和绝对的道德，不存在对于一切社会都正确的普遍正确和绝对正确的道德。反之，伦理绝对主义则夸大道德适用于一切社会的普遍性和绝对性，进而否认相对的和特殊的道德之为真正的道德，以致片面地认为真正的优良的道德必定是普遍的和绝对的。

另一方面，道德是主观性与客观性的统一物：就其形式——道德价值判断和道德规范或道德契约——来说是主观的、依人的意志而转移的；就其内容——道德价值、道德目的和行为事实——来说则是客观的、不依人的意志而转移的。因此，道德规范的优劣性完全是客观的、不依人的意志而转移的：不论人们的意志和愿望如何，只有与道德价值相符的道德，才是优良的正确的；而与道德价值不符的道德，必定是恶劣的错误的。道德实在论夸大了道德最根本最深层的内容是事实的方面，以致误以为道德本身或道德规范和道德价值就是事实，就是与颜色一样的不依赖主体的需要和意志而独立存在的事实。反之，道德主观主义和道德怀疑论者则夸大了道德自身或道德规范和道德价值判断的主观任意性，以致误以为道德完全是主观任意的，因而道德价值判断和道德规范也就无所谓真假对错了。

因此，伦理相对主义、伦理绝对主义、道德主观主义、道德怀疑论、道德实在论都是不能成立的，都犯了以偏概全的错误。伦理相对主义和道德主观主义以及道德怀疑论之不能成立，方使伦理学或道德哲学之为科学成为可能。因为一方面，伦理学或道德哲学，如所周知，乃是关于一切社会的道德的普遍性的科学；如果伦理相对主义是真理，道德完全是特殊的，那么，伦理学或道德哲学也就纯属无稽之谈了。另一方面，科学是关于客观的、不以人的意志而转移的事物的知识体系；如果道德主观主义和道德怀疑论是真理，道德完全是主观任意的、道德判断和道德规范无所谓真假对错，那么，以道德为研究对象的伦理学或道德哲学也就不可能是科学了。

我们终于完成了道德概念——亦即道德的定义、结构和类型——以及围绕它所形成的六种理论的分析。不难看出，这种分析的意义主要在于揭示了道德优劣之本性：道德优劣之依据、规律、公设、基本原理。这是规范伦理学全部研究的基础。从此出发，便可以逐步筑成规范伦理学大厦：通过道德最终目的、亦即道德终极标准，从行为事实如何的客观本性中推导制定行为应该如何的优良道德规范。所以，在道德概念的研究之后，应该解析本篇的核心问题："道德的起源和目的"。

第九章　道德的起源和目的

本章提要

　　道德与法一样，就其自身来说，不过是对人的某些欲望和自由的限制、压抑和侵犯，因而是一种恶；就其结果和目的来说，却能够防止更大的恶（社会的崩溃）、求得更大的善（社会的存在发展），因而是净余额为善的恶，是必要恶。美德与道德一样，就其自身来说，不过是对拥有美德的人的某些欲望和自由的限制、压抑和侵犯，因而是一种恶；但就其结果和目的来说，却能够使拥有美德的人防止更大的恶（社会和他人的唾弃）、求得更大的善（社会和他人的赏誉），因而是净余额为善的恶，是必要的恶。所以，道德的起源与目的不可能是自律的，不可能是为了道德自身、为了完善每个人的品德；而只能是他律的，只能是为了道德和美德之外的他物：人类与非人类存在物的利益和幸福。但是，只有道德的特殊的和直接的起源、目的以及标准，才可能是为了增进动植物等非人类存在物的利益；而道德终极的起源、目的和标准，则只能是为了增进人类的利益。这样，一方面，当人类与动植物等非人类存在物的利益一致时，便应该遵循道德的特殊的、直接的目的和标准，便应该既增进人类利益又增进动植物的利益，甚至应该为了增进动植物的利益而增进动植物的利益；另一方面，当动植物等非人类存在物的利益与人类的利益发生冲突不可两全时，道德的特殊的直接的目的和标准便不起作用了；这时，便应该诉诸道德终极目的和标准"增进人类的利益"，从而应该牺牲动植物等非人类存在物的利益而保全人类的利益。

引言

　　道德目的不仅是规范伦理学大厦的三大建筑之（规范伦理学，如前所述，就是通过道德目的而从行为事实如何的客观本性中推导出行为应该如何的道德规范的三大建筑之体系）而且是全部伦理学最为复杂、争议最大的难题之一。所以，克鲁泡特金一再说："近代实在论的伦理学之主要问题，便是（如冯德在他的《伦理学》中所指出的）来最先决定我们所期望的道德目的。"①

　　然而，今日伦理学书籍却大都只探究道德起源，而不研究道德目的。殊不知伦理学研究道德起源，目的并不在于道德起源，而是为了弄清道德目的，是通过探究道德起源而发现道德目的：只有在道德起源的探究中，我们才能看清道德的目的究竟是什么。因为与历史科学不同，任何抽象理论科学探究它所研究的对象之起源，目的恐怕都不是为了揭示起源，而是通过该对象的起源来揭示该对象的某种本质。所以，尼采论及伦理学对于道德起源的研究时写道："道德的起源只不过是通向一个目标的许多手段之一；对于我来说，问题在于道德的价值。"②道德起源研究之目的，在尼采那里是重估道德价值；而在我们看来，则是探究道德目的。

　　那么，道德的起源和目的究竟是怎样的？不言而喻，历史科学对于事物的起源之研究，只能从时间方面来进行；反之，抽象的理论科学对于事物的起源之研究，则可以从时间和空间两方面来进行。对于有确定的时间起源的事物，如家庭、私有制和国家等，抽象理论科学可以从时间方面探究其起源。比如说，私有制起源于原始社会向阶级社会过渡之

---

①　克鲁泡特金：《伦理学的起原和发展》，巴金译，平明书店，民国36年，第17页。
②　尼采：《道德的谱系》，周红译，三联书店，1992年，第5页。

时。但是，抽象理论科学对于那些产生时间无法确定或无始无终的事物，如生产关系、运动、时间等事物之起源的研究，当然不可能或不宜于从时间方面进行。

对于这些事物的起源之研究，只能或只宜从空间方面——亦即它们与其他事物的相互关系——进行。比如说，对于生产关系起源的研究，可以从它与生产力的关系来进行，从而发现生产关系源于生产力：生产关系不过是生产力的表现形式，因而随着生产力变化而变化。对于运动的起源的研究，可以从它与物质的关系来进行，从而发现运动源于物质：所谓运动，说到底，不过是各种物质的相互作用而已。

伦理学对于道德起源的研究，显然也不宜从时间方面来进行。因为道德与私有制不同，它的起源之时间是模糊不定的。道德，如所周知，与社会同始同终：有社会，斯有道德焉。可是，社会是什么时候产生的？这在时间上是无法说得清楚的。因为社会的起源，真正讲来，并不仅仅是人类社会的起源，而是一切社会——不论是人类社会还是蜂蚁社会抑或狼豺社会——的起源。所以，对于道德起源的研究，只能或只宜从空间方面来进行，亦即通过道德与其他事物（如自然或非人类存在物和社会或经济、文化、政治、法律等）的关系，来揭示道德的起源和目的。

就这一方面来探究道德的起源和目的，在某种程度上，可以接受生态伦理学家的"新伦理学"而超越所谓传统伦理学——亦即他们所谓的"旧伦理学"——因为正如罗尔斯顿所言："旧伦理学仅强调一个物种（人）的福利；新伦理学必须关注构成地球上进化着的生命的几百万物种的福利。"[①] 确实，从道德共同体的本性来看，道德起源于保障人类与非人类存在物的利益共同体的存在与发展的需要，目的在于增进人类与动植物等非人类存在物的共同利益。

---

① 余谋昌：《惩罚中的觉醒》，广东教育出版社，1995年，第79页。

一　道德的起源和目的：从道德共同体看

1　道德共同体概念：道德代理者与道德顾客

如果说规范伦理学的第一个问题是解析道德概念，那么，它的第二问题显然是：应该对谁讲道德和对谁不讲道德？或者说，应该按照道德来对待的对象是什么？这就是所谓"道德共同体"问题。因为所谓道德共同体，顾名思义，就是应该按照道德规范相互对待的一切个体和群体的总和。举例说，敌人在道德共同体之外，或者说，敌人不是道德共同体的成员。因为我们与敌人是不能按照道德规范相互对待的。对敌人是不能讲道德的：杀死敌人不但不是缺德，而且杀死的越多反倒越有美德。同样，石头也不是道德共同体的成员，因为我们与石头是不能按照道德规范相互对待的。对石头也是不能讲道德的。我们不能说打碎石头是不道德的，也不能说保全石头是道德的：怎么样对待石头都无所谓道德不道德。

因此，道德共同体就是能够按照道德规范相互对待的一切个体和群体的总和。然而，细究起来，这个定义还是不够确切的。因为那些理智不健全的人，如婴儿、精神病患者和痴呆症患者等，无疑与成年人或正常人同样是道德共同体的成员。但是，他们却没有能力按照道德来约束自己的行为，没有能力按照道德来对待他人，因而不应该对自己的行为承担道德责任。这些人虽然没有能力按照道德规范来对待他人，但是，他人却显然应该按照道德规范来对待他们：他们与能够按照道德规范来对待他人的正常人一样，是应该被道德地对待或应该得到道德关怀的对象。

因此，只要是应该被道德地对待或应该得到道德关怀的对象——而不必具有按照道德来对待他人的能力——就属于道德共同体的成员：道德共同体成员的根本特征乃是应该被道德地对待或应该得到道德关怀，而不是具有按照道德规范进行活动的能力。因此，精确讲来，道德共同体并不是能够按照道德规范相互对待的一切个体和群体的总和；而是应该被道德地对待或应该得到道德关怀的个体和群体的总和，是应该被道德地对待或应得到道德关怀的对象的总和。所以，M. D. 贝尔斯在界说道德共同体概念时这样写道：

"我用'道德共同体'所指的，是我们可以恰当地对其表达我们的道德关心的那些实体范围。"[①]

这样，不论是什么东西，哪怕它是一条狗，如果成为道德共同体的成员，那么，它就拥有了所谓"道德身份或道德地位"（moral standing）；反之，即使是人，如果他被排斥在道德共同体之外，那么，他就不具有道德地位或道德身份：道德身份或道德地位就是道德共同体的成员资格，就是道德共同体的成员所享有的被道德地对待或道德关怀的利益。举例说，按照阿奎那和康德的观点，按照传统伦理学，只有人才是道德共同体的成员，而狗和猫等一切非人类存在物都被排斥于道德共同体之外；因而只有人才具有道德身份，才享有被道德地对待或道德关怀的利益；而猫狗等非人类存在物则不具有道德身份，不能享有被道德地对待或道德关怀的利益。反之，今日一些生态伦理学家则认为道德共同体应该包括树木等一切生物，甚至认为岩石、溪流等宇宙万物都应该是道德共同体的成员。所以，按照这种观点，不但人、动物乃至树木甚至岩石等一切事物统统都具有道德身份，都享有被道德地对待或道德关怀的利益。

然而，细究起来，道德共同体的成员所拥有的这种道德身份或道德地位，并不完全相同，而可以分为两大类型："道德代理者或道德行为者"

---

① 约瑟夫·P. 德马科等编:《现代世界伦理学新趋向》，石毓彬等译，中国青年出版社，1990年，第 305 页。

（moral agent）与"道德顾客或道德承受者"（moral patient）。何谓道德代理者？泰勒答道：

"道德代理者就是任何具有这样能力的存在物：能够进行道德的和不道德的行为，能够对自己的行为承担义务和责任。在这些能力中，最重要的是能够做出正当和不正当的评价、进行道德考虑，亦即考虑和衡量赞成或反对各种可以选择的行为之道德理由。"①

这就是说，道德代理者就是道德行为主体，因而主要是正常的成年人：他具有道德意识能力，因而能够进行道德的和不道德的行为，从而能够对于自己的行为承担道德责任。可是，为什么要将道德行为主体叫作道德代理者呢？

原来，道德行为主体也就是道德共同体中能够按照道德规范来行为的成员，他们能够按照道德规范来约束自己和对待其他道德共同体成员，从而使道德规范得到实现：道德代理者也就是道德规范的代理者，就是道德规范的运用者和实现者，就是能够运用和实现道德规范的道德行为主体。所以，泰勒接着写道：

"为什么只有拥有道德代理者能力的存在物才能运用有效的道德规范？原因就在于，如果说一种道德规范运用或实现于道德代理者，道德代理者就必须能够将道德作为一种规范来指导自己的选择和行为。这就要求道德代理者拥有在道德规范的基础上做出道德判断的能力，从而能够将道德规范作为行为选择之根据。"②

当然，道德行为主体之为道德代理者，另一方面，是因为道德共同体存在着这样一些成员，如婴儿、精神病患者和痴呆症患者等，这些成员不具有道德意识，因而不能够进行道德行为，不能对自己的行为承担道德责任，于是也就不能够成为道德行为主体而只能够是道德行为客体。

---

① Paul W. Taylor, *Respect for Nature: A Theory of Environmental Ethics*, New Jersey: Princeton University Press, 1986, p. 14.
② Ibid., p. 16.

那么，这些成员的利益与不利益或权利与义务等，便必须由那些能够成为道德行为主体的成员代理，帮助其行使和履行。所以，那些能够成为道德行为主体的成员，就因其是那些不能够成为道德行为主体的成员的代理者，而被叫作道德代理者。因此，道德行为主体之为道德代理者，一方面是因其为道德规范的代理者，另一方面则是因其为不能够成为道德行为主体的成员之权利与义务的代理者。

这些不具有道德意识、不能进行道德行为、不能成为道德行为主体而只能是道德行为客体的成员，当然也就没有能力按照道德来约束自己和对待其他成员，不能够按照道德规范来行为，而只能被按照道德规范来对待，显然只能叫作道德顾客或道德承受者：道德顾客或道德承受者就是被按照道德规范来对待的成员，也就是道德代理者的道德行为对象，是道德代理者对其负有道德义务因而能够对其做出在道德上是正确或错误的行为的存在物。所以，泰勒写道：

"我们可以把道德顾客定义为任何能够被正当或不正当地对待的存在物；对于这种存在物，道德代理者负有义务和责任。"[1]

这样，道德顾客便不仅仅是那些不能按照道德规范来行为而只能被按照道德规范来对待的道德共同体的成员，而且还包括全部能够按照道德规范来行为的成员，包括全部的道德代理者：道德代理者无疑更应该被按照道德规范来对待，更应该得到道德关怀。因此，道德顾客或道德承受者实乃道德共同体的全部成员，是一切具有道德身份或道德地位者。所以，泰勒说：

"道德顾客，不论如何，都比道德代理者的外延广阔：全部道德代理者都是道德顾客，但道德顾客却并不都是道德代理者。"[2]

那么，道德顾客或道德共同体的全部成员究竟应该包括哪些存在

---

[1] Paul W. Taylor, *Respect for Nature: A Theory of Environmental Ethics*, New Jersey: Princeton University Press, 1986, p. 17.

[2] Ibid., p. 16.

物？或者说，道德共同体的界限究竟应该划定在哪里？是像传统伦理学或人类中心主义所认为的那样，应该以人类为限；还是应该遵循今日生态伦理学或非人类中心主义的主张，以动植物等一切生物为限，甚至包括岩石、大地和溪流等一切事物？

2 道德共同体的界限：人类与对人类有利的一切生物

道德是具有社会效用的行为——亦即有利或有害社会、他人、自己和非人类存在物的行为——应该如何的非权力规范。因此，所谓被道德地对待或道德关怀，说到底，也就是一种受益和受害的问题。这样一来，也就只有能够受益和受损的东西，只有具有利益的东西，只有具有分辨好坏利害的评价能力和趋利避害的选择能力东西，才可能存在被道德地对待或道德关怀的问题，才可能成为道德共同体的成员。一块石头，无论如何对待它，是把它打碎还是好好放起来，都无所谓道德不道德。因为石头不具有分辨好坏利害的评价能力和趋利避害的选择能力，没有利益可言。所以，石头不存在受益和受损的问题，不存在是否被道德地对待或道德关怀的问题，因而也就不可能是道德共同体的成员。反之，如何对待狗，是殴打它、折磨它还是好好地养着它，则存在着道德不道德的问题。因为狗具有分辨好坏利害的评价能力和趋利避害的选择能力：狗拥有利益。所以，狗存在受益和受损的问题，存在是否被道德地对待或道德关怀的问题，因而可以是道德共同体的成员。因此，泰勒在总结道德共同体成员的特征时写道："道德国民的本性，就在于对它能够做好事和坏事。"①

那么，是否只有狗和家畜等动物才具有分辨好坏利害的评价能力和

---

① Paul W. Taylor, *Respect for Nature*: *A Theory of Environmental Ethic*s, New Jersey: Princeton University Press, 1986, p. 16.

趋利避害的选择能力从而才具有利益？不是。因为任何物质形态都具有需要，都需要保持内外平衡。就是一块石头，也有需要：它的存在之保持，便需要它与其内外环境的平衡。这种平衡一旦被打破，它便风化瓦解、不复存在了。只不过，物质形态越高级，它的内外平衡的保持也就越困难，因而它保持平衡的条件也就越高级、越复杂。非生物是最低级的物质形态，它的平衡几乎在任何条件下都可以保持，而不会被所受到的内外作用破坏。所以，非生物对于作用于它的任何东西，都不具有分辨好坏利害的评价能力和趋利避害的选择能力。例如，任何一块石头、一块铁，显然都不具有分辨好坏利害的评价能力和趋利避害的选择能力，它们既不会趋近也不会躲避而是毫无选择地承受风吹雨淋。这是因为石头、铁等任何非生物都不需要具有分辨好坏利害的评价能力和趋利避害的选择能力：没有这些能力，非生物也能够保持平衡和存在。

反之，相对非生物来说，最简单最低级的生物也是极其复杂、高级的。因而生物比非生物的平衡难于保持，很容易被它所受到的内外环境作用破坏。所以，任何生物对于作用于它的东西，都具有分辨好坏利害的评价能力和趋利避害的选择能力。就连最低级的生物——植物——也是如此。一切植物所具有的分辨好坏利害的评价能力和趋利避害的选择能力的基本形态，如所周知，就是所谓"趋性运动"。例如，叶肉细胞中的叶绿体，在弱光作用下，便会发生沿叶细胞横壁平行排列而与光线方向垂直的反应；在强光作用下，则会发生沿着侧壁平行排列而与光线平行的反应。这两种反应显然都是分辨好坏利害的评价能力和趋利避害的选择能力的表现：前者是为了吸收有利自己的最大面积的光；后者是为了避免吸收有害自己的过多的光；说到底，都是为了保持内外平衡，从而生存下去。所以，罗尔斯顿写道：

"植物和昆虫也拥有某种福利，它们对这种福利'很感'兴趣。例如一棵树为了水而把根深入更深的土层中；一旦一只蚂蚁（仅仅是长着腰的神经节）为寻找面包屑而四处奔忙。当人们同时把乳糖和葡萄糖作为食物提供给大肠杆菌（一种普通的细菌）时，它会偏爱葡萄糖而甚于乳糖。"①

可见，分辨好坏利害的评价能力和趋利避害的合目的性选择能力是一切生物——人、动物、植物和微生物——所固有的属性，因而一切生物都拥有利益。只不过，生物因其进化的等级不同，所具有的分辨好坏利害的评价能力和趋利避害的选择能力也有所不同。这种不同显然可以归结为两个方面。一方面，分辨好坏利害的评价能力和趋利避害的选择能力，在植物和微生物以及不具有大脑的动物那里，是无意识的、合目的性的；而在人和具有大脑动物那里则是有意识的、目的性的。另一方面，人的分辨好坏利害的评价能力和趋利避害的选择能力，是具有语言符号的，因而能够具有理性的意识和目的；而动物的分辨好坏利害的评价能力和趋利避害的选择能力则是不能用语言符号表达的、因而只具有感性的、经验的意识和目的。

那么，是否由此可以得出结论说，一切生物都应该得到道德关怀从而都是道德共同体的成员？生态伦理学家的回答大都是肯定的。在他们看来，具有分辨好坏利害的评价能力和趋利避害的选择能力从而具有利益，是应该得到道德关怀从而具有道德共同体成员资格的充分条件："只要某个生物感知痛苦，便没有道德上的理由拒绝把该痛苦的感受列入考虑。"② 这样，一切生物便都因其具有利益而都应该得到道德关怀从而都是道德共同体的成员：

"如果我们确实打算正义地对待比较低级的物种，我们就必须摆脱那种认为在它们和人类之间存在着一条'巨大鸿沟'的陈腐观念，必须承认那个把宇宙大家庭中所有生物都联系在一起的共同的人道契约。"③

---

① 罗尔斯顿：《环境伦理学——大自然的价值以及人对大自然的义务》，杨通进译，中国社会科学出版社，2000年，第148页。
② 彼得·辛格：《动物解放》，孟祥森、钱永祥译，光明日报出版社，1999年，第12页。
③ Roderrick Frazier Nash: *The Rights of Nature A History of Environmental Ethics*, Wisconsin: The University of Wisconsin Press, 1989, p. 28.

然而，这种观点是不能成立的。因为照此说来，那些给人类带来极其巨大灾难的生物，如霍乱、鼠疫、梅毒、乙肝、艾滋病等病毒和细菌以及虱子、跳蚤等，便与那些给人类带来巨大福利的生物同样是道德共同体的成员，因而同样应该得到道德关怀：难道还有比这更荒谬可笑的吗？

其实，能够趋利避害从而具有利益，只是应该得到道德关怀从而具有道德共同体成员资格的必要条件而非充分条件。非人类存在物应该得到道德关怀从而成为道德共同体成员，不但必须具有利益，而且还必须对人类有利，给人类带来利益，能够与人类构成一种大体具有互惠关系的利益共同体。因为即使是人，也并不都应该成为道德共同体的成员。一个人，如果是一个害人精，杀人放火、无恶不作，他就应该被杀头而不能成为道德共同体的成员了。即使一个人是好人，是个战斗英雄，但是，如果他是我们正与之交战的敌人，那么，我们就应该杀死他：敌人不可能是道德共同体的成员。所以，我们杀死敌人，并不是不道德的。相反地，我们杀死的敌人越多，我们就越是英雄好汉，我们就越拥有美德。人尚且如此，更何况非人类存在物？

因此，对人类有利，乃是非人类存在物应该得到道德关怀从而成为道德共同体成员的更为根本的必要条件：具有利益是应该得到道德关怀的前提；对人类有利则是应该得到道德关怀的依据。那么，这两个条件结合起来，是否能够成为道德关怀的充分条件？是的。具有利益并且有利于人类，乃是非人类存在物应该得到道德关怀从而成为道德共同体成员的充分条件：任何存在物，只要具有利益并且有利于人类，就应该得到道德关怀从而成为道德共同体成员。因为一种能够分辨好坏利害和趋利避害的具有利益的生物，如果给了我们利益，那么，我们就应该心存感激，也回报它们以利益，而绝不应该给它们以不必要的损害。只有如此，我们对它们才是正义的、道德的；否则，如果我们不是回报它们以利益，而是回报它们以损害，对于它们可能就是恩将仇报、忘恩负义，就是不正义的、不道德的。举例说：

一匹马长期忠诚地服务于它的主人，甚至于危难之际救了它主人的性命。那么，主人是否也应该回报它以巨大的利益呢？主人是否应该在它老得无法继续提供服务时，供养它直至死亡呢？是的。然而，主人为什么应该这样做呢？为什么一个有良心的主人如果这样做就会心安理得；否则，如果不这样做而是杀死它，就会内疚而良心不安呢？显然是因为，按照等利交换的公平原则，马给予了主人巨大的利益，那么，主人回报马以相应巨大的利益，就是马所应得的。这样，主人只有给予它巨大的利益，才符合等利交换的公平原则，对于它才是公平的、善的，因而当主人这样做时，他才会感到良心安宁。反之，如果杀死这匹马，对于它就是不公平的、恶的、缺德的，因而当主人这样做时，他才会感到内疚而良心不安。

对于马是如此，对于其他生物亦然。试想，一方面，树木给了我们巨大利益；另一方面，树木也具有一定的分辨好坏利害的评价能力和趋利避害的选择能力，从而也具有一定的利益。因此，按照正义原则，我们对于树木就应该心存感激，也回报它们以利益，而绝不应该给它们以不必要的损害。否则，如果我们不是回报它们以利益，而是回报它们以不必要的损害，随意折断树枝和践踏花草，就违背了等利交换的正义原则，使它们遭受了不正义、不道德的对待，因而是不应该的、不道德的。所以，泰勒一再说，随意拔除一棵植物与杀死一个人同样是一种道德错误："弄死一株野花犹如杀死一个人同样错误。"[1] 爱德华·阿比（Edward Abbey）也这样写道："我不愿将斧刃劈入一棵活树的枝干的程度，并不亚于我不愿用它来砍进一个人的肉体的程度。"[2]

---

[1]　Roderrick Frazier Nash: *The Rights of Nature A History of Environmental Ethics*, Wisconsin: The University of Wisconsin Press, 1989, p. 155.

[2]　Ibid., p. 169.

可见，具有利益并且有利于人类，从而能够与人类构成一种大体具有互惠关系的利益共同体，乃是非人类存在物应该得到道德关怀从而成为道德共同体成员的充分条件：有利于人类的一切生物就是道德共同体的界限。只不过，在这个道德共同体中，只有具有道德意识能力的存在物，因而一般说来只有正常的成年人，才既是道德顾客或道德的承受者、道德行为客体，又是道德代理者或道德行为者、道德行为主体；而不具有道德意识能力的动植物和那些同样不具有道德意识能力的人，如婴儿和精神病患者、痴呆症患者等，则只能是道德顾客或道德的承受者、道德行为客体，而不能是道德代理者或道德行为者、道德行为主体。

因为这些不具有道德意识能力的存在物，没有能力按照道德来约束自己和对待其他成员，不可能道德地对待其他的成员，因而他（它）们的行为无所谓道德不道德：他（它）们不是道德行为者或道德代理者，不可能对他（它）们的行为进行道德评价。但是，他（它）们却应该被道德地对待，因而只可能是道德顾客或道德承受者。反之，具有道德意识能力的人，则够按照道德规范来约束自己和对待其他成员，能够既被道德地对待又道德地对待其他成员，因而他们的行为有所谓道德不道德，可以对他们的行为进行道德评价：他们既是道德的承受者或道德顾客，又是道德行为者或道德代理者。

但是，如所周知，道德共同体的实际界限具有历史性，是随着社会的发展变化而不断发展变化的。在原始社会，正如达尔文所指出，道德共同体的成员仅仅以本部落为限："野蛮人对于行为的判断，哪些行为是善，哪些是恶，完全要看它们是不是显然影响到部落的福利，而不是整个人种的福利……他们把同情心的适用只限于本部落之内。"[1] 因此，在原始社会，正如《一个印第安人凶手》所记载的那样，人们对于本部落以外的人，如路人或陌生人，都可以随意杀戮，甚至以剥下他们的头皮的

---

① 达尔文：《人类的由来》，潘光旦、胡寿文译，商务印书馆，1983 年，第 180 页。

多少而竞相夸耀。在原始社会，每个人都是这种意义的"凶手"。对于其中的一个"凶手"，该书这样描述道：

"从良心上说，他感到遗憾，他没有像之前的父亲那样抢劫与勒死那么多的旅游者。在一个未开化的文明阶段，抢劫陌生者的确通常被认为是光荣的。"①

只是随着社会的发展和道德的进步，道德共同体的界限才不断扩大，由本部落而扩展到其他部落，由其他部落而扩展到一切民族与种族，由一切民族与种族而扩展到动植物等非人类存在物："把人道推向低于人的动物的这一看法，那是人类在道德领域里最晚近才取得的一种东西……其发展的结果，终于广被到一切有知觉的生物。"② 这种道德共同体的界限随着社会的发展进步而不断扩展的过程和规律，进一步印证了：有利于人类的一切生物应该是道德共同体的界限。然而，在传统伦理学或人类中心主义看来，非人类存在物不可能是道德共同体的成员，而只有人类才可能是道德共同体的成员。那么，它的根据究竟是什么？

原来，一方面，人类中心主义论者正确看到：人类杀死和吃掉动物是应该的、道德的。对于这一点，阿奎那曾这样写道："我们要驳斥那种认为人杀死牲畜是一种罪过的错误观点。因为根据神的旨意，动物就是供人使用的，这是一种自然的过程。因此，人类如何使用它们并不存在什么不正义：不论是杀死它们，还是以任何方式役使它们。"③ 既然杀死和吃掉动物确实是应该的，那么，这岂不意味着：对于动物是不应该讲道德的吗？因此，动物岂不就不是道德共同体的成员、而只有人类才是道德共同体的成员吗？这是一种似是而非的逻辑。因为如上所述，动植物

---

① P. Aarne Vesilind, Alastair S. Gunn：《工程、伦理与环境》，吴晓东、翁端译，清华大学出版社，2003 年，第 293 页。

② 达尔文：《人类的由来》，潘光旦、胡寿文译，商务印书馆，1983 年，第 185 页。

③ Joseph R. Des Jardins: *Environmental Ethics: An Introduction to Environmental Philosophy*, Belmont, California: Wadsworth Publishing Company, 1993, p. 111.

应该得到人类的道德关怀从而成为道德共同体的成员的真正依据，就在
于这些动植物有利于人类：有害于人类的动植物是不应该得到人类的道
德关怀和不应该成为道德共同体的成员的。问题的关键就在于，一些动
植物，如猪、鸡、鱼和红薯、玉米等，所给予人类的利益，就是作为食物
而被人类杀死和吃掉。因此，人类杀死和吃掉动物，不但不是对动植物可
以不讲道德的根据，恰恰相反，倒正是它们应该得到人类的道德关怀从而
成为道德共同体成员的根据。难道不是这样吗？试想，我们杀死和吃掉鸡
确实是应该的。但由此能够说，对于鸡可以不讲道德吗？绝不可以。恰恰
相反，谁都知道，任何给鸡带来不必要痛苦的行为都是不道德的。

另一方面，人类中心主义正确看到：只有人类才具有道德意识能力，
能够进行道德的和不道德的行为，对于自己的行为负有道德责任；而非
人类存在物则不具有道德意识能力，不能够进行道德的和不道德的行为，
不能对自己的行为承担道德责任。然而，J. 帕斯莫尔等人类中心主义论者
却由此得出结论说，只有人类才能是道德共同体的成员，而非人类存在
物则不能是道德共同体成员："人类之外的生命认识不到彼此之间的责任，
也没有能力交流对责任的看法，这一事实意味着只有人才是道德共同体
的成员。"[1] 对于人类中心主义的这种逻辑，沃辛德（P. Aarne Vesiind）曾
有极为透辟的描述：

"不管怎样，把非人类包括进道德共同体是没有意义的。根据理查
德·沃森（Richard Watson）的说法：'只有当一个实体能够完成互惠责
任，即能够作为道德主体时，说这个实体拥有权利才是有意义的。'沃森
接着认为，道德主体应当具有一定的特性，例如自我意识、行为能力、
自由意志和对道德原则的理解。既然大多数动物不能满足这些要求，那
么，它们不能成为道德主体，因此不能成为道德共同体的成员"[2]

---

[1]　傅华:《生态伦理学探究》，华夏出版社，2002 年，第 208 页。
[2]　P. Aarne Vesilind, Alastair S. Gunn :《工程、伦理与环境》，吴晓东、翁端译，清华大学出版
　　社，2003 年，第 101 页。

然而，这种观点是不能成立的。因为按照这种观点，那些不具有道德意识能力、因而不能对自己的行为负有道德责任的人，如婴儿和精神病患者、痴呆症患者等，岂不就与动植物同样，不应该是道德共同体的成员了？但是，如所周知，这些不具有道德意识能力的人，无疑应该得到道德关怀，无疑与正常人同样是道德共同体的成员。所以，道德共同体实际上由两种成员构成：道德代理者（或道德行为主体）与道德顾客（或道德行为客体）。具有道德意识能力的人，既是道德顾客或道德行为客体，又是道德代理者或道德行为主体；而一切动植物和那些不具有道德意识能力的人，则只能是道德顾客或道德行为客体，而不能是道德代理者或道德行为主体。人类中心主义的错误就在于未能区分"道德代理者"与"道德顾客"，因而将道德共同体成员与道德代理者或道德行为主体等同起来。

3 道德的起源和目的：保障利益共同体与增进人类利益

具有利益并有利于人类，如上所述，是非人类存在物应该得到道德关怀从而成为道德共同体成员的充分条件：有利于人类的一切生物是道德共同体的界限。这显然意味着，所谓道德共同体，也就是具有互惠关系的利益共同体：道德共同体的成员与利益共同体的成员是同一成员，它们是同一共同体的两个名称、两块牌子。这样一来，任何道德的起源和目的显然便都在于保障利益共同体的存在发展。

因为没有规矩不成方圆，任何一种利益共同体，哪怕它只由两个成员构成，如果没有道德规范，要存在发展也是不可能的：它要存在发展，就必须同时成为道德共同体，从而使它的成员按照道德规范来相互对待。否则，如果一个利益共同体的成员违背道德而互相损害，那么，这个利益共同体势必崩溃瓦解而不可能存在。所以，人类之所以创造道德，普遍言之，就是为了使人类与非人类存在物的利益共同体成为一种道德共同体，从而保障这种利益共同体的存在与发展：道德普遍起源于利益共同体的存在与发展的需要，道德的普遍目的就是为了保障利益共同体的存在与发展。

然而，道德保障利益共同体存在发展的目的又是为了什么？也就是说，道德的普遍目的——保障利益共同体的存在与发展——的目的是什么？说到底，道德的最终目的或终极目的是什么？是为了增进利益共同体的每个成员的利益吗？或者说，是为了增进人类与动植物等非人类存在物每方的利益吗？毫无疑义，如果动植物等非人类存在物与人类是道德的共同创造者，是道德契约的共同缔结者，那么确实可以说，道德的最终目的是为了增进利益共同体每个成员的利益，是为了增进人类与动植物等非人类存在物每方的利益。因为任何契约的最终目的，无疑都应该是为了增进每一个契约缔结者的利益。

但是，道德只是人类创造的，而不是人类与非人类存在物共同创造的。或者说，道德契约的缔结者只能是人类，只能在人类之间，只能是每个人；而不可能是人类与非人类存在物，不可能在人类与非人类存在物之间，不可能是动植物等非人类存在物。否则，如果动植物等非人类存在物与人类共同是道德的创造者，是道德契约的共同缔结者，那么，道德就必定是用来约束、规范人和动植物等一切道德契约缔结者的行为的。然而，如所周知，道德只是用来约束、规范每个人的行为的，而绝不是用来约束、规范非人类存在物的行为的：道德包括人对待动植物的行为应该如何，却不包括动植物对待人的行为应该如何。动植物等非人类存在物的行为或合行为，不论是对待人类的还是它们自己相互对待的，都属于动物学、植物学等科学的研究对象，而不属于伦理学研究对象：伦理学只研究人们相互对待和对待动植物等非人类存在物的行为应该如何，而并不研究动植物等非人类存在物对待人类的行为应该如何。因此，举例说，人如何对待老虎，是杀死和吃掉它们还是保护这些物种，有所谓道德不道德的问题；但是，老虎如何对待人，即使是活活咬死和吃掉人，也无所谓道德不道德的问题。既然道德这种社会契约仅仅约束人类的行为、仅仅对于人类的行为有效，而并不约束动植物等非人类存在物的行为、对于动植物等非人类存在物的行为是无效的，那么，这些非人类存在物怎么可能是道德契约的缔结者呢？哪里会有这样的契约，它的缔结者的行为竟然会不受契约的约束呢？

　　然而，是否可以说，人类是动植物参加创造道德和缔结道德契约的代理者呢？否。诚然，人类可以是动植物的利益的代理者。但是，人类却不能与动植物共同缔结道德契约，从而是动植物缔结道德契约的代理者。因为道德契约有关人类应该如何对待动植物的最为根本问题无疑是：人类斩杀和吃掉动植物是应该的、道德的。试问，人类能够代理动植物来缔结这样的契约吗？显然不可能！动植物显然不可能与人类缔结应该被人类斩杀和吃掉的契约：这种道德契约无疑只能是人类之间所缔结的。其实，成年人和正常人之为婴儿、精神病患者以及痴呆症患者的代理者，也仅仅可以是增进这些人的利益的代理者，而不能够是损害这些人的利益的代理者。试想，即使全体正常人都同意斩杀精神病患者或者剥夺他们的人权，他们可以代理精神病患者做出这样的决定吗？当他们一致同意斩杀精神病患者的时候，他们可以是精神病患者的代理者从而代理精神病患者做出这样的决定吗？显然不可以。同样，人类也只能是增进动植物利益的代理者，而不能是损害动植物利益的代理者：人类不能作为动植物的代理者来缔结人类应该斩杀和吃掉动植物的道德契约。所以，道德契约的缔结者只能是人类而不可能是动植物等非人类存在物。既然如此，那么，由此是否可以说，道德契约的最终目的只是为了增进人类的利益而不是非人类存在物的利益？

　　当然，从逻辑上看，如果道德契约是人类与非人类存在物共同缔结的，那么，道德终极目的必定是增进人类与非人类存在物的共同利益的；但是，反过来，即使道德契约仅仅是人类之间缔结的，而不是人类作为非人类存在物的代理人而与它们共同缔结的，却仍然可以像人类中心主义那样假定：人类具有极其博大的博爱的胸怀，人类创造道德的终极目的是增进人类与非人类存在物的共同利益。然而，细究起来，这个假定是不能成立的。因为如前所述，道德终极目的乃是衡量一切行为是否道德的道德终极标准，也就是产生和推导其他一切道德标准的道德标准，是解决一切道德标准冲突的道德标准，是在任何道德标准发生冲突时都应该服从而不应该违背的道德标准，是在任何条件下都应该遵守而不应该违背的道德标准。因此，如果道德最终目的不但是为了增进人类的利益，而且是为了增进非人类存在物的利益，是增进人类与动植物等非人类存在物的共同利益，是增进利益共同体的每个成员的利益，那就正如生物中心主义大师施韦泽所言，增进人类与动植物等非人类存在物的利益共同体的每个成员的利益，乃是道德终极标准，是在任何道德标准发生冲突时都应该服从而不应该违背的绝对的道德标准："作为一种思想存在物的人，应该感到一种冲动：敬畏每个求生意志，如同敬畏自己的一样。他在自己的生命中体验着其他生命。他领悟到：善就是维护生命、提升生命和实现生命可能达到的最高价值；恶则是毁灭生命、伤害生命和阻碍生命可能达到的发展。这是绝对的、终极的道德标准。"[1]可是，这样一来，当人类利益与动植物等非人类存在物的利益发生冲突不可两全时，应该怎么办呢？

一方面，无疑应该保全其中道德价值较大者而牺牲其中道德价值较小者：只有这样，其净余额才是正道德价值，才是应该的、道德的。但是，何者的道德价值较大呢？道德价值，如前所述，不过是客体对于道德目的的效用。因此，如果道德终极目的只是增进人类的利益，那么，人类利益的道德价值无疑大于非人类存在物的道德价值；因而当人类利益与动植物等非人类存在物的利益发生冲突不可两全时，应该保全人类

---

① Joseph R. Des Jardins: *Environmental Ethics: An Introduction to Environmental Philosophy*, Belmont, California: Wadsworth Publishing Company, 1993, p. 149.

利益而牺牲非人类存在物的利益。但是，如果道德终极目的是增进人类与非人类存在物的利益，那么，人类利益的道德价值便小于非人类存在物的道德价值；因为人类不过是人类与动植物等非人类存在物所构成的庞大生态系统的一个物种、一种成员或一小部分而已。这样，当人类利益与动植物等非人类存在物的利益发生冲突不可两全时，便应该牺牲人类利益而保全非人类存在物的利益。

另一方面，如果道德最终目的是增进人类与动植物等非人类存在物的利益共同体的每个成员的利益，那么，当人类利益与动植物等非人类存在物的利益发生冲突不可两全时，就应该保全多数成员的利益而牺牲少数成员的利益。因为保全多数成员的利益而牺牲少数成员的利益，最接近保全利益共同体每个成员的利益：多数成员的利益比少数成员的利益具有更大的道德价值。可是，谁是人类与动植物等非人类存在物的利益共同体的多数成员呢？无疑是动植物等非人类存在物而不是人类。因此，如果道德最终目的是增进人类与动植物等非人类存在物的利益共同体的每个成员的利益，那么，当人类利益与动植物等非人类存在物的利益发生冲突不可两全时，就应该保全动植物等非人类存在物（它们是多数成员）的利益，而牺牲人类（人类是少数成员）的利益。

可见，认为"道德终极目的是增进人类与非人类存在物的利益"的生物中心主义理论，无法摆脱反人类主义的结论。对于这一点，纳什（Roderick Frazier Nash）在分析克里考特生物中心主义时讲得淋漓尽致："克里考特的伦理整体主义认为，正当和不正当不仅关涉个体，而且关涉生物共同体。换言之，整体比它的任何一个组成部分都承载着更大的道德价值。克里考特解释说：'海洋和湖泊，高山、森林和湿地拥有比单个动物更大的价值。'他肯定把人也归入到后者的范畴。因为他承认，从生态系统的整体立场来看，一个濒危物种的单个有机体的生命，比单个人甚至比数量巨大的人类种群中相当一部分人的生命，更有价值，更值得人们从道德上给予尊重。所以，他同意爱德华·阿比的著名主张：宁愿杀死一个人而不愿杀死一条蛇。从克里考特的生物中心主义来看，甚至土壤细菌和产生氧气的海洋浮游生物，都比人类这种居于食物链顶端的存在物，拥有更大的道德价值。"[①]

认为道德终极目是增进人类与非人类存在物的利益的理论，所包含的这种激烈的反人类的结论，显然意味着：这种理论必定是谬误。因为无论如何，道德毕竟是人类创造的：难道人类创造道德的最终目的就是为了反对自己而自取灭亡吗？所以，道德终极目的，不可能是增进人类与非人类存在物的利益，而只可能是增进人类的利益。

诚然，人类创造某些道德规范的直接的目的，确实是为了增进动植物等非人类存在物的利益。例如，人们曾制定或认可这样一些对待动物的道德规范："当忠诚服务于主人的老狗不能再提供服务时，主人不应该杀死它，而应该供养它直至它死亡。""当立有战功的老马死亡时不应该吃它的肉，而应该好好安葬它。"这些特殊的、具体的道德规范的直接的起源和目的，显然在于老狗和功劳马的利益，而不在于主人的利益；显然是为了老狗和功劳马的利益，而不是为了主人的利益。但是，这只是道德的特殊的直接的起源和目的，而不是一切道德的普遍的起源和目的，更不是一切道德的终极的起源和目的。一般说来，每个道德规范都各有其特殊的、与其他规范有所不同的直接的起源和目的。但在这些道德规范的特殊的、具体的、直接的起源和目的之中，无疑蕴涵着一切道德规范的共同的、普遍的、终极的起源和目的。举例说，"不应该使动物遭受不必要的痛苦"的道德规范的特殊的直接的起源和目的，是为了增进动物的利益。"没有恰当的道德理由不应该毁灭花草的生命"的道德规范的特殊的起源和目的，是为了增进植物的利益。这些道德规范所包含和表现的道德的普遍的起源和目的，显然是"保障人类与非人类存

---

① Roderrick Frazier Nash: *The Rights of Nature A History of Environmental Ethics*, Wisconsin: The University of Wisconsin Press, 1989, p. 153.

在物的利益共同体的存在发展"和"最终增进人类的利益"：保障人类
与非人类存在物利益共同体的存在发展是道德的直接的普遍目的；增进
人类利益则是道德的最终的普遍目的，亦即道德终极目的。

总之，道德的特殊的直接的起源和目的，可以是为了增进动植物等
非人类存在物的利益；但道德的终极的起源和目的，则只能是为了增进
人类的利益。道德目的，如前所述，乃是衡量一切行为善恶的道德标
准：道德特殊的直接的目的是道德的特殊的直接的标准；道德终极目的
是道德终极标准。所以，"为了增进动植物的利益"等道德的特殊的直
接的目的便是道德的特殊的直接的标准；而道德终极标准则只能是道德
终极目的："增进人类的利益"。这样，一方面，当人类与动植物等非人
类存在物的利益一致时，便应该遵循道德的特殊的、具体的和直接的标
准，便应该既增进人类利益又增进动植物的利益，甚至应该为了增进动
植物的利益而增进植物的利益，如当老狗不能再提供服务时，主人应
该继续供养直至它死亡等。但是，另一方面，当动植物等非人类存在物
的利益与人类的利益发生冲突不可两全时，道德的特殊标准便不起作
用了；这时，便应该诉诸道德终极标准"增进人类的利益"，从而应该
牺牲动植物等非人类存在物的利益而保全人类的利益。例如，当一只老
虎与一个人相遇，如果不杀死老虎人就会被咬死，那么，不论这只老虎
如何宝贵，哪怕它是世界上仅有的一只而人类大有过剩之虞，也应该杀
死老虎而救人性命。因为只有增进人类的利益才是道德终极标准。再比
如，人类如果不吃动植物，固然保全了它们的生命，却牺牲了自己的幸
福乃至生命：人类的幸福和生命与动植物的生命发生冲突不可两全。在
这种情况下，人类吃动植物，固然违背了"增进动植物的利益"的道德
特殊标准，却符合"增进人类利益"的道德终极标准，因而是道德的、
应该的。

道德之最终的起源和目的是增进人类利益，显然意味着：道德最终
源于人类对于道德的需要。因此，最终说来，可以同意蒂洛所见："道德

起源于人类的需要。"① 道德最终源于人类的道德需要；道德目的最终在于满足人类的道德需要。但是，人类的道德需要无疑可以分为社会的道德需要与个人的道德需要。那么，道德最终究竟源于社会的道德需要还是源于个人的道德需要抑或源于社会和个人双重道德需要？

二 道德的起源和目的：从社会道德需要看

1 社会道德需要：道德的起源和目的

从社会道德需要来看道德的起源和目的，也就是从道德与人类社会的其他事物之相互关系来揭示道德的起源和目的，也就是从社会各种事物对于道德的需要——亦即所谓"社会道德需要"——来揭示道德的起源和目的。所以，从社会道德需要来考察道德起源与目的，同时也就是对于社会结构诸成分的比较研究。

社会，静态地看，亦即所谓"群"，不过是人的"人群"体系，是两个以上的人因一定人际关系而结合起来的共同体；动态地看，则是人的"社会活动"总和，是人们分工协作创造财富的利益合作和社会活动体系。因此，社会结构也就相应地分为社会的动态结构和社会静态结构。能够显示道德起源与目的的社会结构，无疑是社会的动态结构，亦即社会活动总和之结构。那么，人类社会究竟有哪些活动呢？

人类社会的基本活动，不言而喻，表现为两大方面：关于物质财富的活动和关于精神财富的活动。关于物质财富的活动，也就是对物质财

---

① Jacques P. Thiroux: *Ethics-Theory and Practice*, New York: Macmillan Publishing Company, 1986, p. 27.

富的生产、交换、分配、消费。这种活动，如所周知，叫作"经济"、
"经济活动"。关于精神财富的活动，也就是对精神财富的创作、出版、
发行、教育、表演、学习、欣赏等，如著书立说、戏剧舞蹈、绘画雕刻、
讲课听课等活动。这些活动，虽然都是关于精神的，却不是精神活动，
不是那种无法进行管理的无形体的大脑反映活动；而是可以进行管理的
有形体的物质活动。这种活动就是所谓"文化"、"文化活动"。

因为所谓文化，就是人类思想——亦即通过语言符号进行的思想——
所创造的有价值的东西 ①：一方面，文化是人类语言思维自身直接的创造
物，亦即思想、心理或观念，如知、情、意、知识、经验和科学等，属
于所谓狭义的文化概念；另一方面，文化是人类语言思维通过支配手脚
等躯体和工具，所创造的一切能够满足需要的东西，是人类思想所创造
的一切有用的东西，是人类思想心智所创造的一切有价值的东西，包括
房屋、衣服、器皿和社会组织等，属于所谓广义的文化范畴。

经济和文化都是创造财富的活动，都是与财富有必然的、不可分离
关系的活动。反之，那些与财富没有必然的、不可分离关系的活动，亦
即完全不创造财富的活动，如朋友来往、同学交往、血缘关系、同事交
际、爱情婚姻、拐骗盗窃、打架杀人等，不妨名之为"人际"活动。经
济和文化以及人际活动，皆系社会性活动，因而要存在和发展，就必须
互相配合、有一定秩序而不可互相冲突、乱成一团。这就需要对这些活
动进行管理。于是便产生了管理活动。不过，管理活动有的创造财富，
有的不创造财富。创造财富的管理活动，如生产调度的工作和乐队指挥
的工作，无疑仍然分别属于经济与文化活动：生产调度的工作属于经济
范畴；乐队指挥的工作属于文化范畴。

---

① 这一定义，梁启超早有洞见："文化者，人类心能所开积出来之有价值的共业也。易言之，
凡人类心能所开创，历代积累起来，有助于正德、利用、厚生之物质和精神的一切共同
的业绩，都叫作文化。"（转引自李荣善：《文化学引论》，西北大学出版社，1996 年，第
10 页。）

不创造财富的管理活动也分为两类：政治和德治。孙中山早就说过，政治是一种管理活动："政就是众人之事，治就是管理，管理众人之事就是政治。"[①] 不过，正如马起华所说，管理众人之事，并非都是政治；政治仅仅是一种权力管理："权力可以说是政治的标志。"[②] 政治是社会对于人们行为的权力管理，因而也就是对于人们的行为应该且必须如何的管理。因为所谓权力，如前所述，是仅为管理者所拥有且被社会承认的强制力量，是人们必须且应该服从的力量。它一方面表现为暴力强制，如判刑、收监、枪杀、体罚等；另一方面则表现为行政强制，如处分、降职、降薪等。反之，德治则是非权力管理，是社会依靠非权力力量对于人们的行为应该而非必须如何的管理。因为所谓非权力力量，如前所述，也就是使人应该而非必须服从的力量。它一方面是使人自愿服从的力量，亦即所谓教育，如思想的灌输、熏陶、培养等；另一方面则是非权力强制，即舆论强制，如人们的议论、谴责、赞扬、批评等。

政治和德治之分，原本基于它们所管理的对象性质之不同。政治的对象仅仅是那些具有重大社会效用的行为，如民族争端、阶级斗争、杀人放火、贪污盗窃等。政治所管理的是具有重大社会效用的行为，决定了政治不能不具有"应该且必须服从"的力量，决定了权力是政治的本性：政治是权力管理，它要求被管理的行为应该且必须如何。反之，德治的对象是人们的一切具有社会效用的行为，因而既包括具有重大社会效用的行为，又包括不具有重大社会效用的行为，如扶老携幼还是欺老凌幼、有礼貌还是没礼貌等。这就决定了德治仅仅具有"应该而非必须服从"的力量，决定了教育是德治的本性：德治是非权力管理，它要求被管理的行为应该而非必须如何。这样，具有重大社会效用的行为，便既是政治对象，需要政治对其进行权力管理；同时还是德治对象，还需

---

① 马起华：《政治学论》，台北：商务印书馆，1977年，第12页。
② 同上。

要德治对其进行非权力管理。反之，不具有重大社会效用的行为，则仅仅是德治对象，仅仅需要德治对其进行非权力管理。

这样，政治与德治虽然都起源于对经济和文化以及人际活动进行管理的需要，却不仅仅是对经济和文化以及人际活动的管理。因为为了实现对这些活动的管理，又要有一定的管理组织、机关，因而便又有了对管理组织及管理活动本身的管理。所以，政治与德治是对被管理活动与管理活动的双重管理，也就是对人们的一切具有社会效用的行为的管理：政治是社会对于具有重大社会效用的行为应该且必须如何的不创造财富的权力管理；德治是社会对于具有社会效用的行为应该而非必须如何的不创造财富的非权力管理。

可是，人们往往以为，只有对管理组织、管理活动的管理——恩格斯称之为对人的管理——才是政治；而对经济和文化的管理——恩格斯称之为对物的管理——则是经济或文化。这是不妥的。因为经济活动创造物质财富、文化活动创造精神财富，二者都是创造财富的活动；反之，政治和德治不创造财富，是不创造财富的管理活动。所以，一种管理活动，如果创造财富，那就是经济或文化；如果不创造财富，那就不是经济或文化，而是政治或德治。一句话，判断一种管理活动究竟是政治德治还是经济或文化，与管理对象无关，而仅仅取决于是否创造财富。这样，一方面，一切对管理活动和管理组织的管理，如各级政府的管理，无疑都不创造财富，因而都不是经济或文化，而是政治或德治。另一方面，对经济和文化的管理，却有创造财富与不创造财富之分：前者属于经济或文化；后者则属于经济和文化方面的政治或德治。

例如，一个工厂的厂长和生产调度，都是管理者，但其管理的性质是不一样的：后者创造财富，因而是经济活动；前者不创造财富，因而是经济方面的政治。一个电影制片厂的厂长和导演都是管理者，但其管理活动的性质也是不一样的：后者创造精神财富，因而属于文化；前者不创造精神财富，因而是文化方面的政治。列宁曾十分明确地把经济与对经济的不创获财富的权力管理区别开来，而称后者为经济方面的政治：

"我们走向战胜白卫分子的每一步都会使斗争的重心逐渐转向经济方面的政治……现在我们主要的政治应当是：从事国家的经济建设，收获更多的粮食，供应更多的煤炭，解决更恰当地利用这些粮食和煤炭的问题，消除饥荒，这就是我们的政治。"①

然而，孟子曰："不以规矩，不能成方圆。"② 为了使经济、文化和人际以及一切具有社会效用的行为不致乱成一团而有一定秩序，从而保障其存在与发展，仅仅有政治和德治是不行的；还必须有被管理者怎样活动和管理者怎样管理的行为规范，以便用这些规范，一方面使被管理者知道他们的活动范围、标准，知道怎样活动才能够得到社会的允许赞成而不致扰乱社会秩序、侵犯他人利益、触犯规范、受到惩罚和谴责；另一方面则使管理者知道管理的准则、范围，用以惩罚和奖赏、表扬和谴责、允许和不允许人们做什么，从而保障社会行为秩序。否则，如果没有这些规范，那么，管理者就会无所遵循、各行其是、随心所欲滥用职权；而被管理者也就无所适从、糊里糊涂、互相侵犯、乱成一团。

因此，唯有借助行为规范，才能实现对行为的管理，才能实现政治和德治，从而保障经济、文化、人际以及一切具有社会效用的活动之存在和发展。不言而喻，这种行为规范也无非两种。一种是政治规范，是政治活动遵循的规范，亦即具有重大社会效用的行为应该且必须如何的权力规范：这就是法。另一种则是德治规范，是德治活动遵循的规范，亦即具有社会效用的行为应该而非必须如何的非权力规范：这就是道德。

可见，所谓社会，动态地看，亦即社会活动，无非是财富活动与非财富活动之和。财富活动又分为两类：一是创造物质财富的活动，即经济；一是创造精神财富的活动，即文化。非财富活动也分为两类。一类

---

① 《列宁选集》第 4 卷，人民出版社，1972 年，第 370 页。
② 《孟子·离娄上》。

是与财富没有必然的、不可分离关系的活动，是完全不创造财富的活动，即人际活动；另一类非财富活动则是与财富有必然的、不可分离关系的活动，是直接不创造财富而间接创造财富的管理活动，说到底，也就是直接不创造财富的管理活动。这种管理活动又分为权力管理及其规范和非权力管理及其规范：前者即政治与法；后者即德治与道德。于是，社会就其动态结构来说，无非由经济、文化、人际、政治、德治、法和道德这七类活动构成。[①] 如图：

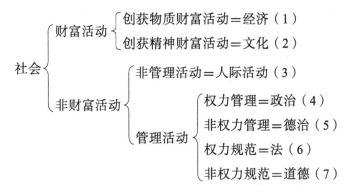

综上可知，经济、文化和人际以及一切具有社会效用的活动存在与发展，需要道德之保障：这就是所谓"社会的道德需要"——社会道德需要就是社会对于道德的需要，就是社会的存在发展对于道德的需要，就是经济、文化和人际以及一切具有社会效用的活动存在与发展对于道德的需要。因此，道德起源于社会的道德需要，起源于经济、文化和人际以及一切具有社会效用的活动存在与发展之需要；道德目的是满足社会的道德需要，保障经济、文化和人际以及一切具有社会效用的活动的存在与发展。

---

① 那么，社会不包括社会意识吗？是的。因为宇宙一切事物，如恩格斯所说，分为三大领域：自然、社会和意识。社会意识、社会科学是大脑对于社会的反映，它不属于社会而属于意识领域；正如自然意识、自然科学不属于自然而属于意识领域一样。

2　道德的全部源泉和目的

如果说道德起源于社会的道德需要，目的在于保障经济、文化和人际以及一切具有社会效用的活动存在与发展，那么，这"一切具有社会效用的活动"，除了经济和文化以及人际活动，还包括什么？还包括——社会所由以构成的7种活动表明——法和政治。因为法和政治显然都属于"具有社会效用的活动"之范畴。因此，从社会道德需要来看，道德的起源和目的，全面地说，乃在于保障经济、文化、人际、政治和法五种活动的存在与发展。换言之，道德起源和目的不仅在于经济、文化和人际之三大社会活动之需要，而且在于法和政治两大社会活动之需要。这是因为，道德不但是经济、文化和人际活动的存在发展的必要条件和根本手段，而且是制定良法和实现优良政治的必要条件和根本手段：如果没有道德，不可能制定良法和实现优良政治。

原来，如果抛开规范所依靠的力量而仅就规范本身来讲，道德的外延显然宽泛于法：一般说来，二者是普遍与特殊、整体与部分的关系。因为一方面，道德不都是法，如谦虚、谨慎、贵生、勤劳、中庸、节制、勇敢、仁爱等都是道德，却不是法；另一方面，法同时都是道德，如"不得滥用暴力"、"不得杀人"、"不得伤害"、"不可盗窃"、"抚养儿女"、"赡养父母"等岂不都既是法律规则同时也是道德规则吗？所以，抛开规范所依靠的力量而仅就规范本身来讲，法是道德的一部分：道德是法的上位概念。那么，法究竟是道德的哪一部分呢？无疑是那些最低的、具体的道德要求：法是最低的、具体的道德。

这个道理被耶林概括为一句名言："法是道德的最低限度。"法就是最低的、底线的道德；反之，最低的、底线的道德就是法。因此，最低的、底线的道德与法乃是同一规范；二者的不同并不在于规范，而在于规范所赖以实现的力量：同一规范，若依靠权力实现，即为法，若其实现不依靠权力而依靠舆论、良心等，则是道德。

法是具体的、最低的道德，因而也就产生于、推导于、演绎于道德的一般的、普遍的原则。所以，法自身都仅仅是一些具体的、特殊的、琐琐碎碎的规则，法自身没有原则；法是以道德原则为原则的：法的原则就是道德原则。法的原则、法律原则，如所周知，是正义、平等、自由等。这些原则，真正讲来，并不属于法或法律范畴，而属于道德范畴，属于道德原则范畴。这是不言而喻的，因为谁会说正义是一项法律呢？谁会说平等是一项法律呢？谁会说自由是一项法律呢？岂不是只能说正义是道德、平等是道德、自由是道德吗？正义、平等、自由等道德原则都是法的原则，因而也就应该是政治——政治以法为规范，因而应该是法的实现——的原则。这就是为什么法理学和政治哲学的核心问题都是正义、平等、自由的缘故：正义、平等、自由都是法和政治的原则。

法和政治的原则就是道德原则，显然意味着：不遵循道德原则和遵循恶劣道德原则的法和政治，必是恶劣的法和政治；而优良的法和政治，必是遵循优良道德原则的法和政治：所谓优良的法和政治，亦即遵循优良道德原则的法和政治；而恶劣的法和政治，亦即不遵循道德原则和遵循恶劣道德原则的法和政治。这就是说，造就良法和优良政治需要道德：道德不仅源于经济和文化以及人际活动的存在发展之需要，而且源于造就良法和优良政治的需要。因此，道德的目的不但在于促进经济发展和繁荣文化以及保障人际活动之自由与安全，而且在于造就良法和优良政治：促进经济发展和繁荣文化以及保障人际活动自由安全，是道德与法和政治的共同目的；造就良法和优良政治则是道德的特有目的。

因此，所谓社会的道德需要便可以归结为五大道德需要：经济活动之道德需要、文化发展之道德需要、人际活动之道德需要、优良化法律之道德需要和优良化政治之道德需要。这样，从社会道德需要来看，道德便具有五大起源和目的：经济、文化、人际、法和政治。这五种活动——连同道德和德治——合起来，便是所谓的"具有社会效用的活动"，便是所谓的"社会活动"，便是所谓的"社会"。于是，道德的五大起源和目的又可以归结为一个：道德起源于社会的存在和发展的需要，是维持社会活动秩序从而保障其存在和发展的手段。因此，从社会道德需要来看，保障社会的存在发展乃是道德之总目的；而促进经济发展、繁荣文化、保障人际活动自由安全以及造就良法和优良政治则是道德的五大分目的。

　　道德的这些起源和目的无疑乃是一切道德都具有的起源和目的，因而也就是道德的普遍起源目的。所以，克拉夫特说："道德的普遍目的就是在社会联系中建立起一种秩序。"[1] 沃尔诺克也这样写道："道德的普遍目的在于改善或不恶化人类的困境。"[2] 那么，道德的特殊起源和目的是什么？可以说，每一个道德规范都具有它所特殊的起源和目的。就拿古希腊的"四主德"来说：

　　"节制"道德规范显然源于每个人的理智和情欲之冲突，目的在于使每个人的理智支配情欲，从而能够做明知当做之事而不做明知不当做之事。这就是"节制"所特有的起源和目的，亦即"节制"的特殊的起源和目的。"勇敢"道德规范无疑源于每个人对待可怕事物的心理态度和行为表现，目的在于使每个人不怕不该害怕的事物。这就是"勇敢"所特有的起源和目的，亦即"勇敢"的特殊的起源和目的。"正义"亦即"同等的利害相交换"，它作为道德规范，源于人际利害冲突，目的一方面在于通过"等利交换"使每个人最大限度地为社会和他人贡献利益；另一方面则通过"等害交换"使损害社会和他人的行为达到最小限度以至于零。这就是"正义"所特有的起源和目的，亦即"正义"的特殊的起源和目的。"智慧"亦即"相对完善的认知能力"，它作为道德规范，源于利己、利人和损人之冲突，目的在于：使每个人不会害人而只会利人，

---

[1] 洪谦主编:《逻辑经验主义》下卷，北京：商务印书馆，1989 年，第 643 页。

[2] G. J. Warnock: *The Object of Morality*, London: Methuen & Co. Ltd., 1971, p. 26.

并且不但会有良好的利人动机而且会有良好的利人效果。这就是"智慧"所特有的起源和目的,亦即"智慧"的特殊的起源和目的。

　　正义、节制、勇敢、智慧等任何道德规范,都具有各自特殊的起源和目的,这些特殊的起源和目的,显然都是从社会活动的不同侧面,表现出一个共同的、普遍的源泉和目的:保障社会——经济、文化、人际交往、法和政治——存在发展。"智慧"道德规范的特殊目的是使每个人不会害人而只会利人,使每个人不但会有良好的利人动机而且会有良好的利人效果:人人如此,岂不就达到了保障社会存在发展的道德之普遍目的吗? "正义"的特殊目的是使每个人造福社会和他人的行为达到最大限度、而损害社会和他人的行为达到最小限度:人们如果能够做到这一点,岂不就达到了保障社会存在发展的道德之普遍目的吗? 节制的特殊目的是使每个人的理智支配情欲,从而能够做明知当做之事而不做明知不当做之事:这样一来,社会的存在发展岂不就得到了保障吗? 勇敢的特殊目的是使每个人不怕不该害怕的可怕事物:能够做到这一点,才可能战胜邪恶和困苦而建功立业,从而达到保障社会存在发展的道德之普遍目的。

　　可见,道德的起源和目的是特殊性和普遍性之对立统一:道德的普遍的起源和目的即寓于其特殊的起源和目的之中。每个道德规范都各有其特殊的起源和目的;它们所包含和表现的道德的普遍的目的,从社会道德需要来看,则是"一总五分":一个总目的,亦即"社会"之存在发展;五个分目的,亦即"经济"之发展、文化之繁荣、人际交往之自由安全以及法和政治之优良。但是,如果不仅从人类社会的道德需要来看,而且还从人类与非人类存在物所结成的利益共同体来看,那么,道德的普遍的目的,便是"一总六分":一个总目的,亦即保障人类社会和利益共同体之存在发展;六个分目的,亦即"经济"之发展、"文化"之繁荣、"人际交往"之自由安全、"法"和"政治"之优良以及增进动植物等非人类存在物的利益。

　　这就是道德的全部的源泉和目的吗？不是。因为我们还可以追问：保障人类社会——经济、文化、人际、法和政治——和人类与非人类存在物的利益共同体的存在发展最终又是为了什么？最终显然只能是为了满足每个人需要、增进每个人的利益、实现每个人的幸福。这样，保障社会——经济、文化、人际、法和政治——和人类与非人类存在物的利益共同体的存在发展，便是道德的直接的普遍目的；而满足每个人需要、增进每个人利益、实现每个人幸福，则是道德的最终的普遍目的，亦即道德终极目的。所以，穆勒一再说："幸福是道德的终点和目的。"[①]

　　这个道理，早在荀子那里已有十分明白的论述。他看到，人不能没有社会而生活，因为每个人的需要都多种多样，单靠孤独的个人活动不可能得到满足："百技所成，所以养一人也。而能不能兼技，人不能兼官，离居不相待则穷。"[②] 所以，人们必然要结成社会、建立各种人际联系。道德直接的普遍目的，便在于维持人际行为秩序、保障社会存在发展："故人生不能无群，群而无分则争，争则乱，乱则离，离则弱，弱则不能胜物。故宫室不可得而居也，不可少顷舍礼义之谓也。"[③] 道德的最终的普遍目的，则在于满足每个人的个人需求："礼起于何也？曰：人生而有欲，欲而不得，则不能无求。求而无度量分界，则不能不争。争则乱，乱则穷。先王恶其乱也，故制礼义以分之，以养人之欲，给人之求。故礼者，养也。"[④]

　　总而言之，道德的全部起源和目的可以分为特殊与普遍两大类型。各个道德规范都具有各自特殊的起源和目的。一切道德规范所具有的道德的普遍的起源和目的，可以分为道德的直接的起源和目的与终极的起

① J. S. Mill: *Utilitarianism, Liberty and Representative Government*, London: J. M. Dent & Sons Ltd., 1929, p. 22.
② 《荀子·富国》。
③ 同上。
④ 《荀子·礼论》。

源和目的：道德的终极的起源和目的是增进每个人利益；道德的直接的起源和目的则是"一总六分"：一个总目的，亦即保障人类社会和利益共同体之存在发展；六个分目的，亦即"经济"之发展、"文化"之繁荣、"人际"之自由安全、"法"和"政治"之优良以及增进"动植物等非人类存在物的利益"。如图：

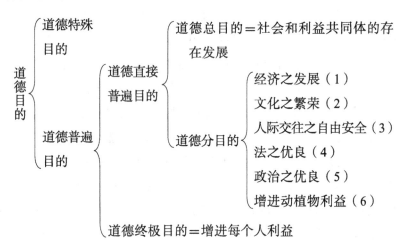

3 道德的起源和目的之社会本性

道德的全部起源和目的表明，道德的起源和目的全在于社会需要而并不在于个人或自我的需要：社会需要是道德的本质，是道德的终极本性。诚然，道德的终极起源和目的是增进"每个人利益"、满足"每个人需要"。但是，"每个人利益"与"个人利益"或"自我利益"不同。"个人利益"或"自我利益"属于自我范畴，因而与社会利益既可能一致也可能不一致：有利社会却可能有害自我；有利自我却可能有害社会。例如，见义勇为有利社会，却可能自我牺牲；见死不救有利自我，却有害社会。

反之，"每个人利益"或"每个自我利益"则属于社会范畴，因而与社会利益必定完全一致：凡是有利（或有害）社会的，显然必定有利（或有害）每个自我；凡是有利（或有害）每个自我的，必定有利（或有害）社会。所以，道德最终的起源和目的是增进"每个人利益"、满足"每个人需要"，也同样意味着：道德的最终的起源和目的是社会需要；由此绝不能得出结论说：道德的最终的起源和目的在于个人或自我需要，是增进个人利益或自我利益。

因此，达尔文在考察道德的起源时得出结论说，道德源于社会需要、社会性需要或社会性本能需要："野蛮人判断行为的善恶，仅看行为对于本部落的福利——而不是人类的福利，也不是部落中个别成员的福利——的显著影响：原始人大约就是如此。这个结论很符合所谓道德感源于社会本能的信念，因为二者最初都只是和群落有关。"[1] 然而，相反地，在个人主义论者看来，道德的起源和目的乃在于满足个人或自我的需要和利益。罗素也曾这样写道：

"道德的实际需要起源于不同人或同一人在不同时间甚至同一时间的各种欲望之冲突。一个人欲饮酒，又欲胜任次日早晨的工作。如果他的选择给予他的欲望满足之总额是较小的，我们便可以做出他的选择是不道德的判断。我们可以判断那些奢侈或鲁莽的人是不道德的，即使他们除了自己没有损害任何人。……甚至鲁滨逊，在荒岛上也有勤劳、节制和智慧的用武之地。这些必须被判定为道德品质，因为这些品质增进了他的满足之总额而又没有损害他人。"[2]

这就是说，道德具有双重起源和目的：道德一方面源于社会需要，源于人们相互间的欲望冲突；另一方面源于个人需要，源于个人自己的各种欲望之冲突。因此，即使一个人孤独地生活在荒岛上，孑然一身，

---

[1]　Charles Darwin: *Descent of Man and Selection in Relation to Sex*, London: John Murray, 1922, p. 182.

[2]　Bertrand Russell: *What I Believe*, New York: E. P. Dutton & Company, 1925, p. 36.

也必定存在道德。因为这里仍然存在着道德的源泉：他必定会有各种欲望，这些欲望必定会发生冲突。比如说，他的理智和情欲便可能发生冲突：当此际，如果他的理智支配情欲，他就具有"节制"之美德；如果他的情欲支配理智，他就陷入了"放纵"之恶德。这就是罗素的观点。

这是一种似是而非的道德诡辩。一个孤独地生活在荒岛上的人，是绝不可能有道德和美德的。他可以自己制定一些行为规范，比如节制、勤劳、智慧等。但是，这些都只是他自己的行为规范，而绝非道德。因为如前所述，所谓道德，乃是一种社会契约，因而衡量任何行为规范是不是道德规范的标准之一，便在于它们是谁制定或认可的。如果一种行为规范是社会制定或认可的，是一种社会契约，那么，不论这种规范是如何荒谬错误，它都是道德；如果一种行为规范并不是社会制定或认可的，而只是自己独自制定或认可的，那么，不论这种规范是如何正确优良，它都因其不是社会契约而绝非道德，而只是他自己的行为规范。

举例说，如果杨朱的纵欲主义道德思想在一个社会不幸占据了上风，该社会制定或认可了"应该放纵而不应该节制"的行为规范，那么，不论"应该放纵而不应该节制"是多么荒谬，它都一种社会契约，因而都是道德。这样，一个人如果放纵，他就遵守了道德，他就是有道德的，就是有美德的。反之，如果他制定或认可相反的行为规范"应该节制而不应该放纵"，这一规范并没有得到社会的认可，而只是他自己的行为规范，那么，不论这一行为规范何等正确优良，它都不是社会契约，因而绝非道德，而仅仅是个人的行为规范。这样，一个人如果节制而不放纵，那么，他就违背了道德，他就是无道德的、缺德的。有鉴于此，弗兰克纳写道："根据这样一些事实，道德可以被定义为全社会的一种契约，因为个人、家庭或社会阶层不可能有一种不同于社会的自己的道德或道德的行为指导。"[1]

---

[1]　William K. Frankena: *Ethics*, Englewood Cliffs, New Jersey: Prentice-Hall, Inc., 1973, p. 6.

因此，离开社会而孤独地生活在荒岛上的鲁滨逊，即使能够制定一些行为规范，比如节制、勤劳、智慧等，这些行为规范也都因其仅仅是他自己认可——而不可能是社会认可的——而绝非道德。这样，他即使恒久地按照这些规范去做，从而具有了节制、勤劳、智慧等品质，他的这些品质也不是道德品质，而只能是一种非道德品质：就像他的肌肉的力量和奔跑的速度一样是一种非道德品质。因此，梁启超写道："德之所由起，起于人与人之有交涉。使如《鲁滨逊漂流记》所称，以孑身独立于荒岛，则无所谓德，亦无所谓不德。[①] 所以，道德只有一个源头：道德仅仅源于社会需要，源于人们相互间的欲望冲突；而并非源于个人需要，并非源于个人自己的各种欲望之冲突。于是，道德也就只有一个目的：道德目的仅仅是为了解决人际欲望冲突，从而保障社会存在发展；而并不是为了解决自我的各种欲望冲突，从而增进自我之利益。

诚然，道德可以分为两类：一种是规范人们相互间的欲望冲突从而造福社会和他人的道德，如"大公无私"、"自我牺牲"、"正义"、"报恩"、"同情"、"爱人"、"诚实"、"慷慨"等；另一种则是规范个人自己的各种欲望之冲突从而善待自己的道德，如"节制"、"贵生"、"幸福"、"谨慎"、"豁达"、"平和"、"自我实现"等。如果说道德并非源于个人自己的各种欲望之冲突，并不是为了解决自我的各种欲望冲突，那么，社会究竟为什么会制定或认可这些解决自我的各种欲望冲突的道德规范呢？

原来，这些善待自我的行为具有利社会和他人的效用；而违背这些规范的恶待自己的行为具有有害社会和他人的效用。试问，有什么能比自我实现——亦即自我创造性的潜能之实现——更有利社会和他人？有什么能比压抑自我的创造性潜能更有害社会和他人呢？但是，正如达尔文所言，如果一个社会认识不到这些善待和恶待自我的行为之社会效用，

---

① 梁启超：《新民说》，中州古籍出版社，1998年，第197页。

这个社会就不会制定或认可这种善待自我的道德规范。达尔文发现，初民社会与文明社会不同：文明社会把善待自我的行为，如节制，奉为美德；反之，初民社会则不以为然，而仅仅把善待社会和他人的行为奉为美德。这是因为——达尔文一再说——文明社会的推理能力强，能够认识到善待和恶待自我的行为的社会效用。反之，初民社会的野蛮人"推理能力不足以认识到许多美德，特别是那些善待自我的美德，对于部落总体福利的影响。例如，野蛮人看不到多种恶不过是节制和贞操缺乏的结果。"①

因此，社会制定或认可解决自我的各种欲望冲突的善待自己的道德规范之起源和目的，仅仅是为了保障社会存在发展，而并不是为了增进个人利益，甚至也不是为了增进每个人利益。因为增进每个人利益，如前所述，并不是道德的起源和目的，而是社会的起源和目的。道德的起源和目的只是为了社会的存在发展；社会存在发展的目的才是增进每个人利益。所以，增进每个人利益是通过"社会"的中介才与道德的起源和目的发生关系：增进每个人利益是道德的目的（亦即社会）之目的，是道德的间接的、最终的目的。

但是，如上所述，增进"每个人利益"与增进"个人利益"不同：前者的本性是社会，属于"社会"范畴；后者的本性是"自我"或"个人"，属于"个人"或"自我"范畴。所以，无论怎么说，道德的起源和目的、道德的最深刻的本性，都只在社会的需要之中。因此，弗兰克纳一再说："道德是一种社会的事业，而不可能是个人用来指导自己的一种发现或创造。……就道德的起源、认可和作用来看，它也地地道道是社会的。它是用来指导个人和较小团体的全社会的契约。"②

---

① Charles Darwin: *Descent of Man and Selection in Relation to Sex*, London: John Murray, 1922, p. 183.

② William K. Frankena: *Ethics*, Englewood Cliffs, New Jersey: Prentice-Hall, Inc., 1973, p. 6.

由此可以理解，为什么就道德价值来说，善待社会和他人总是高于和大于善待自我：当二者发生冲突不能两全时，自我牺牲而保全社会和他人是道德的；反之，保全自我而牺牲社会和他人则是不道德的。这就是因为：道德目的仅仅是为了保障社会存在发展，而并不是为了增进个人利益。唯其如此，也就只有善待社会和他人的行为才关乎道德目的，因而才具有道德价值；而善待自我行为，就其自身来说，与道德目的无关，因而是全然没有道德价值的：善待自我的道德价值是零。善待自我的行为之所以具有道德价值，只是因为这些行为具有利害社会和他人的效用：善待自我行为的道德价值完全是通过对于社会和他人的效用而取得的。所以，善待社会和他人行为，直接就具有道德价值；而善待自我行为直接不具有道德价值：它们的道德价值，是通过有利社会和他人的效用而间接具有的。因此，利他行为的道德价值，总是高于和大于利己行为的道德价值：当二者发生冲突时，自我牺牲是道德的，而牺牲社会和他人则是不道德的。所以，弗兰克纳说："道德有时要求真正的牺牲，甚至可能要求自我牺牲。"[①]

反之，如果道德目的是为了增进个人利益或自我利益，那么，自我牺牲的道德原则就不能成立了。因为道德目的是为了增进个人利益或自我利益意味着：自我牺牲违背了道德目的，因而是不道德的。如果道德目的既是为了保障社会存在发展，又是为了增进自我利益——或者直接目的是保障社会存在发展，最终目的是增进自我利益——那么，我们就没有理由说：社会和他人利益的道德价值高于或大于自我利益的道德价值。因为我们显然不能说：符合道德直接目的的保障社会和他人利益的行为的道德价值，高于和大于符合道德最终目的的保障自我利益的行为的道德价值。如果我们没有理由说社会和他人利益的道德价值高于或大

[①] Tom L. Beauchamp: *Philosophical Ethics*, New York: McGraw-Hill Book Company, 1982, p. 329.

于自我利益的道德价值，那么，我们也就没有理由说：当二者发生冲突时，自我牺牲是道德的，而牺牲社会和他人则是不道德的。

于是，无论如何，我们只能说：道德的起源和目的在于社会需要，在于保障社会存在发展。可是，我们这样讲，是否因为我们仅就社会道德需要考察来道德起源和目的的结果？如果从个人道德需要来考察道德起源和目的，就会发现个人需要是道德的另一方面来源和目的吗？答案是否定的。因为——在下一节我们将看到——道德并非起源于个人道德需要，相反地，个人道德需要恰恰起源于道德：个人道德需要只是道德实现的途径和手段。

三　道德的起源和目的：从个人道德需要看

1　个人道德需要：道德实现的途径和手段

毋庸置疑，人是个道德动物，每个人或多或少都有遵守道德，从而做一个好人、有道德的人、高尚的人的道德需要。这一点，甚至从小孩子那里也可以看出来。一个小孩一听到人家说他是好孩子就笑、而一听到人家说他是坏孩子就哭：他笑，岂不就是因为他做一个好孩子的道德需要得到了满足？他哭，岂不就是因为做一个好孩子的道德需要没有得到满足吗？这就是所谓的个人道德需要：个人道德需要就是自我对于道德和美德的需要，就是自己遵守道德从而做一个有道德、有美德的好人的需要。每个人都具有这种个人道德需要。哪些十恶不赦的坏人并不是没有这种做一个好人的道德需要。他们也有这种道德需要，只不过他们的这种需要较弱，或者他们的邪恶的欲望较强；因而一事当前，邪恶的欲望占据了上风罢了。

个人对其道德需要的心理反应、体验、觉知，即个人道德欲望；准备付诸实现的个人道德欲望，即个人道德愿望；远大的个人道德愿望，即个人道德理想。举例说，我要做一个好人，这是个人道德欲望。我要帮助盲人过街，做一个好人：这是个人道德愿望。我要天天做好事，十几年后，成圣成贤：这是个人道德理想。个人道德欲望、道德愿望、道德理想虽有所不同，却都是对个人道德需要的心理体验形式。对于这些心理体验形式，康德名之为"对道德法则的敬重心"；儒家名之为"成圣成贤之心"；精确地说，不如名之为"完善自我品德之心"。因此，个人道德需要与完善自我品德之心实际上是一个东西：个人道德需要是就其客观内容而言；完善自我品德之心则是就其主观形式来说的。那么，为什么每个人或多或少都会有完善自我品德之心、都有做一个好人的道德需要呢？

原来，人是个社会动物，每个人的生活都完全依靠社会和他人：他的一切利益都是社会和他人给的。所以，能否得到社会和他人的赞许，便是他一切利益中最根本最重大的利益。不言而喻，一个人能否得到社会和他人的赞许之关键，在于他的品德如何，亦即在于他的行为有利还是有害于社会和他人：如果他品德好有美德，他的行为有利社会和他人，那么，他便会得到社会和他人的赞许，他便会从社会和他人那里得到莫大的利益；反之，则会受到社会和他人的谴责，他便失去了生活的支柱。所以，说到底，一个人是否品德好、有美德，便是他一切利益中最根本的利益。所以，包尔生说：

"每个人反思自己的道德生活都会悟到第一个伟大且根本的真理：好人活得好，而恶人活得糟。"[1]

这就是每个人最初为什么会有做一个好人的道德需要的缘故：道德

---

[1] Friedrich Paulsen: *System of Ethics*, translated by Frank Thilly, New York: Charles Scribner's Sons, 1899, p. 400.

是他利己的最根本、最重要的手段：他对道德的需要是一种手段的需要。但是，手段可以转化为目的。一个人追逐金钱，最初必定是把金钱当作他获得种种快乐和幸福的手段。然而，逐渐地，他便可能因为金钱不断赋予他莫大利益和快乐而深深爱上金钱；因为所谓爱不过是对于利益和快乐的心理反应。一个人一旦深深爱上金钱、深深迷恋上金钱，他便会为了金钱而求金钱。这时，对于他来说，金钱就不再是手段而是目的了；因而他也就变成了所谓的吝啬鬼、守财奴了：吝啬鬼、守财奴岂不就是以金钱为目的的人吗？

　　同样，道德也是如此。一个人最初把道德和美德当作他利己的手段。逐渐地，他便会因道德和美德不断给他带来莫大利益和快乐而深深爱上道德和美德、深深迷恋上道德和美德。这时，他便会为了道德和美德而欲求道德和美德，亦即为道德而道德、为义务而义务、为美德而美德，从而使道德和美德由手段变成目的；就像他会爱金钱、欲求金钱、使金钱由手段变成目的一样。这个道理，穆勒曾有至今仍是最完善的论述。通过这些论述，他得出结论说："功利主义论者不仅认为在达到最终目的之手段中美德是最好的手段，而且也承认可能存在这样一种心理事实，亦即对于个人来说，美德可以变成本身就是目的的内在善（intrinsic good）。"[1]

　　这样，每个人的个人道德需要，便表现为两方面：一方面是为了利己而做好人、守道德、求美德，是把道德和美德作为他的利己的手段的道德需要；另一方面则是为了做好人而做好人、守道德，为了守道德而守道德、为了有美德而求美德，是把道德和美德作为他的行为的目的的道德需要。不难看出，以美德为手段的个人道德需要，是低级的、基本的个人道德需要；以美德为目的的个人道德需要，是高级的个人道德需

---

[1]　J. S. Mill: *Utilitarianism, Liberty and Representative Government*, London: J. M. Dent & Sons Ltd., 1929, p. 33.

要：后者是前者不断积累和发展之结果。举例说：

一个人，如果他相信诚实是最好的策略，因而童叟无欺，那么，他所具有的，便是把诚实之美德作为获利手段的个人道德需要，因而是低级的、基本的个人道德需要。但是，日积月累，逐渐地，他诚实便可能不再是为了获利，而是为了具有诚实的美德，是为了做一个诚实的好人而不做撒谎的缺德者；这时，即使诚实使他吃亏，他也要诚实。那么，他所具有的，便是把诚实之美德作为目的的个人道德需要，因而是高级的个人道德需要。

但是，需要是行为的唯一动力。一个人只要有了遵守道德、做一个好人的道德需要，那么，不论他把美德作为手段还是作为目的，他都会自愿地遵守道德、做一个好人，以满足其道德需要：个人道德需要乃是道德被遵守从而得到实现的途径和手段。只不过，一个人所具有的如果是以美德为手段的个人道德需要，那么，他并不以拥有美德而快乐和幸福，却仅仅以拥有美德所带来的利益而快乐和幸福：在他那里，美德与幸福、快乐是两回事。因此，他遵守道德、追求美德从而使道德得到实现，是有条件的：只有美德能够带来利益，他才会遵守道德、追求美德；否则，他就不会遵守道德、追求美德了。

反之，一个人所具有的如果是以美德为目的的个人道德需要，那么，他便会以拥有美德而快乐和幸福：在他那里，美德与幸福、快乐是一回事。因此，他遵守道德、追求美德从而使道德得到实现，是无条件的：不论美德能否带来利益，他都遵守道德、追求美德。所以，个人道德需要是道德实现的途径和手段：以美德为手段的个人道德需要是道德实现之有条件的途径和手段；以美德为目的的个人道德需要则是道德实现之无条件的途径和手段。

不言而喻，完善自我品德的个人道德需要是道德实现的途径和手段，实已蕴涵着：完善自我品德的个人道德需要不是道德的起源和目的。确实，所谓品德，不过是一个人长期遵守或违反道德的结果："德者，得也，行道而有得于心者也。"①所以，道德在先，是原因；品德在后，是结果：品德完善之个人道德需要起源于道德而不是相反。诚然，真正讲来，道德是否起源于每个人完善自我品德的个人道德需要，道德目的是否为了完善每个人的品德，说到底，取决于道德和美德究竟是一种内在善，还是一种必要恶：如果是内在善，答案就可能是肯定的；如果是必要恶，答案便必定是否定的。那么，道德和美德究竟是必要恶还是内在善？

2　道德和美德：一种必要的恶

细察社会动态结构诸成分对于人的利害善恶关系，不难看出：经济、文化和人际三种活动与政治、德治、法、道德四种活动根本不同。政治、德治、法和道德，就其自身来说，不但不创造财富，而且是对人的行为的管理及规范，是对人的某些欲望和自由的限制、约束、侵犯，因而其本身对人非但无益而且有害；对人有益的，并非这些管理和规范本身，而是这些管理和规范通过对人的限制、损害所达成的结果、目的：经济、文化和人际活动的存在发展。

因此，道德与法以及政治与德治，就其自身来说，不过是人类为了达到利己目的（保障经济、文化和人际活动的存在发展）而创造的害己（限制某些欲望和自由）手段，因而也就是"必要恶"。因为所谓"必要恶"，如前所述，就是自身为恶而结果为善，并且结果与自身的善恶净余额是善的东西。道德与法以及政治与德治，就其自身来说，完全是对每个人需要和欲望的某种限制、压抑、阻碍，因而是一种恶。但是，这种恶却能够防止更大的恶（经济、文化和人际活动的崩溃瓦解）和求得更大的善（保障经济、文化和人际活动的存在发展），因而其结果的净余额

① 朱熹：《四书集注·学而篇》。

是善，所以叫作"必要恶"。

相反地，经济和文化创造物质财富和精神财富，直接满足人的物质需要和精神需要；人际活动虽然不创造财富，却直接满足人际交往需要。因此，三者就其自身——而非其结果——来说就是可欲的、就能够满足人的需要、就是人们追求的目的，说到底，亦即政治、德治、法和道德的目的：政治、德治、法和道德的根本目的岂不就是保障经济发展和文化繁荣以及人际活动自由安全？因此，经济和文化以及人际活动乃是三种"内在善"、"目的善"或"自身善"。因为，如前所述，所谓"内在善"也可以称之为"目的善"或"自身善"，亦即其自身就是可欲的、就能够满足人的需要、就是人们追求的目的的善。

不难理解，政治与法是必要的恶。这一理解的经典，便是边沁的那句名言："每一则法律都侵犯了自由。""每一则法律"，伯林进而解释说，"虽然可能增进某一种自由，但也都消减了某些自由。它是否能够增进可获致之自由的总量，当然要看每一个特殊的情况而定。一项规定'每一个人在一个特定的范围内，都不能对别人施加强制力'的法律，虽然很明确地增进了大多数人的自由，但是即使是这样的法律也'侵犯'了潜伏的暴徒及警察的自由。在这种情况下，这种侵犯，可能很值得我们去追求，但是它却仍然是一种'侵犯'。"①

然而，道德也如此吗？是的。因为，一般说来，一切法律规范同时也都是道德规范。伯林所举证的"每个人在一个特定的范围内，都不能对别人施加强制力"岂不既是法律规范同时也是道德规范吗？"不可滥用暴力"、"不可杀人"、"不可伤害"、"不可盗窃"、"抚养儿女"、"赡养父母"等岂不都既是法律规范同时也是道德规范吗？如果说"不可滥用暴力"作为法律规范限制、约束、侵犯了警察的自由，那么，它作为道德规范岂不也同样限制、约束、侵犯了警察的自由吗？道德与法都是对

---

① 伯林:《自由四论》，台北联经出版事业公司，1986年，第53页。

人的行为的规范、限制、约束，因而也就都是对人的某些（亦即那些具有负社会效用的）自由和欲望的压抑、阻遏、侵犯。

只不过，就法律和道德所借以实现的力量来说，道德比法对人的自由和欲望的限制、压抑和侵犯较轻：法是一种权力侵犯，是暴力强制和行政强制的侵犯；而道德则是一种非权力侵犯，是思想教育和舆论强制的侵犯。但是，如果就法律和道德所侵犯的行为来说，道德则比法对人的自由和欲望的侵犯较多。因为法仅仅约束人的具有重大社会效用的欲望和自由，道德则约束人的一切具有社会效用的欲望和自由；法仅仅要求勿害人，道德则还要求自我牺牲。这个道理被耶林概括为一句名言："法是道德的最低限度"。所以，道德与法同样，就其自身来说，是一种恶。我们同样可以说："每一则道德都限制、侵犯了自由"、"每一则道德都限制、压抑了欲望"。

那么，美德也是如此吗？是的。因为所谓美德，也就是长期遵守道德所形成和表现的稳定的内心状态。这样，"美德"与"道德"便都是应该如何的行为规范；只不过"道德"是外在规范，是未转化为个体内在稳定心理的社会规范；而"美德"则是内在规范，是已经转化为个体内在稳定心理的社会规范。因此，一方面，美德与道德一样，就其自身来说，也是一种害或恶："每一种美德都限制、压抑了欲望"、"每一种美德都限制、侵犯了自由"；另一方面，美德与道德一样，所要求的境界越高，对自由和欲望的侵犯便越重，便越容易——正如弗洛伊德所发现——遭受内疚感和罪恶感的折磨而造成神经症。

有没有不侵犯自由、不压抑欲望的道德和美德？没有。因为道德和美德，正如达尔文所说，无非两类：高级的、亦即善待他人的道德或美德与低级的、亦即善待自己的道德或美德。① 善待他人的道德和美德，如

---

① Charles Darwin: *Descent of Man and Selection in Relation to Sex*, London: John Murray, 1922, p. 188.

"大公无私"、"自我牺牲"、"报恩"、"同情"、"爱人"、"诚实"、"慷慨"等，压抑的是利己的欲望而实现利他的欲望、侵犯的是利己的自由而实现利他的自由；因而是害己以利他，都属于无私利他、自我牺牲的道德和美德境界。反之，善待自己的道德和美德，如"节制"、"正义"、"贵生"、"幸福"、"谨慎"、"豁达"、"平和"等，压抑的则是某些利己欲望（如，不理智的欲望），而实现另一些利己欲望（如，理智的欲望）；侵犯的是某些利己的自由，而实现另一些利己的自由；因而都属于以害己或利他的手段达到利己目的的单纯利己或为己利他的道德和美德境界。所以，道德和美德无不压抑欲望、侵犯自由、损害自我利益——只不过，道德和美德所要求的境界越高，对自己的自由和欲望等利益的侵犯便越重；道德和美德所要求的境界越低，对自己的自由和欲望等利益的侵犯便越轻罢了。

这样，一方面，因为法律比道德对人的压抑和侵犯更重，是一种更为严重的恶，所以，只需道德的保障便可以维持的行为，便不应成为法律所规范的对象；只有非法律便不能维持的行为，才应该成为法律对象。这就是为什么法律仅仅规范具有重大社会效用的行为，而道德则规范一切具有社会效用的行为的缘故。另一方面，因为道德和美德标准越高，对每个人的压抑和侵犯便越重，所以只要符合道德和美德的较低标准（如为己利他、单纯利己）便无害社会和他人的行为，便不应该要求这些行为符合较高标准（如自我牺牲、无私利他）；只有不符合道德较高标准便有害社会和他人的行为，才应该要求这些行为符合道德和美德较高标准。因此，说到底，道德和美德较高标准（无私利他、自我牺牲）只应规范那些公私难以兼顾、己他不能两全的行为；而那些公私可以兼顾、己他能够两全的行为，则仅应为较低的道德和美德标准（为己利他、单纯利己）所规范。这就是为什么道德和美德的标准应该高低兼具多元化，而不应该求高弃低一元化的缘故。

然而，有利无害的纯粹的善的手段岂不更好？人类为什么非要创造道德与法律而不创造有利无害的手段？无疑，如果没有道德、德治、政治、法，经济、文化和人际交往也能存在发展，那么，人类便只会有经济、文化和人际交往，而绝不会存在道德、法、德治、政治。然而，遗憾的是，如上所述，没有道德、德治、法、政治，经济、文化和人际交往是不可能存在发展的。诚然，如果经济、文化是与人无关的孤独的个人活动，那也就不需要管理及规范，也就不会存在道德、德治、法、政治了。这一点，爱尔维修已说得很清楚："如果我生在一个孤岛上，孑然一身，我的生活中就没有什么罪恶和道德了。"[①] 但是，如上所述，经济、文化和人际交往都是社会性活动。所以这些活动要存在和发展，就必须互相配合、有一定秩序而不能互相冲突、乱成一团。这就既需要对这些活动进行管理，从而不能不产生政治和德治；又需要这些活动遵守一定的规范，从而不能不产生法和道德。

可见，道德、德治、法、政治乃是人类为了保障社会、保障经济和文化以及人际活动的存在发展而创造的"四恶"、"四害"。不过，四者给予每个人的损害显然远远小于其给予每个人的利益：有道德、法、政治和德治，便有社会，便有经济、文化和人际活动，每个人失去的不过是具有负社会效用的欲望和自由；反之，没有道德、法、政治和德治，便不会存在社会，便不会存在经济、文化和人际活动，每个人将失去一切。

同理，美德亦然。因为人是个社会动物，每个人的生活都完全依靠社会和他人：他的一切利益都是社会和他人给的。所以，能否得到社会和他人的赞许，便是他一切利益中最根本最重大的利益。能否得到社会和他人的赞许之关键，显然在于他的品德如何：如果社会和他人认为他品德好，那么，他便会得到社会和他人的赞许、赏誉；反之，则会受到社会和他人的谴责、惩罚。所以，美德给予每个人的损害显然远远小于

① 　周辅成编：《西方伦理学名著选辑》下卷，商务印书馆，1987年，第55页。

其给予每个人的利益。因为一个人如果有美德，他便会得到社会和他人的赞许、赏誉，便会得到他所赖以生存发展的一切利益；他所失去的不过是具有负社会效用的欲望和自由。反之，如果他没有美德，他虽然得到了具有负社会效用的欲望和自由，但是，他却会受到社会和他人的谴责、惩罚，从而失去他所赖以生存发展的一切利益。

因此，荀子论及道德和美德对于人的利害关系时这样写道："故礼者养也，孰知夫出死要节之所以养生也！孰知夫出费用之所以养财也！孰知夫恭敬辞让之所以养安也！孰知夫礼义文理之所以养情也！故人苟生之为见，若者必死；苟利之为见，若者必害；苟怠惰偷懦之为安，若者必危；苟情说——之为乐，若者必灭。故人一之于礼义，则两得之矣；一之于性情，则两丧之矣。"[1]

总而言之，一方面，道德与法一样，就其自身来说，不过是对人的某些欲望和自由的限制、压抑和侵犯，因而是一种害和恶；就其结果和目的来说，却能够防止更大的害或恶（社会、经济、文化和人际活动的崩溃）和求得更大的利或善（社会、经济、文化和人际活动的存在发展），因而是净余额为善的恶，是必要的恶。另一方面，美德与道德一样，就其自身来说，不过是对拥有美德的人的某些欲望和自由的限制、压抑、侵犯，因而是一种害和恶；但就其结果和目的来说，却能够使拥有美德的人防止更大的害或恶（社会和他人的唾弃、惩罚）和求得更大的利或善（社会和他人的赞许、赏誉），因而是净余额为善的恶，是必要的恶。

然而，儒家和康德等义务论者大都只见道德和美德结果之利和善，而不见其自身之害和恶，进而将其结果与其本身混同起来，于是便由其结果是利和善，而错误地得出结论说，道德和美德是一种自身善、目的善和内在善，而绝非必要恶：道德和美德"不是必要的恶，而是必要的

---

[1]《荀子·礼论》。

善"。① 相反地，道家和无政府主义者则只见道德和美德自身之害和恶，而不见其结果之利和善，遂将其本身与其结果都视为恶，于是便错误地得出结论说：道德和美德"都是一种不必要的恶"。②

3 道德起源和目的之他律本性

道德和美德是一种必要的恶，意味着，道德的起源与目的不可能是自律的：一方面，道德不可能起源于道德自身，不可能起源于完善自我品德之个人道德需要；另一方面，道德目的不可能是为了自身，不可能是为了完善每个人的品德而满足个人道德需要。因为道德和美德既然就其自身来说，都仅仅是对人的某些欲望和自由的限制、压抑、侵犯，都仅仅是一种害和恶，那么，如果说道德目的就是为了道德自身，就是为了完善人的品德，岂不就等于说：道德的目的就是为了给予每个人以害和恶？岂不就等于说：道德目的就是为了限制、压抑、侵犯人的欲望和自由？岂不就等于说：道德就是为了压抑人的欲望而压抑人的欲望，就是为了侵犯人的自由而侵犯人的自由，就是为了害人而害人，就是为了作恶而作恶？

任何必要恶，就其自身来说，既然是一种恶，显然皆不能自成目的：一切"必要恶"的目的都在这种"必要恶"之外的他物。阑尾炎手术是一种必要恶，其目的不可能是其自身，不可能是为了给你的肚子豁一个口子；它的目的一定在阑尾炎手术之外的他物：避免死亡。道德是一种必要的恶，因而道德的起源和目的一定是他律的。一方面，道德起源于道德之外的他物，亦即起源于人类社会和利益共同体的道德需要：直接起源于人类社会（经济、文化、人际活动以及法和政治）和利益共同体

---

① 冯友兰：《三松堂全集》第四卷，河南人民出版社，1986年，第592页。
② 同上书，第603页。

的存在发展之需要；最终起源于每个人利益增进之需要。另一方面，道德目的在于保障道德之外的他物，亦即满足人类社会和利益共同体的道德需要：直接目的在于保障人类社会（经济、文化、人际活动以及法与政治）和利益共同体的存在发展，最终目的在于增进每个人利益。

法律的起源和目的亦然：法是一种必要恶，因而其起源和目的便不可能是自律的，而只能是他律的。一方面，法律起源于法之外的他物，亦即起源于人类社会和利益共同体的法律需要：直接起源于人类社会——经济、文化、人际活动以及政治——和利益共同体的存在发展之需要；最终起源于每个人利益增进之需要。另一方面，法律目的在于保障法律之外的他物，亦即满足人类社会的法律需要：直接目的在于保障人类社会——经济、文化、人际活动以及政治——和利益共同体的存在发展，最终目的在于增进每个人利益。所以，马克思写道："法的关系正像国家的形式一样，既不能从它们本身来理解，也不能从所谓人类精神的一般发展来理解，相反，它们根源于物质的生活关系。"[1]

不仅道德和法律，而且任何规范，就其起源和目的来说，都不可能是自律的，都不可能是为了规范自身；而只能是他律的，只能是为了规范之外的他物。因为任何规范，就其自身来说，都是对人的欲望和自由的某种约束、限制、侵犯，对人都是有害无益的，都是一种恶；有益的只能是规范通过对人的损害所达成的他物。譬如学游泳，也有一定的规范或规则。不按这些规则游，自由、随意、多样、快活。但是，结果学不会、游不好。反之，按规则游，单调、重复、乏味、不自由。但是，结果能学会、游得好。所以，游泳规则就其自身来说，只是对于游泳自由之限制、约束、侵犯，使人单调、重复、乏味、不自由，因而有害无益，是一种恶。但是，这种恶却能够带来更大的善：学会游泳。因此，游泳规则便是一种净余额为善的恶，便是一种必要恶。这样，游泳规范

———————

[1] 《马克思恩格斯选集》第二卷，人民出版社，1972年，第82页。

的起源和目的便不可能是自律的，不可能是为了游泳规范自身；而只能是他律的，只能是为了游泳规范之外的他物：学会游泳、健康长寿。

诚然，细究起来，道德的起源和目的之他律本质，面临一个困难：如果说道德的起源和目的是他律的（亦即道德仅仅起源于社会的道德需要而无关个人道德需要；道德目的仅仅在于满足社会的道德需要而无关个人道德需要），那么，道德起源于社会存在发展的需要，而社会的存在发展，岂不又起源于每个人的需要？这样，道德最终岂不起源于每个人的个人需要？是的，从道德起源和目的之他律本质，仍然可以得出结论说：道德最终起源于每个人的"个人需要"。但是，由此绝不能得出结论说：道德起源于每个人的"个人道德需要"，起源于每个人完善自我品德之道德需要。

因为成为社会起源——从而成为道德最终起源——的每个人需要，并非个人的一切需要，而仅仅是个人的非社会性需要，主要是个人的自然需要或生理需要。反之，个人的社会性需要，如完善自我品德的道德需要和自尊的需要以及权力、地位、名誉等需要，都是人的社会性，因而都起源于社会，而非社会之起源。一个穴居野人，或者一个脱离社会而独自一人生活在荒岛上的人，显然不可能有什么权力、地位、名誉的需要，也不可能有什么做一个好人、完善自我品德的道德需要。因为这些都是社会性需要，一个人只有生活在社会中才会有这些需要：这些需要起源于社会，而不是相反。那么，社会究竟是怎样起源于每个人的非社会性需要的？每个人做一个好人的道德需要之社会性需要是怎样起源于社会的？道德和这种个人道德需要究竟是何关系？

原来，每个人的需要，如马斯洛所说，虽然纷纭复杂，但莫不源于生理需要。每个人的生理需要，极少是孤独的个人活动所能满足的。即使是个人能够满足的生理需要，如果结成社会集体、建立人际联系，则必定会更容易更充分地得到满足。于是，人们便结成社会集体、发生人际行为。社会活动、人际行为要存在发展，又必须遵守一定的行为规范，从而互相配合有一定秩序，而不致互相冲突、乱成一团。于是，社会便产生了制定道德等行为规范的需要——这就是所谓社会的道德需要——便产生了道德。

道德一经产生，那么，一个人如果遵守道德，他的自由和欲望虽然会受到一定的限制、压抑，却会得到社会和他人的赞许、赏誉，从而会得到更为重大的利益；反之，如果他不遵守道德，他的自由和欲望虽然没有受到道德的限制、压抑，却会受到社会和他人的唾弃、惩罚，从而会丧失更为重大的利益。这样，每个人便会逐渐产生遵守道德、做一个有道德有美德的人的需要——这就是所谓个人道德需要——因为道德和美德，就其自身来说，虽然是对他的某些欲望和自由的压抑、限制，因而是一种害和恶；但就其结果来说，却能够防止更大的害或恶（社会和他人的唾弃、惩罚）和求得更大的利或善（社会和他人的赞许、赏誉），因而是净余额为善的恶，是必要的恶，说到底，也就是真正的利和善。

一个人一旦具有遵守道德、做一个好人的道德需要，他便会遵守道德、做一个好人，从而满足他的个人道德需要：个人道德需要是道德被遵守从而得到实现的途径和手段。道德被遵守从而得到实现，显然意味着，道德达到了它的目的：达到了社会之存在发展——亦即达到了经济之发展、文化之繁荣、人际交往之自由安全以及法和政治之优良——最终增进了每个人利益。于是，道德的起源和目的及其与社会道德需要以及个人道德需要的关系可以表示如图：

个人的非社会性需要──▶社会──▶社会的道德需要──▶道德──▶个人的道德需要──▶道德之实现──▶道德目的之达到：社会之存在发展和每个人利益之增进。

因此，说道德起源于每个人需要是不确切的：道德仅仅——通过社会之中介——最终起源于每个人的生理需要等非社会需要，而绝非最终起源于每个人的社会性需要，绝非起源于每个人完善自我品德的个人道德需要；相反地，每个人完善自我品德的个人道德需要，恰恰起源于道德。个人完善自我品德的道德需要又怎么能够不起源于道德呢？因为所谓品德，如所周知，不过是道德由社会的外在规范向个人内在心理的转化，不过是一个人长期遵守或违反道德的结果：德者得也，行道而有得于心者也。所以，道德在先，是原因；品德在后，是结果。因此，绝非道德起源于品德及其完善之需要；相反地，品德及其完善之需要起源于道德：品德完善之个人道德需要乃是道德被遵守从而得到实现的途径和手段。

总而言之，道德起源于社会的道德需要，亦即起源于社会存在发展之需要；个人道德需要——亦即完善自我品德的需要——则起源于道德，是道德被遵守从而得到实现的途径和手段。换言之，道德的起源和目的只能是他律的，只能是为了道德之外的他物，亦即保障社会存在发展、增进每个人利益；而不可能是自律的，不可能是为了道德自身、为了完善每个人的品德。这就是被社会道德需要和个人道德需要的本性所决定的道德起源和目的之客观定律，这就是被道德的最为深刻的本质——道德和美德是一种必要恶——所决定的道德起源和目的之客观定律。

四 道德起源和目的之理论：人类中心主义与非人类中心主义

道德的起源和目的乃是规范伦理学的根本问题，因为一切行为应该如何的优良的道德规范，如前所述，都是通过道德目的而从行为事实如何的客观规律中推导出来的。因此，围绕这个问题，自古以来，伦理学家们便一直争论不休。这些争论纷纭复杂，以至依照不同根据，可有不同的分类或流派。今日我国伦理学者大都与蒂洛的观点相似，把这些争论分为客观主义起源论和主观主义起源论。客观主义起源论又可以分为"超自然起源说"与"自然起源说"以及"社会本能说"。超自然起源说亦即所谓的"神启说"，认为道德起源于上帝或神的启示。自然起源说认为道德总是以某种形式蕴涵于自然界而源于所谓的"自然法"。社会本能说也可以归入自然起源说,因为在它看来,道德起源于一切社会动物所具有的"社会本能"。主观主义道德起源论则主要是所谓的"良心说",认为道德起源于人的良心。[①]

诚然,我们不能说这种分类是错误的。但可以说,这种分类是没有多大价值的。因为这种分类没有把握道德起源和目的的两大主要矛盾:一方面,道德究竟源于人类需要、为了增进人类利益,还是源于人类与非人类存在物的共同需要、为了增进人类与非人类存在物的共同利益?也就是说,道德的起源和目的究竟是人类中心主义的,还是非人类中心主义的?另一方面,道德究竟源于自身、为了完善每个人的品德,还是源于道德之外的他物、为了增进每个人利益?也就是说,道德的起源和目的究竟是自律的还是他律的?我们将看到,这两方面的问题,乃是解决规范伦理学的最为重大的问题——亦即道德终极标准——的前提,因而也就是道德起源和目的之争的主要矛盾。因此,围绕这两方面问题所形成的人类中心主义与非人类中心主义以及道德自律论与道德他律论,乃是关于道德起源和目的的理论的主要流派。那么,这些流派的论点和论据究竟是什么?究竟何是何非?

1 人类中心主义与非人类中心主义概念

传统伦理学,如所周知,是一种人类中心主义(anthropocerntrism)的伦理学;只是到了 20 世纪,随着生态伦理学的诞生与发展,才算出现了非人类中心主义(anti-anthropocerntrism)与人类中心主义之争。人类中心主义学派的代表,主要是墨迪、帕斯莫尔、麦克洛斯、诺顿和什科

---

① 参阅 Jacques P. Thiroux: *Ethics-Theory and Practice*, New York: Macmillan Publishing Company, 1986, pp. 13-27。

连科等人；但其真正的大师，依然是柏拉图、亚里士多德、阿奎那、笛卡尔、洛克和康德等传统伦理思想家。反之，非人类中心主义学派的代表人物，主要有动物解放、动物权利论者辛格与雷根（Tom Regan）；生物中心论者施韦泽和泰勒；生态中心论者莱奥波尔德奈斯和罗尔斯顿等。这些思想家的论著表明，人类中心主义与非人类中心主义都是一种关于人类与宇宙万物关系的伦理学说，是关于人与自然的关系的伦理学说，是关于人类与非人类存在物关系的伦理学说，说到底，也就是关于人类应该如何对待非人类存在物的伦理学说。

然而，人们大都以为人类中心主义与非人类中心主义并不仅仅是伦理学说。他们或者根据建立在地球中心说基础上的人类中心主义，而断言人类中心主义可以是一种宇宙观、世界观或本体论，亦即所谓"宇宙人类中心主义"、"本体论的人类中心主义"；或者根据建立在神学目的论基础上的人类中心主义，而断言存在一种所谓的"神学人类中心主义"；或者根据建立在生物本性（如物种必定以其自身为中心）基础上的人类中心主义，而断言存在一种所谓的"生物学人类中心主义"；或者根据建立在价值本性（如只有人类具有内在价值）基础上的人类中心主义，而断言存在一种所谓的"价值论的人类中心主义"；或者根据建立在认识论（如人类所创造的任何道德都是人类自己的思想的结果）基础上的人类中心主义，而断言存在一种所谓的"认识论的人类中心主义"。

这是一种似是而非的观点，其错误的根源，乃在于误以为只有关于"应该如何"的学说才是伦理学说。殊不知，如前所述，一切应该如何最终都是从事实如何推导出来的：事实如何是应该如何的前提；应该如何不过是事实如何的结论。因此，伦理学，说到底，也是一种关于事实如何的科学。这样，我们便不可以根据某种人类中心主义不是关于应该如何——而是关于事实如何——的理论，便断言这种人类中心主义不是伦理学说。恰恰相反，不论哪一种人类中心主义，既然无不关乎人类与非人类存在物的关系，并且如海沃德（Tim Hayward）所言，必定皆以人类为中心，①那么，从中就必定可以推导出人类与非人类存在物关系之应该如何，可以从中推导出人类应该如何对待非人类存在物。试想，不论何种形态的人类中心主义，既然都以为人类是一切的中心，那么，人类利益岂不就高于一切，因而一切岂不都应该从人类的利益出发？所以，不论是哪一种形态的人类中心主义，都可以从中推导出"一切都应该从人类利益出发"的纯粹道德命题，都可以从中推导出"人类应该如何对待非人类存在物"的纯粹道德命题，因而也就是纯粹道德命题的前提，也就都属于伦理学说的一部分，都属于伦理学说范畴。

就拿似乎与伦理学说毫不相关的"宇宙人类中心主义"来说。这种建立在地球中心说基础上的人类中心主义——亦即人类在空间方位上之为宇宙的中心的理论——就其自身来说，固然是一种宇宙观、世界观或本体论。但是，如所周知，基督教神学却从人类在空间方位上之为宇宙的中心，得出结论说：宇宙万事万物都是上帝为了人类创造的，人类是宇宙万事万物的目的。②这样，从人类是宇宙万事万物的目的，也就不难得出人类应该如何对待非人类存在物的结论了。因为，既然人类是宇宙万事万物的目的，而宇宙万事万物都不过是为人类利益服务的手段，那么，人类的利益显然便高于一切，一切善恶是非便都应该以人类利益为标准。

可见，建立在地球中心说基础上的人类中心主义，以及其他任何一种人类中心主义，就其自身来说，固然是一种宇宙观或世界观或本体论或认识论或价值论或生物学或神学等，但同时却因为可以从中推导出人类应该如何对待非人类存在物的道德命题，而属于一种伦理学说。任何人类中心主义与非人类中心主义，既然都是一种关于人类与宇宙万物关

---

① *Encyclopedia of Applied Ethics*, Volume 1, San Diego: Academic Press, 1998, p. 173.

② Joseph R. Des Jardins: *Environmental Ethics: An Introduction to Environmental Philosophy*, Belmont, California: Wadsworth Publishing Company, 1993, p. 103.

系的学说，都是关于人与自然的关系的学说，都是关于人类与非人类存
在物关系的学说，那么，也就都可以从中推导出人类应该如何对待非人
类存在物的道德命题，因而都可以是一种伦理学说：任何种类的人类中
心主义与非人类中心主义都是或可以是一种伦理学说。那么，这两种伦
理学说的根本分歧究竟在哪里？

2　人类中心主义与非人类中心主义的根本分歧

人类中心主义与非人类中心主义的根本分歧，细究起来，可以归结
为两大方面。一方面，就事实如何来看，人类中心主义认为，只有人类
才是目的，因而只有人类才是价值主体，才具有内在价值，才拥有自己
的善或利益；而一切非人类存在物都不过是为人类利益服务的手段，因
而只能是价值客体，只具有工具价值，而不具有自己的善或利益：非人
类存在物的价值完全取决于人类的目的，因而人类便是宇宙万事万物的
中心。这个道理，亚里士多德说得很清楚：

"植物的生存是为了动物……所有其他动物的生存是为了人。驯服的
动物是为了供人役使和食用；至于野生动物，虽非都可以食用，但全有
其他用途：衣服和工具就可以由它们而来。因此，如果我们相信自然不
会没有任何目的地造物，那么，她一定是专门为了人才创造万物的。"①

康德也这样写道："动物没有自我意识，因此只可作为实现目标的一
个手段。那个目标就是人。我们可以问'动物为什么而存在'？但是，
'人为什么而存在'的问题就是毫无意义的。"② 所以，理查德·沃森在界
说人类中心主义时说："人类中心主义特指人的一种地位，亦即'将人视

① Joseph R. Des Jardins: *Environmental Ethics: An Introduction to Environmental Philosophy*,
Belmont, California: Wadsworth Publishing Company, 1993, p. 111.

② P. Aarne Vesilind、Alastair S. Gunn：《工程、伦理与环境》，吴晓东、翁端译，清华大学出
版社，2003年，第263页。

为宇宙的中心的事实和最终目的'以及一般地'认为宇宙所有事物的价值都取决于人类'。"① 麦金诺亦如是说：

"人类中心主义是一种认为只有人类才具有内在价值的观点。根据这种观点，哪些东西能够增进人类利益，哪些东西就是善的。因此，举例说，人们相信动物是有价值的，只是因为它们增进了人类的利益，或以各种方式有用于我们。"②

相反地，非人类中心主义则认为，动物甚至植物乃至一切生物都具有目的性或合目的性，因而都能够是价值主体，都具有内在价值或目的价值，都具有自己的善或利益。这种观点最为成熟也最为著名的理论，当推泰勒的"生命目的中心"论。对于这种理论，泰勒曾这样总结道：

"全部有机体，不论是有意识的还是无意识的，都是目的论为中心的生命，也就是说，每个有机体都是一种完整的、一致的、有序的'目的—定向'的活动系统，这些活动具有一个不变的趋向，那就是保护和维持有机体的存在。"③

这样一来，生物显然便都能够是价值主体，都具有内在价值，都拥有自己的善或利益："生物是拥有这样一致和完整的功能的有机体，所有这些功能都指向实现它自己的善。"④ "所有的动物，不论它们如何比人类低级，都是拥有自己的善的存在物……所有的植物也同样是拥有自己的善的存在物。"⑤

另一方面，从应该如何来说，既然在人类中心主义看来，只有人类

① Louis P. Pojman: *Environmental Ethics: Readings in Theory and Application*, Belmont, California: Wadsworth Publishing Company, 2001, p. 162.

② Barbara MacKinnon: *Ethics: Theory and Contemporary Issues*, Beijing: Peking University Press, 2003, p. 352.

③ Paul W. Taylor, *Respect for Nature*: *A Theory of Environmental Ethic*s, New Jersey: Princeton University Press 1986, p. 122.

④ Ibid.

⑤ Ibid., p. 66.

才是目的，而非人类存在物都不过是为人类利益服务的手段，那么，由此显然可以进一步得出结论说，人类所进行的一切活动都只应该是为了人类利益，因而道德的起源、目的和标准也都只应该是为了人类的利益：一切道德上的善恶都只应该以人类利益为标准。这样一来，每个人也就只有如何对待人类，才可能符合或违背道德的目的和标准，从而才有所谓道德不道德的问题；而如何对待非人类存在物，是杀死吃掉还是供养它们，则与道德的目的和标准无关，因而无所谓道德不道德的问题：只有人类才应该得到道德关怀从而是道德共同体的成员。所以，阿奎那写道：

"我们要驳斥那种认为人杀死牲畜是一种罪过的错误观点。因为根据神的旨意，动物就是供人使用的，这是一种自然的过程。因此，人类如何使用它们并不存在什么不正义：不论是杀死它们，还是以任何方式役使它们。"①

康德也这样写道："我们对周围的人都负有责任，但对动物而言，我们没有直接的责任。动物没有自我意识，因此只可作为实现目标的一个手段。那个目标就是人……我们对动物的责任只是对人的间接责任。"②因此，海沃德在界说人类中心主义时一再说："人类中心主义：只关心人类利益而不关心非人类存在物利益；按照对于人类的价值来解释世界。"③"人类中心主义，严格讲来，就是以人类为中心；在应用伦理学领域，就是指为增进人类利益而不惜牺牲其他物种和生态系统的利益或幸福的态度、价值观和实践活动。"④"人类中心主义乃是这样一种观点：伦理学只能是并且也应该是仅仅关怀人类的事情；而将非人类存在物扩入道德共

①　Joseph R. Des Jardins: *Environmental Ethics: An Introduction to Environmental Philosophy*, Belmont, California: Wadsworth Publishing Company, 1993, p. 111.

②　P. Aarne Vesilind Alastair S. Gunn :《工程、伦理与环境》，吴晓东、翁端译，清华大学出版社，2003 年，第 263 页。

③　*Encyclopedia of Applied Ethics*, Volume 1, San Diego: Academic Press, 1998, p. 173.

④　Ibid.

同体是既不可能也不应该的。"[1]

相反地，非人类中心主义则由"动物、植物和生物乃至一切生态系统都具有目的性或合目的性，都具有内在价值，都具有自己的善或利益"进一步得出结论说，一切生物甚至整个生态系统都应该得到道德关怀而成为道德共同体的成员；道德的起源、目的和标准乃是为了人类与非人类存在物的共同利益：一切道德上的善恶都应该以人类与非人类存在物的共同利益为标准。泰勒将这种观点归结为两句话：

"断定一个实体拥有内在价值，就意味着作出了两个道德判断：① 这个实体应该得到道德关怀和道德考虑，也就是说它应该被视为道德地对待的对象；② 所有的道德代理者都有一种显见的首要义务：增进或保护它的善。"[2]

那么，增进或保护生物的善或利益是道德最终的起源和目的吗？是的，施韦泽写道："作为一种思想存在物的人，应该感到一种冲动：敬畏每个求生意志，如同敬畏自己的一样。他在自己的生命中体验着其他生命。他领悟到：善就是维护生命、提升生命和实现生命可能达到的最高价值；恶则是毁灭生命、伤害生命和阻碍生命可能达到的发展。这是绝对的、终极的道德标准。"[3]

总而言之，人类中心主义的基本特征可以归结为：只有人类才是目的，而一切非人类存在物都不过是为人类利益服务的手段，因而道德的起源、目的和标准也就只应该是为了人类的利益，一切道德上的善恶都只应该以人类利益为标准。因此，所谓人类中心主义也就是认为只有人类才是目的因而道德的起源、目的和标准也就只应该是为了人类利益的

---

[1] *Encyclopedia of Applied Ethics*, Volume 1, San Diego: Academic Press, 1998, p. 174.

[2] Paul W. Taylor, *Respect for Nature: A Theory of Environmental Ethics*, New Jersey: Princeton University Press 1986, p. 75.

[3] Joseph R. Des Jardins: *Environmental Ethics: An Introduction to Environmental Philosophy*, Belmont, California: Wadsworth Publishing Company, 1993, p. 149.

伦理学说；简言之，也就是认为道德的起源、目的和标准只应该是为了人类利益的伦理学说。

反之，非人类中心主义的基本特征则可以归结为：动物甚至植物乃至一切生物都具有目的性或合目的性，都具有内在价值或自己的善和利益，因而一切生物甚至整个生态系统都应该得到道德关怀而成为道德共同体的成员，道德的起源、目的和标准乃是为了人类与非人类存在物的共同利益，一切道德上的善恶都应该以人类与非人类存在物的共同利益为标准。因此，所谓非人类中心主义也就是认为非人类存在物也具有目的、内在价值和利益因而道德的起源、目的和标准乃是为了人类与非人类存在物的共同利益的伦理学说，简言之，也就是认为道德的起源、目的和标准乃是为了人类与非人类存在物的共同利益的伦理学说。

这样，人类中心主义与非人类中心主义便是两种相反的关于人类应该如何对待非人类存在物的伦理学说，是两种相反的关于人类与非人类存在物是否应该构成一个道德共同体的伦理学说，说到底，也就是两种相反的关于道德的起源、目的和标准的伦理学说。那么，二者究竟孰是孰非？

3 人类中心主义与非人类中心主义之是非

就事实如何的观点来看，人类中心主义完全错误，而非人类中心主义完全正确。因为如前所述，分辨好坏利害的评价能力和趋利避害的选择能力，是一种事物是否能够成为价值主体从而拥有内在价值或拥有自己的善和利益的充分且必要条件：当且仅当 A 具有分辨好坏利害的评价能力和趋利避害的选择能力，对于 A 来说，事物便具有了好坏价值，说什么东西对于 A 是好或坏便是有意义的；因而 A 便可以是价值主体，便具有内在价值，便拥有自己的善和利益。那么，是否只有人类才具有分辨好坏利害的评价能力和趋利避害的选择能力，从而如人类中心主义所言，只有人类才拥有内在价值？

答案是否定的。因为如前所述，任何物质形态——不论是生物还是非生物——都具有需要，都需要保持内外平衡。但是，物质形态越高级，它的内外平衡的保持也就越困难，因而它保持平衡的条件也就越高级、越复杂。非生物是最低级的物质形态，它的平衡几乎在任何条件下都可以保持，而不会被所受到的内外作用破坏。所以，非生物对于作用于它的任何东西，都不具有分辨好坏利害的评价能力和趋利避害的选择能力。反之，相对非生物来说，最简单最低级的生物也是极其复杂、高级的。因而生物比非生物的平衡难于保持，很容易被它所受到的内外环境作用破坏。所以，任何生物对于作用于它的东西，都具有分辨好坏利害的评价能力和趋利避害的选择能力：这种能力，直接说来，是为了获得有利于自己的东西而逃避有害于自己的东西；最终说来，则是为了保持内外平衡从而生存下去。

这样，对于生物来说，事物便具有好坏利害之分，是具有价值的；因而生物可以是价值主体，具有内在价值：生物具有对于自己的价值。反之，只有对于非生物来说，事物才是不具有好坏利害的，才是不具有价值的；因而非生物不可能是价值主体，不可能具有内在价值：非生物不可能具有对于自己的价值。所以，认为只有人类才是目的、才具有内在价值、才具有自己的善或利益的人类中心主义观点，是完全错误的。这种错误是如此明显，以致一些现代人类中心主义论者，如墨迪，已经完全接受了自然内在价值论："对自然的人类中心主义态度，未必就要求只有人是所有价值的源泉，也不拒绝相信自然之物有其内在价值。"[①]

从应该如何的方面来看，大体说来，人类中心主义也是错误的，而非人类中心主义是正确的。因为非人类中心主义从"一切生物都具有内在价值，亦即都具有自己的善或利益"的正确前提，大体说来，确实可以得出同样正确的结论：一切有利于人类的生物都应该得到道德关怀而成为道德共同体的成员；道德的起源、目的和标准乃是为了人类与非人

---

① 墨迪："一种现代的人类中心主义"，《哲学译丛》，1999 年第 2 期，第 14 页。

类生物的共同利益；道德上的善恶应该以人类与非人类生物的共同利益为标准。反之，人类中心主义则从"只有人类才是目的，才具有内在价值，亦即才具有自己的善或利益"的错误前提，大体说来，确实得出了同样错误的结论：只有人类才应该得到道德关怀从而是道德共同体的成员；道德的起源、目的和标准也都只应该是为了人类的利益；一切道德上的善恶都只应该以人类利益为标准。

　　然而，细究起来，人类中心主义的结论并不完全错误，而非人类中心主义的结论也并不完全正确。因为，真正讲来，一切有利于人类的生物固然都应该得到道德关怀而成为道德共同体的成员，但是，只有道德的特殊的起源、目的和标准，才可能是为了增进人类与动植物等非人类存在物的共同利益；而道德的终极的起源、目的和标准，则必定只能是为了增进人类的利益。这就是说，道德终极的起源、目的和标准的人类中心主义乃是真理，或者说，人类中心主义关于道德终极的起源、目的和标准的理论是真理。这是因为，道德目的，如前所述，乃是衡量一切行为善恶的道德标准：道德特殊目的是道德的特殊标准；道德终极目的是道德终极标准。所以，"为了增进动植物的利益"等道德的特殊目的便是道德的特殊标准；而道德终极标准则只能是道德终极目的："增进人类的利益"。

　　这样，一方面，当人类与动植物等非人类存在物的利益一致时，便应该遵循道德的特殊的、具体的和直接的标准，便应该既增进人类利益又增进动植物的利益，甚至应该为了增进动植物的利益而增进动植物的利益，如当老狗不能再提供服务时，主人应该继续供养直至它死亡等。但是，另一方面，当动植物等非人类存在物的利益与人类的利益发生冲突不可两全时，道德的特殊标准便不起作用了；这时，便应该诉诸道德终极标准"增进人类的利益"，从而应该牺牲动植物等非人类存在物的利益而保全人类的利益：人类的利益，最终说来，高于非人类存在物的利益。因此，举例说：

人类如果不吃动植物，固然保全了它们的生命，却牺牲了自己的幸福乃至生命：人类的幸福乃至生命与动植物的生命发生了冲突而不可两全。在这种情况下，人类吃动植物，固然违背了"增进动植物的利益"的道德特殊标准，却符合"增进人类利益"的道德终极标准，因而是道德的、应该的。

否则，如果像非人类中心主义那样，认为道德的终极目的和终极标准也是增进人类与非人类存在物的共同利益，那么，当人类利益与动植物等非人类存在物的利益发生冲突不可两全时，势必导致反人类主义的结论：牺牲人类利益而保全非人类利益。因为当人类利益与动植物等非人类存在物利益发生冲突时，无疑应该保全其中道德价值较大者而牺牲其中道德价值较小者：只有这样，其净余额才是正道德价值，才是应该的、道德的。但是，如果像非人类中心主义所主张的那样，道德的终极目的和标准是增进人类与非人类存在物的利益，那么，人类利益的道德价值显然小于非人类存在物的道德价值。因为人类不过是人类与动植物等非人类存在物所构成的庞大生态系统的一个物种而已：整体的道德价值显然大于部分的道德价值。这样，当人类利益与动植物等非人类存在物的利益发生冲突不可两全时，就应该牺牲人类利益而保全非人类利益。

诚然，非人类中心主义论者——不论是动物解放论者还是生物中心论者抑或生态中心论者——大都试图避免这种反人类主义的选择，而主张所谓"双因素平等主义"选择原则。按照这一原则，应该以人类与非人类存在物的共同利益作为解决冲突的终极标准，因而必须平等地考虑两个因素：① 冲突各方的心理复杂程度，亦即各方在生物进化阶梯上的等级；② 发生冲突的各种利益的重要程度，亦即根本利益或生存利益，还是非根本利益或非生存利益。[①] 这样，解决人类利益与动植物等非人类

---

① Donald Van De Veer: "Interspecifice Justice", in Donald Van De Veer and Christine Pierce ed. *The Environmental Ethics and Policy Book: Philosophy, Ecology, Economics*, Belmont, California: Wadsworth Publishing Company, 1994, pp. 175-199.

存在物的利益冲突的原则便可以归结为：高级生物的根本利益大于低级生物的根本利益的价值，因而应该优先于低级生物的根本利益；低级生物的根本利益大于高级生物的非根本利益的价值，因而应优先于高级生物的非根本利益。人类无疑是最高级的生物。因此，这一原则便可以像斯特巴（James Sterba）所概括的那样："为满足自己和其他人的根本需要而牺牲动植物的根本需要，是应该的……为满足人类的非根本的或奢侈的需要而牺牲动植物的根本需要，是不应该的。"① 换言之，"人类的生存利益应该优先于生物共同体中的其他成员的生存利益；而生物共同体中其他成员的生存利益应优先于人类的非生存利益。"②

粗略看来，这种理论既坚持了非人类中心主义，又避免了反人类主义。其实不然，它并没有真正避免反人类主义的结论。因为，首先，在无限的宇宙中，物种的高低级程度都是无限的，并没有什么最高级的物种，却必定有比人类更高级的物种。那么，按照"双因素平等主义"理论，当这些更高级的物种的利益与人类利益发生冲突的时候，就应该牺牲人类利益了：这岂不是一种反人类主义！

其次，双因素平等主义论者自己也承认，按照他们的理论，当心理能力比较简单、低级的畸形人与心理能力比较复杂、高级的动物的利益发生冲突时，应该牺牲畸形人的利益而保全动物的利益：这岂不是一种更为突出的反人类主义！③

最后，这种理论认为非人类存在物的根本利益优先于人类的非根本利益，不但也是一种反人类主义，而且还是说不通的。因为按照这种主张，

---

① Louis P. Pojman: *Environmental Ethics: Readings in Theory and Application*, Belmont, California: Wadsworth Publishing Company, 2001, pp. 180–181.

② J. D. Heffeman: "The Land Ethic: A Critical Appraisal" .（杨通进译）

③ Donald Van De Veer: "Interspecifice Justice" , in Donald Van De Veer and Christine Pierce ed. *The Environmental Ethics and Policy Book: Philosophy, Ecology, Economics*, Belmont, California: Wadsworth Publishing Company, 1994, pp. 175–199.

当蚊子叮人吸血时，就应该让它叮吸下去而不应该打死它：蚊子的生存利益优先于人的非生存利益！同样，照此说来，人类就不应该杀死和吃掉任何动物，而只应该吃植物，因为动物的生存利益优先于人类的非生存利益：人不吃动物而只吃植物并不会死亡啊！然而，人类能够不吃鱼、虾等任何动物吗？即使能够，人类果真应该不吃鱼、虾等任何动物？这说得通吗？

可见，当人类利益与动植物等非人类存在物的利益发生冲突不可两全时，如果坚持非人类中心主义，以人类与非人类存在物的共同利益作为解决冲突的终极标准，便必定导致牺牲人类利益的反人类主义的结论。这种反人类的结论显然意味着：非人类中心主义观点必定是谬误。因为无论如何，道德毕竟是人类创造的：难道人类创造道德的最终目的就是为了反对自己而自取灭亡吗？所以，道德终极目的，绝不可能是增进人类与非人类存在物的利益，绝不可能是非人类中心主义的；而必定只可能是增进人类的利益，必定只可能是人类中心主义的：道德的终极目的和终极标准只能是人类利益；因而最终说来，人类利益的道德价值高于一切。墨迪所主张的，大体说来，就是这种人类中心主义，他称之为"现代人类中心主义"。对于这种人类中心主义，他这样总结道：

"所谓人类中心主义就是说人类被评价得自然界其他事物有更高的价值。根据同样的逻辑，蜘蛛一定会把蜘蛛评价得比自然界其他事物都高。因此，人理所当然是以人为中心，而蜘蛛是蜘蛛中心论的。这一点也适用于其他的生物物种。辛普森的下列陈述代表了人类中心主义的一个现代版本：'人是最高级的动物。他自己就能够做出如此判断的事实本身就是一个明证，证明这一结论的正确。反之，即使他是最低等的动物，当他考虑其在事物序列中的位置，希望寻找一个基础以指导自己的行动并对它们做出他的评价时，人类中心主义的观点仍然明显地是他最应该采取的。'"①

然而，由此是否可以说，人类是一种最终只关心自己利益的自私的

---

① 墨迪："一种现代的人类中心主义"，《哲学译丛》，1999年第2期，第12—13页。

动物？否。因为任何物种，不论是多么高级多么高尚，不论是多么能够为其他物种无私奉献；但是，这些无私奉献显然都只能以不导致自己的物种灭亡为前提。因此，如果这种无私的高尚的物种创造了道德，那么，她所创造的道德的终极目的和终极标准，必定也只能是为了她这个物种自己的利益，从而使自己物种的利益最终高于其他物种的利益。因为，如果不是这样，如果是为了自己的物种和其他物种的共同利益，是为了宇宙大家庭的利益，那么，宇宙大家庭的利益便高于一切，因而当她自己的物种的利益与其他物种或宇宙大家庭的利益发生冲突时，她便可能应该牺牲自己物种的利益而自取灭亡。

这显然是不可能的：任何物种，不论多么高尚，显然都绝对不会自取灭亡。所以，人类乃至任何物种创造道德的终极目的和终极标准，必定只能是为了人类自己的利益，只能是为了自己物种的利益，只能是以自己的物种为中心的。这是必然的、不可选择的、不依人的意志而转移的客观规律，因而也就是不可进行自私与否的道德评价的。因此，海沃德诘问那些指责人类中心主义为利己主义的人：

"就这种意义来说我们并不指责猫类的以猫类为中心，那么，我们为什么就应该指责人类的以人类为中心呢？"[1]

综上所述，一方面，就道德的最终的起源、目的和标准来说，不可能是增进人类与非人类存在物的利益，而只可能是增进人类的利益：人类中心主义是真理；就道德的直接的、特殊的起源和目的以及标准来说，则是增进人类与非人类存在物的利益：非人类中心主义是真理。另一方面，就人类中心主义与非人类中心主义所争论的全部问题来说，除了道德最终的起源、目的和标准，非人类中心主义的观点都是真理，而人类中心主义的观点则都是谬误；只有关于道德的最终的起源、目的和标准这一个问题——它也是二者争论的最根本问题——人类中心主义的观点

---

[1]　*Encyclopedia of Applied Ethics*, Volume 1, San Diego: Academic Press, 1998, p. 175.

才是真理，而非人类中心主义的观点才是错误：人类中心主义的道德终极目的和终极标准理论是真理。所以，海沃德在总结人类中心主义的分析时写道：

"人类中心主义在某些方面是不能成立的，而在其他方面则是可以成立的；在某些方面是不可选择的，而在其他方面则是可以选择的……也许，区别二者的最恰当的方法是承认：人类利益是道德价值的最终根源，却不是道德价值的唯一标准。"[1]

五 道德起源和目的之理论：道德他律论与道德自律论

人类中心主义与非人类中心主义之争的解析表明，一方面，道德最终源于人类需要而不是源于人类与非人类存在物的共同需要；另一方面，道德终极目的是为了增进人类利益而不是为了增进人类与非人类存在物的共同利益。接下来的问题显然是：道德最终究竟源于人类的什么需要？道德终极目的究竟是为了满足人类的什么利益？如果认为道德最终源于自身从而最终为了完善每个人的品德，便是所谓"道德起源和目的自律论"；如果认为道德最终源于道德之外的他物从而最终为了增进每个人利益，便是所谓"道德起源和目的他律论"。因此，人类中心主义与非人类中心主义的解析，是解析道德起源和目的自律论与道德起源和目的他律论之争的前提。进言之，道德起源和目的自律论与道德起源和目的他律论之争的解决，则是解决义务论和功利主义——伦理学最为重大的争论之一——之争的前提。因为如果道德起源和目的是他律的，那么，道德终极标准就是道德之外的"功利"，就是"增进每个人利益"，因而功利主义就是真理；如果道德起源和目的是自律的，那么，道德终极标

---

[1] *Encyclopedia of Applied Ethics*, Volume 1, San Diego: Academic Press, 1998, p. 180.

准就是道德自身，就是"道义"，就是"完善每个人品德"，因而义务论就是真理。这样，道德起源和目的之自律和他律问题也就是一切道德规范所由以推出的前提。所以，康德——他认为道德起源和目的是自律的而非他律的——写道：

"意志的自律是一切道德法则所依据的唯一原理，是与这些法则相符合的义务所依据的唯一原理。反之，任意选择一切的他律不但不是任何义务的基础，反而与义务原理，与意志的道德性，互相反对。"[①]

因此，与人类中心主义与非人类中心主义相比，道德他律论与道德自律论无疑是关于道德起源和目的的更为重要的两大流派。两派的理论虽然与功利主义和义务论如影随形，自古就已经存在；但是，两派名称的确定，却迟得多：可以说始于康德，然而直至今日尚未真正得到公认。如此重大的伦理学流派竟至淹没在功利主义和义务论之中而被完全忽略了：好像根本就不存在什么关于道德起源和目的之道德自律论与道德他律论。然而，我们将看到，道德起源和目的自律论与道德起源和目的他律论，乃是跟功利主义与义务论同样独立的伦理学理论。

1　道德他律论

道德起源和目的他律论，如上所述，是功利主义的理论前提。所以，一切道德起源和目的他律论者，都是功利主义论者；反之亦然。这就是为什么，道德起源和目的他律论的代表，当推功利主义大师边沁、穆勒和西季威克。

道德起源和目的他律论的最为根本的观点，是认为道德是一种必要恶。诚然，无论边沁还是穆勒抑或西季威克等道德他律论者，并没有发现道德是一种必要恶，而只是说法律是一种必要恶："每一强制性法律

---

① 康德：《实践理性批判》，关文运译，商务印书馆，1960年，第33页。

都创造一种罪恶。"① 因为"所有惩罚都是伤害：所有惩罚，就其本身来说，都是恶。根据功利主义原则，如果它最终应当被认可，那只是因为它能够避免某种更大的恶。"②

然而，法律是一种必要恶，实已蕴含着：道德和美德是一种必要恶。因为一切法律规范同时也都是道德规范。如果说"不可偷盗"作为法律规范限制和侵犯了偷盗者的自由和欲望，那么，它作为道德规范岂不也同样限制和侵犯了偷盗者的自由和欲望吗？道德和美德与法律一样，就其自身来说，都是对人的行为的限制，是对人的某些欲望和自由的压抑，因而同样是一种恶；就其结果和目的来说，却能够防止更大的恶（社会的崩溃）和求得更大的善（社会的存在发展），因而是净余额为善的恶，是必要的恶。

这样一来，道德的起源和目的便与法律一样，不能可是自律的，不可能是为了道德和美德自身；而只能是他律的，只能是为了道德和美德之外的他物：每个人的利益和幸福。所以，边沁写道："一切法律所具有或一般应该具有的普遍目的，是增进社会的幸福总额。"③ "一般说来，道德可以定义为这么一种艺术：它指导人们的行为以产生利益相关者的最大可能量的幸福。"④ 穆勒也一再说："依据功利主义伦理学，增进幸福是美德的目的。"⑤ "幸福是道德的终点和目的。"⑥ "依据功利主义概念，美德是这样一种善，除了美德有助于取得快乐、特别是免除痛苦以外，人最初并没有追求美德的欲望和动机。"⑦ 西季威克进而总结道：

---

① Jeremy Bentham: *An Introduction to the Principles of Morals and Legislation*, Oxford: Clarendon Press, 1823, p. 330.

② Ibid., p. 170.

③ Ibid.

④ Ibid., p. 310.

⑤ J. S. Mill: *Utilitarianism, Liberty and Representative Government*, London: J. M. Dent & Sons Ltd., 1929, p. 17.

⑥ Ibid., p. 22.

⑦ Ibid., p. 35.

"许多功利主义论者都坚信，人们相互作为道德规范所规定的全部行为规范，实际上是——尽管部分是无意识地——作为达到人类或全部有感觉的存在物的普遍幸福的手段而被规定的；而且，按照功利主义论者更为流行的观点，无论这些规范的起源是什么，只有当奉行这些规则有助于普遍幸福时，它们才是正确的。……这样一来，如果全部义务的目的都在于普遍幸福，那么看起来，我们便又被引导到作为最终目的而被绝对地规定的幸福概念：只不过现在所说的是普遍幸福而不是任何个人的私人幸福。这也是我自己所坚持的功利主义原则的观点。"[1]

可见，道德起源和目的他律论是一种关于道德的起源和目的的理论。在这种理论看来，道德和美德乃是一种必要恶，因而一方面，道德只能起源于道德之外的他物：利益和幸福；另一方面，道德目的只能是为了道德之外的他物：增进每个人利益和幸福。

2　道德起源和目的自律论

道德起源和目的自律论，如上所述，是义务论的理论前提。所以，一切道德起源和目的自律论者，都是义务论者；反之亦然。因此，道德起源和目的自律论的主要代表，当推儒家、康德和基督教伦理学家。

道德起源和目的自律论的最为根本的观点，是认为法律和道德并不是必要恶，而是必要善，是一种必要的内在善、自身善、目的善。新儒家冯友兰曾就此写道："国家社会的组织，法律道德的规则，是人依其性以发展所必有底。对于人，它们是必要底，但不是必要恶，而是必要的善。"道德和美德是一种必要善，是一种必要的内在善、自身善的观点，在康德那里得到了系统的论述。在他看来，一个人的道德意志、道德品质、品德之善，不仅就其自身来说就是善，因而是一种自在善、内在善，

---

[1]　Henry Sidgwick: *The Methods of Ethics*, London: Macmillan and Co. Ltd., 1922, p. 8.

而且是一种无条件的、绝对善。他这样写道：

"在世界之中，甚至在世界之外，除了善良意志，不可能设想一个无条件善的东西。理解、明智、判断力等，或者说那些精神上的才能勇敢、果断、忍耐等，或者说那些性格上的素质，毫无疑问，从很多方面看是善的并且令人称羡。然而，它们也可能是极大的恶，非常有害，如若使用这些自然禀赋，其固有属性称为品质的意志不是善良的话。这个道理对幸运所致的东西同样适用。财富、权力、荣誉甚至健康和全部生活美好、境遇如意，也就是那名为幸福的东西，就使人自满，并由此经常使人傲慢，如若没有一个善良意志去正确指导它们对心灵的影响，使行动原则和普遍目的相符合的话。……善良意志，并不因它所促成的事物而善，并不因它期望的事物而善，也不因它善于达到预定目标而善，而仅仅是由于意愿而善，它是自在善。"[①]

道德和美德既然就其自身来说就是善的，是一种自身善、内在善，那么，道德的起源与目的，真正讲来，便是自律的：道德起源于道德自身，起源于每个人完善自我品德的需要；目的在于道德自身，在于完善每个人的品德，实现人之所以异于禽兽、人之所以为人者。所以，《圣经》一再说，上帝立约、创立道德的目的是使人道德完善，做道德完人、完全人：

"亚伯兰年99岁的时候，耶和华向他显现，对他说：'我是全能的上帝，你当在我面前做完全人，我就与你立约。'""你们愿晓得我们凭主耶稣传给你们什么命令。上帝的旨意是要你们成为圣洁。"[②]

加尔文进而补充说："摩西也在指明律法的目的时，一再向他们申述这个意见。这个律法的教训之用意，是把人和上帝联合起来，如同摩西在别的地方所说，是教人依靠它成为圣洁。"[③]康德也这样写道：

---

① 康德：《道德形而上学原理》，苗力田译，上海人民出版社，1986年，第42—43页。
② 《新约·帖撒罗尼迦前书·第五章》。
③ 加尔文：《基督教要义》上册，钱曜诚译，基督教辅侨出版社，1957年，第306页。

"道德之第一目的，在养成品格。品格之养成，端在行为悉本诸道德律。"① "道德法则……开始于我的无形的自我，我的人格……借我的人格，把作为一个灵物看的我的价值无限提高了。在这个人格中，道德法则就给我呈现出一个独立于动物性，甚至独立于全部感性世界以外的一种生命来。"② "它的真正使命，并不是产生完成其他意图的工具，而是去产生在其自身就是善良的意志。"③ 一句话，道德的起源和目的是自律的："我称这道德自发命令的原则，叫意志'自律'的原则。"④ 反之，"意志的'他律'是一切假的道德原则的来源。"⑤

布拉德雷——康德道德自律论的信奉者——说得更明白："道德说，她是为其本身之故而被欲求为一目的的，不是作为达到本身以外的某物的手段。"⑥ "道德以本身为目的，而这目的之本身，即可以'自我实现'四字表示之。"⑦

儒家并不是纯粹的义务论，而是以义务论为主的义务功利混合论。所以，儒家也不是纯粹的道德起源和目的自律论，而是以自律论为主的自律他律混合论。因此，儒家并不否认道德的起源和目的在于社会的存在发展和每个人利益的增进。这一点，如所周知，在荀子关于礼的起源和目的的理论里，得到了十分系统的阐述。孔子对此也有一些论述：

"子曰：'道之以政，齐之以刑，民免而无耻；道之以德，齐之以礼，有耻且格。'"⑧

然而，儒家却认为这并非道德的主要的起源和目的。因为在儒家看

---

① 《康德教育论》，瞿菊农译，商务印书馆，民国23（1934）年，第72页。
② 康德：《实践理性批判》，关文运译，商务印书馆，1960年，第164页。
③ 康德：《道德形而上学原理》，苗力田译，上海人民出版社，1986年，第45页。
④ 同上书，第55页。
⑤ 同上书，第89页。
⑥ 布拉德雷：《伦理学研究》上册，商务印书馆，民国33（1944）年，第76页。
⑦ 同上书，第84页。
⑧ 《论语·为政》。

来，道德并不是必要的恶，而是必要善、自身善，因而其起源与目的，主要讲来，乃是自律的：道德起源于道德自身，起源于每个人完善自我品德的需要；目的在于道德自身，在于完善每个人的品德，实现人之所以异于禽兽、人之所以为人者。这一点，孟子讲得十分透辟：

"人之有道也。饱食、暖衣、逸居而无教，则近于禽兽。圣人乃忧之，使契为司徒，教以人伦——父子有亲、君臣有义、夫妇有别、长幼有序、朋友有信。"①

可见，道德起源和目的自律论也是关于道德的起源和目的的一种理论。在这种理论看来，道德和美德就其自身来说，就是一种善，是一种自身善、内在善，甚至是一种无条件的绝对善。因此，道德的起源与目的，真正讲来，便是自律的：一方面，道德起源于道德自身，起源于每个人完善自我品德的需要；另一方面，道德目的在于道德自身，在于完善每个人的品德。

3 道德起源和目的自律论与他律论之是非

关于道德和美德的本性之分析已经表明，一方面，道德与法一样，就其自身来说，不过是对人的行为的规范、限制、约束，是对人的某些欲望和自由的压抑、侵犯，因而是一种害和恶；就其结果和目的来说，却能够防止更大的害或恶（社会、经济活动、文化产业和人际交往的崩溃）和求得更大的利或善（社会、经济活动、文化产业和人际交往的存在发展），因而是净余额为善的恶，是必要的恶。

另一方面，美德与道德一样，就其自身来说，不过是对拥有美德的人的某些欲望和自由的压抑、侵犯，因而是一种害和恶；但就其结果和目的来说，却能够使拥有美德的人防止更大的害或恶（社会和他人的唾

---

① 《孟子·滕文公上》。

弃、惩罚）和求得更大的利或善（社会和他人的赞许、赏誉），因而是净余额为善的恶，是必要的恶。

准此观之，道德的起源与目的便不可能是自律的，不可能是为了道德和美德自身，不可能是为了完善每个人品德；而只能是他律的，只能是为了保障道德之外的他物：为了保障社会的存在发展，最终是为了增进每个人利益。因此，我们可以得出结论说：道德起源和目的他律论是真理；道德起源和目的自律论是谬误。

道德自律论的最根本的错误，在于混淆自身善和结果善。一方面，理解能力、明智、判断力、财富、荣誉、健康和幸福等，就其自身——而非其结果——来说就是可欲的、就能够满足人的需要、就是人们追求的目的，因而都是自身善、目的善、内在善；但是，这些自身善却可能因它们的拥有者没有美德而导致恶果，因而就其结果来说，可能是恶。

另一方面，善良意志、善良品质或美德，就其自身来说，不过是对拥有美德的人的某些欲望和自由的压抑、侵犯，因而是一种恶；但就其结果来说，却是一种极大的善，因为它能够使拥有美德的人防止更大的恶，如防止理解能力、明智、判断力等导致恶果。所以，美德是一种结果善：它自身却是恶。

康德等道德自律论者的根本错误，一方面，误将道德和美德等结果善当作自身善；另一方面，误将幸福和明智等自身善当作结果善。这样一来，便可以得出"道德目的乃在于道德和美德自身"的道德自律论了；相反地，如果道德和美德不是自身善，而是必要恶，道德目的就不可能在道德和美德自身了。

道德起源和目的自律论的错误，还在于混同道德目的与行为目的。道德不能以道德、品德为目的。那么，一个人的行为能够以道德、品德为目的吗？能够是为了自我品德的完善吗？答案是肯定的。因为人是个社会动物，他的生活完全依靠社会和他人，他的一切都是社会和他人给的。所以，能否得到社会和他人的赞许，便是他一切利益中最根本最重大的利益。能否得到社会和他人的赞许之关键，显然又在于他的品德如何：如果社会和他人认为他品德高尚，那么，他便会得到社会和他人的赞许；反之，则会受到社会和他人的谴责。

这就是一个人最初为什么会有美德需要的缘故：他需要美德，因为美德就其自身来说，虽然是对他的某些欲望和自由的压抑、侵犯，因而是一种害和恶；但就其结果和目的来说，却能够防止更大的害或恶（社会和他人的唾弃）和求得更大的利或善（社会和他人的赞许），因而是净余额为善的恶，是必要的恶。这样，美德便是他利己的最根本、最重要的手段：他对美德的需要是一种手段的需要。但是，逐渐地，他便会因美德不断给他莫大利益而日趋爱好美德、欲求美德，从而便为了美德而求美德，使美德由手段变成目的；就像他会爱金钱、欲求金钱、使金钱由手段变成目的一样。

可见，一个人的行为可以源于其完善自我品德的道德需要，目的是为了完善自我品德、为了道德自身。这是个人行为的起因和目的方面的道德自律。道德起源目的之自律论者从此出发，进而推论说：

人的一切行为、活动都源于人的需要；道德也是人的一种活动——"道德是人们活动的一个重要领域"[①]——因而也源于人的需要。道德源于人的什么需要呢？源于人的自身需要："道德是人在自身需要推动下创造的一种特殊的文化规范。"[②]道德源于人的自身需要，也就是源于人的发展、完善、实现自身的需要，说到底，也就是源于人的完善自我品德、实现人之所以为人者、人与动物区别开来的需要："道德是人根据自己的生存发展需要，自己为自己立法的产物。……它使人得以在一个较高的层次上把自己和动物根本区别开来。"[③]

① 肖雪慧等著：《主体的沉沦与觉醒》，贵州人民出版社，1988 年，第 17 页。
② 肖雪慧主笔：《守望良知》，辽宁人民出版社，1998 年，第 57 页。
③ 同上书，第 64 页。

　　这样，自律论者便由"个人的行为可以起源于完善自我品德需要，而以完善自我品德为目的"推演出："道德起源于完善自我品德需要，而以完善自我品德为目的"：前者是个人行为起因与目的之道德自律；后者则是道德起源与目的之道德自律。

　　这个推演是不能成立的。诚然，道德是人的活动；人的活动无不源于人的需要；因而道德源于人的需要。但是，人的需要纷纭复杂，道德究竟源于人的什么需要？是源于人的内在自身需要，还是源于人的外在社会需要？是源于人的自身品德完善的需要，还是源于人的社会存在发展的需要？

　　道德不可能源于人的自身的品德完善的需要，而以完善每个人的品德为目的；道德只可能源于人的社会的存在发展需要，而以保障社会存在发展为目的。因为道德和美德，如前所述，就其自身来说，都是对人的某些欲望和自由的压抑、侵犯，都是一种害和恶。这样，如果说道德目的是为了道德自身，是为了完善人的品德，那岂不就等于说：道德的目的就是为了害和恶？

　　所以，一个人的行为目的可能是为了道德自身，是为了完善自我品德；但道德目的却绝不可能是为了道德自身，绝不可能是为了完善人的品德。就这一点来说，道德与金钱一样：一个人的目的可以是为了金钱自身；但金钱的目的却绝不可能是为了金钱自身。

　　自律论者的错误，就在于等同个人"行为起因与目的"的道德自律与社会"道德起源与目的"的道德自律，从而由个人的行为可以起因于完善自我品德需要、目的是为了自我品德的完善之正确前提，而得出错误结论：道德起源于人的品德完善的需要、目的是为了完善每个人的品德。

　　最后，道德自律论的错误不妨诉诸归谬法：如果道德目的是为了完善每个人的品德，那就应该为了猪的利益而牺牲人的利益。因为道德目的乃是衡量一切行为应该不应该、道德不道德的终极标准。我们说，应该杀猪而不应该杀人，只是因为道德是人类创造的。人类创造道德的目的，最终是为了增进人类利益，是为了保障人类社会存在发展：杀猪有利人类社会、符合道德目的，因而是应该的；杀人有害人类社会、违背道德目的，因而是不应该的。

然而，若就一个人的品德完善的程度来说，造福的对象离自己越远，他的品德便越完善：为别人高尚于为自己；为自己的同乡，高尚于为自己的妻儿；为自己的同胞，高尚于为自己的同乡；为人类高尚于为同胞。可是，为什么不可以进一步推下去：为了猪类高尚于为了人类？只是因为道德目的不是为了道德自身，而是为了保障人类社会的存在发展。道德目的是为了保障人类社会，一个人造福的对象，才会在其是人类的前提下，离自己越远便越符合道德目的，便越高尚。

如果人类创造道德的目的是为了道德自身，是为了完善每个人的品德，那么，每个人的造福对象，最终说来，也不应该以人类自己为限，而至少应该以一切与自己同样有苦乐福祸感情的动物为限。因为人类造福对象如果以自己为限，那就是自私，就不够高尚，就违背道德的目的，就是不道德的了；只有超越自己而以一切与自己同样有苦乐福祸感情的动物为造福对象，才算得上真正的无私，才算得上品德完善，才符合道德目的，才是道德的行为。

所以，如果人类创造道德的最终目的就是为了使自己的品德完善，那么，每个人的造福对象，就应该超越人类自己而以一切与自己同样有苦乐福祸感情的动物为限；而且，在这个限度内，造福的对象无疑离自己越远，便越符合道德目的，便越高尚：为了猪高尚于为了人，因而当二者利益发生冲突时，应该为了猪的利益而牺牲人的利益。这就是道德自律论所蕴涵的反人类主义的荒谬结论：它充分表明道德自律论是不能成立的。

*　　*　　*

以上，我们比较详尽解析了道德的起源和目的以及围绕它所形成的人类中心主义与非人类中心主义以及道德自律论和道德他律论之争。从此出发，便不难解决两千年来功利主义和义务论一直争论的问题：道德终极标准。因为在下一章我们将看到，道德终极标准不过是道德最终目的之量化：道德最终目的之量化既是评价人类一切行为是否道德的终极标准，又是评价人类一切道德优劣的终极标准。

第十章　道德终极标准：国家制度好坏的终极价值标准

本章提要

　　道德终极标准，亦即国家制度好坏的终极价值标准，是由一个总标准和两个分标准构成的价值标准体系。总标准是在任何情况下都应该遵循的终极标准："增减每个人利益总量"。分标准1，是在人们利益不发生冲突或发生冲突而可以两全情况下的终极标准，亦即所谓"帕累托标准"："无害一人地增进利益总量"。分标准2，则是在人们利益发生冲突而不能两全情况下的终极标准："最大利益净余额"和"最大多数人的最大利益"标准。自古以来，关于道德终极标准的理论，便可以归结为两大流派：功利主义与义务论。功利主义是把"功利"奉为道德终极标准的流派，说到底，是把"增减每个人的利益总量"奉为道德终极标准的流派；反之，义务论则是把"道义"奉为道德终极标准的流派，说到底，是把"增减每个人的品德完善程度"奉为道德终极标准的流派。

一　道德终极标准体系

1 增减每个人利益总量：道德终极总标准和国家制度价值终极总标准

　　道德终极标准的提出，源于各种道德规范之间时常发生的冲突。当道德规范之间发生冲突而不能两全时，无疑应该牺牲较不重要的道德规范而遵守更为重要的道德规范或道德原则。就拿康德所举的例子来说。一个人看见被凶手追杀的无辜者藏身于某处，当凶手问他是否看见被追杀者时，他便面临着这样的道德原则与道德规范之冲突：如果他遵守"诚实"的道德规范对凶手如实相告，就违背了更为重要的"救人"的道德原则而使被追杀的无辜者丧命；如果他遵守更为重要的"救人"道德原则救助被追杀者，就要违背"诚实"道德规范而欺骗凶手。① 那么，应该怎么办？显然应该遵守更为重要的"救人"的道德原则而牺牲"诚实"道德规则。

　　然而，当道德原则相互间发生冲突时应该怎么办呢？毋庸置疑，应该服从比较根本的道德原则而违背被它所决定的道德原则。进言之，当比较根本的道德原则与更根本的道德原则发生冲突时，便应该服从更根本的道德原则。于是，最终必定应该服从最根本的道德原则，亦即道德终极标准：它是最根本的道德标准，是产生、决定和推导出其他一切道德标准的标准，是在一切道德规范发生冲突时都应该服从而不应该违背的道德标准，是在任何条件下都应该遵守而不应该违背的道德标准，是在任何条件下都没有例外而绝对应该遵守的道德标准，因而也就是绝对

---

① 　Sissela Bok: *Lying: Moral Choice in Public and Private Life*, New York: Vintage Books, 1989, p. 268.

道德标准，亦即所谓绝对道德。对于这个绝对道德标准，穆勒曾这样写道：

"有一个基本的原则或法则，作为全部道德的基础……这一个原则是在各种原则之间发生冲突时进行判决的尺度。"[①]穆勒沿袭以往的传统而称之为道德"终极标准"或道德"第一原则"[②]。

显然，道德终极标准只能是一个。因为如果是两个或两个以上，那么，当它们发生冲突时，只可能遵守一个，而违背另一个：那应该违背者当然不可能是道德终极标准；而只有那不应该违背者才是道德终极标准。因此，道德终极标准必定仅仅是一个。那么，这一个道德终极标准究竟是什么？沃尔诺克答道，是被人们所认识、所把握并被当作行为规范的道德的普遍目的："正确理解道德的普遍目的，便可以使我们理解道德评价的基本原则。"[③]梯利说得就更清楚了："道德目的就是道德评价的最终依据。"[④]

诚哉斯言！因为元伦理学的研究表明，行为应该如何的道德应该、道德善、道德价值，不过是行为事实如何对于道德目的的效用，因而由"行为事实如何"与"道德目的"两方面构成：行为之事实如何是行为应该如何产生的源泉和存在的载体、本体、实体，可以名之为"道德应该的实体"或"道德善的实体"，说到底，亦即"道德价值实体"；道德目的是行为应该如何从行为事实如何中产生和存在的条件，是衡量行为事实如何的道德价值之有无、大小、正负的标准，可以名之为"道德应该的标准"或"道德善的标准"，说到底，亦即"道德价值标准"。还是拿康德的那个案例来说：

---

①　Louis P. Pojman: *Ethical Theory: Classical and Contemporary Readings*, Belmont, California: Wadsworth Publishing Company, 1995, p. 172.

②　Ibid., p. 173.

③　G. J. Warnock: *The Object of Morality*, London: Methuen & Co. Ltd., 1971, p. 26.

④　Frank Thilly: *Introduction to Ethics*, New York: Charles Scrlbner's Sons, 1900, p. 154.

　　一个人看见被凶手追杀的无辜者藏身于某处，当凶手问他是否看见被追杀者时，他是否应该诚实相告？康德认为应该诚实相告："在不可不说的陈述中，不论给自己或别人会带来多么大的伤害，诚实都是每个人对他人的不该变通的责任。"[1] 殊不知，当此际，诚实害命，违背道德目的——保障社会存在发展——因而诚实是不应该不道德的；说谎救人，符合道德目的，因而说谎是应该的道德的。康德的错误就在于不懂得：道德目的是诚实和说谎等行为是否应该的道德价值标准。

　　诺齐克亦不懂此理。他怎么也不明白，为什么杀猪是道德的、应该的，而杀人却是不道德、不应该的？为什么？岂不就是因为道德目的在于保障人类社会存在发展？岂不就是因为杀猪符合道德目的，而杀人不符合道德目的？诺齐克不懂得人类社会制定道德的目的是衡量行为道德不道德、应该不应该的标准，因而发问：

　　"生物是不是按某种上升的等级安排的，以便可以使任何事物都为了那些等级高的生物的较大总体利益而做出牺牲或忍受痛苦？"[2]

　　殊不知，杀猪是应该的，而杀人是不应该的，并不是因为在进化的阶梯上人的等级比猪高；而是因为我们的社会是人类社会，我们评价行为道德价值的标准是人类社会制定道德的目的。如果猪也创建了社会，那么，在猪类社会中，杀猪就是不应该的，而杀人却是应该的了。因为在猪类社会中，评价行为道德价值的标准，只能是猪类社会制定道德的目的。

　　道德目的，如前所述，分为道德特殊目的与道德普遍目的。道德特殊目的无疑仅仅能够产生和推导出某些道德规范，而不可能产生和推导出一切道德规范；只可能衡量某些行为之善恶和某些道德之优劣，而不

---

[1]　Sissela Bok: *Lying: Moral Choice in Public and Private Life*, New York: Vintage Books, 1989, p. 268.

[2]　诺齐克：《无政府、国家与乌托邦》，何怀宏等译，中国社会科学出版社，1991年，第55页。

可能衡量一切行为之善恶和一切道德之优劣。这样，道德特殊目的便不可能是道德终极标准；因为道德终极标准，如前所述，乃是产生和推导出一切道德规范的道德标准，是衡量一切行为之善恶和一切道德之优劣的道德标准。

举例说，许多社会都曾处于这样的阶段：所提供的食品不足以养活不断增加的人口。为了避免所有的人都被饿死，人们所制定和奉行的道德规则不尽相同。爱斯基摩人的规则是将一部分女婴和年老体衰的父母置于雪地活活冻死。巴西的雅纳马莫人的规则是杀死或饿死女婴，并在男人之间不断进行流血的战斗。新几内亚的克拉基人的规则是男人在进入青春期以后的数年内只可建立同性恋关系。这些人制定这些特殊道德规范的目的，都是为了避免所有的人都被饿死。显然，"避免所有的人都被饿死"这个道德的特殊目的，只能够产生和推导出诸如此类、极其有限的道德规范，而不可能产生和推导出一切道德规范；只能够衡量诸如此类极其有限的行为之善恶和诸如此类极其有限的道德规范之优劣，而不可能衡量一切行为之善恶和一切道德之优劣。因此，"避免所有的人都被饿死"之道德特殊目的不可能是道德终极标准。

但是，道德终极标准，如前所述，只能是道德目的。因此，道德特殊目的不可能是道德终极标准，便意味着：道德终极标准只能是道德普遍目的。那么，道德普遍目的是什么呢？道德普遍目的，如前所述，分为直接的普遍目的与最终的普遍目的，亦即道德终极目的：道德最终的普遍目的或道德终极目的，是增进每个人利益；而道德直接的普遍目的，则是"一总六分"：一个总目的，亦即保障人类社会和利益共同体之存在发展；六个分目的，亦即"经济"之发展、"文化"之繁荣、"人际交往"之自由安全、"法"和"政治"之优良以及增进动植物等非人类存在物的利益。

然而，不言而喻，道德终极标准只能是增进人类利益，而不可能是增进人类与非人类存在物的共同利益。因为当人类利益与非人类存在物利益发生冲突不能两全时，显然应该牺牲后者而保全前者。因此，道德终极标准便不可能是道德的直接的普遍目的，不可能是增进人类与非人类存在物的共同利益；而只能是道德最终的普遍目的，亦即道德最终目的、道德终极目的，说到底，亦即增进每个人利益。更确切些说，道德终极标准应该量化为：增减每个人利益总量。因为任何标准之为标准，都必须是一种可以量化的东西。所以，道德终极标准并非全等于道德最终目的，而是道德最终目的之量化：增减每个人利益总量。

道德终极标准与其他所有道德标准、道德规范根本不同。而其他一切道德标准、道德规范，如"仁爱"、"正义"、"善"、"诚实"等，都推导于道德终极标准：增减每个人利益总量。因此，其他一切道德规范只能衡量行为之善恶，而不可能衡量道德规范自身之优劣。反之，道德终极标准则既是衡量行为善恶的标准，又是衡量道德自身优劣的标准。更确切些说，"增减每个人利益总量"是道德终极标准，具有双重含义：既是衡量一切行为善恶的终极标准，又是衡量一切道德之优劣的终极标准。

一方面，增减每个人利益总量是评价一切行为善恶的道德终极标准：凡是增进每个人利益总量的行为，不论它的品德境界如何不理想，不完善，也都是应该的、道德的；凡是减少每个人利益总量的行为，不论它的品德境界多么理想、完善，也都是不应该、不道德的。另一方面，增减每个人的利益总量是评价一切道德优劣的道德终极标准：哪种道德保障经济和文化最繁荣、人际活动最自由安全、法和政治最优良、最大限度增进每个人利益，哪种道德便最优良、最好、最正确，不论它叫什么名字而如何被魔鬼化；反之，则最恶劣、最坏、最错误，不论它叫什么名字而如何被神圣化。

不但此也！"增减每个人利益总量"也就是"增减全社会和每个人利益总量"。因为每个人利益与个人利益不同。个人利益属于自我范畴，因而与社会利益既可能一致也可能不一致：有利社会却可能有害自我；有利自我却可能有害社会。反之，每个人利益则属于社会范畴，因而与社会利益必定完全一致：凡是有利（或有害）社会的，显然必定有利（或有害）每个自我；凡是有利（或有害）每个自我的，必定有利（或有害）社会。这样，"增减全社会利益总量"与"增减每个人利益总量"是完全吻合一致的："增减全社会利益总量"就是"增减每个人利益总量"；反之亦然。因此，道德终极标准也可以归结为："增减全社会——亦即保障经济之发展、文化之繁荣、人际交往之自由安全、法之优良、政治之优良——和每个人利益总量"。

当然，道德终极标准的最确切的表述是：增减每个人利益总量。但是，这一表述，特别适合于衡量每个人的行为之善恶——而不是一个社会所奉行的道德之优劣——因为与一个社会所奉行的道德不同，每个人的一时一事之行为，一般说来，不可能一一涉及经济、文化、人际交往、法和政治各个方面。比如说，衡量"一个人帮助盲人过街的行为"之善恶，显然不宜运用"增减经济、文化、人际交往、法和政治诸种利益总量"的道德终极标准；而只宜运用"增减每个人利益总量"的道德终极标准。

然而，一个社会所奉行的道德，却必然同时作用于经济、文化、人际交往、法和政治等一切方面。所以，具体衡量一个社会所奉行的道德之优劣的道德终极标准，则应该是：增减社会——亦即经济、文化、人际交往、法、政治——和每个人利益总量。这就是说，评价某种道德优劣，只应看它对全社会——亦即经济、文化、人际交往、法、政治——和每个人利益总量的效用如何：哪种道德促进经济和文化发展速度最快、保障人际交往的自由和安全的系数最大、使法和政治最优良、最终增进全社会和每个人利益最多，哪种道德便最优良；反之，则最恶劣。

细究起来，增减每个人利益总量是衡量一切行为之善恶和一切道德之优劣的道德终极标准，意味着：增进每个人利益和减少每个人损害总量的行为和道德，就是善的行为和优良道德；减少每个人利益和增进每个人损害总量的行为和道德，就是恶的行为和恶劣道德。因为所谓利益，正如边沁和穆勒所言，具有双重含义，一方面是积极的，指增进利益或快乐；他方面是消极的，指避免损害或痛苦：

"功利是指任何客体的这么一种属性：它倾向于给利益相关者带来利益、便利、快乐、好处或幸福（所有这些在此是同一概念），或者阻止利益相关者遭受损害、痛苦、灾祸或不幸（这些也同一概念）。"[①] "幸福意味着快乐与痛苦之免除；不幸则是痛苦和快乐之丧失。"[②]

但是，作为道德最终目的量化——亦即作为道德终极标准——的"增进每个人利益总量"，并不包括每个人所具有的美德。因为，如前所述，一切道德和美德，就其自身来说，不过是对于每个人的行为和欲望的规范、限制、压抑和侵犯，因而都是一种害和恶；就其结果和目的来说，却能够防止更大的害或恶和求得更大的利或善，因而都是净余额为善的恶，都是必要的恶。因此，道德目的不可能是自律的，不可能是为了道德、美德或道义自身，不可能是为了完善每个人的品德；而只能是他律的，只能是为了道德和品德自身之外的利益、幸福或功利。

准此观之，增减功利而非增减道义，增减每个人的利益而非增减每个人的美德，说到底，增减每个人的利益总量而非增减每个人的品德的完善程度，乃是评价一切行为善恶和一切道德优劣的道德终极标准。这是关于道德终极标准的真正堪称精确的表述。我们不妨沿袭传统而称之为"功利原则"或"功利主义原则"。因为功利主义大师边沁写道："功利原则乃是这样一种原则：赞成或不赞成任何一种行为的根据，是该行为增进还是减少利益相关者之幸福。"[③] 这意味着——功利主义集大成者穆勒

---

① Jeremy Bentham: *An Introduction to the Principles of Morals and Legislation*, Oxford: Clarendon Press, 1823, p. 2.

② Steven M. Cahn and Peter Markie: *Ethics: History, Theory, and Contemporary Issues*, New York: Oxford University Press, 1998, p. 347.

③ Jeremy Bentham: *An Introduction to the Principles of Morals and Legislation*, Oxford: Clarendon Press, 1823, p. 2.

补充说——"行为与意向只是因其促进美德以外的目的，才是美德。"[1] 20
世纪最大的功利主义论者摩尔则进一步解释说：

"功利主义当然的意义是：判断行为是非的标准就是行为增进每个
人的利益的趋势。利益通常意味着列为一类的各个不同善的一种，而这
些善之所以列为一类，仅仅由于它们是一个人通常为他自己想望的东
西，不过这种想望并不具有'道德的'一词所表示的心理特质罢了。因
此，'功利'一词意指，而且在古代伦理学中有系统地用来意指，作为
达到道德善以外的其他善之手段的东西。"[2]

这样，按照道德终极标准或功利原则，一方面，增减每个人的利益
总量——而非增减每个人的品德的完善程度——是评价一切行为善恶的
终极标准。这就是说，评价行为是否应该、是否道德，不能看它对行为
者的道德、品德、道义的效用如何，而只能看它对每个人利益的效用如
何：凡是增进每个人利益总量的行为，不论它的品德境界如何不理想、
不完善，也都是应该的、道德的；凡是减少每个人利益总量的行为，不
论它的品德境界多么理想、完善，也都是不应该、不道德的。

就拿被我们多年来一直批判的"为己利他"来说。这种行为确实不
够高尚，甚至如冯友兰和康德所说，是一种巧于算账的行为。但是，这
种行为显然只能增进而绝不会减少每个人的利益总量，因而便是应该的、
道德的行为。反之，再没有比"自我牺牲"更高尚的行为了。然而，细
究起来，恐怕无人否认：这种行为只是在利益发生冲突、己他不能两全
的情况下，才是应该的、道德的；而在利益不发生冲突、己他可以两全
的情况下，则是不应该、不道德的。为什么？岂不就是因为在利益不发生
冲突的情况下，自我牺牲减少了每个人的利益总量？所以，西季威克说：

---

[1]　Steven M. Cahn and Peter Markie: *Ethics: History, Theory, and Contemporary Issues*, New York: Oxford University Press, 1998, p. 363.

[2]　摩尔：《伦理学原理》，商务印书馆，1983 年，第 114 页。

"如果人们的经常行为，出于其他动机比出于纯粹博爱动机，能更令人满意地实现普遍幸福，那么，根据功利主义原则，显然只有选择这些其他动机才是合理的。"①

另一方面，增减每个人的利益总量——而非增减每个人的品德的完善程度——是评价一切道德优劣的终极标准。这就是说，评价某种道德优劣，绝不能看它本身如何，也不能看它对每个人的道义、品德、道德的效用如何，而只能看它对每个人利益的效用如何：哪种道德对人的欲望和自由侵犯最少、促进经济和文化发展速度最快、保障人际交往的自由和安全的系数最大、使法和政治最优良、最终增进每个人利益最多、给予每个人的利与害的比值最大，哪种道德便最优良；反之，则最恶劣。因此，不管是哪种道德，不管它如何不理想不漂亮，只要它对人的欲望和自由侵犯较少，又能够把经济搞上去、能够让文化繁荣起来、能够保障人际交往之自由和安全、能够造就优良的法和政治、能够较大限度地增进每个人利益，从而给予每个人的利与害的比值较大，那么，它就是比较优良的道德。反之，不管它如何理想漂亮，只要它对于人的欲望和自由侵犯较重，使经济停滞、文化萧条、人际交往得不到自由和安全、法和政治恶劣，最终使每个人利益增进较少、从而给予每个人的利与害的比值较小，那么，它就是比较恶劣的道德。举例说：

利他主义道德把"无私利他"奉为评价人的行为是否道德的唯一标准。无疑，再没有比这种道德更理想更漂亮的了。但它却是最为恶劣的道德。因为，一方面，利他主义是对每个人的行为的道德要求最高的道德：它认为只要目的利己便是不道德的，而把道德的最高境界"无私利他"当作唯一道德的行为。所以，利他主义便是对每个人的欲望和自由侵犯最为严重的道德：它侵犯、否定每个人的一切目的利己的欲望和自由。另一方面，利他主义否定目的利己、反对一切个人利益的追求，也

---

① Henry Sidgwick: *The Methods of Ethics*, London: Macmillan and Co. Ltd., 1922, p. 413.

就堵塞了人们增进社会和他人利益的最有力的源泉。所以，利他主义是增进全社会和每个人利益最为缓慢的道德。合而言之，利他主义是给予每个人的害与利的比值最大的道德，因而也就是最为恶劣的道德。

反之，饱受批判和辱骂的利己主义却比利他主义优良，因为利己主义把利己不损人奉为评价行为是否道德的唯一准则。这样，一方面，利己主义对每个人的欲望和自由侵犯很少：仅仅侵犯、否定每个人的损人利己的欲望和自由。另一方面，利己主义肯定为己利他、鼓励一切有利社会和他人的个人利益的追求，也就开放了增进全社会和每个人利益的最有力的源泉。所以，利己主义是增进全社会和每个人利益较为迅速的道德。合而言之，利己主义是给予每个人的利与害的比值较大的道德，因而也就是比较优良——亦即比利他主义优良——的道德。

不难看出，道德与法律以及国家与政治，只是就其直接的具体的特殊的目的来说，才有所不同；而就其最终目的来说，则完全一样，都是为了增进每个人的利益。因为国家就是拥有最高权力的社会。任何权力无疑必然都产生、形成和起源于社会成员的普遍同意；任何两个以上的人就某种利益交换关系所达成的同意无疑都是契约。于是，最高权力或国家便与法律、道德和政治一样，必然直接产生、形成和起源于契约。这样一来，国家、政治、法律和道德的最终目的，显然便同样都是为了每个契约的缔结者——亦即每个国民——谋利益。这就是为什么道德最终目的——增进每个国民利益——既是国家最终目的，也是法律最终目的，也是政治最终目的：四者实为同一概念。

因此，"增减每个人利益总量"不仅是衡量道德优劣和行为善恶的道德价值终极标准，也是衡量法律好坏的法律价值终极标准，也是衡量政治好坏的政治价值终极标准，说到底，也是衡量国家制度好坏的国家制度价值终极标准。最早发现这一标准者，当推亚里士多德。因为他一再说，国家的最终目的是为了每个国民谋利益、最充分地满足每个人生存和发展需要，使每个人实现"最优良的生活"或"自足而且至善的生活"：

"城邦是若干生活良好的家庭或部族为了追求自足而且至善的生活，才行结合而成的。"[①] "城邦的目的是人类所可能达到的最优良生活。"[②] "城邦的长成出于人类生活的发展，而其实际的存在却是为了'优良的生活'。"[③] "城邦不仅为生活而存在，实在应该为优良的生活而存在。"[④]

伟哉斯言！不过，更确切些说，"增减每个人利益总量"乃是道德终极总标准、法律终极总标准、政治终极总标准和国家制度终极总标准。因为这一标准在不同情况下有不同表现，从而衍生出四个终极分标准，亦即最大利益净余额标准、最大多数人最大利益标准、无私利他标准和无害一人地增进利益总量标准。

2 最大利益净余额：利益冲突的终极标准

"增进每个人利益总量"是道德终极标准、法律终极标准、政治终极标准和国家制度终极标准。然而，问题是，在人们利益发生冲突而不能两全的情况下，增进每个人利益是不可能的。在这种情况下，一方面，要增进一些人利益，必然减少另一些人利益，不可能增进每个人利益；另一方面，要使一些人避免受害，必然使另一些人受害，不可能使每个人都避免受害。

在这种情况下，只可能增减"利益净余额"。所谓利益净余额，一方面是增进的利益与减少的利益之余额；另一方面则是避免的损害与遭受的损害之余额。如果"增进的利益小于减少的利益"或"避免的损害小于遭受的损害"，净余额便是害而不是利，便是减少了利益净余额；如果"增进的利益大于减少的利益"或"避免的损害大于遭受的损害"，净余

---

① 亚里士多德:《政治学》，吴寿彭译，商务印书馆，1965 年，第 140 页。
② 同上书，第 364 页。
③ 同上书，第 7 页。
④ 同上书，第 137 页。

额便是利而不是害，便是增进了利益净余额。

在这种情况下，显然应该"选择最大利益而牺牲最小利益"和"选择最小损害而避免更大损害"，从而使净余额的利益达到最大限度：这就是所谓"最大利益净余额标准"。西季威克在概括该标准时便这样写道："最大幸福意味着：快乐超过痛苦之最大净余额。"① 彼彻姆亦如是说："（1）如果一个行为或实践在全社会能够导致最大利益和最小损害时，那么，这一行为或实践就是正当的；（2）义务和正当的概念从属于、决定于最大利益净余额。"②

这样一来，最大利益净余额标准便具有正与反——或积极与消极——两方面内容。正面或积极方面，是在"增进一些人利益必定减少另一些人利益情况下"的最大利益净余额标准，可以概括为"两利相权，取其重"：应该选择最大利益而牺牲最小利益。因为在这种情况下，选择最大利益而牺牲最小利益，结果是最大利益净余额。举例说：

原始社会物质财富匮乏，如果按劳分配从而多劳者多得而享有非基本经济权利（非人权经济权利），那么就会有人饿死而享受不到基本经济权利（经济人权）；如果平均分配从而人人平等享有基本经济权利（经济人权），那么，多劳者便不可能多得而享有非基本经济权利（非人权经济权利）。怎么办？原始社会选择的是平均分配：这种选择完全正确。因为所有人的经济人权，无疑远远大于某些多劳者的非人权经济权利：选择所有人的经济人权而牺牲某些多劳者的非人权经济权利，结果是最大利益净余额。

"最大利益净余额"的反面或消极的方面，是在"使一些人避免损害必定导致另一些人遭受损害情况下"的最大利益净余额标准，可以概括为"两害相权，取其轻"：选择最小损害而避免更大损害。因为在这种情

---

① Henry Sidgwick: *The Methods of Ethics*, London: Macmillan and Co. Ltd., 1922, p. 413.

② Tom L. Beaucham: *Philosophical Ethics*, New York: McGraw-Hill Book Company, 1982, p. 73.

况下，选择最小损害而避免更大损害，结果是最大利益净余额。就拿今日西方伦理学界十分流行的关于"电车"的理想实验来说。一辆失控飞驰而来的电车，如果不驶向左面的铁道轧死 1 人，就必定或者驶向右面的铁道轧死 5 人，或者驶向中间铁道轧死 3 人。电车的司机应该驶向哪一条铁道？应该驶向左面的铁道轧死 1 人。因为这样做，是选择最小损害（轧死 1 人）而避免更大损害（轧死 5 人或 3 人），结果是最大利益净余额。

合而言之，"最大利益净余额"便是选择最小损害而避免更大损害、选择最大利益而牺牲最小利益，便是最小地减少不得不减少的利益、而最大地增进可能增进的利益，从而使净余额的利益达到最大限度。最大利益净余额不但是解决人们利益发生冲突而不能两全的道德终极标准、法律终极标准、政治终极标准和国家制度终极标准，而且是解决自我各种利益冲突而不能两全的善待自我的终极标准。试举一例：

我既想放纵情欲，尽情玩乐；又想健康长寿，长视久生：二者发生冲突，不可得兼。怎么办？我们都知道，应该选择健康长寿而牺牲放纵情欲。可是，理由何在？无非是因为，健康长寿的利益大于放纵情欲的利益：选择健康长寿而牺牲放纵情欲，净余额是利；选择放纵情欲而牺牲健康长寿，净余额是害；选择健康长寿而牺牲放纵情欲，符合最大利益净余额标准。

最大利益净余额乃是解决一切利益冲突——不论是他人之间的利益冲突，还是己他之间的利益冲突，抑或自我各种利益之间的冲突——的道德终极标准，因而也就不能不因利益冲突的类型不同而有不同表现。这些表现，主要讲来，可以归结为两大类型：最大多数人最大利益和无私利他。

3 最大多数人最大利益：他人之间利益冲突的终极标准

人们的利益冲突，主要讲来，可以分为两类：一类是自我利益与他人利益之间的冲突；另一类是他人之间的利益冲突。自我利益与他人利益的冲突，亦即己他利益冲突，也就是自我利益与社会利益、他人利益的冲突：社会利益，对于自我来说，可以看作是他人利益的集中表现。他人之间的利益冲突，主要讲来，则可以归结为多数人与少数人的利益之冲突。

从国家治理的眼光来看利益冲突，其最重要者，无疑莫过于他人之间的利益冲突。在这种情况下，一般说来，无疑应该保全最大多数人最大利益而牺牲最少数人最小利益。因为在这种情况下，一般说来，保全最大多数人最大利益而牺牲最少数人最小利益，其净余额是最大的利益，符合最大利益净余额标准，因而是应该的、善的、好的和具有正价值的；反之，如果保全最少数人最小利益而牺牲最大多数人最大利益，其净余额是最大的损害，违背最大利益净余额标准，因而是不应该的、恶的、坏的和具有负价值的。这个道理，车尔尼雪夫斯基讲得十分清楚：

"经常有这样的情况，即各个民族同各个等级之间的利益相抵触，或者同全人类的利益相抵触；同样，也经常会有这样的情况，即个别等级的利益同全民族的利益相抵触。在上述一切情况下，便产生关于有利于一些人和有害于另一些人的利益的行为、制度或关系的性质的争论……在这种情况下，理论上的正义性究在哪一方，这并不难于解决。全人类的利益高于个别民族的利益，全民族的利益高于个别等级的利益，多数等级的利益高于少数等级的利益。在理论上，这一次序是毋庸置疑的。它只是把几何公理——'整体大于部分'、'大数大于小数'——运用到社会问题上来罢了。"[①]

可见，在他人之间发生利益冲突的情况下，应该保全最大多数人最大利益而牺牲最少数人最小利益，从而使利益净余额达到最大限度：这就是所谓"最大多数人的最大利益"或"最大多数人最大幸福"标准。这个标准，如所周知，原本为边沁所确立。他曾将这一标准概括为一句

---

① 《十八—十九世纪俄国哲学》，商务印书馆，1988年，第348页。

话："最大多数人最大幸福是正确与错误的衡量标准。"①但是，他坦然承认："我记得非常清楚，最初我是从贝卡利亚论犯罪与惩罚那篇小论文中得到这一原理的第一个提示的。"②边沁指的是贝卡利亚这一段话：

"法律本来应由有德性的冷静的监督者来执行，他们懂得如何将大多数人的行为集中到一点上，使它们只有一个相关的行为目的，即'最大多数人的最大量幸福'。"③然而，真正讲来，这一标准的最早表述者，恐怕是赫起逊。他早就这样写道："德行是善的量与享受的人数的乘积。同样，道德的恶或罪，则视不幸的程度以及受损者之数目而定。所以，凡产生最大多数之最大幸福的行为，便是最好的行为；反之，便是最坏的行为。"④

"最大多数人最大利益"或"最大多数人最大幸福"标准，也可以叫作"最少数人最小损害"或"最少数人最小不幸"标准。因为不言而喻，按照这一标准，不但应该最大地增进最大多数人的最大利益，而且应该最小地减少最少数人的最小利益，从而使利益净余额达到最大限度。这个道理，也可以用那辆失控电车的理想实验来说明：如果把它驶向左面铁道，将压死5个人；如果驶向右面铁道，将压死1人；如果驶向中间铁道，将压死2人。那么，应该将它驶向哪个铁道？显然应该驶向右面铁道，压死1人而避免压死5人或2人。因为这样的选择导致的是最少数人最小不幸和最大多数人的最大利益，从而使利益净余额达到最大限度，符合最大利益净余额标准。

不难看出，这一标准不但直接推导于"最大利益净余额"标准，是解决人们利益冲突的"最大利益净余额"之终极分标准的体现；而且也直接推导于"增减每个人利益总量"终极总标准，是"增减每个人利益

① 边沁：《政府片论》，沈叔平译，商务印书馆，1995年，第92页。
② 同上书，第38页。
③ 引自周敏凯：《十九世纪英国功利主义思想比较研究》，华东师大出版社，1991年，第55页。
④ 周辅成编：《西方伦理学名著选辑》上卷，商务印书馆，1954年，第807页。

总量"之终极总标准的体现："最大多数人最大利益"是解决利益冲突的近似的终极总标准。因为在人们利益发生冲突不能两全时，无疑只有保全最大多数人利益而牺牲最少数人利益，才最接近符合"保全每个人利益"：保全最大多数人利益，比保全最少数人利益，更接近保全每个人利益；牺牲最大多数人利益，比牺牲少数人利益，更接近牺牲每个人利益。

"最大多数人最大利益"标准既然直接推导于"最大利益净余额"和"增减每个人利益总量"标准，是这两个标准在利益冲突情况下的具体体现，那么，它就蕴涵着两个标准发生冲突的可能性。这种可能表现在：最大多数人的利益可能不是最大利益；最大利益可能是少数人利益。这样一来，只有保全少数人利益而牺牲最大多数人利益，才能得到最大利益净余额；反之，如果保全最大多数人利益而牺牲少数人利益，净余额便是负价值。那么，在这种情况下，应该牺牲最大多数人利益而保全少数人利益吗？如果答案是肯定的，那么，"最大多数人最大利益"或"最大多数人最大幸福"标准的名称就是不确切的了，而应该更名为"最大利益"或"最大幸福"标准了。这就是诱使边沁把贝卡利亚和赫起逊的"最大多数人最大幸福"标准更名为"最大幸福"标准的陷阱。就此，蒙塔占曾这样写道：

"边沁有时把他的原理说成是最大多数人的最大幸福，有时又简单地说成是最大幸福的原理，最后他还是倾向于选用后一个公式。……这种最大量幸福可能是少数人所享受的集中幸福，而不是多数人所享受的分散的幸福。在抽象的意义上，他会认为这是有可能的。他之所以不谈最大多数人，似乎就是受到这一抽象可能性的影响。"①

那么，果真可以像边沁那样，把"最大多数人最大幸福"标准更改为"最大幸福"标准吗？如果像边沁所说的那样，最大幸福是保全少数人的集中的利益而牺牲多数人的分散的利益，那么，应该保全少数人的

---

① 边沁：《政府片论》，沈叔平译，商务印书馆，1995年，第36页。

集中的利益而牺牲多数人的分散的利益吗？答案是否定的。因为任何道德标准——"最大利益净余额"也不例外——与道德终极总标准发生冲突，都应该服从道德终极总标准。道德终极总标准"增减每个人利益总量"的关键词，乃是"每个人"，而不是"利益总量"；因为它与"最大利益净余额"诸道德终极分标准的区别，显然是"每个人"，而不是"利益总量"。因此，如果增进每个人利益，即使比增进一些人的利益而减少另一些人的利益，就利益总量来说，少得多；那么，按照道德终极总标准，也应该增进每个人利益，而不应该增进一些人的利益、减少另一些人的利益，以求得最大利益净余额。

因为道德契约的目的、道德目的、道德终极标准乃是增进每个立约者、每个人利益总量，而并不是最大利益净余额，也不是增进一些人或大多数人利益总量；最大利益净余额和最大多数人最大利益标准，不过是在利益冲突因而不可能增进每个人利益情况下的权宜之计罢了。这样，增进一些人利益而减少另一些人利益，不论如何能够增进利益总量，不论如何符合最大利益净余额标准，也都只有在不可能增进每个人利益总量的情况下——亦即在利益发生冲突而不能两全的情况下——才是正当的；而在可能增进每个人利益总量的情况下——亦即在利益不相冲突的情况下——则不论增进每个人利益所造成的利益净余额是如何小，不论增进一部分人的利益而减少另一部分人利益会达到何等巨大的利益净余额，也都只有增进每个人利益才是正当的。

于是，推此可知：在人们利益发生冲突时，即使增进少数人利益比增进最大多数人利益，更能够增进利益总量，更能够使利益净余额达到最大限度，也不应该增进少数人利益而牺牲最大多数人利益。因为在这种情况下，只有保全最大多数人利益而牺牲最少数人利益，才最接近符合"增进每个人利益总量"终极总标准：增加多数人利益，比增加少数人利益，更接近增加每个人利益；减少多数人利益，比减少少数人利益，更接近减少每个人利益。因此，在多数人利益与少数人利益发生冲突时，即使少数人利益价值大于多数人利益价值，也应该保全多数人利益而牺牲少数人利益。这样做，虽然违背"最大利益净余额"，却最接近符合"增进每个人利益总量"："最大利益净余额"等任何价值标准与终极总标准"增进每个人利益总量"发生冲突都应该服从终极总标准。

这样一来，"最大多数人最大利益标准"虽然推导于"最大利益净余额标准"，却因其最接近于"增进每个人利益总量标准"，从而对于"最大利益净余额标准"具有绝对的优先性。还是拿那个电车的理想实验来说。假设道岔右边站着的那一个人是伟大的价值极大的物理学泰斗爱因斯坦，而左边的那5个人则是加起来价值也远远小于爱因斯坦的芸芸众生，于是压死爱因斯坦的净余额是负价值，而压死5个芸芸众生的净余额是正价值。那么，究竟应该压死谁？正确的答案是：应该压死伟大的爱因斯坦而保全5个芸芸众生！因为压死爱因斯坦而保全5个芸芸众生，虽然违背"最大利益净余额标准"，却因其符合"最大多数人最大利益标准"，而最接近符合"增进每个人利益总量"终极总标准："保全多数人利益"比"保全少数人利益"更接近符合"保全每个人利益"。

因此，在人们利益发生冲突不能两全的情况下，"最大多数人最大利益标准"优先于"最大利益净余额标准"，因而首先应该根据"最大多数人最大利益标准"，保全最大多数人的利益而牺牲最少数人利益；尔后才应该根据"最大利益净余额标准"，保全最大利益而牺牲最小利益，从而使利益净余额达到最大限度。举例说，如果在利益冲突而不能两全的情况下，最大多数一方的人数是总人口90%，就应该保全这90%人的利益而牺牲与其冲突的10%的人的利益；即使相反的选择会达到更大的、最大的利益净余额。如果最大多数一方的人数是51%，就应该保全这51%人的利益而牺牲49%的人的利益；即使相反的选择会达到更大的、最大的利益净余额。只有在冲突双方的人数都是50%的情况下，保全哪一方的利益净余额最大，才应该保全那一方，而牺牲另一方。

但是，这些情况无疑统统都是例外而不是常规。按照常规，"最大利

益净余额标准"与"最大多数人最大利益标准"是完全一致的。因为按
照常规，最大多数人的利益无疑都是最大利益；最少数人的利益，无疑
都是最小的利益；因而只要保全最大多数人的利益而牺牲最少数人的利
益，就能够得到最大利益净余额："最大利益净余额"与"最大多数人最
大利益"一般是一致的。所以，蒙塔古接着写道："边沁始终认为，实际
上，最大量的幸福只有采取措施，谋求最大多数人的幸福时才能达到。"[①]

　　总之，最大多数人最大利益——亦即应该保全最大多数人最大利益
而牺牲最少数人最小利益，从而使利益净余额达到最大限度——是解决
他人之间利益冲突的道德终极标准。按照这一标准，在他人之间利益冲
突的任何情况下，都应该保全最大多数人利益而牺牲最少数人利益；即
使最大的利益例外地是最少数人的利益，而不是最大多数人的利益。因
此，"最大多数人最大幸福"标准的关键词，乃是"最大多数人"，而不
是"最大幸福"：最大多数人最大幸福，是最大多数人的最大幸福。所
以，这一标准绝不可以省略"最大多数人"而更改为"最大幸福"。因为
最大幸福毕竟有可能——不论这种可能性是如何小如何例外——是少数
人的幸福，而不是最大多数人的幸福。

4　无私利他：己他利益冲突的终极标准

　　人们的利益冲突，从每个人的角度看，最重要的是己他利益冲突，
亦即自我利益与社会和他人利益之冲突。在这种情况下，"最大利益净余
额"和最大多数人最大利益标准表现为"自我牺牲"标准。按照这一标
准，便应该为了社会和他人的利益而牺牲自我利益，亦即害己利他、自
我牺牲；而不应该为了自我利益而牺牲社会和他人利益，亦即害他利己、
损人利己。因为一方面，自我仅仅是一个人，是最少数人；社会和他人

---

① 边沁：《政府片论》，沈叔平译，商务印书馆，1995年，第36页。

是自我之外的一切人，是最大多数人。因此，在自我利益与社会、他人利益发生冲突时，害己利他、自我牺牲符合最大多数人最大利益标准；反之，害他利己、损人利己则违背最大多数人最大利益标准。另一方面，社会和他人的任何利益，总体讲来，都大于自我的任何利益。所以，害己利他、自我牺牲，其差为利，利益净余额是增加了，符合最大利益净余额标准；反之，害他利己、损人利己，其差为害，利益净余额是减少了，违背最大利益净余额标准。

因此，西季威克说："当私人利益与最大多数人的最大幸福发生冲突时，功利主义比常识更严格地要求自我牺牲。"[1] 摩尔也这样写道："我认为，不论行为的结果对自己来说多么恶，或者会对自己的善造成多么大的损失，只要这个行为将对整体造成最善的结果，那么我们的义务便必然永远是履行这种行为。"[2]

诚然，在某些场合，当己他利益发生冲突时，利他之利可能小于利己之利。就拿当年那个闻名全国的案例来说。歹徒抢劫储蓄所，所里存有两万元人民币，工作人员柯华文与歹徒搏斗而壮烈牺牲。这里柯华文的利他之利不过两万元，显然小于其利己之利：生命。所以，在这种场合，柯华文利他害己、自我牺牲，其差是害；相反，如果柯华文听命于歹徒，利己害他、损人利己，其差是利。

但是，从总体上说，当利己与利他发生冲突、不能两全之时，每个人只有牺牲自我利益，才能保障社会存在发展；而只有社会存在发展，每个自我才能生存。否则，如果每个人在己他冲突不能两全时，不是自我牺牲而是损人利己，那么，人们便会彼此损害、乱成一团，从而社会也就不可能存在发展；社会不能存在发展，每个自我便不可能生存。

这样，自我牺牲，就某一具体场合来说，可能害大于利；但从总体

---

[1]　Henry Sidgwick: *The Methods of Ethics*, London: Macmillan and Co. Ltd., 1922, p. 499.

[2]　摩尔：《伦理学原理》，陈德中译，中国人民大学出版社，1985年，第116页。

上说，却既保全了社会，又保全了自我，因而利大于害。反之，损人利己，就某一具体场合来说，可能利大于害；但从总体上说，却既牺牲了社会，又牺牲了每个自我，因而害大于利。所以，对于自我牺牲等行为的利与害，西季威克曾这样分析道：

"一种行为可能害多于利——就这一点来说它必被功利主义所谴责——但是，就总体来说，这种行为却可能具有利多于害的倾向和特质。"①

可是，如果利他害己以致牺牲自我性命，从总体上说，也有利自我吗？是的。试想，如果没有社会，一个人独自生存，其死亡的可能性几乎是百分之百，显然远远大于他生活于社会中——当自我性命与更重要的社会利益或他人性命发生冲突不能两全时——自我牺牲而死亡的可能性。所以，每个人在自我性命与更重要的社会利益、他人性命不能两全时，牺牲自我性命，确实极其有害自己；但是，如果每个人当此场合都不是牺牲自我，而是牺牲社会和他人，那么，社会便不会存在，每个人便会面临更大可能的死亡。因此，每个人当自我性命与更重要的社会利益、他人性命发生冲突时选择自我牺牲，从总体上看，是选择了一种较小可能的死亡，是利己。

对于这个道理，合理利己主义者爱尔维修曾举一例。他说，有一百个人因轮船失事滞留在一座无物可食的荒岛上，等待救援。终于到了这一天：如果不吃人，所有的人都会饿死。这时，每个人显然都会同意抽签，而中签者自我牺牲：被其他人吃掉。中签者自我牺牲是利己还是害己？表面看是害己。但从总体上看，却是利己。因为他选择了较小可能的死亡：他若不抽签，是百分之百的死亡；他抽签而自我牺牲，只是百分之一可能性的死亡。人们之所以认为自我牺牲有害自我，就是因为他们只见自我牺牲的现象而不见其实质，只见自我牺牲的具体场合而不见其总体联系。

---

① Henry Sidgwick: *The Methods of Ethics*, London: Macmillan and Co. Ltd., 1922, p. 426.

可见，不论在何种场合，不论在该场合自我牺牲之差是多么大的害，而损人利己之差是多么大的利；从总体上看，自我牺牲之差却都是利，而损人利己之差却都是害。总体大于局部。所以，自我牺牲的总体之利，大于损人利己的局部之利，其最终净余额是利，是利益总量的增加。反之，损人利己的总体之害，大于自我牺牲的局部之害，其最终净余额是害，是利益总量的减少。因此，当自我利益与社会、他人利益发生冲突、不能两全时，只有自我牺牲，才符合"最大利益净余额"原则，才是应该的、道德的：自我牺牲是在自我利益与社会、他人利益发生冲突情况下的道德终极标准。

不过，人们对于自我牺牲含义的理解，往往过于狭窄：自我牺牲是无私利他的极端，是无私利他的最高境界。然而，真正讲来，不但凡是自我牺牲都是无私利他，而且凡是无私利他也都是自我牺牲。因为自我牺牲之为利益冲突的道德终极标准，显然意味着：自我牺牲是自我利益之牺牲。因此，自我牺牲包括自我性命之牺牲，但不必是自我性命之牺牲：只要是自我利益受到损失、压抑、侵犯，则不论这种利益如何微小，都属于自我牺牲范畴。

准此观之，任何无私利他便都是一种自我牺牲。因为，如前所述，道德规则无不压抑自我欲望、侵犯自我自由、损害自我利益，因而是一种必要的恶。只不过，目的在于善待自己的道德规则，如"节制"，压抑的是某些（亦即不理智的）利己欲望和自由，而实现另一些（亦即理智的）利己欲望和自由；因而属于以害己或利他的手段达到利己目的的单纯利己或为己利他的道德境界。反之，目的在于善待他人的道德规则，如"无私利他"，压抑的则是利己的欲望和自由而实现利他的欲望和自由；因而都属于害己以利他、自我牺牲的道德境界。

可是，如果一个人当下的欲望就是爱人、利人，那么，他因此而无私利他，也必须压抑他的利己欲望和自由吗？是的。因为每个人的时间和精力都是很有限的；可是，他的欲望——特别是利己欲望——却没有止境。他爱人，因而要无私利他；可是他也爱己，因而也要利己。所以，他要真正实现他的无私利他的欲望和自由，便必须压抑自己的利己欲望、放弃利己自由。一个人很爱他的父母。于是，当他得到1000元稿费的时候，便想用来孝敬父母。然而，他也爱自己，所以也想自己花用——若要孝敬父母而无私利他，岂不必须压抑自己花费它的欲望和自由？

所以，任何无私利他，至少都必须压抑、牺牲自己一定的利己的欲望和自由以及自己一定的时间和精力。这不就是自我利益之牺牲吗？看见一人落水挣扎，我救他上岸。按照通常理解，我如果未被淹死，便是无私利他；只有我被淹死才是自我牺牲。其实，我未被淹死，也是自我牺牲：牺牲了自我的时间、劳动、安全。路见乞丐，我给他一元钱。这是无私利他，也是自我牺牲：牺牲了自己一元钱。

可见，一切无私利他都是自我牺牲；一切自我牺牲也都是无私利他：自我牺牲与无私利他是同一概念。不过，从上可知，自我牺牲易生歧义、外延模糊；而无私利他则简单明了、外延明确。因此，作为自我利益与社会、他人利益发生冲突的道德终极标准，与其说是自我牺牲，不如说是无私利他，或者毋宁合而言之："无私利他、自我牺牲"是解决己他利益冲突的道德终极标准。那么，这是否意味着，在己他利益发生冲突的任何情况下都应该无私利他、自我牺牲？或者说，当自我利益与社会和他人利益发生冲突而不可两全时，应该无条件地绝对地无私利他、自我牺牲？否！

利他、自我牺牲之为解决己他利益冲突的道德终极分标准，并不是绝对的、无条件的：它不适用于类似于"尾生之信"那样的特殊情况。尾生是中国古代的一个青年男子，他和一个女子谈恋爱，约会在大桥底下。当尾生赴约来到桥下时，河流涨水，洪水上来了。尾生面临一个道德难题：是守信而留在大桥底下还是离开大桥而逃生失信呢？离开大桥可以自救，但是那样一来就要失信；要是守信而留在大桥底下就不能自救。自救是利己，守信是利她，二者不能两全。要活命自救，便要离开桥下失信于她，对于她是一种损害，岂不就是损人利己？但要守信利她，便要守在桥下自我牺牲。那么，尾生应该怎么办？

无私利他、自我牺牲是己他利益冲突的道德终极标准，似乎意味着：尾生应该守在桥下自我牺牲，而不应该离开桥下损人利己。尾生的实际选择也正是如此：他宁死而不失信，抱住桥墩活活淹死了。然而，现在我们都晓得，尾生的选择是错误的，他应该失信而逃离桥下。那么，这是否意味着，在类似情况下，损人利己是应该的道德的？亦非也！因为像尾生所遇到的这种情况，他失信自救，如果就失信自救这种行为的现象来看，确实是一种损人利己；但是，就其实质来说，却属于单纯利己范畴。因为失信之于那个女子，固然是对她的一种损害；但是，这种损害比起尾生的活命和死亡，无疑是极小极小的，是微不足道的无限小，以致可以当作零来看待。这样一来，尾生失信自救，表面是损人利己，实质岂不就是一种单纯利己？相反地，他宁死守信，表面是自我牺牲，实质岂不是一种纯粹害己？

这样一来，尾生宁死守信，用死亡之害己来换取守信之利她，不但在当下具体场合，其净余额是害和负价值，而且就社会总体来说，其净余额也是害和负价值。如果尾生失信自救，不但在当下具体场合，其净余额是利和正价值，而且就社会总体来说，其净余额也是利和正价值。因为，如果每个人都像尾生那样，与女人约会都宁死守信，男人岂不就死光了吗？如果每个人都像尾生那样，只要自己的生命与他人的蝇头小利发生冲突，就自我牺牲而用自己的死亡来保障他人的蝇头小利，那么，每个人岂不早就统统死光了吗？还能有什么社会存在发展可言？相反地，岂不只有失信自救，男人们才能活下来，岂不只有牺牲他人的蝇头小利而保全自己的生命，每个人才能活下来，从而社会才能够存在发展吗？所以，尾生宁死守信，不论就当下具体场合还是就社会总体来说，其净余额都是害和负价值。这就是为什么，尾生应该失信自救，而不应该宁死守信的缘故，这就是为什么尾生之信实属愚忠愚孝而被历代嘲笑的缘故：它的表面是无私利他自我牺牲而实质则是纯粹害己的具有负道德价值的不道德的行为。

因此，无私利他、自我牺牲之为解决己他利益冲突的道德终极分标准，完全是相对的有条件的；它与诸如"诚实"等道德规范一样，只适用于正常的一般的情况，而不适用于非常的例外的情况。当己他利益发生冲突时，只有在他人利益总体说来大于自我利益的条件下，才应该无私利他自我牺牲。反之，在他人利益总体说来远远小于自我利益的情况下，便不应该无私利他自我牺牲，而应该保全自我利益，放弃和牺牲他人利益。因为在这种情况下，自我牺牲实质是一种纯粹害己的具有负道德价值的行为；而牺牲他人实质上是一种单纯利己的具有正道德价值的行为。这就是为什么德国大伦理学家包尔生说：如果一个人偷一块面包就可以活命，否则就可能饿死，那么，他偷一块面包就是应该的、道德的。[①]

5 无害一人地增进利益总量：利益可以两全情况下的终极标准

"最大利益净余额"和"最大多数人最大利益"以及"无私利他"三个标准，都仅仅是利益冲突而不能两全情况下的终极标准，都仅仅是终极总标准"增进每个人利益总量"在利益冲突而不能两全情况下的体现。那么，在人们利益一致、不发生冲突或可以两全的情况下，终极标准是什么？或者说，在这种情况下，终极总标准"增进每个人利益总量"的具体表现是怎样的？

在利益一致不相冲突或虽然冲突却可以两全的情况下，终极总标准"增进每个人利益总量"便具体化为"不损害任何人地增加利益总量"或

---

① Friedrich Paulsen: *System of Ethics*, translated by Frank Thilly, New York: Charles Scribner's Sons, 1899, p. 224.

"无害一人地增进利益总量"标准。按照这一标准，便应该不损害任何一个人地增加人们的利益，便应该无害一人地增进每个人利益或一些人利益，便应该使每个人的境况变好或使一些人的境况变好而不使其他人的境况变坏。这是因为，终极总标准是"增进每个人利益总量"，而并不是"增进最大利益净余额"或"最大多数人最大利益"和"无私利他"：最大利益净余额、最大多数人最大利益或无私利他不过是在利益发生冲突因而不可能增进每个人利益情况下的无奈选择。

因此，在人们利益不相冲突或可以两全的情况下，也就只有无害一人地增进利益总量——亦即使每个人的境况变好或使一些人的境况变好而不使其他人的境况变坏——才符合"增进每个人利益总量"之终极总标准，因而才是好的、应该的、具有正价值的；反之，如果为了最大多数人最大利益而牺牲最小少数人最小利益，那么，不论这样做可以使利益净余额达到多么巨大的、最大的程度，不论这样做可以给最大多数人造成多么巨大的、最大的幸福，便都违背了"增进每个人利益总量"之终极总标准，因而便都是不好的、不应该和具有负价值的。举例说：

假设损害一小撮人，某国家就会突飞猛进，从而给最大多数人带来极为巨大的幸福，使利益净余额达到最大限度。反之，如果不损害一小撮人，该国家最大多数人也并不会受到任何损害；但该国家却会发展较慢，从而最大多数人得不到最大幸福、利益净余额达不到最大限度。在这种情况下，怎样做才是应该的？如果选择前者，损害一小撮人而使最大多数人得到最大幸福，那么，既不符合"增进每个人利益总量"之终极总标准，更不符合利益不相冲突情况下的"无害一人地增进利益总量"之终极分标准，因而是不应该的；只有选择后者，不损害任何人，即使该国家因此而停滞不前，也符合"增进每个人利益总量"之终极总标准，符合利益不相冲突情况下的"无害一人地增进利益总量"终极分标准，因而是应该的。

哈曼曾由此设计了两个著名的理想实验，不但难倒了自己，也一直令中西学者困惑不已。一个理想实验是这样设计的：一个医生，如果把极其有限的医药资源用来治疗一个重病人，另外5个病人就必死无疑；如果用来救活这5个病人，那个重病人就必死无疑。医生显然应该救活5人而让那一个重病人死亡。反之，另一个理想实验是这样的。有5个分别患有心脏病、肾病、肺病、肝病、胃病的人和一个健康人。这5个病人如果不进行器官移植，就必死无疑；如果杀死那个健康人，把他的这些器官分别移植于这5个病人身上，这5个病人就一定能活命，而且会非常健康。医生应该怎么办？显然不应该杀死那一个健康人而救活这5个人。[①] 问题恰恰就在于：为什么第一个案例应该为救活5人而牺牲1人，第二个案例却不应该为救活5人而牺牲1人？

原来，其中的奥妙就在于，在第一个案例中，5个人与1个人的利益发生了冲突：保全5个人的利益必定损害那一个人的利益：5个人要活命必定导致那一个人死；反之亦然。因此，在这种情况下，医生救活5人而让那一个重病人死亡，符合利益冲突时的终极标准——最大多数人最大利益标准和最大利益净余额标准——因而是应该的。反之，在第二个案例中，5个病人与那一个个健康人的利益并没有发生冲突：保全这个健康人的利益和性命，并没有损害那5个病人的利益和性命；这个健康人的利益和性命并不是用那5个病人的利益和性命换来的。因为并不是这个健康人要活命，就必定导致那5个病人的死；也不是那5个病人的死亡，才换来了这个健康人的活命。那5个人的死亡是他们的疾病所致，而与这一个健康人的活命没有任何关系。没有关系，怎么会发生利益冲突呢？因此，在这种利益不相冲突的情况下，医生如果为救活5个病人而杀死那一个健康人，虽然符合利益冲突时的终极标准（亦即最大多数人最大利益标准和最大利益净余额标准），却违背了利益不相冲突的终极标准（亦

---

① Louis P. Pojman: *Ethical Theory: Classical and Contemporary Readings*, Belmont, California: Wadsworth Publishing Company, 1995, pp. 478-479.

即无害一人地增进利益总量），因而是不应该的。这就是为什么第一个案例应该为救活 5 人而牺牲 1 人，第二个案例却不应该为救活 5 人而牺牲 1 人的缘故。

总之，"无害一人地增进利益总量"乃是终极总标准"增进每个人利益总量"在利益一致不相冲突或可以两全条件下的体现，是利益一致不相冲突或可以两全条件下的道德终极标准、法律终极标准、政治终极标准和国家制度终极标准。最早提出这一标准的，恐怕是孟子。他将这一标准概括为一句话："杀一不辜而得天下，不为也。"[①] 但是，真正证明这一标准的，并非政治学家和伦理学家，而是经济学家帕累托，因而被称为"帕累托标准"（Pareto Criterion）或"帕累托最优状态"（Pareto Optimum）。对于这一标准或状态，帕累托这样写道：

"我们看到，要取得一个集体的福利最大化，有两个问题待解决。如某些分配的标准为既定，我们就可以根据这些标准去考察哪些状态将给集体的各个人带来最大可能的福利。让我们来考虑任何一种特定状态，并设想作出一个与各种关系不相矛盾抵触的极小变动。假如这样做了，所有各个人的福利均增加了，显然这种新状态对他们每个人是更为有利；相反地，如各个人的福利均减少了，这就是不利。有些人的福利仍旧不变亦不影响这些结论。但是，另一方面，如这个小变动使一些人的福利增加，并使别人的福利减少，这就不能再说作此变动对整个社会为有利的。因此，我们把最大效用状态定义为：作出任何种微小的变动不可能使一切人的效用，除那些效用仍然不变者外，全都增加或全都减少的状态。"[②]

可见，所谓"帕累托最优状态"乃是这样一种状态：当且仅当该状态没有一种改变能使一些人的境况变好而又不使至少一个人的境况变坏。

---

① 《孟子·公孙丑下》。
② 转引自胡寄窗：《1870 年以来的西方经济学说》，经济科学出版社，1988 年，第 191 页。

这一状态之所以为最优状态的依据，则是所谓的"帕累托标准"，亦即"应该使每个人的境况变好或使一些人的境况变好而不使其他人的境况变坏"，简言之，"应该至少不损害一个人地增加社会的利益总量"："无害一人地增进利益总量"。

这就是新福利经济学大师帕累托高明于旧福利经济学大师庇古的根本之处。庇古根据边际效用递减规律——亦即一个人的财富越多其边际效用越小——得出著名的"收入应该均等化"的结论："假如有一个富人和十个穷人。从富人拿出一镑钱，并把它给予第一个穷人，总满足量就增加了。但是富人还是比第二个穷人富。所以，再转移一镑钱给第二个穷人，就又增加了总满足量。如此转移，直到原来的富人不比其他任何人富裕为止。"[①] 庇古的错误，显然在于夸大"最大利益净余额标准"，不懂得这个标准仅仅是利益冲突不能两全情况下的终极标准；却误以为在任何情况下，只要能增进社会的利益净余额，都是应该的。反之，帕累托则确立了利益不相冲突情况下的终极标准：应该至少不损害一个人地增加社会的利益总量；如果损害了哪怕是仅仅一个人的利益，则不论增进了何等巨大的利益净余额，也都是不应该的。

二　道德终极标准性质

1　绝对性与相对性：道德终极标准的适用范围

总观道德终极标准或功利诸标准可知，所谓功利标准、道德终极标准——亦即国家制度好坏的终极价值标准——并非单一的价值标准；而

---

① 庇古："福利经济学的几个方面"，载《美国经济评论》，1951 年 6 月号，第 299 页。

是由若干标准构成的价值标准体系，是"一总两分"：一个总标准和两大系列分标准。总标准是在任何情况下都应该遵循的终极标准：增减每个人的利益总量。分标准系列1，是在人们利益不发生冲突而可以两全情况下的终极标准，亦即所谓"帕累托标准"：无害一人地增进利益总量。分标准系列2，则是在人们利益发生冲突而不能两全的情况下的终极标准："最大利益净余额"标准——它在他人之间发生利益冲突时表现为"最大多数人的最大利益"标准；而在自我利益与他人或社会利益发生冲突时表现为"无私利他"标准。

因此，相对性是道德终极分标准的基本性质。"无害一人地增进利益总量"标准，仅可能适用于利益一致不相冲突的情况，而不可能适用于利益冲突的情况；因为在利益冲突的情况下，不损害任何人的利益是不可能的。反之，"最大利益净余额"、"最大多数人的最大利益"和"无私利他"标准则仅仅应该运用于利益冲突的情况，而不应该运用于利益一致不相冲突的情况。因为在利益不相冲突的情况下，不论牺牲少数人利益还是牺牲自我利益都是不应该的。

不过，这些道德终极分标准的相对适用性有所不同："无害一人地增进利益总量"既然是利益一致情况下的道德标准，那么也就应该是恒久的道德标准；反之，"最大利益净余额"标准、"无私利他"和"最大多数人最大利益"则因其是利益冲突情况下的道德标准，因而应该是偶尔的道德标准。因为任何社会存在和发展的前提无疑是：人们的利益一致而不相冲突是正常的、常规的、一般的情况，因而是恒久的；反之，人们的利益发生冲突、不可两全则是例外的、非常的情况，因而是偶尔的。

然而，难道无私利他仅仅适用于利益冲突领域，因而仅仅应该是偶尔的道德终极标准吗？难道在人们的利益一致而不相冲突的情况下，就不应该无私利他吗？是的。因为，如前所述，无私利他与自我牺牲是同一概念：任何无私利他，至少都必须压抑、牺牲自己一定的利己的欲望和自由以及自己一定的时间和精力。这样，在利益不相冲突、可以两全

的情况下，无私利他便因其压抑、牺牲了自我欲望、自我利益而违背了
"无害一人地增进利益总量"的道德终极标准，因而是不应该、不道德
的；而只有"己他两利"、"为己利他"才符合"无害一人地增进利益总
量"的道德终极标准，才是应该的、道德的。

　　细究起来，一个人对于任何欲望和利益的压抑、放弃，都源于该欲
望、利益与其他欲望利益之冲突。我为什么应该有节制的美德而经常压
抑自己的欲望呢？只是因为我的各种欲望（如渴望长寿和酷爱饮酒）经
常冲突。如果我的欲望都符合理智而不相冲突（如渴望长寿和喜爱爬山）
我就不应节制、压抑这些欲望：在这种情况下，放纵显然比节制更能增
加自我利益总量。

　　同样，如果自我利益与他人利益并不冲突而可以两全，我为什么要
压抑自己的利己欲望而无私利他呢？我难道不应该既实现自己的利他欲
望，又实现自己的利己欲望，既为他人又为自己吗？我难道不应该己他
两利、为己利他？是的，应该为己利他、己他两利，而不应该无私利他。
因为在这种情况下，为己利他、己他两利比无私利他更能增加全社会和
每个人利益总量。这可以从两方面看：

　　一方面，无私利他似乎没有增加全社会和每个人利益总量。因为它
虽然增加了他人利益总量，却减少了自我利益总量。反之，为己利他则
显然增加了全社会和每个人利益总量，因为它不仅增加了他人利益总量，
而且增加了自我利益总量。另一方面，即使无私利他增加了全社会和每
个人利益总量，也必定远远少于为己利他所增加的全社会和每个人利益
总量。因为只有为己利他才具有——而无私利他则不具有——每个人增
进社会利益的最强大的动力：个人利益追求。西季威克也正是从这样的
见地出发，认为在一般的——即利益一致——情况下应该为己利他而不
该爱人如己、无私利他：

　　"首先，一般地说，由于每个人都更了解他自己的欲望与需要，也有
更多的机会来满足它们，他更能增进他自己的而不是他人的幸福。其次，

正是在自我利益的刺激下，大多数人的积极活力才最容易充分发挥出来。假如没有这种刺激，普遍幸福就会由于劳动创造的幸福手段的严重减少，以及——在某种程度上——由于劳动本身的减少而减少。由于这些原因，在实际生活中，每个人都像关心自己的幸福那样地关心他人的幸福是不会提高普遍幸福的。"[①]

可见，在利益不相冲突而一致的情况下，无私利他不仅违背了"无害一人地增进利益总量"之道德终极分标准，而且违背了"增加全社会和每个人利益总量"之道德终极总标准，因而是不应该、不道德的。

总而言之，道德终极分标准都是在一定条件下才应该遵循，而在另外的条件下则不应该遵循的，因而都属于相对道德范畴。然而，绝对性原本是道德终极标准的应有之义：如果它不是绝对的，不是在任何条件下都应该遵循的——而是相对的，是仅仅在一定条件下才应该遵循的——那么，它也就不成其为终极标准了。那么，道德终极标准的绝对性究竟在哪里？

原来，一方面，道德终极总标准"增减每个人利益总量"是绝对的；因为在任何条件下，显然都应该遵循道德终极总标准：增加而不是减少每个人利益总量。另一方面，道德终极分标准之和也是绝对的；因为在任何条件下，都应该遵循道德终极分标准之一：不是应该增加最大利益净余额、最大多数人最大利益和无私利他，就是应该不损害一人地增进利益总量。这样，道德终极分标准虽然属于相对道德范畴，但进整体说来，道德终极分标准之和却属于绝对道德范畴。

2 直接性与间接性：道德终极标准与其他道德规范的关系

道德终极标准是最普遍、最一般、最抽象、绝对的道德标准，因而

[①]　西季威克:《伦理学方法》，廖申白译，中国社会科学出版社，1993年，第443页。

极其稀少、贫乏、简单、笼统：一个总标准和两个系列分标准。然而，人类社会的伦理行为却极其复杂、具体、丰富、多样。因此，仅凭道德终极标准便不可能准确、迅速地指导每个人的一切伦理行为，不可能准确迅速地使每个人懂得他的一切伦理行为应该如何。于是，便须从道德终极标准引申、推演出与人类伦理行为相应的复杂、具体、多样的道德规范，从而才可以准确迅速地指导每个人的一切伦理行为。

举例说，仅凭"无害一人地增进利益总量"的道德终极标准，显然不可能准确迅速地使每个人知道他的婚姻行为应该如何。于是，便须从"无害一人地增进利益总量"引申、推演出与婚姻行为相应的道德规范"贞"与"不贞"："贞"符合"无害一人地增进利益总量"的道德终极标准，因而是婚姻行为应该如何的规范；"不贞"则违背"无害一人地增进利益总量"的道德终极标准，因而是婚姻行为不应该如何的规范。赖有"贞"与"不贞"，每个人便可以准确迅速地知道他的婚姻行为究竟应该如何了。

可见，道德终极标准与其他一切道德规范是依据和派生、绝对和相对的关系：道德终极标准是产生、决定和推导出其他一切道德的最终依据、最终标准，是在任何条件下都应该遵循的绝对道德；而其他一切道德——如仁爱、正义、平等、人道、自由、幸福、贵生、诚实、自尊、谦虚、勇敢、节制、智慧等——都不过是道德终极标准在各种具体条件下的引申、推演，因而都仅仅是在一定的、具体的条件下才应该遵循，而在另外的、其他的条件下则不应该遵循的道德，于是也就都是相对的，都属于相对道德范畴。

那么，这一切相对道德究竟在怎样的条件下应该遵循、在怎样的条件下不应该遵循？不难看出，它们只有在一般的、正常的、常规的、典型的条件下才应该遵循；而在例外的、非常的、极端的条件下则不应该遵循。因为它们都是在一般、正常条件下——而不是例外、非常条件下——从道德终极标准引申、推演出来的：它们只有在一般、正常条件下才符合道德终极标准；而在例外的、非常条件下则违背道德终极标准。就拿诚实与说谎来说：

为什么在一般的、正常的情况下应该诚实而不应该说谎？岂不就是因为在一般的、正常的情况下，诚实有利于他人、符合道德终极标准，而说谎则有害于他人、违背道德终极标准？然而，在例外的、非常的情况下，诚实却可能害人而违背道德终极标准；说谎则可能利人而符合道德终极标准。在这种情况下，便不应该诚实而应该说谎，如为了稳定军心而谎言援军将至、为了救治癌病患者而谎告所患非癌、为了安慰儿子阵亡的母亲而谎说儿子无事等，都符合道德终极标准，都是应该的、道德的。

可见，不论在什么条件下，每个人的行为都应该遵循道德。只不过在一般的、正常的情况下，既应该遵循道德终极标准，又应该遵循其他道德规范。因为在这种情况下，二者是一致的。反之，在例外的、非常的情况下，则只应该遵循道德终极标准，而不应该遵循其他道德规范。因为在这种情况下，二者是冲突的。于是，道德终极标准不论对于正常行为还是对非常行为都同样有意义：它既是正常行为又是非常行为所应遵循的道德。反之，其他道德则仅仅对正常行为有意义：它们仅仅是正常行为所应遵循的道德，其目的仅仅是为正常行为提供指导。

因此，在一般的、正常的情况下，为了迅速和准确地做出道德判断，我们不必通过道德终极标准，而是直接通过它所派生的具体道德规范——如诚实、节制、勇敢等——来判断行为是否道德的。在这种情况下，道德终极标准并不直接发生作用，而只是间接的最终的标准。只有在非常的、例外的、极端的情况下，当道德终极标准与它所派生的具体道德规范发生冲突的时候——如诚实便会害人而违背道德终极标准——我们才应该放弃具体道德规范而直接以道德终极标准来判断行为是否道德。所以，判断行为是否道德，只有在非常情况下，才直接依据道德终极标准；而在正常情况下，则完全依据道德终极标准所派生的其他道德规范。

　　总之，道德终极标准、功利标准，正如穆勒所说，对于伦理学的道德规范体系具有首要的意义：它不仅在正常情况下是科学地推导、制定其他一切道德准则的唯一标准，是"全部道德的基础"；而且在例外情况下是解决道德规则冲突、判断行为善恶的唯一标准，是"在各种原则之间发生冲突时进行判决的尺度"。①

3 行动主义与规则主义
——行动功利主义与规则功利主义以及行动义务论与规则义务论

　　围绕道德终极标准适用范围以及道德终极标准与其他道德规则的关系问题，伦理学界——特别是今日西方伦理学界——形成了行动功利主义（act utilitarianism）与规则功利主义（rule utilitarianism）以及行动义务论（act deontology）与规则义务论（rule deontology）之争。功利主义与义务论之分歧，如所周知，仅仅在于道德终极标准是什么；而无关道德终极标准适用范围以及道德终极标准与其他道德规范的关系问题。因此，行动功利主义与行动义务论（或规则功利主义与规则义务论）虽然对于道德终极标准是什么的观点完全相反——一切功利主义都认为道德终极标准是功利而非义务；反之，一切义务论都认为道德终极标准是义务而非功利——但是，它们对于道德终极标准适用范围及其与其他道德规则的关系之观点，却完全一致。所以，就我们这里所研究的问题——亦即道德终极标准适用范围以及道德终极标准与其他道德规则的关系——来说，行动功利主义与行动义务论乃是一种观点，可以名之为"行动主义"；反之，规则功利主义和规则义务论则是与之相反的另一种观点，可以名之为"规则主义"。

---

①　John Stuart Mill: *Utilitarianism*, Beijing: China Social Sciences Publishing House Chengcheng Books Ltd., 1999, p. 4.

行动义务论的代表，当推弗莱彻和 E. F. 卡里特（E. F. Carritt）；行动功利主义的代表，如所周知，则是斯马特。不过，有些人，如弗兰克纳，则把边沁、穆勒和摩尔也列入行动功利主义行列。[1]那么，究竟何谓行动义务论和行动功利主义？行动义务论和行动功利主义一样，都是一种否定道德规则的行动主义，亦即都是认为除了道德终极标准，其他一切道德规则对于衡量行为善恶都是无用的理论。它们根据"在例外的、非常的情况或境遇下——亦即在道德规范之间发生冲突的情况下——衡量行为善恶的标准，只能是道德终极标准而不可能是其他道德规范"的正确前提，便错误地得出结论说：在任何情况或境遇下，都只能以道德终极标准来判断行为是否道德；而其他一切道德规范对于衡量行为善恶都是无意义的。彼彻姆在论及卡里特的行动义务论时写道：

"卡里特认为，既然在几个道德规范发生冲突的任何情况下，只有一个道德规范可能被履行；那么，说这几个道德规范都应该被遵循就是无意义的了。"[2]

这种观点在弗莱彻境遇伦理学中得到最为系统的阐发。通过这些阐发，他得出结论说，境遇伦理学只有两个东西，一个是道德终极标准，亦即他所谓的"绝对的规范"；另一个则是具体境遇的计算方法："正如亚历山大·米勒所指出，境遇伦理学有一个绝对的成分和一个计算的成分。不过，更确切地说，境遇伦理学有一个绝对规范和一种计算方法。"[3]"全部其他的普遍规范（例如，'人应该说实话'和'人应该敬畏生命'）至多只是格言而绝非道德规范。在境遇伦理学看来，没有任何规范——完全没有。"[4]

[1]　William K. Frankena: *Ethics*, Englewood Cliffs, New Jersey: Prentice-Hall, Inc., 1973, p. 36.

[2]　Tom L. Beauchamp: *Philosophical Ethics*, New York: McGraw-Hill Book Company, 1982, p. 115.

[3]　Joseph Fletcher: *Situation Ethics*, Philadelphia: The Westminster Press, 1966, p. 27.

[4]　Ibid., 1966, p. 55.

行动功利主义的观点也是如此："行为功利主义仅仅运用功利原则来衡量行为。"① 斯马特自己也说："行动功利主义是这样的观点，它仅根据行动所产生的好或坏的整个效果，即根据该行动对全人类（或一切有知觉的存在者）的福利产生的效果，来判定行动的正确或错误。"② 这样一来，除了功利原则，其他一切道德规范也就都失去了存在的必要。所以，行动功利主义论者一再说，一切道德规范，都不过是"笨手笨脚的规则"、"行为的粗糙指导"："不论如何，行动功利主义者把这些规则看做只不过是一些笨手笨脚的规则，并且只把它们当作粗糙的指导来使用。"③

于是，行动义务论和行动功利主义的理论可以归结为一个公式：行动＝道德终极标准＋具体境遇。这就是行动义务论和行动功利主义为什么叫作行动义务论和行动功利主义的缘故：不要规范而只要行动——行动亦即道德终极标准＋具体境遇。更确切些说，行动义务论是只要一条道德终极标准而不要其他一切道德规则的义务论；行动功利主义是只要一条道德终极标准而不要其他一切道德规则的功利主义。它们的错误，说到底，显然在于夸大例外而抹杀常规、夸大道德规范之间的冲突情况而抹杀道德规范一致的情况，从而把"在道德规范发生冲突的例外情况下，衡量行为的善恶，除了道德终极标准，其他道德规范都是无效的"夸大成"在任何情况下，衡量行为的善恶，除了道德终极标准，其他一切道德规范都是无效的"。

规则功利主义的代表，主要是休谟和里查德·B.勃朗特。但是，据弗兰克纳说，许多人都拥护这种观点：从巴克莱主教到布兰特。④ 规则义务论的代表则是康德和罗斯。规则义务论与规则功利主义一样，都是

---

① Tom L. Beauchamp: *Philosophical Ethics*, New York: McGraw-Hill Book Company, 1982, p. 86.
② Ibid., p. 89.
③ Ibid.
④ William K. Frankena: *Ethics*, Englewood Cliffs, New Jersey: Prentice-Hall, Inc., 1973, p. 39.

一种规则主义：都是认为道德规范在任何情况下都是有效的、都应该遵守的理论。究其原因，不难看出，这是由于规则功利主义和规则义务论——与行动功利主义和行动义务论恰恰相反——把"在一般的、正常的情况或境遇下（亦即在道德规则之间不发生冲突的情况或境遇下），衡量行为善恶的直接标准不是道德终极标准，而是其他道德规则"，夸大成"道德终极标准在任何情况下都不是衡量行为善恶的直接标准"，因而主张在任何情况下，判断行为是否道德，都不能直接依据道德终极标准，而只应该直接依据基于道德终极标准的具体道德规范：具体的道德规则在任何情况下都是应该遵守的。

彼彻姆在论及勃朗特的规则功利主义时便这样写道："对于规则功利主义者，行为是通过诸如'不准剥夺人们的机会自由'这类规则确证的。这些规则又需要以功利原则来确证。"[①] 于是，不论情况如何特殊、例外，基于道德终极标准的道德规则便都不可不遵守：

"规则功利主义者坚持认为，规则自身在道德中占有核心地位，不能因为特殊情况的需要而被放弃。在特殊情况下放弃规则会危害道德规则的完整性及其存在。这些规则中的每一条之所以被人们接受，就是因为普遍地遵守这些规则比遵守任何可替换的规则（或没有规则）能产生更大的社会功利。"[②]

规则义务论者的观点亦然。例如，康德便认为，诚实等道德规则在任何情况下都应该被遵守。他举例说，当凶手打听被他追杀而逃到我们家里的人是否在我们家里，我们也应该诚实相告；即使这种诚实会导致被追杀者牺牲性命。因为"诚实是一个神圣而又绝对庄严的理性法令，不受任何权宜之计的限制。"[③]

---

① 彼彻姆:《哲学的伦理学——道德哲学引论》，雷克勤等译，中国社会科学出版社，1990年，第128页。
② 同上书，第137页。
③ 希赛拉·鲍克:《说谎》，张彤华、王丽影编译，吉林科学技术出版社，1989年，第252页。

　　总之，一切道德规则在任何情况下都是应该遵守的：这就是规则功利主义和规则义务论为什么叫作规则功利主义和规则义务论的缘故。可是，如果在任何情况下都应该遵守道德规则，那么，在道德规则与道德终极标准发生冲突的例外的、特殊的情况下，也就仍须遵守这些道德规则：这就意味着放弃、违背、不遵守道德终极标准。所以，与行动义务论与行动功利主义恰恰相反：规则义务论实质上是不要道德终极标准而只要基于道德终极标准的其他一切道德规则的义务论；规则功利主义实质上是不要道德终极标准而只要基于道德终极标准的其他一切道德规则的功利主义。它们的错误，显然与行动义务论以及行动功利主义恰恰相反：夸大常规而抹杀例外、夸大道德规范之间一致的情况而抹杀其冲突情况，从而把"一切道德规范只是在其不发生冲突的常规情况下，才是应该遵守的"夸大成"一切道德规则在任何情况下都是应该遵守的"。

　　于是，我们可以得出结论说，行动主义（行动功利主义与行动义务论）与规则主义（规则功利主义与规则义务论）都是关于道德终极标准适用范围及其与其他道德规则关系的片面的、错误的理论；真理则是：衡量行为的善恶，只有在非常情况下（亦即道德规范发生冲突的情况下）道德规范才是无效的，而只能直接依据道德终极标准；而在正常情况下（亦即在道德规范不发生冲突的情况下）则应该直接依据道德规范、最终依据道德终极标准。

三　道德终极标准理论

　　道德终极标准是什么，或许是伦理学最重要且最复杂的难题。因为围绕这个难题，自古以来，人们便一直争论不休，至今却仍然没有多大进展。面对这么多的分歧和这么少的进步，我们不禁油然而生穆勒当年之叹息："在今日人类的知识领域里，即使对于那些最为重大问题的思考仍然踌躇不前，也没有比解决历来争论不休的关于正当和不正当的道德标准问题更少进展、更令人失望了。"① 这些车载斗量、五花八门的争论，细考究去，可以归结为两大流派：功利主义与义务论。

1 义务论

"义务论"（deontology）亦称"道义论"（theory of duty）或"非目的论"（non-teleology），是与功利主义恰恰相反的关于道德终极标准的理论。它的主要代表，当推儒家、基督教伦理学家、康德、布拉德雷、普里查德、罗斯以及今日西方义务论美德伦理学家，如迈克尔·斯洛特和格雷戈里·维尔艾泽考·Y.特诺斯盖等人。义务论理论极为曲折幽晦、歧义丛生；它究竟是个什么东西，两千年来，人们一直未能说得清楚。因此，对于义务论的考察，便应以义务论原著为依据，特别应该以中外公认的义务论、道义论的代表——儒家和康德——的原著为依据。

义务论者无不是道德起源和目的自律论者。在他们看来，道德和美德并不是必要的恶，而是必要善，是一种必要的内在善、自身善，甚至是唯一无条件的、绝对的善。因此，道德的起源与目的便是自律的：道德起源于道德自身，起源于每个人完善自我品德的需要；目的在于道德自身，在于完善每个人的品德，实现人之所以异于禽兽、人之所以为人者。

从这种道德自律论出发，义务论者便合乎逻辑地得出结论说，行为是否道德，只能看它对行为者的道德、品德、道义的效用如何，而不能看它对全社会和每个人利益的效用如何：凡是能够使行为者品德达到完善、实现人之所以为人者的行为，不论它如何减少每个人和社会的利益总量，也都因其符合道德目的，而是应该的、道德的；凡是不能使行为

---

① Steven M. Cahn and Peter Markie: *Ethics: History, Theory and Contemporary Issues*, New York: Oxford Univertasity Press, 1998, p. 343.

者品德达于完善、不能实现人之所以为人者的行为，不论它如何增进每个人和社会的利益总量，也都因其不符合道德目的，而是不应该、不道德的。道义论大儒董仲舒把这一思想概括为一句千古名言："正其义不谋其利，明其道不计其功"。举例说：

"为己利他"行为无疑只能增进而绝不会减少全社会和每个人的利益总量，可是，为什么多年来一直遭到义务论的否定、反对和批判？岂不就是因为它——如康德和冯友兰所说——"是一种为自己占便宜的机智"①是一种"巧于算账"的行为②，因而不是品德完善境界、不能实现人之所以为人者？反之，无私利他，在义务论看来，则在任何情况下——不论在这种情况下，它比为己利他如何减少当事人的利益总量——都是应该的；因为在任何情况下，它都是品德的完善境界、都能够实现人之所以为人者。

这样一来，也就只有出于完善自我品德之心的、为完善品德而完善品德的行为——亦即只有出于义务心的、为义务而义务、为道德而道德的行为——才因其能够使行为者的品德达到完善境界而实现人之所以为人者、符合道德目的，从而是道德的、应该的；反之，不是出于完善自我品德之心的行为，不是出于义务心的行为，不是为完善品德而完善品德、为义务而义务、为道德而道德的行为，则都因其不能够使行为者的品德达到完善境界而实现人之所以为人者、不符合道德目的，从而都是不道德的、不应该的。对此，康德一再说：

"道德完善就是出于义务（即法则不仅是支配他行动的规则，而且是他行动的动机）而履行义务。"③ 所以，"道德的价值，则只当置在下面一个事实中，就是，行为必须是本于职责，即单单是为了法则才成立的。"④

---

① 康德：《道德形而上学原理》，苗力田译，上海人民出版社，1986年，第96页。
② 冯友兰：《三松堂全集》第四卷，河南人民出版社，1986年，第606页。
③ 《康德文集——哲学史上哥白尼似的革命家》，刘克苏等译，改革出版社，1997年，第358页。
④ 康德：《实践理性批判》，关文运译，商务印书馆，1960年，第83页。

新儒家冯友兰在解释孔子的道义论时也这样写道："义是事之'宜'，即'应该'。它是绝对命令。社会中的每个人都有一定的应该做的事，必须为做而做，因为做这些事在道德上是对的。如果做这些事只出于非道德的考虑，即使做了应该做的事，这种行为也不是义的。"[1]

可是，具体说来，究竟什么行为才是能够使人的品德达于完善、实现人之所以为人者的为义务而义务的行为？显然是，并且只能是为利人而利人的无私利他！因为人类的全部行为，无疑只有"无私利他"才是品德的完善境界，因而才符合使人的品德达于完善、实现人之所以为人者的道德之目的，才是道德的；而其他一切行为——亦即目的是为了自己的一切行为——则都因其不是品德的完善境界、不符合为了使人的品德达到完善而实现人之所以为人者的道德之目的，从而都是不道德的：无私利他是评价行为是否道德的唯一的终极标准。所以，康德说，利他必须是为了利他而利他，而绝不应该为了利己而利他：

"我应该努力提高他人的幸福，并不是从他人幸福的实现中得到什么好处，不论是通过直接爱好，还是间接理性得来的满足。"[2]因为自爱利己乃是人的动物性："人类里'动物性'的素质，可以概括之于物体的及纯机械的'自爱'的总名称之下，其间可勿需要理性。它只含有三点：一是自我保存；其次是借性欲以使种族繁衍，因而保育其后代；第三是合群交际，即社会欲望。从这三个种子里衔接着各种各样的恶德。"[3]

冯友兰进一步阐释说："求自己的利，可以说是出于人的动物的倾向，与人之所以为人者无干。为实现人之所以为人者，我们不能说，人应该求自己的利。……但求别人的利，则与人之所以为人者有干。为实现人之所以为人者，我们可以说，人应该求别人的利。"[4]

---

①　冯友兰：《中国哲学简史》，北京大学出版社，1985年，第52页。

②　康德：《道德形而上学原理》，苗力田译，上海人民出版社，1986年，第95页。

③　《康德的道德哲学》，牟宗三译，基督教辅侨出版社，1959年，第281页。

④　冯友兰：《三松堂全集》第四卷，河南人民出版社，1986年，第608页。

可见，义务论所反对的利、功利，仅仅是私利、目的利己，而不是公利、目的利他；不仅不反对公利、利他，而且它所谓的义务，说到底，恰恰是公利、利他。这一点，冯友兰说得极为透辟：

"儒家所谓义利的分别，是公私的分别。伊川说：'义与利，只是个公与私也。'孟子说：'鸡鸣而起，孳孳为善者，舜之徒也。鸡鸣而起，孳孳为利者，跖之徒也。'为义者，不是不为利；不过其所为的利，是公利而不是私利。"①

所以，义务论与功利主义的区别，并不在于是否讲利，而在于讲为谁谋利：功利主义认为应该谋取一切功利——不论是公利还是私利、为自己还是为他人；反之，义务论则认为不应该为自己而仅仅应该为他人谋取功利，不应该谋取私利、自我利益，而仅仅应该谋取公利、他人利益。

于是，总而言之，我们可以得出结论说：义务论是把道义（而不是功利）奉为道德终极标准的流派，是把增减每个人的品德完善程度（而不是增减每个人利益总量）奉为道德终极标准的流派，说到底，是把无私利他奉为唯一道德终极标准的流派。

2 功利主义

功利主义（utilitarianism）又称目的论（teleology），其代表人物，不仅有诸如苏格拉底、休谟、佩利、爱尔维休、霍尔巴赫、巴利、达尔文、斯宾塞、边沁、穆勒、包尔生、西季威克、摩尔、梯利等伟大先哲，而且如罗尔斯所说："在众多的现代道德哲学中，某些形式的功利主义一直居于主导地位。"②究其代表，当推斯马特和勃朗特以及今日西方功利主

---

① 冯友兰：《三松堂全集》第四卷，河南人民出版社，1986年，第610页。

② John Rawls: *A Theory of Justice*, Cambridge, Massachusetts: The Belknap Press of Harvard University Press, 1999, p. xvii.

义美德伦理学家冯·赖特等人。

正如义务论者都是道德起源和目的自律论者一样，功利主义论者都
是道德起源和目的他律论者。在功利主义论者看来，道德和美德与法律
一样，都是一种必要恶，因而道德的起源和目的便不能可是自律的，不
可能是为了道德自身、为了完善每个人品德；而只能是他律的，只能是
为了道德和美德之外的他物，亦即每个人的利益和幸福。所以，边沁写
道："一般说来，道德可以定义为这么一种艺术：它指导人们的行为以产
生利益相关者的最大可能量的幸福。"[①] 穆勒也一再说："幸福是道德的终
点和目的。"[②] 西季威克进而总结道：

"许多功利主义论者都坚信，人们相互作为道德规范所规定的全部行
为规范，实际上是——尽管部分是无意识地——作为达到人类或全部有
感觉的存在物的普遍幸福的手段而被规定的；而且，按照功利主义论者
更为流行的观点，无论这些规范的起源是什么，只有当奉行这些规则有
助于普遍幸福时，它们才是正确的。……这样一来，如果全部义务的目
的都在于普遍幸福，那么看起来，我们便又被引导到作为最终目的而被
绝对地规定的幸福概念：只不过现在所说的是普遍幸福而不是任何个人
的私人幸福。这也是我自己所坚持的功利主义原则的观点。"[③]

道德目的是衡量一切行为之善恶和一切道德之优劣的道德终极标准。
因此，功利主义认为道德目的只能是为了道德和美德之外的他物——只
能是为了增进每个人利益和幸福——便意味着：衡量一切行为之善恶和
一切道德之优劣的道德终极标准，只能是利益和幸福而不可能是道德和
美德。换言之，道德终极标准是功利而不是道义，是增减每个人的利益

① Jeremy Bentham: *An Introduction to the Principles of Morals and Legislation*, Oxford: Clarendon Press, 1823, p. 310.

② J. S. Mill: *Utilitarianism, Liberty and Representative Government*, London: J. M. Dent & Sons Ltd., 1929, p. 22.

③ Henry Sidgwick: *The Methods of Ethics*, London: Macmillan and Co. Ltd., 1922, p. 8.

总量而不是增减每个人的品德的完善程度。因此，功利主义或目的论乃是与义务论相反的学说：它是把功利（而不是道义）奉为道德终极标准的流派，是把增减每个人的利益总量（而不是增减每个人的品德的完善程度）奉为道德终极标准的流派。

因此，格雷戈里·维尔艾泽考·Y. 特诺斯盖在界定功利主义、目的论时这样写道："纯粹的目的论认为道德判断最终依据于善，这种善乃是独立于道德正当或美德而存在的东西，亦即快乐、欲望之满足或各种自身就是可欲的事物。"[1] 彼彻姆也这样写道："功利主义者认为，行为的道德价值决定于我们所努力争取的诸如快乐和健康这样一些非道德的内在价值之最大结果。"[2] 弗兰克纳说得就更清楚了："目的论认为，道德上正当与不正当或义务等的根本的或终极的标准，乃是非道德价值。"[3]

因此，用功利主义来称谓这种认为道德终极标准是功利和利益——而非道义和美德——的理论，是十分恰当的。可是，为什么这种理论又被称作"目的论"呢？特别是，为什么今日西方和中国越来越多的学者——竟然不忌讳与哲学上的"目的论"重名——宁可称之为"目的论"，而不是"功利主义"？[4]

原来，这种称谓的始作俑者，是包尔生和他的拥护者梯利。两人都是功利主义论者。但是，在他们看来，边沁和穆勒的功利主义乃是一种普遍快乐主义。为了避免把功利主义和快乐主义混淆起来，他们就用目的论一词取代功利主义一词。包尔生写道：

"'功利主义'一词源自边沁学派；穆勒在他的《自传》中承认是他创造了这一个词。就其根源来色，它不可分离地与快乐主义联系在一起。

[1] Daniel Statman: *Virtue Ethics*, Edinburgh: Edinburgh University Press, 1997, p. 46.
[2] Tom L. Beauchamp: *Philosophical Ethics*, New York: McGraw-Hill Book Company, 1982, p. 81.
[3] William K. Frankena: *Ethics*, Englewood Cliffs, New Jersey: Prentice-Hall, Inc., 1973, p. 14.
[4] 这是正确理解功利主义与义务论这样两种极为复杂隐晦理论的关键问题之一，不可不予详辨。

因此，那些只有时间草草浏览我的伦理学术语的批评家们，总是把它与边沁的体系相混淆。为了防止这一错误再发生，我用'目的论'一词代替'功利主义'。"[1]

梯利接着说："我们本来应该将这个学派——亦即以行为的功利作为行为道德价值之标准的学派——叫作功利主义。但是，这个名词却一直被用来称谓这个学派的一个分支或方面（亦即普遍快乐主义——引者）。因此，为了避免混淆，我们遵循包尔生提出的用法，使用'目的论'一词。"[2]

包尔生和梯利如此更换名词的理由是不能成立的。因为快乐主义与功利主义，正如包尔生自己所言，乃是关于伦理学两大不同问题的两种最为重大的理论：功利主义是关于道德终极标准的理论；快乐主义则主要是关于行为目的、行为本性的理论。[3]这样，一个功利主义论者便既可能主张快乐主义（如边沁和穆勒）；也可能反对快乐主义（如摩尔）。换言之，既有快乐主义的功利主义，也有非快乐主义的功利主义。显然，我们不能根据快乐主义与功利主义两种理论相结合，便说两者被混淆起来；正如不能根据辩证法与唯心主义相结合，便说两者被混淆起来一样。所以，包尔生和梯利根据边沁和穆勒的功利主义之快乐主义本性，便断言功利主义与快乐主义被混淆起来了，是错误的。因此，他们为了避免功利主义与快乐主义的所谓"混淆"，而用'目的论'一词代替'功利主义'一词也就纯属无稽之谈了。

诚然，可以说，避免功利主义和快乐主义之混淆，仅仅是包尔生和梯利用目的论一词代替功利主义的导因；他们把功利主义叫作目的论的真正根据则在于：功利主义就是一种目的论。包尔生在上面的那段话之

---

① 包尔生：《伦理学体系》，何怀宏译，中国社会科学出版社，1990年，第191页。
② Frank Thilly: *Introduction to Ethics*, New York: Charles Scrlbner's Sons, 1900, p. 125.
③ Friedrich Paulsen: *System of Ethics*, translated by Frank Thilly, New York: Charles Scribner's Sons, 1908, pp. 220-221.

后，接着写道："我用'目的论'一词代替'功利主义'，这个词另外的优点还在于它暗示着这一伦理学形式的一般世界观基础：柏拉图—亚里士多德哲学。这一哲学的基本观念就是每种存在都在宇宙中有其目的的。"① 原来，包尔生和梯利认为，功利主义乃是哲学目的论在伦理学领域之推演。因为在他们看来，功利主义的基本特征就是强调道德和行为的目的、结果、效果、效用：功利主义认为道德目的是增进每个人利益和幸福；行为对于道德目的的效用、效果、功利，就是衡量行为善恶的终极标准。梯利便这样说道："道德是实现目的的一种手段；道德的效用或目的就是道德的标准。让我们把认为道德的根据在于道德的效用和目的的观点叫作目的论。"② 包尔生也这样写道："目的论根据行为方式和过程对行为者及周围人的生活自然产生的效果来判断其善恶，将倾向于保全和增进人的福利的行为称作善的，而将倾向于扰乱和毁灭人的福利的行为称作恶的。"③

　　可见，包尔生和梯利把功利主义叫作目的论的真正根据是：功利主义认为，行为对于道德目的——增进每个人利益和幸福——的效用、效果、功利，就是衡量行为善恶的终极标准。确实，功利主义的观点，如上所述，就是如此。但是，包尔生和梯利的这一根据也是不能成立的。因为，如果据此可以把功利主义叫作目的论，那么，我们同样也可以把义务论叫作目的论。因为义务论，如上所述，也是根据行为对于道德目的的效用、功用、效果来确定行为善恶的；只不过义务论认为道德目的并不是增进每个人利益，而是增进每个人品德之完善：功利主义与义务论的根本区别，只在于把利益、功利还是品德、美德当作道德目的和道德终极标准。所以，真正讲来，利益主义与美德主义乃是二者最为精确

---

① 包尔生：《伦理学体系》，何怀宏译，中国社会科学出版社，1990 年，第 191 页。
② Frank Thilly: *Introduction to Ethics*, New York: Charles Scrlbner's Sons, 1900, p. 125.
③ Friedrich Paulsen: *System of Ethics*, translated by Frank Thilly, New York: Charles Scribner's Sons, 1908, p. 222.

的名称；然而，我们宁可约定俗成地称之为功利主义与义务论，只是因为名称的最根本的本性就是约定俗成罢了。因此——顺便说一句——像盛庆来或唐钺那样，把 utilitarianism（功利主义）译成"效用主义"、"功用主义"，都同样未能看到功利主义与义务论的根本区别，未能使两种理论区别开来，因而同样是不恰当的。

总而言之，用目的论或效用主义、功用主义诸词代替功利主义失误之原因，主要在于未能厘清功利主义与义务论两种理论之实质，不知道二者的根本区别只在于把利益、功利还是品德、美德当作道德目的和道德终极标准。如果看到这一点，怎么会用目的论等名词——而不用功利主义——来称谓这种与义务论恰恰相反的学说呢？更何况，"目的论"，如所周知，乃是著名的哲学流派：怎么伦理学也有个目的论？怎么可以用同一名词来称谓两门科学的内容根本不同的流派呢？如果非要用"目的论"一词来代替"功利主义"，那就必当用"非目的论"一词来代替义务论和道义论这种与功利主义恰恰相反的学说。可是怎么能用"非目的论"这样蹩脚的名词来代替如所周知的义务论、道义论呢？怎么能从伦理学中抹去功利主义与义务论而代之以目的论与非目的论这种哲学名词呢？

3 功利主义与义务论之是非

真理：功利主义 义务论与功利主义的区别清楚表明，义务论是谬论而功利主义是真理：

首先，从前提来说。道德起源和目的自律论和他律论，如前所述，分别是义务论和功利主义的前提：义务论认为道德起源和目的只能是自律的，只能是为了道德和美德自身，只能是为了完善每个人品德，因而便将"增减每个人的品德之完善"奉为衡量一切行为之善恶和一切道德之优劣的道德终极标准；功利主义认为道德起源和目的只能是他律的，只能是为了道德和美德之外的利益，只能是为了增进每个人利益，因而便将"增减每个人利益总量"奉为衡量一切行为之善恶和一切道德之优劣的道德终极标准。

功利主义的前提是真理；而义务论的前提是谬误。因为，如前所述，道德和美德都是一种"必要恶"，因而道德的起源和目的不可能是自律的，不可能是为了道德自身，为了完善每个人的品德；而只能是他律的，只能是为了道德和美德之外的他物，亦即保障社会存在发展，最终增进每个人利益。

其次，从结论来看。义务论将"增减每个人的品德之完善"奉为衡量一切行为之善恶和一切道德之优劣的道德终极标准，是错误的；而功利主义将"增减每个人利益总量"奉为衡量一切行为之善恶和一切道德之优劣的道德终极标准，是正确的。因为道德终极标准，亦即道德最终目的之量化。因此，道德目的不是为了完善每个人的品德——而是为了增进每个人利益——便意味着：道德终极标准是"增减每个人利益总量"，而不是"增减每个人的品德之完善"。

义务论的这种错误，导致它所确立的道德终极标准之片面化：它否定为己利他而把无私利他作为衡量一切行为是否道德的唯一的终极标准。这是由于，人类的全部行为，无疑只有"无私利他"才是品德的完善境界，因而才符合义务论的道德目的——使人的品德达于完善——从而才是道德的；而目的是为了自己的一切行为，则都因其不是品德的完善境界、不符合义务论的道德目的，都是不道德的：无私利他是义务论评价行为是否道德的唯一的终极标准。

反之，功利主义所确立的道德终极标准则是多元的、全面的，是"一总两分"：一个总标准和两个分标准。一个总标准：增减每个人的利益总量。分标准之一，是在人们利益不发生冲突而可以两全情况下的道德终极标准，亦即所谓的帕累托标准：无害一人地增进利益总量。另一个分标标准是在人们利益发生冲突而不能两全的情况下的道德终极标准，亦即"最大利益净余额"标准——它在他人利益之间发生冲突时，表现为

"最大多数人的最大利益"标准；而在他人、社会利益与自我利益发生冲突时，表现为"无私利他"标准。

最后，就优劣来讲。义务论将"增减每个人的品德之完善"奉为道德终极标准，一方面，对每个人的欲望和自由限制、压抑和侵犯最为严重：它否定每个人的一切目的利己的欲望和自由；另一方面，它增进全社会和每个人利益最为缓慢，因为它否定目的利己，反对一切个人利益的追求，也就堵塞了每个人增进社会和他人利益的最有力的源泉。合而言之，义务论道德是给予每个人的害与利的比值最大的道德，是"减少每个人利益最多"和"增进每个人利益最少"的道德，因而也就是最为恶劣的道德。

反之，功利主义将"增减每个人利益总量"奉为道德终极标准，一方面，对每个人的欲望和自由的限制、压抑和侵犯最为轻微：它仅仅否定每个人的损人利己的欲望和自由；另一方面，它增进全社会和每个人利益最为迅速，因为它肯定一切有利社会和他人的个人利益的追求，也就开放了增进全社会和每个人利益的最有力的源泉。合而言之，功利主义道德便是给予每个人的利与害的比值最大的道德，是"减少每个人利益最少"和"增进每个人利益最多"的道德，因而也就是最为优良的道德。

总之，功利主义与义务论之真谬，说到底，取决于道德起源和目的他律论与自律论之真谬：如果道德起源和目的他律论是谬论，而自律论是真理，那么，结论必然是：功利主义是谬论，而义务论是真理。所以，如果非要证明功利主义不能成立，那么，真正讲来，只有一个办法，即驳倒道德起源和目的他律论：这就是功利主义的阿喀琉斯之踵。反之亦然。因此，特诺斯盖将"自律还是他律"作为种差来界定功利主义与义务论：

"纯粹的目的论否认道德标准是自律的，因为它主张所有关于道德价值的判断——如果我可以将其作为称谓正当和道德德性的一般术语——最终必须以某种方式基于非道德价值判断。非目的论或义务论则恰恰相反，认为基本的道德判断——不论是关于美德的，还是关于义务的——并不基于非道德的善的考虑。纯粹的非目的论坚持道德价值是自律的——或者就其哲学确证来说——并不依据任何关于非道德价值的主张。"①

　　然而，最耐人寻味的是，虽然功利主义是真理而义务论是谬误，可是为什么义务论并没有受到多少反驳，而功利主义反倒遭受了那么多的驳斥？甚至像罗尔斯这样地地道道的功利主义论者，竟然也反对功利主义而以义务论自居？其中的奥秘乃在于：功利主义论者对于功利主义的表述，至今仍然存在着重大缺憾，以致引来众多诘难。

　　功利主义标准亦即最大利益净余额：以往功利主义表述的缺憾　功利主义与义务论一样，恐怕是人类所能创造的最为深邃复杂、曲折模糊、枝节横生的理论了。所以，不论是边沁、穆勒，还是西季威克、摩尔，抑或其他功利主义思想家，对功利主义的表述，总难免各种缺憾。最重大也最为普遍的缺憾恐怕就是，几乎所有功利主义者都不懂得功利标准乃是由若干标准构成的道德标准体系；却以为功利标准只是一条标准，从而将其完全等同于"最大利益净余额"或"最大多数人的最大幸福"标准。

　　边沁就已这样写道："功利原则是一个当时由我、亦已由别人所用的名称，如上所述，是用来表示可以更明确、更具启发性地称之为'最大幸福原则'的标准。"② 西季威克在为功利主义下定义时也这样写道："功利主义在这里是指这样的伦理学理论：在任何环境下，客观地正当的行为乃是总体说来将产生最大幸福的行为。"③ 不过，这种等同的最为系统、

---

① Daniel Statman: *Virtue Ethics*, Edinburgh: Edinburgh University Press, 1997, p. 46.

② Jeremy Bentham: *An Introduction to the Principles of Morals and Legislation*, Oxford: Clarendon Press, 1823, p. 5.

③ Henry Sidgwick: *The Methods of Ethics*, London: Macmillan and Co. Ltd., 1922, p. 411.

最为成熟的代表，当推摩尔。因为他那本《伦理学》不厌其烦、反反复复地论述的中心问题就是功利主义原则。通过这些论述，他得出结论说：

功利主义的"原则非常简单，因为它仅仅宣称：一个自愿行为，每当并且只有当行为者即使事先作了其他选择，也不会做出任何可以造成更大快乐的行为时，它才是正确的；一个自愿行为，每当并且只有当行为者如果事先作了其他选择，就能做出某种可以引起更大快乐的行为来取代它时，它就是错误的。""或者换句话说，所有正确自愿行为都造成一种最大程度的快乐。"①

今日西方伦理学家也普遍把功利主义和"最大利益净余额"原则等同起来。波吉曼在其"伦理学术语小辞典"中也这样写道："功利主义乃是这样一种理论，在它看来，所谓正当的行为就是造成最大功利的行为。"②

真偏狭之见也！殊不知，功利主义标准并不仅仅是"最大利益净余额"或"最大多数人最大幸福"，而是由一个总标准和两个系列分标准构成的一种道德终极标准体系："增减每个人的利益总量"是任何情况下都应该遵循的道德终极总标准；"无害一人地增进利益总量"是利益不相冲突或可以两全情况下的道德终极分标准；"最大利益净余额"是利益冲突的道德终极分标准——它在他人之间发生利益冲突时，表现为"最大多数人的最大利益"标准；而在自我利益与他人利益发生冲突时，表现为"无私利他"标准。因此，以往功利主义论者把功利主义标准与"最大利益净余额"或"最大多数人的最大幸福"等同起来，犯了以偏概全的错误，遂引发对于功利主义的著名诘难：功利主义必导致非正义。

功利主义必导致非正义：对功利主义的诘难 功利主义所研究的问题的极端重要、深邃复杂及其表述的种种缺憾，使它所遭受的质疑和驳

---

① 摩尔：《伦理学原理》，陈德中译，中国人民大学出版社，1985年，第10页。
② Louis P. Pojman: *Ethical Theory: Classical and Contemporary Readings*, Belmont, California: Wadsworth Publishing Company, 1995, p. 727.

斥之多，可谓车载斗量。但真正耐人寻味者，不过是那"功利原则必导致非正义"的诘难。这一诘难最重要者无疑是那个鼎鼎有名的理想实验："惩罚无辜"。[①] 该理想实验假设：

> 法官明知一个人无辜，但如果惩罚他，判他死刑，便可阻止一场有数百人丧命的大骚乱。那么，按照功利原则——亦即"最大利益净余额"或"最大多数人的最大利益"标准——惩罚这个无辜者便是应该的、道德的。可见，功利原则必导致非正义：惩罚无辜是非正义的。

然而，细究起来，这个理想实验可以有两种相反可能。一种可能是，这个理想实验发生于释放无辜和数百人活命发生冲突而不能两全的情况下。在这种情况下，不惩罚一个无辜必有数百个无辜丧生。这样，惩罚一个无辜虽然是非正义的，却能够避免数百无辜者丧生的更大的非正义——符合利益冲突的"最大利益净余额"和"最大多数人的最大利益"功利主义标准——因而是善的；而绝不是非正义的。

另一种可能则是，这个理想实验发生于释放无辜和数百人活命不相冲突或可以两全的情况下。在这种情况下，不惩罚这个无辜者，其他数百人也不会丧生；但惩罚这个无辜者，将极大增进其他数百人利益。这样，惩罚这个无辜者，便是在利益可以两全情况下，通过损害一个人的利益，来增进利益净余额——违背利益可以两全情况下的"无害一人地增进利益总量"功利主义标准——因而不论达到何等巨大的利益净余额，也都是恶的、非正义的。

可见，在这两种情况下，惩罚无辜虽然都增进了利益净余额，都达到了最大利益净余额；但是，功利主义只赞成前者而反对后者：功利主义绝不会导致非正义。罗尔斯等众多学者之所以认为功利主义必导致非正义，就是因为他们未见功利主义的"增进每个人利益总量"和"无害

---

① 参阅 Tom L. Beauchamp: *Philosophical Ethics*, New York: McGraw-Hill Book Company, 1982, p. 99。

一人地增进利益总量"标准，而把功利主义完全等同于"最大利益净余额"或"最大多数人最大利益"标准；遂由"最大利益净余额"或"最大多数人最大利益"标准在一般情况下——亦即人们利益不相冲突而可以两全的情况下——必导致非正义，而得出"功利主义必然导致非正义"的谬论：

"功利主义……其要义是说：如果一个社会的主要制度被安排得能够达到属于它的所有个人的满足总计之最大净余额，那么，这个社会就是被正当地治理的，因而是正义的。"① "这样，原则上就没有理由否定：为什么不应该以一些人的极少损失，换来另一些人的更大收益；或者更严重些，为什么不应该剥夺极少数人的自由而使许多人分享更大的利益。"②

"最大利益净余额"或"最大多数人的最大利益"标准虽然在人们利益不相冲突领域必然导致非正义，却是利益冲突领域唯一道德标准。因为在利益发生冲突而不能两全的情况下，不损害任何人的利益是不可能的，而只可能二者择一：或者损害少数人的利益而保全多数人的利益；或者相反。当此际，岂不只应该保全最大多数人最大利益而牺牲最少数人最小利益吗？岂不只应该选择最大利益净余额吗？难道还能有其他更好的选择吗？罗尔斯也不得不承认，排除了功利标准，他尚不知道有什么解决利益冲突的道德标准：

"当义务与义务或责任以及份外善行发生冲突时，应该怎样求得平衡？没有解决这些问题的明确规则。例如，我们不能说哪义务以一种辞典式的次序优先于份外善行或责任。我们也不能简单地运用功利原则来弄清这些问题。各种对于个人的要求常常是互相反对的，以致将遇到与运用功利标准于各个人时一样的问题；而且功利原则已因其导致一种不合逻辑的正当观念而被排除。我不知道将怎样解决这个问题，甚至不知

① John Rawls: *A Theory of Justice*, Cambridge, Massachusetts: The Belknap Press of Harvard University Press, 1999, p. 20.
② Ibid., p. 23.

道一个系统的公式化的有用可行的规则是否可能。"①

＊　　　＊　　　＊

道德终极标准无疑是最重要的道德规范，因而也就是伦理学——关于优良道德规范的制定与实现的科学——的最重要的东西。然而，道德终极标准乃是最普遍、最一般、最抽象的、绝对的道德标准，因而极其稀少、贫乏、简单、笼统：一个总标准和两个系列分标准。可是，人类社会的伦理行为却极其复杂、具体、丰富、多样。因此便须通过道德终极标准引申、推演出与人类伦理行为相应的复杂、具体、多样的道德规范：规范伦理学就是通过道德终极标准推演出一系列与人类伦理行为相应多样化的优良道德规范之科学。但是，仅仅通过道德终极标准是推演不出任何优良道德规范的。因为一切行为之优良道德规范，如前所述，都是根据行为应该如何的道德价值——亦即行为事实如何对于道德最终目的或道德终极标准的效用——制定的，因而说到底，都是通过道德最终目的、道德终极标准，而从伦理行为事实如何推导出来的。因此，在"道德终极标准"之后，应该研究"道德价值实体："伦理行为事实如何"。然后，才能够通过道德终极标准，从伦理行为事实如何的客观本性中推导、制定出一切伦理行为应该如何的优良道德规范。

---

① John Rawls: *A Theory of Justice*, Cambridge, Massachusetts: The Belknap Press of Harvard University Press, 1999, pp. 298/299.

第二篇　道德价值实体：
伦理行为事实如何

第十一章　伦理行为概念：人性的概念分析

本章提要

　　人性无疑是一切人普遍具有的属性。这就意味着，一个人，只要是人，则不论他是多么小，哪怕他只是个呱呱坠地的婴儿，他也与其他人同样具有人性：人性是呱呱坠地的婴儿与行将就木的老人共同具有的属性。由是观之，人性必是生而固有的，而不是后天习得的。否则，呱呱坠地的婴儿就不具有人性了。于是，所谓人性，说到底，也就是人生而固有的普遍属性：它既包括人区别于其他动物的人之特性，又包括人与其他动物共同的人之动物性。人性是"体"与"用"的统一体：人性的"体"，亦即人性的有无，完全是生而固有、一成不变的，是必然的、普遍的、不能自由选择的；人性的"用"，亦即人性的量之多少，在一定的限度内，是后天习得、不断变化的，是特殊的、偶然的、可以自由选择的。人性依其能否言道德善恶的性质，分为两类。一类是不可言道德善恶的，如知情意、眼鼻耳等，是心理学等科学的研究对象，是心理学等科学的人性概念。另一类是可以言道德善恶的，亦即人的伦理行为——受利害己他意识支配的行为——事实如何的本性，如同情心和妒嫉心等，是伦理学的研究对象，是伦理学的人性概念：作为伦理学对象的人性就是人的伦理行为事实如何之本性。

　　本篇的研究对象是道德价值实体，亦即伦理行为事实如何，也就是作为伦理学对象的"人性"：作为伦理学对象的人性就是人的伦理行为事实如何之本性。可是，我们如此界定伦理学的人性概念，或许引起异议：难道这就是伦理学人性概念的定义吗？这样定义人性，岂不以偏概全、犯了定义过窄的逻辑错误？这不是几句话就可以回答的。因为人性问题，正如江恒源所言，乃是个最为源远流长、聚讼不休的难题："我们哲学史上发生最早而争辩最激烈的，就是'人性'问题。"[①]张岱年也说："人性，是中国哲学中一个重大问题，历来讨论不休，派别亦极分歧。"[②]新中国成立以来，人性仍然是学术界长期激烈争论的大问题。这种争论，如所周知，经历了两个阶段：从50年代到"文化大革命"为一段；打倒'四人帮'以后的80年代和90年代则为另一段。今日检讨这些争论，首先令我们困惑的，依然是那个老问题：究竟什么是人性？[③]

一 人性概念

1 人性界说：人生而固有的普遍本性

"人性"一词，系由"人"与"性"构成。"人"是张三、李四、约

---

① 江恒源：《中国先哲人性论》，商务印书馆，民国11（1922）年，第4页。

② 张岱年：《中国哲学大纲》，中国社会科学出版社，1982年，第183页。

③ 何谓人性虽然是个千古难题；但是，解决这个难题，特别是确证"作为伦理学对象的人性就是人的伦理行为事实如何之客观本性"的定义，极端重要。因为如果这个定义能够成立，那么，本篇对象"道德价值实体：伦理行为事实如何的客观本性"就是伦理学所研究的全部的人性。这样一来，我们的伦理学体系就能够包容以往伦理学之人性论的全部对象，因而才可能是科学的：一种伦理学的体系是否科学的特征之一，如前所述，就在于能否包容人类以往伦理学的全部成果。反之，如果这个定义过窄，或者说，人的伦理行为事实如何之客观本性并非人性之全部，而仅仅是人性之一部分，那么，本篇的研究对象就仅仅是人的伦理行为事实如何之客观本性，而不可冠以"人性"之名。这样一来，我们的伦理学就不能够包容以往伦理学所研究的全部人性，因而也就是脱离了人类伦理学大道的偏狭之学。

翰、彼得等的总称：张三是能够独立存在的东西，因而是第一性实体；人则是第二性实体。反之，"性"是不能独立存在的东西，是依赖于、附属于实体的东西，因而叫作"属性"。因此，所谓人性，顾名思义，也就是人的属性，亦即人所具有的属性。"人"在此是全称，是指一切人。所以，人性也就是一切人都具有的属性，是一切人共同、普遍具有的属性，亦即一切人的共同性、普遍性；而仅仅为一些人所具有的特殊性，则不是人性。所以，荀子云："凡人之性者，尧舜之与桀跖，其性一也。君子之与小人，其性一也。"[①] 举例说，怜悯之心，人皆有之。怜悯心是一切人共同具有的东西，是一切人的一种共同性、普遍性。所以，怜悯心是一种人性。反之，杀人越货之心、敲诈勒索之心等，不是一切人都具有的共同性、普遍性，而仅仅是一些人具有的特殊性，因而都不是人性。

人性是一切人普遍具有的属性，意味着：一个人，只要是人，则不论他是多么小，哪怕他只是个呱呱坠地的婴儿，他也与其他人同样具有人性：人性是呱呱坠地的婴儿与行将就木的老人共同具有的属性。由是观之，人性必是生而固有的，而不是后天习得的。否则，如果人性是后天习得的，那么，呱呱坠地的婴儿显然就不具有人性了。特别是，后天习得的显然不可能是古今中外一切人普遍具有的。试想，打扑克的嗜好是后天习得的，它怎么可能是一切人普遍具有的？因此，所谓人性，说到底，也就是一切人与生俱来、生而固有的普遍本性。从词源来看，人性也是人生而固有的东西。对此，傅斯年曾有极好的训诂辩证：

"'百姓'之性，'性命'之性，在先秦古文皆作生，不从女，不从心。即今存各先秦文籍中，所有之性字皆后人改写。在原本必皆作生字，此可确定者也。后世所谓性命之性字，在东周虽惝恍有此义，却并无此独立之字也。吾作此语，非谓先秦无从心之性字之一体。战国容有此字，今不可考，然吾今敢断言者，战国纵有此字，必是生之或体，与生字可

---

① 《荀子·性恶》。

以互用。"① 那么，生字的本义是什么呢？傅斯年接着写道："生字本义为表示出生之动词，而所生之本、所赋之质亦谓之生。（后来以姓字书前者，以性字书后者。）……古初以为万物之生皆由于天，凡人与物生来之所赋，皆天生之也。……孟、荀、吕子之言性，皆不脱生之本义。"②

　　人性是人的与生俱来、生而固有的普遍本性，是否意味着：人性就是人的本能？张岱年的回答是肯定的："这个意义的性，用现代的名词说，即是本能。"③ 然而，心理学告诉我们，本能与学习恰恰相反：本能是有机体先天固有而又受意识支配的活动；学习是有机体后天习得而又受意识支配的活动。这就是说，本能与学习虽然相反，却同样是受意识支配的活动。这一点，达尔文说得很清楚：

　　"我并不试图给本能下任何定义。容易指出，若干不同的精神活动都被包含在这一名辞之内；但是，当我说本能促使杜鹃迁徙并且使它们把蛋下在别种鸟巢里，每一个人都知道这是什么意思。"④

　　本能既然与学习一样，都是一种精神活动，亦即都是受意识支配的活动，因而也就都属于行为范畴。这样，"人的本能"便比"人性"狭窄得多，而"人性"则是"人的本能"的上位概念：人的本能都是人性；人性却不都是人的本能。举例说，人生而固有两只手和两条腿，不是本能，却是本性，是人性。于是可以说：人性乃是人的本能等生而固有的一切普遍本性。

　　诸子百家之人性论虽然分歧极大、争论激烈，但是，认为人性乃人生而固有，却是共识。性无善恶论者告子曰："生之谓性。"⑤ 性有善恶论者董仲舒曰："如其生之自然之资谓之性。"⑥ 性三品论者韩愈曰："性也者

① 《中国现代学术经典·傅斯年卷》，河北教育出版社，1996年，第64页。
② 同上书，第71页。
③ 《张岱年全集》第三卷，河北人民出版社，1990年，第551页。
④ 达尔文：《物种起源》第二分册，周建人等译，三联书店，1955年，第288页。
⑤ 《孟子·告子上》。
⑥ 《春秋繁露·深察名号》。

与生俱生者也。"① 性恶论者荀子曰："生之所以然者谓之性。"② 性善论者孟子，如所周知，也认为人性——亦即他所谓的恻隐之心、羞恶之心、辞让之心、是非之心——"非由外铄我也，我固有之也。"③ 所以，傅斯年说："荀子所谓性恶者，即谓生来本恶也。孟子所谓性善者，亦谓生来本善也。"④ 冯友兰论及人性是俱生的还是后得的问题时也这样写道："孟子及亚里士多德以为人之性对于人是俱生的。"⑤ 不过，说得最清楚的还是埃尔伍德（Charles A. Ellwood）。他在总结西方思想家的人性论时写道："我们所说的人性，乃是个人生而赋有的性质，而不是生后通过环境影响而获得的性质。"⑥

可是，人性亦即人生而固有的观点，却为我国今日学者所拒斥。因为在他们看来，这种观点蕴涵着：人性都是人的自然本性。这是由于他们以为，人生而固有的本性都是人的自然本性；而人的社会本性则都是后天获得的。这种观点是不能成立的。因为所谓社会，如所周知，也就是两个以上的人因一定关系而结合起来的共同体。因此，每个人的社会性或社会本性，也就是他的那些与他人有关的属性；而他的自然本性或自然性，则是他的那些仅仅关乎他自己一人的属性。准此观之，显然也就只有饮食、睡眠、安全等需要和欲望，才是人的自然本性或自然性，因为只有这些东西才是仅仅关乎他自己一人的属性。反之，诸如同情心、报恩心以及男女需要等都是人的社会本性，都是人的社会性，因为这些都是一个人与他人有关的感情。

所以，达尔文一再说："同情心不但是构成社会本能的本质部分，而

---

① 韩愈:《原性》。

② 《荀子·正名》。

③ 《孟子·告子上》。

④ 《中国现代学术经典·傅斯年卷》，河北教育出版社，1996年，第65页。

⑤ 冯友兰:《三松堂全集》第四卷，河南人民出版社，1986年，第103页。

⑥ Charles A. Ellwood: *An Introduction to Social Psychology*, New York, London: D. Appleton and Company, 1920, p. 51.

且确实是社会本能的基石。"[①] 同情心不仅是人的社会性、社会本性，而且是一种本能，因为同情心——如上所述——乃是每个人与生俱来、生而固有的属性。人可以生而固有社会本性是不奇怪的。因为人是社会动物，当然不仅生而固有自然性，而且生而固有社会性。同情心等社会本性是人生而固有的东西，显然意味着：人生而固有的本性并不都是人的自然本性，而同样可能是社会本性。因此，我国学者以为"人性是人生而固有的本性"蕴涵着"人性都是人的自然本性"的观点，是错误的。人性是人生而固有的普遍本性：它一方面是人生而固有的自然本性，另一方面则是人生而固有的社会本性。

2　人性结构：人性的体与用

人性是人生而固有的普遍本性，似乎意味着：人性完全是一成不变的。其实不然。万物皆有结构，人性亦然：人性系由质与量两方面构成。从质上看，亦即从"人性的有无"来说，人性完全是生而固有、不生不灭、一成不变的，是普遍的、必然的、不能自由选择的。但是，从量上看，亦即从"人性的多少"来说，在一定限度内，人性却是后天习得的，是可多可少、不断变化的，是特殊的、偶然的、可以自由选择的。就拿爱人之心与恨人之心来说：

爱人之心与恨人之心人人皆有，因而都是人性。所以，一个人，不论他多么自私冷酷，他都不可能丝毫没有爱人之心：他能丝毫不爱给了他巨大的快乐和利益的父母和妻儿吗？一个人，不论他多么仁慈善良，也都不可能丝毫没有恨人之心：他能不恨杀害他父母的仇人吗？所以，从爱人之心与恨人之心的有无——亦即爱人之心与恨人之心的"质"——

---

① Charles Darwin: *Descent of Man and Selection in Relation to Sex*, London: John Murray, 1922, p. 151.

来看，二者乃是一切人生而固有、一成不变、不可消灭的，是普遍的、必然的、不能自由选择的。

但是，从爱人之心与恨人之心的多少——亦即爱人之心与恨人之心的"量"——来看，无疑可以是后天习得的，是可多可少、不断变化的，是特殊的、偶然的、可以自由选择的："苟得其养，无物不长；苟失其养，无物不消。"[①] 所以，一个生性冷酷的人，对于他人给予的快乐和利益反应天生淡漠，因而他对他人的爱极为匮乏。但是，如果他后天不断努力完善自己的品德、想方设法增进自己的爱人之心，那么，他原本贫乏的爱人之心，便可以逐渐丰富起来，甚至可能成为一个极富爱人之心的人。同理，一个生性热心助人为乐的人，对于他人给予的快乐和利益反应天生强烈，因而他对他人的爱极为厚重。但是，如果他后天不幸被一些冷酷的歹人所包围，这些歹人不断给他痛苦和损害，那么，他原本丰富的爱人之心，便可能逐渐贫乏起来，甚至可能成为一个爱人之心极其贫乏的人。

这样，一方面，人性的质是守恒的，遵循恒有恒无定律。任何人，如果生而具有什么人性，那么，不论后天如何，他从生到死必将永恒具有而绝不可能丧失它：人性绝不可能从有到无。任何人，如果生而不具有什么人性，那么，不论后天如何，他从生到死必将永恒没有而绝不可能获得它：人性绝不可能从无到有。另一方面，人性的量，在一定限度内，是不守恒的。任何人，不论他生而固有的某种人性是多么贫乏，在一定限度内，他都可以通过后天的习得而使之极为丰富；不论他生而固有的某种人性是多么丰富，在一定限度内，他都可以通过后天习得而使之极为贫乏。于是，合而言之，人性便是这样一种东西：它在质上是生而固有、一成不变、不生不灭的，是普遍的、必然的、不能自由选择的；而在量上，在一定限度内，则可以是后天习得、不断变化的，是偶然的、

_____

① 《孟子·告子上》。

特殊的、可以自由选择的。

这就是为什么，对于恻隐心，孟子一方面说："恻隐之心，人皆有之。"[①] 这说的就是恻隐心的质之有无方面。另一方面，他又说："求则得之，舍则失之。或相倍蓰而无算者，不能尽其才者也。"[②] 这说的就是恻隐心的量之多少方面。

有鉴于此，苏东坡写道："君子日修其善，以消其不善，不善者日消，有不可得而消者焉。小人日修其不善，以消其善，善者日消，有不可得而消者焉。夫不可得消者，尧舜不能加焉，桀纣不能逃焉，是则性之所在也。"[③] 换成我们这里的话，可以说：君子日消其恨人之心，恨人之心在量上越来越少，但在质上却依然如故：它是不可得而消者焉；小人日消其爱人之心，爱人之心在量上越来越少，但在质上却依然如故：它是不可得而消者焉。但是，苏东坡将人性的一个方面——亦即质的不变性——与人性完全等同起来，而否定人性的另一个方面——亦即量的常变性——之为人性，显然是片面的。

不过，细究起来，人性在量上，并非只要经过后天努力，要怎样多就可以怎样多，要怎样少就可以怎样少。因为人性在量上，并不是完全自由的，而只是在一定的限度内才是自由的：只是在一定限度内，人性的量的多少才是后天习得的、可变的、偶然的、可以自由选择的。就拿自爱心与爱人心来说。爱人心与自爱心是人性，因为每个人都有爱人心与自爱心。于是，从量的多少来看，每个人的爱人心与自爱心皆因后天习得而是可变的、偶然的、可以自由选择的。因此，品德高尚者的爱人心多而品德低下者的爱心少。然而，是否只要经过后天努力，一个人的爱人之心要怎样多就可以怎样多，而自爱心要怎样少就可以怎样少？

答案是否定的。不论品德高尚者后天如何努力修养自己的品德，不

---

① 《孟子·告子上》。

② 同上。

③ 张岱年:《中国哲学大纲》，中国社会科学出版社，1982年，第197页。

论他如何努力增进爱人之心而减少自爱心，不论他的爱人心有多么多，他的爱人心也不可能多于他的自爱心，而必定少于他的自爱心。因为爱有差等定律表明，谁给我的利益和快乐较少，谁与我必较远，我对谁的爱必较少；谁给我的利益和快乐较多，谁与我必较近，我对谁的爱必较多。于是，说到底，我对我自己的爱必最多：自爱必多于爱人。这就是说，人性在量的多少方面也存在着普遍的、必然的、不可改变的、不以人的意志而转移的定律。由是观之，人性在量上，只是在一定限度内，才是后天习得的、可变的、偶然的、可以自由选择的；超过这个限度，人性量的多少就与质的有无一样，是必然的、不可改变的、不能自由选择的了。这就是为什么我们一再说，人性的量的多少只是在一定限度内才是后天习得的缘故。

于是，总而言之，我们可以得出结论说，人性由质与量两因素构成：人性的质完全是生而固有、一成不变的，是普遍的、必然的、不能自由选择的；而人性的量，在一定限度内，则可以是后天习得的，是不断变化的，是特殊的、偶然的、可以自由选择的。那么，构成人性的这两种因素究竟是何关系？

那么，人性的"质"与"量"——"人性的质之有无"与"人性的量之多少"——是何关系？我们应该沿袭中国古典哲学传统而称之为"体用"关系：人性的质之有无是人性的"体"，而人性的量的多少则是人性的"用"。因为所谓"体"与"用"的关系，不过是一种内容与形式关系："体"不能赤裸裸独立存在，而只能通过"用"表现出来。但是，一切内容与形式显然并不都是"体"与"用"："体"与"用"是一种特殊的内容与形式。这种特殊性乃在于：

一方面，"体"与"用"是一种具有实质与现象——或质体与功用——关系的内容与形式："体者即形质也，用者即形质上之妙用也。"[①]

---

① 张岱年：《中国哲学大纲》，中国社会科学出版社，1982年，第7页。

"体用之别一指谓，指实幻之对待。惟绝对为实在，惟实在为本体，而一切现象，彼此相待，虚幻无实，为用。"[①]

另一方面，"体"与"用"是一种具有"常与变"关系的内容与形式："所谓体，即永存常在者。"[②] "众多之变化，谓之用。"[③]

准此观之，人性的质与量的关系便是一种"体"与"用"的关系。因为人性的质完全是生而固有、一成不变的，是普遍的、必然的、不能自由选择的；而人性的量，在一定限度内，则可以是后天习得、不断变化的，是特殊的、偶然的、可以自由选择的。普遍性与必然性，如所周知，都不可能独立存在，而只能通过特殊性与偶然性表现出来。所以，人性的质之有无只能通过人性的量之多少表现出来：人性的质是人性的内容，并因其一成不变性而是人性的"体"；人性的量则是人性的形式，并因其众多之变化而是人性的"用"。举例说：

怜悯之心，人皆有之。这是必然的、普遍的、不变的、不可自由选择的。但是，怜悯心并不能赤裸裸地独自存在，而只能存在和表现于每个人的可多可少、可强可弱、时强时弱、时多时少的怜悯心之中。怜悯心的这些变化的、特殊的、偶然的属性，是怜悯心的量，是怜悯心的表现形式，并因其变异性而是怜悯心的"用"；而它所表现出来的不变的、必然的、普遍的怜悯心，则是怜悯心的质，是怜悯心的内容，并因其不变性而是怜悯心的"体"。

可见，人性系由"体"与"用"构成。人性的"体"，亦即人性的质，亦即人性的质之有无，说到底，亦即人性的有无，譬如同情心的有无，它完全是生而固有、一成不变的，是必然的、普遍的、不能自由选择的，因而是人人完全一样的。人性的"用"，亦即人性的量，亦即人性

---

① 《张岱年全集》第三卷，河北人民出版社，1990年，第124页。
② 张岱年：《中国哲学大纲》，中国社会科学出版社，1982年，第7页。
③ 《张岱年全集》第三卷，河北人民出版社，1990年，第124页。

的量之多少，说到底，亦即人性的多少，譬如同情心的多少，它是后天习得、不断变化的，是特殊的、偶然的、可以自由选择的，因而是每个人各不相同的。这就是人性的结构。根据这一结构，可以说：人性是质与量、体与用、不变与变化、普遍与特殊、必然与偶然的统一体。这就是人性的完整结构。

人性的这一结构，乃是伦理学研究人性的意义之所在。因为一方面，如果知道人性的哪些因素是必然的、不可改变的，便不会要求人们改变这些不可改变的人性，便不会制定违背人性的恶劣道德，而能够制定符合人性的优良道德；另一方面，如果知道哪些人性因素是偶然的、可以改变的，便可以减少、禁止其与道德相违者，而增进、发扬其与道德相合者，从而使优良道德规范得到实现。因此，人性乃是优良道德规范制定和实现的基础、源泉。所以，那些伟大的伦理学家们一再说：

"要判断某种道德体系的优劣，我们只能根据这种体系在怎样的程度上符合人性。"[1]"伦理行为规范源于人性自身；道德以人生而固有的本性为基础。"[2]

这就是人性为什么会成为伦理学极其重要的研究对象的缘故。不过，人性的结构只是每一种人性的内部划分。那么，各种人性相互间是否也可以进行划分？是的，这就是人性的类型所要解决的问题。

3 人性类型：人的特性与人的动物性

人生而固有的一切普遍本性，依其与其他动物的关系，显然可以分为两类：一类是比较一般的、低级的、基本的属性，是人与其他动物的共同性，是人所固有的动物性，如自由活动、食欲和性欲等；另一类则

---

① 周辅成编：《西方伦理学名著选辑》下卷，商务印书馆，1987年，第88页。

② Frich Fromm, *Man for Himself*, London: Routledge & Kegan Paul Ltd., 1948, p. 7.

是比较特殊的、高级的属性，是使人与其他动物区别开来而为人所特有的普遍属性，是人之所以为人者，亦即人的特性，如能够制造生产工具以及具有语言、理性和科学等。这就是人性的两大类型。冯友兰把人的特性叫作"人之性"；而称人的动物性为"人所有之性"：

"人之性是人之理。孟子说：'人之所以为人者几希。'即是就人之性说。此人之性是'人之所以异于禽兽者'，亦即人之所以为人者。……人不独属于人之类，且属于包括人之类之类。人不仅是人，而且是物，是生物，是动物。所以凡是一般物，一般生物，一般动物，所同有之性，人亦有之。此诸性虽亦为一切人所同有，但非人之所以为人而所以异于禽兽者，故此只为人所有之性，而非人之性。"①

然而，人所固有的动物性究竟是不是人性而为人性之一大类型？这是两千年来人性概念争论的焦点。主流的观点当以孟子和戴震为代表，认为人所固有的动物性绝非人性，人性只是人之所以为人者的特性。反之，非主流的观点则以告子和荀子为代表，认为人性就是人生而固有的本性，人生而固有的任何本性都是人性。主流观点的主要根据，乃在于这样一种明摆着的事实：人性与犬性、牛性是不同的。《孟子·告子上》记载了孟子与告子的辩论：

"孟子曰：'生之谓性也，犹白之谓白与？'曰：'然。''白羽之白也，犹白雪之白，白雪之白犹白玉之白与？'曰：'然。''然则犬之性犹牛之性，牛之性犹人之性与？'"

确实，人性与犬性、牛性是不同的。但是，由此能否得出结论说，人性就是人不同于犬、牛的人之特性？不能。因为没有任何事物是完全不同的。人性与犬性、牛性也不可能是完全不同的。人性与犬性、牛性既有不同的一面，又有与犬性、牛性相同的一面。人性与犬性、牛性不同的一面，是人之所以为人者的特性，是人区别于犬、牛的人之特性，

---

① 冯友兰：《三松堂全集》第四卷，河南人民出版社，1986年，第92—93页。

如具有语言、理性和科学等；人性与犬性、牛性相同的一面，则是人性所包含的动物性，是犬性和牛性所包含的动物性，是人与犬、牛的共性，如食欲和性欲等。

人的食欲、性欲等与其他动物共有的所谓动物性，既然存在于一切人身上，怎么能不是人的属性呢？怎么能不是人性呢？如果因为这些属性同时也存在于其他动物身上，就断言它们不是人性，那么，我们也就可以因为人性同样也存在于贾宝玉之外的人身上，断言人性不是贾宝玉的本性：在贾宝玉的本性中是没有人性的。难道还有比这更荒谬的吗？

可见，人性乃是一切人生而固有的普遍属性：它既包括人区别于其他动物的人之特性；又包括人与其他动物共同的人之动物性。孟子的错误就在于只看到人性与犬性、牛性不同的一面，而抹杀人性与犬性、牛性相同的一面，将人性与人性的一部分（亦即人的特性、人性的高级部分）等同起来，因而片面断言：人性只是人性区别于犬性、牛性的人之所以为人者的特性。

殊不知，一方面，"人性"与"人的特性"是两个不同的概念。人性就是人的属性：人的属性既包含人区别于其他动物的属性，亦即人的特性；又包含人与其他动物共同的属性，亦即动物性。另一方面，"人性"与"动物性"是一般与个别、共性与个性的关系：动物性存在于人性之中，是人性的一部分。因为任何一般都存在于个别之中，是个别的一部分；任何共性存在于个性之中，是个性的一部分。所以，人性就是人生而固有的本性，人生而固有的任何本性——不论是人的特性还是人的动物性——都是人性。

人的动物性不但是人性，而且与人的特性相比，乃是更重要的人性。因为现代心理学发现，人的基本需要和欲望由低级到高级地大致分化为五种：生理、安全、爱、自尊、自我实现。人的一切需要和欲望，如安全需要、爱的需要、自尊需要、完善自我品德的需要和自我实现需要等，都是他的生理的需要和欲望相对满足的结果。因此，人的生理的需要和欲望，亦即人的动物性，乃是引发人的一切行为的最终动因。马斯洛非常看重这个发现而称之为"人类动机活动组织的主要原理"：

"人的动机活动组织的主要原理，是各种基本需要依其力量强弱或优先性的等级排列。驱动这个组织的主要动力原则是：健康的人的更有力量的需要一经满足，力量较弱的需要便会出现。当生理需要没有得到满足时，它便会支配机体，驱使全部能力为其服务，并组织这些能力，使其服务达到最高效率。相对的满足消除了这些需要，使等级中的下一个需要得以出现，并支配、组织这个人；结果他刚刚摆脱饥饿的痛苦，现在又为安全所困扰。这个原理同样适用于等级中的其他需要，即爱、自尊和自我实现。"①

这就是说，高级需要是低级需要相对满足的产物：安全需要是生理需要相对满足的产物；爱的需要是生理和安全需要相对满足的产物；尊重需要是生理、安全和爱的需要相对满足的产物；自我实现需要是生理、安全、爱和尊重需要相对满足的产物。因此，人的一切需要和欲望最终便都是在生理需要和欲望的基础上产生的，是生理需要和欲望相对满足的产物：生理需要和欲望是引发人的一切需要和欲望的始源，因而也就是产生人的一切行为的最终原因。于是，人的食欲、性欲等生理需要和欲望，亦即人的动物性，便是最重要、最基本的人性：其他一切人性都必须由人的这些动物性来解释和说明，而不是相反。

因此，认为人所固有的动物性绝非人性，人性只是人之所以为人者的特性的主流观点是错误的；而认为人生而固有的任何本性——不论是人的特性还是人的动物性——都是人性的非主流观点则是真理。进言之，非主流观点符合科学精神，而主流观点则与科学精神背道而驰。因为任何科学的研究对象，如所周知，都绝不仅仅是事物的特性，绝不仅仅是事物所特有的区别于其他事物的普遍性；而是事物的一切普遍性：既包

① Abraham H. Maslow: *Motivation and Personality*, New York: Harper & Row, 1970, p. 59.

括该事物区别于其他事物的普遍性, 又包括该事物与其他事物共同的普遍性。人性论亦然。人性论——它的研究对象是人性——也绝不仅仅研究人的特性, 绝不仅仅研究人所特有的区别于其他动物的普遍性; 而是研究人的一切普遍性: 既研究人区别于其他动物的普遍性, 又研究人与其他动物共同的普遍性——对于后者的研究还远远重于对前者的研究。因为人的最基本、最重要的本性, 如上所述, 并不是人区别于其他动物的特有普遍性, 而是诸如食欲和性欲等人与其他动物共同的普遍性, 亦即人的动物性。

问题的关键正在于: 只有当人性是人的一切普遍性, 它才是极其丰富复杂的东西, 才能够成为一种科学——亦即人性论——的研究对象; 如果人性果真如主流观点所言, 乃是人区别于其他动物的特性, 那么, 人性就是极其贫乏、极其简单的东西而不可能成为一种科学的研究对象。试想, 人性如果排除食欲和性欲等一切人与其他动物共同的东西, 它还会剩下什么呢? 能够制造工具? 可是大象、白蚁等也能够制造工具。具有语言? 可是大猩猩也能够运用 60 多个英文单词, 鹦鹉也会说话。具有理智? 可是大象、狗甚至猪也都具有自制——自制亦即情欲服从理智——能力而有所不为。无疑, 人区别于其他动物的人之所以为人者的人的特性是微乎其微的。所以孟子也不得不承认:"人之所以异于禽兽者几希。"[1]

然而, 就是孟子所说的这"几希"的人之所以为人者, 现在看来, 也并不是什么人之所以为人者, 而大都是人与动物所共同的动物性。就拿同情心来说。它被孟子视为"几希"的人性之最重要者: 怜悯之心, 仁之端也。但是, 正如达尔文多次指出: 许多动物, 甚至鸟类, 都同样具有同情心。[2] 因此, 同情心并不是人区别于其他动物的特性, 而是人与

---

① 《孟子·离娄下》。

② Charles Darwin: *Descent of Man and Selection in Relatiotn to Sex*, London: John Murray, 1922, pp. 157-162.

其他动物的共性，是人的动物性。这样一来，人区别于其他动物的特性究竟还剩下什么呢？研究如此贫乏简单的东西究竟能有什么科学意义？这种研究怎么能够成为一种科学而名之为人性论呢？特别是，两千年来，难道人类会为这样贫乏简单的东西一直争论不休吗？

主流观点如此背离科学精神，说到底，乃由于它原本是一种盛行于古代社会的人类中心主义，是一种极为狭隘的人类优越感和自大狂。因为正如张岱年所指出，孟子一派并不认为人区别于其他动物的人的特性，都是人性；而是认为人性仅仅是人的那些区别于其他动物的优越的特性，而人的那些劣于其他动物的特性则不是人性："所谓人之所以异于禽兽者，在表面上是说人与禽兽的不同之点；在实际上则含有一特殊意谓，即专指人之所以贵于禽兽或优于禽兽者。而较禽兽尤为卑劣者，则不含于一般所谓人之所以异于禽兽者。故确切言之，所谓人之所以为人者，乃指人之所以贵于禽兽者。"[①]这哪里还有一点科学精神，岂不完全是一种主观任性的人类自大狂吗？

4 伦理学的人性概念：人的伦理行为事实如何之本性

人性乃是一切人生而固有的普遍属性：这就是伦理学所研究的人性吗？这就是作为伦理学对象的人性？说到底，这就是伦理学的人性概念吗？否！这是一般的或广义的人性概念，亦即作为一般科学术语的人性概念；而不是狭义的或具体的人性概念，亦即不是伦理学的人性概念："作为伦理学对象的人性"与"人性"并非同一概念。

原来，任何事物的本性或普遍性都是多层次的：既有与其他一切事物共同的最普遍的本性，又具有与同类一切事物共同的本性或普遍性，还具有区别于其他种事物的本种一切事物所特有的本性或普遍性。人性

---

① 张岱年:《中国哲学大纲》, 中国社会科学出版社, 1982 年, 第 252 页。

亦然，因为正如冯友兰所说：

"人不仅是人，而且是物，是生物，是动物。所以凡是一般物，一般生物，一般动物，所同有之性，人亦有之。"[①]

首先，人是物、物质，存在和运动于时空之中，因而具有能量守恒和质量守恒等一切物质所具有的普遍属性，亦即所谓"物性"，这是人最基本的本性，是最基本的人性，亦即一级人性；其次，人是生物，因而遵循生物进化规律而具有生物性，这是人的第二级本性，是二级人性；再次，人是动物，因而具有能够自由运动、食欲和性欲等一切动物都具有的动物性，这是人的第三级本性，是三级人性；最后，人具有区别于其他动物的特性，这是人的第四级本性，是四级人性。

显然，人性与其他任何具有多层次本性的复杂事物一样，都是若干门不同科学的研究对象，而皆非一门科学的研究对象：一门科学只研究其一部分本性。那么，伦理学所研究的人性究竟是人性的哪一部分呢？伦理学是关于道德的科学，因而只研究可以言道德善恶的人性；而不可言道德善恶的人性乃是其他科学——如心理学——的研究对象。举例说，知、情、意与怜悯心，都是人生而固有的普遍本性，因而都是人性。但是，知情意是不可言道德善恶的人性，因而便不是伦理学对象，而是心理学对象。反之，怜悯心是可以言道德善恶的人性："恻隐之心，仁之端也。"[②] 所以，怜悯心是伦理学对象，而不是心理学对象。

这个问题看似简单，然而，细究起来，却蕴涵一个极为复杂的难题：可以言道德善恶的人性，是个悖论。因为人性既然是一切人生而固有、永恒不变、必然的、不可自由选择的属性，那怎么能言道德善恶呢？可以言道德善恶的，岂不必须是能够后天习得、可以改变、可以自由选择的东西吗？确实，可以言道德善恶的，必须是可以自由选择的东西；说

① 冯友兰：《三松堂全集》第四卷，河南人民出版社，1986年，第93页。
② 《孟子·公孙丑上》。

生而固有、不可改变、不能自由选择的属性可以言道德善恶，是悖论。

但是，说人性可以言道德善恶，却未必是悖论。因为人性由体与用两方面构成：从人性的体来看，亦即从人性的质之有无来说，人性确实完全是生而固有、一成不变的，是普遍的、必然的、不能自由选择的，因而是不可言道德善恶的。但是，从人性的用来看，亦即从人性的量的多少来说，在一定限度内，人性却可以是后天习得的，是不断变化的，是特殊的、偶然的、可以自由选择的，因而是可以言道德善恶的。

举例说，我们确实不能根据一个人有同情心便说他善，也不能根据他有妒嫉心而说他恶。但是，一个人的同情心如果比较多，我们就可以说他善；他的妒嫉心如果比较多，我们就可以说他恶。这显然是因为，同情心与妒嫉心之有无——亦即同情心与妒嫉心的"体"——完全是每个人生而固有、不可不变的，是普遍的、必然的、不能自由选择的，因而是不可言道德善恶的。反之，同情心与妒嫉心之多少——亦即同情心与妒嫉心的"用"——在一定限度内，则可以是后天习得、不断变化的，是特殊的、偶然的、可以自由选择的，因而是可以言道德善恶的。因此，如果说某种人性是可以言道德善恶的，那么，这不是指该种人性的"体"，而是其"用"：任何人性的"体"都是不可言道德善恶的；只有人性的"用"才是可以言道德善恶的。所以，王阳明说：

"性之本体，原是无善无恶的；发用上也原是可以为善，可以为不善的。"①

任何人性的"体"都不可言道德善恶，而只有人性的"用"才可以言道德善恶，显然意味着：可言道德善恶的人性与不可言道德善恶人性之分，无关乎人性的"质"或"体"，而完全取决于人性的"量"或"用"。试想，知情意与怜悯心，从质之有无来说，都是不可言道德善恶的，因为从质之有无来说，它们同样都是人生而固有、不可自由选择的。

---

① 牟宗三:《心体与性体》中册，上海古籍出版社，1999年，第166页。

于是，怜悯心可以言道德善恶，便只是因为怜悯心的量的多少是可以言道德善恶的：怜悯心多的人善，怜悯心少的人恶。同理，知情意不可言道德善恶，也只是因为知情意量的多少不可言道德善恶：我们不能说见识多、感情丰、意志强的人善，也不能说这样的人恶。

可是，为什么只要某种人性的"用"或"量的多少"可以言道德善恶，那么，该人性就是可以言道德善恶的？因为人性的体与用或质与量，乃是任何一种人性自身的内在结构，是构成任何一种人性的两因素；因而只要有一个因素可以言道德善恶，那么，它所构成的人性也就是可以言道德善恶的了。然而，是否可以由一切人性的量的多少都可以是后天习得、不断变化的，是特殊的、偶然的、可以自由选择的，便断言一切人性都是可以言道德善恶的？

否。因为可言道德善恶者，必须是可自由选择者；但是，可自由选择者，却不都是可言道德善恶者。例如，我们吃饭用筷子还是用刀叉，便是可以自由选择的，却是不可言道德善恶的：我们显然不能说用刀叉吃饭是善的或恶的，也不能说用筷子吃饭是善的或恶的。所以，后天习得、可以改变、可以自由选择，仅仅是可以言道德善恶的必要条件，而不是充分条件。那么，可以言道德善恶的充分条件是什么？

不难看出，一个东西可以言道德善恶的充分条件，乃是能够运用道德规范对它进行道德评价：可以言道德善恶的东西与道德评价的对象是同一概念。那么，究竟什么东西才能是道德评价的对象呢？道德行为应该如何的规范。所以，道德评价的对象只能是行为及其心理：心理是行为的内在因素；行为是心理的外在表现。因此，能够进行道德评价因而可以言道德善恶的人性，只能是人的行为及其心理之本性。所以，王润生写道："所谓人性，就是人对自身的行为发生影响的本质属性。"[①] 这与孙本文的界说很相似：人性是人的行为之一般特质。这一定义，曾作为

---

① 人民出版社编辑部主编：《人是马克思主义的出发点》，人民出版社，1981年，第102页。

他的《社会心理学》第十章的标题:"行为的一般特质——人性"。他在这一章的第一节"何谓人性"中得出结论说:"人性是人类共同具有的行为特质。"①

然而,细究起来,人的行为及其心理,也并不都是可以进行道德评价而言道德善恶的。就拿吃饭用筷子还是用刀叉来说,用刀叉和筷子吃饭都是人的行为,却都是不可以进行道德评价而言道德善恶的。那么,究竟是什么行为及其心理才是道德评价对象?可以进行道德评价而言善恶的,无疑仅仅是那些"受利害他人与利害自己的意识"支配的行为,亦即受利害人己意识支配的行为,说到底,亦即所谓伦理行为:"伦理行为者,善恶价值判断所加之行为也。"②

因此,伦理学所研究的人性,只能是可以言道德善恶的人性,说到底,只能是人的伦理行为——心理是行为的内在因素——之本性。举例说,引发利己目的的自爱心、求生欲、自尊心和引发害己目的的自恨心、自卑心、内疚感、罪恶感,以及引发利他目的的爱人之心、同情心、报恩心、完善自我品德之心和引发害他目的的恨人之心、复仇心、嫉妒心等,乃是可以进行道德评价而言道德善恶的,因而乃是作为伦理学对象的人性,亦即人的伦理行为之本性。

更正确些说,作为伦理学对象的人性,乃是人的伦理行为事实如何之本性,而不是人的伦理行为应该如何之本性。因为人性是人生而固有的本性,显然意味着,人性属于事实范畴,而不属于应该范畴:人的应该如何的本性,不可能是生而固有的。然而,问题是:人的应该如何的本性为什么不可能是生而固有的?

原来,应该如何之本性,如前所述,都是客体的属性,而不是主体的属性。但是,它不是客体自身就能具有或固有的属性,而是客体与一

---

① 孙本文:《社会心理学》上卷,商务印书馆,民国35年,第165页。
② 黄建中:《比较伦理学》,台北:国立编译馆,1974年,第78页。

定的主体发生关系时才产生的关系属性，是客体相对于一定的主体才具有的关系属性。因此，人的一切应该如何的本性，便都不是人生而固有的属性，而是人生下来作为客体与一定的主体发生关系时才产生的关系属性，是人生下来作为客体相对于一定的主体才具有关系属性。举例说：

每个人都应该爱国而不应该卖国之本性，显然不可能是生而固有的，而是每个人生下来作为客体，与国家这一主体的需要发生关系时才产生的属性：爱国符合国家的存在发展之需要，因而是应该的；卖国违背国家的存在发展之需要，因而是不应该的。

人的伦理行为应该如何之本性，当然也是人后天获得的，而不是人生而固有的。因为伦理行为应该如何，如前所述，不过是伦理行为事实如何对于社会的道德需求、道德目的的效用性。因此，人的伦理行为应该如何的本性，乃是人作为客体与社会这种主体发生关系时才产生的关系属性，是相对于社会这种主体才具有的属性。举例说：

每个人都应该诚实而不应该说谎之本性，显然不可能是生而固有的，而是每个人生下来作为客体，与社会这一主体的道德要求发生关系时才产生的属性：诚实符合保障社会存在发展之道德目的，因而是应该的；说谎违背保障社会存在发展之道德目的，因而是不应该的。

可见，人的伦理行为应该如何之本性，乃是人后天获得的，而不是人生而固有的，因而也就不是人性：人性是人的伦理行为事实如何之本性，而不是人的伦理行为应该如何之本性。这是不难理解的。试想，我们只能说，怜悯之心，人皆有之，是人性；而绝不能说，怜悯之心，人当有之，是人性。怜悯之心，人当有之，不是人性，而是道德对人性的要求。我们只能说，人皆有妒嫉心，是人性；而绝不能说，人不应该有妒嫉心，是人性。人不应该有妒嫉心，不是人性，而是道德对人性的要求。

然而，牟宗三却断言，人性包括人的实然或事实之本性与人的应然或道德之本性两方面："性有两层面：一是……实然之性……一是自道德创造之真几说人之性。"① 这是他综合孟子与告子的人性论之结果："'生之谓性'所呈之性本就是实然之性，而不是道德创造之应然之性……但孟子心目中所想之性却正是道德创造性之性……孟子是就人之内在道德性、道德创造之真几说人之性。"② 从此出发，牟宗三更进一步推论道："言性是自理或德而言性，是超越之性，是理想主义当然之性，是儒家人性论之积极面，亦是儒家所特有之人性论，亦是正宗儒家之所以正宗之本质特征。自生而言性是实在论态度的实然之性，是后来所谓气性、才性、气质之性，是儒家人性论之消极面，不是儒家所特有，如是儒家而又只如此言性，便是其非正宗处。"③ 一言以蔽之：人性乃是人的实然本性与应然本性之统一：应然之本性是人性的积极面；实然之本性是人性之消极面。

这是不能成立的。其一，因为照此说来，人性并不都是生而固有的。这就意味着，人性并不都是一切人具有的普遍本性。因为人性是一切人普遍具有的属性，意味着：一个人，只要是人，则不论他是多么小，哪怕他只是个呱呱坠地的婴儿，他也与其他人同样具有人性：人性是呱呱坠地的婴儿与行将就木的老人共同具有的普遍属性。所以，如果人性果真如牟宗三所言，并不都是生而固有的，那么，呱呱坠地的婴儿就不具有人性，因而人性就不是一切人的普遍属性了。这显然是错误的，因为人性是一切人都具有的普遍属性，乃是个不争的真理。

其二，因为照此说来，不但人皆有怜悯心是人性，而且人皆应有怜悯心也是人性：前者是人性之消极面；后者是人性之积极面。同理，不但人皆有妒嫉心是人性，而且人皆不应有妒嫉心也是人性：前者是人性之消极面；后者是人性之积极面。这不是胡说八道吗？

其三，因为照此说来，道德就不是从人性推导出来的，不是以人性

---

① 　牟宗三：《心体与性体》中册，上海古籍出版社，1999 年，第 131 页。
② 　同上。
③ 　同上书，第 185 页。

为基础的：道德就是一种人性，道德与人性是一回事。这说得通吗？那么，牟宗三错在哪里？

原来，如前所述，所谓人性，在孟子看来，乃是人生而固有的人之所以为人者，亦即所谓四心：怜悯心、辞让心、是非心、羞耻心。四心虽然符合道德标准因而是善的、应该的、道德的；却显然不属于道德、应该、应然范畴，而属于事实、实然范畴。因为正如摩尔所言，说一个东西是"善的"与说一个东西是"善"根本不同。怜悯心是善的，但怜悯心却不是善。怜悯心显然是一种心理事实。怜悯心是应该的、善的，仅仅意味着：怜悯心这种事实具有应该和善的属性；而不意味着：怜悯心就是应该，就是善。

一切伦理行为及其心理事实，都具有善恶或应该不应该的属性，都是善的、应该的，或恶的、不应该的。但是，我们显然不能说一切伦理行为及其心理事实都是善恶或应该不应该，都属于善恶或应该不应该范畴。牟宗三的错误就在于，把"道德的"与"道德"——或"应该的"与"应该"——等同起来，由怜悯心是应该的、道德的，善的，便断言怜悯心就是善，就是应该，就是道德，因而属于道德、应该、应然范畴：如果怜悯心确实属于应该范畴，那么，包括怜悯心的人性，也就包括人的应然之性了。

可见，人性——亦即作为伦理学对象的人性——乃是人的伦理行为及其心理事实如何之本性：它是可以言道德善恶的，是善的、应该的或恶的、不应该的，却不属于善恶应该道德范畴，而属于事实范畴。那么，人性究竟是善的还是恶的抑或亦善亦恶？冯友兰说："凡所谓善者，即是从一标准，以说合乎此标准者之谓。……所谓恶者，即是从一标准，以说反乎此标准者之谓。"[1] 因此，要知道人性之善恶，须先知道衡量人性善恶的标准是什么？衡量人性——亦即一切伦理行为事实如何之本性——善

---

[1]　冯友兰：《三松堂全集》第四卷，河南人民出版社，1986年，第98页。

恶的最终标准，如前所述，是道德最终目的、道德终极标准：增进每个人利益总量。

准此观之，人性便既不是纯粹善的，也不是纯粹恶的，而是亦善亦恶的。因为，一方面，人所生而固有的恨人之心、嫉妒心、复仇心及其所引发的害他目的和自恨心、自卑感、内疚感、罪恶感及其所引发的害他目的与害己目的诸人性，显然违背"增进每个人利益总量"的道德最终目的、道德终极标准，因而都是恶的；另一方面，人所生而固有的自爱心、求生欲、自尊心及其所引发的利己目的和爱人之心、同情心、报恩心、完善自我品德之心及其所引发的利他目的诸人性，显然符合"增进每个人利益总量"的道德最终目的、道德终极标准，因而都是善的。

于是，总而言之，可以得出结论说，人性依其能否言道德善恶的性质，分为两类。一类是可以言道德善恶的，亦即人的伦理行为事实如何的本性，如同情心和妒嫉心等，是伦理学的研究对象，是伦理学所研究的人性，是作为伦理学对象的人性：它既非纯粹善的，也非纯粹恶的，而是亦善亦恶的。另一类是不能言道德善恶的，亦即伦理行为之外的人性，如知情意、眼鼻耳等，是心理学等科学的研究对象，是心理学等科学所研究的人性，是作为心理学等科学对象的人性。

这样，便存在着两个人性概念。一个是广义的：人性乃是人生而固有的普遍本性。这就是作为一般科学术语的人性概念。另一个是狭义的：人性是人的伦理行为事实如何之本性。这就是伦理学的人性概念。但是，狭义的人性概念不止一个，比较重要的，还有心理学的人性概念：人性是人的行为及其心理——如知情意——之本性。

伦理学所研究的，当然只是伦理学的人性概念，而不是一般的人性概念。但是，从上可知，人性乃是这样一种极为复杂的概念：不理解一般的人性概念，便不可能理解伦理学的人性概念。所以，伦理学必须详尽解析人性概念，尽管这种解析并不构成正文，而只能作为导论。下面我们就在这种一般的人性概念的指导下，来研究伦理学的人性概念，亦即人的伦理行为事实如何之本性：它的内涵和外延究竟包括什么？或者说，伦理行为究竟有哪些事实如何之本性？这就是本篇"道德价值实体：伦理行为事实如何"的研究对象。

这无疑是十分复杂的问题。研究这一问题的起点显然是：究竟何谓伦理行为？伦理行为无疑是一种特殊的行为，是行为的一种类型：行为不过是伦理行为与非伦理行为之和而已。因此，不懂行为，也就不可能懂得伦理行为。然而，何谓行为，从古到今，一直众说纷纭。不过，有一点却为众所公认：行为是一种反应。可是，反应又是什么？行为究竟是一种什么反应？因此，解析伦理学人性概念的真正起点乃是：反应是什么？

二 反应概念

1 反应：合目的性反应与非合目的性反应

稍有科学常识的人便不难理解，一事物在他事物作用下所发生的变化，是对他事物的作用和属性的回答、表现；这种变化、回答、表现，相对他事物的作用来说，便叫作反应：反应是一事物相对于他事物的作用所发生的变化。滴水穿石，是石头相对于滴水的作用所发生的机械变化，叫机械反应：它是对水的"柔弱胜刚强"的属性和作用的表现。水热蒸发，是水相对于热的作用所发生的物理变化，叫物理反应：它是对热的属性和作用的表现。铁生锈，是铁相对于氧的作用所发生的化学变化，叫化学反应：它是对氧的属性和作用的表现。含羞草受到震动，叶柄便耷拉下来，是含羞草相对于震动的作用发生的生物变化，叫生物反应：它是对震动的属性和作用的表现。

从行为起源的视角来看，生物反应与非生物反应，是反应的最为重要的类型。因为二者的根本区别在于：前者具有合目的性；后者不具合目的性。所谓合目的性，如所周知，是与目的性相对的概念：二者都是有机体所具有的"为了什么"的属性，都是有机体"为了"达到某种结果而进行某种过程的属性。不过，目的性是有机体有意识地为了什么的属性，是有机体有意识地为了达到某种结果而进行过程的属性；合目的性则是有机体无意识地为了什么的属性，是有机体无意识地为了达到一定结果而发生一定过程的属性。[①] 举例说，一个人为了成名而刻苦读书，是目的性；而为了消化食物分泌唾液，则是合目的性。因为前者是有意识的，而后者是无意识的。那么，为什么只有生物反应才具有合目的性，而非生物反应则不具有合目的性？

原来，任何形态的物质之所以能够保持自身的存在，都同样有赖于它与其内外环境的平衡、适应、稳定，即自身内部诸要素之间及其复合体与外界环境之间的适应、平衡、稳定。"一个复杂的化学物质，"巴甫洛夫解释说，"它之所以能够存在，是因为它的个别的原子与原子团保持平衡状态。同样地，极度复杂的高级与低级动物之所以能够以整体的形式存在，是因为它所有的细微精确的构成部分彼此间保持平衡，并且和周围世界也保持平衡。"[②] 只不过，物质形态越复杂，它的内外平衡的保持也就越困难，它保持平衡的条件、要素也就越细腻多样、复杂高级。石头的平衡几乎在任何条件下都可以保持；植物则需要阳光、水分、营养；动物则还需要自由等条件。所以，巴甫洛夫一再说："机体越复杂，它的平衡要素就越细腻与多样。"[③]

现代生物学表明，复杂性是生物区别于非生物的重要特征之一：细

---

① 参见《马克思恩格斯全集》第 20 卷，人民出版社，1971 年，第 48 页。

② 巴甫洛夫：《条件反射演讲集》，中国科学院心理研究室译，人民卫生出版社，1955 年，第 3 页。

③ 同上书，第 79 页。

胞主要的有机成分 DNA、RNA 和蛋白质是已知的最大的和最复杂的分子。相对于生物来说，最复杂的非生物也是简单的。因此，非生物的平衡比生物的平衡易于保持，一般不会被它们受到的内外作用破坏。所以，非生物对它所受到的内外作用的反应，便不具有"为了"平衡而趋利避害的合目的性，仍能保持内外平衡而存在：非生物反应是纯粹的机械变化、物理变化、化学变化。例如，任何一块石头、一块铁，便都既不会趋近也不躲避而是毫无选择地承受风吹雨淋。它们在风雨作用下所发生的风化和锈蚀反应，丝毫不具有"为了什么"的属性，不具有合目的性，而是纯粹的化学变化。反之，相对于非生物来说，最简单的生物也是最复杂的；因而生物的平衡比非生物的平衡难于保持，很容易被它所受到的内外环境作用破坏。所以，它对这些作用的反应，便具有无意识地"为了"保持平衡而趋利避害的合目的性。否则，生物便不可能保持内外平衡而生存：合目的反应是生物生存的根本条件，是一切生物都具有的属性。

具体地讲，一切生物所具有的合目的性反应，就其最基本的形态来说，便是所谓的向性运动与趋性运动。向性运动为一切植物固有。一是向光性：茎有正向光性，朝着光生长，根有负向光性，背着光生长。二是向地性：根有正向地性，向下长，茎有负向地性，往上长。三是向水性：根有很强的正向水性，强到足以使榆树的根找到、长入并阻塞下水管道。这些向性运动显然是合目的的：直接说来，是为了获得光、水、营养等；根本说来，则都是为了保持内外平衡稳定，从而生存下去。

植物也都具有趋性运动。例如，叶肉细胞中的叶绿体，在弱光作用下，便会发生沿叶细胞横壁平行排列而与光线方向垂直的反应；在强光作用下，则会发生沿着侧壁平行排列而与光线方向平行的反应。这两种反应都是合目的的：前者是为了吸收最大面积的光；后者是为了避免吸收过多的光；说到底，显然都是为了保持内外平衡，从而生存下去。动物的趋性运动发达得多。即使最简单的原生动物，也可以自由地作出接近或躲避运动，最后到达到或避开某一种刺激来源。例如，当变形虫在水中遇到载有食物的固体时，它就放射式地展开伪足爬向固体，从而轻易地接触到固体上的食物。可是，当它在遇到水面上的小棒一类固体时，它就把伪足撤向和不可食的物体位置相反的一边。变形虫的这种选择性反应显然是合目的的：直接说来，是为了求食；根本说来，则是为了保持内外平衡从而生存下去。

总之，一切生物都具有向性运动或趋性运动，因而也就都具有趋利避害的合目的选择性反应能力。这种反应的合目的性，直接说来，是为了达到各种具体结果；根本说来，则都是为了保持平衡稳定，从而生存下去。所以，雅克·莫诺写道："生物的所有的功能适应，同生物产生的所有人工制品一样，都是为了执行或完成某些具体的计划，这些计划可以看作是物种保存和物种增殖的独一无二的、最重要的计划的各个侧面或片断。"[①]

2 关于生物合目的反应的两种理论

关于生物反应、性状的合目的性，长期以来，一直有两种相反谬论。一种可以称之为"生物目的论"，其代表人物当推莫诺。该论把"目的"与"为了什么"等同起来，因而由生物反应、性状具有"为了什么"的属性，便得出结论说：生物反应、性状具有目的性。莫诺便这样写道："我们还记得照相机的例子吧。如果我们同意这种客体的存在及其结构是为了实现捕捉映象的计划，那么，很清楚，我们一定也得同意脊椎动物眼睛的出现，也是为了完成类似的计划。"[②] "眼睛这样的天然器官是获取

---

① 雅克·莫诺：《偶然性和必然性——略论现代生物学的自然哲学》，上海自然科学哲学著作编译组译，上海人民出版社，1977 年，第 9 页。

② 同上。

映象这一'目的'的具体体现。"① 而眼睛的目的性"表现出一切生物所共有的一个根本特征，那就是：生物是赋有目的或计划的客体。"②

　　然而，如上所述，目的与"为了什么"并不相同：只有"有意识地为了什么"才是目的；而"无意识地为了什么"则是合目的性。因此，莫诺由生物反应具有"为了什么"的属性得出生物具有目的性的结论，是错误的。只有当生物反应具有的为了什么的属性是有意识的，才可以说生物具有目的性。可是，如所周知，意识是大脑的属性；生物反应普遍具有的"为了什么"的属性是无意识的。所以，生物并不具有目的性，而只具有合目的性。

　　另一种谬论可以称之为"生物适应论"，其代表人物当推萨哈罗夫。该论也是把目的与"为了什么"等同起来，不过却由生物反应、性状不具有目的性，得出结论说：生物不具有"为了什么"的属性；所谓"为了什么"的合目的性，不过是个主观概念，它所表达的实际上就是生物的适应性。萨哈罗夫便这样写道："合目的性是主观的概念……它不能反映自然界的实际现象，自然界中只发生不断的适应性。"③ 夏甄陶亦如是说："合目的性实质上就是生物有机体对生活环境的适应性。"④

　　这种观点的错误，主要在于不懂得合目的性与适应性是根本不同的。适应性乃是生物所具有的相对一定环境而利于自己生存和繁殖的性状：它形成于生物的变异。一切生物的变异，如所周知，可以分为两类：

　　一类是与环境的需要无关的、偶然的、随机的变异，主要是基因构件的物理变化和化学变化所造成的基因突变。这类变异所形成的性状，与环境往往没有对应关系，如有角家畜中出现的无角品种，禾谷类作物

---

①　雅克·莫诺：《偶然性和必然性——略论现代生物学的自然哲学》，上海自然科学哲学著作编译组译，上海人民出版社，1977年，第5页。

②　同上。

③　萨哈罗夫：《获得性的遗传》，余名仑译，科学出版社，1958年，第6页。

④　夏甄陶：《关于目的的哲学》，上海人民出版社，1982年，第158页。

出现矮秆植物等。此类性状，既可能于生物有利，也可能有害，还可能是中性的。但不论如何，因其丝毫不是"为了什么"才发生的，所以丝毫不具有合目的性。例如，风力强大的海岛上的残翅突变型果蝇，其残翅使其不能飞行，免于被吹入海，而成为最适性状。这种残翅性状，虽然是最适的，却纯粹是与环境需要无关的随机突变的结果，而丝毫不是为了什么才生成的，所以丝毫不具有合目的性。

反之，另一类则是环境的需要引起的变异。例如，平原高挺的菊芋移至高山，则变异为贴地丛生。这类变异所形成的生物性状，即使适应性较差，或因环境变化而成为不适性状，却都同样是生物无意识地"为了"生存而努力适应环境的结果，因而都具有合目的性。

可见，只有环境需要引起的变异所形成的适应性，才具有合目的性，而与环境需要无关的变异所形成的适应性，则不具有合目的性：适应性并非都是合目的性的。所以，认为合目的性实际上就是适应性的观点，是错误的。

总之，真理既不是以为生物具有目的性的夸大论，也不是以为生物不具有合目的性的否定论。真理是：一方面，生物具有合目的性，但不具有目的性；另一方面，合目的性是一切生物都具有的属性，但生物的一切属性却不都具有合目的性——正如遗传是一切生物都具有的属性，但生物的一切属性却不都具有遗传性一样。

三　反射概念：目的发射与合目的反射

各种生物的合目的性反应，因其在进化阶梯上的层次不同而不同。植物和单细胞动物的机体各部分都具有同样程度的合目的性反应能力，没有专门的反应器官。单细胞动物进化为多细胞动物，则机体功能开始专门化。其中最富有可塑性因而最易于感受内外刺激的部分，就逐渐形成有机体与其内外环境的中介物，变成了专门的反应机构，即神经系统。神经系统的全部机能，正如巴甫洛夫所指出，就在于把内外环境传达给有机体，并使有机体发生相应活动，以便与内外环境保持平衡："神经系统的活动，一方面是要达到统一化，即把机体各部分的工作整合起来；另一方面是要达到机体和周围环境的联系，达到机体系统和外界环境之间平衡。"[①] 有机体通过神经系统所发生的对内外刺激的反应，就叫作反射：反射"是机体对于外在世界的反应，是经过神经系统而产生出来的"。[②]

反射依据其发生的条件性质，如巴甫洛夫所说，分为无条件反射与条件反射两类。无条件反射是有机体通过神经系统所发生的对于内外刺激的先天固有、固定不变、无条件的、类族的反应；条件反射则是有机体通过神经系统所发生的对于内外刺激的后天习得、暂时可变、有条件的、个体的反应："有两种反射，固定的与暂时的、先天多样获得的、类族的与个体的反射。为实际区分起见，我们把第一种反射叫作无条件的，把第二种反射叫作条件的。"[③] 举例说，食物直接刺激口腔，引起唾液分泌，便是有机体对于外界刺激通过神经系统所发生的先天固有、固定不变、无条件的、类族的反应，因而是无条件反射。反之，动物听到铃声而分泌唾液，则是有机体对于外界刺激通过神经系统所发生的后天习得、暂时可变、有条件的、个体的反应，因而是条件反射。

反射按有无意识支配，又可以分为目的反射与合目的反射两类。目的反射是有机体有意识地为了什么所进行的活动，是有机体所进行的受意识支配的活动，是有机体的随意运动，是有机体的受大脑皮层控制的活动，因而一般说来，也就是有机体的受躯体神经、动物神经支配的活

① 巴甫洛夫：《条件反射演讲集》，中国科学院心理研究室译，人民卫生出版社，1954年，第330页。
② 同上书，第6页。
③ 同上书，第164页。

动。合目的反射则是有机体无意识地为了什么所发生的发生反射，是有机体所发生的不受意识支配的反射，是有机体的不随意运动，是有机体的不受大脑皮层控制的反射，因而一般说来，也就是有机体的受植物神经、自主神经支配的反射。举例说，遇有危险心跳加快、见有美味分泌唾液，是机体不受意识支配的反射，是机体的不随意运动，所以是合目的反射。反之，遇有危险拔腿就跑、见有美味克己不食，则是机体受意识支配的活动，是机体的随意运动，所以是目的反射。

然而，是否可以说，条件反射都是目的发射，而无条件反射都是合目的反射？不可以。因为一方面，无条件反射也可能是目的反射，而并不都是合目的反射。例如，狗一生下来便寻找食物，是先天固有而又受意识支配的反射，因而既是无条件反射，又是目的发射：可以称之为"无条件的目的反射"。另一方面，条件反射也可能是合目的反射，而并不都是目的反射。例如，狗听到铃声分泌唾液，是后天习得而又不受意识支配的反射，因而既是条件反射，又是合目的发射，可以称之为"合目的性条件反射"。所以，条件反射、无条件反射与目的反射、合目的反射是交叉概念关系。那么，这些概念是否都属于行为范畴？

四　行为概念

1　行为：本能与学习

条件反射和目的发射无疑是反应发展的最高阶段。于是，综上所述，反应发展的全部过程可以表示如图：

$$\text{非合目的反应} \longrightarrow \text{合目的反应} \begin{cases} \text{无条件反射} \longrightarrow \text{条件反射} \\ \text{合目的反射} \longrightarrow \text{目的反射} \end{cases}$$

　　这是反应发展所出现的全部形态。因此，行为——行为是一种反应——必居其中。细细观之，不难看出：行为乃是目的反射；而合目的反应与合目的反射则可以名之为"合行为"。因为目的性无疑是行为根本特征；而合目的性则是合行为的根本特征。所以，合行为是一切生物都具有的反应，是有机体无意识地为了什么所发生的反应，是有机体所发生的不受意识支配的反应：其最高形态，是有机体受植物神经、自主神经支配的反射。反之，行为则仅为具有大脑的动物所有，是有机体有意识地为了什么所进行的实际反应活动，是有机体所进行的受意识支配的实际反应或反射活动，是有机体的随意运动，是有机体的受大脑皮层控制的实际反应或反射活动，是有机体的受躯体神经、运动神经支配的实际反应或反射活动。因此，巴甫洛夫说："神经系统的活动，一方面是要达到机体所有各部分工作的统一与整合（这是自主神经系统的活动——引者），而在另一方面，则要达到机体和外在世界的联系（这是躯体神经系统的活动——引者）。关于机体内在世界的活动可以叫作低级神经活动，以别于我们所称为高级神经活动的、机体对外在世界的其他适应。因此，行为和高级神经活动两个名词是一致的。"[①]

　　行为这种有机体受意识支配的实际反射活动，依其反射的条件性，又分为本能和学习两大类型。所谓本能，亦即无条件目的反射，也就是有机体先天固有而又受意识支配的实际反应活动，是有机体先天固有的随意运动。反之，所谓学习，亦即条件目的反射，也就是有机体后天习得而又受意识支配的实际反应活动，也就是有机体后天习得的随意运动。例如，狗寻找食物，是无条件目的反射，是先天固有而又在意识支配下的活动，所以是本能。反之，狗吃掉在地板上的肉而不吃盘中肉，则是条件目的反射，是后天习得而又在意识支配下的活动，所以是学习。

---

① 巴甫洛夫：《条件反射演讲集》，中国科学院心理研究室译，人民卫生出版社，1954 年，第 333 页。

依此类推，合行为也分为合本能与合学习两大类型。合本能亦即无条件合目的性反应，是有机体先天固有的不受意识支配的合目的性反应；合学习亦即条件合目的性反应，是有机体后天习得的不受意识支配的合目的性反应。举例说，食物直接刺激狗的口腔引起唾液分泌，是先天固有的不受意识支配的合目的反射，是合本能。反之，狗听到铃声分泌唾液，则是后天习得的不受意识支配的合目的反射，因而是合学习。

可见，合本能、合学习与本能、学习根本不同：前者是不在意识支配下的、合目的性的、不随意的活动；后者则是在意识支配下的、有目的的、随意的活动。因此，达尔文说，本能是一种精神活动："我不打算给本能下任何定义。不难看出，若干不同的精神活动通常都被包括在这个术语之内。但是，当人们说本能促使杜鹃迁徙并且把蛋下在别种鸟的鸟巢里，谁都知道这是什么意思。"[1] 于是，反射只要不受意识支配，则不管多么复杂，也都仅仅是合本能而不是本能。所以，巴甫洛夫说："本能，据说是比反射复杂些。但是，有些很复杂的反射，绝不会错认为本能，例如呕吐。"[2]

现代生物学表明，无神经系统的生物，亦即植物与原生动物，只能进行无条件合目的反应，而不能进行条件合目的反应，因而只有合本能而无合学习；具有神经系统的后生动物，不但都能进行无条件反射，而且都能进行条件反射，因而不仅有合本能，而且有合学习："近年用神经细胞模型，研究接通暂时联系的电生理学过程，进一步说明，暂时联系是普遍的神经生理现象。在进化不同的阶梯上，暂时联系的接通部位可能不同。猿猴和狗等高等哺乳动物的大脑半球是形成条件反射的主要器官、暂时联系接通的主要部位。两栖类、鱼类切除大脑两半球仍能形成条

---

[1]　Charles Darwin: *The Origin of Species*, London: John Murray, 1900, p. 319.

[2]　巴甫洛夫：《条件反射演讲集》，中国科学院心理研究室译，人民卫生出版社，1954年，第216页。

件反射；间脑、中脑或小脑可能是原始条件反射器官。无脊椎动物中，如软体动物、节肢动物的腹神经节都被看作研究暂时联系的接通的模型。"[1]

叶尔克斯的实验则告诉我们，蠕虫能够习得在 T 形迷津中朝一定方向转弯的合学习条件反射，从而证实了：动物只要具有神经系统，即使十分低级，也都能进行合学习的条件反射活动："如果在 T 形迷津的右部有出口能使蠕虫走到窝里，而在 T 形迷津的左部使蠕虫受到电击，则经过 120—180 次在迷津中爬行的实验之后，蠕虫就学会了寻找右边的道路，放进迷津中时立刻走向迷津的右端而进入窝里。"[2]

可见，无神经系统的生物只有合本能而无合学习；有神经系统的动物（以及机器）只有合本能和合学习而无本能与学习；只有具有大脑的动物才有本能与学习。现代生物学、心理学、控制论，以为本能与学习为一切生物和机器所具有，是由于把一切生物和机器所具有的合目的都当作目的、合行为都当作行为，从而也就把一切生物和机器所具有的合本能与合学习都当作本能与学习。

2　关于行为概念的误解

许多现代生物学和心理学家将"为了什么"与"目的"等同起来，因而把合目的都当作目的，进而由合目的性是一切生物都具的属性而断言，目的、行为是一切生物都具有的属性，说到底，也就是有机体对刺激的反应："对生物学家来说，行为一词包括整个有机体与其环境有关的一切活动和反应。"[3] 照此说来，行为与生物反应或合目的反应是一个

---

① 北京大学生物系编：《基础生理学》，北京大学出版社，1979 年，第 84 页。
② 拉德吉纳-科特斯：《有机体进化过程中心理的发展》，张述祖译，科学出版社，1965 年，第 24 页。
③ S. L. Weinberg：《生物学——对生命本质的探讨》，复旦大学、南京大学等合译，人民教育出版社，第 262 页。

东西，它既包括动物的目的反射与合目的反射，也包括植物的合目的反应。于是，不但动物具有行为，而且植物也具有行为："行为是生命的最基本特征之一。"[①] 控制论也把"为了什么"与"目的"等同起来，把"合目的"都当作"目的"，进而由机器等非生物具有合目的性而断言机器等非生物具有目的和行为，于是行为也就是反应，也就是物体相对其环境所发生的变化："行为就是一个实体相对于它的环境做出的任何变化。"[②] 这样，不但生物具有行为，而且非生物也具有行为："据此，一个客体的可以从外部探知的任何改变都可以称作行为。"[③]

可见，现代生物学、心理学、控制论把行为定义为一切有机体乃至一切物体的反应，说到底，是由于把"为了什么"与"目的"等同起来，把"合目的"都当作"目的"，从而把"合行为"都当作"行为"的结果。反之，如前所论，如果把"为了什么"与"目的"、把"合目的"与"目的"区分开来，把握"合目的性"是有机体无意识地为了什么的属性、目的性是有机体有意识地为了什么的属性，那么，便会看到：一切非生物具有的只是反应；一切生物与机器具有的只是合目的反应、合行为；而目的性、行为则仅仅是大脑动物所有的属性：行为是有机体受大脑皮层控制的实际反应或反射活动，它的根本特征是受意识支配。

总之，行为是有机体受意识支配的实际反应活动：受意识支配的先天固有的活动是本能；受意识支配的后天习得的活动是学习。这就是我们所确证的行为概念。从此出发，也就不难理解它的一种特殊类型：伦理行为与非伦理行为了。

---

① 田清沫：《生物学》(第二册)，化学工业出版社，1986年，第261页。
② 维纳："行为、目的和目的论"，《控制论哲学译文集》，商务印书馆，1965年，第1页。
③ 同上。

五 伦理行为概念

1 伦理行为界说

伦理行为，如所周知，与道德行为是同一概念，无非是道德所规范的行为，是能够进行道德评价的行为，是具有道德价值的行为。所以，黄建中说："伦理行为者，善恶价值判断所加之行为也。"[①] 不过，这样解释伦理行为、道德行为，作为判断是正确的；若作为定义，却有同义语反复之嫌：定义概念中有被定义概念。所以，给伦理行为、道德行为下定义，还需要进一步说明：究竟什么行为才是具有道德价值、能够进行道德评价的行为？

所谓价值，如前所述，乃是客体对于主体活动目的的效用：有利的效用即正价值；有害的效用即负价值；无利无害的效用即无价值。准此观之，所谓具有道德价值的行为，也就是对于道德目的具有效用的行为。道德的普遍目的，如前所述，是为了保障人类社会与利益共同体的存在发展，最终为了增进每个人利益：保障人类社会与利益共同体是道德直接普遍目的；增进每个人利益是道德终极目的。因此，所谓具有道德价值的行为，也就是对于社会和利益共同体的存在发展以及每个人利益增进具有效用的行为，也就是有利或有害于社会和利益共同体的存在发展以及每个人利益增进的行为，说到底，也就是利害己他（它）的行为。所以，哈特兰-斯温一再说：

"一类行为被一个社会称之为道德的，是因为履行这些行为被认为具有社会重要性，而忽视和违背这类行为将给社会带来灾祸。同样的行为

---

① 黄建中：《比较伦理学》，台北：国立编译馆，1974年，第78页。

在另一个社会，既不被叫作道德的也不被叫作不道德的，是因为这些行为履行与否，都不被认为具有社会重要性。"①

于是，所谓伦理行为或道德行为，便是具有道德价值、可以进行道德评价的行为，便是对道德目的具有效用的行为，便是对于社会和利益共同体存在发展以及每个人利益增进具有效用的行为，便是有利或有害于社会和利益共同体存在发展以及每个人利益增进的行为，便是利害己他（它）的行为。反之，所谓非伦理行为或非道德行为，则是不具有道德价值、不能进行道德评价的行为，是对道德目的没有效用的行为，是对于社会和利益共同体的存在发展以及每个人利益增进没有效用的行为，是无利无害于社会和利益共同体存在发展以及每个人利益增进的行为，是无利无害于己他（它）的行为。

然而，细究起来，每个人的任何行为——或多或少、或直接或间接——无不具有利害己他的效用，无不是利害己他的行为，无不具有社会重要性。比如，无意于利己的观花、看鱼、散步，终究岂不也于己有利：有利自己身心健康？但是，能说这些行为是伦理行为吗？显然不能。那么，伦理行为究竟是什么？

行为的根本特征，如前所述，是受意识支配：行为是有机体受意识支配的实际反应活动。由此不难理解，伦理行为或道德行为的根本特征是受具有道德价值的意识之支配：伦理行为或道德行为是受具有道德价值、可以进行道德评价的意识支配的行为，说到底，也就是受利害己他意识支配的行为；非伦理行为则是受不具有道德价值因而不可以进行道德评价的意识支配的行为，说到底，也就是受无关己他利害意识支配的行为。我们说赏花观鱼散步不是伦理行为，是因为赏花观鱼散步一般说来并不受利害己他的意识支配，是超利害意识行为。然而，如果一个人赏花观鱼散步是为了陪伴、愉悦朋友，便是受利他意识支配的行为，便

---

① 　Tom L. Beauchamp: *Philosophical Ethics*, New York: McGraw-Hill Book Company, 1982, p. 9.

是伦理行为了。

可见，伦理行为与非伦理行为的区别，关键在于是否具有利害己他之意识；而不在于是否具有利害己他之事实。所以，冯友兰说："凡可称为道德的行为，必同时亦是有觉解的行为。无觉解的行为，虽亦可合于道德律，但严格地说，并不是道德的行为。"[①] 诚哉斯言！一种行为，不管事实上给社会和他人带来多大利益，因而多么合乎道德规范，如果不具有利他意识，也不是伦理行为。举例说：

一个凶手正要杀李四，恰好张三高歌而至，吓跑了凶手。张三高歌而来的行为事实上无疑给李四以莫大利益。但是，张三是无意高歌而来，没有吓唬凶手的救人意识，所以其行为便不是伦理行为。反之，一种行为，不管事实上有无利害，只要受利害意识支配，便是伦理行为。比如，一个人给死去的老父烧纸，事实上对死去的老父毫无利益。但在他的意识中，却是给冥府里的老父送钱，受利他意识支配，所以便是伦理行为。

总之，伦理行为是受利害己他意识支配的行为：受利他利己意识支配的行为，符合道德目的，因而便是具有正道德价值的伦理行为，叫作"道德的行为"；而受害他害己意识支配的行为，则违背道德目的，因而是具有负道德价值的伦理行为，叫作"不道德行为"。然而，在流行的观点看来，"所谓道德行为或伦理行为，就是人们在一定道德意识支配下，表现为有利或有害于社会和他人的行为。""道德行为是基于自觉意识而做出的行为。"[②] 这个定义是不恰当的。其一，定义概念中有被定义概念："道德行为是在道德……"。其二，把"行为"的种差当作"伦理行为"的种差。因为所谓意识，如前所述，并不是伦理行为区别于其他行为的特征、种差，而是一切行为都具有的、区别于非行为活动的特征、种差：行为是有机体受意识支配的实际反应活动。其三，以偏概全：漏掉了

---

① 冯友兰：《三松堂全集》第四卷，河南人民出版社，1986年，第535页。

② 罗国杰主编：《伦理学》，人民出版社，1989年，第378页。

"有利或有害自己的行为"和"有利或有害它物——亦即动植物等非人类存在物——的行为"。

界说伦理行为,仅仅完成了对伦理行为进行概念分析的一半;另一半则是划分伦理行为:伦理行为自身内部的划分,叫作伦理行为结构;伦理行为相互间的外部划分,叫作伦理行为类型。

2 伦理行为结构

从"行为是有机体有意识地为了什么所进行的活动"的定义不难看出,行为由目的与手段构成:目的是有意识地为了达到的结果,也就是行为主体所预期达到的行为结果;手段则是有意识地用来达到某种结果的某种过程,也就是行为主体有意识地用来达到行为结果的行为过程。例如,一个人刻苦读书为了达到的结果是成名,那么,成名是为了达到的行为结果,因而是目的,而刻苦读书则是用来达到这一结果的行为过程,因而是手段。行为由目的与手段构成的理论,在新行为主义论者托尔曼的《动物和人类的目的性行为》中有十分系统的论述。通过这些论述,他得出结论说:

"要对任何一件行为本身作一完全的、描述性的鉴定,就必须说明以下三点:(a)所趋向或所离去的目标——对象;(b)对于这趋向或离去的活动所涉及的手段——与对象打交道的特定方式;(c)为这种趋向或离去而选择较短手段的事实。"[1]

然而,从现代心理学——特别是弗洛伊德心理学——的科学成就来看,目的与手段仅仅是行为的静态的、表层的结构;行为的动态的、深层的结构,乃由目的、手段、原动力三因素构成。所谓行为原动力,就

---

[1] 托尔曼:"动物和人的目的性行为",《新行为主义学习论》,山东教育出版社,1983年,第326页。

是引发行为的根本原因，也就是引发行为目的与行为手段的根本原因。手段的原因是目的。因此，说到底，行为原动力也就是引发行为目的的根本原因。可是，行为的根本目的——根本目的是目的之目的——显然也是引发行为的根本原因。那么，行为根本目的与行为原动力区别何在？

按照弗洛伊德的观点，行为原动力是躯体欲望、生理欲望，特别是性欲。这一观点，恰与中国古代一些学者的追求——"洞房花烛夜，金榜题名时"——相符。他们求名是苦读目的；而求爱又是求名的目的，是苦读的目的之目的，亦即苦读的根本目的。但是，求爱目的之根本原因却不再是目的，而仅仅是一自然原因"性欲"；则性欲便是苦读的原动力。行为原动力是欲望，实为诸子百家之共识，以致新儒家冯友兰也这样写道：

"活动原动力是欲……人皆有欲，皆求满足其欲。种种活动，皆由此起……欲是一个天然的事物，他本来无所谓善恶，正如山水之不可谓为善为恶一样。"[①]

可见，行为原动力与行为根本目的都可以是引发某一目的之根本原因。但是，如果引发某一目的之根本原因本身仍是目的——譬如求爱——它便是根本目的；如果产生某一目的之根本原因本身已经不再是目的，而只是原因，已经不再是"为了什么"，而只是"因为什么"——譬如性欲——它便是原动力。

因此，行为原动力与行为根本目的之异同在于：二者都是行为的根本原因；但是，行为根本目的是某一行为目的之根本的"目的因"——譬如求爱——是尚未深化到超越目的层次的行为目的之根本原因；行为原动力则是行为目的之根本的"非目的因"——譬如性欲——是已经深化到超越了目的层次的行为目的之根本原因。因此，可以说行为原动力比行为根本目的更为深远根本：行为原动力乃是引发行为根本目的之非目的因。

行为由原动力、目的、手段三部分构成的观点，已经得到一些现代

---

① 冯友兰：《三松堂全集》第一卷，河南人民出版社，1985年，第556页。

心理学教科书的承认。佐伯茂雄的《现代心理学概论》便这样写道："人类的行为，是基于特定的欲求、为了实现特定的目标、并选择各种各样的手段去实现目标的活动。"[①]

推演行为结构可知，伦理行为的静态的、表层的结构由伦理行为目的与伦理行为手段构成；而伦理行为的动态的深层的结构则由伦理行为目的、伦理行为手段、伦理行为原动力构成。根据伦理行为和行为目的、行为手段以及行为原动力诸概念的定义，可以得出结论说：

首先，所谓伦理行为目的，亦即具有道德价值、可以进行道德评价的行为目的，也就是对道德目的具有效用的行为目的，说到底，也就是利害己他（它）的行为目的，是行为者所要达到的利害己他的行为结果。因此，伦理行为目的不过4种：利他（它）目的、利己目的、害他（它）目的、害己目的。

其次，所谓伦理行为手段，亦即具有道德价值、可以进行道德评价的行为手段，也就是对道德目的具有效用的行为手段，说到底，也就是利害己他的行为手段。因此，伦理行为手段也不过4种：利他（它）手段、利己手段、害他（它）手段、害己手段。

最后，所谓伦理行为原动力，则是引发伦理行为的根本的、非目的的原因，也就是引发伦理行为目的的根本的非目的原因，亦即引发利害己他行为的根本的、非目的的原因，说到底，也就是产生利他与利己以及害他与害己四种目的之根本的非目的因。

3 伦理行为类型

伦理行为是受利害己他（它）意识支配的行为，显然意味着：伦理行为分为利他（它）行为、利己行为、害他（它）行为、害己行为四大

---

① 佐伯茂雄：《现代心理学概述》，郭祖仪译，陕西师范大学出版社，1985年，第33页。

类型。然而，细究起来，伦理行为又由伦理行为目的与伦理行为手段构成：一方面，伦理行为目的又分为利他目的、利己目的、害他目的、害己目的；另一方面，伦理行为手段也分为利他手段、利己手段、害他手段、害己手段。所以，伦理行为目的与伦理行为手段结合起来，便形成16种伦理行为：

类型＼目的 手段	利己	利他	害己	害他
利己	1 完全利己	5 为他利己	9 利己以害己	13 利己以害他
利他	2 为己利他	6 完全利他	10 利他以害己	14 利他以害他
害己	3 害己以利己	7 自我牺牲	11 完全害己	15 害己以害他
害他	4 损人利己	8 害他以利他	12 害人以害己	16 完全害他

1 "完全利己"，即目的利己、手段利己的行为，也就是目的与手段都既不利人又不损人而仅仅利己的行为。俗语"各人自扫门前雪，莫管他人瓦上霜"的行为，即属此类。这种行为的经典概括，当推杨朱的那两句名言："拔一毛而利天下不为也"、"不以天下易其胫一毛"。萨特《厌恶》主角洛根丁也是这样的一个人："我是孤零零地活着，完全孤零零一个人。我永远也不和任何人谈话；我不收受什么，也不给予什么。"[①]

2 "为己利他"，即目的利己、手段利他的行为，也就是以造福社会和他人为手段而求得自己利益的行为。例如，一个人为了成名成家而刻苦读书、著书立说；为了富贵荣华而努力工作；为了赚钱发财而下海经商等行为均属此类。合理利己主义极为推崇这种行为。霍尔巴赫甚至说："德行不过是一种用别人的福利来使自己得到幸福的艺术。"[②]梁启超说得更妙："固不必奢谈兼爱以为名高，亦不必讳言为我以自欺蔽，但使举利

① 萨特：《厌恶及其他》，郑永慧译，上海译文出版社，1987年，第13页。
② 霍尔巴赫：《自然的体系》（上卷），官士滨译，商务印书馆，1964年，第247页。

己之实，自然成为爱他之行。"①

3 "害己以利己"，即目的利己、手段害己的行为，也就是通过牺牲自己的一部分利益以求得自己另一部分利益的行为。例如，车尔尼雪夫斯基小说《怎么办》中的拉赫美托夫为了练就顽强意志而睡钉床，便是害己以利己。我国历史上有名的"卧薪尝胆"、"头悬梁锥刺股"以及我们所常见的诸如吸烟、喝酒、截肢、移皮、受虐狂等行为都属此类。

4 "损人利己"，即通过损人手段以达到利己目的的行为，如偷盗、贪污、敲诈勒索、施虐狂等。

5 "为他利己"，即目的利他、手段利己的行为，如我们常说的为革命而读书、为祖国而夺魁、为人民而做官等。孔子说的"君子谋道不谋食；学也，禄在其中矣"②就是此意："学"、"谋道"是目的利他，而"禄"、"食"是手段利己。

6 "完全利他"，即目的利他、手段也是利他的行为。例如，孟子所说的出于怜悯心而救孺子于深井的行为，便是一种完全利他的行为。因为，一方面，这种行为的手段，不言而喻，是毫不利己而完全利他；另一方面，这种行为的目的也是毫不利己、完全利他：完全是为了孺子，而丝毫不是为了自己；不但不是为了自己，而且还极可能自我牺牲。

7 "自我牺牲"，即目的利他、手段害己的行为，也就是在自我与他人利益发生冲突、不能两全时，不得不牺牲自我利益以保全他人利益的行为；如董存瑞托炸药包、黄继光堵枪眼、王杰扑手榴弹、刘英俊拦惊马、徐洪刚斗歹徒等。孔子盛赞这种行为："志士仁人，无求生以害仁，有杀身以成仁。"③

8 "害他以利他"，即目的利他、手段害他的行为，如父母为了改掉儿子偷窃恶习而痛打儿子、医生为确诊治病而给患者做胃镜等令患者十分

---

① 葛懋春编选：《梁启超哲学思想论文选》，北京大学出版社，1984年，第54页。
② 《论语·卫灵公》。
③ 同上。

痛苦的检查等。

9 "利己以害己"，即目的害己、手段利己的行为，也就是以快乐较多或痛苦较少的手段来达到害己目的的行为。古罗马安东尼的妻子克莉奥佩特拉访求无数易死秘方，最后选用小毒蛇咬死自己，便是以痛苦较小的手段实现自杀目的的"利己以害己"。自杀者往往选择痛苦少一些的自杀方法，如注射氰化钾、从最高的楼层跳下等，显然都属于利己以害己。

10 "利他以害己"，即目的害己、手段利他的行为。例如，一个人受内疚感驱使而让医生在自己身上进行新针灸疗法试验，从而实现其折磨自己的渴望，便是利他以害己。再比如，薄伽丘的《十日谈》中有一穷困潦倒者，流落街头、夜宿山洞，正欲自杀时，恰遇一人杀死他人，于是便冒充凶手而代替该人服刑，从而以利他手段实现其害己自杀之目的：利他以害己。

11 "完全害己"，即目的害己、手段也害己的行为。这种行为，如弗洛伊德所说，也引发于诸如内疚感、罪恶感的自恨心。例如，一个印第安人酒后杀母因而内疚，于是不论冬夏都不着衣物，严冬时露宿雪地。我们平时也曾看见，有的母亲因管教不了儿女而拼命纠扯自己的头发，或猛打自己的脸。这也引发于自恨心：恨自己无能，恨自己怎么会生出这些畜生。

12 "害人以害己"，即目的害己、手段害人的行为。例如，一个人受内疚感驱使而欲入狱惩罚自己，于是便故意破坏公物、扰乱治安以便让警察抓住自己的行为，便属于此类。

13 "利己以害他"，即目的害他、手段利己的行为，如为了杀死仇人而锻炼身体、练功习武等。

14 "利他以害他"，即目的害他、手段利他的行为。据说刘邦曾送钱给骂他而为他所痛恨的小孩，以便让他养成骂人恶习，致使该小孩日后因骂项羽而被杀。再比如，西施委身吴王以求灭吴等等。这些都属于利他以害他行为范畴。

15 "损己以害人"，即目的害人、手段害己的行为。例如，一个女大学生因妒嫉而宁愿犯法服刑而砍毁另一女同学的美丽容貌，便属于损己以害人的行为。托尔斯泰《安娜·卡列尼娜》中的安娜卧轨自杀也是损己以害人，因为她卧轨时不断喃喃自语"报复他"：她自杀的目的是为了报复佛伦斯基。

16 "完全害人"，即目的害人、手段也害人的行为。这是典型的复仇行为，是古老而又常见的社会现象；多少年来，一直成为戏剧、小说和电影的重要题材。特别是中国的旧式或新派武侠小说，大都以这种完全害人的复仇行为为主题，几乎千篇一律：张三的父母被李四杀害，张三逃进深山老庙，为了杀害李四报仇雪恨而勤学苦练，一朝武艺学成便出庙下山寻杀李四。

这16种伦理行为系由人的全部伦理行为目的与全部伦理行为手段结合而成，因而便包括人类一切社会一切人的一切伦理行为。不论任何社会任何人的伦理行为如何怪诞、奇特、罕见，均无出乎这16种伦理行为而尽在其中；只不过往往并不是纯粹的简单的类型，而大都是混合的复合的类型。举例说，一个学者，玩命地著书立说，其目的便可能既为自己求名利，又为他人谋幸福；其手段则既造福社会和他人，又损害自己的健康。于是，他如此玩命著书立说，便是为己利他、无私利他、害己以利己、自我牺牲4种伦理行为的复合形态。

综观伦理行为概念可知，伦理学所研究的人性，亦即人的伦理行为事实如何之本性：就其内在结构来说，由伦理行为目的、伦理行为手段和伦理行为原动力三因素构成；就其外在类型来说，则分为16种。细察16种伦理行为事实如何之本性，将使我们发现，人的一切伦理行为，莫不循由如下四大规律——伦理行为原动力规律与伦理行为目的规律以及伦理行为手段规律与伦理行为规律——而发展变化。所以，我们对于人性、人的伦理行为之本性的进一步研究，便循由如下顺序：伦理行为原动力规律、伦理行为目的规律和伦理行为手段规律——对于伦理行为原动力规律的研究，是对人性的定质分析；对伦理行为的目的和手段规律的研究，则是对人性的定量分析。

第十二章　伦理行为原动力规律：人性定质分析

本章提要

　　一个人的行为目的之所以能够无私利他，只是因为他有爱人之心——同情心和报恩心——和完善自我品德之心：他之所以爱人而生同情心和报恩心，只是因为他人给了他利益和快乐；他之所以有完善自我品德之心，说到底，也是因为美德给了他莫大的利益和快乐。所以，无私利人的直接的原因、根据、原动力是爱人之心和完善自我品德之心；而终极原因、根据、原动力则是他人给了自己快乐和利益。

　　一个人所以会目的害人，只是因为他恨人而有嫉妒心和复仇心；他之所以心怀嫉妒和复仇而恨人，又只是因为他人给了他痛苦和损害：目的害人的直接的原因、根据、原动力是恨人之心，是嫉妒心和复仇心；而终极原因、根据、原动力则是他人给了自己痛苦和损害。

　　一个人所以会有利己目的，只是因为他爱自己，是因为他爱自己的生命而有求生欲和爱自己的人格而有自尊心；而他所以自爱而有求生欲和自尊心，只是因为他自己的生命和人格是他一切快乐之终极原因：利己目的的直接的原因、根据、原动力是自爱心、求生欲、自尊心；而终极的原因、根据、原动力则是自己给了自己快乐和利益。

　　一个人之所以会有害己目的，只是因为他的恨转向了自己而有内疚感、罪恶感和自卑感；而他所以会内疚感、罪恶感和自卑感而恨自己，则是因为他的痛苦之因乃是他自己的缺德和无能：害己目的的直接的原因、根据、原动力是自恨心，是自卑感、内疚感、罪恶感；而终极的原因、根据、原动力则是自己给了自己痛苦和损害。

总之，每个人的行为目的都是自由的、可选择的、各不相同的：既可能出于爱人之心、同情心、报恩心和完善自我品德之心而无私利他，又可能出于自爱心、求生欲和自尊心而自私利己，既可能出于恨人之心、嫉妒心和复仇心而纯粹害人，也可能出于自恨心、内疚感、罪恶感与自卑心而纯粹害己；但是，产生这些行为目的之最终的非目的原因——亦即一切伦理行为终极原动力——却是必然的、不可选择的、人人完全一样的，只能是自己的苦乐利害，只能是自我利益，只能是利己。这就是伦理行为原动力规律。

导言　伦理行为原动力：爱与恨以及个人苦乐和利己欲

探究伦理行为的原动力，正如冯友兰所言，只能到欲望、感情中去寻找，而不能到理智中去寻找："理智无力、欲无眼"。[①] 梁启超亦如是说："理性只能叫人知道某件事该做，某件事该怎样做法，却不能叫人去做事；能叫人去做事的，只有情感。"[②]

1　感情：行为原动力

心理学表明，所谓感情，也就是主体对其需要是否被客体满足的心理反应。这种心理反应既可能指向客体，从而是主体对于是否满足自身

[①]　冯友兰：《三松堂全集》第一卷，河南人民出版社，1985年，第537页。
[②]　转引自冯友兰：《三松堂全集》第一卷，河南人民出版社，1985年，第556页。

需要的客体的心理反应；也可能指向主体自身，从而是主体对于自身的需要是否得到满足的心理反应。举例说：

快乐与痛苦便是指向主体的感情，属于主体对自身需要是否满足的心理反应。因为快乐无疑是主体对其需要得到满足的心理反应；而痛苦则是主体对其需要得不到满足的心理反应。反之，爱与恨则是指向客体的感情，属于主体对是否满足其需要的客体的心理反应。因为所谓爱，正如无数先哲所言，乃是主体对其快乐之因的心理反应，亦即主体对满足其需要的客体的心理反应；恨则是主体对其痛苦之因的心理反应，亦即主体对阻碍其需要满足的客体的心理反应。

准此观之，那种以为"感情是人对客观事物是否符合人的需要而产生的态度的体验"的流行心理学教科书观点，便是片面的。因为它只看到感情的"主体对于是否满足自身需要的客体的心理体验"方面，而看不到感情的"主体对于自身的需要是否得到满足的心理体验"方面，因而只适用于爱与恨等指向客体的感情，而不适用于快乐与痛苦等指向主体自身的感情。

细究起来，感情有情绪与情感之分。因为感情的发生，最初总有其情境性、具体性、不稳定性、非人格性；但是，积累到一定程度，便发生质变而形成稳定的、人格的、一般的、非情境性的感情：前者即情绪，后者即情感。更确切些说，情绪是尚未成为人格的感情，因而也就是不稳定的、具体的、离不开特定情境的感情；情感则是已成为人格的感情，因而也就是稳定的、一般的、可以离开特定情境的感情。

例如：爱子女，是慈母的人格，是稳定的、普遍的、可以离开特定情境的感情，所以是慈母情感。反之，当子女考试得了100分，慈母便高兴，当子女考试不及格，慈母则生气，是慈母在一定情境中的不稳定的、具体的、非人格的情感，所以是慈母的情绪。这样，情绪便是情感在一定情境中的具体表现；情感则是情绪在不同情境中的一般内容。所以，科瓦列夫说："情感——这就是个性的稳定的结构或特征，而情绪则是情感所经由表现出来的过程。"①

因此，情感与情绪并不是可以分离的两种感情，而是同一种感情的内容与形式之两方面：任何一种情感总要存在于一定的情绪中，任何一种情绪总要体现一定的情感。然而，今日流行的心理学教科书却以为情感与情绪是两种可以分离的感情，断言情绪是与人的自然需要相联系的心理体验，而情感是与人的社会需要相联系的心理体验。照此说来，酒鬼对酒的稳定不变的爱好不是情感却是情绪，而慈母见到子女大学录取通知书时的极度兴奋却不是情绪而是情感了！岂不荒唐？

如果通过各种感情的内容与形式进一步探究其始源与派生关系，那么，一切感情便可以归结为基本感情与非基本感情两类。最基本的感情，非欲望莫属。因为，欲望是对需要的心理反应，是对需要的体验、意识、觉知，是意识到的需要，是需要在大脑中的反映。冯友兰说："若要求而含有知识分子，不但要求而且对于所要求者有相当的知识，则此即所谓欲望。"② 斯宾诺莎也这样写道："欲望一般是指人对它的冲动有了自觉而言，所以欲望可以界说为我们意识着的冲动。"③

欲望是对于需要的心理反应，亦即对需要不满足而求满足的心理反应，因而是指向主体自身的感情，完全属于感情范畴。这一点已大体得到公认，因为欲望不但早被列入七情"喜、怒、哀、惧、爱、恶、欲"，④ 而且辞海也这样写道："情绪，广义即情感，狭义指随同复杂的无条件反射（如防御反射、性反射、食物反射）而产生的恐惧、愤怒以及性欲和食欲等的体验。"⑤

欲望不但是感情，而且是最基本的感情。现代心理学认为，基本感

① 章志光:《心理学》，人民教育出版社，1987 年，第 281 页。
② 冯友兰:《三松堂全集》第一卷，河南人民出版社，1985 年，第 518 页。
③ 斯宾诺莎:《伦理学》，贺麟译，商务印书馆，1962 年，第 169 页。
④ 《礼记·礼运》。
⑤ 《辞海》，上海辞书出版社，1979 年。

情分为四种：快乐、愤怒、悲哀、恐惧。不言而喻，愤怒、悲哀、恐惧不过是痛苦的三种主要形态。所以基本感情又可以归结为快乐与痛苦两种：快乐是最基本的正感情；痛苦是最基本的负感情。对此，孟昭兰讲得很清楚："快乐与痛苦，分别是最基本的正感情与负感情。"[①] 快乐与痛苦，进言之，又都是欲望的产物：快乐是欲望得到实现的心理反应；痛苦是欲望得不到实现的心理反应。因此，只有欲望才是最基本的感情，而快乐与痛苦则分别是最基本的正负感情——更正确些说，苦乐是指向主体的最基本的正负感情；苦乐所派生的爱恨则是指向客体的最基本的正负感情。

无论是哲学家还是心理学家抑或芸芸众生，几乎都承认需要是引发每个人一切行为的根本的非目的原因、亦即行为原动力。粗略讲来，这是不错的。然而，细究起来，需要并不能直接引发人的行为。需要只有被体验而转化为感情——感情是需要是否得到满足的心理体验——才能引发行为：需要只能引发关乎这些需要的种种心理体验，亦即欲望、苦乐、爱恨等感情；欲望、苦乐、爱恨等感情才能引发行为目的；行为目的则产生实现它的行为手段。这就是行为发生的全过程。所以，唯有欲望、苦乐、爱恨等感情才是直接引发每个人行为的原动力；而需要则是通过引发感情而间接引发每个人行为的原动力。

这个道理，已得到现代心理学实验的证实。动机论情绪心理学家汤姆金斯的研究成果表明：生理需要本身的信号并不能引发行为，只有通过其放大器——感情——的媒介才能引发行为。所以，"第一性的动机体系就是感情的体系，生物的内驱力只有经过感情体系的放大才具有动机作用。"[②] 举例说，细胞脱水和血液总量减少所提供的补充水分的生理需要本身的信号并不能引发喝水行为，补充水分的生理需要只有经过它所产

---

① 孟昭兰：《人类的情绪》，上海人民出版社，1989年，第289页。
② 克雷齐：《心理学纲要》下册，周先庚等译，人民教育出版社，1989年，第443页。

生的口渴急迫感的放大作用，才能引发喝水行为：口渴急迫感是引发喝水行为的根本的非目的原因、原动力；补充水分的生理需要则是间接引发喝水行为的根本的非目的原因、原动力。因此，以为生理需要、内驱力直接引发行为是错误的：它把生理需要同它的放大器——感情——混淆起来了。

综上可知，一方面，感情是引发一切行为的原动力；另一方面，欲望是最基本的感情，苦与乐是指向主体的最基本的正负感情，苦与乐所派生的爱与恨则是指向客体的最基本的正负感情。合而言之：欲望是引发一切行为的原动力；苦乐爱恨则是引发一切行为的正负原动力。伦理行为属于行为范畴。因此，欲望也就是引发一切伦理行为的原动力；苦乐爱恨也就是引发一切伦理行为的正负原动力。这就是我们探究伦理行为原动力规律的导引；探究的结果将进一步表明：爱与恨是直接引发一切伦理行为的原动力；个人苦乐和利己欲则是直接引发爱恨而间接引发一切伦理行为的终极原动力。

2　爱与恨：伦理行为原动力

人生在世，恐怕没有什么比爱和恨更熟悉的了。可是，爱与恨究竟是什么，却很难说清。不过，遍查典籍，推敲生活，可以看出，洛克、斯宾诺莎、休谟、费尔巴哈、弗洛伊德的阐释较为真切："我们的爱恨观念，一般说来，不过是快乐和痛苦所引起的一些心理特质而已。"[1] "爱不是别的，乃是为一个外在的原因观念所伴随着的快乐。恨不是别的，乃是对一个外在原因的观念所伴随着的痛苦。"[2] "谁喜欢帮助我们，我们就

---

[1]　John Locke: *An Essay Concerning Human Understanding*, Oxford: Clarendon Press, 1975, p. 230.

[2]　斯宾诺莎：《伦理学》，贺麟译，商务印书馆，1962年，第102页。

爱他……谁企图损害我们，我们就恨他。"① "任何人都知道，通过他的服务、他的美貌或他的献媚，从而使他对于我们是有利的或令人愉快的，就一定会得到我们的爱；而在另一方面，任何人伤害我们或使我们不快，就必定会引起我们的愤怒或憎恨。"② "对现在或后来成为愉快的感觉的原因的东西的爱也是人的本质。反过来，对不愉快的感觉的原因的仇恨也同样。"③ "爱就是自我与其快乐之源的关系。"④ "恨原本表示自我与异己的、给他以痛苦的外部世界之关系。"⑤

总而言之，爱与恨乃是一种心理反应，它们与"快乐和利益"以及"痛苦与损害"有必然联系：爱是自我对其快乐之因的心理反应，是对给予自己利益和快乐的东西的心理反应；恨是自我对其痛苦之因的心理反应，是对给予自己损害和痛苦的东西的心理反应。这个定义能成立吗？肯定或否定这个定义的最佳途径，显然是考察"爱"的最为普遍、最为复杂也最为重要的三大类型：母爱、性爱与友爱。

父母之爱似乎与这个定义相违。因为按照这个定义，爱与恨都是有条件的：爱以快乐和利益为条件；恨以痛苦和损害为条件。可是，根本说来，正如弗洛姆和蔡元培所言，母爱乃是一种无条件的、生而固有的本能："母爱，就其真正的性质来说，是无条件的。"⑥ "父母之爱其子也，根于天性，其感情之深厚，无足以尚之者。"⑦

然而，这种无条件的本能形成的原因是什么？细究起来，其原因恐怕正如无数先哲所说，乃在于：人生的最重大、最根本的苦痛和不幸，无过于意识到自己总有一天要死亡；而人生的最重大、最根本的渴望便

---

① 周辅成编：《西方伦理学名著选辑》下卷，商务印书馆，1987年，第120页。

② David Hume: *A Treatise of Human Nature*, Oxford: Clarendon Press, 1949, p. 348.

③ 《费尔巴哈哲学著作选集》上卷，王太庆等译，三联书店，1959年，第430页。

④ Sigmund Freud: *Collected Papers*, volume 4, New York: Basic Books, Inc., 1959, p. 78.

⑤ Ibid., p. 79.

⑥ Erich Fromm: *The Art of Love*, New York: Harper & Row, 1962, p. 41.

⑦ 蔡元培语，转引自《人生哲学宝库》，中国广播电视出版社，1992年，第620页。

是永生。父母爱其子女的感情之所以"无足以尚之者",说到底,岂不就是因为子女给了父母最重大最根本的利益和快乐:满足了父母永生的渴望?

因此,柏拉图说:"不要为所有的人都爱自己的子孙而感到惊奇,因为这普遍的关切和爱都是为了通向永生。"[1] 这就是说,父母之爱的本能是无条件的;但产生这种本能的原因却是有条件的:给予父母以利益和快乐。所以,父母之爱的本能,说到底,也是对于子女所给予的利益和快乐的心理体验;只不过这种心理体验代代相传因而进化为先天的、无意识的罢了。

更何况,全面地看,父母之爱显然不仅仅是先天固有的本能,而且还有后天习得的部分。先天固有的父母之爱乃是对子女给予的利益和快乐的无意识的心理反应。反之,那后天习得的父母之爱,则是对子女给予的利益和快乐的有意识的心理反应。矛盾在谈到这种后天习得的父母之爱时,便这样写道:"凡母亲爱子的感情,总是和一个强烈的快感相连的。做母亲者当偎抱子女柔软的身体时,简直可以使自己忘却种种愁苦,而只觉得快感。"[2] 如果子女不是给父母以利益和快乐,而是给父母以痛苦和损害,那么,父母便不会爱而会恨子女了。那些控告子女于法庭,甚至亲手勒死子女的父母,为什么对自己的子女那么恨?岂不就是因为这些子女给他们父母以极大的痛苦和损害?

可见,父母之爱,不论就其先天固有的本能还是就其后天习得的部分来说,都是对于子女给予的快乐和利益的心理反应。那么,性爱呢?性爱或爱情,如所周知,乃是对性对象的爱。然而,一个人对他的性对象的爱究竟是怎样发生的?

---

[1] 柏拉图:《柏拉图"对话"七篇·会饮篇》,戴子钦译,辽宁教育出版社,1998年,第198页。
[2] 《茅盾全集》第14卷"爱伦凯的母性论",转引自张晶兴、乔继堂:《人生哲学宝库》,中国广播电视出版社,1992年,第598页。

从质上看，正如沙比和福永彦武所指出，只能是因为性对象使他快乐："爱情不就是一种沉醉，一种快乐？"[1] "快乐中有精神的快乐和肉体的快乐，大致说来可以如此区分：精神的快乐由于反复作为快乐能得到精炼；而肉体的快乐由于反复却减低了效果。……但是，无论是精神的快乐还是肉体的快乐，人在爱中所追求的首先是快乐。"[2]

从量上看，对性对象的爱为什么是人类最强烈、最美妙、最令人神魂颠倒的感情？只是因为性欲——人类最强烈的欲望——是爱情的原动力和最深层的本质，因而性对象所给予的快乐是人类最强烈、最美妙、最令人神魂颠倒的快乐。性爱源于性对象所给予的快乐，因而也就是一种典型的交织着恨的爱。因为性对象不仅给予快乐，同时也无不给予痛苦："爱情是痛苦的同义词。"[3] 如果这种痛苦是性对象的行为——如拒绝、变心、不贞——所造成的，那么，对性对象的爱便会转化为恨。我们都知道，这种恨极为强烈，有时甚至导致杀人和自杀的悲剧。可是，对性对象的恨为什么会如此强烈？显然是因为性对象所造成的痛苦极为强烈：爱情的痛苦是人类最为强烈的痛苦。

可见，性爱，不论从质上看还是从量上看，都是对于性对象所给予的快乐和利益的心理反应。那么，友爱呢？友爱，不言而喻，亦即对朋友的爱。而所谓朋友，也就是经常来往、互相帮助、彼此信任的伙伴。所以，朋友的最深刻的本质，正如亚里士多德所说，是相互给予利益和快乐："任何种类的友爱都被认为是快乐。"[4] 只不过所给予的利益和快乐因朋友的类型不同而不同：酒肉朋友相互给予的是酒肉的利益和快乐；文墨朋友相互给予的是文墨的利益和快乐；狐朋狗友相互给予的是低级下流的利益和快乐；君子之交相互给予的是淡泊如水的精神的利益和快

---

①　张晶兴、乔继堂：《人生哲学宝库》，中国广播电视出版社，1992年，第648页。

②　同上书，第672页。

③　同上书，第650页。

④　《亚里士多德全集》第八卷，苗力田等译，中国人民大学出版社，1992年，第413页。

乐。所以，蔡元培说："朋友者，所以为人损痛苦而益快乐者也。"[1]

于是，对朋友的爱也就不过是对朋友所给予的利益和快乐的心理反应、心理体验。由此可以理解，为什么"人无千日好，花无百日红"。友爱难于长久维持，只缘人们难以长久相互利乐。当朋友不再相互有用和令人快乐，友爱也就必然淡薄、疏远、终结了。不仅此也。越是朋友，便越密切，便越容易发生重大的利益冲突，便越可能造成重大的损害和痛苦，便越可能结下深仇大恨。古今中外，多少不共戴天的仇敌，当初却是形影不离的最要好的朋友啊！所以，我们对于同一个人由友爱到仇恨的转变，不过是对他由给予我们快乐到给予我们痛苦的转变的心理反应罢了。

母爱、性爱、友爱虽然最为普遍、复杂、歧义丛生，但是，如上所述，三者还是比较清楚地显示了爱恨与苦乐、利害的必然联系。这种联系在其他类型的爱与恨中就更加直接、简单、一目了然了。试想，我为什么爱国？岂不就是因为祖国生我、养我、育我，给了我巨大的利益？相反，如果祖国压迫我、剥削我、折磨我、蹂躏我，我还会爱国吗？穆勒甚至说："在独裁统治下最多只有一个爱国者，那就是独裁者本人。"[2]试想，我为什么会博爱而爱一切人？岂不就是因为"除了人，没有别的东西对于人更为有益"？[3]相反，如果张三诬陷我、损害我、欲置我于死地而后快，我又怎么会不恨他呢？同理，我爱狗爱猫，是因为它们给我的生活带来了情趣；可是，如果它们每天咬我一口，我还会爱它们吗？试问，谁会爱给他痛苦的东西、而恨给他快乐的东西？给谁快乐谁不爱、给谁痛苦谁不恨？

因此，就像铁遇氧必然生锈、水加热必然蒸发一样，人遭受损害和

[1]《蔡元培全集》第二卷，中华书局，1984年，第188页。

[2] 莫蒂默·艾德勒、查尔斯·范多伦：《西方思想宝库》，《西方思想宝库》编委会译编，吉林人民出版社，1988年，第250页。

[3] 斯宾诺莎：《伦理学》，贺麟译，商务印书馆，1962年，第170页。

痛苦必恨、而接受利益和快乐必爱：爱是一个人对给予他利益和快乐的东西的必然的、不依人的意志而转移的心理反应；恨是一个人对给予他损害和痛苦的东西的必然的、不依人的意志而转移的心理反应。可是，爱与恨又是怎样成为一切伦理行为原动力的？

原来，使一个人快乐和痛苦的既可能是他人，也可能是自我本身。所以，爱与恨便分为爱人之心与自爱心以及恨人之心与自恨心：爱人之心是对于成为自己快乐之因的他人的心理反应；恨人之心是对于成为自己痛苦之因的他人的心理反应；自爱心是对于成为自己快乐之因的自己本身的心理反应；自恨心是对于成为自己痛苦之因的自己本身的心理反应。这四种爱与恨不是别的，正是引发一切伦理行为——亦即目的利人与目的害人以及目的利己与目的害己四种伦理行为——的根本的非目的原因、原动力。

一　目的利人与目的害人行为之原动力

1　爱人之心：同情心与报恩心

所谓目的利人的行为，亦即行为目的是为了别人而不是为了自己的行为，也就是无私利他、自我牺牲的行为。这种行为能否存在，是利他主义与利己主义分歧的根本问题：自孔子与苏格拉底以降，人们一直争论至今。然而，不难看出，每个人——不管他多么自私——都或多或少地存在着无私利他的行为。这是因为，每个人，不管多么自私，都或多或少会从他人那里得到快乐和利益，从而必然或多或少有爱人之心；而爱人之心这种对于成为自己快乐之因的他人的心理反应，便会驱使自己相应地为了他人的快乐和利益而劳作：爱人之心会导致无私利人的行为。

据 1993 年《印度斯坦时报》报道，在印度西部古吉拉特邦的哈特米塔雅纳村，一名小童希什在他家附近玩耍时，被一头雌狮攻击压倒在地。他 27 岁的母亲拉娜闻声出来看见，便飞身撞向狮子，大声呼叫。村民赶到，吓跑母狮。母亲身受重伤，儿子化险为夷。试问，这位母亲的行为是不是无私利他、自我牺牲？有人说不是，因为她救的是她自己的儿子。照此说来，一个人为了他的朋友也是为了自己，因为那是他自己的朋友；他只有为了路人才是无私利他。即使为了路人也是为自己，因为那是他自己的同胞；他只有为外国人才是无私利他。即使为外国人也是为自己，因为那是他自己的同类；他只有为了驴马、狮虎，才堪称无私利他。难道还有比这更荒唐的吗？所以，一个人只要不为自己，那么，不管他所为的别人离他多么近，都是无私利他。只不过他所为的别人离他越近，他的无私利他的境界便越低；离他越远，他的无私利他的境界便越高罢了。所以，这位母亲撞狮救子是一种无私利他、自我牺牲的行为。

那么，驱使她如此无私利他、自我牺牲的根本的非目的原因、原动力究竟是什么？无疑是对儿子的爱，是母爱。"一个年轻胆小的母亲"，达尔文说，"在母爱的驱策下，会毫不犹豫地为了救自己的婴儿而甘冒天大的危险。"[1] 任何一位深爱自己子女的母亲，受着爱的驱使，为了救她所爱的子女出危难，岂不都可能牺牲自己的幸福乃至生命吗？爱人便会无私利人乃至自我牺牲的道理，先哲论述颇多。孔子曰："爱之能勿劳乎？"[2] 孟子亦曰："爱之，欲其富也。"[3] 斯宾诺莎说："假如一个人爱另一个人，他将努力设法为后者谋幸福。"[4] 休谟也说："爱总是跟随着一种使被爱者幸福的欲望。"[5] 弗洛伊德多次说："不管是性爱还是升华了的爱，

①　Charles Darwin: *Descent of Man and Selection in Relation to Sex*, Albemarle Street, W. London: John Murray, 1922, p. 168.

②　《论语·里仁》。

③　《孟子·公孙丑上》。

④　斯宾诺莎：《伦理学》，贺麟译，商务印书馆，1962 年，第 120 页。

⑤　David Hume: *A Treatise of Human Nature*, Oxford: Clarendon Press, 1949, p. 367.

它都会发展到牺牲自己的地步。"① 弗洛姆也一再说："爱，原本是给予，而不是接受。"② 可是，为什么爱人之心会导致无私利人的行为？

原来，正如斯宾诺莎所说，一个人爱谁，便会对谁产生同情心，便会与谁发生同样的感情："当一个人想象着他所爱的对象感到快乐或痛苦时，他也将随之感到快乐或痛苦。"③ 爱越多，同情便越强烈；爱越浅，同情便越淡薄。如果不是爱，而是恨，那便不但不会同情，而且恰好相反：看到所恨的人快乐自己会痛苦；看到所恨的人痛苦自己会快乐。所以，西田几多郎说，同情心是从爱人之心分化产生出来的，是爱人之心的表现：

"如果我们对于他人的喜忧完全不分自他，把他人之所感作为自己的感觉，共欢笑、共悲泣，这个时候就是我在爱他人。"④

这样，当一个人在爱他人的时候，就会与他所爱的人融为一体：看到所爱的人快乐，自己便会同样快乐；看到所爱的人痛苦，自己便会同样痛苦。于是，一个人便会帮助他所爱的人得到快乐、摆脱痛苦，就像使自己得到快乐、摆脱痛苦一样；而实际上，他这种行为的目的，不但毫不为己而且还往往是自我牺牲。

举例说，谁都承认，母爱是无私的、富有牺牲精神的。可是，母亲为什么会辛辛苦苦不为自己而为子女谋取幸福、快乐？无疑是因为母亲深爱自己的子女，对他们怀有强烈的同情：感觉到他们的苦乐，就像自己的苦乐一样。我们不是常常看到，当有了什么好吃的东西，母亲总是宁愿让给儿女吃而自己不吃？为什么母亲会这么做？因为——母亲们都这么说——她感受到儿女吃时的快乐，这种快乐的感受甚至比自己吃所感受的快乐还强烈。

---

① 弗洛伊德：《弗洛伊德自传》，顾闻译，上海人民出版社，1987 年，第 81 页。
② Erich Fromm: *The Art of Love*, New York: Harper & Row, 1962, p. 22.
③ 斯宾诺莎：《伦理学》，贺麟译，商务印书馆，1962 年，第 107 页。
④ 西田几多郎：《善的研究》，何倩译，商务印书馆，1965 年，第 149 页。

可见，只要爱人而以同情心待人，便会达到无私利人的崇高境界。所以，孟子曰："恻隐之心，仁之端也。"[1] 那么，爱人之心是否只能通过产生同情心而导致无私利人？

不是的。一个人之所以会爱他人，如上所述，只是因为他人给了他快乐和利益：爱人之心是对于成为自己快乐之因的他人的心理反应。如果这快乐和利益是他人无意给予我的，如稚子的憨态、情人的美丽，那么，这种快乐和利益便仅仅是快乐和利益而不是恩。我对于这种快乐和利益便仅仅有爱的心理反应而不会有报恩心，是非报恩心之爱。这种爱无疑只能通过产生同情心而无私利人。反之，如果我所得到的快乐和利益是他人有意给予的，如父母的养育、朋友的帮助，那么，这种快乐和利益便叫作恩。我对于这种快乐和利益便不仅有爱的心理反应，而且相应地产生一种也有意给对方以快乐和利益的心理。这就是所谓的恩爱、报恩心之爱：报恩心便是对有意给自己快乐和利益的人所产生的也有意给他以快乐和利益的心理。所以，报恩心是一种爱，是爱人之心的一种表现和结果："感恩或谢忱是基于爱的欲望或努力，努力以恩德去报答那曾基于同样的爱的情绪，以恩德施诸我们的人。"[2] 如果说父母对子女的爱是同情心之爱的典型，那么，子女对父母之爱则是报恩心之爱的典型。

不难看出，报恩心所引发的行为的目的，并不是为了而是因为从恩人那里得到快乐和利益；是目的为了给予恩人快乐与利益，而原因在于恩人曾给予自己快乐与利益；是为了报答、给予恩人快乐与利益，而不是为了再从恩人那里得到、索取快乐和利益；是给予而非索取；是为恩人而不是为自己。一句话，报恩心所引发的是一种无私利他的行为。这样，当一个人在爱他人的时候，如果这种爱是对他人有意给予自己快乐和利益的心理反应，那么，他便会对他人心怀感激、发生报恩心，从而

---

① 《孟子·公孙丑上》。
② 斯宾诺莎：《伦理学》，贺麟译，商务印书馆，1962年，第130页。

为他的恩人谋取快乐和利益：爱人之心通过产生报恩心而导致无私利他的行为。

总之，一个人之所以能够无私利人，是因为他有爱人之心。爱人之心所以会导致无私利人，一方面是因为它使爱者与被爱者融为一体、发生同情心；另一方面则是因为它使爱者对被爱者心怀感激、发生报恩心。而他之所以有统摄、产生同情心和报恩心的爱人之心，又只是因为他的快乐和利益都是他人给予的：对他人的爱不过是对于成为自己快乐之因的他人的心理反应。所以，爱人之心、同情心、报恩心所引发的行为之目的虽然是无私利人，但产生这种无私目的的根本的非目的原因、亦即行为的原动力却仍然是利己。

那么，爱人之心是不是无私利人的唯一动因？不是的。爱是人与动物所共有的、不学而能、不经道德教化便可以出现的自然的、天赋的道德感情，是源于个人的非道德需要的道德感情，它仅仅是无私利人动因之一方面。引发无私利人的另一方面动因，则是人所特有的、经过后天道德教化才能实现的感情，亦即源于个人的道德需要的道德感情：完善自我品德之心。

2　完善自我品德之心

不言而喻，每个人或多或少都有做一个好人、道德的人、高尚的人的道德需要。个人对其道德需要的心理反应、体验、觉知，即道德欲望；准备付诸实现的道德欲望，即道德愿望；远大的道德愿望，即道德理想。道德欲望、道德愿望、道德理想虽有所不同，却都源于个人道德需要，都属于源于个人道德需要的道德感情。对于这种道德感情，康德名之为"对道德法则的敬重心"；儒家名之为"成圣成贤之心"；精确地说，不如名之为"完善自我品德之心"。

然而，一个人怎样才能成为好人、道德的人、高尚的人，从而满足其道德需要、实现其完善自我品德之心？无疑只有去做好事、道德的事、高尚的事。这个道理，亚里士多德说得很清楚：

"德性的获得，不过是先于它的行为之结果；这与技艺的获得相似。因为我们学一种技艺就必须照着去做，在做的过程中才学成了这种技艺。我们通过从事建筑而变成建筑师，通过演奏竖琴而变成竖琴手。同样，我们通过做正义的事情而成为正义的人，通过节制的行为而成为节制的人，通过勇敢的行为而成为勇敢的人。"[1]

那么，一个人究竟要做什么样的好事、道德的事才能完善自我品德？最重要的，无疑是无私利人。因为无私利人，如所周知，是最高尚的事，是品德的完善境界。所以，一个人受完善自我品德之心的驱使，便会无私利人：完善自我品德之心是引发无私利人行为目的之动因。

无私利人源于完善自我品德之心的理论的最早表述，恐怕便是孔子的那句名言："古之学者为己，今之学者为人"。这里的"己"，正如王阳明所说，是"真吾"而不是"私吾"，也就是道德自我、自己的品德，而不是名利自我、自己的名利。[2]因此，"为己"便是为了完善自我品德、实现自己的人之所以为人者、最终成圣成贤。这样，"为己"便不但不是自私利己，而且恰好相反，正是无私利人。因为只有无私利人，才能使自我品德达到完善境界、实现自己的人之所以为人者之崇高道德理想："求自己的利，可以说是出于人的动物倾向，与人之所以为人者无干……为实现人之所以为人者，我们可以说，人应该求别人的利。"[3]所以，王阳明说，为己必须无己、无私；无己、无私必须克己："君子之学，为己之学也。为己故必克己，克己则无己。"[4]

---

① Aristotle: *Aristotle's Nicomachean Ethics*, translated with commentaries and glossary by Hippocrates G. Apostle, Grinnell, Iowa: Peripatetic Press, 1984, p. 21.

② 《王阳明全书·一》，上海古籍出版社，1992年，第50页。

③ 冯友兰:《三松堂全集》第四卷，河南人民出版社，1986年，第608页。

④ 《王阳明全书·八》，上海古籍出版社，1992年，第272页。

孔子的这种"为己须无私利人"的思想，后来便被概括为著名的"内圣外王"："内圣"是"为己"；"外王"是"无私利人"——为了完善自我品德而内圣，便必须外王而无私利人。对此，张灏讲得很清楚：

"孔子'内圣外王'之生命理想……根据这理想，每个人有两项待践履的理分。首要的是，人格的道德的完美……道德生命的完美成就圣贤人格——每个人的人生目标。……另一项深奥的睿识是任何人的道德修养都不能是独善其身的。这个睿识乃涵蕴于'仁'的意义中……在'仁'的这项性格之下，道德生命的实现乃决定于'己立立人、己达达人'的奉献，这种对他人'道德福祉'的奉献。"[1]

可见，"内圣外王"所涵蕴的正是这样的一个真理：一个人之所以能有无私利人的行为目的，是因为他有完善自我品德之心；他要完善自我品德，满足自己做一个好人的道德需要、道德感情，便必须去做好事而无私利人。

然而，一个人为什么会有完善自我品德之心而追求美德呢？所谓受完善自我品德之心的驱使而追求美德的行为，无疑也就是以美德为目的的行为。可是，美德、道德，如前所述，不过都是对人的行为的规范、限制、约束，因而也就都是对人的某些自由和欲望的压抑、阻遏、侵犯。所以，一个人最初绝不会以美德为目的，为美德而美德。那么，他究竟怎么会以美德为目的的呢？

原来，人是个社会动物，每个人的生活都完全依靠社会和他人：他的一切利益都是社会和他人给的。所以，能否得到社会和他人的赞许，便是他一切利益中最根本最重大的利益。不言而喻，能否得到社会和他人的赞许之关键，在于他的品德如何：如果社会和他人认为他品德好，那么，他便会得到社会和他人的赞许；反之，则会受到社会和他人的谴责。所以，说到底，一个人是否有美德，便是他一切利益中最根本的利

---

[1]　《王阳明全书·八》，上海古籍出版社，1992年，第272页。

益。故孟子曰：

"夫仁，天下之尊爵也，人之安宅也；莫之御而不仁，是不智也。"①

这就是一个人最初为什么会有美德需要的缘故：他需要美德，因为美德就其自身来说，虽然是对他的某些欲望和自由的压抑、侵犯，因而是一种害和恶；但就其结果和目的来说，却能够防止更大的害或恶（社会和他人的唾弃）和求得更大的利或善（社会和他人的赞许），因而是净余额为善的恶，是必要的恶。这样，美德便是他利己的最根本、最重要的手段：他对美德的需要是一种手段的需要。

但是，逐渐地，他便会因美德不断给他莫大利益而日趋爱好美德、欲求美德，从而便为了美德而求美德，使美德由手段变成目的；就像他会爱金钱、欲求金钱、使金钱由手段变成目的一样。这个道理，穆勒曾有至今仍是最完善的论述。通过这些论述，他得出结论说：

"功利主义论者不仅认为在达到最终目的之手段中美德是最好的手段，而且也承认可能存在这样一种心理事实，亦即对于个人来说，美德可以变成本身就是目的的内在善。"②

可见，人们以美德为目的、为美德而美德的行为，源于以美德为手段、为利己而美德的行为，源于利己。这样，以美德为目的的完善自我品德之心的行为之目的，虽然是无私利人；但是，以美德为目的的完善自我品德之心，却引发于以美德为手段的利己心：一个人之所以会有完善自我品德之心，最初是因为美德给了他莫大的利益。所以，完善自我品德之心所引发的行为虽然是一种目的无私利人的行为，但引发这种行为的最初的非目的原因、原动力，却仍然是利己。

总观目的利人之原因，可知一个人之所以能无私利人，无非是因为

---

① 《孟子·告子下》。

② J. S. Mill: *Utilitarianism, Liberty and Representative Government*, London: J. M. Dent & Sons Ltd., 1929, p. 33.

他有两种感情：一方面是因为他有完善自我品德之心，这是源于个人道德需要的道德感情；另一方面则因为他有爱人之心、同情心和报恩心，这是源于个人非道德需要的道德感情。而他之所以会有完善自我品德之心，说到底，最初是因为美德给了他莫大的利益；他之所以爱人而生同情心和报恩心，说到底，也只是因为他个人的快乐都是他人给的。所以，行为目的虽然能够无私利他，引发无私利他行为的直接动因虽然有爱人之心与完善自我品德之心的区别；但是，引发无私利他行为的最终的非目的动因，亦即无私利他行为之原动力，却只能是利己心：利己是无私利他行为的原动力。

然而，如所周知，每个人不仅有爱人之心、同情心、报恩心，而且还有恰恰相反的恨人之心、嫉妒心、复仇心。那么，由前者导致目的利人，是否可以说后者将导致恰恰相反的行为：目的害人？

3 恨人之心：嫉妒心与复仇心

所谓目的害人的行为，亦即行为目的是为了害人而不是为了利己的行为；不但不是为了利己，而且往往为了害人而宁愿害己。试举一例。1963年在美国佐治亚州，一个黑人学生枪杀了他的同学，因为他看到受害者被推选为班委会主席而眼红：为了害人而不惜违法害己。由此可见，目的害人是一种十分独特的行为，它与两种行为形似而神异：一方面，目的害人与损人利己都属于害人行为，但后者以害人为手段，而前者以害人为目的；另一方面，目的害人与目的利人虽然目的恰恰相反，但手段却往往相同：害己。

那么，这种行为是否只有那些心灵极为阴暗的人才干得出来呢？不是的。每个人，不管他多么善良，都或多或少地存在着目的害人的行为。这是因为，每个人，不管多么善良，都或多或少会从他人那里受到痛苦和伤害，从而必然或多或少有恨人之心；而恨人之心这种对于成为自己痛苦之因的他人之心理反应，显然便会驱使自己相应地为了使他人痛苦而活动：恨人之心会导致目的害人的行为。确实，古今中外，恨曾经并且还将驱使多少人为了损害所恨的人而不惜损害自己，甚至身陷囹圄、命丧黄泉！

因此，斯宾诺莎说："假如一个人恨另一个人，他将努力设法损害他。"[①] 休谟说："恨产生使被恨者痛苦的欲望。"[②] 弗洛伊德说：对某一客体的恨会引发"目的在于破坏这个客体的侵略性倾向。"[③] 可是，为什么恨人之心会导致目的害人的行为？

原来，正如斯宾诺莎所说，一个人恨谁，便会对谁产生反感，便会与谁发生相反的感情："当一个人想象着他所恨的对象感到痛苦时，他将感觉快乐；反之，如果他想象着他所恨的对象感到快乐时，则他将感觉痛苦。"[④] 这种反感的典型便是嫉妒心：嫉妒心是因与他人的优劣相比较而与他人发生相反感情的心理。嫉妒心也源于他人对自己的伤害和给自己造成的痛苦。不过，这种伤害和痛苦却不是他人有意造成的，而是自己与他人相比较的结果：一方面是与他人的优势相比而使自己居于劣势的结果；另一方面则是与他人的劣势的改善相比而使自己优势减弱的结果。他人无意伤害我，但是，他人的优势却不能不使我居于劣势；他人的劣势的改善也不能不威胁我的优势。他人的优势使我居于劣势和他人劣势的改善而威胁我的优势，不能不使我对他人产生怨恨之心，不能不使我与他人发生相反感受：这就是所谓的嫉妒心。所以，斯宾诺莎说："嫉妒心是一种恨，此种恨使人对他人的幸福感到痛苦，对他人的灾殃感到快乐。"[⑤]

这样，在我恨他人的时候，如果这种恨是对他人的优势或劣势的改善之心理反应，那么我便会对他人心怀嫉妒，因而看到他人快乐和幸福，

---

① 斯宾诺莎:《伦理学》，贺麟译，商务印书馆，1962 年，第 120 页。

② David Hume: *A Treatise of Human Nature*, Oxford: Clarendon Press, 1949, p. 367.

③ Sigmund Freud: *Collected Papers*, volume 4, New York: Basic Books, Inc., 1959, p. 80.

④ 斯宾诺莎:《伦理学》，贺麟译，商务印书馆，1962 年，第 109 页。

⑤ 同上书，第 149 页。

我便会感到痛苦和不幸；看到他人痛苦和不幸，我便会感到快乐和幸福。于是，我便会设法使他人遭受痛苦和不幸，就像使自己得到快乐和幸福一样；我便会设法使他人丧失快乐和幸福，就像使自己摆脱痛苦和不幸一样。然而，实际上我这种行为的目的，却是纯粹害人而毫不利己；不但毫不利己，而且往往还是自我损害。这个道理，赫·舍克在《嫉妒论》中讲得极为透辟：

"嫉妒的要点在于：受尽折磨的贪婪者，想让别人得不到什么东西，不让别人享受乐趣或者阻挠别人得到乐趣，而贪婪者本人却从中得不到丝毫好处。"[①] "嫉妒者完全做好了准备，如果能够使被嫉妒者遭到伤害或是感到痛苦，哪怕使自己本人受到伤害，他也在所不惜。"[②]

举例说，1963年，纽约有一个其貌不扬的临时工，在一场棒球比赛散场之后，驾车冲上人行道，把在这场比赛中获胜的漂亮英雄压倒。这个谋杀者供认其犯罪动机在于，他不能忍受这位相貌出众的运动员那么丰神俊爽、光彩夺目：嫉妒心使他为了害人而不惜违法害己。

那么，恨人之心是否只能通过产生与所恨的人的相反感情——特别是嫉妒心——而导致目的害人的行为？不是的。一个人之所以会恨他人，如上所述，只是因为他人给了他痛苦和损害：恨人之心是对于成为自己痛苦之因的他人的心理反应。如果这痛苦和损害是他人无意给予我的——如他人的优势或他人的劣势的改善——那么，这种痛苦和损害便仅仅是痛苦和损害，而不是仇。我对于这种痛苦和损害便仅仅有嫉妒心等恨的反应，而不存在复仇心，是非复仇心之恨。反之，如果这种痛苦和损害是他人有意给予的——如他人对我诬陷迫害——那么，这种痛苦和损害便叫作"仇"。我对于这种痛苦和损害便不仅仅有恨的心理反应，而且还相应地产生一种也有意给他人以痛苦和损害的心理反应，亦即复仇心之恨：复仇心是对有

---

① 赫·舍克：《嫉妒论》，王祖望、张田英译，社会科学文献出版社，1988年，第76页。
② 同上书，第25页。

意伤害自己的人所产生的也有意给他以伤害的心理。所以，复仇心是一种特殊的恨人之心，是恨人之心的一种表现和结果："复仇是我们被相互的恨所激动而欲伤害那基于同样的情绪曾经伤害过我们的人的欲望。"[①]

因此，复仇心所引发的行为目的，也是害人而非利己；不但不是利己，而且也往往以自我损害为手段：为了给予仇人痛苦和损害，不惜自己再遭受痛苦和损害。这种目的害人的复仇行为，是古老而又常见的社会现象，多少年来，一直成为戏剧、小说和电影的重要题材。特别是中国的旧式或新派武侠小说，大都以复仇为主题，几乎千篇一律：张三的父母被李四杀害，便逃进深山老庙苦练武艺；学成后便出庙下山寻杀李四而置自己的前程与性命于不顾。

可见，一个人之所以会目的害人，根本说来，只是因为他恨人而有嫉妒心和复仇心；他之所以心怀嫉妒和复仇而恨他人，说到底，又只是因为他人给了他痛苦和损害：恨是对给予自己损害和痛苦的心理反应。因此，目的害人的原动力——亦即目的害人的根本的非目的原因——是恨人之心、嫉妒心和复仇心；而终极原动力则是他人给了自己痛苦和损害，是自我的苦乐利害，是趋乐避苦和趋利避害的利己心，是利己。

二　目的害己与目的利己行为之原动力

1　自恨心：罪恶感与自卑感

目的害己都是害己的行为，但害己的行为却不都是目的害己。因为害己未必都是目的，而往往是手段。如果害己是为了逃避更大痛苦和损

---

① 斯宾诺莎：《伦理学》，贺麟译，商务印书馆，1962 年，第 149 页。

害，害己便不是目的而是手段，便是害己以利己，属于目的利己行为。因为利己具有二重性：趋利与避害——趋利是利己，避害也是利己。例如，弗洛伊德83岁时因患鼻咽癌而注射氰化钾自杀之害己，便是为了逃避更大的痛苦，因而是害己以利己，属于目的利己行为。

然而，自杀不都是目的利己。因为有些自杀者的自杀方式十分可怕：扑向飞快旋转的圆锯、点燃含在口中的炸药、把烧红的铁棒插入喉管、跳进白热的烤箱、投身于火山口、拥抱烧红的火炉、全身脱得精光在冬天的风雪中冻死等。这些自杀者为什么选择如此痛苦的害己方式？显然不是为了逃避痛苦和损害，而是出于受苦受害的强烈渴望，是为了受苦而受苦、为了受害而受害，因而便是目的害己的行为。

可是，人们为什么会自己害自己呢？这是精神分析学的核心问题。弗洛伊德、荣格、阿德勒、弗洛姆、荷尼等精神分析学家的研究表明，一个人之所以会有害己目的，是由于他的恨转向了自己，他恨自己：

"自恨最后必会导致纯粹或直接的'自毁冲动或行为'的极端。这些也许是急性的或慢性的、公开且激烈的或是隐微的、缓慢而苦恼的、意识的或潜意识的、表现于行为中或只在想象中实现。它们可能是有关小的或大的问题，最后的目标则在于身体上、精神上与心灵上的自毁。当我们考虑了这些可能性之后，则自杀并非是难解之谜。我们可用很多方法毁灭我们生活中所必要的事物；自杀简直是自毁的最极端、且最终极的表现。"[①]

然而，一个人为什么会产生自恨心并导致目的害己之行为？这是因为，一方面，恨是一个人对给予他损害和痛苦的东西的心理反应。每个人所遭受的痛苦和伤害，固然大都来自他人，但也往往是自己造成的。一个人的痛苦和伤害如果是他人造成的，他便必然会恨他人，便必然会产生恨人之心；如果是自己造成的，他也必然会恨自己，也必然会产生

---

① 荷尼:《自我的挣扎》，李明滨译，中国民间文艺出版社，1986年，第145页。

自恨心：自恨心是对于成为自己痛苦之因的自己本身的心理反应。

另一方面，恨是破坏性、损害性行为的动因："当客体是痛苦感情的源泉时……我们就会对客体产生厌恶之心，并开始恨它；这种恨便可能增强到目的在于破坏这个客体的侵略性倾向。"[①] 如果所恨的对象是他人，便会导致目的害人的行为；如果所恨的对象是自己，便会导致目的害己的行为。

那么，自恨心究竟是怎样引发目的害己之行为的？

原来，每个人或多或少都有遵守道德从而做一个好人的道德愿望。这样，如果自己造福他人、行为符合道德，自己便会因做一个好人的道德愿望得到实现而沉浸于良心满足的快乐，便会产生自豪、自尊之自爱心。反之，如果自己损害他人、干出了违背道德的恶行，自己便会因做一个好人的道德愿望得不到实现而陷入良心谴责的痛苦，便会产生内疚感、罪恶感：内疚感和罪恶感是对自己因损害他人而造成自己良心痛苦的心理反应，因而属于自恨心范畴。这种自恨心，如所周知，往往是一种相当强烈的持续的焦虑，是震撼心灵的极深刻的情绪上的动荡不安；如果不能为自爱心所中和、抵消，便会以各种残害自己的行为来自我惩罚以赎罪，从而解除罪恶和内疚、摆脱焦虑、达到内心的安宁。

试举几例。据报道，一位军官因与其女儿发生性关系而生罪恶感，便向上级自首，断送自己的锦绣前程。一个印第安人因酒后杀母而生罪恶感，于是，严冬时便不穿衣物露宿雪地来折磨自己。一个 21 岁的女孩因手淫而生罪恶感，因而利用病床的弹簧做工具，将自己双手的骨头弄断。精神分析学家在研究这些事实时进而发现：每一种神经症患者都存在着引发于内疚感和罪恶感的受折磨之无意识需要。弗洛伊德举例说：

有这样一位中年妇女，"在她做什么事情的时候，她就会摔倒在地而扭伤了脚或膝盖，否则便碰伤了手。当她明白这些看似意外的事故实为

---

① Sigmund Freud: *Collected Papers*, volume 4, New York: Basic Books, Inc., 1959, p. 80.

自己故意时，她就好像改变了她的方法似的：同样的原因不再造成事故，而是使她患上小病了，如黏膜炎、咽喉炎、流行性感冒或风湿肿……这种自我惩罚的无意识需要的存在，我想是无疑的。它的表现像是良心的一部分，或延伸为无意识的良心；它的起源必定与良心相同，也就是说，它符合超我转向自身的那部分攻击性。为了各种实践的目的，我们可以把这种需要叫作'无意识内疚感或罪恶感'（unconscious sense of guilt），如果这个名词没什么不合适的话。"①

那么，内疚感和罪恶感是引发目的害己行为的全部动因吗？不是。因为二者都是对于自己因损害社会和他人而导致的良心的痛苦的心理反应——只不过内疚感程度较轻，往往仅违背道德；而罪恶感则程度较重，大都触犯法律罢了。自己因损害社会和他人的错误而导致的良心的痛苦，显然不是一个人自己给自己造成的全部痛苦。现代心理学表明，痛苦的最主要的情境条件是：行为失败而达不到目的。如果一个人认为失败的原因在自己，是由于自己的无能，那么，他对于因自己的无能所造成的自己的失败之痛苦的心理反应，便是一种与内疚感和罪恶感有所不同的自恨心：自卑感。

这种不同在于，内疚感和罪恶感是对自己的无德的恨；而自卑感则是对自己的无能的恨，是把自己的痛苦归因于自己的无能的心理："卑谦是由于一个人省察他自己的软弱无力而引起的痛苦。"②更确切些说，自卑感与自尊心相反，是认为自己无能使自己受尊敬的心理，是认为自己没有能力有作为、有价值的心理：不自信是自卑感的根本特征。所以，冯友兰说："无自尊心的人，认为自己不足以有为，遂自居于下流，这亦可以说是自卑。"③

---

① Sigmund Freud: *New Introductory Lectures on Psycho-Analysis*, translated by W. J. H. Sprott, New York: W. W. Norton & Company, Inc., 1933, p. 149.
② 斯宾诺莎:《伦理学》，贺麟译，商务印书馆，1962 年，第 195 页。
③ 冯友兰:《三松堂全集》第四卷，河南人民出版社，1986 年，第 442 页。

　　因此，自卑之为自卑的根本特征，并非自认卑下，而是自认无能改变自己之卑下。所以，阿德勒在详述自卑情结之后说："现在，我们应该给自卑情结下一个定义：当个人面对一个他无法适当应付的问题时，他表示他绝对无法解决这个问题，此时出现的便是自卑情结。"[①]这样，仅仅认为自己卑下，还不是自卑——认为自己卑下但能加以改变，恰恰是自信、自尊——只有认为自己卑下且无能加以改变，才是自卑：自卑感是自认无能改变自己之卑下的心理。由此可以理解，为什么生理缺陷最易引起自卑，因为生理缺陷是自己无能、无法加以改变的。

　　自卑感与内疚感、罪恶感虽然有所不同，但毕竟都是自恨心，因而所引发的目的害己行为之心理机制往往相同：自我惩罚。对此，达尔文曾举一例：在大猩猩凶狠地打斗时，被打败者往往拼命打自己；因为它痛感自卑，愤恨自己无能，因而自我惩罚。我们平时也曾看见，有的母亲因管教不了儿女而用手掌甚至木棍猛打自己的脸和头。这也是一种引发于自卑之自恨的自我惩罚：恨自己竟无能到了管教不了自己儿女的地步。

　　不过，大体说来，自卑感与内疚、罪恶感的害己心理还是不同的：自卑的害己特点在于自暴自弃。因为大体说来，一个人如果自卑，认为自己没有能力有所作为，那么，他显然就会放弃作为、自暴自弃——谁会为自认不可能的事情奋斗呢？所以，荷尼说：

　　"自卑主要是在于对抗任何为求改善或成就的奋斗。"[②]

　　美国心理学家卡普兰对9300名七年级学生进行十年调查的结论是：自卑和偏离规范的行为（不诚实、加入罪犯团伙、违法行为、吸毒、酗酒、挑衅以及各种心理变态等）成正比例关系。他举例说：在自卑心低、中、高的学生中，一年或更长时间以后承认有过小偷小摸的分别占8%、11%、

---

①　阿德勒：《自卑与超越》，黄光国译，作家出版社，1986年，第42页。
②　荷尼：《自我的挣扎》，李明滨译，中国民间文艺出版社，1986年，第130页。

14%；被学校开除的分别占 5%、7%、9%；想过自杀或威胁要自杀的分别占 9%、14%、23%。①

可见，一个人之所以会有害己目的，根本说来，只是因为他的恨转向了自己而有内疚感、罪恶感和自卑感；而他所以会有内疚感、罪恶感和自卑感而恨自己，说到底，是因为他所遭受的痛苦和损害是他自己的缺德和无能造成的：自恨是对给予自己损害和痛苦的自我本身的心理反应。因此，目的害己的原动力——亦即目的害己的根本的非目的原因——是自恨心、自卑感、内疚感和罪恶感；而终极原动力仍然是自我的苦乐利害，是趋乐避苦和趋利避害的利己心，是利己。

2 自爱心：求生欲与自尊心

目的利己，不言而喻，亦即为自己谋利益的行为，也就是求利避害、求乐避苦的行为：求乐和求利是积极的利己；避害和避苦是消极的利己。然而，人们大都赞成伏尔泰的话：正如没有必要去证明人有脸一样，没有必要去证明一个人为什么会有利己目的；因为人人莫不求利避害，求利避害是人的本能。② 这种见解是肤浅的。因为人不仅有利己目的，而且还有害己目的。如果说利己是人的本能，那么，他为什么还会害己呢？显然，一个人之所以会有利己目的，只是因为他有自爱心，他爱自己。因为如果他不是爱自己而是恨自己，那他便不会利己而会害己了。

自爱心的基本表现是求生欲。因为所谓求生欲，也就是对自己的生命的爱的欲望，也就是爱自己的生命而保持其存在的欲望。每个人都有求生欲而爱自己的生命，只是因为生命的快乐是人的最根本、最重要、最大的快乐：这乃是生物进化的结果。生物进化一方面使动物具有快乐

---

① 科恩：《自我论》，佟景韩、范国恩等译，三联书店，1986年，第438页。
② 《睿智与偏见：伏尔泰随笔集》，余兴立、吴萍译，上海三联书店，1990年，第8页。

和痛苦的感受性而趋乐避苦；另一方面则使有利生命的刺激引起快乐感受、有害生命的刺激引起痛苦感受。这样，动物这种最高级因而也最难保持存在的物质形态才能生存下来。对于这个道理，爱因·兰德曾这样写道：

"在人类的躯体中，感觉快乐和痛苦的能力是天生的；它是人类本性的组成部分，是这一种类存在的一部分。对此他无法选择，决定他快乐和痛苦的躯体感觉的标准是既定的。这种标准是什么？那就是他的生命。人类躯体中的快乐和痛苦机制是有机体生命的自然引导者，这对于所有具备意识功能的有机体生命都是一样的。躯体的快乐感觉是一种信号，标志有机体的行为进程是正常的。而躯体的痛苦感觉则是一种警告信号，意味着有机体的行为进程是错误的，有某种东西正在损害其适当功能，必须做出矫正。"[①]

既然对于有利生命的东西的心理反应便是快乐，对于有害生命的东西的心理反应便是痛苦；那么，对于生命本身的心理反应便是最根本、最重要、最大的快乐。因此，费尔巴哈说："生命本身就是幸福。"[②]庄子说得更妙："至乐活身。"[③]生命本身、活着本身便是每个人最根本、最重要、最大的快乐，因而每个人对自己生命的爱、他的求生欲，便是他最根本、最重要、最大的欲望和需要。所以，费尔巴哈接着说："人的愿望，至少那些不以自然必然性来限制其愿望的人的愿望，首先就是那个希冀长生不死的愿望。是的，这个愿望乃是人的最后的和最高的愿望，乃是一切愿望的愿望。"[④]那么，每个人的求生欲将导致什么行为？显然是使自己的生命得以存在和发展的行为，因而也就是求利避害、求乐避苦的行为，说到底，也就是目的利己的行为。

---

① 爱因·兰德：《新个体主义伦理观》，秦裕译，上海三联书店，1996年，第9页。
② 《费尔巴哈哲学著作选集》上卷，王太庆等译，三联书店，1959年，第545页。
③ 《庄子·至乐》。
④ 《费尔巴哈哲学著作选集》下卷，王太庆等译，三联书店，1962年，第775页。

于是，我们可以得出结论说：目的利己的行为，直接说来，源于求生欲；而根本说来，则源于生命的快乐。然而，求生欲所能引发的，无疑仅仅是一部分并且是基本的、低级的目的利己行为：活着。仅仅求生欲，还不能引发那些比较高级的目的利己行为：活得有作为、有成就、有价值。引发这些行为的，乃是另一种自爱心：自尊心。

原来，一个人的自己，无非由自己的生命和自己的人格两方面构成。求生欲是自爱在自己生命方面的表现，是对自己的生命的爱，是对生命自我的爱。反之，自尊心则是自爱在自己人格方面的表现，是对自己的人格的爱，是对人格自我的爱。

然而，究竟何谓人格，依赫根法所见，"也许这是所有心理学问题中最为复杂的问题。"[1] 其定义之多，根据阿尔波特的综述，竟达50余种。不过，细考较去，不难看出，所谓人格，正如绝大多数心理学家所说，也就是一个人的行为自我。因为，一方面，人格这种自我形成于行为，是自己长期的、一系列的行为所造成的："人从事什么，人就是什么。"[2] 你若经常偷盗，那么你的人格自我就是小偷。你若经常做好事，那么你的人格自我就是好人。这个道理被存在主义奉为第一原理："人不外是由自己造成的东西。这就是存在主义第一原理。"[3] 人格即行为自我，另一方面则是因为，人格这种自我反过来又决定一个人的行为，通过一个人的行为表现出来。对此，阿尔波特曾这样写道："人格是个体内部心理物理系统的动力组织，它决定一个人行为和思想的独特性。"[4] 于是，合而言之，人格就是一个人的行为所表现和形成的自我："人格是人所是的和人所做的，它存在于行动后面，在个人内部。"[5]

---

[1] 赫根法：《现代人格心理学历史导引》，文一、郑雪等编译，河北人民出版社，1988年，第1页。

[2] 海德格尔：《存在与时间》，陈嘉映、王庆节译，三联书店，1987年，第288页。

[3] 萨特：《存在主义是一种人道主义》，周煦良等译，上海译文出版社，1988年，第22页。

[4] 陈仲庚、张雨新：《人格心理学》，辽宁人民出版社，1986年，第62页。

[5] 同上书，第61页。

　　可是，一个人为什么会爱自己的人格，会爱他的行为自我？现代心理学表明：引起快乐的最主要的情境条件是，一个人追求并达到目的。每个人的行为，目的都是为了满足一定的需要、实现一定的欲望。如果他的行为获得成功，从而满足了需要、实现了欲望、达到了目的，那么，他便快乐；反之，他便痛苦。不言而喻，每个人的行为不论如何屡遭失败，却总有数说不尽的成功，总有数说不尽的快乐（尽管这些成功和快乐可能极为琐碎藐小，如想走路就能走路、想看电影就能看电影等），而这成功和快乐，说到底，是他自己努力求得的，是他自己的行为和人格之结果。所以，每个人的一切快乐之终极原因，具体讲来，是他自己的行为；总体来看，则是他自己的人格。这就是每个人为什么都爱自己的人格的秘密。

　　爱自己的人格，不言而喻，也就是使自己的人格受尊敬的心理，也就是使自己的人格受自己和他人尊敬的心理：爱自己的人格与自尊心是同一概念。所以，冯友兰写道："孟子说：'舜何人也，予何人也，有为者亦若是。'有这一类底志趣者，谓之有自尊心。"[1] 不过，一个人怎样才能得到自己和他人的尊敬呢？无疑只有使自己有所作为、有所成就、有贡献、有价值才能得到自己和他人的尊敬："为鸡狗禽兽矣，而欲人之尊己，不可得也。"[2] 因此，自尊心必将导致使自己有作为、有价值的目的利己的行为：自尊者必自强自立也。

　　可见，一个人之所以会有利己目的，根本说来，只是因为他爱自己，是因为他爱自己的生命而有求生欲和爱自己的人格而有自尊心；而他所以自爱而有求生欲和自尊心，说到底，只是因为他自己的生命和人格是他一切快乐之终极原因：自爱是对于成为自己快乐之因的自己本身的心理反应。因此，利己目的原动力——亦即利己目的的根本的非目的原

---

① 冯友兰：《三松堂全集》第四卷，河南人民出版社，1986年，第442页。

② 《孟子·告子下》。

因——是自爱心、求生欲和自尊心；而终极原动力则仍然是自我的快乐和利益，是利己。

三　伦理行为原动力规律

1　伦理行为原动力规律：从人的社会本性来看

综观目的利人与目的害人以及目的利己与目的害己行为之原动力，可以得出结论说：

首先，一个人的行为目的之所以能够无私利他，只是因为他有爱人之心——同情心和报恩心——和完善自我品德之心：他之所以爱人而生同情心和报恩心，只是因为他人给了他利益和快乐；他之所以有完善自我品德之心，说到底，也是因为美德给了他莫大的利益和快乐。所以，无私利人的直接的原因、根据、原动力是爱人之心和完善自我品德之心；而终极原因、根据、原动力则是他人给了自己快乐和利益。

其次，一个人所以会目的害人，只是因为他恨人而有嫉妒心和复仇心；他之所以心怀嫉妒和复仇而恨人，又只是因为他人给了他痛苦和损害：目的害人的直接的原因、根据、原动力是恨人之心，是嫉妒心和复仇心；而终极原因、根据、原动力则是他人给了自己痛苦和损害。

再次，一个人所以会有利己目的，只是因为他爱自己，是因为他爱自己的生命而有求生欲和爱自己的人格而有自尊心；而他所以自爱而有求生欲和自尊心，只是因为他自己的生命和人格是他一切快乐之终极原因：利己目的的直接的原因、根据、原动力是自爱心、求生欲、自尊心；而终极的原因、根据、原动力则是自己给了自己快乐和利益。

最后，一个人之所以会有害己目的，只是因为他的恨转向了自己而有内疚感、罪恶感和自卑感；而他所以会内疚感、罪恶感和自卑感而恨自己，则是因为他的痛苦之因乃是他自己的缺德和无能：害己目的的直接的原因、根据、原动力是自恨心，是自卑感、内疚感、罪恶感；而终极的原因、根据、原动力则是自己给了自己痛苦和损害。

可见，每个人的行为目的都是自由的、可选择的、各不相同的：既可能出于爱人之心、同情心、报恩心和完善自我品德之心而无私利他，又可能出于自爱心、求生欲和自尊心而自私利己，既可能出于恨人之心、嫉妒心和复仇心而纯粹害人，也可能出于自恨心、内疚感、罪恶感与自卑心而纯粹害己；但是，产生这些行为目的之最终的非目的原因——亦即一切伦理行为终极原动力——却是必然的、不可选择的、人人完全一样的，只能是自己的苦乐利害，只能是自我利益，只能是利己。这就是伦理行为原动力规律。这个规律可以表示如图：

伦理行为目的	各类伦理行为特有的、直接的原动力	一切伦理行为共同的、终极的原动力
无私利人	爱人之心（同情心与报恩心）完善自我品德之心	自己得到了快乐和利益（从他人那里）
纯粹害人	恨人之心（嫉妒心和复仇心）	自己遭受了痛苦和损害（从他人那里）
目的利己	自爱心（求生欲和自尊心）	自己得到了快乐和利益（从自己本身）
目的害己	自恨心（自卑感和内疚感或罪恶感）	自己遭受了痛苦和损害（从自己本身）

然而，确切地说，这仅仅是人的社会本性所蕴涵的伦理行为原动力规律。因为所谓社会，如所周知，亦即两个以上的人因一定关系而结合起来的共同体。所以，每个人的社会性或社会本性，也就是他的那些只有与他人发生关系才能够具有的属性；而他的自然本性或自然性，则是他的那些可以离开他人而独自一人具有的属性。准此观之，爱人之心（同情心与报恩心）、完善自我品德之心、恨人之心（嫉妒心和复仇心）

以及自爱心（求生欲和自尊心）和自恨心（自卑感和内疚感或罪恶感）等都是人的社会本性；因为每个人的这些本性无疑都只有与他人发生关系才能够具有。[①] 可是，伦理行为原动力规律乃是最重要、最根本的人性规律。人性，如上所述，分为人的社会本性和人的自然本性两方面。因此，对于伦理行为原动力规律还应该从人的自然本性——亦即人的生物本性和生理本性——方面来考察：人的自然本性是否蕴涵伦理行为原动力规律？

2 伦理行为原动力规律：从人的生物本性来看

从人的生物本性来考察伦理行为原动力规律，也就是考察生物合目的性的伦理本性。因为如上所述，人的行为目的性起源于生物的合目的性。所以，要知道引发人的伦理行为目的的起源、终极原因、原动力是什么，只要知道生物的合目的性的伦理本性是什么便可以了：生物的合目的性就是一切行为的目的性的起源、终极原因、原动力。那么，生物的合目的性——就其伦理本性来说——究竟是利己的，还是利他的？抑或是害己的，还是害他的？达尔文的自然选择理论回答了这个问题。自然选择理论是达尔文主义的核心，对于这一理论，达尔文论述颇多。通过这些论述，他得出结论说：

"产生的个体总是比能够存活的多，因而在每种情况下便都必然要发生生存竞争：或者是同种的一个体与另一个体；或者是与异种的个体；或者是与生活的自然条件。"[②] "在巨大而复杂的生存斗争中，经过无数世代的进化，将会发生对各个生物有利的变异，难道不可能吗？如果这样

---

① 当然，求生欲，如果孤立地看，是每个人可以离开他人而独自具有的本性，因而是人的自然本性。但是，在这里，它是一种与自尊心相反相成的自爱心；而自爱心，特别是自尊心，乃是只有与社会和他人发生关系才具有的本性，因而属于人的社会本性范畴。

② Charles Darwin: On the Origin of Species, Cambridge: Harvard University Press, 1964, p. 63.

的变异发生了，我们还能怀疑（记住：产生的个体比可能生存的要多得多）那些比其他个体更有优势——不管怎样轻微——的个体，将得到生存和繁殖的更好机会吗？另一方面，我们可以确定，稍微有害的任何变异，将无可挽回地遭到灭绝。这种有利变异的保存和有害变异的淘汰，我称之为'自然选择'。"[1]

由此观之，生物的一切性状便既不可能是为了利他，也不可能是为了害他，更不可能是为了害己，而只可能是为了利己。因为唯有利己，才能被自然选择而存在；若不利己，必被自然淘汰而灭绝：生物的合目的性是完全利己的。所以，达尔文一再说：

"自然选择不能使一个物种产生专门为了有利或损害另一物种的任何东西；虽然它能适当地产生对另一物种极其有利甚至不可缺少的或极其有害的部分、器官和分泌物，但是，在所有的情况下，同时都是利己的。"[2] "自然选择绝不会使一种生物产生有害自己的任何东西……没有一种器官是为了给它的所有者造成痛苦或损害的目的而形成的。如果公平地衡量各部分所造成的利和害，那么可以看到，各部分整体说来是有利的。"[3] "假如能够证明任何一物种的结构之任一部分，专门是为了另一物种的利益而形成的，那就推翻我的学说了，因为这样的结构是不能通过自然选择产生的。"[4]

一言以蔽之——达尔文主义者道金斯（Richard Dawkins）总结道——"通过自然选择进化而来的任何东西都必定是利己的。"[5]

然而，达尔文时代的生物学仅能知晓完全利己的合目的性是生物所固有的属性，它还不能解释：这种合目的性究竟是生物机体的哪一部分

---

[1] Charles Darwin: On the Origin of Species, Cambridge: Harvard University Press, 1964, pp. 80-81.

[2] Ibid., p. 205.

[3] Ibid., p. 201.

[4] Ibid.

[5] Richard Dawkins: *The Selfish Gene*, New York: Oxford University Press, 1989, p. 4.

机能、属性？现代生物学表明，细胞主要的有机成分是 DNA（脱氧核糖核酸）、RNA（核糖核酸）和蛋白质三种大分子：

一方面，DNA 通过合成 RNA、RNA 合成蛋白质，从而产生和控制生物的性状：生物性状的不同产生和决定于蛋白质的不同，蛋白质的不同产生和决定于 RNA 的不同，RNA 的不同产生和决定于 DNA 的不同。所以，生物的性状最终产生和决定于 DNA。

另一方面，DNA 分子由一对去氧核苷酸链组成，两条链互相盘绕呈双螺旋形。DNA 分子的奇特本性便是复制自身。其过程是：首先，双螺旋的两股链分离开；然后细胞中游离的脱氧核苷酸分子便在两条亲体链分离开的部位结合上去，形成两条新链，于是便合成了两个子体 DNA 分子：其中每个都有一条亲链和一条子链。这两个子体 DNA 与亲体 DNA 完全相同、极少走样，从而便使生物的性状世世代代遗传下去。

于是，合而言之，DNA 便是产生、控制和遗传生物性状的基因。更确切些说，基因是产生、控制和遗传生物各种性状的 DNA 的一定区段。

完全利己的合目的性，无疑是生物的一种性状，因而也就产生于基因，是基因的属性：基因的合目的性是完全利己的。这个道理，道金斯在《利己的基因》（*The Selfish Gene*）一书中论述甚丰。通过这些论述，他得出结论说，基因有一普遍特性：利己。如果它不是利己，而是利他，把生存机会让与其他基因，自己就不可能生存。所以，生存下来的基因必定利己而不可能利他。[①] 利己的基因也是发生在生命运动各层次上利己行为的原因：

"基因是利己的基本单位。"[②]

这样，每个人一切伦理行为原动力之所以只能自私利己，说到底，正是因为人类也不过是自私的基因所创造的保存自己的机器，自私的基

①　Richard Dawkins: *The Selfish Gene*, New York: Oxford University Press, 1989, p. 36.

②　Ibid.

因间接地最终地控制每个人的行为，是每个人的一切行为的终极原因、
原动力：

"它们存在于你我身体里；它们创造了我们的肉体和心灵；保存它们
乃是我们存在的终极理由。"[1]

总之，一方面，生物的合目的性、基因的合目的性是人的一切行为
目的性之起源、基础、原动力；另一方面，生物的合目的性、基因的合
目的性是完全利己的。于是，可以得出结论说：利己是引发人的一切伦
理行为目的——利他、利己、害他、害己——因而也就是引发人的一切
伦理行为之终极原因、原动力。这就是人的生物本性所蕴涵的伦理行为
原动力规律。

3 伦理行为原动力规律：从人的生理本性来看

从人的生理本性来考察伦理行为原动力规律，也就是考察引发伦理
行为目的的生理原因：生理需要和生理欲望。每个人的行为目的，如所
周知，都引发于他的需要与欲望。但是，需要和欲望多种多样、纷纭复
杂。是否有这样一种需要和欲望，它最终引发其他一切需要和欲望，从
而是产生人的一切行为目的的最终原因，是引发人的一切行为的原动
力？现代心理学的回答是肯定的。马斯洛认为，人的基本需要及欲望由
低级到高级地分化为五种：生理、安全、爱、自尊、自我成就。他发现，
比较低级的需要优先于、强烈于比较高级的需要，而比较高级的需要则
是比较低级的需要得到相对满足的结果：

"基本需要在力量相对性原理的基础上，按相当明确的等级排列。这
样，安全需要便强烈于爱的需要，因为当两者都受到挫折时，安全需要
以各种极为明显的方式支配有机体。在这种意义上，生理需要强烈于安

---

[1]　Richard Dawkins: *The Selfish Gene*, New York: Oxford University Press, 1989, p. 20.

全需要，安全需要强烈于爱的需要，爱的需要转而强烈于尊重需要，尊重需要又强烈于那些我们称之为自我实现的特质需要。"①

这就是说，低级需要强烈于、优先于高级需要，而高级需要则是低级需要相对满足的产物：安全需要是生理需要相对满足的产物；爱的需要是生理需要和安全需要相对满足的产物；自尊需要是生理、安全、爱的需要相对满足的产物；自我成就需要是生理、安全、爱、自尊需要相对满足的产物。因此，人的一切需要和欲望最终便都是在生理需要的基础上产生的，都是生理需要相对满足的产物：生理需要和欲望是引发人的一切需要和欲望的始源，因而也就是产生人的一切行为目的的最终原因，是引发人的一切行为的原动力。

不难看出，每个人的生理欲望，如食欲和性欲，是完全利己的。这种欲望，用弗洛伊德的话来说，唯受快乐原则支配而只求利己欲望的满足："它只求满足本能的需要而唯受快乐原则支配。"②马斯洛也说，生理需要是以自我为中心的，人的无私利他的高尚品德是人的较高级需要的属性："需要越高级，必定便越少自私。饥饿是极度利己主义的，它唯一的满足方式就是满足自己。但是，对于爱和自尊的追求却必然关涉他人；而且，关涉他人的满意。"③

于是，一方面，生理需要和欲望是引发每个人行为目的的根本非目的因、原动力；另一方面，生理需要和欲望是完全利己的。合而言之，可以得出结论说：利己是引发每个人一切伦理行为目的的根本非目的因，是引发每个人一切伦理行为的原动力。这就是人的生理本性所蕴涵的伦理行为原动力规律。

---

① Abraham H. Maslow: *Motivation and Personality*, New York: Harper & Row, 1970, p. 98.

② Sigmund Freud: *New Introductory Lectures on Psycho-Analysis*, translated by W. J. H. Sprott, New York: W. W. Norton & Company, Inc., 1933, p. 104.

③ Abraham H. Maslow: *Motivation and Personality*, New York: Harper & Row, 1970, p. 100.

4 结论：伦理行为原动力规律的双重内涵

综上所述，可以得出结论说，不论从人的社会本性来看，还是就人的自然本性来说，每个人的伦理行为都遵循这样一条规律：

每个人的行为目的既可能无私利他，又可能自私利己，既可能纯粹害人，也可能纯粹害己；但产生这些目的的共同的非目的因，亦即一切伦理行为之原动力，却只能是自己的苦乐利害，只能是利己。换言之，行为目的是自由的、可选择的、人人各不相同的：既可能是无私利他，又可能是自私利己，既可能是纯粹害人，也可能是纯粹害己；但是，产生这些行为目的的共同的非目的因、亦即行为原动力，却是必然的、不可选择的、人人完全一样的：只能是自爱利己。

这样，伦理行为原动力便属于非伦理行为范畴，不能进行道德评价，无所谓道德不道德。反之，伦理行为目的则属于伦理行为范畴，可以进行道德评价，有道德不道德之分。于是，人们道德境界之不同，便在于他们的行为目的之不同，而与其行为原动力无关。这就是蕴涵于人的社会本性和自然本性中的伦理行为原动力规律：它无疑是最深刻的人性规律。

这个规律的发现，乃是人类世世代代对于"究竟有没有无私利他行为"——它是人类思想史上最为令人困惑的难题之一——研究的结果。这一规律表明，每个人的行为目的都可能达到无私利他的境界：每个人的行为目的既可能无私利他，又可能自私利己，既可能纯粹害人，也可能纯粹害己；但产生这些目的的非目的因，亦即伦理行为的原动力，只能是利己。这就是说，无私利他与自私利己、纯粹害人、纯粹害己一样，是存在的；因为存在产生它们的原因、根据、原动力。只不过，产生无私利他行为目的的原因、根据、原动力，与这种行为的目的恰恰相反，乃是利己：人的一切伦理行为的共同非目的因、亦即一切伦理行为原动力，都只能是利己。

可见，伦理行为原动力规律并非仅仅意味着：一切伦理行为的原动力都是利己的。这仅仅是该规律的内涵之一；它还具有另一内涵：确实存在着无私利他行为目的，正如存在着自爱利己行为目的一样。所以，伦理行为原动力规律具有双重内涵：一方面，每个人的行为目的既可能无私利他，又可能自私利己，既可能纯粹害人，也可能纯粹害己；另一方面，产生这些目的的共同的非目的因，亦即每个人一切伦理行为的原动力，只能是利己。

四　关于伦理行为原动力规律的理论

1　关于伦理行为原动力规律的共识与分歧

伦理行为原动力在于利己的观点，如所周知，一直被叫作利己主义。确实，一切利己主义论者，如爱尔维修、霍尔巴赫、费尔巴哈那里、车尔尼雪夫斯基、尼采、海德格尔、萨特等，一致认为：一切行为——不论是自爱、为己利己还是爱人、无私利他——的根本原因、基础、原动力都同样是利己。爱尔维修说："对别人的爱在人身上也只不过是自爱的结果。"[1] 费尔巴哈说："古时人说，要像尊敬神一样尊敬父母。为什么要像尊敬神一样呢？因为我们受到他们最高的恩典——生命……'我们爱他，因为他先爱我们。'"[2] 因而说到底，"任何爱都是自私的"[3] 这个道理，在车尔尼雪夫斯基那里得到了十分系统的论述。通过这些论述，他得出

---

①　周辅成编：《西方伦理学名著选集》上卷，商务印书馆，1954 年，第 797 页。

②　《费尔巴哈哲学著作选集》上卷，王太庆等译，三联书店，1959 年，第 434 页。

③　同上书，第 573 页。

结论说：

"我的行为也有高尚的一面，但这行为的原动力却是我自己天性中的利己欲。"① "一般地只须稍加留意那些表现为大公大私的行为和情感，我们便可看到，它们的基础依然是那种关于个人利益、个人快乐、个人福利的思想，即依然是称作利己主义的情感。" "如果仔细地研究一下左右人们行动的动机时，就可以知道，原来发生在任何人身上的所有好的和坏的、崇高的和卑贱的、英勇的和胆怯的事情都来自一个源泉：怎样做更愉快，人就怎样做，他的出发点是放弃较小的利益或较小的满足，以获得较大的利益或较大的满足。当然，尽管发生好事和坏事的原因相同，但是它们之间的差别并不因此而减少；我们知道，钻石和煤是同一种纯粹的碳素，但是，钻石终究是钻石，是一种非常珍贵的东西，而煤终究是煤，是一种不大值钱的东西。"②

然而，把伦理行为原动力在于利己的观点叫作利己主义，是错误的。因为这种观点并非利己主义的特点，而是利己主义与利他主义的共同观点。利他主义的代表人物当推儒家、墨家、康德和基督教伦理学家。细察这些利他主义论者的著作，可以看到，他们与利己主义论者一样认为：君子与小人、仁人与恶人的道德境界之不同，仅仅在于他们行为目的之不同，而与引发其行为目的的行为原动力无关。因为他们行为之原动力完全一样：恶人的损人利己与仁人的无私利人，说到底，都同样以个人利益为原动力。这些与利己主义论者完全一致的妙论，孔孟墨虽多有论述，但都不过是一些简单论断："富与贵，是人之所欲也。"③ "今也天下之士君子，皆欲富贵而恶贫贱。"④ "欲贵者，人之同心也。"⑤ 只是到了荀子

---

①　车尔尼雪夫斯基：《怎么办》，蒋路译，人民文学出版社，1996年，第361页。

②　北京大学哲学系编译：《十八—十九世纪俄国哲学》，商务印书馆，1987年，第369页。

③　《论语·里仁》。

④　《墨子·兼爱上》。

⑤　《孟子·滕文公上》。

那里，才得到深刻而系统的阐述。通过这些阐述，荀子得出结论说：

"凡人有所一同：饥而欲食，寒而欲暖，劳而欲息，好利而恶害，是人之所生而有也，是无待然而然者也，是禹、桀之所同也。"[①]

现代新儒家冯友兰则循此进而发挥说：每个人行为的原动力只能是个人冲动及欲望，这是不可选择人人一样的自然本性，所以是无所谓善恶的："活动原动力是欲……人皆有欲，皆求满足其欲。种种活动，皆由此起……欲是一个天然的事物，他本来无所谓善恶，正如山水之不可谓为善为恶一样。"[②]

可是，人之欲所引发的满足它的实际行为（即行为目的与行为手段），则是可以选择、人人各异、又常常互相冲突，因而便可以进行善恶评价：所引发的行为能维持社会统一，完善个人人格，从而利于诸欲之和的欲，便是"和"所包之欲，便是善的；反之，便是"和"遗落之欲，便是恶的：

"如要个人人格，不致分裂，社会统一，能以维持，则必须于互相冲突的欲之中，求一个'和'……所求之'和'，又不能尽包诸欲；于是被包之欲，便幸而被名为善，而彼遗落之欲，便不幸而被名为恶了。"[③]

路德与加尔文也一再说："人首要的情感乃是自爱。"[④] "没有比自爱更强的情感了。"[⑤]康德也承认，利己乃是一切人行为的最深刻之原动力："一切人对自身幸福的爱好都是最大最深的。"[⑥]因此，"尽管通过最无情的自我省察，除了责任的道德根据之外，我们找不出任何东西能有力量促使我们去进行这样或那样的善良活动，去忍受巨大的牺牲，但并不能由此就确有把握地断言，在那表面的理想背后没有隐藏着实际的自利动机，

---

① 《荀子·非相》。
② 冯友兰：《三松堂全集》第一卷，河南人民出版社，1985年，第556页。
③ 同上书，第560页。
④ 《路德选集》下册，徐庆誉、汤清译，基督教辅侨出版社，1957年，第391页。
⑤ 加尔文：《基督教要义》上册，钱曜诚译，基督教辅侨出版社，1957年，第309页。
⑥ 康德：《道德形而上学原理》，苗力田译，上海人民出版社，1986年，第48页。

作为意志所固有的，起着决定作用的原因。我们总是喜欢用一种虚构的高尚动机来欺哄自己，事实上，即使通过最严格的省察，永远也不会完全弄清那些隐藏着的动机。"①

可见，伦理行为原动力在于利己，乃是利己主义与利他主义的共识。那么，由此是否可以说：伦理行为原动力规律乃是利己主义与利他主义的共识？否。因为如上所述，伦理行为原动力规律含有两方面内容：一方面，每个人的行为目的既可能无私利他，又可能自私利己，既可能纯粹害人，也可能纯粹害己；另一方面，每个人一切伦理行为的原动力——亦即产生这些目的的共同非目的因——只能是利己。

利他主义与利己主义伦理学家对于这个规律的认识既有共识，也有分歧。两派的共识，如上所述，在于行为原动力：每个人的一切伦理行为的原动力只能是利己。两派的分歧，如所周知，在于行为目的：利他主义认为每个人的行为目的都可能达到无私利他的境界；利己主义则认为每个人的行为目的只能利己，所谓无私利他纯系乌有之物。

根据我们关于无私利他行为目的之原因、根据、原动力的研究，可知利他主义认为每个人的行为目的都能够无私利他的观点是真理，而利己主义认为每个人的行为目的只能利己的观点是错误。那么，利己主义的这种观点究竟错在哪里？利己主义的这种观点，乃是利己主义的基本观点，是利己主义区别于利他主义的最为根本的特点。这种利己主义观点，如所周知，被今日西方伦理学界称为"心理利己主义"。它的错误，如下所述，乃在于：因果目的等同论。

2 心理利己主义：因果目的等同论

何谓心理利己主义？范伯格（Joel Feinberg）说："心理利己主义是

---

① 康德：《道德形而上学原理》，苗力田译，上海人民出版社，1986年，第57页。

一种极为广泛地被普通人所相信并且曾经几乎被政治经济学家、哲学家、心理学家普遍接受的理论，按照这一理论，所有人的行为，精确讲来，都是以利己的欲望为动力的。更确切些说，心理利己主义是认为任何人最终欲望或追求（作为目的）的唯一的东西只能是他自己的利益的学说。"[1] 他接着写道，心理利己主义是相对伦理利己主义来说的："这种理论是与另一种学说，亦即所谓'伦理利己主义'相区别的，按照伦理利己主义，所有人都应该追求他们自己的福利。"[2]

可见，所谓心理利己主义乃是认为每个人的一切行为目的只能是利己的理论；而伦理利己主义则是认为每个人的行为目的都应该是利己的理论。因此，心理利己主义与伦理利己主义不过是利己主义思想体系的内在结构：心理利己主义是利己主义的行为观，是利己主义关于人的行为事实如何的客观本性的理论；伦理利己主义是基于心理利己主义的利己主义的道德观，是利己主义关于人的行为应该如何的道德原则的理论。所以，波吉曼说："伦理利己主义看来蕴含于心理利己主义。"[3] 因此，可以说，一方面，一切利己主义——不论是合理利己主义还是个人主义——都是心理利己主义：心理利己主义是一切利己主义的行为观；另一方面，一切利己主义——不论是合理利己主义还是个人主义——都是伦理利己主义：伦理利己主义是一切利己主义的道德观。

细究心理利己主义原著，不难看出，它的错误，粗略看来，在于把伦理行为目的与伦理行为原动力等同起来。心理利己主义论者正确看到，一切行为——无私利他也不例外——的动因、根据、原动力乃是利己。车尔尼雪夫斯基写道："一般地只须稍加留意那些表现为大公无私的行为和情感，我们便可看到，它们的基础依然是那种关于个人利益、个人快乐、个

---

[1]　Steven M. Cahn and Peter Markie: *Ethics: History, Theory and Contemporary Issues*, New York: Oxford University Press, 1998, p. 557.

[2]　Ibid., p. 558.

[3]　Ibid., p. 50.

人福利的思想，即依然是称作利己主义的情感。"[1] "我的行为也有高尚的一面，但这行为的原动力却是我自己天性中的利己欲。"[2] 但是，车尔尼雪夫斯基却由此进而断言，一切行为的目的都是为了利己："每个人都是为自己着想……利己主义是每个人行为的唯一动机。"[3] 这种行为目的与行为原动力的等同在霍尔巴赫那里最为典型，他明明白白地写道：

"这样，当我们说利益就是人的行为的唯一动力（这是说利己乃每个人行为的动因、根据、原动力——引者）的时候，我们就是由此指出，每个人都是为自己的幸福（这却是说利己乃每个人的行为目的——引者），以自己的方式而劳动的……承认了这一点，那么，绝没有哪个人可以够得上是无私心的人。这个名称只是给予我们不知他的动因或是我们赞许他的利益的那种人的。"[4]

心理利己主义的这个错误，显然可以名之为"原因目的等同论"。但是，当我们进一步追踪心理利己主义对于人的行为目的只能是为了利己的论证时，应该将其错误名之为"因果目的等同论"。这种等同，在车尔尼雪夫斯基那里十分明显。首先，他提出人皆只为自己的论题："人们根据经验知道，每个人都是为自己设想。"[5] 接着，他便对此诡辩道：

"分析一下下面这种情况：为了侍候需要照顾的另一个人而放弃一切享乐、放弃支配自己时间的自由的那种人的忠忱。整整几个星期周旋在病友床前的朋友所做的牺牲，比他把自己的全部钱财都给了这位病友还要大得多。他为什么会做出这样巨大的牺牲呢？是因为什么感情他才这样做的呢？他是为了自己的友情才牺牲自己的时间和自己的自由。我们特别提出，是为了自己的感情。这种感情在他身上发展到了很强烈的程

① 《十八—十九世纪俄国哲学》，商务印书馆，1987年，第365页。
② 车尔尼雪夫斯基：《怎么办》，蒋路译，人民文学出版社，1996年，第361页。
③ 北京大学哲学系编译：《十八—十九世纪俄国哲学》，商务印书馆，1987年，第366页。
④ 霍尔巴赫：《自然的体系》上卷，官士滨译，商务印书馆，1964年，第271页。
⑤ 北京大学哲学系编译：《十八—十九世纪俄国哲学》，商务印书馆，1987年，第368—369页。

度，这种感情一旦得到满足，他便得到比从任何别的欢乐和自由中所得到的更大的快乐；如果这种感情遭到破坏，如果这种感情得不到满足，他所感到的不快将甚于其他一切需要得不到满足而招致的不快。……怎样做更愉快，人就怎样做，他的出发点是放弃较小的利益或较小的满足，以获得较大的利益或较大的满足。"①

这种诡辩，在当代西方伦理学家看来，乃是心理利己主义的主要依据："心理利己主义在许多人看来是令人信服的，理由很多，比较典型的是：a 我的每一行为都引发于我的动机或我的欲望或我的本能，而不是其他人的。这一事实可以表述为：我的行为不论何时，总是追求我自己的目的或企图满足我自己的欲望。由此我们可以得出结论说，我总是为我自己寻求什么或追求我自己的满足。b 不言而喻，当一个人满足了自己的需要，他必会感到快乐。这便使许多人联想到，我们做的每一件事所真正欲求的，都是我们自己的快乐。"②

确实，每个人的一切行为目的，都是为了满足自己的需要、欲望。但是，自己的需要（欲望）包括自己的自爱利己的需要（欲望）与自己的爱人利他的需要（欲望）。于是，"为了满足自己的需要"也就相应地分为"为了满足自己的利己的需要"与"为了满足自己的利他的需要"。显然"为了满足自己的利己的需要"是为了利己，属于目的利己的行为范畴；而"为了满足自己的利他的需要"则是为了他人，属于无私利他的行为范畴。因此，"为了满足自己的需要和欲望"与"为了自己"根本不同。心理利己主义的诡辩就在于把这两个貌似神离的概念等同起来，因而由"每个人的一切行为都是为了满足自己的需要"的正确前提得出错误的结论：每个人的一切行为都是为了自己，都是为了自己得到快乐、

① 北京大学哲学系编译：《十八—十九世纪俄国哲学》，商务印书馆，1987年，第368—369页。

② Steven M. Cahn and Peter Markie: *Ethics: History, Theory and Contemporary Issues*, New York: Oxford University Press, 1998, p. 558.

避免痛苦，都是为了利己。

诚然，一个人为了满足自己的无私利他的需要和欲望如果得到实现，他自己便会感到快乐；如果得不到实现，他自己便会感到痛苦。但是，他行为的目的却不是为了自己得到这快乐、避免这痛苦：这快乐和痛苦只是他行为的动力和结果——他行为的目的只是为了使他人得到快乐、避免痛苦。就拿车尔尼雪夫斯基所举的那位忠忱的朋友来说。他整整几周昼夜照顾病友，感到很愉快；如果他不这样做，便会感到很痛苦。但是，由此能说他如此辛苦地照顾病友的目的就是为了自己得到这种愉快、避免这种痛苦吗？

显然不是。这种愉快或痛苦只是他如此行为的动力和结果，而并不是他的目的；他的目的只是为了病友的利益和快乐。这个道理，如果考究那些为救人而极可能自我牺牲的行为就更清楚了。例如，一个品德高尚的人，看到起火房屋中生命垂危的遇难者挣扎，听到他们凄惨呼救，便会心急如焚。如果他跳入火海救出遇难者，便会感到十分愉快；如果见死不救、溜之大吉，便会感到十分痛苦。这种愉快或痛苦显然只是他的行为的动力和结果，而并不是行为目的。因为说一个人冒着生命危险跳入火海救人的目的就是为了自己事后得到愉快、避免痛苦的感觉，岂不荒唐！心理利己主义的错误就在于将行为的动力和结果等同于行为目的，因而由一个人无私利他的行为结果、动力是自己感到愉快，便得出结论说：一切行为的目的都是为了自己得到愉快，都是为了利己。

总之，心理利己主义的错误，可以称之为"因果目的等同论"。它可以分解为"原因目的等同论"与"结果目的等同论"：前者将行为原因等同于行为目的，从而由一切行为的原因、原动力只能是利己得出结论说：一切行为的目的只能是利己；后者则将行为结果等同于行为目的，从而由无私利他的行为结果是自己感到愉快，便得出结论说：一切行为的目的都是为了自己得到愉快，都是为了利己。

*　　　*　　　*

　　伦理行为原动力规律无疑是最深刻的人性定律。但是，对于这一定律的研究，仅为人性定质分析：它仅仅分析了人为什么能无私，却没有分析人能在多大程度上无私。更确切些说，它仅仅揭示了引发各种伦理行为目的之原动力，说明了每个人为什么会有利己、利他、害己、害他四大目的，从而为这些目的——特别是两千年来一直争论不休的无私利他目的——的存在找到了根据。可是，人究竟能在多大程度上无私？一个人，果真如儒家和康德以及基督教伦理学家等利他主义所说，能够恒久乃至完全无私吗？每个人的利己、利他、害己、害他四大目的多与少、久与暂的相对数量是否也有规律可循？这是对人性、人的伦理行为本性的定量分析，是下一章"伦理行为的目的与手段规律：人性定量分析"的研究对象。

第十三章　伦理行为目的与手段规律：人性定量分析

本章提要

伦理行为的目的和手段及其所结成的各种伦理行为的相对数量，遵循如下规律：① 爱是对利益和快乐的心理反应；爱人之心会导致无私利人的行为。因此，谁给我的利益和快乐较少，谁与我必较远，我对谁的爱必较少，我必较少无私地为了谁谋利益；谁给我的利益和快乐较多，谁与我必较近，我对谁的爱必较多，我必较多无私地为了谁谋利益。于是，说到底，我对我自己的爱必最多，我为了我自己谋利益的行为必最多，亦即自爱必多于爱人、为己必多于为人：每个人必定恒久为自己，而只能偶尔为他人——恒久者，多数之谓也，超过一半之谓也；偶尔者，少数之谓也，不及一半之谓也。这就是"爱有差等"之人性定律。推而广之：每个人都具有利己、利他、害己、害他四种行为目的，并且必定恒久利己而只能偶尔利他、害他、害己。这是伦理行为目的相对数量规律。② 每个人都具有利己、利他、害己、害他四种行为手段，并且必定恒久利他或害他，而只能偶尔利己与害己。这是伦理行为手段相对数量非统计性规律。反之，任何一个社会，就其行为总和来说，亦即就绝大多数人的行为来说，利他手段必定是恒久的，而其他一切手段——亦即损人、害己以及利己手段——之和，也都只能是偶尔的。这是伦理行为手段相对数量统计性规律。③ 每个人的行为，必定恒久为己利他或损人利己；而只能偶尔无私利他、单纯利己、纯粹害人、纯粹害己。这是伦理行为类型相对数量非统计性规律。反之，任何一个社会，就其行为总和来说，亦即就绝大多数人的行为来说，为己利他必定是恒久的，而其他一切行为——亦即损人利己、无私利他、单纯利己、纯粹害人、纯粹害己——之和，也只能是偶尔的。这是伦理行为类型统计性规律。

导言：伦理行为目的相对数量的意义及其确定方法

一个人，是否如儒家与基督教伦理学家所言，经过良好的道德教育和道德修养，便有可能几十年如一日地恒久无私？甚至可能达到毫不利己专门利人的完全无私之境界？这就是无私利他与自爱利己的相对数量问题：它不仅是人性论的重大理论问题，也是一个意义重大的社会问题。所以，当代社会生物学家威尔逊说：

"社会理论的一个关键问题，就是'硬核'利他（亦即无私利他——引者）与'软核'利他（亦即为己利他——引者）的相对数量。"[1]

更正确些说，每个人的利己、利他、害己、害他四大目的的多与少、久与暂的相对数量问题，乃是一个意义极其重大的伦理学问题。因为一个人如果不可能恒久无私而必定恒久为己，那么，像儒家和基督教那样，把无私利他奉为评价行为是否道德的唯一准则，用以规范人的一切行为，便注定只能造就伪君子而已。那么，无私利他与自爱利己的相对数量究竟如何？每个人的各种伦理行为目的在多与少、久与暂的相对数量方面，是否存在着不以人的意志为转移的客观规律？

所谓各种伦理行为目的之相对数量，当然是指每个人的各种伦理行为目的——亦即利己、利他、害己、害他四大目的——在他一生的行为

---

[1]　Edward O. Wilson: *On Human Nature*, New York: Bantam Books, 1982, p. 156.

总和中之多与少的数量比例问题。可是，我们怎样才能知道，在每个人一生的行为总和中，他的目的利他与目的害他的行为孰多孰少？目的利己与目的害己的行为孰多孰少？目的利己与目的利他的行为孰多孰少？定质分析是定量分析的基础和依据。所以，伦理行为原动力规律的研究——亦即人性之定质分析——是我们探寻各种伦理行为目的相对数量规律——亦即人性定量分析——的基础和依据。

伦理行为原动力规律表明，引发利己目的的自爱心（求生欲与自尊心）、引发害己目的的自恨心（内疚感、罪恶感与自卑心）、引发利他目的的爱人之心（同情心与报恩心）和完善自我品德之心以及引发害他目的的恨人之心（复仇心与嫉妒心），乃是最为深刻的人性，因而也就是一切人生而固有、永恒不变、时时刻刻都普遍存在的本性。这些本性，充分说明了为什么每个人都会有利己目的和害己目的以及利他目的和害他目的之行为。可是，为什么人们并非时时处处都怀有这些行为目的？为什么人们很少有害己目的或害他目的以及利他目的之行为，而利己目的的行为却极其众多？

原来，如果孤立地看，那么，一个人有自爱心，便会受其驱动而有目的利己的行为；有爱人之心，便会受其驱动而有目的利他的行为；有自恨心，便会受其驱动而有目的害己的行为；有恨人之心，便会受其驱动而有目的害他的行为。但是，每个人并不是只有孤零零的一种感情。他有爱人之心，他确实会为他所爱的人谋求利益。但是，他更有自爱心，他更想为自己谋求利益。那么，他究竟为谁谋利益，正如达尔文所指出，要看哪一种冲动更有力量而起决定性作用："人在行动的时候，无疑倾向于顺从那个更为强劲有力的冲动。"[①] 如果一事当前，一个人置父母于不顾而利己，那么，这并不是因为他不爱父母，而是因为他更爱自己。他对

---

① Charles Darwin: *Descent of Man and Selection in Relation to Sex*, London: John Murray, 1922, p. 174.

自己的爱比对父母的爱更有力量，以致战胜了对父母的爱而引发了目的利己之行为。

然而，一个人是否有一种感情，比如说自爱，始终是他最强劲有力因而能引发行为的感情？没有，任何感情都不会始终最强劲有力。否则，一个人就只能有一种行为了。恰恰相反，每个人都有各种各样的行为：他有目的利己的行为，也有目的害己的行为；他有目的利人的行为，也有目的害人的行为。当他追名逐利而进行目的利己的行为时，他的自爱心便最为强劲有力、战胜了其他一切感情而起决定性作用。当他自毁甚至自杀而目的害己时，他的自恨心便最为强劲有力、战胜了其他一切感情而起决定性作用。当他甘冒生命危险救人出水火而目的利他时，他的爱人之心便最为强劲有力、战胜了其他一切感情而起决定性作用。当他不顾极刑枪杀仇人而目的害他时，他的恨人之心便最为强劲有力、战胜了其他一切感情而起决定性作用。

那么，能否由任何感情都可能最为强劲有力而起决定性作用，便得出结论说：任何感情都永远同样能够最为强劲有力而起决定性作用？显然不能。因为谁都知道，爱人之心虽然可能比自爱心更有力，因而使人做出无私利他、自我牺牲之行为；但是，这无疑是少数的、偶尔的。反之，在绝大多数场合，自爱心总是比爱人之心更有力，因而目的利己的行为远远多于无私利他的行为。所以，达尔文接着写道：

"人在行动的时候，无疑倾向于顺从那个更为强劲有力的冲动；这虽然可能偶尔推动他作出最崇高的行为，但在更为通常的情形下，却导致他为了满足自己的欲望而损人。"①

可见，虽然任何感情都可能最为强劲有力而起决定性作用，但是，必定有一些能够恒久地强劲有力而起决定性作用，另一些则只能偶尔地

---

① Charles Darwin: *Descent of Man and Selection in Relation to Sex*, London: John Murray, 1922, p. 174.

强劲有力而起决定性作用，从而使各种伦理行为呈现出多与少、久与暂的相对数量规律。

不难看出，每个人的各种感情，在其一生中，究竟是恒久还是偶尔强劲有力而对引发行为起决定作用，说到底，决定于每种感情就其一生总和来说的多少强弱。因为就一个人一生每种感情的总和来说，那些居于较多较强地位的感情，显然便是恒久强劲有力而起决定性作用的感情；而较少较弱的感情，无疑是只能偶尔强劲有力而起决定性作用的感情。举例说，自爱心与爱人之心，究竟何者恒久强劲有力而对于引发每个人的行为起决定作用，无疑决定于每个人一生自爱心总和与爱人之心总和何者较多较强。如果每个人一生自爱心总和必多于、强于爱人之心总和，那么，自爱心强劲有力、起决定作用从而引发行为的数量，便必定多于爱人之心强劲有力起决定作用从而引发行为的数量。这样一来，自爱心便必定恒久强劲有力而起决定作用；爱人之心则只能偶尔恒久强劲有力而起决定作用。

所以，每个人各种伦理行为相对数量，说到底，取决于引发这些行为的每个人一生各种感情总和之多少强弱。于是，对于各种伦理行为相对数量的考察，也就是对于引发这些伦理行为的各种感情总和的多少强弱之考察。这就是各种伦理行为目的相对数量的确定方法。运用这一方法便不难发现：

就每个人一生每种感情总和来说，爱人之心必多于恨人之心，因而利他目的必多于害他目的；自爱心必多于自恨心，因而利己目的必多于害己目的；自爱心必多于爱人之心，因而利己目的必多于利他目的；自爱心必多于爱人之心和恨人之心以及自恨心之和，因而利己目的必超过其他一切目的之和，亦即必超过行为总和之一半。下面，我们便逐一考察这些伦理行为目的相对数量之必然或规律。

一　伦理行为目的之相对数量规律

1　利他目的必多于害他目的

伦理行为原动力规律表明，一个人所以会目的害人，只是因为他恨人而有嫉妒心和复仇心；而他之所以心怀嫉妒和复仇而恨人，又只是因为他的痛苦和损害是社会和他人造成的。反之，一个人之所以会目的利他，只是因为他爱人而生同情心和报恩心，是因为他有完善自我品德之心；而他之所以有完善自我品德之心，之所以爱人而生同情心和报恩心，是因为社会和他人给了他利益和快乐。推此可知：在每个人一生的行为总和中，他的目的利他行为与目的害他行为孰多孰少，便取决于他对社会和他人的爱与恨孰多孰少；说到底，便取决于他从社会和他人那里所得到的利益与所受到的损害孰多孰少。

那么，每个人从社会和他人那里所得到的利益和快乐究竟是什么？每个人的利益和需要，如所周知，都是多种多样的：需要饮食男女穿衣住房、需要安全、需要爱、需要尊重、需要自我实现等不胜枚举。这些个人的利益和需要，显然极少是孤独的个人活动所能满足，而大都是孤独个人活动根本不能获得的。即使是个人能够得到的利益，如果结成社会集体、建立人际联系，就会更容易更充分地获得和满足。于是，人们便结成社会集体、建立各种联系，从而在社会集体和各种联系中分工协作，实现"我为人人、人人为我"：我为他人和集体谋利益；而他人和集体也都为我谋利益。这样，每个人便都能满足和获得孤独的个人所不能获得的利益，便都能更充分地获得各自的利益。所以，每个人的一切利益，真正讲来，无不是社会和他人给予的：社会和他人是自我利益的根本保证。这个道理，合理利己主义论述其精。霍尔巴赫将这些论述概括为一句话："人乃是自然中对人最有益的东西。"①

但是，合理利己主义只看到社会和他人给予自我的利益和快乐，而忽略了社会、他人给予自我的损害和痛苦。这种损害和痛苦，细究起来，可以分为两类。一类是偶然的、个别的、可以避免的，如被诽谤、被陷害、被追捕、被囚禁、被杀害等。另一类是必然的、普遍的、不可避免的，主要是承受政治和法以及道德的限制、约束、侵犯，从而压抑、丧失自己那些被认为具有负社会效用的欲望和自由。

那么，每个人的一生从社会和他人那里所得到的利益与所受到的损害孰多孰少？个人主义论者认为利轻害重、得不偿失。为什么？杨朱说，社会和他人给我的不过是身外名货；而我要得到这身外名货，便须"危身伤生、刈颈断头"：这岂不是"断首以易冠、杀身以易衣"？② 所以，真正讲来——庄子得出结论说——社会和他人之于自我，不过如笼子之于鹓枭："夫得者困，可以为得乎？则鹓枭之在于笼也，亦可以为得矣。"③

尼采、海德格尔、萨特的见地亦然。不过，这些存在主义者的论据并非如是生动直观，而是著名的异化理论：一个人只要生活于社会和他人之中，便不能不失去自由、听任他人摆布，从而所造就的便是他人为自己选择的自我，便是没有独特个性的、非本己的、非本真的自我；而不是自己为自己选择的自我，不是具有独特个性的、本己的、本真的自我。一句话，他人和社会是自我发生异化的根源。萨特由此得出了更为极端的结论："地狱，就是别人。"④

因此，尼采与杨朱一样，认为应该出世隐居，做一个出世的隐居者："隐居起来吧，那样你才能够过真正属于自己的生活。"⑤ 反之，海德格尔

---

① 北京大学哲学系编译：《十八世纪法国哲学》，商务印书馆，1979 年，第 650 页。
② 《吕氏春秋·审为》。
③ 《庄子·天地》。
④ 柳鸣九编选：《萨特研究》，中国社会科学出版社，1981 年，第 303 页。
⑤ 尼采：《快乐的科学》，余鸿荣译，中国和平出版社，1987 年，第 228 页。

与萨特则认为，人生即在世、入世，出世而隐居是不可能的；可能的只是入世而孤独，因而应该做一个入世的孤独者："我孤零零地在这一片快乐和正常的人声中。"[①]

不难看出，杨庄所说的危身伤生、刈颈断头确实是社会和他人给予自我的损害；然而却不是必然的、普遍的损害。尼采、海德格尔、萨特所说的完全或基本失去自由而听任社会和他人摆布的自我之异化，也确实是社会和他人给予自我的损害，但也不是普遍的、必然的、不可避免的损害。否则，为什么任何社会都不乏独立特行者？这些个人主义论者的错误便在于，把危身伤生、刈颈断头、失去自由而异化等社会和他人给予自我的个别的、偶然的、可以避免的损害，说成是普遍的、必然的、不可避免的损害，从而得出结论：自我从社会和他人那里所遭受的损害多于所得到的利益。

一个人从社会和他人那里所遭受的必然的、普遍的、不可避免的损害，如前所述，主要是政治和法以及道德对自己的限制、约束、侵犯，从而所必然丧失和必遭压抑的，只是那些被认为具有负社会效用的自由和欲望。退一步说，即使如个人主义论者所言，危身伤生、刈颈断头、完全或基本丧失自由而异化等，也是社会生活的本性，也是社会和他人给予自我的不可避免的损害，那么，总体来说，每个人从社会和他人那里所得到的利益也远远多于所遭受的损害。

这是因为，一个人若离开社会和他人，那么，首先，压根儿便不会有他，因为他的父母，便是他的最近的"他人"，他的家庭便是他的最近的"社会"。其次，他死亡的可能性会更大；他更可能死得早些而不是晚些——他甚至不会有从出生到被社会和他人弄死这么长时期的生存；因为人是不能独自生存的社会动物。这个道理已为无数先哲论证；特别是阿德勒的阐述，恐怕是再好没有了。他这样写道：

---

①　萨特：《厌恶及其他》，郑永慧译，上海译文出版社，1987年，第16页。

　　"达尔文早就注意到这个事实：即从来没有发现弱小的动物是独自生存的，这迫使我们想到人也属于这类弱小的动物，因为人也同样没有强大到能独自生活的程度。人只有很小的抗御自然的能力，为了在这个星球上生存和延续，人必须以许多人造的仪器来弥补其微弱的躯体之不足。试想，一个人，没有任何文化工具，生活在原始的森林中，他会比其他生物更不适应。人没有其他动物的速度和体力，没有食肉动物的利齿，也没有敏锐的视听觉，而这些是生存竞争所不可少的。所以，人需要多种器具来保护其生存。人的饮食、人的特征、人的生活风格，都需要精心地保护。至此我们可以理解，为什么人只有在置身于一特别有利的条件下才能维持其生活。这些有利条件一直由社会生活所提供。由于在社会和劳动分工中，每个个体都从属于群体，人类才得以延续。因此，社会生活成了人类的生活的必然。只有劳动分工才能使人类得到进攻与防御的器具，才能创造人类的种种财富。只有当人学会劳动分工后，才能表现自己。想想妇女分娩之苦和养育幼儿所需的额外谨慎，就能知道唯有劳动分工才能提供这种关照和小心。想想人类世代相传的种种疾病，特别是对婴幼儿的危害，就知道人生需要多少照料和扶持，就能理解社会生活的必要性。社会是人类生存最可靠的保证。"①

　　可见，每个人从社会和他人那里受到的伤害不论有多少，比起他所得到的利益，总的来说，还是少的。因此，不论他对社会和他人的恨有多少，比起他对社会和他人的爱，总体来说，还是少的。所以，就每个人一生的行为总和来说，他的目的害他必少于目的利他；即使是杀人凶手也不例外，因为就其行为总和来说，占据多数的行为显然并非杀人害命。

---

① 阿德勒:《自卑与超越》，黄光国译，作家出版社，1986年，第19页。

2 利己目的必多于害己目的

伦理行为原动力规律表明，每个人所以会有利己目的，只是因为他爱自己，只是因为他爱自己的生命而有求生欲和爱自己的人格而有自尊心；而他所以自爱而有求生欲和自尊心，又只是因为他自己的生命和人格是他一切快乐和利益之终极原因。反之，一个人之所以会有害己目的，则只是因为他的恨转向了自己而有内疚感、罪恶感和自卑感；而他所以会有内疚感、罪恶感和自卑感而恨自己，则是因为他的痛苦和损害是他自己——亦即他自己的缺德和无能——造成的。准此观之，在每个人一生的行为总和中，他的目的利己行为与目的害己行为孰多孰少，便取决于他对自己的爱与恨孰多孰少；说到底，取决于他自己给予自己的苦乐利害孰多孰少。

每个人的自己，如前所述，原本由自己的生命和自己的人格构成：前者是生命自我；后者是行为自我。因此，所谓每个人的自己给予自己的苦乐利害，也就是他自己的生命和行为给予自己的苦乐利害。那么，每个人自己的生命和行为所给予自己的苦乐利害究竟孰多孰少？

首先，从一个人的行为来看。每个人的行为目的，都是为了满足一定的需要、实现一定的欲望。如果他获得成功达到了目的，他的需要和欲望便得到了满足，他便快乐；反之，如果他遭到失败而达不到目的，他的需要和欲望便得不到满足，他便痛苦。那么，就每个人一生的行为总和来说，他的成功多还是失败多？换言之，他达到目的的行为多还是得不到目的的行为多？

试看一个人每天的日常行为。他早晨起来，有了跑步的需要、欲望和目的。如果跑步了，便达到了目的、实现了需要和欲望，他便快乐；否则，便痛苦。跑步归来，又产生了淋浴的需要、欲望和目的。淋浴了，便达到了目的、实现了需要和欲望，便快乐；否则便痛苦。早餐之后，他又有了读报的需要、欲望和目的。读了，便达到了目的、实现了需要和欲望，便快乐；否则，便痛苦。读报之后，又有了写作的需要、欲望和目的。写了，便达到了目的、实现了需要和欲望，便快乐；否则，便痛苦。

诚然，这些都是微不足道的日常生活的小乐小苦。但是，这种小乐小苦在每个人一生的苦乐总量中无疑占据多数。因此，一个人的行为，不管如何屡屡失败，若从他一生的行为总和上看，成功必多于失败，达到目的必多于达不到目的，需要和欲望的满足必多于不满足；否则，他便不可能生存。所以，就每个人的行为总和来说，他自己的行为所给予他的快乐和利益，必多于所造成的痛苦和损害。

其次，就一个人的生命来说。每个人的任何痛苦，真正讲来，都不是他的生命自身给予他的；他的生命自身给予他的只是快乐，并且是他所能得到的最根本、最重要、最大的快乐。因为如上所述，生物进化一方面使一切动物——人当然不能例外——都具有快乐和痛苦的感受性；另一方面，在正常情况下，则使有利生命的刺激引起快乐感受、有害生命的刺激引起痛苦感受。这样，人和动物才能够趋乐避苦、趋利避害，从而生存下来。既然在正常情况下，每个人对于有利自己生命的东西的心理反应便是快乐，对于有害自己生命的东西的心理反应便是痛苦；那么，在正常情况下，每个人对于他自己的生命本身的心理反应便是最根本、最重要、最大的快乐。生命本身是每个人最根本、最重要、最大的快乐，因而每个人的求生的欲望和需要，恒久说来，便是最根本、最重要、最大的欲望和需要；而其他欲望和需要，恒久说来，都是较小的、较次要的、非根本的欲望和需要。

这样，一个人只要能生存，只要求生欲得到了实现，那么，恒久说来，即使他的其他欲望都得不到实现，他因求生欲实现所得到的快乐，也必多于他因其他一切欲望受阻所遭受的痛苦。因此，一个人只要能活着，只要求生欲得到了实现，那么，就其苦乐总和来说，他自己的生命所给予他的快乐和利益，便多于他的一切痛苦和损害了。所以，人们不论怎样艰难困苦，怎样倒霉不幸，恒久说来，仍觉得好死不如赖活着。甚至卧床不起的残疾人，恒久说来，也不愿意死；因为他毕竟还能享受最大的快乐和利益：生命的快乐和利益。

于是，合而言之，每个人的自己——他自己的生命和自己的行为——所给予他的快乐必多于痛苦；因而他对自己的爱必多于恨，他目的利己的行为必多于目的害己的行为。然而，这无疑是一种乐观主义的观点，因而其成立尚须驳斥悲观主义。悲观主义思想家的代表人物，如所周知，当推叔本华。他吸收了佛教的苦乐思想，断言"一切生命的本质就是苦恼"[1]认为每个人一生的痛苦远远多于快乐："世界上产生痛苦的事，原本比制造快乐的事要多。"[2]他得出这一结论的论据，可以归结如下：

论据一：欲望的本性就是痛苦。他这样写道："欲望和挣扎是人的全部本质，完全可以和不能解除的口渴相比。但是一切欲求的基地却是需要、缺陷，也就是痛苦。所以，人从来就是痛苦的，由于他的本质就是落在痛苦的手心里的。"[3]这是错误的。因为，如所周知，快乐是欲望得到实现的心理反应；痛苦是欲望受阻而得不到实现的心理反应。这一点，就是叔本华自己也承认："一切痛苦始终不是别的，而是未曾满足的和被阻挠了的欲求。"[4]如此，欲望便不是痛苦，而只有欲望受阻不能实现才是痛苦；正如欲望不是快乐，而只有欲望畅遂得到实现才是快乐。试想，食欲是痛苦吗？当我们看到佳肴美酒而有强烈的食欲时，我们感到痛苦吗？岂不是只有当我们受阻而吃喝不成时才感到痛苦吗？所以，欲望是个中性的东西。它本身既非快乐，亦非痛苦；却又既是快乐源泉，又是痛苦源泉。因此，叔本华由欲望是人生本质而断言人生本质亦即痛苦，

---

[1]　《叔本华箴言录》，吉林教育出版社，1990年，第28页。

[2]　同上书，第27页。

[3]　叔本华：《作为意志和表象的世界》，石冲白译，商务印书馆，1982年，第427页。

[4]　同上书，第498页。

是不能成立的。

论据二：痛苦是积极的，快乐是消极的。这是因为，在叔本华看来，欲望亦即痛苦，因而痛苦亦即行为动力；而快乐亦即欲望的满足，因而不过是欲望的消除、痛苦的消除、行为动力的消除："一切满足或人们一般所谓幸福，在原有意义上和本质上都只是消极的，无论如何绝不是积极的。这种幸福并不是它自身本来就要降临到我们身上来的福泽，而永远必然是一个愿望的满足。因为愿望，亦即缺陷，原是任何享受的先决条件。但是，随着满足的出现，愿望就完了，因而享受也就完了。因此，满足或获致幸福除了是从痛苦、从窘困获得解放之外，不能再是别的什么。"[1] 这是不能成立的。因为欲望既非快乐更非痛苦，而完全是个中性的东西。所以，由欲望是行为的积极动力，并不能得出结论说痛苦是积极的、快乐是消极的。痛苦与快乐、趋乐与避苦，如前所述，都是驱使人们去行动的积极动力。但是，不言而喻，与其说痛苦和避苦，倒不如说快乐和趋乐是人生的积极动力。因为人生的目的和意义岂不就在于幸福和快乐？

叔本华断言痛苦是积极的、快乐是消极的，还由于他认为痛苦是强烈的、快乐是淡薄的："我们只有对痛苦、忧虑、恐惧才有所感觉。反之，当你平安无事、无病无灾时，则毫无所觉……当我们没有享受或欢乐时，我们总是经常痛苦地想念它。同时在痛苦持续一段长时间、实际已经消失后，我们却仍是故意借反省去回忆它。这就是因为唯有痛苦和缺乏才有积极性的感觉，因为它们都能自动呈现。反之，幸福不过是消极的东西。例如健康、青春、自由可以说是人生的三大财宝。但当我们拥有它们时，却毫无所觉，一旦丧失后，才意识到它们的可贵，其道理正是在此，因为它们是消极的东西。"[2] 这也并不正确。因为苦与乐不过是欲望

---

① 叔本华：《作为意志和表象的世界》，石冲白译，商务印书馆，1982 年，第 438 页。

② 同上书，第 424 页。

的受阻与实现的心理反应。所以，苦与乐的强弱标准便是所实现的欲望与受阻的欲望之强弱。那么，究竟人生受阻的欲望强，还是实现的欲望强？恒久说来，后者强。因为，恒久说来，每个人的最根本、最重大、最强烈的欲望便是求生的欲望。因此，每个人只要能够生存，只要求生欲得到了实现，那么，即使他的其他欲望都不能实现，恒久说来，他所得到的快乐，也必强于、大于、重于他所遭受的痛苦。所以，每个人一生的快乐，恒久说来，必强烈于痛苦。

论据三：乐短苦长。依叔本华所见，快乐是欲望的实现、满足，因而是行为的结果；而行为的过程，则是欲望的未满足而求满足的追求过程，因而是痛苦。所以，痛苦是持久的，而快乐则是短暂的。更何况，短暂的快乐之后，或者是空虚无聊，或者又是新的欲望未满足而求满足的持久痛苦过程。[1]这样，人的一生，快乐不过一瞬而接近于无，那长久而实为人生全部的则是痛苦和无聊："人生是在痛苦和无聊之间像钟摆一样来回摆动着，事实上痛苦和无聊也就是人生的最后的两种成分。"[2]叔本华此论的错误，主要在于他对实现目的、满足欲望的过程的性质的理解。其实，追求实现目的、满足欲望的过程，既非纯快乐，也非纯痛苦；而是有苦有乐、乐主苦次。这是因为，一方面，追求欲望满足过程的方向和结局显然是快乐而非痛苦。这个快乐的方向和结局，便使那追求的过程每朝它前进一步，便是一次成功、一次快乐；因而无论这追求的过程有多少痛苦，却都充满快乐。另一方面，在追求欲望满足的过程中，成功必多于失败，从而快乐必多于痛苦；否则，便不可能实现目的、达到欲望的满足。正是因此，常言道：快乐即在追求中，即在追求实现目的的过程中。不但追求满足欲望的行为过程的基本性质是快乐，而且欲望

---

① 叔本华：《作为意志和表象的世界》，石冲白译，商务印书馆，1982年，第273、424、427页。

② 同上书，第426页。

得到满足的行为结果完全是快乐——欲望满足后的空虚无聊不过是短暂的，因为正如叔本华自己所说："人的本质就在于他的意志有所追求，一个追求满足了又重新追求，如此永远不息。"[1] 所以，每个人的一生都是乐长苦短，而绝非相反。

可见，叔本华的悲观主义是不能成立的。恰恰相反，生命的本质是快乐而不是痛苦，每个人一生的快乐远远多于痛苦。于是，总而言之，我们可以得出结论：就每个人的一生来说，他自己的生命与他自己的行为，给予他自己的快乐必多于痛苦。因此，就每个人一生的行为总和来说，每个人对他自己——亦即他自己的生命和行为——的爱，必多于恨，因而他目的利己的行为必多于目的害己的行为；自杀者也不例外，因为就自杀者的行为总和来说，占据多数的行为显然并非自杀害己。

3　利己目的必多于利他目的：爱有差等人性定律

伦理行为原动力规律表明，我之所以无私为他人谋利益，是因为我爱他人——爱人之心会导致无私利人的行为——而我之所以爱他人，又只是因为我的利益和快乐是他人给的：爱是对给予自己利益和快乐的东西的心理反应。这就是说，我能否无私而为了他人谋利益，取决于我能否爱他人；而能否爱他人又取决于他人能否给我利益和快乐。于是，我无私而为了他人谋利益的多少，也就取决于我对他人的爱的多少；而我对他人爱的多少，也就取决于他人给我的利益和快乐的多少：

谁给我的利益和快乐较少，谁与我必较疏远，我对谁的爱必较少，我必较少无私地为了谁谋利益；谁给我的利益和快乐较多，谁与我必较亲近，我对谁的爱必较多，我必较多无私地为了谁谋利益。于是，说到底，我对我自己的爱必最多，我为了我自己谋利益必最多；亦即自爱必

---

① 叔本华：《作为意志和表象的世界》，石冲白译，商务印书馆，1982 年，第 36 页。

多于爱人、为己必多于为人；每个人必定恒久为自己，而只能偶尔为他人：恒久者，多数之谓也，超过一半之谓也；偶尔者，少数之谓也，不及一半之谓也。这就是"爱有差等"之伦理行为目的相对数量规律，这就是"爱有差等"之人性定律。这个定律，可以用若干同心圆来表示：

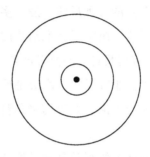

圆心是自我，圆是他人。离圆心较远的园，是给我利益和快乐较少因而离我较远的人：我对他的爱必较少，我必较少地无私为他谋利益。反之，离圆心较近的圆，是给我的利益和快乐较多因而离我较近的人：我对他的爱必较多，我必较多地无私为他谋利益。因此，我对圆心即自我本身的爱必最多，我为自己谋利益的行为必最多，亦即自爱必多于爱人、为己必多于为人：每个人必定恒久为自己，而只能偶尔为他人。

爱有差等无疑是最深刻的人性定律。试想，人生在世，为什么我最爱的人是我的父母儿女？我最爱他们，说到底，岂不仅仅是因为他们给我的利益和快乐最多？否则，如果父母遗弃我，儿女虐待我，那么，我不但不最爱他们，反倒可能最恨他们了。那个遭儿子指控而被判处无期徒刑的母亲，当初不就是儿子的最爱？那个被父母亲手勒死的儿子，当初不也是他父母的最爱？为什么我最爱的人会变成我最恨的人呢？岂不就是因为，我最爱他，当其时也，他给我的利益和快乐最多？我最恨他，当其时也，他给我的损害和痛苦最多？不论是谁，只要给我利益和快乐最多，我就最爱谁；只要给我损害和痛苦最多，我就最恨谁。因此，说到底，我最爱的岂不只是我自己？

不难看出，爱有差等人性定律系由"质"和"量"——亦即"前提"和"结论"——两方面构成。爱有差等的"质"或"前提"，亦即"爱是什么"，原本属于伦理行为原动力规律内容；爱有差等的"量"或"结论"，亦即"爱有多少"，是爱有差等规律核心内容。爱是什么？爱是对给予自己利益和快乐的东西的心理反应。爱有多少？爱是对给予自己利益和快乐的东西的心理反应，决定了：谁给我的利益和快乐较多，我对谁的爱必较多，说到底，我对我自己的爱必最多。

然而，这一人性定律，如所周知，恰恰是反对"爱自己"的利他主义开创者孔子的发现。因为《论语》等儒家典籍对爱有差等的阐释可以归结如下：

爱父母，是因为我最基本的利益是父母给的；爱他人，是因为我的利益也是他人给的。但是，父母给我的利益多、厚、大；而他人给我的利益少、薄、小。所以，爱父母与爱他人的程度便是不一样的，是有多与少、厚与薄之差等的：谁给我的利益较少，我对谁的爱便较少；谁给我的利益较多，我对谁的爱便较多。

由此墨子进而引申说：我对我自己的爱必最多。《墨子》"耕柱"篇便借用巫马子的口，对孔子的爱有差等这样概述道："巫马子谓子墨子曰：'我与子异，我不能兼爱。我爱邹人于越人，爱鲁人于邹人，爱我乡人与鲁人，爱我家人于乡人，爱我亲人于我家人，爱我身于吾亲，以为近我也。'"

对于这段话，冯友兰说："巫马子是儒家的人，竟然说'爱我身于吾亲'，很可能是墨家文献的夸大其词。这显然与儒家强调的孝道不合。除了这一句以外，巫马子的说法总的看来符合儒家精神。"[1]

冯友兰只说对了一半。他忽略了"爱有差等"具有双重含义：一是作为行为事实如何的客观规律的"爱有差等"；一是作为行为应该如何的道德规范的"爱有差等"。从道德规范看，"爱我身于吾亲"确与儒家的孝道

---

[1]　冯友兰：《中国哲学简史》，北京大学出版社，1985年，第87页。

不合，也与儒家认为"为了自己即是不义"的义利观相悖。墨子断言"爱我身于吾亲"是儒家的主张，无疑是夸大、歪曲。这一点，冯友兰说对了。

但是，从行为规律来说，既然谁离我越近、给我的利益越多，我对谁的爱必越多，那么，我对我自己的爱无疑必最多：爱我身必多于爱吾亲。因此，"爱我身于吾亲"虽是作为儒家道德规范的"爱有差等"所反对的，却是作为行为规律的"爱有差等"的应有之义，是其必然结论，而绝非墨子夸大其词。儒家回避这个结论，适足见利他主义体系不能自圆其说之一斑而已。

爱有差等之人性定律，实乃"放之四海而皆准、行之万世而不悖"之绝对客观规律也！然而，耐人寻味的是，西方对于这一定律的研究，主要讲来，并不是伦理学，而是其他的人性科学：心理学、社会心理学和社会生物学。心理学家弗洛伊德和社会生物学家威尔逊以及社会心理学家埃尔伍德，通过大量论述都得出结论说，仅仅看到每个人既有利己目的，又有利他目的，是肤浅的；问题的本质乃在于，每个人的主要的、经常的、多数的行为目的必定是自爱利己；而无私利他只可能是他的次要的、偶尔的、少数的行为目的：

"在个人发展的过程中，循由快乐原则而追求幸福，是持久的主要目的。这个目的能够实现的几乎不可避免的、必须满足的前提条件，看起来，就是融汇和适应于人类集体……个人的发展，在人们看来，是两种冲动相互作用的结果：一种是求幸福的冲动，我们通常称之为'利己'的，另一种是与社会、他人融为一体的冲动，我们称之为'利他'的。但是，这两种描述都没有深入到本质。在个人的发展过程中，如我们所言，主要的、多数的行为都是满足利己的冲动；反之，另一种冲动则可以被描述为'文化的'，通常满足于约束利己冲动的角色。"[1] "大多数利

---

[1]　Sigmund Freud: *Civilization and Its Discontents*, New York: W. W. Norton & Company, 1961, p. 105.

他行为，说到底，都是为自己的。"① "利己主义和利他主义可能同样源于人性，虽然与其他一切动物一样：生存斗争的需要使一个人利己的倾向是主要的，是在本性上更为强大的。"②

当然，不能说西方伦理学家们没有研究这一人性定律。但是，恐怕一直到十九世纪，边沁才看破了这一点："每个人都是离自己最近，因而他对自己的爱比对任何其他人的爱，都是更多的。"③ 包尔生则将这个规律叫作"心理力学法则"："显然，我们的行为实际上是由这样的考虑指导的：每个自我——我们可以说——都以自我为中心将所有其他自我安排到自己周围而形成无数同心圆。离中心越远者的利益，它们引发行为的动力和重要性也就越少。这是一条心理力学法则（a law of psychical mechanics）。"④ 比包尔生小 33 岁的"厚黑教主"李宗吾，似乎由此受到启发，进而贯通中西，颇为机智地阐释了这一定律。通过这些阐释，他得出结论说：

"吾人任发一念，俱是以我字为中心点，以距我之远近，定爱情之厚薄。小儿把邻人与哥哥相较，觉得哥哥更近，故小儿更爱哥哥。把哥哥与母亲相较，觉得母亲更近，故小儿更爱母亲。把母亲与己身相较，自然更爱自己。故见母亲口中糕饼，就取来放在自己口中。……由此知人之天性，是距我越近，爱情越笃，爱情与距离，成反比例，与磁电的吸引力相同。"⑤

然而，李宗吾却宣称，关于这一定律的理论乃是他的创造："一日，在街上行走，忽然觉得人的天性，以'我'为本位，仿佛面前有许多圈子，将'我'围住，层层放大，有如磁场一般；而人心的变化，处处是

① Edward O. Wilson: *On Human Nature*, New York: Bantam Books, 1982, p. 160.

② Charles A. Ellwood: *An Introduction to Social Psychology*, New York, London: D. Appleton and Company, 1920, p. 56.

③ Ignacio L. Gotz: *Conceptions of Happiness*, Lanham, New York: University Press of America, 1995, p. 287.

④ Friedrich Paulsen: *System of Ethics*, translated by Frank Thilly, New York: Charles Scribner's Sons, 1908, p. 393.

⑤ 李宗吾：《厚黑学续编》，团结出版社，1990 年，第 108 页。

循着力学规律走的……其时爱因斯坦的相对论已传至中国，我将爱氏的学说，和牛顿的学说，应用到心理学上，创一臆说：'心理依力学规律而变化。'"[1] 他似乎不知道，在他之前，包尔生已经有"同心圆"和"心理力学法则"之说；而儒家的"爱有差等"就更早得多了。

4　利己目的必超过行为总和之一半

综上所述，每个人就其一生行为总和来说，一方面，他对别人和自己的爱，必多于对别人和自己的恨，因而他目的利人和利己的行为，必多于目的害人和害己的行为；另一方面，他的自爱又必多于爱人，因而他目的利己的行为，必多于目的利人的行为。于是，每个人就其行为总和来说，一方面，他的利己目的必最多：既多于害己目的，亦多于利他目的，更多于害他目的；另一方面，他的自爱心必最多：既多于爱人之心，亦多于恨人之心，更多于自恨心。

然而，就一生行为总和来说，每个人的利己目的，是否也必定多于利他目的和害他目的以及害己目的三者之和？每个人的自爱心，是否也多于爱人之心和恨人之心以及自恨心三者之和？如果并不多于三者之和，那么，每个人的自爱心和利己目的便不及——或等于——自己行为总和之一半，因而便是相对的多数；如果多于三者之和，那么，他的自爱心和利己目的便多于自己行为总和之一半，因而便是绝对的多数了。那么，每个人目的利己，是否必定超过自己行为总和之一半，从而必定多于目的利他、目的害他、目的害己三者之和？答案是肯定的：

每个人的行为目的，必定恒久利己，而只能偶尔利他、害他、害己。这就是以爱有差等为核心的"伦理行为目的相对数量规律"。

现代心理学印证了这一规律。因为，一方面，马斯洛证明，生理需

---

① 李宗吾:《厚黑学》，求实出版社，1989 年，第 132 页。

要和欲望是完全利己的，无私利他是比较高级的需要和欲望的属性："需要越高级，必定便越少自私。饥饿是极度利己主义的，它唯一的满足方式就是满足自己。但是，对于爱和自尊的追求却必然关涉他人；而且，关涉他人的满意。"①

另一方面，马斯洛证明，每个人对他的生理需要与欲望究竟是满足还是压抑，恒久说来，并不是自由的任意的；他注定只能选择满足而不可能选择压抑："在恒久的过程中，除了对于非基本需要，不能有偶然的和任意的选择。"②因为"这些需要的固执和顽抗是不可思议的。它们反抗所有的奉承、替代、贿赂和选择；对付它们，除了适当的和内在的满足，是毫无办法的。恒久说来，人们总是有意无意地寻求满足这种需要。"③

合而言之，每个人的行为目的，偶尔地看，才是自由的、任意的：可以压抑也可以满足其完全利己的生理需要和欲望，可以利己也可以不利己；但恒久地看，则是不自由的，必定顺从完全利己的生理需要和欲望的指令，而追求生理需要和欲望的满足，必定利己。

这一规律，原本是弗洛伊德心理学的最重要发现。他曾几次以骑手和马的比喻，颇为生动地解释了这一发现：

"总的来说，自我不得不执行本我的意图，它通过成功创造实现本我意图的最佳条件来完成这一任务。自我与本我的这种关系，可以用骑手与马的关系来说明。马提供运动的能量，而骑手的特权则在于决定运动的目的和指导这头强壮有力的坐骑向着目的前进。但是我们发现，在自我和本我之间却出现很不理想的情形：恒久说来，骑手不得不领着马向它自己想要走的方向行进。"④

弗氏所谓的"本我"，亦即完全利己的生理欲望——"它只求满足本

---

① Abraham H. Maslow: *Motivation and Personality*, New York: Harper & Row, 1970, p. 100.

② Ibid., p. 62.

③ Ibid., p. 78.

④ Sigmund Freud: *New Introductory Lectures on Psycho-Analysis*, translated by W. J. H. Sprott, New York: W. W. Norton & Company, Inc., 1933, p. 108.

能的需要而唯受快乐原则支配"[①]——是行为的原动力心理系统；而"自我"则是"本我"所引发的实际行为的心理系统，亦即行为目的与手段的心理系统，说到底，亦即行为动机心理系统。所以，弗氏的这一比喻所揭示的，便是这样一条规律：

每个人的行为目的与其原动力——亦即完全利己的生理欲望——必定恒久相符，而只能偶尔相违。

弗洛伊德十分看重这一"行为目的恒久说来必被完全利己的生理欲望所决定而不得自由"的规律，以至屡次与哥白尼、达尔文的发现并列，说它是对人类自大狂的第三次打击："人类自大狂所遭受的第三次也是最严重的打击，来自今日心理学研究；因为它试图证明，自我就是在自己的家里也不是主人。"[②]

可见，现代心理学表明，一方面，每个人的行为目的与最终产生它的行为原动力必定恒久相符，而只能偶尔相违；另一方面，每个人的一切行为的原动力只能利己。于是，合而言之，可以得出结论说：

每个人的行为目的如果是出于自爱心而利己，便符合最终产生它的行为原动力，因而必定是恒久的；反之，如果出于爱人之心和恨人之心以及自恨心，因而以利他和害他以及害己为目的，便背离了最终产生它的行为原动力，因而必定是偶尔的。简言之，每个人的行为目的必定恒久利己，而只能偶尔利他、害他和害己。

5 爱有差等人性定律之意义

伦理行为目的相对数量规律：以"爱有差等"为核心的人性定律

综观利他目的、利己目的害他目的和害己目的之相对数量规律，可以得

---

① Sigmund Freud: *New Introductory Lectures on Psycho-Analysis*, translated by W. J. H. Sprott, New York: W. W. Norton & Company, Inc., 1933, p. 104.

② Sigmund Freud: *Introductory Lectures on Psycho-Analysis*, translated by James Strachey, New York: W. W. Norton & Company, 1966, p. 353.

出结论说：每个人的行为目的必定恒久利己，而只能偶尔利他、害他、害己。因为每个人的自爱心（求生欲与自尊心）必定是引发行为的恒久的决定性动因，而其他感情——亦即爱人之心、同情心、报恩心、完善自我品德之心和恨人之心、复仇心、嫉妒心以及自恨心、内疚感、罪恶感——之和，也都只能是引发行为的偶尔的决定性动因。换言之，每个人目的利己的行为必定是恒久的，必定多于他全部行为之一半；而目的利他、害他、害己的行为之和必定是偶尔的，必定少于他全部行为之一半。因为每个人自爱心（求生欲与自尊心）之为引发行为的决定性动因，必定是恒久的，必定多于他全部行为之一半；而其他感情——亦即爱人之心、同情心、报恩心、完善自我品德之心和恨人之心、复仇心、嫉妒心以及自恨心、内疚感、罪恶感——之为引发行为的决定性动因，必定是偶尔的，必定少于他全部行为之一半。要言之，每个人的自爱必多于爱人、为己必多于为人：每个人必定恒久为自己，而只能偶尔为他人。这就是伦理行为目的相对数量规律，这就是以"爱有差等"为核心的人性定律。

　　道德完人之极限　如果说伦理行为原动力规律是最为深刻的人性规律，那么，"爱有差等"之伦理行为目的相对数量规律则是最为重要的人性规律。这种重要性只要指出一点就够了，亦即它告诉我们：恒久无私和完全无私原来都是不可能达到的。所以，不管一个人怎样苦苦克己灭私，却总不能达到恒久无私、更达不到完全无私的境界：所谓恒久无私乃至完全无私的人，不过是欺世盗名的伪君子罢了。真正堪称无私利他的伟大楷模，并不是时时处处都无私的人：那样的人是不可能存在的；他也不是恒久无私的人：那样的人也是不可能有的。他以无私利人为行为目的，也只可能是偶尔的。

　　只不过，一方面，从量上看，无私利他的伟大道德楷模的行为目的是无私利他的次数，远远多于常人；不过再多，也只可能接近却永远达不到他行为总和之一半。就连极力倡导无私利他的孔子，也不得不承认，道德极其高尚的颜回，一年也只能几个月达到仁的境界而无私利人："子曰：'回也，其心三月不违仁，其余则日月至焉。'"[①]另一方面，从质上看，无私利他的伟大道德楷模，在其一生具有决定意义的己他利益发生冲突时，能够自我牺牲；如董存瑞托炸药包、黄继光堵枪眼、王杰扑手榴弹、刘英俊拦惊马等，这一点显然也是常人做不到的。合而言之，无私利他的伟大道德楷模，不过是偶尔无私的行为远多于常人——并且在其一生具有决定意义的己他利益发生冲突时能够自我牺牲——的恒久为自己者罢了。这就是道德完人之极限！

然而，儒家等利他主义论者，却将无私利他奉为行为是否道德的唯一准则，用以引导人的一切行为，妄图造就恒久无私乃至完全无私的楷模，不但极度摧残人性，只能造就伪君子；而且势必因反对一切个人利益追求而堵塞每个人增进社会和他人利益的恒久的主要的源泉——每个人必定恒久为自己——致使社会停滞不前。

公共选择理论的"经济人"假设　爱有差等人性定律的意义怎么估价都不为过：它不仅是伦理学和人性论的重大发现，也是一个意义重大的社会和国家理论问题。当代社会生物学家威尔逊便这样写道："社会理论的一个关键问题，就是'硬核'利他（亦即无私利他——引者）与'软核'利他（亦即为己利他——引者）的相对数量。"[②]诚哉斯言！爱有差等人性定律表明，政治学的传统假设——政府是代表公民利益的和政府官员的目标是社会利益的最大化——是不科学的；而休谟的"无赖之徒"假设和公共选择理论的"经济人"假设是科学的。

公共选择理论的基本特征，如所周知，是经济人假设。按照这一假设，政治领域的每个人与经济领域的每个人一样，行为目的都是为了自己，追求自己利益最大化。这一假设，说到底，也就是休谟的"无赖假设"：

①　《论语·雍也》。

②　Edward O. Wilson: *On Human Nature*, New York: Bantam Books, 1982, p. 156.

"许多政论家已经将下述主张定为一条格言：在设计任何政府体制和确定该体制中的若干制约、监控机构时，必须把每个成员都设想为无赖之徒，并设想他的一切作为都是为了谋取私利，别无其他目标。我们必须利用这种个人利害来控制他，并使他与公益合作，尽管他本来贪得无厌，野心很大。不这样的话，他们就会说，夸耀任何政府体制的优越性都会成为无益的空谈，而且最终会发现我们的自由或财产除了依靠统治者的善心，别无保障，也就是说根本没有什么保障。因此，必须把每个人都设想为无赖之徒确实是条正确的政治格言。"①

粗略看来，休谟的"无赖之徒"假设和公共选择理论的"经济人"假设是不能成立的。因为经济人的行为目的都是为了利己而不是为了利他；不但不是为了利他，而且还要与他人争夺利益：竞争是市场经济固有规律。但是，政治人或官吏的行为目的却不都是为了利己；不但不是目的利己，而且还能够达到无私利他的极限：自我牺牲。文天祥、颜真卿等岂不都是无私利他乃至自我牺牲的伟大楷模吗？

然而，细究起来，文天祥和颜真卿等官员，与芸芸众生一样，无私利他的行为也只能是偶尔的，而恒久的行为目的也必定是为自己；只不过他们可能更看重自己的"名"而不是自己的"利"："人生自古谁无死，留取丹心照汗青"。否则，如果他们恒久无私利他，那么，他们就背离了"爱有差等"之人性定律，他们就不是人了。

问题的关键在于，国家制度的科学的设计，显然应该基于每个官员的恒久行为目的，亦即基于每个官员行为目的是为了自己，为了自己利益最大化；而不应该基于每个官员的偶尔行为目的，不应该基于每个官员行为目的是无私利他，是为了国家和社会利益最大化。因此，爱有差等人性定律表明：政治学的传统假设将国家制度的设计基于"官员的目标是社会利益最大化"，是不科学的；而休谟的"无赖假设"和公共选择

① 刘军宁编：《民主二十讲》，中国青年出版社，2008年，第40页。

理论的"经济人"假设将国家制度的设计基于官吏行为目的是利己，是科学的。

公有制低效率　"爱有差等"之人性定律意味着：不论任何社会——特别是未来的人类理想社会——的任何人，不论他的品德多么高尚，他都必定恒久为自己，而只能偶尔为他人。否则，他就背离了"爱有差等"之人性定律，他就不是人了。这样一来，不论在任何社会，便唯有私有制才有效率；而公有制则必定无效率。因为在私有制社会，私有者所运用的资产为自己所有，其亏损或收益完全由自己承担：造成亏损，自己完全负担亏损；创造利润，自己完全占有利润。这无疑会激励人们——每个人都必定恒久为自己而只能偶尔为他人——以最小的成本去取得最大的利润。因此，私有制经济是有效率的经济。

反之，公有制则不具备这种效率机制。因为在公有制中，每个人所使用的资产均不属于自己所有，他们既不负担自己造成的亏损，也不会因自己提高了效率而获得相应的收益——他们提高效率所获收益要由许多人分享，因而自己所能得到的也就微乎其微了。一句话，造成亏损自己不负担亏损；创造利润自己不占有利润。这样，公有制经济在任何社会——任何社会每个人必定恒久为自己而只能偶尔为他人——便都注定都是低效率经济。

不论任何社会，公有制都必定低效率，因而也就违背"增进每个人利益总量"国家制度终极价值标准，是恶劣的国家制度；唯有私有制才有效率，因而也就唯有私有制符合"增进每个人利益总量"国家制度终极价值标准，才是优良国家制度。但是，不论任何社会，都存在着"私有制失灵"领域，主要是"提供公共物品"领域，亦即亚当·斯密所说的"建设并维持某些公共工作和公共机构的义务"。[1]

---

[1]　Adam Smith: *An Inquiry into The Nature And Causes of The Wealth of Nations*, volume 2, Oxford: Clarendon Press, 1979, p. 688.

　　这些领域的经济是私有制失灵领域，只能由政府承办，因而属于公有制或国有制经济范畴。任何公有制经济原本——因其低效率违背"增进每个人利益总量"国家制度终极价值标准——是恶劣的国家制度。但是，一方面，这种提供公共物品的公有制经济，却因为只有它才能实现更大善——满足国民对公共物品的需求——而是一种必要恶。另一方面，这种公有制经济所具有的大规模生产优势，在某种程度上能够弥补公有制本身所固有的低效率之缺陷。亚当·斯密说：

　　"建设并维持某些公共工作和公共机构的义务——这些绝不是为了任何个人或任何少数人的利益——因为这些工作和机构由大社会经营时，常能补偿所费而有多有余利，但由个人或少数人经营，就绝不能补偿所费。"[①]

　　因此，实际上，任何时代任何国家都存在公有制或国有制经济：它是提供公共物品等私有制失灵领域的无奈选择，是一种可以称之为"必要恶"的生产资料所有制和经济制度，因而也就是一种善的好的优良的经济制度。这种私有制失灵领域的经济活动，在一个国家的经济活动中，无疑只占有极小比例；而绝不可能居于支配地位。然而，如果一个国家的公有制超越私有制失灵领域，甚至在整个国民经济中居于支配地位，那么，公有制便——因其低效率而严重违背"增进每个人利益总量"国家制度终极价值标准——是一种"纯粹恶"的恶劣经济制度。

　　恒久无私论：关于伦理行为目的相对数量的理论　如此重要而关乎利己与利他问题的人性定律，不能不引起利己主义与利他主义的关注和争论。利己主义论者显然有夸大这一定律之嫌，因为他们认为每个人的一切行为目的都是为了利己，而无私利他行为纯属无稽之谈。这就是所谓的心理利己主义，是一种"完全为己论"。反之，利他主义论者则有损

---

① Adam Smith: *An Inquiry into The Nature And Causes of The Wealth of Nations*, volume 2, Oxford: Clarendon Press, 1979, p. 688.

抑这一规律之嫌，因为他们认为"自爱多于爱人、为己多于为人"乃是一种可以改变的事实，而并不是不可改变的规律；只要经过刻苦努力的道德教育和道德修养，人的行为便可能恒久乃至完全无私利他。这是一种"恒久无私论"。心理利己主义的"完全为己论"之谬，我们在伦理行为原动力规律中已经专门研究过了。所以，这里只须考察利他主义的"恒久无私论"。

利他主义论者无不承认自爱多于爱人、为己多于为人是事实。孔子便一再说，仁而无私虽然并不难为，但人们却不愿为之："有能一日用其力于仁矣乎？我未见力不足者。盖有之矣，我未之见也。"①就连道德极其高尚的颜回，孔子说他一年也只能三个月达到仁的境界而无私利人；其他贤人，则更少了，只能"或日一至焉，或月一至焉"："子曰：'回也，其心三月不违仁，其余则日月至焉。'"②以此观之，孔子许仁于不知礼有反坫的管仲便不足为奇了。其他利他主义论者，如路德、加尔文、康德等，也不得不承认："人既是肉身，就必追求肉身的事，也必专爱自己。"③"由于天性堕落，我们的爱一向只以自己为限。"④"出于对人类的爱，我愿承认，我们行为的大多数是合乎责任的，然而，如若进一步去看一看那些忙忙碌碌的活动，人们就会到处碰到那个与众不同的可爱的自我，这些活动所着意的就是这个自我，而不是更多的自我牺牲的责任的严格规定。"⑤

本来，从人们——不论芸芸众生还是品德极其高尚者——总是恒久自爱为己、偶尔无私为人之事实，便可以很容易看出："恒久自爱为己、

---

① 《论语·里仁》。
② 《论语·雍也》。对于孔子的这一段话，朱熹曾这样解释道："三月，言其久。心不违仁者，无私欲而有其德也。日月至焉者，或日一至焉，或月一至焉，能造其域而不能久也。"（朱熹：《四书章句》，齐鲁书社，1992年，第52页。）
③ 《路德选集》下册，徐庆誉·汤清译，基督教辅侨出版社，1957年，第392页。
④ 加尔文：《基督教要义》上册，钱曜诚译，基督教辅侨出版社，1957年，第309页。
⑤ 康德：《道德形而上学原理》，苗力田译，上海人民出版社，1986年，第57页。

偶尔无私为人"乃是一种不以人的意志而转移的人性规律。但是，一切利他主义论者却都仅仅承认这是事实，是一种可以改变的事实；而否认其为不可改变的必然规律。在他们看来，人们虽然事实上或现实中是恒久自爱为己、偶尔无私为人；但只要经过一番功夫，便可能恒久无私乃至完全无私。那么，使人恒久无私乃至完全无私的功夫是什么？

在墨家看来，是赏誉刑罚的外在力量；在儒家看来则是"集义"和"敬"的内在修养。墨子说："今若夫兼相爱、交相利，此其有利且易为也，不可胜计也。我以为则无有上说之者而已矣，苟有上说之者，劝之以赏誉，威之以刑罚，我以为人之于就兼相爱、交相利也，譬之犹火之燃上、水之就下也，不可防止于天下。"[1] 儒家的功夫与此不同。冯友兰讲：

"孔子说：'回也三月不违仁，其余日月至焉而已。'人对道德境界或天地境界，亦可以说是三月不违，或甚至永久不违……但欲永久在此等境界中，如道学家所谓'人欲净尽、天理流行'者，则除有觉解以外，还要有另一部分的工夫……此所谓另一部分工夫者，亦不过是常注意不忘此等觉解而已……常本此等觉解以作事，即道学家所谓集义……常注意于此等觉解，又常本之以作事，即道学家所谓敬……敬及集义，可使人常住于道德境界或天地境界中。"[2]

加尔文、路德、康德的见解与儒家相同。加尔文说："若我们忠于自己的志向，力争上游，不自负、不蹈邪恶，永远地努力向前，不断地改善，终必有达到至善的一天。这是我们一生的目的；末后在我们摒除一切肉体的弱点时，上帝必允许我们与它有完全的契合。"[3] 康德也说，只要经过"本于真纯道德动机，始终坚持，一心无二，日趋于善"[4] 的无止境

---

① 《墨子·兼爱下》。

② 冯友兰：《三松堂全集》第四卷，河南人民出版社，1986年，第649页。

③ 加尔文：《基督教要义》中册，钱曜诚译，基督教辅侨出版社，1957年，第156页。

④ 康德：《实践理性批判》，关文运译，商务印书馆，1960年，第126页。

的"不断努力进步……意向与道德法则的完全契合……是可能的。"[1] 所以，"关于我们天性的道德前程有一条原理，就是：我们只有在一个无止境的进步过程中才能达到与道德法则完全契合的地步。"[2]

这就是利他主义否定伦理行为目的相对相对数量规律的理论，亦即"恒久无私论"：以为经过道德教育和道德修养，人的行为便可能恒久乃至完全无私利他。这是一种谬论，因为它不但违反"每个人的行为必定恒久为己而只能偶尔无私"的人性规律，而且与儒家自己的爱有差等理论也是自相矛盾的。因为，如果每个人对于他人的爱必然是有差等的（亦即谁给我的利益和快乐较多，谁与我必较近，我对谁的爱必较多，我必较多地为了谁谋利益）那么，说到底，我对我自己的爱必最多，我为了我自己谋利益必最多：自爱必多于爱人、为己必多于为人。于是，无论经过怎样刻苦修行，恒久无私乃至完全无私便是注定不可能的了；可能的只是逐渐接近恒久无私罢了。这显然是爱有差等的应有之义和必然结论。然而，儒家却既承认爱有差等是必然的、不以人的意志而转移的；又认为爱人可以多于爱己、为人可以多于为己，以致可能恒久无私利人乃至完全无私利人：岂不自相矛盾？

二　伦理行为手段相对数量规律

伦理行为手段，如前所述，与伦理行为目的一样，也分为利己、利他、害己、害他四类。那么，这四种手段的相对数量是否也有规律可循？是的。但是，伦理行为目的相对数量规律，如上所述，完全是一种非统计性规律。反之，伦理行为手段相对数量规律，却有统计性与非统计性之分。

---

[1]　康德:《实践理性批判》，关文运译，商务印书馆，1960 年，第 125 页。
[2]　同上。

1 伦理行为手段相对数量非统计性规律

原来，每个人的利己与害己手段，显然都是通过自己、利用自己、以依靠自己为手段，是依靠自己的两种相反表现。反之，利他与害他手段，则都是通过社会和他人、利用社会和他人、以依靠社会和他人为手段，是依靠社会和他人的两种相反表现。举例说，长跑与睡钉床，是锻炼意志的两种手段。二者虽有利己与害己之分，却都是通过自己、利用自己、以依靠自己为手段，是依靠自己的两种相反表现。反之，挣钱与偷钱是求取钱财的两种手段。二者虽有利他与害他之分，却都是通过社会和他人、利用社会和他人、以依靠社会和他人为手段，是依靠社会和他人的两种相反表现。

如果人不是社会性动物，而是形单影只、各自孤立地生活，那么，每个人的一切行为便都是通过自己、以依靠自己为手段，而不会有通过社会和他人、以依靠社会和他人为手段的行为了。但是，马克思说：

"人是最名副其实的社会动物，不仅是一种合群的动物，而且是只有在社会中才能独立的动物。孤立的一个人在社会之外进行生产——这是罕见的事，偶然落到荒野中的已经内在地具有社会力量的文明人或许能做到——就像许多个人不在一起生活和彼此交谈而竟有语言发展一样，是不可思议的。"①

诚哉斯言！人是一种社会性动物，人的生活乃是一种社会性生活。这种生活的根本特征，无疑是"我为人人，人人为我"，亦即分工与协作。而分工与协作便使每个人的一切行为都是通过他人、以依靠他人为手段；而仅仅通过自己、以依靠自己为手段的行为是不存在的。

不言而喻，在社会生活中，每个人的恒久的、绝大多数的行为必定

①《马克思恩格斯选集》第二卷，人民出版社，1976年，第67页。

都处于分工与协作之中，都是大大小小的社会集体活动或与他人和社会有关的活动；而分工与协作之外的、与社会和他人无关的孤独的个人活动是极其罕见、微乎其微的。因此，在社会生活中，每个人仅仅通过自己、以依靠自己为手段的行为便只可能是极少数的、偶尔的；他绝大多数的、恒久的行为，必是通过社会和他人、以依靠社会和他人为手段。

　　这是不难理解的。且不说成人之前，每个人是何等地依靠父母或养育者；就是长大之后，那衣食住行、事业爱情，又有哪一样是不依靠社会和他人的？仅仅依靠自己而不依靠社会和他人的行为，细细想来，实在寥寥无几——除了独自登山摘野果、下海采野菜、游山玩水、观花赏月之类的行为，还能举出什么呢？

　　每个人以依靠自己为手段的行为只能是偶尔的、极少数的，意味着：每个人的利己手段与害己手段——二者是依靠自己的两种相反表现——之和，只能是偶尔的、极少数的。因此，分别说来，每个人的利己手段与害己手段便都只可能是偶尔的、极少数的。反之，每个人以依靠社会和他人为手段的行为必定是恒久的、绝大多数的，则意味着：每个人的利他手段与害他手段——二者是依靠社会和他人的两种相反表现——之和，必定是恒久的、绝大多数的。因此，分别说来，每个人的利他手段与害他手段便都可能是恒久的、绝大多数的：恒久的、绝大多数的手段如果是利他，那么，害他手段显然便是偶尔的、极少数的；恒久的、绝大多数的手段如果是害他，那么，利他手段显然便是偶尔的、极少数的。

　　可见，每个人的行为手段只能偶尔利己与害己，而必定恒久利他或害他：如果利他手段是恒久的，那么害他手段必是偶尔的；如果害他手段是恒久的，那么利他手段必是偶尔的。这便是被人的社会本性所决定的伦理行为手段相对数量规律，更确切些说，是伦理行为手段非统计性相对数量规律。因为这是每个人的行为——而不是全社会的行为总和或多数人的行为——所遵循的规律。那么，全社会的行为总和或多数人的行为是否遵循另一种伦理行为手段规律？是的，那就是伦理行为手段相对数量统计性规律。

2 伦理行为手段相对数量统计性规律

就一个社会的行为总和来说，是否与每个人的行为一样，恒久的手段既可能是利他也可能是损人？否。因为所谓社会，如所周知，乃是两个以上的人因一定利益关系而结成的共同体，是"我为人人、人人为我"的利益合作体系。这样，就一个社会的行为总和来说，以利他为手段的行为必定多于以损人为手段的行为，亦即利他手段必定是恒久的，而损人手段只能是偶尔的。否则，如果损人手段多于利他手段，那么，每个人从社会那里所受到的损害就会多于所得到的利益，因而社会——它不过是每个人的利益合作体系——便必然解体而不可能存在了。

试以药品买卖的社会活动为例。卖真药，是以利他为手段；卖假药，则是以损人为手段。就这一社会活动的行为总和来说，如果卖假药多于卖真药——亦即损人手段多于利他手段——那么，每个人买假药的几率就会多于买真药的几率，因而所受到的损害就会多于所的得到利益。那么，人们还会买药吗？显然不会了。这样一来，药铺就会倒闭了，药品买卖的社会活动便不可能存在了。

可见，一个社会的行为总和与一个人的行为，遵循着不同的规律。就一个人来说，他的行为究竟以利他为手段多，还是以损人为手段多，是不一定的。因为社会能否存在发展，并不取决于一个人的行为如何。但是，任何一个社会，就其行为总和来说，利他手段多于损人手段，乃是该社会的存在条件。所以，就一个社会的行为总和来说，利他手段必定多于损人手段：利他手段必定是恒久的，而损人手段只能是偶尔的。

然而，行为乃是人的行为，一个社会的行为总和不可能离开人而存在：一个社会的行为总和亦即该社会每个人的行为总和。那么，一个社会的利他手段多于损人手段，是否只有当该社会每个人的利他手段都多于损人手段时才能达到？

当然，如果一个社会每个人的利他手段都多于损人手段，那么，就该社会的行为总和来说，利他手段必多于损人手段。但是，这显然是不可能的。任何社会都不可能完全消除那种损人多于利人的坏人，都不可能使每个人的利他手段都多于损人手段。因为每个人的行为手段，如上所述，既可能恒久利他，也可能恒久损人，乃是不依人的意志而转移的客观规律。

那么，一个社会的行为总和究竟如何才能达到利他手段多于损人手段？只要该社会绝大多数人的利他手段多于损人手段就可以了。因为绝大多数人的利他手段多于损人手段，蕴涵着：极少数人的利他手段少于损人手段。这样一来，就所有人的行为总和来说，利他手段便必定多于损人手段了。所以，一个社会如果绝大多数人的利他手段多于损人手段，那么，该社会的行为总和之利他手段必多于损人手段："一个社会的行为总和之利他手段多于损人手段"与"一个社会绝大多数人的利他手段多于损人手段"乃是同一概念。

不过，一个社会绝大多数人的利他手段是否必定多于损人手段呢？是的。因为任何一个社会，绝大多数人无疑都是靠为社会和他人工作——亦即所谓的为人民服务——为生的。这就意味着，绝大多数人的恒久的、主要的行为手段，都是为别人谋利益；他们靠损害别人获利的行为，必定是少数：绝大多数人的利他手段必定多于损人手段。反之，那些专门以损人为生的人，显然是极少数：只有这些极少数人的损人手段，才可能多于利他手段。

任何一个社会，既然绝大多数人的利他手段必定多于损人手段，而只有极少数人的损人手段才可能多于利他手段，那么，就其行为总和来说，利他手段便一定多于损人手段了。究竟言之，一个社会绝大多数人的利他手段多于损人手段，不仅是处处可见的明摆着的事实，而且是一种具有内在必然性的定律。因为一个社会绝大多数人的利他手段，如果并不多于损人手段，而是少于损人手段，那么，该社会行为总和之利他手段必少于损人手段，因而也就不可能存在了。于是，我们可以得出结论说，任何社会的伦理行为手段必循由如下统计规律而变化：

规律 1：任何一个社会，就其行为总和来说，利他手段必定是恒久的，而其他一切手段——损人与害己以及利己——之和，也都只能是偶尔的。换言之，就一个社会的多数行为来说，手段必利他。

规律 2：任何一个社会，就绝大多数人的行为来说，利他手段必定是恒久的，而其他一切手段——损人与害己以及利己——之和，也都只能是偶尔的。换言之，就一个社会绝大多数人的多数行为来说，手段必利他。

这两个规律显然是同一规律的不同表述，因而可以统一表述为：任何一个社会，就其行为总和来说，亦即就绝大多数人的行为来说，利他手段必定是恒久的，而其他一切手段——损人与害己以及利己——之和，也都只能是偶尔的。换言之，就一个社会的多数行为来说，亦即就绝大多数人的多数行为来说，手段必利他。这就是伦理行为手段相对数量统计性规律。该规律或许可以说原本由斯密发现。他的发现虽然局限于经济人行为，并且表述不够确切，却因那"看不见的手"的名言而广泛流传开来：

"每个人都不断地努力为他所能支配的一切资本找到最有利的用途。确实，他所追求的是他自己的利益而不是社会的利益。但是，他对自己利益的追求自然会——毋宁说必然会——引导他选择最有利于社会的用途。"①

"由于每个人都尽其所能地竭力将他的资本用来支持国内产业和管理

---

① Adam Smith: *An Inquiry into the Nature and Causes of the Wealth of Nations*, London: Methuen & Co. Ltd., 1930, p. 419.

这些产业，使其产值最大化；他就必然尽其所能地竭力使社会的年收入增大起来。确实，他通常既不打算促进公共利益，也不知道自己是多么大地促进着这种利益。宁愿支持国内的而不是国外的产业表明，他只是算计着他自己的安全；他管理产业的目的在于产值最大化表明，他所算计的也只是他自己的赢利。在这里像在其他许多场合一样，他受着一只看不见的手的指导，去尽力达到一个并非他想要达到的目的。目的不是为了社会，对于社会来说，也不会比为了社会更差。他为了自己的利益，往往使他能够比为了社会利益更有效地促进社会利益。"①

斯密这不朽的精湛论述显然可以归结为两条规律：① 经济人的目的只是为了利己；② 经济人为己必利他。殊不知，这两条规律的性质是不同的。"经济人的目的只是为了利己"是非统计性规律，适用于每个经济人的一切行为：每个经济人的一切行为目的必然都是为了自己。相反地，"经济人为己必利他"是统计性规律，只适用于多数经济人的多数行为：总会有一些经济人的行为是损人利己而不是为己利他。可是，斯密却误把二者等量齐观，都当作适用于每个经济人一切行为的非统计性规律。这意味着，经济人的一切行为都是为己利他，而不存在损人利己的行为：这岂不近乎胡说八道？

3 伦理行为手段相对数量统计性规律的意义

伦理行为手段相对数量统计性规律使我们可以理解，为什么每个人的行为目的必定恒久为自己，可是我们看到的现象却恰恰相反：绝大多数人都是恒久为他人谋利益，都是恒久为人民服务。这就是因为，行为目的是看不到的；能够看到的，乃是行为手段：行为目的是通过行为手

---

① Adam Smith: *An Inquiry into the Nature and Causes of the Wealth of Nations*, London: Methuen & Co. Ltd., 1930, p. 421.

段推断出来的。

试想，我们岂不是只能看到教师在给学生讲课，工人在为他人生产，农民在为他人种地？但是，谁能看到教师讲课的目的？谁能看到工人生产的目的？谁能看到农民种地的目的？伦理行为手段统计性相对数量规律表明：任何社会，就其绝大多数人的多数行为来说，手段必利他。所以，我们看到的是：任何社会，就其多数的、恒久的行为来说，都是利他，都是为人民服务，因而呈现"我为人人、人人为我"之现象。但是，这仅仅是行为的外在手段，而不是行为的内在目的。

然而，我们往往由人们都在为人民服务的外在现象，便断言他们的内在目的是为人民服务，断言他们的目的是利他，进而断言人们的行为目的可以恒久达到无私利他的境界。这显然是把行为手段当成了行为目的。人们的恒久行为都是为人民服务，是不错的；但是，这仅仅是行为手段。绝大多数人的行为手段，恒久说来，都是为人民服务。如果由此断言为人民服务可以是人们行为的恒久目的，那就大错特错了。因为伦理行为目的规律告诉我们：为人民服务只可能是人们行为的偶尔目的，而不可能是人们行为的恒久目的。因此，为人民服务有目的与手段之分：作为手段的为人民服务可以是恒久的；作为目的的为人民服务则只能是偶尔的。把目的与手段区别开来，这是把握人性之关键。

三　伦理行为类型相对数量规律

伦理行为目的相对数量规律，仅仅涉及目的；伦理行为手段相对数量规律，仅仅涉及手段。然而，实际上目的与手段互相依赖、不能独存：每个人的行为都是目的与手段的统一体。所以，不论是伦理行为目的相对数量规律，还是伦理行为手段相对数量规律，都仅仅是伦理行为的一个侧面之规律；只有二者结合起来，才是伦理行为规律，亦即伦理行为相对数量规律，说到底，亦即各种伦理行为类型相对数量规律。这一规律，既然是目的与手段规律之结合，也就不能不有统计性与非统计性之分。

1 伦理行为类型相对数量非统计性规律

按照伦理行为目的相对数量规律，每个人的行为目的必定恒久利己，而只能偶尔利他、害他、害己：唯有利己目的是恒久的。按照伦理行为手段相对数量非统计性规律，每个人的行为手段必定恒久利他或害他，而只能偶尔利己与害己：唯有利他手段或害他手段才可能是恒久的。于是，这两个规律结合起来，便构成伦理行为类型相对数量非统计性规律：

每个人的行为，必定恒久为己利他或损人利己——如果恒久为己利他，则必偶尔损人利己；如果恒久损人利己，则必偶尔为己利他——而只能偶尔无私利他、单纯利己、纯粹害人、纯粹害己。换言之，每个人的行为，唯有为己利他与损人利己才可能是恒久的，才可能超过他全部行为之一半；而其余一切行为——亦即无私利他与单纯利己以及纯粹害人与纯粹害己——之和，也只能是偶尔的，只能少于他全部行为之一半。

那些恒久损人利己者，如以偷盗、贪污、诈骗、绑架、抢劫等损人手段为生的人，便是所谓的坏人。可是，我们为什么往往很难识别坏人呢？岂不就是因为坏人也不可能没有大量为己利他的行为？然而，他为己利他再多，也必定少于损人利己；否则，他就不是坏人了。坏人也不可能完全没有无私利他的崇高行为。岂不闻"虎毒不食子"乎？即使是那些最坏的人，也不可能完全丧失爱人之心。试问，他能不爱他的父母、子女、情人吗？能一点都不为他们谋利益吗？只不过，他无私利他极其罕见，并且大都只能给予极少数人罢了。

那些恒久为己利他者，如靠为别人生产粮食菜蔬为生的农民、靠为别人制造产品为生的工人、靠把产品送给需要者为生的商人、靠把知识传授给学生为生的教师等以依靠为社会和他人工作为生的芸芸众生，便是所谓的好人。好人也不可能不损人利己。谁能够一点都不损人利己呢？甚至品德极其高尚的老托尔斯泰，有一次也为了给女儿置办嫁妆而欺骗一个买马者，以致事后忏悔不已。但是，好人的损人利己再多，也必定少于为己利他；否则，他就不是好人了。好人也不可能完全没有纯粹害人的行为。试问，谁能没有妒嫉心、复仇心、恨人之心呢？谁能一次都没有害人之意呢？只不过，好人极少纯粹害人罢了。

那些在利益冲突时能够无私利他、在利益一致时能够为己利他，从而几乎没有损人利己、纯粹害人、纯粹害己行为的人，便是最好的人了，便是所谓的道德完人。道德完人的无私利他行为固然远远多于常人，亦即远远多于普通的好人；却也只可能是偶尔的，只可能接近而永远达不到恒久，达不到他行为总和之一半。因为爱有差等之人性定律表明，每个人的自爱必多于爱人，为己必多于为人：每个人必定恒久为自己，而只能偶尔为他人。这样，一个人即使是道德完人，他也必定是人，因而人所固有的，他无不具有。因此，他的恒久的、超过他行为总和一半的行为，必定也只能是为己利他。否则，他就违背了"爱有差等"之人性规律，他就不是人了。

那么，什么样的人堪称最坏的人呢？正如最好的人是好人之极端，最坏的人则是坏人之极端。最好的人的特点，如上所述，是无私利他远远多于普通的好人。反之，最坏的人则是纯粹害人的行为——亦即出于妒嫉心等恨人之心的行为——远远多于普通坏人的人。不过，这些人纯粹害人的行为再多，也只可能是偶尔的，只可能接近而永远达不到恒久，达不到他行为总和之一半。因为如上所述，引发每个人利己目的的自爱心，必多于引发他的其他目的的爱人之心和恨人之心以及自恨心之和：这是不以人的意志而转移的人性定律。这样，一个人即使是最坏的人，他也必定是人：人所固有的，他无不具有。因此，他的恒久的、超过他行为总和一半的行为，必定也只能是目的利己，因而也就只可能是损人利己，而不可能是纯粹害人。否则，他就违背了人性规律，他就不是人了。

总而言之，每个人，不论好人还是坏人，不论如何的好而高尚无比，还是何等的坏而龌龊绝伦，他的行为，必定都是恒久为己利他或损人利己——好人必恒久为己利他而偶尔损人利己；坏人必恒久损人利己而偶尔为己利他——而只能偶尔无私利他、单纯利己、纯粹害人、纯粹害己。这是不依人——不论好人还是坏人——的意志而转移的客观规律。

2　伦理行为类型统计性规律

按照伦理行为目的相对数量规律，每个人的行为目的必定恒久利己，而只能偶尔利他、害他、害己：唯有利己目的是恒久的。按照伦理行为手段相对数量统计性规律1，任何一个社会，就其行为总和来说，利他手段必定是恒久的，而其他一切手段——亦即损人、害己以及利己手段——之和，也只能是偶尔的。换言之，就一个社会的多数行为来说，手段必利他；而其他一切手段之和，也只能是少数。按照伦理行为手段相对数量统计性规律2，任何一个社会，就绝大多数人的行为来说，利他手段必定是恒久的，而其他一切手段——亦即损人、害己以及利己手段——之和，也只能是偶尔的。换言之，就绝大多数人的多数行为来说，手段必利他；而其他一切手段之和，也只能是少数。于是，这些规律结合起来，便形成如下伦理行为类型相对数量统计性规律：

规律1：任何一个社会，就其行为总和来说，为己利他必定是恒久的，而其他一切行为——损人利己、无私利他、单纯利己、纯粹害人、纯粹害己——之和，也只能是偶尔的。换言之，任何一个社会，其多数的、恒久的行为必定是为己利他；而其他一切行为都只能是偶尔的、少数的。

规律2：任何一个社会，就绝大多数人的行为来说，为己利他必定是恒久的，而其他一切行为——损人利己、无私利他、单纯利己、纯粹害人、纯粹害己——之和，也只能是偶尔的。换言之，任何一个社会，其绝大多数人的多数的、恒久的行为必定是为己利他；而其他一切行为都只能是偶尔的、少数的。

这两个规律显然是同一规律的不同表述，因而可以统一表述为：任何一个社会，就其行为总和来说，亦即就绝大多数人的行为来说，为己利他必定是恒久的，而其他一切行为——损人利己、无私利他、单纯利己、纯粹害人、纯粹害己——之和，也只能是偶尔的。换言之，任何一个社会，其多数的、恒久的行为，亦即绝大多数人的多数的、恒久的行为，必定是为己利他；而其他一切行为之和，也只能是偶尔的、少数的。这就是伦理行为类型统计性规律。

这个规律，显然与伦理行为手段相对数量统计性规律一样，源于社会之为社会的最为深刻的本性：社会是两个以上的人因一定利益关系而结成的共同体，是每个人的利益合作体系。这一本性决定了，任何社会，不论它是如何高尚美好还是如何腐败黑暗，就其行为总和来说，亦即就其绝大多数人的行为来说，为己利他的行为必定是恒久的，而损人利己的行为则只能是偶尔的。换言之，任何社会，不论它是多么好还是多么坏，必定是好人多于坏人，亦即必定是恒久为己利他者多于恒久损人利己者。因为只有这样，每个人从社会和他人那里所得到的利益，才可能多于所遭受的损害，从而社会才能够存在和发展。否则，如果坏人多于好人、损人利己多于为己利他，那么，每个人从社会和他人那里所遭受的损害，就会多于所得到的利益，社会便注定崩溃而不可能存在了。

只不过，品德越是败坏的社会，坏人便越多而好人则越少、损人利己便越是递增而为己利他则越是递减。反之，品德越是高尚的社会，好人便越多而坏人则越少、为己利他便越是递增而损人利己则越是递减。但是，即使是最黑暗、最腐败、最丑陋的社会，充其量，也不过是：损人利己、纯粹害人、纯粹害己、单纯利己盛行，而无私利他极其罕见。然而，不论这些恶行如何比比皆是，它们汇合起来，也必定还是少于为己利他：为己利他在最黑暗、最腐败、最丑陋的社会，也必定是多数的、恒久的；而其他一切行为之和，也只能是偶尔的、少数的。否则，每个人从社会和他人那里遭受的损害就会多于所得到的利益，那么，该社会便必将崩溃而不可能存在了。这就是为什么，任何社会好人总是多于坏人。这就是为什么，任何社会多数的、恒久的行为，必定是为己利他而不可能是损人利己，更不可能是纯粹害人、纯粹害己、单纯利己。

那么，最为高尚和美好的社会，其多数的、恒久的行为，有可能是无私利他而不是为己利他吗？不可能。诚然，所谓人类最美好的社会，一方面，无私利他将极为盛行，将远远多于今日社会，更远远多于品德败坏的社会；另一方面，损人利己、纯粹害人、纯粹害己、单纯利己等恶行则极其罕见。但是，就其行为总和来说，它的无私利他再多，也只能接近而永远达不到其行为总和之一半；只能接近而永远达不到为己利他的数量。因为爱有差等之人性定律表明：每个人必定恒久为自己而只能偶尔为他人。因此，任何社会，哪怕是未来的理想社会，便唯有为己利他才可能是恒久的，才可能超过行为总和之一半；而无私利他则只能是偶尔的，只能接近而永远达不到行为总和之一半。如果在未来的理想社会，其多数的、恒久的行为，竟然是无私利他而不是为己利他，那么，这个社会的人就不遵循人性定律，因而就不是人，而该社会也就不是人类社会了。

本篇结语　人性要义

以上，通过"伦理行为概念"、"伦理行为原动力"、"伦理行为的目的与手段"三章的研究，完成了"道德价值实体：伦理行为事实如何"篇，揭示了作为伦理学对象的"人性"——亦即人的伦理行为事实如何之本性——可以归结为伦理行为目的、伦理行为手段、伦理行为、伦理行为原动力四层次：

伦理行为目的层次的人性是：每个人都具有利己、利他、害己、害他四种行为目的，并且必定恒久利己而只能偶尔利他、害他、害己。这是伦理行为目的相对数量规律。

伦理行为手段层次的人性则分化为两种。一种是：每个人都具有利己、利他、害己、害他四种行为手段，并且必定恒久利他或害他，而只能偶尔利己与害己。这是伦理行为手段相对数量非统计性规律。另一种是：任何一个社会，就其行为总和来说，亦即就绝大多数人的行为来说，利他手段必定是恒久的，而其他一切手段——亦即损人、害己以及利己手段——之和，也都只能是偶尔的。这是伦理行为手段相对数量统计性规律。

伦理行为目的和手段结合起来，便构成16种、6类型伦理行为。伦理行为类型层次的人性也分化为两种。一种是：每个人的行为，必定恒久为己利他或损人利己；而只能偶尔无私利他、单纯利己、纯粹害人、纯粹害己。这是伦理行为类型相对数量非统计性规律。另一种是：任何一个社会，就其行为总和来说，亦即就绝大多数人的行为来说，为己利他必定是恒久的，而其他一切行为——亦即损人利己、无私利他、单纯利己、纯粹害人、纯粹害己——之和，也只能是偶尔的。这是伦理行为类型统计性规律。

伦理行为原动力，亦即引发一切伦理行为——手段和目的——的普遍的根本的非目的因。伦理行为直接原动力的人性是：每个人都具有引发利己目的的自爱心（求生欲与自尊心）和引发害己目的的自恨心（内疚感、罪恶感与自卑心）以及引发利他目的的爱人之心（同情心与报恩心）和完善自我品德之心以及引发害他目的的恨人之心（复仇心与嫉妒心）；并且其自爱心（求生欲与自尊心）必定是引发行为的恒久的决定性动因，而其他感情——亦即爱人之心、同情心、报恩心、完善自我品德之心和恨人之心、复仇心、嫉妒心以及自恨心、内疚感、罪恶感——之和，也都只能是引发行为的偶尔的决定性动因。伦理行为终极原动力的人性是：引发每个人一切伦理行为的终极非目的因、终极原动力，只能是趋乐避苦、趋利避害的利己心。这就是伦理行为原动力规律。

这些性质和规律，也就是所谓"人的伦理行为事实如何之本性"，亦即伦理学所研究的人性。这些性质和规律既然是人性，那么，它们也就是一切人生而固有、永恒不变、必然的、普遍的属性；因而也就不能独立存在，而只能存在和表现于人们那些变化的、特殊的、偶然的属性之中。人们那些变化的、特殊的、偶然的属性，就是人性的"用"，就是人性的表现形式；而它们所表现出来的这些不变的、必然的、普遍的人性，则是人性的"体"，是人性的内容。所以，伦理学所研究的人性，也是内容与形式、体与用、不变与变化的统一体：这些人性的"体"或内容，亦即人性自身，是不变的、普遍的、必然的；而这些人性的"用"或形式，则是变化的、特殊的、偶然的。举例说：

每个人都具有利己、利他、害己、害他四种行为目的，并且必定恒久利己而只能偶尔利他、害他、害己。这是伦理行为目的相对数量非统计性规律，是普遍的、必然的、不变的，因而是人性的"体"或人性之内容。然而，品德高尚者的利他目的虽然达不到恒久却可能接近恒久；而他害他目的虽然不可能无却可能接近于无。反之，品德败坏者的害他目的虽然达不到恒久却可能接近恒久；而他利他目的虽然不可能无却可能接近于无。这是特殊的、偶然的、变化的，因而是人性的"用"或人性的表现形式。

任何一个社会，就其行为总和来说，亦即就绝大多数人的行为来说，为己利他必定是恒久的，而其他一切行为——亦即损人利己、无私利他、单纯利己、纯粹害人、纯粹害己——之和，也只能是偶尔的。这是伦理行为类型统计性规律，是普遍的、必然的、不变的，因而是人性的"体"或人性之内容。但是，风尚良好的社会，无私利他行为虽然达不到恒久，却可能接近恒久；而损人利己虽然不可能无，却可能接近于无。反之，道德败坏的社会，无私利他虽然不可能无，却可能接近于无；损人利己虽然达不到恒久，却可能接近恒久。这是特殊的、偶然的、变化的，因而是人性的"用"或人性的表现形式。

　　每个人都具有引发利己目的的自爱心（求生欲与自尊心）和引发害己目的的自恨心（内疚感、罪恶感与自卑心）以及引发利他目的的爱人之心（同情心与报恩心）和完善自我品德之心以及引发害他目的的恨人之心（复仇心与嫉妒心）；并且其自爱心（求生欲与自尊心）必定是引发行为的恒久的决定性动因，而其他感情——亦即爱人之心、同情心、报恩心、完善自我品德之心和恨人之心、复仇心、嫉妒心以及自恨心、内疚感、罪恶感——之和，也都只能是引发行为的偶尔的决定性动因。这是伦理行为原动力规律，是普遍的、必然的、不变的，因而是人性的"体"或人性之内容。然而，品德高尚者的爱人之心和完善自我品德之心虽然达不到恒久却可能接近恒久；而恨人之心、妒嫉心、复仇心虽然不可能无却可能接近于无。反之，品德败坏者的恨人之心、妒嫉心、复仇心虽然达不到恒久却可能接近恒久；而爱人之心和完善自我品德之心虽然不可能无却可能接近于无。这是特殊的、偶然的、变化的，因而是人性的"用"或人性的表现形式。

　　人性是内容与形式、体与用、不变与变化的统一体，乃是伦理学对其进行研究的意义之所在。因为一方面，如果知道人性的哪些因素是必然的、不可改变的，便不会要求人们改变这些不可改变的人性，便不会制定违背人性的恶劣道德，而能够制定符合人性的优良道德；另一方面，如果知道哪些人性因素是偶然的、可以改变的，便可以减少、禁止其与道德相违者，而增进、发扬其与道德相合者，从而使优良道德规范得到实现。因此，人性乃是优良道德规范制定和实现的基础、源泉。所以，那些伟大的伦理学家们一再说："要判断某种道德体系的优劣，我们只能根据这种体系在怎样的程度上符合人性。"[①] "伦理行为规范源于人性自身；

───────────

① 周辅成编：《西方伦理学名著选辑》下卷，商务印书馆，1987年，第88页。

道德以人生而固有的本性为基础。"[1] 这就是人性为什么会成为伦理学极其重要的研究对象的缘故。

那么，在人性、人的伦理行为事实如何之本性中，究竟哪些可变因素是与道德相合抑或相违？符合人性之不变因素的优良道德究竟是怎样的？这首先是下一篇"道德价值和道德规范：与道德价值相符的道德总原则"的研究对象：以道德最终目的、道德终极标准为尺度，来衡量这些人的伦理行为事实如何的本性之善恶，从中推导、制定出伦理行为之应该如何的优良道德总原则。

---

[1]　Frich Fromm, *Man for Himself*, London: Routledge & Kegan Paul Ltd., 1948, p. 7.

国家治理丛书

新伦理学

（第三版）

中册

王海明　著

商务印书馆
The Commercial Press
创于1897

中册目录

第四篇　正义：国家制度根本价值标准

第五篇 人道：国家制度最高价值标准

第三篇　道德价值与道德规范：
与道德价值相符的道德总原则

第十四章 善：道德总原则

本章提要

首先，"无私利他"是最高且偶尔善原则，它只应该且只可能指导每个人的偶尔行为；其作用是使每个人在自我利益与社会或他人利益发生冲突而不能两全时，能够无私利他、自我牺牲而不致损人利己。反之，"纯粹害人"则是最高且偶尔恶原则，它也只应该且只可能指导每个人的偶尔行为；其作用在于禁止每个人对待他人的行为纯粹害人，而使之不断减少以至于零。

其次，"为己利他"是基本且恒久善原则，它应该且能够指导每个人的恒久行为；其作用是使每个人在自我利益与社会或他人利益一致的情况下，能够为己利他而不致损人利己。反之，"损人利己"则是基本且恒久的恶原则，它也应该且能够指导每个人的恒久行为，其作用在于反对每个人在一切与社会和他人有利害关系的行为中损人利己，而使之不断减少以至于零。

最后，"单纯利己"是最低且偶尔善原则，它也应该且只能指导每个人的偶尔行为，其作用在于使每个人在与社会和他人无直接利害关系的行为领域，能够单纯利己而不致纯粹害己。反之，"纯粹害己"则是最低且偶尔恶原则，它也应该且只能指导每个人的偶尔行为，其作用在于阻止每个人的与社会和他人无直接利害关系的行为纯粹害己，而使之不断减少以至于零。

　　本篇是规范伦理学（关于优良道德规范制定过程的伦理学）的第三篇。自本篇至第八篇，将在前第一篇和第二篇关于道德目的、道德终极标准和人性研究的基础上，通过道德最终目的或道德终极标准，从人性——亦即人的伦理行为事实如何的客观本性——中，推导出伦理行为应该如何的道德价值以及与其相符的优良道德规范。这些优良道德规范的推导和制定之顺序可以概括如下：

　　首先，亦即第三篇，以道德终极标准为尺度，来衡量一切人性之善恶，从中推导出一切伦理行为应该如何的道德总原则："善"。其次，运用道德总原则和道德终极标准，来衡量各种比较具体的人性或伦理行为事实，从中推导、制定出国家制度好坏根本价值标准"正义与平等"（第四篇）与国家制度好坏最高价值标准"人道与自由"（第五篇）以及"国家制度好坏价值标准体系"（第六篇）和善待自己的道德原则"幸福"（第七篇）。最后，则运用这些道德原则和道德终极标准，来衡量更为具体的人性或伦理行为事实，从中推导、制定出一系列道德规则；其中比较复杂重要者，如"诚实"、"贵生"、"自尊"、"谦虚"、"智慧"、"节制"、"勇敢"、"中庸"等。

　　于是，本章的研究对象便是善：道德总原则。这一章将以道德终极标准为尺度，来衡量人性——亦即人的一切伦理行为事实如何的本性——之善恶，从中推导、制定出规范一切伦理行为应该如何的道德总原则："善"。因此，本章乃是人性论的善恶评价部分，相对人性论的前几部分——亦即"人性概念分析"和"人性定质分析"以及"人性定量分析"——来说，可以称之为"人性善恶分析"。通过这种分析可以看出，道德总原则"善"极其复杂：它并非一个单纯原则，而是由若干原则构成的原则体系。这一体系包罗两大方面：善恶总原则与善恶分原则。

一 善恶总原则

1 "善"的称谓：元伦理学与规范伦理学

"善"，如前所述，与"应该"一样，乃是元伦理学的基本研究对象，是元伦理学的基本范畴。这样，规范伦理学对于"善"的研究所面临的第一个问题便是：规范伦理学的"善"与元伦理学的"善"是不是同一范畴、同一概念？答案当然是否定的。因为元伦理学与规范伦理学是两门不同的学科：不同的学科不可能研究同一概念、同一对象。所以，"善"这个名词在元伦理学与规范伦理学中所表达和称谓的，必定是不同概念、不同对象。那么，它们所表达和称谓的究竟是什么呢？

原来，"善"只是元伦理学的研究对象，而并不是规范伦理学的研究对象。规范伦理学所谓的"善"乃是"道德善"的简称："善"与"道德善"在规范伦理学那里是同一概念。因为规范伦理学所研究的"善"，如所周知，乃是一种伦理行为应该如何的道德价值和道德原则。因此，只有元伦理学所谓的"善"才是"善"，只有元伦理学才研究"善"；而规范伦理学则只研究"道德善"，只不过道德善被约定俗成地简称为"善"罢了。当然，这种约定俗成有一个缺憾：容易混淆元伦理学的"善"与规范伦理学的"善"。有鉴于此，有些人，比如冯友兰和杨国荣，主张把元伦理学的"善"叫作"好"，以与规范伦理学的"善"——亦即"道德善"——相区别。[①]可是，这种主张妥当吗？

确实，元伦理学关于善的研究表明，善与好是同一概念。二者都是

[①] 参阅冯友兰：《三松堂全集》第一卷，河南人民出版社，1985年，第568页；杨国荣：《伦理与存在》，上海人民出版社，2002年，第67—68页。

客体的事实如何对于主体的需要——及其经过意识的各种转化形态，如欲望、目的等——的效用性：客体事实有利于满足主体需要、实现主体欲望、符合主体目的的属性，叫作好、善或正价值；客体事实有害于满足主体需要和实现主体欲望因而不符合主体目的的属性，叫作坏、恶或负价值。道德善显然从属于善范畴，乃是伦理行为事实如何对于社会创造道德的需要、欲望、目的的效用性：相符者即为道德善或正当；相违者即为道德恶或不正当。

这就是说，元伦理学的"善"与规范伦理学的"善"——亦即"道德善"——乃是一般与个别的从属关系。这样，元伦理学的"善"的研究便成为规范伦理学确立道德善原则的方法。因为规范伦理学要确定道德善究竟是一种什么伦理行为的效用性，从而制定可以指导伦理行为的道德善原则，显然必须从"善是客体事实如何对于主体目的的效用性；道德善是伦理行为事实如何对于道德目的的效用性"的元伦理定义出发，进行"道德目的"和"伦理行为事实如何"两方面研究：只有弄清了道德目的和伦理行为事实如何，才可能知道各种伦理行为事实如何对于道德目的的效用性，从而才可能制定与其相符的各种道德善原则。

元伦理学对于"善"的研究的意义，既然在于为规范伦理学如何制定道德善原则提供方法，那么，这就要求二者所使用的名词必须一致。所谓名词一致，也就是说，如果规范伦理学的"道德善"概念叫作"道德善"而不是叫作"道德好"，那么，元伦理学的"善"概念就必须叫作"善"而不能叫作"好"。这样，"善"才能够成为"道德善"的方法：由"善"可以推导出"道德善"。反之，如果把元伦理学的"善"叫作"好"，那就必须把规范伦理学的"道德善"叫作"道德好"。这样，"好"才能够成为"道德好"的方法：由"好"可以推导出"道德好"。可是，"道德好"是个什么东西呢？它不但不是科学术语，而且也不是日常口语，违背名词约定俗成原则，纯属胡编乱造。所以，规范伦理学的"道德善"不可以叫作"道德好"而只可叫作"道德善"；因而元伦理学的"善"也就不可以叫作"好"而只应叫作"善"。

由此看来，冯友兰们既将元伦理学的"善"叫作"好"，以便与规范伦理学的"善"——亦即"道德善"——相区别；又仍然将规范伦理学的"道德善"叫作"道德善"，是极不妥当的。因为，一方面，由"好"显然不宜于推导出"道德善"，因而元伦理学关于"好"的研究也就不能够成为规范伦理学对于"道德善"的研究方法了。这就是冯友兰失误之根本：不懂得元伦理学对于"善"的研究的全部意义，乃在于为规范伦理学如何确定"善"原则提供方法。另一方面，冯友兰和杨国荣似乎没有看到："好"是日常口语，而非科学术语；只有"善"才是科学术语。元伦理学是一门科学，而不是研究口语的学问。所以，我们只能说元伦理学以"善"为对象，而不能说以"好"为对象；因而绝不可以把元伦理学的"善"更名为"好"。试想，如果说元伦理学是一门关于"好"的科学，岂不可笑？我们岂不只能说元伦理学是一门关于善的科学？

可见，我们应该沿袭传统哲学用语，一方面，将元伦理学的"善"叫作"善"而勿称之为"好"；另一方面，将规范伦理学的"善"作为"道德善"的简称而与元伦理学的"善"区别开来。这样，元伦理学关于"善"的研究才能合乎逻辑地成为规范伦理学推导和制定道德善原则的方法。下面，我们便运用这种元伦理学方法，来推导和制定规范一切伦理行为应该如何的道德善原则。

2 善恶总原则：抽象人性之善恶

元伦理学"善"的研究为规范伦理学推导和制定道德善原则所提供的方法，真正讲来，乃是元伦理学关于"道德善"的推导方法。这种方法，如前所述，可以归结如下：

道德善是伦理行为事实如何对于道德目的的效用，因而只能通过道德目的，亦即道德终极标准，从伦理行为事实如何的客观本性中产生和推导出来：道德善等于伦理行为事实与道德目的之相符；道德恶等于伦理行为事实与道德目的之相违。

这是道德善的推导方法，同时也是优良的道德善原则的推导和制定方法。诚然，道德善原则与道德善不同。道德善是一种道德价值，属于道德价值范畴，是伦理行为事实符合道德目的、道德终极标准的效用性。反之，道德善原则是一种道德规范，属于道德规范范畴，因而是一种伦理行为类型，是一种伦理行为。

但是，如前所述，道德规范是根据道德价值制定的，是道德价值的表现形式，因而有优劣之分：与道德价值相符的道德规范，便是优良道德规范；与道德价值不符的道德规范，便是恶劣道德规范。因此，道德善原则是根据道德善制定的，是道德善的表现形式：与道德善相符的道德善原则，便是优良的道德善原则；与道德善不符的道德善原则，就是恶劣的道德善原则。这样，要制定优良的道德善原则，只要知道道德善是什么就可以了。所以，道德善的推导方法，也就是优良的道德善原则的制定方法。

根据这种方法，要制定与道德善相符的优良道德善原则，便必须弄清"道德目的、道德终极标准"和"伦理行为事实如何"：与道德目的、道德终极标准相符的一切伦理行为事实，就是一切应该如何的伦理行为，就是规范一切伦理行为应该如何的道德善原则；与道德目的、道德终极标准相违的一切伦理行为事实，就是一切不应该如何的伦理行为，就是伦理行为不应该如何的道德恶原则。因此，冯友兰说：

"凡所谓善者，即是从一标准，以说合乎此标准者之谓。……所谓恶者，即是从一标准，以说反乎此标准者之谓。"[1]

他所说的"标准"，显然就是"道德目的、道德终极标准"；他所说的"合乎此标准者"和"反乎此标准者"的"者"，显然就是可以进行善

---

① 冯友兰：《三松堂全集》第四卷，河南人民出版社，1986年，第98页。

恶评价的"伦理行为"。于是，说到底，所谓善者，即是合乎道德目的、道德终极标准的伦理行为；所谓恶者，即是反乎道德目的、与道德终极标准相违的伦理行为。

因此，我们在制定这种道德善原则之前，详尽研究了道德目的、道德终极标准与伦理行为事实如何。这种研究表明，一方面，道德目的最终可以归结为：增进社会和每个人利益。它的量化，亦即所谓道德终极总标准"增进社会和每个人利益总量"：它在人们利益不发生冲突时表现为"无害一人地增进利益总量"分标准；在人们利益发生冲突时则表现为"最大利益净余额"、"最大多数人最大利益"和"无私利他"分标准。

另一方面，伦理行为事实如何的客观本性，亦即所谓"人性"，因而极其复杂多样；要通过道德目的、道德终极标准，从中推导出规范一切伦理行为的善原则，显然必须进行高度的归纳、概括和抽象。那么，一切伦理行为事实究竟可以归纳、概括和抽象为几类呢？伦理行为是受利害人己意识支配的行为，因而可以不分目的与手段而抽象地概括为"利他"与"利己"以及"害他"与"害己"4种：这就是伦理行为最为抽象的类型，这就是伦理学所研究的最为抽象的人性类型。于是，我们现在就可以用道德目的、道德终极标准来衡量这些最为抽象的人性类型，以便从中推导和制定出伦理行为应该如何的道德善原则。

当我们以道德目的、道德终极诸标准为尺度，来衡量这些最为抽象的人性类型或伦理行为类型时，便会看出：利他与利己的行为性质有所不同。利己是一种单纯的行为：它只是指增进自我利益、个人利益。反之，利他则是一种复合行为：它包括增进社会利益和增进他人利益。因此，利己与利他实为3种行为：利社会、利他人和利自己。同理，害他与害己也包括3种行为：害社会、害他人和害自己。那么，这些伦理行为与道德目的、道德终极标准的关系究竟如何？

首先，利害社会的行为与道德目的、道德终极总标准的关系一目了然：利社会的行为符合"增进社会和每个人利益"之道德目的、道德终极标准，因而是善的；反之，害社会则违背道德目的、道德终极标准，因而是恶的。

其次，利害他人的行为与道德终极分标准"无害一人地增进利益总量"的关系则十分明显：利他人符合"无害一人地增进利益总量"之道德终极分标准，因而是善的；害他人违背"无害一人地增进利益总量"之道德终极分标准，因而是恶的。可是，利害他人似乎与"增减社会和每个人利益总量"的道德目的、道德终极总标准无关，因为他人利益与社会利益或每个人利益显然根本不同。举例说，我为我的一个同事谋利益，就不能说是为社会或每个人谋利益。反之，我损害他，也不能说我损害了社会和每个人。

然而，真正讲来，利害他人与利害社会或每个人却是完全一致的。试想，如果我利害他人，即使所利害的仅仅是一个他人，也必然直接有利害于社会合作，从而也就直接有利害于社会的存在和发展之根本：社会合作乃是社会最为根本的利益。因为所谓社会，如所周知，不过是人们的利益合作体系而已。因此，任何社会存在发展的前提无疑是，人们的相互利益多于相互损害：如果人们相互损害多于相互利益，那么，他们从社会中所受到的损害就会多于所得到的利益，他们就会拒绝合作，社会便会崩溃；只有人们相互利益多于相互损害，他们从社会中所得到的利益才会多于所受到的损害，他们才可能合作，从而社会才能存在发展。

因此，利害他人乃是社会合作的根本条件，因而也就是社会最为根本的利益。这样，利他人便因其有利于社会合作而有利于社会，符合道德目的、道德终极标准：利他人与利社会同样是善的。反之，害他人则因其有害于社会合作而有害于社会，违背道德目的、道德终极标准：害他人与害社会同样是恶的。

最后，利害自己，直接说来，只是利害自己一个人，而与社会或每个人的利害无关，因而也就与道德目的、道德终极总标准"增减社会和每个人利益总量"无关。那么是否可以说，利己与害己是非善非恶的，是道德上中性的东西？不可以。因为，一方面，利己虽然无关乎道德目的、道德终极总标准"增减社会和每个人利益总量"，却符合道德终极分标准"无害一人地增进利益总量"，因而也是善的。同理，害己虽然无关乎道德目的、道德终极总标准"增减社会和每个人利益总量"，却违背道德终极分标准"无害一人地增进利益总量"，因而也是恶的。

另一方面，利己仅仅直接说来才是单纯的利己；而间接说来，则同时也都是利他，都有利社会和他人。同理，害己仅仅直接说来，才是单纯害己；而间接说来，则同时也都是害他，都有害于社会和他人。试想，如果每个自我都是健康的，那么，社会岂不就是个健康的社会？反之，如果每个自我都是病夫，那么，社会岂不就是个病夫的社会？如果每个自我都获得自由从而充分实现自己的创造潜能而成为一个可能成为的最有价值的人，那么，社会岂不就是个最大限度繁荣富强的社会？反之，如果每个自我都最大限度地害己：自杀身亡，那么，还有什么社会的存在发展？所以，利害自己间接具有利害社会和他人的效用，因而间接关乎道德目的、道德终极总标准：利己间接符合道德目的、道德终极总标准，因而也就是善的；害己间接违背道德目的、道德终极总标准，因而也就是恶的。所以，斯宾诺莎说：

"一个人愈努力并且愈能够寻求他自己的利益或保持他自己的存在，则他便愈有德性。反之，只要一个人忽略他自己的利益或忽略他自己存在的保持，则他便算是软弱无能。"[①]

综观伦理行为道德价值可知，一方面，利他和利己符合道德目的、道德终极标准，因而都是善的；反之，害他和害己违背道德目的、道德终极标准，因而都是恶的。一切伦理行为无非利害他人和利害自己之和。于是，可以得出结论说：

作为一种道德原则，所谓善，也就是一切符合道德目的、道德终极

---

① 斯宾诺莎：《伦理学》，贺麟译，商务印书馆，1962年，第171页。

标准的伦理行为，因而也就是"增进社会和每个人利益"的伦理行为，说到底，亦即利他与利己的伦理行为："善"、"符合道德目的或道德终极标准的伦理行为"和"利他与利己"三者是同一概念。反之，所谓恶，则是一切违背道德目的、道德终极标准的伦理行为，因而也就是"减少社会和每个人利益"的伦理行为，说到底，亦即害他与害己的伦理行为："恶"、"违背道德目的或道德终极标准的伦理行为"和"害他与害己"三者是同一概念。

于是，一方面，"利他与利己"便是衡量一切伦理行为是否善的总原则：凡是利他与利己的伦理行为都是善的；凡是善的伦理行为都是利他与利己。另一方面，"害他与害己"则是衡量一切伦理行为是否恶的总原则：凡是害他与害己的伦理行为都是恶的；凡是恶的伦理行为都是害他与害己。一句话，"利他与利己"乃是"善的总原则"，而"害他与害己"则是"恶的总原则"。

这样一来，"善"这个名词便因使用的场合不同而可以表达3个概念：首先，在元伦理学中，"善"与"好"是同一概念，是客体事实符合主体目的的效用性；其次，在规范伦理学中，"善"与"道德善"是同一概念，是伦理行为事实符合道德目的的效用性；最后，在规范伦理学中，"善"也可以指称"道德善原则"，是符合道德善的行为原则，说到底，是符合道德目的的伦理行为事实，亦即利他与利己。依此类推，"恶"这个名词亦然。

3 善恶差等定律：善有差等与恶有差等

利己与利他都是善的，只不过它们的善的高低大小等级有所不同。最早论及这一点的，似乎是达尔文。他这样写道：

"人们通常容易区别道德标准之高低。高级的标准基于社会本能而关涉他人的福利，并为同伴的赞许和理智所支持。低级的标准则主要关涉自我本身。"①

这就是说，利他是高级的善，是高级的道德善原则；利己是低级的善，是低级的道德善原则。同理，害他与害己的恶也是有差等的：害他的恶高于害己的恶。那么，善恶差等的依据究竟是什么？

原来，如前所述，孤独的个人活动不需要道德，因而不会产生道德；道德是社会需要的产儿：道德的起源和目的，真正讲来，全在于社会的需要，而并不在于自我的需要。究竟言之，道德是一种社会契约，道德的直接起源和目的全在于保障社会存在发展。诚然，道德最终的起源和目的是增进每个人利益、满足每个人需要。但是，每个人利益与个人利益或自我利益不同。个人利益或自我利益属于自我范畴，因而与社会利益既可能一致也可能不一致：有利社会却可能有害自我；有利自我却可能有害社会。反之，每个人利益或每个自我利益则属于社会范畴，因而与社会利益必定完全一致：凡是有利（或有害）社会的，显然必定有利（或有害）每个自我；凡是有利（或有害）每个自我的，必定有利（或有害）社会。因此，道德最终的起源和目的是增进每个人利益，也同样意味着：道德的最终的起源和目的是社会需要，而不是个人或自我需要。这样，道德终极标准，真正讲来，便是增进社会利益，而不是增进自我利益。准此观之，便不难发现利他与利己以及害他与害己的善恶价值的高低大小之分：

利害他人的善恶价值高且大于利害自己的善恶价值。因为利害自己直接说来，只是利害自己一个人，而与社会和每个人的利害无关，亦即与道德目的无关，因而是全然没有道德价值的：利害自己的直接道德价值是零。利害自己之所以具有道德价值，主要是因为利害自己间接具有利害社会和他人的效用：利己仅仅直接说来才是单纯的利己，而间接说

---

① Charles Darwin: *Descent of Man and Selection in Relatiotn to Sex*, London: John Murray, 1922, p. 187.

来，同时也都是利他，都有利社会和他人；害己仅仅直接说来，才是单纯害己，而间接说来，同时也都是害他，都有害于社会和他人。因此，利害自己是通过利害社会和他人的间接效用、间接符合或违背道德目的，从而间接具有道德价值：利害自己只具有间接道德价值。

诚然，利害他人往往也是利害一个他人，因而似乎与利害自己相同。其实不然，利害一个他人与利害一个自己的道德价值根本不同。因为我若利害一个他人，必然直接有利害于社会合作，因而也就直接有利害于社会的存在发展。所以，利害他人直接关乎道德目的，因而直接具有道德价值。这样，利害他人的善恶显然便高且大于利害自己的善恶：直接有利害于社会的效用，显然高且大于间接有利害于社会的效用；直接关乎道德目的的效用，显然高且大于间接关乎道德目的的效用；直接道德价值显然高且大于间接道德价值。

利害社会的善恶又高且大于利害他人的善恶。因为不言而喻，社会是整体，而他人与自己同样是其部分：整体的价值显然高且大于部分的价值。另一方面，也是更重要的：道德目的不是增进他人利益，而是增进社会和每个人利益。这样，在一切伦理行为中，唯有利社会的才是与道德目的完全相符的行为：利社会与道德目的是完全吻合而没有距离的。因为道德目的就是利社会，就是利每个人；利社会就是利每个人，就是道德目的。所以，利社会和道德目的是一回事，它所实现的乃是道德的全部目的：增进全社会每个人利益。

反之，利他人与道德目的是有距离的，而并不是一回事。因为利他人与道德目的只是部分吻合，它所实现的只是道德的部分目的：从量上看，利他人增进的并不是全社会每个人的利益，而仅仅是某些人的利益；从质上看，利他人主要是直接有利于社会合作，而与社会的其他利益大都并无直接关系。所以，利社会的善高且大于利他人的善：与道德目的完全吻合的善，显然高且大于与道德目的部分吻合的善。同理，害社会的恶高且大于害他人的恶：与道德目的完全背离的恶，显然高且大于与道德目的部分背离的恶。

于是，一方面，利社会的善最高且最大，是最高且最大的善；利他人的善次之；利己的善最低最小，是最低且最小的善。两利相权，当取其重。因此，一般说来，当利自我与利他人不可两全时，应该利他人而放弃利自我；当利他人与利社会不可两全时，应该利社会而放弃利他人。另一方面，害社会的恶最高且最大，是最高的恶，是大恶，是至恶；害他人的恶次之；害己的恶最低且最小，是最低最小的恶。两害相权，当取其轻。因此，一般说来，当害自己与害他人不可两免时，应该自我牺牲而不应牺牲他人；当害他人与害社会不可两免时，应该牺牲他人而不应牺牲社会。这就是人性的善有差等和恶有差等之定律——亦即善恶差等定律——的基本内容。这是善恶差等定律的基本内容，因为这一规律，细究起来，还可以就其境界高低和价值大小推论如下：

一方面，既然利社会的善的境界最高，利他人的善次之，利己的善最低；那么，所利的他人和社会，离自己越远，善的境界便越高，离自己越近，善的境界便越低。试想，路人比亲人离自己远：利路人的善，岂不高于利亲人的善？他人的父母比自己的父母离自己远：利他人父母的善，岂不高于利自己父母的善？单位比家庭离自己远：增进单位的利益的善，岂不高于增进家庭的利益的善？国家比单位离自己远：增进国家的利益的善，岂不高于增进单位利益的善？这就是为什么我们更高地赞美那些能够为离自己较远的他人和社会谋利益的人的缘故。

但是，我们仅可以就善有差等的境界高低进行推论，而不可同时就善有差等的价值大小进行推论。因为善的境界高未必价值大：善的境界高低与其价值大小并无必然联系。举例说，利他的善高且大于利己的善，利国家的善高且大于利家庭的善。但是，利他人父母的善却仅仅高于而并不大于利自己的父母的善。相反地，利自己父母的善的价值，一般说来，却大于利他人父母的善。因为一个人只有能够利自己的父母，才可能利他人的父母。如果他连利自己的父母都做不到，他怎么能够利他人的父母？所以，利自己父母比利他人父母更重要：当二者不可两全时，应该利自己父母而放弃利他人父母；而不是相反。因此，我们对于爱利自己和爱利他人的父母应有差等：我们爱利自己父母应该多于爱利他人父母。否则，如果爱利他人父母多于自己父母，或者同等地爱利自己的父母与他人父母，那么，这样做对于自己的父母显然是不正义的，因而也就是不道德的，是恶。

另一方面，害社会的恶最大最重，是最大最重的恶；害他人的恶次之；害己的恶最小最轻，是最小最轻的恶。然而，所害的他人和社会，离自己越远，恶却越低越小越轻；离自己越近，恶却越高越大越重。试想，害亲人的恶岂不重于害路人的恶？害自己父母的恶岂不重于害他人父母的恶？害自己祖国的恶岂不重于害他人国家的恶？这就是为什么我们更加鄙视那些害自己父母、自己祖国、自己亲人的人的缘故。

可是，为什么害己的恶最轻最小，而所利害的他人和社会，离自己越近，恶却越重越大？这是因为，如前所述，所谓离自己比较近的社会和他人，也就是给予自己利益比较多的社会和他人；所谓离自己比较远的社会和他人，也就是给予自己利益比较少的社会和他人。这样，一个人损害离自己比较近、给予自己利益比较多的社会和他人，显然比损害离自己比较远、给予自己利益和快乐比较少的社会和他人，更加不正义，因而更加恶。试想，害自己的父母，岂不比害他人的父母更加不正义更加恶吗？不仅如此，一个人损害离自己比较近、给予自己利益比较多的社会和他人，那么，他必定会损害离自己比较远给予自己利益比较少的社会和他人。

试想，一个人如果连自己的父母都害，他还能不害谁呢？这样，损害离自己比较近的社会和他人，就是一种能够增殖的恶，是一种倍加的恶：损害离自己比较近的人的恶＝损害离自己比较近的人的恶＋损害离自己比较远的人的恶。反之，一个人如果损害离自己比较远、给予自己利益比较少的社会和他人，那么，他未必会损害离自己比较近、给予自己利益比较多的社会和他人。试想，一个人损害他人父母，显然未必会损害自己父母。这样，损害离自己比较远的社会和他人，就不是一种必定增殖的恶，不是一种必定倍加的恶。因此，损害离自己比较近的他人和社会的恶，必定重于、大于、高于损害离自己比较远的他人和社会的恶。

于是，总而言之，可以得出结论说，一方面，利社会的善是最高最大，是最高最大的善；利他人的善次之；利己的善最低最小，是最低最小的善。因此，所利的他人和社会，离自己越远，善的境界便越高；离自己越近，善的境界便越低。另一方面，害社会的恶最高最大最重，是最高最大最重的恶，是大恶，是至恶；害他人的恶次之；害己的恶最低最小最轻，是最低最小最轻的恶。因此，所害的他人和社会，离自己越远，恶便越轻越小越低；离自己越近，恶便越重越大越高。这就是人性之善恶差等定律的全部内容。这一定律显然与爱有差等一样，也可以用若干同心圆来表示：

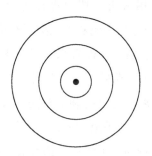

圆心是自我，圆是社会和他人。离圆心较近的圆，是给我的利益较多因而离我较近的社会和他人；离圆心较远的圆，是给我利益较少因而离我较远的社会和他人。一方面，利社会的善最高最大、利他人次之、利己最低最小。所以，所利的社会和他人，离自己越远，善的境界便越高；离自己越近，善的境界便越低。另一方面，害社会的恶最高最重最大、害他人次之、害己最低最轻最小。然而，所害的他人和社会，离自己越远，恶便越轻越小越低；离自己越近，恶便越重越大越高。于是，善恶差等定律与爱有差等定律便具有一种内在联系：

谁给我的利益较少，谁与我必较远，我对他的爱必较少，我必定较难利他而较易害他；因而我利他的善必较高（攀高难而就低易），害他的恶必较轻（就轻易而负重难）。反之，谁给我的利益较多，谁与我必较近，我对他的爱必较多，我必定较易利他而较难害他；因而我利他的善必较低而害他的恶必较重：就低易于攀高，负重难于就轻。这样，爱有差等定律便进一步印证了善有差等和恶有差等定律。

4 道德总原则：善恶总原则、善恶分原则和道德终极标准

我们经过以道德目的和道德终极标准来衡量一切伦理行为，弄清了作为道德原则的善与恶究竟是什么伦理行为：善是利他与利己而恶是害他与害己。但是，我们还不知道，善与恶在道德规范体系中究竟是什么地位：善与恶是不是统摄人类一切伦理行为及其道德规范的道德总原则？这显然取决于：善与恶是否包罗了人类所有伦理行为？

冯友兰的回答是否定的。在他看来，只有无私利人才是善，只有损人利己才是恶；而为己利他或利己不损人则是非善非恶。因为在他看来，以利他或不损人的手段来求自己的利的行为，没有道德价值，在道德上是中性的东西，因而只能是合乎道德的，而不能是道德的：

"凡是求自己的利的行为，不能有道德价值。"[1] "以得到自己的利益为目的的行为，虽可以是合乎道德的，但并不是道德的行为。"[2]

这是因为，如前所述，冯友兰是义务论者，误以为道德目的、道德终极标准是完善每个人的品德、实现人之所以为人者。道德目的、道德终极标准果真如此，他的推论或许能够成立：只有无私利人才合乎"完

---

[1]　冯友兰：《三松堂全集》第四卷，河南人民出版社，1986年，第595页。

[2]　同上书，第606页。

善每个人的品德、实现人之所以为人者"之道德目的，因而才是善；损人利己则违背、反乎这一道德目的，因而是恶；而为己利他和利己不损人则既不合乎亦不反乎这一道德目的，因而是不善不恶。

善与恶是否包罗了人类所有伦理行为？合理利己主义论者——亦即爱尔维休、霍尔巴赫、费尔巴哈、车尔尼雪夫斯基、梁启超等伦理学家——的回答也是否定的。这是因其误以为道德目的仅仅在于保障社会存在发展，而并不在于增进每个人利益："自己的幸福自然不是道德的目的和终结。"[1]"道德之立，所以利群也。"[2] 准此观之，善与恶确乎不能包罗全部伦理行为：利人有利社会因而是善；损人有害社会因而是恶；利己无关社会因而非善非恶。

但是，道德之真正目的，如上所述，乃是为了保障社会存在发展和增进每个人利益。这样，在人的伦理行为王国里便没有什么中性的、非善非恶的行为：任何伦理行为，非善即恶。因为所谓伦理行为，如前所述，便是受利害人己意识支配的行为，因而无非利人与利己以及害人与害己：利人与利己都符合道德目的，因而都是善；而害人与害己都违背道德目的，因而都是恶。

善与恶包罗了人类全部伦理行为，从而也就是一切伦理行为应该如何与不应该如何的总原则，因而也就是统摄一切伦理行为、一切道德原则、一切道德规范的道德总原则："善"与"符合道德目的或道德终极标准的伦理行为"、"利他与利己"三者是同一概念，乃是一切伦理行为应该如何的道德总原则，是一切应该如何的道德规范的总原则；"恶"与"违背道德目的或道德终极标准的伦理行为"、"害他与害己"三者是同一概念，乃是一切伦理行为不应该如何的总原则，是一切不应该如何的不道德行为规范的总原则。

[1] 《费尔巴哈哲学著作选集》上卷，王太庆等译，三联书店，1959年，第432页。
[2] 梁启超：《饮冰室合集》专集，第三册，第11页。

然而，令人困惑的是：道德目的、道德终极标准当然也是衡量一切伦理行为应该如何与不应该如何的总标准，因而是否也可以称之为"道德总原则"？它与道德总原则"善与恶"究竟有何区别？

首先，善与恶属于价值、道德价值和道德规范范畴，是道德价值客体——每个人的伦理行为——的属性。它们可以是一种行为类型，是人制定的，是人们根据一切伦理行为对于道德目的相符抑或相违的效用而制定的一种行为原则。所以，善恶不但是道德总原则，而且也可以叫作道德总标准。因为标准既可能是人制定的（当它是行为原则或行为规范的时候），也可能是人发现的（当它是主体的需要欲望目的的时候）。

反之，道德终极标准，如前所述，是道德最终目的之量化，是社会创造道德的目的，属于价值标准和道德价值标准范畴，是道德价值主体——社会——的属性。它是一种主体的需要欲望目的，而不是一种行为规范；因而是人发现的，而不是人制定的。所以，道德目的、道德终极标准便只能叫作道德终极标准，而绝不可以叫作道德终极原则，更不可以叫作道德总原则。因为原则都是人制定的，而标准则可能是人发现的。

其次，善恶道德总原则是一种行为类型，因而是可以言道德上的善恶的：利他与利己是善，而害他与害己是恶。反之，道德终极标准是社会创造道德的目的，是善恶道德总原则所由以制定的前提、标准，是不可言道德上的善恶的。然而，冯友兰说：

"所谓善者，即从一标准以说合乎此标准之谓。从此标准说，合乎此标准者是善，则此标准即是至善。"[1]

冯友兰说善之所以为善的标准——亦即道德最终目的或道德终极标准——是至善，是不能成立的。因为善恶属于价值、客体范畴：凡是善或恶的东西，必定都是客体。可是，道德目的、确立善恶原则的标准，却属于主体范畴，是主体的活动目的，因而其自身是不可言道德上的善

---

① 冯友兰：《三松堂全集》第四卷，河南人民出版社，1986年，第94页。

恶的。一旦言其善恶时，它便不再是主体，不再是确立善恶的标准；而是其他主体的客体了。举例说：

社会创造道德的需要和目的对于每个人来说，无疑是好东西，是可以言善恶的。但是，这可以言善恶的道德目的，已经不是主体，不是确立善恶的标准；而是能否满足每个人需要的客体了。这样，道德目的虽可以言善恶，却不可言道德上的善恶。因为道德上的善恶只能以道德目的为标准；而可以言善恶的道德目的作为客体，无疑不能以自身——客体——作为善恶的标准，而只能以非道德目的，亦即某种主体的非道德目的——如张三的成名成家的目的——为善恶标准，因而也就只能言非道德的善恶，而不能言道德上的善恶。

最后，善恶道德总原则是一种行为类型，因而也就与其他一切道德规范，如"仁爱"、"正义"、"诚实"等一样，所衡量的对象只能是行为，是行为的善恶；而不可能衡量各种道德规范自身的优劣。试想，我们只能用"善"与"恶"道德原则衡量一种行为，比如偷盗和助人，何者是善的、道德的，何者是恶的、不道德的。但是，我们却不能用它们来衡量一种道德，比如利他主义道德与利己主义道德，何者是优良的，何者是恶劣的。反之，道德终极标准是社会创造道德的目的，是一种主体的需要欲望目的，因而便既是衡量行为善恶的标准，又是衡量社会所创造的道德规范自身之优劣的标准。举例说：

道德目的是为了保障社会的存在发展、增进每个人利益。因此，一方面，一个人的行为若是有利社会的存在发展、增进每个人利益，从而符合道德目的，便是道德的；反之，则是不道德的。另一方面，一种道德，若是促进社会的存在发展、增进每个人利益，从而符合道德目的，便是优良的；反之，便是恶劣的。

可见，道德总原则与道德终极标准根本不同。然而，没有完全不同的东西。道德总原则与道德终极标准有一点完全一样，那就是极其复杂：它也并不仅仅是一个单纯原则，而是由若干原则——主要是善恶总原则与善恶分原则——构成的原则体系。"善是利他与利己、恶是害他与害己",如上所述,是善恶总原则。这一原则,无疑极为重要。但是,任何行为都是目的与手段的统一体;而利他与利己以及害他与害己之为善恶总原则,却不问目的与手段如何,抽象和超越了目的与手段之分。这固然为善恶总原则的最为广泛的普遍性所必需,却也因其极为普遍、抽象而不区分目的与手段,往往便不能使人准确衡量具体的、实际的行为之善恶。就拿损人利己和损己利人两种伦理行为来说:

根据"善是利他利己、恶是害他害己"的善恶总原则,损人利己和损己利人便似乎同样既善又恶:就其利人和利己来说是善,就其损己和损人来说是恶。它似乎难以说明,为什么损己利人与损人利己的道德价值根本不同:损己利人是善,而损人利己是恶。要说明这一点,要准确评价每个人具体的实际的行为之善恶,"善是利他利己、恶是害他害己"的善恶总原则,显然必须具体化而区分目的与手段,从而形成诸如"损己利人"、"损人利己"、"为己利他"、"无私利他"等含有目的与手段之分的行为类型和善恶原则。不分目的与手段的比较笼统抽象的善恶原则,如"利他与利己"以及"害他与害己",便是所谓"善恶总原则"或"抽象善恶原则"、"抽象道德总原则";区分目的与手段的比较具体的善恶原则,如"损己利人"、"损人利己"、"为己利他"、"无私利他"等,则是所谓"善恶分原则"或"具体善恶原则"、"具体道德总原则"。

"善恶总原则"或"抽象善恶原则"、"抽象道德总原则",如前所述,是以道德目的、道德终极标准衡量抽象人性——亦即不区分目的与手段的"利己与利他以及害己以害他"四种人性——之善恶的结果。反之,"善恶分原则"或"具体善恶原则"、"具体道德总原则"所由以推出的人性,则必须具体化而区分目的与手段,亦即所谓具体人性:善恶分原则乃是以道德目的、道德终极标准衡量这种具体人性之善恶的结果。那么,这种区分目的与手段的所谓具体人性究竟是什么呢?

这种人性,如前所述,包括目的利己、利他、害己、害他4种和手段利己、利他、害己、害他4种；目的与手段结合起来，则形成16种人性，亦即16种伦理行为。因此，所谓具体人性之善恶，也就是这16种人性、16种伦理行为之善恶。不过，为了衡量和考察这16种具体人性之善恶，首先必须考察其中最为重要的一种：利己目的之善恶。因为利己目的——亦即目的是为了自己利益的行为——的善恶问题，乃是16种具体人性之轴心，自古以来，便是人性善恶之最重要也最有争议的问题。不解决这个难题，其他具体人性之善恶显然无从谈起。那么，利己目的究竟是善的还是恶的？当我们来考察利己目的之善恶时，我们就离开了善恶总原则而进入了善恶分原则的领域。

二　善恶分原则

1　具体人性之善恶：利己目的的道德价值

利己目的，就其自身来说，符合道德终极标准"增进社会和每个人利益总量"和"无害一人地增进利益总量"，因而是道德的、应该的、善的。但是，利己目的，若就其结果来说，则是善与恶的共同源泉——以利他手段实现，便符合道德终极标准"增进社会和每个人利益总量"和"无害一人地增进利益总量"，因而是善的源泉；以损人手段实现，便违背道德终极标准"增进社会和每个人利益总量"和"无害一人地增进利益总量"，因而是恶的源泉。

利己目的是善。所以，强盛的利己目的便是巨大的善！利己目的是善与恶的共同源泉。所以，强盛的利己目的便是巨大的善与巨大的恶的共同的源泉！人们之所以觉得利己目的——特别是强盛的利己目的——十分险恶可怕，那只是因为它以损人为手段而被引到有害社会和他人的邪路上去了。相反地，如果它以利人为手段而被引到有益社会和他人的正路，那么，正如十一届三中全会以来我国的改革所告诉我们的：这些个人利益的强盛追求会结出怎样灿烂辉煌、雄伟壮丽的公共利益之果，因而是何等巨大的善和善的源泉啊！

诚然，巨大的罪恶只能产生于强盛热烈的利己目的，而不能产生于薄弱淡泊的利己目的。但同样正确的是，对社会和他人利益的巨大的积极的增进，也只能产生于强盛热切的利己目的，而绝不能产生于薄弱淡泊的利己目的。强盛的利己目的把那消沉麻木我们活力的惰性拔除干净，赋予我们恒心与毅力，使我们生命不息、奋斗不已。反之，薄弱淡泊的利己目的则使我们失去活力、懒惰麻木、得过且过、无所作为。所以，当立功立言立德的伟大计划对于怀着强盛利己抱负的人看来是容易之时，利己追求薄弱的人却在最简单的事情中畏缩不前：在那一个面前连三山五岳都要低头，对于这一个则连小土丘也会变成不可逾越的珠穆朗玛峰了。

因此，个人追求淡泊的人永远不过是个走着常人走的路、干着小善小恶的凡夫俗子，他们永远做不出轰轰烈烈、利国利民的伟大业绩；而只有那怀着强盛利己目的的人，才可能——如爱尔维修所说——"想出和执行这样大胆的企图，即他们直到以成功证明了智慧时，对于众人还是像狂妄的，并且真正地不能如此实现的。"[1] 只有这样的人，才能忍受那漫长岁月的成就学问和事业的万般苦辛，才能有所发现、有所创造，才能发明推动科学和社会的新的弹簧，才能开辟那历史的新篇章。

不但淡泊的利己目的的只能孕育小小善举、只有强盛的利己目的的才能结出雄伟壮丽的公共利益之果；而且就是那可歌可泣的无私利他、自我牺牲，比起强盛的利己目的所能给社会带来的利益，也注定是远远不及的。因为不言而喻，任何人无论搞学问还是干事业，如果断断续续、偶

---

① 爱尔维修：《精神论》，杨伯凯译，辛垦书店，1933 年，第 146 页。

尔为之，是绝不会做出伟大成就的；只有全力以赴、恒久为之，他才可能做出伟大成就：伟大业绩只能孕育于恒久活动，而不可能孕育于偶尔活动。而每个人的行为，如前所述，必定恒久为自己而只能偶尔为他人。所以，只有为自己的强盛的利己目的，才可能因其恒久性而孕育伟大业绩；而为他人的无私利他目的，则因其偶尔性而注定只能成就平凡的善举。

这就是为什么古今中外那些推动历史前进的各行各业的伟大人物，必皆怀抱强盛的个人追求；而那些无私利他的道德楷模，除了无私利他的高尚品德，大都不过是个凡夫俗子罢了。因此，真正讲来，无私利他给社会带来的益处，往往不过如投石入洋之微；而个人的强盛追求、那种巨大的恒心和毅力，才是推动公共利益之洋的狂风巨浪：强盛的利己目的实在是使社会活跃发展、辉煌灿烂的最大的善！斯密早就看到了这一点，他说："目的不是为了社会，对于社会来说，并不会比为了社会更差。他为了自己的利益，往往使他能够比为了社会利益更有效地促进社会利益。"[①]西季威克完全同意斯密的见地："人们的经常行为，与其说出于纯粹博爱动机毋宁说出于其他动机，能更令人满意地实现普遍幸福。"[②]

所以，应该反对的，既不是利己目的，也不是强盛的利己目的，更不是以利他手段实现的利己目的，而仅仅是以损人手段实现的利己目的。利己目的，正如霍尔巴赫所说，分明是一块沃土：这块沃土，由于人在上面的播种和耕耘是同样宜于生长有益的作物和有害的荆棘的。道德的最重要的任务就在于：在这块沃土上播下有益社会和他人的作物，除掉有害社会和他人的荆棘，从而生长出公共利益和他人利益以及个人利益的丰硕果实！因此，列宁不但不反对个人追求、利己目的，而且还把它奉为调动劳动者积极性进行社会主义建设的依据：

---

① Adam Smith: *An Inquiry into the Nature and Causes of the Wealth of Nations*, London: Methuen & Co. Ltd., 1930, p. 421.

② Henry Sidgwick: *The Methods of Ethics*, London: Macmillan and Co. Ltd., 1922, p. 413.

"不是直接依靠热情，而借助于伟大革命所产生的热情，依靠个人兴趣，依靠个人利益上的关心，依靠经济核算……否则你们就达不到共产主义，你们就不能把千百万人引导到共产主义。"[1]

2 具体人性之善恶：16 种伦理行为之道德价值

弄清了利己目的之善恶，也就可以进而解析以其为轴心的 16 种伦理行为——亦即所谓具体人性——的善恶问题了。这 16 种伦理行为，如前所述，亦即人类全部伦理行为，可以表示如图：

类型　　　目的 手段	利己	利他	害己	害他
利己	1 完全利己	5 为他利己	9 利己以害己	13 利己以害他
利他	2 为己利他	6 完全利他	10 利他以害己	14 利他以害他
害己	3 害己以利己	7 自我牺牲	11 完全害己	15 害己以害他
害他	4 损人利己	8 害他以利他	12 害人以害己	16 完全害他

不难看出，这 16 种人性，按其对于道德目的、道德终极标准的符合还是违背之效用，可以归结为四类：

第一类人性，是纯粹的利他和利己的行为，包括完全利他、完全利己、为己利他、为他利己 4 种行为。这些行为，简单明了，无疑都符合道德终极总标准"增进社会和每个人利益总量"或道德终极分标准"无害一人地增进利益总量"，因而都是道德的、应该的、善的。

第二类人性，是纯粹害他和纯粹害己的行为，包括目的害他 4 种行为和目的害己 4 种行为。这 8 种行为，比较复杂。粗略看来，这些行为都属于害他与害己范畴，因而违背道德目的和道德终极标准，是不道德的、恶的。其实不然。因为那些出于复仇心的以牙还牙、等害交换的目的害

---

[1]　《列宁选集》第四卷，人民出版社，1976 年，第 592 页。

人的行为，和出于内疚感或罪恶感的自我惩罚、等害交换的目的害己的行为，都符合正义正原则：等利交换与等害交换。

这些属于正义范畴的行为，显然具有这样的效用：如果一个人损害社会和别人，那么，他也会受到同等的损害；这样，他便不敢轻易损害社会和别人了。因此，这些行为赋予社会和人们以安全，有利社会发展和人际交往，因而符合道德终极标准"增进每个人利益总量"，是道德的应该的善的。

因此，《圣经》说："若有伤害，就要以命偿命，以眼还眼，以牙还牙，以手还手，以脚还脚，以烙还烙，以伤还伤，以打还打。"[①] 除了这些，其余目的害人与目的害己行为，显然都违背道德终极标准"增进每个人利益总量"或道德终极分标准"无害一人地增进利益总量"，因而都是不道德的、不应该的、恶的。

第三类人性，是己、他内部利害混合行为，包括害己以利己与害他以利他2种。这些行为，大都属于利己与利他各自内部发生利害冲突，因而利己同时必害己、利他同时必害他的行为。吸烟饮酒，便是利己必害己、害己以利己：以损害自己健康的手段获得自己的烟酒需要满足之利益和快乐。反之，棍棒教子，则是利他同时害他：以给予儿子痛苦和损害的手段，使儿子得到出人头地之快乐和利益。

一目了然，在这种情况下，不论害己以利己，还是害他以利他，如果利大于害，则其差为利，符合利益发生冲突情况下的道德终极分标准"最大利益净余额"，因而便是道德的、应该的、善的；反之，如果害大于利，则其差为害，违背"最大利益净余额"，因而便是不道德的、不应该的、恶的。举例说：

吃有副作用的药治病，是利大于害的害己以利己，符合"最大利益

---

① 莫蒂默·艾德勒、查尔斯·范多伦编：《西方思想宝库》，《西方思想宝库》编委会译编，吉林人民出版社，1988年，第940页。

净余额"标准,因而是善;反之,吸毒则是害大于利的害己以利己,违背"最大利益净余额"标准,因而是恶。严厉批评教育子女,是利大于害的害他以利他,符合"最大利益净余额"标准,因而是善;反之,因望子成龙而毒打子女致死,则是害大于利的害他以利他,违背"最大利益净余额"标准,因而是恶。

不过,利大于害的"害他以利他"和"害己以利己"之为善,完全是相对的:只有在利己必害己、利他必害他的利益发生冲突而不能两全的情况下,利大于害的害他以利他和害己以利己,才因其符合"最大利益净余额"原则而是应该的、道德的、善的;反之,在利己不必害己、利他不必害他的利益一致的情况下,不论利大于害的"害他以利他"和"害己以利己"如何增进了利益净余额,也都是不道德的、不应该的、恶的,因为它们违背了在利益不发生冲突而可以两全情况下的道德终极分标准:"无害一人地增进利益总量"。

第四类人性,是己、他外部利害混合行为,包括自我牺牲与损人利己2种。不言而喻,自我牺牲是善;而损人利己是恶。损人利己不但是恶,而且其恶是绝对的:在任何情况下——不论人们的利益是一致还是冲突——损人利己都违背道德目的"保障社会存在发展"和道德终极标准"增进每个人利益总量",因而都是恶的。反之,自我牺牲之为善却是相对的:只有当自我利益与社会、他人利益发生冲突而不能两全的情况下,自我牺牲才因其符合道德目的和"最大利益净余额"原则而是应该的道德的善的。如果自我利益与社会、他人利益并未发生冲突或可以两全,那么,不论自我牺牲如何增进了利益净余额,也都是不道德的、不应该的、恶的;因为它违背了在人们利益可以两全情况下的道德终极分标准:"无害一人地增进利益总量"。

综合四类人性可知,一方面,害他目的和引发它的恨人之心与复仇心,以及害己目的和引发它的自恨心、内疚感、罪恶感,就其自身来说,因其违背道德目的和道德终极标准而都是恶的;就其结果来说,则都是善与恶的共同源泉：如果以等害交换的惩罚他人或自我惩罚的形式实现，便符合道德目的和道德终极标准，因而是善的源泉；否则，以其他任何形式实现，都违背道德目的和道德终极标准，因而都是恶的源泉。但是，嫉妒心和自卑感及其所引发的害他目的与害己目的，则不论就其自身还是就其结果来说，都因其违背道德目的和道德终极标准而都是恶的。

另一方面，利己目的和引发它的自爱心、求生欲、自尊心，就其自身来说，因其符合道德目的和道德终极标准而都是善的；就其结果来说，则都是善与恶的共同源泉：自爱心、求生欲、自尊心及其所引发的利己目的，如果以利己、利他或利大于害的害己手段实现，便符合道德目的和道德终极总标准，因而是善的源泉；如果以损人或害大于利的害己手段实现，便违背道德目的和道德终极标准，因而是恶的源泉。同样，利他目的和引发它的爱人之心、同情心、报恩心，就其自身来说，符合道德目的和道德终极标准，因而都是善的；就其结果来说，则都是善与恶的共同源泉：如果以害大于利的害他手段实现，或者在利益一致的情况下以害己手段实现，便是恶的源泉；如果以利己、利他或利大于害的害他手段实现，或者在利益冲突情况下以害己手段实现，便是善的源泉。

总而言之，人类的恶行主要有9种：4种"目的害他"的行为（除去源于复仇心的等害交换的惩罚他人的行为）和4种"目的害己"的行为（除去源于内疚感或罪恶感的等害交换的自我惩罚行为）以及1种"损人利己"。此外，还有2种恶行：害大于利的"害他以利他"和"害己以利己"。反之，人类的善行主要有7种：4种"目的利他"行为（除去害大于利的害他以利他）、1种"为己利他"和1种"完全利己"以及1种"害己以利己（除去害大于利的害己以利己）"。此外，还有2种善行：等害交换而源于复仇心的惩罚他人的"目的害人"与等害交换而源于内疚感或罪恶感的自我惩罚的"目的害己"。这就是16种伦理行为——亦即人类全部伦理行为——之善恶，这就是伦理学所研究的全部人性之善恶。

3 善恶六原则之确立

弄清了人类全部伦理行为之善恶，也就可以制定规范人类一切伦理行为的道德善恶原则了。因为道德善恶原则是一种道德规范，属于伦理行为范畴，说到底，是一种伦理行为之善恶类型。所以，只要将人类的全部伦理行为按其善恶性质进行分类，就可以确立道德善恶原则：伦理行为之善恶类型与道德善恶原则是同一东西。根据16种伦理行为——亦即人类全部伦理行为——之善恶性质，不难看出，人类全部道德的、应该的、善的伦理行为，可以归结为三大行为类型、三大道德境界、三大道德原则、三大善原则：

第一大行为类型包括4种目的利他行为（除去害大于利的害他以利他），可以名之为"无私利他"。第二大行为类型包括为己利他和惩罚他人的目的害人以及自我惩罚的目的害己两种等害交换行为，不妨仍名之为"为己利他"；因为为己利他的基本境界显然是等利交换，因而便大体与等害交换的道德价值相等。第三大行为类型包括完全利己和害己以利己（除去害大于利的害己以利己），可以名之为"单纯利己"。这样，人类全部的善行便不过三类：无私利他、为己利他、单纯利己。道德是一种社会契约，道德的直接目的全在于保障社会存在发展。因此，利他（有利于社会和他人）的道德价值，正如达尔文所言，高于利己的道德价值："人们通常容易区别道德标准之高低。高级的标准基于社会本能而关涉他人的福利，并为同伴的赞许和理智所支持。低级的标准则主要关涉自我本身。"[1] 所以，无私利他的正道德价值最高，是伦理行为最高境界的应该如何，是道德最高原则，是善的最高原则，是至善；单纯利己的道

---

[1] Charles Darwin: *Descent of Man and Selection in Relatiotn to Sex*, London: John Murray, 1922, p. 187.

德价值最低，是伦理行为最低境界的应该如何，是道德最低原则，是善的最低原则，是最低的善；为己利他是利他与利己的混合境界，所以其道德价值便介于无私利他与单纯利己之间，是伦理行为基本境界的应该如何，是道德基本原则，是善的基本原则，是基本的善。

相反地，人类全部不道德的、不应该的、恶的行为也可以归结为三大行为类型、三大不道德境界、三大不道德原则、三大恶原则。第一大类型包括4种目的害他行为（除去出于复仇心的等害交换的惩罚他人的行为）和害大于利的害他以利他，可以名之为"纯粹害人"。第二大类型是"损人利己"。第三大类型包括4种目的害己行为（除去出于内疚感和罪恶感的等害交换的自我惩罚的行为）和害大于利的害己以利己，可以名之为"纯粹害己"。这样，人类的全部恶行也不过三类：纯粹害人、损人利己、纯粹害己。害他的负道德价值无疑高于害己的负道德价值。所以，纯粹害他的负道德价值最高，是伦理行为最高境界的不应该如何，是不道德的最高原则，是恶的最高原则，是至恶；纯粹害己的负道德价值最低，是伦理行为最低境界的不应该如何，是不道德的最低原则，是恶的最低原则，是最低的恶；损人利己的负道德价值则介于纯粹害他与纯粹害己之间，是伦理行为基本境界的不应该如何，是不道德的基本原则，是恶的基本原则，是基本的恶。

然而，问题的关键在于：无私利他仅仅是最高的善，却不是最大的善；纯粹害他仅仅是最高的恶，却不是最大的恶。因为爱有差等之人性定律表明，每个人的一切行为，唯有为己利他或损人利己才可能是恒久的；而无私利他、纯粹害他、单纯利己、纯粹害己都只能是偶尔的。这就是说：

一方面，在一切恶行中，唯有"损人利己"才可能是恒久的，而"纯粹害他"只能是偶尔的。这样，"损人利己"给予社会和他人的损害必定因其恒久性而最大最多，必定远远多于偶尔的"纯粹害他"给予社会和他人的损害。因此，"损人利己"虽然不是最高恶，却是基本且恒久恶，是最大恶，是最重要最主要的恶，是基本且恒久的恶原则，是最重要最主要的恶原则，是最重要最主要的不道德原则。相反地，纯粹害他虽然是最高恶，却是偶尔的恶，是最高且偶尔的恶，是最高且偶尔恶原则，是最高且偶尔不道德原则；而不是最大恶，不是最重要最主要恶，不是最重要最主要恶原则，不是最重要最主要的不道德原则。

另一方面，也是远为重要的，在一切善行中，唯有"为己利他"才可能是恒久的，而"无私利他"只能是偶尔的。这样，"为己利他"给予社会和他人的利益必定因其恒久性而最大最多，必定远远多于偶尔的"无私利他"给予社会和他人的利益：此乃"放之四海而皆准，行之万世而不悖"之伟大真理也！因为任何人无论搞学问还是干事业，如果断断续续、偶尔为之，是绝不会做出伟大成就的；只有全力以赴、恒久为之，才可能做出伟大成就：伟大业绩只能孕育于恒久活动，只能孕育于为己利他；而不可能孕育于偶尔活动，不可能孕育于无私利他。①

因此，为己利他虽然不是最高善，却是基本且恒久善，是最大善，是最重要最主要的善，是使社会活跃发展辉煌灿烂的最大最主要最重要的善，是基本且恒久善原则，是最重要最主要的善原则，是最重要最主要的道德原则。相反地，无私利他虽然是最高善，却是最高且偶尔善，是最高且偶尔善原则，是最高且偶尔道德原则；而不是最大善，不是最

---

① 人们往往以为，"为己利他"就是所谓的"主观为自己、客观为他人"。粗略地看，二者确实没什么差别，但细究起来，却大相径庭。主观为自己、客观为他人，亦即"主观动机为了自己、客观效果却有利他人"，它可以有三种含义。一是"主观利他为己、客观有利他人"，因为利他为己的主观动机显然经常能达到有利于他人的客观效果。二是"主观损人为己、客观却有利他人"，因为损人为己的主观动机偶尔能歪打正着，达到有利他人的客观效果。例如，张三想毒害竞争对手李四，但不料以毒攻毒，竟治好了李四的病，岂不就是"主观损人利己、客观却有利他人"？三是"主观单纯为己（既不损人又不利人）、客观却有利他人"，因为单纯为己的主观动机能达到间接有利他人的客观效果。比如，一个人锻炼身体是单纯为己，而自己健康岂不也有利他人？可见，"主观为自己、客观为他人"的含义是不确定的、多义的、歧义丛生而兼含善恶：它的经常的、基本的含义是"为己利他"，但偶尔也可能包括"损人利己"行为。所以，它与"为己利他"貌似神离，或者说，它是"为己利他"善原则的不确切、不科学的表述。

重要最主要善，不是最重要最主要善原则，不是最重要最主要道德原则。

准此观之，最伟大最重要最主要的道德楷模，并不是古人所谓"三不朽"的"立德"者，而是"立言"者和"立功"者；并不是最高尚的人，不是那些可歌可泣"舍生取义、杀身成仁"的无私利他自我牺牲者，而是那些通过给社会做出巨大贡献来出人头地的为己利他者；并不是伯夷叔齐们，而是管仲们；是"朝扣富儿门，暮逐肥马尘"的大诗人杜甫们，是你死我活地争夺微积分发现权的牛顿和莱布尼茨们，是难以与人相处的贝多芬们，是"拖着庸人长辫子"的歌德和黑格尔们！一言以蔽之，是各个领域怀抱为己利他的成名成家梦想而"各领风骚数百年"的开拓者们！

于是，总而言之，我们便通过道德目的、道德终极标准，从人类全部伦理行为事实如何的客观本性中，一方面推导出无私利他、为己利他、单纯利己三大善原则及其相互关系；另一方面则推导出纯粹害己、损人利己、纯粹害他三大恶原则及其相互关系。这善恶六大原则及其相互关系可以用一个数轴来表示：

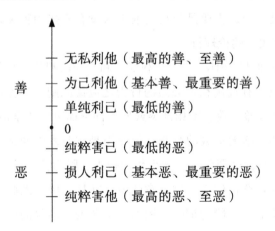

4 善恶六原则的适用范围

不难看出，三大恶原则的适用范围都是绝对的：任何人在任何条件下都既不应该纯粹害己，也不应该损人利己，更不应该纯粹害他。然而，三大善原则的适用范围却都是相对的。单纯利己的适用范围显然主要是每个人与社会或他人没有直接利害关系——而只与自己有直接利害关系——的伦理行为，如一个人跑步、游泳、游山玩水、观花赏月等。这些与社会或他人没有直接利害关系的行为，都属于单纯利己范畴，因而都符合单纯利己道德原则。

但是，一些关涉社会或他人利害的伦理行为，如不愿捐献自己的肾给那些需要肾的尿毒症病人，似乎也属于既不利人又不损人的单纯利己行为范畴，因而也可能符合单纯利己道德原则。其实不然。因为人是社会动物，每个人的一切都是社会和他人给予的。这样，一个人只要生活于社会中，那么，面对任何人的困难，他都应该给予帮助：你可以不捐献你的肾，但总应该量力而为，给予尿毒症病人一些帮助。否则，如果袖手旁观或不给予任何帮助，就是一种或多或少的忘恩负义的不正义的恶行，而绝不是什么既不损人又不利人的单纯利己。所以，单纯利己的适用领域极其有限，主要是与社会或他人没有直接利害关系、而只与自己有直接利害关系的伦理行为。

与"单纯利己"相反，"无私利他"和"为己利他"显然是指导每个人与社会或他人有直接利害关系的行为之道德原则。这种行为可以分为两类：一类是利益一致、不相冲突或发生冲突而可以两全情况下的行为，是社会恒久的、绝大多数的行为；另一类是利益发生冲突而不能两全情况下的行为，是社会偶尔的、极少数的行为。因为社会是一种我为人人、人人为我的利益合作体系。这就意味着：在社会中，人们的利益一致可以两全是正常的、一般的情况，因而是恒久的、多数的；反之，人们的利益发生冲突而不可两全，则是例外的、非常的情况，因而是偶尔的、少数的。否则，社会必定崩溃瓦解而不可能存在了。

不言而喻，为己利他仅仅适用于利益一致、可以两全的行为，不适用于利益冲突而不可能两全的行为。因为利益发生冲突而不能两全，显然意味着不可能为己利他、己他两利：为己利他只可能存在于利益一致、可以两全的情况。举例说，做买卖，既有利于买者又有利于卖者，是一种利益不相冲突而可以两全的行为，因而适用于为己利他原则：为己利他的买卖是道德的；损人利己的买卖是不道德的。反之，被敌人逮捕，我若活命，必出卖同志；若不出卖同志，必被枪杀。这样，自我利益就与同志们的利益发生冲突而不能两全。在这种情况下，显然不可能为己利他；为己利他不适用于利益冲突而不能两全的行为。

那么，适用于利益冲突而不能两全的行为之道德原则是什么？毫无疑义，只能是无私利他、自我牺牲。因为在这种情况下，一个人若不自我牺牲便必定损人利己，而不可能存在其他选择。所以，在利益冲突不能两全的情况下，只有自我牺牲、无私利他才是道德的：自我牺牲、无私利他是解决自我利益与社会或他人利益发生冲突而不能两全的唯一道德原则。那么，无私利他是否也适用于利益一致不相冲突——或发生冲突而可以两全——的行为？否！

因为无私利他与自我牺牲实为同一概念：任何无私利他，至少都必须压抑、牺牲自己一定的利己欲望以及自己一定的时间和精力。这样，在利益一致而可以两全的情况下，无私利他便因其压抑、牺牲了自我欲望、自我利益而违背了在利益一致情况下"无害一人地增进利益总量"的道德终极标准，因而是不应该、不道德的、恶的。更何况，在这种情况下，为己利他比无私利他更能增加社会和每个人的利益总量。这可以从两方面看：

一方面，无私利他似乎没有增加社会利益总量。因为无私利他是一种单赢原则，它虽然增加了他人利益总量，却没有增加自我利益总量，甚至减少了自我利益总量：至少压抑和牺牲了一定的利己的欲望和自由以及自己一定的时间和精力。反之，为己利他则显然增加了社会利益总量。因为为己利他是一种双赢原则，它不仅增加了他人利益总量，而且增加了自我利益总量。

　　另一方面，即使无私利他增进了社会的利益总量，也必定远远少于为己利他所增加的社会利益总量。因为只有为己利他才具有——无私利他却不具有——增进社会利益的最强大的动力：个人利益追求。所以，西季威克说：

　　"正是在自我利益的激励下，大多数人的积极的能量才会最容易和最充分地发挥出来。如果去掉这种激励，普遍幸福就会因劳动本身及其所获得的幸福手段的严重减少而减少。由于这些原因，在实际生活中，如果每个人都像关心自己幸福那样关心他人幸福，是不会促进普遍幸福的。"①

　　因此，在利益一致、可以两全的情况下，如果为己利他而不是无私利他，便极大地增进了社会和每个人利益总量，极其符合道德终极标准"增进社会和每个人利益总量"，因而是极其应该的、道德的；反之，如果无私利他而不是为己利他，便极大地减少了社会和每个人利益总量，极大地违背道德终极标准，因而是极其不应该、不道德的。

　　可见，无私利他是最高且偶尔善原则，仅仅适用于例外的偶尔的行为，亦即利益冲突而不能两全的行为；为己利他是基本且恒久善原则，仅仅适用于正常的恒久的行为，亦即利益一致可以两全的行为。遗憾的是，多年来我们不懂得这个道理，却极力倡导"不应该为自己而只应该为祖国成名成家"。这种倡导是极不道德的。试想，能够给社会和每个人带来最大利益的是什么人？岂不是牛顿和爱因斯坦们？岂不是李白杜甫莎士比亚们？岂不是曹雪芹托尔斯泰们？一言以蔽之：岂不就是名家？所以，成名成家不仅最有利于自己，更有利于社会和他人，完全属于"利益一致可以两全两利的行为"。

　　因此，要求一个人"为祖国而不为自己成名成家"，便因其压抑和牺牲自我欲望而违背了在利益一致情况下"无害一人地增进利益总量"的道德终极标准。更何况，"为自己成名成家"，比"为祖国成名成家"更

---

① Henry Sidgwick: *The Methods of Ethics*, London: Macmillan and Co. Ltd., 1922, p. 431.

能增进社会和每个人的利益总量：只有前者才具有而后者却不具有增进社会利益的最强大的动力——个人利益追求。因此，只应该为祖国成名成家的道德教育，更因其极大地减少每个人利益总量而极端违背道德终极总标准："增进每个人利益总量"。倡导"不应该为自己而只应该为祖国成名成家"的传统利他主义道德，真乃恶劣之道德也！

5 道德总原则：善恶两原则与善恶六原则

综上可知，首先，无私利他是最高且偶尔善原则，是最高且偶尔道德原则，它只应该且只可能指导每个人的偶尔行为；其作用是使每个人在自我利益与社会或他人利益发生冲突而不能两全时，能够无私利他、自我牺牲而不致损人利己。反之，纯粹害人则是最高且偶尔恶原则，是最高且偶尔不道德原则，它也只应该且只可能指导每个人的偶尔行为；其作用在于禁止每个人对待他人的行为纯粹害人，而使之不断减少以至于零。

其次，为己利他是基本且恒久善原则，是基本且恒久道德原则，它应该且能够指导每个人的恒久行为；其作用是使每个人在自我利益与社会、他人利益一致或可以两全的情况下，能够为己利他而不致损人利己。反之，损人利己则是基本且恒久的恶原则，是基本且恒久的不道德原则，它也应该且能够指导每个人的恒久行为，其作用在于反对每个人在一切与社会和他人有利害关系的行为中损人利己，而使之不断减少以至于零。

最后，单纯利己是最低且偶尔善原则，是最低且偶尔道德原则，它也应该且只能指导每个人的偶尔行为，其作用在于使每个人在与社会和他人无直接利害关系的行为领域，能够单纯利己而不致纯粹害己。反之，纯粹害己则是最低且偶尔恶原则，是最低且偶尔不道德原则，它也应该且只能指导每个人的偶尔行为，其作用在于阻止每个人的与社会和他人无直接利害关系的行为纯粹害己，而使之不断减少以至于零。

这就是被爱有差等人性定律和道德终极标准所决定的善恶六原则的定义与所适用的行为数量及其范围。它的基本且现实的意义在于表明，把无私利他奉为评价行为是否道德的唯一准则以指导人们一切行为，既是不应该也是不可能的：它不应该，因为无私利他只应该指导利益发生冲突而不能两全的行为；它不可能，因为每个人必定恒久为自己而只能偶尔为他人。所以，不论无私利他多么高尚纯洁尽善尽美，也只应该且只能够被奉为偶尔善，只应该且只能够被用来引导人的偶尔行为；只有为己利他，只有这不那么高尚完美而被康德和冯友兰斥为巧于算账的原则，才应该且能够被奉为恒久善原则，才应该且能够用来引导人的恒久行为；只有无私利他和为己利他以及单纯利己三者联合起来才是全面的道德原则，才应该且能够引导人的全部行为；从而使每个人在利益冲突不能两全时能够无私利他，在利益一致可以两全时能够为己利他，在无关社会和他人时能够单纯利己，在任何时候都不进行纯粹害己、损人利己、纯粹害人等一切不道德的行为。这就是最高尚的道德楷模之极限！这就是最优良的道德的全部作用之极限！谁要超越这个极限，把无私利他奉为行为是否道德唯一准则而用以引导人的一切行为，妄图造就恒久无私乃至完全无私的道德楷模，谁便会被爱有差等人性定律碰得头破血流，谁便注定只能造就伪君子而已！

善恶六原则乃是规范人类全部伦理行为的道德原则，因而可以称之为道德总原则。诚然，更确切些说，作为道德总原则，一方面，所谓善，亦即道德善，也就是一切符合道德目的、道德终极标准的伦理行为，因而也就是"增进社会、他人和自己以及动植物等非人类存在物利益"的伦理行为，亦即"无私利他"与"为己利他"以及"单纯利己"，说到底，亦即"利他与利己"的伦理行为。另一方面，作为道德总原则，所谓恶，亦即道德恶，则是一切违背道德目的、道德终极标准的伦理行为，因而也就是"减少社会、他人和自己以及动植物等非人类存在物利益"的伦理行为，亦即"纯粹害人"与"损人利己"以及"纯粹害己"，说到底，亦即"害他与害己"的伦理行为。

这样一来，道德总原则便由两方面构成：一方面是"善恶总原则"，亦即"善恶两原则"，说到底，亦即"善是利他与利己"和"恶是害他与害己"；另一方面则是"善恶分原则"，亦即"善恶六原则"，说到底，亦即"善是无私利他和为己利他以及单纯利己"与"恶是纯粹害人和损人利己以及单纯利己"。

善恶总原则极其普遍宽泛而不区分目的与手段，因而不能准确衡量一切行为之善恶。就拿损人利己和损己利人两种伦理行为来说。根据善恶总原则"善是利他利己、恶是害他害己"，损人利己和损己利人便似乎同样既善又恶：就其利人和利己来说是善，就其损己和损人来说是恶。它似乎难以说明，为什么损己利人与损人利己的道德价值根本不同：损己利人是善，而损人利己是恶。

要说明这一点，要准确评价每个人具体的实际的行为之善恶，"善是利他利己、恶是害他害己"的善恶总原则，显然必须具体化而区分目的与手段，从而演进为含有目的与手段之分的"无私利他"、"为己利他"、"单纯利己"和"纯粹害人"、"损人利己"、"纯粹害己"善恶六原则。因此，只有善恶六原则才能够——善恶总原则不能够——准确衡量一切行为之善恶：善恶六原则是精确的道德总原则；善恶总原则是非精确道德总原则。

＊　　　＊　　　＊

根据我们对于善恶总原则与善恶六原则的推导和制定过程，二者均堪称优良的道德总原则。因为如上所述，一方面，所谓优良道德原则，便是与道德价值相符的道德原则，而恶劣道德原则则是与道德价值不符的道德原则；另一方面，善恶总原则与善恶六原则，是通过道德目的和道德终极标准，从全部的伦理行为事实如何之中推导和制定出来的，是与全部伦理行为应该如何的道德价值相符的道德总原则，因而也就是优良道德总原则。但是，这些道德总原则究竟是否优良，无疑尚须检验。

道德总原则之优劣关系到全部道德规范之优劣，是伦理学——亦即关于优良道德的科学——最为重要的问题。所以，在道德总原则的推导和制定之后，应该探究其如何检验的问题。

不难看出，道德总原则的优劣及其理论的真假之检验，一方面，可以通过任何一种行为事实而得到部分证实：如果二者不发生矛盾，就得到了部分证实；另一方面则可能通过某一种行为事实而被证伪：如果二者发生矛盾，就被证伪了。举例说，如果人类行为事实上完全是利己为我，而根本就不存在无私利他，那么，无私利他道德原则及其理论便与人类行为事实发生了矛盾，这种道德原则的优良性及其理论的真理性便被证伪了。反之，如果人类行为事实上存在无私利他，那么，无私利他道德原则及其理论便未与人类行为事实发生矛盾，这种道德原则的优良性及其理论的真理性便得到了部分证实。

因此，证实和证伪一种道德总原则及其理论，关键在于找到一种事实，这种事实能够证伪道德总原则及其理论：一种道德总原则及其理论如果与其发生矛盾，就被证伪；否则便得到部分证实。那么，这种事实究竟是什么？这种事实就是市场经济：多年来一直争论不休的市场经济善恶原则难题，同时也是道德总原则及其理论的证实与证伪问题。

三　市场经济善恶原则：道德总原则的证伪与证实

为什么市场经济是一种能够证伪和部分证实道德总原则及其理论的事实？

原来，一方面，市场经济不但是人类一种最为重要的行为，而且是人类行为的一种十分独特的领域，在这个领域中，一切行为的目的都是为了利己，而绝不存在无私利他的行为。市场经济的这一特征使其具有十分显著的证伪效用。因为与此恰恰相反，两千年来一直占据统治地位的传统道德总原则及其理论——亦即儒家、墨家和康德以及基督教所代表的利他主义——将无私利他奉为衡量行为善恶的道德总原则：只有无私利他的行为才是道德的、善的；而只要目的是为了自己，则不论如何有利社会和他人，都是不道德的、恶的。这样，利他主义的道德总原则及其理论便与市场经济发生了矛盾：如果利他主义的道德总原则及其理论是优良的、正确的，那么，市场经济行为便统统都是不道德的、恶的；如果市场经济行为不都是恶的、不道德的，那么，利他主义道德总原则及其理论便是恶劣的、错误的。市场经济行为显然不可能都是不道德的、恶的。因此，这种矛盾只能意味着：利他主义道德总原则及其理论是恶劣的、错误的。所以，市场经济对于道德总原则及其理论具有一种证伪作用：利他主义道德总原则及其理论否定利己目的的道德价值，与市场经济是矛盾的，因而其优良性与真理性便被证伪了。

另一方面，道德总原则乃是规范一切行为应该如何与不应该如何的善恶原则，因而也就包括市场经济行为的善恶原则；否则，它们就不是规范一切行为善恶的道德总原则了。这样，一种道德总原则如果是优良的——因而关于这种道德总原则的理论是真理——那么，它们便可以解决市场经济善恶原则难题；并通过这种解决，使其优良性与真理性得到部分证实。否则，它们就不是优良的道德总原则，就不是堪称真理的优良道德总原则理论了。

可见，市场经济是一种能够证伪与部分证实道德总原则及其理论的事实。于是，我们的善恶总原则与善恶六原则及其理论如果真是一种优良的道德总原则及其理论，那么，它们不但可以科学地解决市场经济善恶原则难题，而且也可以通过这种解决，使其优良性与真理性进一步得到证实。因此，研究市场经济善恶原则，乃是道德总原则理论的一个极其重要的推演和验证，是其不可缺少的一部分。

那么，市场经济行为究竟是一种什么行为？它果真是一种目的完全利己的伦理行为吗？它的善恶道德原则究竟是什么？我们关于道德总原则——善恶总原则与善恶六原则——的理论是否能够解决市场经济善恶原则的难题？这种理论究竟将被市场经济证实还是证伪？解析这些问题的起点显然是：究竟何谓市场经济？

1　市场经济概念

何谓市场经济？学术界颇有争议。其实，仅就市场经济来说市场经济，很难说清市场经济。如果我们放开眼界，细查商品经济，那么，究竟何谓市场经济便一清二楚了。

谁都知道，商品是用来进行交换的劳动产品，商品经济是直接以交换为目的的经济，是为了交换而发生的经济。那么商品究竟在哪里进行交换呢？在市场。市场是商品交换的场所，是商品交换关系的总和：商品在市场按其价值等价交换。但是，在市场上，当一种商品供不应求时，它的价格便会高于它的价值，因而生产该种商品有利，人们便会纷纷生产该种商品，于是配给它的资源便会增加。经过一段时间，便会供求平衡。如果继续下去，则会供过于求，那时，该种产品的价格便低于它的价值，因而再生产该种商品便亏本了。于是人们便会减少该种商品的生产，分配给它的资源便会减少。可见，商品经济的资源是借助市场交换关系、依靠供求规律、价格机制来配置的。因此，可以说，商品经济是市场配置资源的经济。反过来说也成立：非商品经济都不是由市场配置资源的经济。这样，商品经济便有两个定义："为了交换而发生的经济"是以经济运行的目的特征为根据、为种差的定义；"市场配置资源的经济"则是以经济运行的手段的特征为根据、为种差的定义。

从"商品经济是由市场配置资源的经济"的定义来看，可以把商品经济叫作市场经济：市场经济是由市场来配置资源的经济。市场经济的英文词 market-directed 也是此意：市场导向的经济。美国经济学家格林沃尔德主编的《现代经济词典》也这样来界定市场经济："一种经济组织方式，在这种方式下，生产什么样的商品，采用什么方法生产以及生产出来以后谁将得到它们的问题，都依靠供求力量来决定。"[1] 因此，商品经济与市场经济是同一概念，二者不过是同一经济相对不同对象的不同名称：商品经济是根据经济运行的目的特征相对自然经济、产品经济来说的名称；市场经济则是根据经济运行的手段的特征相对计划经济、统制经济来说的名称。市场经济与商品经济是同一概念的道理，吴敬琏已经说得很清楚：

"'市场经济'一词，是在 19 世纪末新古典经济学兴起以后才流行起来的。新古典经济学细致地剖析了商品经济如何通过市场机制有效地配置资源，市场被确认为商品经济运行的枢纽。从此，商品经济也就开始被通称为市场经济。所谓市场经济（market economy）或称市场取向的经济（market-oriented economy），顾名思义，是指在这种经济中，资源的配置是由市场导向的。所以，'市场经济'一词，从一开始就是从经济的运行方式，即资源配置方式立论的。它无非是货币经济或商品经济从资源配置方式角度看的另一种说法。"[2]

然而，目前我国经济学者大都持"高级形态论"，认为简单商品经济并非市场经济，只有发达商品经济才是市场经济：市场经济是商品经济的高级形态。这是因为，在他们看来，衡量一种经济是不是市场经济，要看全社会的经济资源的主要配置者是不是市场：市场经济是市场充当全社会经济资源主要配置者的经济。洪银兴说：

"不是一有商品经济，一有市场，就有市场经济。只有当商品经济关系发展到全社会，整个国家或整个地区的总体经济，而不是局部经济受市场导向，市场成为资源配置的基础性调节机制时，这种经济才能称作市场经济。"[3]

---

[1]　格林沃尔德：《现代经济词典》，《现代经济词典》翻译组译，商务印书馆，1981 年，第275 页。
[2]　《中国社会科学》，1991 年第 6 期。
[3]　《我的市场经济观》上，江苏人民出版社，1994 年，第 725 页。

　　刘国光亦如是说："形成市场经济要有一定的条件，那就是商品和生产要素能够在全社会范围内自由流动，配置到效益最优的地方和用项组合上去……所以说，市场经济是商品经济高度发达的产物。"①

　　这是不能成立的。因为合乎逻辑地说，衡量一种经济是不是市场经济，显然只能看该种经济的资源的配置者是不是市场，而不能看全社会的经济的资源的配置者是不是市场。"一种经济资源的配置者是不是市场"，衡量的是该种经济是不是市场经济，是市场经济的"质"的标准：如果一种经济资源的配置者是市场，那便是市场经济；如不是市场，便不是市场经济——市场经济是市场充当资源配置者的经济。

　　反之，"全社会的经济资源配置者是不是市场"，则是市场经济的"量"的标准，衡量的是市场经济的社会规模：如果市场不是全社会经济资源的主要配置者，那便是简单市场经济；如果市场是全社会经济资源的主要配置者，那便是发达市场经济——发达市场经济是市场充当全社会经济资源的主要配置者的经济。

　　"高级形态论"的错误，就在于把市场经济的量的标准当作质的标准、把市场经济量的规定性当作质的规定性、把市场经济的外在规模当作市场经济的内在根本特性，因而便把市场经济与发达市场经济等同起来，以为市场经济是市场充当全社会资源主要配置者的经济。于是，简单商品经济也就不能是市场经济；市场经济仅仅是发达的高级的商品经济了。知道了什么是市场经济，也就可以进而把握市场经济行为事实如何的客观本性了。

2　市场经济行为事实如何之客观本性

　　所谓市场经济行为，当然是人的市场经济行为，也就是市场经济人

---

① 《我的市场经济观》上，江苏人民出版社，1994年，第151页。

的行为。市场经济人简称"经济人"，它是市场经济的行为主体，即市场经济的当事人、行为者。从市场经济的根本性质（交换）来看，经济人分为卖者与买者。相应地，市场经济行为便是卖者的行为与买者的行为的总和，即买卖行为的总和。从市场经济的运行过程来看，经济人则分为商品生产经营者与商品消费者。相应地，市场经济行为也就是商品生产经营者的行为与商品消费者的行为总和。

经济学表明，每个商品生产经营者的行为目的，都是为自己赚取利润，为了实现利润最大化、价值最大化。反之，每个商品消费者的行为目的，则都是为了自身满足，为了实现效用最大化，使用价值最大化。合而言之，一切市场经济行为目的，便都是为了利己，为了实现利益最大化。如果一个人从事市场经济，目的是为了利他，他便应把商品无偿送给对方，那样，他所从事的便不是买卖行为，不是市场经济行为了。任何一个真正从事市场经济的人，任何一个真正的买方或卖方，他都不但不会把自己的商品无偿送给对方，而且还要与对方争夺利益。这种利益的竞争表现在：

每一位卖者都争取贵卖，把自己有限的商品换成尽可能多的货币；反之，每一位买者尽可能贱买，用自己有限的货币换取尽可能多的商品。只是由于每一位卖者与买者都如此争夺利益而不肯在交换中吃亏，结果才使得双方在交换商品时，都只能以价值为基础，实行等价交换；等价交换就是依靠卖者和买者对自身利益的追求和争夺而成为市场经济根本法则的。

利益的争夺不但存在于买卖之间，而且存在于买方之间和卖方之间。当市场商品供不应求时，买方之间便展开利益争夺而抢购商品，从而使价格上涨高于它的价值，因而生产该种商品有利，商品生产者便会纷纷生产该种商品，于是配给它的资源便会增加。反之，市场商品供过于求时，卖者之间便展开利益争夺竞相出卖商品，从而使价格下跌低于它的价值，因而再生产这种商品便吃亏了，于是商品生产者便会减少该种商品生产，分配给它的资源便会减少。市场经济就是这样依靠卖者与买者对自身利益的追求和争夺来配置资源的。

可见，只要是市场经济，那么其行为目的便都是为了利己而不是为了利他；不但不是为了利他，而且还要与他人争夺利益：竞争是市场经济固有规律。市场经济行为目的都是为了利己，意味着：经济人的行为目的都是为了利己，经济人是目的完全利己的人。《新韦氏国际大词典》写道：

"经济人，这是对人的一种假设，假设人可以免除那些利他的情感和动机的干扰，进而可以非常自私地追求财富，以及财富所能带来的各种享乐。"

经济人是一种假设，并不是说"经济人"尚未被证实；而是说在现实生活中并没有纯粹的"经济人"。因为任何一个人都不可能仅仅生活于市场经济领域，即使一个市场经济行为再多的人，他也总要有种种非市场经济行为，如谈情说爱、行走观望、孝敬父母、教育子女等。当他从事市场经济时，他是经济人，他的一切行为目的必定是完全利己的。但当他谈情说爱、孝敬父母时，他便不是经济人而是社会人，他的行为目的便可能不是利己的而是利他的了。这就是说，一个人完全可能慷慨无私，但那一定不是在市场经济领域。只要他从事市场经济活动，他的行为便必定是完全利己的。

如果在他进行市场经济活动时，他突然良心发现，比如说当他卖面包时，他对一个衣衫褴褛、瘦骨嶙峋的老妪大动恻隐之心，不要老妪一分钱而把面包白白送给了她，那么，他的行为目的确实不是利己而是利他。但是，他的这一行为已不是买卖行为、市场经济行为，而是慈善行为了。

市场经济行为目的只能利己，并不足怪。因为还有很多领域人的行为目的只能是完全利己的，如食欲、性欲、睡眠的满足等：任何一个人满足自己的性欲、食欲、睡眠等生理需要的行为目的都是完全利己的。

一句话，生理人与经济人一样，是目的完全利己的人。所以，马斯洛说，生理需要是以自我为中心的，人的无私利他的高尚品德是人的较高级的需要的属性：

"需要越高级，必定便越少自私。饥饿是极度利己主义的，它唯一的满足方式就是满足自己。但是，对于爱和自尊的追求却必然关涉他人；而且，关涉他人的满意。"①

总之，市场经济、经济人的行为目的是完全利己的。这是市场经济伦理行为的基本性质。对于这一性质，马克思曾有深刻论述："只是在个人 B 用商品 b 为个人 A 的需要服务的时候，并且只是由于这一原因，个人 A 才用商品 a 为个人 B 的需要服务。反过来也一样。每个人为另一个人服务，目的是为自己服务；每一个人都把另一个人当作自己的手段互相利用。"②

市场经济是交换经济，因而每个人的市场经济行为便都不是与他人无关的孤独个人行为，而完全是与他人打交道的社会性行为。不言而喻，孤独的个人行为手段的特征，是仅仅通过自己而以依靠自己为手段；反之，社会行为手段的特征，则是通过社会和他人而以依靠社会和他人为手段。这种手段，显然具有并且仅仅具有两种相反表现：通过造福社会他人而从中得到利益（即以利他为手段）和通过损害他人而从中得到利益（即以损人为手段）。因此，市场经济行为便具有两种相反手段：利他手段与损人手段。例如，卖假药赚钱便是以损人为手段的市场经济行为，而卖真药赚钱则是以利他为手段的市场经济行为。

这样，一方面，市场经济行为目的只能利己；另一方面，市场经济行为手段只能利他与损人。于是，市场经济行为具有并且仅仅具有为己利他与损人利己两大类型。不难看出，就市场经济行为总和来说，或者

---

① Abraham H. Maslow: *Motivation and Personality*, New York: Harper & Row, 1970, p. 100.
② 《马克思恩格斯全集》第 46 卷，人民出版社，1974 年，第 196 页。

就绝大多数人的市场经济行为来说，为己利他的行为必定多于损人利己的行为。否则，如果为己利他的行为必定少于损人利己的行为，那么，每个人从市场经济中所遭到的损害就必定多于所得到的利益，市场经济便注定崩溃而不可能存在了。但是，就各个个人来说，他的市场经济行为究竟是为己利他多于损人利己，还是损人利己多于为己利他，显然是不一定的。因为市场经济能否存在，并不取决于各个个人的行为如何。因此，市场经济行为或经济人的行为类型，实际上遵循两种规律：

①非统计性规律：每个经济人的行为，必定恒久为己利他或损人利己：如果为己利他是恒久的，损人利己必定是偶尔的；如果损人利己是恒久的，为己利他必定是偶尔的。

②统计性规律：就市场经济行为总和来说，亦即就绝大多数经济人的行为来说，为己利他的行为必定是恒久的，而损人利己的行为只能是偶尔的。换言之，就多数市场经济行为来说，亦即就绝大多数经济人的多数行为来说，为己必利他。

这个市场经济行为规律，原本由斯密发现。他的表述虽不十分确切，却因那"看不见的手"的名言而广泛流传开来：

"每个人都不断地努力为他所能支配的一切资本找到最有利的用途。确实，他所追求的是他自己的利益而不是社会的利益。但是，他对自己利益的追求自然会——毋宁说必然会——引导他选择最有利于社会的用途。"[①] "由于每个人都尽其所能地竭力将他的资本用来支持国内产业和管理这些产业，使其产值最大化；他就必然尽其所能地竭力使社会的年收入增大起来。确实，他通常既不打算促进公共利益，也不知道自己是多么大地促进着这种利益。宁愿支持国内的而不是国外的产业表明，他只是算计着他自己的安全；他管理产业的目的在于产值最大化表明，他所

① Adam Smith: *An Inquiry into the Nature and Causes of the Wealth of Nations*, London: Methuen & Co. Ltd., 1930, p. 419.

算计的也只是他自己的赢利。在这里像在其他许多场合一样，他受着一只看不见的手的指导，去尽力达到一个并非他想要达到的目的。目的不是为了社会，对于社会来说，也不会比为了社会更差。他为了自己的利益，往往使他能够比为了社会利益更有效地促进社会利益。"[1]

斯密这不朽的精湛论述显然可以归结为两条规律：① 经济人的目的只是为了利己；② 经济人为己必利他：这就是所谓"看不见的手"之定律。本来，这两条规律的性质是不同的：前者是非统计性规律，适用于每个经济人的一切行为；后者是统计性规律，只适用于多数经济人的多数行为。可是，斯密却误把二者等量齐观，都当作适用于每个经济人一切行为的非统计性规律了。

3 市场经济行为应该如何之道德原则

我们考察了市场经济行为之事实如何。那么，究竟哪些市场经济行为是道德的、应该的、善的？哪些是不道德的、不应该的、恶的？道德之真正目的和道德终极标准，如前所述，乃是增进社会和每个人利益。准此观之，一目了然，为己利他的市场经济行为便因其能够增进社会和每个人利益而符合道德目的、道德终极标准，所以是道德的、应该的、善的；反之，损人利己的市场经济行为则因其减少社会和每个人利益而不符合道德目的，所以是不道德的、不应该的、恶的。而如上所述，为己利他与损人利己包括全部市场经济行为。所以，为己利他便不仅是应当的、道德的、善的市场经济行为，而且应当的、道德的、善的市场经济行为也只能是为己利他；反之，损人利己不仅是不道德、不应当、恶的市场经济行为，而且不道德、不应当、恶的市场经济行为也只能是损人利己。

---

[1] Adam Smith: *An Inquiry into the Nature and Causes of the Wealth of Nations*, London: Methuen & Co. Ltd., 1930, p. 421.

于是，为己利他与损人利己便是规范一切市场经济行为的全部善恶原则：为己利他是一切市场经济行为应当如何的唯一的善原则；损人利己是一切市场经济行为不应当如何的唯一的恶原则。这样，为己利他便是市场经济对人们行为应当如何的唯一正面的道德要求；损人利己便是市场经济行为不应当如何的唯一负面的道德要求。这一要求的最低限度、市场经济对人们的最低的道德要求，是为己利他多于损人利己，因为这是市场经济存在发展的最低条件。这一要求的最高限度、市场经济对人的最高道德要求，则是使损人利己不断减少以至于零，从而使一切市场经济行为都达到为己利他境界，因为这是市场经济存在发展的理想状态。

然而，我国许多学者却否定为己利他，而认为集体主义和雷锋精神（即无私奉献、无私利他）是社会主义市场经济应当如何的道德原则。他们的根据主要有两个。一个是社会主义市场经济建立的基础是生产资料公有制为主体；另一个是社会主义生产目的规律：社会主义市场经济的目的是为了满足整个社会日益增长的物质和文化的需要。这两个根据是不能成立的。

首先，"商品是个天生的平等派"。作为社会主义市场经济的行为主体，不论是公有制的主体，还是私有制的主体，不论是国家，还是集体，抑或是个人，都是完全平等的，而绝不存在谁高于谁、谁服从谁的关系：他们都同样服从等价交换法则，他们的关系是讨价还价、你争我夺、谁也不肯吃亏、谁也不肯自我牺牲的等价交换关系。因此，"集体利益高于个人利益、个人利益服从集体利益，因而在二者发生冲突不能两全时应该自我牺牲"的集体主义原则与市场经济是背道而驰的。如果硬要市场经济服从集体主义原则，便取消了市场经济。举例说，什么能赚钱，我就生产什么，是市场经济。但是，如果我遵循集体主义原则，便应该服从国家的需要，国家需要什么，我就生产什么。可是，这样一来我进行的还是市场经济吗？显然不是，而是计划经济、统制经济、命令经济了。

其次，社会主义生产目的规律，说的只是社会主义的"社会"、"国家"发展社会主义市场经济目的是为了满足整个社会物质和文化需要；而绝不是说各个从事社会主义市场经济的当事人的目的是为了满足整个社会的物质和文化需要。社会主义社会发展市场经济的目的完全是为了满足整个社会的物质和文化需要；但每个从事市场经济当事人的行为目的，却如前所述，完全是为了利己而不是为了满足整个社会的物质和文化需要。这样，无私利他的雷锋精神便不可能用来指导市场经济建设。如果硬要市场经济奉行雷锋精神，那便取消了市场经济。例如，张三业余理发赚钱，是市场经济行为。但是，如果他学习雷锋、遵循无私利他原则，便应该无偿为顾客理发。这样他所进行的便不是市场经济行为，而是义务劳动了。

总之，一切市场经济行为——无论资本主义还是社会主义——的行为目的都只能是为了利己，无私利他只可能存在于非市场经济领域。所以，集体主义、雷锋精神、无私利他虽然是人类最崇高最美好的道德原则，却只能是非市场经济行为的道德原则，而不可能是市场经济的道德原则。

不过，集体主义和无私利他虽不是市场经济道德原则，却是市场经济行为者的道德原则，更确切些说，是市场经济行为者从事非市场经济活动的道德原则。因为任何一个市场经济行为者，都不可能仅仅是经济人，仅仅生活于市场经济领域，仅仅进行市场经济行为。他必然既是经济人，又是社会人；既生活在市场经济领域又生活在非市场经济领域；既从事市场经济行为又从事非市场经济行为。当他是经济人而生活在市场经济领域、从事市场经济行为时，他只应当遵循为己利他原则；但当他是社会人而生活在非市场经济领域、从事非市场经济活动时，他则应当遵循无私利他原则。不难看出，一个人作为社会人如果对无私利他原则遵循得越好，无私利他的行为越多，那么，当他是经济人时，他对为己利他原则遵循得便越好，从而他为己利他的行为便越多而损人利己的行为便越少。反之，一个人作为一个社会人，如果对无私利他原则遵循得越不好，他为己利他行为便越少而损人利己的行为便越多。试想，作为社会人如果十分乐善好施、经常无私利人，那么当他经商时，他怎么能欺诈拐骗、损人利己呢？反之，如果他作为社会人无恶不作、从不知无私为何物，那么当他经商时又怎么能不欺诈拐骗、损人利己？所以，一个人作为社会人而对无私利他道德原则的遵循程度与他作为经济人而对为己利他道德原则的遵循程度具有正比例关系。这一关系告诉我们，无私利他、集体主义虽不是市场经济道德原则，却是市场经济存在与发展的人格保障、人格前提、人格条件：为己利他是市场经济的道德原则，无私利他是市场经济的人格保障。

4　结论

市场经济行为事实如何的客观本性及其应该如何的善恶原则之研究表明：一方面，市场经济行为事实不但未与我们所确立的道德总原则——善恶总原则与善恶六原则——及其理论发生矛盾，而且恰恰可以归结为善恶六原则所规范的两种行为类型：为己利他与损人利己；而市场经济善恶原则不过是善恶六原则之中的两条原则：善原则"为己利他"与恶原则"损人利己"。因此，市场经济行为事实如何的客观本性及其应该如何的善恶原则，进一步证实了善恶六原则及其理论的优良性与真理性。

另一方面，与市场经济发生矛盾的，乃是两千年来一直占据统治地位的传统道德总原则及其理论，亦即儒家、墨家和康德以及基督教所代表的利他主义。因为在它看来，只有无私利他的行为才是道德的、善的；而只要目的是为了自己，则不论如何有利社会和他人，都是不道德的、恶的。反之，一切市场经济行为的目的，如上所述，都是完全利己的，而根本不存在无私利他的行为。这样，利他主义道德总原则及其理论就与市场经济发生了矛盾：如果利他主义的道德总原则及其理论是优良的、正确的，那么，市场经济行为便统统都是不道德的、恶的；如果市场经济行为不都是恶的、不道德的，那么，利他主义道德总原则及其理论便是恶劣的、错误的。市场经济行为显然不可能都是不道德的、恶的。因此，这种矛盾只能意味着：利他主义道德总原则及其理论是恶劣的、错误的。

由是观之，便可洞悉中外学术界围绕"市场经济与利他主义道德的矛盾"而形成的两种相反的理论："市场经济非道德论"与"市场经济辩护论"。"市场经济非道德论"承认市场经济与利他主义矛盾的存在，但仍然坚持利他主义，因而断言市场经济都是不道德的或非道德的。这种观点显然是不能成立的。因为市场经济是一种社会活动，如果市场经济行为都是非道德或不道德的，怎么能够存在发展？任何社会，就其行为总和来说，道德的行为多于不道德的行为乃是其存在和发展的必要条件。如果一种社会的活动都是非道德或不道德的，那么，这种社会绝不可能存在，更谈不到发展了。所以，市场经济就其行为总和来说，道德的行为必定多于不道德的行为，而绝不可能都是不道德或非道德的。

反之，"市场经济辩护论"则是一种为市场经济进行道德辩护的观点，在它看来，市场经济行为不都是不道德的、恶的，而有善恶之分。市场经济非道德论不能成立，似乎意味着市场经济辩护论是真理。其实不然。因为辩护论又分为两派。一派承认市场经济与利他主义的矛盾，认为这种矛盾只能说明利他主义道德是恶劣的、错误的，而绝不意味市场经济行为都是不道德或非道德的。因为市场经济行为都是不道德或非道德的观点，源于恶劣的、错误的利他主义道德总原则及其理论；而在优良的正确的道德总原则及其理论看来，市场经济行为则分为善恶两类：为己利他是善的而损人利己是恶的。这也就是我们的观点。相反地，另一种辩护论则坚持利他主义，否认市场经济与利他主义矛盾的存在，认为市场经济存在与利他主义原则相符的行为，亦即存在着无私利他：无私利他的市场经济行为是善的，非无私利他的市场经济行为则不是善的。这种辩护论是不能成立的，因为如上所述，市场经济并不存在无私利他行为。

四　人性善恶学说

道德总原则——不论是善恶六原则还是善恶两原则——都是人性善恶分析之结果。所以，人性之善恶，乃是道德总原则理论的基本问题，也是人类思想的大问题；因而不论中外，自古以来，人们便围绕它一直争论不已。不过，这些争论能够形成各种系统的人性善恶学说并且历代相沿两千多年，却是西方绝无而仅为中国哲学所特有。这些构成中国哲学一大特色的人性善恶之学说，如所周知，可以归结为四种：性无善恶论、性善论、性恶论、性有善有恶论。

1　性无善恶论

性无善恶论是认为人性是不可言道德善恶的理论。告子，如所周知，是性无善恶论的代表。在告子看来，人性的具体所指，无非人的食欲和性欲："食色性也。"[1] 食欲和性欲显然是人生而固有、不学而能的本性。所以，告子又说："生之谓性"。[2] 人性既然是人生而固有、不学而能的本性，是天生的、天然的、自然的、本能的东西，因而也就与一切自然物不可言善恶一样，是无所谓道德善恶的，是不可言道德善恶的："性犹湍水也，决诸东方则东流，决诸西方则西流。人性之无分于善不善也，犹水之无分于东西也。"[3]

告子此见合乎常识，最似真理；以致冯友兰也同样把食色诸欲当作自然界之事物，因而由自然物不可言善恶而得出"欲"不可言善恶的结论："我以为欲是一个天然的事物，他本来无所谓善恶，他自是那个样子。

---

[1] 《孟子·告子》。
[2] 同上。
[3] 同上。

他之不可谓为善或恶，正如山水之不可谓为善或恶一样。"① 张岱年也说："如果所谓性指生而具有无待学习的本能，那么，应该说性是无善无恶的。在这个意义上，告子所谓'性无善无不善也'是正确的。"② 牟宗三亦如此评论告子的人性论："此完全是就人的自然生命、乃至凡有生者之自然生命之实然而说性。在此，就其为材质之自然而本然言，当然是中性无记者，是'无分于善不善'者。"③ 但是，告子的性无善恶论和冯友兰、张岱年以及牟宗三的推论都是不能成立的：它们究竟错在哪里？

原来，所谓人性，如上所述，确实是人生而固有、不学而能的本性：这就是作为一般科学术语的人性概念。它依其可否言道德善恶的性质而分为两类：一类是可以言道德善恶的，亦即人的伦理行为事实如何的本性，如同情心和妒嫉心等，是伦理学的研究对象，是伦理学所研究的人性，是作为伦理学对象的人性，是伦理学的人性概念；另一类是不能言道德善恶的，亦即伦理行为之外的人性，如知情意、眼鼻耳等，是心理学等科学的研究对象，是心理学等科学所研究的人性，是作为心理学等科学对象的人性，是心理学等科学的人性概念。

由是观之，如果告子所说的人性，是一般的人性概念，那么，告子断言人性不可言道德善恶，显系以偏概全。如果告子所说的人性，是伦理学的人性概念——实际正是如此——那么，告子就更加错了。诚然，伦理学的人性概念——亦即人的伦理行为事实如何之本性——也是人生而固有、不学而能的本性，是人的天生的、天然的、自然的、本能的东西。但是，这种人性却不属于自然界范畴，而属于人的行为范畴。因为这种人性不是人的行为之外的自然物，不是人的意志不可支配的自然的属性；而是人的行为所自然固有的属性，就其量的多少来说，是受人的意志自由支配的，是可以自由选择的。

---

① 冯友兰：《三松堂全集》第一卷，河南人民出版社，1985年，第560页。
② 《张岱年全集》第三卷，河北人民出版社，1990年，第576页。
③ 牟宗三：《心体与性体》中册，上海古籍出版社，1999年，第166页。

就拿告子所说的食色两大人性来说。食色与同情、嫉妒、爱恨等人性一样，都是人生而固有、不学而能的本性，是人的天生的、天然的、自然的、本能的东西。但是，食色、爱恨、同情、嫉妒等人性却不属于自然物而属于人的行为范畴：它们都属于行为心理范畴，是行为的内在动因、内在因素。这些行为的内在因素，就其量的多少来说，是每个人都能够自由支配的：可以压抑、升华而变弱变少；也可以发展、放纵而变强变多。

因此，一个人的食色、爱恨、同情心、妒嫉心等人性与不受他自由支配的他身上的那些自然物——如眼睛大小、鼻子高低——不同，是可以言善恶的。就拿爱与恨以及同情心与妒嫉心来说。爱和同情心显然有利社会和每个人的生存与发展，符合道德目的、道德终极标准，因而是善的；恨和妒嫉心显然有害社会和每个人的生存与发展，违背道德目的、道德终极标准，因而是恶的。

可见，人性——食色、同情、嫉妒、爱恨等——虽然是人生而自然固有的本性，却不属于自然物而属于人的伦理行为范畴，是伦理行为的心理因素：就其量的多少来说，是每个人都能够自由选择的，因而是可以言道德善恶的。告子性无善恶论以及张岱年和牟宗三的推论的错误，就在于把人生而自然固有的人性，当作自然界之事物，因而由自然物不可言善恶而得出结论说：生而自然固有的人性无所谓善恶。冯友兰的错误，则在于不懂得食色等人生而自然固有的欲望，乃是伦理行为的心理因素；却把它们当作自然界之事物，因而由自然物不可言善恶而得出结论说：欲无所谓善恶。

2　性善论

性善论是认为人性是善的而不是恶的理论。孟子，如所周知，是这种理论的开创者和主要代表人物。孟子与告子一样，也认为人性是人生而固有的本性："非由外铄我也，我固有之也。"① 但是，反过来说，人生而固有的本性，在孟子看来，却并不都是人性：人性乃是人生而固有的、人之所以为人者的特性。所以，张岱年写道："孟子所谓性者，正指人之所以异于禽兽之特殊性征。人之所以同于禽兽者，不可谓为人之性。"②

可是，为什么人性是人之所以为人者的特性？因为人性与犬性、牛性是不同的："孟子曰：'生之谓性也，犹白之谓白与？'曰：'然。''白羽之白也，犹白雪之白，白雪之白犹白玉之白与？'曰：'然。''然则犬之性犹牛之性，牛之性犹人之性与？'"③ 这就是说，人性与犬性、牛性是不同的：人性就是人不同于犬、牛的人之特性。

那么，人之所以为人者的特性究竟是什么呢？孟子答曰：是恻隐之心、羞恶之心、辞让之心、是非之心。因为"无恻隐之心，非人也；无羞恶之心，非人也；无辞让之心，非人也；无是非之心，非人也。"④ 四心若无其一，即非人，因而四心便是人之所以为人者，便是人性。可是，人性或四心，究竟是善的还是恶的？孟子是道义论者，因而把完善每个人的品德、实现人之所以为人者——最终将无私利他——奉为评价一切伦理行为善恶的道德终极标准。准此观之，人性或四心便因其恰恰就是人之所以为人者而完全符合道德终极标准，于是也就完全是善的："恻隐之心，仁之端也；羞恶之心，义之端也；恭敬之心，礼之端也；是非之心，智之端也。"⑤

这就是性善论的基本内容。性善论认为人性是善的而不是恶的论点之真正依据，显然不是它的道义论，而是它的人性界说：人性是人之所

① 《孟子·告子》。
② 张岱年：《中国哲学大纲》，中国社会科学出版社，1982 年，第 5 页。
③ 《孟子·告子》。
④ 《孟子·公孙丑》。
⑤ 《孟子·告子》。

以异于禽兽、人之所以为人者。因为，如果人性是人之所以为人者（亦即所谓四心），那么，不论按照道义论的道德终极标准（完善每个人的品德）还是功利论的道德终极标准（增进每个人利益）来衡量，人性显然都是与其相符的，因而便都是善的，而不是恶的。

人性是人之所以为人者的界说，初看起来，似能成立。因为人性显然是与犬性、牛性不同的：人性就是人不同于犬、牛的人之特性。但是，细究起来，却大谬不然。因为没有任何事物是完全不同的。人性与犬性、牛性不可能完全不同。人性与犬性、牛性既有不同的一面，亦即人之所以为人者的特性；又有与犬性、牛性相同的一面，亦即人的动物性。人的动物性与人的特性一样，都是长在人身上的东西，怎么能不是人性呢？性善论的错误，就在于只看到人性与犬性、牛性不同的一面，而抹杀人性与犬性、牛性相同的一面，将人性与人性的一部分——亦即人的特性——等同起来，因而片面断言：人性只是人性区别于犬性、牛性的人之所以为人者的特性。

3　性恶论

性恶论的代表，如所周知，是荀子："人之性恶，其善者伪也。"[①]然而，人性为什么是恶的？人们大都以为，这是由于荀子与孟子对于人性概念的界定不同："荀子所谓性，与孟子所谓性，实截然两事。"[②]其实，孟荀对于人性的界定，根本说来，是相同的：人性是人生而固有本性。因为荀子曰："生之所以然者谓之性。"[③]孟子也认为恻隐之心等人性"非由外铄我也，我固有之也"。[④]所以，傅斯年说："荀子所谓性恶者，即谓

---

① 《荀子·性恶》。
② 张岱年：《中国哲学大纲》，中国社会科学出版社，1982年，第5页。
③ 《荀子·性恶》。
④ 《孟子·告子》。

生来本恶也。孟子所谓性善者，亦谓生来本善也。"[1]

只是当进一步辨别人生而固有的什么东西是人性时，孟荀才分道扬镳的。孟子认为人生而固有四心，四心就是人性，人性就是四心，因而人性是善的。反之，荀子则认为孟子所谓的四心并不是人性，而是人伪。因为四心既然仅仅是四端，仅仅是一点点萌芽，尚须扩充而后才能完成，于是便不是生而固有的，而是"虑积焉，能习焉而后成，谓之伪。"[2]那么，人生而固有的人性究竟是什么呢？是利己心、妒嫉心、好声、好色、好愉佚："若夫目好色，耳好声，口好味，心好利，骨体肤理好愉佚，是皆生于人之情性也；感而自然，不待事而后生之者也。夫感而不能然，必且待事而后然者，谓之生于伪。"[3]

从人性亦即自爱利己的具体内容出发，荀子进而得出人性是恶的结论："今人之性，生而有好利焉，顺是故争夺生而辞让亡焉；生而有疾恶焉，顺是故残贼生而忠信亡焉；生而有耳目之欲，有好声色焉，顺是故淫乱生而礼义文理亡焉。然则从人之性，顺人之情，必出于争夺，合于犯分乱理而归于暴。故必将有师法之化，……用此观之，然则人之性恶明矣。其善者伪也。"[4]

不难看出，性恶论是不能成立的。因为不论一个人多么坏，不论他的爱人之心、同情心和报恩心是多么微弱，他也不可能完全丧失爱人之心、同情心和报恩心：他能一点都不爱和同情他的儿女、他的情人、他的父母吗？人人皆生而固有爱人之心、同情心和报恩心，只不过有些人较多，有些人较少罢了。所以，爱人之心、同情心和报恩心便与恨人之心、妒嫉心、复仇心一样，都是人性。性恶论的错误，显然在于抹杀人性的爱人利他方面，而将人性与人性的自爱利己方面等同起来。这是性

---

① 《中国现代学术经典·傅斯年卷》，河北教育出版社，1996年，第71页。

② 《荀子·性恶》。

③ 同上。

④ 同上。

恶论错误之一方面。另一方面，顺从人的生而好利的本性，既可能争夺生而辞让亡，也可能辞让生而争夺亡：个人利益的追求既可能有害社会和他人，从而是恶的源泉；也可能有利社会和他人，从而是善的源泉。性恶论的错误，显然在于夸大自爱利己有害社会和他人的方面，抹杀其有利于社会和他人方面，从而得出了人性——亦即自爱利己——是恶的结论。这就是性恶论的双重错误。

4　性有善有恶论

性善论与性恶论看似相反，实则错误相同。因为，一方面，人性本来是多元的：既生而固有同情心而能利他，又生而固有自爱心而必利己。可是，两论对于人性的界定却都同样是片面的：性善论以为人性仅仅是同情利他；性恶论则以为人性仅仅是自爱利己。另一方面，道德终极标准本来是"增进每个人利益总量"。可是，性善论与性恶论乃是儒家内部的不同流派，因而就其主流思想来说，都是道义论，于是便都将品德的完善境界"无私利他"——亦即儒家所谓的"仁"——奉为评价人性善恶的道德终极标准。性恶论者用它来衡量他所谓的人性，自然要说人性是恶的，因为自爱利己不是品德的完善境界，不符合道义论所理解的道德终极标准；反之，性善论同样用它来衡量他所谓的人性，自然要说人性是善的，因为同情利他是品德的完善境界，符合道义论所理解的道德终极标准。

性善论与性恶论都是片面的、错误的，意味着，人性既不是纯粹善，也不是纯粹恶，而是有善有恶：性有善有恶论是真理。但是，与性善论和性恶论一样，性有善有恶论的代表人物却仍然是儒家：世硕、董仲舒和扬雄。性有善有恶论始于战国时的儒家世硕："周人世硕，以为人性有善有恶：举人之善性，养而致之则善长，恶性养而致之则恶长。"[1]董仲舒

---

① 王充：《论衡·本性》。

则十分详尽地论证了性有善有恶论。通过这些论述，他得出结论说："人受命于天，有善善恶恶之性，可养而不可改，可豫而不可去，若形体之可肥瘦而不可得革也。"① 扬雄则更进一步，提出"性善恶混"的著名论断："人之性也善恶混，修其善则为善人，修其恶则为恶人。"②

性有善有恶论，正如张岱年所言，乃是性善论与性恶论之调和。但是，调和性善论与性恶论的，不只是性有善有恶论，还有性三品论。性三品论认为，人性可以分为三种：一种人的人性是善的；一种人的人性是恶的；介于二者之间的人的人性是有善有恶的。质言之，所谓性三品论，也就是认为人性并非人人一样而是存在上中下三种人性的理论。这种理论，实为性有善有恶论之极端形式；因而董仲舒就已认为，人性有圣人之性、斗筲之性和中民之性之三品："圣人之性，不可以名性；斗筲之性，又不可以名性。名性者，中民之性。"③ 不过，性三品论的真正代表人物，如所周知，乃是王充、荀悦和韩愈。韩愈说得最为清楚："性之品有上中下三，上焉者，善焉而已矣；中焉者，可导而上下也；下焉者，恶焉而已矣。"④

性三品论无疑是谬论。因为如上所述，所谓人性，乃是人人生而固有的普遍本性：就其质的有无来说，是人人生而固有、完全一样的；只是就其量的多少来说，在一定限度内，才是人们后天习得、有所不同的。这就是说，任何人所具有的人性，除了量的多少有所不同，是完全一样的。换言之，任何人所具有的人性，只可能在量的多少方面有所不同，而在质的种类方面是完全一样的：只能有一种人性，而不可能有三种人性。绝不可能只有善性而无恶性的圣人之人性，也不存在只有恶性而无善性的斗筲之人性：任何人的人性，就其质的有无来说，都是完全一样

---

① 董仲舒:《春秋繁露·玉杯》。
② 扬雄:《法言·修身》。
③ 董仲舒:《春秋繁露·实性》。
④ 韩愈:《原性》。

的，都是同样有善有恶的。圣人再高尚，也不可能丝毫没有妒嫉心、复仇心和恨人之心等恶的人性；斗筲之徒再败坏，也不可能丝毫没有爱人之心、同情心与报恩心等善的人性。只不过圣人的善的人性极多而恶的人性极少；斗筲之徒的恶的人性极多而善的人性极少罢了。性三品论的错误，显然在于夸大三种人所具有的人性在量的多少方面的不同性，抹杀三种人所具有的人性在质的有无方面的共同性，从而得出错误的结论：三种人的人性是完全不同的，亦即存在三种不同人性。

那么，儒家性有善有恶论是真理吗？粗略看来，无疑是真理。但细究起来，却不尽然。因为人性善恶之评价，从上可知，一方面取决于人性之界说，取决于人性所指称的究竟是什么；另一方面则取决于人性善恶的标准之确定，取决于道德终极标准究竟是什么。如果对这两方面或其一的见地不同，那么对人性究竟是善还是恶的观点便会不同：如果对这两方面的认识皆为真理，那么，关于人性善恶的学说便是真理；只要其中之一错误，那么，关于人性善恶的学说便包含错误。对于人性的界定，儒家性有善有恶论认为人性既固有同情心而能利他，又固有自爱心而必利己，确实是比较全面的，避免了性善论和性恶论的片面性。但是，对于道德终极标准，儒家性有善有恶论却与性善论、性恶论犯了同样的错误：片面地把"仁"、"无私利他"奉为评价人性善恶之标准。这样，它便与性善论和性恶论一样，误以为自爱利己是恶而同情利他是善，只不过它把二者均看作人性罢了。

真正堪称真理的，从上可知，乃是这样一种性有善有恶论：一方面，它与儒家性有善有恶论一样，认为人的一切生而固有的普遍本性——不论是同情利他还是自爱利己——都是人性；另一方面，它与儒家性有善有恶论不同，不是将"增进每个人品德完善"或"无私利他"，而是将"增进每个人利益总量"，奉为衡量人性善恶之标准。这样，不但同情利他的人性是善的，而且自爱利己的人性也是善的，而只有诸如妒嫉害人等人性才是恶的：人性有善有恶的观点是真理。

5　新性有善有恶论

人性善恶的研究对于伦理学具有巨大的意义。因为人的伦理行为应该如何的优良道德规范，如前所述，只能从人性——亦即人的伦理行为事实如何之本性——通过道德目的、道德终极标准推导出来。这样，如果人性是不可言道德善恶的，那么，就不可能从人性推导出道德规范，人性也就不会是伦理学——关于道德的科学——的研究对象了；如果人性都是善的，那么，就只能从中推导出应该如何的道德规范，而不能从中推导出不应该如何的道德规范；如果人性都是恶的，那么，就只能从中推导出不应该如何的道德规范，而不能从中推导出应该如何的道德规范；只有人性有善有恶，才能从中推导出应该如何与不应该如何的道德规范。

人性有善有恶的观点固然是真理，却仅仅意味着：从人性能够推导出应该如何与不应该如何的道德规范；而并不意味着：从人性能够推导和制定出应该如何与不应该如何的优良的、全面的、科学的道德规范。要做到这一点，显然必须知道全部的善的人性和全部的恶的人性是什么？必须知道全部的人性都是什么？换言之，必须弄清伦理学的人性概念——人的伦理行为事实如何之本性——的内涵和外延究竟包括什么？亦即伦理行为究竟有哪些事实如何之本性？弄清了这些伦理行为事实如何之本性，那么，通过道德目的、道德终极标准，就可以知道这些人性之善恶，并从中推导和制定出伦理行为应该如何的优良的、全面的、科学的道德规范。

但是，以往人性论，不论是性善论还是性恶论抑或性有善有恶论，正如张岱年所言，都不研究人性实际内容："中国性论有一特点，即以善恶论性；关于性的主要争点，是性善或性恶的问题。即反对以善恶言性者，也只是说性无善恶而止，不更详论性之实际内容。"这恐怕是以往人性论的最为根本的缺憾：这一缺憾，使以往人性论不可能确立全面的、科学的道德规范。从克服这种缺憾出发，我们的人性论则详论人性的实际内容，如人性16种、6类型和4规律：我们的人性论是一种以人性16种、6类型、4规律为特征的新性有善有恶论。这种新性有善有恶论的基本内容，如上所述，可以归结如下：

所谓人性，亦即人的伦理行为事实如何之本性。伦理行为由伦理行为目的与伦理行为手段构成。伦理行为手段引发于伦理行为目的；伦理行为目的则分为4种：害他目的、利他目的、利己目的和害己目的。害他目的，引发于恨人之心、复仇心和妒嫉心；害己目的，引发于自恨心、内疚感和罪恶感；利他目的，引发于爱人之心、同情心、报恩心和完善自我品德之心；利己目的引发于自爱心、求生欲和自尊心；一切目的最终皆引发于趋乐避苦、趋利避害的利己心。

恨人之心、复仇心与自恨心、内疚感、罪恶感及其所引发的害他目的与害己目的，就其自身来说，因其违背道德目的和道德终极总标准"增进社会和每个人利益总量"以及道德终极分标准"无害一人地增进利益总量"，而都是恶的；就其结果来说，则都是善与恶的共同源泉：如果以等害交换的惩罚他人或自我惩罚的形式实现，便符合道德目的和道德终极标准，因而是善的源泉；否则，以其他任何形式实现，都违背道德目的和道德终极标准，因而都是恶的源泉。反之，嫉妒心和自卑感及其所引发的害他目的与害己目的，则不论就其自身还是就其结果来说，都因其违背道德目的和道德终极总标准"增进社会和每个人利益总量"，而都是恶的。

自爱心、求生欲、自尊心及其所引发的利己目的，就其自身来说，因其符合道德目的和道德终极总标准"增进社会和每个人利益总量"以及道德终极分标准"无害一人地增进利益总量"，而都是善的；就其结果来说，则都是善与恶的共同源泉：自爱心、求生欲、自尊心及其所引发的利己目的，如果以利己、利他或利大于害的害己手段实现，便符合道德目的和道德终极总标准"增进社会和每个人利益总量"以及道德终极分标准"无害一人地增进利益总量"，因而是善的源泉；如果以损人或害大于利的害己手段实现，便违背道德目的和道德终极总标准"增进社会和每个人利益总量"以及道德终极分标准"无害一人地增进利益总量"，因而是恶的源泉。同样，爱人之心、同情心、报恩心、完善自我品德之心及其所引发的利他目的，就其自身来说，符合道德目的和道德终极总标准"增进社会和每个人利益总量"，因而都是善的；就其结果来说，则都是善与恶的共同源泉：如果以害大于利的害他手段实现，或者在利益一致的情况下以害己手段实现，便是恶的源泉；如果以利己、利他或利大于害的害他手段实现，或者在利益冲突情况下以害己手段实现，便是善的源泉。

那最为深刻的人性，那引发每个人一切行为和情欲的终极原因、原动力——亦即趋乐避苦、趋利避害的利己心——就其自身来说，因其符合道德终极分标准"无害一人地增进利益总量"，而是善的；就其结果来说，则是善与恶的共同源泉：它是引发利他目的与利己目的以及害他目的与害己目的之终极原因，因而也就是一切善与一切恶的终极源泉。

于是，所谓人性，不论就外在行为来说，还是就内在心理感情来讲，皆亦善亦恶，同时又是善与恶的共同源泉。但是，一方面，终极人性、亦即行为之终极原因、原动力完全是善的，同时又是善与恶的共同源泉；另一方面，人性的发展方向是趋善避恶，因为人人皆有做一个好人而不做坏人的完善自我品德之心。那么，这是否意味着，人性的主流是善的而不是恶的？是的。终极人性和人性的发展方向——亦即人性的源头和流向——是善的，决定了人性的主流是善的，而不是恶的。这一点，可以从人性的完整内涵得到印证。因为人性的完整内涵，如前所述，可以归结为伦理行为目的、伦理行为手段、伦理行为类型、伦理行为原动力四层次：

伦理行为目的层次的人性是：每个人都具有利己、利他、害己、害他四种行为目的，并且必定恒久利己而只能偶尔利他、害他、害己。这是伦理行为目的规律。根据这个规律，亦即从目的层次来看，可以说人性必定恒久为善、偶尔为恶。

伦理行为手段层次的人性则分化为两种。一种是：每个人都具有利己、利他、害己、害他四种行为手段，并且必定恒久利他或害他，而只能偶尔利己与害己。这是伦理行为手段相对数量非统计性规律。另一种是：任何一个社会，就其行为总和来说，亦即就绝大多数人的行为来说，利他手段必定是恒久的，而其他一切手段——亦即损人、害己以及利己手段——之和，也都只能是偶尔的。这些规律表明，手段层次上的人性，虽然就每个人来说，善恶皆可能达于恒久；但是，就绝大多数人来说，必定恒久为善、偶尔为恶。

伦理行为类型层次的人性也分化为两种。一种是：每个人的行为，必定恒久为己利他或损人利己；而只能偶尔无私利他、单纯利己、纯粹害人、纯粹害己。这是伦理行为类型相对数量非统计性规律。另一种是：任何一个社会，就其行为总和来说，亦即就绝大多数人的行为来说，为己利他必定是恒久的，而其他一切行为——亦即损人利己、无私利他、单纯利己、纯粹害人、纯粹害己——之和，也只能是偶尔的。这些规律表明，行为类型层次上的人性，虽然就每个人来说，善恶皆可能达于恒久；但是，就绝大多数人来说，必定恒久为善、偶尔为恶。

伦理行为直接原动力的人性是：每个人都具有引发利己目的的自爱心（求生欲与自尊心）和引发害己目的的自恨心（内疚感、罪恶感与自卑心）以及引发利他目的的爱人之心（同情心与报恩心）和完善自我品德之心以及引发害他目的的恨人之心（复仇心与嫉妒心）；并且其自爱心（求生欲与自尊心）必定是引发行为的恒久的决定性动因，而其他感情——亦即爱人之心、同情心、报恩心、完善自我品德之心和恨人之心、复仇心、嫉妒心以及自恨心、内疚感、罪恶感——之和，也都只能是引发行为的偶尔的决定性动因。这就是说，心理层次上的人性，必定恒久为善、偶尔为恶。

可见，人性——不论就外在行为来说，还是就内在心理感情来讲；不论就行为手段、行为目的、行为类型来说，还是就行为原动力来说——皆必定恒久为善、偶尔为恶：人性之主流必定是善而不是恶。于是，我们可以得出结论说：

人性的主流必定是善的而不是恶的：就人性自身内容来说，则有善有恶，恒久为善、偶尔为恶，同时又是善与恶的共同源泉；就终极人性，亦即行为之终极原因、原动力来说，则完全是善的，同时又是善与恶的共同源泉；就人性的发展方向来说，则是趋善避恶，因为人人皆有做一个好人而不做坏人的完善自我品德之心。

这就是以详论人性实际内容为特征的新性有善有恶论之要义，这就是以人性16种、6类型、4规律为特征的新性有善有恶论之要义。

＊　　＊　　＊

道德总原则，不论是善恶总原则还是善恶六原则，都是人性善恶分析之结果。因此，人性善恶学说原本属于道德总原则理论。但是，它不是道德总原则理论的全部，而只是其部分内容。因为道德总原则理论至少还包括道德目的和道德终极标准理论以及善恶原则理论。人性善恶学说虽然只是道德总原则理论的一部分，但是，这一部分是如此根本和重要，以致从道德总原则理论整体中分离出来，成为一种相对独立的学说。所以，真正讲来，道德总原则理论与人性善恶学说是整体与部分的关系。因此，一方面，不论人性学说多么重要和根本，都远远不及道德总原则理论复杂和重要；另一方面，对于人性善恶学说的分析，乃是对于道德总原则理论分析的基础和前提：从此出发，便不难解析道德总原则理论了。那么，关于道德总原则理论，古今中外，究竟有多少流派？它们的基本内容及其对错得失究竟如何？这就是下一章的研究对象。

第十五章　道德总原则理论

本章提要

自孔子以来，伦理学家们便围绕道德总原则而探求不已、论战不息。这些争论，摘其要者，可以归结为利他主义、利己主义——合理利己主义与个人主义——和己他两利主义。利他主义既否定"为己利他"又否定"单纯利己"而将"无私利他"奉为评价行为是否道德的唯一准则，代表人物是儒家、墨家、康德和基督教伦理学家。

合理利己主义既否定"无私利他"又否定"单纯利己"而将"为己利他"奉为评价行为是否道德的唯一准则，代表人物是爱尔维修、霍尔巴赫、费尔巴哈、车尔尼雪夫斯基、霍布斯、洛克、曼德威尔以及中国的老子、韩非、李贽、龚自珍、梁启超、陈独秀等。

个人主义既否定"无私利他"又否定"为己利他"而将"单纯利己"——特别是个人自由和自我实现——奉为评价行为是否道德唯一准则，代表人物当推中国古代哲学家杨朱和庄子以及现代西方哲学家尼采、海德格尔、萨特。

己他两利主义是把"无私利他"与"利己不损人"共同奉为衡量行为善恶的道德总原则的理论，代表人物主要是弗洛伊德和弗洛伊德主义者弗洛姆以及达尔文和达尔文主义者赫胥黎、海克尔、道金斯、威尔逊；此外还有斯宾诺莎、狄德罗、休谟、卢梭、沙夫茨伯里、边沁、穆勒、西季威克、葛德文、马克思、恩格斯等。我们主张一种"新己他两利主义"，按照这种道德总原则理论："无私利他"是最高且偶尔善原则；"为己利他"是基本且恒久善原则;"单纯利己"是最低且偶尔善原则。

　　道德总原则,亦即善与恶,无疑是伦理学的最重要的问题。因为伦理学,如前所述,不过是关于如何制定和实行优良道德规范的科学而已。关于道德总原则的理论,则无疑是伦理学最为复杂艰深的理论。因为优良的道德原则,如前所述,并不是随意制定的,而只能通过道德目的、道德终极标准,从伦理行为事实如何的客观本性中推导出来。这样,道德总原则理论便包括三大方面内容:一是关于道德本性——亦即道德目的和道德终极标准——的理论;二是关于人性——亦即人的伦理行为事实如何之本性——的理论;三是关于人的行为应该如何的善恶原则的理论。自古以来,伦理学家们便围绕这些问题而探求不已、论战不息。已经有并且还将有多少思想家被它们榨破头颅! 这些争论,摘其要者,可以归结为利他主义、利己主义——合理利己主义与个人主义以及心理利己主义与伦理利己主义——和己他两利主义三大流派与一种学说:集体主义。

　　这些流派或学说,如所周知,极为复杂,以致关于它们的特征和定义,直到今日仍然见仁见智、众说纷纭。甚至很多伦理学大师,一旦定义这些概念,便显得十分无能为力:费尔巴哈、叔本华、尼采、海克尔、赫胥黎等竟然都把利己主义与利己、利他主义与利他等同起来。今日西方伦理学家仍然重复着这些幼稚可笑的定义。例如,波吉曼便这样写道:"利他主义是认为人们的行为有时能够以某种方式而将他人利益置于自己利益之前的理论。"[①] 桑德斯(Steven M. Sanders)亦如是说:"利己主义是认为每个人在任何时候都应该最大限度地追求自己利益而不应该牺牲自己利益的学说。"[②]

---

① Louis P. Pojman: *Ethical Theory: Classical and Contemporary Readings*, Belmont, California: Wadsworth Publishing Company, 1995, p. 50.

② John K. Roth: *International Encyclopedia of Ethics*, London, Chicago: Braun-Brumfield Inc., 1995, p. 250.

　　显然，界说这些流派或学说，揭示其本质、确定它们的根本特征，解析其真假对错，援引任何名家的断言都是远远不够或不足为凭的；唯一科学的途径，无疑是考察这些流派或学说公认代表人物的原著而以其为依据。下面，我们便依据这些代表人物的原著，从人性理论与道德理论（包括道德本性理论与道德原则理论）两大方面，逐一考察这些流派或学说。

一　利他主义

　　利他主义（altruism）名词，据包尔生说，是利他主义论者孔德创造的："孔德主张利他主义，这个词就是他创造的。"[1] 大美百科全书也这样写道："利他主义由法国哲学家孔德发展而来。他以 egoisme（自利）为模式，artrui（他人）为基础，创造出 altruisme 这个法国字。"[2] 孔德用这个词来表达他和赫起逊等思想家所倡导的伦理学说。这种学说的基本特征，可从孔德如下的论述得知：

　　"吾人天性中惟一之元素，其本身即道德者，则为爱：盖惟爱本身乃自至于使社会情感高出于自利。"[3] "在实证系统中，利己则被视为吾人天性上之一大病痛。"[4] 因此，实证主义的"再生之政制，其最重要之目的，在于以义务代替权利，如是则能将为个人着想代之以为社会着想。权利字样应从政治之术语内削去，如原因字样应从哲学术语中削去。二者皆代表神学及形而上学之概念，前者之不道德而带破坏性，如后者之无意

---

① Friedrich Paulsen: *System of Ethics*, translated by Frank Thilly, New York: Charles Scribner's Sons, 1908, p. 379.

② 《美国大百科全书》第一册，台北：光复书局，1990 年，第 387 页。

③ 孔德:《实证主义概观》，商务印书馆，1938 年，第 32 页。

④ 同上书，第 282 页。

义及带诡辩意味然。"①

赫起逊说得更为明了："现在如果能表示我们所谓道德的这些情感没有一个是出于自爱或追求个人的利益的话，那么势必会这样；即'道德之追求并不出于追求者的利害计较或自爱，不出于他自己利益的任何动机。'"②"一切道德都出自于爱人或其他同样的无利害计较的感情。"③

可见，利他主义乃是一种将无私利他奉为评价行为善恶的道德总原则的理论，在这种理论看来：只有无私利他才是善的、道德的，而只要目的利己便是恶的、不道德的。所以，包尔生写道："纯粹利他主义所主张的原则是：行为只有当其动机纯粹是为了他人时，才具有道德价值。"④大不列颠百科全书也写道："利他主义是一种将他人利益作为道德行为目标的伦理学的行为理论。"⑤但是，人们往往把利他主义等同于无私利他行为或无私利他道德原则。布卢姆（Lawrence Blum）说："利他主义是目的在于帮助他人的行为。"⑥琼斯（Jon Frank Jones）也说："利他主义是指目的在于利他的行为。"⑦赫斯特也这样写道："利他主义亦即无私利他，或是为了他人的利益和幸福的无私奉献，特别是将其作为一种行为原则。"⑧

这些都是不确切的。因为一方面，利他主义与利他或无私利他不同：利他或无私利他是一种行为或行为原则、道德原则；利他主义则是一种关于行为与行为原则或道德原则的学说、理论。另一方面，认为行为能

① 孔德:《实证主义概观》，商务印书馆，1938年，第291页。
② 周辅成编:《西方伦理学名著选辑》上卷，商务印书馆，1954年，第792页。
③ 同上书，第795页。
④ Friedrich Paulsen: *System of Ethics*, translated by Frank Thilly, New York: Charles Scribner's Sons, 1908, p. 379.
⑤ 《大不列颠百科全书》第一册，中国大百科全书出版社，1998年，第249页。
⑥ Lawrence C. Becker: *Encyclopedia of Ethics*, Volume 1, New York: Garland Publishing, Inc., 1992, p. 35.
⑦ John K. Roth: *International Encyclopedia of Ethics*, London, Chicago: Braun-Brumfield Inc., 1995, p. 27.
⑧ Joseph P. Hester: *Encyclopedia of Values and Ethics*, Santa Barbara: ABC-CLIO, 1996, p. 31.

够利他或无私利他从而把利他或无私利他奉为道德原则的学说，还不是利他主义；利他主义乃是把无私利他奉为衡量行为善恶、是否道德的唯一原则的理论。换言之，利他主义是认为只有无私利他才是善的、道德的——只要目的利己便是不应该不道德的——的理论。这就是孔德和赫起逊等人所倡导的利他主义之根本特征。

然而，如果利他主义只是孔德与赫起逊的理论，就没有多大意义了。细察伦理学说史可知，孔德不过是利他主义名词之创造者，而并不是利他主义理论之大师和代表人物。这种利他主义之真正代表，并不是孔德与赫起逊的理论，而是新老儒家的"仁学"和新老基督教伦理观：利他主义在古代便已成熟，到中世纪则占据绝对统治地位，进入近代和现代仍有极大影响；其主要代表人物，当推孔子、墨子、耶稣、康德。

不过，说儒、墨、康德、基督教道德总原则理论相同，属于一个流派，人们一定觉得新奇可笑。殊不知，相似见解，早已有之。儒家大师韩愈言孔墨之道本相通，两家必相用："孔子必用墨子，墨子必用孔子。"[1] 冯友兰说：儒家的"仁义的本质是利他……墨子的兼爱目的也是利他，在利他这方面他甚至比儒家的调子更高。"[2] 傅碧瑶说："孔子的仁与基督教的爱……具有非常相似之处。"[3] 青年毛泽东说，"吾国宋儒之说与康德同。"[4] 弗吉利亚斯·弗姆说："康德的全部道德哲学，就是一种要把他心目中的基督教伦理学的根本原则合理纯化的尝试……康德说他自己的工作完全是'一个可怜的笨伯在尽其所能地解释基督的教诲'。"[5] 只不过，对于儒、墨、康德、基督教道德总原则理论何以相同的系统说明，还从未有过罢了。

---

[1]　《韩昌黎集·读墨子》。
[2]　冯友兰：《中国哲学简史》，北京大学出版社，1985年，第86页。
[3]　李世家：《近期台湾哲学》，贵州人民出版社，1989年，第250页。
[4]　李泽厚：《中国古代思想史论》，人民出版社，1986年，第220页。
[5]　弗吉利亚斯·弗姆：《道德百科全书》，戴杨毅等译，1988年，第225页。

1 无私利他夸大论：利他主义人性论

利他主义论者一致认为，每个人的行为目的都能够达到无私利他的境界。儒家的道德总原则"仁"便是无私利他。因为历代儒家都把仁界说为"爱人"：爱人显然是无私利人的心理动因，而无私利人则是爱人的行为表现。到了朱熹，说得就更清楚了："公而无私便是仁"。[①]所以，郭沫若说："仁的含义是克己而为人的一种利他的行为……他要人们除掉一切自私自利的心机，而养成为大众而献身的牺牲精神。"[②]墨家的道德总原则"兼"也是无私利他："文王之兼爱天下之博大也，譬之日月，兼照天下无有私也。即此文王兼也。虽子墨子之所谓兼者，于文王取法焉。"[③]基督教的道德总原则"爱"更是无私利他："爱的本质，是如保罗在《哥林多前书》十三章所说，不求自己的益处，反求别人的益处。"[④]那么，康德伦理观的道德总原则"责任"也是无私利他吗？是的。因为康德一方面说："责任就是由于尊重规律而产生的行为必要性。"[⑤]另一方面又说："尊重是使利己之心无地自容的价值觉察。"[⑥]所以，阿尔森·古留加指出，康德的"义务的公式就是为别人谋福利"。[⑦]

可是，一个人究竟为什么能够无私利他？或者说，无私利他的原因、根据究竟何在？这是个自孔子与苏格拉底以来，人们便一直争论不休的难题。对于这个难题的探究，使利他主义发现，一个人之所以能够无私利他，是因为他有两种感情：道德感情与非道德感情。所谓道德感情，

---

① 《朱子语类·第三》，湖南人民出版社。
② 郭沫若：《十批判书》，人民出版社，1959 年，第 213 页。
③ 《墨子·兼爱下》。
④ 《新约·歌罗西书·第三章》。
⑤ 康德：《道德形而上学原理》，苗力田译，上海人民出版社，1986 年，第 50 页。
⑥ 同上书，第 51 页。
⑦ 古留加：《康德传》，贾泽林、侯鸿勋、王柄文译，中国社会科学出版社，1981 年，第 300 页。

也就是每个人都具有的做一个好人、道德的人、高尚的人的道德需要和道德愿望。对于这种道德感情，康德名之为"对道德法则的敬重心"，儒家和基督教则名之为"成圣成贤之心"，我们不妨称之为"完善自我品德之心"。

确实，这种感情能够引发无私利人的行为：一个人之所以无私利人，是因为他有完善自我品德之心，他要完善自我道德人格，满足自己的道德需要、道德感情。这个道理的最早表述，恐怕便是孔子的那句名言："古之学者为己，今之学者为人"。这里的"己"，正如王阳明所说，是"真吾"而不是"私吾"，也就是道德自我、自己的品德，而不是名利自我、自己的名利。[①] 因此，"为己"便是为了完善自我品德、实现自己的人之所以为人者、最终成圣成贤。于是，"为己"便不但不是自私利己，而且恰好相反，正是无私利人。因为正如冯友兰所说，只有无私利人，才能使自我品德达到完善境界、实现自己的人之所以为人者之崇高道德理想："求自己的利，可以说是出于人的动物倾向，与人之所以为人者无干……为实现人之所以为人者，我们可以说，人应该求别人的利。"[②]

孔子的这种"无私利人源于完善自我品德之心"的思想，后来便逐渐演进为儒学的核心，亦即所谓"内圣外王"学说：为了完善自我品德而内圣，便必须无私利人而外王；只有无私利人而外王，才能完善自我道德品质而内圣——内圣是外王的动因；外王是内圣的实现。对此，张灏讲得很清楚：

"孔子'内圣外王'之生命理想……根据这理想，每个人有两项待践覆的理分。首要的是，人格的道德的完美……道德生命的完美成就圣贤人格——每个人生的目标……另一项深奥的睿识是，任何人的道德修养不能是独善其身的。这个睿识乃涵蕴于'仁'的意义中……在'仁'的

---

① 《王阳明全书·八》，第 139 页。
② 冯友兰：《三松堂全集》第一卷，河南人民出版社，1985 年，第 556 页。

这项性格之下，道德生命的实现乃决定于'己立立人，己达达人'的奉献，这种对他人之'道德福祉'的奉献……当儒家的圣者了解到这二者的区分，便需要将这两个领域连接起来。那即是说，他不惟修养其内在的精神道德（内圣），还得积极地将自己关涉到外在世界上（外王）。因此，圣人也必是王者，也就是说，圣人必须积极地参与外在世界。"①

引发无私利人行为的非道德感情，则是人人皆有的爱人之心。爱人之心是人的非道德感情，因为它与完善自我品德之心不同：完善自我品德之心是人所特有的、经过后天道德教化才能实现的、源于个人的道德需要的道德感情；反之，爱心则是人与动物所共有的、不学而能、不经道德教化便可以出现的自然感情，因而是源于个人的非道德需要的感情。利他主义发现，这种感情是引发无私利人行为的另一动因：一个人之所以无私利人，是因为他有爱人之心——一方面他有报恩心，他懂得他的个人利益是社会和他人给的；另一方面是因为他有同情心，他能以己推人。

这就是为什么，儒家用"爱人"来界说仁；墨家用"爱人利人"来界说"兼"；基督教则干脆把无私利人叫作"爱"。这就是为什么，孔子认为"己所欲施于人、己所不欲勿施于人"，即推己及人、以同情心待人的"忠恕"之道，是达到无私利人的仁境界之方法："夫仁者，己欲立而立人，己欲达而达人。能近取譬，可谓仁之方也已。"② 这也就是为什么，基督教将"己所欲施于人、己所不欲勿施于人"奉为"黄金律"："无论何事，你们愿意人怎样待你们，你们也要怎样待人。"③

利他主义关于无私利人的原因或根据的论述，显然不但十分正确，而且博大精深，是人类伦理思想的伟大成果。然而，遗憾的是，利他主义却夸大了无私利他的可能性，以为只要经过一番功夫，一个人的行为便可能恒久乃至完全无私利他。那么，使人恒久乃至完全无私的功夫是

---

① 罗义俊编：《评新儒家》，上海人民出版社，1989年，第62页。
② 《论语·雍也》。
③ 《新约·帖撒罗尼迦前书·第五章》。

什么？在墨家看来，是赏誉刑罚的外在力量。墨子说：

"今若夫兼相爱、交相利，此其有利且易为也，不可胜计也。我以为则无有上说之者而已矣，苟有上说之者，劝之以赏誉，威之以刑罚，我以为人之就兼相爱、交相利也，譬之犹火之燃上、水之就下也，不可防止于天下。"①

反之，在儒家看来，使人恒久乃至完全无私的功夫，则是"集义"和"敬"的内在修养。冯友兰讲："孔子说：'回也三月不违仁，其余日月至焉而已。'人对道德境界或天地境界，亦可以说是三月不违，或甚至永久不违……但欲永久在此等境界中，如道学家所谓'人欲净尽、天理流行'者，则除有觉解以外，还要有另一部分的工夫……此所谓另一部分工夫者，亦不过是常注意不忘此等觉解而已……常本此等觉解以作事，即道学家所谓集义……常注意于此等觉解，而又常本之以作事，即道学家所谓敬……敬及集义，可使人常住于道德境界或天地境界中。"②

这是利他主义人性论的根本错误：无私利他夸大论。它是错误的，因为它违背了原本为它自己——亦即儒家——所发现的"爱有差等"之人性定律：谁给我的利益和快乐较少，谁与我必较远，我对谁的爱必较少，我必较少地为了谁谋利益；谁给我的利益和快乐较多，谁与我必较近，我对谁的爱必较多，我必较多地为了谁谋利益。于是，说到底，我对我自己的爱必最多，我为了我自己谋利益必最多，亦即自爱必多于爱人、为己必多于为人，说到底，每个人必定恒久为自己，而只能偶尔为他人：恒久者，多数之谓也，超过一半之谓也；偶尔者，少数之谓也，不及一半之谓也。

这就是说，无私利人虽然能够成为人的行为目的，却只能是人的行为的偶尔的、暂时的目的，而不可能是人的行为的恒久的、惯常的目的。

---

① 《墨子·兼爱上》。
② 冯友兰：《三松堂全集》第四卷，河南人民出版社，1986年，第560页。

因此，即使是最高尚的人，他以无私利人为行为目的，也只可能是暂时的、偶尔的；只不过，他无私利人的次数远远多于常人而已。但是，他无私利人的行为再多，也不可能达到更不可能超过而只能逐渐接近他行为总和之一半。否则，他就违背了爱有差等的人性定律，他就不是人了。所以，利他主义以为只要经过道德教育和道德修养，人的行为便可能恒久乃至完全无私利他，不过是一种不切实际的幻想罢了。

但是，利他主义人性理论毕竟通过揭示无私利人的道德感情与非道德感情之双重动因，科学地说明每个人的行为目的为什么能够无私利人。可是，真正讲来，无私利人是否合乎道德？应否被奉为道德原则？这是利他主义道德论所要回答的问题。

2 道德自律与无私利人：利他主义道德论

康德和基督教都以为道德的起源和目的完全是自律的，全在于完善每个人的品德，实现人之所以异于禽兽、人之所以为人者。《圣经》一再说，上帝立约、创立道德的目的是使人道德完善，做道德完人、完全人："亚伯兰年 99 岁的时候，耶和华向他显现，对他说：'我是全能的上帝，你当在我面前做完全人，我就与你立约。'"①康德也这样写道："道德法则……开始于我的无形的自我，我的人格……借我的人格，把作为一个灵物看的我的价值无限提高了。在这个人格中，道德法则就给我呈现出一个独立于动物性，甚至独立于全部感性世界以外的一种生命来。"②反之，墨家以为道德起源和目的完全是他律的，全在于保障社会存在发展："天下兼相爱则治，交相恶则乱，故子墨子曰：'不可不劝爱人者，此也。'"③

儒家也承认，道德起源和目的是他律的，亦即在于保障社会存在发

① 《新约·马太福音·第十九章》。
② 康德：《实践理性批判》，关文运译，商务印书馆，1960 年，第 87 页。
③ 《墨子·兼爱上》。

展。孔子曰："道之以政，齐之以刑，民免而无耻；道之以德，齐之以礼，有耻且格。"[1] 但是，儒家认为这并非道德主要的起源和目的；道德主要的起源和目的乃是自律的：道德起源于道德自身，起源于每个人完善自我品德的需要；目的在于道德自身，在于完善每个人的品德，实现人之所以异于禽兽、人之所以为人者。这一点，孟子讲得十分透辟：

"人之有道也，饱食、暖衣、逸居而无教，则近于禽兽。圣人乃忧之，使契为司徒，教以人伦——父子有亲、君臣有义、夫妇有别、长幼有序、朋友有信。"[2]

利他主义关于道德起源和目的之自律论是不能成立的。因为如前所述，一方面，道德与法一样，就其自身来说，不过是对人的行为的规范、限制、约束，是对人的某些欲望和自由的压抑、侵犯，因而是一种害和恶；就其结果和目的来说，却能够防止更大的害或恶（社会、经济活动、文化产业和人际交往的崩溃）和求得更大的利或善（社会、经济活动、文化产业和人际交往的存在发展），因而是净余额为善的恶，是必要的恶。

另一方面，美德与道德一样，就其自身来说，不过是对拥有美德的人的某些欲望和自由的压抑、侵犯，因而是一种害和恶；但就其结果和目的来说，却能够使拥有美德的人防止更大的害或恶（社会和他人的唾弃、惩罚）和求得更大的利或善（社会和他人的赞许、赏誉），因而是净余额为善的恶，是必要的恶。道德与美德，就其自身来说，既然都是一种恶，那么，道德的起源与目的显然便不可能是自律的，不可能是为了道德和美德自身，不可能是为了完善每个人品德；而只能是他律的，只能是为了保障道德之外的他物：为了保障社会的存在发展，最终是为了增进每个人利益。因此，道德起源和目的他律论是真理，而道德起源和目的自律论则是谬误。

---

[1] 《孔子·为政》。
[2] 《孟子·滕文公上》。

从道德起源和目的理论出发，利他主义论者进而认为，真正讲来，凡是自爱为我、目的利己的行为，归根结底，都既有害于社会和他人，又有害于自我品德的完善，因而便都因其违背道德目的而是不义的、不道德的、恶的，都是小人的行为；只有爱人无私、目的利他的行为，才真正有利于社会和他人，有利于自我品德的完善，才符合道德目的，因而才是道德的、善的、义的，才是君子的行为。所以，孔子曰："君子喻于义，小人喻于利。"[①] 孟子云："鸡鸣而起。"墨家说："品行是：所干的事不图个人之名利；所干的事为个人名利，便是巧诈，犹如为盗。"[②] 《圣经》说："凡事都可行，但不都造就人。无论何人，不要求自己的益处，乃要求别人的益处。"[③] 康德也这样写道："这位全然不受限制的立法者……只从人们的大公无私，只从赋予人们以尊严的理念来评价那些有理性的东西的行为。"[④] 一言以蔽之：无私利他奉是评价行为善恶的道德总原则。

不难看出，利他主义善恶原则论是不能成立的。因为一方面，它从道德不是为了满足每个人需要而只是为了保障社会存在的片面道德目的观出发，进而绝对化利己目的有害社会、他人而为恶之源泉方面，抹杀利己目的有利社会、他人而为善之源泉方面，从而也就把本身即善同时又是善与恶之共同源泉的利己目的，说成完全是恶和恶之源泉。于是，也就只有目的无私利他的行为才是唯一道德的应该的了。

另一方面，利他主义善恶原则论的错误，则源于其为道德而道德的道德起源和目的自律论。因为若确如利他主义所说，道德目的是为道德而道德，是为了人的道德完善，那也就只有道德的完善的境界"无私利他"才符合道德目的，才是人的行为应当如何的准则；而只要目的利己，

---

① 《论语·里仁》。
② 谭戒甫：《墨经分类译注》，第 191 页。
③ 《新约·哥林多前书·第十章》。
④ 康德：《道德形而上学原理》，苗力田译，上海人民出版社，1986 年，第 56 页。

则不管手段如何，也就都因其不是道德的完善境界而不符合道德的目的，不能被奉为道德准则了。但是，如前所述，道德和美德是一种必要恶，道德目的不可能是为了道德自身，而只能是为了道德之外的他物：保障社会存在与满足每个人需要。据此观之，为己利他与单纯利己也就与无私利他一样，都符合道德目的，都是道德的、善的、应当的。所以，利他主义否定为己利他与单纯利己，而只把无私利他奉为评价人的行为是否道德的唯一原则，是片面的、错误的。

3 爱有差等利他主义与爱无差等利他主义：儒墨康德基督教道德总原则理论之异同

关于儒墨康德基督教的人性论与道德论的考察表明，它们与孔德、赫起逊所倡导的利他主义完全一致，因而称之为利他主义，是再合适也没有了。所以，利他主义便是这样一种道德总原则理论，在它看来，一方面，每个人的行为目的既可能自爱利己，也可能无私利他；另一方面，道德目的或者在于保障社会存在发展（墨家），或者在于完善自我品德（康德和基督教），或者二者兼而有之而以完善自我品德为主（儒家）。合而观之，凡是目的利己的行为，真正讲来，都既有害于社会和他人，更有害于自我品德完善，因而都违背道德目的，都是恶的；只有目的无私利他的行为，才既有利于社会和他人，更有利于自我品德完善，因而才符合道德目的，才是善的。于是这种理论既否定为己利他，又否定单纯利己，而把无私利他奉为评价行为善恶的道德总原则。简言之，利他主义便是把无私利他奉为评价行为善恶唯一准则的道德总原则理论，便是只把无私利他奉为道德总原则的理论。

儒墨康德基督教道德总原则理论的分歧，不过是利他主义流派内部之分歧。这种分歧，可以归结为：儒家与康德是爱有差等利他主义；墨家和基督教则是爱无差等利他主义。爱有差等利他主义的基本特征，是主张对他人应该因其与自己有远近之别而相应不同等地无私利他；爱无差等的利他主义的基本特征，是主张对任何人都应该完全同等地无私利他。

儒家是爱有差等的利他主义，因为儒家看到：我之所以爱人、无私利人，是因为我的利益和快乐都是他人给的。从此出发，儒家便提出了著名的爱有差等：

爱父母，是因为我最基本的利益是父母给的；爱他人，是因为我的利益也是他人给的。但是，父母给我的利益多、厚、大；而他人给我的利益少、薄、小。所以，爱父母与爱他人的程度也必定且应该是不一样的：与我较远、给我利益较少者，我对他的爱便必定且应该较薄，我给他的无私帮助必定且应该较少；与我较近、给我利益较多者，我对他的爱便必定且应该较厚，我给他的无私帮助便必定且应该较多。①

然而，在墨家看来，儒家的爱有差等说到底并不是爱人、为人，而是爱己、为己；当代一些学者则把儒家的爱有差等说成是人己兼爱兼为。这都是对儒家的莫大歪曲。因为爱有差等的"爱"是指爱他人而不是爱自己。爱有差等只是指爱他人应有差等，因而也就只是指无私利人应有差等。它包含两层意思。一层可以从质上看，爱有差等讲的是应该爱人，亦即应该无私利人。另一层可以从量上看，爱有差等讲的是爱他人、无私利人应有多少之差等：对于给自己利益较大的人，便应该较多地无私为他谋利益。

这样，爱有差等的行为虽然归根结底是从自己出发，却不是为了自己而完全是为了他人；不是以自爱利己为目的，而是以爱人利他为目的：自爱利己只是产生有差等地爱人的行为目的之最终原因、原动力。墨家以为爱有差等是爱己为己，不过是把爱有差等的行为之原动力（自爱利己）当作爱有差等的行为目的（爱人利他）。当代学者以为爱有差等是人己兼爱兼为，不过是把爱有差等的行为目的（爱利他人）和产生这种目

_____

① 《墨子·耕柱篇》。

的的行为原动力（自爱利己）混合起来，都当作行为目的的结果。

在墨家看来，爱有差等既然是爱己为己，也就不是真正的"仁"和"兼"。那么，真正的"仁"和"兼"是什么？显然是"爱无差等"，即不是依与我的关系远近，而是依"义"同等地爱一切人：同等地爱自己的父母与别人的父母，同等地爱自己的祖国与别人的祖国，同等地爱多数人与少数人，同等地爱古代的、将来的与当今的人。[1] 这就是墨家的爱无差等。基督教与墨家一样，也主张同等地爱一切人、同等地无私为一切人谋利益；因为在基督教看来，上帝是同等地爱一切人的："神的恩典是不加区别地赐给全人类的。"[2]

康德则与儒家一样，正确看到一个人之所以能够本于责任而无私利人，是因为他有完善自我品德之心、亦即所谓的对于道德的敬重心。但是，康德却进而否定引发无私利人的同情心、报恩心、爱人之心等动因，而统称其为"爱好"，认为责任、无私利人绝不可能引发于爱好。这是由于他把道德规则与客观规律等同起来，因而以为责任（它是道德规则）是对于一切人在一切场合下都有效的普遍的必然的客观规律："责任应该是一切行为的实践必然性。……正是由于这样缘故，它才成为对一切人类意志都有效的规律。"[3]

果真如此，那么，责任、无私利人便不可能出于同情心等爱好、情感。因为爱好、情感确如康德所说，都是"感性的"、"因人因时因地而异"，不具有对于一切人在一切场合下都普遍有效的必然性。所以，"从某种情感和嗜好……并不能引申出规律。"[4] 能引申出行为必然规律的东西，只有完善自我品德之心、亦即对道德的敬重心。因为确如康德所说："对于法则的敬重心乃是被理智原因所产生的一种感情，而且我们所能够

---

[1] 《墨经·大取》。
[2] 加尔文：《基督教要义》上册，钱曜诚译，基督教辅侨出版社，1957年，第343页。
[3] 康德：《道德形而上学原理》，苗力田译，上海人民出版社，1986年，第77页。
[4] 同上书，第96页。

完全先天地认识到并洞明其必然性的唯一感情，也只有这种感情。"① 因而敬重心的本质不是感性，而是"唯一能够产生含有一切必然规律的理性。"所以，可以得出结论说："对于道德法则的敬重心乃是唯一的而且同时又是无可怀疑的道德动机。"②

可见，康德关于完善自我品德之心是责任、无私利人的唯一动因的理论的根本错误，在于把行为的道德规则等同于行为的必然规律。康德没有由这一理论进而论及无私利人应否有差等，但是，无私利人应有差等是这一理论的应有之义。因为如果完善自我品德之心是无私利人的唯一动因，那么，无私利人便应该有差等。不过这种差等不但与儒家的不同，而且恰好相反：与我较远者，我便应较多地无私利他；与我较近者，我便应较少地无私利他。因为，如果离我越远我对他无私帮助越多——而离我越近我对他无私帮助越少——那么，我的品德便越高尚、越完善。

不难看出，儒家的爱有差等是真理。因为它依据于爱人的真实原因：我爱他人，是因为我的利益是他人给的。所以，我对他人的爱便因他人给我的利益多少而相应地有厚薄之差等。事实如此，也应该如此。难道我对自己父母的爱不应该多于对别人父母的爱吗？难道我对自己祖国的爱不应该多于对异国他乡的爱吗？

反之，墨家和基督教的爱无差等是没有科学根据的，因而是不可能实行的，也是不应该实行的。试想，我怎么能够同等地爱自己的父母与别人的父母呢？即使我能够，难道我应该吗？"确实"，弗洛伊德答道，"我这样做是不应该的。因为我的爱被我的亲人珍视为一种我更喜欢他们的迹象。如果我爱他们和爱一个陌生人同样多，这对他们是不公平的。"③

孟子反驳爱无差等，也正是这两点。一方面，孟子认为爱有差等是

---

① 康德：《实践理性批判》，关文运译，商务印书馆，1960年，第75页。

② 同上书，第80页。

③ Sigmund Freud: *Civilization and Its Discontents*, New York: W. W. Norton & Company, 1961, p. 66.

有道的、有根据的、能实行的，因为它出于诚，即出于人的性情之真流露，符合人的心理本性；反之，爱无差等则违背人的心理本性，是不可能实行的："夫夷子信以为人之亲其兄之子，为若亲其邻之赤子乎？"[①] 另一方面，孟子指出，爱无差等把对父母的爱等同于对路人的爱，对父母是不公平、不应该的，等于无父无母，因而是不道德的禽兽行为："杨氏为我，是无君也；墨氏兼爱，是无父也。无父无君，是禽兽也。"[②]

如果说儒家的爱有差等是正确的，而墨家和基督教的爱无差等是错误的，那么，不言而喻，康德的无私应有差等便是荒谬的了。所以，儒墨康德基督教虽同属利他主义，但儒家主张的是合于情理的差等利他主义、康德主张的是悖于情理的差等利他主义、墨家与基督教主张的则是同等利他主义。合而言之，儒家是比较现实的、真诚的、温和的、富有人情味的利他主义；而墨家、康德、基督教则是比较理想的、虚幻的、极端的、缺乏人情味的利他主义。

我国现行伦理观并未逃出儒墨康德基督教利他主义的藩篱。因为谁都知道，在这种伦理看来，一方面，每个人的行为目的，既可能自私利己，又可能大公无私；另一方面，道德目的在于保障社会存在发展与完善自我道德人格。合而观之，凡是目的利己的行为，真正讲来，都既有害于社会和他人，更有害于自我道德人格的完善，所以也就都不符合道德目的，都是不道德的、不应该的；只有目的大公无私的行为，才既有利于社会和他人，更有利于自我道德人格的完善，所以才符合道德目的，才是道德的、应该的。于是，这种伦理观既否定"为己利他"，又否定"单纯利己"而把"大公无私自我牺牲"奉为评价人们行为是否道德的唯一准则。

由此观之，恐怕很难否认，我国占统治地位的现行伦理观，仍属于

---

① 《孟子·滕文公上》。
② 《孟子·滕文公下》。

利他主义而渊源于儒墨。只不过，儒家是爱有差等的利他主义，主张爱亲多于爱民、先亲后民、"亲亲而仁民"；墨家是儒家的否定，是爱无差等的利他主义，主张同等爱亲民；现行伦理观则又是墨家的否定、儒家的否定之否定而成为一种新的爱有差等的利他主义：它主张爱民多于爱亲、先民后亲、"全心全意为人民"。所以，我国现行伦理观便是一种新爱有差等利他主义。这种新的爱有差等，不但与儒家的爱有差等不同，而且恰好相反。于是，我国现行伦理观虽然渊源于儒墨，却更极端于儒墨，因而可以与康德的差等利他主义一比高低、荒谬了。

＊　　　＊　　　＊

利他主义虽然堪称人类伦理思想史最强有力的流派，但其片面性使它从产生之日起，便有一个对手一直与它较量高低。这个对手虽然屡战屡败，却终于在利他主义成熟之后的两千余年（亦即 18—19 世纪）成熟起来了，它就是臭名昭著的利己主义：合理利己主义与个人主义。

二　利己主义：合理利己主义

1　利己主义：定义、结构和类型

何谓利己主义？包尔生答道："纯粹利己主义主张：个人利益之为行为的唯一目的，不仅是可允许的，而且在道德上是必需的。"[①] 彼彻姆也这样写道："利己主义者坚信，所有选择都以或应该以利己为唯一目的。因

---

① Friedrich Paulsen: *System of Ethics*, translated by Frank Thilly, New York: Charles Scribner's Sons, 1899, p. 379.

此，一个人行为的唯一目的，并且也许是唯一的道德义务，就是利己。"①

大体讲来，这一定义是不错的：利己主义就是认为每个人的行为目的只能够并且也只应该利己的道德总原则理论，是认为行为目的只能且只应利己的道德总原则理论。不过，真正讲来，还可以说得更简单些：利己主义就是认为每个人的行为目的只能利己的道德总原则理论。因为利己主义最为根本的特征，就是认为行为目的只能利己，只能是为了自己：一种理论，不论如何，只要认为每个人的行为目的只能利己，它就是利己主义。

因为，如果行为目的只能利己，而无私利他是根本不存在的，那么，显然就不应该倡导无私利他，而只应该倡导某种目的利己的行为：只有某种目的利己的行为才是应该的。这样一来，行为目的只能利己的事实判断，实已蕴涵行为目的只应利己——应该为己利他或单纯利己——而不应无私利他的道德价值判断。因此，全面地说，利己主义是认为人的行为目的只能且只应利己的道德总原则理论；简单地说，利己主义就是认为行为目的只能利己的道德总原则理论。

这样，利己主义显然便由两部分构成。一部分是每个人的行为目的只能利己，一切都是为了自己。这是利己主义关于行为之事实如何的描述理论，是利己主义的人性理论，西方伦理学家名之为心理利己主义（psychological egoism）；另一部分是每个人的行为目的只应该利己，这是利己主义关于行为之应该如何的规范理论，是利己主义的规范理论，西方伦理学家名之为伦理利己主义（ethical egoism）或规范利己主义（normative egoism）：

"利己主义表现为心理或规范形式。心理利己主义认为人的本性是利己的，换言之，每个人从本性上说，只追求自己的利益……规范利己主义……作为一种道德观点，认为人们在道德上应该追求的也只是自己的

---

①　Tom L. Beauchamp: *Philosophical Ethics*, New York: McGraw-HillBook Company, 1982, p. 86.

利益。"①

　　然而，细究起来，将利己主义的人性理论叫作心理利己主义、将利己主义的规范理论叫作伦理利己主义或规范利己主义，是不恰当的。因为这样一来，利己主义显然便分为心理利己主义与伦理利己主义两大类型：这就是为什么今日西方伦理学家普遍把心理利己主义与伦理利己主义当作利己主义的分类、类型的缘故。但是，二者并不是利己主义的分类，而是利己主义的结构。因为利己主义乃是一种关于道德总原则的理论，因而由三方面构成：一是关于人性——亦即人的伦理行为事实如何之本性——的理论；二是关于人的行为应该如何的善恶规范的理论；三是关于二者之中介——亦即关于道德目的、道德终极标准等道德本性——的理论。

　　显然，所谓心理利己主义，不过是利己主义的人性论，亦即利己主义的行为及其心理事实如何的理论；所谓伦理利己主义，不过是利己主义的道德本性和善恶规范的理论，亦即利己主义的规范理论。因此，所谓心理利己主义与伦理利己主义，便是任何一种利己主义的内在结构、自身结构；而并不是各种利己主义的外在类型、相互间的分类。这样，心理利己主义与伦理利己主义的称谓便是不恰当的：这种称谓显然意味着二者是利己主义的类型，而并不是利己主义的结构。

　　利己主义真正的分类或类型，无疑源于利己主义论者观点之分歧。这种分歧，显然不在于利己主义是关于行为及其心理的理论，还是关于伦理规范的理论。因为一切利己主义论者都承认：利己主义既是关于行为及其心理的理论（亦即心理利己主义），也是关于伦理规范的理论（亦即关于伦理利己主义）。利己主义的分歧，当然也不在于一切行为目的是否皆为利己。因为任何利己主义论者都承认一切行为目的都是利己：如

①　Lawrence C. Becker: *Encyclopedia of Ethics*, Volume 1, New York: Garland Publishing, Inc., 1992, p. 296.

果谁认为有些行为目的不是利己的，那他就不是利己主义论者了。那么，利己主义论者的理论分歧究竟在哪里？

主要在于行为手段的观点，亦即在于：究竟应该如何实现利己目的？主张以依靠社会和他人为手段，因而倡导"为己利他"的利己主义，叫作合理利己主义；反对以依靠社会和他人为手段，而主张以依靠个人为手段，因而倡导"单纯利己（亦即个人自由或自我实现）"的利己主义，叫作个人主义：二者乃是利己主义的真正的分类或类型。不过，利己主义的这两大类型的观点与论据极为不同，因而必须分别考察。我们首先考察合理利己主义，然后考察个人主义，最后通过比较二者而综观利己主义。

2　因果目的等同论：合理利己主义人性论

合理利己主义（rational egoism），如所周知，是一种简单明白、近乎常识的伦理观。它成熟于十八世纪；其公认的代表人物，当推爱尔维修、霍尔巴赫、费尔巴哈、车尔尼雪夫斯基。不过，霍布斯、洛克、曼德威尔以及我国的老子、韩非、李贽、龚自珍、梁启超、陈独秀等，无疑也属于合理利己主义论者。下面，我们便依据爱尔维修、霍尔巴赫、费尔巴哈、车尔尼雪夫斯基的著作，同时亦参考其他合理利己主义论著，来解析合理利己主义。

合理利己主义论者正确看到，一切行为——无私利他也不例外——的动因、根据、原动力乃是利己："一般地只须稍加留意那些表现为大公无私的行为和情感，我们便可看到，它们的基础依然是那种关于个人利益、个人快乐、个人福利的思想。"[1]"我的行为也有高尚的一面，但这行为的原动力却是我自己天性中的利己欲。"[2]可是，合理利己主义却由此

---

[1]　北京大学哲学系编译：《十八—十九世纪俄国哲学》，商务印书馆，1987年，第366页。

[2]　车尔尼雪夫斯基：《怎么办》，蒋路译，人民文学出版社，1961年，第361页。

进而断言，一切行为的目的都是为了利己："每个人都是为自己着想……利己主义是每个人行为的唯一动机。"[1] 这种行为目的与行为原因、原动力的等同在霍尔巴赫那里最为典型，他明明白白地写道："这样，当我们说利益就是人的行为的唯一动力（这是说利己乃每个人行为的动因、根据、原动力——引者）的时候，我们就是由此指出，每个人都是为自己的幸福（这却是说利己乃每个人的行为目的——引者），以自己的方式而劳动的……承认了这一点，那么，绝没有哪个人可以够得上是无私心的人。这个名称只是给予我们不知他的动因或是我们赞许他的利益的那种人的。"[2]

合理利己主义的这个错误，显然可以名之为"原因目的等同论"。但是，当我们进一步追踪合理利己主义对于行为目的只能利己的论证时，应该将其名为"因果目的等同论"。这种等同，在车尔尼雪夫斯基那里十分明显。首先，他提出人皆只为自己的论题："人们根据经验知道，每个人都是为自己设想。"[3] 接着，他便对此诡辩道：

"分析一下下面这种情况：为了侍候需要照顾的另一个人而放弃一切享乐、放弃支配自己时间的自由的那种人的忠忱。整整几个星期周旋在病友床前的朋友所做的牺牲，比他把他的全部钱财都给了这位病友还要大得多。他为什么会做出这样巨大的牺牲呢？是因为什么感情他才这样做的呢？他是为了自己的友情才牺牲自己的时间和自己的自由。我们特别提出，是为了自己的感情。这种感情在他身上发展到了很强烈的程度，这种感情一旦得到满足，他便得到比从任何别的欢乐和自由中所得到的更大的快乐；如果这种感情遭到破坏，如果这种感情得不到满足，他所感到的不快将甚于其他一切需要得不到满足而招致的不快。……怎样做更愉快，人就怎样做，他的出发点是放弃较小的利益或较小的满足，

---

① 北京大学哲学系编译：《十八—十九世纪俄国哲学》，商务印书馆，1987 年，第 365 页。
② 霍尔巴赫：《自然的体系》上卷，官士滨译，商务印书馆，1964 年，第 271 页。
③ 北京大学哲学系编译：《十八—十九世纪俄国哲学》，商务印书馆，1987 年，第 365 页。

以获得较大的利益或较大的满足。"①

　　确实，每个人的一切行为目的，都是为了满足自己的需要、欲望。但是，自己的需要（欲望）包括自己的自爱利己的需要（欲望）与自己的爱人利他的需要（欲望）。于是，"为了满足自己的需要"也就相应地分为"为了满足自己的利己的需要"与"为了满足自己的利他的需要"。显然"为了满足自己的利己的需要"是为了利己，属于目的利己的行为范畴；而"为了满足自己的利他的需要"则是为了他人，属于无私利他的行为范畴。因此，"为了满足自己的需要和欲望"与"为了自己"根本不同。合理利己主义的诡辩就在于把这两个貌似神离的概念等同起来，因而由"每个人的一切行为都是为了满足自己的需要"的正确前提得出错误的结论：每个人的一切行为都是为了自己，都是为了自己得到快乐、避免痛苦，都是为了利己。

　　诚然，一个人为了满足自己的无私利他的需要和欲望如果得到实现，他自己便会感到快乐；如果得不到实现，他自己便会感到痛苦。但是，他行为的目的却不是为了自己得到这快乐、避免这痛苦。这快乐和痛苦只是他行为的动力和结果，而他行为的目的却只是为了使他人得到快乐、避免痛苦。就拿车尔尼雪夫斯基所举的那位忠忱的朋友来说。他整整几周昼夜照顾病友，感到很愉快；如果他不这样做，便会感到很痛苦。但是，由此能说他如此辛苦地照顾病友的目的就是为了自己得到这种愉快、避免这种痛苦吗？显然不是。这种愉快或痛苦只是他如此行为的动力和结果，而并不是他的目的；他的目的只是为了病友的利益和快乐。

　　这个道理，如果考究那些为救人而极可能自我牺牲的行为就更清楚了。例如，一个品德高尚的人，看到起火房屋中生命垂危的遇难者挣扎，听到他们凄惨呼救，便会心急如焚。如果他跳入火海救出遇难者，便会

---

① 北京大学哲学系编译：《十八—十九世纪俄国哲学》，商务印书馆，1987 年，第 368 页。

感到十分愉快；如果见死不救、溜之大吉，便会感到十分痛苦。这种愉快或痛苦显然只是他的行为的动力和结果，而并不是行为目的。因为说一个人冒着生命危险跳入火海救人的目的就是为了自己事后得到愉快、避免痛苦的感觉，岂不荒唐！合理利己主义的错误就在于将行为的动力和结果等同于行为目的，因而由一个人无私利他的行为结果、动力是自己感到愉快，便得出结论说：一切行为的目的都是为了自己得到愉快，都是为了利己。

可见，合理利己主义否认无私利他实际存在是错误的：这种错误可以称之为"因果目的等同论"。它可以分解为"原因目的等同论"与"结果目的等同论"：前者将行为原因、原动力等同于行为目的，从而由一切行为的原因、原动力只能是利己得出结论说，一切行为的目的只能是利己；后者则将行为结果等同于行为目的，从而由无私利他的行为结果是自己感到愉快，便得出结论说，一切行为的目的都是为了自己得到愉快，都是为了利己。

从这种错误的行为目的观出发，合理利己主义进一步推论说，人是社会动物，每个人的行为目的只能利己，却不可能依靠自己单独实现，而只有依靠社会通过利他手段才能实现，因而社会、集体和他人对于每个人具有至高无上的价值：集体价值至高无上。爱尔维修便这样写道："社会使全体公民拥有使自己成为自己力所能及地那样幸福的人所必需的手段。"[1] 霍尔巴赫也说：

"社会对于人的幸福是有益的和必需的；人不能独自使自己幸福；一个软弱而又充满各种需要的生物，在任何时刻都需要它自己所不能提供的援助。只有靠它的同类的帮助，它才能抵御命运的打击，才能减轻它不得不尝到的肉体上的苦难。依靠别人的鼓励和支持，人的技巧才能得以发挥，人的理性才得以发扬……总之，像人们说过的那样，人乃是自

---

① 《普列汉诺夫哲学著作选集》第二卷，三联书店，1961年，第95页。

然中对人最有益的东西。"①

费尔巴哈说得更妙:"人就是人的上帝。在他看来,他之所以能够存在着,应归功于自然,而他之所以能够是人,却应归功于人。没有了别的人,正如他在形体上一无所能一样,在精神上也是一无所能的。"② 梁启超亦云:"无群无国,则吾性命财产无所托,智慧能力无所附,而此身将不可以一日立于天地。"③

这样一来,"为了得到巩固的幸福,我们就不能不博取同我们结合的人们的爱戴和援助;这些人,只有当我们为他们的福利而劳动的时候才会爱我们,尊重我们,帮助我们实现自己的计划,并为我们自己的福利而工作。"④ 所以,"为了使自己幸福,就必须为自己的幸福所需要的别人的幸福而工作。"⑤ 一言以蔽之,集体价值至高无上,一个人实现利己目的的手段只应利他。

合理利己主义的这种观点,显然基本正确,却很片面。说它基本正确,因为人是社会性存在,集体价值确实至高无上;因而一个人用来达到利己目的的主要的、根本的手段,无疑只应是利他。说它很片面,因为一个人用来达到利己目的的手段,绝不限于利他一种。害己就往往应该是利己的手段,如胃镜查病、阑尾手术、昼夜苦读等。所以,我们不能说,利己的手段只应利他;而只能说,利己的主要手段只应是利他。

总之,每个人的行为目的只能利己,而行为手段却只应利他。这就是合理利己主义人性理论之要义。那么,为己利他是否合乎道德?这是合理利己主义的道德论所要回答的问题。

---

① 北京大学哲学系编译:《十八世纪法国哲学》,商务印书馆,1957 年,第 650 页。
② 《费尔巴哈哲学著作选集》上卷,王太庆等译,三联书店,1959 年,第 573 页。
③ 梁启超:《饮冰室合集集》专集,第三册,第 11 页。
④ 周辅成编:《西方伦理学名著选辑》下卷,商务印书馆,1987 年,第 84 页。
⑤ 同上。

3　道德他律与为己利他：合理利己主义道德论

合理利己主义正确看到，单独一个人无所谓道德，道德是社会活动、人际关系的产物，是调整社会活动和人际关系的行为规范。爱尔维修说："如果我生在一个孤岛上，孑然一身，我的生活中就没有什么罪恶和道德了。"[①]霍尔巴赫也这样写道："道德是营社会生活的义务的科学。"[②]然而，合理利己主义却由此进而得出结论说，每个人的需要只是道德的基础而不是道德的目的，道德目的全在于保障社会存在发展。费尔巴哈写道："自己的幸福自然不是道德的目的和终结，但它是道德的基础及其前提条件。"[③]那么，道德目的是什么？霍尔巴赫答道："公益乃是美德的目的。"[④]梁启超亦云："道德之立，所以利群也。"[⑤]

是的，单独一个人不会存在道德，道德只是社会活动、人际关系的产物。但由此只能说道德的直接目的不是满足每个人需要，却不能说道德目的不是满足每个人需要。因为保障社会存在发展的目的，恰恰是为了满足每个人的个人需要：满足每个人需要是保障社会存在的目的，因而也就是道德目的的目的，即道德的间接的、最终的目的。合理利己主义的错误，就在于抹杀道德间接目的而把道德直接目的与道德目的等同起来，从而只承认保障社会存在发展（道德直接目的）是道德目的，而否认满足每个人需要（道德间接目的）是道德目的。

如果说道德目的仅仅是为了保障社会存在，那么，也就只有有利于社会和他人的行为才符合道德目的，才是道德的、善的；只有损害社会和

---

① 《普列汉诺夫哲学著作选集》第二卷，三联书店，1961年，第91页。
② 霍尔巴赫：《自然的体系》下卷，管士滨译，商务印书馆，1964年，第369页。
③ 《费尔巴哈哲学著作选集》上卷，王太庆等译，三联书店，1959年，第432页。
④ 北京大学哲学系编译：《十八世纪法国哲学》，商务印书馆，1957年，第465页。
⑤ 梁启超：《饮冰室合集》专集，第三册，第11页。

他人的行为才不符合道德目的，才是不道德的、恶的。所以，爱尔维修说："公共的好处是人类行为的善的标准。"[1] 梁启超说："有益于群者为善，无益于群者为恶。此理放诸四海而皆准，行诸百世而不惑者也。"[2]

准此观之，利己目的就其自身来说，便因其无利无害社会、他人而非善非恶、无所谓道德不道德；但就其结果来说，则是善与恶之源泉：如以利人手段实现，便是善的源泉；如以害人手段实现，便是恶的源泉。所以，爱尔维修说："自利心或者说自爱心，无非是自然铭刻在我们心里的感情；这种感情按照着鼓动人的各种爱好和欲望，可以在每一个人身上转化为罪过，或转化为美德。"[3] 车尔尼雪夫斯基也这样写道："一个人为了获得愉快的东西，就应该替别人做愉快的事情，这样，他就是个好人；一个人为了求得自身的愉快而不得不使别人感受痛苦，他就是个恶人。"[4]

于是，合理利己主义便既否定"无私利他"、"纯粹利他"原则，又否定"单纯利己"原则，而把"为己利他"奉为评价人们行为是否合乎道德的唯一原则。爱尔维修便说："有德行的人，并不是牺牲他的快乐、他的习惯和他的最强烈的情欲于公众利益的人，那样的人是不可能有的。"[5] 但也不是"单纯利己"的人，因为"当构成民族之大多数的个人把他们的利益和公众利益分割开来之时，则此民族就有政治堕落的腐败"。[6] 所以，"自己满足的力量，原来被视为神的属性而且不得不当作神性重视的，但在一个人身上遇着时，便被置诸恶行之列了。"[7] 有德行的人只"是这样的一种人，其最强烈的情欲是与一般的利益如此融合，以致他对德行几乎常常需要。"[8] 一句话，为己利他是衡量一切行为善恶的道德总原

[1]　周辅成编：《西方伦理学名著选辑》下卷，商务印书馆，1987年，第54页。
[2]　梁启超：《饮冰室合集》专集，第三册，第15页。
[3]　爱尔维修：《精神论》，杨伯恺译，辛垦书店，1933年，第57页。
[4]　北京大学哲学系编译：《十八—十九世纪俄国哲学》，商务印书馆，1987年，第347页。
[5]　爱尔维修：《精神论》，杨伯恺译，辛垦书店，1933年，第176页。
[6]　同上书，第98页。
[7]　同上书，第170页。
[8]　同上书，第176页。

则。霍尔巴赫将关于这个总原则的理论概括为一句名言："德行不过是一种用别人的福利来使自己成为幸福的艺术。"[①]

这种道德总原则理论显然也是片面的、错误的：它只承认有利社会、他人为善而有害社会和他人为恶，却抹煞有利自我为善而有害自我为恶；它虽看到利己的目的是善恶之源，却把自身即善的利己目的说成是非善非恶；它肯定为己利他，却否定无私利他与单纯利己之为道德原则。合理利己主义陷入如是片面性，原因不过有二：

首先是其道德目的理论的片面性。如果道德目的，确如合理利己主义所说，不在于满足每个人需要而仅仅是为了保障社会存在发展，那么，利己目的便与道德目的无关，便非善非恶无所谓道德不道德，因而既不损人又不利人的"单纯利己"也就不可被奉为道德的原则了。

其次是其人性理论的片面性。如果无私利他确如合理利己主义所说，是不可能有的，那么它当然也就不能被奉为道德的原则了。然而，如前所述，一方面，满足每个人需要与保障社会存在发展同为道德目的，因而利己目的便符合道德目的，便是善的、道德的、应当的。这样，单纯利己也就是人的行为应当如何的一大道德原则。另一方面，无私利他是每个人都能达到的，因而也就无疑是人的行为应当如何的一大道德原则。所以，合理利己主义否定单纯利己和无私利他而把为己利他奉为衡量行为善恶的道唯一原则，是片面的、错误的。

综观合理利己主义人性论与道德论可知，合理利己主义乃是这样一种关于道德善恶总原则的片面的、偏狭的理论：在它看来，一方面，每个人的行为目的只能利己，却又不可能依靠自己单独实现，而只有依靠社会和他人通过利他手段才能实现；另一方面，道德的目的虽然是他律的，却只在于保障社会存在发展。合而观之，利己目的就其自身来说，便因其与道德目的无关而非善非恶；就其结果来说则是善与恶的共同源

① 霍尔巴赫：《自然的体系》上卷，官士滨译，商务印书馆，1964年，第274页。

泉：如以利他的手段实现，便因其符合道德目的而是善的源泉；如以损人的手段实现，便因其违背道德目的而是恶的源泉。于是，这种理论便既否定"无私利他"，又否定"单纯利己"，而把"为己利他"奉为评价人们行为善恶的唯一原则。简言之，合理利己主义便是把"为己利他"奉为评价人们行为善恶唯一准则的道德总原则的理论。

三　利己主义：个人主义

个人主义（individualism），正如卢克斯（Steven Lukes）和霍奇森（Geoffrey Hodgson）等人所言，是一个含义错综复杂、众说纷纭的概念："个人主义是一个这样的名词，它的用法历来就极其缺乏精确性。"[1] "众多相当不同的学说都可以聚集在'个人主义'的标签下。"[2] 马克斯·韦伯也这样写道："'个人主义'这个术语具有极端多样而异质的含义……现在，一种全面的、精确的与历史的概念分析，具有至高无上的学术价值。"[3]

因此，对于个人主义的考察，尤应以个人主义思想家的原著为依据。然而，真正的或纯粹的个人主义论者远远少于合理利己主义论者。这种理论的公认的代表，大概只有中国古代哲学家杨朱和庄子等道家以及现代西方哲学家尼采、海德格尔、萨特等存在主义论者。不过，在杨朱与庄子那里，个人主义尚停留于感性直观；只是到了尼采、海德格尔、萨特，才发展为成熟理论，并风靡世界而成为当代社会最有影响的伦理思潮之一。所以，我们便参考杨朱、庄子而依据尼采、海德格尔、萨特的著作来研究个人主义。

---

[1]　Steven Lukes: *Individualism*, Oxford: Basil Blackwell, 1973, p. ix.

[2]　Lawrence C. Becker: *Encyclopedia of Ethics*, Volume 1, New York: Garland Publishing, Inc., 1992, p. 606.

[3]　Steven Lukes: *Individualism*, Oxford: Basil Blackwell, 1973, p. 43.

1　自我的实现与异化：个人主义人性论

个人主义与合理利己主义一样，也认为每个人的行为目的只能是为了自我。杨朱说，人皆只爱己利己："锤，至巧也。人不爱锤之指，而爱己之指，有利之故也。"[①] 所以，只有为我才是所为、是目的，而为社会和他人不过是所以为，是为我的手段；"身者，所为也；天下者，所以为也。"[②]

这个人人行为目的只能是为了自我的道理，在尼采、海德格尔、萨特那里，则得到博大精深的论证，那就是人道主义的"自我实现或自我选择"之著名理论。按照这种理论，一个人是什么，或者说他的本质，乃是他的自由活动的自由创造物："人从事什么，人就是什么。"[③] "人不外是由自己造成的东西。这就是存在主义第一原理。"[④] 所以，人的自由活动，亦即人的存在，对人的本质便具有优先地位："'存在先于本质'是什么意思？这句话的意思就是说……人之初，是空无所有的，只是后来，人要变成某种东西，于是，人就照自己的意志而造成他自身。"[⑤]

这样，人的本质便不是固定的，而是始终处于悬欠的、持续的、未封闭的、不完整的自由造就之中。所以，尼采说：人是一种"尚未定型的动物。"[⑥] 于是，每个人的活动便都是个不断的自我选择、自我造就、自我获得、自我实现的过程："我永远在进行自我选择，而且永远不能作为已被择定的存在。"[⑦] 这种活动的目的，显然在于不满足自我现状、超越现状自我而追求未来的可能的自我、创造未来的可能的自我："人之所以能

---

① 《吕氏春秋·重己》。

② 《吕氏春秋·审为》。

③ 海德格尔：《存在与时间》，陈嘉映、王庆节译，三联书店，1987年，第288页。

④ 萨特：《存在主义是一种人道主义》，周煦良等译，上海译文出版社，1991年，第9页。

⑤ 同上书，第18页。

⑥ 尼采：《快乐的科学》，余鸿荣译，中国和平出版社，1987年，第56页。

⑦ 萨特：《存在与虚无》，陈宣良等译，三联书店，1987年，第616页。

存在乃是由于追求超越的目的。"①

从此出发，个人主义论者又进而论说，个人自由是每个人自我造就的前提，因而便只有达到个人自由，才能达到自我造就：个人自由是每个人行为的更为直接更为具体的目的；自我造就则是间接的、终极的目的。因此，萨特一再说："在每一具体环境下自由不外是以自己的要求为目的。"②

这就是尼采、海德格尔、萨特的"自我选择或自我实现"理论。究其实，这一人道主义的著名理论只能说明每个人行为的结果是自我选择、自我造就；而并不能说明每个人的行为目的是自我选择、自我造就——当一个人去偷窃的时候，能说他的目的是为了把自己造就成一个贼吗？造就自我为窃贼岂不只是他的行为的结果吗？现代个人主义论者把自我造就、自我选择这一每个人行为的结果说成是每个人行为的目的，便与古代个人主义殊途同归：每个人的行为目的只能是为了造就、选择未来自我，只能是为了自我，而所谓忘我牺牲、无私给予是根本不存在的。所以，尼采说："忘我的行为根本没有。"③萨特也这样写道："给予就是奴役，给予就是以毁灭划归己有，同时利用这毁灭来奴役别人。"④

那么，一个人应该通过什么手段，才能实现其为我目的呢？与合理利己主义不同，个人主义认为绝不能依靠社会、集体和他人。因为在个人主义看来，社会、集体和他人对于自己不但不具有至高无上的价值，而且对自己利轻害重，其净余额是负价值。为什么？杨朱说，社会、集体和他人给我的不过是身外名货；而我要得到这身外名货，便须"危身伤生、刭颈断头"：这岂不是"断首以易冠、杀身以易衣"？⑤所以，真

---

①　萨特：《存在主义是一种人道主义》，周煦良等译，上海译文出版社，1991年，第21页。

②　同上书，第22页。

③　周辅成编：《西方伦理学名著选辑》下卷，商务印书馆，1987年，第815页。

④　萨特：《存在与虚无》，陈宣良等译，三联书店，1987年，第20页。

⑤　《吕氏春秋·审为》。

正讲来——庄子得出结论说——社会和他人之于自我，不过如笼子之于鸠枭：“夫得者困，可以为得乎？则鸠枭之在于笼也，亦可以为得矣。”①

尼采、海德格尔、萨特的观点与此相同，只不过论据不是如是生动直观，而是著名的异化理论。尼采的异化理论可以称之为“末人”理论。这一理论认为，一个人若生活于社会和他人之中，便不能不听任社会和他人宰治、丧失选择自由、迷失自我而异化为不完全的人，亦即所谓“末人”：“在众人中，我像众人那样生活，不像自己在思想；而且渐渐地，我像众人那样生活，不像自己在思想；而且渐渐地总感到，人家想把我从自己中驱逐出来，将我的灵魂劫走。”②

海德格尔的异化理论可以称之为“常人”理论。这一理论详尽说明，人与人之间的本质关系，是消除相互间差别和突出之处，从而使人人沦为彼此相同、均等的“常人”之关系：“常人怎样享乐，我们就怎样享乐；常人对文学艺术怎样阅读怎样判断，我们就怎样阅读怎样判断；竟至常人怎样从大众中抽身，我们也就怎样抽身；常人对什么东西愤怒，我们就对什么东西愤怒。”③

萨特的异化理论可以称之为“注视”理论。按照这一理论，我若依靠社会和他人而生活在社会和他人之中，那么，在他人注视下，我便成为一个为他的存在，成为一个具有他人所赋予的固定本质的、失去选择自由的、失去了超越性的自在存在。由此，萨特得出结论说，集体与他人不过是自我的地狱：“地狱，就是别人。”④

这样，一个人要实现其利己为我——亦即自我选择、自我实现——之目的，便绝不能以依靠社会和他人为手段。否则，便不能不失去自由、听任社会和他人摆布，从而所造就的便是社会和他人为自己选择的自我，

---

① 《庄子·天地》。
② 尼采：《朝霞》，田立年译，华东师范大学出版社，2007年，第491节。
③ 海德格尔：《存在与时间》，陈嘉映、王庆节译，三联书店，1987年，第156页。
④ 柳鸣九编选：《萨特研究》，中国社会科学出版社，1981年，第303页。

便是没有独特个性的、非本己的、非本真的自我；而不是自己为自己选择的自我，不是具有独特个性的、本己的、本真的自我。现代个人主义的异化理论，便是这样说明了古代个人主义从生动直观所得出的结论：社会、集体和他人对于自己不但不具有至高无上的价值，而且利轻害重，其净余额是负价值。

不难看出，杨庄所说的危身伤生、刈颈断头确实是社会和他人给予自我的损害；然而却不是必然的、普遍的损害。尼采、海德格尔、萨特所说的完全或基本失去自由而听任社会和他人摆布的自我之异化，也确实是社会和他人给予自我的损害，但也不是普遍的、必然的、不可避免的损害。否则，为什么任何社会都不乏独立特行者？个人主义论者的错误便在于，把危身伤生、刈颈断头、失去自由而异化等社会和他人给予自我的个别的、偶然的、可以避免的损害，说成是普遍的、必然的、不可避免的损害，从而得出结论：社会、集体和他人对于自己利轻害重，其净余额是负价值。

然而，退一步说，即使如个人主义论者所言，危身伤生、刈颈断头、完全或基本丧失自由而异化等，是社会生活的本性，是社会和他人给予自我的不可避免的损害，那么，总的来说，每个人从社会和他人那里所得到的利益也远远多于所遭受的损害。这是因为，一个人若离开社会和他人，那么，首先，压根儿便不会有他，因为他的父母，便是他的最近的"他人"，他的家庭便是他的最近的"社会"。其次，他死亡的可能性会更大；他更可能死得早些而不是晚些——他甚至不会有从出生到被社会和他人弄死这么长时期的生存；因为人是不能独自生存的社会动物。

可见，一个人从社会和他人那里受到的伤害不论有多么多，但比起他所得到的利益，总的来说，还是少的。个人主义异化论颠倒了这个道理，因而得出结论：一个人要想达到其为我之目的，绝不能以依靠社会和他人为手段。这样一来，也就只有以依靠自我为手段了：既不给予也不索取、既不损人也不利人地单纯利己，应是实现为我目的的唯一手段。

不过，当个人主义论者具体谈到一个人究竟应当如何以依靠自我为手段来实现其为我目的时，却发生了分歧。

杨朱、庄子、尼采一致认为，应当逃避社会、远离他人、出世隐居。所以，杨朱盛赞隐士颜阖；庄子则通过汪洋恣肆之论述而得出结论说："要保全形体和生命的人藏身之所，应该远离尘俗深就山泉的啊！"[①]尼采也如是呼吁："隐居起来吧，那样你才能够过真正属于自己的生活。"[②]

反之，海德格尔则认为，人生即在世、入世，逃避社会、远离他人是不可能的。所以，他说，摆脱他人宰治、夺回选择自由、只依靠自己来造就未来自我的"决心这一本真的自身存在并不把此在从其世界解脱，并不把此在隔绝在一个飘游无据的我中——决心之为本真的展开状态恰就是本真地在世，它又怎会解脱、隔绝？决心恰恰把自身带到当下有所烦忙地寓于上手事物的存在之中，把自身推到有所烦神地共他人存在之中。"[③]

萨特也有此见，所以，他的既不给予也不索取而只单纯利己的孤零零的洛根丁，并不是个隐士，而是生活在常人之中："我孤零零地在这一片快乐和正常的人声中。"[④]因为——萨特后来对此解释说——一个人无论如何，却总有一不变的事情，即他"必须生存于世界，必须在世界内工作，必须生于他人之中，必须死亡"。[⑤]

是的，人是地地道道的社会动物。若人人皆出世隐居，社会岂不烟消云散？而每个人岂不都成了穴居野人？这确乎是杨、庄、尼采的不近情理之处。可是，一个人若入世而生活于他人之中，又怎么可能做到不依靠他人而只依靠自己？怎么可能做到既不给予也不索取？一个人若要不依靠他人而只依靠自己、既不给予也不索取，岂不只有出世隐居？这是海

---

① 《庄子·骈拇》。
② 尼采：《快乐的科学》，余鸿荣译，中国和平出版社，1987年，第228页。
③ 海德格尔：《存在与时间》，陈嘉映、王庆节译，三联书店，1987年，第354页。
④ 萨特：《厌恶及其他》，郑永慧译，上海译文出版社，1986年，第16页。
⑤ 萨特：《存在主义是一种人道主义》，周煦良等译，上海译文出版社，1991年，第16页。

德格尔和萨特的不合逻辑之处。所以，杨朱、庄子、尼采的个人主义虽是出世的、极端的、不近情理的，却是彻底的、合乎逻辑的；海德格尔、萨特的个人主义虽是入世的、温和的、近情理的，却是不彻底的、不合逻辑的。

总之，杨朱、庄子、尼采、海德格尔、萨特一致认为，每个人的行为目的只能是为了自我，而行为手段只应是依靠自我：杨庄尼采认为应该做一个出世的隐居者，海德格尔萨特则认为只可做一个入世的孤独者。那么，这种目的只能为了自我、手段只应依靠自我的"单纯利己"是不是合乎道德的行为？这种出世隐居者和入世孤独者是不是个合乎道德的人？这是个人主义道德理论所要回答的问题。

2 自我价值至高无上：个人主义道德论

合理利己主义与个人主义虽然都是道德起源和目的之他律论，但是，合理利己主义，如上所述，认为道德起源和目的全在于保障社会存在发展；反之，个人主义则认为道德的起源和目的全在于满足自我需要。杨朱和庄子便一再说，道德的真正起源与目的，乃在于存活自身、利己为我："道之真以持身。"[1] 尼采也说，道德的起源与目的是维护自我生命利益："每一种健康的道德，都是受生命本能支配的——生命的任何要求都用'应该'和'不应该'的一定规范来贯彻。"[2] 而自我生命的真正利益，在尼采看来，又在于其自我超越，自我创造；所以，道德的起源与目的也就在于保障自己生命的自我超越、自我创造："善恶、富贫、高低和一切道德的名称：它们都应是武器，都是指示生命应当常常超越自己的信号！"[3]

---

[1] 《庄子·让王》。

[2] 尼采：《偶像的黄昏》，周国平译，湖南人民出版社，1987年，第35页。

[3] 尼采：《查拉斯图拉如是说》，尹溟译，文化艺术出版社，1987年，第119页。

更确切些说，道德的起源与目的，是保障个人或自我对其真实自我的创造："我的道德应当如此：夺去个人的公共性格，使他成为独特的。"[①] 因此，若说到底，道德起源与目的，也就在于满足自我需要："我迄今还没有见过这样的人，他看来是本着这个见解来信奉道德，即把道德看作是一个问题，而这个问题是他自己的个人需要、苦恼、快乐和热情所在……我还没有看到一个人敢于对道德价值的估计进行批判。"[②] 萨特完全同意尼采的见地，也认为道德起源与目的在于自我："现在我们能够更加明确地规定何为自我：它就是价值。"[③]"价值，就是自我。"[④]

细察个人主义的论证过程，不难看出，它犯了两个错误。一个错误是，个人主义抹杀道德的直接目的（保障社会存在发展），而把道德目的与道德最终目的（满足每个的个人需要）完全等同起来，于是便否认道德的保障社会存在发展的目的，而认为道德目的仅仅是为了满足每个人需要，仅仅是为了满足每个自我需要。这显然是个以偏概全的错误。

另一个错误是，个人主义又进而把"每个人需要"偷换成为"个人需要"、把"每个自我需要"偷换成"自我需要"，于是便又由道德目的是为了满足每个人需要、每个自我需要得出结论说：道德目的是为了满足个人需要或自我需要。这又犯了偷换概念的错误，因为个人需要与每个人需要、自我需要与每个自我需要根本不同。个人需要或自我需要属于自我范畴，因而与社会需要既可能一致又可能不一致：有利社会的却可能有害自我；有利自我的却可能有害社会；反之，每个人需要、每个自我需要则属于社会范畴，因而与社会需要必定完全一致：凡有利（或有害）社会的，必定有利（或有害）每个自我；凡有利（或有害）每个

① 尼采：《查拉斯图拉如是说》，尹溟译，文化艺术出版社，1987年，第121页。
② 尼采：《快乐的科学》，余鸿荣译，中国和平出版社，1987年，第238页。
③ 萨特：《存在与虚无》，陈宣良等译，三联书店，1987年，第139页。
④ 同上。

自我的，必定有利（或有害）社会。①

　　如果道德目的仅仅是为了满足自我需要，那么，也就只有有利于自我的行为才符合道德目的，才是道德的、善的；只有有害于自我的行为才不符合道德目的，才是不道德的、恶的。于是，目的利己自身便是善的、道德的，同时又是善恶之源：如以有利于自我的手段实现，便是善的源泉；如以有害于自我的手段实现，便是恶的源泉。一句话，自我是善恶道德价值的基础和标准，一切行为的善恶都由有利还是有害自我来确定。这种道德价值观，庄子已经讲得很清楚："我所说的品德美好，不是仁义所要求的那些东西，只是善于长养自己的本性罢了。"② 尼采则把这个道理当作他的价值新估之核心而反复论说："这个自我，这个能创造能意愿能评价的自我，是一切事物的标准和价值的源泉。"③ 萨特巨著《存在与虚无》的最后结论也是此意：

　　"本体论和存在的精神分析法应该向道德主体揭示，他就是各种价值赖以存在的那个存在。这样，他的自由就会进而……发现自己是价值的唯一源泉。"④

　　一句话，自我利益是衡量一切事物的道德价值的终极标准，亦即道德终极标准。因此，卢克斯在总结个人主义关于道德本性的理论时写道："根据这种学说，道德、道德价值和道德原则的源泉以及道德评价标准

---

①　利他主义，如上所述，以为道德目的是为了完善自我道德人格；个人主义以为道德目的是为了满足自我需要，因而二者道德目的观似乎相同：都是为了自我。其实恰好相反。因为，一方面，个人主义的满足个人需要，无疑是利己为我；但利他主义的完善自我道德人格，却是忘我利他。因为在利他主义论者——如冯友兰——看来，只有无私利他，才能完善自我道德人格、实现人之所以为人者："求自己的利，可以说是出于人的动物倾向，与人之所以为人者无干……为实现人之所以为人者，我们可以说，人应该求别人的利。"另一方面，个人主义是道德他律论者，以为道德目的不是为了道德自身，而是为了道德之外的他物：满足个人需要；利他主义则主要是道德自律论者，认为道德目的是为了道德自身，是为了完善自我道德人格。

②　《庄子·骈拇》。

③　尼采：《查拉斯图拉如是说》，尹溟译，文化艺术出版社，1987年，第19页。

④　萨特：《存在与虚无》，陈宣良等译，三联书店，1987年，第798页。

的创造者，是个人：在最根本的意义上，个人就是道德价值的最高裁判，是道德的终极权威。"① 个人或自我利益是道德价值终极标准，显然意味着，个人或自我利益的价值至高无上：自我价值至高无上是个人主义的根本特征。

从此出发，个人主义不但否定无私利他原则，而且否定为己利他原则。因为凡是以依靠社会和他人为手段——不论是损人还是利人——的行为，真正讲来，都有害自我、不符合道德目的，因而都是恶；只有以依靠自我为手段，亦即既不给予也不索取、既不利人又不损人地单纯利己，才真正有利自我，才符合道德目的，因而才是善的："单纯利己"是评价行为善恶的唯一道德总原则。这个总原则被杨朱概括为一句名言："拔一毛而利天下不为也"。庄子进而发挥说：

"为善无近名，为恶无近刑，缘督以为径，可以保身。"②

这就是说，既不应该为善利人，因为为善没有不近乎名的；也不应该为恶损人，因为为恶没有不近乎刑的；而只应该走中间道路：既不利人又不损人地单纯利己。到了 20 世纪，尼采也如此疾呼："你也需要救助……但是，我的朋友，真正的救助还是自助。"③ "我生活在自己的光里，我吸收从我爆发出来的火焰。"④ 萨特用来显示他所主张的道德原则的《厌恶》主角洛根丁也是这样的一个人："我是孤零零地活着，完全孤零零一个人。我永远也不和任何人谈话。我不收受什么，也不给予什么。"⑤

个人主义道德原则论显然是极其片面的、错误的：它看到目的利己是善的、同时又是善恶之源，却只承认有利自我为善、有害自我为恶，而抹杀有利他人为善、有害他人为恶；它只肯定单纯利己，却否定为己

---

① Steven Lukes: *Individualism*, Oxford: Basil Blackwell, 1973, p. 101.
② 《吕氏春秋·审为》。
③ 尼采:《快乐的科学》，余鸿荣译，中国和平出版社，1987 年，第 262 页。
④ 尼采:《查拉斯图拉如是说》，尹溟译，文化艺术出版社，1987 年，第 29 页。
⑤ 萨特:《厌恶及其他》，郑永慧译，上海译文出版社，1987 年，第 13 页。

利他与无私利他之为道德原则。个人主义陷入如是片面性，其原因也不在其道德原则论自身，而在其道德本性论与人性论。

因为，一方面，从道德本性论来说，如果道德目的确如个人主义所说，不在于保障社会存在发展而仅仅是为了满足自我需要，那也就只有有利自我才符合道德目的，才是道德的、善的；而无私利他便不符合道德目的，便不是道德的、善的，因而也就不能被奉为道德原则了。

另一方面，从人性论来说，如果确如个人主义所说，不但无私利他不可能存在，每个人的行为都是为了自己，而且社会、集体和他人对于自己利轻害重，其净余额是负价值，那么，为己利他也就因其有害自我而不符合道德目的，是不道德的、恶的，而只有既不利人又不损人的单纯利己才因其有利自我而符合道德目的，才是道德的、善的。一句话，单纯利己是评价人们行为是否道德的唯一原则。

然而，如前所述，一方面，无私利他是每个人都能够达到的境界；保障社会存在与满足每个人需要同为道德目的。所以，无私利他便符合道德目的，便是善的、道德的、应当的，便是人的行为应当如何的一大道德原则。另一方面，人是地地道道的社会存在，社会和他人对自我具有至高无上的价值，利己目的的实现，恒久说来，只能依靠他人、以利他为手段，只有偶尔才能依靠自我、以利己为手段。所以，为己利他既有利社会又有利自我，因而符合道德目的，是道德的、善的、应当的，是人的行为应当如何的一大道德原则。所以，个人主义否定为己利他和无私利他而将单纯利己奉为评价行为善恶唯一原则，是片面的、错误的。

* 　 * 　 *

综观个人主义人性理论与道德理论，可知个人主义乃是这样一种关于道德善恶总原则的片面的、偏狭的、错误的理论，在它看来：

一方面，不但每个人的行为目的只能是利己为我，只能是为了自我实现，而且社会、集体和他人对自我利轻害重，其净余额是负价值。所以，为我目的绝不能依靠社会、集体和他人——通过利他或损人的手段——来实现，而只有依靠自我——通过既不损人又不利人的单纯利己的手段——才能实现。另一方面，维护自我利益，乃是道德的唯一的起源和目的，因而也就是衡量一切行为之善恶以及一切道德之优劣的终极标准：自我价值至高无上。这样，目的为我便因其符合道德目的而是道德的、善的，同时又是善与恶的共同源泉：如以依靠社会、集体和他人为手段来实现，便因其有害于自我、不符合道德目的而是恶的源泉；如以依靠自我为手段来实现，便因其有利于自我、符合道德目的而是善的源泉。于是，这种理论便既否定"无私利他"，又否定"为己利他"，而把目的只为我、手段只靠我的"单纯利己"奉为评价人们行为善恶的道德总原则。简言之，个人主义便是否定集体价值至高无上而认为自我价值至高无上的理论，便是否认无私利他与为己利他而把"单纯利己"奉为评价行为善恶的道德总原则的理论。

可见，个人主义的最为精确的名称应该是"自我主义"（egoism）：它的根本特征是自我价值至高无上，而不是个人价值至高无上。因为自我与个人不同。个人相对集体而言，因而可以有各个个人、每个个人之义：它既可以指自我一个人，也可以指自我之外的其他个人。反之，自我则相对他人和集体而言，只能指称自己一个人。因此，个人与自我属于上位概念与下位概念的关系：自我都是个人，个人却不都是自我：个人可以等于自我加上其他非我的个人。这样，自我价值至高无上便与个人价值至高无上根本不同。自我价值至高无上，意味着：集体价值与他人价值都不具有至高无上性。反之，个人价值至高无上则仅仅意味着：集体价值不具有至高无上性。

因此，托克维尔——个人主义一词的创造者——写道："个人主义是一种只顾自己而又心安理得的情感，它使每个公民同其同胞大众隔离，同亲属和朋友疏远。因此，当每个公民各自建立了自己的小社会后，他们就不管大社会而任其自行发展了。"① 这个定义是精确的，因为它看到了个人主义的"自我价值至高无上"之特征。反之，鲍顿（Raymoud Boudon）和卢克斯对个人主义的定义是不够确切的，因为他们都犯了顾名思义的错误，以为个人主义就是认为个人价值至高无上，就是以个人为中心："个人主义是一种认为个人至高无上的学说。"② "个人主义是一个含义广泛的关于各种思想、原则和态度的术语，其共同的要素在于：它们都是一种以个人为中心的体系。"③ 殊不知，个人主义的特征并不是认为个人价值至高无上，而是认为自我价值至高无上；并不是以个人为中心，而是以自我为中心。

3 个人主义与人道主义：个人主义概念辩难

人们往往把个人主义与文艺复兴时期的人道主义混为一谈。这一混淆，细究起来，是有深刻的历史原因的。这个原因就是：就个人主义的成熟形态——亦即现代个人主义——来说，个人主义的"单纯利己"之道德总原则被归结为个人自由（亦即自我自由）与自我实现原则。因为，一方面，如上所述，现代个人主义——亦即尼采、海德格尔和萨特所代表的个人主义——所理解的利己或个人利益，亦即个人的自我自由与自我实现、自我选择，使自己成为一个可能成为的最有价值的人；它关于行为目的只能利己的理论，亦即"自我实现或自我选择"理论：现代个人主义是基于这一理论，来确证每个人的行为目的不过是自我实现因而只能是为我利己的结论的。另一方面，如上所述，现代个人主义否认社会、集体和他人的价值，是因为社会、集体和他人是使自我丧失自由而

---

① 托克维尔：《论美国的民主》下卷，董果良译，商务印书馆，1996 年，第 625 页。
② Pierre Birnbaum: *Individualism*, Oxford: Clarendon Press, 1990, p. 33.
③ Lawrence C. Becker: *Encyclopedia of Ethics*, Volume 1, New York: Garland Publishing, Inc., 1992, p. 606.

发生异化的根源；它主张不应依靠社会、集体和他人，而只应依靠自我，从而既不利人又不损人地单纯利己，说到底，不过是为了享有自由从而能够自我实现，亦即实现自己的创造潜能从而成为一个可能成为的最有价值的人。所以，成熟的或现代的个人主义乃是认为自我价值至高无上从而把"个人自由或自我实现"奉为评价行为善恶的道德总原则的理论。

　　这样一来，个人主义与文艺复兴时期的人道主义就缠绕一起、难解难分了。因为文艺复兴时期的人道主义，如所周知，就是视人本身的自我实现为最高价值从而主张使人自我实现而成为可能成为的最有价值的人的思想体系，就是视人本身的自我实现为最高价值从而将其奉为社会治理最高原则的思想体系："文艺复兴人道主义的伟大人物，如爱拉斯谟、彼科·德拉·米朗多拉、波斯泰尔以及其他许多人，都认为人道主义是这样一个概念：它强调人本身，强调所有的人和强调完全的人，认为人的职责就是充分地施展自己的那些潜力。"[①]而使人自我实现，不言而喻，从正面来说，便应该使人自由，因为自由乃是自我实现的根本条件：自由是人道主义根本原则；从反面来讲，则应消除异化，因为异化是自我实现的根本障碍：异化是最根本的不人道。这样，文艺复兴时期的人道主义便蕴涵一种最为根本的人道主义，亦即视人的自由为最高价值从而将自由奉为社会治理最高原则的思想体系：这就是所谓的自由主义。所以，文艺复兴时期的人道主义最终可以归结为自由主义：它是一种以自由为根本原则的人道主义，是一种自由的人道主义，是一种自由主义的人道主义。

　　因此，成熟的或现代的个人主义，作为一种道德总原则理论，它的主要依据与基本内容，便是人道主义的自由、异化和自我实现理论：现代个人主义的前提和基础乃是人道主义与自由主义，是从人道主义与自由主义推演出来的一种道德总原则理论。所以，个人主义是一种具有多

①　罗国杰主编：《人道主义思想论库》，华夏出版社，1993年，第734页。

种含义的极为复杂的道德总原则理论，以致霍奇森这样写道："众多相当不同的学说都可以聚集在'个人主义'的标签下。"[1]但是，如果由此以为个人主义是多种学说的大杂烩，是多种学说的混合物，那就错了。真正讲来，个人主义只是一种道德总原则理论；只不过，这种理论是由多种成分构成的罢了。这些成分，无论如何纷纭复杂，却都可以归结为两大方面：一方面是个人主义所特有的成分，如否定集体的价值，而认为自我价值至高无上，以及关于道德目的只是为了自我的理论；另一方面是个人主义与其他学说共有的成分，如有关自我实现、自由和异化的人道主义与自由主义理论。对于个人主义的这些成分，卢克斯的《个人主义》——被霍奇森认为是"深刻而辉煌"专著——进行了迄今最为系统的考察：

就法国来说，个人主义的主要含义是其特有成分：自我价值至高无上。因为"在法国，个人主义通常带有——今日仍然如此——一种贬义，实足意味着：保全个人可以损害社会的更高利益。《法兰西学院》词典的最新版本则把个人主义简单地界定为'普遍利益对个人利益的服从。'"[2]卢克斯还进而引用布兰克的话来证明这一点："个人主义原则使个人从社会中脱离出来，使他成为他周围事物和他自己的唯一评判者，给予他的权利以过高的要义，却不向他指出他的义务，让他陶醉于他自身的力量，宣布全国自由放任。"[3]但是，在德国，个人主义则是一种人道主义与自由主义："与这个术语的法国用法完全不同，提供它另一种用法特点的是德国。这就是浪漫主义的个性理念，就是个人的独特性、创造性、自我实现的概念。"[4]在美国，个人主义也是人道主义或自由主义的同一概念：

① Lawrence C. Becker: *Encyclopedia of Ethics*, Volume 1, New York: Garland Publishing, Inc., 1992, p. 606.

② Steven Lukes: *Individualism*, Oxford: Basil Blackwell, 1973, p. 7.

③ Ibid., p. 11.

④ Ibid., p. 17.

"个人主义的精神就是'美国人的精神,是对自由的爱,是对自由事业的爱,是自由的、毫无限制的机会'。"[①] 就英国来说,个人主义也是指人道主义与自由主义:"在英国,'个人主义'被广泛用于表示经济和其他领域中没有或极少有国家干预,它的拥护者和反对者通常都把它等同于古典自由主义。"[②] 通过对法、德、美、英诸国个人主义语义史的考察,卢克斯认为个人主义的基本含义有九条:

第一条是个人主义的特有含义:"个人具有至高无上的内在价值或尊严,乃是终极道德原则。这一观念,在林赛看来,乃是《新约全书》和所有基督教义对于个人主义的巨大贡献。"[③] 第二条是人道主义的含义,亦即自由:"不同于第一种观念的第二种观念,是自主。"[④] 第三条是人道主义或自由主义的含义,亦即隐私:"就隐私的现代意义——即一个不应该受'公众'干涉的思想与行为的领域——来说,确实构成了自由主义的核心观念。"[⑤] 第四条是人道主义的含义,亦即自我实现、自我发展:"只有个性才是人的根本的和不朽的因素。崇尚个性的实现和发展,乃是一种神圣的利己主义。"[⑥] 第五条是人道主义的含义,亦即人是目的:"'社会生活的所有形态都是个人的创造','只不过是用来实现个人目的的手段而已'。"[⑦] 第六条是也是人道主义与自由主义的含义,亦即政治个人主义:"下一个是一组熟悉的观念,即古典自由主义的核心观念,可以统称为政治个人主义。"[⑧] 第七条亦属于人道主义与自由主义,亦即经济个人主义:"关于经济个人主义……简言之,它是一种对于经济自由的信念。"[⑨] 第八

---

① Steven Lukes: *Individualism*, Oxford: Basil Blackwell, 1973, p. 30.
② Ibid., p. 39.
③ Ibid., p. 45.
④ Ibid., p. 52.
⑤ Ibid., p. 62.
⑥ Ibid., p. 68.
⑦ Ibid., p. 74.
⑧ Ibid., p. 79.
⑨ Ibid., p. 88.

条也属于人道主义含义，亦即宗教个人主义，也就是所谓宗教自由："宗教个人主义可以定义为这样一种观点：个人信仰不需要中介，他对自己的精神命运负有主要责任，他有权利和义务以自己的方式和自己的努力，来建立自己与上帝的关系。"[1] 第九条是个人主义的特有含义，亦即伦理个人主义："根据这种学说，道德、道德价值和道德原则的源泉以及道德评价标准的创造者，是个人：个人就是道德价值的最高裁判。"[2]

综观法、德、美、英诸国个人主义语义史及其九种含义，可知个人主义的含义无非两大方面：一方面是个人主义的特有含义，如否定集体的价值而认为自我价值至高无上的理论；另一方面是个人主义与其他学说共有含义，亦即有关自我实现、自由和异化的人道主义与自由主义理论。但是，这些含义，并非如卢克斯和哈耶克等人所理解的那样，是一堆并列齐陈、一个又一个地外在排列起来的大杂烩；而是一个具有前提与结论的有机整体：就其结论来说是个人主义，是个人主义所特有的含义，是谬误；就其论据来说则是人道主义与自由主义，是个人主义与人道主义以及自由主义的共有含义，是真理。因此，个人主义乃是夸大人道主义或自由主义的真理而堕入谬误的结果：它夸大人道主义的自由与自我实现理论之真，而误以为人的行为目的只能是自我实现，只能是利己为我；它夸大人道主义异化理论之真理，而错误地否定集体至高无上之价值；它夸大人道主义关于人的价值至高无上之真理，而误以为自我价值至高无上；它夸大人道主义的自由与自我实现原则，而否定无私利他与为己利他原则。

于是，个人主义，就其基本特征来说，是一种利己主义（egoism），是一种否认集体价值而认为自我价值至高无上的利己主义，是一种否认无私利他与为己利他之为道德总原则而把单纯利己——亦即个人自由与

---

[1] Steven Lukes: *Individualism*, Oxford: Basil Blackwell, 1973, p. 94.

[2] Ibid., p. 101.

自我实现——奉为评价行为善恶的唯一的利己主义。一句话，个人主义是一种认为自我价值至高无上从而把单纯利己——亦即个人自由与自我实现——奉为评价行为善恶的道德总原则的谬论：它以人道主义与自由主义真理为前提和基础，是从人道主义与自由主义真理推导出来的关于道德总原则的谬论。

由此可见，许多人——如海耶克、卢克斯以及我国一些学者——否认个人主义属于利己主义范畴，而认为它是一种关于个人价值、尊严和自由的人道主义或自由主义理论，是不能成立的。因为个人主义既然认为每个人的行为目的只能利己为我而否认无私利他能够存在，那么，它就是地地道道的利己主义：利己主义之为利己主义，如上所述，就在于认为每个人的行为目的只能利己。个人主义固然基于人道主义与自由主义，却与这些理论根本不同：人道主义或自由主义，无疑并不会像个人主义那样，否定无私而认为人的行为目的只能是自我实现、只能是利己为我；也并不会像个人主义那样，否定集体价值至而认为自我价值至高无上；也并不会像个人主义那样，否定无私利他与为己利他而将个人自由或自我实现奉为衡量行为善恶的唯一原则。

毫无疑义，一方面，我们只能将这种认为行为目的只能利己与自我价值至高无上的理论叫作个人主义，而绝不会误将它叫作人道主义或自由主义；另一方面，我们只能将关于人的价值、尊严和自由的人道主义或自由主义理论叫作人道主义或自由主义，而绝不会误将它叫作个人主义。所以，人道主义或自由主义与个人主义根本不同，认为个人主义是一种关于个人价值、尊严和自由的人道主义或自由主义理论，是错误的。个人主义只是有一种人道主义或自由主义理论，而并不是一种人道主义或自由主义理论：它有一种人道主义或自由主义理论，因为它以人道主义或自由主义为前提和基础；它不是一种人道主义或自由主义理论，因为它从人道主义或自由主义的前提和基础得出了行为目的只能利己与自我价值至高无上的与人道主义或自由主义格格不入的结论。一言以蔽之：

个人主义虽然是人道主义或自由主义的产儿而有其血统，却绝不属于人道主义或自由主义范畴。

4 个人主义与合理利己主义：利己主义的内部分歧

比较个人主义与合理利己主义，可以看出，二者的不同，说到底，在于如何看待集体与个人的关系。合理利己主义以集体主义为基础，认为集体对于每个人利己目的的实现具有最大价值，集体是个人利益实现的唯一手段，一句话，集体的价值至高无上。因此，合理利己主义是一种集体主义，一切合理利己主义论者都承认集体主义的基本原则：集体利益高于个人利益，因而当二者发生冲突时，应该牺牲个人利益而保全集体利益。爱尔维修将这一原则概括为一句话："公共的福利——最高的法律。"[①] 车尔尼雪夫斯基也这样写道："全人类的利益高于个别民族的利益，全民族的利益高于个别等级的利益，多数等级的利益高于少数等级的利益。在理论上，这一次序是毋庸置疑的。它只是把几何公理——'整体大于部分'、'大数大于小数'——运用到社会问题上来罢了。"[②] 有鉴于此，哈耶克一再说，合理利己主义是一种集体主义，因而是一种"伪个人主义"：

"这一传统的著名代表人物有'百科全书'派成员、卢梭和重农主义者……这种唯理主义的个人主义（this rationalistic individualism）还始终隐含有一种演变成个人主义敌对面的趋势，比如说，社会主义或集体主义。……这种唯理主义的个人主义可以说与某些彻头彻尾的集体主义理论有着同样的重要性。"[③]

与合理利己主义相反，个人主义——哈耶克称之为"真个人主义"——如上所述，则以文艺复兴时期以来的人道主义为基础：它从人道

---

① 周辅成编：《西方伦理学名著选辑》下卷，商务印书馆，1987年，第68页。

② 北京大学哲学系编译：《十八—十九世纪俄国哲学》，商务印书馆，1987年，第370页。

③ 哈耶克：《个人主义与经济秩序》，邓正来译，三联书店，2003年，第10页。

主义异化理论出发，认为集体是个人异化的根源，因而否定集体至高无上之价值；它从人的价值至高无上的人道主义理论出发，进而断言自我价值至高无上；它夸大人道主义的个人自由与自我实现原则，以致否定为己利他的合理利己主义原则和无私利他的利他主义原则。因此，个人主义否认集体主义基本原则，亦即否认集体利益高于个人利益，当二者发生冲突时，应该牺牲个人利益而保全集体利益。恰恰相反，个人主义认为在任何情况下，个人都应该选择最有利自己的行为。所以，雷科维斯基（Janusz Reykowski）说："选择的主要标准，在个人主义看来，是自我的利益，而按照集体主义观点，则是集体的利益。"[1] 所以，个人主义是一种反集体主义，是集体主义的对立面："个人主义与集体主义相反，将自我价值作为全部伦理和社会原则之基础。"[2]

合理利己主义与个人主义虽然是两大对立流派，但就它们看待利己与利他关系的根本观点来说，却完全一致而与利他主义恰恰相反：

首先，利他主义认为，每个人的行为目的都能够无私利他。反之，合理利己主义与个人主义则一致认为，每个人的行为目的只能利己、不能利他，大公无私自我牺牲绝不可能存在而纯属子虚乌有。只不过，合理利己主义认为，集体的价值至高无上，社会和他人是自我利益的唯一保障，利己目的绝不应依靠自我而只应依靠社会和他人、通过利他手段才能实现；个人主义则否认集体价值的至高无上性，以为社会和他人对自我利轻害重，利己目的绝不应依靠社会和他人、通过利他或损人手段实现，而只应依靠自我、通过既不利人又不损人的单纯利己的手段实现。

其次，利他主义认为利己目的是恶和恶的源泉，只要目的利己，则不论手段如何利他，都是不道德的。反之，合理利己主义与个人主义则一致认为，利己目的是善或非善非恶，同时又是善与恶的共同源泉。只

---

[1]　Uichol Kim: *Individualism and Collectivism*, California: SAGE Publications, 1994, p. 278.

[2]　John K. Roth: *International Encyclopedia of Ethics*, London, Chicago: Braun-Brumfield Inc., 1995, p. 432.

不过，在合理利己主义看来，道德目的是为了保障社会存在发展，因而利己目的如果以利他手段实现便是善的源泉；如果以损人手段实现便是恶的源泉。反之，在个人主义看来，道德目的是为了实现自我利益，因而利己目的如果依靠社会和他人，从而以利他或损人为手段，便都因其最终有害自我、违背道德目的而是恶的源泉；只有依靠自我从而以既不利人又不损人的单纯利己为手段，才真正有利自我、符合道德目的，从而是善的源泉。

最后，利他主义否定为己利他与单纯利己，而把无私利他奉为评价行为善恶的道德总原则。反之，合理利己主义与个人主义则一致否定无私利他，而把利己不损人奉为评价行为善恶的道德总原则。只不过真正的利己不损人，在合理利己主义看来是为己利他；而在个人主义看来则是单纯利己——亦即个人自由或自我实现——罢了。

合理利己主义与个人主义之异同表明，二者虽然互相反对，但从根本上说完全一致，都同样与利他主义对立而以利己为行为的唯一目的、出发点和最终归宿，因而便都属于利己主义。二者的分歧，不过是利己主义的内部分歧。这种分歧，说到底，不过在于主张究竟以什么为实现利己目的的手段。合理利己主义从集体主义出发，认为集体价值至高无上，主张依靠社会和他人利益而以利他为手段，倡导为己利他：这显然符合人的社会本性，是合乎情理、合乎理性、合乎理智的，因此才叫作合理利己主义。反之，个人主义从人道主义的自由和自我实现理论出发，否认集体与他人的价值，反对依靠社会和他人，而主张依靠自己，从而既不利人又不损人地单纯利己：这显然违背人的社会本性，是不合情理、不合理性、不合理智的，是非理性的，是不合理利己主义。

所以，合理利己主义与个人主义都是利己主义：合理利己主义是集体主义的利己主义，是倡导为己利他的利己主义；个人主义是反集体主义的利己主义，是歪曲人道主义与自由主义的利己主义，是否定为己利他而倡导单纯利己——亦即个人的自我自由与自我实现——的利己主义。因此，二者正如今日西方伦理学家梅德林（Brian Medlin）所说，实为隶属于利己主义范畴的两个矛盾的下位概念，因而便构成了利己主义的全部外延。不过，他把个人主义叫作"个人利己主义"（individual egoism），把合理利己主义叫作"普遍利己主义"（universal egoism）："普遍利己主义主张每个人都应该关注自己的和有利于自己的他人的利益，而不必理睬其他人。个人利己主义则主张不必理睬任何人而只应该关注自己利益。"[1]

于是，总而言之，利己主义乃是这样一种片面的、错误的道德总原则理论，首先，就人性论来说，它认为每个人的行为目的只能利己而不可能利他；就道德本性论来说，它是他律论，认为道德目的乃在道德之外：或是为了保障社会存在发展，或是为了增进自我利益；就善恶原则论来说，它否定无私利他而把利己不损人——为己利他或单纯利己——奉为道德总原则。一言以蔽之：利己主义便是认为人的行为目的只能利己，从而否定无私利他而把利己不损人奉为评价行为善恶的道德总原则的理论。

这就是利己主义的比较精确的定义。因为一方面，把利己主义定义为"认为每个人的行为目的只能利己的道德总原则理论"，固然捕捉到了利己主义的根本特征，是不错的；然而，却不够精确。因为这个定义所揭示的，是一种行为心理理论的特征——这恐怕就是为什么今日西方伦理学家称之为"心理利己主义"的缘故——而利己主义，如所周知，乃是一种道德理论。这个只揭示行为心理理论特征的利己主义定义之所以能够成立，只是因为它蕴涵着一种行为应该如何的道德理论，亦即蕴涵着：绝不应该倡导无私利他，而只有某种目的利己的行为才是应该倡导的。另一方面，将利己主义界定为"认为行为目的只能且只应利己的道德总原则理论"也是不确切的。因为利己主义是一种道德原则理论，而道德原则必须是目的

---

[1] Louis P. Pojman: *Ethical Theory: Classical and Contemporary Readings*, Belmont, California: Wadsworth Publishing Company, 1995, p. 74.

与手段的统一体。但是，这个定义却只讲目的应该如何，而没有手段应该如何，因而并不排除以损人手段来实现利己目的，显然是不确切的。确切的利己主义定义无疑是：认为行为目的只能利己，从而把利己不损人——为己利他或单纯利己——奉为道德总原则的理论。于是，总而言之，可以说：利己主义，简单地说，就是认为每个人的行为目的只能利己的道德总原则理论；大体说来，是认为行为目的只能且只应利己的道德总原则理论；精确地说，是认为人的行为目的只能利己，从而否定无私利他而把利己不损人——为己利他或单纯利己——奉为道德总原则的理论。

　　然而，按照我国学术界的流行观点，利己主义伦理观的基本特征却是损人利己："利己主义在总倾向上同个人主义一样，强调个人至上、个人本位，在表现形式上，利己主义更加露骨地强调一己私利的至上性，把一己私利的得失，视为道德上善恶与否的唯一标准，甚至不惜损害他人利益和社会利益。"[①] 这实在是毫无科学根据的偏见。因为如上所述，所有利己主义伦理学家都一致反对损人利己。道德之为道德，就在于反对损人利己，从而才能保障社会存在发展、增进每个人利益。由此观之，哪里会有奉行损人利己的伦理观呢？事实上，古今中外也确实找不到一个以损人利己为道德原则的伦理学家。可是，有些人否认这一点。他们说，尼采在《善恶的彼岸》中便把损人利己奉为道德原则。

　　其实，尼采在《善恶的彼岸》等著作中讲得很清楚，他并不主张在人的高贵族类内部损人利己；相反地，他主张在高贵族类内部彼此应该避免损害、平等相待、承担义务和责任。尼采只是主张高贵族类损害其敌人（即芸芸众生）以利高贵族类。[②] 能说这就是把损人利己奉为道德原则吗？不能。这正如我们主张镇压、损害敌人以利自己，并非把损人利己奉为道德原则一样。我们认为损人利己是不道德的；而我们损害敌人以利自己，

---

① 李德顺主编：《价值学大词典》，中国人民大学出版社，1995年，第403页。
② 周辅成编：《从文艺复兴到十九世纪哲学家、政治思想家关于人道主义、人性论言论选辑》，商务印书馆，1966年，第875页。

是因为对敌人不能讲道德。同理，尼采也认为损人利己是不道德的；他主张高贵族类损害芸芸众生以利自己，也是因为高贵族类对其敌人是不能讲道德的。正是在这个意义上，尼采说："我是第一个非道德论者。"[①]

可见，尼采绝没有把损人利己奉为道德原则；也绝不可能有把损人利己奉为道德原则的伦理学家。损人利己绝不是什么道德的原则，而是一切伦理观——不论利他主义还是利己主义——都一致反对的人的实际道德品质。

四　己他两利主义：利他主义与利己主义之统一

利己主义与利他主义之对立，显示了二者各自的片面与错误。于是便有克服二者的片面与错误而为其统一的道德总原则理论出现。对于这种理论，我们不妨称之为"己他两利主义"。己他两利主义论者的阵营庞大，其代表便有斯宾诺莎、狄德罗、休谟、卢梭、沙夫茨伯里、边沁、穆勒、西季威克、葛德文、马克思、恩格斯等。但己他两利主义作为一种可以与利他主义以及利己主义抗衡的成熟的思想体系的创造者，却是弗洛伊德和弗洛伊德主义者弗洛姆以及达尔文和达尔文主义者赫胥黎、海克尔、道金斯、威尔逊。

首先，就人性论来说，己他两利主义与利己主义相反而与利他主义一致，认为每个人的行为目的既可能自爱利己，也可能无私利他。而且，一些己他两利主义论者还克服了利他主义以为一个人可能恒久乃至完全无私的错误。弗洛伊德指出，仅仅看到每个人既有利己目的，又有利他目的，是肤浅的；问题的本质乃在于，每个人的主要的、经常的、多数的行为目的必定是自爱利己；而无私利他只可能是他的次要的、偶尔的、少数的

---

① 尼采:《瞧! 这个人》，刘崎译，中国和平出版社，1986 年，第 109 页。

行为目的："心理器官的活动是否有一个主要的目的？我们可以肯定地回答：这一主要的目的乃在于求乐。"① "我想人生目的主要还是由享乐原则所决定。"② "在个人发展的过程中，循由快乐原则而追求幸福，是持久的主要目的。这个目的能够实现的几乎不可避免的、必须满足的前提条件，看起来，就是融汇和适应于人类集体……个人的发展，在人们看来，是两种冲动相互作用的结果：一种是求幸福的冲动，我们通常称之为'利己'的，另一种是与社会、他人融为一体的冲动，我们称之为'利他'的。但是，这两种描述都没有深入到本质。在个人的发展过程中，如我们所言，主要的、多数的行为都是满足利己的冲动；反之，另一种冲动则可以被描述为'文化的'，通常满足于约束利己冲动的角色。"③

其次，就道德本性论来看，己他两利主义与利他主义道德目的自律论相反，而与利己主义一致，认为道德目的是他律的。不过，利己主义是片面的道德目的他律论：合理利己主义认为道德目的只在于保障社会存在发展；个人主义认为道德目的只在于增进自我利益。反之，己他两利主义则是全面的道德目的他律论，认为道德目的在于保障社会存在发展和增进每个人利益。赫胥黎在总结达尔文的道德起源和目的的他律论时便这样写道："法律和道德训诫的目的是遏制宇宙过程，提醒每个人对社会所应尽的责任，并且由于社会的保护和影响，即使不是得以维持本身良好生存，至少也得以过着某种比野蛮人要好的生活。"④ 弗洛伊德则一再说，道德目的在于控制人的破坏本能，保障社会存在发展："人类这一动物被认为在其本能的天赋中具有很强的进攻性……由于人类的这一原始的互相敌视的

---

① Sigmund Freud: *Introductory Lectures on Psycho-Analysis*, translated by James Strachey, New York: W. W. Norton & Company, 1966, p. 443.

② 弗洛伊德：《精神分析引论》，高觉敷译，商务印书馆，1984 年，第 285 页。

③ Sigmund Freud: *Civilization and Its Discontents*, New York: W. W. Norton & Company, 1961, p. 105.

④ 赫胥黎：《进化论与伦理学》，《进化论与伦理学》翻译组译，科学出版社，1971 年，第 58 页。

缘故，文明社会永远存在着崩溃的危险……文明必须尽其最大的努力来对人类的进攻本能加以限制，并且运用心理的反作用结构来控制它们的显现。从此就产生了目的在于促使人们进入自居作用和目标被控制的爱的关系的方法，就有了对性生活的限制，进而有了爱邻如己的理想的圣训，这一圣训的合理性实际上在于这样一个事实：没有其他东西像它这样强烈地反对人类原始的进攻天性。"① 保障社会存在发展，在弗洛伊德看来，又是为了实现每个人的个人幸福：个人幸福是道德的最终目的。所以，弗洛伊德说："个人幸福乃是我们文化发展的目的之一。"②

最后，就善恶原则论来说，己他两利主义指出，利己与利他因其符合道德目的、道德终极标准——亦即保障社会存在发展和增进每个人利益——而都是善的；害己与害他则因其违背道德目的、道德终极标准而都是恶的："善就是对人有利，而恶就是对人有害；道德价值的唯一标准就是人的幸福。"③ 这样，否定自爱利己的利他主义与否定爱人无私的利己主义便不过是夸大各自片面真理从而滑向谬误的两极端：真理是二者之统一，是把"无私利他"和"为己不损人"共同奉为善恶原则的多元道德总原则理论。所以，弗洛姆说："爱人为人与自爱为己相互排斥的观点在逻辑上是错误的。如果将我的邻人当作人来爱是一种美德，那么，自爱也必定是一种美德而非罪恶，因为我也是一个人。"④ 海克尔亦云："利他主义与利己主义的等值，这两种自然本能的并重，自爱和博爱的道德平衡，是我们道德最重要的基本原则。"⑤ 马克思恩格斯也这样写道："共产主义者既不拿利己主义来反对自我牺牲，也不拿自我牺牲来反对利己主义……他们清楚地知道，无论利己主义还是自我牺牲，都是一定条件

---

① 弗洛伊德：《文明及其缺憾》，傅雅芳、郝冬瑾译，安徽文艺出版社，1987年，第57页。

② Sigmund Freud: *Collected Papers*, volume 2, New York: Basic Books, Inc., 1959, p. 99.

③ Frich Fromm, *Man for Himself*, London: Routledge & Kegan Paul Ltd., 1948, p. 13.

④ Ibid., p. 128.

⑤ 海克尔：《宇宙之谜——关于一元论哲学的通俗读物》，上海外国自然科学哲学著作编译组译，上海人民出版社，1974年，第332页。

下自我实现的一种必要形式。"①

　　可见，己他两利主义乃是这样一种正确的、全面的道德总原则理论，在它看来，一方面，每个人的行为目的既可能自爱为己，也可能无私为人；另一方面，道德目的、道德终极标准则在于保障社会存在发展和增进每个人利益。这样，利己与利他便因其符道德目的、道德终极标准而是都善的；害己与害他则因其违背道德目的、道德终极标准而都是恶的。于是，这种理论既反对否定自爱利己的利他主义，又反对否定无私利他的利己主义，从而把无私利他与利己不损人共同奉为评价行为善恶的多元道德总原则。简言之，己他两利主义便是把无私利他与利己不损人共同奉为衡量行为善恶的道德总原则的理论。准此观之，我们的理论便是一种己他两利主义，更确切些说，是一种新己他两利主义，亦即以伦理行为16种、6类型、4规律以及善恶6原则为特征的己他两利主义。

　　利他主义与利己主义是对立的两极，而己他两利主义则为二者之统一：三者似乎包括了全部的道德总原则理论。其实并非完全如此，真正讲来，还存在着一种道德总原则理论，这种理论不是利己主义与利他主义之统一，而堪称二者之超越。因为它像一根红线，贯穿于利己主义与利他主义以及己他两利主义之中；却与个人主义恰恰相反：它就是集体主义。

五　集体主义：利他主义与利己主义之超越

1　集体主义与集体主义原则

　　何谓集体主义？Susumu Yamaguchi说："集体主义可以定义为这样

---

① 《马克思恩格斯全集》第3卷，人民出版社，1971年，第275页。

一种学说，它认为当个人与集体发生冲突时，集体的目标重于个人的目标。"[1] Stephen R. C. Hicks 说："集体主义是与个人主义相反的理论，它认为社会集体比组成它们的个人更重要，个人有义务为了集体的利益而自我牺牲，不管这些集体是阶级、种族、部落、家庭还是民族。"[2] Janus Reykowski 在论及集体主义的根本特征时也这样写道："集体主义团体所赖以建立的规范原则是：集体利益优越于个人利益。"[3] Soo-WonLee 说："集体主义文化强调集体的目标和需要高于个人的目标和需要。"[4] 我国集体主义伦理学家罗国杰也认为："集体主义，即把集体利益看得高于个人利益。"[5]

可见，所谓集体主义，也就是确证集体主义原则——亦即集体与个人的关系应该如何的道德原则——的理论，也就是关于每个人一切涉及集体的行为之善恶原则的理论，说到底，也就是关于伦理行为应该如何的道德总原则的一个重大问题——每个人关涉集体的行为无疑是最为重要的伦理行为之一——的理论，因而属于善恶道德总原则理论的范畴。与个人主义恰恰相反，这种理论的根本特征，不是个人价值至高无上，而是集体价值至高无上：集体价值至高无上，是集体与个人关系应该如何的道德原则，亦即所谓集体主义原则。于是，究竟言之，集体主义乃是将"集体价值至高无上"奉为解决集体与个人关系的道德原则的理论，是一种认为集体价值至高无上的关于集体与个人关系应该如何的道德原则的理论，是一种认为集体价值至高无上的关于善恶道德总原则的理论。这种理论的基本内容，如所周知，可以概括为一句话：集体利益高于个

---

[1] Uichol Kim: *Individualism and Collectivism*, California: SAGE Publications, 1994, p. 187.

[2] John K. Roth: *International Encyclopedia of Ethics*, London, Chicago: Braun-Brumfield Inc., 1995, p. 432.

[3] Uichol Kim: *Individualism and Collectivism*, California: SAGE Publications, 1994, p. 278.

[4] Gene Yoon: *Collectivism and Individualism*, Busan: Dong-A Publishing & Printing Co. Ltd., 1994, p. 63.

[5] 《罗国杰文集》上卷，河北大学出版社，1999 年，第 106 页。

人利益，因而当二者发生冲突时，应该牺牲个人利益，保全集体利益。

那么，集体主义是真理吗？是的。因为不言而喻，集体或社会利益，无疑高于且大于个人或自我利益。所以，当二者发生冲突而不能两全时，遵守集体主义原则而自我牺牲，其差为利，利益净余额是增加了，符合利益冲突时的道德终极标准"最大利益净余额原则"，因而是应该的、道德的、善的；反之，如果违背集体主义原则而损人利己，其差为害，利益净余额是减少了，违背最大利益净余额原则，因而是不应该的、不道德的、恶的。

诚然，在某些场合，当个人与集体发生冲突时，集体利益可能小于个人利益。但是，从总体上说，当个人与集体发生冲突时，每个人只有遵守集体主义原则而牺牲自我利益，才能保障社会存在发展；只有社会存在发展，每个自我才能生存。反之，在这种情况下，如果每个人违背集体主义原则，不是自我牺牲而是损人利己，那么，社会也就不可能存在发展；社会不能存在发展，每个自我便不可能生存。这样，遵守集体主义原则自我牺牲而不损人利己，就某一具体场合来说，可能害大于利；但从总体上说，却既保全了社会，又保全了自我，因而利大于害。反之，违背集体主义原则损人利己而不自我牺牲，就某一具体场合来说，可能利大于害；但从总体上说，却既牺牲了社会，又牺牲了每个自我，因而害大于利。总体大于局部。所以，遵守集体主义原则而自我牺牲的最终净余额是利，是利益总量的增加，符合"最大利益净余额"的道德终极标准，因而是道德的、应该的、善的；反之，违背集体主义原则而损人利己的最终净余额是害，是利益总量的减少，违背"最大利益净余额"的道德终极标准，因而是不道德的、不应该的、恶的。

可见，集体主义原则是解决集体与个人关系的符合道德终极标准的道德原则，亦即解决集体与个人关系的正确的道德原则，因而可以说：集体主义——亦即确证集体主义原则的理论——乃是真理。不过，集体主义，正如 Doug-Woong Han 和 Sang-Chin Choi 所言，存在着若干类型：

原始共产主义的集体主义（primary communitarian collectivism）、整体化的集体主义（integrated collectivism）、个性化的集体主义（individuated collectivism）与虚幻的集体主义（synthetic collectivism）等。[①] 我们平时也常说，有社会主义集体主义，也有法西斯集体主义；有斯大林的集体主义，也有希特勒的集体主义。集体主义是真理，虽然并不意味着它的所有类型都是真理，却至少意味着它的所有类型都含有真理：有些类型是真理，有些类型是真理与谬误的混合物。那些堪为真理的集体主义类型，可以称之为集体主义的完备形态；混合真理与谬误的集体主义，可以称之为集体主义的不完备形态。那么，集体主义究竟有哪些类型？哪些是完备形态，哪些是不完备形态？

2　集体主义的不完备形态

伦理学是道德哲学，它所研究的，显然是一切社会都存在的集体主义之普遍类型，而不是仅仅存在于某些社会的特殊类型。集体主义的普遍类型，大体说来，可以分为四种，亦即整体主义的集体主义、利他主义的集体主义、利己主义的集体主义和己他两利主义的集体主义：前三者是集体主义的不完备形态；后者是集体主义的完备形态。下面，我们就来逐一考察集体主义的这些形态。

首先，何谓整体主义？鲍顿说："整体主义认为社会是一种有机的整体。"[②] 这意味着："一个集体，就是一个既定的行为者，如同个人一样。"[③] 说得更清楚些：整体主义就是认为集体与个人的关系亦即机体与构成机体的各个部分的关系的理论。如所周知，整体主义在柏拉图、亚里士多

---

①　Gene Yoon: *Collectivism and Individualism*, Busan: Dong-A Publishing & Printing Co. Ltd., 1994, p. 47/p. 59.

②　Pierre Birnbaum: *Individualism*, Oxford: Clarendon Press, 1990, p. 38.

③　Ibid., p. 37.

德、黑格尔那里，已见端倪。但是，它的真正代表人物，当推孔德和一些基督教思想家，如阿奎那、梅斯特和博纳尔德（Louis de Bonald）。在这些整体主义论者看来，集体与个人的关系，如同机体与构成它的细胞或机体各个部分一样，是整体与部分的关系。因此，正如机体的各个部分是为整个机体服务的手段一样，个人不过是为集体、社会服务从而保障其存在发展的手段：集体、社会是目的，个人是手段。这一点，博纳尔德说得很清楚："人只是为了社会而存在，社会则只是为了自身而培养人。"[1] 这样，整体主义便蕴涵一种极端的、绝对的集体主义：正如一个人的机体与构成它的各个部分的关系一样，集体利益绝对地、无条件地高于且大于个人利益，个人利益应该绝对地、无条件地服从集体或社会利益；因而在任何条件下——不论集体与个人是否发生利益冲突——个人都应该压抑、放弃乃至牺牲自我利益，以便更大地增进、保全集体利益。这一点，孔德讲得明明白白："在实证系统中，利己则被视为吾人天性上之一大病痛。"[2] 因此，实证主义的"再生之政制，其最重要之目的，在于以义务代替权利，如是则能将为个人着想代之以为社会着想。权利字样应从政治之术语内削去，如原因字样应从哲学术语中削去。二者皆代表神学及形而上学之概念，前者之不道德而带破坏性，如后者之无意义及带诡辩意味然"。[3]

可见，整体主义是一种集体主义，就其集体主义的特征来说，可以称之为整体主义的集体主义：整体主义的集体主义是一种否认个人独立存在的集体主义，是一种极端的绝对的集体主义。整体主义的集体主义显然是不能成立的。它的错误，一方面在于其整体主义。诚然，机体的整体的生存发展是目的，而构成机体的各个部分，如手、脚等，都是保障机体整体生存发展的手段。但是，集体与个人的关系，与机体及其各

---

[1]　Steven Luks: *Individualism*, Oxford. Basil Blackwell, 1973, p. 5.

[2]　孔德:《实证主义概观》，商务印书馆，1938 年，第 282 页。

[3]　同上书，第 291 页。

个部分的关系，根本不同。恰恰相反，集体或社会，如前所述，不过是每个人的利益合作体系，是每个人为了实现各自的利益所缔结的共同体，其目的完全是为了实现每个人的个人利益：集体是个人获得其利益的手段。所以，马克思说："只有在集体中，个人才能获得全面发展其才能的手段。"[1]一句话，人是目的，集体或社会不过是手段：这是人人皆知的人道主义的基本原理。因此，整体主义与人道主义恰恰相反：整体主义是一种反人道主义，整体主义的集体主义是一种反人道主义的集体主义。

　　整体主义的集体主义的另一方面错误，在于从整体主义这种错误的前提和基础所推导出的极端的绝对的集体主义。这种集体主义是绝对的、极端的，因为它在任何条件下都要求个人压抑、放弃乃至牺牲自我利益，以便更大地增进、保全集体利益。这是错误的。因为只有当集体利益与个人利益发生冲突不可两全的条件下，压抑、放弃乃至牺牲自我利益，以便更大地增进、保全集体利益，才符合利益冲突时的道德终极标准"最大利益净余额"，因而才是应该的、道德的；反之，当集体利益与个人利益不发生冲突而可以两全的条件下，压抑、放弃乃至牺牲自我利益，以便更大地增进、保全集体利益，则违背利益一致情况下的道德终极标准"无害一人地增进利益总量"，因而是不应该、不道德的。所以，集体主义固然是真理，但是，将它绝对化、极端化就变成了错误。

　　其次，我们来考察利他主义的集体主义。利他主义，如前所述，是孔子、墨子、康德和耶稣所代表的关于善恶道德总原则的理论；这种理论的基本特征，是把无私利他、自我牺牲奉为评价行为善恶的道德总原则：只有无私利他、自我牺牲才具有正道德价值，才是道德的、应该的、善的，而任何目的利己的行为都不具有正道德价值，都是不应该、不道德的、恶的。这样，就个人与集体的关系来说，便只有集体利益的追求具有正道德价值，而个人利益的追求则不具有正道德价值。既然如此，

————————
[1]《马克思恩格斯全集》第 3 卷，人民出版社，1971 年，第 84 页。

那么，集体利益便绝对地、无条件地高于且大于个人利益，而个人利益则应该绝对地、无条件地服从集体或社会利益；因而在任何条件下——不论集体与个人是否发生利益冲突——个人都应该压抑、放弃乃至牺牲自我利益，以便更大地增进、保全集体利益。所以，孔子曰："君子喻于义，小人喻于利。"[①] 孟子曰："鸡鸣而起，孳孳为利者，跖之徒也。"[②] 新儒家冯友兰说："我们可以说，人应该求别人的利，我们不能说，人应该求自己的利。"[③]《圣经》也这样写道："无论何人，不要求自己的益处，乃要求别人的益处。"[④]

可见，利他主义与整体主义殊途同归：利他主义也是一种极端的绝对的集体主义。只不过，整体主义是一种否认个人独立存在的集体主义，而利他主义是一种否认个人利益追求的集体主义罢了。因此，Uichol Kim 一再说："就东亚文化来说，儒学是一种确证集体主义的道德哲学与政治哲学。"[⑤]"集体主义信奉儒家的基本思想：公共利益与社会协调高于个人利益。"[⑥] 显然，利他主义的集体主义之错误，一方面与整体主义的集体主义相同，在于其集体主义的绝对化、极端化；另一方面则在于其利他主义：否认个人利益追求的正道德价值，而片面地以为只有对于集体和他人利益的追求才具有正道德价值。

再次，我们来解析利己主义的集体主义。所谓利己主义的集体主义，亦即合理利己主义的集体主义。因为利己主义虽然分为合理利己主义与个人主义；却不可能有什么个人主义的集体主义：个人主义的集体主义无疑是个悖论。合理利己主义，如前所述，断言每个人的行为目的只能利己，却又不可能依靠自己实现，而只能依靠集体和他人实现：集

---

① 《论语·里仁》。

② 《孟子·告子下》。

③ 冯友兰：《三松堂全集》第四卷，河南人民出版社，1986 年，第 608 页。

④ 《新约·哥林多前书·第十章》。

⑤ Uichol Kim: *Individualism and Collectivism*, California: SAGE Publications, 1994, p. 6.

⑥ Ibid., p. 8.

体是个人利益实现的唯一手段，因而对于每个人来说具有至高无上的价值。这样，合理利己主义也认为集体利益高于个人利益，因而当二者发生冲突时，应该牺牲个人利益，保全集体利益：自我牺牲是解决个人与集体利益冲突的道德原则。所以，爱尔维修说："公共的福利——最高的法律。"[1] 车尔尼雪夫斯基也说："全人类的利益高于个别民族的利益，全民族的利益高于个别等级的利益，多数等级的利益高于少数等级的利益。在理论上，这一次序是毋庸置疑的。它只是把几何公理——'整体大于部分'、'大数大于小数'——运用到社会问题上来罢了。"[2] 可见，合理利己主义也是一种集体主义，是利己主义的集体主义，是一种否认无私的集体主义。这种集体主义的根本缺憾，显然在于其自相矛盾：一方面误认为无私利他、自我牺牲是不可能存在的；另一方面又正确地将自我牺牲奉为个人与集体发生利益冲突时应当如何的道德原则。

3　集体主义的完备形态

整体主义、利他主义以及利己主义的集体主义，如上所述，都是真理与谬误的混合物，因而都属于集体主义的不完备形态。这些集体主义的不完备形态表明，完备的集体主义将是一种克服三者错误和缺憾的集体主义。因此，这种集体主义相应地具有如下三方面特征：

首先，它是人道主义的，而不是整体主义的。这就是说，这种集体主义的前提和基础，正如马克思所言，乃是这样一种人道主义：人或每个人，是目的；而集体或社会则是实现每个人利益的手段："只有在集体中，个人才能获得全面发展其才能的手段。"[3]

其次，这种集体主义，正如马克思所言，既不是利他主义的，也不

---

[1]　周辅成编：《西方伦理学名著选辑》下卷，商务印书馆，1987年，第68页。
[2]　北京大学哲学系编译：《十八—十九世纪俄国哲学》，商务印书馆，1987年，第370页。
[3]　《马克思恩格斯全集》第3卷，人民出版社，1971年，第84页。

是利己主义的，而是利他主义与利己主义之辩证统一，因而肯定个人利益追求与集体利益追求同样具有正道德价值："共产主义者既不拿利己主义来反对自我牺牲，也不拿自我牺牲来反对利己主义……他们清楚地知道，无论利己主义还是自我牺牲，都是一定条件下自我实现的一种必要形式。"① 这样，这种集体主义便是一种己他两利主义，它一方面因肯定存在无私利他、自我牺牲而避免了利己主义集体主义的自相矛盾；另一方面则因肯定个人利益追求具有正道德价值而避免了利他主义集体主义的极端化和绝对化。

最后，这种集体主义是一种温和的集体主义，是一种相对的、有条件的集体主义，而不是极端的、绝对的集体主义：它反对在任何条件下，都要求个人压抑、放弃乃至牺牲自我利益，以便更大地增进、保全集体利益；主张只有在集体利益与个人利益发生冲突不可两全的条件下，才应该压抑、放弃乃至牺牲自我利益，而保全集体利益；因而认为在集体与个人利益一致的情况下，对于个人利益追求的任何压抑和限制都是不道德的。

这就是完备的集体主义：它显然就是所谓的马克思主义的集体主义，亦即己他两利主义的集体主义。罗国杰把这种集体主义叫作社会主义集体主义，并十分精辟地概括道："集体主义总的指导思想是：提倡个人利益与集体利益的辩证统一。在社会主义条件下，集体利益表现为集体中各个人的共同利益的有机统一。集体利益高于个人利益，个人利益应当服从集体利益。为了保证集体利益的实现，在必要的时候要牺牲个人利益，维护集体的利益。我们并不提倡无条件地牺牲个人利益，因为各个个人利益的实现，集体中每个人的全面和谐的发展，是社会主义集体的最终目标。"②

----

① 《马克思恩格斯全集》第 3 卷，人民出版社，1971 年，第 275 页。
② 《罗国杰文集》下卷，河北大学出版社，1999 年，第 134 页。

集体主义的完备形态与不完备形态诸种类型的研究表明，一方面，与个人主义的离奇怪诞因而只为极少数思想家所倡导不同，集体主义乃是为各种道德总原则理论——个人主义除外——所包容和承认的真理：集体主义近乎公理。确实，人是社会动物，亦即集体动物，离开社会或集体，人是无法生存的，更谈不到发展了：集体是实现每个人利益的唯一手段，因而对于每个人都具有至高无上的价值。这样，当个人与集体发生利益冲突时，无疑应该牺牲个人利益而保全集体利益。否则，集体势必崩溃瓦解，而每个人也就不可能生存发展了。所以，任何一个集体要存在发展，便不能不奉行集体主义；不奉行集体主义的集体必然崩溃，因而实际上是不存在的：集体主义是一种最为浅易平凡的真理。反之，一个人如果反对集体主义而真正信奉个人主义，那么，他就应该像杨朱、庄子和尼采所倡导的那样，逃离集体或社会，到远离人群的深山老林隐居起来：个人主义就其最为彻底的倡导者来说，实乃是隐士的哲学。这就是为什么真正的个人主义论者寥寥无几，而集体主义却为绝大多数思想家所倡导的缘故。

另一方面，就集体主义与个人主义的理论形态来说，二者也大相径庭。我们知道，个人主义与利他主义以及合理利己主义等道德总原则理论一样，具有固定的人性论和道德本性论的前提和基础。个人主义道德原则（单纯利己或个人价值至高无上）的人性论的前提和基础是：每个人的行为目的只能利己，集体对于每个人利轻害重，因而对于每个人不但不具有至高无上的价值，而且具有负价值。合理利己主义道德原则（为己利他）的人性论的前提和基础是：每个人的行为目的只能利己；集体对于每个人的目的具有至高无上的价值。利他主义道德原则（无私利他）的人性论和道德本性论的前提和基础是：每个人的行为目的都能够无私利他，而道德目的就在于使人达到无私利他境界，从而实现人之所以为人者。反之，集体主义则为整体主义、利他主义、利己主义等各种理论所蕴涵，可以从这些理论推导出来，因而其前提和基础是多样化、不固定的：集体主义原则（集体价值至高无上）既可以从利他主义人性论和道德本性论推导出来，也可以从合理利己主义人性论和道德本性论推导出来，还可以从整体主义人性论和道德本性论推导出来，更可以从己他两利主义的人性论和道德本性论推导出来。这样，各种道德总原则理论的人性论和道德本性论便都是集体主义的前提和基础，而集体主义则是这些人性论和道德本性论的共同的上层建筑。

因此，个人主义与利他主义、合理利己主义等道德总原则理论一样，是一种独立的、完整的道德总原则理论。反之，集体主义则不是一种独立的、完整的道德总原则理论，而仅仅是道德总原则理论的一部分，亦即各种道德总原则理论——个人主义除外——所包含的共同部分：关于个人与集体关系应该如何的道德原则的理论。就集体主义自身来说，无疑是真理；但是，就集体主义的前提和基础——亦即就各种道德总原则的人性论和道德本性论——来说，则唯有己他两利主义的人性论和道德本性论是真理。这就是为什么，唯有己他两利主义的集体主义是真理，是集体主义的完备形态；而整体主义的、利他主义的和利己主义的集体主义，则都是真理与错误的混合物，都是集体主义的不完备形态的缘故。

六　各种道德总原则理论的真假优劣之比较

1　道德总原则理论与道德终极标准理论之比较

综观各种道德总原则理论，可知其与道德终极标准理论——亦即功利论与义务论——的关系极为密切。大概讲来，凡是利己主义，因其必定都是道德目的他律论，而必定都是功利主义；合理利己主义片面地以为道德目的只是保障社会存在发展，于是便片面地把"增进社会和他人利益"奉为道德终极标准；个人主义片面地以为道德目的只是保障自我利益，于是便片面地把"增进自我利益"奉为道德终极标准。

反之，凡是利他主义，主要讲来，则都是义务论：或者是纯粹义务论（基督教和康德）；或者是以义务论为主的义务功利混合论（儒家和墨家）。基督教和康德是纯粹义务论者。因为如前所述，就道德终极标准的前提来看，他们都是道德目的自律论，以为道德目的是为了完善每个人品德；就道德终极标准的结论来看，二者都直接把"增进每个人品德完善"而最终把"无私利他"奉为道德终极标准。

认为儒家是纯粹的义务论的流行观点，是很成问题的。这可以从两方面看。一方面，就道德终极标准的前提来看，如前所述，儒家是以自律论为主的自律他律混合论。因为道德目的，在儒家看来，主要是为了完善每个人品德，同时也为了保障社会存在发展。另一方面，就道德终极标准的结论来看，如上所述，儒家主要把"增进每个人品德完善"同时也把"增进社会和他人利益"奉为道德终极标准；进而把"无私利他"奉为道德终极标准。所以，儒家的道德终极标准理论是以义务论为主的一种义务功利混合论。

反之，认为墨家是纯粹功利主义者的流行观点，也是很成问题的。就道德终极标准的前提来看，墨家认为道德目的是他律的，而不是自律的：是为了保障社会的存在发展，而不是为了完善每个人的品德。就这一点来说，墨家确实是功利主义。但是，就道德终极标准的结论来看，墨家把"增进社会和他人利益"奉为道德终极标准；进而也与儒家一样把无私利他奉为道德终极标准。就这一点来说，墨家从功利论出发，却与义务论殊途同归。所以，墨家的道德终极标准理论也是以义务论为主的一种功利义务混合论。

那么，义务论与功利论同利他主义与利己主义是否也一一对应？可以说，凡是纯粹义务论或以义务论为主的义务功利混合论，必定都是利

他主义，因为二者必定把"无私利他"奉为道德终极标准。凡是纯粹的
功利主义则必非利他主义，而既可能是利己主义，更可能是己他两利主
义：如果它——其论者如爱尔维修、霍尔巴赫——认为不可能存在无私
利他，便会把"为己利他"奉为评价行为是否道德的唯一准则，它便是
合理利己主义；如果它——其论者如边沁、穆勒——认为无私利他确实
存在，便会把"无私利他和为己利他以及单纯利己"一起奉为评价行为
是否道德的多元准则，它便是己他两利主义。

2　利他主义与利己主义以及己他两利主义真假之比较

道德终极标准理论的研究业已表明：功利主义是真理而义务论是谬
误。这意味着：利己主义比利他主义更具有真理性与优良性。但是，真
正讲来，各种道德总原则理论——利他主义与利己主义以及己他两利主
义——的真假优劣，说到底，显然取决于它们与其研究对象——"行为
事实如何"与"道德目的"以及"行为应该如何"——相符程度。我们
关于这些对象的研究结果已经表明：

首先，就行为事实如何之人性论来说，一方面，一切伦理行为不外
无私利他、为己利他、单纯利己、纯粹害己、损人利己、纯粹害人六大
类型；另一方面，每个人必定恒久为己利他或损人利己，而只可能偶尔
无私利他、单纯利己、纯粹害人、纯粹害己。其次，从社会创造道德的
目的之道德本性来看，则道德直接目的是为了保障社会存在发展；道德
的间接的最终的目的是为了增进每个人利益。最后，就行为应该如何之
善恶原则来说，则无私利他、为己利他、单纯利己皆因符合道德目的而
皆善：无私利他是最高且偶尔善原则、为己利他是基本且恒久善原则、
单纯利己是最低且偶尔善原则；反之，纯粹害人、损人利己、纯粹害己
则皆因违背道德目的而皆恶：纯粹害人是最高且偶尔恶原则、损人利己
是恒久且基本恶原则、纯粹害己是最低且偶尔恶原则。

准此观之，己他两利主义无疑是真理；而利他主义与利己主义则都是夸大各自片面真理而堕入错误的两极端：

利他主义的错误，就人性论来看，主要是"无私利他夸大论"：夸大人的行为偶尔目的可能无私利他方面，抹杀恒久目的只能利己方面，因而以为人的行为目的可能恒久无私乃至完全无私。就道德本性论来说，主要是"道德起源和目的自律论"，以为道德的起源和目的在于道德自身，是为了完善每个人品德。就善恶原则论来说，主要是夸大利己目的是恶的源泉方面，抹杀其为善的源泉方面，因而把本身是善的利己目的看成是恶，是万恶之源。这样，在善恶原则上便不能不陷入片面性：否定为己利他和单纯利己，而把无私利他奉为评价人们行为是否道德的唯一道德总原则。

利己主义的错误，就人性论来说，主要是夸大人的行为恒久目的只能利己方面，抹杀偶尔目的可能无私利他方面，因而以为人的行为目的只能利己。就道德本性论来看，利己主义是道德目的他律论，是真理。但是，合理利己主义夸大道德的社会目的，以为道德目的仅在于保障社会存在发展；个人主义夸大道德的个体目的，以为道德目的仅在于增进自我利益。就善恶原则论来看，利己主义的错误主要在于否定无私利他，而把利己不损人——为己利他或单纯利己——奉为评价行为善恶的道德总原则：合理利己主义将为己利他奉为唯一的道德总原则，个人主义则将单纯利己——亦即个人自由与自我实现——奉为唯一的道德总原则。

可见，利他主义与利己主义不过是分别夸大利他与利己两大行为目的以及无私利他、为己利他、单纯利己三大善原则的片面化真理而已。利他主义夸大了行为的偶尔目的（为他人）和善的偶尔且非基本原则（无私利他），抹杀了行为的恒久目的（为自己）和善的恒久且基本原则（为己利他）；因而在偶尔的、非基本的方面是真理，而在恒久的、基本的方面是谬论。反之，利己主义夸大了行为的恒久目的（为自己）和善的恒久且基本原则（为己利他），抹杀了行为的偶尔目的（为他人）和善的偶尔且非基本原则（无私利他）；因而在恒久的基本的方面是真理，而在偶尔的、非基本方面是谬论。所以，利己主义与利他主义虽同为谬论，但其轻重有所不同：前者较轻，后者较重。

3 利他主义与利己主义以及己他两利主义道德优劣之比较

利他主义错误最重，因而利他主义道德的危害也最重。它虽然坚持了无私利他，鼓舞了人们无私奉献的至善热忱；却违背了"每个人必定恒久为自己而只能偶尔为他人"的客观规律，反对一切个人利益的追求，抛弃为己利他和单纯利己原则，而以无私利他要求人的一切行为。这样，一方面，它对每个人的欲望和自由侵犯便最为严重：它侵犯、否定每个人的一切目的利己的欲望和自由，而妄图使人的一切行为都达到无私利他的至善峰峦。结果适得其反：损人和虚伪之风随利他主义道德而起。这是因为，第一，任何人的行为目的都不可能完全地、也不可能恒久地无私利他，可是利他主义非要它如此不可。于是人们便只好假装无私利他，遂使虚伪成风。第二，利他主义道德向人们灌输只要目的利己，则不论手段损人还是利人，统统都是恶。这就使人们在目的利己时，失去选择以利人还是损人手段的道德必要、道德觉悟、道德兴趣，从而滋长损人利己、公私背离之风。另一方面，利他主义增进社会和每个人利益最为缓慢，因为它否定目的利己、反对一切个人利益的追求，也就堵塞了人们增进社会和他人利益的最有力的源泉。于是，合而言之，利他主义道德是给予每个人的害与利的比值最大的道德，因而也就是最为恶劣的道德。

反之，利己主义错误较轻，因而利己主义道德的危害也较小。它的危害主要是在利益冲突的情况下，增多了损人利己而减少了无私利他与自我牺牲。因为在自我利益与社会和他人利益发生冲突而不能两全的情况下，一个人只可能自我牺牲或损人利己，而不可能为己利他或单纯利己：为己利他与单纯利己只可能发生于自我利益与社会和他人利益一致而无冲突之时。这就是说，在利益发生冲突时，一个人如果不自我牺牲、无私利他，便必然损人利己。利己主义认为根本不可能有什么无私利他，因而否定无私利他与自我牺牲。这样，在利益冲突时，利己主义道德显然会伤害人们无私利他、自我牺牲的热忱和冲动，必然减少无私利他、自我牺牲，从而增多损人利己。因此，就利己主义道德否定无私利他与自我牺牲来说，利己主义道德减少了社会和每个人利益总量，因而也就不能不是一种恶劣的道德。

但是，一方面，利己主义道德对每个人的欲望和自由侵犯较为轻微：它仅仅侵犯、否定每个人的损人的欲望和自由。另一方面，利己主义道德增进全社会和每个人利益又相当迅速。合理利己主义增进全社会和每个人利益相当迅速，因为它倡导为己利他原则，鼓励一切有利社会和他人的个人利益的追求，也就开放了增进社会和每个人利益的最有力的源泉。个人主义增进全社会和每个人利益相当迅速，因为它倡导个人自由与自我实现原则，也就使每个人的创造潜能得到充分发挥，因而也就使社会繁荣昌盛：自由与自我实现乃是社会进步的最根本的条件。

这样一来，利己主义道德虽因其否定无私利他而在利益冲突时必然减少自我牺牲、增多损人利己从而减少了社会和每个人利益总量，却又因其倡导为己利他以及个人自由与自我实现原则而充分实现了每个人的创造潜能，开放了增进社会和每个人利益的最有力的源泉。于是，合而言之，利己主义道德便是给予每个人的利与害的比值较大的道德，因而也就是较为优良的道德。

这个道理，只要简单比较一下中西社会发展之异同就更清楚了。为什么春秋战国时代中西同样繁荣进步？最为根本的原因就是：那时的中国和西方，利他主义并没有占据主导地位，社会同样崇尚个人主义与利己主义，同样崇尚自由、自我实现与为己利他原则，以致孟子叹曰：天下之言，不归杨即归墨。为什么中世纪中西同样萧条停滞？最为根本的原因就是：那时中西同样专制而丧失了自由，同样在否定个人主义与利己主义而只主张无私利他的基督教或儒家利他主义道德的统治之下。为什么近代以来，西方突飞猛进，中国却极大地落伍了？岂不是因为西方摆脱了专制和利他主义而极大地发扬光大了自由和为己利他之原则，极大地发扬光大了个人主义与利己主义，而中国却一如既往甚至变本加厉？

可见，利己主义与利他主义都是优劣兼具的道德，只不过前者优良为主，后者恶劣为主罢了。反之，己他两利主义则是纯粹优良的道德。因为它既具有利己主义和利他主义的优良方面，同时又避免了二者的恶劣方面。它具有利他主义的优点而避免了利己主义的缺憾，因为它把无私利他自我牺牲奉为至善、最崇高的美德和原则，因而在利益冲突时，便会激励、诱导、发扬人们无私利他、自我牺牲的热忱和冲动，必然增多无私利他自我牺牲，从而减少损人利己。同时，己他两利主义又具有利己主义的优点而避免了利他主义的缺憾，因为它将利己不损人——为己利他和单纯利己或个人自由与自我实现——与无私利他共同奉为善原则。

这样一来，一方面，己他两利主义道德对每个人的欲望和自由的侵犯便最为轻微：它仅仅侵犯、否定每个人的损人的欲望和自由，因而只有在利益冲突时才要求无私利他。另一方面，它增进全社会和每个人利益又最为迅速。因为它不但提倡无私利他，激励人们在利益冲突时无私利他而不致损人利己，从而增进了社会利益总量；而且倡导为己利他、个人自由与自我实现，肯定一切利己不损人的行为，鼓励一切有利社会和他人的个人利益的追求，也就开放了增进社会和每个人利益的最有力的源泉。于是，合而言之，己他两利主义道德便是给予每个人的利与害的比值最大的道德，因而也就不但是纯粹优良而且是最为优良的道德。

己他两利主义是最为优良的道德，意味着，己他两利主义之为优良道德是绝对的：对于任何道德——不论利己主义还是利他主义——来说，己他两利主义道德都是优良的。利己主义是较为优良的道德，意味着，利己主义之为优良道德是相对的：只是相对利他主义来说，利己主义才是优良的；而相对己他两利主义来说则是恶劣的了。利他主义道德是最为恶劣的道德则意味着，利他主义之为恶劣道德是绝对的：对于任何道德——不论利己主义还是己他两利主义——来说，利他主义都是恶劣的道德。

　　利他主义道德的绝对恶劣性之最为显著和致命的表现，乃是与市场经济——亦即人类最重要的行为领域——的关系：利己主义、合理利己主义、个人主义以及己他两利主义与市场经济都是不矛盾的；与市场经济发生矛盾的，只有利他主义。因为一切市场经济行为的目的，如上所述，都是完全利己的，而根本不存在无私利他的行为。然而，按照利他主义道德，只有无私利他的行为才是道德的、善的；而只要目的是为了自己，则不论如何有利社会和他人，都是不道德的、恶的。这样，利他主义就与市场经济发生了矛盾：如果利他主义的道德总原则及其理论是优良的、正确的，那么，市场经济行为便统统都是不道德的、恶的；如果市场经济行为不都是恶的、不道德的，那么，利他主义道德总原则及其理论便是恶劣的、错误的。市场经济行为显然不可能都是不道德的、恶的。因此，这种矛盾只能意味着：利他主义道德总原则及其理论是恶劣的、错误的。

　　利他主义道德的绝对恶劣性，使我们可以理解那令黑格尔困惑不已的问题：为什么中国春秋战国时代的文化是那样辉煌灿烂，尔后两千年却一直踏步不前？最为根本的原因便是：两千年来中国占统治地位的伦理观一直是以儒家为代表的利他主义。不幸的是，儒家利他主义的统治是如此长久稳固，似乎已变成中华民族的本性。所以，高呼"打倒孔家店"的五四运动之后，儒家利他主义的统治不但没有动摇，而且竟还在批儒扬法的"文化大革命"中登峰造极，演进为"公字化"运动。

　　谁能忘记，十年间林彪和"四人帮"的"公字化"、"灭私立公"运动！他们狂热鼓吹"大立公字、大破私字、狠斗我字，把自己从我字中解放出来：离我远一寸，干劲增一份，离我远一丈，干劲无限涨，我字若全忘，刀山火海也敢上。"他们大哄大嗡极其频繁地举行"狠斗私心一闪念"批判会和"公字化"典型讲用会，以致举国上下，竟差不多人人胸前都佩戴着一颗红色的、写着"公"字的、形状犹如人心的牌子！谁能忘记，这种极端利他主义道德曾怎样可怕地使人损人成风、虚伪成习、道德败坏！曾怎样狂虐地熄灭人们的劳动热忱，使人们懒惰麻木、得过且过、混一天少两晌、当一天和尚撞一天钟；从而使国民经济濒临崩溃、科教事业萧条荒芜、人身自由安全得不到保障、全社会和每个人蒙受莫大损失！

我们终于摆脱了这种极端的利他主义的统治。但是，我们并没有摆脱利他主义的统治。因为现行伦理观仍然僵化于利他主义陈腐观念，以为只要目的利己，则不论手段如何利人，也不是善的、道德的。这样，自改革开放以来，劳动者用诚实劳动造福社会和他人的手段来争取自己美好生活的行为，虽然得到了经济的、政策的、外在行为的保障；但在道德上、人格上、内在精神上，却仍遭到否定、轻蔑、谴责。所以，利他主义仍是桎梏今日劳动者积极性、智慧和创造力的精神枷锁。

＊　　＊　　＊

善与恶包罗了人类全部伦理行为，是一切伦理行为应该如何与不应该如何的道德总原则，因而也就是最普遍、最一般、最抽象、最简单、最笼统的道德原则。然而，人类社会的伦理行为却极其复杂、具体、丰富、多样。因此，仅凭善恶原则便不可能准确、迅速地指导每个人的一切伦理行为，不可能准确迅速地使每个人懂得他的一切伦理行为应该如何。于是，便须从善恶原则引申、推演出与人类伦理行为相应的复杂、具体、多样的道德原则和道德规则，从而才可以准确迅速地指导每个人的一切伦理行为。

人类的伦理行为，正如康德所言，可以分为如何对待他人与如何对待自己两大类型。当我们以善恶原则来衡量这两大类型伦理行为时，便可以从中引申、推演出分别适用于这两大类型伦理行为的比较具体的道德原则：正义与人道以及幸福。正义与人道是如何对待他人——主要是国家制度好坏的价值标准——的道德原则；幸福则是如何对待自己的道德原则。以下五章便分别研究这些道德原则。

第四篇　正义：国家制度根本价值标准

第十六章　等利害交换：正义总原则

本章提要

正义是同等的利害相交换——等利交换和等害交换——的行为，是国家制度和国家治理好坏的根本价值标准。因为国家存在与发展的根本条件，正如斯密和休谟所指出，一方面，必须将人们相互间的伤害控制在一定限度内；另一方面，必须使每个人努力增进社会和他人利益。避免人们相互间的伤害的最重要的原则，无疑是等害交换。因为等害交换意味着：你损害社会和他人，就等于损害自己。这样，每个人要自己不受损害，就必须不损害社会和他人。增进社会和他人利益的最重要的原则，无疑是等利交换。因为等利交换意味着：你增进社会和他人利益，就等于增进自己利益。这样，每个人要增进自己利益，就必须增进社会和他人利益。因此，柏拉图说："当我们建立这个城邦时，从一开始我们就已经确定了一条普遍原则。我想，这条原则，或这条原则的某种形式，就是正义。"[①] 亚里士多德说："城邦以正义为原则。"[②] 罗尔斯说："正义是社会制度的首要善。"[③]

正义既是今日世界性热点问题，又是伦理学及其在政治学和法理学

---

① 柏拉图:《理想国》，433A-D。
② 亚里士多德:《政治学》，吴寿彭译，商务印书馆，1996年，第9页。
③ John Rawls: *A Theory of Justice*, Cambridge, Massachusetts: The Belknap Press of Harvard University Press, 1999, p. 3.

以及经济学中应用的跨学科难题。这个问题是如此之难，以致博登海墨说："当我们钻研正义问题而努力揭示其令人困惑的秘密时，往往会陷入沮丧和绝望。"[①] 然而，追溯人类以往研究，不难看出，这个难题可以分解为四个问题："正义总原则"与"正义根本原则"以及"社会正义根本原则"和"平等原则"。解析这些难题的起点显然是：正义究竟是什么？

一　正义界说

1　正义的经典定义：给人应得

正义是一种关于行为应该如何的道德原则，因而只能是行为所具有的属性。所以，正如哈耶克所言，只有行为才可以言正义："只有人的行为才可以被叫作正义的或不正义的。"[②] 诚然，有所谓"制度正义"。但是，所谓制度，如所周知，乃是一定的行为规范体系，属于行为规范范畴。行为规范，如前所述，无非是行为的一种类型。例如，无私奉献是行为规范，同时也是一种行为类型；诚实是行为规范，同时也是一种行为类型。一切行为规范都是某种行为类型，因而都属于行为范畴。所以，制度正义，说到底，也属于行为正义范畴。因此，哈耶克说："用'正义'这个术语称谓人的行为或指导行为的规范以外的东西，是一种归类错误。"[③] 那么，正义究竟是一种怎样的行为属性呢？或者说，正义究竟是

---

① Edgar Bodenheimer, *Jurisprudence: The Philosophy and Method of the Law*, Cambridge, Massachusetts: Harvard University Press, 1967, p. 178.

② F. A. Hayek: *Law, Legislation and Liberty*, Volume 2, Beijing: China Social Sciences Publishing House Chengcheng Books Ltd., 1999, p. 31.

③ Ibid.

一种怎样的行为？

亚里士多德答道："正义是一切德性的总汇。"① 尔后人们常常引证亚里士多德的这句名言，将正义等同于一切善、应该和正当。安德烈·孔特-斯蓬维尔便这样写道："正义虽然不能代替任何一种美德，却也许能包括其他一切美德。"② 这种观点是根本不能成立的。试想，正义能包括儒家和基督教所倡导的两种极其重要的美德——"仁爱"和"宽恕"——吗？显然不能。一个人给了路边乞丐 1000 元钱，无所谓正义不正义，而是高于正义的仁爱；他得势时，没有报复已经无权无势的仇人，也无所谓正义不正义，而是高于正义的宽恕。这就是为什么，斯密的《道德情操论》和休谟的《人性论》都将正义仅仅看作美德和道德原则之一，而使其与另一种美德和道德"仁爱"对立起来：

"社会存在的基础与其说是仁爱，毋宁说是正义。"③ "人类的仁爱或自然的恩赐如果能够增进到足够的程度，就可以使正义原则毫无用处而代之以更崇高的美德和更有益的祝福。"④

可见，正义远非"一切德性的总汇"，远非一切善、应该和正当；将正义等同于一切善、应该和正当实乃以偏概全。诚然，正义都是应该的、道德的、善的、正当的行为；不正义都是不应该的、不正当的、不道德的、恶的行为。但是，反过来，善的、应该的、道德的、正当的，却不都是正义的；恶的、不应该的、不正当的、不道德的，也不都是不正义的。所以，弗兰克纳说："并非一切正当的都是正义的，一切不正当的都是不正义的。乱伦虽然是不正当的，却几乎不能说是不正义的……给他人快乐是正当的，却不能严格地称之为正义的。正义的范围只是道德的

---

① 《亚里士多德全集》第八卷，苗力田等译，中国人民大学出版社，1992 年，第 96 页。

② 安德烈·孔特-斯蓬维尔：《小爱大德》，吴岳添译，中央编译局出版社，2001 年，第 58 页。

③ Adam Smith: *The Theory of Moral Sentiments*, edited by D. D. Raphael and A. L. Macfie, Oxford: Clarendon Press, 1976, p. 86.

④ David Hume: *A Treatise of Human Nature*, Oxford: Clarendon Press, 1949, p. 199.

一部分而不是其全部。"① "正义和不正义",哈特进一步说,"与好坏或正确和错误比较,是更具体的道德批评形式。"② 那么,正义究竟是一种怎样的善、应该和正当?

柏拉图答曰:"正义就是给每个人以适如其分的报答。"③ 罗马法学家乌尔庇安亦如是说:"正义乃是使每个人获得其应得的东西的永恒不变的意志。"④ 柏拉图和乌尔庇安的定义被后来历代思想家所承认而成为正义的经典界说。阿奎那说:正义就是"给每个人应得的事物的坚定和不变的意志。"⑤ 霍布斯说:"正义就是给予每个人所应得的不变的意志。"⑥ 穆勒进而说:"正义就是每个人得到他应得的东西(利益或损害);而不正义则是每个人得到他不应得的利益或损害。"⑦ 当代伦理学家麦金泰尔也认为:"正义是给每个人——包括给予者本人——应得的本分。"⑧ 据此,他指责罗尔斯和诺齐克,因为"在罗尔斯和诺齐克关于正义与非正义的论述中,'应得'都没有占据这样的中心位置,甚至根本就没有立足之地"。⑨

这就是说,正义就是应得,是给予人应得而不给人不应得;不正义就是不应得,是给人不应得而不给人应得。举例说,恶人得了恶报和善人得了善报,都是正义的,因为恶人应得恶报、善人应得善报。反之,

① William K. Frankena: *Ethics*, Englewood Cliffs, New Jersey: Prentice-Hall, Inc., 1973, p. 46.
② 哈特:《法律的概念》,张文显、郑成良等译,中国大百科全书出版社,1996年,第156页。
③ 柏拉图:《理想国》,商务印书馆,1994年,第7页。
④ 博登海墨:《法理学——法哲学及其方法》,邓正来、姬敬武译,华夏出版社,1987年,第253页。
⑤ 卡尔·白舍客:《基督宗教伦理学》第二卷,静也、常宏等译,上海三联书店,2002年,第262页。
⑥ Thomas Hobbes: *Leviathan*, New York: Simon & Schuster, 1997, p. 113.
⑦ Robert Maynard Hutchins: *Great Books of the Western World*, Volume 43, *On Liberty*, London: John Stuart Mill, Encyclopaedia Britannica, Inc., 1980, p. 466.
⑧ 麦金泰尔:《谁之正义? 何种合理性?》,万俊人等译,当代中国出版社,1996年,第56页。
⑨ Alasdair Macintyre: *After Virtue*, Beijing: China Social Sciences Publishing House Chengcheng Books Ltd., 1999, p. 232.

恶人若得了善报而善人却得了恶报，则都是不正义的，因为恶人不应得善报、善人不应得恶报。所以，柏拉图在进一步解释"什么是正义所给的恰如其分的报答"时曾这样写道："正义就是'把善给予友人，把恶给予敌人。'"[①] 显然，正义就是给人应得：这个经典定义是不错的。但是，这个定义不够明确。因为"应得"并不是一个简单明了的概念：究竟什么叫"给人应得"？

2　正义的精确定义：等利害交换

"给人应得"就是"对人做应做的事"吗？柏拉图的回答是肯定的："正义就是做应该做的事。"[②] 这一定义岂不又将正义与应该、正当和善等同起来？殊不知，"对人做应做的事"与"给人应得"绝非同一概念。试想，"张三对李四做了李四应得之事"和"张三对李四做了应做之事"果真没有区别吗？

粗略地看，它们似无区别，但细究起来却大不相同。因为"张三对李四做了李四应得之事"，必与李四此前的行为相关：张三所为乃李四此前所为之回报或交换，所以是李四应得的。反之，"张三对李四做了应做之事"，则不必与李四此前行为相关，不必是李四此前行为的回报，所以不必是李四应得的，而只是张三应做的。比如说，李四卧病在床，张三以钱财相助。我们能否说"张三做了李四应得之事"？这要看李四此前的行为。如果此前李四曾帮助过张三，便可以说"张三做了李四应得之事"；否则只能说"张三对李四做了应做之事"。

可见，所谓"应得"，必与应得者此前的行为相关："应得"乃是一种回报或交换，是应得者此前行为之回报或交换。因此，"正义是给人应

---

① 柏拉图：《理想国》，商务印书馆，1994年，第8、13页。
② 转引自伯恩·魏德士：《法理学》，丁小春、吴越译，法律出版社，2003年，第159页。

得"经典定义，原本意味着：正义是一种回报或交换。尼采早就看破了这一点："交换是正义的原初特征。"[1] 不过，"滴水之恩涌泉相报"和"涌泉之恩滴水相报"，都是一种回报或交换：这些行为是正义吗？是"给人应得"吗？显然都不是。那么，正义、给人应得，究竟是一种怎样的回报或交换行为？这是个十分复杂难解的问题。但不难看出，破解这一难题的关键是：究竟何谓交换？

人们大都以为，交换就是人们通过给予对方某物以换取他物的行为。这是对交换概念的误解。对于这种误解，罗洛夫曾有所述："'交换'这一概念初看似乎比较简单。它通常被认为是：某物从甲方转移到乙方，以换取它物。"[2] 其实，这只是经济交换的定义而并不是交换的定义。因为交换正如罗洛夫所说，分为经济交换与非经济交换（他把后者叫作社会交换）："在甲乙两人之间可能发生许多不同类型的交换；其中至少有两大类：经济的和社会的。"[3]

不难看出，经济交换的根本特点是：交换者给予对方某物，是为了换取对方的它物，因而相互间的交换关系是目的与手段的关系。例如，卖菜妇给我三斤白菜，我付她一元钱，是经济交换。卖菜妇给我菜，是手段，其目的是要我的钱；我付给她钱，也是手段，目的是为了要她的菜。所以，我们之间的交换关系是目的与手段关系。

反之，非经济交换的根本特点则是：交换者给予对方某物，未必是为了换取对方它物，因而相互间的交换关系未必是目的与手段的关系，而往往是因果关系。例如，我路见一乞丐，顿生怜悯心，给他一百元钱，当然不是为了换取他任何东西。他日后发迹，竟认出已穷困潦倒的我，给了我一万元钱，显然也不是为了换取我的任何东西。然而，我们的前后行为无疑是一种交换，只不过不是目的与手段关系，而是因果关系罢了。

---

① 转引自慈继伟：《正义的两面》，三联书店，2001年，第151页。

② 罗洛夫：《社会交换论》，王江龙译，上海译文出版社，1997年，第7页。

③ 同上书，第8页。

经济交换关系必是目的手段关系，而非经济交换关系则往往是因果关系。这一点突出表现在：经济交换所换来的，都是物质财富，都是有利的东西，因而互为目的；而非经济交换所交换的东西，却未必是物质财富，未必是有利的东西，而往往倒是有害的东西，因而也就往往只能互为因果而不能互为目的：谁会以有害的东西为目的呢？举例说，我打张三一拳，张三给我一耳光，是非经济交换；所交换的就是有害而非有利的东西，因而只能互为因果而不能互为目的。

可见，交换乃是人们给予对方某物复从对方得到他物的行为，是相互给予的行为——如果给予对方某物必是为了从对方得到它物，便是经济交换；如果给予对方某物未必是为了从对方得到它物，则是非经济交换。因此，交换是个外延极为广泛的范畴，它不仅存在于经济领域，而且存在于人类社会生活的一切领域，存在于一切人际关系之中：一切社会行为说到底都是交换行为；一切人际关系说到底都是交换关系。

不过，人们的这些交换行为纷纭复杂、种类繁多；而随着交换行为类型不同，交换规则亦不相同："用金钱交换金钱与用爱交换爱，是各有一套规则的。"[1] 然而，"口之于味，有同嗜焉。"不同类型交换，虽有不同的、特殊的规则；亦有共同的、普遍的原则。谁都知道，有一种极为普遍的交换原则，叫作"善有善报、恶有恶报"。"恶有恶报"，意味着：他人给你损害，你也应该给他损害，他人给你多少损害，你也应该给他多少损害。所以，这条原则可以归结为：等害交换。这是对待我从他人那里受到伤害的原则，《圣经》将这条原则表述为："若有伤害，就要以命偿命，以眼还眼，以牙还牙，以手还手，以脚还脚，以烙还烙，以伤还伤，以打还打。"[2] 反之，"善有善报"，则意味着：他人给你利益，你也应该给他人利益，他人给你多少利益，你也应该

---

[1]　罗洛夫：《社会交换论》，王江龙译，上海译文出版社，1997年，第11页。
[2]　莫蒂默·艾德勒、查尔斯·范多伦编：《西方思想宝库》，《西方思想宝库》编委会译编，吉林人民出版社，1988年，第940页。

给他人多少利益。所以，这条原则可以归结为：等利交换。这是对待我从他人那里得到利益的原则，《圣经》将这条原则表述为："你给我穿靴，我就给你搔痒。"

等利交换和等害交换原则相反相成，结合起来，便构成所谓正义：正义就是等利交换和等害交换的行为，就是同等的利害相交换的行为，就是等利（害）交换的行为。因此，亚里士多德一再说，正义就是具有均等、相等、平等、比例性质的那种回报或交换行为：

"正义就是在非自愿交往中的所得与损失的中庸，交往以前和交往以后所得相等。"[1] "正义被认为是而且事实上也是平等；但并非是对所有人而言，而是对于彼此平等的人而言。不平等被认为是，而且事实上也是正义的，不过也不是对所有人，而是对彼此不平等的人而言。"[2] "既然正义是平等，基于比例的平等就应是正义的。这种比例至少需要有四个因素，因为'正如 A 对 B，所以 C 对 D'。例如，拥有量多的付税多，拥有量少的付税少，这就是比例；再有，劳作多的所得多，劳作少的所得少，这也是比例。"[3] "不正义正是在于不平等——因为一个人打了另一个人，这个人被那个人打了，或者一个人杀人而另一个人被杀，受害与行为是以不平等的份额分配的，而法官的努力在于以刑罚的手段，从攻击者拿走他们攫取的某种东西，使他们恢复平等。"[4] 总而言之——阿奎那总结道——"正义全在于某一内在活动与另一内在活动之间按照某种平等关系能有适当的比例。"[5]

细观这些简明而精深的论述，不难看出：正义是平等（相等、同等）的利害相交换的善的行为，是等利交换和等害交换的善行，是等利（害）

①　《亚里士多德全集》第八卷，苗力田等译，中国人民大学出版社，1992 年，第 103 页。
②　《亚里士多德全集》第九卷，苗力田等译，中国人民大学出版社，1994 年，第 89 页。
③　《亚里士多德全集》第八卷，苗力田等译，中国人民大学出版社，1992 年，第 279 页。
④　同上书，第 101 页。
⑤　莫蒂默·艾德勒、查尔斯·范多伦编:《西方思想宝库》，《西方思想宝库》编委会译编，吉林人民出版社，1988 年，第 951 页。

交换的善行；不正义则是不平等（不相等、不同等）的利害相交换的恶行，是不等利交换和不等害交换的恶行，是不等利（害）交换的恶行。举例说，救人和杀人，无所谓正义不正义。但是，若出于报恩，救的是自己昔日的救命恩人，便是等利交换，便是正义的行为；若是为父报仇，杀的是曾杀死自己父亲的仇人，便是等害交换，因而也是一种正义的行为；若是忘恩负义，见昔日恩人有难而坐视不救，便是不等利交换的恶行，便是不正义的行为；若是因对方辱骂自己而竟然杀死对方，便是不等害交换的恶行，因而也是一种不正义的行为。

可见，正义就是等利害交换：等利交换和等害交换。这一定义可以从影响深远的休谟关于正义起源——财富的匮乏和人性的自私——理论得到印证："正义起源于人类契约；这些契约的目的在于解决人类心灵的某些性质和外界物品的情况相结合所产生的某些困难。心灵的这些性质就是自利和有限的慷慨；而外界物品的情况则是它们的易于交换，并且对于人类的需要和欲望是供不应求的。"[1]

为何财富的匮乏是正义的起源和前提？岂不就是因为，正义的要义就是等利交换，而财富的匮乏必然要求等利交换？如果财富不是匮乏而是极大丰富，每个人需要什么就能够拥有什么，那就不需要斤斤计较的等利交换，就不需要正义了。为什么自私和有限的慷慨又是正义的起源和前提？岂不也是因为，正义就是等利害交换，而自私和有限的慷慨必然要求斤斤计较的等利害交换？如果每个人都爱他人胜过爱自己、为他人胜过为自己，那就不需要斤斤计较的等利害交换，就不需要正义原则了。所以，休谟接着写道：

"如果每个人对他人都充满仁爱之心，或者自然供应的物品能够丰富到满足我们的一切需要和欲望，那么，利益计较——它是正义原则存在的前提——便不存在了；现在人们之间通行的有关财产及所有权的那些

---

[1]　David Hume: *A Treatise of Human Nature*, Oxford: Clarendon Press, 1949, p. 199.

区别和限制也就不需要了。因此，人类的仁爱或自然的恩赐如果能够增进到足够的程度，就可以使正义原则毫无用处而代之以更崇高的美德和更有益的祝福。"①

3　正义、公正、公平和公道：同一概念

正义是等利害交换——等利交换和等害交换——的定义表明，正义、公正、公平和公道四者是同一概念。因为不难看出，公正、公平和公道的定义也都是等利害交换。首先，公正就是等利交换和等害交换；反过来，等利交换和等害交换就是公正：难道不是吗？其次，公平就是等利交换和等害交换；反过来，等利交换和等害交换就是公平：难道不是吗？最后，公道就是等利交换和等害交换；等利交换和等害交换就是公道：难道不是吗？试想：

"等利交换、善有善报"是正义，岂不也是公正、公平、公道？"恶有恶报、等害交换"是正义，岂不也是公正、公平、公道？《圣经》说："若有伤害，就要以命偿命，以眼还眼，以牙还牙，以手还手，以脚还脚，以烙还烙，以伤还伤，以打还打。"②这种等害交换的报复是正义的，岂不也是公正的、公平的、公道的？

借债还钱是正义的，岂不也是公正的、公道的、公平的？借债不还是不正义的，岂不也是不公正的、不公道的、不公平的？等价交换的买卖是公平的，岂不也是公正的、公道的、正义的？不等价交换的买卖是不公平的，岂不也是不公正的、不公道的、不正义的？

不但此也！如果正义、公正、公平和公道不是同一概念，那么，正义的一系列原则就不是公正原则、公平原则和公道原则：难道四者各有

① David Hume: *A Treatise of Human Nature*, Oxford: Clarendon Press, 1949, p. 199.
② 莫蒂默·艾德勒、查尔斯·范多伦编：《西方思想宝库》，《西方思想宝库》编委会译编，吉林人民出版社，1988年，第940页。

彼此不同的一系列原则？举例说，"等利害交换"、"权利与义务应该相等"、"社会分配给一个人的权利应该与他的贡献成正比而与他的义务相等"、"基本权利应完全平等和非基本权利应比例平等"、"政治自由应完全平等和政治职务应比例平等"、"按生产要素分配"、"机会平等"等原则，都是正义原则，岂不也都是公正原则、公平原则、公道原则？难道公正、公平和公道都各有一系列与这些正义原则不同而又彼此有别的原则？不可能有！即使一条也不可能有！试想，可能有一条原则，只能称之为正义而不能称之为公正、公平、公道吗？不可能有！退一步说，就算公正、公平、公道和正义不是同一概念，至少也难分彼此，如果都有各不相同的一系列原则，那岂不乱成一团而极端违背"大道至简"原理？

可见，正义、公正、公平和公道实为同一概念：等利害交换。只不过，首先，正义一般用在庄严、重大的场合。例如，就战争来讲，大都说正义战争；而不说公道战争、公平战争或公正战争。但是，说公道战争、公平战争或公正战争也不算错，它们与正义战争无疑是一回事。

其次，公平与公道，一般用于社会生活的各种日常领域。例如，我们常说公平与效率、买卖公平、待人公道；而不说正义与效率、买卖正义、待人正义。但是，说正义与效率、买卖正义、待人正义也不算错。这些说辞显然是一回事。

最后，公正则介于正义和公平或公道之间：它比公平和公道更郑重一些而近乎正义——英文"公正"与"正义"是同一个词justice——但又比正义略微平常，因而适用于任何场合、任何领域。这恐怕就是为什么，俞可平在其杰作"重新思考平等、公平和正义"中这样写道：

"'公正'有广义和狭义之分。广义的'公正'即公平正义之简称，通常对应于英文的justice（常译为'正义'）；狭义的'公正'大体等同于'公平'，指的是'公平正直，没有偏见'，或者'公道正派，没有私心'。通常对应于英文的fairness（常译为'公正'或'公平'）和impartiality（通常亦译为'公正'或'不偏不倚')。"①

但是，俞可平先生认为，公正、正义、公平和公道——特别是公平与正义——并非同一概念："自从罗尔斯在 1985 年首次发表'作为公平的正义'（Justice as Fairness）一文，特别是在其后的《正义论》一书发表后，'公平'与'正义'两个概念在西方学术界便被不可分割地联系在一起，并且开始受到学术界的关注。"②

然而，罗尔斯所谓"作为公平的正义"（justice as fairness）并不意味着，公平与正义是两个不同概念；更不意味着，存在着不是公平的正义：哪里有什么不是公平的正义呢？那么，罗尔斯的"作为公平的正义"究竟是什么意思？

原来，罗尔斯继承了道德契约论的传统，认为正义等道德原则都不过是一种契约；而真正的、正确的正义等道德原则只能是在一种平等的、公平的原初状态中被一致同意的契约。他就将这种作为在公平的原初状态被一致同意的正义原则叫作"作为公平的正义"；将这种作为在公平的原初状态被一致同意的正当原则叫作"作为公平的正当"：

"原初状态是一种特有的最初状况，因而在那里达成的基本契约是公平的。这说明了'作为公平的正义'这一名称的性质：它表明正义原则是在一种公平的原初状态中被一致同意的。"③"如果对于作为公平的正义的证明充分合理，下一步就将研究'作为公平的正当'（rightness as fairness）一词所蕴涵的更为普遍的原理。"④

可见，罗尔斯所谓的"作为公平的正义"，并不是"公平的正义"——从而公平与正义是两个不同概念——而是"作为在公平的原初状态被一致

①　俞可平："重新思考平等、公平和正义"，《学术月刊》，2017 年第 4 期，第 3 页。

②　同上书，第 4 页。

③　John Rawls: *A Theory of Justice*, Cambridge, Massachusetts: The Belknap Press of Harvard University Press, 1999, p. 11.

④　Ibid., p. 15.

同意的正义原则"的略语和简称;正如他所谓的"作为公平的正当",并不是"公平的正当",而是"作为在公平的原初状态被一致同意的正当原则"的略语和简称一样。

总而言之,公正、正义、公平和公道是适用于不同领域的同一概念:等利害交换。我们所研究的公正、正义、公平和公道所适用的领域,主要讲来,是国家制度好坏价值标准,罗尔斯称之为"社会制度的首要善",[①] 无疑是极其重大庄严的领域,因而用"正义"——而不用"公道"和"公平"以及"公正"——来称谓最恰当:这也是罗尔斯的《正义论》为什么叫作《正义论》而不叫作《公正论》或《公平论》或《公道论》的原因。

二 正义类型

1 积极正义与消极正义

正义是等利害交换,显然意味着,正义有正反两面:等利交换是正面的、肯定的、积极的正义;而等害交换则是反面的、否定的、消极的正义。因此,我们可以沿用格老秀斯和叔本华的术语,将正义分为积极正义与消极正义两大类型:积极正义就是等利交换的正义;消极正义就是等害交换的正义。[②]

所谓消极正义,也就是亚里士多德所说的对待伤害的正义:"倘若是

---

① John Rawls: *A Theory of Justice*, Cambridge, Massachusetts: The Belknap Press of Harvard University Press, 1999, p. 3.

② 叔本华:《伦理学的两个基本问题》,任立、孟庆时译,商务印书馆,1996年,第243—244页。

一个人打人，一个人被打，一个人杀人，一个人被杀，这样承受和行为之间就形成了不均等，于是就通过惩罚使其均等，或者剥夺其所得。"[1] 但是，对于这种正义的经典概括，无疑是《圣经》的那一段名言："若有伤害，就要以命偿命，以眼还眼，以牙还牙，以手还手，以脚还脚，以烙还烙，以伤还伤，以打还打。"[2] 这种正义，自亚里士多德以来，便被很恰当地叫作"报复正义"或"赔偿正义"；我们画蛇添足地称之为"消极正义"，只是为了与等利交换的积极正义相对照，从而揭示正义的分类。

报复正义或等害交换，细究起来，具有质和量的双重要求。从质上看，报复正义要求损害的性质相同：符合道德的损害，应该以符合道德的损害来报复；不符合道德的损害，可以用不符合道德的损害来报复。举例说：

在体育竞赛中，甲夺得冠军，对于亚军乙来说，是一种损害。因为没有甲，乙就是冠军了。所以，甲使乙失去了冠军，极大地损害了乙。但是，这种损害能够给社会带来极大的利益，净余额是极大的利益，因而是道德的、善的。如果乙在甲夺冠之后，努力锻炼，终于在下一次比赛中击败甲，报了上一次的一箭之仇而夺得冠军，那么，乙就是以同样符合道德的损害报复了甲，是一种等害交换，因而是一种报复正义。

反之，如果乙在下一次比赛中，通过投毒来击败甲而夺得冠军，那么，乙就是用不道德的损害来报复甲，就不是等害交换，不是报复正义。然而，如果甲出于嫉妒而杀死了乙的父亲，是一种不道德的、恶的损害。乙长大成人之后，杀死了甲而为父报仇。乙的这种损害，就其自身来说，也是不道德的、恶的。因此，乙是以不道德的损害报复甲的不道德的损害，是等害交换，是报复正义。

从量上看，报复正义要求损害的量的大小轻重相等。不过，"报复正

---

① 《亚里士多德全集》第八卷，苗力田等译，中国人民大学出版社，1992 年，第 101 页。
② 莫蒂默·艾德勒、查尔斯·范多伦：《西方思想宝库》，《西方思想宝库》编委会译编，吉林人民出版社，1988 年，第 940 页。

义"或"赔偿正义"只是要求损害相等，亦即害人者所受到的损害，与他所造成的损害相等；而未必要求损害相同，未必要求害人者所受到的损害，与他所造成的损害相同。损害相同的要求，亦即《圣经》所要求的以命偿命、以眼还眼，正如穆勒所说，是原始的、基本的报复正义："一只眼还一只眼和一颗牙还一颗牙的报复律，是最强有力的原始而自然的正义情感。"[①] 但是，不相同的损害，也可以是相等的损害，因而也属于等害交换或报复正义范畴。就拿流血和生命来说。流血和生命用流血和生命来交换，是等害交换的报复正义；用与流血和生命的等价物来赔偿，也是一种等害交换的报复正义：失去"血和生命"，与失去"血和生命的等价物"，不是相同的损害，却是相等的损害。所以，拉法格写道：

"拿活人与牛、武器和其他东西交换，使半开化人习惯于流血不一定用流血来交换，而可以用其他等价物补偿。……于是，代替以命偿命、以牙还牙，人们要求以家畜、铁和金子来抵偿生命、抵偿牙齿和抵偿其它的损伤。"[②]

然而，任何类型的正义，如所周知，都是一种善行，都属于道德善范畴。可是，等害交换却属于复仇、报复、目的害人的行为境界：它怎么能是一种道德善呢？如果它不是善而是恶，它也就不能属于正义范畴，因而也就不可能是正义的一种类型了。确实，等害交换，就其自身来说，不是善而是恶："报复感情，就其本身来说，并不是道德的。"[③] 但是，等害交换，就其结果来说，却是一种极其巨大的善。因为，一方面，如果是用符合道德的损害来报复符合道德的损害，那么，这种等害交换就是所谓的竞争：竞争是社会繁荣兴盛的动力，因而是一种极其巨大的善。

① Robert Maynard Hutchins: *Great Books of the Western World*, Volume 43, *On Liberty*, London: John Stuart Mill, Encyclopaedia Britannica, Inc., 1980, p. 472.

② 拉法格：《思想起源论》，王子野译，三联书店，1963年，第80—81页。

③ Robert Maynard Hutchins: *Great Books of the Western World*, Volume 43, *On Liberty*, London: John Stuart Mill, Encyclopaedia Britannica, Inc., 1980, p. 470.

另一方面，如果用不道德的损害来报复不道德的损害，那么，这种等害交换便意味着：一个人损害社会和别人，他也会受到同等的损害。这样，他便不会轻易损害社会和别人了。所以，这种等害交换能够使人们避免相互损害，赋予社会和人们以安全，因而极为有利社会发展和人际交往，符合道德目的，是道德的、善的。对于这个道理，穆勒说得好：

"报复的渴望不仅是理性的，而且有一种动物性的成分；这种渴望之所以强烈并且在道德上是正当的，原因就在于它能够带来一种极其重要而深刻的利益。这种利益就是安全，它在每个人的一切利益中无疑是至关重要的。"①

这样，等害交换就其自身恶与结果善的净余额来说，无疑是善的、道德的，而不是恶的不道德的。这就是等害交换或同等报复之为一种道德原则——亦即正义之一大类型——的依据。等害交换不仅是正义的一大类型，而且，在拉法格看来，还是正义思想的真正起源："正义思想的人的起源是报复的渴望和平等的感情。"②"同等报复在人类头脑中撒下了正义思想的种子。"③

但是，由此不能说一切报复都是正义的、道德的、善的。只有同等报复、等害交换才是正义的、道德的、善的；而过火的、以大害报复小害的行为，其净余额为害，无异于纯粹害人，因而是恶的、不道德的。因此，报复、复仇一般不可由受害者私下进行，而必须由社会司法和行政等有关部门执行。否则，极易过火、漫无节制而冤冤相报，使社会和人们蒙受巨大损害，因而便是恶的、不道德的行为了。

如果说等害交换是一种极为重要的道德善，那么，它是否比正义的另一类型——等利交换——更为重要、更为根本呢？等害交换的价值和

---

① Robert Maynard Hutchins: *Great Books of the Western World*, Volume 43, *On Liberty*, London: John Stuart Mill, Encyclopaedia Britannica, Inc., p. 471.
② 拉法格：《思想起源论》，王子野译，三联书店，1963 年，第 67 页。
③ 同上书，第 95 页。

意义在于避免互害；等利交换的价值和意义则在于达成互利。这样，等害交换与等利交换原则究竟何者更为根本和重要，说到底，便在于：避免互害与达成互利何者更为根本和重要？哈曼认为前者更为根本和重要："在我们的道德中，避免损害他人比帮助那些需要帮助的人更为重要。"①

　　这种观点是不能成立的。因为一方面，从质上看，所谓社会，正如罗尔斯所言，不过是"一个目的在于增进每个成员利益的合作体系。"②人们结成社会和建立联系，完全是为了互利，而绝不是为了避免互害：互相损害不过是社会合作与人际联系所具有的一种副作用罢了。另一方面，从量上看，就全社会的行为总和来说，互害的行为必然少于互利的行为。否则，每个人从社会合作与人际联系中所受到的损害，便多于所得到的利益，那么社会合作与人际联系便必然崩溃而不可能存在了。

　　可见，不论从质上看，还是从量上看，互利都远远比互害更为根本和重要。既然如此，那么，达成互利的正义原则"等利交换"，也就比避免互害的正义原则"等害交换"更为根本和重要了：等利交换是更为根本和重要的正义类型。那么，是否可以说：等利交换都是最根本、最重要的正义？

2　根本正义与社会正义以及制度正义与治理正义

　　我们不能说，等利交换都是最根本、最重要的正义。因为众多的等利交换，如"投之以李报之以桃"或"你给我穿靴我给你搔痒"等，显然无关紧要。等利交换比等害交换更为根本和重要，不过意味着：最根本、最重要的正义只能存在于等利交换之中，而不能存在于等害交换之

①　Louis P. Pojman: *Ethical Theory: Classical and Contemporary Readings*, Belmont, California: Wadsworth Publishing Company, 1995, p. 43.

②　John Rawls: *A Theory of Justice*, Cambridge, Massachusetts: The Belknap Press of Harvard University Press, 1999, p. 4.

中；只能是一种等利交换，而不能是一种等害交换：等害交换都属于非根本、非重要的正义范畴。那么，最根本、最重要的正义究竟是哪一种等利交换？

在人们所进行的一切等利交换的行为中，最根本、最重要、最主要的交换，无疑是权利与义务的交换：权利与义务的交换是正义的根本问题；非权利义务交换则是正义的非根本问题。这一点，穆勒讲得很清楚："正义观念的本质就是个人权利。"[①] 罗尔斯也认为："正义的主要问题是社会的基本结构，更确切些说，是分配基本权利和义务的主要社会制度。"[②] 但是，人们往往由权利是正义的根本问题，进而断言权利是正义的全部问题，因而一切正义都牵连着权利问题。穆勒就这样写道："正义意味着，对于一些事情，不但去做是正当的、不做是不正当的，而且有人可将这些事情当作他们的道德权利而要求我们去做。"[③] 德沃金亦如是说："正义是给予每个人按权利应当获得的东西。"[④]

这种观点是片面的。实际上，既有牵连着权利义务的正义，也有与权利义务无关的正义：前者即根本正义；后者即非根本正义。更确切些说，所谓根本正义，就是权利与义务相交换的正义，是关于权利义务的正义；而非根本正义则是非权利义务交换的正义，是无关权利义务的正义。反之，根本不正义则是权利与义务相交换的不正义；非根本不正义则是无关权利与义务相交换的不正义。举例说：

一个人赡养父母，是履行自己的义务，这义务是与他儿时享有的被父母养育的权利的平等交换，因而是一种根本正义。反之，他若不赡养

① Robert Maynard Hutchins: *Great Books of the Western World*, Volume 43, *On Liberty*, London: John Stuart Mill, Encyclopaedia Britannica, Inc., 1980, p. 473.

② John Rawls: *A Theory of Justice*, Cambridge, Massachusetts: The Belknap Press of Harvard University Press, 1999, p. 6.

③ Robert Maynard Hutchins: *Great Books of The Western World*, Volume 43, *On Liberty*, London: John Stuart Mill, Encyclopaedia Britannica, Inc., 1980, p. 469.

④ 德沃金：《认真对待权利》，信春鹰、吴玉章译，中国大百科全书出版社，1999 年，第264 页。

父母，则是不履行自己的义务，是一种权利与义务不平等交换的恶行，因而是一种根本不正义。然而，他若送钱救助陷入困境的昔日恩人，则不能说是在履行义务，而是一种无关义务权利的等利交换，因而是一种非根本正义。反之，他若坐视不救，也不能说是不履行义务，而是一种无关义务权利的不等利交换的恶行，因而是一种非根本不正义。

等利交换与等害交换以及根本正义与非根本正义，显然都是以正义行为本身性质为根据的分类。如果不是以正义行为而是以正义行为者的性质为根据，那么，在阿奎那看来，正义可以分为交换正义和赏罚正义：

"有两种秩序应该考虑：一种是部分对部分的秩序，同样也是一个私人对另一私人的秩序；这就是公平由交换所规定的秩序，这种公平对象是调整指定的人们之间的相互关系。其次，应该是整体与部分之间所存在的秩序，这也就是在团体和组成这种团体的不同人们之间所有的秩序。这种秩序是由赏罚的公平来调整的，这种赏罚的公平是以按照某一种比率来分配共同福利为对象的。因此，公平实际上有两类：交换的公平和赏罚的公平。"①

不难看出，阿奎那所谓的交换公平，也就是行为者为个人的正义，而所谓赏罚公平，也就是行为者为团体或社会的正义：前者亦即个人正义，而后者亦即社会正义。对于正义的这种分类，艾德勒说得就更清楚了：

"正义，主要讲来，可以分为两个领域。一个是关涉个人与他人或有组织的共同体——国家——之间的正义（这是个人为行为者的正义——引者）。另一个领域则是关于国家——它的政府、法律、政治制度和经济管理——与构成国家人口之间的正义（这是国家、社会为行为者的正义——引者）。"②

更确切些说，所谓个人正义，便是个人为行为主体的正义，是个人

---

① 莱翁·狄骥：《宪法论》，钱克新译，商务印书馆，1959 年，第 90 页。

② Mortimer J. Adler: *Six Great Ideas*, New York: Simon & Schuster, 1997, p. 186.

所进行的等利（害）交换行为，如张三以德报德、以怨报怨等。反之，社会正义则是社会为行为主体的正义，是社会所进行的等利（害）交换行为，如法院判决杀人者偿命、借债者还钱等。推此可知，个人不正义便是行为主体为个人的不正义，是个人所进行的不等利（害）交换的恶行，如张三恩将仇报等；社会不正义则是社会为行为主体的不正义，是社会所进行的不等利（害）交换的恶行，如冤假错案等。

　　然而，社会正义是个十分复杂的范畴。因为所谓社会，如所周知，乃是因一定关系而结合起来的人群，是两个以上的人因一定人际关系而结合起来的共同体。这样，社会正义的行为者固然是社会而不是个人，但是，社会并没有头脑和手脚；作为行为者，社会通常是由能够代表社会意志的特殊的个人所代表的。这种能够代表社会意志的特殊的个人，无疑就是社会的领导者、治理者或统治者，如国王、总统、各种行政和司法长官以及家长、族长等。因此，社会正义，说到底，乃是社会领导者的管理、治理活动的正义，是管理、治理行为的正义。反之，个人正义，说到底，则是被管理被治理的行为的正义，是被领导者的行为和领导者的非领导行为的正义。

　　这样，如果将社会正义与个人正义两大类型和根本正义与非根本正义两大类型联系起来，便可以看出：正义的主要原则乃是社会正义而不是个人正义。因为所谓根本正义，如上所述，乃是权利与义务相交换的正义。问题正在于，权利与义务的交换，显然并不是个人行为，而是社会行为，是社会统治者的分配行为：每个人的权利与义务都是社会统治者分配的，而不是个人相互间自己交换的。这就是说，权利与义务的交换，不属于个人行为范畴，而属于社会统治者的管理、治理行为范畴。

　　于是，所谓根本正义——权利与义务交换的正义——乃是一种社会正义，属于社会分配正义范畴。因此，正义，主要讲来，乃是社会正义而不是个人正义；乃是约束社会统治者的道德，而不是约束被统治者的道德；乃是统治者的美德，而不是被统治者的美德。这就是正义与善、节制、勇敢、诚实等道德规范的不同之处：诚实、勇敢、善等是约束一切人的道德，是一切人的美德；反之，正义则主要是约束统治者、领导者、管理者的道德；主要是统治者、领导者、管理者的美德；说到底，是社会领导者的管理或治理活动的正义，是管理正义、治理正义。

但是，没有规矩，不成方圆。社会管理、治理行为，总体说来，不过是行为规范——权力规范（法）与非权力规范（道德）——的实现。因此，社会正义，说到底，乃是社会行为规范的正义，亦即制度正义。因为所谓制度，正如罗尔斯、诺斯和康芒斯所言，不过是社会制定或认可的行为规范体系，亦即法（包括法律、政策和纪律）和道德体系：

"我将制度理解为一种公开的规范体系。"[1] "制度是为约束在谋求财富或本人效用最大化中个人行为而制定的一组规章、依循程序和伦理道德行为准则。"[2] "制度似乎可以比作一座建筑物，一种法律和规章的结构，正像房屋里的居住人那样，个人在这结构里面活动。"[3]

制度之为行为规范体系的根本特征，显然在于：它的制定者或认可者不是个人，而是社会，是社会、社会的领导者或社会的权力机构：制度是社会制定或认可的一定的行为规范体系。所以，汤因比说："制度是人和人之间的表示非个人关系的一种手段。"[4] 康芒斯说："如果我们要找出一种普遍的原则，适用于一切所谓属于制度的行为，我们可以把制度解释为'集体行为控制个体行动'。"[5]

可见，制度是社会制定或认可的一定的行为规范体系，亦即一定的法（包括法律、政策和纪律）和道德的体系。这样，所谓制度正义，主要讲来，也就是法律的正义与道德的正义。举例说，主张种族平等和男

[1]　John Rawls: *A Theory of Justice*, Cambridge, Massachusetts: The Belknap Press of Harvard University Press, 1999, p. 47.
[2]　道格拉斯·C.诺斯：《经济史中的结构和变迁》，商务印书馆，1992年，第195页。
[3]　康芒斯：《制度经济学》上册，于树生译，商务印书馆，1997年，第86页。
[4]　汤因比：《历史研究》上，曹未风、徐怀启等译，上海人民出版社，1986年，第59页。
[5]　康芒斯：《制度经济学》上册，于树生译，商务印书馆，1997年，第87页。

女平等的法律和道德，是正义的：这种正义，就是一种法律正义和道德正义，说到底，就是一种制度正义。反之，进行性别歧视和种族歧视的法律与道德，是不正义的：这种不正义，就是一种法律不正义和道德不正义，说到底，就是一种制度不正义。只讲义务和奉献而不讲权利和索取的道德与法律，是不正义的：这种不正义，就是一种法律不正义和道德不正义，说到底，就是一种制度不正义。反之，主张义务与权利相等以及奉献和索取相等的道德和法律，是正义的：这种正义，就是一种法律正义和道德正义，说到底，就是一种制度正义。

不难看出，制度正义与社会正义并不是同一概念：个人正义固然皆非制度正义，但社会正义并不都是制度正义。社会正义可以分为两类：制度正义与管理正义或治理正义。管理正义、治理正义，亦即社会领导者的管理、治理行为的正义，如一个总统对于国家的治理活动的正义、一个家长对于家庭的治理活动的正义。这种社会正义与个人正义结合起来，可以叫作"行为正义"而与"制度正义"构成正义的分类：行为正义是实际行为的正义，也就是具体的、特殊的行为的正义，主要进来，亦即治理正义；制度正义则是行为规范的正义，是一种一般的、普遍的、抽象的行为正义。因为行为规范，如前所述，是一种一般的、普遍的行为类型，因而属于一般的、普遍的、抽象的行为范畴。因此，可以将行为正义与制度正义的分类，与社会正义与个人正义的分类的关系，表示如图：

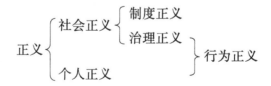

制度正义与社会正义虽然并不是同一概念，但是，制度正义是典型的、标准的、最有代表性的社会正义，是主要的社会正义。因为，真正讲来，制度——法和道德——乃是社会领导者管理活动的标准和尺度，社会领导者的管理、治理活动不过是制度的实现。诚然，领导者的管理、治理活动未必皆依制度进行，而很可能违背制度：一个社会越是自由和民主，社会的管理、治理活动便越是符合法治原则，便越是遵循制度；越是极权和专制，社会的管理、治理活动便越是背离法治原则，便越是背离制度。但是，任何社会，不论多么专制和极权，就其管理、治理行为总和来说，它遵循制度的行为必定多于违背制度的行为；否则，制度就失去了存在的意义，社会就等于没有制度，因而必定崩溃瓦解而不可能存在了。

"任何社会，就社会管理、治理行为总和来说，遵循制度的管理、治理行为必定多于背离制度的管理、治理行为"，显然意味着：如果一个社会的制度是正义的，那么，就该社会多数的管理、治理行为来说，就是正义的，该社会就是一个正义的社会；如果一个社会的制度是不正义的，那么，就该社会多数的管理、治理行为来说，就是不正义的，该社会就是一个不正义的社会。因此，制度正义在社会正义中具有决定意义，是主要的、具有决定意义的社会正义。

于是，正义，根本讲来，主要是社会正义、管理正义、治理正义，而不是个人正义；说到底，主要是制度正义而不是治理正义。制度正义决定治理正义；治理正义表现制度正义。制度正义是大体，是决定性的、根本性的和全局性的；治理正义是小体，是被决定的、非根本的和非全局性的。因此，制度的优劣好坏决定治理优劣好坏；治理的优劣好坏表现制度的优劣好坏。这就是为什么，邓小平说：

"制度好可以使坏人无法任意横行，制度不好可以使好人无法充分做好事，甚至会走向反面。即使像毛泽东同志这样伟大的人物，也受到一些不好的制度的严重影响，以至于对党对国家对他个人都造成了很大的不幸——不是说个人没有责任，而是说领导制度、组织制度问题更带有根本性、全局性、稳定性和长期性。"①

---

① 《邓小平文选》第二卷，人民出版社，1994年，第333页。

因此，如果一个国家的国家治理活动出了问题、错误、恶劣和罪恶，就表明国家制度存在缺陷，就可以归咎于国家制度存在缺陷、恶劣和罪恶。真正堪称好的、优良的国家制度，一定是这样的制度，在这种制度下，就是坏的和恶的国家统治者也只能做好事，而无法为非作歹。休谟的"无赖假设"讲的也是这个道理：

"许多政论家已经将下述主张定为一条格言：在设计任何政府体制和确定该体制中的若干制约、监控机构时，必须把每个成员都设想为无赖之徒，并设想他的一切作为都是为了谋取私利，别无其他目标。我们必须利用这种个人利害来控制他，并使他与公益合作，尽管他本来贪得无厌，野心很大。不这样的话，他们就会说，夸耀任何政府体制的优越性都会成为无益的空谈，而且最终会发现我们的自由或财产除了依靠统治者的善心，别无保障，也就是说根本没有什么保障。因此，必须把每个人都设想为无赖之徒确实是条正确的政治格言。"[1]

这样一来，如果进一步综合"根本正义与非根本正义"和"个人正义与社会正义"以及"制度正义与治理正义、行为正义"三种分类，便可以将正义分为个人根本正义与社会根本正义以及个人非根本正义与社会非根本正义四大综合类型：

所谓社会根本正义，也就是自亚里士多德以来所谓的"分配正义"，亦即社会给每个人分配权利义务的正义——权利与义务的分配是社会正义的根本问题——主要是权利义务的分配制度正义。反之，社会非根本正义则是社会所进行的无关权利与义务的正义，主要是无关权利义务的制度正义，如社会对于各种分外善行的奖励和对于各种损害的惩罚制度等。个人根本正义是个人所进行的权利与义务相交换的正义，也就是个人行使权利与履行义务的正义：行使权利与履行义务是个人正义的根本问题。例如，一个人赡养父母是履行他自己所负有的义务的正义；领取

---

[1]　刘军宁编：《民主二十讲》，中国青年出版社，2008年，第40页。

劳动报酬则是他行使自己所享有的权利的正义。这些都属于个人根本正义范畴。反之，个人非根本正义则是个人所进行的无关行使权利与履行义务的正义。例如，一个人救助曾帮助过自己的朋友和接受他曾帮助过的朋友的帮助。这些等利交换的正义都与他所享有的权利和负有的义务无关，是他所进行的无关权利义务的正义，因而都属于个人非根本正义范畴。

社会根本正义显然远远重要于社会非根本正义和个人根本正义，是最根本最重要最主要的正义；而制度正义，如上所述，又是主要的社会正义。于是，精确讲来，社会根本正义或分配正义并不是最为根本最为主要的正义；最为根本最为主要的正义乃是分配制度正义，是权利义务分配制度的正义。因此，罗尔斯曾反复强调：

"社会正义原则的基本问题是社会的基本结构，亦即合作体系中的主要社会制度安排。我们已经知道，这些原则将在这些制度中规定权利与义务的分配，决定社会生活中利益与负担的适当分派。"[1]

于是，综合"等利交换与等害交换"、"根本正义与非根本正义"、"社会正义与个人正义"以及"制度正义与治理正义或行为正义"四种正义之分类，最终便可以将正义类型归结如下图：

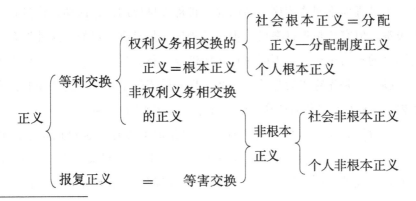

① John Rawls: *A Theory of Justice*, Cambridge, Massachusetts: The Belknap Press of Harvard University Press, 1999, p. 47.

细观这些正义类型可知，正义问题虽然纷纭复杂，但根本讲来，无非权利与义务相交换的正义，说到底，则是社会对于每个人的权利与义务的分配制度的正义：分配制度正义是最根本最重要最主要的正义。因此，自亚里士多德以来，正义便被简单地归结为两大类型：分配正义与报复正义。然而，到了 20 世纪 60 年代，学者们开始关注一切正义——特别是分配正义与报复正义——的实现过程或实现手段的正义问题，关注行为的过程、手段的正义与行为的结果、目的的正义的关系。这就是亚里士多德以来的经典思想家所未能问津的更为复杂难解的正义的类型：程序正义与实体正义。

3　程序正义与实体正义

"程序正义"与"结果正义"是一种"手段正义"与"目的正义"关系　何谓程序？法学家说："程序，从法律学的角度来看，主要体现为按照一定的顺序、方式和步骤来做出法律决定的过程。"[①] 这就是说，程序属于行为过程范畴。确实，所谓程序，顾名思义，就是过程的顺序，就是具有一定顺序的行为过程。反之，不具有一定顺序的行为过程，就仅仅是行为过程而不叫作程序。举例说，我每天早晨的体育活动是跑步和打太极拳。但究竟是先打拳后跑步还是相反，是没有一定的。这种没有一定顺序的行为过程，就不叫作程序而仅仅是行为过程。然而，如果我每天早晨一定是先跑步后打拳，那么，我的晨练就是具有一定顺序的行为过程，这种行为过程就叫作"晨练程序"：先跑步后打拳。

行为过程所具有的一定顺序，不仅是时间顺序，也可以是空间顺序。例如，审判过程只能由法院来进行，一切其他机关不得干预审判。这就是审判的一种法律程序：它不是一种时间顺序，而是各法律行为主

---

① 季卫东："法律程序的意义"，《中国社会科学》，1993 年第 1 期，第 85 页。

体的空间相关性，是审判过程的空间关系、空间顺序。这种行为过程的空间顺序，还可以表现为各种具体行为形式的选择。例如，审判过程采取何种形式，是公开的审判，还是秘密审判，也是一种审判的法律程序问题。于是，总而言之，程序乃是具有一定时间和空间顺序的行为过程，是具有一定时空顺序的行为过程："我们可以把'法律程序'初步概括为：人们进行法律行为所必须遵循或履行的法定的时间和空间上的步骤和方式。"①

因此，所谓程序正义，也就是一种行为过程的正义，是具有一定时空顺序的行为过程的正义。反之，这种行为过程所导致的行为结果之正义，则叫作结果正义或实体正义。举例说，"任何人不得做自己案件的法官"和"应该听取双方当事人的意见"，都是审判过程的正义原则，因而都属于程序正义范畴。反之，这种审判过程可能导致的"有罪者受到定罪和无罪者免受刑事追究"的正义的审判结果，则是审判结果的正义，属于结果正义或实体正义范畴。所以，谷口安平写道："当我们说，'正义是社会上不分贫富'，这时我们谈的是实体正义。这里我们关注的是最终结果，而不是取得这种结果的过程。反之，如果我们谈到过程，那就引出了程序正义。"② 不过，为什么我们将结果正义叫作实体正义？程序正义与结果正义或实体正义究竟是何关系？

首先，任何程序或行为过程都是为了达到一定的行为结果，无疑都是达到预期行为结果的手段、方法：程序或行为过程是手段；而预期达到的行为结果则是目的。所以，程序正义是一种手段正义；而结果正义则是一种目的正义。举例说，"任何人不得做自己案件的法官"，是审判的程序正义；而"有罪者受到定罪和无罪者免受刑事追究"，是审判的结果正义：前者显然是一种手段正义；而后者则是一种目的正义。

---

① 孙笑侠："法律程序分析"，《法律科学》，1993年第6期，第3页。
② 宋冰编：《程序、正义与现代化》，中国政法大学出版社，1998年，第356页。

其次，手段或方法无疑源于和附属于目的，是被目的所产生和决定的：目的是本源、实体，而手段或方法则是目的所派生的产物、附属物。这样，程序或行为过程与它所要达到的行为结果的关系，便是一种附属与实体的关系。因此，结果正义是一种实体正义，而程序正义则是一种附属的、属性的、依附的正义。所以，边沁将程序法叫作"附属法"，而与追求结果正义的"实体法"相对立。这就是为什么我们将结果正义叫作实体正义的缘故。

最后，行为手段是外在的、看得见的，属于形式和现象范畴；而行为目的则是内在的、看不见的，属于内容和实质范畴。因此，程序正义作为一种手段正义，便是一种看得见的正义，是一种形式正义；而结果正义作为一种目的正义，则是一种内容正义，是一种实质正义。程序正义与结果正义的这种关系，如所周知，被归结为一句古老的法律格言："正义不仅要得到实现，而且要以人们看得见的方式加以实现。"（Justice must not only be done，but must be to be done）这一格言的前半句说的就是结果或目的正义：结果或目的正义是一种看不见的实质正义；而后半句说的则是程序正义：程序正义是一种看得见的形式正义。

总之，程序正义与结果正义是一种"手段正义与目的正义"（或附属正义与实体正义、形式正义与实质正义）的关系。然而，由此绝不能说：程序正义与结果正义是"手段和目的"的关系。程序正义与结果正义是"手段正义与目的正义"的关系，却不是"手段和目的"的关系。诚然，程序是为结果服务的手段。但是，程序正义却不是为结果正义服务的手段。就拿"禁止侵犯个人隐私"来说。这条程序正义原则显然不是达到结果正义的手段。因为，如所周知，禁止侵犯个人隐私在很多情况下，都会成为查明真相和达到结果正义的障碍。那么，究竟为什么程序正义不是结果正义的手段呢？

程序正义不是结果正义的手段：程序正义的内在价值　　原来，任何程序都具有内外双重价值：既具有能够达到某种结果和目的的"手段价值、外在价值"，又具有自身就能够满足人的需要、自身就是人们所欲求的目的之"目的价值、内在价值"。就拿禁止侵犯个人隐私的程序来说。它可能放纵罪犯从而造成结果不正义，因而是一种坏程序：这是它的手段价值和外在价值。但是，这种程序，就其自身来说，却保障了个人隐私不应该被侵犯的权利，因而是正义的，是正义的程序。这种独立于结果的程序正义，自身就能够满足人的需要，就是人们所欲求的目的：这是它的目的价值、内在价值。最早看到程序这种目的价值和内在价值的，是美国法学家罗伯特·萨默斯。他将程序的内在价值称作"程序价值"："程序价值是指我们据以将一项法律程序判断为好程序的价值标准，而这种价值标准要独立于程序可能具有的任何'好结果效能'之外。"[①]

那么，程序正义是否都是程序的内在价值、目的价值？答案是肯定的。一目了然，程序正义与否，与它所导致的结果是否正义无关。因为一种程序，比如侵犯个人隐私，不论它所达到的结果如何正义，它都是不正义的程序。反之，禁止侵犯个人隐私，不论它所达到的结果如何不正义，它都是正义的程序。所以，程序正义是一种独立于程序结果的价值：它不是程序对于结果的效用性，不是程序所具有的达到某种结果的手段价值、外在价值；而是程序所具有的一种自身就能够满足人的道德需要的内在价值，是程序所具有的一种自身就是人们所欲求的目的的目的价值。所以，谷口安平和贝利斯写道：

"程序正义必须被视为独立的价值。"[②]"即使正义、尊严和参与等价值并未增进判决的准确性，法律程序也要维护这些价值。我们可以把这种方法称作一致'程序内在价值'分析方法。"[③]

---

① 《北大法律评论》，第一卷第一辑，法律出版社，1998年，第184页。
② 宋冰编：《程序、正义与现代化》，中国政法大学出版社，1998年，第376页。
③ 迈克尔·D. 贝勒斯：《法律的原则》，张文显、宋金娜等译，中国大百科全书出版社，1996年，第32页。

　　这样一来，评价一种程序的好坏便具有双重价值标准：如果它能够达到结果正义或实体正义，它便具有好的手段价值和外在价值；如果它自身就是正义的，它便具有好的目的价值和内在价值。显然，一种程序，只有既能够达到结果正义从而具有好的手段价值，又能够自身就是正义的从而具有好的内在价值，它才是真正的好程序。换言之，只有能够达到结果正义的程序正义，才是真正的好程序；达不到结果正义的程序正义，并不是真正的好程序。那么，程序正义是否一定能够达到结果正义？程序正义与结果正义的关系究竟如何？

　　程序正义，如上所述，不是程序所具有的能够达到某种结果的手段价值、外在价值；而是程序所具有的一种自身就是人们所欲求的目的的目的价值、内在价值。因此，程序虽然是为结果服务的手段，但程序正义却不是为结果正义服务的手段。程序正义不但不是为结果正义服务的手段，而且是对于为结果正义服务的手段——程序——的一种道德限制、价值限制：为结果正义服务的程序或手段，应该是正义的、道德的、好的；而不应该是不正义的、不道德的、坏的。所以，程序正义的实质是：为了达到正义的、善的、道德的结果和目的，应该采用正义的、善的、道德的手段和程序，而不应该采用不正义的、恶的、不道德的手段或程序。这就是说，程序正义虽然不是结果正义的手段，却能够达到结果正义。可是，程序正义究竟能够在何种程度上达到结果正义？是必然的还是偶然的？是总体的还是全体的？

　　程序正义总体说来必定导致结果正义　罗尔斯认为，有些程序正义，如动手切蛋糕的人最后领取自己的一份儿，必定能够导致具有独立于程序正义标准的结果正义；他称之为"完善的程序正义"（perfect procedural justice）。另一些程序正义，未必能够导致具有独立于程序正义标准的结果正义，如刑事审判的程序正义；他称之为"不完善的程序正义"（imperfect procedural justice）。还有一些程序正义，如赌博的程序正义，必定能够导致不具有独立于程序正义标准的结果正义；他称之为

"纯粹的程序正义"（pure procedural justice）。[1] 罗尔斯的分类是不科学的。因为这三种程序正义的分类显然违背了同一分类只能依据同一性质或标准的原则，而依据两种性质或标准：是否必定导致结果正义和结果正义是否具有独立于程序正义的标准。

不但此也！细究起来，罗尔斯分类的最大缺憾在于：它未能把握程序正义的本质特征。因为就程序正义与结果正义的关系来看，程序正义的本质特征乃是一种统计性特征或统计学意义上的特征：总体说来，程序正义必定导致结果正义。因为总体说来，正义的、道德的过程和手段，比不正义的、不道德的过程和手段，无疑更能够导致正义的、道德的目的或结果。这显然蕴涵着：总体说来，程序正义比程序不正义更能够导致结果正义。就拿刑事审判程序正义的两条最为根本的原则——"任何人不得做自己案件的法官"和"应该听取双方当事人的意见"——来说，遵循这些原则的程序正义岂不比违背这些原则的程序不正义，更加可能导致"有罪者受到定罪和无罪者免受刑事追究"的结果正义吗？诚然，禁止侵犯个人隐私的程序正义比侵犯个人隐私的程序不正义，往往更能够导致结果正义。但这无疑是一种极为例外的、局部的、特殊的现象。所以，泰勒说："在一般情况下，正义的程序比不正义的程序能够产生更加正义的结果。"[2]

因此，总体讲来，程序正义与结果正义必定是一致的；换言之，程序正义，总体讲来，必定导致结果正义；说到底，正义的程序，总体说来，必定是能够导致结果正义的程序，因而必定是真正的好程序。即使在程序不正义比程序正义更能够导致结果正义的情况下，程序正义与结果正义也是可以两全的和一致的。因为用以达到结果正义的程序大都多种多样，一种正义的程序达不到结果正义，并不妨碍其他正义的程序达到结果正义。举例说，禁止侵犯个人隐私的程序正义可能达不到将罪犯

[1] John Rawls: *A Theory of Justice*, Cambridge, Massachusetts: The Belknap Press of Harvard University Press, 1999, p. 74.
[2] 陈瑞华：《刑事审判原理论》，北京大学出版社，1997 年，第 99 页。

绳之以法的结果正义。但是，这并不妨碍其他程序正义，如"任何人不得做自己案件的法官"和"应该听取双方当事人的意见"，可以达到将罪犯绳之以法的结果正义。所以，程序正义与结果正义发生不可调和的冲突从而不可两全，是极为罕见的例外。

当程序正义与结果正义没有冲突和可以两全时，当然应该兼顾程序正义与结果正义。但是，当二者发生冲突不能两全时，应该怎么办？无疑应该牺牲价值较小者而保全价值较大者。这样，当程序正义与结果正义发生冲突不可两全时，总体说来，便应该坚持程序正义而牺牲结果正义。因为如上所述：程序正义，总体说来，必定导致结果正义。这就意味着：如果坚持程序正义，总体说来，便既保全了程序正义，又实现了结果正义。反之，如果牺牲程序正义，总体说来，则既牺牲了程序正义，又牺牲了结果正义。一句话，程序正义，总体说来，蕴涵结果正义，因而其价值大于结果正义的价值：程序正义对于结果正义具有总体的优先性。这就是法律格言"程序优先于权利"（process before rights）和"正义优先于真实"（justice before truth）以及"程序是法律的心脏"之真谛。

因此，美国最高法院大法官杰克逊（Jackson）说："程序的公平性和稳定性是自由的不可或缺的要素。只要程序适用公平、不偏不倚，严厉的实体法也可以忍受。事实上，如果要选择的话，人们宁愿生活在忠实适用我们英美法程序的苏联实体法制度下，而不是由苏联程序所实施的我们的实体法制度下。"[1] 另一位大法官道格拉斯（William Douglas）也这样写道："权利法案的绝大部分条款都与程序有关，这并不是没有意义的。正是程序决定了法治与任意或反复无常的人治之间的大部分差异。坚定地遵守严格的法律程序，是我们赖以实现人人在法律面前平等享有正义的主要保证。"[2]

---

① 宋冰编：《程序、正义与现代化》，中国政法大学出版社，1998年，第375页。
② 陈瑞华：《看得见的正义》，中国法制出版社，2000年，第4页。

程序工具主义与程序本位主义 程序正义与结果正义或实体正义的关系，如上所述，十分艰深繁难，因而构成正义理论的一大难题：围绕这一难题，形成了程序工具主义与程序本位主义两大流派。在程序工具主义看来，程序并不具有独立于结果的内在价值和目的价值，而仅仅是为结果服务的手段，仅仅具有用来达到某种结果或目的的手段价值和外在价值。这样一来，程序法与程序正义——二者都属于程序规范范畴——也就不过是为实体法和结果正义服务的手段，因而只具有用来实现实体法或结果正义的手段价值和外在价值。对于这一点，程序工具主义代表边沁讲得十分清楚："程序法的唯一正当目的，则为最大限度地实现实体法。"[①]

这是错误的。因为程序固然是为实体法和实体正义或结果正义服务的手段，但程序法和程序正义却不是为结果正义和实体法服务的手段。程序法和程序正义不但不是为结果正义和实体法服务的手段，而且是对于为结果正义和实体法服务的手段——程序——的一种法律和道德的限制：为结果正义和实体法服务的程序或手段，应该是合法的、正义的、道德的；而不应该是不合法、不正义、不道德的。所以，程序法和程序正义的实质是：为了达到正义的、道德的结果和目的，应该采用合法的、正义的、道德的手段和程序，而不应该采用不合法、不正义、不道德的手段或程序。程序工具主义的错误显然在于：将"程序法"或"程序正义"与"程序"等同起来，因而由程序是为结果正义和实体法服务的手段的正确观点，得出了错误的结论：程序正义和程序法是为结果正义和实体法服务的手段。

程序本位主义则正确看到程序既具有用来达到某种结果的手段价值和外在价值，又具有自身就是人们所欲求的目的的目的价值和内在价值，从而纠正了程序工具主义的错误。但是，程序本位主义进而认为程序的内在价值和程序正义是决定性的、本位的，而程序的外在价值和结果正

[①] 陈瑞华：《刑事审判原理论》，北京大学出版社，1997年，第28页。

义是被决定的、派生的。因为——程序本位主义代表达尔解释说——程序正义必定导致结果正义；程序不正义必定导致结果不正义："裁判的正义性与产生这一裁判的程序的正义性具有一种内在的关联性。"[①]

这种观点也是不正确的。诚然，如果程序正义必定导致结果正义，那么，程序正义便决定着结果正义，便是决定性的、本位的；而结果正义则是被决定的、派生的。但是，如上所述，程序正义并非必定导致结果正义；程序正义只是总体说来才必定导致结果正义。因此，只是总体说来，程序正义才是决定性的、本位的，而结果正义才是被决定的、派生的。程序本位主义的错误，显然在于将"总体"夸大成"全体"、"全部"：将"程序正义总体说来必定导致结果正义"的真理，夸大成"程序正义必定导致结果正义"的谬误；将"程序不正义总体说来必定导致结果不正义"的真理，夸大成"程序不正义必定导致结果不正义"的谬误；将"程序正义总体说来是决定性的、本位的"真理，夸大成"程序正义是决定性的、本位的"谬误。

三 正义原则

1 正义原则：正义总原则的确立

从正义的定义和类型出发，便不难确立衡量一切伦理行为是否正义的正义总原则了。一般说来，一种道德原则与其定义是同一的：定义就是原则。举例说，勇敢是不畏惧可怕事物的行为，是勇敢的定义。这个勇敢的定义——不畏惧可怕事物的行为——显然就是衡量一切行为是不

---

① 陈瑞华:《刑事审判原理论》，北京大学出版社，1997年，第35页。

是勇敢的原则：勇敢定义就是勇敢原则。同理，正义的定义也就是正义的原则。但是，正义极为复杂纷纭，它并不是一个单一的原则，而是一系列分原则和一个总原则所构成的原则体系。因此，仅凭正义定义，还不足以确立衡量一切行为是否正义的正义总原则。

试想，"正义是等利害交换的善行"，是正义的定义。从这个定义出发，还不足以判定：等利害交换的一切伦理行为是否都是善的行为？从而是否都是正义？同样，不正义是不等利害交换的恶行，是不正义的定义。从这个定义出发，同样不能判定：不等利害交换的一切伦理行为是否都是恶的行为？从而是否都是不正义？要科学地确立衡量一切伦理行为是否正义的正义总原则，显然还必须从正义的定义和类型出发，辨析人类一切伦理行为：哪些是正义的行为？哪些是不正义的行为？哪些是既非正义亦非不正义的行为？

所谓伦理行为，如前所述，亦即受利害人己意识支配的行为。这就是说，人类一切伦理行为无非两类：利害自己与利害他人。利害自己似乎无所谓正义不正义；正义和不正义必定完全存在于利害他人的伦理行为之中。所以，亚里士多德一再说："正义并不是自己对自己的关系。"[1] "正义是相关于他人的。"[2]

其实不然。因为自己那些干了缺德坏事，出于内疚感或罪恶感的自我惩罚的目的害己的行为，无疑符合正义原则——等害交换——因而是正义的。举例说，一位军官因与其女儿发生性关系而生罪恶感，便向上级自首，断送自己的锦绣前程。一个印第安人因酒后杀母而生罪恶感，于是，严冬时便不穿衣物露宿雪地来折磨自己。这些目的害己的行为，对于自己的损害是对于他人的损害的报复，属于等害交换，因而是正义的。同理，因自己干了造福于他人的好事，出于良心满足而领受奖赏或

① 《亚里士多德全集》第八卷，苗力田等译，中国人民大学出版社，1992年，第119页。
② 同上书，第97页。

自我奖赏的行为，属于等利交换，因而也是正义的。只不过，正义，主要讲来，无疑是利害他人而不是利害自己的行为。

利害他人行为亦即人际利害行为，说到底，亦即人际利害相交换的行为。因为一切人际关系，如上所述，都可以归结为交换关系。人际利害相交换行为显然无非为两类：等利（害）交换和不等利（害）交换。等利（害）交换的行为与正义的行为实为同一概念。因为等利交换和等害交换，如上所述，乃是正义的两大类型，因而都是道德的、善的："等利害交换的行为"与"等利害交换的善行"是同一概念。因此，正义的定义"正义是等利（害）交换的善行"也就全等于"正义是等利（害）交换的行为"。这样，"等利（害）交换"便是衡量一切行为是否正义的总原则：凡是等利（害）交换的行为都是正义的；凡是正义的行为都是等利（害）交换的。然而，不等利害交换的行为与不正义的行为却不是同一概念。因为不等利（害）交换行为并不都是恶的，而可以分为四种类型：

第一种是"无偿给予"和"得小利而报答以大利的不等利交换"；后者如滴水之恩涌泉相报，其净余额也是无偿给予；二者显然都有利社会存在发展，符合道德目的，因而都是道德的、应该的、善的：这就是所谓的仁爱。

第二种类型，是在一定的条件下的遭受损害而不报复乃至以德报怨；或者遭受大害而报复以小害，如只是要求对方道歉，其净余额无异于遭受损害而不报复。这些不等害交换显然也有利社会存在发展，符合道德目的，因而也是道德的、应该的、善的：这就是所谓的宽恕。

第三种类型是受恩不报乃至恩将仇报和得大利而回报以小利的不等利交换；后者如涌泉之恩滴水相报，其净余额无异于受恩不报，二者显然都有害社会的存在发展、不符合道德目的，因而是不道德的、不应该的、恶的。

第四种类型是遭受小害而报复以大害的不等害交换，其净余额是纯粹害人，因而有害社会存在发展、不符合道德目的，也是不道德的、不应该的、恶的。这两种恶——第三和第四种——就是所谓的不正义。

这样，不等利（害）交换的行为便可以归结为两大种类。一类是善的、道德的、应该的不等利（害）交换的行为：这就是所谓的仁爱和宽恕。另一类是恶的、不道德的、不应该的不等利（害）交换的行为：这就是所谓的不正义。因此，不正义的定义"不正义是不等利（害）交换的恶行"与"不正义是不等利（害）交换的行为"根本不同。"不正义是不等利（害）交换的恶行"只可代换为"不正义是恶的不等利（害）交换的行为"。于是，"恶的不等利（害）交换"便是衡量一切行为是否不正义的总原则：凡是恶的不等利（害）交换的行为都是不正义的；凡是不正义的行为都是恶的不等利（害）交换。

总而言之，"等利害交换"是正义，是衡量一切行为是否正义的正义总原则；"恶的不等利害交换"是不正义，是衡量一切行为是否不正义的不正义总原则；"善的不等利害交换"无所谓正义不正义，而是超越正义、高于正义的份外善行——仁爱和宽恕。举例说，我有难时，张三给过我300元。现在他有难了，我也给他300元，是等利交换，是正义。我若一毛不拔或只给他10元，是不道德的不等利交换，是不正义。我若滴水之恩涌泉相报，竟给了他一万元；或者张三从未给过我利益，我只是出于同情心而无偿为他谋利益，那么，我的这种行为便是善的不等利交换，它无所谓正义不正义，而是超越正义、高于正义的"仁爱"：仁爱是无私奉献，是积极的无偿给予。

反之，如果张三昔日害我三分，现在我通过一定的法纪程序也害他三分，是等害交换，是正义。我若变本加厉，害他九分，则是恶的不等害交换，是不正义。我若在无害社会和他人的前提下，放弃了害他的权利，那么，我的这种行为便是善的不等害交换，它无所谓正义不正义，而是超越正义、高于正义的宽恕：宽恕是放弃债权，是消极的无偿给予。

这就是我们依据正义的定义与类型来衡量人类一切伦理行为的结论，这就是正义总原则的确立过程，可以将其表示如图：

$$
伦理\\行为
\begin{cases}
等利害交换＝正义总原则 \\[2ex]
不等利害交换
\begin{cases}
恶的不等利（害）交换的行为＝不正义总\\原则 \\[1ex]
善的不等利（害）交换＝仁爱和宽恕原则
\end{cases}
\end{cases}
$$

2 正义原则：国家制度好坏的根本价值标准

显然，就道德境界的高低来说，正义远远低于仁爱和宽恕：仁爱和宽恕属于无私利他境界，是道德的最高境界，是善的最高境界；而正义则与无私无缘，不属于无私利他境界，不属于最高的道德境界、善的最高境界。那么，正义究竟属于怎样的道德境界？善，如前所述，分为三大境界：无私利他是善的最高境界，是至善；为己利他是善的基本境界，是基本善；单纯利己是最低善，是善的最低境界。显然，正义既不属于善的最高境界"无私利他"，也不属于的最低境界"单纯利己"，而属于善的基本境界："为己利他"。

因为一方面，就正义之为等利交换来说，当然不是无偿给予，而是一种利益的有偿交换，是通过给予对方利益，来换取或回报对方的同等利益；给予对方利益完全以对方给予自己同等的利益为条件。因此，正义行为的目的是利己，行为手段是利他，属于为己利他的道德境界。所以，休谟一再说："自爱是正义原则的真正起源。"[①] "正义仅仅起源于人的自利和有限的慷慨，以及自然供以满足人类需要的物品之匮乏。"[②]

另一方面，就正义之为等害交换来说，虽然是一种目的害人的行为，却因其能够使人们避免相互损害，从而极为有利于社会的存在发展，符合道德目的，属于道德的、应该的、善的行为范畴。那么，等害交换究

[①] David Hume: *A Treatise of Human Nature*, Oxford: Clarendon Press, 1949, p. 199, p. 230.

[②] Ibid., p.199, p. 200.

竟属于善的何等境界呢？当然既不会相当于无私利他，也不会相当于单纯利己，因而只能相当于为己利他。确实，等害交换与等利交换的关系，跟宽恕与仁爱的关系一样——仁爱是积极的无偿给予，宽恕是消极的无偿给予——等利交换是积极的为己利他，等害交换则是消极的为己利他。换言之，等害交换与等利交换是同一枚硬币的正反面，二者的道德价值和道德境界大体相当，都属于为己利他的道德境界。

正义属于为己利他范畴，因而就其道德境界高低来说，远远低于仁爱和宽恕，远远低于无私利他。但是，就正义的道德价值——亦即正义对于道德目的的效用——的大小轻重来说，却远远大于、重要于仁爱和宽恕，远远大于、重要于无私利他，也大于、重要于其他一切道德：正义是最重要最主要最根本的道德。因为，如前所述，道德目的是为了保障社会存在发展和增进每个人利益。要达此目的，一方面，必须避免人们相互间的伤害。因为，正如斯密所言："社会不可能存在于那些总是准备相互破坏和伤害的人们中间。当那种伤害开始的时候，当相互间的愤恨和敌意发生时候，社会就将土崩瓦解。"[①]

另一方面，必须使每个人努力增进社会和他人利益。因为所谓社会，说到底，不过是一种"我为人人、人人为我"的利益合作形式。如果每个人不努力增进社会和他人利益，势必如休谟所言："社会必定立即解体，而每个人必定陷入野蛮和孤立的状态，这种状态比起我们所能设想的最坏的社会生活要坏过千万倍。"[②]

不难看出，一方面，避免人们相互间的伤害的最重要最有效的原则，无疑是等害交换的正义原则。因为等害交换意味着：你损害社会和他人，就等于损害自己；你损害社会和他人多少，就等于损害自己多少。这样，每个人要自己不受损害，就必须不损害社会和他人；每个人要自己不受

---

① Adam Smith: *The Theory of Moral Sentiments*, edited by D. D. Raphael and A. L. Macfie, Oxford: Clarendon Press, 1976, p. 86.

② David Hume: *A Treatise of Human Nature*, Oxford: Clarendon Press, 1949, p. 199, p. 202.

丝毫损害，就必须丝毫不损害社会和他人。

另一方面，增进社会和他人利益的最重要最有效的原则，无疑是等利交换的正义原则。因为等利交换意味着：你增进社会和他人利益，就等于增进自己利益；你为社会和他人增进多少利益，就等于你为自己增进多少利益。这样，每个人要增进自己利益，就必须增进他人利益；每个人要最大限度增进自己利益，就必须最大限度增进社会和他人利益。

当然，如果每个人的恒久行为乃至全部行为都能够达到仁爱和宽恕的道德境界，那么，仁爱和宽恕无疑比正义更能够使每个人丝毫不损害社会和他人，更能够使每个人努力增进社会和他人利益。但是，不要忘记，仁爱和宽恕属于无私利他的道德境界；而正义则属于为己利他的道德境界。我们关于人性的研究表明，任何一个社会，无论怎样，至多只能使人们的偶尔行为无私利他，而恒久的行为只可能是为己利他或损人利己。这就是说，任何一个社会，无论怎样，至多只能使人们的偶尔行为无私利他从而达到仁爱和宽恕的境界；人们的恒久行为则只可能为己利他而达到正义的境界。

所以，仁爱和宽恕原则固然远远高于正义原则，是最高道德原则，却是最高且偶尔道德原则：它只可能指导每个人的偶尔行为；其作用是使每个人的偶尔行为达到仁爱和宽恕的至善峰峦，从而也就只能够使每个人的偶尔行为避免相互伤害，只能够使每个人的偶尔行为努力增进社会和他人利益。反之，正义固然远远低于仁爱和宽恕，是基本道德原则，但却是基本且恒久的道德原则：它能够指导每个人的恒久行为；其作用是使每个人的恒久行为达到正义的善行大道，从而使每个人的恒久行为避免相互伤害，使每个人的恒久行为努力增进社会和他人利益。这样一来，也就只有正义原则才能够——而仁爱和宽恕原则却不能够——真正保障人们避免相互损害，真正使人们努力增进社会和他人利益，从而真正使道德目的得到实现。

因此，仁爱和宽恕是最崇高的善，却不是最大的善，不是最重要的

善，不是最重要的善原则，不是最重要的道德原则。反之，正义虽然并不崇高而有斤斤计较之嫌，却是最大的善，是最重要的善，是最重要的善原则，是最重要的道德原则。所以，亚里士多德说："在各种德性中，人们认为正义是最重要的。"[1] 斯密说："社会存在的基础与其说是仁慈，毋宁说是正义。没有仁慈，社会固然处于一种令人不快的状态，却仍然能够存在；但是，不正义的盛行则必定使社会完全崩溃。……仁慈是美化建筑物的装饰品而不是支撑它的地基，因而只要劝告就已足够而没有强制的必要。反之，正义是支撑整个大厦的主要支柱。如果去掉了这根柱子，人类社会这个巨大而广阔的建筑物必定会在一瞬间分崩离析。"[2] 罗尔斯则一言以蔽之曰："公众的正义观乃是构成一个组织良好的人类联合体的基本宪章。"[3]

然而，仅仅看到正义是最主要最根本最重要的道德，还没有真正揭示正义与仁爱、无私利他等道德原则的根本区别。因为正义的主要原则是社会正义，是治理正义，说到底，是制度正义，是社会对于每个人的权利与义务的分配制度的正义：分配制度正义是最根本最重要最主要的正义。因此，正义与仁爱等道德原则根本不同：仁爱是约束一切人的道德，是每个人的行为所当遵循的道德原则；而正义则主要是约束统治者、领导者、管理者的道德，是衡量社会治理好坏的根本价值标准，是衡量国家治理和国家制度好坏的根本价值标准，说到底，是国家制度好坏根本价值标准。

最早发现这一伟大真理的，是柏拉图："当我们建立这个城邦时，从一开始我们就已经确定了一条普遍原则。我想，这条原则，或这条原则的某种形式，就是正义。"[4] 亚里士多德极大地弘扬了柏拉图的发现，一再

---

[1] 《亚里士多德全集》第八卷，苗力田等译，中国人民大学出版社，1992 年，第 96 页。

[2] Adam Smith: *The Theory of Moral Sentiments*, edited by D. D. Raphael and A. L. Macfie, Oxford: Clarendon Press, 1976, p. 86.

[3] John Rawls: *A Theory of Justice*, Cambridge, Massachusetts: The Belknap Press of Harvard University Press, 1999, p. 5.

[4] 柏拉图：《理想国》，433A-D。

申说:"城邦以正义为原则。由正义衍生的礼法,可凭以判断人间的是非曲直,正义恰正是树立社会秩序的基础。"[①] 罗尔斯则将柏拉图和亚里士多德以降的这一伟大思想传统概括为一段气势磅礴的宣言:

"正义是社会制度的首要善,正如真理是思想体系的首要善一样。一种理论,无论多么高尚和简洁,只要它不真实,就必须拒绝或修正;同样,某些法律和制度,无论怎样高效和得当,只要它们不正义,就必须改造或废除。"[②]

正义之为国家制度好坏的根本价值标准,无疑相当复杂纷纭,因而并不是一个单一的原则,而是一系列分原则和一个总原则所构成的原则体系:等利害交换只是正义总原则。从这个正义总原则出发,不难推导出一系列正义分原则;最根本的正义分原则无疑是社会分配给每个人的权利与义务应该相等:权利与义务相等是正义根本原则。

---

① 亚里士多德:《政治学》,吴寿彭译,商务印书馆,1996年,第9页。

② John Rawls: *A Theory of Justice*, Cambridge, Massachusetts: The Belknap Press of Harvard University Press, 1999, p. 3.

第十七章　权利与义务相等：正义根本原则

本章提要

贡献是权利的源泉和依据；换言之，社会应该按照贡献分配权利，按照权利分配义务；说到底，社会分配给每个人的权利应该与他的贡献成正比而与他的义务相等。这就是社会正义根本原则，亦即"实在贡献原则"。"德"与"才"是职务等权利的潜在的源泉和依据；换言之，社会应该任人唯贤，按照每个人的"德"与"才"分配职务等权利；说到底，社会应该"用人如器"，根据每个人所具有的品德与才能的性质而分配与其相应的职务等权利。这就是社会根本正义的"德才原则"，亦即推演于"实在贡献原则"的"潜在贡献原则"。

正义的根本问题，如前所述，是权利与义务的交换或分配。那么，权利与义务究竟应怎样交换或分配才是正义的？或者说，权利与义务交换的正义原则是怎样的？说到底，正义根本原则是什么？这是个极其复杂的问题。研究这一问题的起点显然是：何谓权利与义务？

一 权利与义务界说

1 权利：应该受到权力——法律和政治——保障的利益

权利与义务，真正讲来，乃是应该受到权力保障的东西。因此，界说权利与义务的前提是：权力是什么？土地、人口和权力（及其管理组织或机关），如所周知，乃是构成一切社会的三要素，因而也是构成国家的三要素；只不过，构成国家的权力及其组织要素，乃是最高权力及其组织或政府罢了。然而，人口与土地之外，何必权力？

原来，任何社会要存在和发展，都必须有管理者：管理者必须拥有一种被该社会成员普遍承认、认可、同意的迫使被管理者服从的强制力量。只有如此，才可能保障人们的活动遵守一定的社会秩序，从而社会才能够存在发展；否则，这些社会活动势必互相冲突、乱成一团，社会也就不可能存在发展了。因此，管理者所拥有而为社会成员普遍承认、认可、同意的强制力量，乃是任何社会存在发展的根本条件。这种强制力量，正是所谓权力：

"一种权力的存在意味着一个集体的文化体制建立起了正式的不平等关系，把统治他人的权力赋予某些人，并强迫被领导者必须服从后者。"[①]

权力区别于其他强制力量的根本特征和性质，就在于社会的承认、认可或同意；否则就不成其为权力，而沦为所谓"捆猪的力量"了。权力的这一根本特征和性质，自卢梭以来，便被称之为"合法性"：合法性固然有强制必须符合法律之意，但并不局限于符合法律；而是泛指一个社会的强制力量所具有的被该社会成员普遍承认、认可、同意的性质：

---

① 莫里斯·迪韦尔热:《政治社会学》，杨祖功、王大东译，华夏出版社，1987年，第116页。

"权力的合法性只不过是由于本集体的成员或至少是多数成员承认它为权力。如果在权力的合法性问题上出现共同同意的情况，那么这种权力就是合法的。不合法的权力则不再是一种权力，而只是一种力量。"①

这样一来，权力便是管理者所拥有的具有合法性的强制性力量，因而具有一种内在的对立：合法性与强制性以及必须与应该。从权力是具有强制性的力量方面来看，权力具有必须性，是人们必须服从的力量，不服从就会受到惩罚制裁；从权力是社会承认或大家同意的具有合法性的力量方面来看，权力具有应该性，是人们应该服从的力量。合而言之，权力是管理者拥有且被社会承认的使被管理者服从的强制性力量，是管理者所拥有而被管理者必须且应该服从的力量，因而是保障社会存在发展的根本手段。

不仅此也！因为，社会是两个以上的人因一定人际关系而结合起来的共同体，说到底——正如罗尔斯所言——不过是"一个目的在于增进每个成员利益的合作体系。"② 这种利益合作，一方面是我为人人：我为社会和他人谋取利益，也就是所谓的"贡献"或"付出"；另一方面则是人人为我：我从社会和他人那里得到利益，也就是所谓的"索取"或"要求"。

于是，所谓权力，说到底，也就是保障人们利益合作的根本手段，也就是保障人们相互贡献与索取、付出与要求的根本手段。应该受到权力保障的利益、索取或要求，正是所谓的权利：我从社会和他人那里得到的应该受到权力保障的利益、索取或要求，岂不就是我的权利？反之，应该受到权力保障的服务、贡献或付出，正是所谓的义务：我给予社会和他人的应受权力保障的服务、贡献或付出，岂不就是我的义务？但是，权力显然并不保障所有的利益合作，并不保障所有的贡献与索取或付出与要求。细究起来，每个人的索取或要求、每个人从社会和他人那里得

① 莫里斯·迪韦尔热：《政治社会学》，杨祖功、王大东译，华夏出版社，1987年，第117页。
② John Rawls: *A Theory of Justice*, Cambridge, Massachusetts: The Belknap Press of Harvard University Press, 1999, p. 4.

到的利益，共有三种类型：

第一种仅仅具有必须性而不具有应该性，是社会和他人必须而非应该给予我的利益，是社会和他人必须而非应该满足我的要求和索取：它是必须的，因为否则便会受到强制力量的惩罚；它是不应该的，因为它违反道德。例如，我持枪抢劫银行，银行职员明知不应该将钱给我，但必须给我，不给我便会遭到我的强制力量的惩罚：枪杀。我的这种类型的利益、索取或要求，显然不应为权力所保障，因而不是我的权利：我没有权利抢劫银行。

第二种类型仅仅具有应该性而不具有必须性，是社会和他人应该而非必须给予我的利益，是社会和他人应该而非必须满足我的要求和索取：它符合道德因而是应该的；但它不具有——或被认为不具有——重大的社会效用，因而不是必须的，不服从也不会受到强制力量的惩罚。例如，我有难时，朋友帮我渡过难关；或者他人出于对我的爱而赠我财物等。我的这种类型的利益、索取或要求，都符合道德，因而都是应该的。但是，它们却不是必须的，因为我的朋友和他人即使不帮助、不馈赠我，也不会受到暴力惩罚或行政惩罚。我的这种类型的利益、索取或要求，显然也不应为权力所保障，因而也不是我的权利：我没有权利要求他人馈赠和朋友帮忙。

第三种类型则既具有应该性又具有必须性，是社会和他人必须且应该给予我的利益，是社会和他人必须且应该满足我的要求和索取：它符合道德因而是应该的；同时，它又具有——或被认为具有——重大的社会效用，因而是必须的，不服从便会受到强制力量的惩罚。例如，儿时父母对我的养育、工作时单位付给我工资、年迈时儿女对我的赡养等。我的这种类型的利益、索取或要求，都符合道德，因而是应该的；同时也是必须的，因为否则便会受到强制力量的惩罚。显然，我的这种类型的利益、索取或要求应该受到权力保障，因而便是我的权利：我在儿时有权利要求父母的养育，我工作时有权利要求单位付给我工资，我年迈时有权利要求儿女的赡养。

可见，权利是一种具有——或被认为具有——重大社会效用的必须且应该的索取或要求，是一种具有——或被认为具有——重大社会效用的必须且应该得到的利益，是一种具有或被认为具有重大的社会效用的必当得到的利益，因而也就是应该受到权力保障的利益，是应该受到权力保障的索取或要求，也就是应该受到社会管理者依靠权力加以保护的利益、索取或要求。

这一定义的关键词是"应该"受到权力保障：权利是应该受到权力保障的利益，而未必是实际受到权力保障的利益。彼彻姆不理解这一点，因而陷于不能自拔的矛盾：他一方面承认，没有权力保障的权利，不是真正的权利；另一方面却又说，真正的权利可能并没有权力的保障。他这样写道：

"如果一种正当的要求并没有实际的权力作后盾，那么无论如何，说它是我们的权利纯属空谈，等于没有丝毫真正的权利……因此，无权力的权利看来是不可信的。然而，仅以权力来分析权利看来也是不充分的，因为我们可以在完全没有权力的情况下享有权利。无辜者有不受刑罚的权利，因为他们并没有犯罪。然而，他们却没有权力阻止受刑罚。这样，权利看来全然不需要权力。"[1]

确实，有些权利，如无辜者不受惩罚的权利等，未受到权力的保障，却仍然是权利。这是因为，这些权利虽然实际上没有受到权力的保障，却应该受到权力的保障：权利是应该受到权力保障的利益。这一定义，还蕴涵更为深刻和重要的含义。因为，如前所述，政治就是权力管理，是对于具有重大社会效用的行为应该且必须如何的权力管理；而法律则是权力规范，是对于具有重大社会效用的行为应该且必须如何的权力规范。所以，权利是应该受到权力保障的利益，便蕴涵着：权利是应该受

---

[1]　Tom L. Beauchamp: *Philosophical Ethics* New York: McGraw-Hill Book Company, 1982, p. 196.

到政治和法律保障的利益。

这是千真万确的。试想，儿时父母对我的养育、工作时单位付给我工资、年迈时儿女对我的赡养等利益都是我的权利：它们岂不都是应该受到法律保障的利益？反之，我接受朋友的馈赠和帮助等利益，都不是我的权利：它们岂不都是不应该受到法律的保障而仅仅应该受到道德保障的利益？

可见，所谓权利，说到底，也就是应该受到政治和法律保障的利益。因此，耶林说："权利就是受到法律保护的一种利益。所有的利益并不都是权利，只有为法律所承认和保障的利益才是权利。"① 但是，细究起来，耶林的这一定义还不够精确。因为真正讲来，权利并不都是受到法律保障的，如人权在过去就没有受到法律保障，至今在很多国家仍然没有受到法律保障，而只是受到道德的保障。所以，人们往往说人权是一种道德权利，而不是法律权利。但是，人权显然是应该受到法律保障的：它不但应该是一种道德权利，而且应该是一种法律权利。所以，精确讲来，权利未必都受到法律保障，权利不都是受到法律保障的利益；但权利必定都应该受到法律保障：权利是应该受到法律保障的利益。

然而，权利是应该受到政治和法律保障的利益，并不意味着权利仅仅应该受到法律和政治的保障，而不应该受到道德的保障。因为如所周知，凡是应该受到法律保障的东西，同时都应该受到道德保障；反之，应该受到道德的保障的东西，则只有一部分同时应该受到法律保障。因为道德所规范的是每个人的全部具有社会效用的行为；而法律所规范的则仅仅是其中的一部分，即那些具有重大社会效用的行为。因此，权利是应该受到法律保障的利益，便意味着：权利同时也是应该受到道德保障的利益。所以，鲍桑葵说：

---

① 庞德：《通过法律的社会控制 法律的任务》，沈宗灵、董世忠译，商务印书馆，1984年，第46页。

"任何一种权利既与法律有关又与道德有关。它是能够得到法律来维护的一种要求。而任何道德规范都不能这样做；但它又是被公认为应该能够靠法律来维护的要求，因而又具有道德的一面。"[①]

总之，权利是一种具有重大的社会效用的必须且应该的索取或要求，是一种具有重大的社会效用的必须且应该得到的利益，是一种具有重大的社会效用的必当得到的利益，因而也就是应该受到社会管理者依靠权力加以保护的利益、索取或要求；说到底，也就是应该受到政治和法律保障的利益、索取或要求。这一定义，可以从庞德对于权利概念的著名解释中得到的印证：

"作为一个名词，权利这个词曾被用于六种意义。第一，它指利益……权利可以解释为某一特定作者认为或感到基于伦理的理由应该加以承认或保障的东西，它也可以解释为被承认的、被划定界限的和被保障的利益……就是人们设想应当为政府所承认并付诸实施的各种主张或要求……第二，权利这个词被用来指法律上得到承认和被划定界限的利益……第三，权利这个词被用来指一种通过政治组织社会的强力，来强制另一个人或所有其他人去从事某一行为或不从事某一行为的能力……第四，权利这个词被用来指一种设立、改变或剥夺各种狭义法律权利从而设立或改变各种义务的能力，最好称之为法律权力……第五，权利这个词被用来指某些可以说是法律上不过问的情况，也就是某些对自然能力在法律上不加限制的情况。可以有一种对整个活动领域不加过问的一般情况。在这里，我们就说到自由权了……第六，权利还可以被用在纯伦理意义上来指什么是正义的。"[②]

前三种是权利的基本的、主要的意义，可以归结为三句话：1 被承认的、被划定界限的和被保障的利益；2 应当为政府所承认并付诸实施的各

---

① 鲍桑葵：《关于国家的哲学理论》，王淑钧译，商务印书馆，1995 年，第 204 页。
② 庞德：《通过法律的社会控制 法律的任务》，沈宗灵、董世忠译，商务印书馆，1984 年，第 47—48 页。

种主张或要求；3 法律上得到承认和被划定界限的利益。这些与我们的权利定义是完全一致的。第四种和第五种意义不过是从前三种意义推演出来的两种具体权利——立法权与自由权——因而是权利的分类而不是权利的定义。最后一种意义则是权利的一种词源含义，而并不是权利的定义。因为拉丁文"jus"和英文"right"都兼指正义和权利。

2 义务：应该受到权力——法律和政治——保障的服务

权利概念的解析使与其恰相对立的义务概念迎刃而解。因为不难看出，与我的索取或要求分为三种类型一样，我的贡献或付出相应地也分为三种类型：

第一种仅仅具有必须性而不具有应该性，是我必须而非应该的贡献或付出，是我必须而非应该给予社会和他人的利益：它是必须的，因为否则便会受到强制力量的惩罚；它是不应该的，因其违反道德。例如，强盗持枪抢劫我，我不应该把我的钱给他，却必须给他。因为否则我便会受到他的暴力惩罚：被枪杀。我的这种必须而非应该的付出或贡献，显然不应该受到权力和法律的强迫或保障，因而正如哈特所言，并不是我的义务："很明显，在持枪抢劫的情境中是找不到义务的。"[①]

第二种类型仅仅具有应该性而不具有必须性，是我应该而非必须的贡献或付出，是我应该而非必须给予社会和他人的利益：它符合道德因而是应该的；但它不具有——或被认为不具有——重大的、基本的社会效用，因而不是必须的，不服从也不会受到强制力量的惩罚。例如，我慷慨解囊帮助朋友、见义勇为自我牺牲等，虽然极为高尚，却不具有重大的、基本的社会效用，因而都是我应该而非必须的贡献或付出。我的此类付出或贡献，显然不应该受到权力和法律的保障，因而也不是我的

---

① 哈特：《法律的概念》，张文显、郑成良等译，中国大百科全书出版社，1996年，第87页。

义务；而是——正如罗尔斯所言——份外善行："引人入胜的份外善行也属于允许的行为。这些行为有仁爱和怜悯、英勇的壮举和自我牺牲等。这些行为是善的，但它并非一个人的义务或责任。"[1]

第三种类型则既具有必须性又具有应该性，是我必须且应该的贡献或付出，是我必须且应该给予社会和他人的利益：它符合道德因而是应该的；同时，它又具有——或被认为不具有——重大的社会效用，因而是必须的，不服从便会受到强制力量的惩罚。例如，我服兵役、纳税、赡养父母、做好工作等，虽然不如我的慷慨解囊帮助朋友、见义勇为自我牺牲等高尚，却具有重大的、基本的社会效用，因而不但是应该的，而且是必须的：如果我不服兵役、不纳税、不赡养父母、不做好工作便会受到惩罚。我的这类付出或贡献显然应该受权力和法律的保障，因而便是我的义务：我有义务服兵役、有义务纳税、有义务赡养父母、有义务做好工作。所以，哈特在论及义务之为义务的根本特征时写道：

"重要的是，对规则背后社会压力的重要性和严厉性的坚定态度是确定它们是否被认为引起义务的主要因素……由这种严厉的压力所支持的规则之所以被认为重要，乃是因为人们确信它们对于维护社会生活的某种价值极高的特征是必须的。"[2]

可见，义务概念不过是颠倒过来的权利概念：义务是具有重大社会效用的必须且应该的服务；是具有重大社会效用的必须且应该的贡献或付出；是具有重大社会效用的必须且应该给予社会和他人的利益；是具有重大社会效用的必当付出的利益；是一种具有重大社会效用的必须且应该的服务、贡献付出，因而也就是应该受到权力——法律和政治——保障的服务、贡献付出；是应该受到社会管理者依靠权力和法律加以保

[1]　John Rawls: *A Theory of Justice*, Cambridge, Massachusetts: The Belknap Press of Harvard University Press, 1999, p. 100.

[2]　哈特：《法律的概念》，张文显、郑成良等译，中国大百科全书出版社，1996年，第88—89页。

障的服务、贡献或付出；是不服从便会受到权力和法律惩罚的必须且应该服从的服务、付出或贡献。所以，边沁说：

"凡是我有义务去做的事情，如果我不去做，依据法律，我就要受到惩罚。这就是义务一词原来的、普通的和恰当的含义。"[1]

这样，义务与责任便是同一概念，都是应该受到社会管理者依靠权力和法律加以保障的服务、贡献或付出，都是不服从便会受到权力和法律惩罚的必须且应该服从的服务、付出或贡献。只不过，义务更强调应该、重在应该、应该重于必须，是应该且必须付出的利益；责任则强调必须、重在必须、必须重于应该，是必须且应该付出的利益。因此，一般说来，一方面，凡是与职务有关的、职务所要求的必须且应该付出的利益，便都因其更强调必须性、强制性、法规性而叫作责任。反之，与职务无关的、不是职务所要求的，则因其更强调应该性、道德性、教育性而都叫作义务。

试想，为什么保卫祖国是公民的义务，然而却是战士的责任？岂不就是因为战士的职务要求其必须保卫祖国吗？为什么救死扶伤是公民的义务，然而却是医生的责任？岂不就是因为医生的职务要求其必须救死扶伤吗？为什么维护国家安定团结是公民的义务，然而却是国家首脑的责任？岂不就是因为国家首脑的职务要求其必须维护国家的安定团结吗？所以，凡是与职务相连的、职务所要求的任务、付出或贡献都是责任。这就是为什么会有"职责"概念的缘故。

另一方面，任何义务，虽然其应该重于必须，但当其被违反时，其必须性便立即充分显露出来而远远重于其应该性，于是便成为责任了。这样，任何义务，当其被义务人违反时，该义务人便成为责任人；而他所违反的义务，便成为他的责任。例如，不可侵犯他人财产，是义务人张三的义务。如果他违反这一义务而侵害他人财产，那么他便成了责任

① 边沁：《政府片论》，商务印书馆，1995年，第230页。

人而负有侵犯他人财产的责任。抚养年迈父母，是他们的儿子、义务人李四的义务。如果李四违反这一义务而丢弃父母不管，那么，李四便成为责任人而负有不赡养父母的责任。可见，义务若被违反便因其必须性重于应该性而成为责任。所以，吴学义写道："义务与责任，于实质上，均为债务之意义。其所异者，一般负债务之状态，谓之义务；应负担刑事上民事上之制裁时，谓之责任。"[①] 李肇伟也写道："责任者，义务人违反其义务时，在法律上应有之负担也。"[②] 但是，李先生将其作为责任的定义是不对的。因为，如上所述，被违反的义务仅仅是责任之一种；至少还有另一种责任：职责。

可见，义务与责任本是一个东西，都是一种具有重大社会效用的必须且应该的任务、贡献付出，因而也就同样是应该受到权力、法律和政治保障的任务、贡献付出；只不过责任更强调必须性、法权性、惩罚性，而义务更强调应该性、道德性、教育性罢了。

3 "义务"与"应该"等同论：所谓"完全义务与不完全义务"

然而，按照伦理学传统，义务就是应该的服务，应该的服务也都是义务：义务与应该的、道德的、善的行为是同一概念。西季威克就这样写道："最好将义务定义为正当的行为。"[③] 包尔生也写道："善并不是做我们的意志想做的，而是做我们所应该做的。履行善就意味着履行义务。"[④] "在道德领域中"，凯尔森总结道，"义务的概念和'应当'的概念是一致的。成为某人道德义务的行为只不过是他根据道德规范所应当遵

---

①　吴学义：《法学纲要》，中华书局，1935年，第95页。

②　李肇伟：《法理学》，台北：学生书局，1979年，第305页。

③　Henry Sidgwick: *The Methods of Ethics*, Bristol: Thoemmes Press, 1996, p. 194.

④　包尔生：《伦理学体系》，何怀宏译，中国社会科学出版社，1986年，第291页。

守的行为而已。"① 我们可以将这种伦理学传统叫作"义务应该等同论"。

"义务应该等同论"原本有一定的词源学依据。西文"义务"（duty）从词源上看，源于拉丁文"due"和希腊语"deon"，有应当的、正当的意思。中国古代，大体讲来，只有"义"而没有"义务"一词。何谓义？《礼记·中庸》解释道："义者，宜也。"义就是适宜的、应该的意思。所以，从词源上看，义务就是应该的服务，就是应该的行为，就是道德的、善的行为。

"义务应该等同论"还有更为深层的原因："权利"意识的贫乏。麦金泰尔曾指出："直至中世纪结束前夕，在任何古代或中世纪的语言里都没有可以准确译成我们所谓'权利'的词语。"② 近代以来，权利观念才逐渐成为普遍的社会意识。然而，直至今日，在伦理学体系中仍然没有权利问题的位置：伦理学仍然只研究义务而不研究权利。问题恰恰在于，义务是与权利对立的概念：义务概念就是颠倒过来的权利概念。所以，如果参照权利概念，便不难科学地界说义务概念；反之，没有权利概念的参照，则绝不可能准确把握义务概念。

试想，如果知道权利是一种具有重大的社会效用因而应该受到政治和法律保障的必须且应该的索取，那么相应地，义务岂不显然就是一种具有重大的社会效用因而应该受到政治和法律保障的必须且应该的贡献？可是，如果伦理学只研究义务而不研究权利，没有权利概念的参照，也就很难将义务与仁爱等应该的服务区别开了。这就是形成"义务应该等同论"的更为深层原因。

随着权利意识的兴起，"义务应该等同论"转换为"完全强制性义务（或完全义务）与不完全强制性义务（或不完全义务）"的义务分类论。这种理论仍然认为一切应该的服务都是义务：不但应受法律保障的必须

---

① 凯尔森：《法与国家的一般理论》，沈宗灵译，中国大百科全书出版社，1996年，第67页。
② A. J. M. Milne: *Human Rights and Human Diversity*, London: The Macmillan Press Ltd., 1986, p. 4.

且应该的付出（如服兵役和赡养父母）是义务，而且不应受法律保障的应该而非必须的付出（如施舍、行善、仁慈）也是义务。只不过，前者对应权利，是完全强制性义务或完全义务；而后者则不对应权利，是不完全强制性义务或不完全义务。

这种分类理论类肇始于康德。他这样写道："仁爱和尊重人类权利两者都是义务。"[①] 不过，后者是法律上的义务，而前者是伦理上的义务："一切义务，或者是权利的义务，即法律上的义务；或者是善德的义务，即伦理上的义务。"[②] 接着，他在义务分类的图表中，又进一步将"权利的义务"或"法律上的义务"叫作"完全义务"，而把"善德的义务"或"伦理上的义务"叫作"不完全义务"。[③] 本来，穆勒曾经说过：慷慨或慈惠等不应该强制履行的善德并非义务，而只有可以强制履行的善德才是义务。[④] 然而，最终他还是向康德所代表的伦理学传统屈服了：

"如所周知，伦理学家把道德义务分为两类：完全义务（duties of perfect）与不完全义务（imperfect obligation）。后者是指那些行为，这些行为是义务，但履行它们的特定场合可以选择，如慈善或仁爱，确实是我们应该做的，但并不是明确针对哪个人，也不是一定得在哪个规定的时间。用法哲学家们更准确的语言来说，完全义务是别人有与它相关的权利的义务；不完全义务，是不赋予任何权利的道德义务。"[⑤]

诚然，一切应该的服务、贡献或付出都具有强制性，并且依据其强制性质可以分为完全强制性的应该的服务、贡献或付出与不完全强制性的应该的服务、贡献或付出。所谓完全强制性的应该的服务、贡献或付出，也就是具有重大社会效用因而应受权力、法律和政治保障的必须且

---

① 康德：《历史理性批判文集》，何兆武译，商务印书馆，1991年，第143页。
② 同上书，第35页。
③ 康德：《法的形而上学原理》，沈叔平译，商务印书馆，1991年，第35页。
④ Robert Maynard Hutchins: *Great Books of the Western World*, Volume 43, *On Liberty*, London: John Stuart Mill, Encyclopaedia Britannica, Inc., 1980, p. 468.
⑤ Ibid.

应该的服务、贡献或付出，如服兵役和赡养父母等。这种服务、贡献或付出显然具有完全的强制性：从最弱的舆论强制到行政强制和肉体强制。反之，所谓不完全强制性的应该的服务、贡献或付出，也就是不具有重大社会效用因而不应受权力、法律和政治保障——而只应受道德保障——的必须且应该的服务、贡献或付出，如博爱、仁慈和行善等。这种服务、贡献或付出不具有完全的强制性，因为它显然仅仅具有一种最弱的强制性：舆论强制性。

　　不难看出，只有完全强制性的——亦即应受权力或法律保障的——应该的服务、贡献或付出，才是义务；而不完全强制性的——亦即不应受权力或法律保障而只应受道德保障的——应该的服务、贡献或付出，则是份外善行而并非义务。"义务应该等同论"的根本错误就在于将强制性与义务性等同起来，因而由一切应该的服务都具有强制性的正确前提，得出错误结论说：一切应该的服务都是义务，只不过应受法律保障者因其具有完全强制性而是完全强制性义务，而不应受法律保障者因其具有完全强制性而是不完全强制性义务罢了。这就是"义务应该等同论"的理论根据之错误。

　　如果我们进一步考察"义务应该等同论"的具体结论，这种理论的荒谬之处就更加清楚了。因为按照它的"义务就是应该的行为"的定义，一切应该的、道德的、善的行为，如仁慈、博爱、布施、行善等，便都是义务了。这种理论的倡导者也确实是将一切应该的、道德的、善的行为，如仁慈、博爱、布施、行善等，都当作义务。例如，在康德、西季威克和罗斯那里，就有所谓的仁爱的义务、博爱的义务、行善的义务、忠实的义务、感恩的义务、不撒谎的义务、礼貌的义务、敬重他人的义务以及自我完善的义务等。

　　照此说来，路遇乞丐，我一定得给他一些钱财，因为施舍是应该的、善的、有德性的，因而是我的义务。遭遇游客，如果他要我给他照相，我也一定得给他照相，因为给别人帮忙是应该的、善的、有德性的，因而是我的义务。我一定得不断地馈赠不比我富裕的人，因为馈赠不比我富裕的人，是应该的、善的、有德性的，因而是我的义务。西季威克甚至断言：

"我们不应当否认，只要力所能及，做一个人判断为最有德性的行为就在某种意义上是他的严格的义务。"[①]

这就是说，无私利他——无私利他无疑是最有德性的行为——乃是每个人的严格义务。因此，一个商人童叟无欺，只有当他的目的是为了童叟，才算履行了义务；如果他不是为了童叟，而是为了买卖兴隆，那么，他就没有履行义务，他就应该受到惩罚。难道还有比这更荒谬绝伦的吗？"义务应该等同论"是如此荒谬，以致它的追随者范伯格有时也动摇起来，感到将义务与应该等同起来是个极大的错误：

"强调义务的哲学家们的基本错误是……将全部应该的行为等同于履行'义务'。"[②]因为"有一些行为是值得一个人去做的，并且确实是他应该做的，虽然这些行为既不是他的责任，也不是他的义务。这样，从逻辑上看，说某人有义务或责任去做 X，绝不能简单地换成另一种说辞：他应当去做 X。"[③]

综上可知，"义务应该等同论"是不能成立的：义务固然是应该的、善的、道德的服务、贡献或付出；应该的、善的、道德的服务、贡献或付出却不都是义务。义务只是同时具有必须性的那些应该的、善的、道德的服务、贡献或付出，是不履行就会受到权力、法律和政治惩罚的必须且应该的服务、贡献或付出，因而也就是颠倒了的权利：权利是一种具有重大的社会效用因而应该受到权力或法律保障的必须且应该的索取；义务是一种具有重大社会效用因而应该受到权力或法律保障的必须且应

---

① 西季威克：《伦理学方法》，廖申白译，中国社会科学出版社，1993 年，第 238 页。
② Tom L. Beauchamp: *Philosophical Ethics*, New York: McGraw-Hill Book Company, 1982, p. 175.
③ Ibid., p. 176.

该的贡献。这就是为什么，边沁说：

"凡是我有义务去做的事情，如果我不去做，依据法律，我就要受到惩罚。这就是义务一词原来的、普通的和恰当的含义。"①

4 关于权利与义务概念的学说

究竟何谓权利与义务，正如庞德所言，原本是法学最大难题："法学之难者，莫过于权利也。"② 围绕这一难题，法学家、伦理学家和政治哲学家们至今仍众说纷纭、莫衷一是。这些争论，细考较去，可以归结为两大流派：一是"利益说"，包括所谓"资格说"、"主张说"或"要求说"以及"法力说"；二是"自由说"，包括所谓"意志说"、"可能说"、"规范说"或"范围说"。

利益说（the interest theory）的公认代表，是奥斯丁、葛德文、耶林及其当代的著名支持者里昂斯（D. Lyons）、麦考米克（D. N. Maccomick）和莱兹（J. Raz）。奥斯丁说："权利的特性是赋予它的拥有者以利益。"③ 葛德文说："义务，是我应该施与别人的待遇；权利，是我应该期望从他们那里受到的待遇。"④ 耶林说："权利就是受到法律保护的一种利益。所有的利益并不都是权利，只有为法律所承认和保障的利益才是权利。"⑤

可见，利益说是这样一种关于权利与义务的定义的理论，在它看来，权利是一种利益、索取或要求，是受到法律保障的利益、索取或要求；

---

①　边沁：《政府片论》，商务印书馆，1995 年，第 230 页。

②　程燎原等：《赢得神圣》，山东人民出版社，1993 年，第 2 页。

③　J. Austin: *The Province of Jurisprudence*, London: Detemined Weiderfeld & Nicholson, 1954, p. 142.

④　葛德文：《政治正义论》第一卷，商务印书馆，1991 年，第 100 页。

⑤　庞德：《通过法律的社会控制 法律的任务》，沈宗灵、董世忠译，商务印书馆，1984 年，第 46 页。

义务则是一种贡献、付出或不利益，是受到法律约束的贡献、付出或不利益。一句话，利益说是认为权利不过是一种利益的理论。所以，李肇伟在总结利益说的界说时这样写道："利益说，为主张权利利益说之见解。认权利既为权利主体享受利益，义务即为义务主体履行不利益。"

准此观之，首先，所谓"主张说"或"要求说"（the claiming theory）也属于"利益说"范畴。因为按照这种学说，权利是一种要求、主张或索取，是一种合理合法的要求、主张或索取，是一种有效的要求、主张或索取。这种学说的代表穆勒便这样写道："当我们把任何一种东西称作一个人的权利时，我们的意思是，他拥有一种有效地要求社会用法律或教育和舆论的力量，来保护他的占有。"[①]"要求说"的当代支持者范伯格进而解释说："几乎所有的作者都主张'有所要求'和'享有权利'之间存在着某种密切的关系。某些作者不加修饰地将权利和要求等同起来；某些人则把'权利'定义为是合理的或合法的要求，或得到承认的要求、或正当有效的要求。我自己则偏向于后一种定义。"[②]葛德文也可以看作是"主张说"或"要求说"的代表，因为他也这样写道："权利是个人对他的应得利益的要求，这种利益是从别人尽了他们的各项义务过程中产生的。"[③]可见，"主张说"或"要求说"的所谓要求、主张或索取（claims），也就是对于利益的要求、主张或索取。因此，他们说"权利是一种要求、主张或索取"，无异于说"权利是一种对于利益的要求、主张或索取"，说到底，也就意味着"权利是一种利益"："主张说"或"要求说"就是"利益说"。

其次，"资格说"（the entitlement theory）也属于"利益说"范畴。资格说的主要代表是格老秀斯和米尔恩。格老秀斯在定义权利时写道："由

① Robert Maynard Hutchins: *Great Books of the Western World*, Volume 43, *On Liberty*, London: John Stuart Mill, Encyclopaedia Britannica, Inc., 1980, p. 470.
② 范伯格：《自由、权利和社会正义》，王守昌、戴栩译，贵州人民出版社，1998年，第94页。
③ 葛德文：《政治正义论》第一卷，商务印书馆，1991年，第12页。

于它，一个人有资格正当地占有某种东西或正当地做出某种事情。"[1] 米尔
恩则进一步解释说："一种权利就是对于一种预定利益的资格，它的反面
必定是对于同一预定利益的无资格。"[2] "权利概念的要义是'资格'。说你
对某事物享有权利，就是说你被赋予了享有它的资格……如果你被赋予
了享有某事物的资格，那么，或者是你，或者是你的利益的代理人，一
定能够回答这个问题：'是什么东西赋予了你这种资格？'答案就是，存
在着赋予享有某些事物的资格之途径，而可以立即想到的途径就有三条，
即法律、习俗和道德。"[3] 可见，资格说也认为权利是一种利益，只不过是
一种有资格得到的利益，也就是法律、习俗和道德所承认和赋予的利益。
因此，资格说不过是进一步确定权利究竟相当于一种什么利益的学说，
因而不过是利益说的一种比较精确——同时也比较晦涩——的形态罢了。

最后，法力说（the legal capacity theory）则是一种更为复杂的利益
说。何谓法力说？吴学义道："法力说谓权利为可享受特定利益之法律上
之力。德人梅克儿（Merkel）、勒格儿斯巴苟（Regelsberger）等倡之，
为近代之通说，乃最可信者。"[4] 邱汉平道："法律上之力说，此说下权利
之定义曰：'权利者，得享受国家的生活上必要之特定利益而使活动之法
律上之力也。'"[5] 韩忠模道："法律上之力说，以为权利乃法律为使人享受
一定利益，所赋予的法律上之力，也就是可享受利益的法律上之力。"[6] 管
欧在界说法力说时也这样写道："权利者，乃是法律上认许特定人的利益
所赋予的力量。"[7] 一句话，权利是保障利益的法律力量或手段：这就是法
力说的根本特征。今日一些著名的法学家也主张这种法力说，认为权利

① 张文显：《法哲学范畴研究》，中国政法大学出版社，2001年，第300页。
② A. J. M. Milne: *Human Rights And Human Diversity*, London: The Macmillan Press Ltd., 1986, p. 99.
③ Ibid., p. 89.
④ 吴学义：《法学纲要》，中华书局，1935年，第92页。
⑤ 邱汉平：《法学通论》，商务印书馆，1935年，第90页。
⑥ 韩忠谟：《法学绪论》，中国政法大学出版社，2002年，第173页。
⑦ 管欧：《法学绪论》，台北：学生书局，1988年，第299页。

是保障利益的法律手段。例如，徐显明写道："权利意指法律关系中的主体以相对自由地作为或不作为的法定方式获得利益的一种能动的手段。"[①]张文显也写道："法律权利是规定或隐含在法律规范中、实现于法律关系中的、主体以相对自由的作为或不作为的方式获得利益的一种手段。"[②]

　　不难看出，法力说实质上可以归结为利益说，它与利益说在实质上完全是一回事。因为利益说认为"权利是受到法律力量所保障的利益"；法力说则认为"权利是保障利益的法律力量"：二者难道有什么实质上的不同吗？当然，更确切些应该说，法力说是一种表述得不够确切的利益说。因为，真正讲来，保障利益的法律力量或手段，并不是权利而是权力。因为所谓权力，如上所述，就是社会管理者所拥有并且得到社会承认的强制力量，也就是保障人们利益合作的根本手段，也就是保障人们相互贡献与索取、付出与要求的根本手段，说到底，也就是一种保障利益的法律力量或法律手段和政治力量或政治手段。所以，法力说将权利界定为保障利益的法律力量或手段，是一种将权利与权力混同起来的利益说，因而是一种表述不当的利益说。

　　"利益说"遭到的驳难，总而言之，在于似乎存在这样一种与利益说矛盾的现象：有些权利并不是利益；有些义务并不是负担或不利益。李肇伟堪称这种反驳的代表，他写道："利益说，乃认权利系法律在某种情形下赋予权利主体享受利益，受此利益者即为权利人。……但在事实上，权利人并不一定有利益。例如亲权人教养子女，至精疲力竭而有不能达其目的者，其本身并无利益可言。"[③]"利益说，为主张权利利益说之见解。认权利既为权利主体享受利益，义务即为义务主体履行不利益。乃以义务系法律在某种情形下赋予义务主体为不利益之履行，履行此不利益者乃为义务人。但揆之事实，义务人履行其应行之义务，并无不利益。例

①　徐显明：《公民权利义务通论》，群众出版社，1991年，第12页。
②　张文显：《法哲学范畴研究》，中国政法大学出版社，2001年，第309页。
③　李肇伟：《法理学》，台北：学生书局，1979年，第271页。

如，一般人均须履行不侵害他人之身体或健康之义务，义务人并无任何不利益。"[1]

怎么能说亲权不是一种利益呢？为什么离婚的父母往往争夺对子女的亲权，甚至诉诸法庭？岂不就是因为亲权是一种莫大的利益——它可以满足为人父母的强烈渴望吗？亲权人要付出抚养子女的辛苦，这确实不是利益。但这并非亲权人的权利，而是亲权人的义务。更确切些说，享有亲权的父母，就其付出抚养子女的辛苦来说，并非在享受权利，并非权利人；而是在尽义务，是义务人。只有就其满足做父母的欲望从而得到做父母的利益来说，才是享受权利，才是权利人。所以，李先生"有权利未必有利益"的反驳是不能成立的。与李先生相似，有人以"继承权"来反驳利益说。他们说，继承权既可能继承财产从而继承的是利益；也可能继承债务从而继承的是负担和不利益。这样一来，权利便可能是负担和不利益，因而利益说便是错误的。确实，继承权的享有者既可能继承财产从而继承的是利益；也可能继承债务从而继承的是负担和不利益。但是，当继承权的享有者继承的是债务从而继承的是负担和不利益时，他便由权利人转变为义务人，他的继承权利便转变为继承义务：他所继承的便不是权利而是义务。试问，当一个人继承了父亲的债务而替父还债时，我们能说他是在享受一项权利而不是在尽一项义务吗？因此，以"继承权"来反驳利益说也是不能成立的。

另一方面，李先生以为不损人、不害命仅仅是不损害权利主体利益，而义务人并未不利益、并未给予权利主体利益。粗略看去，确实如此。但细细思量，则大不然。一切义务，都是利益的付出。只不过这种利益的付出，可以分为两种。一种是积极付出的利益，是义务主体通过从事一定行为而给予权利主体的利益，如服兵役、纳税等，叫作积极义务。另一种是消极付出的利益，是义务主体为了权利主体而放弃从事一

① 李肇伟：《法理学》，台北：学生书局，1979年，第292页。

定行为的利益，是义务主体通过放弃从事一定行为而给予权利主体的利益，如不损人、不害命等，叫作消极义务。李先生只承认积极义务是不利益、是利益的付出；而否认消极义务是不利益、是利益的付出。这是似是而非之见。试想，午夜时分，我忽得喜讯，极想高歌一曲。但为了不影响邻人睡眠，我只好压抑自己、放弃高歌。这是我的不损人的消极义务。这对我来说难道不是一种不利益？难道不是一种利益的放弃、付出：付给了邻人安静的利益？李先生的"有义务未必不利益"的反驳显然也是站不住脚的。

总之，利益说反对者的批驳是不能成立的。但由此不能说各种形态的利益说都是完全正确的。利益说，细究起来，存在着三种形态或类型："简单利益说"、"法律利益说"和"科学利益说"。简单利益说的特征在于将权利与利益等同起来，认为权利就是利益、索取或要求，义务就是服务、贡献或付出。葛德文是这种学说的代表："义务，是我应该施与别人的待遇；权利，是我应该期望从他们那里受到的待遇。"[①] 这种学说是很不确切的。因为我应该从他人那里得到的利益，如接受馈赠，并不都是我的权利；我应该给予他人的利益，如施舍，也并不都是我的义务。那么，权利究竟是一种怎样的利益？

利益说的真正泰斗耶林回答了这个问题："权利就是受到法律保护的一种利益。所有的利益并不都是权利，只有为法律所承认和保障的利益才是权利。"[②] 这就是"法律利益说"：法律利益说的根本特征在于认为权利是实际上受到法律保障的利益。法律利益说显然远远优越于简单利益说，但也并不完全确切。因为有些权利，如人权，实际上并没有受到——而只是应该受到——法律保护，却仍不失其为权利。权利显然是应该受到——而未必实际受到——法律保障的利益。更确切些说，权利

① 葛德文:《政治正义论》第一卷，商务印书馆，1991年，第100页。
② 庞德:《通过法律的社会控制　法律的任务》，沈宗灵、董世忠译，商务印书馆，1984年，第46页。

是一种具有重大的社会效用的必须且应该得到的利益、索取或要求，是一种具有重大的社会效用的必当得到的利益、索取或要求；因而也就是应该受到——而未必实际受到——社会管理者依靠权力加以保护的利益、索取或要求，说到底，也就是应该受到——而未必实际受到——政治和法律保障的利益、索取或要求。这就是科学利益说。

显然，只有科学利益说堪称真理，而简单利益说和法律利益说则是不完全的真理。因为简单利益说和法律利益说仅仅正确看到利益是权利或义务的属概念，却未能找到权利或义务的种差、根本性质，未能发现权利或义务之利益区别于非权利或义务之利益的根本性质。反之，科学利益说则发现了这种根本性质或种差，乃是"应该受到权力或法律的保障"，是"必须且应该"：权利是一种具有重大的社会效用的必须且应该得到的利益，因而也就是应该受到权力或法律保障的利益；义务是具有重大或基本社会效用的必须且应该的利益之付出，因而也就是应该受到权力或法律保障的利益之付出。

不过，科学利益说之为真理，无疑还需要进一步揭示关于权利义务概念的其他学说——亦即自由说——的错误。自由说（the liberty theory）的根本观点，如所周知，可以概括为一句话：权利是法律所保障的自由。它的代表人物堪称大师林立：霍布斯、洛克、斯宾诺莎、康德、黑格尔、斯宾塞。霍布斯说："权利就是做或不做的自由。"[1] 康德说："权利的概念，并不表示一个人的行为对另一个人的愿望或纯粹要求的关系，不问它是仁慈的行为或者不友好的行为；它只表示他的自由行为与别人行为的自由的关系。"[2] 黑格尔说："法定的权利，不论是私人的或是国家、市镇等公共的，原先就称之为'自由'。"[3] "自由既是权利的实质又是权利的目

① Thomas Hobbes: *Leviathan*, New York: Simon & Schuster, 1997, p. 103.
② 康德：《法的形而上学原理》，沈叔平译，商务印书馆，1991年，第40页。
③ 周辅成：《从文艺复兴到十九世纪资产阶级哲学家政治思想家有关人道主义人性论言论选辑》，商务印书馆，1966年，第681页。

标，而权利体系则是已成现实的自由王国。"[①]

　　所谓"意志说"或"意思说"（the will theory），细考较去，与"自由说"并无二致。因为按照这种学说，权利也就是法律所保障的按照自己意志进行活动的自由。"意志说"的代表、著名罗马法学者温德夏特便这样写道："权利是一种意志力，或是法律命令所认可的一种意志支配力。"[②] 狄骥进而解释道："无论人们怎样做，总是要承认只有在具备一种意志能力时才有主观的权利；而且如果有主观权利，那就意味着一个主体具有可以强制他人的能力，具有一个意志优越于其他意志的优越地位。"[③] 这就是说，权利就是法律所保障的按照自己意志进行的活动，就是法律所保障的可以强制他人服从以便实现自己意志的活动，就是法律所保障的自己的意志优越于他人意志的活动，说到底，就是法律所保障的自由。因为所谓自由，如所周知，就是能够按照自己的意志进行的活动。所以，意志说与自由说实为同一概念，都是将"权利"等同于"法律所保障的自由"的学说。

　　同样，所谓"可能说"（the possibility theory）和"规范说"（the norm theory）也都属于"自由说"范畴。"可能说"是一种在苏联法学界比较流行的学说。我们可以将罗马什金和卡列娃看作这种学说的代表。罗马什金说："权利是指法律规范所规定的有权人作出一定行动和作出一定行为的可能性。"[④] 卡列娃也这样写道："受到国家保障的、有权人作出一定行为的可能性，包括要求别人作出一定行为的可能性，叫作权利。"[⑤] 这无异于说，权利就是法律所保障的按照自己意志进行的自由；因为自

---

① 黑格尔：《法哲学原理》，范扬、张企泰译，商务印书馆，1962 年，第 65 页。

② 狄骥：《宪法论》，钱克新译，商务印书馆，1959 年，第 200 页。

③ 同上书，第 214 页。

④ 罗马什金等：《国家和法的理论——马克思列宁主义关于国家和法的学说基础》，中国科学院法学研究所译，法律出版社，1963 年，第 468 页。

⑤ 卡列娃等：《国家和法的理论》下册，李嘉恩等译，中国人民大学出版社，1956 年，第 452 页。

由就是能够按照自己的意志进行的活动，因而也就是按照自己的意志进行的活动的可能性。"规范说"与"可能说"完全一致，认为权利是法律所保障的行为范围或尺度："权利乃为法律所容许各人行为的范围。"① "权利是一个人得到法律保证的能做行为的尺度。"② 显然，"规范说"实际上就是可能说或自由说，因为"权利是法律所保障的行为尺度或范围"与"权利是法律所保障的行为可能的尺度或范围"以及"权利是法律所保障的行为自由的范围或尺度"无疑是一回事。

我国很多学者都主张自由说或意志说。例如，我国的一本《法学词典》写道："权利是法律上关于权利主体具有一定作为或不作为的许可。"③ 程燎原说："权利就是由自由意志支配的、以某种利益为目的的一定的行为自由。"④ 张恒山说："法律权利是法律主体为追求或维护利益而进行选择、并因社会承认为正当而受法律和国家承认并保护的行为自由。"⑤ 然而，即使粗略看来，自由说或意志说也是不能成立的。因为，正如许多学者所指出，一方面，自由仅仅是权利之一种，而不能包括全部权利；另一方面，权利并不依赖意志而存在，如精神病人没有意志能力，但同样享有权利。可是，为什么这样一种如此片面的学说竟然会得到众多大思想家的赞同？

原来，拉丁文 jus、德文 recht、法文 droit、意大利文 diritte 以及俄文 paBO 等，都兼有权利与法律双重含义。为了区别法律或权利，人们不得不在这些词前面加上限制词，把普遍适用的法律规范叫作"客观法"，把适用于特定人的法律规范称为"主观法"或"主观权利"。但是，这样一来，人们便往往将权利的本质与法律的本质混同起来，以致 20 世纪法学

---

① 管欧：《法学绪论》，台北：学生书局，1988 年，第 298 页。
② 雅维茨：《法的一般理论——哲学和社会问题》，朱景文译，辽宁人民出版社，1986 年，第 159 页。
③ 《法学词典》，上海辞书出版社，1984 年，第 267 页。
④ 程燎原等：《赢得神圣》，山东人民出版社，1993 年，第 31 页。
⑤ 张恒山：《义务先定论》，山东人民出版社，1999 年，第 97 页。

家韩忠模还这样写道："如以德国学者的用语来表示，他们常称法律为客观意义的权利，而权利则是主观意义的法律。从上可知法与权利原是同一物之两侧面，并无根本差异。"① 自由说或意志说的错误就在于将法律的某种本质——法律是公共意志的体现——当作权利的本质。在他们看来，如果说法律是公共意志的体现，那么，权利——它是一种法律规定——岂不就是法律所保障的意志？岂不就是法律所保障的意志支配力？岂不就是法律所保障的可以强制他人服从以便实现自己意志的活动？岂不就是法律所保障的自己的意志优越于他人意志的活动？说到底，岂不就是法律所保障的自由？

确实如此。但是，如果将这些命题看作权利的定义——自由说或意志说正是这样看的——那就大错特错了。因为，举例说，在一种自由民主社会，法律确实是公共意志的体现，因而也是我的意志的体现。这样，不但我的法律权利是我的意志的体现，从而是我的被法律保障的自由，而且我的法律义务也同样是我的意志的体现，从而也是我的被法律保障的自由。因此，如果说权利就是法律所保障的自由，就是法律所保障的意志的支配力，那么，义务同样也是法律所保障的自由，也是法律所保障的意志的支配力。因此，自由说关于"权利就是法律所保障的自由"的定义，可以包容一切义务，不能使权利与义务区别开来，因而是不能成立的。

要使权利与义务区别开来，显然必须使意志说具体化：由"权利是法律所保障的意志"具体化为"权利是法律所保障的索取的意志"。这样，权利就可以与义务区别开了："义务是法律所保障的贡献的意志。"于是，意志说经过具体化，便找到了权利的真正定义：权利是法律所保障的索取的意志，是法律所保障的要求一定利益的意志。巴特勒米早就看到了这一点，他说："权利所表现出来的特征便是主体对一种利益的意志

---

① 韩忠模：《法学绪论》，中国政法大学出版社，2002年，第173页。

能力。"[1] 狄骥也写道："法律命令所能授予的只是要求某种事物的一种意志能力。"[2] 这些固然是权利的正确的、科学的定义，但是，这种定义还是意志说吗？显然不是意志说，而是不折不扣的利益说：利益说是意志说克服自身缺憾的必然结果。[3] 这就进一步确证了利益说的真理性：社会乃是人们各自利益的合作形式，而权利与义务不过是人们所能进行交换的一种最根本的利益罢了。

二　权利与义务类型

确立权利与义务交换或分配的正义原则，不仅需要界说权利与义务，而且还需要进而划分权利与义务。权利义务，如所周知，若以其被赋予、被规定的形式之性质为根据，可以分为道德权利义务与法定权利义务以及自然权利义务；若以其承担者的性质为根据，可以分为人类的权利义务与非人类存在物的权利义务。

1 道德权利义务、法定权利义务和自然权利义务

权利与义务，以其存在的性质为根据，分为实有权利义务与应有权利义务。所谓实有权利义务，就是实际存在的权利义务，也就是被社会承认和赋予的权利义务，说到底，也就是被社会的各种规范承认和赋予的权利义务：实有权利义务完全存在于社会的各种规范体系之中。所以，

---

① 狄冀：《宪法论》，钱克新译，商务印书馆，1959年，第219页。
② 同上书，第211页。张恒山：《义务先定论》，山东人民出版社，1999年，第97页。
③ 但是，有人将这些定义叫作"利益和意志混合说"。这种称谓是不恰当的。因为如上所述，利益说的完善形态——权利是应该受法律所保障的对于一定的利益的索取或要求——本身显然就包含意志因素，就是利益与意志二因素的混合。

关于实际存在的权利义务，彼彻姆曾这样写道：

"权利体系贯穿于规则体系。这些规则可能是法律规则、道德规则、风俗规则和游戏规则等；全部权利的存在或不再存在，都取决于相应的规则是否承认这些要求或是否授与这些'资格'。"[1]

这就是说，每个人实际享有什么权利和负有什么义务，并不是一种个人行为，而完全是由社会通过一定的规范所承认、规定或赋予的。这些社会规范，真正讲来，无非两种：法与道德。

法对于权利义务的规定，也就是法所承认、赋予的权利义务，叫作法定权利和法定义务。道德对于权利义务的规定，也就是道德所承认、所赋予的权利义务，叫作道德权利和道德义务。对此，庞德已说得很清楚：

"义务有道德与法律之区别。凡人对于一事，因其为人群的、公家的或私家的利益所关系，且已得社会所有道德观念所承认之故，务欲实行或欲不行，道德的义务即在是矣。凡人对于一事，因其为人群的、公家的或私家的利益所关系，且已得国家以法律之力为之维持之故，不能不行或不能不止，法律的义务即在是矣……倘使某人虽有一种能力足以影响他人的行为，因关系某项利益之故，使之必为或必不为一事。然是持道德为后盾者，可称之为道德权利。惟一经法律承认或创造之后，而法院又随时可用国家权力加以强制执行者，如此能力可称为法律的权利。"[2]

可是，为什么权利与义务既被法承认、赋予，同时又被道德承认、赋予？原来，权利与义务的界说——权利是一种具有重大的社会效用的必须且应该的索取和义务是一种具有重大社会效用的必须且应该的贡献——意味着：权利与义务不但是一种道德规范，同时也是一种法律规范。因为法所规范和保障的是具有重大社会效用的行为；而道德所规范和保障的则是一切具有社会效用的行为。这样，诸如权利与义务等具有

---

[1] Tom L. Beauchamp: *Philosophical Ethics*, New York: McGraw-Hill Book Company, 1982, p. 198.

[2] 《西方法律思想史资料选集》，北京大学出版社，1983年，第707页。

重大社会效用的行为，因其具有重大社会效用，便既被法规定同时又被道德规定，从而得到法和道德的双重保障。

所以，任何一种权利与义务，就其本性来说，都应该既是法定权利义务，同时又是道德权利义务。但是，有些权利义务，如人权，在一定历史时期，却仅仅被道德承认而不被法律承认，因而仅仅是道德权利义务而不是法定权利义务。反之，另一些权利义务，如暴君和僭主所制定或认可的权利义务，并不被道德承认而仅仅被法律承认，因而仅仅是法定权利义务而不是道德权利义务。显然，这种只是法定的或只是道德的权利义务，都是权利义务的不完善形态，都缺乏完全的保障而难以得到真正的实现：道德权利义务要真正实现，必须得到法的承认从而同时成为法定权利义务；法定权利义务要真正实现，必须得到道德的承认从而同时成为道德权利义务。

所以，任何一种权利与义务，就其本性来说，都应该既是法定权利义务，同时又是道德权利义务。但是，有些权利义务，如人权，在一定历史时期，却仅仅被道德承认而不被法律承认，因而仅仅是道德权利义务而不是法定权利义务。反之，另一些权利义务，如暴君和僭主所制定或认可的权利义务，并不被道德承认而仅仅被法律承认，因而仅仅是法定权利义务而不是道德权利义务。显然，这种只是法定的或只是道德的权利义务，都是权利义务的不完善形态，都缺乏完全的保障而难以得到真正的实现：道德权利义务要真正实现，必须得到法的承认从而同时成为法定权利义务；法定权利义务要真正实现，必须得到道德的承认从而同时成为道德权利义务。然而，彼彻姆却认为有些社会所承认的权利义务既非法定的又非道德的：

"还有一些权利既非道德的，亦非法定的。官方机构和职业社团就是这样的两类群体，它们可以发布规章，声明一些权利为属于这些群体的特殊人员所享有。举例说，某些工业的雇员的权利一直是这些雇员的代表机构持久商议的主题……私人俱乐部和友好组织也有一些赋予某些权利的规则和原则……这些条约权利不同于道德权利之处在于，它们的存在不能独立于支配这些社团的那套条约或规则；不同于法定权利之处则在于，法规并不承认其为权利。"[1]

不难看出，彼彻姆的错误在于把法定权利等同于法律权利，因而不懂得这些条约权利——乃至一切党团章程、宗教教规所赋予的权利——虽然既非法律权利，亦非道德权利，却因其不过是纪律或政策所赋予的权利而仍然属于法定权利范畴。

法定权利义务与道德权利义务，虽然包括了社会所承认和赋予的全部权利义务，却没有包括全部权利义务。因为有些权利义务虽然并不被社会所承认，虽然并不被法和道德承认，却仍然是权利义务：只不过它们不是实有权利义务，而是应有权利义务罢了。举例说，在奴隶社会，奴隶的人权是社会规范——不论是法还是道德——所不承认的，因而奴隶实际上是没有人权的。但是，奴隶同样是人。他的人权，虽然没有被社会承认，却应该被社会承认；虽然没有被法和道德承认，却应该被法和道德承认。奴隶的这种实际上没有却应该有的人权，就叫作"应有权利"。因此，所谓应有权利义务，就是未被社会承认和赋予却应该被社会承认和赋予的权利义务，就是未被社会规范——道德与法——承认和赋予却应该被它们承认和赋予的权利义务，说到底，就是实际上没有却应该有的权利义务。

然而，任何权利义务都不能不是被某种规则承认和赋予的。应有权利义务如果不是被社会承认和赋予的，不是被法和道德承认和赋予的，那么，它们究竟是被什么承认和赋予的？自然法理论回答了这个问题：应有权利义务是被"自然法"承认和赋予的。何谓自然法？自然法理论大师霍布斯答道："自然法的定义是正确理性的指令。"[2] 在这句话的注释

---

[1] Tom L. Beauchamp: *Philosophical Ethics*, New York: McGraw-Hill Book Company, 1982, pp. 189-190.

[2] 霍布斯：《论公民》，应星等译，贵州人民出版社，2003 年，第 15 页。

中，霍布斯又对所谓"正确的理性"做了进一步的解释：

"就人在自然状态中的正确理性而言，许多人意指的是某种永无过失的天赋；而我意指的是理性思考的行为，也即人们对自己行动正确的理性思考……我用'正确的理性思考'这个说法，我的意思是，理性思考是从被正确表述的真实原则得出结论的。因为对自然法的种种违背都在于错误的理性思考或在于愚妄之极。"①

可见，所谓"正确理性"，实际上就是对于人的行为本性的正确的理性思考，就是符合人的行为本性的理性思考，就是符合人的本性的理性思考；所谓"正确理性的指令"就是符合人的本性的正确的优良的行为原则。因此，所谓自然法，就是符合人的本性的正确的优良的行为准则：自然法与正确的优良的行为准则是同一概念。可是，正确的优良的行为准则为什么叫作"自然法"呢？

原来，一方面，正确的优良的行为准则必定符合人的本性，而人的本性也是自然本性的一部分，也是一种客观的、必然的、不依人的意志而转移的自然本性。所以，符合人的本性的正确的优良的行为准则，也就是符合自然本性的准则，因而叫作"自然法"。另一方面，只有违背人的本性的错误的行为准则，才是主观的、偶然的、依人的意志而转移的；而符合人的本性的正确的优良的行为准则，乃与自然法则一样，是客观的、必然的、不依人的意志而转移的，因而叫作"自然法"。

这样，应有权利义务便是被正确的理性指令赋予的，是被符合人的本性的正确的优良的行为原则赋予的，说到底，是被自然法赋予的，因而便叫作"自然权利义务"：自然权利义务与应有权利义务是同一概念。相应地，实有权利义务——法定权利义务和道德权利义务——则是被社会赋予的，是被社会的两种契约或约定法——法和道德——赋予的，因而便叫作"约定权利义务"："自然权利或自然法是相对约定权利或约定

---

① 霍布斯：《论公民》，应星等译，贵州人民出版社，2003年，第25页。

法而言的"。①

　　因此，所谓自然权利义务，就是实有权利义务——法定权利义务和
道德权利义务——的对立面，就是应有权利义务，就是符合人的本性的
正确的优良的行为规范承认和赋予的权利义务，就是未被社会承认和赋
予却应该被社会承认和赋予的权利义务，就是未被社会规范——道德与
法——承认和赋予却应该被它们承认和赋予的权利义务。这一点，自然
权利理论家们已经说得很清楚："自然权利或人权独立于任何实有社会的
法律和政府。"② 因此，"拒斥自然权利，就无异于说，所有权利都是实在
权利。而这就意味着，何为权利是完全取决于立法者和各国的法院的。"③

　　然而，"自然权利"与"人权"往往被当作同一概念的不同名称：
"'人权'一词只是在本世纪才占据了显著的位置。在以前的诸世纪里，
人们更多地是把这些权利说成是'自然权利'。"④ 一句话："人权是自然权
利的现代用语"。⑤ 这种将自然权利与人权等同起来的观点是不恰当的。
因为自然权利是未被社会承认和赋予却应该被社会承认和赋予的权利，
是未被社会规范——道德与法——承认和赋予却应该被它们承认和赋予
的权利。这样，自然权利的外延便是不断变化的：任何权利，当其未被
社会、法和道德承认时，便是自然权利；而当其得到社会、法和道德承
认时，便不再是自然权利，而变成了约定权利，变成了法定权利和道德
权利。

　　因此，大体说来，在任何人权宣言还都没有发布以前，亦即 18 世
纪以前，人权没有得到社会承认——既没有得到法律承认也没有得到道
德承认——因而便是一种自然权利。但是，1776 年美国《独立宣言》和

---

① 　Tom L. Beauchamp: *Philosophical Ethics*, New York: McGraw-Hill Book Company, 1982,
　　p. 206.
② 　Ibid., p. 208.
③ 　施特劳斯：《自然权利与历史》，彭刚译，三联书店，2003 年，第 2 页。
④ 　同上书，第 336 页。
⑤ 　沈宗灵、黄楠森主编：《西方人权学说》下，四川人民出版社，1994 年，第 5 页。

1789 年法国《人权宣言》发表之后，人权逐渐得到道德的承认，逐渐得到社会承认，因而在这些国家便不再是自然权利，而变成了一种约定权利、道德权利。20 世纪中叶以来，人权成为许多国家宪法的内容，因而在这些国家便不仅是一种道德权利而且是一种法定权利了。如今，只是在那些法和道德都不承认人权的国家，人权才是自然权利。

自然权利义务还往往被等同于道德权利义务。布兰特说："'自然权利'与'道德权利'是同义的。"[1] 克兰斯顿也这样写道："自然权利是道德权利，而且仅仅是道德权利。"[2] 这是错误的。因为自然权利义务与道德权利义务根本不同。这可以从两方面看。一方面，道德权利义务是一种被社会承认和赋予的权利义务，亦即被社会的道德规范承认和赋予的权利义务，因而属于实有权利义务范畴。反之，自然权利义务则是未被社会承认和赋予而只是应该被社会承认和赋予的权利义务，是未被社会规范——道德与法——承认和赋予而只是应该被它们承认和赋予的权利义务，因而属于应有权利义务范畴。

另一方面，道德权利义务是实有权利义务，是被道德规范——优良的、正确的道德规范和恶劣的、不正确的道德规范——所承认和赋予的权利义务，因而未必是正确的、应该的、正义的。举例说，中国封建社会的男人享有娶多个女人的权利，便既被法律承认因而是法定权利，又被道德承认因而是道德权利：这种道德权利显然是不正义的。反之，自然权利义务是应有权利义务，是被正确的理性指令赋予的，是被符合人的本性的正确的优良的行为原则赋予的，因而必定都是正确的、应该的、正义的。所以，罗尔斯说，自然权利是一种"为正义所保护的权利"，是"由正义理论确定的权利"：

"自然权利概念可用这一事实来解释。首先，它说明了为何用这个名

---

① 彼彻姆：《哲学的伦理学——道德哲学引论》，雷克勤等译，中国社会科学出版社，1990年，第 306 页。
② 余涌：《道德权利研究》，中央编译出版社，2001 年，第 199 页。

称来称谓被正义所捍卫的权利是适当的。这些权利仅仅依据于一定的自然性质……这些性质和基于其上的权利是独立于社会习俗和法律规范的。'自然的'这个术语的适当，就在于它昭示了由正义理论确认的权利和由法律、习俗规定的权利之区别。"①

可见，自然权利义务不但根本不同于法定权利义务，而且根本不同于道德权利义务：道德权利义务和法定权利义务是实有的、约定的权利义务，因而既可能是应该的、正义的，也可能是不应该、不正义的；自然权利义务则是应有的、被正确的社会规范赋予的权利义务，因而必定是应该的、正义的。于是，当自然权利义务与法定权利义务以及道德权利义务发生冲突时，便既不应该服从道德权利义务，更不应该服从法定权利义务而只应该服从自然权利义务。因为，既然道德的和法定的权利义务都可能是不正义的，而只有自然权利义务是完全正义的，那么，自然权利义务便是衡量法定权利义务和道德权利义务是否正义的依据和标准：与自然权利义务相符一致的，就是正义的法定权利义务和正义的道德权利义务；与自然权利义务不相符不一致的，就是不正义的法定权利义务和不正义的道德权利义务。

因此，一个社会如果是正义的，便应该以自然权利义务为标准，来制定或认可道德权利义务和法定权利义务，亦即使自然权利义务转变为道德权利义务和法定权利义务，从而最终使道德权利义务、法定权利义务与自然权利义务完全重合一致。这种转变、制定、认可或重合一致的过程，一般循由"自然权利义务—道德权利义务—法定权利义务"的发展变化规律：

自然权利义务是未被社会承认和赋予却应该被社会承认和赋予的权利义务，是未被社会规范——道德与法——承认和赋予却应该被它们承

---

① John Rawls: *A Theory of Justice*, Cambridge, Massachusetts: The Belknap Press of Harvard University Press, 1999, p. 442.

认和赋予的权利义务，因而是纯粹应有的权利义务；道德权利义务虽然是被社会承认和赋予的，却仅仅是被社会的道德规范承认和赋予的，而不是被法所承认和赋予的，因而仅仅得到舆论的保障而得不到权力的保障，是一种不完全实有的权利义务；法定权利义务，一般说来，则既得到法的承认和赋予，又得到道德的承认和赋予，既得到权力的保障，又得到舆论的保障，因而是一种完全实有的权利义务。

于是，权利义务由应有到实有的实现过程，也就是由纯粹应有的自然权利义务到完全实有的法定权利义务的演进过程。在这种演进的过程中，往往要经过不完全实有的道德权利义务的中介和过渡。还是拿人权来说。18世纪以前，人权一直是一种自然权利。1776年美国《独立宣言》和1789年法国《人权宣言》发表之后，人权才逐渐得到道德的承认而变成一种约定的、道德的权利。20世纪中叶以来，人权终于成为许多国家宪法的内容，因而在这些国家便不仅是一种道德权利而且是一种法定权利了。所以，人权由自然权利实现为法定权利，经过了200来年的道德权利的中介和过渡。

显然，一个社会，它的自然权利义务向道德和法定权利义务转变越多，该社会未被法和道德承认却应该被它们承认的自然权利义务就越少，该社会的道德权利义务与法定权利义务就越趋于重合一致，该社会就越公；如果它的自然权利义务已经完全转化为道德和法定权利义务，以致它的自然权利义务等于零，从而道德权利义务与法定权利义务完全重合一致，那么，该社会就达到了完全正义的境界。这就是道德权利义务和法定权利义务应该逐渐接近的终极目的。

2　人和非人类存在物之间的权利与义务

当代西方生态伦理学的兴起表明，权利与义务还有一种越来越重要的类型："人与人之间的权利义务"和"人与非人类存在物之间的权利义务"。这就是说，权利与义务不仅存在于人与人之间，而且存在于人与非人类存在物之间。诚然，非人类存在物之间的也可能存在权利与义务，比如说，可能存在着鹿王与母鹿们的权利义务或每条狼在狼群中的权利与义务。但是，伦理学是一种关于人类行为的科学，是关于每个人应该如何对待社会、他人、自我和动植物等非人类存在物的科学。所以，只有人类与非人类存在物之间的权利义务，才因其属于人类行为范畴而成为伦理学的研究对象；而非人类存在物之间的权利与义务问题，因其不属于人类行为范畴而并非伦理学对象，而是动物行为科学的研究对象。然而，问题的关键在于：在人与非人类存在物之间存在着权利与义务的关系吗？

传统伦理学告诉我们，权利与义务仅仅存在于人与人之间，而在人与动植物等非人类存在物之间是没有权利与义务可言的：动物是没有权利的。可是，早在 1789 年，边沁就已经写道："或许有一天，动物可以取得原本属于它们但只因为人的残暴之力而遭到剥夺的权利。"[①] 1790 年，劳伦斯（John Lawrence）则宣告："我建议国家正式承认兽类的权利，并根据这种原则制定一种法律，以谨防和保护它们免遭那些不可容忍的任意虐待。"[②] 1867 年，缪尔（John Muir）更加愤愤不平地写道："我们这种自私和自负的动物：同情心是多么狭隘，对于其他动物的权利是何等愚昧无知！"[③] 1873 年，赫尔普斯（Arthur Helps）也写道："每个生物都拥有权利，而且最高形式的正义也适用于它。"[④]1892 年，塞尔特出版了他的《动物权利与社会进步》学术专著。到了 20 世纪，西方思想界则兴起了动物权利论和动物解放运动。

---

① 彼得·辛格:《动物解放》，孟祥森、钱永祥译，光明日报出版社，1999 年，第 9 页。
② Roderrick Frazier Nash: *The Rights of Nature: A History of Environmental Ethics*, Wisconsin: The University of Wisconsin Press, 1989, p. 24.
③ Ibid., p. 1.
④ Ibid., p. 26.

　　无疑，非人类存在物的权利义务，正如诺兰所言，乃是当代最新颖和最富于挑战性的伦理学问题："生态意识中所包含的道德问题属于我们时代中最新颖的、富于挑战性的道德困境。这些问题之所以最新颖，是因为它们要求我们考虑这样一种可能性，即承认动物、树木和其他非人的有机体也具有权利；这些问题之所以最富于挑战性，是因为它们可能会要求我们抛弃那些我们所长期珍视的一些理想，即我们的生活应达到一定的水准以及为了维持这种水准应该进行各种各样的经济活动。"① 那么，动植物等非人类存在物究竟有没有权利？

　　最有代表性的否认非人类存在物拥有权利义务的理论，正如当代动物权利理论著名哲学家雷根所言，乃是康德的"间接义务论"。② 对于这一理论，康德这样阐述道："对动物而言，我们没有直接的责任。动物没有自我意识……我们对动物的责任只是对人的间接责任。动物的天性类似于人类的天性，通过对动物尽义务这种符合人性表现的行为，我们间接地尽了对人类的责任。因此，如果一条狗长期忠诚地服务于它的主人，当它老得无法继续提供服务时，它的主人应当供养它直至死亡。这样的行为有助于支持我们对人的责任，这是应尽的义务。如果动物的行为类似于人类的行为，并有同样的起源，那么我们对动物就负有责任，因为这样做培养了对人的相应责任。如果一个人因为他的狗不再能提供服务而杀死它，那么，他对狗没有尽到责任，尽管狗无法给出评价，但他的行为是残忍的，而且有损于他相应对人的仁慈。如果他不打算扼杀自己的人性，他就必须对动物表现出仁慈，因为一个对动物残忍的人在处理人际关系时也会变得残忍。"③

① 诺兰：《伦理学与现实生活》，姚新中等译《伦理学与现实生活》，姚新中等译，姚新中等译，华夏出版社，1988年，第435页。

② Steven M. Cahn and Peter Markie: *Ethics: History, Theory, and Contemporary Issues,* New York: Oxford Univertasity Press, 1998, p. 822.

③ 维西林、冈恩：《工程、伦理和环境》，吴晓东等译，清华大学出版社，2003年，第263—264页。

对于康德的这一理论，雷根曾这样写道："可以将这种理论叫作'间接义务论'。不妨这样来解读它：假设你的邻人踢你的狗。那么，你的邻人就做了一种错误的事情。但这不是对你的狗的错误；而是对你的错误。毕竟，使人难过是错误的，而邻人踢你的狗使你难过。所以，被伤害的是你，而不是你的狗。换句话说，邻人通过踢你的狗而损害了你的财产。既然损害他人的财产是错误的，那么你的邻人就做错了事情——当然是对你而不是对你的狗。就像你的轿车的挡风玻璃弄破了，你的轿车并没有受到伤害一样，邻人并没有使你的狗受到伤害。你的邻居所牵涉到你的狗的义务，不过是对你的间接义务。广而言之，我们对于动物的所有义务，都是我们人类彼此相待的间接义务。"[1]

可见，所谓"间接义务论"，也就是认为一个人对于非人存在物的所谓义务，只不过间接地是对于他人的义务，说到底，也就是认为人对于非人存在物并不负有义务——因而非人存在物对于人并不拥有权利——的理论：间接义务论是一种否认非人类存在物拥有权利的理论。按照这种理论，我们与动物之间并没有权利义务关系。我们对于动物的所谓义务，如法律所规定的保护熊猫的义务等，实际上只是我们对人类利益的保护，因而只是我们对于人类的间接义务；正如我们不污染河流的义务，实际上并不是我们对于河流的义务，而只是我们对于人的间接义务一样。我们对于动物不负有义务，显然意味着，动物对于我们不享有权利：动物是没有权利的。

就拿康德和雷根所说的那条狗来讲。它长期忠诚地服务于它的主人，甚至在危难之际救了它主人的性命：它给了它的主人巨大利益。那么，主人是否也应该回报它以巨大的利益呢？主人是否应该在它老得无法继续提供服务时，供养它直至死亡呢？是的。然而，主人为什么应该

---

[1]　Steven M. Cahn and Peter Markie: *Ethics: History, Theory, and Contemporary Issues,* New York: Oxford Univertasity Press, 1998, p. 822.

这样做呢？为什么一个有良心的主人如果不这样做而是杀死它，就会内疚而良心不安呢？是像康德所说的那样，因为残忍对待狗就可能残忍对待人——因而间接地对人没有尽到义务——吗？

这么说当然有一定道理——康德此见与孟子的"君子远庖厨"略同——但主要理由并非如此。一个有良心的主人如果杀死这条狗，就会内疚而良心不安，主要是因为，杀死这条狗，对于这条狗是不正义的，没有尽到对于这条狗应尽的义务；而不是——或主要不是——因为残忍对待狗就可能残忍对待人，从而间接地对人没有尽到义务。

因为按照正义原则——等利交换——狗给予了主人巨大的利益，主人回报狗以相应巨大的利益，乃是狗所应得的。主人只有回报它这样巨大的利益，才符合等利交换的正义原则，对于它才是正义的，尽到了应尽的义务；因而当主人这样做时，他才会感到良心安宁。否则，如果主人杀死它，便违背了等利交换的正义原则，对于它是不正义的，没有尽到对于它应尽的义务；因而当主人这样做时，才会感到内疚而良心不安。因此，范伯格说：

"我们不仅应该仁慈地善待动物，而且应该将动物当作目的来仁慈地善待。因为这样的善待是动物所应得的，是我们对于它们所负有的义务。如果我们不这样做，对于动物就是不公平的、不正当的，而绝不仅仅是一种伤害。"[1]

主人对于狗负有供养它直至死亡的义务，实已经蕴涵着：狗享有被主人供养直至死亡的权利。那么，主人给予狗的巨大利益，供养它直至死亡，究竟是不是狗的权利呢？主人给予狗的巨大利益，是狗应该得到的利益，这是毫无疑义的；因为它曾救过主人性命，给予主人巨大利益。可是，狗应该从主人那里得到的这种利益是不是狗的权利？如果狗的这

---

[1] James E. White: *Contemporary Moral Problems*, St. Paul: West Publishing Company, 1994, p. 428.

种利益不仅是应该得到的，而且还是必须得到的，从而是应该受到法律保障的利益，那么狗的这种利益就是狗的权利：权利是应该受到法律保障的利益。显然，狗应该得到的这种巨大利益，对于狗的生存和人的生态环境从而对于人类社会，是具有重大效用的，因而便是一种应该且必须得到的利益，便是应该受到法律保障的利益，便是一种权利了。

实际上，早在 1641 年英国殖民地的《自由法典》就有这样保障动物利益的法律条例："任何人都不可以虐待那些通常对人有用的动物。""必须使那些拉车或耕地的家畜定期得到休息、恢复体力。"[①] 1822 年，英国议院则通过了著名的"马丁法案"：《禁止虐待家畜法案》。到了 20 世纪，西方思想界则兴起了动物权利论和动物解放运动。特别是美国，1972 年和 1973 年先后通过的《海洋哺乳动物保护法》和《濒危物种法》，正如皮图拉（Joseph Petulla）所言："体现的是这样一种法理：被列入条款的美国非人类栖息者，就某种特殊的意义来说，得到了生命和自由的保障。"[②] 这样一来，狗和家畜等动物的利益便不但应该受到而且实际上已经受到法律的保障：狗和家畜等动物拥有应该受到法律保障的利益，因而也就拥有了权利。那么，是否动物乃至一切非人类存在物都拥有权利？

对于这个问题，纳什认为范伯格 1971 年关于"动物与未出生的后代人的权利"的论文，乃是开启学术界"尔后关于权利扩展合法性的大量哲学研究的里程碑"。因为在这篇文章中，"范伯格提出了一个根本的问题：哪类存在物或事物可能拥有权利？对于这个问题的回答，使他确立了'利益原则'。"[③] 何谓"利益原则"？范伯格一言以蔽之曰："严格说来，只有拥有利益的存在物，才能够拥有权利。"[④]

① Roderrick Frazier Nash: *The Rights of Nature: A History of Environmental Ethics*, Wisconsin: The University of Wisconsin Press, 1989, p. 18.

② Ibid., p. 161.

③ Ibid., p. 126.

④ James E. White: *Contemporary Moral Problems*, St. Paul: West Publishing Company, 1994, p. 428.

诚哉斯言！一种非人类存在物，只有具有分辨好坏利害的评价能力和趋利避害的选择能力，才可能拥有权利：分辨好坏利害的评价能力和趋利避害的选择能力是拥有权利的前提。因为不具有分辨好坏利害的评价能力和趋利避害的选择能力的东西，显然不可能具有利益，因而也就不可能拥有权利：权利是应该受到法律保障的利益。

所以，一种东西，如太阳和大地、空气和雨露、石头和山河等，不论给予我们多么大的利益，都不可能拥有什么权利。因为它们不具有分辨好坏利害的评价能力和趋利避害的选择能力道，不具有利益。谁能说太阳和大地、空气和雨露、石头和山河等具有利益呢？所以，辛格写道："说学童沿路踢一颗石头有违石头的利益，乃是没有意义的一句话，石头没有利益可言。"[①] 是的，石头没有利益可言，因为石头不具有分辨好坏利害的评价能力和趋利避害的选择能力。

那么，是否只有狗和家畜等动物才具有分辨好坏利害的评价能力和趋利避害的选择能力？不是。因为任何物质形态——不论是生物还是非生物——都具有需要，都需要保持内外平衡。就拿一块石头来说，它也有需要：它的存在之保持，便需要它与其内外环境的平衡。这种平衡一旦被打破，它便风化瓦解、不复存在了。但是，物质形态越高级，它的内外平衡的保持也就越困难，因而它保持平衡的条件也就越高级、越复杂。非生物是最低级的物质形态，它的平衡几乎在任何条件下都可以保持，而不会被所受到的内外作用破坏。所以，非生物对于作用于它的任何东西，都不具有分辨好坏利害的评价能力和趋利避害的选择能力。

例如，任何一块石头、一块铁，显然都不具有分辨好坏利害的评价能力和趋利避害的选择能力，它们既不会趋近也不会躲避而是毫无选择地承受风吹雨淋。这是因为石头、铁等任何非生物都不需要具有分辨好坏利害的评价能力和趋利避害的选择能力：没有这些能力，非生物也能

---

① 彼得·辛格：《动物解放》，孟祥森、钱永祥译，光明日报出版社，1999年，第10页。

够保持平衡和存在。反之，相对非生物来说，最简单最低级的生物也是极其复杂、高级的。因而生物的平衡比非生物的平衡难于保持，很容易被它所受到的内外环境作用破坏。所以，任何生物对于作用于它的东西，都具有分辨好坏利害的评价能力和趋利避害的选择能力。

就这种能力的最基本的形态来说，便是所谓的向性运动与趋性运动。向性运动为一切植物固有。向光性：茎有正向光性，朝着光生长，根有负向光性，背着光生长。向地性：根有正向地性，向下长，茎有负向地性，往上长。向水性：根有很强的正向水性，强到足以使榆树的根找到、长入并阻塞下水管道。这些向性运动显然是分辨好坏利害的评价能力和趋利避害的选择能力的表现：直接说来，是为了获得有利自己的光、水、营养等；根本说来，则都是为了保持内外平衡稳定，从而生存下去。

植物也都具有趋性运动。例如，叶肉细胞中的叶绿体，在弱光作用下，便会发生沿叶细胞横壁平行排列而与光线方向垂直的反应；在强光作用下，则会发生沿着侧壁平行排列而与光线平行的反应。这两种反应显然都是分辨好坏利害的评价能力和趋利避害的选择能力的表现：前者是为了吸收有利自己的最大面积的光；后者是为了避免吸收有害自己的过多的光；说到底，都是为了保持内外平衡，从而生存下去。

动物的趋性运动发达得多。即使最简单的原生动物，也可以自由地作出接近或躲避运动，最后到达或避开某一种刺激来源。例如，当变形虫在水中遇到载有食物的固体时，它就放射式地展开伪足爬向固体，从而轻易地接触到固体上的食物。可是，当它在遇到水面上的小棒一类固体时，它就把伪足撒向和不可食的物体位置相反的一边。变形虫的这种反应显然是分辨好坏利害的评价能力和趋利避害的选择能力的表现：直接说来，是为了求得有利自己的食物；根本说来，则是为了保持内外平衡从而生存下去。所以，泰勒总结道：

"全部有机体，不论是有意识的还是无意识的，都是目的论为中心的生命，也就是说，每个有机体都是一种完整的、一致的、有序的'目

的—定向'的活动系统，这些活动具有一个不变的趋向，那就是保护和
维持有机体的存在。"①

可见，分辨好坏利害的评价能力和趋利避害的合目的性选择能力是
一切生物——人、动物、植物和微生物——所固有的属性。只不过，生
物因其进化的等级不同，所具有的分辨好坏利害的评价能力和趋利避害
的选择能力也有所不同。这种不同显然可以归结为两个方面。一方面，
分辨好坏利害的评价能力和趋利避害的选择能力，在植物和微生物以及
不具有大脑的动物那里，是无意识的、合目的性的；而在人和具有大脑
动物那里则是有意识的、目的性的。另一方面，人的分辨好坏利害的评
价能力和趋利避害的选择能力，是具有语言符号的，因而能够具有理性
的意识和目的；而动物的分辨好坏利害的评价能力和趋利避害的选择能
力则是不能用语言符号表达的，因而只具有感性的、经验的意识和目的。

那么，是否由此可以得出结论说，一切生物都拥有权利？很多生态
伦理学家的回答是肯定的。劳伦斯说："生命、智力和感觉就意味着拥有
权利。"②布罗非（Brigid Brophy）说："只要承认其他动物拥有生命和感
觉，我们就必须承认……它们的生存、自由和追求幸福的权利。"③德维
尔说："生物圈中的所有生物都拥有生存、繁荣和达到自我实现的平等权
利。"④雷根也这样写道："就动物的权利问题来说，我们需要知道的是，
动物是否如我们一样是生命的主体；而我们知道确实如此……由于这一
点，它们便拥有获得尊重的平等权利。"⑤由此，一些生态伦理论者进一
步推论说，那些给人类带来极其巨大灾难的生物，如霍乱、鼠疫、梅毒、

---

① Paul W. Taylor, *Respect for Nature*: *A Theory of Environmental Ethic*s, New Jersey: Princeton University Press, 1986, p. 122.

② Roderrick Frazier Nash: *The Rights of Nature: A History of Environmental Ethics*, Wisconsin: The University of Wisconsin Press, 1989, p. 24.

③ Ibid., p. 142.

④ Ibid., p. 121.

⑤ Steven M. Cahn and Peter Markie: *Ethics: History, Theory, and Contemporary Issues*, New York: Oxford Univertasity Press, 1998, p. 828.

乙肝、艾滋病等病毒和细菌以及虱子、跳蚤等都同样是生物，因而同样拥有权利。这些生态伦理论者甚至由此主张为"虱子和跳蚤修建医院"。难道还有比这更荒谬可笑的吗？

殊不知，具有分辨好坏利害的评价能力和趋利避害的选择能力，只是具有利益的必要条件，而不是具有权利的充分条件。非人类存在物要拥有权利，不但必须具有分辨好坏利害的评价能力和趋利避害的选择能力，从而具有利益；而且还必须对人类有利，给人类带来利益，能够与人类构成一种大体具有互惠关系的利益共同体。

因为即使是人，也并不都应该拥有权利。一个人，如果杀人放火剥夺了他人的权利，他也就没有相应的权利了。即使一个人是好人，是个战斗英雄，但是，如果他是我们正与之交战的敌人，那么，他就连最低的权利都没有了：他没有生命权。敌人是没有生命权的。所以，我们杀死敌人，不是侵权，不是不道德的。相反地，我们杀死的敌人越多，我们就越是英雄好汉，我们就越拥有美德。

人尚且如此，更何况非人类存在物？试想，为什么那条老狗拥有被它的主人供养直至死亡的权利？岂不就是因为它忠诚地为它的主人服务，给主人带来了巨大的利益？相反地，如果它竟然咬它的主人，它还能拥有这种权利吗？所以，正如范伯格所言：那些能够趋利避害的非人类存在物，只有对人有利，才拥有权利；如果对人有害，就不能拥有权利。[①]

因此，对人类有利，能够与人类构成一种大体具有互惠关系的利益共同体，乃是非人类存在物拥有权利的依据。非人类存在物所给予人类的这种利益、贡献或服务，无疑具有重大社会效用，乃是一种应该且必须的服务、贡献或付出，因而也就是应该受到法律保障的服务、贡献或付出：它是应该的，因为非人类存在物从人类那里得到了相应的利益和

---

① James E. White: *Contemporary Moral Problems*, St. Paul: West Publishing Company, 1994, p. 428.

权利；它是必须的，因为否则非人类存在物就将失去从人类那里所得到的这些利益和权利。

试想，狗忠诚地为它的主人服务，给它的主人带来利益，是它拥有被它的主人供养直至死亡的权利的依据。狗给予主人的这种利益、贡献或服务，是应该的，因为狗从主人那里得到了相应的利益和权利。狗给予主人的这种利益、贡献或服务也是必须的，是应该受到法律保障的。因为狗如果不这样做，那么，它就将失去从主人那里所得到的利益和权利，甚至可能被法庭判为死刑。纳什曾告诉过我们："在中世纪，法庭时常对那些动物——因其伤人性命——进行刑事审判。"[①] 2004 年 10 月，英国的一所法庭也曾因一条狗咬伤了一位过路人的胳膊而被宣判为死刑。

可见，享有权利的非人类存在物所给予人类的利益、贡献或服务，乃是一种具有重大社会效用的应该且必须的服务、贡献或付出，是一种应该受到法律保障的服务、贡献或付出，说到底，也就是非人类存在物对于人类的义务。因为所谓义务，如前所述，就是一种具有重大社会效用的必须且应该的服务、贡献或付出，也就是应该受到法律保障的服务、贡献或付出。这样一来，说到底，对人类有利，能够与人类构成一种大体具有互惠关系的利益共同体，便是非人类存在物对于人类所负有的义务，便是它们拥有权利的依据。

然而，帕斯莫尔等人类中心主义论者与康德一样，认为只有具有自我意识的人类，才可能对自己的行为负责，从而才可能负有义务和享有权利；没有自我意识的非人类存在物，不可能对自己的行为负责，因而不可能负有义务和享有权利。[②] 这是不能成立的。因为，正如动物权利拥护者们所指出：婴儿、精神病患者和痴呆症患者等不能对自己行为负责的人，同样享有权利和负有义务或责任；只不过他们的权利与义务是由

---

① Roderrick Frazier Nash: *The Rights of Nature: A History of Environmental Ethics*, Wisconsin: The University of Wisconsin Press, 1989, p. 18.

② 参见 John Passmore: *Man's Responsibility for Nature*, London: Duckworth Press, 1974, p. 29。

其代理人帮助行使和履行罢了。

举例说，精神病患者不能对自己的行为负责，却同样享有自由和生命等权利，也同样负有不剥夺他人的生命和自由的义务。不可剥夺他人的生命和自由，这是正常人的义务，也同样是精神病患者的义务。如果一个精神病患者动不动就打人，甚至杀人而剥夺他人的生命和自由，那么，他便与正常人一样会遭到惩罚：他的自由权会遭到剥夺而被看管起来。因此，根据动植物等非人类存在物没有自我意识、不能对自己的行为、反应或效用负责，便断言它们不可能负有义务和享有权利，是不能成立的。它们同样享有权利和负有义务，只不过它们的权利与义务是由其代理者"人类"来帮助其来行使和履行罢了。

综上可知，分辨好坏利害的评价能力和趋利避害的选择能力——生物具有这种能力而非生物则不具有这种能力——是非人类存在物拥有权利的前提；而对人类有利，则是非人类存在物对于人类的义务，是非人类存在物拥有权利的依据。因此，人类与非生物以及有害于人类的生物之间，不存在权利义务关系；人类只有与有利于自己的生物之间，才存在权利义务关系：非人类存在物的权利，就是它从人类那里应该且必须得到的利益，就是它从人类那里得到的应该受到法律保障的利益，说到底，也就是人类对于非人类存在物所负有的义务；非人类存在物的义务，就是它应该且必须给予人类的利益，就是它给予人类的应该受到法律保障的利益，说到底，也就是人类对于非人类存在物所享有的权利。

这样一来，就人类与非人类存在物的权利义务的关系来看，尽管人类的利益与非人类存在物的利益经常发生冲突，但人类的权利与非人类存在物的权利却不可能发生冲突。因为非人类存在物的权利就是人类的义务，人类的权利就是非人类存在物的义务：二者怎么会发生冲突呢？试想，狗所享有的被主人供养直至死亡的权利，就是主人的义务；主人所享有的狗的忠诚服务的权利，就是狗的义务。这样，狗的权利与主人的权利怎么能发生冲突呢？同样，如果主人享有吃他所饲养的猪的权利，那么，猪就负有被主人吃的义务。如果猪享有安乐死和不被虐待的权利，那么，主人就负有保证猪安乐死和不受虐待的义务。这样，猪的权利与主人的权利怎么能发生冲突呢？

人类的权利义务与非人类存在物的权利义务固然不存在冲突，但是，它们却都既可能是应该的、正义的，也可能是不应该的、不正义的。因为，如上所述：一方面，道德权利义务和法定权利义务是实有的、约定的权利义务，因而既可能是应该的、正义的，也可能是不应该、不正义的；另一方面，自然权利义务则是应有的、被正确的社会规范赋予的权利义务，因而必定是应该的、正义的。所以，人类与非人类存在物的法定权利义务以及道德权利义务如果与它们的自然权利义务相符，就是应该的、正义的；如果不相符，就是不应该、不正义的。人类是非人类存在物的权利与义务的代理人，他的使命就是以人类与非人类存在物的自然权利义务为标准，来制定或认可人类与非人类存在物的道德权利义务和法定权利义务，从而使人类与非人类存在物的权利义务关系达到正义的境界。

＊　　　＊　　　＊

以上，我们弄清了权利义务的界说和类型。从此出发，便可望把握权利与义务的关系从而确立正义的根本原则了。

三　权利与义务关系：正义根本原则

权利与义务显然具有二重关系：一方面，是一方的权利与对方的义务的关系，包括每个人与社会和他人的权利义务关系，以及人类与非人类存在物相互间的权利与义务的关系；另一方面则是每方自身的权利与义务的关系，包括一个人的权利与他自己的义务的关系、社会的权利与其自己的义务的关系，以及非人类存在物的权利与它自己的义务的关系。为了表述的方便，我们不妨将权利义务的这种复合的二重关系简化为：一方面是一个人的权利与他人的义务的关系；另一方面是一个人的权利与他自己的义务的关系。

1 一个人的权利与他人的义务：必然相关

权利义务的界说（权利是应该受到法律保障的利益、索取或要求；义务是应该受到法律保障的服务、贡献或付出）表明，"权利"与"义务"分别属于"索取"与"贡献"范畴，因而不过是同一种利益对于不同对象的不同称谓：它对于获得者或权利主体是权利，对于付出者或义务主体则是义务。因此，所谓权利，也就是权利主体从义务主体那里得到的应该受到法律保障的利益；而义务则是义务主体付给权利主体的应该受到法律保障的利益：权利与义务是相对权利主体和义务主体而言的同一种利益，是处于不同人际关系中的同一种利益。

举例说，雇工的权利与雇主的义务其实是同一种利益"雇工工资"：它对于雇工是权利，对于雇主则是义务。儿女的权利与父母的义务也是同一种利益"儿女的抚养"：它对于儿女叫作权利，对于父母则叫作义务。张三的权利与他人的义务是同一种利益"张三的自由"：它对于张三叫作权利，对于其他人则叫作义务。因此，凯尔森说："一个人以一定方式行为的权利，便是另一个人对这个人以一定方式行为的义务。"[①] 霍布豪斯也这样写道："同一种权益，对于应得者便叫作权利；对于应付者则叫作义务。"[②]

这样，一方的权利必赋予对方以同样的义务，因而一方有什么权利，

---

① 凯尔森：《法与国家的一般理论》，沈宗灵译，中国大百科全书出版社，1996年，第87页。

② L. T. Hobhouse: *The Elements of Social Justice*, Bristol: Routledge / Thoemmes Press, 1993, p. 37.

对方必有什么义务；反之，一方的义务必赋予对方以同样的权利，因而一方有什么义务，对方必有什么权利。雇工有得到工资的权利，必定赋予雇主以同样的义务：雇主必有付给工资的义务。父母有抚养儿女的义务，必定赋予儿女以同样的权利：儿女必有被父母抚养的权利。张三有自由权利，必定赋予他人以同样的义务：他人必有不妨碍张三自由的义务。张三有不损害他人生命财产的义务，必定赋予他人以同样的权利：他人必有生命财产不受损害的权利。所以，马克思说："没有无义务的权利，也没有无权利的义务。"[1]

权利与义务之为处于不同人际关系中的同一种利益的最显著的表现，是存在着这样一种权利（或义务）：它既是权利（或义务）同时又是义务（或权利）。例如，亲权是一种权利，同时也是一种义务：就其赋予父母以子女的利益来说，是权利；就其赋予父母以抚养子女的辛苦来说，则是义务。继承权是一种权利，同时也是一种义务：当继承权的享有者继承的是财产时，是权利；当继承权的享有者继承的是债务时，则是义务。受教育是自己的一种权利，同时也是自己的一种义务：就其有利于自己来说，是自己的权利；就其有利于社会和他人来说，是自己的义务。人权是每个人的权利，同时也是每个人的义务：就每个人对于自己的人权的享有来说，是权利；就每个人——特别是社会治理者——对于他人人权的不侵犯和保障来说，是义务。

权利与义务是处于不同人际关系中的同一种利益，显然意味着：权利的规范可以转换为义务的规范，或者说，权利的语言可以转译为义务的语言；反之亦然。举例说，"雇工有得到工资的权利"的权利规范，可以转换为义务规范："雇主有付给工资的义务。""任何人都有不损害他人生命财产的义务"的义务规范，可以转换为权利规范："每个人都有生命财产不受损害的权利"。"公民有纳税的义务"的义务规范，可以转换为

---

[1] 《马克思恩格斯选集》第二卷，人民出版社，1972年，第137页。

权利规范："国家享有税收的权利。""每个人都平等拥有人权"的权利规范，可以转换为义务规范："社会治理者负有保障每个人平等享有人权的义务。"

因此，法律条文和道德规范只要规定了一条权利（或义务），便意味着规定了一条义务（或权利）；只要赋予了一些人多少权利（或义务），便意味着赋予了另一些人多少义务（或权利）。所以，一般说来，法律条文和道德规范便不必画蛇添足地在规定一种权利（或义务）之后再相应地规定一种义务（或权利）；而可以只规定权利或只规定义务：规定了权利，义务即蕴涵于其中；反之亦然。但是，当权利与义务比较复杂和重大或者在权利主体与义务主体不予以规定便不够明确的情况下，便必须在规定一种权利（或义务）之后再相应地规定一种义务（或权利）。因此，如果根据法律条文和道德规范往往只规定权利或只规定义务的现象，便断言存在着没有权利的义务和没有义务的权利，是大错特错的。

可见，一个人的权利，必然是他人的义务；反之亦然。因此，权利的规范可以转换为义务的规范；反之亦然。这就是一个人的权利与他人的义务的必然的、客观的、事实如何的关系。这种关系，通常被叫作"权利与义务的逻辑相关性"。对于这一相关性原理，彼彻姆曾有很好概括："X享有权利做Y或拥有Y，显然意味着，道德体系（或法律体系）把做或不做的义务强加于某些人，以便X能够做Y或拥有Y（如果X想要Y）。这一分析符合被广泛接受的观念，亦即权利的语言可以翻译成义务的语言。换言之，权利与义务是逻辑相关的：一个人的权利使他人承担免除干涉或提供某些利益的义务，反过来，一切义务同样使对方享有权利。"[1] 范伯格在论及相关性原理时也这样写道：

"这一学说可以归结为：① 一切义务都使其他人享有权利；② 一切权

---

[1] Tom L. Beauchamp: *Philosophical Ethics*, New York: McGraw-Hill Book Company, 1982, p. 202.

利都使其他人负有义务。"①

　　但是，权利义务的逻辑相关性能否成立仍然是个问题。因为它遭遇两方面挑战：一方面，所谓"不完全强制性义务"并不赋予权利，因而存在着没有权利的义务；另一方面，我们对动物的权利也不可能使动物对我们负有什么义务，因为"它们不是理性的生物，因此它们就没有承担义务的能力"。②这两方面的挑战是如此严重，以致今日绝大多数学者竟然都不敢坚持权利与义务的逻辑相关性原理。那么，这两方面的挑战果真能够成立吗？

　　确实，所谓不完全强制性义务，如康德所说"仁爱"和穆勒所说的"慈善"或"仁恩"以及彼彻姆所说的善的义务、良心的义务等，并不赋予他人权利，是没有权利的义务，与权利没有必然联系。试想，我们无疑应该仁爱而无私奉献，应该慈善而施舍和捐赠。但是，谁能说他有权利得到我们的慈善、施舍和捐赠呢？然而，如前所述，仁爱、慈善、仁恩、行善和良心等所谓不完全强制性义务，实际上并非义务。因为义务固然是应该的、善的、道德的服务；但应该的、善的、道德的服务却不都是义务。义务只是同时具有必须性的那些应该的、善的、道德的服务，是不履行就应受到法律惩罚的必须且应该的服务，因而也就是颠倒了的权利：权利是一种应该受到法律保障的必须且应该的索取；义务则是一种应该受到法律保障的必须且应该的服务。仁爱、慈善、仁恩、行善和良心等所谓不完全强制性义务，无疑都是只应受道德保障而不应受法律保障的服务，只具有应然性而不具有必须性，是应该而非必须的服务，是不履行也不会受到法律惩罚的应该而非必须的服务。这样，仁爱、慈善、仁恩、行善和良心等所谓不完全强制性义务，便正如罗尔斯所指出，并不是什么义务，而是份外善行："引人入胜的份外善行也属于允许的行

①　Tom L. Beauchamp: *Philosophical Ethics*, New York: McGraw-Hill Book Company, 1982, p. 204.

②　Ibid., p. 88.

为。这些行为有仁爱和怜悯、英勇的壮举和自我牺牲等。这些行为是善的，但它并非一个人的义务或责任。"[1] 因此，以所谓不完全强制性义务不赋予他人权利的事实，来否定"一切义务必赋予他人权利"的相关性原理，是不能成立的。

同样，以动物的权利义务问题，来否定权利义务相关性原理，也是不能成立的。因为如前所述，拥有利益——亦即拥有分辨好坏利害的评价能力和趋利避害的选择能力——是非人类存在物对于人类拥有权利的前提；而对人类有利，则是非人类存在物对于人类拥有权利的依据。因此，人类与非生物以及有害于人类的生物之间，不存在权利义务关系；人类只有与有利于自己的生物之间，才存在权利义务关系，并且这种权利义务具有逻辑相关性：非人类存在物的权利，就是它从人类那里应该且必须得到的利益，就是它从人类那里得到的应该受到法律保障的利益，说到底，也就是人类对于非人类存在物所负有的义务；非人类存在物的义务，就是它应该且必须给予人类的利益，就是它给予人类的应该受到法律保障的利益，说到底，也就是人类对于非人类存在物所享有的权利。举例说：

如果一条老狗长期忠诚地服务于它的主人，甚至在危难之际救了它主人的性命，那么，主人便不但应该回报狗以利益，而且狗从主人那里得到的这种利益还应该受到法律的保障。早在 1641 年英国殖民地的《自由法典》就有这样保障动物利益的法律条例："任何人都不可以虐待那些通常对人有用的动物。""必须使那些拉车或耕地的家畜定期到得休息、恢复体力。"[2] 这样，狗和家畜等动物的利益便不但应该受到而且实际上已经受到法律的保障。狗和家畜等动物拥有应该受到法律保障的利益，因

---

[1] John Rawls: *A Theory of Justice*, Cambridge, Massachusetts: The Belknap Press of Harvard University Press, 1999, p. 100.

[2] Roderrick Frazier Nash: *The Rights of Nature: A History of Environmental Ethics*, Wisconsin: The University of Wisconsin Press, 1989, p. 19.

而也就拥有了权利：权利就是应该受到法律保障的利益。

因此，狗和家畜为它们的主人服务，给它的主人带来利益，是它们拥有被主人供养的权利的依据。狗给予主人的这种利益、贡献或服务，是应该的，因为狗从主人那里得到了相应的利益和权利。狗给予主人的这种利益、贡献或服务也是必须的，因为狗如果不这样做，而是见人就咬，甚至咬它的主人，那么，它就将失去从主人那里所得到的利益和权利，甚至可能被法庭判为死刑。①狗给予主人的这种应该受到法律保障的服务，就是对于主人的义务：义务就是应该受到法律保障的服务、贡献或付出。

所以，动物的权利义务同样具有逻辑相关性：狗的权利，就是它从主人那里得到的应该受到法律保障的利益，因而也就是主人对于狗所负有的义务；狗的义务，就是它给予主人的应该受到法律保障的利益，因而也就是主人对于狗所享有的权利。然而，学者们大都认为只有具有自我意识的人类，才可能对自己的行为负责，从而才可能负有义务；没有自我意识的非人类存在物，不可能对自己的行为负责，因而不可能负有义务。②这是不能成立的。因为，正如动物权利拥护者们所指出：婴儿、精神病患者和痴呆症患者等不能对自己行为负责的人，同样享有权利和负有义务；只不过他们的权利与义务是由其代理人帮助行使和履行罢了。举例说，精神病患者不能对自己的行为负责，却同样享有自由和生命等权利，也同样负有不剥夺他人的生命和自由的义务。因为，如果一个精神病患者动不动就打人甚至杀人而不履行自己的义务，他也会遭到惩罚：他的自由权会遭到剥夺而被看管起来。因此，根据动植物等非人类存在物没有自我意识、不能对自己的行为、反应或效用负责，便断言它们不可能负有义务，是不能成立的。它们同样享有权利和负有义务，只不过

---

①　Roderrick Frazier Nash: *The Rights of Nature: A History of Environmental Ethics*, Wisconsin: The University of Wisconsin Press, 1989, p. 21.

②　参见 John Passmore: *Man's Responsibility for Nature*, London: Duckworth Press, 1974, p. 29.

它们的权利与义务是由其代理者"人类"来帮助其来行使和履行罢了。

可见，所谓不完全义务和动物义务的难题，并不能否定权利与义务的逻辑相关性原理：任何否认权利与义务逻辑相关性的理论注定都是一种迷误。因为权利与义务的本性（权利是应该受到法律保障的索取，是权利主体必须且应该从义务主体那里得到的利益；义务是应该受到法律保障的贡献，是义务主体必须且应该付给权利主体的利益）显然决定了一个人的权利，必然是他人或社会（或非人类存在物）的义务；反之亦然：二者必然具有所谓的逻辑相关性。

2 一个人的权利与他自己的义务：道德相关

一个人享有什么权利，对方便负有什么义务；一个人负有什么义务，对方便享有什么权利。这是事实，是必然；而不是应该，不是应然。那么，一个人为什么应该享有权利而使对方承担义务？显然只能是因为他负有义务而使对方享有权利。因此，一个人所享有的权利只应该是对他所负有的义务的交换：他从对方那里得到的权利只应该是用他从对方那里承担的义务换来的。反过来，一个人为什么应该负有义务而使对方享有权利？显然也只能是因为他享有权利而使对方承担义务。因此，一个人所负有的义务只应该是对他所享有的权利的交换：他从对方那里承担的义务只应该是用他从对方那里得到的权利换来的。

试想，父母年迈时，为什么应该享有被儿女赡养的权利，而使儿女承担赡养自己的义务？岂不只是因为，自己曾负有养育儿女的义务，而使儿女享有了被自己养育的权利？因此，父母所享有的被儿女赡养的权利，只应该是对他们曾经负有的养育儿女的义务的交换。反之，儿女所负有的赡养父母的义务，也只应该是对他们曾经享有被父母养育的权利的交换。

可见，由于一方的权利就是对方的义务，所以，一方应该享有权利而使对方承担义务，只能是因为他负有义务而使对方享有权利。因此，一方的权利只应该是用他的义务所赋予对方的权利换来的：他的权利，直接说来，只应该是对他所负有的义务的交换；根本说来，则只应该是对他赋予对方的权利的交换。反过来，由于一方的义务就是对方的权利，所以，一方应该负有义务而使对方享有权利，只能是因为他享有权利而使对方负有义务。因此，他的义务只应该是用他的权利所赋予对方的义务换来的：他的义务，直接说来，只应该是对他所享有的权利的交换；根本说来，则只应该是对他赋予对方的义务的交换。如图：

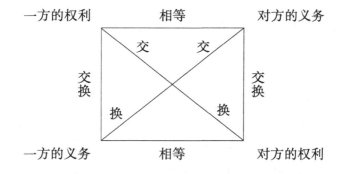

　　显然，一个人所享有的权利与他所负有的义务只应该是一种交换关系，完全基于和推导于权利与义务的逻辑相关性原理。因为，只是由于一个人的权利就是别人的义务，只是由于他要享有权利便必定使别人承担义务，所以，相应地，他才应该负有义务而使别人享有权利：他的权利（亦即他加于别人的义务）应该是用他的义务（亦即他给予别人的权利）换来的。否则，如果权利与义务不具有逻辑相关性，如果他享有的权利可以不使别人承担义务，那么，他享有的权利就不是他应该承担义务而使别人享有权利的理由，因而他的权利和他的义务就不应该是一种交换关系。如果权利与义务不具有逻辑相关性，如果他负有的义务并不会使别人享有权利，那么，他负有的义务就不是他应该享有权利而使别人承担义务的理由，因而他的义务和他的权利就不应该是一种交换关系。

试想，如果施舍等所谓不完全义务，果真如穆勒和康德所言，确实是义务，那么，施予者所负有的这种义务确实不会使受惠者享有获得施舍的权利：谁能说受惠者有权利获得慈善家的施舍捐赠呢？同样，慈善家所负有的这种施舍的义务，也不应该给他换来任何权利，也就不是他应该享有权利而使受惠者承担义务的理由，因而他的施舍的义务和他的任何权利便都不应该是一种交换关系。所以，如果一个人的义务并不是他人的权利，与他人的权利不具有逻辑相关性，那么，他所负有的义务与他所享有的权利也就不应该是一种交换关系。

因此，只有"一个人的权利必定是他人的义务"的必然的、事实的相关性，才能产生和决定"一个人所享有的权利与他所负有的义务应该是一种交换关系"的应然的、道德的相关性。这样，权利与义务的关系便可以归结为两种相关性：一种是"一个人的权利必然是他人的义务"的必然的、事实的相关性，叫作"权利义务的逻辑相关性"；另一种是在这种相关性基础上产生的"一个人的权利应该是对他的义务的交换"的应然的、应该的相关性，因而可以称之为"权利义务的道德相关性"。

罗斯曾将权利与义务的这两种相关性归结为四个命题："①A对B有权利意味着B对A有义务。②B对A有义务意味着A对B有权利。③A对B有权利意味着A对B有义务。④A对B有义务意味着A对B有权利。"[1]显然，前两个命题属于权利义务的逻辑相关性；后两个命题属于权利义务的道德相关性。诚然，罗斯未能将这两种相关性明确区分开来；明确区分两种相关性的，似乎是范伯格。他这样写道：

"人们常说，没有义务就不可能有权利，并且说，获得和拥有权利的先决条件是承担义务和责任的能力和意愿。接受义务是任何人为了获得权利而必须付出的代价。这种理论被称之为权利与义务的道德相关学说。这种理论与下面讨论的权利与义务的逻辑相关学说绝然不同。逻辑相关

---

[1]　罗斯：《正当与善》，转引自余涌：《道德权利研究》，中央编译出版社，2001年，第68页。

学说断言，赋予一个人的权利在逻辑上至少需要有一个对他负有义务的他人存在。"[1]

那么，权利与义务的道德相关性的具体内容究竟如何？也就是说，一个人的权利与他自己的义务究竟应该是一种怎样的交换关系？应该权利多于义务还是义务多于权利抑或权利义务平等？这是个相当复杂的问题。因为一个人的权利与他的义务，细究起来，具有双重关系：一方面是他所享有的权利与他所负有的义务的关系；另一方面则是他所行使的权利与他所履行的义务的关系。

3　一个人所享有的权利与他所负有的义务：应该相等

一个人所享有的权利与他所负有的义务，显然不是他自己能够自由选择的，而是社会分配给他的。所以，"一个人所享有的权利与义务"和"社会分配给一个人的权利与义务"是同一概念。那么，社会应该如何分配呢？黑格尔答道："一个人负有多少义务，就享有多少权利；他享有多少权利，也就负有多少义务。"[2]确实，社会分配给一个人的权利与义务只有相等才是正义的、应该的；如果不相等，则不论权利多于义务还是义务多于权利，都是不正义、不应该的。这可以从两方面来看：

一方面，权利义务的界说表明：权利是应该受到法律保障的利益、索取或要求；义务是应该受到法律保障的服务、贡献或付出。这样，如果社会分配给一个人的权利多于其义务，那么，他受法律保障的索取就多于其付出，那就等于强迫别人向他无偿贡献这些多出部分的利益，是对别人利益的一种强行剥夺，因而是不正义的。反之，如果社会分配给一个人的义务多于其权利，那么，他受法律保障的付出就多于其索取，那就等于强迫

---

① 范伯格：《自由、权利和社会正义》，王守昌、戴栩译，贵州人民出版社，1998年，第87页。

② 黑格尔：《法哲学原理》，范扬、张企泰译，商务印书馆，1962年，第652页。

他向别人无偿贡献这些多出部分的利益，是对他的利益的一种强制剥夺，因而同样是不正义的。于是，社会只有分配给一个人的义务与权利相等，他受法律保障的索取才等于其付出，才既没有强行剥夺别人利益，也没有强行剥夺他的利益，因而是正义的：正义就是等利（害）交换。

另一方面，权利义务的逻辑相关性表明：一个人的权利就是对方的义务；一个人的义务就是对方的权利。这样，如果社会分配给一个人的权利多于其义务，那么，对方的义务所赋予他的权利就多于他的义务赋予对方的权利，他从对方获得的权利就多于他给予对方的权利，他就侵占了对方的权利，因而是不正义的。反之，如果社会分配给一个人的义务多于其权利，那么，他的义务赋予对方的权利就多于对方的义务赋予他的权利，他赋予对方的权利就多于对方赋予他的权利，他的权利就被对方侵占了，因而同样是不正义的。于是，社会只有分配给一个人的义务与权利相等，他的义务赋予对方的权利才等于对方的义务赋予他的权利，他赋予对方的权利才等于对方赋予他的权利，因而才是正义的：正义就是等利（害）交换。

如图：

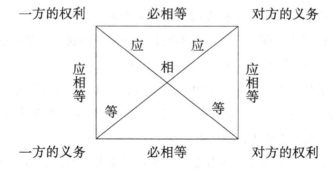

可见，每个人所享有的权利与所负有的义务相等，乃是社会对于每个人的权利与义务进行分配的正义原则；反之，每个人所享有的权利与所负有的义务不相等，则是社会对于每个人的权利与义务进行分配的不

正义原则。社会对于权利与义务的分配，如前所述，乃是社会正义的根本问题。所以，社会分配给一个人的权利与义务相等——亦即一个人所享有的权利与所负有的义务相等——不但是一种社会正义，而且是根本的社会正义，是社会正义的根本原则。反之，社会分配给一个人的权利与义务不相等——亦即一个人所享有的权利与负有的义务不相等——不但是一种社会不正义，而且是根本的社会不正义，是社会不正义的根本原则。

4 一个人所行使的权利与他所履行的义务：至多应该相等

一个人所享有的权利与所负有的义务，如上所述，是社会分配给他的，因而不是他自己能够自由选择的。反之，一个人所行使的权利和履行的义务，则是他自己能够自由选择的。因为每个人都能够放弃他所享有的一些权利，从而使所行使的权利小于所享有的权利；也能够不履行所负有的一些义务，从而使所履行的义务小于所负有的义务。举例说，一个父亲享有的被儿女抚养的权利和负有的养育儿女的义务，显然不是他能够自由选择的，而是社会分配给他的。但是，他却能够自食其力，放弃所享有的某些被儿女抚养的权利，从而使所行使的权利小于所享有的权利；也可能只顾自己玩乐而不顾儿女死活，不履行所负有的某些养育儿女的义务，从而使所履行的义务小于所负有的义务。

一目了然，对于行使权利和履行义务，一个人可能有三种选择：① 所行使的权利多于所履行的义务；② 所行使的权利少于所履行的义务；③ 所行使的权利等于所履行的义务。

首先，一个人行使的权利多于所履行的义务，可能有两种情形。一种是，他行使的权利多于其履行的义务，固然是他的自由选择，但也因为他享有的权利多于负有的义务，因而也是社会分配的结果。这种情形的典型，无疑是特权和等级制度社会。因为在这种社会中，正如恩格斯所言，"几乎把一切权利赋予一个阶级，另一方面又几乎把一切义务推给另一个阶级。"[①] 这样，一个剥削者所行使的权利多于其履行的义务，固然是他的自由选择，同时也是由于他享有的权利多于负有的义务，因而也是社会分配的结果。反之，另一种情形则是，一个人行使的权利多于其履行的义务，并非因为他享有的权利多于负有的义务，而是他滥用和僭越权力或不履行一些义务所致。这种情形的典型，就是那些挂着民主招牌的专制君主。因为他滥用、僭越了宪法和法律赋予他作为民主政体首脑的权力和权利，不履行宪法和法律赋予他作为民主政体首脑的义务，从而使他所行使的权利远远大于和多于所履行的义务。不难看出，不论何种情形，如果一个人行使的权利多于他所履行的义务，那么，一方面，他受法律保障的索取就多于其付出，就等于强迫别人向他无偿贡献这些多出部分的利益，就是对别人利益的一种强行剥夺，因而是不正义的。另一方面，一个人所行使的权利如果多于他所履行的义务，那就意味着：别人的义务所赋予他的权利多于他的义务赋予别人的权利，他从别人获得的权利就多于他给予别人的权利，他就侵占了别人的权利，因而是不正义的。只不过，如果他行使的权利多于履行的义务，是因为他享有的权利多于负有的义务，因而是社会分配的结果，那么，他的行为虽然是不正义的，却是合法的。反之，如果他行使的权利多于履行的义务，是他滥用权力或不履行一些义务所致，他的行为便不但是不正义的，而且是非法的。

其次，一个人所行使的权利少于所履行的义务，也无非两种情形：一种是他自愿放弃所享有的权利所致；另一种则是因为他享有的权利少于负有的义务和他人滥用权力或不履行义务，因而是社会的分配和他人滥用权力或不履行义务的结果。一个人所行使的权利少于所履行的义务，如果是他自愿放弃所享有的权利所致，那么，他应该享有的一部分权利

---

① 《马克思恩格斯全集》第 21 卷，人民出版社，1965 年，第 202 页。

便是他自愿转让于对方，而不是被对方侵占。因此，这种行使的权利少于所履行的义务的行为，就属于无偿奉献范畴，因而无所谓正义不正义，而是高于正义的份外善行。但是，一个人所行使的权利少于所履行的义务，如果是因为他享有的权利少于负有的义务或他人滥用权力和不履行义务所致，因而是社会分配和他人滥用权力或不履行义务的结果，那么，他应该享有的一部分权利便是被对方侵占，而不是自愿转让于对方。因此，这种行使的权利少于所履行的义务的行为，就属于权利被侵犯的行为，就是一种遭受不正义对待的行为，因而属于不正义范畴。

最后，一个人所行使的权利等于所履行的义务，也无非两种情形：一种是因为他享有的权利等于负有的义务，因而是社会分配的结果；另一种则是他自愿放弃所享有的一些权利所致。显然，只有一个人所行使的权利等于所履行的义务，他的义务赋予对方的权利才等于对方的义务赋予他的权利，他赋予对方的权利才等于对方赋予他的权利，因而才是正义的：正义就是等利（害）交换。只不过，如果一个人行使的权利等于履行的义务，是因为他享有的权利等于负有的义务，因而是社会分配的结果，那么，他的行为虽然是正义的，却是一种被动的、消极的正义。反之，如果他所行使的权利等于所履行的义务，是他自愿放弃所享有的一些权利所致，那么，他的行为便不但是正义的，而且纠正了法律不正义和社会不正义，因而是一种积极的、主动的正义，无疑是一种更为高尚的行为。

可见，一个人所行使的权利等于所履行的义务，不论是社会分配的还是自己选择的，都是正义的。一个人行使的权利多于所履行的义务，不论是社会分配的还是自己选择的，都是不正义的。一个人行使的权利少于所履行的义务，如果是他自由放弃权利所致，就无所谓正义不正义，而是高于正义的份外善行；如果不是他的自由选择——而是社会分配或他人滥用权力和不履行义务所致——就是不正义的。这种"一个人行使的权利少于所履行的义务"的不正义，与"一个人行使的权利多于所履行的义务"的不正义，显然是同一不正义行为：只不过前者的行为主体是这种不正义行为的承受者；后者的行为主体则是这种不正义行为的行使者罢了。这样，一个人所行使的权利与所履行的义务的正义不正义，便可以归结为两种行为：一种是"一个人所行使的权利等于所履行的义务"，是正义的；另一种是"一个人行使的权利多于所履行的义务"，是不正义的。至于"一个人行使的权利少于所履行的义务"，则或者与"一个人行使的权利多于所履行的义务"的不正义是同一行为，因而可以归类于后者；或者无所谓正义不正义，而是高于正义的份外善行。

于是，一方面，"一个人所行使的权利等于所履行的义务"与"一个人行使权利与履行义务的正义"便是同一概念，因而是个人行使权利与履行义务的正义原则：凡是行使的权利与履行的义务相等的，都是正义的；凡是行使权利与履行义务的正义，也都是行使的权利与履行的义务相等。另一方面，"一个人所行使的权利多于所履行的义务"与"一个人行使权利与履行义务的不正义"便是同一概念，因而是个人行使权利与履行义务的不正义原则：凡是行使的权利多于履行的义务，都是不正义的；凡是行使权利与履行义务的不正义，也都是行使的权利多于履行的义务。每个人行使权利与履行义务，如前所述，乃是个人正义的根本问题。所以，一个人行使的权利等于所履行的义务，便不但是一种个人正义，而且是根本的个人正义，是个人正义的根本原则；反之，一个人所行使的权利大于所履行的义务，便不但是一种个人不正义，而且是根本的个人不正义，是个人不正义的根本原则。

结合个人正义与社会正义的根本原则可知，社会分配给一个人的权利与义务相等——亦即一个人所享有的权利与所负有的义务相等——是社会正义的根本原则；个人行使的权利等于所履行的义务是个人正义的根本原则。因此，权利与义务相等便是正义的根本原则。正义，全面地说，是等利（害）交换的善行；根本地说，则是权利与义务平等交换的善行：社会分配给一个人的权利与义务相等是社会正义的根本原则；个人行使的权利等于所履行的义务是个人正义的根本原则。反之，社会分配给一个人的权利与义务不相等——亦即一个人所享有的权利与负有的义务不相等——是社会不正义的根本原则；一个人所行使的权利多于所履行的义务是个人不正义的根本原则；一个人所行使的权利少于所履行的义务，则无所谓正义不正义，而是高于正义的份外善行。因此，权利与义务的不平等交换分为两类。一类是善的权利义务不平等交换，是权利义务不平等交换的善行，是一个人所行使的权利少于所履行的义务：它无所谓正义不正义，是超越正义不正义的善行。另一类是恶的权利义务不平等交换，是权利义务不平等交换的恶行，也就是社会分配给一个人的权利与义务不相等和一个人所行使的权利多于所履行的义务：二者构成社会不正义的根本原则和个人不正义的根本原则。因此，权利与义务不相等的恶行便是不正义的根本原则。不正义，全面地说，是不等利（害）交换的恶行；根本地说，则是权利与义务不等交换的恶行：社会分配给一个人的权利与义务不相等是社会不正义的根本原则；一个人所行使的权利多于所履行的义务则是个人不正义的根本原则。

综观权利与义务关系可知，权利与义务的关系可以归结为两种相关性。一种是一个人的权利与他人的义务的关系：一个人的权利，必然是他人的义务；反之亦然。这是一个人的权利与他人的义务的必然的、客观的、事实如何的关系，亦即所谓"权利与义务的逻辑相关性"。另一种则是基于这种逻辑相关性的"权利义务道德相关性"：一个人的权利应该是对他自己的义务的交换。这种交换的道德原则可以归结为一个总原则和6个分原则。权利义务交换的道德总原则是：一个人所享有的权利应该等于他所负有的义务；而他所行使的权利则应该至多等于他所履行的义务。6个分原则是：① 社会正义根本原则：一个人所享有的权利与他所负有的义务——亦即社会分配给每个人的权利与其义务——相等；② 个人正义根本原则：一个人所行使的权利与他所履行的义务相等；③ 正义的根本原则：权利与义务相等；④ 社会不正义的根本原则：一个人所享有的权利与所负有的义务不相等；⑤ 个人不正义的根本原则：一个人所行使的权利多于他所履行的义务（个人所行使的权利少于他所履行的义务，无所谓正义不正义，而是超越正义不正义的分外善行）；⑥ 不正义的根本原则：权利与义务不相等的恶行。

四　贡献原则：社会正义根本原则

不难看出，社会正义根本原则"社会分配给每个人的权利与义务应该相等"是不完善的：它显然是对正义根本原则"权利与义务应该相等"的直接推演、演绎，而没有与其不同的新东西。因此，与其说它是社会正义根本原则，不如说它是正义根本原则；若把它作为社会正义根本原则，便是简单化的、有缺欠的、不完善的、不可操作的。试想，如果社会分配给每个人完全相同的权利和完全相同的义务，便符合这个社会正义的根本原则，然而无疑是不应该的：每个人所负有的义务和所享有的权利必定且应该有所不同。

因此，这个社会正义根本原则的缺陷在于：它只告诉我们分配给每个人的权利与义务应该相等，却没有告诉我们应该给每个人分配多少权利与义务，没有告诉我们应该给每个人分配不同的权利与义务的根据是什么？没有告诉我们应该赋予一些人较多较大较重要的权利与义务——而赋予另一些人较少较小较不重要的权利义务——的根据是什么？

这就是权利与义务分配的源泉和根据问题。因此，"社会分配给每个人的权利与义务应该相等"之为社会正义根本原则的缺陷在于：没有确定权利与义务分配的源泉和依据。那么，社会对于每个人的权利与义务进行分配的源泉和依据究竟是什么？是贡献！贡献是权利的源泉和依据；换言之，社会应该按照贡献分配权利，按照权利分配义务；说到底，社会分配给每个人的权利应该与他的贡献成正比而与他的义务相等。这就是完善的真正的社会正义根本原则，亦即所谓"贡献原则"。

1 按照贡献分配权利：实在贡献原则

圣西门曾将贡献原则概括为一句话："使每个社会成员按其贡献的大小，各自得到最大的富裕和福利。"[①] 阿德勒论及这一原则时也这样写道："根据每个人对大家合作生产的全部财富所做出的贡献进行分配。"[②] 诚哉斯言！所谓贡献原则，就是按照贡献分配权利，按照权利分配义务。贡献原则之为社会正义原则，近乎不言而喻的公理。因为，尽管学术界提出那么多不同的社会正义理论，却几乎无人反驳这一原则；相反地，正如奥肯所说，"他们都对最初的假定表示敬意，即收入应该建立在对产出的贡献基础之上。"[③] 可是，究竟为何贡献原则是社会正义根本原则？

原来，权利与义务，如前所述，分属"索取"与"贡献"概念而同属"利益"范畴：权利是应被权力或法律保障的利益、索取或要求；义务是应被权力或法律规定的贡献、付出或不利益。一目了然，贡献在先，索取在后：贡献是索取的源泉。因为所谓社会，正如罗尔斯所言，不过是"一个目的在于增进每个成员利益的合作体系。"[④] 这样，每个人只有先为社会贡献利益（贡献），尔后社会才有利益分配给每个人（索取）：社会分配给每个人的利益，无非是每个人所贡献的利益，无非是每个人所贡献的利益之交换而已。因此，社会分配给每个人多少利益，也就只应该依据每个人贡献了多少利益：贡献是索取的依据。所以，哈耶克说："每个人所享有的利益应当与其他人从他的活动中获得的利益相称。"[⑤]

---

① 《圣西门选集》第 2 卷，商务印书馆，1982 年，第 293 页。

② Mortimer J. Adler: *Six Great Ideas*, New York: Simon & Schuster, 1997, p. 178.

③ 阿瑟·奥肯:《平等与效率——重大的抉择》，王奔洲、叶南奇译，华夏出版社，1987 年，第 37 页。

④ John Rawls: *A Theory of Justice*, Cambridge, Massachusetts: The Belknap Press of Harvard University Press, 1999, p. 4.

⑤ Friedrich A. Hayek: *The Constitution of Liberty*, Chicago: The University of Chicago Press, 1978, p. 94.

　　贡献是索取的源泉和依据，因而也就是"权利"的源泉和依据。因为权利属于索取范畴：权利是一种特殊的索取，是被权力或法律所保障的应该且必须的索取。贡献是权利的源泉和依据，无疑意味着：应该按照贡献分配权利。按照贡献分配权利，是指权利与贡献应成正比：贡献越少，权利便应该越少；贡献越多，权利便应该越多。但是，一方面，权利再多，也不应多于和等于而只应少于贡献；另一方面，权利再少，也不应该少于而只应该等于法律所规定的贡献（"法律所规定的贡献"与"义务"是同一概念）：权利不应该少于而只应该等于义务。

　　权利多于贡献显然是不正义的。因为一个人的权利乃是他从别人那里得到的受法律保障的利益。因此，如果一个人的权利多于其贡献，便等于法律强迫别人向他无偿付出这些多出部分的利益，是对别人利益的一种强行剥夺，因而是不正义的。这种不正义是中国古代国家制度的根本特征：官吏阶级的权利远远多于其贡献。因为中国自五帝时代以来，特别是夏商周至清代，专制者及其官吏阶级全权——政治权力和经济权力以及结社集会等社会权力与言论出版等文化权力——垄断，因而也就几乎垄断了全部权利；庶民阶级皆遭受官吏阶级全权垄断之四重强制，皆沦为人身属于或依附于官吏阶级的奴隶、农奴及奴仆，虽然拥有利益，却几乎毫无权力保障，因而几乎毫无权利：权利是权力保障的利益。

　　权利等于贡献也是不正义的。因为如前所述，就社会的分配来说，一个人的索取与贡献以及权利与义务只有相等才是正义的，而索取多于和少于贡献以及权利多于和少于义务都是不正义的：如果一个人的索取多于贡献或权利多于义务，那就等于强迫别人向他无偿贡献这些多出部分的利益，是对别人利益的一种强行剥夺，因而是不正义的；如果一个人的贡献多于索取或义务多于权利，那就等于强迫他向别人无偿贡献这些多出部分的利益，是对他的利益的一种强行剥夺，因而同样是不正义的。

　　这样，一方面，因为索取并不等于权利，索取必多于权利：权利只是一种特殊的索取，只是受权力保障的应该且必须的索取。所以，如果赋予一个人的权利与他的贡献相等，那么，他的索取便因必多于权利从而必多于贡献，那就等于强迫别人向他无偿贡献这些多出部分的利益，是对别人利益的一种强行剥夺，因而是不正义的。

另一方面，因为贡献并不等于义务，贡献必多于义务：义务只是一种特殊的贡献，只是受权力保障的应该且必须的贡献。所以，如果赋予一个人的权利与他的贡献相等，他的权利便因与其贡献相等而多于其义务，那么，他受法律保障的索取就多于其付出，他从别人那里获得的权利就多于他给予别人的权利，他就侵占了别人的权利，因而是不正义的。

这两个方面可以归结为两个三段式：

因为贡献必多于义务　　　　　　因为索取必多于权利

如果权利与贡献相等　　　　　　如果权利与贡献相等

那么权利便多于义务　　　　　　那么索取便多于贡献

可见，如果权利与贡献相等，那么，索取便多于贡献、权利便多于义务，因而是不正义的。一个人的索取与其贡献相等虽然是正义的，但是，他的受权力保障的索取（权利）与其贡献相等则是不正义的。他的受权力保障的索取（权利）显然只有与他的同样受权力所保障的贡献（义务）相等才是正义的：权利只有与义务相等才是正义的，而与贡献相等则是不正义的。那么，权利与贡献究竟应该是何关系？

权利既不应该多于又不应该等于贡献，显然意味着：权利应该少于贡献。确实，一个人的权利只应该少于其贡献，或者说，他的贡献只应该多于其权利。因为就社会的分配来说，权利与义务应该相等、索取与贡献应该相等。而义务是一种特殊的贡献，是受权力保障的应该且必须的贡献：贡献必多于义务。反之，权利则是一种特殊的索取，是受权力保障的应该且必须的索取：索取必多于权利。于是，合而言之，可以得出结论说：贡献应该多于权利。这个道理也可以归结为两个三段式：

贡献必多于义务	索取必多于权利
义务与权利应该相等	贡献与索取应该相等

贡献应该多于权利　　　　　贡献应该多于权利

这就是说，每个人的权利既不应等于更不应多于而仅仅应少于其贡献。那么，这是否意味着，一个人的权利越加少于其贡献，就越加应该？毫无疑义，就一个人自己的自由选择来说，他行使的权利越少而做出的贡献越多，他的品德便越加高尚。但是，我们这里研究的，不是个人正义，因而不是个人的自由选择；而是社会正义，因而是社会的分配，是社会对于一个人的权利与义务的分配。不难看出，就社会的分配来说，一个人的权利少于其贡献，只是在一定的限度内才是应该的、正义的；超过这个限度，就是不正义、不应该的。这个限度就是义务，就是受到法律保障的应该且必须的贡献：一个人所享有的权利再少，也不应该少于而只应该等于他所负有的受到法律保障的应该且必须的贡献，亦即不应该少于他所负有的义务。

因为如前所述，一个人所享有的权利与他所负有的义务只有相等才是正义的。如果一个人享有的权利少于他所负有的义务，少于他所负有的受到法律保障的应该且必须的贡献，那么，他的义务赋予对方的权利就多于对方的义务赋予他的权利，他赋予对方的权利就多于对方赋予他的权利，他的权利就被对方侵占了，因而是不正义的。这种不正义，与权利多于义务或贡献的不正义，显然是同一种行为：一方的权利多于其义务或贡献，对方的权利就少于其义务或贡献；一方的权利多于其义务或贡献多少，对方的权利就少于其义务或贡献多少。所以，这种权利少于其义务的不正义，与权利多于其义务的不正义，同样是历史和现实最常见的不正义现象：前者是被剥削被压迫者所遭受的不正义；后者则是剥削者压迫者所施加的不正义。

可见，权利固然不应多于和等于而只应少于贡献；但不应少于而只应等于受到法律保障的应该且必须的贡献：权利只应等于义务。因此，按照贡献分配权利，既不是指权利应该多于和少于贡献，也不是指权利与贡献应该相等，而是指权利与贡献应该成正比：贡献越多，权利便应该越多；贡献越少，权利便应该越少。但是，权利再多，也不应该多于和等于贡献；权利再少，也不应该少于而只应等于法律所规定的贡献或义务。如图：

综上可知，贡献是权利的源泉和依据；换言之，社会应该按照贡献分配权利，按照权利分配义务；说到底，社会分配给每个人的权利应该与他的贡献成正比而与他的义务相等。这就是社会正义的"贡献原则"，这就是社会正义根本原则，更确切些说，是社会正义根本原则的完善表述。

说它是完善的，是因为我们在上一章"正义根本原则"所确立的社会正义根本原则"社会分配给每个人的权利应该与其义务相等"是不完善的。"社会分配给每个人的权利应该与其义务相等"，显然是对正义根本原则"权利与义务应该相等"的直接推演、演绎，而没有与正义根本原则不同的新东西，亦即没有社会对权利与义务进行分配的源泉和依据（贡献）；而社会对权利与义务进行分配的源泉和依据，显然是社会正义的根本问题。因此，如果将它作为社会正义根本原则，便是简单化的、有缺欠的、不完善的、不可操作的。这就是为什么它属于上一章"正义根本原则"的研究对象，而不属于本章"社会正义根本原则"的研究对象的缘故。

反之，"社会分配给每个人的权利应该与他的贡献成正比而与他的义务相等"，则是运用正义根本原则"权利与义务应该相等"解决社会如何给每个人分配权利义务问题的结果，具有正义根本原则所没有的新东西，亦即社会对权利义务进行分配的源泉与依据：贡献。所以，它是与正义根本原则有所不同的、表述完善的社会正义根本原则，是真正的、名副其实的社会正义根本原则。不过，细究起来，这一贡献原则并非贡献原则的全部，而只是贡献原则的一个侧面：实在贡献原则。贡献原则还有另一个侧面：潜在贡献原则。

2 按照德才分配权利：潜在贡献原则

贡献是权利的源泉和依据意味着：贡献在先、权利在后。然而，实际上很多极为重要的权利，如职务、地位、权力等的分配，却往往应该先于贡献。孙武、韩信、诸葛亮等岂不都是先为将军、军师，尔后方有功勋、贡献？这岂不否定了按贡献分配权利原则？并未否定。因为贡献有实在与潜在之分。诸葛亮等职务权利之分配，真正讲来，也依据于他们的贡献而先有贡献、后有权利；只不过这种在先的贡献乃是潜在的而非实在的罢了。

所谓潜在贡献，也就是"才能与品德"等自身的、内在的贡献因素和"运气与出身"等非自身的、外在的贡献因素，也就是导致贡献的因素、原因，是尚未做出但行将做出的贡献，是可能状态的贡献。反之，实在贡献则是德与才以及运气与出身诸贡献因素相结合的产物，是已经做出来的贡献，是现实状态的贡献。职务、地位、权力等权利的分配，往往应该依据每个人的潜在贡献；但并非应该依据任何潜在贡献：不应该依据运气与出身等外在贡献因素；只应该依据品德和才能两大内在贡献因素。

诚然，运气和出身等外在贡献因素是决定贡献大小的重要因素：运气和出身较好，贡献便可能较大；运气和出身较差，贡献则可能较小。但这只是偶然的、可能的，而不是必然的、注定的。因为我们到处都能看到：运气和出身好的人，往往因自己不努力而错过好机遇，终生一事无成；运气和出身不好者，却因自己刻苦奋斗而功勋昭著。所以，运气与出身等外在贡献因素乃是一种偶然性的潜在贡献，是可能变成也可能变不成实在贡献的潜在贡献，是偶然导致而不可预测、不可指望的贡献，是贡献的偶然因素。这样，如果按照运气和出身等贡献的外在因素分配权利，便可能导致不做贡献而享有权利，因而也就背离了按贡献分配权利的原则。所以，任何权利的分配都不应依据运气与出身等贡献的外在因素。

反之，品德和才能是每个人自身内在的贡献因素，只要二者结合起来，便是决定贡献大小的充分条件：德与才较高的人，贡献必较大；德与才较低的人，贡献必较小。所以，德与才乃是必然性的潜在贡献，是必将成为实在贡献的潜在贡献，是尚未做出但必将做出的贡献，是必然导致因而可以准确预测的贡献，是贡献的必然因素。这样，"按照德与才分配权利"也就是按照必将做出的贡献分配权利，因而不过是"按照贡献分配权利"的一种特殊的、潜在的形式：德与才是权利分配的潜在依据；贡献是权利分配的实在依据。

不过，按照德才分配权利并不是把"德"与"才"当作两个分离独立的依据来分别地、单独地分配权利；而是按照"德"与"才"相结合而成的一个依据来分配权利。因为只有"德"与"才"结合起来，才是贡献的充分条件，才是必然导致贡献的因素；二者若分离独立，便都不再是贡献的充分条件，不再是必然导致贡献的因素。试想，一个人如果有德无才，那么他虽有做贡献而利人的良好动机，却未必会有做贡献而利人的良好效果，甚至可能好心办坏事而有害于人："通向地狱的道路是由良好的意图铺成的。"① 反之，如果有才无德，那么他便既可能做大贡献而利人，也可能造大灾祸而害人："自古昔以来，国之乱臣、家之败子，才有余而德不足，以至于颠覆者多矣。"②

可见，一个人不论是有德无才还是有才无德，都同样既可能做出也可能做不出贡献。所以，"德"与"才"若分离独立，也就与运气、出身一样，是偶然导致贡献的因素。这样，如果把"德"与"才"分离开来，单独作为权利分配的依据，便可能导致不做贡献而享权利，因而也就背离了按贡献分配权利的公正原则。因此，社会公正的根本原则既不是"任人唯才"，单单按照才能分配权利；也不是"任人唯德"，单单按照品德分配权利；而是"任人唯贤"：兼顾德才分配权利。这就是为什么"按贡献分配权利"原则与"按德才分配权利"原则是公正的，而构成它们的"按品德分配权利"原则与"按才能分配权利原则"却是不公正的缘故。

然而，人的才能多种多样而绝无全才之人；人的品德也是多种多样而绝无全德之人。所谓才智之士，必定只是在某些方面有才能而在其他方面则无才能；所谓有德之士，也必定只是在某些方面有德而在其他方面则无德。一个人很勇敢，却可能不谨慎；很勤奋，却可能不节制；很自尊，却可能不谦虚；很仁慈，却可能不公正；很敬业，却可能不贵生。因此，所谓任人唯贤、兼顾德才，便绝非求全责备；而是"用人如器"：像使用器具只用其长那样，根据一个人所具有的品德和才能的性质、类型，而分配与其相应的职务等权利。不妨以中国古代为例：

如果按照"用人如器"原则分配军事统帅职务，那么，一方面，从才能上看，可无诗才、辩才，也可无治国之术，却不可无用兵之术；另一方面，从品德上看，可以不仁不孝、贪而好利，却不可鲁莽或怯懦，

---

① 马克思：《资本论》第一卷，中国社会科学出版社，1983年，第179页。
② 李国祥等主编：《资治通鉴全译》第一卷，贵州人民出版社，1990年，第18页。

不可背弃重用自己的国家、国君。由此观之，曹操的用人原则，真正讲来，并非任人唯才，而正是用人如器："士有偏短，庸可废乎？"①

他所谓的"唯才是举"并非不看品德，而是不看那些将相可有可无的正统美德：仁、孝、廉洁；却十分看重那些将相必备的品德：是否反复无常、背弃恩主。否则，他就不会杀掉反复无常、有才无德的吕布了。他用来标榜其"唯才是举"原则的吴起、陈平、韩信，也都只是缺乏那些将相可有可无的主流美德："韩信、陈平负污辱之名，有见笑之耻……吴起贪将，杀妻自信，散金求官，母死不归。"②

然而，三人均不乏将相必备的品德：忠于重用自己的君主。吴起弃鲁投魏，又弃魏投楚，并非反复无常、忘恩负义，而都是因为鲁、魏国君"疑之而弗信也"。③韩信对还在重用自己的汉王刘邦，可谓忠心耿耿，以至当项羽派武涉游说韩信背叛汉王与楚三分天下而称王时，"韩信谢曰：'臣事项王，官不过郎中，位不过执戟，言不听，画不用，故背楚而归汉。汉王授我上将军印，予我数万众，解衣衣我，推食食我，言听计用，故吾得以至于此。夫人深亲信我，我倍之不祥，虽死不易。'"④

陈平盗嫂受金，但并非"反复乱臣"，否则，他纵有管仲之才，刘邦也不会重用他。因为当周勃、灌婴谗陈平为"反复乱臣"时，刘邦大疑，遂"召让陈平曰：'先生事魏不中，遂事楚而去，今又从吾游，信者固多心乎？'平曰：'臣事魏王，魏王不能用臣说，故去事项王。项王不能信人，其所任爱，非诸项即妻之昆弟，虽有奇士不能用，平乃去楚。闻汉王之能用人，故归大王。臣裸身而来，不受金无以为资。诚臣计画有可采者，愿大王用之；使无可用者，金俱在，请封输官，得请骸骨。'汉王

① 曹操："敕有司取士勿废偏短令"，《曹操集译注》，中华书局，1979 年，第 160 页。
② 曹操："举贤勿拘品行令"，《曹操集译注》，中华书局，1979 年，第 170 页。
③ 《史记·孙子吴起列传》。
④ 《史记·淮阴侯列传》。

乃谢，厚赐，拜为护军中尉，尽护诸将。"①

可见，分配职务等权利，必须任人唯贤、德才兼顾；只不过可以不顾特定职务等权利的非必备品德，正如可以不顾特定职务等权利的非必备才能一样。这就是任人唯贤之真谛：用人如器。

总而言之，"德"与"才"是职务等权利的潜在的源泉和依据；换言之，社会应该任人唯贤，按照每个人的"德"与"才"分配职务等权利；说到底，社会应该"用人如器"，根据每个人所具有的品德与才能的性质而分配与其相应的职务等权利。这就是社会根本正义的"德才原则"，这就是推演于"实在贡献原则"——社会分配给每个人的权利应该与他的贡献成正比而与他的义务相等——的"潜在贡献原则"。

那么，同为社会正义根本原则的"德才原则"与"贡献原则"是何关系？德才是潜在贡献，是权利分配的潜在依据；而贡献则是德才的实在结果，是权利分配的实在依据。因此，德才原则无非是潜在的贡献原则，是社会根本正义的潜在原则；而贡献原则则是社会根本正义的实在原则。于是，说到底，德才原则不过是贡献原则的推演、引申，因而完全从属于、依据于、决定于贡献原则；而贡献原则则高于德才原则：当二者发生冲突时，应该保全贡献原则而牺牲德才原则。举例说：

一个德才兼备而担任要职的人，不幸某次未能成功做出贡献，反倒失败而带来祸害。那么，按照德才原则，他仍应该担任要职；按照贡献原则，他则应该降职受罚。怎么办？显然应该牺牲德才原则而服从贡献原则：降职受罚。诸葛亮的德才在重用马谡而失街亭之前后并未变化。但失街亭前他是丞相，而失街亭后却降职三级而为右将军。为什么同样的德才却因贡献不同而不应享有同样的权利？岂不就是因为贡献原则高于德才原则而后者应该服从前者？

―――――――――――

① 《史记·陈丞相世家》。

＊　　＊　　＊

　　贡献原则——实在贡献原则和潜在贡献原则——是社会对于每个人的权利与义务进行分配的原则，因而是社会正义根本原则：权利与义务的分配是社会正义的根本问题。但是，依据这一原则具体对每个人的基本权利与非基本权利进行分配时，便会发现：最重要的社会正义根本原则乃是推演于贡献原则的平等原则（一方面，每个人所享有的基本权利应该完全平等；另一方面，每个人所享有的非基本权利应该比例平等）：平等是最重要的正义。

第十八章　平等：最重要的正义

本章提要

　　当我们依据贡献原则对每个人的权利进行分配时，便不难发现，社会正义的根本原则最终可以归结为平等原则：一方面，每个人因其最基本的贡献完全平等——每个人一生下来便都同样是创建社会的一个股东——而应该完全平等地享有基本权利、完全平等地享有人权，可以名之为完全平等原则；另一方面，每个人因其具体贡献的不平等而应享有相应不平等的非基本权利，也就是说，人们所享有的非基本权利的不平等，与自己所做出的具体贡献的不平等的比例，应该完全平等，可以名之为比例平等原则。合二而一，不妨称之为"平等总原则"，因为从中可以推导出更为具体"政治平等原则"和"经济平等原则"以及"机会平等原则"。政治平等原则：一方面，每个人不论具体政治贡献如何，都应该完全平等地享有政治自由，亦即完全平等地共同执掌国家最高权力，从而完全平等地共同决定国家政治命运；另一方面，每个人又因其具体政治贡献（政治才能＋官德）的不平等而应该担任相应不平等的政治职务，从而使每个人所担任的政治职务的不平等，与自己的政治贡献（政治才能＋官德）的不平等的比例，完全平等。经济平等原则：一方面，在任何社会，每个人不论劳动多少、贡献如何，都应该按人类基本物质需要完全平等地分配基本经济权利（即按需分配）；另一方面，应该按照每个人所提供的生产要素的边际产品价值，而分配给他含有等量交换价值的非基本经济权利，以便使每个人所享有的非基本经济权利的不平等，与自己所贡献的生产要素的边际产品价值的不平等的比例，完全平等（即按生产要素分配：按劳分配和按资分配）。机会平等原则：社会所提供的发展潜能、做出贡献、竞争职务和地位以及权力和财富等非基本权利的机会，是全社会每个人的基本权利，是全社会每个人的人权，应该人人完全平等。反之，家庭、天赋、运气等非社会所提供的机会，则是幸运者的个人权利，无论如何不平等，他人都无权干涉；但幸运者利用较多机会所创获的较多权利，却因较多地利用了共同资源"社会合作"而应补偿给机会较少者以相应权利。这四大平等原则无疑构成了最重要的社会正义：平等是最重要的正义。

一 平等总原则

1 平等概念

何谓平等？萨托利说："平等表达的是'相同'的观念……两个或更多的人或事物，如果在某些或所有方面是完全相同的、同样的或相似的，就可以说它们是平等的。"[①] 确实，平等是人们相互间的相同性。但是，人们相互间的相同性并非都是平等。两个人手上有个相同的黑痣，便不能说他们有平等的黑痣。他们有相同的姓氏，也不能说有平等的姓氏。那么，平等究竟是人们相互间的哪一种相同性呢？

原来，平等是人们相互间与利益获得有关的相同性。这种相同性或者是所获得的利益之本身相同，或者是所获得的利益之来源相同：非此

---

① Giovanni Sartori: *The Theory of Democracy Revisited*, Chartham, New Jersey: Chatham House Publisher, Inc., 1987, p. 33.

即彼。举例说，人的天资与性别，并不直接就是利益，但可以带来利益，从而是利益的来源。因此，两人在天资与性别方面相同，便属于所获利益来源相同。反之，人的工资与职务本身直接就是利益。因此，两人若是工资与职务相同，便属于所获利益本身相同。人们之间的相同性只有关涉以上二者——或者是利益或者是利益来源——才能叫作平等。试想，为什么不能说两人有平等的黑痣和姓氏，却可以说有平等的性别与职务？岂不就是因为，有没有黑痣有什么姓氏无关利害，而性别职务却与利害相关吗？

可见，人们相互间的相同或差别未必都与利害相关；而人们相互间的平等或不平等却都必定关涉利害：平等是人们相互间与利益获得有关的相同性；而不平等则是人们相互间与利益获得有关的差别。

然而，平等与不平等，从其起因来看，如卢梭所见，可以分为自然的与人为的（卢梭称之为精神的或政治的）两大类型："我认为在人类中有两种不平等：一种，我把它叫作自然的或生理上的不平等，因为它是基于自然，由年龄、健康、体力以及智慧或心灵的性质的不同而产生的；另一种可以称为精神上的或政治上的不平等，因为它是起因于一种协议，由于人们的同意而设定的，或者至少是它的存在为大家所认可的。"[1]

更确切些说，平等与不平等，一方面起因于自然，是自然造成的，因而是不可选择、不能进行道德评价、无所谓善恶应该不应该的，如性别、肤色、人种、相貌、身材、天赋能力等方面的平等与不平等：这就是自然平等与不平等。平等与不平等，另一方面则起因于人的自由活动，是人的自由活动造成的，因而是可以选择、可以进行道德评价、有善恶应该不应该之别的，如贫与富以及均贫富、贵与贱以及等贵贱、按贡献分配以及收入均等化等：这就是人为平等与不平等。

这样，自然平等与人为平等虽然都与利益相关，都是人与人的利益

---

[1]　卢梭：《论人类不平等的起源和基础》，李常山译，商务印书馆，1962年，第70页。

关系问题，但是，自然平等仅仅是个利益问题，而不是个应该不应该的权利问题。反之，人为平等则不仅是个利益问题，而且根本说来，是个应该不应该的权利问题：人为平等正如无数先哲所说，实乃权利平等。这就是为什么我们可以说有权利得到什么工资、职务、地位，却不能说有权利得到什么肤色、性别、天赋的缘故。

既然自然平等无所谓应该不应该，而只有人为平等才有所谓应该不应该，那么，平等作为一种应该如何的道德原则或价值标准，也就只能是人为平等而不能是自然平等。人为平等，如前所述，实质上是权利平等。所以，平等原则实乃权利平等原则。法国《人权宣言》一语中的："平等就是人人能够享有相同的权利。"我国《辞海》亦如是说："平等是人们在社会上处于同等的地位，在政治、经济、文化等各方面享有同等的权利。"

那么，这是否意味着，一切人所享有的一切权利都应该完全平等呢？是否主席总统与平民百姓所享有的一切权利都应该完全平等呢？显然不是。总统与平民所享有的一切权利既不可能也不应该完全平等。那么，这是否又意味着人权宣言是错误的，人人并不应该享有平等权利？也不是。然而，人人应该享有平等权利是正确的；总统与平民不应该享有平等权利也是正确的——岂非悖论？并非悖论。因为，细究起来，权利平等原则有两层含义：一方面，每个人所享有的基本权利应该完全平等；另一方面，每个人所享有的非基本权利应该比例平等——完全平等是基本权利的分配原则；比例平等是非基本权利的分配原则。

2 完全平等原则

完全平等是基本权利的分配原则，而比例平等是非基本权利的分配原则，显然意味着：确立平等原则的前提是区分基本权利与非基本权利。我们没有在权利义务的分类中进行基本权利与非基本权利的区分，是因为这种区分极为简单。一目了然，所谓基本权利，也就是人们生存和发展的必要的、起码的、最低的权利，是满足人们政治、经济、思想等方面的基本的、起码的、最低的需要的权利；而非基本权利则是人们生存和发展的比较高级的权利，是满足人的政治、经济、思想等方面的比较高级需要的权利。举例说：

一个人能否享有选举权与被选举权，就是个能否享有最低的、起码的、基本的政治权利问题；至于他能否当选或担任何种官职，则是个能否享有比较高级的、非基本的政治权利问题。吃饱穿暖是最低的、起码的、基本的经济权利；而精食美服则是比较高级的、非基本的经济权利。言论出版自由是最低的、起码的、基本的思想权利；但究竟能否在某学术会议上发言，或在某出版社出书以及高稿酬还是低稿酬等，则都是比较高级的、非基本的思想权利了。

可见，基本权利与非基本权利的分类非常简单。然而，这两种权利的源泉和依据问题却极为复杂难解；以致从亚里士多德到罗尔斯两千年来，思想家们一直努力探寻：究竟为什么每个人应该享有基本权利和非基本权利？每个人享有基本权利与非基本权利的源泉和依据究竟是什么？这个难题至今没有得到可以自圆其说的解析。我们解决这个问题的困难首先在于：一切权利，如前所述，都只应依据于贡献而按贡献分配。于是，每个人所享有的基本权利也就只应依据每个人对社会的贡献而按贡献分配。可是，如果说基本权利应该完全平等地分配，那岂不意味着：每个人不论贡献如何都应该完全平等地分有基本权利？这岂不自相矛盾？

原来，每个人都应该完全平等地享有基本权利的依据乃在于：每个人都是缔结、创建社会的一个成员、一个股东。因为，正如无数先哲所论，人是社会动物。脱离社会，人便无法生存。所以，每个人的一切利益，说到底，便都是社会给予的：社会对于每个人具有最高效用、最大价值。社会是两个以上的人因一定联系而结成的共同体，不过是每个人的结合，是每个人所缔结、创建的。因此，每个人不论如何，只要他生活在社会中，便为他人做了一大贡献：缔结、创建社会。任何人的其他一切贡献皆基于此！因为若没有社会，任何人连生存都无法维持，又谈何贡献？没有社会，贝多芬能贡献《命运交响曲》、曹雪芹能写出《红楼梦》、瓦特能发明蒸汽机吗？

所以，缔结社会在每个人所做出的一切贡献中是最基本、最重要的贡献。不仅此也，须知每个人的这一贡献还是以自己蒙受相应的损失、牺牲为代价的。因为人们结成任何一个共同体，都会有得有失。比如，结婚就会失去单身汉的自由，但能生儿育女，得到家庭的温馨。人类社会也是由一个个人所结成的共同体，只不过这个共同体并不是每个人自愿结成，而是生来就有、不可选择的罢了。也就是说，从历史上看，人类并不是先有脱离社会的自然状态，尔后这些自然状态的个人通过契约而结成社会。但是，正如罗尔斯等社会契约论者所指出，历史上不存在的东西，并不妨其在逻辑上存在。从逻辑上看，每个人脱离自然状态而结成社会，也同样有得有失，如失去自然自由等。这一点，社会契约论者已经说得很清楚了。那么，每个人在社会中能得到什么呢？显然，每个人不论贡献如何，最低都应该得到作为人类社会的一个股东所应该得到的东西。可是，作为人类社会的一个股东究竟应该得到什么呢？无疑至少应该得到生存和发展的必要的、起码的、最低的权利，即享有所谓基本权利。

每个人不仅应该享有基本权利，而且应该完全平等地享有基本权利。因为虽然人的才能有大小、品德有高低、贡献有多少，但在缔结、创建社会这一最基本最重要的贡献和因其所蒙受的损失上却完全相同。因为每个人并不是在成为总统或平民、文豪或文盲之后才来缔结、创建社会的，而是一生下来就自然地、不可选择地参加了社会的缔结、创建。而每个人一生下来显然完全同样地是结成社会的一分子、一股东，完全同样地参加了社会的缔结、创建。每个人之所以不论具体贡献如何都应该完全平等地享有基本权利，就是因为并且仅仅是因为每个人参与缔结社会这一最基本、最重要的贡献和因此所蒙受的损失是完全相同的。所以，分配给那目不识丁的老百姓与那名振寰宇的大总统同样多的基本权利，就绝不是什么恩赐，而是必须偿还的债务。潘恩说得好："社会并未白送给他什么。每个人都是社会的一个股东，从而有权支取股本。"[①]

可见，基本权利平等分配不但未违背而且恰恰是依据按贡献分配权利的原则：基本权利是每个人因其同样是缔结社会的一股东而应平等享有的权利；是每个人因其同样是结成人类社会的一个人而应平等享有的权利。因此，基本权利又被叫作"人权"：人权是每个人因其同样是结成人类社会的一个人而应平等享有的基本权利。所以，马克思说："人权之作为人权是和公民权不同的。和公民不同的这个人究竟是什么人呢？不是别人，就是市民社会的成员。为什么市民社会的成员称作'人'，只是称作'人'，为什么他的权利称作人权呢？"因为"这种人，市民社会的成员，就是政治国家的基础、前提。国家通过人权承认的正是这样的人。"[②] 这岂不是说，人权乃是每个人因其是结成社会的一个人而应享有的权利？

更何况，如前所述，每个人结成人类社会与结成其他集体有所不同：每个人只要一生下来，就自然地、不可选择地参加了社会的缔结、创建而成为人类社会一股东。所以，人权或基本权利是人人与生俱来、自然赋予的：天赋人权。一句话，基本权利、人权、天赋权利三者是同一概念。彼彻姆说："'人权'一语是新近的表述，传统上一直称之为'自然权利'，更古远一些则被叫作'人的权利'。这种权利通常被当作是人人平等享有、不可转让的。"[③]《弗吉尼亚权利法案》则写道："一切人生而同等自由、独立并享有某些天赋的权利……这些权利就是享有生命和自由、

---

① 《潘恩选集》，马清槐等译，商务印书馆，1963年，第143页。

② 《马克思恩格斯全集》第1卷，人民出版社，1956年，第437页。

③ Tom L. Beauchamp: *Philosophical Ethics*, New York: McGraw-Hill Book Company, 1982, p. 206.

取得财产和占有财产的手段以及对幸福和安全的追求和获得。"

因此，所谓天赋人权，不过是说，人权乃每个人与生俱来的天生的缔结社会的贡献所赋予的。然而，遗憾的是，几乎所有天赋人权论者均以为人权是每个人做为人所具有的共同人性天然赋予的："人权是所有的人因为他们是人就平等地具有的权利。"[①] "我们的人性怎么能确证我们应该享有平等的权利呢？答案是：作为人，我们是平等的。"[②] 这是谬见。因为照此说来，一个人，只要还活着，只要还是人，他便应该享有人权：人权在任何情况下都绝对不可剥夺而为每个人无条件享有。这样，一个人不管做了多大坏事，不论他给社会和他人造成多大损害，他的人权也不应该被剥夺，他也应该与好人一样享有人权。因为他再坏，也与好人一样地是人，一样地具有那普遍的完全相同的人性。

可是，面对现实，这些天赋人权论者又不得不承认：并非一切人都应享有人权。他们说，每个人一生下来便应该享有人权。但是，如果他做坏事做到一定程度，侵犯了他人的人权，那么他的人权便应该被剥夺，他便不应该再享有人权了。一个杀人犯，夺去了他人性命，他自己的生命权也就应该被剥夺了。所以法国《人权宣言》说："每个人行使天赋的权利以必须让他人自由行使同样的权利为限。"

这是非常正确的。可是这样，这些天赋论者便自相矛盾了：既说凡是人都应该享有人权，又说坏人不应该享有人权。摆脱之法显然只有否定其一。而凡是人都应该享有人权否定不得，于是只好否定坏人是人了。邱本博士便这样写道："坏人只有坏到不是人的时候，才可以剥夺其人权。"[③] 坏人难道会坏到不是人的程度吗？坏人再坏，不也是坏人，不也与好人共有同样的人性，不也同样是"这些天赋人权论者作为人权依据的"人吗？

①　沈宗灵、黄楠森主编：《西方人权学说》下，四川人民出版社，1994 年，第 116 页。

②　Mortimer J. Adler: *Six Great Ideas*, New York: Simon & Schuster, 1997, p. 165.

③　邱本："无偿人权和凡人主义"，《哲学研究》，1997 年第 2 期，第 41 页。

　　殊不知，杀人犯等坏人之所以不应享有人权，并非因为他们不再是人，而是因为他们对他人和社会的损害已超过了他们参与缔结创建社会的贡献。严格说来，任何人，只要他给社会和他人的损害大于或等于其贡献，以至净余额是损害或零，那么，他就不应该再享有人权——他至多只应享有人道待遇，享有他做为人所应享有的利益而非权利。设有一人，生下来便孤零零生活于深山老林而与世完全隔绝，因而对社会对他人毫无贡献，其净余额是零。那么，我们若是在深山与他相遇，难道我们竟会负有义务而必须使他享有选举权等政治、经济和思想等方面的基本权利、必须使他享有人权吗？显然，我们不应该负有这种义务；他也不应该享有这种权利。我们应该负有的只是一种对同类的人道关怀和博爱之心，出于这种人道关怀和爱心，我们只应该而非必须为他谋取利益。所以，每个人做为人，只应享有利益而不应享有权利；每个人作为缔结人类社会的一个人，才不仅应该享有利益而且应该享有权利，即享有人权。

　　因此，人权虽是天赋的，应该人人平等享有，但每个人享有人权，也如同享有其他权利一样，是以负有一定的义务为前提的。这种义务，一方面是积极的，即每个人必须与他人一起共同做出缔结社会的贡献，这是人人平等享有人权的源泉、依据；另一方面是消极的，即每个人不得损害他人人权，这是人人平等享有人权的保障、条件。野人逃避了前者、坏人违反了后者，所以都不应该享有人权。

　　准此观之，赵汀阳的有偿人权说便是正确的，而邱本的无偿人权论则是错误的。不过，赵先生只看到人权享有的消极条件（不得损害他人人权），而没有看到人权享有的积极依据（参加缔结社会），却把人权享有的条件当作人权享有的依据，因而以为人权依据于"不做坏人"、"做道德人"："在道德上是人的人拥有人权，在道德上不是人的人不拥有人权。"[1] 这是不能成立的。因为——正如邱本先生所指出——照此说来，那

----

① 赵汀阳："有偿人权和做人主义"，《哲学研究》，1996 年第 9 期，第 21 页。

些合法而不合道德的忘恩负义者、伤风败俗者、沉迷酒色者、嫖娼卖淫者、见死不救者、自私自利者便都不应该享有人权了！这说得通吗？

但是，邱先生却由此得出结论，说人权的享有依据于"合法人"："一个合法的人就应该享有人权，只有依法认为不是人而必须剥夺其人权的人，才不应享有人权。"[①] 这就更荒唐了！首先，普天之下，哪里有什么规定是人和不是人的法律呢？其次，谁都知道，不合法却可能合乎道德；并且，不合法而合道德者，往往是富有自我牺牲精神的道德楷模，如苏格拉底。难道这些不合法者不应该享有人权吗？

总而言之，可以得出结论说，每个人因其最基本的贡献完全平等——每个人一生下来便都同样是缔结、创建社会的一个股东——而应完全平等地享有基本权利、完全平等地享有人权。这就是人权、基本权利完全平等原则，也就是所谓的"人权原则"。

因此，"人权原则"不过是解决"人作为人类社会的一个人、一个股东应该得到什么"的正义原则。这意味着：人权原则是最重要的正义原则。因为正义就是给每个人以其所应得。每个人所应得的一切东西，说到底，不外两个方面。一方面是他作为与其他人一样的"人类社的一个股东"所应得的东西；一方面是他作为与其他人所不同的"他自己"所应得的东西。

于是，正义原则便不外两大类型。一类叫作人权原则，是给予每个人作为人类社会的一个股东所应得的正义原则；另一类是给予每个人作为他自己所应得的正义原则：前一类型的正义显然重要于后一类型的正义。因此，人权原则便是最重要的正义原则。而正义，如前所述，是人类社会最重要的道德，是国家制度好坏最重要的价值标准。所以，人权原则便因其是最重要的正义原则，而是人类社会最最重要的道德，是国家制度好坏的最重要价值标准。

---

① 赵汀阳："有偿人权和做人主义"，《哲学研究》，1996年第9期，第41页。

3 比例平等原则

每个人应该完全平等享有人权、基本权利，似乎意味着：每个人应该不平等地享有非人权权利、非基本权利或比较高级的权利。其实不然。因为平等之为权利分配原则意味着：任何权利分配的不平等都是不道德、不应该、具有负价值的。那么，非基本权利究竟应该如何分配？应该比例平等！"比例平等"首创于亚里士多德。对于这个概念，他曾这样解释说：

"既然正义是平等，基于比例的平等就应是正义的。这种比例至少需要有四个因素，因为'正如 A 对 B，所以 C 对 D。'例如，拥有量多的付税多，拥有量少的付税少，这就是比例；再有，劳作多的所得多，劳作少的所得少，这也是比例。"[1]

观此可知，所谓非基本权利比例平等，不过是说，谁的贡献较大，谁便应该享有较大的非基本权利；谁的贡献较小，谁便应该享有较小的非基本权利：每个人因其贡献不平等而应享有相应不平等的非基本权利。这样，人们所享有的权利虽是不平等的，但每个人所享有的权利的多少之比例与每个人所做出的贡献的大小之比例却应该完全平等；换言之，每个人所享有的权利的多少与自己所做出的贡献的多少之比例应该完全平等。这就是非基本权利比例平等原则。举例说：

张三做出一份贡献，应享有一份权利；李四做出三份贡献，便应享有三份权利。这样，张三与李四所享有的权利是不平等的。但是，张三与李四所享有的权利之比例与他们所做出的贡献之比例却是完全平等的；换言之，他们所享有的权利与自己所做出的贡献的比例是完全平等的：

---

[1] 《亚里士多德全集》第八卷，苗力田等译，中国人民大学出版社，1992 年，第 279 页。

$$\text{张三} \frac{\text{一份权利}}{\text{一份贡献}} \text{等于 李四} \frac{\text{三份权利}}{\text{三份贡献}} \text{或者} \frac{\text{张三一份权利}}{\text{李四三份权利}} \text{等于} \frac{\text{张三一份贡献}}{\text{李四三份贡献}}$$

非基本权利应该比例平等原则表明，社会应该不平等地分配每个人的非基本权利。但是这种权利不平等的分配应该完全依据贡献的不平等，从而使每个人所享有的权利的不平等，与他们所做出的贡献的不平等的比例，达到完全平等。为了做到这一点，在这种权利不平等的分配中，正如罗尔斯的补偿原则所主张，获利较多者还必须给较少者以相应的补偿权利："社会和经济的不平等，如财富和权力的不平等，只要其结果能给每个人——特别是那些最少受益的社会成员——带来补偿利益，它们就是正义的。"[1] 那么，为什么获利较多者必须给较少者以补偿权利？

原来，如上所述，社会、社会合作体系（"社会"与"社会合作体系"，正如罗尔斯所言，实际上是同一概念；因为社会不过是"一个目的在于增进每个成员利益的合作体系"[2]）是每个人完全平等创建的资源，因而应该每个人完全平等利用：完全平等利用社会合作资源是每个人的应有权利。这意味着，谁较多地利用了社会合作资源，谁就侵占了较少利用者的权利，因而必须还给较少利用者以"与其所侵占的权利相等"的补偿权利；否则就是不正义的。

问题的关键恰恰在于，按照比例平等分配原则分配，权利获得较多者，贡献较多，能力较强，势必较多地利用社会合作资源；权利获得较少者，贡献较少，能力较弱，势必较少地利用社会合作资源：这就是获利较多者必须给较少者以补偿权利的缘故。准此观之，获利越少者对共同资源"社会合作"的利用往往便越少，因而所得的补偿权利便应该越多；获利最少者对"社会合作"的利用往往便最少，因而便应该得到最

---

[1] John Rawls: *A Theory of Justice*, Cambridge, Massachusetts: The Belknap Press of Harvard University Press, 1999, p. 13.

[2] Ibid., p. 4.

多的补偿权利。举例说：

那些大歌星、大商贾、大作家，是获利较多者。他们显然比工人农民们等获利较少者较多 地使用了双方共同创造的资源："社会"、"社会合作"。若是没有社会、社会合作，这些大歌星大商贾大作家们统统都会一事无成；若非较多地利用了社会合作，他们也绝不可能做出那些巨大贡献。这些获利较多者的贡献之中既然包含着对共同资源的较多使用，因而也就间接地包含着获利较少者的贡献。于是，他们因这些巨大贡献所取得的权利，便含有获利较少者的权利。所以，便应该通过个人所得税等方式从获利较多者的权利中，拿出相应的部分，补偿、归还给获利较少者。否则，获利多者便侵吞了获利少者的权利，是不正义的。然而，诺齐克反对补偿原则，认为恰恰是它侵犯了个人权利。他举例说：

"假设威尔特·张伯伦有巨大的票房价值而为篮球队急需。他和一个球队签订了如下契约：在家乡的每场比赛中，从每张门票的票价里抽出 25 美分给他。适逢旺季，人们欢天喜地来看他的球队的比赛。他们买票时，每次都把从门票分出来的 25 美分投进一个写有张伯伦名字的专门箱子里。他们观赏他的表演而兴奋激动；花这些钱对他们来说是值得的。假设一个旺季有一百万人观看了他的比赛，张伯伦得到了 25 万美元，这是一个比平均收入大得多的数字，甚至多于任何人。他有权利享有这笔收入吗？"①

诺齐克的回答是肯定的。在他看来，既然张伯伦有权拥有这 25 万美元，那么，补偿原则却要通过个人所得税而从张伯伦这 25 万美元收入中拿出一定部分进行再分配，岂不侵犯了张伯伦的权利？诺齐克的观点是不能成立的。因为体现补偿原则的个人所得税并没有侵犯张伯伦的权利。张伯伦 25 万美元的巨额个人收入，固然源于其巨额贡献。可是，若没有

---

① Robert Nozick: *Anarchy, State and Utopia*, Beijing: China Sciences Publishing House Chengcheng Books Ltd., 1999, p. 161.

社会，张伯伦能做什么呢？恐怕不如一个目不识丁的农民，甚至连自己的命都保不住。他之所以能做出巨大贡献，显然是因为他与农民等人共同创造了社会，特别是因为他比那些农民等人较多地使用了"社会合作"这个共同的资源。因而，在他那巨额贡献中，也就间接地包含了农民等人的贡献；在他那 25 万美元巨额收入中也就间接含有农民等人的收入。所以，通过个人所得税而从张伯伦 25 万美元收入中拿出相应的部分归还给农民等人，并没有侵犯张伯伦的权利；相反地，如果不这样做，而让张伯伦独享 25 万美元，恰恰是侵犯了农民等人的权利。

不过，罗尔斯忽略了强者比弱者较多地利用"社会合作"是强者应该给弱者补偿的根本理由；而认为强者之所以应该转让一部分收入给弱者，是因为强者的较多收入依靠与弱者的合作。[①] 这个理由很不充分，因为弱者的收入显然也完全依靠与强者的社会合作。如果强者因为依靠社会合作而应该转让一部分收入给弱者，那么，弱者岂不也应该因为依靠社会合作而转让一部分收入给强者？诺齐克正是这样反驳罗尔斯差别补偿原则的：

"差别原则无疑提出了那些弱势者愿意合作的条件。但这是一个那些弱势者能够期望得到别人自愿合作的公平协议吗？就社会合作的收益来说，情况是匀称的。强势者是通过与弱势者的合作而受益；而弱势者也是通过与强势者的合作而得益。然而，差别原则在两者之间却不是中立的。这种不匀称从何而来？"[②]

这种不匀称（强者给弱者补偿，而弱者却不给强者补偿）的真正理由，显然并不在于强者利用了社会合作，而在于强者较多地利用了社会合作。诺齐克认为补偿原则侵犯个人权利，说到底，也是因为他看不到强者

①　John Rawls: *A Theory of Justice*, Cambridge, Massachusetts: The Belknap Press of Harvard University Press, 1999, p. 88.

②　Robert Nozick: *Anarchy, State and Utopia*, Beijing: China Sciences Publishing House Chengcheng Books Ltd., 1999, pp. 192/193.

较多地利用了社会合作，而误以为强者和弱者同等地利用了社会合作。

综上可知，每个人因其贡献的不平等而应享有相应不平等的非基本权利；也就是说，每个人所享有非基本权利的不平等，与他们所做出贡献不平等的比例，应该完全平等；这蕴含着，权利较多者，因其较多地利用了应该平等利用的共同资源"社会合作"，而应该归还给权利较少者以相应的补偿权利。这就是非基本权利、非人权权利分配的"比例平等原则"。

4 完全平等与比例平等的关系：平等总原则

罗尔斯在谈到基本权利分配原则与非基本权利分配原则之关系时说："这些原则的排列具有一种先后次序，其中第一个原则优先于第二个原则。这一次序意味着，对第一个原则所保障的基本平等自由的侵犯不能因其带来更大的社会和经济的利益而得到辩护或补偿。"① 这就是说，基本权利的分配优先于非基本权利的分配：当二者发生冲突时，应当牺牲后者以保全前者。所以，为使人们得到更多的经济方面的非基本权利而剥夺他们的政治、思想等方面的基本权利是不应该的。

这是不错的。不过，为使人们得到更多的经济利益而剥夺其政治等方面的基本权利是不应该的，真正讲来，并非依据于基本权利的优先性。因为所谓基本权利的优先性，无非是指当其与非基本权利发生冲突时，应该牺牲后者而保全前者：基本权利的优先性只能体现在其与非基本权利发生冲突而进行非此即彼的选择上。

然而，每个人的政治、思想、机会等方面的基本权利，显然只可能促进而绝不会阻碍经济发展，从而也就只可能增加而绝不会减少每个人

---

① John Rawls: *A Theory of Justice*, Cambridge, Massachusetts: The Belknap Press of Harvard University Press, 1999, p. 54.

经济方面的非基本权利：二者完全一致而绝不可能发生冲突。既无冲突，那么，一方面，也就不存在非此即彼、何者优先的选择问题，因而也就不可能体现基本权利的优先性了；另一方面，则所谓"为使人们得到较大经济权益而剥夺其政治等方面的基本权利"，便无非是侵犯人权的借口罢了。

那么，基本权利的优先性究竟体现在哪里呢？只能体现于一些人的基本权利与另一些人的非基本权利的冲突上。举例说，当一个社会的物质财富极度匮乏时，如果人人吃饱从而平等享有基本权利，那么，就几乎不会有人吃好而享有非基本权利。这样，每个人就几乎完全平等享有经济权利，因而便违反了比例平等原则，侵犯了有大贡献者在经济上所应该享有的非基本权利。反之，如果一些有大贡献者吃好而享有非基本权利，那么，就会有人饿死而享受不到基本权利。这样，基本权利便不是人人平等享有的，因而便违反了完全平等原则，侵犯了一些人的基本权利。

在这种情况下，应该怎么办？显然应该违反比例平等原则而侵犯某些有大贡献者的非基本权利"吃好"，以便遵循完全平等原则而保全每个人的基本权利"吃饱"：人权是神圣、优先、不可侵犯、不可剥夺的。因此，真正说来，任何一个社会，如果它是正义的，那么，在这种社会里，只要有一个人不能吃饱而享有人权，那么，任何人，不管他的贡献有多大，便都不应该吃好而享有非人权权利；只要有一个人穷得穿不上裤子而享有人权，那么，任何人，即使是总统，也都不应该穿好裤子而享有非人权权利。

可是，为什么一个人不论多么渺小，他的人权也优先于另一个人——不管他多么伟大——的非基本权利？这是因为，正如罗尔斯所说，社会不过是"一个目的在于增进每个成员利益的合作体系"。[①] 每个人都是这

---

①　John Rawls: *A Theory of Justice*, Cambridge, Massachusetts: The Belknap Press of Harvard University Press, 1999, p. 4.

个合作体系的一个股东。在这个合作体系中，毫无疑义，贡献多者所享有的权利应该多；贡献少者所享有的权利应该少。但是，一个人的贡献再少，也与贡献最多者同等是缔结社会的一个股东，因而至少也应该享有最低的、起码的、基本的权利，即人权。反之，那些有大贡献者的贡献再大，也完全是以社会的存在为前提，因而也就完全是以每个人缔结社会这一最基本的贡献为前提。所以，有大贡献者究竟应否享有非基本权利，也就完全应该以每个人是否已享有基本权利为前提。一句话，每个人的人权、基本权利之所以是优先的、神圣不可侵犯的，就是因为赋予这一权利的每个人参加缔结社会的这一基本贡献，优先于、重要于任何其他贡献。

不过，人权的神圣性、优先性、不可侵犯性、不可剥夺性并不是绝对的、无条件的，而是相对的、有条件的。因为，如前所述，一个人如果完全逃离社会或侵犯了他人的人权，那么，他也就不应该享有相应的人权了。每个人的人权只有相对于其他人的非人权权利来说，只有在与其他人的非人权权利发生冲突的条件下，才是优先的、神圣的、不可侵犯的、不可剥夺的。

但是，说到底，"基本权利完全平等"与"非基本权利比例平等"，显然是"权利平等原则"的两个侧面。于是，合而言之，可以得出结论说：

一方面，每个人因其最基本的贡献完全平等——每个人一生下来便都同样是缔结、创建社会的一个股东——而应该完全平等地享有基本权利、完全平等地享有人权。这是完全平等原则，亦即所谓人权原则，是人权、基本权利分配原则。另一方面，每个人因其贡献的不平等而应享有相应不平等的非基本权利；也就是说，每个人所享有非基本权利的不平等，与他们所做出贡献的不平等的比例，应该完全平等；这蕴含着，权利较多者，因其较多地利用了应该平等利用的共同资源"社会合作"，而应该归还给权利较少者以相应的补偿权利。这是比例平等原则，是非基本权利、非人权权利分配原则。

　　这就是权利平等总原则的两个方面，这就是平等总原则，这就是衡量国家制度和国家治理好坏的平等总标准。它之所以被称之为平等总原则、总标准，乃是因为从中可以推导出一系列更为具体的平等原则，如政治平等原则、经济平等原则和机会平等原则等。但是，在推导这些平等原则之前，显然应该分析二千多年来思想家们有关平等总原则的理论。

5　关于平等总原则的理论：罗尔斯正义论之贡献与缺憾

　　平等总原则的发现和确立　　不难看出，平等总原则虽然推演于贡献原则，却远远复杂和重要于贡献原则。因为贡献原则过于笼统空泛、难于操作：它难以直接解决每个人的权利分配，难以直接解决人们权利分配的平等与不平等难题，特别是难以直接解决人权难题。反之，平等总原则从贡献原则出发，通过区分基本权利与非基本权利，具有可操作性：它能够直接解决权利分配的平等与不平等的难题，能够直接解决人权难题，能够直接解决每个人权利分配问题，因而重要于贡献原则。贡献原则，如上所述，乃是社会正义根本原则；而社会正义又是最重要的正义；而正义又是人类最重要的道德原则，是社会治理的最重要道德原则。所以，平等总原则便是最重要的正义原则，说到底，也就是人类最重要的道德原则，是社会治理的最重要道德原则。

　　因此，对于平等总原则，两千年来，思想家们一直探求不息、争论不已。最早揭示这一原则的，是亚里士多德。他这样写道："平等有两种：数目上的平等与以价值或才德而定的平等。我所说的数目上的平等是指在数量或大小方面与人相同或相等；依据价值或才德的平等则指在比例上的平等。……既应该在某些方面实行数目上的平等，又应该在另一些方面实行依据价值或才德的平等。"[①] "正义被认为是而且事实上也是平等；

――――――――――
① 《亚里士多德全集》第九卷，苗力田等译，中国人民大学出版社，1994年，第163页。

但并非是对所有人而言，而是对于彼此平等的人而言。不平等被认为是，而且事实上也是正义的，不过也不是对所有人，而是对彼此不平等的人而言。"[1]

范伯格将这一原则叫作"平等的形式原则"而概括为："我们的形式原则（源自亚里士多德）要我们：（1）同样地（平等地）对待在有关方面相同的（平等的）人；（2）不同地（不平等地）对待在有关方面不相同的（不平等的）人，这种不平等对待与他们之间的差别性（不平等性）成为比例。"[2] 萨托利亦如是写道："平等原则：（1）同样地对待所有的人，亦即分配给所有的人平等的份额（利益或负担）；（2）同样地对待同样的人，亦即分配给平等的人平等的份额（利益或负担）、不平等的人不平等的份额。"[3]

不难看出，亚里士多德及其追随者之莫大功绩，在于发现平等总原则和确立平等总原则的两大层次：一方面是绝对的、完全的平等，另一方面是相对的、比例的平等。然而，他们未能解决：（1）应该平等分配与不平等分配的东西究竟是什么？进言之，完全平等与比例平等分配的权利究竟各是什么权利？（2）平等分配与不平等分配所依据的人们的相同方面与不同方面究竟是什么？更确切些说，对于权利进行完全平等分配与比例平等分配的依据究竟是什么？这是平等总原则更为艰深的两大难题。罗尔斯的名著《正义论》所要解决的，说到底，也正是这两个难题。

罗尔斯的贡献与缺憾　如果说古代思想家的使命主要在于提出观点和理论，那么现代思想家的使命则主要在于证明和修正这些观点和理论，从而将古代不成体系的观点和理论构建为一种理性知识体系。罗尔斯的贡献，主要讲来，无疑是首次将亚里士多德以降关于两个平等原则的观点和

---

[1] 《亚里士多德全集》第九卷，苗力田等译，中国人民大学出版社，1994年，第89页。

[2] Joel Feinberg: *Social Philosophy*, Englewood Cliffs, New Jersey: Prentice-Hall, Inc., 1973, p. 100.

[3] Giovanni Sartori: *The Theory of Democracy Revisited*, Chartham, New Jersey: Chatham House Publisher, Inc., 1987, p. 348.

理论，构建成一种理性知识体系，亦即证明两个平等原则正义性的理性知识体系，说到底，亦即洋洋 50 万言的证明两个平等原则正义性的科学体系：使亚里士多德以降的零散的论断变成科学。因为，所谓科学，正如瓦托夫斯基所言，就是关于实际存在的事物的普遍性的理性知识体系："科学是一种用普遍的定律和原理建构的有组织的或系统化的知识体系。"[1]

对此，罗尔斯自己在《正义论》前言中说得很清楚："我必须承认，我所提出的这些观点并无任何独创之处。主要的思想是古已有之，也是众所周知的。我的意图是要用某些简化的方法把这些思想组织成一个总的体系，使人们能够领会它们的全部含义。"[2]

不但此也，大体说来，罗尔斯还解决了平等总原则理论的第一个难题：完全平等分配的应该是每个人的基本权利；比例平等分配的应该是每个人的非基本权利。但是，罗尔斯对这两个原则内容的表述是不确切的。让我们来看看他对这两个原则的最后、全面的陈述："第一个原则：每个人对最大限度的平等的基本自由之完整体系——或与其一致的类似的自由体系——都应该享有一种平等的权利。第二个原则：社会和经济的不平等应该这样安排，使它们：(a) 与正义的储蓄原则一致，而赋予最少受益者以最大利益；(b) 附属于机会公平平等条件下之职务和地位向所有人开放。"[3]

第二个原则自亚里士多德以来便是"比例平等"。可是，在罗尔斯这里，却被表述为"不平等"原则。这是平等理论的一大退步。因为罗尔斯之前平等理论的最大功勋与其说是提出极为简单的完全平等原则，显然不如说是在不平等的权利分配之中，提出比例平等原则：它的现象是

[1]　M. W. Wartofsky: *Conceptual Foundations of Scientific Thought*, New York: Macmillan Publishing Company; London: Collier-Macmillan Limited, 1968, p. 23.

[2]　罗尔斯：《正义论》，何怀宏等译，上海译文出版社，1990 年，第 1 页。

[3]　John Rawls: *A Theory of Justice*, Cambridge, Massachusetts: The Belknap Press of Harvard University Press, 1999, p. 266.

不平等；而其实质则是一种特殊的平等，即比例平等。然而，罗尔斯却从比例平等的真知灼见退至不平等的皮相之见，致使亚里士多德以来的"两个平等原则"，退化而一为"平等原则"、一为"不平等原则"。这恐怕就是罗尔斯为什么背离两个原则历来被名为"两个平等原则"的传统而称其为"两个正义原则"的缘故。

罗尔斯对这两个平等原则表述的不确切还在于，他未能真正说清：平等（即完全平等）分配与不平等（即比例平等）分配的东西究竟是什么？他的第一个原则讲的是应该平等分配的东西；第二个原则讲的则是应该不平等分配的东西。可是，应该平等分配的是什么呢？竟然仅仅是自由！这就过于狭窄了。因为应该平等分配的乃是所有基本权利，是所有的人权！而自由无疑仅仅是基本权利之一，仅仅是人权之一。难道其他的人权、基本权利就不应该平等分配吗？

那么，应该不平等分配的又是什么呢？竟然是社会和经济权利！这既失之过宽，又失之过窄。失之过宽，因为并非一切社会、经济权利都应该不平等分配。应该不平等分配的仅仅是非基本的社会经济权利；而基本的社会经济权利岂不应该平等分配吗？失之过窄，因为并非只有社会和经济权利才应该不平等分配。政治、文化、言论、出版等任何方面的非基本权利都应该不平等分配。难道总统与百姓不应该享有不平等的非基本政治权利吗？

特别是，罗尔斯背离两个原则——基本权利完全平等和非基本权利比例平等——历来被名为"平等原则"的传统，而称其为"正义原则"，是不正确的。诚然，这两个原则是正义的；但不能因其正义就叫作正义原则。人道主义的"把人当人看"原则是正义的，但不应将其叫作"正义原则"，而只应叫作"人道原则"。《独立宣言》关于"政府的正当权力，系得自被统治者的同意"的原则是正义的；也不应将其叫作"正义原则"，而只应叫作"政治自由原则"。同理，"每个人因其基本贡献完全平等而应享有完全平等的基本权利（完全平等）；因其具体贡献不平等而应享有相应不平等的非基本权利（比例平等）。"这两个平等原则也是正义的，当然也不应将其叫作"正义原则"，而只应叫作"平等原则"。为什么这些人道原则、政治自由原则、平等原则都是正义的，却不应称其为"正义原则"？因为"正义"是这些原则的共性，而"人道"、"政治自由"、"平等"则是它们互相区别的特性。我们对任何原则命名显然只应依据其特性，而不应依据其共性。否则，这些原则便只能有一个名称，都叫作"正义原则"，因而无法互相区别了。

平等总原则的另一个难题是完全平等分配与比例平等分配所依据的每个人的相关差别究竟是什么？或者说，对于权利义务的完全平等分配与比例平等分配的依据究竟是什么？这个问题，正如萨托利所言，是最难对付的："最难驾驭的问题是：为什么正是这些差别而不是其他差别应该被认为是相关的差别？"[①] 这个问题是如此之难，以致西方学术界至今未能解决这个难题。未能解决这个难题的关键，恐怕在于他们不懂得，每个人完全平等享有人权的依据是："每个人同为缔结社会的一个股东"这一最基本的贡献完全平等。

他们不懂得这个道理，却以为每个人平等享有权利的依据是人性。对于这一点，阿德勒说得很清楚："我们的人性怎么能确证我们应该享有平等的权利呢？答案是：作为人，我们是平等的……也就是说，所有人都具有相同的物种特性。"[②] 这种观点虽然是西方学术界的主流，却是根本不能成立的。因为，按照这种观点，一个人只要还活着，只要还是人，他便应该享有人权：人权在任何情况下都绝对不可剥夺而为每个人无条件享有。这样，一个人不管做了多大坏事，不论他给社会和他人造成多大损害，不论他杀害了多少人，他的人权也不应该被剥夺，他的生命权也不应该被剥夺，他也应该与好人一样享有人权。因为他再坏，也与最

---

① Giovanni Sartori: *The Theory of Democracy Revisited*, Chartham, New Jersey: Chatham House Publisher, Inc., 1987, p. 350.

② Mortimer J. Adler: *Six Great Ideas*, New York: Simon & Schuster, 1997, pp. 165/166.

好的人一样地是人，一样地具有那普遍的完全相同的人性。这显然是荒谬的。

罗尔斯的主要谬误：正义原则正义性的契约论证明方法 罗尔斯独辟蹊径，认为两个正义原则正义性的依据，是人人一致同意。他的《正义论》的主要内容就是对于这一点的证明。他的证明，要言之，是一种契约论证明。因为在他看来，这两个原则之所以是正义的，不是因为它们依据于每个人的贡献；而是因为它们是一种社会契约：人人一致同意就是它们的正义性的证明。

当然，罗尔斯指出，这两个正义原则关涉每个人的权利与义务的分配。而在现实社会里，人们的地位和能力不同，不可能就权利与义务的分配这种攸关每个人一生命运的重要利益达成人人一致同意的社会契约。由此，罗尔斯对传统契约论做了一个重大修正：传统契约论的对象是真实的、现实的、历史的社会；而罗尔斯契约论的对象则是用来确立和论证正义原则的一种理想的、假设的社会。他把这种假设的社会叫作"原初状态"（original position）：

"原初状态当然不可以被看作一种实际的历史状态，也不是人类文明的原始状态。它应被理解为一种可以导致某种正义观念的纯粹假设状态。这一状态的根本特征是，没有一个人知道自己在社会中的位置——他的阶级地位或社会身份——也没有人知道自己的天资、才能、智力、体力等。"①

既然每个人都被这种"无知之幕"（veil of ignorance）遮掩而不知道自己的地位和能力，那么，他们一致同意的分配权利义务的原则便一定是正义的："正义原则是在一种无知之幕后被选择的。这可以保证任何人在这些原则的选择中都不会因自然的机遇或社会环境中的偶然因素而得益或

---

① John Rawls: *A Theory of Justice*, Cambridge, Massachusetts: The Belknap Press of Harvard University Press, 1999, p. 11.

受害。既然所有人的处境都是相似的，那么，也就无人能够设计有利于自己特殊情况的原则，正义的原则是一种公平的协议或契约的结果。"① 一句话，"正义原则被证明，是因为它们在一种平等的原初状态中能够得到一致同意。"②

细细想来，这种对于正义原则的"正义性"的证明方法是根本不能成立的：它把正义原则的自由性与正义原则的正义性混同起来。一种原则的自由性，是指该原则是不是个自由的原则；而一种原则的正义性，则是指该原则是不是个正义的原则。那么，怎样证明一种原则是不是自由的原则？只能看该原则是否被人人一致同意：人人一致同意的，就是自由的原则；并非人人一致同意的，就是不自由的原则。

因为所谓自由，如所周知，就是自主，就是能够按照自己的意志进行的活动。所以，一种原则，如能直接或间接得到全社会人人一致同意，从而成为"公共意志"的体现，那么，每个人对它的服从，也就是在服从既属于别人也属于自己的意志，因而也就是自由的：真正自由的原则就是人人直接或间接一致同意的原则。反之，一种原则，如不能直接或间接得到全社会人人一致同意、不能成为公共意志的体现，那么，不同意者对它的服从，也就仅仅是在服从别人的意志而不是服从自己的意志，因而也就是不自由的：不自由的原则就是不能直接或间接取得人人一致同意的原则。

一种原则是不是自由原则取决于人人是否一致同意，意味着：一种原则的自由性与原则本身无关，而只取决于参与制定原则的人们的意见，因而也就是完全随意、任意、主观、偶然、依人的意志为转移的。这种主观随意性突出表现在：同一种原则，比如"均贫富"，如果今天没有取得人人一致同意，那么，它今天就是不自由原则；而明天如果取得了人

① John Rawls: *A Theory of Justice*, Cambridge, Massachusetts: The Belknap Press of Harvard University Press, 1999, p. 11.
② Ibid., p. 19.

人一致同意，那么，它明天就是自由的原则了。

由此不难看出，一种原则是不是自由的原则与一种原则是不是正义的原则根本不同：自由的原则既可能是正义的、优良的原则，也可能是非正义的、恶劣的原则。因为任何原则，不管它多么不正义、多么恶劣，只要人人一致同意，就是自由的原则；不论多么正义、多么优良，只要不能取得人人一致同意，就是不自由的原则。设有一个社会，该社会所有人一致同意制定这样一个原则：所有长官的任命均由财产多少决定。这是个自由原则，却不是正义原则；因为它违反了"任人唯贤"的社会正义原则。

可见，人人一致同意的契约论的发现和证明方法，只能发现和证明一种原则的自由性，却不能证明一种原则的正义性。因为一种原则是不是自由的原则，确系契约的结果，是个人人是否一致同意的契约论问题。反之，一种原则是不是正义原则，则不是契约的结果，不是个人人是否一致同意的契约论问题。

诚然，任何道德规范、道德原则——正义原则也不例外——都是人约定的，都是一种契约："道德可以被定义为全社会的一种契约。"[1] 但是，道德规范、道德原则或正义原则的"正义性"、"正义本身"、"正义"却不是约定的，不是契约。因为正义原则的"正义性"乃是一种应该，是一种价值，属于道德价值范畴：谁能说价值是约定的？谁能说价值是契约？

一切价值——不论道德价值还是非道德价值——显然都不是约定的，都不是契约。试想，猪肉的营养价值怎么能是约定的？怎么能是契约？猪肉的营养价值不是约定的，不是契约；只有如何吃猪肉的行为规范才是约定的，才是契约。

显然，只有"正义原则"才是契约；但正义原则的"正义性"、"正义本身"、"正义"不是约定的，不是契约。罗尔斯正义原则"正义性"

---

① 　William K. Frankena: *Ethics*, Englewood Cliffs, New Jersey: Prentice-Hall, Inc., 1973, p. 6.

的契约论证明方法之错误，直接说来，在于将正义原则的"自由性"与正义原则的"正义性"混同起来；但是，归根结底，无疑在于他所追随的契约论传统，将"正义"与"正义原则"等同起来，误以为正义是契约，是契约的结果："正义是一种防止人们相互伤害的权宜契约。"① "正义起源于人类契约。"②

正义原则的正义性的价值论证明方法　正义原则的正义性既然是一种道德价值，那么，对于一种正义原则的正义性的证明，便应该是一种价值论证明，说到底，应该是一种道德价值的发现和证明方法，亦即道德价值推导方法。这种方法，我们在元伦理学中已有详论，可以归结如下：

伦理行为应该如何的道德价值，是伦理行为事实如何对于道德目的——保障社会存在发展——之相符与否的效用。因此，伦理行为应该如何的道德价值，是通过道德目的，从伦理行为事实如何中产生和推导出来的：伦理行为应该如何的道德价值等于伦理行为事实如何与道德目的之相符；伦理行为不应该如何的道德价值等于伦理行为事实如何与道德目的之相违。公式：

前提1：伦理行为事实如何（道德价值实体）

前提2：道德目的如何（道德价值标准）

———————————————————————

结论：伦理行为应该如何（道德价值）

准此观之，正义原则虽然是人制定的，但是，只有虚假的正义原则才可以随意制定；真正的正义原则绝非可以随意制定，而只能通过道德目的（正义的价值标准）从一定类型的伦理行为事实如何（正义的价值实体）推导出来：正义原则的"正义性"就是一定类型的伦理行为符合道德目

———————————————————————

① 莫蒂默·艾德勒、查尔斯·范多伦编：《西方思想宝库》，《西方思想宝库》编委会译编，吉林人民出版社，1988年，第944页。

② David Hume: *A Treatise of Human Nature*, Oxford: Clarendon Press, 1949, p. 494.

的——保障社会存在发展——的效用性；真正的正义原则必与这种正义性相符，因而也就是符合道德目的的一定类型的伦理行为。究竟是哪种类型的伦理行为呢？

原来，所谓伦理行为，如前所述，亦即受利害人己意识支配的行为，因而可以分为两类：等利（害）交换与不等利（害）交换。等利（害）交换无疑皆符合道德目的，都是善行。不等利交换则分为两种：一种符合道德目的，无非仁爱和宽恕，如滴水之恩涌泉相报和以德报怨，可以称之为不等利（害）交换的善行；另一种不符合道德目的，可以称之为不等利（害）交换的恶行。真正的正义原则是一种善行，因而必在等利（害）交换和仁爱以及宽恕三种善行之中。不言而喻，仁爱与宽恕无所谓正义不正义，而是高于正义的份外善行。因此，真正的正义原则只能是等利（害）交换的行为；真正的不正义原则也就只能是不等利（害）交换——仁爱与宽恕除外——的行为，亦即不符合道德目的的不等利（害）交换，说到底，亦即不等利（害）交换的恶行。如图：

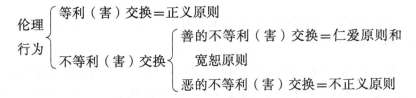

这就是"等利（害）交换"之为真正的正义原则的证明，亦即"等利（害）交换"正义原则正义性的证明。所以，"等利（害）交换"之为真正的正义原则，与人们是否一致同意无关，而完全是通过不依人的意志而转移的道德目的——保障社会存在发展——从一定类型的伦理行为事实如何的客观本性中推导出来的，因而是客观的、必然的、不依人的意志而转移的。

正义原则是一个由若干原则构成的正义原则体系，"等利（害）交换"乃是最一般的正义原则，因而也就是统摄和演绎其他正义原则的正义总原则。确实，如前所述，运用"等利（害）交换"这一正义总原则来衡量权利与义务分配问题，便可从中演绎出"按贡献分配权利"的社会正义根本原则；运用"按贡献分配权利"原则来衡量基本权利与非基本权利的分配问题，便可从中演绎出"基本权利完全平等"与"非基本权利比例平等"的两个平等原则：

（1）每个人因其基本贡献完全平等（都同样是缔结社会的一个股东）而应该完全平等地享有基本权利；（2）每个人因其具体贡献不平等而应该享有相应不平等的非基本权利，说到底，每个人所享有的非基本权利的不平等，与自己所做出的具体贡献的不平等的比例，应该完全平等。

这就是对于亚里士多德以降的"两个平等原则"——特别是罗尔斯"两个正义原则"——的科学表述。因此，罗尔斯所谓的两个正义原则之所以是正义的，乃至一切正义的原则之所以是正义的，实际上都是从正义总原则演绎出来的，说到底，都是通过道德目的，从一定类型的伦理行为事实如何的客观本性中推导出来的，因而都是客观的必然的不依人的意志而转移的。

综上可知，一种原则的正义性与自由性根本不同。一种原则的自由性，即一种自由原则是不是真正的自由原则，取决于人们是否一致同意，因而是主观、随意、偶然、依人的意志为转移的：它是个契约论问题而不是价值论问题。所以，对于一种原则是不是自由原则的证明，便应该是一种契约论证明，而不应该是一种价值论证明。反之，一种原则的正义性，即一种正义原则是不是真正的正义原则，则与人们是否一致同意无关，而完全是通过道德目的，从一定类型伦理行为事实如何的客观本性中推导出来的，因而是客观的、必然的、不依人的意志为转移的：它是个价值论问题而不是契约论问题。因此，对于一种正义原则是不是真正的正义原则的科学证明，便应该是价值论证明，而不应该是契约论证明。

罗尔斯的错误就在于将二者等同起来，因而由"正义原则的自由性的证明是人人一致同意"的正确前提而得出错误的结论：正义原则的正义性的证明是人人一致同意。这样一来，正义原则的正义性便是主观、随意、偶然、依人的意志而转移的了。诚然，罗尔斯所说是原初状态而非现实社会中的人人一致同意。但是，这并不能改变其主观、偶然、随意性。因为正义原则的正义性，不论是取决于现实社会中的人人一致同意，还是取决于原初状态中的人人一致同意，毕竟都是取决于人人一致同意：既然都是取决于人人一致同意，又怎么能不是主观、偶然、随意的？说"同意"是不依人的意志而转移，岂不自相矛盾？

※　　　※　　　※

我们通过平等总原则及其理论的研究，最终确立了平等总原则：基本权利应该完全平等与非基本权利应该比例平等。那么，这一原则是否足以解决我们在现实生活中所遭遇的平等问题呢？答案是否定的。因为平等问题，正如萨托利所说，是个"戈尔地雅斯难结"："平等的复杂程度——我称之为迷宫——其程度比自由的复杂程度更大。"[①]"我可以断言，没有什么像平等这样复杂难解。"[②]这样，要真正解决平等问题，仅有平等总原则是不够的；还须以平等总原则为指导，根据平等的具体类型，从中推导出相应具体的平等原则：政治平等原则和经济平等原则以及机会平等原则。

二　平等具体原则

平等原则有哪些具体类型？萨托利着眼于历史上的平等要求而认为有四类："平等的历史进步可以分为四类或四种样式：（1）司法—政治平

---

① Giovanni Sartori: *The Theory of Democracy Revisited*, Chartham, New Jersey: Chatham House Publisher, Inc., 1987, p. 352.

② Ibid., p. 338.

等；（2）社会平等；（3）机会平等；（4）经济平等。"① 然而，社会平等是
个笼统概念，它实际上是政治、经济等平等的统称。萨托利自己也说：
"关于社会平等，自由主义更加关心的无疑是政治自由而不是阶级和身份
的问题。要言之，如果社会平等意味着 isotimia，亦即平等尊重而不论社
会地位和身份，那么这种'尊重的平等'所表达的便是一种典型的民主
精神。"② 所以，具体的平等问题，主要讲来，便可以归结为三大平等：政
治平等、经济平等、机会平等。机会平等，如所周知，相对结果平等而
言；而政治平等与经济平等都属于结果平等：结果的完全平等和结果的
比例平等。这样一来，平等的具体原则便分为"机会平等"与"结果平
等"两类；而结果平等又分为两类："政治平等"与"经济平等"。相应
地，平等的具体原则也就分为：政治平等原则、经济平等原则、机会平
等原则。如图：

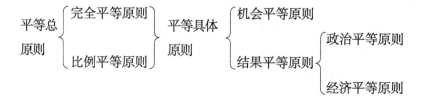

1 政治平等原则

平等的概念分析表明：平等未必都是权利平等；但平等原则却皆为
权利平等原则。因此，所谓政治平等原则，亦即政治权利平等原则。政
治权利，显而易见，也就是掌握政治权力进行政治统治的权利。这种权
利，细究起来，分为两大类型：政治自由权利与政治职务权利。政治自

①　Giovanni Sartori: *The Theory of Democracy Revisited*, Chartham, New Jersey: Chatham House Publisher, Inc., 1987, p. 344.
②　Ibid., p. 343.

由乃是全体公民使国家政治按照自己的意志来进行的自由，因而也就只有执掌国家最高权力才能办到：政治自由的权利也就是执掌国家最高权力的权利。

平等的概念和原则表明：平等未必都是权利平等；但平等原则却皆为权利平等原则。因此，所谓政治平等原则，亦即政治权利平等原则。政治权利，显而易见，也就是掌握政治权力进行政治统治的权利。这种权利，细究起来，分为两大类型：直接统治权利与间接统治权利。直接统治权利是担任政治职务的权利：担任政治职务而成为统治者，也就能够对被统治者进行直接统治了。间接统治权利则是所谓的参政权，主要包括选举、罢免、创制、复决四种权利。这是通过管理统治者而间接统治被统治者的权利；说到底，也就是被统治者反过来对统治者进行管理，从而使统治者按照被统治者自己的意志进行统治的权利。因此，这种权利，正如马克思所说，也就是所谓的"政治自由"。[①] 因为政治自由非他，正是公民使国家政治按照自己意志进行的权利，是被统治者使统治者按照自己意志进行统治的权利。

然而，人们往往把政治自由与政治权利完全等同起来。凯尔森亦如是说："我们所了解的政治权利就是公民具有参加政府、参加国家'意志'形成的可能性。用实在话来说，这就意味着公民可以参与法律秩序的创造。"[②] 这种观点是片面的，因为政治自由仅仅是政治权利的一个子项；政治权利还有另一个子项，即政治职务。政治权利既然分为政治自由与政治职务两大类型，那么，根据"基本权利应该完全平等、非基本权利应该比例平等"的平等总原则，不难看出，人们应该完全平等地享有政治自由权利、比例平等地享有担任政治职务的权利。因为一目了然，政治自由是人权、是最低的基本的政治权利；政治职务则不是人权，而是比

---

① 《马克思恩格斯全集》第1卷，人民出版社，1956年，第436页。
② 凯尔森：《法与国家的一般理论》，沈宗灵译，中国大百科全书出版社，1996年，第95页。

较高级的、非基本的政治权利。

诚然，细究起来，政治自由乃是全体公民使国家政治按照自己的意志来进行的自由，因而也就只有执掌国家最高权力才能办到：享有政治自由的权利也就是决定国家政治命运的权利，也就是执掌国家最高权力的权利。由此观之，政治自由岂不是最高级的政治权利？非也！因为政治自由并不是一个人独享最高权力，而是全体公民共享最高权力。而正如马起华先生所说，权力的大小与同一权力享有者的人数成反比："就同一权力行使的人数言，人数愈少，每人权力愈大；人数愈多，每人权力愈小。所以独任制首长的权力大于合议制首长的权力。"① 因此，享有政治自由的全体公民共同享有的，固然是最高最大的权力；但分散到每个公民自己所享有的，却并非最高最大权力，而是最低最小的权力了。它比最低等的官吏所拥有的权力还小：它不过是亿万张选票中的一张选票的权力罢了。所以，每个人所享有的政治自由权利，是最低最小的权利，是基本权利，是人权；反之，一个人所享有的担任政治职务的权利，则是较高较大的权利，是非基本权利而不是人权。因此，马克思说：

"人权的一部分是政治权利，只有同别人一起才能行使的权利。这种权利的内容就是参加这个共同体，而且是参加政治共同体，参加国家。这些权利属于政治自由的范畴。"②

政治自由是一种人权。所以，根据人权应该完全平等原则，每个人都应该完全平等地享有政治自由。换言之，每个人都应该完全平等地共同决定国家政治命运。说到底，每个人都应该完全平等地共同执掌国家最高权力："每个人只顶一个，不准一个人顶几个。"③ 这就是政治权利完全平等原则，这就是政治人权原则，这也就是所谓的人民主权原则，因而也就是民主政治的基本依据之一。

① 马起华：《政治理论》第二册，台北：商务印书馆，1977年，第163页。
② 《马克思恩格斯全集》第1卷，人民出版社，1956年，第437页。
③ 《潘恩选集》，马清槐等译，商务印书馆，1963年，第145页。

　　根据这一原则，纵使真像专制论者所说的那样：民主有多少多少缺憾而专制有多少多少优点，我们也应该民主而不应该专制。因为民主乃是每个人的人权，是每个人因完全平等地作为缔结社会的一个股东而应完全平等地拥有的神圣不可侵犯的政治人权。所以，科恩一再说：

　　"如果为民主的辩护完全无需估价它的后果，那这种辩护必须以无可怀疑的原则为基础。在目前这种辩护的情况下所依据的，是人人平等以及政治社会中人皆享有平等权的主张。"[①] "平等是民主合理性的关键。"[②] "平等是最接近民主的理论核心的。如果不允许或不承认成员享有基本平等，所有人平等参与管理的精神就会荡然无存。……只有在平等的情况下，才有理由相信应该实行民主，相信那是组织社会公共事务的正确的与适当的方式。"[③]

　　不难看出，一方面，这一原则所规定的平等或民主，乃是实现人与人相互间一切平等的根本保障。因为，如果实行民主，从而每个人都完全平等地共同执掌国家最高权力，那么，每个人的其他平等，如经济平等和机会平等，能否实现，便完全取决于自己的意志，因而是有保障的。反之，如果不实现民主，国家最高权力不是完全平等地掌握在每个人手中，而是仅仅掌握在一个人或一些人手中，那么，每个人的其他平等能否实现，便完全取决于握有最高权力的那一个人或那一些人的意志，而不是取决于自己的意志，因而是无保障的。所以，民主或最高权力的平等，决定其他一切平等，是实现一切其他平等的根本保障。

　　另一方面，这一原则所规定的平等或民主，无疑是人与人之间的最重要最根本的平等。因为，按照这一原则从而实行民主，每个人便完全平等地共同执掌国家最高权力，每个人便完全平等地是国家的最高权力的掌握者，每个人便完全平等地是国家的最高统治者，每个人便是完全

①　科恩：《论民主》，聂崇信、朱秀贤译，商务印书馆，1988年，第271页。
②　同上书，第278页。
③　同上书，第279页。

平等地握有最高权力的国家的主人。这样一来，人们相互间便真正达到了平等；即使他们相互间的贫富贵贱相当悬殊，毕竟没有主奴之分，而同样是握有最高权力的国家的主人，因而根本说来是完全平等的。反之，如果违背这一原则而不实行民主，从而国家最高权力掌握在一个人或一些人手中，那么，便只有最高权力的执掌者才是主人，而其他人则都是最高权力执掌者的奴隶，因而不论如何，人们相互间毕竟是一种主奴关系，因而根本说来是极不平等的。

想一想那些真正实现了民主——从而每个人完全平等地共同执掌国家最高权力——的国家吧，谁能看出来总统与教授有多少不同吗？谁能看出来总统与平民有多少不同吗？真的，克林顿算什么呀！他究竟有多大的权力啊！那个蹦蹦跳跳的布什简直就像个地地道道的网球手！他们与美国的教授、平民有什么不同？美国的平民百姓谁怕他们啊！就是那些最有权威最伟大的总统，如华盛顿、杰斐逊、麦迪逊、林肯等，真正讲来，与普通百姓也何其相似乃尔！他们与百姓的不平等，毫无疑义，远远不及专制社会的一个小小县太爷与百姓的不平等！为什么民主社会人与人之间是如此平等？说到底，岂不就是因为，民主社会的每个人都是完全平等地握有最高权力的国家的主人？所以，完全平等地共同执掌国家最高权力，决定人与人之间的一切平等，是实现一切平等的根本保障，是人与人之间的最重要最根本最具有决定意义的平等。

那么，每个公民完全平等握有国家最高权力的平等原则，是否就是所谓的政治平等原则？否。每个公民都应该完全平等握有国家最高权力，还不是政治平等原则的全部内容。它仅仅是政治平等原则的一部分，亦即政治自由、政治人权之平等原则；而不是其另一部分，亦即不是政治职务平等原则：政治平等原则分二而为政治自由平等原则与政治职务平等原则。

与政治自由相反，政治职务不是人权，不是基本权利；而是非基本权利、非人权权利。所以，根据非基本权利比例平等原则，人们应该按其政治贡献大小而比例平等地享有担任政治职务的权利。也就是说，谁的政治贡献大，谁便应该担任较高的政治职务；谁的政治贡献小，谁便应该担任较低的政治职务：每个人因其政治贡献不平等而应担任相应不平等的政治职务。这样，人们所享有的担任政治职务的权利虽是不平等的，但每个人所享有的担任政治职务的权利与自己的政治贡献之比例却是平等的。如图：

较高政治职务　　　　　　较低政治职务

张三 ———————— 等于 李四 ————————

较高政治贡献　　　　　　较低政治贡献

推此可知，一方面，不应该仅仅按照政治才能分配政治职务，即"任人唯才"。因为如果一个人有才无德，政治才能高而政治品德（官德）坏，那么，他不但不会为社会和他人做出政治贡献，反而会严重危害社会和他人。另一方面，也不应该仅仅按照官德分配政治职务，即"任人唯德"。因为如果一个人有德无才，官德好而政治才能低，那么，他不但不可能为社会和他人做出较大政治贡献，反而往往会好心办坏事，同样严重危害社会和他人："通向地狱的道路是由良好的意图铺成的。"[①] 于是，也就只应该兼顾德才分配政治职务，即"任人唯贤"：一个人只有德才兼备，只有政治才能高又官德好，才能为社会和他人做出较大政治贡献。

合而言之：每个人因其政治贡献（政治才能＋官德）的不平等而应担任相应不平等的政治职务。换言之，每个人所担任的政治职务的不平等与自己的政治贡献（政治才能＋官德）的不平等的比例应该完全平等。这就是政治权利比例平等原则，这就是政治职务分配原则。最早确立这一原则的是亚里士多德。他这样写道："合乎正义的职司分配应该考虑到每一受任的人的才德或功绩。"[②]

---

① 马克思：《资本论》第一卷，中国社会科学出版社，1983年，第179页。
② 亚里士多德：《政治学》，吴寿彭译，商务印书馆，1996年，第136页。

综观政治权利平等原则，可以得出结论说：一方面，每个人不论具体政治贡献如何，都应该完全平等地享有政治自由，亦即完全平等地共同执掌国家最高权力，从而完全平等地共同决定国家政治命运；另一方面，每个人又因其具体政治贡献（政治才能＋官德）的不平等而应该担任相应不平等的政治职务，从而使每个人所担任的政治职务的不平等与自己的政治贡献（政治才能＋官德）的不平等的比例完全平等。这就是政治平等总原则，这就是衡量国家制度和国家治理好坏的政治平等标准。

2 经济平等原则

不难看出，每个人在经济上所享有的权利与其在经济上所做出的贡献或义务，说到底，实为同一事物，即都是每个人所提供的产品：我的经济贡献，说到底，是我给予社会和他人的产品；而我的经济权利，说到底，则是社会和他人给予我的产品。所以，社会对于每个人经济权利的分配过程，说到底，无非是每个人所提供的产品的互相交换的过程。准此观之，按照等利交换的正义原则，应该根据每个人所贡献的产品的交换价值，而分配给他含有等量交换价值的产品或经济权利：等价分配、等值分配或等价值分配是经济权利平等原则。

经济学的研究表明，产品中所凝结和耗费的生产三要素——劳动、资本和土地等自然资源——是创造和决定产品交换价值的终极源泉和实体。边际效用论发现，这些生产要素所创造的交换价值份额，即其边际产品价值：单位劳动所创造的价值量＝劳动边际产品价值量；单位资本所创造的价值量＝资本边际产品价值量；单位土地所创造的价值量＝土地边际产品价值量。这样一来，根据等利交换的正义原则，显然应该按照每个人所提供的生产要素的边际产品价值，而分配给他含有等量交换价值的产品或经济权利。这就是所谓按生产要素分配：按劳分配与按资分配。

按生产要素分配显然属于经济权利比例平等原则范畴。因为按生产要素分配，每个人所享有的经济权利虽因各自的资本、土地和劳动量不平等而是不平等的；但每个人所享有的经济权利与自己所贡献的资本、土地和劳动量的比例却是完全平等的。如图：

$$\text{张三}\ \frac{\text{三份经济权利}}{\text{三份资本或土地或劳动量}}\ =\ \text{李四}\ \frac{\text{一份经济权利}}{\text{一份资本或土地或劳动量}}$$

然而，比例平等仅仅是非基本权利、非人权权利的分配原则。所以，按生产要素分配也就仅仅是非基本经济权利、非人权经济权力分配原则。那么，基本经济权利、经济人权的分配原则是什么？是按需分配：按人类基本物质需要完全平等地分配基本经济权利。因为根据"基本权利应该完全平等"的平等总原则可以推知：每个人不论劳动多少贡献如何，都应该完全平等享有基本经济权利；而完全平等分配基本经济权利，也就是按人类基本物质需要分配基本经济权利，说到底，亦即按需分配基本经济权利。因为，一方面，基本经济权利就是满足人的基本物质需要的权利，而不可能满足人的非基本物质需要；另一方面，人们物质需要的不同或不平等仅仅存在于非基本的、比较高级的领域，而基本的、最低的、起码的物质需要则是相同的、平等的："自然需要对所有人都是一样的。"[①]

总之，按需分配是基本经济权利、经济人权的完全平等分配原则；按生产要素分配——亦即按劳分配和按资分配——则是非基本经济权利、非人权经济权利的比例平等分配原则。于是，根据人权优先原理可知，按需分配优先于按生产要素分配：当其发生冲突时应该牺牲后者以保全前者。举例说：

原始社会生产力低下、物质财富匮乏。如果按需分配（即按每个人

[①]　Mortimer J. Adler: *Six Great Ideas*, New York: Simon & Schuster, 1997, p. 180.

基本物质需要平均分配）从而人人平等享有基本经济权利，那么，多劳者便不可能多得而享有非基本经济权利。这就违背了按劳分配等按生产要素分配原则。反之，如果按劳分配从而多劳者多得而享有非基本经济权利，那么就会有人饿死而享受不到基本经济权利。这就违背了按需分配原则。怎么办？原始社会是牺牲按劳分配而实行按需分配。这样做显然是正义的、正确的。

可见，按需分配优先于按劳分配、按生产要素分配，而按劳分配、按生产要素分配则以按需分配为前提。所以，根据按劳分配、按生产要素分配，固然应该多劳多得、少劳少得，固然应该投资多者多得、投资少者少得；但是，一些人所劳再少、投资再少，他们的所得也不能少于满足其最低的、起码的、基本的物质需要而妨碍按需分配。反之，一些人的所劳再多、投资再多，他们的所得也不能多到影响他人的最低的、起码的、基本的物质需要的满足而冲击按需分配。这个道理，艾德勒说得很透辟：

"按劳分配从属于按需分配。"[1] "贡献较大的人比贡献较小的人有权利得到较多的财富。但是，对于这一原则，必须立即附以两个限制。第一，必须以某种方式使所有人在经济底线上达到平等。这个底线由足够满足人的最低限度经济需要的财富所决定。享有这些财富，是每个人的自然权利。第二，由于可分配的财物数量有限，谁都不应该根据他过多的贡献而挣得——正是挣得而不是去偷或抢——过多财富，以致没有足够的财富使所有个人或家庭以某种方式维持在经济底线以上。总之，不平等的财富分配即使被个人贡献的不平等证明为正义，也不应该造成任何人的贫困。"[2]

综上可知，一方面，在任何社会，每个人不论劳动多少、贡献如何，

---

[1]　Mortimer J. Adler: *Six Great Ideas*, New York: Simon & Schuster, 1997, p. 181.

[2]　Ibid., p. 178.

都应该按人类基本物质需要完全平等地分配基本经济权利（即按需分配）。另一方面，应该按照每个人所提供的生产要素的边际产品价值，而分配给他含有等量交换价值的非基本经济权利，以便使每个人所享有的非基本经济权利的不平等与自己所贡献的生产要素的边际产品价值的不平等的比例，完全平等（即按生产要素分配：按劳分配和按资分配）。这就是经济平等总原则，这就是国家制度和国家治理好坏的经济平等之价值标准。

3 机会平等原则

与政治、经济平等原则一样，机会平等原则也是一种权利平等原则。但是，一方面，这种权利并非政治或经济等具体权利本身，而是获得这些具体权利之机会；另一方面，该原则所关涉的权利之机会，仅仅是竞争非基本权利——主要是社会的职务和地位以及权力和财富——之机会，而不是竞争基本权利之机会，因为基本权利应该人人完全平等享有：它的获得既不需竞争，也不需机会。

然而，细究起来，竞争非基本权利的机会平等，还只是形式的表层的机会平等；而实质的深层的机会平等，则是发展才德、做出贡献的机会平等。因为，不难看出，一些人才德较差、贡献较少从而享有较低的非基本权利，往往是因为他们缺乏发展才德、做出贡献的机会；反之，另一些人才德较高、贡献较大从而享有较多非基本权利，则往往是因为他们充分享有发展才德、做出贡献的机会。这两类机会平等可以从道格拉斯·雷所援引的例子得到很好说明：

"假设某个社会，武士阶层的成员享有巨大威望，因为他们的职责要求有巨大体力。该阶层过去只从富家子弟中征募；但平等主义改革者们改变了征募原则，按照新的原则，武士们可以面向社会所有阶层征募而依据适当的竞争结果。然而，这样做的后果却是，富有家庭实际上仍然

提供全部的武士，因为其他民众由于贫穷而如此营养不良，以至他们的
体力与那些营养良好的富家子弟相比，总是低下的。"①

　　这个例子生动表明，当时平等主义改革只做到了形式的表层的机会
平等：武士职业向所有人开放、每个人都同样有机会担任武士，这属于
竞争非基本权利的机会平等；但没有做到实质的深层的机会平等：每个
人都可能营养良好而同样有培养自己巨大体力的机会，这属于发展才德、
做出贡献的机会平等。道格拉斯·雷则将这两类机会平等叫作"关于前
途的机会平等"与"关于手段的机会平等"：

　　"一、关于前途的机会平等：两个人，J 和 K，有竞争 X 的平等机会，
如果他们有得到 X 的同样可能。二、关于手段的机会平等：两个人，J 和
K，有竞争 X 的平等机会，如果他们有得到 X 的同样工具。"②

　　萨托利对机会平等的分析也以这种分类为前提："我建议将机会平等
再细分为平等通路和平等起点。"③"平等通路是指在进入和提升方面没有
歧视，为平等的能力提供平等的通路……平等起点的概念说的是一个完
全不同的和开端性的问题，即如何平等地发展个人潜能。"④

　　可见，机会平等分为两类。一类叫作"竞争权利的机会平等"，它是
竞争非基本权利的目标的机会平等，主要是获得职务和地位以及权力和
财富的机会平等。这种机会平等可以归结为"职务和地位唯才德是举而
向所有人开放"，亦即罗尔斯所说的"地位和职务向所有人开放"、"事业
向才能开放"、"事业向才能开放的平等。"⑤它是形式的表层的机会平等。
另一类则叫作"发展潜能的机会平等"，它是竞争非基本权利的手段的机

① Rae, Douglas W.: *Equalities*, Cambridge, Massachusetts: Harvard University Press, 1981. p. 74.
② Ibid., pp. 65-66.
③ Giovanni Sartori: *The Theory of Democracy Revisited*, Chartham, New Jersey: Chatham House Publisher, Inc., 1987, p. 344.
④ Ibid., pp. 346/347.
⑤ John Rawls: *A Theory of Justice*, Cambridge, Massachusetts: The Belknap Press of Harvard University Press, 1999, pp. 53/57.

会平等，主要是受教育的机会平等。这种机会平等可以归结为"每个人的才德都有平等的机会发挥"。它是实质的、深层的机会平等。

机会平等的这种分类无疑具有重要意义：它使我们在确立机会平等原则时，不仅应该关注竞争非基本权利——职务和地位以及权力和财富等——的目标的机会平等；更应该注重良好教育、发展潜能等竞争非基本权利的手段的机会平等。但是，这种分类，充其量，只能表明机会平等的深浅度；却不能表明机会平等的道德性，不能表明机会平等是应该还是不应该。机会平等是否应该？是否一切机会皆应平等抑或只是某些机会才应平等？

这并不取决于机会平等是形式的还是实质的。机会平等的道德价值，真正讲来，并不取决于机会平等本身的性质如何；而完全取决于机会的提供者是谁？机会据其提供者的情形来看，也可以分为两类：社会提供的机会与非社会提供的机会。非社会提供的机会，比较复杂，主要包括：家庭提供的机会、天资提供的机会和运气提供的机会。

罗尔斯认为，家庭、天资、运气等自己无法负责的因素所提供的机会不平等是不应得的、不应该的、不公平的："自然赋予我们所固有的那些不同的天资不是我们所应得的，正如我们在社会中最初的不同的出发点并不是我们所应得的一样。"[1] 为什么家庭、天资等自己无法负责的因素所提供的机会不平等是不应得、不公平的？原来，在罗尔斯看来，"'公平机会原则'可以归结为：谁都不应该因其无法负责的因素而获得社会利益；换言之，谁都不应该因其无法负责的因素而被剥夺社会利益。"[2] 这就是说，每个人只应该因自己能够负责的自由的选择和努力获得权利，而绝不应该因自己无法负责的因素——家庭、天资、运气等——获得权

---

[1] John Rawls: *A Theory of Justice*, Cambridge, Massachusetts: The Belknap Press of Harvard University Press, 1999, p. 89.

[2] Tom L. Beauchamp: *Philosophical Ethics*, New York: McGraw-Hill Book Company, 1982, p. 252.

利。这就是罗尔斯所谓的"机会公平平等"或"公平机会原则"。这显然是一种机会应该完全平等的主张，因而无疑是美好的、完美的、理想的：然而却是不现实、不公平的。现实地看，机会不但不可能完全平等，而且家庭、天资、运气等自己无法负责的因素所提供的机会不平等是应得的、公平的，而使其平等却是不公平的。

首先，出身于不同的家庭，则所享有的竞争非基本权利的机会是不平等的。萨缪尔森曾就此写道："到了一周岁时，出身富有家庭并经双亲精心照料的孩子在经济和事业地位的竞争中已经略占上风。到了进小学一年级时，城市近郊的六岁儿童比贫民窟或农村同龄儿童具有更大的领先地位。在以后的 12 到 20 年中，已经领先的人越来越走在前面。"[①]家庭所提供的这种机会不平等，不但罗尔斯，而且许多人，如奥肯，都认为是不公平的。因为"当一些人面前障碍重重时，另一些竞争者已经率先起跑了。各种家庭的社会地位与经济地位不同，使得这场赛跑并不公平。"[②]奥肯等人不懂得，人生的赛跑乃是一场世代相沿的无休止的接力赛。每个人的起点不在一条起跑线上并非不公，因为他们的最初祖先们的起点是在同一条起跑线上的。更确切些说，家庭提供的竞争非基本权利的机会，无非是家庭成员之间的一种权利转让。子女所享有的机会，是父母转让的权利，因而也就转化为子女自己的权利。诺齐克的"转让正义原则"谈的就是这个道理："符合转让的正义原则，而从对所有享有权利的所有者那里，获得一种所有的人，对这一所有是有权利的。"[③]家庭提供的机会，既然是机会享有者的权利，那么，这种机会不平等便是应得的、公平的；而使其平等，便侵犯了机会所有者的权利，

---

① 萨缪尔森：《经济学》下，萧琛译，商务印书馆，1982 年，第 232 页。
② 阿瑟·奥肯：《平等与效率——重大的抉择》，王奔洲、叶南奇译，华夏出版社，1987 年，第 38 页。
③ Robert Nozick: *Anarchy, State and Utopia*, Beijing: China Sciences Publishing House Chengcheng Books Ltd., 1999, p. 151.

便是不公平不应该的。我们不妨拿诺齐克的例子来说。一个富翁的儿子，自幼便享有在自己家里的游泳池训练跳水的机会；而一个穷人的儿子却无此机会。这种机会不平等来自家庭成员之间的权利转让，因而是公平的。反之，若关闭游泳池或令富翁给穷人的儿子也修一座同样的游泳池，从而使他们的机会平等，便侵犯了富翁及其儿子的权利，因而是不公平的。

其次，天资不同的人，竞争职务和地位、权力和财富等非基本权利的起点和获胜的机会显然也是不平等的。这种机会不平等也是应得的、公平的。因为社会，说到底，不过是每个人相互利益的合作形式。每个人的天资、努力等便是其入股社会的股本。因此，正如诺齐克所说，每个人对其股本"天资和努力"及其收益"职务和地位、机会和财富"等都是有权利的："人们有权拥有其自然资产，并且也有权拥有来自其自然资产的东西。"① 这样，每个人因其天资不平等所带来的机会不平等，便是他应得的权利；若使其平等，便侵犯了他的权利而是不公平不应该的。

最后，人们竞争非基本权利的机会不平等，往往是个人的运气所致。布坎南对此曾有十分生动的论述："耕种家庭农田的农民以标准的方式务农，并没有选择别人在他农田下面会发现石油，他完全靠运气。另外一些人由于运气不好，眼看他们的产业遭洪水、火灾或遭疫病而化为乌有。……我的论点是认为：运气在一定程度上是已有定论的偶然影响因素，它在比赛中为所有人提供'本来可能'的机会。"② 那么，运气所提供的机会不平等是否公平？布坎南的回答是："运气并不破坏基本正义的准则。"③ 这个回答很对。因为，如前所述，社会公平的根本原则是：

① Robert Nozick: *Anarchy, State and Utopia*, Beijing: China Sciences Publishing House Chengcheng Books Ltd., 1999, p. 226.
② 詹姆斯·M. 布坎南:《自由、市场和国家》，吴良健等译，北京经济学院出版社，1989年，第 130 页。
③ 同上。

按照贡献分配权利。而任何人的贡献、成就，正如曾国藩所说，都含有运气因素，都是天资、努力、运气诸因素配合的结果。[1] 因此，运气也就与天资、努力一样，可以通过产生贡献而带来权利；运气所带来的收益，也就与天资和努力所带来的收益一样，乃是受益者的权利。农民有权利拥有运气带给他的收成，岂不正如他有权利拥有灾年的收成？所以，运气所提供的收益、所提供的机会不平等，确是幸运者的权利；若剥夺幸运者的机会而使其平等，便侵犯了幸运者的权利，便是不公平、不应该的。

家庭、天资、运气等非社会提供的机会，总而言之，是幸运者的个人权利，因而无论如何不平等，社会和他人都无权干涉。但是，幸运者在利用较多机会去做贡献、获权利的过程中，必定较多地使用了与机会较少者共同创造的资源：社会、社会合作。反之，机会较少者对社会合作的利用自然较少。机会较多者的贡献之中既然包含着对共同资源的较多使用，因而也就间接地包含着机会较少者的贡献。于是他们因这些较大贡献所取得的权利，便含有机会较少者的权利。所以，便应该通过高额累进税、遗产税、社会福利措施等方式从他们的权利中，拿取相应部分补偿、归还给机会较少者。这样，机会较多者的权利与其义务才是相等的、公平的；否则，机会较多者便侵吞了机会较少者的权利，是不公平的。

社会——主要通过政府等各种管理组织——提供的机会，与家庭、天资、运气提供的机会根本不同。家庭、天资、运气所提供的机会，如前所述，皆属私人权利，都是机会享有者的个人权利。反之，社会、政府、各种管理组织提供的机会，则属于公共权利，是全社会每个人的权利。更确切说，则正如杰斐逊所指出的：社会提供的机会乃是全社会每个人的基本权利，是每个人的人权。[2] 因为机会平等原则所说的"机会"，

---

[1]　参阅冯友兰：《三松堂全集》第四卷，河南人民出版社，1986 年，第 681 页。

[2]　莫蒂默·艾德勒、查尔斯·范多伦编：《西方思想宝库》，《西方思想宝库》编委会译编，吉林人民出版社，1988 年，第 1047 页。

显然并不是竞争基本权利的机会——基本权利不须竞争而应为人人完全平等享有——而是竞争非基本权利的机会。而社会所提供的竞争非基本权利的机会，显然不是非基本权利，而是基本权利、是人权。这样，根据基本权利、人权应该完全平等的原则，社会所提供的竞争非基本权利的机会，也就应该为人人完全平等享有：人人应该完全平等享有社会所提供的发展自己潜能的受教育机会；人人应该完全平等享有社会所提供的做出贡献的机会；人人应该完全平等享有社会所提供的竞争权力和财富以及职务和地位等非基本权利的机会。因此，哈耶克说："欲使所有的人都始于同样的机会，这既不可能也不可欲。"① 但是，"正义确实要求：那些被政府决定的生活条件，应该平等地提供给每个人。"②

然而，罗尔斯却认为社会、政府所提供的机会不应该平等，而应该不平等："由于出身和天资的不平等是不应得的，对于这些不平等就应该以某种方式予以补偿。这种补偿原则主张，为了平等对待所有人，从而达到真正的机会平等，社会就必须更多关注那些天资较低和出身的社会地位较差的人们。这一主张就是要按照平等的导向纠正那些偶然因素所造成的偏差。遵循这一原则，较大的资源应该花费在智力较低而非较高的人们的教育上——至少在一生的某一阶段，如早期学校教育。"③

这种观点是错误的。因为家庭和天赋所提供的机会本身完全是幸运者的个人权利，丝毫不包含也丝毫未侵犯机会较少者的权利，因而不应该给机会较少者补偿丝毫机会。反之，幸运者利用较多机会去创获权利，却必定较多地使用了与机会较少者共同创造的资源"社会合作"，因而应该补偿给机会较少者以相应权利。所以，机会较多者应给机会较少者

① 哈耶克：《自由秩序原理》，邓正来译，三联书店，1997年，第172页。

② Friedrich A. Hayek: *The Constitution of Liberty*, Chicago: The University of Chicago Press, 1978, p. 99.

③ John Rawls: *A Theory of Justice*, Cambridge, Massachusetts: The Belknap Press of Harvard University Press, 1999, p. 86.

补偿的，是机会的利用，而不是机会的占有；是利用机会所创获的权利，而不是机会本身。罗尔斯却把机会的利用和机会的占有、权利补偿与机会补偿等同起来，从而以为机会较多者应补偿给机会较少者以机会，因而主张社会应该通过提供不平等的机会来补偿家庭和天赋所提供的机会不平等。然而，社会提供的机会乃是全社会每个人的基本权利，是每个人的人权；如若不平等分配，给出身不利、天赋较低的人以较多机会，岂不侵犯了出身有利、天赋较高的人的人权？

可见，罗尔斯犯了一种相反相成的双重错误：一方面，他误以为家庭、天资、运气等自己无法负责的因素所提供的机会不平等是不应该、不公平的；于是，另一方面，便误以为社会所提供的机会应该相反地不平等，以便补偿家庭等因素所造成的机会不平等，从而使每个人的机会"真正地"、完全地平等：机会应该完全平等的美好理想是导致这一双重错误之根源。

综观上述，可以得出结论说：社会所提供的发展潜能、做出贡献、竞争职务和地位以及权力和财富等非基本权利的机会，是全社会每个人的基本权利，是全社会每个人的人权，应该人人完全平等。反之，家庭、天赋、运气等非社会所提供的机会，则是幸运者的个人权利，无论如何不平等，他人都无权干涉；但幸运者利用较多机会所创获的较多权利，却因较多地利用了共同资源"社会合作"而应补偿给机会较少者以相应权利。这就是机会平等原则，这就是衡量国家制度和国家治理好坏的机会平等之价值标准。

总观平等总原则和平等具体原则，可以断言：平等原则恐怕是人类最复杂也最重要的道德原则和价值标准。这一点的最好证实，当推罗尔斯的《正义论》。因为这部影响深远饮誉世界的名著所论证的，如所周知，仅仅是平等总原则的两个侧面：他将这两个侧面叫作"两个正义原则"。那么，平等原则为何如此重要？这也是个十分复杂的问题，即所谓"平等的价值"问题。

三　平等的价值

平等的价值，从理论上看，主要表现于平等与正义的关系；从实践上看，则主要表现于平等与效率以及公平与效率的关系。

1　平等与正义：平等是最重要的正义

就概念来说，正义从属于平等，是一种特殊的平等。因为，如前所述，平等是人们的与利益获得有关的相同性；正义则是人们的相等的平等的利害相交换的行为，是利害相交换的平等。这就是说，平等的外延极为广阔，包括等利交换、等害交换、天资平等、运气平等、收入均等、性别平等、肤色平等、人种平等、相貌平等等，不胜枚举。反之，正义则仅仅是其中的一种平等：正义是等利交换和等害交换之和。除此之外，如天资平等、运气平等、收入均等、性别平等、肤色平等、人种平等、相貌平等等，都在正义的外延之外。所以，正义是一种特殊的平等，因而属于平等范畴。因此，亚里士多德说："正义就是平等。"[1] "所谓正义，它的真实意义，主要在于平等。"[2] 穆勒说："平等构成正义的本质。"[3]

然而，就原则来说，却恰恰相反：平等原则是一种特殊的正义原则而从属于正义范畴。这是因为，"平等"是一种极为奇特的道德原则。几乎所有道德原则、道德规则与其名称或概念都是同一的。例如，"正义"、"人道"、"善"、"自尊"、"谦虚"、"诚实"等，都既是名称、概念，又是道德原则、道德规则。可是，"平等"却不是这样。"平等"与"平等

---

[1] 《亚里士多德全集》第八卷，苗力田等译，中国人民大学出版社，1992年，第278页。

[2] 亚里士多德：《政治学》，吴寿彭译，商务印书馆，1996年，第153页。

[3] Robert Maynard Hutchins: *Great Books of the Western World*, Volume 43, *On Liberty*, London: John Stuart Mill, Encyclopaedia Britannica, Inc., 1980, p. 467.

原则"根本不同。平等是人们相互间的与利益获得有关的相同性，如相同的肤色、相同的智力、相同的贫困等，显然不能被奉为行为应该如何的道德原则或道德规则。因此，平等还不是平等原则；但是，平等原则却是平等：平等原则无疑是一种特殊的平等。问题是，平等原则究竟是哪一种平等？

平等，如前所述，分为自然平等与人为平等：自然平等，如同性别、同肤色，起因于自然，是自然造成的，是不可选择、无所谓应该不应该的；人为平等，如均贫富、等贵贱，则起因于人的自由活动，是可以选择、有应该不应该之别的。因此，作为行为应该如何的道德原则的"平等"，显然不可能属于自然平等范畴，而完全属于人为平等范畴。那么，平等原则究竟是指哪一种人为平等？

人为平等，若以此观之，实不过两种。一种是造成非等利（害）交换的平等，如不等量劳动而获取等量报酬。这种平等是不应该、不道德、不正义的，可以称之为"不正义的平等"，因而不可能是平等原则——平等原则是一种道德原则——所指称的平等。反之，另一种则是等利（害）交换的平等，如多劳多得、少劳少得。这种平等是应该的、道德的、正义的，可以称之为"正义的平等"：它是平等原则所指称的平等吗？也不是。因为如前所述，这种正义的平等——等利（害）交换的平等——也就是所谓的"正义"：这是正义的定义，也是正义总原则。但是，不言而喻，平等原则所指称的平等一定在这种正义的平等之中，而不可能在正义的平等之外：平等原则所指称的平等不可能属于不正义的平等。那么，平等原则究竟是指哪一种正义的平等？

原来，正义的平等或正义，如前所述，又分为社会正义与个人正义：个人正义是个人为行为者的正义，是个人所进行的等利（害）交换；社会正义是社会为行为者的正义，是社会所进行的等利（害）交换。社会正义的根本原则是贡献原则：社会分配给一个人的权利应该与他的贡献成正比而与他的义务相等。运用这个社会正义的根本原则，解决基本权利与非基本权利的分配问题，如前所述，便可从中推导出平等总原则：

一方面，每个人因其最基本的贡献完全平等（每个人一生下来，便同样是缔结、创建社会的一个股东）而应该完全平等地享有基本权利；另一方面，每个人因其具体贡献的不平等而应享有相应不平等的非基本权利，也就是说，每个人所享有的非基本权利，与自己所做出的具体贡献的比例，应该完全平等。

这就是政治平等原则、经济平等原则、机会平等原则等一切具体平等原则所由以推出的平等总原则。因此，一切平等原则，说到底，都不过是运用社会正义根本原则——贡献原则——具体解决基本权利与非基本权利分配问题而从中推导出来的：平等原则从属于社会正义原则，是一种特殊的社会正义原则。于是，平等原则——平等总原则和政治平等原则以及经济平等原则和机会平等原则等一切具体平等原则——便远远狭窄于平等概念：它们属于社会正义范畴，是基本权利与非基本权利分配方面的社会正义，是基本权利与非基本权利正义分配的平等。如图：

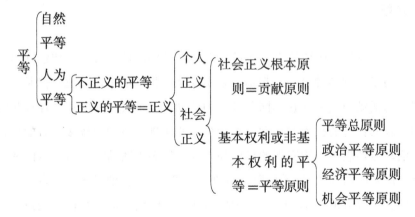

可见，正义从属于平等范畴：正义是一种特殊的平等，是利害相交换的平等；而平等原则却又从属于正义范畴：平等原则是一种特殊的正义，因而也就是一种更加特殊的平等。进言之，平等原则不仅是一种特殊的正义，而且是最重要的正义。因为正义不过是一种平等，一切正义问题都不过是个平等问题，都不过是等利交换和等害交换的问题；而平等原则所解决的平等，乃是每个人的基本权利或人权的完全平等和非基本权利或非人权权利的比例平等以及每个人的政治平等、经济平等、机会平等。这些平等在一切平等和正义问题中无疑具有最重要的意义。因此，平等原则从属于正义原则，而又重要于正义原则：平等是最重要的正义。而正义，如所周知，是人类最重要的道德。因此，说到底，平等原则便是人类最重要的道德原则。平等是最重要的正义，因而是人类最重要的道德：这就是平等原则主要的理论价值。

平等原则的这种理论价值，决定了它与效率的关系，决定了它的实践价值。不过，平等与效率以及正义与效率的关系，如所周知，是个多年来中外学术界一直争论不休的难题。这一方面是因为平等与正义本身便极为复杂；另一方面则是因为效率问题也不简单。我们已经弄清了平等与正义；那么，效率究竟是什么？

2 效率

不难看出，所谓效率，不过是人的活动的属性。人的一切活动显然都是为了实现某种目的，都不过是实现某种目的的手段而已。但是，不同人的活动或同一人在不同条件下的活动，实现其目的的程度往往是大相径庭的：有的投入的活动虽然较少，所实现的目的却较多；有的投入的活动虽然较多，所实现的目的却较少。用多少活动实现多少目的的比例，便是所谓的效率。《辞海》写道："效率（1）指消耗的劳动量与所获得的劳动效果的比率。（2）一种机械在工作时输出能量与输入能量的比值。"更确切些说，效率是人的活动实现其目的的程度，亦即人的活动与其所实现的目的之比值，也就是人的活动手段与活动目的之比值、活动过程与活动结果之比值、活动投入与活动产出之比值、活动成本与活动效益之比值。一般说来，效率用投入与产出或成本与效益之比值来表示：

$$效率 = \frac{活动产出}{活动投入} \quad 或 \quad \frac{活动效益}{活动成本}$$

可见，人的活动效率的高低与活动的产出或效益的多少成正比，而与活动的投入或成本的多少成反比。这就是效率高低变化的规律。

然而，人的活动又分为创获精神财富的活动与创获物质财富的活动。相应地，效率也就分为创获精神财富的效率与创获物质财富的效率——后者也就是所谓的"经济效率"。效率，如所周知，主要是指经济效率。经济学表明，一个社会的经济效率的高低主要取决于其经济资源（人力、物力、财力）是否有效配置。所以，经济效率，说到底，也就是经济资源的配置效率。这种效率又包括分配效率和交换效率，但主要是生产效率。生产效率也就是所谓的生产率，是创造物质财富的效率。生产率又包括劳动生产率、资本生产率、土地生产率、原料生产率等。但是，所谓资本、土地、原料等生产率，说到底，不过是物化劳动生产率；而所谓劳动生产率则是活劳动生产率。所以，一切生产率最终都可以归结为劳动生产率。劳动生产率，即劳动的生产效率，亦即劳动创造物质财富的效率，是劳动量与其所生产的物质财富量之比值。劳动生产率一般用单位劳动时间内生产某种产品的数量来表示：

$$劳动生产率 = \frac{产品量}{劳动时间}$$

可见，劳动生产率的高低与单位时间内产量的多少成正比，而与单位产品所耗费的劳动时间成反比。这就是劳动生产率高低变化的规律。

从效率、特别是从劳动生产率高低变化的规律——效率与产量成正比而与劳动时间成反比——可以看出，决定效率水平的因素主要是活动能力、活动工具、活动方式、活动努力。人们活动的效率不同，首先是因为他们活动的能力不同。能力强者一天做的事，能力差者要若干天才能完成：效率的高低与能力的高低成正比。人创造物质财富的能力，即生产能力，也就是所谓的生产力。谁都知道，生产力越高，则在同一时间内所生产的产品的数量便越多：生产率与生产力成正比。所以，马克思说："生产力当然始终是有用的具体的劳动生产力，它事实上只决定有目的的生产活动在一定时间内的效率。"[①]

人的活动能力通过人的活动表现出来。但能够准确表现人的活动能力水平的，是人的活动所制造的活动工具：生产工具是生产力的标准。因此，人类活动的效率水平便取决于人类活动的工具水平。而人类活动的工具水平，特别是生产工具的水平，又显然取决于科学技术水平。所以，效率水平，特别是生产率水平，说到底，便取决于科学技术水平。因此马克思说：

"随着大工业的发展，现实财富的创造较少地取决于劳动时间和已耗费的劳动量，较多地取决于在劳动时间内所运用的动因的力量，而这种动因自身——它们的巨大效率——又和生产它们所花费的直接劳动时间不成比例，相反地却取决于一般的科学水平和技术进步，或者说取决于科学在生产上的应用。"[②]

人有什么样的活动能力和活动工具，便会有什么样的活动方式；而有什么样的活动方式，便会有什么样的活动效率：效率不仅直接决定于活动能力和活动工具，而且直接决定于活动方式。谁都知道，分工和协作的活动方式曾经怎样极大地提高人的活动效率啊！奴隶社会生产率极大地超过原始社会生产率的一个根本原因，便是奴隶社会存在——而原始社会却不存在——社会大分工的活动方式。

人的活动能力与活动工具以及活动方式，虽然都是决定活动效率的因素，却皆非动力因素；效率的动力因素是人的活动的努力，即人的活动的积极性、主动性、创造性。因为如果没有人的活动努力，没有人的活动的

---

① 马克思：《资本论》第一卷，人民出版社，1975 年，第 59 页。
② 《马克思恩格斯全集》第 46 卷，人民出版社，1979 年，第 217 页。

积极性，那么，人虽有活动能力也不会去活动，虽有活动工具也不会去使用，虽有活动方式也不会去运作。人的活动能力、工具、方式不能自己运作，而完全是人的活动的努力所推动的结果。人的活动的努力不但是最终决定效率的原动力因素，而且与活动的能力、工具、方式一起直接决定效率水平：人的活动越努力效率便越高，越不努力效率便越低。

以上，我们研究了效率的定义、类型、规律、因素，这些都是效率之事实如何。那么，效率应该如何？或者说，人们应该如何对待效率？不言而喻，我们应该提高效率、效率应该得到提高。可是，我们究竟应该如何提高效率？

效率规律（即效率水平与产出多少成正比而与投入多少成反比）表明，提高效率一方面应该降低活动投入、争取活动投入最小化；另一方面则应该增多活动产出、争取活动产出最大化。合而言之，则应该以最小的活动投入取得最大的活动产出。这就是效率的根本原则。而谁都知道，降低活动投入、争取活动投入最小化，归根结底，是降低活动时间的投入、争取活动时间投入的最小化。所以，效率根本原则又可以归结为：以最小的活动时间取得最大的活动产出。推此可知，经济活动效率（以及创获精神财富的效率）的根本原则，就是以最少的劳动时间取得最多的劳动成果。孙冶方称之为"一切经济问题的秘密"：

"一切经济问题的秘密就在于如何以更少的劳动获得更多的产品，或者就是说在于如何使同样的劳动时间生产出更多的产品，也就是如何减少每一单位产品所需要的劳动量。"[①]

那么，究竟如何才能以最小的活动时间取得最大的活动产出从而实现效率原则？显然只有一个办法，那就是提高制约效率水平的诸因素：强大人的活动能力、改进人的活动工具、完善人的活动方式、调动人的活动积极性。

---

① 孙冶方：《社会主义经济的若干理论问题》，人民出版社，1984年，第65页。

3 公平与效率

我们已弄清了效率，因而也就可以考察它与正义的关系了。在正义与效率的关系中，如所周知，正义习惯地被叫作公平。我们沿袭这种习惯称谓，也将正义与效率叫作公平与效率：正义与公平是同一概念。因此，关于公平，如前所述，它的总原则是"等利（害）交换"；其根本原则是"社会分配给一个人的权利应该与他的贡献成正比而与他的义务相等"。

准此观之，一方面，社会越是公平，每个人的贡献与所得便越一致，每个人的劳动积极性（即为社会和他人做贡献的努力）便越高，从而效率也就越高；社会越不公平，每个人的贡献与所得便越背离，每个人的劳动积极性便越低，从而效率也就越低。

另一方面，社会越公平，人们损害社会或他人与损害自己便越趋于相等，人们损害社会和他人的倾向便越小，从而社会活动的总体效率便越高；社会越不公平，人们越是害他便越是利己，人们损害社会和他人的倾向便越大，从而社会活动的总体效率便越低。

因此，公平与效率完全一致而成正相关变化：公平主要通过作用于效率的动力因素，即调动人的劳动积极性而提高效率。反之，不公平与效率完全相斥而成负相关变化：不公平主要通过削弱效率的动力因素，即降低人的劳动积极性而降低效率。一句话，公平是效率的根本保证。由此可以理解，为什么日本生产率研究所所长加藤让治所提出的"生产率运动三大原则"，实质都是个公平问题：

"所谓生产率运动三大原则就是：1. 雇佣的稳定和扩大；2. 劳资的合作与协商；3. 成果的正义分配。"[①]

可见，公平与效率的关系并不复杂。使它变得复杂从而引起如此长

---

① 《经济学译丛》，1986 年第 11 期，第 46 页。

久争论而至今未决的原因，乃是由于人们把"公平与效率"的关系和"平等与效率"的关系混同起来。那么，平等与效率究竟有何关系？

4 平等与效率

平等与效率的关系，跟公平与效率的关系根本不同。但是，平等原则与效率的关系，跟公平与效率的关系却完全相同。这是因为，如前所述，平等原则是一种特殊的、最重要的公平而从属于公平。所以，根据"遍有遍无"逻辑公理，平等原则与效率的关系，也就是公平与效率的关系；只不过前者比后者具体得多罢了。这种具体性，要言之，一方面表现在"基本权利完全平等"这种具体的公平与效率的关系；另一方面则表现在"非基本权利比例平等"这种具体的公平与效率的关系。

所谓基本权利，如前所述，亦即人权，是人们生存和发展的必要的、起码的、最低的权利，是满足人们政治、经济、思想等方面的最低的、起码的、基本的需要的权利。这种权利，如所周知，主要包括所谓的生存权、政治自由权、思想自由权以及竞争职务和地位、权力和财富等一切非基本权利的机会权。显然，人们享有的这些基本权利越平等，人们的劳动效率便越高。因为，如前所述，基本权利完全平等是社会公平的最根本原则。按照这个原则，每个人应该完全平等享有基本权利，因为每个人的最基本的贡献完全相等：每个人一生下来便同样是缔结、创建社会的一个股东。这样，基本权利越是平等，人们的贡献与其所得便越一致，人们便越感到公平，人们的劳动积极性便越高，从而效率也就越高。反之，基本权利越不平等，人们的贡献与其所得便越背离，人们便越会感到不公，人们的劳动积极性便越低，从而效率也就越低。

试想，每个人，不论能力强弱，他的一切所得，说到底，都是社会给予的。而社会又是强者与弱者共同创建的。那么，如果强者大富大贵而弱者却连生存和发展的最低权利都没有，他们怎么会感到公平而有劳动积极性？岂不是只有当弱者与强者一样享有生存和发展的最低权利时，面对强者享有较高权利，他们才可能感到公平而有劳动积极性吗？特别是，随着人类社会的进步，基本权利越来越可以归结为每个人对于一切非基本权利的竞争机会权，因而基本权利的平等与效率的正相关关系也就越来越清楚了。因为机会平等与效率的正相关关系是不言而喻的。

非基本权利，如前所述，是人们生存和发展的比较高级权利，是满足人们政治、经济、思想等方面的比较高级需要的权利。这种权利主要包括经济上的发财致富权、政治上的当官致贵权、文化上的成名成家权……总而言之，是每个人对于一切社会利益的竞争结果权。不难看出，人们享有的这些非基本权利越是趋于比例平等，人们的劳动效率便越高。因为非基本权利的比例平等，如前所述，乃是社会公平的最重要的两个原则之一。按照这个原则，人们所享有的非基本权利与自己所做出的具体贡献的比例应完全相等，也就是说，每个人因其具体贡献的不平等而应相应不平等地分有非基本权利。这样，非基本权利分配越是趋于比例平等，则人们所享有的非基本权利的不平等程度便越是与人们具体贡献的不平等程度相一致，人们所得的多少与其具体贡献的多少便越相关，人们的劳动积极性便越高，从而效率也就越高。反之亦然。

对此，亚当斯曾有精当研究。他发现，人们都是通过自己（当事人A）的所得（outcome）与贡献（imput）的比例 O/I（A），跟他人（参照人B）的比例 O/I（B）相比较，而知道自己的所得是否公平的。当A与B进行比较时，若比例相等，即 O/I（A）= O/I（B），那么，A就知道自己的所得是公平的，就会产生公平感，就会感到满意而努力劳动，从而使效率提高。反之，如果比例不平等，A低于B，即 O/I（A）<O/I（B），那么，A就知道自己的所得是不公平的，就会产生不公平感，就会感到不满意而降低劳动性，从而使效率下降。

导致效率降低的这种所得与贡献的比例不平等，细究起来，有两种相反形式。一种是所得过于不平等，如多劳者所得过多、多于所劳；少劳者所得过少、少于所劳。另一种则是所得过于平等，如不论劳多劳少，收入一律均等。不论所得过于平等，还是过于不平等，都同样是对所得与贡献比例平等原则的背离，都同样使人们的所得的多少与其具体贡献无关，因而同样使人们的劳动积极性降低，从而也就同样导致低效率。

可见，平等原则（基本权利完全平等与非基本权利比例平等）与效率，跟公平与效率一样，具有正相关关系。而平等（或不平等）与效率的关系，则完全取决于平等（或不平等）是否符合平等原则、是否公平：如果符合平等原则因而是公平的平等（或不平等），与效率便都是正相关关系；如果违背平等原则因而是不公平的平等（或不平等），与效率便都是负相关关系。

于是，平等与效率便具有双重关系。一方面，就基本权利的完全平等、非基本权利比例平等来说，就公平的平等来说，则平等与效率具有正相关的同长同消的并存关系：越是平等便越有效率，越是不平等便越无效率。另一方面，就非基本权利的结果平等来说，就不公平的平等来说，则平等与效率具有负相关的、此长彼消的交替关系：越是平等便越无效率、要平等便无效率、要效率便无平等。

合而言之，则平等与效率便既可能一致又可能冲突——与效率冲突的平等，必是不符合平等原则的不公平的平等；与效率一致的平等，必是符合平等原则的公平的平等：效率是衡量平等是否公平的标准。因此，当平等与效率发生冲突时，如果选择平等，那就既失去了效率又失去了公平的平等，而得到的只是不公平的平等；如果选择效率，则既得到了效率又得到了公平的平等，而失去的只是不公平的平等。所以，效率对平等具有绝对的优先性。

5 公平效率交替论

国内外很多学者认为，公平与效率常常是矛盾的、对立的、冲突的、交替的：有公平则无效率、不公平则有效率。于是，面对公平与效率的冲突，便有了个何者优先、如何选择的问题。这种观点，通常被叫作"公平效率交替论"。细究起来，"交替论"的错误首先在于把公平与平等同起来。"交替论"的一本专著《公平与效率：中国走向现代化的抉择》便这样写道："公平在英文中有两个单词：（1）justice 词义为：正义、正当、公平、合理、公道等。（2）equality 词义为：同等、平等、均等、公平、均衡、正义、合理等。上述两个词在概念上是相似的，英国和美国尤其是这样。从历史上看，大多数学者也没有将这两个词作严格的区别。例如罗尔斯的名著《正义论》也可译为《公正论》；'公平与效率'也可译为'平等与效率'或'均等与效率'。所以我在本书中，将'公平'与'平等'、'均等'作为一个概念使用。"[①]

然而，如前所述，公平与平等根本不同。平等是外延较广的类概念，而公平则是外延较狭的种概念。平等不都是公平，但公平却都是平等：公平是一种特殊的平等，即人际利害相交换的平等。公平与效率完全一致、同长同消而成正相关变化；平等与效率则常常是矛盾的、对立的、交替的。这样，当人们把公平与平等混同起来时，自然会由平等与效率常常是交替的关系而得出结论说：公平与效率常常是交替的，因而对二者便需要进行非此即彼的抉择了。

"交替论"的另一方面错误，则在于把"在此之后"等同于"因此之故"。他们论证说，人类在原始社会石器时代，无社会分工而有社会公平，却没有效率：劳动生产率每一万年提高 1‰—2‰。反之，进入石器时代，实行社会分工而出现社会不公平："就社会的大多数个体来说，他们是社会分化中的牺牲者，是社会整体或人类为获取更高效率所付出的代价。社会对他们是不公平的。"[②] 但是，这种社会不公平却带来了高效

---

① 曾昭宁:《公平与效率》，石油大学出版社，1994 年，第 67 页。
② 王锐生:"效率优先兼顾公平"，《光明日报》，1993 年 3 月 8 日。

率：劳动生产率每一百年提高 4%。这样，公平与效率便是矛盾的、交替的了。错在哪里？

原来，如所周知，社会分工是效率提高的根本原因之一。社会分工可以分为公平的社会分工（按照德才原则进行的分工）与不公平的社会分工（违背德才原则进行的分工）。不言而喻，不公平的社会分工对效率的提高程度一定低于公平的社会分工对效率的提高程度。但是，不公平的社会分工毕竟是社会分工，它总比任何没有社会分工——尽管是公平的无社会分工——更能提高效率。这恐怕就是奴隶社会的效率高于原始社会的效率的秘密：奴隶社会不公平的社会分工比原始社会公平的无社会分工更能提高效率。

但是，假如奴隶社会的社会分工是公平的而不是不公平的，那么效率提高的程度一定会更高。因为提高奴隶社会效率的绝非分工的不公平，而是其不公平的分工。无论任何社会不公平总是降低效率的因素，而公平总是提高效率的因素。然而，任何社会效率提高的因素都是众多的，如科学技术、分工协作、社会公平等，其中最重要的是科学技术和社会分工。奴隶社会效率的提高来源于奴隶社会的社会分工，而其社会不公平只能降低其效率。只不过其不公平对效率的降低程度远不如社会分工对效率的提高程度：二者之差仍然是效率的巨大提高。

这就是奴隶社会不公平的社会分工为什么能够带来巨大效率提高的缘故。因此，提高奴隶社会效率的并非社会分工的不公平，而是不公平的社会分工。交替论的错误就在于把"不公平的社会分工"与"社会分工的不公平"等同起来，因而由奴隶社会的不公平的社会分工提高了效率的正确前提而错误地得出结论，说社会分工的不公平提高了效率：不公平提高了效率。这种错误，说到底，又是由于把"在此之后"等同于"因此之故"。

效率是由各种因素提高和降低的。当不公平与提高效率的诸因素（如奴隶社会的社会分工、科学技术兴起等）共生同存，尔后出现效率提高时，交替论便以为不公平是其后出现的效率的原因。反之，当公平与降低效率的诸因素（如原始社会的没有社会分工、没有科学技术等）共同存在，尔后出现效率降低时，交替论便以为公平是其后出现的效率降低的原因。这岂不犯了把"在此之后"当做"因此之故"的错误？不管交替论者的主观动机如何，客观上却是不公平的辩护者：既然不公平常常能够提高效率，那么，不公平岂不是历史发展的动力？是的，"如果说，不公平是'恶'的话，那么这'恶'正是黑格尔所说的那种'历史发展的动力借以表现出来的形式'"①这样，要获取高效率，不公平岂不是应该存在的吗？是的，"人们不应该幻想：既获取高效率，又不出现任何形式的社会不公。"②不公平的统治者们听了这些话会多么高兴啊！

四　社会正义理论

社会对于每个人权利与义务的分配究竟如何才是正义的？这不但是社会正义的根本问题，而且是伦理学、政治哲学、法哲学和经济哲学最根本的跨学科难题。围绕这个难题，从柏拉图和亚里士多德到罗尔斯和诺齐克，一直争论不休。这些争论，在范伯格看来，可以归结为五种原则理论：

"这些原则是：（1）完全平等原则；（2）需要原则；（3）德才和成绩原则；（4）贡献（或应得回报）原则；（5）努力（或劳动）原则。"③

其实，这五种原则理论可以归结为"平等论或平等主义"、"需要论"、"品德论"、"才能论"和"贡献论"。因为一方面，"成绩"无疑属

于贡献，所以"德才与成绩原则"实为品德原则、才能原则、贡献原则。另一方面，"努力"显然与"勤奋"、"懒惰"一样，属于"品德"范畴：努力是一种与贡献的关系最为密切的品德。所以，按努力分配便是按一种与贡献的关系最为密切的品德分配，是一种特殊的按品德分配，因而完全属于品德原则。

彼彻姆把社会正义原则理论归结为六种："（1）平等分配；（2）按照个人需要分配；（3）根据人权原则进行分配；（4）根据个人的努力进行分配；（5）根据对社会的贡献进行分配；（6）按照才能进行分配。"[①] 这六种理论实为三种：平等论、需要论、贡献论。因为后三种都可以归结为"按照贡献分配"；而第三种则显然可以归入第一种"平等分配"：人权原则亦即人权分配的完全平等原则。

弗兰肯纳则将把社会正义原则理论归结为三类："不同的思想家们已经提出的一些标准：（1）正义是根据人们的功绩或价值来对待他们；（2）正义是根据人性平等而对所有人平等分配利益和不利益；（3）正义是根据人们的需要、能力或兼顾两者来对待他们。"[②] 一目了然，这三类理论实为五种：第一类是贡献论；第二类是平等主义；第三类包括需要论和才能论两种。

盛庆琭依雷斯沙尔之见，认为人们所提出的社会正义原则理论共有七种："关于公平分配有七条准则，即：平等、需求、能力、努力、贡献、社会效用以及供需关系。"[③] 可是，正如盛先生所说，所谓贡献，无非是贡献价值、效用、社会效用："贡献只能用价值来表达"[④]；而价值、社会效用又是通过供求关系确定的："供需就成为决定贡献的价值的手段或方法。"[⑤] 所以，贡献、社会效用、供需三者实际上是同一原则：贡献原则。

① Tom L. Beauchamp: *Philosophical Ethics*, New York: McGraw-Hill Book Company, 1982, p. 229.

② William K. Frankena: *Ethics*, Englewood Cliffs, New Jersey: Prentice-Hall, Inc., 1973, p. 49.

③ 盛庆琭：《功利主义新论》，上海交通大学出版社，1996年，第401页。

④ 同上书，第516页。

⑤ 同上书，第524页。

这样，盛先生所总结的社会正义原则理论便可以归结为四种：平等论、需要论、才能论和贡献论。

于是，按照这些思想家的分类，人们所提出的社会正义原则理论便可以归结为五种：（1）品德论：按照品德分配权利；（2）才能论：按照才能分配权利；（3）需要论：按照需要分配权利；（4）平等主义：分配给每个人同等的权利；（5）贡献论：按照贡献分配权利。然而，细究起来，这种分类存在着两方面缺憾。一方面，它遗漏了一种相当重要的社会正义理论，亦即将自由与正义等同起来从而将权利分配的自由原则奉为社会正义原则的理论：自由正义论。另一方面，这种分类有重叠之处。它不懂得，才能和品德属于潜在贡献范畴：德才原则是一种潜在贡献原则，属于贡献原则范畴。因此，精确讲来，社会正义理论分为四种：贡献论（包括才能论和品德论）、平等主义、需要论和自由正义论。

1 贡献论

所谓贡献论，顾名思义，就是将贡献作为权利分配依据的社会正义理论，也就是将"按贡献分配权利"奉为社会正义原则的理论。不过，如前所述，贡献有潜在与实在之分：潜在贡献就是才能、品德等自身内在的贡献因素和运气、出身等非自身的外在贡献因素，是导致贡献的因素、原因，是尚未做出但行将做出的贡献，是可能状态的贡献；实在贡献则是德才、运气、出身诸贡献因素相结合的产物，是已经做出来的贡献，是现实状态的贡献。因此，主张按照才能分配权利的"才能论"和按照品德分配权利的"品德论"都属于"贡献论"范畴，只不过都是片面的"贡献论"而已。

贡献论的奠基者是亚里士多德，因为他通过大量论证得出结论说："正义的分配是以应该付出恰当价值的事物授予相应收入的人。这个要旨我已经《伦理学》中讲过了。按照这个要旨，合乎正义的职司分配（'政治权利'）应该考虑到每一受任的人的才能或功绩（'公民义务'）。"① 因此，"政治权利的分配必须以人们对于构成城邦各因素的贡献的大小为依据。"② 亚里士多德以降，两千多年来，贡献论近乎不言而喻之公理：它不但被历代贤明的统治者奉为治理国家的金科玉律，而且为众多的自由主义和社会主义思想家所倡导。

我们对于社会正义根本问题的研究表明，按照贡献分配权利实乃社会正义的根本原则：德与才是潜在贡献，是权利分配的潜在依据；而贡献则是德与才的实在结果，是权利分配的实在依据。所以，德才原则无非是潜在的贡献原则，是社会根本正义的潜在原则；而贡献原则则是社会根本正义的实在原则。

准此观之，贡献论和德才论是真理；而才能论和品德论则是片面真理。因为品德和才能只有结合起来，才是决定贡献的必然因素、充分条件；反之，德与才若分离独立，也就与运气、出身一样，是偶然导致贡献的因素和必要条件：一个人不论是有德无才还是有才无德，都同样既可能做出也可能做不出贡献。所以，如果把德与才分离开来，单独作为权利分配的依据，便可能导致不做贡献而享权利，因而也就背离了按贡献分配权利的正义原则。因此，社会正义的根本原则既不是按照才能分配权利，也不是按照品德分配权利，而是兼顾德才分配权利。

2 需要论

所谓"需要论"，也就是将"按需分配"奉为社会正义根本原则的理论。这种理论的倡导者虽然灿若繁星、不胜枚举，但主要是社会主义和共产主义的思想家，如莫尔、康帕内拉、温斯坦莱、葛德文、摩莱里、

---

① 亚里士多德：《政治学》，吴寿彭译，商务印书馆，1996年，第136页。
② 同上书，第150页。

马布利、欧文、卡贝、德萨米、布朗以及马克思和恩格斯。

　　按需分配原本是所谓空想社会主义者所确立和主张的共产主义社会权利分配的正义原则。欧文曾这样描述共产主义社会："这种社会的成员将通过简易、正常、健康和合理的工作，生产出满足其消费欲望还有余的为数极多的剩余产品。因此，可以让每个人都随便到公社的总仓库去领取他要领的任何物品。"① 卡贝也写道：共产主义社会"对一切人都适用同样的原则：人人都有义务按自己能力每天从事同等小时的劳动；又有权根据自己的需要从各种产品中领取平等的份额"。② 德萨米亦如是说：在未来社会，每个人都"本着自己的能力、知识、需要和个人才能参加共同劳动，并同样按着自己的全部需要来享用社会产品"。③ 布朗则把共产主义社会的分配原则归结为一句话："尽他的能力生产，依他的需要消费。"④

　　所谓科学社会主义与这些空想社会主义的区别，如所周知，在于如何实现以及依靠谁来实现社会主义和共产主义，而并不在于共产主义分配原则。所以，斯大林说：在共产主义社会，"产品将按旧时法国共产主义者的原则实行分配，就是'各尽所能，按需分配'。"⑤《哥达纲领批判》表明，马克思对于共产主义分配原则与欧文、卡贝、德萨米、布朗的见地确实完全一致：

　　"在共产主义社会高级阶段上，在迫使人们奴隶般地服从分工的情形已经消失，从而脑力劳动和体力劳动的对立也随之消失之后；在劳动已经不仅仅是谋生的手段，而且本身成了生活的第一需要之后；在随着个人的全面发展生产力也增长起来，而集体财富的一切源泉都充分涌流之

---

① 《欧文选集》第一卷，柯象峰等译，商务印书馆，1979年，第355页。
② 卡贝：《伊加利亚旅行记》第二、三卷，李雄飞译，商务印书馆，1978年，第380页。
③ 德萨米：《公有法典》，冀甫译，三联书店，1958年，第10页。
④ 哈里·雷岱尔：《社会主义思想史》，郑学稼译，黎明书局，1934年，第352页。
⑤ 《斯大林全集》第11卷，人民出版社，1954年，第117页。

后，——只有在那个时候，才能完全超出资产阶级法权的狭隘眼界，社会才能在自己的旗帜上写上：各尽所能，按需分配！"①

今日西方仍然有众多的思想家，如迈克尔·沃尔泽、戴维·米勒和伯纳德·廉斯等，将按需分配当作社会正义根本原则。②那么，按需分配果真是社会对于每个人权利分配的正义原则吗？

按需分配是否正义，细究起来，决定于所分配的权利是不是基本权利或人权：按需分配是人权分配的正义原则，是非人权权利分配的仁爱原则。因为人权完全平等分配早已是个不争的社会正义原则；而完全平等分配人权非他，正是按照每个人的基本需要分配人权。这一方面是因为人权，如所周知，就是满足每个人基本的、最低的、起码的、必要的需要的权利；另一方面则是因为人们的需要的不平等、不一样仅仅存在于非基本领域，而基本的、最低的需要则是完全平等完全一样的：

"自然需要对所有人都是一样的。"③

按基本需要分配人权，实际上也就是按需分配人权。诚然，按基本需要分配权利与按需要分配权利根本不同。但是，人权与权利不同：人权仅仅能满足人的基本需要，而不可能满足人的非基本需要。因此，按需分配人权与按基本需要分配人权便是同一概念，正如按需分配食品与按生理需要分配食品是同一概念一样。那么，为什么按需分配人权是正义的？

原来，人权，如所周知，是每个人因其是一个人所应享有的权利；更确切些说，是每个人因其是缔结人类社会的一个人、一分子、一成员、一股东所应享有的权利。这一点，马克思说得很清楚："人权之作为人权

---

① 《马克思恩格斯选集》第三卷，人民出版社，1972年，第12页。

② 参阅沃尔泽：《正义诸领域——为多元主义与平等一辩》，褚松燕译，译林出版社，2002年，第25页；戴维·米勒：《社会正义原则》，应奇译，江苏人民出版社，2001年，第28页；Robert Nozick: *Anarchy, State and Utopia*, Beijing: China Sciences Publishing House Chengcheng Books Ltd., 1999, p. 233。

③ Mortimer J. Adler: *Six Great Ideas*, New York: Simon & Schuster, 1997, p. 180.

是和公民权不同的。和公民不同的这个人究竟是什么人呢？不是别人，就是市民社会的成员。"① 这岂不就是说人权分配的依据乃在于：每个人都是缔结、创建人类社会的一个成员？而缔结、创建社会恰恰是每个人所能做出的一切贡献中最重要、最基本的贡献，因为任何人的一切贡献岂不都基于社会的存在？每个人之所以不论具体贡献如何都应该按照需要完全平等享有人权，只是因为每个人一生下来便完全同样地是缔结社会的一股东，完全同样地参加了社会的缔结，完全同样地做出了缔结社会这一最基本、最重要的贡献。

可见，按需分配人权不但没有违背而且恰恰依据于按贡献分配权利的社会正义原则和等利交换的正义总原则：按需分配人权是一种特殊的按贡献分配权利原则，是任何社会的人权、基本权利的按贡献分配原则。因此，人权之按需分配，与其说属于按需分配，不如说属于按贡献分配：它的形式是按需分配，而实质则是按贡献分配。这样，人权之按需分配便完全隶属于按贡献分配而不具有独立的价值和意义。

具有独立意义而与按贡献分配根本不同的按需分配，乃是非人权权利和全部权利之按需分配。不言而喻，非人权权利所满足的是人们的非基本的、比较高级的需要；全部权利所满足的是人们的全部需要。所以，按需分配非人权权利和全部权利，也就是按每个人非基本需要和全部需要分配权利。然而，每个人的全部需要和非基本需要不但是不一样的，而且与每个人的贡献也往往是不一致的：贡献多者可能需要少；贡献少者却可能需要多。举例说：

张三能力较强又较勤劳，所以贡献较大；可是他的子女却较少，因而需要较少。反之，李四能力较差又较懒惰，所以贡献较小；可是他的子女却较多，因而需要较多。这样，对于全部权利或非基本权利按需分配，便可能导致贡献多者所得到的权利却较少，贡献少者所得

---

① 《马克思恩格斯全集》第 1 卷，人民出版社，1956 年，第 436 页。

到的权利反倒较多，因而便背离了按贡献分配的正义原则和等利交换的正义总原则。

那么，由此是否可以说按需分配非基本权利或全部权利是不正义的？不能一概而论。因为背离正义，如前所述，有两种可能。一种是恶的不等利交换，即以小利换取大利的行为。这种对正义的背离是恶的、不道德的，是不正义。另一种则是善的不等利交换，即以大利换取小利乃至无私奉献的行为。这种对正义的背离无所谓正义不正义，而是高于、超越于正义的仁爱。

准此观之，按需分配非基本权利或全部权利便绝对不是个正义原则，而或者是个不正义原则，或者是个仁爱原则——它究竟是个什么原则，取决于实行它的社会是个什么社会。如果一个社会的全体成员的基本联系是各自的利益而不是相互间的爱，那么，该社会的成员便会计较利益得失。因此，贡献较多而需要较少者也就不会把自己按照正义原则所应分有的较多权利自愿转让、馈赠给贡献较少而需要较多者。这样，如果实行按需分配便是对贡献多而需要少者的按照正义原则所应多得的权利的强行剥夺，便侵犯了贡献多需要少者的权利，因而是不正义的。所以，按需分配非基本权利或全部权利，如果实行于以利益为基础的社会，便是个不正义的原则。

反之，如果一个社会全体成员的基本联系是相互间的爱而不是各自的利益，那么，该社会的成员便都不会计较利益得失，而会心甘情愿按需分配。这样，虽然贡献多需要少者分有较少权利，而贡献少需要多者却分有较多权利，却并非不正义。因为贡献多需要少者是出于对贡献少需要多者的爱，而完全自愿按需分配，因而也就是自愿把自己按照正义原则所应多得的权利转让、馈赠给了贡献少需要多者。反之，贡献少需要多者也就只是接受而并未侵犯贡献多需要少者所转让、馈赠的权利。可见，按需分配非基本权利或全部权利，如果实行于以爱为基础的社会，便是个高于正义、超越正义而无所谓正义不正义的仁爱原则。所以，范伯格说：

"'各尽所能，按需分配'……这个著名的社会主义口号，无论如何，都不是用来表述一种分配正义的原则。它乃是旨在对抗当时囿于正义的各种思想的一种人人皆兄弟的伦理原则。因为早期社会主义者认为，从某种意义上讲，给予那些为我们的财富做出了巨大贡献的人以不成比例的较少产品份额是不正义的；但是，在新的社会主义社会中，仁爱、共有、不贪婪的精神会战胜这种斤斤计较正义的资产阶级观念，并将其置于适当的（从属的）位置。"①

然而，问题是，实际上是否存在以爱而不是以利益为基础的社会？是存在的。不过，人类社会发展至今，如所周知，只有极小的社会单位，如家庭，是以爱为基础；而较大的社会单位皆以利益为基础。那么，未来的共产主义社会能够像莫尔设想的那样，是个以爱为基础的大家庭吗？那成千上万终生不会相见的社会成员相互间能够像现在的父母与子女、丈夫与妻子那样，其基本联系是爱而不是利益吗？肯定的回答显然与其说是科学预测，不如说是美好愿望。

于是更富有科学精神的按需分配论者便把共产主义社会描绘为财富极大丰富，以至谁需要什么，便可以分配给他什么，每个人的需要都可以得到充分的完全的满足。果真如此，实行按需分配自然不会侵犯、剥夺任何人的权利，因而也就不会是不正义的。但是这样的社会也是不可能存在的。因为人的需要永无充分、完全满足之日，否则社会便不可能发展了。然而，在共产主义社会，如果每个人的需要并不可能完全满足，或者广大社会成员相互间的基本联系是利益而不是爱，那么，按需分配非基本权利或全部权利，便会侵犯、剥夺需要少而贡献多者的权利，因而便是个不公平的原则了。

---

① Joel Feinberg: *Social Philosophy*, Englewood Cliffs, New Jersey: Prentice-Hall, Inc., 1973, p. 114.

可见，按需分配基本权利与按需分配非基本权利或全部权利根本不同：按需分配基本权利是任何社会都应该实行的人权原则，它完全隶属于按贡献分配的正义原则，而并不具有独立意义；反之，按需分配非基本权利或全部权利则绝非正义原则：它或者是个仁爱原则（如果实行于以爱为基本联系的社会）；或者是个不正义原则（如果实行于以利益为基本联系的社会）。

真正说来，按需分配乃是全部权利的分配原则，而并不仅仅是基本权利的分配原则。这不但是因为按需分配基本权利完全隶属于按贡献分配而不是一个独立原则，更重要的是因为按需分配原则在一切需要论者——不论是空想社会主义还是马克思主义——那里，都是全部权利的分配原则。因为他们一致认为按需分配不可能实行于一切社会，而仅仅应该实行于共产主义社会。这岂不就意味着，按需分配乃是全部权利的分配原则，而并不仅仅是基本权利的分配原则？因为，如果按需分配是基本权利分配人权原则，显然便能够实行于一切社会；只有作为一切权利的分配原则，才不可能实行于一切社会，而只可能实行于共产主义社会。所以，就按需分配的真正含义——亦即就需要论者的按需分配的含义——来说，它便或者是个仁爱原则，或者是个不正义原则；而不可能是个正义原则。因此，将它作为社会正义原则的需要论是根本不能成立的。

3　自由正义论

"自由正义"，如所周知，是海耶克正义理论的一个基本概念。然而，似乎还没有人发现，这一概念是哈耶克、诺齐克和罗尔斯等自由主义论者的社会正义理论的根本特征。因此，我们就用"自由正义论"来称谓这些思想家所主张的社会正义理论。这种理论的典型特征，在于将自由与正义等同起来，从而将权利分配的自由原则奉为社会正义原则。它的代表人物，固然是诺齐克、罗尔斯和哈耶克；但是，它并非自由主义所特有的社会正义理论。因为，一方面，自由主义论者并不都主张这种社会正义理论；另一方面，一些非自由主义论者，如社群主义思想家迈克尔·沃尔泽（Michael Walzer），也主张这种自由正义论。

诺齐克的自由正义论，是在他批判人类以往和现在所提出的几乎全部的社会正义原则的过程中，最终确立起来的。在他看来，这些分配正义原则统统是片面、狭隘、不正确的，因为它们统统是模式化的："已提出的分配正义原则几乎都是模式化的：根据每个人的道德价值、或需要、或边际产品、或努力、或这些因素的总和进行分配，如此等等。"①"以为分配正义理论的任务就是在'根据每个人的（　　）分配每个人'的模式中填空，势必倾向于寻找某种模式。"②

可是——诺齐克继续说——模式化的正义原则所规范的正义的实际所有却不是模式化的："这种所有系列产生于：一些人收到他们的边际产品，一些人赢得赌博，一些人得到一份配偶的收入，一些人从基金会得到资助，一些人收到贷款利息，一些人从崇拜者那里得到赠品，一些人投资得到回报，一些人从他们所有的东西获得很大利益，一些人发现了若干东西，如此等等，都不是模型化的。"③由此，诺齐克得出结论说：任何一种模式化的正义原则都不适合、不符合正义的实际所有、正义的事实，因而都是片面、狭隘、不正确的。

这就是诺齐克批判按贡献分配权利等社会正义原则的论据：模式化。粗看起来，似乎诺齐克说得很对。真的，一些人从配偶得到收入、一些人从崇拜者那里得到赠品……这些正义的实际所有适合哪一种模式化的社会正义原则呢？贡献原则？德才原则？两个平等原则？显然都不适合：

"任何自由达到的实际所有适合某种既定模式的可能性是很小的；而当

---

① Robert Nozick: *Anarchy, State and Utopia*, Beijing: China Sciences Publishing House Chengcheng Books Ltd., 1999, p. 156.
② Ibid., p. 159.
③ Ibid., p. 156.

人们进行交换和给予时，实际所有适合这种模式的可能性就将等于零。"①

然而，细细想来，诺齐克的批判是不能成立的：它混淆了个人正义与社会正义。因为，如前所述，个人正义是个人为行为者的正义，其根本原则是"一个人所行使的权利与所履行的义务相等"。社会正义是社会为行为者的正义，其根本原则是"社会分配给每个人的权利应该与他的贡献成正比而与他的义务相等"。

准此观之，诺齐克所说的正义事实便既有社会正义事实（投资得到回报、贷款获得利息等），又有个人正义事实（得到配偶的收入、得到礼物、赢了一场赌博等）。可是，他所反对的按贡献分配原则、两个平等原则等却仅仅是社会正义原则。显然，任何社会正义原则只可能适合于社会正义事实而不可能适合于个人正义事实；正如个人正义原则只可能适合于个人正义事实而不可能适合于社会正义事实一样。因此，按贡献分配等社会正义原则也就只应因其不适合于社会正义事实而被推翻；而绝不应因其不适合于个人正义事实而被推翻。所以，诺齐克不区分社会正义事实与个人正义事实，而笼统地因为按贡献分配等社会正义原则不适合一切正义事实（即不适合个人正义事实）便断言这些原则是片面、狭隘、不正确的，是不能成立的。不过，人们提出的几乎全部社会正义原则，在诺齐克看来，既然统统都是片面、狭隘、不正确的，那么，全面的、正确的社会正义原则是怎样的？诺齐克答道：

"通常的准则是如此偏执，或许，我们应该提出权利观念而与其竞争。略去获取和矫正的权利观念，我们可以说：

"每个人付出的，是他所选择的服务；每个人获得的，是他自己所创造的利益（也许有与别人契约的帮助）和别人宁愿为他做的或宁愿给他的那些以前一直给他（按这一准则）而至今尚未给完或转让的东西。

① Robert Nozick: *Anarchy, State and Utopia*, Beijing: China Sciences Publishing House Chengcheng Books Ltd., 1999, p. 168.

"有洞察力的读者会看到，这种权利观念作为一种口号自有其缺憾。因此，作为一个非常简单化的概括——而不是作为具有任何独立意义的准则——我们不妨说：

"每个人按其所选择的而付出，按其被选择的而获取"（From each as they choose, to each as they are choose）。①

显然，诺齐克的这一原则无非是说，付出和获取都应该是自愿的、自由的：自由交换是社会正义的根本原则。这就是诺齐克所确证的非模式化的社会正义原则。沃尔泽也认为自由交换是社会正义原则，只不过不像诺齐克那样将它当作唯一的社会正义原则，而是将其奉为社会正义原则之一：

"我应该置任何追求唯一分配标准的主张于不顾，因为没有一种标准可能与多样化的社会物品相称。但是，有三个标准似乎符合这个永无定论的原则的要求，并经常被论证为分配正义的起源和目的。因此，我必须对每一个标准稍做论述。它们是自由交换、应得和需要。所有这三个标准都有真正的力量，但没有一个有跨越所有分配领域的力量，它们都只是故事的一部分，而非全部。"②

不难看出，诺齐克和沃尔泽的"自由交换"，说到底，也就是所谓的经济自由。诚然，经济自由或自由交换之为社会正义原则，是一种非模式化的原则。可是，它还算得上社会正义原则吗？答案是否定的。因为就连沃尔泽自己也承认："自由交换将分配彻底地放到了个人手中。"③这就是说，自由交换或经济自由的行为者是个人而不是社会：自由交换或经济自由是个人所从事的行为，而不是社会所进行的分配。这样，自由交换或经济自

---

①　Robert Nozick: *Anarchy, State and Utopia*, Beijing: China Sciences Publishing House Chengcheng Books Ltd., 1999, p. 160.
②　沃尔泽：《正义诸领域——为多元主义与平等一辩》，褚松燕译，译林出版社，2002 年，第25 页。
③　同上书，第 26 页。

由便属于个人行为范畴，而不属于社会行为范畴，因而也就只可能是个人正义原则，而不可能是社会正义原则。同样倡导这一原则的哈耶克似乎看到了这一点，因而否认其为社会正义原则，而称之为"自由正义"原则。

然而，哈耶克将这一原则叫作自由正义原则也是不正确的。因为经济自由或自由交换只可能是个自由原则，却不可能是个正义原则：自由交换或经济自由未必是正义的。试想，诸如劳动换工资、自由换面包、色情换金钱、金钱换权力等，岂不都可以是自愿的、自由的？岂不都属于自由交换范畴？然而却都不是正义的。因此，自由交换或经济自由之为一种道德原则，即使在这一原则的确立者斯密看来，也是以不违反正义为前提的：

"一切特权的或限制的制度一旦完全被废除，简单而显著的自然自由制度就会自动建立起来。每一个人，只要不违反正义的法律时，就应该容许他完全自由地用自己的方法追求自己的利益，以其勤勉和资本而与任何其他人或阶级相竞争。"[①]

这就是说，经济自由或自由交换未必是正义的：违反正义的经济自由或自由交换是不道德的，因而仅仅是经济自由而不是经济自由原则，亦即不是经济自由的道德原则；只有不违反正义的经济自由才可以被奉为道德原则，才可以叫作经济自由原则。但是，不违反正义的经济自由仅仅是经济自由原则，而并不是经济正义原则。因此，不但诺齐克和沃尔泽将自由交换或经济自由奉为社会正义原则是错误的，而且哈耶克称之为"自由正义"原则也是不能成立的。

细究起来，哈耶克称"自由交换"或"经济自由"为自由正义原则，说到底，乃是因为哈耶克从等同自由与正义出发，进一步将"自由的原则"与"正义的原则"等同起来。因为如所周知，"自由正义"是哈耶克

---

① Adam Smith: *An Inquiry into the Nature and Causes of the Wealth of Nations*, volume 2, Oxford: Clarendon Press, 1976, p. 687.

正义理论的基本范畴，这个范畴的内涵可以归结为一句话：自由与正义是同一概念。诚然，这种与正义为同一概念的自由，在哈耶克那里，乃是一种特殊的自由，亦即他所谓的"法治下的自由"（the conception of freedom under the law），也就是自由的法治原则，说到底，亦即自由的原则：自由的原则就是正义的原则，就是自由正义原则。[1] 在这种自由正义论——亦即自由的原则就是正义的原则，不自由的原则就是不正义的原则——的基础上，哈耶克进一步推演道：任何社会正义实际上都是不可能存在的，因为所谓社会正义，说到底，都是社会分配的正义，而任何一种社会分配无疑都是对于自由交换和经济自由的某种摧毁，因而都是不正义的：自由的原则就是正义的原则，不自由的原则就是不正义的原则。这样，任何社会正义便都因其必定摧毁自由而注定导致不正义，因而都是一种"社会正义的幻象"："实施任何'社会正义'幻象所导致的无所不在的对于他人权力的依赖，必定摧毁一切道德所赖以建立其上的个人决定之自由。"[2] 可是，否定存在任何社会正义，岂不堪称"前不见古人后不见来者"之大谬？因而，按照归谬法，它的前提——"自由的原则"与"正义的原则"之等同——岂不一定是错误的？

可是，正义论大师罗尔斯也将"自由的原则"与"正义的原则"等同起来。因为在罗尔斯看来，他所提出的两个正义原则之所以是正义的，不是因为它们依据于每个人的贡献；而是因为它们是一种社会契约，人人一致同意就是它们的正义性的证明："某些正义原则被证明，是因为它们在一种平等的原初状态中能够得到一致同意。"[3]。这样，罗尔斯就与哈耶克一样：将自由的原则等同于正义的原则。因为自由的原则的根本特征，无疑

[1] Friedrich A. Hayek: *The Constitution of Liberty*, Chicago: The University of Chicago Press, 1978, p. 153.

[2] F. A. Hayek: *Law, Legislation and Liberty*, Volume 2, Beijing: China Social Sciences Publishing House Chengcheng Books Ltd., 1999, p. 99.

[3] John Rawls: *A Theory of Justice*, Cambridge, Massachusetts: The Belknap Press of Harvard University Press, 1999, p. 19.

就在于人人一致同意：自由的原则就是人人一致同意的原则。罗尔斯将自由的原则等同于正义的原则，因而由正义原则的自由性的证明是人人一致同意而得出结论说：正义原则的正义性的证明是人人一致同意。他的《正义论》的基本内容，就是对他的两个正义原则如何是处于原初状态的人们人人一致同意的原则之证明：这就是罗尔斯对于这两个正义原则正义性的契约论证明。所以，罗尔斯对于两个正义原则正义性的契约论证明，完全基于自由原则与正义原则之等同。

诚然，罗尔斯从这种自由与正义之等同的错误前提出发，却得出了正确的结论：他所确立的两个原则是社会正义原则。因为这两个原则，在罗尔斯看来，是处于原初状态的人们一致同意的，是自由的原则，因而也就是正义的原则。反之，海耶克同样从等同正义的原则与自由的原则出发，却得出了一种极为荒谬的结论：社会正义一种是实际上并不存在的主观幻象。因为任何社会正义原则，在哈耶克看来，都必定因其是社会分配的原则而注定摧毁自由，注定是一种不自由的原则，因而是不正义的原则，亦即所谓"社会正义的幻象"。诺齐克从等同正义与自由出发，也同样错误地得出结论说：除了自由交换，一切社会正义原则都因其模式化而违反自由原则，因而都是片面、狭隘、不正确的。

4　平等主义

所谓平等主义（egalitarianism），如所周知，是一种关于社会对于每个人的利益和负担、权利与义务应该如何分配的理论；这种理论的根本特征，就是认为只有平等分配才是正义的：平等主义就是将社会对于每个人利益的平等分配原则奉为社会正义原则的理论，就是将权利的平等分配原则奉为社会正义原则的理论，说到底，就是将平等原则奉为社会正义原则的理论。平等主义恐怕是人类思想史上信奉者最为众多的流派，它的信奉者，从数量上看，恐怕只有人道主义可以与其相比：

　　不但一切社会主义和民主主义论者，如所周知，或多或少都是一种平等主义论者；而且一切自由主义论者也程度不同地几乎都是平等主义论者。因为正如霍布豪斯和萨皮罗所指出："争取自由的斗争依然也是争取平等的斗争。"[①] "平等是自由主义的另一条基本原则。"[②] 所以，平等主义的代表人物多如繁星、不胜枚举，如柏拉图、亚里士多德、斯多葛派、洛克、伏尔泰、卢梭、杰斐逊、潘恩、康德、边沁、穆勒、马克思、恩格斯、邦纳罗蒂、卡贝、德萨米、勒鲁、巴贝夫、布朗基、托克威尔、托尼、罗尔斯、德沃金、哈耶克、尼尔森、艾德勒、萨托利、范伯格等。

　　社会主义、民主主义和自由主义都是多种多样的，具有形形色色的种类；因而它们所共同主张的平等主义的种类就更加纷纭复杂了。但是，这些不同形态的平等主义，如所周知，可以分归结为两大类型：极端平等主义或绝对平等主义——亦即所谓平均主义——与相对平等主义。主张一切权利完全平等的平等主义，如所周知，便叫作平均主义、极端平等主义或绝对平均主义。这种理论的代表人物，有莫尔、闵采尔、马布利、康帕内拉、摩莱里、葛德文、狄德罗等。但其最为典型的代表，当推巴贝夫和邦纳罗蒂以及旧福利经济学家庇古。

　　巴贝夫在概括他所确立的平等原则时写道："要使这个民族的各个人之间是没有任何差别的绝对的平等。"因此，福利"必须均等分配"，亦即"分配给每一个公民由其他各种物品构成的社会总产品中同等的一份"。[③] 邦纳罗蒂也这样写道："劳动显然是每一个公民缔结社会契约的首要条件：由于每一个人到社会里来，都给社会带来同样的一份东西。因此，义务、产品和收益，就必须进行平均分配。"[④] 庇古根据边际效用递减规律（一个人的财富越多，其边际效用越小），得出著名的"收入应该均等化"的结论：

① 霍布豪斯：《自由主义》，朱曾汶译，商务印书馆，1996年，第14页。
② 李强：《自由主义》，中国社会科学出版社，1998年，第197页。
③ 《巴贝夫文选》，梅溪译，商务印书馆，1962年，第89页。
④ 邦纳罗蒂：《为平等而密谋》上卷，陈叔平译，商务印书馆，1997年，第70页。

　　"假如有一个富人和十个穷人。从富人拿出一镑钱，并把它给予第一个穷人，总满足量就增加了。但是富人还是比第二个穷人富。所以，再转移一镑钱给第二个穷人，就又增加了总满足量。如此转移，直到原来的富人不比其他任何人富裕为止。"[1]

　　狄德罗则认为分配越平等越好："纯产品越多，分配得越平等，国家就治理得越好。分配得平等的纯产品，要比数量更多但是分配得不平等的纯产品可取。"[2]中国平均主义最为著名的代表，是孔子和老子。孔子和老子的平均主义与狄德罗的观点很相似。因为孔子的平均主义可以归结为他的一句名言："丘也闻有国有家者，不患寡而患不均。"[3]老子的平均主义名言是："高者抑之，下者举之；有余者损之，不足者补之：天之道损有余而补不足。"[4]孔子和老子的这种思想，如所周知，后来发展为"等贵贱、均贫富"的中国农民起义的平均主义纲领。

　　可见，极端平等主义、绝对平等主义或平均主义，正如彼彻姆所言，乃是一种将一切权利或利益完全平等分配奉为社会正义原则的理论："极端平等主义认为，正是在说明社会正义而非道德的其他方面，个人之间的差别是毫无意义的。因此，社会负担和社会利益的分配只有达到完全平等的程度才是正义的；而对于分配的完全平等之任何偏离都是不正义的。"[5]这种平等主义显然违背社会正义根本原则——亦即按贡献分配权利原则——因而是根本错误的。所以，彼彻姆接着写道："看来，极端平等主义令人极其难以置信，因为它完全拒斥广为接受的确信：人们某些方面的不同，使他们各自的应得也应该相应地有所不同。"[6]

---

① 庇古："福利经济学的几个方面"，载《美国经济评论》，1951年6月号，第299页。

② 沈宗灵、黄楠森主编：《西方人权学说》上，四川人民出版社，1994年，第134页。

③ 《论语·季氏篇第十六》。

④ 《老子》第七十七章。

⑤ Tom L. Beauchamp: *Philosophical Ethics*, New York: McGraw-Hill Book Company, 1982, p. 242.

⑥ Ibid., p. 243.

确实，在平等主义的庞大阵营里，极端平等主义论者是极少数；而绝大多数平等主义论者都反对一切权利完全平等，而只是主张权利的相对平等，因而可以称之为"相对平等主义"：相对平等主义就是反对一切权利完全平等而将权利相对平等奉为社会正义原则的平等主义。相对平等主义所主张的最为典型的原则，正如霍布豪斯所言，是比例平等：

"从人们的差别出发，把平等作为一种调节，即以各人在某方面之差别为依据而给予相应的差别待遇。这种平等，便不是绝对数量的平等，而是比例平等。"①

这就是说，所谓比例平等，实际上是一种权利的相对平等，因而也是权利的相对不平等：这种权利不平等的比例，相对于每个人的"某方面之差别"——如贡献或需要等——的不平等的比例，是完全平等的。举例说，张三做出一份贡献，应享有一份权利；李四做出三份贡献，便应享有三份权利。这样，就张三与李四所享有的权利的多少来说，是不平等的。但是，就张三与李四所享有的权利之比例与他们所做出的贡献之比例来说，却完全平等：这就是相对平等主义的"比例平等"原则。

然而，由此不能得出结论说，相对平等主义只主张比例平等而不主张权利完全平等。因为相对平等主义只是反对一切权利完全平等，而并不反对某种权利完全平等；相反地，正如彼彻姆所指出，主张基本权利完全平等乃是这种大多数平等主义论者的重要观点：

"大多数平等主义者对于正义的阐述是有严格限定的，比极端平等主义的正义观要谨慎得多……但他们仍然主张，对满足人的基本需要的那些必不可少的利益，应该平等分配。"②

这就是说，相对平等主义只是反对一切权利完全平等，而主张基本

① L. T. Hobhouse: *The Elements of Social Justice*, Bristol: Routledge / Thoemmes Press, 1993, p. 97.

② Tom L. Beauchamp: *Philosophical Ethics*, New York: McGraw-Hill Book Company, 1982, p. 243.

权利完全平等。这样一来，相对平等主义便既主张完全平等，又主张比例平等；只不过，完全平等并不是一切权利的分配原则，而仅仅是基本权利的分配原则。完全平等是基本权利分配原则，显然意味着：比例平等不能是一切权利的分配原则，而只能是非基本权利的分配原则。所以，比较完善和全面的相对平等主义的社会正义原则可以归结为两个平等原则：基本权利完全平等和非基本权利比例平等。于是，比较完善和全面的相对平等主义，也就是将基本权利完全平等和非基本权利比例平等奉为社会正义原则的平等主义。

这种相对平等主义的创始者，是亚里士多德。因为他首次提出不同于极端平等主义的"一切权利完全平等"的权利分配的两种平等原则，而称之为"数目平等"（也就是数目完全平等，亦即所谓"完全平等"）与"比例平等"：

"平等有两种：数目上的平等与以价值或才德而定的平等。我所说的数目上的平等是指在数量或大小方面与人相同或相等；依据价值或才德的平等则指在比例上的平等。"①

这就是构成相对平等主义平等总原则两个侧面的完全平等原则与比例平等原则。范伯格将这一原则叫作"平等的形式原则"而概括为："我们的形式原则（源自亚里士多德）要我们：（1）同样地（平等地）对待在有关方面相同的（平等的）人；（2）不同地（不平等地）对待在有关方面不相同的（不平等的）人，这种不平等对待与他们之间的差别性（不平等性）成为比例。"②

这种相对平等主义的当代大师，是罗尔斯。他的名著《正义论》的主要内容，如所周知，就是对他所谓的"两个正义原则"的论证。通过这些论证，他得出结论说：

① 《亚里士多德全集》第九卷，苗力田等译，中国人民大学出版社，1994 年，第 163 页。
② Joel Feinberg: *Social Philosophy*, Englewood Cliffs, New Jersey: Prentice-Hall, Inc., 1973, p. 100.

　　"处在最初状态中的人们将选择两个相当不同的原则：第一个原则要求平等地分配基本的权利和义务；相反地，第二个原则主张社会和经济的不平等，如财富和权力的不平等，只要其结果能给每个人——特别是那些最少受益的社会成员——带来补偿利益，它们就是正义的。"[①]

　　这就是罗尔斯的两个正义原则。显然，这两个正义原则就是源于亚里士多德的两个平等原则：基本权利完全平等和非基本权利比例平等。

　　那么，这种相对平等主义是真理吗？绝对的、极端的平等主义是谬误当然意味着：相对平等主义是真理。但是，并非一切种类的相对平等主义都是真理。因为诚如萨托利所言，以权利分配的相关项或相关性质为依据，相对平等主义的完全平等与比例平等原则可以分为若干不同类型：

　　"平等原则：（1）同样地对待所有的人，亦即分配给所有的人平等的份额（利益或负担）；（2）同样地对待同样的人，亦即分配给平等的人平等的份额（利益或负担）、不平等的人不平等的份额。这一原则分为 4 个广为人知的具体准则：a 成比例的平等，亦即按照现存不平等的比例分配份额；b 按照相关的差别分配不平等的份额；c 按照每个人的应得（功绩或能力）分配份额；d 按照每个人的需要（基本的或其他的）分配份额。……列在原则 2 项下的多数原则，一般说来，可以叫作'比例平等'原则。"[②]

　　更确切些说，以权利分配的相关项或相关性质为依据，一切相对平等主义可以分为这样四种类型：需要论的平等主义、人性论的平等主义、自由正义论的平等主义和贡献论的平等主义。

　　所谓需要论的平等主义，显然是需要论与平等主义的结合，也就是将每个人的需要作为权利分配依据的平等主义，也就是主张按需分配的

①　John Rawls: *A Theory of Justice*, Cambridge, Massachusetts: The Belknap Press of Harvard University Press, 1999, p. 13.

②　Giovanni Sartori: *The Theory of Democracy Revisited*, Chartham, New Jersey: Chatham House Publisher, Inc., 1987, p. 348.

平等主义，也就是将按照需要分配权利的事实平等（或真正平等）原则奉为社会正义原则的平等主义。这种平等主义为主张按需分配的社会正义理论所倡导，因而主要为社会主义和共产主义思想家所倡导。对于这种平等主义，卡贝的表述最为精辟：

"这种平等是不是彻底的和绝对的，比方说，每一个人都应该得到同样数量的食物？不，我所说的平等是以每一个人的需要为依据的相对平等。因此，凡是需要吃比别人加倍的食物才能饱肚的人，便有权领取比其他人多一倍的食物。"[①]

可是，每个人的需要是不同的，如果按需分配权利，岂不意味着每个人的权利是不平等的吗？岂不是不平等主义吗？否。因为在需要论的平等主义论者看来，只有每个人的需要同等地、平等地得到满足，才是真正的平等或事实平等。每个人的需要不同，如果同等地、平等地分配权利，那么，需要较多的人所得到的满足就会较少，而需要少的人所得到的满足就会较多，因而事实上是不平等的。欲使每个人的需要同等得到满足，从而达到事实上的、真正的平等，就应该按照每个人的不同需要分配给每个人以不平等的权利。这就是按照需要分配权利的事实平等或真正平等原则，这就是需要论平等主义的事实平等或真正平等原则。对于这个原则，马克思讲得最为清楚：

"一个劳动者已经结婚，另一个则没有；一个劳动者的子女较多，另一个的子女较少，如此等等。在劳动成果相同、从而由社会消费品中分得的份额相同的条件下，某一个人事实上所得到的比另一个人多些，也就比另一个人富些，如此等等。要避免所有这些弊病，权利就不应该是平等的，而应该是不平等的。"[②]

需要论的平等主义是真理吗？作为一种仁爱理论，它无疑是真理；作

---

① 卡贝：《伊加利亚旅行记》第二、三卷，李雄飞译，商务印书馆，1997年，第374页。

② 《马克思恩格斯选集》第三卷，人民出版社，1973年，第12页。

为一种正义理论，却是谬论。因为它所倡导的按需分配的事实平等或真正平等原则，绝对不是个正义原则，而或者是个不正义原则，或者是个仁爱原则：它究竟是个什么原则，取决于实行它的社会是个什么社会。如果一个社会——比如家庭——全体成员的基本联系是相互间的爱而不是各自的利益，那么，该社会的成员便都不会计较利益得失，而会心甘情愿按需分配。这样，虽然贡献多需要少者分有较少权利，而贡献少需要多者却分有较多权利，却并非不正义。因为贡献多需要少者是出于对贡献少需要多者的爱，而完全自愿按需分配，因而也就是自愿把自己按照正义原则所应多得的权利转让、馈赠给了贡献少需要多者。反之，贡献少需要多者也就只是接受而并未侵犯贡献多需要少者所转让、馈赠的权利。因此，按需分配的事实平等或真正平等原则，如果实行于以爱为基础的社会，便是个高于正义、超越正义而无所谓正义不正义的仁爱原则。

反之，如果一个社会——比如国家——的全体成员的基本联系是各自的利益而不是相互间的爱，那么，该社会的成员便会计较利益得失。因此，贡献较多而需要较少者也就不会把自己按照正义原则所应分有的较多权利自愿转让、馈赠给贡献较少而需要较多者。这样，如果实行按需分配的事实平等原则，便是对贡献多而需要少者的按照正义原则所应多得的权利的强行剥夺，便侵犯了贡献多需要少者的权利，因而是不正义的。所以，按需分配权利的事实平等原则，如果实行于以利益为基础的社会，便是个不正义的原则。可见，按需分配权利的事实平等原则，或者是个不正义原则，或者是个仁爱原则，而绝对不可能是个正义原则；因而将其作为社会正义原则的需要论平等主义是根本错误的。

所谓人性论的平等主义，也就是将每个人的人性作为权利分配依据的平等主义，也就是将人人完全相同的人性作为权利分配的依据的平等主义，也就是将人人完全相同的人性作为人人权利平等分配的依据的平等主义，说到底，也就是根据人性平等而将权利平等奉为社会正义原则的平等主义。这种平等主义，如所周知，是17世纪以来西方社会的主流意识形态之一；并被杰斐逊写入《独立宣言》而成为历代相传震撼人心的名言："人人生而平等，他们都从他们的'造物主'那边被赋予了某些不可转让的权利，其中包括生命权、自由权和追求幸福的权利。"所谓"人人生而平等"，正如艾米·格特曼所言，是指每个人作为人是平等的：

"关于'人生而平等'的主张似乎说明了一个有关人的条件的事实，这种主张所指的事实是什么呢？当然它不是指可测量的如体重、身高方面的平等，也不是指社会意义上的但却难以测量的平等：如相同的体力、智力或道德能力。至少我们可以认为人是不可能在这些方面相同的。所有人都是平等的，因为他们是人而不是植物或低等动物。"①

因此，《独立宣言》的这段名言说的就是：每个人作为人，应该平等享有某些权利：平等的人性是权利平等分配原则的根据。对于这个道理，人性论平等主义论者艾德勒曾有十分透辟的阐述："我们享有平等权利的最终根据是人性。……我们的人性怎么能证明我们应该享有平等的权利呢？答案是：作为人，我们是平等的……就是说，所有人都具有相同的物种特性。"②

今日看来，这种平等主义显然是不能成立的。因为照此说来，一个人，只要还活着，只要还是人，他便应该与其他人同等享有权利。这样，一个人不管做了多大坏事，不论他给社会和他人造成多大损害，他的权利也不应该被剥夺，他也应该与好人平等享有权利。因为他再坏，也与最好的人一样地是人，一样地具有那普遍的完全相同的人性。可是，面对现实，这些人性论平等主义论者又不得不承认：并非一切人都应享有权利。他们说，每个人一生下来便应该与他人平等享有权利。但是，如果他做坏事而侵犯了他人的权利，那么他的权利便应该被剥夺，他便不应该与他人平等享有权利了。一个杀人犯，夺去了他人性命，他自己的

① 邓正来主编：《布莱克维尔政治学百科全书》，中国政法大学出版社，1992年，第230页。
② Mortimer J. Adler: *Six Great Ideas*, New York: Simon & Schuster, 1997, p. 164.

生命权也就应该被剥夺了。

所以法国《人权宣言》说："每个人行使天赋的权利以必须让他人自由行使同样的权利为限。"这是非常正确的。可是这样一来，人性论平等主义论者便自相矛盾了：既说凡是人都应该权利平等，又说坏人不应该享有权利。然而，坏人再坏，不也是坏人，不也与好人共有同样的人性，不也同样是这些人性论平等主义论者作为权利依据的人吗？

所谓自由正义论的平等主义，无非是自由正义论与平等主义的结合，也就是将自由作为权利分配正义性的依据的平等主义，换言之，也就是将人人一致同意作为权利分配正义性的依据的平等主义，说到底，也就是将人人一致同意作为权利平等原则正义性的依据的平等主义。罗尔斯是这种平等主义的代表。因为在他看来，两个平等原则正义性的依据，是人人一致同意，是每个人都被无知之幕遮掩而不知道自己的地位和能力的原初状态中的人人一致同意：

"我们可以断言，某些正义原则的正义性之所以得到证明，就是因为这些原则将在一种平等的原初状态中被一致同意。"[①]

那么，原初状态中的人们将一致同意选择怎样的正义原则？罗尔斯《正义论》的主要内容，如所周知，就是对于这一点的证明。通过这些证明，他得出结论说，原初状态中的人们将一致同意选择两个平等原则：

"处在最初状态中的人们将选择两个相当不同的原则：第一个原则要求平等地分配基本的权利和义务；相反地，第二个原则主张社会和经济的不平等，如财富和权力的不平等，只要其结果能给每个人——特别是那些最少受益的社会成员——带来补偿利益，它们就是正义的。"[②]

这种将人人一致同意作为权利平等原则正义性依据的平等主义，是错误的：它将自由的原则等同于正义的原则。因为自由的原则的根本特

---

① John Rawls: *A Theory of Justice*, Cambridge, Massachusetts: The Belknap Press of Harvard University Press, 1999, p. 19.

② Ibid., p. 13.

征，如前所述，就在于人人一致同意：自由的原则就是人人一致同意的原则。罗尔斯将自由的原则等同于正义的原则，因而由两个平等原则的自由性的依据是人人一致同意而得出错误的结论：这两个平等原则的正义性的依据是人人一致同意。因此，罗尔斯的平等主义，就其证明方法来说，是一种错误的社会正义理论，是一种将自由的原则与正义的原则等同起来的"自由正义论"谬误。但是，罗尔斯从自由正义论错误前提出发，却得出正确的平等主义结论：两个平等原则（基本权利完全平等和非基本权利比例平等）是两个正义原则。

所谓贡献论的平等主义，顾名思义，是贡献论与平等主义的结合，也就是将每个人的贡献作为权利分配依据的平等主义，也就是主张按贡献分配权利的平等主义，说到底，也就是将按照贡献分配权利的平等原则奉为社会正义原则的平等主义。这种平等主义颇为复杂，大概讲来，可以分为两种类型：典型的贡献论平等主义和完善的贡献论平等主义。典型的贡献论平等主义所主张的平等原则，就是按贡献分配权利或按劳分配的比例平等。按照这种原则，多贡献多得、少贡献少得，多劳多得、少劳少得；从而使每个人所享有的权利与其所付出的贡献的比例完全平等。

这种平等主义不但为众多的自由主义和社会主义思想家所倡导，而且近乎不言而喻之公理。确实，它是真理，因为它符合"按照贡献分配权利"的社会正义根本原则。然而，它是片面的、不完善的；因为它抹杀了按贡献分配权利的完全平等原则：只有既主张按贡献分配权利的完全平等原则又主张按贡献分配权利的比例平等原则的贡献论平等主义，才是全面的真理。这种平等主义就是全面的、完善的贡献论平等主义，因为它既主张比例平等又主张完全平等：基本权利完全平等、非基本权利比例平等。

这种平等主义在亚里士多德那里已略见端倪。因为亚里士多德不但主张"权利的分配必须以人们对于构成城邦各因素的贡献的大小为依据"①的贡献论，而且确立了两种平等原则：数目上的平等（亦即完全平等）与比例平等。但是，如何在贡献论的基础上确证这两种平等原则，特别是证明每个人的基本权利——亦即所谓人权——完全平等如何依据于每个人的贡献，是两千年来人类一直未能解决的难题，也是 17 世纪以来一直令人权思想家困惑的难题。四百年来，西方主流思想家对于这个难题的解答，如所周知，陷入人性论的平等主义之谬误。因为在他们看来，每个人的基本权利、人权之所以应该完全平等，是因为每个人的人性完全平等。这就是近代以来西方主流意识形态的平等主义，是一种贡献论与人性论相结合的完善的、全面的平等主义：它由基于贡献论的比例平等与基于人性论的完全平等构成。

艾德勒是这种平等主义的代表。首先，他所主张的是一种全面的、完善的平等主义，因为他提出了两个平等原则（亦即基本权利完全平等和非基本权利比例平等）："第一原则主张每人每家都应该享有自然权利所赋予的最低限度的财富；反之，第二原则主张贡献较大者应该获得较多的财富。"②

其次，他所主张的是一种贡献论的平等主义，因为他指出非基本权利比例平等的依据是贡献："贡献不平等的人，应该获得与他们贡献的不平等相当的不平等的收入。但是，这个正义原则必须从属于根据每个人最低需要进行平均分配的正义原则。"③

最后，他所主张的又是一种人性论的平等主义，因为这种"按每个人最低限度需要进行平均分配"的依据——亦即基本权利完全平等分配的依据——在艾德勒看来，不是贡献，而是人性："我们所享有的平等权利的最终根据是人性。"④

---

① 亚里士多德:《政治学》，吴寿彭译，商务印书馆，1996 年，第 150 页。
② Mortimer J. Adler: *Six Great Ideas*, New York: Simon & Schuster, 1997, p. 179.
③ Ibid., p. 180.
④ Ibid., p. 164.

于是，总而言之，艾德勒的平等主义是一种基于贡献论的比例平等与基于人性论的完全平等之结合，是贡献论与人性论相结合的完善的平等主义。这种平等主义无疑对错参半：就其贡献论的因素来说，亦即就其比例平等的贡献论依据来说，是真理；就其人性论的因素来看，亦即就其完全平等的人性论依据来看，是谬误。

可见，克服这种平等主义谬误从而达到贡献论的全面的平等主义之真理的关键在于：确证每个人的基本权利——亦即所谓人权——完全平等的依据是每个人的贡献。根据我们在前面对于这个问题的研究可知，每个人都应该完全平等地享有基本权利的依据乃在于：每个人都是缔结、创建社会的一个成员。因为人是社会动物，脱离社会，人便无法生存。所以，每个人的一切利益，说到底，便都是社会给予的：社会对于每个人具有最高效用、最大价值。而社会又不过是每个人的结合，不过是每个人所结成的大集体。因此，每个人不论如何，只要他生活在社会中，便为他人做了一大贡献：缔结、创建社会。任何人的其他一切贡献皆基于此！因为若没有社会，任何人连生存都无法维持，又谈何贡献？所以，缔结社会在每个人所做出的一切贡献中乃是最基本、最重要的贡献。于是，我们可以得出结论说：

一方面，每个人因其最基本的贡献完全平等——每个人一生下来便都同样是缔结、创建社会的一个股东——而应该完全平等地享有基本权利、完全平等地享有人权，这是平等主义的完全平等原则，亦即所谓人权原则；另一方面，每个人因其具体贡献的不平等而应享有相应不平等的非基本权利，也就是说，每个人所享有的非基本权利的不平等，与自己所做出的具体贡献的不平等的比例应该完全平等，这是平等主义的比例平等原则，是非人权权利分配原则。这就是贡献论的全面的、完善的平等主义，这就是平等主义之真理。

然而，平等主义的类型是否可以归结为绝对平等主义与相对平等主义以及需要论的平等主义、人性论的平等主义、自由正义论的平等主义和贡献论的平等主义？是的。不过，如上所述，这些平等主义都是围绕平等总原则——亦即一切权利完全平等原则、基本权利完全平等原则和非基本权利比例平等原则——而形成的。那么，围绕平等具体原则，如机会平等原则和结果平等原则（包括政治平等原则和经济平等原则），难道就没有形成各种更为具体的平等主义类型？诚然，围绕这些具体的平等原则，平等主义思想家们也一直争论不休：有人否定结果平等而主张机会平等，有人则强调结果平等而忽略机会平等；有人强调政治平等，有人则强调经济平等。但是，这些争论还构不成某种独立的平等主义类型。因为这些争论所赞成和反对的平等原则，都隶属于绝对平等主义与相对平等主义（以及需要论的平等主义、人性论的平等主义、自由正义论的平等主义和贡献论的平等主义）所争论的平等总原则，因而都可以从其中推导出来。所以，只要解决了平等总原则，这些争论不休的平等具体原则便迎刃而解。举例说：

如果证明了平等总原则确如相对平等主义的主张——基本权利完全平等和非基本权利比例平等——是真理，那么，结果平等、经济平等和政治平等诸具体的平等原则也就迎刃而解：基本的政治、经济、结果方面的权利应该完全平等，而非基本的政治、经济、结果方面的权利应该比例平等。这样一来，围绕这些平等具体原则的争论也就迎刃而解，因而构不成独立的平等主义类型。这种从平等总原则推导机会平等和结果平等以及政治平等和经济平等诸原则的过程，我们在前面研究这些平等原则的章节中已经完成了。这种推导过程表明，机会平等与结果平等以及政治平等与经济平等并非相互冲突、不可两全，而是相反相成、相符一致的；因而围绕这些平等具体原则的争论便都是强调某一原则而抹杀其他原则的片面真理。

综上所述，平等主义可以归结为绝对平等主义与相对平等主义两大类型：前者主张一切权利完全平等，是谬误；后者主张基本权利完全平等和非基本权利比例平等，是真理。但是，以权利分配的相关项为依据，相对平等主义又分为四种：需要论的平等主义、人性论的平等主义、自由正义论的平等主义和贡献论的平等主义。需要论的平等主义是将按照需要分配权利的事实平等原则奉为社会正义原则的平等主义：它作为一种仁爱理论，是真理；但作为一种正义理论，却是谬论。人性论的平等主义是根据人性平等而将权利平等奉为社会正义原则的平等主义：它是谬论，因为照此说来，一个人不论多么坏，也应该与好人平等享有权利。自由正义论的平等主义是将人人一致同意作为权利平等原则正义性的依据的平等主义：它也是错误的，因为它将自由的原则等同于正义的原则。贡献论的平等主义是将按照贡献分配权利的平等原则奉为社会正义原则的平等主义：只有它堪称社会正义理论之真理，因为只有它才符合"等利交换"的正义总原则。于是，总而言之，只有依据和从属于贡献原则的平等原则——基本权利完全平等、非基本权利比例平等、机会平等、结果平等、政治平等和经济平等诸原则——才是正确的社会正义原则，而背离贡献原则的平等原则都是错误的社会正义原则；只有贡献论的平等主义才是社会正义理论之真理，而背离贡献论的平等主义都是社会正义理论之谬误。

综观社会正义理论——贡献论、需要论、自由正义论和平等主义——可知，一方面，凡是背离贡献原则的，都不是正确的社会正义原则；只有贡献原则和从属于它的平等总原则（基本权利完全平等、非基本权利比例平等）与平等具体原则（经济平等、政治平等和机会平等）才是正确的社会正义原则：贡献原则是社会正义总原则；平等总原则是贡献原则在基本权利与非基本权利分配上的推演，平等具体原则是平等总原则在机会、政治和经济领域的推演；因而皆属于社会正义分原则范畴。

另一方面，只有贡献论才是社会正义理论之真理，而其他社会正义理论皆为谬误。但这些错误的社会正义理论，没有一种是完全错误的。因为不论哪一种，不论如何错误，毕竟都确立了某种正确的社会正义原则。只不过，这些正确原则或者无不属于贡献原则，或者无不可以从贡献原则推导出来：

首先，平等主义所主张的正确的社会正义原则最多，如基本权利完全平等与非基本权利比例平等以及机会平等和结果平等（政治平等和经济平等）诸原则。这些原则在平等主义论者那里虽然并非皆由贡献原则推导出来，却都能够从贡献原则推导出来，因而都可以属于贡献原则范畴。其次，需要论所主张的正确社会正义原则最少，只有一条，亦即按基本需要分配人权原则：这一条原则实际上乃是按照每个人同样缔结社会的贡献分配人权，因而属于贡献原则范畴。最后，自由正义论所主张的正确的社会正义原则是两个平等原则——基本权利完全平等与非基本权利比例平等——因而也可以属于贡献原则范畴。所以，贡献论囊括了全部正确的社会正义原则，因而堪称社会正义理论之全面真理。

第五篇　人道：国家制度
最高价值标准

第十九章　人道与人道主义

本章提要

所谓人道，作为人道主义道德原则，有广义与狭义之分。就其广义来说，人道是视人为最高价值而善待一切人、爱一切人、把任何人都当人看待的行为，就是"把人当人看"的行为："把人当人看"是衡量一切行为是否人道的广义的浅层的初级的总原则。就其狭义来说，人道是视人的创造性潜能的实现为最高价值而使人实现自己的创造性潜能的行为，就是"使人成为人"的行为："使人成为人"是衡量一切行为是否人道的狭义的深层的高级的总原则。

人道固然是一种应该如何待人的道德原则；但就其实质来说，乃是统治者应该如何善待被统治者的最高道德原则，是统治者应该如何治理国家的最高价值标准，说到底，是国家治理和国家制度好坏的最高价值标准。相应地，人道主义固然是一种道德原则理论；但就其实质来说，乃是一种理想的国家制度理论，是一种关于人道的国家制度理论，说到底，是一种将人道奉为国家制度好坏最高价值标准的理想国家理论。

何谓人道？《左传》云："天道远，人道迩。"[①]《易经》云："'易'之为书也，广大悉备，有天道焉，有人道焉，有地道焉。"[②]"天道亏盈而益

---

① 《左传·召公十八年》。
② 《系辞下传·第十章》。

谦，地道变盈而流谦，鬼神害盈而福谦，人道恶盈而好谦。"①《礼记》云：
"亲亲、尊尊、长长，男女之有别，人道之大者也。"②照此看来，所谓人
道，也就是人之道，是人所当行之道，是人的一切行为规范总和，因而
包括三纲五常、忠孝节义、仁礼智信、杀人偿命、借债还钱等一切道德
和法律规范。所以，司马迁云："人道经纬万端，规矩无所不贯，诱进以
仁义，束缚以刑罚，故德厚者位尊，禄重者宠荣，所以总一海内而整万
民也。"③

　　可见，我国古代的人道概念，外延十分宽泛而混合道德与法于一体。
这种笼统含糊的概念，显然不适合分门别类的科学研究，不具有科学价
值；因而随着科学的发展，逐渐分化为法与道德，并被二者取代而逐出
科学王国。

　　今日中文的"人道"概念，如所周知，外延已演进得相当狭窄——
它仅仅是"人道主义"概念中的"人道"，因而仅仅是一种道德原则，亦
即人道主义道德原则："人道"与"人道主义道德原则"是同一概念。这
样，一方面，今日中文的人道概念便适合于分门别类的科学研究，从而
具有了科学价值：它已是伦理学的基本范畴；另一方面，这种人道概念
与西文的人道概念是一致的。因为西文的人道（humanity）概念，并不
具有"人之道"的含义，不具有法律的含义；而与人道主义（humanism）
概念一样，只具有道德含义，只是一种有关某种道德原则的概念。不过，
这样一来，人道概念便变得十分具体复杂了：要界定"人道"，首先必须
界定歧义丛生、众说纷纭的"人道主义"。

---

① 《周易上经·谦》。
② 《礼记·丧服小记》。
③ 《史记·卷二十三·礼书第一》。

一　人道主义：将人当作最高价值的国家制度和思想体系

1　人道主义：概念分析

人道主义的思想渊源，正如阿森纳斯·若日所言，可以追溯到古代希腊罗马："人道主义者受到古代思想和艺术的鼓舞激励，因为后者本身就是人道主义的一种表现形式和一个历史阶段……由赫拉克利特、德谟克利特、亚里士多德、伊壁鸠鲁、菲狄亚斯、欧里庇得斯等大师所代表的希腊进步思想和艺术就是人道主义的一个光辉的阶段。"[①]

但是，作为一种系统的理论，人道主义无疑形成于文艺复兴运动而为其主导思想。就这种人道主义产生和发展的历史过程来看，如所周知，分为三大阶段。第一阶段，是14至16世纪文艺复兴运动的人道主义，其代表人物，当推但丁、伐拉、皮科、庞波那齐、斐微斯、爱拉斯谟、路德、托马斯·莫尔、蒙台涅、布鲁诺。

第二阶段，是17至18世纪启蒙时期的人道主义，其代表人物，主要是培根、笛卡尔、格老秀斯、帕斯卡、斯宾诺莎、洛克、沙夫茨伯里、孟德斯鸠、伏尔泰、卢梭、狄德罗、爱尔维修、霍尔巴赫、梅叶、摩莱里、马布里、斯密、边沁、葛德文。

第三阶段，是19至20世纪的人道主义，其代表有空想社会主义者圣西门、傅立叶、欧文；有德国启蒙思想家和古典哲学家赫尔德、康德、费尔巴哈；有俄国革命民主主义者赫尔岑、车尔尼雪夫斯基；以及其他多如繁星的自由主义论者和社会主义论者：一切自由主义论者当然都是

[①] 沈恒炎、燕宏远主编：《国外学者论人和人道主义》第三辑，社会科学文献出版社，1991年，第745页。

人道主义论者，而社会主义论者几乎也都是人道主义论者。

可见，人道主义恐怕是人类思想史上最为庞大的流派：历代大思想家差不多都可以算作人道主义论者。那么，究竟何谓人道主义？人道主义的系统理论虽然诞生于 14 世纪兴起的文艺复兴运动，但那时并没有人道主义一词，而只有 humanitas：该词是拉丁文，本意指人的世俗教育。Humanitas 源于 humanus（人的、人性的、人道的、文明的），大约在 19 世纪初，才演化为人道主义一词：Humanismus（德文）和 humanism（英文）。

因此，人道主义一词迟至 19 世纪才出现。这样，人道主义的含义，就其词源来说，就是人文主义，就是人文教育、世俗教育制度及其思想体系，就是通过复兴古典的人文科学教育而最大限度地发展人的精神才智的社会制度和思想体系。因此，人道主义与人文主义的词源含义是完全相同的。这就是为什么，humanism 既可以译为人道主义，也可以译为人文主义。但是，人道主义的定义与其词源含义并不完全相同：人道主义与人文主义并非同一概念。就定义来说，人道主义并不完全像其词源那样，意指复兴古典人文教育制度和思想体系；而是指复兴古典人文教育的那种新精神、新态度和新信念，亦即将人当作最高价值的国家制度和思想体系。

人道主义，就其定义来说，首先是指这样一种国家制度和思想体系，这种国家制度和思想体系的根本观点，是将人本身当作最高的价值或尊严。对于这个道理，文艺复兴时期的人道主义思想家论述颇丰。但丁说："人的高贵，就其许许多多的成果而言，超过了天使的高贵。"[①] 皮科说："我感到自己终于领悟了人为什么是生灵当中最幸福的，从而是值得一切赞赏的，并且领悟了人在存在的普遍链条中占据着恰恰什么样的地位——不仅畜生忌妒，甚至世界之上的星辰与精神亦都忌妒的地位。"[②]

---

① 　北京大学西语系编：《从文艺复兴到十九世纪资产阶级文学家艺术家有关人道主义人性论言论选辑》，商务印书馆，1973 年，第 3 页。

② 　周辅成编：《从文艺复兴到十九世纪资产阶级哲学家政治思想家有关人道主义人性论言论选辑》，商务印书馆，1973 年，第 32 页。

庞波那齐说："人是万物中的上选。"[①] "人是一伟大的奇迹，因为他是整个的世界，并且能变成每一种自然状态，因为他已被赋予追随无论任何为他所喜好的东西之性质的能力。"[②] 斐微斯说："人这个演员最值得赞美。"[③] 莎士比亚说："人是多么了不起的一件作品！理性是多么高贵，力量是多么无穷！仪表和举止是多么端庄、多么出色，论行动，多么像天使！论了解，多么像天神！宇宙的精华，万物的灵长！"[④]

因此，英国《新大英百科全书》写道：人道主义是"一种把人和人的价值置于首位的概念。"德国《百科全书》也写道："人道主义一般指追求人道和合乎人的尊严的生存方式的一种努力。"苏联《百科全书》也认为：人道主义"的特征是捍卫个人尊严及其自由和全面发展，捍卫人道的社会关系。"布耶娃说："人是最高的价值和宝贵的社会财富。无论过去还是现在，这条原则对于以人道主义为取向的哲学来说，都是经久不衰的原则。"[⑤] 彼特罗相说："人道主义是一种这样的学说，它研究作为最高价值的人，研究全体社会成员因而每个人获得充分的物质福利、自由、社会平等和全面发展的途径。"[⑥] 沙夫说："所谓人道主义，我们主要指的是以人作为思考对象的体系，这个体系认为人是最可宝贵的财产，它力图保障人在实践中享有幸福的最美满的条件。"[⑦] 我国学者也认为："人道主义本质上是一种价值观念，它的基本原则是'人的价值是第一位的'。"[⑧]

可是，人道主义这种认为人本身是最高价值的观点能成立吗？答案

---

① 周辅成编：《从文艺复兴到十九世纪资产阶级哲学家政治思想家有关人道主义人性论言论选辑》，商务印书馆，1973年，第55页。

② 同上书，第61页。

③ 同上书，第65页。

④ 北京大学西语系编：《从文艺复兴到十九世纪资产阶级文学家艺术家有关人道主义人性论言论选辑》，商务印书馆，1973年，第58页。

⑤ 《哲学译丛》，1991年第6期，第20页。

⑥ 沈恒炎、燕宏远主编《国外学者论人和人道主义》第二辑，社会科学文献出版社，1991年，第311页。

⑦ 罗国杰编：《人道主义思想论库》，华夏出版社，1993年，第245页。

⑧ 同上书，第1306页。

是肯定的。但是，人本身之为最高价值并不是绝对的，而是相对的。因为不言而喻，只有相对于人来说，人才具有最高价值；而相对于非人类存在物——如狼豺虎豹——来说，人不但可能不具有最高价值，而且可能具有负价值：人类可能是狼豺虎豹的死敌。那么，为什么相对于人来说，人具有最高价值？这可以从两方面来看：

一方面，正如霍尔巴赫和斯宾诺莎等诸多先哲所言，对于人来说，人之所以是最高价值，乃是因为人最需要的东西就是人，因而人对于人具有最高效用、最高价值："在所有的东西中间，人最需要的东西乃是人。"① 人最需要的东西之所以是人，则是因为——正如阿德勒等无数先哲所论——每个人的一切利益，都是人类社会给予的：人类社会对于每个人具有最高效用、最高价值。人类社会又不过是每个人之和。所以，人类社会是每个人的最高价值，归根结底，便意味着，每个人对于每个人具有最高价值：人对于人具有最高价值。

另一方面，对于人来说，人之所以是最高价值，则是因为人本身或每个人是社会的目的；而社会则不过是为每个人服务的手段而已。这一真理的最为系统而深刻的阐述，当推康德那"人本身就是目的"的著名理论："人，实则一切有理性者，所以存在，是由于自身是个目的，并不是只供这个或那个意志任意利用的工具；因此，无论人的行为是对自己的或是对其他有理性者的，在他的一切行为上，总要把人认为是目的。"② 人是社会的目的，因而也就是社会好坏的价值尺度，是评价社会一切事物的价值标准而超越于社会一切事物的价值之上：人是最高的价值或尊严。因为正如康德所言："一个有价值的东西能被其他东西所代替，这是等价；与此相反，超越于一切价值之上，没有等价物可代替，才是尊严。"③

既然人是最高价值，那么，不言而喻，对于任何人，不管他多么坏，

---

① 周辅成编：《西方伦理学名著选辑》下卷，商务印书馆，1987 年，第 89 页。
② 罗国杰编：《人道主义思想论库》，华夏出版社，1993 年，第 449 页。
③ 康德：《道德形而上学原理》，苗力田译，上海人民出版社，1986 年，第 87 页。

对他的坏、他给予社会和他人的损害，固然应予相应的惩罚，应把他当作坏人看；但首先应因其是人、是最高价值而爱他、善待他、把他当人看：这是待人的最高道德原则。这个道理，费尔巴哈说得很清楚："如果人的本质就是人所以认为的至高本质，那么，在实践上，最高的和首要的基则，也必须是人对人的爱。"[①] 所以，人们大都将"博爱"或"把人当人看"与"人是最高价值"并列，作为人道主义根本特征，来界说人道主义：

"用一句话来简单地说，人道主义就是主张要把人当作人来看待。人本身就是最高目的，人的价值也在于他自身。"[②] "一般说来，人道主义总是努力恢复人的本质：它所关注的是把人当作人，而不要当作非人。"[③] "人道主义包括某种形式的博爱主义。"[④] "人之爱对于人道化具有极高的价值。"[⑤] "人道是一个对全人类的仁爱精神，它仅能在伟大而富有感情的灵魂里燃烧着。"[⑥]

可见，人道主义，就其为思想体系来说，确为真理；就其为国家制度来说，确为好国家制度。因为一方面，人道主义是视人本身为最高价值的国家制度和思想体系，这是人道主义"事实如何"方面的根本特征；另一方面，人道主义是把"将人当作人看"奉为待人最高原则的国家制度和思想体系，这是人道主义"应该如何"方面的根本特征。合而言之，人道主义是视人为最高价值——从而将"善待一切人、爱一切人、把一切人都当作人来看待"奉为待人最高原则——的国家制度和思想体系；简言之，便是视人为最高价值从而将"把人当人看"奉为待人最高原则的国家制度和思想体系。

---

① 《费尔巴哈哲学著作选集》下卷，王太庆等译，三联书店，1962年，第315页。
② 汝信："人道主义就是修正主义吗"，《人性、人道主义问题讨论集》，人民出版社，1983年，第21页。
③ 大卫·戈伊科奇等编：《人道主义问题》，杜丽燕等译，东方出版社，1997年，第392页。
④ 保罗·库尔茨：《保卫世俗人道主义》，余灵灵等译，东方出版社，1996年，第74页。
⑤ 沈恒炎、燕宏远：《国外学者论人和人道主义》第一辑，社会科学文献出版社，1991年，第84页。
⑥ 罗国杰编：《人道主义思想论库》，华夏出版社，1993年，第425页。

2 人道主义：与人类中心主义貌似而神非

人们往往将人道主义与人类中心主义等同起来，以为人道主义就是一种人类中心主义。戴维·埃伦费尔德在《人道主义的僭妄》中，便援引《韦氏新世界词典》来这样界定人道主义："人道主义是以人类利益和价值为中心的一种学说、一组态度或一种生活方式。"[①] 但是，人道主义与人类中心主义根本不同。人类中心主义，如前所述，也可以归结为两大方面：

一方面，就事实如何来看，人类中心主义认为，只有人类才是目的；而一切非人类存在物都不过是为人类利益服务的手段，因而人类便是宇宙万事万物的中心。这个道理，人类中心主义大师亚里士多德说得很清楚："植物的生存是为了动物……所有其他动物的生存是为了人。驯服的动物是为了供人役使和食用；至于野生动物，虽非都可以食用，但全有其他用途：衣服和工具就可以由它们而来。因此，如果我们相信自然不会没有任何目的地造物，那么，她一定是专门为了人才创造万物的。"[②] 所以，理查德·沃森（Richard Watson）在界说人类中心主义时写道："人类中心主义特指人的一种地位，亦即'将人视为宇宙的中心的事实和最终目的'以及一般地'认为宇宙所有事物的价值都取决于人类'。"[③]

另一方面，从应该如何来说，既然在人类中心主义看来，只有人类才是目的，而非人类存在物都不过是为人类利益服务的手段，那么，由此显然可以进一步得出结论说，人类所进行的一切活动都只应该是为了

[①] 戴维·埃伦费尔德：《人道主义的僭妄》，李云龙译，国际文化出版公司，1988年，第201页。

[②] Joseph R. Desjardins: *Environmental Ethics An Introduction to Environmental Philosophy*, Belmont, California: Wadsworth Publishing Company, 1993, p. 111.

[③] Louis P. Pojman: *Environmental Ethics: Readings in Theory and Application*, Belmont, California: Wadsworth Publishing Company, 2001, p. 162.

人类利益，因而道德的起源、目的和标准也都只应该是为了人类的利益：一切道德上的善恶都只应该以人类利益为标准。这样一来，每个人也就只有如何对待人类，才可能符合或违背道德的目的和标准，从而才有所谓道德不道德的问题；而如何对待非人类存在物，是杀死吃掉还是供养它们，则与道德的目的和标准无关，因而无所谓道德不道德的问题：只有人类才应该得到道德关怀从而是道德共同体的成员。因此，人类中心主义另一位大师阿奎那写道："我们要驳斥那种认为人杀死牲畜是一种罪过的错误观点。因为根据神的旨意，动物就是供人使用的，这是一种自然的过程。因此，人类如何使用它们并不存在什么不公正：不论是杀死它们，还是以任何方式役使它们。"[①] 因此，海沃德在界说人类中心主义时说："人类中心主义乃是这样一种观点：伦理学只能是并且也应该是仅仅关怀人类的事情；而将非人类存在物扩入道德共同体是既不可能也不应该的。"[②]

不难看出，人道主义与人类中心主义貌似而神非。人道主义与人类中心主义貌似，因为二者确实都可以看作是一种"以人的利益和价值为中心"的国家制度和思想体系。这是因为，人是最高价值无疑意味着，应该以人的利益和价值为中心；反之，以人的利益和价值为中心无疑也意味着，人是最高价值："以人的利益和价值为中心"与"人是最高价值"实为同一概念。

人道主义与人类中心主义神非，因为人道主义的"人是最高价值"或"以人的利益和价值为中心"，仅仅是相对人来说的，仅仅是相对人类社会来说的：人对于人具有最高价值和人是社会的目的。因此，人道主义的"人是最高价值"或"以人的利益和价值为中心"意味着：人是社会和人的一切活动的中心。既然如此，那么，对于任何人，不管他多么

① Joseph R. Desjardins: *Environmental Ethics An Introduction to Environmental Philosophy*, Belmont, California: Wadsworth Publishing Company, 1993, p. 111.

② *Encyclopedia of Applied Ethics*, Volume 1, San Diego: Academic Press, 1998, p. 174.

坏，对他的坏、他给予社会和他人的损害，固然应予相应的惩罚，应把他当作坏人看；但首先应因其是人、是最高价值而爱他、善待他、把他当人看：人道主义是一种关于人应该如何对待人的社会制度和思想体系。

反之，人类中心主义的"以人的利益和价值为中心"或"人是最高价值"，则是绝对的，是对于宇宙万事万物来说的：只有人类才是目的，而一切非人类存在物都不过是为人类利益服务的手段。因此，人类中心主义的"以人的利益和价值为中心"或"人是最高价值"意味着：人类是宇宙万事万物的中心。既然如此，那么，每个人也就只有如何对待人类，才有所谓道德不道德的问题；而如何对待非人类存在物，是杀死吃掉还是供养它们，则无所谓道德不道德的问题：人类中心主义是一种关于人应该如何对待非人存在物的国家制度和思想体系。

二　人道主义：将人的创造性潜能实现当作最高价值的国家制度和思想体系

1　人是最高价值：笼统含糊的命题

细究起来，作为最高价值的"人"是个十分笼统含糊的概念。因为人所固有的缺陷、自卑心、嫉妒心、病痛等人性也都是属于"人"的东西。这些东西若说有价值，也只是负价值，而根本谈不上什么最高价值。有感于此，帕斯卡疾呼：

"让人尊重自己的价值吧。让他热爱自己吧。因为在他身上有一种足够美好的天性。可是让他不要因此也爱自己身上的卑贱吧。"[①]"向人

---

① 罗国杰编：《人道主义思想论库》，华夏出版社，1993年，第359页。

过分显示出他多么像野兽而不显示出他的伟大，这是危险的。向人过分显示出他的伟大而不顾到他的卑鄙，这也是危险的。让人对这两方面都不知道，这是更危险的。让人认识到他既卑鄙，而又伟大，这才是有益的。"①

可见，作为最高价值的"人"，并非"人"的全部东西，而只是其中的部分东西。培里已经看到了这一点："人道主义把人看作值得赞美的对象……因而使得我们发问，是人的什么东西被认为是值得赞美的？"② 是什么东西呢？让我们听听文艺复兴人道主义大师皮科的回答吧：

"我实在不满意许多人为人性的优美所提出的许多根据：比如说，人是动物之间的媒介；人是上帝的密友；人是低等动物的帝王；因为人的感官敏锐，理智聪明，智慧辉耀，所以是自然的解释者；人是不变的永恒与飞逝的时间中间的间隔，并且是世界的维系，否，毋宁是世界的婚礼歌；按大卫的见证，仅比天使微小一点。这些肯定，虽然都是明白的大理由，但是还不能算是值得最高赞扬的主要根据。因为我们何不更欣赏天使本身和天庭神圣的合唱呢？最后，我感到自己终于领悟了人为什么是生灵当中最幸福的，从而是值得一切赞赏的。"③

为什么？就是因为——皮科继续说——人是一个能够自我选择、自我实现的生物："上帝认定人是本性不定的生物，并赐他一个位居世界中央的位置，又对他说：'亚当，我们既不曾给你固定的居处，亦不曾给你自己独有的形式或特有的功能，为的是让你可以按照自己的愿望、按自己的判断取得你所渴望的住所、形式和功能。其他一切生灵的本性，都被限制和约束在我们规定的法则的范围之内。但是我们交与你一个自由

① 北京大学西语系编：《从文艺复兴到十九世纪资产阶级文学家艺术家有关人道主义人性论言论选辑》，商务印书馆，1973年，第156页。
② 罗国杰编：《人道主义思想论库》，华夏出版社，1993年，第509页。
③ 周辅成编：《从文艺复兴到十九世纪资产阶级哲学家政治思想家有关人道主义人性论言论选辑》，商务印书馆，1965年，第32页。

意志，你不为任何限制所约束，可凭自己的自由意志决定你本性的界限。我们把你安置在世界中心，使你从此地可以更容易观察世间的一切。我们使你既不属于天堂，又不属于地上，使你既非可朽，亦非不朽，使你好像是自己的塑造者，既有自由选择，又有光荣，能将自己造成你所喜欢的任何模样。'……谁不羡慕我们这条变色龙？谁还能够更羡慕任何其他东西？"①

　　这番妙论，道破了人是最高价值之真谛：作为最高价值的人，乃是指人的发展、完善、自我选择、自我造就，亦即人而固有的创造性潜能之实现，说到底，就是人的自我实现——"自我实现"与"自我创造性潜能的实现"是同一概念——成为可能成为的最有价值的人。对此，布耶娃在概括人道主义根本特征时说得很清楚："'人的东西'通常所指的范围极广……最重要的是不断增长的个性自我实现的要求，创造的要求，发展创造力的要求。"②

2 人的创造性潜能的实现是最高价值

　　自我实现、自我创造性潜能的实现是最高价值：这种观点能成立吗？答案是肯定的。因为，正如人道主义者所说，自我实现、自我完善乃是人之所以为人、人区别于动物的最高特征："人与动物虽然有些地方相似，但有一个特点是人所独有的。这就是人能自我完善，而动物则不能自我完善。自有人类以来，人类就发现自己与动物有这种差别。因此，人可完善的观念同世界本身一样古老。"③诚哉斯言！但还不够深刻。究竟言之，自我实现之所以是最高价值，可以从两方面看。

---

① 周辅成编：《从文艺复兴到十九世纪资产阶级哲学家政治思想家有关人道主义人性论言论选辑》，商务印书馆，1965年，第33—34页。
② 《哲学译丛》，1991年第6期，第22页。
③ 托克维尔：《论美国的民主》下卷，董果良译，商务印书馆，1996年，第551页。

一方面，现代心理学——特别是马斯洛心理学——证实了文艺复兴人道主义思想家的伟大发现：每个人生而固有创造性潜能。只不过，从质上看，每个人创造性潜能的类型不同，如有些人具有绘画创造性潜能，有些人具有思辨创造性潜能；从量上看，每个人的创造性潜能程度有所不同：同样具有某种创造性潜能的人，具有这种创造性的程度——多少、大小、高低——是不同的。不但此也！马斯洛心理学发现，人有五种基本需要，按照从低级到高级的顺序，依次是：生理需要、安全需要、爱的需要、自尊需要、自我实现需要。人的创造性潜能的实现，所满足的是人的最高需要——自我实现需要——因而也就是人的最高幸福，具有最高价值：最高价值岂不就是满足人的最高需要的价值？最高幸福岂不就是人的最高需要获得满足的心理体验？

另一方面，人的自我实现能够最大限度地满足全社会和每个人的一切需要。因为任何社会的财富，不论是物质财富还是精神财富，统统不过是人的活动的产物，不过是人的能力之发挥、潜能之实现的结果，说到底，不过是人的创造性潜能实现之结果。所以，人的自我实现越充分、人的创造性潜能实现得越多，社会的物质财富和精神财富便越丰富，社会便越繁荣进步，而每个人的需要也就会越加充分地得到满足。反之，人的自我实现越不充分、人的创造性潜能实现得越少，社会的物质财富和精神财富便越贫乏，社会便越萧条退步，而每个人的需要的满足也就越不充分。所以，人的自我实现、每个人创造性潜能之实现乃是一切财富的源泉，是最根本、最重要、最伟大的财富，因而也就能够最大限度地满足全社会和每个人的需要，从而具有最高价值。

可见，说包含着诸多负价值（缺点、残忍、病痛、嫉妒、不幸等）的人是最高价值，实乃浅层的外在的皮相的初级的真理；而内在的深层的本质的高级的真理则是：人的自我实现——亦即人生而固有的创造性潜能的实现——是最高价值。既然如此，那么不言而喻：应该使人自我实现，使人实现自己的创造性潜能而成为可能成为的最有价值的人——

亦即"使人成其为人"——这是待人的最高道德原则和国家制度好坏最高价值标准：此乃文艺复兴人道主义之真谛也！

人道主义大师赫尔达早在其著名的《关于人道主义的通信集》中就已经这样写道："我们人类特征的内容之一，就是尽一切可能以培育人类，并使它完美化。这是人道者的理想实质。""如果一个人不去改造自己达到他能够而且应该成为的那样的话，他就不会做出有利于人类的贡献。因此，每个人都必须首先在这所'人道'的花园里培植和看守花坛，在这里，他将作为树木而生长，作为鲜花而开放。""人类的一切机构——如果它具有合理性——的唯一目的，就是使我们人类人道化，这就是将野蛮的和半野蛮的人改造成人，使我们人类首先从小部分起，达到理智所承认的、义务所要求的、我们的愿望所羡慕的形式。"[1] 培里进而总结道："对人道主义者是如此重要的生活的样式与训练——它把欲望统一为一体以产生一个完善的与和谐的人格——被实践理性升高为支配人的行动的最高道德原则。"[2]

因此，人道主义论者大都把"使人成其为人"与"人本身的自我实现是最高价值"并列，一起作为人道主义的根本特征来界定人道主义。培里写道："人道主义是那样一些抱负、活动和成就的名称，自然人由于它们而加上了超自然的东西。人道主义的范围既不是自然人，也不是超自然的替代物。精确地说，它是由自然人和他的超越的可能性所构成的一种二重性。自然人的命运就是发展他的种种潜在可能性。"[3]

雅斯贝尔斯也曾指出："我们的人道主义是西方的人道主义。它包含着两个因素，即：与希腊罗马古时代的关联和企求做一个真人的愿望。"[4] 萨

① 罗国杰编：《人道主义思想论库》，华夏出版社，1993年，第448页。
② 沈恒炎、燕宏远：《国外学者论人和人道主义》第一辑，社会科学文献出版社，1991年，第192页。
③ 罗国杰编：《人道主义思想论库》，华夏出版社，1993年，第509页。
④ 沈恒炎、燕宏远：《国外学者论人和人道主义》第一辑，社会科学文献出版社，1991年，第56页。

特也说："人道主义一辞，有两种不大相同的意义。一是用以指一种把人视为目的或高级价值的学说……人道主义还有另一种意义。它的基本意思是如此：人经常超越自己。"[①] 沙夫也说："和个人的全面发展的斗争相联系的立场，就叫作人道主义。"[②] 米海尔·瑞利亚说："我认为，人道主义是旨在既定的社会环境的条件下，导致人类个性得到最大发展的一种概念。"[③] 宫岛肇也这样写道：人道主义"是对尊重、拥护和实现使人真正成其为人的本性这种观点的总称"。务台理作也说："人道主义有各种不同的形态，但它们的共通的东西则是尊重人的生命、人的价值、人的教养、人的创造力，并保卫它们，使它们更加丰富的一种精神。"[④] 阿伦·布洛克说："人文主义的中心主题是人的潜在能力和创造力。"[⑤]

可见，人道主义，就其为思想体系来说，确为真理；就其为国家制度来说，确为好国家制度。因为一方面，人道主义是将人本身的发展、完善、自我实现当作最高价值的社会制度和思想体系，这是人道主义"事实如何"方面的根本特征；另一方面，人道主义是把人本身的发展、完善、自我实现奉为待人最高原则的社会制度和思想体系，这是人道主义"应该如何"方面的根本特征。合而言之，人道主义是视人的创造性潜能的实现是最高价值——从而将"使人实现自己创造性潜能而成为可能成为的最有价值的人"奉为待人最高原则——的国家制度和思想体系，简言之，便是视人的自我实现为最高价值从而将"使人成为人"奉为待人最高原则的国家制度和思想体系。

---

① 沈恒炎、燕宏远：《国外学者论人和人道主义》第一辑，社会科学文献出版社，1991年，第 405 页。
② 沙夫：《人的哲学》，林波等译，三联书店，1961年，第 111 页。
③ 沈恒炎、燕宏远：《国外学者论人和人道主义》第三辑，社会科学文献出版社，1991年，第 747 页。
④ 同上书，第 650 页。
⑤ 阿伦·布洛克：《西方人文主义传统》，三联书店，1997年，第 45 页。

三　人道：国家制度好坏的最高价值标准

1　两种人道主义：广义人道主义与狭义人道主义

这样一来，人道主义便有两个定义：广义的与狭义的。广义人道主义是视人为最高价值——从而将"善待一切人、爱一切人、把一切人都当作人来看待"当作待人最高原则——的国家制度和思想体系，可以称之为"博爱的人道主义"、"将人当人看"的人道主义。反之，狭义人道主义则是认为人的创造性潜能的实现是最高价值——从而把"使人实现自我创造性潜能而成为可能成为的最有价值的人"奉为待人最高原则——的国家制度和思想体系，不妨名之为"自我实现的人道主义"、"使人成为人"的人道主义。对于人道主义的这种双重定义，大卫·戈伊科奇曾有所见：

"罗马帝国的格利乌斯时代，曾经对两类人道主义做出重要区分：一类意指'善行'，另一类意指'身心全面训练'。……善行从普罗米修斯式的人道主义中产生。身心全面训练则从智者的人道主义中产生。……而文艺复兴时期的人道主义，成为以往一切身心全面训练的人道主义范例。"①

我们在弗洛姆那里也可以找到如此划分和界说人道主义的根据。他说狭义人道主义就是文艺复兴人道主义："我以为人道主义的狭义，正是指15、16世纪那种回复到古典学术和希腊语、希伯来语以及拉丁语的人道主义运动。"这种狭义人道主义的根本特征是人本身的潜能的自我实现："文艺复兴人道主义的伟大人物，如爱拉斯谟、彼科·德拉·米朗多拉、波斯泰尔以及其他许多人，都认为人道主义是这样一个概念：它强

① 大卫·戈伊科奇等编：《人道主义问题》，杜丽燕等译，东方出版社，1997年，第2—3页。

调人本身，强调所有的人和强调完全的人，认为人的职责就是充分地施展自己的那些潜力。"① "与此极不相同的是作为全球性人的哲学的人道主义（即广义的、博爱的人道主义——引者），这种人道主义发源于西方世界的先知和东方佛教教义。"②

我们还可以把人道主义的这种广狭之分的源头追溯得更远些：这种广狭之分早已孕育于其词源。因为如上所述，人道主义源于拉丁文，是由 humanus（人的、仁爱的）和 humanitas（人道、教育、教养）以及 humaniora（古典的文学、语言、知识领域及其研究的集合名词）这三个词派生出来的。一目了然，第一个词是广义人道主义之词源；后两个词则是狭义人道主义之所由出。那么，广义人道主义与狭义人道主义的关系如何？

人是最高价值，如前所述，不过是外在的、浅层的、皮相的、初级的真理；而内在的、深层的、本质的、高级的真理则是：人的创造性潜能实现是最高价值。准此观之，博爱人道主义便是外在的浅层的皮相的初级的人道主义；反之，自我实现人道主义则是内在的深层的本质的高级的人道主义。这一点，赫尔达已经看到。他在《关于人道主义的通信集》中这样写道："对我们人类弱点所施的温柔同情——我们通常称之为仁慈——不是人道的全部内容。"不但不是全部内容，而且不是实质内容。那么，人道主义的实质是什么？赫尔达答道：是使人自我实现，"是尽一切可能以培育人类，并使它完美化。这是人道者的理想实质"。③ 吕大吉先生说得就更明白了：

"在人际关系中做到仁慈友爱、温厚大度，甚至忍恶勿争、以德报怨，当然是一种人道主义美德。不过，……这些道德规范只是属于人道主义的较低层次。更高层次的人道主义，或者说，人道主义的根本意义，是实现

① 罗国杰编：《人道主义思想论库》，华夏出版社，1993 年，第 734 页。
② 同上。
③ 同上书，第 447 页。

人的本质，使人在社会中按照人的本质生活，成为一个真正的人。"①

2 两种人道：将人当人看与使人成为人

从人道主义广义与狭义及其关系可以看出，所谓人道，就其作为人道主义道德原则来说，亦即就其作为规范人的行为应该如何的道德原则来说，也具有相应的广义与狭义：

一方面，就广义的人道来说，人道乃是视人为最高价值——从而善待一切人、爱一切人、把任何人都当人看待——的行为，是基于人是最高价值的博爱行为，说到底，是"把人当人看"的行为：这是待人最高道德原则。反之，不人道、非人道则是无视人为最高价值而虐待人的行为，是残忍待人的行为，说到底，是"把人不当人看"的行为：这是待人的最高不道德原则。这就是广义的——因而也就是浅层的初级的皮相的外在的——人道原则与非人道原则。不妨以如何对待俘虏为例：

如果首先把俘虏当作人来善待，其次当作俘虏对待，从而供其衣食、不予虐待，便叫作人道。反之，若将俘虏只当作俘虏而不当作人，从而残忍加以虐待，便叫作不人道、非人道。推而广之，任何人，不管他多么坏，对他的坏，固然应予相应惩罚；但首先应该因其是人、是最高价值而善待他：这就是人道。反之，若只把他当作坏人惩罚而不当作人来善待，便是不人道、非人道。这就是广义的浅层的人道与非人道。

另一方面，就狭义的人道来说，人道乃是视人的创造性潜能的实现为最高价值——从而使人实现自己的创造性潜能——的行为，也就是视人的自我实现为最高价值而使人自我实现的行为，说到底，亦即"使人成其为人"的行为：这是待人的最高道德原则。反之，非人道、不人道也就是使人不能实现自己创造性潜能的行为，是使人不能自我实现的行

---

① 吕大吉：《人道与神道》，上海人民出版社，1990年，第120页。

为，说到底，是"使人不能成其为人"的行为：这是待人的最高不道德原则。这就是狭义的——因而也就是深层的内在的本质的高级的——人道原则与非人道原则。举例说：

如果一位父亲十分疼爱儿女，为了他们的前途不惜倾家荡产。然而他却不允许儿女按照他们自己的意志努力，而处处强迫他们按照他的设计奋斗，遂使儿女们不能自我选择、自我实现。这位父亲之所为便属于狭义的深层的非人道。反之，另有一位父亲，虽然时时处处培育关心教导儿女，却十分尊重他们的自由，允许他们按照他们自己的意志自我选择、自我实现。那么，这位父亲之所为就是狭义的深层的人道。

人道与非人道之广狭定义表明，一方面，"把人当人看（即视人本身为最高价值而把任何人都首先当作人来善待）"是衡量一切行为是否人道的广义的、浅层的、初级的总原则：凡是把人当人看的行为，都是广义的、浅层的、初级的人道行为；凡是广义的、浅层的、初级的人道行为，也都是把人当人看的行为。所以，"把人当人看"是广义人道总原则。反之，凡是"把人不当人看（无视人本身为最高价值而残忍待人）"的行为，都是广义的、浅层的、初级的非人道行为；凡是广义的、浅层的、初级的非人道行为，也都是把人不当人看的行为："把人不当人看"是广义非人道总原则。

另一方面，"使人成为人（即视人本身的自我实现为最高价值从而使人自我实现而成为可能成为的最有价值的人）"则是衡量一切行为是否人道的狭义的、深层的、高级的总原则：凡是使人成为人的行为，都是狭义的、深层的、高级的人道行为；凡是狭义的、深层的、高级的人道行为，也都是使人成为人的行为。所以，"使人成为人"是狭义人道总原则。反之，凡是使人不能成其为人的行为，都是狭义的、深层的、高级的不人道行为；凡是狭义的、深层的、高级的不人道行为也都是使人不能成其为人的行为："使人不能成其为人"是狭义非人道的总原则。

3 人道与人道主义实质：最美好的理想国家制度

究竟言之，"人道"与其他道德原则，如"善"和"仁爱"等，根本不同；"人道主义"与其他道德理论，如"利己主义"与"利他主义"等，也根本不同。因为人道主义不仅与这些道德理论一样，是关于某种道德原则的理论；而且还与资本主义、社会主义和共产主义一样，是关于某种国家制度的理论。社会主义和共产主义是关于生产资料公有的理想国家制度理论。人道主义则是关于"如何善待人"的理想国家制度理论，是关于将"人道"奉为国家制度最高原则的理想国家制度理论，是关于把"将人当人看"与"使人成为人"奉为国家制度最高原则的理想国家制度理论：这种理想国家制度，一方面，使每个人都被当作人、当作最高价值来对待；另一方面，使每个人都能够实现自己的创造潜能、成为一个可能成为的最有价值的人。因此，库尔茨一再说：

"人道主义者主张最大限度地扩大个人自由、创建一个个人拥有最大自主选择权的社会。"[①] "人道主义者面临的问题是创造把人从片面的和扭曲的发展中解放出来的条件，把人从压迫人、使人堕落的社会组织中解放出来，从毁灭和破坏人的天赋环境中解放出来，使人过上真正的生活。"[②]

美哉！"将人当人看"与"使人成为人"的国家制度、社会制度，堪称最美好的理想国家制度！最美好的理想社会制度！特别是"使人成为人"！试想，如果一个国家的社会制度使每个人都能够实现自己创造性潜能，成为一个可能成为的最有价值的人，那么，一方面，该国的每个人便都享有最高幸福（自我实现的幸福是最高幸福）；另一方面，该国的物质财富和精神财富必定因每个人创造性潜能实现而极大丰富，每个人

---

① 保罗·库尔茨：《保卫世俗人道主义》，余灵灵等译，东方出版社，1996年，第29页。
② 同上书，第76页。

的需要也就会最大限度得到满足。这岂不就是历代思想家们梦寐以求的理想国吗?

国家制度、社会制度是决定性的根本性的和全局性的因素。国民品德好坏,总体说来,取决于国家制度、社会制度好坏。只要国家制度、社会制度好,绝大多数国民品德必定好;只要国家制度、社会制度不好,绝大多数国民品德必定坏。因此,历代人道主义思想家努力追求的,真正讲来,并不是每个人如何善待他人的道德问题,而是要实现一种理想的国家制度、社会制度,一种人道的国家制度、社会制度,一种将人当人看和使人成为人的国家制度、社会制度:

14 至 16 世纪文艺复兴人道主义,正如宫岛肇所言,实质上并不是每个人如何善待他人的道德理论,而是一种通过复兴古典文化来反对封建主义和神权统治的国家和社会制度,从而"成为开辟人类历史新时代和新社会的社会革新的原理"。[①] 17 至 18 世纪启蒙运动的人道主义,如所周知,乃是废除封建专制而代之以"自由、平等和博爱"的资本主义新社会的资产阶级革命理论。19 至 20 世纪的人道主义——特别是社会主义的人道主义——则是一种关于克服资本主义各种弊端的新的人道社会制度理论。

因此,宫岛肇得出结论说:"人道主义是在人类社会某一特定时代,在上述那种人性(亦即'使人真正成其为人的东西或人的高贵的本性'——引者)由于极度被歪曲、被压迫而处于窒息状态时,为了拯救人性,恢复其本来面目并使之发展,而与压迫人性的现实社会压力做斗争,并且因而成为人的解放和社会解放的思想武器。正因为如此,它才能具有如我们今天所能看到的强大力量。"[②] 克莱因也这样写道:"人道主义一般指追求人道和合乎人的尊严的生存方式的一种努力。在人类历史

---

① 沈恒炎、燕宏远主编:《国外学者论人和人道主义》第三辑,社会科学文献出版社,1991年,第 735 页。

② 同上书,第 733—734 页。

上，人道主义是指这样一些思想和努力的总和，这些思想和努力是建立在相信人的可教化性和发展能力、尊重人的尊严和个性的基础上的，其目的在于全面地培养、自由地运用和发挥人的创造力和能力，最后，高度发展人的社会，使整个人类越来越完善、越来越自由。"① "诚然，" 拉蒙特说，"还没有人已经接近于建立这个理想的社会。然而，人道主义确认自己的理智和努力是人的最好的而且实在是唯一的希望；人们拒绝承认这一点就是在全部历史中人们遭到失败的主要原因之一。"②

可见，所谓人道主义，虽然也是一种道德原则理论；但是，就其实质来说，乃是一种理想的国家制度和社会制度理论，是一种关于人道的国家制度和社会制度理论，说到底，是一种将人道奉为国家制度好坏最高价值标准的社会制度理论。相应地，所谓人道，虽然也是一种应该如何待人的道德原则；但是，就其实质来说，乃是统治者应该如何善待被统治者的最高道德原则，是统治者应该如何治理国家的最高价值标准，说到底，是国家治理和国家制度好坏的最高价值标准。因此，赫尔德写道：

"人类的一切机构，所有科学和艺术——如果它具有合理性——的唯一目的，就是使我们人类人道化，这就是将野蛮的和半野蛮的人改造成人，使我们人类首先从小部分起，达到理智所承认的、义务所要求的、我们的愿望所羡慕的形式。"③

潘扎鲁说得就更明白了："人道主义已经获得了一种政治纲领的意义……一种组织和管理社会的标准和法则。"④ 这样一来，正如宫岛肇所说，哪里有国家和社会制度，哪里有统治者和被统治者，哪里就会有人道主义：

---

① 沈恒炎、燕宏远主编：《国外学者论人和人道主义》第三辑，社会科学文献出版社，1991年，第705页。

② 拉蒙特：《作为哲学的人道主义》，古洪等译，商务印书馆，1963年，第25页。

③ 罗国杰编：《人道主义思想论库》，华夏出版社，1993年，第448页。

④ 沈恒炎、燕宏远主编：《国外学者论人和人道主义》第三辑，社会科学文献出版社，1991年，第37页。

"无论什么时代、什么社会，只要有国家这样一种社会组织，并由此形成某种程度的学术文化，大致都可以看到这种人道主义的先兆。因为我们必须承认，国家和社会的各种制度一旦出现，就由此产生统治者与被统治者、客观制度与个人欲求之间的对立和差别，人性的被歪曲和压抑，在某种程度上就必然地接踵而来。"[①]

然而，人道之为国家制度好坏最高价值标准，正如正义之为国家制度好坏根本价值标准一样，并非一两个原则，而是一系列原则所构成的原则体系："将人当人看"只是广义人道总原则；"使人成为人"只是狭义人道总原则。从这两个人道总原则出发，不难推导出一系列人道分原则。因为，不难看出，狭义人道"使人成为人"，虽然比广义人道"将人当人看"远为根本、深刻和高级，但是，充其量，它也只是表明：应该使人自我实现、应该使人成为人。可是，它未能指明：究竟怎样才能使人成为人、使人自我实现？人道主义对于这个问题的回答，如所周知，可以归结为两大方面：

一方面，即从正面来说，应该使人自由，因为自由乃是每个人实现自己的创造潜能，从而成为一个可能成为的最有价值的人的根本条件，是每个人自我实现的根本条件：自由是人道正面根本原则，是最根本的人道；另一方面，即从反面来讲，则应消除异化，因为异化乃是每个人实现自己的创造潜能，从而成为一个可能成为的最有价值的人的根本障碍，是每个人自我实现的根本障碍：异化是人道负面根本原则，是最根本的不人道。自由与异化是人道正负根本原则，是人道最为重要也最为复杂的两大具体原则：二者均由一系列更加具体的分原则构成。下面，我们便来详尽研究人道主义的这两大根本原则。

---

① 沈恒炎、燕宏远主编:《国外学者论人和人道主义》第三辑，社会科学文献出版社，1991年，第 734 页。

第二十章　自由：最根本的人道

本章提要

自由是实现自我创造性潜能和国家繁荣进步的根本条件：每个人越自由，他的个性发挥得便越充分，他的创造潜能便越能得到实现，国家便越繁荣进步。因此，自由是人道的根本原则，说到底，是国家制度好坏最高价值标准。自由之为国家制度好坏最高价值标准，是由六原则构成的价值标准体系：

自由法治原则：一个社会的任何强制，都必须符合该社会的法律和道德；该社会的所有法律和道德，都必须直接或间接得到全体成员的同意。

自由平等原则：人人应该平等地享有自由：在自由面前人人平等；人人应该平等地服从强制：在法律面前人人平等。

自由限度原则：一个社会的强制，应该保持在这个社会的存在所必需的最低限度；一个社会的自由，应该广泛到这个社会的存在所能容许的最大限度。

政治自由原则：一个国家的政治，应该完全平等地得到每个公民的同意，应该完全平等地按照每个公民自己的意志进行，说到底，应该按照被统治者的意志进行。

经济自由原则：经济活动应该由市场机制自行调节，而不应由政府管制。政府的管理应仅限于约定经济规则和保障其实行；而在这些经济规则的范围内，每个人都应该享有完全按照自己的意志进行经济活动的自由，都享有完全按照自己的意志进行生产、分配、交换和消费等经济活动的自由。

思想自由原则：每个社会成员都应该享有获得与传达任何思想的自由。或者说，每个社会成员获得与传达任何思想都不应该被禁止。说到底，言论与出版应该完全自由而不应该受到任何限制。

一 自由概念

何谓自由？胡适答曰："'自由'在中国古文里的意思是：'由于自己'，就是不由于外力，是'自己做主'。在欧洲文字里，'自由'含有'解放'之意，是从外力制裁之下解放出来，才能'自己做主'。"[①] 诚哉斯言：自由就是没有外在障碍而能够按照自己的意志进行的行为。由此看来，自由概念十分简单明了。然而，翻开人类思想史，实在令人吃惊：几乎每个思想家都颂扬自由，但究竟何谓自由，却一直众说纷纭，其定义据阿克顿统计，竟有 200 余种之多："自由是个具有两百种定义的概念。"[②] 所以，萨托利说自由是一个"如同变色龙一样的概念"。[③] 这样一来，各种自由理论之争，说到底，便可以归结为自由的概念之争。因此，艾伦·瑞安写道："在那些力图劝使我们采用他们所喜欢的对自由本质的理解的人们之间，发生的却是一场无休止的概念之战。"[④] 然而，正如伯林所言，这并不是一种纯粹的学理的概念之战："它们的背后同时发生了许多人类历史事件。"[⑤] 林肯说得就更清楚了："世界上还未曾有过自由概念的

---

① 胡明主编：《胡适精品集》第 14 卷，光明日报出版社，2000 年，第 68 页。

② 阿克顿：《自由与权力》，侯建、范亚峰译，商务印书馆，2001 年，第 14 页。

③ Giovanni Sartori: *The Theory of Democracy Revisited*, Chartham, New Jersey: Chatham House Publisher, Inc., 1987, p. 298.

④ 戴维·米勒：《布莱克维尔政治学百科全书》，邓正来主编，中国政法大学出版社，1992 年，第 271 页。

⑤ Isaiah Berlin: *Four Essays on Liberty*, New York: Oxford University Press, 1969, p. 121.

精确定义，而美国人民目前极需这样一个定义。我们全都声称为自由而奋斗：使用的虽是同一词语，所指称的却并不是同一事物。"①因此，对于自由的概念分析具有巨大的理论意义和现实意义。那么，究竟什么是自由？围绕自由概念究竟有何争论？

1 自由：自由与利用自由的能力

不言而喻，要知道自由是什么，须知道自由在何处。谁都知道，非生物界无所谓自由，我们不能说一座山或者一条河是自由的还是不自由的。植物界也无所谓自由，我们不能说一棵树是自由的还是不自由的。自由显然仅仅存在于动物界：动物是能够自由运动的生物。不过，动物的一切运动并非皆为自由。心脏跳动是自由的还是不自由的？血液循环是自由的还是不自由的？显然都无所谓自由不自由。那么，自由究竟存在于动物的什么领域？无疑存在于受心理、意识、意志支配的活动领域。所以，洛克说：

"自由要前设理解和意志——一个网球不论为球拍所击动，或静立在地上，人们都不认为它是一个自由的主体。我们如果一研究这种道理，就会看到，这是因为我们想象网球不能思想，没有意欲，不能选择动静的缘故。""因此，离了思想，离了意欲，离了意志，就无所谓自由。"②

可见，自由是一种受心理、意识或意志支配的活动。这样，自由便属于行为范畴；因为如前所述，行为就是有机体受意识支配的实际活动。那么，自由是一种什么行为？自由就是能够按照自己的意识进行的行为，亦即按照自己的知（认知、理解）情（愿望、理想）意（意志、目的）进行的行为；不自由则是不能按照自己的意识进行的行为，亦即不能按

---

① Friedrich A. Hayek: *The Constitution of Liberty*, Chicago: The University of Chicago Press, 1978, p. 11.

② 洛克：《人类理解论》，关文运译，商务印书馆，1958年，第208页。

照自己的知、情、意进行的行为。这是大家公认而没有争议的。从这个不争的定义来看，自由是一种能够的、可能的行为，是行为的可能性，亦即行为的机会。所以，伯林说：

"我所谓的自由，是行为的机会，而不是行为本身。假设，即使我有权从敞开的门走出去，但我却不这么做而宁可像植物那样固守家园，我并不会因此变得较不自由。自由是行为的机会，而不是行为本身；是行为的可能性，而未必是这种可能性的行动之实现，像弗洛姆和克里克所说的那样。" [1]

但是，伯林否认自由属于行为范畴，否认自由是行为本身，否认自由是现实的行为，是不能成立的。因为，一方面，可能的、能够的行为无疑仍然是一种行为，仍然属于行为范畴：行为包括可能的行为与现实的行为两大类型。另一方面，可能的、能够的行为，就其本性来说，包括实际的、现实的行为。因为可能的行为多种多样，现实的行为不过是可能的行为之一种：一切现实的行为都是可能的行为，是已经得到实现的可能的行为。举例说：

张三杀死了李四，岂不只是张三可能干的行为之一种？因为张三还可能不杀李四，而只是割下他的鼻子：这岂不是另一种可能的行为？所以，自由、能够按照自己意志进行的行为，就其本性来说，包括已经按照自己意志进行的行为。试想，如果说伯林能够按照自己的意志从开敞的门户走出，是他的自由，那么，他已经按照自己的意志从开敞的门户走出，岂不更是他的自由？显然，自由不仅包括行为的机会、行为的可能性或可能的行为，而且包括实际的、现实的行为或行为本身：自由是一切能够按照自己的意识进行的行为，是能够按照自己的知（认知、理解）情（愿望、理想）意（意志、目的）进行的行为。

不过，一般讲来，我们往往说自由是能够按照自己的意志进行的行

---

[1]　Isaiah Berlin: *Four Essays on Liberty*, New York: Oxford University Press, 1969, p. xlii.

为，而不说自由是能够按照自己的思想或愿望所进行的行为。这是为什么？原来，自由必与意志相关，而未必与知、情相关。试想，一个人即使没有能力做某件事，也会极想望、愿望做某事。因此，他若不能按照自己的思想、愿望做某事，便可能不是因为他不自由，而是因为他无能力。举例说，我的腿跌断了。但是，看见别人踢球，我便也极想望去踢；可我却不能按照我想望的去踢：由此显然不能说我无踢球自由，而只能说我无踢球能力。反之，一个人只有在他认为有能力做某事时，才会有去做某事的意志。因此，他若不能按照自己的意志去做某事，一般说来，便不是因为他无能力，而是因为他无自由。

试想，我的腿摔断了，我便只会有踢足球的想望，而绝不会有去踢足球的意志。只有在我的腿痊愈而能踢足球时，我才会产生踢足球的意志。此时我若不能按照我的意志去踢足球，便不能说我无踢足球的能力，而只能说我无踢足球的自由。所以，说自由是能够按照自己的理解和愿望进行的行为，固然不错；但是，说自由是能够按照自己的意志进行的行为，就更加精确了。这就是为什么我们常说"自由是能够按照自己的意志——而不是自己的想望——进行的行为"的缘故。

然而，细究起来，"自由是能够按照自己的意志进行的行为"的定义，仍然需要进一步精确化。一个人的行为之所以能够按照自己的意志进行，显然是因为不存在按照自己意志进行的障碍。所以，范伯格说："自由即无约束。"[①] 伯林也这样写道："自由的根本含义，是免于桎梏、免于监禁、免于被他人奴役。其余的含义，则是这一含义的引申或隐喻。力争自由就是设法去掉障碍。"[②] 于是，自由也就是因强制或障碍的不存在而能够按照自己的意志进行的行为。因此，罗尔斯写道：

"自由可以参照三因素来解释：自由的行为者，他们所摆脱的束缚和

---

① 范伯格:《自由、权利和社会正义》，王守昌、戴栩译，贵州人民出版社，1998年，第3页。

② Isaiah Berlin: *Four Essays on Liberty*, New York: Oxford University Press, 1969, p. lvi.

限制，他们自由去做或不做的事情……这样，对自由的一般描述便具有以下形式：这个或那个人（或一些人）免除（或没有免除）这种或那种强制（或一系列强制）而去做（或不做）等。"①

问题在于，按照自己的愿望或意志进行的行为之障碍，正如范伯格所言，既可能存在于自己身外，是外在障碍或限制，如他人、法律、舆论和社会的压力等；也可能存在于自身之内，是内在障碍或限制，如贫困、无知、身体不佳和自己不能驾驭的感情等。②那么，这两种障碍的存在是否都意味着不自由？

如果使一个人不能按照自己的意志进行的障碍或强制存在于自己身内，是内在限制，那么，我们不能说他不自由，而只能说他无能力：没有利用自由的能力。只有当一个人不能按照自己的意志进行的障碍或强制存在于自己身外，是外在限制，我们才可以说他不是无能力，而是不自由。举例说：

在一个可以随意出国旅行的自由的国家，一个公民不能按照自己的意志出国旅行的障碍，不是存在于自身之外，不是因为国家不准出国旅行；而是存在于自身，是因为自己无钱。那么，我们便不能说他没有出国旅行的自由，而只能说他没有出国旅行的能力：他完全有出国旅行的自由，而只是没有利用出国旅行的自由的能力。反之，一个公民不能按照自己的意志出国旅行的障碍，不是存在于自身（他很有钱、很健康，也有闲暇和兴趣）；而只是存在于自身之外，比如说，是因为国家不准出国旅行。那么，他便不是没有出国的能力，而是没有出国的自由。

因此，一个人自由与否，与他实行自己意志的自身的、内在的障碍无关，而只与他自身之外的外在障碍有关：自由亦即不存在实行自己意

---

① John Rawls: *A Theory of Justice*, Cambridge, Massachusetts: The Belknap Press of Harvard University Press, 1999, p. 32.
② 范伯格：《自由、权利和社会正义》，王守昌、戴栩译，贵州人民出版社，1998年，第14页。

志的外在障碍；而不存在内在障碍并不是自由，而是利用自由的能力或条件。这个"自由"与"利用自由的条件"之区分，乃是伯林的伟大贡献。他写道：

"辨别自由与利用自由的条件是很重要的。如果一个人太贫穷或太无知或太衰弱，以致无法利用他的合法权利，那么，这些权利赋予他的自由对于他实际上等于零，但他所享有的自由却并不因此而消失。"[①]

然而，正如伯林所言，许多人却将"利用自由的条件"与"自由"等同起来，因而由人们因为穷困等内在障碍而没有"利用自由的条件"，便断言他们是不自由的："有一种似乎很有理的说法：如果一个人穷得负担不起法律并不禁止他的东西——如一片面包、环球旅游或诉诸法院——他也就和法律禁止他获得这些东西一样地不自由。"[②]

诚然，对于因自身内在障碍的存在而没有"利用自由的能力或条件"的人来说，自由是毫无价值毫无意义的。但是，这并不等于不自由。举例说，如果北京的玉泉山开放了，每个人都可以随意去爬这座山了。但是，不幸的是，我此时却患上严重的关节炎，它是我爬山的内在障碍，使我不能按照我的渴望去爬玉泉山了。这样，我便并不是没有爬玉泉山的自由，而是没有利用爬玉泉山的自由之能力、条件。当然，事实上，对于我来说，这与没有爬玉泉山的自由是一样的。但是，并不能由此说我没有爬玉泉山的自由，而只能说爬玉泉山的自由对我毫无用处：没有自由和有自由而毫无用处是根本不同的。

试想，我有一台电脑，因为无知我不会使用它，它对我毫无用处：有没有它对于我来说事实上是完全一样的。但是，我不能因此就说我没有它。同样，对于那些目不识丁、穷困潦倒的人来说，思想自由和政治自由是毫无价值、毫无意义的：拥有这些自由与没有这些自由实际上是

① Isaiah Berlin: *Four Essays on Liberty*, New York: Oxford University Press, 1969, p. liii.
② Ibid., p. 122.

一样的。但是，我们不能因此就说他们没有思想自由和政治自由，就说他们思想不自由和政治不自由，就说他们遭受了思想奴役和政治奴役。

可见，自由与实行自我意志的障碍之消除，并不完全相同：自由仅仅是实行自我意志的自身之外的外在障碍之消除；实行自我意志的自身内在障碍之消除，并不是自由，而是利用自由的能力或条件。换言之，自由与否，乃是一个人的身外之事，而不是他身内之事；若是他的身内之事，则属于他的利用自由的能力范畴而无所谓自由不自由。这一"自由与利用自由的能力或条件"之辨，不仅具有极大的理论意义，而且具有莫大的现实意义。

因为一个社会，如果那里的群众因为贫困和无知等自身内在障碍而没有利用自由的能力和条件，因而自由对于他们毫无用处，那么，我们当然应该努力为群众获得物质财富和教育而奋斗，应该努力实现正义与平等。但是，我们绝不可以将这些使自由从无用变得有用的能力和条件，当作自由本身；更不可顾此失彼，将自由弃置一旁。因为如所周知：自由乃是达成自我创造性潜能之实现和社会进步的最为根本的必要条件，从而是社会繁荣兴盛的最为根本的必要条件。这样，长久说来，人们只有生活在一个自由的社会，才能真正摆脱贫困与无知：正义与平等是个如何分配蛋糕的问题，而自由则是如何将蛋糕做大的问题。

然而，即使是西方，多年来，许多政党、改革家与革命家，所考虑的也只是如何使人民摆脱贫困与无知；并且将这些使自由从无用变得有用的能力和条件，当作自由本身，从而将自由弃置一旁。这一点使伯林甚为忧虑，他一再说：

"我们必须要创造一些条件，以使那些合法拥选择自由权利却没有条件利用这些权利的人，有条件利用它们。没有用的自由应该变得有用；然而这些自由却和利用自由所不可或缺的条件不同：这并不是一种学究式的区分。因为忽视这种分别，选择自由的意义与价值便易于被贬抑。人们在热诚创造使自由具有真实价值的社会的与经济的条件时，往往会忘记自由本身；而且，如果我们不健忘的话，在这种情况下，自由很容易被弃置一旁而被代之以那些改革家或革命家所朝思暮想的价值。"[1]

总而言之，说不自由是不能够按照自己的意志进行的行为，是不够精确的。因为不能够按照自己的意志进行的行为，既可能是由于行为者自身内在障碍的存在，也可能是由于行为者自身之外的外在障碍的存在：只有后者才是不自由，而前者则是没有利用自由的能力或条件。因此，精确地说，不自由乃是因有外在强制而不能按照自己的意志进行的行为；而自由则是没有外在强制而能够按照自己的意志进行的活动。这是自由与不自由的精确定义。对于这个定义，霍布斯已说得很清楚：

"自由的含义，精确讲来，是指不存在障碍。所谓障碍，我指的是动作的外部阻碍。……但是，当动作的阻碍存在于事物本身的构成之中时，我们通常不说它缺乏自由，而只说它缺乏动作的能力，如静止的石头或卧床的病人。"[2]

遗憾的是，今日学者，无论中西，几乎都将霍布斯关于自由的这一定义，看作是"消极自由"的定义；而认为在这种自由之外还存在什么"积极自由"。这种自由概念理论的代表，便是伯林著名的"两种自由概念"。

2 两种自由概念：自由与自制之等同

最早明确提出"积极自由"与"消极自由"的学者，固然是格林（T. H. Green），但其思想渊源，却源远流长、由来久矣。可以说，这是两千多年来思想家们关于自由概念的一种思想传统。仅就这一思想传统的西方大师来说，便有苏格拉底、柏拉图、斯宾诺莎、伏尔泰、康德、费希特、黑格尔。这些思想的泰斗们看到，自由与正义、仁爱等人类的善不

---

[1]　Isaiah Berlin: *Four Essays on Liberty*, New York: Oxford University Press, 1969, p. liv.

[2]　Thomas Hobbes: *Leviathan*, New York: Simon & Schuster, 1997, p. 159.

同：正义与仁爱都是纯粹的善，都是纯粹的好东西；而自由却不是纯粹的善，不是纯粹的好东西。因此，他们热衷于辨析自由概念而试图确立所谓"真正的自由"。结果，格林发现：真正自由就是积极自由，而消极自由则不是真正的自由。那么，究竟何谓积极自由与消极自由？

伯林引述格林的话说："'仅仅消除限制，仅仅使一个人能做他喜欢做的事，与真正自由还相距甚远……真正自由的理想，是人类社会的所有成员都能够使他们自己处于最佳状态的最大限度之能力。'这是积极自由的经典陈述；其关键词当然是'真正自由'和'他们自己的最佳能力'。"[①]

由此看来，所谓积极自由，也就是行为者自身所具有的进行和享受值得享受的事物的能力，是按照自己意志进行的行为者自身内在障碍之消除，因而也就是享有自由的能力；反之，消极自由则是按照自己意志进行的行为者自身之外的外在障碍、限制（如法律限制）之消除。这一定义，在格林下面的一段话里也可以得到印证："当我们提及自由时，我们应该谨慎地考虑它的含义。我们所谓的自由并不仅仅是不受强制的自由……我们言及自由指的是一种积极的（positive）权力或能力，从而可以做或享受某种值得做或享受的事。"[②] 萨拜因在叙述格林的自由理论时说得就更清楚了：

"像格林所说，边沁的立场默认法律是对自由的唯一限制；然而，除非把自由武断地说成不要法律限制，这种说法也并不正确。与这种格林称之为'消极自由'的概念相反，他提出一个'积极的'定义：自由是'从事值得去做或享受值得享受的事物的一种积极的力量或能力。'自由必须不只是意味法律上的自由，而是按照现有条件发展人的能力的实际可能性，是个人真正增加分享社会有价值事物的权力，并且是为了共同利益扩大作出

---

① Isaiah Berlin: *Four Essays on Liberty*, New York: Oxford University Press, 1969, p. xlix.

② Ibid., p. 23.

贡献的能力。"①

可见，在格林看来，一方面，无外在障碍的自由只是消极自由：消极自由是因没有外在障碍而能够按照自己意志进行的行为；另一方面，积极自由则是无内在障碍的自由：积极自由是因没有内在障碍而能够按照自己意志进行的行为，是行为者自身所具有的某种能力。然而，积极自由与消极自由的这种含义是根本不能成立的。因为这种所谓的积极自由——亦即按照自己意志进行的行为者自身内在障碍之消除——并不是什么自由，而是利用自由的能力或条件；反之，这种所谓的消极自由——亦即按照自己意志进行的行为者自身之外的外在障碍之消除——也就并不是什么消极自由，而是全部的自由，是自由本身。因此，伯林曾就这种含义的消极自由与积极自由发问道：

"积极自由与消极自由区分的可能与可取之处如何？这种区分跟更为深远的自由与自由的条件之区分关系如何？"②

是的，在格林那里，积极自由与消极自由之分，实际上就是利用自由的能力与自由本身之分。他的错误，就在于将利用自由的能力或条件，当作一种自由，而名之为"积极自由"。这是错误的，因为利用自由的能力，如上所述，并不是自由，并不属于自由范畴，因而也就根本不可能是什么积极自由。格林此误，推究起来，实在荒唐。因为，如果确如格林所言，行为者自身所具有的某种能力——亦即利用自由的能力——就是积极自由而属于自由范畴，那么，一个最为健康、智慧和富有的、具有最大的利用自由的能力却又枷锁在身的伟大囚徒，便是一个最自由的人了。因为按照格林的积极自由的定义，他拥有最大的积极自由。显然，格林所赋予的积极自由与消极自由的这种含义是根本不能成立的。那么，伯林对于积极自由与消极自由的理解，是否跟格林一样呢？让我们听听

---

① 萨拜因：《政治学说史》下册，刘山等译，商务印书馆，1986年，第799页。

② Isaiah Berlin: *Four Essays on Liberty*, New York: Oxford University Press, 1969, p. x.

伯林自己是怎么说的吧："消极自由，关涉回答这样的问题：'主体——一个人或一群人——在怎样的限度内，是或应该被允许做他所能做的事或成为他所能成为的人，而不受到他人的干涉？'……积极自由则关涉回答这样的问题：'什么东西或什么人，是决定某人去做什么或成为什么的控制和干涉之根源？'"①

这就是说，积极自由是主动的自由，是自己做主的自由，是自己赋予自己的自由，是自己使自己自由的那种自由；反之，消极自由则是一种被容许的、被动的自由，是我得到别人的容许而被动地得到的自由，是别人做主而给予我的自由，是别人不干涉我从而赋予我的自由。举例说：

颐和园园长是个冬泳爱好者。他作出决定：颐和园可以冬泳。那么，他所享有的冬泳自由，便是主动的自由，是自己做主的自由，是自己赋予自己的自由，是自己使自己自由的那种自由，因而叫作积极自由。反之，游客当中的冬泳爱好者所享有的冬泳自由，则是一种被容许的、被动的自由，是得到园长的容许而被动地得到的自由，是园长做主而给予的自由，是园长不干涉我从而赋予我的自由，因而叫作消极自由。

这样，在一个民主国家，每个人所享有的自由便都是积极自由。因为所谓民主，就是每个公民共同地、平等地掌握国家最高权力的政体；因而在民主国家，每个人所享有的自由——不论是政治自由还是经济自由抑或思想自由——便都是每个人自己做主的自由，都是自己赋予自己的自由，是自己使自己自由的那种自由，亦即积极自由。反之，在专制国家，由于最高权力掌握在专制君主一个人手中，因而只有君主一个人所享有的自由，才是自己做主的自由，都是自己赋予自己的自由，是自己使自己自由的那种自由，亦即积极自由；而其余一切人所享有的自由，则都是一种被容许的、被动的自由，是得到君主的容许而被动地得到的

---

①　Isaiah Berlin: *Four Essays on Liberty*, New York: Oxford University Press, 1969, pp. 121/122.

自由，是君主做主而给予的自由，是君主不干涉我从而赋予我的自由，因而都是消极自由。因此，伯林写道：

"'谁统治我？'和'我被政府干涉多少？'从逻辑上看是根本不同的。积极自由与消极自由的根本区别，说到底，就存在于这种不同之中。因为要知道积极自由是什么，需要回答的问题就是'谁统治我'，而不是'我可以自由地做什么和成为什么'。"①

不难看出，伯林这种含义的积极自由与消极自由是能够成立的：这是积极自由与消极自由的最为基本的含义。因为积极的无疑是主动的，而消极的则是被动的：积极自由显然是一种主动的自由，是自己做主的自由，是自己赋予自己的自由；反之，消极自由则是一种被容许的、被动的自由，是我经过别人的容许而被动地得到的自由，是别人做主而给予我的自由。但是，从这种含义，我们显然不能得出结论说，积极自由是一种行为者没有内在障碍的自由；而只能得出结论说，积极自由与消极自由都是一种行为者没有外在障碍的自由。只不过，积极自由（亦即主动的、自己做主的自由）的外在障碍，是行为者自己消除的，因而这种自由是自己给予自己的；反之，消极自由（亦即被动的、非我做主的自由）的外在障碍，则是他人消除的，因而这种自由是他人给予自己的。

就拿言论自由来说。民主国家的言论自由是每个人自己做主的自由，是积极自由；专制国家的言论自由则是君主做主而给予每个人的自由，是消极自由。但是，这两种自由岂不同样是一种没有外在障碍（如规定言论不可自由的法律之限制）的自由？只不过，民主国家的积极的言论自由的外在障碍，是每个人自己消除的，因而这种自由是自己给予自己的；反之，专制国家的消极的言论自由的外在障碍，则是专制者消除的，因而每个人的这种自由是专制者给予自己的。

可见，关于积极自由与消极自由，伯林与格林的定义根本不同。可

---

① Isaiah Berlin: *Four Essays on Liberty*, New York: Oxford University Press, 1969, p. 130.

是，为什么伯林却说：对于格林的积极自由与消极自由的定义——亦即不存在外在障碍的自由只是消极自由，而积极自由则是没有内在障碍的自由——"我没有什么不同意见"？[①] 原来，伯林在进一步界说自由概念时，深受柏拉图与斯宾诺莎以及康德与黑格尔的影响。可是，这些思想泰斗们在寻求真正的自由时，却误入歧途。因为他们竟然一致认为：真正的自由，亦即自主，更确切些说，是理智自主，是理智支配情欲从而能做明知当做之事而不做明知不当做之事；真正的不自由则是不自主，是理智不自主，是情欲支配理智从而去做明知不当做之事而不做明知当做之事。对于自由的这一定义，斯宾诺莎的表述最为清楚：

"受情感或意见支配的人，与为理性指导的人……我称前者为奴隶，称后者为自由人。"[②] "我把人在控制和克制情感上的软弱无力称为奴役。因为一个人为情感所支配，行为便没有自主之权，而受命运的宰割。在命运的控制之下，有时他虽明知什么对他是善，但往往被迫而偏去作恶事。"[③]

伯林完全接受了这种所谓"真正自由"的思想传统，而名之为"积极自由"：积极自由就是自主，亦即自己的理智自主或理智支配感情。他写道："认为自由即是'自主'的'积极'的自由观念，实已蕴涵自我的分裂和斗争，在历史上、理论上、实践上，均轻易地将人格分裂为二：一是超验的、理智的、支配的控制者，另一则是被它训导的一大堆经验界的欲望与激情。"[④]

如果这种所谓真正自由或积极自由的定义——理智支配感情——能够成立，那么，这种自由确实就是一种自身的内在障碍——不理智的感情——之消除，因而也就可以名之为积极自由，从而消除外在障碍的自

① Isaiah Berlin: *Four Essays on Liberty*, New York: Oxford University Press, 1969, p. xlviii.
② 斯宾诺莎：《伦理学》，贺麟译，商务印书馆，1962 年，第 205 页。
③ 同上书，第 154 页。
④ Isaiah Berlin: *Four Essays on Liberty*, New York: Oxford University Press, 1969, p. 122.

由也就只能是消极自由了。所以，伯林接着说：

"自由就是自主，就是实行自我意志的障碍之消除；而不论这些障碍是什么——自然的对抗、自己的不能驾驭的感情、不合理的制度、他人与我相反的意志和行为。" [①]

这显然意味着：如果实行自我意志的障碍是存在自己身外的"自然的对抗"、"不合理的制度"、"他人与我相反的意志和行为"，则该障碍的消除之自由，便是消极自由；如果这障碍是存在自己身内的"自己的不能驾驭的感情"，则该障碍的消除之自由，便是积极自由。

可见，正是理智自主的自由定义，使伯林回到了格林的积极自由与消极自由之错误定义：积极自由是不存在内在障碍之自由；消极自由是不存在外在障碍之自由。因此，问题的关键在于：自己的理智自主或理智支配感情，究竟是不是自由？如果是，那么，这种自由确实就是一种自身的内在障碍——亦即自己的感情——之消除，因而也就确实存在着两种自由：消除内在障碍的自由与消除外在障碍的自由；反之，如果理智支配感情并不是自由，那么，由此就不能说存在着内在障碍之消除的自由，就不能否定自由与外在障碍之消除是同一概念。那么，理智支配感情究竟是不是自由？

答案是否定的。理智做主、理智支配情欲，并不是自由，而是自制或节制：自制或节制就是理智支配情欲；反之，情欲做主、情欲支配理智，并非不自由，而是不自制或放纵。因此，斯宾诺莎及其后继者伯林，认为理智支配情欲就是自由——情欲支配理智就是不自由——的观点，是错误的：它误将自制与自由、不自制与不自由等同起来。

殊不知，"自制"与"自由"——"不自制"与"不自由"——根本不同。因为，不难看出，一个人不论是"自制、理智支配情欲、照自己的理智而行"，还是"不自制、情欲支配理智、照自己的情欲而行"，都

[①] saiah Berlin: *Four Essays on Liberty*, New York: Oxford University Press, 1969, p. 146.

是在照自己的意志而行：只不过前者是自己的理智的意志，后者是自己的不理智的意志罢了。因此，一个人不论是受理智支配，还是受情欲支配，他都是自主的、自由的。只不过，受理智支配是自己的理智做主、是理智自由；受情欲支配是自己的情欲做主、是自己的情欲自由罢了。举例说：

一个人知道饮酒有害，遂不再饮酒，是按照自己的意志（不饮酒的意志）而行，是自由。但是，他若酒瘾上来，明知饮酒有害，却不由自主饮起酒来，岂不也是按照自己的意志（饮酒的意志）而行吗？他的不由自主，只不过是不由自己的理智做主，而由自己的情欲做主，因而仍是自己做主，而非他人做主。所以，受情欲支配而不由自主的人，并非不自由，而是不自制：他缺乏的不是自由，而是自制能力。

可见，认为理智支配情欲就是自由而情欲支配理智就是不自由的观点，是错误的：它将自制与自由、不自制与不自由等同起来。这种观点不但错误，而且荒谬。试想，如果自制——理智支配情欲——就是自由，那么，一个人只要自制力极强，即使他是个毫无自由可言而身戴枷锁的苦役犯，他也是最自由的人了；反之，如果没有自制力——亦即没有理智支配情欲的能力——就是不自由，那么，一个人只要极端缺乏自制力，即使他是个拥有最多自由的专制君主，他也是个最不自由的人了。这样一来，在一个极其自由的宪政民主的社会里，却生活着极不自由的人们：如果这个社会的人们极端放纵而缺乏自制力的话。反之，在一个毫无自由可言的专制的社会里，却生活着极为自由的人们：如果这个社会的人们极端理智而富有自制力的话。这岂不荒谬之至！

认为理智支配情欲就是自由、亦即所谓积极自由的观点之荒谬，还在于：它势必导致专制。因为正如伯林所言："我的理智若要胜利，便必须消除和压抑那些使我堕为奴隶的我的'低下'的本能、激情、欲望；同样地，社会上那些高贵者——受过更好教育、更为理智而为同时代最有见识者——也就可以强制那些不理智的成员，使他们变成理智的人。"[1] "如果这种积极的自由观念导致专制，即使是最好的最开明的君主专制，毕竟还是专制；正如《魔笛》一剧中萨拉斯特罗的殿堂，毕竟还是炼狱一样。然而，这种专制原来却又与自由是一回事。那么，是否这个论证的前提有什么缺陷？或是这些基本假定本身出了什么错误？"[2] 是的，从上可知，伯林的前提确实发生了错误：导致专制的前提"理智做主而支配情欲"，并不是什么"自由"，而是"自制"："自制"可以导致专制，"自由"怎么能导致专制呢？

可见，柏拉图、斯宾诺莎、康德和黑格尔及其后继者伯林，认为真正的自由就是自己的理智做主从而支配感情，是错误的：理智支配感情乃是自制而绝不是自由；自制与自由根本不同。这样，一方面，伯林从"理智支配感情就是自由"的错误前提出发，认为这种自由就是积极自由，断言积极自由就是一种自身的内在障碍——亦即不理智的感情——之消除，是不能成立的。另一方面，他由此认为存在着两种自由——亦即消除内在障碍的积极自由与消除外在障碍的消极自由——也是不能成立的。

当然，伯林与格林的错误，并不在于区分自由为积极与消极两大类型——自由无疑可以分为积极自由与消极自由两大类型——而只在于他们对积极自由与消极自由的定义：他们都误将一个人自己所具有的利用自由的能力（亦即他实行自己意志的自身内在障碍之消除）当作积极自由，进而误将他实行自己意志的外在障碍之消除（亦即自由本身）当作消极自由。换言之，他们都误将利用自由的能力与自由本身等同起来，因而误将前者叫作积极自由、后者叫作消极自由。只不过，格林是直接将利用自由的能力——亦即实行自己意志的自身内在障碍之消除——叫作积极自由；而伯林虽然反对将利用自由的能力与自由本身等同起来，

---

[1] Isaiah Berlin: *Four Essays on Liberty*, New York: Oxford University Press, 1969, p. 134.

[2] Ibid., p. 154.

但是，由于他误将理智支配感情当作自由，因而也就间接地将利用自由的能力——亦即实行自己意志的自身内在的感情障碍之消除——叫作积极自由罢了。伯林和格林关于积极自由与消极自由的定义之错误，进一步表明霍布斯关于"自由"与"利用自由的能力或条件"之辨是真理：

自由仅仅是实行自我意志的自身之外的外在障碍之消除；实行自我意志的自身内在障碍之消除，并不是自由，而是利用自由的能力或条件。

伯林和格林的积极自由与消极自由的定义既然是错误的，那么，正确的定义究竟是怎样的？不难看出，积极自由与消极自由具有双重含义。一方面，如上所述，积极自由与消极自由无疑具有主动的自由与被动的自由之意：所谓积极自由，亦即主动的自由，也就是自己做主的自由；反之，所谓消极自由，亦即被动自由，也就是非我做主的自由，是他人做主而赋予我的自由，亦即他人不干涉我而赋予我的自由。这样，积极自由与消极自由便都是一种行为者没有外在障碍的自由：只不过，积极自由（亦即主动的、自己做主的自由）的外在障碍，是行为者自己消除的，因而这种自由是自己给予自己的；反之，消极自由（亦即被动的、非我做主的自由）的外在障碍，则是他人消除的，因而这种自由是他人给予自己的。

另一方面，积极自由无疑是进行某种活动的自由，是按照自己的意志而进行某种行为的自由；消极自由是不进行某种活动的自由，是按照自己的意志而不进行某种行为的自由。比如说，我今天愿意上课，如果我能够按照自己的意志去上课，我就获得了积极自由：它是我进行某种行为的自由。相反地，我今天不愿意上课，如果我能够按照自己的意志不去上课，我就获得了消极自由：它是不进行某种行为的自由。从这种含义来看，显然也不能说积极自由（进行某种活动的自由）是消除内在障碍的自由，而消极自由（不进行某种活动的自由）是消除外在障碍的自由。二者显然都是一种行为者没有外在障碍的自由：只不过，积极自由的外在障碍，是进行某种活动的障碍；而消极自由的外在障碍，则是不进行某种活动的障碍罢了。

这些就是积极自由与消极自由的真正含义吗？是的。不过，"积极自由"的英文是 positive liberty；"消极自由"的英文是 negative liberty：二者也可以汉译为"否定的自由"与"肯定的自由"或者"正面的自由"与"负面的自由"。这些自由的含义比较模糊。一方面，它们可以具有积极自由与消极自由的含义。因为确实可以说，如果我能够按照自己的意志去上课，我就获得了积极的、肯定的、正面的自由；如果我能够按照自己的意志不上课，我就获得了消极的、否定的、负面的自由。

另一方面，"肯定的自由"与"否定的自由"以及"正面的自由"与"负面的自由"显然又具有正确的、正价值的、应该的自由与错误的、负价值的、不应该的自由之意。因为确实可以说，如果我能够按照自己的意志帮助了别人，我就获得了肯定的或正面的自由：这种自由是正确的、正价值的、应该的；如果我能够按照自己的意志损害了别人，我就获得了否定的或负面的自由：这种自由是错误的、负价值的、不应该的。从这种含义来看，显然不能说，肯定的或正面的自由（亦即正确的、应该的自由）是行为者没有自身内在障碍的自由；而否定的或负面的自由（亦即错误的、不应该的自由）是行为者没有自身之外的外在障碍的自由：这两种自由的不同，显然仅仅在于二者的道德效用，而与实行意志的障碍究竟是什么障碍——内在障碍还是外在障碍——无关。

综上可知，自由确实可以分为"积极自由与消极自由"、"肯定的自由"与"否定的自由"以及"正面的自由"与"负面的自由"：这些自由同样都是实行自我意志的自身之外的外在障碍之消除；而不是实行自我意志的自身内在障碍之消除。实行自我意志的自身内在障碍之消除，乃是利用这些自由的能力或条件，而并不是这些自由本身：自由，就其本身来说，就是实行自我意志的自身之外的外在障碍之消除，就是不存在外在障碍因而能够按照自己意志进行的行为。但是，不言而喻，自由的这些类型，实为常识，而并不具有重大学术价值。那么，具有重大学术价值的自由的类型是什么？当然是古今中外一直争论不休的意志自由与政治自由、经济自由、思想自由。这些自由的类型可以归结为两类：意志自由与公民自由。

3　自由：意志自由与公民自由

何谓意志自由？张岱年说："意志自由谓意志自己决定。"[①] 这就是说，意志自由就是意志的自由，就是意志自己决定自己而不是被意志之外的东西决定。[②] 这种顾名思义的定义，正如洛克所言，是不恰当的："意志是否自由问题是不适当的，只有人是否自由的问题才是适当的。"[③] 因为所谓自由，如所周知，乃是一个人能够按照他自己的意志进行的行为。因此，意志自由并不是一个人的意志的自由，而是一个人自己的自由，是一个人能够自己决定自己的意志、自己选择自己的意志的自由。就是说，一个人的意志自由，并不是说，他的意志能够由意志自己决定，而是说，他的意志能够由他自己决定。这样，所谓意志自由，也就是一个人的意志能够由他自己决定、自己选择的自由：意志自由就是一个人自己能够选择自己的意志之自由。比如说，一个人有了上街买花的意志。那么，这一意志能够由他自己决定、自己选择吗？他可以放弃这一意志，而代之以在家写作的意志吗？如果可以，那么，他的意志就是自由的，他就拥有意志自由；如果不可以，如果他上街买花的意志是必然的、不可选择的、不由自主的，那么，他上街买花的意志就是不自由的，他就不能拥有意志自由。

意志，如所周知，乃是行为的充分且必要条件：有什么样的意志，就必定有什么样的行为；没有什么样的意志，就必定没有什么样的行为。

---

① 张品兴主编：《人生哲学宝库》，中国广播电视出版社，1992年，第213页。
② 包尔生：《伦理学体系》，何怀宏译，中国社会科学出版社，1988年，第385页。
③ 洛克：《人类理解论》，关文运译，商务印书馆，1958年，第215页。

所以，意志自由，说到底，也就是行为自由，亦即行为选择之自由。这样，一个人，如果至少能够在两种可能的行为中进行选择，那么，他的意志就是自由的，他就拥有意志自由：意志自由就是行为选择之自由。反之，如果他只能进行一种行为而别无选择，那么，他的意志就是不自由的，他就不拥有意志自由：意志不自由就是没有行为选择之自由。因此，"意志自由"、"行为自由"和"选择自由"三者乃是同一概念。所以，包尔生说：意志自由"意味着能够按照一个人自己的意志做出决定和采取行动（选择的自由）。"①

然而，每个人的意志究竟是自由的还是不自由的？围绕这一问题，自古以来，哲学家们便一直争论不休。这些争论，如所周知，可以归结为两大流派：一派叫作"决定论"，认为每个人的任何意志或行为的发生，都是必然的、被必然决定的，因而不可能存在什么意志自由；另一派叫作"非决定论"，认为每个人的任何意志的发生都是偶然的、非必然决定的，因而意志是自由的。

毋庸赘言，如果仅就结论而不谈论证过程，那么，显而易见：非决定论是真理而决定论是谬误。因为正如伯林所言，只有非决定论是真理，才会有选择和责任；如果决定论是真理，那么，选择和责任就都不可能存在了：这显然是极其荒谬的。② 但是，如果就两派的论证来看，却都是错误的：它们都将因果性与必然性混为一谈。

决定论正确看到："一切事物、任何意志的发生都必然有其原因，都必然被其原因所决定。"但是，从此出发，决定论却将因果性当作必然性，因而得出错误的结论："一切事物、任何意志的发生都是必然的、必定的、不可能存在什么意志自由。"

反之，非决定论，则正如包尔生所言，错误地认为："意志本身并不

---

① 包尔生：《伦理学体系》，何怀宏译，中国社会科学出版社，1988年，第385页。
② Isaiah Berlin: *Four Essays on Liberty*, New York: Oxford University Press, 1969, p. xv.

是由原因决定的，而是自己的决定的最后的、再无其他原因的原因，它绝对独立于受因果律支配的世界上事物的发展过程。"[①] 不过，从这种错误的前提，非决定论却将无原因当作非必然，因而得出了正确的结论：意志是非必然决定的，是自由的。

因此，摩尔在总结意志自由的争论时写道："在对于自由意志的争论中，人们常常以为这一争论完全是对于是否每一事物都是某种原因引起的这一问题的争论，或者说，他们以为这一争论是对意志行为是否有没有前因这一问题的争论。那些认为我们具有自由意志的人认为自己必须主张意志有时没有原因；而那些认为每一事物都有其原因的人认为，每一事物都有其原因本身就证明了我们不具有自由意志。"[②]

可见，决定论与非决定论犯有一个共同错误：都把因果性当作必然性。但是，因果性与必然性根本不同。一切事物的发生都必然有原因，这是千真万确的。不过，其原因既可能是必然的，也可能是偶然的：若是必然的，则该事物的发生便是必然的；若是偶然的，则该事物的发生便是偶然的。一般说来，引发事物的特殊的、具体的原因，都是偶然的；而只有引发事物的普遍的原因，才是必然的。试想，每个人的死亡都必然有原因：既有必然的原因，也有偶然的原因。这可以从两方面看。一方面，就每个人死亡的普遍原因来说，是必然的：死亡是新陈代谢的必然。所以，每个人的死亡都是必然的。另一方面，就每个人死亡的特殊原因——每个人究竟何时何地如何死亡——来看，当然也必然有其原因，但其原因显然是偶然的。所以，每个人何时何地如何死亡是偶然的。就拿居里被马车碾死来说，当然必然有其原因。但其原因却是偶然的：恰好那天早晨在居里上班的路上驶来一辆马车把居里压倒，纯系偶然。因此，居里被马车碾死是偶然发生的。这样，虽然居里被马车碾死必然有

---

① 　包尔生：《伦理学体系》，何怀宏译，中国社会科学出版社，1988 年，第 386 页。

② 　摩尔：《伦理学原理》，陈德中译，中国人民大学出版社，1985 年，第 104 页。

原因，但居里被马车碾死却是偶然的。

这样，一方面，"一切事物的发生都必然有原因"与"一切事物的发生都是必然的"根本不同：前者是事物的因果性；后者是事物的必然性。决定论的错误就在于把二者等同起来，由"万物的发生皆必然有原因"的正确前提，错误地得出结论说：万物的发生都是必然的，因而也就不可能存在什么意志自由了。另一方面，每个人的意志都是自由的，并不是因为意志是没有原因的，而是因为其具体的、特殊的原因是偶然的，因而是可以选择的，是自由的。非决定论的错误就在于将原因与必然以及无原因与偶然等同起来，从而由意志无原因的错误前提得出了正确结论：意志是可以选择的，是自由的。合而言之，决定论与非决定论的错误，说到底，都是一种混淆概念的错误：二者都将因果性与必然性混为一谈。由此可以理解为什么伯林说："在我看来，意志自由问题的解决要求一套新的概念工具而摆脱传统术语的束缚。然而，就我所知，迄今还没有人能做到这一点。"[①]

不过，从意志自由的争论毕竟可以看出，真正说来，意志自由的问题只关乎必然性与偶然性，而与因果律无关：哪里有偶然性，哪里就有意志自由；哪里有必然性，哪里就没有意志自由——意志自由只存在于偶然性领域，而不存在于必然性王国。但是，由此不能得出结论说：必然性与意志自由绝对对立。事实上，人只有在没有认识必然性的时候，才会被必然性奴役，必然性才是意志自由的某种障碍；而在人认识了必然性之后，就能够按照自己的意志来利用必然性为自己服务。这样，必然性就不但不是意志自由的障碍，而且是意志自由的前提与根据：对必然性的认识，是意志自由的前提与根据。举例说，为什么唐太宗吞金服药以求长生不死，却未能成功获得长生不死之自由？岂不就是因为他没能认识死亡之必然性，而误以为人可能长生不死？相反，孙思邈之所以

养生而得长命百岁之自由，岂不就是因为他深谙唯养生可得长寿，而人生不能无死之必然？所以，斯宾诺莎说："自由是对必然的认识。"① 黑格尔说："自由以必然为前提。"② 恩格斯说："自由是在于根据对自然界的必然性的认识来支配我们自己和外部自然界。"③

因此，所谓意志自由，说到底，也就是按照自己的意志利用必然性来改变偶然性从而选择实现某种可能性的活动，也就是任意选择可能性的行为或任意改变偶然性的行为：这是意志自由的精确定义。从这个定义来看，意志自由无疑是一种必然的、普遍的、绝对的、无条件的自由。因为每个人，不论在任何条件下，不论他陷入何等困境，不论他多么不自由，他毕竟与一棵树一根草不同。他必然总会有不同的可能活动可以按照自己的意志进行选择，他必然总会有不同的偶然活动可以按照自己的意志进行改变：他必然总会有一定的自由。比如说，他身陷囹圄，极度不自由，却总可以按照自己的意志从床上先左脚而不是右脚下地、向前看而不向后看，如此等等。因此，意志自由是必然的、普遍的、绝对的、无条件的，是每个人的一切行为——不论这种行为多么不自由——所必然拥有的一种类型的自由。所以，萨特一再说："自由仅仅意味着这样的事实，即这种选择总是无条件的。"④ "我不得不自由。这就是说，除自由本身外，找不到我的自由的限度；也不妨说，我们没有不要自由的自由。"⑤ 这恐怕是因为，意志自由乃是动物之为动物的本性：动物就是能够自由运动的生物。因此，意志自由乃是人的动物本性，没有这种自由，哪怕只是一瞬间，人就不再是动物了，人就不再是能够自由运动的生物了：这或许就是为什么意志自由是必然的、绝对的、无条

---

① 斯宾诺莎：《伦理学》，贺麟译，商务印书馆，1962 年，第 224 页。
② 黑格尔：《小逻辑》，贺麟译，商务印书馆，1980 年，第 323 页。
③ 《马克思恩格斯选集》第三卷，人民出版社，1972 年，第 111 页。
④ 萨特：《存在与虚无》，陈宣良等译，三联书店，1987 年，第 64 页。
⑤ 张品兴主编：《人生哲学宝库》，中国广播电视出版社，1992 年，第 239 页。

件的原因。

除了意志自由，其他一切自由，如政治自由、经济自由以及思想自由等，都是偶然的、特殊的、具体的、相对的、有条件的自由。这些自由都是具体的、特殊的，因为它们必定都仅仅是每个人的某部分行为——而不是一切行为——所拥有的自由：经济自由是经济行为的自由、政治自由是政治行为的自由、思想自由是传达和交流思想的行为的自由。这些自由都是偶然的、相对的、有条件的，如政治自由以民主为条件、经济自由以政府不干涉为条件、思想自由以没有任何限制为条件等。

这样，自由便分为两大类型：普遍的、必然的、绝对的、无条件的自由与特定的、具体的、偶然的、有条件的自由。普遍的、必然的、绝对的、无条件的自由只有一种：就是意志自由或选择自由。特定的、具体的、偶然的、有条件的自由，则远为复杂。首先，这种自由可以分为两类：集体自由与个人自由。所谓个人自由，不言而喻，就是一个人自己所享有的自由。反之，所谓集体自由，则是两个以上的人所结成的团体之自由，如国家自由、民族自由、社团自由等。集体自由一目了然、极为简单；反之，个人自由则十分复杂。这种自由，正如卢梭等社会契约论者所言，可以进一步分为个人的自然自由与个人的社会自由或公民自由："我们必须清楚地区分仅仅是以个人的力量为其界限的自然的自由，和被普遍意志约束的社会自由。"①

个人的自然自由，亦即所谓自然自由，是个人在社会之外的自然状态中生活的自由。就某个人来说，自然自由是可以实际存在的，如那位被日本抓去的中国劳工逃进深山的十三年孤身一人生活之自由。但就人类来说，自然自由实际上是不存在的。因为人类是社会动物，不可能先处于自然状态，尔后进入社会状态。不过，正如罗尔斯所说，自然状态在历史上、实际上的不存在，并不妨碍其在逻辑上、理论上的存在。这

① 卢梭：《社会契约论》，何兆武译，商务印书馆，1991年，第30页。

种存在于理论假设中的人在自然状态中的自由之必要性在于，它是推导人在社会状态中所应享有的自由之前提。他这样写道："平等的原初状态类似于传统的社会契约理论中的自然状态。当然，这种原初状态不可以被看作一种实际的历史状态，也不是人类文明的原始状态。它应被理解为一种可以导致某种正义观念的纯粹假设状态。"①

　　每个人在社会状态中的自由，则是个人的社会自由，亦即所谓社会自由或公民自由。而人们的社会活动，如前所述，无非四种：一是创获物质财富的活动；二是创获精神财富的活动；三是直接不创获财富的管理活动；四是完全不创获财富的人身活动。这样，相应地，社会自由便分为四种：（1）经济自由，是每个人创获物质财富的自由，如财产自由、劳动自由、就业自由、经营自由、贸易自由等；（2）思想自由，是每个人创获精神财富的自由，如言论自由、出版自由、新闻自由、宗教自由、信仰自由等；（3）政治自由，是每个人参加社会管理活动的自由，如选举自由、投票自由、结社自由、游行自由等；（4）人身自由，是每个人的不创获财富的活动之自由，如恋爱自由、结婚自由、居住自由、迁徙自由、通信自由等。

　　总之，自由的分类可以表示如图：

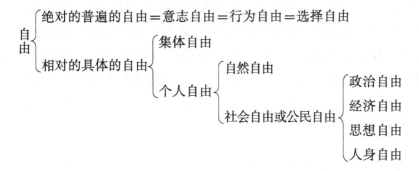

①　John Rawls: *A Theory of Justice*, Cambridge, Massachusetts: The Belknap Press of Harvard University Press, 1999, p. 11.

　　然而，哲学家们大都将"意志自由"与"自由"完全等同起来：他们的自由概念，就是意志自由概念。例如，海德格尔说："自由仅在于选择一种可能性，这就是说，在于承担未选择其他可能性并且也不可能选择它们这回事。"① 萨特说："我们在这里考察的关于自由的技术的和哲学的概念则只不过是这样一个概念，它意味着：选择的自主。"② 斯宾诺莎说："自由是对必然的认识。"③ 黑格尔说："自由以必然为前提。"④ 恩格斯说："自由是在于根据对自然界的必然性的认识来支配我们自己和外部自然界。"⑤ 如此等等：这哪里是自由的定义？岂不都是意志自由的定义吗？照此看来，也就存在着两个自由概念。一个是所谓的哲学的自由概念：按照自己的意志利用必然性来改变偶然性从而选择实现某种可能性的行为，亦即任意选择可能性的行为；另一个是伦理学、政治学或社会科学的自由概念：没有外在障碍因而能够按照自己意志进行的行为。

　　这种两个自由概念的观点是不能成立的。实际上，只有一个自由概念，那就是：没有外在障碍因而能够按照自己意志进行的行为。意志自由也隶属于这一自由概念。因为所谓意志自由，如上所述，是能够按照自己的意志利用必然性来改变偶然性从而选择实现某种可能性的行为，亦即任意选择可能性的行为。这个定义——"能够按照自己的意志"或"任意"——显然已经蕴涵着：不存在外在障碍。就是说，意志自由也是因不存在外在障碍而能够按照自己的意志利用必然性来改变偶然性从而选择实现某种可能性的行为，是因不存在外在障碍而能够任意选择可能性的行为：意志自由也是一种没有外在障碍因而能够按照自己意志进行的行为。只不过，并不存在能够完全剥夺意志自由或选择自由的外在障

---

① 海德格尔：《存在与时间》，陈嘉映、王庆节译，三联书店，1987年，第340页。

② 萨特：《存在与虚无》，陈宣良等译，三联书店，1987年，第620页。

③ 斯宾诺莎：《伦理学》，贺麟译，商务印书馆，1962年，第224页。

④ 黑格尔：《小逻辑》，贺麟译，商务印书馆，1980年，第323页。

⑤ 《马克思恩格斯选集》第三卷，人民出版社，1972年，第111页。

碍。或者说，意志自由的外在障碍只能剥夺某种意志的自由，而不能完全剥夺意志自由，因为意志自由是一种绝对的、无条件的自由。举例说，我被囚禁一室，无疑是我的意志自由的一个外在障碍。但是，这种外在障碍，只能剥夺我某种意志自由，如到室外散步；却不能完全剥夺我的意志自由，因为我总会有种种其他的意志自由，如可以选择坐着还是躺下、凝视墙壁还是望着屋顶等的自由。

可见，意志自由或选择自由——亦即任意选择可能性的行为——也是一种没有外在障碍因而能够按照自己意志进行的行为，因而隶属于自由概念：没有外在障碍因而能够按照自己意志进行的行为。于是，也就只有一个自由概念：没有外在障碍因而能够按照自己意志进行的行为。因此，一方面，所谓哲学的自由概念——亦即按照自己的意志利用必然性来改变偶然性从而选择实现某种可能性的行为，亦即任意选择可能性的行为——并不是自由概念，而是意志自由概念；另一方面，所谓伦理学、政治学或社会科学的自由概念——亦即没有外在障碍因而能够按照自己意志进行的行为——就是自由概念，它普遍适用于一切科学和常识，而并仅仅是伦理学、政治学或社会科学的自由概念。两个自由概念的错误，就在于将意志自由概念当作自由概念，致使本末完全颠倒起来：意志自由本来是自由的一个具体种类，却被当作自由；而自由反倒被当作意志自由的一个具体种类。

这样，自由显然是伦理学的研究对象，而不是哲学的研究对象。哲学研究的并不是自由，而是自由的一种：意志自由。然而，自由是一般，意志自由是具体。因此，说伦理学研究自由而哲学研究意志自由，岂不意味着：伦理学研究的是一般的东西，而哲学研究的却是具体的东西？非也。因为意志自由固然只是自由之一种，但是，它却直接关涉极其普遍的东西：必然与偶然、可能与现实、原因与结果。因为如上所述，意志自由乃是按照自己的意志利用必然性来改变偶然性从而选择实现某种可能性的活动。这就是意志自由为什么会成为哲学研究对象的缘故：必然与偶然、可能与现实、原因与结果岂不只能是哲学的研究对象吗？因此，与其说哲学研究意志自由，毋宁说哲学研究意志自由之必然性、偶然性与因果性以及可能性与现实性：这就是为什么哲学并不专门研究自由范畴，而是将自由放到必然与偶然以及可能与现实诸范畴之中进行考察的缘故。

可是，伦理学究竟研究自由的哪些属性呢？我们知道，伦理学是关于优良道德的科学。因此，伦理学对于自由的研究，无疑全在于确证自由为一种优良道德原则。这样，伦理学便不能研究一切种类的自由：它不研究意志自由。因为意志自由，如上所述，是一种绝对的、必然的、无条件的行为；而绝对的、必然的、无条件的行为显然是不能被奉为行为应该如何的道德规范的。伦理学只能研究相对的、偶然的、有条件的自由，如政治自由、经济自由、思想自由等；因为只有这种行为才可能被奉为行为应该如何的道德规范。为此，伦理学无疑必须辨析自由概念。但是，仅仅辨析自由概念是不够的；还必须把握自由的价值：只有知道了自由的价值，才能知道自由——政治自由、经济自由、思想自由等——为什么应该是一种道德原则和究竟应该是一种怎样的道德原则。那么，自由究竟有何价值？

二　自由价值

1　自由的内在价值：自由是最深刻的人性需要

"生命诚可贵，爱情价更高，若为自由故，二者皆可抛。"谁人不晓得这首诗？哪首诗能比这首流传得更广？从古到今，几乎无人不热爱、追求和颂扬自由。可是——伯林问得好——"自由有什么价值？它是不是人类的一种基本需要？或只是达成其他一些基本需求的先决条件？"[1]

自由确是人类的一种基本需要。因为，正如巴甫洛夫所说，任何形态的物质之所以能够保持自身的存在，都同样有赖于自身内部诸因素之间及其复合体与外界环境之间的平衡。而物质形态越高级复杂，它内外平衡的保持便越困难，它保持平衡的条件也就越复杂高级。[2]石头的平衡几乎在任何条件下都可以保持。植物则需要阳光、水分、营养。动物比植物更高级，那么，它所特有的保持平衡、维持生存的根本条件是什么呢？是自由运动能力：动物是能自由运动的生物；植物是不能自由运动的生物。植物不具有自由能力，是因为没有自由能力，它们也可以生存：植物不需要自由。反之，动物若不具有自由能力，便不可能维持生存。就拿那笨猪来说吧，若是它真笨得完全丧失自由能力，而像一棵树那样，固定在某个地方不动，任凭风吹日晒雨淋，它还能生存吗？所以，动物的生存需要自由：自由是动物生存的根本条件、根本需要。巴甫洛夫说：

"自由反射当然是动物的一种共同特性，一种普遍的反应，而且也是最重要的先天反射之一。缺少这种反射，一个动物所面临的每一细微障碍，都会完全阻碍它的生活过程。这是我们很熟知的；因为一切动物，当剥夺了它们的通常自由，便奋力于解放自己，特别是野生动物在第一次被擒获时是如此的。"[3]

动物所固有的，人无不具有。自由是动物的基本需要，也就不能不是人的基本需要。而且人对自由的需要程度，远比其他动物更为基本、更为重要。因为低级物质形态没有自由的需要和自由的能力；自由是物质形态发展到动物阶段才产生的高级需要、高级能力。推此可知，在动物进化的阶梯上，越是低级的动物，对自由的需要就越少、越不重要、

---

① Isaiah Berlin: *Four Essay on Libertys*, New York: Oxford University Press, 1969, p. lix.

② 巴甫洛夫：《条件反射演讲集》，中国科学院心理研究室译，人民卫生出版社，1954年，第3页。

③ 同上书，第224页。

越不基本；越是高级的动物，对自由的需要就越多、越重要、越基本。人是最高级的动物，所以人对自由的需要便最多、最重要、最基本：自由是最深刻的人性需要。

那么，具体说来，自由在人的需要的层次上究竟占有怎样深刻、基本的地位呢？马斯洛说："至少有五种目标，我们可以称之为基本需要。扼要地说，这就是生理、安全、爱、尊重，和自我实现。"[1] 自由需要的基本程度大体与安全和爱相当。自由不及生理需要基本。伯林说："埃及农民对于衣物和医药的需要优先于、强烈于对个人自由的需要。"[2] 但自由的需要比尊重和自我实现更基本。因为一个人即使尊重丧尽、碌碌无为，他总还是能够活着；若是自由丧尽，像植物一样，那他要生存便万万不能了。所以，汤因比说："没有最低限度的自由，人就不可能生存，正如没有最低限度的安全、正义和食物便不能生存一样。"[3]

自由是人的一种基本需要。而有什么需要，便会有什么欲望；有什么欲望，便会有什么目的：欲望是对需要的觉知；目的是为了实现的欲望。所以，全面地看，应该说：自由是人的一种基本需要、基本欲望、基本目的。换言之，人活动的基本目的之一，便是为了满足自由需要、实现自由欲望、达成自由目的。这就是为什么在人类历史上，会有那么多自由的斗士，他们不惜从事生死搏斗，为的只是自由。这就是为什么即使自由带来灾难和痛苦，这种自由本身也是让人快乐的好事情；纵令奴役带来幸福和快乐，这奴役本身也是令人痛苦的坏东西："任何人生来都渴求自由、痛恨奴役状况。"[4] 一句话，人们往往是为自由而求自由：自由是目的而不是手段。萨特甚至认为，人的一切活动根本说来都应该以

① 马斯洛等：《人的潜能和价值》，林芳主编，华夏出版社，1987年，第176页。

② Isaiah Berlin: *Four Essays on Liberty*, New York: Oxford University Press, 1969, p. 124.

③ Edgar Bodenheimer, *Jurisprudence: The Philosophy and Method of the Law*, Cambridge, Massachusetts: Harvard University Press, 1967, pp. 201/202.

④ 博登海默：《法理学——法哲学及其方法》，邓正来、姬敬武译，华夏出版社，1987年，第272页。

自由为目的：

"当我宣称：在每一具体环境下，自由不外是以自己的要求为目的的。这时候，如果有人一旦明白了他是在孤寂中估价事物，那么他除了要求把自由这一件事情作为一切价值的基础之外，不复再有其他要求。这一点，绝不是说他是抽象地要求自由，而只是说：老实人的行为的最根本的意思是：就自由而求自由。我们要求的是以自由为目的的自由，是在各种特殊环境下均有的自由。"[1]

萨特此论未免偏狭。自由不可能是人的一切活动的根本目的，因为人类还有其他基本需要。但是，自由确是人类活动的基本目的之一。因此，自由有价值，根本说来，并不是因为它是达成其他有价值的、可欲的事物之手段；而是因为自由本身就是有价值的、可欲的，就能够满足人们的需要，就是人们所追求的目的：自由具有内在价值。

因为所谓内在价值，相对外在价值或手段价值而言，源于亚里士多德的"内在善"与"手段善"之分："善显然有双重含义，其一是事物自身就是善，其二是事物作为达到自身善的手段而是善。"[2] 因此，内在价值也可以称之为"目的价值"或"自身价值"，是其自身而非其结果就是可欲的、就能够满足需要、就是目的的价值。例如，健康长寿自身就是可欲的，就是人们追求的目的，就是有价值的，因而具有内在价值。反之，所谓外在价值，亦即手段价值，乃是其结果是可欲的、能够满足需要、从而是人们追求的目的的价值。例如，冬泳的结果——健康长寿——是可欲的，是有价值的，是人们所追求的目的，因而冬泳具有外在价值、手段价值。准此观之，自由不仅本身就有价值，就是人们所追求的目的，因而具有内在价值；而且还具有外在价值：自由还是达成其他众多有价值事物的一种手段。

---

① 萨特：《存在主义是一种人道主义》，周煦良等译，上海译文出版社，1988年

② 亚里士多德：《尼各马科伦理学》，苗力田译，中国社会科学出版社，1990年，第8页。

2 自由的外在价值：自由是达成自我实现和社会进步的根本条件

自由所能达成的有价值事物，不胜枚举；更确切些说，自由乃是获得一切有价值的事物最根本的必要条件。因为，如前所述，自由就是没有外在障碍而能够按照自己的意志进行的行为：自由是一种能够的、可能的行为，是行为的可能性，亦即行为的机会。这就是说，自由的价值乃在于提供种种机会。所以，哈耶克说："自由能够给予个人的只是种种机会。"① 菲利普斯（H. B. Phillips）也这样写道："在一个进步的社会，对于自由的任何限制，都会减少可尝试事情之数量，从而降低社会进步的速度。"② 因此，如果有自由，就有获得一切有价值的事物的机会，就可能获得各种有价值的事物；如果没有自由，就没有获得一切有价值的事物的机会，就不可能获得各种有价值的事物：自由乃是获得一切有价值的事物最根本的必要条件。所以，洛克说："自由是其余一切的基础。"③ 哈耶克说："自由并不仅仅是许许多多价值中的一个，而是一切价值的根源。"④

自由是获得一切有价值的事物的必要条件，而其中最重要的事物，则正如人道主义论者所说，乃是自我实现。所谓自我实现，亦即自我完善、自我成就，是充分发挥、实现自己的潜能，从而使自己成为一个可能成为的最有价值的人。马斯洛说："自我实现是指人的自我完善的渴望，也就是使自己的潜能得以实现的倾向。这种倾向也就是越来越成为一个

① Friedrich A. Hayek: *The Constitution of Liberty*, Chicago: The University of Chicago Press, 1978, p. 71.
② Ibid., p. 9.
③ 洛克:《政府论》下篇，商务印书馆，1993 年，第 13 页。
④ 霍伊:《自由主义政治哲学——哈耶克的政治思想》，刘锋译，三联书店，1992 年，第 40 页。

独特的人的渴望，成为他能够成为的那个人。"① 现代心理学发现，创造能力是每个人与生俱来的一种潜能，只不过大多数人后天逐渐丧失了它。②因此，每个人的自我实现，真正讲来，乃是实现自己的创造潜能。

问题的关键在于，所谓创造性，也就是独创性：创造都是独创的、独特的；否则便不是创造，而是模仿了。这样，一个人的创造潜能的实现，实际上便以其独特个性的发挥为最根本的必要条件，二者成正相关变化：一个人的个性发挥得越充分，他的创造潜能便越能得到实现，他的自我实现的程度便越大；他的个性越是被束缚，他的创造潜能便越难于实现，他的自我实现的程度便越低。这就是为什么古今中外那些大学者、大发明家、大艺术家、大文豪们，大都是些独立特行的怪物；而越是不能容忍个性的社会，就越缺乏首创精神："一个社会中的独立特行的数量，一般来说，总是和该社会中所拥有的天才、精神力量以及道德勇气的数量成正比。"③ 所以穆勒大声疾呼："只有个性的培养才造就——或者才能造就——充分发展的人类。"④ 马斯洛也热情洋溢地写道：

"自我实现的人虽然不缺乏任何一种基本需要的满足，但是，他们仍然有动力。他们奋斗，他们尝试，他们雄心勃勃，但这一切都不同寻常。他们的动机只是发展个性、实现个性，成熟、发展，一句话，就是自我实现。"⑤

那么，一个人的个性究竟如何才能得到充分发挥呢？不难看出，一个人个性的发挥和实现程度，取决于他所得到的自由的程度。因为，正如存在主义所说，一个人的个性如何、他究竟成为什么人，不过是他自

---

① Abraham H. Maslow: *Motivation and Personality*, New York: Harper & Row, 1970, p. 46.

② Ibid., p. 172.

③ Robert Maynard Hutchins: *Great Books of the Western World*, Volume 43, *On Liberty*, London: John Stuart Mill, Encyclopaedia Britannica, Inc., 1980, p. 299.

④ Ibid., p. 297.

⑤ Ibid., p. 159.

己的行为之结果："人从事什么，人就是什么。"① 于是，一个人只有拥有自由，能够按照自己的意志去行动，他所造成的自我，才能是具有自己独特个性的自我；反之，他若丧失自由、听任别人摆布，按照别人的意志去行动，那么，他所造就的便是别人替自己选择的、因而也就不可能具有自己独特个性的自我。

这样，自我实现最根本的必要条件是个性的发挥；个性发挥最根本的必要条件是自由。于是，说到底，自由便是自我实现最根本的必要条件，二者成正相关变化：一个人越自由，他的个性发挥得便越充分，他的创造潜能便越能得到实现，他的自我实现的程度便越高；一个人越不自由，他的个性发挥便越不充分，他的创造潜能便越得不到实现，他的自我实现程度便越低。所以，洪堡在《论国家的作用》曾这样写道：

"人的真正目的——不是变幻无定的喜好，而是永恒不变的理智为他规定的目的——是把他的力量最充分地和最均匀地培养为一个整体。为进行这种培养，自由是首要的和不可或缺的条件。"②

马斯洛更是一再强调："自我实现的个人比普通人拥有更多的自由意志和更少的屈从他人。"③ "这些人较少屈服于压抑、限制和束缚，一句话，较少屈从社会化。"④ "他们可以被叫作自主者，他们受自己的个性法则而非社会规则支配。"⑤ "按照促进自我实现或健康的观点，良好环境应该如此：供应全部必需的原料，然后退至一旁，让机体自己道出自己的希望和要求，并做出自己选择。"⑥ 由此，马斯洛甚至试图建立一个自我实现人、健康人的乌托邦。这个乌托邦，在他看来，很多事情难于把握；但

---

① 海德格尔：《存在与时间》，陈嘉映、王庆节译，三联书店，1987年，第288页。

② 洪堡：《论国家的作用》，林荣远、冯兴元译，中国社会科学出版社，1998年，第30页。

③ Robert Maynard Hutchins: *Great Books of the Western World*, Volume 43, *On Liberty*, London: John Stuart Mill, Encyclopaedia Britannica, Inc., 1980, p. 162.

④ Ibid., p. 171.

⑤ Ibid., p. 174.

⑥ Ibid., p. 277.

有一点可以肯定：在那里人人享有最大限度的自由。他这样写道：

"最近，在理论上建立一个心理学乌托邦一直是我的乐趣。在这个乌托邦中，人人都是心理健康的，我称之为精神优美。根据我们关于健康人的知识，我们是否能预见到，假如千户健康人家移居一处荒原，在那里他们可以随意设计自己的命运。他们会发展怎样一种文化呢？他们将选择什么样的教育、经济体制、性关系、宗教呢？我对某些事情很没把握，尤其是经济情况。但对另外一些事情我可以非常肯定。其中之一是，几乎可以肯定，这将是一个高度无政府主义的群体，一种自由放任但是充满爱的感情的文化。在这个文化中，人们的自由选择的机会将大大超出我们现已习惯的范围，人们的愿望将受到比在我们社会中更大的尊重。人们将不像我们现在这样过多地互相干扰，这样易于将观点、宗教信仰、人生观，或者在衣、食、艺术或者异性方面的趣味强加给自己的邻人。总之，这些精神优美的居民将会在任何可能的时候表现出宽容、尊重和满足他人的愿望，只是在某些情况下会阻碍别人，他们允许人们在任何可能的时候进行自由选择。在这样的条件下，人性的最深层能够自己毫不费力地显露出来。"[1]

然而，有些自由主义思想家，如伯林，却怀疑自由是每个人创造性潜能实现的必要条件。因为他们看到，在不自由社会里，并不乏才华横溢之士："如果这一点是事实，那么穆勒认为人的创造能力的发展是以自由为必要条件的观点，就站不住脚了。"[2] 确实，不自由的社会也可见到不少才华横溢之士。但是，这些人之所以能够实现自我创造性潜能，绝不是因为他们听任他人摆布而失去自由；恰恰相反，乃是因为他们勇于反抗而争得自由。因此，伯林以不自由社会常有才华充分发挥者为根据，否定每个人创造性潜能实现以自由为必要条件，是不能成立的。

① 马斯洛：《动机与人格》，许金声、程朝翔译，华夏出版社，1987年，第329页。

② Isaiah Berlin: *Four Essays on Liberty*, New York: Oxford University Press, 1969, p. 128.

任何社会，都存在才华横溢者，只是因为任何社会人们都有可能得到自由。只不过，在自由社会，人们得到自由无须反抗和牺牲，因而人人都有自由，于是也就人人都有可能发挥自己的创造潜能而自我实现。反之，在不自由社会，人们要得到自由，便必须反抗和牺牲，如牺牲健康、幸福、人格、爱情乃至生命。因而在这种社会，也就只有极少数人才可能争得自由而自我实现——这极少数人便是那可歌可泣的裴多菲式的自由斗士，他们以自己的行动证明：生命诚可贵，爱情价更高，若为自由故，二者皆可抛。

自由是每个人自我实现、发挥创造潜能最根本的必要条件，同时也就是社会繁荣进步最根本的必要条件。因为社会不过是每个人之总和。每个人的创造潜能实现得越多，社会岂不就越富有创造性？每个人的能力发挥得越充分，社会岂不就越繁荣昌盛？每个人的自我实现越完善，社会岂不就越进步？所以，杜威说："自由之所以重要，是因为它是发挥个人潜力和促进社会发展的条件。"[①] 诚然，自由不是社会进步的唯一要素。科学的发展、技术的发明、生产工具的改进、政治的民主化、道德的优良化等都是社会进步的要素。但是，所有社会进步的要素，统统不过是人的活动的产物，不过是人的潜能实现之结果，因而说到底，无不以自由——创造性潜能实现的最根本必要条件——为最根本的必要条件。

因此，自由虽不是社会进步的唯一要素，却是社会进步的最根本的要素、最根本的条件。所以，穆勒把自由精神叫作"前进精神"或"进步精神"而一再说："进步的唯一无穷而永久的源泉就是自由。"[②] 这样，若要社会进步，根本说来，便应该使人自由；若是压抑自由，便从根本上阻碍了社会进步。换言之，自由的社会，必定繁荣进步；不自由的社会，必定停滞不前——若是它还能进步，那并不是因为它不自由，恰恰

---

① 张品兴主编：《人生哲学宝库》，中国广播电视出版社，1992年，第237页。

② Robert Maynard Hutchins: *Great Books of the Western World*, Volume 43, *On Liberty*, London: John Stuart Mill, Encyclopaedia Britannica, Inc., 1980, p. 300.

相反，乃是因为在这不自由的社会里，存在着勇于反抗而不畏牺牲的自由的斗士们。

这个道理，如果简单比较一下中西社会发展之异同，就更清楚了。为什么春秋战国时代中西同样繁荣进步？岂不就是因为那时的中国和西方同样崇尚自由：西方有普罗泰戈拉、苏格拉底、柏拉图、亚里士多德等百花齐放；中国有孔孟、老庄、墨子、韩非子等百家争鸣。为什么中世纪中西同样萧条停滞？岂不是因为中西同样专制而丧失了自由？为什么近代以来，西方突飞猛进，中国却极大地落伍了？岂不是因为西方摆脱了专制争得了自由，而中国却未能摆脱专制而争得自由？

3 自由：人道根本原则与国家制度最高价值标准

综观自由价值可知，一方面，自由是可欲的，因为它本身就是可欲的，它是人类的一种基本需要、基本欲望、基本目的，这是自由的内在价值；另一方面，自由是可欲的，因为它是达成自我实现和社会进步的根本条件，这是自由的外在价值。

自由的价值，特别是其外在价值，使其成为人道根本原则。因为所谓人道，就其作为人道主义道德原则来说，就是视人的自我实现为最高价值从而使人自我实现的行为，说到底，就是"使人成为人"：使人实现自我创造性潜能从而成为可能成为的最有价值的人。这样一来，"自由是自我实现最根本的必要条件"显然意味着，使人自由是使人自我实现——亦即"使人成为人"——的根本原则，说到底，自由是人道根本原则：自由是最根本的人道。所以，当代著名人道主义思想家保罗·库尔茨一再说：

"在人道主义捍卫的价值标准中，个体的自由是最基本的。"[①] "人道主

---

① 保罗·库尔茨：《保卫世俗人道主义》，余灵灵等译，东方出版社，1996年，第8页。

义的基本原则是保卫个人自由。"① "人道主义首要原则是致力于自由的探索。"② "人道主义的核心价值观是个人自由。"③

十九世纪人道主义思想家培里，已经看到了这一点："人道主义把人看作值得赞美的对象……我们要问，是人的什么东西被认为是值得赞美的并且在希腊和罗马的生活和文学里提供了这种东西的著名的范例和支持这种东西的著名的事例？本书支持这样一种主张，即人所特有的尊严——它使人值得得到这样的荣誉——乃在于他的鉴识自由的能力。"④ 但是，最能说明自由之为人道根本原则的，恐怕还是文艺复兴人道主义大师彼科在《论人的尊严的演说》中所假托上帝的那段名言：

"上帝认定人是本性不定的生物，并赐他一个位居世界中央的位置，又对他说：'亚当，我们既不曾给你固定的居处，亦不曾给你自己独有的形式或特有的功能，为的是让你可以按照自己的愿望、按自己的判断取得你所渴望的住所、形式和功能。其他一切生灵的本性，都被限制和约束在我们规定的法则的范围之内。但是我们交与你一个自由意志，你不为任何限制所约束，可凭自己的自由意志决定你本性的界限。我们把你安置在世界中心，使你从此可以更容易观察世间的一切。我们使你既不属于天堂，又不属于地上，使你既非可朽，亦非不朽，使你好像是自己的塑造者，既有自由选择，又有光荣，能将你自己造成你所喜欢的任何模样。"⑤

自由不但是人道根本原则，而且更重要的，乃是国家制度好坏的最高价值标准。因为如上所述，一方面，人道乃是国家制度好坏的最高价值标

---

① 保罗·库尔茨：《保卫世俗人道主义》，余灵灵等译，东方出版社，1996 年，第 78 页。

② 同上书，第 17 页。

③ 同上书，第 254 页。

④ 沈恒炎、燕宏远：《国外学者论人和人道主义》第一辑，社会科学文献出版社，1991 年，第 188 页。

⑤ 周辅成编：《从文艺复兴到十九世纪资产阶级哲学家政治思想家有关人道主义人性论言论选辑》，商务印书馆，1973 年，第 34 页。

准。所以，自由是人道根本原则，便意味着：归根结底，自由是国家制度好坏的最高价值标准。另一方面，自我实现是最高价值。所以，自由是自我实现最根本的必要条件，便意味着：归根结底，自由是最高价值，因而也就是国家制度好坏的最高价值标准。这样一来，自由便与人道同为国家制度好坏最高价值标准，只不过深浅程度有所不同：人道是国家制度好坏浅层最高价值标准；自由是国家制度好坏深层最高价值标准。

如果说正义是国家制度好坏价值标准，是古希腊思想家的伟大发现，说到底，是柏拉图的伟大发现；那么，自由之为国家制度好坏价值标准，则是文艺复兴人道主义的伟大发现，说到底，是但丁的伟大发现。他一再说：

"好的国家是以自由为宗旨的。"[1] "这一个关于我们所有人的自由的原则，乃是上帝赐给人类的最伟大的恩惠：只要依靠它，我们就能享受到人间的快乐；只要依靠它，我们就享受到像天堂那样的快乐。如果事情确实如此，那么，当人们能够充分利用这个原则的时候，谁还会说人类并没有处在它最好的境况之中呢？"[2] "当人类最自由的时候，就是它被安排得最好的时候。"[3]

从这些真知灼见出发，阿克顿和哈耶克等自由主义思想家们系统论证了自由之为国家制度好坏最高价值标准原理。通过这些论证，他们得出结论说："自由的理念是最高贵的价值思想——它是人类社会生活中至高无上的法律。"[4] "自由并不是达到更高的政治目的的手段，它本身即是最高的政治目的。"[5] "自由是一个国家的最高善。"[6]

---

[1]　周辅成编：《从文艺复兴到十九世纪资产阶级哲学家政治思想家有关人道主义人性论言论选辑》，商务印书馆，1973 年，第 21 页。

[2]　同上书，第 20 页。

[3]　同上书，第 19 页。

[4]　阿克顿：《自由与权力》，侯建、范亚峰译，商务印书馆，2001 年，第 307 页。

[5]　同上书，第 49 页。

[6]　F. A. Hayek: *Law, Legislation and Liberty*, Volume 1, Beijing: China Social Sciences Publishing House Chengcheng Books Ltd., 1999, p. 94.

不难看出，自由之为国家制度好坏最高价值标准，定然不是那种简单的、单一的道德原则或价值标准，而是由多种道德原则或价值标准组合而成的相当复杂的道德原则或价值标准体系。这种道德原则或价值标准体系，细究起来，原本由两大类型、六大原则构成，亦即"自由的法治原则"、"自由的平等原则"和"自由的限度原则"三大自由普遍原则以及"政治自由原则"、"经济自由原则"和"思想自由原则"三大自由具体原则。

三　自由原则：自由普遍原则

1　自由的法治原则

任何社会都不可能没有强制而完全自由。那么，究竟怎样的社会才是自由的社会？社会不过是由两个以上的人因一定联系所结成集体、共同体。所以，自由集体的特征也就是自由社会的特征。然而，怎样的集体才是自由的集体？不难看出，自由的集体乃是这样的集体，在这个集体中，所有的强制都是全体成员一致同意服从的。这样，该集体虽有强制，但每个人对它的服从，乃是在服从自己的意志，因而也就是自由的。举例说，打扑克、下象棋，都有种种必须服从的强制规则。可是，每个人都不感到不自由。为什么？岂不就是因为，这些强制规则是每个人都同意服从的？社会也是如此。如果一个社会的所有强制都符合该社会全体成员一致同意或认可的行为规范，那么，每个人对该社会强制的服从，同时也是在服从自己的意志，因而也就是自由的。

不过，一个社会、国家的全体成员往往数以亿计，怎样才能取得一致同意或认可？无疑只有实行民主政治，从而通过"代议制"和"多数裁定"原则而间接地取得一致同意。这样，一方面，代表们所制定的行为规范可能是很多公民不同意的；但代表既然是他们自己选举的，那么，这些他们直接不同意的规范，却间接地得到了他们的同意。另一方面，多数代表所确定的规范，可能是少数代表不同意的；但他们既然同意"少数服从多数"的原则，那么，这些他们直接不同意的规范，也就间接地得到了他们的同意。这种直接或间接得到全社会每个成员同意的行为规范——法和道德——便是所谓的"公共意志"。所以，只要实行民主政治，那么，不管一个社会有多少成员，该社会的法和道德都可以直接或间接得到每个成员的同意而成为"公共意志"；从而每个人对它的服从，也就是在服从既属于别人也属于自己的意志，因而也就是自由的。因此，卢梭写道：

"人是自由的，尽管屈服于法律之下。这并不是指服从某个个人，因为在那种情况下我所服从的就是另一个人的意志了；而是指服从法律，因为这时候我们服从的就只不过是既属于我自己所有、也属于任何别人所有的公共意志。"[①]

可见，所谓自由社会，须具备两个条件。第一个条件是，该社会必须是法治而不能是人治。也就是说，统治者必须按照法律和道德进行治理，而不能违背法律和道德而任意治理。所以，哈耶克说："最能清楚地将一个自由国家的状态和一个在专制政府统治下的国家的状态区分开的，莫过于前者遵循着被称为法治的这一伟大原则。"[②]

第二个条件是，该社会的法律和道德必须由全体成员或其代表制定或认可，从而是公共意志的体现；而不能是个别人物意志的体现。里查德·普赖斯（Richard Price）说得好："将自由界定为'法律的统治而非人的统治'，是极不完善的。如果一个国家的法律是由一个人或由某个小集团——而不是由公共意志——制定，那么，这种'法律的统治'无异

---

① 卢梭:《社会契约论》，何兆武译，商务印书馆，1994年，第24页。

② 哈耶克:《通往奴役之路》，王明毅等译，中国社会科学出版社，1997年，第73页。

于奴役。"①

合而言之，一个自由—人道社会的任何强制，都必须符合该社会的法律和道德；该社会的所有法律和道德，都必须直接或间接得到全体成员的同意。这就是自由的法治原则，这就是衡量一个社会和国家是否自由、是否人道的法治标准。

2　自由的平等原则

如果一个社会所有的强制都符合其法律和道德，并且所有的法律和道德都是公共意志的体现，那么，该社会就是个自由的、人道的社会吗？还不够。自由的、人道的社会还须具备另一个条件，那就是：人人都必须同样地、平等地服从强制；同样地、平等地享有自由。否则，如果一些人必须服从法律，另一些人却不必服从法律；一些人能够享有自由，另一些人却不能够享有自由，那么，这种社会显然不是个自由社会。

因此，霍布豪斯说："在假定法治保证全社会享有自由时，我们是假定法治是不偏不倚、大公无私的。如果一条法律是对政府的，另一条是对百姓的，一条是对贵族的，另一条是对平民的，一条是对富人的，另一条是对穷人的，那么，法律就不能保证所有的人都享有自由。就这一点来说，自由意味着平等。"② 亚当·弗格森说："自由……是使一切公正的限制最有效地适用于自由社会的全体成员，不管他们是权贵还是平民。"③ 哈耶克也这样写道："为自由而斗争的伟大目标，一直是法律面前人人平等。"④

---

① Friedrich A. Hayek: *The Constitution of Liberty*, Chicago: The University of Chicago Press, 1978, p. 174.
② 霍布豪斯：《自由主义》，朱曾汶译，商务印书馆，1996 年，第 10 页。
③ 哈耶克：《致命的自负》，冯克利等译，中国社会科学出版社，2000 年，第 5 页。
④ Friedrich A. Hayek: *The Constitution of Liberty*, Chicago: The University of Chicago Press, 1978, p. 85.

自由应该为人人平等享有的依据，不仅在于自由是最根本的人道，是实现每个人创造性潜能——从而成为可能成为的最有价值的人——的最根本必要条件；而且还在于自由是一种人权，是每个人作为结成人类社会的一个股东所应该得到的最低的、起码的、基本的权利。所以，《人权宣言》第 2 条说："任何政治结合的目的，都在于保护人的天赋和不可侵犯的权利。这些权利就是自由、财产、安全和反抗压迫。"自由既然是一种人权，也就应该为人人平等享有：在自由面前人人平等。

最早揭示这一原则的是霍布斯。他这样写道："每个人应该享有与别人同样多的自由，恰如他允许别人相应于他自己所享有的那么多的自由一样。"[①] 这一原则在当代哲学家罗尔斯那里得到系统论述，并被叫作"正义的第一原则"而表述为："每个人对最大限度的平等的基本自由之完整体系——或与其一致的类似的自由体系——都应该享有一种平等的权利。"[②] 而平等地享有自由同时也就意味着：平等地服从强制、平等地服从法律。用西方的话来说就是：在法律面前人人平等；用中国的话来说则是：王子犯法，与庶民同罪。

于是，合而言之，人人应该平等地享有自由：在自由面前人人平等；人人应该平等地服从强制：在法律面前人人平等。这就是自由的平等原则，这就是衡量一个社会和国家是否自由、是否人道的平等标准。

3 自由的限度原则

一个社会，如果实现了自由的法治标准和平等标准，就是个自由的、人道的社会吗？为了弄清这个问题，让我们假设有这样一个社会，该社会全体成员都愿意像军人一样生活，从而一致同意制定并且完全平等地服从

① 霍布斯：《利维坦》，黎思复、黎廷弼译，商务印书馆，1987 年，第 170 页。
② John Rawls: *A Theory of Justice*, Cambridge, Massachusetts: The Belknap Press of Harvard University Press, 1999, p. 266.

最严格的法律。如是，这个社会确实实现了自由的法治标准和平等标准，但它显然不是个自由的、人道的社会：它的强制的限度过大而自由的限度过小。所以，自由、人道社会之为自由、人道社会，还含有一个要素：强制和自由的限度。

毫无疑义，若是没有一定的强制，任何社会都不可能维持其存在。不过，强制有两种。一种是坏的、恶的，如杀人越货；另一种则是好的、善的、必要的，如枪杀凶手、惩罚罪犯。然而，若从自由的价值来看，所谓好的、善的、必要的强制，仅仅是就其结果来说的；若就强制自身性质来说，则同样因其使人失去自由而不能不是恶，只不过是"必要恶"罢了。必要恶之必要性，无非有二。一是可以防止更大的恶。如阑尾炎手术，割开肚子，是害、是恶。但这种恶是必要的，因为它可以防止更大的恶：死亡。二是可以求得更大的善。如冬泳寒水刺骨，苦不堪言，是害、是恶。但这种恶是必要的，因为它可以求得更大的善：健康长寿。那么，社会必要强制之必要性，究竟在于防止更大的恶，还是在于求得更大的善，抑或兼而有之？

社会强制这种恶的必要性，只在于防止更大的恶，而不在于求得更大的善。因为社会强制只能防止社会灭亡而保障社会的存在，却不能促进社会发展。这是因为，自由价值的研究表明：自由是每个人创造性潜能的实现和社会发展进步的最为根本的必要条件。这岂不意味着：强制、不自由是每个人创造性潜能的实现和社会发展进步的根本障碍？于是，合而观之，可以断言：长久地看，强制只能维持人类和社会的存在；而只有自由才能促进人类和社会的发展。

这就是说，在社会能够存在的前提下，社会的强制越多、自由越少，则每个人的创造性潜能实现便越不充分；而社会的发展进步，长久地看，便越慢；因而人们也就越加不幸。反之，社会的强制越少、自由越多，则每个人的创造性潜能实现便越充分；而社会的发展进步，长久地看，便越快；因而人们也就越加幸福。于是，我们可以得出结论说：

一个社会的强制，应该保持在这个社会的存在所必需的最低限度；一个社会的自由，应该广泛到这个社会的存在所能容许的最大限度。

这就是自由的限度原则，这就是衡量一个社会和国家是否自由、是否人道的自由限度之标准。哈耶克认为这是自由的国家的最为根本的标准和原则，因而在《自由宪章》一开篇他就这样写道："本书研究的是人的这样一种状况：人际之间的强制被减少到可能少的最低限度。我们就将这样的国家叫作自由国家。"①

然而，最低限度与最大限度都是相对的、不确定的概念。因此，对于一些人来说是最低限度的强制，对于另一些人来说，却可能是过高过大限度的强制；反之亦然。所以，一些人，如所谓极端自由主义论者，主张"守夜人"式的国家而认为："管得越少的政府，就是越好的政府。"反之，另一些人，如所谓新自由主义论者，则认为这样少的强制不足以保障社会存在，社会的存在所必需的最低限度的强制要强大和广泛得多。这就要求：一方面，自由社会的强制必须有一个绝对的、确定的最低限度原则；另一方面，自由社会的自由也必须有一个绝对的、确定的最大限度原则。

最早系统阐述这一原则的，大概是洪堡。他将这一原则归结为"强制只可用来防止恶而不可用来取得善"，并将其作为国家作用的第一条原则："第一条原则必然是：国家不要对公民正面的福利作任何关照，除了保障他们对付自身和对付外敌所需要的安全外，不要再向前迈出一步：国家不得为了其他别的最终目的而限制他们的自由。"②穆勒同意洪堡此见，并将其奉为他的自由主义代表作《论自由》的宗旨：

"本书的目的是肯定一条相当简单的原则，使社会对于个人的任何强制和控制，不论是合法惩罚形式的物质力量，还是公众舆论的道德强制，

---

① Friedrich A. Hayek: *The Constitution of Liberty*, Chicago: The University of Chicago Press, 1978, p. 11.

② 洪堡：《论国家的作用》，林荣远、冯兴元译，中国社会科学出版社，1998 年，第 54 页。

都应该且必须绝对以它为标准。这条原则就是，人类对其成员的行动自由进行干涉——个别地或集体地——只有在其目的是自我防卫的条件下，才能被证明为正当。这就是说，对于文明群体中的任何一成员，可以实施权力反对其意志而不失为正当，唯一的目的只能是为了阻止他对他人的损害。即使是为了他本人的利益——不论是物质的还是精神的——都不能被充分证明为正当。"①

洪堡与穆勒关于自由与强制的限度原则——任何社会强制只应用来防止更大的恶而不应用来求得更大的善——的理论，粗略看来，极近偏颇之论；但细究起来，却堪称最具逻辑力量的真知灼见。因为从自由的价值——自由是每个人创造性潜能的实现和社会发展进步的最为根本的必要条件——确实可以得出结论：长久地看，强制只能维持社会的存在；而只有自由才能促进社会的发展。由此确实可以断言：长久说来，只要社会能够存在，社会的强制便应该等于零而完全自由。换言之，强制只应该用来维持社会的存在，而不应该用来促进社会的发展；只有自由才应该用来促进社会的发展。这就是自由限度的绝对原则，这就是衡量一个社会和国家是否自由、是否人道的自由限度之绝对标准。

综上可知，自由的法治、平等与限度三大原则，乃是自由—人道社会的普遍原则，是衡量任何社会是不是自由社会、是不是人道社会的普遍标准：符合三者的社会便是自由的、人道的社会；只要违背其一，便不配享有自由、人道社会的美名。从这些普遍原则出发，便可望解决人类社会极其复杂的具体自由难题——政治自由、经济自由与思想自由——从而确立更为重要的三大具体的自由原则：政治自由原则、经济自由原则与思想自由原则。

---

① Robert Maynard Hutchins: *Great Books of the Western World*, Volume 43, *On Liberty*, London: John Stuart Mill, Encyclopaedia Britannica, Inc., 1980, p. 271.

四　自由原则：自由具体原则

1　政治自由原则

自由是没有外在强制而能够按照自己意志进行的活动，意味着：政治自由是没有外在强制而能够使政治按照自己的意志进行的活动。举例说，在一个君主专制的国家，能够使国家政治按照自己意志进行的，只有君主一个人。因此，在这种国家里，正如卢梭所言，只有君主才有政治自由，而其他任何人的政治自由都是零："在这里一切个人之所以是平等的，正是因为他们都等于零。臣民除了君主的意志以外没有别的法律；君主除了他自己的欲望以外，没有别的规则。"[①] 反之，在一个民主社会，能够使国家政治按照自己意志进行的，是每个公民。因此，在民主社会，每个公民都享有政治自由。

那么，如何才能使政治按照自己的意志进行从而享有政治自由呢？无疑必须拥有政治权力。因为所谓政治，如前所述，亦即权力管理、权力治理、权力统治。这样，任何人要想使政治按照自己的意志进行，便必须拥有权力：没有权力，怎么能够进行权力管理呢？所以，一个人只有拥有政治权力，才能使政治按照自己的意志进行，才能有政治自由；如果他没有政治权力，便不可能使政治按照自己的意志进行，不可能有政治自由。试想，为什么君主专制国家只有君主一人拥有政治自由而其他人都没有政治自由？岂不就是因为君主专制之为君主专制，就在于国家最高权力只掌握在君主一人手中？为什么民主社会每个人都拥有政治自由？岂不就是因为民主之为民主，就在于国家的最高权力完全平等执

---

① 卢梭：《论人类不平等的起源和基础》，李常山译，商务印书馆，1962年，第146页。

掌于每个公民？

谁拥有政治权力，谁就拥有政治自由。因此，谁拥有最高政治权力，谁就拥有最高政治自由；谁拥有较低级政治权力，谁就拥有较低级政治自由；谁没有政治权力，谁就没有政治自由。于是，精确言之，君主专制国家并不是只有君主一个人拥有政治自由；而是只有君主一人拥有最高政治自由。君主之外的各级官吏所没有的只是最高政治权力，却拥有其他各级政治权力，因而也就拥有最高政治自由之外的各级政治自由：省长拥有使一个省的政治在某种程度上按照自己意志进行的政治自由；市长拥有使一个市的政治在某种程度上按照自己意志进行的政治自由；县长拥有使一个县的政治在某种程度上按照自己意志进行的政治自由。

然而，不论任何社会，权力都仅为统治者、管理者所拥有；而被统治者、被管理者是不可能拥有权力的：被统治者、被管理者只可能拥有权利而不可能拥有权力。因为所谓权力，如前所述，乃是仅为社会统治者或管理者拥有且被社会承认的迫使被统治者或被管理者服从的强制力量。这样一来，也就只有社会的统治者、管理者才拥有政治自由，而被统治者、被管理者是不可能拥有政治自由的。这是不足为怪的。因为政治就是权力统治、权力管理；政治自由就是权力统治之自由或权力管理之自由：政治自由不过是一种统治的自由、管理的自由。统治的自由、管理的自由当然只能为统治者、管理者拥有，而不可能为被统治者、被管理者拥有。

政治自由必定只能为拥有政治权力的人所享有，因而必定只能为社会的统治者所享有。这显然仅仅是政治自由之事实如何的客观本性，而不是政治自由之应该如何的道德原则。那么，政治自由是否只应该为统治者享有而不应该为被统治者享有？否！如所周知，每个公民——不论统治者还是被统治者——都应该享有政治自由：这就是关于政治自由的道德原则。这样，一方面，政治自由事实如何的客观本性是：政治自由只能为统治者所享有；另一方面，政治自由应该如何的道德原则却是：

政治自由应该为每个公民所享有，说到底，应该为被统治者所享有。这岂不自相矛盾？岂不是圆的方、木的铁？非也！

诚然，政治自由只能为统治者所拥有，被统治者不可能拥有政治自由：这是政治自由的不依人的意志而转移的客观本性。但是，如果有这样一种社会，这种社会的被统治者能够反过来对统治者进行管理，从而变成统治者的管理者和统治者，那么，这种社会的被统治者岂不就与统治者一样拥有了政治自由？是的。被统治者就其是被统治者来说，是不可能拥有政治自由的；被统治者拥有政治自由，绝不是因为他们是被统治者，而是因为他们在某种意义上变成了统治者。那么，一个社会，究竟怎样才能使被统治者同时也是统治者呢？

只有一条途径，那就是：民主。因为，正如科恩所说："民主即民治。""民主是一种人民自治的制度。""民主即人民自己管理自己，人民即统治者。"[①] 更确切些说，民主是每个公民——统治者或官吏与被统治者或庶民——完全平等地执掌国家最高权力的政体；是每个公民完全平等地是国家最高统治者的政体；是每个公民完全平等地使国家政治按照自己的意志进行的政体；因而也就是每个公民完全平等地拥有最高政治自由的政体：民主政体是每个公民完全平等地拥有最高政治自由的充分且必要条件。所以，科恩接着写道：

"只有以民主方式管理社会时才能充分实现社会自主——人与人相互关连的个人生活中的自主。只有在民主政体下，全体社会成员才能拿出自己的规则来管理共同事务，并将自己置于这些规则的约束之下。"[②]

这样一来，民主政体便通过使被统治者反过来成为统治者，解决了"每个公民——不论统治者还是被统治者——都应该拥有政治自由和政治权力的道德原则"与"政治自由和政治权力事实上只能为统治者所拥有

① 科恩：《论民主》，聂崇信、朱秀贤译，商务印书馆，1988年，第6页。
② 同上书，第274页。

的客观本性"之矛盾，从而使这一道德原则得以确立。然而，实际上，任何社会的各级官吏，必定都拥有——或高或低或多或少——政治权力和政治自由。因此，作为应该如何的道德原则的政治自由，正如威尔逊总统所言，实乃庶民的政治自由、被统治者的政治自由，是庶民使官吏按照庶民意志进行统治的自由，是被统治者使统治者按照被统治者意志进行统治的自由："政治自由是被统治的人使政府适合他们的需要和利益的那种权利。"[①] 因此，萨托利一再把政治自由叫作"防卫性或保护性自由"而写道：

"真正重要的是，除非我们从公民的立场来观察公民与国家之间的关系，政治自由就不是一个问题，或者不是一个值得争论的问题。如果从国家的立场来考虑这种关系，我们就不再有什么政治自由的问题了。说国家有'……的自由'，无异于说，国家有随心所欲的权力。专制国家有随心所欲进行统治的自由，而这就意味着剥夺了它的臣民的自由。因此，更明白些说，就是（1）谈论政治自由就应当关注控制权力的权力，关注权力承受者的权力；（2）政治自由问题所固有的焦点是，怎么才能保护少数人和可能丧失权力者的权力？我们享有政治自由，或者说，我们是自由公民，只是因为具备了这样的条件：我们有可能运用较小的权力去抵御较大的权力，否则就会——或者无论如何都能——被这种权力轻易压倒。这就是政治自由概念原本就有对抗性涵义的缘故。它是摆脱外物的自由，因为它是赋予弱者的自由。"[②]

不难看出，每个公民都应该拥有政治权力从而享有政治自由之道德原则，具有"人道"与"人权"双重根据。从人权方面来看，每个人，不论官吏还是庶民，之所以都应该拥有政治权力从而享有政治自由，是

---

① 《资产阶级政治家关于人权、自由、平等、博爱言论选录》，世界知识出版社，1963 年，第 210 页。

② Giovanni Sartori: *The Theory of Democracy Revisited*, Chartham, New Jersey: Chatham House Publisher, Inc., 1987, p. 302.

因为政治自由乃是人权。马克思说：

"人权的一部分是政治权利，只有同别人一起才能行使的权利。这种权利的内容就是参加这个共同体，而且是参加政治共同体，参加国家。这些权利属于政治自由的范畴。"[①]

政治自由是人权，因而根据"每个人应该完全平等享有人权"原则，每个人都应该完全平等享有政治自由，亦即完全平等地共同执掌国家最高权力，从而完全平等地共同使国家政治按照自己的意志进行：政治自由原则依据于人权原则。

从人道方面来看，政治自由是最重要的社会自由，从而是人道社会根本特征。这不仅因为政治是最重要的社会强制，因而政治自由所给予每个公民的也就是最重要的社会自由；而且更主要的是因为，每个公民都拥有政治自由意味着：统治者必须按照每个公民自己的意志进行统治，说到底，必须按照被统治者的意志进行统治。这样，每个公民——特别是被统治者——的其他社会自由，如言论自由、出版自由、经济自由等，能否实现，便完全取决于自己的意志，因而是有保障的。

反之，如果政治不自由，那么，统治者便不是按照每个公民的意志——而是按照自己的意志——进行统治。这样，每个公民——特别是被统治者——的其他社会自由能否实现，便完全取决于统治者的意志而不是取决于自己的意志，因而是无保障的。所以，政治自由决定其他社会自由，是实现其他社会自由的根本保障，从而也就是人道——自由是最根本的人道——社会的根本保障。萨托利说："政治自由不是心理的、思想的、道德的、社会的、经济的或法律的自由。但这些自由均以政治自由为先决条件。"[②] 于是，一个社会若要成为人道的社会，根本说来，必须使每个公民拥有政治自由：政治自由原则依据于人道原则。

---

① 《马克思恩格斯全集》第 1 卷，人民出版社，1956 年，第 436 页。

② Giovanni Sartori: *The Theory of Democracy Revisited*, Chartham, New Jersey: Chatham House Publisher, Inc., 1987, p. 298.

总而言之，每个公民都应该完全平等地共同执掌国家最高权力，从而完全平等地共同成为国家最高统治者，完全平等地共同使国家的政治按照自己意志进行，完全平等地共同拥有最高政治自由。换言之，一个国家的政治，应该完全平等地得到每个公民的同意，应该完全平等地按照每个公民自己的意志进行，说到底，应该按照被统治者的意志进行。这就是"政治自由原则"，这就是衡量一个社会和国家是否自由、是否人道的政治自由标准：它与"政治平等原则"一起成为"人民主权原则"和民主政体的依据。

2 经济自由原则

经济自由原则无疑创始于亚当·斯密，他称之为"自然自由制度"："一切特权的或限制的制度一旦完全被废除，简单而显著的自然自由制度就会自动建立起来。每一个人，只要不违反正义的法律时，就应该容许他完全自由地用自己的方法追求自己的利益，以其勤勉和资本而与任何其他人或阶级相竞争。"[①]

弗里德曼将其概括为一句名言——"政府应该是仲裁者而不应该是当事人"——进而解释说："自由市场的存在当然并不排除对政府的需要。相反地，政府的必要性在于，它既是'游戏规则'的论坛和制定者，又是解释和强制执行这些既定规则的裁判者。"[②] 更确切些说：

经济活动应该由市场机制自行调节，而不应由政府管制——"政府管制"与"超出制定和保障经济规范实行的政府管理活动"是同一概念——政府的管理应仅限于约定经济规则和保障其实行；而在这些经济

---

① Adam Smith: *An Inquiry into the Nature and Causes of the Wealth of Nations*, volume 2, Oxford: Clarendon Press, 1979, p. 687.

② Milton Friedman: *Capitalism and Freedom*, Chicago: The University of Chicago Press, 1962, p. 15.

规则的范围内，每个人都应该享有完全按照自己的意志进行经济活动的自由，都享有完全按照自己的意志进行生产、分配、交换和消费等经济活动的自由。

这就是经济自由原则，这就是衡量国家制度和国家治理好坏的经济自由价值标准。细究起来，该价值标准具有"人道"、"公正"、"人权"与"效率"四重根据。

首先，从人道方面看，按照自由限度原则，一个国家的强制，应该保持在这个国家的存在所必需的最低限度；一个国家的自由，应该广泛到这个国家的存在所能容许的最大限度。换言之，只要国家能够存在，国家的强制便应该等于零而完全自由：强制只能维持国家存在；自由才能促进国家发展。这意味着，政府对于经济活动进行管制的依据全在于：没有政府管制，经济活动便不能存在。但是，诚如斯密所发现，一方面，由于自由竞争这只看不见的手的作用，市场经济乃是没有政府管制而能够自发地存在发展的经济：自由竞争可以导致资源配置效率最佳状态；另一方面，没有政府保障经济规则实行，市场经济不可能存在发展。因此，市场经济应该自发地存在与发展，而政府的管理应只限于保障市场经济规则实行；超过保障市场经济规则实行的任何政府管制，都意味着违背人道的自由限度原则，因而都是不正当的。

其次，从公正方面看，唯有经济自由、自由竞争才能够实现等价交换的经济公正；而政府管制则因其抑制和违背自由竞争而意味着创造垄断，意味着创造高于边际成本的垄断价格和超额利润，意味着创造超过机会成本的差价，意味着创租、设租和寻租，说到底，意味着不公正：垄断势必导致不等价交换。因为在自由竞争条件下，厂商为了利润最大化，势必将产量确定在边际成本等于价格的产量水平上。[①]这就是说，

[①]　Paul A. Samuelson, William D. Nordhaus: *Microeconomics*, Boston, Massachusetts: McGraw-Hill Book Companies, 1998, p. 140.

经济自由、自由竞争条件下的商品价格等于边际成本——亦即等价交换——具有必然性：等价交换是自由竞争的价格规律。反之，垄断条件下的商品价格势必远远高于边际成本。[①] 这就是说，垄断价格高于边际成本——亦即不等价交换——具有必然性：不等价交换是垄断价格规律。

再次，从人权方面看，经济自由无疑只是一个人获得物质财富的前提、条件或机会，而并不就是物质财富之获得：一个拥有经济自由的人可能仍然是个极其穷困的人。因此，经济自由绝不是什么高级的经济权利，而是每个人的最为基本的经济权利，是每个人必要的、起码的、最低的经济权利，是每个人的经济人权，属于人权范畴。因此，斯密写道："不论如何，禁止大众制造他们自己能够制造的东西，不准他们把资财与劳动投放到他们认为对自己最有利的地方，这是对神圣人权的公然侵犯。"[②]

最后，从效率方面看，经济自由有效率，而经济不自由则无效率。因为自由价值的研究表明：自由乃是每个人实现创造性潜能和社会发展进步的根本条件；反之，强制、不自由则是每个人实现创造性潜能和社会发展进步的根本障碍。这样，在经济活动能够存在的前提下，政府的管制越多而自由越少，则经济的发展进步，长久地看，必越慢；政府管制越少而自由越多，则经济的发展进步，长久地看，必越快。这就是为什么我们到处看到，哪个国家实行市场经济而经济自由，哪个国家的经济便繁荣昌盛，老百姓的生活水平便得到极大提高；哪个国家实行统制经济而经济不自由，哪个国家的经济便停滞不前，老百姓的生活水平便极其低下的缘故。

这样一来，经济自由便是一个极其重要的衡量国家制度好坏的价值标准，它不但是衡量一种经济制度是否自由的国家制度价值标准，而且也因此是衡量一种经济制度是否拥有人权、是否公正、是否人道和是否

---

① 萨缪尔森：《经济学》中册，萧琛译，商务印书馆，1986 年，第 192—193 页。

② Adam Smith: *An Inquiry into the Nature and Causes of the Wealth of Nations*, volume 2, Oxford: Clarendon Press, 1979, p. 582.

有效率的标准：一种经济制度，如果符合经济自由原则，那么，该经济制度便不但是自由的，而且是人道的、人权的、公正的和高效率的经济制度；反之，如果违背经济自由原则，那么，该经济制度便不但是不自由的，而且是非人道、无人权、不公正和低效率的经济制度。

准此观之，自文明社会以降，人类社会显然只有一种经济形态、经济制度，亦即没有政府管制的市场经济，符合经济自由原则，因而是自由的、人权的、公正的、人道的和高效率的经济形态、经济制度；其他一切经济形态、经济制度——政府管制的市场经济或所谓混合经济以及计划经济——都程度不同地违背经济自由原则，因而都程度不同地是不自由、非人道、不公正、无人权和低效率的经济形态、经济制度。一句话，没有政府管制的市场经济乃是唯一完全符合国家制度价值标准的经济形态、经济制度，是人类社会唯一理想的经济形态、经济制度。

3 思想自由原则

何谓思想自由原则？人们往往顾名思义，以为思想自由原则所说的思想自由，就是思想之自由，就是主张应该有思想的自由，而不应该限制和禁止思想。这是错误的。因为，一方面，思想自由原则是一种道德原则，因而它与一切道德原则一样，只能规范每个人的行为，而不可能规范每个人的思想：思想自由原则是每个人的行为应该如何的原则，而不可能是每个人的思想应该如何的原则。另一方面，正如伯里所言，任何社会和国家显然都不可能限制、禁止人们思想什么："一个人无论思想什么，只要想在肚里秘而不宣，总没人能禁止他的。"① 确实，只有行为——做什么和说什么——才可能被限制或禁止；而思想——想什么——是不可能被限制和禁止的。

---

① 伯里：《思想自由史》，宋桂煌译，吉林人民出版社，1999 年，第 1 页。

　　于是，合而言之，思想自由原则是一种行为应该如何的原则，而不是思想应该如何的原则。那么，思想自由原则所说的思想自由，究竟是指一种什么行为呢？伯里认为是指传达思想的行为自由，包括言论自由。他这样写道："私自思想的天赋自由是无甚价值的。一个人既有所思，若不许他传之他人，那么，他就要觉得不满足，感到痛苦，而对于他人也无价值可言了……所以，思想自由，从它的任何价值的意义看来，是包含着言论自由的。"[①] 精确言之，所谓思想自由，也就是获得与传达思想活动的自由。而思想获得与传达的主要途径，无疑是言论与出版。所以，思想自由，主要讲来，便是言论自由与出版自由。

　　不言而喻，任何人的思想，都不可能在强制和奴役的条件下得到发展。思想自由，确如无数先哲所论，是文化发展的根本条件而与其成正相关变化：一个社会的言论和出版越自由，它的文化便越繁荣，它的科学——自然科学和社会科学以及哲学——便越兴盛，它所拥有的真理便越丰富，它所获得的精神财富便越发达；一个社会的言论和出版越不自由，它的文化便越萧条，它的科学——自然科学和社会科学以及哲学——便越落后，它所拥有的真理便越贫乏，它所获得的精神财富便越低劣。因此，阿克顿说："自由是真理得以诞生的条件。"[②] 那么，言论和出版是否越自由便越好因而应该完全自由而不受任何限制呢？答案是肯定的。伯里说：

　　"历史已经证明，在希腊思想完全自由的时期，知识就生长了。到了近代，因为禁止思想的法律完全取消了，所以知识进步的速率，在中世纪的教会的奴仆看来，简直疑为由于恶魔的作弄。这样看来，要得社会习惯制度和方法能适应新需要和新环境，自然必得有辩驳和批评社会习惯、制度和方法以及发表最违俗的思想的完全自由，固不必顾虑是否触

① 伯里：《思想自由史》，宋桂煌译，吉林人民出版社，1999 年，第 1 页。
② 阿克顿：《自由与权力》，侯建、范亚峰译，商务印书馆，2001 年，第 309 页。

犯着流行的思想。假使文化史对我们有一点教训，那么，就是这样：有一个完全可由人力获得的精神进步与道德进步的最高条件，就是思想和言论的绝对自由。"[①]

究竟言之，言论和出版应该完全自由，不仅因为思想的发展与自由的程度成正比，而且还因为对于言论和出版自由的任何限制都违背自由、人道社会的普遍标准。首先，按照"自由的法治标准"，一个社会的任何强制，都必须符合该社会的法律和道德，最终都必须得到全体成员的同意。这样，任何人，不论他的思想、意见多么荒谬危险，便都应该允许他发表；否则，谈何全体成员的同意？所以，不论禁止何人发表何种意见、思想，便都违背了人道社会之所以为人道社会的"自由的法治标准"。科恩说：

"如果我们要保持民主，言论必须完全自由。批评的自由、发表反对意见的自由，不论如何不受欢迎，尽管可能有害或违反常情，但在民主国家中是绝不可少的。这种绝对性不是来自直觉或其他任何官能论据，而是来自参与管理时工作上的需要。各方面对社会关心的所有问题进行自由与公开的讨论，这是充分有效参与的条件。"[②]

其次，按照"自由的平等标准"，人人应该平等地享有自由；平等地服从强制。准此，在思想自由面前便应该人人平等。于是，任何人，不论他的地位多么低、思想多么荒谬危险，便都应该允许他自由发表；否则，便意味着只允许一些人享有思想自由，便违背了人道社会之所以为人道社会的"自由的平等标准"。

最后，按照"自由的限度标准"，一个社会的强制，应该保持在这个社会的存在所必需的最低限度。能够危及社会存在的显然只有行动；而任何思想、言论和书报，不论多么荒谬危险，绝不会危及社会存在。

① 伯里：《思想自由史》，宋桂煌译，吉林人民出版社，1999年，第127页。
② 科恩：《论民主》，聂崇信、朱秀贤译，商务印书馆，1988年，第141页。

所以，科恩说："在民主国家中可以随心所欲地说和写，但不能随心所欲地做。"[1] 只有行动的自由才应该有所限制，而言论出版自由则不应该有任何限制；否则，便违背了人道社会之所以为人道社会的"自由限度标准"。

因此，自由、人道的著名斗士和经典文献大都主张言论和出版完全自由。罗伯斯庇尔说："通过语言、文字或出版来表达思想的权利无论如何也不应受到妨碍或限制……新闻自由应该是完整的无限的，否则就是没有新闻自由。"[2] 潘恩说："出版自由以及使用其他表达思想手段的自由，是不能取消、停止和限制的。"[3] 罗斯福则进而以美国为例说："这种自由除了受到美国人民的良知的限制以外，确实是丝毫没有限制的。"[4] 美国《弗吉尼亚权利法案》已规定："出版自由是自由的重要保障之一，任何政府，除非是暴虐政府，绝不应加以限制。"美国《人权法案》第一条便这样写道："国会不得制定关于下列事项的法律：确立宗教或禁止信仰自由；剥夺人民言论或出版自由。"我国孙中山先生召集的国民党第一次全国代表大会宣言亦如是说："确定人民有集会、结社、言论、出版、居住、信仰之完全自由。"

可见，每个社会成员都应该享有获得与传达任何思想的自由。或者说，每个社会成员获得与传达任何思想都不应该被禁止。说到底，言论与出版应该完全自由而不应该受到任何限制；否则便不是真正的思想自由，便不是个真正自由、人道的国家和社会。这就是思想自由原则，这就是衡量一个国家和社会是否自由、是否人道的思想自由标准。

不言而喻，思想自由原则不如政治自由原则重要，也不如经济自

---

[1]　科恩：《论民主》，聂崇信、朱秀贤译，商务印书馆，1988年，第149页。

[2]　《资产阶级政治家关于人权、自由、平等、博爱言论选录》，世界知识出版社，1963年，第105页。

[3]　同上书，第53页。

[4]　同上书，第283页。

由原则基本。但是，正如穆勒所言："人类一切福利都有赖于精神福利。"[1] 思想自由乃是一个社会的科学——自然科学和社会科学以及哲学——和文化繁荣的根本条件，是一个社会的精神财富发展的根本条件，因而也就是一个社会的物质财富兴旺发达的根本条件，说到底，也就是社会的一切进步的最根本的条件。这样，思想自由原则便远远高于经济自由和政治自由原则：思想自由是自由的最高原则。所以，波普说："思想自由和讨论自由是自由主义的最高价值。"伯里说："思想自由原则是社会进步的最高条件。"[2] 弥尔顿也这样写道："让我有自由来认识、发抒己见、并根据良心作自由的讨论，这才是一切自由中最重要的自由。"[3]

诚然，言论与出版完全自由往往会产生一些有害后果，如种种谬论流传而引人误入歧途。反对言论与出版完全自由的理由，说来说去，亦莫过于此：禁止错误思想。然而，这个理由，正如无数先哲所论，是不能成立的：一方面，禁者未必正确，被禁者未必错误，我们今天禁止的所谓错误，往往便是明天的真理；另一方面，就算被禁者是错误，也不应禁止，因为真理只有在同错误的斗争中才能发展起来，没有这种斗争，真理便会丧失生命力而成为僵死的教条。所以，密尔说："我们绝不能确定我们所力图窒息的意见是一种错误的意见；即使我们能确定，要窒息它也仍然是一种罪恶。"[4]

因此，如果因言论和出版完全自由的危害而限制其自由，那么，这种限制所带来的危害，便远远大于言论与出版完全自由所带来的危害。诺兰说："言论自由的代价是，有许多这样的思想会发表出来：它们不仅

① Robert Maynard Hutchins: *Great Books of The Western World*, Volume 43, *On Liberty*, London: John Stuart Mill, Encyclopaedia Britannica, Inc., 1980, p. 292.
② 伯里：《思想自由史》，宋桂煌译，吉林人民出版社，1999年，第129页。
③ 弥尔顿：《论出版自由》，吴之椿译，商务印书馆，1996年，第44页。
④ Robert Maynard Hutchins: *Great Books of the Western World*, Volume 43, *On Liberty*, London: John Stuart Mill, Encyclopaedia Britannica, Inc., 1980, p. 275.

不正确，而且从长远看来还会有助于那些有害的行动。我们相信这是一个昂贵的代价。但是如果不付这一代价，那么我们就得准许一个社会或社会中某些强权组织有权随时排除那些他们感到不能接受的观点。这种权力被滥用的可能远远超过对言论自由权的滥用。"[1]

因此，托克维尔说："假如有谁能在思想的完全自由和俯首听命之间指出一个可使我相信的中间立场，也许我会站在这个立场上。但是，谁能找到这个中间立场呢？""在出版问题上，屈从和许可之间没有中庸之道。为了能够享用出版自由提供的莫大好处，必须忍受它所造成的不可避免的痛苦。"[2] 是啊！思想完全自由的危害与其所带来的巨大利益相比又算得了什么呢？难道人类不得不以小害而求大利的行为还少见吗？布莱斯说："所有制度都不是十全十美的。"[3] 有一利必有一弊。为什么我们对那么多极端恶劣的国家制度之罪恶熟视无睹，唯独对言论出版自由的危害大惊小怪、义愤填膺呢？

更何况，自由主义思想家们早已发现：有不通过限制言论和出版完全自由的方法来防止其危害。一种方法是提高听众和读者的鉴别力。诺兰说："建立一个信息灵通并且具有批判性敏感的社会，是防止言论自由所带来的风险的最好方式。"[4] 而这样的社会显然只有通过思想完全自由才能建立起来。所以，思想完全自由的有害后果，通过思想自由本身便可逐渐防止。

另一种方法是追究言论者和出版者的责任：每个人都必须对自己的言论和出版的有害后果承担责任。潘恩说："人想说什么话，事先无须得到许可，但事后却要为自己说的话所铸成的大错负责。同样地，如果一个人在出版物中发表错误言论，他也要像亲口说出的那样对错误负

---

① 诺兰：《伦理学与现实生活》，姚新中等译，华夏出版社，1988 年，第 365 页。
② 托克维尔：《论美国的民主》下卷，董果良译，商务印书馆，1996 年，第 203—207 页。
③ 詹姆斯·布莱斯：《现代民治政体》下册，吉林人民出版社，2001 年，第 1027 页。
④ 诺兰：《伦理学与现实生活》，姚新中等译，华夏出版社，1988 年，第 379 页。

责。"① 对自己言论和出版的危害性后果承担责任的恐惧，无疑既能有效防止自己言论和出版的危害性，同时又没有限制言论和出版的完全自由。所以，法国《人权宣言》规定："自由传达思想和意见是人类最宝贵的权利之一。因此，各个公民都有言论、著述和出版的自由。但在法律所规定的情况下，应对滥用此项自由负担责任。"这是对思想自由原则的绝妙表述！

* * *

总而言之，自由的法治、平等与限度三大普遍原则与政治自由、经济自由、思想自由三大具体原则，乃是自由—人道社会的六大原则，是衡量任何社会是不是自由社会、是不是人道社会的六大标准：符合六者的社会便是自由的、人道的社会；只要违背其一，便不配享有自由、人道社会的美名。那么，究竟怎样才能实现这些原则从而使社会成为自由—人道社会？

五　自由原则的实现途径

1 民主：自由原则实现的必要条件

政治自由之有无，从上可知，关键在于如何解决那个从柏拉图到伯林一直争论不休的难题："谁应该执行统治？"或"谁统治我？"如果实现民主——不论是自由民主还是极权民主——那么，最高权力便必定掌

---

① 《资产阶级政治家关于人权、自由、平等、博爱言论选录》，世界知识出版社，1963 年，第 52 页。

握在全体公民手中，被统治者便必定与统治者一样拥有最高权力，一样是最高统治者，因而便必定能够与统治者一样，直接或间接地使国家政治按照自己的意志进行。这样，不论该社会如何不自由，该社会必定都是一个拥有政治自由的社会。反之，如果没有实现民主，那么，最高权力便必定没有掌握在全体公民手中，被统治者便不可能掌握国家最高权力，不可能使国家政治按照自己的意志进行，因而也就不可能拥有政治自由。这样，不论该社会如何自由，该社会必定都是一个政治奴役而非政治自由的社会。一句话，有民主，必有政治自由，必有政治自由社会；无民主，必无政治自由，必无政治自由社会：民主乃是实现政治自由原则或政治自由社会的充分且必要条件。

诚然，民主仅仅是实现政治自由原则或政治自由社会的充分且必要条件，而不是实现自由原则或自由社会的充分且必要条件。但是，如前所述，政治自由社会意味着：统治者必须按照全体公民或被统治者的意志进行统治。这样，如果一个社会是政治自由社会，每个公民便都拥有政治自由，那么，每个公民的其他自由，如言论自由、出版自由、经济自由等，能否实现，便完全取决于自己的意志，因而是有保障的。反之，如果政治不自由，那么，统治者便不是按照全体公民的意志而是按照自己的意志进行统治。这样，每个公民的其他自由能否实现，便完全取决于统治者的意志而不是取决于自己的意志，因而是无保障的。所以，政治自由决定其他一切自由，是实现一切其他自由的根本保障。这样，一个社会，不论如何自由，如果它不是民主社会，那么，它一定不是拥有政治自由的社会，因而它的一切自由都是无保障的。这种社会显然不是自由社会。所以，没有民主，就不会有自由社会：民主是自由社会的必要条件。但是，民主只是自由社会的必要条件，而不是其充分条件。这是因为：

一方面，所谓民主，就其本质来说，固然是全体公民掌握最高权力的政治；但是，就其实现来说，却势必是多数公民掌握最高权力的政治。所以，托克维尔写道："民主政府的本质，在于多数对政府的统治是绝对的，因为在民主制度下，谁也对抗不了多数。"[1] 这样，亦如托克维尔所言，多数公民便可能滥用他们所握有的最高权力，去反对他们的对手："如果多数不团结得像一个人似地行动，以在观点上和往往在利益上反对另一个也像一个人似地行动的所谓少数，那又叫什么多数呢？但是，如果你承认一个拥有无限权威的人可以滥用他的权力去反对他的对手，那你有什么理由不承认多数也可以这样做呢？"[2] 托克维尔将这种多数对于他们所掌握的最高权力的滥用，叫作"多数暴政"。多数暴政的民主社会显然不是自由社会。

另一方面，即使民主不导致多数对于少数的暴政，却仍然可能导致暴政：一种侵犯每个人的个人自由和个人权利的暴政。因为最高权力就其本性来说即与无限权力相通，极易演进为无限权力；因而正如托克维尔所言，社会的最高权力无论掌握在君主手里，还是掌握在人民手里，都可能成为无限权力而沦为暴政："当我看到任何一个权威被授以决定一切的权力和能力时，不管人们把这个权威称作人民还是国王，或者称作民主政府还是贵族政府，或者这个权威是在君主国行使还是在共和国行使，我都要说，这是给暴政播下了种子。"[3] 只不过，君主掌握无限权力的社会，既无政治自由，又无其他自由；而人民掌握无限权力的社会，则只有政治自由，却无其他自由。

对于这种侵犯每个人的个人自由和个人权利的民主暴政，在贡斯当那鼎鼎有名的"古代人的自由与现代人的自由之比较"的论文中，曾有极为深刻的论述。他发现，在古代的斯巴达和罗马等民主共和国，社会的政治是按照全体公民的意志进行的，符合政治自由原则；但是，这种政治的权力却毫无限制：

"社会权威机构干预那些在我们看来最为有益的领域，阻碍个人意

---

[1] 托克维尔：《论美国的民主》上卷，董果良译，商务印书馆，1996年，第282页。

[2] 同上书，第288页。

[3] 同上书，第289页。

志。在斯巴达，特藩德鲁斯不能在他的七弦琴上加一根弦，以免冒犯五人长官团的长官。而且，公共权威还干预大多数家庭的内部关系。年轻的斯巴达人不能自由地看望他的新娘。在罗马，监察官密切监视着家庭生活。法律规制习俗，由于习俗涉及所有事物，因此，几乎没有哪一个领域不受法律的规制。因此，在古代人那里，个人在公共事务中几乎永远是主权者，但在所有私人关系中却是奴隶。作为公民，他可以决定战争与和平；作为个人，他的所有行动都受到限制、监视与压制；作为集体组织的成员，他可以对执政官或上司进行审问、解职、谴责、剥夺财产、流放或处以死刑；作为集体组织的臣民，他也可能被自己所属的整体的专断意志剥夺身份、剥夺特权、放逐乃至处死。"①

我们显然不能说这种古代的民主社会是自由社会，因为这种社会的公民仅仅拥有政治自由，却没有其他自由。诚然，正如贡斯当所言，这些其他方面的不自由和被奴役是该民主社会的全体公民都同意的：他们"为了政治自由而牺牲所有个人自由"。② 但是，奴役或不自由之为奴役或不自由，并不因被奴役者同意而不再是奴役，不再是不自由。伯林在论及贡斯当这篇文章时说得好：

"众人一致同意牺牲自由，这个事实，也不会因为它是众人所一致同意的，便奇迹般地把自由保存了下来。如果我同意被压迫，或以超然及嘲讽的态度，来默许我的处境，我是不是因此就算是被压迫得少一点？如果我自卖为奴，我是不是就不算是个奴隶？如果我自杀了，我是不是不算真正的死了，因为我是自动结束我的生命？"③

可见，国家权力就其本性来说——不论它掌握在谁的手里——便倾向于被滥用而趋于无限与绝对，最终侵犯个人自由与个人权利而沦为暴

---

① 贡斯当：《古代人的自由与现代人的自由》，阎克文、刘满译，商务印书馆，1999 年，第 27 页。
② 同上书，第 41 页。
③ Isaiah Berlin: *Four Essays on Liberty*, New York: Oxford University Press, 1969, p. xxxix.

政。由此，阿克顿说出了他那广为传颂的格言："权力导致腐败，绝对权力导致绝对腐败。"[1] 这样，实现民主从而使政治按照全体公民自己意志进行，仅仅是自由社会的必要条件，而并不是自由社会的充分条件：民主社会仍然可能不是自由社会。然而，伯林却由此进而断言："个人自由和民主统治之间，并没有什么必需的联系。'谁统治我'和'政府干涉我多少'从逻辑上看，是截然不同的两个问题。"[2] 他的具体根据，如所周知，可以归结为：民主社会不但仍然可能是个不自由的社会，而且还可能比君主社会更不自由；人们在懒散无能的、同情自由的、仁慈的专制君主国所享有的个人自由可能多于不尚宽容的民主国家。确实，人们在某些君主专制社会所享有的自由可能多于某些民主社会。

但是，首先，人类社会的历史和现实充分表明，这仅仅是非常特例而不是正常惯例。所以，达尔列举民主"十大长处"之第一项就是"避免暴政"。对这一项长处，他通过专制的暴政与民主的暴政之比较得出结论说："从长远来看，民主过程相比其他非民主的过程，对公民的基本权利和利益造成的损害是不是会少一些？仅仅是由于民主政府避免了滥用权力的专制统治，它就比非民主政府更合乎这项要求。"[3]

其次，君主专制社会的个人自由绝非个人政治自由。因为不论何种君主专制，既然是君主专制，那它就不可能是全体公民而只能是君主一人掌握最高权力；不可能是按照全体公民的意志而只能是按照君主一人的意志进行统治；因而也就不可能存在政治自由而只可能存在其他自由。反之，不论何种民主政治，既然是民主政治，那它就不可能不是全体公民掌握最高权力；不可能不是按照全体公民的意志进行统治；因而也就不可能不实现政治自由。所以，科恩说：

"专制政体可能给予公民广泛的自由。事实上，有些仁慈的专制者在

---

[1]　阿克顿：《自由与权力》，侯建、范亚峰译，商务印书馆，2001年，第342页。

[2]　Isaiah Berlin: *Four Essays on Liberty*, New York: Oxford University Press, 1969, p. 130.

[3]　达尔：《论民主》，李伯光、林猛译，商务印书馆，1999年，第53、55页。

某些领域内所保护的自由要比许多民主国家所保护的还要广泛一些。"但是，"专制者绝不准许有从事特殊活动的自由。这些与专制政体格格不入的自由，正是民主必不可少的自由，真正管理社会、指导政策并作出决定的自由。专制者可能听取臣民的申诉，但最终还是独断独行。民主政府则恰恰相反，除根据公民的决定外，不能根据其他的决定行事。"①

因此，不论君主社会拥有多么多的自由，却不可能拥有政治自由，因而该社会的自由都是无保障的，该社会不可能是个自由社会；反之，不论民主社会的自由是多么少，却必定拥有政治自由，因而也就可能拥有其他一切自由，可能是个自由社会。

最后，君主专制社会的较多个人自由完全是仁慈、懒散、无能等君主个人的人格之结果，而与君主专制政体无关。同理，民主社会的较少个人自由，也与民主政体无关，而完全是当权者滥用权力之结果——于是遂有宪政民主、三权分立、多党制、短任期、保护少数等保障自由的种种权力制约机制。由此可以理解，为什么波普说："即使民主国家采取了坏的政策，也比屈从哪怕是明智的或仁慈的专制统治更为可取。"②

合而言之，可知伯林的断言是不能成立的。因为个人自由和民主统治之间，'谁统治我'和'政府干涉我多少'之间，存在着必然的联系：非民主的社会必定是不自由的社会；自由的社会必定是民主社会。民主是实现政治自由从而保障实现其他一切社会自由的唯一政体，因而虽然不是自由社会的充分条件，却是自由社会的必要条件。所以，阿克顿说："自由被认为是与民选政府相关联的产物。"③哈耶克也一再说："民主本身虽然不是自由，却是一种对自由的最重要的保障。"④那么，自由社会的实现究竟

---

① 科恩：《论民主》，聂崇信、朱秀贤译，商务印书馆，1988年，第123页。
② 波普：《开放社会及其敌人》，山西高校联合出版社，1992年，第132页。
③ 阿克顿：《自由与权力》，侯健、范亚峰译，商务印书馆，2001年，第316页。
④ F. A. Hayek: *Law, Legislation and Liberty*, Volume 1, Beijing: China Social Sciences Publishing House Chengcheng Books Ltd., 1999, p. 5.

还需要什么条件？或者说，实现自由社会的充分且必要条件是什么？

2　自由民主：自由原则实现的充分且必要条件

　　为什么民主是实现自由原则的自由社会的必要条件而不是充分条件？为什么实现了民主的社会却可能仍然是个不自由的社会？如前所述，原因只有一个：民主的政权可能是无限的（unlimited democracy），因而违背了自由原则、导致民主的暴政。民主的政权如果能够得到限制，遵循自由原则，那么，民主的社会便是自由的社会；反之，自由社会也就是最高权力受到自由原则有效限制的民主的社会：最高权力受到自由原则有效限制的民主，是实现自由原则、自由社会的充分且必要条件。这种最高权力受到自由等原则有效限制的民主，不是别的，正是所谓"自由民主"或"宪政民主"（constitutional democracy）：二者是同一概念。

　　宪政（constitutionalism），顾名思义，就是立宪政体或立宪政府（constitutional government），是一种权力有限的政府或政体，是以宪法及其所衍生的法律限制政府权力从而使之遵守宪法和法律的政体。所以，哈耶克界定宪政时援引麦基尔韦恩（C. H. Mcllwain）的话说："所有立宪政府，就其定义来说，都是有限政府……宪政具有一种基本性质：它是对政府的一种法律限制；它是专横统治的反对者；它的对立面是专制政府，亦即随心所欲的政府。"[①]一句话，"宪政意指有限政府。"[②]"宪政就在于以政治的永久原则限制一切权力。"[③]《布莱克维尔政治百科全书》的宪政词条也这样写道："立宪政体是受到常规性法律和政治约束，并对公民负责的政体。在立宪政体下，公共权力机关和公民一样，都必须服从法

①　F. A. Hayek: *Law, Legislation and Liberty*, Volume 1, Beijing: China Social Sciences Publishing House Chengcheng Books Ltd., 1999, p. 145.

②　Ibid., p. 1.

③　Ibid., p. 3.

律和宪法。"

但是，宪政不都是民主政体。卡斯·R.森斯坦说："存在着截然不同的宪政形式。"[1] 弗里德里希也说："宪政可能是君主制的，也可能是民主制的，而且，它也确实在两种制度中都出现过。"[2] 确实，除了君主专制，其他任何政体都可以是一种宪政政体。就拿立宪君主来说，无疑也是一种立宪政体，也是一种宪政。然而，宪政，就其本性来说，却似乎只能是民主政体。因为宪政的本性，如所周知，一方面在于政府的权力必须遵守宪法；另一方面则在于分权。这样，如果立宪君主政体是一种宪政，那么，一方面，君主的权力必定遵守宪法，另一方面，最高权力不可能掌握在君主一人手中。可是，君主之为君主，就在于一个人掌握最高权力：不是一个人掌握最高权力者，即非君主。所以，立宪君主政体如果真是一种宪政，那么，这种政体的所谓君主已经不是真正的君主了：他实际上只不过是行政首脑，或者只保留着各种各样形式上的和象征性的最高权力。这样，所谓立宪君主政体实际上并不是君主政体，而是一种民主政体；或者毋宁说，是一种君主政体向民主政体过渡的混合政体。否则，如果在立宪君主政体中，君主仍然一人掌握最高权力，那么，它就不是真正的立宪政体，就不是真正的宪政；而是真正的君主专制：宪政不过是其掩人耳目的空洞形式而已。

宪政，就其本性来说，是一种民主政体。由此可以理解，为什么宪政理论家们往往将宪政与宪政民主或民主宪政等同起来："宪政指的是多数派决策的一些限制，更具体地说，指的是那些在某种意义上自我施加的限制。"[3] "立宪政体是平民政体的一个特定类型，即通过法律运作的政

---

① 埃尔斯特编：《宪政与民主——理性与社会变迁研究》，潘勤、谢鹏程译，三联书店，1997年，第374页。

② 转引自李强著《自由主义》，中国社会科学出版社，1998年，第233页。

③ 埃尔斯特编：《宪政与民主——理性与社会变迁研究》，潘勤、谢鹏程译，三联书店，1997年，第2页。

体。"[1] 但是，反过来，民主并不都是宪政。这一点亚里士多德早已看到："在法律非至高无上的地方……多数并不是作为个体而是作为集体拥有最高权力的……这种民主政体根本不是宪政。"[2] 非宪政的民主社会，亦即权力无限的民主社会，因而必定是不自由的社会。那么，宪政的民主社会就是自由的社会吗？

不言而喻，宪政民主是不是自由社会，完全取决于宪法是不是一种遵循自由原则的宪法：如果遵循，宪政民主就是自由的宪政民主，这种社会就是自由社会；否则便不是自由的宪政民主，这种社会就仍然算不上自由社会。自由的宪政民主所遵循的原则，说到底，也就是防止民主暴政或无限民主的自由原则。伯林将这些原则归结为两个：个人自由等基本权利原则与自由限度原则。他这样写道："如果连民主政体都可以在不失为民主政体的情况下压迫自由——至少是自由这个词向来所称谓的那种自由——那么究竟如何才能够使一个社会真正自由？对于贡斯当、穆勒、托克维尔和他们所属的那个自由主义传统来说，除非至少遵循两个互有关联的原则，否则绝无自由的社会。这两个原则是，第一，唯有权利——而不是权力——才可以被当做绝对的东西。这样，所有的人才拥有绝对的权利拒绝从事非人的行为，而不论他们是被什么权力所统治。第二，人在某些界限以内是不容侵犯的。这些界限不是人为划定的，而是根据长久以来就广为接受的规则确定的。这些规则乃是一个正常人必须遵守的；而违犯它们就是不人道或不正常的行为。如果认为这些规则可以由某个法庭或统治集团以某种正式的程序予以废止，那是荒谬的想法。"[3]

---

[1]　埃尔金：《新宪政论——为美好的社会设计政治制度》，周叶谦译，三联书店，1997年，第163页。

[2]　F. A. Hayek: *Law, Legislation and Liberty*, Volume 1, Beijing: China Social Sciences Publishing House Chengcheng Books Ltd., 1999, p. 3.

[3]　Isaiah Berlin: *Four Essays on Liberty*, New York: Oxford University Press, 1969, p. 165.

各国的宪法虽可能有遵循与违背这些自由原则之分，但是，就宪政思想的传统来说，宪法却必须遵循这些自由原则；否则就不是真正的宪法。因为宪法的基本目的，正如萨托利所言，就在于保障个人自由，限制政府权力："随着绝对主义时代的衰落，人们开始寻找一个词，以表示用以控制国家权力之运作的种种技术……结果这个词就是'宪法'。"法国《人权宣言》说得更明白："凡权利无保障和分权未确立的社会，就没有宪法。"因此，就宪政思想的传统来说，真正的、名副其实的宪法主要都是由两部分构成：一是政府的组织机构法案，强调的是分权原理；一是权利法案，强调的是自由等人权原理。

权利法案所体现和遵循的，显然是伯林所总结的自由的宪政民主的两大原则。所以，史蒂芬·霍姆斯援引杰克逊的话说："在 1943 年的 Flag Salute 案中，罗伯特·杰克逊法官发表了如下经典性见解：'权利法案的真正宗旨，就是要把某些事项从变幻莫测的政治纷争中撤出，将其置于多数派和官员们所能及的范围之外，并将其确立为由法院来适用的法律原则。人的生命权、自由权、财产权、言论自由权、出版自由、信仰和集会自由以及其他基本权利，不可以受制于投票：它们不依赖于任何选举之结果。'从这个角度看，宪政实质上是反民主的。宪法的基本功能是将某些决定从民主过程中清除出去，也就是说，束缚这一共同体的手脚。"[①]

那么，究竟如何才能使民主政治遵循权利法案和自由的宪法，从而成为自由的宪政民主、实现免于民主暴政的自由社会呢？正如托克维尔所言，只有一条途径，那就是实行分权或三权分立："假如把立法机构组织得既能代表多数又一定不受多数的激情所摆布，使行政权拥有自主其事的权利，让司法当局独立于立法权和行政权之外，那就可以建立起一个民主的政府，而又使暴政几乎无机会肆虐。"[②] 阿克顿也一再说："自由

---

① 埃尔斯特编：《宪政与民主——理性与社会变迁研究》，潘勤、谢鹏程译，三联书店，1997年，第 224 页。

② 托克维尔：《论美国的民主》上卷，董果良译，商务印书馆，1996 年，第 291 页。

存在于权力的分立之中，专制主义存在于权力的集中营里。"① 哈耶克进而总结道："一个在名义上无限制的议会，显然必定逐渐被驱使稳固且无休止地扩张政治权力。同样明显的是，能够阻止这种权力扩张的办法只有一个，亦即由两个不同的民主选举的团体分割最高权力，也就是对于最高权力实行权力分立原则。"② 一句话，分权乃是自由的宪政之精髓："自由主义宪政制度的奠基者为捍卫个人自由而提出的方法是权力分立。"③ 这就是为什么分权乃是宪法的政府的组织机构法案的基本原理的缘故。

总之，就宪政思想的传统来说，宪法的主要法案——强调分权原理的政府的组织机构法案和强调自由等人权原理的权利法案——所体现和遵循的，乃是自由原则。因此，就宪政思想的传统来说，宪政民主就是限制民主的权力而使之遵循自由宪法的民主，就是自由的宪政民主，因而也就是自由社会的充分且必要条件：一切宪政民主的社会，都是实现了自由原则的自由社会；一切实现了自由原则的自由社会，都是宪政民主的社会。所以，萨托利一再说："不论过去还是现在，事实上，立宪制度就是自由主义制度。可以说，自由主义政治就是宪政。"④ "只有作为不受个人感情影响的管理手段的立宪制度，才一直是并将仍然是自由社会的捍卫者。"⑤ 由此可以理解，为什么今日西方学者干脆将宪政民主叫作"自由民主"："自由民主一词的'自由'不是指谁来统治，而是指如何实施统治。它尤其意味着政府的权力和行使权力的方式受到了限制，特别是受到根本法或宪法的约束，但归根到底是受到个人权利的限制。"⑥

---

① 阿克顿：《自由与权力》，侯健、范亚峰译，商务印书馆，2001年，第339页。

② F. A. Hayek: *Law, Legislation and Liberty*, Volume 1, Beijing: China Social Sciences Publishing House Chengcheng Books Ltd., 1999, p. 104.

③ 哈耶克：《经济、科学与政治》，冯克利译，江苏人民出版社，2000年，第412页。

④ Giovanni Sartori: *The Theory of Democracy Revisited*, Chartham, New Jersey: Chatham House Publisher, Inc., 1987, p. 309.

⑤ Ibid., p. 328.

⑥ 马克·普拉特纳："自由主义与民主：二者缺一不可"，转引自刘军宁编《民主与民主化》，商务印书馆，1999年，第73页。

六　自由主义：将自由当作最高价值的国家制度和思想体系

1　自由主义：定义与对象

自由主义（liberalism）一词，依阿克顿勋爵所见，出现于 18 世纪："自由主义—— 1707 年英国坎特伯雷大主教首次使用这个词。"[①] 但是，概念先于名词。自由主义作为一种国家制度和系统理论，肇始于十七世纪英国革命，它的奠基者是洛克，是众所公认的。尔后四百年来，自由主义一直是西方思想界的主流意识形态。因此，自由主义思想家多如繁星，不胜枚举：

古典自由主义的代表人物，当推斯宾诺莎、洛克、弥尔顿、孟德斯鸠、卢梭、潘恩、杰斐逊、汉密尔顿、贡斯当、托克维尔、康德、休谟、柏克、斯密、边沁、穆勒、斯宾塞等；新自由主义的代表人物，则有格林、鲍桑葵、布拉德雷、霍布豪斯、杜威等；当代自由主义的代表人物，主要是哈耶克、弗里德曼、欧克肖特、波普、伯林、罗尔斯、诺齐克、德沃金、布坎南、萨托利等。

这些人都是自由主义的代表人物，是没有争议的。但是，这些人的自由主义理论是如此不一致，如此灵活多变、歧见纷呈、难以把握，以致直到今日，许多学者仍然认为无法界说自由主义，甚至认为给自由主义下定义是不可能的。萨托利亦有此见，他说：

"如果我们用'自由主义'这个标签与那些和它相近的概念比较，如民主、社会主义、共产主义，那么，自由主义在有一点上是无可匹敌的：

---

① 阿克顿：《自由与权力》，侯建、范亚峰译，商务印书馆，2001 年，第 364 页。

它是所有概念中最不确定、最难以被准确理解的术语。"①

　　然而，这些自由主义者的观点不论如何不同，却不可能毫无共同点或普遍性：不可能存在毫无共同点或普遍性的事物。那么，这些自由主义理论所特有——亦即区别于极权主义和社会主义等理论——的共同点或普遍性究竟是什么？

　　不难看出，一切自由主义理论所特有的共同点在于，它们毫无例外都是一种主张实现自由社会的思想体系；正如一切共产主义理论不论如何不同，毫无例外都是一种主张实现公有制社会的思想体系一样。自由主义是主张实现自由社会的理论：这是一切自由主义理论所特有的普遍性，亦即自由主义区别于其他理论——如极权主义和社会主义——的种差、根本特征，因而堪称自由主义定义。自由主义是一种主张实现自由社会的思想体系，显然蕴涵着，自由主义必须解决三大问题：

　　首先，何谓自由社会？此乃"自由原则"问题；其次，为什么应该实现自由社会？此乃"自由价值"问题；最后，如何实现自由社会？此乃自由社会或其原则的实现途径问题，说到底，亦即"宪政民主"问题。这就是自由主义的研究对象。因此，自由主义，作为一种完整的理论体系，原本由三部分构成：自由价值理论、自由原则理论和宪政民主理论。

　　由此看来，自由主义乃是真理。因为如果自由主义——主张实现自由社会的思想体系——不是真理，那就意味着：否定自由社会的思想体系，如极权主义和专制主义，是真理。极权主义和专制主义等否定自由社会的思想体系，无疑是谬误。因此，自由主义必定是真理：处于相互否定的矛盾关系的两种思想体系，必定一真一假。但是，这并不是说，一切自由主义理论都是真理。自由主义的研究对象——自由的价值、自由社会的原则和自由社会的实现途径——无疑都是人类思想史上最为复杂深邃的难题，以致迈克尔·欧克肖特写道：

---

① 李强：《自由主义》，中国社会科学出版社，1998年，第14页。

"什么是一个自由的社会？随着这个问题，通向无穷遁词之夜的门打开了。"①

因此，自由主义者们对于这些问题的研究难免歧见纷呈，因而其观点必定有真与假、全与偏、完备与不完备以及空想与科学等之不同；正如各种社会主义理论必定有真与假、全与偏、完备与不完备以及空想与科学之不同一样。但是，就同一研究对象来说，谬误可能无数，而真理必定一个。所以，作为谬误的、不完备的、空想的自由主义理论可有无数；而真理的、完备的、科学的自由主义只有一个。谬误，说到底，不过是达于真理的某种过程或阶段。所以，各种谬误的、不完备的、空想的自由主义理论，都可以看作是达到真理的、完备的、科学的自由主义的某种过程或阶段。

这样，正如各种谬误的、不完备的、空想的社会主义不能成立，并不能证明社会主义不能成立，而只有完备的、科学的社会主义不能成立，才能证明社会主义不能成立一样；各种谬误的、不完备的、空想的自由主义理论不能成立，也不能证明自由主义不能成立，而只有完备的、科学的自由主义不能成立，才能证明自由主义不能成立。因此，对于自由主义的评价，便应该以完备的、科学的自由主义为准；而不应该以不完备、不科学的自由主义为准。正如对于社会主义的评价，应该以完备的、真理的、科学的社会主义为准；而不应该以不完备、不科学的、错误的社会主义为准一样。由此可以理解，为什么萨托利强调，对于自由主义的评析，乃是对一种自由主义——而不是许多自由主义——的评析：

"难道我们必须屈从于这种观点，认为不存在一种自由主义而是存在许多种不同的自由主义吗？进言之，难道这些自由主义必须分成古典的、民主的、社会的、国家主义的、人道主义的、社会主义的等若干种类吗？

---

① 迈克尔·欧克肖特：《政治中的理性主义》，张汝伦译，上海译文出版社，2003年，第107页。

我不这样看。因为照此说来，也就可以断言：并不存在一种民主，而是存在许多种民主，每一个国家都有一种，并且每一种民主都一代一代地变化着。然而，事实上我们是以单数形式谈论现代民主的。同样，我们完全有理由以单数形式谈论自由主义——我们就依此见地去寻找并发现这种自由主义。"[①]

2 自由主义的理论体系：自由价值论、自由原则论与宪政民主论

自由价值论　自由价值论　自由价值论　自由主义理论的出发点，无疑是自由的价值问题。对此，正如萨皮罗所言，不论自由主义论者的观点如何不同，却必定都崇尚自由、歌颂自由、倡导自由，认为自由具有非常重大的价值："自由主义在所有时代的典型特征，是它坚定地相信自由对于实现任何一个值得追求的目标都是不可或缺的。"[②] 胡适亦云："自由主义就是人类历史上那个提倡自由、崇拜自由、争取自由、充实并推广自由的大运动。"[③] 确实，如果否认这一点，否认自由具有重大价值，那么毫无疑义，他就不是自由主义者了。

当然，重大价值与极大价值、最大价值不同，与最高价值、至上价值也不同。但是，这些价值无疑都属于重大价值范畴。一切自由主义论者都认为自由具有重大价值，却并不都认为自由具有最大价值，也并不都认为自由具有至上价值。但是，就自由主义的科学的、完备的形态来说，却认为自由具有至上价值：就自由主义的科学的、完备的形态来说，自由主义亦即自由至上主义（libertarianlism）。因此，自由主义者斯皮兹（David Spitz）在他临终前所写下的自由主义的十大信条之第一条就是：

① Giovanni Sartori: *The Theory of Democracy Revisited*, Chartham, New Jersey: Chatham House Publisher, Inc., 1987, p. 376.
② 李强:《自由主义》，中国社会科学出版社，1998 年，第 19 页。
③ 胡适:《自由主义》，《胡适精品集》14，光明日报出版社，2001 年，第 68 页。

"尊崇自由高于其他价值，甚至超过平等及正义。"①

为什么说自由至上主义是一种科学的、完备形态的自由主义观点？因为文艺复兴人道主义发现：人的自我实现——亦即自我创造性潜能之实现——具有最高价值。自我实现的条件和途径固然很多，但最根本的条件和途径无疑只有一个，那就是自由：自由乃是自我实现的最根本的条件和途径。因此，说到底，自由具有最高价值。但是，最高价值未必是最大价值。自由是最高价值，自由的价值远远高于面包的价值。但是，正如伯林所言，自由的价值不如衣食的价值大："埃及农民对于衣物和农药的需要优先于、强烈于对于个人自由的需要。"② 所以，斯皮兹说得不错：自由的价值高于平等及正义。但是，自由的价值未必大于平等和正义的价值。

不过，既然自由具有最高价值，那么，显然应该使人自由：自由应该是国家制度好坏的最高价值标准。所以，阿克顿一再说："自由的理念是最高贵的价值思想——它是人类社会生活中至高无上的法律。"③ "自由乃至高无上之法律。它只受更大的自由的限制。"④ 然而，真正讲来，人究竟怎样才算获得自由？人是个社会动物；他所过的生活，乃是社会生活。因此，只有当人们所生活于其中的社会是个自由的社会，人们才算真正获得了自由。所以，哈耶克说："一旦自由的利益被认识，人们便会去完善和扩展自由的领域。为此，他们将探究怎样才能构建一种自由社会。自由理论的这种发展主要是在 18 世纪而肇始于英法两国。"⑤

但是，究竟何谓自由社会？或者说，自由社会的原则是什么？这是自由主义的核心问题：自由主义，主要讲来，就是一系列自由原则体系，就是一系列自由社会的原则体系。所以，哈耶克写道："19 世纪自由主义

---

① 顾肃：《自由主义基本理念》，中央编译出版社，2003 年，第 3 页。
② Isaiah Berlin: *Four Essays on Liberty*, New York: Oxford University Press, 1969, p. 128.
③ 阿克顿：《自由与权力》，侯建、范亚峰译，商务印书馆，2001 年，第 307 页。
④ 同上书，第 310 页。
⑤ Friedrich A. Hayek: *The Constitution of Liberty*, Chicago: The University of Chicago Press, 1978, p. 54.

的一位知识分子领袖贡斯当曾把自由主义描述为一种'原则体系'，他指明了问题的实质。自由不仅是一种政府的所有行为都受其指导的原则体系，而且是一种除非作为所有具体立法法案的最高原则来接受否则就不能维持的理想。"① 这就是自由主义为什么属于伦理学对象的缘故：自由主义，根本说来，乃是一系列的原则和规范体系，亦即国家制度好坏的价值标准体系。因此，阿克顿写道："自由作为道德问题的紧迫性远远大于其作为政治问题的紧迫性。"②

　　自由原则论　细究起来，自由主义所确立的自由原则——亦即自由社会原则——体系，原本由自由社会的普遍原则与自由社会具体原则两大系列构成：前者主要是自由的法治原则、自由的平等原则与自由的限度原则；后者主要是政治自由原则、经济自由原则与思想自由原则。不论自由主义论者的观点如何不同，却必定都主张或承认这些自由原则；否则，他就不是自由主义者了。但是，这些原则的具体内容究竟如何，自由主义者们却往往意见纷纭，莫衷一是。我们的考察，当然以最为完善的自由主义观点为准。

　　一个社会的任何强制，都必须符合该社会的法律和道德；该社会的所有法律和道德，都必须直接或间接得到全体成员的同意。这是自由主义的"自由的法治原则"。对于这一原则，霍布豪斯曾这样写道："自由的第一步实际上正是要求法治。……自由统治的首要条件就是：不是由统治者独断独行，而是由明文规定的法律实行统治。"③ 哈耶克进一步说："所谓法治下的自由概念，亦即即当我们遵守法律时，我们并不是屈从其他人的意志，因而是自由的。"④

①　Friedrich A. Hayek: *The Constitution of Liberty*, Chicago: The University of Chicago Press, 1978, p. 68.
②　阿克顿：《自由与权力》，侯建、范亚峰译，商务印书馆，2001年，第309页。
③　霍布豪斯：《自由主义》，朱曾汶译，商务印书馆，1996年，第9页。
④　Friedrich A. Hayek: *The Constitution of Liberty*, Chicago: The University of Chicago Press, 1978, p. 153.

人人应该平等地享有自由：在自由面前人人平等；人人应该平等地服从强制：在法律面前人人平等。这是自由主义的"自由的平等原则"。所以，哈耶克写道："自由意味着，也只能意味着，我们的所作所为并不有赖于任何人或如何权威机构的批准，只能为同样平等适用于人人的抽象规则所限制。"①因此，"为自由而斗争的伟大目标，一直是法律面前人人平等。"②

一个社会的强制，应该保持在这个社会的存在所必需的最低限度；一个社会的自由，应该广泛到这个社会的存在所能容许的最大限度。这是自由主义的"自由的限度原则"。对此，波普讲得很清楚："自由主义的原则要求，社会生活所必要的对每个人自由的种种限制应当减少到最低限度。"③对于这一原则，自由主义论者们是没有异议的。否则，他就不是自由主义者了。但是，最低限度与最大限度都是相对的、不确定的概念。因此，对于一些自由主义者来说是最低限度的强制，对于另一些自由主义者来说，却可能是过高的强制；反之亦然。所以，一些自由主义者主张"守夜人"式的国家，断言"管得越少的政府，就是最好的政府"。反之，另一些自由主义者则认为这样少的强制不足以保障社会存在，社会的存在所必需的最低限度的强制比这些要强大复杂得多，因而主张国家应该积极干预经济生活和社会生活。

一个社会的政治，应该直接或间接地得到每个公民的同意，应该直接或间接地按照每个公民自己的意志进行，说到底，应该按照被统治者自己的意志进行。这是自由主义的"政治自由原则"。杰斐逊在《独立宣言》中将这一原则归结为一句话："政府的正当权力，系得自被统治者的同意。"被伯林称为"不折不扣的自由主义者"的威尔逊总统也这样

---

① Friedrich A. Hayek: *The Constitution of Liberty*, Chicago: The University of Chicago Press, 1978, p. 154.

② Ibid., p. 85.

③ 波普：《猜想与反驳》，傅季重、纪树立等译，上海译文出版社，1968年，第78页。

写道："政治自由是被统治的人使政府适合他们的需要和利益的那种权利。"[①] 阿克顿则认为这是自由主义的大政方针："麦迪逊、亚当斯、富兰克林、杰斐逊、汉密尔顿等人在《独立宣言》中表达了建构一种新的政府理论的观点：在一个实践领域里由被统治者决定政府的大政方针。"[②]

经济活动只应由市场机制自行调节，而不应由政府强制指挥，政府的管理应仅限于确立经济规则和保障其实行；而在这些经济规则的范围内，每个人都应该享有完全按照自己意志进行经济活动的自由。这是自由主义的经济自由原则。这一原则的发现者和确立者，如所周知，乃是亚当·斯密，他称之为"自然自由制度"："一切特权的或限制的制度一旦完全被废除，简单而显著的自然自由制度就会自动建立起来。每一个人，只要不违反公正的法律时，就应该容许他完全自由地用自己的方法追求自己的利益，以其勤勉和资本而与任何其他人或阶级相竞争。"[③]

每个社会成员都应该享有创获与传达任何思想的自由；或者说，每个社会成员创获与传达任何思想都不应该被禁止；说到底，言论与出版应该完全自由而不应该受到任何限制。这是自由主义的"思想自由原则"。对于这一原则，潘恩这样写道："出版自由以及使用其他表达思想手段的自由，是不能取消、停止和限制的。"[④] 罗斯福则进而以美国为例说："这种自由除了受到美国人民的良知的限制以外，确实是丝毫没有限制的。"[⑤] 美国《弗吉尼亚权利法案》已规定："出版自由是自由的重要保障之一，任何政府，除非是暴虐政府，绝不应加以限制。"美国《人权法案》第一条便这样写道："国会不得制定关于下列事项的法律：确立宗教

---

① 《资产阶级政治家关于人权、自由、平等、博爱言论选录》，世界知识出版社，1963年，第210页。

② 阿克顿：《自由与权力》，侯建、范亚峰译，商务印书馆，2001年，第398页。

③ Adam Smith: *An Inquiry into the Nature and Causes of the Wealth of Nations*, volume 2, Oxford: Clarendon Press 1979, p. 687.

④ 《资产阶级政治家关于人权、自由、平等、博爱言论选录》，世界知识出版社，1963年，第53页。

⑤ 同上书，第283页。

或禁止信仰自由；剥夺人民言论或出版自由。"

这就是自由主义关于自由社会的六大自由原则：自由的法治、平等、限度三大普遍原则与政治自由、经济自由、思想自由三大具体原则。那么，究竟怎样才能实现这些原则从而使社会成为自由社会？这是关于自由原则实现途径问题，亦即自由社会实现途径问题。这是自由主义理论的第三部分——亦即最后一部分——的研究对象。自由主义对于这个问题的比较完备的、科学的理论，如所周知，便是所谓"宪政民主论"："宪政民主"是实现自由社会的充分且必要条件。

宪政民主论　自由主义论者看到，民主是实现政治自由从而保障实现其他一切社会自由的唯一政体。所以，阿克顿说："自由被认为是与民选政府相关联的产物。"[①] 哈耶克也一再说："民主本身虽然不是自由，却是自由的最为重要的保障。"[②] 然而，自由主义论者十分清楚：民主仅仅是实现政治自由或政治自由社会的充分且必要条件，而不是实现自由社会的充分且必要条件——民主只是实现自由社会的必要条件而非充分条件。这是因为：

一方面，民主就其本质来说，固然是全体公民完全平等执掌最高权力的政治，但就其实现来说，却势必是多数公民执掌最高权力的政治。这样，多数公民便可能滥用他们所握有的最高权力，去反对他们的对手："如果多数不团结得像一个人似地行动，以在观点上和往往在利益上反对另一个也像一个人似地行动的所谓少数，那又叫什么多数呢？但是，如果你承认一个拥有无限权威的人可以滥用他的权力去反对他的对手，那你有什么理由不承认多数也可以这样做呢？"[③] 托克维尔将这种多数对于他们所掌握的最高权力的滥用，叫作"多数暴政"。多数暴政的民主社会

---

① 阿克顿：《自由与权力》，侯建、范亚峰译，商务印书馆，2001年，第316页。

② F. A. Hayek: *Law, Legislation and Liberty*, Volume 1, Beijing: China Social Sciences Publishing House Chengcheng Books Ltd., 1999, p. 5.

③ 托克维尔：《论美国的民主》上卷，董果良译，商务印书馆，1996年，第288页。

显然不是自由社会。

另一方面，即使民主不导致多数对于少数的暴政，却仍然可能导致暴政：一种侵犯每个人的个人自由和个人权利的暴政。因为最高权力就其本性来说即与无限权力相通，极易演进为无限权力，因而托克维尔指出，社会的最高权力无论掌握在君主手里，还是掌握在人民手里，都可能成为无限权力而沦为暴政："当我看到任何一个权威被授以决定一切的权力和能力时，不管人们把这个权威称作人民还是国王，或者称作民主政府还是贵族政府，或者这个权威是在君主国行使还是在共和国行使，我都要说，这是给暴政播下了种子。"①

合而言之，民主之所以是自由社会的必要条件而不是充分条件，只是因为民主的政权可能是无限的，因而违背自由等国家制度价值标准，导致民主的暴政。这样，民主的政权如果能够得到限制，遵循自由等国家制度价值标准，那么，民主的社会便是自由的社会：最高权力受到自由等国家制度价值标准有效限制的民主，是实现自由社会的充分且必要条件。这种最高权力受到自由等国家制度价值标准有效限制的民主，不是别的，就是自由主义所主张的"宪政民主"：宪政民主就是被自由、平等、正义和人道等国家制度价值标准有效限制的民主，就是将这些国家制度价值标准作为宪法指导原则的民主，就是遵循这种宪法而受其限制的民主。

诚然，实际上，各国宪法可能有遵循与违背自由等国家制度价值标准之分，但如所周知，就宪政思想的传统来说，宪法的主要法案——强调分权原理的政府的组织机构法案和强调人权原理的权利法案——所体现和遵循的，乃是自由原则。因此，就宪政思想的传统来说，宪政民主就是限制民主的权力而使之遵循自由宪法的民主，因而也就是自由社会的充分且必要条件：一切宪政民主的社会，都是自由的社会；一切自由

① 托克维尔：《论美国的民主》上卷，董果良译，商务印书馆，1996年，第289页。

的社会，都是宪政民主的社会。所以，萨托利一再说："无论过去和现在，立宪制度事实上就是自由主义制度。可以说，自由主义政治就是宪政。"①

3　自由主义的理论归属：最根本的人道主义与制度化的人道主义

综观自由主义的自由价值论与自由原则论以及宪政民主论可知，自由主义，就其普遍形态来说，乃是一种关于自由社会的思想体系，是关于自由的价值、原则及其实现途径的思想体系。或者说，自由主义就是关于自由社会的原则及其实现途径的思想体系，就是关于自由社会的理论：凡是主张构建自由社会的理论，都属于自由主义范畴。但是，自由主义，就其完备的形态来说，则是将自由当作最高价值的国家制度和思想体系，它视人的自由为最高价值，从而一方面将自由奉为国家制度好坏最高价值标准——亦即将"自由的法治原则"与"自由的平等原则"和"自由的限度原则"以及"经济自由"与"政治自由"和"思想自由"等一系列自由原则奉为国家制度好坏最高价值标准——另一方面则将宪政民主奉为实现这些原则的途径，亦即将宪政民主奉为自由社会的实现途径。

准此观之，自由主义显然属于人道主义范畴：自由主义是关于自由社会的人道主义。因为，如前所述，人道主义有"广义的、皮相的、初级的人道主义"与"狭义的、深刻的、高级的人道主义"之分：前者可以称之为"博爱的人道主义"；后者则是文艺复兴所发现的"自我实现的人道主义"，亦即视人的创造性潜能实现为最高价值——从而把"自我创造性潜能实现"奉为国家制度好坏最高价值标准——的社会制度和思想体系。实现自我创造潜能的最根本的必要条件是自由。因此，所谓人道主义，归根结底，就是视人的自由是最高价值——从而将自由奉为国家

---

① 转引自刘军宁编《民主与民主化》，商务印书馆，1999年，第73页。

制度好坏最高价值标准——的社会制度和思想体系：自由主义是最根本的人道主义。因此，保罗·库尔茨将自由主义叫作"自由主义的人道主义"。[①] 约翰·杰温斯波干脆将自由主义叫作"自由人道主义"。[②] 伯林等自由主义思想家则经常将自由主义与人道主义相提并论，而称之为"人道与自由主义传统"（humane and liberal tradition）、"人道的自由主义"（humanitarian liberalism）[③]。

这样一来，人道主义在其发展历程中，便由广及狭、由浅及深、由表及里、由标及本地演进为三种形态：古老的博爱人道主义认为人是最高价值；文艺复兴的自我实现人道主义认为人的创造性潜能的实现是最高价值；17 世纪以来西方主流意识形态的自由人道主义——亦即自由主义——认为人的自由是最高价值。

自由主义不仅是最根本的人道主义，而且是制度化、组织化的人道主义，是具有真正实现途径的人道主义。因为自由主义就其完备的、科学的形态来说，与社会主义等一切关于理想社会的理论一样，既是一种理论、一种学说、一种意识形态、一种政治思潮，又是一种运动、一种组织、一种政党纲领、一种制度、一种国家组织形式：自由主义是将自由当作最高价值的国家制度和思想体系。拉吉罗通过对于欧洲自由主义史的考察，最终得出结论说：

"对自由主义的各种界定已经给出。它可以被称为一种方法，一个政党，一种统治艺术，一种国家组织形式。"[④]

萨托利也这样写道："可以非常简洁地断言，自由主义就是通过宪政国家而对个人政治自由和个人自由进行司法保护的理论与实践。"[⑤] 科林伍

---

① 保罗·库尔茨《保卫世俗人道主义》，余灵灵等译，东方出版社，1996 年，第 75 页。
② 邓正来主编：《布莱克维尔政治学百科全书》，中国政法大学出版社，1992 年，第 417 页。
③ Isaiah Berlin: *Four Essays on Liberty*, New York: Oxford University Press, 1969, pp. 17/15.
④ 圭多·德·拉吉罗：《欧洲自由主义史》，杨军译，吉林人民出版社，2001 年，第 334 页。
⑤ Giovanni Sartori: *The Theory of Democracy Revisited*, Chartham, New Jersey: Chatham House Publisher, Inc., 1987, p. 380.

德亦如是说："'自由主义'一词，在其所从来的本国，用于宪政自由与代议制政府原则之名，长久以来，整个英语世界的所有政党共享着这一财富。"① 说到底，自由主义是一种最深刻的革命；因为正如波普所说："从封闭社会到开放社会的过渡，显然可以描述为人类所经历的一场最深刻的革命。"②

于是，自由主义的思想渊源固然可以追溯到古希腊和罗马，但其直接的思想来源，乃是狭义的人道主义，亦即自我实现的人道主义，因而也就是文艺复兴时期的人道主义。对此，弗洛姆讲得很清楚："我以为人道主义的狭义，正是指15、16世纪那种回复到古典学术和希腊语、希伯来语以及拉丁语的人道主义运动。"这种狭义人道主义的根本特征，就是人本身的潜能的自我实现："文艺复兴人道主义的伟大人物，如爱拉斯谟、彼科·德拉·米朗多拉、波斯泰尔以及其他许多人，都认为人道主义是这样一个概念：它强调人本身，强调所有的人和强调完全的人，认为人的职责就是充分地施展自己的那些潜力。"③ 总之，正如阿伦·布洛克所说："人文主义的中心主题是人的潜在能力和创造力。"④

这种狭义的人道主义蕴涵着自由主义。因此，自由主义实乃文艺复兴人道主义的应有之义，是文艺复兴人道主义的核心与根本。对于这一点，人道主义思想家培里讲得很清楚："人道主义把人看作值得赞美的对象，而且，作为一种信条，它受到古代知识复兴的启示并在历史上被看作是对中世纪某些流行思潮的反叛。因而使得我们要问，是人的什么东西被认为是值得赞美的并且在希腊和罗马的生活和文学里提供了这种东西的著名的范例和支持这种东西的著名的事例？本书支持这样一种主张，即人所特有的尊严——它使人值得得到这样的荣誉——乃在于他的鉴识

① 圭多·德·拉吉罗：《欧洲自由主义史》，杨军译，吉林人民出版社，2001年，第1页。
② 波普：《开放社会及其敌人》，山西高校联合出版社，1992年，第185页。
③ 罗国杰主编：《人道主义思想论库》，华夏出版社，1993年，第734页。
④ 阿伦·布洛克：《西方人文主义传统》，三联书店，1997年，第45页。

自由的能力。"① 但是，最具说服力的，恐怕还是文艺复兴人道主义大师彼科在《论人的尊严的演说》中所假托上帝的那段名言：

"上帝认定人是本性不定的生物，并赐他一个位居世界中央的位置，又对他说：'亚当，我们既不曾给你固定的居处，亦不曾给你自己独有的形式或特有的功能，为的是让你可以按照自己的愿望、按自己的判断取得你所渴望的住所、形式和功能。其他一切生灵的本性，都被限制和约束在我们规定的法则的范围之内。但是我们交与你一个自由意志，你不为任何限制所约束，可凭自己的自由意志决定你本性的界限。我们把你安置在世界中心，使你从此可以更容易观察世间的一切。我们使你既不属于天堂，又不属于地上，使你既非可朽，亦非不朽，使你好像是自己的塑造者，既有自由选择，又有光荣，能将你自己造成你所喜欢的任何模样。"②

4　自由主义理论基础：自由主义与个人主义

自由主义的理论基础，从上可知，可以归结为人道主义的三个基本命题。第一个命题：人的价值至高无上。这是广义人道主义的基本命题。第二个命题：人的自我实现的价值至高无上。这是狭义人道主义基本命题。第三个命题：人的自由的价值至高无上。这是自由人道主义（亦即自由主义）基本命题。然而，所谓"人"，就其外延来说，当然是指各个人、每个人，是各个人的总和，是每个人的总和：人，说到底，就是各个人，就是每个人。所以，人的价值至高无上，也就是每个人的价值至高无上；人的自我实现的价值至高无上，也就是每个人的价值至高无上；

---

① 沈恒炎、燕宏远主编：《国外学者论人和人道主义》第一辑，社会科学文献出版社，1991年，第188页。
② 周辅成编：《从文艺复兴到十九世纪资产阶级哲学家政治思想家有关人道主义人性论言论选辑》，商务印书馆，1973年，第34页。

人的自由的价值至高无上，也就是每个人的自由的价值至高无上。那么，由此是否可以说，自由主义的理论基础是个人主义？

萨托利力排众议，反对将个人主义视为自由主义的理论基础："我不强调个人主义，不仅因为这个概念时下用得太滥，而且因为个人主义要么不足以表达自由主义的特征，要么会极其偏狭地把自由主义限定为它可能有的许多涵义之一。自由主义无疑相信个体和全人类的价值，并且如所周知，将他们理解为各个个人。但是，即使这种所谓抽象的个人概念被去掉——不管这种个人是'占有性的'还是'社会性'的，是社会的创造者还是被社会所创造——自由主义依然是自由主义。"[①] 确实，自由主义与个人主义没有内在的、必然的联系，自由主义的理论基础绝非个人主义：与其说是个人主义，毋宁说是集体主义，说到底，实为功利主义。

就拿自由主义关于人的自由的价值至高无上的命题来说。每个人的自由当然同样都是至高无上的。然而，遗憾的是，人们的自由往往发生冲突而不可两全。一个人要有深夜引吭高歌的自由，众人就不能有深夜安静睡觉的自由。剥削者要有剥削的自由，被剥削者就不能有不被剥削的自由。在这种情况下，无疑应该遵循功利主义原则：应该牺牲一个人的自由而保全若干人的自由，因为一个人的自由的价值必定小于、低于若干人的自由的价值；应该牺牲少数人的自由而保全多数人的自由，因为少数人的自由的价值必定小于、低于多数人的自由的价值；应该牺牲多数人的自由而保全所有人或每个人的自由，因为多数人的自由的价值必定小于、低于所有人或每个人的自由的价值：所有人或每个人的自由的价值至高无上。

可见，在人们的自由发生冲突而不可两全的情况下，只有所有人或每个人的自由的价值才具有至高无上性，而一个人、少数人甚至多数人

---

① Giovanni Sartori: *The Theory of Democracy Revisited*, Chartham, New Jersey: Chatham House Publisher, Inc., 1987, p. 381.

的自由的价值都并不具有至高无上性。这就蕴涵着：在利益发生冲突不可两全的情况下，只有集体利益具有至高无上性，而一个人、少数人甚至多数人的利益并不具有至高无上性。因为自由无疑是一种利益，属于利益范畴。所有人或每个人的自由，便属于所有人或每个人的利益范畴。问题的关键在于，所谓集体利益，如所周知，也就是所有人或每个人的共同的、根本的利益，属于每个人或所有人的利益范畴。因此，集体利益与每个人或所有人的利益必定完全一致：凡是有利（或有害）集体的，必定有利（或有害）每个人或所有人；凡是有利（或有害）每个人或所有人的，必定有利（或有害）集体。反之，集体利益，就其本性来说，不属于自我利益或少数人利益以及多数人利益范畴。因为集体利益与这些利益既可能一致也可能不一致：有利集体的，却可能有害自我、有害少数人、有害多数人；反之亦然。这样，所有人或每个人的自由的价值至高无上，意味着：所有人或每个人利益的价值至高无上；而所有人或每个人利益的价值至高无上，又意味着：集体利益——集体利益就是所有人或每个人的共同的、根本的利益——的价值至高无上。这不就是集体主义原则吗？

可见，人的自由的价值至高无上，亦即每个人的自由的价值至高无上，意即每个人的利益的价值至高无上，说到底，也就是集体利益的价值至高无上。因此，自由主义的理论基础（人的价值至高无上、人的自我实现的价值至高无上、人的自由的价值至高无上）可以归结为集体主义：集体主义是自由主义的直接理论基础；功利主义则是自由主义的最终理论基础。然而，为何人们大都以为自由主义的理论基础是个人主义呢？这是因为，如所周知，一方面，人们大都以为自由主义的理论基础是个人至高无上（个人价值至高无上、个人自我实现的价值至高无上和个人自由的价值至高无上）；另一方面，人们大都以为个人主义就是认为个人至高无上的理论。合而言之，自由主义的理论基础当然就是个人主义了。

　　但是，这种流行的观点犯有双重错误。一方面，每个人价值至高无上与个人价值至高无上不同，每个人自我实现的价值至高无上与个人自我实现的价值至高无上不同，每个人自由的价值至高无上与个人自由的价值至高无上不同。因为个人与每个人根本不同。个人是相对集体而言的范畴，与集体或社会是对立的，因而固然可以含有每个人和每个自我之意，但是，一般来说，却仅仅是指自我：个人与自我，一般来说，是同一概念。所以，个人与集体或社会的利益既可能一致也可能不一致：有利社会却可能有害个人；有利个人却可能有害社会。反之，每个人或各个人并不是相对集体或社会而言的范畴，恰恰相反，就其本性来说，却属于社会或集体范畴：社会或集体就是每个人或各个人的总和。因此，每个人与社会或集体的利益必定完全一致：凡是有利（或有害）社会的，必定有利（或有害）每个人；凡是有利（或有害）每个人的，必定有利（或有害）社会。因此，个人价值至高无上，意味着集体的价值不具有至高无上性，因而意味着集体主义之否定。反之，每个人的价值至高无上，如上所述，并不否定集体的价值至高无上，相反地，倒蕴涵着集体的价值至高无上，因而蕴涵着集体主义。以为自由主义理论基础是个人主义观点的错误，就在于混淆每个人与个人，从而由自由主义理论基础是每个人价值至高无上之真理，得出错误的结论：自由主义的理论基础是个人价值至高无上，因而集体的价值不具有至高无上性。真可谓差之毫厘而失之千里也！

　　另一方面，即使自由主义的理论基础是个人价值至高无上，也不能由此断言自由主义的理论基础是个人主义。因为如前所述，个人主义是一种道德总原则理论，其真正的或纯粹代表人物颇为罕见，公认的恐怕只有中国古代哲学家杨朱和庄子等道家以及现代西方哲学家尼采、海德格尔、萨特等存在主义论者。这种理论的主要特征，如前所述，可以归结为三个分命题。第一个命题：每个人的一切行为目的都是为了自我，而根本不存在无私利他的行为目的。杨朱曰："身者，所为也；天下者，

所以为也。"① 尼采亦如是说："忘我的行为根本没有。"② 第二个命题：道德
目的只是为了增进自我利益。杨朱曰："道之真以持身。"萨特亦如是说：
"价值，就是自我"。③ 第三个命题：单纯利己是评价行为善恶的道德总原
则。这个总原则被杨朱概括为一句名言："拔一毛而利天下不为也"。萨特
用来显示他所主张的道德总原则的《厌恶》主角洛根丁也是这样的一个
人："我是孤零零地活着，完全孤零零一个人。我永远也不和任何人谈话。
我不收受什么，也不给予什么。"④

因此，个人主义并不是认为个人价值至高无上的理论，而是认为自
我价值至高无上的理论：二者根本不同。因为个人纯粹相对集体而言，
因而不但有"自我"之意，而且还可能有其他的自我、其他的个人之义：
它既可以指自我一个人，也可以指自我之外的其他个人。反之，自我则
相对他人和集体而言，只能指称自己一个人。因此，个人与自我属于上
位概念与下位概念的关系：自我都是个人，个人却不都是自我：个人可
以等于自我加上其他非我的个人。这样，自我价值至高无上，意味着：
他人、社会和集体的价值都不具有至高无上性。反之，个人价值至高无
上则可能意味着：集体和社会的价值不具有至高无上性，而他人与自我
的价值同样都具有至高无上性。这样，个人价值至高无上与自我价值至
高无上便是根本不同的。所以，即使由自由主义的理论基础是认为个人
价值至高无上，断言自由主义的理论基础是个人主义，也是不能成立的：
个人主义并不是认为个人价值至高无上的理论，而只是认为自我价值至
高无上的理论。

认为自由主义的理论基础是个人主义，不仅理论上不通，而且事实
上也是荒唐的。因为在自由主义多如繁星的公认的代表人物中，恐怕找

---

① 《吕氏春秋·贵生》。
② 周辅成编：《西方伦理学名著选辑》下卷，商务印书馆，1987年，第815页。
③ 萨特：《存在与虚无》，陈宣良等译，三联书店，1987年，第798页。
④ 萨特：《厌恶及其他》，郑永慧译，上海译文出版社，1987年，第36页。

不到一个真正具有个人主义思想的思想家。试问，哪一个自由主义者会同意个人主义的那些命题？哪一个自由主义者会认为自我价值至高无上？会认为每个人的一切行为目的都是为了自我，而根本不存在无私利他的行为目的？会认为道德目的只是为了增进自我利益？会同意单纯利己是评价行为善恶的道德总原则？古典自由主义的代表人物，如斯宾诺莎、洛克、弥尔顿、孟德斯鸠、卢梭、潘恩、杰斐逊、汉密尔顿、贡斯当、托克维尔、康德、休谟、柏克、斯密、边沁、穆勒、斯宾塞等，无疑没有一个会同意这些命题。新自由主义的代表人物，如格林、鲍桑葵、布拉德雷、霍布豪斯、杜威等，就更不会同意这些命题了。当代自由主义的代表人物，如哈耶克、弗里德曼、欧克肖特、波普、伯林、罗尔斯、诺齐克、德沃金、布坎南、萨托利等，当然也不会同意这些命题。真的，恐怕再也没有比说康德、布拉德雷、休谟、边沁、穆勒、斯密、斯宾诺莎、斯宾塞是个人主义论者更荒唐更无知更可笑的了：试问，谁见过哪怕只是一个伦理学家说这些人是个人主义论者？

综上可知，自由主义与个人主义，就两者的本性来说，是势不两立的。因为个人主义，就其本性来说，乃是一种认为自我价值至高无上的理论，是一种敌视社会、集体和他人的道德总原则理论，是一种主张出世而隐居或入世而孤独的道德总原则理论，是一种逃离社会和集体的隐士哲学。反之，自由主义，就其本性来说，则是一种国家治理和国家制度价值标准理论，是一种积极入世的理论，是一种爱社会、爱集体和爱他人的人道主义理论，是一种积极建构自由的社会和自由的集体的理论。因此，自由主义，就其本性来说，不可能建立在个人主义的基础上，而只能建立在集体主义的基础上。这恐怕就是为什么找不到一个具有真正的个人主义思想的公认的自由主义代表人物的缘故。

第二十一章　异化：最根本的不人道

本章提要

异化是在不自由情况下，自己做出不属于自己而属于他人——亦即强制者——的行为，是自己做出的异己的、非己的行为，是自己做出的不是自己的行为。因此，异化是实现每个人创造性潜能和国家繁荣进步的根本障碍：每个人越是异化，他受别人意志支配的异己的行为便越多，那么，他便越缺乏个性，他的创造性潜能便越受到压抑而得不到实现，国家便越萧条落后：异化具有最高和最大负价值。因此，消除异化便是一种极其重要的国家制度好坏的价值标准，是由四大标准构成的相当复杂的价值标准体系：

"经济异化消除原则"：经济异化源于权力——政治权力与经济权力——垄断和不均衡；消除原则是实现"抽签选举的普选制民主"、"参与共决经济民主"、"福利国家制度"和"每个人都是股东的全民资本主义"，说到底，是"宪政民主"：宪政民主就是将自由等国家制度价值标准作为宪法指导原则而受其限制的民主。

"政治异化消除原则"：政治异化源于专制等非民主制的政治权力垄断，消除原则是实现普选制民主、协商民主和宪政民主：普选制的协商民主和宪政民主是每个国民享有政治自由而避免政治异化的必要且充分条件。

"社会异化消除原则"：社会异化源于社会之非法治、不民主、无人权和个人之缺乏自我实现的热烈追求，所以其消除原则是：创造法治、民主、人权的社会和培养热烈追求自我实现的个人。

　　"宗教异化消除原则"：宗教异化主要是摆脱现实世界里无法摆脱的经济异化和政治异化以及社会异化的手段。因此，宗教异化消除原则，主要讲来，就是消除经济异化、政治异化和社会异化，说到底，是实现宪政民主。

一　异化概念

　　"异化"（alienation）一词源于拉丁语 Alienatio，意为疏远、脱离、转让、他者化，主要指某者成为他者、某者将自己推诿于他者、某者把自己的东西移让给他者。[①] 从此出发，该词逐渐作为科学术语固定下来而分裂为二：一是作为普通的、一般的科学术语；一是作为特殊的、具体的科学术语，即作为人道主义思想体系的基本概念。

1　异化定义：作为一般科学术语的异化

　　作为普通的、一般的科学术语的异化，也就是事物向他物的变化，就是事物自己向异己物的变化，就是事物自身向异于自身的他物的变化。黑格尔用来构建其哲学体系的"异化"概念就是此意：自然界是绝对精神的自我异化。费尔巴哈揭示基督教本质的核心概念"异化"，也是此意：上帝是人的本质的异化、外化、对象化："上帝的人格性是手段，人借以使他自己的本质之规定及表象成为另一个存在者、一个外在于他的存在者之规定及表象。上帝的人格性，本身不外就是人之被异化了的、被对象化了的人格性。"[②] 马克思也常把异化与对象化、外化、物化并列使

---

① 参阅日本《现代马克思列宁主义事典》"异化"词条。
② 《费尔巴哈哲学著作选集》下卷，王太庆等译，商务印书馆，1984年，第267页。

用而将其理解为事物向与自身对立、差别、非同一的他物之变化：异化"这个范畴又是反思的规定，它可以被理解为对立、差别、非同一等"。[①]

不过，作为这种一般科学术语的异化之典型概念，还是生物学上相对"同化"而言的"异化"。生物学对于这个概念的解释是："新陈代谢是生命的基本特征之一，其一般定义是指生物体内所有化学作用的总和，包括同化作用（或合成代谢）和异化作用（或分解代谢）。生物从外界摄取物质，经过复杂的化学变化而转变为自身的组成物质的吸能过程称为同化作用；生物分解自身的组成物质而释放能量的过程称为异化作用。"[②]这就是说，异化与同化都是变化，只不过同化是他物向自身的变化，而异化则是自身向他物的变化罢了。

可见，作为一般科学术语的"异化"，不过是一种具体的变化概念，完全隶属、依附于变化范畴而不具有独立的科学研究价值，因而也就不能独立作为科学对象而被任何科学专门研究。具有科学研究价值而成为科学专门研究对象的"异化"，乃是作为特殊的、具体的科学术语的"异化"，即作为人道主义思想体系基本概念的"异化"。那么，这种异化的含义是什么？

2　异化定义：作为人道主义基本概念的异化

如果说黑格尔和费尔巴哈著作中的"异化"主要还是指一物向他物的变化，那么，马克思和恩格斯著作中的"异化"则主要是指人的不自由、受奴役、被强制的行为。《1844年经济学哲学手稿》多次如是说："劳动的异化性质明显地表现在，只要肉体的强制或其他强制一停止，人们就会像逃避鼠疫那样逃避劳动。"[③]《资本论》也一再这样写道："工人本

① 《马克思恩格斯全集》第3卷，人民出版社，1971年，第316页。
② 吴浩源主编：《生物小辞典》，科学技术文献出版社，1984年，第287页。
③ 马克思：《1844年经济学哲学手稿》，人民出版社，1985年，第51页。

身不断地把客观财富当作资本，当作同他相异化的统治他和剥削他的权力来生产。"① 特别是，自 1932 年首次发表马克思的《1844 年经济学哲学手稿》，半个世纪以来，国外学术界一直兴而不衰的"异化热"也是这样来理解异化的：

异化主要是"指人的命运不由自身主宰，而受外界力量、他人命运、他人运气或一定制度等的支配时所产生的感受"。② "异化是一种体验方式，在这种体验方式中个人觉得自己是一个外人，或如人们所说的他变得和自己疏远起来。他体验不到自己是自我世界的中心、自己行动的创造者——而他的行动和行动的结果却变成了他的主人，他要服从它们，甚至他要崇拜它们。"③

异化是人的不自由、受奴役、被强制的行为：这就是作为人道主义思想体系基本概念的异化。因为人道主义的根本原则就是自由：自由是人道主义正面的基本概念；那么，异化——不自由、受奴役、被强制的行为——岂不就是人道主义负面的基本概念？不过，能否由此把异化定义为"不自由、受奴役、被强制的行为"呢？否。因为倘若如此，异化岂不就与不自由、受奴役、被强制是同一概念？异化岂不就失去了独立存在的必要？倘若如此，为什么不自由、受奴役、被强制诸概念简单明了，而异化却如此扑朔迷离、众说纷纭？更何况，不自由、受奴役、被强制与异化词源含义相距甚远。那么，异化的定义究竟是什么？让我们再看马克思对异化的分析：

"劳动的异化性质明显地表现在，只要肉体的强制或其他强制一停止，人们就会像逃避鼠疫那样逃避劳动。外在的劳动，人在其中使自己外化的劳动，是一种自我牺牲、自我折磨的劳动。最后，对工人说来，

① 马克思：《资本论》第一卷下，人民出版社，1975 年，第 626 页。
② 《不列颠百科全书》"异化"词条。
③ 弗罗姆语。《国外学者论人和人道主义》第一卷，社会科学文献出版社，1991 年，第 226 页。

劳动的外在性质，就表现在这种劳动不是他自己的，而是别人的；劳动不属于他；他在劳动中也不属于他自己，而是属于别人。在宗教中，人的幻想、人的头脑和人的心灵的自主活动对个人发生作用是不取决于他个人的，也就是说，是作为某种异己的活动、神灵的或魔鬼的活动的，同样，工人的活动也不是他的自主活动。他的活动属于别人，这种活动是他自身的丧失。"①

　　这就是说，所谓异化劳动，乃是这样一种劳动，这种劳动是劳动者在被强制的条件下做出的，因而便具有这样的特点：它虽是劳动者做出的却并不属于劳动者而属于强制者，是劳动者做出的不属于自己的、不是自己的、异于自己的、异己的劳动——"自己做出不属于自己"的劳动，是异化劳动区别于非异化劳动的根本特点；而"强制"则是产生这种异化劳动的原因。

　　因此，被强制、受奴役、不自由并非异化，而是异化发生的原因；异化则是自己做出的不属于自己的、不是自己的行为，是自己做出的异己行为。试想，一个人为什么会自己做出不属于自己的行为而异化？岂不就是因为有外在强制而不自由、受奴役，因而不能按照自己的意志、却只能按照他人的意志行事？举例说：

　　抗战期间，日本兵持枪命令一中国老人当众奸污自己的儿媳，否则统统枪毙。老人只好照办。老人的这种行为是被强制、不自由的，因而它固然是老人自己做的，却不是受自己意志支配的属于自己的行为，而是受日本兵意志支配的属于日本兵的行为，是老人自己做出的不属于自己的、不是自己的异己行为，说到底，是老人的异化。

　　可见，不自由、受奴役、被强制是异化发生的原因；异化则是在不自由受奴役被强制的情况下，自己做出不属于自己而属于他人——亦即强制者——的行为，是自己做出的异己的、非己的行为，是自己做出的

————————

① 马克思：《1844年经济学哲学手稿》，人民出版社，1985年，第51页。

不是自己的行为：就行为者是自己来说，该行为是自己做出的；就行为意志不是自己的来说，该行为又不是自己的，而是非己的、异己的行为。这就是作为人道主义基本概念的异化之定义。

这样一来，作为人道主义基本概念的异化，也是指一种事物（约翰的行为）向异于自身的他物（彼得的行为）的变化（是约翰做出不属于自己而属于彼得的行为），因而属于作为一般科学术语的异化概念（事物向异于自身的他物的变化）范畴。只不过，作为一般科学术语的异化，其异化者是任何事物，是任何事物的变化：异化是一物向异于自身的他物的变化；而作为人道主义基本概念的异化，其异化者则只能是人，是人的行为：异化是自己做出不属于自己而属于他人的行为。

因此，作为人道主义基本概念的异化，乃是作为一般科学术语的异化在人的行为方面的具体推演，说到底，都是异化词源含义（疏远、脱离、转让、他者化）的具体引申。对此，美国《哲学百科全书》说得很清楚："异化这个术语在日常生活、科学和哲学中具有多种不同涵义。其中大部分涵义都可以看成是由词义学和语源学所提出来的一种广泛涵义的修正；就此种涵义来说，异化就是一种活动或活动结果，某物或某人由于这种活动结果变得同某物或某人疏远了。"

3　异化类型：异化的流行定义

国内外学术界所研究的"异化"，如所周知，都是作为人道主义基本概念的"异化"，而不是作为一般科学术语的"异化"。他们对于这种异化所下的定义，虽然形形色色、五花八门，但根本说来却完全一致，都认为异化是自己的活动及其产物成为统治、支配、奴役自己的异己力量的变化过程。沙夫讲得最有代表性：

"所谓异化就是指能动的人同自己活动的产物之间的一种社会关系，在这一关系中，这种社会化了的、对象化了的并被纳入到一定社会体制中的产物不仅独立地（即不顾创造者的意志）起作用，而且在一定条件下，同创造者的意志和愿望相对立，甚至威胁创造者的利益和存在。"①

苏联《哲学百科全书》也写道："异化是反映人的活动及其结果客观地转化为统治人本身且与人敌对的独立力量的哲学社会学范畴，以及与此相联系，人由社会过程的积极主体变为客体。"② 我国学者亦如是说："异化就是人本身的活动变成一种独立于人的异己的力量，如宗教、权力、资本等，并且这种力量反过来剥夺了人的自由，使人从属于它，变为它的工具。"③

这就是异化的流行定义。然而，该定义是不能成立的。因为，一方面，该定义所界说的并不是异化概念；而是奴役概念，更确切说，是被奴役的一种类型。因为被奴役无非两种：一种是被自己的活动及其结果所奴役，如工人被自己所创造的资本奴役；另一种则是被自己的活动及其结果之外的力量所奴役，如国民被专制者所奴役。异化的流行定义所描述的，正是人被自己的活动及其结果所奴役的类型。殊不知，奴役并不是异化，而是异化原因：异化乃是由于被奴役而做出的不属于自己——而属于奴役者——的行为。

另一方面，异化的流行定义是片面的。因为按照这个定义，只有被自己的活动及其产物奴役的行为才是异化；而被他人的活动及其产物所奴役的行为就不是异化了。这种片面性，从高尔太对异化的解释可以看得十分清楚：

"异化是人的自由的丧失，但并非一切自由的丧失都是异化。战争、监狱和酷刑并不能把人变成非人，它们至多只能杀死人、虐待人，但它们所杀死所虐待的仍然是人。这不是异化。异化必须是人自己造成的对自己的否定。这种否定的力量不来自外间世界，而来自必然地颠倒了主

---

① 《国外学者论人和人道主义》第三卷，社会科学文献出版社，1991年，第276页。
② 《国外学者论人和人道主义》第二卷，社会科学文献出版社，1991年，第739页。
③ 人民出版社编辑部主编：《人是马克思主义的出发点》，人民出版社，1981年，第164页。

客体关系的物结构。……主体由于自己的活动而转化为自己的对立物，这才是异化。"①

照此说来，工人被资本家奴役的行为是不是异化，就要看奴役他们的资本是怎么来的：如果是工人自己创造的，就是异化；如果不是工人自己创造的，比方说，是资本家自己积攒的，那就不是异化了。这说得通吗？

其实恰好相反，被奴役的行为之所以是异化，恰恰因为奴役者不是自己而是他人。因为被奴役并非异化，而是异化的原因：只有在被奴役的情况下所做出的行为才是异化。为什么？只是因为，在被奴役的情况下，一个人所做出的行为不属于自己而属于奴役者：异化是自己做出的不属于自己的行为。不言而喻，只有奴役者是他人，被奴役的行为才是自己做出的不属于自己——而属于奴役者——的行为，才是异化；如果奴役者是自己，那么，被奴役的行为就是自己做出的属于自己的行为，就不是异化了。试想，一个守财奴，他被谁奴役呢，被他自己，被他自己积攒金钱的渴望所奴役。这样，他这种被奴役的行为就是自己做出的属于自己的行为，就不是异化了。

然而，这是否意味着，"被自己的活动及其产物奴役的行为"绝不是异化？否。"被自己的活动及其产物奴役的行为"可以是异化，但必须在"自己的活动及其产物"已成为独立于自己、因而不属于自己——而属于他人或他物等外在力量——的前提下。举例说：

资本是工人创造的，是工人剩余劳动的产物。工人被资本奴役而发生劳动异化，完全是以"资本独立于自己、不属于自己而属于资本家"为前提的。只有在资本属于资本家的前提下，工人被资本家奴役而进行的劳动，才是"自己做出的不属于自己而属于资本家"的异化劳动。反之，如果资本属于工人，那么工人被自己的资本所奴役而进行的劳动，

---

① 人民出版社编辑部主编：《人是马克思主义的出发点》，人民出版社，1981年，第165页。

便如同"守财奴"、"钱奴"、"房奴"、"车奴"们的劳动一样，是"自己做出的属于自己的劳动"，便不是异化劳动了。

可见，异化不能发生于被自己奴役，而只能发生于被外在力量（他人或属于他人的资本等物）所奴役。只不过，这奴役自己的外在力量，既可能是自己活动的结果，如奴役工人的资本；也可能不是自己活动结果，如侵华日军。因此，相应地，异化也就分为两类：一类是被自己活动及其结果所奴役的异化，如工人的异化劳动；另一类则是被自己的活动及其结果之外的力量所奴役的异化，如老人被日本兵逼迫奸污儿媳。流行的异化定义只承认前者而不承认后者为异化，因而犯了以偏概全的错误。"被自己活动的产物所奴役的异化"与"被自己活动的产物之外的力量所奴役的异化"，虽然是异化的一种分类；但其意义并不在于划分异化，而在于定义异化。那么，对于划分异化具有重要意义的异化分类是怎样的？

4　异化类型：被迫异化、自愿异化与不觉异化

异化依其原因"不自由"的性质而分为三类：被迫异化、自愿异化、不觉异化。被迫异化源于"被迫的、纯粹的不自由"；这种不自由是无奈的、不自愿的、无可逃避的。例如，老人在日本兵刺刀下奸污儿媳、犯人在管教看管下劳动、孩童为父母强迫读书等，都是行为者在一种无奈的、不自愿的、无可逃避的不自由情况下所进行的异己的、异化的行为，都是源于被迫的、纯粹的不自由之异化，因而便都叫作"被迫异化"：被迫异化是被迫放弃自己意志而遵从他人意志的异化。

自愿异化则是自愿放弃自己意志而遵从他人意志的异化。这种异化源于"自愿不自由"。所谓自愿不自由，也就是可以逃避却不逃避的不自由，是自愿承受乃至主动争取的不自由。例如，工人为了工资，自愿违己而屈从资本家的意志，在资本家看管下劳动；人们为了自己的前途，

自愿违己而屈从领导的意志，按领导意志行事；妓女为了金钱自愿违己而屈从嫖客的意志，任嫖客摆布等；都是行为者在一种可以逃避却不逃避的不自由的情况下，自愿进行的异己的、异化的行为，因而便都叫作自愿异化。所以，自愿异化，说到底，正如马克思所言，乃是一种把不自由、受奴役、被强制当作手段而发生的异化："异化劳动把自主活动、自由活动贬低为手段。"①

然而，人们往往以为，"自愿的不自由"是个悖论：自愿的、自己同意的不自由便不再是不自由；自愿的、自己同意的被奴役便不再是被奴役。对于这种观点，伯林曾有极为俏皮机智而又十分令人信服的反驳：

"众人一致同意牺牲自由，这个事实，也不会因为它是众人所一致同意的，便奇迹般地把自由保存了下来。如果我同意被压迫，或以超然及嘲讽的态度，来默许我的处境，我是不是因此就算是被压迫得少一点？如果我自卖为奴，我是不是就不算是个奴隶？如果我自杀了，我是不是不算真正的死了，因为我是自动结束我的生命？"②

自愿不自由不仅仍然是不自由，而且比不自愿的不自由离自由更远。因为人们的不自由、受奴役若是不自愿的，便会竭力争得自由，因而总会得到自由；若是自愿的，岂不就放弃了自由而永无自由之日？所以，麦克法伦说："知道枷锁何在，乃是迈向自由的第一步，一个人如果忽视这个枷锁，或喜欢这个枷锁，那他就永远不会有自由的一天了。"③ 因此，就异化的感受来说，自愿不自由、自愿异化的痛苦固然轻于被迫不自由、被迫异化；但若就异化的程度来说，前者却深于后者。

"不觉异化"也就是所谓的自我遗忘、自我丧失、自我沉沦，是丧失了自己意志而把他人意志当作自己意志的异化。这种异化源于"不觉不

---

① 马克思：《1844年经济学哲学手稿》，中共中央马克思恩格斯列宁斯大林著作编译局，人民出版社，1985年，第54页。

② Isaiah Berlin: *Four Essays on Liberty*, New York: Oxford University Press, 1969, p. xxxix.

③ Ibid.

自由"。不觉不自由与自愿不自由不同。自愿不自由者只是压抑、放弃自己意志而尚有自己意志，因而还感到不自由；于是虽放弃了自由而仍可能争得自由、摆脱异化。反之，不觉不自由者则已经丧失了、没有了自己意志，而把他人意志当作自己意志，因而也就不觉得不自由，于是自己也就根本不可能争得自由、摆脱异化了：不觉异化是最深重的异化，是异化之极，是完全异化。不妨拿我国的那句老话"外圆内方"来说：

　　一个人如果外圆内方，行为不得不遵照他人意志而心里自有主张，那么，他就仍有自我意志，他便是自愿不自由，他的行为便是自愿异化。反之，他若丧失了自我意志而内外皆圆、个性泯灭、随波逐流、乐在其中，那么，他便达到了不觉不自由的境界，他的行为便是不觉异化、完全异化了。

　　自愿的异化和不自由之痛苦，虽然小于被迫的异化和不自由之痛苦，但毕竟有异化和不自由之感，因而仍感受到痛苦。反之，不觉异化和不觉不自由则已完全丧失异化和不自由之感，因而也就丝毫感受不到痛苦了。所以，异化的程度与其感受成反比：异化程度越轻，便越痛苦；异化程度越重，便越不痛苦；完全异化，则毫无痛苦——被迫异化痛苦最甚，是初级的、初始的异化；自愿异化痛苦较轻，是中级的、局部的异化；不觉异化毫无痛苦，是高级的、完全的异化。这好有一比：被迫异化是急性疾患，自愿异化是慢性疾患，不觉异化则是不治之疾患也。

二　异化价值

1　异化的正道德价值

　　从异化概念出发，便不难看出：异化究竟是应该的、善的、好的和具有正价值的，还是不应该的、恶的、坏的和具有负价值的？这首先取决于被异化者意志的道德价值。如果被异化者是坏人，他要干的事是坏事，也就是说，它的意志有害于人而具有负价值，那么，使他放弃自己意志而屈从他人有利于人的意志而发生的异化行为，显然具有正价值。简言之，剥夺坏人做坏事的自由而使其异化是应该的。举例说，强制罪犯劳动改造，使其做出不受自己损人意志支配、而受他人利人意志支配的异己的、异化的行为，无疑具有正道德价值，是道德的、应该的。反之，给罪犯以损人自由从而消除其异化，则具有负道德价值，是不应该、不道德的。

然而，如果被异化者是好人，他自己的意志无害于人，那么，使其行为发生异化，是否仍可能具有正价值？是的，这种异化仍可能具有正价值。因为我们常常看到，成年人往往无法说服而只好强迫儿童放弃其不理智的意志、屈从成人意志。我们也常常看到有识者、优秀者有时无法说服而只好强制无知者、愚蠢者放弃其错误的意志、屈从正确意志。儿童、无知者、愚蠢者们的这些异化行为不论对自己还是对社会无疑都有很大好处，因而具有很大的正价值。

2　异化的负道德价值

异化的好处和价值无论如何巨大，也都只可能是暂时的、局部的、非根本的；根本地、长久地、全局地看，异化只能具有负价值。因为异化是自己因受奴役、不自由而做出的不受自己意志支配而受他人意志支配的异己的、非己的行为。所以，一目了然，异化乃是自我实现的根本障碍，二者成负相关变化：一个人越是异化，他受他人意志支配的异己的、非己的行为便越多，那么，他便越缺乏个性，他的创造性潜能便得不到发挥，他的自我实现程度便越低；一个人越不异化，他的受他人意志支配的异己行为便越少，那么，他便越具个性，他的创造性潜能便越能得到发挥，他的自我实现程度便越高。所以卢卡奇说："异化首先意味着对于形成完整的人的一种障碍。"[1] 异化是"阻碍人成为真正的人、真正的个性的诸多最大障碍当中的一个障碍"。[2] 异化是自我实现的根本障碍，便使异化对于国家和国民具有最高和最大负价值。这可以从两方面看：

一方面，自我实现所满足的乃是每个人的最高需要。现代心理学——特别是马斯洛心理学——的成果表明：人有五种基本需要，按照从低级到高级的顺序，依次是：生理需要、安全需要、爱的需要、自尊需要、自我实现需要。异化所阻碍满足的既然是每个人的最高需要，因而对于每个人也就具有最高负价值，是每个人的最高不幸：最高负价值岂不就是阻碍满足最高需要的负价值？最高不幸岂不就是最高需要得不到实现的不幸？

另一方面，自我实现能够最大限度地满足全社会和每个人的一切需要。因为任何社会的财富，不论是物质财富还是精神财富，统统不过是人的活动的产物，不过是人的能力之发挥、创造性潜能之实现的结果。所以，自我实现越充分、人的创造性潜能实现得越多，社会的物质财富和精神财富便越丰富，社会便越繁荣进步，而每个人的需要也就会越加充分地得到满足。反之，自我实现越不充分、人的潜能实现得越少，社会的物质财富和精神财富便越贫乏，社会便越萧条退步，而每个人的需要的满足也就越不充分。所以，自我实现乃是一切财富的源泉，是最根本、最重要、最伟大的财富，因而也就能够最大限度地满足全社会和每个人的需要，从而具有最大价值。这样，作为自我实现根本障碍的异化，岂不就是对全社会和每个人利益的最大损害？岂不就是全社会和每个人的最大不幸？岂不就具有最大负价值？

---

[1] 卢卡奇：《关于社会存在的本体论》下卷，白锡堃、张西平、张秋零等译，重庆出版社，1993年，第644页。

[2] 同上书，第676页。

异化对于国家和国民具有最高和最大的双重负价值意味着：对于整个国家和每个国民，异化的正价值只可能是暂时的、局部的、非根本的；而负价值则必定是长远的、全局的、根本的。于是，消除异化便是国家制度和国家治理极其重要的价值标准。那么，这一标准在国家制度价值标准体系中究竟占何位置？

我们对于人道和自由的研究表明，"使人自我实现"是人道总原则；自由则因其为自我实现根本条件而是最根本的人道："使人自由"是人道根本原则。准此观之，一方面，异化便因其为自我实现的根本障碍而是最根本的不人道；另一方面，"消除异化"则与"使人自由"相当，因而也是人道根本原则：使人自由是人道正根本原则，是国家制度好坏正面最高价值标准；消除异化则是人道负根本原则，是国家制度好坏的负面最高价值标准。

可是，究竟怎样才能消除异化？不自由、受奴役、被强制是异化发生的原因：异化无非是在不自由、受奴役、被强制的情况下，自己做出不属于自己的异己行为。因此，废除奴役、强制、不自由，便是消除异化的基本原则。然而，究竟应该怎样废除不自由、受奴役、被强制从而消除其异化呢？这是个极其复杂的问题。要解决这个难题，首先要具体地看该异化究竟是何种异化：是世俗异化还是宗教异化？是经济异化，还是政治异化抑或是社会异化？

三　经济异化

1　经济异化概念：创造不属于自己的物质财富的劳动

何谓经济异化？一方面，所谓经济，众所周知，也就是人们关于物质财富的生产、交换、分配、消费，也就是人们创获物质财富的活动总和。所以，经济异化或异化经济必定是一种关于物质财富的异化行为。另一方面，所谓异化，如前所述，乃是自己做出的不属于自己的行为。于是，合而言之，可以得出结论说：所谓经济异化或异化经济，也就是自己做出不属于自己的关于物质财富的行为，也就是自己创造不属于自己的物质财富的劳动，也就是创造不属于自己而属于异于自己的他人的物质财富的劳动，也就是创造异己物质财富的劳动：经济异化、异化经济、劳动异化、异化劳动四者是同一概念。

马克思正是这样来界定经济异化的："生产力，一般财富，知识等的创造，表现为从事劳动的个人本身的异化，他不是把他自己创造出来的东西当作他自己的财富的条件，而是当作他人财富和自己贫困的条件。"[①] 所以，经济异化之为经济异化，就在于把物质财富的创造者和享有者分离开来：创造者并非享有者；享有者并非创造者。于是经济异化的基本表现便是：自己创造的物质财富越多，反倒越贫穷：创造与享有成反比。因此，马克思一再说：

"工人在他的对象中的异化表现在：工人生产得越多，他能够消费的越少；他创造价值越多，他自己越没有价值、越低贱。"[②] "工人生产的财富越多，他的产品的力量和数量越大，他就越贫穷。"[③] "劳动为富人生产了奇迹般的东西，但是为工人生产了赤贫。劳动创造了宫殿，但是给工人创造了贫民窟。"[④]

可见，经济异化属于劳动范畴，其种差（根本性质）便是自己劳动创造的财富被他人占有，亦即所谓的"被剥削"："被剥削"与"经济异化"实为同一概念。因此，经济异化便与其他异化一样，也起因于强制，

---

① 《马克思恩格斯列宁斯大林论人性、异化、人道主义》，清华大学出版社，1983年，第224页。

② 马克思：《1844年经济学哲学手稿》，人民出版社，1985年，第49页。

③ 同上书，第47页。

④ 同上书，第50页。

是一种被强制的行为。所以，马克思说：异化"劳动不是自愿的劳动，而是被强制的劳动。……劳动的异化性质明显地表现在，只要肉体的强制或其他强制一停止，人们就会像逃避鼠疫那样逃避劳动。"[①] 那么，产生经济异化的强制究竟是什么？换言之，经济异化、剥削的根源是什么？

2 经济异化根源：经济权力垄断与政治权力垄断

原来，权力——经济权力与政治权力——垄断及不均衡是压迫、剥削和异化的根源；经济异化或剥削的根本原因，乃在于权力垄断及不均衡：权力垄断和权力过大群体，势必依靠权力等强制手段，无偿占有无权或权力过小群体所创造的剩余价值，使其进行创造不属于自己的财富的异化劳动。

经济权力垄断可以分为两大类型：产品市场的卖方垄断与劳动市场的买方垄断。这两种垄断之所以是剥削、经济异化的根源，正如萨缪尔森所言，乃是因为垄断——不论是产品市场的卖方垄断还是劳动市场的买方垄断——意味着垄断者在一定程度上控制价格，因而势必导致价格与价值的背离，导致不等价交换：不等价交换是垄断价格规律，正如等价交换是自由竞争的价格规律一样。只不过，产品市场的卖方垄断因其是卖方垄断，所导致的价格与价值的背离，当然是价格高于价值或边际成本：

"垄断的最大祸害并不是它榨取垄断利润，而是它规定的垄断价格远远高于社会按照边际成本所决定的价格……垄断的真正祸害是人为造成的P与MC的背离。"[②] "垄断所导致的P与MC的脱离意味着对劳动的'剥削'……工会在垄断企业中提高工资的行动并不能消除这种剥削。受到

① 马克思：《1844年经济学哲学手稿》，人民出版社，1985年，第51页。
② 萨缪尔森：《经济学》中册，萧琛译，商务印书馆，1986年，第192—193页。

剥削的是整个社会，改变这种状况是反托拉斯政策的一个任务。"[1]

　　劳动市场的买方垄断因其是买方垄断，所导致价格与价值的背离，则显然是价格低于价值，亦即劳动价格或工资低于劳动价值，低于劳动的边际产品。工资低于劳动价值或劳动的边际产品的差额，无疑是劳动者所创造的被资本家和地主无偿占有的剩余价值，因而也就是资本家和地主对劳动者的剥削。罗宾逊界说剥削时便这样写道："所谓剥削通常是指工资小于劳动的边际物质产品按其售价所估计的价值。"[2] 因此，地主和资本家对劳动者的剥削——亦即工资低于劳动价值或劳动的边际产品的差额——正如萨缪尔森所言，乃是劳动市场买方垄断的必然结果："剥削来源于雇主在购买劳动时的垄断力量（即所谓'买方垄断'）。"[3]

　　可见，剥削源于经济权力垄断，亦即源于劳动市场的买方垄断与产品市场的卖方垄断。因此，罗默说："在资本主义制度下，任何商品都受到剥削，而不仅仅是劳动力。"[4] 那么，剥削的主要根源是否可以归结为产品市场的卖方垄断与劳动市场的买方垄断？萨缪尔森的回答是肯定的。[5]

　　殊不知，剥削源于权力垄断，因而势必与所垄断的权力的高低大小强弱成正比：权力越高越强越大，剥削便越深重；权力越低越弱越小，剥削便越轻浅。一个国家或社会的最高权力无疑属于政治权力范畴，因而政治权力统治和支配经济权力，高于大于重于经济权力，是最高最大最强的权力。因此，如果经济权力垄断必定导致剥削，那么，政治权力垄断就必定导致更加深重的剥削。对此，马拥军已有所见："没有公民社会，没有民主，政治权力被部分人所垄断，是政治剥削延续的社会基础。"[6]

---

① 萨缪尔森：《经济学》中册，萧琛译，商务印书馆，1986年，第171页。
② 罗宾逊：《不完全竞争经济学》，商务印书馆，1961年，第235页。
③ 萨缪尔森：《经济学》中册，萧琛译，商务印书馆，1986年，第232页脚注。
④ John E. Roemer: *Free to Lose*, Cambridge, Massachusetts: Harvard University Press, 1988, p. 106.
⑤ 萨缪尔森：《经济学》中册，萧琛译，商务印书馆，1986年，第232—233页。
⑥ 马拥军："论剥削的历史形式"，《福建省社会学2006年年会论文集》，第352页，中国期刊网期刊全文数据库。

那么，政治权力垄断的剥削方式是什么？马拥军答曰："政治剥削集中表现为特权，即对公共资源的垄断。享有特权的个人借对公共资源的垄断无偿占有其他个人的劳动成果。"[①]诚哉斯言！但是，对公共资源的控制——亦即控制税收和国有资源、公共资源——仅仅是政治权力垄断的剥削方式之一方面；另一方面，则是政府对市场经济的管制：政府管制乃是政治权力垄断群体压迫和剥削没有政治权力群体的最根本的手段。

诚然，不论任何国家，政治权力都控制税收和国有资源、公共资源。但是，政治权力对税收和国有资源、公共资源的控制未必导致剥削。因为实行普选民主制的国家，每个人完全平等地执掌最高权力，从而每个人也就完全平等地控制税收和国有资源、公共资源。每个人都完全平等地控制税收和国有资源、公共资源，显然不会导致剥削。反之，实行专制等非民主制的国家，一部分人垄断了最高权力和政治权力，另一部分人则没有政治权力，因而分为两大群体：垄断政治权力的群体和没有政治权力的群体。这样一来，便只有政治权力垄断群体才能控制税收和国有资源、公共资源，因而势必通过控制税收和国有资源、公共资源而无偿占有没有政治权力的群体的利益：控制税收和国有资源、公共资源是政治权力垄断的主要剥削方式。

因此，赖特说："国家官僚精英占有剩余的能力建立在他们对社会生产性资源的有效控制的基础上。"[②]马拥军进而指出，这种政治权力垄断的剥削方式，西方也曾普遍存在，但在中国却是笼罩一切的剥削形式："凡是有集体存在的地方，就有政治剥削存在的可能，但只有在等级制集体中政治剥削才被制度化。在民主制集体中如果权力被滥用，它随时会被指出，乃至被纠正。古希腊和古罗马都有平民政治，罗马甚至设立了保民官。与此不同，中国古代的等级制却以集体之名，维护、甚至美化上

---

① 马拥军："论剥削的历史形式"，《福建省社会学 2006 年年会论文集》，第 352 页，中国期刊网期刊全文数据库。

② 赖特：《后工业社会中的阶级》，辽宁教育出版社，2004 年，第 36 页。

级对下级的统治，从而导致了'瞒'和'骗'的政治。中国古代社会始终存在官与民的区分。因此，在西方，政治剥削虽然也曾普遍存在，但始终有与它对抗的资源，在中国，政治剥削却被不断完善和深化，成为笼罩一切的剥削形式。"[1]

可见，剥削、经济异化可以分为两类：一类是权力垄断集团依靠经济权力垄断——主要是生产资料垄断——而无偿占有没有经济权力或生产资料群体剩余价值的行为；另一类是政治权力垄断集团依靠政治权力垄断——亦即最高权力和政治职务垄断——而无偿占有没有政治权力或政治职务群体剩余价值的行为。因此，流行的所谓马克思主义剥削概念——剥削是生产资料垄断群体依靠生产资料垄断而无偿地攫取没有生产资料群体劳动成果的行为——仅仅是剥削或经济异化的一个具体种类：经济权力垄断类型的剥削或经济异化。殊不知，剥削或经济异化还有另一种根本不同的类型：政治权力垄断的剥削或经济异化。

3 经济异化根源：权力不均衡

然而，全面言之，经济异化或剥削的根源并非仅仅是权力垄断，而是权力垄断与权力不均衡。这可以从两方面看。一方面，只有阶级剥削与阶级压迫才源于权力垄断：阶级剥削与阶级压迫是权力垄断集团对于无权集团的剥削与压迫。另一方面，任何权力不均衡——权力垄断是极端的权力不均衡——都势必导致剥削与压迫。只不过，权力垄断导致阶级剥削与压迫；而非权力垄断的权力不均衡导致非阶级剥削与压迫罢了。

因为权力是具有合法性——亦即社会成员普遍同意——的使人服从

---

[1]　马拥军："论剥削的历史形式"，《福建省社会学 2006 年年会论文集》，第 352 页，中国期刊网期刊全文数据库。

的强制力量。这样一来，不必出现权力垄断，不必一些人垄断权力，另一些人毫无权力；而只要一些人权力过大，另一些人权力过小而无法与之抗衡，亦即出现权力不均衡，那么，权力过大者势必剥削与压迫权力过小者：

> "人们天生野心很大，他们的权欲永远不能满足。如果一个阶层的人在追求自己的利益时能够掠夺其他一切阶层，他们肯定会这么干，并使自己尽可能地专断一切，不受制约。"①

这种权力不均衡——而不是权力垄断——所导致的剥削与压迫，如休谟所言，可以称之为"阶层剥削与阶层压迫"。欧美自 20 世纪初实行普选制民主以来，存在的剥削与压迫就属于阶层剥削压迫——而不属于阶级剥削压迫——范畴。因为，一方面，欧美资本主义国家实行普选制民主，每个人都完全平等地执掌国家最高权力，因而消除了政治权力垄断。另一方面，普选制民主使国家最高权力完全平等归每个人所有，说到底——按照多数裁定原则——归人民所有；而由人民选举的代表——政府官吏——行使：国家及其政府的政治权力和生产资料、经济权力皆归人民所有而由政府官吏行使。

这样一来，普选制民主不仅消除了政治权力垄断，而且消除了生产资料和经济权力垄断。更何况，欧美资本主义国家自普选制民主以来，特别是二战结束以来，职工持股制的普遍盛行、大力发行"人民股票"的股份制、"参与共决经济民主制度"、"合作社所有制"和"福利国家制度"，不但每个国民都拥有经济权力，而且逐渐使绝大多数人成为资本私有者。就连欧美贫富两极分化最严重的国家，如美国，持有股票者约占总人口的比例，1982 年是 60%，目前是 70%。

因此，欧美资本主义国家自实行普选制民主以来，消除了权力——政治权力与经济权力——垄断，从而消除了阶级、阶级剥削和阶级压迫。

---

① 刘军宁编：《民主二十讲》，中国青年出版社，2008 年，第 41 页。

但是，欧美资本主义国家至今没有消除阶层剥削与阶层压迫。特别是，跨国公司和全球资本主义的发展，使资本家阶层与工人阶层、人民大众的经济权力越来越不均衡，以致就资本家阶层对工人阶层的剥削与压迫程度来说，20世纪70年代以后的全球资本主义时代，远重于20世纪70年代以前的垄断资本主义时代。

因为一方面，跨国公司营业额和利润大幅度增长："全球500家最大的公司企业1995年营业额增长11%，他们的增长速度超过世界经济增长速度四倍，在利润方面，这些跨国公司增加得更多，1995年几乎达到15%，在这以前的一年甚至达到62%。"[①] 相反地，另一方面，各国工人和人民大众的实际工资不但没有相应地增长却呈长期下降趋势：

"在新自由主义时代，各国的实际工资增长率呈现出长期下降趋势。实际工资和劳动生产率增长之间的差距迅速扩大。1979—1995年间，美国工资最低的40%劳动力的实际工资，其平均年增长率下降了12%；工资最低的60%劳动力都实际工资，则下降了9.8%。易言之，在这16年结束时，美国工资最低的60%劳动力的平均实际工资比开始年份下降了10%。由图10-4还可以看到，美国生产性工人的实际工资在1972年达到了战后峰值，此后到1995年一直处于下降之中，迄今也未恢复到峰值的水平。相形之下，首席执行官的收入在1982年是普通工人工资的42倍，到2005年则飙升至411倍。"[②]

然而，权力不均衡是压迫、剥削、经济异化的根源，因而压迫、剥削、经济异化的程度与权力不均衡的程度成正比：权力垄断所导致的阶级剥削与阶级压迫，无疑远远重于仅仅权力不均衡所导致的阶层剥削与阶层压迫。因此，20世纪70年代以后的全球资本主义时代，资本家阶层对工人阶层的剥削与压迫程度，虽然远重于20世纪70年代以前的垄断

---

① 张世鹏等编译：《全球化时代的资本主义》，中央编译出版社，1998年，第79页。
② 高峰等：《当代资本主义经济研究》，中国人民大学出版社，2012年，第365—366页。

资本主义时代，却远轻于 18、19 世纪自由竞争资本主义时代资产阶级对无产阶级的阶级剥削与阶级压迫。

18、19 世纪自由竞争资本主义时代，资产阶级对无产阶级的阶级剥削与压迫是这样深重——以致连极力为资本主义辩护的《资本家宣言》的作者凯尔索·阿德勒都承认——不但引起"马克思恩格斯以及一般的社会主义者"的批评，而且为"教皇利奥十三世和庇护十一世以及各种各样的社会哲学家和改革家"所批评："所有这些人批评的，是在英国和美国这两个世界上工业最发达的国家存在过的十九世纪资本主义。没有一个人会怀疑十九世纪资本主义是不公正的。"[①]

4 消除经济异化的国家制度

那么，是否只要消除了权力垄断和权力不均衡，就消除了阶级和阶层的压迫、剥削、经济异化？答案是肯定的。消除权力垄断和权力不均衡的国家制度，似乎毫无疑义，乃是生产资料公有制。因为唯有生产资料公有制，每个人才能够完全平等地拥有生产资料及其经济权力，从而消除生产资料、经济权力的不均衡及其必然导致的压迫、剥削、经济异化。其实不然。因为，如前所述，"爱有差等"之人性定律意味着：

不论任何社会的任何人，不论他的品德多么高尚，他都必定恒久为自己，而只能偶尔为他人。否则，他就背离了"爱有差等"之人性定律，他就不是人了。

这样一来，在生产力还不够发达的历史条件下，不论在任何社会，便唯有私有制才有效率；而公有制则必定无效率。因为在私有制社会，私有者所运用的资产为自己所有，其亏损或收益完全由自己承担：造成亏损，自己完全负担亏损；创造利润，自己完全占有利润。这无疑会激

---

① 凯尔索·阿德勒：《资本家宣言》，上海人民出版社，1963 年，第 3 页。

励人们——每个人都必定恒久为自己而只能偶尔为他人——以最小的成本去取得最大的利润。因此，私有制经济是有效率的经济。

反之，公有制则不具备这种效率机制。因为在公有制中，每个人所使用的资产均不属于自己所有，他们既不负担自己造成的亏损，也不会因自己提高了效率而获得相应的收益——他们提高效率所获收益要由许多人分享，因而自己所能得到的也就微乎其微了。一句话，造成亏损自己不负担亏损；创造利润自己不占有利润。这样，公有制经济在任何社会——任何社会每个人必定恒久为自己而只能偶尔为他人——便都注定是低效率经济。

在生产力还不够发达的历史条件下，不论任何社会，公有制都必定低效率，因而也就违背"增进每个人利益总量"国家制度终极价值标准，是恶劣的国家制度；唯有私有制才有效率，因而也就唯有私有制符合"增进每个人利益总量"国家制度终极价值标准，才是优良国家制度。不但此也！在生产力还不够发达的历史条件下，废除私有制而代之以公有制还违背正义与自由等国家制度价值标准。

因为生产资料和资本私有制本身，正如生活资料和财富私有制一样，并不是压迫、剥削、经济异化的根源；只有造成生产资料或资本的垄断和不均衡的私有制才是压迫、剥削、经济异化的根源。今日欧美资本主义国家的合作社仍然是生产资料和资本私有制，却实现了资本和经济权力社员平等所有，消除了权力的垄断和不均衡，从而也消除压迫、剥削、经济异化和贫富两极分化。因此，应该消除的，仅仅是生产资料和资本的垄断及不均衡；而绝不是生产资料和资本的私有制。

准此观之，一个人拥有生产资料和资本，如果他并不剥削与压迫他人，如今日欧美国家持有股份而成为资本所有者的人民大众，他们所拥有的生产资料和资本，与他们的其他私有财产一样，是神圣不可侵犯的权利。或者如瑞典福利国家，虽然1974年人均国民生产总值位居世界第一，但是，瑞典却是全世界贫富差距最小的国家。收入最高的百分之十的国民，与收入最低的百分之六十的国民，税前收入相差高达144倍；政府竟然通过高额累进税等税收政策，使税后收入的绝对平均差距减少到只有三倍。这意味着：资本家阶层与工人阶层几乎实现了按各自所提供的生产要素——劳动、资本和土地等自然资源——的边际产品价值分配的正义原则，因而几乎消除了压迫、剥削、经济异化。

毫无疑义，如果使瑞典等欧美国家的"普选制民主"、"参与共决经济民主"、"福利国家制度"和"每个人都是股东的全民资本主义"等制度进一步完善，完全可以实现按生产要素分配的正义原则，从而消除压迫、剥削、经济异化。这样一来，这些资本家阶层与人民大众所拥有的生产资料和资本，便与他们其他私有财产一样，是神圣不可侵犯的权利。如果剥夺他们的生产资料和资本而实行公有制，不但因侵犯权利而违背正义原则，而且违背自由原则：剥夺了一个人使用和积累自己的资本而成为一个大富豪的经济自由；正如意识形态控制和言论出版不自由剥夺一个人著书立说成为一个大思想家的思想自由。

可见，要消除今日欧美资本主义国家的剥削、经济异化和贫富两极分化以及生产过剩经济危机，绝不应该废除生产资料或资本私有制而代之以公有制；公有制不但低效率因而违背"增进每个人利益总量"国家制度终极价值标准，而且剥夺每个人私有财产权利而违背正义和自由等国家制度价值标准。因此，在生产力还不够发达的历史条件下，应该消除的并不是生产资料和资本私有制，而只是资本家阶层与工人阶层、人民大众的权力不均衡：剥削与经济异化源于权力不均衡而并非源于私有制。

消除剥削与经济异化，不应该废除私有制，就更不应该废除资本主义了。因为资本主义是人类迄今最有效率因而最符合国家制度终极价值标准"增进每个人利益总量"的私有制国家制度，它主要依靠技术革新、提高劳动生产率、缩减生产成本而使资本增值——不增值意味着死亡而不再是资本主义制度——技术革新不断以加速度进行是资本主义制度内在本性。因此，取代今日欧美全球资本主义的社会，必定仍然是一种资本主义社会，只不过不存在剥削与经济异化罢了。

那么，这种社会是一种合作社制资本主义吗？否！合作社制仅仅是人民大众的互助互惠的好制度。如果将它作为一个国家的主导地位的经济制度，就是不正义和不自由的恶劣制度了。因为合作社制，一方面，限制股金，保障每个社员的股份相差不多，显然违背经济自由原则；另一方面，不论每个人股金多少，都是一人一票，显然违背经济正义原则。如果遵循正义和自由原则，一股一票和不限制股金，那么，它就不是名副其实的合作社而是地地道道的资本主义股份公司了。

诚然，未来不存在剥削与经济异化的资本主义社会，不论从今日欧美资本主义生产资料和资本全民所有制的发展趋势来看，还是就消除权力不均衡及其剥削与压迫来看，都势必实行合作社的一个基本原则，亦即每个人都是股东，都是一定资本的私有者，都是名副其实的资本所有者，从而是一种全民资本主义，说到底，亦即地地道道的所谓人民资本主义。这样一来，每个人便不仅拥有劳动收入和享有资本利润，从而能够衣食无忧，过上一个"不服从者亦得食"的真正自由而有尊严的生活；而且可能进行资本积累，从而实现自己成为一个大富豪的理想。

然而，物之不齐，物之性也。每个人的天赋、努力、运气和家庭都不相同，它们所带来的财富、资本和生产资料的多少势必不同。这些财富、资本和生产资料都是他们的个人权利，无论如何不平等，他人都无权干涉、侵犯或剥夺；否则便违背了正义与自由等国家制度价值标准。因此，未来美好的资本主义社会，仍然存在着财富、资本和生产资料多少不等的社会阶层，仍然存在着上中下社会阶层——正如人们的天赋和努力存在着上中下一样——只不过不存在剥削与经济异化罢了。

准此观之，今日欧美国家的资本家阶层与工人阶层或人民大众阶层，所拥有的资本和经济权力的不均衡，不应该通过剥夺资本家阶层的资本和经济权力来消除；否则就违背正义与自由原则。但是，资本家阶层拥有较大经济权力的不均衡，可以用工人阶层、人民大众拥有较大的政治权力的不均衡来抗衡，从而达到资本家阶层与工人阶层或人民大众权力均衡，最终消除剥削与经济异化。那么，究竟怎样才能使工人阶层或人民大众拥有较大政治权力，与资本家阶层较大经济权力相抗衡，从而消除剥削与经济异化呢？

不难看出，一方面，应该像英国、德国、法国和瑞典等欧洲国家那样，建立强大的工会和工人等人民大众政党——社会民主党或社会党或工党等——并努力奋斗而成为执政党，使工人阶层和人民大众不但执掌国家最高权力，而且担任政府主要官吏，从而拥有足以与资本家阶层巨大经济权力相抗衡的国家和政府的主要政治权力。另一方面，社会民主党等人民大众的政党一旦执政，就要使人民大众执掌国家最高权力和政府主要官职制度化，使反对党执政时也不敢废除，否则势必被人民大众的选票赶下台。

那么，使人民大众执掌国家最高权力和政府主要官职的制度究竟是什么？答案无疑是：每个人不但都完全平等享有选举权，而且完全平等享有被选举权，因而只能是"抽签选举的普选制民主"：抽签选举制不但导致政府绝大多数官职必定被绝大多数抽签者——人民大众——担任；而且确保每个国民完全平等享有选举权和被选举权，从而实现了每个国民完全平等共同执掌国家最高权力，因而符合政治自由权利完全平等的正义原则，说到底，符合人民主权原则，是唯一正义的选举制度。这将是古希腊抽签选举制民主的复活，但却是在普选制等更高级形式上的复活。

综上所述，消除剥削与经济异化的国家制度是"抽签选举的普选制民主"、"参与共决经济民主"、"福利国家制度"和"每个人都是股东的全民资本主义"。这些国家制度的根本特点无疑是：一方面，符合平等、自由和正义等国家制度好坏的价值标准；另一方面，只有在民主的国家才能实现。因此，消除剥削与经济异化的国家制度，说到底，可以归结为遵循国家制度价值标准——国家制度最高价值标准"人道与自由"和国家制度根本价值标准"正义与平等"以及国家制度终极价值标准"增减每个人利益总量"——的宪政民主；宪政民主就是将自由等国家制度价值标准作为宪法指导原则而受其限制的民主。

四　政治异化

1　政治异化概念

强制意味着不自由，意味着异化。政治，不言而喻，不仅是一种强制，而且是任何国家和社会的最重要最严重最高度的强制：政治是一种必须服从的权力统治。那么，是否可以说，被统治者对任何政治的服从，都是一种放弃自己意志而屈从统治者意志的政治异化？否。被统治者对于政治的服从是不是政治异化，完全取决于政治是否体现被统治者的意志。如果一个国家的政治是公共意志的体现，是每个国民的意志的体现，那么，被统治者对该政治的服从，同时也是在服从自己的意志，因而也就是在享受政治自由而非政治异化。反之，如果一个国家的政治只是统治者的意志的体现，而不是被统治者的意志的体现，不是公共意志的体现，不是每个国民的意志的体现；那么，被统治者对该政治强制的服从，便是放弃自己意志而屈从统治者意志的政治异化了。

因为，在体现自己意志的政治强制下，所做出的一切行为都是政治自由；政治异化则是在不体现自己意志的政治强制下所做出的一切行为，是自己所进行的不属于自己而属于政治强制者的行为。这意味着，政治异化所包括的行为范围极其广泛：政治异化不仅仅属于政治行为范畴，它还包括经济行为、文化行为、社会行为等一切政治所管理的行为，说到底，是一切具有社会重要性的行为。举例说：

农民是包产到户还是集体劳动，属于经济行为范畴。但是，如果专制者不准包产到户而必须集体劳动，那么，农民集体劳动虽然是一种经济行为，却属于政治异化范畴。学者著书立说属于文化行为范畴。但是，如果专制者不准揭露阴暗面而只可歌功颂德，或写一些无关国事的爱情和搞笑故事，那么，作家撰写无关国事的爱情故事虽然是一种文化行为，却属于政治异化范畴。伦理学者成立伦理学会属于集会结社的社会行为。但是，如果专制者只准官办而不准民办，并且全国只准成立一个伦理学会，那么，全国伦理学者们成立一个官办伦理学会，虽然是一种社会活动，却属于政治异化范畴。

可见，政治异化不仅是最具强制性的最严重的异化，而且是所关涉的行为极广、几乎无所不包的异化，因而是负价值最严重且最广大的异化：它是国民在政治、经济、文化和社会等一切方面实现自己创造性潜能的根本障碍。但是，消除政治异化的途径却很简单：只要国家的政治是所有国民的意志的体现就可以了。那么，究竟在什么情况下，政治是全体国民的意志的体现从而避免政治异化？又在什么情况下，政治不是全体国民的意志的体现从而发生政治异化？

2　政治异化根源

不难看出，问题的关键全在于国家最高权力是否为全体国民共同执掌。因为，如前所述，能否使政治是自己意志的体现、按照自己的意志进行从而享有政治自由，完全取决于是否拥有政治权力。一个人只有拥有政治权力，才能使政治按照自己的意志进行，才能享有政治自由而避免政治异化；如果他没有政治权力，便不可能使政治按照自己的意志进行，不可能享有政治自由而必定发生政治异化。这样一来，便正如马克思所指出，政治异化的根源全在于政体："君主制是这种异化的完整的表现，共和制则是这种异化在它自己的领域内的否定。"①

精确言之，只有实行民主，每个国民才能享有政治自由而避免政治
异化；如果实行专制等非民主制，必定只有极少数人享有政治自由，而
绝大多数国民必定发生政治异化。因为自柏拉图亚里士多德以降，政体
便被划分为四类。一人执掌最高权力叫作君主制；若干人平等地共同执
掌最高权力叫作共和制。君主制分为两种：君主专制、专制、无限君主
制或完全君主制是一个人独掌最高权力，亦即一个人不受他人及其组织
限制地执掌最高权力；有限君主制或分权君主制、不完全君主制则是一
人为主而与他人及其组织——如议会、等级会议、教会、贵族、领主或
地方割据势力等——不平等地共同执掌最高权力。共和制分为两种：寡
头、寡头共和或贵族共和是少数人平等地共同执掌最高权力；民主或民
主共和是所有人平等地共同执掌最高权力。

非民主政体——君主专制和有限君主制以及寡头共和——都不是全
体国民共同执掌国家最高权力；而是一个人（君主）或极少数人（寡头）
执掌国家最高权力。结果，一方面，寡头共和是极少数人平等地共同执
掌国家最高权力而使政治按照自己意志进行，从而享有政治自由而避免
了政治异化；而绝大多数国民对政治的服从，则不是服从自己意志，而
仅仅是在服从寡头统治者的意志，因而所进行的便不是按照自己意志的
属于自己的行为，而是按照寡头统治者意志的属于寡头统治者的行为，
是自己做出的异于自己的行为，是政治异化。

另一方面，君主专制是一个人独掌最高权力，亦即一个人不受他人及
其组织限制地执掌最高权力；有限君主制是一人为主而与他人及其组织不
平等地共同执掌最高权力。二者均使政治按照君主一人意志进行，只不过
程度有所不同罢了。因此，一个国家如果实行君主政体——不论是君主专
制还是君主立宪——那么，除了君主一人，所有人对政治的服从，便都不

---

① 《马克思恩格斯全集》第 1 卷，人民出版社，1971 年，第 283 页。

是服从自己意志，而是屈从君主意志；因而所进行的，便都不是按照自己意志的属于自己的行为，而是按照君主意志的属于君主的行为，便都是自己做出的异于自己的行为，便都是政治异化。这就是为什么，马克思在谈到政治异化时说："君主制是这种异化的完整的表现。"①

诚然，细究起来，专制等非民主制并不是只有执掌最高权力的君主一个人或几个寡头拥有政治自由；而是只有君主一人或几个寡头拥有最高的政治自由。因为君主或几个寡头之外的各级官吏所没有的只是最高的政治权力，却拥有其他各级政治权力，因而也就拥有最高政治自由之外的各级政治自由。譬如说，省长拥有使一个省的政治在某种程度上按照自己的意志进行的政治自由，乡长拥有使一个乡的政治在某种程度上按照自己的意志进行的政治自由。这样一来，专制等非民主制国家就存在着政治权力垄断，存在着因政治权力垄断所导致的两大群体、两大阶级，亦即垄断政治权力的群体（官吏阶级）与毫无政治权力的群体（庶民阶级）：

庶民阶级毫无政治权力，因而毫无政治自由而完全处于政治异化和政治被奴役状态。官吏阶级则因垄断政治权力而垄断政治自由：专制者一人或几个寡头执掌国家最高权力，享有最高的和完全的政治自由而得以完全避免政治异化和政治被奴役；各级官吏则拥有最高权力之外的各级政治权力，因而拥有最高政治自由之外的各级政治自由。因此，每个官吏不过都是寥寥数人——即其上级和专制者一人或几个寡头——的奴才而处于被其强制的政治异化状态；却又都是役使极其众多的奴才（亦即全部庶民）的主人，从而享有极端广大的程度不等的政治自由。

可见，政治异化主要源于政治权力垄断：专制等非民主制的政治权力垄断乃是政治异化的主要根源。这意味着：民主是唯一能够消除政治异化的国家制度。因为民主就是政治权力垄断的消除，就是全体公民平

---

① 《马克思恩格斯全集》第1卷，人民出版社，1971年，第283页。

等执掌国家最高权力，就是被统治者与统治者一样掌握最高权力，亦即被统治者与统治者一样是最高统治者，说到底，亦即被统治者能够与统治者一样使国家政治按照自己的意志进行，因而每个公民——被统治者与统治者——都能够平等享有政治自由而避免政治异化。

3 普选制的协商民主与自由民主：消除政治异化的国家制度

然而，细究起来，民主有众多类型：并非每一种民主都是消除国民政治异化的充分条件。首先，民主分为普选制民主与限选制民主。普选制民主意味着所有国民都是公民；限选制民主则意味着只是部分国民才是公民。这样一来，一个国家如果实行限选制民主，那么，就只有一部分国民——亦即所有公民——才拥有政治权力、享有政治自由而避免政治异化；而不是公民的那部分国民则毫无政治权力，不能享有政治自由，因而处于政治异化和政治奴役状态。

古希腊雅典民主堪称典型的限选制，因为当时雅典奴隶和女人都不是公民而毫无政治权力，处于政治异化和政治被奴役状态；只有十分之一左右的人才是公民、享有政治自由而避免了政治异化。只有实行普选制民主，每个国民才都是公民而平等执掌最高权力，才都享有政治自由而避免政治异化。第二次世界大战以后，公民资格才逐渐为民主国家的每个国民所平等拥有，才逐渐实行普选制民主，每个国民才都享有政治自由而避免了政治异化。

但是，精确言之，普选制民主也只是每个国民都享有政治自由而避免政治异化的必要条件而非充分条件。因为普选制民主固然是全体国民完全平等执掌最高权力，但就其实现途径来说，却必定遵循"多数裁定原则"而是多数国民执掌最高权力，因而可能导致多数对于少数的暴政，使少数人失去政治自由而发生政治异化。那么，究竟如何才能保障少数国民与多数国民平等享有政治自由而避免政治异化？只有实行协商民主和自由民主或宪政民主（自由民主与宪政民主是同一概念）：普选制的协商民主和宪政民主是每个国民享有政治自由而避免政治异化的必要且充分条件。

因为，一方面，普选制的协商民主就是为解决民主最深刻的本性（民主是所有公民平等执掌最高权力的政体）与民主唯一实现途径（多数裁定原则）矛盾而诞生，是既坚持多数裁定又保护少数权利从而实现所有国民平等执掌最高权力的民主，是多数派与少数派平等协商尽力达成共识从而具有民主合法性的民主，也就是多数派与少数派平等协商从而共同执掌最高权力的民主，也就是全体国民——亦即多数派与少数派以及强势群体与弱势群体等——平等执掌最高权力的政体，说到底，就是所有国民平等享有政治自由而避免政治异化的民主。

另一方面，协商民主仍有可能与多数人民主一样，违背自由等国家制度价值标准而导致民主的暴政。只不过，多数人民主是多数暴政；而协商民主是所有人的暴政罢了。因为，正如阿克顿勋爵所发现，权力，就其本性来说，便倾向于被滥用而趋于腐败；最高权力则绝对趋于腐败："权力导致腐败，绝对权力导致绝对腐败。"[①] 这就是协商民主仍然可能沦为暴政的原因：协商民主政权可能是无限的而违背自由等国家制度价值标准。

因此，避免协商民主沦为暴政从而保障每个国民平等享有政治自由而避免政治异化的途径，便是使协商民主受到国家制度价值标准——国家制度最高价值标准"人道与自由"和国家制度根本价值标准"正义与平等"以及国家制度终极价值标准"增减每个人利益总量"——的指导和限制，亦即使多数人与少数人及其平等协商共同执掌的最高权力，受到这些国家制度价值标准的指导和限制。这种所有国民及其所平等执掌的最高权力受到国家制度价值标准有效限制的民主，就叫作宪政民主

---

① 阿克顿：《自由与权力》，侯建、范亚峰译，商务印书馆，2001年，第342页。

（Constitutional democracy）：宪政民主就是将自由等国家制度价值标准作为宪法指导原则而受其限制的民主。

这样一来，消除政治异化的国家制度便与消除经济异化的国家制度完全一样，都可以归结为宪政民主。因为宪政民主是将自由等国家制度价值标准作为宪法指导原则而受其限制的民主，从而不但必定是遵循政治平等原则的普选制民主，而且必定遵循多数裁定和保护少数权利原则，必定是多数与少数平等协商而共同执掌最高权力：宪政民主必定是协商民主。因此，罗尔斯说："一个良好的宪政民主——我起初就使用过的术语——也可以被理解为协商民主。"[①]西蒙·钱伯斯也这样写道："目前几乎所有人都以某些形式赞同协商理论（很难不这么做）。越来越多的人把宪政民主理解为在某些根本途径方面需要协商。"[②]

五 社会异化

1 社会概念

社会异化也是个十分复杂难解的概念，给它下定义，首先必须弄清：社会是什么？就中文来说，"社"本为祭地神之所。《孝经·纬》说："社，土地之主也。土地阔不可尽敬，故封土为社，以报功也。""社会"则是指人们在"社"这种地方的会合，进而指人们在节日里的会合、集会。宋孟元老在《东京梦华录·秋社》中写道："八月秋社……市学先生预敛诸生钱作社……春社、重午、重九亦如此。"逐渐地，"社会"便泛指

---

① 陈家刚主编:《协商民主与政治发展》，社会科学文献出版社，2011年，第54页。

② 同上书，第84页。

人们的任何群居、会合了。西文"社会"，society（英）和 societe（法）都源于拉丁语 socius，意为"伙伴"，后经西塞罗而引申为"人类的共同体"。德语中的"社会"gesellschaft，原意也是"伙伴"，后来也引申为"人与人的结合"。

可见，"社会"的词源，中西相通：均为人与人的集合体、结合体、共同体。细察先哲论著，对于"社会"的概念，亦多如此界说："社会是个人的集合。"（横山宁夫）[①]"社会就是某一部分人为实现某些特定目的而合作的集合体。"（罗素）[②]"社会仅仅是一群有交往的人的名字。"（席穆尔）[③]"社会就是任何一群人，他们之间或多或少在意识上存在着关系。"（艾尔活）[④]"社会就是一群享有共同地域和共同文化的相互作用着的人。"（罗伯逊）[⑤]

综言之，社会乃是因一定的人际关系而结合起来的人群，是两个以上的人因一定的人际关系而结合起来的共同体，是两人以上的集合体。因此，社会之为社会，在于两个特点。一个是，社会与个人对立，社会不是个人，而是个人的集合，是两人以上的共同体，是两个以上的人联合起来的人群。另一个是，仅仅有两个以上的人在一起、仅仅有人群，还不是社会；只有当这些人发生一定的人际关系从而结合起来，才是社会。设有一群毫无联系的人行走在深山老林，那么这一人群便仅仅是人群而非社会。然而，同是这一群人，如果行走于闹市，那就是社会了。因为前者是一种毫无人际关系的人群；而后者则因行走在闹市而具有了一定的人际关系，如是否遵守交通规则，是否互相妨碍或妨碍他人等。所以，孙本文先生说："凡是具有交互与共同关系、与表现交互与共同行

① 横山宁夫：《社会学概论》，毛良鸿译，上海译文出版社，1983年，第33页。
② 谢康：《社会学研究》，商务印书馆，1974年，第1页。
③ 张德胜：《社会原理》，巨流图书公司，1986年，第12页。
④ 同上书，第1122页。
⑤ 伊恩·罗伯逊：《社会学》上册，黄玉馥译，商务印书馆，1990年，第103页。

为的一群人，都可称为社会。"①

进言之，因一定人际关系而结合起来的人群可以分为两类。一类是无组织的，如电影院里看电影的人群、候车室里候车的人群、街道上来来往往的人群；另一类则是有组织的，即所谓团体、集体、集团，如省、市、县、党、团、工会、阶级等。社会显然主要是指后者：社会，要言之，就是有组织的人群，就是团体、集体。所以费希特说："一个社会是有组织的人们的一个集体。"②

总而言之，社会，主要地讲，亦即团体、集体，是有组织的人群；全面地说，则是因一定人际关系而结合起来的人群，是两个以上的人因一定人际关系而结合起来的共同体。

2 社会异化概念

社会异化，顾名思义，也就是违己而屈从社会意志的行为，是自己所进行的不是遵从自己意志的属于自己的行为，而是屈从社会意志的属于社会的行为。可是，社会也有意志吗？有的。因为所谓社会，亦即有组织的人群，是因一定人际关系而结合起来的人群，是两个以上的人因一定人际关系而结合起来的共同体。所以，所谓社会意志也就是人群意志、集体意志、他人意志；所谓社会异化也就是违己而屈从群众意志、集体意志、他人意志的异己行为。因此，与外延比较单纯狭窄的经济异化不同，社会异化的外延十分广阔、复杂，而且大量表现在日常生活之中。所以，卢卡奇说：

"一个优秀的、明智的、富有牺牲精神的斗士，他虽然能看清劳动中的异化，并理所当然地反抗它，但在与妻子的关系中，他却连想也不会

---

① 孙本文:《社会学原理》上册，商务印书馆，民国 23 年，第 10 页。
② 龙冠海:《社会学》，三民书局，1986 年，第 78 页。

想到要去摆脱异化的锁链。因此，只有在个人日常生活的活动中，才能最终克服社会异化。"[1]

可见，从屈从爱人、父母、朋友的意志，到屈从同事、群众、单位领导的意志，统统都属于社会异化：社会异化就是自己所做出的不属于自己——而属于爱人、父母、朋友、同事、群众、单位领导——的行为。那么，在如此纷纭杂乱的社会异化中，是否有一些类型比较重要而具有代表性？是的。首先，社会既然是人群、集体，那么社会意志的基本表现无疑便是所谓的众人意志、公众意见、常人要求。因此，社会异化的基本表现便是违己从众、屈从众人意志，是自己所做出的不属于自己而属于众人的行为。卢梭、尼采、海德格尔、萨特诸存在主义先哲所揭示的正是这种社会异化：

"野蛮人过着他自己的生活，而社会的人则终日惶惶，只知道生活在他人的意见之中，也可以说，他们对于自己生存的意义的看法都是从别人的判断中得来的。"[2] "在众人中，我像众人那样生活，不像自己在思想；而且渐渐地总感到人家想把我从自己中驱逐出来，将我的灵魂劫走。"[3] "不是他自己存在；他人从他身上把存在拿去了。他人……是个中性的东西：常人。……常人展开了他的真正的独裁：常人怎样享乐，我们就怎样享乐；常人对文学艺术怎样阅读怎样判断，我们就怎样阅读判断；竟至常人怎样从'大众'中抽身，我们也就怎样抽身；常人对什么东西愤怒，我们就对什么东西愤怒。"[4] 一句话说完："地狱就是别人。"[5]

其次，社会既然是人群、集体，那么社会意志的代表显然是所谓的领导意志、长官意志：领导是集体的代言人。所以，社会异化的典型表

[1] 卢卡奇：《关于社会存在的本体论》上卷，白锡堃、张西平、张秋零等译，重庆出版社，1993年，第232页。

[2] 卢梭：《论人类不平等的起源和基础》，李常山译，商务印书馆，1962年，第148页。

[3] 尼采：《朝霞》，田立年译，华东师范大学出版社，2007年，第491节。

[4] 海德格尔：《存在与时间》，陈嘉映、王庆节译，三联书店，1987年，第155页。

[5] 萨特：《厌恶及其他》，郑永慧译，上海译文出版社，1987年。

现便是违己从上、屈从长官意志，是自己所做出的不属于自己而属于长官的行为。举例说，我不愿参加那些无聊会议，也不愿写那种时髦文章，更不愿粉饰现实、歌功颂德，但领导要我如此，我怕得罪领导，只好一一照办。我的这些行为，便是典型的社会异化：屈从长官意志。其实，孔夫子早已有言："上好礼，则民莫敢不礼；上好义，则民莫敢不服；上好信，则民莫敢不用情。"[①] 民的这些"莫敢不"，亦即违己从上，正是社会异化的典型表现。

　　领导意志和众人意志之为社会意志的表现，均有一个弱点：它们大都不具有恒久性和普遍性而是一种易变的特殊的东西。因此二者均非社会意志的标准表现。那么，什么是社会意志的标准表现？显然是社会所制定的行为标准、准则、规范，说到底，是法和道德：法和道德具有恒久性和普遍性，因而是社会意志的标准表现。这样，当法和道德并非每个国民的意志——因而也并非我的意志——的体现的时候，我服从这些规范，便是标准的社会异化：社会异化的标准表现，便是违己而循规蹈矩、屈从并非公共意志体现的社会规范。就拿专制社会所盛行的利他主义道德来说。它要我无私奉献：为自己者是小人，而为他人者是君子。我明知这种道德是恶劣的。但是，我若违背它便无法在社会立足。因此我不得不遵从这种道德，甚至胡编一些自己如何无私忘我的谎话而沦为伪君子。我的这些行为便构成了标准的社会异化。

3　社会异化根源及其消除途径：存在主义理论

　　从众、从上、遵守社会规范、服从社会意志，如所周知，均属于所谓"社会化"。所以，社会异化原本属于社会化范畴：社会异化是屈从并非公共意志体现的社会意志的社会化。那么，造成这种异化的原因是什

---

① 《论语·宪问》。

么？系统研究过这个问题的，恐怕只有存在主义论者。但是，他们的结论却很极端：社会异化是社会生活的本性。

尼采对于这个结论的论证，是他的"末人论"。这一理论认为，异化的根源就是社会；一个人只要生活于社会，和他人在一起，便不能不听任社会和他人宰治、失去选择自由而异化为没有自我个性的平庸的"末人"："人与人之间——'社会上'——的一切接触总是陷入不可避免的非纯洁性之中。整个社会总是使人以某种方式，在某地、某时变成平庸。"①

海德格尔的论证，可以称之为"常人论"。这一理论详尽说明，人与人之间的本质关系，乃是消除相互差别和突出之处从而使人人沦为彼此相同、平均的常人之关系："平均状态是一种常人的生存论性质。常人本质上就是为这种平均状态而存在。……平均状态先行描绘出了什么是可能而且容许去冒险的东西，它看守着任何挤上前来的例外。任何优越状态都被不声不响地压住。一切源始的东西都在一夜之间被磨平为早已众所周知的了。一切奋斗得来的东西都变成唾手可得的了。任何秘密都失去了它的力量。这种为平均状态之烦又揭开了此在的一种本质性的倾向，我们称之为对一切存在可能性的平整。保持距离、平均状态、平整作用，都是常人的存在方式，这几种方式组建着我们认之为'公众意见'的东西。"②这样，一个人只要生活于社会、人群之中，便不能不失去自由、听任常人摆布，从而所造就的便是常人为自己选择的自我，便是没有独特个性的、非本己的、非本真的自我；而不是自己为自己选择的自我，不是具有独特个性的、本己的、本真的自我：常人、他人、社会是我发生社会异化之根源。

萨特对此的论证，则是其著名的"注视论"。按照这一理论，只要我生活于社会和他人之中，那么，在他人注视下，我便会失去选择自由

---

① 尼采：《善恶彼岸》，朱泱译，团结出版社，2001年，第12节。
② 海德格尔：《存在与时间》，陈嘉映、王庆节译，三联书店，1987年，第156页。

而成为一个他人所要求的自在存在。这样，不论他人对我如何，他人的注视、他人的存在，客观上便使我失去选择自由而异化；反过来，我的存在、我的注视，客观上也同样使他人失去选择自由而异化："于是，尊重他人自由是一句空话：即使我们能假定尊重这种自由的谋划，我们对'别人'采取的每个态度也都是对于我们打算尊重的那种自由的一次践踏。"① 不但如此，实际讲来，我主观上也力图使他人屈从我的意志；他人主观上也力图使我屈从他的意志。所以，我和他人的本质关系，便是旨在互使对方失去选择自由而异化的诡计关系："我经常关心的是使他人保持其客观性，而我与对象——他人的关系本质上是由旨在使其保持为对象的诡计所造成的。"② 因此，无论如何，他人总是我发生异化的根源，因而实乃我之地狱："地狱，就是别人。"③

总之，在存在主义看来，社会和他人乃是我发生社会异化的根源。那么，我要消除社会异化，也就只有逃离社会和他人了。不过，尼采比较激进，认为要消除社会异化须作一个出世的隐居者："隐居起来罢！那样你才能够过真正属于自己的生活。"④ 反之，海德格尔与萨特则比较温和，主张做一个入世的孤独者。萨特用来显示自己生活结构的《厌恶》主角洛根丁，就不是个远离世俗的隐士，而是生活在世俗之中的孤独者："我孤零零地在这一片快乐和正常的人声中。"⑤ 因为——海德格尔早就指出——人生即在世、入世，逃避社会、远离世人是不可能的。⑥

这就是存在主义的异化论：既非经济异化论，亦非政治异化论，而是社会异化论。存在主义首次描述社会异化现象、揭示社会异化根源、确立社会异化消除途径，在异化思想史上无疑具有划时代意义。但存在

---

① 萨特：《存在与虚无》，陈宣良等译，三联书店，1987年，第528页。
② 同上书，第390页。
③ 柳鸣九编选：《萨特研究》，中国社会科学出版社，1981年，第303页。
④ 尼采：《快乐的科学》，中国和平出版社，1987年，第338节。
⑤ 萨特：《厌恶及其他》，上海译文出版社，1987年，第6页。
⑥ 海德格尔：《存在与时间》，陈嘉映、王庆节译，三联书店，1987年，第354页。

主义断定社会异化是社会生活的本性、社会是社会异化的根源，确系以偏概全。因为社会异化并非社会生活的本性，而只是某种社会生活的本性：社会异化是非法治、不民主、无人权的社会生活的本性；社会异化的根源并不是社会，而只是某种社会：非法治、不民主、无人权的社会。

4 社会异化根源及其消除途径

首先，如果一个社会是法治的，那么，该社会的任何强制，正如哈耶克所言，便均须符合其社会规范（法与道德）："法治意味着：政府除非执行众所周知的规则绝不可以强制个人。"[①] 其次，如果一个社会是民主的，那么，该社会的全体公民便能够平等执掌社会最高权力，从而使社会管理按照自己的意志进行，使社会规范得到自己的同意而成为公共意志的体现：

"只有以民主方式管理社会时才能充分实现社会自主——人与人相互关联的个人生活中的自主。只有在民主政体下，全体社会成员才能拿出自己的规则来管理共同事务，并将自己置于这些规则的约束之下。"[②]

这样，在法治的民主的社会，社会意志、领导意志、众人意志对我的任何强制，便均须符合全体社会成员同意的社会规范，因而也就是包括我自己的意志在内的公共意志的体现。于是，我服从社会意志同时也是服从自己意志、遵守社会规范同时也是实行自己意志、从众从上同时也是从己、社会化同时也是个性化。于是，我的行为便是自由的，便不是社会异化。

反之，在非法治、不民主的社会，则社会管理只能按照统治者的意志进行，而不能按照全体社会成员的意志进行；社会意志只是统治者的

---

① Friedrich A. Hayek: *The Constitution of Liberty*, Chicago: The University of Chicago Press, 1978, p. 205.

② 科恩:《论民主》，聂崇信、朱秀贤译，商务印书馆，1988 年，第 274 页。

意志而不是全体社会成员的意志；社会规范也只是统治者意志的体现，而不是全体社会成员的公共意志的体现。因此，我服从社会意志同时便是放弃自我意志；遵守社会规范同时便是压抑自我意志；从众从上同时便是违己；社会化同时便是无个性化。这样，我进行的便不是属于自己的而是属于社会和他人的行为，便是社会异化了。

可见，人们之所以发生社会异化，并非如存在主义所说，是因为他们创造了社会、生活于社会中，而是因为他们创造了非法治不民主社会、生活于非法治不民主社会：非法治、不民主的社会是社会异化的起因、根源。于是，消除社会异化的方法、途径，也就并非如存在主义所主张，须逃离社会——既不须做一个出世隐居者，亦不须做一个入世孤独者——而是实现法治和民主的社会。

然而，是否只要实现法治和民主，就足以消除社会异化？否！因为即使在法治和民主的社会，不言而喻，一方面，任何人也总难免有大量的社会规范所不能规范或不能明确规范的行为；另一方面，任何人也总难免有大量背离社会规范的行为。这样，在法治的民主的社会，自我意志、他人意志、领导意志、众人意志之间发生大量冲突而不能两全的情况也就在所难免。那么，在这种情况下，一个人须如何才能实行自我意志而避免社会异化？须有两个条件——一是客观条件：他必须享有人权；一是主观条件：他必须有自我实现的热烈追求。

为什么一个人必须享有人权才能避免社会异化？原来——马斯洛心理学成就表明——一方面，人的基本需要由低级到高级地分化为五类，依次是：生理需要、安全需要、爱的需要、自尊需要、自我实现需要；另一方面，比较低级的需要优先于、强烈于比较高级的需要，而比较高级需要的产生则是比较低级的需要得到相对满足的结果。自由的需要虽然是人的基本需要，但显然不及生理需要更基本、更低级、更强烈、更优先。所以，拉斯基说："那些了解穷人的日常生活的人，那些了解他们时时刻刻有大祸临头之感的人，那些了解他们不时追求美的事物但始终得不到它的人，就会很好地体会到：没有经济保障，自由是不值一文的。"① 这样，一般说来，当一个人的自我意志与他人意志（领导意志、众人意志、社会意志）发生冲突而不能两全时，如果他"不服从便不得食"，那么，他便不能不服从、不能不发生社会异化；他只有在"不服从而亦得食"的情况下，才可能不服从，才可能坚持自我意志而避免社会异化。

可是，"不服从者不得食"的社会究竟是个什么社会？是无人权的社会。反之，"不服从者亦得食"的社会，则是有人权的社会。因为所谓"人权"，如前所述，乃是一个人只要是结成人类社会的一个成员、一个人，就应享有的生存和发展的必要的、起码的和最低的权利。所以，在享有人权的社会，任何人只要不侵犯他人的人权而与他人同样是缔结社会的一员，那么，不管他劳动多少、贡献大小，更不管他惯于服从还是不服从他人意志、众人意志、领导意志，他都同样享有人权、同样享有满足基本物质需要的权利：服从者得食、不服从者亦得食。反之，在一个社会，如果"服从者得食而不服从者不得食"，那么，这个社会便违反了"只要是人类社会的一员，就应该享有满足基本物质需要的权利"的人权原则，因而是个无人权的社会。

因此，人们只有生活在享有人权的社会，才不会有"不服从者不得食"的恐惧，才敢于不服从而避免社会异化。反之，若是生活在没有人权的社会，便会因"不服从者不得食"而不敢不服从，因而不能不发生社会异化。所以，一个社会，仅仅是法治和民主的，还不能消除社会异化；要消除社会异化，它还必须是有人权的。那么，是否可以说，一个人只要生活于法治、民主、人权的社会，他就不会发生社会异化？

否。实现法治、民主、人权，只是消除社会异化的客观条件；一个人要避免社会异化，还须有主观条件：他必须追求自我实现因而热爱自

---

① 哈罗德·约瑟夫·拉斯基:《现代国家中的自由权》，商务印书馆，1959年，第156页。

由。因为在法治、民主、人权的社会，不服从固然亦可得食，但比起服从来说，无疑仍会损失许多利益。这样，一个人如果没有自我实现的热烈追求，他为什么不顺从领导、群众从而得到更大好处呢？显然，他只有追求自我实现因而十分热爱自由，才可能忍受因走自己的路而不从上从众所带来的损失，才可能不发生社会异化。所以，卢卡奇说："异化归根结底是一种社会现象，因此只有通过社会途径才能克服这种社会现象。"[①] 但是，"在社会的必然性的范围之内，人们的生活过程终究是人们自己的事情；人们是想物化和异化地生活，还是想通过自己的行为而实现自己真正的个性，这取决于人们自己。"[②]

可见，一个人自我实现的热烈追求乃是他避免社会异化的必要条件。这个条件在消除社会异化中的重要作用从一事实可以看出，这个事实就是：任何社会均存在不发生社会异化的人。区别仅在于，在法治、民主、人权的社会，人们若要不发生社会异化，无须什么反抗和牺牲，因而人人都能够不发生社会异化。反之，在非法治、不民主、无人权的社会，人们要想不社会异化，便必须进行顽强反抗和遭受重大牺牲，因而也就只有极少数人才能够不发生社会异化——这极少数人，便是尼采、庄子所盛赞的出世隐居者；便是海德格尔、萨特所乐道的入世孤独者；便是马克思所欣赏的"走自己的路，让人们去说吧"的独立特行者。

综上可知，社会异化与经济异化、政治异化有所不同。经济异化和政治异化的起因都是社会的、客观的，而不是个人的、主观的：经济异化起因于权力——经济权力与政治权力——垄断和不均衡；政治异化则主要起因于专制等非民主制的政治权力垄断。因此，二者的消除途径均为改造社会而非改造个人：实现宪政民主从而消除权力——经济权力与

---

① 卢卡奇：《关于社会存在的本体论》上卷，白锡堃、张西平、张秋零等译，重庆出版社，1993 年，第 231 页。

② 卢卡奇：《关于社会存在的本体论》下卷，白锡堃、张西平、张秋零等译，重庆出版社，1993 年，第 810 页。

政治权力——垄断和不均衡。反之，社会异化的起因则既是社会的、客观的，又是个人的、主观的——社会异化，客观地说，源于社会的非法治、不民主、无人权；主观地看，则源于个人缺乏自我实现的热烈追求。因此，社会异化的消除途径也是双重的：实现法治、民主、人权的社会，是消除社会异化的客观条件、客观途径；培养热烈追求自我实现的个人，则是消除社会异化的主观条件、主观途径。

然而，社会异化与经济异化以及政治异化的消除途径，说到底，却完全相同，都可以归结为"宪政民主"。因为，一方面，如前所述，法治属于自由的首要原则，亦即"自由的法治原则"；人权属于平等原则，亦即"人权完全平等原则"。因此，所谓法治、人权、民主社会，也就是遵循"平等"和"自由"等国家制度价值标准的民主社会，因而也就是宪政民主社会。另一方面，绝大多数人是不是追求自我实现、热爱自由而不发生社会异化，完全取决于他们生活于的社会，究竟是不是一个法治、民主、人权的社会，是不是一个宪政民主的社会；只有生活于这样一种宪政民主社会，人们得到自由才无须反抗和牺牲，因而绝大多数人必定追求自我实现、热爱自由而不发生社会异化。宪政民主实乃唯一理想国家制度也！

六　宗教异化

1　宗教概念

宗教异化无疑是个极为复杂的概念；要弄清它，必须从头说起：究竟何为宗教？就西文来说，宗教"religion"一词，源自拉丁文"religare"或"religio"：前者意为"联系"，指人与神的联系；后者意为"敬重"，指人对神的敬重。[①] 就中文来说，"宗"本意为尊崇祖先神灵："宗，尊祖庙也。""宗教"则指用神灵来教化人："圣人以神道设教而天下服矣！"[②]

可见，不论中西，从词源上看，宗教均为信仰神灵的活动。那么，宗教是否可以定义为信仰神灵的活动？回答是肯定的：宗教的定义与其词源完全一致。因为宗教之所以为宗教、宗教区别于人类其他活动的根本特征，正如缪勒所说，就在于承认神灵的存在："一切宗教的基本要素之一，就是承认有神灵的存在。"[③] 这种承认，一方面主观地表现为信仰神灵的思想观念和感情体验；另一方面则客观地表现为信仰神灵的行为、组织、制度。因此，宗教的定义便可一言以蔽之：信仰神灵的活动。可是，神灵又是什么？

所谓神灵，也就是神、魔、鬼、精灵、灵魂等一切超自然存在的总称。因为，正如泰勒所说，神、魔鬼、精灵、灵魂实质是相同的："灵魂、恶魔和天使虽然带有不同的名字，但其实质是相同的。"[④] 那么，这些超自然存在的相同的实质究竟是什么呢？是精神性实体：神灵是精神性实体。所谓实体，如所周知，是能够独立存在的事物。所谓精神性实体，则既包括非物质的纯粹精神（知、情、意）实体，又包括具有精神及其性质（摸不着看不见、虚幻、不可捉摸等）的物质实体：前者如基督教三位一体的上帝；后者如当代欧洲农民把灵魂看作"像雾一样的不可捉摸的物体"。[⑤]

这样一来，神灵便既像精神一样，具有知、情、意，是其所寓于其中的形体的一切活动的支配者、主宰者；又能够进入和离开一切形体——人或动物的肉体乃至任何物体——而独立生存：神灵是能够支配、进入和离开一切形体而独立生存的具有知、情、意的精神性实体。从神

---

① 参见何光沪：《多元化的上帝观》，贵州人民出版社，1991年，第1页。
② 《易·观》。
③ 麦克斯·缪勒：《宗教的起源与发展》，金泽译，上海人民出版社，1989年，第16页。
④ 爱德华·泰勒：《原始文化》，连树声译，上海文化出版社，1992年，第575页。
⑤ 同上书，第443页。

灵具有知、情、意的属性来说，神灵是人格化的，神灵的本质是人的本质的异化；从神灵是能够进入和离开一切形体而独立存在的精神性实体来说，神灵则是幻想的、不真实的超自然的存在：神灵是人格化的超自然的存在。

任何神灵——不论是灵魂还是精灵抑或是神魔——都是精神性实体，都是人格化的超自然存在。他们的区别只不过在其存在的场所、形式和机能作用：存在于人等动物形体中的神灵大都叫作灵魂；存在于物体中的神灵大都叫作精灵；存在于广漠空间统治众灵魂和精灵的神灵则大都叫作神或魔。泰勒经过对世界各民族所信仰的众多神灵的详尽考察，得出结论说：

"正如灵魂被认为是人的通常的生命和活动的原因一样，和人的灵魂相似的东西——精灵是一切使人类幸福和不幸的事件及外在世界形形色色的物理现象的原因。"[1] "最高级的神们在下级的精灵们之间所占的那种地位，就像长官和皇帝在人们中间所占的地位一样。它们跟灵魂和最小的灵物不同。但是这种差别与其说是本质的，不如说是程度的。它们是那些君临于个体精灵之上的个体精灵。"[2]

可见，信仰神魔还是精灵抑或灵魂并无本质不同，都是信仰精神性实体、信仰人格化的超自然存在、信仰神灵，因而都属于宗教范畴：宗教是信仰神灵的活动，这是宗教的表层定义；宗教是信仰精神性实体的活动，是信仰人格化的超自然存在的活动，则是宗教的深层定义。准此观之，无神灵的宗教是不可能有的，无神的宗教却可能存在。无神的宗教，从上可知，主要有两种。一种是信仰精灵的宗教，如美拉尼西亚人的"玛纳"崇拜。另一种则如泰勒所说，是信仰灵魂的宗教："对死人阴魂的尊敬构成了人类宗教的广大支脉之一。"[3]

---

① 爱德华·泰勒：《原始文化》，连树声译，上海文化出版社，1992年，第574页。
② 同上书，第688页。
③ 同上书，第577页。

2　宗教异化概念

弄清了宗教概念，何谓宗教异化也就不难理解了：宗教异化就是奴役者为神灵的异化；而奴役者为人的异化，则可以称之为世俗异化，亦即经济异化和政治异化以及社会异化。宗教异化概念看似简单，实则相当复杂。因为它具有二重性：宗教异化实际上不是一个概念，而是两个概念。这是被异化概念的二重性所决定的。异化，如前所述，作为科学术语分裂为二：一是作为一般科学术语的异化，指事物向异己物的转化、变化；一是作为人道主义基本概念的异化，指自己做出而又异于自己的异己的、非己的行为。

相应地，宗教异化作为科学术语也分裂为二。一个是作为一般科学术语的宗教异化，指神灵、宗教无非是人的本质的异化形态、转化形态："上帝的人格性本身不外就是人之被异化了的、被对象化了的人格性。"[①]另一个是作为人道主义概念的宗教异化，指人们按照神灵意志而非按照自己意志进行的行为；是自己所进行的不是属于自己而是属于神灵的行为。我们所要研究的当然是这种作为人道主义概念的宗教异化。

这种"宗教异化"就其内在本性来说，显然属于"自愿异化"：它是信教者自愿放弃自己意志而屈从神灵意志的异化。然而，信教者为什么自愿放弃自己意志而屈从神灵意志？因为信徒们以为自己的祸福凶吉均为神灵所掌握。信徒们为了摆脱苦难获得幸福而自愿放弃自己意志、遵从神灵意志是异化，正如工人为了工资而自愿放弃自己意志、遵从资本家意志是异化一样。而二者之所以均为异化，则因为二者均起因于强制。经济异化起因于资本家握有资本：资本是一种强制力量；宗教异化则起因于神灵握有祸福：握有祸福岂不更是一种强制力量？遵从神灵意志行

① 《费尔巴哈哲学著作选集》下卷，王太庆等译，商务印书馆，1984年，第534页。

为的被强制、受奴役、不自由之性质，充分体现在《圣经·申命记》上帝所说的一段话：

　　"'你若不听从耶和华你神的话，不谨守遵行他的一切戒命律例，就是我今日所吩咐你的，这以下的咒诅都必追随你，临到你身上：你在城里必受咒诅，在田间也必受咒诅；你的筐子和你的抟面盆都必受咒诅；你身所生的、地所产的，以及牛犊、羊羔都必受咒诅。你出也受咒诅，入也受咒诅。耶和华因你行恶离弃他，必在你手里所办的一切事上，使咒诅、扰乱、责罚临到你，直到你被毁灭，迅速地灭亡。耶和华必使瘟疫贴在你身上，直到他将你从所进去得为业的地上灭绝。耶和华要用痨病、热病、火症疟疾、刀剑、旱风霉烂攻击你，这都要追赶你，直到你灭亡。'"

　　可见，信教者放弃自己意志而听从神灵意志的宗教异化行为，实质上是一种被强制、受奴役、不自由的行为，是一种被神灵握有祸福的力量所强制的行为。只不过，这种被强制是一种自愿的被强制，是信教者自愿地把放弃自己意志、听从神灵意志当作得福避祸手段的行为，自愿地把受神灵支配、奴役、强制当作得福避祸的手段的行为，因而属于自愿异化：就它是被强制来说，它是异化；就它是自愿被强制来说，它是自愿异化。宗教异化的这种自愿被强制的性质，斯特伦说得很清楚："宗教传统的信奉者和追随者们，全都根据这一终极的背景来限定或约束自己的生活……强迫自己按照已意识到的生活模式去生活。"[1]

3　宗教和宗教异化之起因

　　人们究竟为什么信仰神灵这种根本不存在的、幻想的、超自然的东西呢？原因无非有二：理智迷信和情感渴求。何谓理智迷信？原来，人

---

[1]　斯特伦：《人与神——宗教生活的理解》，金泽等译，上海人民出版社，1991年，第3页。

们所以会有信仰神灵的宗教活动，是因为他们认为神灵真实存在；而他们所以认为神灵真实存在，则是因为他们认为灵魂真实存在。据泰勒考证，人类所有神灵观念，均源于灵魂观念：

"我们实际上指出了关于灵魂、恶魔、神以及其他类灵物的概念，这在本质上是相类似的观念，而关于灵魂的观念仅仅是这个链条的原始的一环。……很明显，关于人类灵魂的概念在人们的头脑中出现一次之后，就成了一种型式，或一种典型；根据它不只形成了其他关于其他低等灵魂的概念，而且也形成了关于一般灵物的观念：从日尔曼人的那个在高高的青草地上玩耍的微末的埃尔夫（自然神）起，到天的创造者和世界的主宰者，北美印第安人的巨灵。"[①]

然而，人们为什么会认为存在灵魂呢？原因很多，但主要讲来，则在于对梦幻和死亡的误解。这种误解，大体表现为两方面：一方面认为出现在梦幻中的人的影像，就是人的灵魂；另一方面则由这些影像能够脱离身体独立活动，进而认为灵魂乃是人活着便与身体结合、死亡就离开身体而独立生存的精神性实体。[②] 这是个产生于人类的远古时代而历代相沿、至今仍极难破除的永恒迷信："灵魂的信仰，扎根于蒙昧人的低级文化层中，不间断地通过野蛮时期，并在现代的文明环境中完全而深深地保留下来。"[③]

可是，在现代社会，科学已能够充分说明梦幻、死亡、命运以及外在世界形形色色物理现象，从而表明灵魂、神灵的存在纯属无稽之谈；为什么许许多多的人，特别是那些科学家们，仍然相信灵魂、神灵的存在？这是因为，人们信仰神灵，除了源于对梦幻和死亡以及命运的认知错误，还源于其情感渴求：对神灵的渴求驱使理智迷信明知不存在的神灵之存在。对于这一点，麦克斯·缪勒曾援引荷马的话说："所有的人都

---

① 爱德华·泰勒：《原始文化》，连树声译，上海文化出版社，1992年，第575页。
② 同上书，第416页。
③ 同上书，第505页。

有一种对神的渴望。"①这是为什么呢？

原来，人生的目的和意义，无非是为了追求幸福和快乐、避免不幸和苦难。然而，人生却注定蒙受许许多多的深重苦难和不幸。这些苦难和不幸，正如弗洛伊德所说，既来自每个人的自身肉体的病痛和死亡，又来自外部自然灾祸，但主要来自人际关系的社会压迫：

"我们受到来自三个方面的痛苦的威胁：来自我们的肉体，它注定要衰老和死亡，而且，如果我们的肉体失去了疼痛、焦虑这些警告信号，它甚至就不可能存在；来自外部世界，它可能毫不留情地以摧枯拉朽的破坏势力与我们抗争；来自人际关系。人际关系方面的痛苦大概比前两个更厉害。"②

每个人遭受这些苦难——死亡恐惧和自然灾祸以及社会压迫——的程度及其主观感受程度，无疑存在着不同。那些更为不幸或对不幸的感受更为强烈的人们，会感到在真实的、人间的世界实在不可能摆脱不幸和苦难、求得幸福和快乐，因而感到人生没有意义，无法再生活下去。在真实的人间的世界无法生活下去，那么也就只有求之于神灵的虚幻的世界了。于是，他们便在感情上渴求——进而在理智上迷信——神灵的存在和拯救，从而寄希望于未来和来世；他们便为了未来和来世的幸福而放弃自己意志、遵从神灵意志。这样，宗教和宗教异化便使他们看到了人生意义，因而能够忍受现实的人间的不幸和苦难而继续生活下去了：宗教和宗教异化乃是人们摆脱在现实世界无法摆脱的苦难的手段，是人们求得在现实世界无法求得的幸福的象征性补偿和替代性满足。因此，保罗·普鲁伊塞说："宗教就像一种营救工作……宗教是在有人喊'救命'这样的情况下产生的。"③

可见，宗教和宗教异化的起源具有双重性。一方面，起源于尘世的

---

① 麦克斯·缪勒：《宗教的起源与发展》，金泽译，上海人民出版社，1989年，第22页。
② 弗洛伊德：《文明及其缺憾》，傅雅芳、郝冬瑾译，安徽文艺出版社，1987年，第16页。
③ 梅多、卡霍：《宗教心理学》，四川人民出版社，1990年，第5页。

苦难（死亡恐惧、自然灾祸和社会压迫）所引发的对宗教和宗教异化的
"情感渴求"：宗教和宗教异化是人们摆脱在现实社会无法摆脱的苦难的
手段。这是宗教和宗教异化起源的目的因。另一方面，则起源于"理智
迷信"：神灵的存在是人们对梦幻、死亡、命运的错误认识的结果。这
是宗教和宗教异化起源的非目的因。于是，更具体些说，宗教和宗教异
化便有四大起因：首先是理智迷信；其次是死亡恐惧；再次是自然灾祸；
最后也是最主要的，乃是社会压迫。

4 宗教和宗教异化消除途径

宗教和宗教异化之起源表明，它们能够有效地给绝望而无法生活下
去的人以生活下去的希望，因而对于人生具有非常重要的意义和价值。
对于宗教和宗教异化的这种意义和价值，梁漱溟曾有很好的论述：

"对于人的情志方面加以勉慰，可以说无论高低和如何不同的宗教所
作皆此一事，更无二事。例如极幼稚低等的拜蛇黄鼠狼乃至供奉火神河
神瘟神种种，其仙神的有无，且无从说他，礼拜供奉的后效能不能如他
所期，也不得而知。却有一件是真的；就是他礼拜供奉了，他心里便觉
安宁舒帖了，怀着希望可以往下生活了。……在当初像是无路可走的样
子。走不下去——生活不下去——的样子。现在像是替他开出路来，现
在走得下去了。质言之，不外使一个人的生活得以维持而不至于溃裂横
决，这是一切宗教之通点。宗教盖由此而起，由此而得在人类文化中占
很重要一个位置，这个我们可以说是宗教在人类生活上之所以必要。"[①]

不过，宗教和宗教异化的这种意义和价值充其量也只是非根本的、
局部的、暂时的；根本地、全局地、长远地看，则宗教和宗教异化只具
有负价值。因为摆脱苦难求得幸福从而使人生具有意义，存在着两种根

---

① 张钦士选编：《国内近十年来之宗教思之朝》，京华印书局，1927年，第113—114页。

本不同的行为方式。一种是正视现实，因而发展科学、改造社会、变革苦难的现实世界，从而实现自己意志、获得真实的幸福。这是非宗教和非宗教异化的行为，是根本地、真正地摆脱苦难求得幸福的行为，因而从根本上说也就是唯一正确的、应该的、具有正价值的行为方式。反之，另一种行为方式则是逃避现实，信仰神灵的存在和拯救，放弃自我意志而屈从神灵的意志，从而获得虚幻的希望和幸福。这是宗教和宗教异化的行为方式。

宗教和宗教异化确实能够使人生有意义、给人们以安慰。但是，这种意义和慰藉却不是通过使人得到真实的、能够实现的希望和幸福来实现的；而是通过信仰神灵世界的幻觉来实现的：它使人们陷入欺骗的、幻想的、根本不可能实现的来世的希望与幸福，从而安于苦难现实生活、放弃变革苦难世界要求。所以，正如马克思和弗洛伊德等先哲所说，宗教实际上是一种麻醉精神的毒药；而宗教异化则是一种吸毒行为：它们的正价值显然是非根本的、局部的、暂时的，而负价值则是根本的、全局的、长远的。因此，应该废除宗教、消除宗教异化。

要消除宗教和宗教异化，据其四大起因，显然应循由四大原则：首先是发展科学，破除引发神灵信仰的理智迷信；其次是正确对待死亡，避免引发神灵信仰的死亡恐惧；再次是提高生产力，消除导致神灵信仰的自然灾祸所造成的苦难；最后也是最主要的，乃是改造社会，摆脱造成神灵信仰的社会压迫、社会苦难。前三个原则一目了然毋庸赘述；后一个原则却比较复杂。这个原则确立的依据是宗教和宗教异化的社会根源：宗教和宗教异化是人们摆脱在真实的世界里无法摆脱的社会压迫、社会苦难的手段。

那么，人们所遭受的这种社会压迫、社会苦难究竟是什么？无疑是"经济权力压迫及其所导致的经济异化"和"政治权力压迫及其所导致的政治异化"以及"社会权力压迫及其所导致的社会异化"。因此，宗教异化的主要根源，说到底，乃是经济异化和政治异化以及社会异化：宗教异化是人们摆脱在真实的世界里无法摆脱的经济异化和政治异化以及社会异化的手段。这显然意味着，消除宗教异化的途径，主要讲来，就是消除经济异化、政治异化和社会异化。经济异化和政治异化以及社会异化的消除途径，如上所述，最终都可以归结为实现宪政民主。因此，消除宗教异化的主要途径，说到底，就是实现宪政民主。宪政民主实乃唯一理想国家制度也！

　　然而，不论如何努力，宗教和宗教异化只可能日趋衰微，却永远不会完全消亡。宗教和宗教异化可能趋于衰微，是因为宗教的源头可能趋于衰微：一方面，随着科学发展和生产力的提高，宗教和宗教异化起因的理智迷误和自然灾祸所造成的苦难可能趋于消亡；另一方面，随着社会发展，宗教和宗教异化的主要根源——经济异化和政治异化以及社会异化——势必因宪政民主的实现而不复存在。

　　宗教和宗教异化永远不会完全消亡，是因为成为宗教情感起因的第三大苦难"死亡"恐惧必将永存。意识到自己总有一天要死亡，实乃人生无可避免的苦痛和不幸。于是，无论如何，总会有一些人，在这些人看来，如果没有来世，那譬如朝露转瞬即逝的人生又有什么意义呢？人必一死，无疑是人们渴望灵魂不死和神灵存在的永恒源头，说到底，是宗教和宗教异化的永恒源头。所以，费尔巴哈说："如果人是不死的，如果人永远活着，因而世界上根本没有死这回事，那么也就不会有宗教了。"①

---

① 《费尔巴哈哲学著作选集》下卷，王太庆等译，商务印书馆，1984年，第534页。

第六篇　国家制度好坏价值标准体系

第二十二章　正义与人道以及增减每个人利益总量

——国家制度好坏的价值标准体系

本章提要

"增减每个人利益总量"等 4 条标准和正义与平等 8 条标准以及人道与自由等 14 条标准融合起来，构成了国家制度好坏的价值标准体系：正义——特别是平等——是国家制度好坏的最根本价值标准；人道——主要是使人自由和消除异化——是国家制度好坏最高价值标准。这两大系列 26 条价值标准融合起来，便构成了国家制度好坏的价值标准体系。当这些价值标准发生冲突时，无疑应该诉诸国家制度终极价值标准，特别是最大利益净余额。按照这一标准，应该保全和遵循价值较大的价值标准，而牺牲和违背价值较小的价值标准。根本的东西的价值，无疑是最大最重要的。因此，"正义与平等"的价值大于、重要于"人道与自由"，因而当二者发生冲突时，应该牺牲人道和自由而保全正义和平等：正义和平等对于人道和自由具有优先性。

一　26条价值标准：国家制度好坏的价值标准体系

1　正义、人道与增减每个人利益总量

综上所述，国家制度和国家治理好坏价值标准可以归结为26条：

①"增减每个人利益总量"是在任何情况下都应该遵循的国家制度与国家治理好坏终极价值标准。

②"无害一人地增进利益总量"是利益不发生冲突或可以两全情况下的国家制度与国家治理好坏终极价值分标准。

③"最大利益净余额"是利益发生冲突而不能两全情况下的国家制度与国家治理好坏终极价值分标准。

④"最大多数人的最大利益"是多数人与少数人之间发生利益冲突而不能两全情况下的国家制度与国家治理好坏终极价值分标准。

以上4条属于国家制度和国家治理好坏终极价值标准——同时也是道德终极标准与法律终极标准以及政治终极标准——下面8条则属于国家制度与国家治理好坏根本价值标准：正义与平等。

⑤正义总原则：等利害交换。

⑥正义根本原则：权利与义务相等。

⑦社会根本正义的"贡献原则"：贡献是权利的源泉和依据；换言之，社会应该按照贡献分配权利，按照权利分配义务；说到底，社会分配给每个人的权利应该与他的贡献成正比而与他的义务相等。

⑧社会根本正义的"德才原则"："德"与"才"是职务等权利的潜在的源泉和依据；换言之，社会应该任人唯贤，按照每个人的"德"与"才"分配职务等权利；说到底，社会应该"用人如器"，根据每个人所具有的品德与才能的性质而分配与其相应的职务等权利。

如果运用这些社会正义原则——特别是贡献原则——解决每个人的各种基本权利和非基本权利的分配问题，那么，便不难从中推导出如下四个社会根本正义分原则，亦即四大平等原则：

⑨平等总原则：一方面，每个人因其最基本的贡献完全平等——每个人都同样是缔结、创建社会的一个股东——而应该完全平等地享有基本权利、完全平等地享有人权（基本权利完全平等原则）；另一方面，每个人因其贡献的不平等而应享有相应不平等的非基本权利，也就是说，每个人所享有的非基本权利的不平等，与他们所做出贡献的不平等的比例，应该完全平等（非基本权利比例平等原则）。

⑩政治平等原则：一方面，每个人不论具体政治贡献如何，都应该完全平等地享有政治自由，亦即完全平等地共同执掌国家最高权力，从而完全平等地共同决定国家政治命运；另一方面，每个人又因其具体政治贡献（政治才能＋官德）的不平等而应该担任相应不平等的政治职务，从而使每个人所担任的政治职务的不平等与自己的政治贡献（政治才能＋官德）的不平等的比例完全平等。

⑪经济平等原则：一方面，在任何社会，每个人不论劳动多少、贡献如何，都应该按人类基本物质需要完全平等地分配基本经济权利（按需分配）。另一方面，应该按照每个人所提供的生产要素的边际产品价值，而分配给他含有等量交换价值的非基本经济权利，以便使每个人所享有的非基本经济权利的不平等，与自己所贡献的生产要素的边际产品价值的不平等的比例，完全平等（按生产要素分配：按劳分配和按资分配）。

⑫机会平等原则：社会——主要是政府等各种管理组织——所提供的发展潜能、做出贡献、竞争职务和地位以及权力和财富等非基本权利的机会，是全社会每个人的基本权利，是全社会每个人的人权，应该人人完全平等。反之，家庭、天赋、运气等非社会所提供的机会，则是幸运者的个人权利，无论如何不平等，他人都无权干涉；但幸运者利用较

多机会所创获的较多权利，却因较多地利用了共同资源"社会合作"而应补偿给机会较少者以相应权利。

以上 8 条正义和平等原则构成国家制度与国家治理好坏根本价值标准体系；下面 14 条人道、自由和异化原则构成国家制度与国家治理好坏最高价值标准体系：

⑬ 广义的人道总原则：把人当人看（视人为最高价值从而把任何人都当作人来善待的行为）。

⑭ 狭义的人道总原则：使人成为人（视人的创造性潜能实现为最高价值而使人实现自己创造性潜能从而成为可能成为的最有价值的人的行为）。

⑮ 人道正面根本原则："使人自由"。该原则具体表现为以下 5 个原则：

⑯ 自由法治原则：一个国家的任何强制，都必须符合该国家的法律和道德；该国家的所有法律和道德，都必须直接或间接得到全体成员的同意。

⑰ 自由平等原则：人人应该平等地享有自由：在自由面前人人平等；人人应该平等地服从强制：在法律面前人人平等。

⑱ 自由限度原则：一个国家的强制，应该保持在该国家的存在所必需的最低限度；该国家的自由，应该广泛到这个国家的存在所能容许的最大限度。

⑲ 政治自由原则：一个国家的政治，应该完全平等地得到每个公民的同意，应该完全平等地按照每个公民自己的意志进行，说到底，应该按照被统治者的意志进行。

⑳ 经济自由原则：经济活动应该由市场机制自行调节，而不应由政府管制，政府管理应仅限于约定经济规则和保障其实行；而在这些经济规则的范围内，每个人都应该享有完全按照自己的意志进行经济活动的自由，都享有完全按照自己的意志进行生产、分配、交换和消费等经济活动的自由。

㉑ 思想自由原则：每个社会成员都应该享有创获与传达任何思想的

自由。或者说，每个社会成员创获与传达任何思想都不应该被禁止。说到底，言论与出版应该完全自由而不应该受到任何限制。

㉒ 人道负面根本原则："消除异化"。该原则具体表现为以下4个原则。

㉓ 经济异化消除原则：经济异化源于权力——经济权力垄断和政治权力——垄断与不均衡；消除原则是实现"抽签选举的普选制民主"、"参与共决经济民主"、"福利国家制度"和"每个人都是股东的全民资本主义"，说到底，是"宪政民主"：宪政民主就是将自由等国家制度价值标准作为宪法指导原则而受其限制的民主。

㉔ 政治异化消除原则：政治异化源于专制等非民主制的政治权力垄断，消除原则是实现普选制民主、协商民主和宪政民主：普选制的协商民主和宪政民主是每个国民享有政治自由而避免政治异化的必要且充分条件。

㉕ 社会异化消除原则：社会异化源于社会之非法治、不民主、无人权和个人之缺乏自我实现的热烈追求，所以其消除原则是：创造法治、民主、人权的社会和培养热烈追求自我实现的个人。

㉖ 宗教异化消除原则：宗教异化主要是摆脱现实世界里无法摆脱的经济异化和政治异化以及社会异化的手段。因此，宗教异化消除原则，主要讲来，就是消除经济异化、政治异化和社会异化，说到底，是实现宪政民主。

2 国家制度好坏价值标准体系

上述26条国家制度好坏价值标准表明，它们有一个极其重要的共同点：它们不但都是每个人应该如何相互善待的道德原则；而且，更重要的，它们都是社会和国家的统治者应该如何治理的道德原则，都是国家治理和国家制度好坏的价值标准。诚然，被统治者也有个如何正义与人道地善待他人的问题，也有个在道德规范发生冲突时如何运用道德终极标准的问题。但是，主要讲来，它们是约束统治者而不是约束被统治者的道德，是国家治理和国家制度好坏的价值标准。

因为道德终极标准主要是"增减每个人利益总量"、"最大多数人最大利益"、"无害一人地增进社会利益总量"：这些岂不都主要是规范社会治理和国家制度的价值标准吗？正义的主要原则是社会正义，是社会对于每个人的权利与义务的分配的正义：能够对每个人的权利与义务进行分配的，岂不只是社会的统治者、国家治理者和国家制度吗？平等的全部原则不过是社会正义原则的推演，不过是社会对于每个人的比较具体的权利（基本权利、非基本权利、政治权利、经济权利、机会权利）的分配的正义：能够对每个人的这些权利进行分配的，岂不也仅仅是社会的统治者、国家治理者和国家制度吗？人道的主要原则是应该和怎样使每个人实现自己的创造性潜能，是使人自由和消除异化：这些岂不也仅仅是规范社会治理和国家制度的价值标准吗？

可见，增减每个人利益总量、正义、平等、人道和自由看似任意排列，实为一有机整体：它们构成了统治者应该如何进行国家治理和衡量国家制度好坏的价值标准的体系：增减每个人利益总量（特别是最大多数人最大利益和无害一人地增进利益总量）是国家治理和国家制度好坏的终极价值标准；正义（特别是平等）诸原则是国家治理和国家制度好坏根本价值标准；人道（主要是使人自由和消除异化）诸原则是国家治理和国家制度好坏最高价值标准。

二 国家制度价值标准发生冲突的取舍原则

"增减每个人利益总量"等 4 条和正义与平等 8 条标准以及人道与自由等 14 条标准融合起来，构成了国家治理和国家制度好坏的价值标准体系。但是，正如伯林所言，这些价值标准有时可能发生冲突而不能两全：

"并非所有的善都相容一致，人类的全部理想就更难完全相容。"① 那么，在这种情况下，应该如何取舍？

究竟言之，最终无疑应该诉诸国家制度终极价值标准，特别是最大利益净余额。按照这一标准，应该保全和遵循价值较大的价值标准，而牺牲和违背价值较小的价值标准，从而使价值净余额达到最大化。可是，正义与平等是国家制度根本价值标准；人道与自由是国家制度最高价值标准：究竟何者的价值大呢？根本的东西的价值，无疑是最大最重要的："正义与平等"的价值大于、重要于"人道与自由"。所以，亚里士多德说："在各种德性中，人们认为正义是最重要的。"② 斯密说得就更清楚了："社会存在的基础与其说是仁慈，毋宁说是正义。没有仁慈，社会固然处于一种令人不快的状态，却仍然能够存在；但是，不正义的盛行则必定使社会完全崩溃。……仁慈是美化建筑物的装饰品而不是支撑它的地基，因而只要劝告就已足够而没有强制的必要。反之，正义是支撑整个大厦的主要支柱。如果去掉了这根柱子，人类社会这个巨大而广阔的建筑物必定会在一瞬间分崩离析。"③

可见，正义和平等的价值大于人道和自由的价值，因而当二者发生冲突而不能两全时，应该牺牲人道和自由而保全正义和平等，亦即应该违背人道和自由原则而遵循正义和平等原则：正义和平等对于人道和自由来说，具有神圣不可侵犯性的绝对优先性。

1 正义优先于人道与自由

首先，我们考察正义与人道的冲突。试以按需分配为例。真正讲来，

---

① Isaiah Berlin: *Four Essays on Liberty*, New York: Oxford University Press, 1969, p. 165.

② 《亚里士多德全集》第八卷，苗力田等译，中国人民大学出版社，1992年，第96页。

③ Adam Smith: *The Theory of Moral Sentiments*, edited by D. D. Raphael and A. L. Macfie, Oxford: Clarendon Press, 1976, p. 86.

按需分配只应该实行于以爱为基本联系的社会，而不应该实行于以利益为基本联系的社会。因为，如果一个社会，比如家庭，它的成员相互间的基本联系是爱，而不是各自的利益，那么，该社会的成员便都不会计较利益得失，而会心甘情愿按需分配。这样，虽然按照正义原则，贡献较多者的所得应该较多，而贡献较少者的所得应该较少；但是，在家庭中，贡献多而需要少者分有较少权利，而贡献少需要多者分有较多权利，并不是不正义，并没有违背正义原则。因为在家庭中，贡献多而需要少者，是出于对贡献少而需要多者的爱，而完全自愿按需分配，因而也就是自愿把自己按照正义原则所应多得的权利转让、馈赠给了贡献少而需要多者。所以，按需分配如果实行于以爱为基础的社会，虽然不是正义的，但也不是不正义的：它是一个高于正义、超越正义因而无所谓正义不正义的仁爱原则、人道原则。这就是按需分配的人道原则应该实行于以爱为基本联系的社会的依据：它并不违背正义原则。

然而，如果一个社会，比如某工厂，它的全体成员的基本联系是各自的利益，而不是相互间的爱，那么，该社会的成员便会计较利益得失。因此，贡献较多而需要较少者，也就不会把自己按照正义原则所应分有的较多权利，自愿转让、馈赠给贡献较少而需要较多者。于是，如果实行按需分配，便是对贡献多而需要少者的按照正义原则所应多得的权利的强行剥夺，便违背了正义原则，是不正义的。这样，按需分配的人道原则便与正义原则发生了冲突。在这种情况下应该怎么办？显然应该违背人道原则而放弃按需分配，从而遵循按贡献分配的正义原则。这就是按需分配之人道原则不应该实行于以利益为基本联系的社会的依据：它违背了正义原则，是不正义的。

可见，遵循人道原则是以不违背正义原则为条件的：只有当其不违背正义原则时，才应该遵循；而当其违背正义原则时，则应该牺牲人道原则而遵循正义原则。这就是说，当人道与正义发生冲突不能两全时，应该违背人道原则而遵循正义原则。正义原则的这种神圣不可侵犯性的优先性，在它与自由原则——亦即最根本的人道原则——发生冲突时，就更加明显了。因为正义显然是纯粹的善原则：符合正义原则的行为，必定是应该的、善的、好的，必定具有正价值。同样，平等原则也是如此。当然，平等未必是善的、公正的、应该的。但是，平等原则与平等根本不同：平等原则是最重要的正义原则。因此，平等原则也是纯粹的善原则：符合平等原则的行为，必定是善的、应该的，必定具有正价值。

相反地，自由原则并不是纯粹的善原则，而是可能善也可能恶但净余额是极其巨大的善的原则。因为自由的行为或符合自由原则的行为，未必是应该的，未必具有正价值。恰恰相反，杀人、放火、奸淫、抢劫等数不胜数的罪恶，无疑都可能是自由的结果。因此，罗兰夫人当年感叹道："自由啊自由，多少罪恶假汝以行！"这是因为，所谓自由，亦即没有外在障碍因而能够按照自己的意志进行的行为。按照自己意志进行的行为或自由的行为，无疑既可能符合善原则，从而是善的、应该的；也可能违背善原则，从而是恶的、不应该的。然而，无论自由或符合自由原则的行为可能造成的罪恶或负道德价值是何等的严重和众多，也都只是局部的、暂时的、非根本的，而它的正道德价值则是根本的、长久的、全局的。因为自由乃是每个人的创造性潜能得到实现和社会繁荣进步的最根本的必要条件：自由具有最高价值。于是，自由的行为或符合自由原则的行为的净余额，便是极其巨大的善了。这就是自由为什么被确立为国家制度最高价值标准的缘故。

然而，能否由此——自由是国家制度最高价值标准——便断言自由不受其他任何价值标准限制，而只受更大的自由限制？阿克顿的回答是肯定的："自由乃至高无上之法律。它只受更大的自由的限制。"[①]这一次是阿克顿错了。因为自由原则所倡导的自由，无疑是无害他人、符合善原则的自由，是善的、应该的自由；而不是有害他人、违背善原则的自

①　阿克顿：《自由与权力》，侯健、范亚峰译，商务印书馆，2001年，第310页。

由，不是恶的、不应该的自由：只有符合善原则的行为方可自由，而违背善原则的行为则不可自由。一句话，所谓自由原则，只是给人以无害他人、符合善原则的行为之自由。

因此，自由原则之为价值标准——亦即自由原则之为国家制度最高价值标准——完全是以接受善和正义等价值标准的限制为前提的，是以符合这些价值标准为前提的：只要自由或自由原则受到其他价值标准——特别是善和正义原则——的限制，从而符合善和正义等价值标准，那么，自由或自由原则就是纯粹的善了。这一道理，至为明显，以致自由主义大师贡斯当也承认，公共意志、人民主权或政治自由原则必须受到正义原则的限制："人民主权并非不受限制，相反，它应被约束在正义和个人权利所限定的范围之内。即使全体人民的意志也不可能把非正义变成正义。"[①] 这样一来，当自由原则与正义原则或平等原则发生冲突不能两全时，显然应该违背自由原则而遵循正义或平等价值标准：正义与平等原则对于自由原则具有绝对的优先性。举例说：

按照自由原则，一个社会的任何强制——特别是对于每个人的权利与义务的分配——必须直接或间接得到全体成员的同意。按照正义原则，社会应该任人唯贤，根据每个人所具有的品德与才能而分配与其相应的职务等权利。一般说来，这两个原则当然是一致的。但是，全体成员同意的，未必就是正义的：公共意志有时可能是不正义的。可以设想，有一个社会的全体成员一致同意制定这样一个原则：所有长官的任免均由财产多少决定。如果照此行事，无疑符合自由原则，却违背了"任人唯贤"的正义原则：自由原则与正义原则发生了冲突。在这种情况下，应该怎么办呢？显然不应该按照财产而应该任人唯贤，亦即应该违背自由原则而遵循正义原则：正义原则对于自由原则具有绝对的优先性。

---

① 贡斯当：《古代人的自由与现代人的自由》，阎克文、刘满译，商务印书馆，1999 年，第63 页。

2　平等优先于自由

平等原则是最重要的正义原则。因此，正义原则对于自由原则具有绝对的优先性，意味着：平等原则对于自由原则具有绝对优先性。试以经济平等原则与经济自由原则的冲突为例：

按照经济平等原则，一方面，在任何社会，每个人不论劳动多少、贡献如何，都应该按人类基本物质需要完全平等地分配基本经济权利（按需分配）。另一方面，应该按照每个人所提供的生产要素的边际产品价值，而分配给他含有等量交换价值的非基本经济权利，以便使每个人所享有的非基本经济权利的不平等，与自己所贡献的生产要素的边际产品价值的不平等的比例，完全平等（按生产要素分配：按劳分配和按资分配）。

按照经济自由原则，经济活动应该由市场机制自行调节，而不应由政府管制，政府管理应仅限于约定经济规则和保障其实行；而在这些经济规则的范围内，每个人都应该享有完全按照自己的意志进行经济活动的自由，都享有完全按照自己的意志进行生产、分配、交换和消费等经济活动的自由。

一般说来，这两个原则当然是一致的。但是，如果强者的经济自由剥夺了那些运气不好的弱者的经济人权，那么，这种剥夺虽符合经济自由原则，却违背经济平等原则：经济自由原则与经济平等原则发生了冲突。在这种情况下，应该怎么办呢？显然应该牺牲经济自由原则而保全经济平等原则，亦即应该由政府限制强者的经济自由——确立和保障经济规则实现的活动属于政府应该管理的领域——通过个人所得税等而从强者的收入中拿出一部分补偿给弱者，从而遵循经济平等原则，做到每个人完全平等地分享基本经济权利：平等原则对于自由原则具有优先性。

然而，最能显示平等原则对于自由原则优先性同时也最令人困惑的，乃是波普所谓的"自由悖论"。这种悖论，在波普看来，首先由柏拉图成功地用来反对自由和民主原则："柏拉图在批评民主以及他对僭主的出现的叙述中，暗含地提出了如下问题：如果人民的意志是他们不应该执行统治，而应该由一个僭主来统治，这又如何呢？柏拉图提示，自由的人可以行使他的绝对自由，起先是蔑视法律，最后是蔑视自由本身，并吵吵嚷嚷地要求一个僭主。这并非完全不可能，而且已经发生过多次了；而每次出现都使那些把多数或类似的统治原则为政治信条的基础的民主派处在理亏的境地。"①

柏拉图的这种自由悖论，果然如波普所言，成功地否定了民主的原则——亦即政治自由原则——吗？当然没有。自由悖论只是表明：当政治自由原则与政治平等原则发生冲突时，应该否定政治自由原则而遵循政治平等原则。因为，如果像柏拉图所说的那样，发生了所谓自由悖论，亦即一个国家的人民的意志竟然是推举一个僭主，委托他进行专制统治，那么，按照人民的意志而由这个僭主进行专制统治，虽符合政治自由原则，却违背政治平等原则：政治自由原则与政治平等原则发生了冲突。在这种情况下，应该怎么办呢？显然应该牺牲政治自由原则而保全政治平等原则，亦即应该违背人民的意志、废除僭主专制而遵循政治平等原则，从而做到每个人完全平等地共同执掌国家最高权力：政治平等原则对于政治自由原则具有优先性。

可见，正义和平等既是国家制度和治理的根本的最重要的价值标准，又是纯粹的善原则。反之，人道与自由虽然是国家制度和治理的最高价值标准，却不是根本的最重要的价值标准；并且，自由原则是兼有善恶而只是净余额为善的原则：自由原则之为纯粹的善原则，是以符合正义和平等诸价值标准为前提的。因此，当正义、平等与自由、人道发生冲突而不能两全时，应该违背人道和自由原则而遵循正义和平等原则：正

---

① 波普：《开放的社会及其敌人》，山西高校联合出版社，1992年，第130页。

义与平等原则对于自由与人道原则具有绝对的优先性。所以，自由主义
论者罗尔斯也这样写道：

"正义是社会制度的首要善，正如真理是思想体系的首要善一样。一
种理论，无论多么高尚和简洁，只要它不真实，就必须拒绝或修正；同
样，某些法律和制度，无论怎样高效和得当，只要它们不正义，就必须
改造或废除。每个人都享有一种基于正义的不可侵犯性，这种不可侵犯
性即使是社会全体的幸福也不得逾越。"①

3　国家制度终极价值标准优先于正义等一切价值标准

罗尔斯这一段话的最后一句"每个人都享有一种基于正义的不可侵
犯性，这种不可侵犯性即使是社会全体的幸福也不得逾越"是不能成立
的。殊不知，正义并非对于任何价值标准都具有绝对的优先性；对于任
何价值标准都具有绝对优先性的价值标准，只能是国家制度价值终极总
标准"增减每个人利益总量"——亦即罗尔斯所说的"社会全体的幸
福"——及其在利益冲突情况下的终极标准："最大利益净余额"和"最
大多数人最大利益"。

因为国家制度价值终极标准之为终极标准，就在于它是在任何条件
下都应该遵守的绝对标准。这意味着：任何标准如果与终极标准发生冲
突，都应该牺牲该标准而遵循国家制度价值终极标准。因此，当正义等
原则与国家制度价值终极标准"社会全体的幸福"发生冲突而不能两全
时，便应该牺牲正义等原则，而遵循国家制度价值终极标准：国家制度
价值终极标准是解决任何国家制度价值标准发生冲突的最终取舍原则。
就拿那个著名的理想实验"惩罚无辜"来说吧：

---

① John Rawls: *A Theory of Justice*, Cambridge, Massachusetts: The Belknap Press of Harvard
University Press, 1999, p. 3.

　　法官明知一个人无辜，但如果遵循正义原则，从而不惩罚和宣判这个无辜者死刑，必将发生一场数百人丧命的全城大骚乱；如果违背正义原则，从而惩罚和宣判这个无辜者死刑，就可以避免那场必有数百人丧命的全城大骚乱。法官应该怎么办？显然应该惩罚这个无辜者。因为惩罚这一个无辜者虽然是非正义的，却能够避免数百无辜者丧生的更大的非正义——从而符合"最大利益净余额"和"最大多数人最大利益"国家制度终极价值标准——因而是应该的善的：国家制度终极价值标准优先于正义等一切价值标准。

第二十三章　专制主义

——极端非人道不自由非正义不平等与损害绝大多数人利益的国家制度和理论体系

本章提要

庶民阶级缺乏社会联系和臣民文化以及传统习俗和功勋无比的伟大领袖等固然是专制产生和存在的原因，却唯有四者——"亚细亚生产方式"和"最高领导人是一个人"的社会结构之本性以及"最高领导人势必拼命追求独掌最高权力"的人性和"国家需要统一、集权和独裁"的政治趋势——才是专制产生和存在的根本原因，堪称专制之根源。从专制根源及其诸多原因来看，专制与其他任何政体一样，在任何条件下都是偶然的、可避免的、可自由选择的：专制是绝对偶然的，绝对不具有历史必然性。这样一来，在任何条件下，专制便都因其极端违背国家制度好坏最高价值标准"人道与自由"和根本价值标准"正义与平等"以及终极价值标准"增进每个人利益总量"而是一种极端恶：专制是绝对的极端恶。因此，认为专制是应该的理论——专制主义——在任何历史条件下便都是极端谬误：专制主义是绝对谬误。

人道主义、自由主义、平等主义和功利主义，如前所述，分别是将"人道"、"自由"、"平等"、"正义"和"增进每个人利益总量"奉为国家制度好坏的价值标准的国家制度和思想体系。那么，是否存在与此相反的国家制度和为这种制度辩护的思想体系？说到底，是否存在一种"不平等"、"不自由"、"非正义"、"非人道"和"损害绝大多数人利益"的国家制度和为这种制度辩护的思想体系？答案是肯定的：那就是专制主义。

一　专制主义概念：中西专制主义之比较

1 专制与专制主义：专制主义界说

"专制"的西文（despotism 英，despotisme 法，Despotie 德）源于希腊文 despotes，原意为家长和奴隶的主人；尔后逐渐演化为统治其奴隶般的臣民的君主，亦即独掌国家最高权力的君主。所以，S. E. 芬纳在给"专制"下定义时这样写道："一种统治者与被统治者的关系是主奴关系的统治形式……专制在概念上几乎与独裁制无法区分开。"[1]

中文"专制"一词，古已有之："专"义为"独、独占、独用、独裁、独断"等，"制"义为"断、决断、主管、裁决"等，"专制"义为"独断、独行"，与单独使用的"专"的词义相同。《韩非子·亡征》便这样写道："出军命将太重，边地任守太尊，专制擅命，径为而无所请者可亡也。"因此，将专制一词用于政体，便是指一个人不受他人及其组织限制地独掌最高权力的政体。所以，严复一再说："专制者，治以一君，而一切出于独行之己意。""专制者，以一人而具无限之权力，为所欲为，莫与忤者也。"[2]

---

[1]　戴维·米勒等编：《布莱克维尔政治学百科全书》，中国政法大学出版社，1992年，第194页。
[2]　刘泽华等：《王权与社会》，崇文书局，2005年，第205页。

因此，所谓专制，从词源上看，不论中西，都是指一个人独断的政体，就是一个人独自掌握国家权力的政体：这是专制的定义吗？答案是肯定的。因为如前所述，"专制"、"君主专制"、"无限君主制"和"完全君主制"是同一概念，亦即一个人不受他人及其组织限制地独掌国家最高权力的政体。

因此，所谓专制主义，也就是一个人独掌国家最高权力的国家制度和理论体系，是一个人独掌国家最高权力的国家制度和为这种国家制度辩护的理论体系。所以，《不列颠百科全书》的"专制主义"词条这样写道：

"专制主义是一种政治理论和实践，指不受限制的中央集权和专制统治。"

这就是为什么，在日常生活和学术著作中，特别是在历史著述中，正如英文的"专制主义"与"专制"是同一名词（despotism）一样，"专制主义"与"专制"、"专制制度"或"专制政体"往往是同一概念，如所谓"罗马帝国专制主义"、"法老埃及的专制主义"、"西周专制主义"等。但是，一般说来，专制属于政体范畴；专制主义则属于政体理论范畴。毋宁说，专制主义主要指专制理论，亦即为专制——一个人独掌国家最高权力——的价值进行辩护的理论：

"专制作为一种价值和行为取向，称为专制主义。"[①]

这样一来，"专制主义"是为专制辩护的理论，便意味着：专制主义就是认为专制是应该的理论，就是认为专制是应该的、具有正价值的、好的、善的理论，说到底，就是认为一个人不受限制地独掌国家最高权力的政体是应该的、具有正价值的、好的、善的理论。确实如此。阿奎那、霍布斯和博丹是公认的专制主义论者，他们都认为君主专制或一人独掌国家最高权力是应该的、具有正价值的、善的，是最好的政体。阿奎那说：

---

① 李宪堂：《先秦儒家的专制主义精神》，中国人民大学出版社，2003年，第33页。

"人类社会最佳的政府形式就是由一个人执掌的政体。"[①] 霍布斯说:"最绝对的君主制乃是政府的最好形态。"[②] 博丹说:"君主制国家最好。"[③]

然而,一个人不受限制地独掌国家最高权力,岂不极端违背"每个人应该完全平等地共同执掌国家最高权力,从而完全平等地享有政治自由"的平等与自由原则?岂不极端违背正义与人道原则(平等是最重要的正义和自由是最根本的人道)?岂不极端损害绝大多数人利益,而极端违背"最大多数人的最大利益"标准?因此,专制主义乃是一种极端"不平等不自由非正义非人道与损害绝大多数人利益"的国家制度和理论体系。

2 专制主义类型:中国专制主义

不难看出,对专制主义进行概念分析的真正困难,与其说是界说,毋宁说是分类,亦即对专制主义的众多流派进行科学的分类。特别是,中国自古以来,直至清朝,几乎所有思想家——儒家、墨家、法家和道家等——竟然无不是专制主义论者。因此,对中国的专制主义理论进行分类和辨析,尤为困难。

中国专制主义的最重要的代表,当然是儒家。儒家专制主义理论可以归结和推演于孔子回答齐景公的那句千古名言:"君君臣臣、父父子子。"这就是说,君应该像君那样作为。可是,君究竟怎样作为才像君呢?首先就应该自己一个人掌握国家最高权力。因为君主之为君主就在于一个人掌握国家最高权力:君主政体就是一个人掌握国家最高权力的政体。所以,孔子的"君君"的首要含义就是君主应该自己一个人掌握

---

① A. P. D'Entreve: *Aquinas Selected Political Writings*, New Jersey: Barnes & Noble Books, 1981, pp. 6–7.

② Thomas Hobbes: *De Cive, or, the Citizen*, Westport, Connecticut: Greenwood Press, 1982, p. 126.

③ 郭华榕:《法国政治思想史》,人民出版社,2010年,第 11 页。

国家最高权力。那么，君究竟应该受宪法、议会等限制——亦即君主立宪——地掌握国家最高权力，还是应该不受宪法、议会等限制——亦即君主专制——地掌握国家最高权力？孔子的回答是后者：君主应该不受限制地——亦即专制地——独掌国家最高权力。因为他一再说天子应该不受诸侯、大夫、陪臣、庶人限制地独掌国家最高权力：

"天下有道，则礼乐征伐自天子出，天下无道，则礼乐征伐自诸侯出……天下有道，则政不在大夫，天下有道，则庶人不议。"①

因此，孔子的"君君"，说到底，就是君主应该独掌国家最高权力，就是君主应该专制，亦即君主专制是应该的：孔子的"君君臣臣父父子子"是一种关于社会治理道德原则的专制主义理论。所以，李大钊说："孔子为历代帝王专制之护符……其说确足以代表专制社会之道德，亦确足以为专制君主所利用资以为护符也。"②

孔子的这种专制主义理论，确如西汉大儒董仲舒所发挥，可以归结为"三纲"："君为臣纲、父为子纲、夫为妻纲。"③诚然，"三纲"就其名词来说，初见于《春秋繁露》和《白虎通义》；但就其概念来说，则无疑是孔子"君君臣臣父父子子"的应有之义。因为专制主义就意味着极端不平等；孔子承认君主一人应该独掌国家最高权力，岂不就意味着君与臣应该极端不平等？岂不就意味着君尊臣卑、君为臣纲？所以，孔子虽然没有讲"三纲"，但"三纲"确是孔子"君君臣臣父父子子"应有之义的逻辑推演，是儒家关于社会治理道德原则的完备化和系统化的专制主义理论。因此，陈独秀说："君尊臣卑、父尊子卑、男尊女卑三权一体的礼教，创始人是孔子。"④

孔子的"君君臣臣父父子子"及其完备的表述"三纲"，不仅是一种

---

① 《论语·季氏》。
② 《李大钊文集》上，人民出版社，1984年，第264页。
③ 班固：《白虎通·三纲六纪》。
④ 吴晓明编选：《陈独秀文选》，上海远东出版社，1994年，第370页。

专制主义，而且是一种永恒的、超历史的专制主义：永恒的、超历史的专制主义就是认为专制在任何历史条件下——任何社会和任何时代——都是应该的理论。因为一方面，孔子说"君君臣臣父父子子"，将君臣比附于父子；另一方面，孔子又称君主为"天子"，将君主比附于天日："孔子曰：'天无二日，民无二王。'"[①]这样一来，国家之有君主，岂不就与家庭之有父母和天之有日一样天经地义？岂不就与家庭之有父母和天之有日一样，是永恒的、超历史的吗？所以荀子说："君臣、父子、兄弟、夫妇，始则终，终则始，与天地天理，与万世同久。"[②]

可见，孔子和儒家的专制主义乃是一种永恒的、超历史的专制主义，是一种认为专制在任何历史条件下——任何社会和任何时代——都是应该的理论。因此，朱熹说："三纲、五常，亘古亘今不可易。"[③]不独儒家，而且几乎所有中国古代思想家竟然皆以为君主专制在任何历史条件下——任何社会和任何时代——都是天经地义之正道：他们统统是永恒的、超历史的专制主义论者。首先，按照墨家的观点，无君臣必天下乱，人类只有通过确立君臣关系才可能离开混乱无序的自然状态，从而建立社会和国家；君臣关系与社会、国家同始终，因而是超历史的、永恒的。墨子的"尚同"篇便这样写道："无君臣、上下、长幼之节，父子、兄弟之礼，是以天下乱焉！明乎民之无正长以一同天下，而天下乱也。是故选择天下贤良、圣知、辩惠之人，立以为天子，使从事乎一同天下之义。"[④]

其次，法家比儒墨走得更远，以致将专制主义理论推向极端而倡导绝对专制主义，因而更加强调专制在任何历史条件下——任何社会和任何时代——都是应该的。所以，韩非子一再说，君臣之道乃是永恒的超

---

① 《孟子·万章上》。所以，董仲舒说："王道之三纲，可求于天。"《春秋繁露·基义》。
② 《荀子·王制》。
③ 朱熹：《四书集注》，中华书局，1988年，第19页。
④ 《墨子·尚同中》。

历史的天下之常道："臣事君、子事父、妻事夫，三者顺而天下治，三者逆而天下乱，此天下之常道也。"①

最后，专制主义竟然如此深入中国思想家之灵魂，就连主张远离社会而深就山泉的道家，特别是庄子，居然也津津乐道君臣之道就是天道，是天地之行、天经地义："君先而臣从，父先而子从，兄先而弟从，长先而少从，男先而女从，夫先而妇从。夫尊卑先后，天地之行也，故圣人取像焉。"②

儒、墨、道、法和阴阳家虽然都是永恒的超历史的专制主义论者，但他们所主张的专制主义仍然存在着很大的不同。这些不同可以归结为两大类型：韩非和法家所代表的霸道的专制主义与孔子和儒家所代表的王道的专制主义。何谓王道与霸道？冯友兰的回答甚为精辟：

"照孟子和后来的儒家说，有两种治道。一种是'王道'，另一种是'霸道'。它们是完全不同的种类。圣王的治道是通过道德指示和教育；霸主的治道是通过暴力和强迫。王道的作用在于德，霸道的作用在于力。"③

因此，所谓霸道的专制主义，亦即野蛮、邪恶的专制主义，亦即认为专制即使在专制者的统治是野蛮的、邪恶的、不道德的情况下也是应该的理论。这种理论完整的、完善的形态，就是韩非的"法术势"专制主义理论。因为按照这种理论，明君治国必用法、术、势，而不问是否道德，必要时应该不择手段；甚至对自己的大臣，也不必道德地对待，而只要"杀戮和奖赏"两手就足够了：

"明主之所以导制其臣者，二柄而已矣。二柄者，刑德也。何谓刑德？曰，杀戮之谓刑，庆赏之谓德。为人臣者，畏诛罚而利庆赏。故人

① 《韩非子·忠孝》。

② 《庄子·天道》。

③ 冯友兰：《中国哲学简史》，北京大学出版社，1985年，第90页。

主自用其刑德，则群臣畏其威而归其利矣。"①

反之，所谓王道的专制主义，亦即开明的、仁慈的专制主义，亦即认为专制只有在专制者的治理符合道德的前提下才是应该的理论。这种理论完整的、完善的形态，就是儒家的"仁政"和"王霸"的专制主义理论。因为按照这种理论，明君治国必须符合道德。这样一来，君主的专制便只有在其治理符合道德的前提下才是应该的，他才应该做君主而臣民才应该服从他；否则，如果君主的统治违背道德，就是不应该的，他就不应该做君主而臣民就不应该服从他：

"贼仁者谓之贼，贼义者谓之残。残贼之人，谓之一夫。闻诛一夫纣也，未闻弑君也。"②

王道的开明的仁慈的专制主义之最高境界，无疑是儒家的"民本论"。所谓"民本"，亦即"民惟邦本"，亦即"国以民为本"、"政以民为本"和"君以民为本"，说到底，亦即君主治国应该以民为本："民惟邦本，本固邦宁"。儒家的这种民本理论可以归结为"民贵君轻"说、"民视民听"说、"立君为民"说和"得民为君"说。

何谓"民贵君轻"？孟子曰："民为贵，社稷次之，君为轻。是故得乎丘民为天子，得乎天子为诸侯，得乎诸侯为大夫。"③何谓"立君为民"说？董仲舒说："天之生民，非为王也；而立王，以为民也。故其德足以安乐民者，天予之；其恶足以贼害民者，天夺之。"④何谓"得民为君"说？孟子说："桀纣之失天下也，失其民也。失其民者，失其心也。得天下有道，得其民，斯得天下矣。"⑤何谓"民视民听"说？孟子说："《泰誓》曰：'天视自我民视，天听自我民听。'此之谓也。"⑥

---

① 《韩非子·二柄》。
② 《孟子·梁惠王下》。
③ 《孟子·尽心下》。
④ 董仲舒：《春秋繁露·尧舜不擅移汤武不专杀》。
⑤ 《孟子·离娄上》。
⑥ 《孟子·万章上》。

　　显然，民本论是一种关于君主应该以民为本的治国理论，可以称之为民本主义的专制主义，属于开明专制主义范畴。民本主义的开明专制主义虽然远远优良于霸道的专制主义，却同样主张应该由天子一人独掌国家最高权力，而剥夺其他所有人原本应该完全平等地共同掌握国家最高权力的权利以及各种平等、自由与人权等权利；因而同样主张只有天子一人是主人、主公，而所有人都是奴才、牛羊、猪狗和牲畜，使所有人都生活于一个遭受全面奴役、异化的极端不平等不公正不自由无人权和非人道的等级社会而不成其为人。

　　因此，民本主义的专制主义与霸道的野蛮的专制主义的区别不过在于，霸道的野蛮的专制主义不知爱惜奴才、牛羊和牲畜，却任意凌辱和虐待奴才、牛羊和牲畜，因而逼迫奴才、牛羊和牲畜反叛；而民本主义的开明专制主义则知道爱惜和善待奴才、牛羊、牲畜，哄骗奴才、牛羊和牲畜不思反叛罢了。这就是王道的仁慈的开明的专制者和专制主义论者所谓"爱民"和"以民为本"之真谛。

　　诚然，专制者和专制主义论者的"爱民"和"以民为本"可能是真诚的。但是，这种真诚，恰似养猪场场长主张"爱猪"和"以猪为本"的真诚。问题的关键，并不在于养猪场场长主张"爱猪"和"以猪为本"如何真诚；而在于"猪们"一听到养猪场场长主张"爱猪"和"以猪为本"，便感激涕零，奔走呼告："场长说啦，他要以我们为本呢，猪们要当家做主啦！"可悲与这些蠢猪何其相似，儒家民本的开明专制主义理论，如所周知，竟然被一些学者当作民主理论；而且，这种等同，近百年来，反复出现，愈演愈烈。

　　这种等同无疑是错误的。因为民本理论明明白白并不否定君主，并不认为君主不应该存在；恰恰相反，它完全以承认和肯定君主为前提，它完完全全肯定君主应该存在。它只是否定霸道的、邪恶的、不道德的君主，只是认为不应该存在霸道的、邪恶的、不道德的君主；而完全肯定王道的、道德的、仁爱的君主，认为应该存在王道的、道德的、仁爱的君主，亦即主张君主应该遵守治理民众的道德，亦即遵守所谓"民本"道德：民本论是一种关于君主应该如何治国的理论。既然如此，它岂不明明白白是一种开明专制主义？它怎么可能是民主理论呢？难道还有什么认为君主应该存在的民主理论吗？难道还能有什么主张开明君主专制的民主理论吗？肯定民本论就是民主论岂不如同肯定存在"圆的方"和"木的铁"？

儒家的民本理论并非民主理论，绝非偶然。因为中国自古以来，直至清朝，除了阮籍、鲍敬言和无能子等寥若晨星的无政府主义的无君论者之外，几乎所有思想家——儒家、墨家、法家、道家和阴阳家等——都是专制主义论者。所以，四千年来，中国也就没有一位思想家有民主思想，没有一位思想家将自由奉为社会治理道德原则：专制主义论者怎么可能将自由奉为道德原则呢？专制主义论者怎么可能有民主思想呢？有鉴于此，严复叹曰："夫自由一言，真中国历古圣贤之所深畏，而从未尝立以为教者也！"[1]

梁启超亦云："中国人很知民众政治之必要，但从没有想出个方法叫民众自身执行政治。所谓 by people 的原则，中国不惟事实上没有出现过，简直连学说上也没有发挥过。"[2] 梁漱溟和金耀基则指出中国历代思想家，固然有"民有"、"民享"、"民本"思想，却没有一位有"民主"、"民治"思想："在中国虽政治上民有、民享之义，早见发挥，而二三千年卒不见民治之制度。岂止制度未立，试问谁曾设想及此？三点本相联，那两点从孟子到黄梨洲可云发挥甚至，而此一点竟为数千年设想所不及，讵非怪事？"[3]"任何一位大儒，都几乎是民本思想的鼓吹者，'天下非一人之天下，天下人之天下'，肯定了民有（of people）的观念；'民之所好好之，民之所恶恶之'，肯定了民享（for people）的思想；……但是，中

---

[1]　卢云昆编选：《严复文选》，上海远东出版社，1996年，第4页。

[2]　梁启超：《先秦政治思想史》，中华书局，1986年，第192页。

[3]　梁漱溟：《中国文化要义》，《梁漱溟全集》第3卷，山东人民出版社，1990年，第192页。

国的民本思想毕竟与民主思想不同，民本思想虽有'民有'、'民享'的观念，但总未走上民治（by people）。"[1]

这样一来，中国诸子百家之不同，便不在于是否主张专制，因为他们都是肯定专制的专制主义论者；也不在于主张在何种历史条件下应该专制，因为他们都认为专制在任何历史条件下都是应该的，他们都是永恒的超历史的专制主义论者。他们的不同只在于主张怎样的专制：是王道的、开明的、仁慈的专制主义，还是霸道的、野蛮的、邪恶的专制主义？因此，中国专制主义便可以归结为两大混合类型：以孔子和儒家为代表的"永恒且开明专制主义"与以韩非和法家为代表的"永恒且邪恶专制主义"。

所谓永恒且邪恶专制主义，亦即永恒专制主义与邪恶专制主义之结合，因而在它看来，专制不仅在任何历史条件下永远都是应该的，而且即使在专制者的统治是不道德的条件下也是应该的；这样，专制也就是在任何条件下都是应该的，也就是无条件应该、绝对应该的：永恒且邪恶专制主义也就是绝对专制主义。反之，永恒且开明专制主义则是永恒专制主义与开明专制主义之结合，因而在它看来，专制虽然在任何历史条件下永远都是应该的，却只有在君主的治理符合道德的前提下才是应该的；否则，如果君主的统治违背道德，就是不应该的，他就不应该做君主而臣民就不应该服从他。于是，专制并非在任何条件下都是应该的，而是有条件应该、相对应该的：永恒且开明专制主义是一种相对专制主义。

3 专制主义类型：西方专制主义

西方固然也有专制主义；但与中国根本不同。因为，一方面，中国

---

[1]　金耀基:《从传统到现在》，中国人民大学出版社，1999年，第21页。

古代思想家几乎无不是专制主义论者，而没有一位思想家将自由奉为国家制度价值标准，没有一位思想家有民主理论。反之，西方地地道道的专制主义思想家寥寥无几，公认的专制主义思想家恐怕只有阿奎那、霍布斯、菲尔麦、博丹和马基雅维利几人而已；而主张民主和将自由奉为国家制度价值标准的思想家则多如繁星，甚至一些专制主义思想家，如马基雅维利和但丁，同时也主张民主、共和或将自由奉为国家制度价值标准；并且这种自由和民主理论自 17 世纪以降，四百年来，一直是西方思想界的主流意识形态。

另一方面，中国专制主义论者统统主张永恒的、超历史的专制主义；反之，西方专制主义论者有些主张永恒的、超历史的专制主义，有些则主张暂时的、历史的专制主义——暂时的历史的专制主义就是认为专制只是在一定历史条件下才是应该的理论——这些暂时的历史的专制主义论者，如但丁和马基雅维利，同时又是主张民主和将自由奉为国家制度价值标准的自由主义论者。

具体言之，阿奎那和霍布斯所主张的，与中国思想家一样，是永恒的、超历史的专制主义。因为阿奎那认为，正如人体永远只有一颗心、蜜蜂永远只有一个王、宇宙永远只有一个上帝一样，任何社会和国家也永远应该只有一个人掌握最高权力：君主专制永远是人类社会的最好的政体。他这样写道：

"既然自然界总是以最佳方式劳作，那么，最接近大自然方法的，就是最佳的方法。而在自然界，总是由一个东西进行管理。身体各器官都由一个器官来指挥，那就是心；灵魂中也只有一个最卓越的能力，那就是理性。蜜蜂有一个王，而整个宇宙也只有一个上帝，即造物主和统治万物的君主。这完完全全依据理性：所有众多皆源于统一。这样一来，既然艺术作品只不过是一种对大自然作品的模仿，既然最好的艺术作品就是忠实表现其自然范本的作品，那么，结论必然是：人类社会最佳的政府形式就是由一个人执掌的政体。"①

如果说阿奎那永恒专制主义的证明主要还是一种类比和比附的话，那么，霍布斯永恒专制主义则完全是一种逻辑的和科学的证明——这种证明主要完成于他的《论公民》和《利维坦》——通过这种证明，他得出结论说，绝对的君主专制是最佳的政体：

"最绝对的君主制乃是政府的最好形态。可以说明这一点的是，不仅君主，而且那些被人民或贵族统治的城邦，都将战争的全权——一种最绝对的权力——只授予一个人。因此，君主制是军营的最好统治形式。然而，国家不正是由权力和彼此抗争的人们所武装起来的营地吗？人与人相互间的状态不正是自然状态即战争状态吗？"②

与霍布斯、阿奎那和中国历代思想家不同，马基雅维利主张相对的、暂时的、历史的专制主义。因为马基雅维利在他那本篇幅四倍于其《君主论》的《论李维》中，详尽论述民主共和实为最优良政体。通过这些论述，他得出结论说：

"对自由生活方式的热爱不难理解。从经验可知，缺少自由的城邦，向来不可能扩张其地盘和财富。看看雅典人摆脱了皮西斯特拉图斯的专制统治后，在一百年里取得了怎样的丰功伟绩，真是让人啧啧称奇。"③

一言以蔽之："民治优于君主的统治。"④但是，马基雅维利看到，君主专制并非一无是处：就军事、战争、组织效率、保障秩序和实现国家统一来说，专制优于民主。因此，就当时处于内忧外患、混乱无序的意大利来说，实行专制优于实行民主，因而应该实行君主专制：专制在一定历史条件下是应该的。所以，马基雅维利为当时的意大利热切呼唤新的

① A. P. D'Entreve: *Aquinas Selected Political Writings*, New Jersey: Barnes & Noble Books, 1981, pp. 6–7.
② Thomas Hobbes: *De Cive, or, The Citizen*, Westport, Connecticut: Greenwood Press, 1982, p. 126.
③ 马基雅维利:《论李维》，冯克利译，上海人民出版社，2005年，第213页。
④ 同上书，第195页。

君主，断言处于这种历史条件下的意大利"将赋予新君主以名誉和地位。那么，这个时机——意大利终于盼望她的救星——绝不可以错过。在那些一直遭受外国蹂躏的所有地方，人们将怀着怎样的热爱、怎样的复仇的渴望、不渝的忠诚、献身精神和热泪来欢迎他！"①

这样一来，与中国思想家的专制主义只有两种类型——永恒且开明专制主义与永恒且邪恶专制主义——不同，西方思想家的专制主义则分为四大类型，亦即永恒且开明专制主义与永恒且邪恶专制主义以及暂时且开明专制主义与暂时且邪恶专制主义：永恒且邪恶专制主义是绝对专制主义，而其余三种显然都属于相对专制主义范畴。永恒且邪恶专制主义或绝对专制主义的代表人物主要是博丹、菲尔麦和霍布斯。因为他们与中国的韩非或法家一样认为：专制不仅在任何历史条件下永远都是应该的，而且即使在专制者的统治是残暴的、不道德的条件下也是应该的，也是臣民应该服从而不应该反抗的。霍布斯甚至写道：

"大体说来，容忍对暴君专制公言仇恨就是容忍对国家的仇恨。"②

永恒且开明专制主义的代表人物当推柏拉图、阿奎那和但丁。因为柏拉图、阿奎那、但丁与中国的儒家一样，虽然认为君主专制永远是人类社会的最好的政体，却又补充说君主专制只有在专制者的治理符合道德的前提下才是应该的、优良的；否则，如果专制者违背道德而成为暴君，那么，专制就是不应该不道德的，甚至是最坏的："正如由一个国王执掌的政治是最好的统治形式一样，由一个暴君执掌的政治是最坏的统治形式。"③所以，"无论谁被宣布接任王位，都应该具有那种使他不致成为暴君的德性，这是十分必要的。"④柏拉图也一再说：

①　Niccolo Machiavelli: *The Prince*, Danbury, Connecticut: Grolier Enterprises Corp., 1981, p. 86.

②　Thomas Hobbes: *Leviathan,* New York: Simon & Schuster, 1997, p. 506.

③　A. P. D'Entreve: *Aquinas Selected Political Writings*, New Jersey: Barnes & Noble Books, 1981, p. 8.

④　Ibid., p. 57.

"由一个人进行统治，并且这种统治能够保持在法律的规则中，也就是说依据被我们称作法律的成文法则来治理，那么，这种统治是所有六种统治中最优秀的。但若不依据法律来统治，那么，这种统治是最糟糕的。"[①] "最好的国家是从君主制中产生出来的，只要有一位最好的立法者和一位有约束的君主，那么，要建成一个最好的国家是轻而易举的；而要从寡头制中产生好国家就不那么容易，要从民主制中产生好国家就更不容易。"[②]

暂时且邪恶专制主义，亦即暂时专制主义与邪恶专制主义之结合。因此，按照这种专制主义，专制虽然只是在一定历史条件下才是应该的；但是，在这种历史条件下，即使专制者的统治是不道德的，也是应该的。暂时且邪恶专制主义的代表人物无疑是马基雅维利。因为马基雅维利不但认为专制在一定历史条件下——如当时处于内忧外患、混乱无序的意大利——是应该的，而且认为在这种历史条件下，即使专制者的统治是不道德的，专制也是应该的：

"君主必须有足够的谨慎，知道如何避免那些将使自己垮台的罪恶丑行；反之，如果这些恶行可能保护自己的宝座，他就应该保留它们。"[③] "君主既然应该知道怎样聪明地效法野兽的本性，他就应该既做狮子又当狐狸……当然，君主必须用一种美丽的外衣将这种兽性包裹起来，而巧妙地做一个不露真相的伪善者。"[④]

这样，一方面，马基雅维利便与韩非相同，都是邪恶专制主义论者，都认为专制即使在专制者的统治是野蛮的、邪恶的、不道德的情况下也是应该的。但是，另一方面，马基雅维利又与韩非根本不同：韩非是永恒专制主义论者，认为专制在任何历史条件下都是应该的；反之，马基

①　《柏拉图全集》第三卷，王晓朝译，人民出版社，2003 年，第 159 页。

②　同上书，第 469 页。

③　Niccolo Machiavelli: *The Prince*, Danbury, Connecticut: Grolier Enterprises Corp., 1981, p. 51.

④　Ibid. p. 58.

雅维利则是暂时专制主义论者，认为专制只是在一定历史条件下才是应该的。

暂时且开明专制主义，亦即暂时专制主义与开明专制主义之结合。因此，在这种专制主义看来，只有在一定历史条件和专制者的治理符合道德的双重前提下，专制才是应该的；亚里士多德堪称暂时且开明专制主义的代表人物。因为一方面，亚里士多德认为专制只是在一定历史条件下——一定社会和一定时代——才是应该的、正义的：

"有些社会自然地宜于专制式的统治，另一些宜于君王为治，又另一些则宜于城邦团体的宪政的统治。这些，对于每一类的社会，各从其宜，也各合乎正义。"[①]

另一方面，亚里士多德认为专制只有在专制者具有出众的才德因而其治理符合道德的前提下才是应该的、正义的："如果一个家族，或竟是单独一个人，才德远出于众人之上，这样，以绝对权力付给这个家族，使成王室；或付给单独一人，使他为王，这就是合乎正义的了。"[②]

于是，一方面，亚里士多德便与儒家——特别是孟子——相同，都是开明的仁慈的专制主义论者，都认为专制只有在专制者的治理符合道德的前提下才是应该的、正义的。但是，另一方面，亚里士多德又与儒家根本不同：儒家是永恒专制主义论者，认为专制在任何历史条件下都是应该的；反之，亚里士多德则是暂时专制主义论者，认为专制只是在一定历史条件下才是应该的。

综观专制主义概念可知，专制主义虽然五花八门、纷纭复杂，但一言以蔽之，专制主义无非是认为专制是应该的理论：或者认为专制只是在一定历史条件下才是应该的（暂时专制主义）；或者认为专制在任何历史条件下都是应该的（永恒专制主义）；或者认为专制只有在专制者的治

---

① 亚里士多德：《政治学》，吴寿彭译，商务印书馆，1996年，第172页。
② 同上书，第173页。

理符合道德的前提下才是应该的（开明专制主义）；或者认为专制即使在专制者的统治是邪恶不道德的情况下也是应该的（野蛮专制主义）。

因此，专制主义是否为真理，完全取决于专制是否应该？如果专制是应该的，专制主义就是真理；否则，如果专制是不应该的，专制主义就是谬误。如果专制只是在一定历史条件下才是应该的，暂时专制主义就是真理；否则，如果专制在任何历史条件下都是不应该的，暂时专制主义就是谬误。如果专制在任何历史条件下都是应该的，永恒专制主义就是真理；否则，如果专制只是在一定历史条件下才是应该的，或者在任何历史条件下都是不应该的，那么，永恒专制主义就是谬误。如果专制只有在专制者的治理符合道德的前提下才是应该的，开明专制主义就是真理；否则，如果专制在任何情况下都是不应该的，开明专制主义就是谬误。如果专制即使在专制者的统治是邪恶不道德的情况下也是应该的，邪恶专制主义就是真理；否则，如果专制只有在专制者的治理符合道德的前提下才是应该的，或者专制在任何情况下都是不应该的，那么，邪恶专制主义就是谬误。

因此，专制主义是否真理全在于：专制是否——在任何条件或一定条件下——应该？自从文艺复兴时期自由主义之兴起，经过二三百年的搏斗，终于在 17 世纪击溃专制主义而成为西方社会主流意识形态；四百年来，学术界似乎已经达成共识：专制是不应该的因而专制主义是谬误。然而，细究起来，正如魏特夫（Karl A. Wittfogel）所指出："大体说来，伯里在自由主义时期结束时所言甚是：几乎无人通过详尽的比较研究来确定专制主义之特征。"[①] 特别是，专制主义大师们——西方如柏拉图、亚里士多德、阿奎那、霍布斯、但丁和马基雅维利，中国如孔子、墨子、孟子、荀子、老庄和韩非等——所主张的专制主义的论点和论据，真正

---

① Karl A. Wittfogel: *Oriental Despotism: A Comparative Study of Total Power*, New Haven: Yale University Press, 1957, p. 2.

讲来，还没有被系统批驳；专制主义之谬误迄今并没有得到系统而严谨的确证。一句话，专制究竟是否应该？专制主义为什么是谬误？这仍然是根本没有得到证明的理论难题。

破解这一难题的关键无疑是：专制究竟是如何产生和存在的？它的产生和存在究竟是必然的还是偶然的？这就是专制之事实如何的问题：只有知道专制之事实如何，才可能确证专制之应该如何。这是不难理解的。试想，如果确如孔子和阿奎那所言，国家最高权力的掌握者只能是一个人，如同天上只有一个太阳、人体只有一颗心、蜜蜂只有一个王、宇宙只有一个上帝一样，乃是必然的、不可避免的、不可自由选择的本性，那么，专制便是天经地义的，或者毋宁说，专制本身是不可言善恶的，而只有可以自由选择的某种专制——开明专制和暴君专制以及王道专制和霸道专制——才是可以言善恶的。相反地，如果国家最高权力的掌握者是一个人还是若干人抑或多数人，是偶然的、任意的、可以自由选择的，那么，专制便因其违背平等和自由等国家制度好坏价值标准而是恶的、不应该的，因而专制主义岂不就是谬误？所以，确证专制之应该与否的关键，就是揭示专制之事实如何，亦即揭示专制之起源和本性：专制的产生和存在究竟是必然的还是偶然的？

二　专制的起源和本性：专制主义的根本问题

1 专制的普遍根源：人性与社会结构之本性

专制起源：原始社会　吕思勉曾说："元始的制度，总是民主的。"[①]确

---

① 王元化主编:《释中国》第三卷，上海文艺出版社，1999年，第1479页。

实，就人类社会的政治形态来说，民主先于专制：专制是派生的、后来的；民主则是元始的、最初的。摩尔根在其呕心沥血四十年写就的《原始社会》中指出，原始社会的政治，总体讲来，是民主的："他们的政府本质上是民主的……因为组织的单位——氏族——本质上是民主的，因而由氏族构成的胞族、由胞族构成的部落以及由部落同盟或部落的联合而成的氏族社会，必然是民主的。"[1] 这种民主政治，贯穿原始社会之始终，而呈现三种连续形态：

"政府观念的发展，始于氏族组织形成的野蛮时代；而一直到文明时代建立的政治社会制度，其间显示着三大渐进发展阶段。第一阶段是由各个氏族所选举的酋长议会组成的部落政府，可称之为一权政府，即议会政府。它一般盛行于开化状态低级期的诸部落间。第二阶段是酋长议会与军务总司令握有平等权力的政府；议会代表民政上的职责，总司令代表军事上的职责。这种形式的政府出现于开化状态低级期部落联盟形成以后，及至开化状态中级期才得以确立。此军务总司令或主要的军事指挥官之职，就是尔后的行政长官、国王、皇帝和总统之胚芽。第二阶段的政府可称之为二权政府，即酋长议会与总司令官的政府。第三阶段是由酋长议会、人民会议和军务总司令官三者所组成的人民或民族政府。这种形式的政府出现于开化状态高级期部落，如荷马时代的希腊和罗缪路斯时期的意大利诸部落。随着人口大量增加而结合为民族和构筑城墙、创造了土地禽兽畜群等财富，人民会议遂作为政府的一种机构。人民会议无疑是由于当时仍然存在酋长议会因民众的压力而不得不设立的，以便将最重要的公务交与人民会议听其接受或拒绝；这就是众议院之由来。人民会议并不开创什么举措；它的职责只是接受或拒绝：它的接受或拒绝就是最后决定。从它最初出现的时候起，它就成为政府的一种永久的权力。酋长议会不再有通过重要公务的权力了，而变成了一种考虑和提

[1] Lewis H. Morgen: *Ancient Society*, Chicago: Charles H. Kerr & Company, 1907, p. 66.

出各种法案的预审机构，这些法案只有通过人民会议才能发生效力。这种政府可称之为三权政府，即预审机关的酋长会议、人民会议和总司令官的政府。这种政府一直存在到政治社会制度建立的时代，这期间，例如在雅典人之间，酋长议会成为元老院、人民会议成为 'ecclesiaa' 或众议院。"①

那么，原始社会是否存在君主专制政体？摩尔根的回答是肯定的：君主专制政体在原始社会晚期偶尔出现过，然而无不是短命的。因为"君主政体与氏族制度是不相容的，它是文明时代晚期的产物。专制政体在野蛮时代高级期的希腊诸部落间曾出现过；但都是基于篡夺，被人们视为非法，因而实际上与氏族社会的观念是格格不入的。"②专制政体在原始社会的产生和存在是偶然的，因而与当时社会经济发展没有必然联系。那么，它当时产生和存在的根源究竟是什么？究其最为普遍而深刻的根源，显然可以归结为两个方面：一方面是人的本性，亦即人性；另一方面则是社会结构本性。

专制起源：欲贵者，人之同心也　从人性来看，每个人——原始社会的人也同样是人——无不追求个人利益，尤其是个人权力。因为人是社会动物，每个人的一切利益，归根结底，无不是社会和他人给予的；他的最根本最重要的利益，就是社会和他人必须且应该给予他的利益，亦即他的受到权力和法律保障的利益，亦即他的权利：权利就是权力所保障的利益。这样一来，权力本身岂不就是最大的利益？因此，人无不渴求权力，亦即求贵而避贱，以致连认为义利相反的道义论代表人物孔子和孟子也不得不承认：

"欲贵者，人之同心也。"③"富与贵，人之所欲也。"④

---

① Lewis H. Morgen: *Ancient Society*, Chicago: Charles H. Kerr & Company, 1907, pp. 121-122.

② Ibid., p. 126.

③ 《孟子·梁惠王上》。

④ 《论语·里仁》。

人们对于贵或权力的追求的努力程度，显然与其高低大小成正比：权力越大，人们便越是努力追求。所以，人们对于一个社会或国家的最高权力的追求，往往可以达到父子相残而置一切于不顾的疯狂地步。问题的关键还在于，权力的大小，正如马起华所言，与同一权力握有者的人数成反比：

"就同一权力行使的人数言，人数愈少，每人权力愈大；人数愈多，每人权力愈小。所以独任制首长的权力大于合议制首长的权力。"[①]

因此，如有可能，每个人必定拼命追求或渴求一个人独掌社会或国家的最高权力。这就是那些原始社会的军务总司令或酋长——他们是最有可能独掌氏族社会最高权力的人——敢冒当时民主的氏族社会之大不韪而篡夺和独掌最高权力的人性根源，这就是原始社会出现专制的人性根源，这就是专制产生和存在的人性根源。

专制起源：政治首脑只能是一个人　从社会结构的本性来看，任何一种社会或国家——原始社会亦不例外——的政治首脑或最高政治领导人，一般说来，必定都是一个：一个酋长、一个军务总司令、一个州长、一个国家主席。即使是民主国家的最高领导人——亦即总统——也只是一个。对于这个道理，考茨基曾有十分精辟的论述：

"每一社会结构，正如每一个动物机体一样，必须有一个首脑，以统一它的愿望和行动。在动物或人的社会里，这样的首脑只能以该类中的一个个体来充当。一个社会意志只是一个抽象，只有单个的动物或单个的人才能够有愿望。动物社会没有一个带头的动物已经不行，人群更不能没有一个首领。甚至最无拘束的九柱戏俱乐部也需要一个主席。有时居于一个社会组织之首的不是一个个人，而是一个团体，一个委员会，但要交涉，执行职能时，它也必须选出一个主席。"[②]

---

① 马起华：《政治理论》第二册，台北：商务印书馆，1977年，第163页。
② 考茨基：《唯物主义历史观》第四分册，《哲学研究》编译室编译，上海人民出版社，1964年，第322页。

最高领导人是一个人，当然并不意味着，最高权力的掌握者是一个人：二者根本不同。因为在一个民主国家，最高领导人或总统虽然是该国权力最大的一个人，但他并不掌握最高权力。对于最高权力来说，他与任何一个公民是完全一样的："一个顶一个，不能一个顶两个。"这就是说，总统与每个公民是完全同等地掌握国家最高权力；否则，就不是民主国家了。但是，最高领导人，就其人性来说，必定努力渴求独掌社会或国家的最高权力，因而也就使"最高领导人是一个人"，极易变成"最高权力的掌握者是一个人"，从而极易变成专制君主：这就是原始社会出现专制的社会结构之根源，这就是专制产生和存在的社会结构之根源。显然正是鉴于专制的这一根源，易洛魁氏族社会曾违背社会结构之本性而设立两名最高领导人：

"创立两名而不是一名主要的军务首长，并且授予同等权力，昭示精明而深思熟虑的防止一人专权的政策甚至及于军务。他们这样做并无经验可循，却与罗马人废止列克斯（rex）职务之后设立两名而不是一名执政官的政策毫无二致。"①

总而言之，一方面，任何社会的最高领导人，一般说来，同样都是一个人；另一方面，任何社会的最高领导人同样是人，因而无不具有渴求独掌最高权力的人性。于是，合而言之，"最高领导人是一个人"的社会结构之本性和"最高领导人势必拼命追求独掌最高权力"的人性，不但是中国、俄罗斯和印度等东方国家出现专制政体的根源，而且是欧美等西方国家出现专制政体的根源：二者是一切社会出现专制政体的普遍根源，是专制的普遍根源。

然而，"最高领导人是一个人"的社会结构之本性和"最高领导人势必拼命追求独掌最高权力"的人性，仅仅是一切社会出现专制政体的抽象的一般的普遍的根源，而并非某些社会专制产生和存在的具体的特殊

---

① 　Lewis H. Morgen: *Ancient Society*, Chicago: Charles H. Kerr & Company, 1907, p. 151.

的根源。这样一来，它们就无法解释：为什么中国等东方国家为什么自五帝时代——原始社会向阶级社会过渡阶段——以降，五千年来，始终是专制政体；相反地，欧美等西方国家民主等非专制政体却是主流？这一现象无疑只有专制产生和存在的特殊的具体的根源才能解释。因为专制产生和存在的特殊的具体的根源，因社会不同、时代不同而不同；其中最重要最具现实意义的根源，就是自原始社会向阶级社会过渡以来就存在的所谓"亚细亚生产方式"：它是中国等东方国家五千年来始终实行专制政体的根本原因，是东方政体不同于西方政体的根本原因。

2 专制的特殊根源：亚细亚生产方式

生产资料及其经济权力官有制：亚细亚生产方式根本特征 在马克思看来，亚细亚生产方式诞生于原始社会末期，亦即向阶级社会的转化和过渡阶段，说到底，亦即当时摩尔根尚不知晓而为今日人类学家所发现的"酋邦"社会。因为酋邦社会的根本特征，如所周知，是产生了专门的、正式的、独立的、常设的官僚管理机构和政治组织。哈维兰和恩伯等人称这种社会为"酋长社会"或"酋长领地"。[1] 这种正式的、常设的官僚管理机构无疑使酋长的权力和地位极大提高，甚至可能使他独掌最高权力而成为专制君主。

我们说马克思认为亚细亚生产方式诞生于酋邦社会的根据，主要是马克思《资本主义生产以前的各种形式》等论及"亚细亚的所有制形式"一再说，所谓亚细亚生产方式，一方面是一种农业和家庭手工业的相结合的宗法制的封闭孤立分散的自然经济；另一方面，也是更重要的，则在于亚细亚的所有制形式——亚细亚生产方式的决定性要素——是以部落的或公社的"公有制"为其现象的土地"专制君主所有制"："部落的"

---

[1] 哈维兰：《当代人类学》，上海人民出版社，1987年，第476页。

岂不意味着原始社会？"专制君主"岂不意味着阶级社会？合而言之，岂不意味着原始社会向阶级社会过渡阶段的酋邦社会？请看马克思原话：

"这种以同一基本关系[即土地公有制]为基础的形式，本身可能以十分不同的方式实现出来。例如，跟这种形式完全不矛盾的是，在大多数亚细亚的基本形式中，凌驾于所有这一切小的共同体之上的总合的统一体表现为更高的所有者或唯一的所有者，实际的公社却只不过表现为世袭的占有者。因为这种统一体是实际的所有者，并且是公共财产的真正前提，所以统一体本身能够表现为一种凌驾于这许多实际的单个共同体之上的特殊东西，而在这些单个的共同体中，每一个单个的人在事实上失去了财产，或者说，财产（即单个的人把劳动和再生产的自然条件看做属于他的条件，看作客观的条件，看作他在无机自然界发现的他的主体的躯体）对这单个的人来说是间接的财产，因为这种财产，是由作为这许多共同体之父的专制君主所体现的统一总体，通过这些单个的公社而赐予他的。因此，剩余产品（其实，这在立法上被规定为通过劳动而实际占有的成果）不言而喻地属于这个最高的统一体。"①

可见，所谓亚细亚生产方式，一方面，就其土地等生产资料所有制来看，是以部落的或公社的"公有制"为其现象的土地"专制君主所有制"，说到底，亦即王有制；另一方面，就其经济形态来看，是一种农业和家庭手工业相结合的孤立分散的自然经济；合而言之，可以称之为"王有制自然经济"。所以，马克思概括亚细亚的所有制时援引贝尔尼埃的话说："国王是国中全部土地的唯一所有者。"②理查德·琼斯也曾这样写道："我们了解中国，知道那里的君主，和在亚洲其他地方一样，是土地的唯一主人。"③

然而，马克思亦曾指出，土地的真正所有者实际上是能够代表公社

---

① 《马克思恩格斯全集》第46卷，人民出版社，1979年，第472—473页。

② 《马克思恩格斯资本论通信集》，人民出版社，1976年，第79页。

③ 理查德·琼斯：《论财富的分配和赋税的来源》，商务印书馆，2009年，第96页。

的个人，亦即公社首脑人物："土地所有者，可以是代表公社的个人，在亚洲在埃及地方就是如此。"① 这岂不意味着：亚细亚的所有制形式实际上是能够代表国家和政府的君主及其官吏阶级？说到底，岂不可以称之为"官有制"？其实，詹姆斯·穆勒早就发现了"亚细亚的土地所有制形式是官有制"这一至关重要的真理：

"依据我们所调查的一切事实，我们只能得出这样的结论，即印度的土地所有权是属于统治者的。"②

那么，亚细亚生产方式是否仅仅存在于原始社会向阶级社会过渡阶段？马克思的回答是否定的："亚细亚形式必然保持得最顽固也最长久。这取决于亚细亚形式的前提，即单个人对公社来说不是独立的，生产的范围仅限于自给自足、农业和手工业结合在一起等等。"③ 因此，马克思多次指出，印度从遥远的古代一直到成为英国殖民地，五千年来，亚细亚生产方式一直居于支配地位而没有改变：

"从遥远的古代一直到19世纪最初十年，无论印度过去在政治上变化多么大，它的社会状况却始终没有改变。"④

然而，马克思及其先辈所谓的"亚细亚社"之典型，虽然是印度、俄国和中国，但是，真正讲来，正如梅洛蒂所言，实乃中国；他那影响深远的名著《马克思与第三世界》第十七章标题就是："中国——马克思主义意义上的亚细亚社会的最典型例子"。他说：

"许多世纪以来，中国最恰当地体现了马克思所阐述的那种'亚细亚'社会，即使他由于作为学者和革命者工作的原因而把历史上英帝国主义的对象印度作为他进行分析的主要来源。可以把中国称之为以亚细亚生产方式为基础的社会中最典型和最重要的例子，因为在一切以这种

---

① 马克思：《资本论》第三卷，人民出版社，1973年，第828页。
② 转引自朱坚劲：《东方社会往何处去》，上海社会科学院出版社，1996年，第122页。
③ 《马克思恩格斯全集》第46卷，人民出版社，1979年，第484页。
④ 《马克思恩格斯选集》第一卷，人民出版社，2012年，第850页。

生产方式为基础的社会中，中国的社会获得了最充分的发展。此外，中国是在不和外部世界进行任何联系，甚至在不具有像印度和中东至少在古希腊时代所经历过的那种同西方进行重要定期联系的情况下达到这一点的。"①

中国之所以是马克思主义意义上的亚细亚社会的最典型例子，乃是因为，自五帝时代以来，特别是夏商周至清代，全国生产资料及其经济权力——土地和地权以及工商业和工商经济权力——始终是官有制，主要归官吏阶级所有。只不过，一方面，五帝时代，特别是夏商周，"普天之下，莫非王土；率土之滨，莫非王臣"，实行土地王有制和地权官有制，不但只有国王一个"官"拥有全国土地所有权，而且地权或土地经济权力——亦即支配土地和劳动者从而建立城市和收取地租的经济权力——完全归国王及其官吏阶级所有，地主完全是国王及其官吏而不存在庶民地主，因而可以称之为"土地和地权极端官有制"。春秋至清代，废除了全国土地王有制而代之以私有制，出现了庶民地主，但全国的地主却一直主要是官吏，全国土地及地权——支配土地和劳动者从而建立城市和收取地租的经济权力——一直主要归官吏地主所有，因而仍然一直是官有制，可以称之为"土地和地权普通官有制"：官吏地主和庶民地主都既有土地所有权，又有地权或土地经济权力所有权。

另一方面，五帝时代，特别是夏商周，实行工商食官制度，国王及其官吏阶级垄断全部工商业和全部工商经济权力，可以称之为"工商业及其经济权力极端官有制"。春秋至清代虽然废除夏商周"工商食官"的官吏阶级垄断全部工商业和全部工商经济权力的官有制；但是，国王及其官吏阶级却通过不受限制的极权主义政府管制，赋予官营工商业——官府工商业和官吏私营工商业——垄断等种种特权，抑制打击民营工商业，从而使效率低下的官营工商业始终居于主导地位。这样一来，国王

① 翁贝托·梅洛蒂：《马克思与第三世界》，商务印书馆，1981年，第117页。

及其官吏阶级不但垄断主要工商业，而且几乎垄断全部工商经济权力，甚至拥有任意掠夺民营工商业者私人财产的经济权力，以致民营工商业者对政府及其官吏毫无经济权力，因而普遍投靠政府及其官吏阶级。因此，春秋至清代依然是工商业和工商经济权力官有制，可以称之为"工商业及其经济权力普通官有制"。

生产资料和经济权力民有制：欧美生产方式根本特征 西方国家的土地等生产资料及其经济权力，则始终主要归庶民（阶级或阶层）所有，始终是生产资料及其经济权力民有制。首先，古希腊罗马最初的阶级社会——希腊古风时代和罗马共和时代早中期——属于生产资料及其经济权力民有制的封建社会；尔后则发展为奴隶制资本主义社会（亦即主要劳动者为奴隶的资本主义社会），绝大多数土地和工商等生产资料及其经济权力归庶民奴隶主资本家所有，是奴隶主资产阶级民有制。

其次，中世纪欧洲，一方面，主要属于农奴制封建社会，土地等生产资料及其经济权力归各级领主所有，是一种既垄断经济权力又垄断政治权力的贵族土地民有制；另一方面，城市则是自由民制商业资本主义社会，绝大多数资产者或资本家——作坊手工业资本家和商业资本家——都是庶民而不是官吏，因而是生产资料及其经济权力民有制：庶民资本家所有制。

最后，欧美现代资本主义时代，20世纪普选制民主实现之前，生产资料及其经济权力主要归庶民资本家所有，是资产阶级民有制；普选制民主实现以降，不但每个人完全平等执掌国家最高权力，消除了政治权力垄断，而且通过"福利国家制度"和"参与共决经济民主制"以及职工持股制等一系列制度建设，使每个人都可以或多或少拥有生产资料，都可以成为或大或小的资本所有者、资产者、资本家，从而趋于消除生产资料和经济权力垄断，实现资本和经济权力全民所有制。

因此，马克思论及不列颠在印度所造成的社会革命时指出，与亚洲式社会的根本特征是生产资料官有制相反，西方式社会的根本特征则是生产资料归人民所有，是生产资料民有制；要想使亚洲人民群众得到解放，必须在亚洲为西方式的社会奠定物质基础，从而使生产资料归人民所有，实现生产资料民有制：

"英国在印度要完成双重的使命：一个是破坏的使命，即消灭旧的亚洲式的社会；另一个是重建的使命，即在亚洲为西方式的社会奠定物质基础。……英国资产阶级将被迫在印度实行的一切，既不会使人民群众得到解放，也不会根本改善他们的社会状况，因为这两者不仅仅决定于生产力的发展，而且还决定于生产力是否归人民所有。但是，有一点他们是一定能够做到的，这就是为这两者创造物质前提。"①

地理环境：东西方生产资料及其经济权力官有制与民有制之根本原因　生产资料及其经济权力官有制与民有制：这就是中西经济制度的根本差异。造成这一差异的终极原因乃在于地理环境。中国拥有适于农耕的黄河、长江等大河流域之幅员辽阔疆域巨大的地理环境，是必须建立庞大的治水工程和人工灌溉设施的所谓"治水社会"，专制者及其政府是唯一能够承担如此大规模的治水工程和人工灌溉设施的兴建者，因而全国土地等生产资料及其经济权力的所有者，势必是能够代表国家及其政府的国王及其官吏阶级。

西方则没有适于农耕的大河流域之幅员辽阔的地理环境——"适宜农耕的大河流域全部集中在东方"②——不是"治水社会"，它不需要像治理东方大河流域那样只有政府才能承担的大规模的治水工程和人工灌溉设施，其治水工程和人工灌溉设施的兴建者，主要是农民和庶民们自己，而不是政府及其官吏，因而全国土地等生产资料的主要所有者是庶民而不是国王及其官吏：

首先，古希腊是没有大河、地少山多的"非治水社会"。其次，古罗

---

① 《马克思恩格斯选集》第一卷，人民出版社，2012年，第857、861页。
② 吴泽：《东方社会经济形态史论》，华东师范大学出版社，1991年，第103页。

马也不存在只有政府才能承担的大规模的治水工程和人工灌溉设施。再次，古日耳曼人的地理环境可以归结为森林为主和土地绰绰有余：它直接导致日耳曼人依靠乳类和家畜而不重视农耕，不致力于灌溉；最终导致日耳曼人即使有什么治水工程和人工灌溉设施，也必定规模很小、无关紧要，因而其兴建者必定是农耕者和庶民们自己，而不是政府及其官吏。最后，古代日耳曼人所开拓的英法德等西欧世界，更是几乎没有什么治水工程和人工灌溉设施：

"西欧农业在古代与东方农业第一大不同点，是没有人工灌溉。当然东方也并非到处都有人工灌溉，不过总是比西欧要多。从地形上看，西欧是一大平原，除阿尔卑斯山、亚平宁山等山脉较高外，其他大部属平原及丘陵地区。海拔很低，大约都在 150 米以下。而四周又被海洋环绕，气候温暖湿润。各地一年之内温差较小，年雨量大都在 750 毫米以上，宜于农作物生长。因此这里不像亚洲许多地方寒冷干燥的高原，不需要人工灌溉。欧洲人是中古时期从阿拉伯人那里才知道一些灌溉设施的，后来也只偶然用在菜圃、果园中，大面积农田都靠降雨维持。"[1]

美国亦然。福克纳说："雨量对于人们的幸福也具有根本性的影响。例如人们最重要的粮食小麦，在每年的雨量少于十英寸或多于四十五英寸时，一般就不能种植出来。美国每年的雨量是二十六点六英寸，其变化是由犹他南部的五英寸到北加利福尼亚西部流域、华盛顿州、奥里根州和湾流海岸的六十英寸不等。湿润而有岛国性的太平洋沿岸气候，到了山区便变得比较干燥，到了广阔干燥的高原几乎就没有湿气。然而靠近墨西哥湾和太平洋地区，雨量便逐渐增加，阿巴拉契亚山以东的每年平均雨量是三十到五十英寸。由于农业生产必须有二十英寸的雨量，也由于理想的土壤温度的雨量是三十到三十五英寸，因此，这个地区最有利于农业的生产。虽然美国的温度与雨量变化比欧洲要大一些，但是，

---

① 马克垚:《西欧封建经济形态研究》，人民出版社，2001 年，第 263—264 页。

就全国说来，它与欧洲的气候基本上是一致的。"①

更何况，正如罗荣渠所言："美国在本质上是一个由外来的移民组成的国家。"②这些漂洋过海的移民到一个新地方的土地分配原则，大体说来，无疑如古希腊城邦时代殖民地一样，普遍是最彻底的民有制，亦即平均分配："就其土地分配而言，无论是古风时代早期的大殖民运动，还是希腊人后来的殖民活动，普遍的做法是将土地平均分配给最初的殖民者。"③

美国则是更加自由的由外来的移民组成的国家，马克思称之为自由殖民地："自由殖民地的本质在于，大量土地仍然是人民的财产，因此每个移民都能够占有一部分土地作为个人的生产资料，而又不因此妨碍后来的移民这样做。"④罗荣渠则称之为"自由土地＋自由移民"⑤，以致盛行抢先占地。特别是，在美国19世纪开发西部的移民大潮中，个人随意自行占地者曾多达三分之二，他们所开创的都是没有雇佣劳动者的自耕农家庭农场。⑥因此，美国殖民地时代，堪称人类历史上最彻底最极端最大化的土地等生产资料民有制的国家。

生产资料及其经济权力官有制之结果：官吏阶级全权垄断的极权主义专制　无论中西，虽然专制制度自原始社会酋邦时代以降就已经存在，但是，中西专制制度性质根本不同。中国的专制，是基于生产资料及其经济权力官有制——王有制是一种极端的官有制——的专制，专制者及其官吏阶级不但垄断了全部政治权力，而且垄断了全国主要生产资料及其经济权力，进而势必垄断结社集会等社会权力与言论出版等文化权力，因而是一种"不服从者不得食"的专制，是一种专制者及其官吏阶级全

---

① 福克纳：《美国经济史》上卷，商务印书馆，1965年，第13—14页。
② 罗荣渠：《美国历史通论》，商务印书馆，2009年，第13页。
③ 黄洋：《古代希腊土地制度研究》，复旦大学出版社，1995年，第68页。
④ 马克思：《资本论》第一卷，中国社会科学出版社，1983年，第832页。
⑤ 罗荣渠：《美国历史通论》，商务印书馆，2009年，第105页。
⑥ 同上书，第116页。

权——政治权力与经济权力以及社会权力与文化权力——垄断的极权主义的专制；相反地，西方的专制，则是基于生产资料及其经济权力民有制的专制，专制者及其官吏阶级仅仅垄断政治权力而未能垄断经济权力，从而难以垄断结社集会等社会权力与言论出版等文化权力，因而是一种"不服从者亦得食"的专制，是一种非全权——政治权力与经济权力以及社会权力与文化权力——垄断的非极权主义专制。

这样一来，西方最具奴役性的制度——君主专制——与亚细亚生产方式的全权垄断的君主专制比起来，简直就是自由与平等的乐园了。当年北京大学教授杨昌济援引的"德国威廉皇帝与老磨坊的故事"颇能说明这个道理。德国威廉皇帝统一德国志得意满之际，看到自己的别墅前方有一座老磨坊有碍景观，意欲拆除。但是，大臣说磨坊是坊主私有财产，坊主不同意拆除。威廉皇帝命重金购买。但大臣回报，磨坊是坊主祖传遗产，多少钱都不卖。威廉大怒，下令强行拆除。磨坊主遂起诉最高法院，结果三个大法官一致判决威廉皇帝在原址为磨坊主建造一座新磨坊。

古代中国人倘若闻此，定会为磨坊主和大法官的自由与平等精神而惊愕不已。因为对于古代中国官民来说，不用说是磨坊，就是自己的心肝宝贝，岂不都巴不得送给皇帝享用？就是皇帝听信谗言，下令斩首，还得跪在地上叩头，谢主隆恩，感谢皇帝赐死。亚细亚生产方式全权垄断的奴役程度，于此可见一斑。晏子曰：橘生淮南则为橘，生于淮北则为枳。倘若极端鄙视中国国民奴性的孟德斯鸠——和那三个判决威廉败诉的大法官——不幸生于古代中国，也必定如此奴颜婢膝！

中国自五帝时代以降，专制者及其官吏阶级全权垄断、强大无比；庶民阶级全权丧失、软弱无力。因此，庶民阶级无能捍卫本阶级权益，五千年来，从来不追求本阶级的权益和保障本阶级权益的新国家制度，而只寻求明君和清官的新政府及其官吏阶级庇护：

"他们不能代表自己，一定要别人来代表他们。他们的代表一定要同时是他们的主宰，是高高站在他们上面的权威，是不受限制的政府权力。"[①]

这就是为什么，中国自五帝时代以降，特别是从春秋战国到鸦片战争，虽然皆因官逼民反而发生数千次农民起义，许多农民起义战争规模之大，为世界历史所仅见，以致每一次都使一切文明化为灰烬、社会经济荡然无存、人民至少死亡三分之一；但是，历代庶民或农民起义，实际上都不是庶民阶级（或农民阶级）与官吏阶级（或地主阶级）的阶级斗争，而不过是由农民起义领袖所代表的"新官吏阶层"与其所要推翻的朝廷"旧官吏阶层"的斗争，是官吏阶级内部的"新旧官吏阶层"斗争。官吏阶级的每个成员一心只想当更大的官，充其量，只想当一个清官和明君。庶民阶级无能自己捍卫自己的权益，因而从来不追求本阶级的权益和保障本阶级权益的新国家制度，而一心只顾自己：庶民阶级的精英们一心只想挤进官吏阶级，而广大成员则只祈盼明君和清官而已。

这就是为什么，五千年来，战争的结果毫无例外，统统都仅仅改朝换代，亦即仅仅更换国王及其官吏，原来的皇帝和大臣下台，另一些人则登上皇帝及其官僚的宝座；而并不改变国家制度，并不改变导致农民起义的官吏阶级全权垄断的极端残酷的剥削与压迫（权力垄断是剥削和压迫的根源；剥削和压迫的程度与权力垄断的程度成正比），并不改变导致极端残酷的剥削和压迫的官吏阶级全权垄断的极权主义专制的国家制度，说到底，并不改变导致官吏阶级全权垄断的极权主义专制的生产资料及其经济权力官有制。

可见，生产资料及其经济权力官有制是官吏阶级全权垄断的极权主义专制的根本原因，说到底，是东方专制主义的根本原因。因此，恩格斯说："东方的专制制度的基础是基于公有制"[②]。马克思论及东方专制主义——亦即亚洲神权政治——原因时，亦曾援引琼斯的话说，亚洲神权

---

① 《马克思恩格斯选集》第一卷，人民出版社，1995 年，第 678 页。
② 《马克思恩格斯全集》第 20 卷，人民出版社，1979 年，第 681 页。

政治的原因和基础就在于，这种神权政治首领对"剩余生活资料的唯一支配权"等经济权力的垄断，进而指出："亚洲和埃及的国王或伊特鲁里亚的神权政治的首领的这种权力，在现代社会已经转到资本家手里。"[①]

生产资料及其经济权力民有制的结果：民主或趋于民主、势必民主的社会　西方生产资料及其经济权力民有制，则使其国家制度处于不断变化发展完善之中。因为，土地等生产资料及其经济权力民有制，意味着生产资料及其经济权力主要归庶民所有，因而有足够权力和力量与君主及其官吏阶级斗争。在这种阶级斗争中，庶民阶级总是不断胜利，得寸进尺，官吏阶级则节节败退。结果是民主与资本主义之实现且不断完善：

首先，一方面，致使古希腊爱琴文明时代的君主专制，到了荷马时代，被有限君主制取代；而荷马时代和古风时代之交，有限君主制又逐渐被贵族寡头政体所取代；最终经过梭伦改革，奠定了雅典宪政民主制度。另一方面，则使荷马时代原始社会向阶级社会的过渡，前进为古风时代的自耕农制和佃农制封建社会，进而飞跃为古典时代奴隶制资本主义社会。

其次，古罗马王政时代以来，则与古希腊荷马时代以来一样，社会主要斗争一直是庶民、平民阶级与贵族、官吏阶级的阶级斗争。斗争的结果也总是庶民阶级不断获得胜利，从而一方面，使国家制度由王政时代君主制变革为贵族共和制，甚至实现了一系列民主制度，如平民大会的决定即为全民都必须遵守的法律等；另一方面，则导致罗马共和国早中期的封建社会，进展为共和时代后期和帝国时代的奴隶制资本主义社会。

再次，罗马帝国后期，虽然倒退为封建社会，却在中世纪，一方面，创造了一种令人叹为观止的最奇特最美好的封建社会：西欧封建制乃是人类历史上统治阶级——亦即领主阶级或贵族阶级——权力最小且具有自由契约性质的国家制度，是一种权力垄断和集中程度最小的国家制度，

---

① 马克思:《资本论》第一卷，人民出版社，2004年，第387页。

是一种独立自主的权力最小的政治制度，是一种近乎无政府和无官吏却又有秩序的国家制度；另一方面，则创造了辉煌伟大的自由城市，创造了城市自由民制资本主义社会，遂使广大农村农奴制封建社会转型为自由民制封建社会。

再次，16世纪前后，西方演进为现代资本主义社会，虽然倒退为君主制政体和奴役制资本主义社会百余年，但是，一方面，随着资本主义的不断发展和资产阶级所拥有的生产资料及其经济权力日益壮大，遂进行资产阶级政治革命，废除君主专制而代之以资产阶级"独占的政治统治"①的代议制民主政体；另一方面，随着18世纪工业革命，则使奴役制资本主义社会发展进化为自由民制资本主义社会。

最后，也是最重要最辉煌最伟大最令人羡慕的，20世纪初以来，随着工人阶级等人民大众争取政治和经济权力的斗争不断发展壮大，一方面，终于废除限选制民主而代之以普选制民主，每个人完全平等执掌国家最高权力，彻底消除了政治权力垄断；另一方面，则通过股票高度分散化和资本大众化、职工持股制、参与共决经济民主制、福利国家制度等一系列制度建设，使每个人都可以或多或少拥有生产资料，都可以成为或大或小的资本所有者、资产者、资本家，从而趋于消除生产资料和经济权力垄断，以实现资本和经济权力全民所有制。合而言之，20世纪初以来的欧美股份公司制资本主义国家，乃是人类历史上最彻底最极端最完全的生产资料及其经济权力民有制——全民所有制的民有制——的普选制民主的资本主义国家。

3　绝对偶然性：专制产生和存在的本性

综观专制根源可知，专制产生和存在的根本原因可以归结为三大方

---

① 《马克思恩格斯选集》第一卷，人民出版社，2012年，第402页。

面：以生产资料及其经济权力官有制为根本特征的"亚细亚生产方式"（"生产资料及其经济权力官有制"，一方面，导致"官吏阶级全权垄断的极权主义专制"；另一方面，源于"中国和印度以及埃及和波斯拥有适于农耕的大河流域"和"俄国国土辽阔而中心是四面开阔的东欧大平原"之不同于西方的地理环境。）和"最高领导人是一个人"的社会结构之本性以及"最高领导人势必拼命追求独掌最高权力"的人性。

专制产生和存在的其他原因 专制产生和存在的根本原因是否仅此三者？否！可以导致专制的重大因素，至少还有政治状况，亦即国内外的某种政治局势和政治需要，如革命、战争、分裂、无序、武力征服和激烈的阶级斗争等需要统一、集权和独裁，因而导致独掌最高权力的伟大人物的出现。恩格斯说：

"恰巧拿破仑这个科西嘉人做了被本身的战争弄得筋疲力尽的法兰西共和国所需要的军事独裁者，这是个偶然现象。但是，假如没有拿破仑这个人，他的角色也会由另一个人来扮演。这一点可以由下面的事实来证明：每当需要有这样一个人的时候，他就会出现，如恺撒、奥古斯都、克伦威尔等。"①

诚然，四者也远非专制产生和存在的全部原因。专制还源于庶民阶级缺乏社会联系，成员相互隔离、分散孤立，像马铃薯一样不能团结起来，因而即使亿万群众，也如同几个人一样毫无力量，不但无力反抗专制，还势必寻求明君和清官的庇护。马克思在展示"波拿巴王朝是农民的王朝"之本质时便这样写道：

"小农人数众多，他们的生活条件相同，但是彼此间并没有发生多种多样的关系。他们的生产方式不是使他们互相交往，而是使他们互相隔离……这样，法国国民的广大群众，便是由一些同名数简单相加形成的，好像一袋马铃薯是由袋中的一个个马铃薯所集成的那样。……因此，他

---

① 《马克思恩格斯选集》第四卷，人民出版社，1995年，第733页。

们不能以自己的名义来保护自己的阶级利益，无论是通过议会或通过国民大会。他们不能代表自己，一定要别人来代表他们。他们的代表一定要同时是他们的主宰，是高高站在他们上面的权威，是不受限制的政府权力，这种权力保护他们不受其他阶级侵犯，并从上面赐给他们雨水和阳光。"①

不但此也！专制还源于国民的奴性传统习惯、崇尚皇权和救星的主奴文化、臣民文化。对此，亚里士多德论及为什么会产生东方专制说："原因则在于这些不文明的民族较希腊人更具奴性，例如亚洲民族较欧洲的民族具奴性，而因此他们更容易忍受专横的政治统治。"②

专制产生和存在，还源于地理环境和人口状况以及独一无双的伟大领袖之出现等。亚里士多德说："古代各邦一般都通行王制，王制（君主政体）所以适于古代，由于那时贤哲稀少，而且各邦都地小人稀。另一理由是古代诸王都曾经对人民积有功德，同时少数具有才德的人也未必对世人全无恩泽，但功德特大的一人首先受到了拥戴。"③

这些都是专制产生和存在的原因吗？是的。我们还可以补充说：思想家们的专制主义理论也是专制产生和存在的重要原因。不过，这些大都不是专制的根本原因，因而并非专制之真正根源。因为，正如马克思所言，社会意识是社会存在的反映。国民的奴性传统习惯、崇尚皇权和救星的主奴文化、臣民文化以及思想家们的专制主义理论，成为专制的原因之前，无疑先是专制之结果。试想，为什么西方即使最野蛮最极端的专制主义论者，如马基雅维利之流，却又主张自由主义；而中国几乎所有思想家——儒家、墨家、法家、道家和阴阳家等——竟然无不是专制主义论者？原因固然不胜枚举，但最根本最重要最主要的原因，无疑在于当时中国与西方的生产方式截然不同：

① 《马克思恩格斯选集》第一卷，人民出版社，1995年，第678页。
② 亚里士多德：《政治学》，吴寿彭译，商务印书馆，1996年，第66页。
③ 同上书，第163页。

中国实行生产资料及其经济权力官有制的亚细亚生产方式；而西方则实行生产资料及其经济权力民有制的生产方式。生产资料及其经济权力官有制导致中国专制者及其官吏阶级全权——政治权力和经济权力以及结社集会等社会权力和言论出版等文化权力——垄断、强大无比；庶民阶级全权丧失、软弱无力。因此，庶民阶级不可能通过集会结社团结起来，无力捍卫本阶级权益，从来不追求本阶级的权益和保障本阶级权益的新国家制度，而只寻求明君和清官的新政府庇护。中国始终是官奴社会：全民皆官奴也！全民皆官奴，怎么能不具有奴性？这岂不就是国民的奴性传统习惯、崇尚皇权和救星的主奴文化、臣民文化的根本原因？岂不就是儒家、墨家、法家、道家和阴阳家等皆不知民主为何物而无不是专制主义论者的根本原因？

反之，西方土地等生产资料及其经济权力民有制，意味着生产资料及其经济权力主要归庶民所有，因而有足够权力和力量跟与仅仅垄断政治权力的专制者及其官吏阶级相抗衡和斗争。在这种阶级斗争中，庶民阶级总是不断胜利，得寸进尺，官吏阶级则节节败退：西方始终是一种民主社会或趋于民主、势必民主的社会。这岂不就是西方主流文化是公民文化和民主主义文化——而不是主奴文化和臣民文化——的根本原因？岂不就是最野蛮最极端的专制主义论者马基雅维利之流，却又主张自由主义的根本原因？

地理环境与人口状况两因素，如前所述，已经包含于亚细亚生产方式之中；而独一无双的伟大领袖，固然可以导致专制，但同样也可以导致民主。难道民主领袖梭伦、伯里克利、华盛顿、杰斐逊等不都是独一无双的伟大领袖吗？这样一来，适于专制政体的国民的奴性、传统习俗、思想家们的专制主义理论、独一无双的伟大领袖等固然是专制产生和存在的原因，却唯有四者——亚细亚生产方式和"最高领导人是一个人"的社会结构之本性以及"最高领导人势必拼命追求独掌最高权力"的人性和国家需要统一、集权和独裁的政治趋势——才是专制产生和存在的根本原因，才堪称专制之真正根源。那么，从专制之真正根源和专制之诸多原因来看，专制的产生和存在究竟是必然的还是偶然的？或者说，在一定的历史发展阶段，专制的产生和存在是否具有必然性？说到底，专制是否具有历史必然性？

专制不具有历史必然性　不难看出，专制的普遍根源——亦即专制的人性根源和社会结构本性根源——与专制的产生和存在具有必然的、内在的联系。试想，假如恰恰相反，假如就人性来说，国家的最高领导人并不追求独掌国家最高权力；假如就社会结构的本性来说，国家最高领导人并不是一个人而是若干人。那么，这样的国家会出现一个人独掌国家最高权力的专制政体吗？显然绝对不会。所以，专制的普遍根源——亦即"最高领导人是一个人"的社会结构之本性以及"最高领导人势必拼命追求独掌最高权力"的人性——乃是专制产生和存在的最为根本的必要条件，因而与专制的产生和存在具有必然的、内在的联系。

但是，这一根源并不必然导致专制的产生和存在。因为一切社会无疑都同样具有专制产生和存在的这一普遍根源：最高领导人同样都是一个人并且因其同样是人而无不具有渴求独掌最高权力的人性。然而，谁都知道，一切社会却并不都是专制政体。所以，尽管专制的普遍根源——亦即专制的人性根源和社会结构本性根源——与专制的产生和存在具有必然的、内在的联系，但是，这些根源并不必然导致专制的产生和存在：它们只是专制产生和存在的必要条件而非充分条件。

诚然，在国家发生革命、战争、分裂、无序和激烈的阶级斗争等非常时期，需要集权和强有力的伟大领袖，因而极易导致专制，如恺撒、奥古斯都、克伦威尔、拿破仑、希特勒等就是如此。但是，这种非常政治局势只是极易导致专制，却非必然导致专制。否则，我们如何解释美国独立战争为什么没有导致华盛顿的专制？难道还有比美国独立战争时期的国内外政治局势更需要集权、更需要一个强有力的伟大的铁腕人物吗？显然，政治局势、政治因素与经济因素一样，对政体类型的决定作用可能极其巨大，甚至大势所趋，但也不是必然的，也不可能必然导致某一种政体。

唯独从专制的特殊根源——亦即亚细亚生产方式——来看，专制的产生和存在似乎具有历史必然性：专制是亚细亚生产方式的必然产物。事实似乎亦然：凡是实行亚细亚生产方式的国家无不是专制国家，并且实行亚细亚生产方式的最主要的国家——中国和印度——竟然五千年来始终是专制国家。于是，人们大都以为专制是经济发展的一定历史阶段的必然产物：专制的产生和存在具有历史必然性。考茨基便这样写道：

"东方国家之所以至今没有超出暴君制形式，这种形式之所以似乎就表现为国家的最后的、最高的形式，就在于国家所依存的经济条件，不容许有较高的生产方式从这些条件中发生。"[①]

然而，真正讲来，这种观点是不能成立的。专制的产生和存在并不具有历史必然性；亚细亚生产方式并不必然导致专制政体。因为，如上所述，一方面，亚细亚生产方式是一种以"公有制"和"国有制"为形式的"官有制"、"国家首脑及其官吏阶级所有制"。国家首脑及其官吏阶级全权——政治权力与经济权力以及社会权力与文化权力——垄断，强大无比；庶民阶级全权丧失，软弱无力：全民皆官奴也！另一方面，庶民阶级散居于全国各地，相互孤立隔离、没有联系，使其更加软弱无力，无能捍卫自己的权益，而只有寻求国家首脑及其官吏阶级的庇护。合而言之，民主几乎毫无可能，但未必一定是专制：它虽然几乎百分之百是官吏阶级全权垄断的极权主义专制，却也仍然有可能是官吏阶级全权垄断的寡头共和有限君主制。

因此，马克思指出亚细亚生产方式并不必然导致专制，它是否导致专制，完全取决于亚细亚生产方式的统一体或共同体——部落或国

---

① 考茨基：《唯物主义历史观》第四分册，《哲学研究》编译室编译，上海人民出版社，1964年，第336页。

家——的代表是一个人（一个家长）还是若干人（各个家长的联合）："统一体或者是由部落中一个家庭的首领来代表，或是由各个家长彼此间发生联系。与此相应，这种共同体的形式就或是较为专制的，或是较为民主的。"[①] 因此，就连将东方专制的根源归结为亚细亚"治水社会"的魏特夫——"亚细亚社会"、"治水社会"、"治水农业社会"、"农业管理者社会"在他那里是同一概念——也不得不承认，亚细亚治水社会的经济结构并不必然导致专制，而只是专制所由以产生的一种机会：

"太古以来，原始人对缺水地区就已经有所了解；但那时他以采摘、狩猎和打鱼为生，毋需筹划治水。只是在学会利用植物生命的再生产过程之后，他才开始意识到干燥地区从事农业的可能性：这些地区除了雨水还有其他水源供应。只是到了这个时候，他才开始通过小规模的灌溉农业（浇灌耕种）以及大规模的政府管理农业（治水农业）来巧妙利用在旧环境新发现的特性。只是到了这个时候，政府和社会的专制形态产生的机会才到来了：这是机会而非必然。"[②]

诚然，事实上，实行亚细亚生产方式的各个国家——特别是中国——的首脑或国家的真正代表人物，自五帝时代以来，始终都是一个人而不是若干人；因而这些国家始终都是一个人独掌国家最高权力的专制政体。那么，五千年来，中国等实行亚细亚生产方式的国家始终是专制的原因究竟是什么？

亚细亚生产方式的统一体或共同体——部落或国家——的代表既可能是一个人也可能是若干人，显然意味着：亚细亚生产方式的国家的代表是一个人还是若干人——从而是专制还是非民主——并非取决于亚细亚生产方式；而只能取决于其他东西，如专制的普遍根源（亦即"最高领导人是一个人"的社会结构之本性以及"最高领导人势必拼命追求独

---

① 《马克思恩格斯全集》第 46 卷，人民出版社，1979 年，第 474 页。

② Karl A. Wittfogel: *Oriental Despotism: A Comparative Study of Total Power*, New Haven: Yale University Press, 1957, p. 12.

掌最高权力"的人性）和思想家们专制主义理论、意识形态以及独一无双的伟大领袖之出现等。

但是，亚细亚生产方式因其必然造成官吏阶级及其代表人物拥有全权的中央集权，也就自然——而不是必然——使亚细亚生产方式的国家的代表更加可能是一个人而不是若干人，从而更加可能是专制而不是民主。这种可能，再加上专制的普遍根源（亦即"最高领导人是一个人"的社会结构之本性以及"最高领导人势必拼命追求独掌最高权力"的人性）和独一无双的伟大领袖之出现以及思想家们的专制主义理论等造成专制的诸多原因，遂使专制的产生和存在近乎必然：这就是五千年来中国等实行亚细亚生产方式的各个国家始终是专制之原因。就拿中国来说：

如果没有这些造成专制的诸多原因与中国的亚细亚生产方式相结合：如果中国当时没有大禹那样的伟大人物，如果他没有治水成功等无与伦比的伟大功勋，如果他能够像古希腊梭伦和伯里克利那样，满怀自由民主思想因而足以压抑其渴求独掌最高权力的人之本性，从而不致废除禅让制而传王位给自己的儿子，正式开始了中国"家天下"的专制统治；如果中国不是所有思想家——儒家、墨家、法家、道家和阴阳家等——都主张家天下专制主义；如果诸子百家也能够像古希腊思想家那样极其丰富地展示了专制与民主各种政体的广阔天地；那么，单单亚细亚生产方式固然极可能却也未必造成官吏阶级全权垄断的极权主义专制，因而也就不会形成专制主义的传统习俗，绝不足以使专制的产生和存在近乎必然。亚细亚生产方式加上富有专制智慧的伟大领袖；再加上所有思想家——特别是孔子和儒家——都是专制主义论者；再加上由此逐渐形成的专制主义的意识形态和传统习俗等：这就是中国五千年来始终是——却非必然是——专制之主要原因。然而，究竟为何即使专制的全部根源和原因结合起来，也只能使专制的产生和存在近乎必然而绝非必然？

政体的偶然任意性与经济形态的历史必然性 原来，一个国家实行何种经济形态、经济制度，正如马克思所言，不是人们可以自由选择的，而是被该国的生产力和经济发展的历史阶段所必然决定的，具有不以人的意志为转移的历史必然性："人们在自己生活的社会生产中发生一定的、必然的、不以他们的意志为转移的关系，即同他们的物质生产力的一定发展阶段相适合的生产关系。"[①]

伟哉斯言！经济形态却是被生产力的发展所决定的，因而具有不以人的意志为转移的历史必然性。举例说，原始共产主义经济形态或经济制度，并不是人们可以自由选择的，而是被极端低下的生产力决定的。同样，资本主义经济形态或经济制度，也不是人们可以自由选择的，也是被生产力决定的。因为资本主义是一种商品经济在全社会居于支配地位的经济形态。因此，当原始社会向阶级社会过渡时，无论出现了多么伟大的领袖和群众，无论他们怎么为实现资本主义而努力奋斗，都不可能使商品经济在全社会居于支配地位而实现资本主义。

与此相反，一个国家究竟实行何种政体，究竟实行民主制还是君主专制等非民主制国家制度，完全取决于执掌国家最高权力的人数，完全取决于掌握最高权力的人数究竟是一个人（君主制）还是少数人（寡头制）抑或是多数人（民主制），因而完全是偶然的、可以自由选择的，而不具有历史必然性，不是必然的、不可选择的、不可避免的。

确实，执掌国家最高权力的人数——究竟是一个人还是少数人抑或是多数人——怎么可能不是偶然的呢？怎么可能与经济以及生产力发展水平有必然联系？怎么可能被经济和生产力水平所必然决定？怎么会具有历史必然性？任何时代任何国家的最高权力，岂不都既可能独掌于一个人，也可能执掌于少数人，还可能执掌于多数人？显然，掌握最高权力的人数的多少的本性就是偶然性和普世性。因此，政体——政体就是以执掌最高权力的人数的多少为根据的政治分类——的根本的特征就是偶然性和普世性。任何一种政体，不论民主制还是专制等非民主制，

[①]　《马克思恩格斯选集》第二卷，人民出版社，1995年，第32页。

都具有普世性，都超经济超历史超社会超阶级超时代而能够普遍实行于任何国家任何时代任何生产力和经济发展水平。

这就是为什么，世界历史告诉我们，任何一种政体，不论是民主制还是非民主制，都既可能实行于原始社会，也可能实行于奴隶社会，还可能实行于封建社会和资本主义社会。首先，考古学和人类学的研究表明，原始社会按其历史发展的一般顺序，呈现三种性质不同的社会形态：游群、部落和酋邦。游群是人类处于狩猎—采集阶段的四处游动的自主的血缘社会，大约出现于二三百万年前，终结于一万年前，历时约二三百万年：人类的游群时代也就是旧石器时代。部落——氏族为其基础和中心——是人类处于农耕和畜牧阶段因而趋向定居的社会，只有到新石器时代，亦即距今约八九千年，才广泛地散布于世界各地。酋邦是处于平等的部落社会向阶级社会过渡阶段的等级社会。

群队和部落虽然也有实行非民主制的可能性，但一般说来，都实行民主制。因此，哈维兰说："群队一般说来是相当民主的：任何群队成员都不会告诉别的人去干什么、怎么狩猎、跟谁结婚。"[1] 恩伯说："具有部落政治组织的社会与群队社会相似，都是平等的社会。"[2] 酋邦虽然是一种等级社会，特别是正式的官僚管理机构使酋长的权力极大提高，甚至可能使他独掌最高权力而成为专制君主，但也可能未必如此："处于酋长领地政治发展阶段的社会可能在政治上完全统一于酋长的统治之下，但也可能不完全是这样。"[3]

可见，在原始社会，民主制固然是主流；但是，不管怎样与人心背道而驰，还是出现过专制等非民主制："不论在地球上任何地方，不论在低级、中级或高级野蛮社会，都不可能从氏族制度自然生出一个王国

---

[1] 哈维兰：《当代人类学》，上海人民出版社，1987年，第468页。

[2] Carol R. Ember, Mevin Ember: *Cultural Anthropology*, New Jersey: Prentice-Hall, Inc. 1999, p. 224.

[3] 恩伯：《文化的变异》，辽宁人民出版社，1988年，第406页。

来……君主政体与氏族制度是矛盾的，它发生于文明社会比较晚近的时期。处于高级野蛮社会的希腊部落曾出现过几次专制政体的事例，但那都是靠篡夺建立起来的，被人民视为非法，实际上与氏族社会的观念也是背道而驰的。"①

奴隶社会可能实行任何政体——民主共和制与寡头共和制以及君主专制和有限君主制——已经是事实。古巴比伦、亚述帝国和波斯帝国，古埃及托勒密王朝和古印度孔雀帝国，无疑都是典型的君主专制。相反地，古希腊和古罗马则实行共和制。斯巴达是寡头共和制。雅典初期也是寡头制，梭伦改革使雅典由寡头制转变为民主制，到伯里克利时代，雅典民主制臻于全盛。公元前 509 至前 27 年的古罗马，国家最高权力实际上执掌于原本由贵族组成的元老院，堪称贵族共和制——贵族共和属于寡头共和范畴——的典范。从公元前 27 年到公元 476 年，罗马实行帝制，一人独掌国家最高权力，是典型的君主专制。奴隶社会还存在有限君主制，特别是贵族君主制，如公元前 2369 至前 2314 年，阿卡德城的国王萨尔贡一世建立的统一的阿卡德国家，实行的就是贵族君主制，亦即以君主为主而与贵族元老院共同执掌最高权力的政体。

封建社会大都实行君主专制与有限君主制：贵族君主制与等级君主制。贵族君主制是以君主为主而与贵族元老院或地方割据势力共同执掌最高权力的有限君主制，如封建割据时期的法兰西、德意志和俄国中的一些大公国，国王虽然执掌最高权力，却不可独自行使，而必须得到某种形式的贵族会议的同意。等级君主制是以君主为主而与等级会议——亦即教会贵族、世俗贵族和市民组成的三级会议——共同执掌最高权力的有限君主制，如俄国伊凡三世和伊凡四世的大贵族杜马和缙绅会议的等级君主制；法国腓力四世"三级会议"的等级君主制；英国爱德华一世和爱德华三世的议会君主制等。诚然，封建社会

---

① Lewis H. Morgen: *Ancient Society*, Chicago: Charles H. Kerr & Company, 1907, pp. 110–111.

更为盛行的政体还是君主专制，如英国威廉一世、亨利一世和亨利二世以及都铎王朝和斯图亚特王朝的君主专制；俄国彼得一世和叶卡捷琳娜二世的君主专制；法国路易十三、路易十四、路易十五和路易十六的君主专制；德国威廉一世和威廉二世的君主专制。中国封建社会的君主专制最为漫长，自大禹开创家天下的专制政体，直至清朝，实行君主专制竟然四千余年。

封建社会虽然盛行君主制，但也曾存在过共和政体。中世纪的威尼斯共和国便属于封建社会的寡头共和制：最高权力掌握在少数公民（贵族和富商）选举的大议会、元老院和共和国元首（总督或执政）手中。从十二世纪开始，威尼斯设立大议会，拥有国家最高立法和监察权力。议员480人，皆从姓名列入"黄金簿"的少数贵族和富商中选出。国家最高行政权力则执掌于大议会所选出的40人委员会（元老院）。佛罗伦萨则堪称民主共和政体：国家最高权力执掌于庶民——亦即"肥民"和"瘦民"——的代表所组成的议会。所谓肥民，主要是企业主、银行家、大商人、律师和医生；所谓瘦民，主要是小行东和手工业者，如鞋匠、成衣匠、铁匠和泥瓦匠等。肥民结成七个行会，叫作"大行会"，包括丝绸商行会、毛皮商行会、羊毛商行会、银行家行会、律师行会和医生行会等。瘦民则结成14个行会，叫作"小行会"。佛罗伦萨国家最高权力执掌于这些行会会员所选出的议会。最高管理机关叫作执政团或长老会议，由每个大行会选出一个代表和两个小行会代表组成。长老会议的主席叫作旗手，由行业议会推选，任期2个月，可以连选连任；其他八人叫作"首长"，协助旗手管理国家内政和外交等事务。

资本主义社会最主要最普遍最典型的政体无疑是民主制，以致今天世界上所有资本主义国家几乎统统实行民主制。但是，资本主义社会也曾存在过君主制：君主专制与君主立宪。法国资产阶级1789年大革命推翻封建社会君主专制，1791年通过新宪法，确立君主立宪制。该宪法规定，法国实行按分权原则建立的君主立宪制："政府是君主制，行政权委托给国王……但在法国，没有比法律的权力更高的权力；国王只能依据法律来治理国家。"1799 年拿破仑发动政变，独掌国家最高权力，1804 年加冕为皇帝，建立了资本主义君主专制政体。20 世纪意大利和德国出现的墨索里尼与希特勒独掌国家最高权力的法西斯独裁政体，则是资本主义君主专制的另一种类型。资本主义社会还存在一种民主制与君主制的混合政体：名义君主立宪制而实为民主共和制。这种政体的典型，如所周知，就是明治维新后的日本和 1714 年乔治一世以后的英国。绝大多数社会主义国家也都实行民主制与君主制的混合政体；只不过与英国和日本"名为君主立宪而实为民主共和"恰恰相反，乃是"名为民主而实为专制"，如苏东九国的所谓苏联社会主义模式。

可见，一方面，所有政体——民主共和与寡头共和以及有限君主制与君主专制及其混合政体——几乎都曾经出现在生产力和经济发展的任何历史阶段，几乎都曾出现在于以经济形态性质为划分根据历代社会，几乎都曾出现在于原始社会、奴隶社会、封建社会、资本主义社会。这意味着，任何政体，不论是专制还是民主，都不是被生产力和经济发展水平所必然决定的，都不具有历史必然性，都是超经济超历史超社会超阶级超时代的，都能够普遍实行于任何国家任何时代任何生产力和经济发展水平，都具有绝对的偶然性和普世性。

另一方面，绝大多数封建社会都实行君主制和绝大多数资本主义社会都实行民主制的事实，特别是，人类迄今在 99% 以上的时间——亦即原始社会二三百万年的队群和部落时代——都生活在民主制社会的事实，显然又意味着，政体类型与经济发展水平密切相关，一个社会实行何种政体在极大程度上是被生产力和经济发展的水平决定的：此乃放之四海而皆准、行之万世而不悖之绝对真理也！不但亚细亚生产方式几乎必然导致官吏阶级全权垄断的极权主义专制，而且西方封建制生产方式也几乎百分之百导致专制制度：

西方封建制生产方式，如所周知，就是所谓的庄园制度："封建主义即庄园制度。"① 封建制生产方式或庄园制度的核心，正如布洛赫所指出，就是领主与附庸的等级制度，就是人身依附的等级制度，就是保护和服从的等级制度，说到底，就是"一群卑微的人对少数豪强严格的经济从属"。② 这种庄园制度，决定了封建社会人际关系，根本说来，是一种主从等级关系，是一种主子与从属的等级关系，是依附者与保护者的等级关系。③

在这样一种人们相互间普遍为依附者与保护者之主从等级关系的国家，民主——国民完全平等地共同执掌最高权力——显然是一种最不可思议的怪事。相反地，最高权力理所当然地应由那一个最强大的人、最高领导人或国王执掌：君主制是天经地义的。因为，正如布洛赫所言，弱小与强大、依附与保护的主从等级关系是相对的。④ 这样一来，最强大的人——最高领导人或国王——便是所有人的保护者；而所有人都是他的依附者或附庸。因此，最高领导人或所有人的保护者，理所当然应该执掌国家最高权力：君主制原本是封建社会——亦即人们相互间普遍为依附者与保护者的主从等级关系的社会——应有之义。问题的关键在于，人们相互间普遍为依附者与保护者的主从等级关系，如上所述，源于封建生产方式或庄园制度，源于"一群卑微的人对少数豪强严格的经济从属"。因此，说到底，君主制乃是封建生产方式的应有之义：封建生产方式或庄园制度是君主制的经济条件和牢固基础。这就是为什么，封建生产方式取代古典的古代生产方式之后，西方竟然普遍实行君主制长达一千余年的根本原因。

但是，生产力和经济发展水平对政体类型的决定作用，并不具有必然性，并不是必然的决定作用，并不必然决定政体类型，并不必然导致民主

---

① 布洛赫：《封建社会》，商务印书馆，2004 年，第 699 页。
② 同上书，第 701 页。
③ 同上书，第 249 页。
④ 同上书，第 254 页。

制或非民主制。否则，西方全部封建社会岂不统统都只能实行君主制？只要有一个封建社会实行共和制，只要一个威尼斯共和国，岂不就意味着：封建社会并不必然实行君主制？因此，只要有一个封建社会实行共和制，就意味着，封建社会的生产力和经济发展水平对君主制的决定作用不是必然的：封建社会的生产力和经济发展并不必然导致实行君主制。

一个国家实行何种政体的最直接的决定性原因 既然在经济发展的任何历史阶段都可能产生和存在任何政体，那么，任何一种政体的产生和存在显然便与经济发展的历史阶段绝对没有必然联系，因而绝对是超经济、超阶级、超历史、超时代的：这就是亚细亚生产方式固然是专制的最牢固的经济基础却并不必然导致专制的缘故。那么，一个社会实行何种政体，究竟取决于什么？亚细亚生产方式和"最高领导人是一个人"的社会结构之本性以及"最高领导人势必拼命追求独掌最高权力"的人性，是专制产生和存在的三大根源，显然意味着：一个社会究竟实行何种政体，最终取决于——而不是直接取决于——生产方式、社会结构本性和人性。这样一来，独一无双的伟大领袖之出现、有利于专制统治的国民的奴性、专制主义的意识形态、传统习俗和思想家们的专制主义理论等是专制产生和存在的原因，是否意味着：一个社会究竟实行何种政体，直接取决于政治领袖们和国民的人格、传统习俗以及思想家们的理论？

答案是肯定的。因为不难看出，一个社会实行何种政体——亦即掌握最高权力的公民人数究竟是一个人还是若干人抑或是全体公民——直接取决于该社会争取最高权力的人们斗争的具体的、特殊的情况。这些具体的特殊的——因而也是偶然的——情况主要讲来可以归结为两大方面：一方面是领袖们的人格和个性，他们的才能、品德、贡献和影响力；另一方面是国民性——亦即国民的人格和个性——和政体的传统习俗以及思想家们的政体理论。

试想，如果诞生了一个才能、品德和贡献都是无与伦比的独一无二的伟大领袖，岂不就更可能导致他自己一个人独掌最高权力的专制政体？反之，如果领袖们的才智、贡献大体相当，岂不就更可能导致若干人共同掌握最高权力的共和政体？如果伟大领袖像大禹那样富有"家天下"的专制的智慧而缺乏自由民主精神，岂不就更可能导致他自己一个人独掌最高权力的专制政体？反之，如果伟大领袖像梭伦、伯里克利以及华盛顿、杰斐逊那样富有自由民主精神，岂不就更可能导致全体公民共同掌握最高权力的共和政体？如果一个国家具有专制的传统因而国民富有奴性，岂不更可能拥戴专制政体？反之，如果一个国家具有民主的传统因而国民富有自由精神，岂不就更可能导致民主政体？如果一个国家的思想家都像古代中国那样，统统是专制主义论者，岂不就更可能导致专制政体？反之，如果该国的思想家像古希腊那样富有自由精神，岂不就更可能导致民主政体？

因此，一个社会究竟实行何种政体——亦即掌握最高权力的公民人数究竟是一个人还是若干人抑或是全体公民——固然最终取决于生产方式、人性和社会结构本性，却直接取决于该社会争取最高权力的人们的斗争的具体的、特殊、偶然的情况：一方面直接取决于领袖们的人格、才能、贡献和影响力；另一方面直接取决于国民的人格和传统习俗以及思想家们的理论。在这些具体的、特殊的、偶然的情况下，人们争夺最高权力的斗争便绝对地既可能使最高权力无限制地被一个人所掌握（君主专制）；也可能使最高权力受限制地被一个人所掌握（君主立宪）；还可能使最高权力被部分公民所掌握（寡头共和）；亦可能使最高权力被全体公民所掌握（民主共和）。于是，一个社会实行何种政体在任何条件下都绝对不是必然的、不可选择的、不可避免的；而绝对是可能的、偶然的、可以自由选择的。

我们不妨想一下最可能推翻这一结论的极端情况：即使是在专制最近乎必然的秦皇汉武唐宗宋主诸朝代，至多也只能说，专制大势所趋因而顺之者昌逆之者亡。但是，我们绝不能说，在这些朝代专制是必然的。在这些朝代，专制也是偶然的、可变的、可以避免的；在这些朝代，人们仍然具有选择选择其他政体的可能性：可能选择民主共和。只不过，这种可能性在选择者们生前就实现的可能性极小而近乎零，势必要经过世世代代艰苦而漫长的斗争才会实现，因而只是抽象可能性而非具体可能性。但是，抽象可能性也是可能性而绝非必然性：专制绝对不具有历史必然性。

综上所述，只有经济形态、经济制度才被生产力发展的历史阶段所必然决定，才是必然的、历史的、阶级的、时代的，因而一个社会只可能在一定的历史发展阶段实行某种经济形态、经济制度：实行何种经济形态、经济制度是不能自由选择的。反之，政体则与经济发展的历史阶段没有必然联系，是偶然的、超经济、超阶级、超历史、超时代的，因而在经济和历史发展的任何阶段都可以自由选择任何政体。这就是为什么，即使造成专制政体的所有根源和原因结合起来，也只能使专制的产生和存在近乎必然而绝非必然的缘故。这就是为什么，五千年来实行亚细亚生产方式的各个国家始终是——却非必然是——专制的缘故。因为专制政体无疑与其他政体一样，并不被经济发展的历史阶段所必然决定，因而不是必然的、不依人的意志而转移的、不可自由选择的；而是直接决定于争取最高权力的人们的斗争的具体的、特殊的、偶然的情况，因而在任何条件下都是——亦即绝对是——偶然的、依人的意志而转移的、可以自由选择的。一言以蔽之，专制在任何条件下——即使在造成专制政体的所有根源和原因都存在的条件下——都是偶然的、可能的、可以自由选择的；专制是绝对偶然的，绝对不具有历史必然性：这就是专制产生和存在之本性。

三　专制价值：专制主义之谬误

专制产生和存在的根源、原因和本性之解析，固然是专制之事实如何；但是，从此出发，便不难破解专制应该如何之难题：专制是否——在任何条件或一定条件下——应该？如果专制是应该的，专制主义——亦即认为专制是应该的理论——就是真理，就应该开拓专制产生和存在之根源以及原因，从而建立和加强专制统治；否则，如果专制是不应该的，专制主义就是谬误，就应该堵塞、断绝专制产生和存在之根源以及原因，从而防止或废除专制统治。那么，专制是否应该？或者说，专制究竟是好、善、优良、具有正价值，还是坏、恶、恶劣、具有负价值？

布莱斯有言："所有制度都不是十全十美的。"[①] 诚哉斯言！不可能有十全十美的国家制度。有一利必有一弊，任何一种国家制度，不论是民主还是专制，都必定既有一些优良的、好的、善和正确的方面，又有一些恶劣的、坏的、恶和错误的方面，而不可能全部优良正确或全部恶劣错误。这就是为什么自柏拉图和亚里士多德以降，一直有思想家否定民主而赞成贤人政治或贵族政治的缘故。他们否定民主，因为民主有很多弊端和缺憾；他们赞成贵族政治，因为贵族政治有很多的优越和美好。这样来评估各种国家制度好坏价值的方法是不科学的：按照这种方法，我们既可以说任何制度都是好的、优良的，因为任何制度都有很多优越和美好；也可以说任何国家制度都是坏的、恶劣的，因为任何制度都有很多弊端和缺憾。

因此，评价一种国家制度之好坏价值，只能是就其处于基础与核心地位的——亦即具有决定意义——的价值来说的：如果处于基础与核心地位的价值是优良的，该国家制度就是优良的；如果处于基础与核心地位的价值是恶劣的，该国家制度就是恶劣的。国家制度好坏的三大价值标准——终极价值标准和根本价值标准以及最高价值标准——无疑构成了衡量国家制度好坏的基础与核心价值的标准：三者所衡量的就是国家制度的基础与核心价值。因此，无论如何，只有符合或违背三者的国家

---

① 詹姆斯·布莱斯：《现代民治政体》下册，吉林人民出版社，2001年，第1027页。

才是好国家或坏国家：三者所构成的价值标准体系是衡量国家制度好坏价值的科学标准：

> 符合这些标准的国家制度，无论有多少缺点、错误和恶，都是具有正价值的、应该的、好的、善的国家制度；违背这些标准的国家制度，无论有多少优点、正确和善，都是具有负价值的、不应该的、坏的和恶的国家制度。

1 专制极端违背国家制度好坏最高价值标准：自由与人道

每个公民都应该完全平等地共同执掌国家最高权力，从而完全平等地共同成为国家最高统治者，完全平等地共同使国家的政治按照自己意志进行，完全平等地共同拥有最高政治自由：这就是衡量国家制度好坏的政治自由标准。准此观之，无疑只有一种政体——亦即民主政体——符合政治自由原则。因为民主就是每个公民都应该完全平等地共同执掌国家最高权力的政体。相反地，专制则极端违背政治自由标准，因为专制是一个人不受限制地独掌国家最高权力的政体。

专制极端违背政治自由原则，势必如布坎南所指出，实行政府管制经济，从而极端违背经济自由标准。[①] 因为，专制等非民主制，意味着政治权力垄断，它将国人分为两大群体：垄断政治权力的群体和没有政治权力的群体。垄断政治权力的群体亦即所谓官吏阶级；没有政治权力的群体亦即所谓庶民阶级。因为所谓阶级，就是人们因权力垄断——经济权力或生产资料垄断与政治权力垄断——所导致的剥削和压迫关系而分成的不同群体。哪里有权力垄断，哪里分为无权群体与有权群体，哪里就必定存在压迫与剥削：垄断权力的群体必定压迫和剥削无权群体。对

---

① 毕焦："从专制到民主：寻租社会由兴至衰的历史轨迹"，《腐败：权力与金钱的交易》，中国经济出版社，1993年，第204页。

于这个道理，休谟曾有深刻揭示："人们天生野心很大，他们的权欲永远不能满足。如果一个阶层的人在追求自己的利益时能够掠夺其他一切阶层，他们肯定会这么干，并使自己尽可能地专断一切，不受制约。"[①] 官吏阶级压迫和剥削庶民阶级最主要最根本最重要的手段，无疑是政府管制经济：政府管制乃是专制等非民主制的必然的普遍的固有的特征。

如果说专制的固有特征是极端违背政治自由标准、专制最需要的是政府管制经济，那么，专制最害怕的就是言论出版自由而导致国民的觉悟和反抗：极端违背言论出版自由标准是专制本性。就拿主持编纂《四库全书》并一再表白"朕从不以语言文字罪人"的乾隆皇帝来说，仅他一个朝代，文字狱竟多达135起。每一起往往都有多人乃至数十人被处死；甚至上百人、上千人遭祸。[②] 鲁迅在分析这些惨案的来由时曾这样写道："有的是卤莽，有的是发疯，有的是乡曲迂儒，真的不识讳忌，有的则是草野愚民，实在关心皇家。而运命大抵很悲惨，不是凌迟、灭族，就是立刻杀头，或者'斩监候'。"[③]

不但此也！自由是最根本的人道，是"使人成为人"——亦即使每个人都实现自己的创造性潜能从而成为可能成为的最有价值的人——的根本条件。专制极端违背全部自由标准，剥夺国人的政治自由、经济自由和思想自由，使每个人的个性得不到发挥、创造性潜能得不到实现，从而——正如马克思所言——极端违背了人道标准："专制制度的唯一原则就是轻视人类，使人不成其为人。"[④]

更何况，专制就其制度本性来说必定导致暴政。因为就制度本性来看，专制是一人独掌国家最高权力。一人依靠什么迫使所有人服从其统治呢？根本说来，只能依靠暴力。所以，专制的本性就是暴政，就是非

① 刘军宁编:《民主二十讲》，中国青年出版社，2008年，第41页。
② 胡奇光:《中国文祸史》，上海人民出版社，1993年，第175页。
③ 鲁迅:《且介亭杂文·隔膜》。
④ 《马克思恩格斯全集》第1卷，人民出版社，1956年，第411页。

人道，就是违背人道标准。想一想中国四千年和西方一千年的专制统治吧！岂不是充满惨绝人寰的血腥的非人道的历史？

2 专制极端违背国家制度好坏的根本价值标准：平等与正义

专制是一个人独掌国家最高权力，因而国家都只有一个主人、主公，亦即专制者，而其他所有人都是奴才、奴仆、牛羊、牲畜。所以，芬纳说："专制是一种统治者与被统治者的关系是主奴关系的统治形式。"① 这岂不极端地违背"每个人只顶一个，不准一个人顶几个"的政治平等原则？因此，卢梭一再说，专制意味着极端不平等：

"这里是不平等的顶点……在这里一切个人之所以是平等的，正是因为他们都等于零。臣民除了君主的意志以外没有别的法律；君主除了他自己的欲望以外，没有别的规则。"②

然而，或许令人困惑：一个人究竟是怎样将所有人都变成他的奴才、奴仆、牛羊、牲畜而服从其专制统治的呢？答案是：等级制！所谓等级制，首先意味着政治权力垄断，它将国人分为两大群体：垄断政治权力或政治职务的群体和没有政治权力或政治职务的群体。垄断政治权力或政治职务的群体，亦即所谓"官"、"官僚阶级"、"官吏阶级"，占国人的极少数，叫作统治阶级；没有政治权力或政治职务的群体，亦即所谓"民"、"庶民"、"人民"，占国人的绝大多数，叫作被统治阶级。等级制，说到底，意味着特权："等级制度的遗传密码是什么呢？就是特权。"③ 这可以从两方面看：

一方面，等级制意味着官民之间等级森严：官吏阶级或政治权力垄

---

① 戴维·米勒等编：《布莱克维尔政治学百科全书》，中国政法大学出版社，1992年，第194页。

② 卢梭：《人类不平等的起源和基础》，商务印书馆，1962年，第146页。

③ 葛承雍：《中国古代等级社会》，陕西人民出版社，1992年，第5页。

断群体享有他们在民主制中得不到的巨大的政治权利、经济权利和机会权利等权利:"三代以下,未有不仕而能富者也!"①想想看,就拿专制国家小小的七品芝麻官县长来说吧。他可是父母官、县太爷呀!他所享有的权利,从很多方面来说,恐怕都远远大于和多于一个民主国家的总统!至于专制国家的高官所享有的特权之大就更不必说了。因为等级制的另一方面,就意味着官吏之间等级森严:官越大,对于专制统治能否稳定的作用就越大,所享有的权利就越大。

这样一来,专制者一人虽然剥夺了所有人各种自由权利、平等权利和人权,使所有人都沦为他的奴才;但是,每个官员毕竟有"得"有"失",而"得"远远多于"失"。因为他不但必然获得在民主制中得不到的巨大的权益,而且他虽然不免是奴才,却同时也是主人;更何况他只是一个人、几个人或少数人的奴才,却是役使极其众多的奴才的主人。因为他的下级和所有的庶民都是他可以役使的奴才,亦即奴才的奴才,甚至是奴才的奴才的奴才的奴才,不胜枚举。即使他是小小的七品县令芝麻官,他也仍然是全县所有人的主人、父母官嘛。

这就是专制者将所有人都变成奴才、奴仆、牛羊、牲畜而使其服从专制统治的秘密:专制国家的每个官员都享有他在民主制中不可能得到的巨大特权和权益。因此,专制国家的官吏阶级、统治阶级或政治权力垄断群体,必然要维护自己如此巨大的特权和权益,因而必然维护专制统治,必然反对民主,从而成为维护专制统治的主要力量。这就是为什么,等级制是专制统治的诀窍,是专制所固有的必然的普遍的不依人的意志而转移的根本特征。

不言而喻,等级制极端违背平等和正义标准:等级制不但剥夺了庶民阶级所应该享有的全部比较高级的权利或非人权权利,而且剥夺了庶民阶级应该享有的人权。因为等级制意味着官吏阶级特权,等级制赋予

---

① 〔清〕宋翔凤:《论语说义》。

官吏阶级多少特权，就意味着庶民阶级被剥夺和丧失多少权利，就意味着庶民阶级被强加多少非正义的义务。这样一来，庶民阶级所应该享有的权利，便因等级制而遭受双重的剥夺和侵犯：一方面被专制者所剥夺的各种自由权利、平等权利和人权等权利；另一方面被整个官吏阶级的特权所剥夺的各种政治权利、经济权利、机会权利和社会权利等权利。结果庶民阶级所应该享有的权利几乎丧失殆尽，而获得的几乎完全是义务；相反地，官吏阶级所得到的几乎完全是权利："几乎把一切权利赋予一个阶级，另一方面又几乎把一切义务推给另一个阶级。"①

3 专制极端违背国家制度好坏终极价值标准：增进每个人利益总量

当我们运用国家制度价值终极总标准——增减每个人利益总量——来评估专制的价值的时候，就会感到每个人利益总量过于笼统，难以准确衡量专制的价值。怎么办？科学的方法，恐怕正如穆勒所言，首先要对每个人利益总量进行分类；然后用所划分出来的更加具体的利益评估专制价值，就可以准确无误了。②

可是，应该将每个人利益总量分成哪些具体种类呢？穆勒发现，可以分为国民品德与国家繁荣进步状况。③诚哉斯言！因为国家制度好坏的价值终极总标准，是增减每个人利益总量；而增减每个人利益总量，归根结底，无疑取决于国民品德状况和国家繁荣进步而与其成正比：国民品德越加良好，国家越加繁荣进步，必定越加增进每个人利益总量，因而必定符合国家制度价值终极总标准；国民品德越加败坏，国家越加停滞不前，必定越加减少每个人利益总量，因而违背国家制度价值终极总标准。

① 《马克思恩格斯全集》第 21 卷，人民出版社，1971 年，第 202 页。
② John Stuart Mill: *On Liberty · Representative Government · Utilitarianism*, Chicago: Encyclopaedia Britannica, Inc., 1952, p. 333.
③ Ibid., pp. 336-337.

然而，"增减每个人的利益总量"仅仅是国家制度价值终极总标准：它在国人利益不发生冲突情况下表现为"无害一人地增进利益总量"价值终极分标准；在国人利益发生冲突情况下则表现为"最大多数人的最大利益"价值终极分标准。显然，这两个价值终极分标准与笼统的国家制度价值终极总标准不同，本身已经足够具体，可以直接准确无误地衡量专制价值。这样一来，运用国家制度价值终极标准评估专制的科学方法便可以归结为三个层次：首先，直接根据国家制度好坏的价值终极标准，主要是价值终极分标准，特别是最大多数人的最大利益标准；其次，根据国家繁荣进步；最后，根据国民品德状况。

直接根据国家制度终极价值标准 专制极端违背国家制度好坏最高价值标准"自由与人道"和根本价值标准"平等与正义"，从而也就极端违背国家制度好坏终极价值总标准"增进每个人的利益总量"及其分标准"无害一人地增进利益总量"和"最大多数人的最大利益"：

专制保全一个人独掌国家最高权力的利益，而剥夺和损害所有人平等地共同掌握国家最高权力的利益，岂不极端违背"无害一人地增进利益总量"标准？岂不极端违背"最大多数人的最大利益标准"？岂不极端违背"增进每个人利益总量"标准？

专制保全一个人独掌国家最高权力的利益而违背政治自由、经济自由和思想自由原则，从而剥夺和侵犯所有人应该享有的各种自由权利，使所有人都生活于一个遭受全面的奴役、异化和不自由的社会，完全丧失个性因而不可能实现自己的创造性潜能，岂不极端违背"无害一人地增进利益总量"标准？岂不极端违背"最大多数人的最大利益标准"？岂不极端违背"增进每个人利益总量"标准？

专制保全一个人独掌国家最高权力的利益，而违背政治平等、经济平等和机会平等原则，从而剥夺和侵犯所有人应该享有的各种平等权利，使所有人生活于一个极端不平等、不公正的等级社会，岂不极端违背"无害一人地增进利益总量"标准？岂不极端违背"最大多数人的最大利益标准"？岂不极端违背"增进每个人利益总量"标准？

专制保全一个人独掌国家最高权力的利益，而违背人权原则、人道原则和公正原则，从而剥夺所有人应该享有的人权、人道和公正的权益，使所有人都生活于一个无人权、不公正和不人道的社会，岂不极端违背"无害一人地增进利益总量"标准？岂不极端违背"最大多数人的最大利益标准"？岂不极端违背"增进每个人利益总量标准"？

根据国人品德状况 专制必定导致绝大多数国人品德低下败坏。因为毋庸赘述，国家制度是大体，是决定性的、根本性的和全局性的；而道德教养是小体，是被决定的、非根本的和非全局性的。因此，邓小平说：

"制度好可以使坏人无法任意横行，制度不好可以使好人无法充分做好事，甚至会走向反面。即使像毛泽东同志这样伟大的人物，也受到一些不好的制度的严重影响，以至于对党对国家对他个人都造成了很大的不幸——不是说个人没有责任，而是说领导制度、组织制度问题更带有根本性、全局性、稳定性和长期性。"[①]

一个国家，只要国家制度好，只要实行宪政民主、没有政府管制的市场经济、思想自由、自由主义和平等主义道德规范体系，那么，该国绝大多数国人——亦即国人总体——品德必定良好高尚；只要国家制度不好，只要实行专制、政府管制经济、言论出版不自由和专制主义道德规范体系，那么，该国绝大多数国人——亦即国人总体——品德必定低下败坏。因此，一旦国家最高权力落入一人之手而沦为专制，那么，不论专制者是明君还是昏君，便必定——如卢梭所言——导致绝大多数国人道德沦丧：

"从这个时候起，无所谓品行和美德问题了。因为凡是属于专制政治统治的地方，谁也不能希望从忠贞中得到什么。专制政治是不容许有任何其他主人的，只要它一发令，便没有考虑道义和职责的余地。最盲目

① 《邓小平文选》第二卷，人民出版社，1994年，第333页。

的服从乃是奴隶们所仅有的唯一美德。"[①]

　　根据国家繁荣进步　专制是国人总体品德败坏的直接且终极原因，意味着：专制必定极大地阻碍国家繁荣进步。因为国民品德状况无疑是决定国家能否繁荣进步的一个极其重要的全局性因素。如果国民品德良好，国民必定极少互相损害，必定积极谋求国家和他人利益，从而必定极大地增进全社会和每个人利益总量，极大地促进国家繁荣进步。相反地，如果国民品德败坏，国民必定经常互相损害而绝不会积极谋求国家和他人利益，从而必定极大地减少全社会和每个人利益总量，极大地阻碍国家繁荣进步。

　　因此，托克维尔在总结美国繁荣进步的原因时写道："华裔美国人的法制和民情是使他们强大起来的特殊原因和决定性因素。"[②]华盛顿也认为国民品德良好是国家自由繁荣的四要素之一："一个国家要保持自由和繁荣所必需的第四条原则是：人民具有美德。"[③]麦迪逊亦如是说："设想一个政府能够在没有美德的民众之中保障他们的自由和幸福，这简直就是一个空想。"[④]

　　不但此也！专制必定极大地阻碍国家繁荣进步，更重要的还在于，一方面，国家制度越违背平等与正义标准，每个人的贡献与所得便越背离，每个人为国家和他人劳动的积极性便越低，从而效率也就越低，国家的繁荣进步便越慢。因此，恒久说来，专制岂不必定因其极端违背平等与正义原则导致国家萧条落后、停滞不前？另一方面，自由是最根本的人道，是每个人实现自己创造性潜能和国家繁荣进步的根本条件。因此，恒久说来，专制岂不就必定因其剥夺所有人——除了专制者一人——的政治自由、经济自由和思想自由而成为每个人实现自己的创造

① 卢梭：《论不平等的起源和基础》，商务印书馆，1959年，第145页。
② 托克维尔：《论美国的民主》下卷，董果良译，商务印书馆，1996年，第635页。
③ 玛丽·莫斯特：《独立宣言：渴望自由的心声》，中共党史出版社，2006年，第216页。
④ 彼得·里尔巴克：《自由钟与美国精神》，江西人民出版社，2010年，第9页。

性潜能和国家繁荣进步的极大障碍？

各国的历史和现实，岂不充分证实了这一结论？中国——和印度——数千年来，始终实行专制制度，结果一直停滞不前，以致黑格尔一再说："中国的'历史'之中没有进步和发展。"[1] "印度和中国，很古老，但同时也很现代。那里的一切都是静止并固定了的。"[2] "中国和印度始终是一个静止的王国，保持了一种自然的存在，直到今天。"[3] 马克思恩格斯与黑格尔一样，也曾一再说，印度和中国等亚洲社会"根本没有历史"[4]；数千年来，国家制度一直未变而处于停滞不前状态。所谓变化，所谓历史，只不过仅仅改朝换代，亦即仅仅更换国王及其官吏，原来的皇帝和大臣下台，另一些人则登上皇帝及其官僚的宝座；而并不改变国家制度，并不改变亚细亚生产方式——土地等生产资料官有制和农业与家庭副业等小手工业相结合的自然经济制度——并不改变东方专制主义和普遍奴隶制。

相反地，"美利坚合众国"1781年诞生。当其时也，这个新兴的国家还完全是一个处于农耕社会的小国，只据有北美大西洋沿岸的一个狭长地带，面积不过40万平方英里，人口也不过240万。18世纪末，美国的工业开始启动，但直到19世纪初，美国仍是一个农业国，95%的人口生活在农村。可是，到19世纪末，美国居然就成为世界第一经济强国；到20世纪90年代又成为全球唯一超级大国。美国从建国之初的区区农耕小国，发展为全球唯一超级大国，总共也不过220年。使美国繁荣进步如此神速之根本原因，如所周知，可以归结为"一个中心：宪政民主制"和"两个基本点：自由主义经济制度和言论出版自由制度"。可见民主是何等促进——而专制是何等阻碍——国家繁荣进步！

综上所述，专制极端违背国家制度好坏终极价值标准。一方面，专

---

① 黑格尔：《历史哲学》，王造时译，九州出版社，2011年，第222页。

② 同上书，第254页。

③ 同上书，第261页。

④ 《马克思恩格斯选集》第一卷，人民出版社，2012年，第856页。

制不但是国民总体品德败坏的根本原因，而且是国家停滞不前的根本原因，因而极端减少每个人利益总量，极端违背国家制度好坏的价值终极总标准"增进每个人利益总量"。另一方面，专制为了保全一个人独掌国家最高权力，而极端违背政治平等原则、经济平等原则和机会平等原则，剥夺所有人应该享有的各种平等权利，使所有人生活于一个极端不平等、不正义的等级社会；极端违背政治自由原则、经济自由原则和思想自由原则，剥夺所有人应该享有的各种自由权利，使所有人都生活于一个遭受全面的奴役、异化和不自由的社会，丧失个性而不能实现自己的创造性潜能；极端违背人权原则、人道原则和正义正原则，剥夺所有人应该享有的人权、人道和正义的权益，使所有人都生活于一个无人权、非正义和不人道的社会——专制极端违背国家制度好坏根本价值标准"平等与正义"和最高价值标准"自由与人道"以及终极价值标准"最大多数人最大利益"。

4 专制主义：绝对谬误

专制极端违背国家制度好坏全部价值标准——最高价值标准"人道与自由"和根本价值标准"正义与平等"以及终极价值标准"增进每个人利益总量"——因而是一种极端恶、极端坏、极端不应该、具有极端负价值的政体。诚然，问题的关键还在于，专制的产生和存在究竟是必然的还是偶然的？如果是必然的、不可避免的、不可自由选择，如果与奴隶制一样，具有历史必然性，那么，专制虽然是极端的恶，却岂不与奴隶制一样，是一种必要恶？是一种进步的好东西？然而，如上所述，专制的根源和本性的研究表明：

专制在任何条件下——即使在造成专制的所有根源和原因都存在的条件下——都完全是偶然的、可能的、可以避免的、可以自由选择的；专制是绝对偶然的、绝对可以避免的、绝对不具有历史必然性。这样一来，在任何社会和任何时代，在任何条件下，专制便都因其极端违背国家制度好坏全部价值标准而是极端恶、极端坏、极端负价值、极端不应该、极端不道德的政体：专制是绝对的极端恶、绝对的极端坏、绝对的极端负价值、绝对的极端不应该、绝对的极端不道德。

专制是绝对的极端恶，显然具有双重意蕴：专制者必定罪大恶极与专制主义必定绝对谬误。因为，一方面，既然专制是一种绝对的极端恶，那么，任何一个专制者，不论他的品德多么好，不论他的心肠多么仁慈，不论他的功劳多么大，他对于全社会和每个人岂不都犯下了极大罪恶？他的行为的净余额岂不都是极大的恶？他岂不都是一个名副其实的罪大恶极者？他怎么能不是罪大恶极呢？试想，他为了自己一个人独掌国家最高权力，而极端违背政治平等、经济平等和机会平等原则，从而剥夺所有人应该享有的各种平等权利，使所有人生活于一个极端不平等、不正义的等级社会；他为了自己一个人独掌国家最高权力，而极端违背政治自由、经济自由和思想自由原则，从而剥夺所有人应该享有的各种自由权利，使所有人都生活于一个遭受全面的奴役、异化和不自由的社会，完全丧失个性而不可能实现自己的创造性潜能；他为了自己一个人独掌国家最高权力，而极端违背人权原则、人道原则和公正原则，从而剥夺所有人应该享有的人权、人道和正义的权益，使所有人都生活于一个无人权、非正义和不人道的社会；他为了自己一个人独掌国家最高权力而极端违背自由与人道以及平等与公正等国家制度好坏全部价值标准，从而极端阻碍社会发展，造成社会停滞不前和导致绝大多数国人品德低下败坏。

试问，难道一个人还有什么功劳能够抵消如此无与伦比的滔天罪恶吗？尧、舜、禹、汤、文、武的伟大功劳能够抵消如此无与伦比的滔天罪恶吗？秦皇汉武唐宗宋祖成吉思汗的功劳能够抵消如此滔天罪恶吗？不论某个专制者的功劳多么大，比起如此滔天的罪恶，岂不都是微不足道吗？所以，任何一个专制者，不论他是明君还是昏君，他的行为的净余额都是极大的恶，他都是一个名副其实的罪大恶极者；只不过，昏君暴君的罪恶更加巨大罢了。但是，即使是夏桀商纣，即使所有的昏君之和，也远远不及那个最伟大的明君——大禹——的罪恶大。因为大禹乃是中国家专制制度——并且是官吏阶级全权垄断的家天下的极权主义专制制度——的开创者：这种专制制度自夏朝以来践踏了中国四千余年！即使所有的昏君之和，也远远不及那个最伟大的皇帝——秦始皇——的罪恶大。因为秦始皇是将所有人的自由剥夺得最干净的专制——官吏阶级全权垄断的家天下的中央集权的极权主义专制制度——的开创者：这种惨绝人寰的制度摧残蹂躏了中国两千多年！想想看，究竟还能有谁的罪恶比大禹和秦始皇的罪恶更大？

另一方面，既然专制是一种绝对的极端恶，既然专制在任何社会、任何时代和任何条件下都具有极端负价值，都是极端不道德、不应该、恶的，那么，专制主义——亦即认为专制是应该的理论——岂不就是一种绝对的极端谬误？专制主义在任何社会、任何时代和任何条件下都绝对地无条件地是一种极端谬误，一种极端坏东西。

因此，任何一种思想体系，如果专制主义并非其基础或核心，那么，它所包含的真与谬以及利与害之净余额便可能是真理与善，它便可能是一种不虚"真理与善"美名的思想体系；反之，不论它多么伟大深刻，多么博大精深，多么源远流长，只要它的核心或主干是专制主义，那么，它的净余额必定绝对是极大的谬误和极大的负价值，因而它便是一种绝对的极端错误和极端有害的思想体系。苏格拉底、柏拉图和亚里士多德虽然或多或少都是专制主义论者，但他们的专制主义充其量不过是几句话而已，在他们所构建的思想体系中微不足道，因而并不影响他们思想体系之价值。

反之，孔子和儒家的思想体系就不同了。因为孔子和儒家的专制主义理论——亦即所谓"三纲说"——在他们的思想体系中无疑居于核心地位。这一点，陈独秀讲得十分透辟："儒家的独特主张是什么呢？除去三纲的礼教，他没有任何主张，孔子只不过是一个笃行好学的君子而已，人们凭什么奉他为万世师表呢？"①"所谓君道臣节，名教纲常，不过儒家之主要部分而亦非其全体。"②贺麟也这样写道：

"五伦的观念是几千年来支配了我们中国人的道德生活的最有力量的传统观念之一。它是我们礼教的核心，它是维系中华民族的群体的纲纪。……五伦观念之最基本意义为三纲说，五伦观念之最高最后的发展，也是三纲说。而且五伦观念在中国礼教中权威之大、影响之大、支配道德生活之普遍与深刻，亦以三纲说为最。三纲说实为五伦观念之核心，离开三纲而言五伦，则五伦说只是将人与人的关系，方便分为五种，比较注重人生、社会和差等之爱的学说，并无传统或正统礼教之权威性与束缚性。儒家本来是与诸子争鸣的一个学派，其进而被崇奉为独专的中国人的传统礼教，我揣想，应起源于三纲说正式成立的时候。……三纲说在历史上的地位既然如此重要，无怪乎在新文化运动时期，那些想推翻儒家、打倒旧礼教的新思想家，都是以三纲为攻击的主要对象。"③

这样一来，尽管孔子和儒家的思想体系博大精深、源远流长，甚至包藏诉说不尽的真理和善，如"爱有差等"之人类最伟大的定律等；但是，它的基础和核心——专制主义——却是一种绝对的极端的谬误和负价值。因此，就孔子和儒家思想体系之真与谬以及恶与善的净余额来说，无疑是极大的谬误和极大的负价值；因而就其整体来说，便是一种绝对的极端错误和极端有害的思想体系。孔子和儒家思想体系之谬误、负价值与罪恶，正如吴虞所言，更因其统治和毒害中国两千多年而无比地增大和膨胀："其流毒诚不减于洪水猛兽矣。"④所以，鲁迅在《狂人日记》中曾借狂人之口，极为深刻而中肯地将孔子和儒家道德体系的本质归结为"吃人"：

"我翻开历史一查，这历史没有年代，歪歪斜斜的每页上都写着'仁

---

① 任建树等编：《陈独秀著作选》第三卷，上海人民出版社，1993年，第388页。
② 同上书，第487页。
③ 王元化主编：《释中国》第二卷，上海文艺出版社，1999年，第1205、1213页。
④ 赵清、郑成编：《吴虞集》，四川人民出版社，1985年，第64页。

义道德'几个字。我横竖睡不着，仔细看了半夜，才从字缝里看出字来，满本都写着两个字是'吃人'！"

诚然，孔子和儒家的专制主义并非最坏的专制主义：它们比韩非和法家的专制主义无疑要好得多。因为，细究起来，专制主义的类型不同，它们的谬误和有害的程度自然也有所不同。这可以从两方面看。一方面，法家和马基雅维利所代表的霸道的邪恶的专制主义，显然比儒家和阿奎那所代表的王道的开明的专制主义更谬误、更坏、负价值更大；另一方面，儒家、墨家、道家和法家所代表的永恒专制主义（亦即认为专制在任何历史条件下永远都是应该的理论），显然比马基雅维利、亚里士多德、但丁所代表的暂时专制主义（亦即认为专制只有在一定历史条件下永远才是应该的理论）更谬误、更坏、负价值更大。

于是，合而言之，法家和霍布斯所代表的永恒且邪恶专制主义（亦即认为专制不仅在任何历史条件下永远都是应该的，而且即使在专制者的统治是不道德的条件下也是应该的理论）最坏、负价值最大和最为谬误；儒家和阿奎那所代表的永恒且开明专制主义（亦即认为专制虽然在任何历史条件下永远都是应该的，却只有在君主的治理符合道德的前提下才是应该的理论）次之；马基雅维利所代表的暂时且邪恶专制主义（它认为邪恶的专制只是在一定历史条件下才是应该的，而在另一种历史条件下不但邪恶的专制是不应该的，而且任何专制都是不应该的，而唯有自由主义是应该的）又次之；亚里士多德、但丁和柏拉图所代表的暂时且开明专制主义（亦即认为只有在一定历史条件和专制者的治理符合道德的双重前提下专制才是应该的理论）的谬误最轻、负价值最小。

孔子和儒家的专制主义，比韩非和法家的专制主义要好得多，仅仅是就这两种理论本身来说的，而不是就它们的实际效果来说的。如果就二者的实际效果来说，孔子和儒家的专制主义比韩非和法家的专制主义真不知道要坏多少倍！因为统治中国两千多年的是孔子和儒家的专制主义，而不是韩非和法家的专制主义；给中国带来最大罪恶的是孔子和儒家的专制主义，而不是韩非和法家的专制主义。不过，话说回来，不同类型专制主义的错误程度虽然有所不同，却毕竟同样都是绝对谬误，毕竟同样在任何社会、任何时代和任何条件下都是谬误和坏东西；并且与非专制主义国家制度理论的谬误相比，同样都是一种极端的谬误和极大的坏东西。

孔子和儒家的专制主义对于孔子当时及其后两千多年和现代社会同样是一种极大的恶和极端的谬误：它们对于任何社会和任何时代都同样是一种极大的恶和极端的谬误。说到底，任何专制主义——孔子和儒家亦然——都是一种绝对的、永恒的谬误和罪恶，它们永远不会过时。因为，如上所述，专制与其他政体一样，并不被经济发展的历史阶段所必然决定，因而不是必然的、不依人的意志而转移的、不可自由选择的；而是直接决定于争取最高权力的人们的斗争的具体的、特殊的、偶然的情况，因而在任何条件下都是——亦即绝对是——偶然的、依人的意志而转移的、可以自由选择的：任何社会、任何时代都可能产生和存在专制制度以及为它辩护的专制主义理论。这就是为什么专制主义理论永远不会过时的缘故！这就是为什么想当皇帝的袁世凯会将孔学作为国家施政指导思想的缘故！这就是为什么李大钊会看到历代专制者对于孔子和儒家"莫不尊之祀之、奉为先师、崇为至圣"的缘故！[①] 这就是为什么陈独秀感叹"每逢民主运动失败一次，反动潮流便高涨一次，同时孔子便被人抬高一次"的缘故！[②]

四　专制主义理论根据

专制主义是一种将"极端的不人道与不自由以及极端的非正义与不

---

① 《李大钊文集》上，人民出版社，1984 年，第 264 页。
② 任建树等编：《陈独秀著作选》第三卷，上海人民出版社，1993 年，第 388 页。

平等和极端损害绝大多数人利益"奉为国家制度价值标准的极为荒谬的理论。然而，更为荒谬的是，不但中国几乎所有思想家——儒家、墨家、法家、道家和阴阳家等——无不是专制主义论者，而且西方竟然像苏格拉底、柏拉图和亚里士多德这样最伟大的思想家也都无不赞成专制主义！

诚然，自从文艺复兴时期自由主义之兴起，经过二三百年的搏斗，终于在 17 世纪击溃专制主义而成为西方社会主流意识形态；四百年来，学术界似乎已经达成共识：专制是不应该的因而专制主义是谬误。然而，细究起来，正如魏特夫所指出："大体说来，伯里在自由主义时期结束时所言甚是：几乎无人通过详尽的比较研究来确定专制主义之特征。"①

特别是，专制主义大师们——西方如柏拉图、亚里士多德、阿奎那、霍布斯、但丁和马基雅维利，中国如孔子、墨子、孟子、荀子、老庄和韩非等——所主张的专制主义的论点和论据，真正讲来，还没有被系统批驳；专制主义之谬误迄今并没有得到系统而严谨的确证。一句话，专制究竟是否应该？专制主义为什么是谬误？这仍然是根本没有得到证明的理论难题。破解这一难题的终点显然是：专制主义究竟有什么理论根据？

中西专制主义共同的主要理论根据，可以归结为"君权神授说"、"优秀人物统治论"、"国家统一说"、"天无二日说"和"专制具有历史必然性"。《不列颠百科全书》专制主义词条这样总结道："为君主专制辩护的最简单的论据是国王的权力来自上帝，即'君权神授说'……除君权神授说外，还提出了一些为专制君主政体辩护的更实际的论点。完全服从一个单一意志，据说是为维持国家的秩序和安全所必需的；否则，敌对或分散的政治权力会引起混乱。""君权神授说"曾被洛克等思想家长篇大论予以驳斥；但今日看来，君权神授说实属无稽之谈，已无反驳价值。相反地，"优秀人物统治论"、"国家统一说"、"天无二日说"、"专制具

---

① Karl A. Wittfogel: *Oriental Despotism: A Comparative Study of Total Power*, New Haven: Yale University Press, 1957, p. 2.

有历史必然性"和"家天下专制主义：儒家的独特辩护"尚须细细透析、
考量。

1　优秀人物统治论

　　"优秀人物统治论"代表人物主要是古希腊哲学家赫拉克利特、德谟
克利特、苏格拉底、柏拉图和亚里士多德。赫拉克利特反对民主制，因
为在他看来，大多数人就是群氓，民主制就是"愚人"和"坏人"的统
治；而国家显然应该由"优秀的人"进行统治："一个人如果是最优秀的
人，在我看来，就抵得上一万人。"[1]德谟克利特亦如是说："对于愚蠢的
人来说，听命要比发号施令好。"[2]"按照事物的本性，优秀的人理当进行
统治。"[3]苏格拉底认为，民主制的主要缺陷在于人民大众不可能具备治理
国家的能力和知识，从而提出"哲人统治论"："进行统治的应是有知识
的人。"[4]

　　从此出发，柏拉图最终得出了国家最高权力应该由一人独掌的专制
主义结论。因为真正优秀的人总是极少数，最优秀的人、极其通晓统治
技艺的人，必定是一两个人："如果能在这个世界上找到纯粹形式的统治
技艺，那么我们要是能找到一两个人拥有这种技艺就不错了，或者说，
顶多只有极少数人能够拥有这种技艺。"[5]因此，"由一个人进行统治，并
且这种统治能够保持在法律的规则中，也就是说依据被我们称作法律的
成文法则来治理，那么，这种统治是所有六种统治中最优秀的。"[6]亚里士
多德则集"优秀人物统治论"之大成，从而发现了似乎可以使专制主义

---

①　涅尔谢相茨：《古希腊的政治学说》，商务印书馆，1991年，第57页。
②　同上书，第76页。
③　同上书，第75页。
④　同上书，第118页。
⑤　《柏拉图全集》第三卷，王晓朝译，人民出版社，2003年，第144页。
⑥　同上书，第159页。

立于不败之地的理论武器：

"政治职务和政治权利分配原则：应该根据每个人的才德或贡献分配政治职务和政治权利。"

按照这一原则，执掌国家最高权力的人应该是才德最优秀的人；才德最优秀的人显然不可能是人民大众，而只能是极少数人，甚至只能是一个人。因此，亚里士多德一再说：

"最优良的政体就该是由最优良的人们为之治理的政体。这一类型的政体的统治者或为一人，或为一宗族，或为若干人。"[①]

这就是古希腊思想家的"优秀人统治论"。这种理论看似真理，实为片面谬论。殊不知，政治权利分为政治自由权利与政治职务权利。只有政治职务权利才应该按照才德贡献分配，因而最优秀的人应该担任最高政治职务。反之，政治自由权利则不论每个人的才德贡献如何，而应该完全平等享有，因而每个人不论贡献才德如何，都应该完全平等地共同执掌国家最高权力，从而完全平等地共同决定国家政治命运：民主制是应该的。"优秀人统治论"的错误显然在于片面性：只看到政治职务权利分配原则，而没有看到政治自由权利分配原则，从而误以为国家最高权力与最高政治职务一样，应该执掌于最优秀的那一个人。

诚然，"优秀人统治论"具有正反两面："认为国家最高权力应该执掌于最优秀的人"只是其正面；而其反面则是"认为人民没有执掌最高权力的能力和知识"。如果确如"最优秀人统治论"所言，人民没有执掌最高权力——从而进行统治——的能力和知识，那么，即使执掌最高权力是人民的权利，人民自己也不应该执掌最高权力，而应该委托给人民的护卫者："最好的统治者应该是德才兼备的护卫者们。"[②]那么，人民究竟有没有执掌最高权力进行统治的能力和知识呢？

---

① 亚里士多德：《政治学》，吴寿彭译，商务印书馆，1996年，第173页。
② Robert A. Dahl: *Democracy and Its Critics*, New Haven: Yale University Press, 1989, p. 271.

答案是肯定的。因为人民或庶民执掌最高权力进行统治，并不是担任政治职务的直接统治，并不是担任政治职务从而对被统治者所进行的直接统治，说到底，并不是官吏统治；而是不担任政治职务的间接统治，是被统治者反过来对统治者进行统治，从而使统治者按照被统治者自己的意志和利益进行统治。这种统治统治者的间接统治、庶民统治或非官吏统治，说到底，也就是所谓的参政权——主要包括选举、罢免、创制、复决四种权利——的行使。因此，庶民执掌最高权力进行的统治，主要讲来，也就是庶民通过选举和罢免等对统治者的管理、统治，从而使统治者按照庶民的利益和意志进行统治。

因此，庶民究竟有没有执掌最高权力进行统治的能力和知识的问题，也就是庶民有没有能力和知识，选举按照庶民的利益和意志进行统治的官吏？有没有能力和知识，罢免不按照庶民的利益和意志进行统治的官吏？说到底，也就是庶民有没有能力和知识选举增进自己利益的好官、罢免损害自己利益的坏官？显然，庶民完全具有选举增进自己利益的好官和罢免损害自己利益的坏官的能力和知识。试想，就是在极端禁止言论思想自由等愚民专制统治下的古代中国人民，都完全具有辨别好官与坏官的能力和知识；更何况民主统治下的当家做主的人民，怎么能不具有辨别自己的公仆——好官与坏官——的能力和知识？"优秀人统治论"的谬误，主要讲来，就在于混淆"担任政治职务的直接统治"与"不担任政治职务的间接统治"，不懂得前者只有优秀人物能够胜任，而后者人人皆能胜任；以致由人民缺乏担任政治职务进行直接统治的能力之正确前提，得出错误的结论：人民缺乏执掌最高权力进行间接统治的能力。

更何况，与专制等非民主制是一个人或极少数寡头执掌最高权力根本不同；民主制是全体庶民、人民执掌最高权力的统治，而不是一个庶民或几个、一些庶民执掌最高权力的统治。这样一来，一个或几个庶民的能力和知识固然远远不如优秀人物的能力和知识，因而不足以胜任执掌最高权力，进行民主统治；但是，三个臭皮匠，抵个诸葛亮，如果所有的庶民、人民的能力和知识集合起来，就可能超过任何优秀人物，至少必定胜任执掌最高权力，进行民主统治。这个道理，就连"优秀人统治论"的代表人物亚里士多德，也曾有几番论述；他甚至还由此得出结论说，责难群众执掌最高权力的理由是不充分的：

"就多数而论，其中每一个别的人常常是无善足述；但当他们合而为一个集体时，却往往可能超过少数贤良的智能。多人出资举办的宴会可以胜过一人独办的宴会。相似地，如果许多人共同议事，人人贡献一份意见和一份思虑；集合于一个会场的群众就好像一个具有许多手足、许多耳目的异人一样，他还具有许多性格，许多聪明。"[①]

可见，人民、庶民不但完全具有执掌最高权力、从而选举增进自己利益的好官和罢免损害自己利益的坏官的能力和知识，而且完全可以具有执掌最高权力进行间接统治的任何能力和知识，甚至如密尔所言，可以具有亲自担任某种政治职务进行直接统治的能力和知识。[②] 因为正如亚里士多德所指出：

"人类在本性上，也正是一个政治动物。"[③]

人是政治动物，显然意味着：每个人都是政治动物，每个人都具有政治能力，都具有执掌最高权力对统治者进行选举和罢免等间接统治的政治能力，都具有共同执掌最高权力进行统治的政治能力，都具有管理社会和国家等公务活动的政治能力：或者是实在的或者是潜在的。

2　国家统一说

按照"国家统一说"，任何社会，不论大小，不论人数多少，它存

---

① 亚里士多德:《政治学》，吴寿彭译，商务印书馆，1996 年，第 143 页。
② John Stuart Mill: *On Liberty; Representative Government; Utilitarianism*, Chicago: Encyclopaedia Britannica, Inc., 1952, p. 344.
③ 亚里士多德:《政治学》，吴寿彭译，商务印书馆，1965 年，第 7 页。

在与发展的最根本的条件，乃是统一；而只有专制才能带来国家的统一和存在，而避免国家分裂和崩溃。阿奎那便这样写道："'无论何物，只要统一即可存在。'这就是为什么我们会看到，各种事物都极力避免分裂，而一物的分裂则源于其某种内在缺陷。因此，不论管理众人者是谁，他的首要目标就是统一或和平；而统一若是因其本身就是一个东西无疑最佳……自然的统一无疑比人为的一致更容易达成统一，所以众人由一个人统治比由若干人统治更佳。那么，结论就是：宇宙的统治形式堪称最佳，因为她的统治者是一个人。这就是为什么大哲学家亚里士多德说：'大自然痛恨混乱；民治没有好结果，因而最高的统治者只是一个人。'"①

中国的专制主义论者亦然。墨子便一再说，只有存在君主或天子，才能"从事乎一同天下之义"，社会和国家才能统一而存在发展；反之，如果没有君主或天子，如果没有君臣，必定天下大乱，社会和国家必定崩溃："无君臣、上下、长幼之节，父子、兄弟之礼，是以天下乱焉！明乎民之无正长以一同天下，而天下乱也。是故选择天下贤良、圣知、辩惠之人，立以为天子，使从事乎一同天下之义。"②

诚然，任何社会，不论大小，不论人数多少，它存在与发展的最根本的条件，无疑是统一，是"完整地结合为一个单位"。只有当社会如同一个人那样"构成一个整体"，亦即成为一个统一体、一个"公共的大我"、一个"公共人格"，它才能够存在发展；否则，四分五裂、各行其是，势必崩溃灭亡。社会和国家分裂、崩溃、不复存在无疑是最大的、无与伦比的恶。因为人是社会动物，如果社会和国家分裂、崩溃、不复存在，那么，每个人便不可能生存，人类便会灭亡。还能有什么比这更大的恶吗？当然没有。因此，如果确如阿奎那和墨子所言，只有专

---

① A. P. D'Entreve: *Aquinas Selected Political Writings*, New Jersey: Barnes & Noble Books, 1981, p. 54.

② 《墨子·尚同中》。

制——亦即一个人独掌国家最高权力——才能造成社会、国家的统一和存在，而避免社会、国家的分裂和崩溃，那么，专制虽因其极端违背国家制度价值标准而是一种极端的恶，却因其能够避免更大的恶——社会和国家的崩溃——而是一种必要的恶，因而归根结底也就是善的、应该的，而不是恶的、不应该的了。

但是，阿奎那、但丁和墨子的观点是不能成立的。因为毫无疑义，任何一种政体——君主专制和君主立宪以及寡头共和与民主共和——都能够保障社会的统一和存在而避免其分裂和崩溃。试问，难道只有专制——一个人独掌国家最高权力——才能统一，而民主——全体公民共同掌握国家最高权力——就不能统一吗？民主通过代议制和多数裁定原则所形成的"公众意志"不是统一是什么？难道民主的美国不是一个统一的国家吗？只不过，专制的统一是统一于一个人意志，因而是一种异化、奴役和不自由的统一；而民主的统一则是统一于"公众意志"，因而是一种非奴役、无异化和自由的统一罢了。

民主不但因其所形成的是"自由的统一"而能够保障社会存在，而且能够促进社会迅速发展：自由是实现每个人创造性潜能的根本条件。反之，专制则因其所形成的是"不自由的统一"而只能保障社会存在，却不能够促进社会发展；不但不能促进社会发展，而且极端阻碍社会发展。专制社会之所以仍然能够缓慢发展，并不是专制本身的结果，恰恰相反，乃是那些自由的斗士勇于反抗专制的结果。因此，专制虽能保障社会的统一和存在而避免其分裂和崩溃，却极端阻碍社会发展，极端违背国家制度价值标准；相反地，民主不但能够保障社会存在，而且能够促进社会迅速发展，完全符合国家制度价值标准。这样一来，任何一个国家，如果选择专制，虽能保障社会的统一和存在而避免其分裂和崩溃；但与选择民主比起来，净余额却是极大的负价值。因此，专制不是一种必要恶，而是一种纯粹恶。

3 专制主义的理论根据：天无二日说

诚然，专制之为纯粹恶的前提是：专制不是必然、不可自由选择的；而完全是偶然的、可以自由选择的。因为，如果专制是必然、不可选择的、不依人的意志而转移的，那么，专制岂不就是天经地义的？细察古今中外专制主义论者著作可知，他们认为专制是应该的最主要的论据，原本就在于专制是必然的、不可自由选择的。在他们看来，社会或国家的最高权力的掌握者只是一个人——亦即君主专制——乃是社会或国家的结构之本性，正如天上只有一个太阳、家庭只有一个父亲、人体只有一颗心、蜜蜂只有一个王、宇宙只有一个上帝一样，是自然的、必然的、不依人的意志而转移的客观本性，因而也就是天经地义的，是合理的，是应该的、善的。这种理论，不妨称之为"天无二日说"。

孔子称君主为"天子"，将君主比附于天曰："孔子曰：'天无二日，民无二王。'"[1]这样一来，国家最高权力掌握于君主一人——亦即君主专制——岂不就与天上只有一个太阳一样，乃是天经地义的？所以郭象说："君臣上下、手足外内，乃天理自然，岂真人之所为哉！"[2]西方专制主义论者——如阿奎那——亦如是说：

"既然自然界总是以最佳方式劳作，那么，最接近大自然方法的，就是最佳的方法。而在自然界，总是由一个东西进行管理。身体各器官都由一个器官来指挥，那就是心；灵魂中也只有一个最卓越的能力，那就是理性。蜜蜂有一个王，而整个宇宙也只有一个上帝，即造物主和统治万物的君主。这完完全全依据于理性：所有众多皆源于统一。这样一来，既然艺术作品只不过是一种对大自然作品的模仿，既然最好的艺术作品

---

[1] 《孟子·万章上》。
[2] 郭象：《庄子集释·齐物论》。

就是忠实表现其自然范本的作品，那么，结论必然是：人类社会最佳的政府形式就是由一个人执掌的政体。"[1]

如果社会或国家的最高权力的掌握者只能是一个人，确如专制主义论者所言，如同天上只有一个太阳、人体只有一颗心、蜜蜂只有一个王、宇宙只有一个上帝一样，乃是社会或国家的结构之必然的、不可避免的、不可自由选择的本性，那么，专制不论如何违背国家制度价值标准，确实是天经地义的，或者毋宁说，专制本身是不可言善恶的，而只有可以自由选择的某种专制——开明专制和暴君专制以及王道专制和霸道专制——才是可以言善恶的。

然而，这种观点——国家最高权力的掌握者只能是一个人乃国家结构之必然本性——也是不能成立的。诚然，如前所述，从社会或国家结构的本性来看，任何一种社会或国家的政治首脑或最高政治领导人，一般说来，确实必定都是一个人：一个酋长、一个军务总司令、一个州长、一个国家主席。即使是民主国家的最高领导人"总统"或"首相"也只是一个。

可是，最高领导人是一个人，并不意味着，最高权力的掌握者是一个人：二者根本不同。因为在一个民主国家，最高领导人或总统虽然是该国权力最大的一个人，但他并不掌握最高权力。对于最高权力，他与任何一个公民是完全一样的："一个顶一个，不能一个顶两个"。这就是说，总统与每个公民是完全同等地掌握国家最高权力；否则，就不是民主国家了。但是，最高领导人，就其人性来说，必定努力渴求独掌社会或国家的最高权力，因而也就使"最高领导人是一个人"，极易变成"最高权力的掌握者是一个人"，从而极易变成专制君主。专制主义论者认为专制乃是国家结构的必然本性的错误，就在于将"最高领导人是一个人"

---

[1] A. P. D'Entreve: *Aquinas Selected Political Writings*, New Jersey: Barnes & Noble Books, 1981, p. 7.

等同于"最高权力的掌握者是一个人",因而由"最高领导人之为一个人乃是国家结构之必然本性"正确命题,得出错误结论:最高权力的掌握者只能是一个人——亦即君主专制——乃是国家结构之必然本性。

4　专制具有历史必然性

　　人们大都以为专制和专制主义理论只是对于现代社会——或可能实现民主的社会——来说,才是谬误和坏东西;而对于两千多年的专制社会或不可能实现民主的社会来说,则是真理和好东西:专制主义之所以是谬误和坏东西,只是因为它过时而不适合于今日。甚至陈独秀和李大钊——五四运动反对孔子专制主义的主将——也承认:孔子专制主义之所以是谬误和坏东西,只是因其"不适合于今日之时代精神"[①];而对于孔子当时及其后的两千年专制时代来说,孔子的专制主义则是有价值的。陈独秀在历数孔子的价值时便这样写道:

　　"孔子的第二价值是建立君、父、夫三权一体的礼教。这一价值,在二千年后的今天固然一文不值,并且在历史上造成过无穷罪恶,然而,在孔子立教的当时,也有它相当的价值。"[②]

　　为什么? 陈独秀答道:"孔子生当此时,已预见封建颓势将无可挽救,当时的社会又无由封建走向民主之可能,于是乃在封建的躯壳中抽出它的精髓,即所谓尊卑长幼之节,以为君臣之义、父子之恩、夫妇之别普遍而简单的礼教……以维持那日就离析分崩的社会。"[③]

　　这种观点是不能成立的。当然,如果在孔子的时代及其后的两千多年的专制社会,专制是必然的,而不可能实现民主或其他非专制政体,那么,专制在这些年代确实就是天经地义的,就是应该的,因而孔子的

---

①　《李大钊文集》上,人民出版社,1984年,第264页。

②　任建树等编:《陈独秀著作选》第三卷,上海人民出版社,1993年,第379页。

③　同上书,第380页。

专制主义理论就是真理和有价值的好东西了。

然而，如前所述，任何政体，不论是民主制还是专制等非民主制，事实上都曾出现于生产力发展的任何历史阶段，都曾出现于原始社会、奴隶社会、封建社会和资本主义社会。这意味着，任何政体都不是被生产力和经济发展水平所必然决定的，都不具有历史必然性。究其原因，可知任何一种政体的实行，都是当时社会的地理环境、生产力、经济、政治、文化、社团、法律、道德、意识形态、阶级结构、争夺最高权力者的斗争、领袖们的人格、才能和贡献以及国民的人格、传统习俗、国内外形势和思想家们的理论等多种因素的具体的特殊的偶然的情况相互作用、共同决定的。

这些因素对于导致某种政体虽然有根本原因与非根本原因以及主因与次因之分——生产力和经济发展状况无疑是最根本最主要的原因——但无论哪一种因素都不足以必然导致某种政体，皆非必然产生某种政体的必要条件或充分条件；而都只是某种政体产生的偶然性原因，都只是产生某种政体的有利条件或不利条件。在这些偶然的特殊的有利或不利的多种因素作用下，人们争夺最高权力的斗争便既可能使最高权力无限制地被一个人所掌握（君主专制）；也可能使最高权力受限制地被一个人所掌握（有限君主制）；还可能使最高权力被少数公民所掌握（寡头共和）；亦可能使最高权力被全体公民所掌握（民主共和）。

这就是为什么，任何国家实行何种政体，不具有历史必然性，不是必然的、不可选择的、不可避免的；而是充满各种可能，是偶然任意、可以自由选择的。这就是为什么，以政体为划分根据的国家制度——民主制与专制等非民主制——是偶然任意而并不具有历史必然性的缘故。

准此观之，孔子的时代及其后的两千多年的专制社会，专制也是偶然的、可变的、可以避免的；人们仍然具有选择和实现民主等政体的可能性。只不过，这种可能性在选择者们生前就实现的可能性极小而近乎零，势必要经过世世代代艰苦而漫长的斗争才会实现，因而只是抽象可能性而非具体可能性。但是，抽象可能性也是可能性而绝非必然性：专制绝对不具有历史必然性。

既然如此，我们就绝不能像陈独秀那样，由专制制度和孔子的专制主义理论能够避免社会分崩离析而得出结论说：专制和孔子的专制主义具有正价值，是好东西。因为专制和专制主义虽能避免社会分崩离析、保障社会存在，却极端阻碍社会发展、极端违背自由和平等以及人道和正义诸国家制度价值标准；而民主和民主理论则不但能够保障社会存在而且能够促进社会迅速发展、完全符合自由和平等以及人道和正义诸国家制度价值标准。于是，就是在孔子当时及其后的两千多年的专制时代，专制和孔子的专制主义理论也比民主和民主理论极大地阻碍社会发展进步、极大地减少和损害了每个人利益总量，因而仍然是一种极大的恶和极端的谬误。

5　家天下专制主义：儒家的独特辩护

儒家对专制的独特的辩护理论"家天下专制主义"，不但使专制合理化，而且使人类所能创造的最坏的国家制度"全权——政治权力与经济权力以及结社集会等社会权力和言论出版等文化权力——垄断的极权主义专制"合理化，令人相信这种极端邪恶的制度是毋庸置疑的好制度，以致中国自古以来，直至清朝，几乎所有思想家（儒家与墨家以及法家与道家）竟然无不是家天下的专制主义论者！

原来，中国的专制制度与西方的专制制度根本不同。从五帝时代到鸦片战争，五千年来，中西专制制度根本差异可以归结为：中国是"土地王有制和官有制"及其所导致的"不服从者不得食"的极权主义专制，是国王及其官吏阶级"不仅垄断政治权力而且垄断经济权力进而垄断社会权力与文化权力"的"全权垄断"极权主义专制；西方的专制制度则是"土地民有制"及其所导致的"不服从者亦得食"的非极权主义专制，是国王及其官吏阶级"仅仅垄断政治权力"的非极权主义专制。

究其原因，则在于中国是必须建立庞大的治水工程和人工灌溉设施的所谓"治水社会"，专制者及其政府是唯一能够承担如此大规模的治水工程和人工灌溉设施的兴建者，因而全国土地的所有者，势必是能够代表国家及其政府的国王及其官吏阶级。反之，西方则不是"治水社会"，它不需要像治理东方大河流域那样，只有政府才能承担的大规模的治水工程和人工灌溉设施，其治水工程和人工灌溉设施的兴建者，主要是农民和庶民们自己，而不是政府及其官吏，因而全国土地的主要所有者是庶民而不是国王及其官吏阶级。这一中西专制制度的根本差异，正如马克思亚细亚生产方式理论所发现，最终源于中国拥有——而西方国家没有——适于农耕的大河流域之幅员辽阔的地理环境。

中国专制制度的这一特点——专制者及其官吏阶级全权垄断——就使整个国家成为一种"准家庭"或"类家庭"。因为家庭学的研究表明，家庭具有三大特征。首先，家庭是因性结合及其子女所形成的社会，是亲子社会。这是家庭的定义，是家庭根本的非统计性特征：凡是具备这一特征的社会都是名副其实的家庭。其次，家庭是以爱为基础的不计较利害得失的社会。这是家庭的统计性特征，是由家庭的亲子关系特征所派生的特征：具备这一特征的非亲子社会，如某些早期基督教小团体，也是以爱——而不是以利益——为基础的社会，这种社会是准家庭或类家庭。最后，家庭是家长全权——政治权力与经济权力以及社会权力与文化权力——垄断的极权主义专制社会。这也是家庭的统计性特征，亦是由家庭的亲子关系特征所派生的特征：具备这一特征的非亲子社会是准家庭或类家庭。

准此观之，中国国王及其官吏阶级便因其全权垄断而类似家长，毫无权力的庶民阶级类似家庭成员，整个国家则类似家庭而属于准家庭范畴。这种准家庭国家被《尚书》、《诗经》和儒家等进一步拟制为家，而准家庭的家长（国王及其垄断各级郡县全权的官吏）和准家庭成员

（庶民），则被拟制为"君父"、"父母官"和"子民"。这样一来，中国国人关系便是一种"君父"、"父母官"和"子民"的宗法关系。这样一来，国王及其官吏阶级全权垄断的极权主义专制便是合理的应该的；正如家长全权垄断的极权主义专制是合理的应该的一样：这就是儒家"以孝治天下"之真谛。

儒家这种"家天下的专制主义"，不但既不同于西方专制主义，也不同于东方其他国家的专制主义，堪称中国文化之最大特色；而且得到诸子百家的认同。墨家曰："无君臣、上下、长幼之节，父子、兄弟之礼，是以天下乱焉！"[①]法家曰："臣事君、子事父、妻事夫，三者顺而天下治，三者逆而天下乱，此天下之常道也。"[②]道家曰："君先而臣从，父先而子从，兄先而弟从，长先而少从，男先而女从，夫先而妇从。夫尊卑先后，天地之行也，故圣人取像焉。"[③]

这种家天下专制主义看似合理，实则大谬不然。诚然，家长垄断家庭的全部权力——政治权力与经济权力以及社会权力与文化权力——意味着，家庭是一种极权主义专制社会，因而是一种极端不平等和极端不自由的社会，极端违背国家制度好坏价值标准——亦即国家制度最高价值标准"人道与自由"与根本价值标准"正义与平等"以及终极价值标准"增减每个人利益总量"——无疑是一种极端的恶。但是，家庭之为全权垄断的极权主义专制社会，乃是一种必要恶。

因为，一方面，家庭中的子女大都未成年，理智低弱，幼稚无知，完全需要和依赖家长的养育，不但没有执掌家庭权力的能力，而且没有自由健康成长能力。家长若不全权垄断，而像民主社会那样，与子女平等地共同执掌家庭权力，虽然平等自由，符合国家制度价值标准，岂不必定崩溃而不可能存在发展？所以，家庭虽因是一种全权垄断的极权主

---

① 《墨子·尚同中》。
② 《韩非子·忠孝》。
③ 《庄子·天道》。

义专制社会而是一种恶，却因其能够避免更大的恶——家庭的崩溃与人类的灭亡——而是一种必要的恶，因而归根结底也就是善的、应该的，而不是恶的、不应该的了。

另一方面，家庭成员的联系完全以爱为基础，家长虽然全权垄断，对家庭成员的深情挚爱却使其能够像为自己谋利益那样为家庭成员谋利益。因此，家长与其子女等家庭成员如同一人：家长的决定就是子女等家庭成员自己的最理智最正确的决定。子女等家庭成员服从家长，实际上就是自己的情欲服从自己的理智，就是自己的低下愚蠢错误的认识服从自己高远明智正确的认识。因此，一般说来，子女等家庭成员似乎因家长的极权主义专制而牺牲了平等与自由，实际上，他们牺牲的仅仅是错误的不理智的愚蠢的欲望之自由，获得的则是理智的智慧的正确的欲望实现之自由，因而净余额是巨大的利益、善和正价值。所以，家长的全权垄断的极权主义专制，自身虽然是极端恶，结果却是巨大无比的善，净余额是巨大的善，因而属于必要恶范畴。

因此，领导者全权垄断的极权主义专制属于必要恶的前提条件有两个：一个是领导者与被领导者的联系完全以爱为基础而不计较利益得失；另一个是被领导者大都年幼无知，完全依赖领导者的养育。具备这样两个条件的社会，无疑只有家庭。因此，只有家庭的领导者全权垄断的极权主义专制才是必要恶，才是善的；而其他全权垄断的极权主义专制的社会都是纯粹恶。儒家的家天下专制主义，从"家长全权垄断的极权主义专制的家庭制度是善的"和"中国因国王及其官吏阶级全权垄断而属于准家庭范畴"两个正确前提出发，误将这种准家庭国家拟制为家庭，进而错误地得出结论说：国王全权垄断的极权主义专制的国家制度是善的。

国家治理丛书

新伦理学

（第三版）

下册

王海明　著

商务印书馆
The Commercial Press

下册目录

第七篇　幸福：善待自我的道德原则

第八篇 道德规则体系

下卷　美德伦理学

上篇　良心与名誉：优良道德的实现途径

下篇　品德：优良道德之实现

第七篇　幸福：善待自我的道德原则

第二十四章　幸福概念

本章提要

　　幸福，直接说来，是人生重大的快乐；根本讲来，则是人生重大需要和欲望得到满足的心理体验，是人生重大目的得到实现的心理体验，说到底，是达到生存和发展的某种完满的心理体验。快乐的心理体验是幸福的主观形式；生存和发展之完满是幸福的客观实质；介于二者之间的人生重大需要、欲望、目的得到满足或实现，则是幸福的客观标准。幸福分为物质幸福、社会幸福和精神幸福。物质幸福亦即物质生活幸福，是物质需要、欲望、目的得到实现的幸福，也就是生理需要、肉体欲望得到满足的幸福，主要是食欲和性欲得到满足的幸福。其最高表现，是生活富裕和躯体健康。社会幸福亦即社会生活的幸福，是人的社会性需要、欲望、目的得到实现的幸福，也就是人的人际关系方面的需要、欲望、目的得到实现的幸福，主要包括自由需要得到满足的幸福、归属和爱的需要得到满足的幸福、权力和自尊的需要得到满足的幸福。社会幸福的最高表现，恐怕是达官显贵和爱情美满。精神幸福亦即精神生活的幸福，是人的精神方面的需要、欲望、目的得到实现的幸福，主要包括认知需要得到满足的幸福和审美需要得到满足的幸福。精神幸福的最高表现无疑是自我实现、自我创造潜能之实现，特别是精神领域的创造潜能之实现，亦即所谓"立言"：成一家之言。精神幸福是最高幸福、物质幸福是最低幸福、社会幸福则介于二者之间而为中级幸福。

　　古今中外，差不多每个思想家都论述过幸福。然而，几乎可以说，关于幸福的每个问题一直到现在皆未弄清：幸福问题是个万古长新的伦理学难题。这一难题，根据人类以往研究，包括五大方面：幸福概念、幸福价值、幸福性质、幸福规律、幸福规范。

一　幸福界说

　　幸福是什么？从古到今一直争论不休。面对这个难题，康德不禁哀叹道："不幸的是幸福的概念是如此模糊，以至虽然人人都在想得到它，但是，却谁也不能对自己所决定追求或选择的东西，说得清楚明白，条理一贯。"[①] 不过，不难看出，说清楚幸福的起点，无疑在于探察它的源头：需要与欲望。可是，界定需要和欲望概念同样困难。凯特理·莱德（Katrin Lederer）甚至说："怎样有效地（operationally）界定需要，是关于需要研究的最富有挑战性和仍然未决的问题。"[②] 那么，究竟何谓需要和欲望？

1 需要和欲望

　　当代学者大都把需要界定为有机体对于生存和发展所必需的客观条件的反应。苏联心理学家斯米尔诺夫等认为："有机体在生活所必需的一定条件中的任何需求，都表现在它对于这些条件的要求上，或者换句话说，表现在有机体的需要上。需要为一切活的机体所固有……有机体的需要表现为对于这些或那些影响有敏锐的感应性。"[③] 英国学者 E. 玛斯尼

① 周辅成编：《西方伦理学名著选辑》下卷，商务印书馆，1987 年，第 366 页。
② John Burton: *Conflict: Human Needs Theory*, London: The Macmillan Press Ltd., 1990, p. 61.
③ 斯米尔诺夫等：《心理学》，朱智贤、龙淑修等译，人民教育出版社，1957 年，第 386 页。

（Eleanora Masini）说："需要可以被抽象地界定为：在一种既定社会使人的生存和发展成为可能所要求的那些人的必要条件的反应。"[1] 我国心理学教科书也这样写道："需要是有机体对延续和发展它的生命所必需的客观条件的需求的反映。"[2]

细察这些关于需要的定义可以看出，它们存在若干缺憾。首先，这些定义都有同义语反复之嫌。因为它们都用"需求"、"必需"、"必要"、"要求"等概念来界定"需要"，岂非同义语反复？不但涉嫌同义语反复，而且定义过窄。因为"需求"、"要求"都仅仅是一种特殊的需要，亦即都是已经引发行为从而追求实现的需要，都是实在的需要。这只是需要外延的一部分；还存在另一部分需要：尚未引发行为因而尚未追求实现的需要，亦即潜在需要。这些需要便不能称之为"需求"、"要求"。

其次，这些定义所犯的定义过窄的错误还不止此。因为需要并非仅为有机体所特有，而是一切事物——不论是有机体还是无机物——所共同具有的普遍属性。举例说，就是一块石头也有需要：它的存在之保持，便需要它与其内外环境的平衡。这种平衡一旦被打破，它便风化瓦解、不复存在了。所以，任何物质形态都具有需要，都需要保持内外平衡。只不过物质形态越高级，它的内外平衡的保持也就越困难，因而它对于保持平衡的条件的需要也就越高级、越复杂罢了。

最后，也是最重要的，这些定义将"反映"、"反应"或"感应性"作为需要的最邻近的类概念，又犯了定义过宽的错误。因为不但需要，而且欲望、感情、认识、行为以及有机体所发生的一切变化，都是有机体对于生存和发展的客观条件的反映、反应或感应性。我看见一棵果树，知道树上结的是"国光"苹果（这是认识），顿时高兴起来（这是感情），于是爬上树摘了几个苹果（这是行为）……我的这些认识、感情、行为

---

[1] John Burton: *Conflict: Human Needs Theory*, London: The Macmillan Press Ltd., 1990, p. 10.
[2] 曹日昌主编:《普通心理学》下册，人民教育出版社，1979年，第42页。

不都是对于生存和发展的客观条件的反映、反应或感应性吗？

所以，把需要界定为对于生存和发展的客观条件的反映、反应或感应性，岂不将需要和认识、感情、行为混同起来了吗？我的脸被强盗打得青肿，这青肿是对于强盗残暴的反应，是有机体对于生存和发展的客观条件的反应；但是，能说这青肿是我的需要吗？树枝被大风刮断：枝断，是树枝对大风的反应，也是有机体对于生存和发展的客观条件的反应；但是，枝断是树的需要吗？可见，将需要界定为"有机体对于生存和发展的客观条件的反映、反应或感应性"，未能使需要与欲望、行为以及有机体所发生的一切变化区别开来，因而又犯了定义过宽的错误。

那么，需要究竟是什么？我们可以接着当代学者的这些定义来说：需要乃是事物对于它的存在和发展条件——主观的和客观的——的依赖性，是事物因其存在和发展而对某种东西的依赖性，是事物对某种东西的依赖性。小说家需要幻想，意味着，幻想是小说家存在和发展的主观条件、小说家的存在和发展依赖幻想。小说家需要食物，意味着，食物是小说家存在和发展的客观条件、小说家的存在和发展依赖食物。生物需要阳光，意味着，阳光是生物存在和发展的条件、生物的存在和发展依赖阳光。好事的存在和发展对于坏事具有某种依赖性，所以，好事的存在和发展需要坏事：需要和坏事斗争。"上"的存在依赖"下"，"左"的存在依赖"右"；所以"上"的存在需要"下"，"左"的存在需要"右"。石头的存在依赖于它与其内外环境的平衡，所以，石头的存在需要它与其内外环境的平衡。

可见，需要是事物因其存在和发展而对某种东西的依赖性。但是，由此并不能说需要是事物对于存在和发展所必需的条件的依赖性，或者说，需要是事物对于有利其存在和发展的条件的依赖性。因为一些动物，特别是人，他们的某些需要可能对于他们的生存和发展有害，如吸毒的需要、酗酒的需要、赌博的需要、受虐的需要等。这些就是所谓的病态的、反常的需要。反之，那些有机体对于生存和发展所必需的条件的需要，那些有利于机体的需要，则是健康的、正常的需要。所以，我们说，需要是事物因其存在和发展而对某种东西的依赖性：对于有利其存在和发展的东西的依赖性叫作正常的或健康的需要；对于有害其存在和发展的东西的依赖性叫作反常的或病态的需要。

　　需要是一切事物、物质形态都具有的属性。当物质形态由非生物进化为生物，复进化为具有大脑和心理的动物时，需要便转化为欲望，通过欲望表现出来：欲望是具有大脑的动物——特别是人类——的心理活动，是对需要的心理体验，是对需要的意识、觉知，是意识到的需要，是需要在大脑中的反映。举例说，一个动物的机体具有对于食物和异性的需要，这些需要在它的大脑中反映出来，使它对于这些需要的有所意识、觉知，这些主观的反映、意识、觉知便叫作食欲和性欲。

　　因此，斯宾诺莎写道："欲望一般是指人对它的冲动有了自觉而言，所以欲望可以界说为我们意识着的冲动。"[1]冯友兰说得就更清楚了："若要求而含有知识分子，不但要求而且对于所要求者有相当的知识，则此即所谓欲望。"[2]因此，人和动物的欲望，说到底，乃是一切物质形态所具有的需要属性进化的结果：当物质形态进化到具有大脑的动物的阶梯时，这些动物的需要便通过成为意识的对象而转化为欲望。随着欲望的出现，随着需要通过意识而转化为欲望，便诞生了快乐和痛苦的问题。

2　快乐和痛苦

　　需要和欲望的本性，如所周知，便是缺乏，是自身对某种东西的缺乏。因为只是由于自身缺乏某种东西，才会对某种东西产生依赖性，才会需要和欲望某种东西；如果自身不缺乏什么，显然便不会依赖、需要、

---

[1]　斯宾诺莎:《伦理学》，贺麟译，商务印书馆，1962 年，第 171 页。
[2]　冯友兰:《三松堂全集》第一卷，河南人民出版社，1985 年，第 556 页。

欲望什么。我们为什么依赖、需要、欲望粮食、鱼肉、水果？因为我们的机体缺乏这些东西，缺乏这些东西所含有的营养成分。为什么我们不需要、不欲望再长一颗脑袋两条腿？因为一颗脑袋两条腿已足够了，我们不缺乏脑袋和腿。

因此，叔本华说："愿望，亦即缺陷。"[①] 锡克说："需要是人感到缺少点什么，这种缺少在人的意识中反映出来，并促使他努力消除这种匮乏。"[②] 弗瑞德曼（Yona Friedman）也这样写道："需要是对于维持个人的身体上或感情上的平衡所缺乏的不可缺少的东西的自觉或不自觉的识别。"[③]

所以，需要和欲望一旦得到满足，便不再是需要和欲望，因为得到满足的需要和欲望失去了需要和欲望的本性：缺乏。因此，需要和欲望之为需要和欲望，便在于缺乏和不满足；满足了的、因而不具有缺乏本性的需要和欲望，不复是需要和欲望。只有尚未满足的需要才是需要；而已被满足的需要不再是需要。只有对未被满足的需要的心理体验才是欲望；而对于已被满足的需要的心理体验不再是欲望：欲望是需要不满足而求满足的心理体验。因为已被满足的需要不会产生欲望，只有未被满足的需要才会产生欲望。或者说，仅仅意识到自己的需要，未必会产生相应的欲望；只有意识到自己缺乏所需要的东西时，需要才转化为相应的欲望。举例说，一个人知道自己有饮食需要，并不会产生饮食欲望。只有当他的饮食需要未被满足因而缺乏饮食时，他的饮食需要才会产生、转化为饮食欲望。因此，弗瑞德曼说：

"需要可以界定为只有通过具体的满足物才能加以解除的东西。所以，应该把需要和满足物看作一对不可分离的事物。"[④]

---

① 叔本华：《作为意志和表象的世界》，石冲白译，商务印书馆，1982年，第437页。
② 奥塔·锡克：《经济利益政治》，王福民、王成稼译，中国社会科学出版社，1984年，第251页。
③ John Burton: *Conflict: Human Needs Theory*, London: The Macmillan Press Ltd., 1990, p. 257.
④ Ibid.

需要和欲望是人或动物自身对某种东西的缺乏。所以，需要和欲望总是对所缺乏的某种东西的需要和欲望：所需要和欲望的某种东西便是所谓的需要对象、欲望对象。斯米尔诺夫说："任何需要的第一个主要特点在于，需要总是具有自己的对象；需要总是对于某种东西的需要。"[①]需要和欲望的对象也就是所谓的利益：利益是人们自身所缺乏的东西，是人们的存在和发展所依赖的东西，是人们所需要和欲望的东西，是能够满足人们的需要和欲望的东西。所以，奥塔·锡克说："一定的需要或爱好形成人们的利益。利益是以特别强烈地和比较持久地满足一定需要为目的。"[②]大卫·布雷布鲁克斯说："利益，根本讲来，可以界定为满足需要的东西，进言之，可以说利益包括能够转化为需要对象的任何资源。"[③]

粗略讲来，"利益"、"需要和欲望的对象"、"能够满足需要和欲望的东西"也就是所谓"善"、"好"：善就是能够满足需要和欲望的东西，就是所需要和欲望的东西，就是需要和欲望的对象，就是利益。这一点，冯友兰说得很清楚：

"人生而有欲，凡能满足欲者，皆谓之好。"[④]接着，他又解释说："此所论好，即英文 good 之义，谓为善亦可；不过善字之道德的意义太重，而道德的好，实只好之一种，未足以尽好之义。若欲谓为善，则须取《孟子》'可欲之谓善'之义。"[⑤]

诚然，精确地说，"利益"的同一概念是"善事物"而不是"善"。因为利益，如上所述，是能够满足人们的需要和欲望的事物；善，如所周知，是客体所具有的能够满足主体的需要和欲望的效用性，因而善事

① 斯米尔诺夫等：《心理学》，朱智贤、龙淑修等译，人民教育出版社，1957年，第387页。
② 奥塔·锡克：《经济利益政治》，王福民、王成稼译，中国社会科学出版社，1984年，第251页。
③ Lawrence C. Becker: *Encyclopedia of Ethics*, Volume I, New York: Garland Publishing, Inc., 1992, p. 894.
④ 冯友兰：《三松堂全集》第一卷，河南人民出版社，1985年，第349页。
⑤ 同上书，第352页注。

物便是具有能够满足人们的需要和欲望的效用性的事物。显然，"一切具有能够满足主体的需要和欲望的效用性的事物"与"一切能够满足主体的需要和欲望的事物"是同一概念。所以，一方面，"利益"与"善事物"是同一概念：一切利益都是善的事物；一切善的事物也都是利益。另一方面，善与利益是属性与实体的关系：善是利益的属性；利益则是善的实体。

需要和欲望是事物自身对某种东西——需要和欲望的对象，亦即所谓利益或善——的缺乏，是事物因其存在和发展而对某种东西——利益或善——的依赖性。所以，利益或善的获得从而需要和欲望的满足便是任何具有该需要和欲望的事物存在和发展的根本条件——当然在这些需要和欲望是正常的健康的而不是反常的病态的前提下。更确切些说，在需要和欲望是正常的健康的而不是反常的病态的前提下，需要和欲望的满足程度与事物存在和发展的完满程度成正比：需要和欲望满足得越充分，该事物的存在和发展便越完满；需要和欲望满足得越不充分，该事物的存在和发展便越不完满；需要和欲望如果根本得不到满足，该事物便不可能存在、更不可能发展。石头的存在需要构成它的诸要素保持内外平衡。如果石头的这种需要得不到满足，内外平衡被打破，它还能存在吗？树的存在发展需要雨露阳光，如果树的这种需要得不到满足，它还能存在吗？人和动物需要并且欲望自由，如果他们的这种需要和欲望得不到满足，使他们像一棵树一样固定在一个地方，他们还能存活吗？所以，罗伊（Ramashray Roy）说：

"需要就其自身来说是生而固有的，并且形成生物遗传体系的一部分，成为个性发展的基础。如果这些需要得不到满足或满足得不充分，个人的发展便会被扭曲和变残，个性就会残缺不全。……只有依靠基本的人类需要的基本满足，那创造性的、完全的、自由的、合群的和多方面发展的人，才会由可能变成现实。"①

---

① John Burton: *Conflict: Human Needs Theory*, London: The Macmillan Press Ltd., 1990, p. 125.

不过，事物越低级，它存在和发展的条件也越简单，它的需要及其满足也就越简单；事物越高级，它存在和发展的条件也越复杂，它的需要及其满足也就越复杂。非生物在物质形态进化的链条上是最低级的事物，所以它的存在和发展的条件极为简单，它们需要的满足也就极为简单。比如说，一块石头便几乎在任何条件下都能够存在和发展，所以，它的存在和发展的需要也就几乎在任何条件下都可以被满足。这就是为什么非生物仅仅具有需要而不具有欲望的缘故：它们的需要的满足不必有对于需要的意识、觉知。

反之，生物则远远高级于非生物，而人和动物则是生物进化的高级形态。所以，人和动物的存在和发展的条件及其需要的满足便极为高级、复杂。这种高级和复杂性主要在于，人和动物的需要的满足必须有对于需要的意识、觉知，亦即欲望：欲望是人和动物的需要能够得到满足的根本条件，是人和动物的生存和发展的根本条件。

那么，欲望究竟是怎样满足人和动物的需要从而保障其存在、发展？需要，如前所述，是通过获得所需要的东西、对象而得到满足的。但是，人和动物所需要的对象、东西也都是人和动物自身所缺乏的。要获得这些东西，有机体便必须在对于需要的心理体验和认识——欲望——的驱使和指导下，进行目的在于满足这些需要的与外部世界发生接触的实际活动。这些活动便是所谓的行为：只有通过这些与外部世界发生接触的实际行为，人和动物才能得到所需要和所欲望的东西，满足他们的需要，从而生存和发展。所以，欲望是通过引发行为来满足人和动物的需要从而保障其生存和发展的：行为是人或动物的欲望得到实现、需要得到满足从而能够生存和发展的根本手段；行为的全部意义就在于满足人或动物的欲望和需要，从而使人或动物能够生存和发展。

因此，需要和欲望，虽然如所周知，是引发一切行为的终极原因、原动力；但是，需要并不能直接引发人的行为。需要只有被体验而转化为欲望，才能引发行为：需要只能产生满足这些需要的欲望；欲望才能产生实现它的行为目的；行为目的则产生实现它的行为手段。所以，欲望是直接引发每个人行为的原动力；而需要则是直接引发欲望、间接引发每个行为的原动力。因此，行为的目的，原本是人和动物为了谋求某种利益或善（所需要和欲望的某种东西、对象），从而实现某种欲望、满足某种需要，最终达到——当然在它们是正常的健康的而不是病态的反常的前提下——生存与发展。

如果行为者的行为达到了目的、获得了某种利益，从而实现了某种欲望、满足了某种需要，最终达到了生存与发展，那么，行为者便会体验到快乐的感情；否则便会产生痛苦的感情：快乐是行为者对于某种需要满足、欲望实现、目的达成的心理体验，因而也就是对于得到某种利益的心理体验，说到底，也就是——当然在快乐是正常的健康的而不是病态的反常的前提下——对于有利生存与发展的心理体验；痛苦则是对于某种需要得不到满足、欲望得不到实现、目的未能达成的心理体验，因而也就是对于受到某种损害的心理体验，说到底，也就是——当然在痛苦是正常的健康的而不是病态的反常的前提下——对于有害生存与发展的心理体验。

任何苦乐——在它们是正常的健康的而不是病态的反常的前提下——不论它们是物质的还是精神的、巨大的还是渺小的、高级的还是低级的，莫不如此。试举一例，2001年1月10日，我吃了一顿山珍海味，十分快乐。这快乐可谓渺小、低级，然而，它不也是对于得到某种利益——一顿山珍海味——的心理体验？不也是品尝山珍海味的欲望和需要得到满足的心理体验？说到底，岂不也是对于有利我的生存之心理体验？反之，我饥肠辘辘，一天吃不着东西，必定十分痛苦。这痛苦可谓渺小、低级。然而，它不也是对于得不到某种利益——食物——的心理体验？不也是饮食的欲望和需要得不到满足的心理体验？说到底，岂不也是对于有害我的生存之心理体验？

可见，与欲望相比，快乐和痛苦之心理体验乃是指导人和动物生存发展的更为直接的根本条件。生物进化一方面使动物具有正常的健康的快乐和痛苦的感受性而趋乐避苦、趋利避害；另一方面则使有利生命存在和发展的刺激引起正常的健康的快乐感受、有害生命存在和发展的刺激引起正常的健康的痛苦感受。这样，人和动物这种最高级因而也最难保持存在的物质形态才能够生存和发展。爱因·兰德写道：

"在人类的躯体中，感觉快乐和痛苦的能力是天生的；它是人类本性的组成部分，是这一种类存在的一部分。对此他无法选择，决定他快乐和痛苦的躯体感觉的标准是既定的。这种标准是什么？那就是他的生命。人类躯体中的快乐和痛苦机制是有机体生命的自然引导者，这对于所有具备意识功能的有机体生命都是一样的。躯体的快乐感觉是一种信号，标志有机体的行为进程是正常的。而躯体的痛苦感觉则是一种警告信号，意味着有机体的行为进程是错误的，有某种东西正在损害其适当功能，必须做出矫正。"[1]

因此，所谓快乐——在其是正常的健康的前提下——就其总和来说，并不仅仅是人和动物的一种利益或善，而是其全部利益或善，更确切些说，是全部利益或善的信号和代表：快乐意味着机体获得了利益或善（亦即所需要和欲望的东西）、实现了欲望、满足了需要，从而能够生存和发展。反之，痛苦——在其是正常的健康的前提下——就其总和来说，并不仅仅是人和动物的一种损害、一种恶，而是其全部损害、全部恶；更确切些说，是全部损害或恶的信号和代表：痛苦意味着机体失去了利益或善、实现不了欲望、满足不了需要，从而不能生存和发展。所以，布朗德说："快乐是生命的形而上伴随物，是成功行为的奖赏和结果——正如痛苦是失败、毁灭、死亡的标志一样。"[2]由此可以理解，为什么快

---

[1]　爱因·兰德：《新个体主义伦理观》，秦裕译，上海三联书店，1996年，第54页。
[2]　同上书，第162页。

乐主义幸福论把快乐与幸福、痛苦与不幸等同起来，认为快乐亦即幸福、痛苦亦即不幸。然而，快乐与幸福、痛苦与不幸果真是同一东西吗？

3　幸福与不幸

快乐与幸福、痛苦与不幸并非一个东西。苦乐与幸福不幸的区别，根本说来，在于二者对于人生的意义之不同。苦乐据其对于人生的意义，可以分为两种。一种是不重要的苦乐，如某次饥饿之苦和某次佳肴之乐。这种苦乐显然仅仅是苦乐而不是不幸与幸福。谁能说遭受一次饥饿便是不幸而享有一次佳肴便是幸福呢？反之，另一种则是重大的苦乐，如经常遭受饥饿之苦和经常享有佳肴之乐。这种苦乐便是不幸与幸福了：经常享有佳肴之乐是享受物质幸福，经常遭受饥饿之苦是遭受物质不幸。

所以，幸福与快乐、不幸与痛苦之区别，首先在于它们是否具有对当事者一生的重要性。这种重要性，具体讲来，一方面表现为长短：幸福是持续的、恒久的快乐。所以莱布尼茨说："幸福是一种持续的快乐。……幸福可以说是通过快乐的一条道路，而快乐只是走向幸福的一步和上升的一个梯级。"[1] 另一方面则表现为大小：幸福是巨大的快乐。莱布尼茨说："幸福就其最广范围而言，就是我们所能有的最大快乐。"[2]

合而言之，幸福是人生重大的快乐，是长久或巨大的快乐；不幸是人生重大的痛苦，是长久或巨大的痛苦。而每个人的对一生有重大意义的需要、欲望、目的，他的恒久或巨大的快乐，一般说来，显然都要由理性指导、作为理想而经过较长时间的努力奋斗才能实现。所以，莱布尼茨说："理性和意志引导我们走向幸福，而感觉和欲望只是把我们引向快乐。"[3] 由此观之，一般说来，幸福也就是理想实现的心理体验，是理想

---

[1]　莱布尼茨：《人类理智新论》上册，陈修斋译，商务印书馆，1982 年，第 188 页。
[2]　同上书，第 187 页。
[3]　同上书，第 188 页。

实现的快乐；不幸则是理想得不到实现的心理体验，是理想得不到实现的痛苦。《辞海》正是如此界说幸福的："幸福是在为理想奋斗过程中以及实现了理想时感到的满足状况和体验。"[1]

幸福与快乐的区别还在于：快乐未必有利生存和发展；幸福必定有利生存与发展。因为快乐有正常、健康与非常、病态之分：正常、健康的需要和欲望得到满足的心理体验，便是正常、健康的快乐；病态的、反常的需要和欲望得到满足的心理体验，则是病态的、反常的快乐。例如，酗酒、吸毒的快乐，源于嫉妒心、复仇心等恨人之心的害人目的得到实现时所体验到的快乐，源于内疚感、罪恶感、自卑感等自恨心的害己目的得到实现时所体验到的快乐，这些都是直接或间接有害自己的生存和发展的快乐，都是所谓反常的、病态的快乐。因此，快乐未必有利生存和发展。

反之，幸福则不存在正常、健康与非常、病态之分：幸福必定都是正常的、健康的。因为幸福是人生理想实现的心理体验，是对一生具有重要意义的需要、欲望、目的得到实现的心理体验，是获得了对于一生具有重大意义的利益的心理体验。所以，只可能有酗酒、吸毒的快乐，而不可能有酗酒、吸毒的幸福；只可能有源于嫉妒心、复仇心的害人目的得到实现的快乐，而不可能有害人目的得到实现的幸福；只可能有源于内疚感、罪恶感、自卑感害己目的得到实现的快乐，而不可能有害己目的得到实现的幸福。因为我们绝不可能把酗酒、吸毒、嫉妒、复仇、自卑、内疚、罪恶感等所引发的害人害己的目的之实现奉为自己的人生理想、重大利益。我们绝不会羡慕实现了这些目的、获得了这些快乐的人，绝不会称他们是幸福的人。所以，绝不会存在直接或间接有害自己的生存和发展的幸福，绝不会存在病态的、反常的幸福：幸福，正如康德所说，必定有利生存和发展："幸福是理性存在物在这个世界上存在的

---

[1] 《辞海》，上海辞书出版社，1980年。

条件。"①

因此，幸福与快乐的区别，说到底，在于生存与发展完满与否。幸福是重大的人生快乐，是必定有利生存与发展的快乐。所以，幸福意味着生存与发展之某种完满。反之，快乐则不然。因为一方面，反常的病态的快乐恰恰意味着生存与发展之某种缺陷；另一方面，短暂的、渺小的、不重要的快乐虽然有利生存与发展，却达不到生存与发展之完满。谁能说美餐一次之快乐便达到了生存与发展之完满呢？所以，幸福，简单地说，它是人生重大的快乐；一般地说，它是人生理想实现的心理体验；精确地说，它是对一生具有重要意义的需要、欲望、目的得到实现的心理体验，是获得了对于一生具有重大意义的利益的信号和代表：它意味着机体获得了所需要和欲望的重大对象，满足了重大的需要和欲望，从而能够完满地生存和发展。

因此，比如说，一个人收阅大学录取通知书所体验到的快乐和他名落孙山时的痛苦，便是一种幸福和不幸。因为这种苦乐对于他的生存发展之完满与否，具有意义。所以，这种苦乐便不仅仅是苦乐，而且是幸福和不幸。因为金榜题名的快乐和落榜的痛苦对于他的人生具有重大意义，对于他的生存发展之完满与否具有意义：金榜题名给他的生存和发展提供了一个重要舞台，是他的生存和发展的某种完满；名落孙山则使他的生存和发展失去了一个重要舞台，是他的生存和发展之某种不完满。我们常说家庭幸福、婚姻幸福。我们常常羡慕某人，说他找到了一个好妻子，得到了幸福。但是，我们却不会因为一个人找到了几个好朋友，或职务和薪水之升迁，而说他得到了幸福。

这岂不就是因为妻子、爱情、婚姻、家庭对于人生意义重大，关涉生存和发展完满与否？反之，几个好朋友或职务薪水的升迁对于人生意

---

① Victoria S. Wike: *Kant on Happiness in Ethics*, New York: State University of New York Press, 1994, p. 2.

义不够重大，也并不怎样关涉生存和发展完满与否。斯宾诺莎未能看出生存与发展完满与否是幸福与快乐的根本区别，误以为快乐亦即完满、痛苦亦即不完满："快乐是一个人从较小的圆满到较大的圆满的过渡；痛苦是一个人从较大的圆满到较小的圆满的过渡。"[①]这样，斯宾诺莎也就与穆勒一样，把苦乐与幸福不幸完全等同起来了。

可见，幸福与快乐并非同一概念：幸福都是快乐，快乐却不都是幸福。二者的区别，正如泰尔弗（Elizabeth Telfer）所说，全在于对人生的意义如何："幸福的定义，依我所见，乃是一种就一个人的人生、一生、生活总和来说的快乐状态。"[②]文霍恩（Ruut Veenhoven）等西方学者亦如是说："幸福关涉人生全部（life as a whole）。"[③]快乐是需要、欲望、目的得到实现的心理体验；幸福则是对于人生具有重大意义的需要、欲望、目的得到实现的心理体验，是对人生具有重大意义的快乐，是获得了对于人生具有重大意义的利益、善的信号和代表，它意味着机体获得了所需要和欲望的重大对象，满足了重大的需要和欲望，从而使生存和发展达到了某种完满的程度。

反之，痛苦是需要、欲望、目的得不到实现的心理体验；不幸则是对人生具有重大意义的需要、欲望、目的得不到实现的心理体验，是对人生具有重大意义的痛苦，是丧失了对于人生具有重大意义的利益、善的信号和代表，它意味着机体丧失了所需要和欲望的重大对象，不能满足重大的需要和欲望，从而使生存和发展受到严重的损害。

然而，人们往往把"幸福是对于一生具有重大意义的快乐"等同于"幸福是一生享有重大快乐"；或者把"幸福是对于一生具有重大意义的需要、欲望、目的得到实现的心理体验"等同于"幸福是一生重大的需

---

① 斯宾诺莎：《伦理学》，贺麟译，商务印书馆，1962年，第140页。

② Elizabeth Telfer: *Happiness*, London: The Macmillan Press Ltd., 1980, p. 8.

③ Ruut Veenhoven: *Data-Book of Happiness*, Dordrecht, Hollangd: D. Reidel Publishing Company, 1984, p. 8.

要、欲望、目的得到实现的心理体验"；因而以为只有一生在重大事情上都快乐或一生的重大需要、欲望、目的都得到满足和实现才是幸福。这就把"幸福"与"幸福的人"或"幸福生活"等同起来了。一生快乐或一生在重大事情上都快乐或一生的重大需要、欲望、目的都得到满足和实现，乃是个"幸福的人"或"幸福生活"的问题；而对于一生具有重大意义的快乐或对于一生具有重大意义的需要和欲望得到满足，才是个"幸福"的问题：二者根本不同。

因为一个人不论如何幸运、生活如何幸福、如何是个幸福的人，他仍然可能遭遇几次重大不幸；因为他仍然可能有几次对他一生具有重大意义的痛苦，如爱子夭折等。反之，一个人，不论他生活如何不幸，如何是个不幸的人，他仍然可能享有几次幸福；因为他仍然可能享有几次对于他的一生具有重大意义的快乐，如儿孙幸福等。所以，幸福与幸福的人和幸福生活不同。幸福是一种幸福的事，它是一件一件、一项一项的。一个人不论如何不幸，只要他有一项重大的需要得到了满足，他就得到了幸福——当然仅仅是一项幸福。一个人的一生所得到的幸福、幸福的事多到一定程度，他的生活就是幸福的，他就是个幸福的人；如果少到一定程度，他的生活就是不幸的，他就是个不幸的人。因此，所谓幸福生活或幸福的人，正如阿奎那所说，并不是一生都快乐或一生所有重大需要和欲望都得到满足的人，那样的人是不可能有的："人不可能全然地幸福"。[①]一个人，如果他的主要的、多数的重大需要和欲望得到了满足，他的生活就是幸福的，他就是一个幸福的人；如果他的主要的、多数的重大需要和欲望得不到满足，他的生活就是不幸的，他就是个不幸的人。所以，伊格内修斯·L. 戈茨（Ignacio L. Gotz）说："所谓幸福生活，也就是快乐是主要的因而对痛苦处于支配的地位的生活。"[②]

---

① Ignacio L. Gotz: *Conceptions of Happiness*, Lanham, New York: University Press of America, 1995, p. 254.

② Ibid., p. 172.

　　综上可知，幸福是个深刻而复杂的多元概念：幸福，直接说来，是人生重大的快乐；根本讲来，则是人生重大需要和欲望得到满足的心理体验，是人生重大目的得到实现的心理体验，说到底，是达到生存和发展的某种完满的心理体验。反之，不幸，直接说来，是人生重大的痛苦；根本讲来，则是人生重大需要和欲望得不到满足的心理体验，是人生重大目的得不到实现的心理体验，说到底，是生存和发展受到严重损害的心理体验。

　　这是幸福与不幸的全面的、精确的定义吗？似乎还不够。因为不论幸福还是不幸都具有肯定和否定双重含义。这是因为，人生重大的需要、欲望、目的都具有肯定、积极和否定、消极二重性。比如说，我们都需要和欲望健康长寿，这是需要和欲望的肯定的、积极的方面；我们都需要和欲望避免癌症短寿，这是需要和欲望的否定的、消极的方面。这样，幸福便具有肯定与否定二重性：当我们重大的需要、欲望、目的的肯定的方面得到满足和实现，而其否定的、消极的方面得以避免的时候，我们就是幸福的。反之，不幸也具有肯定与否定二重性：当我们重大的需要、欲望、目的的肯定的方面得不到满足和实现，而其否定的、消极的方面却未能避免的时候，我们就是不幸的。所以，穆勒说："幸福是指快乐与免除痛苦，不幸福是指痛苦和丧失掉快乐。"泰尔弗则进一步总结道：

　　"迄今为止，我们得到了一幅关于幸福必要条件的相当对称的画面：它的肯定方面是重大目的之达成；它的否定方面则是一个人所不想要的重大事情之避免，不论这种愿望是否作为目的来追求。"①

　　可见，全面地、精确地说，幸福乃是享有人生重大的快乐和免除人生重大痛苦；是人生重大需要、欲望、目的的肯定方面得到实现和否定方面得以避免的心理体验；是生存发展达到某种完满和免除严重损害的心理体验。反之，不幸，则是遭受人生重大痛苦和丧失人生重大快乐；

---

① 　Elizabeth Telfer: *Happiness*, London: The Macmillan Press Ltd., 1980, p. 5.

是人生重大需要、欲望、目的的肯定方面得不到实现和否定方面不能避免的心理体验；是生存发展达不到完满和不能免除严重损害的心理体验。这就是幸福概念的定义，这就是对幸福的概念分析。但是，正如其他概念分析一样，定义仅仅是幸福概念分析之一半；另一方面则是划分：幸福概念的内部划分亦即幸福结构。

二　幸福结构

1　幸福的主观形式与客观内容

人们往往以为幸福只是一种主观的心理的东西。迈克尔·阿盖尔（Michael Argyle）是这种理解的典型。他写道："幸福是一种对于人生的令人满意的生活的反映，或经常和强烈的正面感情。"[①] 这是十分肤浅的。因为深思幸福概念，辨析其深刻性和复杂性，不难看出，幸福正如一切心理、意识一样，乃是由主观和客观构成的一种统一物：就其形式来说才是主观的；而就其内容来说则是客观的。因为幸福，如上所述，是人生重大需要、欲望、目的得到实现的快乐的心理体验，是达到生存和发展的某种完满的快乐的心理体验。这样，幸福显然由两方面因素构成：一方面是快乐的心理体验；另一方面是人生重大需要、欲望、目的之实现和生存发展之完满。

幸福的"快乐的心理体验"因素是幸福的主观形式。说它是主观的，因为如所周知，心理、意识原本由认知、感情、意志构成；心理体验亦即感情，是心理、意识之一种。所以，幸福的心理体验因素是一种感情，

---

① Michael Argyle: *The Psychology of Happiness*, London: Methuen and Co. Ltd., 1987, p. 13.

属于主观意识范畴。幸福的"快乐的心理体验因素"是主观的，另一方面则是因为它依自己的主观感觉而转移：一个人只要觉得快乐和幸福，他确实就是快乐和幸福的；只要觉得痛苦和不幸，他确实就是痛苦和不幸的。

幸福的"快乐的心理体验"因素是主观形式，是一种形式，因为快乐的心理体验是对于人生重大需要、欲望、目的得到满足和实现的心理反应、心理表现，是对于生存发展达到某种完满的心理反应、心理表现：人生重大需要、欲望、目的之实现和生存发展之完满乃是快乐的心理体验的客观内容。幸福的"人生重大需要、欲望、目的之实现和生存发展之完满"因素，不但是幸福的内容，而且是客观的内容、是一种客观的东西。因为，需要的满足、生存发展的完满就其自身来说，是客观的东西，属于客观事物范畴。举例说，一块石头保持内外平衡的需要的满足及其存在发展之完满，无疑都是客观的东西。一棵树的阳光雨露需要之满足及其生存发展之完满，无疑也是客观的东西。同样，一个人饮食男女需要之满足及其生存发展之完满，无疑也是客观的东西。

诚然，欲望是主观的，但是，欲望的满足和实现却是客观的、不依人的意志而转移的。试想，一个人有了食欲，这食欲属于欲望、感情范畴因而是主观的。但是，他的食欲的满足与否却不是主观的、依自己的意志而转移的。因为他的食欲只有经过吃喝才能满足；如果不吃不喝，那么，无论他怎样想象自己满足了，他的食欲都不会得到满足：他的食欲的满足与否是客观的、不依自己的意志而转移的。

幸福的"人生重大需要、欲望、目的之实现和生存发展之完满"因素，是一种客观的东西，还在于：虽然一个人只要自己觉得快乐和幸福，他就是快乐和幸福的；但是，他究竟觉得快乐和幸福与否，并不依他自己的意志而转移，而必然取决于他的人生重大需要、欲望、目的是否得到实现，必然取决于他的生存发展是否达到了某种完满：如果得到了实现、达到了某种完满，他必然感到幸福；如果得不到实现、达不到某种完满，他绝不会感到快乐和幸福。

所以，幸福虽然是一种主观的心理体验，却是一种对于人生重大需要、欲望、目的是否得到满足和实现的客观的、必然的、不依人的意志而转移的心理体验，是一种对于是否达到生存发展的某种完满的客观的、必然的、不依人的意志而转移的心理体验。所以，快乐的心理体验因素是幸福的主观形式；而人生重大需要、欲望、目的得到实现和生存发展的某种完满因素，乃是幸福的客观内容。

幸福由两因素——心理体验的主观形式和人生重大需要欲望得到满足从而生存发展达到某种完满的客观内容——构成的理论，依我所见，原本由理查德·克劳特提出。他多次写道："幸福概念看来具有两个层面：有时关涉幸福的感情；有时则是指那种幸福的生活。"[①] 对于克劳特所发现的幸福结构，凯克斯进一步总结道："透过表面的描述，我们可以将幸福的两个方面区别开来。一个是态度，另一个是促成这种态度的一系列事件的集合。这些事件是令人满意的而来自于一个人的所做和所有，这种态度则是一个人对于自己全部生活的满足。"[②]

2　幸福的主观形式、客观标准和客观实质

细究幸福的客观内容，可以看出，"人生重大需要、欲望、目的得到满足或实现"与"生存和发展之完满"有所不同：前者是幸福的客观标准；后者是幸福的客观实质。不难理解，生存和发展之完满是幸福的客观实质。因为，如上所述，一方面，需要和欲望的满足是人的生存发展的根本手段；行为的全部意义就在于满足欲望和需要，从而使人的生存

① 　Louis P. Pojman: *Ethical Theory: Classical and Contemporary Readings*, Belmont, California: Wadsworth Publishing Company, 1995, p. 150.

② 　Lawrence C. Becker: *Encyclopedia of Ethics*, Volume Ⅰ, New York: Garland Publishing, Inc., 1992, p. 431.

和发展达到某种完满：生存发展之完满是人生重大需要、欲望、目的之实现的根本原因、原动力。另一方面，如上所述，"人生重大需要、欲望、目的得到满足或实现"与"生存和发展之完满"是决定幸福主观形式"快乐的心理体验"的客观内容。这样，合而言之，生存发展之完满便是幸福的最为深刻的客观内容，便是幸福客观内容的最为深刻的东西，便是幸福的客观实质。

那么，为什么说人生重大需要、欲望、目的得到满足或实现是幸福的客观标准？这也可以从两方面看。一方面，如上所述，虽然一个人只要自己觉得幸福，他就是幸福的；但是，他究竟觉得幸福与否，并不依他自己的意志而转移，而必然取决于他的人生重大需要、欲望、目的是否得到满足、实现：如果得到了满足和实现，他必然感到幸福；如果得不到满足和实现，他绝不会感到幸福。所以，人生重大需要、欲望、目的能否实现乃是能否产生幸福的心理体验的客观标准。这个道理，理查德·克劳特已说得很明白：

"客观论者和我们一样，承认一个幸福的人必定具有某种指向自己的感情态度；他必定满意他所过的生活、必定看到他的计划正在实现。进言之，我们与客观论者一样相信，幸福的生活不仅仅在于具有一种指向自己生活的高度的肯定态度；而且，我们同意，享有一种幸福生活，一个人必须实际满足某种标准。"①

另一方面，生存和发展之完满完全是个相对的、不固定的概念。一个亿万富翁与一个穷光蛋的物质生活和发展之完满是根本不同的。穷光蛋只要有了几万元就达到了物质生活和发展之完满；而亿万富翁如果只有百万元，那么，他的物质生活和发展对于他来说，就可能是极不完满了。所以，生存和发展之完满是相对的、不固定的概念。那么，生存和

---

① Louis P. Pojman: *Ethical Theory: Classical and Contemporary Readings*, Belmont, California: Wadsworth Publishing Company, 1995, p. 151.

发展之完满究竟是相对什么来说的？显然是相对每个人的重大需要、欲望、目的来说的：一个人的人生重大需要、欲望、目的得到满足或实现，他的生存和发展便达到了某种完满；否则便是不完满。各个人的人生重大需要、欲望、目的各不相同，所以他们的生存和发展的完满标准各不相同：人生重大需要、欲望、目的得到满足或实现，乃是生存和发展之完满的客观标准。这就是人生重大需要、欲望、目的之实现乃是幸福的客观标准的双重含义：既是幸福的心理体验的客观标准，又是生存发展完满与否的客观标准。

人生重大需要、欲望、目的得到实现之为幸福的客观标准，还有实在与潜在之分。因为人的一切行为目的，如上所述，都是为了满足某种需要和欲望：所谓"目的"也就是"为了满足的需要和欲望"；而凡是"为了满足的需要与欲望"也都是所谓的"目的"。因此，"目的"与"为了满足的需要与欲望"是同一概念。这就是说，需要和欲望并不都引发行为、产生目的。已引发行为、产生目的的需要和欲望，便是"为了满足、追求满足的需要和欲望"，便是"目的"，可以名之为"实在需要和欲望"；未引发行为、产生目的的需要和欲望，便是"不求满足而被压抑的需要和欲望"，便不是"为了满足的需要和欲望"，不是"目的"，可以称之为"潜在的需要和欲望"。一句话，目的是实在的需要和欲望；非目的需要和欲望则是潜在的需要和欲望。举例说：

一个不得功名誓不婚娶的青年，其洞房花烛的需要和欲望，便是"不求满足而被压抑的需要和欲望"，便未引发行为、产生目的，是非目的需要和欲望，所以叫作潜在的需要和欲望；而当他一举成名而求洞房花烛时，则其洞房花烛的需要和欲望便已引发行为、产生目的，便是为了满足的需要和欲望，是目的，所以叫作实在需要和欲望。

准此观之，人生重大的目的之实现，便是重大的实在需要和欲望之满足，因而——依据人生重大需要、欲望、目的之实现是幸福的客观标准——也就是幸福的实在的标准；而尚未成为人生目的重大的需要和欲望之满足，则是重大的潜在需要和欲望之满足，因而也就是幸福的潜在标准。举例说：

　　一个生于富贵家庭的青年，他的重大的物质需要和欲望——别墅、汽车、美食等——都得到了满足。他幸福吗？他是幸福的。但是，他并不觉得怎样幸福：他是身在福中不知福。这是因为，他的别墅、汽车等重大的物质需要和欲望并不是他所追求的人生目的，他并不追求这些需要和欲望的满足，因而他的这些需要和欲望处于一种潜在状态。所以，他的这些需要和欲望的满足所给予他的，只是一种潜在的幸福，是一种他所不知不觉的幸福。因此，尚未成为人生目的重大的需要和欲望之满足，乃是幸福的潜在标准。

　　反之，如果这个青年不幸家道中落，穷困潦倒而饱尝世人白眼。于是他发奋而求富贵，十年后终得富贵而有别墅、汽车。这时他才体验到富贵生活之幸福。为什么？岂不就是因为别墅、汽车等富贵生活乃是他十年追求的重大的人生目的？他追求别墅、汽车的需要和欲望之满足，因而这些需要和欲望处于一种实在状态。所以，这些需要和欲望的满足所给予他的，便是一种实在的幸福，是一种他能够清楚觉知到的幸福。因此，人生目的之实现，乃是幸福的实在标准。

　　因此，幸福虽然是人生重大需要、欲望、目的得到实现的心理体验，但是，实在说来，幸福只是人生重大目的得到实现的心理体验。所以，泰尔弗在回答幸福是什么的问题时写道：

　　"依据亚里士多德，幸福总是关乎一个人的重大目的之实现：这些目的是他的一系列活动的指导。因此亚里士多德说，要晓得一个人所理解的幸福是怎样的，我们只要知道他的生活的目的是什么就可以了。"①

　　然而，幸福并不仅仅是人生重大目的之实现，并不仅仅是所追求的重大需要和欲望之满足；不追求的、未成为目的重大的需要和欲望之满

---

① Elizabeth Telfer: *Happiness*, London: The Macmillan Press Ltd., 1980, p. 2.

足，也是幸福，只不过是不知不觉的、潜在的幸福罢了。所以，泰尔弗
在评论亚里士多德把幸福理解为人生目的之实现的观点时说：

"更确切些说，应该扩大幸福概念的外延，使它包括一切重大的需
要之达到，而不论这些需要是否转化为目的。因为一个人可以把他的幸
福归于这样一些东西，这些东西是他所需要的，却不是他作为目的来追
求的。"[1]

总而言之，我们可以得出结论说：一方面，快乐的心理体验是幸福
的主观形式；另一方面，生存和发展之完满是幸福的客观实质；介于二
者之间的人生重大需要、欲望、目的得到满足或实现，则是幸福的客观
标准。这就是幸福结构。然而，幸福结构只是每种幸福自身的内部划分；
各种幸福相互间的外部划分则是幸福类型。

三　幸福类型

幸福是一种心理体验，是一种精神的东西，是否意味着：一切幸福
都是精神幸福？陈惠雄先生的回答似乎是肯定的，因为他由快乐是一种
精神的东西便得出结论说，一切快乐都是精神快乐，甚至物质生产的最
终目的也仅仅是为了得到精神快乐：

"在经过反复的思辨和整合后，使我形成了一个结论，即认为人类行
为的最终目的是为了达到各自的精神快乐，生产目的自不能外。"[2]

这是不顾事实的纯逻辑思辨所导致的一种荒谬。因为任何幸福固然都
是一种精神的、心理的体验，但是，这些精神的、心理的体验的性质和类
型是大不相同的。试想，吃喝的幸福与著书立说的幸福，都是一种精神的

---

[1]　Elizabeth Telfer: *Happiness*, London: The Macmillan Press Ltd., 1980, p. 5.

[2]　《中国社会科学文摘》，2001 年第 1 期，第 53 页。

东西。但是，二者显然根本不同：我们可以说著书立说的幸福是精神幸福，却不可以说吃喝的幸福是精神幸福。那么，这些幸福的不同性质和类型究竟是被什么决定的？

幸福，如前所述，是人生重大需要、欲望、目的得到实现从而达到生存发展某种完满的心理体验、心理反应：心理体验、心理反应是幸福的主观表现形式，它所表现的幸福的客观内容则是人生重大需要、欲望、目的之实现和生存发展之完满。决定幸福的性质和类型的东西，显然不是幸福的主观形式，而是幸福的客观内容，主要是需要、欲望、目的：幸福的性质和类型取决于需要、欲望、目的之性质和类型。还是拿方才的例子来说：

著书立说和吃喝玩乐的幸福都是一种精神的、心理的东西。但是，如所周知，著书立说是精神幸福，而吃喝玩乐是物质幸福。这岂不就是因为著书立说的需要是精神需要而吃喝玩乐的需要则是物质需要？

其实，大凡主观的形式——幸福也好，认识也好，感情也好，意志也好——都与镜子相似，其性质和类型都是由它所反映的客观内容决定的。最明显的是，一切科学都是精神的东西；但是，我们不能说一切科学都是精神科学。科学的性质和类型也是由其客观内容决定的：以自然为内容的科学叫作自然科学；以社会为内容的科学叫作社会科学。陈惠雄的错误就在于只看到幸福和快乐的主观表现形式，而看不到这种形式所表现的客观内容，因而以为幸福和快乐完全是一种精神的东西：幸福和快乐完全是精神幸福、精神快乐。

总之，幸福确实是一种精神的东西，因而一个人只要自己觉得幸福，他确实就是幸福的；但是，他所享有的幸福究竟是何种幸福，其性质和类型究竟如何，却是客观的而不依他的主观感觉而转移：他所享有的幸福的类型完全取决于他的人生的需要、欲望、目的之类型。一句话，幸福的类型完全取决于人的需要、欲望、目的之类型。据此，幸福可以分类如下。

1 物质幸福、社会幸福、精神幸福

人的需要、欲望、目的可以分为哪些类型？广为接受的是马斯洛的需要层次论。按照这个理论，人的需要从低级到高级顺次排列为七个层次：生理需要、安全需要、归属和爱的需要、自尊需要、认识和理解的欲望、审美需要、自我实现需要。[①]

细究起来，不难看出，这种需要的分类有两个缺陷。一个是，这些需要乃是需要的举例而并非需要分类，因而合起来并不能包括人的全部需要，如不包括游戏需要、健康需要、权力欲、自由需要等。所以，将它们作为需要的分类便犯了子项之和不等于母项的逻辑错误。另一个缺陷是，其中某些需要外延交叉、互相重合。因为所谓自我实现需要，正如马斯洛所说，乃是实现自我创造潜能的精神需要。[②]同时，马斯洛指出，创造潜能普遍存在于各个领域："几乎所有的角色和工作都可以有创造性，又可以没有创造性。"[③]这就意味着，审美、认识、理解等每一种精神需要都有创造性与非创造性之分。这样，马斯洛的自我实现需要与这些精神需要的外延便都存在着交叉重叠相互包含的部分，因而也就违背了"子项外延不可交叉"的分类原则，犯了逻辑错误。

后来，马斯洛对这些缺陷可能有所意识，所以在《动机与人格》前言中，将人的一切需要归结为三大类型：一是"低级需要"、"物质主义动机"，亦即生理需要和安全需要，也就是物质性需要；二是"中级需要"、"社会性动机"，也就是社会性需要，无疑包括归属和爱的需要以及自尊需要；三是"高级需要"、"超越性动机"，也就是精神性需要，包括

---

① Robert Maynard Hutchins: *Great Books of the Western World*, Volume 43, *On Liberty*, London: John Stuart Mill, Encyclopaedia Britannica, Inc., 1980, pp. 35/55.

② Abraham H. Maslow: *Motivation and Personality*, New York: Harper & Row, 1970, p. 98.

③ 马斯洛：《动机与人格》，许金声、程朝翔译，华夏出版社，1987年，第114页。

认识和理解需要、审美需要、自我实现需要。[①] 如图：

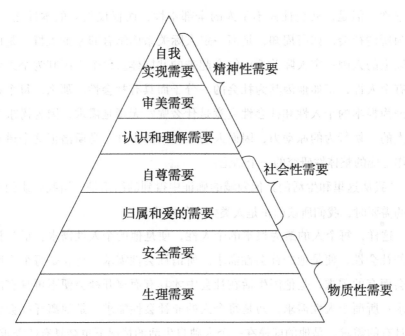

将人的需要、欲望、目的分为物质、社会、精神三类，最早似乎由詹姆斯做出。他的名著《心理学原理》曾专列"自我"一章而详尽论述了每个人的自我都分为物质自我、社会自我、精神自我：物质自我是自我的物质需要、欲望、目的等心理活动所组成的心理系统；社会自我是自我的社会需要、欲望、目的等心理活动所组成的心理系统；精神自我是自我的精神需要、欲望、目的等心理活动所组成的心理系统。[②] 这种需求的分类是科学的吗？粗看起来，这种分类也有不合逻辑规则之嫌：三个子项似乎并不互相排斥而包括母项的全部外延。那么，这个分类到底是否科学？

人的需要、欲望、目的——简言之亦即人的需求——显然可以分为

① Abraham H. Maslow: *Motivation and Personality*, New York: Harper & Row, 1970, pp. xii/xiv.
② 詹姆士（斯）:《心理学简编》，伍况甫译，商务印书馆，民国22（1933）年，第十二章 1—8 页。

两类：社会性需求和个人性需求。因为人是一种社会动物，社会性是人的本性。但是，社会性并不是人的全部本性，而仅仅是人的本性之一。因为所谓社会，如所周知，是因一定人际关系而结合起来的人群，是两个以上的人因一定人际关系而结合起来的共同体。每个人因其为个人而具有个人性，正如他因其为社会的一分子而具有社会性。那么，每个人的最为根本的个人性和社会性究竟是什么呢？无疑是需求，因为需求乃是人的一切行为的原动力，因而人的最深刻的本性。马斯洛把这个道理看作是他的整体性研究的一个结论：

"我从这里和生活的其他领域的确证中得到的结论是：当我们谈到人类的需要时，我们所谈的正是人类生存的本质。"①

这样，每个人的最为根本的个人性，便是他的个人性需求；最为根本的社会性，便是他的社会性需求。所谓社会性需求，也就是每个人因社会而有的需求，是他因生活在社会中才具有而离开社会便不再具有的需求；所谓个人性需求，乃是每个人的非社会性需求，是他离开社会也会具有的需求，是他的即使在一个人独自生活的情况下也会具有的需求。举例说，权力欲、好名心、荣誉感、良心、做一个好人的道德需求等都是社会性需求。因为这些需求显然都是社会生活的产物，如果没有社会和他人，也就无所谓权力、名誉、良心和道德。试想，一个人如果离开社会和他人，独自生活于深山老林，他怎么会有权力欲和荣誉感以及良心、道德要求呢？那么，他仍然会有什么需求呢？他仍然会有饮食需求、性欲、求生欲、睡眠需求、安全的需求、游戏需求、审美需求、求知需求、自我实现等需求。这些都是每个人即使离开社会和他人也仍然会具有的需求，因而可以名之为个人性需求。

不难看出，个人性需求又可以进一步分为物质性需求和精神性需求：

---

① Robert Maynard Hutchins: *Great Books of the Western World*, Volume 43, *On Liberty*, London: John Stuart Mill, Encyclopaedia Britannica, Inc., 1980, p. xii.

饮食需求、性欲、求生欲、睡眠需求、安全的需求等是物质性需求；而游戏需求、审美需求、求知、自我实现等需求则是精神性需求。更确切些说，物质性需求亦即生理需求、肉体需求，是人的肉体生活的需求，是人的生命机体因其存在和发展而对某种东西的依赖性。这种需求主要表现为食欲、性欲、安全欲等。精神性需求亦即心理需求、精神需求，是人的精神生活的需求，是人的精神家园、精神世界因其存在和发展而对某种东西的依赖性。这种需求主要表现为精神健康的追求、求知欲、好奇心、终极关怀、抱负和理想、自我实现等。

可见，人类的需求最终确实可以分为物质性需求、精神性需求和社会性需求三类。然而，人们往往把非物质性需求都当作精神性需求，如把名誉感、好名心、做一个好人的道德需求等社会性需求当作精神性需求。这样，人类的需求便不是三类而是两类：物质性需求和精神性需求。这种分类似是而非。因为有一些需求，如权力欲、虚荣心等，显然既非物质性需求又非精神性需求：它们明明白白是一种社会性需求。我们怎么也不会把权力欲的满足叫作精神幸福或物质幸福：它明明白白是一种社会幸福。社会性需求与精神性需求确有相同之处：它们都不是物质性需求。但是，它们又是根本不同的：精神性需求是人的个人精神生活之需求，离开社会它依然存在；社会性需求则是人的社会生活之需求，离开社会它便不会存在。因此，我们既不能把社会性需求归入物质性需求，也不能把它归入精神性需求：它与二者并列而三分需求之天下。所以，周国平说：

"可以把人的生活分为三部分：肉体生活，不外乎饮食男女；社会生活，包括在社会上做事以及与他人的交往；灵魂生活，即心灵对生命意义的深思和体验。"[1]

准此观之，幸福也就相应地分为物质幸福、社会幸福、精神幸福。

---

[1]　周国平：《人生哲思语编》，上海辞书出版社，2001年，第53页。

物质幸福即物质生活幸福，是物质需要、欲望、目的得到实现的幸福，也就是生理需要、肉体欲望得到满足的幸福，主要是食欲和性欲得到满足的幸福；其最高表现，显然是生活富裕和躯体健康。社会幸福即社会生活的幸福，是人的社会性需要、欲望、目的得到实现的幸福，也就是人的人际关系方面的需要、欲望、目的得到实现的幸福，主要包括自由需要得到满足的幸福、归属和爱的需要得到满足的幸福、权力和自尊的需要得到满足的幸福。社会幸福的最高表现，恐怕是达官显贵和爱情美满。精神幸福即精神生活的幸福，是人的精神方面的需要、欲望、目的得到实现的幸福，主要包括认知需要得到满足的幸福和审美需要得到满足的幸福。精神幸福的最高表现无疑是自我实现、自我创造潜能之实现，特别是精神领域的创造潜能之实现，亦即所谓"立言"：成一家之言。那么，这三种幸福关系如何？

物质幸福和精神幸福是一种内在善、目的善；而社会幸福则是一种外在善、手段善。因为物质幸福和精神幸福，如上所述，是每个人的个人性需求之满足，是每个人即使在离开社会而独自生活的情况下也必定追求的幸福；反之，社会幸福则是每个人的社会性需求之满足，是每个人只有生活在社会中才会追求的幸福。所谓社会，正如罗尔斯所说，不过是每个人的利益合作体系，说到底，不过是每个人为了满足其个人性需求——物质需求与精神需求——的手段。因为每个人作为个人而具有个人性需求和幸福；而为了满足其个人性需求和幸福才结成社会，因而才具有社会性需求：每个人的社会性需求，说到底，不过是满足他的个人性需求的手段和保障；尔后，逐渐地，他的社会性需求才独立起来而自成目的，于是才有所谓社会幸福。

如果他的个人性需求没有社会也能满足，他就不会结成社会而有社会性需求了。因为每个人的物质需求和精神需求的对象，主要讲来，都是财富，即物质财富和精神财富：所谓物质幸福和精神幸福，也就是获得财富从而使物质需求和精神需求达到满足的心理体验。反之，每个人的社会性需求的对象，则必非财富，而是诸如名誉、地位、权力等人际关系：所谓社会幸福无非是获得名誉、地位等非财富的东西从而使社会性需求达到满足的心理体验。财富的价值就在自身，财富自身就是善：财富是内在善、目的善。反之，名誉、地位、权力等非财富的东西，就其自身来说，并无价值，其价值全在于它的目的和结果：它所带来的物质财富和精神财富。因此，它是外在善、手段善。于是，因占有财富而有的物质幸福和精神幸福便是一种内在善、目的善；反之，因占有名誉等非财富的东西而有的社会幸福便是一种外在善、手段善。因此，如果没有社会和社会幸福，每个人也可以满足其物质和精神需求而获得物质和精神幸福，那么，就根本不会存在社会和社会幸福了。

然而，由此不能得出结论说，社会幸福是最低级的幸福：比物质幸福还低级。因为手段未必比目的低级，二者并不必然具有低级与高级的关系。事实有时恰好相反：手段反倒比目的高级。比如说，精神是人类生存发展的根本手段，但是，精神却是最高级的东西。那么，这些幸福在价值的高低等级上究竟是何关系？这种关系，如所周知：物质幸福是低级幸福，社会幸福是中级幸福，精神幸福是高级幸福。

确实，人生在世，有什么幸福能比实现自己创造潜能的精神幸福更高级呢？最令人神往、最高级的幸福，岂不就是成为一个牛顿、一个爱因斯坦、一个托尔斯泰、一个曹雪芹？诚然，成为一个拿破仑、一个彼得大帝、一个唐太宗也可与之媲美而同为最高幸福。但是，成为一个拿破仑之为人生最高幸福并不是因为他当上了君主，从而获得了最高的社会幸福；而是因为他当上了划时代的伟大君主，从而获得了实现自己成为伟大君主的创造性潜能的精神幸福。否则，成为一个阿斗也可以称之为享有最高人生幸福，因为他与拿破仑同样是君主而享有最高社会幸福。当官、拥有权力和美誉等社会幸福虽然不如精神幸福高级，却无疑高于吃吃喝喝等满足自己口腹之需的物质幸福。因为吃吃喝喝等物质幸福乃为人与一切具有心理活动的动物所共有，无疑是幸福的最低境界。

可是，为什么精神幸福是最高幸福、物质幸福是最低幸福、社会幸福则介于二者之间而为中级幸福？原来，如上所述，幸福不过是一种需要的满足。幸福之所以存在着低级、中级、高级的等级，乃是因为需要，正如马斯洛所说，存在着相应的等级：物质需要是低级需要、社会需要是中级需要、精神需要是高级需要。[①] 詹姆士也写道：

"整个社会自我，比整个物质自我高。我们为名誉、为朋友、为然诺、为信义，应该胜过我们为自己体快、为自己发财。至于精神自我，更属高尚得不可以道里计、宝贵到不可以金钱数。一个人宁可抛却朋友、鄙弃名誉、丧失财产，甚至牺牲生命，也不该丢了它。"[②]

然而，究竟为何物质需要是低级需要、社会需要是中级需要、精神需要是高级需要？这是因为，如所周知，不论从种系的进化上看，还是从个体发育来说，精神和精神需要都是最迟的、最高阶段的产物；物质和物质需要都是最初的、最低阶段的产物；而社会和社会需要则介于两者之间。对此，马斯洛曾有十分精辟的论述：

"高级需要是一种在种系上或进化上发展较迟的产物。我们和一切生物共同具有食物的需要，也许与高级类人猿共有爱的需要。而自我实现的需要（至少须借助创造力）是人类独有的。越是高级的需要，就越为人类所特有。高级需要是较迟的个体发育的产物。任何个体一出生就显出有生理的需要，也许一种初期方式显示有安全需要。比如，它可能会受到恐吓或惊吓，当他依靠的世界显出足够的规律与秩序时，它也许会更好地成长。只有在几个月以后，婴儿才初次表现出有与人亲近的迹象以及有选择的喜爱感。再晚些，我们可以相当清楚地看到，除对安全以及父母爱的需要外，婴儿还表现出对独立、自主、成就、尊重以及表扬的要求。"[③]

这样，马斯洛虽在需要层次上犯有逻辑错误，却还是科学地揭示了

---

① Abraham H. Maslow: *Motivation and Personality*, New York: Harper & Row, 1970, pp. xii/xiv.
② 詹姆士（斯）：《心理学简编》，伍况甫译，商务印书馆，民国 22（1933）年，第 23 页。
③ 马斯洛：《动机与人格》，许金声、程朝翔译，华夏出版社，1987 年，第 114 页。

为什么物质幸福是低级幸福、社会幸福是中级幸福，精神幸福是高级幸福之真谛。

2 创造性幸福与自我实现幸福

无论是精神幸福还是社会幸福抑或物质幸福，都既可能有创造性也可能没有创造性。于是，依据创造性之有无，幸福又可以分为创造性幸福与非创造性幸福两类。所谓创造性幸福，也就是具有创造性的生活的幸福，是有所创造的生活的幸福，是做出了创造性成就的幸福。反之，非创造性幸福则是不具有创造性的生活的幸福，是无所创造的生活的幸福，是未能做出创造性成就的生活之幸福，用戈茨的术语来说，也就是消费性幸福（consumer happiness）：或者是消费、使用别人的创造性成就；或者是消费物质财富和精神财富。[①]

一个人潜心著书十年，终得一原创性著作问世。他得到的这种幸福便是创造性幸福。反之，他若没有著书欲，不事著述，却有幸一生优游暇豫读书以自娱，则他的这种幸福，便是非创造或消费性幸福。毕加索绘画成名之幸福、托尔斯泰的《战争与和平》问世之幸福、牛顿发现万有引力定律之幸福等都是创造性幸福。反之，那些平庸的追赶时髦而大获成功轰动一时的学者、画家、小说家、科学家之幸福，则是非创造性幸福，是消费性幸福。

不言而喻，创造性幸福远远高于消费性幸福。后者随着消费而逝，不可留存；前者则是不朽的。这种不朽主要表现为三大方面，那就是我国古人所说的三不朽：立言、立德、立功。立言是学问方面的创造性幸福，如成为艺术家、科学家、哲学家、思想家等的幸福。这种幸福属于

[①] Ignacio L. Gotz: *Conceptions of Happiness*, Lanham, New York: University Press of America, 1995, p. 21.

创造性精神幸福。立功是事业方面的创造性幸福，如成为政治家、军事家、企业家、能工巧匠等的幸福。这种幸福或属创造性社会幸福、或属创造性物质幸福、或兼而有之。立德是品德方面的创造性幸福，如品德完善、成圣成贤的幸福。这种幸福，属于创造性社会幸福。这三种幸福无疑是人生最大的幸福，一个人一生只要获得其一，便算得上是成功的人生了。所以，冯友兰把这三种幸福合起来而称之为人生之成功：

"成功的种数不外有三：一、学问方面：有所发明与创作，如大文学家、大艺术家、大科学家等。二、事业方面：如大政治家、大军事家、大事业家等。三、道德方面：在道德上成为完人，如古之所谓圣贤。以上列举的三方面，以从前的话来讲，也就是立言、立德、立功三不朽。学问方面的成功是立言，事业的成功是立功，道德方面的成功是立德。除三种之外，也就没有其他的成功了。"[①]

那么，是否创造性幸福亦即自我实现幸福？是否非创造性幸福就是非自我实现幸福？所谓"自我实现"，如前所述，亦即实现自己的创造潜能从而成为可能成为的最有价值的人。因此，似乎一个人只要实现了自己的创造潜能从而达到自我实现，他就获得了自我实现的幸福。其实不然。一个人如果实现了自己的创造潜能从而达到自我实现，那么，他必定获得了创造性幸福，却未必获得了自我实现的幸福。

因为幸福，如上所述，是重大需求得到满足的心理体验；因而所谓自我实现的幸福，也就是重大自我实现需求得到满足的心理体验。这样，一个人如果没有自我实现，那么，他的自我实现的需求绝不会得到满足，他绝不会获得自我实现的幸福。但是，自我实现、实现自己的创造潜能，正如奥尔兹所说，并非仅仅源于自我实现的需求，还可以源于其他需求，如功名和光荣的需求：

"人类之所以创造可能有多种原因，要看他们当时的特殊需求而定。

---

① 冯友兰:《三松堂学术文集》，北京大学出版社，1984年，第627页。

在战争时，人们可能为自我保护而创造了武器。人们也可能因为感到寂寞，而努力创造以争取别人的爱和感情。人们也可能因为内在自我实现的驱力，而努力创造。"[1]

因此，一个人即使达到了自我实现，也可能因为并未怀有自我实现的渴求而未能享有自我实现的幸福。古今中外，多少人怀着"一觉醒来，名声已传遍天下"的渴望，而发奋著书立说，成一家之言，从而实现了自己创造精神财富的潜能。这些人达到了自我实现，获得了创造性幸福，却未能获得自我实现之幸福；他们所获得的，乃是社会幸福，是创造性的社会幸福。因为他们所实现的并不是自我实现的渴求，而是对于光荣和功名的梦想。

可见，自我实现乃是获得创造性幸福的必要且充分条件，却不是获得自我实现幸福的必要且充分条件，而仅仅是其必要条件：凡是获得自我实现幸福的人，必定达到了自我实现而享有创造性幸福；但是，自我实现而享有创造性幸福者却未必享有自我实现幸福。只有怀着自我实现需求的自我实现者，才享有自我实现的幸福；而怀着其他需求的自我实现者，所享有的则是非自我实现的创造性幸福。

所以，自我实现幸福属于创造性幸福范畴，是一种特殊的创造性幸福。二者的区别在于，创造性幸福之为创造性幸福，只在于有无创造、有无自我实现，而与引发创造的需求和目的无关；反之，自我实现幸福之为自我实现幸福，不但在于有无创造、有无自我实现，而且在于引发创造的需求和目的是什么。自我实现幸福是自我实现的需求得到满足的创造性幸福，是创造欲得到实现的创造性幸福，是为创造而创造的创造性幸福，是创造自身就是目的而绝非手段的创造性幸福。反之，只要具有创造性，只要达到了自我创造潜能之实现，便是创造性幸福：不论这种创造是为了创造还是为了发财，是为了光荣还是为了权力，是为了洞

---

[1] 罗伯特·奥尔兹：《创造性思维的艺术》，吕胜英、翁淑缘译，世界图书出版公司，1989年，第11页。

房花烛、金榜题名还是为了自我完善。举例说：

达·芬奇历时 5 年，画成不朽名作《蒙娜丽莎》。如果他画这幅画，出于绘画的创造冲动，是为绘画而绘画、为艺术而艺术，那么，他所享有的便是自我实现幸福。如果他如弗洛伊德主义者所说，是因为三岁丧母而出于恋母情结；或者他所画的人是他的情人，他是为爱情而绘画，那么，他所享有的便仅仅是创造性幸福而非自我实现幸福。

创造性幸福，如前所述，未必是精神幸福，也可以是社会幸福和或物质幸福。自我实现幸福，粗略看来，似乎也是如此。因为自我实现幸福也可以表现于精神、社会、物质三大领域。一个人著书立说，成一家之言，如果是为立言而立言，为的是实现自己创造新理论之潜能，那么，他所得到的便是精神方面的自我实现之幸福。一个人建功立业、功勋赫赫，如果是为立功而立功、为立业而立业，为的是实现自己建功立业之创造潜能，那么，他所得到的便是社会方面的自我实现之幸福。一个人经商致富，如果为的是实现自己生财之道的创造性潜能，那么，他所得到的便是物质财富方面的自我实现之幸福。

但是，细究起来，不难看出，自我实现幸福——不论这种幸福表现于精神方面还是社会方面抑或物质方面——完全属于精神幸福范畴。因为实现自我创造潜能的需求乃是为创造而创造的需求，是创造自身就是目的而绝非手段的需求。这种需求显然与吃吃喝喝的需求不同：它不是物质需求。它与名誉、权力的需求也不同：它也不是社会性需求。因为即使离开社会，一个人也会有这种需求。甚至这种需求越强烈，便越渴望离开社会。所以尼采疾呼：

"隐居起来吧，那样你才能够过真正属于自己的生活。"[1]

它与为吃喝发财而创造也不同：那也是一种物质需求，是一种创造性物质需求。它与为光荣和功名而创造也不同：那也是一种社会性需求，

---

[1]　尼采：《快乐的科学》，余鸿荣译，中国和平出版社，1987 年，第 338 节。

是一种创造性社会需求。为创造而创造、为自我实现而自我实现的需求显然是一种纯粹的精神追求；因而这种追求得到满足的幸福，亦即自我实现幸福，也就是一种纯粹的精神幸福。

确实，一个人建功立业的幸福是社会幸福；但是，如果他建功立业为的是实现自己建功立业之创造潜能，那么，这就不是社会幸福而是精神幸福了。一个人发财致富的幸福是物质幸福；但是，如果他发财致富为的是实现自己生财之道的创造性潜能，那么，这就不是物质幸福而是精神幸福了。

所以，自我实现幸福属于精神幸福范畴，是一种特殊的精神幸福：它是创造性精神幸福，是为创造而创造的创造性精神幸福，是最纯粹、最高级的精神幸福，因而是人类最纯粹、最高级的幸福，正如自我实现需求是人类最纯粹的精神需求、是人类最高级的需求一样。所以，泰尔弗一再说：自我实现的幸福（eudaemonia）是任何人所能享有的最高级的快乐（highly pleased），是任何人可能得到的最有价值的幸福（maximum happiness）。①

于是，自我实现幸福与创造性幸福以及精神幸福、物质幸福、社会幸福的关系便可以表示如图：

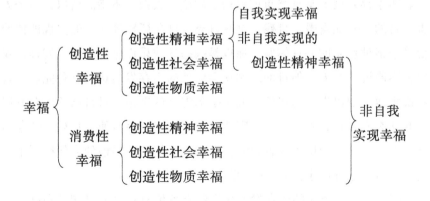

①　Elizabeth Telfer: *Happiness*, London: The Macmillan Press Ltd., 1980, p. 41.

3 德性幸福与利他幸福

物质幸福与精神幸福以及创造性幸福与自我实现幸福之分类，皆非依据幸福的道德本性。那么，按照道德眼光，幸福可以分为哪些类型？人的需要、欲望、目的，依其所具有的道德性质，如前所述，分为利己、利他、害己、害他四类。那么，由此是否可以说幸福也相应地分为利己幸福、利他幸福、害己幸福、害他幸福四类？快乐无疑相应地分为四类：利己快乐是利己的需要、欲望、目的得到实现的心理体验；利他快乐是利他的需要、欲望、目的得到实现的心理体验；害己快乐是害己的需要、欲望、目的得到实现的心理体验；害他快乐是害他的需要、欲望、目的得到实现的心理体验。但是，幸福却不能如此分类。

因为所谓幸福，如前所述，是对一生具有重大意义的需要、欲望、目的得到实现的心理体验，说到底，是生存发展达到某种完满的心理体验。我们显然不能说，一个人的害己目的之实现，会使他的生存发展达到某种完满。恰恰相反，害己目的和引发这种目的的自恨心、自卑感、内疚感、罪恶感乃是一个人的病态的、变态的、不健康的心理和行为：它表明生存发展的某种严重的障碍、缺陷、失败、不幸。所以，一个人害己目的——如自毁、自残、自暴自弃、自我惩罚等——的实现即使给他带来某种快乐的心理体验，那也是病态的快乐而绝非幸福。同样，我们也不能说一个人害他目的之实现会使他的生存发展达到某种完满。且不说害他大都以害己为代价，就是毫不害己的害他，对自己的生存发展又有什么利益可言呢？因此，害他目的之实现，固然使人快乐，却绝不能使人幸福。谁能说妒嫉者和复仇者杀死了他们所憎恨的人便得到了幸福？他们所得到的岂不仅仅是快乐吗？

因此，对每个人的生存发展之完满有价值有意义的只能是利己与利他两种目的：只有这些目的得到实现，才可能是幸福的。所以虽然目的与快乐分为利己、利他、害己、害他四类，但幸福却只可能分为利己与利他两类。所谓利己幸福亦即为己幸福，是为了自己的幸福，是利己目的得到实现的幸福，也就是对自己的一生具有重大意义的利己的需要、欲望、目的得到实现的心理体验，说到底，也就是对自己的生存发展之完满具有重大意义的利己需求得到满足的心理体验；所谓利他幸福亦即无私幸福，是为了他人的幸福，是利他目的得到实现的幸福，也就是重大的利他的需要、欲望、目的得到实现的心理体验，说到底，也就是对自己的生存发展之完满具有重大意义的利他需求得到满足的心理体验。举例说：

张三著书立说以求个人名利，经过十年寒窗终于名满天下而达到名利之完满，则他所得到的这幸福便是利己幸福。反之，这十年来，张三的母亲含辛茹苦、节衣缩食供养张三以求功名，则张三成名之日，其母无限欢欣而达到望子成龙之完满：她所得到的这种幸福便是利他幸福。

然而，人们往往以为，幸福的本性是自己的、利己的、为己的，不可能有什么利他的、无私的幸福。就拿那位含辛茹苦而使儿子成名的母亲来说，所得到的似乎只是快乐而非幸福：她似乎为了儿子的幸福而牺牲了自己的幸福。确实，可怜的父母往往为了儿女的幸福而牺牲了自己的幸福，我们不能说这些父母是幸福的人。我们不能说那些牺牲爱情而终使儿子功成名就的寡妇鳏夫是幸福的人。但是，他们看到儿女幸福而生的心理体验，又确实是一种幸福：他们不是幸福的人，但拥有幸福。他们拥有幸福，因为儿女的生存发展乃是自己生存发展的继续，是他们生存发展的一部分：儿女的幸福意味着他们自己的生存发展达到了某种完满。他们不是幸福的人，因为他们为儿女的幸福牺牲了自己的幸福：他们所得到的幸福的净余额几乎是零，他们是一生幸福较少而不幸较多因而净余额是不幸的人。

可见，一个人的利他目的得到实现的心理体验并非仅仅是快乐，而很可能是一种幸福，是一种利他幸福：如果这种利他目的之实现对于他自己的生存发展之完满具有重大意义的话。一个人为了实现利他幸福，有时需要牺牲利己幸福。但是，一般说来，利他幸福有助于利己幸福的实现。因为一个人的利他幸福越多，他的品德便越高尚，他便越会受到社会和他人的赏誉，他的利己幸福便越易于实现，他的利己幸福也就越多；一个人的利他幸福越少，他的品德便越低劣，他便越会受到社会和他人的谴责，他的利己幸福便越难于实现，他的利己幸福也就越少：利他幸福是利己幸福的必要因素而与其成正相关变化。

利他幸福的道德境界比较简单，因为它不依手段的不同而转移：不论手段如何，利他幸福都因其目的是为了他人而符合道德最高原则："无私利他"，都是无私利他的幸福，因而是最高的正当幸福。反之，利己幸福的道德境界比较复杂，因为它依手段的不同而转移：利己幸福如果以利他手段实现，便符合道德基本原则"为己利他"，是为己利他的幸福，因而是基本的正当幸福；如果以利己与害己的手段实现，便符合道德最低原则"单纯利己"，是单纯利己的幸福；如果以损人的手段实现，则符合不道德原则"损人利己"，是损人利己的幸福，因而是不正当幸福。

举例说，一个人深爱祖国，为祖国的富强而呕心沥血，则祖国富强之日，他无限喜悦，他得到的这幸福，便是利他幸福，亦即无私利他的幸福，是最高的正当幸福。如果他爱自己甚于爱祖国，他著书立说虽有益祖国文化事业，却是为了自己出人头地，则他的著作问世成功之日，所得到的幸福便是为己利他的幸福，是基本的正当的幸福。如果他厌倦社会生活、隐居于深山老林而如庄子言："其行填填，其视颠颠，……同与禽兽居，族与万物并。"[1] 则他这种幸福便是单纯利己之幸福，是最低的正当幸福。如果他像西门庆一样，看上有夫之妇，杀其夫而得其妻，把自己的幸福建筑在他人不幸之上，他的这幸福，便是损人利己之幸福，是不正当幸福。如图：

---

[1] 《庄子·骈姆》。

$$
幸福
\begin{cases}
利他幸福 = 无私利他幸福 = 最高的正当幸福 \\
利己幸福
\begin{cases}
为己利他幸福 = 基本的正当幸福 \\
单纯利己幸福 = 最低的正当幸福 \\
损人利己幸福 = 不正当幸福
\end{cases}
\end{cases}
$$

利他幸福，细究起来，既然是为了他人的行为目的得到实现的心理体验，那么，它显然是一种无私的幸福，属于无私利他的行为境界，因而——如前所述——具有双重根据、双重动因：完善自我品德之心和爱人之心。父母为了儿女利益的利他目的得到实现的幸福，显然是出于对儿女的爱而体验到的利他幸福，是爱人之心得到实现的利他幸福。这是利他幸福的一个类型，不妨称之为"仁爱幸福"。

利他幸福的另一个类型则是完善自我品德之心得到实现的幸福，属于所谓"德性幸福"范畴。德性幸福亦即与"立言"和"立功"并列的"三不朽"之一："立德"，是一个人做一个好人、有道德的人、品德高尚的人的道德需要得到满足的幸福，是完善自我品德、实现自己的道德潜能的需要、欲望、目的得到满足的幸福。因此，一个人的德性幸福与其美德是一个东西：有德就有福、有福就有德、德就是福、福就是德。所以，德性幸福正如包尔生所说，乃是这样一种幸福，这种幸福与美德是一回事，这种幸福的拥有者是以美德为目的的人：

"对于意志完全由德性支配的人来说，有德性的行为始终是最大的幸福和喜悦，即使它并不带来外在的幸福，即使它反给他的肉体带来磨难。斯宾诺莎的准则是适合于他的，幸福不是为德性准备好了的，而是由自身的德性带来的。"[1]

反之，非德性幸福则是以美德之外的东西——如金钱、美女、名利、地位等——为目的的幸福，这种幸福与美德是两回事：德不是福、福不是德，有福虽须有德、有德未必有福；这种幸福的拥有者不是以美德为

---

[1]　包尔生：《伦理学体系》，何怀宏译，中国社会科学出版社，1988年，第347页。

目的而是把美德作为取得幸福的手段。

德性幸福可以是一种利他幸福。因为一个人要做一个好人、高尚的人，只有去做好事、高尚的事；而无私利他无疑是最好的事、最高尚的事。所以，一个人如果追求德性幸福而立志做一个高尚的人，他必定会有无私利他之目的，必定追求无私利他的幸福："为实现人之所以为人者，我们可以说，人应该求别人的利。"[①] 一句话说完：凡求德性幸福，必求无私利他幸福。那么，这是否意味着：德性幸福都是利他幸福，而利己幸福都是非德性幸福？否。一个人的德性幸福既可能是无私利他的幸福，也可能是单纯利己的幸福：如果他以善待他人的美德——如无私、仁爱、利他等——为目的，显然便是为利他而利他的幸福，便是无私利他的幸福；如果他以善待自己的美德——如节制、贵生等——为目的，显然便是为利己而利己的幸福，便是单纯利己的幸福。

非德性幸福无疑比德性幸福更为广泛：它既可能是无私利他的幸福，如"仁爱幸福"；也可能是单纯利己的幸福，如隐者的幸福；更可能是为己利他的幸福，如成名成家的幸福；还可能是损人利己的幸福，如官倒暴富之幸福。

总之，德性幸福、非德性幸福与利他幸福、利己幸福是外延部分相合的交叉关系，这种关系可以表示如图：

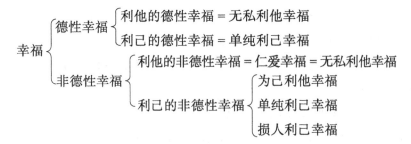

由图可知，一方面，德性幸福比非德性幸福更为纯粹和高尚，因为

---

① 冯友兰:《三松堂全集》第四卷，河南人民出版社，1986年，第608页。

德性幸福都是正当的幸福，它不可能包括非德性幸福所包括的损人利己之缺德幸福；另一方面，非德性幸福比德性幸福更为重要，因为它具有德性幸福所不具有的人类最重要的善：为己利他。

4 过程幸福与结果幸福

无论何种幸福——德性幸福或非德性幸福、利他幸福或利己幸福、创造性幸福或非创造性幸福、自我实现幸福或非自我实现幸福、物质幸福和社会幸福以及精神幸福——就其皆为人生某种重大目的得到实现的心理体验来说，似乎都是一种结果，都是结果幸福。因为所谓目的，如所周知，属于结果范畴：目的亦即预期结果，是为了实现的结果。所以，幸福也就是达到了某种预期结果的心理体验，因而幸福似乎只存在于结果，而并不存在于过程：过程无所谓幸福，幸福都是结果幸福。

其实不然。因为幸福虽然是达到某种结果的心理体验，但是，求得幸福的努力过程，细究起来，又由若干较小目的或预期结果组成。一个人在追求幸福的过程中，他的这些较小目的或预期结果的每一次达到，都使他经历一次快乐体验。这些快乐单独看来，无疑只是快乐而非幸福；但是，结合起来，却是一种持续的快乐，是具有重大意义的快乐，因而也就是幸福：这就是所谓的"过程幸福"。这样，幸福又可以分为过程幸福与结果幸福：前者是在追求某种幸福的过程中，每一次较小目的、较小预期结果得到实现时所体验到的快乐之和；后者则是经过一定的努力过程从而实现了重大的目的、预期结果的快乐体验。举例说：

一个学生考上大学的幸福，是三年高中奋斗过程之结果，是结果幸福。他在这三年的奋斗过程中，几乎每一天、每一周、每一月、每一学期，都有其努力的较小目标，如解多少道习题、背多少单词、做多少作文等。每当这些较小目的实现的时候，他都会有一种较小的快乐体验，这种快乐体验之和便是过程幸福。

但是，人们往往否定结果幸福而以为幸福仅仅存在于奋斗的过程中，因而幸福亦即过程幸福。赵汀阳说："幸福是在生活中健全生活的感受，是全部生活行为追求的状态而不是结局，所以永恒性是幸福的一个特征。"[①]究其原因，显然是只见过程幸福之利而不见其弊和只见结果幸福之弊而不见其利。

然而，实际上，结果幸福与过程幸福各有利弊短长。一方面，结果幸福比过程幸福强烈巨大，不过却是一次性的，因而是短暂的；反之，过程幸福虽比结果幸福薄弱渺小，却是多次连续的，因而是漫长的。

另一方面，幸福的过程大都曲折多难，虽多有成功幸福，也不乏失败不幸，所以过程幸福是一种夹杂痛苦和失败的不纯的幸福。然而，每次过程幸福之后，都是更加充实奋发的体验，因为每次幸福都更加接近强烈巨大的结果幸福，每次幸福之后都有新的幸福在呼唤。反之，结果幸福是纯粹幸福；但是，结果幸福之后，却往往是空虚无聊的体验。因为正如叔本华所说："占有一物便使一物失去了刺激。"[②]一旦获得结果幸福，也就失去了一直热切追求的需要、欲望、目的，失去了动力。

总之，结果幸福强大而短暂、纯粹而空虚，过程幸福弱小而漫长、不纯而充实，二者利弊互补、相反相成而成为幸福人生不可偏废之两翼。

结果幸福与过程幸福不但相反互补，而且互为对方的存在条件：这是它们区别于其他幸福类型的根本特征。其他类型的幸福，如物质幸福和精神幸福以及创造性幸福和非创造性幸福等，都是可以相互脱离、独立存在的：一个人可以没有物质幸福而仅仅享有精神幸福，也可以没有创造性幸福而仅仅享有消费性幸福。赵汀阳先生以为过程幸福和结果幸福也是如此，没有结果幸福也可以享有过程幸福，结果幸福不过是一种额外幸福：

"无论这一行动所指向的结果是否能够达到，这一行动本身就已经

① 赵汀阳：《论可能生活》，三联书店，1994年，第22页。
② 叔本华：《作为意志和表象的世界》，石冲白译，商务印书馆，1982年，第430页。

足够使人幸福，或者说，这一行动必须使该行动成为一个有价值的结果，同时把该行动所指向的那个外在结果看作是额外收获。"[1]

这是错误的观点。因为过程幸福与结果幸福，一般说来，不可分离而独立存在：二者往往是一亡俱亡、一存俱存。一方面，结果幸福往往是过程幸福的条件，没有结果幸福，往往便不会有过程幸福。因为过程幸福是一种夹杂痛苦和失败的不纯的幸福，过程幸福之为过程幸福的条件无疑是：过程中的成功快乐多于、重于、大于失败痛苦，从而其净余额是成功快乐。否则，岂不是过程不幸而非过程幸福？

显然，一般说来，只有结果是成功和幸福，过程中的成功和快乐才可能多于、重于、大于失败和痛苦；否则，如果结果是失败和痛苦，那么，过程中的失败和痛苦必定多于、重于、大于成功和快乐。因此，奋斗过程之所以幸福，是因为在这个过程中，成功和快乐多于失败和痛苦，说到底，是因为最终达到了预期结果，获得了结果幸福：结果幸福是过程幸福的存在条件。

另一方面，过程幸福往往也同样是结果幸福的存在条件，没有过程幸福，也不会有结果幸福。因为过程幸福意味着：过程中的成功快乐多于、重于、大于失败痛苦，从而其净余额是成功快乐；否则，便是过程不幸而非过程幸福。问题的关键正在于，如果过程中成功快乐多于、重于、大于失败痛苦，那么，一般说来，结果必定是成功和幸福：过程幸福，一般说来，必定导致结果幸福。

总之，过程幸福与结果幸福相互依存是常规，相互脱离是例外。因此，即使一个人只想享有过程幸福，而无意于结果幸福，不想用一生的奋斗去获得老来福，他也必须向结果的幸福和成功奋斗。否则，如果结果是失败和不幸，那么，一般说来，他求幸福的过程的净余额必是痛苦和失败，因而不论他怎样只问耕耘不管收获，他都绝不可能获得过程幸福。反之，如果一个人

---

[1]　赵汀阳：《论可能生活》，三联书店，1994年，第121页。

只想获得结果幸福，而不在乎过程是否幸福，他也必须老老实实、循序渐进地获得过程幸福。否则，如果过程的失败痛苦多于成功快乐，从而其净余额是失败和不幸，那么，一般说来，结果也绝不会是幸福和成功。

四　两种幸福概念：快乐论与完全论

围绕幸福概念，从古到今一直争论不休。这些争论，如所周知，可以归结为两派：以穆勒、休谟、霍布斯为主要代表的"快乐论"与以亚里士多德、柏拉图、阿奎那为主要代表的"完全论"。现在我们可以清楚看到，二者分歧的根源，主要在于幸福的结构和类型。快乐论忽略幸福的人生重大需要、欲望、目的之实现和生存发展之完满的客观因素，只看到幸福的快乐的心理体验之主观因素，因而认为幸福亦即快乐、不幸亦即痛苦：

"幸福是指快乐与痛苦的免除；不幸福则是指痛苦和快乐的丧失。"[1]

快乐论比较单纯，它的错误是不难看出的。因为快乐与幸福并非一个东西。幸福与快乐的区别，如上所述，在于幸福是一种特殊的快乐，是人生重大的、正常的、健康的快乐；而渺小的、反常的、病态的快乐并非幸福。所以，快乐论把幸福定义为快乐是犯了定义过宽的错误。

完全论则复杂得多。首先，与快乐论恰恰相反，完全论忽略了幸福的快乐的心理体验之主观形式因素，只看到幸福的生存发展达到完满之客观实质因素，因而认为幸福就是生存和发展之完满。包尔生把"完全论"的定义表述得最为清楚："幸福是指我们存在的完善和生命的完美运动。"[2] 其次，"完全论"又可以称之为"自我实现论"，因为它又进一步把生存和发展之完满与自我实现等同起来，认为幸福就是自我实现，就是

---

[1]　Robert Maynard Hutchins: *Great Books of the Western World*, Volume 43, *On Liberty*, London: John Stuart Mill, Encyclopaedia Britannica, Inc., 1980, p. 448.

[2]　包尔生：《伦理学体系》，何怀宏译，中国社会科学出版社，1986年，第191页。

自我潜能之实现，就是自我的创造性的、优越的潜能之实现。完全论和自我实现论大师亚里士多德便一再说：

"幸福是灵魂的某种合乎完满德性的实现活动。"[①] "幸福乃是在完满生活中德性的实现。"[②]

亚里士多德的"德性"概念，如所周知，与我们今日所说的"德性"不同。我们所说的"德性"，是指道德德性，亦即道德品质、品德。亚里士多德的"德性"则广泛得多，泛指"优良性、优良品质"、"优越性、优越品质"、"可赞赏性、可赞赏的品质"：

"我们必须讨论德性是什么，既然它的实现是幸福。笼统地说，德性是最好的品质。"[③] 接着，亚氏又推广道："一切德性，只要某物以它为德性，就不但要使这东西状况良好，并且要给予它优秀的功能。例如眼睛的德性，就不但使眼睛明亮，还要使它的功能良好。"[④]

这样，亚里士多德所谓的幸福、所谓的德性之实现，也就是自我"优良性、优良品质"之实现，也就是自我"优越性、优越品质"之实现，也就是自我"可赞赏性、可赞赏的品质"之实现：幸福就是自我实现，就是自我潜能之实现，就是自我的创造性的、优越的潜能之实现。[⑤]包尔生继承了亚里士多德的自我实现论，进一步把生存和发展之完满与

---

① 苗力田主编：《古希腊哲学》，中国人民大学出版社，1989年，第570页。

② 《亚里士多德全集》第八卷，苗力田等译，中国人民大学出版社，1992年，第310页。

③ 同上书，第252书，第34页。

④ 同上。

⑤ 然而，今日西方学者却由此断言亚里士多德没有幸福概念，他的幸福概念"eudaimona"不可以翻译为"幸福"（happiness），而应该翻译为"生存完美"（"well-being"、"flourishing"）。这是错误的。因为幸福是伦理学的极其重要的概念，说亚里士多德没有伦理学概念显然是极为可笑的。其实，任何时代任何人的理论争辩和分歧，都不可能是所使用的概念不同，而只能是对于概念的定义和理解的不同：人们所使用的概念都是共同的、通用的，否则，便不可能对话、交流了。我们与亚里士多德以及穆勒等人的不同，也不可能是所使用的幸福的概念不同，而只是对于同一幸福概念的定义和理解不同：亚里士多德的定义是"自我实现"或"生存发展之完美"，穆勒的定义是"快乐"，我们的定义是"重大快乐"。

自我实现等同起来，认为幸福就是自我潜能之实现："幸福或福祉在于所有德性和能力的训练和实行，特别是那种最高的德性和能力的训练和实行。"① 赵汀阳先生追随亚里士多德和包尔生，也这样写道："幸福是人生中永恒性的成就。""所以，幸福取决于生活能力的发挥而不取决于生物要求的满足。"②

　　完全论、自我实现论关于幸福的定义也是不能成立的。一方面，它们把生存发展之完满与自我实现等同起来，进而把幸福与自我实现幸福等同起来，是错误的。所谓自我实现，如前所述，就是自我的创造性的、优越的潜能之实现：自我实现是以创造性为特征的。所以，马斯洛说："自我实现需要至少须借助创造力。"③ 反之，"自我生存发展之完满"则广泛得多：它既可能是创造性的，也可能是消费性的。举例说，我一生碌碌无为却富裕终生，享尽荣华富贵。所以，我虽然没有实现自己的创造潜能，没有自我实现；但是，我却享有物质幸福，我的物质的、生理的方面的生存与发展达到了某种程度之完满。进言之，根据马斯洛的需要理论，人生至少有五种生存发展之完满：生理之完满、安全之完满、爱之完满、自尊之完满、自我实现之完满。自我实现只是人的生存发展最高境界之完满，只是人的多种多样的生存发展的完满之一，只是人的多种多样的幸福之一。所以，完全论、自我实现论把幸福或自我生存发展之完满与自我实现等同起来，犯了以偏概全的错误。

　　另一方面，自我实现论或完全论把幸福定义为生存发展之完满也是错误的。因为一棵树不论是阳光雨露之需要得到满足从而欣欣向荣而实现了自己生命之完善，还是久旱枯朽或横遭蹂躏而未能实现自己生命之完善，都无所谓幸福或不幸。我们更不能因为一块石头的重大需要——内外平衡之保持——得到了满足从而达到了某种存在之完满，便说它是

① 包尔生：《伦理学体系》，何怀宏译，中国社会科学出版社，1986年，第235页。
② 赵汀阳：《论可能生活》，三联书店，1994年，第113页。
③ 马斯洛：《动机与人格》，许金声、程朝翔译，华夏出版社，1987年，第114页。

块幸福的石头。究其原因，显然在于：树、石头与人虽都有存在和发展
之完善，但树和石头却不具有而人却具有存在和发展完善之心理体验。
由此看来，不但说"幸福是自我完善、自我实现"是以偏概全，而且说
"自我实现、自我完善是幸福"也是不确切的。确切的表述只能是：自我
实现的心理体验是幸福，生存发展之完满的心理体验是幸福。所以，幸
福的最富区别性的、最为表层因而最为显著的特征，乃是生存和发展完
善之心理体验，是对于重大的需要和欲望满足之心理体验，是重大的快
乐。因此，幸福虽然不同于快乐，却毕竟是一种快乐：幸福是一种特殊
的快乐，是一种特殊的心理体验，属于心理、意识范畴。所以，德谟克
利特说："幸福与不幸居于灵魂之中。"[①] 亚里士多德说："幸福为心灵的活
动。"[②] 罗斯说："幸福是一种感情状态，它与快乐的不同仅仅在于它的永
久、深刻和宁静。"[③] 当代西方学者理查德·克劳特（Richard Kraut）也这
样写道："幸福是——或至少关涉——心灵的某种状态。"[④]

　　可见，幸福概念的主观和客观的相反而相成的二重结构及其自我实
现和非自我实现的两大类型，是快乐论与完全论、自我实现论之争的根
源：前者只看到幸福的心理体验的主观形式、幸福的最邻近的类概念以
及幸福的表层特征（幸福是生存发展达到某种完满的极度快乐的心理体
验），所以界定幸福为快乐；后者只看到幸福概念的种差和幸福的根本的
特征（幸福是生存发展达到某种完满的极度快乐心理体验）以及幸福的
自我实现类型，所以界定幸福为生存与发展之完满或自我实现。

　　现在，我们弄清了幸福概念，知道了幸福究竟是什么。可是，人们
为什么无不追求幸福？它值得人们如此追求吗？这就是幸福的价值问题：
它究竟有什么用？

---

① 周辅成编:《西方伦理学名著选辑》上卷，商务印书馆，1987 年，第 79、288 页。

② 同上。

③ Louis P. Pojman: *Ethical Theory: Classical and Contemporary Readings*, Belmont, California: Wadsworth Publishing Company, 1995, p. 146.

④ Ibid.

第二十五章　幸福价值

本章提要

幸福是追求快乐和避免痛苦的终极标准：符合幸福的快乐和痛苦、与幸福一致的快乐和痛苦，就是应该追求的快乐，就是不应该避免的痛苦；违背幸福的快乐和痛苦、与幸福冲突的快乐和痛苦，就是不应该追求的快乐，就是应该避免的痛苦。这样，一方面，当各种快乐不发生冲突时，我们便应该追求一切快乐。因为在这种情况下，对于任何快乐的追求，也就都是对于快乐的增进和积累，也就都是在使快乐由少变多、由小变大、由短暂变恒久，因而也就都是对于幸福的接近和追求。反之，当痛苦并不能避免更大的痛苦或带来更大的快乐时，我们便应该避免一切痛苦。因为在这种情况下，对于任何痛苦的避免，也就都是对于痛苦的减少，也就都是在使痛苦由多变少、由大变小，因而也就都是对于不幸的避免。另一方面，当着各种快乐发生冲突时，我们便应该追求较大、较长久的快乐，便应该追求幸福。反之，当各种痛苦发生冲突而可以相互克服时，我们便应该忍受较小的痛苦而避免较大的痛苦，便应该忍受痛苦而避免不幸。

人生价值和人生意义，就在于人生——如果它是正常的、一般的而不是反常的、例外的——所带来的快乐和幸福总是多于它所造成的痛苦和不幸，因而其净余额为快乐和幸福。因此，如果一个人的人生快乐和幸福多于痛苦和不幸，因而其净余额为快乐和幸福，那么，他的人生就是有价值、有意义的人生，就是值得过的人生，就是正常的、一般的、符合人生本性的、某种相对完满的人生。反之，如果一个人的人生痛苦和不幸多于快乐和幸福，那么他的人生就是无价值、无意义的人生，就是不值得过的人生，就是反常的、例外的、背离了人生本性的、某种绝对不完满的人生。不过，人们对于他们的人生苦乐祸福之主观觉知和他们的人生的苦乐祸福之客观实际既可能相符一致，也可能不相符、不一致。不难看出，一个人只要主观上感到他的人生痛苦和不幸多于快乐和幸福，因而感到他的人生没有价值和意义，那么，不论他的人生客观实际如何，他都同样会觉得不值得再活下去。使他能够活下去的科学的方法无疑只有一个：帮助他认识和找到他的人生的快乐和幸福、他的人生的价值和意义。

幸福，如前所述，就其形式来说，是极度快乐的心理体验；就其内容来说，是重大需求的满足和存在发展的完满。因此，幸福对于每个人便都具有极大的价值：幸福是至善。这是至明之理。然而，为什么围绕幸福的至善价值问题，两千年来，思想家们一直争论不休？原来，如果说幸福是至善，那就意味着：快乐是善；而快乐是善、幸福是至善又意味着：痛苦是恶；不幸则是至恶。这恐怕就是为什么人们一直争论幸福的至善价值问题的原因：快乐是善和痛苦是恶的论断显然是个最有争议的论断。所以，确证快乐和痛苦的善恶价值乃是确证幸福和不幸的至善与至恶价值的前提。

一 快乐：善

1 一切快乐皆是善

快乐和痛苦的善恶价值首先表现在：一切快乐皆是善的；一切痛

苦皆是恶的。这一论断近乎公理，因为无论是快乐主义还是它的反对者都承认这一论断。例如，快乐主义大师伊壁鸠鲁说："每一种快乐都是善……正如每一种痛苦都是恶。"[1] 亚里士多德反对快乐主义，但也认为："痛苦是恶……那么和它对立的东西，就是善了。所以，快乐是某种善。"[2]

然而，究竟为何一切快乐都是善的而一切痛苦皆是恶的？说到底，显然是因为每个人都具有求乐避苦的需要、欲望和目的。试想，为什么我们从小到大、自幼及老都喜欢游戏玩耍？岂不就是因为我们都追求快乐？那些吸毒者、酗酒者为什么难以戒除这些可怕的嗜好？岂不就是因为这些嗜好能够带来莫大的快乐？其实，一切具有苦乐心理活动的动物——人当然也是一种具有苦乐心理的动物——都具有极为强烈的追求快乐的需要、欲望和目的。这一点，在现代生理学关于脑的"快乐中枢"的发现中得到了科学的证实：

20世纪50年代，奥尔兹发现动物的丘脑下部和某些中脑核区是"快乐中枢"。他在老鼠的脑的这些部位埋入电极，电极与老鼠笼中的一个杠杆接通。每当老鼠用爪子按下杠杆，鼠脑的那个部位便会受到电刺激，便会产生快乐的心理体验。结果饥饿的老鼠常常置适口的食物于不顾，而跑向杠杆、按压杠杆以换取自我电刺激的快乐。它会不停地按压杠杆，一小时竟达2000次，连续达24小时！[3]

这一发现表明，追求快乐本身不仅是人和动物的一种需要、欲望和目的，而且是极为强烈和优先的需要、欲望和目的；因为它有时甚至比食欲——食欲无疑是人和动物最强烈最优先的欲望——还强烈、优先！追求快乐既然是人和动物的极为强烈优先的需要、欲望和目的，那么显然，一方面，一切快乐也就因其能够满足人的这种追求快乐的需要、欲

① 周辅成编：《西方伦理学名著选辑》上卷，商务印书馆，1954年，第104页。

② 同上书，第161页。

③ 汤普森主编：《生理心理学》，孙晔等编译，科学出版社，1981年，第336—337页。

望和目的而都是善的；另一方面，一切痛苦也就皆因其能够阻碍人的这种追求快乐的需要、欲望和目的而都是恶的。

2 快乐不都是善

然而，人们往往认为，快乐并不都是善的、痛苦也并不都是恶的。因为一方面，有些快乐，如吸毒的快乐、赌博的快乐、烟酒的快乐等，并不是善的，而是恶的；另一方面，有些痛苦，如卧薪尝胆、刻苦读书等，并不是恶的，而是善的。

确实，吸毒的快乐、赌博的快乐、烟酒的快乐都是恶的。但是，我们根据什么说这些快乐是恶的？显然是因为这些快乐并不是纯粹的快乐，而是快乐与痛苦的混合物：就其自身来说，是飘飘然的、万虑顿除的、销魂荡魄的快乐；就其结果来说，则是倾家荡产、损害健康、奔向死亡等的痛苦；并且痛苦远远大于快乐，其净余额是痛苦。所以，吸毒等快乐是恶的，并非因其快乐，而是因其痛苦的结果，因其净余额是痛苦。如果这些快乐没有这些痛苦的结果，那么，这些快乐便绝不是恶的，而是善的：如果没有倾家荡产、损害健康、奔向死亡等痛苦的后果，谁会说吸毒的飘飘然的、万虑顿除的、销魂荡魄的快乐是恶呢？所以，有些快乐是恶的，并没有否定一切快乐皆是善的。其中奥妙早已被伊壁鸠鲁看破：

"没有一种快乐本身是坏的。但是，有些可以产生快乐的事物却带来比快乐大许多倍的烦恼。"[①]

确实，卧薪尝胆、刻苦读书等痛苦确实都是善的。但是，我们根据什么说这些痛苦是恶的？显然是因为这些痛苦并不是纯粹的痛苦，而是痛苦与快乐的混合物：就其自身来说，是卧薪尝胆之痛苦，是寒窗苦读

---

① 苗力田主编：《古希腊哲学》，中国人民大学出版社，1989年，第642页。

之苦；就其结果来说，则是光复祖国和君位之快乐，是功成名就之快乐；并且快乐远远大于痛苦，其净余额是快乐。所以，卧薪尝胆等痛苦是善，并非因其痛苦，而是因其快乐的结果，因其净余额是快乐。如果这些痛苦没有这些快乐的结果，那么，这些痛苦便绝不是善的，而是恶的：如果没有光复祖国和君位以及功成名就之快乐的后果，谁会说卧薪尝胆、寒窗苦读是善的呢？所以，有些痛苦是善的，并没有否定一切痛苦皆是恶的。个中缘由，伊壁鸠鲁也已有言："如果忍受一时的痛苦将会使我们获得更大的快乐，我们还常常认为痛苦优于快乐。"[①]

可见，一切快乐都是善的而一切痛苦皆是恶的，乃是充满辩证法的万古常新之真理。那么，是否可以进一步说：快乐是全部的唯一的善事物，而痛苦是全部的唯一的恶事物？这是个关涉快乐和痛苦的更为深刻的善恶本性问题。快乐，确如西季威克和摩尔所论，不是全部的唯一的善事物。因为，一方面，所谓善的事物或利益无疑是同一概念，都是人们所需求、追求的东西。另一方面，人们所需求、追求的东西显然并不仅仅是快乐，而且还需求、追求其他无数事物，如功名利禄、自我实现等。所以，西季威克一再说：

"我所坚持的见解是，所有的人当下并不只欲求快乐，而且在相当大的程度上也欲求其他事物。"[②]

这样，快乐固然因其能够满足人的求乐的需求而是善的或利益；功名利禄、自我实现也同样因其能够满足人的求功名、求完善的需求而是善的或利益。所以，快乐不是全部的、唯一的善事物或利益。

快乐虽然不是全部的、唯一的善事物，但是，快乐是需要和欲望得到满足的心理体验，因而并不仅仅是一种单纯的利益或善事物，而是全部利益、全部善事物的信号和代表：快乐意味着机体获得了利益或善事物、获得了能够带来快乐的东西，从而实现了欲望、满足了需要，因而能够生存

---

① 苗力田主编：《古希腊哲学》，中国人民大学出版社，1989 年，第 639 页。
② Henry Sidgwick: *The Methods of Ethics*, Bristol: Thoemmes Press, 1996, p. 42.

和发展。反之，痛苦是需要和欲望得不到满足的心理体验，因而也不仅仅是一种单纯的损害或恶事物，而是全部损害、全部恶的信号和代表：痛苦意味着机体失去了利益或善事物、遭受了能够带来痛苦的东西，从而实现不了欲望、满足不了需要，因而不能生存和发展。因此，快乐是全部的、唯一的善的信号和代表，代表机体获得了能够满足需要、带来快乐的东西：能够满足需要、带来快乐的东西乃是全部的唯一的善事物；痛苦是全部恶的信号和代表，代表机体遭受了能够带来痛苦的东西：能够带来痛苦的东西乃是全部的、唯一的恶事物。

3 能够带来快乐的东西是唯一善

细究起来，能够带来快乐的东西确实是全部的唯一的善、善事物。因为一方面，所谓善，如所周知，是客体所具有的满足主体需要、实现主体欲望、达成主体目的效用性；善事物也就是能够满足主体需要、实现主体欲望、达成主体目的东西。简言之，善亦即能够满足欲望的东西："可欲之谓善"。另一方面，所谓快乐，如上所述，则是主体对于需要满足、欲望实现、目的达成的心理体验，因而能够带来快乐的东西也就是能够满足主体需要、实现主体欲望、达成主体目的东西。简言之，能够带来快乐的东西亦即能够满足欲望的东西。所以，西季威克写道："说我们欲求能够带来快乐的东西，并不是一个心理学真理，而是一种同义语反复。"[①]

这样，"善的"、"善事物"、"能够满足欲望的东西"、"能够带来快乐的东西"四者便是同一概念。反之，"恶的"、"恶事物"、"阻碍满足欲望的东西"、"能够带来痛苦的东西"四者也就同样是同一概念。因此，善的、善事物不但可以定义为能够满足欲望的东西，而且可以定义为能够带来快乐的东西：一切能够带来快乐的东西都是善的、善事物；一切善

---

① Henry Sidgwick: *The Methods of Ethics*, Bristol: Thoemmes Press, 1996, p. 33.

的、善事物也都是能够带来快乐的东西。反之，恶的、恶事物不但可以定义为阻碍满足欲望的东西，而且可以定义为能够带来痛苦的东西：一切能够带来痛苦的东西都是恶的、恶事物；一切恶的、恶事物也都是能够带来痛苦的东西。

所以，洛克说："所谓善就是能引起（或增加）快乐或减少痛苦的东西……所谓恶就是能产生（或增加）痛苦或能减少快乐的东西。"[1] 斯宾诺莎也说："善与恶不是别的，只是自快乐与痛苦的情感必然而出的快乐与痛苦的观念而已。"[2] 这显然意味着：能够带来快乐的东西乃是全部的、唯一的善事物；而能够带来痛苦的东西则是全部的、唯一的恶事物。

然而，"能够带来快乐的东西是全部的、唯一的善事物"，是否与"快乐是善的"相矛盾？"能够带来痛苦的东西则是全部的、唯一的恶事物"是否与"痛苦是恶的"相矛盾？如果快乐不是一种"能够带来快乐的东西"，不包括在"能够带来快乐的东西"的概念之内，那么，"能够带来快乐的东西是全部的善事物"，显然与"快乐是善的"相矛盾；如果快乐也是一种能够带来快乐的东西，因而包括在能够带来快乐的东西的概念之内，那么，能够带来快乐的东西是全部的善事物，与快乐是善的便不相矛盾了。那么，快乐究竟包不包括在能够带来快乐的东西的概念之内？

回答是肯定的。因为一方面，从逻辑上说，快乐无疑也是一种东西，也是一种能够满足主体的需要和欲望——人人都具有求乐的需要和欲望——的东西，因而也是能够带来快乐的东西。另一方面，从事实上讲，当一个人的目的是求快乐的时候，如果他得到了快乐，便会快乐。所以，快乐确实是一种能够带来快乐的东西，正如金钱是一种能够带来金钱的东西一样。因此，能够带来快乐的东西，就其外延来说，比快乐广泛得多：它既包括功名利禄等与快乐不同的能够带来快乐的东西，也包括快乐本身。同理，"能够带来痛苦的东西"也比"痛苦"广泛：它既包括痛苦，也包括

---

[1] 洛克：《人类理解论》，关文运译，商务印书馆，1958年，第199页。
[2] 斯宾诺莎：《伦理学》，贺麟译，商务印书馆，1962年，第165页。

疾病、死亡、战争、灾害等与痛苦不同的能够带来痛苦的东西。

于是，能够带来快乐的东西是全部的唯一的善事物，便可以通俗地表达为：快乐和能够带来快乐的东西是全部的唯一的善事物——快乐是全部的、唯一的善事物的代表；能够带来快乐的东西则是全部的、唯一的善事物。同理，能够带来痛苦的东西是全部的、唯一的恶事物，则可以通俗地表达为：痛苦和能够带来痛苦的东西是全部的、唯一的恶事物——痛苦是全部的、唯一的恶事物的代表；能够带来痛苦的东西则是全部的、唯一的恶事物。

二　幸福：至善

1　内在善的快乐与手段善的快乐

快乐和能够带来快乐的东西是全部的、唯一的善事物，因而也就与善的"内在善、手段善、至善"的著名分类一样，可以分为"内在善的快乐和能够带来快乐的东西"、"手段善的快乐和能够带来快乐的东西"、"至善的快乐和能够带来快乐的东西"三类，简称"内在善的快乐"、"手段善的快乐"、"至善的快乐"。内在善、手段善、至善之分，如所周知，源于亚里士多德。他写道：

"善显然有双重含义，其一是事物自身就是善，其二是事物作为达到自身善的手段而是善。"[1]

准此观之，所谓"内在善的快乐"也可以称之为"自身善的快乐"或"目的善的快乐"，是其自身而非其结果就是可欲的、就能够满足需

---

[1]　亚里士多德：《尼各马科伦理学》，苗力田译，中国社会科学出版社，1990年，第10页。

要、就是人们追求的目的的快乐或能够带来快乐的东西。例如，健康长寿能够产生很多善的结果，如更多的成就等。但是，即使没有这些善结果，仅仅健康长寿自身就是可欲的，就是人们追求的目的。所以，健康长寿的快乐就是内在善的快乐、目的善的快乐、自身善的快乐。

反之，所谓"手段善的快乐"也可以称之为"外在善的快乐"，乃是其结果是可欲的、能够满足需要、从而是人们追求的目的的快乐或能够带来快乐的东西，是能够产生某种自身善的结果的快乐或能够带来快乐的东西，是其结果而非自身成为人们追求的目的的快乐或能够带来快乐的东西，是其自身作为人们追求的手段、而其结果才是人们所追求的目的的快乐或能够带来快乐的东西。例如，冬泳的结果是健康长寿。所以，冬泳的结果是可欲的，是一种善，是人们所追求的目的；而冬泳则是达到这种善的手段，因而也是一种善。但是，冬泳这种善与它的结果——健康长寿——不同，它不是人们追求的目的，而是人们用来达到这种目的的手段：是"手段善"。所以冬泳的快乐便是手段善的快乐、外在善的快乐。

一目了然，目的善的快乐与手段善的快乐的区分大都是相对的。因为目的善往往同时也可以是手段善；反之亦然。健康是内在善。同时，健康也可以使人建功立业，从而成为建功立业的手段，成为手段善。自由可以使人实现自己的创造潜能，是达成自我实现的善的手段，因而是手段善。同时，自由自身就是可欲的，就是善，因而又是目的善。所以，艾温说：

"一些东西可能既是手段善也是目的善，这在所有的事物中是比较好的东西。仁慈就是这种东西，因为它不但自身善，还能产生幸福。"[1]

2 至善的快乐：幸福

那么，是否存在绝对的内在善的、绝对的目的善的快乐？所谓绝对

---

[1]　A. C. Ewing: *Ethics*, New York: The Free Press, 1953, p. 13.

的内在善的、目的善的快乐，正如伊壁鸠鲁所说，也就是绝对不可能是手段善而只能是目的善的快乐，亦即至善、最高善、终极善的快乐：

"最终的、终极的善，依所有哲学家的见地，乃是这样一种东西：任何东西都是为了它，可是它本身却不是为了任何东西。"①

因此，如果存在这种善的快乐，那么，它只能是一个，而不可能是两个或两个以上。因为如果是两个或两个以上，那么，在它们发生冲突而不能两全的情况下，最终便只可能保全一个，而放弃其他。这样，那被放弃者便成为实现被保全者的手段，因而不但不是最高的、终极的善，而且还是一种手段善了；而只有那最终被保全者才是最终的、最高的善，才是绝对的目的善。所以，至善、绝对的目的善只能是一个。那么，究竟存在不存在这一个绝对的目的善、至善呢？

存在的。这个绝对的目的善、至善就是幸福。因为幸福，如上所述，是人生重大需要、欲望、目的得到实现从而达到生存和发展的某种完满的极度快乐的心理体验：极度快乐的心理体验，是幸福的主观形式；而人生重大需要、欲望、目的得到实现从而达到生存和发展的某种完满，是幸福的客观内容。极度快乐的心理体验岂不是最为完美的心理状态吗？谁会把它当作获取其他心理状态——亦即快乐较少状态——的手段呢？生存和发展之完满岂不是最为完美的人生境界吗？谁会把它当作手段以求生存和发展之不完满？人生重大需要、欲望、目的得到实现岂不是最值得选择的结果吗？谁会用它来换取人生渺小的需要、欲望、目的之实现呢？所以，正如斯多葛派所说，幸福只能是人们所追求的目的，而不可能是用来达到任何目的的手段：

"人的目的，斯多葛派说，是幸福，因为人所做的每一件事情都是为了幸福，但幸福却不能更进一步为了任何东西。"②

---

① Julia Annas: *The Morality of Happiness*, New York: Oxford University Press, 1993, p. 339.
② Ibid., p. 388.

安娜斯（Julia Annas）进而解释道："我们可以说为了幸福而追求其他一切东西，却不可以说追求幸福是为了其他任何目的。"① 说到底，除了幸福，任何快乐、任何善都可以是获得其他快乐、其他善的手段；唯有幸福不可能是用来达到其他快乐、其他善的手段：幸福是绝对的目的善，是至善。

试想，一个人为什么刻苦读书？如果他说他刻苦读书是为了求得幸福，那么，我们就不能再进一步问他追求幸福又是为了什么。比如说，他追求幸福是为了当官？为了爱情？为了光宗耀祖？显然这些都是胡说八道。但是，如果他说他刻苦读书就是为了读书，因为他酷爱读书，所以，他是为读书而读书，读书就是目的：他所体验的读书之乐，是一种内在善、目的善的快乐。那么，我们显然可以进一步追问，他最初读书是为了什么？难道他一开始就是为读书而读书吗？我们更可以追问：他在任何时间读任何书都是为读书而读书吗？

显然，他一开始不会是为读书而读书，他也不可能在任何时候读任何书都是为读书而读书。他总有一些时候，把读书作为达到其他目的的手段，如作为当官的手段：学而优则仕。这时，他读书之乐便是一种外在善、手段善的快乐，而他当官时所体验到的快乐则是一种内在善、目的善的快乐。然而，当官又可以使相貌丑陋的他实现洞房花烛的愿望而成为他求得美貌妻子的手段。所以，他当官之乐又可以是一种外在善、手段善的快乐，而他洞房花烛时所体验到的快乐则是一种内在善、目的善的快乐。

如此追问下去，我们可以一直追问到、并且也只能追问到"为了幸福"。因为追求幸福不能是为了任何东西，幸福是绝对的目的善，是终极的、最高的善，是至善：至善乃是幸福的本性。所以，柏拉图说："追问一个人为什么欲求幸福是毫无必要的，因为欲求幸福乃是最终的答案。"②

---

① Julia Annas: *The Morality of Happiness*, New York: Oxford University Press, 1993, p. 332.
② Ignacio L. Gotz: *Conceptions of Happiness*, Lanham, New York: University Press of America, 1995, p. 118.

亚里士多德进一步写道：

"我们说，为其自身而追求的东西，比为它物而追求的东西更加靠后。看起来，只有幸福才有资格称作绝对最后的，我们永远只是为了它本身而选取它，而绝不是因为其他别的什么。"①

3　必要恶的痛苦与纯粹恶的痛苦

幸福是至善，是否意味着不幸是至恶？是的。因为痛苦和能够带来痛苦的东西，如上所述，是全部的、唯一的恶事物，于是也就与恶的"必要恶、纯粹恶、至恶"的分类一样，可以分为"必要恶的痛苦和能够带来痛苦的东西"、"纯粹恶的痛苦和能够带来痛苦的东西"、"至恶的痛苦和能够带来痛苦的东西"三类，简称"必要恶的痛苦"、"纯粹恶的痛苦"、"至恶的痛苦"。

必要恶的痛苦是自身为痛苦而结果为快乐并且净余额是快乐的痛苦，简言之，亦即净余额为快乐的痛苦。这种痛苦就其自身来说，完全是对需要和欲望的压抑、阻碍，因而是一种痛苦和恶；但是，它却能够防止更大的痛苦或求得更大的快乐，因而其结果的净余额是快乐和善，因而是必要的恶的痛苦。例如，阑尾炎手术之苦，便是必要恶的痛苦。因为阑尾炎手术本身完全是痛苦，但是，这种痛苦却能够防止更大的痛苦和恶：死亡；因而其净余额是快乐和善，是必要恶的痛苦。冬泳本身冰水刺骨，是痛苦；但是，这种痛苦却能够带来更大的快乐和善：健康长寿；因而其净余额是快乐和善，是必要恶的痛苦。

必要恶的痛苦之净余额既然是快乐和善，那么，必要恶的痛苦的终极本性便是快乐和善而并不是痛苦和恶。更确切些说，必要的恶的痛苦属于手段善的快乐范畴。不过，它的快乐和善既然仅仅存在于结果，而

---

① 亚里士多德：《尼各马科伦理学》，苗力田译，中国社会科学出版社，1990年，第10页。

不在自身，其自身完全是痛苦和恶；那么，它便不可能是内在善、目的善的快乐，而只可能是外在善、手段善的快乐：它是绝对的手段善的快乐，亦即绝对不可能是目的善的手段善的快乐。试想，一个人会因为他的阑尾炎手术成功从而避免了死亡而快乐。但是，这种快乐只能是手段善的快乐，而不可能是目的善的快乐：谁会把割破自己肚皮的血淋淋的阑尾炎手术当作目的呢？我们日常所说的"以苦为乐"，也都是绝对的手段善的快乐：谁会把痛苦当作目的呢？

纯粹恶的痛苦与必要恶的痛苦恰恰相反，乃是净余额为痛苦的痛苦。这种痛苦，一方面表现为自身与结果都是痛苦，如牙疼、癌病、车祸、地震等痛苦。另一方面，纯粹恶的痛苦则表现为自身是快乐而结果是痛苦并且净余额是痛苦，如吸毒、放纵、懒惰、奢侈、好色、贪杯等绝大多数恶德，就其自身来说，都是一种需要的满足、欲望的实现、目的的达成，因而都是快乐；但就其结果来说，却阻碍满足或实现更为重大的需要、欲望、目的，因而是更为巨大的痛苦：其净余额是痛苦，因而也是一种纯粹恶的痛苦。

4 至恶：不幸

纯粹恶的痛苦如果是持久的而不是短暂的、是重大的而不是渺小的，那么，这种痛苦便是所谓的不幸，而这种恶则是所谓至恶。因为不幸，如上所述，是人生重大需要、欲望、目的得不到实现从而生存和发展遭受严重损害的极度痛苦的心理体验：极度痛苦的心理体验，是不幸的主观形式；而人生重大需要、欲望、目的得不到实现从而生存和发展遭受严重损害，是不幸的客观内容。极度痛苦的心理体验岂不是最坏最恶的心理状态吗？生存和发展之严重受损岂不是最坏最恶的人生境界吗？人生重大需要、欲望、目的得不到实现岂不是最坏最恶的结果吗？所以不幸是最为严重的恶，是最坏的东西，因而也就是在任何情况下都是恶的东西，是绝对的恶，是至恶：至恶是不幸之本性。

　　于是，在所有痛苦中，我们便不应该避免必要的恶的痛苦，而只应该避免纯粹恶的痛苦；因为必要恶的痛苦之本性是善和快乐，而只有纯粹恶的痛苦之本性才是恶和痛苦。但是，我们并不应该绝对避免纯粹恶的痛苦；而只应该绝对避免不幸。因为两恶相权取其轻。当纯粹恶的痛苦与不幸不可能都避免时，显然应该选择和忍受纯粹恶的痛苦，而避免不幸：只有不幸才是应该绝对避免的。因为在任何情况下，谁都绝对不会也绝对不应该选择不幸而避免其他并非不幸的痛苦。如果他选择了一种不幸，那么，他一定是为了避免更大的不幸。所以，人们对于不幸的避免是绝对的、终极的。不幸是绝对应该避免的痛苦，是绝对恶的痛苦，是至恶的痛苦：绝对的恶、至恶是不幸之本性。

　　这样，不幸的至恶本性与幸福的至善本性便有一个共同点：它们都绝对不可能也不应该作为手段。除了幸福，任何快乐任何善，如上所述，都可以是获得其他更大的快乐和善的手段；唯有幸福不可能也不应该是用来达到其他快乐其他善的手段：幸福是绝对的目的善，是至善。同样，除了不幸，任何痛苦、任何恶都可以且应该是避免其他更大痛苦和恶的手段；唯有不幸不可以且不应该当作避免其他任何痛苦和恶的手段，因为没有比不幸更坏的恶：不幸是至恶。

三　快乐和幸福：道德善

1　快乐和幸福的道德善恶

　　一切快乐都是善而一切痛苦皆是恶，那么，是否一切快乐都是道德善而一切痛苦都是道德恶？幸福是至善而不幸是至恶，那么，是否幸福是道德之至善而不幸是道德之至恶？善与恶，如前所述，是客体（一切事物）对于主体（一切具有需要、欲望、目的的生物）需要、欲望、目的的效用性，说到底，也就是一切事物对于主体目的的效用性：符合目的者即为善，违背目的者即为恶。道德善与道德恶，则是道德客体（行为及其心理）对于道德主体（社会）制定道德的需要、欲望、目的的效用性，说到底，也就是行为及其心理对于道德目的的效用性：符合道德目的者，便是所谓的道德善；违背道德目的者，便是所谓的道德恶。

一切快乐和幸福都是善而一切痛苦和不幸皆是恶，如前所述，是因为任何主体都具有求乐避苦之目的：快乐和幸福与其相符而痛苦和不幸与其不符。那么，一切快乐和幸福是否也都同样符合道德目的因而都是道德善？一切痛苦和不幸是否也都同样违背道德目的因而都是道德恶？道德目的，如前所述，是为了保障社会存在发展、增进每个人利益。不难看出，一切快乐和幸福不都符合道德目的。例如，如杀人越货的快乐和损人利己的幸福显然不符合道德目的。反之，一切痛苦和不幸也不都违背道德目的，如所谓智慧的痛苦和爱的不幸。那么，究竟哪些快乐和幸福以及痛苦和不幸符合道德目的？哪些不符合？显然，这首先是个快乐和幸福以及痛苦和不幸的道德分类的问题。

幸福，如前所述，按其道德性质可以分为两类四种：目的利他的幸福（亦即无私利他的幸福）和目的利己的幸福（包括为己利他的幸福、单纯利己的幸福、损人利己的幸福）。快乐则除此以外，还包括两类背离幸福本性因而不可能是幸福的快乐：一种是害己目的得到实现的快乐，亦即引发于自恨心、自卑感、内疚感、罪恶感的自毁、自残、自暴自弃、自我惩罚等之快乐，是纯粹害己的快乐；另一种是害他目的得到实现的快乐，亦即引发于妒嫉心、复仇心等恨人之心的害人之快乐，是纯粹害人的快乐。这样，我们便有 4 种幸福和 6 种快乐：①无私利他的快乐和幸福；②为己利他的快乐和幸福；③单纯利己的快乐和幸福；④损人利己的快乐和幸福；⑤纯粹害他的快乐；⑥纯粹害己的快乐。相应地，痛苦和不幸显然也可以分为6种：无私利他的痛苦和不幸、为己利他的痛苦和不幸、单纯利己的痛苦和不幸、损人利己的痛苦和不幸、纯粹害他的痛苦和不幸、纯粹害己的痛苦和不幸。

利他的快乐和幸福的道德境界比较简单，因为它们不依手段的不同而转移：不论手段如何，利他的快乐和幸福都因其目的是为了他人而都达到了无私利他的道德境界，都是无私利他的快乐和幸福，都符合道德目的"保障社会存在发展"和道德最高原则"无私利他"，因而都是最高的道德善，是道德之至善。反之，利己的快乐和幸福的道德境界比较复杂，因为它依手段的不同而转移：利己目的如果以利他手段实现，便是为己利他的快乐和幸福，便符合道德目的"保障社会存在发展"和道德基本原则"为己利他"，因而是道德之基本善；如果以利己与害己的手段实现，便是单纯利己的快乐和幸福，便符合道德目的"保障社会存在发展"和道德最低原则"单纯利己"，是道德之最低善；如果以损人的手段实现，便是损人利己的快乐和幸福，便违背道德目的"保障社会存在发展"而符合不道德原则"损人利己"，因而是道德恶。

但是，道德恶的快乐比道德恶的幸福宽泛得多：后者只有一种，亦即损人利己之幸福；前者则还包括两种背离幸福本性的快乐：纯粹害己的快乐和纯粹害人的快乐。纯粹害人的快乐违背道德目的"保障社会存在发展"而符合最高的不道德原则"纯粹害人"，是道德之至恶；纯粹害己的快乐违背道德目的"保障社会存在发展"而符合最低的不道德原则"纯粹害己"，是最低的道德恶；损人利己的快乐违背道德目的"保障社会存在发展"而符合不道德的基本原则"损人利己"，是基本的道德恶。如图：

$$
快乐和幸福
\begin{cases}
利他的快乐和幸福 = ① 无私利他的快乐和幸福 = 道德之至善 \\[4pt]
利己的快乐和幸福
\begin{cases}
② 为己利他的快乐和幸福 = 道德之最本善 \\
③ 单纯利己的快乐和幸福 = 道德之最低善 \\
④ 损人利己快乐和幸福 = 道德之基本恶
\end{cases} \\[4pt]
害己的快乐 = ⑤ 纯粹害己的快乐 = 道德之最低恶 \\[4pt]
害他的快乐 = ⑥ 纯粹害他的快乐 = 道德之至恶
\end{cases}
$$

可见，就道德上的善恶来说，幸福比快乐更为高尚和纯粹。因为，一方面，粗略地看，幸福只有一种道德恶：损人利己；快乐则有三种道德恶：损人利己、纯粹害己、纯粹害他。另一方面，深入地讲，道德善乃是幸福的最深刻的本性。因为人是个社会动物，每个人的生活都完全依靠社会和他人：他的一切利益和幸福，说到底，都是社会和他人给的。所以，能否得到社会和他人的赞许，便是他一切利益中最根本最重大的利益。而能否得到社会和他人的赞许之关键，显然在于他的品德如何：如果社会和他人认为他品德好，那么，他便会得到社会和他人的赞许而求得幸福；如果他品德坏，如果社会与他人认为他品德坏，那么他便会受到社会和他人的谴责而得不到幸福。所以，品德与天资、努力、机遇一样，乃是获得幸福的必要条件、必要因素之一：只有具备一定的美德、天资、努力、机遇，才能求得幸福。

这样，如果一个人损人利己、品德不好，一般说来，是不能得到幸福的，除非他的天资极高、努力极大、机遇极好。所以，虽然确实存在并且只存在一种道德恶的幸福，亦即损人利己的幸福，但是，一般说来，损人利己只能得到一时的快乐，而不可能获得一生的幸福：损人利己的幸福是例外而非常规。于是，幸福便几乎都是道德善；而道德恶几乎完全存在于快乐：道德善是幸福的最深刻的本性。所以，快乐的追求，仅仅是一种善，却未必是道德善；仅仅是一种应该，却未必是道德应该。反之，幸福的追求，质言之，乃是一种道德善，是一种道德应该，甚至是一种义务："幸福不仅仅是人应该追求的，而且是人之所以为人的义务，是人完善自己的义务。"①

2 康德的观点

然而，如所周知，在康德看来，幸福的本性与道德善是格格不入的：对幸福的追求与其说是道德的，不如说是不道德的。他一再说："追求幸福的准则绝不可能产生道德。"②"把决定意愿的原则置于个人幸福欲求中的那些准则，完全不是道德的，因而也不能作为任何德行的基础。"③原因何在？

原来，快乐和幸福的道德善恶，如上所述，不过是快乐和幸福对于道德目的的效用性：符合道德目的者，便是道德善；违背道德目的者，便是道德恶。因此，如果对于道德目的的认识不同，那么，对于快乐和幸福的道德善恶的认识便会不同。关于道德目的和道德终极标准的理论，如前所述，分为两大流派：义务论和功利论。我们的观点属于功利论，因而认为道德目的是为了保障社会存在发展、增进每个人利益。这样，增加还是减少全社会和每个人的利益总量，便是评价一切行为、快乐和幸福之道德善恶的终极标准。

准此观之，道德善便是幸福的本性。反之，康德是义务论者，认为道德目的是为了道德自身，为了完善每个人的品德，实现人之所以异于禽兽、人之所以为人者。准此观之，也就只有出于完善自我品德之心的、为完善品德而完善品德的行为，只有出于义务心的、为义务而义务、为

---

① Charles Murray: *In Pursuit of Happiness and Good Government*, New York: Simon and Schuster, 1988, p. 27.

② Victoria S. Wike: *Kant on Happiness in Ethics*, New York: State University of New York Press, 1994, p. 39.

③ Ignacio L. Gotz: *Conceptions of Happiness*, Lanham, New York: University Press of America, 1995, p. 275.

道德而道德的行为，才因其能够使行为者的品德达到完善境界、符合道德目的而是道德的、应该的；而不是出于完善自我品德之心的行为，不是出于义务心的行为，不是为完善品德而完善品德、为义务而义务、为道德而道德的行为，则因其不能够使行为者的品德达到完善境界、不符合道德目的而都是不道德的、不应该的。对此，康德一再说："任何行为如果在道德上是善的，那么，它仅仅符合道德法则是不够的，它还必须是为了道德法则的缘故而做出的。"[1] "道德完善就是出于义务而履行义务。"[2] 这样，每个人对于幸福的追求便因其不是为义务而义务的行为、不符合道德目的而是不道德的了。

因此，康德关于幸福本性是不道德的观点，完全依据于其义务论。义务论，如前所述，是错误的：真理是功利论。因此，康德关于幸福本性是不道德的观点，是不能成立的。

3 痛苦和不幸的道德善恶

这样一来，我们考察了各种道德类型的快乐和幸福之道德善恶，同时也就完成了对于痛苦和不幸的道德善恶的分析。因为各种道德类型的快乐和幸福的道德善恶与同样类型的痛苦和不幸的道德善恶是一样的。举例说，那位含辛茹苦的母亲看到儿子出人头地，望子成龙的夙愿终获成功，因而极为快乐和幸福。她的这种无私利他的快乐和幸福无疑是道德之至善。然而，慈母有败子，她的儿子也可能屡教不改，使她望子成龙的筹划彻底失败，因而使她陷入极度的痛苦和不幸。她的这种无私利他的痛苦和不幸，与她的那种无私利他的快乐和幸福，显然同样属于无

① Victoria S. Wike: *Kant on Happiness in Ethics*, New York: State University of New York Press, 1994, p. 48.
② 《康德文集——哲学史上哥白尼似的革命家》，刘克苏等译，改革出版社，1997年，第358页。

私利他的道德境界，因而同样是道德之至善。所以，无私利他的快乐、幸福与无私利他的痛苦、不幸之不同，只是善恶价值的不同：前者是善，后者是恶；而不是道德善恶、道德价值之不同：它们的道德价值是一样的，都是道德之至善。所以，冯友兰说：

"道德方面的成功与所做的事的成功与失败无关。道德行为与所做之事乃两回事，个人所做之事不影响道德行为的成功。如文天祥史可法所做的事虽然失败，但他们道德行为的价值是完全成功的。更进一步说，文天祥史可法如果成功，固然是好，但所做的事成功，对他们道德行为价值并不增加，仍不过是忠臣；同时，他们失败，对他们道德行为价值也不减少，仍不失为忠臣。"①

纵上可知：一切快乐都是善，却不都是道德善；而是半为道德善（无私利他、为己利他、单纯利己之快乐），半为道德恶（纯粹害己、纯粹害他、损人利己之快乐）。幸福是至善，却不是道德之至善；道德之至善是无私利他之幸福和快乐以及痛苦和不幸。一切痛苦都是恶，却不都是道德恶；而是半为道德善（无私利他、为己利他、单纯利己之痛苦），半为道德恶（纯粹害己、纯粹害他、损人利己之痛苦）。不幸是至恶，却不是道德之至恶；道德之至恶是纯粹害人之痛苦、不幸和快乐。

因此，一方面，我们应该追求无私利他、为己利他、单纯利己之快乐和幸福，而不应该追求纯粹害己、纯粹害他、损人利己之快乐或幸福；另一方面，我们应该避免无私利他、为己利他、单纯利己之痛苦和不幸，而根本就不应该发生纯粹害己、纯粹害他、损人利己之痛苦和不幸：无私利他、为己利他、单纯利己之痛苦和不幸应该避免，不是因其无私利他、为己利他、单纯利己，而是因其痛苦和不幸；纯粹害己、纯粹害他、损人利己之痛苦和不幸不应该发生，不是因其痛苦和不幸，而是因其纯粹害己、纯粹害他、损人利己。

---

① 冯友兰：《三松堂学术文集》，北京大学出版社，1984年，第629页。

四　快乐和幸福：人生目的

1　人生目的：概念分析

快乐和幸福的善本性，比快乐和幸福的道德善本性更为复杂和深刻，因为前者蕴含着一种更为深刻而重要的本性：它构成了人生目的、人生意义、人生价值。这恐怕是快乐和幸福的最深层因而也最难理解的本性，以致两千年来，人们一直争论不休。争论的第一个问题就是：究竟有没有人生目的？解析这个问题的起点显然是：究竟何谓人生？

人生的定义，如所周知，并不难理解。因为所谓人生，顾名思义，也就是人的生活，是人的生活过程的总和。但是，当我们进一步探索人生目的时，问题就变得十分复杂了。首先，人的生活，可以顾名思义："生"是生命，"活"是活动、行为，"生活"者，生命和活动、行为也。所以，人生、人的生活，原本由两大方面构成：一方面是人的生命；他方面是人的行为。因此，所谓人生，细究起来，也就是人的生命和行为的总和。对此，冯友兰讲得很清楚。他一再说，人生一方面是指人的生命、人的诞生："人类之生，既无所为，则人生亦当然无所为矣。"另一方面，所谓人生则是指人的行为、活动："人之所为是人生。"[1] 合而言之，人生亦即人的生活，亦即人的生命和行为总和："盖人生即人之生活之总名；人生之当局者即人；吾人之生活即人生也。吾人之动作云为，举措设施，一切皆是人生。故'吃饭'、'招呼朋友'、以及一切享乐受苦，皆人生也。"[2] 那么，人生的这两大方面的构成对于人生目的究竟有何意义？

---

[1]　冯友兰：《三松堂全集》第一卷，河南人民出版社，1985年，第350页。
[2]　同上书，第515页。

　　人的生命与一切生命、生物一样，具有的是合目的性而不是目的性；反之，人的行为也与一切行为一样，具有的是目的性而不是合目的性。因为所谓合目的性，如前所述，乃是与目的性相对的概念：二者都是"为了什么"的属性，都是"为了"达到某种结果而进行某种过程的属性。不过，目的性是有意识地为了什么的属性，是有意识地为了达到某种结果而进行过程的属性；合目的性则是无意识地为了什么的属性，是无意识地为了达到一定结果而发生一定过程的属性。例如，一个人为了赚钱而写书是目的性，而为了消化食物分泌唾液则是合目的性：因为前者是有意识的，而后者是无意识的。人的生命属于"自然"，是不受意识支配的东西。它所具有的"为了什么"的属性和活动，如心脏跳动、血液循环、胃肠消化等，都是无意识的、不受意识支配的；因而仅仅具有合目的、合目的性而不具有目的、目的性。反之，人的行为则属于"人为"，是受意识支配的东西。它所具有的"为了什么"的属性和活动，如争名于朝、争利于市等，都是有意识的、受意识支配的；因而具有目的、目的性。

　　因此，所谓人生目的，并不是人的生命的目的；因为人的生命只具有合目的而不具有目的。人生目的显然系指人的行为的目的，是指人的一切行为的目的。然而，梁漱溟认为人的行为、活动具有目的，却不能说人生有什么目的：目的"是人生行事所恒有。但一事虽可以如此说，而整个人生则不能如此说。"为什么？因为人生属于一种自然："人之有生，正如万物一样是自然而生的。"[1]冯友兰也这样写道：

　　"人类之生，既无所为，则人生亦当然无所为矣。……吾人不能谓人生有何目的，正如吾人不能谓山有何目的，雨有何目的。目的及手段，乃人为界中之用语，固不能用之于天然界也。天然界及其中之事物，吾人只能说其是什么，而不能说其为什么。"[2]

①　梁漱溟：《朝话》，教育科学出版社，1988年，第140页。
②　冯友兰：《三松堂全集》第一卷，河南人民出版社，1985年，第516页。

确实，目的和手段属于人为的东西，属于有意识的行为范畴；无意识的自然界是无所谓目的和手段的。但是，人生，如上所述，并不仅仅指人的诞生或人的生命这种无意识的、不受意识支配的自然界的事物。梁、冯以为人生属于自然界，从上可知，是因为他们把"人生"等同于"人类之生"、"人之有生"；把"人生"等同于"人的诞生"、人的生命。如果人生亦即人的诞生、人的生命，那么，人生便是生物进化的结果，便纯粹属于生物进化范畴，便纯粹属于自然界的事物，当然也就无所谓"人生目的"了。

然而，把人生等同于人的诞生、人的生命是十分荒唐的。因为人生如果是指人的诞生、生命，那么，关于人生的科学就应该是达尔文的生物进化论，就属于自然科学了。但是，谁都知道，人生学乃是伦理学、哲学、社会科学，而绝不是什么进化论，绝不属于自然科学。就是把人生等同于人的诞生、生命的冯友兰——他只是在谈到"人生目的"时才把人生等同于人的诞生、生命；而在分析"人生"概念时，如上所述，则把"人生"界定为人的生活、行为——也把他关于人生的博士论文名之为《人生哲学》，而并没有名之为《生物进化论》。所以，人的生命、人的诞生，如上所述，仅仅是人生的一个方面，是构成人生的一个部分；人生还有更为重要的另一个方面和部分：人的行为。于是，所谓人生目的也就无疑是存在的：人生目的就是人的一切行为的目的。

不过，每个人的一生的行为都极为千差万别、不胜枚举；因而这些行为的目的，也必定是千差万别、不胜枚举，如某日去市场的目的是买件衣服、去图书馆的目的是借书、去颐和园的目的是游泳等不胜枚举。人生目的显然不是这种仅为一些行为具有而另一些行为却不具有的行为目的，不是这种偶然的、随意的、千差万别的目的；人生目的无疑是贯穿人的一生行为的目的，是人的一生一切行为都追求的目的，是一切行为都具有的、必然的、不依人的意志而转移的目的，是一切行为共同具有的普遍的目的，说到底，也就是所谓人生终极目的，是人的一切行为的终极目的。

因为所谓终极目的，依据亚里士多德、伊壁鸠鲁、斯多葛派等大师所言，乃是这样一种目的：人的一切行为都是为了它，而它本身却不是为了任何东西。[①]这样，一种目的之为终极目的，正如安娜斯在总结亚里士多德、伊壁鸠鲁、斯多葛派的终极目的概念时所指出，必须具有两个条件：

"（1）绝对性（complete）和（2）自足性（self-sufficient）。绝对性在这里的意思是目的之中止。如果我欲求 A 是为了 B，而欲求 B 则只是为了 B 自身，那么，B 就是绝对的，而 A 则不是。……自足则意指综合（comprehensiveness）：终极目的是自足的，意味着它必须包括行为者的一切目的。"[②]

可见，人生目的与终极目的是同一概念：它一方面是绝对的，也就是绝对是目的而不可能是手段的目的；另一方面是普遍的，是一切行为都追求的目的。所以，J.M. 库柏（John M.Cooper）在阐释古希腊道德哲学时，把终极目的与人生目的等同起来："显然，斯多葛派追随亚里士多德，认为我们的人生目的乃是这样一种目的：'所做的一切都是为了它，然而得到它却不是为了任何东西。'"[③]

问题是，这种目的可能存在吗？存在的。因为一切行为，如上所述，皆引发于需要和欲望：需要产生满足这些需要的欲望；欲望则产生实现它的行为目的。所以，一切行为的目的都是为了满足某种需要和欲望：人生目的就在于满足需要和欲望。能够满足需要和欲望的东西亦即所谓"善"、"好"：善就是能够满足需要和欲望的东西，就是所需要和欲望的东西，就是需要和欲望的对象。这样，每个人的一切行为的目的，便都

① Julia Annas: *The Morality of Happiness*, New York: Oxford University Press, 1993, p. 388.

② Ibid., pp. 40-41.

③ Stephen Engstrom (ed.): *Aristotle, Kant and the Stoics*, New York: Cambridge University Press, 1996, p. 261.

是为了得到某种善以满足其需要和欲望：人生目的就在于追求某种善以满足其需要和欲望。这恐怕是人生之第一原理，因而《尼各马科伦理学》一开篇就写道：

"一切技术，一切规划以及一切实践和抉择，都以某种善为目标。"[①]

全部的、唯一的善事物，如上所述，就是快乐和能够带来快乐的东西；反之，痛苦和能够带来痛苦的东西则是全部的、唯一的恶事物。所以，人的一切行为的目的，从肯定的方面看，便都是追求快乐或能够带来快乐的东西；从否定的方面看，便都是避免痛苦和能够带来痛苦的东西：追求快乐和能够带来快乐的东西而避免痛苦和能够带来痛苦的东西是一切行为的目的，因而也就是人生目的。

可见，人生目的便是为了满足需要和欲望，便是追求某种善以满足其需要和欲望，说到底，便是追求快乐和能够带来快乐的东西而避免痛苦和能够带来痛苦的东西。然而，如所周知，人生目的在于追求某种善以满足需要和欲望，是个一目了然的不争的事实；反之，人生目的在于追求快乐和能够带来快乐的东西、避免痛苦和能够带来痛苦的东西，却是个极为错综复杂、歧义丛生的论断，因而两千年来一直争论不休。那么，这一论断的含义究竟是什么？争论的根本分歧究竟何在？

2 人生目的：必然求乐避苦

人生目的或人的一切行为的目的，都是为了追求快乐和能够带来快乐的东西、避免痛苦和能够带来痛苦的东西，显然意味着：一切行为的目的无非两类：或者是求乐避苦；或者是追求能够带来快乐的东西而避免能够带来痛苦的东西。但是，细细想来，实际上并没有脱离能够带来快乐的东西的纯粹快乐本身，也并没有脱离能够带来痛苦的东西的纯粹

---

① 《亚里士多德全集》第八卷，苗力田等译，中国人民大学出版社，1992年，第3页。

痛苦本身。快乐都是获得某种能够带来快乐的东西的快乐，如烟酒之乐、吸毒之乐、金钱之乐等。既不是烟酒之乐也不是金钱之乐的纯粹快乐是不存在的：不是任何能够带来快乐的东西的纯粹快乐是不存在的。所以，一个人的目的即使纯粹是追求快乐而不是烟酒、毒品、金钱，他也必定是通过追求某种能够带来快乐的东西，如烟酒、毒品、金钱等，才能够求得快乐。因此，人的一切行为目的，真正讲来，都是为了追求能够带来快乐的东西而避免能够带来痛苦的东西。

但是，"追求能够带来快乐的东西而避免能够带来痛苦的东西"这一人的所有行为之目的，确实可以分为两类。一类行为的目的不是求乐避苦，而仅仅是追求能够带来快乐的那种东西、避免能够带来痛苦的那种东西；快乐仅仅是伴随着这种行为的结果，而不是这种行为的目的。例如，食物是能够带来快乐的东西，但是，正如梯利所说：我们求食吃饭往往并不是为了快乐，快乐仅仅是这种行为的结果。[①] 另一类行为的目的是求乐避苦，却不可能仅仅是求乐避苦，而必定同时也是为了得到那种能够带来快乐的东西、避免那种能够带来痛苦的东西。例如，红葡萄酒是能够带来快乐的东西，我们想喝红葡萄酒的目的往往是为了快乐。然而，正如摩尔所言，我们想喝红葡萄酒的目的不可能仅仅是为了快乐，而必定同时也是为了品尝红葡萄酒：

"甚至当我们确实期望快乐的时候，我们所期望的仅仅是快乐，肯定也是极为罕见的。举例说，假设当我渴望一杯红葡萄酒的时候，我也有期望从它得到快乐的观念，但快乐显然不是我渴望的唯一对象；红葡萄酒一定也包括在我的对象里，否则，我的渴望也许使我去吃蝈蒿而不是去饮酒。"[②]

这样，求乐避苦便不是人的一切行为的目的。确实，每个人的一切

---

① 梯利:《伦理学概论》，何意译，中国人民大学出版社，1987年，第105页。

② G. E. Moore: *Principia Ethica*, New York: Cambridge University Press, 1993, p. 122.

行为目的都是为了满足需要和欲望，因而他需要和欲望什么，他的行为目的便是什么。如果他需要和欲望的东西是快乐，他的行为目的便是快乐；如果他需要和欲望的东西是成名成家，他的行为目的便是成名成家；如果他需要和欲望的东西是一杯红葡萄酒，他的行为目的便是一杯红葡萄酒。因此，初看起来，每个人的行为目的都是多种多样、纷纭复杂的：快乐、求乐避苦确实不是人的一切行为目的。但是，我们不妨进一步追问：在这些林林总总的目的背后，是否贯穿着某种共同的目的？

是的。这个共同的目的不是别的，正是求乐避苦。试想，一个人为什么一定要满足其喝一杯红葡萄酒的需要和欲望？答案只能是，一方面，一个人一旦有了喝一杯红葡萄酒的需要和欲望，他若不去行动以满足这需要和欲望，便会痛苦：痛苦是驱使他去行动以满足其喝一杯红葡萄酒的需要和欲望的原因；避苦是驱使他去行动以满足其喝一杯红葡萄酒的需要和欲望的目的。另一方面，一个人一旦有了喝一杯红葡萄酒的需要和欲望，他若去行动以满足这欲望，便会快乐：快乐是驱使他去行动以满足其喝一杯红葡萄酒的需要和欲望的原因；求乐是驱使他去行动以满足其喝一杯红葡萄酒的需要和欲望的目的。

试想，一个人为什么一定要满足其成名成家的需要和欲望？答案只能是，一方面，一个人一旦有了成名成家的需要和欲望，他若不去行动以满足这需要和欲望，便会痛苦：痛苦是驱使他去行动以满足其成名成家的需要和欲望的原因；避苦是驱使他去行动以满足其成名成家的需要和欲望的目的。另一方面，一个人一旦有了成名成家的需要和欲望，他若去行动以满足这欲望，便会快乐：快乐是驱使他去行动以满足其成名成家的需要和欲望的原因；求乐是驱使他去行动以满足其成名成家的需要和欲望的目的。

所以，人的每一行为目的可能各不相同：有的是为了吃饭，有的是为了喝酒，有的是为了爱情，有的是为了奉献。但是，这都是行为的直接的、特殊的、表层的目的；在这些目的背后，隐藏着一个间接的、根本的、共同的目的：求乐避苦。亚里士多德只看到人们许多行为的直接的目的并不是选取快乐避免痛苦，快乐和痛苦仅仅是伴随这些行为的结果，便得出结论说：快乐并不是一切行为所选取的目的，而仅仅是伴随一切行为目实现的信号和结果。他写道：

"有三种东西使人去选取，又有三种东西促人去躲闪。这就是高尚、便利、快乐；相反则是卑陋、有害、痛苦。……快乐为一切生物所共有，它也伴随着一切被选取的对象，因为高尚和便利总是令人快乐的。"[①]

因此，人的行为目的都是双重的：直接的与间接的、表层的与根本的、特殊的与共同的。行为的直接的、表层的、特殊的目的是各不相同的；但是，行为的间接的、根本的、共同的目的却完全相同：都是为了求乐避苦。因此，求乐避苦不是一切行为的直接的、表层的目的，却是贯穿一切行为的间接的、根本的、共同的目的。所以，求乐避苦并不是一切行为的目的，而是一切行为的共同的、终极的目的。最准确揭示这一至为重大真理的，是伊壁鸠鲁：

"我们的一切取舍都从快乐出发，我们的最终目的乃是得到快乐。"[②]

然而，这并不是说求乐避苦只能是行为的间接的、根本的目的，而不能是行为的直接的、表层的目的。一切行为，依其求乐避苦的性质，可以分为两类。一类为直接目的不是求乐避苦的行为，如救人出水火。这种行为的直接目的不是求乐避苦；求乐避苦只是其间接的、根本的目的。另一类是直接目的便是为了求乐或避苦的行为，如游戏的直接目的是求乐，而治病的直接目的则是去苦。这种行为的直接的和间接的、表层的和根本的、特殊的和共同的目的都是求乐避苦，属于目的完全在于求乐避苦的行为。

那么，由一切行为的共同目的都是为了求乐避苦，能否说一切行为

---

① 《亚里士多德全集》第八卷，苗力田等译，中国人民大学出版社，1992年，第31页。
② 周辅成编：《西方伦理学名著选辑》上卷，商务印书馆，1954年，第103页。

的目的都是为了利己？能否说人生目的就在于利己？不能。因为苦乐是一个人的需要、欲望、目的是否得到实现的心理体验。所以，一个人的苦乐的道德性质便完全取决于他的需要、欲望、目的的道德性质：

如果他的需要、欲望、目的出于爱人之心，是为了他人，是利他，那么，他的苦乐便是他的利他的需要、欲望、目的是否得到实现的心理体验，他的求乐避苦的行为目的便属于无私利他目的范畴。

如果他的需要、欲望、目的出于嫉妒心，是为了损害他人，是害他，那么，他的苦乐便是他的害他的需要、欲望、目的是否得到实现的心理体验，他的求乐避苦的行为目的便属于害他目的范畴。

如果他的需要、欲望、目的出于一种渴望自己受折磨的内疚感，是为了损害自己，是害己，那么，他的苦乐便是他的害己的需要、欲望、目的是否得到实现的心理体验，他的求乐避苦的行为目的便属于害己目的范畴。

如果他的需要、欲望、目的出于自爱心，是为了自己，是利己，那么，他的苦乐便是他的利己的需要、欲望、目的是否得到实现的心理体验，他的求乐避苦的行为目的便属于利己目的范畴。

所以，一个人的苦乐不但可能有利己的苦乐和利他的苦乐之不同，而且还可能有害己和害他之不同；相应地，他的求乐避苦的行为目的不但有利他目的与利己目的之不同；而还可能有害他目的与害己目的之不同。一句话，利他目的、利己目的、害他目的、害己目的仍然是比较浅层的、直接的、具体的行为目的；在这些目的背后，存在着一个共同的、终极的目的：求乐避苦。

总而言之，人的一切行为的共同的、终极的目的——亦即所谓人生目的——可以归结为四个字：求乐避苦。而所谓快乐，如前所述，就其总和来说，乃是人的全部利益、善的主观的信号和代表：快乐意味着机体获得了利益或善，实现了欲望、满足了需要，从而能够生存和发展。反之，痛苦，就其总和来说，乃是人的全部损害或恶的主观的信号和代

表：痛苦意味着机体失去了利益或善、实现不了欲望、满足不了需要，从而不能生存和发展。所以，求乐避苦之为人生目的便意味着：人生目的，主观地看，是为了求乐避苦；客观地看，则是为了求善避恶、求利避害，最终为了生存和发展。

3 人生目的：只应该追求幸福避免不幸

人的一切行为的共同的、终极的目的必然都是为了求乐避苦。那么，人的一切行为的共同的、终极的目的是否应该求乐避苦？是的，一切行为也应该是求乐避苦；因为如上所述，一切快乐都是善事物而一切痛苦都是恶事物：善事物都是应该追求的；恶的东西都是不应该追求的。可是，一方面，我们常常说，纵酒之快乐是不应该追求的，声色犬马之乐往往也都是不应该追求的。另一方面，我们也常常说，不论搞学问还是干事业都不应该怕吃苦。这岂不是说有些快乐是不应该追求而有些痛苦是不应该避免吗？因而一切行为也就不应该都是为了求乐避苦吗？

确实，很多快乐都是不应该追求的。可是，为什么这些快乐是不应该追求的？伊壁鸠鲁答曰："我们并不选择所有快乐，而是往往放弃许多快乐：当这些快乐会给我们带来更大的烦恼的时候。"[①] 原来，在现实生活中，各种快乐常常互相冲突而不能两全；如果求得一种快乐，往往必定牺牲另一些快乐。举例说：

吃喝玩乐是很快乐的，但是若沉溺于此，势必荒废学业，而丧失功成名就之快乐。争取自由而实现增进的创造潜能，从而成为一个可能成为的最有价值的人，固然是人生最高的快乐；但是，不屈从长官和众人意志，往往要失去现实幸福。另觅新欢，是很快乐的。但是这样做，难免使配偶遭受更大痛苦。

---

① Julia Annas: *The Morality of Happiness*, New York: Oxford University Press, 1993, p. 334.

　　所以，穆勒才有做一个痛苦的苏格拉底还是做一个快乐的猪的选择，而鲍照则有自古圣贤尽贫贱之叹！由此不难看出，凡是不应该追求的快乐，都并不是因为这种快乐本身不应该追求；而只是因为这种快乐与其他更为巨大和长久的快乐发生了冲突。所以，要追求这种快乐，便会丧失其他更为巨大和长久的快乐，因而其净余额并非快乐而是痛苦：不应该追求的并非快乐，而是痛苦。

　　试想，吸毒纵酒都是极快乐的事，可是，我们为什么不应该吸毒纵酒？岂不就是因为吸毒纵酒的快乐与健康长寿的快乐发生冲突而不能两全？岂不就是因为吸毒纵酒的快乐是短暂的而健康长寿的快乐是长久的？岂不就是因为追求吸毒纵酒的快乐就会丧失更为长久的健康长寿之快乐，因而净余额是痛苦而不是快乐？如果一种快乐不与任何快乐冲突，那么，不论它如何低级下流，都是应该追求的。难道不是这样吗？如果吸毒饮酒、吃喝玩乐、声色犬马之乐并不影响建功立业、健康长寿，并不与其他快乐发生冲突，那么，这些快乐又会有什么不应该追求的呢？所以，凡是快乐都应该追求；所谓不应该追求的快乐，都是净余额为痛苦的快乐；因而不应该追求的并非快乐，而是痛苦。

　　确实，很多痛苦都是不应该避免的。可是，为什么这些痛苦是不应该避免的？伊壁鸠鲁答曰："我们认为许多痛苦比快乐还好，当我们在一定的时间里忍受这些痛苦便可以得到更大的快乐的时候。"[1] 原来，这些痛苦都是一种必要的恶：它们或者能够带来更大的快乐；或者能够避免更大的痛苦，因而其净余额是快乐而不是痛苦。凡是不应该避免的痛苦，并不是因为这种痛苦本身不应该避免；而只是因为这种痛苦能够避免更为巨大的痛苦和带来更为巨大的快乐，因而其净余额是快乐。例如，阑尾炎手术之苦不应该避免，并不是因为阑尾炎手术之苦本身有什么好而不应该避免；而只是因为它能够避免死亡之大不幸。为了救人而献骨髓

---

① Julia Annas: *The Morality of Happiness*, New York: Oxford University Press, 1993, p. 334.

之苦，不应该避免。并非因为抽骨髓之苦本身有什么好而不应该避免，而只是因为它能够避免他人死亡之大不幸。如果一种痛苦，例如牙疼，并不能避免更大的痛苦或带来更大的快乐，那么，不论如何都是应该避免的。所以，凡是痛苦都应该避免；所谓不应该避免的痛苦，都是净余额为快乐的痛苦；因而不应该避免的并非痛苦，而是快乐。

可见，面对各种苦乐冲突碰撞相灭相生之际，一方面，应该追求长久的、重大的快乐，放弃短暂的、渺小的快乐；另一方面，则应该承受能够避免更大痛苦或带来更大快乐的痛苦，从而求得更大的快乐和避免更为重大的痛苦。一句话：应该追求的并不是任何快乐，而是更为重大的快乐；应该避免的并不是任何痛苦，而是更为重大的痛苦。重大的快乐与重大的痛苦，如前所述，正是所谓幸福与不幸。所以，面对诸种苦乐之冲突，一方面，一个人应该追求的并不是任何快乐，而是幸福：他可以放弃快乐，却不应该放弃幸福。另一方面，应该避免的并不是任何痛苦，而是不幸：他可以不躲避痛苦，却不应该不躲避不幸。

说到底，这显然是由快乐和幸福以及痛苦和不幸的本性决定的。因为快乐和幸福以及痛苦和不幸的本性，如上所述，可以归结为十八字：快乐是善、幸福是至善；痛苦是恶、不幸是至恶。一切快乐都是善。但是，有些快乐是手段善；有些快乐是目的善：前者如冬泳之乐；后者如健康之乐。因为冬泳是手段，健康是目的。除了幸福，目的善的快乐与手段善的快乐之分都是相对的。只有幸福是绝对的目的善的快乐，因为幸福只能是人们所追求的目的，而不可能是用来达到任何目的的手段。所以，幸福是绝对的目的善，是绝对的善，是至善。

反之，不幸则是绝对的恶，是至恶。这样，一目了然，一方面，当各种快乐发生冲突时，应该追求目的善的快乐，而牺牲手段善的快乐；最终则应该追求绝对的目的善、至善的快乐，亦即应该追求幸福，而牺牲违背幸福的快乐。另一方面，当各种痛苦不可能都避免时，便应该避免不幸，而承受可以避免不幸的痛苦。于是，幸福便是追求快乐和避免痛苦的终极标准：符合幸福的快乐和痛苦、与幸福一致的快乐和痛苦，就是应该追求的快乐，就是不应该避免的痛苦；违背幸福的快乐和痛苦、与幸福冲突的快乐和痛苦，就是不应该追求的快乐，就是应该避免的痛苦。

这样，一方面，当各种快乐不发生冲突时，我们便应该追求一切快乐。因为在这种情况下，对于任何快乐的追求，也就都是对于快乐的增进和积累，也就都是在使快乐由少变多、由小变大、由短暂变恒久，因而也就都是对于幸福的接近和追求。反之，当痛苦并不能避免更大的痛苦或带来更大的快乐时，我们便应该避免一切痛苦。因为在这种情况下，对于任何痛苦的避免，也就都是对于痛苦的减少，也就都是在使痛苦由多变少、由大变小，因而也就都是对于不幸的避免。

另一方面，当各种快乐发生冲突时，我们便应该追求较大、较长久的快乐，便应该追求幸福。反之，当各种痛苦发生冲突而可以相互克服时，我们便应该忍受较小的痛苦而避免较大的痛苦，便应该忍受痛苦而避免不幸。于是，合而言之，我们在任何情况下便都应该追求幸福而避免不幸：抽象地说，我们应该追求一切快乐而避免一切痛苦；具体地看，我们则只应该追求一种特殊的快乐："幸福"，而避免一种特殊的痛苦："不幸"。

然而，人的一切行为的共同目的在任何情况下都应该是为了幸福而避免不幸，并未否定人的一切行为的共同目的都应该是为了快乐而避免痛苦。因为幸福与不幸，如前所述，是重大的、恒久的快乐与痛苦，是一种特殊的快乐和痛苦，属于快乐和痛苦范畴。所以，一方面，为了幸福都是为了快乐；避免不幸都是避免痛苦。只不过，正如说人是动物不如说人是能制造生产工具的动物精确一样，说行为目的都应该为了快乐而避免痛苦，不如说行为目的都应该为了幸福而避免不幸精确。但是，另一方面，为了快乐而避免痛苦未必都是为了幸福而避免不幸；因而由一切行为的共同目的事实上必然都是为了快乐而避免痛苦，不能得出结论说：一切行为的共同目的事实上必然都是为了幸福而避免不幸。

诚然，人们大都以为一切行为的共同目的事实上必然都是为了幸福而避免不幸。阿奎那和康德也一再这样写道："每个人都必然欲求幸福。"① "追求幸福是每个理性而有限的存在物的必然欲求。"② "就人的本性来说，每个人对于幸福的追求都是必然的、不可避免的。"③ "教人自求多福的一道命令是糊涂的，因为谁都不拿个人自己本来必然愿行的事情来指教人。"④ 安娜斯甚至认为这是人们一致同意的："幸福是人们一致同意的我们行为的唯一的终极目的：我们的一切行为都是为了得到它，我们得到它不是为了其他任何东西。"⑤

但是，这些观点，正如泰尔弗所说，是不能成立的。她通过列举有人宁愿牺牲幸福而复仇等若干事实，得出结论说："幸福不是每个人的唯一的终极目的，而是可能实现的、适当的终极目的。"⑥ 确实，幸福只是可能的、应然的、应该的终极目的，而不是实然的、事实的、实际的终极目的。因为事实上，我们到处可以看到，每个人或多或少总会有一些行为，这些行为仅仅是为了快乐而不是为了幸福；不但不是为了幸福，而且因为追求快乐而可能葬送幸福而陷于不幸。例如，吸毒纵酒等不都属于这类行为吗？所以，人的一切行为的共同目的必然都是为了快乐而避免痛苦，却非必然都是为了幸福而避免不幸。

因此，我们的结论是：所谓人生目的、人的一切行为的共同目的，就其事实如何来说，是追求快乐、避免痛苦；但就其应该如何来说，则

---

① Ignacio L. Gotz: *Conceptions of Happiness*, Lanham, New York: University Press of America, 1995, p. 251.

② Victoria S. Wike: *Kant on Happiness in Ethics*, New York: State University of New York Press, 1994, p. 84.

③ Ibid.

④ 康德:《实践理性批判》，关文运译，商务印书馆，1960 年，第 24 页。

⑤ Julia Annas: *The Morality of Happiness*, New York: Oxford University Press, 1993, p. 426.

⑥ Elizabeth Telfer: *Happiness*, London: The Macmillan Press Ltd., 1980, p. 33.

只应该追求幸福、避免不幸。我们仅仅是必然追求快乐而避免痛苦，却不必然是而仅仅应该是追求幸福而避免不幸。所以，每个人的一切行为，都不会不追求快乐而避免痛苦：求乐避苦是人的一切行为的共同的、终极的目的，是必然的、不依人的意志而转移的客观规律。但是，每个人的一切行为却不是必然都追求幸福、避免不幸：追求幸福避免不幸乃是人的一切行为都应该遵循的共同的、终极的目的，是人的一切行为都应该如何的当然的人为规则，而不是必然的、不依人的意志而转移的客观规律。一言以蔽之：人生目的全在于追求快乐和幸福而避免痛苦和不幸：人生目的必然追求快乐而避免痛苦；人生目的应该追求幸福而避免不幸。

　　然而，一方面，所谓快乐，如前所述，就其总和来说，乃是人的全部利益、善的主观的信号和代表：快乐意味着机体获得了利益或善，实现了欲望、满足了需要，从而能够生存和发展。反之，痛苦，就其总和来说，乃是人的全部损害或恶的主观的信号和代表：痛苦意味着机体失去了利益或善、实现不了欲望、满足不了需要，从而不能生存和发展。另一方面，所谓幸福，如前所述，是获得了对于人生具有重大意义的利益、善的主观的信号和代表，它意味着机体获得了所需要和欲望的重大对象，满足了重大的需要和欲望，从而使生存和发展达到了某种完满的程度。反之，不幸则是丧失了对于人生具有重大意义的利益、善的主观的信号和代表，它意味着机体丧失了所需要和欲望的重大对象，不能满足重大的需要和欲望，从而使生存和发展受到严重的损害。所以，一方面，人生目的必然是为了求乐避苦，便意味着：人生目的，主观地看，必然是为了求乐避苦的心理体验；客观地看，则必然是为了求善避恶、求利避害，最终为了生存和发展。另一方面，人生目的应该是为了追求幸福而避免不幸，便意味着：人生目的，主观地看，应该是为了追求幸福而避免不幸的心理体验；客观地看，则应该是为了追求生存和发展的完满而避免不完满。

五　快乐和幸福：人生的价值与意义

1　人生的价值与意义：净余额是快乐和幸福

　　人生目的、人的一切行为的终极目的，正如安娜斯所说，使人生具有意义："终极目的赋予我们的人生以意义。"[①] 因为人生目的全在于追求快乐和幸福而避免痛苦和不幸，意味着：所谓人生价值和人生意义也就全在于人生的快乐和幸福以及痛苦和不幸之中。因为一方面，所谓价值，如前所述，就是客体对于主体的需要、欲望、目的的效用；因而每个人的人生价值也就是他的人生对于他的人生目的的效用，也就是每个人一生的生活、行为的总和对于他的人生目的的效用。

　　另一方面，所谓意义，如所周知，主要有两种含义：一是事物的效用、价值，一是语言的意思、意谓。作为人生意义的"意义"概念的含义，正如张岱年先生所说，是指事物的效用、价值："常语有云'人生之意义'。常语所谓意义者有二：一名言之意义，二事物之意义。所谓人生意义之意义云者，乃指事物之意义。"[②] 所以，人生意义与人生价值原本是同一概念，都是指人生对于人生目的的效用，也就是人的生活、行为总和对于人生目的的效用。人生的目的既然是为了追求快乐和幸福而避免痛苦和不幸，那么，人生的价值和意义也就是人生、人的生活对于追求快乐和幸福、避免痛苦和不幸的效用。可是，人生、人的生活对于快乐和幸福的追求以及痛苦和不幸的避免究竟具有什么效用呢？

　　不言而喻，每个人的人生、生活既是他的快乐和幸福的终极源泉，

---

①　Julia Annas: *The Morality of Happiness*, New York: Oxford University Press, 1993, p. 43.

②　张岱年：《张岱年全集》第一卷，河北人民出版社，1996 年，第 453 页。

又是他的痛苦和不幸的终极源泉。因为说到底，每个人显然只是由于生活、由于他的生命和活动，他才能够既获得快乐和幸福，又遭受痛苦和不幸；如果他没有生活、没有生命和活动，何来苦乐祸福？然而，究竟人生所带来的快乐和幸福多于它所造成的痛苦和不幸，还是相反？或者说，人生的净余额究竟是痛苦和不幸，还是快乐和幸福？每个人的人生，如前所述，无非由自己的生命和自己的活动、行为构成。因此，每个人的人生所带来的苦乐祸福，说到底，也就是他自己的生命和行为给予他的苦乐祸福。那么，每个人的生命和行为所给予他的苦乐祸福究竟孰多孰少？

首先，从行为看。每个人的行为目的，都是为了满足一定的需要、实现一定的欲望。如果他获得成功，从而满足了需要、实现了欲望、达到了目的，他便快乐；反之，他便痛苦。试看一个人一天的行为。他早晨起来，有了跑步的欲望。如果跑步了，便实现了欲望、达到了目的，便快乐；否则，便痛苦。跑步归来，又产生了淋浴的欲望。淋浴了，便实现了欲望，便快乐；否则便痛苦。早餐之后，他又有了读报的欲望。读了，便实现了欲望，便快乐；否则，便痛苦。读报之后，又有了写作的欲望。写了，便实现了欲望，便快乐；否则，便痛苦。诚然，这是日常的小苦小乐。但是，这种小苦小乐在每个人一生的苦乐总量中无疑占据多数。因此，一个人的行为，不管如何屡屡失败，但从他一生的行为总和上看，他的成功必多于失败、达到目的的行为必多于达不到目的的行为、需要和欲望的满足必多于不满足。否则，他便不可能生存。所以，就每个人的行为总和来说，他自己的行为所给予他的快乐必多于痛苦。因此，每个人的人生，就其行为总和来说，净余额乃是快乐。这种快乐虽然是微小的快乐，但是，这些微小快乐的总和却不是微小的快乐，而是幸福。因为所谓幸福，如上所述，一方面是重大的快乐，另一方面则是持续的、恒久的、累积的微小快乐。所以，富兰克林说："人类的幸福并非完全来自难得的好运气，而是更多地来自日常的微小收获。"① 因此，每个人的人生，就其行为总和来说，其苦乐祸福的净余额是快乐和幸福。

其次，从生命看。自然选择无疑使人和一切动物的求生的欲望和需要——恒久说来——是最根本、最重要、最大的欲望和需要；而其他欲望和需要——恒久说来——都是较小的、较次要的、非根本的欲望和需要。所以，一个人只要能生存，只要求生欲得到了满足，那么恒久说来，他的最为重大的需要和欲望便得到了实现，他便得到了最为重大的快乐、最为根本的幸福。因此，费尔巴哈说："生命本身就是幸福。""生命本是一切福利的总和。"② 庄子说得更妙："至乐活身。"③ 所以，一个人只要能生存，只要求生欲得到了满足，恒久说来，即使他的其他欲望都得不到实现，他因求生欲实现所得到的快乐和幸福，也必多于他因其他欲望受阻所遭受的痛苦和不幸。因此，一个人只要能活着，只要求生欲得到了实现，那么，就其人生总和来说，他自己的生命所给予他的快乐和幸福，便多于他的一切痛苦和不幸了。所以，人们不论怎样艰难困苦，怎样倒霉不幸，仍觉得好死不如赖活着。甚至卧床不起的残疾人，也不愿意死，因为他毕竟还能享受最大的快乐和幸福：生命的快乐和幸福。

可见，人生、人的生活，不论就其生命来说，还是就其活动、行为来讲，它所带来快乐和幸福必定多于痛苦和不幸，因而其净余额必定是快乐和幸福。当然，这里所说的人生乃是指正常的、一般的、符合人生本性的人生，而不是反常的、例外的、背离人生本性的人生。一个人生下来一年就死了；或者在他有生之年日日受重病煎熬折磨；或者终身监禁、不见天日；如此等等。这些人的人生之痛苦和不幸确实多于快乐和幸福。但是，这些显然是人生之反常和例外；而不是人生之常规和一般。所以，正常的、一般的人生，其净余额必定是快乐和幸福；净余额是痛

---

① 封一函编译：《成功步履》，北京大学出版社，2000 年，第 147 页。
② 《费尔巴哈哲学著作选集》上卷，王太庆等译，三联书店，1959 年，第 545 页。
③ 《庄子·至乐》。

苦和不幸的人生，乃是反常的、例外的人生。

于是，总而言之，人生价值和人生意义，就其正面来说，就在于人生是快乐和幸福的唯一源泉，就在于人生能够带来快乐和幸福；就其负面来说，就在于人生是痛苦和不幸的唯一源泉，就在于人生能够带来痛苦和不幸；合而言之，则在于人生——如果它是正常的、一般的而不是反常的、例外的——所带来的快乐和幸福总是多于它所造成的痛苦和不幸，因而其净余额为快乐和幸福。这样，人生目的和人生价值以及人生意义便都在于快乐和幸福以及痛苦和不幸：人生目的在于追求快乐和幸福而避免痛苦和不幸；人生价值和人生意义在于它所能够带来快乐和幸福总是多于它所造成的痛苦和不幸，因而其净余额为快乐和幸福。不过，所谓快乐和幸福，如前所述，乃是人的全部利益、善的主观的信号和代表：快乐和幸福意味着机体获得了利益或善，实现了欲望、满足了需要，从而使生存和发展达到了某种完满的程度。所以，人生的价值和意义在于其净余额为快乐和幸福，便意味着：人生价值和意义，主观地看，是快乐和幸福之心理体验；客观地看，则是生存和发展之某种完满。

2　人生的价值与意义有无之标准

因此，如果一个人的人生快乐和幸福多于痛苦和不幸，因而其净余额为快乐和幸福，那么，他的人生就是有价值、有意义的人生，就是值得过的人生，就是正常的、一般的、符合人生本性的、某种相对完满的人生。反之，如果一个人的人生痛苦和不幸多于快乐和幸福，那么他的人生就是无价值、无意义的人生，就是不值得过的人生，就是反常的、例外的、背离了人生本性的、某种绝对不完满的人生。我们为什么热爱生活而终日忙忙碌碌？岂不就是因为我们觉得生活有意义、值得过？说到底，不就是因为我们所享有的快乐和幸福多于所遭受的痛苦和不幸？相反地，如果我们的痛苦和不幸多于快乐和幸福，我们还会觉得生活有意义、值得过吗？如果，比如说，我被判终身监禁并且每一个月要被鞭打皮开肉绽一次，那么，我还会觉得生活有意义、还会愿意再活下去吗？所以，一个人的人生净余额是否为快乐和幸福，乃是他觉得他的人生是否有意义从而是否愿意活下去的终极原因：净余额是快乐和幸福，他便会觉得人生有意义而愿意活下去；净余额是痛苦和不幸，他便会觉得人生无意义而不愿意活下去了。

总之，快乐和幸福乃是人生的终极价值、终极意义；而人生的价值和意义——快乐和幸福——之有无乃是每个人是否愿意生活下去的终极原因。于是，人生的终极目的也就是对于自己的价值和意义——快乐和幸福——的追寻。精神医学大师弗兰克把这一点看作是他所创造的"意义治疗法"的基础："按意义治疗法的基础而言，这种追寻生命意义的企图是一个人最基本的动机。"[①]

不过，人们对于他们的人生苦乐祸福之主观觉知和他们的人生的苦乐祸福之客观实际既可能相符一致，也可能不相符、不一致。这种不一致的典型，是弗兰克所谓的"存在的空虚"。"存在的空虚"，依弗兰克所见，是 20 世纪的普遍现象。这种现象的特征是：身在福中不知福。人们经济状况良好，工作也很有进步，人际关系也不错。但是，他们却不但觉得没有快乐和幸福，而且无聊厌烦、苦不堪言。因此，他们觉得生活没有意义、不值得过下去："很多自杀的案例都可以追溯到这种存在的空虚上面。"[②]

3 人生的价值与意义之寻求

不难看出，一个人只要主观上感到他的人生痛苦和不幸多于快乐和

---

① 弗兰克：《活出意义来》，赵可式、沈锦惠译，三联书店，1991 年，第 88 页。
② 同上书，第 90 页。

幸福，因而感到他的人生没有价值和意义，那么，不论他的人生客观实际如何，他都同样会觉得不值得再活下去。使他能够活下去的科学的方法无疑只有一个：帮助他认识和找到他的人生的快乐和幸福、他的人生的价值和意义。所以，弗兰克把"认识和找到人生的意义"作为他的心理治疗的座右铭："人的寻求意义与价值可能会引起内在的紧张而非内在的平衡。然而这种紧张为心理健康是不可缺少的先决条件。我要大胆地说，这世界上并没有什么东西能帮助人在最坏的情况中还能活下去，除非人体认识到他的生命有一意义。正如尼采充满智慧的名言：'参透为何，才能迎接任何。'我认为对任何心理治疗，这句话都可以作为座右铭。"①

宗教则是帮助那些感到人生的净余额是痛苦和不幸的人，认识和找到他的人生的快乐和幸福、他的人生的价值和意义的反科学的方法。那些认为自己的人生的净余额是痛苦和不幸的人们，会感到人生没有意义，无法再生活下去。在真实的人间的世界无法生活下去，那么也就只有求之于神灵的虚幻的世界了。于是，他们便在感情上渴求进而在理智上迷信神灵的存在和拯救，从而寄希望于未来和来世的快乐和幸福。这样，宗教便使他们看到了人生意义，因而能够忍受现实的人间的不幸和苦难而继续生活下去了：宗教乃是人们摆脱在现实世界无法摆脱的苦难的手段，是人们求得在现实世界无法求得的幸福的象征性补偿和替代性满足。所以，梁漱溟在论及宗教的起源时说：

"质言之，不外使一个人的生活得以维持而不至于溃裂横决，这是一切宗教之通点。宗教盖由此而起，由此而得在人类文化中占很重要一个位置，这个我们可以说是宗教在人类生活上之所以必要。"②

---

① 弗兰克：《活出意义来》，赵可式、沈锦惠译，三联书店，1991年，第69页。
② 张钦士选编：《国内近十年来之宗教思潮》，京华印书局，1927年，第113—114页。

六　快乐主义

1　快乐主义：定义与分类及其真理性

关于快乐和幸福的善本性以及由此而来的行为目的是否全在于快乐和幸福，两千年来，人们一直争论不休。这种争论主要是围绕快乐主义进行的。快乐主义论者甚多，其代表当推居勒尼派、伊壁鸠鲁、德谟克利特、斯宾诺莎、洛克、休谟、边沁、穆勒、斯宾塞、西季威克和贝恩等。那么，究竟什么是快乐主义？摩尔答道："我们可以给快乐主义下一个精确定义：除了快乐没有什么东西是善的。"[①] "快乐主义相信：快乐是所有欲求的对象，快乐是所有人类活动的普遍目的。"[②] 更确切些说，所谓快乐主义，乃是以为快乐或能够带来快乐的东西是唯一的善事物——而痛苦或能够带来痛苦的东西是唯一的恶事物——因而一切行为目的或行为之最终目的是为了求乐避苦的学说：

以为快乐是唯一的善而痛苦是唯一的恶，因而一切行为目的（不论终极目的还是直接目的）都是为了求乐避苦，是极端快乐主义；以为快乐和能够带来快乐的东西是唯一的善——而痛苦和能够带来痛苦的东西是唯一的恶——因而只有一切行为之终极目的才是为了求乐避苦，是温和快乐主义。

边沁是极端快乐主义的代表。因为，一方面，他认为快乐是唯一的善而痛苦是唯一的恶："快乐的本身为善，而且，撇开免于痛苦不谈，也是唯一的善。痛苦的本身为恶，而且的确没有例外，也是唯一的恶。"[③] 另

---

① G. E. Moore: *Principia Ethica*, New York: Cambridge University Press, 1993, p. 113.

② Ibid., p. 120.

③ 边沁：《道德与立法原理绪论》，李永久译，帕米尔书店印行，1948年，第97页。

一方面，他认为一切行为目的都是为了求乐避苦："自然把人类置于两个至上的主人——'苦'与'乐'——的统治之下。只有它们两个才能够指出我们应该做些什么，以及决定我们将要怎样做。在他们的宝座上紧紧系着的，一边是是非的标准，一边是因果的链环。"[①] 居勒尼派亦如是说：

"我们从孩提时候起就被快乐所吸引而无需我自己去做任何有意的选择。当我们得到快乐时就不再想寻求更多的东西，我们所尽力避免的无非是它的对立物——痛苦。"[②]

洛克和伊壁鸠鲁堪称温和快乐主义代表。因为一方面，他们以为快乐和能够带来快乐的东西是唯一的善、痛苦和能够带来痛苦的东西是唯一的恶："善恶只不过是快乐和痛苦，或在我们身上引起和促进快乐与痛苦的东西。"[③] 另一方面，他们认为求乐避苦只是一切行为最终目的："快乐是最终目的。"[④]

穆勒则摇摆于二者之间。一方面，他说："我们最后目的乃是一种尽量免掉痛苦，尽量在质和量两方面多多享乐的生活。"[⑤] 但是，另一方面，他又认为一切都是手段，而唯有求乐避苦才是行为的目的："快乐和免除痛苦，是唯一被当作目的而值得想望的事物；而其他一切值得想望的事物之所以值得想望，或者是因为它们自身所固有的快乐，或者是因为它们是增进快乐避免痛苦的手段。"[⑥]

可见，快乐主义——不论是极端快乐主义还是温和快乐主义——便均由两方面构成：一方面，快乐或能够带来快乐的东西是唯一的善而痛苦或能够带来痛苦的东西是唯一的恶，这是快乐主义的前提；另一方面，一切

① 边沁：《道德与立法原理绪论》，李永久译，帕米尔书店印行，1948 年，第 210 页。
② 梯利：《伦理学概论》，何意译，中国人民大学出版社，1987 年，第 105 页。
③ 西季威克：《伦理学方法》，廖申白译，中国社会科学出版社，1993 年，第 225 页。
④ 周辅成编：《西方伦理学名著选辑》上卷，商务印书馆，1954 年，第 103—104 页。
⑤ 边沁：《道德与立法原理绪论》，李永久译，帕米尔书店印行，1948 年，第 210 页。
⑥ 同上。

行为目的或行为之终极目的必然且应该是为了求乐避苦，这是快乐主义的结论。显然，快乐主义的这两大方面具有不可分离的必然联系；因而每一方面都可以作为快乐主义的种差来界定快乐主义，使快乐主义与其他学说区别开来。

因此，摩尔一方面着眼于快乐主义的前提说："我们可以给快乐主义下一个精确定义：除了快乐没有什么东西是善的。"[①] 另一方面，他又依据快乐主义的结论来界定快乐主义："快乐主义相信：快乐是所有欲求的对象，快乐是所有人类活动的普遍目的。"[②] 不过，与其他人一样，摩尔也未能区分快乐主义的两种形式：极端快乐主义和温和快乐主义。

温和快乐主义无疑是真理。因为它十分正确地揭示了：快乐和能够带来快乐的东西是唯一的善事物而痛苦和能够带来痛苦的东西是唯一的恶事物，因而一切行为之终极目的必然且应该是为了求乐避苦。

反之，极端快乐主义则犯有以偏概全的片面化错误。因为一方面，它不懂得快乐与能够带来快乐的东西根本不同，把能够带来快乐的东西等同于快乐，从而抹杀能够带来快乐的东西之为善事物，而片面地断言快乐是唯一的善事物。

另一方面，极端快乐主义的错误，则在于不懂得行为的双重目的结构，而把行为的特殊的目的（如求食吃饭）当作共同目的（求乐避苦）的手段，从而把行为目的与行为的共同目的等同起来，因而由一切行为的共同目的是为了求乐避苦的正确论断得出错误结论：一切行为的目的都是为了求乐避苦。这正是穆勒断言"快乐和免除痛苦是唯一被当作目的而值得想望的事物"的错误之所在：

不懂得行为目的的双重结构，认为行为的直接的、表层的、特殊的目的完全不是目的而仅仅是手段，把行为目的与行为的终极的、共同的

---

① G. E. Moore: *Principia Ethica*, New York: Cambridge University Press, 1993, p. 113.

② Ibid., p. 120.

目的等同起来，因而将"求乐避苦"这个一切行为的共同的、终极的目的误为一切行为目的。

2 对快乐主义的诘难

快乐主义遭到苏格拉底、柏拉图、亚里士多德、康德、达尔文、詹姆斯、梯利、包尔生、摩尔等众多先哲的反驳。摩尔集诸先哲对于快乐主义的反驳之大成，极为系统而深刻地驳斥了快乐主义。这种反驳，可以分为两大方面。一方面是对快乐主义的前提——快乐或能够带来快乐的东西是唯一的善——的反驳。快乐或能够带来快乐的东西是唯一的善，正如摩尔所说，意味着快乐或能够带来快乐的东西是善的定义；而用快乐或能够带来快乐的东西来界定善，在摩尔看来，犯了自然主义的错误。[1] 他以穆勒对于快乐是唯一的善的证明为例，分析了这一错误。穆勒的证明，正如摩尔所说，可以归结如下：

"善的"意味着"值得想望的"。
"证明任何事物是值得想望的唯一证据，是人们事实上想望它。"
快乐是每个人事实上想望的唯一的东西。

所以，快乐是唯一的善。[2]

穆勒的证明确如摩尔所指出，犯了自然主义的错误：仅仅从事实如何便直接推导出应该如何（因为事实上想望某物，所以值得想望、应该想望某物），从而也就把事实如何直接当作了应该如何。但是，由此只能

------

[1]　G. E. Moore: *Principia Ethica*, New York: Cambridge University Press, 1993, p. 110.

[2]　Ibid., p. 124.

说穆勒对于快乐是唯一的善的证明犯了自然主义错误；却不能说快乐是唯一的善及其证明必定犯有自然主义错误。因为仅仅穆勒的证明才是拙劣的、错误的：不但犯有自然主义错误，而且断言"善的"意味着"值得想望的"也是错误的。因为如所周知，每个人所想望的东西，对于他来说，就是所谓"善"：善就是想望的对象、欲望的对象。所以，善就是所想望的，而不是值得想望的：值得想望的，意味着想望本身是善，意味着善的想望；所想望的，则意味着想望对象是善，意味着想望对象的善。善乃是所想望的对象，而不是想望本身。所以，对于快乐是唯一的善的证明，既不需要也不应该像穆勒那样先证明快乐是值得想望的；而只要直接证明快乐是人们事实上所想望的唯一对象就可以了。因此，摩尔虽然正确地以自然主义之谬驳倒了穆勒对于快乐是唯一的善的证明，却没有驳倒快乐是唯一的善。要真正驳倒快乐是唯一的善，必须并且只要驳倒快乐是人所想望的唯一对象。

摩尔也确实在驳斥快乐主义的所谓自然主义之后，系统地驳斥了快乐是人所想望的唯一对象。这是摩尔对于快乐主义的另一方面，亦即快乐主义的结论——人的一切行为必然且应该以快乐为目的——的驳斥。他综合先哲——特别是西季威克——对于快乐是人所想望的唯一对象的反驳，得出结论说：

"我想十分清楚，欲求的对象之观念并非总是并且仅仅是快乐之观念。第一，当我们欲求一个东西的时候，我们并不总是怀着期望快乐的意识。我们可能仅仅意识到我们所欲求的东西，并可能被推动立即想办法得到它，而全然没有考虑它将带来的究竟是快乐还是痛苦。第二，甚至当我们确实期望快乐的时候，我们所期望的仅仅是快乐，肯定也是极为罕见的。举例说，假设当我渴望一杯红葡萄酒的时候，我也有期望从它得到快乐的观念，但快乐显然不是我渴望的唯一对象；红葡萄酒一定也包括在我的对象里，否则，我的渴望也许使我去吃蝈蒿而不是去饮酒。如果我的渴望仅仅指向快乐，我就不会去饮酒；如果它有一明确的对象，那么，期待从该对象得到快乐的观念就应该出现并控制我的活动：这是绝对必然的。因此，那种认为所渴望的东西永远是并且仅仅是快乐的理论便注定破灭了。"[①]

好！让我们来分析一下摩尔的这两条论据。第一条显然可以归结为一句话：我们有些行为的目的并不是为了快乐。确实，我们有时想望的、欲求的并不是快乐，而是其他的东西。但是，这只能说明我们这时行为的直接的目的不是快乐而是其他东西；而不能说明这些行为的间接的终极的目的不是快乐。因为我们可以进一步追问：我们为什么一定要欲求这些不是快乐的东西？岂不是只是因为求得这些东西我们便快乐、求不到这些我们便痛苦？所以，这些行为的间接的、根本的、共同的目的仍然是求乐避苦。

摩尔反驳快乐主义的第二条论据也可以归结为一句话：即使目的是为了快乐的行为，也不仅仅是为了快乐。确实，我们想望的、欲求的往往并不仅仅是快乐，而还包括其他的东西，如红葡萄酒。但是，这只能说明我们行为的直接的目的往往不仅仅是快乐，而是"快乐＋其他东西"；却不能说明这些行为的间接的、根本的目的不仅仅是快乐。因为我们可以进一步追问：我们为什么一定要欲求这些"其他的东西"？岂不也只是因为求得这些东西我们便快乐、求不到这些我们便痛苦？所以，这些行为的间接的、根本的、共同的目的必然仅仅是求乐避苦。

可见，摩尔的错误在于看不到行为的共同的、根本的、间接的目的，从而把行为目的与行为的直接的、表层的、具体的目的等同起来，因而由行为的具体目的不都是或不仅仅是为了求乐避苦的正确论断得出错误结论：求乐避苦不是一切行为的共同的、唯一的目的。所以，快乐主义和它的反对者虽然观点相反，但二者错误的根源却同样在于不懂得行为的双重目的结构——只不过，极端快乐主义抹杀行为的直接的、具体的

[①]　G. E. Moore: *Principia Ethica*, New York: Cambridge University Press, 1993, p. 122.

目的（如饮酒吃饭），而把行为目的等同于行为的间接的、共同的目的（求乐避苦）；反之，快乐主义反对者则看不到行为的间接的、共同的目的，而把行为目的等同于行为的直接的、具体的目的。

幸福价值的研究表明，人生目的全在于追求快乐和幸福而避免痛苦和不幸：人生目的必然是追求快乐而避免痛苦；人生目的应该追求幸福而避免不幸。那么，一个人究竟应该怎样才能够求得幸福和避免不幸？显然，只有遵循幸福的客观本性，才能求得幸福和避免不幸。那么，幸福究竟有何客观本性？幸福的客观本性，正如一切事物的客观本性一样，无非性质和规律两类：幸福性质和幸福规律。关于幸福的基本性质——幸福的定义、结构、类型——我们已经在第一章"幸福概念"中研究过了。所以，我们将要研究的是幸福的其他性质和幸福的规律。

第二十六章 幸福性质

本章提要

　　幸福既具有主观性又具有客观性：主观性是幸福的极度快乐的心理体验之本性，是幸福的主观形式之本性，是主观幸福之本性；客观性则是重大需求的满足和生存发展的完满之本性，是幸福的客观内容之本性，是客观幸福之本性。如果一个人感到幸福而极度快乐，是因为他的重大的需要、欲望、目的得到了真实的实现，是因为他的生存发展达到了真实的完满，那么，他的极度快乐的心理体验之幸福的主观形式——它无疑总是真实而非虚幻的——与他的重大需要得到实现和生存发展达到完满之幸福的客观内容便都是真实的，因而他的幸福的主观形式与他的幸福的客观内容便是相符一致的；他所得到的幸福便是真实的幸福：幸福的真实性是主观形式与客观内容相符一致的幸福之本性。反之，如果一个人感到幸福而极度快乐，是因为他的重大的需要、欲望、目的得到了虚幻的实现，是因为他的生存发展达到了虚幻的完满，那么，他的极度快乐的心理体验之幸福的主观形式与他的重大需要得到实现和生存发展达到完满之幸福的客观内容便是不相符不一致的：前者是真实的，后者是虚幻的。这样，他所得到的幸福便是虚幻的幸福：幸福的虚幻性是主观形式与客观内容不相符的幸福之本性。同时，幸福既是相对的，也是绝对的。相对幸福是人的特殊需要得到满足的幸福；这种幸福满足的是主体的特殊需要，所以便因主体的不同而不同：对于一些人是幸福，对于另一些人却不是幸福。因此，幸福的相对性也就是特殊的、具体的幸福之本性：特殊幸福因其满足的是主体的特殊需要而具有相对性。反之，绝对幸福则是人的普遍需要得到满足的幸福；这种幸福满足的是主体的普遍需要，所以对于任何主体便都是一样的，而绝不会因主体的不同而不同。因此，幸福的绝对性也就是普遍的、抽象的幸福之本性：普遍的、抽象的幸福因其满足的是主体的普遍需要而具有绝对性。

一 幸福的主观性与客观性

幸福的概念分析表明：快乐的心理体验是幸福的主观形式；而人生重大需要、欲望、目的得到实现从而达到生存发展的某种完满，乃是幸福的客观内容。这样，幸福便既具有主观性又具有客观性，是主观和客观的统一体。

1 幸福的主观性

幸福的主观性，细究起来，主要在于：幸福就其自身来说，是极度快乐的心理体验，是一种感情，属于主观意识范畴。幸福自身是主观的，因而完全依自己的主观感觉而转移：一个人只要觉得幸福，他确实就是幸福的；只要觉得不幸，他确实就是不幸的。一个吝啬鬼只要拥有大量金钱，那么，不论他如何庸庸碌碌、一事无成，他都会觉得自己是幸福的。反之，一个一生追求著书立说、自我实现的书呆子，只要自己完成并出版了一部不朽的巨著，那么，不论他如何穷困，他都会觉得自己是幸福的。一个中国北方农民，只要"三亩地、两头牛、孩子老婆热炕头"，他就会觉得很幸福了。但是，一个贪得无厌百万富翁，虽然拥有百万财富，却仍然会因为远远没有实现亿万富翁的目标而痛苦不已，绝不会觉得自己拥有了物质幸福。那么，这些人究竟谁真正得到了幸福？

吝啬鬼真正得到了幸福吗？真正得到了幸福。因为所谓幸福，如上所述，就是重大的需要、欲望、目的得到实现的极度快乐的心理体验。吝啬鬼拥有大量的金钱，就意味着他的重大的需要、欲望、目的得到了实现。因为吝啬鬼之为吝啬鬼，就在于他的需要、欲望、目的就是金钱；大量的金钱就是他一生最为重大的需要、欲望、目的。吝啬鬼拥有了大量金钱，他的最为重大的需要、欲望、目的便得到了实现，他便会发生重大的需要、欲望、目的得到实现的极度快乐的心理体验，因而他才会觉得自己很幸福。所以，吝啬鬼获得了真正的幸福。

那个书呆子呢？也得到了真正的幸福。因为他的需要、欲望、目的就是著书立说；出版巨著就是他一生最为重大的需要、欲望、目的。他的巨著终于问世，他的最为重大的需要、欲望、目的便得到了实现，他便会发生重大的需要、欲望、目的得到实现的极度快乐的心理体验，因而他才会觉得自己很幸福。所以，书呆子获得了真正的幸福。

那个农民呢？他也得到了真正的幸福。因为"三亩地、两头牛、孩子老婆热炕头"就是他一生最为重大的需要、欲望、目的。他拥有"三亩地、两头牛、孩子老婆热炕头"，他的最为重大的需要、欲望、目的便得到了实现，他便会发生重大的需要、欲望、目的得到实现的极度快乐的心理体验，因而他才会觉得自己很幸福。所以，农民获得了真正的幸福。

那个百万富翁呢？他确实没有得到物质幸福。因为物质幸福就是重大的物质需要、欲望、目的得到实现使所体验到的极度快乐。这个百万富翁的奋斗目的是亿万富翁：成为亿万富翁是他的重大的需要、欲望、目的。他没有成为亿万富翁，他的重大的需要、欲望、目的便没有得到实现，他便会发生重大的需要、欲望、目的得不到实现的极度痛苦的心理体验，因而他才会觉得自己很不幸福。所以，这个百万富翁没有得到真正的物质幸福。

可见，幸福和不幸都是主观的、依当事者自己的主观感觉而转移：一个人只要自己觉得幸福，那么，不论在别人看来他是如何的不幸，他都是真正幸福的。反之，一个人只要自己觉得不幸，那么，不论在别人看来他是如何幸福，他都是真正不幸的。所以，戈茨说："断定'我是幸福的'不会错误，正如断定'我正在想'或'我头疼'不会错误一样。"① 那么，由此能否得出结论说：幸福和不幸完全是主观的而并不具有客观性？

2　幸福的客观性

关于幸福的概念分析表明，幸福是人们对于重大需要、欲望、目的得到实现从而生存发展达到某种完满的心理体验，因而只是就其自身和形式来说，才是一种心理体验，是一种感情，属于主观意识范畴；若就其内容和实质来说，则完全是一种客观的东西：重大需要、欲望、目的之实现和生存发展之完满。于是，正如一切主观意识形式都是被它所反应的客观的内容所决定一样，每个人的幸福也都是被它所反应的客观内容——重大需要、欲望、目的之实现和生存发展之完满——所决定的。这种决定性主要表现为如下两大方面：

一方面，每个人幸福感的有无决定于他的重大需要、欲望、目的是否得到实现和生存发展是否达到完满。这就是说，虽然一个人只要自己觉得幸福，他就是幸福的；但是，他究竟觉得幸福与否，并不依他自己的意志而转移，而必然取决于他的人生重大需要、欲望、目的是否得到实现和他的生存发展是否达到了某种完满：如果得到了实现，达到了某种完满，他必然感到幸福；如果得不到实现，达不到某种完满，他绝不会感到幸福。试想，一个吝啬鬼觉得自己是幸福的，他确实就是真正幸福的。但是，吝啬鬼为什么会觉得自己幸福呢？岂不只是因

---

① Ignacio L. Gotz: *Conceptions of Happiness*, Lanham, New York: University Press of America, 1995, p. 7.

为他的重大目的——追求大量金钱——得到了实现，从而他的吝啬鬼的生存和发展达到了完满？否则，如果他没有得到大量的金钱，那么，不论他如何想让自己觉得快乐和幸福，他都绝不会觉得快乐和幸福。所以，幸福虽然是一种自己觉得怎样就怎样的主观的东西，却是一种对于人生重大需要、欲望、目的是否得到满足和实现的客观的、必然的、不依人的意志而转移的心理体验，是一种对于是否达到生存发展的某种完满的客观的、必然的、不依人的意志而转移的心理体验。一句话，人生重大需要、欲望、目的能否实现乃是决定能否产生幸福的心理体验的客观标准；生存和发展是否达到了某种完满则是决定能否产生幸福心理体验的客观实质。

另一方面，每个人所体验的幸福的性质，决定于他得到满足的需要和欲望的客观性质，决定于他达到某种完满的生存发展的客观性质。这就是说，虽然一个人只要自己觉得幸福，他就是幸福的；但是，他究竟得到了何种幸福、他所享有的幸福的性质却取决于他得到满足的需要的性质，取决于他的达到了某种完满的生存发展的客观性质，而绝不依其主观感觉为转移。例如，一个目不识丁的百万富翁，随心所欲、尽情玩乐，自己觉得享有最美满、最高级的幸福。那么，他真的幸福吗？是的，他确实是幸福的。但是，他的幸福是像他自己感觉的那样，是最美满、最高级的吗？不是。恰恰相反，他享有的是最低级的幸福：物质幸福、非自我实现幸福、非创造性幸福。因为物质幸福、非自我实现幸福、非创造性幸福之所以是最低级的幸福，与幸福享有者的主观感觉无关，而完全取决于人类需要的客观本性：物质需要、消费性需要是人类最低级的需要，而精神需要、自我实现需要、创造性需要则是人类最高级需要。

可见，幸福表面上确实是主观的，是一种极度快乐的心理体验，因而是一种自己觉得怎样就怎样的主观的东西；然而实质上却并非主观任意，而必然决定于人的需求之满足和生存发展之完满的客观状况，因而是一种客观的东西：极度快乐的心理体验是幸福的主观形式，是幸福的主观本性；人的需求之满足和生存发展之完满则是幸福的客观内容，是幸福的客观本性。根据幸福的这种主客双重本性，可以将幸福划分为主观幸福与客观幸福两类：主观幸福是具有幸福的主观性的幸福，因而也就是极度快乐的心理体验；客观幸福则是具有幸福客观本性的幸福，因而也就是重大需求之满足和生存发展之完满。

3　是否幸福的标志

显然，一个人是否幸福的标志，真正说来，并不在于他是否极度快乐而享有主观幸福；而在于他是否享有客观幸福，在于他的重大需求之满足和生存发展之完满。所以，波吉曼说："当我们问一些人，'什么东西能使你幸福？你的幸福的理念是什么？'我们并不是问他究竟在什么条件下他将出现某种心理状态。这和问'什么东西使你愤怒'是不同的。毋宁说，我们是问他所确立的标准和他的奋斗目标是什么。"[1]

同理，一个人是否不幸的标志，也是如此。这恐怕是幸福和不幸的最为深刻的本性。因为幸福和不幸的心理体验，如前所述，乃是人的重大需求是否得到满足和生存发展是否完满的主观信号。如果这种主观信号是主观任意的，不管需求如何得不到满足、生存如何艰难，而只要想有幸福的体验就有幸福的体验，那么，幸福和不幸就不能够是人的需求和生存的正确信号，人类也就不可能生存发展了。只有幸福和不幸这种主观的信号不是主观任意的，而完全决定于人的需求和生存的客观状况，幸福和不幸才能是人的需求和生存的正确信号，人类才能健康地生存和发展。

总之，幸福既具有主观性又具有客观性：主观性是幸福的极度快乐

---

[1]　Louis P. Pojman: *Ethical Theory: Classical and Contemporary Readings*, Belmont, California: Wadsworth Publishing Company, 1995, p. 150.

的心理体验之本性，是幸福的主观形式之本性，是主观幸福之本性；客观性则是重大需求的满足和生存发展的完满之本性，是幸福的客观内容之本性，是客观幸福之本性。在幸福的这种主观和客观的统一体中，主观性或主观幸福——快乐的心理体验——是被动的、被决定的、次要的方面；而客观性或客观幸福——需求的满足和生存发展的完满——则是主动的、具有决定意义的、主要的方面。主观幸福和客观幸福的这种关系特别表现在，一个人如果享有客观幸福因而重大需求得到满足、生存发展达到完满，那么，他必定会极度快乐因而享有主观幸福：重大需要之满足和生存发展之完满，乃是幸福的充分条件。反之，他如果享有主观幸福因而极度快乐，却未必重大需求得到满足、生存发展达到完满从而享有客观幸福：极度快乐的心理体验是幸福的必要条件。因为他所享有的主观幸福或幸福的主观形式可能不具有相应的幸福的客观内容或客观幸福，也就是说，他享有的是虚幻的而非真实的幸福：极度快乐的心理体验仅仅是虚幻幸福的充分条件。那么，究竟何谓虚幻幸福与真实幸福？它们同主观幸福与客观幸福是何关系？

二　幸福的真实性与虚幻性

1 真实幸福与虚幻幸福：概念分析

　　幸福既然既具有主观性又具有客观性，是主观形式与客观内容的主客统一物，那么，幸福便不能不与一切主观形式、主观事物一样：既可能与其客观内容相符一致，也可能不相符不一致。不过，幸福的主观形式和客观内容的相符与否的问题，细究起来，极为复杂深邃、扑朔迷离。波吉曼似乎是系统论述这个问题的第一人。他这样写道：

　　"让我们进一步考察我们是怎样来评判一些人是否幸福的。下面的例子将有助于显示我们的思想。假设一个人被问他的幸福理念是什么，他答道：'被爱、被赞美，或者至少被我的朋友尊敬。但是，我憎恨我的朋友只是假装爱我、尊敬我……'假设这个人所憎恨的事情发生了。他的所谓的朋友巧妙地欺骗了他，使他有充足理由相信他们爱他、钦佩他；虽然事实并不如此。这样，他便陷入了幸福的错觉和虚幻。那么，这是一种幸福生活吗？他是一个幸福的人吗？"波吉曼的答案十分微妙："我们确实在某种程度上承认这个被骗的人是幸福的，但是，同时我们又确实不愿承认这一点。……我们并不是完全不承认这个被骗的人对于他的生活感到幸福。但是，我们完全不承认他的这种生活是一种幸福生活。"[①]

　　这个回答为什么如此恍兮惚兮？只是因为这个被骗者的幸福就是如此恍兮惚兮：说他不幸福，却拥有幸福的主观形式：快乐的心理体验；说他幸福，却没有幸福的客观生活：他的朋友并不爱他。一句话，他的幸福的主观形式和客观内容不符。那么，他究竟幸福不幸福？正如凯克斯所指出，他确实是幸福的，虽然他的幸福是虚幻的幸福而不是真实的幸福："就像无根据的害怕依然是害怕一样，无根据的幸福仍然是幸福。"[②]

　　原来，一个人是否感到幸福而极度快乐，如上所述，取决于他的重大需要、欲望、目的是否得到实现，从而生存发展是否达到某种完满。但是，每个人的重大需要、欲望、目的之实现和生存发展之完满都有两种可能：一种是真实的实现和真实的完满；一种是虚幻的实现和虚幻的完满。举例说，我的重大需要、欲望、目的和生存发展之完满，是我的

---

① 　Louis P. Pojman: *Ethical Theory: Classical and Contemporary Readings*, Belmont, California: Wadsworth Publishing Company, 1995, p. 150.

② 　Lawrence C. Becker: *Encyclopedia of Ethics*, Volume 1, New York: Garland Publishing, Inc., 1992, p. 150.

学者的自尊心得到满足。如果我的朋友和学生真心崇敬我,认为我的著作是一部具有原创性的传世之作,那么,我的重大的需要、欲望、目的便得到了真实的实现,我的学者生涯便达到了某种真实的完满。反之,如果我的朋友和学生看出我的著作毫无创见,只是为了讨好我或可怜我,谎言我的著作是一部具有原创性的传世之作,那么,我的重大的需要、欲望、目的便得到了虚幻的实现,我的学者生涯便达到了某种虚幻的完满。

不论一个人的重大的需要、欲望、目的得到的是真实的还是虚幻的实现,不论他的生存发展所达到的是真实的还是虚幻的完满,他都会感到幸福,他都是幸福的。但是,如果一个人感到幸福而极度快乐,是因为他的重大的需要、欲望、目的得到了真实的实现,是因为他的生存发展达到了真实的完满,那么,他的极度快乐的心理体验之幸福的主观形式——它无疑总是真实而非虚幻的——与他的重大需要得到实现和生存发展达到完满之幸福的客观内容便都是真实的,因而他的幸福的主观形式与他的幸福的客观内容便是相符一致的;他所得到的幸福便是真实的幸福:幸福的真实性是主观形式与客观内容相符一致的幸福之本性。反之,如果一个人感到幸福而极度快乐,是因为他的重大的需要、欲望、目的得到了虚幻的实现,是因为他的生存发展达到了虚幻的完满,那么,他的极度快乐的心理体验之幸福的主观形式与他的重大需要得到实现和生存发展达到完满之幸福的客观内容便是不相符不一致的:前者是真实的,后者是虚幻的;那么,他所得到的幸福便是虚幻的幸福:幸福的虚幻性是主观形式与客观内容不相符的幸福之本性。

试想,我的幸福、我的重大需要欲望目的是得到一个美丽且忠贞于我的妻子。我现在感到幸福而极度快乐,因为我相信我终于得到了一个这样的妻子。但是,如果我的妻子并不忠贞,只不过成功地欺骗了我,使我误以为其忠贞,那么,我的重大的需要、欲望、目的便得到了虚幻的实现,我的婚姻生活便达到了某种虚幻的完满,我所得到的幸福便是虚幻的幸福：婚姻幸福的虚幻性是主观形式与其客观内容不相符的婚姻幸福之本性。反之，如果我的妻子确实美丽且忠贞，那么，我的重大的需要、欲望、目的便得到了真实的实现，我的婚姻生活便达到了某种真实的完满，我所得到的幸福便是真实的幸福：幸福婚姻的真实性是主观形式与客观内容相符的幸福婚姻之本性。

2 真实与虚幻幸福：跟客观与主观幸福之关系

可见，所谓虚幻幸福乃是客观内容与主观形式不相符的幸福，也就是只有主观形式而没有相应客观内容的幸福，是只有真实的快乐心理体验而没有需求的真实满足的幸福，是只有真实的快乐心理体验而没有生存发展的真实完满的幸福，说到底，是只有快乐的心理体验的幸福，是纯粹的主观幸福：幸福的虚幻性是纯粹的主观幸福之本性。反之，所谓真实的幸福乃是客观内容与主观形式相符的幸福，说到底，也就是既具有主观形式又具有相应客观内容的幸福，是既具有极度快乐的真实心理体验又具有需求之真实满足的幸福，是既具有极度快乐的真实心理体验又具有生存发展之真实完满的幸福，是主客一致的幸福：幸福的真实性是主客一致幸福之本性。这样，一方面，凡是真实幸福或者是客观幸福，或者是基于客观幸福的主观幸福；凡是客观幸福则都是真实幸福。另一方面，凡是虚幻幸福都是主观幸福，而凡是主观幸福却未必是虚幻幸福：如果主观幸福具有相应的客观内容而基于客观幸福，是重大需求得到真实满足的心理体验，那么，主观幸福便不是虚幻幸福属于真实幸福范畴；如果主观幸福不具有相应的客观内容而脱离客观幸福，是重大需求得到虚幻满足的心理体验，那么，主观幸福便是虚幻幸福。

因此，所谓虚幻幸福并不是指幸福本身、幸福的心理体验是虚幻的、假的，而是指幸福的内容或实质、亦即重大需求的满足和存在发展的完满是虚幻的、假的。反之，所谓真实幸福并不是指幸福本身、幸福的心理体验是真实的、真的，而是指幸福的内容或实质，亦即重大需求的满足和存在发展的完满是真实的、真的。因为幸福本身、幸福的心理体验总是真实的、真的，而绝不会是虚幻的、假的。更确切些说，幸福本身、幸福的心理体验不具有真理性因而无所谓真假。试想，我们可以说未被欺骗的爱情幸福是真实的爱情幸福，可以说被欺骗的爱情幸福是虚幻幸福。但是，谁能说未被欺骗的爱情幸福是真理而被欺骗的爱情幸福是谬论？

幸福本身、幸福的心理体验不具有真理性，无所谓真假之分；而只具有效用性，只有对错、好坏、应该不应该之分。我们不可以说未被欺骗的爱情幸福是真理而被欺骗的爱情幸福是谬论。但是，我们可以说未被欺骗的爱情幸福是好的、应该追求的、追求这种幸福是对的；而被欺骗的爱情幸福是不好的、不应该追求的、追求这种幸福是错的。我们不能说为己利他的幸福是真的、是真理，而损人利己的幸福是假的、是谬论。但是，我们可以说为己利他的幸福是应该的、好的、对的，而损人利己的幸福是坏的、不应该的、错的。说到底，这是因为，如前所述，感情不具有真理性、无所谓真假；而只具有效用性、只有对错：所谓真假，即真理性，指主观认识是否符合客观事实：相符为真，不符为假。所谓对错，则是效用性，即客体对主体需要的效用，指客体是否对主体有利：有利为对、好、应该；有害为错、坏、不应该：对错与好坏、应该不应该是同一概念。幸福是重大需求得到满足的心理体验，属于感情范畴，因而只具有效用性、只有对错，而无所谓真理性、无所谓真假。

幸福本身、幸福的心理体验不具有真理性、无所谓真假；但是，幸福判断、幸福认知，却属于认知范畴，因而有真与假、真理与谬论之分。举例说，被欺骗的丈夫的幸福体验必定是真的而不可能是假的，因而无所谓真假之分。但是，他对于自己的幸福的主观认识却有真假之分：如果他认为自己是幸福的，他的认识是真理；但是，如果他认为他的妻子忠贞、他享有的是真实幸福而不是虚幻幸福，他的认识便是谬误了。不难看出，虚幻幸福乃是对于有关幸福问题的判断谬误的结果；而真实幸福则是对于有关幸福问题的判断真理的结果。试想，那个被骗的丈夫究竟是怎样得到虚幻的爱情幸福的？岂不是因为他对于不贞妻子的判断谬误而误以为她忠贞？反之，那个幸运的丈夫究竟是怎样得到真实的爱情幸福的？岂不是因为他对于忠贞妻子的判断正确而深知她的忠贞？

这样，我们便可以进一步说：虚幻幸福并不是假的、谬误的幸福，而是在假的、谬误的认识指导下所得到的幸福，是在有关幸福问题、特别是关于幸福内容——重大需要、欲望、目的得到实现——的假的、谬误的认识指导下所得到的幸福，简言之，是在关于重大需求已经得到满足的假的、谬误的认识指导下所得到的幸福。因为所谓虚幻幸福，如上所述，乃是重大需求实际上并未得到满足，而主观上却误以为得到满足的极度快乐的心理体验，是重大需求实际上并未得到满足，而主观上却误以为得到满足的幸福：虚幻幸福源于对幸福的内容和实质的判断谬误。反之，真实幸福并不是真的、真理性的幸福，而是在真的、真理性的认识指导下所得到的幸福，是在有关幸福问题、特别是关于幸福内容——重大需要、欲望、目的得到实现——的真的、真理性的认识指导下所得到的幸福，简言之，是在关于重大需求已经得到满足的真的、真理性的认识指导下所得到的幸福。因为所谓真实幸福，如上所述，乃是重大需求实际上得到满足因而主观上才相应地认为得到满足的幸福，是主客一致的幸福：真实幸福源于对幸福的内容和实质的判断真理。

3 真实幸福与虚幻幸福之价值

综上可知，幸福本身的真实性与虚幻性源于幸福判断的真与假：幸福判断属于认知范畴，具有真理性因而有真假之分；幸福本身则属于感情范畴，因而不具有真理性、无所谓真假，而只具有效用性，只有对错、好坏、应该不应该之分。那么，是否虚幻幸福就是不好的、不应该的、错的，而真实幸福就是好的、应该的、对的？是否只应该追求真实幸福而放弃虚幻幸福？所谓对错好坏应该不应该，如上所述，亦即效用性，即客体对主体需要的效用，指客体是否对主体有利：有利为对、好、应该；有害为错、坏、不应该。那么，是否虚幻幸福有害而真实幸福有利呢？

不能一概而论。因为对于一个人来说，一方面，有些幸福是他能够得到而有些不幸是他能够避免的；但是，另一方面，有些幸福却是他不可能得到而有些不幸则是他不可能避免的。因此，当一个人得到了一种虚幻的幸福的时候，如果他不可能得到这种真实的幸福，那么，这种虚幻幸福对他是有利无害的，因而他便不应该放弃这种虚幻的幸福。因为他如放弃这种虚幻幸福，也不可能得到真实幸福；而虚幻的幸福毕竟也是幸福，也是一种极度快乐的心理体验。而快乐的心理乃是一种极为重要的积极的心理体验，它至少可以获得一种极为根本的真实幸福：健康长寿。因为正如刘默所说："人之性情最喜畅快，形神最宜焕发，如此则有长寿之情，不惟去病，可以永年。"[①] 所以，虚幻幸福只是不如真实幸福好，却比毫无幸福好得多。这就是画饼充饥的积极意义之所在：如果不可能得到真的饼，不妨画饼以充饥；因为画饼总比无饼好。但是，如果一个人可能得到这种真实幸福，那么，他显然便应该放弃这种虚幻幸福，而追求真实幸福：真饼无疑比画饼好得多。举例说：

一个当代武大郎认为他的美丽的妻子忠贞于他，十分幸福。但是，他的美丽妻子实际上并不忠贞。如果他知道了妻子并不忠贞也绝不愿意与她离婚，更不可能再娶一个比他更好的女人，那么，他的知情挚友岂不应该让他继续相信他的妻子忠贞而陶醉于虚幻的幸福中吗？反之，如果他是当代武二郎，他可以娶到一个美丽且忠贞的妻子，从而得到真实的幸福，那么，他的知情挚友岂不应该让他知道真情，从而使他放弃虚

---

① 蔡景峰：《养生智慧》，中国青年出版社，1995 年，第 35 页。

幻的爱情幸福而追求真实的爱情幸福吗？

由此可以领悟是否应该信仰宗教这个古今中外一直争论不休的难题了。因为正如弗洛伊德所说："无疑地，宗教是追求幸福的一种方法……我想利用宗教来给予人类幸福此一做法是注定要失败的。"[①]是的，宗教企图给一切人提供幸福是注定要失败的，信仰宗教并不是一切人都应该遵循的追求幸福的普遍的方法。因为摆脱苦难求得幸福，如所周知，存在着两种根本不同的方法。一种是正视现实、变革苦难的现实世界，从而实现自己意志、获得真实的幸福。这是非宗教的方法，是求得真实幸福的方法。反之，另一种方法则是逃避现实，信仰神灵的存在和拯救，放弃自我意志而遵从神灵的意志，从而获得虚幻幸福。这是宗教的方法，是求得虚幻幸福的方法。

信仰宗教无疑是这样一些人所应该遵循的追求幸福的方法，这些人在真实的、人间的世界不可能摆脱不幸、求得幸福，因而感到人生没有意义，无法再生活下去。因为宗教并且只有宗教才能使他们通过信仰神灵世界而得到虚幻的幸福，从而使他们看到了人生意义，因而能够忍受现实的人间的不幸而继续生活下去。所以，宗教是人们摆脱在现实世界不可能摆脱的不幸的手段，是人们求得在现实世界无法求得的幸福的象征性补偿和替代性满足。一言以蔽之：宗教是求得虚幻幸福的有效活动。反之，那些在真实的、人间的世界有可能摆脱不幸、求得幸福的人们，显然不应该信仰宗教追求虚幻幸福，而应该放弃宗教、相信科学、正视现实，从而追求真实幸福：科学是求得真实幸福的唯一手段。

可见，主张一切人都应该信仰宗教和一切人都应该废除宗教的观点都是片面的。真理是：不可能得到真实幸福的人应该信仰宗教而得到虚幻幸福；可能得到真实幸福的人应该废除宗教而追求真实幸福。推而广之，一切可能得到真实幸福的人都应该抛弃虚幻幸福而追求真实幸福；

① 弗洛伊德：《图腾与禁忌》，杨庸一译，中国民间文艺出版社，1986年，第11页。

一切不可能得到真实幸福的人都应该得到某种虚幻幸福以自慰：拥有幸福总比没有幸福要好，不论所拥有的是什么幸福。

然而，这并不是说，可以把人分为两类：一类只应该追求真实幸福；另一类只应该追求虚幻幸福。不是的。因为实际上绝对不存在毫无真实幸福的人，也绝对不存在毫无虚幻幸福的人。每个人总是在某些方面不可能得到真实幸福；而在另一些方面则可能得到真实幸福。那么，他在不可能得到真实幸福的方面，便应该求得虚幻幸福；而在可能得到真实幸福方面，便不应该满足于虚幻幸福。一个当代武大郎，假如不可能得到美丽且忠贞的爱情幸福，那么，他只是在爱情方面应该满足于虚幻幸福，而在其他方面，如做买卖发财致富方面，则应该求得真实幸福：真实的物质幸福。

所以，每个人都应该既追求真实幸福，又追求虚幻幸福：当他可能得到真实幸福时，他应该追求真实幸福；当他不可能得到真实幸福时，他不妨自足于虚幻幸福。这样，真实幸福与虚幻幸福便都既可能是应该的、好的、对的，又可能是不应该的、坏的、错的：当一个人可能得到真实幸福时，真实幸福对于他就是应该的、好的、对的，而虚幻幸福对于他则是不应该的、坏的、错的；当一个人不可能得到真实幸福时，虚幻幸福对于他就是应该的、好的、对的，而真实幸福对于他就是不应该的、坏的、错的。

但是，这并不是说，虚幻幸福与真实幸福的效用性是完全一样的：同样地好，同样地坏；同样地应该，同样地不应该；同样地对或正确，同样地错或不正确。因为虚幻幸福是重大需求得到虚幻满足的心理体验；真实幸福是重大需求得到真实满足的心理体验。每个人的生存发展无疑依靠其重大需求的真实满足而非虚幻满足；虚幻满足所能给予的东西，充其量不过是精神安慰罢了。就拿一个教徒、一个高僧——享有虚幻幸福的典型——来说，他们究竟依靠什么生存发展呢？毫无疑义，他们生存发展主要依靠的东西仍然是重大需求的真实满足：信仰的虽然是神灵世界，生活的却是人间烟火——吃的是真实的食物而非虚幻的长生果；住的是真实的房屋而非虚幻的琼楼玉宇；从事的是真实的著书立说、传经讲道活动而非虚幻的胡思乱想。

如果他们吃的、住的都是虚幻的东西，他们能活下去吗？如果他们整日生活在著书立说的幻想中而并不从事真实的著述活动，他们能发展吗？所以，虚幻幸福与真实幸福对于它们的追求者来说虽然都具有时好时坏、有时应该有时不应该、有时正确有时不正确的本性，但是，人们若要生存发展，一方面，恒久地说，追求真实幸福是好的、应该的、正确的，而追求虚幻幸福则是坏的、不应该的、不正确的；另一方面，偶尔地说，追求虚幻幸福是好的、应该的、正确的，而追求真实幸福则是坏的、不应该的、不正确的。换言之，真饼与画饼虽然都具有时好时坏的本性，但是，追求真饼是恒久的好、偶尔的坏；而画饼充饥则是偶尔的好、恒久的坏。否则，人们便不可能生存发展。

幸福的虚幻性与真实性，如上所述，是幸福的主观形式与其客观内容的关系的一种表现，因而说到底，也就是幸福的主观性与客观性的一种表现。幸福的主观性与客观性还有另一种同样重要的表现，那就是：幸福的相对性与绝对性。

三 幸福的相对性与绝对性

1 相对幸福与绝对幸福：概念分析

幸福就其自身来说，既然是一种心理体验、一种感情、一种主观的事物，依自己的主观感觉而转移，那么，它必然因主体不同而不同：对一定的主体是幸福，对于另一定主体却不是幸福，甚至可能是不幸。这就是幸福的相对性。幸福的这种相对性，细究起来，表现为质和量两方面。

幸福的质的相对性，是指不同的人或者同一个人在不同时期的幸福从质上看是根本不同的。一生不过吃喝玩乐、衣食无忧，对于一个庸庸碌碌、穷困潦倒的人来确实是幸福；但是，对于一个拿破仑、一个贝多芬、一个马克思来说，无疑是不幸。思维的享受、著书立说、"字字看来皆是血"对于曹雪芹、马克思、黑格尔来说是莫大的幸福；但是，对于一个守财奴、一个目不识丁的农民、一个卖菜妇来说，岂不是活受罪？人情练达、世事洞明、左右逢源、忙忙碌碌对于一个官迷来说，是幸福；但是，对于一个入世的孤独者、一个出世的隐居者、一个杨朱、一个庄子来说，却是逃之唯恐不及的苦恼。幸福不但因人而异，而且同一个人的幸福也往往因时而异。怜香惜玉、吃丫鬟脂粉、终日和女儿们厮混是贾宝玉的幸福；但是，出家之后的贾宝玉还能以此为幸福吗？我们在80年代，大都生气勃勃、关心政治、忧国忧民，以学富五车、建功立业为幸福；但是，90年代以来，我们的兴趣陡变，大都俗不可耐、追逐富贵而以大富大贵为幸福了。

所谓幸福的量的相对性，是指不同的人或者同一个人在不同时期的幸福从量上看是根本不同的。因为如前所述，需要、欲望、目的的人生重要性与生存和发展的完满性都是个相对的、不固定的概念。一个亿万富翁与一个穷光蛋的重大的物质需要、欲望、目的是大相径庭的。对于一个穷光蛋来说，几万元的需要是他的人生的重大需要。他若得到几万元便满足了他的重大需要，他便会感到极度快乐，便获得了物质幸福。但是，对于一个亿万富翁来说，几万元的需要显然不是重大需要。他得到还是失去几万元当然都远远不会有极度快乐或痛苦之感，因而都远远算不上幸福或不幸。一个亿万富翁与一个穷光蛋的物质生活和发展之完满也是根本不同的。穷光蛋只要有了几万元就达到了物质生活和发展之完满；而亿万富翁如果只有百万元，那么，他的物质生活和发展对于他来说，就可能是极不完满了。因此，当《红楼梦》中的贾珍过年时看到乌庄头送来折银两千五百两的年货，竟皱眉道："真真是叫别过年了。"所以，几万元的幸福只是相对穷光蛋来说才是幸福：它只是穷光蛋的幸福；而相对亿万富翁来说便远远算不上是什么幸福了：亿万富翁的幸福乃是数以亿元计的幸福。同理，一个文盲识得两千字，能够读报写信，就是他的人生重大需要。他若能够并且仅仅能够读报写字，他的人生重大需要便得到了满足，他的精神生活和发展就已经很完满了，他便会感到极度快乐，他便获得了精神幸福。然而，对于一个作家来说，如果他仅仅能够读报写信，岂不是莫大的不幸吗？江淹做官之后，尽管写不出像昔日那样的好诗文，却总比一个只识得两千字仅仅能够读报写信的人强得多。可是，江淹的精神生活无疑是极不完满了，因而江淹所体验到的，并不是那个文盲所体验到的精神幸福，而是精神痛苦、精神不幸，以致有江郎才尽之叹！

可见，幸福不但在质上而且在量上皆因主体不同而不同：对一定的主体是幸福，对于另一定主体却不是幸福，甚至可能是不幸。所以，幸福是相对的。那么，是否由此可以得出结论说：幸福仅仅具有相对性而并不具有绝对性？或者说幸福完全是相对的，绝对的幸福是不存在的？艾伦·帕杜斯（Allen Parducci）的回答是肯定的："幸福完全是相对的。"[①] 然而，这种观点是不能成立的。事实上，幸福既具有相对性又具有绝对性；既有相对的幸福，又有绝对的幸福。相对的幸福，如上所述，是因主体不同而不同的幸福。反之，绝对幸福则是不因主体不同而不同的幸福，是不依主体而转移的幸福，是对于任何主体都同样是幸福的幸福。获得几万元的物质幸福，对于一个穷光蛋来说是一种幸福，但对于一个亿万富翁来说却不会是什么幸福。所以，几万元的物质幸福是相对的幸福。反之，物质幸福则不但对于穷光蛋而且对于亿万富翁乃至一切

---

① Allen Parducci: *Happiness, Pleasure, and Judgment: The Contextual Theory and Its Applications*, Mahwah, New Jersey: Lawrence Erlbaum Associates, 1995, p. vii.

人都同样是一种幸福。所以，物质幸福是绝对幸福。读报写字的幸福对于一个原本是文盲的人来说是幸福，但对于一个江淹、一个曹雪芹来说绝不会是幸福。所以，读报写字的幸福是一种相对的幸福。反之，精神幸福对于文盲、文学家乃至一切人都同样是一种幸福。所以，精神幸福是绝对幸福。得到一个有钱人的爱情的幸福，是一个爱钱人的幸福，却未必是一个爱才人的幸福。所以，获得一个有钱人的爱情幸福是相对幸福。反之，爱情幸福对于爱钱人、爱才人乃至一切人都是一种幸福。所以，爱情幸福是绝对幸福。

2 相对幸福与绝对幸福之本性

不难看出，相对幸福，诸如几万元的幸福、读报写字的幸福、得到一个有钱人的爱的幸福等都是特殊幸福；而绝对幸福，诸如物质幸福、精神幸福、爱情幸福等都是普遍幸福。那么，是否可以说相对幸福与特殊幸福、绝对幸福与普遍幸福是同一概念？

原来，人的需要（以及欲望和目的）正如其他事物一样，有普遍性与特殊性之分。所谓人的特殊需要，也就是有些人的需要，是仅为一些人具有而另一些人却不具有的需要；所谓人的普遍需要，亦即一切人的需要，也就是一切人的共同需要，是任何人都同样具有的需要。举例说，一些人，如文盲，有读报写字的需要；而另一些人，如作家，则已经没有读报写字的需要。一些人，如作家，有著书立说的需要；一些人，如文盲，却没有著书立说的需要。所以，读报写字或著书立说都是仅为一些人具有而另一些人却不具有的需要，因而都是人的特殊需要。这些人——文盲和作家等——的需要虽然不同，但"口之于味，有同嗜焉"：他们同样都有精神需要：精神需要是一切人的共同需要，是任何人都同样具有的需要，因而是人的普遍需要。

人的特殊需要——如读报写字的需要——得到满足的幸福，亦即所谓特殊幸福：特殊幸福是人的特殊需要得到满足的幸福，因而也就是仅为一些人追求的幸福，是一些人所能体验而另一些人却体验不到的幸福。所以，特殊幸福便因主体不同而不同：对一定的主体是幸福，对于另一定主体却不是幸福。因此，特殊幸福与相对幸福是同一概念：相对性原本是特殊幸福的本性。反之，人的普遍需要——如精神需要——得到满足的幸福，亦即普遍幸福：普遍幸福是人的普遍需要得到满足的幸福，因而也就是一切人共同追求的幸福。所以，普遍幸福便不会因主体不同而不同，便是不依主体而转移的幸福，是对于任何主体都同样是幸福的幸福。因此，普遍幸福与绝对幸福是同一概念：绝对性是普遍幸福的本性。

可见，说到底，所谓相对幸福也就是人的特殊需要得到满足的幸福；这种幸福满足的是主体的特殊需要，所以便因主体的不同而不同：对于一些人是幸福，对于另一些人却不是幸福。因此，所谓幸福的相对性也就是特殊的、具体的幸福之本性：特殊幸福因其满足的是主体的特殊需要而具有相对性。所谓绝对幸福也就是人的普遍需要得到满足的幸福；这种幸福满足的是主体的普遍需要，所以对于任何主体便都是一样的，而绝不会因主体的不同而不同。因此，所谓幸福的绝对性也就是普遍的、抽象的幸福之本性：普遍的、抽象的幸福因其满足的是主体的普遍需要而具有绝对性。所以，幸福既具有相对性和特殊性，又具有绝对性和普遍性；既有相对幸福和特殊幸福，又有绝对幸福和普遍幸福。那么，二者的关系究竟如何？

3　相对幸福与绝对幸福之关系

不难看出，特殊的相对的幸福与普遍的绝对的幸福之关系，跟主观幸福与客观幸福以及虚幻幸福与真实幸福之关系有所不同。主观幸福与客观幸福以及虚幻幸福与真实幸福，如上所述，不但是可以分离独立的，而且真实幸福高于虚幻幸福、客观幸福高于主观幸福，因而一般说来，更应该追求真实幸福和客观幸福。反之，特殊的相对的幸福与普遍的绝对的幸福则是不可分离独立的。因为普遍的绝对的幸福，如上所述，无非是一切特殊的相对的幸福之共同的、普遍的、抽象的成分：任何普遍的绝对的幸福都完全存在于各种特殊的相对的幸福之中；任何特殊的相对的幸福都完全包含着普遍的绝对的幸福。就拿爱情来说。"爱情幸福"是普遍的绝对的幸福，它能脱离"得到一个有财人"或"一个有才人"或"一个美男子"等特殊的相对的爱情幸福而赤裸裸地独立存在吗？显然不能，正如水果不能脱离苹果、梨、香蕉等而赤裸裸地独立存在一样。"爱情幸福"必定完全存在于"得到有才人"或者"得到有财人"或者"美男子"等特殊的爱情幸福之中；而不论是"得到有才人"还是"有财人"抑或是"美男子"等特殊的爱情幸福，都完全一样地包含着"爱情幸福"。

因此，我们既不能说究竟普遍的绝对的幸福价值大还是特殊的相对的幸福价值大，也不能纯粹追求普遍的绝对的幸福或特殊的相对的幸福：我们求得任何一种特殊的相对的幸福，同时也就求得了普遍的绝对的幸福；我们求得任何一种普遍的绝对的幸福，同时也一定求得了某种特殊的相对的幸福。试想，我们能说普遍的绝对的爱情幸福的价值大，还是"得到一个有才人"等特殊的相对的爱情幸福的价值大？显然不能。因为正如不能得到既不是苹果也不是梨等的纯粹的水果一样，我们既不能离开"得到一个有才人"等特殊的爱情幸福，而求得纯粹普遍的爱情幸福，也不能排除普遍的爱情幸福而求得"得到一个有财人"等纯粹特殊的爱情幸福：我们若求得了"得到一个有财人"等特殊的相对的爱情幸福，同时也就求得了普遍的绝对的爱情幸福；我们若求得了普遍的绝对的爱情幸福，同时必定求得了诸如"得到一个有财人"等特殊的相对的爱情幸福。

所以，我们的选择不可能在特殊的相对的幸福和普遍的绝对的幸福之间——如"爱情幸福"和"得到一个有财人的爱情幸福"之间——进行：特殊的相对的幸福和普遍的绝对的幸福既不可能分离独立，也不可能进行价值大小的比较。我们只能在各种相对的特殊的幸福之间——如"得到一个有财人的爱情幸福"和"得到一个有才人的爱情幸福"之间——以及各种普遍的绝对的幸福之间——如"爱情幸福"和"事业幸福"之间——进行选择：各种相对的特殊的幸福之间以及各种普遍的绝对的幸福，才既能分离独立又能进行价值大小的比较。

幸福的特殊性相对性与普遍性绝对性的关系，虽然与幸福的主观性与客观性的关系不同，然而，说到底，却仍然是幸福的主观性与客观性的一种表现。因为凡是特殊需要，凡是一些人具有而另一些人不具有的需要，都是偶然任意、可以改变、依人的意志而转移的，因而说到底，便都是主观的：主观性是特殊的相对的幸福之终极本性。反之，凡是普遍需要，凡是一切人都具有的需要，便都是必然的、不可改变的、不依人的意志而转移的，因而说到底，便都是客观的：客观性是普遍的绝对的幸福之终极本性。

举例说，假设一个人有了找大款丈夫的特殊需要。但是，经验和学习可能逐渐使她明白大款易于玩弄女性，而清贫更能使人忠贞。于是，她的找大款丈夫的需要便可能化为乌有，而代之以找一个清贫学者丈夫的需要。所以，找大款丈夫的特殊需要和找清贫学者丈夫的特殊需要都是偶然任意、可以改变、依人的意志而转移的，因而都是主观的：主观性是找大款丈夫等特殊的相对的幸福之终极本性。反之，爱情需要乃是一切人都具有的普遍需要。一个人，不论他如何热爱事业而淡漠爱情，不论他如何逃避爱情，哪怕他遁入空门，他的内心都不能不想望爱情。所谓不想望爱情的人，并不是不想望爱情；不过是这种想望被更加强大有力的想望压抑而潜在地存在罢了。所以，爱情的需要是必然的、不可改变的、不依人的意志而转移的，因而说到底，便是客观的：客观性是爱情等普遍的绝对的幸福之终极本性。

四 幸福性质的两种理论：主观论与客观论

1 主观主义幸福论与客观主义幸福论：概念分析

幸福性质的分析表明，幸福的一切属性——客观性与主观性、真实性与虚幻性、正确性与错误性（亦即对与错、好与坏、应该与不应该之本性）、绝对性与相对性、普遍性与特殊性等——最终都可以归结为客观性与主观性：客观性与主观性乃是幸福的最为根本的性质。这就是为什么围绕幸福性质的一切争论最终都可以归结为主观论（主观主义幸福论）和客观论（客观主义幸福论）两大流派的缘故。

主观主义幸福论——主要代表是穆勒、休谟、霍布斯——认为幸福的本性并非客观必然而是主观任意的理论，因而在它看来，一个人只要自己觉得幸福，那么，他就是幸福的：主观的极度快乐心理体验是幸福的充分条件。反之，客观主义幸福论——主要代表是亚里士多德、柏拉图、阿奎那——认为幸福的本性并非主观任意而是客观必然的理论，因而在它看来，一个人自己觉得幸福未必就是幸福的：主观的极度快乐心理体验是幸福的必要条件。对此，凯克斯说得十分清楚：

"根据主观主义的观点，如果人们衷心地觉得自己是幸福的，那么，他们就达到了幸福的必要且充分条件，他们便无可非议地获得了幸福。根据客观主义的观点，人们衷心觉得自己是幸福的感觉乃是他们确实幸福与否的必要条件而非充分条件……主观论者和客观论者的这种争论乃是伦理学的巨大分歧之一。柏拉图、亚里士多德和托马斯·阿奎那等认为有一种生活适合人类；一个人如果以为自己是幸福的，那么，除非他过的是这种生活，否则便都是错误的。霍布斯、休谟和穆勒此外还有许多情感主义者、存在主义者和利己主义者，认为我们的生活都是自己铸就的，如果一个人衷心觉得自己是幸福的，那么，他就是幸福的。"①

然而，为什么关于幸福性质的主观论与幸福概念的快乐论一样，其主要代表都是穆勒、休谟、霍布斯？原来，幸福性质的主观论的前提，就是幸福定义的快乐论：幸福亦即快乐。因为快乐，如所周知，是对于需要得到满足的心理体验。所以，幸福亦即快乐意味着：幸福乃是一种主观的心理体验。于是，主观主义幸福论认为，一个人不论其客观事实如何，只要他主观上觉得幸福，他就是幸福的：幸福的主观体验之为幸福的必要且充分条件，是主观主义幸福论的根本特征。这样，幸福也就不具有什么客观本性，而完全是一种主观的东西："幸福只是一种心理状态，此外什么也不是。"②那么，幸福本性的主观论是否与它的前提——幸福定义的快乐论——一样，是偏狭的、错误的？

是的。不难看出，虚幻幸福与真实幸福的问题是主观主义幸福论的"阿喀琉斯之踵"。试想，一个人以为他的如花似玉的妻子忠贞于他，如果的妻子确实忠贞，那么，他会感到很幸福而有极度快乐的心理体验。然而，如果他妻子事实上并不忠贞，只是成功地欺骗了他，使他误以为忠贞，那么，他显然会完全同样感到幸福而有完全同样的极度快乐的心理体验。这样，如果幸福真像主观主义所说，仅仅是一种心理体验，那么，不论这个人被骗与否、不论他妻子忠贞与否，他都是完全一样幸福的。因为他被骗时的幸福的心理体验与未被骗时的幸福的心理体验是完全相同的。所以，波吉曼指出，按照主观论，一个人只要自己觉得幸福，不论他是否被欺骗，他便是同样幸福的："那个被骗的人所拥有的幸福与他不被骗所拥有的幸福是完全一样的。"然而，被骗的人的幸福与未被骗的人的幸福显然是不同的：前者是真实幸福，后者虚幻幸福。这一事实

---

① Lawrence C. Becker: *Encyclopedia of Ethics*, Volume 1, New York: Garland Publishing, Inc., 1992, p. 434.

② Louis P. Pojman: *Ethical Theory: Classical and Contemporary Readings*, Belmont, California: Wadsworth Publishing Company, 1995, p. 150.

表明，主观论是错误的：幸福并不仅仅是一种主观任意的心理状态。那么，主观论究竟错在哪里？

2 主观主义幸福论之真谬

首先，一个人只要觉得幸福，他确实就是幸福的。但是，他所得到的究竟是虚幻幸福还是真实幸福，却不是主观任意的；而完全取决于他的重大需要之满足是虚幻的还是真实的：如果他的需要得到了真实的满足，他所感到的幸福就是真实幸福；如果他的需要得到了虚幻的满足，他所感到的幸福就是虚幻幸福。一个希求忠贞的爱情幸福的人，如果以为他的爱人忠贞于他，那么，不论事实如何，他都同样感到幸福，并且他确实是幸福的。但是，如果是他爱人成功地欺骗了他，他所得到的便是虚幻幸福；如果他爱人确实忠贞，他所得到的便是真实幸福。所以，一个人感到幸福，只是真实幸福的必要条件而非充分条件；只是虚幻幸福的必要且充分条件，而非真实幸福的必要且充分条件；因而也就不是一切幸福的必要且充分条件：一个人感到幸福不是幸福的必要且充分条件。主观主义幸福论的错误就在于把这个虚幻幸福的必要且充分条件，夸大成幸福的必要且充分条件，把虚幻幸福与真实幸福等同起来，从而也就把幸福仅仅理解为一种主观的心理状态。

其次，一个人只要觉得幸福，他确实就是幸福的。但是，由此不能说幸福完全是主观任意的。因为一方面，如前所述，虽然一个人只要自己觉得幸福，他就是幸福的；但是，他究竟觉得幸福与否，并不依他自己的意志而转移，而必然取决于他的需要是否得到满足：如果他的重大的需要得到了满足，他必然感到幸福；如果他的重大需要得不到满足，他绝不会感到幸福。一个人的重大需要是当教授。如果他当不上教授，那么，不论他怎样设法使自己感到幸福，他都不会感到幸福。只有当他晋升为教授的时候，他才会因为当教授的重大需要得到满足而感到幸福。诚然，如果他清心寡欲、放弃当教授的需求，他也可能会感到幸福。那么，这一定是因为他的其他的重大需求，如爱情需求、健康需求等，得到了满足。所以，幸福虽然是一种主观心理体验，却是一种对于需要是否得到满足的客观的、必然的、不依自己的意志而转移的心理体验。另一方面，虽然一个人只要自己觉得幸福，他就是幸福的；但是，他究竟得到了何种幸福、他所享有的幸福的性质却完全是客观的。因为他所享有的幸福的性质完全取决于他得到满足的需要的性质，而绝不依其主观感觉而转移。一个低能的蠢人，仰仗有钱有势的父母而随心所欲、尽情玩乐，自己觉得享有最美满、最高级的幸福。那么，他真的幸福吗？是的，他确实是幸福的。但是，他的幸福是像他自己感觉的那样，是最美满、最高级的吗？不是。恰恰相反，他享有的是最低级的幸福：物质幸福。所以，"只要自己觉得幸福就是幸福的"仅仅意味着幸福的自身形态是一种心理体验，是一种主观任意的东西；而就其内容和实质来说，却是重大需求的满足和生存发展的完满，因而完全是客观的、不依人的意志而转移的。因此，幸福不但不仅仅是主观心理体验，而且主要不是主观心理体验：幸福主要是重大需求的满足和生存发展的完满。所以，主观主义幸福论以为幸福仅仅是一种主观心理体验，实在是只见幸福的皮相而不见幸福的实质：只见幸福的心理体验之皮相，而不见重大需要的满足和生存发展的完满之实质。

3　客观主义幸福论之真谬

由主观主义幸福论是片面的错误的，是否可以说客观主义幸福论是真理？让我们先来看看客观主义幸福论的来龙去脉。幸福本性的客观论与幸福概念的完全论一样，其主要代表也是亚里士多德、柏拉图、阿奎那。显然，这也是因为客观主义幸福论的前提乃是幸福概念的完全论：

幸福亦即自我完善、自我实现、自我成就，是自我潜能的完满实现。因为一个人是否发挥了自己的潜能从而达到自我实现，是客观的、不以其是否有快乐或幸福的心理体验而转移的：如果他的自我实现的人生目的得到了实现，他必定会有极度快乐的心理体验，他必定幸福；但是，不论他感到如何幸福而极度快乐，他却完全可能并未发挥自己的潜能而达到自我实现。所以，从幸福亦即自我实现的完全论出发，客观主义幸福论自然认为幸福的本性完全是客观的、必然的、不依人的意志而转移的；而极度快乐的心理体验不过是幸福本性的必然的主观显现和伴随物：幸福的主观心理体验仅仅是幸福的必要条件而非充分条件。这一点理查德·克劳特说得很清楚："欲望的完全实现只是幸福的必要条件，而非幸福的充分条件。因为根据亚里士多德的理论，这些欲望必须被引导到有价值的目标……否则，不论一个人觉得怎样满足，他都不是个幸福的人。"① 这里所谓的"有价值的目标"无疑是指自我实现。所以，克劳特接着说："我们可以界定'客观主义'为这样一种观点，在这种观点看来，除非人们正在适度地接近他们所能达到的最好的生活，否则不能被认为是幸福的。根据客观主义，每个人都有某种在理想条件下能够得到充分发展的才能和天赋。"②

客观主义幸福论能成立吗？设有两人，他们都实现了自己的潜能而接近所能达到的最好生活：他们都出版了最好的学术专著，都担任系主任职务。但是，其中一个人志向远大，想望当校长却总是当不上，因而苦恼不已。另一个人则志得意满，感到十分快乐和幸福。按照客观主义幸福论，这两人是同样幸福的，因为他们同样都实现了自己的潜能而接近所能达到的最好生活。但是，实际上，显然只有感到幸福的那个人才是幸福的，而那个苦恼不已的人是不幸福的。这一事实表明，客观论也

---

① Louis P. Pojman: *Ethical Theory: Classical and Contemporary Readings*, Belmont, California: Wadsworth Publishing Company, 1995, p. 149.

② Ibid., p. 151.

是错误的：幸福的本性并不完全是客观的、必然的、不依人的意志而转移的。那么，客观论究竟错在哪里？

首先，如果幸福亦即自我实现，是自我潜能的完满实现，那么，客观论就是真理。因为一个人是否发挥了自己的潜能从而达到自我实现，是客观的、不以自己是否有幸福的心理体验而转移的：自我实现的本性完全是客观的。但是，如前所述，不论说幸福是自我实现，还是说自我实现是幸福都是错误的。幸福乃是重大需要得到满足的心理体验：如果一个人的重大需要是自我实现，那么，他的幸福就是自我实现，因而如果得到自我实现，他就会感到幸福，他就是幸福的；如果一个人的重大需要不是自我实现，那么，他的幸福就不是自我实现，因而如果得到自我实现，他也不会感到幸福，他也可能是不幸福的。这就是为什么那个想当校长的自我实现者并不幸福而另一个自我实现者却十分幸福的缘故。因此，如前所述，幸福可以分为自我实现的幸福和非自我实现的幸福两大类型：自我实现仅仅是一种特殊的、高级的幸福。所以，一个人不论是否自我实现，只要重大的需求得到满足，他就是幸福的：如果他的重大需求是自我实现，他得到的便是自我实现的幸福；他的重大需求是吃喝玩乐，他得到的便是吃喝玩乐的幸福；如果他的重大需求得到的是虚幻的满足，他得到的便是虚幻的、纯粹主观的幸福；他的重大需求得到的是真实的满足，他得到的便是真实的、主客一致的幸福。所以，既有自我实现的幸福又有非自我实现幸福，既有客观的真实的幸福又有主观的虚幻的幸福：幸福既具有客观性又具有主观性。客观论的错误就在于否认主观的虚幻的幸福，进而把幸福仅仅归结为一种客观的真实的幸福：自我实现。这样，客观论不仅理论上说不通，而且实践上有宣告芸芸众生不可能获得幸福之嫌。因为按照客观论，那些为生计忙忙碌碌而不具备自我实现客观条件的普通百姓，不论他们如何感到幸福，他们都注定是不可能幸福的。因此，理查德·克劳特指责客观主义幸福论"有一些不人道的东西"："客观主义过高地规定了幸福的价值目标，它促使我们对自己的不能达其客观幸福标准的生活不满意。但是，如果一个人永久智力低下，那么，尽管离他应该达到的理想很远，我们也没有理由使他相信，他的生活注定是不幸的。相反地，客观主义评价各个人的标准如果考虑到他们不能改变的能力和环境，那么，客观主义就是更为人道的学说了。"①

其次，如前所述，一个人如果感到幸福而有极度快乐的心理体验，那么，他确实是幸福的。只不过，他得到的可能仅仅是主观的虚幻的幸福，而不是客观的真实的幸福。因为他的重大需求得到虚幻的而非真实的满足、生存发展达到虚幻的而非真实的完满，他同样会感到幸福而有极度快乐的心理体验。一个人只要认为他的爱妻忠贞，那么，即使她欺骗了他，他不是同样感到幸福而有极度快乐的心理体验吗？但是，他得到的是虚幻的主观的爱情幸福而不是真实的客观的爱情幸福。所以，感到幸福仅仅是虚幻的主观的幸福的充分条件，而不是真实的客观的幸福的充分条件。那么，它是真实的客观的幸福的必要条件吗？是的。因为如果他的重大需求得到真实的满足、生存发展达到真实的完满从而享有客观的真实的幸福，那么，他必定会感到幸福而有极度快乐的心理体验：感到幸福是真实的客观的幸福的必要条件。客观主义幸福论的错误就在于抹杀主观的虚幻的幸福，把幸福与真实的客观的幸福等同起来，因而把"自己感到幸福"这个真实的客观的幸福的必要条件，夸大成幸福的必要条件，从而错误地得出结论说：自己感到幸福未必幸福，幸福的本性完全是客观的、不依人的意志而转移的。

总之，幸福，就其形式、样态来说，它是主观的，是主观的心理体验；就其内容、内在本性来说，它是重大需求的满足，是存在发展的完满，因而是客观的，具有不依人的意志而转移的客观本性：幸福既具有

---

① Louis P. Pojman: *Ethical Theory: Classical and Contemporary Readings*, Belmont, California: Wadsworth Publishing Company, 1995, p. 156.

主观性又具有客观性，是主观与客观的统一物，是主观幸福与客观幸福、虚幻幸福与真实幸福的统一物。主观主义幸福论的错误就在于把主观的虚幻幸福与客观的真实的幸福等同起来，只见幸福的心理体验之皮相，而不见重大需要的满足和生存发展的完满之实质，从而得出结论说：自己感到怎样幸福便怎样幸福，幸福完全是一种主观的心理状态。客观主义幸福论的错误则在于否认主观的虚幻的幸福，把真实的客观的幸福与幸福完全等同起来，进而把幸福仅仅归结为一种客观的真实的幸福：自我实现；从而得出结论说：自己感到幸福未必幸福，幸福的本性完全是客观的、不依人的意志而转移的。现在，我们弄清了幸福的性质，这是幸福客观本性之一方面。幸福客观本性的另一个方面，如下所述，乃是幸福的规律。

第二十七章 幸福规律

本章提要

幸福体验律：快乐和幸福越低级，其体验便越强烈而短暂；越高级其体验便越淡泊而持久。幸福先后律：需要越低级便越优先，越高级便越后置：高级需要是低级需要得到最低满足的结果。但是，低级幸福并不优先于高级幸福，高级幸福是低级需要相对的、最低的满足的结果，而不是低级需要理想满足的结果，不是低级幸福实现的结果；高级幸福后置于低级需要的最低满足，而并不后置于低级幸福：高级幸福与低级幸福是相对独立的。幸福价值律：一方面，快乐和幸福越强烈、越持久、越迫近、越确定、越纯粹、越具有增殖性、增进社会和每个人利益越多，其价值便越大。另一方面，快乐和幸福越高级，对于生存的价值便越小而对于发展的价值便越大；快乐和幸福越低级，对于生存的价值便越大而对于发展的价值便越小。幸福实现律：欲、才、力、命、德是幸福实现的充足且必要的五大要素。欲是幸福实现的动力要素、负相关要素：欲望越大，幸福便越难实现；才、力、命、德是幸福实现的非动力要素、正相关要素：才越高、力越大、命越好、德越优，幸福便越易实现；欲与才、力、命、德一致，幸福便会完美实现。

一 事实律

1 强弱律

各种快乐和幸福的强烈程度是不一样的。爱情的快乐和幸福如醉如痴、欲仙欲死，是极其强烈的。反之，读书之乐、思考之乐、审美之乐，则如行云流水、飘逸淡泊之至。那么，快乐和幸福的强烈程度取决于什么？显然取决于需要和欲望的强烈程度：需要和欲望越强烈，对于它的满足的心理体验便越强烈；需要和欲望越淡泊，对于它的满足的心理体验便越淡泊。为什么性爱的快乐和幸福是那么强烈？岂不就是因为性欲乃是最强烈的欲望？为什么读书学习之乐比较淡泊？岂不就是因为读书学习的欲望比较淡泊？那么，需要和欲望的强烈程度究竟又是由什么决定的？

马斯洛发现，需要和欲望的强弱取决于其等级的高低：需要和欲望越低级，便越强烈；需要和欲望越高级，便越淡弱："生理需要强烈于安全需要，安全需要强烈于爱的需要，爱的需要又强烈于自尊的需要，而自尊需要又强烈于被我们称之为自我实现需要的独立特行之需要。"[①]这意味着：快乐和幸福越低级便越强烈，越高级便越淡弱。确实，这本是人人都有的体验：我们所体验过的种种快乐和幸福，哪一种最为强烈？"饮食男女"之福乐（物质幸福）也！哪一种最为淡泊？"学而时习之"之福乐（精神幸福）也！名誉权势之福乐（社会幸福），介于两者之间也！所以，快乐和幸福的强弱与其等级的高低成反比：快乐和幸福越高级便越弱而淡泊，越低级便越强烈急迫。这就是快乐和幸福之强弱律。可是，

---

① Abraham H. Maslow: *Motivation and Personality*, New York: Harper & Row, 1970, p. 98.

为什么快乐和幸福越高级便越淡泊越低级便越强烈？

原来，所谓需要，如所周知，是事物因其存在和发展而对某种东西的依赖性：人的需要是人因其生存和发展而对某种东西的依赖性。这就是说，人的一切需要都源于生存和发展，都可以归结为生存和发展两大需要：或者是生存需要，或者是发展需要，或者二者兼而有之。物质需要或生理需要，如食欲、性欲、求生欲、健康需要、睡眠需要、安全需要等显然都是生存需要；精神需要，如自我实现需要、创造性需要、好奇心、求知欲、游戏需要、审美需要等显然都是发展需要；社会性需要，如权力欲、名誉心、良心、自尊心、公平感、复仇欲望等，大都两种需要兼而有之。质言之，需要越低级，便越接近生存需要：最低级的需要，如食色，是纯粹生存需要。需要越高级，便越接近发展需要：最高级的需要，如自我实现，是纯粹发展需要。

因此，低级需要的本质是生存，是生存需要；高级需要的本质则是发展，是发展需要。生存需要无疑比发展需要强烈，而发展需要则比生存需要淡泊。因为任何人，不论他是如何淡漠生存而注重发展，他也必须首先生存，然后才能发展；如果他不能生存，又谈何发展？这就是需要越低级便越强烈的原因：需要之所以越低级便越强烈、越高级便越淡泊，岂不就是因为低级需要是生存需要，而高级需要是发展需要？岂不就是因为生存需要强烈而发展需要淡泊？这也就是快乐和幸福越低级便越强烈的原因：低级快乐和幸福的本质是生存需要之满足；高级快乐和幸福的本质是发展需要之满足。

2　久暂律

强烈的心理体验必不能持久，能够持久的心理体验必是淡泊的。快乐和幸福这种心理体验也不能不如此。幸福越低级便越强烈，因而也就越短暂；越高级便越淡泊，因而也就越持久。美酒佳肴之福乐是低级的，其体验可谓强烈，然而极其短暂：酒足饭饱之后便荡然无存。反之，著书立说之福乐是高级的，它比吃吃喝喝淡泊得多，但也持久得多，甚至往往可以快慰一生。性交是最低级的，在这一点上人与其他交尾动物无异。性交之快乐和幸福的心理体验也是最强烈的，其销魂荡魄之绝妙，不可言传、无与伦比。但是，这种快乐和幸福无疑是最短暂的。中国古代小说写到此处，往往是："顷刻，云收雨散"云云。有些动物更惨：这片刻的极乐便是它的生命之终结。

反之，自我创造潜能之实现，是最高级的快乐和幸福：它是人和其他动物的最为显著的区别。自我实现的快乐和幸福也是最淡泊的：它恬淡虚无、若隐若现、似乐非乐、似福非福。但是这种快乐和幸福却是最持久的：它迁延不绝，是一种终生受用的永恒享乐。因此，穆勒甚至认为高级幸福的高级性就在于永久："精神快乐优越于肉体快乐，主要在于后者更永久。"[1] 舍勒尔进而把久暂作为价值高低的判定标准："价值越高越持久。"[2]

那么，为什么快乐和幸福越高级便越持久而越低级便越短暂？这个问题的答案恐怕也在于：低级快乐和幸福的本质是生存需要之满足；高级快乐和幸福的本质是发展需要之满足。因为生存需要之满足的实现过程是短暂的。就拿食欲之满足的实现过程来讲，一般说来，只要半个小时。半个小时便可以吃饱饭，便不必再吃了，生存需要便得到满足了。一直等到饥饿时，才会再吃半个小时，再享受半个小时食欲满足之乐。不论是谁，不论他是一个怎样的酒肉之徒，都不可能日日整日一直吃下去。如果像读书那样，整日一直吃下去，岂不早就撑死了？性欲之满足的实现过程更是短暂，自不待言了。

---

① Robert Maynard Hutchins: *Great Books of the Western World*, Volume 43, *On Liberty*, London: John Stuart Mill, Encyclopaedia Britannica, Inc., 1980, p. 448.

② 施太格缪勒:《当代哲学主流》上卷，王炳文、燕宏远、张金言等译，商务印书馆，1989年，第69页。

反之，发展需要之满足的实现过程则是持久的。且看求知欲这种最根本的发展需要。这种需要满足的实现过程，显然是不断的、渐进的、时时刻刻都在进行的。一个好学不倦的人，可以岁岁年年终日手不释卷。如果一个人读书写作像吃饭那样，一日三次，每次半个钟头，那么，他一定是个缺乏或无暇满足求知欲的人。自我实现需要之满足的过程更是持久，毋庸赘述了。生存需要之满足的实现过程是短暂的，因而这种需要得到满足的心理体验（亦即低级快乐和幸福）便是短暂的；发展需要之满足的实现过程则是持久的，因而这种需要得到满足的心理体验（亦即高级快乐和幸福）便是持久的。

可见，快乐和幸福的久暂与其等级的高低成正比：快乐和幸福越低级，其心理体验便越短暂；越高级，其心理体验便越持久。这就是快乐和幸福心理体验之久暂律。合观幸福久暂律与幸福强弱律可知，幸福的等级高低与其强弱成反比，而与其久暂成正比：快乐和幸福越低级，其体验便越强烈而短暂；越高级其体验便越淡泊而持久。这就是快乐和幸福的体验律。面对这个规律，人们或许困惑：若就心理体验的强弱来说，低级的快乐和幸福似乎优先于高级的快乐和幸福；若就心理体验的久暂来说，高级的快乐和幸福的又似乎优先于低级的快乐和幸福。到底何者优先？

3 先后律

马斯洛心理学的最大成就恐怕就是揭示不同等级需要的强弱先后之规律：需要越低级便越强烈因而也就越优先；越高级便越淡泊，因而也就越后置：高级需要是低级需要相对满足的结果。马斯洛非常重视这个发现而称之为"人类动机主要原理"：

"人类动机活动系统的主要原理是基本需要按优势或力量而形成的强弱等级。给这个系统以生命的主要动力原理是，健康人的更为强烈的需要一经满足，比较淡泊的需要便会出现。生理需要在其未得到满足时会支配机体，迫使所有能力为其服务，并组织这些能力而使服务达到最高效率。相对的满足消沉了这些需要，使等级的下一个较强烈的需要得以出现，继而支配和组织这个人，如此等等。这样，刚摆脱饥饿，现在又为安全所困扰。这个原理同样适用于等级系列中的其他需要，即爱、自尊和自我实现。"[①]

确实，需要越低级便越优先：最低级的需要便是最优先的需要。试想，每个人都有食欲、性欲、安全欲、功名心、自尊心、道德心、自我实现的追求等。但是，一旦他处于饥饿之中而食欲得不到满足时，他的功名心等其他欲求便都退后或消失了：他一心要满足的只是食欲。只有食欲得到满足，其他的欲求才会出现，他才会去满足其他欲求。这是一条普遍定律：不论是谁，不论他多么崇高伟大，多么蔑视物质享乐，当他饥饿的时候，他都不能不停止他的崇高理想而追逐食欲的满足。马克思最喜欢的话是："思维的享受是最高的享受。"可谓清高之至。但是，如果他吃喝不成、又饥又渴，他能够构思《资本论》吗？当此际，充满他那伟大的头脑的，必定是面包、牛肉、红葡萄酒。只有当他的食欲得到满足之后，他的头脑才可能出现"价值"、"剩余价值"，才可能构思《资本论》。一言以蔽之，低级需要优先于高级需要；高级需要是低级需要得到满足的结果。但是，马斯洛指出：

"这种表述可能会给人以这样的虚假印象：一种需要必须百分之百地得到满足，下一等级的需要才能出现。实际上，我们社会大多数正常人的全部基本需要都是部分地得到了满足，同时又部分地未得到满足。更为真实的等级系列的描述应该是：随着等级的升高而逐渐降低满足的百分比。举例说——为了说明的方便我可以任意假定一些数字——普通市民或许满足了 85％ 的生理需要，70％ 的安全需要，50％ 的爱的需要，

---

① Abraham H. Maslow: *Motivation and Personality*, New York: Harper & Row, 1970, p. 59.

40％的自尊需要，10％的自我实现需要。"①

这就是说，导致高级需要产生的低级需要的满足程度是相对的，是因人因社会环境而异的。但是，不论任何社会，不论任何人，有一点是绝对的，那就是：他的低级需要至少必须得到最低程度的满足，他的高级需要才可能产生，才可能有高级需要的满足，才可能有高级的快乐和幸福。那么，由此是否可以说幸福越低级便越优先、越高级便越后置、高级幸福是低级幸福得到实现的结果？

结论似乎如此。然而，这岂不意味着：只有得到低级幸福的人才可能得到高级幸福；得不到低级幸福的人必定得不到高级幸福？果真如此，鲍照就不会有"自古圣贤尽贫贱"之叹了。事实上，鲍照所言虽然失之绝对，但是，古今中外确实有众多享有高级幸福的思想家、艺术家、理论家、文学家、哲学家，如苏格拉底、斯宾诺莎、曹雪芹、鲁迅、车尔尼雪夫斯基、莱蒙托夫等，都没有得到物质幸福：他们或者是穷困潦倒，或者是英年早逝，或者是坎坷多难。那么，问题究竟出在哪里？

原来，所谓幸福，乃是人生某种重大的需求得到满足的心理体验，亦即人生某种理想得到实现的心理体验。因此，低级幸福便是人生某种重大的低级需要得到满足的心理体验，是人生某种低级需要的理想满足；高级幸福则是人生某种重大高级需要得到满足的心理体验，是人生某种高级需要的理想满足。所以，一个人能否享有高级幸福的必要条件是：他必须具有高级需要。

然而，高级需要仅仅是低级需要的相对的、最低的满足的结果；而不是低级需要的理想的满足的结果，不是低级幸福得到实现的结果。所以，低级需要的相对的、最低的满足，必优先于高级幸福：没有低级需要的相对的、最低的满足，人们绝不会有高级需要，从而也就不会追求、更不会享有高级幸福。苏格拉底、斯宾诺莎、马克思、曹雪芹、鲁迅、

---

① Abraham H. Maslow: *Motivation and Personality*, New York: Harper & Row, 1970, p. 34.

车尔尼雪夫斯基、莱蒙托夫等，如果衣不遮体、食不果腹，物质需要得不到最低的满足而必须终日为生存而奋斗，那么，他们就绝不会有著书立说、自我实现的高级需要，从而也就不会享有成一家之言和自我实现的高级幸福了。

但是，没有低级幸福的人，也可以有低级需要的相对的、最低的满足，因而也可以有高级需要，从而也就可以追求和享有高级幸福。所以，低级幸福虽然比高级幸福强烈，却并不优先于高级幸福；高级幸福以低级需要的最低满足为必要条件，却不以低级幸福为必要条件：高级幸福与低级幸福是相对独立的。所以，马斯洛一再说："高级需要的发展只能建立在低级需要的基础之上，但牢固建立之后，就能够相对独立于低级需要了。"[1] 这就是为什么古来圣贤能够安于贫贱的客观原因：高级幸福不必以低级幸福为必要条件而可以独立存在。

可见，需要的先后与其等级的高低成反比：需要越低级便越优先，越高级便越后置：高级需要是低级需要得到最低满足的结果。但是，低级幸福并不优先于高级幸福，高级幸福是低级需要相对的、最低的满足的结果，而不是低级需要理想满足的结果，不是低级幸福实现的结果；高级幸福后置于低级需要的最低满足，而并不后置于低级幸福：高级幸福与低级幸福是相对独立的。这就是幸福之先后律或优先律。

幸福的先后律、久暂律、强弱律，合而言之，都是关于幸福的"是"、"事实"、"事实如何"的规律，因而可以名为"事实律"，是幸福的"事实三定律"。但是，"事实创造应该。"[2] 深思幸福事实如何之定律，不禁令人有"应该如何选择幸福"之困惑：若就心理体验的强弱来说，低级幸福的价值似乎大于高级幸福；若就心理体验的久暂来说，低级幸福的价值又似乎小于高级幸福的价值；若就心理体验的先后次序和优先

---

[1]　Abraham H. Maslow: *Motivation and Personality*, New York: Harper & Row, 1970, p. 104.

[2]　马斯洛：《人性能达到的境界》，林方译，云南出版社，1987年，第122页。

性来说，高级幸福和低级幸福是相对独立、可以自由选择的。那么，当高级幸福与低级幸福发生冲突而不能两全时，究竟应该选择何种幸福？何种幸福的价值更大？这是幸福的价值规律所要解决的问题。

二　价值律

幸福价值的研究表明：快乐是善、幸福是至善，二者是人生的终极价值和终极意义；人生的终极目的便是对于自己的价值和意义——快乐和幸福——的追寻。然而，不论是各种快乐还是各种幸福往往都会发生冲突而不能两全：要物质幸福，往往便须出卖自由而得不到自我实现之精神幸福；要做官而享受权势之乐，往往便搞不了学问而得不到思维创造之乐。当此际，无疑应该追求价值较大的快乐和幸福而放弃价值较小的快乐和幸福。问题的关键在于：我们应该根据什么判断各种快乐和幸福的价值之大小？各种快乐和幸福的价值大小有无规律可循？有的。各种快乐和幸福的价值大小之规律，不妨名之为"幸福价值律"。①

幸福价值律包括两个方面。一方面，我们可以根据各种快乐和幸福因某种量的不同而测试其价值大小。例如，穆勒说，精神快乐的价值大于物质快乐的价值；因为享受精神快乐的时间的量，比享受物质快乐的时间的量，要持久：持久的快乐可以折合成较多、较大的短暂的快乐。各种快乐和幸福因某种量的不同而导致价值大小之规律，可以名之为"折合律"。另一方面，我们可以根据各种快乐因某种性质的不同而测试其价值大小。例如，穆勒和马斯洛认为，精神快乐的价值大于物质快乐的价值；因为前者是高级的快乐，后者是低级的快乐：快乐和幸福越高

---

① 因此，第二章"幸福价值"与本章的"幸福价值律"是一种由抽象到具体的关系：本章研究的是各种具体幸福相互间的价值大小之比较；第二章研究的是幸福整体、幸福总和的至善本性，是幸福整体、幸福总和之价值。

级价值便越大。各种快乐和幸福因性质不同而导致价值大小之规律，可以名之为"等级律"。

1　折合律：各种幸福因某种量的不同而导致价值大小之规律

关于各种幸福因某种量的不同而导致价值大小之规律，边沁曾有精深研究。通过这些研究，他得出结论说："苦乐价值的大小是依照以下各个条件决定的：① 它的强度（intensity）。② 它的持久度（duration）。③ 它的确定性或不确定性（certainty or uncertainty）。④ 它的迫切性或遥远性（时间上的远近）（propinquity）。……⑤ 它的继生性（fecundity），或苦乐之后随之产生同类感受的机会，也就是乐后之乐，苦后之苦。⑥ 纯度（是否纯粹）（purity）或者苦乐之后不产生相反感受的机会，也就是不产生乐后之苦，苦后之乐。……⑦ 范围（extent），也就是苦或乐扩展所及的人数，或者换句话，受苦乐影响的人数多少。"[①] 这就是说，快乐和幸福可以因七种量的不同而显示其价值之大小，因而也就有如下七条折合律：

快乐和幸福的价值大小首先取决于它们的强烈程度：强烈的快乐和幸福的价值大于淡泊的快乐和幸福的价值。因为正如复杂劳动可以折合为较多的简单劳动、高度酒可以折合成较多的低度酒一样，强烈的快乐和幸福也可以折合成较多、较大的淡泊的快乐和幸福。因此，快乐和幸福的价值大小与其强烈程度成正比：快乐和幸福越强烈，它们的价值便越大；快乐和幸福越淡泊，它们的价值便越小。这就是衡量各种快乐和幸福价值大小的"强度律"。沉思生活，到处可以发现这一规律。举例说，爱情幸福和友谊幸福都属于社会幸福。但是，为什么爱情的快乐和幸福的价值大于友谊的快乐和幸福的价值？岂不就是因为爱情的快乐和幸福强烈于友谊的快乐和幸福？食色之乐都是生理快乐、物质快乐。但

---

① 周辅成编：《西方伦理学名著选辑》下卷，商务印书馆，1987 年，第 266 页。

是，为什么一次性爱快乐的价值大于一顿饮食的价值？岂不就是因为前者的快乐强烈于后者的快乐？可是，为什么吸毒的快乐是最强烈的快乐，它的价值却最小：吸毒的价值是一种负价值？吸毒快乐的价值小，是负数，并不是因为吸毒的快乐强烈，而是因为吸毒所带来痛苦大于快乐，其净余额是痛苦。如果吸毒无害健康不费钱财，那么，吸毒的快乐就是价值最大的快乐了。所以，强烈的快乐的价值可能很小；但是，它的价值小绝不是因其强烈。如果仅就强烈程度来说，那么，强烈的快乐的价值必定大于淡泊的快乐的价值。

快乐和幸福的价值大小不但取决于其强烈程度，而且取决于它们的持续时间：持久的快乐和幸福的价值大于短暂的快乐和幸福的价值。因为正如强烈的快乐和幸福可以折合成较多、较大的淡泊的快乐和幸福一样，持久的快乐和幸福也可以折合成较多较大的短暂的快乐和幸福。因此，快乐和幸福的价值大小与其持续时间成正比：快乐和幸福越持久，它们的价值便越大；快乐和幸福越短暂，它们的价值便越小。这就是衡量各种幸福价值大小的"持续律"。中国的道家深谙此律。因为他们主张节欲养生，说到底，只是为了得到持久的快乐和幸福："古人得道者，生以寿长，声色滋味，能久乐之。"[1]我们拒绝吸毒之乐、纵欲之乐，说到底，也只是因为其乐短暂：掏空了身子、浪费了钱财，便不能久乐。然而，正如俗语所说，结婚是爱情的坟墓：爱情和性爱之乐的本性便是短暂的。可是，为什么爱情和性爱的快乐幸福的价值却极其巨大？爱情和性爱的快乐幸福的价值巨大，显然并不是因其短暂，而是因其强烈、销魂。所以，短暂的快乐和幸福的价值可能很大；但是，它们的价值大绝不是因其短暂。如果仅就时间的长短来说，那么，较长的快乐和幸福的价值必定大于较短的快乐和幸福的价值。

快乐和幸福的价值大小还取决于它们的确定性：确定的快乐和幸福

---

[1] 《吕氏春秋·情欲》。

的价值大于不确定的快乐和幸福的价值。因为所谓确定性与不确定性也就是可能性的程度：可能性较大的快乐和幸福便是比较确定的快乐和幸福；可能性较小的快乐和幸福便是比较不确定的快乐和幸福。因此，确定的快乐和幸福便可以折合成较多的不确定的快乐和幸福。举例说，实现的可能性是 90％的比较确定的幸福，便可以折合成 2 倍的实现的可能性是 45％的比较不确定的幸福。这样，快乐和幸福的价值大小便与其确定性的程度成正比：快乐和幸福越确定，其价值便越大；快乐和幸福越不确定，其价值便越小。这就是衡量各种幸福价值大小的"确定律"。这个规律近乎常识。举例说，我们在谈情说爱的时候，往往便会遇到这样的情况：放弃追逐更令人动心的美貌异性，转而求其次，追求相貌较差的有情人。因为美人固然更加令人心醉，但是，求得美人的可能性很小，是一种极不确定的幸福；而求得相貌较差的有情人的可能性很大，是一种确定的幸福。诚然，那些富有冒险精神的人——古今中外有大成就者大都如此——恰恰相反，他们往往放弃确定幸福而追逐不确定幸福。他们的选择错了吗？爱尔维修不但认为他们的选择不错，而且还盛赞他们为英雄："这些英雄想出和执行这样大胆的企图，即他们直到以成功证明了智慧时，对于众人还是像狂妄的，并且真正地不能如此实现的。"[1] 确实，他们的选择是正确的。但是，这并不是因为他们放弃了确定幸福而选择不确定幸福；而是因为他们放弃了固然确定却是平庸的幸福，选择了虽然不确定却是伟大的幸福。不确定幸福的价值小于确定幸福的价值。但是，伟大幸福的价值大于平庸幸福的价值。因此，不确定而伟大的幸福的价值净余额，在一定条件下，可能远远大于确定而平庸的幸福的价值。然而，这显然并不是因其不确定，而是因其伟大。所以，如果仅就确定程度来说，那么，确定的快乐和幸福的价值无疑大于不确定的快乐和幸福。

---

[1]　爱尔维修:《精神论》，杨伯恺译，上海新垦书店，1933 年，第 146 页。

快乐和幸福的价值大小还取决于可能得到它们的时间的远近：近期便可能得到的快乐和幸福的价值，大于在较远的未来才能得到的快乐和幸福的价值。因为越是较近便可得到的幸福，便越是可能性较大的、比较确定的幸福；越是较远才能得到的幸福，便越是可能性较小、较不确定的幸福。这样，较近可以得到的快乐和幸福，便可以折合成较多的较远才能得到的快乐和幸福。比如说，一年可以得到的幸福便可以折合成2倍的两年才能得到的幸福。这样，快乐和幸福的价值大小便与其远近成正比：快乐和幸福越近，其价值便越大；快乐和幸福越远，其价值便越小。这就是衡量各种幸福价值大小的"远近律"。由此可以理解，为什么我们往往宁愿要眼前的价值较小的幸福，而不要遥远的价值较大的幸福。但是，由此显然只能说，仅就时间的远近来讲，眼前的幸福的价值大于未来的幸福的价值；由此不能说，选择眼前价值较小幸福而放弃未来价值较大幸福就是正确。因为眼前幸福的价值固然大于未来幸福的价值，但是，眼前较小幸福的价值却可能小于未来较大幸福的价值：眼前价值较小幸福的价值净余额，可能小于未来价值较大幸福的价值净余额。所以，我们往往更加赞美那些高瞻远瞩者，他们大都放弃眼前的快乐而追逐遥远的幸福，最终成就一番伟业。

快乐和幸福的价值大小还取决于它们的增殖性：具有增殖性的快乐和幸福的价值，大于不具有增殖性的快乐和幸福的价值。因为具有增殖性的快乐和幸福显然可以折合成较多的不具有增殖性的快乐和幸福。当官的快乐和幸福所具有的增殖性是很典型的：不仅可以享有权势地位之幸福，而且可以增殖吃喝玩乐之物质幸福、爱情和友谊之社会性幸福、实现自己创造性的管理潜能之精神幸福等。因此，当官幸福具有巨大价值，因而古往今来，人们无不渴求当官。甚至陶渊明也是"误落尘网中，一去三十年"。他们隐居起来不愿当官，并不是因为当官幸福的增殖性，而是因为当官幸福的不纯粹性：丧失空闲、安全和自由等。反之，吃喝玩乐是典型的不具有增殖性的快乐和幸福。如果说它们能够增殖什么，那么，除了厌腻、空虚和惆怅，还会有什么呢？所以，吃喝玩乐是价值最小的幸福：除了饥肠辘辘的穷光蛋，谁会由衷羡慕这种幸福的享有者呢？可见，快乐和幸福的价值大小与其增殖性成正比：快乐和幸福的可增殖性越大，其价值便越大；快乐和幸福的可增殖性，其价值便越小。这就是衡量各种快乐和幸福价值大小的"增殖律"。

快乐和幸福的价值大小还取决于它们的纯度：纯粹的快乐和幸福的价值，大于不纯粹的快乐和幸福的价值。因为所谓纯粹的快乐和幸福，也就是没有副作用的、不产生痛苦和不幸的快乐和幸福；反之，不纯粹的快乐和幸福则是有副作用的、能够带来痛苦和不幸所快乐和幸福。插足他人家庭、当第三者追求有夫之妇的快乐和幸福，必定带来麻烦和痛苦，是不纯粹的快乐和幸福；反之，遵纪守法、自由恋爱则是没有第三者的麻烦和痛苦的幸福，是比较纯粹的幸福。显然，不纯粹的快乐和幸福的净余额小于纯粹的快乐和幸福的净余额，因而纯粹的快乐和幸福可以折合成较多的不纯粹的快乐和幸福。这样，快乐和幸福的价值大小便与其纯度成正比：快乐和幸福越纯粹，其快乐和幸福的净余额便越大，其价值便越大；快乐和幸福越不纯粹，其快乐和幸福的净余额便越小，其价值便越小。这就是衡量各种快乐和幸福价值大小的"纯度律"。

不难看出，上述幸福诸规律所揭示的，都是快乐和幸福对于享有者的个人目的的效用性或价值，而不是对于社会创造道德的目的的效用性或价值；因而便都是快乐和幸福的价值规律，而不是快乐和幸福的道德价值规律。那么，各种快乐和幸福的道德价值之大小应该如何折合计算？有无规律可循？有的。因为每个人的幸福，如前所述，乃是他的至善，是他的最重大的利益：它既可能通过利他的、增进社会和他人利益的手段实现，也可能通过损人的、减少社会和他人利益的手段实现。因此，每个人的幸福无不具有道德价值。他的幸福的道德价值之大小，就其最显著的量化特征来说，无疑取决于因其幸福而受益或受害的人数：增进多数人较大利益的幸福的道德价值，大于增进少数人较小利益的幸福的道德价值；减少多数人较大利益的幸福的负道德价值，大于减少少数人较小利益的幸福的负道德价值。因为增进多数人较大利益的幸福的道德价值，显然可以折合成较多的增进少数人较小利益的幸福的道德价值；减少多数人较大利益的幸福的负道德价值，可以折合成较多的减少少数人较小利益的幸福的负道德价值。这样，幸福的正负道德价值之大小便与因其而受益和受害的人数成正比：受益的人数越多，其道德价值便越大，受益的人数越小，其道德价值便越小；受害的人数越多，其负道德价值便越大；受害的人数越少，其负道德价值便越小。这就是幸福的"广度律"。因此，政治抱负得到实现的幸福的道德价值，一般说来，总是远远大于食色欲望得到实现的幸福的道德价值。因为因前者获利的几乎是全社会每个人，而因后者获利的则只有极少数人，甚至可能仅仅是幸福者自己。然而，反过来，如果一个人的政治抱负得到实现的幸福所具有的是负道德价值，那么，不言而喻，这种负道德价值也同样远远大于食色欲望得到实现的幸福所具有的负道德价值。试想，有什么幸福所具有的负道德价值比希特勒、墨索里尼、东条英机之流的政治抱负得到实现的负道德价值更大呢？

　　幸福的广度律亦即幸福的道德价值律。但是，它是幸福的道德价值律的某种简化。因为衡量任何行为和心理——幸福和快乐也属于行为和心理范畴——的道德价值大小的终极标准，如前所述，并不是人数多少，而是增减社会和每个人利益的多少：人数的多少仅仅是增减社会和每个人利益多少的最简单的表现。这种简化的缺憾主要在于，它无法在各种幸福所影响的人数相同或不确定的情况下，确定它们的道德价值之大小。那么，如果各种幸福所影响的人数相同或不确定，它们的道德价值大小取决于什么？

　　取决于它们对于社会和每个人利益的增减程度：增进社会和每个人利益较多的幸福的道德价值，大于增进社会和每个人利益较少的幸福的道德价值；减少社会和每个人利益较多的幸福的负道德价值，大于减少社会和每个人利益较少的幸福的负道德价值。因为增进社会和每个人利益较多的幸福的道德价值，可以折合成较多的增进社会和每个人利益较少的幸福的道德价值；减少社会和每个人利益较多的幸福的负道德价值，可以折合成较多的减少社会和每个人利益较少的幸福的负道德价值。这样，幸福的正负道德价值之大小便与增减社会和每个人利益的多少成正比：增进社会和每个人利益越多的幸福，其道德价值便越大，增进社会和每个人利益越小的幸福，其道德价值便越小；减少社会和每个人利益越多的幸福，其负道德价值便越大；减少社会和每个人利益越少的幸福，其负道德价值便越小。这就是幸福的道德价值律。

因此，人生道德价值最大的幸福，便不是德性幸福或无私利他幸福，而是那种非德性幸福：为己利他幸福。因为为己利他幸福比无私利他幸福或德性幸福更能增加社会和每个人的利益总量。这可以从两方面看。一方面，无私利他幸福似乎没有增加社会利益总量，因为它虽然增加了他人利益总量，却减少了自我利益总量（如无偿地付出了时间和精力等利益）；反之，为己利他幸福则显然增加了社会利益总量，因为它不仅增加了他人利益总量，而且增加了自我利益总量。

另一方面，即使无私利他幸福增加了社会的利益总量，也必定远远少于为己利他幸福所增加的社会利益总量；因为只有为己利他才具有而无私利他却不具有增进社会利益的最强大的动力：个人利益追求。所以，无私利他幸福和德性幸福是道德价值最高的幸福，却不是道德价值最大的幸福；为己利他这种非德性幸福不是道德价值最高的幸福，却是道德价值最大的幸福。因此，可以说：立德幸福是道德价值最高的幸福，却不是道德价值最大的幸福；立功幸福和立言幸福不是道德价值最高的幸福，却是道德价值最大的幸福。

综观幸福诸种折合律——强度律、持续律、确定律、远近律、增殖律、纯度律、广度律——可知，这些规律所揭示的都是各种幸福因某种量——或者是强烈程度，或者是时间长短，或者是时间远近，或者是确定程度，或者是纯粹程度，或者是增殖程度，或者是所影响的人数等——的不同所导致的价值之大小，是通过各种幸福的某种量的折合计算而显示其价值大小。因此，这些规律都是幸福价值的量的规律，是各种幸福因某种量的不同而导致价值大小之规律。

2 等级律：各种幸福因性质不同而导致价值大小之规律

穆勒继承边沁学说，进而研究各种幸福因性质不同而导致价值大小之规律。他的结论是：高级快乐和幸福的价值大于低级快乐和幸福的价值。他将他的论据概括为一个绝妙的选择："做一个得不到满足的人，比做一个得到满足的猪好；做一个得不到满足的苏格拉底，比做一个得到满足的傻瓜好。"①

为什么得不到满足的人，比得到满足的猪好？显然是因为，得不到满足的人可能享有精神幸福，而得到满足的猪却只能享有物质幸福：精神幸福的价值大于物质幸福的价值。为什么得不到满足的苏格拉底，比得到满足的傻子好？显然是因为，得不到满足的苏格拉底，只是没有物质幸福，却享有精神幸福；而得到满足的傻子，却只有物质幸福而不可能享有精神幸福：精神幸福的价值大于物质幸福的价值。

可见，穆勒之见可以归结为这样一个问题：如果一个人可以随意选择，那么，他应该做一个享有物质幸福的傻瓜呢，还是做一个没有物质幸福的思想家？穆勒的回答是：应该选择后者。因为傻瓜虽有物质幸福而无精神幸福；思想家虽无物质幸福却有精神幸福：精神幸福的价值大于物质幸福的价值、高级快乐和幸福的价值大于低级快乐和幸福的价值。马斯洛通过对高级需要和低级需要的研究，也得出了同样结论：

---

① Robert Maynard Hutchins: *Great Books of the Western World*, Volume 43, On Liberty, London: John Stuart Mill, Encyclopaedia Britannica, Inc., 1980, p. 4449.

"那些两种需要都满足过的人，通常认为高级需要的满足比低级需要的满足具有更大的价值。他们愿为高级需要的满足而牺牲更多的东西，而且更容易忍受被剥夺低级需要的满足。举例说，他们将比较容易过一种苦行者的生活或为了原则而甘当风险、为了自我实现而放弃钱财和名望。两种需要都熟悉的人普遍地认为自尊是比填满肚子更高、更有价值的主观体验。"[①]

这就是说，高级幸福比低级幸福具有更大的价值：精神幸福的价值大于社会幸福的价值、社会幸福的价值大于物质幸福的价值。粗略看来，马斯洛和穆勒所言甚为精当。然而，对于一个衣食无着、难以生存的人，我们能说自尊需要的满足比填饱肚子具有更大的价值吗？精神需要是最高级的需要。然而，它的满足果真对于一切人都具有最大价值吗？对于一个整天算计如何才能养家活口的穷困农民来说，物质需要的满足和物质幸福的价值，岂不远远大于精神需要的满足和精神幸福的价值吗？那么，究竟是什么地方出了毛病？

原来，快乐和幸福，就其客观内容来说，亦即需要之满足。需要是事物因其存在和发展而对某种东西的依赖性；人的需要则是人因其生存和发展而对某种东西的依赖性。所以，各种快乐和幸福的价值，说到底，也就是各种需要之满足对于人的生存和发展的价值：这是我们考察各种快乐和幸福价值大小的出发点。从此出发，不难发现，不同等级的需要的满足，对于生存的价值和对于发展的价值是根本不同的：需要越低级，它的满足对于生存的价值便越大，对于发展的价值便越小；需要越高级，它的满足对于生存的价值便越小，对于发展的价值便越大。

物质需要、生理需要，如食欲和性欲，是最低级的。它们的满足对于生存的价值无疑是最大的：只有食欲满足，一个人才能生存；只有性欲满足，他才能够繁衍后代，继续生存。但是，食欲和性欲之满足，对

[①]　Abraham H. Maslow: *Motivation and Personality*, New York: Harper & Row, 1970, p. 98.

于一个人的发展的价值却是最小的：如果他仅仅有食欲和性欲的满足，那么，他便与猪狗无异，谈何发展？

反之，自我实现、实现自己创造潜能的需要是最高级的。它的满足对于一个人的生存的价值是最小的。因为无论是否自我实现，他都一样能够生存。马斯洛也看到了这一点，他说："需要越高级，对于纯粹的生存就越不重要。"① 但是，需要越高级，它的满足对于发展的价值就越大：自我实现需要的满足对于一个人的发展的价值是最大的。因为自我实现是一个人的创造潜能之实现；而创造潜能之实现岂不是一个人的最大发展，岂不是发展的最高境界？

消费性需要是低级需要而创造性需要是高级需要。对于一个人的生存来说，消费性需要的满足，显然比创造性需要的满足的价值大。因为一个人的创造性需要满足与否，他都一样生存；但是，如果它的消费性需要得不到满足，他便不可能生存了。反之，对于一个人的发展来说，创造性需要的满足，比消费性需要的满足的价值大。因为，如果一个人只是消费而并不创造，那么，他便只是存在而并无发展：人的发展主要在于创造性需要的满足。

精神需要高于社会性需要；社会性需要高于物质需要。所以，对于一个人的生存来说，物质需要（如食色）的满足的价值最大；社会性需要（如名誉地位权力）的满足次之；精神需要（如好奇心与审美需要以及自我实现需要）的满足的价值最小。反之，对于一个人的发展来说，精神需要的满足的价值最大，社会性需要的满足的价值次之，物质需要的满足的价值最小。

可见，一个人的需要之满足，对于他生存的价值大小与其等级高低成反比；对于他发展的价值大小则与其等级高低成正比：需要越高级，它的满足对于生存的价值便越小，对于发展的价值便越大；需要越低级，

---

① Abraham H. Maslow: *Motivation and Personality*, New York: Harper & Row, 1970, p. 98.

它的满足对于生存的价值便越大，对于发展的价值便越小。需要满足的心理体验就是快乐和幸福。因此，我们可以得出结论说：

快乐和幸福，对于生存来说，其价值大小与其等级高低成反比；对于发展来说，其价值大小与其等级高低成正比：快乐和幸福越高级，对于生存的价值便越小，对于发展的价值便越大，因而其心理体验便越淡薄而持久；快乐和幸福越低级，对于生存的价值便越大，对于发展的价值便越小，因而其心理体验便越强烈而短暂。

这就是各种幸福因性质不同而处于不同的等级所导致的价值大小之规律。这一规律表明，穆勒和马斯洛认为"高级快乐和幸福的价值"大于"低级快乐和幸福价值"，是片面的。殊不知，只有对于发展来说才是如此；而对于生存来说则恰恰相反。试想，对于一个衣食无着饥肠辘辘的人来说，对于一个终日奔忙、使尽浑身解数才能生存的人来说，低级的物质的需要满足的价值，无疑大于高级的精神的需要满足的价值。因此，对于他来说，低级的、物质的快乐和幸福的价值，大于高级的、精神的快乐和幸福的价值：当二者发生冲突时，他应该选择低级的物质的快乐和幸福，而不是相反。反之，对于一个生存已经不成问题而只有如何发展问题的人来说，高级的、精神的需要满足的价值，确实大于低级的、物质的需要满足的价值。因此，对于他来说，高级的、精神的快乐和幸福的价值，确实大于低级的、物质的快乐和幸福的价值：当二者发生冲突时，他应该选择高级的、精神的快乐和幸福，而不是相反。

穆勒只见"发展"而不见"生存"，因而提出的选择是：做一个痛苦的苏格拉底，还是做一个快乐的傻瓜？这是一种基于发展的选择，而不是基于生存的选择。因为痛苦的苏格拉底和快乐的傻瓜都已经解决了生存的问题，他们所面临的只是发展的问题。因此，从这个选择来看，确实是高级的快乐和幸福的价值大：痛苦的苏格拉底的价值大于快乐的傻瓜的价值，应该做痛苦的苏格拉底，而不应该做快乐的傻瓜。

但是，这仅仅是一个基于发展的选择，因而应该补之以一个基于生存的选择：做一个活傻瓜，还是做一个死苏格拉底？做一个活老鼠，还是做一个死皇帝？这是一个基于生存的选择而不是基于发展的选择。对于这种选择来说，无疑是低级的快乐和幸福的价值大：活老鼠的价值大于死皇帝的价值。因此，面对这种选择，应该做一个活老鼠，而不做死皇帝。因为正如道家所言，生命的价值是最大的价值："死王乐为生鼠"，死皇帝不如活老鼠也！

三　实现律

人生在世，究竟如何才能实现幸福的梦想而避免苦难和不幸？这是个引发众多学说而至今未决的难题。围绕这个难题，无欲说与禁欲说认为应该使欲望降至最低限度；反之，纵欲论主张任欲而行、不必节制；而节欲说与导欲说则倡导节制欲望，从而使欲望符合理智。究竟哪一种学说能够使人实现幸福而避免不幸？

1　欲望：幸福实现的负相关要素

所谓欲望，如上所述，就是对需要的意识、觉知，是意识到的需要，是需要在大脑中的反映。它包括愿望和理想或志向：准备付诸实现的、为了实现的欲望，即愿望；远大的、必经奋斗在较远的未来才能实现的愿望，即理想或志向。如何对待欲望，确实是幸福实现的最为根本的问题。因为幸福是重大的需要、欲望、目的得到实现的心理体验；不幸是重大的需要、欲望、目的得不到实现的心理体验。这就是说，之所以有幸福和不幸，只是因为有需要、欲望、目的；如果没有需要、欲望、目的，哪里会有需要、欲望、目的之实现与否？哪里会有幸福和不幸？所以，需要、欲望、目的乃是幸福和不幸的共同根源，因而也就是人们追求幸福的动力因素，是幸福实现的动力因素。

可是，为什么禁欲说、纵欲说、节欲说等流派所强调的乃是欲望而不是需要和目的？原来，幸福和不幸的最有代表性的、最典型的、最纯正的根源和动力因素，乃是欲望而不是需要和目的。因为，如前所述，需要并不能直接引发行为，因而也就不可能直接引发追求幸福的行为；需要只有被觉知而转化为欲望，才能引发行为，才能引发人们追求幸福的行为；需要只能产生满足这些需要的欲望；欲望才能产生实现它的行为目的；行为目的则产生实现它的行为手段。所以，只有欲望才是行为的真正的根源和动力，才是幸福和不幸的真正根源，才是实现幸福的真正动力。所以，罗素说："我们的冲动与欲望是创造我们幸福的要素。"[①]

因此，没有欲望固然没有不幸，但同样也没有幸福。没有了性欲，确实不会有爱情，不会有爱情的不幸；但同样也没有了爱情的幸福。欲望越少越小越低，可能遭受的不幸和痛苦固然越少越小越低；但可能享有的幸福也同样越少越小越低。欲望越多越大越高，可能遭受的不幸固然越多越大越高；但可能享有的幸福也同样越多越大越高。遁入空门的人，往往是为了逃避痛苦和不幸。如果他们真能心如死灰、六欲净尽，那么，他们确实不会再有什么痛苦和不幸；但是，他们也同样不会享有什么快乐和幸福了。可能遭受巨大的痛苦和不幸的，确实是那些怀有强盛、远大欲望的人，是那些志向远大的人，是车尔尼雪夫斯基们、马克思们、布朗基们、斯宾诺莎们、苏格拉底们、孔丘们。但是，可能享有巨大的、高级的幸福的，无疑也是这些人。

可见，欲望是幸福和不幸的根源和动力而与幸福和不幸的可能成正比：欲望越多，可能得到的幸福和不幸便越多；欲望越少，可能得到的幸福和不幸便越少。不过，欲望越多越大越高，也就越难达到，从而幸福也就越难实现而不幸也就越易降临；欲望越少越小越低，也就越易达

---

① 罗素：《为什么我不是基督徒》，沈海康译，商务印书馆，1982 年，第 14 页。

到，从而幸福也就越易实现而不幸也就越难降临。如果一个人欲望很低，只想平平常常庸庸碌碌过一生，那么，他的这种欲望显然是很容易达到的。所以，他所追求的这种寻常的快乐和幸福是很容易实现的，因而他的痛苦和不幸也是很容易避免的。反之，如果他一心想出人头地，成名成家、轰轰烈烈过一生，那么，这就很难达到了。这样，他所追求的这种不同凡响的快乐和幸福便是很难实现的，因而他的痛苦和不幸便是很难避免的了。一言以蔽之：欲望与幸福的实现成反比而与不幸的降临成正比。所以，戈茨说："幸福的本性可以归结为一个等式：

$$幸福 = \frac{满足^{①}}{欲望}"$$

总之，欲望是幸福和不幸的动力因素，它与幸福或不幸的可能成正比，与幸福的实现成反比，与不幸的降临成正比。简言之，欲望是幸福实现的负相关动力因素，是幸福可能的正相关动力因素，它与幸福的可能成正比而与幸福的实现成反比。这就是幸福实现的负相关动力律。面对这个规律，实在令人困惑。因为就幸福的可能来说，欲望似乎应该提高。所以，诸葛亮说："志当存高远。"但是，就幸福的实现来说，欲望又似乎应该降低。所以，古人云："知足常乐。"那么，欲望究竟应该高远还是低近？究竟应该高低到什么程度才恰到好处？ 这是由每个人的幸福实现的其他因素——才、力、命、德——决定的。

2 才：幸福实现的正相关要素之一

才、力、命原本是冯友兰所乐道的人生成功三要素。所谓才，也就是一个人的天资："一个人的天资，我们称之为才。"[②] 天资，如所周知，也就是天赋的、潜在的才能，主要是天赋的、潜在的创造性，亦即所谓

---

① Ignacio L. Gotz: *Conceptions of Happiness*, Lanham, New York: University Press of America, 1995, p. 6.

② 冯友兰:《三松堂全集》第四卷，河南人民出版社，1986年，第665页。

的"聪明"。现代人本主义心理学的研究表明：一方面，没有某种天资、不具有任何创造性的人是没有的；另一方面，赋有一切天资、具有一切创造性的人也是没有的：每个正常的人都是在某一方面或某些方面赋有天资、聪明、创造性。所以，冯友兰说："我们人生出来就有愚笨聪明的不同，而且一个人生出来不是白痴的话，一定会在一方面有相当聪明。"[①]

每个人的这种天资、聪明，宛如其面，都是各不相同的。这种不同，虽然千奇百怪、纷纭复杂，但是，概言之，无非两大方面。一方面是种类、类型之不同，如有些人具有绘画天资，有些人具有思辨天资，有些人具有音乐天资，有些人具有长跑天资等。另一方面则是程度、数量之不同：同样具有某种天资的人们，具有这种天资的程度——多少、大小、高低——是不同的。马克思与恩格斯都具有思辨天资，但是，马克思所具有的思辨天资无疑高于恩格斯。凡是舞文弄墨的人，都具有写文章、写诗词或小说等天资；但是，托尔斯泰、曹雪芹、普希金、李白的天资显然远远高于众人。天才与庸才的区别就在这里：天资的程度不同而非类型不同。天才会干什么，庸才也会干什么：天才所具有的天资只是在程度上、数量上高于众人。所以，冯友兰说："天才的人，高过一般人之处，往往亦是很有限的。不过就是这有限的一点，关系重大。犹如身体高大的人，其高度超过一般人者，往往不过数寸。不过这数寸就可以使他'轶伦超群'。"[②]

那么，天资、聪明、智慧与一个人的幸福是何关系？似乎成反比关系：越聪明便越痛苦，因而有所谓"智慧的痛苦"。奎赫拉斯（Qoheleth）甚至说："才智和知识只不过是疯狂和愚蠢。真的，这就如同要抓住风：才智越多苦恼就越多，增加知识就是增加痛苦。"[③]确实，才智和知识往往

---

① 冯友兰：《三松堂学术文集》，北京大学出版社，1984年，第625页。

② 冯友兰：《三松堂全集》第四卷，河南人民出版社，1986年，第666页。

③ Ignacio L. Gotz: *Conceptions of Happiness*, Lanham, New York: University Press of America, 1995, p. 152.

招致痛苦；才智越高知识越多，痛苦往往便越多。这是因为，才智越高知识越多，欲望往往便越高越多，因而痛苦和不幸往往便越高越多；但是，另一方面，快乐和幸福往往也越高越多。因为欲望是幸福和不幸的动力因素，它与幸福或不幸的可能成正比。所以，说才智越多便越痛苦是片面的；全面地看，才智是苦乐祸福的共同源泉。

不过，才智之为苦乐祸福的共同源泉，仅仅是才智与苦乐祸福的多种联系之一。才智与苦乐祸福还具有其他联系，特别是才智与幸福实现的联系：才智是幸福实现的必要条件。因为不言而喻，一个人有什么样的才，便可能实现什么样的幸福；如果他缺乏某种天资，便不可能实现某种幸福：某种天资是实现某种幸福的必要条件、必要因素。我们常常看到，有些人一心想当小说家。他们多少年来，都一直努力地写，或者一直欲罢不能。但是，很奇怪，他们往往写了个开头，便怎么也写不下去了。结果是一篇又一篇的小说的开头；或者硬是拼命写出来的一篇又一篇的令人无法卒读的根本不像什么小说的小说。原因何在？显然是因为他们没有小说家的天资。如果一个人没有小说家的天资，无论如何都不可能实现成为一个小说家的幸福。他若成为小说家，便必须有小说家的天资：小说家的天资是实现小说家的幸福的必要条件。

天资之为幸福实现的必要条件，不仅在于天资之类型，而且在于同一种类型的天资之高低。因为一个人的天资的程度有多高，便可能取得多高程度的成就，便可能实现多高程度的幸福：他所能实现的幸福的高低程度是被他的天资的高低程度决定的。一个人有诗才，便可以成为诗人而实现诗人之幸福。但是，他能否成为大诗人而实现成为大诗人之幸福，则取决于他的诗才的高低。如果他的诗才极高，是天才，那么，他便可能成为大诗人。如果他的诗才平平，那么，无论如何，他都成不了大诗人而只能成为末流诗人。古今中外，像贾岛那样苦苦吟诗作赋者多矣。但是，为什么只有一个李白、一个普希金？为什么今日小说家多如牛毛，却没有一个曹雪芹、一个托尔斯泰？恐怕就是因为他们不具备李白普希金曹雪芹托尔斯泰的旷世之天才。没有旷世之天才，无论如何都不可能写出旷世之杰作。

究竟言之，一个人所能实现的幸福的伟大程度，与他的天资的高厚程度成正比：所具有的天资越低下，所能成就的事业便越渺小，所能实现的幸福便越渺小；所具有的天资越高厚，所能成就的事业便越伟大，所能实现的幸福便越伟大。这样，如果人们所追求的幸福是确定的，或者说，如果人们所追求的幸福相同，那么，幸福实现的可能显然也就与天资的高低成正比：天资越高，幸福便越易于实现；天资越低，幸福便越难于实现。那些同样发奋读书的中学生们的幸福，同样是考上北京大学。这种同一幸福实现的可能无疑与这些中学生的天资成正比：天资越高，考上的可能越大；天资越低，考上的可能越小。

于是，我们可以得出结论说：只有具有某种天资，才能实现某种幸福，天资乃是幸福实现的必要条件、必要因素，二者成正相关变化：就所实现的幸福的大小来说，所具有的天资越低下，所能实现的幸福便越渺小，所具有的天资越高厚，所能实现的幸福便越伟大；就幸福实现的难易来说，所具有的天资越低下，所追求的幸福便越难于实现；所具有的天资越高厚，所追求的幸福便越容易实现。这就是才、天资与幸福实现的内在联系，这就是幸福实现的天资律。

3 力：幸福实现的正相关要素之二

所谓力，也就是努力："一个人的努力，我们称之为力。"[①]一个人没有诗才，固然不能成为诗人，但只有诗才也不能成为诗人。宋代王安石曾撰写一文"伤仲永"。仲永天赋极高，三岁就能写出好诗。但是，尔后十

---

① 冯友兰:《三松堂全集》第四卷，河南人民出版社，1986 年，第 665 页。

余年并不努力学诗、作诗，而是被其父当作摇钱树到处招摇。结果在他十七八岁再遇王安石时，所作的诗平平常常："泯然众人矣"。所以，仅仅具有诗才，并不能实现诗人之幸福。要实现成为诗人之幸福，还必须有后天的努力：力是实现幸福的另一个必要条件、必要因素。

这就是为什么古今中外，凡是有大成就的人，都不但具有极高的天资，而且也都是极其努力的人。曹雪芹撰写《红楼梦》："披阅十载，增删五次"；托尔斯泰撰写《战争与和平》七易其稿，历时六年；达·芬奇绘画《蒙娜丽莎》整整五个春秋；达尔文构思《物种起源》二十余年始成书；马克思撰写《资本论》四十余年死而后已；歌德写作《浮士德》竟花了六十年光阴。因此，冯友兰说："世界上，历史上，凡在某些方面有大成就的人，都是在某方面特别努力的人。古人说：'业精于勤'。人没有不勤而精于某业的。一个大诗人，可以懒于修饰，但他不能懒于作诗。如果懒于作诗，他绝不能成为大诗人。"[①]

那么，为什么没有努力，即使天资极高也不会有成功和幸福？因为所谓天资或才，乃是潜在才能。才能由潜在到实在的转化，完全是由努力完成的：才能＝天资×努力。没有努力，天资再高，也仅仅是一种潜在的才能，因而实在说来，便等于零，便是一个毫无才能的人：一个毫无才能的人，当然不会获得成功和幸福。这样，一个天资较高而努力较小的人，和一个天资较低而努力较大的人，便可能获得同等的成功和幸福。因为一个天资较高而努力较小的人的才能，可能等于一个天资较低而努力较大的人的才能。比如说，天资较高而努力较小的人的天资是100，努力是50％；反之，天资较低而努力较大的人的天资是50，努力是100％。这样，天资较高的人的天资便因为不够努力而仅仅实现50％，才能是50；而天资较低的人的天资则因为努力而实现了100％，才能也是50。这就是勤能补拙的道理。

[①]　冯友兰：《三松堂全集》第四卷，河南人民出版社，1986年，第665页。

但是，由此只能说才能在于勤奋：部分在于勤奋，部分在于天资；由此不能说天才在于勤奋，也不能说努力能够创造才能。天才，亦即较高的天资，属于天资、才的范畴，因而是生而固有的，与后天的勤奋努力无关。后天的勤奋努力只能使之充分发展、实现为才能，而不能改变它。所以，只能说天才的实现在于勤奋，而不能说天才在于勤奋。努力也不能创造才能，而只是实现才能：才能是天资的实现；努力是天资向才能转化的中介。因此，才能虽然是天资与努力的乘积，但是，才能的极限却仅仅决定于天资而与努力无关。所以，冯友兰说：

"才是天授，天授的才须人力以发展完成之。就此方面说，才靠力以完成。但人的力只能发展完成人的才，而不能增益人的才。就此方面说，力为才所限制。人于他的才的极至的界限之内，努力使之完成，此之谓尽才。于他的才的极至的界限之外，他虽努力亦不能有进益，此之谓才尽。"[①]

因此，正如俗语所说：梅花香自苦寒来，一分辛苦一分甜。一个人越努力，他的天资由潜在的才能转化为实在的才能便越充分，他的成功和幸福便容易得到实现，他便越可能取得较大的成就，便越可能实现较大的幸福：他所能实现的幸福的难易和大小的程度，是被他的努力的大小程度决定的。但是，由此不能说，只要努力，一个人想要取得多大成就和幸福便能够取得多大的成就和幸福。因为一个人的才能是有极限的；才能的极限是被他的天资而不是被他的努力所决定的。因此，一个人所能取得的成就和幸福也是有极限的，这种极限，直接说来，决定于他的才能；最终说来则决定于他的天资。李白为什么能够成为诗人，是因为他具有诗人的天资、才能和努力。但是，他为什么会成为大诗人而达于诗人之巅峰，则是因为他具有大诗人的天资、才能，而不是因为他的努力。一个具有二流诗才的人，无论如何努力，他也只能成为一个二流的

---

① 冯友兰:《三松堂全集》第四卷，河南人民出版社，1986年，第666页。

诗人，而绝不会成为一流诗人。所以，冯友兰说：

"一个人在某方面的才的极致，即是他的力的效用的界限。到了这个界限他在某方面的工作，即只能有量的增加，而不能有质的进益。一个诗人能成为大家，或能成为名家；一个画家的画，能是神品，或能是能品，都是他的才所决定的。一个诗人的才，如只能使其成为名家，则他无论如何努力作诗，无论作若干首诗，他只是名家，不是大家。一个画家的才，如只能作能品的画，则他无论如何努力作画，无论作若干幅画，他的画总是能品，不是神品。"①

于是，总而言之，可以说：只有努力，才能实现成功和幸福，努力乃是幸福实现的必要条件、必要因素，二者成正相关变化：就所实现的幸福的大小来说，一个人在他的天资的限度之内，越努力，便越可能取得较大的成就，便越可能实现较大的幸福；就幸福实现的难易来说，一个人越努力，所追求的幸福便越易于实现。这就是力、努力与幸福实现的内在联系，这就是幸福实现的努力律。

4 命：幸福实现的正相关要素之三

所谓命，亦即命运，正如庄子所说，乃是一个人所遭遇的事变："死生存亡，穷达贫富，贤与不肖，毁誉，饥渴寒暑，是事之变，命之行也。"②然而，如果反过来，把一个人的一切事变都当作命，以为人的一切吉凶祸福都是命中注定，便是所谓的宿命论了。宿命论是错误的。因为命固然是一个人所遭遇的事变；但是，一个人所遭遇的事变并不都是命。一个人在"文化大革命"中当上了红卫兵头头，是他所遭遇的一种事变，却不能说这是他的命。因为这种事变是依他自己意志而转移的，是他自

---

① 冯友兰:《三松堂全集》第四卷，河南人民出版社，1986年，第665页。
② 《庄子·德充符》。

己可以改变的：他可以当也可以不当红卫兵头头。但是，他遇上"文化大革命"，却是他的命。因为"文化大革命"是不依他的意志而转移的，是他所不可能改变的。可见，命、命运乃是一个人所遭遇的自己不可能改变的事变。所以，庄子又说："知其不可奈何而安之若命。"[①]

　　一个人所遭遇的事变，或者是自己的活动及其结果，如项羽垓下之死；或者是外在的环境、境遇、机会、机遇，如项羽生逢乱世、遭遇刘邦韩信。自己的活动及其结果无疑都是自己可能改变的。因此，所谓"命"——一个人所遭遇的自己不可能改变的事变——说到底，也就是一个人所遭遇的自己不可能改变的环境、境遇、机会、机遇。所以，冯友兰说："这命不是一般迷信的命，就是机会，也可以说是环境。"[②]"命乃指人在一生之中所遭遇到的宇宙之事变，而且又非一人之力所可奈何的。"[③]

　　不难看出，命或机遇是一个人取得成就和幸福的必要条件和舞台；一个人如果仅仅具有天资和努力而没有机遇，便如英雄无用武之地，不可能成就一番事业。举例说，如果一个人生长在和平年代，那么，不论他具有多么巨大的军事天赋，也不论他是如何努力奋斗，他都不可能成为一个能征善战的大将军。如果不是秦始皇早死、陈胜吴广起义，从而给群雄逐鹿提供了机遇，那么，项羽绝不可能成为西楚霸王，刘邦也绝不会成为汉高祖。如果没有法国大革命，不论罗伯斯庇尔、圣鞠斯特、丹东等天赋多高、努力多大，他们也绝不可能会做出那样轰轰烈烈的伟大壮举。如果法国旧制度像普列汉诺夫所说的那样，再延续 75 年之久，那么，拿破仑也许不过是个将军，而聚集在他周围的那些军事天才可能仍然不过是一些戏子、排字匠、剃头匠、染匠、律师、小贩。所以，一个人有什么样的命或机遇，便可能实现什么样的幸福；如果他没有某种

① 《庄子·人间世》。
② 冯友兰：《三松堂学术文集》，北京大学出版社，1984 年，第 625 页。
③ 同上书，第 626 页。

命或机遇，便不可能实现某种幸福：机遇是幸福实现的必要条件、必要因素。因此，亚里士多德说："幸福是需要外在的时运为其补充，所以有某些人就把幸运和幸福等同。"[1] 戈茨甚至说："幸福之获得与其说是由于自己的努力，不如说是由于运气，更确切些说，是机会。"[2] 就幸福的词源来说也是如此：幸福的英文是 happiness，它的词根 "hap" 的意思就是机会（chance）、好运（good luck）、命运（fortune）；[3] 中文的"幸"、"幸福"也具有幸运的意思。

机遇之为幸福实现的必要条件，不仅在于机遇之有无或类型，而且在于同一种类型的机遇的好坏顺逆：有利天资发展、努力实施、幸福实现的机遇，便是所谓的顺境、好命；不利天资发展、努力实施、幸福实现的机遇，便是所谓的逆境、坏命。汉朝的冯唐的官运不好。因为文帝时，冯唐年轻，文帝却喜欢任用老成人，结果冯唐不能升官。到了武帝时，冯唐已老，但是武帝却喜欢任用年少有为之士，结果冯唐又不能升官。可见，命运的好坏顺逆对于一个人的成就和幸福的影响很大。一个人的命越坏，他的成功和幸福便难于得到实现，他便越难于取得较大的成就，便越难于实现较大的幸福；反之，一个人的命越好，他的成功和幸福便容易得到实现，他便越可能取得较大的成就，便越可能实现较大的幸福：他所能实现的幸福的难易和大小的程度，是被他的机遇的好坏顺逆的程度决定的。

不过，逆境和坏命并没有堵塞成才和幸福之路。一个人命不好而身处逆境，在一定条件下，反倒可能取得更大的成功和幸福。所谓一定条件，主要是两个：更大的努力和转移目标。一个身处逆境的人，往往不可能实现原来的目标而失败消沉、陷入不幸。但是，逆境也可能给他的

---

① 《亚里士多德全集》第八卷，苗力田等译，中国人民大学出版社，1992年，第18页。
② Ignacio L. Gotz: *Conceptions of Happiness*, Lanham, New York: University Press of America, 1995, p. 5.
③ Ibid., p. 4.

其他理想的实现开辟了道路，并且赋予他一种激励和锻炼，使他更加努力奋斗，从而实现这些理想、取得也许是更加伟大的成就。冯唐官运固然不佳，然而，"文，穷而后工"。他的不佳的官运却可能使他绝望于仕途，从而潜心学问、著书立说而不朽。

因此，司马迁说："文王拘而演《周易》，孔子厄而作《春秋》，屈原放逐，乃赋《离骚》，左丘失明，厥有《国语》，《诗》三百篇，大抵圣贤发愤之所为作也。"[①]有鉴于此，张载写道："富贵福泽，将厚吾之生也；贫贱忧戚，庸玉汝于成也。"[②]富贵福泽有利生存，是顺境好命；贫贱忧戚不利生存，是逆境坏命。但是，贫贱忧戚却可能激励人的斗志，使人更加努力奋斗，从而取得另一种类型的、也许是更加伟大的成就：自我创造性潜能之实现。这就是所谓"逆境成才"的道理。显然，逆境成才并没有否定顺境更容易成才之定理；因为逆境成才是以远比顺境更大的努力为前提的。

综观才、力、命可知，只有具有某种天资、努力，机遇，才能实现某种幸福；天资、努力，机遇都是幸福实现的必要条件、必要因素而与幸福的实现成正相关变化：一个人的天资越高、努力越大、机遇越好，他的成功和幸福便越容易得到实现，他便越可能取得较大的成就，便越可能实现较大的幸福：一个人的天资越低、努力越小、机遇越差，他的成功和幸福便越难于得到实现，他便越难于取得较大的成就，便越难于实现较大的幸福。那么，天资、努力，机遇三要素是幸福实现、人生成功的全部必要条件吗？冯友兰的回答是肯定的："在人生成功的过程中，须具有三种因素，这三种因素配合起来，然后才可以成功。"[③]殊不知，真正讲来，这三种要素仅仅是人生成功和幸福实现的非统计性正相关要素；人生成功和幸福实现还须具有统计性正相关要素：德。

① 司马迁：《报任安书》。

② 张载：《西铭》。

③ 冯友兰：《三松堂学术文集》，北京大学出版社，1984年，第625页。

5 德：幸福实现的统计性正相关要素

所谓德，也就是一个人的品德、道德品质。一个人既有才又努力并且机遇好，但如果品德败坏、人人唾骂，势必处处碰壁、事事难成，不可能获得成功和幸福。因为人是社会动物，他的生存、他的幸福、他的一切，说到底，都是社会和他人给予的。那么，他究竟如何才能从社会和他人那里获得幸福？对此，边沁曾自问自答：

"一个人怎样才能得到幸福？岂不只能通过得到自己的幸福所依赖的那些人的友爱？可是，他怎样才能得到这些人的友爱？岂不只能通过使他们相信他会给予他们以同样的东西？"[1]

因此，一个人能否从社会和他人那里谋得幸福，不但须有才、力、命，而且须有品德：如果他品德好因而造福社会与他人，那么他便会受到社会和他人的赏誉而获得幸福；如果他品德坏因而损害社会与他人，那么他便会受到社会和他人的谴责而得不到幸福。所以，品德是获得幸福的必要条件、必要因素而与其成正相关变化：越有德便越有福、越有福便越有德，德福必定一致。

因此，孟子说："夫仁，天下尊爵也，人之安宅也。莫之而不仁，是不智也。"[2] 伊壁鸠鲁也一再说："生活得快乐而不生活得谨慎、可敬、公正，是不可能的；同样，生活得谨慎、可敬、公正而不生活得快乐，也是不可能的。一个人不能拥有快乐的生活，是因为他的生活不谨慎、可敬、公正；一个人不拥有美德的生活，是不可能拥有快乐的生活的。"[3]

---

[1] Ignacio L. Gotz: *Conceptions of Happiness*, Lanham, New York: University Press of America, 1995, p. 286.

[2] 《孟子·告子上》。

[3] Ignacio L. Gotz: *Conceptions of Happiness*, Lanham, New York: University Press of America, 1995, p. 173.

不过，品德毕竟与才、力、命不同：才、力、命是幸福的非统计性正相关要素，因而其与幸福完全一致；品德则是幸福的统计性正相关要素，其与幸福只是大体一致。就是说，不论就一个人的某一次行为来说，还是就其行为总和来说，才、力、命都是幸福的正相关要素而与其完全一致。反之，只有就一个人的行为总和来讲，才可以说越有德便越有福、德福一致而成正相关变化；如果就一个人的某一次或某一些行为来说，则可能越有德越无福、德福背离而成负相关变化。对此，包尔生曾有很好论述：

"这是一个不可否认的事实：善良的人表面上并不总是过得好。一个人即使是节制和明智的，也还是可能得病；相反，一个无视他的身体的人，却还是可能保持身体强健和精神饱满。一个能干和诚实的人尽管十分努力却还是可能失败，而一个恶棍却可能通过不义手段积蓄大量财富。坦率常常给我们招来权势者的厌恶，而奉承却得到他们的喜好。但是，这些现象吸引人们如此多的注意、引起如此的义愤的事实看来却正好说明：这些现象并不是常规，而是例外。……在此，例外又一次证明了常规。如果这些事件不是违反事物的本性，他们不会引起这样的激动。常规是：诚实的劳动比起诈骗和不诚实来说是达到经济利益的较为可靠的途径，真诚和坦率带来信任，而谎言和欺骗却是觅友的糟糕手段。"[1]

可见，品德是幸福的统计性正相关要素、必要条件，德福一致而成正相关变化是个统计性规律。也就是说，一个人就其行为总和来说，德福一致而成正相关变化的次数，必定多于德福背离而成负相关变化的次数。易言之，德福一致是常规，而德福背离是例外：德福必定大体一致。这就是福德一致律。

然而，康德却否认品德是幸福的必要条件，认为品德与幸福并无必然联系："道德法则本身并不允诺幸福，因为根据任何自然秩序观念，遵

---

[1]　包尔生：《伦理学体系》，何怀宏译，中国社会科学出版社，1986 年，第 341 页。

循道德与幸福并无必然联系。"① 康德此见显然具有实践依据。实际上，正如安娜斯所指出："我们看到很多缺德者兴旺发达，而有德者却不公平地身陷困境或遭受坏运。"② 我们往往看到很多人缺德却一生幸福，很多人有德却一生不幸。这一事实似乎证实了康德的观点：美德并非幸福的必要条件，德福并无必然联系。其实不然。因为品德并非决定一个人幸福或不幸的唯一要素，而仅仅是一个要素；除了品德，决定一个人一生幸福或不幸的还有才、力、命三要素。这样，一个人虽然缺德而大体有祸，但他天资高、努力大、机遇好等却给他远远超过因缺德所带来的祸的洪福，所以他虽缺德却一生幸福。反之，一个人虽有德而大体有福，但他天资低、努力小、机遇坏等却给他以远远超过他的德所带来的福的大祸，所以他虽有德却一生不幸。

因此，缺德者的一生幸福并非是他的缺德的结果，而是他的才、力、命等非品德条件的结果；反之，有德者的一生不幸也不是他的德行的结果，而是他的才、力、命等非品德条件的结果。如果他们只有品德不同而其余条件完全一样，那么，谁缺德便一定一生不幸，谁有德便一定一生幸福。所以，缺德而一生幸福，或者有德而一生不幸，仅仅表明缺德者其他条件好而有德者其他条件差，而绝不意味着他们的德福大体背离，绝不意味着德福没有不然联系。康德的错误显然在于：只看到幸福与才、力、命这些他所谓的受"自然法则"、"物理能力"支配的东西的必然联系，而看不到幸福与美德这种他所谓的受"自由法则"、"应然法则"支配的东西的必然联系，因而否认美德是幸福的必要条件。③

反之，斯多葛派则认为有德性便有幸福，德性是幸福的充分条件：

---

① Immanuel Kant: *Critique of Practical Reason,* Beijing: China Social Sciences Publishing House Chengcheng Books Ltd., 1993, p. 135.

② Julia Annas: *The Morality of Happiness*, New York: Oxford University Press, 1993, p. 432.

③ 康德：《实践理性批判》，关文运译，商务印书馆，1960 年，第 127、117 页。

"德性自身足以保证幸福。"① "幸福生活只需要德性自身。"② 总之，"德性足以使人幸福，是斯多葛派伦理学的著名观点。"③ 斯多葛派的观点，正如安娜斯所指出，是十分荒谬的："这种观点显然是荒谬的，因为由此可以说那些<u>遭遇不幸而死在车轮下的有德者是幸福的</u>。"④ 那么，斯多葛派认为德性是幸福的充分条件究竟有何依据？

原来，一方面，斯多葛派认为美德本身就是幸福："道德之中即有幸福。"⑤ 芝诺甚至说："幸福生活仅仅存在于美德之中。"⑥ 确实，德性本身就可以是幸福。但是，这种幸福，无疑仅仅是幸福之一：德性幸福。它是一个人做一个好人、有道德的人、品德高尚的人的道德需要得到满足的幸福。因此，一个人的德性幸福与其美德是一个东西：有德就有福、有福就有德、德就是福、福就是德：美德无疑是德性幸福的充分条件。然而，美德不是非德性幸福的充分条件。因为非德性幸福是以美德之外的东西——如金钱、美女、名利、地位等——为目的的幸福，这种幸福与美德是两回事：德不是福、福不是德，有福虽须有德、有德未必有福；美德与才、力、命一样，仅仅是非德性幸福的一个必要条件。斯多葛派的错误显然在于：只见德性幸福而忽略非德性幸福，因而抹杀才、力、命而把"美德是德性幸福的必要条件"夸大为"美德是幸福的充分条件"。斯多葛派认为美德是幸福的充分条件的另一方面依据，则在于夸大美德的作用：

"德性是善，因为它能够指导我们达于正确的生活；它是合意的，因为它被毫不迟疑地赞许；它具有巨大价值，因为它的价值是不能被任何东西超过的；它是卓越的，因为它值得最大的关心；它是被崇拜的，因为崇拜它是明智的；它是美妙的，因为获得它的人都是这样认为的；它

---

① 苗力田主编：《古希腊哲学》，中国人民大学出版社，1990 年，第 622 页。

② 赵敦化：《西方哲学通史》，北京大学出版社，1996 年，第 288 页。

③ Julia Annas: *The Morality of Happiness*, New York: Oxford University Press, 1993, p. 388.

④ Ibid., p. 431.

⑤ 周辅成编：《西方伦理学名著选辑》上卷，商务印书馆，1954 年，第 216 页。

⑥ Julia Annas: *The Morality of Happiness*, New York: Oxford University Press, 1993, p. 434.

是合算的，因为它能够使生活幸福；它是有用的，因为它能够满足需要；它是被选择的，因为事实表明选择它是合理的；它是必要的，因为有了它就有利益，没有它就没有利益；它是有益的，因为它给予的利益远远大于获得它所需付出的努力；它是自足的，因为它能够充分满足它的拥有者；它能够满足各种需要，因为它将使它的拥有者摆脱一切缺乏；它是足够的，因为它能够充分地、广泛地满足人生一切需要。"[1]

可见，在斯多葛派看来，拥有美德便拥有了一切，当然也就拥有了幸福：美德是幸福的充分条件。因此，斯多葛派与康德关于美德与幸福关系的理论，是错误之两极：康德抹杀美德与幸福的必然联系，因而否认美德是幸福的必要条件；斯多葛派则夸大美德与幸福的必然联系，因而认为美德是幸福的充分条件；真理则如卡尼亚迪（Carneades）所言，美德是幸福的必要条件："不论哲学家们关于终极目的如何争论不休，美德总是幸福生活的必要条件。"[2] 美德只有与才、力、命、欲五大要素配合起来，才是幸福的充分条件，更确切些说，是幸福的充分且必要条件。

6 欲、才、力、命、德：幸福实现的充足且必要条件

才、力、命、德之为幸福实现四要素意味着：无论何种幸福，其实现皆须才、力、命、德四要素的配合。但幸福的类型不同，四要素的配合比例也不同。幸福的最重要的类型，无疑是古人所谓"三不朽"：立言、立功、立德。立言是学问方面的创造性幸福，如成为艺术家、科学家、哲学家、思想家等的幸福。这种幸福的实现，一般说来，天资的作用最大，努力的作用次之，品德的作用又次之，机遇的作用最小。立功是事业方面的创造性幸福，如成为政治家、军事家、企业家等的幸福。

---

[1] Julia Annas: *The Morality of Happiness*, New York: Oxford University Press, 1993, p. 390.

[2] Ibid., p. 435.

这种幸福的实现，一般说来，机遇的作用最大，品德的作用次之，天资的作用又次之，努力的作用最小。立德是品德方面的创造性幸福，如品德完善、成圣成贤的幸福。这种幸福的实现，一般说来，努力的作用最大，天资的作用次之，机遇的作用最小。曾国藩说：

"古来圣贤名儒之所以彪炳宇宙者，无非由于文学事功。然文学则资质居七分，人力不过三分。事功则运气据七分，人力不过三分。惟是尽心养性，保全天之所以赋予我者，此则人力主持，可以自占七分。"[①]

推而广之，似乎可以说，幸福越高级，天资的成分便越大、境遇的成分便越小；幸福越低级，境遇的成分便越大、天资的成分便越小；努力和品德所占的比例则与幸福的等级和类型没有必然联系。

无论何种幸福，其实现皆须才、力、命、德四要素的配合。那么，这四要素配合起来，幸福便必定能实现吗？未必。幸福的实现不但需要才、力、命、德的配合，而且还需要这四要素与欲望的配合。因为欲望是幸福实现的负相关要素：欲望越大，幸福就越难实现。反之，才、力、命、德则是幸福实现的正相关要素：才越高、力越大、命越好、德越优，幸福便越易实现。这样，即使一个人的才高、力大、命好、德优，如果他的欲望太大，也不能实现其欲望而获得幸福。反之，即使一个人才不算高、力不算大、命不算好、德不算优，如果他的欲望很低，也能实现其欲望而获得幸福。

可见，幸福能否实现完全取决于才、力、命、德与欲望的关系：如果欲望超过才、力、命、德，虽然所希求的幸福大、多、高，却不会实现而陷于大、多、高之不幸；如果欲望低于才、力、命、德，则幸福虽会实现，但失之低、少、小；只有欲望与才、力、命、德相称一致，幸福才会完美实现：欲望与才、力、命、德相称一致，乃是幸福实现的充分且必要条件。所以，卢梭这样写道：

---

① 　冯友兰：《三松堂全集》第四卷，河南人民出版社，1986年，第681页。

　　"人的聪明智慧或真正的幸福道路在哪里呢？正确说来，它不在于减少我们的欲望，因为，如果我们的欲望少于我们的能力，则我们的能力就有一部分闲着不能运用，我们就不能完全享受我们的存在；它也不在于扩大我们的能力，因为如果我们的欲望也同样按照更大的比例增加的话，那我们只会更加痛苦；因此，问题在于减少那些超过我们能力的欲望，在于使能力和意志两者之间得到充分的平衡。"[1]

　　"无欲说"与"禁欲说"不懂的"欲望低于才、力、命、德，幸福虽会实现，但失之低、少、小"的道理，而主张人的欲望应降至最低限度。这固然把人的不幸与痛苦降到了最低限度，但也把幸福和快乐降到了最低限度："当一个人把欲望降至最低限度后，生活的多彩多姿也将随之变得索然无味，而生命本身也将失去其原有的光辉。"[2]反之，"纵欲论"则不懂得"欲望超过才、力、命、德只能陷于大不幸"的道理，而主张任欲而行、不必节制。这样做，不过是以"一时之快乐"而换来"永久之不幸"、以"微小之快乐"而换来"巨大之痛苦"罢了。唯有介于两者之间的"节欲说"与"导欲说"是正确的，因为欲望确实必须节制、指导而防止其过高或过低。遗憾的是，该说未能找到节欲和导欲的标准：欲望与才、力、命、德一致。

　　总而言之，欲、才、力、命、德是幸福实现的充足且必要的五大要素。"欲"是幸福实现的动力要素、负相关要素：欲望越大，幸福便越难实现；"才"、"力"、"命"、"德"是幸福实现的非动力要素、正相关要素："才"越高、"力"越大、"命"越好、"德"越优，幸福便越易实现；"欲"与"才"、"力"、"命"、"德"一致，幸福便会完美实现。这就是幸福的实现律。幸福的实现律可以归结为一个等式：

$$幸福的实现 = \frac{才、力、命、德}{欲}$$

[1]　卢梭：《爱弥尔》上卷，李平沤译，商务印书馆，1978年，第74页。
[2]　弗洛伊德：《图腾与禁忌》，杨庸一译，中国民间文艺出版社，1986年，第10页。

第二十八章　幸福规范

本章提要

　　一个人要求得幸福，首先应当使自己"对幸福的认识与幸福的客观本性相符"，这是追求幸福的正确的"认识原则"；其次应该使"对幸福的选择与自己的才、力、命、德一致"这是追求幸福的正确的"选择原则"；最后应当使"求幸福的努力与修自己的德性相结合"，这是追求幸福的正确的"行动原则"。

　　幸福定义、结构、类型和幸福价值、幸福性质、幸福规律表明，每个人一生的需要和欲望都极为纷纭复杂；一个人若要实现这些需要和欲望而求得幸福，必须依据幸福的客观本性、遵循一系列规范。这些可以求得幸福的规范，不妨名之为"幸福规范"。这些幸福规范，概言之，可以分为三类："幸福普遍原则"、"幸福特殊原则"、"幸福基本规则"。

一　幸福普遍原则

　　幸福普遍原则，顾名思义，也就是任何人不论追求任何幸福、取得任何成功都应该遵循的原则。王国维曾借用辛弃疾的词句，把人的成功过程分为三个阶段。一是认识和选择阶段："昨夜西风凋碧树，独上高楼，望尽天涯路。"二是行动、奋斗阶段："衣带渐宽终不悔，为伊消得人憔悴。"三是奋斗、成功阶段："众里寻她千百度，蓦然回首，那人却在，灯火阑珊处。"

不难看出，一方面，成功乃是结果而非过程或阶段；另一方面，认识和选择是两个不同阶段。于是，任何人，不论他取得何种成功、追求何种幸福，都必须经过三个阶段：认识、选择、行动。这三个阶段所应该遵循的原则，依据幸福的客观本性，可以归结为三项：① 认识正确，即对幸福的主观认识与幸福的客观本性必须相符，这是追求幸福的"认识原则"；② 选择适当，即对幸福的欲望、选择与自己的才、力、命、德必须一致，这是追求幸福的"选择原则"；③ 努力奋斗和修养品德，这是追求幸福的"行动原则"。

1 认识原则：对幸福的认识与幸福的客观本性相符

不言而喻，一个人对于幸福的主观认识与幸福的客观本性既可能相符，又可能不符：如果不符，那么，在其指导下，他对幸福的选择和追求便会发生错误，他便不可能求得幸福或不可能求得他可能得到的最有价值的幸福；只有相符，在其指导下，他对幸福的选择和追求才可能是正确的，他才可能求得幸福或求得他可能得到的最有价值的幸福。举例说：

就幸福的客观本性来说，需要越高级，它的满足对于生存的价值便越小而对于发展的价值便越大；需要越低级，它的满足对于生存的价值便越大而对于发展的价值便越小。一个人的主观认识只有与此相符，他才可能在高级需要与低级需要的满足不能两全时，进行正确选择：当他的生存问题还没有解决时，他应该选择低级需要的满足；当他的生存问题已经得到解决时，他应该选择高级需要的满足。一个人的主观认识与此不符，则可能有两种相反情形：

一种是认为低级需要满足的价值总是大于高级需要的满足。试想，对于一个利欲熏心的人来说，发财淫乐幸福的价值大于一切。这样，他便只可能追求和享有发财淫乐幸福，而不可能追求和享有更高级更有价值的幸福：自我创造性潜能之实现的精神幸福。反之，穆勒和马斯洛等思想家们则犯了恰恰相反的错误：认为高级需要得到满足的价值总是大于低级需要得到满足的价值。照此说来，当一个人能否生存还成问题的时候，他也应该放弃低级的物质的需要的满足，而追求高级的、精神的需要的满足。或许就是在这种错误认识的指导下，古今中外，多少盖世奇才，如曹雪芹、斯宾诺莎、别林斯基、杜勃罗留夫等，穷困潦倒、中年夭折。

就幸福的客观本性来说，人生价值和人生意义，在于人生——如果它是正常的一般的而不是反常的例外的人生——所带来的快乐和幸福总是多于它所造成的痛苦和不幸，因而其净余额为快乐和幸福。然而，每个人对于他的人生苦乐祸福之主观觉知，和他的人生的苦乐祸福之客观本性，既可能相符一致，也可能不相符不一致。如果他的认识发生错误，认为他的人生痛苦和不幸多于快乐和幸福，因而感到他的人生没有价值和意义，那么，他便会觉得不值得再活下去，更不可能求得什么幸福了。使他能够活下去并且求得幸福的科学的方法无疑只有一个：帮助他正确认识或找到他的人生的快乐和幸福、他的人生的价值和意义。

就幸福的客观本性来说，当一个人可能得到真实幸福时，追求真实幸福对于他就是应该的、好的、对的，而沉溺于虚幻幸福对于他则是不应该的、坏的、错的；但是，当一个人不可能得到真实幸福时，追求虚幻幸福对于他就是应该的、好的、对的，而追求真实幸福对于他就是不应该的、坏的、错的。一个人的主观认识只有与此相符，他才可能对真实幸福与虚幻幸福进行正确选择：当他不可能得到某种真实幸福时，他选择虚幻幸福，画饼以充饥，因为画饼总比无饼好；当他可能得到某种真实幸福时，他则放弃虚幻幸福而选择真实幸福，因为真饼无疑比画饼好得多。一个人的主观认识如果与此不符，认为虚幻幸福总是不好的，这样，在他不可能得到真实幸福时，他也拒绝虚幻幸福，因而白白丧失了至少可以使人健康的快乐的心理体验。

就幸福的客观本性来说，过程幸福弱小而漫长，结果幸福强大而短暂，二者缺一便非幸福人生。一个人的主观认识只有与此相符，才能既追求结果幸福，又珍惜过程幸福，从而享有全面幸福。否则，如果他认为只有结果幸福才是幸福，那么他便会忽视而不能享有漫长的过程幸福，他便可能会有以一生的漫长苦求，去获得老来福的悲惨体验了。

可见，一个人若求得幸福，或求得他可能得到的最有价值的幸福，便必须使自己对幸福的主观认识与幸福的客观本性相符。这是每个人应当如何追求幸福的首要原则，不妨名之为"认识原则"。

2 选择原则：对幸福的选择与自己的才、力、命、德一致

如果一个人对幸福有了与其客观本性相符的正确认识，那么，他是否就可以求得幸福呢？还不能。他要得到幸福，还必须有对幸福的正确选择，即对幸福的选择必须与自己的才、力、命、德一致：一个人对于幸福的选择如果与自己的才、力、命、德一致，便是正确的；如果与自己的才、力、命、德不一致，便是错误的。因为幸福的实现规律告诉我们，欲、才、力、命、德是幸福实现的充分且必要五要素，一个人对幸福的欲望、选择只有与他的才、力、命、德相一致、相适应，他才能求得他所欲求所选择的幸福，他才能求得他可能得到的最有价值的幸福；如果对幸福的欲望、选择与自己的才、力、命、德不一致、不适应，那么，即使他对幸福本性认识正确，他也不可能求得他所欲求所选择的幸福，更不可能求得他可能得到的最有价值的幸福。

首先，一个人对于幸福的欲求必须与自己的"才"一致。举例说，一个人是否应该选择成为画家的幸福，要看他有没有画家的天资。如果没有画家的天资，他就不可能成为画家，那么，他当画家的选择与自己的"才"便不一致，他当画家的选择就是错误的。反之，如果他有画家

的天资，他就有可能成为画家，那么，他的当画家的选择与自己的"才"便是一致的，他当画家的选择，就"才"这个方面看，便是正确的。

其次，一个人对于幸福的欲求必须与自己的"命"一致。举例说，一个人是否应该选择成为骁勇善战的大将军之幸福，要看他有没有战争的机遇。如果他生逢太平盛世，就不可能成为善战将军，那么，他做骁勇善战大将军的选择与自己的"命"便不一致，他的选择就是错误的。反之，如果他生逢乱世，群雄逐鹿，他就有可能成为善战将军，那么，他做骁勇善战大将军的选择与自己的"命"便是一致的，他做此选择，就"命"来说，便是正确的。

再次，一个人对于幸福的欲求必须与自己的"力"一致。举例说，一个人是否应该选择成就伟业之幸福，要看他有没有巨大的恒心和毅力，有没有持之以恒、终生为之奋斗的努力。如果具有这种努力，他就有可能成就伟业，那么，他做此选择与自己的"力"便是一致的；他的选择，就"力"这方面说，便是正确的。反之，如果他生性懒散、缺乏恒心和毅力，几乎不可能做出这种努力，他就不可能成就伟业，他就有可能"大事做不来、小事又不做"而终生一事无成，那么，他做此选择与自己的"力"便不一致，他的选择就是错误的。

最后，一个人对于幸福的欲求必须与自己的"德"一致。举例说，一个人是否应该选择官场幸福，要看他有没有合群机敏、善与人处之德性。如果具有，他就可能如鱼得水、官场成功，他做此选择与自己的"德"就是一致的；他做此选择，就"德"这方面来说，就是正确的。反之，如果他不具有这种德行，如果他清高、孤僻、难与人处，他就很难为官，他做此选择就是错误的。

一个人对于幸福的欲求必须与自己的才、力、命、德之一致，不仅是才、力、命、德之有无的质的方面之一致，而且是才、力、命、德的高低大小的量的方面之一致。举例说，一个人有画家的天资，他选择成为画家的幸福，与他的天资是一致的，因而就天资这方面说，他的选择是正确的。但是，这种选择与天资的一致，还只是质的有无之一致。对幸福正确的选择，还必须有量的大小高低之一致。从这种一致的角度看，我们还须进一步问：这个人是选择成为大画家还是普普通通的画家？

如果他选择成为大画家，那么，他必须具有大画家的天资。他若具有，他的选择与他的天资，在量的大小高低方面也是一致的，因而他的选择，就天资的质和量两方面来看，都是正确的。只有这样，我们才能说，他的选择，就天资来说，是完全正确的。反之，如果他的画家的天资平平常常，而不具有大画家的天资，那么，他的选择与他的天资，便仅仅在质的方面是一致的，而在量的大小高低方面是不一致的，因而他的选择，仅仅在天资的质方面是正确的，而在量的方面却是错误的。在这种情况下，他不论如何也只能成为一个平平常常的画家，而不可能成为一个大画家。因此，他成为大画家的选择，说到底，还是错误的。

可见，一个人对幸福的选择，只有与自己的才、力、命、德四项要素，不仅在质上而且在量上，都必须项项一致，才能求得幸福，才能求得他可能得到的最有价值的幸福；如有一项不一致，便不可能得到幸福，便不可能求得他可能得到的最有价值的幸福。因此，对幸福的选择与自己的才、力、命、德一致，乃是追求幸福的第二条原则，可以名之为"选择原则"。

3　行动原则：追求幸福的努力与修养自己品德相结合

一个人有了对幸福的正确认识和正确选择，就可以得到幸福吗？还不能。他要得到幸福，还必须有正确的行动，即必须使追求幸福的努力和修养自己的德性相结合。因为幸福的实现律表明，要实现所欲求、所选择的幸福，必须——并且只须——具备才、力、命、德四要素。才和命是非行动要素，是行动不能改变的要素；只有力和德是行动要素，是行动所能改变的要素：努力本身就是行动，德性则是不断的持久的行动之结果。所以，实现幸福所需要的行动，也就是努力和修德，亦即努力追求幸福与刻苦修养品德相结合。

那么，仅仅努力求幸福而不修德，能实现所选择的幸福吗？不能。某大学硕士生顾光耀，从一个淘粪工考上大学又考上研究生。对幸福的追求可算十分努力了。但是，他只求福而不修德，良心泯灭而残忍杀死发妻，结果自己福未求得而命丧黄泉。古今中外，有多少个顾光耀啊！所以，仅仅努力求福而不修德，不能实现所求的幸福，因而是追求幸福的错误行动。反之，仅仅修德而不努力求福，能实现所追求的幸福吗？也不能。一个人追求成为画家的幸福，如果只修养自己的品德而不努力作画，他怎么能成为画家呢？显然，仅仅修德而不努力求福，也不能实现所追求的幸福，因而也是追求幸福的错误行动。于是，只有努力和修德结合起来才能实现所选择的幸福，才是追求幸福的正确行动：求幸福的努力和修自己的德性相结合，是追求幸福的正确的"行动原则"。

总观幸福原则，可以得出结论说，一个人要求得幸福，首先应当使自己"对幸福的认识与幸福的客观本性相符"，这是追求幸福的正确的"认识原则"；其次应该使"对幸福的选择与自己的才、力、命、德一致"这是追求幸福的正确的"选择原则"；最后应当使"追求幸福的努力与修养自己的德性相结合"，这是追求幸福的正确的"行动原则"。那么，是否一个人只要具有对幸福的正确认识、正确选择、正确行动，他就可以得到幸福，他就可以得到他可能得到的最有价值的幸福？是的，一般说来，正确认识、正确选择、正确行动，乃是每个人求得幸福或求得可能得到的最有价值的幸福的充足且必要三大原则。不过，有一种幸福，亦即创造性幸福，极其重要极其复杂，一个人要求得这种幸福，仅仅遵循幸福的普遍原则是不够的：他还必须遵循创造性幸福所具有的一些特殊原则。

二　幸福特殊原则

所谓创造性幸福，如前所述，也就是具有创造性的生活的幸福，是有所创造的生活的幸福，是做出了创造性成就的幸福。反之，非创造性幸福则是不具有创造性的生活的幸福，是无所创造的生活的幸福，是未能做出创造性成就的生活之幸福，说到底，也就是消费性幸福：或者是消费、使用别人的创造性成就；或者是消费物质财富和精神财富。

每个人都应该追求创造性幸福，因为，一方面，现代心理学发现："创造力是人类潜在能力的又一表现，我们所有的人都有惊人的创造力。"[1] 然而，遗憾的是："大多数人在社会化的过程中丧失了它。"[2] 另一方面，创造性幸福远远高于消费性幸福。后者随着消费而逝，不可留存；前者则是不朽的。这种不朽主要表现为三大方面，那就是我国古人所说的三不朽：立言、立德、立功。立言是学问方面的创造性幸福，如成为艺术家、科学家、哲学家、思想家等的幸福。立功是事业方面的创造性幸福，如成为政治家、军事家、企业家、能工巧匠等的幸福。立德是品德方面的创造性幸福，如品德完善、成圣成贤的幸福。这三种幸福无疑是人生最大的幸福，一个人一生只要获得其一，便算得上是成功的人生了。

一个人要获得这种创造性幸福，显然不但必须遵循那些与获得非创造性幸福共同的原则，亦即幸福的三大普遍原则；而且必须遵循一些依据创造性幸福客观本性而与获得非创造性幸福不同的特殊的原则。这些不同的特殊的原则，主要讲来，可以归结为一对正负原则：争取自由与消除异化。

---

[1]　马斯洛等：《人的潜能和价值》，林芳主编，华夏出版社，1987年，第388页。

[2]　Abraham H. Maslow: *Motivation and Personality*, New York: Harper & Row, 1970, pp. 170/171.

1 争取自由：创造性幸福的正面原则

所谓创造性，也就是独创性：创造都是独创的、独特的；否则便不是创造，而是模仿了。这样，一个人的创造潜能的实现，实际上便以其独特个性的发挥为必要条件，二者成正相关变化：一个人的个性发挥得越充分，他的创造潜能便越能得到实现，他的创造性幸福实现的程度便越大；他的个性越是被束缚，他的创造潜能便越难于实现，他的创造性幸福实现的程度便越低。这就是为什么古今中外那些大学者、大发明家、大艺术家、大文豪们，大都是些独立特行的怪物；而越是不能容忍个性的社会，就越缺乏首创精神："一个社会中的独立特行的数量，一般来说，总是和该社会中所拥有的天才、精神力量以及道德勇气的数量成正比。"[①]所以穆勒大声疾呼："只有个性的培养才造就——或者才能造就——充分发展的人类。"[②]

那么，一个人的个性究竟如何才能得到充分发挥呢？

不难看出，一个人个性的发挥和实现程度，取决于他所得到的自由的程度。因为，正如存在主义所说，一个人的个性如何、他究竟成为什么人，不过是他自己的行为之结果："人从事什么，人就是什么。"[③] 于是，一个人只有拥有自由，能够按照自己的意志去行动，他所造成的自我，才能是具有自己独特个性的自我；反之，他若丧失自由、听任别人摆布，按照别人的意志去行动，那么，他所造就的便是别人替自己选择的、因而也就不可能具有自己独特个性的自我。

这样，创造性幸福实现的根本条件是个性的发挥；个性发挥的根本

---

① Robert Maynard Hutchins: *Great Books of the Western World*, Volume 43, *On Liberty*, London: John Stuart Mill, Encyclopaedia Britannica, Inc., 1980, p. 299.

② Ibid., p. 297.

③ 海德格尔：《存在与时间》，陈嘉映、王庆节译，三联书店，1987 年，第 288 页。

条件是自由。于是，说到底，自由便是创造性幸福的根本条件，二者成正相关变化：一个人越自由，他的个性发挥得便越充分，他的创造潜能便越能得到实现，他的创造性幸福实现的程度便越高；一个人越不自由，他的个性发挥便越不充分，他的创造潜能便越得不到实现，他的创造性幸福实现程度便越低。所以马斯洛在论及自我创造性潜能得到实现的人时一再说："这些人较少屈从压抑、限制和束缚，一句话，较少屈从社会化。"[①] 华纳（Richard Warner）也这样写道："一个人要成为人，他的生存条件与理想的自由条件绝不可相距太远。"[②]

　　然而，有些人，如伯林，却怀疑自由是每个人充分发挥潜能的必要条件。因为他们看到，在不自由社会里，并不乏才华横溢之士："如果这一点是事实，那么穆勒认为人的创造能力的发展是以自由为必要条件的观点，就站不住脚了。"[③] 诚然，不自由的社会也可见到不少才华横溢之士。但是，这些人之所以能够发挥自己的才能，绝不是因为他们听任他人摆布而失去自由；恰恰相反，乃是因为他们勇于反抗而争得自由。因此，伯林以不自由社会常有才华充分发挥者为根据，否定每个人才能充分发挥系以自由为 必要条件，是不能成立的。任何社会，都存在才华横溢者，只是因为任何社会人们都有可能得到自由。只不过，在自由社会，人们得到自由无须反抗和牺牲，因而人人都有自由，于是也就人人都有可能发挥自己的创造潜能。反之，在不自由社会，人们要得到自由，便必须反抗和牺牲，如牺牲健康、幸福、人格、爱情乃至生命。因而在这种社会，也就只有极少数人才可能争得自由而实现自己的创造潜能——这极少数人便是那可歌可泣的裴多菲式的自由斗士，他们能以自己的行动证明：生命诚可贵，爱情价更高，若为自由故，二者皆可抛。

　　于是，总而言之，我们可以得出结论说：自由是实现自己的创造潜

① Abraham H. Maslow: *Motivation and Personality*, New York: Harper & Row, 1970, p. 171.

② Richard Warner: *Freedom, Enjoyment, and Happiness*, Ithaca: Cornell University Press, 1987, p. 117.

③ Isaiah Berlin: *Four Essay on Liberty*, New York: Oxford University Press, 1969, p. 128.

能的根本条件，因而争取自由便是追求创造性幸福的根本原则。这样，追求创造性幸福的原则，便如同华纳所说，乃是一幅关于幸福、成为人和自由三者关系的图画："我将提出的关于幸福的确证"，他在《自由、快乐和幸福》一书的前言写道，"可以归结为成为人的确证；后者又可以归结为对于自由的确证。这样，对于幸福的分析便是一幅关于幸福、自由和成为人三者之间关系的系统图画。"①确实，一个人的真正的或最有价值的幸福，可以归结为实现自己的创造潜能从而成为一个可能成为的最有价值的人；而后者又以自由为根本的、必要的条件，因而争取自由便是追求最有价值的幸福的原则，便是追求实现自己创造潜能而成为一个人的幸福的原则。

　　但是，华纳却由此指责赖特（Von Wright）和泰尔弗，因为"前者把幸福界定为一个人的最重要的需要的充分满足；后者则认为一个人所过的是一种幸福生活，当且仅当他的人生总体是快乐的"。②这样，二者便都"完全忽略了幸福、自由和成为人之间的联系：这种联系乃是对于幸福的任何充分的说明所不可或缺的"。③这种批评正确吗？不正确。错误的恰恰是华纳自己。

　　因为自由仅仅是创造性幸福的必要条件和原则，而并不是幸福的必要条件和原则。一个人丧失自由，不可能实现自己的创造潜能、不可能成为可能成为的最有价值的人、不可能获得创造性幸福；但是，他仍然可能获得其他幸福，如发财致富、健康长寿的物质幸福和做官致贵、爱情美满的社会幸福等。所以，对于幸福的定义和幸福原则的确立，应该忽略或撇开自由、成为人等；只有对于创造性幸福的定义和创造性幸福原则的确立，才不应该忽略或撇开自由、成为人等。因此，赖特和泰尔

---

①　Richard Warner: *Freedom, Enjoyment and Happiness*, London: Cornell University Press, 1987, p. 13.

②　Ibid., p. 16.

③　Ibid., p. 14.

弗对于幸福的定义和说明是正确的；而华纳则犯了以偏概全的错误：把创造性幸福的定义和原则夸大成幸福的定义和原则。

2 消除异化：创造性幸福的负面原则

"异化"（Alienation）一词源于拉丁语 Alienatio，意为疏远、脱离、转让、他者化，主要指某者成为他者、某者将自己推诿于他者、某者把自己的东西移让给他者。[①] 从此出发，该词——如前所述——逐渐作为人道主义的基本概念固定下来：异化是在不自由受奴役被强制的情况下，自己做出不属于自己而属于他人——亦即强制者——的行为，是自己做出的异己的、非己的行为，是自己做出的不是自己的行为。

正如自由可能具有负价值，异化可能具有正价值。因为我们常常看到，成年人往往无法说服而只好强迫儿童放弃其不理智的意志、遵从成人意志。我们也常常看到有识者、优秀者有时无法说服而只好强制无知者、愚蠢者放弃其错误的意志、遵从正确意志。儿童、无知者、愚蠢者们的这些异化行为不论对自己还是对社会无疑都有很大好处，因而具有很大的正道德价值。然而，异化的这种好处和价值无论如何巨大，也都只可能是暂时的、局部的、非根本的；根本地、长久地、全局地看，异化只能具有负价值。

因为异化是自己因受奴役、不自由而做出的不受自己意志支配而受他人意志支配的异己的、非己的行为。所以，一目了然，异化乃是实现自我创造潜能的根本障碍，二者成负相关变化：一个人越是异化，他受他人意志支配的异己的、非己的行为便越多，那么，他便越缺乏个性，他的独创潜能便越得不到发挥，他的创造性幸福实现程度便越低；一个人越不异化，他的受他人意志支配的异己行为便越少，那么，他便越具

①　参阅日本《现代马克思列宁主义事典》"异化"词条。

个性，他的独创潜能便越能得到发挥，他的创造性幸福实现程度便越高。所以卢卡奇说："异化首先意味着对于形成完整的人的一种障碍"，[①] 异化是"阻碍人成为真正的人、真正的个性的诸多最大障碍当中的一个障碍。"[②]

于是，消除异化便与争取自由一样，乃是追求创造性幸福的根本原则：争取自由是追求创造性幸福的正面原则；消除异化则是追求创造性幸福的负面原则。那么，究竟怎样才能争取自由而消除异化？

3 争取自由与消除异化之原则

要消除异化而争得自由，显然必须弄清：使人丧失自由而发生异化的原因是什么？系统研究过这个问题的，首推存在主义论者。但是，他们的结论却很极端：异化是社会生活的本性。这样，要消除异化，也就只有逃离社会和他人了。不过，尼采比较激进，认为要消除异化须作一个出世的隐居者："隐居起来罢！那样你才能够过真正属于自己的生活。"[③] 反之，海德格尔与萨特则比较温和，主张做一个入世的孤独者。萨特用来显示自己生活结构的《厌恶》主角洛根丁，就不是个远离世俗的隐士，而是生活在世俗之中的孤独者："我孤零零地在这一片快乐和正常的人声中。"[④] 因为——海德格尔早就指出——人生即在世、入世，逃避社会、远离世人是不可能的。[⑤] 然而，究其实，丧失自由而发生异化并非社会生活的本性，而只是某种社会生活的本性：是非法治、不民主、无人权的社会生活的本性；丧失自由而发生异化的根源并不是社会，而只是某种社

---

① 卢卡奇：《关于社会存在的本体论》下卷，白锡堃、张西平、张秋零等译，重庆出版社，1993 年，第 644 页。

② 同上书，第 676 页。

③ 尼采：《快乐的科学·第 338 节》，中国和平出版社，1987 年。

④ 萨特：《厌恶及其他》，上海译文出版社，1987 年，第 13 页。

⑤ 海德格尔：《存在与时间》，陈嘉映、王庆节译，三联书店，1987 年，第 354 页。

会：是非法治、不民主、无人权的社会。

首先，如果一个社会是法治的，那么，该社会的任何强制便均须符合其社会规范（法与道德）："法治意味着：政府除非执行众所周知的规则绝不可以强制个人。"① 其次，如果一个社会是民主的，那么，该社会的全体社会成员便能够通过代议制和多数裁定原则而直接或间接掌握社会管理的最高权力，从而直接或间接地使社会管理按照自己的意志进行；直接或间接地使社会意志得到自己的认可而成为公共意志；直接或间接地使社会行为规范得到自己的同意而成为公共意志的体现："只有以民主方式管理社会时才能充分实现社会自主——人与人相互关联的个人生活中的自主。只有在民主政体下，全体社会成员才能拿出自己的规则来管理共同事务，并将自己置于这些规则的约束之下。"② 于是，在法治的民主的社会，任何强制便均须符合直接或间接得到全体社会成员同意的社会规范，因而也就是包括我自己的意志在内的公共意志的体现。于是，我服从社会意志同时也是服从自己意志；遵守社会规范同时也是实行自己意志；从众从上同时也是从己；社会化同时也是个性化。这样，我的行为便是自由的，而非异化。

反之，在非法治、不民主的社会，则社会管理只能按照统治者的意志进行，而不能按照全体社会成员的意志进行；社会意志只是统治者的意志而不是全体社会成员的意志；社会规范也只是统治者意志的体现，而不是全体社会成员的公共意志的体现。因此，我服从社会意志同时便是放弃自我意志；遵守社会规范同时便是压抑自我意志；从众从上同时便是违己；社会化同时便是无个性化。这样，我进行的便不是属于自己的而是属于社会的行为，便丧失自由而发生异化了。

可见，人们之所以丧失自由而发生异化，并非如存在主义所说，是

---

① Friedrich A. Hayek: *The Constitution of Liberty*, Chicago: The University of Chicago Press, 1978, p. 205.
② 科恩：《论民主》，聂崇信、朱秀贤译，商务印书馆，1988 年，第 274 页。

因为他们创造了社会、生活于社会中，而是因为他们创造了非法治不民主社会、生活于非法治不民主社会：非法治、不民主的社会管理是社会异化的起因、根源。于是，消除异化而争取自由的方法、原则，也就并非如存在主义所主张，须逃离社会——既不须做一个出世隐居者，亦不须做一个入世孤独者——而是实现法治和民主的社会管理。

然而，是否只要实现法治和民主，就足以争取自由而消除异化？否！因为即使在法治和民主的社会，不言而喻，一方面，任何人也总难免有大量的社会规范所不能规范或不能明确规范的行为；另一方面，任何人也总难免有大量背离社会规范的行为。这样，在法治的民主的社会，自我意志、他人意志、领导意志、众人意志之间发生大量冲突而不能两全的情况也就在所难免。那么，在这种情况下，一个人须如何才能实行自我意志而避免社会异化？须有两个条件——一是客观条件：他必须享有人权；一是主观条件：他必须有自我实现的热烈追求。

为什么一个人必须享有人权才能享有自由、避免异化？

原来——马斯洛心理学成就表明——一方面，人的基本需要由低级到高级地分化为五类，依次是：生理需要、安全需要、爱的需要、自尊需要、自我实现需要；另一方面，比较低级的需要优先于、强烈于比较高级的需要，而比较高级需要的产生则是比较低级的需要得到相对满足的结果。自由的需要虽然是人的基本需要，但显然不及生理需要更基本、更低级、更强烈、更优先。所以，拉斯基说："那些了解穷人的日常生活的人，那些了解他们时时刻刻有大祸临头之感的人，那些了解他们不时追求美的事物但始终得不到它的人，就会很好地体会到：没有经济保障，自由是不值一文的。"[1] 这样，当一个人的自我意志与他人意志（领导意志、众人意志、社会意志）发生冲突不能两全时，如果他"不服从便不得食"，那么，他便不能不服从、不能不丧失自由而发生异化；他只有在

---

[1]　哈耶克：《通往奴役之路》，王明毅等译，中国社会科学出版社，1997年，第128页。

"不服从者亦得食"的情况下，才可能不服从，才可能坚持自我意志而避免异化。

可是，"不服从者不得食"的社会究竟是个什么社会？是无人权的社会。反之，"不服从者亦得者"的社会，则是有人权的社会。因为所谓"人权"，如所周知，乃是一个人只要是结成人类社会的一个成员、一个人，就应享有的满足经济、政治、思想等方面的基本需要的权利。所以，在享有人权的社会，任何人只要不侵犯他人的人权而与他人同样是缔结社会的一员，那么，不管他劳动多少、贡献大小，更不管他惯于服从还是不服从他人意志、众人意志、领导意志，他都同样享有人权、同样享有满足基本物质需要的权利：服从者得食、不服从者亦得食。反之，在一个社会，如果服从者得食而不服从者不得食，那么，这个社会便违反了"只要是人类社会的一员，就应该享有满足基本物质需要的权利"的人权原则，因而是个无人权的社会。

可见，人们只有生活在享有人权的社会，才不会有"不服从者不得食"的恐惧，才敢于不服从而避免异化。反之，若是生活在没有人权的社会，便会因不服从者不得食而不敢不服从，因而不能不发生异化。所以，一个社会，仅仅是法治和民主的，还不能消除异化；要消除异化争得自由，它还必须是有人权的。

那么，是否可以说，一个人只要生活于法治、民主、人权的社会，他就不会失去自由而发生异化？否。实现法治、民主、人权，只是消除异化的客观条件；一个人要避免异化，还须有主观条件：他必须追求自我实现因而热爱自由。因为在法治、民主、人权的社会，不服从固然亦可得食，但比起服从来说，无疑仍会损失许多利益。这样，一个人如果没有自我实现的热烈追求，他为什么不顺从领导、群众从而得到更大的好处呢？显然，他只有追求自我实现因而十分热爱自由，才可能忍受因走自己的路而不从上从众所带来的损失和苦难，才可能争得自由而避免异化。所以，卢卡奇说："异化归根结底是一种社会现象，因此只有通过社会途径才能克服这种社会现象，这两点固然是不言而喻的，"①但是，"在社会的必然性的范围之内，人们的生活过程终究是人们自己的事情；人们是想物化和异化地生活，还是想通过自己的行为而实现自己真正的个性，这取决于人们自己。"②

可见，一个人自我实现的热烈追求乃是他避免异化的必要条件。这个条件在消除异化中的重要作用从一事实可以看出，这个事实就是：任何社会均存在非异化者。区别仅在于，在法治、民主、人权的社会，人们若要不发生异化，无须顽强反抗和重大牺牲，因而人人都能够不发生异化。反之，在非法治、不民主、无人权的社会，人们要想不异化，便必须进行顽强反抗和遭受重大牺牲，因而也就只有极少数人才能够不发生异化——这极少数人，便是尼采、庄子所盛赞的出世隐居者；便是海德格尔、萨特所乐道的入世孤独者；便是马克思所欣赏的"走自己的路，让人们去说吧"的独立特行者。

综上可知，丧失自由而发生异化的起因既是社会的、客观的，又是个人的、主观的——异化，客观地说，源于社会的非法治、不民主、无人权；主观地看，则源于个人缺乏自我实现的热烈追求。因此，异化的消除和自由的拥有的原则也是双重的：创造法治、民主、人权的社会，是消除异化争取自由的客观条件、客观原则，因而也就是追求创造性幸福的客观条件、客观原则；培养热烈追求自我实现的个人，则是消除异化争取自由的主观条件、主观原则，因而也就是追求创造性幸福的主观条件、主观原则。

现在，我们已经依据幸福的客观本性，确立了求得任何幸福的普遍原则和一种最重要的幸福——创造性幸福——的特殊原则。然而，幸福的原则所确立的，仅仅是应该如何追求幸福的根本的、决定性的规范；一个人

① 卢卡奇：《关于社会存在的本体论》上卷，白锡堃、张西平、张秋零等译，重庆出版社，1993年，第231页。

② 同上书，第810页。

要求得幸福，还必须遵循一系列非根本的、非决定性的规范，亦即幸福规则，特别是那些比较基本的幸福规则。

三　幸福基本规则

所谓幸福原则，从上可知，也就是幸福的某个领域的根本规范，是幸福的某个领域产生和决定该领域其他规范的规范，说到底，也就是幸福的某个领域普遍的、一般的、抽象的规范：幸福的普遍原则是适用于幸福的任何领域的普遍的、一般的、抽象的规范；幸福的特殊原则（如创造性幸福原则）则是适用于幸福的某个领域（如创造性幸福领域）的普遍的、一般的、抽象的、全局的规范。反之，幸福规则则是幸福的某个领域的非根本的规范，是幸福的某个领域被产生、被决定的规范，说到底，也就是幸福的某个领域的具体的、个别的、特殊的、局部的规范。

幸福原则的普遍性、一般性、抽象性、全局性，决定了幸福的原则的确立，如上所述，乃是我们对于幸福各章所研究的一切具体问题的概括和抽象，因而与各章的研究根本不同。反之，幸福规则的具体性、特殊性、个别性、局部性，决定了幸福规则的确立，如下所述，是对于幸福各章所揭示的应该如何的具体问题的整理和汇集，因而不过是对各章所揭示的应该如何的具体问题的某种重述。这种汇集和重述，可以归结为以下3类7条幸福基本规则。

1　幸福意义规则

幸福的意义规则是幸福的首要规则，因为要追求幸福，首先应该明白幸福有何意义？幸福意义规则分二而为人生目的规则和人生价值规则。

人生目的规则　人生目的是否应该求乐避苦？是的，每个人的一切行为的目的都应该是求乐避苦。然而，一方面，我们常常说，纵酒之快乐是不应该追求的，声色犬马之乐往往也都是不应该追求的。另一方面，我们也常常说，不论搞学问还是干事业都不应该怕吃苦。这岂不是说有些快乐是不应该追求而有些痛苦是不应该避免吗？因而一切行为也就不应该都是为了求乐避苦吗？

确实，很多快乐都是不应该追求的。可是，为什么这些快乐是不应该追求的？原来，在现实生活中，各种快乐常常互相冲突而不能两全；如果求得一种快乐，往往必定牺牲另一些快乐。例如，吃喝玩乐是很快乐的，但是若沉溺于此，势必荒废学业，而丧失功成名就之快乐。所以，所谓不应该追求的快乐，并不是因为这种快乐本身不应该追求；而只是因为这种快乐与其他更为巨大和长久的快乐发生了冲突：要追求这种快乐，便会丧失其他更为巨大和长久的快乐，因而其净余额并非快乐而是痛苦。可见，不应该追求的并非快乐，而是痛苦。

确实，很多痛苦都是不应该避免的。可是，为什么这些痛苦是不应该避免的？原来，这些痛苦都是一种必要的恶：它们或者能够带来更大的快乐；或者能够避免更大的痛苦，因而其净余额是快乐而不是痛苦。例如，阑尾炎手术之苦不应该避免，并不是因为阑尾炎手术之苦本身有什么好而不应该避免；而只是因为它能够避免死亡之大不幸。如果一种痛苦，例如牙疼，并不能避免更大的痛苦或带来更大的快乐，那么，不论如何都是应该避免的。所以，凡是痛苦都应该避免；所谓不应该避免的痛苦，都是净余额为快乐的痛苦；因而不应该避免的并非痛苦，而是快乐。

可见，面对各种苦乐冲突碰撞相灭相生之际，一方面，应该追求长久的、重大的快乐，放弃短暂的、渺小的快乐；另一方面，则应该承受能够避免更大痛苦或带来更大快乐的痛苦，从而求得更大的快乐和避免更为重大的痛苦。一句话：应该追求的并不是任何快乐，而是更为重大的快乐；应该避免的并不是任何痛苦，而是更为重大的痛苦。重大的快乐与重大的痛苦，如前所述，正是所谓幸福与不幸。所以，面对诸种苦乐之冲突，一方面，一个人应该追求的并不是任何快乐，而是幸福：他可以放弃快乐，却不应该放弃幸福。另一方面，应该避免的并不是任何痛苦，而是不幸：他可以不躲避痛苦，却不应该不躲避不幸。于是，幸福便是追求快乐和避免痛苦的终极标准：符合幸福的快乐和痛苦、与幸福一致的快乐和痛苦，就是应该追求的快乐，就是不应该避免的痛苦；违背幸福的快乐和痛苦、与幸福冲突的快乐和痛苦，就是不应该追求的快乐，就是应该避免的痛苦。

这样，一方面，当各种快乐不发生冲突时，我们便应该追求一切快乐。因为在这种情况下，对于任何快乐的追求，也就都是对于快乐的增进和积累，也就都是在使快乐由少变多、由小变大、由短暂变恒久，因而也就都是对于幸福的接近和追求。反之，当痛苦并不能避免更大的痛苦或带来更大的快乐时，我们便应该避免一切痛苦。因为在这种情况下，对于任何痛苦的避免，也就都是对于痛苦的减少，也就都是在使痛苦由多变少、由大变小，因而也就都是对于不幸的避免。另一方面，当着各种快乐发生冲突时，我们便应该追求较大、较长久的快乐，便应该追求幸福。反之，当各种痛苦发生冲突而可以相互克服时，我们便应该忍受较小的痛苦而避免较大的痛苦，便应该忍受痛苦而避免不幸。于是，合而言之，我们在任何情况下便都应该追求幸福而避免不幸。抽象地说，我们应该追求一切快乐而避免一切痛苦。这是人生目的之抽象规则。但是，具体地看，我们则只应该追求一种特殊的快乐："幸福"，而避免一种特殊的痛苦："不幸"。这是人生目的之具体规则。

人生价值规则　人生价值和人生意义，如上所述，在于人生——如果它是正常的、一般的而不是反常的、例外的——所带来的快乐和幸福总是多于它所造成的痛苦和不幸。如果一个人的人生快乐和幸福多于痛苦和不幸，那么，他的人生就是有价值、有意义的人生，就是值得过的人生，就是正常的、一般的、符合人生本性的、某种相对完满的人生。

反之，如果一个人的人生痛苦和不幸多于快乐和幸福，那么他的人生就是无价值、无意义的人生，就是不值得过的人生，就是反常的、例外的、背离了人生本性的、某种绝对不完满的人生。

问题是，人们对于他们的人生苦乐祸福之主观觉知和他们的人生的苦乐祸福之客观实际既可能相符一致，也可能不相符、不一致。一个人只要主观上感到他的人生痛苦和不幸多于快乐和幸福，因而感到他的人生没有价值和意义，那么，不论他的人生客观实际如何，他都同样会觉得不值得再活下去。使他能够活下去的科学的方法无疑只有一个：帮助他认识和找到他的人生的快乐和幸福、他的人生的价值和意义，使他对于自己的人生苦乐祸福之主观觉知和他的人生的苦乐祸福之客观实际相符一致，从而最终使他明白，他的人生快乐和幸福多于痛苦和不幸，其净余额为快乐和幸福。这样，他就会感到他的人生是有价值、有意义的人生，是值得过的人生了。

可见，每个人都应该明白，他的人生快乐和幸福必定多于痛苦和不幸，其净余额必定为快乐和幸福，因而他的人生是有价值、有意义的人生，是值得过的人生。这就是人生价值和人生意义规则。

2　幸福类型规则

幸福意义规则，使我们知道为什么追求幸福。可是，我们究竟应该怎样追求幸福？究竟应该追求何种幸福？这是幸福类型规则所要解决的问题。幸福类型规则主要包括三种：利他与利己幸福规则、过程与结果幸福规则、真实与虚幻幸福规则。

己他幸福规则　所谓己他幸福规则，也就是利己幸福和利他幸福之规则。利己幸福，如前所述，亦即为己幸福，是为了自己的幸福，是利己目的得到实现的幸福，也就是对自己的一生具有重大意义的利己的需要、欲望、目的得到实现的心理体验，说到底，也就是对自己的生存发展之完满具有重大意义的利己需求得到满足的心理体验；反之，利他幸福亦即无私幸福，是为了他人的幸福，是利他目的得到实现的幸福，也就是重大的利他的需要、欲望、目的得到实现的心理体验，说到底，也就是对自己的生存发展之完满具有重大意义的利他需求得到满足的心理体验。利他幸福有助于利己幸福的实现。因为，如前所述，人是社会动物，他的生存、他的幸福、他的一切都是社会和他人给予的。但是，他能否从社会和他人那里谋得幸福，必须具有良好品德：如果他品德好，如果社会与他人认为他品德好，那么他便会受到社会和他人的赏誉而获得幸福；如果他品德坏，如果社会与他人认为他品德坏，那么他便会受到社会和他人的谴责而得不到幸福。所以，品德是获得幸福的必要条件、必要因素而与其成正相关变化：越有德便越有福、越有福便越有德，德福必定大体一致。因此，孟子说："夫仁，天下尊爵也，人之安宅也。莫之御而不仁，是不智也。"① 这样，一个人的利他幸福越多，他的品德便越高尚，他便越会受到社会和他人的赏誉，他的利己幸福便越易于实现，它的利己幸福也就越多；一个人的利他幸福越少，他的品德便越低劣，他便越会受到社会和他人的谴责，他的利己幸福便越难于实现，他的利己幸福也就越少：利他幸福是利己幸福的必要因素而与其成正相关变化。所以，一个人即使只追求利己幸福，他也应该同时追求利他幸福。这就是己他幸福规则。

　　幸福的过程与结果规则　结果幸福与过程幸福各有利弊短长。一方面，结果幸福比过程幸福强烈巨大，不过却是一次性的，因而是短暂的；反之，过程幸福虽比结果幸福薄弱渺小，却是多次连续的，因而是漫长的。另一方面，幸福的过程大都曲折多难，虽多有成功幸福，也不乏失败不幸，所以过程幸福是一种夹杂痛苦和失败的不纯的幸福。然而，每次过程幸福之后，都是更加充实奋发的体验，因为每次幸福都更加接近

---

① 《孟子·告子下》。

强烈巨大的结果幸福，每次幸福之后都有新的幸福在呼唤。反之，结果幸福是纯粹幸福；但是，结果幸福之后，却往往是空虚无聊的体验。

结果幸福与过程幸福不但相反互补，而且互为对方的存在条件：二者往往是一亡俱亡、一存俱存。一方面，结果幸福往往是过程幸福的条件，没有结果幸福，往往便不会有过程幸福。因为过程幸福是一种夹杂痛苦和失败的不纯的幸福，过程幸福之为过程幸福的条件无疑是：过程中的成功快乐多于、重于、大于失败痛苦，从而其净余额是成功快乐。否则，岂不是过程不幸而非过程幸福？显然，一般说来，只有结果是成功和幸福，过程中的成功和快乐才可能多于、重于、大于失败和痛苦；否则，如果结果是失败和痛苦，那么，过程中的失败和痛苦必定多于、重于、大于成功和快乐。因此，奋斗过程之所以幸福，是因为在这个过程中，成功和快乐多于失败和痛苦，说到底，是因为最终达到了预期结果，获得了结果幸福：结果幸福是过程幸福的存在条件。另一方面，过程幸福往往也同样是结果幸福的存在条件，没有过程幸福，也不会有结果幸福。因为过程幸福意味着：过程中的成功快乐多于、重于、大于失败痛苦，从而其净余额是成功快乐；否则，便是过程不幸而非过程幸福。问题的关键正在于，如果过程中成功快乐多于、重于、大于失败痛苦，那么，一般说来，结果必定是成功和幸福：过程幸福，一般说来，必定导致结果幸福。

因此，即使一个人只想享有过程幸福，而无意于结果幸福，不想用一生的奋斗去获得老来福，他也必须向结果的幸福和成功奋斗。否则，如果结果是失败和不幸，那么，一般说来，他求幸福的过程的净余额必是痛苦和失败，因而不论他怎样只问耕耘不管收获，他都绝不可能获得过程幸福。反之，如果一个人只想获得结果幸福，而不在乎过程是否幸福，他也必须老老实实、循序渐进地获得过程幸福。否则，如果过程的失败痛苦多于成功快乐，从而其净余额是失败和不幸，那么，一般说来，结果也绝不会是幸福和成功。所以，每个人都既应该追求结果幸福，同时又追求过程幸福。这就是幸福的过程与结果规则。

幸福的虚幻和真实规则　每个人都应该既追求真实幸福，又追求虚幻幸福：当他可能得到真实幸福时，他应该追求真实幸福；当他不可能得到真实幸福时，他不妨自足于虚幻幸福。这就是幸福的虚幻与真实规则。这个规则的依据在于：对于每一个人来说，一方面，有些幸福是他能够得到而有些不幸是他能够避免的；但是，另一方面，有些幸福却是他不可能得到而有些不幸则是他不可能避免的。因此，当一个人得到了一种虚幻的幸福的时候，如果他不可能得到这种真实的幸福，那么，这种虚幻幸福对他是有利无害的，因而他便不应该放弃这种虚幻的幸福。因为他如放弃这种虚幻幸福，也不可能得到真实幸福；而虚幻的幸福毕竟也是幸福，也是一种极度快乐的心理体验。而快乐的心理乃是一种极为重要的积极的心理体验，它至少可以获得一种极为根本的真实幸福：健康长寿。因为正如刘默所说："人之性情最喜畅快，形神最宜焕发，如此则有长寿之情，不惟去病，可以永年。"[1] 所以，虚幻幸福只是不如真实幸福好，却比毫无幸福好得多。这就是画饼充饥的积极意义之所在：如果不可能得到真的饼，不妨画饼以充饥；因为画饼总比无饼好。但是，如果一个人可能得到这种真实幸福，那么，他显然便应该放弃这种虚幻幸福，而追求真实幸福：真饼无疑比画饼好得多。

这样，真实幸福与虚幻幸福便都既可能是应该的、好的、对的，又可能是不应该的、坏的、错的：当一个人可能得到真实幸福时，真实幸福对于他就是应该的、好的、对的，而虚幻幸福对于他则是不应该的、坏的、错的；当一个人不可能得到真实幸福时，虚幻幸福对于他就是应该的、好的、对的，而真实幸福对于他就是不应该的、坏的、错的。但是，这并不是说，虚幻幸福与真实幸福的效用性是完全一样的。因为虚幻幸福是重大需求得到虚幻满足的心理体验；真实幸福是重大需求得到

---

① 吕兵:《颐养天年》，知识出版社，1991 年，第 188 页。

真实满足的心理体验。每个人的生存发展无疑依靠其重大需求的真实满足而非虚幻满足；虚幻满足所能给予的东西，充其量不过是精神安慰罢了。所以，虚幻幸福与真实幸福对于它们的追求者来说虽然都具有时好时坏、有时应该有时不应该、有时正确有时不正确的本性，但是，人们若要生存发展，一方面，恒久地说，追求真实幸福是好的、应该的、正确的，而追求虚幻幸福则是坏的、不应该的、不正确的；另一方面，偶尔地说，追求虚幻幸福是好的、应该的、正确的，而追求真实幸福则是坏的、不应该的、不正确的。换言之，真饼与画饼虽然都具有时好时坏的本性，但是，追求真饼是恒久的好、偶尔的坏；而画饼充饥则是偶尔的好、恒久的坏。否则，人们便不可能生存发展。

3　幸福选择规则

幸福的类型规则使我们明白究竟应该追求何种幸福。可是，当这些幸福发生冲突而不能两全时，我们应该选择何种幸福、放弃何种幸福？这是幸福选择规则所要解决的问题。幸福选择规则由两种规则构成：幸福选择的量的规则和幸福选择的质的规则。

幸福选择的量的规则　当各种幸福发生冲突不能两全时，从量上看，应该选择比较强烈、比较持久、比较迫近、比较确定、比较纯粹、增殖性较大、增进社会和每个人利益较多的幸福。这就是幸福选择的量的规则。这个规则的依据在于：强烈的幸福的价值大于淡泊的幸福的价值、持久的幸福的价值大于短暂的幸福的价值、确定的幸福的价值大于不确定的幸福的价值、近期便可能得到的幸福的价值，大于在较远的未来才能得到的幸福的价值、纯粹的幸福的价值，大于不纯粹的幸福的价值、具有增殖性的幸福的价值大于不具有增殖性的幸福的价值、增进社会利益较多的幸福的道德价值大于增进社会利益较少的幸福的道德价值。但是，任何具体的幸福，都是多样性的统一，都是多种性质的统一体。于是，一种幸福在某些性质上价值较小，但在另一些性质上则可能价值较大。例如，物质幸福比精神幸福强烈，因而在强烈程度上，物质幸福的价值大于精神幸福的价值；但是，精神幸福比物质幸福持久，因而在时间的久暂上，精神幸福的价值大于物质幸福的价值。因此，衡量任何幸福的价值，都不能仅仅根据它们所具有的一种性质，而必须根据它们所具有的多种性质。这样，比较强烈的幸福 A 的价值，便可能小于比较淡泊的幸福 B 的价值。但是，幸福 A 的价值小于幸福 B 的价值，显然并不是因为 A 的强烈性质，而是因为 A 的其他性质，如短暂等。因此，那些富有冒险精神的人——古今中外有大成就者大都如此——往往放弃确定幸福而追逐不确定幸福。他们的选择往往是正确的。但是，这并不是因为他们放弃了确定幸福而选择不确定幸福；而是因为他们放弃了固然确定却是平庸的幸福，选择了虽然不确定却是伟大的幸福。不确定幸福的价值小于确定幸福的价值。但是，伟大幸福的价值大于平庸幸福的价值。因此，不确定而伟大的幸福的价值净余额，在一定条件下，可能远远大于确定而平庸的幸福的价值净余额。然而，这显然并不是因其不确定，而是因其伟大。所以，如果仅就确定程度来说，那么，确定的快乐和幸福的价值无疑大于不确定的快乐和幸福。

幸福选择的质的规则　需要越低级，它的满足对于每个人的生存的价值便越大，对于每个人的发展的价值便越小；需要越高级，它的满足对于每个人的生存的价值便越小，对于每个人的发展的价值便越大。物质需要、生理需要，如食欲和性欲，是最低级的。它们的满足对于生存的价值无疑是最大的：只有食欲满足，一个人才能生存；只有性欲满足，他才能够繁衍后代，继续生存。但是，食欲和性欲之满足，对于一个人的发展的价值却是最小的：如果他仅仅有食欲和性欲的满足，那么，他便与猪狗无异，谈何发展？反之，自我实现、实现自己创造潜能的需要是最高级的。它的满足对于一个人的生存的价值是最小的。因为无论是否自我实现，他都一样能够生存。但是，需要越高级，它的满足对于发展的价值却越大：自我实现需要的满足对于一个人的发展的价值是最大的。因为自我实现是一个人的创造潜能之实现；而创造潜能之实现岂不是一个人的最大发展，岂不是发展的最高境界？因此，一方面，穆勒和马斯洛认为高级快乐和幸福的价值大于低级快乐和幸福价值的观点，是片面的：只有对于发展来说才是如此；而对于生存来说则恰恰相反。另一方面，他们认为应该做一个痛苦的苏格拉底而不是快乐的猪的主张也是片面的：只有对于一个生存已经不成问题而只有如何发展问题的人来说，才应该如此；而对于一个终日奔忙、使尽浑身解数才能生存的人来说则恰恰相反。

可见，当各种快乐和幸福发生冲突不能两全时，从质上看，对于一个生存问题还没有解决而根本谈不到发展的人来说，低级的、物质的需要满足的价值无疑大于高级的、精神的需要满足的价值，他应该选择低级的而不是高级的快乐和幸福，应该做一个快乐的猪而不是痛苦的苏格拉底；对于一个生存已经不成问题而只有如何发展问题的人来说，高级的、精神的需要满足的价值则大于低级的、物质的需要满足的价值，他应该选择高级的而不是低级的快乐和幸福，应该做一个痛苦的苏格拉底而不是快乐的猪。这就是幸福选择的质的规则。

幸福普遍原则和幸福特殊原则以及幸福基本规则，三者构成所谓幸福规范。总而言之，可以得出结论说：一个人要求得幸福，要求得他可能得到的最有价值的幸福，首先应该遵循幸福的普遍原则，其次应该遵循幸福特殊原则，最后应该遵循幸福基本规则。幸福普遍原则和幸福特殊原则以及幸福基本规则，这就是任何人追求任何幸福的充足且必要的三类规范。这就是任何人攀登任何幸福殿堂的三阶梯。这就是任何幸福人生的三部曲。谁能依次唱好这三部曲、顺序攀登这三阶梯、谨慎遵循这三类规范，谁就能求得幸福，谁就能求得他可能得到的最有价值的幸福，谁就是真正幸福的人。

＊　　＊　　＊

现在，我们既确证了道德总原则"善"，又进而一方面引申、推演出如何善待他人——主要是国家治理和国家制度——的价值标准"正义"与"人道"；另一方面则引申、推演出如何善待自己的道德原则"幸福"。这样，我们便完成了科学伦理学的道德原则体系。但是，我们还没有完成它的道德规范体系。因为道德规范，如前所述，分二而为道德原则与道德规则：道德原则，是某个领域全局的、根本的道德规范，而道德规则则是某个领域局部的、非根本的道德规范。所以，我们应该从道德原则体系出发，进一步构建隶属于它的道德规则体系。

第八篇　道德规则体系

第二十九章 八大道德规则：道德规则体系

本章提要

　　诚实是动机在于传达真信息的行为，因而是维系人际合作从而保障社会存在发展的基本纽带，是如何善待他人的最重要道德规则。反之，善待自己的最重要道德规则是**贵生**：生命无疑是一个人最重要的东西。但是，贵生并不是善待自我的最高道德规则：善待自我的最高道德规则是**自尊**。因为贵生是对生命自我的爱，它所能引发的仅仅是一种低级的目的利己行为：活着；反之，自尊则是对人格自我的爱，它所引发的则是比较高级的目的利己行为：活得有作为、有成就、有价值。自尊似乎与谦虚相反，其实不然。**谦虚**是低己高人从而以人为师，因而恰恰依据于自尊：低己高人以人为师以便有所成就而实现自尊。这种成就和自尊的基本内容究竟是什么？是"智慧"。**智慧**是相对完善的思想活动能力。一个人如果具有正常人以上的天资，那么，他能否取得智慧，便完全取决于学习而与其成正比。智慧的意义全在于支配和实现感情欲望：感情欲望如果受智慧和理智支配，便是所谓的**节制**；否则便是放纵。节制可使人不做明知不当做之事，不致害己害人，因而是一种极为重要的善。人生在世，最重要的节制，莫过于智慧对于勇敢的指导和支配。因为**勇敢**是对于可怕事物的不畏惧：勇敢如果背离智慧，便是鲁莽和不义之勇，便有害于社会和他人以及自我而具有负道德价值；勇敢只有与智慧结合，才是义勇和英勇，才有利于社会和他人以及自我而具有正道德价值。那么，每个人对于勇敢、节制、智慧、谦虚、自尊、贵生和诚实等一切道德规则以及善、正义、平等、人道、自由和幸福等一切道德原则的遵守，是否越严格越绝对越极端越过火越不变，便越好？否。只有"中庸"（亦即适当遵守道德）才是善的；而"过"（亦即过于遵守道德）与"不及"（亦即不遵守道德）都是恶的。

毋庸赘言，道德规范越普遍越一般越抽象，便越稀少；越特殊越个别越具体，便越众多。因此，道德原则不过四类八个：首先是道德终极标准："增减每个人利益总量"；其次是道德总原则"善"；再次是善待自我道德原则"幸福"；最后是善待他人——主要是国家治理与国家制度——的五大道德原则"正义"、"平等"、"人道"、"自由"和"异化"。

反之，道德规则不胜枚举。但是，伦理学是道德哲学，它的道德规范体系无疑只能够——也只应该——容纳那些比较重要的道德规则；而其他则留给各种常识与直觉或应用伦理学。这些比较重要的道德规则恰好也可以归结为八个：诚实、贵生、自尊、谦虚、智慧、节制、勇敢和中庸。不难看出，在这八大道德规则中，诚实最重要：诚实是维系人际合作从而保障社会存在发展的基本纽带。所以，诚实居于道德规则体系之首。

一　诚实

1　诚实概念

粗略看来，诚实就是说真话，欺骗则是说假话：这是诚实与欺骗的通俗定义。然而，细究起来，说话、语言并非诚实和欺骗的唯一形式。试想，烽火戏诸侯，明修栈道暗度陈仓，岂不都是欺骗？显然，沉默、点头、手势、行动等一切行为都可以是诚实或欺骗。所以，诚实或欺骗包括语言和行动两方面而属于行为范畴。由此看来，似乎应该说：诚实是传达真信息的行为，欺骗是传达假信息的行为。其实仍不尽然。试想，如果一个信息是假的，但约翰却以为它是真的，并把它当作是真的传达给他人。这样，他便是在传达一个"主观动机以为是真"而"客观实际却是假"的信息。他的这种行为是诚实还是欺骗？当然是诚实而非欺骗。

准此观之，诚实还是欺骗并不取决于所传达的信息在客观实际上之真假，而取决于所传达的信息在传达者的主观动机中之真假。因此，诚实便是动机在于传达真信息的行为，是"自己以为真也让别人信其为真"——"自己以为假也让别人信其为假"——的行为；欺骗则是动机在于传达假信息的行为，是"自己以为真却让别人信其为假"、"自己以为假却让别人信以为真"的行为。这是欺骗和诚实的精确定义。这个定义并未完全否定此前的通俗定义。因为不言而喻，语言毕竟是诚实和欺骗所传达的信息的主要形式。所以，诚实，主要地讲，也就是说真话，是传达真话的行为；欺骗，主要地讲，也就是说假话，是传达假话的行为。

诚实可以分为诚与信。因为"诚实是动机在于传达真信息的行为"意味着：诚实者传达的真信息之为真信息，并非因为其与客观事实相符，而是因其与传达者"自己的主观思想"及其所引发的"自己的实际行动"相符：与自己思想相符叫作诚、真诚；与自己的行动相符叫作信、守信。反之，欺骗所传达的假信息之为假信息，并非因其与客观事实不符，而是因为其与传达者"自己的主观思想"及其所引发的"自己的实际行动"不符：与自己的思想不符叫作撒谎；与自己的行动不符叫作失信。

更确切些说，诚和信是以真信息源的性质为根据而划分诚实的两大类型：诚、真诚是传达与自己的思想相符合、相一致的信息的行为，主要表现是"心口一致"；信、守信是传达与自己的实际行动相符合、相一致的信息的行为，其主要表现是"言行一致"。反之，撒谎和失信则是以假信息源的性质为根据而划分欺骗的两大类型：撒谎是传达与自己思想不一致不相符的信息的行为，其主要表现是"心口不一"；失信是传达与自己的实际行动不一致不相符的信息的行为，其主要表现是"言行不一"。

欺骗还依据其动机的利害他人的性质分为恶意欺骗和善意欺骗。恶意欺骗是欺骗之常规，是动机有害他人的欺骗，如造谣诽谤、阿谀奉承、伪善伪证等。善意欺骗是欺骗之例外，是动机无害他人的欺骗，是动机利人或利己而不损人的欺骗，如欺瞒凶手、安慰病人、戏言取乐、客套话等。同理，诚实也有善意与恶意之分。善意诚实是动机无害他人的诚实。这种诚实，是诚实之常规，自不待言。反之，恶意诚实则是诚实之例外，是动机有害他人的诚实，如传述真话以挑拨离间。恶意诚实多为故意，但也有不得已者。例如，当凶手打听被他追杀而逃到我家里的人是否在我家时，我如害怕自己被伤害或为自己做诚实人而不得已如实相告，便属于恶意诚实。因为它毕竟含有为避免自己被伤害或为自己做诚实人而出卖、伤害他人性命之动机。

2 诚实的道德价值

衡量一切行为道德价值的标准，如前所述，是道德最终目的、道德终极标准：保障社会存在发展和增进每个人利益。准此观之，诚实和欺骗的道德价值便可以按其对于社会、他人、自己三方面的效用来衡量。首先，从被欺骗与被诚实对待的他人来看。试想，谁不愿意被诚实对待？谁愿意被人欺骗呢？所以，被欺骗，即使是被善意欺骗，无疑也是一种伤害；被诚实对待，即使是被恶意地诚实对待，无疑也是一种利益。

其次，从欺骗者和诚实者自己来看。欺骗而不诚实，确实可以得到暂时的、局部的或某种具体的利益；但就长远、全局和总体来说，日久见人心，欺骗最终势必害己而诚实势必利己。总体大于局部，长远大于暂时。所以，即使对于欺骗者和诚实者自己来说，欺骗的净余额也是害，

而诚实的净余额也是利。因此，西方格言说："诚实是最好的策略"。我国
先哲亦云："匹夫行忠信，可以保一身，君主行忠信，可以保一国。"[①]

最后，从社会来说。所谓社会，正如罗尔斯所言，不过是"一个目
的在于增进每个成员利益的合作体系。"[②] 人际合作之所以能进行、社会之
所以能存在发展，显然是因为人与人的基本关系是互相信任而非互相欺
骗，是因为人们相互间的诚实的行为多于欺骗行为。否则，如果人与人
的基本关系是互相欺骗而非互相信任，人们相互间的欺骗行为多于诚实
行为，那么，合作必将瓦解、社会必将崩溃。所以，诚实乃是维系人际
合作从而保障社会存在发展的基本纽带。

可见，一切诚实的行为，不论如何不同，不论其意善恶，就其共同
的诚实本性来说，都有利他人、有利自己、更有利于社会的存在发展，
因而便都符合道德最终目的和道德终极标准，便都是道德的、善的、应
该的。反之，一切欺骗的行为，不论如何不同，不论其意善恶，就其共
同的欺骗本性来说，都有害于他人、也有害于自己、更有害于社会的存
在发展，因而便都不符合道德最终目的和道德终极标准、便都是不道德
的、不应该的、恶的。所以，路德说：

"在我看来，尘世上没有什么比欺骗和背信弃义更为有害的恶习：它
们会导致整个人类社会瓦解崩溃。因为欺骗和背信弃义先会使人心分裂，
接着就会分开人们的合作的手；而当手也被分开的时候，我们还能做什
么呢？"[③]

不过，一切欺骗虽然都有害社会、他人和自我，因而都是恶的，但
其对社会、他人和自我的损害的大小或恶的大小，显然与其善意成反比

---

① 司马光：《资治通鉴·周纪二·显王十年》。

② John Rawls: *A Theory of Justice*, Cambridge, Massachusetts: The Belknap Press of Harvard University Press, 2000, p. 4.

③ Friedrich Paulsen: *System of Ethics*, translated by Frank Thilly, New York: Charles Scribner's Sons, 1899, p. 668.

而与其恶意成正比：欺骗的善意越大，它对被欺骗者的利益便越大，便越可得到原谅，因而它对社会、他人和自我的损害便越小，它的恶便越小；欺骗的恶意越大，它对被骗者的损害便越大，便越不可原谅，因而它对社会、他人和自我的损害便越大，它的恶便越大。所以，阿奎那说：

"如果一个人说谎的意图在于损害他人，那么，谎言的罪恶就加重了，这就是恶意的谎言；相反地，如果说谎是为了达到某种善或快乐，谎言的罪恶就减轻了。"① "显然，谎言的善意越大，谎言罪恶的严重程度就越是减轻。"②

同理，一切诚实，虽然都有利于社会、他人和自我，因而都是善，但其对社会、他人和自我的利益之大小或善的大小，则与其善意成正比而与其恶意成反比：诚实的善意越大，对诚实接受者的利益越大，它便越可赞赏，它对社会、他人和自我的利益便越大，它的善便越大；诚实的恶意越大，对诚实接受者的损害越大，它便越不可赞赏，它对社会、他人和自我的利益便越小，它的善便越小。

总而言之，一切诚实无论如何，其自身都是道德的、应该的、善的，因而也就是人际行为应当如何的道德规范；一切欺骗，无论如何，其本身都是不道德的、不应该的、恶的，因而也就是人际行为不应该如何的道德规范。

3 诚实的适用范围

诚实和欺骗的道德价值表明：诚实是应当的，欺骗是不应当的。那么，人们是否在任何情况下都应当诚实而不应当欺骗？康德的回答是肯定的："诚实是理性教义的一种神圣的绝对命令，不应受任何权宜之计限

---

① Sissela Bok: *Lying: Moral Choice in Public and Private Life,* New York: Vintage Books, 1989, p. 256.

② Ibid., p. 257.

制。"① 他举例说，即使当凶手询问被他追杀而逃到我们家里的无辜者，是否在我们家里，我们也应该诚实相告，而不该谎称他不在家：

"在不可不说的陈述中，不论给自己或别人会带来多么大的伤害，诚实都是每个人对他人的不该变通的责任。"② "因为谎言总是要伤害他人的，即使不伤害某个特定的人，也是对人类的普遍伤害，因为它败坏了规则之源。"③

康德的错误在于，他只见诚实是善和欺骗是恶，却不见"两善相权取其重"和"两恶相权取其轻"的"最大利益净余额"之道德终极标准。因为当凶手询问被他追杀的无辜者逃到哪里时，"诚实"这种善便与"救人"这种善发生了冲突：要诚实便救不了人，要救人便不能诚实；不欺骗就得害人性命，不害命便得欺骗。但是，诚实是小善、救人是大善，两善相权取其大：救人；欺骗是小恶，害命是大恶，两恶相权取其轻：欺骗。所以，当此际，便不该诚实害命，而当欺骗救人。孟子曰："大人者，言不必信，行不必果，惟义是从。"④ 此之谓也！否则，避小恶（欺骗）而就大恶（害命）、得小善（诚实）而失大善（救人），岂非小人之举："言必信，行必果，硁硁然小人哉！"⑤

可见，只有在正常情况下，即在诚实这种善与其他的善不发生冲突时，才应该诚实而不应该欺骗；而在非常情况下，即在诚实与其他更大的善发生冲突不能两全时，则不应该诚实而应该欺骗，以保全更大的善，从而符合"最大利益净余额"之道德终极标准。因此，诚实不论意义如何重大，却并非道德原则，而是从属于、支配于、决定于善、爱、正义等道德原则的基本道德规则。

---

① Sissela Bok: *Lying: Moral Choice in Public and Private Life,* New York: Vintage Books, 1989, p. 269.

② Ibid., p. 268.

③ Ibid., p. 269.

④ 《孟子·离娄下》。

⑤ 《论语·为政》。

因此，在每个人的品德结构中，诚实和欺骗便是被支配的、被决定的、从属的、次要的因素；而善良、恶毒、仁爱、正义等则是支配的、决定的、主要的、主宰的因素。这就是为什么，一个仁爱而虚伪的人的品德境界，高于一个恶毒而诚实的人的品德境界。甚至一个伪善者也高于一个诚实的恶人。因为伪善者还知羞耻，而诚实的恶人则厚颜无耻：厚颜无耻无疑是品德的最低境界。因此，王船山说："小人之诚，不如无诚。"① "诚者，虚位也，知、仁、勇、实以行乎虚者也。故善言诚者，必曰诚仁、诚智、诚勇，而不但言诚。"② 一个人仅仅诚实，还远不是一个品德良好的人；要品德良好，更重要的还要仁爱、善良、正义等。

准此观之，我国学术界的"品德滑坡论"与"品德爬坡论"之争便可以解决了：前者是真理，后者是谬误。因为近年来我国国民的品德状况，众所周知，虽然更加诚实却更少仁爱、无私、善良、正义；虽然更少欺骗但却更多自私、损人、不公、无耻。所以，国民的品德便不是上升爬坡，而是下降滑坡了。爬坡论的错误显然在于夸大诚实美德的基本性、重要性而以为其为品德的决定性因素。

诚实的本质，从上可知，是善待他人：诚实乃是如何善待他人的最为重要的道德规则。那么，善待自己的最为重要的道德规则是什么？是贵生。因为正如人们所常说，不论一个人享有多么丰富多么高级的幸福，却无不以他自己的生命为根基：自己的生命是第一位数字"1"，而那些丰富高级的幸福，如发财致富、官运亨通、爱情美满、著书立说、自我实现等都不过是后面的众多的"0"罢了。若是失去了生命，便等于没有了"1"，而只剩下一大堆"0"，也就仍等于一个"0"。是以道家有言：死皇帝愿为活老鼠也！所以，确立了善待他人的最为重要的道德原则"诚实"之后，应该继之以"贵生"：贵生乃是善待自己的最为重要的道德规则。

---

① 王夫之：《读通鉴论·东汉"平帝三"》，中华书局，1975年，第12页。
② 同上。

二　贵生

善待自己的最为重要的问题显然是：善待自己的生命、正确对待自己的生命和自己生命之外的东西。道家对这个问题的解决，现在看来，是不错的，亦即应该贵生：贵生是善待自己的最为重要的道德规则。

1　贵生概念

所谓贵生，亦即贵生贱物、重生轻物，也就是把自己的东西分为"生"（自己的生命）和"物"（自己生命之外的东西），而认为自己的生命，贵于自己生命之外的东西，因而也就是自己最宝贵最有价值的东西。对于这个道理，道家说得很妙："今吾生之为我有，而利我亦大矣。论其贵贱，爵为天子，不足以比焉；论其轻重，富有天下，不可以易之；论其安危，一曙失之，终身不复得。"[①]所以，"圣人深虑天下，莫贵于生。"[②]"死王乃不如生鼠"、"死王乐为生鼠"也！[③]

与道家此见相同者不乏其人。甚至它的冤家对头墨子也承认："今谓人曰：予子冠履而断子之手足，子为之乎？必不为，何故？则冠履不若手足之贵也。又曰：予子天下，而杀子之身，子为之乎？必不为，何故？则天下不若身之贵也。"[④]费尔巴哈也一再说："生命就是人的最高的宝物。"[⑤]"人牺牲生命来祭神，只是因为神的眼睛像人的一样，也是把生命看做最高的、最有价值的、最神圣的宝物。"[⑥]

---

① 《吕氏春秋·重己》。
② 《吕氏春秋·贵生》。
③ 姜生：《道教伦理论稿》，四川大学出版社，1995年，第87页。
④ 《墨子·贵义》。
⑤ 《费尔巴哈哲学著作选集》下卷，王太庆等译，三联书店，1962年，第554—569页。
⑥ 同上书，第775页。

可见，贵生之真谛，在于视自己生命为自己最宝贵东西而不仅仅是宝贵东西；贵生之为道德规范，则是应该视自己生命为自己最宝贵最有价值的东西的行为。然而，为什么生命是自己最宝贵的东西？

我们对于价值的概念分析表明，说某物对自己是有价值的宝贵的东西，意味着：某物有一种效用，这种效用能满足自己的需要、欲望、目的。准此观之，生命是自己最宝贵最有价值的东西，便意味着：生命能满足自己的最重要的最根本的最大的需要、欲望、目的。那么，人们最重要最根本最大的需要、欲望、目的是什么呢？

无疑是求生欲，是求生的需要、欲望、目的。费尔巴哈说："人的愿望，至少那些不以自然必然性来限制其愿望的人的愿望，首先就是那个希冀长生不死的愿望；是的，这个愿望乃是人的最后的和最高的愿望，乃是一切愿望的愿望。"[1]

一个人的生命，之所以是他自己最宝贵最有价值的东西，就是因为他的生命能满足他最重要最根本最大的愿望：求生欲。欲望得到满足的心理体验，亦即所谓快乐；重大欲望得到满足的心理体验，亦即所谓幸福。所以，生命本身、活着本身，便因其能满足自己最重要最根本最大的欲望，而是自己最重要最根本最大的快乐和幸福。因此，费尔巴哈说："生命本身就是幸福。""生命本是一切福利的总和。"[2] 庄子说得更妙："至乐活身。"[3]

可见，生命之所以是一个人最宝贵的东西，直接讲来，是因为生命的快乐是人生的最重要最根本最大的快乐和幸福；根本讲来，是因为生命能满足人的最重要最根本最大的欲望：求生欲。

2 贵生价值

从生命最宝贵可以推知，一个人究竟怎样行为对自己最有利和最有

---

① 《费尔巴哈哲学著作选集》下卷，王太庆等译，三联书店，1962 年，第 775 页。

② 同上书，第 545 页。

③ 《庄子·至乐》。

害：贵生的行为对自己最有利，因为一个人如果贵生轻物，那么即使他
失去身外名货，得到的却是最宝贵最有价值的东西：健康长寿；反之，
重物轻生的行为对自己最有害，因为一个人如果重物轻生，那么即使他
得到了身外名货，却失去了性命，岂非杀身以易衣、断首以易冠？

　　贵生最有利自己，因而也就是善待自己的首要规范；重物轻生最有
害自己，因而也就是恶待自己的首要规范。可叹从古到今，多少人不懂
得这个道理，而竞相危身伤生以求名利。结果正如《吕氏春秋》所言：
"功虽成乎外，而生亏乎内。耳不可以听，目不可以视，口不可以食，胸
中大扰，妄言想见，临死之上，颠倒惊惧，不知所为，用心如此，岂不
悲哉？"[①]

　　然而，人们大都以为，道德不应该倡导贵生利己，而应该倡导伤生
利他。这种观点是不能成立的。因为贵生利己和伤生利他是否应该而具
有正道德价值，完全取决于二者对道德终极标准——增进每个人利益总
量——的效用。准此观之，贵生利己符合道德终极标准，因而具有正道
德价值，是道德的、应该的、善的；伤生害己则违背道德终极标准，因
而具有负道德价值，是不道德的、不应该的、恶的。

　　只不过，贵生利己的正道德价值与伤生害己的负道德价值都是相对
的、有条件的。因为不言而喻，只有在正常情况下——即在自己的生命
与他人生命不发生冲突时——贵生利己才是道德的、应该的、善的，伤
生害己才是不道德的、不应该的、恶的；而在非常情况下（即在自己生
命与他人生命发生冲突而不能两全时），便应该自我牺牲、伤生利他，而
贵生利己则是不道德、不应该、恶的。认为应该伤生利他——而不该倡
导贵生利己——的流行观点之错误就在于：抹杀正常情况而夸大非常情
况，于是便一方面由伤生利他在非常情况下是道德的，进而误以为其在
正常情况下也是道德的；另一方面则由贵生利己在非常情况下是不道德

---

① 《吕氏春秋·情欲》。

的，进而误以为其在正常情况下也是不道德的。

可见，贵生与诚实、勇敢一样，都是相对应该、相对道德、相对善，都是隶属于"道德终极标准"和"善"、"正义"等道德原则的基本道德规则。那么，究竟应该如何贵生呢？应该乐生：乐生乃贵生之本。因为生命最宝贵，只因其能满足人的最重要欲望而为人的最重要的快乐和幸福，这岂不意味着：满足最重要的欲望、得到最重要的快乐和幸福是最宝贵的？所以，所谓贵生，说到底，便是贵"达欲快乐"；贵生的行为，说到底，便是乐生达欲而非苦生禁欲的行为：乐生乃贵生之本也！

因此，道家认为六欲只得到部分满足的"亏生"并非贵生、尊生；贵生、尊生乃是六欲都得到适当满足的"全生"。但是，一个人所追求的种种快乐，往往互相冲突、不可得兼。譬如，日夜淫乐，固然快活，但掏空了身子，便不能久乐。那么，应该选择暂时快乐还是长久快乐？显然应该选择长久快乐。而要想长久快乐，正如道家所言，必须健康长寿："古人得道者，生以寿长，声色滋味，能久乐之。"[1] 于是，利生便是乐生的前提：贵生是以利生为前提的乐生。这样，贵生的乐生便不是纵欲的乐生，不是放纵一切欲望、追求一切快乐；而是节欲的乐生，是只满足有利生命的欲望、只追求有利生命的快乐："是故圣人之于声色滋味也，利于性则取之，害于性则舍之，此全性之道也。"[2] 那么，究竟怎样才能做到利生而乐生？应该养生：养生乃贵生之道。

3 贵生之道

何谓养生？《吕氏春秋》说："知生也者，不以害生，养生之谓也。"[3]《千金要方》说得更具体："天地之性，惟人为贵，人之所贵，莫贵于生。

---

① 《吕氏春秋·情欲》。
② 《吕氏春秋·本生》。
③ 施杞主编：《实用中国养生全书》，学林出版社，1990年，第3页。

唐荒无始，劫运无穷，人生其间，忽如闪电，每一思此，罔然心热，生不再来，逝不可追，何不抑性养情以自保？"①可见，养生是知生之贵而自觉的利生不害生，是健康长寿的唯一途径，因而也就是贵生、乐生之根本。那么，究竟应该如何养生呢？

神静形动　人的生命无非精神与形体；而精神统率形体。所以，养生也就无非养神与养形；而养神则重于养形："太上养神，其次养形。"②

养神的原则是"静"。因为精神安静稳定才能正常运行，脏腑机能才会协调平衡，免疫力才能增强，从而才能健康长寿。反之，精神若躁动不安，便不能正常运行，脏腑机能便会紊乱，免疫力便会减弱而易罹疾病。所以，《淮南子》说："夫精神气志者，静而日充者以壮，躁而日耗者以老。"③然而，精神是人的一切生命活动之主宰，易动而难静。怎样才能静而不躁？或者说，养神的具体方法若何？

首先，应"舒畅情怀"。《黄帝内经》说："百病生于气也：怒则气上、喜则气缓、悲则气消、恐则气下、思则气结。"④这就是说，七情（喜、怒、忧、思、悲、恐、惊）失常是扰乱心神从而致病的重要因素。所谓失常，有两种情况。一是过于激烈，如狂喜、盛怒、骤惊、大恐；二是过于长久，如冥思苦想、积忧久悲。那么，怎样才能精神安静、七情正常？只有精神愉快、舒畅情怀！刘默在《证治百问》中也这样写道："人之性情最喜畅快，形神最宜焕发，如此则有长寿之情，不惟去病，可以永年。"⑤可是，如何才能精神愉快、情怀舒畅？宋代养生学家陈直总结出一套办法，称为"十乐"："述齐斋十乐云：读义理书，学法帖字。澄心静坐，益友清谈。小酌半醺，浇花种竹。听琴玩鹤，焚香煎茶。登城观山，寓意弈棋。"⑥

---

① 施杞主编：《实用中国养生全书》，学林出版社，1990年，第121页。
② 同上书，第121页。
③ 同上书，第97页。
④ 张奇文主编：《实用中医保健学》，人民卫生出版社，1989年，第5页。
⑤ 蔡景峰：《养生智慧》，中国青年出版社，1995年，第35页。
⑥ 张奇文主编：《实用中医保健学》，人民卫生出版社，1989年，第8页。

其次，应"欲望适度"。一个人如果欲望过度，便会因其难以实现而焦躁不安、精神耗散。所以，养生家们说："欲寡精神爽，思多气血衰。"① 可见，欲望适度、知足常乐是养神的基本方法。《道院集》将这一方法概括为"除六害"："摄生者，先除六害：一曰薄名利；二曰禁声色；三曰廉货财；四曰损滋味；五曰屏虚妄；六曰除嫉妒。六者若存，不能挽其衰朽矣。"② 孙思邈则将其归纳为"十二少"："少思、少念、少欲、少事、少语、少笑、少愁、少乐、少喜、少怒、少好、少恶。行此十二少，养生之都契也。"③

最后，应"修养品德"。人是个社会动物，每个人的一切欲望，都是靠社会与他人帮助实现的。一个人能否得到社会与他人帮助，从而他的心境能否愉快平和，关键在于他是否有德，在于社会与他人认为他有德。因为如果他有德，如果社会与他人认为他有德，他便既会得到荣誉、得到社会与他人的帮助，又会得到良心满足、得到自我奖赏，从而他的心境便会愉快平和。反之，如果他缺德，如果社会与他人认为他缺德，他便既会受到舆论谴责、被社会与他人唾弃，又会受到良心谴责、受到自我惩罚，这样他便会忧愁焦虑、惶恐不安。所以，养生家们说："古善养性者，不但饵药餐霞，其在兼于百行。百行周备，虽绝药饵，足以遐年；德行不克，纵服玉液金丹未能延寿。"④《长生秘诀》甚至说："善养生者，当以德行为主，而以调养为佐。"⑤ 可见，修养品德实乃养神长寿的基本方法。

养形的原则是"动"。庄子说："吹呴呼吸，吐故纳新，熊经鸟申，为寿而已矣。此导引之人，养形之人，彭祖寿考者之所好也。"⑥ 高濂说：

---

① 吕兵：《颐养天年》，知识出版社，1991年，第342页。
② 同上书，第35页。
③ 张奇文主编：《实用中医保健学》，人民卫生出版社，1989年，第8页。
④ 吕兵：《颐养天年》，知识出版社，1991年，第297页。
⑤ 同上书，第292页。
⑥ 同上书，第297页。

"养气以保神，气清则神爽；运体以去病，体活则病离。"[①] 孙思邈说："人若劳于形，百病不能成。"[②] 可是，为什么动能养形？华佗答曰："人体欲得劳动，但不当自使竭尔。体常动摇，谷气得消，血脉流通，疾则不生。卿见户枢，虽用易朽之木，朝暮开闭动摇，遂最晚朽。是以古之仙者赤松、彭祖之为导引，盖取于此也。"[③] 那么，究竟应该如何运动呢？

首先，运动形式很多，如游泳、打球、打拳、跑步、散步、旅游、舞蹈、按摩、气功、体力劳动等。究竟进行何种运动，应因人因时因地制宜。其次，运动时间，饭前锻炼至少要休息半小时才可用餐；饭后则至少要休息一个半小时才能进行锻炼。最后，运动量须适度。运动量太小，起不到健身作用；运动量太大，身体反而受损。所以，孙思邈说："养性之道，常欲小劳，但莫大疲及强所不能耳。"[④] 目前多采用按心率的快慢来判定运动量的大小：176 减去年龄数之差就是每分钟的适度心率。如此每天运动一至二次、每次 20 至 40 分钟为宜。如果运动后，食欲增进、睡眠良好、精力充沛，说明运动量适宜；如果运动后食欲减退、精神倦怠，则说明运动量过大。

饮食有节　人的生命无非是食物的转化形态。所以，"安身之本，必资于食，不知食宜不足以存生。"[⑤] 饮食的养生原则，如所周知，乃"饮食有节"。所谓饮食有节，一方面指饮食质的适宜，亦即各种食物的合理搭配；另一方面指饮食量的适度，亦即按时节量。

食物应该如何搭配？《黄帝内经》说："五谷为养，五果为助，五畜为益，五菜为充。气味合而服之，以补精益气。"[⑥] 尔后历代养生家一致认为食物搭配的原则是"素食为主、荤素结合"：荤即肉类（五畜），素则

---

① 张奇文主编：《实用中医保健学》，人民卫生出版社，1989 年，第 156 页。
② 吕兵：《颐养天年》，知识出版社，1991 年，第 197 页。
③ 同上书，第 195 页。
④ 同上书，第 202 页。
⑤ 同上书，第 297 页。
⑥ 同上书，第 209 页。

包括粮食（五谷）、蔬菜（五菜）、水果（五果）等。孙思邈说："善养性者，常须少食肉，多食饭。""常宜清淡之物，大小麦曲，粳米为佳。"[1] 万全说："五味稍薄，则能养人、令人神爽；稍厚随其脏腑，各有所伤。"[2] 现代养生学表明："素食为主、荤素结合"确是人类健康长寿秘诀之一。

　　何谓"按时节量"？所谓"按时"，一般早餐 7 时左右、午餐 12 时左右、晚餐 6 时左右。每餐之间应间隔 5 至 6 小时，因为一般食物在胃中约停留 4 至 5 小时，并且消化器官需要休息一定时间才能恢复其功能。每餐后，当以手摩腹，缓行片刻。所谓"节量"，是说三餐食物分配应有一定比例：早餐占 30%—35%、午餐占 40%、晚餐占 25%—30%。"节量"的基本精神，如孔子所说："食无求饱。"对此，历代养生家论述甚丰："凡食之道，无饥无饱，是谓养生之葆。"[3] "先饥而食，时不过饱；先渴而饮，饮不过多。""体欲常劳，食欲常少；劳勿过极，少勿过饥。"[4] 一些当代养生家甚至推断，依靠少食而无饥，人能延长寿命 40 年。

　　总之，"素食为主、荤素搭配"与"按时节量"是饮食养生的两大原则。从此出发，科学的饮食方法确如《长生秘诀》所论，可以扩展为"七宜"："吃食之法，大略饭食宜多，肉蔬杂味宜少；食宜早些，不可迟晚；食宜缓些，不可粗速；食宜八九分，不可过饱；食宜清淡，不可厚味；食宜温暖，不可寒凉；食宜软烂，不可坚硬。"[5]

　　起居有常　历代养生家一致把"起居有常"作为养生的重要原则而与"饮食有节"相提并论。管子说："起居时，饮食节，寒暑适，则身利而寿命益；起居不时，饮食不节，寒暑不适，则形体累而寿命损。"[6] 所谓"起居有常"，意即根据自然和人体的客观规律、结合自己的具体情况来

---

① 张奇文主编：《实用中医保健学》，人民卫生出版社，1989 年，第 81 页。
② 吕兵：《颐养天年》，知识出版社，1991 年，第 226 页。
③ 同上书，第 214 页。
④ 同上书，第 219 页。
⑤ 同上书，第 208 页。
⑥ 张奇文主编：《实用中医保健学》，人民卫生出版社，1989 年，第 156 页。

安排起居作息，持之以恒。这一原则，一般说来，表现为如下五个方面：

晨起　每天早晨，按时起床。春秋宜早睡早起，夏季宜晚睡早起，冬季宜早睡晚起。总而言之，起床时间以日出前后为宜："早起不在鸡鸣前，晚起不在日出后。"[①]一般说来，早晨5—6点起床、夜晚9—10点就寝为宜。晨间锻炼，在床上可手拍心胸，叩齿，梳发，擦面等。然后下床去室外打拳或跑步等。

劳作　上午和下午为劳作时间。连续劳作之间要有适当休息、劳逸结合。陶弘景说："从朝至暮，常有所为，使之不息乃快，但觉极当息，息复为之。"[②]劳作负担不能过重："神大用则竭，形大劳则毙。"[③]

晚憩　黄昏之后，不宜辛劳。晚上当以休息娱乐为主，放松身心，为睡眠做好准备。

睡眠　睡眠对生命的重要性不次于饮食。人不吃东西40天左右死亡，不睡觉则只能活半月。所以养生家很重视睡眠，认为"眠食二者为养生之要务"。半山翁云："华山处士容相见，不觅仙方觅睡方。"[④]一般说来，每天成人应睡8小时、老年人应睡9小时左右。要避免失眠，首先应定时就寝，天天如此，形成条件反射，建立起固定的睡眠动力定型。其次，应"平居静养"："平居静养，入寝时，将一切营为计虑，举念即除，渐除渐少，渐少渐无，自然可得安眠。若终日扰扰，七情火动，辗转牵怀，欲其一时消释得乎？"[⑤]最后，应入睡有方："寐有操纵二法：操者，如贯想头顶，默数鼻息，返观丹田之类，使心有所着，乃不纷驰，庶可获寐。纵者，任其心游思于杳渺无朕之区，亦可渐入朦胧之境。最忌者，心欲求寐，则寐愈难。盖醒与寐交界关头，断非意想所及。唯忘乎寐，则心

①　张奇文主编：《实用中医保健学》，人民卫生出版社，1989年，第109页。

②　同上书，第108页。

③　同上书，第109页。

④　吕兵：《颐养天年》，知识出版社，1991年，第276页。

⑤　施杞主编：《实用中国养生全书》，学林出版社，1990年，第169页。

之或操或纵，皆通梦乡之路。"[①]

房事 历代养生家都很关注房事，认为过度的性生活往往引起多种疾病以至死亡。孙思邈说："人年四十以下多有放恣，四十以上顿觉气力一时衰退。衰退既至，众病蜂起，久而不治，遂至不救。"[②]那么，多长时间同房一次为宜？孙思邈说："人年二十者，四日一泄；三十者，八日一泄；四十者，十六日一泄；五十者，二十日一泄；六十者，闭精勿泄——若体力强壮者，一月一泄。凡人自有气力强盛过人者，亦不可抑忍，久而不泄，致生痈疽。若年过六十而有数旬不得交合，意中平平者，自可闭固也。"[③]现代医家进而认为，衡量房事是否过度，可看房事之后和次日是否出现头重、腿酸、气短、心慌、食欲不振、精神萎靡等现象。

起居健身十四宜 面宜多擦、发宜多梳、目宜常运、耳宜常弹、齿宜常叩、舌宜舐腭、津宜常咽、浊宜常呵、便宜禁口、腹宜常摩、肛宜常提、足心宜常擦、皮肤宜常干浴、肢节宜常动摇。[④]

养生之法，历代相传，至今真可谓五花八门、千头万绪。但追本溯源，莫不衍生于"神静形动"、"饮食有节"、"起居有常"三大养生原则、养生之道。所以《黄帝内经》说，一个人若谨守此三大养生之道，便可望百岁长寿；否则势必半百而衰也：

"上古之人，其知道者，法于阴阳，和于术数，食饮有节，起居有常，不妄作劳，故能形与神俱，而尽终其天年，度百岁乃去。今时之人不然也，以酒为浆，以妄为常，醉以入房，以欲竭其精，以耗散其真，不知持满，不时御神，务快其心，逆于生乐，起居无节，故半百而衰也。夫上古圣人之教下也，皆谓之虚邪贼风，避之有时，恬淡虚无，真气从之，精神内守，病安从来。是以志闲而少欲，心安而不惧，形劳而不倦，

---

① 施杞主编：《实用中国养生全书》，学林出版社，1990年，第102页。
② 吕兵：《颐养天年》，知识出版社，1991年，第176页。
③ 同上书，第188页。
④ 详见张奇文主编：《实用中医保健学》，人民卫生出版社，1989年，第18—120页。

气从以顺，各从其欲，皆得所愿。故美其食，任其服，乐其俗，高下不相慕，其民故曰朴。是以嗜欲不能劳其目，淫邪不能惑其心，愚智贤不肖不惧于物，故合于道。所以能年皆度百岁而动作不衰者，以其德全不危也。"[①]

*　*　*

　　贵生虽然是善待自己的最为重要的道德规则，但是，贵生并不是善待自我的最高道德规则：善待自我的最高道德规则是自尊。因为一个人的自己，无非由自己的生命和自己的人格两方面构成。贵生是自爱在自己生命方面的表现，是对自己的生命的爱，是对生命自我的爱；它所能引发的，无疑仅仅是一种基本的、低级的目的利己行为：活着。反之，自尊则是自爱在自己人格方面的表现，是对自己的人格的爱，是对人格自我的爱；它所引发的则是比较高级的目的利己行为：活得有作为、有成就、有价值。所以，贵生之后，应该研究自尊。

三　自尊

1　自尊概念

　　不言而喻，自尊与尊人相对。尊人是尊敬他人，是他人受尊敬；自尊则是尊敬自己，是自己受尊敬。所以，所谓自尊，就是使自己受尊敬的心理和行为，说到底，也就是使自己受自己和他人尊敬的心理、行为：使自己得到自己和他人尊敬的心理，叫作自尊心；使自己得到自己和他

[①]　施杞主编：《实用中国养生全书》，学林出版社，1990年，第102页。

人尊敬的行为，叫作自尊行为。

可是，一个人怎样才能得到自己和他人的尊敬呢？无疑只有有所作为、有所成就、有贡献、有价值："为鸡狗禽兽矣，而欲人之尊己，不可得也。"① 因此，所谓自尊，归根结底，也就是使自己有作为、有价值从而赢得自己和他人尊敬的心理、行为：自信是自尊的根本特征。所以，冯友兰写道："孟子说：'舜何人也，予何人也，有为者亦若是。'有这一类底志趣者，谓之有自尊心。"② 罗尔斯说："我们可以从两个方面来界定自尊。首先，它包括一个人对他自己的价值的觉察……第二，自尊意味着对自己能力的自信。"③

因此，自尊的反面是自卑：自卑是认为自己无能使自己受尊敬的心理和行为，是认为自己没有能力有作为、有价值的心理和行为：不自信是自卑的根本特征。冯友兰说："无自尊心的人，认为自己不足以有为，遂自居于下流，这亦可以说是自卑。"④ 因此，自卑之为自卑的根本特征，并非自认卑下，而是自认无能改变自己之卑下。所以，阿德勒在详述自卑情结之后说：

"现在，我们应该给自卑情结下一个定义：当个人面对一个他无法适当应付的问题时，他表示他绝对无法解决这个问题，此时出现的便是自卑情结。"⑤

这样，仅仅认为自己卑下，还不是自卑——认为自己卑下但能加以改变恰恰是自信自尊——只有认为自己卑下且无能加以改变，才是自卑：自卑是自认无能改变自己之卑下的心理和行为。这恐怕就是为什么生理缺陷最易引起自卑：生理缺陷是自己无能、无法加以改变的。

---

① 《孟子·尽心上》。

② 冯友兰：《三松堂全集》第四卷，河南人民出版社，1986年，第442页。

③ John Rawls: *A Theory of Justice*, Cambridge, Massachusetts: The Belknap Press of Harvard University Press, 1999, p. 386.

④ 冯友兰：《三松堂全集》第四卷，河南人民出版社，1986年，第442页。

⑤ 阿德勒：《自卑与超越》，黄光国译，作家出版社，1986年，第42页。

　　不难看出，以尊敬给予者的性质为根据，自尊分为两类：一类是使自己得到自己尊敬的心理和行为，叫作内在自尊；一类是使自己得到他人尊敬的心理和行为，叫作外在自尊。马斯洛在谈到自尊需要的类型时也这样写道：

　　"这些需要可以分为两个子系列：第一是追求实力、成就、富裕、权势和能力、面对一切的自信以及独立和自由的欲望。第二是追求名誉或威望、地位、名声和荣誉、优势、被承认、被关注、重要性、尊贵或被赞赏的欲望。"[①]

　　内在自尊与外在自尊显然相反而相成：一个人如果只求外在自尊、只求他人对自己的尊敬，而不求内在自尊、不求自己对自己的尊敬，其自尊便不再是自尊而蜕变为虚荣；反之，如果只求内在自尊、只求自己对自己的尊敬，而不求外在自尊、不求他人对自己的尊敬，其自尊便不再是自尊而蜕变为自傲。因此，内在自尊与外在自尊一致，乃是自尊之为自尊的根本条件。

　　自尊还可以根据自我成就的性质而分为三类。一是物质性自尊，是物质自我之自尊，是使自己在物质生活方面有所作为——如发财致富和健康长寿——从而赢得尊敬的自尊。二是社会性自尊，是社会自我之自尊，是使自己在社会生活方面有所作为——如品德高尚和达官显贵——从而赢得尊敬的自尊。三是精神性自尊，是精神自我之自尊，是使自己在精神方面有所作为——如著书立说、成名成家——从而赢得尊敬的自尊。精神生活的价值高于物质生活的价值，而社会生活的价值则介于二者之间。所以，物质性自尊是低级自尊、社会性自尊是中级自尊、精神性自尊是高级自尊。对于这个道理，詹姆斯说得很好：

　　"整个社会自我，比整个物质自我高。我们为名誉、为朋友、为然诺、为信义，应该胜过为自己体快、为自己发财。至于精神自我，更属

---

①　Abraham H. Maslow: *Motivation and Personality*, New York: Harper & Row, 1970, p. 45.

高尚得不可以道里计、宝贵得不可以金钱数。一个人宁可抛却朋友、鄙弃名誉、丧失财产，甚至牺牲生命，也不该丢了它。"[①]

2 自尊价值

现代心理学认为，自尊是人的基本需要、基本欲望，这种需要欲望人皆有之，只不过有些人强些、有些人弱些罢了："社会中所有的人（极少数病态者除外）都有一种追求稳定、可靠、经常被较高评价的需要或欲望，都有一种追求自尊、自重和被他人尊重的需要或欲望。"[②]一个人的这种需要或欲望，如果得到满足，便会感到自豪的快乐：自豪是自尊心得到满足的心理反应；反之，如果得不到满足，便会感到羞耻：羞耻是自尊心受挫的心理反应。

那么，人们将进行怎样的行为以满足其自尊心呢？一个人要满足其自尊心，无疑必须得到自己和他人的尊敬；而要得到自己和他人尊敬，则必须有所作为、有所成就：自尊者必自强、自立也。这是从质上看。从量上看，一个人得到自己和他人尊敬的程度，从而他自尊需要的满足程度，显然与他所取得的成就之大小成正比：他取得的成就越多，他得到的尊敬便越多，他自尊需要得到的满足便越充分，他便越自豪、快乐；他取得的成就越少，他得到的尊敬便越少，他自尊需要得到的满足便越不充分，他便越羞耻、痛苦。

可见，不论从量上看还是从质上看，自尊都是推动人们自强自立、有所作为、取得成就、创造价值的动力。所以，梁启超说："建丰功、扬伟烈，能留最高之名誉于历史上，皆此不肯自贼、自暴自弃之一念，驱而就之也。"[③]罗尔斯说："很清楚，为什么自尊是一种基本的善。如果没

---

① 詹姆士（斯）：《心理学简编》，伍况甫译，商务印书馆，民国22（1933）年，第23页。
② Abraham H. Maslow: *Motivation and Personality*, New York: Harper & Row, 1970, p. 45.
③ 梁启超：《新民说·论自尊》，中州古籍出版社，1998年。

有自尊，看起来可能就没有什么事情是值得去做的，或者即使一些事情对于我们有价值，我们也缺乏为它们而奋斗的意志。那样，所有的欲望和活动就会变得毫无意义和用处，我们就会陷入冷漠和玩世不恭。"[①]总而言之，自尊极其有利社会的存在、发展，符合道德最终目的和道德终极标准，因而是一种极为重要的善：自尊越强，其善越大；自尊越弱，其善越小。

反之，自卑则是一种基本的恶。因为一个人如果自卑，认为自己没有能力有所作为，那么，他显然就会放弃作为、自暴自弃：谁会为自认不可能的事情奋斗呢？美国心理学家卡普兰对9300名七年级学生进行十年调查的结论是：自卑和偏离规范的行为（不诚实、加入罪犯团伙、违法行为、吸毒、酗酒、挑衅以及各种心理变态等）成正比例关系。他举例说：在自卑心低、中、高的学生中，一年或更长时间以后承认有过小偷小摸的分别占8%、11%、14%；被学校开除的分别占5%、7%、9%；想过自杀或威胁要自杀的分别占9%、14%、23%。[②]然而，阿德勒却认为自卑是人类进步的动力。他这样写道：

"自卑感本身并不是变态的。它们是人类地位之所以增进的原因。例如，科学的兴起就是因为人类感到他们的无知，和他们对预测未来的需要：它是人类在改进他们的整个情境、在对宇宙作更进一步的探知、在试图更妥善地控制自然时，努力奋斗的成果。事实上，依我看来，我们人类的全部文化都是以自卑感为基础的。假使我们想象一位兴味索然的观光客来访问我们人类星球，他必定会有如下的观感：'这些人类呀，看他们各种的社会和机构，看他们为求取安全所做的各种努力，看他们的屋顶以防雨，衣服以保暖，街道以使交通便利——很明显，他们都觉得

① John Rawls: *A Theory of Justice*, Cambridge, Massachusetts: The Belknap Press of Harvard University Press, 1999, p. 386.

② 科恩：《自我论》，佟景韩、范国恩等译，三联书店，1986年，第438页。

自己是地球上所有居民中最弱小的一群！'"①

阿德勒的错误显然在于对自卑概念的误解：误以为自卑感就是自觉卑下之感。殊不知，自觉卑下既可能是自卑，也可能是自尊：自觉卑下且认为无能改进者，是自卑感；自觉卑下而努力改进者，则是自尊。阿德勒这里所说的自卑感显然是后者而非前者。所以，人类进步的动力并非自觉卑下且无能加以改进的自卑感，而是自觉卑下且努力加以改进的自尊心。

3　自尊原则

一个人要得到自己和他人的尊敬，必须有所成就：取得成就是实现自尊的唯一途径。但是，一个人的成就，却可能有真假之分。真的成就，不言而喻，只有通过奋发有为才能获得。假的成就，则主要通过自欺欺人和贬低他人达到。首先，贬低他人可以使我有成就。譬如说，我没有什么成就。但是，他人如果更没有成就，那么，我岂不就显得有成就了？我长得不好。但是，他人如果长得更不好，我岂不长得好了？所以，我实际虽无成就，但通过贬低他人，我就可以有成就了。这种成就无疑是假成就。其次，自欺欺人可以使我有成就。譬如说，我很怯懦。但是，我若自我吹嘘、欺骗别人，使别人相信我是勇士，那么，在别人眼中，我不就有了勇敢的成就？我没有诗才。但是，我若自欺而使自己相信自己的诗伟大，那么，在我自己的眼中，我不就有了伟大诗人的成就？这些成就显然都是假成就。

这样，一个人实现其自尊的途径实际上便有两种。一种是善的：通过自强自立、奋发有为取得真成就，从而实现其自尊。另一种则是恶的：通过自欺欺人和贬低他人而取得假成就，从而实现其自尊。人的自尊很

① 阿德勒：《自卑与超越》，黄光国译，作家出版社，1986年，第50页。

容易偏离自强自立、奋发有为的善行大道，而滑入自欺欺人、贬低他人的恶行泥潭。所以，马斯洛说："我们越来越认识到基于他人评价——而不是基于真实才能、能力以及胜任工作——的自尊的危险性。最稳定因而也最健康的自尊是基于理所当然的来自他人的尊敬，而不是基于外在的名声、声誉和无根据的奉承。"[①] 于是，总而言之，自尊不应该基于自欺欺人和贬低他人，而应该基于自己的真实成就：这就是自尊的道德原则。

自尊是尊己。然而，骄傲也是尊己；谦虚则是卑己。所以，自尊与谦虚以及骄傲不可分离，关系极为密切。因此，自尊之后，应该研究谦虚。

四　谦虚

1　谦虚定义

何谓谦虚？《周易》以卑释谦："谦谦君子，卑以自牧也。"[②] 对此，朱熹解释说："大抵人多见得在己则高，在人则卑。谦则抑己之高而卑以下人，便是平也。"[③] 可见，所谓谦虚，便是较低看待自己而较高看待别人的心理和行为，是低己高人、卑己尊人、以人为师的心理和行为。反之，骄傲则是较高看待自己而较低看待别人的心理和行为，是尊己卑人、好为人师的心理和行为。所以，斯宾诺莎说："骄傲可以定义为'一个人因自爱或自满而自视太高的情感'。"[④] "骄傲一词系指将别人看得太

---

①　Abraham H. Maslow: *Motivation and Personality*, New York: Harper & Row, 1970, p. 46.

②　《周易·谦》。

③　朱熹：《朱子语类》卷七十。

④　Baruch Spinoza: *The Ethics and Selected Letters*, translated by Samuel Shirley; edited, with introduction, by Seymour Feldman, Indianapolis: Hackett Publishing Company, c1982, p. 147.

低的情感。"①

　　然而，如果自己确实高于别人，自己如实看待，也是骄傲吗？是的："自足而见其足、过人而见其过人，是即傲矣。足而不以为不足、过人而不以为不及人，是即傲矣。"② 反之，自己明明高于别人却以为低于别人、自己明明有成绩却以为无成绩，也是谦虚吗？是的。冯友兰说："自己有成绩，而不认为自己有成绩，此即所谓谦虚。"③ 但是，谦虚并非弄虚作假。如果一个人，尊人卑己只在言谈举止，而心里却是卑人尊己，那么，他还不是真正谦虚的人："真正谦虚的人，自己有成绩，而不以为自己有成绩；此不以为并不是仅只对人说，而是其衷心真觉得如此。"④

　　谦虚即卑己尊人，岂不意味着谦虚即自卑吗？谦虚与自卑确很相像：二者都自认卑下。但是，二者貌似神离、根本不同。因为谦虚是卑己尊人、以人为师的心理和行为，而自卑则是自认无能改变自己之卑下的心理和行为。这样，一方面，从对待自己的态度来说，自卑基于不自信而认为无能改变自己之卑下；反之，谦虚则基于自信而以人为师改变自己之卑下。另一方面，从对待他人的态度来说，谦虚必尊人，因为谦虚之为谦虚，就在于卑己尊人；反之，自卑则趋于卑人、贬低他人。斯宾诺莎说得好：

　　"因为自卑者的痛苦源于自己——通过与他人的力量或德性相比——的软弱无能，因而他若将他的心想都用在挑剔他人的短处上，他的痛苦便会减少，甚至感到快乐。真技术就是为什么有句格言说：'难中得伴，不幸减半。'相反地，他若是越觉得自己不如他人，他便会越加感到痛苦。所以，没有人比自卑者更容易嫉妒，因而他们最喜欢努力用一种非

① Baruch Spinoza: *The Ethics and Selected Letters*, translated by Samuel Shirley; edited, with introduction, by Seymour Feldman, Indianapolis: Hackett Publishing Company, c1982, p. 186.
② 唐甄：《潜书·虚受》。
③ 冯友兰：《三松堂全集》第四卷，河南人民出版社，1986年，第441页。
④ 同上。

难而不是指正的眼光察看别人的行为。"①

　　骄傲即尊己卑人，岂不意味着骄傲即自尊吗？从字面上看的确很相似，实则不然。因为骄傲的尊己之"尊"，是"高"的意思：骄傲是较高地看待自己，是尊己卑人、好为人师的心理和行为；自尊的尊己之"尊"，是"敬"的意思：自尊是使自己得到尊敬，是使自己有作为、有价值从而得到尊敬的心理和行为。这样，自尊便与骄傲根本不同：一方面，自尊是自己的内在志趣，而骄傲则是自己对待他人的外在关系；另一方面，骄傲必卑人，而自尊则趋于尊人：尊人者，人恒尊之，因而欲得他人尊己，自己必须尊人。

2 谦虚价值

　　《尚书》云："满招损，谦受益。"这可以从两方面看。一方面，从我对他人的态度来说。我若谦虚，便会卑己尊人，觉得自己不如别人，因而能以人为师、向别人学习。而"人必有一善，集百人之善，可以为贤人；人必有一见，集百人之见可以决大计。"②这样，我便会不断取得进步。反之，我若骄傲，便会卑人尊己，觉得别人不如自己，因而便会自满自足而不能向别人学习。这样我便只能退步而不会进步。所以，杨爵说："自以为有余，必无孜孜求进心，以一善自满，而他善无可入之隙，终亦必亡而已矣。"③

　　另一方面，从他人对我的态度来说。我若谦虚而卑己尊人，便会满足他人的自尊心，唤起他人的同情心，他人便会承认我的长处，帮助我

---

① Baruch Spinoza: *The Ethics and Selected Letters*, translated by Samuel Shirley; edited, with introduction, by Seymour Feldman, Indianapolis: Hackett Publishing Company, c1982, pp. 186–187.
② 吕坤：《呻吟语·修身》。
③ 杨爵：《漫录》，《明儒学案》卷九。

克服短处，从而使我获得成功。所以，老子说："不自见，故明；不自是，故彰；不自伐，故有功；不自矜，故长。"[①] 反之，我若骄傲而尊己卑人，便会伤害他人的自尊心、唤起他人的嫉妒心，他人便不但不会承认我、帮助我，而且会反对我、伤害我。试想从古到今，多少以功骄人、以才骄人、以富骄人者：哪一个有好下场呢？所以老子说："企者不久，跨者不行，自见者不明，自是者不彰，自伐者无功，自矜者不长。"[②]

可见，骄傲极其有害自己和他人，违背道德终极标准"增进每个人利益总量"，因而是一种极其重要的恶。王阳明甚至说："人生大病，只是一傲字。……傲者众恶之魁。"[③] 相反，谦虚则极其有利自己和他人，符合道德终极标准，因而是一种极其重要的善："善以不伐为大。"[④] 易经甚至说："谦，德之柄也。"[⑤]"天道亏盈而益谦，地道变盈而流谦，鬼神害盈而福谦，人道恶盈而好谦。谦尊而光，卑而不可逾，君子之终也。"[⑥]

3 谦虚修养

既然谦虚是大善、骄傲是大恶，那么，一个人究竟如何才能得到谦虚不傲之品德？这种品德的取得是很难的。富兰克林甚至说："人的一切自然情欲之中，其最难克除的恐怕要算骄傲了。无论我们怎样去掩饰它、抑制它、利导它，或贼灭它，它终究还是存在着，而随时在出头以显示其一己。即在这一部自传中，你们读者也可多方见到之。因为我虽然自

---

① 《老子》第二十二章。
② 《老子》第二十四章。
③ 《王阳明全集·卷三·传习录下》，上海古籍出版社，1992年。
④ 刘劭：《人物志·释争》。
⑤ 《周易·系辞传下》。
⑥ 《周易·谦》。

信已经完全克服我的骄心，但我仍不免要以我的谦虚以自傲。"① 尤其难的是，一个远远高于别人的人，怎样才能衷心觉得低于别人而谦虚呢？自欺欺人吗？当然不是。真正讲来，原本有两条途径可以使人——不论他多伟大——进入低己高人的谦虚之境界。

一个叫作"以己之短量人之长"。尺有所短，寸有所长。自己不论多么伟大，总有短处、缺点；他人不论多么渺小，总有优点、长处。所以，孔子说："三人行，必有我师焉。"这样，即使是一个伟人，如果能以己之短量人之长，岂不就会衷心觉得低于别人而谦虚吗？大学问家顾炎武便是这种谦虚之楷模。他说："探究天人之学，我不如王寅旭；读书明理、观察精微，我不如杨雪臣；独精三礼，我不如张稷若；坚苦力学、无师而成，我不如李中孚；博闻强记，我不如吴志伊；文章典雅，我不如朱锡鬯；好学不倦、笃于朋友，我不如王山史；精心六书，我不如张力臣。"②

另一个叫作"与强者比"。天外有天，人上有人。所以每个人都是比上不足、比下有余。这样，如果自己确实高于别人，便不过是与较弱者相比；若与较强者相比，岂不就会衷心觉得低于别人而谦虚吗？古人云："取法乎上，仅得乎中；取法乎中，仅得其下。"如果取法于理想美德，可以成为颜回。如果取法于颜回，则对于颜回便只有不及而不能超过。所以，有见识者，凡事均取法乎上而与较强者相比。因此，即使他有巨大成就，也会觉得不及标准、自感不足而谦虚了。③

可见，谦虚并非自我贬低、自欺欺人，而是"与较强者相比"和"以己之短量人之长"的结果。然而，谦虚是卑己尊人、以人为师，以便有所成就而实现自尊。那么，这种成就和自尊的基本内容究竟是什么？是"智慧"。所以，在自尊和谦虚之后，应该研究智慧。

---

① 转引自阿德勒：《儿童教育》，包玉珂译，商务印书馆，1937年，第234页。
② 顾炎武：《广师篇》。
③ 参阅冯友兰：《三松堂全集》第四卷，河南人民出版社，1986年，第450—451页。

五　智慧

1　智慧概念

　　智慧之为人的一种能力，是毫无疑义的。问题在于，它究竟是人的哪一种能力？人的一切能力莫非脑力或脑活动能力与体力或躯体活动能力：智慧当然是前者而非后者。所谓脑力或脑活动能力，显然也就是精神活动能力、心理活动能力、思想活动能力、意识活动能力：四者是同一概念。心理，如所周知，又分为知（认知）、情（感情）、意（意志）。智慧是意志能力吗？不是。我们不能说坚强的意志力是智慧而软弱的意志力是愚昧：意志力无所谓智慧不智慧。智慧是感情能力吗？也不是。我们不能说丰富敏感的感情能力是智慧而贫乏迟钝的感情能力是愚昧：感情能力也无所谓智慧不智慧。

　　于是，智慧只能是认知能力：只有认知能力才有智慧与愚昧之分。所以，孟子说："是非之心，智也。"[①]班固说；"智者，知也。独见前闻不惑于事，见微知著也。"[②]张岱年说："智慧即对于真理的认识。"[③]福泽谕吉说："智慧就是指思考事物、分析事物、理解事物的能力。"[④]《辞海》与《汉语大词典》也这样写道："智慧是对事物能认识、辨析、判断处理和发明创造的能力。""智慧，梵语'般若'的意译。佛教谓超越世俗虚幻的认识，达到把握真理的能力。"

　　那么，智慧究竟是一种怎样的认识能力？马利坦说："智慧属于完满

---

①　《孟子·告子上》。

②　班固：《白虎通·情性》。

③　张岱年：《中华的智慧》，上海人民出版社，1989 年，第 1 页。

④　福泽谕吉：《文明论概略》，北京编译社译，商务印书馆，1995 年，第 73 页。

的层次。"[1]皮亚杰也认为："智慧仅是一个种的称谓，用以标志认识结构的组织或平衡的较高形态。""从这一意义上说，智慧就不仅是一种适应，而是一种适应过程的不断扩张的完备化。"[2]这就是说，智慧是相对完善的认知能力，更通俗些说，是相对完善的精神活动能力，是相对完善的思想活动能力。

智慧是相对完善的认知能力，一方面，是因为智慧总是有时间性的，总是一定时代、一定地点的人们的智慧，因而只有对于一定时代、一定地点才能成立，而不可能对于一切时代一切地点都成立。造船、结网只有对于远古时代的人来说才是智慧，而对于现代人来说则远非智慧了。古代的圣贤也只是相对古代说，才有智慧，而对于现代来说，则算不上智慧。福泽谕吉甚至说："如果单就智慧来说，古代圣贤不过等于今天的三岁儿童而已。"[3]

另一方面，则是因为任何一个人的智慧和认知总是某些方面的，而不可能是全面的。任何人都不可能具有完全的智慧，而只可能具有某些方面的智慧：完全的智慧是人类之和所具有的。所以，说一个人有智慧只是相对于某些方面的精神能力才能成立，而不可能对于一切精神能力都成立。韩信有的是军事智慧，却没有政治智慧。诸葛亮有的是军事、政治智慧，却没有养生智慧。

每个人的智慧都是相对的、不完全的，因而智慧是多种多样的。做人有做人的智慧，做学问有做学问的智慧，治国平天下有治国平天下的智慧，耕田种地、打造家具、谈情说爱、吸引异性也有智慧。一句话，只要是人的认知能力，只要它在某一方面达到了相对完善，便都是智慧。

人们常说，诸葛亮有智慧而马谡无智慧。真正讲来，马谡只是没有实际用兵的创造性智慧，却有烂熟兵法的记忆智慧；否则，诸葛亮

---

[1]　马利坦:《科学与智慧》，王平译，商务印书馆，1995年，第20页。
[2]　左任侠、李其维主编:《皮亚杰发生认识论文选》，华东师大出版社，1991年，第38页。
[3]　福泽谕吉:《文明论概略》，北京编译社译，商务印书馆，1995年，第81页。

就不会与他常谈兵法了。就智慧这种主观心理功能的性质来说，主要有五种类型：一是观察智慧，即相对完善的观察能力；二是记忆智慧，即相对完善的记忆能力；三是思维智慧，即相对完善的思维能力；四是想象智慧，即相对完善的想象能力；五是创造智慧，即相对完善的创造能力。

《智慧书》说，罪人、恶人没有智慧。[1]其实，罪人、恶人只是没有道德智慧，却可能具有其他智慧，如发明某种器械的智慧等。以智慧这种客观心理内容的性质为依据，可以划分智慧为道德智慧与非道德智慧：道德智慧是从事道德活动的智慧，亦即从事人己利害活动的相对完善的认知能力；而非道德智慧则是无关道德活动的智慧，是无关人己利害活动的相对完善的认知能力。举例说，孟子有的便是道德智慧，因为他说出了对待人己利害活动的至理名言："夫仁，天下尊爵也，人之安宅也。莫之御而不仁，是不智也。"[2]反之，牛顿有的则是非道德智慧，因为牛顿发现的是无关人己利害活动的"万有引力定律"。

2 智慧规律

智慧属于认知能力。所以，道德智慧属于道德认知能力，因而也就是品德的一个部分，更确切些说是品德的指导因素："智者，德之帅也。"[3]道德智慧既然是品德的一个部分、一个因素，那么显然，一个人越有道德智慧，他的品德便越高；越没有道德智慧，他的品德便越低。然而，实际上，我们却看到，道德智慧较高者，品德却可能比较低；品德比较高者，道德智慧却可能比较低。原因何在？

原来，道德智慧虽然是品德的一个部分、一个因素，却是品德的指

---

① 《智慧书》，第 527 页。
② 《孟子·告子上》。
③ 刘劭：《人物志·八观》。

导因素，而不是品德的动力因素，因而便不是品德的决定因素。品德的动力因素、决定因素是道德感情。道德感情是品德的决定性因素，所以，道德感情高者，品德必高；品德高者，道德感情必高。道德智慧不是品德的决定因素，所以，道德智慧高者，品德却可能低；品德高者，道德智慧却可能低。

由此可见，道德智慧高的人之所以品德低，完全不是因为他的道德智慧高，而仅仅是因为他的品德的其他方面低，如他的道德感情低。反之，道德智慧低的人品德之所以高，完全不是因为他的道德智慧低，而仅仅是因为他的品德的其他方面高，如他的道德感情高。如果人们的道德感情相同，如果人们的品德的其他方面相同，那么毫无疑义，道德智慧高者，品德必高；品德高者，道德智慧必高。

这样，仅仅从道德智慧与品德的关系来看，二者完全成正比例变化：一个人道德智慧越高，品德便越高，从而利人的行为便越多而害人的行为便越少；道德智慧越低，品德便越低，从而利人的行为便越少而害人的行为便越多：道德智慧与利人行为成正比而与害人行为成反比。这就是道德智慧规律。

然而，如果一个人仅有道德智慧，那么，他虽会有利人的良好动机，却未必会有利人的良好效果。他要有利人的良好效果，还须具有非道德智慧。遥想在那刀耕火种的年代，一个人品德高尚、富有道德智慧。他临渊羡鱼，而有捕鱼送人的良好动机。但是，如果他没有如何结网的非道德智慧，那么，他便不可能有捕鱼送人的良好效果。所以，非道德智慧是利人的良好手段、方法、途径：一个人的非道德智慧越高，便可能较大地利人；非道德智慧越低，只可能较小地利人。

不过，如果一个人仅有非道德智慧而没有道德智慧，那么，他的非道德智慧越高，他就不仅可能更大地利人，也同样可能更大地害人。秦桧、希特勒、墨索里尼、严嵩、蔡京……古今中外多少祸国殃民者，岂不都是只有非道德智慧而没有道德智慧吗？所以，费尔巴哈说："一个人愈是伟大，就愈能有利于他人，固然也愈能有害于他人。"①

于是，一个人的非道德智慧越高，则或者会越大地利人，或者会越大地损人；非道德智慧越低，则或者会越小地利人，或者会越小地害人：非道德智慧既可能与利人行为成正比，也可能与损人行为成正比。这是非道德智慧规律。

合观道德智慧规律与非道德智慧规律可知：一个人不应该仅仅具有道德智慧，否则他便只知利人而不知如何利人；也不应该仅仅具有非道德智慧，否则他便既可能利人也可能害人；而应该既有道德智慧又有非道德智慧，这样他便不会害人而只会利人，他便不但会有良好的利人动机而且会有良好的利人效果。所以，智慧是很重要的社会的外在道德规范和个人的内在道德品质，以至古代希腊将其作为四主德之一：智慧、勇敢、节制、正义；而在我国传统道德中则被奉为三达德之首和五常之一："知仁勇，天下之达德也。"②"五常，仁义礼智信是也。"③那么，一个人怎样才能取得智慧呢？

3　智慧取得

一个人要取得智慧，如古人云，须具备两个条件：才与学。所谓才，就是天资、先天遗传；所谓学，就是学习，就是后天努力，就是有机体后天获得的、有意识的、能够形成个性的反应活动。一目了然，一个人的天资高低与其智慧的大小成正比：天资越高，便越易于取得智慧、所取得的智慧便越大；天资越低，便难于取得智慧，所取得的智慧便越小；低于常人而为低能弱智，便不可能取得智慧。

试想，谁人曾见过低能弱智取得智慧而成为智者？天资在正常人以

---

① 费尔巴哈：《费尔巴哈哲学著作选集》下卷，王太庆等译，三联书店，1962年，第559页。
② 《中庸》。
③ 《荀子·非十二子》。

上显然是取得智慧的必要条件。这是因为，心理测验表明，天资在正常人以下的智力迟钝和缺陷者，其智力的可塑性极小。如果生活于被剥夺的环境，他们的智力将极其低下，但即使生活于丰富有利的环境，他们的智商最高也只在70—80之间。反之，具有中等以上天资的人，其智力的可塑性则极大。如果生活于被剥夺的环境，他们的智商不过50—60；如果生活于丰富有利的环境，其智商可达180以上。[①]

这样，一个人如果具有正常人以上的天资，那么，他能否取得智慧，便完全取决于学习了。不言而喻，一个人的学习的努力程度与其智慧的大小成正比：学习越努力，便越易于取得智慧、所取得的智慧便越大；越不努力，便越难于取得智慧、所取得的智慧便越小；少于一定程度的努力学习，即使天资极高也不可能取得智慧。宋代方仲永便是明证。他五岁能诗，诗人天资极高，却一直没有好好学习，结果也就没有获得诗人智慧而"泯然众人矣"。因此，孔子说："好学近乎知。"[②] 一定程度的努力学习是取得智慧的必要条件。

可见，仅有天资或者仅有学习都不可能取得智慧，智慧是二者联姻的产儿：智慧＝天资＋学习。不过，天资与学习在智慧取得过程中的作用，因智慧类型的不同而不同：道德智慧的取得，显然学习更重要，可以说学习占七分、天资占三分；反之，非道德智慧的取得，天资更重要，可以说天资占七分、学习占三分。这个道理，曾国藩早就说过："古来圣贤名儒之所以彪炳宇宙者，无非由于文学事功。然文学则资质居其七分，人力不过三分。惟是尽心养性，保全天之所以赋予我者，此则人力主持，可以自占七分。"[③]

智慧是相对完善的认知能力。它的意义和价值完全在于支配和实现需要、欲望、情欲：欲望、情欲如果受智慧、理智支配，便是所谓的节

[①]　参阅孟昭兰：《普通心理学》，北京大学出版社，1994年，第458页。

[②]　《论语·为政》。

[③]　转引自冯友兰：《三松堂全集》第四卷，河南人民出版社，1986年，第681页。

制；否则便是放纵，亦即不节制。那么，一个人的智慧、理智究竟如何才能支配他的欲望、情欲呢？这就是"节制"道德规则理论的研究对象。

六　节制

1　节制概念

《孟子》有段名言，说人人都有"大体"和"小体"。"大体"是心，是理智；"小体"是耳目等感官，是情欲。一个人的行为若是服从理智，便是道德的、善的、大人的行为；若是服从情欲，便是不道德的、恶的、小人的行为："公都子问：'钧是人也，或为大人，或为小人，何也？'孟子曰：'从其大体，为大人；从其小体为小人。'"①那么，情欲服从理智的行为究竟属于哪一种善？古希腊大哲答曰：节制、自制。

首先，柏拉图也把人的灵魂分为理智与情欲两部分："灵魂里有两个不同部分，一个是思考推理的，可以称之为灵魂的理智部分；另一个是感受性欲、饥渴和激情等欲望的，可以称之为非理智或情欲部分。"②

其次，柏拉图也认为理智部分是较好的部分，而情欲部分是较坏的部分；一个人若使其较坏部分服从较好部分，那么，他所具有的便是节制、自制之美德："人自己的灵魂里有一个较好的部分和较坏的部分。如果一个人天性较好的部分控制其较坏的部分，那么，这个人就是自制的或是自己的主人。"③"如果一个人的理智和情欲之间的关系友好和谐，统

---

① 《孟子·告子上》。
② Plato: *Plato's Republic*, translated by G. M. A. Grube. Indianapolis: Hackett Publishing Company, 1974, p. 103.
③ Ibid., p. 96.

治者和被统治者达成共识——亦即由理智统治而情欲绝不反叛——这岂不就是有节制的人吗？"[①]

最后，亚里士多德进而指出，节制而受理智支配的行为之根本特征在于，不做明知不当做之事；不节制而受情欲支配的行为之根本特征在于，做明知不当做之事："缺乏自制的人，受情欲支配而做明知不当之事；反之，自制的人则受理智支配，而拒斥明知不当之欲望。"[②]

可见，人的行为无非节制与放纵两大类型。节制的特征，是理智支配情欲；因其受理智支配，故能做明知当做之事而不做明知不当做之事。反之，放纵的特征，是情欲支配理智；因其受情欲支配，故做明知不当做之事而不做明知当做之事。举例说，甲与乙肝病初愈，皆知饮酒有害。甲受理智支配而不做明知不当做之事：不再饮酒。乙则受情欲支配而做明知不当做之事：饮酒不止。因此我们说：甲节制而乙放纵。于是，我们可以得出结论说：所谓节制，亦即自制，是受理智支配而不做明知不当做之事的行为；反之，所谓放纵，亦即不节制、不自制，是受情欲支配而做明知不当做之事的行为。

节制是理智支配、控制、统治情欲的行为，意味着：节制的对象是情欲，节制无非是对情欲的节制。所以，蔡元培说："自制者，节制情欲之谓也。"[③]情欲显系两物合成：情与欲。欲是欲望，如发财致富的物质欲望、当官致贵的社会欲望、著书立说的精神欲望等，我国传统文化将其归结为六欲：眼、耳、鼻、舌、身、意。情是欲望的满足与否所引发的感情，如苦乐、爱恨等，我国传统文化将其归结为七情：喜、怒、忧、思、悲、恐、惊。

这样一来，节制便可以分为两大类型：节欲与节情。节欲是理智支

---

① Plato: *Plato's Republic*, translated by G. M. A. Grube. Indianapolis: Hackett Publishing Company, 1974, p. 106.

② Aristotle: *Aristotle's Nicomachean Ethics*, translated with commentaries and glossary by Hippocrates G. Apostle, Grinnell, Iowa: Peripatetic Press, 1984, p 117.

③ 《蔡元培全集》第二卷，中华书局，1984 年，第 176 页。

配欲望的行为。换言之，无论何事，当求则求，不当求则不求，欲求与否，唯理智是从，便是节欲。节情则是理智支配感情的行为。换言之，无论何事，当怒则怒，不当怒则不怒；当喜则喜，不当喜则不喜，喜怒"发而皆中节"，便是节情。不难看出，节制的根本，在于节欲。因为情不过是欲之满足与否的心理反应：欲是源，情是流。然而，问题的关键显然在于：究竟为什么应该节制——节欲和节情——呢？究竟为什么应该理智支配欲望和感情而不是相反？这就是节制的价值问题。

2 节制价值

冯友兰曾说："理智无力；欲无眼。"[①] 反过来也成立：理智有眼，情欲有力：理智是行为的指导，情欲是行为的动力。这就是说，每个人的行为目的，都是为了满足其情欲：或是物质情欲，或是精神情欲，或是利己情欲，或是利他情欲。理智的全部作用，不过在于告诉人们应当怎样行为才能达到目的、满足情欲。所以，休谟说："理性是并且应该仅仅是情欲的奴隶，除了服务和服从情欲，绝不能觊觎任何其他职务。"[②]

既然理智是实现情欲的手段，那么二者似乎应该完全一致而不该互相冲突。然而，实际上，每个人的理智与情欲却经常发生冲突。这是因为，每个人的情欲都多种多样、极为复杂。这些情欲，依其与人己利害性质，可以分为两类。一类有利于人己，因而具有正价值，是应该的、合乎理智的，所以叫作"合理情欲"，如渴求健康、热爱生命、仁爱慷慨、感恩同情等。另一类则有害于人己，因而具有负价值，是不应该的、不合乎理智的，所以叫作"不合理情欲"，如沉溺酒色、贪婪吝啬、浮躁易怒、嫉妒狠毒等。不过，合理情欲与不合理情欲并非都是不同情欲，

---

① 冯友兰：《三松堂全集》第四卷，河南人民出版社，1986年，第518页。

② David Hume: *A Treatise of Human Nature*, edited with an introduction by Ernest C. Mossner, Harmondsworth, Middlesex, England, New York: Penguin Books, c1969, p. 462.

而往往倒是同一种情欲，如食色名货喜怒哀乐等：当其适度时便是合理情欲；当其过度或不及时便是不合理情欲。

由此可见，如果一个人的情欲都是合理的，那么理智与情欲便完全一致，顺从理智与顺从情欲便是同一回事，因而也就无所谓节制与放纵了。节制与放纵显然只存在于一个人怀有不合理的情欲之时：当此际，理智与情欲便发生了冲突——若顺从理智而节制，便必得压抑情欲；若顺从情欲，便必得违背理智而放纵。所以，节制并非压抑一切情欲，而只是压抑有害人己的不合理情欲；反之，放纵也并非顺从一切情欲，而只是顺从有害人己的不合理情欲。

这样，节制便可使人不做明知不当做之事，不致害己害人，因而极其符合道德终极标准"增进每个人利益总量"，是一种极为重要的善；反之，放纵则使人做明知不当做之事，害己害人，因而极不符合道德终极标准，是一种极为重要的恶。所以，节制曾是希腊四主德——正义、勇敢、智慧和节制——之一。色诺芬在回忆苏格拉底时说："他又借着他的言论劝勉他的门人，要他们把自制看得比什么都重要。"[①] 斯宾诺莎也说："真正的美德就是纯粹按照理智的指导而生活。"[②] 包尔生甚至说："一切道德教化的主要目的，就是将理智意志塑造成为全部行为的指导原则……它是全部美德的根本条件，是人类一切价值的根本前提。"[③] 节制如此重要，那么，一个人究竟应该怎样才能获得这种美德？

3 节制原则

既然节制是压抑不合理情欲而顺从合理情欲，那么，要做到节制，

---

① 色诺芬:《回忆苏格拉底》，吴永泉译，商务印书馆，1988 年，第 171 页。

② Baruch Spinoza: *The Ethics and Selected Letters*, translated by Samuel Shirley; edited, with introduction, by Seymour Feldman, Indianapolis: Hackett Publishing Company, c1982, p. 175.

③ Friedrich Paulsen: *System of Ethics*, translated by Frank Thilly, New York: Charles Scribner's Sons, 1899, p. 483.

显然首先必须正确认知自己的各种情欲，知道哪些是不合理的，哪些是合理的。否则，理智如果发生错误，把合理情欲当作不合理情欲，把不合理情欲当作合理情欲，便会使节制美德发生异化：压抑合理情欲而顺从不合理情欲。所以，节制首先应该正确认知情欲的价值：理智正确是节制的首要原则。对此，斯宾诺莎早有论述：

"头脑里不正确的观念越多，便越受情欲的奴役；反之，头脑里正确的观念越多，便越拥有自由。"① "因此，我们应当特别努力对各种情感尽可能获得清楚而独特的知识。"② "对我们情感的有效矫正，没有比关于情感的正确知识更好的了。"③

然而，正如费尔巴哈所说，一个人的理智是极其有限的，并且往往是不可靠的；人类的理智则是无限的、可靠的。因此，一个人要使自己的理智正确可靠，便必须继承人类理智成果。而人类对于情欲的利与害、合理与不合理的认知成果，如所周知，主要是人类伦理和法律思想，并凝结于道德和法律规范。于是，可以说，理智正确是节制的首要原则；道德法律是节制的具体标准。这一点，荀子早就看到了：礼是节制情欲的标准。他这样写道：

"人生而有欲，欲而不得，则不能无求，求而无度量分界，则不能不争。争则乱，乱则穷。先王恶其乱也，故制礼义以分之，以养人之欲、给人之求。"④

如果一个人理智正确、对情欲的认知是正确的，他是否就能够压抑不合理情欲从而达于节制境界呢？举例说，一个酒鬼是否只要正确知道嗜酒有害，就能压抑酒瘾而不再饮酒？显然还不能。对此，斯宾诺莎曾援

① Baruch Spinoza: *The Ethics and Selected Letters*, translated by Samuel Shirley; edited, with introduction, by Seymour Feldman, Indianapolis: Hackett Publishing Company, c1982, p. 105.

② Ibid., p. 206.

③ Ibid., p. 207.

④ 《荀子·礼论》。

引阿维德的诗句感叹道："我目望正道兮，心知其善，每择恶而行兮，无以自辩。"① 可是，为什么对情欲的正确认知，还不能克制情欲呢？梁启超答曰："理性只能叫人知某件事该做，某件事该怎样做法，却不能叫人去做事；能叫人去做事的只有情感。"② 理智本身没有压抑克制情欲的力量；情欲只能被情欲所压抑克制。这个道理，斯宾诺莎论述甚明："理智不能控制情感。"③ "一种情感只有通过另一种与其相反的较强的情感才能被控制或消灭。"④ 这就是说，不合理情欲只能被较强的合理情欲所控制或消灭。

因此，一个人有了正确理智，知道何种情欲合理、何种情欲不合理之后，要节制而克制不合理情欲，便必须培养理智所昭示的合理情欲，通过反复行动，使之从无到有、从弱到强、从不习惯到习惯：待到成为习惯或强于不合理情欲之日，便是克制、消灭不合理情欲而获得节制美德之时。举例说，一个人沉溺打牌不喜读书，那么，他仅仅知道打牌有害而读书有利，还不会去读书而不再打牌。怎样才能做到读书而不再打牌呢？一开始必须尝试一次又一次地去读书，逐渐培养读书情欲，使之不断增强，待到强于打牌情欲时，便会读书而不打牌了。所以，洛克说：

"好事或者较大的好事，即使被认识和得到承认，也不会使我们有追求它的意志；除非我们对好事的欲望达到一定程度，以致没有它我们就会感到痛苦不安。"⑤

可见，正确认知情欲确是节制的首要原则，而培养合理情欲则是节制的根本原则。这些原则表明，节制与其说是减少情欲，毋宁说是增加

① Baruch Spinoza: *The Ethics and Selected Letters*, translated by Samuel Shirley; edited, with introduction, by Seymour Feldman, Indianapolis: Hackett Publishing Company, c1982, p. 209.

② 转引自冯友兰：《三松堂全集》第一卷，河南人民出版社，1985年，第556页。

③ Baruch Spinoza: *The Ethics and Selected Letters*, translated by Samuel Shirley; edited, with introduction, by Seymour Feldman, Indianapolis: Hackett Publishing Company, c1982, p. 176.

④ Ibid., p. 159.

⑤ John Locke: *An Essay Concerning Human Understanding*, abridged and edited with an introduction by A. D. Woozley, New York: New American Library, 1974, c1964, p. 173.

情欲；与其说是给人以压抑，毋宁说是给人以自由。因为一个人越是具有节制美德，则他的合理情欲便越多，他的不合理情欲便越少，他便越不感到压抑而自由；反之，他越放纵，则他的不合理情欲便越多，他的合理情欲便越少，他便越感到压抑而不自由。当一个人的节制美德达到完善境界时，他的所有情欲便都是合理的，他便毫无压抑而获得了完全自由。达到这种境界，无疑是很难的。孔子说他七十岁时才达到这种境界："吾十有五而志于学，三十而立，四十而不惑，五十而知天命，六十而耳顺，七十而从心所欲不逾矩。"[1]但不论是谁，只要他遵循这些节制原则不断修养，便都会逐渐接近和达到这种境界。

※　　　※　　　※

节制是智慧、理智对于欲望、情感的支配。人生在世，最重要的节制，恐怕莫过于智慧对于勇敢的指导和支配。因为一个人要想有所作为，则不论是做学问还是干事业抑或求德行，其一生便注定充满艰难困苦伤害危险，如果没有勇敢精神，是绝不会成功的。所以，在智慧和节制之后，应该研究勇敢。

七　勇敢

1　勇敢定义

不难看出，给勇敢下定义是很难的。不过，谁都知道，勇敢与可怕的事物相关。柏拉图说；"勇敢就是一种保持，就是保持住通过法律和教育

---

[1]　《论语·为政》。

所灌输的关于什么事情可怕的信念。"① 亚里士多德说："勇敢的人品就是不怕对于人是可怕的或人们害怕的东西。"② 所谓可怕事物，也不难理解，无非是危险、伤害、痛苦、艰难、孤独、耻辱、贫穷、疾病、死亡等。亚里士多德说："我们所怕的对象显然是那些可怕的东西，总而言之，就是灾祸。……我们无疑害怕一切灾祸，如失宠、贫穷、疾病、孤独和死亡。"③

可见，勇敢就是对可怕事物的一种心理态度和行为表现，这种心理态度和行为表现显然就是：不怕。所以，孔子说："勇者不惧。"④ 亚里士多德说："勇敢就是不怕可敬的光荣的死亡或突发的生命危险。"⑤ 西季威克说："为了明白起见，看来'勇敢'一词适于表达面对任何危险都不退缩的品质。"⑥ 包尔生说："勇敢是依靠理智意志抗拒痛苦、危险和可怕事物的能力。"⑦ 蔡元培说："勇敢者，所以使人耐艰难者也。"⑧ 总而言之，可以得出结论：勇敢是不畏惧可怕事物的行为；怯懦则是畏惧可怕事物的行为。

2 勇敢分类

左传说："率义之谓勇。"⑨ "死而不义，非勇也。"⑩ 其实，不率义、死而不义也可以是勇敢，只不过不是义勇，而是不义之勇罢了。何谓义

---

① Plato: *Plato's Republic*, translated by G. M. A. Grube. Indianapolis: Hackett Publishing Company, 1974, p. 94.

② Aristotle: *Aristotle's Nicomachean Ethics*, translated with commentaries and glossary by Hippocrates G. Apostle, Grinnell, Iowa: Peripatetic Press, 1984, p. 51.

③ Ibid., p. 46.

④ 《论语·宪问·述而》。

⑤ Aristotle: *Aristotle's Nicomachean Ethics*, translated with commentaries and glossary by Hippocrates G. Apostle, Grinnell, Iowa: Peripatetic Press, 1984, p. 47.

⑥ Henry Sidgwick: *The Methods of Ethics,* London: Macmillan and Co. Ltd., 1922, p. 309.

⑦ Friedrich Paulsen: *System of Ethics*, translated by Frank Thilly, New York: Charles Scribner's Sons, 1899, p. 495.

⑧ 《蔡元培全集》第二卷，中华书局，1980年，第180页。

⑨ 《左传·哀公十六年》。

⑩ 《左传·文公二年》。

勇？蔡元培说："勇敢而协于义，谓之义勇。"① 义勇就是合乎道义的勇敢，是符合道德原则的勇敢，主要是有利社会和他人的勇敢，如董存瑞托炸药包、黄继光堵枪眼、刘英俊拦惊马等。荀子称之为"士君子之勇"："义之所在，不倾于权，不顾其利，举国而与之不为改视，重死持义而不桡，是士君子之勇也。"② 反之，不义之勇，则是违背道德原则的勇敢，主要是损害社会和他人的勇敢，如月黑风高杀人越货的强盗之勇、拔剑而起挺身而出的市井流氓之勇等。荀子称之为"狗彘之勇"："争饮食、无廉耻、不知是非、不辟死伤、不畏重强、恈恈然唯饮食之见，是狗彘之勇也。"③

　　义勇与不义之勇是以勇敢是否合乎道义的性质为根据而对勇敢的分类。勇敢还以是否合乎智慧的性质为根据而分为英勇与鲁莽。亚里士多德认为，勇敢是一种中庸，过度则为鲁莽，不及则为怯懦："怯懦的、鲁莽的和勇敢的人所面对的恰恰是同一件事情，但对待它的关系却各不相同：前两者分别是过度和不及；后者则为一种中庸状态。"④ 确实，三者都与同一对象——即可怕事物——相关：勇敢是不怕，怯懦是没有达到"不怕"的程度，是不怕的不及，是勇敢的不及。但鲁莽是不怕的过度吗？是勇敢的过度吗？是勇敢过了头吗？绝不是。

　　鲁莽与勇敢的程度无关，而与勇敢是否含有智慧有关：鲁莽是不智之勇，是违反智慧不受智慧指导的勇敢，是得不偿失的勇敢。例如，"暴虎冯河"（空手与虎搏斗、徒足涉水过河）的蛮干之勇、拍案而起不计后果的血气之勇、初生牛犊不怕虎的无知无识之勇等都是鲁莽；而其为鲁莽，显然并不是因其勇敢过了头，而是因其不智、不受智慧之指导。与鲁莽相反的勇敢则可以叫作英勇："夫聪明者，英之分也……不得英之

---

① 《蔡元培全集》第二卷，中华书局，1980 年，第 182 页。
② 《荀子·荣辱》。
③ 同上。
④ Aristotle: *Aristotle's Nicomachean Ethics*, translated with commentaries and glossary by Hippocrates G. Apostle, Grinnell, Iowa: Peripatetic Press, 1984, p. 48.

智，则事不立。"[1] 英勇是智慧之勇，是合乎智慧而在其指导下的勇敢，是"得"胜于"失"的勇敢。以此观之，不但诸葛亮空城计、关羽单刀赴会是英勇，而且董存瑞托炸药包和黄继光堵枪眼也是英勇，因为他们牺牲了自己而保全了众生：得胜于失。

3　勇敢价值

从勇敢的定义和分类可以理解，为什么儒家把勇敢与智慧、仁义并列称之为三达德："智、仁、勇三者，天下之达德也。"[2] 勇敢如果背离道义和智慧，便是鲁莽和不义之勇，便有害于社会和他人以及自我而具有负道德价值，因而是不应该的、不道德的、恶的；勇敢只有与道义和智慧结合，才是义勇和英勇，才有利于社会和他人以及自我而具有正道德价值，因而才是应该的、道德的、善的。这就是说，勇敢只是在一定条件下才是应该的道德的善的。这个条件，一般地说，如上所述，是符合道义与智慧；具体地讲，则如下所述，是不怕不该害怕的可怕事物、害怕应该害怕的可怕事物。

人们若以道义和智慧为指导，便可以划分"可怕事物"为"应该害怕"和"不应该害怕"两类。举例说，月黑风高去救人是件可怕的事情，但它符合道义，因而是不该害怕的；反之，若是去偷盗，也是件可怕的事情，然而它不符合道义，因而是应该害怕的。排雷是可怕的事，但若是工兵去排雷，便符合智慧，因而是不该害怕的；反之，若是外行去排雷，便不合智慧，因而是应该害怕的。

不难看出，在可怕事物是不该害怕的条件下，勇敢是应该的道德的善的，而怯懦则是不应该的不道德的恶的。月黑风高勇于救人是应该的，怯而不救是不应该的。工兵勇于排雷是应该的，怯而不前是不应该

---

[1]　潘菽、高觉敷主编：《中国古代心理学思想研究》，江西人民出版社，1983年，第221页。
[2]　《礼记·中庸》。

的。反之，在可怕事物是应该害怕的条件下，勇敢则是不应该的不道德的恶的，而怯懦则是应该的道德的善的。怯于偷盗是应该的，而勇于偷盗是不应该的。外行怯于排雷是应该的，而勇于排雷是不应该的。因此，孔子说："丘能仁且忍、辩且讷、勇且怯。"[①] "暴虎冯河，死而无悔者，吾不与也；必也临事而惧，好谋而成者也。"[②] 曹操也说："为将当有怯弱时，不可但恃勇也。"[③]

勇敢规则虽然是相对的而以其合于道义和智慧为前提，但其为人生应当如何的道德规范确是极为重要的、基本的。因为一个人要想有所作为，则不论是做学问还是干事业抑或求美德，其一生便注定充满艰难困苦伤害危险，如果没有勇敢精神，是绝不会成功的。因此，蔡元培认为勇敢是人生成功的必要条件："人生学业，无一可以轻易得之者。当艰难之境而不屈不沮，必达而后已，则勇敢之效也。"[④] 勇敢如此重要，所以被古代希腊列为"四主德"（智慧、勇敢、节制、正义）之一；而我国古代则视之为"三达德"（智、仁、勇）之一。

规范伦理学研究至此，即将完成了它的漫长而浩繁的行程。因为我们既详尽分析了全部普遍道德原则（亦即善、公正、平等、人道、自由、异化和幸福等道德原则），又研究了近乎全部重要且复杂的普遍道德规则（亦即勇敢、节制、智慧、谦虚、自尊、贵生和诚实等道德规则）；而规范伦理学岂不就是关于人类社会普遍道德规范——普遍道德原则和普遍道德规则——的科学体系？然而，问题还在于：每个人对于这些道德规范的遵守，是否越严格越绝对越极端越不变，便越好？究竟应该怎样遵守道德规范？这就是规范伦理学体系的最后一个道德规则"中庸"所要解决的难题。

---

① 《论语·宪问》。
② 《论语·述而》。
③ 《三国志·魏书·夏侯渊传》。
④ 《蔡元培全集》第二卷，中华书局，1980年，第181页。

八　中庸

1 中庸概念

不言而喻，无限事物，如宇宙，无所谓"中"。反之，凡有限事物，则都有其"中"。如一条六尺长的线，三尺处是"中"；一个圆，圆心是"中"；冷与热，温是"中"等。"中"虽多种多样，但大体说来，确如严群所见，无非两大类型。一是自然界之"中"，一是人事界之"中"："人事界之中，名为中庸。"[1] 不过，严格说来，人的一切活动之"中"，也并不都是中庸。比如走步，六步是一步和十二步之"中"，便不能名之为"中庸"。

那么，中庸是人的什么活动之"中"？孔子说："中庸之为德也。"[2] 朱熹对此解释道："中以德行言之，则曰中庸。"[3] 这就是说，中庸是一种品德，是一种伦理行为：中庸是人的伦理行为之"中"。然而，反过来，伦理行为之"中"并不都是中庸。例如，我们不能因为不大不小的谎言是大谎和小谎之"中"，便美其名曰"中庸"。

许多人不懂得这一点，误以为伦理行为之"中"即中庸。罗素反对中庸论，正是基于这一误解："中道学说并不是完全成功的。例如，我们怎么界定诚实呢？诚实被看作是一种德性；但是我们简直不能说它是撒弥天大谎和不撒谎之间的中道，尽管人们觉得这种观念在某些方面不是不受欢迎的。不管怎么说，这种定义不适用于理智的德性。"[4]

对于中庸的这种理解是大错特错的。亚里士多德早就说过：不论是

---

① 严群：《亚里士多德之伦理思想》，商务印书馆，民国 22（1933）年，第 26 页。

② 《论语·雍也》。

③ 朱熹：《四书章句·中庸》。

④ 罗素：《西方的智慧——西方哲学在它的社会和政治背景中的历史考察》，瞿铁鹏等译，上海人民出版社，1992 年，第 114 页。

恶行与善行之"中",还是大小恶行之"中",都不是中庸。① 我们可以补充说:大小善行之"中",显然也非中庸。那么,中庸究竟是一种什么伦理行为之"中"?

原来,人的一切伦理行为,说到底,无非两类三种:一类是不遵守道德的行为,亦即所谓"不及";另一类是遵守道德的行为:过当遵守道德的行为,即所谓"过";适当遵守道德的行为,即所谓"中庸"。举例说,一个人若言不信、行不果,未遵守信德,是"不及"。但他若在任何情况下都言必信、行必果,便是"尾生之信",便是"过"了。他若当信则信,不当信则不信,守信与否,唯义是从,便是适当遵守信德,便是中庸。由此可以理解,为什么吴宓在解析中庸与执一(即过与不及)时曾作图如下:

$$执一\begin{cases}必左\\必右\\必中\end{cases}\qquad 中庸\begin{cases}唯义是从\\知利害而不顾\\步步均正路\\随时因应而得宜 ③\end{cases}$$

可见,中庸既不是大小恶行之"中",也不是大小善行之"中",更不是恶行与善行之"中";而是两种特殊的恶行——即"不遵守道德"与"过当遵守道德"——之"中":中庸是适当遵守道德的善行;"过"是过当遵守道德的恶行;"不及"是不遵守道德的恶行;过与不及合为"偏至"而与"中庸"相对立。

2 中庸价值

"不及"或不遵守道德是恶,乃不言而喻之理。可是,为什么只有

---

① 参阅 Aristotle: *Aristotle's Nicomachean Ethics*, translated with commentaries and glossary by Hippocrates G. Apostle, Grinnell, Iowa: Peripatetic Press, 1984, pp. 22, 29。
② 吴宓:《文学与人生》,清华大学出版社,1996年,第120页。

"中庸"、只有适当遵守道德才是善，而"过"、过于遵守道德却是恶呢？过于遵守道德岂不是更加道德、更加善吗？否！因为物极必反。任何事物都有保持其质的稳定不变的量变范围。事物如在这个范围内变化，便不会改变事物的质；如超出这个范围，便会改变事物的质，使事物走向自己的反面，变成另一事物。

道德也不能不如此。遵守某种道德，也是在一定范围内才是道德的、善的；超过这个范围，就会走向自己的反面，变成恶的、不道德的。试想，过于自尊，岂不就成了骄傲？过于谦虚，岂不就成了自卑？过于节制，岂不就成了禁欲？过于仁爱，岂不就成了姑息养奸？过于贵生，岂不就成了苟且偷生？显然，只有适当遵守道德的行为（中庸），才是道德的、善的；而过于遵守道德（过）与不遵守道德（不及）殊途同归：都是恶的、不道德的。因此，孔子说："过犹不及。"① 亚里士多德说："过度与不及都属于恶，而唯有中庸状态才是美德。"②

可见，"不遵守道德的行为"与"过当遵守道德的行为"以及"适当遵守道德的行为"包括人类全部伦理行为。所以，一方面，不但一切中庸的行为都是善的，而且一切善的行为也都是中庸的："中庸"与"善"外延相等；另一方面，不但一切"过"与"不及"的行为都是恶的，而且一切恶的行为也都是"过"或"不及"的："过"加"不及"与"恶"外延相等。

因此，亚里士多德说："美德是中庸状态的本性……唯有中庸状态才是美德。"③ 孔子说："君子中庸，小人反中庸。"④ 荀子说："曷谓中？曰：礼义是也。"⑤ 王夫之说："天下之理统于一中：合仁、义、礼、知而一中也，

---

① 《论语·雍也》。

② Aristotle: *Aristotle's Nicomachean Ethics*, translated with commentaries and glossary by Hippocrates G. Apostle, Grinnell, Iowa: Peripatetic Press, 1984, p. 29.

③ Ibid.

④ 《中庸·第二章》。

⑤ 《荀子·儒效》。

析仁、义、礼、知而一中也。"① 一言以蔽之，中庸乃贯穿一切善行和美德的极其普遍、极其根本、极其重要的道德规范、道德品质："中庸之为德也，其至矣乎！"② 那么，怎样才能做到中庸而无过与不及呢？

3 中庸方法

怎样才能做到中庸而无过与不及？儒家答曰：时中而达权。何谓"时中而达权"？朱熹说："盖中无定体，随时而在。"③ "权，秤锤也，所以称物之轻重而取中也。"④ "道之所贵者中，中之所贵者权。"⑤ 冯友兰说："'中'是相对于事及情形说者，所以'中'是随时变易，不可执定的。'中'是随时变易的，所以儒家说'时中'。时中者，即随时变易之中也。孟子说：'执中无权，犹执一也。'所谓执一者，即执定一办法以之应用于各情形中之各事也。"⑥

这就是说，一个人遵守某道德是否中庸、适当，并非一成不变，而是因时因事而异的。具体讲来，当遵守一种道德与遵守他种道德不发生冲突而可以两全时，则遵守此种道德便是适当的，便是中庸；而不遵守此种道德便是"不及"。当遵守一种道德与遵守他种道德发生冲突而不能两全时，如果此种道德的价值小于他种道德的价值，那么遵守此种道德便是"过"，不遵守此种道德而遵守他种道德便是中庸；如果此种道德的价值大于他种道德的价值，那么遵守此种道德便是中庸，而不遵守此种道德则是"不及"：两善相权取其重、两恶相权取其轻。

举例说。在正常情况下，我们应该诚实，诚实是中庸，说谎是不及。

---

① 王夫之:《读四书大全说》上册，中华书局，1975 年，第 59 页。
② 《论语·雍也》。
③ 朱熹:《四书章句·中庸》。
④ 朱熹:《四书章句·孟子》。
⑤ 朱熹:《四书章句·孟子·尽心上》。
⑥ 冯友兰:《三松堂全集》第四卷，河南人民出版社，1986 年，第 435 页。

但是，如果出现像康德所说的那种情况，当凶手打听被他追杀而逃到我家的无辜者是否在我们家时，诚实之善便与救人之善发生了冲突：要诚实便救不了人，要救人便不能诚实；不说谎就得害人性命，不害人性命就得说谎。但是，诚实是小善，救人是大善，两善相权当取其重：救人。说谎是小恶，害命是大恶，两恶相权当取其轻：说谎。所以，当此际，便不应该诚实害命，而应该不诚实救人："诚实"是"过"，而"不诚实"是"中庸"。

可见，儒家说得很对：时中而达权、具体情况具体权衡，是实现中庸之道的基本方法。吴宓将这一方法很恰当地概括为"守经达权"："守经而达权等于中庸。经等于原则或标准。权等于这一原则之正确运用。"①

现在，我们终于完成了道德规范——道德原则和道德规则——体系的研究，证明了人类社会所当普遍奉行的优良道德规范。这些普遍道德规范是优良的，因为它们并非主观任意，而都是通过社会创造道德的最终目的和道德终极标准——增进每个人利益——从行为事实中推导、制定出来的：一方面，它们符合行为事实如何的客观规律；另一方面，它们符合社会创造道德的最终目的，亦即道德终极标准。那么，我们将通过怎样的方法和途径使人们遵守这些道德规范，从而使之得到实现？通过良心、名誉、品德：良心与名誉的道德评价是道德规范实现的途径；美德则是道德规范的真正实现。对于二者的研究，便构成下卷"美德伦理学：优良道德之实现"。

---

① 吴宓：《文学与人生》，清华大学出版社，1996年，第121页。

下卷　美德伦理学

上篇　良心与名誉：优良道德的实现途径

第三十章 良心与名誉概念

本章提要

　　道德评价是人们对行为的道德价值的反应，是人们对行为的道德价值的表现和表达，说到底，也就是人们对行为道德价值的知、情、意、行之四大反应。道德评价可以分为抽象道德评价与具体道德评价：抽象道德评价是以抽离了行为者的普遍行为为对象的道德评价，它的功能或作用在于确立和制定优良道德规范，亦即通过道德终极目的，从抽象的普遍的行为事实如何推导出行为应该如何的优良道德规范：善、正义、平等、人道、自由、异化、幸福、诚实、贵生、自尊、谦虚、勇敢、节制、智慧、中庸等。具体道德评价则是以特定行为者的具体的、特殊的、个别的行为及其品德为对象的道德评价，它分为良心与名誉：良心是特定行为者的自我道德评价，是特定行为者自己对自己行为是否符合道德的评价，是自己对自己行为道德价值的反应，说到底，也就是自己对自己行为道德价值的知、情、意、行之四大反应；名誉是特定行为者的相互道德评价，是自己对他人和他人对自己的道德评价，主要是社会、众人和领导人对于特定行为者的行为是否符合道德的评价，说到底，也就是社会、众人和领导人对于特定行为者的行为是否符合道德的知、情、意、行之四大反应。良心与名誉之两种具体道德评价的功能或作用，显然在于使人们遵守抽象道德评价所确立和制定的道德规范。

一　道德评价概念

1　评价与道德评价

良心与名誉无疑是两种相反的道德评价：道德评价是良心与名誉最邻近的类概念。所以，界说良心与名誉必须首先弄清：道德评价是什么？元伦理学对于评价概念的分析表明，流行的评价定义——评价是对价值的意识或反映——犯了以偏概全的错误：它误将"反应"当作"反映"。因为评价是对价值的反应，而不仅仅是对价值的反映。反应是一事物在他事物作用下所发生的变化，是一事物对他事物的作用和属性的回答或表现，因而是一切事物都具有的属性。反之，反映则是一种特殊的反应：一方面，就物理世界来说，反映只是某些特殊物质（如镜子、水面、眼睛、电视、摄影等）才具有的反应；另一方面，就精神世界来说，反映只是一种更为特殊的物质——亦即大脑——对外界事物的反应，是反应发展的最高阶段。

因此，反映与反应具有根本不同的性质：反映有所谓真假；反应无所谓真假，而只有所谓对错。这样一来，将评价定义为对价值的反映，就犯了以偏概全的错误。因为就人类的评价活动来说，评价分为意识——包括认知、情感和意志——评价与行为评价两类，说到底，分为认知评价、情感评价、意志评价和行为评价四类。认知评价与价值判断是同一概念，是对价值的认识、认知，属于认知、认识范畴，因而是对价值的反映，有真假之分：与价值相符的认知就是真理；与价值不符的认知就是谬误。但是，情感评价、意志评价和行为评价则分别属于情感、意志和行为范畴，因而都不是对价值的反映，而是对价值的反应，都无所谓真假，而只有所谓对错：符合主体需要者就是对的；不符合主体需要者就是错的。所以，精确讲来，评价是对价值的反应，是主体对客体价值的反应，是主体对客体价值的表现、表达。

推演评价概念可知，道德评价是对道德价值的反应，是主体对客体的道德价值的反应，是主体对客体的道德价值的表现和表达。这种反应、表现或表达分为意识和行为两类，说到底，分为认知、感情、意志和行为四类。因此，所谓道德评价，说到底，也就是主体对客体的道德价值的认知、情感、意志和行为。这是道德评价概念的定义吗？是的。但是，这些定义却是评价概念的直接推演，而未能说明道德评价概念所特有的内涵，因而并非道德评价的精确定义。那么，道德评价概念所特有的内涵是什么？不同于评价概念而为道德评价概念所特有的内涵，可以归结为两个方面：一方面，道德评价的主体究竟是什么？是一切生物还是动物抑或仅仅是人？另一方面，道德评价的客体究竟是什么？或者说，究竟什么东西才有道德价值？说到底，道德评价的对象是什么？

能够对价值发生反应的事物，如前所述，仅仅是那些对价值具有分辨能力的事物，也就是那些具有分辨好坏利害能力的事物，说到底，也就是生物：一切生物都能够进行评价活动，因而都可以是价值主体。那么，一切生物也能够对道德价值发生反应、都能够进行道德评价吗？当然不能。植物显然只能够对价值发生反应、对价值进行评价活动，却不能够对道德价值发生反应和进行道德评价活动。试想，说一棵树或一根草能够进行道德评价，岂不荒唐之至？其实，即使是人，也并不都能够对道德价值发生反应、进行道德评价。因为痴呆和精神病患者等显然没有道德意识，不可能进行道德评价。

然而，由此不能说，只有人类才能够进行道德评价，才能够是道德评价的主体。经常和猪狗驴马打交道的人都很清楚，这些高级的社会动物都有道德感，具有道德意识能力。因为，比如说，它们一旦对主人做错了什么事，便可能有一种羞耻、歉疚的表现。狗不敢吃盘子里的肉，而只吃地上的肉。它一旦克制不住自己，偷吃了盘子里的肉，见到主人便十分惭愧。这显然意味着：它具有道德意识能力，知道自己做错了事情，能够对自己的行为进行道德评价，因而能够成为道德评价主体。所以，道德意识能力是对道德价值发生反应从而进行道德评价的前提；只有具有道德意识能力的高级社会动物——当然主要是人类——才能够对道德价值发生反应，才能够进行道德评价从而成为道德评价主体。那么，道德评价的客体究竟是什么？或者说，究竟什么东西才有道德价值？

毫无疑义，几乎所有东西——如日月星球、山河湖泊、飞禽走兽——都可以有价值：正价值或负价值。但是，可以有道德价值或道德善恶的东西却极其有限。弗兰克纳说："可以言道德善或恶的东西是人、人群、品质、性情、情感、动机、意图——总之，人、人群和人格诸要素。"[1] 究其实，就是这些东西，也并不都可以言道德善恶，并不都具有道德价值。谁能说人的自然躯体、人格的先天遗传的气质及其类型、特质等具有道德价值，从而可以进行道德的善恶评价呢？谁能说天资高就是善良而天资低就是邪恶呢？谁能说 A 型血善良而 B 型血邪恶呢？可以言道德善恶而有道德价值的东西，细细想来，无疑只是具有道德意识的、可以自由选择的东西，说到底，只是行为及其所表现的行为者的品德。

诚然，有所谓"制度正义"。但是，所谓制度，正如罗尔斯和诺斯所言，是一定的行为规范体系："我将把制度理解为一种公开的规范体系。"[2] "制度是为约束在谋求财富或本人效用最大化中个人行为而制定的一组规章、依循程序和伦理道德行为准则。"[3] 那么，行为规范究竟是什么呢？任何行为规范都是行为的一种类型。例如，无私奉献是行为

① William K. Frankena: *Ethics,* Englewood Cliffs, New Jersey: Prentice-Hall, Inc., 1973, p. 62.

② John Rawls: *A Theory of Justice*, Cambridge, Massachusetts: The Belknap Press of Harvard University Press, 1999, p. 47.

③ 罗尔斯：《正义论》，何怀宏等译，中国社会科学出版社，1988 年，第 195 页。

规范，同时也是一种行为类型；诚实是行为规范，同时也是一种行为类型。一切行为规范都是某种行为类型，因而也就都属于行为范畴。所以，制度正义，说到底，也属于行为正义范畴；制度的道德价值，说到底，也属于行为的道德价值范畴。于是，具有道德价值从而成为道德评价的对象，实为一个东西：行为及其所表现的行为者的品德。质言之，道德评价的对象也只能是行为。因为道德评价对象无疑也就是道德所规范的对象；而道德所规范的对象当然只能是行为：道德属于行为规范范畴。

　　于是，总而言之，所谓道德评价，精确讲来，也就是对行为的道德价值的反应，就是人们对行为的道德价值的反应，就是人们对行为的道德价值的表现和表达，说到底，也就是人们对行为道德价值的意识（亦即认知、情感、意志）和行为：道德评价分为"认知道德评价"、"情感道德评价"、"意志道德评价"和"行为道德评价"。认知道德评价与道德价值判断是同一概念，是行为道德价值所引发的判断，是对行为道德价值的认识、认知，属于认知、认识范畴，因而是对行为道德价值的反映，有真假之分：与道德价值相符者就是真理；与道德价值不符者就是谬误。反之，情感道德评价、意志道德评价和行为道德评价，则分别是行为的道德价值所引发的感情反应、意志反应和行为反应，属于感情、意志和行为范畴，因而都不是对道德价值的反映，而是对道德价值的反应，都无所谓真假而只有所谓对错：符合道德目的者就是对的；违背道德目的者就是错的。举例说：

　　看见孕妇跳入苏州河抢救落水者，一个人可能有种种反应：认为这是非常高尚的行为、油然而生钦佩之情、顿起学习仿效之意、学习仿效的种种实际言行。这些反应虽有知、情、意、行之别，却都是对孕妇抢救落水者行为的道德评价。"认为这是高尚的行为"是认知道德评价，它是对该行为道德价值的认识、认知，是对该行为的反映，因而有所谓真假之分。它是真理，因为它与该行为的道德价值相符。"油然而生钦佩之情"则是对该行为道德价值的情感体验,是情感道德评价;"顿起学习仿效之心"是对该行为道德价值的意志反应,是意志道德评价;"学习仿效的种种实际言行"是对该行为道德价值的行为反应,是行为道德评价。这三种道德评价都不是对该行为道德价值的反映,而是对该行为道德价值的反应,因而都无所谓真假,而只有所谓对错。这三种道德评价都是对的,因为三者无疑都有利于社会风气好转,因而符合道德目的:保障社会存在发展。

2 特定道德评价:良心与名誉

然而,这些道德评价显然仅仅是以道德评价主体的性质——亦即主体的知、情、意、行之分——为根据的分类。反之,如果以道德评价客体(亦即道德评价对象)的性质为根据,道德评价可以分为哪些类型?我们知道,道德评价的全部对象就是行为及其所表现的行为者的品德,因而依据其性质,可以将道德评价分为两大类型:抽象的普遍的道德评价与具体的特定的道德评价。所谓抽象道德评价,就是对抽象的、普遍的、一般的行为的道德评价,是对抽去了行为者、没有行为者的普遍的、一般行为的道德评价。所谓具体的特定的道德评价,则是对具体的、特殊的、个别的行为的道德评价,也就是对实际生活中特定行为者的具体的、特殊的、个别的行为的道德评价,是对具体的、特殊的、个别的行为及其所表现的行为者的品德的道德评价。举例说:

岳飞品德高尚,因为他行所当行之事:精忠报国;反之,秦桧品德败坏,因为他行所不当行之事:陷害忠良。这些都是对特定的行为者——岳飞和秦桧——的行为及其品德的道德评价,因而都是特定道德评价。反之,如果我们笼统地说,精忠报国、无私奉献是应该的,而陷害忠良、损人利己是不应该的,那么,我们所进行的就是抽象道德评价。

因为这些道德评价的对象都是抽象的、普遍的、一般的行为，都是脱离了具体行为者的一般的、普遍的行为。

抽象的普遍的道德评价与具体的特定的道德评价之分，对于伦理学研究具有重大意义。因为所谓伦理学，如前所述，就是关于优良道德的科学，就是关于优良道德规范的制定方法、制定过程和实现途径的科学：关于优良道德规范制定方法的伦理学叫作元伦理学；关于优良道德规范制定过程的伦理学叫作规范伦理学；关于优良道德规范实现途径的伦理学叫作美德伦理学。不难看出，抽象道德评价的功能或价值，在于制定或确立优良的道德规范。因为任何道德规范——不论是道德原则还是道德规则——都是抽象的、普遍的、一般的行为应该如何的规范，都是脱离了具体的、特定的行为者的行为应该如何的规范。

因此，优良道德规范的制定或确立的过程，也就是对抽象的、普遍的、一般的行为进行道德评价的过程，也就是所谓抽象道德评价过程。这样一来，所谓规范伦理学，说到底，也就是抽象道德评价体系。这一体系的上篇，是普遍的、抽象的、一般的行为之事实如何，亦即所谓道德价值实体；中篇是道德评价标准，亦即道德目的和道德终极标准；下篇是普遍的、抽象的、一般的行为之应该如何的道德价值以及与其相符的优良道德规范：善、正义、平等、人道、自由、异化、幸福、贵生、诚实、自尊、节制、谦虚、勇敢、中庸、智慧等。因此，普遍性道德评价乃是规范伦理学的全部研究对象。

反之，所谓具体的特定的道德评价，则是对抽象道德评价所制定的优良道德规范是否被特定的具体的行为者——他人和自己——遵守的反应：如果他人和自己的行为遵守这些道德规范，便会得到赞许，便会得到肯定的道德评价；反之，则会遭到谴责，遭到否定的道德评价。不言而喻，肯定的道德评价会推动自己和他人继续遵守这些道德规范；否定的道德评价则会阻止自己和他人违背道德规范：特定道德评价是优良道德规范的实现途径。

因此，特定道德评价的功能或价值，便在于使人遵守优良道德规范，从而实现优良道德规范。这样，单一性道德评价便是美德伦理学——美德伦理学就是关于优良道德规范实现途径的伦理学——的研究对象。所以，道德评价并不是哪一门伦理学学科的研究对象，而是整个伦理学的研究对象：抽象道德评价是规范伦理学的研究对象；特定道德评价是美德伦理学的研究对象。这就是为什么说"伦理学是评价性而非描述性的科学"的缘故，这就是为什么说"伦理学就是道德评价知识体系"的缘故。

然而，人们往往忽略抽象道德评价，而以为道德评价的对象仅仅是特定行为者——他人和自己——的行为。《价值学大词典》便这样写道："道德评价指一定社会环境中的人们，直接依据一定社会或阶级的道德标准，通过社会舆论或个人心理活动，对他人或自己的行为，进行善恶判断，表明褒贬态度。"① 这就将道德评价与它的一个类型"特定道德评价"完全等同起来。这就是为什么今日伦理学家仅仅将道德评价作为美德伦理学研究对象的缘故。

殊不知，道德评价还有一个更为重要的类型，亦即作为规范伦理学对象的抽象道德评价；而美德伦理学则仅仅研究特定道德评价，亦即仅仅研究对于特定的行为者的具体的、特殊的、单一的行为的道德评价。这种为美德伦理学研究的特定道德评价，不是别的，正是所谓的良心与名誉：良心与名誉是特定道德评价的分类，是优良道德规范的实现途径，因而是美德伦理学——美德伦理学就是关于优良道德实现途径的科学——研究对象。所以，真正讲来，美德伦理学并不研究道德评价，而只是研究特定道德评价的两大类型：良心与名誉。那么，为什么良心与名誉是划分特定道德评价的两大类型？良心与名誉究竟是什么？

---

① 李德顺主编:《价值学大词典》，中国人民大学出版社，1995 年，第 86 页。

二 良心概念

1 良心定义

良心，如所周知，是个十分复杂难解的概念。在汉语中，"良"义为善、好："良，善也。"[①] "心"义为思维器官及其心理、思想或意识："古人以为心是思维器官，故把思想的器官和思想情况、感情等都说做心。"[②]因此，"良"与"心"合为一个词"良心"，也就是关于好、善或价值的心理、思想、意识，亦即关于道德价值的意识，说到底，也就是道德评价。在西方语言中，良心是"conscience"（英语）、"conscience morale"（法语）、"Gewissence"（德语）、"conscientia"（拉丁语）。它们的前缀con-、Ge- 都是"共同"、"一起"的意思；而后半部分的词干"-science、-wissen、-scientia"都是"知"、"知识"的意思；合起来就是"共识"、"共同知晓"之意；进而引申为一种特殊的共识：道德价值意识或道德评价。所以，费尔巴哈说：

"良心是从知识导源而来的，或者说与知识有密切的关系，但它不意味一般的知识，而意味特种的特殊部类的知识，即那种与我们的道德行为、与我们的善或恶的心情和行为有关的知识。"[③]

可见，从词源上看，不论中西，良心都是道德价值意识、道德评价的意思。那么，能否说这就是良心概念的定义？很多人都把良心的这种词源含义当作良心概念的定义。梯利就这样写道："我们把所有这些事实归结为一句话，说人们在进行道德评价，区分正当与否，说人有一种道

---

① 许慎：《说文解字》。
② 《辞海》，上海人民出版社，1997年，第1688页。
③ 《费尔巴哈哲学著作选集》上卷，王太庆等译，三联书店，1959年，第584页。

德意识或一颗良心。"① 包尔生虽然没有将良心完全等同于道德评价、道德价值意识，却将良心等同于个人道德评价、个人道德意识。他说："我们界定良心为习俗的意识或个人意识中的习俗。"② "归根结底，良心是习俗或客观道德在个人意识中的显示。"③ 这就把良心与个人道德价值意识或个人道德评价完全等同起来。

　　诚然，定义良心为个人道德意识，比定义良心为道德价值意识，是一个进步。但是，这个定义仍然是不正确的。因为良心固然都是个人道德价值意识或个人道德评价；但个人道德价值意识或个人道德评价却不都是良心。例如，一个人知道偷盗是恶，并且谴责、痛恨某人偷盗。这是一种个人道德评价、道德价值意识。但是，我们却不能说这是他的良心发现，说他有良心；只有当他知道他自己的偷盗是恶并且谴责自己、痛恨自己时，我们才能说这是他的良心发现，说他有良心。所以，洛克说："良心只不过是我们自己对于自己行为的正当或邪恶的意见或判断。"④ 佩斯塔那（Mark Stephen Pestana）则进一步把良心定义为"依据自己所认同的道德规范对于自己的行为的道德性质的自我意识"；并解释道："良心的命令仅仅针对一个人自己的行为：良心不涉及对其他人行为的道德评价。"⑤

　　因此，良心是一种个人的、特殊的、具体的道德评价，它的种差、它区别于其他道德评价的根本特征乃是自我评价、自我意识：良心是每个人自身内部的道德评价，是自我道德评价，是自己对自己行为的道德评价，是自己对自己行为道德价值的反应。这就是良心的定义。这样，

---

① 梯利:《伦理学概论》，何意译，中国人民大学出版社，1987年，第18页。
② Friedrich Paulsen: *System of Ethics*, translated by Frank Thilly, New York: Charles Scribner's Sons, 1899, p. 363.
③ Ibid., p. 368.
④ John Locke: *An Essay Concerning Human Understanding*, Oxford: Clarendon Press, 1975, p. 71.
⑤ John K. Roth: *International Encyclopedia of Ethics*, London, Chicago: Braun-Brumfield Inc., 1995, pp. 187–188.

就词义来说，汉语的"良心"比西文的"conscience"更接近良心的定义。因为在汉语中，"良"与"心"合为一个词"良心"，也就是好的心理、思想、意识：良心就是好心。西文良心就没有这么明确，没有"好"的意思；而只是"共同知晓"。确实，中国的"良心"一词很妙，可以顾名思义："良心"，就是好心。这是良心的词义，大体说来，也是良心的定义。

诚然，并非任何好心都是良心，但是，良心一定是好心，属于好心范畴，是一种特殊的好心。那么，良心是一种怎样的好心呢？一个人如果做了好事，他知道这是好事，并且有愉快和自豪的心理；如果做了坏事，他知道这是坏事，并且有痛苦和内疚心理。这个人的这种心理无疑是好的，是一种好心。做坏事的心理固然不是好心，但做了坏事知道是坏事并且内疚的心理，却是好心。这种做了好事就快乐、做了坏事就痛苦的好心，就是良心：良心就是做了好事就快乐、做了坏事就痛苦的心理，更确切些说，就是每个人的自我道德评价，是自己对自己行为的道德评价，是自己对自己行为道德价值的反应。

2 良心结构

良心是一种自我道德评价，属于评价范畴。因此，评价的主客体结构乃是良心的最为基本的结构：良心最基本的成分或因素是良心主体与良心客体。良心主体就是良心的评价主体，就是良心进行道德评价的主体，说到底，就是自我。良心客体就是良心的评价客体，就是良心的评价对象，就是良心进行道德评价的对象，说到底，就是自我的行为及其所表现的自我的品德。那么，良心主体与良心客体结合起来就能构成良心吗？否。还必须有良心标准，亦即良心主体用来对良心客体进行道德评价的标准，说到底，也就是任何道德规范：道德原则与道德规则。因为正如孟子所言："不以规矩，不能成方圆。"[①] 只有借助这些道德规范，良心的主体才能对良心客体进行道德评价，才能构成良心：良心显然是由良心主体、良心客体与良心标准三因素构成的。

不过，细究起来，这仍然不是良心的完整结构。因为问题还在于：当自我运用道德评价标准对自我的行为及其品德进行评价时，究竟是依据行为的动机还是依据行为效果？如果我是好心办坏事，那么，我究竟是好人还是坏人？显然，如果评价的依据是动机，我就是好人，因为我的心、动机是好的；反之，如果评价的依据是效果，我就是坏人了，因为我的好心所导致的事情、效果是坏的。可见，评价的依据不同，将导致根本不同的自我道德评价，将构成根本不同的良心。所以，自我道德评价的依据——亦即良心的依据——乃是自我道德评价或良心得以构成的必要因素、必要成分。这样一来，良心便由四大因素构成：良心主体、良心客体、良心标准和良心依据。这就是良心的完整结构。

3 良心类型

良心的结构只是每种良心自身内部的划分；而各种良心相互间的划分则是良心的类型：良心类型是比良心结构更为重要也更为复杂的问题。但是，不难看出，如果以良心的正负性质为根据，良心便可以分为"良心满足"与"良心谴责"两大类型；如果以良心的知行性质为根据，良心则分为认知良心、情感良心、意志良心和行为良心四大类型。因为良心是自己对自己行为的道德评价，是自己对自己行为道德价值的反应，因而也就无非是自己对自己行为道德价值的意识反应和行为反应，说到底，也就是自己对自己行为道德价值的认知反应、情感反应、意志反应和行为反应，亦即认知良心、情感良心、意志良心和行为良心：这些良心如果是对自己行

---

① 《孟子·离娄上》。

为所具有的正道德价值的肯定性反应，便是正面的良心，叫作"良心满足"；如果是对自己行为所具有的负道德价值的否定性反应，便是负面的良心，叫作"良心谴责"。我们不妨举两个例子来说明：

例1. 我好说实话。每思及此，总觉得自己这样做是正确的（对自己好说实话的认知反应），并且不免为自己是个诚实坦荡的人而自豪不已（对自己好说实话的情感反应）。于是，即使说实话于己有害，我也总是决定说实话（对自己好说实话的意志反应），我也总是说实话（对自己好说实话的行为反应）。

例2. 我好说假话取悦于人。半夜醒来，扪心自问，觉得自己这样做是很不对的（对自己好说假话的认知反应），并且为自己是个逢迎献媚的小人而惭愧不已（对自己好说假话的情感反应）。于是，我决心不再说假话（对自己好说假话的意志反应），我从此也确实做到不再说假话了（对自己好说假话的行为反应）。

例1是对于自己好说实话的行为的道德价值的肯定性反应，是肯定性的自我道德评价，因而是正面的良心，亦即所谓良心满足；例2是对于自己好说假话的行为的道德价值的否定性反应，是否定性的自我道德评价，因而是负面的良心，亦即所谓良心谴责。这两种类型的良心又都有知、情、意、行之分，因而又都可以进而分为认知良心、情感良心、意志良心和行为良心四类：

首先，"认为自己说实话正确而说假话错误"，是良心的认知评价，是对于自己行为道德价值的认知、认识，是对于自己行为道德价值的认知反应，因而可以称之为"认知良心"。

其次，"因自己说实话而自豪、说假话而惭愧"，是良心的感情评价，是对于自己行为道德价值的情感体验，是对于自己行为道德价值的情感反应，因而可以称之为"情感良心"。

再次，"决心说实话而不说假话"，是良心的意志评价，是对于自己行为道德价值的行为选择反应从确定到执行的心理过程，是对于自己行为道德价值的意志反应，可以称之为"意志良心"。

最后，"从此也确实做到了总是说实话而不说假话"，是良心的行为评价，是对于自己行为道德价值的行为选择反应，是对于自己行为道德价值的行为反应，因而可以称之为"行为良心"。

这样一来，良心岂不就分为良心满足与良心谴责以及认知良心、情感良心、意志良心和行为良心？认知良心属于"知"的范畴，行为良心属于"行"的范畴，因而尤为中国历代哲学家关注。孟子称二者为"良知"和"良能"：

"人之不学而能者，其良能也；所不虑而知者，其良知也。"①

孟子所谓的"良知"，正如王阳明所说，就是自己对于自己行为的是非善恶的认知、认识："良知者，孟子所谓'是非之心，人皆有之'者也。"②"良知只是个是非之心。"③"知善知恶是良知。"④所以，良知就是自己对于自己行为道德价值的认知、认识，因而也就是认知良心。那么，孟子所谓的"良能"是什么？王阳明答曰："知行本体，即是良知良能。"⑤张岱年进而解释说："不曾被私欲隔断之本来的知行，就是良知良能。良知属知，良能属行。"这岂不讲得一清二楚：良能就是行为良心，就是自己对于自己行为道德价值的行为选择、行为反应。

不难看出，良知或认知良心，就是所谓的"良心的命令"，就是指导性、命令性的良心，因而是开端的、首要的良心，是良心的首要类型。反之，良能或行为良心，则是良心的归宿、目的和结果，是目的性、结果性良心，是终极良心，是良心的终极类型。意志良心是良知向良能转化的整个心理过程，是过程良心，是良心的过程类型。情感良心则是良

---

① 《孟子·尽心上》。
② 王阳明：《大学问》。
③ 王阳明：《传习录·卷下》。
④ 同上。
⑤ 王阳明：《答陆原静》。

知向良能转化的过程的动力、驱动力，是驱动性的良心，是动力良心，是良心的基本类型：它一方面推动自己去判断自己行为的道德价值，从而形成良知或认知良心；另一方面则引发意志良心，推动自己做出改过迁善的抉择；最终则引发行为良心，推动自己完成自己所做出改过迁善的抉择。所以，穆勒认为情感良心或良心的情感乃是最为根本最为重要的良心，是促使人们遵守道德义务的动力：

"道德义务的约束力量，就在于我们心中有一大团感情，倘若我们违背道德，那就必须突破它；而一旦我们违背了道德之后，这种感情势必就会使我们遭受悔恨之苦。不论我们对于良心起源或本性有什么理论，这种感情无疑是良心的根本成分。"①

然而，一方面，人们大都以为良心属于心理、意识范畴，因而仅仅包括知情意，而并不包括行为：良心仅仅是自己对自己行为的道德价值的意识，仅仅是自己对自己行为的道德价值的知、情、意。蔡元培堪为此种观点之代表："良心作用，不外乎智、情、意三者之范围明矣。"②诚然，从良心的词源涵义看，确实如此：良心就是心，就是心理意识，因而不外乎智、情、意。但是，从良心的定义来看，却不尽然。因为良心的定义——良心是自我道德评价——显然意味着：良心是自己对自己行为的一切道德评价，是自己对自己行为道德价值的一切反应，说到底，也就是自己对自己行为道德价值的知、情、意、行四大反应。因此，从良心的定义来看，良心并不仅仅是"心"，并不仅仅是心理意识，并不仅仅是知、情、意；良心还包括行、行为；说到底，良心分为四大类型：认知良心（良知）、情感良心、意志良心和行为良心（良能）。

另一方面，良心的知、情、意、行之四大类型极易被当做良心的结构，被当做是良心结构的四大成分、四大因素：良知或认知良心是良心

① Robert Maynard Hutchins: *Great Books of the Western World*, Volume 43, *On Liberty*, London: John Stuart Mill, Encyclopaedia Britannica, Inc., 1980, p. 458.
②《蔡元培全集》第二卷，中华书局，1984年，第243页。

的认知成分、认知因素；情感良心是良心的情感成分、情感因素；意志良心是良心的意志成分、意志因素；行为良心或良能是良心的行为成分、行为因素。这是错误的。因为结构和类型根本不同。结构是把一个事物作为整体分解为若干部分而成：被划分的事物与所分成的事物是整体与部分的关系。反之，类型则是把一个事物作为普遍事物分成若干具体事物而成：被划分的事物与所分成的事物是一般与个别的关系。准此观之，认知良心（良知）、情感良心、意志良心和行为良心（良能）四者便是良心的类型，而不是良心的结构。因为四者与良心显然不是整体与部分的关系，而是个别与一般的关系：良心是一般，认知良心（良知）、情感良心、意志良心和行为良心（良能）是个别。

三　名誉概念

1　名誉定义

良心是每个人的自我道德评价。那么，人们相互间的道德评价——亦即自己对他人和他人对自己的道德评价——是什么？显然就是所谓的"名誉"。名誉的英文是 fame 或 reputation，义为其他人或公众的评价、估价、报道、意见、判断，说到底，也就是舆论评价。汉语的名誉也是此意。"名"的基本词义是名称或说出。《说文解字》曰："名，自命也，从口从夕。""誉"的基本词义是称扬、赞美、声名。《说文解字》曰："誉，称也，从言与声。"因此，"名"与"誉"合为一个词"名誉"，也是其他人或公众的评价之意，说到底，也就是舆论评价。那么，名誉是否可以定义为其他人或公众的评价？是否可以定义为舆论评价？答案是肯定的。因为不言而喻，一个人或寥寥几个人的评价，算不上名誉；只有众人的评价才是名誉。试想，如果只是一个人或几个人说我坏话，岂不是不能说我名誉不好？岂不只有众人都说我坏话，才能说我名誉不好？所以，名誉的本质就是舆论：名誉就是舆论评价，就是众人评价，说到底，就是社会评价：名誉与社会评价是同一概念。

诚然，所谓社会，不过是两个以上的人因一定的联系而结成的共同体。所以，社会和众人一样，都是由个人构成的。因此，一个人的评价虽然不是名誉，却是名誉的一分子，是名誉的成分或因素。更何况，一个人的评价并非绝对不是名誉；相反地，一个人的评价，在一定条件下，也可以是名誉。这个条件就是：他是领导人。一个老百姓的评价不是名誉；但一个领导人——如村长、乡长、县长等——以领导人的身份所进行的评价却是名誉。一个老百姓说我坏话，并不意味着我的名誉坏；但一个县长以县长的身份说我坏话，我的名誉可能就坏了。这是为什么？原因很简单：领导是众人和社会的代表、代言人。因此，领导如果以领导的身份说我坏话，就代表了众人和社会说我坏话了。

于是，总而言之，名誉就是人们的相互评价，就是自己对他人和他人对自己的评价，就是舆论评价，就是社会评价，就是众人的评价和领导人的评价。那么，这些评价是否都是道德评价？名誉是否属于道德评价范畴？答案是肯定的。因为名誉亦即社会评价、众人评价和领导人以领导人身份所进行评价。这种评价的对象，当然不可能是与社会、众人或他人利益无关的价值，而必定是与社会、众人或他人具有利害关系的价值，因而必定都是可以言善恶的道德价值：名誉的对象是道德价值，因而属于道德评价范畴。这就是为什么名誉必定有褒贬善恶之分的缘故。

对于社会和他人不具有利害效用，因而不具有道德价值、不可以言道德善恶的东西，可能有名，却不可能有什么名誉。一个人头上长角，因而很有名，却不能说他有什么名誉。因为他头上长角，并不具有道德价值，不可以言道德善恶。反之，一个人是大艺术家，则不但有名，而且是一种名誉。因为一个人成为大艺术家有利于社会和他人，因而具有道德价值、可以言道德善恶。所以，包尔生说：

"一般说来，任何增进一个人权力和影响的事情都增进他的荣誉，换言之，凡增进一个人的有助或有害于他人的能力的事情都增进他的荣誉。"[①]

可见，精确言之，名誉就是人们相互的道德评价，是自己对他人和他人对自己的道德评价，是舆论的道德评价，是社会的道德评价，是众人的道德评价和领导人的道德评价。因此，一方面，名誉与良心便是对立的，是划分具体道德评价的两种相反类型：名誉是外在呼声，是人们相互的、外部的道德评价，是自己对他人和他人对自己的行为的道德评价；反之，良心是内在心声，是每个人自身内部的道德评价，是自己对自己的行为的道德评价。另一方面，良心与名誉又是同一的，每一方都潜含着对方，每一方潜在地就是对方。因为当自己像自己评价他人那样——或者像他人评价自己那样——来评价自己时，名誉便变成了良心：良心是名誉的内化；当自己像评价自己那样来评价他人时，良心便变成了名誉：名誉是良心的外化。

2 名誉结构

因此，名誉也就与良心一样，由评价主体、评价客体、评价标准与评价依据四因素构成。名誉的评价主体，亦即名誉主体，就是进行名誉评价的主体，因而包括自己和他人，但主要是社会、众人和领导人；因为真正讲来，名誉乃是社会、众人和领导人所进行的道德评价。名誉的评价客体，亦即名誉客体，就是名誉的评价对象，因而也就是任何个人、任何群体以及任何社会；因为任何个人、任何群体以及任何社会，无疑都可以成为名誉的评价对象，都可以对其进行道德评价。名誉的评价标

[①]　Friedrich Paulsen: *System of Ethics*, translated by Frank Thilly, New York: Charles Scribner's Sons, 1899, p. 571.

准，亦即名誉标准，显然与良心标准完全相同，都是道德规范：道德原则与道德规则。所以，斯密说：

"我们自然地赞许或不赞许自己行为的原则，看起来与我们用以判断他人行为的原则完全相同。"[①]

名誉的评价依据，亦即名誉依据，当然也与良心依据一样，关涉行为的动机与效果。因为与良心一样，名誉也存在同样的问题：名誉评价究竟依据对象的行为动机还是效果？抑或既依据动机又依据效果？对于这个问题，斯密的回答是："任何行为所能受到的任何赞许或谴责，无非依据三种情况：首先，依据引发该行为的内心意图或感情；或者，其次，依据该感情所引起的外部行为或动作；或者，最后，依据该行为所产生的好或坏的实际效果。"[②]于是，名誉原本也由四大因素构成：名誉主体、名誉客体、名誉标准和名誉依据。

3　名誉类型

名誉的类型也与良心的类型相似，分为肯定性的名誉（荣誉或光荣）与否定性的名誉（耻辱）以及认知名誉、情感名誉、意志名誉和行为名誉。我们不妨再用两个例子来说明：

我对穷人和弱者有一种深切的同情，常常救济、帮助他们。别人都说我做得对（认知名誉、认知荣誉）；钦佩之情溢于言表（情感名誉、情感荣誉）；皆有与我结交之意（意志名誉、意志荣誉）；结果多人与我结交（行为名誉、行为荣誉）。

我妒嫉张三，造谣以中伤。同行们都说我心术不正（认知名誉、认知

---

① Adam Smith: *The Theory of Moral Sentiments,* Edited by D. D. Raphael and A. L. Macfie, Oxford: Clarendon Press, 1976, p. 109.

② Adam Smith: *The Theory of Moral Sentiments,* edited by D. D. Raphael and A. L. Macfie, Oxford: Clarendon Press, 1976, p. 92.

耻辱），人人义愤填膺（情感名誉、情感耻辱），个个有让我公开道歉之意
（意志名誉、意志耻辱）；最终迫使我公开道歉（行为名誉、行为耻辱）。

例1是众人对我行为的道德价值的肯定性反应，是众人对我行为肯定
性的道德评价，是正面的名誉，因而叫作荣誉：荣誉就是肯定性的名誉，
就是肯定性的社会道德评价，就是社会、众人或领导人所进行的肯定性
的道德评价。例2是众人对我的行为的道德价值的否定性反应，是众人
对我行为否定性的道德评价，是反面的名誉，因而叫作耻辱：耻辱就是
否定性的名誉，就是否定性的社会道德评价，就是社会、众人或领导人
所进行的否定性的道德评价。这两种类型的名誉又都有知、情、意、行
之分，因而又都可以进而分为认知名誉、情感名誉、意志名誉和行为名
誉四类：

首先，"认为我的同情是对的和妒嫉是错的"，便是认知荣誉和认知
耻辱，便是认知名誉：认知名誉就是名誉的认知评价，是社会、众人和
领导人对我的行为的道德价值的认知、认识，是社会、众人和领导人对
我的行为的道德价值的认知反应。

其次，"对我的深切的同情心的钦佩之情和对我的造谣中伤的义愤填
膺"，便是情感荣誉和情感耻辱，便是情感名誉，是名誉的情感评价，是
社会、众人和领导人对我的行为的道德价值的情感反应、情感体验。

再次，"与我结交之意和让我公开道歉之意"，便是意志荣誉和意志
耻辱，便是意志名誉，是名誉的意志评价，是社会、众人和领导人对我
的行为的道德价值的意志反应。

最后，"多人与我结交和迫使我公开道歉"便是行为荣誉和行为耻
辱，便是行为名誉，是名誉的行为评价，是社会、众人和领导人对我的
行为的道德价值的行为反应。

不难看出，与各种类型的良心之间的关系相似，认知名誉是指导
性、命令性的名誉，因而是开端的、首要的名誉，是名誉的首要类型。

反之，行为名誉则是名誉的归宿、目的和结果，是目的性、结果性名誉，是终极名誉，是名誉的终极类型。意志名誉是认知名誉向行为名誉转化的整个心理过程，是过程名誉，是名誉的过程类型。情感名誉则是认知名誉向行为名誉转化的过程的动力、驱动力，是驱动性的名誉，是动力名誉，是名誉的基本类型：它一方面推动人们去判断行为者的行为的道德价值，从而形成认知名誉；另一方面则引发意志名誉，推动人们做出惩恶扬善的抉择；最终则引发行为名誉，推动人们完成所做出惩恶扬善的抉择。

纵观良心与名誉概念可知，道德评价分为抽象道德评价与具体道德评价至关重要。抽象道德评价是以抽离了行为者的普遍行为为对象的道德评价，它的功能或作用在于确立和制定优良道德规范，亦即通过道德目的、道德终极标准，从抽象的普遍的行为事实如何推导出行为应该如何的优良道德规范：善、正义、平等、人道、自由、异化、幸福、诚实、贵生、自尊、谦虚、勇敢、节制、智慧、中庸等。

具体道德评价则是以特定行为者的具体的、特殊的、个别的行为及其品德为对象的道德评价，它分为良心与名誉：良心是特定行为者的自我道德评价，是特定行为者自己对自己行为是否符合道德的评价；名誉是特定行为者的相互道德评价，主要是社会、众人和领导人对于特定行为者的行为是否符合道德的评价。虽然不难看出，良心与名誉这两种具体道德评价的功能或作用，在于使人们遵守抽象道德评价所确立和制定的道德规范；但是，细究起来，良心与名誉的功能或作用乃是一个极为复杂也极端重要的难题。确证这一难题的起点是：

每个人究竟为什么会对自己和他人的行为进行道德评价？为什么当自己遵守道德规范或看到他人遵守道德规范，自己便有自豪或钦佩之快乐？为什么当自己或他人违背道德规范，自己便陷入内疚或义愤之痛苦？一句话，良心与名誉究竟是怎样产生的？这些都属于良心和名誉的客观本性问题。

第三十一章　良心和名誉的客观本性

本章提要

人无不具有极为深重的名誉心，因为人是社会动物，每个人的一切利益都是社会和他人给予的：名誉攸关每个人最为根本的利害。这样一来，名誉便具有使每个人遵守道德的巨大作用：当一个人的行为符合道德规范，便会从社会和他人那里得到荣誉及其所带来的巨大利益，他的极为深重的名誉心便会得到满足而体验到巨大的快乐，从而极有成效地推动他遵守道德；反之，如果他的行为违背道德，那么，他便会从社会和他人那里得到坏名誉、遭受耻辱和舆论谴责及其所造成的巨大利益损失，他的极为深重的名誉心便得不到满足而体验到巨大的痛苦，从而极有成效地阻止他违背道德。

良心则因其源于每个人都有做一个好人的道德需要，因其为美德而求美德的本性，不但具有使人可能达到无私利人的道德最高境界之作用，而且同样具有使每个人遵守道德的巨大作用：事前，它通过每个人追求做好人的需要和目的而推动每个人遵守道德规范做好事，以便成为一个好人；事后，则通过遵守道德规范所产生的良心满足快乐而使行为者继续遵守道德规范，通过违背道德所遭受的良心谴责的痛苦而阻止行为者违背道德规范。

良心和名誉都是使人遵守道德的极其巨大的力量：名誉是人的外在名声，因而是使人遵守道德的外在力量；良心是人的内心信念，因而是使人遵守道德的内在力量。但是，良心使人遵守道德的力量是纯粹的、无负作用的：它只会使人遵守道德而不会使人背离道德。相反地，名誉使人遵守道德的力量是不纯粹的、有负作用的：它使人遵守道德往往以使人陷于恶德——假仁假义和自我异化——为代价。这种负作用只有依靠良心来消解：一个人不应该昧着良心追求虚荣，而应该凭着良心追求光荣；不应该以自我异化、屈己从众的方式追求光荣，而应该以自我实现、实现自己创造性潜能的方式追求光荣。

一　良心与名誉起源

1　良心的直接起源与目的

良心的起源，直接说来，源于人是个道德动物。人是道德动物，因为每个人或多或少都有道德需要：或多或少都有自己遵守道德规范，从而做一个合乎道德的人、做一个好人、做一个有美德的人的需要。试问，有谁不想做一个好人？有谁愿意做一个坏人？没有。每个人都想做一个好人，这是最深刻的人性。坏人也是人，也与好人同样具有人性，也与好人同样具有做一个好人的道德需要。即使是那些十恶不赦的道德败类，也并非没有做一个好人的道德需要。他们也是人，怎么会没有做一个好人的人性呢？他们同样想做好人而不想做坏人。只不过，他们做一个好人的道德需要比较弱小，而他们所怀有的那些欺诈拐骗、偷盗抢劫、杀人越货的欲望却比较强大，以致远远超过和压抑了他们想做一个好人的道德需要。

那么，一个人究竟怎样才能成为一个好人、有道德的人、有美德的人，从而满足其道德需要？无疑只有去遵守道德、去做好事。这个道理，亚里士多德说得很清楚："德性的获得，不过是先于它的行为之结果；这与技艺的获得相似。因为我们学一种技艺就必须照着去做，在做的过程中才学成了这种技艺。我们通过从事建筑而变成建筑师，通过演奏竖琴而变成竖琴手。同样，我们通过做正义的事情而成为正义的人，通过节制的行为而成为节制的人，通过勇敢的行为而成为勇敢的人。"①这样，每个人做一个好人的道德需要，便会推动他去做遵守道德的好事，推动他对自己行为是否符合道德规范进行判断、评价，从而因自己做一个好人的道德需要是否被自己的行为所满足而发生种种心理与行为反应，亦即良心的知情意行之反应：

如果看到自己的行为符合道德规范，便会认为自己是一个好人（良知、认知良心），便会因自己做一个好人的道德需要得到实现而沉浸于良心满足的快乐（情感良心），便会有继续行善而遵守道德规范之意（意志良心），便会继续行善而遵守道德规范（行为良心）；如果看到自己的行为不符合道德规范，便会认为自己不是一个好人（良知、认知良心），便会因自己做一个好人的道德需要得不到实现而陷入良心谴责的痛苦（情感良心），便会有改过迁善而遵守道德规范之意（意志良心），便会改过迁善而遵守道德规范（行为良心）。

可见，良心这种自我道德评价源于每个人希望自己做一个好人、做一个有美德的人的道德需要，目的在于满足自己做一个好人、做一个有美德的人的道德需要。然而，一个人为什么会有自己做一个好人的道德需要？良心的最终源头、原动力是什么？这是个颇为复杂的难题。因为道德与美德，就其自身来说，都是对人的行为的规范、限制、约束，因而也就都是对人的某些自由和欲望的压抑、阻遏、侵犯。这样一来，说一个人具有遵守道德规范从而做一个有美德的人的需要，就无异于说：

---

① Aristotle: *Aristotle's Nicomachean Ethics*, translated with commentaries and glossary by Hippocrates G. Apostle, Grinnell, Iowa: Peripatetic Press, 1984, p. 21.

他具有受限制、被约束、不自由的需要。这岂不荒唐？一个人怎么会产生被限制、被约束、不自由的需要呢？

2 良心的最终起源和原动力

原来，人是个社会动物，每个人的生活都完全依靠社会和他人：他的一切利益都是社会和他人给的。所以，能否得到社会和他人的赞许，便是他一切利益中最根本最重大的利益：得到赞许，便意味着得到一切；遭到谴责，便意味着丧失一切。不言而喻，能否得到社会和他人的赞许之关键，在于他的品德如何：如果社会和他人认为他品德好，那么，他便会得到社会和他人的赞许和给予；反之，则会受到社会和他人的谴责和惩罚。所以，正如孟子所言，一个人是否有美德，乃是他一切利益中最根本的利益："夫仁，天下之尊爵也，人之安宅也；莫之御而不仁，是不智也。"[①]

这恐怕就是一个人最初为什么会有美德需要的缘故：他需要美德，因为美德就其自身来说，虽然是对他的某些欲望和自由的压抑、侵犯，因而是一种害和恶；但就其结果和目的来说，却能够防止更大的害或恶（社会和他人的唾弃、惩罚）和求得更大的利或善（社会和他人的赞许、赏誉），因而是净余额为善的恶，是必要的恶。因此，美德乃是他利己的最根本、最重要的手段：他对美德的需要是一种手段的需要。但是，逐渐地，他便会因美德不断给他莫大利益而日趋爱好美德、欲求美德，从而便为了美德而求美德，使美德由手段变成目的；就像他会爱金钱、欲求金钱、使金钱由手段变成目的一样。这时，他对美德的需要便不再是把它们作为一种手段的需要，而是把它们作为一种目的的需要了。

这样，每个人的做一个有美德的人、做一个好人的道德需要——不论

---

① 《孟子·告子下》。

是以美德为目的的需要，还是以美德为手段的需要——说到底，都源于利己，源于社会和别人因他品德的好坏所给予他的赏罚。于是，全面地看，良心直接源于每个人做一个好人、有美德的人的道德需要，目的是为了满足自己做一个有美德的人、做一个好人的道德需要；而最终则源于社会和他人因自己品德的好坏而给予自己的赏罚、源于利己：利己是良心的原动力。对于良心的这一终极源头、原动力，弗洛伊德曾有大量论述。通过这些论述，他得出结论说，良心起源于自己对于父母、养育者、教师、领导、党团、国家、舆论等权威的赏罚的恐惧，起源于对社会生活的恐惧："良心起源于'对社会生活的恐惧'而不是别的什么。"[1]

　　良心既然最终源于社会和他人的赏罚，那么，它不但并非生而固有，而且在每个人的生命之初，也绝无良心。它最初——正如弗洛伊德所说——起源于童年时代的父母或其养育者的赏罚等道德教育："良心无疑是我们身内的某种东西，但是，人之初并无良心。……如所周知，婴儿是无所谓道德不道德的，他们不具有对自己追求快乐冲动的内心抑制。这种后来由超我承担的职能，起初是由一种外在力量——亦即父母的权威——来行使的。父母影响和支配儿女的方法，一方面是爱的表示，另一方面则是惩罚的威胁。惩罚意味着儿女失去父母的爱，而儿女缘于自己的利益必定惧怕这些惩罚。"[2]童年以后，父母或其养育者由教师、领导、党团、国家、舆论等权威代替："当一个孩子成长起来，父母的角色由教师或其他权威人士担任下去：他们的禁令和禁律在自我典范中仍然强大，且继续发展，并形成良心，履行道德的稽查。"[3]

　　那么，这些外在权威的赏罚教育究竟是怎样形成良心的？这一形成过程并不难理解。因为每个人最为恐惧的，既然是这些——父母、养育

---

① 《弗洛伊德论创造力与无意识》，孙恺祥译，中国展望出版社，1968年，第211页。

② Sigmund Freud: *New Introductory Lectures on Psycho-Analysis*, translated by W. J. H. Sprott, New York: W. W. Norton & Company, Inc., 1933, p. 89.

③ 《弗洛伊德后期著作选》，林晨、张唤民译，上海译文出版社，1986年，第18页。

者、教师、领导、党团、国家和舆论等——外在权威的赏罚，那么，他自然便会常常以这些外部权威自居，亦即从这些外在权威的立场来评价自己行为。逐渐地，这些外在权威便成了他自己内心世界的一部分，成了他自己的另一个自我："我自己仿佛分成两个人；一个我是审查者和评判者，扮演和另一个我——亦即被审查和被评判者——不同的角色。"① 这个作为评判者的自我对于另一个自我——亦即作为行为者的自我——的道德评价非他，正是所谓的良心：良心就是自我道德评价。这样，在一个人的内心世界，作为评判者的自我的形成，也就是良心的形成。因此，良心是自己以父母或其养育者以及教师、领导、党团、国家、舆论等外在权威的立场来看待自己行为的结果，是以这些外部权威自居的结果，是这些外部权威的内化。

良心的这一形成过程，据皮亚杰说，最早为鲍尔特温（J. M. Baldwin）发现。② 但是，对于这个过程的系统的、科学的论证，无疑应归功于弗洛伊德。他将作为评判者、审判者的自我叫作"超我"，并通过大量的案例研究得出结论说：父母以及其他外部权威"通过自居作用被纳入'自我'之中，成了内心世界的一个必要组成部分。这一新的精神媒介从此便承担起在此之前一直是外部世界中的人所履行的功能：对自我进行观察、判断，向它下达命令，并由赏罚进行威胁，正如它所取代了的父母一样。我们把这个精神媒介称作'超我'，并由于其法官般的明断功能而把它看作我们的良心。"③

比较良心的直接起源（良心的目的）与良心的最终起源（良心的原动力）可知，良心直接源于每个人做一个好人的道德需要，目的在于满足自己做一个好人的道德需要；而最终则源于利己，源于自我利益，源

① Adam Smith: *The Theory of Moral Sentiments,* Edited by D. D. Raphael and A. L. Macfie, Oxford: Clarendon Press, 1976, p. 113.
② 皮亚杰·英海尔德：《儿童心理学》，吴福元译，商务印书馆，1981 年，第 92 页。
③ 弗洛伊德：《精神分析纲要》，刘福堂译，安徽文艺出版社，1987 年，第 78 页。

于社会和他人因自己品德好坏所给予自己的赏罚。因此，一方面，每个人，不论他如何高尚还是如何卑鄙，便都因其不能不是个社会动物而不能不具有做一个好人的道德需要，不能不具有良心；只不过其强弱有所不同罢了。另一方面，每个人的良心的强弱，固然与他自己的道德修养等偶然因素有关；但就其必然性因素来看，则直接说来，取决于他希望自己做一个好人的道德需要的多少，根本说来，则取决于他因自己品德好坏而得到的赏罚利害之多少：他因品德好而得到的赏誉越多，他因品德坏而遭到的惩罚和损失越多，他做好人而不做坏人的道德需要便越强，他的良心便越强；反之，他因品德好而得到的赏誉越少，他因品德坏而遭到的惩罚和损失越少，他做好人而不做坏人的道德需要便越少，他的良心便越弱。换言之，每个人良心的强弱，他的做一个好人的道德需要的多少，固然与他自己的道德修养等偶然因素有关；但是，就其必然性因素来看，根本说来，却取决于他生活于其中的社会，取决于他的品德好坏的赏罚者，亦即童年时代的父母或养育者、长大以后的学校的老师和同学、工作单位的领导和同事、国家的管理和教育等：赏罚正义，人们的良心就强；赏罚不公，人们的良心就弱。

3 名誉的外在根源

名誉的起源有内外或供求之分：名誉的内在根源或追求名誉的根源和名誉的外在根源或给予、供给名誉的根源。名誉的内在根源是追求名誉的根源，是每个人追求自己的名誉的根源，是每个人自己的名誉心、求名心、好名心的根源，说到底，也就是每个人追求荣誉、光荣而避免耻辱或舆论谴责的根源。反之，名誉的外在根源则是给予名誉的根源，是自己给予他人和他人给予自己名誉——荣誉或耻辱——的根源，是人们相互给予名誉——荣誉或耻辱——的根源，说到底，也就是社会、众人和领导人给予每个人名誉——荣誉或耻辱——的根源。

　　名誉的外在根源，原本在于每个人都具有希望他人做一个好人的道德需要，特别是社会、众人和领导人具有希望每个人做一个好人的道德需要。因为每个人——特别是社会、众人和领导人——的道德需要都是双重的：他不仅有自己遵守道德规范、做一个合乎道德的人、做一个好人的道德需要；而且还有希望他人遵守道德规范、做一个合乎道德的人、做一个好人的道德需要。试想，有谁不希望他周围的人是好人？有谁愿意他周围的人是坏人？就是盗贼也是如此。他也不希望他的同伙是一些坏盗贼，而同样希望同伙们是好盗贼："盗亦有道"此之谓也！

　　这是被道德之为社会契约的深刻本性决定的。道德无疑是一种社会制定或认可的关于每个人的行为应该如何的社会契约。而任何契约的每一位缔结者必定都是：一方面，自己要遵守契约；另一方面，则要他人遵守契约。因此，每个人作为道德契约的缔结者，便不但自己有遵守道德规范从而做一个好人的道德需要，而且必定还有希望他人遵守道德规范从而也做一个好人的道德需要：他自己遵守道德做一个好人的道德需要越强烈，他希望别人遵守道德做一个好人的道德需要也就越强烈；他自己遵守道德做一个好人的道德需要越淡漠，他希望别人遵守道德做一个好人的道德需要也就越淡漠。这就是为什么古今中外那些志士仁人皆疾恶如仇的缘故。

　　这样，名誉外在的直接源头便与良心的直接源头一样，源于每个人的道德需要：他不仅有自己做一个好人的道德需要（良心的直接源头）；而且还有希望他人做一个好人的道德需要（名誉外在的直接源头）。名誉与良心的这一共同起源，曾使蔡元培误将这种源头的名誉当作良心的一个方面："良心者，不特发与己之行为，又有因他人之行为而起者，如见人行善，而有亲爱尊敬赞美之作用；见人行恶，而有憎恶轻侮非斥之作用是也。"[①]

　　那么，一个人究竟怎样才能满足他希望别人做一个好人的道德需要

---

① 《蔡元培全集》第一卷，中华书局，1984年，第243页。

呢？他满足自己做一个好人的道德需要的唯一途径，如前所述，是自己遵守道德做好事。同理，他满足自己希望别人做一个好人的道德需要的唯一途径，当然是看到别人遵守道德做好事。这样一来，每个人希望别人做好人的道德需要，便会推动他对别人的行为是否符合道德进行判断、评价，从而因自己希望别人做好事的道德需要是否被别人的行为所满足而发生种种心理和行为反应，亦即名誉（荣誉与耻辱）的知情意行之反应：

如果看到他人的行为符合道德规范，便会认为他人堪称好人（名誉或荣誉的认知评价、认知名誉或认知荣誉）；便会因自己希望他人遵守道德的需要得到实现而快乐，进而对他人心存敬爱之忱（名誉或荣誉的情感评价、情感名誉或情感荣誉）；便会产生向他人学习之意（名誉或荣誉的意志评价、意志名誉或意志荣誉）；便会向他人学习（名誉或荣誉的行为评价、行为名誉或行为荣誉）。反之，如果看到他人的行为不符合道德规范，便会认为他人不是什么好人（名誉或耻辱的认知评价、认知名誉或认知耻辱）；便会因自己希望他人遵守道德的需要得不到实现而痛苦，进而对他人怀有厌恶之心（名誉或耻辱的情感评价、情感名誉或情感耻辱）；便会产生批评、谴责他人之意（名誉或耻辱的意志评价、意志名誉或意志耻辱）；便会批评、谴责他人（名誉或耻辱的行为评价、行为名誉或行为耻辱）。

可见，从名誉的外部或名誉的相互给予来看，名誉源于每个人自己希望他人做一个好人的道德需要，目的在于满足这种道德需要。然而，每个人为什么会有希望别人也做一个好人的道德需要呢？名誉最终的外部源头是什么？不难看出，这个问题可以转换为如下正反两方面问题：一方面，如果一个人与之打交道的人都是损人利己的坏人，他会得到什么？他无疑会处处遭受损害与不利。另一方面，如果一个人与之打交道的人都是仁爱正义的好人，他会得到什么？他无疑会处处得到帮助与利益。这就是说，每个人希望别人做一个好人，说到底，无非是因为别人是好人对自己有利，而别人是坏人对自己有害：利己、自我利益、他人品德的好坏对自己的利害关系，是引发每个人自己希望别人是好人的道德需要产生的原因，从而也就是最终引发名誉的外部的原因、根源、原动力。那么，名誉的内在根源是什么？

4 名誉的内在根源

不难看出，名誉的内在根源——亦即每个人自己的求名心的根源——在于名誉攸关自己最为根本的利害。因为人是个社会动物，每个人的生活都完全依靠社会和他人：他的一切利益都是社会和他人给的。但是，他究竟能从社会和他人那里得到多少利益，无疑取决于社会和他人对他的毁誉：荣誉、光荣意味着他将能从社会和他人那里得到他所能够得到一切利益；耻辱、恶誉则意味着社会和他人将拒绝可能拒绝给予他的一切利益。于是，名誉便是他的一切利益之本，便是他的最为根本最为重大的利益：荣誉、光荣是每个人求得自己利益的根本手段。因此，斯密说："就能够立即和直接影响一个无辜者的全部的外在不幸来说，最大的不幸无疑是名誉的不应有的损失。"[①] 这恐怕就是"名"与"利"为什么会合为"名利"一个词的缘故。因此，人，只要他生活于社会和他人之中，便无不有极为深重的名誉心。达尔文在《人类的由来》中对此进行了十分精辟的考察，并得出结论说："人是一种社会动物……因此，每个人都会在最高的程度上受到世人用姿态和语言所表达出来的对他的希望、赞许和谴责的影响。"[②]

诚然，古往今来，确实有些伟大的智者蔑视名誉、蔑视荣誉。然而，这并不是因为他们没有名誉心、没有对荣誉的渴求；而只能表明他们压抑自己名誉心而不去追求荣誉。他们不但同样具有名誉心，而且同样具

① Adam Smith: *The Theory of Moral Sentiments*, edited by D. D. Raphael and A. L. Macfie, Oxford: Clarendon Press, 1976, p. 144.

② Charles Darwin: *Descent of Man and Selection in Relation to Sex,* London: John Murray, 1922, pp. 165-167.

有极为深重的名誉心；否则，他们就不会因为遭到舆论谴责而极为痛苦了。西塞罗说："许多人蔑视荣誉，却又因遭受不正义的谴责而感到莫大的羞辱和痛心：这岂不极为矛盾？"[①]其实，这并不矛盾。他们蔑视荣誉，并不是因为他们没有追求好名誉、避免坏名誉的极为深重的欲望；而是因为他们为了其他在他们看来更为重大的欲望——如追求自由和自我实现——而不得不压抑、放弃与其冲突的追求荣誉的欲望。他们为了实现更为重大更为强烈的追求自由和实现创造性潜能的欲望，而压抑、放弃了对荣誉的渴求，因而能够蔑视荣誉，不为荣誉所动。但是，他们并没有压抑、放弃避免耻辱或坏名誉的欲望。这是因为：

一方面，避免耻辱或坏名誉的欲望远比追求荣誉的欲望更为根本更为重大：有没有荣誉，有没有好名誉，是一个人在社会中生活得好不好的问题，是一个人在社会中能否发展的问题；而有没有坏名誉，则是一个人能否在社会中生存的问题：坏名誉意味着社会生活的终结和死亡。所以，任何一个智者，任何一个人，只要他生活在社会中，他便只可能为了自由和自我实现等而压抑、放弃追求好名誉的渴求，但是，他不可能为了自由和自我实现等而压抑、放弃避免耻辱或坏名誉的欲望。另一方面，避免耻辱或坏名誉的欲望是每个人的社会生活的最为根本、最低级的欲望，因而只有在这种欲望得到相对满足的条件下，每个人才可能产生追求自由和自我实现等比较高级的欲望。这样，一般说来，避免耻辱或坏名誉的欲望并不会与追求自由和自我实现等比较高级欲望发生冲突、不可两全。因此，避免耻辱或坏名誉的欲望在这些伟大智者的心中同样极为深重地存在着。所以，他们固然因为压抑求名心或荣誉的追求而能够不为荣誉所动；却不能不为坏名誉而感到莫大痛苦。

长于心理分析的斯密十分清楚这一点，所以他说："没有人会因自己避免了该受责备的行为而完全或差不多完全满意；除非他同样避免了责

---

① Adam Smith: *The Theory of Moral Sentiments,* edited by D. D. Raphael and A. L. Macfie, Oxford: Clarendon Press, 1976, p. 128.

备或非议。一个智者甚至在他完全应该得到赞扬的时候，也常常会对这些赞扬毫不在意；但是，在一切后果重大的事情上，他会极为谨慎小心地努力控制自己的行为，以便不仅避免该受责备的事情，而且尽其所能地避免一切可能飞来的责难。"①这岂不是说，智者压抑的只是荣誉的追求，而没有——既不必要也不可能——压抑避免耻辱或坏名誉的欲望？相反地，他们怀有避免坏名誉的极为深重的欲望，因而"极为谨慎小心地努力控制自己的行为，以便不仅避免该受责备的事情，而且尽其所能地避免一切可能飞来的责难。"

可见，每个人必定因名誉攸关自己最为根本的利害而无不具有极为深重的名誉心，无不极为深重地渴求荣誉、光荣，无不极为深重地怀有避免耻辱或坏名誉的欲望；正如无不深重地好利恶害、趋利避害一样；只不过人们各自所求的荣誉和所避的耻辱往往大不相同，亦如他们所求的利和所避的害往往大不相同罢了。一言以蔽之，每个人的求名心源于求利心：求名是求利的手段。

但是，手段与目的是互相转化的。当一个人的好名誉、荣誉不断给他带来利益和快乐时，他便会逐渐爱上名誉——爱是自我对其快乐和利益之因的心理反应——从而能够为荣誉而求荣誉、为名誉而求名誉、为名而求名。这时，荣誉和名誉便不再是求利的手段，而是目的本身；求利则不再是求名的目的，而只是产生求名目的之原因、原动力：为名而求名是因利而求名，而不是为利而求名。这是不难理解的。因为我们到处都能够看到，那些极为珍爱自己名誉的人，他们某些行为的目的岂不往往是为名誉而求名誉？他们这些行为目的只是名誉、荣誉而不是利益；不但不是为利益，而且往往为了名誉而牺牲利益乃至牺牲性命。因此，利己绝不是这些行为的目的，而只是最终引发这些行为目的之原因、原动力：为名而求名不是为利而求名，而是因利而求名。这样，求利心

---

① Adam Smith: *The Theory of Moral Sentiments,* edited by D. D. Raphael and A. L. Macfie, Oxford: Clarendon Press, 1976, p. 127.

（为求利而求名）和求名心（为求名而求名）便是名誉的内在的双重直接根源，是名誉内在的双重目的；而利己心则是最终产生这些目的的名誉内在之终极根源、原动力。

纵观名誉的内外起源可知，一方面，每个人之所以都有对他人进行道德评价而给他人以毁誉的深重欲望，直接说来，是因为每个人都有希望他人做一个好人的道德需要；说到底，是因为别人是好人对自己有利，而别人是坏人对自己有害：利己是名誉外在的终极根源、原动力。另一方面，每个人之所以渴求光荣、避免耻辱而怀有深重的名誉心，直接说来，是因为名誉攸关自己最为根本的利害，因而每个人是为求利而求名，进而为求名而求名；说到底，每个人必定是因利而求名：利己是名誉内在的终极原因、原动力。

＊　　＊　　＊

良心与名誉的起源表明，二者的直接起源和目的虽然各不相同，但产生这些目的的最终根源、原动力却完全相同：只能是自爱利己。那么，良心与名誉这两种行为及其心理（品德）究竟是一种怎样的行为及其心理（品德）？它们究竟属于何等道德境界？或者说，它们究竟具有怎样的伦理性质？这就是良心与名誉的性质问题：它是通过良心与名誉的起源来探查良心与名誉的功能或作用的中介。

二　良心与名誉性质

1　良心性质

良心的直接源泉和良心目的，如上所述，是每个人为了满足自己做一个好人、有美德的人的道德需要。这就是说，良心的行为及其心理乃是一种为做好人而做好人的行为及其心理，是一种为道德而道德、为义务而义务的行为及其心理，是一种为美德而追求美德的行为及其心理，是一种为完善品德而完善品德的行为及其心理，说到底，也就是完善自我品德之心所引发的行为及其心理。那么，这种行为及其心理究竟具有怎样的伦理本性？或者说，它究竟属于何等道德境界？

康德将这种完善自我品德之心叫作"对道德法则的尊重心"，认为源于这种尊重心的行为是一种达到了无私境界的崇高行为："尊重是使利己之心无地自容的价值觉察。"[①]儒家则将完善自我品德之心称作"成圣成贤之心"或"实现人之所以为人者之心"，认为一个人如果有这种完善自我品德、实现自己的人之所以为人者之心，就会无私利人：为了完善自我品德、实现自己的人之所以为人者，不但不是自私利己，而且恰好相反，正是无私利人。因为——冯友兰解释说——只有无私利人，才能使自我品德达到完善境界、实现自己的人之所以为人者之崇高道德理想："求自己的利，可以说是出于人的动物倾向，与人之所以为人者无干……为实现人之所以为人者，我们可以说，人应该求别人的利。"[②]

这就是说，良心所引发的为道德而道德、为美德而美德的行为及其心理之道德境界，属于无私利他的道德境界。然而，这种观点能成立吗？大体说来，可以成立。因为道德和美德，如前所述，无非两类：高级的，亦即善待他人的美德与低级的，亦即善待自己的美德。善待他人的美德，如"大公无私"、"自我牺牲"、"正义"、"报恩"、"同情"、"爱人"、"诚实"、"慷慨"等；善待自己的美德，如"节制"、"贵生"、"幸福"、"谨慎"、"豁达"、"平和"等。因此，每个人的良心所引发的为道德而道德、为美德而美德的行为之道德境界，便既可能是无私利他，也可能是单纯利己：

①　康德：《道德形而上学原理》，苗力田译，上海人民出版社，1986年，第51页。
②　冯友兰：《三松堂全集》第一卷，河南人民出版社，1985年，第556页。

如果他以善待他人的美德为目的，便是为利他而利他，便是无私利他；如果他以善待自我的美德为目的，便是为利己而利己，便是单纯利己。

试想，一个人受着良心的激励，为了做一个有美德的人而追求美德。如果他当时所追求的美德低级的美德，是"节制"，那么，他的行为就是为了使自己具有节制的美德而进行种种节制的行为。节制无疑是善待自己的、利己的美德。因此，他的这种行为就是为了利己而利己的行为，属于"单纯利己"的道德境界。反之，如果他当时所追求的美德是最高的美德，是"无私利他"，那么，他的行为就是为了使自己具有无私利他的美德而进行的种种利他的行为。这样，他的行为就是为了利他而利他，因而属于"无私利他"的道德境界。

不过，道德和美德主要讲来当然是如何善待他人而不是如何善待自己的。因此，良心的行为及心理，主要或大体讲来，便正如康德和儒家所言，乃是无私利人、自我牺牲，因而也就是达到了最纯粹最高尚的道德境界的行为及心理。所以，斯密在详论良心的伦理本性之后总结道："比起任何关涉他人的事情，我们总是远远更加深刻地被任何与己有关的事情所动；那么，是什么东西促使慷慨的人在一切场合和平常的人在许多场合为了他人更大的利益而牺牲自我利益呢？它不是人道的温和的力量，它不是造物主在人类心中点燃的用以中和最强烈的自爱冲动的脆弱的仁慈之火。它是当此场合所发生的一种更为强大的力量，一种更为有效的动机：它是理性、原则、良心、心中的那个居民、内心世界的那个人、审判我们行为的伟大法官和仲裁人。"[①]

可见，良心的直接源泉或良心所引发的行为目的，与良心的最终源泉或良心所引发的行为原动力根本不同。良心的最终源泉或良心所引发的行为原动力，是利己，是社会和他人因自己品德好坏所给予自己的赏

---

① Adam Smith: *The Theory of Moral Sentiments,* edited by D. D. Raphael and A. L. Macfie, Oxford: Clarendon Press, 1976, p. 137.

罚。但是，良心的直接源泉或良心所引发的行为目的，一般说来，却绝不是为了利己，而恰恰是无私利他；绝不是为了得到赏誉；而恰恰是甘愿受到惩罚以致自我牺牲：这就是良心的最深刻的伦理性质。良心的这种性质，实为众所周知：古今中外，多少志士仁人，如苏格拉底、布鲁诺等，岂不宁死也要按照良心而行？

2 名誉性质

名誉起源的研究表明：一方面，名誉的外在根源——亦即人们相互给予名誉的根源——直接说来，在于每个人自己都希望他人做一个好人的道德需要；最终说来，则是因为别人是好人对自己有利，而别人是坏人对自己有害：利己是名誉外在的终极根源、原动力。另一方面，名誉的内在根源——亦即每个人追求自己的名誉的根源——直接说来，是因为名誉攸关自己最为根本的利害，因而每个人是为求利而求名，进而为求名而求名；最终说来，每个人必定是因利而求名：利己是名誉内在的终极根源、原动力。

这就是说，名誉外在的最终起源或原动力与其直接起源或目的，就其道德境界来说，也根本不同。因为名誉外在的最终源头或原动力是利己，是他人品德的好坏对自己的利害关系。但是，名誉外在的直接源头，是希望别人做一个好人的道德需要，目的在于满足自己希望别人做一个好人的道德需要；而每个人希望别人做好人的道德需要，便会推动他对别人的行为是否符合道德进行判断、评价，从而因自己希望别人做好人的道德需要是否被别人的行为所满足而发生种种行为及其心理（知、情、意）之反应：

如果看到他人的行为符合道德规范而行善，便会认为他人堪称好人（名誉的认知评价）；便会因自己希望他人是好人的道德需要得到实现而快乐，进而对他人心存敬爱之忱（名誉的情感评价）；便会产生向他人学习之意（名誉的意志评价）；便会向他人学习（名誉的行为评价）。反之，如果看到他人的行为不符合道德规范而为恶，便会认为他人不是什么好人（名誉的认知评价）；便会因自己希望他人是好人的道德需要得不到实现而痛苦，进而对他人怀有厌恶之心（名誉的情感评价）；便会产生批评、谴责他人之意（名誉的意志评价）；便会批评、谴责他人（名誉的行为评价）。

　　这就是名誉外在的直接源头所引发的行为及其心理。这些行为及其心理的目的显然丝毫不是为了自己，不是为了利己。谁能说"看到别人行善便心存敬爱之忱，而看到别人作恶就满怀厌恶之心"是自私自利、是为了利己呢？谁能说"看到别人行善便有向他人学习之意，而看到别人作恶就产生批评、谴责他人之意"是自私自利、是为了利己呢？谁能说"看到别人行善便向他人学习，而看到别人作恶就批评、谴责他人"是自私自利、是为了利己呢？这些行为及其心理岂不就是所谓的"义愤"、"正义感"、"疾恶如仇"、"见义勇为"等毫无利己之心的崇高美德吗？因此，名誉外在的直接源头（希望他人做一个好人的道德需要）所引发的行为目的是无私利他；而产生这种行为的最终根源、原动力（别人是好人对自己有利，而别人是坏人对自己有害）则是利己：这就是人们相互给予名誉的伦理本性。

　　那么，名誉的内在根源所引发的每个人追求自己名誉的行为具有怎样的伦理本性？毫无疑义，每个人追求自己名誉的行为最终根源、原动力（因利而求名）是利己。但是，每个人追求自己名誉的行为直接根源和行为目的（为求名而求名和为求利而求名）的道德境界则十分复杂。人们大都以为只有为了集体和国家的荣誉才是一种无私利他的行为，而求自己的名与求自己利的道德境界完全相同：都是利己。包尔生堪为这种观点的代表，他说："对于荣誉的爱可以被看作是一种特殊的缓和的自我保存的冲动，其目的在于在意识中，在我们和他人的意识中实现自我的保存。我们可以把它叫作理想的自我保存的冲动。"[①] 这种观点能成立吗？

---

① 包尔生：《伦理学体系》，中国社会科学出版社，1988年，第489页。

　　答案是否定的。不但为了集体和国家的荣誉是一种无私利他的行为，而且为了自己的荣誉，也可能达到无私利他的崇高道德境界。因为最高的名誉、最高的荣誉，如所周知，就是无私利他、自我牺牲。于是，当一个人的行为以名誉或荣誉为目的时，便可能以无私利他为目的：无私利他是为名而求名所能够达到的最高道德境界。这就是为什么我们常常看到，那些珍爱自己名誉的人往往能够为了自己的名誉而达到无私利他乃至自我牺牲的缘故。有鉴于此，蔡元培不禁叹曰："古今忠孝节义之士，往往有杀身以成其名者。"[①] 因此，"为了自己"的行为，未必就是为了利己的行为，未必就是目的利己的行为。就这一点来说，为了自己的荣誉的行为与为了自己的美德行为一样，都可能达到无私利他的道德境界。因为美德的最高境界与荣誉的最高境界一样，都是无私利他、自我牺牲。因此，一个人受荣誉感的驱使可能无私利他、自我牺牲；正如他受完善自我品德之心的驱使，可能无私利他、自我牺牲一样。

　　但是，与为名而求名不同，为求利而求名的行为无疑只能是目的利己。粗略看来，这种行为完全属于为己利他的道德境界。因为一个人要求得到荣誉而避免耻辱或舆论谴责——亦即求得社会和他人的肯定道德评价而避免社会和他人的否定道德评价——显然必须遵守道德规范、造福于社会和他人，必须有所贡献、有所成就：取得成就而利他，是求得荣誉而避免耻辱的唯一途径。因此，为求利而求名是一种目的利己、手段利他的行为，属于为己利他的道德境界。然而，细究起来，并不尽然。因为一个人的成就，可能有真假之分。真的成就当然只有通过努力奋斗才能获得。反之，假的成就则通过可以欺骗达到：自己并不遵守道德，却可以通过欺骗使社会和他人相信自己遵守道德，从而赢得荣誉、避免耻辱或舆论谴责；自己没有成就，却可以通过欺骗使社会和他人相信自己有成就，从而赢得荣誉、避免耻辱或舆论谴责。

―――――――――

① 《蔡元培全集》第二卷，中华书局，1984年，第215页。

因此，一个人求得荣誉而避免耻辱——不论是为求利而求名还是为求名而求名——的途径实际上便有两种。一种是善的，亦即通过造福社会和他人、取得真成就，从而求得真实的、真正的荣誉或光荣。这种行为如果是为求利而求名，便属于为己利他的道德境界；如果是为求名而求名，则可能达到无私利他的道德境界。另一种是恶的，亦即通过欺骗社会和他人而取得假成就，从而求得虚荣：虚假的荣誉或光荣。这种行为——不论是为求利而求名还是为求名而求名——显然属于损人利己的道德境界。这样一来，每个人追求自己名誉的行为最终根源、原动力（因利而求名）虽然只能是利己，但每个人追求自己名誉的行为（为求名而求名和为求利而求名）则可能有三种道德境界：无私利他、为己利他和损人利己。

但是，一方面，为名而求名高于为利而求名的道德境界。因为二者虽然都可能损人利己，但是，为名而求名的行为目的可能是无私利他，因而可能达到道德的最高境界：无私利他；而为利而求名的行为目的只能是利己，因而所能达到的最高道德境界只能是为己利他。另一方面，为利而求名高于为利而求利的道德境界。因为就其所能达到的最高境界来说，二者固然相同，都不可能无私利他而只能无私利他；但是，就其所能堕入的最低境界来说，二者虽然都可能损人利己，但损人利己的程度却大不相同。为利而求名所导致的损人利己，并不直接损害社会和他人利益，而只是沽名钓誉，骗取社会和他人对自己的肯定性的道德评价，因而对社会和他人的损害程度较轻。反之，为利而求利所导致的损人利己，则可能直接损害社会和他人利益，如抢劫偷盗、杀人越货等，因而对社会和他人的损害程度较重。

于是，求名心所引发的行为，固然低于良心所引发的那种为美德而求美德的最纯粹最高尚的道德境界，却高于求利心所引发的行为的道德境界，因而名誉的追求趋于提高人们的道德境界：一个人的名誉心越强，越在乎社会和他人对于自己的道德评价，他便越能够遵守道德，他的品德便越趋于高尚；反之，一个人的名誉心越弱，越不在乎社会和他人对于自己的道德评价，他便越可能不遵守道德，他的品德便越趋于低劣。这就是名誉追求的伦理本性。

纵观名誉的外在起源、内在起源以及良心所引发的行为之伦理本性，可知它们所引发的行为目的都可能是无私利他；而产生这些目的的最终原因、行为原动力却只能是自爱利己。这一点不足为怪。因为如前所述，每个人的行为目的是自由的、可选择的、人人不同的：既可能自爱利己又可能无私利他；但产生行为目的的行为原动力却是必然的、不可选择的、人人完全一样的：只能利己。这意味着：名誉心与良心所引发的无私利他行为的道德境界并不因其原动力是利己而失去其崇高性。因为行为原动力是必然的、不可选择的，因而也就是不可言道德善恶的；而只有行为目的与手段才因其是自由的、可选择的而可以言道德善恶。这样，名誉与良心所引发的行为便因其目的可能是无私利他而可能达到最崇高的道德境界。这就是良心与名誉起源所昭示的良心与名誉之性质：良心与名誉起源和性质是解析良心与名誉作用的钥匙。

三 良心与名誉作用

1 良心作用

良心起源和性质的研究表明，良心直接源于每个人做一个好人的道德需要，目的在于满足自己做一个好人的道德需要；而最终则源于社会和他人因自己品德好坏所给予自己的赏罚：赏罚越正义，自己做一个好人的道德需要便越强，自己的良心便越强；惩罚越不正义，自己做一个好人的道德需要便越弱，自己的良心便越弱。那么，是否人们的良心越强，他们的品德便越高尚，社会的道德风气便越良好？是否人们的良心越弱，他们的品德便越恶劣，社会的道德风气便越败坏？

答案是肯定的。因为良心就其本性来说，乃是一种为做好人而做好人的行为及其心理，是一种为美德而求美德的行为及其心理，说到底，是完善自我品德之心所引发的行为及其心理。因此，良心具有使人达到最高道德境界——无私利人——的作用。因为一个人要成为好人、道德的人、高尚的人，实现其完善自我品德之心，只有去做好事、道德的事、高尚的事。那么，一个人究竟要做什么样的好事才能完善自我品德？最重要的，无疑是无私利人。因为无私利人，如所周知，是最高尚的事，是品德的完善境界。所以，一个人受良心的驱使，便会无私利人，便会使人达到最崇高的道德境界。

因此，人们的良心越强，他们的品德便越高尚，社会的道德风气便越良好；人们的良心越弱，他们的品德便越恶劣，社会的道德风气便越败坏。每个人良心的强弱，如上所述，又取决于社会和他人因自己品德好坏所给予自己的赏罚是否正义。于是可以说：社会对于人们品德好坏的赏罚越正义，人们做一个好人的道德需要便越强，人们的良心便越强，人们的品德便越高尚，社会的道德风气便越良好；社会对于人们品德好坏的赏罚越不正义，人们做一个好人的道德需要便越弱，人们的良心便越弱，人们的品德便越恶劣，社会的道德风气便越败坏。这就是被良心的起源和本性所决定的良心之作用。

然而，这还不是良心的主要作用。从良心的直接起源和目的——良心直接起源于做一个好人的道德需要，目的是为了做一个好人、有道德的人、有美德的人——还可以得出一个更为重要的结论：良心具有使人遵守道德规范的价值或作用。因为美德是长期遵守道德的结果："德者，得也，行道而有得于心者也。"[①] 所以，一个人只有遵守道德规范做好事，

① 朱熹：《四书集注·学而篇》。

才可能成为一个好人、有道德的人、有美德的人，从而才能实现良心的
目的。反之，如果他不遵守道德做坏事，便不可能成为一个好人、有道
德的人、有美德的人，便不可能满足自己做一个好人、有道德的人、有
美德的人的道德需要，便不可能实现良心的目的。

　　这样，每个人的良心便会推动他去做遵守道德规范的好事、有道德的
事、有美德的事，推动他对自己行为是否符合道德规范进行评价，从而因
自己做一个好人的需要和目的是否被自己的行为所实现而发生种种情感反
应：如果自己的行为符合道德规范、具有正道德价值，他便会因做一个好
人的需要和目的得到实现而体验到自豪的快乐，沉浸于良心满足的喜悦；
反之，如果他的行为不符合道德规范、具有负道德价值，那么，他做一个
好人的需要和目的便得不到实现而归于失败，他便会陷入内疚感和罪恶感，
便会遭受良心谴责的痛苦。快乐与痛苦，如所周知，不仅是需要和目的是
否得到实现的心理体验，而且是引发一切行为的原动力。因此，良心便一
方面通过产生自豪感和良心满足的快乐，推动行为者遵守道德，以便再度
享受这种快乐；另一方面，则通过产生内疚感、罪恶感和良心谴责的痛苦，
阻止行为者违背道德，以便从这种痛苦中解脱出来。

　　良心使人遵守道德规范的力量，当然与良心的强弱成正比：良心越
弱，使人遵守道德规范的力量便越弱；良心越强，使人遵守道德规范的
力量便越大。对于一个良心比较强的人来说，良心使他遵守道德的力量
是极其巨大的。这一点，恐怕没有比弗洛伊德说得更透辟的了："自我的
每个动作都受到严厉的超我的监视。超我坚持行动的一定准则，不顾来
自外在世界和本我的任何困难：如果这些准则没有得到遵守，超我就采
用以自卑感和犯罪感表现出来的紧张感来惩罚自我。"[1]这种内疚感和罪恶
感往往是一种相当强烈的持续的焦虑，是震撼心灵的极深刻的情绪上的
动荡不安。它不但使自己痛改前非，以后不再违背道德，而且甚至还可

---

[1]　霍夫曼：《弗洛伊德主义与文学思想》，王宁译，三联书店，1987年，第131页。

能——如达尔文所说——以各种残害自己的行为来自我惩罚以赎罪，从而解除罪恶和内疚、摆脱焦虑、达到内心的安宁："一个人在这样一种悔恨的强烈的情绪驱策下，他就会像他所受到的教育所教导的那样，如向法院自首，从而摆脱罪恶和内疚。"①

人人皆有良心，只不过强弱不同；但良心不论强弱，毕竟都具有使人遵守道德的作用。那么，为什么人们还会不遵守道德呢？原来，每个人的行为都产生和决定于他的需要、欲望、目的；而任何人都绝不仅仅有"做一个好人、一个有良心的人"这样一种需要、欲望、目的：每个人的需要、欲望和目的都是多种多样的。富切斯说得好："现在我们比过去更明白，良心并不是支配生活的唯一权威。决定我们生活中的行为、制约人类自由的权威是很多的。行为研究表明——举例说——人和动物的某些行为只是基于生理因素而并无伦理动机，然而却或多或少被当作是来自伦理的命令。……可以说，人们的善的、应该的行为往往同时源于伦理的和非伦理动机。"②

这种所谓"伦理的"和"非伦理的"动机相一致从而共同引发善行的情况，确实存在。但二者也往往会发生冲突而不能两全。在这种情况下，若顺从和满足良心的欲望而遵守道德做一个好人，便不能顺从和满足与其冲突的需要和欲望。就拿小偷来说，他并不是没有良心。但他的良心与其贼心互相冲突而不能两全：若顺从良心的欲望、遵守道德而做一个好人，便不能顺从、满足其偷盗的需要和欲望。斗争的结果，正如达尔文所言，无疑是顺从、满足比较强大的起决定作用的需要和欲望："人在行动的时候，无疑倾向于顺从更为强有力的那个冲动。"③

---

① Charles Darwin: *Descent of Man and Selection in Relation to Sex*, London: John Murray, 1922, p. 176.

② Gerhard Zecha and Paul Weingartner: *Conscience: An Interdisciplinary*, Dordrecht, Holland: D. Reidel Publishing Company, 1987, p. 28.

③ Charles Darwin: *Descent of Man and Selection in Relation to Sex*, London: John Murray, 1922, p. 174.

　　这样，当一个人的良心与其他欲望发生冲突时，如果他的良心比较强大，而与之冲突的欲望比较弱小，那么，他便会顺从良心的指令，遵守道德；而由此产生的自豪感和良心满足的快乐，又会推动他继续遵守道德。反之，如果他的良心比较弱小，而与之冲突的欲望比较强大，那么，他便会顺从这些比较强大的欲望而违背良心的指令，不遵守道德。但事后他会或多或少——多还是少取决于其良心强还是弱——感受到不遵守道德所产生的内疚感、罪恶感和良心谴责的痛苦，从而或多或少会阻止他继续违背道德，以便从这种痛苦中解脱出来。坏人不断干坏事而不断违背道德，并不是因为他事后感受不到违背道德所产生的内疚感、罪恶感和良心谴责的痛苦，也并不是因为这些痛苦不阻止他继续违背道德；而是因为他的良心比较弱，因而他违背道德所产生的内疚感、罪恶感和良心谴责的痛苦比较小，这些痛苦比起他干坏事所得到的快乐和满足是微不足道的，因而不足以阻止他继续违背道德干坏事。

　　可见，良心因其源于每个人都有做一个好人的道德需要，因其为美德而求美德的本性，不但具有使人可能达到无私利人的道德最高境界之作用，而且具有使每个人遵守道德规范的作用：事前，它通过每个人追求做好人的需要和目的而推动每个人遵守道德规范做好事，以便成为一个好人；事后，则通过遵守道德规范所产生的良心满足快乐而使行为者继续遵守道德规范，通过违背道德所遭受的良心谴责的痛苦而阻止行为者违背道德规范。所以，赫胥黎说："良心，它是社会的看守人，负责把自然人的反社会倾向约束在社会福利所要求的限度之内。"[①]

　　一个人的良心具有使他遵守道德规范和达到无私利人的崇高境界之作用，因而便有极其有利于社会和他人。那么，它是否也有利于自己呢？是的。因为，一方面，良心能够使自己遵守道德，显然意味着，

---

① 赫胥黎：《进化论与伦理学》，《进化论与伦理学》翻译组译，科学出版社，1971年，第21页。

良心能够使自己具有美德：美德是经常遵守道德的结果；另一方面，良心能够使自己达到无私利人的崇高境界，显然意味着，良心能够使自己具有最崇高的美德。这样，良心对自己的作用，与美德对自己的作用便是一样的：良心就其直接作用来说，无疑是对自己的某些欲望和自由的压抑、侵犯，因而是一种害和恶；但就其间接的、最终的作用来说，却能够防止更大的害或恶（社会和他人的唾弃、惩罚）和求得更大的利或善（社会和他人的赞许、赏誉），因而是净余额为利的害，是净余额为善的恶，是必要的害和恶。所以，根本地、长远地看，良心对自己是极其有利的，是自己在社会安身立命之本，是自己的最根本、最重大的利益。这一点早为达尔文说破："人在他的良心的激励下，通过长期的习惯，将取得一种完善的自我克制能力……这对于他自己是最有利的。"①

于是，总而言之，我们便可以得出一条良心强弱与遵守道德以及利害人己的关系的正比例定律：社会对于每个人品德好坏的赏罚越正义，他做一个好人的道德需要便越强，他的良心便越强，他遵守道德所带来的自豪感和良心满足的快乐便越强大，他违背道德所产生的内疚感、罪恶感和良心谴责的痛苦便越深重，他便越能够克服违背道德的欲望而遵守道德，他的品德便越高尚，他便越有利于社会和他人，他自己——长远地看——从中所得到的利益也就越多，最终社会的道德风气便越良好；反之，社会对于一个人品德好坏的赏罚越不正义，他做一个好人的道德需要便越弱，他的良心越弱，他遵守道德所带来的自豪感和良心满足的快乐便越弱小，他违背道德所产生的内疚感、罪恶感和良心谴责的痛苦便越浅薄，他便越容易顺从不道德的欲望而违背道德，他的品德便越卑鄙，他便越可能有害于社会和他人，他自己——长远地看——从中所遭

① Charles Darwin: *Descent of Man and Selection in Relation to Sex*, London: John Murray, 1922, p. 177.

受的损害也就越多，最终社会的道德风气便越败坏。这就是被良心的起源和本性所决定的良心作用之定律。

2　名誉作用

名誉起源和本性的研究表明，一方面，每个人都有希望他人做一个好人的道德需要，因而便会对他人的行为是否符合道德进行评价，从而因自己希望他人做好人的道德需要是否被他人的行为所满足而赋予他人以荣誉或耻辱；另一方面，名誉攸关自己最为根本的利害，因而每个人无不具有极为深重的名誉心：最初是为求利而求名，进而必定为求名而求名。

这样一来，当一个人的行为符合道德规范、具有正道德价值，那么，他便会从社会和他人那里得到好名誉、得到荣誉、得到荣誉所带来的巨大利益，他的极为深重的名誉心便会得到满足而体验到巨大的快乐；反之，如果他的行为违背道德规范、具有负道德价值，那么，他便会从社会和他人那里得到坏名誉、遭受耻辱和舆论谴责及其所造成的巨大利益损失，他的极为深重的名誉心便得不到满足而体验到巨大的痛苦。对于这种巨大的苦乐体验，斯密曾这样写道："大自然，当她为社会造人时，就赋予人一种欲求使同胞们愉快和避免使同胞们不快的原始感情。她教导人被同胞们赞扬便感到愉快和被同胞们谴责便感到痛苦。她使同胞们的赞许自身就成为对人来说是最令人满意和愉快的事，并把他们的不赞同变成最令人羞辱和不快的事。"[1] 于是，荣誉、好名誉便通过给予行为者以巨大的快乐、利益，而极有成效地推动他遵守道德；而耻辱、坏名誉则通过使行为者遭受巨大的痛苦、损害，而极有成效地阻止他违背道德。

---

[1]　Adam Smith: *The Theory of Moral Sentiments,* edited by D. D. Raphael and A. L. Macfie, Oxford: Clarendon Press, 1976, p. 116.

这就是被名誉的起源和本性所决定的名誉的基本作用。

"众人所指，无病而死"与"众口铄金"两句格言，十分生动而准确地道出了名誉——荣誉和耻辱——使人遵守道德的巨大力量。对于这种力量，赫胥黎也曾有颇为中肯的揭示："只要观察一下我们的周围，就可以看出，对人们的反社会倾向最大的约束力并不是人们对法律的畏惧，而是对他的同伴的舆论的畏惧。传统的荣誉感约束着一些破坏法律、道德和宗教束缚的人们：人们宁可忍受肉体上的极大痛苦，也不愿与生命告别，而羞耻心却驱使最懦弱者去自杀。"[1]

3　良心与名誉的作用之比较

名誉使人遵守道德的力量之巨大，确实往往强大于良心。但是，就良心与名誉的本性来说，良心是一种使人遵守道德的无负作用的力量；而名誉则是一种使人遵守道德的有负作用的力量。这可以从两方面看：

一方面，良心是自我道德评价，是每个人自身的内在的力量，因而是无可逃避的：它总是使人真诚地遵守道德。反之，名誉却是人们相互道德评价，是作用于每个人的外部力量，是可以逃避的：它既可能使人真诚地遵守道德，也可能使人假装遵守道德。更确切些说，面对名誉这种使人遵守道德的巨大力量，每个人却可能有两种相反的选择。一种是，名誉的巨大力量使他产生了与自己的良心一致的名誉心，亦即对光荣的渴求。他凭着自己的良心追求光荣，真诚对待社会和他人：老老实实遵守而不违背道德，从而赢得荣誉、避免耻辱和舆论谴责。另一种则是，名誉的巨大力量使他产生了与自己的良心相反的名誉心，亦即虚荣心。他昧着良心追求虚荣，欺骗社会和他人：自己并不遵守道德，却设法使

---

[1]　赫胥黎:《进化论与伦理学》,《进化论与伦理学》翻译组译，科学出版社，1971年，第20页。

社会和他人相信自己遵守道德，从而赢得荣誉、避免舆论谴责。斯密把一个人的这种"虚荣欲"和"光荣欲"分别称作"被人赞许的欲望"和"应该被人赞许或值得被人赞许的欲望"："大自然不仅赋予他一种被人赞许的欲望，而且赋予他一种应该被人赞许的欲望，或者说，被处于他人立场上的自己赞许自己的欲望。前一种欲望只能使他希求表面适应社会；后一种欲望则必定使他渴求真正适应社会。前一种愿望只能够使他假仁假义和遮掩罪恶；后一种愿望则必定使他真正地热爱美德和憎恶罪恶。"①

　　另一方面，良心是自己对自己行为的意识，因而总是与自己行为事实如何相符；而名誉是对别人行为的认识，因而很容易发生错误。也就是说，一个人所得到的名誉与他的行为事实往往不符：或者徒有虚名；或者枉受诋毁。在这些错误中，最为普遍也最为重大的是：屈己从众、丧失自我的人总是得到荣誉；而热爱自由、富有创新精神的人却总是遭受耻辱和舆论谴责。这种错误的普遍性使它几乎成为名誉的必然负产品，从而使名誉几乎必然具有这样的负作用，亦即使人们发生自我异化：不得不放弃自由、违背自我意志而屈从社会和他人意志，从而赢得社会和他人的赞誉。

　　如果一个人的名誉心使他追求的是虚荣，是名不副实的、与自己的良心相违的荣誉，那么，他不但会陷入卑鄙的说谎、欺骗、无耻，最终被社会和他人所蔑视和唾弃；而且会成为一个无所成就的浅薄轻浮之徒。因为一个人要满足其虚荣心、得到社会和他人的赞扬，不必有所作为、有所贡献、有所成就；而只要练就一套装模作样、厚颜无耻的本事就可以了。反之，如果他追求的是光荣，是真正的、名副其实的、与自己的良心一致的荣誉，避免的是真正的、名副其实的、与自己的良心一致的耻辱和舆论谴责，那么，他不但会因为真诚遵守道德而成为一个有

---

① Adam Smith: *The Theory of Moral Sentiments,* edited by D. D. Raphael and A. L. Macfie, Oxford: Clarendon Press, 1976, p. 17.

道德的人；而且会成为一个卓有成就的人。因为一个人要满足其真正的荣誉心，必须得到社会和他人的赞扬；而要得到社会和他人的赞扬，根本说来，必须有所作为、有所贡献、有所成就。这是从质上看。从量上看，一个人得到社会和他人的赞扬的程度、他真正的荣誉心的满足程度，根本说来，显然与他所作出的贡献、所取得的成就之大小成正比：他的贡献越大、取得的成就越多，他得到的赞扬便越多，他荣誉心得到的满足便越充分，他便越自豪、快乐；他的贡献越少、取得的成就越少，他得到社会和他人的赞扬便越少，他荣誉心得到的满足便越不充分，他便越羞耻、痛苦。所以，不论从量上看还是从质上看，真正的荣誉心都是推动每个人自强自立、有所作为、取得成就、创造价值的动力。因此，梁启超说："人无名誉心则已，苟有名誉心，则虽有千百难事横于前途，遮断其进路，终必能鼓舞勇气排除之。"[①] 历史印证了这一真理。试数历代伟大人物，不论是大政治家还是大学问家抑或大艺术家，有哪一个不怀抱强烈的荣誉的渴求？当人们询问似乎十分淡泊名利的列夫·托尔斯泰，究竟是什么在推动他写出一部部著作时，托尔斯泰出人意料地答道：是对于荣誉的渴望。所以，包尔生说："追求最高的名望和荣誉是大多数造成历史伟大转折的人们——如亚历山大、恺撒、弗里德里希、拿破仑——的最强有力的动机。而且，如果在人的心灵中没有对卓越、名望和不朽的渴求，伟大的精神和艺术成就也将是不可想象的。"[②]

可见，一个人不应该昧着良心、追求虚荣；而应该凭着良心、追求真正的光荣。但是，细究起来，追求真正的光荣、追求名副其实的荣誉，也有两种相反方式：自我异化和自我实现。自我异化方式的特点是：为了求得荣誉，便放弃自由、违背自我意志而屈从社会和他人意志，从而赢得社会和他人的赞誉。选择这种方式的人，与其说是按照良心不如说

---

① 梁启超："纳尔逊逸事"。

② Friedrich Paulsen: *System of Ethics*, translated by Frank Thilly, New York: Charles Scribner's Sons, 1899, p. 572.

是按照名誉行事。反之，自我实现方式的特点是：虽然是为了得到荣誉，却仍然坚持自由、按照自己的意志，从而实现自己的潜能，成为一个可能成为的最有价值的人，最终赢得社会和他人的赞誉。选择这种方式的人，与其说是按照名誉不如说是按照良心行事。自我实现的方式，不但能够使人真诚地遵守道德，而且还能使人实现自己的创造潜能，成为一个可能成为的最有价值的人。所以，这种方式既极其有利自己，最终说来，又极其有利社会和他人。但是，以这种方式追求荣誉者——不论从名誉的本性来看，还是就历史和现实来说——往往要在他死后才能得到荣誉。而在他有生之年，却大都得不到社会和他人的理解而备受耻辱与舆论谴责之苦。反之，自我异化的方式，固然能够使人真诚地循规蹈矩、遵守道德；但是，最终说来，却因其使人发生异化、丧失创造性而既不利于自己，又不利于社会和他人。但是，以这种方式追求荣誉者，却必定能够如愿以偿，得到社会和他人的理解和盛赞；在他有生之年，便可望享尽荣华富贵。这就是为什么古往今来那些圣贤往往蔑视荣誉的缘故。显然，这种蔑视只意味着：荣誉往往导致自我异化；而并不意味着：不应该追求荣誉。人无疑应该追逐荣誉。但是，他不应该以自我异化的方式追求荣誉；而应该以自我实现的方式追求荣誉。

比较良心和名誉的作用，可以理解为什么先哲们无不盛赞良心却很少盛赞名誉。诚然，良心和名誉都是使人遵守道德的极其巨大的力量：名誉是人的外在名声，因而是使人遵守道德的外在力量；良心是人的内心信念，因而是使人遵守道德的内在力量。但是，良心使人遵守道德的力量是纯粹的、无负作用的：它只会使人遵守道德而不会使人背离道德。反之，名誉使人遵守道德的力量是不纯粹的、有负作用的：它使人遵守道德往往以使人陷于恶德——假仁假义和自我异化——为代价。名誉的负作用几乎是不可避免的，因而只有依靠良心来消解：如果一个人遭受了不该得的谴责，如果他因为追求自由、创新、自我实现而遭受轻蔑，他的良心便应该自豪，从而化解这种错误评价的压力；

如果他得到了不该得的荣誉，如果他因为屈己从众、追赶时髦而赢得赞誉，他的良心便应该惭愧，从而改弦易辙而追求自由、创新、自我实现。

凭借良心来纠正和化解名誉错误的道理，斯密曾有十分精辟的论述。他分别把一个人的名誉和良心称作"外部的那个人"和"内心那个人"："如果外部的那个人因我们并没有做的行为或没有左右我们的动机而赞扬我们，内心那个人就会告诉我们，因为我们知道自己不应该得到这种赞扬，所以接收它们就会使自己变成可鄙的人，从而立即贬抑这种无根据的赞扬所可能产生的骄傲和振奋的心情。反之，如果外部的那个人因我们从来没有做过的行为或未曾左右我们做过的那些行为的动机而谴责我们，内心的那个人就会立刻纠正这种错误判断，并且使我们确信：自己绝不应该是遭受如此不公的谴责的恰当对象。"[1]

可见，当每个人的名誉心与良心发生冲突时，应该牺牲名誉而服从良心：他若服从名誉便必定陷入虚荣而背离道德；他若服从良心便必定抛弃虚荣而遵守道德。所以，斯密称名誉是可能错误的"直接审判"，而良心则是从来不会错判的"高级法庭"。[2]卢梭甚至禁不住由衷地赞美道："良心呀！良心！你是圣洁的本能，永不消逝的天国的声音。是你在妥妥当当地引导一个虽然是蒙昧无知然而是聪明和自由的人，是你在不差不错地判断善恶，使人同上帝相似！是你使人的天性善良和行为合乎道德。没有你，我就感觉不到我身上有优于禽兽的地方；没有你，我就只能按我没有条理的见解和没有准绳的理智可悲地做了一桩错事又做一桩错事。"[3]

不过，良心是自我道德评价，因而它的不差不错，只是指它对自己

①　Adam Smith: *The Theory of Moral Sentiments,* edited by D. D. Raphael and A. L. Macfie, Oxford: Clarendon Press, 1976, p. 131.

②　Ibid., pp. 131–132.

③　卢梭:《爱弥尔》下卷，李平沤译，商务印书馆，1981年，第418页。

行为事实如何的判断是不差不错，只是指它能够使行为者不差不错地遵守道德；而绝非如卢梭所言，是指良心能够"不差不错地判断善恶"。恰恰相反，良心与名誉一样，对善恶的判断有时是错误的，因而如所周知，有所谓正确的良心与错误的良心之分；正如有正确的名誉与错误的名誉之分一样。可是，错误的良心难道与正确的良心一样使人不差不错地遵守道德吗？究竟何谓正确与错误的良心或名誉？怎样才能避免良心与名誉的错误而使之正确？这无疑是一些极为复杂的难题，它们关涉到良心与名誉的评价标准和评价依据，说到底，它们是"应该怎样"进行良心与名誉的评价问题，是良心与名誉的主观评价问题；反之，良心与名誉的起源、性质和作用，说到底，则是"为什么应该"进行良心与名誉的评价的问题，是良心与名誉的客观本性问题。良心与名誉的起源、性质和作用的研究，已使我们完成了"为什么应该"进行良心与名誉的道德评价问题；那么，究竟"应该怎样"进行良心与名誉的道德评价？

第三十二章 良心与名誉的主观评价

本章提要

首先，良心与名誉的主观评价过程，就是以道德规范作为标准来衡量行为者的品德及其行为的过程：对行为本身的评价只应该依据行为效果；对行为者品德的评价则只应该依据行为动机。

其次，证明良心与名誉的主观评价之真假对错，一方面在于证明对自己和他人的行为——动机和效果——的事实判断之真假；另一方面则在于证明所奉行的道德规范之优劣或对错：如果二者都是真的、对的或正确的，那么，良心与名誉的评价便必定与其所评价的行为之实际道德价值相符，便必定是真的、对的或正确的；如果良心与名誉的评价是假的、错的或不正确的，那么，或者所信奉的道德规范是恶劣的，或者对自己和他人行为（动机和效果）的事实判断是假的，或者二者兼而有之。

最后，只要按照良心和名誉的道德指令而行，行为者的品德就是善的，就是美德。但是，只有按照正确的良心与名誉的道德指令而行，行为者才能因其遵守优良道德而做出真正的善行，从而其行为和品德才必定都是善的。反之，错误的良心与名誉，或者只可能使行为者的行为遵守恶劣道德，从而便可能使行为者的行为陷入真正的罪恶；或者不可能使行为者的行为真正遵守这种恶劣道德——在这种恶劣道德违背人性的条件下——从而也就只能造伪君子。

一　良心与名誉的标准及依据

究竟应该怎样进行良心与名誉的道德评价？不言而喻，良心与名誉的评价过程，无非是运用一定的评价标准来评价自己的行为和他人的行为的过程。这两种评价的标准完全相同，区别只在于评价对象：良心是评价自己的行为而名誉是评价他人的行为。因为不论是评价自己的行为还是评价他人的行为，都同样是评价这些行为的道德价值，因而也就只能同样以道德规范作为评价标准：道德规范是良心与名誉的标准。所以，斯密说："我们自然地赞许或不赞许自己行为的原则，看起来与我们用以判断他人行为的原则完全相同。"[①]这样，根据规范伦理学对于道德规范的研究，良心或名誉的标准便可以归结如下：

首先是良心或名誉的终极标准系统。良心或名誉的终极总标准是"增进每个人利益总量"。它是在任何条件下都适用的绝对道德标准，是良心或名誉的绝对标准。良心或名誉的终极分标准有两个。一个是"最大利益净余额"或"最大多数人最大利益"。它是解决人们利益冲突的道德终极标准，是利益冲突条件下的良心或名誉的终极标准。另一个是"无害一人地增进利益总量"。它是人们利益一致条件下的道德终极标准，是利益一致条件下的良心或名誉的终极标准。

其次是良心或名誉的普遍原则和普遍规则系统。道德总原则"善"是良心总原则和名誉总原则。善待他人——主要是国家治理——的道德原则"正义"、"平等"和"人道"、"自由"、"异化"五大原则，是国家治理的良心原则和名誉原则。善待自我的道德原则"幸福"，是善待自我的良心原则和名誉原则。普遍道德规则"诚实"、"贵生"、"自尊"、"节

---

① Adam Smith: *The Theory of Moral Sentiments,* edited by D. D. Raphael and A. L. Macfie, Oxford: Clarendon Press, 1976, p. 109.

制"、"勇敢"、"谦虚"、"智慧"、"中庸"等，则构成良心或名誉的普遍规则系统。

最后是良心或名誉的特殊原则和特殊规则系统。特殊的道德原则，如所谓"三纲（君为臣纲、父为子纲、夫为妇纲）"等，构成良心或名誉的特殊原则系统。特殊道德规则，如所谓"三从（在家从父、出嫁从夫、夫死从子）"和"四德（妇言、妇容、妇功、妇德）"等，则构成良心与名誉特殊规则系统。

良心与名誉评价的全过程，显然就是将这些道德规范作为标准用以衡量自己和他人的行为的过程：如果行为符合这些道德规范，便具有正道德价值，那么，行为者便一方面会得到荣誉，得到社会和他人的奖赏；他方面则会得到良心满足，得到自我奖赏。反之，如果行为违反这些道德规范，便具有负道德价值，那么，行为者便一方面会受到耻辱和舆论谴责，受到社会和他人的惩罚；他方面则会受到良心谴责，受到自我惩罚。

因此，良心与名誉的评价过程，便是将自己或他人的行为与道德规范进行比较、衡量的过程：道德规范是良心与名誉之评价标准；而自己或他人的行为则是良心与名誉之评价对象。关于良心与名誉的标准，亦即道德诸规范，乃是规范伦理学的研究对象，我们已经在以上诸篇章十分详尽地研究过，现在只要将它们作为良心与名誉的标准予以运用就可以了。然而，问题是：行为由动机与效果构成，二者有时并不一致。那么，当我们运用良心与名誉的标准对行为进行评价时，究竟是依据行为动机还是行为效果？这就是从古到今一直争论不休的道德评价依据——亦即良心与名誉的依据——之难题。解决这个难题的起点显然是：何谓动机与效果？

1 动机与效果概念

行为的研究表明，行为是有机体受意识支配的实际活动：行为是主观因素"意识"和客观因素"实际活动"的主客统一体。行为的主观因素就是所谓的"动机";行为的客观因素则叫作"效果":动机与效果是构成行为的两要素。对此,马克思在分析建筑师的行为时曾有十分精辟的论述:

"最蹩脚的建筑师从一开始就比最灵巧的蜜蜂高明的地方,是他在用蜂蜡建筑蜂房以前,已经在自己的头脑中把它建成了。劳动过程结束时得到的结果,在这个过程开始时就已经在劳动者的表象中存在着,即已经观念地存在着。"[1]

这就是说,建筑师的筑房行为由两要素构成。一个要素是筑房的观念,是头脑中、观念中的筑房行为;另一个要素则是观念中的筑房行为所引发的筑房的实际,是实际的筑房行为:前者便叫作筑房行为之动机,后者则叫作筑房行为之效果。

更确切些说,动机是行为的思想意识、心理因素,是行为者对于所从事的行为的思想,也就是对行为目的和行为手段的思想,亦即对行为结果和行为过程的预想。它是行为的意识、思想、心理、观念、主观的方面,是意识中、思想中、观念中的行为。所以,郭任远先生说:"动机全属于意志的范围,是行为的观念。我们要做某事时,心理就是先有做某事的观念,这种观念就是动机。"[2]反之,效果则是动机的实际结果,是动机所引发的实际行为,是实际出现的行为目的与行为手段,是实际出现的行为结果与行为过程,是行为之实际,是行为的客观的、实际的方面。举例说:

夏菲的母亲看到夏菲的学习成绩不良,认为痛打夏菲(这是对行为手段的思想,是思想中的行为过程)就可以使夏菲畏打而努力读书,从而成绩优良(这是对行为目的的思想,是预期的行为结果)。这些都是动

[1]　《马克思恩格斯全集》第 24 卷,人民出版社,1971 年,第 202 页。
[2]　郭任远:《郭任远心理学论丛》,上海开明书局,民国 17 (1928)年,第 19 页。

机：动机就是对所从事的行为目的和行为手段的思想。在这种动机支配下，夏菲母亲便用铁棍痛打夏菲（动机所引发的实际行为过程），但不料打死（动机所引发的实际行为结果）。这些都是效果：效果就是动机的实际结果，就是实际出现的行为结果与行为过程。然而，人们大都一方面把行为效果与行为结果等同起来，以为行为效果就是行为结果；他方面则把行为动机与行为目的等同起来，以为行为动机就是行为目的。这是个双重错误：

　　一方面，行为效果与行为结果，从词义上看，确实没有什么区别；但从概念上看，却根本不同。因为从概念上看，行为结果与行为过程（而不是行为动机）是构成行为的两因素。所以，行为结果是相对行为过程来说的，与行为过程是对立面：行为结果不是行为过程，而是行为过程的结果；行为过程也不是行为结果，而是导致行为结果的过程。反之，行为效果则与行为动机（而不是行为过程）是构成行为的两因素。因此，行为效果是相对行为动机来说的，与行为动机是对立面；行为效果不是行为动机，而是行为动机的效果：行为动机也不是行为效果，而是导致行为效果的动机。这样，行为动机就既包括行为过程，又包括行为结果：行为动机是观念中的行为过程和行为结果。相应地，行为效果也就既包括行为结果又包括行为过程：行为效果是行为动机的实际结果，是动机所引发的实际存在的行为过程和行为结果。所以，行为效果与行为结果根本不同：行为效果不是行为或行为过程的效果、结果，而是动机的效果、结果，因而既可能是行为结果，也可能是行为过程。

　　另一方面，动机与目的也根本不同。因为目的与手段（而不是效果）是构成行为的两因素。因此，目的是相对手段来说的，与手段是对立面：目的是构成行为的一部分，是为了达到的行为结果；行为的另一部分是手段，是用来达到目的的行为过程。所以，目的属于"行为"范畴。反之，动机则属于"行为思想"范畴：动机与效果（而不是手段）是构成行为的两因素。因此，动机是相对效果来说的，与效果是对立面；动机是行为的思想意识因素，是行为者对于所从事的行为的思想，也就是对行为目的和行为手段的思想；效果则是动机的实际结果，是动机所引发的实际行为，是实际出现的行为目的与行为手段。因此，动机与目的根本不同：动机不仅包括预想的目的，而且包括预想手段；反过来，只有存在于思想中的目的才属于动机范畴，而已经实现了的目的则属于效果范畴。

总之，"动机与效果"、"目的与手段"以及"行为结果与行为过程"，乃是根本不同的三种行为结构。"行为结果与行为过程"是基于行为客体性的行为结构，是行为的自然结构。因为行为的这种结构与任何自然物的结构并无不同，一切自然物也都具有这种结构：过程与结果。显然，"行为结果与行为过程"是行为的最简单结构。反之，"目的与手段"，则是基于行为主体性的行为结构，是行为的主体性结构。因为只有具有主体性的事物才能有目的与手段。因此，"目的与手段"乃是基于"行为结果与行为过程"的更为复杂的结构：目的是为了达到的行为结果，是预期的行为结果；手段是用来达到预期行为结果的行为过程。最后，"动机与效果"则是基于行为的主观性、思想性的行为结构，是行为的主客观结构，是基于"目的与手段"的最为复杂的结构：动机是对目的和行为手段的思想；效果是动机所引发的实际出现的目的与手段。

于是，一方面，行为效果与行为结果根本不同：行为效果是行为动机的实际结果，因而不仅是实际存在的行为结果，而且包括实际存在的行为过程；另一方面，动机与目的根本不同：动机是对行为目的和行为手段的思想，因而不仅包括预想的目的，而且包括预想手段。这样，动机与效果便是基于并包含目的与手段以及行为过程与行为结果的行为之最为复杂的结构；把握了这一结构，便不难发现良心与名誉的评价依据：对行为本身的评价依据效果；而对行为者品德的评价则依据动机。我们不妨将这一发现叫作"动机效果分别论"。

2 行为本身与行为者品德

"动机效果分别论"是一种关于良心与名誉评价依据的理论，它所赖以基于其上的事实是：不论良心评价还是名誉评价，同样都包括两个方面：一方面是对行为自身进行评价；另一方面是对表现于行为的行为者的品德进行评价。这一点，包尔生已经大略讲过：

"每一行为都引起两种判断：一种是对这个人的品德的主观的、形式的判断；一种是对这一行为本身的客观的、内容的判断。"①

显然，他所谓"这个行为本身的客观的内容的判断"，就是对行为本身的评价：行为本身是一种实际的、客观的活动；他所谓"这个人的品德的、主观的、形式的判断"，就是对行为者的品德的评价：品德是一种主观的、心理的东西。那么，对行为本身和行为者品德进行道德评价的依据是否相同？

行为，如前所述，是有机体受意识支配的实际活动：行为本身虽受意识支配，却不是意识的、主观的、观念的活动，而是实际的、客观的、物质的活动。因此，行为本身的道德价值也就不是一种意识的、主观的、观念的活动的道德价值；而是一种实际的、客观的、物质的活动的道德价值。所以，判断行为本身的道德价值、对行为本身进行道德评价，便不应该依据行为之观念，看行为之观念如何；而只应该依据行为之实际，看行为之实际如何；便不应该依据思想中的行为，看思想中的行为如何；而只应该依据实际发生的行为，看实际发生的行为如何。一句话，良心与名誉对行为本身的评价不应该依据行为的动机，看动机如何；而只应该依据行为的效果，看效果如何。

我们不是常说好心办坏事吗？事是行为，心是动机。好心办坏事岂

---

① Friedrich Paulsen: *System of Ethics*, translated by Frank Thilly, New York: Charles Scribner's Sons, 1899, p. 227.

不意味着：对事、行为本身的好坏之评价是不依据动机、不看动机的？否则，如果对事、行为本身的好坏之评价依据动机，岂不就不会有好心办坏事，而只能有好心办好事吗？那么，当我们说好心办坏事时，我们是依据什么断定事是坏的？显然是依据事、行为之实际效果。试想，夏菲母亲痛打夏菲至死的行为是坏的，是依据什么说的？是依据动机吗？不是。因为其动机是为了夏菲学习好，是为了夏菲好，是好动机。那么，是依据什么呢？显然只是依据她痛打夏菲至死之实际效果：评价行为本身的好坏只应该依据行为效果。

　　但是，行为者的品德与行为相反，乃是一种主观的、观念的、意识的东西；而不是客观的、实际的、物质的东西：品德是一个人长期的伦理行为所表现和形成的稳定的、恒久的、整体的心理状态。所以，对行为者的品德进行评价，便不应该依据行为之实际，不应该看行为之实际如何；而只应该依据行为之观念，只应该看行为之观念如何；不应该依据实际发生的行为，看实际发生的行为如何；而只应该依据思想中、观念中的行为，看思想中、观念中的行为如何。一句话，良心与名誉对行为者品德的评价，只应该依据行为的动机、看动机如何；而不应该依据行为的效果、看效果如何。

　　我们都知道，好心办坏事的人是好人，而坏心办好事的人是坏人。为什么？岂不就是因为评价行为者的品德好坏只应该看行为者的心、动机，而不应该看事或行为之效果？否则，如果评价行为者的品德好坏看效果，那么，好心办坏事的人岂不就不是好人而是坏人？而坏心办好事的人岂不就不是坏人而是好人了？

　　试想，一个孝子服侍病母，恨不能以自己性命换回母亲健康。可是，他过于劳累，因而给母亲吃错了药，使母亲死亡。对此，我们仍说他的品德是好的，是好人。为什么？岂不就是因为他给病母服药的效果虽是坏的，但动机却是好的：评价品德只看动机不看效果。反之，一个人以毒药害人，却不料以毒攻毒，竟医好被害人的多年老病。对此，我们仍说他的品德坏，是坏人。为什么？岂不就是因为他给别人服药的效果虽好，但动机却是坏的：评价品德好坏只看动机而不看效果。

可见，良心与名誉的评价依据应该分别论：对行为本身的评价只应该看效果；对行为者品德的评价只应该看动机。换言之，对行为者品德的评价只应看其预想的行为目的或行为结果与预想的行为手段或行为过程；对行为本身的评价则只应看实际出现的行为目的或行为结果与实际出现的行为手段或行为过程。然而，如果把行为动机与行为目的等同起来、将行为效果与行为结果等同起来，便会由此得出结论说：评价行为者品德只应看其预想目的（而不看预想手段），评价行为本身则只应看其实际行为结果（而不看实际行为过程）。这不但在理论上是片面的，而且实际上也讲不通。实际上，评价一个人的品德，不仅要看他的目的是什么，而且还要看他的手段是什么。因为虽然目的相同，但如果手段不同，则其道德价值便可能根本不同。举例说：

同是目的利己，以利他手段与以损人手段实现，其道德价值显然根本不同。同样，评价一种行为本身的道德价值也不仅要看实际的行为结果，而且要看实际的行为过程。因为行为结果虽然相同，但如果行为过程不同，则其道德价值便可能根本不同。同是得到 300 元钱之行为结果，其来于贪污的行为过程与来于做工的行为过程，其道德价值显然根本不同。

总之，良心与名誉对行为本身的评价只应该看效果，而对行为者品德的评价则只应该看动机：这就是"动机效果分别论"。最早提出这一理论的，似乎是穆勒。他这样写道："几乎所有功利主义道德论者都坚持，动机虽与行为者的品德关系很大，但与行为的道德价值无关。一个救人使之免于淹死的人，是做了一种道德上正当的行为，不论他的动机是义务还是希望得到报答；一个背叛了信任自己的朋友的人，是做了一种有罪过的行为，即使他的目的是为了救助另一个他负有更大义务的朋友。"[1]

---

[1]　Robert Maynard Hutchins: *Great Books of the Western World*, Volume 43, *On Liberty*, London: John Stuart Mill, Encyclopaedia Britannica, Inc., 1980, p. 453.

所以，"好行为并不一定表示品德好，坏行为也常常引发于好品德。这种情况不论出现于何种场合，都不影响对于行为本身的评价，而只影响对于行为者品德的评价。"[1] 包尔生讲得就更清楚了：

"我们到处看到：同一行为引起的人格的判断和客观的判断之间的差异。每一行为都引起两种判断：一种是对这个人的品德的主观的、形式的判断；一种是对这个行为本身的客观的、内容的判断：在前一种情况中我们考察动机；在后一种情况中我们考察源于事情本性之效果。"[2]

然而，良心与名誉评价究竟依据动机还是效果，毕竟是一个十分复杂而歧义丛生的难题。围绕这个难题，自古以来，伦理学家们便一直争论不休。不考察这些争论，无疑算不上真正解决了这个难题。那么，人们争论的究竟是什么呢？

二　关于良心与名誉评价依据的理论

古今中外，伦理学家们围绕道德评价依据——亦即良心与名誉评价依据——的争论，可以归结为四派："效果论"、"动机论"、"动机效果统一论"以及"动机效果分别论"。"动机效果分别论"，已阐明如上；那么，其他三派所主张的究竟是怎样的理论呢？

1 效果论

所谓效果论，如所周知，就是认为道德评价只应该以行为效果为依据的理论，说到底，也就是认为良心与名誉的评价只应该以行为效果为

---

[1]　Robert Maynard Hutchins: *Great Books of the Western World*, Volume 43, *On Liberty*, London: John Stuart Mill, Encyclopaedia Britannica, Inc., 1980, p. 454.

[2]　Friedrich Paulsen: *System of Ethics*, translated by Frank Thilly, New York: Charles Scribner's Sons, 1899, pp. 227–228.

依据的理论。以往的功利主义论者几乎都主张效果论；其代表当推边沁、穆勒、包尔生和梯利。他们准确无误地看到，一方面，价值是客体对主体目的的效用，行为的道德价值是行为对道德目的的效用："道德是实现目的的一个手段，它存在的理由要归之于它的功用。"[1] 另一方面，道德目的是保障社会存在发展，最终增进每个人利益，实现每个人的幸福："幸福是道德的终极目的。"[2]

因此，行为的道德价值，说到底，也就是行为对于社会和每个人利益的效用。这样一来，所谓道德评价，也就是评价行为对于社会和每个人利益的效用。因此，道德评价只应该依据行为对社会和每个人利益的效用，只应该看行为对社会和每个人利益的效用如何：增进社会和每个人利益的行为，便是道德的、善的行为；减少社会和每个人利益的行为，便是不道德的、恶的行为：

"将功利或最大幸福原则作为道德终极标准的学说，主张行为的正当性与其增进幸福的程度成比例；行为的不正当性与其减少幸福的程度成比例。"[3]

这些观点无疑是真理。然而，遗憾的是，效果论却由此进而把"效用"与"效果"以及"行为效用"与"行为效果"等同起来，于是得出结论说：道德评价只应该看行为效果，只应该以行为效果为依据。包尔生在论及他的效果论的观点时便这样写道：

"目的论根据行为方式和过程对行为者及周围人的生活自然产生的效果来判断其善恶，将倾向于保全和增进人的福利的行为称作善的，而将倾向于扰乱和毁灭人的福利的行为称作恶的。"[4]

---

[1]　梯利：《伦理学概论》，何意译，中国人民大学出版社，1987年，第100页。

[2]　Robert Maynard Hutchins: *Great Books of the Western World*, Volume 43, *On Liberty*, London: John Stuart Mill, Encyclopaedia Britannica, Inc., 1980, p. 456.

[3]　Ibid., p. 448.

[4]　Friedrich Paulsen: *System of Ethics*, translated by Frank Thilly, New York: Charles Scribner's Sons, 1899, p. 222.

诚然，我们刚刚引证过包尔生和穆勒的至理名言：客观的判断或对行为自身的评价看效果；主观的判断或对行为者品德的评价看动机。但是，他们并没有固守这一真理；相反地，却由这一真理错误地推论道：

评价行为者品德虽然依据其动机好坏，但评价动机好坏还是依据动机的效用（这是对的），因而也就是依据动机的效果（这是错的）；于是，归根结底，道德评价只应该依据效果。请看，包尔生和梯利就是这样写的：

"行为和行为方式的价值在于它们解决生活问题的能力或指导生活的效果；而且主观的、形式的判断归根结底也是同样的。"[1] 因为 "主观的、形式的概念本身可以还原为目的论的观点。出于对义务的尊重和正直的行为在道德上是善的。为什么说正直是善？因为正直倾向于使这个人的行为达到这样一种结果：增进行为者及其周围人的福利。"[2] 所以，"道德评价的最终根据在于行为的效果。"[3]

这种推论是不能成立的。因为行为效用与行为效果根本不同。行为效果，如上所述，是一个特定的伦理学术语，不可望文生义：行为效果与行为动机是构成行为的两因素。因此，行为效果是相对行为动机来说的，与行为动机是对立面；行为效果是行为动机的效果、结果，而不是行为的效果、结果。反之，行为效用则不是特定的概念，可以顾名思义：行为效用就是行为的效用，而不仅仅是行为动机的效用。因为行为效用是行为自身（动机与效果的统一体）与非行为的他物（这里是道德目的）的外部关系，是相对非行为的他物来说的，而不是相对行为动机来说的。所以，行为效用与行为动机不是对立面：行为效用是行为的效用，因而既包括行为动机的效用，又包括行为效果的效用。

因此，"道德评价只看行为效果" 与 "道德评价只看行为效用" 根本不

---

[1]　Friedrich Paulsen: *System of Ethics*, translated by Frank Thilly, New York: Charles Scribner's Sons, 1899, p. 231.

[2]　Ibid., p. 232.

[3]　梯利：《伦理学概论》，何意译，中国人民大学出版社，1987年，第103页。

同。"道德评价只看行为效果"是片面的、错误的，因为它意味着道德评价只看行为效果（对道德目的）的效用，不看行为动机（对道德目的）的效用。照此说来，坏心办好事的人就是好人：岂不荒谬？因为道德评价只看行为效果（好事）对道德目的的效用；而不看行为动机（好心）对道德目的的效用。反之，"道德评价只看行为效用"则是全面的、正确的，因为它意味着道德评价既看行为效果（对道德目的）的效用，又看行为动机（对道德目的）的效用：对行为本身的评价看效果（对道德目的）的效用；对行为者品德的评价看动机（对道德目的）的效用。照此说来，坏心办好事的人就是坏人办好事：这显然是真理。因为道德评价既看行为效果（好事）对道德目的的效用，又看行为动机（坏心）对道德目的的效用：对行为本身（事）的评价看效果（好事）对道德目的的效用；对行为者品德（坏人）的评价看动机（坏心）对道德目的的效用。效果论的错误显然就在于把行为效果与行为效用等同起来，从而由"道德评价只应该看行为的效用"的正确前提，得出"道德评价只应该看行为效果"的错误结论。（辨析英文：效果与效用）

2　动机论

所谓动机论，如所周知，就是认为道德评价只应该以行为动机为依据的理论，说到底，也就是认为良心与名誉的评价只应该以行为动机为依据的理论。动机论的代表，主要是义务论者，如康德、布拉德雷、儒家以及基督教伦理学家们。细察他们的著作，可知动机论的论据乃是"道德起源和目的自律论"。

我们知道，康德、布拉德雷、儒家以及基督教伦理学家们都是道德起源和目的自律论者。在他们看来，道德自身就是道德的目的；道德并非他物的手段。人创造道德的目的，便是为了道德自身，便是为了完善人的道德品质，使人与动物区别开来，实现人之所以为人者。康德写道：

"道德法则……开始于我的无形的自我，我的人格……借我的人格，把作为一个灵物看的我的价值无限提高了。在这个人格中，道德法则就给我呈现出一个独立于动物性，甚至独立于全部感性世界以外的一种生命来。"① 布拉德雷说得更明白："道德说，她是为其本身之故而被欲求为一目的的，不是作为达到本身以外的某物的手段。"②

若果真如此，果真道德目的是为了完善行为者品德，那么显然，也就只有行为所表现的行为者品德才与道德目的有关，才有道德不道德之分，才有道德价值；而行为本身便与道德目的无关，便无所谓道德不道德，便没有道德价值了。因此，康德说，对行为进行道德评价，不是评价行为本身，而只是评价行为所表现的行为者品德："关于道德价值的问题，我们要考究的不是我们能看见的行为，乃是我们看不见的那些发生行为的内心原则。"③ 而行为者品德，如上所述，完全取决于行为动机，而与行为效果无关。所以，康德认为，行为的道德价值完全存在于动机中，而与行为效果无关："行为的道德价值不在于所期望于这个行为的结果"，"行为目的或行为结果不能使行为有任何绝对的或道德的价值。这样，我们行为的价值，假如不在于追求某种对象的意志，还能够在于什么呢？"④ 于是，康德得出结论说，对行为的道德评价便只能看动机、只能依据动机，而不能看效果、不能依据效果："行为之所以是道德上的善，有赖于动机，与结果无关。"⑤

可见，道德目的自律论是动机论的前提，因而动机论能否成立，完全取决于道德目的自律论能否成立：如果道德目的自律论是真理，动机论也就是真理；如果道德目的自律论是谬误，动机论也就难以成立了。

① 康德：《实践理性批判》，关文运译，商务印书馆，1960 年，第 164 页。
② 布拉德雷：《伦理学研究》上册，商务印书馆，民国 33（1944）年，第 76 页。
③ 康德：《道德形而上学原理》，苗力田译，上海人民出版社，1986 年，第 57 页。
④ 同上书，第 49 页。
⑤ 周辅成编：《西方伦理学名著选辑》下卷，商务印书馆，1967 年，第 365 页。

那么，道德目的自律论是真理吗？道德目的自律论，如前所述，是根本不能成立的：

因为道德与美德，就其自身来说，不过是对人的某些欲望和自由的某种限制、压抑、侵犯，因而是一种害和恶；就其结果和目的来说，却能够防止更大的害或恶（道德能够防止社会崩溃；美德能够防止自己被社会和他人唾弃）和求得更大的利或善（道德能够保障社会的存在发展；美德能够使自己赢得社会和他人的赞许），因而是净余额为善的恶，是必要的恶。这样，如果说道德目的是自律的，是为了道德自身，是为了完善人的品德，那就等于说：道德的目的就是为了压抑人的欲望、侵犯人的自由，就是为了压抑人的欲望而压抑人的欲望，就是为了侵犯人的自由而侵犯人的自由，就是为了害人而害人，就是为了作恶而作恶：岂不荒唐！所以，道德的目的不可能是自律的，而只能是他律的，只能在于保障道德之外的他物：社会的存在发展、每个人利益的增进。

道德目的自律论不能成立，动机论也就不能成立了。因为道德目的既然不是自律的而是他律的，不是以完善人的品德为目的，而是以保障社会存在发展、增进每个人利益为目的；那么显然，不但行为所表现的行为者品德与道德目的（保障社会存在发展、增进每个人利益）有关，具有道德价值，而且行为本身也与道德目的（保障社会存在发展、增进每个人利益）有关，具有道德价值。这样，对行为进行道德评价也就不仅仅应该评价行为所表现的行为者品德，而且也应该评价行为本身。于是，对行为进行道德评价便不仅应该依据动机，而且也应该依据效果：对行为者品德的评价依据动机；对行为本身的评价依据效果。

综上可知，动机论的错误，直接说来，是其道德评价对象的片面化：绝对化对行为者品德的评价，而抹杀对行为本身的评价；根本说来，则是其以为道德起源和目的在于完善行为者品德的道德目的自律论。这样一来，动机论与效果论的直接分歧，固然在于道德评价的依据是动机还是效果；而根本分歧，则基于道德目的是为了道德自身，还是为了道德之外的他物？是为了完善每个人的品德，还是为了增进每个人的幸福？从直接分歧来说，双方都是片面的、错误的；就根本分歧来说，动机论是谬论，而效果论是真理。

3 动机效果统一论

半个多世纪以来，"动机效果统一论"一直是我国理论界占据统治地位的理论。它似乎已经成了绝对权威，因为直到今日，竟无一人提出异议。确实，认为道德评价只依据动机的"动机论"和只依据效果的"效果论"，既然都是片面的、错误的，那么，岂不只有既依据动机又依据效果的"动机效果统一论"才是全面的真理？

其实不然。细察动机效果统一论著作，不难发现，统一论根本不能成立：它把认识论问题与价值论问题混为一谈。它在认识论上，十分强调效果；但在价值论上，却倾向于动机论，默认道德评价只是对行为所表现的行为者品德的评价，而不是对行为本身的评价。从此出发，统一论便由"动机是什么，只有通过效果才能表现出来而加以检验和判断，因而对行为者品德的评价不能不看效果"的正确认识论前提，得出了错误的价值论结论：对行为者品德的评价既应看动机、依据动机，又应看效果、依据效果。

殊不知，对行为者品德的评价要看效果，仅仅因为动机只有通过效果才能检验和判断，仅仅为了弄清楚动机究竟是什么，而与对行为者品德的评价毫无关系：不管效果怎样好，只要动机是坏的，那么行为者品德便是坏的；不管效果怎样坏，只要动机是好的，那么行为者品德便是好的。所以，对行为者品德的评价虽然既看动机又看效果，却不依据效果而只依据动机。这就是说，对行为者品德评价的看效果的"看"，是个认识论概念，是分析、研究、弄清楚的意思；而不是个价值论概念，不是依据的意思。

可见，动机效果统一论的错误，一方面与动机论一样，片面地以为对行为进行道德评价，仅仅是对行为者品德的评价而不是对行为本身的评价；另一方面则在于把"看效果"的认识论意义的"看"偷换成价值论意义的"看"；于是便由对行为者品德的评价既看动机又看效果（这个看效果的"看"是认识论概念，是分析研究的意思）的正确前提出发，得出了错误结论：对行为者品德进行评价应既看动机、依据动机，又看效果、依据效果（这个看效果的"看"是价值论概念，是依据的意思）。

统一论在理论上不能成立，在实践上也行不通。试想，如果对行为者品德进行评价既依据动机又依据效果，那么，我们就既不能说好心办坏事者是道德的，也不能说他是不道德的，而只能说他既是道德的，又是不道德的：依据动机是道德的，依据效果是不道德的。谁能相信这种鬼话！

总观良心与名誉的评价依据理论，可知动机论和效果论以及动机效果统一论都是片面的、错误的。真理只能是"动机效果分别论"：评价行为者品德依据其动机；评价行为本身依据其效果。然而，"动机效果分别论"仅仅科学地说明了良心与名誉的评价依据问题，它同良心与名誉的标准问题一起，仅仅科学地说明了人们究竟是怎样进行良心与名誉的道德评价的；而并没有说明人们究竟怎样才能做出正确而非错误的良心与名誉之评价，并没有解决良心与名誉之真假对错的问题。不过，弄清了良心与名誉的评价标准及依据，也就不难解析良心与名誉的真假对错难题了。

三　良心与名誉的真假对错

1　良心与名誉的真假对错之概念

元伦理学对于评价的概念分析表明，所谓真假，亦即真理性，指主观认识是否符合客观实际：相符者为真、真理，不符者为假、谬误；真与真理是同一概念；假与谬误是同一概念。所谓对错，则是效用性，亦即客体对主体需要、欲望和目的的效用，指客体是否有利于满足主体的需要、欲望、目的：有利于满足者为对、好、应该、正确；不利于满足者为错、坏、不应该、不正确；对错与好坏、应该不应该、正确不正确是同一概念。

准此观之，一方面，所谓良心与名誉之真假，就是良心与名誉的真理性，就是良心与名誉的认知评价是否与评价对象相符；真的良心或名誉与评价对象的道德价值相符；假的良心或名誉与评价对象的道德价值不符。因此，佩斯塔那说："一个假的或谬误的良心乃是一个人的这样一种心理状态：他相信一种行为具有而实际上却不具有某种道德价值。"[1] 举例说：

我当年渴望成名成家而刻苦读书，领导和同事们却批评我，说我走白专道路是不道德的（这是我的名誉）；我自己最终也认识到，自己追求成名成家的个人主义思想是不道德的（这是我的良心）。我的这种良心和领导同事们赋予我的这种名誉都是假的，都是谬误，因为它们不符合成名成家的实际道德价值：成名成家事实上是大好事，具有正道德价值。

另一方面，良心与名誉之对错，就是良心与名誉的效用性，就是良心与名誉对主体的需要、欲望和目的的效用性，说到底，就是良心与名誉对于道德目的——保障社会存在发展和增进每个人利益——的效用性：有利社会和每个人因而符合道德目的的良心与名誉，就是对的、好的、应该的、正确的良心与名誉；有害社会和每个人因而违背道德目的的良心与名誉，就是错的、坏的、不应该、不正确的良心与名誉。

我们还是接着上面的例子说。想当年，我渴望成名成家而刻苦读书。

---

[1]　John K. Roth: *International Encyclopedia of Ethics*, London, Chicago: Braun-Brumfield Inc., 1995, p. 188.

于是，领导和同事们说我走白专道路是不道德的，并且鄙视我，打算批判我，终于开会批判了我。这些都是我的名誉：

"认为我走白专道路是不道德的"，是名誉的认知评价，是认知名誉，是认知耻辱，它既是假的、是谬误（因其与成名成家的实际具有的正道德价值不相符），又是错的、坏的、不应该、不正确的（因为否定成名成家有害社会存在发展而违背道德目的）。

"鄙视我"是名誉的感情评价，是情感名誉，是情感耻辱；"打算整我"是名誉的意志评价，是意志名誉，是意志耻辱；"开会批判我"是名誉的行为评价，是行为名誉，是行为耻辱。三者都仅仅是错的、坏的、不应该、不正确的（它们都有害社会存在发展而违背道德目的）而无所谓真假：谁能说鄙视之情和整人之意以及整人的行为是真理或谬误呢？

然而，当其时也，我渴望成名成家而刻苦读书引来的坏名誉，却使我夜不能寐，扪心自问，也觉得自己成名成家的思想是不道德的，因而悔恨不已，于是决心悬崖勒马而不再努力成名成家，结果从那以后就不再追求成名成家而努力奋斗了。这些都是我的良心：

"觉得自己成名成家的思想是不道德的"是认知良心，也就是所谓的"良知"，是良心的认知评价，是良心的认知谴责，它既是假的、是谬误（因其与成名成家的实际具有的正道德价值不相符），又是错的、坏的、不应该、不正确的（因其有害社会发展因而违背道德目的）。

"悔恨不已"是情感良心，是良心的感情评价，是良心的情感谴责；"决心不再成名成家"是意志良心，是良心的意志评价，是良心的意志谴责；"不再追求成名成家而努力奋斗了"是行为良心，也就是所谓的"良能"，是良心的行为评价，是良心的行为谴责。三者都仅仅是错的、坏的、不应该、不正确的（它们都有害社会存在发展而违背道德目的）而无所谓真假：谁能说"悔恨不已"之情和"决心不再成名成家"之意以及"不再追求成名成家"的行为是真理或谬误呢？

可见，良心与名誉同样有真假、对错、好坏之分。首先，所谓真的良心或良心真理，也就是与自己行为的道德价值相符的良知，是与自己行为的道德价值相符的认知良心，是与自己行为的道德价值相符的良心之认知评价；所谓假的良心或良心谬误，也就是与自己行为的道德价值不相符的良知，是与自己行为的道德价值不相符的认知良心，是与自己行为的道德价值不相符的良心之认知评价。

其次，所谓真的名誉或名誉真理，也就是与他人或自己的行为道德价值相符的名誉，是与他人或自己的行为道德价值相符的认知名誉，是与他人或自己的行为道德价值相符的名誉之认知评价；所谓假的名誉或名誉谬误，也就是与他人或自己的行为道德价值不相符的名誉，是与他人或自己的行为道德价值不相符的认知名誉，是与他人或自己的行为道德价值不相符的名誉的认知评价。

最后，所谓对的、好的、应该的或正确的良心，则与对的、好的、应该的或正确的名誉一样，以是否符合道德终极目的为准：对的、好的、应该的或正确的良心就是符合道德终极目的的良心，就是增进全社会和每个人利益的良心；错的、坏的、不应该或不正确的良心就是违背道德终极目的的良心，就是减少全社会和每个人利益的良心；对的、好的、应该的或正确的名誉就是符合道德终极目的的名誉，就是增进全社会和每个人利益的名誉；错的、坏的、不应该或不正确的良心就是违背道德终极目的的名誉，就是减少全社会和每个人利益的名誉。

这就是良心与名誉的真假对错之概念。那么，良心与名誉究竟如何才能是真的、对的、好的、正确的，而不是假的、错的、坏的、不正确的？或者说，如何才能证明良心与名誉之真假对错？

2　良心与名誉真假对错之证明

佩斯塔那在探究错误良心的起因时，曾这样写道："使一个人陷入邪恶行为的良心谬误，或者是事实的，或者是道德的。事实的谬误关涉处境或行为之事实……道德的谬误则关涉道德本身，亦即运用于一定场合的道德规范。"①

　　诚哉斯言！良心与名誉之谬误，或者是因为对于自己和他人行为的事实判断发生了谬误；或者是因为用作评价标准的道德规范发生了错误。因为所谓良心与名誉的谬误，说到底，无非是良心或名誉与其所评价的行为之实际道德价值不相符；而良心与名誉的评价过程又无非是将道德规范作为评价标准，用以衡量自己和他人的行为事实之过程：道德规范是良心与名誉之评价标准；而自己或他人的行为事实则是良心与名誉之评价对象。这样，如果良心与名誉的评价发生谬误——亦即与所评价的行为之实际道德价值不相符——显然或者是因为对于所评价的行为的事实判断发生了谬误；或者是因为用作评价标准的道德规范发生了错误。

　　更确切些说，良心与名誉之真假对错，直接说来，取决于良心或名誉与其所评价的行为之实际道德价值是否相符；根本说来，一方面，取决于所信奉的道德规范之对错；另一方面，取决于对自己和他人行为（动机和效果）的事实判断之真假：如果二者都是对的和真的，那么，良心与名誉的评价必定是真的和对的；如果良心与名誉的评价是假的和错的，那么，或者所信奉的道德规范是错的、坏的、恶劣的、不正确的，或者对自己和他人行为（动机和效果）的事实判断是假的，或者二者兼而有之。这就是良心与名誉真假对错的推导过程，这就是良心与名誉真假对错的证明方法。按照这一方法：

　　首先，如果不但对评价对象的事实判断是真的、是真理，而且用作评价标准的道德规范是对的、好的、优良的、正确的，那么，良心与名誉的认知评价必是真理，而感情评价、意志评价和行为评价必定是对的、好的、优良的、正确的。试想，如果张三努力工作的动机确实是一种无

---

① 　John K. Roth: *International Encyclopedia of Ethics*, London, Chicago: Braun-Brumfield Inc., 1995, p. 188.

私奉献（对于评价对象的事实判断是真理），并且人们将"无私奉献"作为最高道德原则是正确的（评价标准是对的、好的、优良的、正确的）；那么，人们认为"张三努力工作的动机符合最高道德原则因而具有最高道德价值（名誉的认知评价）"显然便是真理（因其与张三努力工作的实际道德价值相符）；由此而来的"对于张三努力工作的钦佩之情（名誉的情感评价）"和"学习之意（名誉的意志评价）"以及"向张三学习的行为（名誉的行为评价）"也就都是对的、好的、应该的或正确的（因其都有利社会存在发展而符合道德目的）。

其次，如果良心与名誉的认知评价是假的，情感评价、意志评价和行为评价是错的，那么，这往往是因为所信奉的道德规范是恶劣的、不正确的。想当年，我觉得自己成名成家的思想是不道德的（良心的认知评价是假的），因而为自己有这种不道德的思想而悔恨不已（良心的情感评价是错的），于是决心悬崖勒马而不再努力成名成家（良心的意志评价是错的），结果从那以后我就不再追求成名成家而努力奋斗了（良心的行为评价是错的）。究其所以然，岂不就是因为我所信奉的道德原则是恶劣的、不正确的？岂不就是因为我错误地否定为己利他，而误以为无私利他是评价行为是否道德的唯一准则？

再次，如果良心与名誉的认知评价是假的、情感评价和意志评价以及行为评价是错的，并不是因为所信奉的道德规范是恶劣的、不正确的，那一定是因为对于评价对象的事实判断是假的：对于名誉来说尤其如此。试举一例。张三在自选商场实际上并没有偷商品。可是，不知为何，防盗警报却响起来。保安人员赶来，把张三带走了。于是，他的一些熟人和朋友便认为张三偷了东西（对评价对象事实如何的判断是假的）。因此，他们便都认为张三缺德（名誉的认知评价是假的）；不免露出鄙视之情（名誉的感情评价是错的）；并且皆有疏远他之意（名誉的意志评价是错的）；熟人和朋友纷纷疏远张三（名誉的行为评价是错的）。所以，人们之所以对于张三名誉的认知评价是假的、情感评价和意志评价以及行为评价是错的，完全是因为他们误以为张三偷了东西：对评价对象事实如何的判断是假的。

最后，良心与名誉的认知评价是假的、情感评价和意志评价以及行为评价是错的，有时既因为所信奉的道德规范是不正确的，又因为对于评价对象的事实判断是假的。多年来我们误以为成名成家是不道德的（名誉的认知评价是假的），鄙视成名成家（名誉的情感评价是错的），动辄决定开会批判成名成家（名誉的意志评价是错的），动辄开会批判成名成家（名誉的行为评价是错的）。如果全面地究其原因，岂不既因为我们误以为成名成家的个人主义势必损人利己（事实判断是假的），又因为我们错误地否定为己利他而误以为无私利他是评价行为是否道德的唯一准则（道德规范是不正确的）？

于是，证明良心与名誉之真假对错，便一方面在于证明良心与名誉对自己和他人的行为（动机和效果）的事实判断之真假；另一方面在于证明良心与名誉所信奉的道德规范之对错优劣：如果二者都是对的和真的，那么，良心与名誉的评价便必定与其所评价的行为之实际道德价值相符，便必定是真的和对的；如果良心与名誉的评价是假的和错的，那么，或者所信奉的道德规范是恶劣的、不正确的，或者对自己和他人行为（动机和效果）的事实判断是假的，或者二者兼而有之。这就是良心与名誉真假对错的推导过程和证明方法，我们不妨将其归结为一个公式：

前提1：良心与名誉所信奉的道德规范之对错。

前提2：良心与名誉对自己和他人行为（动机和效果）的事实判断之真假。

结论1：良心与名誉认知评价之真假。

结论2：良心与名誉情感评价和意志评价以及行为评价之对错。

当然，细究起来，良心与名誉的真假对错有所不同：对于评价对象——自己和他人的行为（动机和效果）——的事实判断，名誉很容易发生错误；而良心，一般说来，是不会发生错误的。因为名誉是人们的相互评价，是自己对他人和他人对自己的行为（动机和效果）的评价。这种评价，特别是动机方面评价的错误之难免，充分体现于那句俗话："画龙画虎难画骨，知人知面不知心"。反之，良心则是自己对于自己行为（动机和效果）的评价。自己对于自己的行为（动机和效果），虽然有时或许会如斯密所说，因"我们自己的强烈和偏激的自私的激情"，而做出与事实不符的自欺欺人的判断；但是，一般说来，"在行为结束和引发这种行为的激情平息之后"，自己无疑清楚知道自己的行为，清楚知道自己行为的动机和效果。① 所以，一般说来，良心对于评价对象——特别是自己的行为动机——的事实判断是不会错误的。但是，卢梭和斯密断言良心"不差不错"是片面的。良心仅仅对于自己行为的事实判断，一般说来，是不差不错的；而就它所奉行的道德规范来说，当然与名誉一样，极易误入歧途、堕入错误的深渊！以致达尔文感叹道：

"这么多荒谬的行为规范，以及这么多荒谬的宗教信仰，究竟是怎产生的，我们不知道；它们又怎么会在世界各地变得如此深入人心，我们也不知道。"②

因此，一般说来，良心的真假对错，主要取决于每个人所信奉的道德规范之优劣：如果自己所信奉的道德规范是优良的、正确的，那么，用它作为标准对自己行为所进行的评价，与自己行为的实际道德价值便是相符的，从而也就是真的、好的和正确的良心；如果自己所信奉的道德规范是恶劣的、不正确的，那么，用它作为标准对自己行为所进行的评价，与自己行为的实际道德价值便是不相符的，从而也就是假的、坏

---

① Adam Smith: *The Theory of Moral Sentiments,* edited by D. D. Raphael and A. L. Macfie, Oxford: Clarendon Press, 1976, p. 157.

② Charles Darwin: *Descent of Man and Selection in Relation to Sex*, London: John Murray, 1922, p. 187.

的和不正确的良心。于是，真的、好的、正确的良心的特点便是：信奉优良的、正确的道德规范；而假的、坏的和不正确的良心的特点则是：信奉恶劣的、错误的道德规范。

反之，名誉的真假对错则既取决于所信奉的道德规范之优劣，又取决于对他人行为的事实判断之真假：如果二者都是对的和真的，那么，名誉的评价便必定与其所评价的行为之实际道德价值相符，便必定是真的和对的；如果名誉的评价是假的和错的，那么，或者所信奉的道德规范是恶劣的、不正确的，或者对他人行为的事实判断是假的，或者二者兼而有之。因此，正确的、对的名誉的特点便是双重的：不但所信奉的道德是优良的，而且对他人行为的事实判断是真理；而不正确的、错误的名誉的特点则在于：或者所信奉的道德规范是恶劣的，或者对他人行为的事实判断是谬误，或者二者兼而有之。

那么，我们究竟为什么力求良心与名誉的真与对而避免其假与错？换言之，良心与名誉的真假对错究竟有什么作用、效用或意义？进言之，正确的良心或名誉是否与不正确的良心或名誉一样使人不差不错地遵守道德？这就是"应该怎样"进行良心与名誉的道德评价的最后问题，这就是良心与名誉的最为复杂也最为令人困惑的难题：良心与名誉真假对错之意义或价值。

3　良心与名誉真假对错之意义

良心与名誉的作用、效用或意义，如前所述，主要在于使人遵守道德：良心与名誉具有使每个人遵守道德的巨大作用。因此，良心与名誉真假对错的作用、效用、价值或意义也在于此："真的对的良心或名誉"是否与"假的错的良心或名誉"同样具有使人遵守道德的巨大作用？这无疑是一个相当复杂的难题。解析这个难题首先遇到的问题是：良心与名誉的真假对错的意义与导致其真假对错的具体原因有关。

我们知道，导致良心真假对错的原因，只在于所信奉的道德规范之对错；而导致名誉的真假对错的原因，则既在于所信奉的道德规范之对错，又在于对他人行为的事实判断之真假。但是，如果仅就能否使人遵守道德的意义来看，对他人行为错误的事实判断所导致的错误的名誉评价，与对他人行为正确的事实判断所导致的正确的名誉评价，是同样的：二者同样具有使人遵守道德的巨大效用。因为这种错误的名誉评价无非高估和低估两种情形。高估的名誉等于预付给行为者以奖赏，推动行为者尔后努力遵守道德；低估的名誉等于预付给行为者以惩罚，使行为者尔后不敢违背道德；不高不低的正确的估价的名誉，则以奖赏推动行为者继续努力遵守道德，以惩罚使行为者尔后不敢违背道德。所以，对他人行为错误的事实判断所导致的错误的名誉，与正确的名誉同样具有使人遵守道德的巨大效用。

然而，信奉优良道德规范导致的正确的名誉和良心，与信奉恶劣道德规范导致的错误的名誉和良心，所具有使人遵守道德的巨大效用是根本不同的。诚然，良心与名誉具有使每个人遵守道德的巨大作用，意味着："正确的良心与名誉"和"不正确的良心与名誉"一样具有使人遵守道德的巨大作用。因为根据"遍有遍无"的演绎公理，一般的事物所具有的属性，个别的事物无不具有。这样，"正确的良心与名誉"和"不正确的良心与名誉"便必定无不具有"良心与名誉"所具有的使每个人遵守道德的巨大作用。但是，细究起来，二者使每个人遵守道德的巨大作用毕竟具有根本不同之处。

这种根本不同之处，粗略看来，显然在于：正确的良心和名誉的根本的特征在于信奉优良道德，因而它们使人遵守的是优良道德；错误的良心和名誉的根本的特征在于信奉恶劣道德，因而它们使人遵守的是恶劣道德。但是，究竟言之，并不尽然。我们固然可以由正确的良心和名誉的根本的特征在于信奉优良道德，而得出结论说：它们能够使人真正遵守优良道德。但是，我们却不能由不正确的良心和名誉的根本的特征在于信奉恶劣道德，而得出结论说：它们能够使人真正遵守恶劣道德。因为不正确的良心与名誉，就其所信奉的恶劣道德规范、道德要求来说，可以分为两种："违背人的行为本性因而是人做不到的"和"不违背人的行为本性因而是人能够做到的"。不正确的良心与名誉的道德要求，如果违背人的行为本性因而是人做不到的，结果究竟会怎样呢？

违背人性的道德，如前所述，最普遍者当推儒家、墨家、康德和基督教所倡导的"利他主义"；该派的基本特征，是否定为己利他而把无私利他奉为评价行为是否道德的唯一准则。一个人的良心如果与名誉评价、社会舆论的道德要求一致，真诚信奉利他主义，从而他的良心是利他主义的良心，那么，按照利他主义道德标准，他必须压抑自己的一切目的在于利己的欲望和自由，他便会因自己的任何目的在于利己的行为而遭受背离道德的内疚感的折磨。这样，他便遭受到比信奉优良道德——己他两利主义——多得多的损害和痛苦。因为按照优良道德，按照己他两利主义，他只需压抑以损人手段实现利己目的的欲望和自由，他只会因自己的损人利己的行为而遭受背离道德的内疚感的折磨。并且，问题的真正关键在于：

他不但在个人幸福方面遭受损害，而且在自我品德上遭受损失：他注定要成为伪君子。因为毫不利己、专门利人的利他主义道德原则违背人的行为本性，是谁都做不到的。于是，他必定要自欺欺人，把目的为自己的行为当作是为他人的；因而实际上，他不但没有遵守利他主义的道德，而且不自觉地成了一个伪君子。反之，如果一个人的良心并不是真诚地信奉利他主义，利他主义仅仅是名誉评价、社会舆论的要求，那么，他对利他主义的道德便会阳奉阴违，自觉地变成伪君子。所以，错误的良心与名誉的道德要求，如果违背人的行为本性因而是人做不到的，那么，它们并不能使人遵守它们那种违背人性的道德要求；它们那种使人遵守道德的巨大力量必定发生异化：使人无可逃脱地——自觉或不自觉——变成伪君子。弗洛伊德每谈及此，便感慨不已：

"文明社会只要求行为好……便自行将道德标准尽可能提高，使其成员进一步与自身的本性疏远……凡是一直按照文明的信条而不是受本能驱使行事的人，从心理学的角度讲，过的是入不敷出的生活。不管他自己能否意识得到，都可以客观地将他称作一个伪君子。"①

错误的良心与名誉所信奉的道德规范，如果不违背人性，因而与正确的良心与名誉所信奉的道德规范一样是人们能够做到的，那么，错误的良心与名誉便与正确的良心与名誉同样能够使人遵守道德，不论这种道德是多么荒唐。恐怕再也没有比"女人应该裹小脚"的道德规范更为荒唐的了！但是，这种道德规范并不违背行为的客观本性，是每个女人都能做到的。所以——问一下我们上一辈的人就可以知道——信奉这种道德规范的错误的良心与名誉，与那些正确的良心与名誉同样能够使人遵守它们所信奉的道德规范。"因此，"达尔文说，"极为离奇怪诞的风俗和迷信，尽管与人类的真正福利与幸福完全背道而驰，却变得比什么都强大有力地通行于全世界。"②

可见，错误的良心与名誉，在其不违背人性的条件下，并不影响使人遵守道德的巨大力量。然而，唯有正确的良心与名誉才能使人遵守优良道德，从而才能够做出真正的善行；而错误的良心与名誉则只可能使人遵守恶劣道德，从而便可能使人陷入真正的罪恶。想想看，当年纳粹分子受着诸如"应该灭绝犹太人"的错误的良心与名誉的鼓舞，曾做出了多少惨绝人寰的真正的罪恶：短短的几年间就有 600 万犹太人因此命丧黄泉！达尔文亦曾引用过这样一个例子，更为具体而令人信服地说明了错误的良心与名誉会具有多么大的力量，促使一个人犯下谋杀无辜之罪行：

①　弗洛伊德：《论创造力与无意识》，中国展望出版社，1986 年，第 216 页。
②　Charles Darwin: *Descent of Man and Selection in Relation to Sex*, London: John Murray, 1922, p. 186.

　　兰德尔医师在西澳州当过地方官，叙述到他农庄上有一个土著居民，在他的妻子之一因病死去之后跑来说，"为了满足对他的妻子的责任感，他将到一个遥远的部落去，用矛刺杀一个妇女。我对他说，如果他这样做，我要把他终身监禁起来。他没有敢走，在农庄上又耽了几个月，但人变得非常瘦，并且诉说，他睡不好，吃不下，他老婆的鬼魂一直在他身上作祟，因为他没有能为他找到一个替身。我坚绝不听，并且向他申说，他如果杀人，则法纲森严，万无宽容之理。"尽管如此，这人终于偷跑了。一年多以后回来，则精神焕发，前后判若两人，而据他的另一个妻子告诉兰德尔医师说，她的丈夫果真杀死了一个属于远方部落的女子，但由于无法得到法律上的证据，这事也就算了。①

　　这就是说，该土著居民的良心与名誉信奉"应该杀死一个远方部落的女子为死去的妻子找替身"的恶劣道德规范，因而是一种错误的良心与名誉。这种错误的良心与名誉固然与正确的良心与名誉同样能够使人遵守道德，却因其遵守的是恶劣道德而犯下谋杀无辜之罪行。

　　错误的良心与名誉虽然使人遵守恶劣道德从而可能陷入真正的罪恶；但由此不能说这些按照错误良心和名誉的道德指令而作恶的人的品德是恶的。我们只能说这些杀害无辜、作恶多端的人的行为是恶的；但是，这些行为者的品德却不是恶的，而是善的、美的，是一种美德。因为正如朱熹所言："德者，得也，行道而有得于心者也。"②所谓美德，就是道德——不论这种道德是优良的还是恶劣的——由社会外在规范向个人内在心理的转化，也就是长期遵守道德——不论这种道德是优良的还是恶劣的——所形成和表现的稳定的内心状态；所谓恶德，也就是长期违背道德——不论这种道德是优良的还是恶劣的——所形成和表现的稳定的内心状态。这就是说，遵守道德者因遵守道德——不论这种

① 达尔文：《人类的由来》，潘光旦、胡寿文译，商务印书馆，1983年，第173页。
② 朱熹：《四书集注·学而篇》。

道德是优良的还是恶劣的——而形成的品德就叫作美德；违背道德者因违背道德——不论这种道德是优良的还是恶劣的——而形成的品德就叫作恶德。

就拿"应该忠君"与"应该民主"来说。"应该忠君"无疑是一种恶劣道德规范，因为"应该忠君"的道德规范与忠君的道德价值不相符：忠君违背"政治自由"和"政治平等"道德原则，因而具有负道德价值，是不应该的。反之，"应该民主"或"不应该忠君而应该代之以民主"则是优良道德规范，因为它与民主的道德价值相符：民主符合"政治自由"和"政治平等"道德原则，因而具有正道德价值，是应该的。这样，遵守"应该民主"这种优良道德规范而形成的热爱民主、平等和自由的品德，无疑是一种美德；而违背"应该民主"所形成的独裁专制之品德，无疑是一种恶德。同样，遵守"应该忠君"这种恶劣道德规范而形成的忠君、忠臣的品德，岂不同样是一种美德？而违背"应该忠君"这种恶劣道德规范所形成的欺君、奸臣的品德，岂不同样是一种恶德？谁能说岳飞忠君、忠臣的品德不是美德而是恶德？岳飞的品德比那些自由斗士的品德的高尚程度岂不有过之而无不及？谁能说秦桧欺君、奸臣的品德不是恶德而是美德？秦桧的品德比那些独裁专制者的品德的败坏程度岂不有过之而无不及？

然而，令人困惑的是，究竟为什么遵守恶劣道德所形成的品德不是恶德（恶劣的品德）而是美德？原来，如果有道德，哪怕是恶劣道德，社会也能够存在发展；但如果没有道德，社会必定崩溃。所以，即使是恶劣道德，也远比没有道德好；遵守恶劣道德也远比不遵守道德好。这样，"应该忠君"固然是恶劣道德规范，但遵守这种恶劣道德，总要比不遵守道德好得多；忠臣总比奸臣好得多；岳飞总比秦桧好得多。所以，虽然"应该忠君"是一种恶劣道德规范，但我们仍然说遵守这种道德所形成的品德是一种美德，而不遵守这种道德规范所形成的品德是一种恶德。这就是为什么我们说岳飞的忠君是美德，而秦桧的欺君是一种恶德的缘故，这就是为什么遵守恶劣道德所形成的品德也是一种好品德而不是坏品德、也是一种美德而不是恶德的缘故。

因此，信奉恶劣道德（"应该忠君"）的良心与名誉虽然是一种错误的良心和名誉，但按照这种错误的良心和名誉的道德指令而行事的人的品德，却与按照正确的、信奉"应该民主"的良心与名誉的道德指令而行事的人的品德一样，都是美德而不是恶德。所以，我们只能说纳粹和那个土著人的极其错误的良心与名誉所引发的杀害无辜行为本身是罪恶；但我们不能说这些行为者的品德是恶的。恰恰相反，这些严格按照纳粹和那个土著人的良心与名誉之道德指令而行事的行为者的品德是好的、道德的，是一种美德。试想，那个杀害无辜妇女的土著人的行为本身固然是罪恶的，但他的品德岂不无可非议，甚至可以说是善的、道德的、富有牺牲精神的？因为他宁可冒着被终身监禁的危险，也要完成对于妻子的道德责任。

按照错误的良心的道德指令而行的行为者的品德，不但与按照错误的名誉的道德指令而行的行为者的品德一样，必定是善的，而且必定是一种最崇高的善，是一种最崇高的美德。因为如前所述，任何良心——不论是错误良心还是正确良心——所引发的行为动机都是完全一样的：都是为了满足自己做一个好人、做一个有美德的人的道德需要。这样一来，错误的良心与正确的良心所引发的行为的动机便都是一样的，亦即不但都同样是善的，而且同样都达到了善的最高境界：为道德而道德、为义务而义务、为美德而求美德。行为者的动机有多么高尚，行为者的品德也就有多么高尚。因为如前所述，评价行为本身的善恶只应该依据效果，而评价行为者品德的善恶则只应该依据动机。所以，两种行为——按照错误的良心而行与按照正确的良心而行——者的品德便都一样，不但是善的、美的，而且都一样达到了美德的最高境界，拥有最崇高的美德。二者的区别仅仅在于行为效果和行为本身的善恶：正确良心所引发的行为之效果必定有利于社会和他人，因而这种行为本身必定是善的；而错误良心所引发的行为之效果则可能有害于社会和他人，甚至可能杀害无辜，因而这种行为本身便可能是恶的。

那么，是否如那句颇有争议的名言所说："按照自己的良心去做的人在道德上是善的"？ [①] 是的。一个人只要按照他的良心的道德要求去做，而不论这种道德要求是多么错误、恶劣，不论这样去做的行为本身是何等的罪恶，他的品德都是好的、美的、善的，并且都达到了美德的最高境界：为道德而道德、为义务而义务、为美德而求美德。不过，如果良心所信奉的道德是违背人性因而是不可能做到的，那么，按照良心的这种道德要求去做的人的品德就是虚伪的、败坏的、丑恶的了。然而，这并不是因为他真的按照良心的这种道德要求去做了——这是不可能做到的——而是因为他自欺欺人或阳奉阴违：他实际上并没有也不可能真的按照良心的这种道德要求去做。

总而言之，只要按照良心和名誉的道德指令而行，行为者的品德就是善的、美的，就是美德。但是，只有按照正确的良心与名誉的道德指令而行，行为者才能因其遵守优良道德而做出真正的善行，从而其行为和品德才必定都是善的。反之，错误的良心与名誉或者只可能使行为者的行为遵守恶劣道德，从而便可能使行为者的行为陷入真正的罪恶；或者不可能使行为者的行为真正遵守这种恶劣道德——在这种恶劣道德违背人性的条件下——从而也就只能造伪君子。这就是良心与名誉的真假对错之效用、作用、价值或意义之所在。

良心与名誉的真假对错之价值或意义表明，与其说良心与名誉，不如说正确的良心与名誉，是实现道德的真正途径，至少是实现优良道德的唯一途径：正确的良心是使人遵守道德的内在途径，是实现优良道德的唯一的内在途径；正确的名誉是使人遵守道德的外在途径，是实现优

---

① Gerhard Zecha and Paul Weingartner: *Conscience: An Interdisciplinary*, Dordrecht, Holland: D. Reidel Publishing Company, 1987, p. 53.

良道德的唯一的外在途径。如果人们不是一次、两次、偶尔的行为遵守道德，而是一系列的、长期的、恒久的行为遵守道德，那么，道德便会由社会的外在规范而转化为人们的内在品德。道德只有由社会外在规范转化为人们的内在品德，才算真正得到了实现。因为，一方面，如果一种道德没有由社会外在规范转化为人们的内在品德，那么，人们遵守这种道德便是被迫的、偶尔的、不可靠的；如果一种道德已经由社会外在规范转化为人们的内在品德，那么，人们遵守这种道德便是自愿的、恒久的、可靠的。另一方面，人们对道德的遵守，归根结底，取决于人们的品德如何：品德越高，行为越能遵守道德；品德越低，行为越不能遵守道德。那么，人们的品德究竟是如何形成与发展的？究竟应该如何培养人们的品德？这是下一章"品德"的研究对象。

下篇 品德：优良道德之实现

第三十三章　品德概念

本章提要

　　品德亦即道德人格或道德个性，是一个人长期遵守或违背道德的行为所形成和表现出来的稳定的心理状态，因而由个人道德认识、个人道德感情和个人道德意志三因素构成。如果一个人有了道德认识和道德感情，因而懂得和欲做相应的伦理行为；但是，如果他的道德欲望、道德感情不够强烈，因而没有道德意志，或者说，他的道德意志比较弱，不能使道德动机克服不道德动机，不能克服执行道德决定的内外困难，那么，他实际上便不会做出相应的伦理行为，从而也就不会有相应的品德：个人道德意志与道德认识和道德感情一样，也是品德形成的必要条件。反之，一个人如果有道德意志，或者说，他的道德意志强，那么，他便不但一定具有相应的道德认识和比较强烈的道德感情，因而懂得和愿做相应的伦理行为，而且能够使道德动机克服不道德动机，能够克服执行道德动机的内外困难，从而做出相应的伦理行为，最终具有相应的品德：个人道德意志与道德认识和道德感情不同，乃是品德形成的充分条件。一个人只要具有比较强大的道德意志，从而能够长期遵守道德——不论这种道德是优良的还是恶劣的——那么，他这种行为所形成和表现出来的稳定的心理状态或品德就叫作美德。相反地，长期违背道德——不论这种道德是优良的还是恶劣的——的行为所形成和表现出来的稳定的心理状态或品德则叫作恶德。遵守优良道德和恶劣道德所形成的品德虽然都是美德，但是，遵守优良道德（如"自由"、"平等"和"己所不欲勿施于人"等）所形成的美德不但必定具有纯粹的正道德价值，同时还必定是善的人性之实现，从而必定导致真正的善行；反之，遵守恶劣道德（如"三纲"、"三从"、"女人应该裹小脚"、"存天理灭人欲"和"饿死事小、失节事大"等）所形成的美德不但必定具有负道德价值，而且往往伴随恶的人性之实现，从而导致真正的恶行。

一　品德定义

品德是一种看似简单而实则复杂的概念。看似简单，因为谁人不知，"品德"与"德"、"德性"、"道德品质"是同一概念？品德就是一个人的德、德性或道德品质，岂不简单之极？实则复杂，因为说"品德"是"德"、"德性"、"道德品质"固然不错，却是一种毫无疑义的同义语反复。试想，"德"、"德性"、"道德品质"概念的简易程度岂不与"品德"概念的简易程度完全一样？"德"、"德性"、"道德品质"岂不与"品德"一样需要定义？所以，说"品德"是"德"、"德性"、"道德品质"，就如同说石头就是石头一样，却等于什么也没有说。那么，"品德"、"德"、"德性"或"道德品质"究竟是什么？究竟言之，品德、"德"、"德性"或"道德品质"乃是一种个性和人格，是一个人的道德个性和道德人格：个性和人格是品德、"德"、"德性"或"道德品质"的上位概念。然而，何谓个性和人格？这无疑是一个更为复杂的概念；赫根法甚至说："也许这是所有心理学问题中最为复杂的问题。"① 可是，不知何为个性和人格，也就不可能真正理解它的下位概念：品德或道德人格。所以，界说品德须先定义它的上位概念：个性和人格。

---

① 赫根法：《现代人格心理学历史导引》，文一、郑雪等编译，河北人民出版社，1988 年，第1 页。

1 个性

　　所谓"个性"（individuality），无疑与"共性"相对而言，意指一个特殊的、单一的、个别的事物所具有的属性：个性就是一个个别的事物所具有的属性。这样，个性便是一种外延最窄、内涵最广的概念，因而是——正如列昂捷夫所言——哲学、人类学、社会学、生理学、遗传学等众多科学的研究对象。[①] 伦理学和心理学所研究的"个性"概念，如所周知，是与"人性"概念相对而言的，因而并非泛指事物的个性，而仅仅是指人的个性，是指一个人所具有的属性。因为人性是人的本性，是一切人都具有的属性。反之，个性则是个人的本性，是一个人所具有属性。不过，一切人都具有的属性就是人的本性，就是人性；但一个人所具有的属性却并不都是他的本性，并不都是他的个性。

　　试想，一个勇敢的人，偶尔也有懦弱的时候：懦弱是他的偶尔的、一时的、局部的属性；而勇敢则是他稳定的、恒久的、整体的属性。这样，勇敢和懦弱便都是他所具有的属性。但是，我们不能说他的个性懦弱，不能说懦弱是他的本性；而只能说他的个性勇敢，只能说勇敢是他的本性。因此，个性并不是一个人所具有的任何属性，并不是他的那些偶尔的、一时的、局部的属性；而仅仅是他的那些稳定的、恒久的、整体的属性。这是不难理解的。因为一个人的稳定的、恒久的、整体的属性，无疑是他个人林林总总、纷纭复杂的一切属性的决定性的、根本的属性，也就是他的本性，叫作"个性"："个性"、"个人的本性"与"个人的稳定的、恒久的、整体的属性"三者是同一概念。

　　可见，个性就是一个人的本性，就是一个人所具有的稳定的、恒久的、整体的属性。那么，这种个人本性——或个人所具有的稳定的、恒

---

① 列昂捷夫：《活动 意识 个性》，李沂译，上海译文出版社，1980 年，第 114 页。

久的、整体的属性——是否如多尔奇（F. Dorsch）和陈仲庚等人所言，只是一个人区别于他人的"个体的独特性"，[①] 因而并不包括人性？个性是否不包括人性而只是一个人区别于其他人的差异性？否！因为个性与人性，正如人性与动物性一样，都是一般与个别的关系。凡是一般，都不过是个别的一个方面，亦即个别的共性方面；个别的另一个方面，则是与其他个别的不同性。人性相对动物性来说，是个别，它不但包括人不同于其他动物的独特性、差异性，如有语言和科学以及能够进行理论思维、制造生产工具等；而且也包括与其他动物所共有的普遍性，如具有知、情、意心理活动等。同理，个性相对人性来说也是个别，因而不但包括一个人区别于其他人的独特性，而且也包括他与其他人的共同性。所以，杨清说："每个人的个性总是一方面包括着许多与众不同的心理特征，另一方面也包括着许多与众相同的心理特征。"[②]

但是，列昂捷夫说得对：个性与个人或个体有所不同。[③]一个人或一个个体的人，无疑包含全部的人性，因而能够包含相互对立和矛盾的人性。试想，一个人岂不既有爱人之心又有恨人之心、既有同情心又有妒嫉心、既有自恨心又有自爱心、既有勇敢又有懦弱、既有节制又有放纵、既有谦虚又有骄傲、既有自尊又有自卑、既有诚实又有欺骗？反之，个性或一个人的个性，则只能包含部分人性：如果它包含某种人性，就不可能包含与之对立或矛盾的人性。试想，一个人如果具有勇敢的个性，岂不就不可能具有懦弱的个性？说一个人个性勇敢，又说他个性懦弱，岂不荒唐！一个人如果具有谦虚的个性，岂不就不可能具有骄傲的个性？说一个人个性谦虚，又说他个性骄傲，岂不荒唐！

原来，每个人或每个个体虽然都具有或包含一切人性，但每个人或每个个体所具有的这些人性在量的多少上是各不同的。一个人或个体所

①　陈仲庚、张雨新：《人格心理学》，辽宁人民出版社，1986年，第50页。

②　杨清：《心理学概论》，吉林人民出版社，1981年，第563页。

③　列昂捷夫：《活动 意识 个性》，李沂译，上海译文出版社，1980年，第126—133页。

具有的人性，只有在量上扩充、积累到一定程度——亦即积累、扩充到成为他的稳定的、恒久的、整体的属性的时候——才能变成他的个性；这时，人性便不但存在于他这个人或个体中，而且存在于他的个性中。反之，如果他所具有的人性，在量的扩充、积累上到不到这种程度，因而只是他这个人偶尔的、一时的、局部的属性，那么，这种人性就不能变成他的个性；这时，人性便仅仅存在于他这个人或个体中，而并不存在于他的个性中。

举例说，怜悯心，人皆有之：怜悯心是一切人都具有的本性，因而是人性。但每个人或每个个体所具有的怜悯心在量的多少上是各不同的。如果一个人的怜悯心在量上很少，以致只是他这个人偶尔的、一时的、局部的心态，那么，他这个人虽然具有怜悯心之人性，但怜悯心却不是他的个性，他就不是一个个性怜悯的人，因而在他的个性中并不具有怜悯心之人性。反之，如果怜悯心已经成为他的稳定的、恒久的、整体的心态，那么，怜悯心就不但是他这个人所具有的人性，而且也成为他这个人的个性，他就是一位个性怜悯的人，他的个性中就具有怜悯心之人性。

因此，所谓个性，说到底，也就是个人或个体对某种人性的扩充、积累的结果，是人性在个人或个体中的真正实现。所谓好人，就是善的人性不断得到扩充而终于变成自己的个性的人，就是善的人性得到真正实现的人；所谓坏人，就是恶的人性不断得到扩充而终于变成自己的个性的人，就是恶的人性得到真正实现的人。美德伦理学的真正目的就在于：一方面，促使每个人或个体扩充、积累善的人性，最终使之成为其稳定的、恒久的、整体的属性，从而变成每个人的个性；另一方面促使每个人或个体压抑、减少恶的人性，阻止其成为稳定的、恒久的、整体的属性，从而使之不致变成每个人的个性。因此，佩文（Lawrence A. Pervin）和约翰（Oliver P. John）写道："个体差异不可能脱离人类的本性，也不可能脱离开人的本性来加以探讨。正如汽车的基本机制产生了使汽车相互区别的主要维度一样，人类的基本心理机制也产生了使人格相互区别的主要维度。根据这一推理，关于个体差异的人格模型也必须以关于人类本性的说明为基础。"[①]因此，布斯（David M. Buss）也这样写道："这两个主题——人类的本性和个体差异——在理论上不应该是人格心理学领域相互独立的和不同的分支，多数伟大的人格理论都包括了关于人类的本性与个体差异如何系统地联系在一起的主张。"[②]

2　人格

按照主流心理学家的观点，个性与人格是同一概念。确实，人格和个性原本是同一西文词的两个汉语译名；这个词便是 personality（英语）、Personlichkeit（德语）、personnalité（法语）：它们都可以译作汉语的人格或个性。这三个词，说到底，又都源于拉丁语 persona。persona 最初指面具，亦即演员在戏台上扮演角色所戴的脸谱；引申为表现于外的、在公开场合时的自我；进而引申为隐藏于内的、心理的自我；最终引申为真实的、真正的自我：人格就是一个人的真实的、真正的自我。中国古代没有"人格"一词，这个词是近代日本学者从西方翻译过来的。那么，"格"的本义是什么？《说文解字》云："木长貌。"因此，汉语"人格"的本义也是指一个人的面貌，进而引申为一个人的真实的、真正的自我。然而，人格是否可以定义为"一个人的真实的、真正的自我"？阿尔波特的回答是肯定的："人格就是一个人真正是什么。"确实，人格就是一个人的真实的、真正的自我。问题是，究竟什么是"真实的、真正的自我"？

一个人表现于外的、在公开场合时的自我，是他的真实的、真正的自我吗？当然不是。所谓真实的、真正的自我无疑只能是隐藏于内的、心理的自我：人格就是一个人的隐藏于内的、心理的自我。因为真正讲

---

① Lawrence A. Pervin 和 Oliver P. John：《人格手册》（第二版）上册，黄希庭译，华东师范大学出版社，2003年，第60页。

② 同上书，第42页。

来，自我分为身体的、生理的自我与心理的、精神的自我。人格是身体的、生理的自我吗？显然不是。因为无论如何，我们不能把一个人的身体的、生理的自我，如高矮、胖瘦、美丑等，当作他的人格。我们不是常说，某某相貌丑陋，但他的内心、他的人格却是美的、高尚的？反之，某某相貌堂堂，但他的内心、他的人格却是丑陋的、卑鄙的。所以，人格与相貌无关，与身体的、生理的自我无关；人格只能是自我的心理，是一个人的心理自我：心理自我就是所谓真实的、真正的自我。所以，包恩说："人格的本质意义是自我、自我意识、自制和认识的力量。这些成分没有身体的意义。"[①] 拉扎鲁斯进言之："人格是基本和稳定的心理结构和历程，它们组织着人的经验并形成人的行为和对环境的反应。"[②]

那么，可以把人格界定为自我的心理或心理自我吗？可以界定为心理自我，却不可以界定为自我的心理。因为"心理自我"与"自我心理"不同："自我的心理"比较宽泛，它既包括自我的稳定的、恒久的、整体的心理，也包括自我的不稳定的、偶尔的、孤立的心理；反之，"心理自我"则比较狭窄，它仅仅是自我的稳定的、恒久的、整体的心理，而不包括自我的不稳定的、偶尔的、孤立的心理。一个谨慎的人，偶尔也有轻率的心理和行为。但是，我们不能说他具有轻率的人格。他的人格是谨慎的，因为他的稳定的、恒久的心理是谨慎的。所以，一个人的人格，他的真实的、真正的自我，既不是他的身体的、生理的自我，也不是他的不稳定的、偶尔的、孤立的心理，而只能是他的稳定的、恒久的、整体的心理状态，是他的心理自我：人格就是一个人的稳定的、恒久的、整体的心理状态。这种心理自我的结构无疑是多侧面、多层次的。这些层次，据现代人格心理学看来，主要是兴趣、气质、性格、能力："个性，也可称人格，指一个人的整个精神面貌，即具有一定倾向性的心理特征

① 陈仲庚、张雨新：《人格心理学》，辽宁人民出版社，1986年，第35页。
② 同上书，第48页。

的总和。个性结构是多层次、多侧面的，由复杂的心理特征的独特结合构成的整体。这些层次有：（1）完成某些活动的潜在可能性的特征，即能力；（2）心理活动的动力特征，即气质；（3）完成活动任务的态度和行为方式方面的特征，即性格；（4）活动倾向方面的特征，如动机、兴趣、理想、信念等。这些特征不是孤立存在的，是错综复杂交互联系，有机结合成一个整体，对人的行为进行调节和控制的。"[①]

但是，从上可知，人格与个性有所不同。因为个性是一个人所具有的稳定的、恒久的、整体的属性；而人格则仅仅是一个人所具有的稳定的、恒久的、整体的心理状态。所以，个性的外延较广，它包括一个人所具有的全部稳定属性：既包括天资、外貌、身材等不可自由选择、扩充的稳定的生理属性，又包括动机、兴趣、理想、性格、能力等可以自由选择、扩充的稳定的心理属性。反之，人格的外延较窄，它只包括一个人所具有的可以自由选择、扩充的稳定的心理属性。所以，个性是人格的上位概念，人格则是一种个性，是那种可以自由选择、扩充的个性，是一个人心理个性，是一个人所具有的稳定的心理状态；而一个人不可自由选择、扩充的个性，如天资、外貌、身材等生理属性，便仅仅是个性而不可以称之为人格。这就是为什么我们常常说某人的长相很有个性，却不可以说他的长相很有人格的缘故：人格都是可以自由选择、扩充的；而个性却不都是可以自由选择、扩充的。这恐怕就是个性与人格的根本区别。这一区别显然意味着，我们说"个性是个人对某种人性的扩充、积累的结果，是人性在个人中的真正实现"，是不够精确的；精确言之，人格是个人对某种人性的扩充、积累的结果，是人性在个人中的真正实现。因此，伦理学的真正使命就在于研究人性与人格及其相互联系：一方面，促使每个人扩充、积累善的人性，最终使之成为其稳定的、恒久的、整体心理状态，从而变成每个人的人格；另一方面，促使每个人压

[①]　朱智贤主编：《心理学大词典》，北京大学出版社，1989 年，第 225 页。

抑、减少恶的人性，阻止其成为稳定的、恒久的、整体的心理状态，从而使之不致变成每个人的人格。

一个人的先天的、不可自由选择的生理特征虽然不是他的人格，却是他的人格的基础和源泉。因为每个人的人格，他的稳定的、恒久的、整体的心理状态，正如巴甫洛夫所说，乃是他先天的生理特征和后天的生活环境相结合的一种合金，是他在其先天的生理特征的基础上，以一定的行为来应答环境影响的结果："因为动物从出生之日起就在遭受着周围环境的极其多种多样的影响，而且它不可避免地需要以一定的活动来答应这些影响，而它的这些活动最后往往会毕生地固定下来。所以动物的现存的神经活动，乃是由类型的特征和外界环境所制约的各种变化共同形成的一种合金——遗传类型、性格。"[①] 这就是说，每个人的人格，虽然最终源于他的先天遗传和后天环境；但是，直接说来，乃形成于他自己的行为，是他自己习惯的、长期的、一系列的行为所造成的：遗传和环境是人格形成的最终原因；而行为则是人格形成的直接原因。

这是千真万确的。试想，托尔斯泰的文学泰斗的人格，虽然最终源于他的先天遗传和后天环境；但是，直接说来，岂不形成于他自己的行为？岂不是他长年累月的写作、思考的行为所造成的？如果托尔斯泰不从事写作而戎马一生，南征北战，那么，纵使他的文学天赋再高，他的环境再好，他还能是托尔斯泰，能是那个大文豪吗？海德格尔说得好："人从事什么，人就是什么。"[②] 一个人，不论他的先天遗传和后天环境如何，他若经常偷盗，那么他的人格、他的心理自我就必定是个小偷；反之，他若经常做好事，那么他的人格、他的心理自我就是必定个好人。所以，直接说来，每个人的人格，他的稳定的、恒久的、整体的心理状态，都是他自己的行为的产儿。这个道理，被萨特奉为存在主义第一原

---

① 参见杨清：《心理学概论》，吉林人民出版社，1981 年，第 563 页。
② 海德格尔：《存在与时间》，陈嘉映、王庆节译，三联书店，1987 年，第 288 页。

理:"人不外是由自己造成的东西。这就是存在主义第一原理。"①

　　一个人的人格固然形成于他的行为,但他的人格一旦形成,便产生和决定他的行为,通过他的行为表现出来:人格是行为的内在本质;而行为不过是人格的外在形式。试想,小偷之所以会进行一次次偷盗之行为,岂不就是因为他是小偷?岂不就是他的小偷人格使然?他的偷盗行为岂不就产生和决定于他的小偷之人格?他的小偷的人格岂不就是通过他的一次次的偷盗行为表现出来的内在本性?所以,小偷之人格是偷盗行为的内在本质;而偷盗行为不过是小偷人格的外在表现形式。同样,秦桧为什么陷害岳飞?岂不是因为秦桧是个奸臣,具有奸臣的人格?岳飞为什么会乖乖回来被害死在风波亭?岂不就是因为岳飞是个忠臣,具有忠臣的人格?你是什么人,就会干什么事!你是什么人,就是通过你干什么事表现出来的。"是什么人",是人格,是"干什么事"的内在本质;"干什么事",是行为,是"是什么人"的外在表现形式。所以,阿尔波特一再说:"人格是人所是的和人所做的,它存在于行动后面,在个人内部。"②"人格是个体内部心理物理系统的动力组织,它决定一个人行为和思想的独特性。"③

　　这样一来,"人格是一个人的稳定的、恒久的、整体的心理状态"之为人格的定义,显然不够全面和精确;全面而精确言之,人格乃是一个人的行为所表现和形成的心理自我,是一个人的长期的、习惯的行为所表现和形成的稳定的、恒久的、整体的心理状态:这是人格的全面而精确的定义。对于这一定义,克罗斯(Susan E. Cross)和马库斯(Hazel R. Markus)曾如是表述道:"人格是指一个人的思维、情绪和行为的特征性模式,以及这些模式背后的心理机制:或隐藏的或外显的。"④约翰说得更

---

① 萨特:《存在主义是一种人道主义》,周煦良等译,上海译文出版社,1988年,第11页。

② 陈仲庚、张雨新:《人格心理学》,辽宁人民出版社,1986年,第61页。

③ 同上书,第62页。

④ Lawrence A. Pervin 和 Oliver P. John:《人格手册》(第二版)上册,黄希庭译,华东师范大学出版社,2003年,第509页。

为简洁："人们的思想、情感和行为的一致性模式即人格。"[1] 费斯特（Jess Feist）则写道："人格是指那些在个体身上使人的行为比较稳定的、相对持久的特质、倾向或特性模式。"[2] 但说得最好的恐怕还是德莱加："人格是个体持久的、内在的特征系统，该系统促进了个体行为的一致性。"[3] 佩文则一言以蔽之："人格终究还是以行为来定义。"[4]

3 品德

界定了人格和个性，也就不难定义品德了。因为所谓品德，如所周知，不过是人格和个性的下位概念："品德"与"德"、"德性"、"道德品质"、"道德自我"、"道德人格"、"道德个性"原本是同一概念。从词源来看，中文的"德"字，从（古直字）从心，指一个人的心理特征。这种心理的特征，可以用"得"字来概括：心有所得。德就是获得、占有某种好东西的意思。这就是为什么《广雅·释诂》和《释名·释言语》诸书都皆训"德"为"得"的缘故。《说文解字》也这样写道："德，外得于人，内得于己也。""得即德也"。英文中的"德性"一词是 Virtue，源于拉丁文 Vir，本义为"力量"、"勇气"或"能力"，也有获得、占有某种好东西的意思。希腊文中的"德性"一词是 arete，本义亦然，进而引申为事物之完善的、良好的、优秀的状态。亚里士多德就是从这一词源来界说德性概念的：

"我们绝不可仅仅断言德性即状态，德性固然是一种状态，但是，它

---

[1] Lawrence A. Pervin 和 Oliver P. John：《人格手册》（第二版）上册，黄希庭译，华东师范大学出版社，2003 年，第 623 页。

[2] Jess Feist 和 Gregory J. Feist：《人格理论》，李茹、傅文青主译，人民卫生出版社，2005 年，第 4 页。

[3] 陈少华：《人格心理学》，暨南大学出版社，2004 年，第 6 页。

[4] Lawrence A. Pervin：《人格心理学》，郑慧玲编译，桂冠图书股份有限公司出版，1986 年，第 2 页。

究竟是一种怎样的状态？……它就是那种优秀的良好的状态：不但自身良好而且具有良好的功能。例如眼睛的德性，就不但使眼睛好而且还使它的功能好。"[①]

可见，就词源来说，不论中西，"德"与"得"都是相通的，德性都有获得、占有某种好东西的意思；只不过，中文更进一步，指明这种好东西属于心理范畴，是一种心理品质、心理特征、心理状态罢了。这样一来，就德性的词源含义与其所表达的概念的准确程度来看，中文显然比西文更为贴切和恰当。因为就概念来说，德性、品德无疑是一种摸不着、看不见而存在于一个人自身内部的东西，是通过一个人的行为所表现出来的行为者的内心状态、心理品质或心理特征。当然，这还不是德性或品德的定义。因为正如黑格尔所言，一个人一两次行为所表现的偶尔的、不稳定的内心状态、心理品质或心理特征并不是他的品德：

"一个人做了这样或那样一件合乎伦理的事，还不能就说他是有德的；只有当这种行为方式成为他性格中的固定要素时，他才可以说是有德的。"[②]

确实，一个人一两次行为所表现的偶尔的、不稳定的内心状态和心理特征还不是品德。我们不能因为一个人做了一两次好事便说他品德好，也不能因为他做了一两次坏事便说他品德坏。品德是一个人在长期的、一系列的行为中所表现出来的习惯的、稳定的、恒久的、整体的心理状态：品德是个人的一种心理自我、一种人格、一种个性。那么，品德这种人格或个性究竟是一种什么样的人格或个性？它与其他的人格和个性异同如何？

一个人的品德既然是他的一种人格，那么根据"遍有遍无公理"，人

---

① Aristotle: *Aristotle's Nicomachean Ethics*, translated with commentaries and glossary by Hippocrates G. Apostle, Grinnell, Iowa: Peripatetic Press, 1984, p. 27.

② 周辅成编：《西方伦理学名著选辑》下卷，商务印书馆，1987年，第428页。

格所具有的，品德无不具有。准此观之，一个人的品德也就与他的其他人格一样，不但表现于，而且形成于他的长期的、习惯的行为。更确切些说，一个人的品德，乃是他先天的生理特征和后天的生活环境相结合的一种合金，是他在其先天的生理特征的基础上，以一定的行为来应答环境影响的结果。举例说：

从先天遗传来看，一个黏液质的人比较容易具有"节制"的美德，同时也容易陷于"懦弱"的恶德。反之，一个胆汁质的人则更容易具有"刚毅"的美德，同时也容易陷于"放纵"的恶德。从环境影响来看，正如墨子所说："故时年岁善，则民仁且良；时年岁凶，则民吝且恶。"[1]

但是，这些还仅仅是一种趋势和倾向，而并非必定就是现实。因为黏液质的人仅仅容易具有或倾向于具有"节制"品德，却未必"节制"品德。岁善之年，一个人更容易善良，却未必善良。无论是先天的生理特征，还是后天环境的影响，都只是一个人的品德等人格形成的前提、基础、倾向、最终源泉，而并不能直接决定他的品德。直接决定一个人的品德的，乃是他的行为，是他在先天的生理特征基础上所进行的应答环境影响的一定的行为。

一个黏液质的人，究竟是成为一个节制或懦弱的人还是成为一个放纵或刚毅的人，完全取决于他怎样行为。如果他努力奋斗而坚持不懈于刚毅果敢之行为，他便会具有节制而刚毅之品德。反之，如果他得过且过、随心所欲，他便会成为一个懦弱而放纵的人。一个生活在政治腐败社会的人，虽然更容易品德败坏；但是他究竟成为一个坏人还是成为好人，却完全取决于他怎样行为。否则，政治腐败的社会就不会有一个好人了。

所以，一个人的品德，与他的其他任何人格一样，虽然最终源于他的先天生理特征和后天环境影响；直接说来，却完全取决于、形成于他

---

[1] 《墨子·兼爱上》。

的长期的、习惯的行为。所以，亚里士多德说："我们的德性既非生而固有，也非反乎本性，而是在我们本性的基础上后天获得并通过习惯而达于完美。"① "德性就是习惯。"② "总而言之，德性形成于相同的现实活动。"③ 那么，品德与人格的区别何在？

这种区别，粗略看来，乃在于品德是人格的两大类型之一。因为人格无疑可以分为两类：一类人格，如思维型还是艺术型、急性还是慢性等，显然是不能进行道德评价、无所谓善恶的；反之，另一类人格，如诚实还是虚伪、勇敢还是懦弱等，则可以进行道德评价、有所谓善恶。这些可以进行道德评价而有所谓善恶的人格，便是一个人的道德人格，便是所谓的"品德"。但是，品德与人格的区别，说到底，乃在于人格可以形成于任何行为；品德——一种特殊的人格——则只能形成于一种特殊的行为。这种特殊的行为显然就是遵守或违背道德的行为，是受具有一定的道德价值、可以进行道德评价的意识支配的行为，也就是受利害人己意识支配的行为，说到底，亦即所谓伦理行为或道德行为。一个人的品德，就是他这种遵守或违背道德的伦理行为积累到一定程度的结果。对此，亚里士多德讲得很清楚：

"德性的获得，不过是先于它的行为之结果；这与技艺的获得相似。因为我们学一种技艺就必须照着去做，在做的过程中才学成了这种技艺。我们通过从事建筑而变成建筑师，通过演奏竖琴而变成竖琴手。同样，我们通过做正义的事情而成为正义的人，通过节制的行为而成为节制的人，通过勇敢的行为而成为勇敢的人。"④

这就是说，一个人的品德不但表现于，而且形成于他长期遵守或违

① Aristotle: *Aristotle's Nicomachean Ethics*, translated with commentaries and glossary by Hippocrates G. Apostle, Grinnell, Iowa: Peripatetic Press, 1984, p. 21.

② Ibid., p. 28.

③ Ibid., p. 22.

④ Ibid., p. 21.

背道德的行为；不但表现于而且形成于他长期的道德行为。所以，一个人的品德水平与其长期道德行为水平必定完全一致：长期道德行为高尚者，品德必定高尚；长期道德行为恶劣者，品德必定恶劣。反之，品德高尚者，长期行为必定高尚；品德恶劣者，长期道德行为必定恶劣。

可见，一个人的品德是他的行为长期遵守或违背道德所得到的结果。因此，"德"的词源确实表达了"德"的概念："德"就是"得"，就是按照道德规范去行事而心有所得。所以，朱熹说："德者，得也。行道而有得于心者也。"[①]焦弘也这样写道："无乎不在之谓道，自其所得之谓德。道者，人之所共由，德者，人之所自得也。"[②]于是，说到底，品德也就是道德由社会外在规范向个人内在心理的转化，是已经转化为个人人格和个性的道德规范，是道德规范在个人伦理行为中的实现，是道德规范在个人的人格和个性中的实现，说到底，也就是所谓的道德人格或道德个性：品德与道德人格、道德个性是同一概念。

但是，德性或品德并非尽如其词源所示：品德并非都是好东西，并非都是良好的、优秀的品质。因为德性或品德显然有优良的品德或美德与恶劣的品德或恶德之分。优良品德、美德，如节制、谦虚、诚实、勇敢等，乃是一个人的行为长期遵守道德所得到的结果，是已转化为一个人的人格和个性的应该如何的道德规范；而恶劣品德、恶德，如放纵、骄傲、欺骗、懦弱等，则是一个人的行为长期违背道德所得到的结果，是已转化为人格和个性的不应该如何的道德规范。所以，保罗·查拉（Paul J. Chara）在界说美德时写道："美德是存在于品质和行为中的善与应当的道德准则，这些准则引导个人追求道德完善而避免道德堕落。"[③]因此，任何规范或品德，如"节制"、"放纵"、"谦虚"、"骄傲"、"勇敢"、

---

① 朱熹:《四书集注·学而篇》。

② 焦弘:《老子翼·卷七引》。

③ John K. Roth: *International Encyclopedia of Ethics*, London, Chicago: Braun-Brumfield Inc., 1995, p. 912.

"懦弱"等，究竟是"道德"还是"品德"，只能看它们存在于何处——如果存在于个体心中，已转化为个人的人格和个性，它们就是"品德"；如果存在于个体心外而并没有转化为个人的人格和个性，因而仅仅是外在于个人的人格和个性的社会规范，它们就是"道德"：品德与道德不过是存在于不同场合的同一东西罢了。

*　　*　　*

纵观"品德"、"人格"与"个性"概念可知，一方面，人格是个别，个性是一般。个性是一个人的自我，是一个人所具有的稳定的、恒久的、整体的属性，因而包括一个人所具有的全部稳定属性：既包括天资、外貌、身材等不可自由选择、扩充的稳定的生理属性，又包括动机、兴趣、理想、性格、能力等可以自由选择、扩充的稳定的心理属性。反之，人格则仅仅是一个人的心理自我，是一个人所具有的稳定的、恒久的、整体的心理状态，因而只包括一个人所具有的可以自由选择、扩充的稳定的心理属性。另一方面，人格是一般，品德是个别。人格是一个人的心理自我，是一个人的长期行为所表现和形成的稳定的、恒久的、整体的心理状态。反之，品德则是一个人的道德自我，是一个人长期的道德行为所形成和表现出来的稳定的心理自我，是一个人长期遵守或违背道德的行为所形成和表现出来的道德人格和道德个性。个性、人格和品德的外延包含关系可以表示如下图：外延最大的圆是个性，最小的圆是品德，中间的圆是人格。

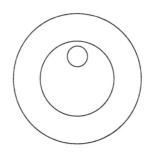

二　品德结构

界定了品德概念，也就不难解析它的结构了。因为心理学表明，一切心理活动都是由"知（认识）"、"情（感情）"、"意（意志）"三种成分构成的。品德是一个人长期的伦理行为所形成和表现出来的稳定的心理自我，是一个人长期遵守或违背道德的行为所形成和表现出来的道德人格和道德个性，属于心理、人格和个性范畴，因而也不能不由知、情、意三者构成：品德的"知"即其个人道德认识或个人道德认知；品德的"情"即个人道德感情或道德情感；品德的"意"即个人道德意志。所以，蔡元培写道："人之成德也，必先有识别善恶之力，是智之作用也。既识别之矣，而无所好恶于其间，则必无实行之期，是情之作用，又不可少也。既识别其为善而笃好之矣，而或犹豫畏葸，不敢决行，则德又无自而成，则意之作用，又大有造于德者也。故智、情、意三者，无一而可偏废也。"[①]

然而，我国伦理学和心理学家大都认为品德由道德认识（道德认知）、道德感情、道德行为三种成分或道德认识（道德认知）、道德感情、道德意志、道德行为四种成分构成。国外学术界的见地也是如此，美国品德心理学家柯廷斯（William M. Kurtines）写道：

"考察品德研究，通常都是将它分为道德观念、道德感情和道德行为。"[②] 然而，这种观点是不确切的。因为一方面，品德属于人格和个性范畴，所以，品德的构成成分是个人道德认识、个人道德感情和个人道德意志，而不是道德认识、道德感情和道德意志；另一方面，品德是一种心理，属于心理范畴，而任何心理都由知、情、意三者构成：三者是构

---

① 《蔡元培全集》第二卷，中华书局，1984年，第253页。
② William M. Kurtines, Jacob L. Gewirtz: *Morality, Moral Behavior and Moral Development*, New York: John Wiley & Sons, 1984, p. 24.

成心理的全部成分。这意味着：个人道德认识、个人道德感情和个人道德意志是构成品德的全部成分。与三者根本不同的个人道德行为乃是一种行为，属于行为范畴：个人道德行为不是构成品德的一种成分，正如行为不是构成心理的一种成分。

究其实，作为品德结构一个成分的，并非"个人道德行为"，而是"个人道德行为之筹划"或"个人道德行为之心理"，是个人道德行为从思想确定到实际实现的心理过程：这正是所谓的个人道德意志。因此，把道德行为作为品德结构一个成分的观点，说到底，不过是混同"道德行为"、"道德行为心理"和"道德意志"三个概念的结果。那么，构成品德的三种成分——个人道德认识、个人道德感情和个人道德意志——的具体内容是什么？它们各自作用及其相互关系又是怎样的？

1 个人道德认识

所谓个人道德认识，当然与道德认识有所不同："个人道德认识（个人道德认知）"乃是作为品德结构一种成分的"道德认识（道德认知）"，是个人所得到的人类道德认识，是个人对于人类道德认识或道德认识方面的人性的"得"。这种个人道德认识显然不是那种离开个人而相对独立存在的"人类道德认识"或道德科学，不是那种存在于书本中的抽象的道德知识；而是个人对于这些道德科学和道德知识的"得"，是个人对于人类道德认识以及抽象道德知识的学习、获得以及自己的经验和思辨之总汇。因此，个人道德认识极为复杂多样，包括一个人所获得的有关道德的一切科学知识、个人经验和理论思辨。但是，任何人显然都不可能获得有关道德的全部科学及经验。那么，就一个人的品德结构来说，他究竟必须且应该拥有哪些有关道德的认识呢？

所谓道德，如所周知，乃是一种行为规范：道德与道德规范原本是同一概念。因此，所谓个人道德认识，顾名思义，就是个人对于道德规范的认识，就是个人对于诸如"善"、"正义"、"平等"、"人道"、"自由"、"异化"、"幸福"、"诚实"、"贵生"、"节制"、"自尊"、"勇敢"、"谦虚"等道德规范的认识。然而，对于道德规范的认识，并不仅仅是对于道德规范本身的认识。因为元伦理学的研究表明，正确的、优良的道德规范乃是与行为道德价值相符的道德规范；而行为应该如何的道德价值，又是通过社会创造道德的最终目的、道德终极标准，而从行为事实如何的客观本性中产生和推导出来的：行为应该如何等于行为事实如何与道德最终目的之相符；行为不应该如何等于行为事实如何与道德最终目的之不符。这就是行为应该如何的道德价值以及与其相符的优良道德规范的推导过程，这种推导过程可以例释如下：

前提1：无私利他是事实（行为之事实如何）。

前提2：道德最终目的是保障社会存在发展（社会创造道德之最终目的）。

结论1：无私利他符合道德最终目的，因而是应该的、具有正道德价值（行为之应该如何的道德价值）。

结论2：将无私利他奉为道德原则与其道德价值相符，因而是优良的道德原则（行为应该如何的优良道德规范）。

这样一来，个人道德认识便应该且必须包括四大部分。第一部分是个人对于伦理行为事实如何的客观本性的认识，也就是对于所谓"人性"的认识，如人的行为能否无私？人的本性是不是自私的？

第二部分是个人对于社会创造道德的目的、亦即道德终极标准等社会的道德本性的认识，可以称之为"道德本性"认识，如道德究竟是一种为了保障社会存在发展因而人人都应该遵守的社会契约，还是为了完善自我道德人格、实现人之所以为人的个人追求？评价一切行为善恶和一切道德优劣的道德终极总标准究竟是增进每个人的利益总量，还是增进每个人的品德的完善程度？

第三部分是个人对于行为应该如何的道德价值以及与其相符的优良道德规范的认识，是对"道德规范"本身的认识，这些道德规范主要包括道德总原则"善"和社会治理道德原则"正义"、"平等"、"人道"、"自由"、"异化"以及善待自我的道德原则"幸福"和一系列道德规则如"诚实"、"贵生"、"节制"、"自尊"、"勇敢"、"谦虚"等。第四部分是个人对于这些优良道德规范在自己和他人的行为及人格中的实现问题的认识，也就是对"美德伦理"的认识，如今日西方美德伦理学的核心问题：为什么是道德的？这也就是对一个人为什么应该做和究竟如何做一个有道德、有美德的人的认识：它显然是个人道德认识的核心，是品德的最重要的认知成分。那么，一个人究竟是怎样获得和形成这些道德认识的呢？

不言而喻，一个人的道德认识，与其他认识一样，说到底，只能来源于他的社会生活，来源于他所遭遇和所进行的实践活动。就拿核心的个人道德认识——为什么应该做一个有美德的人——来说。一个人对于这一认识的获得，说到底，显然源于社会和别人因他品德的好坏所给予他的赏罚：如果他品德好，那么，他便会得到社会和他人的赞许和给予，便会获得一切；反之，则会受到社会和他人的谴责和惩罚，则会失去一切。他所遭遇的这种赏罚实践活动逐渐地便会使他认识到，一个人是否有美德乃是他一切利益中最根本的利益，因而应该做一个有美德的人：

"莫之御而不仁，是不智也。"①

所以，一个人的道德认识，说到底，只能来源于他的社会生活，来源于他所遭遇和所进行的道德实践活动，主要是所受到的各种道德教育和所进行的各种道德修养活动，如所受到的言教、身教、奖惩和榜样之

---

① 《孟子·告子下》。

教育以及所进行的读书、学习、调查、访问、躬行和自省等实践活动。

那么，一个人是否有了道德认识，懂得了为什么应该做和究竟如何做一个有道德、有美德的人，他就会有相应的道德行为，因而就会有相应的美德；而没有这些道德认识，就不会有相应的道德行为，就不会有相应的美德？毋庸置疑，认识是行为的指导：没有一定的认识，便不会有相应的行为。列宁曾将这一真理归结为一句名言：

"没有革命的理论，就不会有革命的运动。"

于是，个人道德认识便是个人道德行为的指导：一个人没有一定的道德认识，便不会有相应的道德行为。试想，一个人如果认为救助遇难者极可能被讹诈，因而不应该救助遇难者，那么，当他见到一个躺在马路上的时候，他会去救助这个人吗？显然不会。一个人没有一定的道德认识，不会有相应的道德行为，从而也就不会有相应的品德；因为品德就是一个人长期的、一系列的道德行为所形成的稳定的心理状态，就是一个人长期遵守或违背道德的行为所形成的道德人格和道德个性。那么，一个人有了道德认识，便会有相应的道德行为及其品德吗？

不一定。因为正如冯友兰所言："理智无力欲无眼。"任何认识——不论是理性的还是感性的——都只是行为的指导，而不是行为的动力；行为的动力乃是欲望和需要。这样，一个人有了道德认识，知道什么是道德的和不道德的，懂得一个人为什么应该做和究竟如何做一个有道德、有美德的人；却未必想做、愿做、欲做符合道德的行为和不做违背道德的行为，于是也就未必会发生相应的道德行为，因而也就未必会有相应的品德。想想看，那些一辈子研究伦理学的专家，为什么竟然干了那么多缺德的勾当？为什么他们远非品德高尚的人？岂不就是因为他们虽然深知为什么应该做一个品德高尚的人，却没有做一个品德高尚的人的深切欲望？

可见，一个人没有一定的道德认识，固然不会有相应的道德行为，不会有相应的品德；但他有了一定的道德认识，却不一定会有相应的道德行为，不一定会有相应的品德。因此，正如郭尔保所言，个人道德认识只是道德行为的必要条件而非充分条件，从而也就只是品德的必要条件而非充分条件："成熟的道德判断是成熟的道德行为的一个必要条件，而非充分条件。"[①] 那么，当一个人不但有了应该做一个好人的道德认识，而且有了做一个好人的欲望的时候，他就一定会进行相应的伦理行为从而逐渐具有相应的品德吗？或者说，个人道德感情是品德形成的充分条件吗？

2 个人道德感情

个人道德感情与道德感情有所不同：个人道德感情是作为品德结构一个成分的道德感情，是个人对于人类道德感情或道德感情方面的人性——如怜悯心——的"得"，是个人所得到或具有的道德感情。然而，这究竟是个人所具有的一种什么样的感情？感情无疑是主体对其需要是否被客体满足的心理体验：感情是直接引发每个人行为的原动力；而需要则是直接引发感情、间接引发每个人行为原动力。因此，所谓个人道德感情，说到底，也就是一个人所具有的引发自己道德行为或伦理行为——道德行为与伦理行为原本是同一概念——的感情。那么，引发一个人伦理行为的感情究竟是什么？

伦理行为原动力规律的研究表明，伦理行为由伦理行为目的与伦理行为手段构成，而后者又引发于前者。所以，引发一个人伦理行为的感情，说到底，也就是引发其伦理行为目的的感情。伦理行为目的无非利人、利己、害人、害己四类：

首先，所谓目的利人的行为，亦即行为目的是为了别人而不是为了自己的行为，也就是无私利他、自我牺牲的行为。这种行为主要引发于

---

① 郭尔保语，转引自沈六《道德发展与行为之研究》，台北：商务印书馆，1967年，第230页。

爱人之心：**爱人之心**所以会导致无私利人行为，一方面是因为它使爱者与被爱者融为一体、发生同情心；另一方面则是因为它使爱者对被爱者心怀感激、发生报恩心。

其次，所谓目的害人的行为，亦即行为目的是为了害人而不是为了利己的行为；不但不是为了利己，而且往往为了害人而宁愿害己。这种行为引发于恨人之心：当一个人在恨他人的时候，如果这种恨是对他人有意给予自己痛苦和损害的心理反应，那么，他便会对他人心怀仇恨、发生复仇心，从而使仇人遭受痛苦和损害；如果造成这种恨的痛苦和损害是他人无意给予的，是他人的优势或劣势的改善的客观结果，那么，他便会对他人心怀嫉妒而与他人发生相反感情，从而使他人遭受痛苦和损害。

再次，所谓目的害己的行为，则不是以害己为手段而逃避更大痛苦和损害的行为，而是为了受苦而受苦、为了受害而受害的以害己为目的的行为。这种行为引发于自恨心：当一个人在恨自己的时候，如果这种恨是对于因自己缺德所造成的良心的痛苦的心理反应，那么，他便会发生内疚感和罪恶感，从而以各种残害自己的行为来赎罪；如果这种恨是对于因自己的无能给自己造成的痛苦的心理反应，那么，他便会发生自卑感而自暴自弃。

最后，所谓目的利己的行为，亦即为自己谋利益的行为，也就是求利避害、求乐避苦的行为。一个人之所以会有利己目的，只是因为他有自爱心：一方面是因为自爱在自己生命方面的表现是求生欲，因而必导致维持自己生命的低级的目的利己行为；另一方面是因为自爱在自己人格方面的表现是自尊心，因而必导致使自己有所作为的高级的目的利己行为。

准此观之，个人道德感情可以归结为四类（爱人之心和自爱心以及恨人之心和自恨心）九种（同情心和报恩心、求生欲和自尊心、妒嫉心和复仇心、内疚感和罪恶感以及自卑心）：爱人之心（同情心和报恩心）

和自爱心（求生欲和自尊心），就其自身来说，显然符合道德终极目的、道德终极标准——增进全社会和每个人利益——因而是善的个人道德感情；恨人之心（妒嫉心和复仇心）和自恨心（内疚感、罪恶感和自卑心），就其自身来说，显然违背道德终极目的、道德终极标准，因而是恶的个人道德感情。那么，这些就是个人全部道德感情吗？

不是。因为这些个人道德感情显然仅仅是人与其他社会性动物，如猩猩、猴子、猪鸡、猫狗、驴马和鸟类等，所共有的感情。谁能否认，这些动物同样具有爱恨、同情、妒嫉等感情？谁能否认，动物的这些感情同样会引发各种利它和害它等行为呢？达尔文说："我自己曾经看到过一只狗，它每次经过躺在一只筐子里的生病的猫那里，总是对它病中的老朋友用舌头舔上几下；而舔的行动，就狗来说，是表达好感的标志。"[1] "谁都知道母爱的本能有多么强大！它甚至会驱使胆小的母鸟，尽管有些犹豫，却终能违反自我保全的本能，为幼鸟而甘冒极大危险。"[2] 显然，同情心等道德感情乃是人与其他一些社会性动物所共有的感情。因此，毋庸置疑，每个人必定还具有人所特有而不同于其他动物的道德感情。这种道德感情是什么呢？

原来，如前所述，人是个道德动物，每个人或多或少必定都有双重道德需要：他不仅有自己遵守道德规范、做一个好人、道德的人、高尚的人的道德需要；而且还有希望他人遵守道德规范、做一个好人、道德的人、高尚的人的道德需要。个人对其道德需要的心理反应、体验和觉知，即个人道德欲望；准备付诸实现的个人道德欲望，即个人道德愿望；远大的、必经奋斗在较远的未来才能实现的个人道德愿望，即个人道德理想。

---

[1]　Charles Darwin: *Descent of Man and Selection in Relation to Sex*, London: John Murray, 1922, p. 157.

[2]　Ibid., p. 165.

个人对于自己做一个好人的道德需要、道德欲望、道德愿望和道德理想是否被自己的行为所满足的心理体验，便是良心的情感评价：如果自己的行为符合道德规范，自己便会因自己做一个好人的道德需要得到满足而沉浸于良心满足的快乐；如果自己的行为不符合道德规范，自己便会因做一个好人的道德需要得不到满足而陷入良心谴责的痛苦。

反之，个人对于希望别人做好人的道德需要、道德欲望、道德愿望和道德理想是否被别人的行为所满足的心理体验，则是名誉的情感价评价：如果看到他人的行为符合道德规范，便会因自己希望他人遵守道德的需要得到实现而快乐，进而对他人心存敬爱之忱；如果看到他人的行为不符合道德规范，便会因自己希望他人遵守道德的需要得不到实现而痛苦，进而对他人怀有厌恶之心。所以，良心和名誉的情感评价不过是个人对于自己希望自己和他人做好人的双重道德需要、道德欲望、道德愿望和道德理想是否被自己和他人的行为所满足的心理体验，是个人对于自己和他人遵守道德便快乐、违背道德便痛苦的感情。

良心和名誉的情感评价及其所由以产生的做具有美德的人之个人道德需要、个人道德欲望、个人道德愿望和个人道德理想，显然是推动自己和他人遵守而不违背道德的动力，从而引发所谓"为美德而美德、为道德而道德、为义务而义务"的无私利他行为，因而都是纯粹道德的、纯粹善的和崇高的道德感情。所以，儒家、康德和基督教极为推崇这种道德感情。康德称之为"对道德法则的尊重心"，认为源于这种尊重心的行为是一种达到了无私境界的崇高行为："尊重是使利己之心无地自容的价值觉察。"[①]儒家和基督教则将将这种道德感情叫作"成圣成贤之心"或"实现人之所以为人者之心"，认为一个人如果有这种完

---

① 　康德：《道德形而上学原理》，苗力田译，上海人民出版社，1986年，第51页。

善自我品德、实现自己的人之所以为人者之心，就会无私利人：为了完善自我品德、实现自己的人之所以为人者，不但不是自私利己，而且恰好相反，正是无私利人。因为——冯友兰解释说——只有无私利人，才能使自我品德达到完善境界、实现自己的人之所以为人者之崇高道德理想：

"求自己的利，可以说是出于人的动物倾向，与人之所以为人者无干……为实现人之所以为人者，我们可以说，人应该求别人的利。"①

这种道德感情无疑是人所特有的。因为除了人，即使是那些高级哺乳动物，如大象、猩猩、猫、狗等，显然也绝不会有什么做一个有美德的象或有美德的猫狗的道德需要、道德欲望、道德愿望和道德理想，从而也就更不会有什么良心和名誉的情感道德评价了。所以，达尔文一再说："在人不同于低等动物所有差别之中，最重要的就是道德感或良心。"②

总而言之，个人道德感情分为两大类型。一类是人所特有的；它依赖于道德的存在而源于每个人希望自己和他人做好人的双重道德需要，包括良心和名誉的情感评价及其所由以产生的个人道德欲望、个人道德愿望和个人道德理想；它所引发和产生的就是所谓"为道德而道德、为美德而美德、为义务而义务"的无私利他行为。另一类则不是人所特有的，而是人与其他一些动物所共有的；它不依赖于道德的存在而源于每个人自然的心理反应，包括爱人之心（同情心和报恩心）和自爱心（求生欲和自尊心）以及恨人之心（妒嫉心和复仇心）和自恨心（内疚感、罪恶感和自卑心）；它引发所有类型的伦理行为：目的利人和目的利己以及目的害人和目的害己。这就是引发一切伦理行为的全部个人道德感情，可以表示如图：

---

①　冯友兰：《三松堂全集》第一卷，河南人民出版社，1985 年，第 556 页。

②　Charles Darwin: *Descent of Man and Selection in Relation to Sex*, London: John Murray, 1922, p. 148.

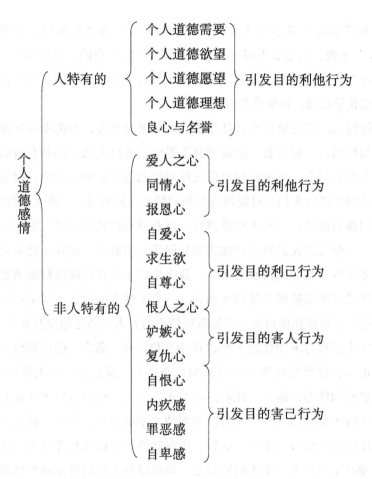

那么，这些个人道德感情究竟人人皆有还是因人而异？孟子曰："怜悯之心，人皆有之。"[①] 确实，这些道德感情是人人皆有的普遍本性，因而属于"人性"范畴；每个人所具有的这些道德感情无非是此类人性在他的个性和人格中或多或少的实现罢了。因此，这些个人道德感情，就其"质"的存在来说，亦即就其"有无"来说，是生而固有、人人一样的，是普遍的、必然的、不能自由选择的，是与个人后天的道德认识、道德

① 《孟子·告子上》。

修养和道德教化等活动无关的；但就其"量"的存在来说，亦即就其"多少"来说，则是后天习得、人人不同、不断变化的，是特殊的、偶然的、可以自由选择的，因而完全取决于其后天的道德认识、道德修养和道德教化等活动。就拿爱和同情心来说：

任何人，不论他多么自私冷酷，多么卑鄙恶毒，他都不可能丝毫没有爱和同情心。想想看，他能丝毫不爱给了他巨大的快乐和利益的父母和妻儿吗？那么，当他看到自己父母和妻儿悲痛欲绝的时候，他能丝毫不痛苦吗？任何人都不可能没有爱和同情心，只不过，一些人生性冷酷，爱和同情心匮乏；一些人生性热情，富有爱和同情心罢了。但是，最终说来，一个人的先天资质只能决定其同情心的有无，而并不能决定其同情心之多少；他的同情心之多少，最终决定于他自己所进行的道德修养及其所受到的道德教化等后天活动。一个生性冷酷的人，同情心原本匮乏，但是，如果他懂得做一个富有同情心的好人，乃是他安身立命之本，从而在生活和行为中使之不断得到培养和扩充，那么，他的同情心便会不断增多，他便会成为一个极富同情心的人。反之，一个人生性热情，原本富有同情心，但是，他若误以为无毒不丈夫而只有弱者才富有同情心，从而在生活和行为中压抑同情而使之不断泯灭，那么，他的同情心便会逐渐减少而接近于零。这样，道德修养和道德教化等后天的活动固然不能产生或消灭一个人的同情心，却可以极大地增进或减少他的这种道德感情。所以，孟子说：

"恻隐之心，人皆有之……或相倍而无算者，不能尽其才者也。"[1]

于是，所谓善人与恶人之分，便不在于善人具有善的道德感情，恶人具有恶的道德感情：善人与恶人具有同样种类的善恶道德感情。善人与恶人之分，仅仅在于他们所具有的善恶道德感情之多少：善人就是具有较多善的道德感情和较少的恶的道德感情的人；恶人就是较少具有较

---

[1] 《孟子·告子上》。

多恶的道德感情和较少的善的道德感情的人。这样一来，每个人的道德感情的获得、形成与发展便与道德感情的质之有无无关，而仅仅在于其量之多少。换言之，每个人的个人道德感情的形成和获得过程，也就是他先天固有的各种道德感情经过后天活动而导致量的增减过程。那么，每个人的个人道德感情的这种形成和获得过程究竟是怎样的呢？这种过程可以归结为一句话：个人道德感情直接源于、形成于个人道德认识，最终则源于、形成于个人道德实践。这可以从两方面来看：

一方面，让我们来考察人与动物共有的个人道德感情。就拿一个人对他父母的爱来说。他的这种道德感情无疑产生和形成于他所承受的父母长期给予他的快乐和利益；因为所谓爱，如前所述，就是自我对其快乐和利益之因的心理反应。然而，我们看到那么多不孝儿女，他们虽然从父母那里得到了巨大的快乐和利益，却并不深爱他们的父母。原因之一，岂不就是因为不养儿不知父母恩？岂不就是因为他们没有真正理解和认识父母的深恩大德？及至他们自己有了儿女，他们才理解了父母的养育之不易，才真正懂得了父母之深恩大德，从而心中才充满了对父母的深情挚爱。所以，只有对于父母的给予怀有正确的道德认识，一个人才能够真正深爱给予他莫大利益和快乐的父母：一个人对父母的爱直接源于、形成于诸如"父母之恩无与伦比"的道德认识；最终则源于、形成于他长期从父母那里得到的快乐和利益的道德实践。

另一方面，我们来考察人所特有的个人道德感情：做一个有美德的人的道德感情。一个人的这种道德感情显然源于、形成于社会和他人因他品德好坏而不断给予他的赏罚：他若做好人、好事、品德好，便会得到社会和他人的赏誉，便会从社会和他人那里得到他所能得到的一切；他若做坏人、坏事、品德坏，便会遭到社会和他人的惩罚，便会丧失他能够从社会和他人那里得到的一切。逐渐地，这种道德实践活动便会使他正确认识到：美德乃是他安身立命之本，是他一切利益中最根本的利益。于是，他做一个有美德的人的道德感情便会日益强烈。但是，如果一个人没有这种正确的道德认识，误以为幸福取决于才、力、命而与美德无关，误以为自己做坏事受惩罚是因为自己手段不高运气不好，从而想方设法巧妙地损人利己、损公肥私，那么，他原本具有的做一个有美德的好人的道德感情便会日益减少而趋于泯灭。所以，一个人只有正确认识社会和他人因自己品德好坏而给予自己的赏罚，才能够涌现做一个有美德的好人的道德感情：这种道德感情直接源于、形成于诸如"美德乃天爵安宅、安身立命之本"的正确道德认识，最终则源于、形成于他所承受的社会和他人因他品德好坏而给予他的赏罚实践。

可见，个人道德感情的形成、获得和发展具有双重源头：直接源于和形成于个人道德认识；最终源于和形成于个人的长期的道德实践。因此，个人道德认识与个人长期的道德实践结合起来，便是个人道德感情形成的充分且必要条件。但是，如果二者分离开来，便都仅仅是个人道德感情形成的必要条件而非充分条件：没有个人道德认识而只有个人道德实践，不会有相应的个人道德感情；同样，只有个人道德认识而没有长期的个人道德实践，也未必会有个人道德感情。因为一个人的道德感情的最终源泉是他所进行和遭受的个人道德实践，他的道德感情是在他的道德认识指导下所进行和遭受的长期的道德实践的结果。一个人如果没有对于父母养育之恩的正确的道德认识，他绝不会有对父母的深情挚爱之道德感情。但是，他即使有了这种道德认识，也绝不会马上就产生和形成对于父母之深情挚爱。他对父母的这种爱乃是他在这种正确的道德认识的指导下，长期承受父母的养育和长期进行孝敬父母的道德实践之结果。同理，一个人如果没有诸如"美德乃安身立命之本"的道德认识，绝不会有做一个有美德的好人的深厚道德感情。但是，他即使有了这种道德认识，也绝不会马上就具有这种道德感情。他的这种道德感情乃是他在这种道德认识指导下所遭受和进行的诸如"社会和他人因自己品德好坏而给予自己的赏罚"的长期的道德实践之结果。所以，个人道德认识与个人道德实践都仅仅是个人道德感情形成的必要条件而非充分条件；只有二者结合起来才是个人道德感情形成的充分且必要条件。

那么，当一个人的道德认识与道德实践结合起来，终于使他有了相应的道德感情，就会引发相应的伦理行为吗？是否一个人有了道德感情，就会有相应的伦理行为？是否一个人有爱人之心，就会引发无私利人之行为？是否一个人有恨人之心，就会有目的害人行为？如果撇开一个人的众多的其他感情，从而孤立地只就他一种道德感情来看，答案是肯定的：他有某一种道德感情，就会有某种相应的伦理行为。因为感情是主体对其需要是否被客体满足的心理体验，是直接引发每个人一切行为的唯一原因和动力，因而道德感情便是直接引发每个人一切伦理行为的唯一原因和动力。这样，一个人如果没有某种道德感情，便没有了进行相应伦理行为的原因和动力，当然也就绝不会有相应的伦理行为，从而也就绝不会有相应的品德：这是毫无疑义的。但是，如果倒过来说，如果他有了某种道德感情，便一定会进行相应的伦理行为，从而最终会具有相应的品德吗？孤立地看，答案当然是肯定的。举例说，爱人之心是引发目的利人行为的原因。有了原因，便会有结果。所以，孤立地看，一个人只要有了爱人之心，他便会有目的利人之行为；这种行为积累到一定程度，他便会有无私利人之品德。

然而，问题在于，任何人都绝不会孤立地、孤零零地只有一种道德感情，只有一种爱人之心；而必定具有多种道德感情，必定还有自爱心、妒嫉心、复仇心等众多道德感情。这样一来，如果一个人有了某种道德感情，他一定想做、愿做、欲做相应的伦理行为；可是他却未必会实际做出这种伦理行为。因为他有多种需要、欲望和感情：他往往既想做一个英雄，又贪生怕死；既想将钱财孝敬父母，又想自己花用；既想复仇，又想自保；如此等等。于是，一个人如果有了某种道德感情，那么，只有当他的这种道德感情达到一定的强度，能够克服与其冲突的其他感情从而处于决定的和支配的地位，他的这种道德感情才会使他进行相应的伦理行为，才会使他具有相应的品德；否则，他便徒有某种道德感情而不会引发相应的伦理行为，不会有相应的品德。

　　想一想，谁不爱自己的父母？谁不想将钱财孝敬父母？可是，为什么一事当前，我们往往却舍不得这些钱财？为什么我们很少能够做出真正孝敬父母的行为？为什么孝子贤孙是这样稀有罕见？岂不就是因为我们更爱自己、更爱自己的儿女、更想把钱财花用到自己和儿女身上？这就是我们虽有"爱父母之心"却无相应的"利父母之行为"的真正原因，这就是为什么一个人有了某种道德感情却未必会有相应的伦理行为的缘故。所以，虽然没有某种道德感情，必定不会有相应的伦理行为，必定不会有相应的品德；但是，有了某种道德感情，却未必会有相应的伦理行为，未必会有相应的品德。因此，道德感情虽然是伦理行为的原因和动力，却仅仅是引发伦理行为的必要条件而非充分条件，因而也就仅仅是品德形成的必要条件而非充分条件。那么，品德形成的充分条件究竟是什么？既非个人道德认识，亦非个人道德感情，因而只能是个人道德意志吗？

3　个人道德意志

　　个人道德感情是引发伦理行为的原因和动力。那么，它引发伦理行为的具体过程究竟是怎样的？心理学的研究表明，欲望、感情引发行为的具体过程是：首先引发怎样行为以实现其欲望之预想、思想或打算，也就是关于行为目的与手段的思想、预想，亦即行为动机；然后引发实际活动来实现关于怎样行为的思想、预想，也就是进行实际活动来实现关于行为目的与手段的思想、预想，亦即实现行为动机而使之转化为行为效果。所谓个人意志，就是个人满足或实现其感情、欲望和愿望的整个心理过程，就是个人欲望和愿望转化为实际行为的整个心理过程，就是个人的行为从思想确定到实际实现的整个心理过程，就是个人行为动机从确定到执行的整个心理过程，就是个人行为目的与手段从思想确定到实际实现的整个心理过程。

因此，个人道德感情引发其伦理行为的整个心理过程，也就是所谓的个人道德意志：个人道德意志便是个人实现其道德感情和道德愿望的整个心理过程，就是个人道德愿望转化为实际伦理行为的整个心理过程，就是一个人的伦理行为从心理、思想确定到实际实现的整个心理过程，就是个人的伦理行为动机从确定到执行的整个心理过程，就是个人伦理行为目的与手段从思想确定到实际实现的整个心理过程。举例说，我深爱自己的父母。某一日，这种深情挚爱，引发了给父母买保健食品（伦理行为手段）以便使父母健康长寿（伦理行为目的）的想法和打算，这就是所谓伦理行为动机；然后，这种动机就驱使我去药店买保健食品，并将这些食品给我父母送去，从而使行为动机得到实现，转化为行为效果。我买保健食品（伦理行为手段）以便使父母健康长寿（伦理行为目的）的伦理行为从思想打算（伦理行为动机）到实际实现（伦理行为效果）的整个心理过程，就是我的个人道德意志。

这样，个人道德意志显然便包括两个阶段。第一阶段是伦理行为动机确定的心理过程阶段，亦即伦理行为目的与手段的思想确定阶段，也就是伦理行为的思想确定阶段，可以称之为"做出伦理行为决定"或"采取道德决定"阶段。第二阶段则是伦理行为动机的执行的心理过程阶段，亦即关于伦理行为目的与手段的思想之付诸实现的心理过程阶段，也就是伦理行为决定的实际执行的心理过程阶段，可以称之为"执行伦理行为决定"或"执行道德决定"阶段。我给父母买保健食品（伦理行为手段）以便使父母健康长寿（伦理行为目的）的想法和打算，属于伦理行为动机的确定阶段，亦即"做出伦理行为决定"或"采取道德决定"阶段；我去药店买保健食品、并将这些食品给我父母送去的心理过程，属于伦理行为动机付诸实现阶段，亦即"执行伦理行为决定"或"执行道德决定"阶段。

这两个阶段的完成，无疑都需要克服困难，都需要个人道德意志之努力。做出伦理行为决定阶段所要克服的困难，主要是解决动机冲突。动机冲突表现为两个方面。一方面，每个人都有多种欲望，因而便有多种目的；如，既想让父母生活富裕，又想自己尽情享乐等。于是，在多种欲望不能都满足、多种目的不能都达到时，便会发生目的的选择和冲突。试想，我如果把所得到的钱财给了父母，自己就不能尽情享乐；反之亦然。这样一来，我就面临着目的的选择与冲突：我究竟应该将钱财孝敬父母，还是应该留给自己尽情享乐？另一方面，同一目的又可以通过不同手段实现，于是又发生手段的选择和冲突。例如，赚钱有多种渠道和手段，因而难免手段的选择和冲突：我为了得到充足的钱财究竟是靠自己辛辛苦苦一点一滴去积攒好，还是靠巧妙地贪污受贿一下子就成个暴发户好呢？究竟如何是好？

面对动机的双重冲突，如果一个人善的欲望和动机克服了恶的欲望和动机，或者层次较高、价值较大的善的欲望和动机克服了较低较小的善的欲望和动机，那么，我们便说他有道德意志，或者说他的道德意志强。反之，如果他恶的欲望和动机克服了善的欲望和动机，或者层次较低、价值较小的善的欲望和动机克服了较高较大的善的欲望和动机，那么，我们便说他没有道德意志，或者说他的道德意志弱。因此，如果一个人劳动致富的合乎道德的欲望和动机克服了贪污发财的不道德的欲望和动机，从而选择了前者而放弃了后者，那么，他就有道德意志，或者说，他的道德意志较强；反之，他就没有道德意志，或者说他的道德意志较弱。如果一个人将钱财孝敬父母的利他的欲望和动机，克服了留下钱财自己享用的利己的欲望和动机，从而选择了层次较高、价值较大的善的欲望和动机而放弃了较低较小的善的欲望和动机，那么，他就有道德意志，或者说，他的道德意志较强；反之，他就没有道德意志，或者说他的道德意志较弱。

一个人的道德意志有无、强弱，不但表现于他采取道德决定阶段时对于动机冲突的解决；而且表现在他执行道德决定时对于所遭遇的各种困难的克服。执行道德决定阶段所要克服的困难可以分为外部困难和内部困难：前者如环境的复杂、条件的恶劣和他人的阻挠等；后者如实现道德决定的过程和道路之漫长、曲折以及妨碍决定执行的习惯、懒惰、疲劳等。一个人在执行善的、道德的伦理行为决定阶段时，如果克服了这些困难，实现了所选择的道德动机，那么，他便具有道德意志，或者说他的道德意志强；否则，即使他选择和做出了善的、道德的伦理行为决定，他仍然缺乏足够的道德意志，或者说他的道德意志仍然是较弱的、不够强大的。一个人的道德意志薄弱，有时恰恰是在执行道德决定阶段，而不是在采取道德决定阶段。因为立志或做出远大目标之决定易，而执行、实现这一远大目标的奋斗过程难。试问，谁不想成名成家？谁不想做一个道德英雄？谁不曾选择和做出成名成家之决定？谁不曾决定做一个道德英雄？然而，百里半九十，有几个人能够持之以恒地克服内外困难、百折不挠而终于实现了自己的远大目标呢？

当然，相对讲来，道德决定之采取和执行各有其难易：对于远大目标或道德理想来说，采取道德决定易而执行道德决定难；对于当下目的或道德愿望来说，采取道德决定难而执行道德决定易。但是，绝对讲来，不论采取还是执行道德决定，都必定要克服困难，都是困难的。所以，个人道德意志必然与克服困难相连，因而便是个人克服困难而实现其道德愿望和道德理想的整个心理过程，便是个人克服困难而使道德愿望、道德感情转化为实际伦理行为的整个心理过程，说到底，就是个人克服困难而使伦理行为从思想确定到实际实现的整个心理过程。

综观个人道德意志之"采取道德决定"和"执行道德决定"两阶段可知，个人道德意志之强弱，归根结底，取决于个人道德感情、道德欲望之强弱而与其成正比例变化：如果一个人的道德欲望、道德感情比较强，那么，他的善的欲望和动机就能够克服恶的欲望和动机，他就能够克服执行道德决定所遭遇的内外困难，因而他的道德意志便比较强；反之，如果一个人的道德欲望、道德感情比较弱，那么，他的善的欲望和动机就不能够克服恶的欲望和动机，他就不能够克服执行道德决定所遭遇的内外困难，因而他的道德意志便比较弱。试看古今中外那些百折不挠铮铮硬汉，他们之所以具有钢铁般的坚强意志，岂不就是因为他们怀抱极其强烈的渴望？所以，爱尔维修一再说：

"当最伟大的计划对于强的情欲看来是容易的时候，弱的情欲就在最简单的计划中亦觉得有不可能者：在那一个面前，山岳都要低头；对于这一个，则小小丘陵也会变成大山了。"[①] "精神的活动依存于情欲的活动。人之能够有最大的奋发、德行和天才，也还是在情欲正盛的年代，即是说25岁到35岁及40岁。"[②]

因此，一个人有了道德认识和道德感情，因而懂得和欲做相应的伦理行为；但是，如果他的道德欲望、道德感情不够强烈，因而没有道德意志，或者说，他的道德意志比较弱，不能使道德动机克服不道德动机，不能克服执行道德决定的内外困难，那么，他实际上便不会做出相应的伦理行为，从而也就不会有相应的品德：个人道德意志与道德认识和道德感情一样，也是品德形成的必要条件。反之，一个人如果有道德意志，或者说，他的道德意志强，那么，他便不但一定具有相应的道德认识和比较强烈的道德感情，因而懂得和愿做相应的伦理行为，而且能够使道德动机克服不道德动机，能够克服执行道德动机的内外困难，从而做出相应的伦理行为，最终具有相应的品德：个人道德意志与道德认识和道德感情不同，乃是品德形成的充分条件。

这是不难理解的。因为一方面，"道德意志是道德感情转化为实际伦理行为的整个心理过程"的定义显然蕴涵着：没有个人道德感情便不会有道德感情转化为实际伦理行为的整个心理过程，便不会有个人道德意志。另一方面，个人道德感情，如上所述，直接形成于个人道德认识，因而没有个人道德认识，绝不会有个人道德感情。这样，个人道德意志

---

① 爱尔维修：《精神论》，杨伯恺译，辛垦书店，1933年，第146页。
② 同上书，第148页。

便既形成于个人道德认识又形成于个人道德感情而为二者之合金。因此，如果一个人有个人道德意志，那么，他便必定有个人道德认识和道德感情，因而也就具有了品德构成的全部因素；具有了品德构成的全部因素，怎么会不形成相应的品德从而是品德形成的充分条件呢？

于是，总而言之，如果一个人有个人道德意志，或者说，他的道德意志比较强，那么，他便一定有个人道德认识和比较强烈的个人道德感情，便一定有相应的伦理行为，最终一定有相应的品德；反之，如果他没有个人道德意志，或者说，他的道德意志比较弱，那么，即使他有个人道德认识和个人道德感情，也一定没有相应的伦理行为，一定没有相应的品德：个人道德意志是伦理行为的充分且必要条件，从而也就是品德形成的充分且必要条件。

4　结论：品德可教与不可教之争

合观品德结构三因素——个人道德认识、个人道德情感和个人道德意志——可以得出结论说，一个人的品德形成于他的长期的伦理行为；他的伦理行为形成于他的道德意志；他的道德意志形成于他的道德认识和道德感情；他的道德感情形成于他的道德认识：个人道德认识是伦理行为的心理指导、必要条件，是品德的指导因素、首要环节；个人道德情感是伦理行为的心理动因、必要条件，是品德的动力因素、决定性因素，是品德的基本环节；个人道德意志是伦理行为的心理过程、充分且必要条件，是品德的过程因素、最终环节。

首先，个人道德意志是品德的充分且必要条件，是品德的过程因素、最终环节，所以，道德意志水平与品德必定完全一致：道德意志强者，伦理行为必高、品德必高；品德高者、伦理行为高者，道德意志必强。

其次，个人道德感情虽是品德的必要条件而非充分条件，但道德感情是伦理行为的动力，是品德的决定性因素。这样，如果一个人的道德欲望、道德感情比较强，那么，他的道德的、善的动机必定比较强，因而大体说来，便能够克服不道德的、恶的动机，便能够克服实现道德的动机之内外困难，从而他的道德意志也就比较强；反之亦然。因此，道德感情水平与品德水平必定大体一致：个人道德感情高者、良心好者，大体说来，他的伦理行为必高、品德必高；品德高者、伦理行为高者，大体说来，他的道德感情必高、良心必好。

最后，个人道德认识是品德的必要条件、指导因素、首要环节；却不是品德的动力要素、决定性因素，而是非动力要素、非决性因素。诚然，品德的动力因素、决定性因素——个人道德感情——形成于个人道德认识。但是，如上所述，个人道德感情只是直接源于个人道德认识，而最终则源于个人道德实践：个人道德认识只有与个人长期的道德实践结合起来才是个人道德感情形成的充分且必要条件。只就个人道德认识来说，则仅仅是个人道德感情的必要条件而非充分条件：没有个人道德认识，必无相应的个人道德感情，必定不愿做相应的好人好事；但有了个人道德认识，未必会有相应的个人道德感情，未必愿做相应的好人好事。这样一来，个人道德认识水平与其品德水平便不必一致：个人道德认识水平高者，其道德感情却未必高，因而其伦理行为未必高、其品德未必高；品德高者、个人道德感情高者、伦理行为高者，其道德认识未必高。这就是为什么很多有识之士却不是有德之士，而很多有德之士也不是有识之士的原因。

然而，苏格拉底却认为个人道德认识水平与其品德水平必定完全一致：个人道德认识高者，其品德必高；个人道德认识低者，其品德必低。他这样写道："凡是能够辨别、认识那些事情的，都绝不会选择别的事情来做而不选择它们。凡是不能辨识它们的，绝没有能力来做它们，即便要试着做，也要做错的。因此，明智的人总做光荣的和好的事，而不明智的人却不能够同样去做，即便要试着做，也要做错的。所以，既然一切正义的行动、一切光荣的和好的行动都是遵照着美德来做的，那么就非常明显，正义和所有其他美德都是明智。"① 照此说来，学识渊博者必是品德高尚者，而学识浅薄者定是品德低下者！这显然与事实不符。苏格拉底的错误在于，他认为品德属于认识、知识范畴："德性即知识"，从而便把一个人的品德与他的道德认识、道德知识完全等同起来；于是，一个人的道德认识水平与其品德水平自然必定完全一致了。然而，如上所述，品德并不属于认识、知识范畴，而属于意识、心理范畴；从而一个人的品德便是他的道德认识、道德感情、道德意志三者之和，于是个人道德认识水平与其品德水平便不必一致了。

对于苏格拉底的这一错误，亚里士多德已经说得很清楚："苏格拉底把德性当成知识，这是不正确的……因为在知识方面，一旦一个人知道了知识的本性，就会推出他是有知识的（因为如果某人通晓了医药的本性，他就立即成为医生，在其他知识方面也一样）；但是，在德性方面却不会有这种结果。因为如果某人知晓了正义的本性，并不立即就是正义的，在其他德性方面也是这样……所以德性不是知识。"② "他把德性当作知识，其实这是不可能的。因为一切知识都涉及理性，而理性只存在于灵魂的认知部分之中。按他的观点，一切德性就都在灵魂的理性部分中了。这样，就可以推出：由于他把德性当成知识，就摒弃了灵魂的非理性部分。"③

不过，苏格拉底却由他的这一错误，得出了一个著名的正确结论，亦即"德性是可教的"："美德即知识，美德就可以是由教育而来了。"④ 确实，德性是可教的。但是，这并非由于德性即知识。德性是可教的，一方面，因为德性的首要因素是知识，是个人道德认识：它当然是可教的；另一方面，德性的其他因素——个人道德感情与个人道德意志——在某种程度上都形成于个人道德认识，因而说到底，也就都是可教的。品德的全部因素——知情意——都是可教的，因而品德也就是可教的。

---

① 周辅成编：《西方伦理学名著选辑》上卷，商务印书馆，1954年，第51页。
② 《亚里士多德全集》第八卷，苗力田等译，中国人民大学出版社，1992年，第246页。
③ 同上书，第242页。
④ 北京大学哲学系编：《古希腊罗马哲学》，商务印书馆，1961年，第164页。

　　蔡元培是个温和的苏格拉底论者。因为他虽然不像苏格拉底那样偏激，认为个人道德认识高者品德必高；却同样认为个人道德认识低者，品德必低，品德高者，个人道德认识必高："寻常道德，有寻常知识之人，即能行之。其高尚者，非知识高尚之人，不能行也。是以自昔立身行道，为百世师者，必在旷世超俗之人，如孔子是已。"① 照此讲来，品德高尚者必在学识渊博者之间，而在知识少、智力弱者之中必无品德高尚者！这显然也是说不通的。究其原因，则在于蔡氏虽不像苏氏那样把品德与个人道德认识完全等同起来，却误认为个人道德认识是品德的决定因素："德性之基本，一言以蔽之曰：循良知。"② 果真如此，那么道德认识低者，品德便必低；而品德高者，道德认识便必高了。

　　与蔡元培和苏格拉底相反，叔本华虽然正确看到德性与道德感情、道德意志一致而与道德认识不一致，却由此以为德性与道德认识毫无关系，因而是不可教的："辛乃加说得很中肯：'意欲是教不会的。'"③ "德性和天才一样，都不是可以教得会的。概念对于德性是不生发的，只能作工具用；概念对于艺术也是如此。因此，我们如果期待我们的那些道德制度和伦理学来唤起有美德的人、高尚的人和圣者，或是期待我们的各种美学来唤起诗人、雕刻家和音乐家，那我们就太傻了。"④

　　诚然，直接说来，只有"认识"、"道德认识"是可教的，而"意欲"、"道德感情"、"道德意志"是不可教的。但是，如上所述，一个人的道德感情和道德意志在某种程度上，正是由他的道德认识形成的：他之所以会有做一个富有同情心的好人的道德需要和道德感情，在某种程度上，正是由于他逐渐认识到，做一个好人乃是他安身立命之本。所以，道德感情和道德意志只是不可以直接教，却可以间接教：直接教给一定的道德认

① 《蔡元培全集》，中华书局，1984 年，第 183 页。
② 同上书，第 186 页。
③ 叔本华：《作为意志和表象的世界》，石冲白译，商务印书馆，1982 年，第 404 页。
④ 同上书，第 372 页。

识，再由一定的道德认识形成相应的道德感情和道德意志。这样，德性也就是可教的：个人道德认识是直接可教的；而个人道德感情和个人道德意志是间接可教的。叔本华的错误显然在于：一方面，由德性与个人道德感情、个人道德意志一致而与个人道德认识不一致，便以为德性与个人道德认识毫无关系，便把个人道德认识排除于德性之外，因而误以为德性完全不是个认识问题而仅仅是个感情和意志的东西，亦即他所谓的"意欲"；另一方面则在于，不懂得个人道德认识对于道德意欲（道德感情和意志）的作用，不懂得个人道德意欲在某种程度上形成于个人道德认识，因而便绝对化德性和道德意欲的直接不可教性，而抹杀其间接可教性。

＊　　　＊　　　＊

品德的结构和界说表明，品德是一个人的道德人格，是一个人长期的道德行为所形成和表现出来的稳定的心理状态，是一个人长期遵守或违背道德的行为所形成和表现出来的心理自我。于是，品德或德性便必定都关涉道德行为，便必定都是道德德性、道德品质、道德人格；那些只关涉行为而不关涉道德行为的心理自我，则只能是人格、品质，而绝不可能是德性或品德：德性与道德德性是同一概念。然而，从亚里士多德到今日西方美德伦理学家，却以为德性有道德德性与非道德德性之分：德性与道德德性并非同一概念。他们的根据究竟是什么？这是品德类型所要解决的难题。

三　品德类型

1　美德与恶德：两种美德之辨析

品德的定义——品德是一个人长期遵守或违背道德的伦理行为所形

成和表现出来的稳定的心理自我、道德人格或道德个性——显然意味着，品德分为两类：一个人长期遵守道德的伦理行为所形成和表现出来的稳定的心理自我、道德人格或道德个性，叫作美德；一个人长期违背道德的伦理行为所形成和表现出来的稳定的心理自我、道德人格或道德个性，叫作恶德。所以，西方学者保罗·查拉在界说美德时这样写道："美德是存在于品质和行为中的善与应当的道德准则，这些准则引导个人追求道德完善而避免道德堕落。"[①] 我国哲学家朱熹亦如是说："德者，得也，行道而有得于心者也。"这就是说，美德就是遵守道德的结果，就是一个人的行为长期遵守道德所得到的结果，就是已转化为一个人的人格和个性的应该如何的道德规范，就是具有正道德价值的品德，如"节制"、"正义"、"同情"、"勇敢"、"慷慨"等；反之，恶德就是违背道德的结果，就是一个人的行为长期违背道德所得到的结果，就是已转化为人格和个性的不应该如何的道德规范，就是具有负道德价值的品德，如"放纵"、"不正义"、"妒嫉"、"懦弱"、"吝啬"等。

可是，问题在于：道德有优劣之分。遵守优良道德而形成的道德人格无疑是美德；但遵守恶劣道德所形成的道德人格也是美德吗？违背优良道德而形成的道德人格无疑是恶德；但违背恶劣道德所形成的道德人格也是恶德吗？这显然是一个难题。破解这一难题的答案恐怕只能是：一个人因遵守道德——不论这种道德是优良的还是恶劣的——而形成的品德就叫作美德；因违背道德——不论这种道德是优良的还是恶劣的——而形成的品德就叫作恶德。最能说明这个道理并且极具理论和现实意义的，恐怕就是解析孔子所倡导的"君君臣臣"道德规范，虽然这种解析异常复杂和困难。

所谓"君君臣臣"，如所周知，是说君必须像君所应该的那样，亦

---

① John K. Roth: *International Encyclopedia of Ethics*, London, Chicago: Braun-Brumfield Inc., 1995, p. 912.

即"应该做明君"或"应该做开明的、仁慈的君主";臣必须像臣所应该的那样,亦即"应该做忠臣"或"应该忠君":"君君臣臣"就是"应该做明君"和"应该忠君"。那么,这两种道德规范究竟是优良的还是恶劣的?都是恶劣道德!因为"应该做明君"、"应该忠君"与忠君、明君的实际道德价值不相符:忠君和明君都因其维护、实行君主制而直接违背"政治自由"和"政治平等"道德原则,最终违背"增进每个人利益"道德终极标准,因而都具有负道德价值,都是不应该的。

但是,人们大都以为,在孔子及其后两千多年的专制社会,实行君主专制是必然的、不可自由选择的,因而也就不可进行道德评价、无所谓道德不道德;而只有做明君或昏君以及当忠臣或奸臣才可以自由选择,因而才可以进行道德评价而有所谓道德不道德。诚然,如果孔子及其后两千多年的专制社会实行君主专制确实是必然的、不可自由选择的,那么,实行君主专制当然无所谓应该不应该、道德不道德——必然的、不可自由选择的东西是不能够进行道德评价的——而只有做明君或昏君以及当忠臣或奸臣才因其可以自由选择而有所谓道德不道德:做明君和忠臣显然具有正道德价值,是道德的、应该的;而昏君和奸臣则无疑具有负道德价值,是不道德、不应该的。

然而,问题是,孔子及其后两千多年的专制社会实行君主专制果真是必然的吗?否!因为如前所述,任何政体,不论是民主制还是专制等非民主制,事实上都曾出现于生产力发展的任何历史阶段,都曾出现于原始社会、奴隶社会、封建社会和资本主义社会。这意味着,任何政体都不是被生产力和经济发展水平所必然决定的,都不具有历史必然性;不是必然的、不可选择的、不可避免的;而是充满各种可能,是偶然任意、可以自由选择的。

因此,在孔子的时代及其后的两千多年的专制社会,专制也是偶然的、可变的、可以避免的;人们仍然具有选择和实现民主等政体的可能性。只不过,这种可能性在选择者们生前就实现的可能性极小而近乎零,势必要经过世世代代艰苦而漫长的斗争才会实现，因而只是抽象可能性而非具体可能性。但是，抽象可能性也是可能性而绝非必然性：专制绝对不具有历史必然性。所以，认为在孔子的时代及其后的两千多年的专制社会，实行君主制是必然的因而无所谓道德不道德的观点，是根本不能成立的。任何社会都可以自由选择任何政体，因而任何社会实行君主制——不论是开明的或明君的君主制，还是残暴的或昏君的君主制——便都因其违背政治自由和政治平等道德原则以及道德终极标准"增进每个人利益"，从而是不道德、不应该、具有负道德价值的。

既然忠君和明君具有负道德价值，是不道德、不应该的，那么，孔子所倡导的"君君臣臣"——亦即"应该忠君"和"应该做明君"——的道德规范，便因其与忠君和明君的道德价值不相符，而都是恶劣道德规范。反之，"应该民主"或"不应该倡导忠君和明君而应该代之以民主"则是优良道德规范，因为它们与民主的道德价值相符：民主符合"政治自由"和"政治平等"道德原则，最终符合道德终极标准"增进每个人利益"，因而具有正道德价值，是应该的。这恐怕就是美国独立战争胜利后，华盛顿拒绝当皇帝、君主——即使是开明的皇帝、君主——而就任总统之真正缘故：任何君主都是不应该、不道德的而唯有民主才是应该的、道德的。

"应该民主"与"应该忠君"（或"应该当明君"）的道德规范虽有优劣之分，但遵守二者所形成的品德，却同样都是美德。试想，遵守"应该民主"这种优良道德规范而形成的热爱民主、平等和自由的品德，无疑是一种美德；而违背"应该民主"所形成的独裁专制之品德，无疑是一种恶德。同样，遵守"应该忠君"和"应该做明君"这两种恶劣道德规范而形成的忠君、忠臣和明君、开明君主的品德，岂不也是一种美德？而违背"应该忠君"和"应该做明君"这两种恶劣道德规范所形成的欺君、奸臣和昏君、暴君的品德，岂不也是一种恶德？谁能说岳飞忠君、忠臣的品德不是美德而是恶德？谁能说尧舜禹等明君的品德不是美德而是恶德？谁能说秦桧欺君、奸臣的品德不是恶德而是美德？谁能说夏桀商纣等昏君、暴君的品德不是恶德而是美德？然而，实在令人困惑：究竟为何遵守恶劣道德所形成的品德不是恶劣的品德、恶德反而是美德？遵守恶劣道德所形成的品德，顾名思义，岂不正是恶劣的品德吗？

原来，如果有道德，哪怕是恶劣道德，社会也能够存在发展；但如果没有道德，社会必定崩溃。所以，即使是恶劣道德，也远比没有道德好；因而即使遵守恶劣道德也远比不遵守道德好。因为即使遵守恶劣道德，社会也能够存在发展；但如果不遵守道德，社会必定崩溃。这样，"应该忠君"和"应该做明君"固然是恶劣道德规范，但遵守这种恶劣道德，总要比不遵守道德好得多；忠臣总比奸臣好得多，明君总比昏君和暴君好得多；岳飞总比秦桧好得多，尧舜禹总比夏桀商纣好得多。所以，虽然"应该忠君"和"应该做明君"是一种恶劣道德规范，但我们仍然说遵守这种道德所形成的品德是一种美德，而不遵守这种道德规范所形成的品德是一种恶德。这就是为什么我们说岳飞的忠君是美德，而秦桧的欺君是一种恶德的缘故，这就是为什么遵守恶劣道德所形成的品德也是一种好品德而不是坏品德、也是一种美德而不是恶劣品德的缘故。

因此，只有不遵守道德——既不遵守优良道德也不遵守恶劣道德——所形成的品德才是恶德；而只要遵守道德——不论是优良道德还是恶劣道德——所形成的品德都是美德。但是，问题的关键在于：这两种美德的道德价值根本不同。因为行为应该如何的优良道德乃是与行为道德价值相符的道德规范；而恶劣道德则是与行为道德价值不相符的道德规范。换言之，如果一种行为具有负道德价值，是不应该的，那么，主张这种行为是不应该的道德规范就与该行为道德价值相符，因而是优良道德；反之，主张这种行为是应该的道德规范则与该行为道德价值不符，因而是恶劣道德。这无异于说，只有优良道德所倡导的行为才是真正应该的、真正道德的，才真正具有正道德价值；而恶劣道德所倡导的行为，真正讲来，则具有负道德价值，是不应该、不道德的。因此，只有遵守优良道德的行为及其所形成的美德才真正具有正道德价值，才是真正应该的、道德的；而遵守恶劣道德的行为及其所形成的美德，真正讲来，则具有负道德价值，是不应该的、不道德的。

试想，遵守"君君臣臣"的恶劣道德的做忠臣和明君行为及其所形成的美德，岂不直接违背"政治自由"和"政治平等"道德原则、最终违背道德终极标准"增进每个人利益"？岂不具有负道德价值因而是不应该、不道德的？反之，只有遵守"应该民主"优良道德的民主行为及其所形成的美德，才因其直接符合"政治自由"和"政治平等"道德原则、最终符合增进每个人利益之道德终极标准，而真正具有正道德价值，从而才是真正应该的、道德的。所以，秦桧不遵守道德规范的欺君行为及其恶德，固然完全不道德、完全不应该和完全具有负道德价值；夏桀商纣不遵守道德规范的昏君暴君行为及其恶德，固然完全不道德、完全不应该和完全具有负道德价值；但岳飞遵守"应该忠君"恶劣道德的忠君行为及其美德，真正讲来，也不道德、不应该和具有负道德价值；尧舜禹遵守"应该做明君"恶劣道德的做明君的行为及其美德，真正讲来，也不道德、不应该和具有负道德价值；只有诸如华盛顿等遵守"应该民主和自由"优良道德的行为及其美德才是真正道德的、真正应该的和真正具有正道德价值的。

但是，如果说遵守恶劣道德所形成的美德实际上具有负道德价值因而是不道德的，那么，它怎么还能够是美德呢？美德就是遵守道德的品德：它怎么还能是不道德的呢？岂不是只有不遵守道德的行为才是不道德的吗？原来，每一种遵守恶劣道德的行为及其所形成的美德，就其自身来说，虽然具有负道德价值因而是不道德的；但是，遵守这些恶劣道德的行为及其品德总和——在没有优良道德的情况下——却能够保障社会存在发展的效果，从而具有莫大的正道德价值。试想，遵守"忠君"、"明君"、"君君臣臣父父子子"、"三纲"、"三从"、"女人应该裹小脚"、"存天理灭人欲"、"饿死事小、失节事大"等恶劣道德的行为及其所形成的美德，虽然就其自身来说统统具有负道德价值，统统是不应该的；但是，遵守这些恶劣道德的行为及其品德之总和却能够保障社会存在发展。因为没有道德，社会必定崩溃；而有了道德，哪怕是极其恶劣的道德，社会也能够存在发展。恶劣道德既然能够保障社会存在发展，也就具有莫大的正道德价值；这种莫大的正道德价值当然远远超过了它们各自自身所具有的负道德价值：这就是遵守恶劣道德的行为所形成的品德自身虽然具有负道德价值却仍然被叫作美德的缘故。

这样，遵守恶劣道德的行为及其所形成的美德，固然具有保障社会存在的效果从而具有莫大的正道德价值，但就其自身来说，却具有相当大的不应有的负作用：遵守恶劣道德的行为及其所形成的美德，就其本身来说，是一种具有负道德价值、不应该、不道德的行为和美德。所以，遵守恶劣道德所形成的美德乃是一种具有不应有的负作用和负道德价值的不纯粹的美德，是一种具有不必要和不应有的损害的美德，是一种具有不必要的恶的美德。

我们怎么能忘记，两千年来，吾国吾民遵守儒家的"君君臣臣"、"应该做明君和忠君"的恶劣道德的行为及其所形成的美德，固然保障了中国的存在和缓慢发展，却具有何等严重的不应有的负作用啊！它们不但极其严重地侵犯和剥夺了每个人的政治自由和政治平等权利，使每个人遭受政治奴役而发生政治异化；而且更因剥夺个人自由而使人们不能实现自己的创造性潜能——自由是每个人实现自己创造性潜能最根本的必要条件——从而必定使社会停滞不前！这就是中国自从罢黜百家独尊儒术以来一直踏步不前的最深刻的原因。由此观之，孔子岂非中国思想领域之第一罪人也？

相反地，遵守优良道德不具有任何不应有的负作用：遵守优良道德的行为及其所形成的美德，就其本身来说，也是一种具有正道德价值的、应该的、道德的行为和美德。所以，遵守优良道德所形成的美德不具有任何负道德价值的纯粹的美德，是一种不具有任何不必要和不应有的损害的美德，是一种不具有任何不必要的恶的美德。这样，遵守优良道德便不但能够保障社会存在发展，而且必定推动社会迅猛前进，极大地增进每个人利益。为什么文艺复兴以来西方把中国远远地甩到了后面？岂不就是因为文艺复兴终于使自由主义成为西方主流意识形态，从而倡导和遵守自由与民主之优良道德？遵守自由和民主之优良道德的行为及其所形成的美德，不仅保障了每个人的政治自由和政治平等权利，而且更因保障个人自由而使每个人可以实现自己的创造性潜能，从而必定使社会迅猛发展！由是观之，那种以为华盛顿的最伟大的功勋是使美国赢得了独立的观点，实在不当得很。殊不知，华盛顿的最伟大的功勋乃是他拒绝当皇帝而就任民主之总统，从而开创了美国的民主和自由的优良道德之传统，因而使美国迅猛发展而成为世界第一强国。否则，如果华盛顿当时顺从那些拥戴他做君主的军人们的意志，当了皇帝、君主，从而开创美国君君臣臣恶劣道德之传统，最终岂不必定使美国与中国一样停滞不前！那样一来，他虽然使美国独立而摆脱英国的统治，却使全国人民遭受本国一个君主之奴役！这样一来，他使美国赢得独立便不但不是什么最大功勋，岂不恰恰是他的莫大罪过？

可见，遵守恶劣道德的行为及其所形成的美德，固然能够保障社会存在，却必定给社会和每个人造成或大或小的不应有的损害，因而是一种具有或大或小的不应有的恶和害的不纯粹的美德；反之，遵守优良道德的行为及其所形成的美德不但能够保障社会存在发展，而且必定推动社会迅猛前进，极大地增进每个人利益，因而是一种不具有任何不应有的恶和害的、纯粹的善的美德。进言之：

遵守优良道德所形成的是一种纯粹善的美德：这种美德的善，说到底，乃是善的人性之实现，从而导致真正的善行。因为优良道德必定符合行为的道德价值，从而也就必定符合人性和道德终极目的（增进每个人利益）。这样，遵守优良道德所形成的美德，必定是善的人性之实现；因而遵守优良道德者所得到的，便不仅是美德，而且是善的人性，亦即使善的人性成为自己的人格。无疑，"己所不欲勿施于人"是一种优良道德。一个人遵守这一道德所形成的爱人和同情的美德，岂不就是善的人性（爱人之心和同情心等）之实现？这样，他遵守这一道德所得到的，便不仅是美德，而且是爱和同情心之善的人性，使爱和同情心这种善的人性成为自己的人格，从而导致仁义之善行。因此，郭象说："德者，得也，得其性也。"[①]

反之，遵守恶劣道德所形成的是具有不应有的恶和害的美德：这种美德的恶和害，说到底，乃是恶的人性之实现，从而导致真正的恶行。因为恶劣道德必定不符合道德价值，从而也就必定违背人性或道德终极目的。这样，遵守恶劣道德所形成的美德便往往是恶的人性之实现，因而遵守恶劣道德者所得到的，便不仅是美德，而且往往是恶的人性，亦即使恶的人性成为自己的人格，从而导致真正的恶行。举例说，希特勒帝国的"应该屠杀犹太人"显然是恶劣道德。纳粹分子遵守这一道德所形成的美德，岂不就是恶的人性（恨人之心、妒嫉心和复仇心等）之实现？这样，他们遵守这一道德所得到的，便不仅是美德，而且是恨人之心等恶的人性，使这种恶的人性成为自己的人格，从而导致真正的恶行。

因此，遵守优良道德和恶劣道德所形成的品德虽然都是美德，但遵守优良道德所形成的美德不但必定具有纯粹的正道德价值，同时还必定是善的人性之实现，从而必定导致真正的善行；反之，遵守恶劣道德所形成的美德不但必定具有负道德价值，而且往往伴随恶的人性之实现，从而导致真正的恶行。试问，人世间究竟还能有什么恶行，比遵守恶劣道德"应该屠杀犹太人"的美德所导致的恶行，更加恶毒？究竟还有什么恶行，比那个土著居民遵守恶劣道德"应该杀死一个远方部落的女子为死去的妻子找替身"的美德所导致的恶行，更加有害？究竟还有什么恶行，比遵守恶劣道德"女人应该裹小脚"的美德所导致的恶行，更加

---

① 郭象:《庄子注》。

可怕？究竟还有什么恶行，比遵守儒家的"君君臣臣父父子子"、"存天理灭人欲"和"饿死事小、失节事大"等恶劣道德的美德所导致的恶行，更加邪恶？这恐怕就是为什么鲁迅借狂人之口说儒家道德是一种"吃人"道德的缘故：恶劣道德或多或少必定都是导致恶行的"吃人"道德。当然，并非一切遵守恶劣道德的行为及其美德统统都导致吃人之大罪大恶。但是，毫无疑义，遵守恶劣道德的行为及其所形成的美德，必定具有负道德价值，因而必定是不道德的、不应该的。反之，遵守优良道德的行为及其所形成的美德，必定具有正道德价值，因而必定是道德的、应该的。所以，遵守优良道德的行为及其所形成的美德，就其道德价值来说，必定远远高于和大于遵守恶劣道德的行为及其所形成的美德：民主的美德，就其道德价值来说，岂不远远高于和大于忠君的美德？自由斗士的美德，就其道德价值来说，岂不远远高于和大于君主卫道士的美德？

仅仅这一点就已经足够意味着：只有在一个社会仅仅存在恶劣道德而并不存在否定它的优良道德之前提下，遵守恶劣道德所形成的品德才是美德，而违背恶劣道德所形成的品德才是恶德。因为，如果一个社会同时存在着相互否定的优良道德与恶劣道德，那么，遵守优良道德就意味着违背恶劣道德；反之亦然。这样，遵守优良道德所形成的美德远远高于和大于遵守恶劣道德所形成的美德的道德价值，便蕴涵着：如果一个人因为遵守优良道德而违背恶劣道德，那么，由此所形成的品德的净余额就是美德而不是恶德，他就是有美德的而不是有恶德的。反之，如果他因为遵守恶劣道德而违背优良道德，那么，由此所形成的品德的净余额就是恶德而不是美德，他就是有恶德的而不是有美德的。确实，如果岳飞的时代盛行着民主与专制的对立和斗争，如果秦桧是个自由的斗士，如果他欺君罔上是为了实现自由和民主，那么，秦桧就是因为遵守民主之优良道德而违背忠君之恶劣道德，他就是有美德的而不是有恶德的。反之，岳飞因遵守忠君的恶劣道德而违背民主之优良道德，就是有恶德而不是有美德的。岳飞的忠君是美德和秦桧的欺君是恶德，岂不就是因为他们所生活的社会仅仅存在着忠君之恶劣道德，而并不存在否定它的自由民主之优良道德？

这样一来，如果一个社会既存在恶劣道德又存在否定它的优良道德，那么，人们无疑应该遵守优良道德而背离恶劣道德，应该追求遵守优良道德所形成的美德而鄙弃遵守恶劣道德所形成的美德。可是，如果一个社会只存在恶劣道德而并没有否定它们的优良道德，那么，人们就应该老老实实地遵守恶劣道德，就应该老老实实地追求遵守恶劣道德所形成的美德吗？否！试想，如果人们都像岳飞那样老老实实、一心一意地遵守忠君之恶劣道德，那么，自由民主之优良道德岂不永无到来和实现之日？可悲两千年来儒家思想的统治竟然使吾国吾民与岳飞一样，一直认定不是做忠臣和明君，就是做奸臣昏君，要有美德便只能做忠臣和明君，而不知此外更有自由与民主之真正的美德和道德！有鉴于此，严复痛声疾呼："夫自由一言，真中国历古圣贤之所深畏，而从未尝立以为教者也！"[1]这就是那个令老黑格尔困惑不已的难题——为什么中国春秋战国时代的文化是那样辉煌灿烂，尔后两千年却一直踏步不前——之谜底：我们只知墨守儒家君君臣臣之恶劣道德，而未能寻求和确立自由与民主之优良道德。

因此，在任何情况下，人们都应该寻求否定恶劣道德的优良道德，都应该为优良道德取代恶劣道德而努力斗争：伦理学——关于优良道德的科学——的意义全在于此！当然，如果这种斗争还没有能够使优良道德得到社会认可，那么，人们还是应该遵守恶劣道德，还是应该拥有遵守这种恶劣道德所形成的美德。因为道德是社会所制定或认可的行为规范，没有得到社会认可的行为规范——不论这些规范如何优良——就仅仅是行为规范而并不是道德，更不可能是优良道德。所以，如果优良道德还没有得到社会认可，那么，社会就等于没有优良道

---

[1]　严复："论世变之亟"，《严复语萃》，华夏出版社，1993年，第69页。

德而仅仅存在恶劣道德。这样，在优良道德还没有得到社会认可的情况下，人们就应该遵守恶劣道德；否则，岂不就等于不遵守任何道德？那样一来社会岂不必定崩溃？这恐怕就是苏格拉底宁死也遵守在他看来无疑是恶劣的法律和道德——一切法律同时都是道德——而不逃生的缘故。

2 一全德、五主德和八达德

美德与恶德原本是品德的定义——品德是一个人长期遵守或违背道德的伦理行为所形成和表现出来的稳定的心理自我、道德人格或道德个性——的应有之义，因而虽是品德类型，却近乎品德定义：二者实乃品德的外延最广的类型。这样一来，二者便都需要进一步分类。那么，美德与恶德可以进一步分为哪些类型呢？

美德与恶德的定义告诉我们：美德是一个人的行为长期遵守道德所得到的结果，是已转化为一个人的人格和个性的应该如何的道德规范；而恶德是一个人的行为长期违背道德所得到的结果，是已转化为人格和个性的不应该如何的道德规范。这就是说，品德（美德与恶德）与道德不过是存在于不同场合的同一东西：任何道德或品德，如"节制"、"放纵"、"谦虚"、"骄傲"、"勇敢"、"懦弱"等，究竟是"道德"还是"品德"，只能看它们存在于何处。如果存在于个体心中，已转化为个人的人格和个性，它们就是"品德"；如果存在于个体心外而并没有转化为个人的人格和个性，因而仅仅是外在于个人的人格和个性的社会规范，它们就是"道德"。因此，品德——美德与恶德——的类型与道德的类型便完全一致：品德的类型就是道德的类型。

我们知道，道德分为道德原则和道德规则：二者又都有普遍与特殊之分。特殊道德原则和特殊道德规则皆因社会不同而不同，因而多种多样、不胜枚举；它们都推导于普遍道德原则和普遍道德规则而仅仅适用于特定社会；它们在每个人的个性和人格中的实现显然算不上是人类的主要品德。人类的主要品德无疑是适用于一切社会的普遍道德原则和普遍道德规则在每个人的个性和人格中之实现。普遍道德原则分为道德总原则"善"与善待自我的道德原则"幸福"以及善待他人（主要是社会治理）的道德原则"正义"、"平等"、"人道"、"自由"、"异化"等七大原则；普遍道德规则主要是"诚实"、"贵生"、"自尊"、"谦虚"、"勇敢"、"节制"、"智慧"、"中庸"等八大规则：这十五种道德规范的内化便构成了人类的主要品德。

　　道德总原则"善"在一个人的人格和个性中的内化或实现，无疑是一切美德的总汇，是一种完全的美德，我们不妨借用中国道家和西哲亚里士多德的用语，而称之为"全德"。但是，道家所谓的"全德"是指隐士的美德，亚里士多德的"全德"是指正义的美德，因而我们是用其词而异其指也。相应地，不道德总原则"恶"在一个人的人格和个性中的内化或实现，则是一切恶德的总汇，是一种完全的恶德。不过，道德总原则"善"并非一个单一原则，而是由三大原则——无私利他、为己利他和单纯利己——构成的道德原则体系：无私利他亦即所谓仁爱，是最高的善原则，是至善；为己利他是基本的善；单纯利己亦即勿害人，是最低的善，是道德底线的善。相应地，不道德总原则"恶"也是由三大原则——纯粹害他、损人利己和单纯害己——构成的道德原则体系：纯粹害他是最高的恶原则，是至恶；损人利己是基本的恶；单纯害己，是最低的恶，是道德底线的恶。这样一来，无私利他或仁爱在一个人的人格和个性中的内化或实现，便是最高的美德，是至德；为己利他在一个人的人格和个性中的内化或实现，便是基本的美德，是枢德；勿害人在一个人的人格和个性中的内化或实现，便是最低的美德，是底线美德，是底德。反之，"纯粹害他"在一个人的人格和个性中的内化或实现，则是最高的恶德，是至恶；"损人利己"在一个人的人格和个性中的内化或实现，则是基本的恶德，是枢恶；"单纯害己"在一个人的人格和个性中的内化或实现，是最低的恶德，是底线恶德，是底恶。

普遍道德原则——"正义"、"平等"、"人道"、"自由"、"异化"和"幸福"——在一个人的人格和个性中的内化或实现，可以借用古希腊和基督教的用语而称之为"主德"。古希腊所谓"四主德"是"正义"、"节制"、"智慧"和"勇敢"；基督教的"三主德"是"信"、"望"、"爱"：两者结合起来被称作"七德"。所以，我们虽用其词而并不完全同其所指。"正义"、"平等"、"人道"与"自由"是善待他人的四大道德原则，主要是国家治理和国家制度好坏的价值标准，因而四者在一个人的人格和个性中的内化或实现，乃是善待他人的美德，主要是国家治理的美德，是国家治理者的四大美德，可以称之为"国家治理四大主德"。反之，"不正义"、"不平等"、"不人道"和"异化"四大不道德原则在一个人的人格和个性中的内化或实现，则是对待他人的恶德，主要是国家治理的恶德，是国家治理者的四大恶德，不妨称之为"国家治理四大恶德"。

与"正义"、"平等"、"人道"、"自由"四大道德原则相对立，"幸福"是善待自我的道德原则。这一道德原则当然不是指一个人事实上是否幸福；并不是指幸福的人就是有美德的，而不幸的人就是无美德的：幸福之为道德原则显然是指一个人应该如何追求幸福。按照这一原则，一个人要求得幸福，首先应当使自己"对幸福的认识与幸福的客观本性相符"，这是追求幸福的正确的"认识原则"；其次应该使"对幸福的选择与自己的才、力、命、德一致"这是追求幸福的正确的"选择原则"；最后应当使"求幸福的努力与修自己的德性相结合"，这是追求幸福的正确的"行动原则"。诸如此类"应该如何追求幸福"的道德原则在一个人的人格和个性中的内化或实现，就是善待自我的主要美德，就是善待自我的主德。反之，违背这些幸福道德原则的人格和个性，则是对待自我的主要恶德。

普遍道德规则——"诚实"、"贵生"、"自尊"、"谦虚"、"勇敢"、"节制"、"智慧"和"中庸"——在一个人的人格和个性中的内化或实现，可以借用儒家用语而称之为"达德"。《礼记·中庸》曰："知、仁、勇三者，天下之达德也。"所以，我们这里也是用其词而并不完全同其指。"诚实"、"贵生"、"自尊"、"谦虚"、"勇敢"、"节制"、"智慧"和"中庸"八种道德规则在一个人的人格和个性中的内化或实现，是八种普通而重要的美德，可以称之为"八达德"。反之，"欺骗"、"轻生"、"自卑"、"骄傲"、"怯懦"、"放纵"、"愚蠢"和"偏执"在一个人的人格和个性中的内化或实现，则是八种普通而重要的恶德，可以称之为"八恶德"。

总而言之，有多少道德，就有多少美德和恶德：道德无穷无尽，美德和恶德也无穷无尽。但是，要言之，这些美德——恶德是美德的反面——可以归结为一全德（善德）、五主德（正义美德、平等美德、人道美德、自由美德和幸福美德）和八达德（诚实美德、贵生美德、自尊美德、谦虚美德、勇敢美德、节制美德、智慧美德和中庸美德）。这就是品德的主要类型。这些类型的美德和恶德显然不难理解；难以理解的，乃是根据这些品德所对待的对象而进一步将它们分为"道德德性（亦即对待他人的品德）"与"非道德德性（亦即对待自我的品德）"两大类型。

3 对待自我的品德与对待他人的品德：道德德性与非道德德性

这一令人困惑的分类源于亚里士多德。他一再说："德性分为两类：智力的与道德的。"[①]"智力的德性，如智慧、明智和谨慎；道德的德性，如慷慨与节制。"[②]不难看出，亚氏所谓智力德性，也就是如何善待自我的品德；而所谓道德德性，则是如何善待他人的品德。所以，主张回归亚里士多德美德理论的当代伦理学家迈克尔·斯洛特将德性分为"自我关注"（self-re-

---

[①] Aristotle: *Aristotle's Nicomachean Ethics*, translated with commentaries and glossary by Hippocrates G. Apostle, Grinnell, Iowa: Peripatetic Press, 1984, p. 21.

[②] Ibid., p. 20.

garding）和"关注他人"（other-regarding）两大类型："诸如仁慈等德性无疑属于关注他人类型；而刚毅则属于自我关注类型。"①

确实，品德可以分为善待自我和善待他人两大类型：善待自我的品德，如"智"或"智慧"或"明智"、"节制"或"自制"、"自尊"、"谨慎"、"贵生"、"幸福"、"机敏"、"乐观"、"豁达"、"俭朴"等；而善待他人的品德，如"信"或"诚实"、"正义"、"平等"、"人道"、"慷慨"、"仁慈"、"谦虚"、"宽恕"、"同情"、"报恩"、"爱人"、"忠"、"孝"、"礼"、"义"等。问题在于，这两大类型德性是否都是道德德性？

亚里士多德的回答是否定的。在他看来，只有善待他人的德性才是道德德性；而善待自我的德性则是非道德德性。所以他称前者为伦理德性、道德德性，称后者为智力德性、非道德德性。当代西方美德伦理学家斯洛特也认为关注、善待自我的德性不是道德德性，而是"可赞赏的"（admirable）德性："一种有用或有利行为者自己的行为，并不是道德上的善或具有道德价值。但是我们可以赞赏这种行为，称之为'可赞赏的'，认为它是自我关注的德性的一个例证。"②这样，按照西方亚里士多德所开创的美德伦理学传统，品德便分为道德德性与非道德德性两大类型：道德德性就是如何对待他人的品德，而非道德德性则是如何对待自己的品德。

然而，如果关注、善待自我的德性不是道德上的德性，那么，"德性"概念也就是个超道德的、非道德的、无所谓道德不道德的中性概念。所以，斯洛特主张以中性的概念"可赞赏性"（admirability）和"优良"（vertue）来取代具有道德含义的"德性"、"品德"概念："利他和利己的品质及行为都是可赞赏的或优良的……我所要阐释的美德伦理学将特别地放弃道德上的德性概念，而代之以诸如'可赞赏性'和'优点'的中性德性概念。"③斯洛特此见符合亚里士多德本意。因为亚氏确实把"德

---

① Michael Slote: *From Morality to Virtue*, New York: Oxford Uniyersity Press, 1992, p. 105.

② Ibid, p. xvi.

③ Ibid.

性"理解为"优良"、"可赞赏性"等中性的概念："我们用'德性'一词来称谓那些值得赞赏的特性。"[①]"德性就是那种优秀的良好的状态：不但自身良好而且具有良好的功能。例如眼睛的德性，就不但使眼睛好而且还使它的功能好。"[②]

可见，如果善待自我的德性不是道德上的德性，那么，"德性"就是"优良"、"可赞赏性"，就是超道德的、非道德的、无所谓道德不道德的中性概念。这就与我们关于德性的定义——品德是一个人的道德人格，是一个人长期的伦理行为所形成和表现出来的稳定的心理状态，是一个人长期遵守或违背道德的行为所形成和表现出来的心理自我——发生了矛盾。因为按照这一定义，品德或德性便必定都关涉道德行为，便必定都是道德德性、道德品质、道德人格；那些只关涉行为而不关涉道德行为的心理自我，则只能是人格、品质，而绝不可能是德性或品德：德性与道德德性是同一概念。那么，善待自我的德性究竟是不是道德德性？如果善待自我的德性是道德德性，那么亚氏便是错误的，而我们的德性定义便是正确的，德性便是品德，亦即道德品质、道德人格或道德个性：德性与道德德性是同一概念。如果善待自我的德性不是道德德性，那么，我们的德性定义就是错误的，而亚氏的德性定义便是正确的，"德性"便是"优良"、"可赞赏性"等中性的概念。

细究起来，不难看出：善待自我的德性是不是道德德性，完全取决于如何理解道德最终目的。因为道德最终目的，如前所述，乃是衡量一切行为是否道德的终极标准：所谓道德德性也就是有关（符合或违背）道德最终目的的德性；而非道德德性则是与道德最终目的无关的德性。那么，善待自我的德性是否与道德最终目的有关？

道德之最终目的、道德终极标准，如前所述，是"增加社会和每个

[①] Aristotle: *Aristotle's Nicomachean Ethics*, translated with commentaries and glossary by Hippocrates G. Apostle, Grinnell, Iowa: Peripatetic Press, 1984, p. 20.

[②] Ibid., p. 27.

人的利益总量"。准此观之，善待自我的德性与道德最终目的显然是有关的：利己的、善待自我的德性，如节制和自尊，与道德最终目的完全相符，因而是应该的、善的德性；反之，害己的、恶待自我的德性，如放纵和自卑，则与道德最终目的完全相违，因而是不应该的、恶的德性。因为所谓社会和每个人的利益总量，也就是他人与自己的利益总量。利己、善待自己增进了自己的利益，也就增进了自己和他人的利益总量，因而符合道德最终目的、道德终极标准；害己、恶待自己减少了自己的利益，也就减少了自己和他人利益总量，因而不符合道德最终目的、道德终极标准。

进言之，利己仅仅直接说来才是单纯的利己；而间接说来则同时也都是利他、都有利社会和他人。反之，害己仅仅直接说来才是单纯害己；而间接说来则同时也都是害他、都有害于社会和他人。试想，如果每个自我都是健康的，那么，社会岂不就是个健康的社会？反之，如果每个自我都是病夫，那么，社会岂不就是个病夫的社会？如果每个自我都获得自由，因而充分发挥自己的个性和创造性潜能从而成为一个可能成为的最有价值的人，那么，社会岂不就是个最大限度繁荣富强的社会？反之，如果每个自我都最大限度地害己：自杀身亡，那么，还有什么社会的存在发展？所以，在论及仅仅关涉自我的品德的利害效用时，菲利帕·福特这样写道："勇气、节制和智慧不仅有利于这些美德的所有者自己，而且有利于他人；反之，诸如骄傲、虚荣、庸俗、贪婪等道德缺陷不仅有害于这些缺陷的所有者自己，而且也有害于他人——虽然这些利害的主要承受者也许是前者。"[1]

可见，利己的、善待自我的德性，如"智"或"智慧"或"明智"、"节制"或"自制"、"自尊"、"谨慎"、"贵生"、"幸福"、"机敏"、"乐观"、"豁达"、"俭朴"等完全符合道德最终目的、道德终极标准"增加

---

[1] Fhilippa Foot: *Virtues and Vices*, University of California Press, 1978, p. 3.

全社会和每个人利益总量"，因而都是应该的、善的、道德的德性。这是毫不奇怪的。因为任何德性都是一个人长期的道德行为所形成和表现出来的稳定的心理状态，都必定都关涉道德行为，必定都是道德德性、道德品质、道德人格，而根本不存在什么非道德德性：德性与道德德性是同一概念。所以，亚里士多德以来的美德伦理学将德性分为道德德性与非道德德性的观点是错误的。可是，究竟为什么亚里士多德会误以为善待自我的德性是非道德德性，而只有善待他人的德性才是道德德性？

原来，与儒家、基督教和康德的义务论相似，亚里士多德也误认为道德最终目的并不是增进每个人的利益，而是完善每个人的品德，实现人之所以异于禽兽、人之所以为人者："德性的目的是高尚"。[①]这样一来，无疑只有善待他人的德性因其是品德的高尚境界、符合使人的品德达于完善的道德之目的，从而才是道德的、善的；而善待自我的德性，则都因其不是品德的高尚境界，而与为了使人的品德达到完善的道德之目的无关，从而都不是道德德性。所以，以为善待自我的德性不是道德德性、而唯有善待他人的德性才是道德德性的观点，不过基于对道德最终目的的误解而已，说到底，不过是一种义务论的谬论而已。

虽然善待自我与善待他人都是道德德性，但它们的等级显然是不同的：后者是高尚的德性，是高级的德性，是公德，是大德；而前者则不是高尚的德性，而是低级的德性，是私德，是小德。因为孤独的个人活动是不需要道德、不会产生道德的；道德是社会需要的产儿：道德最终目的是保障社会存在发展，从而增进每个人利益。善待他人，乃是利社会和他人；善待自我，则只是利自己一个人。诚然，善待他人往往也是利一个他人。但是，利一个他人与利一个自己的道德效用、道德价值根本不同。因为我若利一个他人必然直接有利于社会风习、社会秩序、社会的存在发展，从而也就有利于每个人。所以，善待他人不论是利社会

---

① 《亚里士多德全集》第八卷，苗力田等译，中国人民大学出版社，1992年，第267页。

还是利他人，都直接有利于社会和每个人。

反之，善待自我一个人与社会、他人却没有直接关系，而只可能间接有利社会和他人；善待自己一个人直接有利的仅仅是社会和每个人之中的一个人：他自己。对于道德最终目的——保障社会存在发展从而增进每个人利益——的效用来说，直接有利于社会显然远远高于、大于、多于间接有利于社会；有利于每个人显然远远高于、大于、多于有利于一个人：善待他人的道德价值远远多于、大于、高于善待自我的道德价值。所以，达尔文在谈及道德标准的高级与低级性质这样写道：

"人们通常容易区别道德标准之高低。高级的标准基于社会本能而关涉他人的福利，并为同伴的赞许和理智所支持。低级的标准则主要关涉自我本身。"①

纵观品德类型可知，品德或德性是一个人长期遵守或违背道德的行为所形成和表现出来的心理自我：长期遵守道德的行为所形成和表现出来的心理自我叫作美德，而长期违背道德的行为所形成和表现出来的心理自我叫作恶德。因此，品德或德性必定都是道德德性：品德、德性、道德品质、道德德性是同一概念；它分为一全德、五主德和八达德，进而分为善待自我的品德和善待他人的品德：善待他人的品德是高级的高尚的品德，而善待自我的品德则是低级的、起码的品德。可是，究竟为什么一些人会长期遵守道德从而具有美德？反之，另一些人为什么会长期违背道德从而具有恶德？一个人究竟为什么应该具有美德而不应该具有恶德？这就是品德本性之难题，亦即今日西方美德伦理学的根本问题：一个人究竟为什么是道德的？

---

① Charles Darwin: *Descent of Man and Selection in Relation to Sex*, London: John Murray, 1922, p. 187.

第三十四章　品德本性

本章提要

　　德富律——国人品德与经济的内在联系：一个国家的经济发展越快，物质财富增加得越多，对于这些物质财富的分配越公平，国人的物质需要的相对满足的程度便越充分，因而做一个好人的道德需要和欲望便越多，国人的品德便越良好高尚。**德福律——国人品德与政治的内在联系**：一个国家的政治越正义，国人的德福便越一致，他们做一个有美德的人的动力便越强大，他们做一个有美德的好人的道德愿望便越强大，他们善的动机便越强大以致能够克服恶的动机，能够克服实现善的动机的内外困难，他们的道德意志便越强大，他们的品德便越良好高尚。**德识律——国人品德与文化的内在联系**：一个国家的文化越发达，该国国人普遍的认识水平便越高，国人普遍的道德认识水平便越高，国人的品德便越良好高尚。**德道律——国人品德与道德的内在联系**：一个国家所奉行的道德越优良，它给予每个人的压抑和损害便越少，而给予他的利益和快乐便越多，于是，国人遵守道德从而做一个有美德的人的动力、动机、道德欲望和道德意志便越强大，因而他们的品德便越良好高尚；道德越优良，与行为的客观本性便越相符，便越易于被人们实行，从而人们实行道德的行为便越多，国人的品德便越良好高尚。

一　品德性质：为什么是道德的?

1　品德价值

　　当我们深入探究一个人为什么长期遵守或违背道德从而具有美德或恶德时，将会发现，这原本是由美德和恶德的价值——美德和恶德对于其拥有者都既是一种"利"或"善"同时又是一种"害"或"恶"——所决定的。因为所谓善与恶，显然既包括道德善恶，又包括非道德善恶，因而其内涵并不具有道德意蕴："善"与"利"、"利益"大体是同一概念，而与"好"和"正价值"完全是同一概念，就是客体有利于主体的需要、欲望和目的效用性；"恶"与"害"大体是同一概念，而与"坏"和"负价值"则完全是同一概念，就是客体有害于主体的需要、欲望和目的的效用性。所以，罗素说："当一个事物满足了愿望时，它就是善的。或者更确切些说，我们可以把善定义为愿望的满足。"[①]不过，罗素这一真知灼见早在两千年前就已经被孟子极为精辟地概括为五个字："可欲之谓善。"[②]

　　诚然，孟子与罗素的定义面临着一个难题：偷盗欲望的满足是善吗？偷盗欲望的满足岂不明明是恶吗？是的！答案应该是一种双重的肯定：偷盗愿望的满足既是善又是恶，既是一种非道德善同时又是一种道德恶。因为善恶乃是一切事物对于任何主体的需要、欲望、目的的效用性；而道德善恶则是善恶的下位概念，仅仅是行为对于道德主体（社会）创造道德的需要、欲望、目的——亦即保障社会存在发展和增进每个人

[①]　罗素：《伦理学和政治学中的人类社会》，肖巍译，中国社会科学出版社，1992年，第66页。
[②]　《孟子·告子下》。

利益——的效用性。这样一来，道德善恶与非道德善恶便可能是不一致的。偷盗欲望的满足当然是善，因为任何欲望的满足都是善。但是，这种善是一种非道德善，因为它仅仅对于偷盗者来说才是善：它是偷盗者偷盗欲望的满足。偷盗欲望的满足不是道德善，相反地，恰恰是一种道德恶。因为偷盗欲望的满足无疑有害于社会存在发展，违背社会创造道德的需要、欲望、目的，因而是一种道德恶。所以，偷盗愿望的满足是恶，只是因为它违背、损害了社会创造道德的需要、欲望、目的，而并不是因为它满足了偷盗者的愿望；就它满足了偷盗者的愿望来说，它并不是恶，而是善。因此，任何欲望的满足都是善，任何欲望的违背、压抑和损害都是恶：偷盗等欲望及其满足是恶，并未否定"善是欲望的满足"之定义。[①]

从此出发，可知美德和恶德对于它们的拥有者同样都既是善又是恶。因为道德与法律一样，就其自身来说，不过是一种行为规范，是对人的某些欲望和自由的限制、约束、压抑、侵犯，因而是一种害和恶；但就其结果和目的来说，却能够防止更大的害和恶（社会崩溃）和求得更大的利和善（社会的存在发展），因而是净余额为利的害，是净余额为善的恶，是必要的恶："必要的恶"就是净余额为利的害，就是净余额为善的恶，就是能够求得更大的利或防止更大的害的害；就是能够求得更大的善或防止更大的恶的恶。

不难理解，法律是必要的恶。这一理解的经典，便是边沁的那句名言："每一则法律都侵犯了自由。""每一条法律，"伯林进而解释说，"在我看来都减少了某些自由，虽然它可能意味着增进了另一些自由。它是否增进了可得到的自由总量，当然取决于具体情况。甚至一条规定'任何人在一定范围内都不可强迫他人'的法律，虽然很明显地增进了大多数人的自由，却也'侵犯'了潜在的暴徒和警察的自由。这种情况下的

[①]　详见第五章"元伦理学概念：善"。

'侵犯'固然极其正当，但它仍然是一种'侵犯'。"[1]

然而，道德也如此吗？是的。因为，一般说来，一切法律规范同时也都是道德规范。伯林所举证的"每个人在一个特定的范围内，都不能对别人施加强制力"岂不既是法律规范同时也是道德规范？"不可滥用暴力"、"不可杀人"、"不可伤害"、"不可盗窃"、"抚养儿女"、"赡养父母"等岂不都既是法律规范同时也是道德规范？如果说"不可滥用暴力"作为法律规范限制、约束、侵犯了警察的自由，那么，它作为道德规范岂不也同样限制、约束、侵犯了警察的自由吗？道德与法都是对人的行为的规范、限制、约束，因而也就都是对人的某些（亦即那些被认为是具有负社会效用的）自由和欲望的压抑、阻遏、侵犯。

只不过，就法律和道德所借以实现的力量来说，道德比法对人的自由和欲望的压抑和侵犯较轻：法是一种权力侵犯，是暴力强制和行政强制的侵犯；而道德则是一种非权力侵犯，是思想教育和舆论强制的侵犯。但是，如果就法律和道德所侵犯的行为来说，道德则比法对人的自由和欲望的侵犯较多。因为法仅仅约束人的具有重大社会效用的欲望和自由，道德则约束人的一切具有社会效用的欲望和自由；法仅仅要求勿害人，道德则还要求自我牺牲："法是道德的最低限度"。所以，对于每个人的欲望和自由的限制和侵犯，道德并不比法律小；因而道德与法律同样，就其自身来说，是一种恶。我们同样可以说："每一则道德都侵犯了自由"、"每一则道德都压抑了欲望"、"每一则道德都是一种必要恶"。

但是，美德也是如此吗？是的。因为"美德"与"道德"，如上所述，都是一种应该如何的行为规范："道德"是外在规范，是未转化为个体内在心理和道德人格的社会规范；而"美德"则是内在规范，是已经转化为个体内在心理和道德人格的社会规范。所以，美德与道德一样，就其自身来说，也是对人的某些欲望和自由的限制、约束、压抑、侵犯，

---

[1]　Isaiah Berlin: *Four Essay on Liberty*, New York: Oxford University Press, 1969, p. xlix.

因而也是一种害和恶："每一种美德都压抑了欲望"、"每一种美德都侵犯了自由"。然而，究竟有没有不侵犯自由、不压抑欲望的道德和美德？

没有。因为道德和美德无非两类：高级的或善待他人的与低级的或善待自己的。善待他人的道德和美德，如"大公无私"、"自我牺牲"、"报恩"、"同情"、"爱人"、"诚实"、"慷慨"等，压抑的是利己的欲望而实现利他的欲望、侵犯的是利己的自由而实现利他的自由，因而是害己以利他，属于无私利他、自我牺牲的道德和美德境界。反之，善待自己的道德和美德，如"节制"、"正义"、"贵生"、"幸福"、"谨慎"、"豁达"、"平和"等，压抑的则是某些利己欲望（如，不理智的欲望），而实现另一些利己欲望（如，理智的欲望）；侵犯的是某些利己的自由，而实现另一些利己的自由；因而都属于以害己或利他的手段达到利己目的的单纯利己或为己利他的道德和美德境界。所以，道德和美德无不压抑欲望、侵犯自由、损害自我利益。只不过，道德和美德所要求的境界越高，对自己的自由和欲望等利益的侵犯便越重；道德和美德所要求的境界越低，对自己的自由和欲望等利益的侵犯便越轻罢了。

如果美德就其自身来说，是对于拥有美德的人的欲望和自由的压抑、侵犯，因而是一种害和恶，那么，推此可知：恶德就其自身来说，必定是对于拥有这种恶德的人的欲望和自由的解放、实现，因而是一种利和善。只不过，美德对于每个拥有美德的人，不仅仅是害或恶，而且必定能够导致更大的利或善，因而是一种净余额为利的害，是一种净余额为善的恶，是一种必要恶，说到底，也就是一种真正的利和善。反之，恶德对于每个拥有恶德的人，不仅仅是利和善，而且必定导致更大的害或恶，因而是一种净余额为害的利，是一种净余额为恶的善，说到底，是一种真正的害和恶。

不难理解，"节制"、"贵生"、"谨慎"、"刚毅"、"自尊"、"智慧"等善待自我的美德，就其自身来说，固然压抑、侵犯了自我的某些欲望和自由；但是，这种压抑和侵犯却能够，一方面，防止自我的更大的欲望和自由的被压抑、被损害；另一方面，则可以求得自我更大的欲望和自由之实现；因而其净余额是利和善，是一种必要的害和恶，是一种真正的利和善。反之，"放纵"、"轻生"、"任性"、"自暴自弃"等对待自我的恶德，就其自身来说，固然解放、实现了自我的自由和欲望；但是，这种解放和实现，一方面会导致自我的更大的欲望和自由的被压抑、被损害；另一方面则会阻碍自我的更大的欲望和自由的实现；因而其净余额是害和恶，是一种得不偿失的利和善，说到底，是一种真正的害和恶。

　　先拿"节制"和"放纵"来说。显然，"节制"的美德压抑、侵犯的仅仅是自己的不理智的欲望，如沉溺酒色等。但是，通过这种压抑和侵犯，一方面显然可以防止诸如生命、健康、名誉、事业等自己的更重要的欲望和自由的被损害、被压抑、被阻碍；另一方面，则正如梅林德所言，可以实现自己的更重要的、符合理智的欲望和自由，如实现自己的创造潜能而成为一个可能成为的最有价值的人等。[①] 这样，就"节制"美德的净余额来说，便是一种利和善而不是害和恶，因而便是一种必要恶，便是一种真正的利和善。反之，"不节制、放纵"的恶德解放或实现的仅仅是自己的不理智的欲望和自由，如吸毒、淫荡、吃喝嫖赌等。但是，这种解放和实现，一方面会导致诸如生命、健康、名誉、事业等自己的更重要的欲望和自由的被损害；另一方面，则会丧失实现自己的更重要的、符合理智的欲望和自由，如建功立业、著书立说和实现自己的创造性潜能等。因此，就"放纵"恶德的净余额来说，便是一种害和恶而不是利和善，因而便是一种真正的害和恶。

　　其他对待自我的美德与恶德亦然。试想，"贵生"的美德压抑的岂不仅仅是自己不良生活方式的欲望和自由，如饮食无节、起居无常、纵欲无度等？但通过这种压抑，岂不是可以实现价值更大的欲望和自由：防

① Gilbert C. Meilaender: *The Theory and Practice of Virtue*, Louisiana: University of Notre Dame Press, 1984, p. 6.

止早逝而求得长寿？反之，"轻生"的恶德解放的岂不仅仅是自己的饮食无节、起居无常等不良生活方式的欲望和自由？但这种解放岂不是会牺牲自己的价值更大的欲望和自由：健康长寿？"自尊"的美德压抑的岂不仅仅是自己不思进取、自暴自弃等不良的欲望和自由？但通过这种压抑，岂不是可以实现价值更大的欲望和自由：有所作为、取得成就？反之，"自卑"的恶德解放的岂不仅仅是自己的不思进取、自暴自弃等不良欲望和自由？但这种解放岂不是会牺牲自己的价值更大的欲望和自由：建功立业、出人头地？"智慧"——一个人智慧的大小显然与其学习的努力程度成正比——的美德压抑的岂不仅仅是自己不努力学习的欲望和自由？但通过这种压抑，岂不是可以实现价值更大的欲望和自由：富有智慧和获得成功？反之，"愚蠢"的恶德解放的岂不仅仅是自己的不努力学习的欲望和自由？但这种解放岂不是会牺牲价值更大的欲望和自由：富有智慧和获得成功？

至于善待他人的美德，如"无私利他"、"正义"、"报恩"、"同情"、"爱人"、"诚实"、"慷慨"等，对自己的自由和欲望等利益的侵犯和压抑无疑更为严重：它们压抑的是利己的欲望而实现利他的欲望、侵犯的是利己的自由而实现利他的自由。但是，一方面，它们所能够防止被压抑、被损害的自我的欲望和自由也更为巨大；另一方面，它们所能够实现的自己的欲望和自由也更为巨大。因为人是个社会动物，每个人的生活都完全依靠社会和他人：他的一切利益都是社会和他人给的。所以，能否得到社会和他人的赞许和给予，便是他一切利益中最根本最重大的利益。不言而喻，能否得到社会和他人的赞许和给予之关键，在于他的善待他人的品德如何：如果社会和他人认为他品德好，认为他为社会和他人贡献了利益和快乐，那么，他便会得到社会和他人的赞许、赏誉，便会得到他可能从社会和他人那里得到的一切；反之，则会受到社会和他人的谴责、惩罚，便会失去他可能从社会和他人那里得到的一切。于是，说到底，一个人是否有善待他人的美德，正如孟子所言，乃是他一切利益中最根本的利益:"夫仁,天下尊爵也,人之安宅也。莫之御而不仁,是不智也。"①

可见,善待他人的美德对自己的自由和欲望等利益的侵犯和压抑虽然更为严重,但是,它们却能够求得更大的利或善(社会和他人的赞许、赏誉),和防止更大的害或恶(社会和他人的唾弃、惩罚),因而净余额是更大的善和利,是更加必要的恶和害,说到底,便是一种更大的、真正的利和善而非害和恶。反之,对待他人的恶德,如"忘恩负义"、"临阵脱逃"、"损人利己"、"贪污受贿"、"敲诈勒索"、"杀人越货"、"不正义"、"欺骗"等,对自己的自由和欲望等利益的解放和实现,比起对待自己的恶德来说,无疑更为重大:它们不但不压抑自己的任何自由和欲望,而且侵犯他人的利益以实现自己的自由和欲望。但是,不言而喻,它们却会导致更大的害或恶(社会和他人的唾弃、惩罚)和丧失更大的利或善(社会和他人的赞许、赏誉),因而净余额是更为巨大的害和恶,说到底,便是一种真正的、更大的害和恶,而绝不是什么利和善。

有鉴于此,雷切尔斯在总结善待他人与善待自己两种美德的价值时指出,这两种美德乃是人的成功的生活所必需的两种品质:"从最一般的标准来说,我们都是理智的和社会的生物,既需要也愿望与他人交往。所以,我们生活在朋友、家庭等团体之中,并且同样是公民中的一员。在这样的环境里,诸如忠诚、公平、和诚实品德对于成功地与他人相处是必需的。……从更为个别的标准来说,我们单独的生活可以包括从事一种特殊的工作和拥有一种特殊的利益——坚毅和勤奋便是重要的了。……结论是,尽管这些美德有所不同,却都具有这样的普遍价值:它们是人的成功的生活所必需的品质。"② 只不过,对于一个人的成功生活所必需的

---

① 《孟子·告子下》。

② Steven M. Cahn, Peter Markie: *Ethics: History, Theory and Contemporary Issues*, New York: Oxford University Press, 1998, pp. 675-676.

品质来说，善待自我是低级的品质，善待他人是高级的品质：后者远比前者更加重要。

纵观美德与恶德之价值可知，一方面，从质上看，美德就其自身来说，是对于拥有美德的人的欲望和自由的压抑、侵犯，因而是一种害和恶；但这种害和恶却能够避免更大的害和恶或求得更大的利和善，因而是一种净余额为利的害，是一种净余额为善的恶，是一种必要恶，说到底，也就是一种真正的利和善。反之，恶德就其自身来说，则是对于拥有这种恶德的人的欲望和自由的解放、实现，因而是一种利和善；但是，这种利和善却必定导致更大的害或恶，因而是一种净余额为害的利，是一种净余额为恶的善，说到底，是一种真正的害和恶。另一方面，从量上看，美德的境界越高，对自己的自由和欲望的侵犯、压抑固然越重，但它所能实现的自己的自由和欲望也越大，其净余额便是更大的利和善；美德的境界越低，对自己的自由和欲望的侵犯固然越轻，但它所能实现的自己的自由和欲望也越小，其净余额便是更小的利和善。反之，恶德的程度越重，对自己的欲望和自由的解放、实现固然越重，但它所导致的自己被损害的欲望和自由也越重，其净余额便是更大的害和恶；恶德的程度越轻，对自己的欲望和自由的解放、实现固然越轻，但它所导致的自己被损害的欲望和自由也越轻，其净余额便是更小的害和恶。这就是品德——美德与恶德——对于它的拥有者的效用，这就是品德——美德与恶德——之价值，这就是品德——美德与恶德——之最深刻本性。

2　品德目的

不难看出，美德与恶德的价值乃是破解今日西方美德伦理学的根本难题——一个人究竟为什么是道德的——的钥匙：美德与恶德的价值既是一个人为什么追求美德而避免恶德的原因，也是一个人为什么陷入恶德而背弃美德的原因。因为需要和欲望是引发每个人行为的原动力：每个人行为目的都不过是为了满足一定的需要和欲望而已。这就意味着，每个人的行为目的都是为了求善避恶、趋利避害。因为善就是需要和欲望的满足，利就是能够满足需要和欲望的东西；恶就是需要和欲望的遭受阻碍而不能得到满足，害就是阻碍满足需要和欲望的东西。所以，亚里士多德一再说：

"全部的知识和所有的目的都在于追求某种善。"[①] "一切技术和一切研究，并且同样地，一切行动和一切意图，都是以某种善为目标。"[②]

因此，一方面，一个人之所以追求美德而避免恶德，就是因为美德就其结果来说是善和利，而恶德就其结果来说是恶和害。试想，一个人追求"节制"的美德，说到底，岂不就是因为节制的结果可以实现自己的符合理智的欲望和自由，从而是一种利和善？他避免"放纵"的恶德，说到底，岂不就是因为放纵的结果必定会阻碍实现自己符合理智的欲望和自由，从而是一种害和恶？一个人追求"利人"的美德，说到底，岂不就是因为利人的结果会得到社会和他人的赞许、赏誉，从而是一种利和善？他避免"损人"的恶德，说到底，岂不就是因为损人的结果会受到社会和他人的谴责、惩罚，从而是一种害和恶？

另一方面，一个人之所以陷入恶德而背弃美德，就是因为恶德就其自身来说是利和善，而美德就其自身来说是恶和害。试想，一个人陷入"放纵"的恶德，说到底，岂不就是因为"放纵"就其自身来说是对自己不理智的欲望和自由，如吸毒、淫荡、吃喝嫖赌等的实现和解放，从而是一种利和善？他背弃"节制"的美德，说到底，岂不就是因为"节制"就其自身来说是对自己的不理智的欲望和自由的压抑，从而是一种害和恶？一个人陷入"损人"的恶德，说到底，岂不就是因为"损人"就其

---

① Aristotle: *Aristotle's Nicomachean Ethics*, translated with commentaries and glossary by Hippocrates G. Apostle, Grinnell, Iowa: Peripatetic Press, 1984, p. 3.

② Ibid., p. 1.

自身来说是对自己损人利己的欲望和自由的实现，从而是一种利和善？他背弃"利人"美德，说到底，岂不就是因为这种美德就其自身来说对自己损人利己的欲望和自由的压抑，从而是一种害和恶？

那么，一个人究竟应该追求和避免什么：美德还是恶德？答案无疑是：应该追求美德而避免恶德；不应该陷入恶德而背弃美德。因为恶德就其自身来说，固然是对欲望和自由的实现因而是一种利和善，但这种利和善却必定导致更大的害和恶，因而其净余额是恶和害，从而也就是一种真正的恶和害；反之，美德就其自身来说，固然是对欲望和自由的压抑因而是一种害和恶，但这种害和恶却能够避免更大的害和恶或求得更大的利和善，因而其净余额是利和善，从而也就是一种真正的利和善。

想想看，一个人岂不是应该追求"节制"的美德而不应该陷入"放纵"的恶德？因为"放纵"就其自身来说，固然是对自己吃喝嫖赌等不理智的欲望的解放，却必定阻碍自己建功立业等更重要的理智的欲望的实现，因而其净余额是恶和害；"节制"的美德就其自身来说，固然是对自己吃喝嫖赌等不理智的欲望的压抑，却能够实现自己建功立业等更重要的理智的欲望，因而其净余额是利和善。

想想看，一个人岂不是应该追求"利人"的美德而不应该陷入"损人"的恶德？因为"损人"的恶德就其自身来说，固然是对自己损人利己的欲望和自由的实现，却必定会导致更大的害或恶——社会和他人的唾弃、惩罚——因而其净余额是恶和害；反之，"利人"的美德就其自身来说，固然是对自己损人利己的欲望的压抑，却能够得到更大的利和善——社会和他人的赞许、赏誉——因而其净余额是利和善。

可见，恶德对于其拥有者的净余额是恶和害，因而是一种真正的恶和害；而美德对于其拥有者的净余额则是利和善，因而是一种真正的利和善。因此，一个人应该追求美德而不应该陷入恶德：恶德是一个人害己的最根本、最主要的原因，而美德则是一个人利己的最根本、最主要的手段。① 所以，巴姆（Archie J. Bahm）通过解析"一个人为什么应该是有美德的"难题而得出结论说：

"应该乃是一种迫使我们不得不选择的最为合算的利益。应该的根源就在于它是一种显然更大的利益。应该绝无其他根源。对于应该的根源可能有其他说明，但是，这种说明不论如何，都在某种程度上固有这样的见地：一个人应该做的，就是长久说来对他最有利的。"②

当一个人将美德作为他利己手段的时候，他是为利己而追求美德，他追求美德的目的不是美德自身，而是美德之外的他物——利益——所以，他处于"美德他律"的境界。但是，逐渐地，他便会因美德不断给他利益和快乐而日趋爱好美德、欲求美德，从而便会为了美德而求美德，使美德由手段变成目的，因而处于"美德自律"境界。因为爱就是对利益和快乐的心理反应：什么给我们利益和快乐，我们就会爱什么。我们为什么爱金钱呢？岂不就是因为金钱是我们获得利益和快乐的重要手段而不断给我们利益和快乐？但是，当一个人对于金钱的爱达到一定程度，他就会为了金钱而求金钱，从而使金钱由手段变成目的。这是谁都知道的事情。同理，美德是一个人利己的根本手段意味着：一个人的美德必定会不断给他带来利益和快乐，因而他必定会爱美德。他对于美德的爱

① 诚然，实际上，我们却看到很多人缺德却一生幸福，很多人有德却一生不幸。这一事实似乎推翻了"美德是一个人利己的根本手段"的观点。其实不然，因为如前所述，品德并非决定一个人幸福或不幸的唯一要素，而仅仅是一个要素；除了品德，决定一个人一生幸福或不幸的还有才、力、命诸要素。这样，一个人虽然缺德而必定有祸，但他天资高、努力大、机遇好等却给他远远超过因缺德所带来的祸的洪福，所以他虽缺德却一生幸福。反之，一个人虽有德而必定有福，但他天资低、努力小、机遇坏等却给他以远远超过他的德所带来的福的大祸，所以他虽有德却一生不幸。因此，缺德者的一生幸福并非是他的缺德的结果，而是他非品德条件的结果；反之，有德者的一生不幸也不是他的德行的结果，而是他的非品德条件的结果。如果他们只有品德不同而其余条件完全一样，那么，谁缺德便一定一生不幸，谁有德便一定一生幸福。所以，缺德而一生幸福或者有德而一生不幸仅仅表明缺德者其他条件好而有德者其他条件差，而绝没有否定美德是一个人获得幸福的根本途径，绝没有否定美德是一个人利己的根本手段。

② Archie J. Bahm: *Why Be Moral?*, New Mexico: Albuquerque World Books, 1992, p. xi.

达到一定程度，就必定会进入康德和儒家所盛赞的境界——为了美德而求美德，为了义务而尽义务，为了道德而道德——从而使美德由手段变成目的；就像他会爱金钱、欲求金钱、使金钱由手段变成目的一样。这个道理，穆勒曾有至今仍是最完善的论述，通过这些论述，他得出结论说："功用主义不但认为美德是达到最终目的之首选手段善，而且也承认这样一种心理事实，亦即美德可能成为一个人的最终目的：美德对于他来说是自身善、内在善或目的善，美德之外没有任何目的。"[①]

这样，我们就找到了今日西方美德伦理学难题——一个人究竟为什么是道德的——的答案：一个人之所以追求美德，正如巴姆所言，乃是因为他需要美德，他有美德的需要："为什么是道德的？因为这是你最想要的东西。也就是说，你想要的乃是对你最好的东西。美德就是在这种意义上的你最想要的东西。"[②]一个人的这种美德需要是"美德他律"和"美德自律"的双重需要：一方面，他的这种美德需要是一种美德他律的需要，他是把美德作为他的利己的手段的需要，他是为利己而求美德；另一方面则是美德自律的需要，是把美德作为目的的需要，他是为美德而求美德。这就是美德的双重目的，这就是"为什么是道德的"的双重原因。

不过，一个人最初只能有把美德作为手段的美德他律需要，而绝不会有把美德作为目的的美德自律需要。因为美德就其自身来说，只是对他的行为的规范、限制、约束，是对他的自由和欲望的压抑、阻遏、侵犯，因而对于他只是一种恶和害；美德只有就其结果来说，才能够防止他遭受更大的害或恶和使他求得更大的利或善，因而对于他才是一种利和善。所以，一个人最初只可能将美德自身——亦即恶和害——作为手段，以求得到美德的结果：利和善。只是到了后来，由于美德不断地给

---

① Robert Maynard Hutchins: *Great Books of the Western World*, Volume 43, *On Liberty*, London: John Stuart Mill, Encyclopaedia Britannica, Inc., 1980, p. 462.

② Archie J. Bahm: *Why Be Moral?*, New Mexico: Albuquerque World Books, 1992, p. x.

他带来利益、快乐和善，逐渐地，他才爱上了美德；这种爱积累到一定程度，他才会为了美德而求美德，从而有了将美德作为目的的需要。

因此，一个人把美德作为目的的美德自律需要，只能源于将美德作为手段的美德他律需要：以美德为目的、为美德而求美德的美德自律行为，只能源于以美德为手段、为利己而求美德的美德他律行为，只能源于利己。所以，一个人之所以追求美德，固然可能因为美德就是他的最爱，就是他的目的，他是为美德而求美德，是美德自律的；但是，说到底，却只能是美德他律的，只能是因为美德是他利己的根本手段，他是为利己而求美德和因利己而求美德：利己是美德的终极目的、终极原因和原动力。

总之，美德净余额是利和善而恶德净余额是恶和害，因而一个人应该追求美德而远离恶德：他应该为利己而求美德和为美德而求美德。但是，这样一来，依据人的行为目的必定都是为了求善避恶、趋利避害之本性，每个人岂不应该且必定追求美德而远离恶德？那样一来，岂不根本就不可能有陷入恶德而背弃美德之人？可是，我们为什么还到处看到，有那么多陷入恶德而背弃美德之人？人究竟为什么陷入恶德而背弃美德？

原来，恶德的净余额虽然是恶和害；但这种恶和害，只是恶德的结果而不是恶德自身：恶德自身乃是利和善。恶德自身是利和善，意味着：恶德只要存在便是一种利和善，恶德的存在过程——而不必等到结果出现——便是一种利和善，因而恶德的利和善是当下的、眼前的、近的、确实的。反之，恶德的结果是恶和害，则意味着：恶德的恶和害是尔后的、远的、不确实的。因为结果不但必定要经过一定的过程才能够达到，并且还会受多种因素影响，因而是不确实的。试想，"放纵"恶德的净余额固然是恶和害；但这种恶和害并不存在于放纵自身：放纵自身乃是自己的某些欲望——如吃喝嫖赌等——的实现，因而是利和善。放纵的恶和害只存在于其结果：放纵会导致身败名裂等恶果。放纵所导致的身败名裂等恶和害之结果，既然是结果，当然是要经过一定的过程才能出现，因而是尔后的、远的、不确实的。反之，放纵自身所实现的吃喝嫖赌等欲望之利和善，则显然是当下的、眼前的、近的、确实的。

这就是一个人陷入恶德的真正原因！他陷入恶德，是因为恶德虽然就其结果来说，会给自己带来更大的恶和害，但就其本身来说，却是对自己眼前的欲望和自由的解放和实现。这样，恶德对他虽然害多利少、恶多善少，但其利和善是眼前的、近的、确实的；而害和恶却是尔后的、远的、不确实的。一句话，为了当前的、近的、确实的利和善而不顾虽然更大但毕竟是尔后的、远的、不确实的恶和害：这就是一个人为什么陷入恶德的原因和目的。试想：

一个人为什么会去偷窃而陷入恶德？他知道，若被发现，便会身败名裂，便吃了大亏；但是，究竟能否被发现，是不确实的、尔后的、远的。可是，他偷窃所能够得到的利益，却是确实的、当下的、近的。所以，偷窃恶德之目的和原因，就在于为了享有偷窃所给予的眼前的、近的、确实的利益和快乐，而不顾偷窃所带来的虽然更大但毕竟是尔后的、远的、不确实的恶和害。一个人为什么放纵于烟酒而陷入恶德？他知道烟酒害大于利。但是，烟酒之害是尔后的、远的、不确实的；而烟酒给予他的快乐和利益却是眼前的、近的、确实的。所以，放纵烟酒的恶德之目的和原因，就在于为了享有烟酒所给予的眼前的、近的、确实的利益和快乐，而不顾烟酒所带来的虽然更大却毕竟是尔后的、远的、不确实的恶和害。

可见，一个人陷入恶德的目的和原因可，说到底，以概括为七个字"占小便宜吃大亏"：为了占有当前的、近的、确实的小利小善，而不顾尔后的、远的、不确实的大恶大害，为了眼前小利而不顾日后长远大害。反之，一个人追求美德的目的和原因，说到底，也可以归结为七个字"吃小亏占大便宜"：为了占有尔后的、远的、不确实的大利大善，而宁愿承受当前的、近的、确实的小恶小害，为了日后长远大利而忍受眼前小害。因此，一个人追求美德还是陷入恶德，说到底，乃是他有无智慧的结果和标志：陷入恶德是"占小便宜吃大亏"，得不偿失，显然是一种真正的愚蠢和不智，是愚蠢和不智的结果；反之，追求美德是"吃小亏占大便宜"，得大于失，无疑是一种真正的智慧，是智慧的结果。所以，孟子曰："夫仁，天下尊爵也，人之安宅也。莫之御而不仁，是不智也。"

智慧使人追求美德，而不智使人陷入恶德。因此，智慧本身乃是首要的美德，而不智本身则是首要的恶德。所以，古代希腊将智慧作为四主德之一：智慧、勇敢、节制、正义；而在我国传统道德中则被奉为三达德之首和五常之一："知仁勇，天下之达德也。"[①]"五常，仁义礼智信是也。"[②]不言而喻，一个人如果具有正常人以上的天资，那么，他能否取得智慧，便完全取决于学习：学习越努力，便越易于取得智慧、所取得的智慧便越大；越不努力，便越难于取得智慧、所取得的智慧便越小；少于一定程度的努力学习，即使天资极高也不可能取得智慧。一句话，智慧主要是学习的结果。所以，孔子说："好学近乎知。"[③]

这样一来，美德的追求便因其是智慧使然而最终是学习的结果；反之，恶德的陷入则因其是不智使然而最终是不学的结果。因此，恶德便比美德更接近人的本能：美德的形成是困难的，它是学习的结果，它必需一定的学习，必需一定的教育、经验和训练；反之，恶德的形成则是容易的，它是不学而能的，是人的自然倾向。因此，每个人一生下来，最初总是因其尚无智慧而自愿接受恶德，他接受美德而遵守道德实出于被社会和他人所迫：道德最初总是他律的，总是作为一种外在的东西强加于每个人。所以，皮亚杰在《儿童的道德判断》中一再说："儿童责任感最早期的形式实质上是他律的形式。"[④]"原始的责任感

① 《中庸》。
② 《荀子·非十二子》。
③ 《论语·为政》。
④ 皮亚杰：《儿童的道德判断》，傅统先、陆有铨译，山东教育出版社，1984年，第124页。

实质上是他律的。"[①]

只有随着学习和经验的积累以及道德教育训练，一个人才会因具有一定的智慧而逐渐懂得美德的利益和恶德的不利，他才克服恶德而自愿追求美德：首先将美德作为利己的根本手段而处于美德他律境界，最终则为美德而求美德，使美德由手段而转化为目的，因而处于美德自律境界。因此，科勒写道："恶德注定是品德完善之途的一部分。美德只有在克服恶德的过程中才能获得。但是，美德的获得，正如美德伦理学家们所说，只是因为它被发现比恶德更好。"[②]不过，因美德比恶德对自己更好、更有利而自愿接受美德，这是为利己而求美德，是美德他律阶段，是美德的初级阶段、初始阶段。这个阶段积累到一定程度，他才会跃入美德自律阶段：为美德而美德。这是美德的高级阶段、终极阶段。

二　品德境界

1　品德境界概念

品德的目的和原因表明，人们的品德可以分为恶德和美德两大境界；美德境界又进而分为美德他律境界和美德自律境界。那么，这就是品德的全部境界吗？否。因为在美德与恶德境界之间，还存在一个过渡境界：它既不是美德境界，也不是恶德境界，不妨称之为"无德境界"。这样一来，品德的境界便可以归结为三类四种，亦即恶德境界、无德境界和美德境界：美德他律境界与美德自律境界。如图：

---

①　皮亚杰：《儿童的道德判断》，傅统先、陆有铨译，山东教育出版社，1984年，第120页。

②　John K. Roth: *International Encyclopedia of Ethics*, London, Chicago: Braun-Brumfield Inc., 1995, p. 915.

$$
品德境界\begin{cases} 美德境界\begin{cases} 美德自律境界（1）\\ 美德他律境界（2） \end{cases}\\ 无德境界（3）\\ 恶德境界（4） \end{cases}
$$

然而，当我们进一步考察品德的这些境界时将会发现，"品德境界"是个很难界定的概念：它与"品德"概念根本不同。因为，任何人，不论他多么坏，哪怕他是个十足的坏人，他或多或少也总会有一些美德，如勇敢或勤奋等。但是，我们能因此就说他——一个坏人——处于美德境界吗？显然不能。无论他多么勇敢勤奋，我们只能说他处于恶德境界。反之，任何人，不论他多么好，即使他是个十足的好人，他或多或少也总会有一些恶德，如拼命工作，甚至嗜酒如命，以致英年早逝，违背了"贵生"道德而堕入轻生之恶德。但是，不论他何等的轻生和嗜酒，我们能说他——一个好人——处于恶德境界吗？显然不能。我们只能说他处于美德境界。

因此，品德境界与品德不同，好人与坏人都具有美德与恶德；但只有好人处于美德境界而坏人则处于恶德境界：美德境界就是好人的品德境界；而恶德境界则是坏人的品德境界。显然，好人或处于美德境界的人，虽然有美德也有恶德，但必定以美德为主，美德必定居于主要的、决定性的、支配性的地位；反之，坏人或处于恶德境界的人，虽然有恶德也有美德，但必定以恶德为主，恶德必定居于主要的、决定性的、支配的地位。那么，这种将好人与坏人以及美德境界与恶德境界区别开来的主要的、决定性的、支配性的品德究竟是什么？

原来，如前所述，道德总原则"善"在一个人的人格和个性中的内化或实现，是一切美德的总汇，是一种完全的美德；不道德总原则"恶"在一个人的人格和个性中的内化或实现，则是一切恶德的总汇，是一种完全的恶德。这样，人们品德境界的根本区别显然便在于：就"善"与

"恶"来说，他们究竟具有哪一种品德？如果一个人长期的恒久的行为遵守"善"原则，从而形成和具有了"善"——亦即无私利人和为己利他以及单纯利己——的美德，那么，尽管他同时具有懦弱、不智、轻生、放纵、偏执、自卑等恶德，却显然是美德为主，因而他仍然是一个好人而处于美德境界；反之，如果一个人长期的恒久的行为不遵守"善"原则，从而形成和具有了"恶"——亦即损人利己和纯粹害人以及纯粹害己——的恶德，那么，尽管他同时具有勇敢、智慧、贵生、节制、中庸、自尊等美德，却无疑恶德为主，因而他仍然是一个坏人而处于恶德境界。

可见，所谓品德境界，亦即品德层次，也就是一个人的主导的、决定性的、支配性的品德所达到的层次，也就是决定一个人是好人还是坏人的品德之层次，说到底，也就是道德总原则"善"或"恶"在一个人的人格和个性中的内化或实现：一个人的人格如果是"善"原则的实现，那么，不论他的其他品德如何，他都达到了美德境界而是一个好人；如果是"恶"原则的实现，那么，不论他的其他品德如何，他都堕入了恶德境界而是一个坏人；如果没有某种道德规范在他的人格中实现，那么，就该种道德规范来说，他就处于无德境界。然而，具体讲来，这些品德境界的基本属性究竟如何？

2 恶德境界

我们已经知道，一方面，恶德是一个人长期地、恒久地违背道德规范的伦理行为所形成和表现出来的稳定的心理自我、道德人格或道德个性，是不应该如何的道德规范在一个人的人格和个性中的内化或实现；另一方面，恶德境界是不应该如何的道德总原则"恶"在一个人的人格和个性中的内化或实现。因此，精确讲来，所谓恶德境界，便是一个人长期、恒久地违背道德总原则"善"的伦理行为所形成和表现出来的一种不道德的人格境界，就是不应该如何的道德道德总原则"恶"已经转化为自己的人格和个性的品德境界。这种境界因其所内化的不道德总原则"恶"的三大原则之不同而具体表现为"纯粹害他"和"损人利己"以及"单纯害己"三种恶德境界：

首先，如果一个人长期被妒嫉心和复仇心等恨人之心所驱动，以致其长期行为的目的就是害人，那么，这种行为所形成的品德就属于"纯粹害人"的恶德境界。其次，如果一个人长期被内疚感或自卑心等自恨心所驱动，以致其长期行为的目的就是害己，那么，这种行为所形成的品德就属于"纯粹害己"的恶德境界。再次，一个人长期受自尊心、求生欲和自爱心等利己的欲望所驱动，以致其长期行为的目的就是利己，那么，如果他的手段长期是损人，这种行为所形成的就是损人利己的恶德境界；他的手段若是害己，并且与所其达到的利己目的之净余额是害己，如吸毒、抽烟和酗酒等，那么这种行为所形成的便仍然是一种单纯害己的恶德境界。

不难看出，首先，纯粹害他是最高的恶德境界，是至恶的恶德境界。试想，最可耻最令人痛恨最不可原谅的，岂不就是那种想方设法破坏强者的优势和阻挠弱者劣势改善的妒嫉成性而纯粹害人的小人？其次，损人利己是基本的恶德境界，是最主要的恶德境界。这种恶德境界固然不如纯粹害人可恶，却远远比纯粹害人恶的程度重：它显然是对社会和他人损害最大的恶德。因为损人利己无疑是最为广泛最为普遍最为众多的恶德。最后，单纯害己是最低的恶德境界，是底线的恶德境界。这种恶德境界最可原谅，因为就其直接效用来说，所损害的仅仅是恶德拥有者本人，而并不损害社会和他人。所以，我们固然鄙视那些酒鬼、赌鬼、瘾君子，却往往并不将他们叫作"坏人"；我们将这个人人诅咒的称号一般只给予那些具有纯粹害他和损人利己的恶德的人。

一个陷入恶德境界的人，如上所述，并非毫无美德；即使他毫无美德，他的行为也绝不可能完全违背道德，绝不可能完全是恶的、不道德的：绝不可能有什么完全违背道德的人。试想，即使是一个十恶不赦的人类蟊贼，他可能丝毫不爱他的父母、妻儿、恩人和朋友吗？他可能一点儿也不做有利于他们的好事吗？显然不可能。一个陷入恶德境界的人，绝不可能完全违背道德而全干坏事；而必定也会遵守道德干好事。不过，他的行为违背道德干坏事——纯粹害人、损人利己和单纯害己——必定是恒久的；而遵守道德干好事——无私利他、为己利他和单纯利己——则只能是偶尔的。否则，如果他的行为恒久遵守道德和偶尔违背道德，他就处于美德境界而不是处于恶德境界了。

3　美德境界

我们已经知道，一方面，美德是一个人长期地、恒久地遵守道德的伦理行为所形成和表现出来的稳定的心理自我、道德人格或道德个性，是已转化为一个人的人格和个性的应该如何的道德规范；另一方面，美德境界是道德总原则"善"在一个人的人格和个性中的内化或实现。因此，精确讲来，所谓美德境界，便是一个人长期、恒久地遵守道德总原则"善"的伦理行为所形成和表现出来的一种善的、道德的人格境界，便是道德总原则"善"已经转化为一个人的人格和个性的品德境界。这种境界因其所内化的道德总原则"善"的三大原则之不同而具体表现为"无私利他"和"为己利他"以及"单纯利己"三种美德境界：

如果一个人长期被同情心、报恩心、爱人之心和完善自我品德之心所驱动，以致其长期行为的目的就是利人，就是为了利人而利人，那么，这种行为所形成的品德就属于"无私利人"的美德境界。如果一个人长期受自尊心、求生欲和自爱心等利己的欲望所驱动，以致其长期行为的目的就是利己，就是为了自己的利益，那么，他的手段若长期是利人，如成名成家等，这种行为所形成的就是"为己利他"的美德境界；他的手段若也是利己，如节制和贵生等，这种行为所形成的就是"单纯利己"的美德境界；他的手段若是害己，并且与所其达到的利己目的之净余额是害己，如阑尾炎手术等，那么这种行为所形成的便仍然是一种"单纯利己"的美德境界。

首先，无私利他是美德的最高境界，是至善的美德境界。试想，古往今来，最可赞叹的，岂不就是那些满怀爱人之心和完善自我品德之心的无私利人的伟大楷模？岂不就是那些在自我与他人利益发生冲突能够牺牲自我利益乃至生命的道德英雄？其次，为己利他是美德的基本境界，是最主要的美德境界。这种美德固然不如无私利人高尚，却更为基本和重要。因为如前所述，只有为己利他才能够——而无私利他却不能够——最大限度地推动社会发展、增进每个人利益。最后，单纯利己是美德的最低境界，是美德的底线，是底线美德境界。这种美德就其直接效用来说，所增进的仅仅是美德拥有者本人的利益，而并不增进社会和他人利益。所以，我们虽然欣赏那些珍爱自己生命的人，那些富于节制、自尊和自我实现的人，但一般说来，却不将他们叫作"好人"。我们将这个人人衷心称赞的称号往往只给予那些具有无私利他和为己利他的美德的人；因为只有无私利他和为己利他才是直接造福社会和他人的美德。

一个人只要进入了美德境界，那么，不论其境界高低，道德总原则"善"便已经内化为其人格和个性。但是，他的行为却绝非完全遵守道德总原则"善"，更绝非完全遵守道德，绝非完全是善的、道德的：绝不可能有什么完全遵守道德的人。因为人性乃是一切人普遍具有的本性：它并非完全是善的、道德的，而是亦善亦恶、亦道德亦不道德的。试想，谁可能没有一点儿妒嫉心呢？谁可能没有一点儿复仇心呢？谁可能没有一点恨人之心呢？谁可能在自我与他人利益发生冲突时必定自我牺牲而绝对不损人利己呢？谁可能一点儿也不做有害于社会和他人的坏事呢？显然绝不可能。一个即使达到了美德最高境界的人，也绝不可能完全遵守道德而全干好事，而必定也会违背道德干坏事。只不过，他的行为违背道德干坏事——纯粹害人、损人利己和单纯害己——只能是偶尔的；而遵守道德干好事——无私利他、为己利他和单纯利己——则必定是恒久的。否则，如果他的行为偶尔遵守道德而恒久违背道德，他就不是处于美德境界而是处于恶德境界了。

4　美德他律境界

美德境界比恶德境界复杂得多，因而进一步分为美德自律与美德他律两大境界。所谓道德和美德的自律，正如自律论伦理学家布拉德雷所言，指道德和美德以道德和美德自身为目的，而不是以道德和美德自身之外的他物为目的："道德说，她是为其本身之故而被欲求为一目的的，不是作为达到本身以外的某物的手段。"[①] 因此，所谓美德自律境界，也就是以美德为目的的美德境界，是为了美德而求美德的美德境界，说到底，也就是一个人长期的为了美德而求美德的遵守道德的行为所形成和表现出来的美德境界。换言之，一个人如果受完善自我品德之心所驱动，其长期遵守道德的行为目的是为了完善自己的品德而求美德、为了做好人而做好人，为道德而道德、为义务而义务，那么，这种行为所形成和表现出来的品德境界就是美德自律境界。

相反地，美德他律境界则是为了美德之外的他物——亦即利益和幸福——而追求和获得美德的美德境界，是为了自己或他人的利益、幸福而追求和获得美德的美德境界，是为了利己而求得美德或为了利他而求得美德的美德境界，说到底，也就是一个人长期的为了利己或利他而求得美德的遵守道德的行为所形成和表现出来的美德境界。换言之，一个人如果受自爱心或爱人之心驱动，其遵守道德的行为长期是为了利己或利他而求得美德，那么，这种行为所形成和表现出来的品德境界就是美德他律境界。

举例说，一个人长期追求"节制"美德的行为目的，如果是为了

---

① 　布拉德雷：《伦理学研究》上册，商务印书馆，民国 33（1944）年，第 76 页。

节制美德本身——亦即为了使自己成为一个具有节制美德的人——那么，这种长期遵守节制道德的行为所形成和表现出来的"节制"美德境界，就是节制美德的自律境界。反之，如果他长期追求节制美德的行为目的是为了节制美德之外的他物——如自己的健康长寿或祖国的繁荣兴盛——那么，这种长期遵守节制道德的行为所形成和表现出来的"节制"美德境界，就是节制美德的他律境界。

不难看出，美德他律境界包括"无私利他"和"为己利他"以及"单纯利己"三种美德境界：如果一个人是为了他人的利益和幸福而追求和获得了美德，便达到了无私利他的美德境界；如果他是为了自己的利益和幸福而追求和获得了美德，那么，他用以作为利己手段的美德若是善待自我的美德，如"节制"、"自尊"和"智慧"等，他便达到了单纯利己的美德境界；若是善待他人的美德，如利他、正义、诚实等，他便达到了为己利他的美德境界。

试想，一个人为了出人头地而遵守和追求善待自我的"节制"美德，那么，他的行为就是为了达到出人头地的利己目的而进行种种节制的利己行为，他的这种行为就是为了利己而利己，属于"单纯利己"的道德境界。反之，如果他当时所遵守和追求的美德是善待他人的美德，是利他，是造福社会和他人，那么，他的行为就是为了达到出人头地的利己目的而进行的种种利他的行为，就是为了利己而利他，因而属于"为己利他"的道德境界。但是，如果他是出于对于对儿女们的爱，为了不给他们带来忧愁和痛苦，而戒烟限酒，追求和获得了节制美德，他就是为了利他而利己，因而属于"无私利他"的道德境界。

一个处于美德他律境界的人，既然是一种为了美德之外的他物——自己或他人的利益、幸福——而求美德，那么，他必不以拥有美德而快乐和幸福，而仅仅以拥有美德给自己或他人所带来的利益而快乐和幸福：在他那里，美德与幸福、快乐是两回事。因此，他遵守道德、追求美德是有条件的：只有美德能够给自己或他人带来利益和幸福，他才会遵守道德、追求美德；否则，如果美德不能够给自己或他人带来利益和幸福，他就不会遵守道德、追求美德了。

因此，美德他律境界达成的前提、终极原因和原动力，说到底，便是美德必须能够恒久给予自己和他人以利益和幸福：如果不能够，他必定恒久不遵守道德，从而也就是一个没有美德的人，因而也就根本不可能处于美德他律境界；如果能够，他才可能为了利己或利他而恒久遵守道德，因而才能成为一个有美德的人，才能处于美德他律境界。那么，美德是否必定恒久给予自己和他人以利益和幸福？美德必定有利于他人是毋庸赘述的，因为绝不可能有害人的美德，凡是美德必定利人：此乃美德之所以为美德的本性。问题仅仅在于：美德是否必定恒久给予美德拥有者以利益和幸福？答案也是肯定的。因为我们关于幸福与美德关系的研究表明：

美德是幸福的统计性正相关要素和必要条件：有德便有福从而德福一致而成正相关变化，是个统计性规律。换言之，一个人就其行为总和来讲，有德便有福、德福一致而成正相关变化的次数，必定多于有德却无福、德福背离而成负相关变化的次数。说到底，有德便有福、德福一致是常规，是恒久的；而有德却无福、德福背离是例外，是偶尔的：德福必定大体一致。

于是，合而言之，可以得出结论说：美德必定恒久给予自己和他人以利益和幸福。因此，一个人才可能为了利己和利他而恒久遵守道德和追求美德，从而进入为利己和利他而求得美德的美德他律境界：美德必定恒久给予自己和他人以利益和幸福是美德他律境界所由以达成的前提、终极原因和原动力。

5　美德自律境界

美德自律境界与美德他律境界根本不同：它不是为了美德之外的他

物——自己或他人的利益——求美德，而是为了美德而求美德。因此，如果一个人达到了美德自律境界，便会以拥有美德而快乐和幸福：在他那里，美德与幸福、快乐原本是一回事。因为快乐和幸福无非是一个人的需要、欲望和目的得到实现的心理体验。处于美德自律境界的人，既然是以美德为目的并且达到了目的而求得了美德，那么，他的需要、欲望和目的岂不就得到了实现？他岂不就得到了快乐和幸福？当然，他得到实现的只是追求美德的需要、欲望和目的，因而这种快乐和幸福只是内在的"德性幸福"而不是外在的"非德性幸福"。所以，包尔生说："对于一个意志完全由美德支配的人来说，增进美德的行为总是最大的幸福，即使这种行为并不给他带来外在的幸福，反而给他的生活带来苦难。斯宾诺莎的格言对于他是适用的：幸福不是美德的结果，而是美德自身。"①

这样，一个处于美德自律境界的人，他遵守道德和追求美德，并不以道德和美德是否带来快乐与幸福为条件：不论道德和美德能否带来利益、快乐和幸福，他都会遵守道德、追求美德。因为对于他来说，美德自身就是目的，就是一种利益、快乐和幸福；因而即使美德自身不能带来利益、快乐和幸福，他遵守道德而得到了美德，也就达到了目的，也就得到了一种利益、快乐和幸福，亦即所谓"德性幸福"。

处于美德自律境界的人遵守道德和追求美德，虽然不以美德是否带来快乐与幸福为条件和前提，但是，一个人能否达到美德自律境界，却与他能否达到美德他律境界一样，完全以美德能够带来快乐与幸福为前提和条件。因为一个人之所以为了美德而求美德，只是因为他爱美德；而他之所以爱美德，又只是因为美德给他带来了快乐、利益和幸福：爱是对于快乐和利益的心理反应。所以，美德自律境界固然是为了美德而

---

① Friedrich Paulsen: *System of Ethics*, translated by Frank Thilly, New York: Charles Scribner's Sons, 1899, p. 406.

求美德，而不是为了利己、利益而求美德；却是因为利己、利益而求美德：利己、利益和幸福不是美德自律的目的，而是美德自律的原因、前提和原动力。

这样一来，美德他律境界达成的前提、终极原因和原动力——美德必须能够恒久给予美德拥有者以利益和幸福——说到底，也是美德自律境界达成的前提、终极原因和原动力：美德所带来的利益、快乐和幸福是美德自律境界所由以达成的前提、终极原因和原动力，是一个人能够为了美德而求美德的前提、终极原因和原动力。只不过，这一原动力引发美德自律境界的过程，如上所述，经过了一个中介，亦即美德他律境界：一个人追求美德最初只是由于美德能够给他带来利益和幸福，因而他是为了利己而求美德；逐渐地，他才会因美德不断给他利益和快乐而日趋爱好美德、欲求美德，从而便会为了美德而求美德，使美德由手段变成目的，因而处于"美德自律"境界。

因此，美德自律境界，直接说来，只能源于美德他律境界；说到底，只能源于美德所带来的利益、快乐和幸福：美德自律境界只能产生于美德他律境界，而美德他律境界只能产生于美德所带来的利益、快乐和幸福。换言之，一个人只有将美德作为利己和利他的手段从而进入美德他律境界，他才可能因美德不断给他带来利益和幸福而逐渐爱上美德，才可能为了美德而求美德从而进入美德自律境界：美德他律境界是进入美德自律境界的唯一通道。一句话，美德他律境界乃是美德自律境界的基础、根据、原因、原动力。

因此，最终说来，美德他律境界是主动的、具有动力机制的境界；美德自律境界则是被动的、不具有动力机制的境界：美德自律境界最终只能从美德他律境界获得不断发展变化的动力，因而完全依赖和附属于美德他律境界。诚然，直接说来，美德自律境界也是主动的、具有动力机制的品德境界。但是，美德自律境界的直接动力仅有一种：为了完善自己的品德，亦即完善自我品德之心，亦即为做好人而做好人的道德需要。反之，美德他律境界的直接动力则多种多样：首先，是引发为了利他而获得美德的爱人之心、同情心和报恩心；其次，是引发为了利己而获得美德的自爱心、求生欲和自尊心；最后，是引发为了利己而求美德的做一个好人的道德需要。

于是，一方面，就最终动力来说，美德他律境界是主动的，而美德自律境界则是被动的；另一方面，就直接动力来说，美德自律境界是单薄乏力的，而美德他律境界则是浑厚有力的。合而言之，美德自律境界无力独立而实为美德他律境界的附属物。因此，就一个人的行为总和来说，即使他达到了美德自律境界，即使他的品德极其高尚，他主要的美德境界也只可能是美德他律境界，而不可能是美德自律境界；美德自律境界只能附属于美德他律境界，只能是他的一种附属的美德境界。这里可以借用弗洛伊德的那个著名比喻：美德他律境界犹如一座沉入海洋中的无比庞大的冰山，而美德自律境界不过是露出海面的冰山之一角而已。这是千真万确的。试想，古今中外，究竟有哪一个真实的道德楷模，他能够抛开自己和他人的利益而整天在那里为美德而求美德？究竟有哪一个真实的道德楷模，他大多数的行为就是为了美德而求美德？他大多数的行为岂不只能被爱人之心、同情心和报恩心以及自爱心、求生欲和自尊心所推动，从而为了利他和利己而求得美德吗？

因此，美德自律境界虽然是美德的最高境界，却并不比美德他律境界更能够使人遵守道德和追求美德；恰恰相反，后者比前者具有远为强大的使人遵守道德和追求美德的动力。但是，"美德自律境界"与"一个处于美德自律境界的人"根本不同：一个处于美德自律境界的人，却必定远比处于美德他律境界的人更能够恪守道德。因为美德自律境界是美德他律境界的升华和附属物，显然意味着：一个人如果处于美德自律境界，必定同时处于美德他律境界；反之，一个人如果处于美德他律境界，却未必同时处于美德自律境界。这就是说，一个处于美德自律境界的人，必定比一个只处于美德他律境界的人，多了一种遵守道德和追求美德的动力，亦即美德自律境界的动力：为美德而求美德的动力。这样，一个处于美德他律境界的人，他遵守道德和追求美德便可能只有一种动力：他若遵守道德而得到了美德，便大体能够达到目的、得到快乐和幸福，亦即非德性幸福。反之，一个处于美德自律境界的人，他遵守道德和追求美德则必定具有双重的动力：一方面，他若遵守道德而得到了美德，同时便必定达到了目的、得到了一种快乐和幸福，亦即德性幸福；另一方面，他若遵守道德而得到了美德，同时则还能够大体得到另一种快乐和幸福，亦即非德性幸福。

试想，一个处于美德他律境界的人，比如说，他是为了得到健康长寿而追求"节制"美德，那么，他若遵守"节制"道德而获得"节制"美德，岂不是只能得到因节制而大体可以实现的健康长寿之非德性幸福？反之，一个为了得到"节制"美德而追求"节制"美德的美德自律者，若遵守"节制"道德而获得"节制"美德，岂不一方面必定得到了成为一个有节制的人的德性幸福，另一方面则因节制而大体可以得到健康长寿之非德性幸福？

可见，一个处于美德他律境界的人，他遵守道德只能获得非德性幸福而不能够获得非德性幸福，因而他遵守道德和追求美德便只有一种动力；反之，一个处于美德自律境界的人，他遵守道德既可以获得德性幸福又可以获得非德性幸福，因而他遵守道德和追求美德具有双重动力。这样，处于美德他律境界的人，固然因其处于美德境界而必定恒久遵守道德，却远远不及处于美德自律境界的人对于道德的恪守程度。当然，后者对于道德的遵守也不可能是无条件的、绝对的，也不可能完全遵守道德而绝对不会违背道德。因为一个人的需要和欲望是多种多样的，因而他的快乐和幸福也必定是多种多样的。这样，当他遵守道德而获得的快乐和幸福，与他的其他的快乐和幸福不发生冲突时，他必定会遵守道德；但是当二者发生冲突不可两全时，他便可能会为了保全在他看来价值更大的快乐和幸福，而违背道德从而牺牲德性幸福。

　　试想，假设张华是一个处于美德自律境界的人，那么，面对掉进粪坑的老人，他若遵守"救人"道德而获得德性幸福，便可能牺牲自己性命得不到长寿的非德性幸福。在这种情况下，张华虽然处于美德自律境界，却很可能为了保全自己性命而不去舍身救人，以致违背"救人"的道德。

　　因此，一个处于美德自律境界的人，也可能违背道德。但是，他违背道德的可能性无疑极其微小，他违背道德的具体情况无疑极为罕见，以致可以忽略不计。可有一比：就一个人的行为总和来说，处于美德他律境界的人必定有多数的行为遵守道德；而处于美德自律境界的人的行为则近乎百分百遵守道德，近乎百分百地随心所欲也不会违背道德的境界。一个人要完全达到这种境界显然是难乎其难的。所以，孔老夫子说他自己到了古稀之年才达到了这种"随心所欲不逾矩"的美德自律境界。

　　但是，能否由此得出结论说，美德自律境界远比美德他律境界更为高尚？康德的回答是肯定的。他甚至完全否定"爱人之心"、"同情心"和"报恩心"——他统称其为"爱好"——所引发的为了利他而求美德的美德他律境界的正道德价值，而认为由"对道德法则的敬重心"所引发的为道德而道德、为美德而美德的美德自律境界是唯一具有正道德价值的境界："对于道德法则的敬重心乃是唯一的而且同时又是无可怀疑的道德动机。"[1]

　　这种观点是不能成立的。美德他律境界不但同样是一种完全属于善的、正道德价值的品德境界，而且与美德自律境界的道德价值并无高低之分。因为道德和美德，如前所述，无非两类：高级的、亦即善待他人的美德与低级的、亦即善待自己的美德。所以，为美德而求美德的美德自律境界之道德价值，便既可能是无私利他，也可能是单纯利己：如

---

① 　康德：《实践理性批判》，关文运译，商务印书馆，1960 年，第 80 页。

果一个人以善待他人的美德为目的，便是为利他而利他，便是无私利他；如果他以善待自我的美德为目的，便是为利己而利己，便是单纯利己。

试想，一个人为了做一个有美德的人而追求美德，如果他当时所追求的善待自我的美德，是"节制"，那么，他的行为就是为了使自己具有节制的美德而进行种种节制的行为，他的这种行为就是为了利己而利己，属于"单纯利己"的道德境界；反之，如果他当时所追求的美德是善待他人的美德，是"利他"，那么，他的行为就是为了使自己具有利他的美德而进行的种种利他的行为，就是为了利他而利他，因而属于"无私利他"的道德境界。

因此，美德自律境界的道德价值并不高于而只是简单于美德他律境界：美德自律境界仅仅包括"无私利他"和"单纯利己"两大道德境界；而美德他律境界则包括"无私利他"和"为己利他"以及"单纯利己"三大道德境界。只不过，引发这些相同道德境界的原因、动力却根本不同：美德自律境界的"无私利他"和"单纯利己"的原因、动力只有一个，亦即完善自我品德之心；而美德他律境界的"无私利他"和"单纯利己"的原因、动力则纷纭复杂，包括爱人之心、同情心和报恩心以及自爱心、自尊心和求生欲等。

6　无德境界

何谓无德境界？"德"、"德性"或"品德"，如前所述，乃是一个人长期遵守或违背道德的伦理行为所形成和表现出来的稳定的心理自我、道德人格或道德个性，是已转化为自己的人格和个性的应该如何和不应该如何的道德规范。因此，所谓无德境界，就是尚未形成品德、道德人格或道德个性的不稳定的心理状态，就是一个人遵守或违背道德的伦理行为还没有形成一种品德、道德人格和道德个性的不稳定心理状态。在这种状态中，善的、应该如何的道德规范和恶的、不应该如何的道德规范还都没有转化为一个人的个性和人格。

因此，一个处于无德境界的人，必定断断续续交错地、半斤八两地遵守道德和不遵守道德——遵守道德若是半斤而不遵守道德必是八两——以致道德和不道德互相中和、抵消而皆未能内化为其人格或个性，从而他既不是一个具有恶德的坏人，也不是一个具有美德的好人，而摇摆于美德与恶德、好人和坏人之间，处于美德与恶德的中间状态。这样，他的道德境界便是不定的，他没有确定的品德：他是个名副其实的"无德者"。否则，如果他遵守道德明显多于违背道德，如果遵守道德是恒久的而违背道德是偶尔的，那么，他就处于美德境界了；反之，如果他遵守道德明显少于违背道德，如果不遵守道德是恒久的而遵守道德是偶尔的，那么，他就处于恶德境界了。那么，他遵守和不遵守道德的原因究竟是什么呢？

诚然，任何一个人，即使已届耄耋之年，对于某些道德，如谦虚、贵生、智慧、诚实等，却仍然可能一直半斤八两交错地遵守和不遵守，因而便摇摆与美德与恶德之间，以致仍然处于无德境界。但是，无德境界无疑主要是儿童的品德境界。或者说，一个处于无德境界的人，具有与儿童相似的缺乏智慧的心态：他注重不遵守道德或恶德自身的、当前、确实的小利和遵守道德或美德自身的、当前、确实的小害，而忽略不遵守道德或恶德更大的、日后的、不确实的恶果和遵守道德或美德的更大的、日后的、不确实的善果，从而宁愿选择不遵守道德和恶德而占有当前的、确实的小利小善，却不顾尔后的、不确实的大恶大害。

这样，他虽然遵守道德和不遵守道德是半斤八两地交错地进行，但是，他遵守道德是被迫的，而不遵守道德是自愿的。他遵守道德不是自愿的，不是出于遵守道德从而做一个有美德的人的道德需要。当然，他是人，不能不具有自愿遵守道德从而做一个有美德的人的道德需要。但是，他的这种道德需要比较微弱而不足以克服不道德的欲望从而居于支配地位。因此，他虽然具有自愿遵守道德做一个有美德的人的道德需要，却被更加强大的不道德的欲望所克服，因而不愿遵守道德却宁愿不遵守道德。他遵守道德并非自愿而实在是被迫的，是迫于社会和别人因他品德的好坏所给予他的毁誉赏罚。试想，儿童就其本性来说，岂不都不愿遵守道德而宁愿不遵守道德吗？他们遵守道德岂不都是为了得到父母的奖赏而避免父母的惩罚吗？

因此，无德境界，就其本性来说，更加接近恶德境界而不是美德境界。因为一个处于美德境界的人，与无德境界根本不同，是被做一个有美德的人的道德需要所推动而自愿遵守道德；反之，恶德境界则与无德境界相同，是被种种不道德的欲望所推动而自愿不遵守道德、被迫遵守道德。

但是，根本说来，无德境界与恶德境界毕竟不同。因为无德境界的人不遵守道德的欲望不可能达到恶德境界那样的强烈程度，因而只要有社会和别人因他品德的好坏所给予他的毁誉赏罚就可以迫使他们遵守道德了。反之，恶德境界的人不遵守道德的欲望则相当强烈，因而迫使恶德境界的人遵守道德的力量，仅仅是权力和法律，而社会和别人因他品德的好坏所给予他的毁誉赏罚，已经不能迫使他遵守道德；否则他就不是个堕入恶德境界的坏人了。

因此，无德境界的人，如儿童，虽然不自愿遵守道德，却很容易屈服于社会和他人的压力而遵守道德，以致其遵守道德和不遵守道德是半斤八两，从而才能够处于无德境界；反之，恶德境界的人，如坏人，不遵守道德的欲望却强烈得多，很难屈服于社会和他人的压力而遵守道德，以致恒久不遵守道德而偶尔遵守道德，因而才处于恶德境界。所以，真正讲来，尽管无德境界更接近恶德境界，无德境界却绝非恶德境界，更非美德境界，而是介于二者之间的过渡境界。

不言而喻，一个人最初既不会处于美德境界，也不会处于恶德境界，而只能处于无德境界。因为恶德与美德一样，都只能形成于一个人的长

期的行为。所以，任何人都不可能一生下来就是个具有恶德的坏人或具
有美德的好人。他最初必定处于自愿逃避道德而接受恶德、同时又被迫
遵守道德而接受美德的无德境界。从此出发，他既可能长期地、稳定地、
恒久地不遵守道德，从而形成恶德、成为坏人而堕入恶德境界；也可能
长期地、稳定地、恒久地遵守道德，从而形成美德、成为好人而进入美
德境界：首先进入以美德为手段的美德他律境界，最终达到以美德为目
的的美德自律境界。如图：

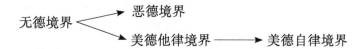

无德境界 → 恶德境界
无德境界 → 美德他律境界 → 美德自律境界

　　综上可知，品德境界分为三类四种：恶德境界、无德境界和美德境
界：美德他律境界与美德自律境界。恶德境界是坏人的品德境界；处
于这一境界的人，恒久说来，是不遵守道德的：他违背道德干坏事——
纯粹害人、损人利己和单纯害己——必定是恒久的；而遵守道德干好
事——无私利他、为己利他和单纯利己——则只能是偶尔的。无德境界
是品德的中立境界，是无恶德亦无美德的境界，主要是儿童的品德境界；
处于这一境界的人，必定半斤八两交错地遵守道德和不遵守道德。美德
境界是好人的品德境界，处于这一境界的人，必定恒久遵守而只能偶尔
违背道德：处于美德他律境界者大多数的行为必定遵守道德；而处于美
德自律境界者的行为则近乎百分之百地遵守道德。因此，不论处于恶德
境界，还是处于无德境界，道德都不会真正被遵守从而得到实现；只有
处于美德境界，特别是美德自律境界，道德才能真正被遵守，从而得到
实现。那么，究竟怎样才能提高人的品德，使人从无德境界进入美德境
界而不堕入恶德境界？怎样才能使人从恶德境界归依美德境界？怎样才
能使人从美德他律境界达于美德自律境界？这些无疑是美德伦理学——
关于道德实现途径的伦理学——的核心问题。要科学地解决这些问题，
无疑必须弄清和遵循品德的发展变化规律。

三　品德规律

考究历史和现实，往往令人困惑：为什么某个国家在一历史阶段道德风尚良好淳美，而在另一历史阶段却腐败堕落而出现所谓"道德滑坡"现象？为什么一些国家的国民品德高尚，而另一些国家的国民品德败坏？在这些道德现象的深处是否有规律可循？是的，任何现象都是某种规律或本质的表现，绝对不存在不表现规律或本质的现象。隐藏在这些国人品德高低变化现象背后的规律，就是所谓"品德规律"，亦即一个国家的国人品德高低发展变化规律。那么，这种规律究竟是怎样的？

品德结构的研究表明，每个人的品德原本由个人道德认识、个人道德感情和个人道德意志三因素构成。因此，品德规律，说到底，也就是人们的个人道德认识、个人道德感情和个人道德意志三因素的发展变化规律。但在品德所由以构成的这三大因素中，唯有个人道德情感是引发伦理行为的动力，是品德高低变化的动力因素、决定性因素；个人道德认识则是指导如何进行实际的伦理行为以便实现个人道德感情；个人道德意志不过是个人进行伦理行为来实现其道德感情的心理过程。所以，品德高低变化规律，全面讲来，固然是关于国民品德的个人道德认识、个人道德感情和个人道德意志三因素的高低发展变化规律；但主要讲来，则是关于国民品德的个人道德感情因素的高低发展变化规律。这些规律可以归结为四条：

"德富律：国人品德与经济的内在联系"；"德福律：国人品德与政治的内在联系"；"德道律：国人品德与道德的内在联系"；"德识律：国人品德与文化的内在联系"。

1　德富律：国人品德与经济的内在联系

德富律是关于国人品德的个人道德感情方面发展变化的规律。个人

　　道德感情，如上所述，分为两类：一类是人所特有的，它依赖于道德的存在，是每个人或多或少都具有的遵守道德从而做一个好人的道德需要、道德欲望、道德愿望和道德理想；另一类是人与其他动物所共有的，它不依赖于道德的存在，是每个人自然具有的爱与恨的心理反应，包括爱人之心（同情心和报恩心）和自爱心（求生欲和自尊心）以及恨人之心（妒嫉心和复仇心）和自恨心（内疚感、罪恶感和自卑心）。

　　不难看出，每个人做一个好人的道德需要、道德欲望，是决定性的个人道德感情，因而也就是品德发展变化的最根本的决定性因素。因为，如果一个人做一个好人的道德需要、欲望强大，那么，他必定一方面能够压抑恨人之心、妒嫉心和复仇心以及自恨心和自卑心等恶的道德感情；另一方面则能够扩充爱人之心、同情心和报恩心以及自爱心和自尊心等善的道德感情，从而能够使他自然具有的爱恨心理反应朝善的方向发展，他个人道德感情便趋于善良，这些道德感情所引发的伦理行为便趋于善良，从而他的品德便趋于高尚。

　　相反地，如果一个人做好人的道德需要、道德欲望弱小，那么，一方面，他必定不能够压抑恨人之心、妒嫉心和复仇心以及自恨心和自卑心等恶的道德感情；另一方面，则不能够扩充爱人之心、同情心和报恩心以及自爱心和自尊心等善的道德感情，从而势必使他自然具有的爱恨心理反应朝恶的方向变化，他个人道德感情便趋于恶毒，这些道德感情所引发的伦理行为便趋于邪恶，从而他的品德便趋于败坏。一言以蔽之，国人品德高低发展变化取决于他们做一个好人的道德需要的强弱，二者成正比例关系。

　　那么，每个人做好人的道德需要和欲望的强弱又取决于什么？现代心理学的回答是：取决于人的物质需要或生理需要——物质需要与生理需要是同一概念——的相对满足是否充分。马斯洛认为，人的需要及欲望由低级到高级地分化为五种：生理、安全、爱、自尊、自我实现。他发现，比较低级的需要优先于、强烈于比较高级的需要，而比较高级的需要则是比较低级的需要得到相对满足的结果：安全需要是生理需要相对满足的产物；爱的需要是生理和安全需要相对满足的产物；尊重需要是生理、安全、爱的需要相对满足的产物；自我实现需要是生理、安全、爱、尊重需要相对满足的产物。于是，人的一切需要和欲望最终便都是在生理需要基础上产生的，都是生理需要相对满足的产物。马斯洛非常重视这一发现而称之为"人类动机主要原理"：

"人类动机活动系统的主要原理是基本需要按优势或力量而形成的强弱等级。给这个系统以生命的主要动力原理是，健康人的更为强烈的需要一经满足，比较淡泊的需要便会出现。生理需要在其未得到满足时会支配机体，迫使所有能力为其服务，并组织这些能力而使服务达到最高效率。相对的满足消沉了这些需要，使等级的下一个较强烈的需要得以出现，继而支配和组织这个人，如此等等。这样，刚摆脱饥饿，现在又为安全所困扰。这个原理同样适用于等级系列中的其他需要，即爱、自尊和自我实现。"[1]

诚哉斯言！试想，每个人都有食欲、性欲、安全欲、功名心、自尊心、道德感、自我实现的追求等。但是，一旦他处于饥饿之中而食欲得不到满足时，他的功名心和道德感等其他欲求便都退后或消失了：他一心要满足的只是食欲。只有食欲得到满足，其他的欲求才会出现，他才会去满足其他欲求。这是一条普遍定律：不论是谁，不论他多么崇高伟大，多么蔑视物质享乐，当他饥饿的时候，他都不能不停止他的崇高理想而追逐食欲的满足。

马克思很喜欢黑格尔的那句话："即使是罪犯的思想，也比天上的奇迹更加灿烂辉煌。"对思想的价值的推崇可谓登峰造极。但是，如果他吃喝不成、又饥又渴，他能够构思他的《资本论》吗？当此际，充满他那伟大的头脑的，必定是面包、牛肉、红葡萄酒。只有当他的食欲得到满

---

[1]　Abraham H. Maslow: *Motivation and Personality*, New York: Harper & Row, 1970, p. 59.

足之后，他的头脑才可能出现"价值"、"使用价值"、"资本"等概念，才可能写作《资本论》。

可见，人的一切需要和欲望，正如马斯洛所言，最终都是在生理需要、物质需要基础上产生的，都是生理需要、物质需要相对满足的产物。因此，每个人做一个好人的道德需要、欲望，便是在他的物质需要基础上产生的，是他的物质需要相对满足的结果：他的物质需要满足越充分，他做一个好人的道德需要便越多；他的物质需要满足越不充分，他做一个好人的道德需要便越少；他的物质需要如果得不到满足，他便不会有做一个好人的道德需要；只有他的物质需要得到了相对的满足，他才会有做一个好人的道德需要。

可是，一个人的物质需要相对满足的充分不充分，究竟取决于什么？粗略看来，无疑如管仲和孟子所言，取决于物质财富的多少：一个人越富有，他所拥有的物质财富越多，他的物质需要得到的满足便越充分；一个人越贫困，他所拥有的物质财富越少，他的物质需要得到的满足便越不充分。然而，细究起来，由此是否可以说：富有者的物质需要必定能够得到充分满足，而贫困者的物质需要必定得不到充分满足？否！

因为我们到处都能够看到，恰恰是那些堪称富有的百万富翁，却处于物质需要极大的不满足之中；因为他们所追求的物质财富的目标大，他们的物质需要极多：他们正在为亿万富翁奋斗。反之，那些堪称贫困的农民的物质需要却得到了满足；因为他们的物质需要很少：三亩地，两头牛，老婆孩子热炕头就是他们的理想。

因此，一个人物质需要相对满足的充分不充分，不仅取决于他所拥有的物质财富的多少，而且取决于他的物质需要的多少：他的物质需要越少、物质财富越多，他的物质需要的相对满足便越充分；反之，他的物质需要越多、物质财富越少，他的物质需要的相对满足便越不充分。换言之，一个人的物质需要相对满足的充分不充分，取决于物质财富和物质需要双重因素：一方面取决于他所拥有的物质财富的多少而与之成正比；另一方面则取决于他的物质需要的多少而与之成反比。

准此观之，并非只有在物质财富极大丰富的社会，人们的物质需要才会得到相对的满足。因为社会发展的较高阶段，物质财富固然较多；但是，人们的物质需要也较多，因而他们的物质需要也可能得不到相对的满足。反之，社会发展的较低阶段，物质财富固然较少；但人们的物质需要也较少，因而他们的物质需要也可能得到相对的满足。因此，大体说来，人们的物质需要是否得到相对的满足，与社会发展的历史阶段无关：处于任何历史发展阶段的人们的物质需要都可能得到相对的满足，也都可能得不到相对的满足。

那么，人们的物质需要能否得到相对满足究竟取决于什么？取决于人们所生活于其中的社会的经济发展速度。试想，一方面，一个处于较高历史阶段的物质财富相当丰富的社会，人们的物质需要必定也较多，因而其物质需要也可能得不到满足。那么，怎样才能使他们的物质需要得到相对满足呢？无疑只有两种方法：一种是加速社会的经济发展，迅速增加物质财富；另一种是压抑、减少人们的物质需要。显然，只应该加速社会的经济发展，而绝不应该减少人们的物质需要：人们的物质需要必定且应该不断增长。

另一方面，一个处于较低历史阶段的物质财富相当贫乏的社会，人们的物质需要也必定较少，因而他们的物质需要也可能得到相对的满足。但是，究竟怎样才能使他们的物质需要实际上得到相对满足呢？无疑也只有两种方法：一种是加速社会的经济发展，迅速增加本来相当贫乏的物质财富；另一种是压抑、减少人们本来就已经很少的物质需要。显然，只应该加速社会的经济发展，而绝不应该减少人们本来就已经很少的物质需要：人们本来就已经很少的物质需要更应该且必定不断增长。

可见，任何社会人们的物质需要能否得到相对满足，说到底，均取决于人们所生活于其中的社会的经济发展速度：经济发展慢，财富的增加便慢，因而便不能适应和人们物质需要的不断增长，不能满足人们不断增长的物质需要；经济发展快，财富的增加便快，因而便能够适应人们物质需要的不断增长，便能够满足人们不断增长的物质需要。那么，人们物质需要的相对满足，是否仅仅取决于经济发展速度呢？否！

人们的物质需要是否得到满足，还取决于物质财富的分配是否公平。因为，一个社会的经济发展迅速、物质财富增加得快，但是，如果该社会对于这些财富的分配却不公平（贡献多者，应该多得者，得的却少；贡献少者，应该少得者，得的却多），那么，人们也绝不会感到满足，即使他们拥有的财富并不算少；只有不仅经济发展迅速和社会财富增加得快，而且分配公平，贡献多者得的多，贡献少者得的少，那么，人们才会感到满足，即使他们拥有的财富并不算多。因此，我们往往看到，一个社会虽然经济发展比以往快得多，物质财富增加比以往多得多，但人们还是不满足，虽然他们的所得比以前翻了几番。究其原因，岂不就在于分配不公？岂不就在于贡献多者得的却少，贡献少者得的却多？

因此，人们的生理需要、物质需要满足与否，一方面，取决于经济发展和物质财富增加的速度，而与之成正比；另一方面，则取决于这些物质财富分配的公平性，而与之成正比：社会的经济发展越快、物质财富增加的速度越快，对于这些物质财富的分配越公平，人们的生理需要、物质需要的相对满足的程度便越充分；社会的经济发展越慢、物质财富增加的速度越慢，对于这些物质财富的分配越不公平，人们生理需要、物质需要的相对满足便越不充分。

于是，总而言之，可以得出结论说：一个国家的经济发展越快，物质财富增加得越多，对于这些物质财富的分配越公平，国人的物质需要的相对满足的程度便越充分，因而做一个好人的道德需要和欲望便越多，国人的品德便越良好高尚；反之，经济发展越慢，物质财富的增加越少，对于这些物质财富的分配越不公平，国人物质需要的相对满足便越不充分，因而做一个好人的道德需要和欲望便越少，国人的品德便越低下败坏。这个品德高低发展变化的规律，关乎国人的道德需要、道德欲望与经济以及财富的关系，属于品德的道德感情因素高低变化之规律，可以名之为"德富律：国人品德与经济的内在联系"。

对于这一规律，我国先哲早有所见。管仲说："仓廪实而知礼节，衣食足而知荣辱。"[1] 墨子说："故时年岁善，则民仁且良；时年岁凶，则民吝且恶。"[2] 韩非说："饥岁之春，幼弟不让；穰岁之秋，疏客必食：非疏骨肉爱过客也，多少之实异也。"[3] 王充说："夫饥寒并致，而能无为非者寡；然则温饱并至而能为不善者稀……善恶之行不在人质性，在于岁岁饥穰。由此言之，礼仪之行，在食足也。"[4] 但是，说得最系统的恐怕还是孟子：

"民非水火不生活，昏暮叩人之门户求水火，无弗与者，至足矣。圣人治天下，使有菽粟如水火。菽粟如水火，而民焉有不仁者乎？"[5] "民则无恒产，因无恒心……是故明君制民之产，必使仰足以事父母，俯足以畜妻子，乐岁终身饱，凶年免于死亡。然后驱而之善，故民之从也轻。今也制民之产，仰不足以事父母，俯不足以畜妻子，凶年不免于死亡。此惟救死而恐不赡，奚暇治礼义哉？"[6]

2 德福律：国人品德与政治的内在联系

初读《孟子》，令人困惑。他既说富方能仁："菽粟如水火，而民焉有不仁者乎？"[7] 又说为富不仁："为富不仁矣，为仁不富矣。"[8] 这岂不自相矛盾？并不矛盾。究其实，使菽粟如水火，从而使人们的物质需要得到

---

[1] 《管子·牧民》。
[2] 《墨子·兼爱上》。
[3] 《韩非子·五蠹》。
[4] 《论衡·治勤》。
[5] 《孟子·尽心上》。
[6] 《孟子·梁惠王上》。
[7] 《孟子·尽心上》。
[8] 《孟子·滕文公上》。

相对满足，虽然可以使人们产生做一个好人的道德需要、道德欲望、道德感情，却未必使人们不断做好事从而成为好人。因为一个人有了某种道德感情，他一定想做、愿做、欲做相应的伦理行为；可是他却未必会实际做出这种伦理行为。

因为他有多种需要、欲望和感情：他往往既想做一个英雄又贪生怕死。于是，一个人如果有了某种道德感情，那么，只有当他的这种道德感情达到一定的强度，能够克服与其冲突的其他感情从而处于决定的和支配的地位，他的这种道德感情才会使他进行相应的伦理行为，才会使他具有相应的品德；否则，他便徒有某种道德感情而不会引发相应的伦理行为，不会有相应的品德。

因此，人们做一个好人的道德需要、道德感情只有十分强大，足以克服与其冲突的其他欲望、感情，才会不断做好事而成为好人。使菽粟如水火，从而使人们的物质需要得到相对满足，虽然是产生做一个好人的道德感情的充分条件，却无疑是产生做一个好人的强大的道德感情的必要条件：没有菽粟如水火，没有物质需要的相对满足，一个人便不会有做一个好人的强大的道德需要；但有了物质需要的相对满足，一个人未必会有做一个好人的强大的道德需要。

这就是为什么我们会到处看到"为富不仁"现象：那些丰衣足食、生活富裕的人们，虽然有做一个好人的道德感情，却不够强大，以致被远为强大的邪恶欲望克服而成为"为富不仁"的坏人！因此，使人们具有强大的做一个好人的道德需要，除了必须做到菽粟如水火，从而使人们的物质需要得到相对满足，还必须具备一些其他条件。那么，这些条件究竟是什么？主要是德福一致：越有美德便越有幸福。

原来，物质需要的相对满足，只是产生做一个有美德的好人的道德需要的前提和基础；而获得幸福则是产生做一个有美德的好人的道德需要的目的和动力：幸福是美德的唯一动力。因为一个人所具有的做一个有美德的好人的道德需要，如前所述，表现为两个方面：一方面是把美德作为利己的手段的需要，他方面是把美德作为目的的需要。美德自身是对自我的欲望和自由的一种限制、约束、侵害，因而一个人最初绝不会以美德为目的，为美德而美德；相反，他最初只可能把美德作为求得利益和幸福的手段，为了利己而求美德。

美德之所以会成为一个人利己的手段，无非因为人是个社会动物，每个人的生活都完全依靠社会和他人：他的一切利益都是社会和他人给的。所以，能否得到社会和他人的赞许，便是他一切利益中最根本最重大的利益：得到赞许，便意味着得到一切；遭到谴责，便意味着丧失一切。不言而喻，能否得到社会和他人的赞许之关键，在于他的品德如何：如果社会和他人认为他品德好，那么，他便会得到社会和他人的赞许和给予；反之，则会受到社会和他人的谴责和惩罚。

这就是一个人最初为什么会有做一个有美德的好人的道德需要的缘故：他需要美德，因为美德就其自身来说，虽然是对他的某些欲望和自由的压抑、侵犯，因而是一种害和恶；但就其结果和目的来说，却能够防止更大的害或恶（社会和他人的唾弃、惩罚）和求得更大的利或善（社会和他人的赞许、赏誉），因而是净余额为善的恶，是必要的恶。因此，美德乃是他求得幸福的最根本、最重要的手段：他对美德的需要是一种手段的需要。但是，逐渐地，他便会因美德不断给他莫大利益而日趋爱好美德、欲求美德，从而便为了美德而求美德，使美德由手段变成目的；就像他会爱金钱、欲求金钱、使金钱由手段变成目的一样。这时，他对美德的需要便不再是把它们作为一种手段的需要，而是把它们作为一种目的的需要了。

因此，一个人以美德为目的的道德需要，源于以美德为手段的道德需要；而以美德为手段的道德需要又源于利己，源于社会和别人因他品德的好坏所给予他的赏罚。因此，说到底，一个人做一个有美德的好人的道德需要，不论是以美德为手段的需要，还是以美德为目的的需要，均以利己为动因、动力。所以，穆勒说：

　　"美德是这样一种善，除了它有助于获得快乐——特别是能够免除痛苦——以外，人原本没有追求美德的欲望或动机。……如果美德并不带给他快乐，而恶德也并不带给他痛苦，他就不会爱好或欲望美德了；他欲求美德，只是因为美德可以给他自己或他所关心的人以快乐和利益。"[1]

　　可见，利己虽然不是一切美德的目的，却是一切美德的动因、动力。换言之，幸福虽然不是一切美德的目的，却是一切美德的动因、动力。这意味着：一方面，从质上看，如果德福背离，有德无福、无德有福，那么，美德便失去了动因、动力，人们便不会追求美德了；如果德福一致，有德有福、无德无福，那么美德便有了动因、动力，人们便必定会追求美德了。另一方面，从量上看，德福越一致——越有德便越有福和越无德便越无福——那么，人们追求美德的动力便越强大；德福越背离——越有德便越无福和越无德便越有福——那么，人们追求美德的动力便越弱小。所以，爱尔维修一再说：

　　"如果没有爱美德的利益，就决没有美德。"[2] "道德的力量常常是与人们用以奖赏它的快乐程度成比例的。"[3]

　　那么，实际上，生活于各个国家中的人们的德福一致或背离的情况究竟是怎样的？国家不同，人们德福一致的程度显然是不同的：有些国家人们德福一致的程度可能极高而接近德福完全一致；有些国家人们德福一致的程度可能极低而接近德福背离。细考较去，各个国家人们德福一致的程度，正如爱尔维修和卢梭所指出，主要取决于各个国家的政治状况，[4] 说到底，主要取决于各个国家的政治的正义性。

　　因为正义是等利（害）交换。这意味着，如果一个国家的政治是正

---

[1]　Robert Maynard Hutchins: *Great Books of the Western World*, Volume 43, *On Liberty*, London: John Stuart Mill, Encyclopaedia Britannica, Inc., 1980, p. 463.

[2]　周辅成编：《西方伦理学名著选辑》下卷，商务印书馆，1987年，第60页。

[3]　爱尔维修：《精神论》，杨伯恺译，辛垦书店，1928年，第116页。

[4]　参阅爱尔维修：《精神论》，杨伯恺译，辛垦书店，1928年，第116页；卢梭：《忏悔录》，黎星、范希衡译，人民文学出版社，1980年，第500页。

义的，那么，一方面，一个人有美德从而增进社会和他人利益，就等于增进自己利益而有福；他越有美德从而越多为社会和他人增进利益，就等于越多为自己增进利益而越多福。另一方面，一个人缺德而损害社会和他人，就等于损害自己而有祸；他越缺德而越多损害社会和他人，就等于越多损害自己而多祸。

因此，政治越正义，人们的德福一致程度便越高，便越接近德福完全一致，以致每个人越有德便越有福，越无德便越无福；政治越不正义，人们的德福一致程度便越低，便越接近德福背离，以致一个人越有德却可能越无福，而越无德却可能越有福。于是，国人品德高尚与否，归根结底，取决于国家的政治正义与否：

一个国家的政治越正义，国人的德福便越一致，他们做一个有美德的人的动力便越强大，他们做一个有美德的好人的道德愿望便越强大，他们善的动机便越强大以致能够克服恶的动机，能够克服实现善的动机的内外困难，他们的道德意志便越强大，他们的品德便越良好高尚；一个国家的政治越不正义，国人的德福便越背离，他们追求美德的动力便越弱小，他们做一个有美德的好人的道德愿望便越弱小，他们善的动机便越弱小以致难以克服恶的动机，难以克服实现善的动机的内外困难，他们的道德意志便越弱小，他们的品德便越低下败坏。

这一国人品德高低发展变化的规律，关乎每个人做一个好人的道德需要、道德欲望、道德意志与政治以及幸福的关系，属于品德的道德感情和道德意志因素高低变化之规律，主要属于品德的道德感情因素高低变化的目的和动力之规律——"德富律"则是关于国民品德的道德感情因素发展变化的前提和基础规律——因而可以名之为"德福律：国人品德与政治的内在联系"。对于这一规律，爱尔维修和卢梭曾有所见："某种人民对德行之爱慕或冷淡就是他们的政体不同的结果。"[1] "一个民族的恶

① 爱尔维修：《精神论》，杨伯恺译，辛垦书店，1928年，第116页。

行和德行永远都是它的立法之必然结果。"① "我发现，一切都从根本上与政治相联系。不管怎样做，任何一国的人民都只能是他们政府的性质将他们造成的那样。"②

3 德识律：国人品德与文化的内在联系

一个国家国人品德高低变化，不仅取决于该国经济发展的快慢和财富分配的公平不公平以及政治的清明与否，而且取决于该国文化的发达程度：文化越发达，国人品德便越良好；文化越不发达，国民品德便越沦丧。因为品德原本由个人道德认识、个人道德感情和个人道德意志三因素构成。品德的个人道德认识成分极为复杂多样，包括每个人所获得的有关道德的一切科学知识、个人经验和理论思辨。它的核心问题是：一个人为什么应该做和究竟如何做一个有美德的人？

毋庸赘言，一个人只有具有为什么应该做一个有美德的人的道德认识，才可能具有相应的做一个有美德的人的道德愿望和道德感情，才可能进行相应的做一个有美德的人的道德行为，从而才可能具有相应的品德。一句话，个人道德认识是品德和道德愿望形成的必要条件、必要因素。因此，品德必定与个人道德认识成正相关变化：一个人的个人道德认识越加提高，他的品德便必定会越加提高；反之，他的个人道德认识越降低，他的品德便必定会越降低。

不难看出，就理论的推导来说，仅凭个人道德认识是品德的一个因素，显然就可以得出结论说：品德必定与个人道德认识成正相关变化。然而，实际上，我们却到处可以看到似乎恰恰相反的现象：个人道德认识比较高者，品德却比较低；品德比较高者，个人道德认识却比较低。

---

① 爱尔维修：《精神论》，杨伯恺译，辛垦书店，1928年，第116页。
② 卢梭：《忏悔录》，黎星、范希衡译，人民文学出版社，1980年，第500页。

一个终生都在研究伦理学的专家，道德认识可谓高且深矣！但他却明明是个妒贤嫉能、忘恩负义的卑鄙小人。反之，一个目不识丁的农民，个人道德认识可谓低且浅矣！但他却极地地道道是个忠厚善良的好人。那么，由此岂不可以否定品德与个人道德认识成正相关变化？造成这种理论与实际的"悖论"的原因究竟何在？

原来，这种所谓"悖论"现象的成因在于：个人道德认识并不是构成品德的唯一因素，而仅仅是其因素之一；除了个人道德认识，构成品德的还有个人道德感情和个人道德意志两因素。特别是，个人道德认识虽然是品德的一个部分、因素和环节，却只是品德的必要条件、指导因素和首要环节，而不是品德的动力因素、决定性因素；品德的动力因素、决定性因素是个人道德欲望、个人道德感情。

这样一来，一个人的品德的总体水平必定与其道德感情水平一致，而未必与其道德认识一致：个人道德感情高者，即使其道德认识低，品德必高；个人道德认识水平高者，如其道德感情低，其品德必低。因此，个人道德认识高的人所以品德低，完全不是因为他的道德认识高，而仅仅是因为他的品德的其他方面——如道德感情——低。反之，个人道德认识低的人所以品德高，完全不是因为他的道德认识低，而仅仅是因为他的品德的其他方面——如道德感情——高。

如果人们的道德感情相同，如果人们的品德的其他方面相同，如果人们只有个人道德认识不同而其余条件完全一样，那么毫无疑义，个人道德认识高者，品德必高；品德高者，个人道德认识必高。换言之，仅仅从个人道德认识与品德的关系来看，二者完全成正比例变化：个人道德认识越高，品德便越高；个人道德认识越低，品德便越低。

可见，个人道德认识越高，其品德必定越高；但是，个人道德认识高的人，其品德未必高。他的品德低，并不是因为他的道德认识高，而是因为他的品德的其他因素低。反之，个人道德认识越低，其品德必定越低；但是，个人道德认识低的人，其品德未必低，却可能很高。他的品德高，并不是因为他的道德认识低，而是因为他的品德的其他因素高。这样，个人道德认识高者品德反倒很低——或个人道德认识低者品德反倒很高——的现象，并没有否定品德高低与个人道德认识高低成正相关变化：二者绝非悖论。

既然人们的品德高低必定与其个人道德认识高低成正相关变化，那么，人们的个人道德认识高低究竟又决定于什么呢？就一个国家国人普遍的个人道德认识水平来说，显然与该国的文化水平有必然联系。因为个人道德认识极为复杂多样，包括每个人所获得的有关道德的一切科学知识、个人经验和理论思辨。一个国家国人的这种个人道德认识水平，普遍讲来，无疑取决于该国国人普遍的认识水平。我们很难想象，一个国人普遍愚昧无知的国家，他们的道德认识和道德知识水平，普遍说来，却会很高：国人道德认识和知识水平普遍高的国家，岂不必定是那些认识和知识水平高的国家？而一个国家认识和知识水平当然取决于该国文化发展水平：一个国家的文化越发达，该国国人普遍的认识水平便越高，国人普遍的道德认识水平便越高；反之，一个国家的文化越不发达，该国国人普遍的认识水平便越低，国人普遍的道德认识水平便越低。

既然人们的品德高低必定与其个人道德认识高低成正相关变化，那么，人们的个人道德认识高低究竟又决定于什么呢？取决于他们所生活于其中的国家的文化——亦即精神财富——发展水平。诚然，某一个特定国人的个人道德认识水平的高低，与他所生活于其中的国家的文化水平，没有必然的联系：一个人虽然生活于文化水平较高国家，他的道德认识水平却可能比较低；反之，一个人虽然生活于文化水平较低的国家，他的道德认识水平却可能比较高。试想，我国今日的文化水平，无疑远远高于宋明时代；然而，今日有谁的道德认识水平，能够高于生活于那个时代的二程、朱熹和李贽呢？

但是，就一个国家国人普遍的个人道德认识水平来说，显然与该国的文化水平有必然联系。因为个人道德认识极为复杂多样，包括每个人所获得的有关道德的一切科学知识、个人经验和理论思辨。一个国家国人的这种个人道德认识水平，普遍讲来，无疑取决于该国国人普遍的科学知识水平。我们很难想象，一个国人普遍愚昧无知的国家，他们的道德认识和道德知识水平，普遍说来，却会很高：国人道德认识和知识水平普遍高的国家，岂不必定是那些科学知识水平高的国家？而一个国家科学知识水平当然取决于该国文化发展水平：一个国家的文化越发达，该国国人普遍的科学知识水平便越高，国人普遍的道德认识水平便越高；反之，一个国家的文化越不发达，该国国人普遍的科学知识水平便越低，国人普遍的道德认识水平便越低。

于是，总而言之，可以得出结论说，一个国家国人品德高低变化，不仅取决于该国经济发展的快慢和财富分配的公平不公平以及政治正义与否，而且取决于该国文化的发达程度：一个国家的文化越发达，该国国人普遍的认识水平便越高，国人普遍的道德认识水平便越高，国人的品德便越良好高尚；一个国家的文化越不发达，该国国人普遍的认识水平便越低，国人普遍的道德认识水平便越低，国人的品德便越低下败坏。这个规律，关乎国人的个人道德认识与其文化的关系，属于品德的个人道德认识方面的规律，因而可以名之为"德识律：国人品德与文化的内在联系"。

然而，实际上，我们却往往看到与这一规律恰好相反的现象：一个国家文化不发达时，国人的品德倒还高尚；而当其文化发达时，国人的品德反而败坏了。这是不容否认的事实。但是，这一事实岂不意味着：文化越发达，国人的品德便越低劣吗？在卢梭看来，正是如此。他在法国第戎科学院征文"科学与艺术的复兴是否有助于敦风化俗"的应征论文中便这样写道：

"我们的灵魂是随着我们的科学和我们的艺术之臻于完善而越发腐败……海水每日的潮汐经常受那些夜晚照临我们的星球的运行所支配，也还比不上风尚与节操的命运之受科学与艺术的支配呢。我们可以看到，随着科学与艺术的光芒在我们的天边上升起，德行也就消逝了。这种现象在各个时代和各个地方都可以观察到。"[1]

卢梭此见的主要依据，真正讲来，无疑是他所谓人类的"自然状态"与"文明状态"之比较。在他看来，处于自然状态的原始人品德淳朴高尚；他们虽然无知无识，但实行民主而政治清明、财富分配公正平等。反之，生活于文明状态——亦即君主专制的封建社会——的国人品德堕落败坏；他们的文化虽然发达，但政治专制腐败、财富分配不公。这一见地大体符合史实。

然而，卢梭却将"在此（文化发达、政治腐败和分配不公）之后（品德败坏）"统统当作"因此（文化发达、政治腐败和分配不公）之故"，因而误以为：文明社会国人品德败坏的原因是文化发达、政治腐败和分配不公；自然状态人们品德高尚的原因，则是文化不发达、政治清明和分配公正。在《论人类不平等的起源和基础》的结尾，卢梭便这样写道：

"使我们一切天然倾向改变并败坏到这种程度的，乃是社会的精神和由社会而产生的不平等。"[2]

这样一来，就文化与国人品德的关系来说，二者便恰成反比例关系变化：文化越不发达，国人品德便越良好；文化越发达，国人品德便越败坏。所以，他通过考察生活于自然状态的野蛮人的品德状态时得出结论说，野蛮人品德高尚的原因在于无知无识：

"我们可以说，野蛮人所以不是恶的，正因为他们不知道什么是善。因为阻止他们作恶的，不是智慧的发展，也不是法律的约束，而是情感的平静和对邪恶的无知：'这些人因对邪恶的无知而得到的好处，比那些人因对美德的认识而得到的好处还要大些'。"[3]

---

① 卢梭：《论科学与艺术》，何兆武译，商务印书馆，1959 年，第 7 页。
② 卢梭：《论人类不平等的起源和基础》，李常山译，商务印书馆，1962 年，第 148 页。
③ 同上书，第 99 页。

　　这是一种双重的错误。一方面，卢梭不懂得，原始社会人们的品德之所以高尚，完全不是因为文化不发达。文化不发达只能降低人们的道德认识，只能降低人们品德所由以构成的道德认识因素，从而也就只能降低人们的品德：它怎么可能完善人们的品德呢？原始社会人们的品德之所以高尚，只是因为与文化不发达同时并存的政治和经济的状况：政治民主正义和分配公正平等。

　　另一方面，卢梭不懂得，封建社会国人品德败坏，完全不是因为文化发达。文化发达只能提高人们的道德认识，从而只能提高人们的品德：它怎么可能败坏国人的品德呢？封建社会国人品德之所以败坏，只是因为与文化进步同时发生的该国的政治和经济的变化：政治专制腐败和财富分配不公。因为"德富律"与"德福律"——亦即国人品德与该国的经济及政治的内在联系——的研究表明：

　　一个国家政治越不正义、财富分配越不公平，人们的德福便越不一致，人们的物质需要的相对满足便越不充分，人们做一个有美德的人的动力便越小，做一个好人的道德需要和欲望便越弱小，人们的品德便越恶劣；反之，一个国家的政治越正义、财富的分配越公平，人们的德福便越一致，人们的物质需要的相对满足便越充分，人们做一个有美德的人的动力便越大，因而做一个好人的道德需要和欲望便越强大，人们的品德便越高尚。

　　这样一来，一方面，政治专制不正义和经济分配不公，所降低的乃是国人品德的决定性因素：个人道德感情。反之，文化的进步，所提高的则是国人品德的非决定性因素：个人道德认识。因此，文化进步所导致的国人品德提高，必定远不及政治专制不正义和经济不公所导致的国人品德的降低：其净余额是降低而不是提高。这就是君主专制的封建社会的"科学与艺术的光芒升起而德行也就消逝"的真正原因：政治专制不正义和经济不公对于国人品德的败坏，超过了文化发达对国人品德的提高。

另一方面，政治民主正义和分配公正所提高的乃是国人品德的决定性因素：个人道德感情。反之，文化不发达所降低的则是国人品德的非决定性因素：个人道德认识。因此，文化落后所导致的国人品德降低，必定远不及政治民主正义和财富分配公正所导致的国人品德的提高：其净余额是提高而不是降低。这就是无知无识的原始社会人们品德反倒高尚的真正原因：政治正义和分配公正对于人们品德的提高，超过了文化落后对人们品德的降低。

可叹卢梭被"国人品德与文化发展恰成反比"的假象所惑而未见于此，遂将"在此（文化发达）之后（品德败坏）"当作"因此之故"，于是错误地得出结论说：文化越发达，人们的品德便越低劣。殊不知真理恰恰相反：一个国家的文化越发达，该国国人普遍的认识水平便越高，国人普遍的道德认识水平便越高，国人的品德便越高尚；一个国家的文化越不发达，该国国人民普遍的认识水平便越低，国人普遍的道德认识水平便越低，国人的品德便越败坏。只不过，决定国人品德高低变化的主要因素，乃是政治的正义程度和分配的公正程度，而不是文化的发达程度罢了。

4 德道律：国人品德与道德的内在联系

一个国家国人品德高低变化，不仅取决于该国经济发展的快慢、财富分配的公平程度和政治的正义以及文化发达与否，而且——最为直接地——取决于该国所奉行的道德之优劣。因为品德亦即长期遵守或违背道德的行为所形成的道德人格，完全是遵守或违背道德的结果；而每个人究竟遵守还是违背道德，无疑直接取决于道德本身的性质，取决于道德本身之优劣：道德越优良，便越易于被人们遵守，人们的品德便越优良；道德越恶劣，便越难以被人们遵守，人们的品德便越败坏。那么，究竟为什么道德越优良就越易于被遵守？

　　原来，道德与法律一样，就其自身来说，不过是对人的某些欲望和自由的压抑、侵犯，因而是一种害或恶；就其结果和目的来说，却能够防止更大的害或恶（社会的崩溃和每个人的死亡）和求得更大的利或善（社会的存在发展和每个人利益的增进），因而是净余额为利的害，是净余额为善的恶，是必要的害和恶：道德的手段是压抑、限制每个人的某些欲望和自由；道德最终目的是保障社会——亦即经济、文化、人际交往、法、政治——的存在发展，增进每个人个人利益。

　　因此，保障经济、文化、人际交往、法、政治的存在发展和增进每个人利益总量，便是评价一切道德优劣之标准：哪种道德对人的欲望和自由侵犯最少、促进经济和文化发展速度最快、保障人际交往的自由和安全的系数最大、使法和政治最优良、最终增进每个人利益最多、给予每个人的利与害的比值最大，哪种道德便最优良；反之，则最恶劣。

　　于是，道德越优良，它给予每个人的压抑和损害便越少，而给予每个人的利益和快乐便越多；因而人们遵守道德、做一个有美德的人的动力便越强大，他们做一个有美德的人的道德愿望便越强大，他们善的动机便越强大，以致能够克服恶的动机，能够克服实现善的动机的内外困难，从而他们的道德意志便越强大，他们的品德便越良好高尚。

　　反之，道德越恶劣，它给予每个人的压抑和损害便越多，而给予他的利益和快乐便越少；因而人们遵守道德、做一个有美德的人的动力便越弱小，他们做一个有美德的好人的道德愿望便越弱小，他们善的动机便越弱小，以致难以克服恶的动机，难以克服实现善的动机的内外困难，从而他们的道德意志便越弱小，他们的品德便越低下恶劣。

　　因此，在《为什么是道德的》学术专著中，巴姆对于"为什么是道德的？"回答道："因为这是你最想要的东西。"[①]但是，他马上补充道，他所说的道德乃是一种"长久说来能够为每个人自己造成最好结果"的

---

① Archie J. Bahm: *Why Be Moral?*, New Mexico: Albuquerque World Books, 1992, p. x.

道德。① 反之，道德"只要是一种挫败人的愿望的东西，那么，它就不会是人想要的东西，或者说，它肯定不会是一个人最想要的东西。"②

由此可以理解，为什么我们会看到这样一种奇怪的现象：一个国家所奉行的道德对人们的要求越高，人们的品德往往反倒越低；而对人们的道德要求较低，人们的品德往往反倒较高。这岂不就是因为，高调的道德可能恰恰就是恶劣道德，而低调的道德却可能偏偏就是优良道德？

试想，为什么国人品德败坏往往竟会与最高调的道德——利他主义道德——如影随形？岂不就是因为利他主义道德是最恶劣的道德？一方面，利他主义道德是对每个人的行为的道德要求最高的道德：它认为只要目的利己——不论手段如何有利于社会和他人——便是不道德的，从而把道德的最高境界"无私利他"当作唯一道德的行为。这样一来，利他主义道德便是对每个人的欲望和自由侵犯最为严重的道德：它侵犯、否定每个人的一切目的利己的欲望和自由。另一方面，利他主义道德否定目的利己、反对一切个人利益的追求，也就堵塞了人们增进社会和他人利益的最有力的源泉，因而是增进每个人利益最慢最少的道德。

合而言之，利他主义道德便是给予每个人的损害最多而利益最小的道德，便是给予每个人的害与利的比值最大的道德，因而也就是最为恶劣的道德。这就是奉行利他主义这种最高调的道德的国家，为何反倒会出现道德滑坡的原因：人们遵守这种对自己损害最多而利益最小的最恶劣的道德——从而做一个这种道德所要求的"无私利他"类型的好人——的道德欲望必定最少，因而他们的品德必定低下。

国民品德之高低，取决于该国所奉行的道德之优劣，其根据尚不仅此也！因为道德之优劣不仅取决于是否符合道德最终目的，而且还——更为根本地——取决于是否符合人性，亦即是否符合人的行为事实如何

---

① Archie J. Bahm: *Why Be Moral?*, New Mexico: Albuquerque World Books, 1992, p. x.

② Ibid., p. 11.

之本性。因为，元伦理学表明，行为应该如何的优良的道德规范，是通过道德最终目的，从行为事实如何的客观本性中推导出来的。因此，所制定的行为应该如何的道德规范之优劣，最终便取决于是否与行为事实如何的客观本性相符：优良道德必定符合行为事实如何的客观本性；违背行为事实如何客观本性的道德必定恶劣。所以，霍尔巴赫一再说："要判断某种道德体系的优劣，我们只能根据这种体系在怎样的程度上符合人性。"①

于是，道德越优良，与人们行为客观本性便越相符；道德越恶劣，与人们行为的客观本性便越背离。而只有与行为客观本性相符的道德，才是人们能够遵守和实行的；背离行为客观本性的道德，必定是人们不能遵守和实行的。所以，越是与人们行为客观本性相符的道德，便越易于被人们遵守和实行，从而人们遵守和实行这种道德的行为便越多，人们的品德便越高尚；反之，越是与人们行为客观本性背离的道德，便越难于被人们遵守和实行，从而人们遵守和实行这种道德的行为便越少，人们的品德便越低下。举例说：

在风行利他主义道德的社会，人们遵守和实行利他主义道德的行为极少，因而道德沦丧。究其原因，岂不就在于利他主义要求人们恒久乃至完全无私利他，背离了"每个人的行为的必定恒久为自己而只能偶尔为他人"之客观本性？

综上可知，一个国家所奉行的道德越优良，它给予每个人的压抑和损害便越少，而给予他的利益和快乐便越多，于是，国人遵守道德从而做一个有美德的人的动力、动机、道德欲望和道德意志便越强大，因而他们的品德便越良好高尚；道德越优良，与行为的客观本性便越相符，便越易于被人们实行，从而人们实行道德的行为便越多，国人的品德便越良好高尚。

---

① 霍尔巴赫：《自然的体系》上卷，官士滨译，商务印书馆，1977年，第134页。

反之，一个国家所奉行的道德越恶劣，那么，它给予每个人的压抑和损害便越多，而给予他的利益和快乐便越少，那么，国人遵守道德从而做一个有美德的人的动力、动机、道德欲望和道德意志便越弱小，因而他们的品德便越低下恶劣；道德越恶劣，与行为的客观本性便越背离，便越难于被人们实行，从而人们实行道德的行为便越少，国人的品德便越低下恶劣。

这个规律，是关于国人的"道德感情以及道德行为或道德意志"与国家所奉行的道德之优劣的关系之规律，因而也属于国人品德的个人道德感情和道德意志两方面的复合规律，不妨名之为"德道律：国人品德与道德的内在联系"。

5　品德四规律：绝大多数国人品德高低变化的统计性规律

"德富律"、"德福律"、"德识律"和"德道律"四大规律，总而言之，无疑是一个国家国人总体——亦即绝大多数国人——品德变化规律，是绝大多数国人品德高低变化的统计性规律；而不是国人个体品德变化规律，不是国人个体、个人品德高低变化的非统计性规律：

一方面，四大规律是一个国家国人总体——亦即绝大多数国人——品德高低变化的统计性规律。这就是为什么，一个国家，只要经济发展迅速和分配公平、政治正义、文化先进、道德优良，那么，该国绝大多数国人品德必定良好高尚；只要经济发展缓慢和分配不公、政治不正义、文化落后、道德恶劣，那么，该国绝大多数国人品德必定低下败坏。

另一方面，四大规律不是国人个体、个人品德高低变化的非统计性规律。这就是为什么，一个国家，不论经济发展如何迅速、财富分配如何公平、政治如何正义、文化如何先进、道德如何优良，也总会有品德低下败坏者；只不过品德低下败坏者很少罢了；不论经济发展如何缓慢、财富分配如何不公、政治如何不正义、文化如何落后、道德如何恶劣，也总会有品德良好高尚者；只不过品德良好高尚者很少罢了。

＊　　＊　　＊

　　品德的定义、结构、类型及其本性和规律的研究表明，每个人的个人道德认识都是可以提高的、个人道德感情都是可以陶冶的、个人道德意志都是可以锻炼的，因而完全由它们所构成的品德也就是可以提高、可以陶冶、可以锻炼的：品德是可以培养的。不言而喻，品德的培养如果遵循品德的客观本性和规律，便能够提高人的品德，从而既可以使人使人从无德境界进入美德境界而不堕入恶德境界；也可以使人由恶德境界归依美德境界。那么，遵循品德本性和规律的品德培养方法究竟是怎样的？这种品德培养方法可以分为"制度建设"与"道德教养"两大系列：制度建设是国民总体品德培养方法；道德教养是国民个体品德培养方法。

第三十五章　品德培养

本章提要

　　国民总体品德培养方法——亦即制度建设——分为"宪政民主"、"市场经济"、"优良道德"和"思想自由"："宪政民主"是最根本最主要的国民总体品德培养方法。因为一个国家的制度越接近宪政民主，该国的政治便越清明、经济发展便越快、财富分配便越公平、科教文化便越繁荣、所奉行的道德便越优良；这样一来，国民的德福便越一致、物质需要的相对满足的程度便越充分、做一个有美德的人的道德欲望和道德认识以及道德意志便越强烈，从而国民的品德便越高尚。反之，一个国家的政治体制背离宪政民主而越接近君主专制，该国的政治便越腐败、经济发展便越慢、财富的分配便越不公平、科教文化便越萧条、所奉行的道德便越恶劣；这样一来，国民的德福便越不一致、物质需要的相对满足便越不充分、做一个好人的道德欲望和道德认识以及道德意志便越淡薄，从而国民品德便越恶劣。但是，宪政民主等制度建设是国民总体品德培养方法，因而只能保证提高一个国家的国民总体的品德境界，而不能保证具体提高国民个体的品德境界。所以，一个国家或社会，不论如何专制腐败，总有一些品德极其高尚的人；反之，不论如何宪政民主，总有一些品德极其败坏的人。那么，能够保证具体提高某一个个人的品德境界的品德培养方法是什么？是道德教育与道德修养。道德教育是社会或国家对国民个人品德的培养，是人们相互间的品德培养，可以分为言教、奖惩、身教和榜样四种具体方法；而道德修养则是个人的自我品德培养，是自己对自己的品德培养，可以分为学习、立志、躬行和自省四种具体方法。道德教育与道德修养是国民个体或个人的品德培养方法，因而只能保证具体提高各个个人的品德境界，却不能够保证提高一个国家的国民总体的品德境界。显然，作为两种根本不同的品德培养方法，制度建设远远重要于道德教育和道德修养。因为一个国家如果制度恶劣，如果实行君主专制——从而经济不自由、思想不自由和道德恶劣——那么，不论该国的道德教育和道德修养如何刻苦努力，该国便不但因制度恶劣而国民总体必定品德败坏，从而只可能造就极少数有美德的人，而且因所奉行的道德恶劣而注定只能造就内化恶劣道德的有美德的人，亦即只能造就具有负道德价值的有美德的人。相反地，一个国家如果制度优良，如果实行宪政民主——从而经济自由、思想自由和道德优良——那么，不论该国如何不重视道德教育和道德修养，该国都不但因制度优良而国民总体品德必定高尚，而且因所奉行的道德优良而国民总体必定都是内化优良道德的有美德的人，都是具有正道德价值的有美德的人。

一 品德培养目标

1 君子：品德培养基本目标

君子与小人，如所周知，自春秋战国时代就明确作为两种对立人格而沿用至今。但是，与今日不同，这对范畴最初并非只具有道德含义，并非只是指称两种道德人格；而是具有双重含义：既指两种道德人格，又指两种社会阶层。一方面，君子与小人指两种社会阶层：君子指王侯、公卿和大夫等统治阶层；小人指庶民和奴隶等被统治阶层。《尚书》曰：

"狎侮君子，罔以尽人心；狎侮小人，罔以尽其力。"① 这里的"君子"无疑是指所谓"劳心者"，亦即公卿、大夫等；而"小人"则是指所谓"劳力者"，亦即庶民、奴隶等。孔子说："君子学道则爱人，小人学道则易使也。"② 显然也是此意。另一方面，君子和小人还表示两种道德人格，亦即有道德的人和无道德的人。孔子说："君子成人之美，不成人之恶；小人反之。"③ "君子周而不比，小人比而不周。"④ "君子喻于义，小人喻于利。"⑤ 这里的君子与小人显然是指有道德的人与无道德的人。

可见，春秋战国时代，君子既指王侯、公卿和大夫等统治者或所谓"有位者"，又指有德者、有道德的人；反之，小人既指庶民和奴隶等被统治者或所谓"无位者"，又指无德者、无道德的人。所以，王安石说："天子诸侯谓之君，卿大夫谓之子，古之为此名也，所以命天下之有德。故天下之有德，通谓之君子。有天子、诸侯、卿大夫之位，而无其德，可以谓之君子，盖称其位也。有天子、诸侯、卿大夫之德而无其位，可以谓之君子，盖称其德也。"⑥ 君子或小人的这种双重含义，细究起来，似乎源于远古时代的统治者或有位者——尧、舜、禹——都是德位一致的政治理想：有德者必有位，有位者必有德。按照这种政治职务分配的理想和原则，有位者有德；无德者无位：德与位一致。德位一致意味着：君子既是有位者又是有德者；小人既是无位者又是无德者。这恐怕就是君子与小人"既指两种道德人格又指两种社会阶层"的双重含义之根源。

但是，社会的现实生活却往往相反：有位者无德，有德者无位。德与位分离的现实，逐渐使君子与小人的称谓不再有社会阶层的含义，而专门指有德者和无德者：君子亦即有德者，小人亦即无德者。及至汉

① 《尚书·周书》。
② 《论语·阳货》。
③ 《论语·颜渊》。
④ 《论语·为政》。
⑤ 《论语·里仁》。
⑥ 《王文公文集·卷三十四》。

代，君子与小人的这种含义已成定型。所以，《白虎通义》云："或称君子何？道德之称也。"王符进而解释道："所谓贤人君子者，非必高位厚禄富贵荣华之谓也，此则君子之所宜有而非其所以为君子者也。所谓小人者，非必贫贱冻馁辱厄穷之谓也，此则小人之所宜处，而非其所以为小人者也。"[①]

因此，大体说来，汉代以来直至今日，君子与小人便只有一种含义：君子就是有德者，就是合乎道德的人，就是处于美德境界的人，就是善人，就是好人；反之，小人则是缺德者，是不道德的人，是处于恶德境界的人，是恶人，是坏人。可是，真正讲来，究竟何谓有德者、合乎道德的人、就是处于美德境界的人、善人和好人？何谓缺德者、不道德的人、就是处于恶德境界的人、恶人和坏人？粗略看来，这个问题很简单。因为君子、道德的人岂不就是长期遵守道德从而使道德内化为自己人格的人？小人、不道德的人岂不就是长期不遵守道德因而不能使道德内化为自己人格的人吗？然而，细究起来将会发现，诚如古人所言：君子或有德者与小人或无德者之分甚难辨焉！试想：

一个人，如果长期遵守勇敢和节制的道德规范，从而使其内化为自己的人格，那么，他就是一个君子、有德者、合乎道德的人、处于美德境界的人、善人和好人吗？否！我们只能说他是一个勇敢的和节制的人，而不能说他是一个君子、有德者、合乎道德的人、善人和好人。因为他很可能是一个恶人：一个勇敢的和节制的恶人。反之，如果他长期违背勇敢和节制的道德规范，从而具有了怯懦和放纵的恶德，那么，他就是一个小人、无德者、不道德的人、处于美德境界的人、恶人和坏人吗？否！我们只能说他是一个懦弱的和放纵的人，而不能说他是一个小人、缺德者、不道德的人、恶人和坏人。因为他很可能是一个善人：一个懦弱的和放纵的善人。

[①]　王符：《潜夫论·论荣》。

可见，君子小人甚难辨焉！长期遵守某些道德而使其内化为自己人格人，却可能是个小人、不道德的人或恶人；反之，长期不遵守某些道德的人，却可能是个君子、道德的人或善人。但是，美德必定是遵守道德的结果；而恶德则必定是不遵守道德的结果。因此，毋庸置疑，小人、恶人之为小人、恶人，绝不是因其遵守某些道德，而只能是因其不遵守其他道德；君子、善人之为君子、善人，绝不是因其不遵守某些道德，而只能是因其遵守其他道德。这就是说，必定有一个或一些道德，在道德体系中处于主要的、决定性的、支配性的地位，因而遵守和在自己的人格中内化它们与否，决定一个人之为君子、善人和小人、恶人；而遵守和内化其他道德与否，则必定与一个人之为君子、善人和小人、恶人无关。那么，这种决定一个人之为君子、善人与小人、恶人的道德究竟是什么？这种将君子、善人与小人、恶人区别开来的主要的、决定性的、支配性的道德究竟是什么？

这种道德显然就是道德总原则"善"和不道德总原则"恶"。因为一切道德岂不皆产生于、决定于、支配于和推导于道德总原则？道德总原则"善"和不道德总原则"恶"岂不就是评价行为者究竟是善人还是恶人的唯一准则？岂不就是评价行为者究竟是道德的人还是不道德的人的唯一准则？反之，其他任何道德，如节制、勇敢、正义等，岂不只能评价行为者是不是一个节制的、勇敢的和正义的人，而绝不能评价行为者是不是一个善人和道德的人？因此，决定一个人之为君子、善人和小人、恶人的全部因素，便仅仅在于他遵守和内化的究竟是道德总原则"善"还是不道德总原则"恶"。

这原本是不言而喻之理。因为所谓善人与恶人岂不就是"善"原则和"恶"原则在一个人的人格中的内化或实现？所以，道德总原则"善"与不道德总原则"恶"就是辨别君子与小人的照妖镜：一个人如果长期遵守道德总原则"善"，从而使之在他的人格和个性中得到内化或实现，那么，不论他如何不遵守其他道德，不论他的其他品德如何，他无疑都是一个善人、好人、合乎道德的人，都是一个君子；反之，一个人如果长期不遵守道德总原则"善"，从而使不道德总原则"恶"在他的人格和个性中得到内化或实现，那么，不论他如何遵守其他道德，不论他的其他品德如何，他无疑都是一个恶人、坏人、不道德的人，都是一个小人。

这样一来，君子与小人的全部区别，说到底，便仅仅在于是否遵守和内化道德总原则"善"，而与是否遵守和内化其他道德无关：君子就是善人、好人、合乎道德的人、处于美德境界的人，就是长期遵守道德总原则"善"从而使之内化为自己的人格和个性的人，就是使善原则在自己的人格或个性中得到实现的人；小人就是恶人、坏人、不道德的人、处于恶德境界的人，就是长期违背道德总原则"善"从而使不道德总原则"恶"内化为自己的人格和个性的人，就是使恶原则在自己的人格或个性中得到实现的人。这就是为什么"遵守某些道德的人会是小人而不遵守这些道德的人却是君子"之谜的谜底，这就是破解"君子小人甚难辨"的难题之钥匙。

不过，细究起来，这一定义还没有彻底解决君子与小人之分别。因为如前所述，关于道德总原则"善"究竟是什么，从古至今，伦理学家们一直争论不休：利他主义将"善"与"无私利他"等同起来，因而认为只有无私利他才是君子人格；合理利己主义则将"善"与"为己利他"等同起来，因而认为只有为己利他才是君子人格；个人主义则将"善"与"单纯利己（不损人己）"等同起来，因而认为只有"单纯利己（不损人己）"才是君子人格。利他主义、合理利己主义和个人主义无疑是夸大部分真理而堕入谬误的三大极端；真理则为三者之统一。因为所谓善，如前所述，也就是一切符合道德终极目的——增进社会和每个人利益——的行为，因而也就是"增进社会和每个人利益"的行为，亦即利他与利己的行为，说到底，亦即"无私利他"、"为己利他"和"单纯利己（不损人己）"三种行为；反之，所谓恶，则是一切违背道德终极目的——增进社会和每个人利益——的行为，因而也就是"减少社会和每个人利益"的行为，亦即害他与害己行为，说到底，亦即"纯粹害人"、"损人利己"和"单纯害己"三种行为。于是，综上所述，可以得出结论说：

所谓君子，就是善人、好人、合乎道德的人、处于美德境界的人，就是长期遵守道德总原则"善"从而使之内化为自己的人格和个性的人，就是长期遵守"无私利他"、"为己利他"和"单纯利己（不损人己）"三大善原则从而使之内化为自己的人格和个性的人，就是具有"无私利他"、"为己利他"和"单纯利己（不损人己）"三大美德的人："无私利他"是君子的最高美德；"为己利他"是君子的基本美德；"单纯利己（不损人己）"是君子的最低美德。反之，所谓小人，就是恶人、坏人、不道德的人、处于恶德境界的人，就是长期违背道德总原则"善"从而使不道德总原则"恶"内化为自己的人格和个性的人，就是使"纯粹害人"、"损人利己"和"单纯害己"三大恶原则内化为自己的人格和个性的人，就是具有"纯粹害人"、"损人利己"和"单纯害己"三大恶德的人："纯粹害人"是小人最重恶德；"损人利己"是小人的基本恶德；"单纯害己"是小人最轻恶德。

这就是君子与小人的界说。准此观之，君子就是善人、好人、合乎道德的人：他可以是最善最好最道德的人，因而可以是具有无私利他人格的人；而不必是最善最好最道德的人，不必是具有无私利他人格的人。一个人的行为不论如何自私利己而罕见无私利他，不论他的行为目的是如何为自己，但是，只要他不损人，只要他是为己利他而不是损人利己，那么，他就是一个合乎道德的人，他就是一个君子而不是小人。即使他损人，即使他损人利己，只要这些不道德的行为还没有使他形成和具有损人利己的品德或人格，那么，他就仍然是君子而不是小人。只有当他损人利己的行为越来越多而终于使他形成和具有了损人利己的品德或人格时，他才是小人而不是君子了。显然，君子是品德培养的基本目标，而不是品德培养的最高目标。那么，品德培养的最高目标是什么？是仁人。

2　仁人：品德培养的最高目标

所谓仁人，不言而喻，就是长期遵守道德原则"仁"从而使之内化为自己的人格和个性的人，就是使"仁"原则在自己的人格和个性中得到实现的人。因此，界说"仁人"的关键在于弄清："仁"是什么？然而，仅在《论语》中，"仁"就出现百余次：究竟哪一个关于仁的判断是定义，真可谓见仁见智、众说纷纭。那么，仁的定义究竟是什么？

孔子对管仲在礼仪上的僭越极为不满，几度斥责他不知礼，然而却唯因其有功利于民而许其仁："子路曰，桓公杀公子纠，召忽死之，管仲不死。曰未仁乎。子曰，桓公九合诸侯，不以兵车，管仲之力也。如其仁，如其仁！"[①] 由此观之，正如冯友兰一再指出，仁一定是利人、利他的行为："仁义的本质是利他。"[②]"仁之事，即是爱人，即是利他。"[③] 这一见解可以从孔子许多论述得到印证。[④]

不过，利人有为己利人与无私利人之分。从孔子对仁是"爱人"的解释来看，仁是无私利人，而不是为己利人。因为为己利人显然绝非爱人而是爱己；只有无私利人才是爱人：爱人是无私利人行为的心理动因。从孟子的"仁也者，人也"[⑤] 的解释来说，仁也是无私利人而非为己利人。因为孟子的这一定义意味着，仁是实现人之所以为人者的原则；而在孟子和儒家看来，一个人只有无私利人，才能使自己的品德达到完善境界，从而实现自己的人之所以为人者。这一点冯友兰讲得很清楚："求自己的利，可以说是出于人的动物倾向，与人之所以为人者无干……为实现人

---

① 《论语·宪问》。
② 冯友兰：《中国哲学简史》，北京大学出版社，1985年，第86页。
③ 冯友兰：《三松堂全集》第四卷，河南人民出版社，1986年，第125页。
④ 《论语·里仁·为政·述而》。
⑤ 《孟子·尽心上》。

之所以为人者，我们可以说，人应该求别人的利。"①

可见，仁亦即无私利人，因而也就是善的最高原则，是道德最高原则，是美德最高境界，是至善。无私利人的极点是自我牺牲，亦即为了社会和他人而牺牲自我生命。所以，孔子说："志士仁人，无求生以害仁，有杀身以成仁。"② 于是，一言以蔽之，仁就是无私利人、自我牺牲：这就是仁的定义。这一定义表明：无私是仁的种差、根本特征。但是，这个根本特征，在孔孟那里却淹没在仁的众多属性之中而从未直接说出。最早说出这个特征的是庄子："请问，何谓仁义？孔子曰：心中物恺；兼爱无私，此仁义之情也。"③ 到了朱熹说得就更清楚了："公而无私便是仁。"④但是，说得最准确的，恐怕还是郭沫若。他这样写道："仁的含义是克己而为人的一种利他的行为……他要人们除掉一切自私自利的心机，而养成为大众而献身的牺牲精神。"⑤

因此，所谓仁人，乃是君子的最高境界，是最高尚的君子，是达到了君子最高境界——无私利人——的人，是具有最高美德或至善美德——无私利人——的人，也就是无私利人的道德楷模，是长期遵守至善原则"无私利人"从而使之内化为自己的人格和个性的人，是使"无私利人"至善原则在自己的人格或个性中得到实现的人，是具有无私利他人格的人，因而是品德培养的最高目标。无私利人，如前所述，引发于爱人之心——具体表现为同情心和报恩心——和完善自我品德之心，亦即实现人之所以为人者之心。于是，所谓仁人，说到底，也就是"爱人之心"、"同情心"、"报恩心"和"实现人之所以为人者之心"——及

① 冯友兰：《三松堂全集》第四卷，河南人民出版社，1986 年，第 608 页。
② 《论语·里仁》。
③ 《庄子·天道》。
④ 朱熹：《四书章句》，齐鲁书社，1992 年，第 48 页。
⑤ 郭沫若：《十批判》，人民出版社，1959 年，第 213 页。

其所引发的无私利人行为——已经成为自己的人格和个性的人。所以，孔子说仁人就是爱人的人："仁者爱人。"又说仁人就是富有同情心的人："夫仁者，己欲立而立人，己欲达而达人。能近取譬，可谓仁之方也已。"又说仁人就是怀有报恩心因而能够尽孝道的人："孝弟也者，其为仁之本与！"又说仁人就是抱有完善自己品德之心因而努力实现自己的人之所以为人者："古之学者为己，今之学者为人。"

　　然而，如前所述，"爱人之心"、"同情心"、"报恩心"和"实现人之所以为人者之心"及其所引发的"无私利人"行为，属于人人同样具有的"人性"范畴：仁人与常人以及君子与小人之不同，并不在于这些人性的质之有无，而只在于这些人性的量之多少。试想，任何人，不论他多么自私冷酷，多么卑鄙恶毒，他岂不都不可能丝毫没有爱和同情心？他能丝毫不爱给了他巨大的快乐和利益的父母和妻儿吗？那么，当他看到自己父母和妻儿悲痛欲绝的时候，他能丝毫不痛苦吗？显然，任何人都不可能没有"爱人之心"、"同情心"、"报恩心"和"实现人之所以为人者之心"及其所引发的"无私利人"行为。只不过，仁人所具有的这些人性和所进行的无私利人的行为较多，因而使无私利人或仁的道德原则转化为自己的人格和个性；而小人所具有的这些人性和所进行的无私利人的行为极少，因而不能使无私利人或仁的道德原则转化为自己的人格和个性罢了。那么，一个人所具有的这些人性和所进行的无私利人行为究竟要达到多少，才能够使无私利人或仁的道德原则转化为自己的人格，从而成为仁人？

　　本来，这个问题不难回答。因为美德是一个人长期遵守道德的行为所形成的人格和个性，因而一个人只要长期无私利他，就能够使无私利人原则转化为自己的人格，从而成为仁人。但是，按照儒家的观点，仁人作为品德培养的最高目标，应该达到高尚道德之极限，因而便应该是这样的人，他的永久而近乎全部的行为，目的都是无私利人，都应该符合和达到仁的境界："君子无终食之间违仁，造次必于是，颠沛必于是。"① 这种永久而近乎完全达到仁而无私境界的君子，就是儒家所谓的仁人：仁人就是"无终食之间违仁"的君子，就是永久无私利人的人，就是全部行为都几乎达到了无私利人境界的人，就是几十年如一日地无私利人的人，就是近乎毫不利己专门利人的人。所以，即使在儒家看来，仁人也是极难达到的，因而孔子不敢以仁人自许，也不轻易以仁者称人：甚至以令尹子文之忠和陈文子之清，也不得列于仁人之列。

　　然而，问题是，人们果真有可能达到这样高的目标从而成为这样高尚的人吗？儒家与路德、康德等利他主义论者一样，承认事实往往恰恰相反：人们几乎都是恒久为自己、偶尔为他人。对此，孔子不禁叹曰："有能一日用其力与仁矣乎？我未见力不足者。盖有之矣，我未之见也。"② 就连颜回，孔子说他也只是"三月不违仁"。但是，事实如何不等于应该如何。在儒家看来，与事实恰恰相反，就品德培养最高目标来说，每个人都应该恒久为他人乃至永久而近乎完全为他人；并且只要经过敬及集义的道德修养，只要经过良好的品德培养，便能够恒久仁爱无私乃至永久而近乎完全仁爱无私。新儒家冯友兰——他分别称"仁爱无私"和"为己利他"为"道德境界"和"功利境界"——便这样写道：

　　"孔子说'回也三月不违仁，其余日月至焉而已'。人对道德境界或天地境界，亦可以说是三月不违，或甚至永久不违……但欲永久在此等境界中，如道学家所谓'人欲净尽、天理流行'者，则除有觉解以做事，即道学家所谓集义……常注意于此等觉解，又常本之以做事，即道学家所谓敬……敬及集义，可使人常住于道德境界或天地境界中。"③

　　儒家所谓的仁人或品德培养最高目标——恒久仁爱无私乃至永久而近乎完全仁爱无私的人——看起来极其高尚，达到了美德的极点；然而，

---

① 《论语·颜渊》。

② 同上。

③ 冯友兰：《三松堂全集》第四卷，河南人民出版社，1987年，第649页。

细究起来，却不但违背人性，因而是任何人都不可能做到的，而且违背道德终极标准，因而具有负道德价值，是恶的、不应该的、不道德的。因为如前所述，"爱有差等"之人性定律表明：

爱是自我对其快乐和利益之因的心理反应，是对给予自己利益和快乐的东西的心理反应。因此，谁给我的利益和快乐较少，我对谁的爱必较少，我必较少地为了谁谋利益；谁给我的利益和快乐较多，我对谁的爱必较多，我必较多地为了谁谋利益。于是，说到底，我对我自己的爱必最多，我为了我自己谋利益必最多，亦即自爱必多于爱人、为己必多于为人，说到底，每个人必定恒久为自己，而只能偶尔为他人：恒久者，多数之谓也，超过一半之谓也；偶尔者，少数之谓也，不及一半之谓也。

这就是"爱有差等"之人性定律。儒家所谓的仁人或品德培养最高目标——恒久仁爱无私乃至永久而近乎完全仁爱无私的人——显然违背了这一人性定律。因为按照这一定律，良好的品德培养固然能够大大增多一个人的无私利他行为；但无论经过怎样良好的品德培养，一个人的无私利他的行为最多也只能接近而绝不可能达到他行为总和之一半，更不可能超过他行为总和之一半从而恒久无私利他乃至完全无私利他；否则，他就背离了"爱有差等"之人性定律，他就不是人了。儒家所谓的仁人或品德培养最高目标违背了"爱有差等"之人性定律，是任何人无论经过怎样的努力都不可能做到的，因而他们所树立的仁人充其量不过是欺世盗名的伪仁人和伪君子罢了。

儒家的仁人、品德培养最高目标不但违背人性，而且违背道德终极标准。因为如前所述，道德终极总标准是"增加全社会和每个人利益总量"。这一标准，在人们利益一致而可以两全情况下，表现为"无害一人地增进利益总量"之道德终极分标准，进而表现为"为己利他、人己兼为"原则；在人们利益不一致或发生冲突而不能两全的情况下，则表现为"最大利益净余额"之道德终极分标准。"最大利益净余额"，在他人之间发生利益冲突、不相一致而不能两全时，表现为"最大多数人的最大利益"原则；而在自我利益与他人或社会利益发生冲突、不相一致而不能两全时，则表现为"无私利他、自我牺牲"原则。

这就是说，无私利他原则仅仅适用于利益不一致而不能两全两利的行为领域：它仅仅是利益不一致而不能两全行为的道德原则。因为任何无私利他，至少都必须压抑、牺牲自己一定的利己的欲望和自由以及自己一定的时间和精力，因而都是一种自我利益之牺牲：无私利他与自我牺牲实为同一概念。所以，只有在自我利益与他人或社会利益不一致因而不能两全两利的情况下，才应该无私利他、自我牺牲。反之，在利益一致可以两全两利的情况下，则唯有"为己利他或人己兼为"才符合"无害一人地增进利益总量"的道德终极分标准，因而才是应该的、道德的；而无私利他则因其压抑、牺牲了自我利益而违背了"无害一人地增进利益总量"的道德终极分标准，因而是不应该、不道德的。

在利益一致可以两全两利情况下，无私利他还违背道德终极总标准。因为在利益一致可以两全的情况下，为己利他比无私利他更能增加社会和每个人的利益总量。这可以从两方面看。一方面，无私利他可谓"单赢原则"，它虽然增加了他人利益总量，却减少了自我利益总量，因而似乎没有增加社会利益总量；反之，为己利他则是"双赢原则"，因为它不仅增加了他人利益总量，而且增加了自我利益总量，因而无疑增加了社会利益总量。另一方面，即使无私利他增加了社会的利益总量，也必定远远少于为己利他所增加的社会利益总量。因为只有为己利他才具有——而无私利他却不具有——增进社会利益的最强大的动力：个人利益追求。所以，在利益一致可以两全的情况下，如果不是为己利他而是无私利他，便极大地减少了社会利益总量。这样一来，在利益一致可以两全的情况下，无私利他便不仅违背了"无害一人地增进利益总量"之道德终极分标准，而且还极大地减少了社会利益总量，违背了"增加每个人利益总量"之终极道德总标准，因而具有极大的负道德价值，是不应该、不道德的。

　　问题的关键恰恰在于，任何社会——社会不过是一种我为人人、人人为我的利益合作体系——存在和发展的前提无疑是：人们的利益一致而可以两全是正常的、常规的、一般的情况，因而必定是恒久的；反之，人们的利益不一致而不可两全则是例外的、非常的情况，因而只能是偶尔的。否则，社会便必定崩溃瓦解而不可能存在了。这样，"无私利他"便因其是利益不一致、不可两全情况下的道德标准而只应该是规范人们偶尔行为的道德标准：无私利他只应该是人们的偶尔行为，而不应该是人们恒久行为。反之，为己利他、人己兼为则因其是利益一致可以两全情况下的道德标准而应该是规范人们恒久行为的道德标准：为己利他、人己兼为应该是人们的恒久行为，而不应该是人们偶尔行为。所以，即使一个人能够恒久或永久无私利他，他也不应该恒久或永久无私利他，而只应该偶尔无私利他、恒久为己利他和人己兼为；他若恒久乃至永久无私利他，他就是不道德的，他就如同堕入了所谓"愚忠"、"愚孝"之泥潭。

　　可见，儒家主张人们在任何情况下——不论利益一致与否——都应该无私利他，进而把恒久乃至永久而近乎完全无私利他奉为仁人的标准和品德培养最高目标，不但违背"爱有差等"之人性定律，因而只能造就所谓"永久而近乎完全无私利他"的伪仁人和伪君子；而且违背"增加每个人利益总量"之终极道德总标准及其在利益一致情况下的"无害一人地增进利益总量"之道德终极分标准，因而具有极大的负道德价值，是恶的、不应该的、不道德的。所以，儒家所确立的仁人标准或品德培养最高目标是恶劣的、错误的、不科学的。那么，优良的、正确的、科学的仁人标准或品德培养最高目标究竟该当如何？

　　优良的、正确的、科学的行为应该如何之仁人标准或品德培养最高目标，显然与任何优良的、正确的、科学的行为应该如何的道德规范一样，只能通过道德终极目的、亦即道德终极标准，而从人的行为事实如何的客观本性——亦即人性——中推导出来，因而必须既符合人性又符合道德终极标准。首先，从优良、正确、科学的仁人之准或品德培养之最高目标必须符合人性来看。仁人的无私利他行为，固然必须是长期的，否则就不可能转化为他的人格从而使他成为仁人；固然远远多于常人和君子，否则就不可能是最高尚的君子。但是，仁人的这种长期的、远远多于常人的无私利他行为，就其在他一生行为总和所占的比例来说，显然也只可能是少数的、偶尔的，只可能接近其行为总和之一半，而不可能是恒久或永久的，不可能达到行为总和之一半，更不可能超过行为总和之一半；否则，他就违背了爱有差等之人性定律，他就不是人了。

其次，从优良的、正确的、科学的仁人的标准或品德培养最高目标必须符合道德终极标准来看。仁人的无私利他行为，尽管必须是长期的和大量的，却只应该发生于自我利益与社会或他人利益不一致而不能两全的情况下；而不应该发生于自我利益与社会或他人利益一致可以两全的情况下。否则，如果他在利益一致可以两全两利的情况下，却毫无必要地压抑、损害和牺牲自我利益而无私利他，那么，他就违背了"增加每个人利益总量"之终极道德总标准及其在利益一致情况下的"无害一人地增进利益总量"之道德终极分标准，因而就是恶的、不应该的、不道德的，实无异于"尾生之信"也！

因此，所谓仁人，科学地看，他的无私利他行为，若就其行为总和来说，也只可能是偶尔的；并且只应该发生于利益不一致而不能两全两利之时。那么，仁人是否就是在利益不一致而不能两全时总能够做到无私利他、自我牺牲的人呢？否！诚然，不论是仁人还是君子，在利益不一致而不能两全时总是应该无私利他、自我牺牲。但是，不可能存在完全符合道德的人；仁人毕竟也是人，因而也不可能完全符合道德。所以，仁人在利益不一致而不能两全时也不可能总做到、完全做到和绝对做到无私利他、自我牺牲。当然，仁人之为仁人，就在于他具有无私利他人格，因而他在利益不一致而不能两全的绝大多数场合必定都能够做到无私利他、自我牺牲；并且在其道德生活的主要的具有决定意义的利益冲突的关头，特别是在自我生命与更为重要的社会利益和他人生命发生冲突不能两全的关头，能够牺牲自己的利益和生命。否则，如果在利益冲突时，他的"无私利他、自我牺牲"与"牺牲他人、损人利己"是半斤八两，特别是在自我生命与更为重要的社会利益和他人生命发生冲突不能两全的关头，不能够牺牲自己的利益和生命，反而临阵脱逃和损人利己，那么，他就不可能具有无私利他人格，就不可能是仁人了。

这样一来，所谓仁人或品德培养最高目标，科学地看，既不可能也不应该是"无终食之间违仁"的君子，既不可能也不应该是恒久乃至永久无私利人的人，既不可能也不应该是全部行为都几乎达到了无私利人境界的人，既不可能也不应该是几十年如一日地无私利人的人，既不可能也不应该是近乎毫不利己专门利人的人。所谓仁人，科学地看，就是长期无私利他因而使无私利他原则——亦即"仁"原则——转化为自己人格的人：从量上看，他在利益不一致因而不可两全两利的绝大多数场合都能够做到无私利他、自我牺牲；从质上看，他在其道德生活的主要的具有决定意义的利益冲突的关头——特别是在自我生命与更为重要的社会利益和他人生命发生冲突不能两全的关头——能够牺牲自己的利益和生命。谁做到了这两点，谁便堪称真正的仁人，谁便堪称最高尚的道德英雄，谁便堪称无私利他的伟大楷模：真正的仁人不过是在利益不一致因而不可两全的绝大多数场合都能够做到无私利他，并在重大利益冲突时能够自我牺牲的人罢了。

然而，如果仁人的无私利他行为只可能是偶尔的和只应该发生于人们利益不一致不能两全两利之时，那么，仁人的恒久行为是什么？仁人在利益一致可以两全两利情况下的行为应该如何？与君子一样，就其一生的行为总和来说，仁人也应该恒久为己利他、人己兼为而不应损人利己；因而在利益一致可以两全两利的情况下，只应该为己利他或人己兼为，而不应该无私利他，更不应该损人利己。因为如前所述，君子就是善人、好人、合乎道德的人，就是长期遵守道德总原则"善"从而使之内化为自己的人格和个性的人，就是长期遵守"无私利他"、"为己利己"和"单纯利己（不损人己）"三大善原则从而使之内化为自己的人格和个性的人；而仁人就是长期遵守"无私利他"善原则从而使之内化为自己的人格和个性的人。所以，仁人就是一种君子而隶属于君子范畴，二者的区别仅仅在于是否具有无私利他的人格：仁人必定具有无私利他人格，仁人就是具有无私利他人格的君子，就是达到了君子最高境界"无私利人"的人；反之，君子则不必具有无私利他人格，君子就是善人、好人、合乎道德的人——他可以是最善最好最道德的人，因而可以是具有无私利他人格的人；而不必是最善最好最道德的人，不必是具有无私利他人格的人，不必是具有"仁"的人格的人。所以，孔子说："君子而不仁者有矣夫。"①

于是，总而言之，可以得出结论说，所谓仁人或品德培养的最高目标、最高尚的道德人格，科学地看，便不过是这样的人：他在利益不一致不能两全的绝大多数情况下都能够无私利他、自我牺牲，并在自我生命与更为重要的社会利益或他人生命冲突时能够牺牲自己的生命；他在利益一致可以两全的绝大多数情况下都能够为己利他或人己兼为，因而使为己利他超过他行为总和的一半而达到恒久，使无私利他与为己利他以及单纯利己（不损人己）三者之和接近他的行为总和；从而他极少纯粹害己、损人利己、纯粹害人等恶的、不道德的行为。这便是被人性和道德终极标准以及优良道德原则所决定的品德最高尚的人之极限！这便是被人性和道德终极标准以及优良道德原则所决定的品德培养的最高目标！谁被说成超出了这个极限和目标，谁被说成是达到了恒久无私乃至永久而近乎完全无私的境界，谁便不但违反人性而是个欺世盗名的伪仁人、伪君子，而且还违反道德终极标准和优良道德原则而是个具有负道德价值的真正不道德的人！

---

① 《论语·宪问》。

3　圣人：品德培养终极目标

何谓圣人？从词源上看，圣（聖），从耳，与声（聲）相通；引申为聪明、智慧。所以，应劭《风俗通》说："圣者，声也，言闻声知情，故曰圣。"《韩诗外传》卷五说："闻其末而达其本者，圣也。"《说文解字》说："圣，通也，从耳，呈声。"韦昭《解》说："圣，通也，通知之人。"郑玄《注》说："圣，通而先识。"可见，圣的本义是聪明智慧、通达事理；圣人的本义就是通达事理富有智慧的聪明人。那么，从概念上看，是否可以将圣人定义为通达事理富有智慧的聪明人呢？

从概念上看，圣人是的词源含义——通达事理、富有智慧——进一步升华、拔高和全面化的结果。因为圣人无疑必定是通达事理富有智慧的人，必定是具有"智慧"美德的人；但通达事理、富有智慧的人未必就是圣人，具有"智慧"美德的人未必就是圣人：如果一个人仅仅具有"智慧"的美德，他岂不就仅仅是一个"智者"？圣人与智者显然不同。圣人之为圣人，不仅具有"智慧"的美德，而且还必须具有其他美德，比如说，至少还必须具有"善"和"仁"的美德：圣人不仅是智者，还必须是一个道德的人，必须是君子和仁人。否则，如果他仅仅具有智慧而是个不善不仁不义的邪恶小人，他能是圣人吗？显然不能。所以，"子贡曰：'学而不厌，智也。教不倦，仁也。仁且智，夫子既圣矣。'"[1]

然而，一个人是否只要具有了"仁"和"智"的美德，只要是君子、仁人和智者，他就是圣人？否！因为一个只有善、仁、智之德，而没有礼、义、信、节制、正义、勇敢、自尊、谦虚、中庸、贵生等美德的人，算不上圣人：谁能说一个懦夫、放纵、自卑、虚伪、傲慢、无礼的人是圣人呢？圣人无疑是具有善、仁、义、礼、智、信、节制、正义、勇敢、自尊、谦虚、中庸、贵生等众多美德的人，说到底，也就是

---

[1]《孟子·公孙丑上》。

几乎将全部道德都内化为自己的人格的人，就是几乎具有全部美德的人，就是全德之人，就是道德完人：这就是圣人概念的定义。所以，孟子说："圣人者，道之管也。"①"人伦之至也。"②荀子说："圣也者，尽伦者也。""圣人备道全美者也。"③颜元说："惟圣人秉有全德，大中至正，顺应而不失其则。"④王阳明说："圣人所以为圣，只是其心纯乎天理，而无人欲之杂。"⑤张伯行说："盖圣之所以为圣，只此伦理之克尽而已。"⑥

全部的美德固然不胜枚举，但大体讲来，可以归结为一全德（亦即统率全部美德的"善"德）、五主德（亦即善待他人和社会治理的"正义"、"平等"、"人道"和"自由"四种美德以及善待自我的"幸福"美德）和八达德（"诚实"、"贵生"、"自尊"、"谦虚"、"勇敢"、"节制"、"智慧"和"中庸"八种美德）。因此，圣人的首要美德是"善"。圣人之为圣人，首要条件就是将道德总原则"善"——特别是无私利他之"至善"——内化为自己的人格，从而成为君子和仁人：君子和仁人是圣人之为圣人的首要条件。圣人的主要美德则是善待他人、治理社会和善待自我的五主德："正义"、"平等"、"人道"、"自由"和"幸福"。圣人之为圣人，主要条件就是将善待他人、治理社会和善待自我的五大道德原则——"正义"、"平等"、"人道"、"自由"和"幸福"——内化为自己的人格，从而成为一个"达则兼济天下、穷则独善其身"的君子和仁人：这是圣人之为圣人的主要条件。圣人的重要美德是"诚实"、"贵生"、"自尊"、"谦虚"、"勇敢"、"节制"、"智慧"和"中庸"八达德。圣人之为圣人，重要条件就是将"诚实"、"贵生"、"自尊"、"谦虚"、"勇

---

① 《孟子·万章上》。
② 同上。
③ 《荀子·非十二子》。
④ 《颜元集·习斋记余·卷四·答齐笃公秀才赠号书》。
⑤ 王阳明：《传习录·卷上》。
⑥ 张伯行：《正宜堂文集》卷九。

敢"、"节制"、"智慧"和"中庸"八大道德规范内化为自己的人格，从而成为一个"诚实"、"贵生"、"自尊"、"谦虚"、"勇敢"、"节制"、"智慧"和"中庸"的君子和仁人：这是圣人之为圣人的重要条件。

如果一个人具有或几乎具有了这些美德，大体说来，他就堪称所谓全德之人，就堪称所谓道德完人，就堪称所谓圣人了。因此，圣人并非无所不知、无所不能。朱熹说："圣人，神明不测之号。"[①] 刘劭说："圣之为称，明智之极也。"[②] 这些赞誉之词显然说过了头，因而将圣人智慧化、神秘化了。圣人必定具有智慧的美德，而不必是天下最高智慧者。更何况，只是就词源含义来说，圣人才以智慧为本；而就概念定义来说，圣人则以善或仁为本。因为圣人是道德完人而不是智慧完人；并且圣人的美德并不高于仁人，而只不过多于、全面于仁人：圣人不过是具有多方面美德的君子，不过是在美德诸方面得到全面发展的人罢了。因此，正如荀子所言，只要通过学习和实践的积累，人皆可以为圣人："涂之人百姓，积善而全尽，谓之圣人。……故圣人也者，人之所积也。"[③] 对于这个道理，王阳明讲得就更清楚了："圣人之所以为圣，只是其心纯乎天理，而无人欲之杂；犹精金之所以为精，但以其成色足，而无铜铅之杂也。人到纯乎天理方是圣，金到足色方是精。然圣人之才力亦有大小不同，犹金之分量有轻重。尧舜犹万镒，文王孔子犹九千镒，禹汤文武犹七八千镒，伯夷伊尹犹四五千镒。才力不同，而纯乎天理则同，皆可谓之圣人。……盖所以为精金者，在足色而不在分量。所以为圣者，在纯乎天理而不在才力也。故虽凡人，而肯为学，使此心纯乎天理，则亦可为圣人。"[④]

人皆可以为圣人，蕴涵一个贯穿儒家哲学的伟大的命题：学为圣人。

---

① 《论语集注·述而》。
② 刘劭:《人物志·八观》。
③ 荀子:《儒效》。
④ 王阳明:《传习录·卷上》。

确实，既然人皆可以为圣人，那岂不应该人皆学为圣人？程颐曰："人皆可以至圣人，而君子之学必至于圣人而后已。不至于圣人而后已者，皆自弃也。"[1] 因此，跟君子和仁人一样，圣人也是适用于每个人的品德培养的普遍目标。只不过，君子是长期遵守"善"原则而使之内化为自己的人格的人，是善人、好人、合乎道德的人，因而是品德培养基本目标；仁人是长期遵守无私利人的"至善"原则而使之内化为自己的人格的人，是最善最好最道德的人，是品德培养最高目标；圣人则是长期遵守所有道德规范而使之内化为自己的人格的人，是几乎具有全部美德的人，是道德完人，因而是品德培养的终极目标：品德培养的终极目标岂不就是使全部道德都得到遵守而内化为每个人的人格？

　　然而，真正讲来，只有在民主社会，人人才可以为圣人；而在专制社会，则只有一小撮人——君臣——才可以为圣人。因为圣人之为圣人的主要条件，如上所述，就是将治理社会和善待自我的五大道德原则——"正义"、"平等"、"人道"、"自由"和"幸福"——内化为自己的人格。不言而喻，社会治理的四大道德原则，显然远远重要于善待自我的一大道德原则。因此，说到底，遵循社会治理的道德原则——"正义"、"平等"、"人道"和"自由"——治理社会，从而将这些道德原则内化为自己的人格，乃是一个人成为圣人的更为主要的条件。这显然意味着，圣人必须是社会治理者、统治者；否则，谈何遵循和内化社会治理的道德原则？所以，墨子曰："圣人以治天下为事者也。"[2] 不独墨家，儒家、道家和法家亦如是说。因此，顾颉刚先生说："诸子中的'圣人'观念具体的含义虽和儒家有出入，但是，'圣人'是一个具有治理天下、统一天下的能力的人则是一致的。"[3] 然而，如所周知，只有在民主社会，每个人才同等握有国家最高权力而同为社会治理者、统治者；而在专制

---

① 程颐：《河南程氏遗书》卷二十五。

② 墨子：《墨子·兼爱上》。

③ 王元化主编：《释中国》，上海文艺出版社，第二卷，第722页。

社会则只有君臣才是社会治理者、统治者。这样一来，也就只有在民主社会，每个人才可能在治理社会的过程中遵循和内化社会治理的道德原则而成为圣人；反之，专制社会则只有君臣才可能在治理社会，才可能遵循和内化社会治理的道德原则而成为圣人。

不仅此也！国民品德发展总规律的研究表明：一个国家的政治体制越接近宪政民主，该国家的政治便越清明、经济发展便越快、财富分配便越公平、科教文化便越繁荣、所奉行的道德便越优良；反之，一个国家的政治体制越接近君主专制，该国家的政治便越腐败、经济发展便越慢、财富的分配便越不公平、科教文化便越萧条、所奉行的道德便越恶劣。准此观之，君主专制社会岂不只可能造就遵循和内化诸多恶劣道德的圣人，而唯有宪政民主社会才可能造就遵循和内化优良道德的圣人？

更何况，君主专制社会只可能造就遵循和内化恶劣的社会治理道德的圣人；而唯有宪政民主社会才可能造就内化优良的社会治理道德原则的圣人。因为不言而喻，君主专制社会只可能奉行"君君臣臣"（亦即"应该做明君忠臣"）的道德原则；而唯有宪政民主社会才可能奉行"应该宪政民主"的道德原则。所以，君主专制社会只可能造就遵循和内化"君君臣臣"等道德原则的圣人；而唯有宪政民主社会才可能造就遵循和内化"应该宪政民主"等道德原则的圣人。

问题的关键恰恰在于，"君君臣臣"或"应该做明君忠臣"是恶劣道德，因其与"明君忠臣"的实际道德价值不相符：忠臣和明君都因其维护、实行君主制而直接违背"政治自由"和"政治平等"道德原则，最终违背"增进每个人利益"道德终极标准，因而都具有负道德价值，都是不应该、不道德的。所以，君主专制社会只可能造就遵循和内化"君君臣臣"等恶劣道德原则的圣人。反之，"应该宪政民主"则是优良道德原则，因其与宪政民主的实际道德价值相符：宪政民主直接符合"政治自由"和"政治平等"道德原则，最终符合"增进每个人利益"道德终极标准，因而都具有正道德价值，都是应该的、道德的。所以，唯有宪政民主社会才可能造就遵循和内化"应该宪政民主"等优良道德原则的圣人。

诚然，美德就是行为者因遵守道德——不论这种道德是优良的还是恶劣的——而形成的品德。所以，遵循恶劣道德而使之内化为自己人格的圣人与遵循优良道德而使之内化为自己人格的圣人，就其美德境界来说并无不同，同样都达到了品德培养的最高且终极之目标：道德完人。然而，遵循恶劣道德而使之内化为自己人格的圣人，无疑必定倡导和推行恶劣道德，亦即必定倡导和推行具有负道德价值的道德规范，亦即必定倡导和推行减少全社会和每个人利益的行为，说到底，必定导致社会停滞不前；而遵循优良道德而使之内化为自己人格的圣人，必定倡导和推行优良道德，亦即必定倡导和推行具有正道德价值的道德规范，亦即必定倡导和推行有增进全社会和每个人利益的行为，说到底，必定导致社会繁荣兴旺。试以孔子为例：

孔子无疑是中国最受推崇的圣人。确实，孔子所倡导和遵循的优良道德不胜枚举；然而大体说来，孔子却是倡导和遵循恶劣道德而使之内化为自己人格的圣人。因为孔子所倡导和遵循的儒家道德，无疑可以归结为"三纲五常"。所谓三纲——君为臣纲、父为子纲、夫为妇纲——如前所述，是儒家关于社会治理的道德原则，维护和倡导君主制，是典型的专制主义道德，直接违背"自由"与"平等"以及"政治自由"和"政治平等"诸多道德原则，最终违背"增进每个人利益"道德终极标准，因而具有负道德价值，实际上是不应该、不道德的，属于恶劣道德。

"仁"为五常——仁、义、礼、智、信——之首。所谓"仁"，如前所述，亦即"无私利人"，是孔子和儒家的最高道德原则，也是孔子和儒家评价一切行为是否道德的道德总原则。按照这一原则，只有无私利人的行为才是道德的；而只要目的利己，则不论如何有利于社会和他人，也都是不道德的。这种否定为己利他而只肯定无私利他的利他主义道德总原则，显然违背道德终极标准"增进每个人利益"，因而具有负道德价值，也属于恶劣道德范畴。所谓"义"，亦即应该的、道德的、善的行为，说到底，也就是仁，也就是无私利人的行为。因为在孔子和儒家看来，"君子喻于义，小人喻于利"，只有无私利人才是义的、应该的、道德的、君子的行为，而只要目的利己，则不论手段如何利人，也是不具有道德价值的、非义的、不应该的小人的行为。"礼"，亦即所谓"礼教"，其核心无疑是三纲。

这样一来，义与礼便跟仁与三纲一样，都属恶劣道德范畴。至于"智"与"信"固然符合道德终极标准、具有正道德价值，因而属于优良道德范畴；但是，二者无疑从属于仁、义、礼和三纲而不具有决定意义。具有决定意义的无疑是仁、义、礼和三纲：仁、义、礼和三纲是孔子和儒家道德体系的基础或核心。

所以，孔子和儒家的道德体系，不论包藏多少优良道德，但就其基础和核心来说，却是极其恶劣的道德。因此，大体说来，孔子并不是倡导和遵循优良道德而使之内化为自己人格的圣人，而是倡导和遵循恶劣道德而使之内化为自己人格的圣人。这虽然并不影响孔子个人的道德人格之崇高和完善，却给吾国吾民带来莫大的损害和灾难。因为两千年来，吾国吾民信奉的，主要讲来，就是孔子和儒家的以"三纲"和"仁、义、礼"为核心的恶劣道德：这就是中国自从罢黜百家独尊儒术以来一直踏步不前的最深刻的原因。这可以从两方面来看：

一方面，孔子和儒家的仁义利他主义道德不但对每个人的欲望和自由侵犯最为严重——它否定每个人的一切目的利己的欲望和自由——而且增进社会和每个人利益最为缓慢：它否定目的利己、反对一切个人利益的追求，也就堵塞了人们增进社会和他人利益的最有力的源泉，从而必定导致社会停滞不前。另一方面，孔子和儒家的三纲和礼教的专制主义道德，为了维护和保全一个人——亦即君主——独掌国家最高权力的利益，不但剥夺所有人应该享有的各种平等权利，使所有人生活于一个极端不平等的等级社会；不但剥夺所有人应该享有的人权、人道和正义的权益，使所有人都生活于一个无人权、不正义和不人道的社会；而且剥夺所有人应该享有的各种自由权利，使所有人都生活于一个遭受全面的奴役、异化和不自由的社会，完全丧失个性而不可能实现自己的创造性潜能——自由是每个人实现自己创造性潜能最根本的必要条件——从而必定使社会停滞不前！这就是那个令老黑格尔困惑不已的问题——为什么中国春秋战国时代的文化是那样辉煌灿烂，尔后两千年却一直踏步不前——之谜底：中国信奉孔圣人的仁义的利他主义以及三纲和礼教的专制主义之恶劣道德。

可见，内化恶劣道德的圣人，就其美德境界来说，虽然与内化优良道德的圣人并无不同，却必定因其倡导和推行恶劣道德而给全社会和每个人利益带来莫大损害。这种损害无疑是任何坏人都无法做到的，并且远远超过任何坏人所能够给全社会和每个人带来的损害。一个国家的最可怕最危险最致命最大的敌人，莫过于这种圣人；一个国家的最可怕最危险最致命最大的灾难，莫过于崇奉这种圣人。由此可以理解，为什么吴虞在比较盗跖与孔丘时这样写道："故余谓盗跖之为害在一时，而孔丘之遗祸及万世。"[1] 因此，说圣人之为品德培养的终极目标是不确切的：品德培养的终极目标是内化优良道德的圣人，而绝不是内化恶劣道德的圣人；说到底，是实现宪政民主从而造就倡导和内化优良道德的圣人，而绝不是维护君主专制从而造就倡导和内化恶劣道德的圣人。推而广之，说君子、仁人和圣人之为品德培养目标是不确切的：品德培养目标是内化优良道德的君子、仁人和圣人，而绝不是内化恶劣道德的君子、仁人和圣人；说到底，是实现宪政民主从而造就内化优良道德的君子、仁人和圣人，而绝不是维护君主专制从而造就内化恶劣道德的君子、仁人和圣人。

然而，我们是否可以不用"君子"、"仁人"和"圣人"这些古老陈

---

[1]　赵清、郑城编：《吴虞集》，四川人民出版社，1985年，第65页。

旧、歧义丛生的名词？我们是否可以直接说，品德培养的基本目标是善人、好人、合乎道德的人，是长期遵守"善"原则而使之内化为自己的人格的人；而不用"君子"来称谓这些人？我们是否可以直接说，品德培养的最高目标是最善最好最道德的人，是长期遵守无私利人的"至善"原则而使之内化为自己的人格的人；而不用"仁人"来称谓这些人？我们是否可以直接说，品德培养最高目标是道德完人，是长期遵守所有道德规范而使之内化为自己的人格的人，是几乎具有全部美德的人；而不用"圣人"来称谓这些人？

统统不可以。因为"君子"一词表达的概念是"善人、好人、合乎道德的人、长期遵守'善'原则而使之内化为自己的人格的人"。这些概念显然必须有一个名词来称谓：难道还有比"君子"更恰当的名词来称谓这些概念吗？"仁人"一词表达的概念是"最善最好最道德的人、长期遵守无私利人的'至善'原则而使之内化为自己的人格的人"。这些概念显然也必须有一个名词来称谓：难道还有比"仁人"更适当的名词来称谓这些概念吗？"圣人"一词表达的概念是"道德完人、长期遵守所有道德规范而使之内化为自己的人格的人、几乎具有全部美德的人"。这些概念当然也必须有一个名词来称谓：难道还有比"圣人"更好的名词来称谓这些概念吗？"君子"、"仁人"和"圣人"三个名词实在是中国人的伟大创造，用它们来称谓品德培养目标是再合适也没有了！"君子"、"仁人"和"圣人"之所以歧义丛生，显然与其词义无关，而只是因为它们所称谓的这些概念内涵歧义丛生：自己的脸丑为什么怨镜子？

综观品德培养目标，可一言以蔽之，品德培养目标是使人成为君子、仁人和圣人：是内化优良道德的君子、仁人和圣人，而绝不是内化恶劣道德的君子、仁人和圣人。那么，达到这一目标的方法是怎样的？达到这一目标的方法可以分为"制度建设"与"教育修养"两大系列：制度建设是国民总体品德培养方法；教育修养是国民个体品德培养方法。

二　制度建设：国人总体品德培养方法

1 没有政府管制的市场经济制度：培养国人品德道德感情因素的基本方法

"德富律"表明，一个国家的经济发展越快，物质财富增加得越多，对于这些物质财富的分配越公平，国人的物质需要的相对满足的程度便越充分，因而做一个好人的道德需要和欲望便越多，国人的品德便越良好高尚："经济迅速发展和财富公正分配"是形成国人良好品德的道德感情因素之前提和基础。可是，一个国家的经济发展速度和财富分配的公平程度又取决于什么？

不难看出，任何国家的经济发展速度和财富分配的公平程度，固然取决于劳动者和管理者的个人品质，但是，根本说来，则取决于国家的经济制度。因为一目了然，劳动者和管理者的个人品质不过是经济发展快慢和财富分配是否公平的偶然的、特殊的根源；而国家的经济制度则是经济发展快慢和财富分配是否公平的普遍的、必然的根源。那么，能够保障经济迅速发展和财富公平分配的经济制度究竟是怎样的呢？

人类社会的经济制度虽然纷纭复杂，亦无非自然经济与交换经济；后者又分为计划经济与市场经济。至于商品经济，则与市场经济是同一概念。因为商品经济也就是市场配置资源的经济，因而也可以叫作市场经济。只不过，商品经济有两个定义："商品经济是市场配置资源的经济"是以经济运行的手段的特征为根据的定义；"商品经济是为了交换价值而发生的经济"是以经济运行的目的特征为根据的定义。这样一来，经济制度实际上便分为自然经济、计划经济与市场经济三类。

所谓自然经济，亦即自给自足经济；其基本的特征在于：生产是为了直接满足生产者个人或经济单位的需要而不是为了交换。自然经济无疑是人类社会效率最低、最低级、最落后的经济制度：它是人类在生产力低下和社会分工不发达的历史阶段所不得不生活于其中的经济制度。因此，经济学家分析经济体制类型时，大都排除自然经济，而认为只有计划经济与市场经济或商品经济两类：

"标志着'集中领导的经济'的经济体制是：根据一个中心地方的计划来控制一个共同体整个的日常经济生活。然而，如果社会经济由两个或者许多个个别经济构成，其中的每一个都提出并执行经济计划，那么就存在着交换经济的经济体制。除了这两种经济体制之外，在现在和过去的经济实际中都不可能找到别的经济体制的痕迹；也确实不能想象，可以找到别的经济体制。"①

那么，究竟哪一种经济体制能够保障经济迅速发展和财富公平分配？无疑是市场经济而不是计划经济。因为计划经济亦即统制经济、命令经济，是由政府依靠国家政权掌握资源，决定物价，通过强制命令，亦即指令性计划，来配置资源，解决经济活动的三大问题：生产什么和生产多少、如何生产、为谁生产。因此，在这种经济体制下，每个人不可能享有经济自由：他生产什么和生产多少、如何生产、为谁生产都不是由自己决定的。因此，计划经济违背自由竞争或经济自由原则，因而不但是不自由的，而且是非人道、无人权、不公正和低效率的经济形态：计划经济是根本违背国家制度价值标准的经济形态。

相反地，市场经济则是非统制经济、非指令经济，它不是由政府的权力控制，而是通过以价格机制或价值法则为核心的市场机制，自发地调节经济资源在社会生产的各个部门之间的分配，解决经济活动的三大问题：生产什么和生产多少、如何生产、为谁生产。因此，市场经济是

① 瓦尔特·欧肯：《国民经济学基础》，左大培译，商务印书馆，1995年，第107页。

一种没有外在强制的自发的、自愿的经济，在这种经济体制下，每个人都享有经济自由：他生产什么和生产多少、如何生产、为谁生产都是由自己决定的。因此，唯有市场经济才符合自由竞争或经济自由原则，因而不但是自由的，而且是人道的、人权的、公正的和高效率的经济形态：市场经济是唯一符合国家制度价值标准的经济形态。

诚然，问题的关键在于，没有政府的指挥、干预或管制，市场经济仅仅依靠自身是否能够存在发展？答案是肯定的。因为正如斯密所发现，原本有一只"看不见的手"（亦即自由竞争）可以在没有政府的指挥、干预或管制的情况下，导致市场经济资源配置效率最佳：自由竞争乃是实现自由价格和公平价格——避免强制价格和不公平价格——从而导致资源配置效率最佳状态的唯一途径。

因为在自由竞争条件下，价格不仅是自由的，而且厂商为了利润最大化，势必将产量确定在边际成本等于价格的产量水平上：公平价格就是与边际成本相等的价格。这样一来，就实现了资源配置效率最佳状态：一方面，厂商因价格等于边际成本而实现了利润最大化；另一方面，消费者因价格等于边际效用而获得了最大满足。[①] 这就是为什么，没有政府的指挥、干预或管制，市场经济能够自发地存在发展。但是，这是否意味着，没有政府的任何管理活动，市场经济也能够自发地存在发展？否。

因为任何社会，小到家庭，大到国家，如果没有道德和法律规范，都是不可能存在发展的。市场经济没有政府的指挥、干预或管制而能够自发地存在发展，无疑以其遵循市场经济道德及其法律为前提：市场经济道德及其法律乃是市场机制有效调节和市场经济存在发展的必要条件。制定市场经济道德及其法律并保障其实行，显然是政府职责之所在。

因此，市场经济存在发展固然可以离开政府的指挥、干预或管制，

---

① Paul A. Samuelson, William D. Nordhaus: *Microeconomics*, Boston, Massachusetts: The McGraw-Hill Companies, Inc., 1998, pp. 139-140.

却离不开政府的适当管理活动：制定和保障市场经济道德及其法律的实行。但是，政府对市场经济的管理，应该仅仅限于制定和保障市场经济道德及其法律的实行，从而建立完善的市场经济体制，最终保障市场机制有效调控市场经济的存在发展；而绝不应该取代和违背市场机制，绝不应该指挥、干预或管制市场经济活动：政府应该仅仅是经济活动规范的制定者与仲裁者，而不应该是经济活动的指挥、干预或管制者。这就是政府适当管理的"适当"概念之界限。这也就是经济自由主义名言"政府应该是仲裁者而不应该是当事人"[①]之真谛。

可是，究竟为什么，政府应该仅仅是市场经济规范的制定者与仲裁者，而不应该是市场经济的指挥、干预或管制者？为什么政府仅仅应该规范——亦即制定市场经济运行规范并保障其实行——而绝不应该指挥、管制或干预市场经济？当我们仔细思考这一难题时，不难看出，政府对市场经济的管理原本分为两类：

一类是政府对市场经济如何运行的规范、规制或规定，亦即制定和保障市场经济道德及其法律的实行，属于市场经济制度范畴，因而属于纯粹市场经济范畴，并不属于市场经济与计划经济相结合的"混合经济"范畴。另一类则是超出制定和保障市场经济规范实行的管理活动，如对微观经济的管理，因而不妨像西方学者那样，称之为"政府管制"，亦即我们通常所说的政府对市场经济的指挥、干预或管制：指挥与管制或干预在这里是同一概念。

因此，政府管制实乃指令经济之本质，乃是政府下达命令和计划，强制市场经济行为者如何进行经济活动。这就或多或少取代和违背了市场机制，特别是违背了"自由竞争"机制和原则，从而导致垄断。因此，政府管制的市场经济不属于纯粹的市场经济范畴，而属于市场经济与指令经济

---

① Milton Friedman: *Capitalism and Freedom,* Chicago: The University of Chicago Press, 1962, p. 15.

相结合而形成的"混合经济"范畴，通常被叫作"有计划商品经济"、"政府主导型市场经济"或"以市场为基础的政府导向型市场经济"等。

因此，政府对于市场经济的任何指挥、管制或干预便都因其或多或少违背自由竞争或经济自由——从而导致垄断——等国家制度价值标准而是一种恶：它只有在能够带来更大的善（使市场经济更好）或防止更大的恶（市场经济崩溃）的条件下，才是必要恶，才是善的、应该的和具有正价值的。但是，政府管制不可能使市场经济更好。因为唯有自由竞争才能够实现自由价格和公平价格从而导致资源配置效率最佳状态；政府对市场经济的任何指挥、管制或干预，都因其违背自由竞争而必定导致垄断，导致强制价格、不公平价格和低效率，从而只能使市场经济更坏，而不可能使市场经济更好。

这样一来，政府指挥、管制或干预市场经济的正当性的理由，便只能在于防止更大的恶：市场经济崩溃。这一理由意味着，没有政府的指挥、干预或管制，市场经济必定崩溃而不能存在发展。但是，这一理由也不能成立。因为，如上所述，市场经济没有政府指挥、干预或管制，也能够存在发展；没有政府确立和保障市场经济规范，则必定崩溃而不可能存在发展。因此，政府的管理应该只限于确立和保障市场经济规范；除此以外，政府对市场经济的任何管理——亦即政府管制——便都因其违背自由竞争、导致垄断而是一种纯粹恶，是不应该、不正当和具有负价值的。

诚然，市场不是万能的，经济活动中存在着市场失灵的领域，如提供公共物品和调节收入分配以及建立社会保障体系或福利国家制度，这些领域应该由政府承办。这虽然属于经济活动和政府干预经济活动范畴；却显然既不属于市场经济活动，也不属于政府对市场经济的管制、指挥或干预活动，而属于计划经济、指令经济或统制经济范畴。任何计划经济原本都因其违背经济自由等国家制度价值标准而是一种恶。但是，这种提供公共物品和调节收入分配以及建立社会保障体系的计划经济却因为只有它才能实现更大善——满足国民对公共物品的需求和实现公平分配——而是一种必要恶。因此，由政府应该提供公共物品等活动只能得出结论说，计划经济是市场失灵领域的必然的无奈的选择；却得不出政府应该指挥、干预或管制市场经济的结论。

可见，唯有不存在政府指挥、管制或干预的市场经济——亦即政府对市场经济的管理只限于对经济自由与经济公正等市场经济规范的制定和执行，因而只是充当市场经济的仲裁人而不是市场经济的指挥者和管制者——才能够实现自由价格和公平价格从而导致资源配置效率最佳状态，因而符合国家制度最高价值标准"自由与人道"和国家制度根本价值标准"公正与平等"以及国家制度终极价值标准"增减每个人利益总量"，是唯一好的、理想的、应该的、具有正价值的经济制度；相反地，政府管制的市场经济（亦即所谓混合经济）和计划经济都程度不同地导致垄断、强制价格、不公平价格和低效率，因而都不同程度地违背国家制度最高价值标准"自由与人道"和国家制度根本价值标准"公正与平等"以及国家制度终极价值标准"增减每个人利益总量"，都程度不同地属于不自由、非人道、不公正和低效率的坏经济制度：

计划经济是最不自由、最不人道、最不公正、最无效率、最坏、最恶的交换经济制度，它只有在市场失灵领域才因其能够带来更大善而成为必要恶；政府管制的市场经济则介于计划经济与自由的市场经济之间：管制越多，就越加违背自由竞争，就越加垄断，就越加违背自由与人道以及平等与公正等国家制度价值标准，就越无效率，就越减少每个人利益总量而违背国家制度终极价值标准，就越坏越恶越不应该越不正当。

因此，如果一个国家实行了没有政府管制的市场经济制度，那么，该国便建立了唯一能够保障经济迅速发展和财富公平分配的经济制度。这样一来，该国的经济便必定迅速发展、物质财富必定迅猛增加，对于这些财富的分配必定公正，从而国人的物质需要必定得到相对充分的满足，因而做一个好人——君子、仁人乃至圣人——的道德需要和欲望必定比较强大，最终势必成为导致国人品德普遍提高的基本因素。因此，建立没有政府管制的市场经济制度，是形成国人做一个好人——君子、仁人乃至圣人——的道德愿望的前提和基础之方法，是培养国人品德的道德感情因素的基本方法，是提高国人品德的基本方法。

2 自由民主：培养国人品德道德感情因素的主要方法

"德福律"表明，一个国家的政治越正义，国人的德福便越一致，他们做一个好人的动力便越强大，他们做一个好人的道德愿望便越强大，他们善的动机便越强大以致能够克服恶的动机，能够克服实现善的动机的内外困难，他们的道德意志便越强大，他们的品德便越良好高尚：政治的正义性是形成国民品德的道德感情因素之目的和动力。那么，一个国家的政治正义性又取决于什么？

一个国家的政治正义与否，正如中外史实所表明，无疑与统治者的个人品德有关：昏君在位，必定小人当道、政治不正义，从而邪佞者有福而忠良者有祸；明君在位，必定贤人当道、政治正义，从而忠良者有福而邪佞者有祸。然而，依阿克顿勋爵所见，政治正义与否，根本说来，并不取决诸如昏君与明君等统治者的个人品质，而取决于政体本身所固有之本性。他将这一思想归结为一句广为传颂的至理名言：

"权力导致腐败，绝对权力导致绝对腐败。"[1]

诚哉斯言！不过，精确言之，毋宁说，政治正义与否之偶然的特殊的原因，在于统治者个人品质；而政治正义与否之普遍的、必然的根源，显然与统治者个人的偶然品质无关，而全在于政治制度的固有本性：民主，就其本性来说，是政治正义的普遍的必然的根源；专制等非民主制，就其本性来说，是政治不正义的普遍的必然的根源。这就是"绝对权力

---

[1] 阿克顿：《自由与权力》，侯建、范亚峰译，商务印书馆，2001年，第342页。

导致绝对腐败"之真谛。

因为国家制度是大体，是决定性的、根本性的和全局性的；国家治理是小体，是被决定的、非根本的和非全局性的。国家制度的优劣好坏，决定国家治理优劣好坏；国家治理的优劣好坏，不过是国家制度的优劣好坏之表现而已。因此，邓小平说：

"制度好可以使坏人无法任意横行，制度不好可以使好人无法充分做好事，甚至会走向反面。即使像毛泽东同志这样伟大的人物，也受到一些不好的制度的严重影响，以至于对党对国家对他个人都造成了很大的不幸——不是说个人没有责任，而是说领导制度、组织制度问题更带有根本性、全局性、稳定性和长期性。"①

因此，如果一个国家的国家治理、政治活动出了问题、错误、不正义和罪恶，就表明国家制度存在缺陷，就可以归咎于国家制度存在缺陷、恶劣、不正义和罪恶。真正堪称好的、优良的国家制度，一定是这样的制度，在这种制度下，就是坏的和恶的国家统治者也只能施行正义做好事，而无法为非作歹不正义。休谟的"无赖假设"讲的也是这个道理：

"许多政论家已经将下述主张定为一条格言：在设计任何政府体制和确定该体制中的若干制约、监控机构时，必须把每个成员都设想为无赖之徒，并设想他的一切作为都是为了谋取私利，别无其他目标。我们必须利用这种个人利害来控制他，并使他与公益合作，尽管他本来贪得无厌，野心很大。不这样的话，他们就会说，夸耀任何政府体制的优越性都会成为无益的空谈，而且最终会发现我们的自由或财产除了依靠统治者的善心，别无保障，也就是说根本没有什么保障。因此，必须把每个人都设想为无赖之徒确实是条正确的政治格言。"②

诚哉斯言！好的、优良的国家制度一定是使坏的、恶劣的统治者也

①　《邓小平文选》第二卷，人民出版社，1994年，第333页。
②　刘军宁编：《民主二十讲》，中国青年出版社，2008年，第40页。

无法作恶而实施不正义的国家制度；相反地，坏的、恶劣的国家制度一定是好的、贤达的统治者也无法不作恶而实施正义的国家制度。试想，在一个专制的国家里，即使专制者能够像柏拉图所说的"哲学王"那样的贤达，他有可能不剥夺全体国民的政治自由和政治平等的权利吗？他有可能不剥夺全体公民经济自由和经济平等以及集会结社自由和言论出版自由的人权吗？他有可能不使国民丧失人权和免于政治被奴役吗？显然不可能。否则，他就不是独掌国家最高权力，他就不是专制者了。因此，国家制度与国家治理乃是一枚硬币的两面：制度是内容和实质；治理是形式和现象。

因此，一个国家的政治正义与否，说到底，取决于该国家政治制度好坏优劣。那么，究竟怎样的政治制度堪称好的优良的？国家政治制度，自柏拉图亚里士多德以降，便被划分为四类。一人执掌最高权力叫作君主制；若干人平等地共同执掌最高权力叫作共和制。君主制分为两种：君主专制、专制、无限君主制或完全君主制是一个人独掌最高权力，亦即一个人不受他人及其组织限制地执掌最高权力；有限君主制或分权君主制、不完全君主制则是一人为主而与他人及其组织——如议会、等级会议、教会、贵族、领主或地方割据势力等——不平等地共同执掌最高权力。共和制分为两种：寡头、寡头共和或贵族共和是少数人平等地共同执掌最高权力；民主或民主共和是所有人平等地共同执掌最高权力。

唯有民主是所有国民平等地共同执掌国家最高权力，显然意味着：唯有民主符合政治平等原则（每个人都应该完全平等地共同执掌国家最高权力）和政治自由原则（每个人都应该完全平等地使国家政治按照自己的意志进行），从而才能保障每个人应该享有的各种平等和自由权利以及人权、人道和公正的权益；唯有民主才能使每个人都生活于一个自由和平等以及公正和人道的社会；说到底，唯有民主才符合国家制度最高价值标准"人道与自由"和根本价值标准"正义与平等"以及终极价值标准"增进每个人利益总量"。

　　相反，专制等非民主制是一个人或几个寡头执掌国家最高权力，显然意味着：专制等非民主制，不论专制者或几个寡头如何贤明，不论如何治理，同样都不能不保全专制者一人或几个寡头执掌国家最高权力，因而极端违背政治平等原则、经济平等原则和机会平等原则，剥夺所有人应该享有的各种平等权利，使所有人生活于一个极端不平等、不正义的等级社会；同样都不能不极端违背政治自由原则、经济自由原则和思想自由原则，剥夺所有人应该享有的各种自由权利，使所有人都生活于一个遭受全面的奴役、异化和不自由的社会，丧失个性而不能实现自己的创造性潜能；同样都不能不极端违背人权原则、人道原则和正义正原则，剥夺所有人应该享有的人权、人道和正义的权益，使所有人都生活于一个无人权、非正义和不人道的社会；说到底，同样都不能不保障唯有专制者一人或几个寡头才是国家主人——而其他所有人皆为奴才——极端违背"最大多数人的最大利益"标准和"增进每个人利益总量"等国家制度终极价值标准。

　　可见，唯有民主符合国家制度好坏价值体系——亦即国家制度最高价值标准"人道与自由"和根本价值标准"公正与平等"以及终极价值标准"增进每个人利益总量"——而非民主制都程度不同地违背国家制度价值标准体系：专制极端违背、有限君主制次之、寡头共和又次之。因此，不论民主有多少弊端，也都唯有民主才是具有正价值的、应该的、优良的、好的、善的和正确的国家制度；不论专制等非民主制有多少优越，也都程度不同地是恶劣的、不应该的、负价值的、坏的、恶的和错误的国家制度。因此，像丘吉尔那样，说民主制是"最不坏"的国家制度，显然不正确；[①] 但像密尔那样，说民主制是"最好"的国家制度也不确切。[②] 确切地说，民主制乃是"唯一好"的国家制度，只有民主制才

①　刘军宁编：《民主二十讲》，中国青年出版社，2008 年，第 147 页。

②　John Stuart Mill: *On Liberty, Representative Government, Utilitarianism*, Chicago: Encyclopaedia Britannica, Inc., 1952, p. 344.

是好的国家制度，而任何非民主制都是坏的国家制度：寡头共和是坏的，有限君主制更坏，专制最坏。

这意味着：唯有民主才是一个国家政治正义和德福一致的普遍的必然的根源；而专制等非民主制则是政治不正义和德福背离的普遍的必然的根源。因此，一旦国家的最高权力落入一人或几个寡头之手而沦为专制等非民主制，那么，不论他是明君还是昏君，不论他们贤明还是昏庸，普遍讲来，便必定——如卢梭所言——导致政治不正义、德福背离和道德沦丧：

"从这个时候起，无所谓品行和美德问题了。因为凡是属于专制政治统治的地方，谁也不能希望从忠贞中得到什么。专制政治是不容许有任何其他主人的，只要它一发令，便没有考虑道义和职责的余地。最盲目的服从乃是奴隶们所仅有的唯一美德。"①

不过，细究起来，并非任何类型的民主都是保障政治正义和德福一致的充分条件；而可能只是——当然至少是——其必要条件。因为权力，就其本性来说，便倾向于被滥用而趋于腐败；最高权力则绝对趋于腐败："权力导致腐败，绝对权力导致绝对腐败。"②因此，最高权力无论掌握在谁的手里，都可能被滥用而导致腐败和不正义。避免民主国家最高权力被滥用而导致腐败和不正义的途径，无疑只有一个，那就是使其受到正义与自由等国家制度价值标准的指导和限制：这种最高权力受到国家制度价值标准有效限制的民主，就叫作自由民主或宪政民主：二者为同一概念。

因此，究竟言之，唯有宪政民主才是保障一个国家政治正义和德福一致而防止政治腐败和德福背离的充分且必要条件，才堪称政治正义和德福一致的普遍的必然的根源。这样一来，如果一个国家实现了宪政民

---

① 卢梭：《论不平等的起源和基础》，商务印书馆，1959年，第145页。

② 阿克顿：《自由与权力》，侯健、范亚峰译，商务印书馆，2001年，第342页。

主，那么，该国的政治必定正义，国人的德福必定一致，他们做一个好人——君子、仁人乃至圣人——的动力必定强大，他们做一个好人——君子、仁人乃至圣人——的道德愿望必定强大，他们善的动机必定强大以致能够克服恶的动机，能够克服实现善的动机的内外困难，他们的道德意志必定强大，最终势必导致国人品德的普遍提高：宪政民主是形成国人做一个好人——君子、仁人乃至圣人——的道德愿望的目的和动力之方法，因而是培养国人品德道德感情因素的主要方法，是提高国人品德的主要方法。

3　思想自由：培养国人品德道德认识因素的基本方法

"德识律"表明，一个国家的文化越发达，该国国民普遍的认识水平便越高，国民普遍的道德认识水平便越高，国民的品德便越高尚。那么，一个国家的文化发达与否又取决于什么？

一个国家的文化发达与否，根本说来，无疑取决于该国是否实行思想自由制度，亦即是否有获得与传达思想之自由，说到底，是否有言论与出版——言论与出版是思想获得与传达的主要途径——之自由：思想自由是文化迅速发展的根本条件，是精神财富繁荣兴盛的根本条件，是真理得以诞生的根本条件。

因为不言而喻，任何人的思想，都不可能在强制和奴役的条件下得到发展。思想自由，确如无数先哲所论，是思想和真理发展的根本条件而与其成正相关变化：一个社会的言论和出版越自由，它所能得到的真理便越多，它的文化便越先进发达，它所获得的精神财富便越繁荣兴旺；一个社会的言论和出版越不自由，它所能得到的真理便越少，它的文化便越低劣落后，它所创获的精神财富便越萧条荒芜。

这个道理，只要简单比较一下中西科教文化发展之异同，就更清楚了。试想，为什么春秋战国时代的科教文化中西同样繁荣进步？岂不就是因为那时的中国和西方同样崇尚思想自由？冯友兰在总结"子学时代哲学发达之原因"时曾指出："上古时代哲学之发达，由于当时思想言论之自由。"[1]伯里也将古希腊罗马的哲学、科学、文学和艺术的伟大成就归因于思想自由：

"若有人问及希腊人对于文化上的贡献是什么，我们自然首先要想到他们在文学和艺术上的成就了。但更真切的答复或者要说，我们最深沉的感谢是因为他们是思想自由和言论自由的创造者。他们哲学上的思想、科学上的进步和政制上的实验固然以这种精神的自由为条件，即文学艺术上的优美，也莫不以此为根据。"[2]

诚哉斯言！为什么中世纪的文化中西同样停滞不前？岂不是因为中西同样丧失了思想自由？冯友兰说："春秋以后，言论思想极端自由之空气于是亡矣。"[3]西方亦然："宽容令发布后约十年，君士坦丁大帝就采行基督教。由这重大的决议就使一千年中理性受着束缚，思想被奴役，而知识无进步。"[4]为什么近代以来，西方科教文化突飞猛进，中国却极大地落伍了？岂不是因为西方发生了伟大的文艺复兴运动，经过数百年的自由对专制的血战，终于摆脱了专制而争得了思想自由；而中国却始终未能摆脱专制而争得思想自由？

那么，思想、言论和出版是否应该完全自由而不受任何限制呢？答案是肯定的。因为正如伯里所言："历史已经证明，在希腊思想完全自由的时期，知识就生长了。到了近代，因为禁止思想的法律完全取消了，所以知识进步的速率，在中世纪的教会的奴仆看来，简直疑为由于恶魔的作弄。这样看来，要得社会习惯制度和方法能适应新需要和新环境，自然必得有辩驳和批评社会习惯、制度和方法以及发表最违俗的思想的

---

① 冯友兰：《中国哲学史》上册，河南人民出版社，1983年，第30页。
② 伯里：《思想自由史》，宋桂煌译，吉林人民出版社，1999年，第9页。
③ 冯友兰：《中国哲学史》上册，河南人民出版社，1983年，第32页。
④ 伯里：《思想自由史》，宋桂煌译，吉林人民出版社，1999年，第25页。

完全自由，固不必顾虑是否触犯着流行的思想。假使文化史对我们有一点教训，那么，就是这样：有一个完全可由人力获得的精神进步与道德进步的最高条件，就是思想和言论的绝对自由。"①

诚然，思想完全自由并不是纯粹的利与正价值，而是有利有弊、正负价值兼而有之。因此，思想完全自由究竟应该与否便取决于：它究竟有哪些利弊？究竟是利大于弊还是弊大于利？

思想完全自由，不但是科教文化繁荣兴盛最根本的必要条件，而且正如穆勒所言，还是防止政治腐败的有力的保证："对于出版自由——一种反对腐败或专制政府的保证——还需要什么捍卫的时代，希望已经过去。"② 思想完全自由不但是文化繁荣兴盛根本条件和防止政治腐败有力保证，而且因此也就是一个社会的物质财富兴旺发达的根本条件，说到底，也就是社会一切进步的最根本的条件。所以，伯里说："思想自由原则是社会进步的最高条件。"③ 穆勒说："人类一切福利都有赖于精神福利。"④

不但此也！更为重要的，思想完全自由还是人道与自由社会的必要条件；对于言论和出版自由的任何限制都违背自由、人道社会的普遍标准。首先，按照"自由的法治标准"，一个社会的任何强制，都必须符合该社会的法律和道德，最终都必须得到全体成员的同意。这样，任何人，不论他的思想、意见多么荒谬危险，便都应该允许他发表；否则，谈何全体成员的同意？所以，不论禁止何人发表何种意见、思想，便都违背了人道社会之所以为人道社会的"自由的法治标准"。

其次，按照"自由的平等标准"，人人应该平等地享有自由；平等地服从强制。准此，在思想自由面前便应该人人平等。于是，任何人，不

---

① 伯里：《思想自由史》，宋桂煌译，吉林人民出版社，1999年，第127页。

② Robert Maynard Hutchins: *Great Books of the Western World*, Volume 43, *On Liberty*, London: John Stuart Mill, Encyclopaedia Britannica, Inc., 1980, p. 274.

③ 伯里：《思想自由史》，宋桂煌译，吉林人民出版社，1999年，第129页。

④ Robert Maynard Hutchins: *Great Books of the Western World*, Volume 43, *On Liberty*, London: John Stuart Mill, Encyclopaedia Britannica, Inc., 1980, p. 292.

论他的地位多么低、思想多么荒谬危险，便都应该允许他自由发表；否则，便意味着只允许一些人享有思想自由，便违背了人道社会之所以为人道社会的"自由的平等标准"。

最后，按照"自由的限度标准"，一个社会的强制，应该保持在这个社会的存在所必需的最低限度。能够危及社会存在的显然只有行动；而任何思想、言论和书报，不论多么荒谬危险，绝不会危及社会存在。所以，只有行动的自由才应该有所限制，而言论出版自由则不应该有任何限制；否则，便违背了人道社会之所以为人道社会的"自由限度标准"。

因此，自由、人道的著名斗士和经典文献大都主张言论和出版完全自由。罗伯斯庇尔说："通过语言、文字或出版来表达思想的权利无论如何也不应受到妨碍或限制……新闻自由应该是完整的无限的，否则就是没有新闻自由。"[①] 潘恩说："出版自由以及使用其他表达思想手段的自由，是不能取消、停止和限制的。"[②] 罗斯福则进而以美国为例说："这种自由除了受到美国人民的良知的限制以外，确实是丝毫没有限制的。"[③] 美国《弗吉尼亚权利法案》已规定："出版自由是自由的重要保障之一，任何政府，除非是暴虐政府，绝不应加以限制。"美国《人权法案》第一条便这样写道："国会不得制定关于下列事项的法律：确立宗教或禁止信仰自由；剥夺人民言论或出版自由。"我国孙中山先生召集的国民党第一次全国代表大会宣言亦如是说："确定人民有集会、结社、言论、出版、居住、信仰之完全自由。"

诚然，言论与出版完全自由往往会产生一些有害后果，如种种谬论流传而引人误入歧途。反对言论与出版完全自由的理由，说来说去，亦莫过于此：禁止错误思想。然而，这个理由是不能成立的。因为，一方

---

① 《资产阶级政治家关于人权、自由、平等、博爱言论选录》，世界知识出版社，1963年，第105页。
② 同上书，第53页。
③ 同上书，第283页。

面，禁者未必正确，被禁者未必错误，我们今天禁止的所谓错误，往往便是明天的真理；另一方面，就算被禁者是错误，也不应禁止，因为真理只有在同错误的斗争中才能发展起来，没有这种斗争，真理便会丧失生命力而成为僵死的教条。对于这个道理，密尔曾有详尽而深刻的论述。通过这些论述，他得出结论说：

"我们已从值得注意的四点根据认识到，意见自由和发表意见自由对于人类精神发展的必要性（人类一切其他发展都有赖于它）；现在再将这些根据简述如下。第一点，如果有什么意见被迫缄默，据我们所确知，那个意见却可能就是真理。否认这一点，就是假定了我们自己绝对不犯错误。第二点，即使被迫缄默的意见是错误，它可能并且通常总是包含部分真理；而且，既然关于任何问题的普遍意见或主流意见几乎不可能是或者从不是全部真理，那么，岂不只有通过各种意见的冲突才能使所遗真理有机会被发现？第三点，即使公认的意见不仅是真理而且是全部真理，除非它实实在在遭受到猛烈而严肃的争议，它在信奉它的多数人那里就将成为一种偏见，它的理性根据不可能被真正理解和体悟。不仅如此——第四点——这种公认理论本身的意蕴也面临丧失或减弱的危险，而且对人格和行为不复有充满活力的影响；因为这种理论变成了一种只考究形式的教条，对于善的追求非但无效而且设置障碍，阻挡任何真实和真诚的信念从理性或亲身经验中生长出来。"①

因此，正如诺兰所指出，如果因言论和出版完全自由的危害而限制其自由，那么，这种限制所带来的危害，便远远大于言论与出版完全自由所带来的危害："言论自由的代价是，有许多这样的思想将会发表出来：它们不仅错误，而且长远看来还会促成那些有害的行动。我们相信这是一种昂贵的代价。但如果不付这一代价，我们就得认可一个社会或社会

---

① Robert Maynard Hutchins: *Great Books of the Western World*, Volume 43, *On Liberty*, London: John Stuart Mill, Encyclopaedia Britannica, Inc., 1980, p. 292.

中那些权力机关有权随时查禁他们认为不能接受的观点。这种权利的弊病无疑远远超过言论自由权的弊病。"①

因此，托克维尔说："为了能够享用出版自由提供的莫大好处，必须忍受它所造成的不可避免的痛苦。"② 诚哉斯言！思想完全自由的危害与其所带来的巨大利益相比又算得了什么呢？难道人类不得不以小害而求大利的行为还少见吗？布莱斯说："所有制度都不是十全十美的。"③ 有一利必有一弊。为什么我们对那么多极端恶劣的国家制度之罪恶熟视无睹，唯独对言论出版自由的危害大惊小怪、义愤填膺呢？

更何况，自由主义思想家们早已发现：有不通过限制言论和出版完全自由的方法来防止其危害。一种方法是提高听众和读者的鉴别力。诺兰说："一种信息通畅的具有批判精神的社会，乃是免除言论自由危害的最好武器。"④ 而这样的社会显然只有通过思想完全自由才能建立起来。所以，思想完全自由的有害后果，通过思想自由本身便可逐渐防止。另一种方法是追究言论者和出版者的责任：每个人都必须对自己的言论和出版的有害后果承担责任。潘恩说："人想说什么话，事先无须得到许可，但事后却要为自己说的话所铸成的大错负责。同样地，如果一个人在出版物中发表错误言论，他也要像亲口说出的那样对错误负责。"⑤ 对自己言论和出版的危害性后果承担责任的恐惧，无疑既能有效防止自己言论和出版的危害性，同时又没有限制言论和出版的完全自由。

可见，一方面，思想完全自由的危害与其所带来的巨大利益相比不

① Richard T. Nolan, Frank G. Kirkpatrick with Harold H. Titus, and Morris T. Keeton: *Living issues in ethics*, Belmont, California: Wadsworth Pub. Co., 1982, pp. 285-286.

② 托克维尔：《论美国的民主》下卷，董果良译，商务印书馆，1996年，第203—207页。

③ 詹姆斯·布莱斯：《现代民治政体》下册，吉林人民出版社，2001年，第1027页。

④ Richard T. Nolan, Frank G. Kirkpatrick with Harold H. Titus, and Morris T. Keeton: *Living Issues in Ethics*, Belmont, Calif.: Wadsworth Pub. Co., 1982 p. 296.

⑤ 《资产阶级政治家关于人权、自由、平等、博爱言论选录》，世界知识出版社，1963年，第52页。

但微不足道，而且不难避免，通过思想完全自由本身就可以逐渐防止；另一方面，思想完全自由的正价值极其巨大：它是防止政治腐败的有力的保证，是衡量一个社会是否自由与人道的思想标准，是一个国家文化繁荣兴盛的根本条件，说到底，是社会的一切进步的最根本的条件。

于是，总而言之，思想应该完全自由，言论与出版应该完全自由：一个国家的思想、言论和出版越不自由，该国的文化便越不发达，国人普遍的认识水平便越低，国人普遍的道德认识水平便越低，国人的品德便越低下败坏，国中君子、仁人乃至圣人便越稀少；一个国家的思想、言论和出版越自由，该国的文化便越发达，国人普遍的认识水平便越高，国人普遍的道德认识水平便越高，国人的品德便越良好高尚，国中君子、仁人乃至圣人便越多。一言以蔽之，思想完全自由是培养国人品德道德认识因素的方法，是提高国民品德的首要方法。

4 自由主义和平等主义的道德规范体系
——培养国人品德道德感情和道德意志两因素的复合方法

"德道律"表明，一方面，道德越优良，它给予每个人的压抑、限制和损害便越少，而给予他的利益和快乐便越多；于是，人们遵守道德从而做一个有美德的人的动力、欲望、动机和意志便越强大，因而他们的品德便越良好高尚。另一方面，道德越优良，与行为的客观本性便越相符，便越易于被每个人实行；从而人们实行道德的行为便越多，人们的品德便越良好高尚。然而，问题是，一个国家究竟奉行怎样的道德才算得上优良呢？

任何国家所奉行的道德无疑都是不胜枚举的，因而必定既有一些是优良的，又有一些是恶劣的，而不可能全部优良或全部恶劣。所以，我们说一个国家所奉行的道德是恶劣的或是优良的，只能是就其处于基础与核心地位的——亦即具有决定意义——的道德来说的：如果一个国家处于基础与核心地位的道德是优良的，我们就说该国奉行优良道德；反之，如果一个国家处于基础与核心地位的道德是恶劣的，我们就说该国奉行恶劣道德。

在任何国家所奉行的道德规范体系中，处于基础与核心地位的无疑是普遍的道德原则或标准，而不是特殊道德原则和道德规则。普遍的道德原则或标准无非四类。首先是道德终极标准、国家制度终极价值标准，亦即道德最终目的或国家最终目的之量化："增进每个人利益总量"；其次是一切伦理行为应该如何的道德总原则，亦即所谓"善"；再次是善待他人的道德原则，主要是国家制度价值标准，亦即国家制度根本价值标准"正义（平等是最重要的公正）"和国家制度最高价值标准"人道（自由是最根本的人道、异化是最根本的不人道）"；最后是善待自我的道德原则，亦即所谓"幸福"。道德是社会契约，善待自我的道德原则"幸福"在道德规范体系中，显然不可能处于基础与核心地位。因此，判断一个国家所奉行的道德是否优良，说到底，全在于该国所奉行的"道德总原则"和"道德终极标准"以及"国家制度最高价值标准"和"国家制度根本价值标准"是否优良。规范伦理学表明：

义务论道德终极标准和利他主义的道德总原则——其倡导者主要是儒家和康德以及基督教伦理学家——最恶劣。因为二者虽然坚持了"无私利他"，鼓舞了人们无私奉献的至善热忱；却反对一切个人利益的追求，抛弃"为己利他"和"自我实现（亦即自我创造性潜能之实现）"原则。这样，一方面，它们对每个人的欲望和自由压抑、限制便最为严重：它们压抑、否定每个人的一切目的利己的欲望和自由，而妄图使人的一切行为都达到"无私利他"的至善峰峦；另一方面，它们增进社会和每个人利益最为缓慢，因为它们否定"目的利己"、反对一切个人利益的追求，也就堵塞了每个人增进社会和他人利益的最有力的源泉。于是，合而言之，利他主义和义务论道德便是"给予每个人的害与利的比值"最大的道德，因而也就是最为恶劣的道德。

相反地，我们所倡导的功利主义道德终极标准和己他两利主义道德总原则——倡导这种道德的先辈主要是苏格拉底、休谟、达尔文、爱尔维修、霍尔巴赫、边沁、穆勒、西季威克和摩尔——最优良，因其将"无私利他"和"为己利他"以及"单纯利己"一起奉为评价行为是否道德的多元准则。这样，一方面，这种道德对每个人的欲望、自由的压抑和限制便最为轻微：它们仅仅压抑、否定每个人的损人的欲望和自由，因而只有在利益冲突时才要求"无私利他"、自我牺牲。另一方面，这种道德增进全社会和每个人利益又最为迅速。因为它们不但提倡"无私利他"、自我牺牲，激励人们在利益冲突时"无私利他"、自我牺牲而不致"损人利己"，从而增进了社会利益总量；而且倡导"为己利他"与"自我实现"，肯定一切利己不损人的行为，鼓励一切有利社会和他人的个人利益的追求，也就开放了增进社会和每个人利益的最有力的源泉。于是，合而言之，这种功利主义道德终极标准和己他两利主义道德总原则便是"给予每个人的利与害的比值最大"的道德，因而也就是最为优良的道德。

专制主义国家制度价值标准——其倡导者主要是儒家、墨家、法家、道家和阿奎那、霍布斯、博丹和马基雅维利——最恶劣。因为，一方面，它维护一个人独掌国家最高权力，而违背政治平等、经济平等和机会平等原则，从而剥夺所有人应该享有的各种平等权利，使所有人生活于一个极端不平等、不公正和无人权的等级社会；另一方面，它维护一个人独掌国家最高权力，而违背政治自由、经济自由和思想自由原则，剥夺所有人应该享有的各种自由权利，使所有人都生活于一个遭受全面的奴役、异化和不自由的社会，完全丧失个性而不可能实现自己的创造性潜能，因而必定极端阻碍社会发展进步，造成社会停滞不前。合而言之，专制主义国家制度价值标准对每个人的欲望和自由的压抑、限制和侵犯最大，而增进全社会和每个人利益却最少，给予每个人的害与利的比值最大，因而是最为恶劣的国家制度价值标准。

相反地，我们倡导的人道主义、自由主义和平等主义的国家制度价值标准——倡导这种国家制度价值标准的先辈主要是柏拉图、亚里士多德、但丁、伐拉、皮科、赫尔德、斯宾诺莎、洛克、孟德斯鸠、卢梭、托克维尔、休谟、斯密、边沁、穆勒、哈耶克、罗尔斯等——最优良。因为，一方面，它对每个人的欲望和自由的压抑无疑最为轻微（它甚至倡导每个人的自由应该广泛到社会的存在所能容许的最大限度）；另一方面，它增进全社会和每个人利益必定最为迅速，因为它所倡导的"人道"、"自由"、"正义"、"平等"和"增进每个人利益"无疑是实现每个人创造潜能、调动每个人劳动积极性和保障社会繁荣进步的根本条件。于是，合而言之，这种人道主义、自由主义和平等主义给予每个人的利与害的比值最大，因而是最为优良的国家制度价值标准。

这样一来，如果一个国家奉行专制主义国家制度价值标准以及义务论和利他主义道德规范体系——简称"专制主义道德规范体系"——那么，该国所奉行的道德和价值标准，就其基础或核心来说，便最恶劣，因而不论其余道德如何，该国所奉行的都是最恶劣的道德和价值标准：一方面，它对于国民的压抑、限制和损害必定极大，而给国民的利益和快乐必定极少；另一方面，它势必背离行为的客观本性而难以被每个人实行。于是，人们遵守这种道德和价值标准从而做一个有美德的人——君子、仁人乃至圣人——的动力、欲望、动机和意志便必定极其弱小，因而他们的品德必定低下恶劣。

反之，如果一个国家奉行"我们所倡导的人道主义、自由主义和平等主义的国家制度价值标准以及功利主义和己他两利主义道德规范体系"——简称"平等主义和自由主义道德规范体系"——那么，该国所奉行的道德和价值标准，就其基础或核心来说，便是最优良的道德和价值标准，因而不论其余道德如何，该国所奉行的都是最优良道德和价值标准：一方面，它对国民的压抑、限制和损害必定极少，而给予国民的利益和快乐必定极多；另一方面，它必定符合行为的客观本性因而易于被每个人实行。于是，人们遵守这种道德和价值标准从而做一个有美德的人——君子、仁人乃至圣人——的动力、欲望、动机和意志必定强大，因而他们的品德必定良好高尚。因此，"平等主义和自由主义道德规范体系"乃是形成国人做一个有美德的人的强大的动力、动机、欲望和意志之方法，因而是培养国人品德道德感情和道德意志两因素的复合方法，是提高国人品德的基本方法。

5 制度建设：国人总体品德培养四方法之关系

不难看出，一方面，四大制度建设——宪政民主、没有政府管制的市场经济、思想自由、自由主义和平等主义道德规范体系——如果分离开来，就每一种制度建设单独来说，都仅仅是国人品德良好高尚的必要条件；只有结合起来，才是国人品德良好高尚的充分且必要条件。[①]另一方面，基于国人总体品德变化四规律的四大制度建设，相应地，无疑也是国人总体品德的培养方法，亦即绝大多数国人品德的统计性培养方法；而不是国人个体品德、个人品德培养方法，不是国人个体品德的非统计性培养方法。

四大制度建设是一个国家国人总体品德的培养方法；四者结合起来是国人总体品德良好高尚的充分且必要条件。这就是为什么，一个国家，只要实行宪政民主、没有政府管制的市场经济、思想自由、自由主义和平等主义道德规范体系，那么，该国绝大多数国人——亦即国人总体——品德必定良好高尚；只要实行专制等非民主制、政府管制经济、言论出版不自由和专制主义道德规范体系，那么，该国绝大多数国人——亦即国人总体——品德必定低下败坏。

---

① 同理，与此相反的四大制度——专制等非民主制、政府管制经济、言论出版不自由和专制主义道德规范体系——如果分离开来，就每一种制度单独来说，都仅仅是国人品德低下败坏的必要条件；只有结合起来，才是国人品德低下败坏的充分且必要条件。

另一方面，四大制度建设不是国人个体、个人品德的非统计性培养方法。这就是为什么，一个国家，即使实行宪政民主、没有政府管制的市场经济、思想自由、自由主义和平等主义道德规范体系，也总会有品德低下败坏者；只不过品德低下败坏者不是主流而居于少数罢了；即使实行专制等非民主制、政府管制经济、言论出版不自由和专制主义道德，也总会有品德良好高尚者；只不过品德良好高尚者不是主流而居于少数罢了。

究竟言之，如果进一步比较四大制度建设，可以看出：宪政民主是最根本最主要的国民总体品德培养方法。因为宪政民主是每个国人完全平等执掌国家最高权力而又遵循宪法的民主政体，是遵循名副其实的宪法之指导原则——自由与平等以及人道与正义诸国家制度价值标准——而受其限制的民主，是自由与平等以及人道与正义的社会的充分且必要条件。这样一来，宪政民主便不但直接是保障"政治正义和德福一致"的充分且必要条件，而且是"没有政府管制的市场经济"和"思想自由"以及"自由主义和平等主义道德规范体系"的充分且必要条件，从而也就是"经济迅速发展和财富公正分配"以及"文化繁荣兴盛"和"优良道德"的充分且必要条件。

于是，国人总体品德之高低变化，固然直接取决于该国"经济发展速度及财富分配的公平程度"、"政治正义与否"、"文化繁荣与否"和所奉行的"道德之优劣"四大因素，从而取决于该国是否实现"没有政府管制的市场经济"、"宪政民主"、"思想自由"、"自由主义和平等主义道德规范体系"之四大制度建设；但是，归根结底，则只取决于该国的政治制度究竟如何，只取决于是否实现了"宪政民主制度"：

一个国家如果实现了"宪政民主"，该国家的政治不但必定正义，而且势必实行"没有政府管制的市场经济"、"思想自由"和"自由主义和平等主义等道德规范体系"，从而经济发展必定迅速、财富分配必定公平、文化必定繁荣、所奉行的道德必定优良；这样一来，国人的德与福一致程度必定极高、物质需要的相对满足的程度必定充分、做一个有美德的人的道德欲望和道德认识以及道德意志必定强大，从而国人总体——亦即绝大多数国人——的品德必定良好高尚。反之，一个国家实行专制等非民主制，该国的政治不但不正义，而且势必实行政府管制经济、言论出版不自由和专制主义道德规范体系，从而经济发展必定缓慢、财富的分配必定不公平、文化必定落后、所奉行的道德必定恶劣；这样一来，国人的德与福一致程度必定低下、物质需要的相对满足必定不充分、做一个好人的道德欲望和道德认识以及道德意志必定淡薄，从而国人总体——亦即绝大多数国人——品德势必低下败坏。

因此，说到底，国人总体——亦即绝大多数国人——品德只取决于国家政治制度如何：只要实现宪政民主，绝大多数国人品德必定良好高尚；而实行专制等非民主制，绝大多数国人品德必定低下败坏。因此，宪政民主是国人总体品德培养的最根本最主要的方法，是国人总体品德培养的终极方法。这样一来，便充分证明了卢梭在总结自己毕生学术研究时的发现："我发现，一切都从根本上与政治相联系。不管怎样做，任何一国的人民都只能是他们政府的性质将他们造成的那样。"[①]

然而，"宪政民主"及其所决定的"没有政府管制的市场经济"、"思想自由"和"自由主义和平等主义道德规范体系"四大制度建设，充其量，只是国人总体品德培养方法，而不是国人个体品德培养方法；只能保证国人总体的品德良好高尚，并不能具体保证某一个个人的品德良好高尚。这样一来，一个人即使有幸生活于宪政民主国家，也未必品德良好，而仍然可能品德败坏；反之，即使他不幸生活于专制等非民主制国家，也未必品德败坏，而仍然可能品德良好。那么，一个人究竟怎样才能具有良好品德？能够具体保证某一个个人品德良好之品德培养方法究竟如何？说到底，国人个体品德培养方法究竟是什么？无疑是道德教养：道德教育与道德修养。

① 卢梭:《忏悔录》，黎星、范希衡译，人民文学出版社，1980年，第500页。

三　道德教育：国民个体品德培养外在方法

1 道德教养：道德教育与道德修养

　　国人个体品德培养方法，亦即道德教养，分为道德教育与道德修养两大类型。所谓道德教育，顾名思义，就是使人遵守道德的教育，就是关于如何才能使每个人遵守道德——从而使道德得到实现——的教育。毋庸赘言，道德只有内化为每个人的品德，才能保障其被每个人自觉遵守，从而得到真正实现。所以，道德教育也就是对于"外在的道德规范"如何转化为每个人的内在品德——从而得到实现——的教育。因此，道德教育亦即品德教育、德教、德育：四者是同一概念。然而，问题在于，如果说每个人都是道德教育的对象或客体，那么，道德教育者或道德教育的主体是谁呢？

　　道德教育的主体无疑是社会或国家：道德教育就是社会对每个人品德的培养方法，就是国家对国人个体品德的培养方法，就是社会或国家将外在的道德规范转化为每个人的内在品德——从而彻底保障每个人遵守道德规范——的品德培养方法。然而，道德教育的主体之所以是社会或国家，无疑是因为社会或国家具有道德需要：社会或国家的存在发展需要道德之保障，亦即需要每个人将外在的道德规范转化为自己的内在品德从而自觉遵守道德规范。否则，如果没有道德，或者一个社会和国家多数人的多数行为不遵守道德，那么，该社会和国家便必定崩溃瓦解而不可能存在发展。这就是为什么社会或国家会是道德教育的主体而对其客体——亦即每个人或每个个体——进行道德教育的缘故。

　　但是，细究起来，社会或国家原本一方面由个人构成，他方面由个人（亦即社会或国家的领导者，如父母、教师、各级行政长官乃至最高领导人等）代表。因此，所谓道德教育，所谓社会或国家对国人个体品德的培养，直接说来，便是社会和国家的代表或领导者对被领导者的品德培养；说到底，则是人们相互间的品德培养，是他人对自己和自己对他人的品德培养。穆勒甚至说：

　　"教育包括我们自己所做的和他人为我们所做的一切，最终可以使我们更加贴近我们完美的本性。在人们最广泛接受的意义上，教育甚至也包括具有完全不同性质的事物对人的性格和能力所产生的间接影响，如各种法律、各种政府形式、各种工艺乃至独立于人类意志之外对面自然现象，比如天气、土壤和地区等等。"①

　　道德教育的主体固然不可能是天气、土壤和地区，却可以是一切人，而绝不仅仅是领导人。因为领导者岂不是也从被领导者那里受到教育吗？一个被领导者敬业奉献甚至自我牺牲难道不会使他的领导深受教育吗？被领导者不但客观上给予领导者以道德教育，而且主观上也必定希求领导者官德高尚，并且会积极主动促使其官德高尚。确实，道德教育仅仅是老师对学生的教育吗？难道老师不是也从学生那里得到教育吗？一个学生路见不平而勇斗歹徒难道不会使他的老师深受教育吗？学生不但客观上给予老师以道德教育，而且必定主观上也希求老师师德高尚，甚至会积极主动促使老师师德高尚。

　　这样一来，每个人便都是教育者同时又都是受教育者，都是道德教育者同时又都是受道德教育者：每个人都是道德教育主体同时又都是道德教育对象或客体。于是，所谓道德教育，说到底，乃是人们相互间的品德培养，是他人对自己和自己对他人的品德培养，因而便是一种品德培养的外在方法、外在因素。反之，道德修养则是个人的自我品德培养，是自己对自己的品德培养，是个人将社会道德规范转化为自己内在品德从而自觉遵守道德规范的方法。因此，道德修养是品德培养的内在方法、

① 涂尔干：《道德教育》，陈光金、沈杰、沈谐汉译，上海人民出版社，2001年，第301页。

内在因素。可是，究竟为什么每个人都必定会既对自己进行道德修养同时又对他人进行道德教育呢？

原来，如前所述，道德乃是一种社会制定或认可的关于每个人的行为应该如何的社会契约。任何契约的每一位缔结者必定都是：一方面，自己要遵守契约；另一方面，则要他人遵守契约。因此，每个人作为道德契约的缔结者，便不但自己有遵守道德规范从而做一个有美德的人的道德需要、道德欲望，而且——特别是领导人——必定还有希望他人遵守道德规范从而也做一个有美德的人的道德需要、道德欲望。试想，有谁不希望他周围的人是好人、善良的和诚实的人？有谁愿意他周围的人是歹徒、骗子、无赖、小偷、恶棍和人类的蟊贼？

那么，一个人究竟怎样才能满足他"既希望自己又希望别人做有美德的人"的双重道德需要呢？他满足自己做一个有美德的人的道德需要的唯一途径，无疑是自己遵守道德：遵守道德积累到一定程度便会成为有美德的人。同理，他满足自己希望别人做一个有美德的人的道德需要的唯一途径，当然是看到别人遵守道德。这样一来，每个人希望自己和别人都做好人的双重道德需要，便会推动他既自己遵守道德追求美德，又促使别人遵守道德追求美德。

但是，无论自己的美德还是别人的美德，都不是不需他努力便可以自然而然形成的，而是必定需要他付出一定的努力——亦即他自己的道德修养和他对别人的道德教育——才能形成的。因为任何人都绝不会孤立地、孤零零地只有希望自己和别人都做好人的需要和欲望；而必定具有多种需要和欲望，必定还有与这些道德需要欲望相冲突的不道德的、恶的需要和欲望，如恨人之心、妒嫉心、复仇心等。这样一来，只有当一个人希望自己与别人都做好人的需要和欲望达到一定的强度，能够克服与其冲突的不道德的、恶的需要和欲望，从而处于决定的和支配的地位，他才能够既自己遵守道德追求美德，又促使别人遵守道德追求美德。

道德教育和道德修养的目标和作用就在于增强每个人希望自己和别

人都做好人的道德需要、道德欲望，减弱乃至消除与其冲突的不道德的、恶的需要和欲望，从而遵守道德规范，逐渐将社会的外在的道德规范内化为自己和别人的品德，使自己和别人成为具有美德的人。所以，扬雄云："人之性也，善恶混，修其善则为善人，修其恶则为恶人。"[①] 这就是为什么每个人虽然都具有希望自己和别人做有美德的人的双重道德需要，却仍然必须进行道德教育和道德修养的缘故。然而，仅仅知道应该进行道德教育和道德修养显然是不够的：还必须知道究竟应该怎样进行道德教育和道德修养：这就是实现道德教育和道德修养的各种具体方法——亦即言教、奖惩、身教和榜样四大道德教育方法以及学习、立志、躬行和自省四大道德修养方法——的研究对象。

2　言教：提高个人道德认识的道德教育方法

教育者究竟应该如何对受教育者进行道德教育？首先应该进行言教：受教育者之所以背离美德而陷入恶德，首要原因便在于他缺乏道德智慧，便在于他对道德的愚蠢无知。因为，如前所述，一个人陷入恶德的原因，说到底，可以概括为"占小便宜吃大亏"：为了占有当前的、近的、确实的小利小善，而不顾尔后的、远的、不确实的大恶大害，为了眼前小利而不顾日后长远大害。反之，一个人追求美德的原因，说到底，则可以归结为"吃小亏占大便宜"：为了占有尔后的、远的、不确实的大利大善，而宁愿承受当前的、近的、确实的小恶小害，为了日后长远大利而忍受眼前小害。因此，受教育者追求美德还是陷入恶德，说到底，乃是他有无道德智慧的结果和标志：陷入恶德是"占小便宜吃大亏"，得不偿失，显然是一种道德的愚蠢和不智，是愚蠢和不智的结果；反之，追求美德是"吃小亏占大便宜"，得大于失，无疑是一种道德智慧，是智慧的

---

① 扬雄：《法言·修身》。

结果。所以，孟子曰："夫仁，天下尊爵也，人之安宅也。莫之御而不仁，是不智也。"①

因此，教育者的首要任务就是提高受教育者的个人道德认识、道德知识和道德智慧。道德认识、道德知识和道德智慧当然主要是通过语言表达、传授的。所以，教育者的首要任务就是通过语言向受教育者传授道德知识、道德认识和道德智慧。这就是所谓的言教：言教就是教育者通过语言向受教育者传授道德认识、道德知识和道德智慧以提高其个人道德认识的道德教育方法。因此，一方面，言教的形式必定多种多样，如官方宣传、社会舆论、传媒说教、著书立说、学术报告、讲授教诲、对话讨论和文艺熏陶等，不胜枚举。

另一方面，言教的内容更是包罗万象：一切道德认识、道德知识和道德智慧尽在其中。但究其要者，无疑是使受教育者懂得为什么应该做和究竟怎样做一个有美德的人；更确切些说，是使受教育者懂得为什么应该做和究竟怎样做一个内化优良道德的有美德的人，最终树立做一个内化优良道德的君子、仁人乃至圣人之道德信念。因为优良的、正确的和科学的道德教育目标，是培养内化优良道德的君子、仁人和圣人，而绝不是培养内化恶劣道德的君子、仁人和圣人。这样一来，优良的、正确的和科学的言教之最主要内容，说到底，便是使受教育者懂得为什么应该做和究竟怎样做一个内化优良道德的有美德的人。于是，话说回来，优良的、正确的和科学的言教之主要形式，说到底，便是著书立说与官方宣传：二者无疑是确证和传授优良道德的主要途径。

言教是确证和传授道德知识、道德认识和道德智慧的主要方法，是确证和传授优良道德的主要途径，因而也就是道德教育的首要方法。因为如前所述，一方面，个人道德认识是品德的指导因素、首要成分；另一方面，确证和传授优良道德是道德教育的首要问题：尊奉优良道德的

① 《孟子·尽心上》。

道德教育就是正确的科学的道德教育，而尊奉恶劣道德的道德教育就是不正确不科学的道德教育：合而言之，言教岂不就因其是确证和传授道德认识以及优良道德的主要途径而是道德教育的首要方法？

然而，几乎无人不说：言教不如身教。岂不有轻视言教之意？他们竟然忘记，言教乃是最高级的教育形式！难道不是唯有人类才拥有第二信号系统——语言——因而才拥有言教？而身教岂不是人类与其他动物所共有的教育方法？言教不如身教，只是就某一方面——如道德践履、实行道德或确定和执行道德行为动机——来说才能成立；而就另一方面——如道德认识、道德智慧以及确证和传授优良道德——来说则是不能成立的。因为，道德认识和道德智慧岂不主要是通过语言——而不是通过行动——传授的？道德之优劣岂不更是通过语言——而不是通过行动——确证和传授的？行动或身教怎么能准确而充分传授道德认识和道德智慧？怎么能分辨道德之优劣？怎么能确证和传授优良道德？

显然，主要讲来，唯有言教才能使受教育者逐渐拥有道德知识和道德智慧，逐渐懂得美德的利益和恶德的不利，从而才能远离恶德而追求美德；唯有言教才能使受教育者分辨优良道德与恶劣道德，从而懂得为什么应该做和究竟怎样做一个内化优良道德的有美德的人，最终树立做一个内化优良道德的君子、仁人乃至圣人之道德信念。诚然，这些并不是品德的决定性因素；品德的决定性因素是个人道德感情而不是个人道德认识或道德智慧。但是，一个人如果没有一定的个人道德认识和道德智慧，他绝不会有相应的个人道德感情：个人道德认识和道德智慧是个人道德感情的必要条件。因为个人道德感情固然最终源于和形成于个人道德实践，却直接源于和形成于个人道德认识、道德智慧。

就拿一个人的渴望做一个有美德的人的道德感情来说。他的这种道德感情固然源于、形成于社会和他人因他品德好坏而不断给予他的赏罚：他若做好人、好事、品德好，便会得到社会和他人的赏誉，便会从社会和他人那里得到他所能得到的一切；他若做坏人、坏事、品德坏，便会遭到社会和他人的惩罚，便会丧失他能够从社会和他人那里得到的一切。逐渐地，这种道德实践活动便会使他正确认识到：美德乃是他安身立命之本，是他一切利益中最根本的利益。于是，他做一个有美德的人的道德感情便会日益强烈。但是，如果一个人没有这种正确的道德认识，却误以为幸福取决于才、力、命而与美德无关，误以为自己做坏事受惩罚是因为自己手段不高运气不好，从而想方设法巧妙地损人利己、损公肥私，那么，即使他原本具有做一个有美德的好人的道德感情，也会日益减少而趋于泯灭。所以，一个人只有正确认识社会和他人因自己品德好坏而给予自己的赏罚，才能够涌现做一个有美德的好人的道德感情：这种道德感情直接源于、形成于诸如"美德乃天爵安宅、安身立命之本"的正确道德认识，最终则源于、形成于他所承受的社会和他人因他品德好坏而给予他的赏罚实践。

可见，个人道德认识不仅是品德的指导因素、首要成分，而且是品德的决定性因素——个人道德感情——形成的必要条件。所以，当代主知主义道德教育思想家柯尔伯格如是自问自答道："是什么促进了道德从一个阶段向另一个阶段的向前发展？为什么有人达到了原则的阶段，而其他人就不能达到呢？我们的回答——即认知发展的回答——是以皮亚杰的研究为基础的，尽管在许多重要问题上与他不同。道德判断主要是理性运算的功能。诸如移情作用和内疚感等情感方面的因素必然会进入其中，但是，对道德情境的理解在认知上是由判断者决定的。因而，道德发展是一种不断增长着的认识社会现实或组织和联合社会经验的那种能力的结果。有原则的道德的必要条件——但不是充分条件——是逻辑推理能力的发展。"[1]

这样一来，个人道德认识便不仅是美德的指导因素、首要成分，而且是美德的其他因素——个人道德感情和个人道德意志——形成的必要

① 柯尔伯格：《道德教育的哲学》，魏贤超、柯森等译，浙江教育出版社，2000年，第8页。

条件：美德的其他因素——个人道德感情与个人道德意志——在某种程度上也都形成于个人道德认识。唯其如此，美德才是可教的：个人道德认识是直接可教的；而个人道德感情和个人道德意志则通过道德认识而是间接可教的。这岂不意味着，美德教育或道德教育只能或必定始于言教？言教岂不就因其是提高受教育者个人道德认识的主要途径而既是个人道德认识的主要的、首要的教育方法，同时又是品德其他因素的首要教育方法？这就是言教为什么是道德教育首要方法的缘故。

但是，言教充其量只能使受教育者树立做一个内化优良道德的君子、仁人乃至圣人之道德信念，从而知道为什么应该做和究竟应该怎样做一个内化优良道德的君子、仁人乃至圣人；却不能使受教育者真正想做、愿做、欲做一个内化优良道德的君子、仁人乃至圣人。使受教育者想做、愿做、欲做一个内化优良道德的君子、仁人乃至圣人的教育方法，是奖惩。

3 奖惩：形成个人道德感情的道德教育方法

奖惩作为一种道德教育方法，顾名思义，就是使受教育者的美德得到奖励和恶德受到惩罚的道德教育方法，就是教育者通过使受教育者的美德得到奖励和恶德受到惩罚而使其欲求美德的道德教育方法。这种道德教育方法的主体、实施者或教育者，固然主要是社会及其代表者，亦即领导人；而奖惩的客体、对象或被教育者，固然主要是社会的成员、被领导者。但是，每个人既是受教育者同时又是教育者，因而每个人既是奖惩的主体或施予者，同时又都是奖惩的客体或对象。只不过，只有领导者拥有权力，因而领导者给予被领导者的奖惩，大都是权力奖惩，如职务之升降、大会表彰等；反之，被领导者就其被领导来说，必无权力，因而被领导者给予领导者的奖惩，必定是非权力奖惩，因而主要是舆论奖惩，如说长道短、毁誉领导者的名声等。

然而，从奖惩更为丰富和广阔的外延来看，可以分为物质奖惩、社会奖惩和精神奖惩三大类型。物质奖惩是作用于受教育者物质需要、生理需要的奖惩，因而主要是金钱奖惩，如发给拾金不昧者奖金、降低损公肥私者工资等。这种奖惩，不妨套用孟子的话，亦即给予有德者以"安宅"，让他们住上宽敞的大房子。社会奖惩是作用于受教育者社会需要的奖惩，因而主要是行政奖惩，如晋升君子而罢黜小人等。社会奖惩也可以套用孟子的话，亦即给予有德者以"天爵"，使有德者必有位，让他们担任尊贵的官。精神奖惩是作用于受教育者精神需要的奖惩，因而主要是舆论奖惩，如给道德者以荣誉、给不道德者以耻辱等。精神奖惩只赋予荣辱名声，而并不给予富贵贫贱，因而看似无关痛痒、软弱无力；其实不然。因为人是社会动物，每个人的一切都是社会和他人给予的。但是，他究竟能从社会和他人那里得到多少利益，无疑取决于社会和他人对他的毁誉：荣誉、光荣意味着他将能从社会和他人那里得到他所能够得到一切利益；耻辱、恶誉则意味着社会和他人将拒绝可能拒绝给予他的一切利益。所以，精神奖惩、荣辱毁誉虽非富贵贫贱，却是每个人富贵贫贱之源，实乃每个人的安身立命之本。

奖惩因每个人品德好坏而增进和减少其的物质利益、社会利益和精神利益，从而满足和阻碍其物质需要、社会需要和精神需要，最终可以使每个人求美德而避恶德。这一点，墨子早就看到了。因为他一再说，奖惩是使人达到兼爱美德境界之道德教育方法；"今若夫兼相爱，交相利，此其有利且易为也，不可胜计也，我以为则无有上说之者而已矣；苟有上说之者，劝之以赏誉，威之以刑罚，我以为人之就兼相爱、交相利也，譬之犹火之燃上、水之就下也，不可防止于天下。"[①] 可是，为什么奖惩可以使人欲求美德？奖惩之为使人欲求美德的道德教育方法的根据究竟何在？

原来，人是个社会动物，每个人的生活都完全依靠社会和他人：他

[①] 《墨子·兼爱下》。

的一切利益都是社会和他人给的。所以，能否得到社会和他人的赞许，便是他一切利益中最根本最重大的利益：得到赞许，便意味着得到一切；遭到谴责，便意味着丧失一切。能否得到社会和他人的赞许之关键，显然在于他的品德如何：如果社会和他人认为他品德好，那么，他便会得到社会和他人的赞许和奖励；反之，则会受到社会和他人的谴责和惩罚。

这就是一个人最初为什么会有做一个有美德的人的道德需要的缘故：他需要美德，因为美德就其自身来说，虽然是对他的某些欲望和自由的压抑、侵犯，因而是一种害和恶；但就其结果和目的来说，却能够防止更大的害或恶（社会和他人的唾弃、惩罚）和求得更大的利或善（社会和他人的赞许、赏誉），因而是净余额为善的恶，是必要的恶。因此，美德乃是他利己的最根本、最重要的手段：他对美德的需要是一种手段的需要。但是，逐渐地，他便会因美德不断给他莫大利益而日趋爱好美德、欲求美德——爱就是对于利益和快乐的心理反应——从而便为了美德而求美德，使美德由手段变成目的；就像他会爱金钱、欲求金钱、使金钱由手段变成目的一样。

可见，每个人以美德为目的的道德需要，源于以美德为手段的道德需要；而以美德为手段的道德需要又源于社会和别人因他品德的好坏所给予他的奖惩。因此，说到底，每个人做一个有美德的人的道德需要——不论是以美德为手段的需要还是以美德为目的的需要——均以奖惩、利益和快乐为根本动因、根本动力。

奖惩、利益和快乐是每个人做一个有美德的人的道德需要形成和发展的动力，因而也就是每个人的良心形成和发展的动力。因为所谓良心，说到底，不过是每个人因自己做一个有美德的人的道德需要是否被自己的行为所满足而发生心理反应：如果看到自己的行为符合道德规范，便会认为自己是一个有美德的人（良知、认知良心），便会因自己做一个有美德的人的道德需要得到实现而沉浸于良心满足的快乐（情感良心），便会有继续行善而遵守道德规范之意（意志良心）；如果看到自己的行为不符合道德规范，便会认为自己不是一个有美德的人（良知、认知良心），便会因自己做一个有美德的人的道德需要得不到实现而陷入良心谴责的痛苦（情感良心），便会有改过迁善而遵守道德规范之意（意志良心）。

显然，良心直接源于每个人希望自己做一个有美德的人的道德需要——每个人希望自己做一个有美德的人的道德需要又源于社会因自己品德的好坏所给予自己的奖惩——因而说到底，良心最终亦源于社会因自己品德好坏所给予自己的奖惩：奖惩是每个人的良心形成和发展的根本动力。因此，每个人良心的强弱，直接说来，取决于他希望自己做一个有美德的人的道德需要之多少；根本说来，则取决于他因自己品德好坏而得到的赏罚利害之多少：他因品德好而得到的奖励越多，他因品德坏而遭到的惩罚越多，他做好人而不做坏人的道德需要便越强，他的良心便越强；反之，他因品德好而得到的奖励越少，他因品德坏而遭到的惩罚越少，他做好人而不做坏人的道德需要便越少，他的良心便越弱。

奖惩是每个人做一个有美德的人的道德需要及其良心形成发展的根本的源泉和动力，显然意味着：奖惩不但能够使人追求美德和良心，而且是每个人追求美德和良心的根本的途径和方法，是增强每个人做一个有美德的人的道德需要及其良心的根本的途径和方法。于是，如果一个人遵守道德有美德便使他得到社会和他人的赞许、奖励，如果他违背道德有恶德便使他受到社会和他人的谴责、惩罚，那么，他便会欲求美德而避免恶德，他的良心便会越来越强，逐渐地，他便会强烈地欲求做一个有美德的好人，一个君子、仁人乃至圣人，他便会形成一种君子、仁人乃至圣人的强烈的良心。因此，奖惩是增强受教育者追求美德欲望和良心的道德教育方法，因而是增强受教育者个人道德感情的道德教育方法。所以，诺威-史密斯说："快乐与痛苦，奖赏与惩罚，是道德品格得以塑造的指针；而'道德品格'正是这样一系列可以借助这些手段塑造的倾向。"①

可见，奖惩确如柏拉图所言，原本是一种使受教育者遵守道德便有快乐、违反道德便有痛苦的"快乐和痛苦之训练"："教育就是把儿童的最初德行本能培养成正当习惯的一种训练，让快感和友爱以及痛苦和仇恨都恰当地植根在儿童的心灵里。"这种"关于快感和痛苦的特殊训练会使人从小到老都能厌恨所应当厌恨的、爱好所应当爱好的"。②更确切些说，奖惩的作用，在于使受教育者看到：他遵守道德、受道德限制，虽然痛苦，却可得到更大快乐——长远的、恒久的、真正的快乐；反之，他违背道德，不受道德限制，固然快乐，却会受到更大痛苦——长远的、恒久的、真正的痛苦。于是，受教育者便会产生遵守道德的需要、欲望、愿望；最终使道德由社会外在规范而成为受教育者内在的需要和美德。

但是，细究起来，奖惩之为增强受教育者道德感情的有效方法是有条件的，这个条件就是正义：只有正义的奖惩才能够有效增强受教育者道德感情。诚然，奖惩的本性就是正义：奖惩使受教育者有德行善便有福而缺德作恶便有祸，无疑符合同等利害相交换——等利交换与等害交换——之正义总原则，因而是一种正义行为。但奖惩毕竟完全是一种人为的东西，充满了主观任意性，因而并非所有的奖惩都必定符合奖惩之正义本性。这种不正义的奖惩我们到处都能够看到。举例说，张三所做的善事是李四的 10 倍，可是，李四得到的奖励却远远多于张三。这就违背了等利交换的正义原则，因而是不正义的。这样不正义的奖励显然不能有效增强张三行善的道德感情。那么，究竟怎样的奖惩才是正义的？奖惩的正义原则究竟如何？

不难看出，奖惩的正义原则是"比例平等"：只有当奖惩遵循"比例平等"之正义原则，才能够与奖惩原本固有的正义本性相符，从而才是

---

① 彼得斯：《道德发展与道德教育》，邬冬星译，浙江教育出版社，2000 年，第 19 页。
② 许步曾编：《西方思想家论教育》，人民教育出版社，1985 年，第 557 页。

正义的。因为按照这一原则，每个人所得到的奖励、福利的大小多少之比例，与每个人所做的善事的大小多少之比例，应该完全平等；换言之，每个人所得到的奖励与自己所做的善事之比例，应该完全平等。举例说，如果张三所得到的奖励是3，李四所得到的奖励是1，二者的比例是3比1，亦即张三得到的奖励是李四的3倍；那么，张三所做的善事也应该是李四的3倍，从而二者做的善事的比例也是3比1：这种符合比例平等的奖励显然能够有效增强李四和张三多行善事的道德欲望。否则，即使有德行善者都得到了奖励，但是，如果行善事多者得到的少，而行善事少者却得到的多，那就违背了"比例平等"之正义原则，因而是不正义的，不可能有效增强每个人多行善事的道德欲望。因此，"比例平等"乃是奖惩之为增强受教育者道德感情有效方法的基本原则。

　　然而，真正讲来，奖惩使美德与福利以及恶德与祸害相联系，不仅是一种主观人为的道德教育方法，而且是一种统计性客观规律。因为"德福一致律"表明：有德必有福从而德福一致而成正相关变化，是个统计性规律。换言之，一个人就其行为总和来讲，有德便有福、德福一致而成正相关变化的次数，必定多于有德却无福、德福背离而成负相关变化的次数。说到底，有德便有福、德福一致是常规，是恒久的；而有德却无福、德福背离是例外，是偶尔的：德福必定大体一致。只不过，社会的政治越清明，人们的德福一致程度便越高，便越接近德福完全一致，以致每个人越有德便越有福，越无德便越无福：社会的政治越腐败，人们的德福一致程度便越低，便越接近德福背离，以致一个人越有德却可能越无福，而越无德却可能越有福。奖惩作为道德教育方法，只不过在于最大限度增进德福一致的程度，从而力求使之接近完全一致罢了。

　　可是，义务论和利他主义却认为，奖惩只能使受教育者做出合法的行为而不能做出道德的行为，因而不可以作为道德教育方法。因为这种方法使受教育者为了得到奖赏、福利而遵守道德和欲求美德；而为了得到奖赏和利己才遵守道德和欲求美德的行为，并不具有道德价值，而只具有功利价值或合法价值。新儒家冯友兰便这样写道："凡求自己的利的行为，不能有道德价值。"[1]康德亦如是说：

"谋求幸福的欲望是德性准则的推动原因……是绝对不可能的，因为把意志的动机置在个人幸福要求中的那些准则，完全是不道德的，因而也不可能作为任何德性的基础。"[2]

这种观点不能成立。因为奖惩使受教育者"有德行善便有福，而缺德作恶便有祸"，完全符合等利交换与等害交换的正义原则，因而是正义的、道德的、应该的、善的：谁能否定正义是一种道德善呢？

更何况，奖惩的直接作用是使受教育者为了得到奖赏而遵守道德和欲求美德，是为了利己而求美德，使受教育者形成的是以美德为手段的道德需要。但是，每个人为美德而求美德的"以美德为目的"的道德需要，只能源于为利己而求美德的"以美德为手段"的道德需要。因此，受教育者为美德而求美德的道德需要，只能源于为利己而求美德的道德需要，说到底，只能源于社会和人们因他品德的好坏所给予他的赏罚：奖惩是使受教育者达到为美德而求美德的崇高道德境界之唯一途径和方法。因此，义务论和利他主义否定奖惩之为道德教育方法，否定为利己而求美德，也就不可能达到为美德而求美德了。断其源而求其流：这正是倡导"为美德求美德"却否定"为利己求美德"的义务论和利他主义之偏狭荒诞之处。

综上可知，正义的奖惩——亦即遵循比例平等原则的奖惩——是每个人做一个有美德的人（君子、仁人乃至圣人）的道德需要、道德欲望及其良心形成发展的根本的源泉和动力，因而是形成和增强受教育者做一个有美德的人——君子、仁人乃至圣人——的道德需要、道德欲望及其良心的道德教育方法，是使道德由社会外在规范成为受教育者自身内

---

① 冯友兰：《三松堂全集》第四卷，河南人民出版社，1986年，第608页。
② 康德：《实践理性批判》，关文运译，商务印书馆，1960年，第116页。

在需要、欲望和良心的教育方法，说到底，是陶冶受教育者个人道德感情的道德教育方法。

因此，正义的奖惩与优良的言教——使受教育者树立做一个内化优良道德的君子、仁人乃至圣人之道德信念的方法——结合起来，便可以使受教育者想做、愿做、欲做一个内化优良道德有美德的人，一个内化优良道德的君子、仁人乃至圣人。不过，优良的言教和正义的奖惩之结合，充其量，只能使受教育者愿做一个内化优良道德的君子、仁人乃至圣人；却不能保证受教育者实行道德从而实际成为内化优良道德的君子、仁人乃至圣人，不能使受教育者将成为内化优良道德的君子、仁人乃至的道德愿望、道德理想付诸行动。保证受教育者实行道德从而实际成为一个有美德的人的道德教育方法是身教。

4 身教：形成个人道德意志的道德教育方法

言教与奖惩结合起来，固然可以使受教育者知道为什么应该做和衷心欲求做一个遵守道德有美德的人；却不足以使受教育者实际遵守道德从而实际成为一个遵守道德有美德的人，不足以使受教育者将成为一个有美德的人的道德愿望付诸行动。诚然，如果受教育者同时并没有其他的感情和欲望与其冲突，那么，他一旦欲求做一个遵守道德有美德的人，就一定会将这种欲求付诸行动，实际遵守道德。然而，任何人都不可能孤零零地只有"欲求做一个遵守道德有美德的人"之一种感情和欲望；而必定同时具有多种欲望和感情。

这样一来，言教和奖惩使他有了欲求做一个遵守道德有美德的人，他一定想做、愿做、欲做遵守道德从而成为一个有美德的人的行为；可是，他的其他的欲望和感情同样要求满足与实现，因而他必定同时又想做、愿做、欲做其他行为。于是，便必定会发生动机冲突：他往往既想见义勇为，又贪生怕死；既想正义廉明，又想八面玲珑。因此，受教育者如果有了欲求做一个遵守道德有美德的人的道德感情，那么，只有当他的这种道德感情达到一定的强度，能够克服与其冲突的其他感情从而处于决定的和支配的地位，他才会将遵守道德从而成为一个有美德的人的道德愿望付诸行动；否则，他便徒有这种道德感情而绝不会引发相应的实际行为。那么，教育者究竟怎样才能使受教育者欲求做一个遵守道德有美德的人的道德感情强大到能够克服与之冲突的其他感情，从而引发相应的遵守道德的实际行为呢？教育者究竟怎样才能使受教育者长年累月实际遵守道德呢？

方法和途径，真正讲来，只有一个，那就是教育者本人率先遵守道德，亦即实施所谓身教——身教就是教育者通过自己躬行道德而使受教育者实行道德的道德教育方法——因为"正人先正己"，"己不正焉能正人"？"未闻枉己而能正人者也"！① 对于这个道理，袁采更有鞭辟入里之发挥：

"勉人为善，谏人为恶，固是美事，先须自省。若我之平昔自不能为人，岂惟人不见听，亦反为人所薄。且如己之立朝可称，乃可诲人以立朝之方；己之临政有效，乃可诲人以临政之术；己之才学为人所尊，乃可诲人以进修之要；己之性行为人所重，乃可诲人以操履之译；己能身致富厚，乃可诲人以治家之法；己能处父母之侧而谐和无间，乃可诲人以至孝之行。苟不然，岂不反为所笑？"②

但是，细究起来，身教之为使受教育者实行道德的道德教育方法之真谛，说到底，乃在于道德之最深刻的本性：必要恶。道德与瓜果不同。瓜果是一种纯粹的善，对于瓜果来说，一个人只要知道它好吃，并且想吃它，那么，即使别人不吃它，自己也会吃它。可是，道德并不是纯粹的善，而是一种必要恶，是社会制定或认可的关于每个人的行为应该如

---

① 《孟子·万章上》。
② 袁采：《袁氏世范·处己》。

何的社会契约，是对每个人的行为的一种规范、限制、约束，是对每个人的某些自由和欲望的一种压抑、阻遏、侵犯。这样，对于道德来说，一个人虽然知道自己应该遵守，并且也确实愿意遵守，但是，如果别人都不遵守，那么，自己也就不会遵守了；否则，自己岂不枉受束缚？任何契约的每一位缔结者岂不都是如此？岂不都是如果自己遵守契约，则必定要求他人也遵守契约？如果他人不遵守，自己岂不枉受束缚而毫无意义？

　　教育者与受教育者之间是否实际遵守道德契约的关系，岂不更加如此？教育者通过言教和奖惩，使受教育者知道应该遵守道德、并且愿意遵守道德。但是，究竟怎样才能使受教育者的这种道德欲望强大到能够克服其他欲望，从而引发遵守道德的实际行为呢？如果教育者不仅言教和奖惩，而且还身教，不但要求受教育者实行道德，而且自己率先躬行道德。那么，受教育者便会与教育者发生情感共鸣，便会认为教育者诚实正义、言行一致：让别人做的事自己首先做。这样一来，受教育者欲求做一个遵守道德有美德的人的道德欲望和感情便会得到加强，因而能够克服与之冲突的其他感情和欲望，从而引发遵守道德的实际行为，乃至长年累月自觉自愿地实行道德而成为一个有美德的人。

　　相反地，如果教育者仅仅言教和奖惩而不能做到身教，只要求受教育者实行道德而自己却并不实行道德，那么，受教育者便会产生反感，认为教育者言行不一、虚伪、欺骗和不正义：把自己不愿做的事让别人做。这样一来，受教育者欲求做一个遵守道德有美德的人的道德欲望和感情便会减弱萎缩，因而不能够克服与之冲突的其他感情和欲望，从而也就不会引发遵守道德的实际行为。诚然，他迫于教育者的奖罚而能够偶尔实行道德，那当然只是做样子给教育者看，而绝非其自觉自愿；因而只要教育者看不到，他必定溜之大吉，极力逃避实行道德。于是，他不会长年累月实行道德，从而也就不会成为一个有美德的人。

　　这个道理，不但是人人都有的体验，而且已为现代社会学家的实验证实。米斯切尔等1966年做了如下实验：让儿童们做小型滚木球游戏。做法是让儿童按一定的规则将木球投入球门，投中者得分，而得20分以上就可得奖。如果遵守规则，得奖的机会很少；如果偷偷违反规则就可把球投中，因而得分得奖。每个游戏者都有一个严格遵守规则和不守规则而用骗人方法得分的可能性。在实验开始阶段，儿童与成人一起玩。把儿童分为两组：第一组，成人不仅通过言教告诉儿童守规则，而且身教，以身作则、言行一致；第二组，成人仅仅言教却不能身教，仅仅告诉儿童守规则，自己却不守规则，言行不一。那么，成人之身教与否对儿童行为有何影响呢？于是实验者又设计了第二个实验，让儿童独自玩此游戏，研究者可通过观察孔看到儿童行动。结果发现第一组儿童得奖的次数很少，只占百分之一左右，说明大多数儿童深受成人以身作则之身教的影响因而是严守规则的；第二组儿童得奖次数达到百分之五十以上，说明他们深受成人不以身作则之身教的影响，因而一旦离开成人便会不守规则。

可见，就道德的实行来说，身教重于言教："其身正，不令而行，其身不正，虽令不行。"[①] 身教是——言教则不是——引导受教育者实行道德的道德教育方法，因而也就是引导受教育者确定道德行为动机、执行道德行为动机的道德教育方法，也就是锻炼受教育者道德意志的道德教育方法。对此，教育家李禺曾有十分深刻而生动的阐述：

"言教固所以教其行，然不若身教之得于观感者尤深。夫子而后，若曾子之于公明宣，亦其次也。公明宣及曾子之间，见曾子居庭亲在，叱咤之声，未尝至于犬马，说之而学。见曾子之应实客，恭俭而不懈惰，说之而学。见曾子之居朝廷，严临下而不毁伤，说之而学。故不言之教，不从耳人，而从心受，根于心，斯见于行矣。"[②] 一言以蔽之曰："以身教

---

① 《论语·子路》。
② 李禺：《四书反身录·卷二·上论语》。

者从，以言教者讼。"①

　　然而，人们却往往像福泽谕吉那样，由此竟至断言："德育贵在身教不在言教"。②这是极其片面的偏狭之见。因为言教是提高受教育者个人道德认识的方法；奖惩是形成受教育者遵守道德的个人道德欲望的方法；身教则是引导受教育者将道德认识和道德欲望付诸实行的方法。于是，只有就道德的实行或确定和执行道德行为动机来说，言教不如身教，身教贵于言教；而就提高道德认识、道德智慧以及确证和传授优良道德来说，身教则不如言教，言教则贵于身教。尺有所短，寸有所长：此之谓也！

　　但是，无论从哪方面看，身教无疑都难于言教；甚至在所有的道德教育方法中，身教都是教育者最难做到的。这固然因为任何事情都是说起来容易做起来难，都是教别人做容易而自己做难；但是，为何那些大智大勇品德高尚的教育者也往往是止于言教和奖惩而不能做到身教？细究起来，可以发现其最为根本的原因乃在于，他们所信奉的道德是恶劣的、违背人性的、是任何人都不可能做到的，因而也就是他们只能说教而自己绝不可能做到的。

　　就拿义务论和利他主义道德教育者——儒家、康德和基督教伦理学家——来说。按照他们的道德说教，为自己就是不道德的，就是盗贼之徒，就是小人；而只有为别人才是道德的，才是尧舜之徒，才是君子："君子喻于义，小人喻于利"。因此，他们要求受教育者应该恒久为他人乃至永久而近乎完全为他人。那么，他们自己能够做到这种道德要求吗？试问，孔子、孟子、二程、朱熹和那些振振有词的当代新儒家们能够做到恒久仁爱无私乃至永久而近乎完全仁爱无私吗？绝不可能做到：他们注定只能如此言教而绝不可能做到身教。因为这种道德要求违背了

①　《后汉书·卷四十一·钟离宋寒列传》。
②　《福泽谕吉教育论著选》，王桂主译，人民教育出版社，1991年，第95页。

"爱有差等"之人性定律：

爱是自我对其快乐和利益之因的心理反应，是对给予自己利益和快乐的东西的心理反应。因此，谁给我的利益和快乐较少，我对谁的爱必较少，我必较少地为了谁谋利益；谁给我的利益和快乐较多，我对谁的爱必较多，我必较多地为了谁谋利益。于是，说到底，我对我自己的爱必最多，我为了我自己谋利益必最多，亦即自爱必多于爱人、为己必多于为人，说到底，每个人必定恒久为自己，而只能偶尔为他人：恒久者，多数之谓也，超过一半之谓也；偶尔者，少数之谓也，不及一半之谓也。

这就是"爱有差等"之人性定律。儒家、康德和基督教的道德要求——恒久仁爱无私乃至永久而近乎完全仁爱无私——显然违背了这一人性定律，因而是任何人无论经过怎样的努力都不可能做到的，当然他们自己也是不可能做到的：这就是他们只能言教而不可能做到身教的根本原因。

与这一人性定律——每个人必定恒久为自己而只能偶尔为他人——相符的优良道德教育，无疑应该将"无私利他"奉为最高且偶尔道德原则，用以引导每个人的偶尔行为；将"为己利他"奉为基本且恒久道德原则，用以引导每个人的恒久行为：这就是所谓"功利主义"和"己他两利主义"道德。道德教育者如果信奉这种道德，显然便不但能够言教而且能够身教。因为这种道德符合人性，是每个人都能够做到的。试想，即使是芸芸众生，要做到恒久为己利他和偶尔无私利他，岂不也是很容易的吗？一个人，只要是个好人，岂不很容易就能够做到为己利他吗？只要他爱他的父母妻子亲朋故友，岂不很容易就能够做到偶尔为这些他所爱的人谋利益的无私行为吗？

可见，教育者所信奉的道德符合人性与否，乃是身教能否实现的最根本的必要条件：教育者所信奉的道德如果是恶劣的、违背人性的、是任何人都不可能做到的，当然也就是他们自己不可能做到的，他们也就只能做到言教而不可能做到身教；教育者所信奉的道德如果是优良的、符合人性的、是任何人都能够做到的，当然也就是他们自己能够做到的，他们也就既能够做到言教又能够做到身教。于是，教育者所信奉的道德之优劣或人性化问题，乃是身教所当解决的首要问题。

综上可知，优良的言教使受教育者知道为什么应该做一个遵守优良道德有美德的人，却不足以使受教育者真正欲求做一个遵守优良道德有美德的人；正义的奖惩使受教育者真正欲求做一个遵守优良道德有美德的人，却不足以使受教育者实际遵守优良道德从而实际成为一个遵守优良道德有美德的人；人性的身教则可以使受教育者将成为一个有美德的人的道德愿望付诸行动，从而实际成为一个遵守优良道德有美德的人。因此，优良的言教、正义的奖惩和人性的身教结合起来，便可以使受教育者实际成为一个遵守优良道德有美德的人，一个内化优良道德的君子、仁人乃至圣人。这个道理，古人已有所见：

"圣人先之以躬行、浸之以口语、示之以好恶、激之以赏罚，日积月累，耐意精心，但尽熏陶之功，不计俄顷之效，然后民知善之当为、恶之可耻、默化潜移，而服从乎圣人。"①

不过，优良的言教、正义的奖惩和人性的身教结合起来，虽可以使受教育者实际成为内化优良道德的君子、仁人乃至圣人，但是，这些教育方法却都是片面的，不能给受教育者以完整的影响。完整的道德教育方法，是完整的人："人只能用人来建树。"② 这种以人教人的方法便叫榜样。

5 榜样：培养个人道德认识、道德感情和道德意志的综合道德教育方法

榜样作为道德教育方法，如所周知，就是教育者引导受教育者模仿某些品德高尚者，从而逐渐使受教育者的品德与其所模仿者的品德接近、

---

① 吕坤:《呻吟语·治道》。
② 苏霍姆林斯基语，转引自崔相录:《德育新探》，光明日报出版社，1987年，第132页。

相似乃至相同。所以，模仿能力之有无乃是榜样作为道德教育方法是否有效的前提条件：如果模仿并非人性，并非人所固有的能力，那么，榜样作为培养人的道德教育方法当然是无效的；只有模仿是人性，是人所固有的能力，榜样作为培养人的道德教育方法才是有效的。于是，榜样作为道德教育方法的首要问题就是：模仿究竟是不是人性？是不是每个人生而固有的普遍本性？

　　对于这一问题，正如巴克所言，社会心理学家一直争论不已："有的研究人员如加布利埃尔·塔尔特（1903年）的理论认为模仿性的行为是先天性的，是我们生物特征的一部分。后来，N.E.米莱和J.道拉德（1941年）、阿尔伯特·班杜拉（1969年）以及其他研究人员提出的假设代替了这种观点。新假设认为，模仿性行为，和人类的许多其他行为一样，是习得的。"[①]

　　诚然，模仿性的行为，如牙牙学语、学歌学舞等，并非先天固有而是后天习得的。但是，模仿（亦即模仿本身或模仿能力）无疑是先天固有、不学而能的，是每个人与生俱来、生而固有的普遍本性。试想，谁人会没有模仿能力呢？如果他没有模仿能力，他怎么可能有语言能力和语言？如果他没有语言能力和语言，他还是人吗？毫无意义，模仿乃是每个人所固有的最深刻的人性之一。但是，模仿仅仅是模仿道德榜样的前提条件：模仿是人的本性并不足以使他必定会模仿道德榜样。那么，人们究竟为什么必定会模仿道德榜样呢？

　　原来，如所周知，人是个道德动物，每个人或多或少必定都有遵守道德规范从而做一个好人的道德需要、道德欲望和道德愿望。这些道德需要、道德欲望和道德愿望经过言教、奖惩和身教等道德教育方法便会逐渐强大而终成道德理想：道德理想岂不就是远大的道德愿望？岂不就

①　克特·W.巴克:《社会心理学》，南开大学社会学系译，南开大学出版社，1984年，第177页。

是必经奋斗在较远的未来才能实现的远大道德愿望？道德需要、道德欲望、道德愿望和道德理想，无疑与其他需要、欲望、愿望和理想一样，乃是引发相应行为的动力。那么，一个人做一个好人的道德理想将引发怎样的行为呢？换言之，一个人怎样才能实现他做一个好人的道德理想呢？最佳的——甚至是唯一的——途径，就是模仿道德榜样。

因为道德理想如果是抽象的、笼统的、模糊的和非现实的，显然无法实现。问题的关键在于，言教、奖惩和身教使受教育者形成的，恰恰只是抽象的、笼统的、模糊的和非现实的道德理想；只有榜样——当其成为受教育者的道德理想或理想人格的时候——才能使这种道德理想现实化、具体化和明确化。试想，每个人做一个好人的道德理想，岂不只有通过模仿榜样从而转换为做一个像岳飞、文天祥和雷锋式的人，才能现实化、具体化和明确化吗？否则，如果没有任何道德榜样，做一个好人的道德理想岂不只能是抽象的、笼统的、模糊的和非现实的吗？它怎么可能现实化、具体化和明确化呢？

因此，道德榜样就是受教育者做一个好人的道德理想之现实化、具体化和明确化的模型；模仿道德榜样就是受教育者现实化、具体化和明确化自己的道德理想的唯一途径，因而也就是他实现自己的道德理想的唯一途径：当他通过模仿道德榜样而终于成为像道德榜样一样的人的时候，岂不就实现了自己的道德理想？所以，一个人的品德固然可以超过他所模仿的道德榜样，甚至成为更加伟大和独特的道德英雄，但是，模仿和学习乃是创造和独创的基础：模仿道德榜样乃是他之所以超过他所模仿的道德榜样的基础。这就是为什么受教育者必定会模仿教育者所树立的道德榜样的缘故：模仿榜样是受教育者实现自己道德理想的必由之路。

可见，人的模仿本性及其做一个好人的道德理想，乃是榜样之为道德教育方法的前提和依据：榜样就是教育者引导受教育者模仿某些高尚者品德从而使受教育者的道德理想得到实现的道德教育方法。显然，榜样作为道德教育方法，与言教、奖惩、身教皆有所不同：

一方面，榜样是一种全面的道德教育方法。因为言教、奖惩和身教所培养和提高的只是受教育者品德的某一种因素——或者是道德认识或者是道德感情或者是道德意志——因而皆为片面的道德教育方法。相反地，榜样所培养和提高的则是受教育者品德的全部因素。因为正如沛西·能所指出，此乃模仿本性使然："模仿趋势表现在行动、情感和思想三个方面。意识生活的这些因素是那么密切地相互结合在一起，以致在一个方面开始的模仿，通常会扩散到其他方面。所以，在女孩子中间，对一个被崇拜的女教师的模仿，可能开始是仿效她的笔迹、她的口吻和她的头饰，结果往往全盘地采取她的情操和意见。"[①] 所以，榜样是教育者引导受教育者模仿和学习某些高尚者品德各种因素的全面道德教育方法，是教育者引导受教育者模仿和学习某些品德高尚者的道德认识、道德感情和道德意志的综合道德教育方法。

另一方面，榜样是最具感染力的道德教育方法。因为不言而喻，言教、身教和奖惩的教育未必是具体的、感性的、直观的、形象的和生动的；反之，榜样的教育则必定是具体的、感性的、直观的、形象的和生动的：具体的、感性的、直观的、形象的和生动的教育岂不更具感染力？岂不更能够陶冶、增强和提高受教育者的道德感情、道德意志和道德认识？试想，有什么道德教育方法能够比文天祥为国为民而放弃荣华富贵直至牺牲性命的鲜活榜样更具感染力？他的一句"人生自古谁无死，留取丹心照汗青"岂不比万卷德育学更具实效和力量？这恐怕就是为什么说"榜样的力量是无穷"的缘故。

合而言之，榜样乃是一种最富感染力的陶冶、增强和提高受教育者道德感情、道德意志和道德认识的全面的道德教育方法。这种道德教育方法对于品德培养的重要意义，曾被苏霍姆林斯基概括为一句名言："人

---

① 沛西·能：《教育原理》，王承绪等译，人民教育出版社，1964年，第167页。

只能用人来建树"；因为"只有人格才能影响到人格的发展和规定"①。但是，正如沛西·能所指出，并非任何榜样对于受教育者的品德培养都同样具有如此重要和巨大的效用："任何强迫模仿的企图，都会引起抵制或冷淡的态度，使它不能达到目的——这一事实，可以说明很多使年轻人崇拜文学、艺术和道德行为上优秀范例的用意很好的努力，所以会遭到失败。"②那么，成功的或正确的、优良的和科学的榜样究竟应该是怎样的？

正确的、优良的和科学的榜样，诚如曾钊新所言，必须以真实为基础："值得我们仰慕和追求的范例，必须以真实性为基础。"③确实，真实性是正确的、优良的和科学的道德榜样的最为根本的必要条件：凡是正确的、优良的科学的道德榜样必定都是真实的；凡是虚假的道德榜样必定都是恶劣的、不正确和不科学的。然而，我们究竟怎样才能确定道德榜样的真实与虚假？道德榜样真假的衡量标准，说到底，无疑是人性：真实的道德榜样必定符合人性；违背人性的道德榜样必定虚假。

就拿我们多年来所倡导和认可的道德榜样来说：这些道德榜样虽然不胜枚举，却无不是"恒久无私利他乃至永久而近乎完全无私利他"的人，因而无不是违背人性的假榜样。因为按照"爱有差等"之人性定律，爱是自我对其快乐和利益之因的心理反应，是对给予自己利益和快乐的东西的心理反应。因此，谁给我的利益和快乐较少，我对谁的爱必较少，我必较少地为了谁谋利益；谁给我的利益和快乐较多，我对谁的爱必较多，我必较多地为了谁谋利益。于是，说到底，我对我自己的爱必最多，我为了我自己谋利益必最多，亦即自爱必多于爱人、为己必多于为人，说到底，每个人必定恒久为自己，而只能偶尔为他人：恒久者，多数之谓也，超过一半之谓也；偶尔者，少数之谓也，不及一半之谓也。

①　苏霍姆林斯基语，转引自崔相录：《德育新探》，光明日报出版社，1987年，第132页。
②　沛西·能：《教育原理》，王承绪等译，人民教育出版社，1964年，第167页。
③　曾钊新：《道德心理学》，中南大学出版社，1990年，第154页。

然而，我们所倡导和认可的一个又一个道德榜样，竟然都是"恒久无私利他乃至永久而近乎完全无私利他"的人！岂不背离了"爱有差等"之人性定律？因而岂不只能二者择一：或者不是人，或者是欺世盗名的假榜样？显然，任何道德榜样，不论是今日的雷锋王杰董存瑞，还是古代的颜回尧舜禹，只有符合"爱有差等"人性定律才可能是真实的和优良的道德榜样：符合人性从而是人而不是神，乃是真实和优良道德榜样的根本特征。因此，真实和优良榜样的无私利他行为，就其行为总和来说，也只可能是偶尔的；只不过他的无私利他的行为毕竟远远多于常人，以致使无私利他的道德规范内化为自己的人格罢了。那么，真实的和优良的道德榜样是否必定具有无私利他的人格？

答案是否定的。因为所谓榜样或道德榜样，原本是应该被模仿和学习的对象，亦即应该被模仿和学习的品德高尚的人，说到底，亦即达到了品德培养目标的人。优良的、正确的和科学的品德培养目标，如前所述，可以归结为君子、仁人和圣人：君子是品德培养的基本目标；仁人是品德培养最高目标；圣人是品德培养终极目标。于是，相应地，优良的、正确的和科学的道德榜样便分为三类：君子境界的道德榜样是基本道德榜样；仁人境界的道德榜样是最高道德榜样；圣人境界的道德榜样是终极道德榜样。那么，这是否意味着，一个人只要是君子、仁人或圣人，他就应该被奉为道德榜样？这是否意味着，道德榜样的重要程度与其境界的高低成正比例关系？

毫无意义，任何人只要是仁人或圣人，就应该被奉为道德榜样。因为二者都是极难达到的、极为罕见的：仁人是长期遵守"无私利他"之至善原则从而使之内化为自己的人格和个性的人，显然是很难达到的；圣人则是长期遵守所有道德规范而使之内化为自己的人格的人，是几乎具有全部美德的人，是道德完人，就更难于达到了。但是，一个人成为君子，却未必应该被奉为道德榜样。因为所谓君子，科学地看，就是善人、好人、合乎道德的人：他可以是最善最好最道德的人，因而可以是具有无私利他人格的人；而不必是最善最好最道德的人，不必是具有无私利他人格的人。一个人的行为不论如何自私利己而罕见无私利他，不论他的行为目的是如何为自己，但是，只要他不损人，只要他是为己利他而不是损人利己，那么，他就是一个合乎道德的人，他就是一个君子而不是小人。即使他损人，即使他损人利己，只要这些不道德的行为还没有使他形成和具有损人利己的品德或人格，那么，他就仍然是君子而不是小人。只有当他损人利己的行为越来越多而终于使他形成和具有了损人利己的品德或人格时，他才是小人而不是君子了。因此，君子之为君子的独特人格是"为己利他"，因而是不难达到的：任何社会的多数人实际上都堪称君子。这样一来，君子显然不都应该被奉为道德榜样。

然而，由此绝不能说：只有仁人和圣人才应该被奉为道德榜样，而君子——亦即不是仁人和圣人的君子——则都不应该被奉为道德榜样。因为存在一些与仁人和圣人同样难能可贵值得模仿的君子：这就是那些为社会和他人做出了巨大贡献的君子，亦即各行各业的名家、大家、出类拔萃者，如苏格拉底、柏拉图、亚里士多德、老子、庄子、韩非子、莎士比亚、曹雪芹、托尔斯泰、普希金、贝多芬、莫扎特、爱因斯坦、牛顿、罗蒙诺索夫、歌德、雪莱、李时珍等。这些人的道德人格固然是为己利他而不是无私利他，因而远远低于颜回和雷锋等无私利他的道德榜样。但是，这些人难道不应该成为每个人模仿的道德榜样吗？难道每个人不应该模仿这些人努力奋斗、成名成家、实现自己的创造性潜能，从而极大地造福社会和他人吗？

答案是肯定的。因为道德的终极目的和标准，如前所述，就是增进全社会和每个人利益总量。所以，无论什么人，只要他给社会和每个人带来最大的利益，他就最大限度地符合道德的终极目的和标准，他就是一个具有最大道德价值（而未必是最高道德价值）的人：他岂不就是最应该被模仿的道德榜样？他岂不就是社会最需要的道德榜样？确实，任何社会最需要的，岂不就是每个人都最大限度地实现自己的创造性潜能？每个人的创造性潜能得到最大限度实现的社会，岂不就是最为繁荣富强的社会？岂不就是全社会和每个人的最大利益之所在？

于是，道德的终极目的和标准是增进全社会和每个人利益总量，决定了任何社会最应该模仿的道德榜样，只能是那些给社会和每个人带来最大利益的人，只能是那些努力奋斗、成名成家、充分实现自己的创造性潜能从而极大地造福社会的人，说到底，只能是那些品德并不异常崇高的牛顿们、爱因斯坦们、罗蒙诺索夫们、亚里士多德们、曹雪芹们、贝多芬们！这些人固然远不是仁人境界的道德榜样，更不是圣人境界的道德榜样，而是君子境界的道德榜样——我们不如干脆将这种君子境界的道德榜样称之为"名家境界"的道德榜样——但他们却因给社会和每个人带来最大利益而具有最大道德价值，从而是最主要、最重要和最真实的道德榜样，是全社会和每个人最需要的道德榜样。

可见，道德榜样的重要程度原本与其道德价值的大小——而不是道德境界的高低——成正比例关系。因为仁人境界的道德榜样处于最高道德境界，圣人境界的道德榜样居于终极道德境界，二者皆非主要的道德榜样；主要的道德榜样却是居于基本和最低境界的道德榜样，亦即君子境界或名家境界的道德榜样。名家或君子境界的道德榜样不但是最主要的道德榜样，而且是最真实的道德榜样。因为名家之为名家，必定都是真实的：谁会怀疑牛顿们、贝多芬们是假榜样？反之，仁人和圣人境界的道德榜样，却是无私利他的榜样，因而极可能是虚假的：怎么可能确定这些人的动机一定是无私利他而不是为己利他呢？

名家境界的道德榜样不但是最主要、最真实而且是最有效的。因为模仿和学习名家境界的道德榜样，说到底，就是实现自己的创造性潜能，从而成为像名家那样的人。试问，谁不渴望实现自己的创造性潜能？谁不想成为一个名家、一个牛顿、一个曹雪芹、一个贝多芬？所以，名家境界的道德榜样不但是社会最需要的，也是每个受教育者最想模仿和学习的，因而是最有效的道德榜样。反之，仁人和圣人境界的道德榜样却难有成效。他们固然能够激起人们的道德热忱，却难以持久，难以成为受教育者持久的渴望。试想，谁能持久渴望成为一个无私利他自我牺牲的仁人和圣人？谁能持久渴望成为伯夷叔齐而饿死在首阳山上？谁能持久渴望成为堵枪眼的黄继光和托炸药包的董存瑞？

　　诚然，客观地看，成为一个像名家境界道德榜样的人，比成为一个像仁人和圣人境界道德榜样的人，难得多。因为不言而喻，成为后者只要自己努力就足够了；而成为前者除了努力还需要天资和机遇。试想，没有足够的天资，不论如何努力，都不可能成为一个牛顿；但任何人，不论天资如何，只要自己努力，岂不都可以成为伯夷叔齐董存瑞和黄继光？然而，主观地看，恰恰相反：人们持久渴望成为的主要是名家而不是仁人和圣人。于是，主客观结合起来，不论哪一种类型的道德榜样便都是难以学成的。虽然都难以学成，但只要不断地学习和模仿，榜样作为一种道德教育方法的目标就算达到了。因为，一方面，榜样道德教育的目标，并不是要每个人都成为名家，而是要每个人通过模仿名家而充分实现自己的创造性潜能，从而成为一个可能成为的最有价值的人；另一方面，榜样道德教育的目标，并不是要每个人都成为仁人和圣人，而是要每个人通过模仿仁人和圣人，实现自己做一个好人——君子、仁人乃至圣人——的道德需要和道德理想，成为一个可能成为的最高尚的人。

＊　　＊　　＊

　　总观道德教育方法，可以得出结论说：优良的言教使受教育者知道为什么应该做和究竟如何做一个遵守优良道德有美德的人，因而是提高受教育者个人道德认识的道德教育方法；正义的奖惩使受教育者真正欲求做一个遵守优良道德有美德的人，因而是陶冶受教育者个人道德感情的道德教育方法；人性的身教使受教育者将成为一个有美德的人的道德愿望付诸行动，从而实际成为一个遵守优良道德有美德的人，因而是锻炼受教育者个人道德意志的道德教育方法；真实的榜样引导受教育者模仿那些品德高尚者的具体的、感性的、直观的、形象的和生动的个人道德认识、道德感情和道德意志，逐渐使受教育者的品德与榜样的品德接近、相似乃至相同，因而是培养受教育者品德各种因素的全面的道德教育方法。因此，道德教育方法从培养受教育者品德某一种因素的言教、奖惩和身教到培养受教育者品德全部因素的榜样之研究，实乃从片面到全面和从分析到综合，因而便走完了自己行程，便完成了教育者对被教育者的品德培养，亦即完成了人与人相互间的、外在的个体品德培养。那么，相反地，每个人自己对自己的品德培养方法——亦即所谓道德修养方法或个体品德培养的内在方法——究竟是怎样的呢？

四　道德修养：国民个体品德培养内在方法

1 学习：提高个人道德认识和形成品德所有因素的道德修养方法

学习，正如鲍尔和希尔加德所言，是一个很难定义的概念："要提供一个足以包括一切不同的学习形式，将行为发生变化的其他原因排除在外的学习定义，这是不容易的。"[①] 但是，毋庸置疑，学习的最邻近的类概念是反应：学习是有机体所获得的一种对于内外刺激的反应活动。所以，桑代克说："学习只不过在于获得新反应……我们视学习为反应之获得。"[②] 而所谓反应，如所周知，亦即一事物在他事物作用下所发生的变化，是对他事物的作用和属性的回答或表现：反应属于变化范畴。因此，几乎所有心理学家都用"变化"来界定学习："所谓学习，简要而概括讲

① G. H. 鲍尔、E. R. 希尔加德：《学习论——学习活动的规律探索》，邵瑞珍译，上海教育出版社，1987年，第27页。

② Edward L. Thorndike: *Human Learning*, New York, London: The Century Co., 1931, p. 5.

来，就是生物因经验而发生的反应之变化。"①那么，学习究竟是有机体的一种怎样的反应或变化呢？是有机体受意识支配的反应活动："低等生物的经验发生变化可以没有意识之伴随，但意识却是所有更为高等的学习的不可缺少因素，因而企图仅仅用身体的与生理的术语来说明学习是完全不适当的。"②

有机体受意识支配的反应活动，如前所述，亦即所谓行为：行为就是有机体受意识支配的实际活动；意识或心理——知情意——是行为的内在因素，属于行为范畴。因此，学习就是一种行为变化或行为反应，就是知、情、意、行之变化或反应。对于这一点，桑代克曾有十分透辟的论述："人类的学习由人类的本性和行为的变化构成。本性的变化只有通过行为变化而为我们所知。这里和此后所谓的行为，是指人类所做的任何事情，包括思想和感情。"③然而，正如达尔文所指出，本能也属于行为范畴，也是有机体受意识支配的反应活动："我不打算给本能下任何定义。不难看出，若干不同的精神活动通常都被包括在这个术语之内。但是，当人们说本能促使杜鹃迁徙并且把蛋下在别种鸟的鸟巢里，谁都知道这是什么意思。"④

更确切些说，本能是有机体先天固有而又受意识支配的反应活动。于是——学习与本能无疑恰恰相反——学习显然就是一种后天获得的行为反应或行为变化，是有机体后天获得的反应活动。这就是为什么几乎所有学习的定义都强调学习是经验或练习之结果的缘故："学习是有机体因经验而发生的一种变化。"⑤"学习是指一个主体在某个规定情境中的重

---

① Stephen Sheldon Colvin: *The Learning Process*, New York: Macmillan Publishing Company, 1911, p. 1.

② Ibid., p. 3.

③ Edward L. Thorndike: *Human Learning*, New York, London: The Century Co., 1931, p. 2.

④ Charles Darwin: *The Origin of Species*, London: John Murray, 1900, p. 319.

⑤ Douglas L. Hintzman: *The Psychology of Learning and Memory*, San Francisco: W. H. Freeman, 1978, p. 1.

复经验引起的对那个情境的行为或行为潜能的变化。"① 那么，是否有机体后天获得的一切行为反应活动都是学习吗？

否。因为正如道格拉斯·L.欣茨曼所指出，学习与个性的形成有关："所谓个性，如所周知，受经验的强烈影响。男孩和女孩通过仿效同性的成人而塑造其个性。在某种程度上，一个人不论是暴躁的还是平和的、焦虑的还是自信的、合群的还是孤僻的、沉稳的还是冲动的、狡诈的还是坦率的，都是学习的结果。"② 确实，有机体后天获得的行为只有在其能够形成个性或人格——特别是能力——的条件下，才是学习；而不能够形成能力、个性或人格的后天获得的行为并不是学习。

试想，一个人胡乱出拳和另一个人打太极拳同样是后天获得的行为，但前者并非学习而只有后者才是学习：岂不就是因为后者能够——而前者却不能——形成能力和个性？一个人借书和偷书同样是后天获得的行为，但前者并非学习而只有后者才是学习：岂不就是因为后者能够造就偷盗的能力和个性，而借书却不能造就什么能力和个性？一个人因疲劳、醉酒、疾病和药物而产生的行为变化无疑是后天获得的，却为什么不是学习？岂不就是因为疲劳、醉酒、疾病和药物并不能形成能力和个性？因此，学习是能够形成能力、个性或人格的后天获得的行为反应。而能力、个性或人格，如所周知，乃是稳定的、恒久的、整体的心理和行为状态。所以，可以形成能力、个性或人格的行为反应，便是可以持久保持——而非暂时状态——的行为反应。因此，加涅说：

"学习是人的特质或能力的一种变化，它可以持久保持而不能仅仅归因于生长过程。这种被称为学习的变化通过行为改变而表现出来。……就某些类型的行为表现来看，这种变化可能是并且常常是能力的提高，也

---

① G. H. 鲍尔、E. R. 希尔加德：《学习论——学习活动的规律探索》，邵瑞珍译，上海教育出版社，1987 年，第 22 页。

② Douglas L. Hintzman: *The Psychology of Learning and Memory*, San Francisco: W. H. Freeman, 1978, p. 2.

可能是那种被叫作态度或兴趣或价值的倾向改变。这种改变不是暂时的，而必须能够保持一定时期。"[1]

综观学习概念，可知鲍尔和希尔加德所言甚是："学习是指一个主体在某个规定情境中的重复经验引起的对那个情境的行为或行为潜能的变化。不过，这种行为的变化是不能根据主体的先天反应倾向、成熟或暂时状态（如疲劳、酒醉、内驱力等）来解释的。"[2]换言之，所谓学习，亦即习得，就是有机体后天获得的、有意识的、能够形成个性的反应活动，是有机体后天获得的、有意识的、能够形成个性的行为——意识或知情意是行为的内在要素——反应活动，是有机体后天获得的有意识的能够形成个性的知、情、意、行之反应活动。

"学习"概念的界说，使"作为道德修养方法的学习"概念迎刃而解：作为道德修养方法的学习，岂不就是有机体后天获得的、有意识的、能够形成道德个性或道德人格的反应活动？岂不就是每个人后天获得的能够形成其道德人格的活动？岂不就是每个人后天获得的能够形成其道德人格的知、情、意、行之四大活动？

这样一来，学习便分为两类：一类是能够形成道德人格的学习，如偷盗、拐骗、拾金不昧和助人为乐；另一类是能够形成非道德人格——画家人格和诗人人格等——的学习，如画画、吟诗、数学演算和行走观望。能够形成非道德人格的学习，可以称之为非道德学习或非道德习得：所谓非道德学习，亦即非道德习得，亦即能够形成非道德人格的学习，它是每个人后天获得的、有意识的、能够形成其非道德人格的活动，是每个人后天获得的能够形成其非道德人格的活动，说到底就是每个人后天获得的能够形成其非道德人格的知、情、意、行之四大活动。反之，

---

[1]　Robert Mills Gagne: *The conditions of learning and theory of instruction*, New York: Holt, Rinehart and Winston, 3rd ed. c1985, p. 2.

[2]　G. H. 鲍尔、E. R. 希尔加德：《学习论——学习活动的规律探索 》，邵瑞珍译，上海教育出版社，1987年，第22页。

能够形成道德人格的学习，可以称之为道德学习或道德习得：所谓道德学习，亦即道德习得，亦即能够形成道德人格的学习，它是每个人后天获得的、有意识的、能够形成其道德人格的活动，是每个人后天获得的能够形成其道德人格的活动，说到底，就是每个人后天获得的能够形成其道德人格的知、情、意、行之四大活动。

那么，"道德学习"与"作为道德修养方法的学习"是同一概念吗？非也！因为，细究起来，道德学习无疑分为两类：一类是"学好"的道德学习，亦即形成好人、君子、仁人乃至圣人人格的道德学习；另一类是"学坏"的道德学习，亦即形成坏人、小人、恶人和不道德的人的道德学习。"作为道德修养方法的学习"显然是"学好的道德学习"，是形成好人——君子、仁人乃至圣人——人格的道德学习；而不是"学坏"的道德学习，不是形成坏人、小人、恶人和不道德的人的道德学习。不过，为了行文简便，我们所谓的道德学习，大都与通常用语一致，亦即与"作为道德修养方法的学习"是同一概念：它只是指"学好的道德学习"，而不包括"学坏的道德学习"；只是指形成好人、君子、仁人乃至圣人人格的道德学习，而不包括形成坏人、小人、恶人和不道德的人的道德学习。

然而，不论如何，道德学习是每个人后天获得的能够形成其道德人格的知、情、意、行之四大活动，显然意味着：道德学习分为四类：道德认识学习、道德感情学习、道德意志学习和道德行为学习。

首先，所谓道德认识学习，亦即个人道德认识的习得，是每个人后天获得和形成其"品德结构的个人道德认识成分"的活动。然而，问题的关键在于，每个人所拥有的一切道德认识，无疑都是后天获得的：道德学习是每个人获得其道德认识的唯一途径。因为不言而喻，每个人的道德认识，与其他认识一样，说到底，只能来源于他后天所遭遇和所进行的实践活动，主要是所受到的各种道德教育和所进行的各种道德修养活动，如所受到的言教、身教、奖惩和榜样之教育以及所进行的读书、调查、访问、躬行和自省等实践活动。所以，每个人的道德认识都是后天获得的，因而都属于学习范畴：道德认识学习与道德认识获得是同一概念。因此，道德学习也就是每个人获得道德认识的一切活动，是每个人获得关于道德的理性认识和科学以及感性认识或经验的一切活动。

其次，所谓道德感情学习，亦即个人道德感情的习得，是每个人后天获得和形成其品德结构的个人道德感情成分的活动。那么，每个人的个人道德感情是否都是后天获得的？换言之，每个人的道德感情学习与他的道德感情获得是同一概念吗？说到底，道德感情学习是每个人获得其道德感情的唯一途径吗？答案是肯定的。因为，如前所述，每个人的任何个人道德感情皆直接源于和形成于他的个人道德认识，而最终则源于和形成于他的个人道德实践。试想，一个人对他父母的深情挚爱，根本说来，无疑源于和形成于他长期从父母那里得到的快乐和利益的实践活动：爱是自我对其快乐和利益之因的心理反应；但直接说来，岂不源于和形成于诸如"父母之恩无与伦比"的个人道德认识？否则，一个人如果没有这种道德认识，即使从父母那里得到了无与伦比的恩惠和快乐，也可能并不深爱其父母。众多不孝儿女就是明证：他们虽然从父母那里得到了无与伦比的快乐和利益，却并不深爱他们的父母。原因之一，岂不就是因为不养儿不知父母恩？岂不就是因为他们没有真正理解和认识父母的深恩大德？可见，每个人的道德感情最终源于其道德实践而直接源于其道德认识，因而都是后天获得的，都属于学习范畴：道德感情学习是每个人获得其个人道德感情的唯一途径。于是，道德感情学习也就是每个人获得其道德感情的一切活动：后天获得道德感情的活动与获得道德感情的活动实为同一概念。

最后，所谓道德意志学习，亦即个人道德意志的习得，是每个人后天获得和形成其品德结构的个人道德意志成分的活动，说到底，也就是每个人后天获得和进行道德行为的活动。因为所谓道德意志，如所周知，也就是道德行为的动机从确定到执行的整个心理过程，就是一个人的道德行为从心理确定到实际实现的整个心理过程：道德意志学习与道德行为学习实为同一概念。那么，每个人的"道德意志（道德行为）学习"与其"道德意志（道德行为）获得"是同一概念吗？或者说，道德意志（道德行为）学习是每个人获得其道德意志（道德行为）之唯一途径吗？答案无疑是肯定的。因为每个人道德意志的获得过程，也就是解决道德行为动机冲突和克服道德动机实现困难的过程；而动机冲突的解决与动机实现困难的克服无疑都是后天努力的结果。所以，道德意志学习或道德行为学习，说到底，也就是每个人获得道德意志或进行道德行为的一切活动："获得道德意志和进行道德行为的活动"与"后天获得道德意志和进行道德行为的活动"是同一概念。

总而言之，品德的所有因素——个人道德认识和个人道德感情以及个人道德意志——都是后天获得、习得的，因而都是道德学习——道德认识学习和道德感情学习以及道德意志或道德行为学习——的结果。于是，每个人的品德也就都是后天获得、习得的，都是道德学习之结果。这是不难理解的。因为所谓品德，如前所述，就是每个人长期的可以自由选择的道德行为所形成和表现出来的稳定的心理自我，就是一个人可以自由选择的长期遵守或违背道德的行为所形成和表现出来的道德自我、道德人格和道德个性：一个人长期的、可以自由选择的道德行为，怎么能不是他后天获得的和学习的结果呢？一个人可以自由选择的道德行为所形成和表现出来的品德、道德人格和道德个性，怎么可能不是后天获得的和学习的结果呢？

但是，由此绝不能说，构成每个人的品德的全部东西，统统都是后天形成的，统统都是学习的结果。因为品德既然是一种道德自我、道德人格和道德个性；而任何自我、人格和个性显然无不包含着共性、普遍性和人性。品德就其为个性和人格来说，是人人不同、可以自由选择的，是后天学习的结果；但是，品德、个性和人格中所包含的共性、人性和普遍性，则无疑是每个人生而固有、不可自由选择的，是先天固有、不学而能的。

试想，一个具有同情心的品德、人格和个性的人，他这种品德、人格和个性无疑是可以自由选择的，是他后天学习的结果。但是，他这种品德、人格和个性中所包含的同情心，则是任何人都具有的，是那些没有同情心品德和人格的人也都具有的，是人人同样生而固有不学而能的普遍人性。只不过，具有同情心品德的人的同情心，在量上扩充、积累达到了一定程度——亦即积累、扩充到了成为他的稳定的恒久的心理状态——从而变成了他的个性、人格和品德；而不具有同情心品德的人的同情心，在量的扩充、积累上则没有达到这种程度，因而只是他偶尔的、一时的心理状态，因而没有成为他的个性、人格和品德。

因此，每个人的品德固然是他后天获得的，是道德学习的结果；但是，这种学习，说到底，不过是对自己生而固有的善的人性的扩充、积累，使其成为自己稳定的恒久的心理状态——亦即成为自己的品德、人格和个性——从而在自己的品德、道德人格和道德个性中的得到实现：所谓好人、君子、仁人乃至圣人，不过是善的人性不断得到学习、扩充而终于变成自己的品德和个性的人，不过是善的人性在自己的品德和个性中得到实现的人；反之，所谓坏人、小人、恶人、不道德的人，则是恶的人性不断得到学习、扩充而终于变成自己的品德和个性的人，是恶的人性在自己的品德和个性中得到实现的人。

于是，所谓道德学习——亦即作为道德修养方法的学习——说到底，便正如儒家所言，无非存心养性："存心养性之外，无别学也。"[1] 确实，道德学习的真正目标和任务全在于"存其心，养其性"[2]：一方面，压抑、减少自己生而固有的恶的人性，阻止其成为稳定的、恒久的心理状态，从而不致变成自己的品德和个性，使自己不致成为一个小人、坏人和不道德的人；另一方面，扩充、积累自己生而固有的善的人性，逐渐使之

---

① 《王阳明全集·卷五·与席元山》，上海古籍出版社，1992年。
② 《孟子·尽心上》。

成为自己的稳定的、恒久的心理状态，从而变成自己的品德、人格和个性，使自己成为一个有美德的人，一个君子、仁人乃至圣人。一言以蔽之曰："学问之道无他，求其放心而已矣。"[1]

可见，学习作为道德修养方法，不但是提高品德所有因素的全面的道德修养方法，而且真正讲来，道德学习——亦即作为道德修养方法的学习——原本就是道德修养：二者实乃同一概念。这不但是因为所谓道德修养与道德学习，说到底，都是存心养性，都是存养扩充自己心中所固有的善的人性；而且就二者的定义来说，岂不都是指后天进行的能够形成其理想道德人格的活动？岂不都是指后天进行的将社会道德规范转化为自己内在品德从而自觉遵守道德规范的方法？可是，为什么人们通常都将道德学习当作道德修养的一种特殊方法——亦即当作获得道德知识和提高道德认识的道德修养方法——呢？这种常识是片面的和错误的吗？

原来，学习是一个极为复杂的概念，因而具有广义学习概念与狭义学习概念之分。学习是有机体后天获得的、有意识的、能够形成个性的反应活动，只是广义学习概念的定义。从这个定义来看，学习是一切有意识、有大脑的动物的共同活动。那么，人类的学习与其他动物的学习的根本区别是什么？二者的区别，正如巴甫洛夫所言，是语言和科学：人类是唯一具有语言和科学的动物。而在人类的一切学习（认知学习和感情学习以及意志或行为学习）中，认知学习——语言、科学和知识的学习——无疑是最高级最主要最重要的学习。试想，我们从小学到中学、大学、研究生、博士生乃至留学生所学习的课程，岂不都是知识和科学吗？所以，科尔文写道："学习过程如果不是完全也是近乎完全限于——因所遭遇的实践之需要——获得知识。"[2]这就是为什么一提及学习我们所想到的就是学习知识和科学的缘故。有鉴于此，鲍尔和希尔加德在定

---

[1] 《孟子·告子》。

[2] Stephen Sheldon Colvin: *The Learning Process*, New York: Macmillan Publishing Company, 1911, p. 16.

义广义的学习概念——学习是有机体的行为反应——之后，又接着写道："学习通常就是指去获得知识。"[①] 学习就是获得知识和科学的活动，就是有机体后天习得的有意识的能够形成个性的获得知识的反应活动：这就是狭义学习概念的定义。

如果学习是获得知识的活动，那么，道德学习岂不就是获得道德知识、拥有道德智慧和提高道德认识的活动？孔子说："好学近乎知。"诚哉斯言！道德学习就是获得道德知识、道德智慧的道德修养方法，就是提高个人道德认识的道德修养方法：这就是狭义道德学习概念的定义。从这个定义来看，道德学习固然不再是提高品德所有因素的全面的道德修养方法，却仍然是首要的、最重要的和最主要的道德修养方法。这是因为：

首先，只有这种获得道德知识的道德学习方法才能够——其他道德修养方法则不能够——创造和确证优良道德。而问题的关键恰恰在于——如前所述——所奉行和内化的道德之优劣乃是确定道德修养之优劣的依据：所谓优良的道德修养，便是奉行优良道德的道德修养，因为奉行优良道德的道德修养，必定行之有效、具有正道德价值和实现善的人性；而所谓恶劣的道德教育和道德修养，便是奉行恶劣道德的道德修养，因为奉行恶劣道德的道德修养，必定行之无效和具有负道德价值并且往往是恶的人性之实现：这岂不就是地地道道的邪恶？这岂不就是道德修养原本反对的东西？这岂不完全违背了道德修养之目的？这样一来，道德学习岂不就因其是唯一能够创造和确证优良道德的道德修养方法而堪称最重要最主要的道德修养方法？

其次，个人道德认识不仅是品德的指导因素、首要成分，而且是品德的其他因素——个人道德感情和个人道德意志——形成的必要条件。因为如前所述，一方面，个人道德感情直接形成于个人道德认识，因而

---

① G. H. 鲍尔、E. R. 希尔加德：《学习论——学习活动的规律探索 》，邵瑞珍译，上海教育出版社，1987年，第17页。

没有个人道德认识的提高，绝不会有个人道德感情的提高；另一方面，个人道德意志是个人道德感情引发和转化为道德行为的心理过程，因而既形成于个人道德感情又形成于个人道德认识而为二者之合金：没有个人道德认识，便不会有相应的个人道德感情，因而也就不会有相应的个人道德意志。试想，虽然爱的道德感情是对快乐和利益的心理反应，但是，那些尚未生儿育女的人们，却为什么并不深爱给予了他们无与伦比的快乐和利益的父母？原因之一，岂不就是因为不养儿不知父母恩？岂不就是因为他们未能真正理解和认识父母的深恩大德？没有这种对父母深恩大德的认识，便不会有深爱父母的道德感情，因而也就不会有克服各种困难来孝敬父母的道德意志。

因此，即使是获得和提高个人道德认识的狭义的道德学习，也正因其是获得和提高个人道德认识的道德修养方法，同时也是形成个人道德感情和个人道德意志的必要条件、根本方法：只有通过道德学习方法获得和提高个人道德认识，知道为什么应该做一个内化优良道德的有美德的人，才能够获得和形成相应的道德感情，真正欲求和愿意做一个内化优良道德的有美德的人，才能够获得和形成相应的道德意志，克服各种困难而实际成为一个内化优良道德的有美德的人；反之，如果一个人不进行道德学习，没有获得和提高个人道德认识，不知道为什么应该做一个内化优良道德的有美德的人，那么，他便不可能获得和形成相应的道德感情，便不可能真正欲求和愿意做一个内化优良道德的有美德的人，从而也就不可能形成相应的道德意志、克服各种困难而实际成为一个内化优良道德的有美德的人。因此，孔子说：

"好仁不好学，其蔽也愚；好知不好学，其蔽也荡；好信不好学，其蔽也贼；好直不好学，其蔽也绞；好勇不好学，其蔽也乱；好刚不好学，其蔽也狂。"[①]

---

① 《论语·阳货》。

可见，学习不但是获得和提高个人道德认识的道德修养方法，因而——个人道德认识是品德的指导因素和首要成分——是道德修养的前提与指导；而且因其是获得和提高个人道德认识的道德修养方法，同时也是形成个人道德感情和个人道德意志的必要条件与根本方法，是唯一能够创造和确证优良道德的道德修养方法，因而也就是提高品德全部因素的全面的、全局的、普遍的道德修养方法，是首要的、最重要的和最主要的道德修养方法。那么，学习的具体的内容究竟如何？究竟应该怎样学习呢？

学习的具体内容无疑极为广泛：一切道德认识、道德知识、道德智慧和道德科学尽在其中。然而，道德修养无非是存心养性，因而作为道德修养方法的道德学习之首要问题，无疑就是"知性"，就是通晓人性，就是通晓人的伦理行为事实如何之本性：这是道德学习第一大部分内容之要义。为了衡量和确定人性——亦即人的伦理行为事实如何的客观本性——之善恶从而抑恶扬善，必须知道衡量人性善恶之标准，亦即道德目的、道德终极标准：这是道德学习第二大部分内容之要义。通过研究道德目的、道德终极标准，便可以从伦理行为事实如何的客观本性中推导出伦理行为应该如何的优良道德规范：这是道德学习第三大部分内容之要义。优良道德如何由社会外在规范内化为每个人的品德的研究和实践，终可以使学习者树立为什么应该做一个内化优良道德的有美德的人——一个内化优良道德的君子、仁人和圣人——的道德信念：这是道德学习第四大部分内容之要义。道德学习内容固然纷纭复杂、包罗万象，但究其要义，亦不过如此而已。

道德学习的方法和形式自然也是多种多样，如攻读伦理书籍、听取他人传授、学习道德榜样、参观访问调查、反思社会生活、体验人生真谛等。不过，一个人的道德知识，如所周知，有感性和理性之分：感性主要来自社会生活实践，理性主要来自伦理书籍。因此，反思社会生活是获取感性道德知识的主要形式；阅读伦理书籍是获取理性道德知识的主要形式。学习的主要目的无疑在于经过感性而达于理性。于是，正如朱熹所言，道德学习的最重要形式是读书："为学之道，莫先于穷理，穷理之要，必在读书。"[①] 不过，读书固然是道德学习的最重要的形式，却不是道德学习的最高级形式。道德学习的最高级形式是什么？无疑是道德知识的创造，是优良道德知识的创造。因为道德学习是获得道德知识的活动；而创造当然是最高级的获得，是获得的最高级形式：创造是学习的最高形式。于是，如果说读书是道德学习的最重要形式，那么，道德学习的最高形式便是著书，便是著书立说：构建优良道德的科学体系从而创造和确证优良道德。

综上可知，学习与道德学习概念十分复杂，皆有广义与狭义之分：①广义的学习是指有机体后天获得的、有意识的、能够形成个性的反应活动；②狭义的学习则是指有机体获得知识的活动；③广义的道德学习亦即道德修养，是指每个人后天进行的能够形成理想道德自我的活动，是每个人将社会道德规范转化为自己内在品德从而自觉遵守道德规范的道德修养方法；④狭义的道德学习则是指每个人获得道德知识和道德智慧的活动，是提高个人道德认识的道德修养方法；⑤广义的道德学习（亦即道德修养）分为道德认识学习（亦即狭义的道德学习，亦即个人道德认识修养）、道德感情学习（亦即个人道德感情修养）和道德意志学习（亦即个人道德意志修养）。道德认识学习或修养的方法，如上所述，仍然叫作"学习（亦即狭义的学习概念）"；道德感情学习或修养的方法则主要是"立志"；道德感情学习或修养的方法主要是"躬行"；道德认识、道德感情和道德意志的综合学习或修养方法可以称之为"自省"。我们业已完成了学习方法的研究，因而应该进一步考察其余三法：立志、躬行和自省。

---

① 朱熹:《性理情义》。

2 立志：陶冶个人道德感情的道德修养方法

一个人通过道德认识和道德智慧的学习，知道为什么应该做一个内化优良道德的有美德的人，知道为什么应该做一个内化优良道德的君子、仁人乃至圣人，便会进而树立做一个内化优良道德的有美德的人的道德目标，便可能进而树立做一个内化优良道德的君子、仁人乃至圣人的道德理想：这就叫作"立志"。因为所谓"志"，正如陈淳所言，亦即志向、志愿，就是一个人的恒久的、坚持不懈的行为所一直为了得到的物事或为了达到的结果："志者，心之所之。之犹向也，谓心之正面全向那里去。如志于道，是心全向于道；志于学，是心全向于学。一直去讨要，必得这个物事，便是志。"[①]换言之，所谓志，就是目标、愿望和理想，就是必须经过一定的努力奋斗才可能实现的比较远大的目标、愿望和理想；于是，立志作为一种道德修养方法，岂不就是树立做一个有美德的人的道德愿望、道德目标和道德理想？岂不就是树立做一个君子、仁人乃至圣人的道德愿望、道德目标和道德理想？

因此，立志所陶冶和形成的，便不但是个人道德感情，而且是个人的全局的、整体的、根本的道德感情。因为个人道德感情无疑可以分为两类：一类是局部的、部分的、非根本的个人道德感情，如做某一件符合道德的事的道德愿望；另一类则是全局的、整体的、根本的个人道德感情，如做一个遵守道德的有美德的人的道德愿望。因此，立志——树立做一个有美德的人的道德愿望——乃是一种形成和陶冶个人整体的、全局的、根本的道德感情的道德修养方法。

于是，所谓立志，说到底，也就是使人的行为长期遵守道德的根本方法，是使社会外在道德规范内化为每个人的品德从而实现道德规范的

①　陈淳：《北溪字义·志》。

根本方法。因为，一方面，行为的动因和动力，正如梁启超所言，乃是欲望、愿望、感情，而不是理智；理智不过是用来指导实现欲望和感情的手段而已："理性只能叫人知道某件事该做，某件事该怎样做法，却不能叫人去做事；能叫人去做事的，只有情感。"① 这样一来，立志——树立做一个有美德的人的道德愿望——岂不就因其是形成一个人全局的、整体的、根本的个人道德感情而成为引发一个人遵守道德的行为之全局的、整体的、根本的动因和动力？

另一方面，则如亚里士多德所言，一个人的行为只有长期遵守道德，他才能成为一个有美德的人："德性的获得，不过是先于它的行为之结果；这与技艺的获得相似。因为我们学一种技艺就必须照着去做，在做的过程中才学成了这种技艺。我们通过从事建筑而变成建筑师，通过演奏竖琴而变成竖琴手。同样，我们通过做正义的事情而成为正义的人，通过节制的行为而成为节制的人，通过勇敢的行为而成为勇敢的人。"② 这样一来，立志——树立做一个有美德的人的道德愿望——岂不就必定会驱使立志者的行为长期遵守道德？

因此，一个人如果立志做一个有美德的人，立志做一个君子、仁人乃至圣人，那么，他便会为之而努力奋斗，他的行为便会长期地、恒久地、坚持不懈地遵守道德，从而使社会外在道德规范内化为自己的美德，最终实现自己的志向而成为一个有美德的人，一个君子、仁人乃至圣人。反之，如果他没有立志，如果他不想做一个有美德的人，不想成为一个君子、仁人，更不想成圣成贤，那么，他便没有长期遵守道德的全局的、整体的、根本的动因和动力，他便不可能长期地、恒久地、坚持不懈地遵守道德；而势必断断续续交错地、半斤八两地遵守道德和不遵守道德，以致道德和不道德互相中和、抵消而皆未能内化为其人格或个性，从而

① 转引自冯友兰：《三松堂全集》第一卷，河南人民出版社，1985年，第556页。

② Aristotle: *Aristotle's Nicomachean Ethics*, translated with commentaries and glossary by Hippocrates G. Apostle, Grinnell, Iowa: Peripatetic Press, 1984, p. 21.

他绝不会成为一个拥有美德人格或个性的人，绝不会成为一个君子，更不用说成为仁人和圣人了。所以，徐干说：

"志者，学之师也；才者，学之徒也。学者，不患才之不赡，而患志之不立。是以为者亿兆，而成之者无几。故君子必立其志。"①

可见，立志乃是使人的行为长期遵守道德的全局的、整体的、根本的动因和动力，是驱使一个人的行为长期遵守道德从而使其内化为自己品德的全局的、整体的、根本的道德修养方法，因而正如王阳明所言，实为道德修养之统帅与根本："夫志，气之帅也，人之命也，木之根也，水之源也。源不浚则流息，根不植则木枯，命不续则人死，志不立则气昏。是以君子之学，无时无处而不以立志为事。"②谢良左亦云："人须先立志，志立则有根本。譬如树木，须先有个根本，然后培养，能成合抱之木。"③可是，为什么一些人能够——而另一些人却不能够——立志？一个人究竟怎样才能够立志？一个人究竟为什么会立志做一个有美德的人？为什么会立志做一个君子、仁人乃至圣人？

原来，人是个社会动物，每个人的生活都完全依靠社会和他人：他的一切利益都是社会和他人给的。所以，能否得到社会和他人的赞许和给予，便是他一切利益中最根本最重大的利益。不言而喻，能否得到社会和他人的赞许和给予之关键，在于他的品德如何：如果社会和他人认为他品德好、有美德，认为他为社会和他人贡献了利益和快乐，那么，他便会得到社会和他人的赞许、赏誉，便会得到他可能从社会和他人那里得到的一切；反之，如果社会和他人认为他品德坏、有恶德，认为他给社会和他人造成了损害和痛苦，那么，他便会受到社会和他人的谴责、惩罚，便会失去他可能从社会和他人那里得到的一切。因此，恶德就其自身来说，固然是对欲望和自由的实现因而是一种利和善，但就其结果

---

① 徐干：《中论·志学》。
② 《王阳明全集·卷七·示弟立志说》，上海古籍出版社，1992年。
③ 谢良左：《语录》，《宋元学案》卷二十四。

来说，却必定导致更大的害和恶（社会和他人的唾弃、惩罚），因而其净余额是恶和害，从而也就是一种真正的恶和害；反之，美德就其自身来说，固然是对欲望和自由的压抑因而是一种害和恶，但就其结果来说，却能够求得更大的利或善（社会和他人的赞许、赏誉），因而其净余额是利和善，从而也就是一种真正的利和善。

于是，一个人追求美德还是陷入恶德，他究竟能否立志做一个有美德的人，说到底，乃是他有无道德智慧的结果和标志：他若陷入恶德而不能立志做一个有美德的人，实在是"占小便宜吃大亏"，得不偿失，因而是一种真正的道德愚蠢和不智，是愚蠢和不智的结果；反之，他若追求美德而立志做一个有美德的人，则是"吃小亏占大便宜"，得大于失，无疑是一种真正的道德智慧，是智慧的结果。所以，孟子曰："夫仁，天下尊爵也，人之安宅也。莫之御而不仁，是不智也。"那么，一个人究竟怎样才能取得道德智慧呢？

不言而喻，一个人如果具有正常人以上的天资，那么，他能否取得道德智慧，便完全取决于道德学习：道德学习越努力，便越易于取得道德智慧、所取得的道德智慧便越大；越不努力，便越难于取得道德智慧、所取得的道德智慧便越小；少于一定程度的道德学习，即使天资极高也不可能取得道德智慧。一句话，正如孔子所言，道德智慧是道德学习的结果："好学近乎知"。这样一来，立志而做一个有美德的人，便因其是道德智慧使然而最终是道德学习的结果；反之，陷入恶德而不能立志做一个有美德的人，则因其是不智使然而最终是道德学习不够的结果：学习是立志的唯一途径。因此，一个人只有通过道德认识和道德智慧的学习，他才能够获得为什么应该做一个有美德的人的道德智慧，他才能够树立决心做一个有美德的人的道德信念，他才能够产生做一个有美德的人的道德愿望和道德理想，他才能够立志做一个有美德的人，他才能够立志做一个君子、仁人乃至圣人：他的学习越刻苦努力，他获得的道德智慧越丰富深刻，他做一个有美德的人的道德信念便越坚定不移，他做一个有美德的人的道德愿望和道德理想便越强烈持久，他做一个有美德的人——一个君子、仁人乃至圣人——的志向便越高远牢固；反之亦然。那么，具体说来，一个人究竟应该怎样学习呢？

道德认识和道德智慧学习的具体方法或形式固然多种多样，却也不妨归结为读书和社会生活实践：实践——特别是因自己品德好坏从社会和他人那里所得到的赏罚实践——是感性的道德认识和道德智慧的学习方式；读书是理性的道德认识和道德智慧的学习方式。但是，不论读书还是社会生活实践抑或任何学习方式，都只是获得道德智慧的必要条件而非充分条件。一个人要获得道德智慧，往往必须遵循"实践—读书—明理"的过程，循环往复、努力学习和深入思考——学而不思则罔思而不学则殆——从而正确认识那些令人困惑的道德和人生难题；否则，他虽然可以获得道德认识——很可能是错误的道德认识——却不可能获得道德智慧。举例说，我们在现实生活中到处看到，有些人缺德却一生幸福，有些人有德却一生不幸。由此是否可以得出结论说，美德与幸福背道而驰？这无疑是关涉每个人能否立志的极其令人困惑的道德和人生难题。因为，如果美德与幸福确实背道而驰，岂不只有傻瓜才会立志做一个有美德的人？那么，美德与幸福究竟是否背道而驰？一个人通过反复实践、读书和思考，终究能够正确认识到：

美德与幸福并非背道而驰，恰恰相反，美德乃是每个人获得幸福的必要条件。只不过，品德并非决定一个人幸福或不幸的唯一要素，而仅仅是一个要素；除了品德，决定一个人一生幸福或不幸的还有才、力、命三要素。这样，一个人虽然缺德而必有祸，但他天资高、努力大、机遇好等却给他远远超过因缺德所带来的祸的洪福，所以他虽缺德却一生幸福。反之，一个人虽有德而必有福，但他天资低、努力小、机遇坏等却给他以远远超过他的德所带来的福的大祸，所以他虽有德却一生不幸。因此，缺德者的一生幸福并非是他的缺德的结果，而是他非品德条件的结果；反之，有德者的一生不幸也不是他的德行的结果，而是他的非品德条件的结果。如果他们只有品德不同而其余条件完全一样，那么，谁缺德便一定一生不幸，谁有德便一定一生幸福。

这就是人生至关重要的道德智慧。一个人如果获得了这些道德智慧，岂不就必定会产生做一个有美德的人的道德信念、道德愿望和道德理想，岂不就必定会立志做一个有美德的人？相反，如果一个人尽管努力读书、实践和思考，却还没有形成和获得这些道德智慧，甚至被那些德福背离的社会现象所惑而形成了"做好人吃大亏不合算"的错误认识，那么，他自然不可能产生做一个有美德的人的道德信念、道德愿望和道德理想，他自然不可能立志做一个有美德的人；他要立志做一个有美德的人，显然还必须继续学习，继续读书、实践和思考，直至纠正错误认识而形成和获得诸如"美德乃是每个人获得幸福的必要条件"之道德智慧。

如果一个人通过读书、实践和思考等道德学习活动而终于获得了诸如此类的道德智慧，从而立志做一个有美德的人，那么，具体说来，他究竟应该立志做一个怎样的有美德的人呢？无疑应该做一个内化优良道德的君子、仁人乃至圣人：君子是长期遵守"善"原则而使之内化为自己的人格的人，是善人、好人、合乎道德的人，因而是立志的基本目标，是基本的道德志向；仁人是长期遵守无私利人的"至善"原则而使之内化为自己的人格的人，是最善最好最道德的人，因而是立志的最高目标，是最高的道德志向；圣人则是长期遵守所有道德规范而使之内化为自己的人格的人，是几乎具有全部美德的人，是道德完人，因而是立志的终极目标，是终极的道德志向。

不过，细究起来，说君子是立志的基本目标和基本的道德志向，是不够确切的。因为君子可以分为两类。一类是普通君子，是普普通通的善人、好人、合乎道德的人。做一个这样的君子的道德志向显然是不难达到的，因为任何社会的多数人实际上都是这样的君子。反之，另一类君子则与仁人和圣人同样难能可贵：这就是那些为社会和他人做出了巨大贡献的伟大的君子，亦即各行各业的名家、大家、出类拔萃者，如苏格拉底、柏拉图、亚里士多德、老子、庄子、韩非子、莎士比亚、曹雪芹、托尔斯泰、普希金、贝多芬、莫扎特、爱因斯坦、牛顿、罗蒙诺索夫、歌德、雪莱、李时珍等：我们不妨称之为"伟大君子"。伟大君子的道德价值固然不如仁人的道德价值高，却比仁人的道德价值大：他们具有最大的道德价值，是最大的善人。因为道德的终极目的和标准就是增进全社会和每个人利益总量。所以，无论什么人，只要他给社会和每个人带来最大的利益，他就最大限度地符合道德的终极目的和标准，因而就是一个具有最大道德价值——而未必是最高道德价值——的人。

伟大的君子是具有最大的道德价值的人，是最大的善人，因而也就应该是每个人的最大的道德目标，是每个人的最大的道德志向：一个人的最大的道德志向岂不应该是成为一个具有最大道德价值的人？于是，道德的终极目的和标准是增进全社会和每个人利益总量决定了一个人的最大的道德志向，只能是成为一个给社会和每个人带来最大利益的人，只能是成为一个努力奋斗、成名成家、充分实现自己的创造性潜能从而极大地造福社会的人，说到底，只能是成为一个品德并不异常崇高的牛顿、爱因斯坦、罗蒙诺索夫、亚里士多德们、曹雪芹、贝多芬！这些人就其道德境界来说，固然远不是仁人，更不是圣人，而是君子；但他们却因给社会和每个人带来最大利益而具有最大道德价值，从而应该是每个人的最大道德志向。

这样一来，道德志向实际上便分为四类：第一类是"普通君子"，是芸芸众生，是普普通通的善人、好人、合乎道德的人，显然是立志的最低目标，是最低的道德志向；第二类是"伟大君子"，亦即各行各业的名家、大家、出类拔萃者，也就是那些为社会和他人做出了伟大贡献的善人、好人、合乎道德的人，因而是立志的最大目标，是最大的道德志向；第三类是"仁人"，是长期遵守无私利人的"至善"原则而使之内化为自己的人格的人，是最善最好最道德的人，因而是立志的最高目标，是最高的道德志向；第四类是"圣人"，是长期遵守所有道德规范而使之内化为自己的人格的人，是几乎具有全部美德的人，是道德完人，因而是立志的终极目标，是终极的道德志向。那么，一个人究竟应该树立哪一类道德志向呢？

不言而喻，正如诸葛亮所告诫的那样，应该树立尽可能高远的道德志向："志当存高远。"因为志向是目标、愿望和理想，是行为的动因和动力。于是，一个人的道德志向越高远，他奋斗的动力便越强大，他便会越努力，他对社会和他人的贡献便会越大，他的创造性潜能实现得便越充分。即使他的道德志向因过高而未能实现，他毕竟一方面实现了自己的潜能，从而能够成为一个可能成为的最有价值的人；另一方面则可以退而求其次，实现较低的道德志向。反之，一个人的道德志向越低小，他奋斗的动力便越弱小，他便会越懒惰，他对社会和他人的贡献便会越小，他的潜能实现得便越不充分；即使他的道德志向因过低而得到了实现，他却远未能实现自己的潜能，从而也就远未能成为一个可能成为的最有价值的人，岂不遗憾终生？由此可以理解，为什么张载一再说："志大则才大、事业大。"[①]"志小则易足，易足则无由进。"[②]

因此，每个人都应该树立远大的道德志向：他应该树立最大的道德志向，做一个"伟大君子"，亦即成为本行的名家、大家、出类拔萃者，从而为社会和他人做出伟大贡献；他更应该树立最高的道德志向，做一个"仁人"，亦即长期遵守无私利人的"至善"原则而使之内化为自己的人格，从而成为最善最好最道德的人；他还应该树立终极的道德志向，做一个"圣人"，亦即长期遵守所有道德规范而使之内化为自己的人格，从而成为一个几乎具有全部美德的人。确实，每个人都应该树立最大的和最高的乃至终极的道德志向；即使最终他实现不了这些道德志向，但在他追求实现这些道德志向的过程中，一方面，他毕竟实现了自己的潜能，从而能

---

① 《张载集·正蒙》。
② 《张载集·学大原下》。

够做出他可能做出的最大贡献和成为可能成为的最有价值的人；另一方面，他至少可以退而求其次，总能够实现最低的道德志向，亦即成为一个"普通君子"，做一个普普通通的善人、好人、合乎道德的人。

那么，是否道德志向越高远越好？儒家的回答是肯定的。所以，孔子主张君子应该立志做一个恒久仁爱无私乃至永久而近乎完全仁爱无私的人："君子无终食之间违仁，造次必于是，颠沛必于是。"[①] 宋明理学将这种极端高远的道德志向概括为八个字："人欲净尽、天理流行"。这种道德志向固然极端高远，可谓达到了美德的极点；然而，真正讲来，却是一种极其恶劣的、不正确的和不科学的道德志向。因为倡导做一个恒久仁爱无私乃至永久而近乎完全仁爱无私的人，如前所述，不但违背爱有差等——亦即每个人必定恒久为自己而只能偶尔为他人——之人性定律，因而只能扭曲人性而使人沦为伪君子；而且违背"增加每个人利益总量"之终极道德总标准及其在利益一致情况下的"无害一人地增进利益总量"之道德终极分标准，因而具有极大的负道德价值，是恶的、不应该的、不道德的。[②]

符合爱有差等人性定律和道德终极标准的最高道德志向，固然也是要做一个仁爱无私的行为远远多于常人因而具有仁爱无私人格的仁人；但是，这种仁人的仁爱无私的行为，就其行为总和来说，也只可能是偶尔的、少数的，而绝不可能达到更不可能超过他行为总和之一半。只不过，他在利益冲突而不能两全的绝大多数情况下都能够无私利他、自我牺牲，并在自我生命与更为重要的社会利益或他人生命冲突时能够牺牲自己的生命；他在利益一致可以两全的绝大多数情况下都能够为己利他或人己兼为，因而使为己利他超过他行为总和的一半而达到恒久，使无私利他与为己利他以及单纯利己（不损人己）三者之和接近他的行为总和；从而他极少纯粹害

---

① 《论语·阳货》。
② 参见本章"品德培养目标"对于儒家的仁人或品德培养最高目标的分析。

己、损人利己、纯粹害人等恶的、不道德的行为。这便是被爱有差等的人性定律和道德终极标准所决定的最高道德志向——亦即仁人——之极限！谁若相信儒家的道德说教而妄图超越这个极限而立志做一个恒久无私乃至永久而近乎完全无私的人，谁便树立了一种极其恶劣的、不正确的和不科学的道德志向，谁便不但违反人性而必定自觉或不自觉地论为欺世盗名的伪君子，而且还违反道德终极标准而必定是个具有负道德价值的真正不道德的人。

可见，道德志向固然应该高远，却绝不应该高远到违反人性和道德终极标准——亦即优良道德所由以推出的两个前提——说到底，绝不应该高远到违反优良道德：优良的、正确的和科学的道德志向是做一个内化优良道德——亦即符合人性和道德终极标准——的有美德的人，是做一个内化优良道德——亦即符合人性和道德终极标准——的君子、仁人和圣人；而恶劣的、不正确的和不科学的道德志向则是做一个内化恶劣道德——亦即违反人性和道德终极标准——的有美德的人，是做一个内化优良道德——亦即符合人性和道德终极标准——的君子、仁人和圣人。但是，不论如何，一个人一旦立志而树立了做一个有美德的人的道德愿望、道德目标和道德理想，那么，他便有了从事遵守道德的实际行为的根本动因和动力，便会从事遵守道德的实际行为，从而使道德由社会外在规范而内化为自己品德，最终实现做一个有美德的人的道德愿望、道德目标和道德理想：这就是所谓的躬行。

3 躬行：培养个人道德意志的道德修养方法

所谓躬行，顾名思义，就是亲自实行，就是实行道德，就是按照道德规范做事，就是从事符合道德规范的实际活动。一个人如果仅仅学习、立志而不躬行，那么，他便只可能知道为什么应该做一个有美德的人和树立做一个有美德的人的道德愿望、道德目标和道德理想，而绝不可能实际成为一个有美德的人；他要实际成为一个有美德的人，便必须躬行，必须实行道德，必须按照道德规范做事、从事符合道德规范的实际活动：躬行是实现道德志向——做一个有美德的人——的唯一的途径和方法。

因为所谓品德，如前所述，就是一个人长期遵守或违背道德的行为所形成和表现出来的稳定的、恒久的、整体的心理状态，就是一个人长期遵守或违背道德的行为所形成和表现出来的心理自我、道德人格。诚然，人是环境的产儿。但是，无论是后天环境的影响，还是先天的生理特征，都只是一个人的品德等人格形成的前提、基础、倾向、最终源泉，而并不能直接决定他的品德。直接决定一个人的品德的，乃是他的行为，是他在先天的生理特征基础上所进行的应答环境影响的一定的行为。所以，海德格尔："人从事什么，人就是什么。"①一个人，不论他的先天遗传和后天环境如何，他若经常偷盗，那么他的道德人格就必定是个小偷，就必定具有小偷的品德；反之，他若经常做好事，那么他的道德人格就是必定个好人，就必定具有好人的品德。因此，每个人的道德人格，他的稳定的、恒久的、整体的心理状态，他的品德，直接说来，都是他自己的行为的产儿，是他遵守或违背道德的伦理行为积累到一定程度的结果。

不独美德，其他的人格和技能亦莫不如此；如游泳、开车、弹琴等，岂不都只有通过躬行实践，才能真正掌握，从而才能实际成为一个游泳健儿、一个司机、一个琴手？所以，亚里士多德说："德性的获得，不过是先于它的行为之结果；这与技艺的获得相似。因为我们学一种技艺就必须照着去做，在做的过程中才学成了这种技艺。我们通过从事建筑而变成建筑师，通过演奏竖琴而变成竖琴手。同样，我们通过做正义的事情而成为正义的人，通过节制的行为而成为节制的人，通过勇敢的行为而成为勇敢的人。"②

---

① 海德格尔：《存在与时间》，陈嘉映、王庆节译，三联书店，1987年，第288页。

② Aristotle: *Aristotle's Nicomachean Ethics*, translated with commentaries and glossary by Hippocrates G. Apostle, Grinnell, Iowa: Peripatetic Press, 1984, p. 21.

　　可见，品德形成于遵守或违背道德的实际行为："德者，得也。行道而有得于心者也。"[①] 因此，一个人只有通过躬行，只有通过实行道德、按照道德规范做事、从事符合道德规范的实际活动，才能获得和形成美德，才能成为一个有美德的人；躬行是美德形成的唯一途径、方法和过程，而立志不过是美德形成的开端，学习不过是美德形成的指导而已。所以，荀子说："不闻不若闻之，闻之不若见之，见之不若知之，知之不若行之，学至于行之而已矣。"[②] 然而，细究起来，令人困惑的是：美德明明是一种心理自我，属于心理范畴；可是，为什么它并不形成于学习和立志——二者恰恰是形成心理自我的方法——却偏偏形成于躬行呢？

　　原来，如前所述，学习提高和形成的是个人道德认识，立志树立和形成的是个人道德感情；而个人道德认识和道德感情都只是品德形成和获得的必要条件而非充分条件。所以，学习和立志都只是品德形成和获得的必要条件而非充分条件：这就是为什么只有学习和立志并不能获得和形成美德的缘故。反之，躬行是一种遵守道德的实际行为，它所锻炼、提高和形成的，乃是这种遵守道德的行为从心理、思想确定到实际实现的整个心理过程，亦即个人道德意志：躬行是培养个人道德意志的道德修养方法。而个人道德意志，如前所述，乃是个人道德认识和道德感情转化为实际伦理行为的整个心理过程，因而又形成于个人道德认识和道德感情而为二者之合金。于是，如果一个人具有个人道德意志，那么，他便必定具有个人道德认识和道德感情，因而也就具有了品德构成的全部因素；具有了品德构成的全部因素，怎么会不形成相应的品德从而是品德形成的充分且必要条件呢？所以，躬行乃是品德形成和获得的充分且必要条件：这就是为什么只有通过躬行才能获得和形成美德的缘故。

　　不过，躬行与学习、立志各有千秋。因为人只要生在世上，那他便

---

① 　朱熹:《四书集注・学而篇》。
② 　《荀子・儒效》。

或多或少、或自觉或不自觉总在学习。同样，一个人如果坚定地树立了做一个有美德的人的志向，那么，不到实现之日，他的志向也总要存在下去：学习与志向是恒久存在的。反之，躬行则可能时有时无，时断时续，可能是偶尔的，也可能是恒久的。问题的关键恰恰在于：偶尔的、时有时无的、时断时续的躬行，所形成和表现的，当然只是偶尔的、多变的心理，只是偶尔的、多变的个人道德意志；而只有恒久的、经常的、习惯的躬行，所形成和表现的才是稳固的心理，才能是稳固的个人道德意志。品德是稳定的心理特征。所以，品德虽只有在躬行中形成，但偶尔的躬行还不能形成品德，只有经常的、长期的、一系列的从而成为习惯的躬行，才能形成品德。因此，黑格尔说："一个人做了这样或那样一件合乎伦理的事，还不能就说他是有德的；只有当这种行为方式成为他性格中的固定要素时，他才可以说是有德的。"① 亚里士多德也这样写道："道德的德性是通过习惯而获得的；因而表达道德德性的名词（ethike）是由习惯（ethos）名词稍加变化而成的。"② 所以，作为培养个人道德意志的道德修养方法的躬行，便不是偶尔的、易变的躬行，而是恒久的、经常的、成为习惯的躬行。那么，一个人究竟如何才能够恒久地躬行道德而使之成为习惯呢？

一个人要做到恒久地躬行道德而使之成为习惯，需有客观和主观双重条件。从客观上说，一个人躬行道德的多少程度与所躬行的道德的优劣程度成正比例关系。因为如前所述，一方面，道德越优良，它给予一个人的压抑和损害便越少，而给予他的利益和快乐便越多，于是，每个人遵守道德从而做一个有美德的人的动力、道德欲望和动机以及道德意志便越强大，因而他躬行道德的行为便越多、越易于成为习惯；另一方面，道德越优良，与每个人行为的客观本性便越相符，便越易于被实行

---

① 周辅成编：《西方伦理学名著选辑》下卷，商务印书馆，1987年，第428页。

② Aristotle: *Aristotle's Nicomachean Ethics*, translated with commentaries and glossary by Hippocrates G. Apostle, Grinnell, Iowa: Peripatetic Press, 1984, p. 21.

而成为习惯。相反地,一方面,道德越恶劣,它给予一个人的压抑和损害便越多,而给予他的利益和快乐便越少,那么,他遵守道德从而做一个有美德的人的动力、道德欲望和动机以及道德意志便越弱小,因而他躬行道德的行为便越少、越难于成为习惯;另一方面,道德越恶劣,它与行为的客观本性便越背离,便越难于被人实行,从而一个人实行道德的行为便越少、越难于成为习惯。但是,从主观上来看,即使一个人所遵守的是一种恶劣道德,只要他自己努力,也能够恒久地躬行道德而使之成为习惯。这种个人的主观努力表现于躬行的三大阶段:正心、积善与改过、慎独。

诚然,精确讲来,躬行包括两个阶段:第一阶段是遵守道德的行为动机之确定阶段,可以称之为"确定躬行动机";第二阶段则是遵守道德的行为动机之执行阶段,可以称之为"执行躬行动机"。粗略看来,一个人只要经过立志,从而树立了做一个有美德的人的道德愿望、道德目标和道德理想,那么,他便有了遵守道德的实际行为的根本动因和动力,便会从事遵守道德的实际行为,便会确定和执行遵守道德的行为动机:躬行及其两个阶段的完成乃是立志的自然而然之结果。其实不然。躬行的两个阶段的完成,都需要克服相当大的困难,都需要个人道德意志之相当大的努力。

"确定躬行动机"所要克服的困难,主要是解决动机冲突。因为每个立志做一个有美德的人,并非只有这一种欲望;而必定具有多种欲望,因而便有多种动机;如,既想做一个有美德的人、一个见义勇为的人、一个志士仁人,又想保全性命、健康长寿、出人头地、发财致富、尽情享乐等。于是,在多种动机不能都付诸实现时,便会发生动机的选择和冲突。试想,我如果见义勇为,岂不就可能壮烈牺牲而难以保全性命?那么,我究竟是见义勇为还是保全性命?究竟如何是好?

一个人面对动机冲突,只有当其善的欲望和动机足够强大从而克服了恶的欲望和动机,或者层次较高、价值较大的善的欲望和动机足够强大从而克服了较低较小的善的欲望和动机，他才完成了躬行的第一阶段，亦即躬行动机——遵守道德的行为动机——之确定阶段；否则，他便徒有立志做一个有美德的人等善的道德的愿望、目标和理想，而绝不会躬行以实现这些愿望、目标和理想：强大的善的道德的欲望与感情是躬行的必要条件。因此，躬行的首要途径、方法和阶段，就是增强、扩充善的欲望和感情，减弱、消缩恶的欲望和感情，使善的行为动机克服恶的动机，从而导致遵守道德的行为动机之确定。

这就是儒家所谓的"正心"。因为所谓正心，在儒家看来，就是端正自己的心，说到底，就是端正自己的欲望和感情，就是端正自己的道德欲望和道德感情，就是增强、扩充自己的善的欲望和感情而减弱、消缩自己的恶的欲望和感情。《大学》——儒家正心理论的经典——便这样写道："所谓修其身在正其心者，身有所忿懥，则不得其正；有所恐惧，则不得其正；有所好乐，则不得其正；有所忧患，则不得其正。心不在焉，视而不见，听而不闻，食而不知其味。此谓修身在正其心。"[①] 因此，正心的最高且终极的境界，就是使恶的欲望和感情至弱至微以至接近于零，从而使善的欲望和感情——用孟子的话来说——至大至刚以致接近于充塞心灵的全部而成为所谓"浩然之气"："'敢问何谓浩然之气？'曰：'难言也。其为气也，至大至刚，以直养而无害，则塞于天地之间。其为气也，配义与道；无是，馁也。是集义所生者，非义袭而取之也。'"[②]

如果一个人的欲望和感情能够达到或接近达到这种"浩然之气"的正心之境界，那么，他善的、遵守道德的行为动机必定能够恒久克服恶的、不道德的行为动机而得到恒久的执行和实现，从而能够恒久地躬行道德而使之成为习惯和美德。这样一来，"遵守道德的行为动机之执行阶段"，对于达到或接近达到这种"浩然之气"的人来说，也就必定不难完

①　《礼记·大学》。
②　《孟子·公孙丑上》。

成了。可是，一个人究竟怎样才能正心而端正自己的欲望和感情？究竟如何才能达到"浩然之气"的境界？

一个人的道德感情，如前所述，直接源于和形成于个人道德认识；最终源于和形成于个人的长期的道德实践。因此，正心的方法，一方面，便是学习，便是提高个人道德认识。试想，一个人要端正自己对于父母的感情而有真正的孝心，岂不必须通过学习提高对于父母养育之恩的认识，真正理解和认识父母的深恩大德？另一方面，正心的方法便是所谓的"积善"或"集义"之道德实践。不过，"积善"或"集义"显然属于实际行为范畴，因而已经超越躬行的第一阶段（确定躬行动机阶段），而进入了躬行的第二阶段（执行躬行动机阶段）。

躬行的第二阶段——亦即执行躬行动机阶段——可以称之为"积善"或"集义"。因为这一阶段所要克服的困难，分为外部困难和内部困难：前者如环境的复杂、条件的恶劣和他人的阻挠等；后者如执行道德行为动机的过程和道路之漫长、曲折以及妨碍执行的习惯、懒惰、疲劳等。一个人的道德意志薄弱，有时恰恰是在执行道德行为动机阶段，而不是在确定道德行为动机阶段。因为立志或做出远大目标之决定易，而执行、实现这一远大目标的奋斗过程难。试问，谁不想成名成家？谁不想做一个道德英雄？谁不曾选择和做出成名成家之决定？谁不曾决定做一个道德英雄？然而，百里半九十，有几个人能够持之以恒地克服内外困难、百折不挠而终于实现了自己的远大目标呢？

显然，执行躬行动机阶段——亦即遵守道德的行为动机之执行阶段——所要克服的困难，主要是克服善的行为或躬行之偶尔性而使之具有恒久性，从而使之逐渐演进为习惯而终成美德。试想，一个人的善的欲望和感情即使不能至大至刚而成为浩然之气，但是，如果他持之以恒，不断地确定和执行一件又一件、一桩又一桩善的、遵守道德的行为动机，那么，逐渐地，他这种一件又一件、一桩又一桩的善的、遵守道德的行为或躬行岂不就会积累而成为恒久的习惯和美德？他岂不就会成为一个有美德的人了？这就是所谓的"积善"或"集义"："积善"或"集义"就是不断地确定和执行善的、遵守道德的行为动机，就是持之以恒地遵守道德的行为。

"积善"或"集义"是执行躬行动机阶段，是躬行的第二阶段，是美德形成和完成的阶段，是美德的充分且必要条件。因为，一件又一件、一桩又一桩的善的、遵守道德的行为或躬行，固然未必形成美德，未必使躬行者获得美德；但是，量变积累到一定程度便可以导致质变，一件又一件、一桩又一桩的善的、遵守道德的行为或躬行积累到一定程度便可以导致质变，使一个人获得美德而成为一个有美德的人。所以，荀子说："积土成山，风雨兴焉；积水成渊，蛟龙生焉；积善成德，而神明自得，圣心备焉。故不积跬步，无以至千里；不积小流，无以成江海。"①

"积善"（或"集义"）与"正心"是躬行的两个阶段，二者结合起来，便构成了躬行相对完整的全过程。不难看出，这两个阶段相辅相成、相互产生、相互转化和相互作用。一方面，正心是引发积善和集义的原因和动力。因为，只有心正，只有善的欲望和动机足够强大从而克服了恶的欲望和动机，才能引发善的行为，才能积善和集义。另一方面，积善和集义又反过来成为正心进一步扩充的原因和动力。因为，一个人每一次的善行和义行，反过来，都会进一步增强和扩充善的欲望和感情。只有经过不断的、持久的积善和集义，一个人善的、道德的欲望和感情才能够不断得到扩充，而恶的不道德的欲望和感情才能不断得到消缩，最终达到或接近达到"浩然之气"的正心之境界。所以，张载说："养浩然之气须是集义，集义然后可以得浩然之气。"②

粗略看来，躬行由正心而至于积善，便能够形成美德而使一个人成为有美德的人，因而便完成了躬行的全过程。然而，细究起来，并不尽

① 《荀子·劝学》。
② 《张载集·学大原上》。

然。因为完全遵守道德——从而只行善事而不做恶事——的人，是绝不可能存在的。人们常说："人非圣人，不能无过。"①似乎圣人完全遵守道德而无过。然而，正如陈确所言："世儒谓'唯圣人无过'者，妄也。"②君子、仁人乃至圣人或圣贤，也绝不可能完全遵守道德，完全行善。他们必定也有违背道德而干诸如损人利己的不道德的、不应该的、恶的事情。只不过，他们能够改过迁善，从而这种不道德的行为比较少，只是偶尔的而不是恒久的，因而没有使他们形成和具有损人利己的品德或人格罢了。所以，王阳明说：

"夫过者，自大贤所不免，然不害其卒为大贤者，为其能改也。故不贵于无过，而贵于能改过。"③

因此，面对动机的确定和执行，每个人必定都有被恶的欲望和动机支配而为非作歹的时候。在这种情况下，一个人如果不断改过迁善，积善而不是积恶，他的善的行为便是恒久的，而恶的行为只是偶尔的，那么，这些行为所形成的便是美德而不是恶德，他便是一个有美德的人而不是一个有恶德的人。反之，一个人如果知过不改、文过饰非和继续作恶，恶行不断积累，以致恒久为恶而偶尔行善，使为恶成为习惯，那么，这些行为所形成的便是恶德而不是美德，他便是一个有恶德的人而不是一个有美德的人。所以，《周易》云："善不积，不足以成名；恶不积，不足以灭身。小人以小善为无益而弗为也，以小恶为无伤而弗去也，故恶积而不可掩，罪大而不可解。"④可见，改过与积善实乃同一枚硬币的正反面，是躬行的相辅相成的两个对立面，是形成美德而避免恶德的充分且必要条件。所以，颜元一再说：

"'改过迁善'，吾儒做圣贤第一义也。""吾学无他，只'迁善、改

---

① 赵青藜：《箴友言》。
② 《陈确集·近言集》。
③ 《王阳明全集·卷二十六·教条示龙场诸生·改过》，上海古籍出版社，1992年。
④ 《周易·系辞下》。

过'四字。"①

那么，躬行由正心、积善而至于改过，是否真正完成了躬行的全过程呢？否。因为，如所周知，躬行——正心、积善与改过——原本有两种形式或类型。一种是在不但自己知道而且他人也知道的情况下，亦即在自己与他人共处而有人监督的情况下，实行道德、按照道德规范做事、从事符合道德规范的实际活动；一种是在他人不知而自己独知的情况下，亦即在自己独处而无人监督的情况下，仍旧实行道德、按照道德规范做事、从事符合道德规范的实际活动：后者便是所谓的"慎独"；而前者则可以称之为"非慎独的躬行"。慎独就是独处情况下的谨慎躬行，就是在个人独处的情况下仍旧谨慎地不折不扣地实行道德、按照道德规范做事、从事符合道德规范的实际活动，就是在人虽不知而己独知的幽暗之中、细微之事也谨慎从事符合道德规范的实际活动。因为——《中庸》说——"道也者，不可须臾离也。可离非道也。是故君子戒慎乎其所不睹，恐惧乎其所不闻。莫见乎隐，莫显乎微，故君子慎其独也。"

不言而喻，难能可贵的躬行是慎独；而没有达到慎独的躬行则是不难做到的："当面是人，背后是鬼"，此之谓也！然而，真正讲来，只有慎独才是——而没有达到慎独境界的躬行则不是——美德形成的唯一途径、方法和过程，才是品德形成和获得的充分且必要条件。因为一目了然，一个人只有达到慎独境界，只有在人虽不知而己独知的情况下也遵守道德，他遵守道德才是自愿的而不是被迫的；他遵守道德才是出于自愿做一个有美德的人的道德需要，为了使自己成为一个有美德的人；而不是迫于社会和别人的监督，不是为了做样子给社会和他人看的。这样，他才能够任何情况下——不论他人是否知道——都遵守道德，他遵守道德的行为或躬行才能够是恒久的，他才能够实际成为一个有美德的人。

相反地，一个人如果做不到慎独，而只有在社会和他人都知道或监

———————

① 《颜元集·颜习斋先生言行录》卷下。

督的情况下才遵守道德，那么，他遵守道德便不是自愿的，便不是出于自愿遵守道德从而做一个有美德的人的道德需要，不是为了自己做一个有美德的人；而完全是被迫的，是迫于社会和别人的监督，是为了做样子给社会和他人看的。因此，做不到慎独的人，实际上是不愿遵守道德，而宁愿不遵守道德：他遵守道德是被迫的而不遵守道德则是自愿的。这样一来，只要有可能，他岂不必定会背离道德？于是，他绝不可能恒久地、长期地、稳定地遵守道德，从而使道德由社会外在规范而内化为自己的人格和美德，成为一个有美德的人；而必定断断续续交错地遵守道德和不遵守道德，以致道德和不道德互相中和、抵消而皆未能内化为其人格或个性，从而他便可能摇摆于美德与恶德、好人和坏人之间，处于美德与恶德的中间状态。所以，叶适说："慎独为入德之方。"[1] 方学渐说："慎独者圣学之要。"[2]

综上可知，躬行——培养个人道德意志的道德修养方法——的难易固然与所躬行的道德之优劣成正比；但是，即使所躬行的不幸是恶劣道德，只要一个人自己努力，也能够恒久地躬行道德而使之成为习惯。这种个人的主观努力表现于躬行的三大阶段：躬行的首要阶段是"正心"，亦即增强、扩充善的欲望和感情，减弱、消缩恶的欲望和感情，从而使善的行为动机克服恶的动机；躬行的中间阶段是"积善"与"改过"，亦即不断确定和执行善的行为动机，不断改过迁善，积善而不是积恶；躬行的终极阶段是慎独，亦即在人虽不知而己独知的幽暗之中、细微之事也谨慎遵守道德，从而在任何情况下都遵守道德，致使遵守道德的行为恒久、稳定而成为习惯，最终实现自己的道德志向而成为一个有美德的人。这样一来，学习、立志与躬行便似乎构成了道德修养方法的完整体系。因为一个人的道德修养经过学习、立志而至于躬行，便可以使自己

---

[1]　叶适：《习学记言序目·卷八》。
[2]　《明儒学案·卷三十五·心学宗》。

成为一个有美德的人了：躬行是美德形成和获得的充分且必要条件。其实不然。因为只有学习、立志和躬行，一个人固然可以实际成为一个有美德的人，却不可能知道自己实际上是不是一个有美德的人。这样，他的道德修养便没有依据，便是无的放矢。道德修养必须依据于自己的品德实际，必须依据于自省。

4　自省：培养个人道德认识、个人道德感情和个人道德意志的综合道德修养方法

自省亦即内省、反省：三者无疑是同一概念。所以，自省的关键字是"省"。何谓"省"？《说文解字》曰："省，视也，从眉。""省"就是察看、检查、探望、醒悟。于是，所谓自省或内省、反省，就是自己反过来察看、审视和检查自己，就是自己察看自己、自己审视自己、自己检查自己，就是自我察看、自我审视、自我检查。自省、自我检查显然是一种极为常见的现象，每个人每天几乎都会自觉不自觉地进行自省、自我检查：特别是检查和反省自己的行为。试想，我们不是常常后悔不迭吗？后悔岂不就是对自己行为的反省？岂不就是反省和自省的典型表现？

如果说后悔或自省并非人类所特有的现象，那么，道德忏悔或道德自省——亦即作为道德修养方法的自省——无疑是人类所特有的现象。因为作为道德修养方法的自省，固然也是一种自我检查，却是一种道德自我之检查，是一个人对自己的品行——品德和行为——是否合乎道德的自我检查。举例说，聂黑流道夫——托尔斯泰《复活》的主人公——在法庭上看到马斯洛娃沦为娼妓和杀人犯，不禁想起自己曾经如何引诱马斯洛娃而致使她堕落，认识到自己当年的荒唐行为是极不道德的，因而痛骂自己是流氓、恶棍等：这就是聂黑流道夫对自己的品行是否合乎道德的自我检查，就是一种道德自省，就是作为道德修养方法的自省。同理，我们出于同情和爱，帮助别人，事后想起来，觉得符合道德，做

了该做的事，甚是快慰；反之，我们若是出于嫉妒而造谣中伤，事后想起来，觉得自己很缺德，做了不该做的事，很是后悔。这种快慰和后悔，都是一种道德自省。不过，道德自省之经典，当推《论语》所记载的曾子之自省："曾子曰：吾日三省吾身：为人谋而不忠乎？与朋友交而不信乎？传不习乎？"

可见，作为道德修养方法的自省，乃是一个人对自己的品行——品德和行为——是否合乎道德的自我检查，是一个人对自己的行为及其所表现和形成的品德的道德价值之自我检查，因而也就是人所特有的现象：除了人，还有什么动物能够自己检查自己的行为和品德的道德价值呢？行为由行为动机和行为效果构成；品德由个人道德认识、个人道德感情和个人道德意志构成。因此，说到底，自省也就是一个人对自己的行为动机与行为效果及其所表现的个人道德认识、个人道德感情和个人道德意志的道德价值之自我检查。

举例说，近来我常常痛苦地自省：我不是个孝子（品德之自我检查）。因为我没有持之以恒和尽心尽力地孝敬和赡养父母（个人道德意志之自我检查）。为什么没有持之以恒、尽心尽力？因为对父母的爱不够强大（个人道德感情之自我检查）。为什么不够强大？因为不养儿不知父母恩，我没有深刻认识到父母对我的养育之大恩（个人道德认识之自我检查）。这就使我并不真正理解父母，不知道他们真正需要什么，以致往往好心办坏事，本来是想孝敬他们，可是，到头来反倒惹他们生气（动机与效果之自我检查）。我不禁深深地后悔：我真不该这样地不孝啊（品德之自我检查）！这些都属于道德自省范畴。

这样一来，道德自省便可以使自己知道自己的动机与效果以及个人道德认识、道德感情和道德意志的道德价值之实际情况；知道自己有哪些不道德的恶的品行和哪些道德的善的品行；知道自己实际上是不是一个有美德的人。因此，通过自省，一个人的道德修养便有了依据，便知道自己的品德之优劣善恶究竟是在哪些方面——是个人道德认识还是个人道德感情抑或个人道德意志——便可有的放矢地扬善抑恶和去恶从善，从而自觉地使自己实际成为一个有美德的人。就拿刚刚提及的我的自省来说：岂不正是通过这种痛苦的自省和后悔，我才决心痛改前非、善待父母从而努力做一个孝子吗？聂黑流道夫的自省和忏悔甚至使他为了拯救马斯洛娃而牺牲自己的远大而辉煌的前途。确实，一个人的道德自省和忏悔往往是他改过迁善的根本的原因和动力。所以，袁采说："悔心为善之畿。"

显然，自省乃是一个人的品德形成和修养的依据与基础，是培养个人道德认识、个人道德感情和个人道德意志的综合道德修养方法。所以，自孔子以来，历代儒家都十分重视自省。胡宏甚至说："自反者，修身之本也。"然而，实际上，每个人虽然无不深重地自省和后悔，却极少深重地道德自省和道德忏悔。试想，我可能深重地悔恨当年没有好好学习外语；因为，如果我当年学好外语，就可以在国外大学当教授了。可是，我却很难深重地悔恨当年没有好好修养品德，即使今日我是个苟且偷生的可怜虫。一个人难以进行深重的道德自省：这无疑是他不能获得美德从而成为一个有美德的人的根本原因之一。那么，为什么一个人难以进行道德自省？一个人究竟如何才能勤于道德自省？

不难看出，道德自省源于道德立志，源于做一个有美德的人的道德志向，说到底，源于每个人所具有的做一个有美德的人的道德需要、道德欲望和道德感情。因为一个人要成为一个有美德的人，无疑只有去做遵守道德的好事、道德的事、高尚的事；这些遵守道德的好事积累到一定程度，道德便会由社会外在规范而内化为他的品德，他就会成为一个有美德的人了。所以，一个人有了做一个有美德的人的道德需要、道德感情和道德志向，便会不断驱使他遵守道德做好事，便会不断驱使他察看、自省自己的行为和品德是否合乎道德，便会不断驱使他察看、自省自己是不是一个有美德的人，从而因自己做一个有美德的人的道德需要、道德感情和道德志向是否被自己的行为所满足而快慰和悔恨：如果看到自己的行为符合道德规范，便会因自己做一个有美德的人的道德需要、道德感情和道德志向逐渐得到实现而快慰和鼓舞，便会继续行善而遵守道德规范；如果看到自己的行为不符合道德规范，便会因自己做一个有美德的人的道德需要、道德感情和道德志向得不到实现而痛苦和悔恨，便会改过迁善而遵守道德规范。

因此，一个人做一个有美德的人的道德需要、道德感情和道德志向，乃是驱使他进行道德自省的源泉和动力。这样一来，一个人自省的勤奋程度，显然便与其做一个有美德的人的道德需要、道德感情和道德志向的强弱程度成正比例关系：一个人做一个有美德的人的道德需要、道德感情和道德志向越强大，驱使他进行道德自省的动力便越强大，他便越勤于进行道德自省；一个人做一个有美德的人的道德需要、道德感情和道德志向越弱小，驱使他进行道德自省的动力便越弱小，他便越懒于进行自省；如果一个人做一个有美德的人的道德需要、道德感情和道德志向逐渐弱小而接近于零，他就失去了进行道德自省的动力，他就可能不知道道德自省究为何物了。因此，一个人要想勤于进行道德自省，便必须强大自己做一个有美德的人的道德需要、道德感情和道德志向。

那么，一个人究竟怎样才能强大自己做一个有美德的人的道德需要、道德感情和道德志向呢？必须努力学习从而获得道德智慧。因为一个人做一个有美德的人的道德需要和道德志向，如前所述，直接源于和形成于诸如"美德乃是每个人获得幸福的必要条件"之道德智慧。道德智慧不仅是一个人做一个有美德的人的道德需要、道德感情和道德志向的源泉，从而是他进行道德自省的根本原因；而且也是一个人进行道德自省的直接原因。试想，为什么一个人会深重地自省和悔恨自己所做的那些极其有害自己前途的事情，却并不怎么自省和悔恨自己所干的那些缺德事，甚至还为无人知晓这些缺德事而暗暗自喜？岂不就是因为他缺乏道德智慧，不懂得美德乃是他获得幸福和取得美好前途的必要条件，因而不懂得缺德极其有害自己的幸福和前途？如果他具有道德智慧，懂得缺德极其有害自己前途和幸福，那么，他一旦干了缺德事，岂不就必定会深重地自省和悔恨这种同样极其有害自己前途的缺德事？所以，道德智慧也是直接驱使一个人进行道德自省的源泉和动力。

于是，一个人道德自省的勤奋程度，便不但与其做一个有美德的人的道德需要、道德感情和道德志向的强弱程度成正比，而且与其道德智慧的高低程度成正比例关系：一个人越富有道德智慧，便越懂得美德对自己的利和恶德对自己的害，因而驱使他进行道德自省的动力便越强大，他便越勤于进行道德自省；一个人越缺乏道德智慧，便越不懂得美德对自己的利和恶德对自己的害，因而驱使他进行道德自省的动力便越弱小，他便越懒于进行自省；如果一个人的道德智慧极端贫乏而接近于零，他就失去了进行道德自省的动力，他就可能不知道道德自省究为何物了。因此，一个人要想勤于进行道德自省，便必须努力学习从而取得丰富和深刻的道德智慧。

总而言之，道德自省具有双重源头：道德感情——或道德志向——和道德智慧。因此，一个人要做到经常且深刻的道德自省，一方面，必须提高自己的道德认识和道德智慧，树立诸如"美德乃是每个人获得幸福的必要条件"的道德信念；另一方面，必须扩充和强大"做一个有美德的人"的道德欲望、道德感情和道德志向，立志做一个君子、仁人乃至圣人。那么，当一个人具有了这样的道德感情、道德志向和道德智慧从而能够进行道德自省时，他究竟应该怎样进行道德自省？道德自省的具体方法究竟如何？

孔子将道德自省的方法归结为"自讼"，亦即自己与自己打官司："子曰：'已矣乎！吾未见能见其过而内自讼者也。'"[1]亚当·斯密则相当详尽地阐发了道德自省的这种"自讼"方法："当我竭力审查我自己的行为的时候，当我竭力对其作出判断从而赞许或谴责这些行为的时候，显而易见，

－－－－－－－－－－

[1]《论语·公冶长》。

在所有这样的场合，我自己仿佛分成两个人：一个我是审查者和评判者，扮演和另一个我——被审查和被评判者——不同的角色。第一个我是旁观者，当我从旁观者的眼光来观察自己的行为时，我通过设身处地想象他将有的情感，从而努力使自己具有他评价我行为时的情感。第二个我是当事人，恰当地说就是我自己，对其行为我努力以旁观者的身份进行评论。"①

可见，所谓道德自省之"自讼"方法，就是将自我一分为二，分为两个自我：一个是作为审查者、评判者的自我，另一个是作为被审查者、被评判者的自我。作为被审查和被评判者的自我，不言而喻，就是作为行为者的自我，说到底，就是自己的品行，也就是自己的行为动机与行为效果及其所表现和形成的个人道德认识、个人道德感情和个人道德意志。反之，作为审查和评判者的自我，则比较复杂。这种自我，正如弗洛伊德所言，乃是自我以某些权威者——亦即童年时代的父母和童年以后的教师、领导、党团、国家和舆论等——的立场来审视自己品行的结果；自我从这些外在权威的立场来审视和评价自我的品行，逐渐地，这些外在权威便成了自我内心世界的一部分，成了另一个自我，亦即成了作为审查者和评判者的自我，说到底，亦即成了所谓的良心：良心就是作为评判者的自我，就是审判自我的法官和仲裁人。②

这样一来，道德自省之"自讼"方法显然便由三因素构成：自讼和自省的主体或法官是自己的良心；自讼和自省的对象或客体是自己的品行，也就是自己的行为动机与行为效果及其所表现和形成的道德认识、

---

① Adam Smith: *The Theory of Moral Sentiments*, edited by D. D. Raphael and A. L. Macfie, Oxford: Clarendon Press, 1976, p. 113.

② 弗洛伊德将作为评判者、审判者的自我叫作良心或"超我"，并通过大量的案例研究得出结论说：父母以及其他外部权威"通过自居作用被纳入'自我'之中，成了内心世界的一个必要组成部分。这一新的精神媒介从此便承担起在此之前一直是外部世界中的人所履行的功能：对自我进行观察、判断，向它下达命令，并由赏罚进行威胁，正如它所取代了的父母一样。我们把这个精神媒介称作'超我'，并由于其法官般的明断功能而把它看作我们的良心"。见弗洛伊德：《精神分析纲要》，刘福堂译，安徽文艺出版社，1987年，第87页。

道德感情、道德意志；自讼和自省的审判标准是社会的外在道德规范和自己内在的道德理想，亦即做一个君子、仁人乃至圣人的道德理想。于是，道德自省和自讼的具体过程，也就是自己的良心运用社会的外在道德规范和自己内在的道德理想来衡量和审查自己的品行——行为动机与行为效果及其所表现的个人道德认识、道德感情和道德意志——之过程：

如果看到自己的行为——亦即动机和效果——符合道德规范，看到自己的品德——亦即自己所具有的道德认识、道德感情和道德意志——逐渐接近君子、仁人乃至圣人的道德境界，那么，良心这个法官就会宣判自己有德无罪和庄严地奖励自己，使自己陶醉于自豪感的极大快乐和良心满足的无比喜悦，从而推动自己更好地遵守道德，尽快达到君子、仁人乃至圣人的道德境界；反之，如果看到自己的行为违背道德规范，看到自己的品德逐渐背离自己的道德理想而日益堕入小人、坏人和恶人的境界，那么，良心这个法官就会宣判自己缺德有罪和严厉地惩罚自己，使自己遭受内疚感、罪恶感和悔恨的痛苦折磨，从而改过迁善、遵守道德，以便从这种心灵的痛苦折磨中解脱出来。

不难看出，自讼和自省的这一具体过程之关键在于：良心这个法官对自我的审判是否会发生错误？良心、自讼和自省是否会错判？斯密认为是绝不会错的："这个审判者的眼睛从来不会被欺蒙，从来不会做出不正当的判决。"[①]卢梭也这样写道：

"良心呀！良心！你是圣洁的本能，永不消逝的天国的声音。是你在妥妥当当地引导一个虽然是蒙昧无知然而是聪明和自由的人，是你在不差不错地判断善恶，使人同上帝相似！是你使人的天性善良和行为合乎道德。没有你，我就感觉不到我身上有优于禽兽的地方；没有你，我就只能按我没有条理的见解和没有准绳的理智可悲地做了一桩错事又做一

---

① Adam Smith: *The Theory of Moral Sentiments*, edited by D. D. Raphael and A. L. Macfie, Oxford: Clarendon Press, 1976, p. 131.

桩错事。"①

　　然而，斯密和卢梭差矣！因为如前所述，不但良心有对错之分，因而有所谓"错误的良心"，如当年纳粹分子的良心；而且社会道德规范和自我道德理想——亦即良心和自省、自讼的审判标准——也有对错之分：正确的良心就是信奉优良的、正确的道德规范和道德理想的良心；而不正确的良心就是信奉恶劣的、错误的道德规范和道德理想的良心。

　　这样一来，如果良心是正确的，或者毋宁说，如果良心所信奉的道德规范和道德理想是优良的、正确的，那么，良心、自讼和自省用这种道德规范和道德理想作为标准对自己行为的道德价值所进行的审判，与自己行为的实际道德价值便是相符的，因而就是正确的；反之，如果良心是错误的，或者毋宁说，如果良心所信奉的道德规范和道德理想是恶劣的、不正确的，那么，良心、自讼和自省用这种道德规范和道德理想作为标准对自己行为的道德价值所进行的审判，与自己行为的实际道德价值便是不相符的，因而就是错误的。试想，如果我的良心信奉一种恶劣的错误的道德规范和道德理想，比如说，信奉儒家的"君子喻于义、小人喻于利"，那么，我的自讼、自省和良心就会错误地宣判我成名成家或为己利他是一种小人的行为；反之，如果我的良心信奉一种优良的正确的道德规范和道德理想，比如说，信奉"君子应该无私利他和为己利他而不应该损人利己"，那么，我的自讼、自省和良心就会正确地宣判我成名成家或为己利他是一种君子的行为。

　　可见，一个人所信奉的道德规范和道德理想之优劣对错，乃是他自省和自讼的核心与枢纽。因为他的自讼、自省和良心的对错及其对自己的审判之对错，说到底，取决于他所信奉的道德规范和道德理想之对错：信奉正确的道德规范和道德理想的良心、自讼和自省，就是正确的良心、正确的自省和正确的自讼，其审判就是正确的；信奉错误的道德规范和

---

① 卢梭:《爱弥尔》下卷，李平沤译，商务印书馆，1981年，第418页。

道德理想的良心、自讼和自省，就是错误的良心、错误的自讼和错误的自省，其审判就是错误的。错误的良心、自讼和自省及其错误的审判，充其量，显然只能使自己遵守错误的道德规范和实现错误的道德理想，从而只能成为一个内化错误道德的有美德的人，只能成为一个内化错误道德的君子、仁人和圣人；而只有正确的良心、自讼和自省及其正确的审判，才能使自己遵守优良的正确的道德规范和实现优良的正确的道德理想，从而才能成为一个内化优良道德的有美德的人，才能成为一个内化优良道德的君子、仁人和圣人。

＊　　＊　　＊

合观道德修养方法，可以得出结论说，从逻辑上看，首要的方法是学习，因为学习使自己知道为什么应该做一个有美德的人，是每个人获得道德知识和道德智慧的活动，是提高个人道德认识的道德修养方法，是道德修养的前提与指导；尔后是立志，因为立志使自己树立做一个有美德的人的道德愿望、道德目标和道德理想，是形成和陶冶个人整体的、全局的、根本的道德感情的道德修养方法，是道德修养的动因和动力；尔后是躬行，因为躬行是实现道德志向——做一个有美德的人——的唯一方法，是培养个人道德意志的道德修养方法，是美德形成和获得的充分且必要条件，是道德修养的途径和过程；最后是自省，因为自省使一个人知道自己实际上是不是一个有美德的人，是一个人对自己的品行是否合乎道德的自我检查，是培养个人道德认识、个人道德感情和个人道德意志的综合道德修养方法，是道德修养的依据与终点。自省是道德修养的终点，道德修养至于自省，便走到了道德修养的尽头；但自省同时又是道德修养的新起点。因为经过自省，一个人便可以知道自己有哪些不道德的恶的品行和哪些道德的善的品行，知道自己道德认识、道德感情和道德意志的道德价值之实际情况，从而便可以有的放矢地修养自己的品行，便可以有的放矢地修养自己的道德认识、道德感情和道德意志，于是便否定之否定地回复和升华为新的学习、新的立志乃至新的躬行：如此循环往复，成为习惯，美德遂成。

5　结论：两种品德培养方法——道德教养与制度建设——之关系

通观品德培养方法，可知道德教养——道德教育和道德修养——与制度建设根本不同。因为道德教育与道德修养都是国民个体品德培养方法，而不是国民总体品德培养方法。只不过，道德教育是人们相互间的品德培养，是他人对自己和自己对他人的品德培养；而道德修养则是个人的自我品德培养，是自己对自己的品德培养。相反地，制度建设——亦即"宪政民主"、"没有政府管制的市场经济"、"思想自由"、"平等主义和自由主义道德规范体系"四大制度建设——则是国民总体品德的培养方法，而不是国民个体品德培养方法。那么，这两种品德培养方法之关系究竟如何？毋庸置疑，总体决定个体且重要于个体，全局决定局部且重要于局部。所以，制度建设是品德培养的根本的、主要的和决定性的方法；而道德教育与道德修养则是品德培养的非根本的、非主要的和非决定性的方法。

细究起来，亦是此理。因为制度建设是国人总体品德培养方法，它虽然不能使某一个人品德良好，却能够使一个国家国人总体——亦即绝大多数国人——的品德良好；而道德教养则是国民个体品德培养方法，它只能使某个个人的品德良好，却不能够使国人总体品德良好。

这样一来，一个国家，只要制度优良，只要实行"宪政民主"、"没有政府管制的市场经济"、"思想自由"、"平等主义和自由主义道德规范体系"，那么，该国国人总体——亦即绝大多数国人——必定品德良好高尚；而它的道德教养不论如何松懈乃至等于零，不进行任何道德教养，充其量，也只能导致极少数国人品德低下败坏而已。反之，一个国家，只要制度恶劣，只要实行"专制等非民主制"、"政府管制经济"、"言论出版不自由"和"专制主义道德规范体系",那么,该国国人总体——亦即绝大多数国人——必定品德低下败坏;而它的道德教养不论如何努力,充其量,只能造就极少数有美德的国人而已。

更何况,一个国家,如果制度建设恶劣,那么,它的道德教养也必定恶劣而绝不可能优良;反之,如果制度建设优良,那么,它的道德教养也必定优良而绝不可能恶劣。因为道德教养之优劣,并不依教育者和修养者的意志而转移,而完全取决于制度建设,取决于国家所奉行的道德之优劣:所谓优良的道德教养,便是奉行优良道德的道德教养;而所谓恶劣的道德教养,便是奉行恶劣道德的道德教养。

因为道德教养的目标,说到底,无非是将国家所奉行的道德内化和实现为每个人的品德,使每个人成为有美德的人。这样一来,如果一个国家制度优良,奉行的是优良道德,如"为己利他"和"自我实现",那么,该国的道德教养所要实现和内化的,便是"为己利他"和"自我实现"等优良道德,因而必定符合人性和道德最终目的"增进每个人利益",从而不但行之有效,而且使国人成为内化优良道德——因而具有正道德价值——的有美德的人:具有诸如"为己利他"和"自我实现"人格的人。这岂不就是优良的道德教养?

相反地,如果一个国家制度恶劣,奉行的是恶劣道德,那么,该国的道德教养所要实现和内化的便是恶劣道德,因而必定违背人性和道德最终目的:至少违背其一。奉行"违背人性的恶劣道德"的道德教养,如"毫不利己、专门利人",必定行之无效而使国人沦为伪君子;奉行"不违背人性的恶劣道德"的道德教养,如"应该屠杀犹太人",虽然行之有效因而能够造就有美德的人,却是内化恶劣道德——因而具有负道德价值——的有美德的人:忠诚的纳粹党徒。这岂不是恶劣的道德教养?

可见,作为品德培养方法,制度建设远远重要于道德教养:制度建设是大体而道德教养则是小体。制度建设是大体,一个国家只要制度优良,不论该国如何不重视道德教养,该国都不但因制度优良而绝大多数国人品德必定良好高尚，而且因所奉行的道德优良而绝大多数国人必定都是内化优良道德的有美德的人，都是诸如"崇尚自由、平等、正义、人道、实现自己创造性潜能"等具有正道德价值的有美德的人。道德教养是小体，一个国家只要制度恶劣，不论该国的道德教养如何刻苦努力，该国都不但因制度恶劣而注定只能造就极少数有美德的人，而且因所奉行的道德恶劣而注定只能造就内化恶劣道德的有美德的人，亦即只能造就诸如"忠臣"、"明君"、"忠诚的纳粹党徒"等具有负道德价值的有美德的人。

一个国家进行品德培养显然必须"先立乎其大者"，首先且主要的是进行制度建设，务使国家制度优良，最终实现宪政民主；尔后且次要的是进行道德教养：优良的国家制度必定导致优良的道德教养。然而，由此是否可以得出结论说：道德教养没有多大作用？否！道德教养无疑具有巨大作用，只不过远远不及制度建设的作用大罢了。

任何一个国家，不论制度如何，道德教养都具有巨大作用。在制度优良的国家，在宪政民主国家，道德教养不但可以保证各个个人，不致成为优良制度所不能避免的极少数品德败坏者；而且可以保障那些优良制度所不能保障的少数国人品德良好，从而锦上添花，致使几乎全体国人都品德良好。在制度恶劣的国家，在专制等非民主制国家，道德教养的作用无疑更为巨大：它们是专制等非民主制国家存在发展之根本保障。因为制度恶劣或专制国家的国人总体品德必定低下败坏，倘若没有道德教养力挽狂澜，岂不必定崩溃而谈何存在发展？所以，在制度恶劣或专制等非民主制国家，道德教养实乃提高国人品德从而保障社会存在发展之唯一途径和方法。

诚然，制度恶劣或专制等非民主制国家的道德教养，不但因制度恶劣而注定只能造就少数有美德的人，而且因所奉行的道德恶劣而注定只能造就内化恶劣道德——因而具有负道德价值——的有美德的人，从而给社会和每个人造成相当大的不应有的损害，具有相当大的负道德价值。就拿两千年来专制中国的儒家道德教养来说。这种奉行家天下专制主义的"君君臣臣父父子子"之恶劣道德的道德教养，曾发生何等严重的不应有的负作用、负道德价值啊！它不但极其严重地侵犯和剥夺了每个人的政治自由和政治平等权利，使每个人遭受政治奴役而发生政治异化；而且更因剥夺个人自由而使人们不能实现自己的创造性潜能——自由是每个人实现自己创造性潜能最根本的必要条件——从而必定使社会停滞不前：儒家家天下专制主义道德教养是中国两千年来一直踏步不前的最深刻的原因之一。

但是，即使如此恶劣的道德教养，也远比没有道德教养好得多。试想，专制中国如果没有道德教养，岂不必定崩溃瓦解？而有了虽然如此恶劣的道德教养，毕竟可以减轻专制中国国人总体品德的低下败坏程度，毕竟可以造就有美德的人——内化恶劣道德的人也是有美德的人——从而使专制中国两千年来能够一直存在且缓慢发展，因而具有莫大的正道德价值。试问，有什么正道德价值比保障国家存在发展——即使是缓慢地发展——更为巨大？又有什么负道德价值比国家崩溃瓦解不复存在更为巨大？所以，制度恶劣或专制国家的道德教养，固然具有相当大的负道德价值，然而若与干脆没有道德教养相比，其净余额仍然是巨大的正道德价值。于是，我们可以得出结论说：

尽管制度建设是大体而道德教育和道德修养是小体，尽管道德教育和道德修养远远不及制度建设重要，但不论制度如何，不论制度如何恶劣还是如何优良，不论如何专制还是如何民主，道德教育和道德修养都具有不可估量的巨大的正道德价值。只不过，制度恶劣或专制国家之恶劣的道德教育和道德修养，必定给社会和每个人造成相当大的不应有的损害，具有相当大的负道德价值，因而只能保障社会存在和缓慢发展；反之，制度优良或宪政民主国家之优良的道德教育和道德修养，对于社会和每个人则不具有任何不应有的损害和负道德价值，因而不但能够保障全体国民品德高尚，不但能够保障社会存在发展，而且必定推动社会迅猛前进，极大地增进每个人利益。

本书引证的主要文献

中文（按书名首字拼音顺序排列）

A

《爱因斯坦文集》第 1—3 卷，许良英等编译，商务印书馆，1979 年。

卢梭：《爱弥尔》上／下卷，李平沤译，商务印书馆，1978 年。

B

《巴贝夫文选》，梅溪译，商务印书馆，1962 年。

保罗·库尔茨：《保卫世俗人道主义》，余灵灵等译，东方出版社，1996 年。

《北大法律评论》第一卷，法律出版社，1998 年。

施米特：《比较宗教史》，肖师毅、陈祥春译，辅仁书局，1948 年。

黄建中：《比较伦理学》，台北：国立编译馆，1974 年。

戴维·米勒：《布莱维尔政治学百科全书》，邓正来主编，中国政法大学出版社，1992 年。

波普尔：《波普尔思想自述》，赵月瑟译，上海译文出版社，1988 年。

柏拉图：《柏拉图"对话"七篇》，戴子钦译，辽宁教育出版社，1998 年。

《柏拉图全集》第三卷，王晓朝译，人民出版社，2003 年。

C

《曹操集译注》，中华书局，1979 年。

《蔡元培全集》第 1—2 卷，中华书局，1984 年。

尼采：《查拉斯图拉如是说》，尹溟译，文化艺术出版社，1987 年。

波普尔：《猜想与反驳》，傅季重、纪树立等译，上海译文出版社，1986 年。

卢梭：《忏悔录》，黎星、范希衡译，人民文学出版社，1982 年。

吴晓明编选：《陈独秀文选》，上海远东出版社，1994 年。

宋冰编:《程序、正义与现代化》,中国政法大学出版社,1998 年。

封一函编译:《成功步履》,北京大学出版社,2000 年。

余谋昌:《惩罚中的觉醒》,广东教育出版社,1995 年。

北京大学西语系编:《从文艺复兴到十九世纪资产阶级文学家艺术家有关人道主义
　　人性论言论选辑》,商务印书馆,1973 年。

周辅成编:《从文艺复兴到十九世纪资产阶级哲学家政治思想家有关人道主义人性
　　论言论选辑》,商务印书馆,1973 年。

金耀基:《从传统到现在》,中国人民大学出版社,1999 年。

罗伯特·奥尔兹:《创造性思维的艺术》,吕胜英、翁淑缘译,世界图书出版公司,
　　1989 年。

海德格尔:《存在与时间》,陈嘉映、王庆节译,三联书店,1987 年。

萨特:《存在与虚无》,陈宣良等译,三联书店,1987 年。

萨特:《存在主义是一种人道主义》,周煦良等译,上海译文出版社,1988 年。

D

弗吉利亚斯·弗姆:《道德百科全书》,戴杨毅等译,湖南人民出版社,1988 年。

欧阳教:《道德判断与道德教学》,华夏出版社,1987 年。

张东荪:《道德哲学》,中华书局,1930 年。

尼采:《道德的谱系》,周红译,三联书店,1992 年。

涂尔干:《道德教育》,陈光金、沈杰、沈谐汉译,上海人民出版社,2001 年。

柯尔伯格:《道德教育的哲学》,魏贤超、柯森等译,浙江教育出版社,2000 年。

彼得斯:《道德发展与道德教育》,邬冬星译,浙江教育出版社,2000 年。

沈六:《道德发展与行为之研究》,台北:商务印书馆,1967 年。

康德:《道德形而上学原理》,苗力田译,上海人民出版社,1986 年。

曾钊新:《道德心理学》,中南大学出版社,1990 年。

余涌:《道德权利研究》,中央编译出版社,2001 年。

边沁:《道德与立法原理绪论》,李永久译,帕米尔书店印行,1972 年。

姜生:《道教伦理论稿》,四川大学出版社,1995 年。

施太格缪勒:《当代哲学主流》上／下卷,王炳文、燕宏远、张金言等译,商务印
　　书馆,1989 年。

朱狄:《当代西方美学》,人民出版社,1984 年。

斯宾诺莎:《笛卡尔哲学原理》,王荫庭、洪汉鼎译,商务印书馆,1997 年。

彼得·辛格:《动物解放》,孟祥森、钱永祥译,光明日报出版社,1999年。

马斯洛:《动机与人格》,许金声、程朝翔译,华夏出版社,1987年。

何光沪:《多元化的上帝观》,贵州人民出版社,1991年。

E

阿德勒:《儿童教育》,包玉珂译,商务印书馆,1937年。

皮亚杰·英海尔德:《儿童心理学》,吴福元译,商务印书馆,1981年。

皮亚杰:《儿童的道德判断》,傅统先、陆有铨译,山东教育出版社,1984年。

宾克莱:《二十世纪伦理学》,孙彤、孙南桦译,河北人民出版社,1988年。

F

博登海默:《法理学——法哲学及其方法》,邓正来、姬敬武译,华夏出版社,
1987年。

康德:《法的形而上学原理》,沈淑平译,商务印书馆,1991年。

雅维茨:《法的一般理论——哲学和社会问题》,朱景文译,辽宁人民出版社,
1986年。

凯尔森:《法与国家的一般理论》,沈宗灵译,中国大百科全书出版社,1996年。

迈克尔·D.贝勒斯:《法律的原则》,张文显、宋金娜等译,中国大百科全书出版
社,1996年。

吴学义:《法学纲要》,中华书局,1935年。

邱汉平:《法学通论》,商务印书馆,1935年。

韩忠谟:《法学绪论》,中国政法大学出版社,2002年。

管欧:《法学绪论》,台北:学生书局,1988年。

李肇伟:《法理学》,台北:学生书局,1979年。

哈耶克:《法律、立法与自由》第二、三卷,邓正来译,中国大百科全书出版社,
2000年。

欧阳谷:《法学通论》,上海法学编译社,民国35(1946)年。

哈特:《法律的概念》,张文显、郑成良等译,中国大百科全书出版社,1996年。

伯恩·魏德士:《法理学》,丁小春、吴越译,法律出版社,2003年。

张文显:《法哲学范畴研究》,中国政法大学出版社,2001年。

黑格尔:《法哲学原理》,范扬、张企泰译,商务印书馆,1962年。

恩格斯:《反杜林论》,中共中央马克思恩格斯列宁斯大林著作编译局译,三联书

店，1954 年。

乌克兰采夫:《非生物界的反映》，李崇富译，中国人民大学出版社，1988 年。

《费尔巴哈哲学著作选集》上／下卷，王太庆等译，三联书店，1959/1962 年。

弗洛伊德:《弗洛伊德自传》，顾闻译，上海人民出版社，1987 年。

《弗洛伊德论创造力与无意识》，孙恺祥译，中国展望出版社，1986 年。

霍夫曼:《弗洛伊德主义与文学思想》，王宁译，三联书店，1987 年。

《弗洛伊德后期著作选》，林晨、张唤民译，上海译文出版社，1986 年。

《福泽谕吉教育论著选》，王桂主译，人民教育出版社，1991 年。

G

哈耶克:《个人主义与经济秩序》，邓正来译，三联书店，2003 年。

P. Aarne Vesilind, Alastair S. Gunn:《工程、伦理与环境》，吴晓东、翁端译，清华
　　大学出版社，2003 年。

穆勒:《功用主义》，唐钺译，商务印书馆，1957 年。

盛庆来:《功利主义新论》，上海交通大学出版社，1996 年。

徐显明:《公民权利义务通论》，群众出版社，1991 年。

曾昭宁:《公平与效率》，石油大学出版社，1994 年。

德萨米:《公有法典》，冀甫译，三联书店，1958 年。

周原冰:《共产主义道德通论》，上海人民出版社，1986 年。

贡斯当:《古代人的自由与现代人的自由》，阎克文、刘满贵译，商务印书馆，1999 年。

克莱因:《古今数学思想》第 1—2 册，北京大学数学系数学史翻译组译，上海科
　　学技术出版社，1979 年。

《古希腊罗马哲学》，北京大学哲学系外国哲学史教研室编译，三联书店，1957 年。

苗力田主编:《古希腊哲学》，中国人民大学出版社，1989 年。

王锐生:"效率优先兼顾公平"，《光明日报》，1993 年 3 月 8 日。

夏甄陶:《关于目的的哲学》，上海人民出版社，1982 年。

鲍桑葵:《关于国家的哲学理论》，王淑钧译，商务印书馆，1995 年。

卢卡奇:《关于社会存在的本体论》上／下卷，白锡堃、张西平、张秋零等译，重
　　庆出版社，1993 年。

郭任远:《郭任远心理学论丛》，上海开明，民国 17（1928）年。

亚当・斯密:《国民财富的性质与原因的研究》，郭大力、王亚南译，商务印书馆，
　　1972 年。

门格尔:《国民经济学原理》,刘洁敖译,上海人民出版社,1958 年。

维克塞尔:《国民经济学讲义》,刘海琳等译,上海译文出版社,1983 年。

瓦尔特·欧肯:《国民经济学基础》,左大培译,商务印书馆,1995 年。

罗马什金等:《国家和法的理论——马克思列宁主义关于国家和法的学说基础》,
　　中国科学院法学研究所译,法律出版社,1963 年。

周鲸文:《国家论》,天津大公报馆,1935 年。

拉斯基:《国家的理论与实际》,王造时译,商务印书馆,1959 年。

卡列娃等:《国家和法的理论》下册,李嘉恩等译,中国人民大学出版社,1956 年。

张钦士选编:《国内近十年来之宗教思潮》,京华印书局,1927 年。

沈恒炎、燕宏远主编:《国外学者论人和人道主义》,第 1 — 3 辑,社会科学文献出
　　版社,1991 年。

H

拉齐恩·萨丽:《哈耶克与古典自由主义》,秋风译,贵州人民出版社,2003 年。

胡明主编:《胡适精品集》第 14 卷,光明日报出版社,2000 年。

徐嵩龄主编:《环境伦理学进展:评论与阐释》,社会科学文献出版社,1999 年。

罗尔斯顿:《环境伦理学——大自然的价值以及人对大自然的义务》,杨通进译,
　　中国社会科学出版社,2000 年。

萨哈罗夫:《获得性的遗传》,余名仑译,科学出版社,1958 年。

弗兰克:《活出意义来》,赵可式、沈锦惠译,生活·读书·新知三联书店,1991 年。

列昂捷夫:《活动 意识 个性》,李沂译,上海译文出版社,1980 年。

色诺芬:《回忆苏格拉底》,吴永泉译,商务印书馆,1988 年。

李宗吾:《厚黑学》,求实出版社,1989 年。

李宗吾:《厚黑学续编》,团结出版社,1990 年。

J

加尔文:《基督教要义》上/中/下,钱曜诚译,基督教辅侨出版社,1957 年。

熊彼特:《经济分析史》第三卷,朱泱等译,商务印书馆,1991 年。

卡尔·白舍客:《基督宗教伦理学》第二卷,静也、常宏等译,上海三联书店,
　　2002 年。

北京大学生物系编:《基础生理学》,北京大学出版社,1979 年。

赫·舍克:《嫉妒论》,王祖望、张田英译,社会科学文献出版社,1988 年。

沛西·能:《教育原理》,王承绪等译,人民教育出版社,1964年。

李世家:《近期台湾哲学》,贵州人民出版社,1989年。

现代中国孔子基金会学术委员会编著:《近四十年来孔子研究论文选编》,齐鲁书社,1987年。

李德顺:《价值论》,中国人民大学出版社,1987年。

李德顺:《价值新论》,中国青年出版社,1993年。

培里等著:《价值和评价》,刘继编选,中国人民大学出版社,1989年。

王玉梁主编:《价值和价值观》,陕西师范大学出版社,1988年。

王玉梁主编:《价值与发展》,陕西人民教育出版社,1999年。

袁贵仁:《价值学引论》,北京师范大学出版社,1991年。

李德顺主编:《价值学大词典》,中国人民大学出版社,1995年。

牧口常三郎:《价值哲学》,马俊峰、江畅译,中国人民大学出版社,1989年。

C. D. Broad:《近代五大家伦理学》,庆泽彭译,商务印书馆,民国21(1932)年。

赫胥黎:《进化论与伦理学》,《进化论与伦理学》翻译组译,科学出版社,1971年。

萨缪尔森:《经济学》上/中/下,萧琛译,商务印书馆,1990年。

凯斯、费尔:《经济学原理》上/下,郭建青译,中国人民大学出版社,1994年。

奥塔·锡克:《经济·利益·政治》,王福民、王成稼译,中国社会科学出版社,1984年。

哈耶克:《经济、科学与政治》,冯克利译,江苏人民出版社,2000年。

爱尔维修:《精神论》,杨伯恺译,辛垦书店,1933年。

弗洛伊德:《精神分析引论》,高觉敷译,商务印书馆,1984年。

弗洛伊德:《精神分析纲要》,刘福堂译,安徽文艺出版社,1987年。

K

波普尔:《开放社会及其敌人》,杜如楫、戴雅民译,山西高校联合出版社,1992年。

陈瑞华:《看得见的正义》,中国法制出版社,2000年。

约翰·华特生编选:《康德哲学原著选读》,韦卓民译,商务印书馆,1963年。

康德:《康德教育论》,瞿菊农译,商务印书馆,民国23(1934)年。

《康德文集——哲学史上哥白尼似的革命家》,刘克苏等译,改革出版社,1997年。

康德:《康德的道德哲学》,牟宗三译,基督教辅侨出版社,1959年。

古留加:《康德传》,贾泽林、侯鸿勋、王柄文译,中国社会科学出版社,1981年。

查尔默斯:《科学究竟是什么?对科学业的性质和地位及其方法的评价》,查汝强、江枫译，商务印书馆，1982年。

张巨青主编：《科学理论的发现、验证与发展》，湖南人民出版社，1986年。

丹皮尔：《科学史及其与哲学和宗教的关系》，李珩译，商务印书馆，1975年。

纪树立编译：《科学知识进化论》，三联书店，1987年。

哈雷：《科学逻辑导论》，李静译，浙江科学技术出版社，1990年。

菲利普·弗兰克：《科学的哲学——科学和哲学之间的纽带》，许良英译，上海人民出版社，1985年。

马利坦：《科学与智慧》，王平译，商务印书馆，1995年。

彭加勒：《科学的价值》，李醒民译，光明日报出版社，1988年。

郁慕镛：《科学定律的发现》，浙江科学技术出版社，1990年。

怀特海：《科学与近代世界》，何钦译，商务印书馆，1989年。

《自然辩证法研究通讯》编辑部编：《控制论哲学问题译文集》，商务印书馆，1965年。

尼采：《快乐的科学》，余鸿荣译，中国和平出版社，1986年。

L

晏智杰：《劳动价值学说新探》，北京大学出版社，2001年。

《李大钊文集》上／下，人民出版社，1984年。

宾克来：《理想的冲突》，马元德译，商务印书馆，1983年。

汤因比：《历史研究》上，曹未风、徐怀启等译，上海人民出版社，1986年。

康德：《历史理性批判文集》，何兆武译，商务印书馆，1991年。

黑格尔：《历史哲学》，王造时译，商务印书馆，1963年。

霍布斯：《利维坦》，黎思复、黎廷弼译，商务印书馆，1985年。

葛懋春编选：《梁启超哲学思想论文选》，北京大学出版社，1984年。

《列宁选集》第四卷，人民出版社，1976年。

《路德选集》上／下，徐庆誉、汤清译，基督教辅侨出版社，1957年。

王臣瑞：《伦理学》，台北：学生书局，1970年。

斯宾诺莎：《伦理学》，贺麟译，商务印书馆，1962年。

罗国杰主编：《伦理学》，人民出版社，1989年。

摩尔：《伦理学原理》，陈德中译，中国人民大学出版社，1983年。

摩尔：《伦理学原理》，长河译，商务印书馆，1983年。

罗素：《伦理学和政治学中的人类社会》，肖巍译，中国社会科学出版社，1992年。

西季威克：《伦理学方法》，廖申白译，中国社会科学出版社，1993 年。

克鲁泡特金：《伦理学的起原和发展》，巴金译，平明书店，民国 36（1947）年。

诺兰：《伦理学与现实生活》，姚新中等译，华夏出版社，1988 年。

包尔生：《伦理学体系》，何怀宏译，中国社会科学出版社，1988 年。

梯利：《伦理学概论》，何意译，中国人民大学出版社，1987 年。

肖雪慧：《伦理学原理》，四川社会科学院出版社，1986 年。

杨国荣：《伦理与存在》，上海人民出版社，2002 年。

斯蒂文森：《伦理学与语言》，姚新中等译，中国社会科学出版社，1991 年。

许启贤：《伦理学研究初探》，天津教育出版社，1989 年。

布拉德雷：《伦理学研究》上册，商务印书馆，民国 33（1944）年。

石里克：《伦理学问题》，张国珍、赵又春译，商务印书馆，1997 年。

罗国杰主编：《伦理学教程》，中国人民大学出版社，1985 年。

叔本华：《伦理学的两个基本问题》，任立、孟庆时译，商务印书馆，1996 年。

弥尔顿：《论出版自由》，吴之椿译，商务印书馆，1996 年。

钱学森等：《论系统过程》，湖南科学技术出版社，1982 年。

洪堡：《论国家的作用》，林荣远、冯兴元译，中国社会科学出版社，1998 年。

高尔泰：《论美》，甘肃人民出版社，1982 年。

托克维尔：《论美国的民主》上 / 下卷，董果良译，商务印书馆，1996 年。

科恩：《论民主》，聂崇信、朱秀贤译，商务印书馆，1988 年。

达尔：《论民主》，李伯光、林猛译，商务印书馆，1999 年。

马基雅维利：《论李维》，冯克利译，上海人民出版社，2005 年。

孟德斯鸠：《论法的精神》上 / 下册，张雁深译，商务印书馆，1982 年。

赵汀阳：《论可能生活》，三联书店，1994 年。

霍布斯：《论公民》，应星等译，贵州人民出版社，2003 年。

卢梭：《论人类不平等的起源和基础》，李常山译，商务印书馆，1962 年。

卢梭：《论科学与艺术》，何兆武译，商务印书馆，1959 年。

布拉德雷：《逻辑原理》下，庆泽彭译，商务印书馆，1962 年。

洪谦主编：《逻辑经验主义》上 / 下，商务印书馆，1989 年。

塔尔斯基：《逻辑与演绎科学方法论导论》，周礼全等译，商务印书馆，1963 年。

《罗国杰文集》上 / 下，河北大学出版社，1999 年。

M

《马克思恩格斯选集》第一——四卷，人民出版社，1972 年。

《马克思恩格斯全集》第 1—3 卷，人民出版社，1956 年。

《马克思恩格斯全集》第 19—26 卷，人民出版社，1959 年。

《马克思恩格斯全集》第 46 卷上／下，人民出版社，1979 年。

《马克思恩格斯资本论通信集》，人民出版社，1976 年。

《马克思恩格斯列宁斯大林论人性、异化、人道主义》，清华大学出版社，1983 年。

弗洛伊德：《梦的解析》，赖其万、符传孝译，作家出版社，1986 年。

刘军宁编：《民主与民主化》，商务印书馆，1999 年。

N

梁启超："纳尔逊逸事"。

塞耶编：《牛顿自然哲学著作选》，上海自然科学哲学著作编译组译，上海人民出版社，1974 年。

牛顿：《牛顿自然哲学著作选》，王福山等译，上海译文出版社，2001 年。

亚里士多德：《尼各马科伦理学》，苗力田译，中国社会科学出版社，1990 年。

O

雅克·莫诺：《偶然性和必然性——略论现代生物学的自然哲学》，上海自然科学哲学著作编译组译，上海人民出版社，1977 年。

尼采：《偶像的黄昏》，周国平译，湖南人民出版社，1987 年。

《欧文选集》第一卷，柯象峰等译，商务印书馆，1979 年。

圭多·德·拉吉罗：《欧洲自由主义史》，杨军译，吉林人民出版社，2001 年。

潘恩：《潘恩选集》，马清槐等译，商务印书馆，1981 年。

P

左任侠、李其维主编：《皮亚杰发生认识论文选》，华东师大出版社，1991 年。

罗义俊编：《评新儒家》，上海人民出版社，1989 年。

阿瑟·奥肯：《平等与效率——重大的抉择》，王奔洲、叶南奇译，华夏出版社，1987 年。

《普列汉诺夫哲学著作选集》第二卷，三联书店，1961 年。

孟昭兰：《普通心理学》，北京大学出版社，1994 年。

曹日昌主编：《普通心理学》上／下，人民教育出版社，1979 年。

Q

尼采：《瞧！这个人》，刘崎译，中国和平出版社，1986 年。

鲁迅：《且介亭杂文·隔膜》。

R

《睿智与偏见：伏尔泰随笔集》，余兴立、吴萍译，上海三联书店，1990 年。

马斯洛等：《人的潜能和价值》，林芳主编，华夏出版社，1987 年。

罗国杰主编：《人道主义思想论库》，华夏出版社，1993 年。

大卫·戈伊科奇等编：《人道主义问题》，杜丽燕等译，东方出版社，1997 年。

吕大吉：《人道与神道》，上海人民出版社，1990 年。

戴维·埃伦费尔德：《人道主义的僭妄》，李云龙译，国际文化出版公司，1988 年。

沙夫：《人的哲学》，林波等译，三联书店，1963 年。

斯特伦：《人与神——宗教生活的理解》，金泽等译，上海人民出版社，1991 年。

Lawrence A. Pervin 和 Oliver P. John：《人格手册》（第二版）上册，黄希庭译，
　　华东师范大学出版社，2003 年。

陈仲庚、张雨新：《人格心理学》，辽宁人民出版社，1986 年。

Lawrence A. Pervin：《人格心理学》，郑慧玲编译，台北：桂冠图书股份有限公
　　司，1995 年。

Jess Feist 和 Gregory J. Feist：《人格理论》，李茹、傅文青主译，人民卫生出版社，
　　2005 年。

陈少华：《人格心理学》，暨南大学出版社，2004 年。

张品兴主编：《人生哲学宝库》，中国广播电视出版社，1992 年。

周国平：《人生哲思语编》，上海辞书出版社，2001 年。

人民出版社编辑部主编：《人是马克思主义的出发点》，人民出版社，1981 年。

罗素：《人类的知识》，张金言译，商务印书馆，1983 年。

达尔文：《人类的由来》，潘光旦、胡寿文译，商务印书馆，1983 年。

莱布尼茨：《人类理智新论》上册，陈修斋译，商务印书馆，1982 年。

洛克：《人类理解论》，关文运译，商务印书馆，1959 年。

孟昭兰：《人类的情绪》，上海人民出版社，1989 年。

休谟：《人性论》下册，关文运译，商务印书馆，1980 年。

马斯洛：《人性能达到的境界》，林方译，云南人民出版社，1987 年。

夏甄陶主编：《认识发生论》，人民出版社，1991 年。

德沃金：《认真对待权利》，信春鹰、吴玉章译，中国大百科全书出版社，1999 年。

S

柳鸣九编选：《萨特研究》，中国社会科学出版社，1981年。

冯友兰：《三松堂文集》，北京大学出版社，1984年。

冯友兰：《三松堂全集》第一、四、五、七卷，河南人民出版社，1985、1986、1986、2000年。

西田几多郎：《善的研究》，何倩译，商务印书馆，1965年。

尼采：《善恶彼岸》，朱泱译，团结出版社，2001年。

陈波等编著：《社会科学方法论》，中国人民大学出版社，1989年。

孙冶方：《社会主义经济的若干理论问题》，人民出版社，1984年。

伯恩斯坦：《社会主义的前提和社会民主党的任务》，宋家修等译，三联书店，1973年。

哈里·雷岱尔：《社会主义思想史》，郑学稼译，黎明书局，1934年。

托玛斯·迈尔：《社会民主主义的转型》，殷叙彝译，北京大学出版社，2001年。

谢康：《社会学研究》，台北：商务印书馆，1974年。

孙本文：《社会心理学》上卷，商务印书馆，民国35（1946）年。

克特·W.巴克：《社会心理学》，南开大学社会学系译，南开大学出版社，1984年。

伊恩·罗伯逊：《社会学》上册，黄玉馥译，商务印书馆，1990年。

龙冠海：《社会学》，台北：三民书局，1986年。

横山宁夫：《社会学概论》，毛良鸿译，上海译文出版社，1983年。

张德胜：《社会原理》，台北：巨流图书公司，1986年。

孙本文：《社会学原理》上册，商务印书馆，民国23（1934）年。

戴维·米勒：《社会正义原则》，应奇译，江苏人民出版社，2001年。

罗洛夫：《社会交换论》，王江龙译，上海译文出版社，1997年。

卢梭：《社会契约论》，何兆武译，商务印书馆，1991年。

汤普森主编：《生理心理学》，孙晔等编译，科学出版社，1981年。

傅华：《生态伦理学探究》，华夏出版社，2002年。

S. L. Weinberg：《生物学——对生命本质的探讨》，复旦大学、南京大学等合译，人民教育出版社，1981年。

田清沫：《生物学》（第二册），化学工业出版社，1986年。

吴浩源主编：《生物小辞典》，科学技术文献出版社，1984年。

《圣西门选集》第2卷，黄果良译，商务印书馆，1982年。

《斯大林全集》第 11 卷，人民出版社，1954 年。

李连科：《世界的意义——价值论》，人民出版社，1985 年。

伯里：《思想自由史》，宋桂煌译，吉林人民出版社，1999 年。

拉法格：《思想起源论》，王子野译，三联书店，1963 年。

拉斯基：《思想的阐释》，张振成、王亦兵译，贵州人民出版社，2001 年。

张奇文主编：《实用中医保健学》，人民卫生出版社，1989 年。

施杞主编：《实用中国养生全书》，学林出版社，1990 年。

康德：《实践理性批判》，关文运译，商务印书馆，1960 年。

北京大学哲学系编译：《十八世纪法国哲学》，商务印书馆，1979 年。

北京大学哲学系编译：《十八—十九世纪俄国哲学》，商务印书馆，1987 年。

周敏凯：《十九世纪英国功利主义思想比较研究》，华东师大出版社，1991 年。

郭沫若：《十批判书》，人民出版社，1959 年。

王元化主编：《释中国》第 1—3 卷，上海文艺出版社，1999 年。

肖雪慧主笔：《守望良知》，辽宁人民出版社，1998 年。

《叔本华箴言录》，陈国庆、范立辉编，吉林教育出版社，1990 年。

王宪钧：《数理逻辑引论》，北京大学出版社，1998 年。

麦金泰尔：《谁之正义？何种合理性？》，万俊人等译，当代中国出版社，1996 年。

希赛拉·鲍克：《说谎》，张彤华、王丽影编译，吉林科学技术出版社，1989 年。

T

笛卡尔：《谈谈方法》，王太庆译，商务印书馆，2000 年。

巴甫洛夫：《条件反射演讲集》，中国科学院心理研究室译，人民卫生出版社，1954 年。

罗·庞德：《通过法律的社会控制·法律的任务》，沈宗灵、董世忠译，商务印书馆，1984 年。

哈耶克：《通往奴役之路》，王明毅等译，中国社会科学出版社，1997 年。

弗洛伊德：《图腾与禁忌》，杨庸一译，中国民间文艺出版社，1986 年。

W

考茨基：《唯物主义历史观》第四分册，《哲学研究》编译室编译，上海人民出版社，1964 年。

罗素：《为什么我不是基督徒》，沈海康译，商务印书馆，1982 年。

邦纳罗蒂:《为平等而密谋》上卷,陈叔平译,商务印书馆,1997年。

吴宓:《文学与人生》,清华大学出版社,1996年。

李凯尔特:《文化科学与自然科学》,涂纪亮译,商务印书馆,1986年。

弗洛伊德:《文明及其缺憾》,傅雅芳、郝冬瑾译,安徽文艺出版社,1987年。

福泽谕吉:《文明论概略》,北京编译社译,商务印书馆,1959年。

罗素:《我们关于外间世界的知识——哲学上科学方法应用的一个领域》,陈启伟译,上海译文出版社,1990年。

赵清、郑成编:《吴虞集》,四川人民出版社,1985年。

诺齐克:《无政府、国家与乌托邦》,何怀宏等译,中国社会科学出版社,1991年。

达尔文:《物种起源》第二分册,周建人等译,三联书店,1955年。

X

梁启超:《先秦政治思想史》,中华书局,1986年。

沈宗灵、黄楠森主编:《西方人权学说》上/下,四川人民出版社,1994年。

阿伦·布洛克:《西方人文主义传统》,董乐山译,三联书店,1997年。

罗素:《西方的智慧——西方哲学在它的社会和政治背景中的历史考察》,瞿铁鹏等译,上海人民出版社,1992年。

《西方法律思想史资料选集》,北京大学出版社,1983年。

周辅成编:《西方伦理学名著选辑》上/下卷,商务印书馆,1954年。

莫蒂默·艾德勒、查尔斯·范多伦编:《西方思想宝库》,《西方思想宝库》编委会译编,吉林人民出版社,1988年。

许步曾编:《西方思想家论教育》,人民教育出版社,1985年。

庞元正等编:《系统论、控制论、信息论经典文献选编》,求实出版社,1989年。

安德烈·孔特-斯蓬维尔:《小爱大德》,吴岳添译,中央编译局出版社,2001年。

黑格尔:《小逻辑》,贺麟译,商务印书馆,1980年。

莱翁·狄骥:《宪法论》,钱克新译,商务印书馆,1959年。

埃尔斯特编:《宪政与民主——理性与社会变迁研究》,潘勤、谢鹏程译,三联书店,1997年。

约瑟夫·P. 德马科等编:《现代世界伦理学新趋向》,石毓彬等译,中国青年出版社,1990年。

佐伯茂雄:《现代心理学概述》,郭祖仪译,陕西师范大学出版社,1985年。

赫根法:《现代人格心理学历史导引》,文一、郑雪等编译,河北人民出版社,

1988 年。

爱因·兰德:《新个体主义伦理观》,秦裕译,上海三联书店,1996 年。

埃尔金:《新宪政论——为美好的社会设计政治制度》,周叶谦译,三联书店,1997 年。

梁启超:《新民说》,中州古籍出版社,1998 年。

章益:《新行为主义学习论》,山东教育出版社,1983 年。

斯米尔诺夫等:《心理学》,朱智贤、龙淑修等译,人民教育出版社,1957 年。

章志光:《心理学》,人民教育出版社,1987 年。

詹姆士(斯):《心理学简编》,伍况甫译,商务印书馆,民国 22(1933)年。

朱智贤主编:《心理学大词典》,北京大学出版社,1989 年。

克雷齐:《心理学纲要》下,周先庚等译,人民教育出版社,1989 年。

牟宗三:《心体与性体》上/中/下,上海古籍出版社,1999 年。

杨清:《心理学概论》,吉林人民出版社,1981 年。

哈肯:《信息与自组织——复杂系统的宏观方法》,郭治安等译,四川教育出版社,1988 年。

胡文耕:《信息、脑与意识》,中国社会科学出版社,1992 年。

陈瑞华:《刑事审判原理论》,北京大学出版社,1997 年。

鲍尔·E. R. 希尔加德:《学习论——学习活动的规律探索》,邵瑞珍译,上海教育出版社,1987 年。

Y

蔡景峰:《养生智慧》,中国青年出版社,1995 年。

卢云昆编选:《严复文选》,上海远东出版社,1996 年。

《严复语萃》,华夏出版社,1993 年。

卡贝:《伊加利亚旅行记》第二、三卷,李雄飞译,商务印书馆,1978 年。

萨特:《厌恶及其他》,郑永慧译,上海译文出版社,1987 年。

严群:《亚里士多德之伦理思想》,商务印书馆,民国 22(1933)年。

《亚里士多德全集》第一/八/九卷,苗力田主编,中国人民大学出版社,1990/1992/1994 年。

拉兹洛:《用系统论的观点看世界——科学新发展的自然哲学》,闵家胤译,中国社会科学出版社,1985 年。

马克思:《1844 年经济学哲学手稿》,中共中央马克思恩格斯列宁斯大林著作编译局,人民出版社,1985 年。

胡寄窗:《1870 年以来的西方经济学说》,经济科学出版社,1988 年。

梁启超:《饮冰室合集》专集,第三册。

吕兵:《颐养天年》,知识出版社,1991 年。

程燎原等:《赢得神圣》,山东人民出版社,1993 年。

唐代兴:《优良道德体系论:新伦理学研究》,中国大百科全书出版社,2003 年。

拉德吉纳-科特斯:《有机体进化过程中心理的发展》,张述祖译,科学出版社,1965 年。

海克尔:《宇宙之谜——关于一元论哲学的通俗读物 》,上海外国自然科学哲学著作编译组译,上海人民出版社,1974 年。

爱德华·泰勒:《原始文化》,连树声译,上海文化出版社,1992 年。

Z

尼采:《朝霞》,田立年译,华东师范大学出版社,2007 年。

梁漱溟:《朝话》,教育科学出版社,1988 年。

《张岱年全集》第一、三卷,河北人民出版社,1996 年。

黑格尔:《哲学史讲演录》第一卷,王玖兴译,商务印书馆,1962 年。

李连科:《哲学价值论》,中国人民大学出版社,1991 年。

彼彻姆:《哲学的伦理学——道德哲学引论》,雷克勤等译,中国社会科学出版社,1990 年。

卡尔纳普:《哲学和逻辑句法》,傅季重译,上海人民出版社,1962 年。

西尼尔:《政治经济学大纲》,蔡受百译,商务印书馆,1977 年。

萨拜因:《政治学说史》下册,刘山等译,商务印书馆,1986 年。

李嘉图:《政治经济学及赋税原理》,郭大力、王亚南译,商务印书馆,1972 年。

杜冈-巴拉诺夫斯基:《政治经济学原理》上,赵维良、桂力生等译,商务印书馆,1989 年。

杰文斯:《政治经济学理论》,郭大力译,商务印书馆,1984 年。

穆勒:《政治经济学原理》上卷,赵荣潜、桑炳彦、朱泱译,商务印书馆,1991 年。

莫里斯·迪韦尔热:《政治社会学》,杨祖功、王大东译,华夏出版社,1987 年。

马起华:《政治学论》,台北:商务印书馆,1977 年。

亚里士多德:《政治学》,吴寿彭译,商务印书馆,1965年。

李剑农:《政治学概论》,商务印书馆,民国23(1934)年。

马起华:《政治理论》第二册,台北:商务印书馆,1977年。

迈克尔·欧克肖特:《政治中的理性主义》,张汝伦译,上海译文出版社,2003年。

慈继伟:《正义的两面》,三联书店,2001年。

罗尔斯:《正义论》,何怀宏等译,中国社会科学出版社,1988年。

沃尔泽:《正义诸领域——为多元主义与平等一辩》,褚松燕译,译林出版社,
2002年。

金岳霖:《知识论》,商务印书馆,1983年。

庞巴维克:《资本实证论》,陈端译,商务印书馆,1981年。

马克思:《资本论》第1—3卷,中共中央马克思恩格斯列宁斯大林著作编译局
译,人民出版社,1975年。

弗里德曼:《资本主义与自由》,张瑞玉译,商务印书馆,1986年。

约瑟夫·熊彼特:《资本主义、社会主义与民主》,吴良健译,商务印书馆,1999年。

李国祥等主编:《资治通鉴全译》第一卷,贵州人民出版社,1990年。

《资产阶级政治家关于人权、自由、平等、博爱言论选录》,世界知识出版社,
1963年。

阿德勒:《自卑与超越》,黄光国译,作家出版社,1986年。

维塞尔:《自然价值》,陈国庆译,商务印书馆,1997年。

施特劳斯:《自然权利与历史》,彭刚译,三联书店,2003年。

霍尔巴赫:《自然的体系》上/下,官士滨译,商务印书馆,1964年。

吴国盛主编:《自然哲学》,第一辑,中国社会科学出版社,1994年。

科恩:《自我论》,佟景韩、范国恩等译,三联书店,1986年。

荷尼:《自我的挣扎》,李明滨译,中国民间文艺出版社,1986年。

哈耶克:《自由秩序原理》,邓正来译,三联书店,1997年。

伯林:《自由四论》,台北:联经出版事业公司,1986年。

阿克顿:《自由与权力》,侯建、范亚峰译,商务印书馆,2001年。

范伯格:《自由、权利和社会正义》,王守昌、戴栩译,贵州人民出版社,1998年。

霍布豪斯:《自由主义》,朱曾汶译,商务印书馆,1996年。

李强:《自由主义》,中国社会科学出版社,1998年。

胡适:《自由主义》,《胡适精品集》14,光明日报出版社,2001年。

顾肃:《自由主义基本理念》,中央编译出版社,2003年。

霍伊:《自由主义政治哲学——哈耶克的政治思想》,刘锋译,三联书店,1992年。

詹姆斯·M. 布坎南:《自由、市场和国家》,吴良健等译,北京经济学院出版社,
　　1989年。

弗里德曼:《自由选择 个人声明》,胡骑等译,商务印书馆,1982年。

康芒斯:《制度经济学》上册,于树生译,商务印书馆,1997年。

麦考密克、魏因贝格尔:《制度法论》,周叶谦译,中国政法大学出版社,1994年。

哈耶克:《致命的自负》,冯克利等译,中国社会科学出版社,2000年。

车尔尼雪夫斯基:《怎么办》,蒋路译,人民文学出版社,1996年。

李泽厚:《中国古代思想史论》,人民出版社,1986年。

潘菽、高觉敷主编:《中国古代心理学思想研究》,江西人民出版社,1983年。

冯友兰:《中国哲学史新编》等一册,人民出版社,1964年。

冯友兰:《中国哲学史》上册,河南人民出版社,1983年。

冯友兰:《中国哲学简史》,北京大学出版社,1985年。

江恒源:《中国先哲人性论》,商务印书馆,民国11(1922)年。

张岱年:《中国哲学大纲》,中国社会科学出版社,1982年。

梁漱溟:《中国文化要义》,《梁漱溟全集》第3卷,山东人民出版社,1990年。

胡奇光:《中国文祸史》,上海人民出版社,1993年。

刘泽华:《中国的王权主义》,上海人民出版社,2000年。

《中国现代学术经典·傅斯年卷》,河北教育出版社,1996年。

张岱年:《中华的智慧》,上海人民出版社,1989年。

王玉梁主编:《中日价值哲学新论》,陕西人民教育出版社,1994年。

罗素:《宗教与科学》,徐奕春、林国庆译,商务印书馆,1982年。

麦克斯·缪勒:《宗教的起源与发展》,金泽译,上海人民出版社,1989年。

梅多与卡霍合著:《宗教心理学——个人生活中的宗教》,陈麟书等译,四川人民
　　出版社,1990年。

肖雪慧等著:《主体的沉沦与觉醒》,贵州人民出版社,1988年。

朱光潜:《朱光潜美学文集》第一、三卷,上海文艺出版社,1982年。

《朱高正作品精选集》第二卷,台北:里仁书局,1995年。

《社会科学辑刊》,编辑部主编:《主体—客体》,辽宁人民出版社,1983年。

叔本华:《作为意志和表象的世界》,石冲白译,商务印书馆,1982年。

拉蒙特:《作为哲学的人道主义》,古洪等译,商务印书馆,1963年。

英文（按书名首字母顺序排列）

A

Lewis H. Morgen: *Ancient Society*, Chicago: Charles H. Kerr & Company, 1907.

Morton White: *The Age of Analysis*, Boston: Houghton Mifflin Company, 1955.

John Hartland-Swann: *An Analysis of Morals*, London: George Allen & Unwin Ltd., 1960.

Erich Fromm: *The Art of Love*, New York: Harper & Row, 1962.

A. P. D'Entreves: *Aquinas Selected Political Writings*, New Jersey: Barnes & Noble Books, 1981.

Aristotle: *Aristotle's Nicomachean Ethics*, translated with commentaries and glossary by Hippocrates G. Apostle, Grinnell, Iowa: Peripatetic Press, 1984.

Stephen Engstrom (ed.): *Aristotle, Kant and the Stoics*, New York: Cambridge University Press, 1996.

Alasdair Macintyre: *After Virtue*, Beijing: China Social Sciences Publishing House Chengcheng Books Ltd., 1999.

Robert Nozick: *Anarchy, State and Utopia*, Beijing: China Sciences Publishing House Chengcheng Books Ltd., 1999.

C

Milton Friedman: *Capitalism and Freedom*, Chicago: The University of Chicago Press, 1962.

C. E. M. Joad: *Classics In Philosophy and Ethics*, London: Kennikat Press, 1960.

Sigmund Freud: *Civilization and Its Discontents*, New York: W. W. Norton & Company, 1961.

M. W. Wartofsky: *Conceptual Foundations of Scientific Thought*, New York: Macmillan Publishing Company; London: Collier-Macmillan Limited, 1968.

Robert Mills Gagne: *The Conditions of Learning and Theory of Instruction*, New York: Holt, Rinehart and Winston, 3rd ed. c1985.

Friedrich A. Hayek: *The Constitution of Liberty*, Chicago: The University of Chicago Press, 1978.

Mark Timmons: *Conduct and Character*, Belmont, California: Wadsworth Publishing

Company, 1995.

Charles. L. Reid: *Choice and Action: An Introduction to Ethics*, New York: Macmillan Publishing Company, 1981.

Gerhard Zecha and Paul Weingartner: *Conscience: An Interdisciplinary*, Dordrecht, Holland: D. Reidel Publishing Company, 1987.

John Burton: *Conflict: Human Needs Theory*, London : The Macmillan Press Ltd., 1990.

Immanuel Kant: *Critique of Practical Reason*, Beijing: China Social Sciences Publishing House Chengcheng Books Ltd., 1993.

James E. White: *Contemporary Moral Problems*, St. Paul: West Publishing Company, 1994.

Gene Yoon: *Collectivism and Individualism*, Busan: Dong-A Publishing & Printing Co. Ltd., 1994.

Ignacio L. Gotz: *Conceptions of Happiness*, Lanham, New York: University Press of America, 1995.

D

Charles Darwin: *Descent of Man and Selection in Relation to Sex*, London: John Murray, 1922.

A. C. Ewing: *The Definition of Good*, Westport, Connecticut: Hyperion Press Inc., 1979.

Thomas Hobbes: *De Cive, or, the Citizen*, Westport, Conncecticut: Greenwood Press, 1982.

E

Paul A. Samuelson: *Economics*, New York: McGraw-Hill Book Company, c1980.

David Hume: *Enquiries Concerning the Human Understanding and Concerning the Principles of Morals*, Oxford: Clarendon Press, 1888.

A. C. Ewing: *Ethics*, New York: The Free Press, 1953.

A. I. Melden: *Ethical Theories: A Book of Readings*, Englewood Cliffs, New Jersey: Prentice-Hall, Inc., 1967.

William K. Frankena: *Ethics*, Englewood Cliffs, New Jersey: Prentice-Hall, Inc., 1973.

R. M. Hare: *Essays On The Moral Concepts*, Berkeley: University of California

Press, 1973.

Douglas W. Rae: *Equalities*, Cambridge, Massachusetts: Harvard University Press, 1981.

J. L. Mackie: *Ethics: Inventing Right and Wrong*, London: Penguin Books, 1977.

Oliver A. Johnson: *Ethics Selections from Classical and Contemporary Writers*, New York: Holt, Rinehart and Winston, 1978.

Baruch Spinoza: *The Ethics and Selected Letters*, translated by Samuel Shirley; edited, with introduction by Seymour Feldman, Indianapolis: Hackett Publishing Company, c1982.

Jacques P. Thiroux: *Ethics—Theory and Practice*, New York: Macmillan Publishing Company, 1986.

John Locke: *An Essay Concerning Human Understanding*, Oxford: Clarendon Press, 1975.

H. Gene Blocker: *Ethics: An Introduction*, New York: Haven Publications, 1988.

Holmes Rolston: *Environmental Ethics-Duties to and Values in the Natural World*, Philadelphia: Temple University Press, 1988.

R. M. Hare: *Essays in Ethical Theory*, Oxford: Clarendon Press, 1989.

Lawrence C. Becker: *Encyclopedia of Ethics*, Volume I, New York: Garland Publishing, Inc., 1992.

Joseph R. Desjardins: *Environmental Ethics An Introduction to Environmental Philosophy*, Belmont, California: Wadsworth Publishing Company, 1993.

T. Hobhouse: *The Elements of Social Justice*, Bristol: Routledge / Thoemmes Press, 1993.

Barbara Mackinnon: *Ethics: Theory and Contemporary Issues*, Belmont, California: Wadsworth Publishing Company, 1995.

Louis P. Pojman: *Ethical Theory: Classical and Contemporary Readings, second edition*, Belmont, California: *Wadsworth Publishing Company*, 1995.

Joseph P. Hester: *Encyclopedia of Values and Ethics*, Santa Barbara ABC-CLIO, 1996.

David E. Cooper: *Ethics: the Classic Readings*, Oxford: Blackwell Publishers, 1998.

Steven M. Cahn and Peter Markie: *Ethics : History, Theory, and Contemporary Issues*, New York: Oxford University Press, 1998.

Encyclopedia of Applied Ethics, Volume 1, San Diego: Academic Press, 1998.

Louis P. Pojman: *Environmental Ethics: Readings in Theory and Application*, Belmont, California: Wadsworth Publishing Company, 2001.

F

W. D. Ross: *Foundation of Ethics*, Oxford: Clarendon Press, 1939.

Charles L. Stevenson: *Facts and Values: Studies in Ethical Analysis*, New Haven: Yale University Press, 1963.

R. M. Hare: *Freedom and Reason*, Oxford: Clarendon Press, 1963.

Isaiah Berlin: *Four Essays on Liberty*, New York: Oxford University Press, 1969.

Richard T. Nolan, Frank G. Kirkpatrick with Harold H. Titus, and Morris T. Keeton: *Living Issues in Ethics*, Belmont, California: Wadsworth Publishing Company, 1982.

M. C. Doeser and J. N. Kraay: *Facts and Values*, Boston Massachusetts: Martinus Nijhoff Publishes, 1986.

Richard Warner: *Freedom, Enjoyment, and Happiness*, Ithaca: Cornell University Press, 1987.

Michael Slote: *From Morality to Virtue*, New York: Oxford University Press, 1992.

G

Ralph Barton Perry: *General Theory of Value: Its Meaning and Basic Principles Construed in Terms of Interest*, New York: Longmans, Green and Company, 1926.

Burton F. Porter: *The Good Life: Alternatives in Ethics*, New York: Macmillan Publishing Company, 1980.

Robert Maynard Hutchins: *Great Books of the Western World*, Volume 43, *On Liberty*, London: John Stuart Mill, Encyclopaedia Britannica, Inc., 1980.

H

Edward L. Thorndike: *Human Learning*, New York, London: The Century Co., 1931.

Elizabeth Telfer: *Happiness*, London: The Macmillan Press Ltd., 1980.

A. J. M. Milne: *Human Rights and Human Diversity*, London: The Macmillan Press Ltd., 1986.

Allen Parducci: *Happiness, Pleasure, and Judgment: The Contextual Theory and Its Applications*, Mahwah, New Jersey: Lawrence Erlbaum Associates, 1995.

I

Jeremy Bentham: *An Introduction to the Principles of Morals and Legislation*, Oxford: Clarendon Press, 1823.

Charles A. Ellwood: *An Introduction to Social Psychology*, New York, London: D. Appleton and Company, 1920.

Adam Smith: *An Inquiry into the Nature and Causes of the Wealth of Nations*, London: Methuen & Co. Ltd., 1930.

Frank Thilly: *Introduction to Ethics*, New York: Charles Scrlbner's Sons, 1900.

Theodore de Laguna: *Introduction to the Science of Ethics*, New York: Macmillan Company, 1914.

Sigmund Freud: *Introductory Lectures on Psycho-Analysis*, translated by James Strachey, New York: W. W. Norton & Company, 1966.

W. D. Hudson: *The Is-Ought Question: A Collection of Papers on the Central Problem in Moral Philosophy*, New York: St. Martin's Press, 1969.

Steven Lukes: *Individualism*, Oxford: Basil Blackwell, 1973.

Charles Murray: *In Pursuit of Happiness and Good Government*, New York: Simon and Schuster, 1988.

Pierre Birnbaum: *Individualism*, Oxford: Clarendon Press, 1990.

Uichol Kim: *Individualism and Collectivism*, California: SAGE Publications, 1994.

Donald Van DeVeer: "Interspecifice Justice", in Donald Van DeVeer and Christine Pierce ed. *The Environmental Ethics and Policy Book: Philosophy, Ecology, Economics*, London: Wadsworth Publishing Company, 1994.

John K. Roth: *International Encyclopedia of Ethics*, London, Chicago: Braun-Brumfield Inc., 1995.

J

Edgar Bodenheimer, *Jurisprudence: The Philosophy and Method of the Law*, Cambridge, Massachusetts: Harvard University Press, 1967.

K

Victoria S. Wike: *Kant on Happiness in Ethics*, New York: State University of New York Press, 1994.

L

Stephen Sheldon Colvin: *The Learning Process*, New York : Macmillan Publishing Company, 1911.

Karl R. Popper: *The Logic of Scientific Discovery*, New York: Harper & Row,, 1959.

R. M. Hare: *The Language of Morals*, London: Oxford University Press, 1964.

Howard Kahane: *Logic and Philosophy: A Modern Introduction*, Belmont, California: Wadsworth Publishing Company, 1986.

Sissela Bok: *Lying: Moral Choice in Public and Private Life*, New York: Vintage Books, 1989.

Thomas Hobbes: *Leviathan*, New York: Simon & Schuster, 1997.

F. A. Hayek: *Law, Legislation and Liberty*, Volume 1, Beijing: China Social Sciences Publishing House Chengcheng Books Ltd., 1999.

F. A. Hayek: *Law, Legislation and Liberty*, Volume 2, Beijing: China Social Sciences Publishing House Chengcheng Books Ltd., 1999.

Henry Sidgwick: *The Methods of Ethics*, London: Macmillan and Co. Limited, 1922.

Henry Sidgwick: *The Methods of Ethics*, Bristol: Thoemmes Press, 1996.

Frich Fromm, *Man for Himself*, London: Routledge & Kegan Paul Ltd., 1948.

Abraham H. Maslow: *Motivation and Personality*, New York: Harper & Row, 1970.

John Passmore: *Man's Responsibility for Nature*, London: Duckworth Press, 1974.

Paul A. Samuelson, William D. Nordhaus: *Microeconomics*, Boston, Massachusetts: The McGraw-Hill Companies, Inc., 1998.

W. D. Hudson: *Modern Moral Philosophy*, London: The Macmillan Press Ltd., 1983.

Ted Honderich: *Morality and Objectivity*, London: Routledge & Kegan Paul, 1985.

George Sher: *Moral Philosophy: Selected Readings*, New York: Harcourt Brace Jovanovich, 1987.

Bernard Gert: *Morality: A New Justification of the Moral Rules*, New York: Oxford University Press, 1988.

Mark Timmons: *Morality without Foundations*, New York: Oxford University Press, 1999.

William M. Kurtines, Jacob L. Gewirtz: *Morality, Moral Behavior, and Moral Development*, New York: John Wiley & Sons, 1984.

Julia Annas: *The Morality of Happiness*, New York: Oxford University Press, 1993.

Michael Smith: *The Moral Problem*, Oxford: Blackwell Publishers, 1995.

Mark Timmons: *Morality Without Foundations*, New York: Oxford University Press, 1999.

N

Sigmund Freud: *New Introductory Lectures on Psycho-Analysis*, translated by W. J. H. Sprott, New York: W. W. Norton & Company, Inc., 1933.

O

Charles Darwin: *The Origin of Species*, London: John Murray, 1900.

Karl A. Wittfogel: *Oriental Despotism: A Comparative Study of Total Power*, New Haven: Yale University Press, 1957.

Charles Darwin: *On the Origin of Species*, Cambridge: Harvard University Press, 1964.

G. J. Warnock: *The Object of Morality*, London: Methuen & Co. Ltd., 1971.

Edward O. Wilson: *On Human Nature*, New York: Bantam Books, 1982.

P

G. E. Moore: *Principla Ethica*, Beijing: China Social Sciences Publishing House Chengcheng Books, 1999.

J. Austin: *The Province of Jurisprudence*, London: Detemined Weiderfeld & Nicholson, 1954.

Tsunesaburo Makiguchi: *Philosophy of Value*, Tokyo: Seikyo Press, 1964.

Edgar Bodenheimer: *Jurisprudence: The Philosophy and Method of the Law*, Cambridge, Massachusetts: Harvard University Press, 1967.

Plato: *Plato's Republic*, translated by G. M. A. Grube, Indianapolis: Hackett Publishing Company, 1974.

Douglas L. Hintzman: *The Psychology of Learning and Memory*, San Francisco : W. H. Freeman, 1978.

Niccolo Machiavelli: *The Prince*, Danbury, Connecticut: Grolier Enterprises Corp., 1981.

Tom L. Beauchamp: *Philosophical Ethics*, New York: McGraw-Hill Book Company,

1982.

Stephen Edelston Toulmin: *The Place of Reation in Ethics*, Chicago: The University of Chicago Press, 1986.

G. E. Moore: *Principia Ethica*, New York: Cambridge University Press, 1993.

R

Paul W. Taylor, *Respect for Nature: A Theory of Environmental Ethics*, New Jersey: Princeton University Press, 1986.

W. D. Ross: *The Right and Good*, Oxford: Clarendon Press, 1930.

Friedrich A. Hayek: *The Road to Serfdom*, London: George Routledge & Sons Ltd., 1944.

Hans Reichenbach: *The Rise of Scientific Philosophy*, California: University of California Press, 1954.

R. B. Perry: *Realms of Value*, Cambridge Massachusetts: Harvard University Press, 1954.

A. J. Ayer: *The Revolution in Philosophy*, London: Macmillan and Co. Ltd.; New York: St. Martin's Press, 1960.

E. J. Bond: *Reason and Value*, New York: Cambridge University Press, 1983.

Ruut Veenhoven: *Data-Book of Happiness*, Dordrecht, Hollangd: D. Reidel Publishing Company 1984.

Roderrick Frazier Nash: *The Rights of Nature A History of Environmental Ethics*, Wisconsin: *The* University of Wisconsin Press, 1989.

S

Friedrich Paulsen: *System of Ethics*, translated by Frank Thilly, New York: Charles Scribner's Sons, 1899.

John Stuart Mill: *System of Logic, Ratiocinative and Inductive*, London: Longmans, Green, and Company, 1919.

Sigmund Freud: *Collected Papers*, volume 2, New York: Basic Books, Inc., 1959.

Sigmund Freud: *Collected Papers*, volume 4, New York: Basic Books, Inc., 1959.

Joseph Fletcher: *Situation Ethics*, Philadelphia: The Westminster Press, 1966.

Joel Feinberg: *Social Philosophy*, Englewood Cliffs, New Jersey: Prentice-Hall, Inc., 1973.

Richard Dawkins: *The Selfish Gene*, New York: Oxford University Press, 1989.

Mortimer J. Adler: *Six Great Ideas*, New York: Simon & Schuster, 1997.

Science, Volume 293, Number 5537, Issue of 14 Sep. 2001.

T

Adam Smith: *The Theory of Moral Sentiments*, edited by D. D. Raphael and A. L. Macfie, Oxford: Clarendon Press, 1976.

Max Weber: *The Theory of Social and Economic Organization*, New York : The Free Press, 1947.

Gilbert C. Meilaender: *The Theory and Practice of Virtue*, Louisiana: University of Notre Dame Press, 1984.

Giovanni Sartori: *The Theory Democracy Revisited*, Chartham, New Jersey: Chatham House Publisher, Inc., 1987.

Hume, David: *A Treatise of Human Nature*, New York: Penguin Books, 1969.

John Rawls: *A Theory of Justice*, Cambridge, Massachusetts: The Belknap Press of Harvard University Press, 1999.

U

J. S. Mill: *Utilitarianism, Liberty and Representative Government*, London: J. M. Dent & Sons Ltd., 1929.

V

Philippa Foot: *Virtues and Vices and Other Essays in Moral Philosophy*, Berkeley and Los Angeles: University of California Press, 1978,

Bryan Wilsons, *Values: A Symposium*, New Jersey: Humanities Press, 1988.

Daniel Statman: *Virtue Ethics*, Edinburgh: Edinburgh University Press, 1997.

W

Bertrand Russell: *What I Believe*, New York: E. P. Dutton & Company, 1925.

Archie J. Bahm: *Why Be Moral?*, New Mexico: Albuquerque World Books, 1992.

索 引